Todo el que presta atención a mis enseñanzas
y las pone en práctica es tan sabio
como el hombre que edificó su casa
sobre una roca bien firme.
Mateo 7:24

Esta
BIBLIA
pertenece a:

DEVOCIONAL MATRIMONIAL

____

BIBLIA DEVOCIONAL MATRIMONIAL

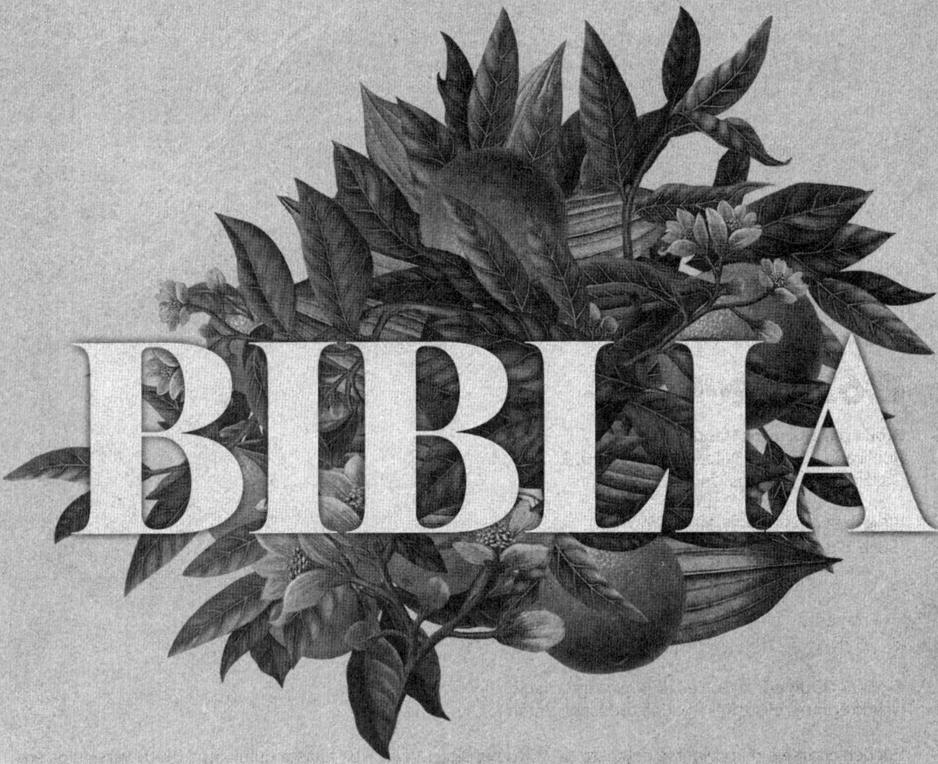

BIBLIA

DEVOCIONAL MATRIMONIAL

 Con Daniel y Shari Calveti 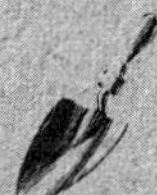

e625.com

e625.com

Biblia para Grupos Pequeños
Publicada por especialidades625® © 2023
Dallas, Texas Estados Unidos de América.

ISBN: 978-1-954149-37-3 (tapa blanda)
ISBN: 978-1-954149-47-2 (edición lujo)

✝ Acerca de Jesús
☼ Promesas

Editores Generales: Lucas Leys - Daniel y Shari Calveti
Edición de notas: Virginia Bonino de Altare
Diseño de portada e interior: Creatorstudio.net

IMPRESO EN COREA DEL SUR

CONTENIDO

Antiguo Testamento

Nuevo Testamento

UNA BIBLIA PARA LEER DE A DOS

Estamos muy emocionados por poder acompañarlos en este viaje tan especial a través de esta Biblia para matrimonios. El matrimonio es un diseño creado por Dios y Él tiene todas las respuestas sobre cómo funciona. Todo lo que tenemos que hacer es buscarlas aquí en Su Palabra.

La Biblia es la lámpara que guía su matrimonio y es el verbo que le da sentido. La Palabra es el mismo aliento de Dios para su relación de pareja, es la que tiene el poder para trabajar en lo más profundo de sus corazones, sacando lo mejor de cada uno de ustedes, para que así puedan darse mutuamente su mejor versión.

¡Ustedes construyen el matrimonio que desean tener y Su Palabra les ayudará a lograrlo!

Nosotros somos el resultado vivo de principios encontrados aquí en la Biblia y aplicados en nuestra vida diaria, y queremos compartir con ustedes el fundamento de la construcción y fortalecimiento que Dios propone para que tengan un matrimonio estable y feliz.

Es importante que sepan que el cielo está a favor de su matrimonio, que ustedes fueron hechos el uno para el otro. El amor de Dios en ustedes está diseñando para ayudarlos a sobrepasar cualquier temporada.

Su matrimonio no sólo es un regalo de Dios para ustedes sino también un legado de vida para sus hijos y sus nietos. Nunca hemos visto hijos que se quejen porque sus padres se amen mucho. Sean un legado de amor para su descendencia.

A la distancia, nos comprometemos a orar por ustedes y quiera Dios que podamos leer sus testimonios de las hermosas experiencias que Dios les regalará a través de esta Biblia.

Por sobre todo, deseamos que siga aumentando en ustedes el amor, la admiración y deseo el uno por el otro.

Daniel y Shari Calveti
Editores Generales

¿Qué tiene de especial esta Biblia?

Investiguemos Juntos

Estamos convencidos de que la Biblia fue inspirada por Dios y es útil para hacernos mejores personas (2 Timoteo 3:16-17). Las siguiente secciones les ayudarán a no caer en la tentación de detenerse en los pasajes que les resulten más conocidos, cómodos o fáciles. Queremos mostrarles el cuadro completo del mensaje de cada uno de los 66 libros. Recorran esta información y continúen enamorándose del Dios de la Biblia.

¿Quién lo escribió?

Conocerán al autor de cada libro, qué estaba pensando al escribir y cuál era su motivación.

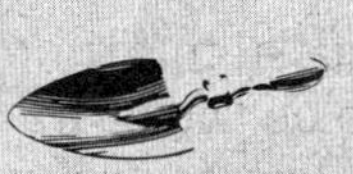

¿A quién lo escribió?

Les presentaremos a los destinatarios de los libros y las condiciones que los rodeaban en el momento de recibirlos.

¿Cuándo y dónde lo escribió?

Ubicarán cada libro en la situación histórica de su escritura. Podrán ordenarlo cronológicamente con los demás libros bíblicos y relacionarlo con los sucesos importantes del momento, personajes y circunstancias.

Panorama del libro

El tema principal de cada libro y el propósito con el que fue escrito es fundamental para entender correctamente las historias y los versículos sueltos.

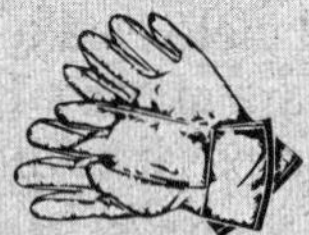

¿Cómo se relaciona con nosotros?

Descubrirán algunos de los temas a destacar en el estudio de cada libro para que puedan desafiarse a conocer más a Dios y a confiar en Él diariamente. Hagan énfasis en los desafíos prácticos que surgen de las Escrituras.

¿Cómo lo estudiamos?

Les sugerimos una secuencia para hacer un recorrido completo de cada libro de la Biblia. Esto los ayudará a recordar que los libros son una unidad y no una colección de versos famosos, y los estimulará a leerlos con más detenimiento.

Qué encontrarán en esta biblia y cómo utilizarlo

A lo largo de esta Biblia encontrarán 48 devocionales sobre diferentes temas acerca de la vida matrimonial, que los acompañarán a lo largo de casi todo un año, si deciden hacerlos en forma semanal.

Estos estudios fueron diseñados para que puedan darle su toque personal y sacarle así el mayor beneficio. En cada devocional, luego de leer y meditar sobre un tema en particular, encontrarán las siguientes secciones:

Profundicemos

Serán desafiados a ahondar en lo leído meditando en pasajes bíblicos adicionales. Los animamos a no apurarse y a no solo leer estas porciones bíblicas, sino a detenerse y a escuchar la voz de Dios a través de su Palabra. Verán cómo Dios la usa para hacer en ustedes mucho más de lo que puedan imaginar.

Conversemos

Luego de profundizar sobre el tema considerado, estarán en inigualables condiciones para dialogar, usando como disparador algunas preguntar pensadas cuidadosamente. Es nuestra oración que el Espíritu Santo les pueda hablar y les regale conversaciones significativas, que continúen más allá de este momento y que enriquezcan toda su vida cotidiana, llevándolos a tomar decisiones que transformen su vida matrimonial.

Oremos

Finalmente, los invitamos a que luego de cada devocional oren tomados de las manos, usando como guía la oración que dejamos allí para ustedes, y enriqueciéndola con sus peticiones y vivencias personales.

CONTENIDO: DEVOCIONALES

Daniel y Shari Calveti

Son autores y conferencistas en Latinoamérica, apasionados por Dios y por enseñar principios bíblicos para la familia y el matrimonio. Son los fundadores del ministerio para matrimonios *"Pasión 001"* y también los embajadores para Latinoamérica de *"SOS International"*, organización que trabaja contra del tráfico humano y a favor de la provisión de alimentos para niños en riesgo. Escribieron el libro *"Construyendo un Matrimonio Saludable"* y son los orgullosos padres de Isaac, Natán y Daniela.

Dr. Lucas Leys

Introducciones a libros de la Biblia.

Es doctor en teología graduado con honores del Fuller Theological Seminary en Pasadena, California. Es autor o coautor de más de treinta libros. Ha editado Biblias de estudio y enseñado Teología Bíblica en diversas instituciones académicas y es el visionario detrás de e625.com.

¿Por qué la NBV?

En esta maravillosa época de tantas nuevas traducciones y revisiones de la Biblia (debido a que se han encontrado papiros más cercanos a los textos originales y a que el lenguaje está siempre siendo actualizado), la aparición de esta edición revisada de la amada *Biblia al Día* debe producirnos mucha alegría. La *Nueva Biblia Viva* parte de los textos originales hebreo y griego y tiene el propósito de acercar a los lectores mucho más al significado bíblico original para entenderlo mejor.

El trabajo detrás de la NBV ha consumido años de labor precisa, concienzuda y minuciosa. Varias veces su contenido ha sido revisado por expertos en hebreo y griego, y por correctores de estilo. Hay, ciertamente, muchas formas de traducir la Biblia: desde la más amplia y dinámica que enfatiza más el sentido o contenido del texto, hasta la más literal y formal, que cuida la forma gramatical y sintáctica del texto original. La Nueva Biblia Viva ha mantenido el equilibrio entre ser fiel al texto original y buscar a la vez una traducción y un lenguaje fácil y asequible al lector sencillo. La NBV huye de la terminología técnica y tradicional para asegurarse de que las nuevas generaciones entiendan lo que los escritores bíblicos quisieron decir originalmente y, cuando es necesario, explica los términos utilizando voces o frases equivalentes que los hacen más claros y comprensibles.

El propósito divino al revelarle su pensamiento y corazón al ser humano fue que esta revelación fuera claramente entendida y aceptada, para que así cumpliera su objetivo de transformar vidas y corazones y hacer efectiva la salvación y la vida eterna para todos.

Por el Comité de Traducción Bíblica
de la Sociedad Bíblica Internacional

Luciano Jaramillo
Director de Traducciones
Vicepresidente de SBI-STL para
América Latina

Antiguo Testamento

BIBLIA DEVOCIONAL MATRIMONIAL

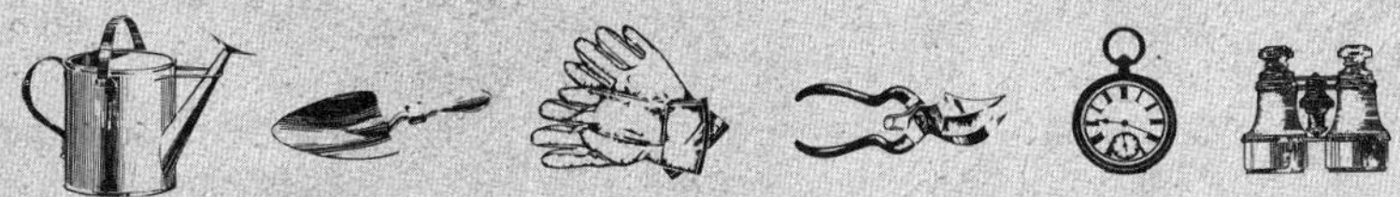

GÉNESIS

¿Quién lo escribió?

Aunque no hay una referencia directa en el libro que identifique al autor, la tradición apunta a Moisés como autor del Pentateuco. Existen diversas referencias en la Biblia a los escritos de Moisés (por ejemplo en el Antiguo Testamento, Éxodo 17:14; Números 33:2; Josué 8:31, 1 Reyes 2:3; Esdras 6:18; Nehemías 13:1; Malaquías 4:4 y en Nuevo Testamento, Marcos 12:26; Lucas 24:27; Juan 5:46; 2 Corintios 3:15). Bajo la conducción del Espíritu Santo, escribe tomando en cuenta la transmisión oral y documentos antiguos, ya que muchos de los sucesos relatados ocurren antes de su nacimiento.

¿A quién lo escribió?

Génesis fue escrito para ser presentado al pueblo de Israel mientras estaba en el desierto. Esto les recordaría su herencia familiar y espiritual. El libro daría esperanza a un pueblo que debía confiar en las promesas de Dios y su fidelidad.

¿Cuándo y dónde lo escribió?

Fue escrito alrededor del 1440 AC, después del Éxodo (alrededor del 1445 AC) y antes de la muerte de Moisés (1405 AC). Cubre muchos de años de historia, desde el Jardín de Edén hasta la muerte de José. Los capítulos 1-11 cubren 2000 años (aquí caben miles de años desde la creación hasta el Jardín de Edén), y los capítulos 12-50 cubren un período de unos 400 años.

Panorama del libro

Génesis fue escrito para plantear los inicios de la historia de redención del ser humano por parte de un Dios poderoso y lleno de gracia. En ese sentido, los temas centrales de la Biblia están expuestos de manera germinal en este libro: la creación, la relación de Dios con el ser humano, su caída, el propósito redentor de Dios y la elección de un pueblo para llevar a cabo ese plan.

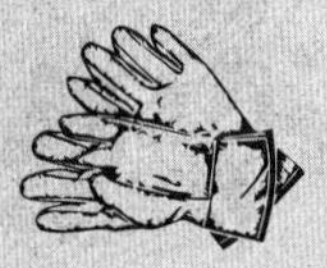

¿Cómo se relaciona con nosotros?

La Biblia comienza con una pareja, y este libro es el trampolín desde el que saltan todos los temas principales de la Biblia. Prácticamente todas las grandes doctrinas bíblicas encuentran un punto de partida en estas páginas que facilitan ver la perspectiva de Dios acerca de la creación, del ser humano, de la libertad de elección, de la desobediencia y de por qué desde el principio necesitamos un plan de salvación. En las historias del Génesis podemos reconocer que Dios se da a conocer a nuestros matrimonios a pesar de nosotros, y que la humanidad trae consigo ciertas luchas internas que tienen miles de años. En las historias de los grandes héroes de la fe salen a la luz la imperfección, la infidelidad y sus consecuencias; en ellas podemos identificarnos y descubrir que la gracia de Dios fue necesaria desde el principio. En el Génesis, todos podemos ver a Dios cumpliendo sus promesas y anticipando que Jesús fue siempre parte del plan. Génesis ayuda a recordar nuestros orígenes y observar nuestra historia a la luz del plan de Dios.

¿Cómo lo estudiamos?

1) Así comenzó la historia de todas las cosas. Gén. 1
2) Ascenso y caída de la familia original (Adán). Gén. 2-5
3) Una familia halló gracia en medio del caos (Noé). Gén. 6-11
4) Triunfos y errores de la familia del padre de la fe (Abraham). Gén. 12-23
5) Una familia llena de bendición, pero dividida (Isaac). Gén. 24-27
6) La tormentosa historia de un engañador que llegó a ser príncipe (Jacob). Gén. 28-36
7) Dios cumple de manera misteriosa los sueños de un hombre fiel (José). Gén. 37-50

Génesis

La creación

1 En el principio creó Dios los cielos y la tierra. 2La tierra estaba desordenada y no tenía forma. La oscuridad cubría el profundo abismo, mientras que el Espíritu de Dios se movía sobre las aguas.

3Entonces Dios dijo: «¡Que aparezca la luz!» Y apareció la luz. 4Dios vio que la luz era hermosa, y la separó de la oscuridad. 5A la luz Dios la llamó «día», y a la oscuridad la llamó «noche». Pasó la tarde y pasó la mañana, y se completó, así, el primer día.

6Después Dios dijo: «Que aparezca el firmamento en medio de las aguas, para que las separe».

7Así que Dios hizo el firmamento, para separar las aguas. De modo que una parte de las aguas quedó arriba del firmamento y otra, debajo de él. 8Al firmamento Dios lo llamó «cielo». Pasó la tarde y pasó la mañana, y se completó, así, el segundo día.

9Después Dios dijo: «Que las aguas que están debajo del cielo se junten en un solo lugar, de modo que la otra parte quede seca». Y así ocurrió. 10A la parte seca Dios le dio el nombre de «tierra», y a las aguas las llamó «mares». Dios vio que todo esto era hermoso. 11,12Así que dijo: «Que de la tierra brote toda clase de vegetación, es decir, plantas que se reproduzcan por medio de semillas, y árboles frutales en cuyos frutos estén sus semillas». Y, tal como Dios lo dijo, de la tierra brotaron las plantas y árboles frutales con sus respectivas semillas para su reproducción. Y Dios vio que todo esto era hermoso. 13Pasó la tarde y pasó la mañana, y se completó, así, el tercer día.

14,15Después Dios dijo: «Que haya luces en el cielo, para que alumbren la tierra y separen el día de la noche, y para que marquen también las estaciones, los días y los años». Y así ocurrió. 16Entonces Dios hizo dos grandes luces: la más grande para que alumbre durante el día, y la más pequeña, para que brille en la noche. También Dios hizo las estrellas. 17,18Dios puso estas luces en el cielo para que alumbraran la tierra de día y de noche, y para que separaran la luz de la oscuridad. Y Dios vio que esto era hermoso. 19Pasó la tarde y pasó la mañana, y se completó, así, el cuarto día.

20Después Dios dijo: «Que las aguas se llenen de peces y de otros animales acuáticos, y que también haya aves que vuelen sobre la tierra, en el inmenso firmamento».

21Fue así como Dios creó los grandes animales que hay en el mar, y todos los demás seres vivos que hay en el agua. También Dios creó todas las clases de aves que existen. Y Dios vio que todo esto era hermoso. 22Luego Dios los bendijo y les dijo: «Tengan muchas, pero muchas crías, para que llenen los mares». Además, dijo: «¡Que las aves se reproduzcan en grandes cantidades!» 23Pasó la tarde y pasó la mañana, y se completó, así, el quinto día.

24Después Dios dijo: «Que en la tierra haya toda especie de animales: domésticos, salvajes y reptiles».

Y así ocurrió. 25Así que Dios hizo todos los animales domésticos, los salvajes y los reptiles, todos según su propia especie. Y vio Dios que todo esto era hermoso.

26Entonces Dios dijo: «Hagamos a los seres humanos a nuestra imagen, a nuestra semejanza, para que ejerzan poder sobre los peces, las aves, los animales domésticos y salvajes, y sobre los reptiles».

27De modo que Dios creó a los seres humanos a su imagen. Sí, a su imagen Dios los creó. Y Dios los creó hombre y mujer.

28Luego Dios los bendijo y les dijo: «Tengan muchos hijos, para que llenen toda la tierra, y la administren. Ustedes dominarán a los peces del mar, a las aves del cielo, y a todos los animales que hay en la tierra». 29También les dijo: «Ustedes se alimentarán de toda planta que se reproduzca por medio de semillas, y de todos los árboles frutales. 30Las bestias del campo, las aves del cielo, y todos los seres vivos que se arrastran sobre la tierra se alimentarán de vegetales».

31Entonces Dios contempló todo lo que había hecho, y vio que era muy, pero muy hermoso. Pasó la tarde y pasó la mañana, y se completó, así, el sexto día.

2 De este modo fueron creados los cielos y la tierra, y todo lo que hay en ellos. 2Después de haber terminado todo lo que se había propuesto hacer, Dios descansó el séptimo día. 3Y bendijo el séptimo día y lo instituyó como día santo, porque en ese día descansó después de haber creado todo.

4Aquí termina la historia de la creación del cielo y de la tierra.

Adán y Eva

Cuando Dios el Señor hizo la tierra y el cielo, 5todavía no había ninguna clase de vegetación en la tierra, porque Dios el Señor aún no había hecho llover. Además, no había quien trabajara la tierra, porque todavía Dios no había hecho al hombre. 6Sin embargo, de la tierra brotaba agua que regaba el suelo.

1.1-3 1.27-28

7 Entonces Dios el SEÑOR formó el cuerpo del
hombre del polvo de la tierra y sopló en su nariz
el aliento de vida. Fue así como el hombre se
convirtió en un ser vivo.
8 Luego Dios el SEÑOR plantó un jardín en Edén,
hacia el oriente, y puso en él al hombre que había
creado. 9 Dios el SEÑOR hizo que en el jardín se
diera toda clase de árboles hermosos y de frutos
deliciosos. En el centro del jardín plantó el árbol
de la vida y también el árbol del conocimiento
del bien y del mal. 10 De la tierra de Edén salía un
río que corría a través del huerto para regarlo.
Después el río se dividía en cuatro brazos. 11,12 El
primero se llamaba Pisón, el cual recorría toda la
región de Javilá, donde había oro de muy buena
calidad. También allí había plantas con las que
se hacen perfumes muy finos, y piedras de ónice.
13 El segundo se llamaba Guijón, y atravesaba toda
la región de Cus. 14 El tercero era el río Tigris, que
es el que pasa al oriente de Asiria. Y el cuarto era
el río Éufrates.
15 Dios el SEÑOR puso al hombre en el jardín de
Edén para que lo labrara y lo cuidara, 16 y a la
vez le dio esta orden: «Puedes comer del fruto
de todos los árboles que hay en el jardín, 17 pero
del árbol del conocimiento del bien y del mal no
podrás comer, porque el día que comas del fruto
de ese árbol, morirás».
18 Dios el SEÑOR dijo: «No es bueno que el hombre esté solo. Le voy a hacer una compañera
que sea de ayuda para él en todas sus necesidades».
19,20 Dios el SEÑOR formó, del polvo de la tierra,
todos los animales del campo y todas las aves
del cielo. Luego se los llevó al hombre para que
éste les pusiera nombre. Así que el hombre les
puso a todos los animales el nombre con que se
conocen en la actualidad. Pero entre todos esos
animales no se encontró ninguno que le sirviera
al hombre de pareja adecuada.
21 Entonces Dios el SEÑOR hizo que cayera sobre
el hombre un sueño profundo, le sacó una costilla y cerró la carne en el lugar de donde la había
sacado. 22 Con la costilla hizo a la mujer y se la
llevó al hombre. 23 Al verla, el hombre exclamó:
«¡Ésta sí es hueso de mis huesos y carne de mi
carne! Se llamará "mujer"[a] porque fue sacada
del hombre».
24 Es por eso que el hombre deja a su padre y a
su madre y se casa con su mujer, y los dos llegan
a ser como una sola persona.
25 Aunque en ese tiempo el hombre y la mujer
estaban desnudos, no se sentían avergonzados.

La caída del ser humano

3 La serpiente, que era el más astuto de todos
los animales del campo creados por Dios el
SEÑOR, se le acercó a la mujer y le preguntó:
—¿Es verdad que Dios no les permite comer
de ningún árbol que hay en el jardín?
2 La mujer le contestó:
—Sí podemos comer los frutos de cualquier
árbol, 3 menos del que está en el centro del jardín.
Dios nos dijo que si comemos o tocamos el fruto
de ese árbol, moriremos.
4 —¡Mentira! —silbó la serpiente—. ¡No morirán! 5 Lo que pasa es que Dios sabe que, cuando
ustedes coman del fruto de ese árbol, obtendrán
todo el conocimiento, pues podrán conocer el
bien y el mal. ¡Ese día ustedes serán como Dios!
6 La mujer contempló el árbol y se convenció
de que su fruto era bueno para comer. Además,
lo vio muy hermoso, y pensó que era su oportunidad para conseguir la sabiduría. Así que agarró
el fruto y comió. Luego le dio de comer a su
marido, el cual estaba con ella. 7 Tan pronto lo
comieron, se dieron cuenta de que estaban desnudos y sintieron vergüenza. Entonces cosieron
hojas de higuera para cubrir su desnudez.
8 Aquella tarde, a la hora en que sopla la brisa,
el hombre y la mujer oyeron que Dios andaba por
el jardín. Entonces corrieron a esconderse entre
los árboles, para que Dios el SEÑOR no los viera.
9 Pero Dios el SEÑOR llamó al hombre y le preguntó:
—¿Dónde estás?
10 El hombre le contestó:
—Oí que andabas por el jardín y me dio miedo, pues estoy desnudo. Así que me escondí.
11 —¿Quién te dijo que estás desnudo? —le
preguntó Dios el SEÑOR—. ¿Acaso comiste del
fruto del árbol que te ordené que no comieras?
12 El hombre contestó:
—La mujer que me diste para que me acompañara me dio del fruto de ese árbol, y yo lo comí.
13 Entonces Dios el SEÑOR le preguntó a la mujer:
—¿Qué es lo que has hecho?
Ella respondió:
—La serpiente me engañó, y por eso comí
de ese fruto.
14 Entonces Dios el SEÑOR le dijo a la serpiente:
—Por haber hecho esto, te maldeciré. Serás la
más desdichada de todos los animales, incluyendo los domésticos y los salvajes. A partir de
este momento andarás arrastrándote sobre tu
vientre y comerás polvo durante toda tu vida.
15 Habrá siempre enemistad entre ti y la mujer,
y entre tu descendencia y la de ella. El descendiente de la mujer te aplastará la cabeza,
mientras tú solamente le morderás el talón.
16 Luego Dios le dijo a la mujer:
—Haré que sufras bastante durante tus emba-
razos y que al tener tus hijos sientas mucho dolor.

☼2.18 ☼2.20-25— † 3.15—Ga 4.4

a. En el original la palabra «mujer» y «hombre» vienen de la misma raíz.

Y a pesar de eso, seguirás deseando a tu marido,
y él tendrá dominio sobre ti.
17Después Dios le dijo al hombre:
—La tierra estará bajo maldición por tu culpa, pues le hiciste caso a tu mujer y comiste del
fruto que te prohibí. Por eso, de aquí en adelante
tendrás que trabajar muy duro para conseguir
tu alimento. 18La tierra te producirá espinas y
cardos, y tendrás que comer plantas silvestres.
19Para obtener tu alimento tendrás que trabajar
mucho, hasta el día de tu muerte; ese día volverás
a la tierra de la cual fuiste hecho, pues eres polvo
y al polvo tendrás que volver.
20Luego el hombre le puso a su mujer el nombre de Eva, pues ella sería la madre de todos
los seres humanos.
21Dios el SEÑOR hizo túnicas de pieles de animales, y con ellas vistió al hombre y a su mujer.
22Y dijo: «Ahora el ser humano es como uno de
nosotros, pues sabe lo que es bueno y lo que es
malo, no conviene que tome del fruto del árbol
de la vida y viva para siempre». 23Entonces Dios
el SEÑOR expulsó al hombre y a la mujer del jardín
de Edén, y puso al hombre a que trabajara la
tierra de la cual fue hecho. 24Después de haber
expulsado al hombre y a la mujer, Dios puso al
oriente del jardín de Edén a los querubines, y
una espada encendida que giraba en todas las
direcciones, para evitar que nadie pudiera llegar
hasta el árbol de la vida.

Caín y Abel

4 Adán tuvo relaciones con su esposa Eva,
y ella quedó embarazada, y dio a luz a su
hijo Caín, y dijo: «Gracias al SEÑOR, he tenido un
hijo varón». 2Después volvió a tener otro hijo al
cual le puso por nombre Abel. Abel fue pastor de
ovejas, en cambio Caín fue un agricultor.
3Después de algún tiempo, Caín le dio al SEÑOR
una ofrenda de lo que había cosechado. 4Tam-
bién Abel le dio una ofrenda al SEÑOR. Le ofreció
las primeras y mejores crías de sus ovejas. Al
SEÑOR le agradó Abel y su ofrenda, 5pero no se
agradó de Caín ni de su ofrenda. Por eso Caín se
enojó muchísimo y andaba amargado.
6Entonces el SEÑOR le preguntó: «¿Por qué estás
tan enojado y andas amargado? 7Si hicieras lo
correcto podrías andar con tu frente en alto. Pero
si actúas mal, el pecado, como una fiera, está listo
a lanzarse sobre ti y destruirte. Sin embargo, tú
puedes dominarlo».
8Un día Caín invitó a su hermano a dar un
paseo. Cuando estaban en el campo, Caín atacó
a su hermano y lo mató.
9Poco tiempo después el SEÑOR le preguntó a
Caín:
—¿Dónde está Abel, tu hermano?
Caín le contestó:
—No lo sé. ¿Acaso tengo la obligación de cuidar a mi hermano?
10Pero el SEÑOR le dijo:
—¿Qué hiciste? Desde la tierra, la sangre de
tu hermano me pide justicia. 11Por eso, quedarás
bajo la maldición de la tierra, la cual se ha tragado la sangre de tu hermano, al que tú mataste.
12Cuando trabajes la tierra, no te dará cosechas.
Vivirás en el mundo como un fugitivo, sin poder
encontrar descanso.
13Caín le dijo al SEÑOR:
—Ese castigo es más de lo que puedo soportar.
14Hoy me echas de esta tierra, y tendré que vivir
lejos de tu presencia. Tendré que vivir huyendo
como un fugitivo, expuesto a que cualquiera que
me encuentre me mate.
15El SEÑOR le contestó:
—Eso no sucederá. Si alguien te mata, será
castigado siete veces.
Luego el SEÑOR le puso una marca a Caín, para
que nadie lo matara.16Entonces Caín se alejó de
la presencia del SEÑOR y fue a vivir en la región
de Nod —tierra de los errantes—, al oriente del
Edén.
17Caín tuvo relaciones con su esposa, la cual
quedó embarazada y dio a luz a Enoc. Caín fundó una ciudad y le puso el nombre de Enoc, en
honor a su hijo.
18Enoc fue el padre de Irad,
Irad fue padre de Mejuyael,
Mejuyael fue padre de Metusael,
y éste fue el padre de Lamec.
19Lamec tuvo dos esposas: Ada y Zila. 20Ada
dio a luz a Jabal, que es el antepasado de los
que viven en carpas y se dedican a la cría de
ganado. 21Jabal tuvo un hermano llamado Jubal,
que es el antepasado de los que tocan el arpa y la
flauta. 22También Zila, la otra esposa de Lamec,
dio a luz a Tubal Caín, que hacía toda clase de
objetos de bronce y de hierro. Tubal Caín tuvo
una hermana que se llamaba Noama.
23Un día, Lamec les dijo a sus esposas:
«¡Escúchenme, mujeres de Lamec!
¡Oigan bien lo que les digo!
A un hombre que me hirió, lo maté,
y lo mismo hice con un muchacho que me
golpeó.
24»Si el que mate a Caín
será vengado siete veces,
entonces, el que mate a Lamec
será vengado setenta y siete veces».

25Adán volvió a tener relaciones con su esposa, la cual dio a luz un hijo al que le puso por
nombre Set, pues dijo: «Dios me ha dado otro

3.20 4.1–12

hijo en lugar de Abel, al que Caín mató». 26También Set tuvo un hijo, al que llamó Enós. Desde ese tiempo la gente comenzó a invocar el nombre del SEÑOR.

Descendientes de Adán

5 Esta es la lista de los descendientes de Adán. El día en que los seres humanos fueron creados, Dios los creó a su propia imagen. 2Los creó hombre y mujer, y los bendijo. Ese mismo día los llamó «seres humanos».

3-5Adán tenía ciento treinta años cuando le nació un hijo, a su imagen y semejanza, y le puso el nombre de Set. Adán vivió ochocientos años más, tuvo hijos e hijas, y murió a los novecientos treinta años de edad.

6-8Set tenía ciento cinco años cuando nació Enós. Después de esto, vivió otros ochocientos siete años, tuvo hijos e hijas, y murió a la edad de novecientos doce años.

9-11Enós tenía noventa años cuando nació su hijo Cainán. Después de esto, vivió ochocientos quince años, tuvo hijos e hijas, y murió a la edad de novecientos cinco años.

12-14Cainán tenía setenta años cuando nació su hijo Malalel. Después de esto, vivió ochocientos cuarenta años, tuvo hijos e hijas, y murió a la edad de novecientos diez años.

15-17Malalel tenía sesenta y cinco años cuando nació su hijo Jared. Después de esto, vivió ochocientos treinta años, tuvo hijos e hijas, y murió a la edad de ochocientos noventa y cinco años.

18-20Jared tenía ciento sesenta y dos años cuando nació su hijo Enoc. Después de esto, vivió ochocientos años, tuvo hijos e hijas, y murió a la edad de novecientos sesenta y dos años.

21-24Enoc tenía sesenta y cinco años cuando nació su hijo Matusalén. Después de Matusalén, tuvo otros hijos e hijas, y vivió trescientos años más. Durante toda su vida, Enoc vivió de acuerdo con la voluntad de Dios, y cuando tenía trescientos sesenta y cinco años desapareció, porque Dios se lo llevó sin que muriera.

25-27Matusalén tenía ciento ochenta y siete años cuando nació su hijo Lamec. Después de esto, vivió setecientos ochenta y dos años, tuvo hijos e hijas, y murió a los novecientos sesenta y nueve años de edad.

28-31Lamec tenía ciento ochenta y dos años cuando nació su hijo Noé. Lamec lo llamó Noé, porque dijo: «Él nos aliviará del duro trabajo que significa labrar la tierra que Dios maldijo». Después de esto, Lamec vivió quinientos noventa y cinco años, tuvo hijos e hijas, y murió a la edad de setecientos setenta y siete años.

32Noé tenía quinientos años cuando tuvo tres hijos: Sem, Cam y Jafet.

La maldad humana

6 La población comenzó a multiplicarse sobre la tierra. 2Entonces los hijos de Dios[b] se fijaron en la belleza de las mujeres y tomaron como mujeres a todas las que quisieron. 3Por eso el SEÑOR dijo: «No dejaré que el ser humano viva muchísimos años, porque su maldad ha aumentado. De modo que sólo lo dejaré vivir ciento veinte años».

4En aquellos días y aun después, cuando los hijos de Dios tuvieron relaciones con mujeres, nacieron gigantes que fueron famosos por su valentía. 5,6Cuando el SEÑOR Dios vio el alcance de la maldad humana, y que la gente sólo pensaba en hacer lo malo, le dolió haberla creado y se llenó de mucho pesar.

7Entonces Dios dijo: «Voy a borrar de la tierra todo lo que he creado, hombres, animales, reptiles y aves. ¡Lamento haberlos creado!»

8Pero Noé contaba con la aprobación del SEÑOR.

El diluvio

9Esta es la historia de Noé y de sus descendientes.

Noé era un hombre justo y bueno, y todo el tiempo vivía conforme a la voluntad de Dios. 10Noé tuvo tres hijos: Sem, Cam y Jafet.

11-13Dios vio que la humanidad se había degenerado, y practicaba la violencia. La depravación llegó a tal extremo que un día Dios le dijo a Noé: «He decidido destruir a la humanidad, porque por su culpa hay mucha violencia y corrupción en la tierra. Sí, voy a destruir a toda la gente junto con lo que hay en el mundo. 14Hazte un barco de madera de pino, cubre todas sus hendijas con alquitrán, y hazle cubiertas y camarotes a todo lo largo. 15Hazlo de ciento treinta y cinco metros de largo, veintidós metros y medio de ancho y trece metros y medio de alto. 16Permite que entre el techo y la pared alrededor de todo el barco haya un espacio libre de unos cuarenta y cinco centímetros para que tanto la luz como el aire puedan circular. Hazle tres cubiertas: una cubierta inferior, una intermedia y una superior, y hazle una puerta al costado. 17Porque voy a inundar la tierra con un diluvio para destruir a todos los seres vivos. Todos morirán. 18Pero contigo haré un pacto, de modo que entrarás en el barco junto con tus hijos, tu esposa, y tus nueras, para que no mueran.

19,20»De cada animal trae un macho y una hembra, y hazlos entrar en el barco contigo, para que sobrevivan al diluvio. Haz entrar una pareja de

b. Algunos comentaristas creen que la expresión «hijos de Dios» se refiere a seres del mundo espiritual; y otros, al «linaje piadoso de Set».

4.25 5.29 6.7–8 6.9–10

cada especie de animal, ave y reptil. 21También guarda en el barco todo el alimento que tú y ellos necesitarán».

22Y Noé hizo todo lo que Dios le mandó.

Noé entra en el barco

7 Después el Señor le dijo a Noé: «Entra en el barco con toda tu familia, porque tú eres el único hombre bueno que vive en este tiempo. 2Mete en el barco siete machos y siete hembras de todos los animales que se consideran puros; pero de los que se consideran impuros sólo lleva un macho y una hembra. 3Lleva también siete machos y siete hembras de todas las aves que existen, para conservar su especie en la tierra. 4Porque dentro de siete días haré que comience una lluvia que durará cuarenta días con sus noches, y todo lo que vive en la tierra morirá».

5Y Noé hizo todo lo que Dios le mandó.

6,7Cuando comenzó el diluvio, Noé tenía seiscientos años de edad. Entonces entró en el barco con sus hijos, su esposa, y sus nueras, para librarse del diluvio. 8,9También entraron con Noé los animales puros e impuros, las aves y los reptiles, macho y hembra, tal como Dios se lo había ordenado.

10Luego de siete días, las aguas del diluvio comenzaron a inundar la tierra. 11Eso ocurrió el día diecisiete del mes segundo, es decir, cuando Noé cumplió sus seiscientos años de vida. Ese día se reventaron todas las fuentes del mar que está debajo de la tierra, y se abrieron las compuertas del cielo dejando caer una lluvia torrencial. 12Llovió, sin parar, durante cuarenta días y cuarenta noches. 13Fue en aquel día que Noé entró en el barco con su esposa, sus hijos Sem, Cam y Jafet, y sus nueras. 14,15Con ellos había en el barco parejas de toda clase de animales, domésticos y silvestres, reptiles y aves. 16Habían entrado de dos en dos, macho y hembra, tal como Dios lo había ordenado. Después el Señor cerró la puerta del barco.

17Estuvo lloviendo sobre la tierra durante cuarenta días. Como el nivel de las aguas subió, el barco comenzó a flotar sobre las aguas. 18A medida que el agua subía, el barco flotaba sin peligro sobre ellas. 19Las aguas subieron tanto, que cubrieron hasta las montañas más altas de la tierra. 20Las aguas subieron unos siete metros por encima de las montañas. 21,22Por eso, murieron todos los seres vivos que había en la tierra: las aves, los animales salvajes y los domésticos, todos los reptiles, y todos los seres humanos. 23Tan sólo Noé y los que estaban con él en el barco quedaron vivos. Todos los demás seres humanos murieron, junto con los animales domésticos, las aves y los reptiles. 24Las aguas inundaron la tierra durante unos ciento cincuenta días.

Dios se acuerda de Noé

8 Entonces Dios se acordó de Noé y de todos los animales que estaban con él en el barco. Dios hizo soplar un fuerte viento sobre la tierra, de modo que las aguas comenzaron a bajar. 2Se cerraron tanto las fuentes del mar profundo como las compuertas de los cielos, y dejó de llover. 3Las aguas fueron bajando poco a poco. Después de ciento cincuenta días las aguas habían bajado bastante. 4Fue por eso que el día diecisiete del mes séptimo el barco se posó sobre las montañas de Ararat. 5El agua siguió bajando, de modo que el día primero del mes décimo pudieron verse las partes más altas de las montañas.

6Después de cuarenta días, Noé abrió la ventana que le había hecho al barco 7y soltó un cuervo, el cual estuvo volando de un lado a otro esperando que la tierra se secara, pero no regresó. 8Luego Noé soltó una paloma, para ver si ya la tierra estaba seca. 9Pero la paloma regresó al barco, porque no encontró un lugar seco en el cual pudiera posarse. Entonces Noé extendió su mano, agarró a la paloma y la metió al barco. 10Esperó otros siete días más y volvió a soltar la paloma. 11Ya estaba oscureciendo cuando la paloma regresó, trayendo en su pico una ramita verde de olivo. Por eso, Noé se dio cuenta de que las aguas habían bajado mucho, de modo que ya se podía ver la tierra seca. 12Siete días después volvió a soltar la paloma, pero esta vez la paloma no regresó.

13Cuando Noé tenía seiscientos un años de vida, las aguas desaparecieron. El primer día del mes primero de ese año, Noé retiró el techo del barco y vio que la tierra estaba casi seca. 14El día veintisiete del segundo mes, la tierra ya estaba completamente seca. 15,16Entonces Dios le dijo a Noé: «Ya pueden salir todos. Deja salir a todos los animales, aves y reptiles para que se reproduzcan abundantemente y llenen la tierra».

18Así que Noé, sus hijos, su esposa y sus nueras salieron del barco. 19También salieron todos los animales, según su propia especie: los animales salvajes y los domésticos, las aves y los reptiles.

20Después Noé construyó un altar para adorar al Señor. En ese altar Noé le ofreció a Dios animales y aves adecuados para el sacrificio, es decir, que eran puros. 21Al Señor le agradó mucho el olor de los sacrificios, y se dijo a sí mismo: «Nunca más volveré a maldecir la tierra por culpa de la humanidad, pues todos los seres humanos están

7.1–7 7.23–24 8.1 8.15–16

inclinados hacia el mal desde que son niños. ¡Jamás volveré a destruir a los seres vivos, como lo hice en esta ocasión! [22]Mientras exista la tierra, habrá siembra y cosecha; siempre habrá frío y calor, verano e invierno, los días y las noches».

El pacto de Dios con Noé

9 Dios dio esta bendición a Noé y a sus hijos: «Tengan muchos hijos y vuelvan a llenar la tierra. [2]Todos los animales de la tierra temblarán de miedo delante de ustedes. Todas las bestias de la tierra, todas las aves, todos los reptiles y todos los peces se tendrán que someter a ustedes. [3]Les doy todos los animales, lo mismo que las plantas y verduras para que los usen para su alimentación. [4]Pero no deberán comer animales sin haberles sacado la sangre, porque la vida está en la sangre. [5]Si un animal mata a un ser humano, yo lo castigaré. También castigaré a cualquier persona que mate a otro ser humano. Sí, yo pediré cuentas a cualquier animal o persona que mate a un ser humano. [6]El que mate a una persona, otra persona lo matará a él; porque los seres humanos fueron creados a la imagen de Dios.

[7]»Ustedes recuerden: "Tengan muchos hijos y vuelvan a poblar la tierra; ¡sí, multiplíquense y llenen la tierra!"».

[8-11]Entonces Dios les dijo a Noé y a sus hijos: «Hoy mismo hago un pacto con ustedes, con todo hombre y mujer que nazca después de ustedes, y con todos los animales que están con ustedes y que salieron del barco, es decir, con los animales domésticos y salvajes, con las aves y con todos los demás animales que hay en la tierra. Por medio de este pacto les prometo que nunca más enviaré otro diluvio para destruir la tierra. ¡Nunca más mataré a ningún ser viviente por medio de un diluvio!»

[12-13]Además, Dios dijo: «El arco iris servirá de señal para recordar este pacto que acabo de hacer con ustedes y con todos los animales. Sí, cada vez que aparezca el arco iris sobre las nubes les recordará la promesa que he hecho a toda la tierra. [14-16]Cuando yo cubra de nubes la tierra, también haré que aparezca el arco iris. De ese modo me acordaré de la promesa que les he hecho a ustedes y a todos los demás seres vivos de la tierra. Así que nunca más los destruiré por medio de un diluvio. [17]No lo olviden: Esta es la señal del pacto que acabo de hacer con ustedes y con todo ser viviente en la tierra».

Los hijos de Noé

[18]Los tres hijos de Noé fueron: Sem, Cam y Jafet. (Cam es el padre de Canaán.) [19]De estos tres hijos de Noé proceden todas las naciones de la tierra.

[20-21]Noé, que era agricultor, plantó una viña e hizo vino. Un día bebió tanto vino que se emborrachó y se quedó desnudo, tendido en el piso de su carpa. [22]En esas, Cam, el padre de Canaán, entró a la carpa y vio a Noé desnudo. Al salir de la carpa le contó a sus hermanos que había visto a su padre desnudo. [23]Entonces Sem y Jafet tomaron una túnica, se la echaron sobre los hombros y, para evitar ver la desnudez de su padre, entraron caminando hacia atrás y lo cubrieron. [24-25]Cuando Noé despertó de su borrachera y supo lo que le había hecho su hijo menor, dijo:

«¡Maldito sea Canaán y sus descendientes!
¡Serán esclavos de los descendientes de Sem y Jafet!
¡Serán los esclavos de más bajo rango!»

[26]Luego Noé dijo:

«¡Bendito sea el SEÑOR, Dios de Sem!
¡Que Canaán sea esclavo de Sem!
[27]¡Que Dios prospere mucho a Jafet,
y que viva en los campamentos de Sem!
¡Que Canaán sea esclavo de Jafet!»

[28]Noé vivió otros trescientos cincuenta años después del diluvio, [29]y tenía novecientos cincuenta años cuando murió.

Las naciones de la tierra

10 Después del diluvio, Sem, Cam y Jafet, los hijos de Noé, tuvieron sus propios hijos. Estos son sus descendientes:

[2]Los hijos de Jafet fueron:
Gómer, Magog, Maday, Javán, Tubal, Mésec, Tirás.

[3]Los hijos de Gómer fueron:
Asquenaz, Rifat y Togarma.

[4]Los hijos de Javán fueron:
Elisá, Tarsis, Quitín y Rodanín.

[5]Éstos se fueron a vivir en las islas y costas, y fundaron naciones en diversos lugares, con sus propios idiomas.

[6]Los hijos de Cam fueron:
Cus, Misrayin, Fut y Canaán.

[7]Los hijos de Cus fueron:
Seba, Javilá, Sabtá, Ragama y Sabteca.
Los hijos de Ragama fueron:
Sabá y Dedán.

[8]Cus fue el padre de Nimrod, que llegó a ser el primer guerrero muy famoso. [9]Con la ayuda del SEÑOR llegó a ser un cazador muy valiente. Por eso, se hizo popular decir: «Tan valiente como Nimrod, quien llegó a ser un excelente cazador porque el SEÑOR lo ayudó». [10]Las ciudades más importantes de su reino fueron Babel, Érec, Acad y Calné. Todas estas ciudades estaban en la región de Sinar. [11-12]De allí salió para Asur,

9.1 9.8–9 9.16–17 9.27–Lc 3.36

donde edificó las ciudades de Nínive, Rejobot Ir, Cala y la importante ciudad de Resén, que estaba situada entre Nínive y Cala.

13,14Misrayin fue el antepasado de los ludeos, los anameos, los leabitas, los naftuitas, los patruseos, los caslujitas y los caftoritas, que son los antepasados de los filisteos.

15Canaán fue el padre de Sidón, su hijo mayor, y de Het.

16-18Además, de Canaán descienden los jebuseos, los amorreos, los gergeseos, los heveos, los araceos, los sineos, los arvadeos, los zemareos y los jamatitas.

Después de algún tiempo todas estas familias de los cananeos se separaron y se dispersaron por la tierra. 19Su territorio abarcaba desde Sidón hasta Guerar y Gaza, y pasaba por Sodoma, Gomorra, Admá y Zeboyín, y llegaba hasta Lasa.

20Éstos fueron, pues, los descendientes de Cam. Se hallaban dispersos en muchas tierras y naciones y hablaban muchas lenguas.

21Sem, el hermano mayor de Jafet, también tuvo hijos, y fue el antepasado de todos los descendientes de Éber. 22Los hijos de Sem fueron:

Elam, Asur, Arfaxad, Lud y Aram.

23Los hijos de Aram fueron:

Uz, Hul, Guéter y Mas.

24Arfaxad fue el padre de Selaj, y Selaj fue el padre de Éber.

25Éber tuvo dos hijos:

El primero se llamó Péleg, porque fue durante su vida que la gente del mundo se dividió.

El otro hijo de Éber fue Joctán.

26-30Joctán fue el padre de Almodad, Sélef, Jazar Mável, Yeraj, Hadorán, Uzal, Diclá, Obal, Abimael, Sabá, Ofir, Javilá y Jobab.

Todos estos fueron los descendientes de Joctán, quienes ocuparon la región que va desde Mesá hasta Sefar, es decir, la región montañosa que queda al oriente.

31Así que estos fueron los descendientes de Sem, según sus familias, sus regiones, sus países y sus idiomas.

32En resumen, todos éstas son las familias que descienden de Noé, según sus pueblos y naciones. Después del diluvio, todas estas familias se esparcieron por todas partes y formaron las naciones que hay en el mundo.

La torre de Babel

11 En ese tiempo, toda la gente hablaba un mismo idioma. 2Al salir hacia el oriente, encontraron una llanura en la región de Sinar, y se quedaron a vivir allí. 3Un día decidieron hacer ladrillos y cocerlos en el fuego. De ese modo usaron los ladrillos en lugar de piedras. Además, emplearon el alquitrán en lugar de mezcla. 4Después dijeron: «Construyamos una ciudad con una torre altísima, que toque el cielo. Así nos haremos muy famosos y no tendremos que vivir por siempre errantes».

5Entonces el SEÑOR bajó para ver la ciudad y la torre que estaban edificando, 6y pensó: «Esto lo pueden hacer porque forman un solo pueblo y hablan el mismo idioma. Esa torre es sólo la primera de muchas otras obras que harán. ¡Todo lo que se propongan hacer lo harán y nadie podrá detenerlos! 7Vamos, descendamos y hagamos que hablen diversos idiomas, para que no puedan entenderse».

8Así, pues, Dios los esparció por toda la tierra, lo que impidió que terminaran la construcción de la ciudad. 9Por esta razón la ciudad se llamó Babel, porque fue allí donde Dios los confundió haciendo que hablaran diversos idiomas, y los esparció por toda la tierra.

Descendientes de Sem

10La siguiente es la lista de los descendientes de Sem: Dos años después del diluvio, cuando Sem cumplió los cien años, tuvo un hijo al que llamó Arfaxad. 11Después de que Arfaxad nació, Sem vivió quinientos años más, y tuvo más hijos e hijas.

12Arfaxad tenía treinta y cinco años cuando le nació su hijo Selaj. 13Después de que Selaj nació, Arfaxad vivió cuatrocientos tres años más, y tuvo más hijos e hijas.

14Selaj tenía treinta años cuando le nació su hijo Éber. 15Después de que Éber nació, Selaj vivió cuatrocientos tres años más, y tuvo más hijos e hijas.

16Éber tenía treinta y cuatro años cuando le nació su hijo Péleg. 17Después de que Péleg nació, Éber vivió cuatrocientos treinta años más, y tuvo más hijos e hijas.

18Péleg tenía treinta años cuando le nació su hijo Reú. 19Después de que Reú nació, Péleg vivió doscientos nueve años más, y tuvo más hijos e hijas.

20Reú tenía treinta y dos años cuando le nació su hijo Serug. 21Después de que Serug nació, Reú vivió doscientos siete años más, y tuvo más hijos e hijas.

22Serug tenía treinta años cuando le nació su hijo Najor. 23Después de que Najor nació, Serug vivió doscientos años más, y tuvo más hijos e hijas.

24Najor tenía veintinueve años cuando le nació su hijo Téraj. 25Después de que Téraj nació, Najor vivió ciento diecinueve años más, y tuvo más hijos e hijas.

26A sus setenta años, a Téraj ya le habían nacido sus hijos Abram, Najor y Jarán.

Descendientes de Téraj

27La siguiente es la lista de los descendientes de Téraj, el padre de Abram, Najor y Jarán.

Jarán, que fue el padre de Lot, 28murió en el mismo lugar en el que había nacido, es decir, en Ur de los caldeos. Jarán murió antes que su padre Téraj.

29Abram se casó con Saray, y Najor se casó con Milca. Ésta era hija de Jarán y hermana de Iscá. 30Saray no podía tener hijos, pues era estéril.

31Un día Téraj decidió salir de Ur de los caldeos para irse a vivir al país de Canaán. Se llevó consigo a su hijo Abram, a su nieto Lot y a su nuera Saray. Pero cuando llegaron a la ciudad de Jarán, se quedaron viviendo ahí. 32Fue allí en Jarán donde murió Téraj, cuando tenía doscientos cinco años de edad.[c]

Llamamiento de Abram

12 El Señor le dijo a Abram: «Deja tu tierra, tus familiares y la casa de tu padre, y vete a la región que te voy a mostrar. 2Te voy a convertir en una nación muy grande; te voy a bendecir, y te haré un hombre muy famoso. ¡Serás de bendición para muchas personas! 3A los que te bendigan, yo los bendeciré; pero a quienes te maldigan, yo los maldeciré. ¡Por medio de ti, yo bendeciré a todos los pueblos del mundo!»

4Tal como el Señor se lo había ordenado, Abram salió de Jarán, y con él también se fue Lot. En aquel tiempo Abram tenía setenta y cinco años. 5Cuando Abram salió hacia la región de Canaán se llevó a su esposa Saray, a su sobrino Lot y a toda la gente que había comprado en Jarán. También se llevó todas las cosas y animales que había conseguido. 6Abram atravesó toda la región de Canaán hasta que llegó a Siquén, donde está la encina sagrada de Moré. En ese tiempo, los cananeos eran los que vivían en aquella región. 7El Señor se le apareció allí a Abram y le dijo: «Esta tierra se la voy a dar a tus descendientes». Entonces Abram construyó un altar para adorar al Señor, porque se le había aparecido allí. 8Después, Abram salió de aquel lugar y viajó hacia el sur, a la región montañosa que queda entre Betel por el oeste y Hai por el este. Allí estableció su campamento e hizo un altar al Señor, e invocó su nombre. 9Luego, Abram continuó su viaje hacia el sur, deteniéndose en varios lugares, hasta que llegó a la región del Néguev.

Abram en Egipto

10En ese tiempo hubo mucha hambre en aquella región; así que Abram se fue a vivir a Egipto. 11Cuando ya estaban cerca de Egipto, Abram le dijo a su esposa Saray: «¡Eres una mujer muy hermosa, y 12tan pronto te vean los egipcios y sepan que eres mi esposa, me matarán para quedarse contigo! 13Pero si dices que eres mi hermana, los egipcios me tratarán bien debido a su interés por ti, y me dejarán con vida».

14Y así fue. Cuando llegaron a Egipto, todos hablaban de la belleza de Saray. 15Los funcionarios del faraón también la vieron. Entonces fueron y le contaron al faraón que aquella mujer era muy hermosa. Luego, la llevaron a vivir al palacio. 16Para congraciarse con Saray, el faraón trató muy bien a Abram y le regaló ovejas, vacas, esclavos y esclavas, burros y burras, y camellos.

17Pero, debido a que el faraón llevó a Saray a su palacio, el Señor lo castigó a él y a su familia con terribles enfermedades. 18Entonces el faraón mandó a llamar a Abram, y le dijo: «¿Por qué me has hecho esto? ¿Por qué no me dijiste que Saray es tu esposa? 19Casi la tomo como esposa, confiado en que dijiste que era tu hermana. ¡Aquí está! ¡Tómala y vete!» 20Luego, el faraón ordenó a sus servidores que sacaran de Egipto a Abram y a su esposa, junto con todas sus posesiones.

Abram y Lot se separan

13 Cuando Abram salió de Egipto con su esposa, con Lot y con todas sus posesiones, se dirigió hacia la región del Néguev. 2Abram era muy rico, pues tenía oro, plata y mucho ganado. 3Desde el Néguev, Abram avanzó lentamente hasta llegar a Betel. Una vez allí, se dirigió al lugar donde había acampado antes, es decir, entre Betel y Hai. 4En ese mismo lugar Abram había construido un altar para invocar el nombre del Señor.

5También Lot, que iba con Abram, tenía muchas ovejas, vacas y carpas. 6De modo que ya no podían vivir juntos, pues el campo no era suficiente para alimentar a tantos animales. 7Por eso, había muchas peleas entre los pastores que cuidaban los rebaños de Abram y los que cuidaban los rebaños de Lot. En ese tiempo, los cananeos y los ferezeos todavía vivían en aquella región.

8Así que un día Abram le dijo a Lot: «Recuerda que tú y yo somos parientes, de modo que no es bueno que haya peleas entre nosotros, ni entre tus pastores y los míos. 9Mira, ahí tienes una gran extensión de tierra. Escoge dónde quieres irte a vivir. Si te vas a la región que está a la izquierda, entonces yo me iré a la que está a la derecha; pero si te vas a la derecha, entonces yo me iré a la izquierda».

10Lot contempló toda la extensa llanura del Jordán, y vio que toda esa región, hasta Zoar, era muy buena para la agricultura, pues tenía mucha agua. Era como el jardín del Señor o como la

c. El Pentateuco Samaritano dice que Téraj murió cuando tenía ciento cuarenta y cinco años, esto es, el año de la salida de Abram de Jarán.

12.1–2 12.3–Ga 3.8

tierra de Egipto. Así era esa región antes de que el SEÑOR destruyera a Sodoma y a Gomorra. 11De modo que Lot escogió la región que estaba al oriente, es decir, la llanura del Jordán, y se fue a vivir allá. Fue así como Abram y Lot se separaron. 12Abram se quedó viviendo en Canaán, mientras que Lot habitó entre las ciudades de la llanura, cerca de la ciudad de Sodoma. 13Los habitantes de Sodoma eran muy perversos y ofendían mucho al SEÑOR con sus horribles pecados.

14,15Después de que Lot se fue, el SEÑOR le dijo a Abram: «Mira toda la tierra que tienes a tu alrededor por el norte, el sur, el oriente y el occidente. Toda esa tierra será para ti y para todos tus descendientes. 16Además, tu descendencia será tan numerosa como el polvo de la tierra. De modo que sólo quien sea capaz de contar el polvo de la tierra, podrá contar a tus descendientes. 17Ahora, pues, levántate y recorre toda esa región, a lo largo y a lo ancho, porque te la voy a regalar».

18Así que Abram se fue a vivir junto al bosque de encinas de Mamré, que queda cerca de Hebrón. Allí construyó un altar para el SEÑOR.

Abram rescata a Lot

14 En esa época, Amrafel era el rey de Sinar, Arioc era el rey de Elasar, Quedorlaómer era el rey de Elam, y Tidal era el rey de Goyim. 2Estos reyes se unieron para ir a pelear contra los reyes Bera de Sodoma, Birsá de Gomorra, Sinab de Admá, Semeber de Zeboyín, y contra el rey de Bela, que es el mismo pueblo conocido como Zoar. 3Estos cinco últimos reyes reunieron sus ejércitos en el valle de Sidín, que es donde está el Mar Muerto. 4Durante doce años habían estado sometidos al rey Quedorlaómer, pero en el año decimotercero decidieron rebelarse contra él.

5Por eso, al año siguiente, el rey Quedorlaómer y los otros reyes que lo apoyaban fueron a la región de Astarot Carnayin y derrotaron a los refaítas. Luego fueron a Jam y derrotaron a los zuzitas; después fueron a la región de Save Quiriatayin y derrotaron a los emitas. 6Por último, pasaron a las montañas de Seír y derrotaron a los horeos, a quienes persiguieron hasta El Parán, que está cerca del desierto. 7Ya de regreso, Quedorlaómer y sus compañeros fueron a Enmispat, que también se conoce como Cades. Derrotaron a los amalecitas y conquistaron su territorio; también derrotaron a los amorreos que vivían en Jazezón Tamar.

8,9Entonces los reyes de Sodoma, Gomorra, Admá Zeboyín y Bela, que es Zoar, fueron al valle de Sidín para pelear contra Quedorlaómer, rey de Elam, y sus aliados, es decir: Tidal, rey de Goyim, Amrafel, rey de Sinar, y Arioc, rey de Elasar. De modo que eran cinco reyes contra cuatro. 10Los reyes de Sodoma y Gomorra, al verse derrotados, intentaron huir junto con sus ejércitos, pero cayeron en los pozos de alquitrán que había en el valle de Sidín. Los que lograron salir de allí, se escondieron en la montaña. 11Los que ganaron la batalla fueron a las ciudades de Sodoma y Gomorra se llevaron todos los alimentos y artículos de valor que había en ellas. Después emprendieron el regreso a sus países. 12Como Lot, el sobrino de Abram, vivía en Sodoma, también se lo llevaron, junto con todo lo que tenía.

13Uno de los hombres que logró escapar fue hasta donde estaba Abram, el hebreo, y le contó todo lo que había sucedido. Abram estaba viviendo junto al bosque de encinas que pertenecía a Mamré, el amorreo. Mamré era hermano de Escol y de Aner, que eran amigos de Abram. 14Cuando Abram oyó que a Lot se lo habían llevado preso, reunió a todos los trescientos dieciocho criados que habían nacido en su casa. Luego, con ellos, salió a perseguir a los que se habían llevado a Lot, y los alcanzó en la ciudad de Dan. 15Esperó hasta la noche y los atacó por sorpresa, los derrotó y los persiguió hasta Hobá, que queda al norte de Damasco. 16De modo que Abram pudo recuperar todas las cosas que esos hombres se habían robado. También logró liberar a su sobrino Lot y sus posesiones, a las mujeres y a todas las demás personas que habían sido capturadas.

17Cuando Abram regresaba de derrotar a Quedorlaómer y a sus aliados, el rey de Sodoma salió a recibirlo al valle de Save, conocido también como el valle del Rey.

18También Melquisedec, que era rey de Salén y sacerdote del Dios altísimo, le llevó pan y vino. 19Luego, Melquisedec bendijo a Abram con estas palabras:

«Abram, que el Dios altísimo, creador del cielo y de la tierra, te bendiga.
20¡Alabado sea el Dios altísimo que te permitió derrotar a tus enemigos!»

Entonces Abram le entregó a Melquisedec la décima parte de todos los bienes que había recuperado.

21El rey de Sodoma le dijo a Abram:

—Entrégame las personas que liberaste y quédate con todas las cosas que has recuperado.

22,23Pero Abram le contestó:

—Le prometí al SEÑOR, el Dios altísimo, creador del cielo y de la tierra, que no me quedaría con nada de lo que es tuyo, ni siquiera con un cordón o una correa de una sandalia. Así no podrás decir jamás: «Abram se hizo rico, porque se quedó con mis bienes». 24No quiero nada para mí. Lo único que acepto de ti son los alimentos que ya comieron mis criados. Pero mis amigos Aner, Escol y Mamré sí tomarán lo que les corresponde.

Dios hace un pacto con Abram

15 Poco tiempo después, el SEÑOR le dijo
a Abram:
—Abram, no tengas miedo, porque yo te protejo,
y te voy a dar una recompensa muy grande.
2-3Pero Abram contestó:
—Mi SEÑOR y Dios, ¿para qué me servirá todo
lo que me vas a dar, si no tengo hijos? En ese
caso, como no me has dado un hijo, todo lo que
me regales le quedará a Eliezer de Damasco, que
es uno de mis criados.
4Entonces el SEÑOR le dijo:
—Vas a tener un hijo, y será él quien se quede
con todo lo que tienes. ¡De modo que ningún
extraño se quedará con tus bienes!
5Luego el SEÑOR hizo que Abram saliera de su
carpa, y le dijo:
—Intenta contar todas las estrellas que hay
en el cielo, y verás que no puedes. ¡Pues, así de
numerosos serán tus descendientes!
6Y Abram le creyó al SEÑOR, y esto le agradó al
SEÑOR y, por eso, lo consideró un hombre justo.
7Y le dijo:
—Yo soy el SEÑOR que te saqué de la ciudad
de Ur de los caldeos, para regalarte esta tierra.
8Pero Abram le respondió:
—Mi SEÑOR y Dios, ¿cómo podré estar seguro
de que me la vas a regalar?
9Entonces el SEÑOR le dijo:
—Trae una ternera, una cabra y un carnero,
de tres años cada uno. También consigue una
tórtola y un pichón de paloma.
10Abram consiguió estos animales, los partió
por la mitad, y puso una mitad frente a la otra.
Pero las aves no las partió. 11Entonces las aves
de rapiña se lanzaban sobre los cuerpos de los
animales muertos, pero Abram las espantaba.
12Al anochecer, Abram se quedó profundamente dormido, y se sintió rodeado de una oscuridad
aterradora.
13Entonces el SEÑOR le dijo:
—Abram, ten la seguridad de que tus descendientes van a vivir como esclavos en una tierra
extraña, y los tratarán mal durante unos cuatrocientos años. 14Pero yo castigaré a la nación
que los esclavice, y haré que tus descendientes
salgan libres y con mucha riqueza. 15En cuanto a
ti, debes saber que morirás en paz y a una edad
muy avanzada. 16Después de cuatro generaciones,
tus descendientes regresarán a esta tierra. En ese
momento será tanta la maldad de los amorreos
que viven aquí, que tendré que castigarlos.
17Cuando el sol se ocultó, y anocheció por
completo, Abram vio que por entre los animales
muertos se paseaba un horno que echaba humo
y una antorcha encendida. 18Ese día el SEÑOR hizo
un pacto con Abram, y le dijo:
—A tus descendientes les voy a dar toda la
tierra que va desde el río de Egipto hasta el gran
río, es decir, el río Éufrates. 19-21Esta tierra es la
que habitan actualmente los quenitas, los queni-
zitas, los cadmoneos, los hititas, los ferezeos, los
refaítas, los amorreos, los cananeos, los gergeseos
y los jebuseos.

Agar e Ismael

16 Saray, la esposa de Abram, no había
podido tener hijos. Pero como tenía una
esclava egipcia llamada Agar, 2-3Saray la tomó y
se la llevó a Abram para que durmiera con ella.
Saray le dijo a Abram:
—Como el SEÑOR no me ha permitido tener
hijos, te ruego que te acuestes con mi esclava,
para que yo pueda tener hijos por medio de ella.
Abram estuvo de acuerdo con lo que le propuso
Saray. Esto ocurrió cuando ya llevaban diez años
viviendo en Canaán.
4Así que Abram se acostó con Agar, y ella quedó embarazada. Cuando Agar supo que estaba
embarazada, comenzó a portarse mal con Saray,
su dueña. 5Por eso, Saray le dijo a Abram:
—¡Tú tienes la culpa de que esta esclava me
trate con desprecio! Yo te permití que durmieras
con ella, y ahora que sabe que está embarazada
se porta mal conmigo. ¡Que sea el SEÑOR el que
determine quién de nosotros tiene la culpa!
6Entonces Abram le dijo a Saray:
—La muchacha es tu esclava, así que haz con
ella lo que quieras.
Saray comenzó a maltratar tanto a Agar, que
ésta decidió huir. 7El ángel del SEÑOR la encontró
en el desierto, junto a un pozo que se halla en
el camino que va hacia la región de Sur, 8y le
preguntó:
—Agar, esclava de Saray, ¿de dónde vienes,
y a dónde vas?
—Estoy huyendo de Saray, mi dueña —respondió Agar.
9Entonces el ángel del SEÑOR le dijo:
—Regresa adonde tu dueña, y obedécela.
10Además, el ángel del SEÑOR le dijo:
—Tus descendientes serán tan numerosos que
no será posible contarlos. 11Estás embarazada y
tendrás un hijo, y lo llamarás Ismael (Dios oye),
porque el SEÑOR ha escuchado tu dolor. 12Ismael
será un hombre rebelde, como un potro salvaje.
Peleará contra todos, y todos pelearán contra él;
pero vivirá cerca de sus hermanos.
13Agar llamó al SEÑOR, que hablaba con ella, «el
Dios que me ve», pues se decía para sus adentros:
«He visto al Dios que me ve». 14Por eso, a este

15.1–6

pozo, que está entre Cades y Béred, se le conoce como el «Pozo del Viviente que me ve».

15Así que Agar le dio un hijo a Abram, el cual lo llamó Ismael. 16Abram tenía ochenta y seis años cuando nació Ismael.

El pacto y la circuncisión

17 Cuando Abram tenía noventa y nueve años, el Señor se le apareció y le dijo:

—Yo soy el Dios Todopoderoso. Vive siempre de acuerdo con mi voluntad y haz lo correcto, 2y yo te prometo que te daré una descendencia numerosísima.

3Entonces Abram se inclinó hasta tocar el suelo con su frente. Dios, por su parte, continuó diciéndole:

4—El pacto que voy a hacer contigo es éste: Serás el padre de muchas naciones. 5Además, a partir de hoy ya no te llamarás Abram (Padre Excelso), sino Abraham (Padre de Naciones), porque haré que seas el padre de muchas naciones. 6Te daré muchísimos descendientes, de modo que de ti saldrán reyes y naciones. 7Contigo y con tus descendientes haré un pacto que durará para siempre. Debido a este pacto, yo seré tu Dios y el Dios de tus descendientes. 8A ti y a tus descendientes les regalaré para siempre toda la tierra de Canaán, es decir, la tierra en que estás viviendo ahora. Y yo seré su Dios.

9,10Además Dios dijo a Abraham:

—A través de todos los tiempos, tú y tus descendientes deberán obedecer este pacto: todos los varones que haya en tu pueblo deberán ser circuncidados. 11A cada varón le cortarán la carne de su prepucio. Esta será la señal de que tú y ellos aceptan mi pacto. 12Todo varón será circuncidado al octavo día de su nacimiento. Esto se aplica tanto a los niños que nazcan en tu casa, como a aquellos que hayan sido comprados por dinero a algún extranjero. Este es un pacto que deberán obedecer siempre tus descendientes. 13Todos, sin excepción, deben ser circuncidados. De esa manera todos los varones llevarán en su cuerpo la señal de mi pacto, que es un pacto que nunca se acabará. 14Cualquiera que no cumpla con las condiciones del pacto, es decir, que no sea circuncidado, será eliminado de mi pueblo, por haber desobedecido mi pacto.

☼ 15Dios también le dijo a Abraham:

—Tu esposa ya no se llamará Saray, sino Sara (Princesa). 16Yo la bendeciré y te daré un hijo de ella. La bendeciré tanto, que será madre de naciones y de reyes.

17Abraham se inclinó hasta tocar el suelo con su frente, y se rió de pensar que un hombre de cien años pudiera ser padre, y que Sara pudiera tener un hijo a los noventa años. 18Por eso le dijo a Dios:

—¡Sería suficiente con que Ismael contara con tu bendición!

✝ 19Dios le respondió:

—Lo que acabo de decirte es que tu esposa Sara te dará un hijo, al cual lo llamarás Isaac (Risa). Con él y con sus descendientes confirmaré mi pacto para siempre. 20En cuanto a Ismael, también te he oído y haré lo que me has pedido. Le daré una descendencia muy numerosa, y haré que de él salga una gran nación. Él será el padre de doce príncipes. 21Pero mi pacto es con Isaac, el hijo que te dará Sara dentro de un año, por esta misma época.

22Terminada la conversación, Dios se fue. 23Aquel mismo día Abraham tomó a su hijo Ismael y lo circuncidó. También tomó a los esclavos, tanto a los que habían nacido en su casa como a los que había comprado, y a todos los demás varones que había en su casa, y los circuncidó, tal como Dios le había dicho. 24,25Abraham tenía noventa y nueve años cuando fue circuncidado, y su hijo Ismael tenía trece. 26Tanto Abraham como Ismael fueron circuncidados el mismo día. 27También, ese mismo día, fueron circuncidados todos los varones que había en su casa, tanto los que habían nacido en ella como los que le había comprado a extranjeros.

La visita del Señor

18 El Señor se le apareció a Abraham junto al bosque de encinas de Mamré. Ese día Abraham estaba sentado a la entrada de su carpa, a la hora más caliente del día. 2Abraham levantó la mirada y vio que tres hombres se dirigían hacia él. Se levantó de un salto y corrió al encuentro de ellos. Se inclinó hasta tocar el suelo con su frente, 3y dijo:

—Mi señor, le ruego por favor que no pase de largo, sino que se quede aquí un momento. 4Voy a pedir que les traigan agua para que se laven los pies, y podrán quedarse a descansar bajo la sombra de este árbol. 5Y ya que han pasado por la carpa de este servidor de ustedes, les voy a traer algo de comer, para que repongan sus fuerzas y puedan continuar su viaje.

—Muy bien —dijeron ellos—, aceptamos tu invitación.

6Entonces Abraham entró corriendo a la carpa y le dijo a Sara:

—Toma pronto unos veinte kilos de la mejor harina, amásalos y haz unos panes.

7Luego corrió al lugar donde estaba el ganado, tomó el mejor ternero, y le dijo a uno de sus sirvientes que lo preparara inmediatamente. 8Junto con el becerro ya preparado, Abraham les

☼17.15–17 ✝17.19–Ma 1.2

ofreció leche y mantequilla. Mientras los hombres comían, Abraham se quedo de pie junto a
ellos, debajo del árbol.
9—¿Dónde está tu esposa Sara? —le preguntaron.
—En la carpa —contestó Abraham.
10Entonces uno de ellos dijo:
—El próximo año, por este tiempo, volveré a
visitarte. En esa fecha Sara tendrá un hijo.
Sara escuchaba detrás de ellos, a la entrada
de la carpa.
11Ahora bien, Abraham y Sara eran muy viejos,
y hacía tiempo que Sara no tenía la menstruación. 12Por eso, Sara no pudo evitar reírse, mientras pensaba: «¿Será posible que vaya a tener
semejante placer, siendo que tanto mi marido
como yo somos muy viejos?»
13Entonces el SEÑOR le dijo a Abraham:
—¿Por qué se rió Sara? ¿A caso no cree que
pueda tener un hijo a pesar de su edad? 14¿Hay
algo que sea difícil para el SEÑOR? Como te dije, el
próximo año, por este tiempo, volveré a visitarte,
y para entonces Sara tendrá un hijo.
15Cuando Sara escuchó esto, tuvo miedo y quiso defenderse. Por eso dijo:
—No me reí.
Pero el SEÑOR le contestó:
—Sí te reíste.

Abraham intercede a favor de Sodoma

16Cuando terminaron de comer, los visitantes
se levantaron para seguir su viaje hacia Sodoma. Abraham los acompañó hasta cierto lugar,
y los despidió. 17Pero el SEÑOR pensó: «¿Le ocultaré a Abraham lo que estoy pensando hacer?
18¿Acaso no lo convertiré en una nación grande y poderosa, y haré que sea una fuente de
bendición para todas las naciones de la tierra?
19Estoy seguro de que enseñará a sus descendientes
a obedecerme, de modo que cuando él muera
ellos continúen practicando la justicia y la honestidad. Yo, por mi parte, le cumpliré a Abraham
todo lo que le he prometido».
20Así que el SEÑOR le dijo a Abraham:
—Ya no puedo aguantar más la queja que hay
contra Sodoma y Gomorra, pues su pecado es
muy grande. 21Bajaré a Sodoma para ver si de
verdad sus habitantes son tan malos. Voy a comprobar personalmente si lo que se dice de ellos
es verdad o mentira.
22,23Dos de los varones siguieron su camino
hacia Sodoma, pero el SEÑOR se quedó con Abraham por un momento. Entonces Abraham se le
acercó y le dijo:
—¿Vas a exterminar juntamente al justo con
el malvado? 24Si encontraras cincuenta justos en
la ciudad, ¿acabarías con todos, y no perdonarías
a la gente de ese lugar por amor a los cincuenta
justos? 25¡Jamás se te vaya a ocurrir matar al justo
junto con el malvado! ¡Jamás vayas a tratar de la
misma manera al justo y al malvado! ¿Acaso el
Juez de toda la tierra no hará lo que es correcto?
26Y el SEÑOR le contestó:
—Si encontrara cincuenta justos, perdonaría
a todos los demás, por amor a los justos.
27Y Abraham volvió a decir:
—Puesto que ya comencé a hablar a mi SEÑOR,
te ruego que me escuches, aunque tan solo soy
un ser humano. 28Supongamos que haya solamente cuarenta y cinco justos, ¿destruirías la
ciudad por los cinco que faltan?
Y el SEÑOR le dijo:
—Si encontrara en la ciudad cuarenta y cinco
justos, no la destruiría.
29Insistió Abraham con sus ruegos:
—Supongamos que hubiera solamente cuarenta.
Y el SEÑOR le contestó:
—No la destruiría si encontrara cuarenta
justos.
30—No te enojes conmigo, mi SEÑOR —le rogó
Abraham—, si digo algo más. ¿Y si hubiera sólo
treinta?
Y el SEÑOR le contestó:
—No destruiría la ciudad si encontrara en
ella treinta justos.
31Entonces Abraham dijo:
—Es atrevimiento mío hablarte así mi SEÑOR,
pero permíteme continuar: Supongamos que
haya solamente veinte.
Y el SEÑOR le contestó:
—No destruiría la ciudad, por amor a los
veinte.
32Finalmente, Abraham dijo:
—No te molestes mi SEÑOR; hablaré sólo una
vez más. Supongamos que sólo encontraras diez
justos.
Y el SEÑOR le contestó:
—Entonces, por amor a los diez, no destruiría
la ciudad.
33Cuando el SEÑOR terminó de conversar con
Abraham, continuó el viaje hacia Sodoma; y
Abraham regresó a su carpa.

Destrucción de Sodoma y Gomorra

19 Ya estaba oscureciendo cuando los dos
ángeles llegaron a Sodoma. Lot estaba
sentado a la entrada de la ciudad. Cuando los
vio, se levantó a saludarlos, inclinándose delante
de ellos en señal de respeto, 2y les dijo:

18.9–14 18.18–Hch 3.25

—Señores, vengan a mi casa para que se laven los pies y duerman. Mañana temprano podrán continuar el viaje.

—No, gracias —dijeron ellos—. Pasaremos la noche en la plaza. 3Pero Lot insistió tanto, que ellos le aceptaron la invitación y se fueron con él a la casa. Allí él les sirvió una buena cena con pan sin levadura, recién horneado. 4Todavía no se habían acostado, cuando todos los hombres de Sodoma, desde el más joven hasta el más viejo, rodearon la casa. 5Entonces llamaron a Lot y le dijeron:

—¿Dónde están los hombres que han venido a quedarse en tu casa? ¡Sácalos, pues queremos tener relaciones sexuales con ellos!

6Lot salió a hablar con ellos y, después de cerrar la puerta, 7les dijo:

—Por favor, amigos míos, no vayan a cometer semejante maldad. 8Miren, tengo dos hijas vírgenes. Se las daré para que hagan con ellas lo que bien les parezca, pero no les hagan nada a estos hombres, pues yo los invité a quedarse esta noche en mi casa.

9—¡Quítate de en medio! —le respondieron—. ¿Con qué derecho nos vas a ordenar lo que debemos hacer? ¡No olvides que eres un extranjero! ¡Ahora te trataremos peor que a ellos!

Así que comenzaron a maltratar a Lot, y se acercaron a la puerta para echarla abajo. 10Pero los dos varones agarraron a Lot, lo metieron a la casa, y cerraron la puerta. 11Después dejaron ciegos a los hombres que estaban allí —desde el más joven hasta el más viejo—, de modo que no pudieron encontrar la puerta. 12Luego le preguntaron a Lot:

—Si tienes en la ciudad hijos, hijas, yernos y cualquier otro familiar ¡sácalos de inmediato! 13El Señor nos ha enviado a destruir esta ciudad, porque ha recibido muchísimas quejas contra los habitantes de este lugar. Así que el Señor no puede perdonarlos más, y ha decidido destruir este lugar.

14Inmediatamente Lot fue y les dijo a los novios de sus hijas:

—¡Apresúrense! ¡Salgan de la ciudad, porque el Señor va a destruirla!

Pero los jóvenes creyeron que Lot estaba bromeando.

15Al amanecer, los ángeles le insistieron a Lot:

—¡Date prisa! ¡Toma a tu esposa y a tus dos hijas y sal con ellas de la ciudad, si no quieren morir junto con todos los demás!

16Como Lot se tardaba mucho en salir, los ángeles lo tomaron de la mano, junto con su esposa y sus hijas, y los sacaron de la ciudad. Hicieron esto, porque el Señor tuvo compasión de Lot y de su familia.

17Apenas salieron de la ciudad, uno de los ángeles les dijo:

—¡Corran para que se salven de morir! ¡No miren hacia atrás, ni se detengan en ninguna parte de esta llanura! ¡Vayan a las montañas, para que no perezcan!

18,19Pero Lot les dijo:

—Por favor, señores míos, ya que han sido tan buenos y misericordiosos conmigo al salvarme la vida, yo les ruego que no me envíen a las montañas, ya que me da miedo que la destrucción me alcance en el camino, y muera. 20Más bien déjenme ir a aquella pequeña ciudad que está más cerca de aquí, para salvar mi vida. En realidad es una ciudad muy pequeña.

21,22—Muy bien —dijo uno de los ángeles—. Acepto tu súplica y no destruiré esa pequeña ciudad. Pero ¡date prisa! porque nada podemos hacer hasta que te hayas refugiado en ella.

Desde aquel tiempo esa ciudad fue llamada Zoar (ciudad pequeña).

23Salía el sol cuando Lot llegó a Zoar. 24Entonces el Señor hizo que desde el cielo lloviera fuego y azufre sobre Sodoma y Gomorra. 25De este modo destruyó completamente esas ciudades, junto con todos sus habitantes. También acabó con toda la vegetación que había en esa llanura. 26Pero la esposa de Lot miró hacia atrás, y quedó convertida en una estatua de sal.

27Aquella mañana, Abraham se levantó temprano y regresó al lugar donde había estado conversando con el Señor. 28Miró hacia Sodoma y Gomorra, y hacia toda la llanura, y vio que del suelo salía humo, como el humo que sale de un horno. 29Fue así como Dios destruyó esas ciudades de la llanura donde Lot había vivido. Pero Dios se acordó de Abraham y, por eso, libró a Lot de perecer en aquella catástrofe.

Lot y sus hijas

30Después Lot, por miedo a la gente de Zoar, dejó la ciudad, junto con sus dos hijas, y se fue a vivir a una cueva que había en la montaña. 31Un día, la hija mayor le dijo a su hermana:

—Ya nuestro padre está muy viejo y, además, no ha quedado hombre alguno en estos lugares con los que podamos casarnos, como es la costumbre. 32Así que vamos a emborracharlo, y nos acostamos con él. De este modo lograremos que nuestro padre tenga descendientes.

33Aquella noche emborracharon a su padre. Entonces la hija mayor tuvo relaciones con él. Pero Lot no se dio cuenta de lo que pasó.

34A la mañana siguiente la mayor le dijo a la menor:

—Anoche me acosté con mi padre. Vamos a emborracharlo también esta noche, para que tú te acuestes con él; y de esta manera nuestro padre tendrá descendencia.

35Aquella noche volvieron a darle a beber vino hasta emborracharlo. Enseguida, la menor entró, se acostó con él, y salió. Pero Lot no se dio cuenta de lo que pasó. 36Así fue que las dos hijas quedaron embarazadas de su padre. 37El hijo de la mayor se llamó Moab, y fue el padre de los actuales moabitas. 38El hijo de la menor fue llamado Ben Amí, y fue el padre de los actuales amonitas.

Abraham y Abimélec

20 De allí Abraham se trasladó al sur, al territorio de Néguev, y se estableció en Guerar, que queda entre Cades y Sur. 2Allí decía que Sara era su hermana. Por eso, Abimélec, que era el rey de Guerar, hizo que llevaran a Sara a su palacio, para hacerla su esposa. 3Pero esa noche Dios se le apareció a Abimélec en sueños, y le dijo:

—Eres hombre muerto, porque la mujer que tomaste tiene marido.

4Pero como Abimélec todavía no había dormido con ella, le dijo:

—Señor, ¿matarías a un inocente? 5Yo he hecho todo de buena fe, pues Abraham me dijo que ella era su hermana. Además, ella también me dijo que él es su hermano. Así que yo no tengo la culpa.

6—Sí, lo sé —le respondió el Señor en un sueño—. Es por eso que te impedí que pecaras contra mí, y no te dejé tocarla. 7Ahora devuélvela a su marido y él orará por ti, porque es profeta, y vivirás. Pero si no la devuelves, entonces, morirás tú junto con todos los de tu casa.

8En la mañana del día siguiente, el rey Abimélec se levantó y reunió a todos sus servidores y les contó lo ocurrido. Al oír esto, todos se llenaron de miedo. 9,10Luego el rey llamó a Abraham, y le reclamó:

—¿Qué es lo que nos has hecho? ¿Qué te he hecho para que hayas hecho caer sobre mí y sobre mi gente este pecado tan grande? ¡Esto que has hecho no se le hace a nadie! ¿Qué pensabas que ibas a lograr con esa mentira?

11Abraham respondió:

—Pensé que en este lugar no tendrían ningún respeto por Dios, y que alguien, por quedarse con mi esposa, me mataría. 12Pero en verdad, ella sí es mi hermana, pues es hija de mi padre aunque no de mi madre. Por eso me casé con ella. 13Cuando Dios me ordenó que saliera de la casa de mi padre, le dije a mi esposa: «Donde quiera que vayamos, me vas a hacer el favor de decir que yo soy tu hermano».

14Entonces el rey Abimélec le dio a Abraham ovejas, bueyes y esclavos de ambos sexos, y le devolvió a Sara.

15—Mi reino está a tu vista —le dijo el rey—. Elige el lugar que más te agrade para vivir.

16Y, volviéndose a Sara, le dijo:

—Mira, yo le voy a dar a tu hermano mil monedas de plata para compensar cualquier daño que pudiera haberte hecho, y para dar por terminado este asunto tan molesto. De esta manera se restaurará tu buen nombre, y nadie podrá hablar mal de ti.

17Entonces Abraham oró por Abimélec. Y Dios sanó a Abimélec, a su esposa y a sus siervas, y les permitió tener hijos, 18porque el Señor había dejado estériles a las mujeres que estaban en la casa de Abimélec, debido a lo ocurrido con Sara, la esposa de Abraham.

Nacimiento de Isaac

21 El Señor se acordó de Sara y le cumplió lo que le había prometido. 2Por eso, Sara quedó embarazada y le dio un hijo a Abraham en su vejez, en el tiempo que Dios le había dicho. 3Al hijo que Sara le dio Abraham le dio el nombre de Isaac. 4Cuando el niño cumplió ocho días, Abraham lo circuncidó, tal como Dios le había ordenado. 5Cuando Isaac nació, Abraham ya tenía cien años. 6Y Sara dijo:

«Dios me ha hecho reír, y cualquiera que oiga que he tenido un hijo, se reirá conmigo. 7Porque, ¿quién se hubiera atrevido a decirle a Abraham que yo le iba a dar de mamar a un hijo? Sin embargo, ¡le he dado un hijo a Abraham en su vejez!

Expulsión de Agar e Ismael

8El niño creció y llegó a la edad en que fue destetado. Y Abraham celebró la ocasión con una gran fiesta. 9Pero Sara vio que Ismael, el hijo que la egipcia Agar le había dado a Abraham, se burlaba de Isaac. 10Entonces fue y le dijo a Abraham:

—Echa a la esclava y a su hijo. ¡Jamás permitiré que el hijo de esa esclava participe de los bienes que le corresponden a mi hijo Isaac!

11Esto le causó mucho dolor a Abraham, porque, después de todo, Ismael también era hijo suyo. 12Pero Dios le dijo a Abraham:

—No te preocupes por el niño ni por la esclava. Haz lo que Sara te ha dicho, porque Isaac es el hijo a través del cual te daré descendencia. 13También de los descendientes del hijo de la esclava haré una nación, porque es tu hijo.

14Al día siguiente, Abraham se levantó temprano, preparó alimentos para el viaje, ató una vasija de cuero con agua a las espaldas de Agar y la despidió junto con su hijo. Ella se fue y anduvo de un lado para otro por el desierto de Berseba. 15Cuando se le terminó el agua de la vasija, puso

19.15 20.17 21.1–8 † 21.12–Ro 9.7

al muchacho bajo un arbusto. 16Luego ella
fue a sentarse a cierta distancia de allí, pues
se decía a sí misma: «No quiero verlo morir».
Cuando ella se sentó, el niño se puso a llorar
a gritos.
17Entonces Dios oyó el clamor del niño, y el
ángel de Dios llamó a Agar desde el cielo y le dijo:
—Agar, ¿qué te pasa? No tengas miedo. Dios
ha oído el clamor del niño. 18Anda, levanta al
niño y tómalo de la mano, porque haré de él
una nación grande.
19Entonces Dios le abrió los ojos y ella vio un
pozo. Así que llenó la vasija de cuero y le dio
de beber al niño. 20,21Dios bendijo a Ismael, el
cual vivió en el desierto de Parán y se convirtió
en un excelente arquero. Su madre lo casó con
una egipcia.

Pacto entre Abraham y Abimélec

22Por este tiempo, el rey Abimélec, acompañado de Ficol, el comandante de sus tropas, fue a
donde estaba Abraham y le dijo:
—Es evidente que Dios te bendice y te ayuda
en todo lo que emprendes. 23Júrame, por Dios,
ahora mismo, que no nos harás daño ni a mí ni
a mis hijos ni a mis descendientes. Júrame que,
tanto a mí como a los habitantes de este país
donde vives como extranjero, nos tratarás con la
misma bondad con que yo te he tratado.
24Abraham contestó:
—¡Te lo juro!
25Luego, Abraham le hizo el reclamo a Abimélec acerca de un pozo que los siervos de éste
le habían quitado.
26—Sólo hasta ahora me entero de esto —
exclamó el rey—, y no sé quién tenga la culpa.
¿Por qué no me lo dijiste antes?
27Entonces Abraham le dio ovejas y vacas a
Abimélec; y los dos hicieron un pacto.
28Abraham puso aparte siete corderas del rebaño. 29Entonces Abimélec le preguntó:
—¿Para qué son esas siete corderas que has
separado?
30Abraham contestó:
—Es un regalo que te hago como confirmación pública de que este pozo es mío.
31Desde ese momento el pozo fue llamado Berseba (pozo del juramento), porque allí los dos
hicieron un juramento.
32Después de haber hecho este pacto en Berseba, el rey Abimélec y Ficol, el comandante de su
ejército, volvieron al país de los filisteos. 33Y Abraham plantó un árbol tamarisco allí en Berseba,
e invocó el nombre del SEÑOR, el Dios eterno. 34Y
vivió Abraham en Filistea durante mucho tiempo.

Dios prueba a Abraham

22 Después de algunos años, Dios sometió a
Abraham a una prueba.
—¡Abraham! —llamó Dios.
—Aquí estoy —respondió Abraham.
2Entonces Dios le dijo:
—Toma a Isaac, tú único hijo a quien tanto
amas, y llévalo a la tierra de Moria. Cuando llegues a allá, me lo ofrecerás en holocausto sobre
uno de los cerros que yo te señalaré.
3Al día siguiente, Abraham madrugó y ensilló
su burro. Luego cortó la leña para el holocausto,
y junto con dos de sus criados y su hijo Isaac salió
rumbo al lugar que Dios le había indicado. 4Al
tercer día, alzó Abraham los ojos y vio el lugar a
lo lejos. 5Entonces Abraham les dijo a sus criados:
—Quédense aquí con el burro, mientras el
muchacho y yo vamos allí para adorar. Luego
volveremos.
6Abraham puso la leña del holocausto sobre los
hombros de Isaac, y tomó el cuchillo y el fuego.
Entonces los dos continuaron juntos el camino.
7—¡Padre mío! —dijo Isaac—.
Y Abraham le contestó:
—Aquí estoy, ¿qué quieres, hijo mío?
—Tenemos la leña y el fuego —siguió diciendo Isaac—, pero ¿dónde está el cordero para el
sacrificio?
8Abraham le respondió:
—Dios lo proveerá, hijo mío.
Y siguieron caminando. 9Cuando llegaron al
lugar que Dios le había indicado, Abraham edificó un altar y colocó la leña. Luego ató a su hijo
Isaac y lo puso en el altar, sobre la leña. 10Ense-
guida Abraham tomó el cuchillo, para matar a
su hijo. 11En ese momento, el ángel del SEÑOR le
gritó desde el cielo:
—¡Abraham! ¡Abraham!
—Aquí estoy —contestó Abraham.
12—¡Suelta el cuchillo! No le hagas ningún
daño al muchacho —le dijo el ángel—. Ahora
sé que de verdad tienes temor de Dios, porque
no te negaste a darme a tu único hijo.
13Entonces Abraham miró hacia atrás y vio que
un carnero estaba enredado por los cuernos en
un arbusto. Fue, tomó el carnero y lo ofreció en
holocausto, en lugar de su hijo. 14Por eso, Abraham le puso a ese lugar el nombre de «el SEÑOR
proveerá». Hasta hoy se dice: «En un monte el
SEÑOR proveerá».
15Poco después, el ángel del SEÑOR llamó nuevamente a Abraham desde el cielo, 16y le dijo:
—Ya que me obedeciste y no me negaste a
tu único hijo, juro por mí mismo —lo digo yo,
el SEÑOR—, que 17te bendeciré muchísimo. Tu

21.16–21

descendencia será tan numerosa como las estrellas del cielo y como la arena del mar. Además, tus descendientes poseerán las ciudades de sus enemigos. 18Por haberme obedecido, todas las naciones del mundo serán bendecidas por medio de tus descendientes.

19Entonces Abraham regresó al lugar donde había dejado a sus criados. Luego todos volvieron a Berseba, y Abraham se quedó a vivir allí.

Los hijos de Najor

20-23Después de algún tiempo, Abraham recibió un mensaje en que se le contaba que Milca, la esposa de Najor, el hermano de Abraham, había tenido ocho hijos.

El primero de ellos fue Uz.
Luego nacieron:
Buz y Quemuel, que fue el padre de Aram.
A éstos les siguieron:
Quésed, Jazó, Pildás, Yidlaf y Betuel.
Este último fue el padre de Rebeca.

Así que estos fueron los ocho hijos que Milca le dio a Najor, el hermano de Abraham.

24Además, con su concubina Reumá, Najor tuvo cuatro hijos, que fueron:

Tébaj, Gaján, Tajás y Macá.

Muerte de Sara

23 Sara vivió ciento veintisiete años, 2y murió en Quiriat Arbá —la que hoy es la ciudad de Hebrón—, en la tierra de Canaán. Abraham lloró por la muerte de Sara y le guardó luto. 3Luego, salió del lugar donde estaba el cadáver de su esposa, y fue a hablar con los hititas. Les dijo:

4—Aunque soy un extranjero entre ustedes, les suplico que me vendan un sepulcro en el cual pueda sepultar a mi esposa.

5Los hititas le contestaron:

6¡Señor, por favor, escúchenos! Para nosotros usted es un príncipe poderoso. Escoja el mejor de nuestros sepulcros para que sepulte a su esposa. Ninguno de nosotros le negará su sepulcro para que lo haga.

7Entonces Abraham se inclinó delante de ellos, 8y les dijo:

—Puesto que tienen la buena voluntad de concedérmelo, díganle a Efrón hijo de Zojar, 9que, por favor, me venda la cueva de Macpela, que queda al final de su campo. Por supuesto, le pagaré lo que vale, y la usaré como sepultura para mi familia.

10Efrón el hitita, que estaba sentado entre sus familiares, le contestó a Abraham públicamente delante de ellos y de todos los que entraban a la ciudad:

11—Señor mío, por favor, escúcheme. Le daré el campo, junto con la cueva que está en él. Todos los que están aquí serán testigos de que se los regalo. Vaya y entierre a su esposa.

12Abraham se inclinó nuevamente delante de los habitantes de ese lugar 13y, en presencia de todos, le respondió a Efrón:

—No, por favor, escúcheme usted. Yo insisto en pagarle el valor de la propiedad. Recíbalo, para que yo pueda enterrar allí a mi esposa.

14Entonces Efrón le respondió:

15—Bueno, señor mío, la tierra cuesta cuatrocientas monedas de plata. Creo que eso es tan poco que no vamos a discutir por ello. Vaya y entierre a su esposa.

16Abraham estuvo de acuerdo con Efrón y, delante de los hititas, le entregó las cuatrocientas monedas de plata de las que usaban corrientemente los comerciantes.

17Fue así como Abraham adquirió el campo de Efrón, que estaba en Macpela, cerca de Mamré, junto con la cueva y todos los árboles que había en él. 18El negocio se hizo en presencia de los hititas y de todos los que entraban a la ciudad.

19Después de esto, Abraham fue y sepultó a su esposa Sara en la cueva del campo de Macpela, al oriente de Mamré, que se conocía también como Hebrón, en Canaán. 20De ese modo, el campo, junto con la cueva, dejó de pertenecer a los hititas y pasó a ser propiedad de Abraham para sepultura, pues Abraham lo compró.

Isaac y Rebeca

24 Abraham estaba muy viejo, y Dios lo había bendecido en todo. 2Un día Abraham le dijo a su mayordomo, que era el más viejo de sus siervos:

—Coloca tu mano en mi entrepierna, 3y júrame por el nombre del Señor, el Dios del cielo y de la tierra, que no dejarás que mi hijo se case con una muchacha de esta tierra de Canaán, donde yo vivo. 4Para que esto no ocurra, irás a mi tierra, a casa de mi familia, y buscarás allí una esposa para mi hijo Isaac.

5El criado le dijo a Abraham:

—Supongamos que yo no pueda hallar una muchacha que quiera venir conmigo a este lugar. Entonces, ¿debo hacer que Isaac se vaya a vivir al país del cual usted salió?

6—¡No! —advirtió Abraham—. Cuídate de no hacerlo bajo ninguna circunstancia. 7Porque el Señor, Dios del cielo, que me ordenó dejar mi tierra y mi familia, y prometió darme esta tierra como propiedad para mí y mis descendientes, enviará a su ángel delante de ti y hará que encuentres allí una doncella para que sea la esposa de mi hijo. 8Pero si no lo logras, quedas libre de tu juramento. Pero bajo ninguna circunstancia llevarás a mi hijo para allá.

9Entonces el criado colocó su mano en la entrepierna de su amo Abraham, y le juró seguir sus
instrucciones. 10Tomó diez camellos de su amo,
y los cargó con muchos regalos, de las mejores
cosas que Abraham tenía, y se fue hacia el pueblo
de Najor en Aram Najarayin. 11Una vez allí, hizo
que los camellos se arrodillaran junto a un pozo
de agua que estaba a las afueras de la ciudad. Era
la hora de la puesta del sol, cuando las mujeres
salían a buscar agua. 12Luego comenzó a orar:
«Señor, Dios de mi amo Abraham, sé misericordioso con mi amo y ayúdame para cumplir el
propósito de mi viaje. 13Mira, aquí estoy junto al
pozo de agua, a la hora en que las muchachas del
pueblo vienen a sacar agua. 14Permíteme saber
cuál es la joven que tú has escogido para que
sea la esposa de tu siervo Isaac. Te suplico que
esa joven sea a quien yo le diga: "Por favor, baje
su cántaro para que yo pueda tomar un poco
de agua", y que me conteste: "Tome usted, y
también le voy a dar de beber a los camellos".
De esta manera podré estar bien seguro de que
en verdad amas a mi amo Abraham».

15Todavía estaba orando, cuando vio que se
acercaba una muchacha con su cántaro al hombro. Era Rebeca, la hija de Betuel. Este Betuel
era el hijo de Milca y de Najor, el hermano de
Abraham. 16La joven era muy hermosa y virgen,
pues aún no había tenido relaciones sexuales con
ningún hombre. Rebeca bajó al pozo, llenó su
cántaro de agua y se dispuso a regresar. 17Enton-
ces el criado corrió hacia ella y le dijo:

—Le ruego que me permita beber un poco de
agua de su cántaro.

18—Con mucho gusto, señor —dijo ella.

Y con prontitud inclinó el cántaro para que
él pudiera beber.

19Cuando el criado terminó de beber, la
muchacha dijo:

—También sacaré agua para sus camellos,
para que beban hasta que queden satisfechos.

20Acto seguido vació el cántaro en el bebede-
ro y fue corriendo varias veces al pozo a sacar
agua, hasta que hubo la suficiente para todos los
camellos. 21Mientras tanto, el criado la observaba
en silencio, preguntándose si el Señor le había
contestado la oración.

22Cuando los camellos terminaron de beber, el
criado sacó un pendiente de oro, que pesaba unos
seis gramos, y se lo puso a Rebeca en la nariz.
También le colocó en los brazos dos brazaletes
que pesaban ciento veinte gramos cada uno.

23Luego el criado le preguntó:

—¿Por favor, dígame quién es su papá? ¿Habrá
lugar en casa de su padre para pasar la noche?

24—Mi padre es Betuel, hijo de Milca, que es
esposa de Najor —contestó ella—. 25Y en nuestra
casa tenemos abundante comida para los camellos, y una pieza para huéspedes.

26El criado, entonces, se arrodilló y adoró al
Señor 27con la siguiente oración:
«¡Alabado sea el Señor, Dios de mi amo Abraham, pues siempre ha sido tan bueno y leal con
él! ¡Gracias por haberme guiado directamente a
los familiares de mi amo!»

28La muchacha corrió hasta la casa para contarle estas cosas a su familia. 29,30Rebeca tenía un
hermano llamado Labán. Cuando éste escuchó
todo lo que la muchacha les contó, y además vio
el pendiente y los brazaletes que llevaba puestos, salió corriendo hacia el pozo, donde todavía
estaba el hombre de pie junto a los camellos. 31Al
verlo, le dijo:

—¡Venga, usted, bendito del Señor, y quédese
con nosotros! No tiene por qué quedarse aquí
afuera. ¡Ya le he preparado un lugar para usted.
También hay sitio para los camellos!

32El criado siguió a Labán a la casa. Luego,
Labán les llevó agua, para que el criado y sus
acompañantes se lavaran los pies. También les
quitó a los camellos las cargas que llevaban y les
dio suficiente comida. 33Cuando les sirvieron la
comida, el criado de Abraham dijo:

—No quiero comer nada hasta haberles dicho
por qué estoy aquí.

—Muy bien —dijo Labán—, danos tu mensaje.

34—Soy siervo de Abraham —explicó—. 35El
Señor ha colmado de bendiciones a mi amo, de
modo que él es considerado un gran hombre
entre la gente de la tierra donde vive. Dios le
ha dado grandes rebaños de ovejas y de vacas,
además le ha dado una gran fortuna en plata y
oro, y muchos esclavos y esclavas, camellos y
burros. 36Como si esto fuera poco, Sara, la esposa
de mi amo, siendo ya muy anciana, le dio un
hijo a mi amo. A ese hijo mi amo le ha dado
todo lo que posee. 37,38Y mi amo hizo que yo le
prometiera que no dejaría que Isaac se casara con
una de las mujeres de Canaán, que es la tierra
donde él vive. Por eso, me pidió que viniera a
esta lejana tierra, para buscar entre sus familiares
una esposa para su hijo. 39Yo le pregunté: «¿Y si
no puedo encontrar una muchacha que quiera
venir?» Él me respondió: 40«Vendrá, porque mi
Señor, en cuya presencia he andado, enviará su
ángel contigo y hará que tu misión tenga éxito.
Por tanto, busca una muchacha entre la familia
de mi padre. 41En caso de que mis familiares no
quieran dejar venir a la muchacha, tú quedarás
libre de la promesa que me has hecho».

42»Pues bien, esta tarde, cuando llegué al
manantial, hice la siguiente oración: "Señor, Dios
de mi amo Abraham, si tú me estás guiando para
que mi misión tenga éxito, guíame en la forma

siguiente: 43Aquí estoy junto a este pozo, te ruego que me ayudes. Voy a decirle a una muchacha que venga a sacar agua de este pozo: 'Por favor, déme un poco de agua para beber'. 44Si ella me responde: 'Con mucho gusto, y también le daré agua a los camellos', entonces sabré que es la muchacha que has escogido para que sea la esposa del hijo de mi amo".

45»Mientras yo decía estas cosas, apareció Rebeca con el cántaro al hombro, se dirigió al pozo, sacó agua y llenó el cántaro. Yo le dije: "Por favor, déme de beber". 46Ella con prontitud inclinó hacia mi el cántaro para que pudiera beber y me dijo: "Con mucho gusto, señor, y también sacaré agua para sus camellos". ¡Y así lo hizo! 47Entonces le pregunté: "¿De qué familia es usted?" Y ella me dijo: "Soy de la familia de Najor. Mi padre es Betuel, hijo de Najor y de Milca". Entonces le puse el pendiente en la nariz, y los brazaletes en los brazos. 48Luego me arrodillé y adoré al SEÑOR. Sí, alabé al SEÑOR, el Dios de mi amo Abraham, porque me había llevado por el camino correcto, hasta encontrar en la casa del hermano de mi amo la esposa para su hijo Isaac. 49Ahora, díganme si van a ser bondadosos y leales con mi amo Abraham; si no piensan serlo, también díganmelo. Así yo sabré qué camino tomar.

50Entonces Labán y Betuel contestaron:

—Es evidente que esto es obra del SEÑOR, de modo que en ese caso nosotros no podemos hacer nada. 51Mire, aquí está Rebeca. Tómela y llévesela, para que sea la esposa del hijo de su amo, tal como el SEÑOR lo ha dispuesto.

52Al oír la respuesta, el mayordomo de Abraham cayó de rodillas delante del SEÑOR. 53Enseguida sacó joyas de plata y de oro y hermosos vestidos para Rebeca, y también les hizo valiosos regalos a la madre y al hermano de ella. 54Luego el criado y sus acompañantes cenaron y pasaron allí la noche.

Al día siguiente, cuando se levantaron, el criado dijo:

—Debo regresar a casa de mi amo.

55Pero el hermano y la mamá de Rebeca le dijeron:

—Queremos que Rebeca se quede con nosotros unos diez días más. Después de ese tiempo se podrá ir.

56Pero él les rogó:

—No retarden mi regreso. El SEÑOR ha hecho que mi misión tenga éxito, así que déjenme regresar a donde mi amo.

57—Bien —respondieron—. Llamemos a la muchacha y preguntémosle si quiere irse o no.

58Llamaron a Rebeca y le preguntaron:

—¿Quieres irte con este señor?

Y ella respondió:

—Sí, me voy con él.

59Entonces dejaron ir a Rebeca con el mayordomo y sus acompañantes. Además, permitieron que la mujer que había cuidado a Rebeca desde que era niña fuera también con ella. 60y la despidieron con esta bendición:

«Hermana nuestra:
¡que seas madre de millones de hijos!
¡Que tu descendencia conquiste las ciudades de sus enemigos!»

61Entonces Rebeca y sus esclavas subieron a los camellos y se fueron con el criado de Abraham.

62Mientras tanto, Isaac, cuyo hogar estaba en el Néguev, había regresado del pozo de Lajay Roí. 63Una tarde, salió a caminar por el campo para meditar. De repente, levantó la vista y vio que se acercaban unos camellos. 64También Rebeca levantó la vista, y al ver a Isaac, se bajó del camello, 65y le preguntó al criado:

—¿Quién es ese hombre que viene por el campo hacia nosotros?

—Es el hijo de mi amo —le contestó.

Entonces ella se cubrió el rostro con el velo. 66Cuando Isaac llegó hasta ellos, el mayordomo le contó todo lo ocurrido.

67Isaac llevó a Rebeca a la tienda de su madre y la tomó por esposa. Él la amó mucho, y ella le sirvió de especial consuelo por la muerte de su madre.

Muerte de Abraham

25 Abraham volvió a casarse. Su nueva esposa se llamaba Cetura. 2Con ella Abraham tuvo los siguientes hijos:

Zimrán, Jocsán, Medán, Madián, Isbac y Súaj.

3Los dos hijos de Jocsán fueron Sabá y Dedán. Los hijos de Dedán fueron los asureos, los letuseos y los leumeos. 4Los hijos de Madián fueron Efá, Éfer, Janoc, Abidá y Eldá. Todos éstos fueron descendientes de Cetura.

5Todo cuanto Abraham poseía se lo dio a Isaac. 6A los hijos de sus otras mujeres les dio regalos, y los envió hacia el oriente, para alejarlos de Isaac.

7,8Abraham murió a la avanzada edad de ciento setenta y cinco años 9,10y fue sepultado por sus hijos Isaac e Ismael en la cueva de Macpela, cerca de Mamré, en el campo que Abraham le había comprado a Efrón, el hijo de Zojar el hitita. Fue sepultado junto a su esposa Sara.

11Después de la muerte de Abraham, Dios derramó abundantes bendiciones sobre Isaac. Isaac se quedó a vivir cerca del pozo de Lajay Roí.

24.58–60 24.67

Descendientes de Ismael

12-15Esta es una lista, por orden de nacimiento,
de los hijos de Ismael, hijo de Abraham y de Agar,
la esclava egipcia de Sara:

Nebayot, Cedar, Abdel, Mibsán, Mismá, Dumá,
Masá, Hadar, Temá, Jetur, Nafis y Cedema.

16Estos doce hijos de Ismael fundaron las doce
tribus que llevan sus nombres.

17Ismael murió a la edad de ciento treinta y
siete años, y fue a reunirse con sus antepasados.
18Los descendientes de Ismael habitaron en la
región que va desde Javilá hasta Sur, que está
frente a Egipto, en la vía que va a Asiria. Así
que Ismael se quedó a vivir en frente de todos
sus parientes.

Nacimiento de Jacob y de Esaú

19Esta es la historia de Isaac, el hijo de Abraham. 20Isaac tenía cuarenta años cuando se
casó con Rebeca, la hija de Betuel y hermana
de Labán. Betuel y Labán eran arameos y vivían
en Padán Aram. 21Como Rebeca no podía tener
hijos, Isaac oró al Señor a favor de ella. El Señor
escuchó su oración, de modo que Rebeca quedó
embarazada. 22Pronto se dio cuenta que iba a
tener mellizos porque los niños luchaban dentro de su vientre. Preocupada, Rebeca se dijo así
misma: «Si las cosas van a seguir así, ¿para qué
quiero seguir viviendo?». Entonces fue a consultar al Señor, 23Y Dios le dijo:

«En tu vientre hay dos naciones;
dos pueblos divididos desde antes de nacer.
Uno será más fuerte que el otro,
y el mayor servirá al menor».

24Llegado el momento, Rebeca dio a luz. 25El
primero que nació era pelirrojo y tan velludo,
que parecía tener un abrigo de piel. Por eso lo
llamaron Esaú. 26Luego nació el segundo, que
salió aferrado al tobillo de Esaú, por lo que lo llamaron Jacob (Suplantador). Isaac tenía sesenta
años cuando nacieron los mellizos.

27Los niños crecieron. Esaú se hizo hábil cazador y le gustaba el campo, mientras que Jacob
era muy tranquilo y prefería quedarse en la casa.
28Esaú era el favorito de Isaac, porque le daba
de comer de lo que cazaba; pero Jacob era el
favorito de Rebeca.

29Un día Jacob estaba haciendo un guiso cuando Esaú llegó del campo muy cansado 30y le dijo:

—Hombre, ¡estoy muerto de hambre! ¡Por
favor, dame un poco de ese guiso rojo! (Por eso,
a Esaú también se le conoció con el nombre de
Edom, que significa rojo)

31—Muy bien, pero dame en cambio tu derecho de primogenitura —respondió Jacob.

32—¿De qué me sirve la primogenitura si me
muero de hambre? —replicó Esaú.

33—Entonces prométeme bajo juramento que
me cedes tu derecho de primogenitura —insistió
Jacob.

Esaú hizo el juramento y vendió así sus derechos de hijo mayor al hermano menor. 34Enton-
ces Jacob le dio pan y el guiso de lentejas.

Después de comer y de beber, Esaú se levantó
y se fue. Así demostró que no le importaba para
nada su derecho de hijo mayor.

Isaac y Abimélec

26 En aquella época hubo mucha hambre
en esa región, tal como había ocurrido
antes en el tiempo de Abraham. Isaac entonces
se trasladó a la ciudad de Guerar, donde vivía
Abimélec el rey de los filisteos. 2Allí se le apareció
el Señor y le dijo: «No vayas a Egipto. Quédate en
el lugar que yo te indique. 3Vive en este país, y yo
estaré contigo y te bendeciré, porque toda esta
tierra te la daré a ti y a todos tus descendientes, tal
como le prometí a Abraham, tu padre. 4Haré que
tus descendientes sean tan numerosos como las
estrellas, y les daré todas estas tierras. Por causa
de tus descendientes serán bendecidas todas las
naciones de la tierra. 5Haré esto por cuanto Abraham obedeció mis mandamientos y mis leyes».
6Isaac, pues, se quedó en Guerar. 7Cuando los
hombres del lugar le preguntaban quién era la
mujer que lo acompañaba, Isaac decía que era
su hermana. Es que Rebeca era tan bonita, que
Isaac tenía miedo de que los hombres de aquel
lugar lo mataran si se enteraban que ella era
su esposa.

8Pero algún tiempo después, Abimélec, el rey
de los filisteos, miró por la ventana y vio a Isaac
acariciando a Rebeca. 9Abimélec entonces llamó
a Isaac y le dijo:

—¡Ah, con que esa mujer es tu esposa! ¿Por
qué dijiste que era tu hermana?

—Porque tuve miedo de ser asesinado —
replicó Isaac—. Pensé que alguien podría matarme para apoderarse de ella.

10—¿Cómo pudiste hacernos esto? —exclamó
Abimélec—. Alguno, sin saberlo, pudo haberse
acostado con ella, y todos habríamos cargado
con las consecuencias de ese pecado.

11Entonces Abimélec proclamó públicamente:
«Cualquiera que le haga algún daño a este hombre o a su esposa, morirá».

12Ese año las cosechas de Isaac fueron enormes: cosechó cien veces lo sembrado, porque el
Señor lo bendijo. 13Día a día Isaac fue adquiriendo
bienes, hasta que llegó a ser muy rico. 14Tenía
grandes rebaños de ovejas y de vacas, y muchos
esclavos. Por esta razón los filisteos le tenían
envidia. 15Así que llenaron de tierra los pozos que
habían cavado los siervos de su padre Abraham.
16Entonces el rey Abimélec le dijo a Isaac:

—Vete a otro lugar, porque te has enriquecido
y eres más poderoso que nosotros.
17De modo que Isaac salió de allí y se fue a vivir
al valle de Guerar. 18Allí Isaac volvió a abrir los
pozos de Abraham, los mismos que los filisteos
habían tapado después de la muerte de Abraham.
Isaac les puso los mismos nombres que les había
dado su padre.
19Un día, los pastores de Isaac abrieron un
hoyo en el valle y encontraron un manantial.
20Pero cuando los pastores del lugar lo vieron lo
reclamaron como suyo.

—Esta es nuestra tierra, por lo tanto el pozo es
nuestro —dijeron, y disputaron con los pastores
de Isaac.

Por eso, Isaac llamó a ese pozo Pelea, porque
habían peleado por él. 21Los hombres de Isaac
cavaron otro pozo y nuevamente pelearon por él.
A este pozo Isaac le puso el nombre de Enemistad.
22Isaac se fue de allí y cavó otro pozo, pero
esta vez no pelearon por él. Entonces Isaac le
puso el nombre de Lugar de Libertad, pues dijo:
«Ahora el SEÑOR nos ha dado un lugar en el que
podremos prosperar».
23De allí, Isaac fue a Berseba. 24Esa noche, el
SEÑOR se le apareció y le dijo: «Yo soy el Dios de
Abraham, tu padre. No temas, porque estoy contigo. Por amor a Abraham, mi siervo, te bendeciré
y haré que tu descendencia sea muy numerosa».
25Entonces Isaac construyó un altar y adoró
al SEÑOR. Allí se estableció, y sus siervos abrieron
un pozo.
26Un día, Abimélec vino desde Guerar para visitar a Isaac. Con él vinieron Ajuzat, su consejero,
y Ficol, comandante de su ejército.
27—¿A qué han venido, si me odian y me echaron de su tierra? —les preguntó Isaac.
28—Bueno —dijeron ellos—, podemos ver
claramente que el SEÑOR te está bendiciendo. Así
que hemos decidido venir a pedirte que hagamos
un pacto entre nosotros. El pacto que haremos
contigo, bajo juramento, es este: 29Prométenos
que no nos harás daño, tal como nosotros no te lo
hemos causado a ti. Realmente, te hemos hecho
solamente bien y te despedimos en forma pacífica. ¡Ahora tú cuentas con la bendición del SEÑOR!
30Entonces Isaac les hizo una gran fiesta, y
comieron y bebieron. 31Al día siguiente, se levantaron muy temprano y sellaron el pacto con un
juramento. Luego Isaac los despidió en paz.
32Ese mismo día los siervos de Isaac vinieron
y le dijeron:

—¡Encontramos agua en el pozo que estábamos abriendo!
33Por eso, Isaac le puso a ese pozo el nombre
de Seba (Juramento). Por esta razón, aquella
ciudad, hasta el día de hoy, lleva el nombre de
Berseba.

Isaac bendice a Jacob

34A los cuarenta años de edad, Esaú se casó con
una muchacha llamada Judit, hija de un hitita
llamado Beerí. Además se casó con Basemat, hija
de otro hitita llamado Elón. 35Estas dos mujeres
fueron un dolor de cabeza para Isaac y Rebeca.

27 Isaac estaba muy viejo y se había quedado
ciego. Un día llamó a Esaú, su hijo mayor,
y le dijo:

—¡Hijo mío!

—¿Qué quieres, padre? —contestó Esaú.
2—Ya estoy viejo —dijo Isaac—, y en cualquier momento me puedo morir. 3Toma el arco
y las flechas y anda al campo a ver qué puedes cazar para mí. 4Luego prepárame un guiso
sabroso, como a mí me gusta, y me lo traes para
comérmelo. Después de eso te daré mi bendición
antes de morir.
5Rebeca oyó la conversación que Isaac tuvo
con su hijo Esaú. Así que tan pronto éste salió al
campo a cazar un animal para su padre, 6llamó
a su hijo Jacob y le dijo:

—Acabo de escuchar que tu padre estaba
hablando con tu hermano, y le decía 7que fuera
a cazar algún animal para que le preparara un
guiso, y que después de eso le daría su bendición.
8Ahora, hijo mío, préstame atención y haz exactamente lo que yo te voy a decir: 9Ve al rebaño y
tráeme dos de los mejores cabritos. Con ellos le
prepararé un guiso sabroso a tu padre, tal como
a él le gusta. 10Luego tú se lo servirás, y cuando
él se lo haya comido, te dará la bendición antes
de su muerte.
11—Pero, madre —dijo Jacob—, mi hermano
es muy velludo, mientras que yo soy lampiño.
12Si a mi padre le da por tocarme pensará que
me estoy burlando de él. Entonces, en vez de
bendecirme me maldecirá.
13—Que sus maldiciones caigan sobre mí, hijo
mío —dijo ella—. Haz lo que te he dicho. Ve a
buscar los cabritos.
14Jacob siguió las instrucciones de su madre
y le trajo los dos cabritos. Su madre preparó un
guiso tal como le gustaba a Isaac. 15Enseguida
tomó la mejor ropa de su hijo Esaú, que éste
había dejado en la casa, y le pidió a Jacob que
se la pusiera. 16Luego, con la piel de los cabritos,
Rebeca le cubrió a Jacob los brazos y la parte del
cuello donde no tenía vellos. 17Después, le entregó
a Jacob el guiso y el pan que había preparado.
18Jacob llevó la bandeja con la comida a la
pieza donde estaba su padre.

—¡Padre! —dijo Jacob.

—Aquí estoy, hijo mío. ¿Quién eres tú? —
preguntó Isaac.
19—Soy Esaú, tu hijo mayor —dijo Jacob—.
Hice lo que me dijiste que hiciera. Este es el guiso

que preparé con lo que he cazado. Siéntate y
cómelo, para que me bendigas.
20 Entonces Isaac le preguntó:
—Hijo mío, ¿cómo pudiste hacerlo con tanta
rapidez?
—Porque el Señor, tu Dios, me permitió
encontrar el animal muy pronto —respondió
Jacob.
21 —Acércate —le ordenó Isaac—. Quiero pal-
parte para estar seguro de que eres mi hijo Esaú.
22 Jacob se acercó a su padre, y él lo palpó. «Es
la voz de Jacob —dijo Isaac para sí—, pero las
manos son las de Esaú».
23 Así que Isaac no reconoció a Jacob, porque
sus manos eran tan velludas como las de su hermano Esaú. Antes de bendecir a Jacob, 24 Isaac
volvió a preguntarle:
—¿Eres realmente Esaú?
—Sí, por supuesto —respondió Jacob.
25 —Entonces pásame el guiso de lo que cazas-
te. Me lo comeré y luego te bendeciré.
Jacob se lo pasó, e Isaac comió; también bebió
el vino que Jacob le había llevado.
26 —Acércate y bésame, hijo mío —dijo Isaac.
27 Jacob se acercó y besó a su padre. Al oler la
ropa que Jacob llevaba puesta, Isaac lo bendijo
con estas palabras:
«El olor de mi hijo es como el buen aroma de
un campo bendecido por el Señor.
28 Que Dios te dé siempre abundante agua del
cielo; que te dé cosechas abundantes, y mucho
trigo y vino.
29 Que muchas naciones te sirvan; que muchos
pueblos se inclinen delante de ti.
Que seas el amo de todos tus parientes, y que
todos ellos se inclinen delante de ti.
Malditos sean los que te maldigan, y benditos
los que te bendigan».
30 En cuanto Isaac hubo bendecido a Jacob, y
casi en el momento en que éste salía de la carpa
de su padre, llegó Esaú del campo con su caza.
31 También la preparó en la forma que a su padre
le gustaba y se la llevó.
—Padre —dijo Esaú—, aquí está lo que te he
preparado con lo que he cazado. Siéntate y come,
para que me des la mejor de tus bendiciones.
32 —Pero, ¿quién eres tú? —preguntó Isaac.
—Pues, yo soy Esaú, tu hijo primogénito —le
contestó.
33 Isaac se estremeció fuertemente y dijo a Esaú:
—Entonces, ¿quién fue el que estuvo aquí y
me trajo un guiso? Acabo de comerme el guiso
que me trajo, y le di mi bendición, y nadie se la
podrá quitar.
34 Cuando Esaú escuchó esto, comenzó a llorar
con profunda amargura, y le dijo:
—Padre mío, ¡bendíceme también a mí!
35 Isaac le contestó:
—Tu hermano estuvo aquí, me engañó y se
llevó tu bendición.
36 —¡Con razón lo llamaron Jacob! —dijo
Esaú con amargura—. Primero se apoderó de
mi primogenitura, y ahora me ha robado tu bendición. Padre, ¿no has guardado una bendición
para mí?
37 —Lo he puesto por señor tuyo y le he dado
por siervos a todos sus parientes —le respondió
Isaac—. Le he garantizado que tendrá abundancia de grano y de vino. ¿Qué puedo darte a
ti, hijo mío?
38 Esaú insistió:
—¿No tienes ninguna bendición para mí?
¡Padre mío, bendíceme también a mí!
Y se puso a llorar a gritos. 39 Entonces Isaac
le dijo:
«Vivirás lejos de las tierras fértiles y de la lluvia
que cae del cielo.
40 Para poder vivir tendrás que usar tu espada,
y servirás a tu hermano por un tiempo.
Pero cuando seas más fuerte te liberarás del
dominio de tu hermano».

Jacob huye de Esaú

41 Entonces Esaú se llenó de odio contra Jacob
por lo que éste le había hecho, y se dijo: «Pronto
morirá mi padre, y en cuanto esto haya ocurrido,
mataré a Jacob».
42 A Rebeca le contaron lo que estaba planeando Esaú. Entonces mandó a llamar a Jacob, y
le dijo:
—Me he enterado de que tu hermano Esaú
anda con intenciones de matarte. 43 Por eso, hijo
mío, haz lo que te voy a decir: Levántate y vete a
la casa de mi hermano Labán, que vive en Jarán.
44,45 Quédate allá hasta que el tiempo haya aplacado la furia de tu hermano y se haya olvidado de
lo que hiciste. Entonces yo te mandaré a buscar.
¿Por qué he de perder a los dos el mismo día?
46 Después Rebeca le dijo a Isaac:
—Me tienen enferma y cansada estas mujeres
hititas. Preferiría morirme antes de ver a Jacob
casado con alguna de esas hititas que viven aquí.

28

Entonces Isaac llamó a Jacob, lo bendijo
y le ordenó:
—No te cases con ninguna mujer de aquí de
Canaán. 2 Debes ir inmediatamente a Padán
Aram, a la casa de tu abuelo Betuel, el padre de
tu madre, para que te cases con alguna de las
hijas de tu tío Labán. 3 Que el Dios Todopoderoso te bendiga y te dé muchos hijos; que llegues
a ser una nación compuesta de muchas tribus.
4 Que Dios te dé a ti, y también a tu descendencia,
las grandes bendiciones prometidas a Abraham.
Que te dé la posesión de esta tierra en que ahora

somos extranjeros, porque Dios se la prometió a Abraham.

5De esta manera despidió Isaac a Jacob y lo envió a Padán Aram, donde vivía Labán, el hijo de Betuel, el arameo, y hermano de Rebeca, la madre de Jacob y Esaú.

6Esaú supo que su padre había bendecido a Jacob y que lo había enviado a Padán Aram, para que se casara allá. También se enteró de que Isaac, al bendecir a Jacob, le prohibió que se casara con una mujer cananea. 7Y que Jacob, efectivamente, obedeció a su padre y a su madre, y se fue para Padán Aram. 8Por eso, Esaú comprendió que las mujeres de Canaán no eran del agrado de Isaac, su padre. 9Entonces Esaú fue a la región donde vivía Ismael, el hijo de Abraham. Allí Esaú, aunque ya tenía otras esposas, se casó con Majalat, que era hija de Ismael y hermana de Nebayot.

El sueño de Jacob en Betel

10Jacob salió de Berseba y viajó hacia Jarán. 11Llegó hasta cierto lugar y se quedó allí para pasar la noche, pues ya el sol se había ocultado. Tomó una piedra y la puso como almohada, y se acostó a dormir. 12Mientras dormía soñó que había una escalera desde la tierra hasta el cielo, y vio ángeles de Dios que subían y bajaban por ella. 13En el sueño también vio que el Señor estaba parado junto a él y le decía: «Yo soy el Señor, el Dios de tu abuelo Abraham y de tu padre Isaac. A ti y a tus descendientes les voy a dar esta tierra en la que estás acostado. 14Tus descendientes serán tantos como el polvo de la tierra. Llenarán la tierra de este a oeste y de norte a sur. Todas las naciones de la tierra serán bendecidas por medio de ti y de tu descendencia. 15Además, estaré contigo y te protegeré dondequiera que vayas, y te traeré de nuevo sano y salvo a esta tierra. ¡Jamás te abandonaré sin haberte cumplido mis promesas!»

16-17Cuando Jacob despertó de su sueño tuvo mucho miedo, y pensó: «¡Sin duda alguna el Señor está en este lugar, y yo no lo sabía! ¡Este lugar es asombroso! ¡Es nada menos que la casa de Dios y la puerta del cielo!»

18Al día siguiente se levantó muy de mañana, tomó la piedra que había usado como almohada, la paró como si fuera una columna, para que sirviera de señal de lo ocurrido. Luego derramó aceite de oliva sobre ella. 19En ese lugar había una ciudad que se llamaba Luz, pero Jacob le cambió el nombre y la llamó Betel (Casa de Dios).

20-22Jacob, entonces, hizo este voto: «Si Dios me ayuda y me protege en este viaje, me da ropa y comida, y me permite regresar sano y salvo a la casa de mi padre, el Señor será mi Dios. Y esta piedra que he levantado para señal, será lugar de adoración. Además, de todo lo que me dé, le entregaré el diezmo».

Jacob llega a Padán Aram

29 Jacob continuó el viaje hasta que llegó finalmente a la tierra ubicada al este del río Jordán. 2Allí en el campo vio un pozo. Junto al pozo se encontraban tres rebaños de ovejas, pues era de allí que bebían agua. El pozo estaba tapado con una piedra muy grande. 3Sólo cuando se reunían todos los pastores con sus rebaños era que quitaban la piedra. Una vez que las ovejas bebían, los pastores volvían a colocar la piedra sobre la boca del pozo. 4Jacob se acercó a los pastores y les preguntó:

—Amigos, ¿dónde viven ustedes?

—Vivimos en Jarán —dijeron.

5—¿Conocen a un tal Labán hijo de Najor? —les volvió a preguntar.

—¡Claro que sí lo conocemos! —le contestaron.

6Jacob continuó preguntando:

—¿Cómo está?

—Está bien y ha prosperado. Mira, allí viene su hija Raquel con las ovejas —le dijeron los pastores.

7—Falta mucho para que se oculte el sol, y todavía es muy temprano para que encierren sus rebaños. ¿Por qué no le dan de beber al ganado para que sigan pastando antes de llevarlos a dormir? —preguntó Jacob.

8—Porque tenemos un acuerdo de que sólo quitaremos la piedra cuando ya estén juntos todos los rebaños. Sólo hasta ese momento podremos darles de beber a las ovejas —contestaron.

9Mientras conversaban, llegó Raquel con las ovejas de su padre, porque ella era la pastora. 10Cuando Jacob vio a Raquel, la hija de su tío Labán, se apresuró a quitar la piedra que estaba sobre el pozo, para que bebieran las ovejas que ella pastoreaba. 11Luego Jacob besó a Raquel y se echó a llorar. 12Jacob le contó a Raquel que él era sobrino de Labán, ya que era hijo de Rebeca. Entonces Raquel salió corriendo a darle la noticia a su padre.

13Cuando Labán supo que su sobrino Jacob estaba allí, salió corriendo a recibirlo. Al verlo, lo abrazó, lo besó y lo llevó a su casa. Entonces Jacob le contó su historia. 14Por eso, Labán le dijo: «¡No hay duda de que eres de mi familia!»

Jacob se casa con Lea y Raquel

Cuando Jacob ya llevaba un mes viviendo en la casa de Labán, 15éste le dijo:

† 28.14–Ma 1.2 ☼ 28.15

—No hay razón para que trabajes para mí sin recibir pago por el hecho de ser parientes. ¿Cuánto quieres que te pague?

16 Ahora bien, Labán tenía dos hijas: Lea, la mayor, y Raquel, la menor. 17 Lea tenía hermosos ojos, pero Raquel era hermosa en todo sentido. 18 Jacob estaba enamorado de Raquel. Por lo tanto, le dijo a Labán:

—Trabajaré para ti siete años si me das a Raquel para que sea mi esposa.

19 —¡De acuerdo! —replicó Labán—. Prefiero dártela a ti antes que a alguien que no sea de la familia.

20 Así fue que Jacob trabajó los siete años siguientes para quedarse con Raquel. Sin embargo, le parecieron pocos días, porque estaba muy enamorado de ella. 21 Finalmente, llegó el día en que Jacob podía casarse con Raquel.

—Cumplí mi parte del contrato —le dijo Jacob a Labán. Ahora dame a Raquel para que sea mi esposa.

22 Entonces, Labán invitó a toda la gente de ese lugar e hizo una gran fiesta. 23 Ya entrada la noche, Labán tomó a su hija Lea y se la llevó a Jacob. Y Jacob durmió con Lea, sin saber que era ella. 24 Como regalo de bodas, Labán le dio a Lea una esclava llamada Zilpá, para que la atendiera.

25 Al levantarse en la mañana, Jacob descubrió que era Lea con quien había dormido. Por eso, fue donde Labán y le reclamó:

—¿Qué clase de engaño es éste? ¿Acaso no trabajé siete años para que me dieras a Raquel? ¿Qué es lo que pretendes al engañarme de este modo?

26 Labán respondió en tono conciliador:

—No es costumbre entre nosotros que la hija menor se case antes que la mayor. 27 Espera a que termine la semana de la fiesta de boda de Lea y te daré también a Raquel, siempre y cuando me prometas que trabajarás para mí otros siete años.

28 Jacob aceptó el trato. Entonces, cuando se cumplió la semana que le correspondía a Lea, Labán le dio a Jacob a Raquel por esposa. 29 Labán le dio también a Raquel una esclava llamada Bilhá, para que la ayudara. 30 Jacob durmió con Raquel y la amó más que a Lea; y se quedó trabajando los siete años adicionales.

Los hijos de Jacob

31 Jacob no amaba a Lea, y cuando vio esto el Señor permitió que Lea tuviera hijos; pero a Raquel no se lo permitió. 32 De modo que Lea quedó embarazada y tuvo un hijo al que llamó Rubén, porque dijo: «El Señor ha visto mi sufrimiento; ahora sí me amará mi marido». 33 Poco tiempo después volvió a quedar embarazada y tuvo otro hijo. A éste le puso Simeón (el Señor oyó), porque dijo. «El Señor ha oído que no soy amada, y por eso me dio este otro hijo».

34 Nuevamente quedó embarazada y dio a luz un tercer hijo, al que llamó Leví (unido), porque dijo: «Seguramente ahora sí me amará mi marido, puesto que le he dado tres hijos».

35 Por cuarta vez quedó embarazada y tuvo un hijo al que llamó Judá (alabanza), porque dijo: «Ahora alabaré al Señor». Entonces dejó de tener hijos.

30 Cuando Raquel se dio cuenta de que no podía tener hijos, sintió envidia de su hermana, y le dijo a Jacob:

—¡Dame un hijo, o me muero!

2 Jacob se enojó y le respondió:

—¿Acaso soy yo Dios? Él es el que no te ha permitido tener hijos.

3 Entonces Raquel le dijo:

—Acuéstate con mi sierva Bilhá. Así cuando ella vaya a dar a luz, sus hijos nacerán sobre mis rodillas. De ese modo será como si yo misma los hubiera tenido, y serán mis hijos.

4 Entonces Raquel le entregó a Jacob a su sierva Bilhá para que tuviera hijos con ella. Y Jacob tuvo relaciones sexuales con ella, y 5 Bilhá quedó embarazada y le dio un hijo a Jacob. 6 Raquel lo llamó Dan (justicia), porque dijo: «Dios me hizo justicia y oyó la voz de mis ruegos, y me dio un hijo».

7 Después Bilhá, la sierva de Raquel, quedó nuevamente embarazada y le dio a Jacob un segundo hijo. 8 Raquel lo llamo Neftalí (lucha), porque dijo: «He tenido una dura lucha con mi hermana y he vencido».

9 Cuando Lea vio que no podía tener más hijos, tomó a su sierva Zilpá y se la entregó a Jacob para que tuviera hijos con ella. 10 Zilpá, entonces, le dio un hijo a Jacob. 11 Lea lo llamó Gad (ha vuelto mi suerte), porque dijo: «¡Me ha regresado la buena suerte!»

12 Después Zilpá le dio un segundo hijo a Jacob. 13 Lea lo llamó Aser (feliz), porque dijo: «¡Qué gozo tengo! Ahora las demás mujeres me van a felicitar».

14 Un día, durante la época de la cosecha del trigo, Rubén encontró algunas mandrágoras que crecían en el campo y se las llevó a Lea, su madre. Raquel le dijo a Lea:

—Por favor, regálame algunas de las mandrágoras que te trajo tu hijo.

15 Pero Lea, disgustada, le respondió:

—¿No crees que es suficiente con que me hayas robado a mi marido, para que ahora quieras quedarte con las mandrágoras que me ha traído mi hijo?

Raquel entonces le dijo con tristeza:

29.18 29.20 29.31–30.2 30.6 30.13

—Si me das las mandrágoras, te prometo que Jacob dormirá contigo esta noche.

[16]Aquella tarde cuando Jacob regresaba al hogar desde el campo, Lea le salió al encuentro y le dijo:

—Tienes que dormir conmigo esta noche, pues te alquilé por unas mandrágoras que encontró mi hijo.

Y Jacob durmió con ella esa noche.

[17]Dios contestó las oraciones de Lea, pues ésta quedó embarazada y le dio a Jacob un quinto hijo. [18]Lea lo llamó Isacar (recompensa), porque dijo: «Dios me ha recompensado por haberle dado a mi sierva mi marido».

☼ [19]Lea quedó otra vez embarazada, y le dio a Jacob un sexto hijo. [20]Lo llamó Zabulón (obsequios), porque dijo: «Dios me ha dado un buen regalo. Ahora mi marido se quedará conmigo, porque le he dado seis hijos». [21]Después dio a luz una hija, y la llamó Dina.

[22]Entonces Dios tuvo compasión de Raquel, y le respondió sus oraciones, pues le permitió tener hijos. [23,24]Así que ella quedó embarazada, y dio a luz un hijo. A este hijo, Raquel le puso por nombre José (que añada otro), porque dijo: «Dios ha quitado la humillación que había sobre mí». Luego añadió: «¡Qué bueno sería que el Señor me diera otro hijo».

Jacob se enriquece

[25]Poco después de que José nació, Jacob le dijo a Labán:

[26]—Quiero volver a mi tierra. Permíteme llevarme a mis esposas y a mis hijos, porque yo los gané con mi trabajo. Tú sabes que te los he pagado con mis servicios.

[27]—No me dejes, por favor —respondió Labán—. Por adivinación me he enterado de que el Señor me ha bendecido a través de ti. [28]Dime qué salario quieres recibir, y yo te lo pagaré.

[29]Jacob contestó:

—Tú sabes con cuánta fidelidad te he servido durante todos estos años, y cómo, debido a mis cuidados, han aumentado tus rebaños. [30]De lo poco que tenías has pasado a tener un rebaño inmenso. El Señor te ha bendecido desde que yo llegué. Pero ya es tiempo de que yo trabaje para mi propia familia.

[31,32]—¿Qué salario quieres que te pague? —volvió a preguntarle Labán.

Jacob respondió:

—Si aceptas lo que te voy a decir, volveré a trabajar para ti. Déjame revisar tu ganado y apartar todos los corderos manchados, rayados y negros, lo mismo que todas las cabras manchadas y rayadas. Dame eso como salario. [33]Entonces, si alguna vez encuentras alguna cabra u oveja blanca entre mi rebaño, sabrás que te la he robado.

[34]—De acuerdo —respondió Labán—. Se hará como has dicho.

[35,36]Ese mismo día Labán salió al campo y puso aparte todos los chivos que tenían pintas o manchas y las cabras que tenían algo de color o que tenían manchas o listas blancas, y todos los corderos negros. Labán entregó este ganado a sus hijos para que lo cuidaran. Después Labán se llevó el rebaño a unos sesenta kilómetros de distancia para alejarlos de Jacob, mientras este seguía cuidando el resto de los rebaños de Labán.

[37]Por su parte, Jacob tomó varas verdes de álamo, de avellano y de castaño y las descortezó para dejar al descubierto las franjas blancas. [38]Enseguida colocó las varas en los bebederos, para que el ganado las viera cuando venían a beber, porque era allí donde se apareaban. [39,40]De modo que se apareaban delante de las varas y así las hembras parían ejemplares manchados, negros o rayados. Jacob apartaba estas crías y las colocaba frente a los animales rayados y negros del ganado de Labán. [41]Además, cada vez que los animales más fuertes estaban en celo, Jacob colocaba las varas en los bebederos, de modo que los animales, al unirse, lo hacían mirando las ramas. [42]Sin embargo, cuando los animales más débiles se unían, Jacob no colocaba las ramas. De este modo los corderos más débiles eran de Labán, mientras que los fuertes eran para Jacob. [43]Como resultado, Jacob se enriqueció mucho, pues llegó a tener muchas ovejas, muchos esclavos, esclavas, camellos y burros.

Jacob huye de Labán

31 Al tiempo, Jacob se enteró de que los hijos de Labán estaban diciendo: «Jacob se ha ido quedando con todo lo que era de nuestro padre, y por eso se ha hecho rico». [2]Pronto Jacob percibió un considerable cambio en la actitud de Labán hacia él. [3]Entonces el Señor le habló a Jacob y le dijo: «Regresa a la tierra de tus padres y de tus parientes, y yo estaré contigo».

[4]Un día Jacob mandó a buscar a Raquel y a Lea para que fueran a verlo al campo donde estaba con sus rebaños, pues quería hablar de esto con ellas. Jacob les dijo:

[5]—Su padre ya no me trata como antes, ¡pero el Dios de mi padre siempre ha estado conmigo! [6]Ustedes saben cuánto he trabajado para Labán, [7]pero él ha buscado la manera de engañarme, y ha violado una y otra vez el contrato de salario que tiene conmigo. Pero Dios no ha permitido que me haga daño. [8]Si él decía que las ovejas manchadas serían mías, entonces todo el ganado comenzaba a salir pinto. Pero después él cam-

☼30.19–24

biaba y decía que serían míos los animales que nacieran rayados, y entonces todos los corderos nacían rayados. 9De esta manera Dios me ha enriquecido a expensas del padre de ustedes.

10»En el tiempo en que los animales estaban en celo tuve un sueño. En ese sueño veía que los chivos que se unían a las cabras eran manchados, rayados o moteados. 11Entonces, en el sueño, el ángel de Dios me llamó por mi nombre, y yo le contesté: «Aquí estoy». 12-13Entonces él me dijo: «Levanta la vista y observa que los machos que se unen a las hembras son manchados, rayados o moteados, porque estoy al tanto de lo que Labán te ha hecho. Yo soy el Dios que conociste en Betel, el lugar donde ungiste la piedra e hiciste voto de servirme. Deja ahora este país y vete a la tierra de tu nacimiento».

14Raquel y Lea contestaron:

—¡Estamos de acuerdo! Aquí no tenemos nada, pues no vamos a recibir ninguna herencia de parte de nuestro padre. 15Él nos ha tratado como extranjeras. Nos vendió, y lo que recibió por nosotras ya lo gastó. 16Así que las riquezas que Dios te dio a expensas de nuestro padre, son legalmente nuestras y de nuestros hijos. Sigue adelante, y haz lo que Dios te dijo.

17-20Así fue que un día, mientras Labán se encontraba ausente trasquilando las ovejas, Jacob hizo que sus esposas e hijos montaran en los camellos. Además, tomó todos los ganados, junto con todas las riquezas que había conseguido en Padán Aram, y emprendió el viaje hacia Canaán, donde vivía su padre Isaac. Esto lo hizo sin que Labán se diera cuenta. Por su parte, Raquel le robó a Labán los ídolos de la familia. Esto lo hizo mientras Labán se encontraba en otro lugar esquilando las ovejas. 21De modo que huyó con todas sus posesiones, cruzó el Éufrates y se dirigió a la tierra de Galaad.

Labán persigue a Jacob

22Tan solo tres días después Laban se enteró de que Jacob se había ido. 23Entonces, tomando a varios de sus familiares con él, salió en afanosa persecución, hasta que los alcanzó siete días después en el monte Galaad. 24Aquella noche Dios se le apareció a Labán, el arameo, en sueños, y le dijo: «¡No te atrevas a tratar mal a Jacob!»

25Labán, finalmente, encontró a Jacob cuando éste estaba acampado en los montes de Galaad. Labán también acampó allí, junto con los familiares que lo acompañaban, 26y le dijo a Jacob:

—¿Por qué me hiciste esto? ¿Por qué me engañaste y te trajiste a mis hijas como si fueran prisioneras de guerra? 27¿Por qué no me diste la oportunidad de hacer una despedida con canciones, orquestas y arpa? 28¿Por qué no dejaste que besara a mis nietos para despedirme de ellos? Tu manera de actuar ha sido muy extraña. 29Yo podría causarte bastante daño, pero anoche se me apareció el Dios de tu padre y me dijo: «¡No te atrevas a tratar mal a Jacob!» 30Pero, mira, si pensabas que debías partir, y tanto extrañabas el hogar de tu niñez, ¿por qué has robado mis ídolos?

31Jacob le respondió:

—Yo huí porque tenía miedo. Pensé: «Él me quitará a sus hijas por la fuerza». 32Pero en cuanto a tus ídolos no tengo ni idea. Si alguno de nosotros te los robó, entonces que sea castigado con la muerte. Si encuentras una sola cosa que te hayamos robado, te juro delante de todos estos hombres, que te la podrás llevar sin ningún problema.

Jacob dijo esto porque no sabía que Raquel se los había robado. 33Labán entró primero a la tienda de Jacob a buscar los ídolos, luego a la de Lea y de allí a las de las dos concubinas, pero no encontró nada en ellas. Finalmente entró a la tienda de Raquel. 34Como recordarán, Raquel era la que se había robado los ídolos. Ella los había escondido en la silla de su camello y estaba sentada sobre ellos. Aunque Labán buscó en toda la tienda, nada encontró.

35Raquel le dijo a Labán:

—Padre, perdóname que no me levante, pero estoy con la menstruación.

Labán siguió buscando sus ídolos, pero no los encontró.

36Entonces Jacob se enojó, y en tono fuerte le dijo a Labán:

—¿Qué mal te he hecho, para que me hayas perseguido como si yo fuera un criminal? 37¡Has registrado todas mis cosas! Dime, ¿encontraste algo que sea tuyo? Si es así, entonces, colócalo aquí para que todos los que están aquí lo vean y digan quién tiene la razón. 38Veinte años te serví y todo ese tiempo cuidé tus ovejas y tus cabras para que tuvieran crías sanas, y jamás saqué un cordero de los tuyos para comérmelo. 39Si alguno era atacado por los animales salvajes y moría, yo me hacía cargo de la pérdida. Me hacías pagar cada animal que se robaban, fuera mía la culpa o no. 40En el día me quemaba el sol y en la noche tiritaba de frío. ¡A veces ni siquiera podía dormir! 41Sí, veinte años: catorce para pagar tus dos hijas, y seis para formar mis rebaños. ¡Y muchas veces me cambiaste el salario! 42En realidad, de no ser por la gracia del Dios de mi abuelo Abraham, el glorioso Dios de mi padre Isaac, tú me habrías despedido sin abonar un centavo a mi cuenta. Pero Dios vio tu crueldad y mi duro trabajo, y por eso es que se te apareció anoche y te reprendió.

43Labán contestó:

—Estas mujeres son mis hijas, y estos niños son mis nietos. También las ovejas y todo lo que ves me pertenece. ¿Cómo crees que yo quiera ahora hacerles daño a mis hijas y a mis nietos? 44Ven ahora y firmemos un pacto de paz, tú y yo. ¡Ese pacto será testigo de nuestro acuerdo!

45Entonces Jacob tomó una piedra y la colocó como un pilar, para que les sirviera de prueba. 46Luego les dijo a sus familiares que reunieran piedras y las amontonaran. Una vez hecho esto, comieron sobre ese montón de piedras. 47A ese montón de piedras Labán le puso el nombre de Yegar Saduta, y Jacob lo llamó Galaad. 48Luego Labán dijo:

—Este montón de piedras servirá para recordarnos el trato que tú y yo hemos hecho hoy.

Aquel lugar se llamó Galaad 49y Mizpa, porque Labán dijo:

—Que el Señor cuide que nosotros respetemos este trato cuando nos hayamos separado. 50Y si tú tratas con rudeza a mis hijas, o si tomas otras esposas, yo no lo sabré, pero recuerda que Dios sí lo verá y será testigo de lo que hagas.

51,52Labán continuó diciéndole a Jacob:

—Mira bien, este montón de piedras y este pilar que he levantado entre tú y yo quedan como testigos de nuestros votos. Yo no cruzaré esta línea para atacarte, ni tú la cruzarás para atacarme. 53¡Que el Dios de Abraham y el Dios de Najor sea quien juzgue si cumplimos o no este trato!

Entonces Jacob juró por el poderoso Dios de Isaac, su padre. 54Enseguida ofreció un sacrificio a Dios allí sobre la cumbre del monte, e invitó a sus parientes a participar de la comida. Después de comer, todos se quedaron esa noche en la montaña.

55Labán se levantó temprano la mañana siguiente, besó a sus hijas y a sus nietos, los bendijo, y regresó a su tierra.

Jacob envía mensajeros a Esaú

32 Jacob y su familia reanudaron la marcha. Los ángeles de Dios le salieron al encuentro. 2Cuando él los vio, exclamó:

«¡Aquí está el campamento de Dios!»

Por esta razón llamó aquel lugar Majanayin (dos campamentos).

3Jacob envió mensajeros a su hermano Esaú en Edom, que está en la tierra de Seír. 4Les pidió que le dijeran a Esaú: «Te saluda tu siervo Jacob. Hasta hace poco estuve viviendo con nuestro tío Labán. 5Ahora poseo bueyes, burros, ovejas y muchos esclavos y esclavas. He enviado estos mensajeros para que te den la noticia de que regreso, con la esperanza de que tengamos un encuentro amistoso».

6Los mensajeros volvieron con la noticia de que Esaú estaba en camino para encontrarse con Jacob, ¡con cuatrocientos hombres! 7El temor y la angustia se apoderaron de Jacob. Dividió la familia, los rebaños, las reses y los camellos en dos grupos; 8porque se dijo: «Si Esaú ataca un grupo, el otro podrá escapar».

9Entonces Jacob oró: «Señor, Dios de mi abuelo Abraham y de mi padre Isaac, tú me dijiste que regresara a la tierra de mis padres y que estarías conmigo para que me fuera bien. 10Mira, no soy digno de recibir la más pequeña de las misericordias que me has mostrado una y otra vez, conforme a tu promesa. Cuando salí de mi hogar y crucé el río Jordán, la única posesión que tenía era mi bastón; pero ahora necesito dos campamentos para guardar todo lo que tengo. 11¡Te suplico que me libres del furor de mi hermano Esaú! Tengo miedo, un miedo terrible de que él venga a matarme, y mate también a estas mujeres y a sus hijos. 12Recuerda que tú prometiste que me harías bien y que multiplicarías mis descendientes hasta que llegaran a ser como la arena del mar, de modo que no podrían ser contados».

13-15Jacob pasó allí la noche y preparó un obsequio para su hermano Esaú:

200 cabras,
20 chivos,
200 ovejas,
20 carneros,
30 camellas paridas con sus crías,
40 vacas,
10 toros,
20 burras,
10 burros.

16Instruyó a sus siervos para que los condujeran en grupos, y les pidió que guardaran una distancia prudente entre grupo y grupo.

17Le dijo al que llevaba el primer grupo que cuando encontrara a Esaú, y éste preguntara: «¿Hacia dónde van? ¿A quién sirven? ¿De quién son estos animales?», 18le respondiera: «Mi señor Esaú, este es un regalo que le envía mi amo Jacob. A propósito, él viene detrás de nosotros».

19Jacob pidió a cada uno de los que envió al frente de los grupos que le dieran el mismo mensaje a Esaú. 20La estrategia de Jacob consistía en apaciguar a su hermano por medio de los presentes enviados antes de su encuentro.

Jacob pensaba que quizá de esa manera Esaú dejaría de odiarlo, y cuando se encontraran lo recibiría muy bien. 21Así que Jacob le envió a Esaú los regalos por adelantado, y él pasó la noche en el campamento.

Jacob lucha con un ángel

22-24Pero durante la noche, Jacob se levantó y despertó a sus dos esposas, a las concubinas

32.24–30

y a los once hijos y los hizo cruzar el Jordán por el vado de Jaboc. Enseguida regresó al campamento y se quedó solo allí. Y un varón luchó con él hasta el alba. 25Cuando el varón vio que no podía ganar la lucha, hirió a Jacob en la articulación de la cadera y se la dislocó.

26Entonces el varón le dijo:

—Déjame ir, porque ya amanece.

Pero Jacob le contestó:

—No te soltaré si no me bendices.

27—¿Cómo te llamas? —le preguntó el varón.

—Jacob —fue la respuesta.

28—Ese ya no será tu nombre —le dijo el varón—. A partir de hoy te llamarás Israel, porque has luchado con Dios y con los hombres, y has ganado.

29Jacob le preguntó:

—¿Cómo te llamas?

—¿Por qué me lo preguntas? —le dijo aquel varón.

Luego bendijo a Jacob.

30A aquel lugar Jacob le puso Peniel (rostro de Dios), porque dijo: «Vi a Dios cara a cara y me dejó con vida».

31Salía el sol cuando Jacob emprendió el camino, y renqueaba a causa de su cadera. 32(Esta es la razón por la que el pueblo de Israel, hasta este día, no come del tendón que está en la articulación de la cadera, porque en esa parte Jacob fue herido.)

Encuentro de Jacob con Esaú

33 A la distancia, Jacob vio a Esaú que llegaba con cuatrocientos hombres. Entonces repartió a sus hijos entre Lea, Raquel y las dos siervas. 2Al frente de todos puso a las dos siervas junto con sus hijos, luego a Lea y sus hijos, y finalmente a Raquel y su hijo José. 3Luego Jacob pasó al frente. Cuando estuvo cerca de su hermano, se inclinó siete veces delante de él. 4Esaú, al verlo, corrió a su encuentro, lo abrazó afectuosamente y lo besó; y ambos se pusieron a llorar. 5Entonces Esaú vio a las mujeres y a los niños, y preguntó:

—¿Quiénes son estas personas que están contigo?

—Son los hijos que Dios, por su amor, me ha dado —respondió Jacob.

6Las concubinas se adelantaron con sus hijos y se inclinaron ante Esaú. 7Luego Lea y sus hijos se acercaron y también se inclinaron ante Esaú. Finalmente, llegaron Raquel y José y también se inclinaron.

8—¿Y para qué era todo ese ganado que he encontrado en el camino mientras venía hacia acá? —preguntó Esaú.

Jacob contestó:

—Son obsequios que te envié para ganarme tu favor.

9—Hermano mío, yo tengo bastante —dijo Esaú—. Déjalos para ti.

10—No, te ruego que los aceptes —dijo Jacob—, porque al verte me parece estar viendo a Dios mismo, pues me has recibido con mucha bondad. 11Por favor, acepta mis obsequios. Dios ha sido muy misericordioso conmigo y me ha dado muchas riquezas.

Tanto insistió Jacob, que al fin Esaú aceptó los regalos.

12—Bueno, ahora pongámonos en marcha —dijo Esaú—. Mis hombres y yo nos quedaremos con ustedes y les señalaremos el camino.

13Pero Jacob respondió:

—Como puedes ver, algunos de mis hijos son pequeños, y además el ganado tiene crías, de modo que si avanzamos muy rápido, morirán. 14Vé tú adelante. Nosotros iremos detrás de ustedes, al paso de los niños y del ganado. Nos encontraremos en Seír.

15—Bueno —dijo Esaú—, al menos permíteme que te deje algunos hombres para que te ayuden y sirvan de guía.

—No —insistió Jacob—, no es necesario. Por favor, acepta mi sugerencia.

16Entonces, aquel mismo día, Esaú emprendió el regreso a Seír. 17Por su parte Jacob y su familia se fueron hasta Sucot. Allí levantó un campamento con cabañas para su ganado. Por eso es que el lugar se llama Sucot (cabañas).

18Luego llegaron a salvo a Siquén, en Canaán, y acamparon fuera de la ciudad. 19Jacob le compró a la familia de Jamor, padre de Siquén, por cien monedas de plata, un pedazo de tierra. 20Allí edificó un altar y lo llamó El Elohé Israel (Dios es el Dios de Israel).

Rapto y violación de Dina

34 Dina, la hija de Lea, salió un día a visitar a algunas de las muchachas del lugar. 2Y la vio Siquén hijo de Jamor, el jefe de los heveos. Entonces la agarró a la fuerza y la violó. 3Pero Siquén quedó profundamente enamorado de ella y trató de ganarse su cariño.

4Por eso le dijo a su padre:

—Vé y pídeme a esa joven por esposa, pues quiero casarme con ella.

5Cuando Jacob se enteró de que Siquén había violado a su hija Dina, sus hijos estaban en el campo pastoreando el ganado, de modo que no hizo nada hasta el regreso de ellos. 6,7Mientras tanto, Jamor, padre de Siquén, fue a hablar con Jacob. Llegó en el mismo momento en que los hijos de Jacob regresaban del campo. Al enterarse de lo sucedido se llenaron de ira, pues lo que Siquén hizo fue una ofensa muy grande para

Israel. ¡Eso nunca debió haberlo hecho! 8Pero Jamor les dijo:

—Mi hijo Siquén está muy enamorado de la hermana de ustedes. Por favor, permítanle casarse con ella. 9,10Aun más, los invitamos a que vivan entre nosotros y que las hijas de ustedes se casen con nuestros hijos, y nosotros daremos nuestras hijas a los jóvenes de ustedes. Podrán vivir en donde quieran en nuestra tierra, negociar en ella y enriquecerse.

11Siquén también les dijo a Jacob y a los hermanos de Dina:

—Sean bondadosos conmigo y dénmela por esposa. Yo les daré cualquier cosa que pidan. 12No importa que la dote que pidan sea muy alta, yo la pagaré. Pero, ¡denme a la muchacha por esposa!

13Los hermanos de Dina entonces les mintieron a Siquén y a Jamor, pues les respondieron con engaños. Hicieron esto en venganza por lo que Siquén le había hecho a Dina. 14Así que les dijeron:

—A nosotros no nos está permitido entregarle nuestra hermana a un hombre que no está circuncidado. ¡Eso sería una deshonra para nosotros! 15,16Ahora bien, si ustedes aceptan que todo varón entre ustedes se circuncide, entonces podremos darles nuestras hijas para que se casen con ellas. Además, nuestros hijos podrían casarse con las hijas de ustedes. Esa es la condición que les ponemos. Entonces nos quedaremos a vivir con ustedes y formaremos un solo pueblo. 17Si no es así nos iremos de aquí y nos llevaremos a nuestra hermana.

18,19Jamor y Siquén aceptaron gustosamente la propuesta. Y como Siquén estaba tan enamorado de Dina, no vaciló en circuncidarse inmediatamente. Siquén estaba seguro de que podría convencer a todos los hombres de la ciudad, pues gozaba del respeto de todos ellos. 20Así que Jamor y Siquén regresaron a la ciudad y se presentaron ante el concejo de la ciudad para hacer su petición.

21—Estos hombres son amigos nuestros —dijeron—. Invitémosles a vivir entre nosotros y a que tengan sus negocios aquí, pues la tierra que tenemos es suficientemente extensa. Nosotros podremos casarnos con sus hijas, y ellos con las nuestras. 22,23Sin embargo, no aceptarán si no cumplimos una condición: que todo hombre entre nosotros sea circuncidado, al igual que ellos. Si hacemos esto, todo lo que ellos tienen será también nuestro, y la tierra se habrá enriquecido. Vamos, aprueben esto para que ellos se queden a vivir entre nosotros.

24Todos los hombres estuvieron de acuerdo, de modo que se circuncidaron. 25,26Pero a los tres días de haberse circuncidado, es decir, cuando más dolor sentían, fueron sorprendidos por Simeón y Leví, hijos de Jacob y hermanos de Dina. En efecto, aprovechando esa circunstancia, Simeón y Leví agarraron sus espadas, entraron en la ciudad y mataron a todos los hombres, incluyendo a Siquén y a Jamor. Luego sacaron a Dina de la casa de Siquén, y regresaron al campamento. 27Después todos los hijos de Jacob fueron y saquearon la ciudad con el pretexto de que su hermana había sido violada allí. 28Se apoderaron de todo el ganado, ovejas, vacas y burros, y de todo lo que había en la ciudad y en el campo. 29También se llevaron a las mujeres, a los niños, y todo tipo de riquezas. 30Entonces Jacob les dijo a Leví y a Simeón:

—Ustedes me han hecho un mal muy grande. A partir de hoy, los cananeos y los ferezeos que viven en esta región me van a odiar. Si ellos se unen y nos atacan, nos matarán a todos, pues cuento con muy pocos hombres para defenderme.

31Pero ellos respondieron:

—¿Acaso tenía él derecho de tratar a nuestra hermana como si fuera una prostituta?

Jacob vuelve a Betel

35 Dios le dijo a Jacob: «Regresa a Betel y quédate allí. Al llegar construirás un altar para adorar al Dios que se te apareció cuando huías de tu hermano Esaú».

2Jacob entonces ordenó a su familia y a toda la gente que estaba con él que destruyeran los ídolos que habían traído consigo, que se purificaran ceremonialmente y que se pusieran ropa limpia. 3Además les dijo: «Nos vamos a Betel. Allí voy a construir un altar al Dios que respondió a mis oraciones en el día en que estaba angustiado, y me acompañó en todo el viaje».

4Entonces todos le entregaron sus ídolos y los aretes que llevaban en las orejas. Jacob agarró todo esto y lo enterró bajo la encina que estaba cerca de Siquén. 5Luego emprendieron la marcha. Pasaron por varias ciudades, pero nadie se atrevió a hacerles daño, pues tenían miedo de Dios. 6Finalmente llegaron a Luz (que también se llama Betel), en Canaán. 7Jacob erigió allí un altar y llamó a ese lugar El Betel (Dios de Betel), porque fue en Betel donde Dios se le apareció mientras huía de Esaú.

8Poco después de esto murió Débora, la anciana que había criado a Rebeca. La sepultaron bajo una encina en el valle que quedaba junto a Betel. Por esto, a ese lugar Jacob le puso el nombre de Elón Bacut (encina del llanto).

9Cuando Jacob llegó a Betel desde Padán Aram, Dios se le apareció y lo bendijo nuevamente. 10Le dijo Dios: «Hasta hoy te llamaste Jacob (usurpador). Pero a partir de este momento

35.1–3 35.10–11

ya no te llamarás Jacob, sino Israel (el que pre-
valece con Dios)». Así que Dios le cambió el
nombre.
11 Después de esto Dios le dijo: «Yo soy el Dios
Todopoderoso. Vas a tener muchos hijos, y tus
descendientes serán muy numerosos. Haré de ti
una gran nación, y muchos pueblos saldrán de ti.
Además, entre descendientes habrá muchos reyes.
12 A ti te entregaré la tierra que les di a Abraham
y a Isaac. Y después de ti se la daré a tu descendencia». 13 Luego, Dios se fue de este lugar donde
había hablado con Jacob.
14 Entonces Jacob levantó una piedra por monumento en el lugar en que Dios le había hablado.
Sobre ella derramó vino y aceite para consagrar-
la. 15 Jacob llamó a aquel lugar Betel, porque Dios
le había hablado allí.

Muerte de Raquel y de Isaac

16 Después, Jacob y todos los que estaban con él
salieron de Betel y viajaron hacia Efrata. Cuando
todavía estaban bastante lejos de Efrata, Raquel
dio a luz, pero con mucha dificultad. 17 Después
de un parto muy difícil, la partera finalmente
exclamó:

—¡No tengas miedo, pues has tenido otro hijo
varón!

18 Pero Raquel murió luego de dar a luz a su
hijo. Sin embargo, cuando estaba agonizando
alcanzó a decir que su hijo se llamaría Benoní,
es decir, «hijo de mi tristeza». Pero Jacob lo llamó
Benjamín, que quiere decir «Hijo de mi mano
derecha».
19 Muerta Raquel, fue sepultada junto al camino
a Efrata (que también se llama Belén). 20 Jacob
levantó una piedra en la tumba como señal, y
allí está hasta hoy.
21 Entonces Israel viajó y acampó más allá de
Migdal Edar (torre de Edar). 22 Fue allí donde
Rubén tuvo relaciones sexuales con Bilhá, la concubina de Jacob, quien se enteró de lo sucedido.
Estos son los nombres de los doce hijos de
Jacob:

23 Los hijos de Lea:
Rubén, que es el hijo mayor de Jacob, Simeón,
Leví, Judá, Isacar y Zabulón.
24 Los hijos de Raquel:
José y Benjamín.
25 Los hijos de Bilhá, la esclava de Raquel:
Dan y Neftalí.
26 Los hijos de Zilpá, la esclava de Lea:
Gad y Aser.
Todos éstos nacieron en Padán Aram.

27 Finalmente Jacob fue hasta Mamré, cerca de
Quiriat Arbá, a visitar a su padre Isaac. Quiriat
Arbá es la misma Hebrón. Allí habían vivido
Abraham e Isaac. 28,29 Isaac murió poco después
a la avanzada edad de ciento ochenta años, y sus
hijos Esaú y Jacob lo sepultaron.

Descendientes de Esaú

36 Esta es la lista de los descendientes de
Esaú (que también se llama Edom):
2,3 Esaú se casó con Ada (hija de Elón el hitita),
con Aholibama (hija de Aná y nieta de Zibeón el
heveo), y con Basemat (hija de Ismael y hermana
de Nebayot).
Estas tres mujeres eran de Canaán.
4 Esaú y Ada tuvieron un hijo que se llamó
Elifaz. Esaú y Basemat tuvieron un hijo llamado
Reuel. 5 Los hijos de Esaú y Aholibama fueron:
Jeús, Jalán y Coré. Todos ellos nacieron en la
tierra de Canaán.
6-8 La tierra no daba abasto para alimentar el
ganado de Esaú y de Jacob. Por eso, Esaú tomó
a sus esposas, sus niños, sus esclavos, todo su
ganado y toda la riqueza que había obtenido en
la tierra de Canaán, y se fue a vivir en la región
montañosa de Seír, lejos de su hermano.
9 Éstos son los nombres de los edomitas, es
decir, los descendientes de Esaú, que vivieron
en la región montañosa de Seír:
10-12 Descendientes a través de Elifaz, hijo de su
esposa Ada:
Temán, Omar, Zefo, Gatán y Quenaz.
Además, Elifaz tuvo otro hijo con su concubina
Timná, al que llamó Amalec.
Así que estos son los nietos de Esaú y Ada.
13 Esaú también tuvo descendientes a través de
Reuel, hijo de Basemat:
Najat, Zera, Sama y Mizá.
Así que éstos fueron los nietos de Esaú y Basemat.
14 Hay que recordar que Esaú tuvo otra esposa,
la cual se llamaba Aholibama, que era hija de
Aná y nieta de Zibeón.
Con ella también tuvo tres hijos, que fueron:
Jeús, Jalán y Coré.
15,16 Los nietos de Esaú fueron jefes de los
siguientes clanes:
El clan de Temán,
el clan de Omar,
el clan de Zefo,
el clan de Quenaz,
el clan de Coré,
el clan de Gatán,
el clan de Amalec.
Estos clanes estaban formados por los descendientes de Elifaz, el hijo mayor de Esaú y Ada, y
vivían en la tierra de Edom.
17 Los siguientes clanes estaban formados por
los descendientes de Reuel, hijo de Esaú y de
Basemat:
El clan de Najat,

el clan de Zera,
el clan de Sama
y el clan de Mizá.
18Los siguientes clanes recibieron el nombre de
los hijos de Esaú y de Aholibama (hija de Aná):
El clan de Jeús,
el clan de Jalán
y el clan de Coré.
19De modo que todos éstos fueron los descendientes de Esaú, conocido también como Edom.
Todos ellos fueron jefes de sus clanes.
20,21Las siguientes son las tribus que descendieron de Seír el horeo, una de las familias nativas
de la tierra de Seír:
La tribu de Lotán,
la tribu de Sobal,
la tribu de Zibeón,
la tribu de Aná,
la tribu de Disón,
la tribu de Ezer
y la tribu de Disán.
Todos estos fueron jefes de los horeos, los cuales vivían en Edom.
22Los hijos de Lotán (el hijo de Seír) fueron
Horí y Homán (Lotán tuvo una hermana que se
llamaba Timná).
23Los hijos de Sobal fueron:
Alván, Manajat, Ebal, Sefó y Onam.
24Los hijos de Zibeón fueron:
Ayá y Aná. (Este fue el que descubrió
manantiales en el desierto mientras apacen-
taba los burros de su padre.)
25Los hijos de Aná fueron:
Disón y Ahoibama, hija de Aná.
26Los hijos de Disón fueron:
Hemdán, Esbán, Itrán y Querán.
27Los hijos de Ezer fueron:
Bilán, Zaván y Acán,
28Los hijos de Disán fueron:
Uz y Arán.
29,30Los jefes de las tribus de los horeos fueron
Lotán, Sobal, Zibeón, Aná, Disón, Ezer y Disán.

Los reyes de Edom

31-39Éstos son los nombres de los reyes de Edom
(antes que Israel tuviera su primer rey):
El rey Bela (hijo de Beor), reinó en la ciudad de Dinaba, en Edom.

Fue sucedido por el rey Jobab (hijo de Zera), del pueblo de Bosra. Este fue sucedido por el rey Jusán, de la tierra de Temán. A su muerte fue sucedido por el rey Hadad (el hijo de Bedad), caudillo de las fuerzas que derrotaron al ejército de Madián, en el campo de Moab. Su capital fue Avit.

Éste fue sucedido por el rey Samla, del pueblo de Masreca.

Su sucesor fue el rey Saúl de Rejobot, junto al Éufrates. Fue sucedido por Baal Janán hijo de Acbor. Su sucesor fue el rey Hadad, de la ciudad de Pau.

La esposa del rey Hadad fue Mehitabel hija de Matred y nieta de Mezab.

40-43Éstos son los nombres de los clanes de
Esaú, que vivieron en las localidades que llevan
su nombre:
El clan de Timná, el clan de Alvá,
el clan de Jetet, el clan de Aholibama,
el clan de Elá, el clan de Pinón,
el clan de Quenaz, el clan de Temán,
el clan de Mibzar, el clan de Magdiel
y el clan de Iram.
Estos son, pues, los nombres de los jefes de Edom, cada uno de los cuales dio su nombre a la región en que vivían (todos eran edomitas, descendientes de Edom, que es el mismo Esaú).

Los sueños de José

37 Jacob se fue a vivir a la tierra de Canaán,
donde su padre había vivido como extranjero. 2Esta es la historia de la familia de Jacob:
José, el hijo de Jacob, tenía diecisiete años. Su
trabajo consistía en apacentar los rebaños de su
padre, en compañía de los hijos de Bilhá y de
Zilpá, que eran concubinas de Jacob. Pero José
le informaba a su padre de la mala conducta de
aquellos. 3Israel amaba más a José que a sus otros
hijos, porque José le había nacido en su vejez. Un
día Jacob le regaló una túnica de mangas largas.
4Los hermanos notaban que su padre prefería a
José. Por eso, llegaron a odiarlo y no le podían
hablar en buenos términos. 5Una noche José tuvo
un sueño y se lo contó de inmediato a sus hermanos, lo que hizo que éstos lo odiaran aún más.
6—Oigan, les voy a contar el sueño que tuve
—les dijo—. 7Soñé que todos nosotros estábamos en el campo atando manojos de trigo. Mi
manojo se mantuvo derecho, mientras que los
de ustedes se reunieron alrededor del mío y le
hicieron reverencias.
8—¿Quiere decir que vas a ser nuestro rey?
—se burlaron—, y lo odiaron aún más por el
sueño y porque creían que él se jactaba de ser
superior a ellos.
9Luego tuvo otro sueño, y también se lo contó
a sus hermanos:
—Oigan mi segundo sueño —les dijo—.
Soñé que el sol, la luna y once estrellas me hacían
reverencias.
10Esta vez José le contó el sueño también a
su padre, después de habérselo contado a sus
hermanos. Su padre lo reprendió:
—¿Qué es esto que has soñado? ¿Acaso yo,
tu madre y tus hermanos vamos a inclinarnos
delante de ti?

[11]Los hermanos se sintieron molestos y se llenaron de envidia, pero Jacob se quedó pensando
qué significaría todo aquello.

José es vendido por sus hermanos

[12]Un día los hermanos de José llevaron los rebaños de su padre a Siquén, para apacentarlos allí.
[13,14]Pocos días después Israel llamó a José y le dijo:
—Tus hermanos están en Siquén apacentan-
do el ganado. Anda a ver cómo están ellos y el
ganado, y vuelve a avisarme.
—Muy bien —respondió José.
Entonces José salió del valle de Hebrón y se
dirigió a Siquén. [15]Un hombre que lo vio caminando por los campos le preguntó:
—¿A quién buscas?
[16]—Busco a mis hermanos y sus rebaños. ¿Los
ha visto?
[17]—Sí —respondió el hombre—, ya no están
aquí. Les oí decir que iban a Dotán.
José entonces se fue hasta Dotán y allí encontró
a sus hermanos. [18]Pero cuando ellos lo vieron, lo
reconocieron a la distancia y decidieron matarlo.
[19,20]—¡Ahí viene el soñador! —exclamaron—.
Vamos, matémoslo y echémoslo en una cisterna.
Luego le diremos a nuestro padre que algún animal salvaje se lo comió. ¡Veremos en qué paran
sus sueños!
[21,22]Cuando Rubén escuchó esto, intentó salvarle la vida a José.
—No lo matemos —dijo—; no debemos
derramar sangre. Echémoslo vivo dentro de la
cisterna. Así morirá sin que lo toquemos.
El plan de Rubén era sacarlo más tarde y
enviarlo a casa de su padre. [23]Cuando José llegó
donde ellos estaban, le quitaron su túnica de
mangas largas, [24]y lo arrojaron a una cisterna
vacía. [25]Luego se sentaron a comer. De repente
vieron a la distancia una caravana de Ismaelitas que venían de Galaad. Sus camellos iban
cargados de perfumes, especias y bálsamos que
llevaban a vender a Egipto.
[26,27]—¡Miren! —dijo Judá a los demás—. Allá
vienen unos ismaelitas. ¡Vendámosles a José!
¿Para qué hemos de matarlo y cargar con esta
culpa en la conciencia? No seamos responsables
de su muerte porque, después de todo, es nuestro
hermano.
Todos los hermanos estuvieron de acuerdo.
[28]Cuando llegaron los comerciantes, sacaron a
José de la cisterna y se lo vendieron por veinte
monedas de plata. Los comerciantes siguieron el
viaje llevando consigo a José hasta Egipto. [29]Un
poco más tarde llegó Rubén (que había estado
fuera cuando pasaron los ismaelitas) y fue hasta
la cisterna para sacar a José. Cuando vio que José
no estaba allí, rasgó sus ropas lleno de angustia
y de frustración.
[30]—El muchacho no está; y yo, ¿dónde me
meto ahora?
[31]Ellos entonces tomaron un cabrito, lo dego-
llaron y con la sangre mancharon la túnica de
José. [32]Luego le llevaron la túnica a Jacob para
que la identificara.
—Encontramos esto en el campo —le dijeron—. ¿Será la túnica de José?
[33]El padre la reconoció de inmediato.
—Sí, es la túnica de mi hijo. Algún animal
salvaje destrozó a mi hijo y se lo comió.
[34]Entonces Israel rasgó su ropa y se vistió de
ropas ásperas e hizo duelo por su hijo, y lo lloró
durante varias semanas. [35]Toda su familia trató
en vano de consolarlo. Pero él decía: «No dejaré
de llorar hasta que muera y me reúna con mi
hijo». Y seguía llorando.
[36]Mientras tanto en Egipto, José fue vendido a
Potifar por los mercaderes. Potifar era un funcionario del faraón, rey de Egipto. Era nada menos
que el capitán de la guardia.

Judá y Tamar

38 Más o menos por ese tiempo, Judá salió
de la casa de su padre y se fue a vivir a
Adulán, a casa de un hombre llamado Hirá. [2]Allí
se casó con una mujer cananea, hija de Súa. [3]La
mujer quedó embarazada y tuvo un hijo, al que
llamó Er. [4]Después volvió a quedar embarazada
y tuvo otro hijo, al que llamó Onán. [5]Tiempo
después tuvo otro hijo, al que llamó Selá. Este
nació en Quezib.
[6]Cuando creció Er, su hijo mayor, Judá lo casó
con Tamar. [7]Pero Er era malo y Dios lo mató,
[8]Entonces Judá le dijo a Onán, hermano de Er:
—Tienes que casarte con Tamar, conforme a
lo que nuestra ley exige del hermano del muerto.
Así los hijos que ella tenga serán los herederos
de tu hermano.
[9]Pero Onán no quería tener hijos que no se
consideraran suyos, sino de su hermano. Por eso,
aunque se casó con Tamar, cada vez que tenía
relaciones sexuales con ella derramaba el semen
fuera. De esa manera evitaba darle hijos a su
hermano. [10]Esto le pareció muy malo a Dios, y
lo mató también a él.
[11]Entonces Judá le dijo a Tamar, su nuera, que
no se casara por el momento y que se quedara
en la casa de sus padres, hasta que Selá tuviera
edad suficiente para casarse con ella. Realmente
era una excusa, porque temía que su hijo menor
también muriera al casarse con ella. Tamar,
pues, volvió a vivir con sus padres.
[12]Pasó el tiempo, y la esposa de Judá, que era
hija de Súa, murió. Cuando terminó el tiempo del

37.32–35

duelo, Judá y su amigo Hirá, el adulanita, fueron
a Timnat a esquilar las ovejas. 13Alguien le dijo a
Tamar que su suegro iba a Timnat a esquilar las
ovejas. 14Entonces ella, comprendiendo que él no
iba a dejarla casar con Selá, a pesar de que él ya
tenía edad suficiente, se quitó la ropa de viuda,
se cubrió con un velo para no ser reconocida, y
se sentó junto al camino, a la entrada de Enayin,
que está en el camino a Timnat. 15Judá la vio al
pasar y creyó que era una prostituta, ya que tenía
el rostro cubierto con un velo. 16Él se detuvo y
le propuso que lo dejara acostarse con ella, sin
darse cuenta de que era su nuera.

—¿Cuánto me pagarás? —preguntó ella.

17—Te enviaré un cabrito de mi rebaño —
prometió él.

—¿Qué prendas me darás para que tenga la
seguridad de que me lo vas a mandar? —preguntó ella.

18—Bien, ¿qué es lo que quieres? —preguntó
Judá.

—Dame el sello que usas para identificarte,
tu cordón y tu bastón —respondió ella. Él le
entregó las prendas, y tuvieron relaciones sexuales. Ella quedó embarazada 19y volvió a ponerse
su ropa de viuda.

20Judá le pidió a su amigo Hirá, el adulanita,
que le llevara el cabrito a la mujer y le pidiera que
le devolviera las prendas que le había dado. Pero
Hirá no pudo encontrarla; 21así que les preguntó
a los hombres de la ciudad:

—¿Dónde vive la prostituta que estaba junto
al camino, a la entrada del pueblo?

—Aquí nunca ha habido una prostituta —le
contestaron.

22Entonces Hirá volvió a donde estaba Judá y le
dijo que no la había podido encontrar. También
le contó lo que le habían dicho los hombres del
pueblo.

23—¡Que se quede con las prendas! —exclamó Judá—. Hemos hecho lo que teníamos que
hacer. Yo cumplí con enviarle el cabrito, pero
tú no la encontraste. Seríamos el hazmerreír del
pueblo si volvemos a ir.

24Tres meses más tarde, le contaron a Judá
que Tamar, su nuera, se había acostado con otro
hombre, y que estaba embarazada.

—¡Sáquenla y quémenla! —ordenó Judá.

25Pero, cuando la sacaban para quemarla,
ella le envió el siguiente mensaje a su suegro:
«El dueño de este sello de identificación, de este
cordón y de este bastón es el padre de mi hijo.
¿Los reconoces?»

26Judá reconoció que eran suyos y dijo:

—Ella es más justa que yo, porque yo no quise
cumplir mi promesa de darle a mi hijo Selá por
esposo.

Por su parte, Judá nunca más volvió a tener
relaciones sexuales con ella. 27Llegado el tiempo
del parto, Tamar tuvo mellizos. 28En el momento
de nacer, la partera le ató un hilo rojo en la
muñeca del que apareció primero. 29Pero éste
metió la mano, y nació primero el otro. Entonces la partera exclamó: «¡Qué brecha te abriste!»
Por eso le pusieron Fares, (el que salió). 30Poco
después nació el bebé que tenía el hilo rojo en
la muñeca, y lo llamaron Zera.

José y la esposa de Potifar

39 Cuando José llegó a Egipto, fue vendido
por los ismaelitas a Potifar, que era un
egipcio muy importante, ya que era el capitán de
la guardia personal del faraón. 2El SEÑOR bendijo
mucho a José en la casa de su amo, de modo que
tenía éxito en todo lo que emprendía. 3Potifar
comprendió que el SEÑOR estaba con José de una
manera muy especial. 4Por supuesto, José llegó
a ser su persona de confianza. Pronto estuvo
a cargo de la administración de la hacienda y
todos los negocios de Potifar. 5Inmediatamente,
Dios comenzó a bendecir a Potifar, por amor a
José. Todos los asuntos de su hacienda comenzaron a prosperar, sus cosechas aumentaron y se
multiplicó su ganado. 6Por esa razón, Potifar le
entregó a José la responsabilidad de administrar
todas sus posesiones. Potifar no tenía nada de qué
preocuparse, sino de comer.

Además de las cualidades mencionadas, José
era un joven bien parecido. 7Un día la mujer de
Potifar comenzó a fijarse en José, se enamoró de
él y lo invitó a tener relaciones sexuales con ella.
8Pero José se rehusó a hacerlo, y le dijo:

—Señora, mi amo confía en mí en todo lo
relacionado con su hacienda; 9él me ha dado
toda su autoridad. No me ha prohibido ninguna
cosa. Solamente sobre usted yo no tengo ningún
derecho, pues usted es su esposa. ¿Cómo podría
yo hacerle una maldad tan grande como ésta?
Sería un pecado muy grande contra Dios.

10Pero ella continuó con sus insinuaciones día
tras día, a pesar de que él se negaba y evitaba
en todo lo posible encontrarse con ella a solas.
11Un día, mientras José estaba haciendo sus quehaceres en la casa, ella aprovechó que no había
nadie más en la casa, 12lo agarró de la túnica y
le ordenó:

—¡Acuéstate conmigo!

Él salió corriendo, pero ella logró echarle
mano del manto y se lo quitó. 13Cuando ella vio
el manto de José en sus manos, y que él había
huido, 14,15comenzó a gritar. Cuando los otros
hombres que estaban cerca llegaron corriendo para ver lo que ocurría, ella comenzó a gritar
histéricamente.

—¡Mi marido tenía que traer a ese esclavo
hebreo para que nos insultara! —dijo llorando—. Trató de violarme, pero cuando grité, huyó
y olvidó llevarse el manto.
16 Ella guardó el manto, y cuando Potifar regresó a casa esa noche, 17 le dijo:
—¡El esclavo hebreo que tienes aquí quiso
violarme, 18 y solamente mis gritos me salvaron!
¡Al salir corriendo se le quedó su manto!
19 Cuando Potifar oyó esto, se enfureció. 20 Tomó
preso a José y lo echó en la cárcel donde tenían
encadenados a los prisioneros del rey. 21 Pero el
SEÑOR estuvo con José también allí y le mostró su
amor, permitiendo que se ganara la confianza del
carcelero. 22 El hecho es que el carcelero pronto le
entregó el cuidado de los prisioneros y lo dejó a
cargo de todo lo demás que se hacía en la cárcel.
23 Por eso, el carcelero ya no se preocupaba de
nada, porque José tenía cuidado de cada cosa y
el SEÑOR hacía que todas las cosas le salieran bien.

El copero y el panadero

40 Mucho tiempo después, el jefe de los
panaderos y el jefe de los coperos que
servían al rey de Egipto, hicieron algo que lo
ofendió. 2-3 Por eso, el faraón se enojó con ellos
y los mandó a la misma cárcel en donde estaba José, es decir, en la casa del capitán de la
guardia. 4 Estuvieron presos un buen tiempo, y
el capitán de la guardia designó a José para que
los atendiera. 5 Cierta noche cada uno de ellos
tuvo un sueño. 6 A la mañana siguiente José los
notó tristes y deprimidos.
7 —¿Qué les pasa? ¿Por qué están tan tristes?
—les preguntó.
8 Ellos le contestaron:
—Cada uno de nosotros tuvo un sueño anoche, y no hay quién nos interprete los sueños.
9,10 El primero en contar su sueño fue el jefe
de los coperos:
—En mi sueño vi una vid con tres ramas que
brotaron, florecieron y luego dieron racimos de
uva madura. 11 Yo tenía la copa del faraón, Entonces tomé las uvas y las exprimí en la copa del
faraón y se la serví.
12 José entonces le dijo:
—Esta es la interpretación del sueño: Las tres
ramas son tres días. 13 Dentro de tres días el faraón
te va a sacar de la cárcel y te pondrá nuevamente
en tu cargo de copero. 14 Por favor, apiádate de
mí cuando hayas vuelto a gozar del favor del
faraón, y pídele que me saque de aquí. 15 Yo soy
un hebreo que fue raptado de su tierra, y ahora
estoy en la cárcel sin haber hecho nada para
merecer este castigo.
16 Cuando el jefe de los panaderos vio que el
primer sueño tenía un significado tan bueno,
también le contó su sueño a José.
—En mi sueño llevaba tres canastos de pan
sobre la cabeza. 17 El canasto de encima estaba lleno de deliciosos productos de pastelería, hechos
especialmente para el faraón. Pero vinieron las
aves y se los comieron.
18 —Los tres canastos son tres días —le dijo
José—. 19 De aquí a tres días, el faraón te quitará
la cabeza, colgará tu cuerpo de un madero, y las
aves comerán tus carnes.
20 Tres días más tarde, el faraón hizo una fiesta
para celebrar su cumpleaños. Invitó a todos sus
funcionarios y a todo el personal de su palacio.
Mandó a buscar al jefe de los coperos y al jefe de
los panaderos. Así que los sacaron de la cárcel
y los llevaron delante del faraón. 21 Entonces el
faraón colocó de nuevo al jefe de los coperos en
su cargo, 22 pero mandó a ahorcar al jefe de los
panaderos, tal como lo había dicho José. 23 Sin
embargo, el jefe de los coperos se olvidó por
completo de José.

Los sueños del faraón

41 Una noche, dos años más tarde, el
faraón soñó que estaba a la orilla del
Nilo. 2 Repentinamente vio siete vacas hermosas
y gordas que salían del río y se ponían a pastar.
3 Luego salieron siete vacas flacas; eran tan flacas
que se les veían todas las costillas. 4 Salieron del
río, se pusieron junto a las vacas gordas y se las
comieron. En ese preciso momento, el faraón
despertó.
5 Cuando volvió a dormirse tuvo un segundo
sueño. Esta vez vio siete espigas de trigo que crecían de una misma caña. Eran gruesas y estaban
llenas de grano, 6 De repente, de la caña salieron
otras siete espigas, pero éstas eran delgadas y
estaban vacías y las marchitaba el viento que
venía del desierto. 7 Y estas siete espigas delgadas
devoraron a las siete espigas gruesas y llenas.
Cuando el faraón despertó nuevamente se dio
cuenta de que todo había sido un sueño. 8 Al día
siguiente, al acordarse de los sueños se sintió
bastante preocupado por lo que pudieran significar. Así que llamó a todos los magos y sabios de
Egipto, y les contó los sueños. Pero ninguno pudo
ni siquiera dar una idea de lo que significaban.
9 Entonces el jefe de los coperos le dijo al faraón:
—Hoy recuerdo mi falta. 10 Hace algún tiempo usted se enojó con el jefe de los panaderos y
conmigo, y nos mandó a la cárcel que dirigía el
capitán de la guardia. 11 Allí el jefe de los panaderos y yo tuvimos un sueño una noche, y cada
sueño tenía su propio significado. 12 Le contamos
los sueños a un joven hebreo, que era esclavo
del capitán de la guardia, y él nos los interpretó.
13 Todo ocurrió tal como él lo dijo: yo fui restaurado en mi puesto de jefe de los coperos del rey,
y el jefe de los panaderos fue ahorcado.

14El faraón mandó inmediatamente a buscar
a José. Lo hicieron salir corriendo del calabozo,
lo afeitaron rápidamente, le cambiaron la ropa
y lo hicieron entrar a la presencia del faraón.
15—Anoche tuve un sueño —le dijo el
faraón—, y ninguno de estos hombres puede
interpretármelo. He oído decir que puedes interpretar sueños, y por esa razón te he hecho venir.
16—Yo no lo puedo hacer por mi propia cuenta
—replicó José— pero Dios le dirá lo que significa.
17Entonces el faraón le contó el sueño:
—Yo estaba parado a orillas del Nilo —
dijo—, 18cuando repentinamente salieron del
río siete vacas gordas y hermosas y se pusieron
a pastar a lo largo de la ribera. 19Pero entonces
salieron del río otras siete vacas muy flacas y
huesudas. Jamás había visto vacas tan flacas en
todo Egipto. 20Y las vacas flacas se comieron a
las siete gordas que habían venido primero, 21y
después quedaron más flacas que antes. Entonces
desperté. 22Poco después tuve otro sueño. Esta vez
vi que salían siete espigas de trigo de una caña.
Las siete espigas eran gruesas y estaban llenas
de grano. 23Entonces, del mismo tallo, salieron
siete espigas delgadas y marchitas. 24Y las espigas
delgadas devoraron a las gruesas. Les conté todo
esto a mis magos, pero ninguno de ellos pudo
darme su interpretación.
25Entonces José le dijo al faraón:
—Ambos son un solo sueño. Dios le ha dicho
lo que hará en la tierra de Egipto. 26Las siete
vacas gordas y también las siete espigas gruesas
y llenas significan que vendrán siete años de
prosperidad. 27Las siete vacas flacas y también
las siete espigas marchitas indican que habrá
siete años de hambre a continuación de los siete
años de prosperidad.
28»Así que yo le digo que Dios le ha mostrado a usted lo que hará: 29En los próximos siete
años habrá mucha prosperidad en toda la tierra
de Egipto. 30Sin embargo, a continuación habrá
siete años de hambre, tan grande, que se olvidará la gran prosperidad, y habrá sólo hambre
en la tierra. 31El hambre será tan terrible que se
borrará el recuerdo de los años de abundancia.
32El haber tenido dos veces el sueño indica que
con toda seguridad esto ocurrirá, porque Dios
lo ha determinado, y así va a ocurrir pronto.
33Tengo, pues, una sugerencia que hacerle: Busque al hombre más sabio de Egipto y póngalo
a cargo de la administración de la agricultura
y de la economía de la nación. 34,35Su Majestad,
divida a Egipto en cinco distritos administrativos,
y haga que los oficiales de estos distritos reúnan
en los graneros reales todo el excedente de los
próximos siete años, 36para que haya suficiente
alimento durante los siete años de escasez, y así
se evitará el desastre.
37Las sugerencias de José fueron bien recibidas
por el faraón y sus ministros. 38Mientras discutían
quién sería designado para la delicada tarea, el
faraón dijo:
—¿Quién podría hacerlo mejor que José?
Obviamente él es un hombre lleno del espíritu
de Dios.
39Luego, volviéndose hacia José, el faraón le
dijo:
—Puesto que Dios te ha revelado el significado del sueño, eres el hombre más sabio de Egipto.
40Por lo tanto, te nombro encargado de todo este
proyecto. Lo que tú digas será ley en toda la tierra
de Egipto. Solamente yo seré superior a ti, por
cuanto soy el rey del país.

José, gobernador de Egipto

41,42Entonces el faraón colocó en el dedo de
José el anillo con el sello real, como señal de su
autoridad, lo vistió con ropas muy finas y le puso
la cadena real de oro en el cuello, y proclamó:
—¡Mira que hoy te pongo a cargo de toda la
tierra de Egipto!
43Además el faraón le dio a José la segunda
carroza real, y por dondequiera que iba prego-
naban delante de él:
—¡Doblen las rodillas!
44El faraón entonces le dijo a José:
—Yo, el faraón de Egipto, declaro que tendrás completa autoridad sobre toda la tierra de
Egipto, de modo que nadie podrá hacer algo sin
tu permiso.
45El faraón le cambió el nombre a José por el de
Zafenat Panea. Además, le dio por esposa a Asenat, hija de Potifera, sacerdote de Heliópolis. Fue
así como José quedó a cargo de Egipto. 46Tenía
treinta años cuando entró al servicio del faraón.
José salió de la presencia del faraón, y comenzó a recorrer todo Egipto. 47Tal como lo había
predicho José, llegaron los siete años de abundancia. Durante esos años la tierra produjo
cosechas abundantes. 48Durante aquellos años
José compró para el gobierno una porción de
todas las cosechas obtenidas a través de Egipto
y la almacenó en las ciudades cercanas. 49De
este modo José logró amontonar tanto trigo, que
nadie podía calcular la cantidad que había, pues
era como la arena del mar.
50En este tiempo, antes que llegara el tiempo
de escasez, su esposa Asenat, hija de Potifera,
sacerdote de Heliópolis, le dio dos hijos. 51A su
hijo mayor José lo llamó Manasés (me hizo olvidar), porque dijo: «Dios hizo que me olvidara de

41.50–42.2

Fidelidad 1

¿Saben dónde comienza la fidelidad? La fidelidad comienza en nuestros corazones y no solo en nuestras acciones. La Biblia dice que si miramos con codicia a alguien que no es nuestro cónyuge, cometemos adulterio en el corazón (Mateo 5:28). El estado del corazón determina lo que verdaderamente somos y la fidelidad tiene que ver con la realidad de lo que guarda nuestro corazón. La fidelidad comienza por ubicar el corazón para que le sea fiel a Dios antes que a nuestro cónyuge. No hay mejor regalo entre nosotros que nuestra fidelidad, nada más lindo que saber que nuestra pareja nos es fiel, porque estamos seguros de que antes decidió serle fiel a Dios.

Amamos este versículo: "He optado por el camino de la fidelidad, he escogido tus juicios". (Salmos 119:30). El ser fiel es una decisión, su Palabra es clara cuando nos enseña que, si anhelamos ser fieles en todas las áreas de nuestra vida, es necesario caminar en el temor de Dios y tener un corazón íntegro. Sí, definitivamente uno de los mejores regalos que le podemos dar a nuestra pareja es serle fiel a Dios.

¿Qué otras cosas podemos hacer para proteger nuestro matrimonio de la infidelidad?

En primer lugar, tienen que decidir establecer límites saludables con la gente que los acompaña a diario. ¿Sabían que una de las razones principales de muchas infidelidades en el matrimonio tienen que ver con la falta de límites saludables? En muchos casos las relaciones con otras personas inicialmente lucen muy inofensivas, pero podrían terminar siendo muy peligrosas si no establecen esos límites claros. Establezcan esos límites, porque estos cuidarán sus corazones.

Otra manera de cuidar nuestro matrimonio es tener la precaución de saber dónde estamos buscando llenar un vacío. ¿Saben que en las cartas de divorcio algunas de las cosas que más salen a relucir son la pornografía y las redes sociales? Tenemos que tener cuidado porque podríamos estar buscando llenar algunas áreas del corazón en el lugar incorrecto. Cuidemos nuestros ojos de entrar a lugares que no son íntegros ni puros.

Por último, no se guarden secretos. Los "pequeños secretos" echan a perder la relación. Amigos, ¡no se escondan nada el uno al otro! ¿Saben por qué los secretos son mortales? Porque son una puerta abierta para el engaño y la deslealtad. Por favor, sean mejores amigos y cuídense las espaldas más que nadie. Aléjense de las voces que dicen que el matrimonio ya no sirve o que es asunto del pasado.

Profundicemos: Deuteronomio 7:12; 2 Timoteo 2:22.

Conversemos:
- ¿Hemos establecido límites saludables con las personas que nos rodean?
- ¿Reconocemos hoy alguna acción que esté comprometiendo nuestra fidelidad?
- ¿Acostumbramos no guardar secretos entre nosotros?

Oremos:
Amado Dios, examina hoy nuestros pensamientos. Quita de nosotros aquello que no te agrada y que compromete nuestra integridad. Ayúdanos a serte fiel a ti sobre todas las cosas, para así poder sernos fieles mutuamente, en nuestros corazones y con nuestras acciones. En el nombre de tu hijo Jesús. Amén.

Hablemos del enojo 2

Tenemos un padre que es lento para enojarse, por lo tanto ¡procuremos aprender de Él! Queremos enseñarles tres puntos que les ayudarán a gestionar el enojo.

En primer lugar, aprender a decir que están enojados. Generalmente nos enteramos de que alguien está enojado por la manera en que reacciona y no porque lo haya comunicado. Dentro del matrimonio tenemos que aprender a expresar cómo nos sentimos. Sin embargo, es necesario que cada uno entienda cómo hacer el acercamiento correctamente. Hombres, sean cuidadosos con sus palabras para que no pierdan emocionalmente a sus esposas. Mujeres, no tengan una actitud rencillosa y midan sus palabras. Pónganle un límite a su enojo y aprendan a comunicar cómo se sienten, sin entrar en ofensas o albergar rencor en el corazón.

En segundo lugar: aprender a decir que necesitan conversar. Yo, Daniel, con el tiempo he aprendido a conversar lo que amerita ser resuelto en el momento. ¡Eso era muy difícil para mí! En cambio, a mí, Shari, me gusta resolver conflictos, sentarme y "deshuesar" el tema. Para nosotros ha sido bueno tener caracteres diferentes porque nos hemos ayudado y "pulido" el uno al otro.

Finalmente: aprender a no suponer. Aunque como cónyuges somos uno, siempre tenemos que preguntarle al otro cuál es su opinión acerca de las cosas. Comiencen a preguntar y prepárense para escuchar una opinión diferente a la suya. Ahora bien, a menudo para la mujer "suponer" suele ser aún más común. La mujer tiende a definir y a ponerle nombre a los sentimientos de su esposo. Antes yo, Shari, creía que la forma correcta de resolver un conflicto era decirle a Daniel lo que yo entendía que era su intención, pero con el tiempo he aprendido a no suponer. El hecho de que seamos uno no significa que tenemos un solo cerebro, sino que vamos a seguir siendo una carne aun cuando cada uno tenga ideas diferentes sobre una situación. En el matrimonio opinar diferente no es estar en contra, es reconocer que una situación tiene múltiples soluciones. Se trata de darse la oportunidad de validar la opinión del otro y buscar, en común acuerdo, la mejor solución que beneficie al matrimonio.

Hoy nuestra oración es que logren manejar el enojo y los conflictos que siempre surgirán en el matrimonio. Que el poder del Espíritu Santo y su Palabra les den la salida y moldeen su carácter.

Profundicemos: Santiago 1:19-20; Salmos 37:8; Proverbios 14:29.

Conversemos:

- ¿Nos cuesta decirnos que estamos enojados?
- ¿Nos cuesta conversar o expresar que necesitamos conversar?
- ¿Solemos suponer las intenciones del otro en lugar de aclararlas?

Oremos:

Padre bueno, deseamos aprender a manejar el enojo de forma saludable. Gracias porque Tú, que eres lento para la ira, eres nuestro mejor ejemplo de amor y compasión. Ayúdanos a ser más como Tú en esta y todas las áreas de nuestra vida. Amén.

30—El hombre que gobierna ese país nos
habló en forma muy severa —le dijeron—, y
nos tomó por espías.
31—"No, no" —le dijimos—, "somos hombres honrados; no somos espías. 32Somos doce
hermanos, hijos de un mismo padre; uno murió,
y el menor quedó con nuestro padre en la tierra
de Canaán".
33Entonces nos dijo:
—De esta manera sabré que son lo que dicen
ser. Dejen uno de sus hermanos aquí conmigo y lleven el trigo para su familia y regresen a
su tierra. 34Pero tienen que traer a su hermano
menor cuando vuelvan. Entonces sabré si son
espías u hombres de bien; si demuestran ser lo
que han dicho que son, yo les devolveré a su
hermano y podrán volver cuantas veces quieran
a comprar trigo.
35A medida que vaciaban los costales, iban
descubriendo que dentro de cada uno estaba el
dinero que habían pagado por el trigo. El terror
se apoderó de todos ellos y también de su padre.
36Entonces Jacob exclamó:
—¡Ustedes me han privado de mis hijos! Perdí
a José, luego a Simeón, y ahora quieren llevarse a
Benjamín. Todo se ha confabulado en mi contra.
37Entonces Rubén le dijo a su padre:
—Mata a mis dos hijos si no te devuelvo a
Benjamín. Yo respondo por su regreso.
38Pero Jacob replicó:
—Mi hijo no irá con ustedes, porque José su
hermano murió y sólo él me ha quedado de los
hijos de su madre. Si algo llegara a sucederle,
yo me moriría.

Los hermanos de José vuelven a Egipto

43 Pero el hambre se hacía insoportable
sobre la tierra. 2Cuando estaba por aca-
bárseles el trigo que habían comprado en Egipto,
Jacob les dijo a sus hijos:
—Vayan nuevamente y compren más alimento.
3-5Pero Judá le dijo:
—Aquel hombre no estaba bromeando cuando dijo: «No regresen, a menos que su hermano
venga con ustedes». Así que no podemos ir, a
menos que dejes que Benjamín vaya con nosotros.
6—¿Por qué tuvieron que decirle que tenían
otro hermano? —se quejó Israel—. ¿Por qué
tenían que hacerme esto?
7—Porque aquel hombre nos preguntó específicamente por nuestra familia —respondieron—. Quería saber si nuestro padre todavía
vivía y nos preguntó si teníamos otro hermano.
Por eso se lo dijimos. ¿Cómo íbamos a saber
nosotros que nos iba a decir: "Traigan a su hermano"?
8Judá le dijo a su padre:
—Envía al muchacho bajo mi cuidado, y
podremos ponernos en camino. De otro modo
nos moriremos todos de hambre, y no sólo nosotros, sino todos nuestros hijos. 9Yo garantizo su
seguridad. Si no te lo traigo al regresar, yo llevaré para siempre la culpa delante de ti. 10Si lo
hubieras dejado ir, ya habríamos ido y vuelto en
todo este tiempo.
11Entonces Israel, su padre, finalmente les dijo:
—Si no se puede evitar, entonces por lo menos
hagan esto: Carguen los burros con los mejores
productos de la tierra: bálsamo, miel, especias,
mirra, nueces y almendras, y llévenle todo eso
a aquel hombre. 12Lleven también doble cantidad de dinero para que puedan devolverle el
que encontraron dentro de los costales, ya que
alguien, por error lo puso allí. 13Tomen a Benjamín y vayan, 14¡Quiera el Dios Todopoderoso
que aquel hombre les tenga misericordia, para
que le dé la libertad a Simeón y deje volver a
Benjamín! Y si debo sufrir el dolor de la muerte
de ellos, que así sea.
15Entonces tomaron los regalos y doble cantidad de dinero, y salieron rumbo a Egipto y se
presentaron delante de José. 16Cuando José vio que
Benjamín llegaba con ellos, le dijo al mayordomo
de su casa:
—Estos hombres comerán conmigo al mediodía. Llévalos a mi casa y prepara una gran fiesta.
17El hombre hizo lo que se le mandó y llevó
a los hijos de Israel al palacio de José. 18Ellos se
asustaron mucho cuando vieron hacia dónde los
llevaban.
—Es por causa del dinero que encontramos en
nuestros costales —se decían—. Aquel hombre
quiere acusarnos de que le hemos robado, para
apoderarse de nosotros y de nuestros animales,
y nos hará sus esclavos.
19Cuando llegaron a la entrada del palacio,
le hablaron al mayordomo de la casa de José y
le dijeron:
20—Señor, después de nuestro primer viaje a
Egipto para comprar alimentos, 21-22al volver a
nuestra tierra, nos detuvimos en un lugar a pasar
la noche, abrimos nuestros costales y encontramos el dinero que habíamos pagado por el trigo.
Aquí está; lo trajimos para devolverlo, además
del dinero necesario para comprar más alimento. ¡No tenemos idea de cómo llegó el dinero a
nuestros costales!
23—No se preocupen por ello —les dijo el
mayordomo—; su Dios, el Dios de su padre, debe
de haberlo puesto allí, porque nosotros recibimos
el dinero completo.

Manejando las finanzas

3

Las deudas y la falta de planificación y administración están llevando a muchos matrimonios no solo a una ruina económica, sino también a una ruina emocional. Deuteronomio 8:17 dice: "No pienses jamás que por tu poder y tu fuerza has obtenido esa riqueza". ¿Saben que realmente nada nos pertenece? Cuando entendemos que todo lo que tenemos proviene de Dios, nuestra perspectiva cambia. Esta verdad nos hace reconocer que todo lo que producen nuestras manos, no es nuestro, sino de Él, y esto es lo primero que debemos de entender al hablar de finanzas.

Nosotros no solo creemos que todo lo que tenemos viene de Él, sino que también damos de todo lo que hemos recibido de su mano; damos lo primero a nuestro Padre y por esto diezmamos como dice su Palabra para que el resto sea bendecido. Este es un principio de mayordomía, y la mayordomía es simplemente administrar aquello que se nos ha confiado.

No hay duda de que en esta época de redes sociales es fácil caer en la comparación y desear lo que otros tienen. Claro que es importante desarrollarse, crecer, pero siempre desde un corazón con agradecimiento y nunca buscando vivir en deudas y en desorden. Por otra parte, para tener éxito en sus finanzas deben procurar estar en unidad y es vital que a través de una comunicación abierta y transparente puedan establecer metas juntos y saber que están construyendo hacia un mismo fin. Busquen ayuda si sienten que hay áreas de la economía donde están luchando y esto ha traído conflicto y un peso sobre su matrimonio.

Las finanzas se obtienen trabajando y debemos reconocer que el trabajo es una bendición que Dios nos permite realizar pero, recuerden que aunque nuestra parte es trabajar, la parte de Dios es la provisión divina de oportunidades y multiplicación, algo que solo Él puede hacer y por eso necesitamos su bendición.

Tal vez ahora están necesitando un milagro de provisión, o tal vez paz y sabiduría para administrar bien. Si es así, reconozcan que Él tiene la capacidad de proveer todo lo que necesitan. Decidan hoy confiar en el cuidado de su paternidad. Planifiquen juntos; construyan juntos y solucionen juntos. Dios esta a favor de ustedes y de su economía.

Profundicemos: Filipenses 4:19; Mateo 6:33; Proverbios 21:20.

Conversemos:

- ¿Cuáles son los desafíos financieros que estamos enfrentando?
- ¿Cuáles podrían ser las soluciones?
- ¿Está siendo Dios el enfoque de nuestras primicias?

Oremos:

Señor, gracias por nuestras finanzas y porque todo lo que tenemos proviene de Ti. Gracias por tu bendición a la obra de nuestras manos y por tu fidelidad y provisión. Ayúdanos y danos toda la sabiduría que necesitamos para manejar las finanzas. Confiamos en Ti. En el Nombre de Jesús oramos. Amén.

Intimidad sexual 4

Cuando hablamos de intimidad sexual se despiertan distintas reacciones. A algunos les resulta fácil hablar del tema, pero a otros les da vergüenza. La realidad es que la intimidad sexual no lo es todo en el matrimonio, pero es imposible construir un matrimonio saludable sin ella.

Este mundo ha procurado tergiversar este tema, por eso lo mejor es ir a la Palabra y leer qué nos dice al respecto. En 1 Corintios 7:3-4 dice que el esposo y la esposa deben satisfacerse las necesidades sexuales mutuamente. Es impresionante que el Dios del universo haya diseñado la intimidad sexual para el deleite del matrimonio. Es un regalo de parte de Él para nosotros.

Queremos dejarles aquí algunos consejos que les servirán para poder disfrutar plenamente de la intimidad sexual.

La intimidad sexual no es instantánea, sino que se construye durante todo el día y se fortalece cuando nos enfocamos más en la necesidad de nuestro cónyuge que en la nuestra, sin intenciones egoístas. Tengan muy claro que hombres y mujeres no somos iguales. Para la mayoría de las mujeres el aspecto emocional, la conexión y la intimidad es muy importante, y para la mayoría de los hombres es importante el contacto físico, las caricias y sí, el acto sexual en sí mismo.

Tomando esto en consideración deben procurar haber preparado el corazón de su cónyuge durante todo el día con detalles que lo hagan sentirse amado y deseado. Comiencen desde que se despiertan por la mañana. Envíense mensajes por teléfono, déjense mensajes escritos, busquen la manera de hacerle saber al otro que es amado. Amigos, la intimidad sexual es un regalo que viene del mismo corazón de Dios, creado para producir conexión física, emocional y espiritual. Todo lo que Dios diseña tiene fundamentos, así que la intimidad sexual debe ser un momento en el que nuestra pareja se sienta honrada, valorada y respetada. Nunca debe ser utilizada como castigo, pero tampoco como un premio. Recuerden siempre que se construye y se fortalece cada vez que dejamos a un lado nuestros deseos egoístas y priorizamos al otro.

Oramos para que su intimidad sea llena de frescura en esta temporada y para experimenten un nuevo nivel de amor, entrega y deseo el uno por el otro.

Profundicemos: Hebreos 13:4; 1 Corintios 7:3-5; Proverbios 5:18.

Conversemos:

- ¿Cómo se encuentra nuestra intimidad sexual?
- ¿Procuramos haber cuidado el corazón del otro antes del momento de intimidad?
- ¿Qué detalles podemos tener hoy el uno con el otro?

Oremos:

Señor, tú diseñaste la intimidad sexual como una herramienta de bendición al matrimonio. Quita de nosotros todo lo incorrecto que podamos haber aprendido al respecto y enséñanos a disfrutar de una vida sexual plena y honrada. Bendícenos en nuestra unión. En el nombre de Jesús. Amén.

mi angustia y a la familia de mi padre». 52El
segundo hijo se llamó Efraín (fructífero), porque
dijo: «Dios me hizo fructificar en la tierra de mi
esclavitud».
53Finalmente, los siete años de abundancia
pasaron 54y, como José había predicho, comenzaron los siete años de escasez. El hambre afectó
a todos los países, menos a Egipto, pues allí había
abundancia de comida. 55La gente de Egipto
comenzó a sentir el hambre, pues la tierra dejó
de producir. Entonces iban donde el faraón a
rogarle que les diera alimentos. El faraón los
enviaba a José:
—Hagan todo lo que él diga —les decía.
56Cuando la escasez fue grande, y el hambre
se extendió por la tierra, José abrió los graneros
para venderles alimento a los egipcios. 57Además,
como el hambre se extendió por toda la tierra, de
otros países venía gente a Egipto, para comprar
alimentos a José.

Los hermanos de José van a Egipto

42 Cuando Jacob oyó que en Egipto había
trigo, dijo a sus hijos:
—¿Por qué se quedan ahí parados mirándose?
2He sabido que en Egipto hay trigo. Vayan y
compren alimento antes que nos muramos de
hambre.
3Entonces los diez hermanos mayores de José
fueron a Egipto para comprar trigo. 4Pero Jacob
no dejó que fuera Benjamín, el hermano menor
de José, porque temía que algo malo le pudiera
ocurrir, como había sucedido con José antes. 5De
modo que los hijos de Israel fueron a Egipto,
junto con mucha gente de otros pueblos, porque
el hambre en Canaán era muy grande.
6Y como José era el gobernador de todo Egipto
y estaba a cargo de la venta del trigo, sus hermanos llegaron y, en señal de respeto, se inclinaron
delante de él, hasta tocar el suelo con la frente.
7José los reconoció instantáneamente, pero hizo
como que no los conocía.
—¿De dónde son ustedes? —les preguntó
ásperamente,
—Somos de Canaán —respondieron—.
Hemos venido a comprar trigo.
8-9José recordó los sueños que había tenido
cuando todavía vivía con ellos, y les dijo:
—¡Ustedes son espías! ¡Han venido a ver si
nuestra tierra se ha debilitado con la escasez!
10—¡No, no! —exclamaron—. Sólo hemos
venido a comprar alimentos. 11Somos hijos del
mismo padre, somos personas honradas, señor.
¡No somos espías!
12—¡Sí, lo son! —insistió—. Han venido a ver
si estamos débiles e indefensos.
13—Señor —dijeron—, somos doce hermanos
y nuestro padre se quedó en Canaán. Nuestro
hermano menor se quedó con nuestro padre, y
el otro murió.
14—¿Sí? —preguntó José—, ¿y eso, prueba
algo? Ya lo he dicho: Son espías. 15De esta manera
sabré si la historia que me cuentan es verídica:
Juro por la vida del faraón que no saldrán de
Egipto hasta que su hermano menor haya venido
a mi presencia. 16Uno de ustedes tiene que ir y
traer a su hermano menor. Los demás se quedarán aquí encarcelados. De esta manera sabré si
dicen la verdad. Si ocurre que no tienen un hermano menor, sabré con certeza que son espías.
17Entonces los echó a la cárcel por tres días.
18Al tercer día les dijo:
—Yo soy hombre temeroso de Dios. Por eso
les voy a dar una oportunidad de probar lo que
afirman. 19Si ustedes en verdad son honrados,
entonces uno de ustedes se quedará encadenado
en la cárcel y los demás podrán volver con el
trigo para su familia. 20Pero tendrán que regresar
trayendo a su hermano menor. De esta manera
sabré si me están diciendo la verdad. Si han dicho
la verdad, los dejaré libres.
Y ellos estuvieron de acuerdo con esta proposición. 21Luego se pusieron a conversar entre
ellos y decían:
—Esto nos ha ocurrido como consecuencia
de lo que le hicimos a José en nuestra juventud.
Vimos el terror y la angustia suya y oímos sus
ruegos, pero no le hicimos caso.
22—Yo les dije que no lo hicieran —dijo
Rubén—, pero no me quisieron hacer caso.
Ahora tendremos que pagar por lo que hicimos.
23Desde luego, ellos no sabían que José les
entendía, ya que les había hablado por medio
de un intérprete. 24José entonces salió de la sala y
buscó un lugar para llorar. Cuando volvió, escogió a Simeón y lo hizo atar delante de ellos. 25José,
entonces, ordenó a sus esclavos que llenaran los
costales de los hombres. Pero también ordenó
que dentro de los costales colocaran el dinero
que sus hermanos habían pagado por el trigo.
Además les dio comida para el camino. 26Ellos
cargaron el trigo en los burros y emprendieron
el viaje de regreso.
27Cuando se detuvieron para pasar la noche,
uno de ellos abrió su costal para sacar grano,
para dar de comer a sus animales y, ¡encontró
el dinero dentro del costal!
28—¡Miren! —le dijo a sus hermanos—, ¡el
dinero que yo pagué está en mi costal!
Quedaron todos llenos de terror. Temblando
se decían unos a otros:
—¿Qué es lo que Dios nos ha hecho?
29En ese estado llegaron a Canaán y le contaron a su padre Jacob todo lo que les había
ocurrido.

Entonces soltó a Simeón y lo llevó a donde ellos estaban, 24Enseguida fueron conducidos al interior del palacio y les dieron agua para que se lavaran los pies. También les dieron comida a sus burros. 25Luego sacaron y organizaron los regalos, para tenerlos listos para cuando llegara José al mediodía, porque se les había dicho que comerían allí. 26Cuando José llegó le entregaron los regalos, y se inclinaron delante de él, en señal de respeto. 27Él les preguntó cómo estaban, y dijo:

—¿Cómo está su padre, el anciano de que me hablaron? ¿Vive aún?

28—Sí —respondieron ellos—. Vive y goza de buena salud.

Entonces volvieron a inclinarse delante de José. 29José miró a Benjamín, su hermano menor, y preguntó:

—¿Es éste su hermano menor del cual me hablaron? ¿Cómo estás, hijo mío? ¡Dios te bendiga!

30Entonces José tuvo que salir apresuradamente, porque el amor hacia su hermano lo llenó de emoción, y sintió necesidad de llorar. Se fue a su aposento y allí lloró. 31Después de tranquilizarse, se lavó la cara, salió y ordenó.

—Sirvan la comida.

32José comió solo, mientras que sus hermanos comían en otra mesa, y los egipcios en otra, porque los egipcios despreciaban a los hebreos y jamás comían con ellos. 33José le indicó a cada uno su asiento, y los sentó de mayor a menor para sorpresa de ellos. 34La comida de los hermanos de José la servían desde la mesa de éste. Le dio a Benjamín una porción cinco veces mayor que la de los demás. Bebieron con José, y pasaron unos momentos de mucha alegría.

La copa de José

44 Cuando sus hermanos estuvieron listos para emprender el regreso, José ordenó a su mayordomo que llenara cada una de sus costales con todo el trigo que pudieran contener, y pusiera en cada uno de ellos el dinero que habían pagado por el trigo. 2También le dijo que en el costal de Benjamín no sólo colocara el dinero sino también su copa de plata. Así lo hizo el mayordomo. 3Los hermanos se levantaron de madrugada y emprendieron el viaje, con sus animales cargados.

4Apenas habían salido de la ciudad, cuando José le dijo a su mayordomo:

—Alcánzalos, detenlos y pregúntales por qué me hacen esto a mí, que he sido tan bondadoso con ellos. 5Pregúntales: «¿Qué pretendían al robar la copa de mi señor, la que usa para adivinar? ¡Qué gran maldad han hecho!»

6Entonces el mayordomo los siguió, los detuvo y les habló conforme a las instrucciones que José le había dado.

7—¿Qué dice? —le preguntaron—. ¿Qué clase de personas piensa que somos, que nos acusa de un delito tan grande? 8Nosotros devolvimos el dinero que encontramos en nuestros costales. ¿Por qué habríamos de robar plata u oro de la casa de su amo? 9Si encuentra su copa en poder de alguno de nosotros, que muera. Todos los demás seremos esclavos de su amo para siempre.

10—De acuerdo —contestó el hombre—, sólo el que robó la copa quedará de esclavo, y los demás quedarán libres.

11Ellos bajaron rápidamente los costales que estaban sobre los animales, y los abrieron. 12El mayordomo comenzó a buscar en el costal del mayor y siguió revisando hasta llegar al del menor. ¡La copa estaba en el costal de Benjamín! 13Ellos, llenos de desesperación, rasgaron su ropa, cargaron sus burros nuevamente, y volvieron a la ciudad. 14José todavía estaba en su casa cuando Judá y sus hermanos regresaron. Al llegar, se inclinaron delante de José.

15—¿Qué pretendían hacer? —les preguntó José—. ¿No sabían que un hombre como yo puede adivinar?

16Entonces Judá dijo:

—¿Qué podemos decirle a mi señor? ¿Qué podemos decir a nuestro favor? ¿Cómo podríamos alegar inocencia? Dios nos está castigando por nuestros pecados. Señor, todos nosotros hemos regresado para ser sus esclavos, todos, incluso aquél en cuyo costal se encontró la copa.

17—No —dijo José—. Solamente el hombre que robó la copa será mi esclavo. Todos los demás pueden regresar en paz a su tierra y a su padre.

18Entonces Judá se adelantó y dijo:

—Déjeme decirle algo. Tenga paciencia conmigo por un momento, porque sé que usted puede condenarme en un instante, como si fuera el mismo faraón. 19Señor, usted nos preguntó si teníamos un padre y si teníamos hermanos. 20Y nosotros le respondimos: «Sí, tenemos un padre, anciano, y un hijo de su vejez, el cual todavía es muy joven. El hermano de éste murió y sólo él ha quedado de los hijos de su madre, y su padre lo ama mucho». 21Entonces usted nos dijo: «Tráiganlo para que yo lo vea». 22Pero nosotros le dijimos: «Señor, el muchacho no puede salir del lado de su padre, porque éste moriría». 23Sin embargo, usted nos dijo: «No regresen sin su hermano menor». 24Entonces volvimos a nuestro padre y le contamos lo que usted nos había dicho. 25Cuando él nos dijo: «Regresen y compren más alimento», 26le respondimos: «No podemos, a menos que dejes que nuestro hermano menor

vaya con nosotros. Sólo en ese caso podemos
ir». 27Entonces mi padre nos dijo: «Ustedes saben
que mi esposa sólo tuvo dos hijos, 28y que uno de
ellos salió y no volvió jamás, sin duda destrozado
por algún animal salvaje. Nunca más lo volví a
ver. 29Si ustedes se llevan a su hermano, y sufre
algún daño, yo me moriré de dolor».

30,31»Ahora, señor, si regresamos a nuestro
padre sin nuestro hermano menor, de seguro
se morirá de tristeza, pues está muy apegado a
este muchacho. En ese caso, nosotros seremos los
culpables de la muerte de nuestro padre. 32Señor,
yo le prometí a mi padre que cuidaría al muchacho. Le dije: "Si no te lo traigo de regreso, yo
cargaré con la culpa para siempre". 33Por eso,
señor, permita que yo me quede como su esclavo
en lugar del muchacho, y deje que él regrese
con sus hermanos. 34Porque, ¿cómo regresaré a
mi padre si el muchacho no va conmigo? ¡Yo
no podría soportar ver sufrir tanto a mi padre!

José se da a conocer

45 José no pudo aguantar más.
—¡Salgan todos de mi presencia! —
exclamó—, dirigiéndose a sus siervos.

Quedó solo con sus hermanos y, no pudiendo
contenerse más, 2lloró en alta voz. Su llanto se
oyó en todo el palacio, y la noticia llegó pronto
al palacio del faraón.

3—Yo soy José —les dijo a sus hermanos—.
¿Mi padre vive aún?

Pero los hermanos, debido a la gran sorpresa,
se quedaron mudos.

4—¡Acérquense! —les dijo José.

Ellos se acercaron, y José añadió:

—Yo soy su hermano José, el que ustedes
vendieron como esclavo para Egipto. 5Pero no
se aflijan ni se condenen por ello, porque era
plan de Dios. Dios me envió aquí antes que a
ustedes para preservarnos la vida y la de nuestras
familias. 6Estos años de escasez son los primeros
dos de siete años de hambre. En ese tiempo no
habrá siembra ni cosecha. 7Dios me envió aquí
para mantenerlos con vida a ustedes y a sus familias, para que puedan ser una nación grande.
8Sí, Dios, y no ustedes, fue el que me envió a
Egipto. Dios me puso por consejero del faraón y
por administrador de toda la nación, gobernador
de toda la tierra de Egipto. 9Dense prisa en volver
a mi padre y díganle: "Tu hijo José dice: 'Dios me
ha puesto por jefe de toda la tierra de Egipto. Ven
hasta donde yo estoy inmediatamente. 10Vivirás
en la tierra de Gosén y estarás cerca de mí con
todos tus hijos y nietos, con tus ovejas y vacas, y
todo lo que tengas. 11-13Yo te cuidaré'". Ustedes son
testigos de mi promesa, y mi hermano Benjamín
me ha oído decirlo. Díganle a mi padre que todavía quedan cinco años de escasez. Si no hacen lo
que les digo, quedarán en la completa pobreza
ustedes y sus familias. Cuéntenle a mi padre todo
el poder que tengo en Egipto y cómo todos me
obedecen. Hagan que él venga pronto a verme.

14Entonces, llorando de gozo, abrazó a Benjamín, y éste comenzó a llorar también. 15Hizo lo
mismo con cada uno de sus hermanos. Después
de esto, sus hermanos hablaron con él.

16Y la noticia de que los hermanos de José estaban en Egipto llegó a oídos del faraón. Al saberlo,
el faraón y sus funcionarios se alegraron mucho.
17Entonces el faraón le dijo a José:

—Diles a tus hermanos que carguen sus bestias y vuelvan cuanto antes a sus hogares, en
Canaán. 18Además, diles que traigan a tu padre
y a todas sus familias, para que se queden a vivir
aquí en Egipto. Yo les daré la mejor tierra, de
modo que podrán disfrutar de lo mejor de Egipto. 19Diles también que lleven consigo carros de
Egipto, para que traigan a sus esposas, a sus hijos
pequeños y a su padre. 20Y que no se preocupen
por lo que tengan que dejar en su tierra, porque
lo mejor de Egipto será de ellos.

21Entonces José les dio carros, conforme a la
orden del faraón. Además les dio provisiones para
el viaje y mudas de ropa. 22Pero a Benjamín le dio
cinco mudas de ropa y trescientas monedas de
plata. 23A su padre le envió diez burros cargados
con las mejores cosas de Egipto, diez burras cargadas de trigo, y toda clase de alimentos para que
comieran durante el viaje. 24Entonces despidió
a sus hermanos.

—No peleen en el camino —les aconsejó al
despedirlos.

25Ellos emprendieron el viaje y regresaron a la
tierra de Canaán, donde estaba su padre Jacob.

26¡José está vivo! —exclamaron al contárselo—. Es el gobernador de toda la tierra de Egipto.
Jacob se quedó pasmado, y no les creía. 27Pero
cuando le dieron los mensajes de José, y cuando vio los carros cargados de alimentos que José
le había enviado, se llenó de alegría.

28—¡Les creo! —dijo—. ¡José mi hijo está
vivo! ¡Iré y lo veré antes de morir!

Jacob viaja a Egipto

46 Israel emprendió el viaje con todas sus
posesiones, y fue hasta Berseba, donde
ofreció sacrificios al Dios de su padre Isaac.
2Aquella noche Dios le habló en visión:

—¡Jacob, Jacob!

—¿Qué quieres, Señor? —respondió.

3—Yo soy Dios —dijo la voz—, el Dios de tu
padre. No tengas miedo de ir a Egipto, porque
allí te haré una nación grande. 4Yo iré contigo a

45.1-10 45.27-28

Egipto y haré que tus descendientes vuelvan de
allí. Tú morirás en Egipto, y José estará a tu lado.
5Entonces Jacob salió de Berseba, y sus hijos
lo llevaron a Egipto, juntamente con sus descendientes y sus esposas, en los carros que el faraón
les había proporcionado. 6También llevaron todo
el ganado y todas las pertenencias que habían
acumulado en la tierra de Canaán. De ese modo
Jacob y sus familiares llegaron a Egipto. 7Es decir
que a Jacob lo acompañaron todos sus seres queridos: hijos, hijas, nietos y nietas.

8-14Estos son los nombres de los hijos y nietos
de Jacob que fueron con él a Egipto:

Rubén, su primogénito.

Los hijos de Rubén: Janoc, Falú, Jezrón y Carmí.

Simeón y sus hijos: Jemuel, Jamín, Oad, Jaquín,
Zojar y Saúl (cuya madre era una cananea).

Leví y sus hijos: Guersón, Coat y Merari.

Judá y sus hijos: Er, Onán, Selá, Fares y Zera
(pero Er y Onán murieron cuando todavía estaban
en Canaán, antes de que Israel fuera a Egipto).

Los hijos de Fares fueron Jezrón y Jamul.

Isacar y sus hijos: Tola, Fuvá, Job y Simrón.

Zabulón y sus hijos: Séred, Elón y Yalel.

15Éstos son los descendientes de Jacob y Lea,
sin contar a Dina, que nacieron en Padán Aram.
En total eran treinta y tres personas.

16,17También fueron con él:

Gad y sus hijos: Zefón, Jaguí, Esbón, Suni, Erí,
Arodí y Arelí.

Aser y sus hijos: Imná, Isvá, Isví, Beriá, y Sera,
hermana de ellos.

Los hijos de Beriá fueron Héber y Malquiel.

18Estas dieciséis personas fueron los hijos de
Jacob y Zilpá, la esclava que Lea recibió de su
padre Labán.

19-22Los siguientes son los descendientes de
Jacob y Raquel: José y Benjamín.

Los hijos de José, que nacieron en Egipto,
fueron Manasés y Efraín (la madre de ellos fue
Asenat, hija de Potifera, sacerdote de Heliópolis).

Los hijos de Benjamín: Bela, Béquer, Asbel,
Guerá, Naamán, Ehí, Ros, Mupín, Jupín y Ard.

En total, los descendientes de Jacob y Raquel
fueron catorce personas.

23-25Además, en el grupo estaban estos siete
descendientes de Jacob y Bilhá, la esclava que
Raquel recibió de su padre Labán:

Dan y su hijo Jusín; Neftalí y sus hijos: Yazel,
Guní, Jéser y Silén.

26De modo que el total de los que fueron a
Egipto, de los descendientes directos, sin contar
a las esposas de los hijos de Jacob, eran sesenta y
seis. 27Considerando la familia de José con sus dos
hijos, que estaban en Egipto, sumaban setenta.

28Jacob envió a Judá adelante para que le
dijera a José que ya estaban en camino y que
pronto llegarían a Gosén. Cuando llegaron a ese
lugar, 29José pidió que le prepararan su carro, y
fue hasta allá, para ver a su padre. Cuando se
encontraron se abrazaron y lloraron largo rato.

30Entonces Israel le dijo a José:

—¡Ya me puedo morir, porque te he vuelto a
ver y sé que estás vivo!

31José entonces le dijo a sus hermanos y a sus
familias:

—Voy a decirle al faraón que ustedes están
aquí, que han venido de la tierra de Canaán a
quedarse conmigo. 32Además le diré: "Estos hombres son pastores. Trajeron consigo sus ovejas y
vacas, y todo lo que tenían". 33Entonces, cuando el
faraón los llame y les pregunte por su ocupación,
34díganle: "Hemos sido pastores de ovejas desde
nuestra niñez, y nuestros padres lo han sido durante generaciones". Cuando le digan esto, los dejará
vivir en la tierra de Gosén, porque para los egipcios
es cosa detestable vivir junto a pastores de ovejas.

José le informa al faraón

47 Luego, José fue a ver al faraón, y le dijo:
—Han llegado mi padre y mis hermanos
desde Canaán con todas sus posesiones, ovejas
y vacas. En este momento se encuentran en la
región de Gosén.

2José había llevado consigo a cinco de sus hermanos y se los presentó al faraón. 3Este entonces
les preguntó:

—¿A qué se dedican?

Y ellos contestaron:

—Somos pastores, como nuestros antepasados. 4Hemos venido a vivir en Egipto porque no
hay pasto para nuestro ganado en Canaán. El
hambre es mucha allá. Queremos pedirle permiso para vivir en la tierra de Gosén.

5,6El faraón le dijo a José:

—Escoge el lugar que tú quieras para que
vivan ellos. Dales la mejor tierra de Egipto. La
tierra de Gosén es buena. Y si alguno de ellos
quiere, ponlo a cargo de mis rebaños también.

7Entonces José llevó a su padre Jacob ante el
faraón. Y Jacob bendijo al faraón.

8—¿Qué edad tienes? —le preguntó el faraón.

9Jacob le respondió:

—He vivido ciento treinta años que han sido
largos y difíciles, pero no se pueden comparar
con la edad de mis antepasados.

10Entonces Jacob bendijo nuevamente al faraón
y salió.

11José, pues, les dio la tierra de Ramsés, de acuerdo
con lo que el faraón le había ordenado. 12José
☼les proporcionó alimentos, según el número
de los miembros de la familia.

☼**47.12**

La administración de José

13La escasez de alimentos fue cada vez mayor, de modo que toda la gente de Egipto y de Canaán estaba experimentando mucha hambre. 14José reunió todo el dinero de Canaán y de Egipto a cambio del trigo que les vendía, e ingresó ese dinero en la tesorería del faraón. 15Cuando a la gente se le terminó el dinero, fueron a José a suplicar que se les diera alimentos.

—Se nos ha terminado el dinero —dijeron—. Por favor, dénos alimentos, porque si no moriremos de hambre.

16—Bueno —replicó José—, denme sus ganados y yo les daré alimentos en cambio.

17Así que trajeron el ganado a José para cambiarlo por alimentos. Pronto todos los caballos, ovejas, vacas y burros que había en Egipto pasaron a ser del faraón.

18Al año siguiente vino nuevamente el pueblo y le dijo:

—Señor, usted sabe que ya no tenemos dinero. Además, todo nuestro ganado ahora es suyo. Tan solo podemos pagarle con nuestros cuerpos y nuestras tierras. 19¿Por qué hemos de morir? Cómprenos a nosotros y a nuestras tierras, y seremos esclavos del faraón. Cómprenos a nosotros por alimentos para que vivamos y para que la tierra no quede deshabitada.

20Entonces José compró toda la tierra de Egipto para el faraón. La verdad es que, debido al hambre, los egipcios vendieron sus tierras. De ese modo, todo el país pasó a poder del faraón. 21Y todos los egipcios pasaron a ser esclavos del faraón. 22La única tierra que no compró fue la de los sacerdotes, porque tenían ración de parte del faraón y no necesitaban venderla.

23Entonces José dijo a la gente:

—Los he comprado a ustedes y a sus tierras para el faraón. Aquí está el trigo. Vayan y siembren la tierra. 24Cuando llegue la cosecha, la quinta parte será para el faraón. Reserven cuatro partes para que se alimenten y tengan semilla para el año siguiente. Así tendrán alimento para ustedes y sus familias.

25—¡Usted nos ha salvado la vida! —le dijeron—. ¡Con todo gusto seremos esclavos del faraón!

26Entonces José estableció esta ley en Egipto: la quinta parte de todas las cosechas es del faraón. Esta ley todavía se sigue aplicando. Las únicas tierras que no pasaron a ser propiedad del faraón fueron las de los sacerdotes.

27Los israelitas, pues, vivieron en la tierra de Gosén, en Egipto, consiguieron terrenos, prosperaron y tuvieron muchos hijos. 28Jacob vivió diecisiete años en Egipto, y en total, vivió ciento cuarenta y siete años. 29Cuando se le acercaba el momento de la muerte, llamó a su hijo José y le dijo:

—Júrame solemnemente que harás lo que te voy a pedir. ¡Si de veras me amas, por favor, no me entierres en Egipto! 30Cuando yo haya muerto, sácame de Egipto y sepúltame junto a mis antepasados.

Y José se lo prometió.

31—¡Júrame que lo harás! —insistió Jacob.

Y José se lo juró. Luego, Israel se recostó sobre la cabecera de la cama.

Bendición de Efraín y Manasés

48 Poco tiempo después de esto, José recibió la noticia de que su padre estaba enfermo. Entonces, tomó a sus dos hijos, Manasés y Efraín, y fue a visitarlo. 2Cuando Jacob oyó que José había llegado, reunió todas sus fuerzas y se sentó en la cama y le dijo:

3—El Dios Todopoderoso se me apareció en Luz, en la tierra de Canaán. 4Allí me dijo: "Haré de ti una nación grande, y esta tierra de Canaán será para ti y para los hijos de tus hijos, como posesión permanente".

5»A tus dos hijos, Efraín y Manasés, que te nacieron antes de que yo llegara a esta tierra, los adopto como hijos míos. Ellos recibirán parte de mi herencia tal como lo harán Rubén y Simeón. 6Pero cualesquiera otros hijos que te nazcan serán tuyos, y heredarán de ti la porción de Efraín y Manasés. 7Raquel, tu madre, murió cerca de Efrata, en la tierra de Canaán, cuando yo regresaba de Padán Aram. Entonces la sepulté allí junto al camino de Efrata, que es la misma ciudad de Belén.

☼ 8En eso, Jacob vio a los hijos de José, y le preguntó:

—¿Y quiénes son éstos?

9José le respondió:

—Son mis hijos, los cuales Dios me ha dado aquí en Egipto.

—Acércamelos, para que los bendiga —dijo Israel.

10Debido a su avanzada edad, Israel no podía ver bien. Por eso, José le acercó sus hijos. Entonces Israel los besó y abrazó.

11Israel entonces le dijo a José:

—Jamás pensé que te volvería a ver. Sin embargo Dios me ha permitido ver a tus hijos también.

12-13José tomó a sus hijos de la mano, se inclinó delante de su padre, e hizo que los muchachos se postraran delante de su abuelo: Efraín a la izquierda de Israel y Manasés a su derecha. 14Sin embargo, Israel cruzó los brazos y los extendió

☼ **48.8–10**

para ponerlos en la cabeza de los muchachos,
de modo que su mano derecha estaba sobre la
cabeza de Efraín y su izquierda sobre la cabeza de
Manasés, el mayor. Hizo esto intencionalmente.
15 Entonces bendijo a José, diciéndole:
—Quiera Dios, el Dios de mis padres Abraham
e Isaac, el Dios que me pastoreó toda la vida,
bendecir a estos muchachos. 16 Él es el Ángel que
me ha librado de todo mal. Que estos muchachos
hagan perpetua la memoria de mi nombre y la
de mis padres Abraham e Isaac, y que lleguen a
ser una nación grande.
17 Pero José, al ver que su padre había puesto
su mano derecha sobre la cabeza de Efraín, se
molestó. Entonces agarró la mano de su padre
y se la quitó de encima de la cabeza de Efraín y
se la puso sobre la cabeza de Manasés, y le dijo:
18 —¡No hagas esto, padre mío! Por favor, pon
tu mano derecha sobre mi hijo Manasés, pues él
es el mayor.
19 Pero su padre se rehusó a hacerlo.
—Yo sé lo que estoy haciendo, hijo mío —le
dijo—. Manasés también será una nación grande, pero su hermano menor será más importante,
y de él saldrán muchos pueblos.
20 Así, pues, aquel día Jacob les dio a los muchachos la siguiente bendición:
—Que el pueblo de Israel use el siguiente
dicho como bendición: "Dios te haga próspero
como Efraín y Manasés".
Y puso a Efraín antes que a Manasés. 21 Entonces Israel le dijo a José:
—Estoy para morir; pero Dios estará con ustedes y los hará volver a Canaán, la tierra de sus
antepasados. 22 A ti te doy la tierra escogida de
Siquén, pues estás por encima de tus hermanos.
Esa tierra se la quité a los amorreos, luchando
fieramente contra ellos.

Jacob bendice a sus hijos

49 Jacob llamó a todos sus hijos, y les dijo:
—Reúnanse a mi alrededor, pues voy a
decirles que les va a suceder en los días venideros. 2 Óiganme, hijos de Jacob, escuchen a Israel
su padre.
3 »Rubén, tú eres mi hijo mayor, el hijo
de mi vigorosa juventud. Eres el primero en
rango y en dignidad, 4 pero a partir de hoy,
ya no serás el primero, porque me deshonraste al dormir con una de mis mujeres. Eres
impetuoso como las fieras ondas del mar.
5 »Simeón y Leví son hermanos; usan sus
armas para matar con violencia. 6 No quiero
participar de sus planes malvados, ni estar en
sus reuniones. En su ira asesinaron hombres
y por diversión desjarretaron toros. 7 ¡Maldita
sea su ira! ¡Maldita sea también su violencia
y crueldad! Haré que sus descendientes sean
esparcidos por todo el país de Israel.
8 »Judá, tus hermanos te alabarán. Vencerás
a tus enemigos. Los hijos de tu padre se inclinarán delante de ti. 9 Judá es como un cachorro de león que se levanta después de comer
a su presa. Se pone al acecho como un león
o como una leona, ¿quién se atreverá a
† molestarlo? 10 El cetro estará en las manos
de Judá, y el bastón de gobernante estará
en sus pies, hasta que llegue el rey por excelencia, a quien todos los pueblos obedecerán.
11 Atará su burrito en la vid más selecta y lavará su ropa en vino. 12 Sus ojos son más oscuros
que el vino y sus dientes más blancos que la
leche.
13 »Zabulón habitará en las costas del mar,
servirá de puerto para los navíos, y sus fronteras se extenderán hasta Sidón.
14 »Isacar es fuerte bestia de carga que descansa entre las alforjas. 15 Cuando vea la hermosura del paisaje, lo agradable de la tierra,
con gusto agachará su hombro para la tarea
y se convertirá en un esclavo.
16 »Dan gobernará su pueblo como cualquier tribu de Israel. 17 Será serpiente en el
sendero, que muerde los talones del caballo
para que caiga el jinete.
18 »¡SEÑOR, esperaré tu ayuda!
19 »Un ejército atacará a Gad, pero él lo
atacará por atrás.
20 »Aser producirá manjares deliciosos que
serán dignos del rey.
21 »Neftalí es una gacela libre, que tendrá
preciosas crías.
22 »José es un árbol fructífero, es como un
árbol junto a una fuente, y sus ramas pasan
sobre el muro. 23 Gente mala le causa amargura, lo atacan sin piedad y le lanzan flechas.
24 Pero su arma se mantuvo firme, sus brazos
fueron fortalecidos por el Dios poderoso de
Jacob, por el que es el Pastor y la Roca de
Israel. 25 ¡Que el Dios de tus padres, el Todopoderoso, te bendiga con bendiciones celestiales y con bendiciones del profundo mar,
con bendiciones de los pechos y bendiciones
de la matriz. 26 Las bendiciones de tu padre
son más grandes que las bendiciones de mis
padres. Estas bendiciones reposarán sobre la
cabeza de José hasta el fin de las montañas
eternas, por cuanto él es el más importante
de sus hermanos.
27 »Benjamin es como un lobo feroz, que
por la mañana devora a su presa, y al atardecer reparte lo que sobra».

† **49.10–Hch 13.23**

28 Estas fueron las bendiciones que Israel
pronunció sobre sus doce hijos.

Muerte de Jacob

29,30 Además les dijo:
—Ya voy a morir. Deben sepultarme con mis
padres en la tierra de Canaán, en la cueva del
campo de Macpela, frente a Mamré, el campo
que Abraham le compró a Efrón el hitita, como
propiedad para sepulturas. 31 Allí fueron sepultados Abraham y su esposa Sara. También fueron
sepultados allí Isaac y su esposa Rebeca; y allí
también sepulté a Lea. 32 Es la cueva que mi abuelo Abraham les compró a los hijos de Het.
33 Cuando Jacob terminó de dar estas instrucciones a sus hijos, se acostó nuevamente, exhaló
su último suspiro, y murió.

50 José, entonces, se puso a llorar, abrazó a su padre y lo besó. 2 Luego les dijo
a los médicos que estaban a su servicio que
embalsamaran el cuerpo de su padre. Y los médicos egipcios obedecieron. 3 Esperaron los cuarenta días establecidos para los embalsamados, los
egipcios hicieron duelo nacional durante setenta días.
4 Cuando terminó el duelo, José se acercó a
los funcionarios de la casa del faraón y les dijo:
—Díganle a su majestad 5 que mi padre me
hizo jurar que llevaría su cuerpo de regreso a la
tierra de Canaán, para sepultarlo allá. Díganle
a su majestad que me permita ir a sepultar a mi
padre. Asegúrenle que volveré pronto.
6 El faraón estuvo de acuerdo:
—Vé y sepulta a tu padre, tal como se lo prometiste.
7,8 Entonces José fue a enterrar a su padre. Con
él fueron su familia, sus hermanos y el resto de
la familia de Jacob. En Gosén sólo dejaron a los
niños, las ovejas y las vacas. Además, los acompañaron un gran número de funcionarios y consejeros del faraón, y los hombres importantes de
Egipto. 9 De modo que muchos carros y caballos,
y gente de a pie acompañaron a José.
10 Cuando llegaron a la era de Hatad, que está
al otro lado del Jordán, tuvieron un servicio fúnebre grande y solemne. Allí José guardó siete días
de luto por su padre. 11 Los cananeos que vivían
en esa región vieron que los egipcios lloraban
amargamente en la era de Hatad, le pusieron
a ese lugar el nombre de Abel Misrayin, pues
dijeron: «Los egipcios están haciendo duelo por
alguien importante».
12,13 De modo que, de acuerdo con las órdenes de
Israel, sus hijos llevaron su cuerpo a la tierra de
Canaán y lo sepultaron en la cueva de Macpela,
la cueva que Abraham había comprado en el
campo de Efrón el hitita, cerca de Mamré.
14 José regresó luego a Egipto, junto con todos
los que lo habían acompañado al funeral de su
padre.

La promesa de José a sus hermanos

15 Una vez muerto su padre, los hermanos de
José sintieron miedo, pues pensaban que José les
guardaba rencor, y aprovecharía la ocasión para
vengarse de ellos por lo que le hicieron.
16 Así que le enviaron a unos mensajeros, para
que le dijeran a José que su padre, antes de morir,
había dicho: 17 «Díganle a José que, por favor,
les perdone a sus hermanos el mal que le hicieron». Así que los emisarios fueron y le dieron el
mensaje a José. Además, añadieron: «Te rogamos
que perdones el pecado de estos siervos del Dios
de tu padre».
Cuando José oyó el mensaje, se conmovió profundamente y lloró. 18 Luego llegaron sus hermanos, y cayendo de rodillas delante de él le dijeron:
—Aquí estamos para ser tus esclavos.
19 Pero José les respondió:
—No me tengan miedo. ¿Creen que puedo
tomar yo el lugar de Dios para juzgarlos y castigarlos? 20 En lo que a mí respecta, Dios convirtió
en bien el mal que ustedes quisieron hacerme, y
me puso en el alto cargo que ahora desempeño
a fin de que salvara la vida de mucha gente.
21 No, no tengan miedo. Yo mismo cuidaré de sus
familias.
Y de esta manera les habló con mucho cariño
y los tranquilizó.

Muerte de José

22 José y sus hermanos siguieron viviendo en la
tierra de Egipto. José murió a la edad de ciento
diez años, y 23 vio nacer los hijos de Efraín hasta
la tercera generación. También alcanzó a cargar
en sus rodillas a los hijos de Maquir, el hijo de
Manasés.
24 Y dijo José a sus hermanos: «Muy pronto
moriré. Pero Dios ciertamente vendrá y los sacará
de la tierra de Egipto, para hacerlos regresar a
la tierra que él prometió a la descendencia de
Abraham, Isaac, y Jacob». 25 Entonces José hizo
que sus hermanos le prometieran con juramento
que se iban a llevar consigo su cuerpo, cuando
regresaran a Canaán.
26 José, pues, murió a la edad de ciento diez
años. Fue embalsamado, y su cuerpo fue puesto
en un ataúd en Egipto.

50.1 50.19–21

ÉXODO

¿Quién lo escribió?

Las principales investigaciones respaldan a Moisés como autor de la mayoría del contenido de este libro. Existen diversas referencias en la Biblia a los escritos de Moisés (por ejemplo en el Antiguo Testamento, Éxodo 17:14; Números 33:2; Josué 8:31, 1 Reyes 2:3; Esdras 6:18; Nehemías 13:1; Malaquías 4:4 y en Nuevo Testamento, Marcos 12:26; Lucas 24:27; Juan 5:46; 2 Corintios 3:15). Él fue testigo de los hechos presentados aquí.

¿A quién lo escribió?

Este libro fue leído por el pueblo que tomó parte de la salida de Egipto. Este era un recordatorio de la intervención poderosa de Dios a favor de los israelitas. Estas hazañas eran parte importante de la identidad nacional del pueblo y apuntaban a su relación con Dios y al pacto entre ambos.

¿Cuándo y dónde lo escribió?

Fue escrito entre el 1440 y 1430 a.C., mientras los hebreos permanecían en la Península del Sinaí, recibiendo la Ley por mano de Moisés. El libro inicia con el nacimiento de Moisés y concluye con la construcción del Tabernáculo (Éxodo 40:1,2). Abarca un período de unos 215 años.

Panorama del libro

Este libro fue escrito con el propósito de mostrar la fidelidad de Dios en el cumplimiento de las promesas a su pueblo. Por medio de los mandamientos y las leyes que se presentan aquí, aprendemos acerca del carácter de Dios (su amor, justicia, santidad), de la adoración que Él exige, del pacto con su pueblo.

¿Cómo se relaciona con nosotros?

Este libro contiene una de las historias más famosas de la humanidad y relata cómo Dios quiere liberarnos, pero no siempre es fácil hacerlo ya que la comodidad del pasado e incluso del pecado pueden ser muy seductoras. ¿En verdad queremos ser liberados? Las experiencias de Israel son ejemplos que sirven para elegir nuestros pasos, ya que nuestras actitudes suelen ser bastante similares a las del pueblo de Israel. El foco de este libro está puesto en demostrar que Dios insiste en rescatar a su pueblo a pesar de sí mismo, y que ese es un mensaje siempre vigente respecto de diversas formas de esclavitud con las que hoy podemos dejarnos seducir. En síntesis, Éxodo trata sobre cómo liberarnos del pasado para así avanzar a un mejor futuro, confiando en la guía y provisión de Dios, lo cual demanda plena una confianza en el Señor para evitar ser retenidos ya sea en un Egipto o retrasados en un desierto.

¿Cómo lo estudiamos?

1) La accidentada preparación de un líder. Éx. 1-6
2) Dios pelea y triunfa por su pueblo. Éx. 7-15
3) Dios muestra su gracia aun cuando su pueblo es rebelde. Éx. 16-18
4) La fidelidad de Dios se muestra a través de su justicia. Éx. 19-24
5) La santidad de Dios merece nuestra reverencia. Éx. 25-40

Éxodo

Los egipcios oprimen a los israelitas

1 Ésta es la lista de los hijos de Jacob que lo acompañaron a Egipto con sus familias:

[2-4]Rubén, Simeón, Leví, Judá, Isacar, Zabulón, Benjamín, Dan, Neftalí, Gad y Aser.

[5]El número total de las personas que lo acompañaron fue de setenta (porque José ya estaba allá).

[6]Con el correr del tiempo, José y sus hermanos murieron, y se acabó toda aquella generación. [7]Pero sus descendientes fueron muy fructíferos y se multiplicaron rápidamente, de modo que llegaron a ser un pueblo muy numeroso y fuerte. ¡Todo el país se fue llenando de israelitas!

[8]Pasado el tiempo, subió al trono de Egipto un nuevo rey que no se sintió comprometido con los descendientes de José. [9]«Estos israelitas se han convertido en un peligro para nosotros, porque son demasiados —dijo a su pueblo—. [10]Tenemos que buscar la manera de ponerle fin a esto. De otro modo, en caso de guerra, podrían aliarse con nuestros enemigos, pelear en contra de nosotros y escapar del país».

[11]Entonces los egipcios esclavizaron a los hebreos, y les pusieron capataces muy crueles. Estos les asignaron la dura tarea de edificar las ciudades de Pitón y Ramsés, que eran las ciudades donde el rey almacenaba todas las provisiones. [12]Pero cuanto más los oprimían los egipcios, más se multiplicaban los israelitas. Los egipcios estaban alarmados [13,14]e hicieron aún más amarga la esclavitud de los hebreos. Los obligaron a trabajar duramente largas jornadas en los campos y a acarrear pesadas cargas de ladrillo y mezcla.

[15,16]El faraón, rey de Egipto, ordenó a las parteras que atendían a las mujeres hebreas (dos de las cuales se llamaban Sifrá y Fuvá) que se fijaran en el sexo del bebé a la hora de nacer, y que mataran a todos los niños hebreos en cuanto nacieran, y que dejaran con vida sólo a las niñas. [17]Pero las parteras tenían temor de Dios y desobedecieron al faraón, pues permitían que los niños vivieran.

[18]El faraón las citó para que se presentaran delante de él, y les preguntó:

—¿Por qué me han desobedecido y han dejado vivir a los niños?

[19]—Señor —dijeron ellas—, las mujeres hebreas no son como las egipcias, son tan vigorosas que dan a luz antes de que nosotras lleguemos.

[20]Dios bendijo a las parteras por haber favorecido a su pueblo. Así que los israelitas siguieron multiplicándose, hasta llegar a ser una nación poderosa. [21]Y como las parteras tuvieron temor de Dios, él les permitió tener muchos hijos. [22]Entonces el faraón ordenó a su pueblo que echaran al río Nilo a todo niño hebreo que naciera, pero que a las niñas las dejaran con vida.

Nacimiento de Moisés

2 Por esa época, un hombre de la tribu de Leví se casó con una mujer de su misma tribu. [2]Después de un tiempo, la mujer quedó embarazada y tuvo un hijo. El niño era tan hermoso, que la madre lo mantuvo escondido durante tres meses. [3]Pero cuando ya no pudo esconderlo más, le hizo una pequeña cesta de papiro, la recubrió con asfalto, y puso al niño adentro; luego fue y lo dejó en medio de las cañas que crecían a la orilla del río. [4]La hermana del bebé lo estuvo vigilando desde lejos, para ver qué iba a pasar con él.

[5]En eso vio que llegaba a bañarse al río una princesa, una de las hijas del faraón. Mientras caminaba por la orilla con sus damas de compañía, vio la pequeña cesta que estaba en medio de las cañas y envió a una de sus doncellas para que se la llevara. [6]Cuando la abrió, vio al bebé que lloraba, y se sintió conmovida.

—Debe de ser un bebé de los hebreos —dijo.

[7]La hermana del niño se acercó y le preguntó a la princesa:

—¿Quiere que vaya y busque a una mujer hebrea para que le cuide al niño?

[8]—Sí, anda —respondió la princesa.

La muchacha corrió hasta su casa, y regresó con su madre.

[9]—Lleva a este niño a tu casa y cuídamelo —le ordenó la princesa a la madre del niño—. Te pagaré bien. Ella, pues, lo llevó a su casa y lo cuidó. [10]Cuando el niño creció, la madre se lo llevó a la princesa, y ella lo adoptó como hijo suyo. Lo llamó Moisés, porque lo había sacado de las aguas.

Huida de Moisés a Madián

[11]Un día, cuando Moisés ya había crecido, salió a visitar a los hebreos y vio la terrible condición en que se encontraban. Durante esta visita vio que un egipcio golpeaba a un hebreo, ¡a un compatriota suyo! [12]Moisés miró hacia todos lados para asegurarse de que nadie lo veía, mató al egipcio y lo sepultó en la arena. [13]Al día siguiente volvió a salir a visitar a los hebreos, y vio que dos de ellos estaban peleando.

—¿Por qué golpeas a tu hermano de esa manera? —le dijo al que estaba golpeando al otro.

1.15–22 2.1–10

14—¿Quién te crees tú? —le contestó el hombre—. Supongo que te crees príncipe y juez.
¿Quieres matarme también como lo hiciste con
el egipcio ayer?
Cuando Moisés se dio cuenta de que se sabía lo
que había hecho, se asustó. 15Y en efecto, cuando el faraón se enteró, ordenó que Moisés fuera
arrestado y ejecutado. Pero Moisés huyó hacia la
tierra de Madián. Al llegar a allá, se sentó junto
a un pozo.
16Estaba allí sentado, cuando llegaron siete
muchachas a sacar agua del pozo, para llenar
los abrevaderos y darles de beber a las ovejas
de su padre. Las siete eran hijas del sacerdote
de Madián. 17Pero los pastores que estaban allí
querían impedir que ellas sacaran agua. Moisés
acudió en su ayuda y las libró de los pastores, y
dio de beber a las ovejas. 18Cuando las muchachas volvieron a casa, su padre Reuel, también
llamado Jetro, les preguntó:
—¿Cómo es que pudieron regresar hoy tan
temprano?
19—Un egipcio nos defendió de los pastores
—respondieron ellas—, y sacó agua y dio de
beber a los rebaños.
20—Bueno, pero ¿dónde está? —les preguntó
el padre—. ¿Lo dejaron allá? Invítenlo a comer.
21Moisés aceptó la invitación y acabó quedándose a vivir con ellos. Después de un tiempo,
Reuel le dio por esposa a Séfora, una de sus hijas.
22Tuvieron un hijo, y Moisés le puso por nombre
Guersón, porque dijo: «Soy forastero en tierra
extraña».
23Pasaron muchos años, y murió el faraón. Los
israelitas, sin embargo, gemían bajo su pesada
carga, profundamente atribulados por la esclavitud, y lloraban amargamente delante de Dios.
Dios oyó su lamento desde los cielos y 24se acordó
de su pacto, de la promesa hecha a Abraham, a
Isaac y a Jacob de hacer regresar a sus descendientes a la tierra de Canaán. 25Los miró desde
lo alto y decidió ayudarlos.

Moisés y la zarza ardiente

3 Un día, mientras Moisés pastoreaba los rebaños de su suegro Jetro, sacerdote de Madián,
al otro lado del desierto, cerca de Horeb, monte
de Dios, 2repentinamente se le apareció el ángel
del Señor, como llamas de fuego en una zarza.
Cuando Moisés vio que la zarza ardía sin quemarse, 3,4se acercó para ver bien lo que pasaba.
Pero el Señor lo llamó:
—¡Moisés, Moisés!
—¿Quién me llama? —preguntó Moisés.
5—No te acerques —le dijo Dios—. ¡Quítate
las sandalias, porque estás pisando tierra santa!
6Yo soy el Dios de tus padres, el Dios de Abraham,
de Isaac y de Jacob.
Moisés se cubrió el rostro con ambas manos,
porque tenía miedo de mirar a Dios.
7—He visto los profundos sufrimientos de mi
pueblo en Egipto —le dijo el Señor—, y he oído
sus oraciones en que piden liberación de sus
duros capataces. 8He venido a liberarlos de sus
opresores egipcios y a llevarlos a una tierra buena y grande, tierra de la que fluye leche y miel,
tierra en que viven los cananeos, los hititas, los
amorreos, los ferezeos, los heveos y los jebuseos.
9Sí, el clamor del pueblo de Israel ha ascendido
hasta mi presencia, y he visto las pesadas tareas
con que los egipcios los han oprimido. 10Ahora
te voy a enviar al faraón, para que saques a mi
pueblo de Egipto.
11—Pero, yo no soy la persona adecuada para
esta tarea —le dijo Moisés a Dios.
12—Ciertamente estaré contigo —le dijo
Dios—, y ésta es la demostración de que yo soy
el que te envío: cuando hayas sacado al pueblo
de Egipto, tú y el pueblo me adorarán sobre esta
montaña.
13Pero Moisés dijo:
—Si yo voy al pueblo de Israel y les digo
que me envió el Dios de sus padres, ellos me
preguntarán: "¿De qué Dios nos estás hablando?"
¿Qué les diré?
14Entonces Dios le respondió a Moisés:
—Diles que te envía el Dios eterno, pues YO
SOY EL QUE SOY. ¡Mi nombre es YO SOY! Simplemente diles: "YO SOY es el que me ha enviado".
15Además, Dios agregó:
—Diles a los israelitas: "El Señor, el Dios de
sus antepasados Abraham, Isaac y Jacob me ha
enviado a ustedes. Este es mi nombre eterno y
por este nombre seré conocido a través de las
generaciones".
16»Convoca a todos los ancianos de Israel y
diles que el Señor se te apareció en esta zarza
ardiente y que te dijo: "He visitado a mi pueblo
y he visto lo que les ocurre en Egipto. 17Prometo
rescatarlos de la esclavitud y humillación que
están soportando, y llevarlos a la tierra que ahora ocupan los cananeos, los hititas, los amorreos,
los ferezeos, los heveos y los jebuseos, tierra que
fluye leche y miel". 18Los ancianos del pueblo
aceptarán tu mensaje, e irán contigo ante el
faraón a decirle: "El Señor, el Dios de los hebreos,
ha venido a visitarnos y nos ha dado órdenes de
ir tres días de camino por el desierto, para ofrecerle sacrificio. Así que te pedimos que nos dejes
ir". 19Pero yo sé que el faraón no les dará permiso, a menos que se haga sobre él mucha presión.
20Yo me encargaré de presionarlo hasta que los
deje salir. 21Además, haré que los egipcios los

2.21–22 3.13–14

carguen de obsequios en el momento de salir, para que no salgan con las manos vacías. [22]Cada mujer pedirá joyas, plata, oro y los vestidos más finos de sus vecinas y de las amigas de éstas. Así ustedes vestirán a sus hijos e hijas con lo mejor de Egipto. De esa manera ustedes se quedarán con los objetos más valiosos de los egipcios».

Señales para Moisés

4 Pero Moisés le respondió a Dios:

—No me creerán ni harán lo que les diga. Al contrario, me dirán: "¡El SEÑOR no se te ha aparecido!"

[2]—¿Qué tienes en la mano? —le preguntó el SEÑOR.

—Una vara de pastor —le respondió Moisés.

[3]—Tírala al suelo —le ordenó el SEÑOR.

Cuando la arrojó, la vara se convirtió en una serpiente, y Moisés retrocedió al verla.

[4]—Tómala de la cola —le dijo el SEÑOR.

Él lo hizo, y la serpiente volvió a convertirse en vara.

[5]—Haz eso y te creerán —le dijo el SEÑOR—, pues comprenderán que me has visto a mí, que soy el SEÑOR Dios de sus antepasados Abraham, Isaac y Jacob. [6]Ahora, mete tu mano dentro de tu ropa y tócate el pecho.

Moisés metió la mano y la volvió a sacar. ¡Estaba blanca de lepra!

[7]—Hazlo otra vez —le dijo Dios.

Cuando Moisés metió la mano y la volvió a sacar, estaba normal, completamente sana.

[8]—Si no creen al primer milagro, creerán al segundo —le dijo el SEÑOR—. [9]Si no aceptan el segundo, toma agua del Nilo y derrámala en tierra seca. Tan pronto el agua caiga al suelo, se convertirá en sangre.

[10]Pero Moisés insistió:

—SEÑOR, tú sabes que nunca me he distinguido por ser un buen orador. Es un problema que tengo desde mucho antes de que tú me hablaras. ¡Me cuesta mucho trabajo expresarme bien!

[11]—¿Quién hizo la boca? —le preguntó el SEÑOR—. ¿No la hice yo, el SEÑOR? ¿Quién hace que el hombre pueda o no pueda hablar, que vea o no vea, que oiga o no oiga? [12]Ahora vé y haz lo que te dije, porque yo te ayudaré a expresarte bien, y te diré lo que tienes que decir.

[13]Moisés le dijo:

—SEÑOR, por favor, envía a otra persona.

[14]El SEÑOR se enojó con Moisés y le dijo:

—¡Muy bien! Tu hermano Aarón habla bien. Él vendrá a buscarte y se alegrará mucho cuando te encuentre. [15]Yo te diré lo que tienes que decirle; yo los ayudaré a ambos para que hablen bien, y les diré lo que deben hacer. [16]Yo te diré lo que debes comunicarle a Aarón, y él hablará por ti al pueblo, y será como si tú mismo estuvieras hablándole a la gente. [17]Llévate la vara para que puedas realizar los milagros que te he mostrado.

Moisés regresa a Egipto

[18]Moisés volvió a casa y habló de esto con Jetro, su suegro.

—Con tu permiso —le dijo Moisés—, iré a Egipto para ver cómo están mis hermanos. Ni siquiera sé si viven aún.

—Vé con mi bendición —contestó Jetro.

[19]Antes de que Moisés saliera de Madián, el SEÑOR le dijo:

—No tengas miedo de regresar a Egipto, porque los que querían matarte han muerto.

[20]Moisés tomó a su esposa y a sus hijos, los puso sobre un burro, y regresó a la tierra de Egipto, llevando en la mano la vara de Dios.

[21]Y el SEÑOR le dijo:

—Cuando hayas regresado a Egipto tienes que hacer delante del faraón los milagros que te mostré. Sin embargo, yo haré que el faraón se niegue a dejar salir al pueblo. [22]Así que tú le dirás: «El SEÑOR dice: "Israel es mi hijo primogénito, [23]y yo te he ordenado que lo dejes salir, para que vaya a adorarme, pero te has negado. Por lo tanto, mataré a tu primogénito"».

[24]Durante el viaje, Moisés y su familia se detuvieron para pasar la noche. Allí el SEÑOR se le apareció y amenazó con matarlo. [25,26]Pero Séfora, la esposa de Moisés, tomó un cuchillo de pedernal y cortó el prepucio del pene de su hijo. Luego, con el prepucio tocó los genitales de Moisés, y le dijo:

—Me has resultado un marido de sangre.

Entonces Dios lo dejó ir.

[27]Mientras tanto, el SEÑOR le había dicho a Aarón:

—Vé al desierto a encontrarte con Moisés.

Aarón viajó hasta Horeb, el monte de Dios, y allí se encontró con Moisés, y ambos se saludaron con mucho cariño. [28]Moisés le contó a Aarón lo que Dios le había dicho que debían hacer y lo que tenían que decir, y le habló de los milagros que debían hacer en presencia del faraón.

[29]Moisés y Aarón regresaron a Egipto y convocaron a los ancianos a una reunión. [30]Aarón les contó lo que el SEÑOR le había dicho a Moisés; y Moisés realizó delante de ellos los milagros que debía hacer en presencia del faraón. [31]Los ancianos creyeron que el SEÑOR los había enviado. Y cuando supieron que el SEÑOR los había visitado, que había visto sus sufrimientos y había decidido rescatarlos, se regocijaron, se arrodillaron y lo adoraron.

3.22 4.25

Primer encuentro con el faraón

5 Después de haber hablado con los ancianos,
Moisés y Aarón fueron a ver al faraón, y le
dijeron:
—Le traemos un mensaje de parte del SEÑOR,
Dios de Israel. Así dice el SEÑOR: "Deja salir a mi
pueblo, porque quiero que vayan al desierto a
hacerme fiesta y a adorarme".
2—¿Conque esas tenemos? —replicó el
faraón—. ¿Quién es el SEÑOR para que yo tenga
que obedecerlo y dejarlos ir? Yo no conozco al tal
SEÑOR, así que no dejaré salir a Israel.
3Pero Aarón y Moisés insistieron:
—El Dios de los hebreos ha salido a nuestro encuentro, y nos ordenó ir a un lugar en el
desierto, que queda a tres días de camino, para
ofrecerle sacrificios. Si no obedecemos al SEÑOR
nuestro Dios, nos podrá castigar por medio de
las pestes o la espada.
4,5—¿Quiénes se creen ustedes? —gritó el
faraón—. ¿Por qué distraen al pueblo de su trabajo? ¡Vuelvan a sus tareas!
6Ese mismo día, el faraón les envió la siguiente
orden a sus cuadrilleros y a los capataces que
tenían que vigilar el trabajo del pueblo de Israel:
7,8«No se entregará más paja a los hebreos para
la elaboración de los ladrillos. Sin embargo, no
se les disminuirá en un solo ladrillo su cuota de
producción, porque parecen no tener suficiente trabajo. De otro modo no hablarían de ir al
desierto a ofrecerle sacrificio a su Dios. 9¡Cár-
guenlos de trabajo y háganlos sudar! ¡Eso les
enseñará a no prestar oídos a las mentiras de
Moisés y de Aarón!»
10,11Los cuadrilleros y los capataces le informaron al pueblo:
—El faraón ha dado órdenes de que no les
proporcionemos la paja para los ladrillos. Deben
ir ustedes mismos a buscarla a donde puedan.
Y deberán producir tantos ladrillos como antes.
12Y el pueblo se dispersó en busca de paja. 13Los
cuadrilleros fueron muy crueles: «Completen la
misma cuota de producción de antes» les decían.
14Y azotaban a los capataces israelitas que habían
nombrado, y les decían: «Ni ayer ni anteayer
cumplieron con la cuota diaria de producción
de ladrillos, ¿por qué?»
15Los capataces fueron a quejarse al faraón,
y le rogaron:
—¡No nos traten así! 16No se nos proporciona
la paja que necesitamos y se nos exige que hagamos la misma cantidad de ladrillos que antes.
Se nos está azotando por algo que no es culpa
nuestra. Es culpa de los cuadrilleros que nos
hacen demandas tan irrazonables.
17Pero el faraón replicó:
—Ustedes no tienen suficiente trabajo; de lo
contrario no estarían diciendo: "Vamos a ofrecerle sacrificios al SEÑOR". 18¡Vuelvan al trabajo!
No se les dará paja, y tendrán que cumplir con
la misma cuota de ladrillos.
19Los capataces vieron que estaban en una
situación realmente difícil. 20Al salir de la entrevista con el faraón, encontraron a Moisés y a
Aarón, que los esperaban afuera del palacio, 21y
les dijeron: «Que Dios los juzgue por habernos
hecho odiosos al faraón y a su pueblo. Ustedes
le han dado una excusa para que nos mate».

Dios promete liberación

22Entonces Moisés oró al SEÑOR, y le dijo:
—SEÑOR, ¿cómo puedes maltratar a tu pueblo
de esta manera? ¿Por qué me enviaste, si ibas a
hacerles esto? 23Desde que le di tu mensaje al
faraón, los ha tratado en forma aún más brutal,
y tú no has librado a tu pueblo.

6 —Ahora verás lo que le voy a hacer al faraón
—le dijo el SEÑOR—. Sólo por la fuerza dejará él salir a mi pueblo. Ah, pero no sólo los dejará
salir, sino que los echará de la tierra de Egipto.
2,3Yo soy el SEÑOR, el Dios Todopoderoso que les
apareció a Abraham, a Isaac y a Jacob, aunque
a ellos no me revelé con mi nombre, que es «YO
SOY». 4Con ellos establecí un pacto solemne en
el que les prometí que les daría a ellos y a sus
descendientes la tierra de Canaán, que era el
lugar donde vivían como extranjeros. 5He oído
ahora el clamor del pueblo de Israel, que sufre
como esclavo de los egipcios, y me acuerdo de mi
promesa. 6Por lo tanto, diles a los descendientes
de Israel que usaré todo mi poder y realizaré
grandes milagros, para sacarlos de la esclavitud
y hacerlos libres. 7Yo los aceptaré como pueblo
mío, y seré el Dios de ellos. Y ellos sabrán que
yo soy el SEÑOR su Dios, que los he rescatado de
los egipcios. 8,9Yo los introduciré en la tierra que
prometí darles a Abraham, a Isaac y a Jacob. Sí,
yo les daré a ustedes esa tierra.
Moisés le contó al pueblo lo que Dios había
dicho; pero ellos estaban muy contrariados por
las trágicas consecuencias de lo que les había
dicho anteriormente, y no quisieron oírlo.
10Nuevamente el SEÑOR le habló a Moisés y le
dijo:
11—Vuelve al faraón y dile que tiene que dejar
salir al pueblo de Israel.
12—Pero, si ni siquiera mi propio pueblo quiso
oírme, ¿cómo puedo esperar que el faraón me
oiga? Yo no tengo el poder de convicción —
objetó Moisés.
13Entonces el SEÑOR les ordenó a Moisés y a
Aarón que regresaran al pueblo de Israel, y se
presentaran delante del faraón para exigirle que
permitiera la salida del pueblo.

Antepasados de Moisés y de Aarón

14 Éstos son los nombres de los jefes de los clanes de las diversas tribus de Israel:
Los hijos de Rubén, hijo mayor de Israel:
Janoc, Falú, Jezrón y Carmí.
15 Los jefes de los clanes de la tribu de Simeón:
Jemuel, Jamín, Oad, Jaquín, Zojar y Saúl, cuya
madre era una cananea.
16 Éstos son los nombres de los jefes de los clanes de la tribu de Leví, por orden de edad:
Guersón, Coat y Merari.
Leví vivió ciento treinta y siete años.
17 Los hijos de Guersón fueron:
Libní y Simí, con sus respectivos clanes.
18 Los hijos de Coat:
Amirán, Izar, Hebrón y Uziel.
Coat vivió ciento treinta y tres años.
19 Los hijos de Merari:
Majlí y Musí.
Éstas, pues, son las familias de los levitas,
según el orden de sus edades. 20 Amirán se casó
☼ con su tía Jocabed. De esta unión nacieron
Aarón y Moisés. Amirán vivió hasta los ciento
treinta y siete años.
21 Los hijos de Izar fueron:
Coré, Néfeg y Zicrí.
22 Los hijos de Uziel:
Misael, Elzafán y Sitri.
23 Aarón se casó con Elisabet, la hija de Aminadab y hermana de Naasón. Tuvieron los siguientes hijos:
Nadab, Abiú, Eleazar e Itamar.
24 Los hijos de Coré fueron:
Asir, Elcaná y Abiasaf.
Éstas fueron las familias del clan de Coré.
25 Eleazar hijo de Aarón se casó con una de
las hijas de Futiel, y uno de sus hijos fue Finés.
Éstos son los nombres de todos los jefes de clanes
de los levitas, y de las familias que había dentro
de los clanes.
26 Aarón y Moisés, incluidos en esta lista, son
los mismos a quienes el SEÑOR les dijo: «Saquen
al pueblo de Israel de la tierra de Egipto», 27 y que
fueron a ver al faraón para pedirle que dejara
salir al pueblo.

Aarón, vocero de Moisés

28,29 Este Moisés es el mismo a quien el SEÑOR
le había dicho: «Yo soy el SEÑOR, anda y dale al
faraón el mensaje que te he dado». 30 Este es aquel
Moisés que le respondió al SEÑOR: «Yo no puedo
hacerlo. Yo no tengo el poder de convicción. ¡El
faraón no me oirá!»

7 Por eso, el SEÑOR le dijo a Moisés: «Mira, cuando te presentes ante el faraón será como si yo
mismo estuviera allí, y tu hermano Aarón será
como tu profeta, el que habla en lugar tuyo. 2 Dile
a Aarón todo lo que yo te diga, para que él se lo
repita al faraón. Así que será Aarón el que le pedirá al faraón que deje salir de Egipto a mi pueblo
Israel. 3 Pero yo haré que el faraón se niegue a
hacerlo. Yo entonces multiplicaré mis milagros
en la tierra de Egipto. 4 Aun así el faraón no los
oirá; por lo que traeré sobre Egipto un desastre
final de grandes proporciones, y luego sacaré a
mi pueblo de esta tierra. 5 Cuando les muestre
mi poder y los obligue a dejar salir a mi pueblo,
los egipcios comprenderán que yo soy el SEÑOR».

La vara de Moisés

6 Moisés y Aarón hicieron lo que el SEÑOR les
había ordenado. 7 Cuando se presentaron ante
el faraón, Moisés tenía ochenta años y Aarón,
ochenta y tres.
8 El SEÑOR les dijo a Moisés y a Aarón: 9 «El
faraón les exigirá un milagro que demuestre
que yo los he enviado. Cuando lo haga, Aarón
arrojará al suelo la vara, y ésta se convertirá en
serpiente».
10 Entonces Moisés y Aarón fueron a ver al
faraón, y realizaron el milagro de la manera
que el SEÑOR les había dicho: Aarón arrojó al
suelo la vara ante el faraón, y ésta se convirtió
en serpiente. 11 Pero el faraón llamó a sus encantadores, los magos de Egipto, y ellos hicieron
lo mismo mediante sus artes mágicas. 12 Pero la
serpiente de Aarón se tragó a todas las serpientes
de ellos. 13 El corazón del faraón permaneció duro
y obstinado y no quiso oír, tal como el SEÑOR lo
había advertido.

La plaga de sangre

14 El SEÑOR le dijo a Moisés que el faraón era
terco y se empeñaría en no dejar salir de Egipto
al pueblo de Israel. 15 Pero que, a pesar de eso,
debería regresar por la mañana, cuando el faraón
salía a bañarse, y esperarlo a las orillas del Nilo.
Y le recordó que debía llevar la vara que se había
convertido en serpiente. 16 Además, le dijo que
cuando estuviera frente al faraón, le dijera: «El
SEÑOR, el Dios de los hebreos, me ha dicho que
vuelva a pedirte que dejes que mi pueblo salga
a adorarlo en el desierto. Como no quisiste oír
antes, 17 ahora el SEÑOR te dice lo siguiente: "Vas
a saber que yo soy el SEÑOR, porque le he dado
orden a Moisés de tocar el agua del Nilo con su
vara, y el río se transformará en sangre. 18 Morirán
los peces, y el río apestará, de tal modo que los
egipcios no querrán beber su agua"».
19 El SEÑOR ordenó a Moisés: «Dile a Aarón que
dirija su vara hacia las aguas de Egipto, para que
todos sus ríos, arroyos, estanques y los depósitos

☼ 6.20

de agua, y aun el agua de las casas, se les convierta en sangre».

20 Mientras el faraón y todos sus funcionarios miraban, Aarón tocó con su vara la superficie del Nilo, y el agua se convirtió en sangre. 21 Los peces murieron, y el agua se contaminó, de tal modo que los egipcios tuvieron asco de beberla, y hubo sangre en todo Egipto.

22 Pero los magos usaron sus artes secretas y también pudieron convertir el agua en sangre. Por lo tanto, el faraón persistió en su terquedad y no quiso escuchar a Moisés y a Aarón, tal como el Señor lo había advertido. 23 El faraón regresó a su palacio, como si nada importante hubiera acontecido. 24 Entonces los egipcios cavaron pozos a lo largo del río para conseguir agua, porque no podían beber el agua del río.

La plaga de ranas

25 Después de que el Señor golpeó las aguas del Nilo, pasaron siete días.

8 El Señor le dijo a Moisés: «Preséntate nuevamente ante el faraón y dile que yo, el Señor, le ordeno que deje que mi pueblo vaya y me adore. 2 Que si se niega, enviaré una plaga de ranas a toda la tierra, de un rincón a otro del país. 3,4 El río Nilo se llenará de ranas que entrarán aun a sus cuartos y estarán sobre sus camas. Cada casa de Egipto se llenará de ranas, de modo que hasta se meterán en los hornos y en donde amasan la harina para el pan. ¡Tantas serán las ranas que hasta se treparán sobre sus hombros, y sobre sus funcionarios y sobre toda la gente!»

5 El Señor le dijo a Moisés: «Dile a Aarón que dirija la vara hacia los ríos, arroyos y fuentes de Egipto, para que haya ranas por todas partes».

6 Aarón lo hizo, y las ranas cubrieron la nación. 7 Pero los magos, usando sus artes secretas, también hicieron salir ranas por todo Egipto. 8 El faraón llamó a Moisés y a Aarón y les dijo:

—Rueguen al Señor que quite las ranas, y yo dejaré que su pueblo salga a ofrecerle sacrificio.

9 —Muy bien —le dijo Moisés—. Solamente dime cuándo quieres que ore al Señor por ti, por tus funcionarios y por todo el pueblo. Al hacerlo, las ranas se irán de sus casas, y sólo estarán en el río.

10 —Mañana mismo —respondió el faraón.

—De acuerdo —dijo Moisés—. Será como has dicho. Así sabrás que no hay nadie como el Señor nuestro Dios. 11 Te aseguro que las ranas ya no serán una molestia, pues saldrán de tu casa, de las casas de tus oficiales y de las de todo el pueblo, y sólo quedarán las que están en el río.

12 Moisés y Aarón salieron de la presencia del faraón, y Moisés rogó al Señor que quitara las ranas que había enviado. 13 Y el Señor hizo lo que Moisés le pidió. Entonces murieron todas las ranas que estaban en las casas, en las granjas y en el campo. 14 La gente recogía todas las ranas muertas y las amontonaba. ¡En todo el país se sentía la peste de las ranas muertas! 15 Pero cuando el faraón vio que se habían acabado las ranas, endureció su corazón y, tal como el Señor lo había advertido, no hizo caso a la petición que le habían hecho Moisés y Aarón.

La plaga de mosquitos

16 El Señor le dijo a Moisés: «Dile a Aarón que golpee el polvo con su vara, para que todo el país se llene de mosquitos». 17 Moisés y Aarón hicieron lo que Dios les mandó. Tan pronto Aarón tocó el suelo con su vara, los mosquitos salieron de la tierra y picaban a hombres y animales. ¡Todo el polvo que había en Egipto se convirtió en mosquitos!

18 Los magos trataron de hacer lo mismo con sus artes secretas, pero esta vez fracasaron. Los mosquitos seguían picando a hombres y animales. 19 «¡No hay la menor duda de que esto es obra de Dios!», exclamaron ante el faraón. Pero el faraón persistió en su terquedad, y no quiso oírlos, tal como el Señor lo había advertido.

La plaga de tábanos

20 Luego el Señor le dijo a Moisés: «Levántate temprano, y sal al encuentro del faraón, cuando vaya a bañarse al río, y dile que yo, el Señor, le ordeno que deje que mi pueblo vaya y me adore. 21 Que si se niega, enviaré plagas de tábanos por todo Egipto, de modo que todas las casas se llenarán de ellos. ¡Hasta el piso se cubrirá de tábanos! 22 Pero que en la tierra de Gosén, donde viven los israelitas, no habrá tábanos. Que de este modo sabrá que yo soy el Señor, Dios de toda la tierra. 23 Que haré distinción entre mi pueblo y su pueblo. Dile que todo esto ocurrirá mañana».

24 Y el Señor hizo lo que había dicho, de modo que hubo una terrible plaga de tábanos en el palacio del faraón y en la casa de cada egipcio. 25 El faraón inmediatamente llamó a Moisés y a Aarón y les dijo:

—Está bien, vayan y ofrézcanle sacrificios a su Dios, pero háganlo aquí en Egipto. No vayan al desierto.

26 Pero Moisés replicó:

—¡Imposible! Los sacrificios al Señor nuestro Dios no son aprobados por los egipcios, y si lo hacemos aquí, delante de sus ojos, nos apedrearán. 27 Tenemos que ir al desierto, a tres días de camino, a ofrecer allí nuestros sacrificios al Señor nuestro Dios, tal como él nos lo ha ordenado.

28 —Está bien, vayan —respondió el faraón—, pero no se vayan demasiado lejos. Ahora, dense prisa y oren por mí.

29—Sí —dijo Moisés—, le pediré al Señor que haga desaparecer los tábanos, pero te advierto que no debes engañarnos más prometiendo que el pueblo saldrá y cambiando luego de parecer.

30Moisés salió de la presencia del faraón y le pidió a Dios que librara al país de los tábanos. 31,32El Señor hizo lo que Moisés le pidió, de modo que los tábanos desaparecieron por completo de la casa del faraón, y de las casas de sus funcionarios y del pueblo en general. Pero el faraón endureció su corazón nuevamente y no permitió que el pueblo fuera a adorar al Señor.

La plaga en el ganado

9 El Señor le dijo a Moisés que fuera a ver al faraón y le dijera: «El Señor, Dios de los hebreos, te exige que dejes salir al pueblo para que hagan su sacrificio. 2Si te niegas a dejarlos ir, 3el Señor hará que se desate una plaga mortal que destruirá los caballos, los burros, los camellos, los rebaños de ovejas, y las manadas de vacas. 4Pero la plaga afectará solamente a los animales de los egipcios. Ninguno de los rebaños de los israelitas será tocado».

5El Señor anunció que la plaga comenzaría a la mañana siguiente, 6y así fue. A la mañana siguiente, todos los animales de los egipcios comenzaron a morirse, pero ni uno solo de los animales de los israelitas se enfermó. 7El faraón envió a ver si era cierto que los animales de los israelitas no morían, pero aunque comprobó que así era, permaneció firme, y no dejó salir al pueblo.

La plaga de las úlceras

8El Señor les dijo a Moisés y a Aarón: «Tomen puñados de ceniza, y que Moisés la arroje hacia el cielo delante del faraón. 9Apenas lo haga, la ceniza se convertirá en un polvillo fino. Ese polvillo se esparcirá por todo Egipto, y cuando caiga sobre la gente y los animales les producirá úlceras y tumores».

10Entonces, Moisés y Aarón tomaron ceniza y salieron al encuentro del faraón. Mientras éste miraba, Moisés lanzó la ceniza hacia el cielo, y la ceniza, al caer sobre la gente y los animales, les produjo úlceras llenas de pus. En todo el país de Egipto ocurrió lo mismo. 11Los magos no pudieron presentarse delante de Moisés, pues también ellos, como toda la gente, tenían úlceras llenas de pus. 12Pero el Señor endureció el corazón del faraón, quien persistió en su soberbia y se negó a oír, tal como ya el Señor lo había advertido.

La plaga de granizo

13El Señor le dijo a Moisés que se levantara temprano para que fuera a ver al faraón y le dijera: «El Señor, Dios de los hebreos te ordena que dejes salir a su pueblo para que vaya a adorarlo. 14Si no obedeces, entonces él enviará una plaga que realmente vendrá sobre ti, tus siervos y toda la gente de Egipto. Dile que le voy a demostrar que no hay otro Dios en toda la tierra. 15Que si yo quisiera, hubiera podido usar todo mi poder para mandar una peste que acabara con todos los egipcios de una vez, 16pero no lo hice, porque quiero que todos sepan cuán poderoso soy, y para que mi nombre se mencione en todo el país. 17Dile que si es que se cree muy grande como para atreverse a desafiar mi poder y a negarle a mi pueblo el permiso para salir. 18También dile que mañana, a esta hora, enviaré una tormenta de granizo que azotará a toda la nación como jamás ha sido azotada. 19Por eso, deben apresurarse a meterse en sus casas y a recoger los animales que están en el campo, ya que el granizo caerá sobre toda persona y animal que esté al aire libre, y los matará».

20Algunos egipcios, aterrorizados por esta amenaza, recogieron sus ganados y sus esclavos de los campos; 21pero otros no dieron importancia a la palabra del Señor, y los dejaron en el campo, a merced de la tormenta.

22Entonces el Señor le dijo a Moisés: «Levanta tu mano hacia el cielo, y haz que descienda granizo sobre todo Egipto, sobre personas, animales y vegetación».

23Moisés extendió la mano, y el Señor envió truenos, rayos y granizo. 24La escena fue tan horrible que no se puede describir. Jamás en la historia de Egipto había habido una tormenta similar. 25Todo Egipto quedó en ruinas. Todo cuanto había en los campos, hombres y animales por igual, murieron, y los árboles quedaron destrozados y las cosechas arruinadas. 26El único lugar de Egipto en que no hubo granizo aquel día fue en Gosén, donde vivía el pueblo de Israel.

27El faraón mandó a llamar a Moisés y a Aarón, y les dijo:

—Ahora reconozco mi falta. Yo y mi pueblo hemos actuado mal. 28Rueguen al Señor que termine este terrible azote, pues ya hemos tenido suficientes truenos y granizo, y yo dejaré salir a su pueblo al instante.

29—Muy bien —respondió Moisés—. Tan pronto como yo haya salido de la ciudad, levantaré las manos hacia el Señor, y los truenos y el granizo se detendrán. Esto te probará que el Señor reina en la tierra. 30Pero yo sé que ni tú ni tus funcionarios están todavía dispuestos a obedecer a Dios, el Señor.

31Todo el lino y la cebada se perdieron, porque la cebada estaba madura y el lino estaba en flor; 32pero el trigo y el centeno no fueron destruidos, porque aún no habían brotado de la tierra.

33 Moisés salió de la presencia del faraón, y ya
fuera de la ciudad levantó las manos hacia el
SEÑOR. Al instante, los truenos y el granizo se
detuvieron, y cesó la lluvia. 34 Cuando el faraón
y sus funcionarios vieron esto, pecaron aún más,
pues no cumplieron lo que habían prometido.
35 El faraón negó el permiso para que el pueblo
saliera, tal como el SEÑOR le había advertido a
Moisés.

La plaga de langostas

10 El SEÑOR le dijo a Moisés: «Vuelve a hablar
con el faraón. Pero yo lo he endurecido
a él y a sus funcionarios, a fin de hacer nuevos
milagros y demostrar mi poder. 2 Un día podrán
ustedes contarles a sus hijos y a sus nietos las
cosas increíbles que estoy haciendo en Egipto.
Les contarán cómo destruí a los egipcios, y cómo
demostré que yo soy el SEÑOR».

3 Moisés y Aarón pidieron otra audiencia al
faraón y le dijeron:

—El SEÑOR, Dios de los hebreos, pregunta:
«¿Hasta cuando te negarás a someterte a mí? Deja
que mi pueblo vaya y me adore. 4,5 Si te niegas,
mañana cubriré la nación con una plaga de langostas, tan grande, que no podrás ver el suelo, y
ellas acabarán de destruir todo lo que escapó del
granizo. 6 Estarán en tu palacio, en las casas de
tus funcionarios y en todas las casas de Egipto.
Jamás en la historia de Egipto ha habido una
plaga como ésta».

Tan pronto acabó de hablar, Moisés dio media
vuelta y se retiró.

7 Los funcionarios se presentaron delante del
faraón, y le preguntaron:

—¿Vas a permitir que seamos destruidos
completamente? ¿No sabes que todo Egipto está
en ruinas? Deja que ese pueblo vaya y adore al
SEÑOR su Dios.

8 Entonces, el faraón mandó a llamar a Moisés
y a Aarón, y les dijo:

—Bien, salgan y adoren al SEÑOR su Dios. Pero
necesito que me informen cuántos irán.

9 —Iremos con nuestros niños y nuestros
ancianos, nuestras ovejas y nuestras vacas —
respondió Moisés—. Llevaremos todo lo nuestro,
porque iremos en santa peregrinación.

10 —¡Que el SEÑOR los ayude! —respondió el
faraón—. ¿Acaso creen que les dejaré llevar a
los pequeños? ¡Ya veo lo que están planeando!
11 ¡Jamás accederé a esto! Si quieren ir a adorar
al SEÑOR, entonces vayan solamente ustedes los
hombres.

Luego echaron de la presencia del faraón a
Moisés y a Aarón. 12 Entonces el SEÑOR le dijo a
Moisés: «Levanta tu mano sobre la tierra de Egipto, para hacer que vengan langostas a cubrir la
tierra y a comer todo lo que quedó después del
granizo».
13 Moisés levantó la vara y el SEÑOR hizo que un
viento oriental soplara todo aquel día y toda la
noche. A la mañana siguiente, el viento oriental había traído las langostas. 14 Y las langostas
cubrieron a Egipto completamente. Era la peor
plaga de langostas en la historia de Egipto. ¡Nunca habrá otra igual! 15 Las langostas cubrían la
tierra y no permitían que se viera el sol, de modo
que la tierra estaba en tinieblas. Las langostas se
comieron toda la vegetación que había escapado
del granizo. No quedó nada verde, ni árbol ni
planta, en todo Egipto.

16 El faraón mandó a llamar urgentemente a
Moisés y a Aarón, y les dijo: «Confieso que he
pecado contra el SEÑOR su Dios, y contra ustedes.
17 Perdonen mi pecado por última vez, y rueguen
al SEÑOR su Dios que aleje de mí esta plaga mortal. Prometo que no les negaré el permiso de
salir a adorarlo».
18 Entonces Moisés salió de la presencia del
faraón y oró al SEÑOR. 19 El SEÑOR envió un viento
fuerte de occidente que hizo que las langostas
fueran a dar al Mar Rojo, de modo que no quedó una sola langosta en Egipto. 20 Pero el SEÑOR
endureció el corazón del faraón, y éste no dejó
salir al pueblo.

La plaga de tinieblas

21 El SEÑOR le dijo a Moisés: «Levanta tus manos
al cielo, para que todo Egipto quede cubierto de
tinieblas. ¡Será tal la oscuridad que los egipcios
andarán a tientas!» 22 Así lo hizo Moisés, y espesas
tinieblas cubrieron la tierra. Durante tres días,
23 los egipcios no pudieron verse unos a otros,
ni salir de sus casas. En la región habitada por
el pueblo de Israel, en cambio, había luz como
de costumbre.
24 El faraón llamó a Moisés y le dijo:

—Vayan y adoren al SEÑOR, pero dejen sus
ovejas y sus vacas aquí. Pueden llevarse a sus
hijos con ustedes.

25 —No —respondió Moisés—, debemos
llevar nuestras ovejas y vacas para presentar
ofrendas y holocaustos a nuestro Dios. 26 Ni una
pezuña se quedará aquí, porque debemos llevar
sacrificios al SEÑOR nuestro Dios, y sólo cuando
lleguemos allá, él nos dirá cuáles animales tendremos que ofrecerle.

27 Pero el SEÑOR endureció el corazón del
faraón, y éste no los dejó salir.

28 —¡Sal de aquí y no vuelvas a venir a mi
presencia! ¡El día que lo hagas, morirás! —le
gritó el faraón a Moisés.

29 —Muy bien —respondió Moisés—. ¡Nunca
más volveré por aquí!

La plaga contra los primogénitos

11 El SEÑOR le dijo a Moisés: «Enviaré una
plaga más sobre el faraón y su tierra, y
después de ella los dejará ir. Es más, él estará
ansioso de deshacerse de ustedes y, prácticamente, los arrojará del país. 2Diles a todos los
hombres y mujeres de Israel que pidan a sus
vecinos egipcios joyas de oro y plata».
3Dios hizo que los egipcios se mostraran favo-
rables hacia el pueblo de Israel. Además, Moisés
era un hombre muy importante en Egipto, y era
temido por los funcionarios del faraón y por el
pueblo de Egipto.
4Moisés, pues, le dijo al faraón: «El SEÑOR dice:
"A medianoche pasaré por Egipto, 5y morirán
todos los hijos mayores de todas las familias de
Egipto, desde el primogénito del faraón hasta
el primogénito de la esclava que trabaja en el
molino; y también morirá toda primera cría de
animal. 6El llanto por la muerte de los primogénitos resonará por todo Egipto. Jamás antes ha
habido una angustia similar, y jamás se volverá
a ver nada semejante. 7Pero ni siquiera un perro
gemirá por la muerte de uno de los nuestros, pues
ni personas ni animales morirán entre el pueblo
de Israel. Así sabrán ustedes que el SEÑOR hace
distinción entre egipcios e israelitas. 8Todos tus
funcionarios vendrán corriendo a mí, e inclinándose me suplicarán que me vaya con todo
el pueblo. Entonces saldré y me llevaré a todo el
pueblo de Israel"».
Luego, Moisés salió muy enojado de la presencia del faraón. 9El SEÑOR le había dicho a Moisés:
«El faraón no oirá, y esto me dará la oportunidad
de hacer portentosos milagros para demostrar
mi poder».
10Por eso, aunque Moisés y Aarón hicieron estos
milagros delante del faraón, el SEÑOR le endureció
el corazón para que no dejara salir al pueblo.

La Pascua

12 El SEÑOR les dijo a Moisés y a Aarón: 2«De
ahora en adelante, este mes será el primero y el más importante del año judío. 3,4Díganles
a los israelitas que cada año, en el décimo día de
este mes, cada familia tomará un cordero. Si la
familia es pequeña, compartirá el cordero con
otra familia pequeña del vecindario; el hacer o
no esto dependerá del tamaño de la familia. 5Este
animal, ya sea cordero o cabrito, será un macho
de un año y sin ningún defecto.
6»El animal deberá ser cuidado hasta el día
catorce del mes. Ese día, al atardecer, cada familia de Israel sacrificará su cordero o cabrito. 7Lue-
go tomarán un poco de sangre del animal y la
colocarán en los dos postes y en el travesaño de la
puerta de la casa en que se han de comer al animal. 8Asarán la carne al fuego y la comerán esa
noche con panes sin levadura y hierbas amargas.
9Nada crudo ni cocido comerán del animal, sino
asado, incluso la cabeza, las piernas, el corazón
y el hígado. 10No comerán nada de esa carne el
día siguiente, y si algo sobra esa noche, deberá
ser quemado.
11»Comerán con la ropa y el calzado puestos,
como si estuvieran listos para emprender un largo viaje, y con el bordón en la mano. Comerán
apresuradamente. Esta fiesta es la Pascua en
honor al SEÑOR.
12»Esa noche yo pasaré por la tierra de Egipto, y
daré muerte a todos los primogénitos de los hombres y de los animales de Egipto, y así ejecutaré mi
juicio sobre todos los dioses de Egipto; porque
yo soy el SEÑOR. 13La sangre que ustedes colocarán en los postes y en las puertas será prueba de que me han obedecido; y cuando vea la
sangre, pasaré de largo y no destruiré a los primogénitos de ustedes, cuando castigue a Egipto.
14»Este día lo celebrarán cada año (como una
ley permanente), para recordar esta noche. 15La
celebración durará siete días. En todo ese tiempo
sólo podrán comer pan sin levadura. Cualquiera
que desobedezca esta norma durante los siete
días que dura la celebración, será expulsado de
la comunidad de Israel. 16El primer día de la celebración, y el séptimo día, habrá reunión sagrada
para toda la congregación, y no harán trabajos
de ningún tipo en esos días, salvo la preparación
de alimentos.
17»Esta celebración anual de panes sin levadura
hará que siempre recuerden este día como el
día en que yo los saqué de la tierra de Egipto.
Será obligatorio observar esta festividad anualmente de ahora en adelante, de generación en
generación. 18Desde la tarde del día catorce del
mes hasta la tarde del día veintiuno sólo podrán
comer panes sin levadura. 19En esos siete días no
debe haber rastro de levadura en sus hogares.
Durante ese tiempo, cualquiera que coma algo
con levadura será expulsado de la comunidad de
Israel. Esta misma regla se aplica a los extranjeros que vivan entre ustedes y a todos los que
hayan nacido en el país. 20Repito, durante esos
días no deben comer ninguna cosa que contenga
levadura; sólo comerán panes sin levadura».
21Moisés convocó a todos los ancianos de Israel
y les dijo: «Vayan y tomen corderos del rebaño, uno por cada familia, según el número de
personas que la componen; y maten el cordero,
para que celebren la Pascua. 22Recojan la sangre
del cordero en una vasija, tomen una rama de
hisopo, mójenla en la sangre del cordero y unten
la sangre en los postes de la puerta y el travesaño.

12.13

¡Que nadie salga de su casa en toda la noche! 23El Señor pasará por Egipto y dará muerte a los egipcios; pero cuando vea la sangre sobre el travesaño de la puerta y sobre los dos postes, pasará de largo y no permitirá que el destructor entre a matar a sus hijos. 24Recuerden: esta es una ley permanente para ustedes y para sus descendientes. 25 Cuando entren en la tierra que el Señor les dará, como ha prometido, y estén celebrando la Pascua, 26y sus hijos les pregunten: "¿Qué significa esto? ¿Qué ceremonia es ésta?", 27ustedes les responderán: "Es la celebración del paso del Señor, porque pasó de largo por los hogares del pueblo de Israel cuando mató a los egipcios. Pasó de largo por nuestras casas y no entró a destruirnos"».

Y todos los israelitas inclinaron la cabeza y adoraron, 28e hicieron lo que el Señor les había ordenado por medio de Moisés y de Aarón.

Muerte de los primogénitos egipcios

29A medianoche, el Señor dio muerte a los primogénitos de Egipto, desde el hijo mayor del faraón hasta el hijo mayor del cautivo que estaba en el calabozo. Además, dio muerte a toda primera cría de animal. 30El faraón, sus funcionarios y todo el pueblo de Egipto se levantaron en la noche. Y hubo amargo llanto en todo Egipto, porque no había casa donde no hubiera un muerto.

31El faraón llamó a Moisés y a Aarón durante la noche y les dijo: «Salgan, por favor, de en medio de mi pueblo; vayan y sirvan a su Dios como querían. 32Tomen sus vacas y sus ovejas, y váyanse. Pues para mí será un alivio que se vayan».

33Y los egipcios pedían a los israelitas que se fueran lo antes posible. Les decían: «Si no se van pronto, todos moriremos».

34Los israelitas tomaron la masa para el pan sin levadura, la envolvieron en sábanas y la pusieron sobre sus hombros. 35El pueblo de Israel hizo lo que Dios les había ordenado, y pidieron a los egipcios plata, oro y telas. 36Y el Señor hizo que los egipcios miraran favorablemente a los israelitas y les dieran todo lo que ellos les pedían. Y los egipcios fueron prácticamente despojados de todo lo que poseían.

El éxodo

37Aquella noche, el pueblo de Israel salió de Ramsés y emprendió la marcha hacia Sucot. Eran como seiscientos mil hombres de a pie, sin contar las mujeres ni los niños. 38También salieron con ellos personas de diferentes nacionalidades, con gran cantidad de vacas y ovejas. 39Cuando se detuvieron a comer, cocieron panes sin levadura. Como no tuvieron tiempo para preparar comida antes de salir de Egipto, tuvieron que usar la masa sin levadura que lograron sacar.

40,41Los hijos de Jacob y sus descendientes habían vivido en Egipto cuatrocientos treinta años, y el último día del año cuatrocientos treinta todo el pueblo del Señor salió de Egipto. 42Toda esa noche, el Señor estuvo despierto sacando a su pueblo de la tierra de Egipto. Por eso, a los israelitas se les mandó que esa noche de la Pascua la pasaran despiertos, como una manera de honrar al Señor, recordando lo que él hizo por ellos.

Instrucciones para la Pascua

43El Señor les dijo a Moisés y a Aarón: «Estas son las instrucciones acerca de la observancia de la Pascua. Ningún extranjero comerá del animal, 44pero cualquier esclavo que haya sido comprado podrá comerlo, siempre y cuando haya sido circuncidado. 45Un empleado, o un visitante extranjero, no podrá participar de la Pascua. † 46Todos los que coman del animal, deberán comerlo juntos en una casa, y no podrá sacarse ni siquiera un pedazo de carne. Al animal sacrificado tampoco se le podrá quebrar ni un solo hueso. 47Todo el pueblo de Israel deberá celebrar esta fiesta.

48»En cuanto a los extranjeros, si viven con ustedes y desean celebrar la Pascua, deberán circuncidarse y circuncidar a todos los varones que pertenezcan a su familia. De esa manera serán considerados como parte del pueblo, y por lo tanto, podrán participar de la Pascua. Ninguna persona incircuncisa podrá comer del cordero.

49»Esta ley se aplicará tanto a los israelitas como a los extranjeros nacidos en Israel».

50Y el pueblo de Israel siguió todas las instrucciones que el Señor les había dado a Moisés y a Aarón. 51Este mismo día el Señor sacó a Israel de Egipto, tribu por tribu, como si fueran un ejército.

Consagración de los primogénitos israelitas

13 El Señor le ordenó a Moisés: 2«El primer hijo de cada familia israelita será consagrado a mí, pues me pertenece. De igual manera las primeras crías de los animales serán para mí».

3Entonces Moisés dijo al pueblo: «Este es un día que deben recordar siempre. Es el día que salieron de la esclavitud de Egipto. Es el día en que el Señor los sacó con milagros portentosos. Recuerden que durante la celebración anual de este suceso no podrán comer pan con levadura. 4,5Ustedes deberán celebrar esta fiesta en el mes de aviv, pues es en este mes que salieron de Egipto. Cuando el Señor los haya llevado a la tierra del cananeo, del hitita, del amorreo, del heveo y del

† 12.46—Jo 19.36

jebuseo, que es la tierra que prometió dar a nuestros padres, tierra de la que fluye leche y miel,
deberán seguir celebrando esta fiesta. 6,7Durante
siete días comerán solamente pan sin levadura.
Y el séptimo día se celebrará una gran fiesta en
honor al SEÑOR. Durante esos días, no se podrá
tener levadura o pan con levadura en ninguna
casa israelita.

8»Durante estos días de celebración cada uno
de ustedes deberá explicar a sus hijos el porqué
de la fiesta. Les dirán que es una celebración de lo
que el SEÑOR hizo por ustedes cuando salieron de
Egipto. 9Esta semana de conmemoración anual
nos identificará como el pueblo de Dios; será
como si él hubiera puesto su sello de propiedad
en nuestras manos y en nuestra frente. 10Por lo
tanto, celebren el acontecimiento anualmente
en el mes de aviv.

11»Y cuando el SEÑOR los haya hecho entrar en
la tierra que prometió a sus antepasados hace
tanto tiempo, es decir, la tierra donde viven ahora
los cananeos, 12recuerden que todos los primogénitos varones y todo primer macho de animales
pertenecen al SEÑOR, así que deben entregárselos.
13Cuando la primera cría de una burra sea macho,
entonces podrá ser rescatado dando a cambio un
cordero o un cabrito. Pero si deciden no rescatar
al burro, deben quebrarle el cuello. Sin embargo,
deben rescatar a sus hijos primogénitos.

14»En adelante, cuando sus hijos les pregunten: "¿Qué es esto?", ustedes responderán: "Con
grandes milagros el SEÑOR nos sacó de Egipto,
para librarnos de nuestra esclavitud. 15El faraón
no quería dejarnos salir, pero el SEÑOR hizo morir
a todos los primogénitos varones de Egipto, y
también a las primeras crías de los animales. Por
eso es que ahora dedicamos todos los varones
primogénitos al SEÑOR, pero siempre los rescata-
mos". 16Nuevamente les digo que esta celebración
los identificará como pueblo de Dios; será como
si él hubiera puesto su marca de propiedad sobre
la frente de ustedes. Es un recordatorio de que el
SEÑOR los sacó de Egipto con gran poder».

El paso del Mar Rojo

17,18Cuando por fin el faraón dejó salir a los
israelitas, Dios no los condujo a través de la tierra
de los filisteos, aunque era la ruta más directa desde Egipto a la Tierra prometida. Dios no
quería que el pueblo se desalentara al tener que
pelear durante todo el camino, y deseara volverse
a Egipto. Por eso los condujo por la ruta que está
junto al Mar Rojo.

19Moisés tomó también consigo los huesos de
José, porque José había hecho que los hijos de
Israel le prometieran que llevarían consigo sus
huesos cuando salieran de Egipto, pues estaba
seguro de que Dios los sacaría.

20Salieron de Sucot y acamparon en Etam, a
la entrada del desierto. 21El SEÑOR los guiaba por
medio de una columna de nube durante el día,
y por una columna de fuego durante la noche.
De esta manera podían viajar de día o de noche.
22La columna de nube nunca se apartó de ellos
durante el día, ni la de fuego durante la noche.

La orden del SEÑOR a Moisés

14 El SEÑOR le ordenó a Moisés: «Diles a los
israelitas que den la vuelta hacia Pi Ajirot,
entre Migdol y el mar, frente a Baal Zefón, y que
acampen allí junto al mar. 3El faraón pensará:
"Los israelitas están allí atrapados entre el mar y
el desierto". 4Y una vez más endureceré el corazón del faraón, y él los perseguirá. Lo hago así
para mostrarle mi poder al faraón y a todo su
ejército. Entonces todos los egipcios sabrán que
yo soy el SEÑOR».

Los israelitas acamparon donde el SEÑOR les
había dicho. 5Cuando el faraón y sus hombres se
dieron cuenta de que los israelitas se habían escapado, cambiaron de parecer, y dijeron: «¿Cómo
hemos dejado que estos esclavos se nos vayan?
¿Quién va a hacer el trabajo que ellos hacían?
¿Por qué hemos sido tan torpes?»

6Sin pérdida de tiempo, el faraón salió en su
carro de guerra para perseguir al pueblo de Israel,
7seguido por todos los carros de guerra de Egipto,
seiscientos en total, y otros más conducidos por
los oficiales egipcios. 8Lo hizo porque el SEÑOR
le había endurecido el corazón. Así que salió en
persecución de Israel, el cual marchaba firme
y confiado en la victoria. 9Todo el ejército del
faraón, compuesto por caballos, carros de guerra,
jinetes y las tropas de a pie, salió en persecución
de los israelitas. Y los alcanzaron cerca de Pi
Ajirot, frente a Baal Zefón, junto al mar, donde
estaban acampando.

10Cuando los israelitas vieron que a lo lejos
venía el ejército egipcio en su persecución, tuvieron mucho miedo, y clamaron al SEÑOR en busca de ayuda. 11Luego se volvieron contra Moisés,
diciéndole: «¿Nos has traído para que muramos
en el desierto? ¿Acaso no había suficientes tumbas
en Egipto para enterrarnos? ¿Por qué nos hiciste
salir de Egipto? 12Cuando éramos esclavos, ¿no
te dijimos que mejor nos dejaras tranquilos, que
era mucho mejor ser esclavos de los egipcios que
morir en el desierto?»

13Pero Moisés le dijo al pueblo: «No teman,
quédense donde están y observen la forma maravillosa en que el SEÑOR los salvará en este día. Los
egipcios que hoy ven, no los volverán a ver nunca
más. 14El SEÑOR peleará por ustedes, de modo que
ustedes no tendrán que levantar ni un solo dedo».

15El SEÑOR le dijo a Moisés: «¿Por qué clamas a
mí? ¡Dile al pueblo que siga adelante! 16Extiende

tu vara sobre las aguas, y el mar abrirá un sendero delante de ti, y todo el pueblo de Israel podrá
cruzarlo como en tierra seca. 17Yo he endurecido
el corazón de los egipcios, y ellos los seguirán,
y verán cómo honro mi nombre derrotando
al faraón, con todos sus ejércitos, sus carros y
sus caballos. 18¡Todo Egipto sabrá que yo soy el
SEÑOR!»
19El ángel del SEÑOR, que estaba guiando al
pueblo de Israel, se puso detrás de todos. También la columna de nube se colocó detrás del
pueblo, 20y se interpuso entre el pueblo de Israel
y los egipcios. Y aquella noche, al convertirse en
columna de fuego, dio oscuridad a los egipcios
e iluminó al pueblo de Israel. ¡Los egipcios no
pudieron alcanzar a los israelitas!
21Mientras tanto, Moisés extendió su vara sobre
el mar, y el SEÑOR abrió un sendero a través del
mar, con muros de agua a cada lado. Un gran
viento del oriente sopló toda la noche y secó el
fondo del mar. 22¡El pueblo de Israel caminó a
través del mar por tierra seca! 23Los egipcios los
siguieron por entre los dos muros de agua a lo
largo del fondo del mar, con todos los caballos,
carros y jinetes del faraón. 24Pero en la mañana,
el SEÑOR miró desde la nube de fuego a los egipcios, y trastornó su campamento. 25Las ruedas
de sus carros de guerra se atascaron, de modo
que avanzaban muy lentamente. Entonces los
egipcios gritaron: «¡Salgamos de aquí, porque el
SEÑOR está peleando por ellos contra nosotros!»
26Cuando todos los israelitas pasaron, el SEÑOR
le dijo a Moisés: «Extiende tu vara sobre el mar,
para que las aguas regresen y caigan sobre los
egipcios, sobre sus carros y sus jinetes».
27Moisés lo hizo así y, al amanecer, el mar
regresó a su posición normal. Los egipcios trataron de huir, pero el SEÑOR los hizo ahogar en el
mar. 28El agua cubrió el sendero, y a los caballos
y sus jinetes. Y todo el ejército del faraón, que
perseguía a Israel a través del mar, pereció. 29En
cambio, el pueblo de Israel cruzó el mar por tierra seca, pues las aguas habían formado muros
a ambos lados de ellos.
30Así salvó el SEÑOR a los israelitas aquel día.
El pueblo de Israel vio a los egipcios muertos a
la orilla del mar. 31Cuando los israelitas vieron el
gran milagro que el SEÑOR había hecho por ellos
contra los egipcios, temieron al SEÑOR, y creyeron
en él y en su siervo Moisés.

El cántico de Moisés

15 Llenos de júbilo, Moisés y el pueblo de
Israel cantaron este himno al SEÑOR:
Cantaré al SEÑOR, porque obtuvo un triunfo
extraordinario, pues arrojó caballos y jinetes al
mar.
2El SEÑOR es mi fortaleza, mi cántico y mi salvación.
Lo alabaré, porque él es mi Dios.
Lo exaltaré, porque él es el Dios de mis
padres.
3El SEÑOR es un guerrero. Sí, su nombre es el
SEÑOR.
4Echó en el mar los carros y la caballería del
faraón.
Los más valientes guerreros egipcios yacen
muertos en el Mar Rojo.
5Las aguas los cubren.
Como piedras se hundieron en el fondo.
6Tu brazo derecho, SEÑOR, es poderosísimo.
Tu brazo derecho, SEÑOR, aplasta al enemigo.
7En la grandeza de tu majestad destruiste a
todos tus adversarios.
Desataste tu ira y los consumiste, como el
fuego consume la paja.
8Al soplo de tu aliento las aguas se abrieron.
Como diques poderosos se contuvieron las
aguas del mar, y se separaron.
9Los enemigos dijeron: «Los seguiremos, les
daremos alcance y los destruiremos. ¡Los des-
trozaremos con nuestras espadas y repartiremos
el botín!»
10Pero el SEÑOR sopló, y las aguas los cubrieron.
Se hundieron como plomo en medio de las
aguas.
11¿Quién es como tú, SEÑOR, entre los dioses?
¿Quién es glorioso y santo como tú?
¿Quién es tan poderoso como tú?
¿Quién hace tantas maravillas y prodigios?
12Extendiste tu brazo derecho, y la tierra los
tragó.
13Has conducido al pueblo que redimiste.
En tu gracia misericordiosa lo guiaste hasta
tu santa tierra.
14Las naciones oyeron lo ocurrido y temblaron.
El temor se ha apoderado del pueblo filisteo.
15Los caudillos de Edom están turbados.
Los poderosos de Moab están angustiados;
todos los habitantes de Canaán se derriten de
miedo.
16El terror y la angustia los han vencido.
SEÑOR, por miedo a tu gran poder se quedan
mudos como una piedra.
El pueblo que tú rescataste pasará por en
medio de ellos con seguridad.
17Los conducirás hasta tu monte y los plantarás
en tu tierra, en el santuario que hiciste para que
ellos vivan.
18¡El SEÑOR reinará para siempre!

El cántico de Miriam

19La caballería del faraón, sus jinetes y sus
carros trataron de seguir a Israel a través del
mar, pero el SEÑOR hizo que las aguas del mar

cayeran sobre ellos, mientras que el pueblo de Israel pasó en seco. 20Entonces Miriam, la profetisa, hermana de Aarón, tomó una pandereta y dirigió a las mujeres en las danzas, y 21entonó este cántico:

Cantemos al SEÑOR, porque obtuvo un triunfo extraordinario, pues arrojó caballos y jinetes al mar.

Las aguas de Mara y Elim

22Moisés condujo al pueblo de Israel desde el Mar Rojo hasta el desierto de Sur; y viajaron tres días sin hallar agua. 23Luego llegaron a Mara, pero no pudieron beber el agua, porque era amarga. Por esta razón el lugar fue llamado Mara, que significa amarga.

24El pueblo se quejó contra Moisés, y le reclamó: «¿Y qué vamos a beber?» 25Por eso, Moisés oró al SEÑOR para que los ayudara. Entonces el SEÑOR le mostró un árbol que debía arrojar al agua. Así lo hizo y el agua se endulzó.

Allí en Mara fue donde el SEÑOR puso a prueba a los israelitas y les dio una ley que les serviría como norma de conducta. 26Les dijo: «Yo soy el SEÑOR su Dios. Si ustedes prestan atención a mi voz, y me obedecen y hacen lo que es bueno, no los dejaré sufrir las enfermedades que envié sobre los egipcios, porque yo soy el SEÑOR que les da la salud».

27Después los israelitas llegaron a Elim, donde había doce manantiales y setenta palmeras; y acamparon allí, junto a los manantiales.

El maná y las codornices

16 Los israelitas salieron de Elim y viajaron al desierto de Sin, que está entre Elim y el monte de Sinaí. Hacía un mes y quince días que habían salido de Egipto. 2Allí también el pueblo se quejó contra Moisés y Aarón. 3Les dijeron:

—¡Ojalá el SEÑOR nos hubiera quitado la vida en Egipto! Allí nos sentábamos junto a las ollas llenas de carne y comíamos hasta quedar satisfechos. Pero ustedes nos han traído hasta este desierto para matarnos de hambre.

4El SEÑOR le dijo a Moisés:

«Yo voy a hacer que les caigan alimentos del cielo. Cada uno podrá salir y recoger cuanto pueda comer ese día. Los probaré en esto, para ver si siguen mis órdenes. 5Diles que el sexto día de la semana recojan el doble de lo que recogen los demás días».

6Así que Moisés y Aarón convocaron al pueblo a una reunión y le dijeron:

—Esta tarde sabrán que fue el SEÑOR el que los sacó de la tierra de Egipto. 7-8En la mañana verán la gloria del SEÑOR, quien ha oído sus quejas contra él. Sí, contra él es que ustedes se están quejando, pues nosotros sólo somos sus representantes. El SEÑOR les dará a comer carne en la tarde y pan abundante por la mañana. Él ya escuchó sus quejas, pues no es contra nosotros que ustedes se han quejado, sino contra él. ¡Nosotros no somos nadie!

9Luego Moisés le dijo a Aarón:

—Diles a todos los israelitas que se reúnan delante del SEÑOR, pues él ha escuchado todas sus quejas.

10Mientras Aarón les hablaba, apareció repentinamente del desierto, de dentro de la nube que los guiaba, la majestuosa gloria del SEÑOR. 11,12Y el SEÑOR le dijo a Moisés: «He oído sus quejas. Diles que en la tarde tendrán carne y en la mañana podrán saciarse con pan. Y sabrán que yo soy el SEÑOR su Dios».

13Aquella tarde llegó una gran cantidad de codornices y cubrió el campo. Al día siguiente, todo el desierto, alrededor del campamento, amaneció mojado de rocío, 14y cuando desapareció el rocío, quedó sobre el suelo una cosa menuda parecida a la escarcha. 15Cuando los israelitas vieron aquello, se preguntaban unos a otros:

—¿Qué es esto?

Y Moisés les dijo:

—Es el pan que el SEÑOR les da. 16El SEÑOR ha dicho que cada uno debe recoger cuanto sea necesario para su familia, más o menos dos litros por persona.

17El pueblo de Israel empezó a recogerlo. 18Había suficiente para todos, unos dos litros por persona. A los que juntaron mucho nada les sobró, y a los que juntaron poco, nada les faltó. Cada familia tuvo lo necesario.

19Y Moisés les dijo:

—No dejen nada para mañana.

20Pero hubo algunos que no prestaron atención, y guardaron para el día siguiente; y cuando miraron lo que habían guardado, estaba lleno de gusanos. ¡Se les había podrido! Moisés se enojó mucho con ellos. 21De modo que recogían alimento cada mañana, según sus necesidades. Cuando el sol calentaba la tierra, el alimento se derretía y desaparecía. 22El sexto día recogieron el doble de lo acostumbrado, unos cuatro litros. Los dirigentes del pueblo, al ver esto, fueron y le informaron a Moisés.

23Entonces Moisés les dijo:

—El SEÑOR ha señalado el sábado como día de reposo, de solemne reposo, en el que deben apartarse de sus tareas diarias. Por eso es que deben preparar hoy todo lo que necesiten, y guardar lo que sobre para mañana. Todo lo que deban cocinar o hervir deben hacerlo hoy, y lo que sobre deben guardarlo para mañana.

15.26

24 Los israelitas obedecieron a Moisés, y guardaron para el siguiente día toda la comida que les sobró. A la mañana siguiente el alimento estaba en buen estado, sin gusanos y sin mal olor. 25 Y Moisés les dijo:

—Este es su alimento para hoy, porque es día de reposo, consagrado al SEÑOR. Hoy no habrá alimento en el campo. 26 Recojan alimento durante seis días, pero el séptimo día es día de reposo, y no hallarán nada.

27 Pero algunos salieron a recoger alimento, aun cuando era día de reposo, pero nada encontraron. 28,29 Y el SEÑOR le dijo a Moisés:

—¿Hasta cuándo se niega este pueblo a obedecerme? ¿No comprenden que les doy el doble en el sexto día para que tengan suficiente para dos días? Les he dado el séptimo día como día de reposo; deben permanecer en sus casas, y no salir a buscar alimento en ese día.

30 El pueblo reposó en el séptimo día. 31 Y el alimento recibió el nombre de maná, que significa: «¿Qué es esto?» Era como semilla de cilantro, pero blanco, con sabor como a pan de miel.

32 Moisés les comunicó a los israelitas estas otras órdenes del SEÑOR: Debían recoger unos dos litros de maná y guardarlo de muestra para siempre, para que las generaciones posteriores pudieran conocer el pan con que el SEÑOR los había alimentado en el desierto, después de sacarlos de Egipto. 33 Moisés le dijo a Aarón:

—Consigue una vasija y mete en ella los dos litros de maná. Luego guarda la vasija en la presencia del SEÑOR, frente al cofre del pacto. Allí deberá permanecer de generación en generación.

34 Aarón hizo lo que el SEÑOR le había ordenado por medio de Moisés. Así que guardó la vasija con el maná frente al cofre del pacto.

35 Los israelitas comieron del maná durante cuarenta años, hasta que entraron en la tierra de Canaán, donde pudieron comer de lo que la tierra producía. 36 La medida que usaban para medir el maná se llamaba gómer, y era aproximadamente de dos litros, y equivalía a la décima parte de otra medida llamada efa.

El agua de la roca

17 Ahora bien, por mandato del SEÑOR, el pueblo de Israel dejó el desierto de Sin y se dirigió hasta Refidín. Pero se encontraron con que en Refidín no había agua. 2 Así que una vez más los israelitas se enojaron con Moisés y le dijeron:

—¡Danos agua, pues nos estamos muriendo de sed!

Moisés les dijo:

—¿Por qué se enojan conmigo? ¿Están tratando de nuevo de poner a prueba la paciencia del SEÑOR?

3 Pero, atormentados por la sed, le respondieron:

—¿Por qué nos sacaste de Egipto? ¿Por qué nos trajiste a morir de sed aquí, junto con nuestros hijos y nuestro ganado?

4 Moisés, entonces, oró al SEÑOR, y le dijo:

—¿Qué haré con esta gente? ¡Están a punto de apedrearme!

5,6 El SEÑOR le contestó:

—Toma contigo a algunos de los ancianos de Israel, y lleva al pueblo hasta el monte Horeb. Allí te esperaré junto a la roca. No se te olvide llevar la vara con que golpeaste el río Nilo. Cuando llegues al monte Horeb, golpea la roca, y verás cómo de ella brotará agua suficiente para todos.

En presencia de los ancianos de Israel, Moisés hizo lo que Dios le había dicho, y el agua brotó de la roca. 7 A ese lugar, Moisés lo llamó Masá, que significa tentación, porque allí los israelitas tentaron al SEÑOR, diciendo: «¿Está el SEÑOR entre nosotros, o no?» También lo llamó Meribá, que significa queja, pues allí el pueblo de Israel se quejó contra Dios.

Derrota de los amalecitas

8 Los amalecitas salieron a pelear contra el pueblo de Israel en Refidín. 9 Entonces Moisés le ordenó a Josué: «Escoge a algunos hombres, y sal con ellos a pelear contra el ejército de Amalec. Mañana yo me pararé en la cumbre de la colina con la vara de Dios en mis manos».

10 Josúe y sus soldados salieron a presentar batalla al ejército de Amalec. Moisés, Aarón y Jur subieron a la cumbre de la montaña. 11 Mientras Moisés mantenía los brazos en alto, Israel ganaba, pero cuando los bajaba, entonces los amalecitas comenzaban a ganar terreno. 12 Finalmente, Moisés sintió tanto cansancio que no podía tener los brazos más tiempo en alto. Entonces Aarón y Jur le pusieron una piedra para que él se sentara, y ellos se pusieron a sus lados, sosteniendo sus brazos en alto hasta la puesta del sol. 13 Como resultado, Josué y sus soldados derrotaron al ejército de Amalec a filo de espada.

14 Luego, el SEÑOR le ordenó a Moisés: «Escribe esto en un libro para que se recuerde siempre, y anuncia a Josué que borraré todo rastro de Amalec».

15,16 Moisés edificó allí un altar, y lo llamó «El SEÑOR-Nisí», que significa «El SEÑOR es mi bandera», y exclamó: «¡Tomen la bandera del SEÑOR en la mano! ¡El SEÑOR estará en guerra con Amalec de generación en generación!»

Jetro visita a Moisés

18 Jetro, suegro de Moisés y sacerdote de Madián, supo las maravillosas cosas que el SEÑOR había hecho por su pueblo Israel

y por Moisés, y cómo el SEÑOR los había sacado
de Egipto.
2Tiempo antes, cuando Moisés tuvo que enviar
a Séfora, su esposa, a la región de Madián,
Jetro la recibió en su casa, 3junto con sus dos
hijos, Guersón, que significa extranjero, porque
Moisés había dicho cuando nació: «He estado
peregrinando en tierra extranjera», 4y Eliezer,
que significa ayuda, porque Moisés había dicho
cuando nació: «El Dios de mi padre fue quien
me ayudó, y me libró de la espada del faraón».
5,6Jetro tomó, pues, a Séfora y a sus dos nietos, y
se fue al desierto a visitar a Moisés. Cuando supo
que los israelitas estaban acampando junto a la
montaña de Dios, le envió este mensaje a Moisés:
«Yo, Jetro, tu suegro, voy a visitarte. Conmigo
vienen tu esposa y tus dos hijos».
7Moisés salió a recibir a su suegro con mucho
cariño. Se preguntaron sobre la salud de uno y
otro, y luego entraron en la tienda de Moisés,
para seguir conversando. 8Moisés le contó a su
suegro todo lo que había estado ocurriendo, y
lo que el SEÑOR les había hecho al faraón y a los
egipcios, para librar a Israel. También le contó todos los problemas que habían tenido en el
camino, y la forma en que el SEÑOR había librado
a su pueblo de todos ellos.
9Jetro se sintió muy feliz con todo lo que el
SEÑOR estaba haciendo por Israel, y de que los
hubiera sacado de Egipto. 10Y exclamó: «¡Bendito
sea el SEÑOR, porque te ha salvado de los egipcios
y del faraón, y ha rescatado a Israel! 11Yo sé que el
SEÑOR es mayor que cualquier otro dios, porque
libró a su pueblo de la soberbia y de la crueldad
de los egipcios». 12Luego, Jetro ofreció sacrificios
a Dios. Aarón y los líderes de Israel fueron a ver
a Jetro, y todos juntos comieron del sacrificio
delante de Dios.
13Al día siguiente, como de costumbre, Moisés
se sentó desde la mañana hasta la tarde a escuchar los problemas que la gente venía a contarle.
Mientras Moisés atendía a unos, los demás permanecían de pie. 14Cuando Jetro vio la manera
como Moisés atendía al pueblo, le dijo:
—¿Por qué estás tratando de hacer todo esto
tú solo, y la gente tiene que estar parada todo el
día esperando a que la atiendas?
15,16—Porque el pueblo viene a mí con sus
problemas para consultar a Dios —respondió
Moisés—. Yo soy el juez y debo decidir quién
tiene la razón y quién está equivocado. Además,
debo enseñarles los mandamientos y enseñanzas
de Dios.
17—No está bien —le dijo su suegro—. 18Te
vas a agotar, y entonces ¿qué le ocurrirá a tu
pueblo? Esto es demasiado trabajo para tratar
de llevarlo tú solo. 19,20Escúchame y permíteme
darte un consejo, para que Dios te bendiga. Sé el
abogado de este pueblo, su representante delante
de Dios, para que Dios resuelva sus problemas.
Tú les comunicarás las decisiones de Dios, les
enseñarás sus leyes, y les darás a conocer los
principios que deben seguir para tener una conducta correcta.
21»Busca a algunos hombres capaces, piadosos
y honestos, que odien el soborno, y desígnalos
como jueces. Nombra un juez para cada mil
personas. Y él, a su vez, tendrá a su cargo diez
jueces; y cada uno de éstos estará a cargo de cien
personas. Bajo cada uno de los jueces de cien
habrá dos jueces, cada uno a cargo de cincuenta
personas. Y cada uno de estos tendrá cinco jueces
a su cargo, uno para cada diez personas. 22Deja
que estos hombres se encarguen de administrar
justicia. Cualquier cosa que sea muy importante o complicada, pueden traértela a ti. Pero en
los asuntos menores, ellos pueden decidir por sí
mismos. De este modo será todo más fácil para
ti, porque tú compartirás la carga con ellos. 23Si
sigues mi consejo, y si al SEÑOR le parece bien,
podrás soportar todas las presiones, y habrá paz
y armonía en el campamento».
24Moisés escuchó atentamente el consejo de
su suegro y siguió sus sugerencias. 25Escogió
hombres capaces y los designó jueces del pueblo, jueces de mil, de cien, de cincuenta y de
diez. 26Estaban constantemente disponibles para
administrar justicia. Los casos más difíciles los
referían a Moisés, pero ellos juzgaban todos los
casos menores.
27Poco después, Moisés despidió a su suegro,
quien regresó a su tierra.

Los israelitas en el Sinaí

19 Los israelitas llegaron al desierto de Sinaí,
tres meses después de su salida de Egipto.
2,3Levantaron el campamento en Refidín, y continuaron su viaje. Cuando llegaron al pie del
monte Sinaí, establecieron allí su campamento.
Moisés subió al monte para encontrarse con Dios,
y desde la cima el SEÑOR lo llamó y le dijo: «Esto
es lo que les dirás a los israelitas, los descendientes de Jacob: 4"Ustedes han visto lo que hice con
los egipcios, y cómo los traje a ustedes con tanto
cuidado, como cuando las águilas llevan sobre
sus alas a sus polluelos. 5Ahora, pues, si oyen
mi voz y guardan mi pacto, serán mi principal tesoro entre todas las naciones de la tierra,
porque toda la tierra es mía. 6Y serán un reino
de sacerdotes y gente santa"».
7Moisés descendió del monte, llamó a todos los
dirigentes del pueblo y les dijo lo que el SEÑOR le

18.2–3 19.5

había dicho. 8Le respondieron unánimes: «Haremos siempre todo lo que él nos pida».

Y Moisés le refirió al SEÑOR la respuesta del pueblo. 9El SEÑOR le dijo, a Moisés:

—Yo voy a presentarme delante de ti en forma de una nube oscura, de modo que el pueblo mismo pueda oírme cuando hable contigo, y así siempre te creerán. 10Desciende ahora y haz que el pueblo se prepare para mi visita. Santifícalos hoy y mañana; y haz que laven su ropa. 11Luego, pasado mañana, descenderé sobre el monte Sinaí, mientras el pueblo observa. 12Establece límites para que la gente no pase, y diles: «No suban al monte ni toquen sus límites. 13Si algún hombre o animal lo hace, nadie tocará al ofensor, sino que morirá a pedradas o a flechazos. Permanezcan alejados del monte. Sólo cuando oigan el toque largo de trompeta, podrán llegar al pie de la montaña».

14Moisés descendió al pueblo y lo santificó, y ellos lavaron su ropa. 15Luego Moisés les dijo: «Prepárense para encontrarse con Dios pasado mañana, y no tengan relaciones sexuales».

16En la mañana del tercer día hubo una terrible tormenta de relámpagos y truenos. Una densa nube descendió sobre el monte, y hubo un largo toque de trompeta, y todo el pueblo tembló. 17Moisés los hizo salir del campamento para ir al encuentro de Dios, y los dejó al pie del monte. 18Todo el monte Sinaí estaba cubierto de humo, porque el SEÑOR había descendido en forma de fuego. El humo subía al cielo como si saliera de un horno, y todo el monte temblaba como sacudido por un violento terremoto; 19y el toque de trompeta era cada vez más fuerte. Moisés hablaba con Dios, y él le respondía con voz de trueno.

20El SEÑOR bajó a la cumbre del monte Sinaí, y llamó a Moisés para que subiera. Entonces Moisés subió, 21y el SEÑOR le dijo:

—Desciende, y advierte al pueblo que no debe cruzar los límites. Nadie debe subir hasta aquí para tratar de verme, porque morirá. 22Aun los sacerdotes que estén de turno deben santificarse para que no los destruya.

23—Pero el pueblo no subirá al monte —contestó Moisés—. Tú les dijiste que no lo hicieran. Me dijiste que estableciera límites alrededor del monte, y que les avisara que el terreno que estaba a este lado de los límites estaba reservado para ti.

24El SEÑOR le dijo:

—Desciende y trae a Aarón contigo. Pero nadie más debe subir al monte, ni siquiera los sacerdotes, pues quien lo haga se expone a mi castigo.

25Moisés bajó del monte, y les dijo a los israelitas lo que el SEÑOR le había comunicado.

Los diez mandamientos

20 Dios le dijo al pueblo de Israel: 2«Yo soy el SEÑOR tu Dios que te sacó de Egipto, donde eras esclavo.

3»No tendrás otros dioses además de mí.

4»No te harás ídolos ni imágenes de nada que esté en el cielo, en la tierra o en lo profundo del mar. 5No te inclinarás delante de ninguna imagen ni la adorarás, porque yo, el SEÑOR tu Dios, soy muy celoso, y no compartiré con otros dioses la honra que me pertenece. Cuando castigo a alguien por sus pecados, el castigo alcanza a sus hijos, a sus nietos y a sus bisnietos. 6Pero derramo mi amor sobre millares de generaciones de los que me aman y obedecen mis mandamientos.

7»No usarás el nombre del SEÑOR tu Dios en vano ni en forma irreverente. No dejaré sin castigo a quien se atreva a usar mi nombre sin el debido respeto.

8»Acuérdate de observar el día de reposo, es decir, el sábado, como día santo. 9Seis días de la semana son para los quehaceres cotidianos y el trabajo regular. 10Pero el séptimo día es día de reposo delante del SEÑOR tu Dios. Ese día no harán trabajo de ninguna clase tú, ni tu hijo, ni tu hija, ni tus esclavos, ni tus huéspedes, ni tus animales, 11porque en seis días hizo el SEÑOR los cielos, la tierra, el mar y todo lo que en ellos hay, y reposó el séptimo día. Por eso bendijo el día de reposo y lo santificó.

☼ 12»Honra a tu padre y a tu madre, para que tengas una vida larga y buena en la tierra que el SEÑOR tu Dios te da.

13»No matarás.

☼ 14»No cometerás adulterio.

15»No robarás.

☼ 16»No darás un testimonio falso en contra de tu prójimo.

17»No codiciarás la casa de tu prójimo: no codiciarás la mujer de tu prójimo, ni su esclavo, ni su buey, ni su burro, ni ninguna otra cosa que le pertenezca».

Reacción temerosa de los israelitas

18Todos los israelitas vieron los relámpagos y el humo que subía del monte, y oyeron los truenos y el toque de la trompeta, y se quedaron lejos, temblando de miedo. 19Y le dijeron a Moisés:

—Dinos lo que Dios diga, y nosotros obedeceremos. Pero que no nos hable Dios en forma directa, pues moriremos.

20—No teman —les dijo Moisés—, porque Dios se ha presentado de esta manera para probarlos, de modo que de aquí en adelante tengan temor de pecar en su contra.

☼20.12 ☼20.14 ☼20.16-17

21Mientras el pueblo permanecía a una distancia prudente, Moisés volvió a entrar en la nube
donde estaba Dios.

El altar de piedra

22Y el Señor le dijo a Moisés que les comuni-
cara a los israelitas lo siguiente: «Ustedes son
testigos de que les he dado a conocer mi voluntad
desde el cielo. 23Recuerden que no deben adorar ídolos, ya sean de plata, de oro o de algún
otro material. 24Los altares que hagan para mí
deben ser sencillos altares de tierra. Sobre ellos
me ofrecerán sus sacrificios, sus holocaustos y sus
ofrendas pacíficas de ovejas y bueyes. Yo iré al
lugar donde les pida que invoquen mi nombre,
y los bendeciré allí. 25También pueden edificar
altares de piedra, pero solamente con piedras
sin tallar. No golpearán las piedras con ningún
tipo de herramienta para labrarlas, porque eso
las profanaría y no servirían para mi altar. 26Y
no harán gradas para subir a mi altar; para que
no se les vea la desnudez.

Esclavos hebreos

21 »Estas son otras leyes que deben obedecer:
2»Si alguien adquiere un esclavo hebreo,
sólo lo obligará a trabajar para él por seis años.
Al séptimo año le dará la libertad, sin que pague
nada.
3»Si el esclavo era soltero, y luego se casa,
solamente él será libre. Pero si estaba casado,
su esposa recibirá la libertad al mismo tiempo
que él. 4Si su amo le dio esposa mientras era
esclavo, y tuvieron hijos o hijas, la esposa y los
hijos pertenecerán todavía al amo. Por eso, el
esclavo tendrá que irse solo.
5»Pero si el esclavo declara: "Amo a mi dueño,
a mi esposa y a mis hijos, y no quiero ser puesto
en libertad", 6el amo lo llevará delante de los
jueces, y en presencia de ellos le perforará la oreja
con un punzón, y será su esclavo para siempre.
7»Si un hombre vende a su hija como esclava,
ella no será libre al final de los seis años, como
en el caso del hombre.
8»Si el hombre que la compró no desea casarse
con ella, porque no le agrada, permitirá que sea
rescatada. Pero no podrá venderla a extranjeros,
puesto que la despreció al no querer tenerla como
esposa. 9Pero si la ha desposado con su hijo, ya
no deberá tratarla como esclava, sino como hija.
10»Si el que la compró se casa con ella, y luego toma otra esposa, no podrá disminuirle el
alimento ni el vestido; ni dejar de dormir con
ella. 11Si falla en alguno de estos compromisos,
ella quedará libre, sin necesidad de pago alguno.

Ofensas personales

12»Cualquiera que mate a otro hombre, deberá
morir. 13Pero si fue accidental, porque así yo lo
había determinado, entonces el asesino podrá
huir y refugiarse en un lugar que yo te indicaré.
14»Sin embargo, si lo mata deliberadamente,
aun si se refugia en mi altar, de allí lo sacarás y
le darás muerte.
15»Cualquiera que golpee a su padre o a su
madre morirá.
16»El que secuestre a una persona y la venda, o
lo sorprendan con ella en su poder, deberá morir.
17»El que insulte o maldiga a su madre o a su
padre, ciertamente debe morir.
18»Si dos hombres están peleando y uno golpea al otro con una piedra o con su puño, y le
causa un daño tal que debe guardar cama, pero
no muere, 19el ofensor será declarado inocente,
siempre y cuando el herido pueda levantarse y
caminar apoyado sobre un bastón. Sin embargo,
el que lo golpeó deberá pagarle por el tiempo que
esté sin trabajar, como también los gastos de su
curación, hasta que esté completamente sano.
20»Si un hombre golpea a su esclavo y le da
muerte, debe ser castigado. 21Sin embargo, si el
esclavo no muere en un par de días, el ofensor
no será castigado, porque el esclavo es propiedad
suya.
22»Si varios hombres pelean, y en medio de
la pelea uno de ellos golpea a una mujer que
está embarazada, y como consecuencia ella tiene un aborto, pero queda viva, el hombre que la
haya herido deberá pagar la multa que exija el
marido de la mujer, y que los jueces aprueben.
23Pero si la mujer muere, entonces el ofensor
pagará vida por vida, 24ojo por ojo, diente por
diente; mano por mano, pie por pie; 25quema-
dura por quemadura, herida por herida, golpe
por golpe.
26»Si un hombre golpea a su esclavo o a su
esclava en un ojo, y por dicho golpe el esclavo
o la esclava pierde su ojo, entonces el ofensor le
dará la libertad, como una compensación por
el ojo que le dañó. 27Si le arranca un diente,
también deberá darle la libertad.
28»Si un buey cornea a un hombre o a una
mujer y le da muerte, el dueño del animal no
será considerado culpable. Pero se matará al
buey a pedradas, y no se podrá comer su carne.
29Pero si el buey es bravo, y el dueño lo sabe y lo
deja suelto, el buey será apedreado y el dueño
deberá morir, 30a menos que los parientes del
muerto acepten la indemnización que los jueces
determinen.

21.22

31»La misma ley se aplica si el buey cornea a
un niño o a una niña.

32»Pero si el buey cornea a un esclavo, hombre
o mujer, el dueño pagará treinta monedas de
plata al dueño del esclavo o de la esclava, y el
buey se matará a pedradas.

33»Si un hombre cava un pozo y, por no
cubrirlo, cae en él un buey o un burro, 34pagará
los daños al propietario del animal, y el animal
muerto quedará para él.

35»Si un buey mata al buey de otra persona,
los dos propietarios venderán el buey vivo, se
repartirán el dinero, y cada uno se quedará con
la mitad del buey muerto. 36Pero si se sabía que
el buey era bravo, su dueño deberá reponer el
buey muerto con uno vivo, y se quedará con el
buey muerto.

Protección de la propiedad

22 »Si alguien roba un buey y lo mata o lo
vende, pagará cinco por uno: cinco bueyes
serán devueltos por un buey robado. Si se trata
de una oveja, serán cuatro por una: cuatro ovejas
serán devueltas por una robada.

2»Si el ladrón es sorprendido en el acto de
entrar en una casa y lo matan, el que lo mató
no es culpable. 3Pero si ocurre a la luz del día,
se presume que es homicidio, y el que lo mató es
culpable. Si se captura a un ladrón, debe hacer
completa restitución de lo robado. Si no puede,
debe ser vendido como esclavo para cancelar su
deuda. 4Si es sorprendido robando un buey, un
burro, una oveja o cualquier otra cosa, pagará
el doble de su valor como multa.

5»Si alguien deliberadamente deja suelto un
animal, y éste se introduce en la viña de un vecino o entra a pastar en su campo, con lo mejor
de su propia cosecha esa persona deberá pagar
todos los daños.

6»Si se prende fuego para quemar la maleza,
y el fuego pasa a la propiedad de un vecino y
destruye su cosecha, sea que esté amontonada o
que aún no haya sido cortada, el autor del fuego
deberá pagar todos los daños.

7»Si alguien entrega dinero o cosas de valor
a otra persona para que se las guarde, y éstos le
son robados, el ladrón pagará el doble, en caso
de que lo atrapen. 8Pero si no se descubre al
ladrón, entonces el hombre que recibió las cosas
en depósito será llevado a los jueces, para que
determinen si dispuso de los bienes o si participó
en el robo.

9»En todo caso en que un buey, un burro, una
oveja, ropa o cualquier otra cosa se haya perdido,
y el propietario piense que lo ha encontrado en
poder de otro que lo niega, los dos se presentarán
ante los jueces; y el que sea declarado culpable
pagará el doble al otro.

10»Si un hombre le pide a su vecino que le
guarde un burro, una oveja o cualquier otro
animal, y éste muere, se hace daño, o se pierde,
y no hay testigos que puedan dar cuenta de lo
que ocurrió, 11el vecino deberá jurar ante el SEÑOR
que no lo ha robado; y el propietario deberá aceptar su palabra, y no se hará restitución por ello.
12Pero si el animal o la posesión del otro han
sido robados, el que lo tenía en custodia deberá
hacer restitución al propietario. 13Si fue atacado
por algún animal salvaje, traerá los despojos
para confirmar el hecho, y no tendrá que hacer
restitución.

14»Si un hombre pide prestado un animal o
cualquier otra cosa a un vecino, y lo prestado
sufre daño o muere cuando el propietario no
se encontraba presente, el hombre que lo tomó
prestado deberá pagarlo. 15Pero si el propietario
estaba presente, no necesita pagar, y si era alquilado, solo tendrá que pagar el alquiler.

Responsabilidades sociales

16»Si un hombre seduce a una mujer que aún
no está comprometida, deberá pagar la dote
usual y aceptarla por esposa. 17Pero si el padre
se niega a que se case con ella, pagará de todos
modos la dote.

18»Las hechiceras deberán ser condenadas a
muerte.

19»Cualquiera que tenga relaciones sexuales
con animales deberá ser condenado a muerte.

20»Cualquiera que ofrezca sacrificios a otros
dioses, en vez de ofrecérselos sólo al SEÑOR, será
condenado a muerte.

21»No maltraten ni opriman al extranjero.
Recuerden que ustedes fueron extranjeros en
Egipto.

22»No hagan daño alguno a la viuda o al huérfano. 23Si lo hacen, y ellos claman a mí pidiendo
ayuda, ciertamente los ayudaré. 24Entonces des-
ataré mi ira contra ustedes y haré que mueran a
filo de espada. ¡De este modo las que se quedarán
viudas serán sus esposas, y los que se quedarán
huérfanos serán sus hijos!

25»Si prestan dinero a un israelita necesitado,
no le cobrarán interés en la forma acostumbrada. 26Si toman su túnica como prenda, deberán
devolvérsela en la noche. 27Es probable que sea
su único abrigo, de modo que no tendrá con
qué cobijarse en la noche. Si no le devuelven su
túnica, y él clama a mí, entonces yo lo atenderé,
porque soy muy compasivo.

28»No ofenderán ni maldecirán a las autoridades, ni a los jueces ni a los gobernantes.

29»Deberán dar el diezmo de sus cosechas y
de sus vinos, y el pago de rescate de sus hijos
primogénitos.

30»En cuanto al primero de sus ganados y de
sus rebaños, deberán entregármelos en el octavo
día, después de dejarlo estar con su madre siete
días.
31»Y por cuanto ustedes son mi pueblo especial,
no comerán la carne de ningún animal que haya
sido atacado y muerto por una bestia salvaje. Esa
carne se la echarán a los perros.

Leyes de justicia y de misericordia

23 »No acepten falsos rumores.
»No cooperen con el malvado apoyan-
do su testimonio, cuando sepan que es falso.
2,3»No sigan a las mayorías que intenten hacer
mal. Cuando estén en el estrado de los testigos,
no inclinen sus testimonios a favor de la mayoría
presente ni hacia el pobre, por el simple hecho
de ser pobre.
4»Si encuentran el buey o el burro extraviado
de su enemigo, llévenselo a su dueño. 5Si ven
que su enemigo trata de levantar su burro que ha
caído bajo una pesada carga, deberán detenerse
a ayudarle.
6»La pobreza del hombre no es razón para
torcer la justicia en su contra.
7»Aléjense de todo intento de acusar a alguien
falsamente. No permitan que un inocente sea
condenado a muerte. Esto yo no lo toleraré.
8»No acepten soborno, porque los inclina
hacia la parcialidad y daña la causa del inocente.
9»No oprimirán al extranjero, porque ustedes
saben lo que es ser extranjero. Recuerden su
experiencia en Egipto.

Leyes sabáticas

10»Sembrarán y cosecharán durante seis años,
11pero la tierra descansará durante el séptimo año,
y los pobres del pueblo podrán espigar lo que
salga espontáneamente; el resto lo dejarán para
que coman los animales. Esta misma regla se
aplica a sus viñedos y olivares.
12»Trabajarán seis días solamente y descansarán el séptimo. Esto es para dar descanso a su
buey y su asno, a sus esclavos y al extranjero que
viva con ustedes.
13»Obedezcan todas estas cosas, y recuerden
que no deben ni siquiera mencionar el nombre
de otro dios.

Las tres fiestas anuales

14»Deberán celebrar tres fiestas religiosas en el
año. 15La primera es la de los Panes sin levadura.
Durante siete días no comerán pan con levadura,
conforme a lo que les he ordenado. Esta celebración será anual. La celebrarán en el mes de
aviv, que fue el mes en que salieron de Egipto.
Cada uno deberá ofrecerme algún sacrificio en
esa fecha.
16»También celebrarán la fiesta de las Primicias, en la que me ofrecerán las primicias de la
cosecha. Y finalmente, la fiesta de la Cosecha,
cuando termine el trabajo de recolección de la
cosecha.
17»Cada año, en estas tres fiestas, todo varón de
Israel se presentará delante del SEÑOR.
18»Ningún sacrificio de sangre será ofrecido
con panes con levadura; no se dejará la grasa del
animal sacrificado para ofrecerla al día siguiente.
19»Llevarán a la casa del SEÑOR los primeros y
mejores frutos de sus campos.
»No cocerán el cabrito en la leche de su madre.

El ángel del SEÑOR

20»Miren, estoy enviando un ángel delante de
ustedes, para que lleguen con seguridad a la
tierra que les he preparado. 21Muéstrenle reverencia y obedezcan todas sus órdenes. No se rebelen
contra él, porque él actúa en mi nombre, y no
les perdonará sus faltas. 22Si le obedecen cuidadosamente y siguen todas sus instrucciones,
yo seré enemigo de sus enemigos. 23Y mi ángel
irá delante de ustedes y los conducirá a la tierra
de los amorreos, de los ferezeos, de los hititas, de
los cananeos, de los heveos y de los jebuseos,
para que vivan en ella. Yo destruiré estos pueblos
delante de ustedes.
24»No adorarán dioses de otras naciones ni les
ofrecerán sacrificios; no deben imitar el ejemplo de esos pueblos paganos. Deben vencerlos
completamente y destrozar todos sus ídolos vergonzosos.
25»Servirán al SEÑOR su Dios solamente, y yo
los bendeciré con alimentos y agua, y apartaré toda enfermedad de entre ustedes. 26No habrá
abortos ni esterilidad en su tierra, y vivirán a
plenitud todos los días de su vida.
27»El pánico del SEÑOR caerá sobre las naciones
que ustedes invadan, de modo que sus habitantes
huirán delante de ustedes.
28»Enviaré delante de ustedes avispas que
expulsen a los heveos, cananeos e hititas. 29No
lo haré todo en un solo año, porque la tierra se
convertiría en un desierto y los animales salvajes
se multiplicarían, de manera que no se podrían
dominar. 30Los expulsaré poco a poco, hasta que
la población de ustedes haya crecido lo suficiente
como para llenar la tierra. 31Los límites que les
pondré serán desde el Mar Rojo hasta la costa
de los filisteos, y desde el desierto hasta el río
Éufrates. Haré que ustedes venzan a los pueblos
que hoy viven en esa tierra, y los expulsen de
la región.

23.22 23.25

32»No deberán hacer pacto con ellos, ni tendrán parte alguna con sus dioses. 33No dejen que
vivan entre ustedes, porque yo sé que ellos los
contaminarán con su pecado de adorar a dioses
falsos, y eso sería la ruina de ustedes».

Ratificación del pacto

24 El Señor le dijo a Moisés: «Sube con Aarón,
Nadab, Abiú y setenta de los ancianos de
Israel. Pero ellos no podrán acercarse, sino que
se arrodillarán a cierta distancia. 2Sólo tú podrás
llegar junto a mí. Recuerda que nadie del pueblo
podrá subir al monte».
3Moisés anunció al pueblo todas las leyes y
reglamentos que el Señor le había dado, y el pueblo respondió al unísono: «Obedeceremos todo
lo que el Señor ha dicho». 4Moisés escribió todo
lo que el Señor le dijo.
Al día siguiente, Moisés se levantó muy temprano y construyó un altar al pie del monte,
con doce columnas alrededor, pues doce eran
las tribus de Israel. 5Entonces envió a algunos
de los jóvenes a hacer holocaustos y a sacrificar
ofrendas de paz al Señor. 6Moisés tomó la mitad
de la sangre de estos animales y la echó en grandes vasijas. La otra mitad la roció sobre el altar.
7Después leyó al pueblo el libro que había escrito,
el Libro del Pacto, que contenía todas las órdenes
y leyes de Dios. Y el pueblo dijo nuevamente:
—Solemnemente prometemos obedecer todas
las leyes del Señor.
8Moisés tomó la sangre que estaba en las vasijas, roció con ella al pueblo, y dijo:
—Esta sangre confirma y sella el pacto que el
Señor ha hecho con ustedes, al darles estas leyes.
9Moisés, Aarón, Nadab, Abiú y los setenta
ancianos de Israel subieron al monte 10y vieron
al Dios de Israel parado sobre una especie de
pavimento hecho con piedras de zafiro, tan puro
como el cielo. 11Y aunque los ancianos pudieron
contemplar a Dios, y comer y beber con él, no
murieron, pues él no usó su poder para destruirlos.
12El Señor le dijo a Moisés: «Sube al monte,
donde estoy, y quédate hasta que yo te dé las leyes
y los mandamientos que he grabado en tablas de
piedra, para que puedas enseñárselos al pueblo».
13Moisés y Josué, su ayudante, subieron al
monte de Dios. 14Antes de subir, Moisés les dijo a
los ancianos: «Quédense aquí y espérennos hasta que regresemos. Si hay problemas mientras
estamos ausentes, consulten con Aarón y Jur».
15Cuando Moisés subió, una nube cubrió el
monte. 16La gloria del Señor reposó sobre el monte
Sinaí. La nube cubrió el monte por seis días, y al
séptimo día Dios llamó a Moisés desde la nube.
17Los que estaban al pie del monte tuvieron una
visión sobrecogedora. La gloria del Señor sobre la
cumbre del monte parecía un fuego abrasador.
18Y Moisés desapareció en la nube que cubría el
monte, y estuvo allí cuarenta días y cuarenta
noches.

Las ofrendas para el santuario

25 El Señor le dijo a Moisés: 2«Dile al pueblo de Israel que el que quiera hacerme
una ofrenda, puede traerme 3cualquiera de las
siguientes cosas: oro, plata, bronce, 4tela azul,
morada o escarlata, lino fino, pelo de cabra,
5pieles de carnero teñidas de rojo, pieles de
cabra, madera de acacia, 6aceite de oliva para
las lámparas, especias para el aceite de la unción
y para el incienso perfumado, 7piedras de ónice
y piedras finas para colocarlas en el efod y el
pectoral. 8Quiero que el pueblo de Israel me haga
un santuario donde pueda habitar en medio de
ellos. 9Mi santuario será una tienda, un tabernáculo. Yo te daré el diseño de la construcción
y los detalles de todos los utensilios.

El cofre

10«Harás un cofre de madera de acacia, de un
metro y diez centímetros de largo, por setenta
centímetros de ancho y setenta de alto. 11Lo recu-
brirás por dentro y por fuera con oro puro, y le
pondrás una moldura de oro. 12Harás cuatro argollas de oro y se las pondrás en las cuatro esquinas inferiores, dos por cada costado. 13,14También
harás unas varas de madera de acacia cubiertas
de oro, y las pasarás por las argollas de los costados, para transportarlo. 15Estas varas nunca serán
sacadas de las argollas. 16Cuando el cofre esté
terminado, colocarás dentro de él las tablas que
yo te daré con los Diez Mandamientos grabados
en ellas.
17»También le harás al cofre una cubierta de
oro puro de un metro y diez centímetros de largo,
por setenta centímetros de ancho. 18Harás también dos querubines de oro, trabajados a martillo,
y los colocarás a los dos extremos de la cubierta
del cofre. 19Tanto la tapa del cofre como los dos
querubines serán hechos de una sola pieza. 20Los
querubines estarán uno frente al otro, mirando
hacia el centro de la tapa del cofre, y tendrán sus
alas extendidas sobre la cubierta de oro. 21Pondrás
la cubierta sobre el cofre y dentro pondrás las
tablas de piedra que yo te daré. 22Y me encontraré
contigo allí, y conversaré contigo exactamente
entre los dos querubines; y el cofre contendrá las
leyes de mi pacto. Allí te diré los mandamientos
que he promulgado para el pueblo de Israel.

La mesa

23»Luego harás una mesa de madera de acacia, de noventa centímetros de largo, cuarenta
y cinco de ancho y setenta de alto. 24La cubrirás

con oro puro y le harás una moldura de oro alrededor. [25]Le harás un borde de siete centímetros y medio de ancho. Alrededor del borde le pondrás una moldura de oro. [26,27]Harás cuatro argollas de oro y las pondrás en los costados, junto a las cuatro patas, cerca de la parte superior. Por ellas pasarán las varas que servirán para transportar la mesa. [28]Las varas las harás de madera de acacia, recubiertas de oro. [29]También harás tazones de oro, platos, cucharas, jarros y tazas para las ofrendas de líquidos. [30]Sobre la mesa pondrás el pan de la Presencia, el cual deberá permanecer continuamente delante de mí.

El candelabro

[31]»Harás un candelabro de oro puro, fundido y martillado. Todo el candelabro y sus decorados estarán hechos de una sola pieza: la base, el tallo, los cálices, las copas y las flores. [32]De cada lado del candelabro central saldrán tres brazos, [33]cada uno de los cuales estará decorado con cálices en forma de flor de almendro. [34,35]El candelabro central también estará decorado con cuatro cálices en forma de flor de almendro, con sus capullos y flores. Cada uno será colocado debajo de cada juego de brazos. [36]Estos adornos, los brazos y el candelabro central, serán de una pieza de oro martillado.

[37]»Harás siete lámparas para el candelabro, y las pondrás de modo que alumbren hacia adelante. [38]Sus despabiladeras y sus platillos serán también de oro puro. [39]Necesitarás unos treinta y tres kilos de oro fino para el candelabro y todos sus accesorios.

[40]»Ten cuidado de hacer todo siguiendo el modelo que te he mostrado aquí en el monte.

El santuario

26 »Harás el santuario con diez cortinas de lino fino retorcido, teñidas de azul, morado y escarlata; en ellas bordarás figuras de querubines. [2]Las medidas serán de doce metros y medio de largo y un metro con ochenta de ancho. Todas las cortinas tendrán las mismas medidas. [3]Las unirás por sus extremos, de cinco en cinco, para formar dos cortinas largas, una para cada lado. [4,5]Estarán unidas por medio de ojales de color morado, cincuenta a cada lado. [6]Harás cincuenta corchetes de oro para unir los ojales de los dos conjuntos de cortinas, de modo que el santuario, que es la morada de Dios, sea un todo.

[7,8]»El techo del santuario estará hecho de lonas de pelo de cabra. Harás once de estas lonas, cada una de trece metros y medio de largo y un metro ochenta de ancho. [9]Unirás cinco lonas para una parte y seis para la otra. La sexta lona colgará al frente de la tienda. [10,11]Usarás cincuenta ojales en los bordes de cada una de estas piezas, para unirlas con cincuenta corchetes de bronce. De esta manera las dos piezas formarán una sola. [12]Sobrará medio metro de estas lonas, el cual colgará en la parte posterior del santuario, [13]y medio metro por la parte frontal. [14]Sobre estas lonas colocarás una cubierta de cueros de carnero, teñida de rojo, y sobre esta cubierta colocarás otra de pieles de cabras. Esto completará el techo.

[15,16]»El armazón del santuario estará hecho de madera de acacia. Cada pieza será de cuatro metros y medio de largo por setenta centímetros de ancho. Irán en posición vertical [17]y se unirán con espigas por los costados. [18,19]Con veinte de estas tablas formarás el costado sur del santuario, sobre cuarenta bases de plata, dos bases para cada tabla. [20]En el costado norte también habrá veinte de estas tablas [21]con sus cuarenta bases de plata, dos bases por cada tabla, una debajo de cada esquina. [22]En el costado occidental habrá seis tablas, [23]y dos más en cada esquina. [24]Estas tablas estarán unidas de las esquinas mediante ganchos, abajo y arriba. [25]De modo que serán ocho tablas en ese extremo, con dieciséis bases de plata para las tablas, dos bases por cada tabla.

[26,27]»Harás cinco travesaños de madera de acacia para cada costado del santuario, y cinco para las tablas de la parte occidental. [28]Uno de los travesaños centrales pasará por el centro de las tablas a todo lo largo del santuario. [29]Cubrirás las tablas de oro, y harás argollas de oro por donde pasen los travesaños. También cubrirás los travesaños con oro. [30]Construirás el santuario como yo te he mostrado en el monte.

[31]»Dentro del santuario harás una cortina de tela azul, morada y escarlata, de lino fino torcido, con querubines bordados en ella. [32]La colgarás de cuatro postes de acacia cubiertos de oro, cada una con un gancho de oro. Los postes estarán asentados en cuatro bases de plata. [33]Colgarás la cortina de los ganchos. Detrás de esta cortina pondrás el cofre que contiene las tablas de piedra donde están grabadas las leyes de Dios. La cortina separará el Lugar Santo del Lugar Santísimo. [34]Sobre el cofre, que estará en el Lugar Santísimo, pondrás el propiciatorio, es decir, la cubierta de oro del cofre. [35]La mesa y el candelabro los pondrás frente a frente en la parte exterior de la cortina. El candelabro estará en la parte sur del Lugar Santo, y la mesa en el costado norte.

[36]»Para la entrada del santuario harás otra cortina de lino fino torcido de color azul, morado y escarlata, bordada artísticamente. [37]Colgarás esta cortina de cinco postes de madera de acacia cubiertos de oro, con un gancho de oro y base de bronce para cada columna.

El altar de los holocaustos

27 »Con madera de acacia harás un altar cuadrado, de dos metros y medio por lado, y de un metro y medio de alto. 2En cada esquina del altar pondrás un cuerno firmemente unido; y todo estará cubierto de bronce. 3Los recipientes para las cenizas, las palas, las vasijas y los braseros serán de bronce. 4Harás un enrejado de bronce, con una argolla de metal en cada esquina, 5y lo colocarás debajo de la cubierta del altar, de modo que llegue a la mitad de la altura. 6Para mover el altar harás varas de madera de acacia, cubiertas de bronce. 7Para transportar el altar pondrás las varas en las argollas que tiene a cada costado. 8El altar será hueco, hecho de tablas, como te fue mostrado en el monte.

El atrio

9,10»Luego harás un atrio para el santuario, el cual estará encerrado con cortinas hechas de lino fino torcido. En el costado sur, las cortinas se extenderán a lo largo de cuarenta y cinco metros y estarán suspendidas de veinte postes, asentados sobre veinte bases de bronce. Las cortinas estarán sujetas por medio de ganchos y varillas de plata, unidos a los postes. 11El costado norte será igual: cortinas a lo largo de cuarenta y cinco metros, colgadas de veinte postes asentados sobre bases de bronce y sujetas con ganchos y varillas de plata. 12El costado occidental del atrio será de veintidós metros y medio, con diez postes y diez bases. 13El lado oriental también será de veintidós metros y medio. 14,15A cada costado de la entrada habrá siete metros de cortinas, con tres postes y tres bases en cada lado.

16»La entrada del atrio tendrá una cortina de nueve metros de largo, hecha de lino fino torcido, teñido de azul, morado y escarlata, y bordada en forma artística. Estará colgada de cuatro postes asentados sobre cuatro bases. 17Todos los postes alrededor del atrio estarán unidos por medio de barras de plata, montadas en ganchos de plata. Los postes estarán asentados sobre bases de bronce. 18Todo el atrio será de cuarenta y cinco metros de largo y veintidós y medio de ancho, y las cortinas serán de dos metros y medio de alto, hechas de lino fino torcido.

19»Todos los utensilios que se necesiten en el santuario, incluyendo todas las estacas y los clavos, serán de bronce.

El aceite para el candelabro

20»Pide al pueblo de Israel que te traiga aceite puro de oliva, para usarlo en las lámparas del santuario, de modo que se mantengan siempre encendidas. 21Aarón y sus hijos colocarán las lámparas en el Lugar Santo, y las mantendrán encendidas delante del Señor día y noche. Esta será una norma permanente para el pueblo de Israel.

Las vestiduras sacerdotales

28 »Consagra a tu hermano Aarón y a sus hijos Nadab, Abiú, Eleazar e Itamar, para que me sirvan como sacerdotes y ministros. 2Hazle vestiduras especiales a Aarón, para indicar que está separado para el servicio de Dios, vestiduras hermosas que señalen la dignidad de su oficio. 3Ordena a quienes he dotado de capacidad para ello, que le hagan vestiduras que lo distingan de los demás, para que pueda desempeñar el oficio de sacerdote. 4Estas son las vestiduras que harán: un pectoral, un efod, un manto, una túnica bordada, una mitra y un cinturón. También harán vestiduras especiales para los hijos de Aarón.

El efod

5,6»El efod será una gran obra de arte, en la que usarán hilos de oro e hilos de lino fino de color azul, morado y escarlata. 7Consistirá de dos piezas que se unirán sobre los hombros. 8El cinto estará hecho del mismo material, hilos de oro e hilos de lino fino torcido de color azul, morado y escarlata. 9Tomarán dos piedras de ónice y grabarán en ellas los nombres de las tribus de Israel. 10Habrá seis nombres en cada piedra, dispuestos según el orden de su nacimiento. 11Cuando graben estos nombres, deberán usar la misma técnica que se usa para hacer un sello, y montarán las piedras en oro. 12Deberán montar las dos piedras sobre las hombreras del efod, como piedras de recuerdo para Israel: Aarón llevará sus piedras delante del Señor, como un recuerdo constante. 13,14Harán dos cadenas de oro puro, trenzadas en forma de cordón, la cuales se unirán con enlaces de oro, sobre las hombreras del efod.

El pectoral

15»Luego, con gran esmero harán el pectoral, para que sea usado para impartir justicia. Usa hilos de oro y de lino fino torcido de color azul, morado y escarlata, como en el efod. 16Será cuadrado, y estará hecho de dos pedazos de tela que formarán una bolsa de veinte centímetros de lado. 17Pondrás cuatro hileras de piedras. En la primera hilera habrá un rubí, un topacio y una esmeralda. 18En la segunda hilera, una turquesa, un zafiro y un diamante. 19En la tercera, un jacinto, un ágata y una amatista. 20En la cuarta, un berilo, un ónice y un jaspe. Todas estarán engastadas en oro. 21Cada piedra representará una tribu de Israel, y el nombre de cada tribu será grabado en cada piedra como un sello.

22-24»Unirás la parte superior del pectoral al efod por medio de dos cordones trenzados de oro puro. Un cabo de cada cordón estará atado a un anillo de oro colocado en la parte superior del pectoral. [25]Los otros extremos de los dos cordones serán atados a la parte delantera de los engastes de las piedras de ónice, que estarán sobre las hombreras del efod. [26]Harás dos anillos de oro y los colocarás en las partes interiores e inferiores del pectoral. [27]Además, harás dos anillos de oro para fijarlos en la parte delantera de las dos hombreras del efod, a la altura del cinto. [28]Fijarás la parte inferior del pectoral a los anillos del efod por medio de cintas azules. Esto evitará que el pectoral se separe del efod. [29]De esta manera, Aarón llevará los nombres de las tribus de Israel en el pectoral, sobre su corazón, cuando entre al Lugar Santo. Así el SEÑOR los recordará continuamente. [30]Dentro del pectoral pondrás el urim y el tumim,[a] para que Aarón los lleve junto a su corazón cuando entre en la presencia del SEÑOR. De esta manera llevará siempre, junto a su corazón, el urim y el tumim que le servirán para impartir justicia.

Otras vestiduras sacerdotales

[31]»El manto del efod será hecho con tela de color morado, [32]con una abertura para la cabeza. Tendrá un borde tejido alrededor de la abertura, como refuerzo. Será como el que se hace en el cuello de un chaleco, para que no se rompa fácilmente. [33,34]El borde inferior del efod estará bordado con granadas de color azul, morado y escarlata, que se alternarán con campanillas de oro. [35]Aarón usará el efod siempre que entre a servir delante del SEÑOR. Las campanillas sonarán cada vez que él entre y salga de la presencia del SEÑOR en el Lugar Santo, para que no muera.

[36]»Además, harás una lámina de oro puro y grabarás en ella: Dedicado al SEÑOR, como se hace con un sello. [37,38]Esta lámina estará atada con una cinta morada a la parte delantera de la mitra. Aarón la llevará siempre sobre la frente, para que el SEÑOR acepte las ofrendas de los israelitas, pues él cargará con los pecados que el pueblo cometa al presentar sus ofrendas. Así el SEÑOR les perdonará y aceptará sus ofrendas.

[39]»Tejerás la túnica de Aarón de lino fino, y también del mismo lino harás la mitra y un cinto bordado.

[40]»Para los hijos de Aarón harás túnicas, cintos y mitras que les den un aspecto honorable y respetable. [41]Les pondrás a Aarón y a sus hijos estas vestiduras y luego los dedicarás al ministerio, ungiéndolos en la cabeza con aceite de oliva y santificándolos como sacerdotes y ministros míos. [42]También les harás calzoncillos de lino, que usarán debajo de la túnica, pegados a su cuerpo, que les lleguen desde la cadera hasta las rodillas. [43]Aarón y sus hijos los usarán cada vez que entren en el santuario, al altar del Lugar Santo, para que no incurran en falta y, por esto, mueran. Esta es una ordenanza permanente para Aarón y sus hijos.

Consagración de los sacerdotes

29 »Esta es la ceremonia para la dedicación de Aarón y sus hijos como sacerdotes: Tomarás un becerro y dos carneros sin defectos, [2]pan y tortas sin levadura, pasados por aceite, y hojaldres sin levadura, sobre los que se haya rociado aceite. Los diversos tipos de pan estarán hechos de harina fina. [3,4]Colocarás el pan en un canasto y lo llevarás a la entrada del santuario, junto con el becerro y los dos carneros.

»Bañarás a Aarón y a sus hijos allí a la entrada. [5]Luego vestirás a Aarón con su túnica, el efod, el pectoral y el cinto, [6]y le pondrás en la cabeza la mitra con la lámina de oro. [7]Tomarás el aceite de la unción y lo derramarás sobre su cabeza. [8]Después vestirás a sus hijos con sus túnicas [9]y sus cintos tejidos, y les pondrás las mitras. Serán sacerdotes para siempre. De esa manera consagrarás a Aarón y a sus hijos.

[10]»Traerás el becerro al santuario, y Aarón y sus hijos pondrán sus manos sobre la cabeza del animal. [11]Lo matarás delante del SEÑOR, a la entrada del santuario. [12]Pondrás su sangre sobre los cuernos del altar, mojándolos con el dedo, y derramarás el resto en la base del altar. [13]Tomarás toda la grasa que cubre los intestinos y el hígado, así como los dos riñones y la grasa que hay sobre ellos, y los quemarás sobre el altar. [14]Después tomarás el cuerpo, incluyendo la piel y el excremento, los llevarás fuera del campamento y los quemarás como una ofrenda por el pecado.

[15,16]»Luego Aarón y sus hijos pondrán sus manos sobre la cabeza de uno de los carneros que va a ser sacrificado. Su sangre será recogida para ser rociada sobre el altar. [17]Cortarás el carnero en pedazos, y lavarás los intestinos y las piernas; lo pondrás con la cabeza y las demás partes del cuerpo [18]y lo quemarás sobre el altar. Este es un holocausto de muy grato olor para el SEÑOR.

[19,20]»Luego tomarás el otro carnero, y Aarón y sus hijos le pondrán las manos sobre la cabeza mientras lo sacrifican. Tomarás un poco de la sangre y la untarás en el lóbulo de la oreja derecha y en los pulgares de la mano derecha y del pie derecho de Aarón y de sus hijos; con el resto rociarás el altar. [21]También tomarás sangre del altar, la mezclarás con aceite de la unción, y rociarás esto sobre Aarón, sus hijos y sus vestiduras. En esta forma ellos serán consagrados al SEÑOR, junto con sus vestiduras.

[22]»Luego, toma del carnero la grasa, la cola, la grasa que cubre los intestinos y el hígado, los dos riñones y la grasa que los rodea, y la espaldilla

derecha, porque éste es el carnero para la ordenación de Aarón y sus hijos. 23Toma también un
pan, una torta de pan de aceite y un hojaldre del
canastillo de panes sin levadura, que fue puesto
delante del SEÑOR, 24y ponlos en las manos de Aarón
y de sus hijos, quienes los ofrecerán meciéndolos
ante el SEÑOR. 25Luego ellos te entregarán todos
estos productos, para que tú los quemes sobre el
altar, como holocausto de olor delante del SEÑOR.
26Después tomarás el pecho del carnero de la ordenación de Aarón y lo ofrecerás, meciéndolo delante
del SEÑOR. Esta parte del animal será para ti.

27»Les darás el pecho y la espadilla del carnero
de la consagración 28a Aarón y a sus hijos. El
pueblo de Israel siempre debe dar esta porción
de sus sacrificios de paz a Aarón y a sus hijos,
como contribución.

29»Las vestiduras sagradas de Aarón serán pre-
servadas para los hijos que le sucedan de generación en generación, en la ceremonia en que sean
consagrados como sacerdotes. 30Cualquiera que
sea el sumo sacerdote que suceda a Aarón, deberá
usar estas vestiduras durante siete días, al entrar
al santuario para ministrar en el Lugar Santo.

31»Tomarás el carnero de la consagración, el
carnero usado en la ceremonia ordinaria, y cocerás su carne en un lugar santificado. 32Aarón y
sus hijos comerán la carne y el pan del canasto
en la puerta del santuario. 33Sólo ellos comerán
estas cosas usadas en su expiación, es decir, en
la ceremonia de su consagración. El hombre
común no comerá de ello, porque estas cosas
son sagradas. 34Deberás quemar el pan o la carne
que sobre. Lo que sobre no podrá ser comido al
día siguiente, porque es sagrado.

35»Este, pues, es el modo de ordenar a Aarón y
a sus hijos para el desempeño de sus funciones.
Esta ordenación durará siete días. 36Cada día
sacrificarás un becerro como ofrenda expiatoria por el pecado. Después purificarás el altar,
haciendo expiación por él y derramando aceite de
oliva sobre él para consagrarlo. 37Harás expiación
por el altar y lo consagrarás a Dios cada uno de
los siete días. Después de esto, el altar será muy
santo, y cualquiera que lo toque será apartado
para el SEÑOR.

38»Cada día ofrecerás dos corderos de un año
sobre el altar, 39uno en la mañana y otro en la
tarde. 40Con uno de ellos ofrecerás dos kilos de
harina fina, mezclada con un litro de aceite de
oliva y un litro de vino, para la libación. 41Ofrece-
rás el otro cordero en la tarde, junto con la harina
y el vino para la libación, como se hizo en la
mañana, como ofrenda de olor fragante al SEÑOR.

42»Esta será una ofrenda diaria que me ofrecerán todos los israelitas, a través de todas sus
generaciones. Me la ofrecerán a la entrada del
santuario, que es el lugar donde me encontraré
contigo y te hablaré. 43Allí me reuniré con el pueblo de Israel, y el santuario será santificado por
mi gloria. 44Yo santificaré el santuario y el altar,
y a Aarón y a sus hijos, que son mis ministros,
mis sacerdotes. 45Viviré en medio del pueblo de
Israel y seré su Dios, 46y ellos sabrán que yo soy
el SEÑOR su Dios. Yo los saqué de Egipto para vivir
entre ellos. Yo soy el SEÑOR su Dios.

El altar del incienso

30 »Harás luego un pequeño altar para
quemar incienso. Lo harás de madera
de acacia. 2Tendrá cuarenta y cinco centímetros
de ancho, cuarenta y cinco centímetros de largo
y noventa centímetros de alto. Tallarás sus cuernos de la misma pieza, para que sean parte del
altar. 3Cubrirás la parte superior, los costados y
los cuernos del altar con oro puro, y en todo su
contorno pondrás una moldura de oro. 4Bajo la
moldura, a ambos costados, harás dos argollas
de oro para poner las varas que servirán para
transportarlo. 5Las varas serán de madera de
acacia, cubiertas de oro. 6Pondrás el altar junto
a la cortina, por el lado exterior, cerca de la tapa
que cubre el cofre que contiene los Diez Mandamientos. Allí es donde me encontraré contigo.

7»Cada mañana, cuando Aarón prepare las
lámparas, quemará incienso aromático sobre el
altar, 8y cada tarde cuando encienda las lámparas, quemará el incienso delante del SEÑOR. Esto
se hará de generación en generación. 9No ofrecerás incienso, holocaustos, ofrendas ni libaciones
que no hayan sido autorizados por el SEÑOR.

10»Una vez al año, Aarón deberá consagrar el
altar, poniendo sobre los cuernos la sangre de
la ofrenda de expiación por el pecado. Ésta será
una ceremonia que se hará sin falta cada año, de
generación en generación, porque éste es el altar
que ha sido consagrado por completo al SEÑOR».

Dinero para la expiación

11-12El SEÑOR le dijo a Moisés: «Siempre que
hagas un censo del pueblo de Israel, cada hombre que sea contado dará un rescate al SEÑOR por
su persona, para que no haya plaga en el pueblo
cuando tú lo cuentes. 13Este pago equivaldrá a
medio siclo del santuario, es decir, seis gramos
de plata. 14Todos los que hayan cumplido veinte
años darán esta ofrenda. 15El rico no dará más,
ni el pobre dará menos, porque es una ofrenda
para el SEÑOR, para hacer expiación por ustedes
mismos. 16Usarás este dinero para el cuidado del
Santuario. Esto servirá para que el SEÑOR recuerde
que los israelitas pagaron el dinero del rescate, y
para hacer expiación por ellos».

El lavamanos

17,18 El SEÑOR le dijo a Moisés: «Harás un lavamanos de bronce, con una base de bronce. Lo pondrás entre el Santuario y el altar, y lo llenarás de agua. 19 Aarón y sus hijos se lavarán las manos y los pies allí 20 cuando entren al Santuario a presentarse delante del SEÑOR, o cuando se acerquen al altar para presentar holocausto delante del SEÑOR. Siempre deberán lavarse antes de hacer esto, o morirán. 21 Estas son instrucciones para Aarón y sus hijos, de generación en generación».

El aceite de la unción

22,23 Entonces el SEÑOR le dijo a Moisés: «Toma las siguientes especias: seis kilos de mirra pura, tres kilos de canela, tres kilos de cálamo aromático, 24 seis kilos de casia y cuatro litros de aceite de oliva. Para esto, deberás usar la medida que se usa en el santuario. 25 Con estos ingredientes prepararás el aceite, tal como lo hacen los expertos en preparar perfumes. Éste será el aceite santo de la unción.

26,27 »Usarás este aceite para ungir el santuario, la mesa y todos sus instrumentos, el candelabro y todos sus utensilios, el altar del incienso, 28 el altar del holocausto con todos sus instrumentos, y el lavamanos con su base. 29 Conságralos para que sean sagrados. Cualquier cosa que los toque será sagrada. 30 También lo usarás para ungir a Aarón y a sus hijos, consagrándolos para que puedan servir delante de mí como sacerdotes. 31 Y dile al pueblo de Israel: "Éste será siempre mi aceite de unción. 32 No debe ser derramado sobre personas comunes, y no harás jamás este aceite por tu cuenta, porque es sagrado y será tratado por ti como algo sagrado. 33 Cualquiera que prepare un aceite semejante a éste o lo ponga sobre alguien que no sea un sacerdote, será expulsado de la comunidad"».

El incienso

34 Éstas fueron las instrucciones que el SEÑOR le dio a Moisés acerca del incienso: «Tomarás cantidades iguales de aromas: resina, uña aromática, gálbano e incienso puro, 35 y, según las técnicas del perfumista, harás un perfume sazonado con sal. Será un incienso puro y santo. 36 Molerás una parte y la pondrás frente al cofre, donde yo me reúno contigo en el santuario. Este incienso es muy sagrado. 37 No lo hagan jamás para ustedes mismos, porque está reservado para el SEÑOR, y deben tratarlo como cosa sagrada. 38 Cualquiera que lo haga será expulsado de la comunidad».

Bezalel y Aholiab

31 También el SEÑOR le dijo a Moisés: «Yo he designado a Bezalel hijo de Uri y nieto de Jur, de la tribu de Judá. 3 Lo he llenado con mi Espíritu y le he dado sabiduría, capacidad y habilidad para la construcción del santuario y todo lo que contiene. 4 Está altamente capacitado como diseñador artístico de objetos de oro, de plata y de bronce. 5 También ha sido dotado como joyero y tallador de madera.

6 »Igualmente, he designado a Aholiab hijo de Ajisamac, de la tribu de Dan, para que sea su ayudante. Además, he dado habilidad especial a todos los que son conocidos como expertos, para que puedan hacer todas las cosas que he ordenado, esto es, 7 el santuario, el cofre con el propiciatorio sobre ella, todos los utensilios del templo, 8 la mesa y sus utensilios, el candelabro de oro y sus utensilios, el altar del incienso, 9 el altar del holocausto con sus utensilios, el lavamanos y su base, 10 las hermosas y sagradas vestiduras sacerdotales de Aarón y de sus hijos, 11 el aceite de la unción y el incienso perfumado para el Lugar Santo. Ellos seguirán exactamente las instrucciones que yo te he dado».

El sábado

12,13 El SEÑOR le dio estas instrucciones a Moisés: «Dile al pueblo de Israel que observe mi día de descanso, porque el descanso es un recordatorio del pacto que hice con ustedes para siempre. Es para que recuerden que yo soy el SEÑOR que los santifico. 14,15 Descansarán en ese día, porque es santo. Cualquiera que no obedezca este mandamiento, morirá. Cualquiera que haga alguna clase de trabajo en ese día, será ejecutado. 16 Solamente trabajarán seis días, porque el día séptimo es el día de descanso solemne, santo para el SEÑOR. Esta ley es un pacto perpetuo y una obligación para el pueblo de Israel. 17 Es un símbolo eterno del pacto que he hecho con el pueblo de Israel, porque en seis días yo, el SEÑOR, hice el cielo y la tierra, y el séptimo día descansé».

18 Cuando terminó de hablar con Moisés sobre el monte Sinaí, Dios le entregó dos tablas de piedra con los Diez Mandamientos, escritos con su propio dedo.

El becerro de oro

32 Como Moisés se demoraba en descender del monte, el pueblo se presentó ante Aarón:

—Mira —le dijeron—, haznos dioses que nos dirijan, porque este Moisés que nos sacó de Egipto no aparece; algo debe de haberle ocurrido.

2,3 —Tráiganme los aretes de oro que tengan sus esposas, hijos e hijas —respondió Aarón.

Así que todos los que tenían aretes se los quitaron y se los entregaron a Aarón. 4 Entonces él fundió el oro, y con un cincel hizo un becerro. Al ver el becerro, el pueblo exclamó: «¡Israel, éste es tu dios que te sacó de Egipto!»

5Cuando Aarón vio lo feliz que estaba el pueblo con el becerro, edificó un altar delante del becerro, y anunció:

—Mañana habrá fiesta en honor del SEÑOR.

6A la mañana siguiente madrugaron y comenzaron a presentar holocaustos y ofrendas de paz. Luego de comer y beber, se entregaron a la diversión. 7Por eso, el SEÑOR le dijo a Moisés:

—Date prisa, desciende, porque el pueblo que sacaste de Egipto se ha contaminado, 8y pronto han abandonado mis leyes. Han hecho un becerro y lo han adorado; le han ofrecido sacrificios y han dicho: «¡Israel, éste es tu dios que te sacó de Egipto!»

9El SEÑOR añadió:

—He visto que este pueblo es rebelde y testarudo. 10Deja que desate contra ellos mi ira y los destruya; y de ti, Moisés, haré otra nación grande.

11Pero Moisés le rogó al SEÑOR que no lo hiciera.

—SEÑOR —suplicó—, ¿por qué se ha encendido tanto tu ira contra este tu pueblo, al que sacaste de Egipto con tu gran poder y tan grandes milagros? 12¿Quieres que los egipcios digan: «Dios los engañó y los hizo ir a las montañas para matarlos y borrarlos de la tierra»? Aparta tu ira y no le hagas eso a tu pueblo. 13Recuerda lo que le prometiste a tus siervos Abraham, Isaac e Israel cuando juraste por ti mismo: «Yo multiplicaré tu descendencia como las estrellas del cielo, y les daré toda la tierra que he prometido a tus descendientes, y la heredarán para siempre».

14Entonces el SEÑOR tuvo compasión de ellos y no los destruyó. 15Luego Moisés descendió del monte, llevando en sus manos las dos tablas de piedra, en las que estaban escritos los mandamientos por ambos lados. 16Dios mismo preparó las tablas y escribió en ellas.

17Cuando Josué oyó el bullicio del pueblo que gritaba, le dijo a Moisés:

—Suena como si estuvieran preparándose para la guerra.

18Pero Moisés le respondió:

—No es grito de victoria ni de derrota lo que yo oigo; lo que escucho son canciones.

19Cuando llegaron cerca del campamento, Moisés vio el becerro y las danzas, y con terrible ira arrojó las tablas al suelo, al pie del monte, y se rompieron. 20Luego tomó el becerro, lo fundió en fuego, y cuando se enfrió el metal, lo molió hasta hacerlo polvo. Mezcló ese polvo con agua, para que el pueblo bebiera. 21Después se dirigió a Aarón, y le preguntó:

—¿Qué te ha hecho este pueblo, para que le hagas cometer este terrible pecado?

22—No te enojes tanto —dijo Aarón —. Tú bien sabes que este pueblo es inclinado a la maldad. 23Ellos me dijeron. «Haznos un dios que nos dirija, porque algo le habrá ocurrido a Moisés, el que nos sacó de Egipto». 24Entonces les dije: «Tráiganme sus aretes». Ellos me los trajeron, los eché al fuego... y ¡salió este becerro!

25Cuando Moisés vio que Aarón no había podido guiar bien a los israelitas, y que por eso se habían vuelto locos, de tal modo que la gente de otros pueblos se estaban burlando de ellos, 26se paró a la entrada del campamento y gritó: «¡Todos los que estén de parte del SEÑOR, vengan aquí y únanse a mí!» Entonces todos los levitas se acercaron.

27Moisés les dijo: «El SEÑOR, Dios de Israel, les ordena que tomen sus espadas y recorran el campamento, de uno a otro extremo, y maten a sus hermanos, parientes y vecinos». 28Los levitas lo hicieron, y aquel día mataron a unos tres mil hombres.

29Moisés, entonces, les dijo: «Hoy se han santificado para el servicio del SEÑOR, porque han obedecido, aun cuando tuvieron que dar muerte a sus hijos y hermanos. Ahora el SEÑOR les dará una gran bendición».

30Al día siguiente, Moisés le dijo al pueblo: «Ustedes han cometido un gran pecado, pero yo regresaré a la montaña, y me presentaré delante del SEÑOR, para interceder por ustedes. Quizá él quiera otorgarles el perdón».

31Moisés regresó a la presencia del SEÑOR, y le dijo:

—Desgraciadamente este pueblo ha pecado en gran manera y ha hecho ídolos de oro. 32Sólo te ruego que perdones su pecado. Si no lo haces, te pido que borres mi nombre del libro que has escrito.

33—Cualquiera que haya pecado contra mí —dijo el SEÑOR— será borrado. 34Ahora vé y conduce al pueblo al lugar que yo te indiqué, y diles que mi ángel irá delante de ellos. Sin embargo, cuando yo visite a este pueblo, lo castigaré por sus pecados.

35Luego el SEÑOR envió una gran plaga al pueblo, porque habían adorado al becerro que Aarón les hizo.

Hacia la Tierra prometida

33 El SEÑOR le dijo a Moisés: «Lleva a este pueblo que sacaste de Egipto a la tierra que prometí a Abraham, a Isaac y a Jacob, porque yo les prometí que les daría esta tierra a sus descendientes. 2Enviaré un ángel delante de ti para que expulse a los cananeos, a los amorreos, a los hititas, a los ferezeos, a los heveos y a los jebuseos. 3Es una tierra de la que fluye leche y miel. Pero yo no iré con ustedes, porque son un pueblo rebelde y soberbio, y no resistiré el deseo de destruirlos en el camino».

4Cuando los israelitas oyeron estas duras palabras, se pusieron a llorar, y se despojaron de sus joyas y ornamentos, 5porque el SEÑOR le había ordenado a Moisés que les dijera: «Ustedes son un pueblo rebelde y soberbio. Si estuviera con ustedes un momento, los exterminaría. Quítense las joyas y ornamentos hasta que decida lo que haré con ustedes». 6Después de esto, ellos dejaron de usar joyas.

La Tienda de reunión

7Moisés siempre levantaba, a cierta distancia del campamento, el santuario o Tienda de reunión con Dios. Todo el que quería consultar al SEÑOR, iba allí. 8Siempre que Moisés salía hacia la Tienda de reunión, el pueblo se levantaba y se paraba a la entrada de sus tiendas, y se quedaban mirando hasta que él entraba en la Tienda. 9Cuando él entraba, la columna de nube descendía y cubría la entrada, mientras el SEÑOR le hablaba. 10Entonces todo el pueblo adoraba delante de sus tiendas, y se inclinaba ante la columna de nube. 11En la Tienda de reunión, el SEÑOR le hablaba a Moisés cara a cara, como un hombre habla con su amigo. Después Moisés regresaba al campamento, pero el joven que le ayudaba, Josué hijo de Nun, nunca se alejaba de la Tienda de reunión.

La gloria del SEÑOR

12Moisés un día habló allí con el SEÑOR, y le dijo:

—Me has pedido que lleve a este pueblo a la Tierra prometida, pero no me has dicho a quién enviarás conmigo. Dices que eres mi amigo y que he hallado gracia delante de ti. 13Si es así, te ruego que me indiques qué quieres que haga, para que pueda comprenderte claramente y saber que cuento con tu ayuda. No olvides que esta nación es tu pueblo.

14Y el SEÑOR respondió:

—Yo iré contigo y te daré descanso.

15Moisés le dijo:

—Si no vas a ir con nosotros, no dejes que nos movamos ni un paso de este lugar. 16Si no vas con nosotros, ¿quién sabrá que mi pueblo y yo contamos con tu ayuda, y que somos diferentes a los demás pueblos que habitan la tierra?

17Entonces el SEÑOR le respondió:

—Haré lo que tú has pedido, porque ciertamente cuentas con mi ayuda, y eres mi amigo.

18Moisés, entonces, le dijo:

—¡Permíteme contemplar tu gloria!

19Y el SEÑOR le respondió:

—Haré que pase delante de ti mi gloria, y pronunciaré mi nombre, pues soy bondadoso y compasivo con quien quiero. 20Pero no podrás ver mi rostro, porque ningún hombre podrá verme y seguir viviendo. 21Sin embargo, quédate en esta roca que está junto a mí, 22y cuando pase mi gloria, yo te pondré en una hendidura de la roca y te cubriré con mi mano hasta que haya pasado. 23Luego quitaré mi mano, y podrás verme la espalda, pero no el rostro.

Las nuevas tablas de piedra

34 El SEÑOR le dijo a Moisés:

—Prepara dos tablas de piedra como las primeras, y yo escribiré en ellas los mismos mandamientos que estaban en las tablas que quebraste. 2Prepárate para subir a la cumbre del monte Sinaí, para presentarte ante mí. 3Nadie vendrá contigo y nadie deberá estar en ningún lugar del monte. Ni dejes que los animales pasten junto al monte.

4Moisés tomó dos tablas de piedra similares a las primeras, se levantó de madrugada y subió al monte Sinaí, tal como el SEÑOR le había dicho, llevando las dos tablas de piedra en las manos.

5,6El SEÑOR descendió en la forma de una columna de nube y estuvo allí con él, y pasó delante de él y anunció el significado de su nombre:

—Yo soy el SEÑOR, Dios de misericordia y de gracia —dijo—. Soy lento para la ira y grande en misericordia y verdad. 7Yo, el SEÑOR, muestro este amor firme a millares que reciben el perdón de sus pecados; pero no doy por inocente al culpable, y exijo que el pecado del padre sea castigado en los hijos, en los nietos y aun en generaciones posteriores.

8Moisés se postró delante del SEÑOR, lo adoró 9y le dijo:

—SEÑOR, si es cierto que cuento con tu favor, te ruego que vayas con nosotros a la Tierra prometida. Sí, el pueblo es rebelde y soberbio, pero perdona nuestros pecados y acéptanos como pueblo tuyo.

10El SEÑOR le respondió:

—Bien, éste es el pacto que voy a hacer contigo. Haré milagros como nunca han sido hechos en toda la tierra, y todo el pueblo de Israel verá mi poder, el terrible poder que mostraré por medio de ti. 11Tu parte en este pacto es obedecer todos mis mandamientos. Entonces yo expulsaré de delante de ti a los amorreos, a los cananeos, a los hititas, a los ferezeos, a los heveos, y a los jebuseos.

12»Cuídate de hacer alianza con el pueblo que habita la tierra a donde vas, porque si lo haces, pronto andarás en sus malos caminos. 13En cambio, destruirás sus altares paganos, derribarás las piedras que adoran y destrozarás las imágenes de la diosa Aserá. 14No deben adorar otros dioses sino solamente a mí, porque yo, el SEÑOR, soy un

33.14 33.17–19 34.10

Dios celoso, que exige lealtad absoluta y devoción exclusiva.

15»No harás tratados de paz con los pueblos que viven en esa tierra, porque son idólatras que me han rechazado para ofrecer sacrificios a sus dioses. Si haces amistad con ellos, entonces, cuando presenten los sacrificios a sus dioses, te invitarán a participar, y te sentirás obligado a ir. 16Y aceptarás para tus hijos a sus hijas, que adoran a otros dioses, y tus hijos me abandonarán, y adorarán a los dioses de sus esposas. 17No tendrás nada que ver con los ídolos.

18»Celebrarás la fiesta de los Panes sin levadura durante siete días, en la forma que te ordené, en la fecha señalada del mes de aviv. Este fue el mes en que saliste de Egipto.

19»Todo primer macho es mío: vacuno, lanar y cabrío. 20El primer burro podrá ser redimido, dando un cordero en su lugar. Pero si decides no redimirlo, deberás quebrarle el cuello. Todos tus hijos serán redimidos; ninguno se presentará delante de mí sin una ofrenda.

21»Aun durante el tiempo de la siembra y el de la cosecha, solamente trabajarás durante seis días y descansarás el séptimo.

22»Te acordarás de celebrar la fiesta de las Semanas, al comenzar la cosecha del trigo, y la fiesta de la Cosecha, al fin del año.

23»Todos los varones de Israel deberán presentarse ante mí tres veces al año. Yo soy el Señor, Dios de Israel. 24Nadie atacará ni conquistará tu tierra mientras estés delante del Señor tu Dios, porque expulsaré a las naciones delante de ti y agrandaré tus fronteras.

25»No usarás panes con levadura en tus sacrificios, y no dejarás hasta el día siguiente la carne del cordero pascual.

26»Cada año deberás ofrecerme los mejores frutos de las primeras cosechas, y lo traerás a la casa del Señor tu Dios.

»No cocinarás el cabrito en la leche de su madre».

27También el Señor le dijo a Moisés:

—Escribe estas leyes que te doy, porque son las condiciones del pacto que hice contigo y con Israel.

28Moisés estuvo con el Señor en el monte durante cuarenta días y cuarenta noches; y en todo ese tiempo no comió ni bebió. Durante ese tiempo, Dios grabó el pacto, los Diez Mandamientos, sobre tablas de piedra.

El rostro radiante de Moisés

29Cuando Moisés descendió del monte con las tablas en la mano, no se dio cuenta de que su rostro resplandecía por haber estado en la presencia de Dios. 30Debido al resplandor de su rostro, Aarón y el pueblo de Israel tuvieron miedo de acercarse. 31Pero Moisés los llamó, y Aarón y todos los dirigentes de la congregación fueron y hablaron con él. 32Después todo el pueblo se acercó, y él les dio los mandamientos que el Señor le había entregado en el monte. 33Cuando Moisés acabó de hablar con ellos, se puso un velo en el rostro. 34Pero cuando entraba en el santuario a hablar con el Señor, se quitaba el velo hasta que volvía a salir. Entonces comunicaba al pueblo toda instrucción que el Señor le hubiera dado, 35y el pueblo veía su rostro resplandeciente. Entonces Moisés se ponía de nuevo el velo, hasta que volvía al santuario a hablar con Dios.

Normas para el sábado

35 Un día Moisés convocó a todos los israelitas, y les dijo: «Estas son las leyes que el Señor les ha dado para que las obedezcan: 2Trabajarán solamente seis días, pues el séptimo es día de descanso solemne, santo, y debe ser dedicado a la adoración al Señor. Cualquiera que trabaje en ese día, morirá. 3No deben ni siquiera encender fuego en sus hogares ese día».

Materiales para el santuario

4Luego Moisés le dijo a todo el pueblo: «Esto es lo que el Señor ha ordenado: 5-9Todo el que tenga corazón generoso, puede traer las siguientes ofrendas al Señor:

Oro, plata, y bronce; tela azul, morada y escarlata, hecha de lino fino torcido o de pelo de cabra; pieles de carnero, y pieles de cabra especialmente tratadas; madera de acacia; aceite de oliva para las lámparas; especias para el aceite de la unción y para el incienso; piedras de ónice y piedras para usar en el efod y en el pectoral.

10-19»Vengan todos los que son artesanos con talentos especiales y construyan lo que el Señor les ha ordenado:

La Tienda del santuario con sus cubiertas, ganchos, tablas, barras, columnas y bases; el cofre y sus varas; el propiciatorio; la cortina que está delante del Lugar Santo; la mesa con sus varas y todos sus utensilios; el pan de la ofrenda; el candelabro con sus lámparas y aceite; el altar del incienso y sus varas para transportarlo; el aceite de la unción y el incienso aromático; la cortina para la puerta del santuario; el altar para los holocaustos; el enrejado de bronce del altar, sus varas para transportarlo, y sus demás utensilios; el lavamanos con su base; las cortinas que servirán de cerco para el atrio; las columnas y sus bases; la cortina para la entrada del atrio; las estacas del atrio del santuario, y sus cuerdas; las vestiduras sagradas que los sacerdotes deben usar cuando sirvan en el Lugar Santo; las vestiduras sagradas del sacerdote Aarón y de sus hijos.

20Entonces todo el pueblo fue a sus tiendas a preparar las donaciones. 21Aquellos cuyo corazón fue tocado por el Espíritu de Dios volvieron con sus ofrendas de materiales para el santuario y su equipo, y para las vestiduras sagradas. 22Vinieron hombres y mujeres, todos los que tuvieron un corazón dispuesto a dar. Le trajeron al SEÑOR ofrendas de oro, joyas, pendientes, anillos, collares y objetos de oro de toda especie. 23Otros trajeron tela azul, morada y escarlata, hecha de lino fino torcido de pelo de cabra, pieles de carnero teñidas de rojo y pieles de cabra especialmente tratadas. 24Otros trajeron plata y bronce como ofrenda al SEÑOR; y algunos trajeron la madera de acacia que se necesitaba para la construcción.

25Las mujeres que tenían habilidades para la costura y para hilar prepararon hilos y telas de color azul, morado y escarlata, y lino fino torcido, y lo trajeron como ofrenda. 26Otras mujeres, con mucha alegría, usaron sus dones especiales para hacer telas de pelo de cabras. 27Los dirigentes trajeron piedras de ónice para el efod y para el pectoral, 28y especias y aceite para las lámparas y para la preparación del aceite de la unción y el incienso aromático. 29De esta manera el pueblo de Israel, todo hombre y mujer que quiso ayudar en la obra encomendada a ellos por el SEÑOR, trajo su ofrenda voluntaria.

Bezalel y Aholiab

30,31Y Moisés les dijo: «El SEÑOR ha señalado específicamente a Bezalel, hijo de Uri y nieto de Jur, de la tribu de Judá, como supervisor general de la construcción. 32Él puede hacer hermosas creaciones de artesanía en oro, plata y bronce; 33puede cortar y engastar piedras preciosas, y puede hacer hermosas obras de tallado. En suma él tiene todas las habilidades necesarias. 34Dios ha hecho que él y Aholiab sean maestros dotados y que puedan enseñar sus habilidades a los demás. Aholiab es hijo de Ajisamac, de la tribu de Dan. 35Dios los ha dotado de habilidades muy especiales, de modo que pueden hacer toda obra de joyería y carpintería. También tienen la capacidad para hacer bordados en tela azul, morada y escarlata, y para elaborar cualquier tipo de tejido. Ellos, en fin, se destacan en todas las artes necesarias para la obra.

36 »Los demás artesanos, a quienes el SEÑOR haya dado habilidades, deberán ayudar a Bezalel y Aholiab en la construcción y preparación de los utensilios del santuario, de acuerdo con lo que el SEÑOR ha ordenado».

2Luego Moisés dijo a Bezalel, a Aholiab y a todos los que sintieron el deseo de colaborar en los trabajos que comenzaran a trabajar, 3y les entregó los materiales donados por el pueblo para la construcción del santuario.

Pero como la gente continuaba llevando ofrendas todos los días, 4-7los obreros dejaron sus trabajos y fueron a reunirse con Moisés, y le dijeron: «La gente ha ofrendado mucho más de lo que necesitamos para realizar la obra que el SEÑOR nos ha encomendado».

Entonces Moisés envió mensajeros que fueran por el campamento avisando que ya no se necesitaban más donaciones. Por fin la gente dejó de llevar ofrendas.

El santuario

8Los tejedores hicieron primero diez cortinas de lino fino torcido, de color azul, morado y escarlata, y las adornaron con querubines hermosamente bordados sobre ellas. 9Cada cortina medía unos doce metros y medio de largo por un metro con ochenta centímetros de ancho. 10Cinco fueron unidas entre sí, y luego otras cinco unidas de la misma manera, y así formaron dos grandes cortinas. 11,12Con cincuenta cintas azules se hicieron lazos en el borde de las dos cortinas, cada lazo frente a su compañero de la otra cortina. 13Luego se hicieron cincuenta ganchos de oro para unir los lazos, y de esta manera unir las dos grandes cortinas, de modo que el santuario era uno solo, pues se veía como si fuera de una sola pieza.

14,15Sobre el cielo raso fue colocada una segunda capa formada por once cortinas hechas de pelo de cabra. Tenían todas trece metros y medio de largo por un metro con ochenta centímetros de ancho. 16Bezalel unió cinco de estas cortinas para hacer una pieza larga, y otras seis para hacer otra. 17Luego hizo cincuenta lazos en el extremo de cada una, 18y cincuenta pequeños ganchos de bronce para unir los lazos, a fin de que las cortinas quedaran firmemente unidas una a otra. 19La cubierta superior del techo fue hecha de pieles de carnero teñidas de rojo y de pieles de cabras.

20Para los costados del santuario se usaron tablas de madera de acacia, puestas en forma vertical. 21El alto de cada tabla era de cuatro metros y medio y el ancho de setenta centímetros. 22Cada tabla se unía a la otra por medio de dos ganchos. 23Había veinte tablas en el costado sur, 24asentadas en cuarenta bases de plata. Cada tabla estaba unida a su base por medio de dos ganchos. 25,26Había veinte tablas en el costado norte del santuario, con cuarenta bases de plata, dos para cada tabla. 27El costado occidental del santuario, que era la parte posterior, estaba hecho con seis tablas, 28más otra a cada extremo. 29Estas tablas, incluyendo las de las esquinas, fueron unidas unas a otras, arriba y abajo, por medio de argollas. 30De modo que por el costado occidental había un total de ocho tablas con dieciséis bases de plata, dos por cada tabla.

31,32Luego hicieron cinco series de travesaños de madera de acacia, para unir las tablas por los lados, cinco por cada costado del santuario. 33Uno de estos travesaños pasaba por el centro de las tablas, e iba de un extremo al otro del santuario. 34Las tablas y los travesaños estaban recubiertos de oro, y las argollas eran de oro puro.

35La cortina interior azul, morada y escarlata fue hecha de lino fino torcido, con querubines primorosamente bordados. 36La cortina colgaba de cuatro ganchos de oro, montados en cuatro postes de madera de acacia, cubiertos de oro y asentados sobre cuatro bases de plata.

37Luego hicieron una cortina para la entrada del santuario, tejida de lino fino bordado con azul, morado y escarlata. 38Esta cortina iba unida por medio de cinco ganchos a cinco postes. Los postes, sus capiteles y varas estaban cubiertos con oro, y las cinco bases eran de bronce.

El cofre

37 A continuación, Bezalel construyó el cofre. Fue hecho de madera de acacia, y tenía un metro con diez centímetros de largo, setenta centímetros de ancho y setenta centímetros de alto. 2Estaba cubierto de oro puro por dentro y por fuera, y tenía una moldura de oro por todo el contorno. 3Hizo cuatro argollas de oro y colocó una en cada una de las esquinas, en la parte inferior. 4Luego hizo varas de madera de acacia y las cubrió de oro, 5y las puso en las argollas de los costados del cofre, para transportarlo.

6Luego hizo una cubierta de oro puro, que llamó propiciatorio. Tenía un metro con diez centímetros de largo, y setenta centímetros de ancho. 7Hizo dos querubines de oro martillado y los colocó a los dos extremos del propiciatorio. 8Los querubines formaban una sola pieza con la cubierta de oro, 9y estaban uno frente al otro, con las alas extendidas, de tal modo que cubrían el propiciatorio, y miraban hacia él.

La mesa

10Con madera de acacia hizo una mesa de noventa centímetros de largo, cuarenta y cinco de ancho y setenta de alto. 11La cubrió de oro puro y le puso una moldura de oro por todo su contorno. 12Le hizo también un borde de siete centímetros y medio de alto por todo el contorno de la mesa, con una moldura de oro en el borde. 13Luego fundió cuatro argollas de oro y las puso en las cuatro patas de la mesa, 14junto a la moldura, para colocar las varas que se usarían para su transporte. 15,16A continuación, usando oro puro, hizo los platos, las cucharas, los cubiertos y los tazones de la mesa.

El candelabro

17Hizo un candelabro de oro puro, martillado. La base, el tallo, las lámparas y sus decoraciones de flores de almendra eran de una sola pieza. 18El candelabro tenía seis brazos, tres a cada costado del tallo principal. 19Cada uno de los brazos estaba decorado con idénticas flores talladas. 20,21El tallo principal del candelabro estaba decorado también con flores de almendras, una flor en el punto donde arrancaba cada par de brazos, y una flor también bajo el par inferior y sobre el par superior, cuatro en total. 22Los decorados y los brazos del candelabro eran todos de una sola pieza de oro puro martillado. 23,24Luego hizo siete lámparas y las puso en el extremo superior de cada brazo, con sus despabiladeras y sus platillos, todo de oro puro. El peso total del candelabro era de treinta y tres kilos.

El altar del incienso

25El altar del incienso estaba hecho de madera de acacia. Tenía cuarenta y cinco centímetros de largo por cuarenta y cinco centímetros de ancho, y su altura era de noventa centímetros. En sus esquinas tenía cuernos que formaban una sola pieza con el altar. 26Lo cubrió de oro puro, y le puso una moldura de oro en todo su contorno. 27En cada lado fueron colocadas dos argollas de oro, debajo de la moldura, para sostener las varas que servirían para transportarlo. 28Las varas eran de madera de acacia, cubiertas de oro.

29Luego, con especias aromáticas hizo el aceite sagrado de la unción para los sacerdotes, y el incienso puro, de acuerdo con las técnicas de los mejores perfumistas.

El altar de los holocaustos

38 El altar de los holocaustos también fue construido de madera de acacia. Tenía dos metros y medio por lado en la parte superior, y un metro y medio de alto. 2Tenía un cuerno en cada esquina, formando una sola pieza con el resto del altar. El altar estaba cubierto de bronce. 3Hizo los utensilios de bronce para el uso del altar: calderos, tenazas, tazones, ganchos y palas. 4A continuación hizo una rejilla de bronce, que puso en el interior de la caja que estaba a media altura del altar. 5También hizo cuatro argollas para los costados de la parrilla, para sostener las varas para transportarlo. 6Estas varas eran también de madera de acacia y estaban cubiertas de bronce. 7Las varas que servían para transportar el altar las ponían en las argollas que estaban en los costados. El altar era hueco, forrado de tablas. 8Con el bronce de los espejos donados

por las mujeres que se reunían a la entrada del
santuario, hizo el lavamanos y su base.

El atrio

[9]Luego edificó el atrio. La pared sur, de cuarenta y cinco metros de largo, estaba formada por
cortinas tejidas de lino fino torcido. [10]Las cortinas
colgaban de veinte postes cuyas bases eran de
bronce, con ganchos y varas de plata. [11]La pared
norte también era de cuarenta y cinco metros de
largo y tenía veinte postes con bases de bronce,
y ganchos y varas de plata. [12]El lado occidental media veintidós metros y medio de ancho, y
tenía cortinas y diez postes con sus bases. También tenía ganchos y varas de plata. [13]El costado
oriental también tenía veintidós metros y medio.
[14,15]Las cortinas de cada lado de la entrada tenían
siete metros de ancho, cada una con tres postes
y tres bases. [16]Todas las cortinas que formaban
las paredes del atrio estaban tejidas de lino fino
torcido. [17]Cada poste tenía una base de bronce, y
todos los ganchos y varas eran de plata; la parte
superior de los postes estaba recubierta con plata,
y las varas que servían para sostener las cortinas
eran de plata maciza.

[18]La cortina que cubría la entrada del atrio era
de lino fino torcido, bellamente bordada con hilo
azul, morado y escarlata. Tenía nueve metros de
largo y dos metros y medio de ancho, igual que
las cortinas que componían las paredes del atrio.
[19]Estaba colgada de cuatro postes, cada uno con
su base de bronce, y con sus ganchos y varas de
plata. La parte superior de los postes también
era de plata.

[20]Todas las estacas que se usaron en la construcción del santuario y del atrio eran de bronce.

Los materiales usados

[21]Ésto resume los diversos pasos dados en la
edificación del santuario que serviría de morada
para el cofre, de modo que los levitas pudieran
desarrollar en él su ministerio. Todo fue hecho en
el orden señalado por Moisés, y fue supervisado
por Itamar, hijo del sacerdote Aarón. [22] Bezalel,
hijo de Uri y nieto de Jur, de la tribu de Judá, era
el artesano mayor, y [23]le ayudaba Aholiab hijo
de Ajisamac, de la tribu de Dan, quien también
era un artesano muy capaz, experto en tallados,
tejidos y bordados en azul, morado y escarlata
sobre lino fino.

[24]El total de oro que el pueblo llevó como
ofrenda, y que fue usado en la obra del santuario,
fue de una tonelada, de acuerdo con la medida
usada en el santuario.

[25,26]La cantidad de plata usada fue de tres toneladas y media, y fue tomada del impuesto que se
le cobraba a todos los que, según el censo, tenían
más de veinte años; un total de seiscientos tres
mil quinientos cincuenta hombres. [27]Las bases
para las tablas de los costados del santuario y de
los postes que sostenían las cortinas se llevaron
tres mil trescientos kilos de plata, cerca de treinta
y tres kilos por cada base. [28]La plata sobrante fue
usada para cubrir la parte superior de los postes,
y para las varas y ganchos.

[29-31]El pueblo ofrendó dos mil trescientos cuarenta kilos de bronce, que fue usado para fundir
las bases de los postes de la entrada del santuario, el altar de bronce, la parrilla de bronce, los
utensilios del altar, las bases de los postes que
sostenían las cortinas del atrio, y para todos los
clavos usados en la construcción del santuario
y del atrio.

Las vestiduras sacerdotales

39 Las hermosas vestiduras para los sacerdotes fueron hechas de tela azul, morada y
escarlata. Estas vestiduras las usarían los sacerdotes mientras sirvieran en el Lugar Santo. Esta
misma tela fue usada para las vestiduras sagradas
de Aarón, conforme a las órdenes que el Señor le
había dado a Moisés.

El efod

[2]El efod también fue hecho de esta tela, tejido
de lino fino torcido. [3]Bezalel hizo láminas de oro
martillado, y de estas láminas sacaron hilos para
tejerlos en el lino azul, morado y escarlata. Fue
una preciosa obra de artesanía. [4,5]El efod lo sostenían unas hombreras, las cuales se unían por los
extremos con un cinto hecho de una sola pieza
de hilo de lino torcido azul, morado y escarlata,
y bordado con oro, de la manera ordenada por
Dios a Moisés. [6,7]Las dos piedras de ónice, unidas
a las dos hombreras del efod, fueron engastadas
en oro, y las piedras fueron grabadas con los
nombres de las tribus de Israel, de la manera que
se graban las iniciales en un anillo. Estas piedras
servían para recordar a los israelitas. Todo esto
fue hecho de acuerdo con las instrucciones que
el Señor le había dado a Moisés.

El pectoral

[8]El pectoral era una obra primorosa, al igual
que el efod, hecho del mejor oro, y de lino fino
de color azul, morado y escarlata. [9]Era una pieza
cuadrada de veinte centímetros por lado, doblada para formar una bolsa. [10]En esta bolsa había
cuatro hileras de piedras. En la primera había un
rubí, un topacio y una esmeralda. [11]En la segunda
hilera había una turquesa, un zafiro y un diamante. [12]En la tercera hilera había un jacinto,
un ágata y una amatista. [13]En la cuarta hilera,
un berilo, un ónice y un jaspe, todo montado en
engastes de oro. [14]Las piedras fueron grabadas con
el nombre de las doce tribus de Israel.

15-18Para unir el pectoral al efod se colocó un
anillo de oro en la parte superior de cada hom-
brera del efod, y de estos anillos de oro salían dos
cordones de oro trenzado, unidos a dos anillos
que había en las esquinas superiores del pectoral.
19También se pusieron dos anillos de oro en la
parte inferior del pectoral, a cada lado, junto al
efod. 20Otros dos anillos de oro fueron puestos en
la parte inferior de las hombreras del efod, junto
al punto en que el efod se unía al cinto tejido.
21El pectoral se fijaba al cinto del efod, atando los
anillos del pectoral a los anillos del efod con una
cinta azul. Todo esto se hizo exactamente como
el Señor se lo había ordenado a Moisés.

Otras vestiduras sacerdotales

22El manto del efod estaba tejido de azul, 23y
tenía una abertura en el centro, tal como el que
se hace en el cuello de un chaleco, para pasar
la cabeza por ella, reforzada por los bordes, para
que no se rompiera fácilmente. 24En el borde inferior de la túnica había granadas de tela de lino,
bordadas en azul, morado y escarlata. 25,26En
todo el contorno del borde inferior del manto
pusieron campanillas de oro puro, alternadas
con las granadas. Este manto lo usaría Aarón
cuando sirviera al Señor, tal como él le había
ordenado a Moisés.

27Luego hicieron túnicas de lino fino para
Aarón y sus hijos. 28,29El pectoral, la hermosa
mitra, los adornos del turbante, y la ropa interior
fueron hechos con lino; y el cinto de lino estaba primorosamente bordado con hilos de color
azul, morado y escarlata, tal como el Señor había
ordenado a Moisés.

30Finalmente, hicieron la lámina santa, de oro
puro, para ponerla en la parte frontal de la mitra,
en la que se grabaron las palabras: «Dedicado
al Señor». 31Fue unida a la mitra con un cordón
azul, tal como el Señor lo había ordenado.

Moisés inspecciona el santuario

32La construcción del santuario, es decir, de la
Tienda de reunión, se hizo de acuerdo con todas
las instrucciones que el Señor le dio a Moisés.

33-40 Entonces trajeron el santuario completo
a Moisés:

Utensilios, ganchos, tablas, barras, postes,
bases, cubiertas para el techo y los costados,
pieles de carnero teñidas de rojo, pieles de cabra
especialmente tratadas, y la cortina de la entrada; el cofre con los Diez Mandamientos en su
interior, junto con las varas para transportarlo,
el propiciatorio, la mesa y todos sus utensilios, el
pan de la Presencia; el candelabro de oro puro,
con sus lámparas, utensilios y aceite; el altar de
oro; el aceite de la unción, el incienso aromático,
las cortinas de la entrada del santuario, el altar
de bronce, la parrilla de bronce, las varas y los
utensilios, el lavamanos y su base, las cortinas
para las paredes del atrio, junto con los postes
que las sostenían; las bases y las cortinas de la
puerta del atrio; las cuerdas y los clavos, y todos
los demás utensilios usados en el santuario, es
decir en la Tienda de reunión.

41También trajeron para su inspección las vestiduras primorosamente confeccionadas, que los
sacerdotes deberían usar mientras sirvieran en
el Lugar Santo, y las vestiduras sagradas para el
sacerdote Aarón y sus hijos, que deberían usar
mientras realizaran sus labores.

42De esta manera el pueblo de Israel siguió
todas las instrucciones que el Señor le había
dado a Moisés. 43Moisés inspeccionó toda aquella obra, y bendijo a quienes la habían hecho,
porque todo era exactamente como el Señor lo
había ordenado.

Se levanta el santuario

40 El Señor le dijo entonces a Moisés:
2«Arma el santuario el primer día del
mes. 3Coloca en él el cofre que contiene los Diez
Mandamientos. Instala luego la cortina para
cerrar el acceso al cofre dentro del Lugar Santísimo. 4Después mete la mesa y coloca en ella
los utensilios, y pon el candelabro y enciende
las lámparas.

5»Coloca el altar de oro para el incienso frente al cofre. Instala las cortinas a la entrada del
santuario, 6y coloca el altar para el holocausto
frente a la entrada. 7Pon el lavamanos entre el
santuario y el altar, y llénalo de agua. 8Luego
levanta el atrio alrededor de la tienda, y cuelga
las cortinas de la entrada del atrio.

9»Toma el aceite de la unción y rocíalo en el
santuario y en todo lo que está en él, sobre todos
sus utensilios y muebles, para santificarlo. Una
vez hecho esto, será santo. 10Ungirás el altar del
holocausto y los utensilios, para santificarlos; así
el altar será santísimo. 11Luego ungirás el lavamanos y su base, para santificarlo.

12»Enseguida llevarás a Aarón y a sus hijos a
la entrada del santuario y los lavarás con agua.
13Le pondrás a Aarón las vestiduras sagradas y
lo ungirás con aceite, y de esa manera quedará
consagrado como sacerdote, para que me sirva.
14Después llevarás a sus hijos, los vestirás, 15y los
ungirás de la manera que lo hiciste con su padre,
para que puedan servir delante de mí, como
sacerdotes. La unción de ellos será permanente,
es decir, de generación en generación: sus hijos
y los hijos de sus hijos, todos ellos serán para
siempre mis sacerdotes».

16Moisés comenzó a hacer todo lo que el Señor
le había ordenado. 17En el primer día del primer mes del segundo año armaron el santua-

rio. 18 Moisés lo levantó, colocó las tablas en sus
bases y unió los travesaños. 19 Luego extendió las
cortinas sobre esta estructura, y puso las cubiertas del techo, en la forma que el Señor le había
ordenado.
20 Dentro del cofre colocó las piedras que contenían los Diez Mandamientos, colocó las varas
para transportar el cofre, y le puso la cubierta,
llamada propiciatorio. 21 Luego llevó el cofre al
interior del santuario, y puso la cortina para
cubrir la entrada, tal como el Señor le había
ordenado.
22 Enseguida, puso la mesa en el costado norte
de la sala, al exterior de la cortina, 23 y puso el pan
de la Presencia sobre la mesa delante del Señor,
de acuerdo con lo que él le había ordenado.
24 Junto a la mesa puso el candelabro, en el
costado sur del santuario. 25 Luego encendió las
lámparas delante del Señor, siguiendo todas sus
instrucciones. 26 También puso el altar de oro en
el santuario, junto a la cortina, 27 y sobre él quemó
incienso hecho con especias aromáticas, según
las instrucciones del Señor.
28 Puso la cortina a la entrada del santuario,
29 y colocó afuera el altar para los holocaustos,
junto a la entrada, y ofreció en él un holocausto
y una ofrenda de grano, tal como el Señor le
había ordenado.
30 A continuación, colocó el lavamanos de
bronce entre la tienda y el altar, y lo llenó de
agua, para que los sacerdotes pudieran usarla
para los lavamientos. 31 Moisés, Aarón y los hijos
de Aarón se lavaron los pies y las manos allí.
32 Cuando pasaban del altar para entrar en el santuario, se detenían y se lavaban, obedeciendo, así,
lo que el Señor había ordenado a Moisés.
33 Luego, levantaron un cerco o atrio alrededor
de la tienda y el altar, y pusieron la cortina a la
entrada del atrio. Así acabó Moisés la obra.

La gloria del Señor

34 Entonces la nube cubrió el santuario, y la
gloria del Señor lo llenó. 35 Moisés no pudo entrar
a causa de la nube que estaba allí, y de la gloria
del Señor que llenaba el santuario. 36 Cuando la
nube se levantaba y empezaba a moverse, el pueblo de Israel emprendía la marcha y la seguía.
37 Si la nube se detenía, ellos permanecían allí
hasta que la nube se volvía a mover. 38 La nube
se posaba sobre el santuario durante el día, y en
la noche la nube se encendía con fuego, para que
el pueblo de Israel pudiera ver. Y esto sucedió
durante toda su marcha por el desierto.

Investiguemos
Juntos

LEVÍTICO

¿Quién lo escribió?

Dios entregó a Moisés el contenido de este libro (Números 27:34). Se hace énfasis sobre esta realidad en varios pasajes (1:1; 4:1; 6:1), así como en el Nuevo Testamento (Romanos 10:5).

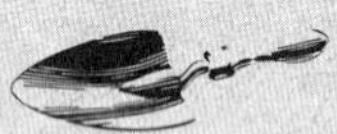

¿A quién lo escribió?

Este fue un libro estudiado por el pueblo para conocer los requerimientos de Dios acerca de la adoración y el cumplimiento de los sacrificios. Principalmente, los levitas (sacerdotes, pertenecientes a la tribu de Leví) administraban las leyes contenidas en el libro.

¿Cuándo y dónde lo escribió?

El libro fue escrito antes de la salida hacia al desierto, un mes después de haber levantado el campamento en el Sinaí (Ex. 40:17) y de la salida del Sinaí (Num. 1:1; 10:11). El libro se sitúa entre el 1440 y el 1400 a.C.

Panorama del libro

Este libro busca explicar cómo el hombre puede acercarse a Dios por medio de su divina provisión del sacrificio perfecto (Lev. 11:45; 19:2; 20:26; Jn. 1:29). Como tal, es un libro legislativo y no tanto narrativo. El recordatorio principal es el llamado a la santidad.

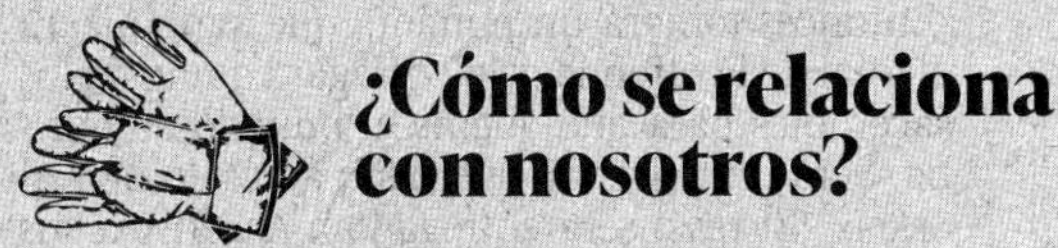

¿Cómo se relaciona con nosotros?

Este libro trata acerca de un Dios perfecto y la consagración de su pueblo como respuesta a una relación con Él. La santidad de Dios no es una amenaza como la religión les ha dicho a muchos a los gritos, sino una buena noticia porque Dios la desea, y por eso este libro comienza a sentar las bases de por qué nosotros la necesitamos. La santidad a la que nosotros podemos aspirar no es sinónimo de perfección, porque eso solo es posible para Dios, pero sí es posible en un sentido de consagración, de confianza y de dirección de nuestros corazones. Hacer todo lo posible por hacer su voluntad representa la respuesta perfecta a una relación directa con Él y su obra purificadora en nuestra vida. Así como el pueblo de Israel, muchos podemos pensar que la santidad es una cuestión exterior, de actos a cumplir, pero Levítico destaca que la santidad comienza en el corazón y siempre demanda volver una y otra vez a confiar en Dios. Las buenas conductas son solo la consecuencia de entender que la voluntad de Dios es mejor que la nuestra, y del deseo de honrarlo siempre en toda circunstancia y con todo lo que hacemos, aunque no siempre lo logremos.

¿Cómo lo estudiamos?

1) Acerquémonos a Dios por medio de sacrificios santos. Caps. 1-7
2) Acerquémonos a Dios por medio de líderes santos. Caps. 8-10
3) Acerquémonos a Dios por medio de una purificación evidente. Caps. 11-17
4) Mantengamos la comunión con Dios alejándonos del pecado. Caps. 18-22
5) Celebremos la comunión con Dios por medio de las fiestas. Caps. 23-25
6) La vida bendecida de un pueblo santo y en comunión con Dios. Caps. 26-27

Levítico

El holocausto

1 El SEÑOR le habló a Moisés desde el santuario, 2y le ordenó que le diera las siguientes instrucciones al pueblo de Israel: «Cuando presenten una ofrenda animal al SEÑOR, deberán traer un animal de ganado vacuno o lanar.

3»Si el animal que se ofrece en holocausto es de ganado vacuno, entonces deberá ser un macho sin defecto. Llevarán el animal hasta la entrada del santuario, donde los sacerdotes aceptarán su ofrenda para el SEÑOR. 4La persona que lo lleve deberá poner las manos sobre la cabeza del animal, con lo que éste se convertirá en su sustituto. La muerte del animal será aceptada por el SEÑOR, en lugar de quien lo ofrece como castigo por sus pecados. 5El hombre dará muerte al animal allí, delante del SEÑOR, y los hijos de Aarón, los sacerdotes, presentarán la sangre delante del SEÑOR y la rociarán alrededor del altar, a la entrada del santuario. 6,7Entonces los sacerdotes desollarán el animal, lo descuartizarán, prenderán leña sobre el altar, 8y pondrán las diferentes partes del animal, la cabeza y la grasa sobre la leña. 9Lavarán los órganos internos y las patas, y luego los sacerdotes lo quemarán todo sobre el altar. Será un holocausto, una ofrenda de olor grato al SEÑOR.

10»Si el animal ofrecido para el holocausto es un cordero o un cabrito, también debe ser un macho sin defectos. 11El hombre que lo presente lo matará delante del SEÑOR, en el lado norte del altar, y los hijos de Aarón, los sacerdotes, rociarán la sangre alrededor del altar. 12Entonces el ofrendante lo descuartizará, y el sacerdote colocará los pedazos, con la cabeza y la grasa encima de la leña, sobre el altar. 13Pero antes lavará los órganos internos y las patas con agua. Luego, el sacerdote quemará el sacrificio sobre el altar como un holocausto, como ofrenda encendida de olor grato al SEÑOR.

14»Si alguno desea ofrecer un holocausto de aves, puede elegir tórtolas o palominos. 15-17El sacerdote llevará el ave al altar, le cortará la cabeza y derramará la sangre sobre la pared del altar. Enseguida el sacerdote tomará el buche y las plumas y los arrojará al costado oriental del altar, sobre las cenizas. Luego, tomándola por las alas, partirá el ave en dos, pero sin separar completamente las dos partes. Por último, el sacerdote la quemará sobre el altar como un holocausto, una ofrenda de olor grato al SEÑOR.

La ofrenda de cereal

2 »Cuando alguna persona quiera presentar una ofrenda de cereales al SEÑOR, deberá llevar harina de la mejor calidad, sobre la cual derramará aceite puro de oliva e incienso. 2Entonces tomará un puñado, que simbolizará el total de la ofrenda, y lo entregará a uno de los sacerdotes para que queme el puñado de harina. Será una ofrenda quemada de grato olor al SEÑOR. 3El resto será entregado a Aarón y a sus hijos como alimento; pero la ofrenda entera será considerada como una ofrenda santa, agradable al SEÑOR.

4»Si se trae como ofrenda al SEÑOR una torta cocida en el horno, debe haber sido hecha de harina de la mejor calidad, cocida con aceite, pero sin levadura. También se puede ofrecer hojaldres sin levadura, hechas con harina de la mejor calidad y amasadas con aceite de oliva.

5»Si la ofrenda es algo preparado en sartén, deberá ser de harina de la mejor calidad, sin levadura y mezclada con aceite de oliva. 6Hay que partirla en pedazos y echarle aceite encima. Es una ofrenda de cereal. 7Si la ofrenda ha sido preparada en cazuela, será de harina de la mejor calidad, mezclada con aceite de oliva.

8»Cualquiera que sea la forma como se haya preparado la ofrenda (al horno, al sartén o a la cazuela), será presentada al sacerdote, el cual la llevará al altar, para ofrecérsela al SEÑOR.

9»El sacerdote quemará solo una parte representativa de la ofrenda, pero toda ella será aceptada por el SEÑOR. 10El resto de la ofrenda será para el uso personal de los sacerdotes, pero toda ella será considerada una ofrenda santa quemada delante del SEÑOR.

11»No usarán levadura en sus ofrendas de harina. No se permite levadura ni miel en las ofrendas hechas al SEÑOR. 12Pueden ofrecer pan con levadura y miel como ofrenda de acción de gracias en la época de la cosecha, pero no como ofrenda quemada.

13»Toda ofrenda deberá ser sazonada con sal, porque la sal es un recordatorio del pacto de Dios.

14»Si tu ofrenda es de los primeros frutos de los cereales, toma una espiga tierna, tuéstala, desmenuza el grano y preséntasela al SEÑOR. 15Sobre la ofrenda derrama aceite de olivas e incienso, porque es una ofrenda de cereales. 16Entonces los sacerdotes quemarán una parte del cereal desmenuzado mezclado con aceite y todo el incienso, como símbolo de la consagración de toda la ofrenda al SEÑOR.

El sacrificio de comunión

3 »Cualquiera que quiera presentar una ofrenda de acción de gracias delante del SEÑOR, podrá traer un becerro o una ternera, pero el animal debe ser sin defectos. 2El hombre que presenta la ofrenda pondrá la mano sobre la cabeza del animal y lo matará a la entrada del santuario. Entonces los hijos de Aarón rociarán la sangre

a los lados del altar, 3-5y quemarán, delante del SEÑOR, la grasa que cubre los intestinos, los dos riñones y la grasa que los recubre, la grasa que está sobre los lomos y un pedazo del hígado. Será una ofrenda quemada de grato olor al SEÑOR.

6»Si se presenta como ofrenda de acción de gracias un animal del ganado ovino, podrá ser macho o hembra, pero sin defectos. 7,8Si es un cordero, el hombre que lo ofrezca deberá poner la mano sobre la cabeza del animal y lo matará a la entrada del santuario. Los sacerdotes rociarán la sangre a los lados del altar 9-11y ofrecerán sobre el altar la grasa, la cola entera (cortada a raíz del espinazo), la grasa que cubre los intestinos, los dos riñones con la grasa de ellos, la grasa que cubre los lomos, y un pedazo del hígado. Lo harán arder todo en el altar. Será una comida, una ofrenda presentada por fuego al SEÑOR.

12»Si alguno trae una cabra como ofrenda al SEÑOR, 13deberá poner la mano sobre la cabeza del animal y matarlo a la entrada del santuario. Los sacerdotes rociarán la sangre sobre todos los lados del altar, 14y pondrán sobre el altar la grasa que cubre las entrañas, 15,16los dos riñones y la grasa de ellos, la grasa que recubre los lomos, y un pedazo del hígado, como una ofrenda quemada ante el SEÑOR. Es una comida, una ofrenda de olor grato presentada por fuego al SEÑOR.

17»Ésta es una ordenanza permanente en toda tu tierra: No coman grasa ni sangre».

El sacrificio expiatorio

4 Entonces el SEÑOR le dio estas otras instrucciones a Moisés: 2«Dile al pueblo de Israel que éstas son las leyes para cualquiera que sin querer quebrante alguno de mis mandamientos:

El sacrificio expiatorio por el pecado del sacerdote

3»Si un sacerdote peca, sin haber tenido la intención de hacerlo, y en consecuencia hace caer alguna culpa sobre el pueblo, debe ofrecer al SEÑOR un becerro sin defecto, como expiación por el pecado del pueblo. 4Llevará el becerro hasta la puerta del santuario, pondrá la mano sobre la cabeza del animal y lo matará delante del SEÑOR. 5Entonces entrará con la sangre del animal al santuario, 6mojará el dedo en la sangre y la rociará siete veces delante del SEÑOR, ante la cortina que cierra la entrada al Lugar Santísimo. 7Después pondrá sangre sobre los cuernos del altar del incienso, delante del SEÑOR, en el santuario; el resto de la sangre la derramará sobre la base del altar del holocausto, a la entrada del santuario. 8Enseguida tomará toda la grasa de los intestinos, 9los dos riñones con la grasa que los cubre, la grasa que cubre los lomos, y un pedazo del hígado, 10igual como se hace con el animal que se sacrifica para ofrenda de reconciliación. Luego el sacerdote quemará todo en al altar del holocausto. 11,12Pero el resto del becerro, la piel, la carne, la cabeza, las patas, los órganos internos y los intestinos, serán llevados a un lugar ceremonialmente limpio, fuera del campamento, al lugar donde se llevan las cenizas del altar, y lo quemarán sobre la leña encendida.

El sacrificio expiatorio por el pecado de la comunidad

13»Si toda la nación de Israel peca, sin darse cuenta de ello, y hace algo que el SEÑOR le haya prohibido, todo el pueblo será culpable. 14Cuando se den cuenta de su pecado, ofrecerán un becerro como expiación por el pecado, y lo traerán al santuario, 15donde los jefes del pueblo pondrán las manos sobre la cabeza del animal y lo matarán delante del SEÑOR. 16Entonces el sacerdote entrará con la sangre al santuario, 17mojará el dedo en la sangre y rociará siete veces delante del SEÑOR, frente a la cortina. 18Luego pondrá sangre sobre los cuernos del altar allí en el santuario, en la presencia del SEÑOR, y derramará todo el resto de la sangre en la base del altar del holocausto, a la entrada del santuario. 19Le quitará toda la grasa y la quemará sobre el altar. 20Seguirá el mismo procedimiento usado en la ofrenda por el pecado. De esta manera el sacerdote hará la expiación por la nación, y todos serán perdonados. 21Enseguida, el sacerdote sacará el becerro del campamento y lo quemará, de la misma manera que lo haría si se tratara de una ofrenda por el pecado de algún individuo, sólo que esta vez se trata de una ofrenda por el pecado de toda la nación.

El sacrificio expiatorio por el pecado de un gobernante

22»Si uno de los jefes de la nación peca sin darse cuenta, y desobedece la ley de Dios, 23en cuanto se dé cuenta de su pecado deberá presentar un sacrificio consistente en un macho cabrío que no tenga defectos. 24Pondrá la mano sobre la cabeza del animal y lo sacrificará en el lugar donde se matan los animales de los holocaustos, y lo presentará al SEÑOR. Es su ofrenda por el pecado. 25Enseguida el sacerdote tomará sangre, y con el dedo la untará sobre los cuernos del altar del holocausto, y derramará el resto de la sangre al pie del altar. 26Toda la grasa será quemada sobre el altar como se hace con el sacrificio de acción de gracias; de esta manera el sacerdote hará expiación por el jefe que haya pecado, y éste será perdonado.

El sacrificio expiatorio por el pecado de un miembro del pueblo

27»Si alguien del pueblo peca y no se da cuenta de ello, es culpable. 28En cuanto comprenda
que ha pecado deberá presentar en sacrificio
una cabra sin defectos, como expiación por su
pecado. 29La llevará al lugar donde se matan los
animales para el holocausto, colocará la mano
sobre la cabeza del animal y lo matará. 30El sacerdote mojará el dedo en sangre y la untará sobre
los cuernos del altar del holocausto. Enseguida
derramará el resto de la sangre al pie del altar.
31Se le quitará al animal toda la grasa, siguiendo
el mismo procedimiento de la ofrenda de acción
de gracias, y el sacerdote la quemará sobre el
altar, como una ofrenda de grato olor al SEÑOR.
De esta manera el sacerdote hará expiación por
aquel hombre, y éste recibirá el perdón.
32»Pero si prefiere presentar un cordero como
ofrenda por el pecado, deberá ser una hembra
sin defecto. 33La llevará al lugar donde se hacen
los holocaustos, pondrá la mano sobre la cabeza
del animal y lo sacrificará allí como una ofrenda
por su pecado. 34El sacerdote mojará el dedo en
la sangre y la untará sobre los cuernos del altar
del holocausto, y todo el resto de la sangre la
derramará al pie del altar. 35La grasa la usará
siguiendo el mismo procedimiento del sacrificio
del cordero en la ofrenda de acción de gracias:
el sacerdote quemará la grasa en el altar, como
en los demás sacrificios ofrecidos al SEÑOR en el
fuego; y hará expiación por el hombre, y éste
recibirá el perdón de sus pecados.

El sacrificio expiatorio por diversos pecados

5 »Cualquiera que se niegue a testificar acerca
de un delito del cual es testigo, ya sea porque vio o escuchó, es culpable de complicidad,
y deberá pagar por ello.
2»Cualquier persona que toque algo que es
ritualmente impuro, como el cuerpo muerto de
un animal prohibido como alimento, salvaje o
doméstico, o el cuerpo de un insecto prohibido,
es culpable, aun cuando no se haya dado cuenta
de que lo tocó. 3O si toca una impureza humana,
de cualquier tipo, quedará impuro en cuanto se
dé cuenta de ello.
4»Si alguien jura precipitadamente, sea el voto
bueno o malo, en cuanto comprenda su error,
será culpable.
5»En cualquiera de estos casos, confesará el
pecado cometido 6y presentará una ofrenda por
su culpa: una hembra de ganado menor, oveja
o cabra. El sacerdote hará la expiación por esa
persona, y ésta quedará perdonada.

El caso del pobre

7»Si el culpable es una persona muy pobre, de
modo que no tiene forma de ofrecer una oveja,
entonces ofrecerá dos tórtolas o dos pichones de
paloma: uno como ofrenda por el pecado y el
otro como holocausto. 8El sacerdote ofrecerá en
primer lugar el sacrificio por el pecado, para lo
cual le cortará el cuello al ave, pero sin separarle
la cabeza del cuerpo. 9Enseguida rociará una
parte de la sangre sobre el costado del altar y el
resto lo derramará al pie del altar; es la ofrenda por el pecado. 10La segunda ave será ofrecida
como holocausto siguiendo los procedimientos
ya mencionados. De esta manera el sacerdote
hará expiación por la persona que pecó, y ésta
será perdonada.
11»Si el culpable es aún más pobre, de modo
que ni siquiera puede ofrecer tórtolas o pichones
de paloma, ofrecerá como ofrenda por su pecado dos kilos de harina de la mejor calidad. No
debe mezclarla con aceite de olivas ni ponerle
incienso, porque es una ofrenda por el pecado.
12Se la llevará al sacerdote, el cual tomará un
puñado que representará la ofrenda completa, y
la quemará sobre el altar, como cualquier otro
sacrificio ofrecido al SEÑOR por fuego; esta será su
ofrenda por el perdón de sus pecados. 13De esta
manera el sacerdote hará expiación por el que
haya cometido cualquier pecado de esta clase, y
será perdonado. El resto de la harina pertenecerá
al sacerdote, como en el caso de una ofrenda de
cereales».

El sacrificio por la culpa

14Además, el SEÑOR le dijo a Moisés: 15«Si alguno
peca inadvertidamente, al no darle al SEÑOR todo
lo que le corresponde, ofrecerá por su pecado
un carnero sin defecto. El valor del animal se
calculará de acuerdo con la moneda oficial del
santuario. Es un sacrificio por la culpa. 16Además,
el culpable hará restitución por el diezmo que
retuvo, más un veinte por ciento como multa, lo
cual entregará al sacerdote. Entonces el sacerdote, por medio del carnero sacrificado, hará
expiación por el culpable, y éste será perdonado.
17,18»Cualquiera que desobedezca alguna ley de
Dios, aun sin darse cuenta, de todos modos es
culpable. Entonces deberá llevar al sacerdote un
carnero sin defecto, o su equivalente en dinero.
El precio será fijado de la misma manera que se
hace con el sacrificio por la culpa. El sacerdote,
entonces, presentará el sacrificio a favor del que
pecó sin darse cuenta, y éste será perdonado. 19Se
trata de una ofrenda por la culpa, porque ciertamente esa persona es culpable delante del SEÑOR».

6 El SEÑOR le dijo a Moisés: 2«Si alguien peca
contra mí negándose a devolver un depósito

Estableciendo reglas 5

Así como toda institución funciona en base a reglas, lo mismo sucede con el matrimonio. Algunas personas escuchan la palabra "reglas" y se incomodan, sin embargo, la realidad es que las reglas no se hicieron para limitarnos o incomodarnos, sino para cuidarnos.

Los que nos conocen saben que nuestro hogar funciona a base de reglas. En 1999, seis meses antes de casarnos, plasmamos en un papel (todavía lo tenemos) las reglas que practicaríamos en nuestro hogar. De antemano decidimos vivir de acuerdo a principios bíblicos, que son reglas, pero buscamos cómo aplicarlos a nuestra vida de familia. Quisimos hacer este ejercicio desde el principio de nuestra relación porque venimos de historias de vida muy distintas y esto hizo que tuviéramos muchas diferencias y, aunque teníamos otros tantos principios en común, necesitábamos unificar nuestros puntos de vista. Si queríamos levantar una generación diferente, teníamos que comenzar desde cero a edificar lo que serían las reglas que le darían forma a nuestra familia. En aquel papel escribimos las características buenas y las no tan buenas que cada uno de nosotros traía de su familia. No tienen idea de cuánto nos alegraba darnos cuenta de los principios hermosos que habíamos heredado, pero también fuimos confrontados con la realidad de que en nuestras generaciones anteriores se había experimentado el divorcio, la infidelidad y el alcoholismo. Sabíamos que era necesario reconciliar nuestras historias para iniciar una nueva.

Hoy, muchos años después, podemos decirles que esas reglas se han convertido en los pilares fuertes de los Calveti. Las reglas nos han ayudado a saber cómo reaccionar en momentos difíciles y a tener límites saludables. Por ejemplo, algunas reglas que establecimos fueron: nunca nos burlaremos el uno del otro en público; no mencionaremos la palabra divorcio cuando se presente un conflicto; procuraremos no gritarnos cuando estemos enojados, y la lista sigue.

Amigos, hoy los animamos a tomar una hoja de papel y plasmar allí las reglas que levantarán un cerco de protección, amor y ternura alrededor de su matrimonio. Identifiquen cuáles son los detonantes que les roban la paz en su hogar y una vez los reconozcan, escriban las reglas que tienen que seguir. La realidad es que ninguna regla en sí tiene poder, pero sumadas a un corazón rendido al Señor y a su cuidado hará que estos parámetros funcionen.

Profundicemos: 2 Timoteo 2:5; Levítico 26:3-4; Génesis 2:15-17.

Conversemos:

- ¿Hemos establecido intencionalmente reglas en nuestro hogar?
- ¿Qué principios aprendimos en nuestros hogares y nos gustaría replicar en nuestro matrimonio?
- ¿Qué errores vimos en nuestros hogares y de los cuales queremos cuidar a nuestro matrimonio?
- ¿Qué detalles podemos tener hoy el uno con el otro?

Oremos:

Señor, rendimos nuestras historias de vida a ti. Solo tú sabes qué parámetros nos ayudarán a crear un vallado de protección alrededor de nuestro hogar. Estamos dispuestos a escucharte, rendirnos y obedecerte. Ayúdanos en este proceso. En tu nombre, Jesús. Amén.

El matrimonio es divertido 6

¡En el matrimonio podemos y debemos divertirnos! ¿Por qué consideramos que este aspecto del matrimonio es tan importante?

En primer lugar, porque divertirse en pareja hace que recarguemos las baterías que se nos van gastando con todos los quehaceres de la semana. Identifiquen cuáles son esas actividades que les gustan hacer juntos y procuren sacar el tiempo para hacerlo. Tal vez comparten el mismo pasatiempo, sin embargo, en ocasiones no es así. Amigo y amiga, aprendan a amar el pasatiempo de su pareja. Yo, Shari, he aprendido a ver partidos de fútbol; y yo, Daniel, he aprendido a caminar por una tienda sin comprar nada.

Disfrutar juntos es necesario porque los ayuda a desconectarse de las responsabilidades cotidianas. ¿Sabían que a los hombres les resulta más fácil desconectarse de una actividad e iniciar otra, pero que no necesariamente es así en las mujeres? Las mujeres tienden a tener todas las áreas de su vida interconectadas y se les hace difícil desconectarse de sus responsabilidades. Por eso es necesario detenerse y buscar el espacio para divertirse.

Por otra parte, la diversión también nos ayuda a unirnos más como matrimonio. Definitivamente cada vez que nosotros, los Calveti, nos divertimos, nos unimos más como familia y nos hace crear lazos que conectan nuestros corazones. Amamos jugar juegos de mesa, disfrutamos cocinar juntos, tenemos citas románticas, hacemos deportes juntos, caminamos por el parque, entre otras muchas cosas que disfrutamos hacer. La realidad es que lo más importante es que vivamos constantemente buscando la manera de hacernos reír el uno al otro.

Amigos queridos, tenemos que dedicarle tiempo a la risa y a la diversión. Aunque hoy estén llenos de ocupaciones les desafiamos a que, como matrimonio, saquen un momento para disfrutarse el uno al otro. Disfruten su mutua compañía, hagan alguna aventura que los haga reír y creen nuevos recuerdos. Su matrimonio le saca una sonrisa a Dios. Que hoy el Señor los bendiga, los llene de gozo, les permita divertirse y por qué no… reír.

Profundicemos: Eclesiastés 9:7-9; Salmos 37:4; Eclesiastés 3:4.

Conversemos:

- ¿Con cuánta frecuencia procuramos sacar tiempo para disfrutar como pareja y como familia?
- ¿Cuándo fue la última vez que nos reímos y disfrutamos juntos? ¿Qué recuerdos tenemos de ese día?
- ¿Que nueva aventura quisiéramos conquistar juntos? ¡Pongámosle fecha!

Oremos:

Padre, gracias porque sabemos que en tu corazón existe el deseo de vernos reír y disfrutar. Permite que entendamos cuán importante y necesario es esto para crear lazos fuertes entre nosotros. ¡Qué tu gozo sea nuestra fuerza! En el nombre poderoso de Jesús. Amén.

él. 8El sacerdote que ofrece un holocausto se quedará con la piel del animal. 9Lo que quede de las ofrendas de harina, después de la ceremonia, será para el sacerdote que haya oficiado, cualquiera que sea la forma de la ofrenda: al horno, al sartén o cocida en cazuela. 10Todas las demás ofrendas de harina, mezcladas con aceite de oliva o secas, son propiedad de todos los hijos de Aarón.

Diversos sacrificios de comunión

11»Éstas son mis órdenes acerca de los sacrificios presentados como ofrendas de paz al Señor: 12Si es una ofrenda de acción de gracias, se deberá presentar, junto con el sacrificio, panes sin levadura amasados con aceite, hojaldres sin levadura untadas con aceite de oliva, y panes amasados con aceite de oliva. 13Esta ofrenda de acción de gracias estará acompañada de panes con levadura. 14Parte de este sacrificio será presentado al Señor como contribución, y será para el sacerdote que oficia, el que rocía la sangre del animal presentado para el sacrificio. 15Después de que el animal haya sido sacrificado al Señor, como ofrenda de paz de olor grato y de acción de gracias al Señor, deberá comerse la carne el mismo día. No deberá dejarse nada para el día siguiente.

16»Sin embargo, si alguno trae un sacrificio que no es de acción de gracias sino como cumplimiento de un voto o una ofrenda voluntaria al Señor, cualquier porción de la víctima que no se coma el mismo día en que se sacrifique, podrá comerse al día siguiente. 17,18Si queda algo para el tercer día, será quemado, porque lo que se coma el tercer día no tendrá valor de sacrificio. No se le tomará en cuenta al que lo ofreció. El sacerdote que coma será culpable, porque esa carne será considerada impura delante del Señor. El que la coma tendrá que pagar por su pecado.

19»Toda carne que tenga contacto con algo ritualmente impuro será quemada, pues no se podrá comer. En cuanto a la carne no contaminada, sólo podrá comerla una persona que esté ritualmente limpia.

20»Si un sacerdote está ritualmente impuro y come una porción de la ofrenda de acción de gracias, será separado de su pueblo, porque ha profanado lo que es santo.

21»Cualquiera que toque algo que esté ritualmente impuro, sea de hombre o de bestia, y luego coma del sacrificio de paz, será separado de su pueblo por haber contaminado lo que es sagrado».

Prohibiciones acerca de la grasa y de la sangre

22Entonces el Señor le dijo a Moisés 23que le dijera a los israelitas: «No coman grasa jamás, sea de bueyes, ovejas o cabras. 24La grasa de un animal que muere enfermo, o que es atacado y muerto por animales salvajes, se puede usar para otros propósitos pero no se comerá. 25Cualquiera que coma grasa de una ofrenda quemada al Señor será expulsado de su pueblo. 26,27Sin importar dónde ustedes vivan, no podrán comer sangre ni grasa de aves ni de ningún animal. Cualquiera que lo haga será expulsado de su pueblo».

La porción de los sacerdotes

28Y el Señor le dijo a Moisés 29que les dijera a los israelitas: «Cualquiera que traiga una ofrenda de acción de gracias al Señor, deberá traerla personalmente. 30Traerá como ofrenda la grasa y el pecho, lo cual será mecido delante del altar. 31Luego el sacerdote quemará la grasa sobre el altar. El pecho pertenecerá a Aarón y a sus hijos. 32,33El muslo derecho se dará como contribución para el sacerdote que oficia, 34porque he destinado el pecho y el muslo como donación del pueblo de Israel para los hijos de Aarón. A Aarón y a sus hijos debe dárseles siempre esta porción del sacrificio».

35De las ofrendas que se queman en honor al Señor, esta es la porción que les corresponde a Aarón y a sus hijos. Así ha sido desde el día que Moisés consagró como sacerdotes del Señor a Aarón y a sus hijos. 36El día que Dios los ungió, ordenó que el pueblo de Israel les diera estas porciones. Es lo que les corresponde para siempre, a través de todas las generaciones.

37Estas fueron las órdenes acerca de los holocaustos, las ofrendas de harina, las ofrendas por el pecado, la ofrenda por la culpa, las ofrendas de consagración y de paz. 38Estas órdenes se las dio el Señor a Moisés en el monte Sinaí, para que se las diera a conocer al pueblo de Israel, a fin de que ellos supieran cómo debían ofrecerse los sacrificios a Dios en el desierto de Sinaí.

La ordenación de Aarón y sus hijos

8 El Señor le dijo a Moisés: 2«Lleva ahora a la entrada del santuario a Aarón y a sus hijos, sus vestiduras, el aceite de la unción, el becerro para el sacrificio por el pecado, los dos carneros y la cesta de panes sin levadura, 3y convoca al pueblo de Israel para que se reúna allí».

4Entonces Moisés hizo todo lo que el Señor le ordenó. Cuando los israelitas se reunieron a la entrada del santuario, 5Moisés les dijo: «Lo que ahora voy a hacer ha sido ordenado por el Señor». 6Enseguida tomó a Aarón y a sus hijos, los purificó con agua 7y le puso a Aarón la túnica,

El amor nunca deja de ser

7

¿Alguna vez han escuchado la frase "se me acabó el amor"? Hace un tiempo recibimos una llamada de un amigo que nos decía que se le había acabado el amor y que había decidido separarse de su esposa. Esto fue sumamente difícil y frustrante para nosotros. No podíamos entender por qué repetía una y otra vez que se le había acabado el amor, como si el amor le perteneciera. La Palabra nos enseña que el amor de Dios es inagotable, entonces ¿cómo puede acabarse algo que es inagotable? Amigos, ¡el amor es Dios! Por favor, entendamos que el matrimonio no se sostiene a base de emociones. Nuestra relación matrimonial tiene que basarse en una verdad inquebrantable: nuestra fuente de amor es Dios. No nos movemos a base de emociones, ¡sino en el poder de esa verdad!

Ahora bien, es fácil hablar del amor cuando todo anda bien, pero qué difícil es cuando las cosas andan mal. Tendemos a basar la condición de nuestro matrimonio de acuerdo a cómo esté la condición de nuestro corazón. Nosotros, hemos cimentado nuestro matrimonio sobre 1 Corintios 13:8, que en la versión RVR60 dice que el amor nunca dejará de ser. Hoy queremos animarlos a que hagan de esta verdad un baluarte en su corazón. A nosotros nadie nos convencerá de lo contrario, ¡nuestro amor nunca acabará porque viene de la fuente inagotable! No dependemos de lo que sentimos, nos hemos anclado en una verdad absoluta, y por eso el amor que sentimos el uno por el otro jamás terminará. Dirijan su corazón a la fuente y no a lo que sienten. Usen el filtro del amor del Padre para que vean a su cónyuge a través de ese amor, para que sus faltas, los cambios a través de los años y las diferencias puedan ser filtradas en el amor. Tal vez el amor se ha enfriado un poco, pero no se terminó.

Con el pasar de los años hemos visto a muchísimos matrimonios recibir restauración, como el caso del amigo que mencionamos al principio. El enemigo vino a matar, hurtar y destruir y lo menos que le interesa es que su matrimonio prospere, pero Jesús vino a traer vida en abundancia, a traer esperanza a su hogar. Dios les enviará toda la ayuda que necesitan si procuran quedarse cerca de la fuente de amor eterno. Busquen Su corazón y verán cómo se sincronizan con lo que Él ama y valora. Él es la eterna fuente de amor que refrescará su matrimonio en el área que más lo necesiten.

Profundicemos: Salmos 119:64; 1 Corintios 13:8-9; 1 Juan 4:16-17.

Conversemos:

- ¿Alguna vez hemos sentido que "se nos acaba el amor"?
- ¿Sobre qué verdad hemos sostenido nuestro matrimonio?
- ¿Hemos tenido que luchar con la frialdad en nuestra relación?

Oremos:

Señor, ayúdanos a refrescarnos en ti. Que entendamos que de ti viene el perfecto amor y que tú estás al lado de nosotros. Pon en nuestro corazón el deseo de acudir a ti, la fuente de amor inagotable. En el nombre poderoso de Jesús. Amén.

Busquemos ayuda 8

Es sumamente importante que traigamos siempre el consejo de Dios a nuestro hogar. Nosotros hemos visto disolverse varios matrimonios que amamos y conocíamos muy bien, y lo que más nos duele es saber que en medio de su crisis no buscaron ayuda. No saben cuánto nos dolió recibir la llamada de una amiga el mismo día que firmó sus papeles de divorcio. Una y otra vez le preguntamos por qué no había hablado antes de tomar esa decisión y su respuesta fue que la vergüenza que sentía no le permitió hacerlo. Permítannos decirles que es muchísimo mejor perder la vergüenza que perder su hogar.

Hoy el cincuenta por ciento de los matrimonios cristianos se está divorciando. Necesitamos entender que los problemas matrimoniales suceden dentro y fuera de la iglesia. Sin embargo, la vergüenza que enfrentan los matrimonios cristianos frente a sus líderes les impide buscar ayuda.

Queremos animarlos a que, si están atravesando una crisis, por favor no se queden callados. Sin importar lo que pueda estar pasando, busquen ayuda. Hablen con alguien, busquen un pastor, un consejero o terapeuta que pueda socorrerlos en este tiempo. Si están luchando con alguna tentación, ¡busquen ayuda pero en el lugar correcto! Cuidado a dónde corren y qué voces están hablando a su corazón.

Hace un tiempo el Señor nos llevó a una historia en el libro de 1 Samuel. En esta historia vemos al rey David huyendo de Saúl, pues este quería matarlo. La Biblia nos dice que David decidió correr hacia Samuel, un hombre de Dios, que se detuvo a escuchar todo lo que David sentía y lo cubrió con palabras de afirmación y consuelo. Hoy les preguntamos: ¿cuáles son los "Samueles" de su vida? Corran hacia aquellas personas que pueden bendecir su casa y su matrimonio. Corran hacia aquellos que pueden recordarles lo que Dios ha dicho sobre su casa, rodéense de personas que digan palabras de vida sobre su familia y busquen el consejo de Dios.

Oramos para que el Señor les muestre en dónde refugiarse. La voz sabia de un consejero puede hacer la diferencia. Abran el corazón, dejen a un lado la vergüenza y reciban a la multitud de consejos que bendecirán su hogar, en el nombre de Jesús.

Profundicemos: Marcos 9:24; Proverbios 11:14.

Conversemos:

- ¿Acostumbramos buscar consejo cuando enfrentamos un problema que nos supera?
- ¿Alguna vez la vergüenza ha hecho que no busquemos ayuda?
- ¿Quiénes rodean nuestro matrimonio?

Oremos:

Señor, Jesús, necesitamos con urgencia que nos ayudes a encontrar un "Samuel" que nos ayude a vencer en medio de la crisis que enfrentamos. Muéstranos a quién acudir y permite que tu valentía nos impulse a buscar la ayuda que necesitamos. Gracias por tu voz. En el nombre poderoso de Jesús. Amén.

por algo que rentó o si se niega a devolver algo
que se le confió, o si le quita a la fuerza algo
a su prójimo, 3o si se encuentra algo que se le
perdió a su prójimo, y se queda con lo encontrado
negando, bajo juramento, tenerlo, 4,5es culpable
de pecado. Tendrá que devolver todo lo que haya
robado, más un veinte por ciento como multa.
Además, el mismo día llevará una ofrenda por
su pecado al santuario. 6La ofrenda por su culpa
será un carnero sin defecto, deberá ser del valor
que tú determines. Lo llevará al sacerdote y 7el
sacerdote hará la expiación a su favor delante
del SEÑOR, y será perdonado».

El holocausto

8Además, el SEÑOR le dijo a Moisés: 9«Dale a
Aarón y a sus hijos estas reglas acerca de los
holocaustos: El holocausto se dejará toda la
noche sobre el fuego del altar. 10Al día siguiente,
el sacerdote, vestido de lino y con ropa interior
de lino, sacará las cenizas del holocausto y las
pondrá junto al altar. 11En seguida se cambiará
la ropa, sacará las cenizas del campamento, y las
llevará a un lugar ritualmente limpio. 12Mientras
tanto, el fuego del altar continuará encendido.
No debe dejarse apagar. El sacerdote deberá
ponerle leña cada mañana, y pondrá sobre él
el holocausto diario y la grasa del sacrificio de
paz que se ofrece todos los días. 13El fuego debe
mantenerse encendido continuamente sobre el
altar. No debe dejarse apagar.

La ofrenda de cereal

14»Estas son las reglas acerca de las ofrendas
de cereales: Los hijos de Aarón se pondrán de pie
ante el altar, delante del SEÑOR para presentar
la ofrenda de cereales. 15Los sacerdotes entonces
sacarán un puñado de harina fina mezclada con
aceite de oliva e incienso, y la quemarán sobre
el altar como porción representativa delante
del SEÑOR, como una ofrenda recordatoria de
olor grato al SEÑOR. 16Lo que quede de la harina, después de que el sacerdote haya sacado el
puñado, será para la alimentación de Aarón y
sus hijos. La comerán sin levadura en el atrio
del santuario. 17Reafírmales esta instrucción: La
ofrenda será cocida sin levadura. He asignado a
los sacerdotes esta parte de los holocaustos que
se me ofrecen. Sin embargo, toda la ofrenda es
santísima, al igual que el sacrificio por el pecado
y el sacrificio por la culpa. 18Podrá comerla cualquier varón descendiente de Aarón, generación
tras generación. Pero sólo ellos podrán comer de
estas ofrendas presentadas en el fuego al SEÑOR.
Cualquier cosa que toque los sacrificios quedará
consangrada».

La ofrenda de los sacerdotes

19,20El SEÑOR le dijo a Moisés: «El día que Aarón
y sus hijos sean ungidos, presentarán al SEÑOR
una ofrenda de dos kilos de harina: ofrecerán la
mitad en la mañana, y la otra mitad en la tarde.
21Será preparada con aceite de oliva en una sartén, y se freirá bien, y luego será llevada delante
del SEÑOR como ofrenda muy agradable para él.
22,23Cuando los hijos de los sacerdotes tengan que
tomar el lugar de sus padres, serán incorporados
al oficio por medio de la presentación de este
mismo sacrificio en el día de su unción. Esta
es una ley perpetua. Estas ofrendas serán completamente quemadas delante del SEÑOR. Nadie
comerá parte alguna de ellas».

El sacrificio expiatorio

24Luego el SEÑOR le dijo a Moisés: 25«Diles a
Aarón y a sus hijos que éstos son mis mandamientos acerca de la ofrenda por el pecado: Este
es un sacrificio santísimo. Será inmolado en el
lugar en que se da muerte a los animales de los
holocaustos. 26El sacerdote que oficia lo comerá
en el atrio del santuario. 27Solamente los que
están santificados, los sacerdotes, podrán tocar
esta carne. Si una gota de sangre salpica su vestido, deberá lavarlo en un lugar santo. 28Luego
quebrará la vasija de barro en que haya lavado
su vestido. Si usó una vasija de bronce, deberá limpiarla cuidadosamente. 29Cualquier hijo
de los sacerdotes puede comer de esta ofrenda
pero sólo ellos, porque es santísima. 30Pero lo
sacerdotes no podrán comer de la ofrenda po
el pecado, si la sangre ha sido llevada al interic
del santuario, para suplicar el perdón de Dios. L
víctima será completamente quemada con fueg
delante del SEÑOR.

El sacrificio por la culpa

7 »Éstas son mis órdenes sobre la ofrenda sant
sima por la culpa: 2La víctima será sacrificad
en el lugar donde se inmola el holocausto, y l
sangre será rociada varias veces a lo largo d
altar. 3El sacerdote ofrecerá sobre el altar toda
grasa, la cola, la grasa que cubre los intestino
4los dos riñones y la grasa que los recubre,
grasa que recubre los lomos, y un pedazo d
hígado. 5El sacerdote lo quemará todo sobre
altar como ofrenda al SEÑOR por la culpa. 6To
varón de entre los sacerdotes podrá comer
víctima, y deberá hacerlo en un lugar limpi
porque es un sacrificio santísimo.

Derechos de los sacerdotes

7»La misma orden se aplica a la ofrenda p
el pecado y a la ofrenda por la culpa: El ar
mal sacrificado pertenece al sacerdote que es
a cargo de presentar el sacrificio, y comerá

el cinto, el manto y el efod con su cinto. 8Luego
le puso el pectoral, y depositó el urim y tumim[a]
dentro del pectoral. 9Luego colocó la mitra en la
cabeza de Aarón, y sobre la mitra puso la lámina
de oro, la diadema santa, tal como Dios se lo
había ordenado.

10Luego, Moisés tomó el aceite de la unción y
lo roció sobre el santuario y sobre cada uno de
sus elementos para santificarlos. 11Cuando llegó
al altar, lo roció siete veces y roció también los
utensilios del altar, el lavamanos y su base, y
los santificó. 12Después derramó el aceite de la
unción sobre la cabeza de Aarón consagrándolo
así para el servicio.

13Enseguida Moisés vistió a los hijos de Aarón
con las túnicas, los cinturones y las mitras, de
acuerdo con lo ordenado por el Señor. 14Después
tomó el becerro para la ofrenda por el pecado.
Aarón y sus hijos pusieron las manos sobre la
cabeza del animal 15,16mientras Moisés lo dego-
llaba. Con el dedo tomó sangre y la untó sobre
los cuernos del altar y sobre el altar mismo para
santificarlo, y derramó el resto de la sangre al
pie del altar. De esta manera santificó el altar,
haciendo el rito del perdón por los pecados. Tomó
toda la grasa que cubría los intestinos, la grasa
que cubría el hígado, los dos riñones y la grasa
que los cubría, y los quemó sobre el altar. 17El
becerro, la piel y el excremento fueron quemados
fuera del campamento, de acuerdo con lo que el
Señor le había ordenado a Moisés.

18Después de esto presentó al Señor el carnero
para el holocausto. Aarón y sus hijos pusieron
las manos sobre la cabeza del animal 19y Moisés
lo mató y roció la sangre alrededor del altar.
20Enseguida descuartizó el carnero, quemó las
partes, la cabeza y la grasa. 21A continuación
lavó los intestinos y las extremidades en agua
y los quemó sobre el altar, de modo que todo el
carnero se consumió delante del Señor. Fue una
ofrenda quemada de muy grato olor al Señor, por
cuanto Moisés había seguido en forma estricta
las órdenes que él le había dado.

22A continuación Moisés ofreció el otro carnero, el carnero de la consagración. Aarón y sus
hijos pusieron sus manos sobre la cabeza del
animal, 23y luego Moisés lo mató, tomó sangre
y puso un poco en la oreja derecha, en el pulgar
derecho de la mano y del pie derecho de Aarón.
24Luego puso sangre en el lóbulo de la oreja
derecha y en el pulgar de la mano derecha y el
dedo gordo del pie derecho de los hijos de Aarón.
El resto de la sangre lo roció a todo lo largo y
ancho del altar.

25Luego tomó la grasa, la cola, la grasa que
cubre los intestinos y el hígado, los dos riñones
con su grasa y el muslo derecho, 26y tomó del
canastillo un pan sin levadura, una torta amasada con aceite y una hojaldre, y puso todo esto
sobre la grasa y el muslo derecho. 27Todo fue
puesto en las manos de Aarón y de sus hijos para
que lo ofrecieran al Señor, meciéndolo delante del altar. 28Moisés entonces lo recibió de las
manos de ellos y lo quemó sobre el altar, junto
con el holocausto ofrecido al Señor, que se sintió
complacido con esta ofrenda. Fue un sacrificio
por la ordenación, una ofrenda de grato olor al
Señor. 29A continuación, Moisés tomó el pecho, lo
meció y se lo presentó al Señor, delante del altar.
Ésta era la porción del carnero de la consagración
que correspondía a Moisés, de acuerdo con las
instrucciones que el Señor le había dado.

30Acto seguido, tomó el aceite de la unción y
un poco de sangre de la que había rociado sobre
el altar, y los roció sobre Aarón y sus vestiduras,
y sobre los hijos de Aarón y sus vestiduras, con-
sagrando así para el servicio del Señor a Aarón,
sus hijos y las vestiduras sacerdotales.

31Entonces Moisés les dijo a Aarón y a sus hijos:
«Cuezan la carne a la entrada del santuario y
cómansela con el pan que está en la cesta de
la consagración, tal como lo he mandado. 32Lo
que quede de la carne y el pan, será quemado».
33Después les dijo que no salieran de la entrada
del santuario durante siete días, porque necesitaban siete días para completar la consagración.
34Y Moisés les dijo nuevamente que todo lo que
había hecho ese día había sido ordenado por el
Señor, para que sus pecados les fueran perdonados. 35Luego reiteró a Aarón y a sus hijos que
debían permanecer a la entrada del santuario
día y noche durante siete días. Les repitió: «Si
dejan su lugar, morirán, pues es lo que el Señor
ha dicho». 36De esta manera cumplieron Aarón y
sus hijos todo lo que el Señor le había ordenado
a Moisés.

Los sacerdotes inician su ministerio

9 Al octavo día de las ceremonias de la consagración, Moisés convocó a Aarón, a sus hijos
y a los jefes de Israel, 2y le dijo a Aarón que tomara un becerro para ofrenda por su pecado y un
carnero sin defectos para el holocausto, y que
los ofreciera al Señor. 3Además, Moisés le dijo
a Aarón: «Diles a los israelitas que traigan un
macho cabrío para ofrenda por el pecado, un
becerro y un cordero de un año cada uno, todos
sin defectos, para ofrecerlos como holocausto.
4Además el pueblo deberá presentarle al Señor,
como ofrenda de paz, un toro y un carnero, y una
ofrenda de harina de la mejor calidad mezclada
con aceite de oliva. Porque hoy se les aparecerá
el Señor».

a. Apparentemente una forma de suerte sagrada para conocer la voluntad de Dios mediante respuestas simples de «sí» o «no».

[5]Entonces ellos llevaron todas estas cosas a la entrada del santuario, como Moisés lo había ordenado, y el pueblo vino y estuvo de pie delante del SEÑOR. [6]Moisés les dijo: «Si ustedes cumplen con todo lo que el SEÑOR les ha pedido, entonces él les mostrará su gloria».

[7]Moisés, entonces, le dijo a Aarón que caminara hacia el altar y presentara la ofrenda por el pecado y el holocausto, para que pidiera por el perdón de sus propios pecados, y después pidiera perdón por los pecados del pueblo, de acuerdo con lo ordenado por el SEÑOR.

[8]Aarón se acercó al altar y mató el becerro como sacrificio por sus propios pecados. [9]Sus hijos le llevaron la sangre, y él mojó el dedo en ella y la untó sobre los cuernos del altar, y derramó el resto al pie del altar. [10]A continuación quemó sobre el altar la grasa, los riñones y el hígado de la ofrenda por sus pecados, de acuerdo con las órdenes dadas por el SEÑOR a Moisés, [11]y quemó la carne y la piel fuera del campamento.

[12]Le correspondió enseguida dar muerte al animal para el holocausto. Sus hijos le llevaron la sangre, y él la roció a lo largo y ancho del altar; [13]le llevaron el animal descuartizado, incluida la cabeza, y lo quemó sobre el altar. [14]Enseguida, lavó los intestinos y las patas, y los ofreció sobre el altar como ofrenda quemada.

[15]Acto seguido, presentó la ofrenda del pueblo. Mató el macho cabrío y lo ofreció de la misma manera que lo había hecho con la ofrenda por sus pecados. [16]De esta manera ofreció el holocausto al SEÑOR, de acuerdo con las instrucciones recibidas. [17]A continuación presentó la ofrenda de harina de la mejor calidad. Tomó un puñado y lo quemó sobre el altar, junto al sacrificio de la mañana.

[18]Después degolló el becerro y el carnero que eran los sacrificios de paz que ofrecía el pueblo. Los hijos de Aarón le llevaron la sangre, y él la roció a lo largo y ancho del altar. [19]Luego tomó la grasa del becerro y del carnero, la grasa de las colas, y la que cubría a los intestinos y la que cubría los riñones y el hígado. [20]Colocó todo esto sobre el pecho de estos animales, y Aarón los quemó sobre el altar. [21]Y meció los pechos y el muslo derecho, como un acto de consagración al SEÑOR, tal como Moisés lo había ordenado.

[22]Entonces, con las manos extendidas hacia la gente, Aarón los bendijo, y descendió del altar. [23]Moisés y Aarón entraron al santuario. Cuando salieron, bendijeron nuevamente al pueblo, y la gloria del SEÑOR se apareció delante de toda la congregación. [24]Entonces descendió fuego de la presencia del SEÑOR, que consumió la ofrenda y la grasa que había sobre el altar. Cuando el pueblo vio esto, dio gritos de júbilo y adoró al SEÑOR.

Muerte de Nadab y Abiú

10 Nadab y Abiú, hijos de Aarón, pusieron fuego sin consagrar en sus incensarios, y ofrecieron incienso delante SEÑOR. De modo que actuaron en contra de lo que el SEÑOR les acababa de ordenar. [2]Entonces salió fuego de la presencia del SEÑOR que los quemó y mató.

[3]Moisés le dijo a Aarón: «Esto es lo que el SEÑOR quiso decir cuando declaró: "Me santificaré entre los que se acercan a mí y seré glorificado delante de todo el pueblo"».

Aarón, permaneció en silencio.

[4]Moisés llamó a Misael y a Elzafán, primos de Aarón, hijos de Uziel, y les dijo: «¡Vayan y saquen a sus hermanos que quedaron delante del santuario y llévenlos fuera del campamento!» [5]Se acercaron, pues, los agarraron por sus túnicas y los sacaron fuera del campamento, como Moisés les había ordenado.

Ley sobre el duelo sacerdotal

[6]Entonces Moisés les dijo a Aarón y a sus hijos Eleazar e Itamar: «No lloren ni anden despeinados, ni se rasguen sus vestidos, en señal de duelo. Si lo hacen, el SEÑOR se enojará contra ustedes y les dará muerte también, y hará caer su ira sobre todo el pueblo de Israel. El resto del pueblo sí puede lamentar la muerte de Nadab y Abiú y puede hacer duelo por el terrible fuego que el SEÑOR ha enviado. [7]Pero ustedes no deben salir del santuario, pues si lo hacen serán castigados con la muerte, porque el SEÑOR los ha ungido». Ellos hicieron, pues, lo que Moisés ordenó.

Ley sobre el culto y el licor

[8,9]El SEÑOR le habló a Aarón y le dijo: «No bebas vino ni otras bebidas alcohólicas cuando tengas que entrar al santuario, o morirás. Esta norma se aplicará a tus hijos y a todos tus descendientes, de generación en generación. [10]Así que deben aprender a distinguir entre lo que es sagrado y lo que no lo es, entre lo puro y lo impuro, [11]de modo que también podrán enseñarles a los israelitas las leyes que yo, el SEÑOR, les he dado por medio de Moisés».

La porción de los sacerdotes

[12]Entonces Moisés le dijo a Aarón y a los hijos que le quedaban, es decir, Eleazar e Itamar: «Tomen lo que ha quedado de la ofrenda de harina de la mejor calidad, y cómanla sin levadura, junto al altar. Es una ofrenda santísima. [13]Por lo tanto, la comerán en un lugar santo. Esa parte de las ofrendas presentadas por fuego al SEÑOR te pertenece a ti y a tus hijos. Así se me ha mandado.

[14]»También podrán comer, en un lugar puro, el pecho que fue mecido y presentado al SEÑOR, y

el muslo que fue entregado como contribución. Es la porción que te pertenece a ti y a tus hijos e hijas, para que se alimenten. Es la porción que les pertenece de los sacrificios de paz presentados por el pueblo de Israel.

15»El pueblo debe traer el muslo que fue apartado y el pecho que se ofreció cuando se quemó la grasa, y ambos serán presentados y mecidos delante del SEÑOR. Después de eso serán para ti y para tu familia, porque el SEÑOR lo ha ordenado así».

Un caso especial

16Moisés buscó diligentemente el macho cabrío de la ofrenda por el pecado, y cuando descubrió que lo habían quemado, se disgustó mucho con Eleazar e Itamar, los dos hijos de Aarón.

17—¿Por qué no se comieron la ofrenda por el pecado en el santuario? —les dijo—. Es una ofrenda santísima, y Dios se la ha dado a ustedes para que quiten el pecado de la congregación, para hacer expiación por ellos delante del SEÑOR. 18Puesto que su sangre no fue llevada al interior del santuario, debían haberla comido aquí, como les ordené.

19Pero Aarón intercedió delante de Moisés.

—Ellos han presentado hoy la ofrenda por el pecado y el holocausto delante del SEÑOR. ¡Y precisamente hoy me ha sucedido la desgracia de perder a mis hijos! Si yo hubiera comido la ofrenda por el pecado en un día como éste, ¿habría agradado al SEÑOR?

20Cuando Moisés oyó la respuesta de Aarón, quedó satisfecho.

Leyes sobre animales puros e impuros

11 Entonces el SEÑOR les dijo a Moisés y a Aarón: 2,3«Díganle al pueblo de Israel que los animales que pueden comer son los que tienen pezuña hendida y que rumian. 4-7Así que no se pueden comer los siguientes animales:

El camello, porque aunque rumia no tiene la pezuña partida; el conejo, porque aunque rumia no tiene la pezuña partida; la liebre, porque aunque rumia no tiene la pezuña partida; el cerdo, porque aunque tiene la pezuña partida, no es rumiante.

8No comerán la carne de ellos ni tocarán sus cuerpos muertos. Tales animales están prohibidos para ustedes.

9»En cuanto a los animales que viven en el mar o en los ríos, comerán los que tienen aletas y escamas. 10Los demás animales que hay en el agua no los comerán. 11Les prohíbo estrictamente que los coman, o que toquen sus cuerpos muertos. 12Repito: les prohíbo que coman cualquier animal acuático que no tenga aletas ni escamas.

13-19»Entre las aves, éstas son las que no pueden comer:

El águila, el quebrantahuesos, el azor, el gallinazo, el milano de todas las especies, el cuervo de todas las especies, el avestruz, la lechuza, la gaviota, el gavilán de todas las especies, el búho, el somormujo, el ibis, el calamón, el pelícano, el buitre, la cigüeña, la garza de todas las especies, la abubilla y el murciélago.

20»Les prohíbo que coman los insectos voladores de cuatro patas, 21,22excepto los que saltan. Podrán comer langostas de todas las especies, saltamontes de todas las especies y grillos. 23Los demás insectos alados que tienen cuatro patas están prohibidos.

Leyes sobre la impureza por tocar un animal impuro

24»Cualquiera que toque sus cuerpos muertos quedará impuro hasta la noche, 25y deberá lavarse la ropa de inmediato. Además, se aislará hasta la noche por estar ritualmente impuro.

26»También quedarán impuros cuando toquen cualquier animal que no tenga la pezuña partida ni sea rumiante.

27»Les prohíbo que coman animales que caminan sobre garras. La persona que toque un animal muerto de este tipo quedará impura hasta la noche. 28La persona que saque el animal muerto deberá lavarse la ropa y permanecerá impura hasta la noche. Es algo que está prohibido.

29,30»Estos son los animales impuros que se arrastran por el suelo:

El topo, el ratón, el lagarto, la lagartija, el erizo, el cocodrilo, la rana y el camaleón.

31»La persona que toque alguno de estos animales muertos quedará impura hasta la noche.

Otras leyes sobre el contacto con animales impuros

32»Cualquier objeto, sin importar de qué material esté hecho, sobre el que caiga el animal muerto, quedará impuro, y deberán dejarlo en agua hasta el anochecer.

33»Si el animal muerto cae en una vasija de alfarería, todo lo que esté dentro de ella quedará impuro, y tendrán que romper la vasija. 34Si el agua usada para purificar el artículo impuro toca algún alimento, éste quedará impuro. También quedará impura la bebida que toque.

35»Si uno de estos animales muertos toca un horno de barro, éste quedará impuro y habrá que derribarlo. 36Si el animal cae sobre una cisterna donde hay agua, el agua no se contaminará, pero la persona que saque el animal quedará impura.

37»Si el animal muerto toca la semilla que se iba a sembrar en el campo, esa semilla no se contamina, 38a menos que la semilla estuviera húmeda cuando el animal cayó sobre ella. En este caso la semilla sí se contamina.

39 »Si algún animal de los que se pueden comer muere de enfermedad, y alguien lo toca, esa persona quedará impura hasta el anochecer. 40 Además, cualquier persona que coma esa carne o saque el animal tendrá que lavarse la ropa y quedará impura hasta el anochecer.

Resumen sobre los reptiles y la santidad

41,42 »No comerán animales que se arrastran sobre la tierra. Esto incluye a reptiles que se deslizan sobre el vientre y los que tienen patas. Ningún animal que se arrastra y tiene muchas patas se podrá comer, porque es impuro. 43 No se contaminen tocándolos.

44 »Yo soy el Señor su Dios. Consérvense puros en estas cosas y sean santos, porque yo soy santo. Por lo tanto, no se contaminen tocando estos animales que se arrastran sobre la tierra. 45 Yo soy el Señor, el que los sacó de Egipto para ser su Dios. Por lo tanto, deben ser santos como yo soy santo.

Conclusión

46 »Estas son las leyes acerca de animales, aves, animales acuáticos y reptiles. 47 Éstas son las distinciones entre los animales que son ritualmente puros y se pueden comer, y los que son ritualmente impuros y no se pueden comer».

Purificación después del alumbramiento

12 El Señor le dijo a Moisés que le diera las siguientes instrucciones al pueblo de Israel: 2 «Cuando nazca un niño, la madre quedará ritualmente impura por siete días, y quedará sujeta a las mismas restricciones a que se somete durante su menstruación. 3 Al octavo día circuncidará a su hijo. 4 Luego, durante los treinta y tres días siguientes, mientras se recupera de su impureza ritual, no debe tocar ninguna cosa sagrada, ni debe entrar en el santuario.

5 »Cuando nazca una niña, la impureza ceremonial de la madre durará dos semanas, lapso en que quedará sujeta a las mismas restricciones del período menstrual. Su recuperación durará sesenta y seis días.

6 »Cuando hayan pasado los días de su purificación, y esto se aplica tanto si su bebé es niño o niña, deberá presentar un cordero de un año como holocausto, y un pichón de paloma o una tórtola como ofrenda por su pecado. Debe llevarlos a la puerta del santuario y entregarlos al sacerdote. 7 El sacerdote, entonces, los ofrecerá delante del Señor, y pedirá perdón por los pecados de ella. Después de esto, la mujer será declarada ritualmente pura de su flujo de sangre. Éste es el procedimiento que debe seguir después del parto.

8 »Pero si ella es muy pobre y no puede ofrecer un cordero, deberá llevar dos pichones de paloma o dos tórtolas. Uno será para el holocausto y el otro para la ofrenda por su pecado. El sacerdote, entonces, pedirá perdón por los pecados de ella, y la mujer quedará purificada».

Leyes sobre enfermedades cutáneas

13 El Señor les dijo a Moisés y a Aarón: 2 «Si alguien nota que en la piel le ha salido una hinchazón, un sarpullido o mancha blanca, sospechará que tiene lepra. Deberá ser conducido ante el sacerdote Aarón, o ante alguno de sus hijos, 3 para que examine el lugar afectado. Si el vello de aquel lugar se le pone blanco y la llaga parece estar más hundida que la piel, se trata de lepra, y el sacerdote lo declarará oficialmente leproso.

4 »Pero, si la parte blanca de la piel no parece más hundida que el resto, y el vello de aquel lugar no se ha puesto blanco, el sacerdote aislará al enfermo durante siete días. 5 Al cabo de los siete días, el sacerdote lo volverá a examinar. Si no ha habido variación en la mancha, ni se ha extendido por la piel, lo aislará otros siete días. 6 Al séptimo día nuevamente lo examinará, y si la mancha de la piel ha disminuido y no se han extendido, el sacerdote lo declarará sano. Era una erupción. Entonces la persona afectada sólo lavará su ropa y volverá a su vida normal.

7 »Pero si la mancha se ha extendido por la piel, después de que la persona fue declarada sana, entonces tendrá que volver a presentarse ante el sacerdote. 8 Si al examinar a la persona, el sacerdote descubre que la mancha se ha extendido sobre la piel, entonces la declarará impura. Se trata de un caso de lepra.

Leyes sobre enfermedades infecciosas

9,10 »Cuando una persona presente una llaga en la piel, tendrá que ser llevada ante el sacerdote. Si al examinar a la persona, el sacerdote nota que la llaga y el vello se han puesto blancos, y se ve la carne viva, 11 entonces se trata de un caso de lepra. El sacerdote debe declarar impura a esa persona, pero no tendrá que aislarla para tenerla en observación, porque se ha comprobado definitivamente que se trata de lepra.

12 »Pero si el sacerdote ve que la mancha ha brotado y se ha esparcido por todo su cuerpo, de pies a cabeza, 13 declarará a esa persona sin lepra, porque la mancha se ha vuelto completamente blanca, y no es lepra. 14,15 Pero si aparece carne viva

en algún lugar, la persona será declarada leprosa.
Lo comprueba la carne viva. 16,17Pero si la carne
viva se vuelve blanca, la persona enferma acudirá
al sacerdote para ser examinada nuevamente. Si
el lugar en realidad se ha vuelto completamente
blanco, el sacerdote la declarará sin lepra.

Leyes sobre los abscesos

18»En el caso de que una persona haya tenido
un absceso en la piel, 19y que éste al sanar haya
dejado una hinchazón o una mancha blanca o
rojiza, deberá acudir al sacerdote para ser examinada. 20Si el sacerdote ve que la parte afectada
está un poco más hundida que el resto de la piel
y que el vello del lugar se ha vuelto blanco, la
declarará impura, porque ha brotado lepra. 21Pero
si el sacerdote no encuentra vellos blancos en el
punto afectado, y éste no parece estar más hundido que el resto de la piel, y si el color es gris, aislará a la persona durante siete días. 22Si durante
ese lapso la mancha se extiende, el sacerdote la
declarará leprosa. 23Pero si no parece mayor, y no
se ha extendido, se trata solamente de la cicatriz
del absceso, y el sacerdote la declarará limpia.

Leyes sobre las quemaduras

24»Si alguien se quema en cualquier forma, y
la parte quemada se pone de un color blanco rojizo, 25el sacerdote deberá examinar la parte afectada. Si el vello de aquel lugar se pone blanco, y la
parte quemada se ve más hundida que el resto de
la piel, es lepra que ha brotado en la quemadura,
y el sacerdote deberá declararlo leproso. 26Pero si
el sacerdote ve que no hay vellos blancos y que
la mancha no está más hundida que el resto de
la piel, y que está disminuyendo, lo aislará por
siete días. 27Al cabo de los siete días lo volverá a
examinar. Si la mancha se ha extendido por la
piel, el sacerdote lo declarará leproso. 28Pero si
el lugar afectado no se ha extendido, y se ve que
ha disminuido, se trata sólo de la cicatriz de la
quemadura, y el sacerdote lo declarará limpio.

Leyes sobre enfermedades del cuero cabelludo y de la barba

29,30»Si una persona, hombre o mujer, tiene
una llaga en la cabeza o en el mentón, acudirá
al sacerdote para que examine la llaga. Si la llaga parece estar más hundida que el resto de la
piel y se encuentra vello amarillento en ella, el
sacerdote declarará leprosa a esa persona. 31Pero
si el examen del sacerdote revela que la llaga es
superficial y que está cubierta con vello negro,
aislará al enfermo durante siete días 32para examinarlo al final de ese plazo. Si la llaga no se ha
extendido ni se ha puesto amarillo el vello, y si
no parece estar más hundida que el resto de la
piel, 33le afeitará todo el vello que la rodea, sin
tocar los de la parte infectada, y lo aislará por
otros siete días. 34Será examinado nuevamente
el séptimo día, y si la llaga no se ha extendido y
no pareciera estar más hundida que el resto de
la piel, el sacerdote lo declarará sano. El enfermo
lavará su ropa, y quedará libre.

35»Pero, si más adelante, comienza a extenderse la llaga, 36el sacerdote deberá examinarlo
nuevamente y, sin esperar a que aparezcan vellos
amarillos, lo declarará leproso. 37Pero si se ve
claramente que la herida ha dejado de extenderse
y que los vellos del lugar son negros, es porque
dicha persona está sana, así que el sacerdote la
declarará sin lepra.

Afecciones cutáneas benignas

38»Si una persona, hombre o mujer, presenta
manchas blancuzcas en la piel, 39pero éstas se
están oscureciendo, no es lepra. Se trata sólo de
una infección común de la piel. Por eso, dicha
persona es pura.

Leyes sobre la calvicie

40»Si un hombre pierde el cabello, aunque
quede calvo, no es leproso. 41El que pierde el cabello de la frente es calvo, pero no es leproso. 42Pero
si en la calva le sale una mancha de color rojizo,
puede tratarse de un caso de lepra. 43El sacerdote
lo examinará, y si ve que la mancha es de color
rojizo, como de lepra, 44se trata efectivamente de
lepra, y el sacerdote así lo declarará.

Leyes sobre las infecciones

45»La persona en la que se encuentre una
infección deberá rasgar su ropa, andar despei-
nada, cubrirse el rostro hasta el labio superior y
anunciar mientras camina: "¡Soy impuro! ¡Soy
impuro!" 46Mientras dure la enfermedad será
considerado impuro, y tendrá que vivir fuera
del campamento.

Leyes sobre el moho

47,48»Cuando aparezca una mancha en un vestido de lana o de lino, o en un objeto de piel o en
un utensilio de cuero, 49y sea de color verdusco o
rojizo, será llevado al sacerdote para que examine
la mancha. 50El sacerdote aislará el objeto por
siete días 51y examinará la mancha nuevamente
el séptimo día. Si se ha extendido, se trata de
un hongo maligno. 52Entonces el artículo, sin
importar del material que sea, deberá ser quemado, porque es un hongo maligno que debe
ser destruido por fuego.

53»Pero, si al examinarlo nuevamente al séptimo día, el sacerdote observa que la mancha no se
ha extendido, 54 ordenará que se lave el artículo
y que se aísle por otros siete días. 55Si después de
ese plazo la mancha no ha cambiado de color,

aun cuando no se haya extendido, se quemará la prenda, pues es impura.

56»Pero si el sacerdote ve que la mancha ha disminuido después de lavar la prenda, solo cortará la parte en la cual está la mancha. 57Si la mancha vuelve a aparecer en la prenda, ésta será quemada. 58Si después de lavarla no reaparece la mancha, se podrá usar nuevamente, lavándola por segunda vez, y la prenda será declarada pura».

59Éstas son las normas acerca de las manchas que se descubren en la ropa o en otras cosas hechas de piel o de cuero, para determinar si esas prendas deben considerarse puras o impuras.

Purificación de las enfermedades cutáneas

14 El Señor le dio a Moisés las siguientes instrucciones 2acerca de la persona que se cura de alguna infección cutánea, de modo que es declarada pura: «La persona que estuvo infectada será llevada ante el sacerdote, 3para ser examinada. El sacerdote saldrá al campo para examinarla. Si ve que la infección ha desaparecido, 4pedirá que le traigan dos avecillas vivas y puras, madera de cedro, una cinta roja y una rama de hisopo. 5Luego, el sacerdote ordenará que una de las aves sea degollada sobre una vasija de barro llena de agua pura. 6Después tomará la otra avecilla, es decir, la que está viva, la mojará en la sangre junto con la madera de cedro, la cinta roja y el hisopo. 7A continuación, el sacerdote rociará siete veces la sangre sobre la persona que fue curada, la declarará limpia, y dejará libre el ave para que vuele hacia el campo.

8»Enseguida la persona curada lavará su ropa, se rapará el pelo, se bañará y volverá a vivir en el campamento. Sin embargo, deberá permanecer fuera de su carpa durante siete días. 9Al séptimo día volverá a afeitarse la cabeza, la barba y las cejas, lavará su ropa y se bañará, y después esa persona será declarada completamente curada, y será declarada definitivamente limpia.

10»Al día siguiente, es decir, al octavo día, tomará dos corderos sin defectos y una cordera de un año sin defectos, seis kilos de harina de la mejor calidad mezclada con aceite de oliva, y un tercio de litro de aceite de oliva. 11Entonces el sacerdote que realiza la purificación presentará a la persona y su ofrenda delante del Señor, a la entrada del santuario. 12El sacerdote tomará uno de los corderos y el tercio del litro de aceite de oliva y lo ofrecerá al Señor como ofrenda por la culpa, meciéndolos delante del altar. 13Enseguida, matará el cordero en el lugar en que se degüellan los animales que se ofrecen por el pecado y los animales de los holocaustos. Esta ofrenda por la culpa será entregada al sacerdote para su alimento, tal como se hace con una ofrenda por el pecado. Es una ofrenda santísima. 14El sacerdote tomará sangre del animal sacrificado por la culpa y la untará en el lóbulo de la oreja derecha, sobre el pulgar de la mano derecha y en el dedo gordo del pie derecho de la persona que se está purificando. 15A continuación, el sacerdote tomará aceite de oliva y lo derramará en la palma de su mano izquierda, 16se mojará el índice derecho y rociará siete veces delante del Señor. 17Del aceite que le quede en la mano, el sacerdote untará un poco en el lóbulo de la oreja derecha, en el pulgar de la mano derecha y en el dedo gordo del pie derecho de la persona que se está purificando, de la misma manera que lo hizo con la sangre de la ofrenda por la culpa. 18El resto del aceite lo usará para ungir a la persona en la cabeza. De esta manera el sacerdote pedirá al Señor el perdón para aquella persona. 19El sacerdote deberá presentar la ofrenda por el pecado y realizar el rito de la expiación por la persona que se está purificando de la infección; acto seguido degollará el cordero para el holocausto, 20y lo presentará con la ofrenda de harina sobre el altar, y hará expiación por esa persona, y la declarará completamente purificada.

21»En caso de que quien se purifica fuera tan pobre que no pudiera comprar dos corderos, presentará solamente uno, el cordero para la ofrenda por la culpa, el cual será ofrecido al Señor, meciéndolo delante del altar, y además presentará sólo dos kilos de harina de la mejor calidad amasada con aceite de oliva, y un cuarto de litro de aceite de oliva. 22Además, llevará, según sus posibilidades, dos tórtolas o dos pichones de paloma, y usará una de ellas como ofrenda por su pecado y la otra como holocausto. 23Llevará los animales al sacerdote a la entrada del santuario, al octavo día, para realizar su ceremonia de purificación delante del Señor. 24El sacerdote tomará el cordero para la ofrenda por la culpa, y el cuarto del litro de aceite y los mecerá delante del altar y los ofrecerá al Señor. 25Enseguida degollará el cordero y pondrá sangre en el lóbulo de la oreja derecha, en el pulgar de la mano derecha y en el dedo gordo del pie derecho de quien se está purificando. 26Luego, el sacerdote derramará aceite de oliva en la palma de su mano izquierda, 27y con el índice de la mano derecha rociará siete veces delante del Señor. 28A continuación, de su mano tomará aceite de oliva y lo untará en el lóbulo de la oreja derecha, en el pulgar de la mano derecha y en el dedo gordo del pie derecho de quien se está purificando, de la misma manera que lo hizo con la sangre de la ofrenda por la culpa. 29El resto del aceite que tiene en la mano lo pondrá sobre la cabeza de la persona que se está purificando, para hacer expiación por ella delante del Señor.

30Después de esto, deberá ofrecer las dos tórtolas
o los dos pichones de paloma, según lo que la
persona haya podido conseguir. 31Una de las aves
será para la ofrenda por el pecado y la otra para
el holocausto, junto con la ofrenda de harina; y
el sacerdote hará expiación por aquella persona
delante del Señor.

32»Éstas, pues, son las leyes acerca de las personas pobres que se purifican de alguna infección
cutánea, y que no pueden presentar los sacrificios
normalmente requeridos para su purificación».

Purificación de casas infectadas

33,34Entonces el Señor les dijo a Moisés y Aarón:
«Cuando lleguen a la tierra de Canaán, que yo les
he dado, si ven que aparecen hongos o moho en
las paredes de una casa, 35el propietario acudirá
al sacerdote para informarle, diciéndole: "En mi
casa han aparecido unas manchas". 36El sacerdote ordenará que se desocupe la casa antes de
examinarla, para que no se declaren impuras
las cosas, en caso de que llegue a la conclusión
de que la casa está contaminada. 37Si encuentra
manchas verdosas o rojizas en las paredes de
la casa, y que al parecer no son superficiales,
38cerrará la casa por siete días. 39 Regresará el
día séptimo para examinarla nuevamente. Si
las manchas se han esparcido por las paredes,
40el sacerdote ordenará que se quiten las piedras
que están manchadas. El material sacado será
arrojado en un lugar impuro, fuera de la ciudad.
41Luego ordenará que raspen las paredes de la
casa en forma completa y que arrojen el polvo
que salga en un lugar impuro, fuera de la ciudad. 42En el lugar donde estaban las manchas,
colocarán piedras nuevas, usando nueva mezcla
para pegarlas, y toda la casa será resanada con
material nuevo.

43»Pero si la mancha aparece nuevamente,
44el sacerdote irá a examinarla, y si ve que se ha
extendido, declarará que la casa es impura por
tener un hongo maligno. 45Acto seguido ordenará
la destrucción de la casa, y todos los materiales:
piedras, madera y todo el polvo, serán llevados
fuera de la ciudad, a un lugar impuro.

46»Cualquier persona que entre en la casa
mientras está cerrada, quedará impura hasta el
anochecer. 47Cualquiera que se acueste o coma
en la casa deberá lavar su ropa.

48»Pero si al volver el sacerdote a examinar la
casa, observa que las manchas no han reapare-
cido después de haber sido resanada de nuevo,
declarará que la casa está limpia y que el hongo
ha desaparecido.

49»Además, celebrará la ceremonia de la purificación usando dos aves, madera de cedro, cinta
roja y ramas de hisopo. 50Degollará una de las
avecillas sobre una vasija de barro llena de agua
pura, 51,52y mojará la madera de cedro, el hisopo,
la cinta roja y la otra avecilla en la sangre del
ave que fue sacrificada, y rociará la casa siete
veces. De esta manera se realizará la ceremonia
de purificación de la casa. 53Enseguida soltará el
ave viva para que vuele hacia el campo, fuera de
la ciudad. De esta manera se hará la expiación y
la purificación de la casa.

54,55»Estas, pues, son las leyes acerca de la
infección de la piel, de los hongos o manchas
en la ropa o en la casa, 56como también de las
inflamaciones, erupciones o manchas de la piel.
57De esta manera se puede saber cuándo algo es
puro o impuro. Por esta razón se dan estas leyes».

Impurezas sexuales en el hombre

15 El Señor habló a Moisés y a Aarón para
darles más instrucciones para el pueblo.
2Les dijo: «El hombre que tenga una infección
en el pene, es ritualmente impuro, 3ya sea que
la infección de su pene supure o no.

4»La cama en que duerma o cualquier lugar en
que se siente quedará contaminado, 5y cualquiera
que toque su cama quedará ritualmente impuro
hasta el anochecer, y tendrá que lavar su ropa
y bañarse. 6La persona que se siente donde el
hombre con flujo se haya sentado quedará ceremonialmente impura hasta la tarde, tendrá que
lavar su ropa y bañarse. 7Lo mismo se aplica para
quien toque al afectado. 8Si este hombre escupe
sobre alguna persona, ésta queda impura hasta
la noche y tendrá que lavar su ropa y bañarse.
9Toda silla en que cabalgue el que padece de flujo
queda impura, 10y cualquiera que toque o lleve
alguna cosa que haya estado debajo del afectado
quedará impuro hasta la tarde, y tendrá que lavar
su ropa y bañarse. 11Si el impuro toca la mano
de alguien, sin haberse lavado las manos antes,
la persona que toque tendrá que lavar su ropa y
bañarse, y quedará impura hasta la noche. 12Si el
hombre toca alguna vasija de barro ésta deberá
romperse, y si toca utensilios de madera, deberán
lavarse con agua.

13»Cuando haya cesado la supuración, el hombre iniciará una ceremonia de purificación que
durará siete días. Primero lavará su ropa y se
bañará con agua de manantial. 14Al octavo día
tomará dos tórtolas o dos pichones de paloma y
se presentará delante del Señor, a la entrada del
santuario, y se los entregará al sacerdote. 15El
sacerdote los ofrecerá allí, uno como ofrenda por
el pecado y el otro en holocausto. De esta manera
el sacerdote hará expiación delante del Señor por
el hombre que haya padecido de flujo.

16»Cuando el hombre tenga una emisión de
semen se bañará completamente y quedará
impuro hasta la noche. 17La ropa de vestir o de
cama que haya sido manchada por el semen

deberá lavarse y quedará impura hasta la noche.
18Después de la relación conyugal, la mujer y el
hombre deberán bañarse y quedarán ritualmente
impuros hasta la noche siguiente.

Impurezas sexuales en la mujer

19»Cuando una mujer tenga su flujo menstrual quedará ritualmente impura los siete días
siguientes al término de su menstruación. Todo
el que la toque durante ese tiempo quedará
impuro hasta la noche. 20El lugar en que la
mujer se acueste o se siente durante el tiempo
de su impureza, quedará impuro. 21-23Cualquiera
que toque su cama o su asiento deberá lavarse
la ropa, y bañarse, y quedará impuro hasta la
noche. 24El hombre que tenga relaciones con ella
durante este tiempo, quedará ritualmente impuro
durante siete días, y la cama en que se acueste
quedará impura.

25»Si el flujo menstrual se prolonga más allá
de lo normal u ocurre en alguna fecha imprevista
del mes, se aplicará la misma regla anterior, 26de
modo que la cama en que ella se acueste quedará
impura, como habría ocurrido durante su período menstrual ordinario, y el asiento que ocupe
quedará también impuro. 27Si alguien toca su
cama o su asiento quedará impuro y tendrá que
lavar su ropa y bañarse, y su impureza durará
hasta la noche.

28»Después de que cese su flujo, contará siete
días para poder considerarse pura. 29Al octavo
día tomará dos tórtolas o dos pichones de paloma y los llevará al sacerdote, a la entrada del
santuario. 30Entonces el sacerdote presentará un
ave como ofrenda por el pecado y la otra como
holocausto. Así hará expiación por ella delante
del SEÑOR a causa de su impureza menstrual.

31»De esta manera purificarán al pueblo de
Israel, para que no mueran al contaminar mi
santuario que está en medio de ellos.

32»Ésta es, pues, la ley para el hombre que está
ritualmente impuro por una enfermedad genital
o por una emisión seminal, 33y para la mujer que
está impura por su período menstrual, y para
cualquiera que tenga relaciones con una mujer
mientras dura su período de impureza».

Leyes para la expiación de pecados

16 Después de la muerte de los dos hijos de
Aarón, que murieron por haber actuado
en forma incorrecta al acercarse al SEÑOR, 2le dijo
el SEÑOR a Moisés: «Adviértele a tu hermano Aarón
que no puede entrar en cualquier momento al
Lugar Santísimo, que está detrás de la cortina,
donde se encuentra el cofre del pacto cubierto
con el propiciatorio. El castigo por hacerlo es la
muerte. Porque yo mismo estoy presente en la
nube que está sobre el propiciatorio.

3»Sólo cumpliendo estas condiciones podrá
entrar: Deberá ofrecer un novillo como ofrenda
por su pecado, y un carnero para el holocausto.
4Se bañará y se pondrá las vestiduras sagradas, la
túnica de lino, los calzones de lino, el cinturón
de lino y el turbante de lino.

5»Entonces el pueblo de Israel le llevará dos
machos cabríos para la ofrenda por el pecado y
un carnero para el holocausto. 6En primer lugar,
ofrecerá al SEÑOR el novillo como sacrificio expiatorio por su propio pecado y el pecado de su
familia. 7A continuación llevará los dos machos
cabríos ante la presencia del SEÑOR, a la entrada
del santuario 8y echará suertes para determinar
cuál será el del SEÑOR y cuál será dejado libre. 9El
macho cabrío asignado al SEÑOR será sacrificado
por Aarón, como ofrenda por el pecado. 10El otro
será conservado vivo y será colocado delante del
SEÑOR. Sobre él se realizará la ceremonia de la
expiación, y enseguida será enviado al desierto,
para Azazel.

11»Después de que Aarón haya sacrificado el
novillo como ofrenda expiatoria por sí mismo
y por su familia, 12tomará un incensario lleno
de brasas del altar, y dos puñados de incienso
aromático, finamente molido, y entrará al recinto
que está detrás de la cortina. 13Allí, delante del
SEÑOR, pondrá incienso sobre las brasas, para que
la nube de incienso cubra el propiciatorio que
está sobre el cofre del pacto. De esta manera no
morirá. 14Llevará sangre del novillo y rociará siete
veces con su dedo la parte oriental del propiciatorio, y siete veces delante del propiciatorio.

15»Luego saldrá y sacrificará el macho cabrío
elegido para la expiación de los pecados; entrará
con la sangre al interior de la cortina y rociará
con ella encima y delante del propiciatorio, de
la misma manera que lo hizo con la sangre del
novillo. 16Así purificará el santuario de los pecados de los hijos de Israel. Y lo mismo hará por
el santuario que está en medio de ellos, rodeado
de sus impurezas. 17Ninguna otra persona entrará al santuario cuando Aarón entre allí a hacer
la purificación. Nadie podrá entrar al santuario
mientras Aarón esté haciendo expiación por sí
mismo, por su familia, y por todo el pueblo de
Israel.

18»Luego Aarón saldrá y hará expiación sobre
el altar. Pondrá sangre del novillo y del macho
cabrío sobre los cuernos del altar, 19y rociará
sangre sobre el altar, siete veces con su dedo, y
de esta manera lo purificará de los pecados de
Israel, y lo santificará.

20»Cuando haya terminado de purificar el santuario, la Tienda de reunión y el altar, tomará
el macho cabrío vivo, 21pondrá las manos sobre
la cabeza del animal y confesará sobre él los
pecados del pueblo de Israel. Depositará todos los

pecados sobre la cabeza del animal y lo enviará
al desierto por medio de un hombre designado
para eso. 22El hombre lo soltará en el desierto,
y de este modo el macho cabrío llevará todos
los pecados del pueblo a una tierra deshabitada.
23»Aarón entrará en el santuario nuevamente;
se quitará las vestiduras de lino con que entró
al Lugar Santísimo, y las dejará en el santuario.
24Se bañará en un lugar santo, se pondrá sus
vestiduras y saldrá para ofrecer el holocausto por
sí mismo y el holocausto por el pueblo, haciendo,
así, expiación por él y por el pueblo. 25También
quemará sobre el altar la grasa de la ofrenda
por el pecado.
26»En cuanto al hombre que lleve el macho
cabrío al desierto, lavará su ropa, se bañará y
luego regresará al campamento.
27»El novillo y el macho cabrío que son ofrecidos en sacrificio, cuya sangre será llevada por
Aarón al Lugar Santo para hacer expiación, serán
llevados fuera del campamento, donde se quemarán junto con la piel y los órganos internos.
28Después la persona encargada de quemarlos
lavará su ropa y se bañará antes de regresar al
campamento.
29,30»Ésta es una ley permanente: No trabajarán
el décimo día del séptimo mes. Pasarán el día
examinándose y humillándose. Esto se aplica a
los nacidos en la tierra de Israel y a los extranjeros que vivan entre el pueblo. Es el día en que
se celebrará la expiación para que sean limpios
de todos sus pecados delante del Señor. 31Será un
día solemne de completo descanso y ayuno. Ésta
es una ley perpetua.
32»En las generaciones venideras, esta ceremonia será oficiada por el sacerdote que haya
sido elegido y consagrado en lugar de su padre.
Se pondrá las vestiduras sagradas de lino, 33y
hará expiación por el Lugar Santísimo, por el
santuario, es decir, la Tienda de reunión, por el
altar, por los sacerdotes y por el pueblo.
34»Ésta será una ley permanente para ustedes,
para que hagan expiación por los pecados del
pueblo de Israel una vez al año».
Y todo se hizo conforme a las instrucciones
que el Señor le había dado a Moisés.

Prohibición de comer sangre

17 El Señor también le dio a Moisés estas instrucciones 2para Aarón, para los sacerdotes y para todo el pueblo de Israel: 3,4«Cualquier
israelita que degüelle un buey, un cordero o un
chivo en otro lugar que no sea el santuario será
culpable de derramamiento de sangre, y será
expulsado de su nación. 5El propósito de esta
ley es que la gente deje de matar animales fuera
del santuario, para presentárselos al Señor como
una ofrenda. De ahora en adelante, no podrán
ellos sacrificar los animales en el campo, sino
que se los llevarán al sacerdote, a la entrada del
santuario, para que sea él quien los ofrezca al
Señor como una ofrenda de reconciliación. 6Por-
que de esta manera el sacerdote podrá rociar la
sangre sobre el altar del Señor, a la entrada del
santuario, y podrá quemar la grasa como ofrenda
de olor grato al Señor. 7Así se impedirá que el
pueblo ofrezca sacrificios a los espíritus malos en
el campo. Esta es una norma permanente para
ustedes, y deberá observarse en todas las generaciones venideras. 8,9Repito: Cualquiera, israelita o
extranjero que viva entre ustedes, que ofrezca un
sacrificio o un holocausto en un lugar distinto
de la entrada del santuario, que es el único lugar
donde debe ser ofrecido al Señor, será expulsado
del pueblo.
10»Castigaré a cualquiera, israelita o extranjero, que coma sangre en cualquier forma; el que
lo haga será expulsado de mi pueblo. 11Porque
la vida de todo ser vivo está en la sangre, y la
he dado para que sea rociada sobre el altar, en
expiación por sus almas. Es la sangre la que hace
la expiación, porque en ella está la vida. 12Esta
es la razón por la que he ordenado al pueblo de
Israel que ni ellos, ni los extranjeros que viven
entre ellos, coman sangre.
13»Cualquier persona, israelita o extranjero que
viva entre ustedes, que vaya a cazar y mate un
animal o ave de los que se pueden comer, debe
derramar la sangre de lo que cazó y cubrirla con
tierra, 14porque la sangre es la vida. Por esto le he
dicho al pueblo de Israel que no la coma, porque
la vida de todo animal está en la sangre. Por lo
tanto, cualquiera que coma sangre deberá ser
expulsado del pueblo.
15»Y cualquier persona, nativa o extranjera,
que coma carne de un animal que muere naturalmente o atacado por animales salvajes, deberá
lavar su ropa y bañarse, y permanecerá impura
hasta el anochecer, después de lo cual será declarada limpia. 16Pero si no lava su ropa ni se baña,
sufrirá las consecuencias de su pecado».

Relaciones sexuales ilícitas

18 El Señor ordenó a Moisés 2que les dijera
a los israelitas: «Yo soy el Señor su Dios.
3Por lo tanto, no se comporten como los paganos,
como el pueblo de Egipto donde vivieron tanto
tiempo, ni como los cananeos a cuya tierra los
conduzco. 4,5Solamente obedecerán mis leyes y
las cumplirán al pie de la letra, porque yo soy
el Señor su Dios. Si las obedecen tendrán vida.
Yo soy el Señor.

Relaciones no permitidas

6»Ninguno de ustedes podrá casarse con una
pariente cercana, porque lo digo yo, el Señor.

7Una muchacha no puede casarse con su padre, ni un hijo con su madre 8ni con las viudas de su padre, 9ni con su hermana o medio hermana, por parte de padre o de madre, hayan nacido en la misma casa o fuera de ella.

10»No podrán casarse con su nieta, sea hija de alguno de sus hijos o de sus hijas, porque es pariente cercana. 11No podrán casarse con su medio hermana, hija de la esposa de su padre; 12ni con su tía, por parte de su padre, porque está directamente relacionada con su padre. 13Tampoco podrán hacerlo con su tía, la hermana de su madre, porque es pariente cercana de su madre, 14ni con su tía política.

15»No se casarán con su nuera, 16ni con su cuñada, porque es la esposa de su hermano. 17No podrán casarse con una mujer y, al mismo tiempo, con su hija o nieta, porque son parientes cercanas, y eso es algo detestable. 18Un hombre no se podrá casar con la hermana de su esposa ni tener relaciones sexuales con ella, mientras su esposa viva, pues hará que las dos se traten como enemigas.

Otras relaciones ilícitas

19»No tendrán relaciones con una mujer durante su menstruación, 20ni con la esposa de otro, porque quedarán impuros.

21»No ofrecerán sus hijos a Moloc, quemándolos sobre su altar. Si lo hacen, profanarán el nombre de su Dios, porque yo soy el Señor.

22»Ningún varón tendrá relaciones sexuales con otro varón, porque es un acto repugnante.

23»El hombre no debe tener relaciones sexuales con animales. Si lo hace se considerará impuro.

»Una mujer no debe tener relaciones sexuales con un animal, pues es una horrible perversión.

24»No se contaminen con ninguna de estas cosas, porque estas son cosas que los paganos hacen, y debido a que las hacen los voy a expulsar de la tierra a la que ustedes entrarán. 25Toda esa tierra está contaminada con este tipo de cosas. Por eso voy a castigar a los pueblos que allí viven, y los expulsaré. 26Deben obedecer completamente todas mis leyes y ordenanzas, y no deben hacer ninguna de las depravaciones que ellos practican. Estas leyes tienen vigor para los que han nacido en Israel y para los extranjeros que vivan entre ustedes.

27»Todas estas depravaciones han sido practicadas habitualmente por los habitantes de la tierra a donde los llevaré, por eso la tierra está contaminada. 28No deben hacer estas cosas, o los expulsaré de la tierra, del mismo modo que arrojaré a las naciones que allí viven ahora.

29,30»Cualquiera que practique alguna de estas inmundicias será expulsado del pueblo. Obedezcan, pues, mis leyes y no practiquen las costumbres detestables de la gente de esos pueblos. No se contaminen con las prácticas inmundas de los que viven en la tierra a la que entrarán ustedes. Yo soy el Señor su Dios».

Llamado a la santidad

19 Además, el Señor le encargó a Moisés 2que le dijera al pueblo de Israel: «Sean santos, porque yo, el Señor su Dios, soy santo.

»Respeten a su padre y a su madre, y obedezcan mis leyes sobre el descanso, porque yo soy el Señor su Dios.

3,4»No hagan ídolos ni los adoren, porque yo soy el Señor su Dios.

5»Cuando presenten una ofrenda de reconciliación al Señor, ofrézcanla en forma correcta para que sea aceptada. 6Cómansela el mismo día en que la ofrezcan o, a más tardar, al día siguiente. Lo que quede para el tercer día debe ser quemado. 7Cualquier porción que sea comida al tercer día no será tenida en cuenta como sacrificio, y no la aceptaré. 8El que la coma al tercer día, será culpable, por cuanto ha profanado la santidad del Señor, y será expulsado de su pueblo.

Relaciones sociales

9»Cuando cosechen sus campos, no arranquen las espigas que están a la orilla del campo, ni recojan las espigas que hayan caído al suelo. 10Lo mismo harán con sus viñedos. No recogerán las uvas que queden en la mata después de la cosecha, ni las que hayan caído al suelo. Déjenlas para los pobres y para los extranjeros, porque yo soy el Señor su Dios,

11»No robarán, ni mentirán ni engañarán. 12No deben jurar en falso, difamando el nombre de Dios, porque yo soy el Señor.

13»No robarán ni oprimirán a nadie. Pagarán con prontitud el salario a sus obreros. Si les deben algo a ellos, no esperen a la mañana siguiente para pagarles.

14»No maldecirán al sordo ni pondrán tropiezo en el camino al hombre ciego. Teman a Dios; yo soy el Señor.

15»Los jueces siempre deben dictar sentencia con justicia, sin tener en cuenta si la persona es pobre o rica; deben ser siempre justos.

16»No acusen falsamente de algún delito a su prójimo, porque yo soy el Señor.

17»No guarden rencor contra su hermano.

»Corrijan a su prójimo, cuando tengan que hacerlo, y no participen de su pecado.

18»No busquen la venganza. No conserven rencor en el corazón, sino amen a su prójimo como a ustedes mismos, porque yo soy el Señor.

☼18.22–24 ☼19.3 ☼19.9–10 ☼19.13

Otras exigencias de la santidad

19»Obedezcan mis leyes: No crucen su ganado
con animales de otra especie; no siembren en
su campo dos clases de semillas; no usen ropa
mezclada de lana y lino.
20»Si un hombre seduce a una esclava que está
comprometida para casarse, ambos serán juzgados, pero no se condenarán a muerte, porque
ella no es libre. 21El hombre que lo haya hecho
presentará un cordero al Señor, como ofrenda por
su culpa. El cordero deberá llevarlo a la entrada
del santuario. 22El sacerdote usará el cordero para
hacer expiación por el pecado del hombre, y éste
será perdonado.
23»Cuando hayan entrado en la tierra y hayan
plantado todo tipo de árboles frutales, no coman
lo que produzcan los tres primeros años, porque están ritualmente impuros. 24La cosecha del
cuarto año será dedicada por completo al Señor,
como una ofrenda de alabanza. 25Pero la cosecha
del quinto año sí será para ustedes. Haré que la
cosecha sea abundante. Yo soy el Señor su Dios.
26»No coman carne con sangre.
»No practiquen la adivinación ni la hechicería.
27»No deben recortarse el pelo ni la punta de
la barba, pues eso lo hacen los paganos.
28»No se harán cortes ni tatuajes en el cuerpo,
para venerar a los muertos. Yo soy el Señor.
29»No violarán la pureza de su hija hacién-
dola prostituta, para que la tierra no se llene
de maldad.

Otros deberes

30»Obedezcan mis leyes acerca del descanso,
y tengan reverencia por mi santuario, porque
yo soy el Señor.
31»No se contaminen consultando adivinos o
hechiceros, porque yo soy el Señor su Dios.
32»Demostrarán verdadero respeto y honrarán
a los ancianos por temor a Dios. Yo soy el Señor.
33»No opriman a los extranjeros que vivan en
la tierra de ustedes; no les hagan mal alguno.
34Deben tratarlos como a uno de ustedes. Ámenlos como a ustedes mismos, porque recuerden
que ustedes también fueron extranjeros en Egipto. Yo soy el Señor su Dios.
35,36»Sean imparciales en los juicios. Usen
medidas exactas de longitud, de peso y de volu-
men, y den la medida completa, porque yo soy el
Señor su Dios, que los saqué de Egipto.
37»Obedezcan por completo todos mis mandamientos y ordenanzas, porque yo soy el Señor».

Castigos por el pecado

20 El Señor le dio a Moisés estas otras instrucciones 2para el pueblo de Israel:
«Cualquiera que viva en medio de ustedes, sea
israelita o extranjero, que presente a su hijo en
sacrificio al dios Moloc será condenado a muerte.
Todo el pueblo lo matará a pedradas. 3Yo mismo
me volveré contra aquel hombre y lo eliminaré del pueblo, por haber dado su hijo a Moloc,
pues con ello habrá hecho que mi santuario sea
indigno de mi presencia, y habrá insultado mi
santo nombre. 4Y si el pueblo no se da por enterado de lo que el hombre ha hecho, y se niegan
a darle muerte, 5yo mismo me pondré en contra
de aquel hombre y de su familia, y los eliminaré
de mi pueblo, junto con todos los demás que se
vuelvan a dioses ajenos.
6»Me pondré en contra de cualquier persona
que consulte a adivinos y a hechiceros, en vez de
consultarme a mí, y los eliminaré de mi pueblo.
7»Santifíquense y sean santos, porque yo soy
el Señor su Dios.
8»Obedezcan todos mis mandamientos, porque
yo soy el Señor que los santifica.
9»El que maldiga a su padre o a su madre
deberá morir, pues ha maldecido a su propia
sangre.
10»Si un hombre comete adulterio con la esposa de otro hombre, el hombre y la mujer deben
morir.
11»Si un hombre duerme con la esposa de su
padre, ha deshonrado a su padre. Y el hombre
y la mujer deberán morir, pues son culpables.
12»Y si un hombre tiene relaciones sexuales con
su nuera, ambos serán condenados a muerte. Lo
merecen por haberse contaminado mutuamente.
13»El hombre que tenga relaciones sexuales
con otro hombre comete un horrible pecado.
Los dos hombres serán condenados a muerte, y
sólo ellos serán culpables de su muerte.
14»Si un hombre tiene relaciones sexuales con
una mujer y con la madre de ésta, comete un
grave delito. Los tres serán quemados vivos para
erradicar la maldad de entre ustedes.
15»Si un hombre tiene relaciones sexuales con
un animal, será condenado a muerte, y también
se matará al animal. 16Si una mujer tiene relaciones sexuales con un animal, será condenada
a muerte, y también se matará al animal.
17»Si un hombre tiene relaciones sexuales
con su hermana, sea la hija de su padre o de su
madre, comete un pecado, y ambos serán ejecutados en público. Por haberlo hecho, se hacen
culpables de su pecado.
18»Si un hombre tiene relaciones sexuales con
una mujer durante su período menstrual, ambos
serán expulsados de su pueblo.
19»Están prohibidas las relaciones sexuales
entre un hombre y su tía soltera, ya sea hermana de su padre o de su madre, porque son

20.7 20.13

parientes cercanos; los dos serán responsables de su pecado. 20Si un hombre tiene relaciones sexuales con la esposa de su tío, ha avergonzado a su tío. Tanto el hombre como la mujer serán considerados culpables, y morirán sin tener hijos.

21»Si un hombre tiene relaciones sexuales con la esposa de su hermano, comete un acto detestable, y deshonra a su hermano. Tanto el hombre como la mujer serán considerados culpables, y morirán sin tener hijos.

22»Guarden, pues, todas mis leyes y ordenanzas, para que no los arroje de la nueva tierra. 23Apártense de las costumbres de las naciones que he echado delante de ustedes, porque ellas hacen todas estas cosas que les he prohibido a ustedes, y esa es la razón por la que las aborrecí. 24Yo he prometido darles a ustedes la tierra de ellos. Se la daré para que la posean. Es una tierra de la que fluye leche y miel.

»Yo soy el Señor, que hago distinción entre ustedes y las otras naciones. 25Por tanto, harán distinción entre las aves y animales impuros que no pueden comer y los que sí pueden comer. No se contaminen ustedes mismos ni se hagan odiosos delante de mí, comiendo animales o aves que yo les haya prohibido, aunque la tierra esté llena de ellos. 26Sean santos delante de mí, porque yo el Señor soy santo, y los he apartado de las otras naciones para que sean míos.

27»Cualquier adivino o hechicero, hombre o mujer, será apedreado hasta morir, y será responsable de su castigo».

La santidad de los sacerdotes

21 El Señor ordenó a Moisés que les diera a los sacerdotes, descendientes de Aarón, estas instrucciones: «No deben tocar ningún muerto, pues eso los hará impuros. 2,3 Tan solo se les permite hacerlo en caso de que el muerto sea un pariente cercano, como su madre, su padre, su hijo, su hija, su hermano, o su hermana soltera por la que tenga especial responsabilidad, por cuanto ella no tiene marido. 4El sacerdote es jefe de su pueblo, así que es diferente de cualquier otro hombre del pueblo. Por eso, no debe contaminarse con lo que es impuro.

5»Los sacerdotes no se recortarán el pelo ni la punta de la barba; ni se harán cortes en la carne. 6Serán santos delante de su Dios, y no deshonrarán ni profanarán su nombre, de otro modo serán indignos de presentar las ofrendas quemadas delante del Señor su Dios.

7»El sacerdote no se casará con una prostituta, ni con una mujer de otra tribu, ni con una mujer divorciada, porque es un hombre consagrado a Dios. 8El sacerdote ha sido apartado para ofrecer los sacrificios a su Dios; es santo, porque yo, el Señor que lo santifico, soy santo.

9»La hija de un sacerdote que se haga prostituta y deshonre así tanto la santidad de su padre como la suya propia, será quemada viva.

Santidad del sumo sacerdote

10»El sumo sacerdote ha recibido la unción especial y usa las vestiduras especiales, y por eso no debe descubrirse, ni rasgar sus vestiduras, 11ni acercarse a un cadáver, aun cuando sea su padre o su madre.

12»No dejará el santuario cuando esté oficiando, ni tratará mi santuario como una casa ordinaria, porque está consagrado con la unción de Dios. Yo soy el Señor.

13»Debe casarse con una virgen. 14,15No puede casarse con una viuda, ni con una divorciada, ni con una prostituta. Debe casarse con una virgen de su propia tribu, porque él no puede ser padre de hijos de sangre mixta, mitad sacerdotal y mitad de persona común. Yo soy el Señor que lo santifica».

Impedimentos para ejercer el sacerdocio

16,17El Señor le ordenó a Moisés que le dijera a Aarón: «A través de todas las generaciones, cualquier descendiente tuyo que tenga algún defecto físico no podrá ofrecer sacrificio delante de Dios. 18Por ejemplo, si un hombre es ciego o cojo, o tiene fracturada la nariz, o tiene algún dedo de más en las manos o en los pies, 19o tiene fracturado un pie o una mano, 20o es jorobado, o enano, o tiene un defecto en el ojo, o tiene sarna o tiña, o tiene los testículos dañados, 21aun cuando sea descendiente de Aarón, no podrá ofrecer holocaustos al Señor, pues tiene un defecto físico. 22Sin embargo, comerá de la comida de los sacerdotes, de los sacrificios ofrecidos a Dios, de las ofrendas santas y de las más santas. 23Pero no pasará tras la cortina ni se acercará al altar, debido a su defecto físico. Si lo hace, contamina mi santuario. Yo soy el Señor que los he consagrado».

24Moisés dio, pues, estas instrucciones a Aarón y a sus hijos y a todo el pueblo de Israel.

Las ofrendas del Señor

22 El Señor le ordenó a Moisés 2que les dijera a Aarón y a sus hijos: «Sean muy cuidadosos en el trato que le dan a las ofrendas que el pueblo me consagra, para que no deshonren mi santo nombre; porque yo soy el Señor.

3»De ahora en adelante, y para siempre, si el sacerdote que esté ceremonialmente impuro sacrifica los animales traídos por el pueblo, o toca las ofrendas dedicadas a mí, será destituido del sacerdocio. Yo soy el Señor.

4»Ningún sacerdote que esté leproso, o tenga una llaga que supura podrá comer las santas

ofrendas hasta que se haya curado. Cualquier
sacerdote que toque un cadáver, o esté contaminado por una emisión seminal, [5]o toque
algún reptil o alguna otra cosa prohibida, o
toque a cualquiera que esté ritualmente impuro, por cualquier razón, [6]quedará impuro hasta
el anochecer, y no comerá del santo sacrificio
hasta después que se haya bañado. [7]Después de
la puesta del sol quedará limpio nuevamente y
podrá comer de las cosas sagradas, porque son
la fuente de su vida. [8]No puede comer animales
que sean encontrados muertos o que hayan sido
destrozados por animales salvajes, porque esto
lo contaminaría. Yo soy el Señor.

[9]»Todos los sacerdotes deben obedecer estas
instrucciones, para que no sean culpables, y
mueran por violarlas. Yo soy el Señor quien los
santifica.

[10]»Nadie que no pertenezca a la familia de un
sacerdote podrá comer de las ofrendas sagradas.
Por eso, ni los huéspedes o jornaleros de un
sacerdote podrán comer de las ofrendas sagradas.
[11]Sin embargo, hay una excepción: Si el sacerdote
compra un esclavo con su dinero, ese esclavo
puede comer de lo sacrificado, y si el esclavo
tiene hijos en la casa del sacerdote, ellos pueden
comer. [12]Si la hija de un sacerdote se casa fuera
de la tribu, no puede participar de la ofrenda
sagrada. [13]Pero si queda viuda, o se divorcia y no
tiene hijos que la sostengan, y regresa a casa de
su padre, puede comer nuevamente de los alimentos de su padre. Fuera de esto, nadie que no
pertenezca a la familia sacerdotal puede comer
de las ofrendas sagradas.

[14]»Si alguien come de los sacrificios sagrados
sin darse cuenta, devolverá al sacerdote la cantidad que haya usado, más un veinte por ciento;
[15]porque el sacrificio santo traído por el pueblo
de Israel no debe ser contaminado por personas
que lo coman sin estar autorizadas para ello,
porque estos sacrificios han sido consagrados al
Señor. [16]Cualquiera que viole esta ley es culpable
y está en peligro, porque ha comido de las ofrendas sagradas. Yo soy el Señor, quien santifica las
ofrendas».

Sacrificios inaceptables

[17,18]El Señor le ordenó a Moisés que les dijera a Aarón y a sus hijos, y a todos los israelitas
en general: «Si un israelita o un extranjero que
viva en medio de ustedes ofrece un holocausto al
Señor, sea para cumplir una promesa o sea una
ofrenda voluntaria espontánea, [19]sólo será aceptable delante del Señor si es un animal macho
sin defecto; deberá ser un becerro, un carnero o
un macho cabrío. [20]Ningún animal que tenga
defecto será presentado, porque no será aceptado
por el Señor.

[21]»Si alguien ofrece un sacrificio de reconciliación al Señor, ya sea ganado vacuno u ovino, sea
para cumplir un voto o como ofrenda voluntaria,
el animal que se vaya a sacrificar debe ser sin
defecto, o no será aceptado por el Señor. [22]No se
debe ofrecer al Señor un animal que sea ciego o
que esté perniquebrado o mutilado, o que tenga
llagas, sarna o cualquier otra enfermedad de la
piel. No es adecuado para ofrecerlo sobre el altar
del Señor. [23]Si el becerro o el cordero que se va
a presentar al Señor tiene alguna deformidad,
puede ofrecerse como ofrenda voluntaria, pero
no en pago de un voto.

[24]»No se podrá ofrecer al Señor, bajo ninguna
circunstancia, un animal que tenga los testículos lastimados, dañados, cortados o arrancados.
[25]Esta restricción se aplica también a los sacrificios hechos por los extranjeros que habiten en
medio de ustedes. Así que no aceptarán ningún
animal que tenga algún defecto de los ya mencionados».

[26,27]Y el Señor le dijo a Moisés: «Cuando nazca
un becerro, un cordero o un cabrito, será dejado
con su madre siete días, pero al octavo día es
aceptable como holocausto al Señor.

[28]»No degollarán el mismo día una vaca o una
oveja con su cría.

[29,30]»Cuando ofrezcan al Señor un sacrificio de
acción de gracias, deberán hacerlo en la forma
correcta, comiéndose el animal sacrificado el
mismo día que fue degollado. No dejarán parte
de él para el día siguiente. Yo soy el Señor.

[31]»Deberán obedecer todos mis mandamientos,
porque yo soy el Señor.

[32,33]»No me tratarán como si fuera algo común
y ordinario. Al contrario, reconozcan que yo soy
el Dios santo que habito entre ustedes. Yo soy el
Señor que los santifico a ustedes. Fui yo quien
los rescaté de Egipto para que fueran mi pueblo
especial. Yo soy el Señor».

Calendario de fiestas solemnes

23 El Señor le ordenó a Moisés [2]que les dijera a los israelitas: «Las siguientes son las
fiestas solemnes que yo he establecido, las cuales
deberán celebrar en mi honor de una manera
muy especial. En tales ocasiones todos deberán
reunirse para adorarme. Yo, el Señor, las establecí.

Celebración del sábado

[3]»Seis días trabajarán, pero descansarán el
día séptimo. Ese día es un día muy especial. Por
eso, no harán ningún tipo de trabajo, sino que
lo dedicarán para adorarme. Donde quiera que
ustedes vivan, ese día será dedicado a mí, pues
yo soy el Señor.

Fiesta de la Pascua

4»Las siguientes son las festividades santas que
deberán observar cada año:
5»La Pascua del SEÑOR: Esta fiesta comenzará
el día catorce del mes primero, al anochecer.
6»La fiesta de los Panes sin levadura: Se celebrará durante siete días, a partir del día siguiente
de la Pascua. 7El primer día de esta festividad
el pueblo se reunirá para adorar, y cesará todo
trabajo ordinario. 8Lo mismo hará el séptimo día
de la festividad. Y durante los siete días ofrecerán
holocaustos al SEÑOR.

Fiesta de las Primicias

9-11»La fiesta de las Primicias: Cuando lleguen
a la tierra que yo les daré, y hagan su primera cosecha, lleven las primeras gavillas de la
cosecha al sacerdote, al día siguiente del día de
descanso. Él la mecerá para ofrecérsela al SEÑOR,
quien la aceptará como ofrenda de ustedes. 12El
mismo día sacrificarán, en holocausto al SEÑOR,
un cordero de un año, sin defecto. 13Junto con el
cordero, ofrecerán cuatro kilos de harina de la
mejor calidad mezclada con aceite de oliva, para
ser ofrecida como ofrenda quemada al SEÑOR.
Será una ofrenda de olor grato al SEÑOR. Además, presentarán una ofrenda de un litro de vino.
14Mientras no hayan presentado estas ofrendas, no
comerán pan, ni grano tostado, ni espiga fresca
de esta cosecha. Esta será una ley permanente
para la nación, donde quiera que vivan.

Fiesta de las Semanas

15,16»La fiesta de las Semanas: Cincuenta días
después traerán al SEÑOR una ofrenda de grano nuevo de su última cosecha. 17Traerán de
sus casas dos panes para ser presentados como
ofrenda mecida delante del SEÑOR. Este pan lo
prepararán con cuatro kilos de harina de la mejor
calidad, y lo cocerán con levadura. Es una ofrenda para el SEÑOR, ofrecida con las primicias de
su última cosecha. 18Además del pan y del vino,
ofrecerán siete corderos de un año, sin defectos,
un becerro y dos carneros. Estos animales serán
ofrecidos en holocausto al SEÑOR, es una ofrenda
que se quema totalmente como ofrenda de olor
grato al SEÑOR. 19Después sacrificarán un macho
cabrío como ofrenda por los pecados, y dos corderos de un año como ofrenda de reconciliación.
20»El sacerdote traerá estas ofrendas a la presencia del SEÑOR, juntamente con los panes que
representan las primicias de la última cosecha,
y las presentará como ofrendas mecidas delante
del SEÑOR. Estarán consagradas al SEÑOR, y serán
entregadas a los sacerdotes para que las coman.
21Este día será convocada una asamblea sagrada
de todo el pueblo. No harán ningún trabajo en
ese día. Esta es una norma que será observada
de generación en generación.
22»Cuando cosechen el producto de la tierra,
no lo harán hasta el último rincón del campo,
ni recogerán el grano caído, sino que lo dejarán
para los pobres y para los extranjeros que vivan
en medio de ustedes y que no tienen tierra de su
propiedad. Yo soy el SEÑOR su Dios.

Fiesta de las Trompetas

23,24»La fiesta de las Trompetas: Esta fiesta
se celebrará el primer día del séptimo mes. Es
una fiesta en honor al SEÑOR, y todo el pueblo se
reunirá para adorar solemnemente al SEÑOR. Es
una fecha memorable, y debe ser anunciada por
medio del sonido de trompetas. 25Ese día no harán
ningún trabajo, y ofrecerán un sacrificio al SEÑOR.

El día del Perdón

26,27»El día del Perdón: Se celebrará nueve días
después, es decir, el día diez del mes séptimo.
Todo el pueblo debe presentarse delante del
SEÑOR, para ayunar y presentar sacrificios por
fuego en honor al SEÑOR. 28No harán en aquel
día ningún trabajo, porque es el día del Perdón,
en el cual se pide al SEÑOR perdón por los pecados
del pueblo. 29Cualquiera que no dedique el día
al ayuno será eliminado de su pueblo. 30,31Al que
realice algún trabajo en ese día yo lo destruiré.
Ésta es una ley que regirá en Israel de generación en generación. 32Porque este es un día de
descanso solemne, y en él ustedes se humillarán
y expresarán completo arrepentimiento; esto lo
comenzarán en la tarde del día noveno y continuará todo el día hasta la tarde del día siguiente.

Fiesta de las Enramadas

33,34»La fiesta de las Enramadas: Cinco días
después, esto es, el día quince del mes séptimo,
se celebrará la fiesta de las Enramadas durante
siete días, delante del SEÑOR. 35En el primer día
habrá una asamblea sagrada de todo el pueblo;
no harán en él ningún trabajo. 36En cada uno de
los siete días de la fiesta presentarán un sacrificio
u ofrenda quemada delante del SEÑOR. El octavo
día habrá una nueva asamblea sagrada de todo
el pueblo, ocasión en la que se presentará otra
ofrenda quemada al SEÑOR. Es una celebración
en la que deben estar alegres, y no realizarán en
ella ningún trabajo.
37»Éstas son, pues, las fiestas regulares del año,
asambleas sagradas para todo el pueblo, en que
deberán presentar ofrendas quemadas delante del
SEÑOR. 38Estas fiestas anuales se celebrarán además
de los días sagrados de descanso de cada semana.
Los sacrificios que se hagan durante las fiestas se
presentarán además de las ofrendas regulares y
del normal cumplimiento de sus votos.

39 »A partir del día quince del mes séptimo, que es el final de la cosecha, celebrarán una fiesta de siete días delante del Señor. Recuerden que el primero y el último día de la fiesta son días de descanso solemne. 40 En el primer día tomarán ramas de árboles frutales cargadas con frutos, ramas de palmera y de árboles frondosos, como los sauces que crecen junto a los arroyos, y construirán enramadas con ellos; y se regocijarán y alegrarán delante del Señor su Dios durante siete días. 41 La celebración de esta fiesta de siete días será una obligación que regirá para siempre. 42 Durante esos siete días todos los israelitas vivirán en las enramadas. 43 El propósito de esta fiesta es recordar al pueblo de Israel, año tras año, que yo los rescaté de Egipto, y que hice que vivieran en enramadas. Yo soy el Señor su Dios».

44 Moisés, entonces, instruyó a los israelitas en cuanto a las fiestas que habían sido establecidas por el Señor.

Iluminación del santuario

24 El Señor le dijo a Moisés: 2 «Ordena al pueblo de Israel que traiga aceite puro de oliva, para mantener encendidas las lámparas, de modo que el santuario esté siempre iluminado. 3,4 Aarón preparará las lámparas que están en el santuario, fuera de la cortina del testimonio. Cada mañana y cada tarde Aarón pondrá aceite nuevo en las lámparas que habrá limpiado. La llama arderá continuamente delante del Señor.

Los panes ofrecidos al Señor

5-8 »Cada día de descanso, el sumo sacerdote colocará doce panes, en dos hileras, sobre la mesa de oro que está delante del Señor. Cada uno de estos panes será preparado con harina de la mejor calidad, y deberá pesar unos cuatro kilos. Sobre cada hilera pondrá incienso puro. Esto será una ofrenda recordatoria, ofrecida por fuego al Señor. Con ella se recordará el pacto eterno que el Señor hizo con el pueblo de Israel. 9 El pan será comido por Aarón y sus hijos, en un lugar señalado para esto, pues las ofrendas que se ofrecen al Señor por fuego son muy sagradas. Esta es una ley que debe cumplirse siempre».

Lapidación de un blasfemo

10 Un joven, de madre israelita y padre egipcio, riñó con uno de los hombres de Israel en el campo. 11 Durante la pelea, el hijo del egipcio maldijo el nombre de Dios. Entonces fue llevado ante Moisés para ser juzgado. El nombre de la madre era Selomit, hija de Dibrí, de la tribu de Dan. 12 Mientras se recibía instrucciones del Señor acerca de lo que debía hacerse, el joven fue puesto en la cárcel.

13,14 Entonces el Señor le dijo a Moisés: «Saca fuera del campamento al que me ofendió, y diles a todos los que lo oyeron que pongan las manos sobre su cabeza; luego toda la comunidad de Israel lo apedreará hasta darle muerte. 15,16 Y dile al pueblo de Israel que cualquiera que maldiga a Dios sufrirá el mismo castigo. Sí, todo el que pronuncie el nombre del Señor al maldecir a su prójimo debe ser condenado a muerte. Esta ley se aplicará tanto a israelitas como a extranjeros. El que pronuncie el nombre del Señor al maldecir, será muerto a pedradas.

La ley del talión

17 »Además, todos los asesinos deberán ser ejecutados. 18 El que mate un animal ajeno, lo repondrá. 19 El castigo por haberle causado daño al prójimo será el mismo que el daño causado: 20 fractura por fractura, ojo por ojo, diente por diente. El que cause daño a otro recibirá el mismo daño que haya hecho.

21 »Repito: Cualquiera que mate un animal debe reponerlo; cualquiera que mate a un hombre debe morir. 22 La misma ley rige para el extranjero y para el israelita. Yo soy el Señor su Dios».

23 Entonces llevaron al joven fuera del campamento y lo apedrearon hasta que murió, tal como el Señor le había ordenado a Moisés.

El año sabático

25 Mientras Moisés estaba en el monte Sinaí, el Señor le dio estas instrucciones para el pueblo de Israel: 2 «Cuando hayan entrado en la tierra que les voy a dar, dejarán que la tierra descanse en el séptimo año, en honor al Señor. 3 Durante seis años podrán sembrar los campos, podar las viñas, y recoger lo que ellas produzcan, 4 pero el séptimo año dejarán que la tierra descanse, en honor al Señor. No sembrarán los campos ni podarán los viñedos en todo el año. 5 Tampoco cosecharán los brotes de la siembra anterior, ni las uvas de los viñedos no podados. Es un año de descanso para la tierra. 6,7 Todo lo que se produzca naturalmente ese año servirá de alimento para ustedes, para sus siervos, para sus esclavos y para los extranjeros que vivan entre ustedes. Allí también pastarán el ganado y los animales salvajes.

El año del jubileo

8 »Cada cincuenta años, 9 en el día de la expiación, esto es, el día diez del mes séptimo, harán resonar las trompetas por toda la tierra. 10 Porque el año cincuenta será un año santo, y se proclamará libertad en la tierra a todos los deudores esclavizados, perdonarán todas las deudas públicas y privadas. Será un año en que las propieda-

des de la familia vendidas a otros serán devueltas
a sus propietarios originales o a sus herederos.
11»Será un año de gran felicidad. No sembrarán, no cosecharán granos, ni uvas, 12porque es
el año santo de jubileo para ustedes. Ese año se
alimentarán de lo que la tierra produzca espontáneamente. 13Durante el año del jubileo cada uno
regresará a la posesión original de su familia. Si
una propiedad ha sido vendida, le será devuelta
a su antiguo dueño. 14-16Por esta razón, si se vende
la tierra durante los cuarenta y nueve años pre-
cedentes, se establecerá un precio justo, teniendo
en cuenta los años que faltan para el jubileo. Si
el jubileo está a muchos años de distancia, el
precio será alto. Si faltan pocos años, el precio
será bajo. Lo que realmente están haciendo es
vender el número de cosechas que habrá hasta el
próximo jubileo, cuando la tierra les sea devuelta
por el que la compró.

Consecuencias de la obediencia

17,18»Teman a Dios y no le hagan daño a su
prójimo, porque yo soy el SEÑOR. Si quieren vivir
seguros en la tierra, obedezcan mis leyes. 19Si me
obedecen, la tierra les dará buenas cosechas, y
podrán comer hasta saciarse.

20»Pero preguntarán: ¿Qué comeremos el séptimo año, puesto que no se nos permite sembrar,
ni cosechar? 21,22La respuesta es: Los bendeciré con
cosechas extraordinarias el sexto año, lo que les
permitirá vivir hasta que obtengan la cosecha
del octavo año.

Leyes sobre el rescate de propiedades

23»Recuerden, la tierra es mía, de modo que
no pueden venderla definitivamente. Ustedes son
solamente arrendatarios y tendrán la tierra a su
cargo. 24En todo contrato de venta debe haber
una cláusula que diga que la tierra puede ser
recuperada en cualquier tiempo por el vendedor.

25»Si alguno se empobrece y vende parte de su
tierra, sus parientes más cercanos pueden recuperarla. 26Si no hay quien pueda recuperarla, y
él mismo logra ganar suficiente dinero, 27enton-
ces puede comprarla a un precio proporcional al
número de cosechas que falten para el jubileo; y
el que posee la tierra deberá aceptar el dinero, y
devolvérsela a su dueño original. 28Pero, si éste
no puede recuperarla antes, pertenecerá al que
se la compró hasta el año del jubileo, y ese año
la devolverá.

29»Si un hombre vende una casa en la ciudad, tiene un año para recuperarla, con plenos
derechos de recuperación durante ese tiempo.
30Pero la casa no recuperada dentro de ese año,
pertenecerá definitivamente al nuevo propietario,
y no será devuelta a su dueño original en el año
del jubileo. 31Pero las casas de los pueblos —que
se distinguen de las ciudades en que no tienen
murallas alrededor— son como la tierra; y se
pueden recuperar en cualquier tiempo, y siempre
serán devueltas a sus propietarios originales en
el año del jubileo.

32»Hay una sola excepción: Las casas de los
levitas, aun cuando estén en ciudades amuralladas, podrán ser recuperadas en cualquier tiempo,
33y serán devueltas a sus propietarios originales
en el año del jubileo. Esto se debe a que los levitas
no recibirán tierra agrícola como las otras tribus;
solamente recibirán casas en las ciudades y el
campo que las rodea. Esa es su única heredad
familiar. 34No se permite que los levitas vendan
los campos que están alrededor de sus ciudades,
porque éstas son posesión permanente de ellos, y
no pueden pertenecer a otras personas.

35»Si su hermano empobrece, ustedes tienen la
obligación de ayudarlo, tal como harían con un
extranjero; de esa forma él podrá seguir viviendo
entre ustedes. 36Teman a Dios y dejen que su
hermano viva con ustedes. No le cobren interés
por el dinero que le presten. 37Recuerden: No le
cobren interés. Denle al costo cuanto necesita. No
traten de hacer ganancia a costa de su pobreza.
Porque yo, el SEÑOR su Dios, los saqué de Egipto,
para darles la tierra de Canaán, y para ser su Dios.

39»Si un israelita empobrece y se vende como
esclavo, no deben tratarlo como a un esclavo
común, 40sino como a un servidor a sueldo o
como un huésped. Él les servirá solamente hasta
el año del jubileo. 41Entonces, ese año quedará libre junto con sus hijos, y podrá regresar a
su familia y a sus posesiones. 42Yo los saqué de
Egipto, y ustedes son mis siervos. Por lo tanto, no
podrán venderse como esclavos comunes 43ni ser
tratados duramente. Teman a su Dios.

44»Sin embargo, pueden comprar esclavos de
las naciones que viven a su alrededor, 45y pueden
comprar los hijos de los extranjeros que vivan en
medio de su pueblo, aun cuando hayan nacido
en su tierra. 46Ellos serán esclavos permanentes
y serán heredados por sus hijos. Pero sus hermanos, miembros del pueblo de Israel, no serán
tratados así.

47»Si un extranjero que vive en Israel se enriquece, y un israelita empobrece y se vende como
esclavo al extranjero, o a la familia del extranjero, 48podrá ser redimido por uno de sus hermanos, 49por su tío, su sobrino, o cualquier pariente
cercano. También puede redimirse a sí mismo, si
reúne el dinero. 50El precio de su libertad se acordará en proporción al número de años que falten
para el jubileo, es decir, lo que costaría contratar
a un sirviente por ese número de años. 51Si aún
faltan muchos años para el jubileo, pagará la
cantidad que recibió cuando se vendió. 52Si los

años han pasado y solamente quedan pocos para el jubileo, pagará solamente una pequeña parte de la cantidad que recibió cuando se vendió. [53]Si se vende a un extranjero, el extranjero deberá tratarlo como a un sirviente a sueldo y no como a un esclavo o a una propiedad suya.

[54]»Si al llegar el año del jubileo, el israelita que tuvo que venderse como esclavo no fue rescatado en esta forma, entonces él y sus hijos quedarán libres. [55]Pues ustedes los israelitas son mis siervos, yo los rescaté de la esclavitud de Egipto. Yo soy el SEÑOR su Dios.

Bendiciones de la obediencia

26 »No tendrán ídolos. No adorarán imágenes talladas, ni estatuas ni piedras esculpidas, porque yo soy el SEÑOR su Dios.

[2]»Obedecerán mis leyes acerca del día de descanso y tendrán mucha reverencia hacia mi santuario; porque yo soy el SEÑOR.

[3]»Si obedecen todos mis mandamientos, [4,5]yo les daré las lluvias con regularidad, la tierra producirá cosechas abundantes, y los árboles darán frutos por más tiempo que el normal. Aún estarán madurando las uvas cuando llegue el tiempo de la siembra. Comerán hasta saciarse, y vivirán seguros en la tierra, [6]porque yo les daré paz y podrán dormir sin temor. Haré desaparecer los animales peligrosos, [7]y ustedes perseguirán a sus enemigos y los matarán a espada. [8]Cinco de ustedes perseguirán a cien, y cien de ustedes perseguirán a diez mil. Derrotarán a todos sus enemigos.

[9]»Yo los cuidaré, los multiplicaré y cumpliré mi pacto con ustedes. [10]Tendrán cosechas tan abundantes que no sabrán qué hacer con ellas cuando llegue el tiempo de la nueva cosecha. [11]Yo viviré en medio de ustedes, y no los despreciaré. [12]Caminaré en medio de ustedes y seré su Dios, y ustedes serán mi pueblo. [13]Porque yo soy el SEÑOR su Dios que los sacó de Egipto, y no permitiré que sean esclavos nuevamente. He roto sus cadenas, y haré que anden con dignidad.

Maldiciones de la desobediencia

[14]»Pero si no escuchan lo que les digo y no me obedecen, [15]sino que rechazan mis leyes, [16]esto es lo que les haré: Los castigaré con terrores repentinos, con tuberculosis y otras enfermedades, les arderán los ojos y la vida se les consumirá. Sembrarán en vano, porque sus enemigos se comerán sus cosechas. [17]Me volveré contra ustedes, y huirán delante de sus enemigos. Los que los odian los gobernarán, y ustedes huirán sin que nadie los persiga.

[18]»Si persisten en su desobediencia, los castigaré siete veces más fuerte por su pecado. [19]Quebrantaré su orgulloso poder, y haré que el cielo sea como acero y la tierra como bronce. [20]Gastarán sus fuerzas en vano, porque la tierra no producirá, ni sus árboles darán fruto.

[21]»Si aún después de esto no me obedecen ni oyen mis palabras, recibirán como retribución por su pecado siete veces más plagas. [22]Enviaré animales salvajes que matarán a sus hijos y destruirán su ganado, y reducirán el número de ustedes, de tal modo que sus caminos quedarán desiertos.

[23]»Si después de esto aún no están dispuestos a obedecer, sino que continúan procediendo en contra de mi voluntad, [24]yo, entonces, procederé en contra de sus deseos, y personalmente los castigaré siete veces más fuerte por su pecado. [25]Haré que todo el castigo anunciado en mi ley caiga sobre ustedes. Huirán a las ciudades y enviaré plagas contra ustedes allí. Serán conquistados por sus enemigos. [26]Destruiré sus abastecimientos de alimento, de modo que un horno será suficiente para cocer el pan de diez familias, y tendrán hambre después que les hayan dado su ración.

[27]»Si después de esto no prestan atención ni me obedecen, [28]desataré mi gran ira, y enviaré siete veces más castigos por sus pecados. [29]Se comerán a sus hijos e hijas, [30]y destruiré los altares de los lugares altos donde adoran ídolos, derribaré sus altares de incienso, y dejaré que sus cadáveres se pudran en medio de sus ídolos. Y los aborreceré. [31]Haré que sus ciudades queden desiertas, destruiré los lugares de adoración, y no responderé a sus ofrendas de incienso. [32]Sí, yo desolaré su tierra, y sus enemigos vivirán en ella, y se asombrarán de lo que yo haya hecho. [33]Los esparciré entre las naciones, y los destruiré. Sus tierras serán desoladas y sus ciudades quedarán destruidas. [34,35]Entonces la tierra tendrá el descanso que ustedes le negaron. Porque descansará mientras ustedes estén cautivos en tierras enemigas. Sí, la tierra descansará y gozará de sus descansos. Recibirá el descanso que ustedes no le dieron cada siete años, mientras vivían en ella.

[36]»A los que queden vivos, haré que sean llevados a tierras distantes como prisioneros de guerra y esclavos. Allí vivirán en constante temor. Una hoja que caiga arrastrada por el viento hará que huyan como si fueran perseguidos por un hombre armado con espada. Huirán cuando nadie los persiga. [37]Aun cuando nadie los persiga, huirán y tropezarán unos con otros. No tendrán fuerza alguna para hacer frente a sus enemigos. [38]Perecerán en medio de las naciones; serán destruidos por sus enemigos. [39]Los que queden, morirán y se pudrirán en un país enemigo, debido a sus propios pecados y a los pecados de sus padres.

[40,41]»Pero si se arrepienten y confiesan sus pecados y los pecados con los que sus padres me traicionaron, y que fueron la causa para que yo los sacara de su tierra y los hiciera ir a un país extraño, [42]entonces yo recordaré nuevamen-

te las promesas que les hice a Abraham, a Isaac y a Jacob, y recordaré la tierra y su desolación. 43La tierra gozará de su descanso mientras esté abandonada. Pero tendrán que reconocer que el castigo que recibieron fue debido a que rechazaron mis leyes.

44»A pesar de todo lo que hayan hecho, yo no los destruiré totalmente ni desecharé mi pacto con ellos, porque yo soy el Señor su Dios. 45Por amor a sus antepasados, yo recordaré las promesas que les hice de ser su Dios. Yo saqué a sus padres de Egipto mientras todas las naciones los contemplaban maravilladas. Yo soy el Señor».

46Éstas fueron las leyes, ordenanzas e instrucciones que el Señor le dio al pueblo de Israel por medio de Moisés, en el monte Sinaí.

Rescate de las ofrendas al Señor

27 El Señor le ordenó a Moisés 2que les dijera a los israelitas: «Cuando una persona haga el voto especial de darse a sí mismo al Señor, tendrá que hacer los siguientes pagos para ser liberada del voto:

3»Un hombre, cuya edad fluctúe entre los veinte y los sesenta años, pagará cincuenta monedas de plata, según la moneda del santuario.

4»Una mujer, cuya edad fluctúe entre los veinte y los sesenta años pagará treinta monedas de plata.

5»Un muchacho entre los cinco y los veinte años, pagará veinte monedas de plata, y una mujer de la misma edad pagará diez monedas de plata.

6»Por los niños de un mes a cinco años se pagarán cinco monedas de plata, y por las niñas de la misma edad se pagarán tres monedas.

7»Un hombre mayor de sesenta años, pagará quince monedas de plata, y por una mujer de la misma edad se pagarán diez monedas.

8»Pero si la persona que hizo el voto es demasiado pobre para pagar el precio establecido, será llevada a la presencia del sacerdote, y éste acordará el precio que la persona deberá pagar, de acuerdo con los recursos que tenga.

9»Pero si se presenta un animal como ofrenda al Señor, el animal quedará consagrado al Señor. 10Por eso, no se podrá cambiar por otro animal. Así que un animal bueno no se podrá cambiar por uno malo, ni uno malo se podrá cambiar por uno bueno. Si se hiciera ese cambio, los dos animales pertenecerán al Señor.

11,12»Pero si el animal ofrecido al Señor es un animal impuro, el dueño lo presentará al sacerdote para que determine su precio que se deberá pagar a cambio. 13Si el dueño quiere recuperar su animal, entonces deberá añadir un veinte por ciento más sobre el valor estipulado por el sacerdote.

14,15»Si alguno ofrece su casa al Señor, y luego desea recuperarla, el sacerdote establecerá su valor, y el hombre pagará esa suma más el veinte por ciento, y la casa será suya nuevamente.

16»Si alguien consagra una parte de su campo al Señor, el sacerdote determinará el precio del terreno de acuerdo con la cantidad de semilla que se pueda sembrar en él. Por cada doscientos veinte kilos de semilla se pagarán cincuenta monedas de plata. 17Si alguien consagra su campo en el año del jubileo, pagará el total de su valor; 18pero si lo hace después del año de jubileo, entonces el valor será calculado en proporción al número de años que falten para el próximo jubileo.

19»Si la persona decide recuperar el campo, pagará el veinte por ciento sobre lo establecido por el sacerdote, y el campo volverá a su poder. 20Pero si decide no recuperarlo o si ha vendido el campo a otra persona y ha dado al Señor sus derechos en el año de jubileo, no le será devuelto. 21Cuando el campo sea liberado en el año de jubileo, pertenecerá al Señor, como campo consagrado a él, y será entregado a los sacerdotes.

22»Si alguien dedica al Señor un campo comprado, que no es parte de su posesión familiar, 23el sacerdote estimará su valor según lo que falte para el año del jubileo, e inmediatamente el oferente pagará al Señor el valor estimado. 24En el año del jubileo el campo volverá a ser propiedad de su dueño original.

25»Todos los precios se calcularán de acuerdo con la moneda oficial del santuario, que es de diez gramos de plata.

26»No pueden consagrar al Señor el primogénito de sus bueyes u ovejas, porque ya le pertenecen a él, por ser las primeras crías. 27Pero, si es el primogénito de un animal impuro, el propietario pagará según la estimación hecha por el sacerdote, más el veinte por ciento. Si el propietario no desea recuperarlo, el sacerdote puede vender el animal a otra persona.

28»Sin embargo, cualquier cosa consagrada al Señor, ya se trate de personas, animales o tierras, no será vendida ni recuperada, porque es cosa santísima delante del Señor. 29Ninguno que haya sido sentenciado a muerte podrá pagar por su rescate, sino que deberá morir.

30»La décima parte del producto de la tierra, sean cereales o frutas, es del Señor, y es santa. 31Si alguien desea rescatar este producto, debe pagar su valor más el veinte por ciento. 32El diezmo de sus vacas, ovejas y animales domésticos es del Señor. 33La parte que pertenece al Señor no se podrá cambiar. Así que nadie puede cambiar un animal bueno por uno malo, pues en ese caso los dos animales serán del Señor, y no podrán ser rescatados».

34Éstos son los mandamientos para el pueblo de Israel que Dios le dio a Moisés, en el monte Sinaí.

NÚMEROS

¿Quién lo escribió?

El libro recalca que Dios le dio instrucciones y leyes a Moisés (1:1; 3:44; 15:1), por ello se le considera como autor principal del libro. Sin embargo, algunos detalles (como 12:3) hacen pensar que el libro fue revisado posteriormente por editores.

¿A quién lo escribió?

Números fue leído por los sobrevivientes al peregrinaje en el desierto, y por las generaciones siguientes. Así recordaron los pecados y fracasos de Israel, al igual que la fidelidad de Dios para su desobediente pueblo.

¿Cuándo y dónde lo escribió?

El libro cubre un período de más o menos 39 años. Israel estuvo casi 40 años vagando cuando pudieron haber hecho ese recorrido en un par de meses. Si el libro fue escrito después del éxodo, entonces su fecha de redacción se encuentra alrededor de 1440 a 1400 a.C.

Panorama del libro

En Números se incluyen tanto relatos como leyes. Se registra el viaje de Israel desde el Monte Sinaí hasta Moab, en la frontera con la tierra prometida, para luego desconfiar en y la guía de Dios y permanecer en el desierto 40 años, un año por cada día que los espías fueron a ver la tierra (14:34), hasta que toda la generación, con excepción de Josué y Caleb, murió. El libro busca mostrar las consecuencias de la desconfianza en la bondad y el poder divino.

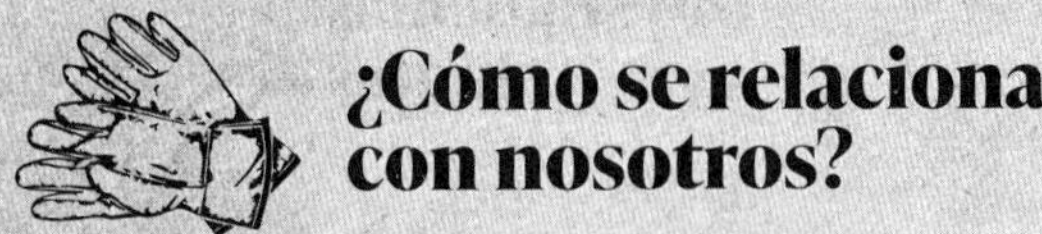

¿Cómo se relaciona con nosotros?

Nuestra rebeldía afecta nuestra relación con Dios y entre nosotros, y eso tiene consecuencias notables en nuestras vidas. Este libro de nombre tan "matemático" nos ayuda a reflexionar acerca de la esperanza que tenemos en Dios a pesar de cualquier pasado, y cómo a Dios le importan los pequeños detalles. Números ayudará a tu matrimonio a ver cómo Dios puede otorgar una nueva oportunidad para ser fieles, llegando a ser los hombres y mujeres que Él espera que seamos cuando le buscamos con un corazón sincero. En Números también podemos conocer más acerca del liderazgo de Moisés y el comportamiento de Israel. Para Moisés debió ser muy cansador lidiar con las quejas y murmuraciones del pueblo durante su escape de la esclavitud de Egipto, y es que una actitud permanente de queja aleja a las personas que amamos y nos impide llegar a donde queremos. Además, retrasa las promesas de Dios y perjudica nuestras relaciones.

¿Cómo lo estudiamos?

1) El pueblo de Dios se santifica para recibir la promesa. Caps. 1-6
2) El pueblo de Dios se organiza para recibir la promesa. Caps. 7-10
3) El pueblo de Dios fracasa al no confiar solo en el Señor. Caps. 11-14
4) Dios muestra su favor hacia los fieles y su juicio contra los infieles. Caps. 15-21
5) Dios lucha por su pueblo para bendecirlo, a pesar de la oposición. Caps. 22-25
6) Dios prepara al pueblo para recibir la promesa. Caps. 26-36

Números

Censo de las tribus de Israel

1 El primer día del segundo mes del segundo año desde la salida de los israelitas de Egipto, el SEÑOR dio las siguientes instrucciones a Moisés, que se encontraba en el santuario, en el desierto del Sinaí.

2-15 «Haz un censo de todos los hombres, mayores de veinte años, capaces de ir a la guerra. En la lista anota la tribu y familia a la que pertenezcan. Aarón y tú deberán organizar este trabajo, con la ayuda de los siguientes jefes de cada tribu.

Tribu	*Jefe*
Rubén	Elisur (hijo de Sedeúr);
Simeón	Selumiel (hijo de Zurisaday);
Judá	Naasón (hijo de Aminadab);
Isacar	Natanael (hijo de Zuar);
Zabulón	Eliab (hijo de Helón);
hijos de José:	
Efraín	Elisama (hijo de Amiud);
Manasés	Gamaliel (hijo de Pedasur);
Benjamín	Abidán (hijo de Gedeoni);
Dan	Ajiezer (hijo de Amisaday);
Aser	Paguiel (hijo de Ocrán);
Gad	Eliasaf (hijo de Deuel);
Neftalí	Ajira (hijo de Enán)».

16 Estos eran los jefes de tribu seleccionados de entre el pueblo.

17-19 El mismo día, Moisés, Aarón y los jefes de tribu que se acaban de mencionar convocaron a todos los hombres de Israel de más de veinte años, para que se inscribieran, indicando su tribu y familia, como el SEÑOR le había dicho a Moisés.
20-46 La tabla resultante:

Tribu	*Total*
Rubén (el hijo mayor de Jacob)	46.500
Simeón	59.300
Gad	45.650
Judá	74.600
Isacar	54.400
Zabulón	57.400
José: Efraín (hijo de José)	40.500
José: Manasés (hijo de José)	32.200
Benjamín	35.400
Dan	62.700
Aser	41.500
Neftalí	53.400
TOTAL	603.550

Los levitas

47-49 Esa cifra no incluía a los levitas, pues el SEÑOR le había dicho a Moisés: «Excluye a toda la tribu de Leví, 50 porque los levitas tienen que hacerse cargo del trabajo del santuario y de su transporte. Tienen que vivir cerca del santuario, 51 y cuando éste deba ser trasladado, los levitas deberán desmontarlo y montarlo. Si cualquiera otra persona lo toca, deberá ser ejecutada. 52 Cada tribu de Israel acampará por separado y tendrá su bandera propia. 53 Las tiendas de campaña de los levitas estarán situadas en torno al santuario para proteger al pueblo de la ira de Dios».

54 Así pues, todas las instrucciones que el SEÑOR dio a Moisés se llevaron a cabo.

Ubicación de cada tribu

2 El SEÑOR dio también estas instrucciones a Moisés y Aarón: 2 «Cada tribu tendrá su propio campamento, con un mástil y la bandera de la tribu; y en el centro de estos campamentos estará el santuario».

3-31 La ubicación de las tribus:

Campamento del este

Tribu	*Jefe*	*Situación*	*Censo*
Judá	Naasón (hijo de Aminadab)	Al este del santuario	74.600
Isacar	Natanael (hijo de Zuar)	Junto a Judá	54.400
Zabulón	Eliab (hijo de Helón)	Junto a Isacar	57.400

El total de los que estaban en el campamento junto a Judá era de ciento ochenta y seis mil cuatrocientos. Estas tribus abrían la marcha siempre que los israelitas tenían que trasladar el campamento.

Campamento del sur

Tribu	*Jefe*	*Situación*	*Censo*
Rubén	Elisur (hijo de Sedeúr)	Al sur del santuario	46.500
Simeón	Selumiel (hijo de Zurisaday)	Junto a Rubén	59.300
Gad	Eliasaf (hijo de Reuel [o Deuel])	Junto a Simeón	45.650

Así que el total de los que estaban en el campamento junto a Rubén era de ciento cincuenta y un mil cuatrocientos cincuenta. Estas tres tribus eran las segundas en marchar cuando los israelitas viajaban.

Luego seguía el santuario con los levitas. Durante los viajes, cada tribu se mantenía en torno a su bandera, conservando el lugar, el orden y la distancia que había entre cada una cuando acampaban.

Campamento del oeste

Tribu	*Jefe*	*Situación*	*Censo*
Efraín	Elisama (hijo de Amiud)	Al oeste del santuario	40.500
Manasés	Gamaliel (hijo de Pedasur)	Junto a Efraín	32.200
Benjamín	Abidán (hijo de Gedeoni)	Junto a Manasés	35.400

El total de los que estaban en el campamento junto a Efraín era de ciento ocho mil cien, y eran los terceros en marchar.

Campamento del norte

Tribu	*Jefe*	*Situación*	*Censo*
Dan	Ajiezer (hijo de Amisa-day)	Al norte del santuario	62.700
Aser	Paguiel (hijo de Ocrán)	Junto a Dan	41.500
Neftalí	Ajira (hijo de Enán)	Junto a Aser	53.400

El total de los que estaban en el campamento junto a Dan era de ciento cincuenta y siete mil seiscientos. Estos cerraban la marcha cuando Israel se trasladaba.

[32,33]En resumen, los ejércitos de Israel sumaban seiscientos tres mil quinientos cincuenta (sin incluir a los levitas, que quedaban exentos por el mandamiento que el SEÑOR le había dado a Moisés).

[34]Así pues, el pueblo de Israel asentó sus campamentos situándose y marchando cada tribu bajo su bandera, en los lugares que el SEÑOR le había indicado a Moisés.

La tribu de Leví

3 En la época en que el SEÑOR habló a Moisés en el monte Sinaí, [2]los hijos de Aarón eran: Nadab (el mayor), Abiú, Eleazar e Itamar. [3]Todos ellos fueron ungidos para el sacerdocio, y dedicados para el servicio del santuario. [4]Pero Nadab y Abiú murieron delante del SEÑOR en el desierto del Sinaí, porque utilizaron un fuego diferente al que Dios les había indicado. Y como no tenían hijos, sólo quedaron Eleazar e Itamar para ayudar a su padre Aarón.

Ministerio de los levitas

[5]Entonces el SEÑOR le dijo a Moisés: [6]«Convoca a la tribu de Leví y preséntalos a Aarón, para que sean sus ayudantes. [7-9]Seguirán sus instrucciones y realizarán los deberes sagrados del santuario en lugar de todo el pueblo de Israel, al cual representan. Se encargarán de todos los suministros del santuario y de su mantenimiento. [10]Pero sólo Aarón y sus hijos están autorizados para desempeñar este cargo; cualquiera otro que se atreva a hacerlo morirá».

Elección de los levitas

[11]Además el SEÑOR le dijo a Moisés: [12]«He aceptado a los levitas en sustitución de todos los primogénitos del pueblo de Israel. Los levitas me pertenecen [13]a cambio de todos los primogénitos. Desde el día en que maté a todos los primogénitos de los egipcios, me he reservado para mí a todos los primogénitos de Israel, tanto de hombres como de animales. Son míos: Yo soy el SEÑOR».

Censo de la tribu de Leví

[14]El SEÑOR le habló de nuevo a Moisés en el desierto del Sinaí, diciéndole: [15]«Haz el censo de la tribu de Leví, indicando el clan a que pertenece cada persona; cuenta todos los hombres desde un mes de nacidos en adelante».

[16-24]Y Moisés lo hizo. Estos fueron los resultados:

Hijo de Leví	*Nietos de Leví (Nombres del clan)*	*Censo*	*Jefe*	*Situación*
Guersón	Libní Simí	7.500	Eliasaf (hijo de Lael)	Al oeste del santuario

Responsabilidades

La responsabilidad de estos dos clanes de levitas consistía en cuidar el santuario: sus cubiertas, sus cortinajes de entrada, la cortina que cubría la valla que rodeaba el patio, la cortina de la entrada al patio del santuario, el altar y todas las cuerdas que se usaban para armar el santuario.

Coat	Amirán Izar Hebrón Uziel	8.600	Elizafán (hijo de Uziel)	Al sur del santuario

Responsabilidades

[25-37]Las responsabilidades de estos cuatro clanes de levitas consistían en cuidar el cofre, la mesa, el candelabro, los altares, los diversos utensilios

empleados en el santuario, el velo, y todo lo que
fuera necesario para sus usos. (Nota: Eleazar,
hijo de Aarón, fue el administrador general de
los jefes de los levitas, y tuvo la responsabilidad
de supervisar el santuario.)

Merari	Majlí Musí	6.200	Zuriel	Al norte del santuario

Responsabilidades:

La responsabilidad de estos dos clanes consistía
en cuidar la estructura de la tienda del santuario, los postes, las bases de los postes, y todo lo
que fuera necesario para sus usos, los postes que
hay en torno al patio, con sus bases, estacas, y
cuerdas.

La tribu de Leví

38La zona este del santuario estaba reservada
para las tiendas de Moisés y de Aarón y sus hijos,
quienes tenían la responsabilidad máxima sobre
el santuario, en representación del pueblo de
Israel. (Si alguien que no fuera sacerdote ni levita
entraba en el santuario, debía ser ejecutado.)
39Así que los levitas, contados por Moisés y
Aarón por mandamiento del SEÑOR, sumaban
veintidós mil varones de más de un mes de edad.

Los levitas y los primogénitos

40Entonces el SEÑOR le dijo a Moisés: «Ahora haz un censo de todos los primogénitos de
Israel de más de un mes de nacidos; e inscríbe-
los por sus nombres. 41Los levitas serán míos en
sustitución de los primogénitos de Israel; y el
ganado de los levitas es mío en sustitución de
los primogénitos del ganado de toda la nación.
Yo soy el SEÑOR».
42Así, pues, Moisés hizo el censo de todos los
primogénitos de Israel, como el SEÑOR había ordenado, 43y vio que el número de primogénitos de
más de un mes de nacidos era de veintidós mil
doscientos setenta y tres.
44Entonces el SEÑOR le dijo a Moisés: 45«Dame
los levitas a cambio de los primogénitos del pueblo de Israel; y dame el ganado de los levitas a
cambio de los primogénitos del ganado del pueblo de Israel; sí, los levitas serán míos. Yo soy el
SEÑOR. 46Para redimir los doscientos setenta y tres
primogénitos que exceden del número de levitas,
47,48paga sesenta gramos de plata por cada uno a
Aarón y sus hijos».
49Moisés, pues, recibió dinero para redimir a
los primogénitos que sobrepasaban el número de
los levitas. (Todos los demás estaban redimidos
porque los levitas habían sido entregados al SEÑOR
en su lugar.) 50El dinero recogido ascendió a un
total de más de dieciséis kilos de plata. 51Y Moisés
se lo dio a Aarón y a sus hijos, tal como el SEÑOR
había mandado.

Ministerio de los coatitas

4 Entonces el SEÑOR les dijo a Moisés y a Aarón:
2«Haz el censo del grupo de Coat en la tribu de Leví. 3Este censo debe incluir a todos los
hombres entre treinta y cincuenta años capaces de trabajar en el santuario. 4Estos serán sus
sagrados deberes:
5»Cuando el campamento se traslade, Aarón y
sus hijos entrarán primero en el santuario, quitarán el velo y cubrirán el cofre con él. 6Luego
cubrirán el velo con pieles de cabra, y taparán las
pieles de cabra con un paño azul, y pondrán en
los anillos del cofre las varas para transportarla.
7»Luego extenderán un paño azul sobre la
mesa donde se exhibe el pan de la Presencia;
y pondrán sobre ese paño los platos, cucharas,
tazas y el pan. 8Extenderán un paño escarlata
sobre todo eso, y por último lo taparán todo con
una piel de cabra. Después meterán las varas en
los anillos de la mesa, para el transporte.
9»Luego taparán con un manto azul el candelabro, las lamparillas, las despabiladeras, las
bandejas y el depósito del aceite. 10Todos estos
objetos serán envueltos en una piel de cabra, y
el paquete se pondrá en unas barras de madera.
11»A continuación taparán el altar de oro con
un paño azul, lo cubrirán con pieles de cabra,
y meterán las varas para transportarlo. 12Todos
los demás utensilios del santuario irán envueltos
en un paño azul, tapado con pieles de cabra, y
colocado sobre unas barras de madera.
13»Quitarán las cenizas del altar, y lo cubrirán
con un paño púrpura. 14Todos los utensilios del
altar se pondrán en este paño: los ceniceros, los
garfios, los braseros y los tazones, y se tapará todo
con pieles de cabra. Por último se colocarán las
varas para su transporte. 15Cuando Aarón y sus
hijos hayan terminado de empacar el santuario
y todos los utensilios, el clan de Coat vendrá y
trasladará todos los paquetes al nuevo lugar del
campamento; pero no deben tocar los objetos
sagrados, para que no mueran. Este es el trabajo
sagrado de los hijos de Coat.
16»Eleazar, el hijo de Aarón, se encargará del
aceite para las lámparas, del incienso, del grano
para la ofrenda diaria y del aceite de la unción.
En otras palabras, la supervisión de todo el santuario y de todo lo que en él hay, será responsabilidad suya».
17También el SEÑOR les dijo a Moisés y a Aarón:
18«¡No permitan que las familias de los hijos
de Coat se destruyan! 19Esto es lo que tienen que
hacer para que no mueran cuando trasladen las
cosas santas: Aarón y sus hijos entrarán con ellos
y les indicarán lo que cada uno debe transportar.

[20]Aparte de esto, nunca deben entrar en el santuario ni por un momento, porque si se atreven a mirar los objetos sagrados, morirán».

Ministerio de los guersonitas

[21]Y el SEÑOR le dijo a Moisés: [22]«Haz el censo del clan de Guersón de la tribu de Leví: [23]de todos los hombres entre treinta y cincuenta años, aptos para el trabajo sagrado en el santuario. [24]Sus funciones serán las siguientes:

[25]»Transportarán los cortinajes del santuario, el santuario propiamente dicho con sus cubiertas, la cubierta superior de piel de cabra, y la cortina de la entrada del santuario. [26]También transportarán las cortinas que tapan la valla del atrio, la cortina de la entrada al atrio que rodea al santuario y al altar. También transportarán el altar, las cuerdas y todos los accesorios. Serán totalmente responsables de estos objetos. [27]Aarón o cualquiera de sus hijos pueden encomendar estas tareas a los gersonitas, [28]pero éstos serán directamente responsables ante Itamar, el hijo de Aarón.

Ministerio de los meraritas

[29]»Luego haz el censo del clan de Merari de la tribu de Leví, [30]incluyendo a todos los hombres entre treinta y cincuenta años, aptos para el trabajo en el santuario. [31]Cuando se traslade el santuario, ellos transportarán la estructura del mismo, las barras, las bases, [32]la estructura de la valla del atrio con sus bases, estacas y cuerdas, y todo lo necesario para su uso y reparación. Consignarás por sus nombres todos los utensilios que ellos tienen que llevar. [33]El clan de Merari también será responsable ante Itamar, el hijo de Aarón».

Censo del clan de Coat

[34]Así pues, Moisés, Aarón y los demás jefes hicieron el censo del clan de Coat, [35]incluyendo a todos los hombres entre treinta y cincuenta años, aptos para el servicio del santuario, [36]y vieron que el número total era de dos mil setecientos cincuenta. [37]Todo esto lo hicieron en cumplimiento de las instrucciones que el SEÑOR le dio a Moisés.

Censo del clan de Guersón

[38-41]El censo similar del clan de Guersón dio una cifra de dos mil seiscientos treinta. [42-45]Y el del clan de Merari, tres mil doscientos.

Conclusión

[46-48]Así que Moisés, Aarón y los demás dirigentes de Israel vieron que el total de los levitas entre treinta y cincuenta años, aptos para el servicio en el santuario, y para su transporte, era de ocho mil quinientos ochenta. [49]Este censo se hizo en obediencia a las instrucciones que el SEÑOR le dio a Moisés».

Purificación del campamento

5 Otras instrucciones que el SEÑOR dio a Moisés: [2]«Informa al pueblo de Israel que deben sacar a todos los leprosos del campamento y a todos los que padecen flujo, así como a los que se han contaminado tocando a un muerto. [3]Esto es aplicable tanto a hombres como a mujeres. Sáquenlos para que no contaminen el campamento donde yo habito con ustedes».

[4]Estas instrucciones se llevaron a cabo.

Confesión y restitución por daños

[5]Entonces el SEÑOR le dijo a Moisés: [6]«Dile al pueblo de Israel que cuando alguien, sea hombre o mujer, sea infiel al SEÑOR por pecar contra su prójimo, [7]debe confesar su pecado y debe restituir a la persona perjudicada completamente el daño, añadiendo el veinte por ciento. [8]Pero si la persona perjudicada ha muerto, y no hay un pariente cercano a quien se pueda hacer el pago, entonces la restitución debe darse al sacerdote, junto con un cordero como restitución. [9,10]Cuando el pueblo de Israel lleve una ofrenda al SEÑOR, la ofrenda quedará como posesión de los sacerdotes».

Ley sobre los celos

[11]Y el SEÑOR le dijo a Moisés: [12]«Dile al pueblo de Israel que si la esposa de un hombre comete adulterio, [13]pero no hay pruebas por falta de testigos, [14]y él tiene sospechas y está celoso, [15]el marido llevará a su mujer ante el sacerdote junto con una ofrenda por ella, consistente en dos kilos y medio de harina de cebada, sin aceite ni incienso —porque es una ofrenda de celos— con el fin de averiguar la verdad en cuanto a si es culpable o no.

[16]»El sacerdote presentará a la mujer ante el SEÑOR, [17]y pondrá agua santa en una jarra de barro, mezclándola con polvo del suelo del santuario. [18]La mujer desatará sus cabellos y pondrá en sus manos la ofrenda de los celos para determinar si las sospechas de su marido están o no justificadas. El sacerdote estará de pie delante de ella sosteniendo al jarro con agua amarga que trae la maldición. [19]El sacerdote la pondrá bajo juramento para jurar que es inocente, y a continuación le dirá: "Si ningún hombre se ha acostado contigo, excepto tu marido que quedes libre de los efectos de esta agua amarga que trae maldición. [20]Pero si has cometido adulterio, [21,22]que el SEÑOR te maldiga en medio de tu pueblo, y no puedas tener hijos y tu vientre se hinche". Entonces le pedirá a la mujer que diga: "Sí, así sea". [23]A continuación el sacerdote escribirá las maldiciones en un libro y las lavará con el agua

amarga. 24(Cuando la mujer se beba el agua a
instancia del sacerdote, ésta se hará amarga dentro de ella si es culpable.)
25»Entonces el sacerdote tomará la ofrenda de
los celos, la mecerá ante el SEÑOR y la llevará al
altar. 26Tomará un puñado de la ofrenda, lo quemará sobre el altar, y luego ordenará a la mujer
que se beba el agua. 27Si ella se ha contaminado
cometiendo adulterio contra su marido, el agua
se volverá amarga en su interior, y su vientre
se hinchará y sus muslos se secarán, y ella será
maldita en su nación. 28Pero si ella es fiel a su
marido y no ha cometido adulterio, no le pasará
nada y pronto quedará encinta.
29»Esta es, pues, la ley en cuanto a la esposa infiel —o en cuanto a las sospechas de un
marido respecto a su mujer—. 30Esta es la ley
que se aplicará cuando una esposa sea infiel a
su marido, o éste sospeche que lo ha sido, el
marido llevará a su mujer ante el sacerdote, y
éste actuará como se ha dicho antes. 31El marido
no será juzgado por haberle causado tan terrible
enfermedad, pues ella es la responsable».

Los nazareos

6 El SEÑOR también le dio a Moisés estas instrucciones para el pueblo de Israel: 2«Cuando un
hombre o una mujer haga el voto del nazareato,
consagrándose al SEÑOR de un modo especial,
3,4durante todo el período de su consagración al
SEÑOR no debe probar bebidas fuertes, ni vino
añejo, ni vino recién hecho, ni mosto, ni uvas,
ni uvas pasas. No puede comer nada de lo que
proviene de la uva, ni siquiera los granillos o
el hollejo.
5»Durante todo ese tiempo nunca se cortará
el cabello, pues es santo y consagrado al SEÑOR,
y por eso debe dejar que le crezca.
6»Tampoco podrá acercarse a un cadáver
durante el tiempo de su voto, 7aunque se trate
del cuerpo de su padre o de su madre, hermano
o hermana, pues su voto de consagración sigue
teniendo efecto, 8y está consagrado al SEÑOR
durante todo ese tiempo.
9»Si se contamina porque alguien cae muerto junto a él, siete días después se afeitará su
cabeza contaminada y así quedará limpio de la
contaminación por haber estado en presencia de
un cadáver. 10Al día siguiente, el octavo, llevará
dos tórtolas o dos palominos al sacerdote, en la
entrada del santuario. 11El sacerdote ofrecerá una
de estas aves a modo de ofrenda por el pecado,
y la otra como ofrenda totalmente quemada, y
así reparará el problema de su contaminación.
Ese mismo día deberá renovar sus votos y dejar
que el cabello le vuelva a crecer. 12Los días que
cumplió del voto antes de su contaminación no
serán válidos. Debe empezar de nuevo con otro
voto, y debe presentar un cordero de un año en
pago por su culpa.
13»Al terminar el período de su consagración al
SEÑOR, irá a la entrada del santuario 14y ofrecerá
como ofrenda quemada al SEÑOR, un cordero de
un año sin ningún defecto. También ofrecerá
una cabra de un año sin ningún defecto en pago
por sus pecados, un carnero sin defecto como
ofrenda de paz, 15una cesta de panes sin levadura; panes hechos con harina fina y aceite de
oliva, hojaldres sin levadura untados con aceite
y las correspondientes ofrendas de grano y de
bebidas. 16El sacerdote presentará estas ofrendas
ante el SEÑOR: primero la ofrenda por el pecado
y la ofrenda quemada, 17luego el carnero de la
ofrenda de paz junto con la cesta de pan sin
levadura, y por último la ofrenda de grano y la
ofrenda de bebidas.
18»Entonces el nazareo se cortará el cabello que
se dejó crecer como señal de su voto de separación. Esto se hará a la entrada del santuario, y a
continuación se echará el cabello al fuego, junto
con el sacrificio de la ofrenda de paz. 19Después de
afeitar la cabeza del devoto, el sacerdote cogerá
la paletilla asada del cordero, uno de los panes
(hechos sin levadura) y una de las hojaldres, y
lo pondrá en las manos del hombre. 20Luego el
sacerdote lo mecerá ante el SEÑOR como se hace
con la ofrendas. Todo esto será una porción santa
para el sacerdote, así como también la costilla
y la paletilla que fueron mecidas ante el SEÑOR.
Después de esto el nazareo puede beber otra vez
vino, pues ha quedado libre de su voto.
21»Ese es el reglamento para el nazareato y para
sus sacrificios al terminar el período de la dedicación especial. Además de estos sacrificios debe
también traer la ofrenda que prometió cuando
hizo el voto de hacerse nazareo».

Bendición sacerdotal

22Luego el SEÑOR le dijo a Moisés: 23«Diles a
Aarón y a sus hijos que cuando bendigan al pueblo de Israel lo hagan con esta bendición: 24-26"El
SEÑOR te bendiga y te guarde; que el rostro del
SEÑOR resplandezca sobre ti, que él te sea propicio, te muestre su favor y te dé su paz". 27Así es
como Aarón y sus hijos invocarán mis bendiciones sobre el pueblo de Israel; y yo los bendeciré».

Ofrendas para la consagración del santuario

7 Moisés ungió y santificó el santuario, incluyendo el altar y los utensilios, el mismo día en
que se terminó su montaje. 2Entonces los dirigentes de Israel —los jefes de las tribus que habían
organizado el censo— presentaron sus ofrendas.
3Trajeron seis carros cubiertos, tirados cada uno
de ellos por dos bueyes —un carro por cada dos

jefes y un buey por cada uno— y lo presentaron ante el SEÑOR a la entrada del santuario.

4-5«Acepta sus ofrendas» —le dijo el SEÑOR a Moisés—, «y utiliza esos carros para el trabajo del santuario. Entrégaselos a los levitas para lo que los necesiten». 6Moisés, por lo tanto, hizo entrega de los carros y los bueyes a los levitas. 7Al clan de Guersón se le dio, para uso de ellos, dos carros y cuatro bueyes, 8y cuatro carros y ocho bueyes fueron entregados al grupo de Merari, que estaba al mando de Itamar, hijo de Aarón. 9Al grupo de Coat no se le dio ningún carro ni ninguna yunta, ya que se les había requerido que transportaran en hombros la parte que les correspondía del santuario.

Ofrendas para la dedicación del altar

10Los jefes presentaron también unas ofrendas de dedicación el día en que el altar fue ungido, colocándolas sobre el altar.

11El SEÑOR le dijo a Moisés: «Que cada uno traiga, en días diferentes, su ofrenda para la dedicación del altar».

La ofrenda de Judá

12Naasón, hijo de Aminadab, de la tribu de Judá, fue el primero en presentar su ofrenda. 13Ésta consistía en una bandeja de plata que pesaba más de un kilo y medio y un tazón de plata de más de ochocientos gramos, llenos los dos con ofrendas de harina y aceite. 14También presentó una pequeña bandeja de oro llena de incienso, que pesaba unos ciento veinte gramos. 15Trajo además, como ofrendas para ser quemadas por completo, un becerro, un carnero y un corderillo de un año. 16También trajo un chivo para la ofrenda por el pecado, 17y dos bueyes, cinco carneros, cinco chivos y cinco corderillos de un año para la ofrenda de paz.

La ofrenda de Isacar

18-23Al día siguiente Natanael, hijo de Zuar, jefe de la tribu de Isacar, presentó sus dones y ofrendas. Eran éstos exactamente iguales que los que había presentado Naasón el día anterior.[b]

La ofrenda de Zabulón

24-29Al tercer día, Eliab, hijo de Helón, jefe de la tribu de Zabulón, vino con ofrendas iguales a las que se habían presentado los días anteriores.

La ofrenda de Rubén

30-35Al cuarto día Elisur, hijo de Sedeúr, jefe de la tribu de Rubén, fue a entregar sus ofrendas, que eran iguales que las que se habían presentado con anterioridad.

b. El texto original repite la lista de las ofrendas anotadas en los versículos 13-17.

La ofrenda de Simeón

36-41Al quinto día fue Selumiel, hijo de Zurisaday, jefe de la tribu de Simeón, con las mismas ofrendas.

La ofrenda de Gad

42-47Al día siguiente le correspondió a Eliasaf, hijo de Deuel, jefe de la tribu de Gad. También él presentó las mismas ofrendas y sacrificios.

La ofrenda de Efraín

48-53Al séptimo día, Elisama, hijo de Amiud, jefe de la tribu de Efraín, llevó sus ofrendas, igual que las que se habían presentado anteriormente.

La ofrenda de Manasés

54-59Gamaliel, hijo de Pedasur, jefe de la tribu de Manasés, fue al octavo día con las mismas ofrendas.

La ofrenda de Bejamín

60-65Al noveno día fue Abidán, hijo de Gedeoni, jefe de la tribu de Benjamín, con ofrendas iguales a las que presentaron los otros.

La ofrenda de Dan

66-71Ajiezer, hijo de Amisaday, llevó sus ofrendas al décimo día. Este era jefe de la tribu de Dan, y sus ofrendas fueron iguales que las de los demás.

La ofrenda de Aser

72-77Paguiel, hijo de Ocrán, jefe de la tribu de Aser, llevó sus ofrendas al undécimo día y eran idénticas a las anteriores.

La ofrenda de Neftalí

78-83Al duodécimo día se presentó Ajira, hijo de Enán, jefe de la tribu de Neftalí, con sus ofrendas, que eran idénticas a las entregadas por los otros.

Conclusión

84-86Así pues, a partir del día en que se ungió el altar, éste fue dedicado con las ofrendas de los jefes de las tribus de Israel. Las ofrendas sumadas fueron:

12 bandejas de plata (de más de un kilo y medio cada una);

12 tazones de plata (de más de ochocientos gramos cada uno, de modo que el peso total de la plata era casi veintinueve kilos);

12 cajitas de oro (cada una de ellas de ciento veinte gramos; de modo que el peso total del oro casi llegaba al kilo y medio).

87Para las ofrendas que se ofrecen en su totalidad presentaron:

12 becerros, 12 carneros y 12 chivos tiernos (con las ofrendas de grano que les acompañaban).

Para las ofrendas por el pecado presentaron:

12 chivos.

88Para las ofrendas de paz presentaron:

24 novillos, 60 carneros, 60 chivos, 60 corderos de un año.

Dios se revela en medio del pueblo

89Cuando Moisés entraba en el santuario para hablar con Dios, oía la voz que le hablaba desde encima del propiciatorio que estaba sobre el cofre, entre los dos querubines.

Las lámparas del candelabro

8 El Señor le dijo a Moisés: 2«Dile a Aarón que cuando encienda las siete lámparas del candelabro, debe hacerlo de forma que la luz se proyecte hacia delante».

3Y Aarón lo hizo así. 4El candelabro, incluyendo los adornos florales de la base y las ramas, estaba todo hecho de oro labrado a martillo. Su construcción correspondía al modelo exacto que el Señor le había mostrado a Moisés.

Consagración de los levitas

5Entonces el Señor le dijo a Moisés: 6«Ahora separa a los levitas de las demás tribus de Israel. 7Esto lo harás rociando sobre ellos el agua de la purificación, y haciendo que se afeiten el cuerpo y se bañen y se laven la ropa. 8Haz que traigan un becerro y una ofrenda de harina fina mezclada con aceite, junto con otro becerro para la ofrenda por el pecado. 9Luego haz venir a los levitas a la puerta del santuario, a vista de todo el pueblo. 10Entonces los jefes de las tribus pondrán las manos sobre ellos, 11y Aarón, como si estuviera haciendo una ofrenda, los presentará al Señor como un don de toda la nación de Israel. Así, los levitas quedarán consagrados y representarán a todo el pueblo en el servicio del Señor.

12»A continuación, los jefes levitas pondrán las manos sobre las cabezas de los becerros y los ofrecerán al Señor; uno para la ofrenda por el pecado y el otro para ser quemada en su totalidad, para perdonar las faltas y pecados de los levitas. 13Los levitas serán presentados a Aarón y sus hijos, de la misma forma en que cualquiera otra ofrenda al Señor es presentada a los sacerdotes. 14De esta forma dedicarás a los levitas de entre el resto del pueblo de Israel, y los levitas serán míos. 15Después de que los hayas santificado y presentado de esta forma, podrán entrar y salir del santuario en cumplimiento de sus deberes:

16»Son míos de entre el pueblo de Israel y yo los he aceptado en sustitución de todos los primogénitos de los israelitas. He tomado a los levitas como sustitutos, 17pues todos los primogénitos de los hijos de Israel son míos, tanto hombres como animales; yo me los apropié la noche en que maté a todos los primogénitos de los egipcios. 18Sí, yo he aceptado a los levitas en lugar de los primogénitos de Israel. 19Y los daré como presente a Aarón y sus hijos. Los levitas desempeñarán los deberes sagrados requeridos al pueblo de Israel en el santuario, y ofrecerán los sacrificios del pueblo para obtener el perdón por él. Así, no habrá plaga alguna en Israel como la habría si personas comunes entraran en el santuario».

20Moisés y Aarón y todo el pueblo de Israel dedicaron, pues, a los levitas, siguiendo cuidadosamente las instrucciones que el Señor le había dado a Moisés.

21Los levitas se purificaron y lavaron sus vestiduras, y Aarón los presentó al Señor haciendo un gesto de ofrenda. Luego hizo el rito del perdón sobre ellos para purificarlos. 22Después de esto entraron en el santuario como ayudantes de Aarón y sus hijos. Todo se hizo como el Señor le había mandado a Moisés.

23El Señor le dijo también a Moisés: 24«Los levitas comenzarán a servir en el santuario a la edad de veinticinco años, 25y se retirarán a los cincuenta. 26Después de su retiro pueden ayudar en el santuario en las tareas ligeras, pero no tendrán deberes regulares».

La fecha de la Pascua

9 El Señor le dio estas instrucciones a Moisés cuando él y el resto de Israel estaban en la península de Sinaí, durante el primer mes del segundo año tras su salida de Egipto: 2-3«El pueblo de Israel debe celebrar la Pascua cada año el día catorce del primer mes empezando al atardecer. Asegúrate de que sigan todas mis instrucciones al celebrarla».

4Moisés anunció entonces 5que la celebración de la Pascua comenzaría al atardecer del día catorce, allí mismo; en la península de Sinaí, tal como el Señor había ordenado. 6Pero sucedió que varios hombres habían asistido a un entierro, 7y estaban contaminados ceremonialmente por haber tocado el cadáver, de modo que no podían comer el cordero pascual aquella noche. Acudieron a Moisés y a Aarón y les explicaron el problema y se quejaron de que se les prohibiera comer su sacrificio al Señor en el día señalado.

8Moisés respondió que consultaría al Señor acerca de esta cuestión, 9y una vez hecho, la respuesta del Señor fue como sigue:

10«Si cualquier persona del pueblo de Israel, ya sea ahora o en las generaciones venideras, queda contaminada en la época de la Pascua a causa de haber tocado un cuerpo muerto, o si está de viaje y no puede estar presente, debe celebrar también la Pascua, pero un mes más tarde, 11el día catorce del segundo mes, por la noche. Deberá comer el cordero ese día, con pan sin levadura y hierbas amargas. 12No debe dejar ninguna sobra para la

mañana siguiente, y tampoco debe romper ningún hueso del cordero, y debe seguir todas las
instrucciones normales de la Pascua.
13»Pero cualquiera que no esté contaminado
o no esté de viaje, y no obstante se oponga a
celebrar la Pascua en la fecha establecida, será
expulsado del pueblo de Israel por rehusar hacer
el sacrificio en el momento debido; y responderá
por su falta. 14Y si un extranjero vive con ustedes
y quiere celebrar la Pascua al Señor, seguirá las
mismas instrucciones. Todos tienen la misma
ley».

La nube cubre el santuario

15El día en que se erigió el santuario, la nube
lo cubrió; y por la noche la nube se transformó
en fuego y se mantuvo así durante toda la noche.
16Siempre sucedía así: la nube que lo cubría de
día tomaba de noche aspecto de fuego. 17Cuan-
do la nube se levantaba, el pueblo de Israel la
seguía hasta donde se detenía, y acampaba allí.
18Por orden del Señor todo el pueblo viajaba y
por orden del Señor se detenía y acampaba. 19Si
la nube se detenía por largo tiempo, todos los
israelitas se quedaban por largo tiempo. Pero si
se detenía tan sólo por unos días, ellos sólo se
quedaban esos días, porque así lo había ordenado
el Señor. 20-21A veces la nube de fuego se detenía
tan sólo una noche, y a la mañana siguiente
continuaba su marcha. Pero fuera de día o de
noche cuando la nube se movía, el pueblo des-
montaba el campamento y la seguía. 22Si la nube
permanecía sobre el santuario dos días, un mes
o un año, ese era el tiempo que el pueblo de
Israel se detenía; pero en cuanto se movía, ellos
la seguían. 23Resultaba así que acampaban o
viajaban por orden del Señor; y cualquier cosa
que el Señor le ordenaba a Moisés, lo hacían.

La señal de las trompetas

10 Luego el Señor le dijo a Moisés: 2«Haz dos
trompetas de plata labrada para convocar a las asambleas del pueblo y para indicar el
desmontaje del campamento. 3Cuando suenen
las dos trompetas, el pueblo entenderá que debe
reunirse a la entrada del santuario. 4Pero si sólo
suena una trompeta, sólo comparecerán ante ti
los jefes de las tribus de Israel.
5-7»Usarás distintos toques de trompeta para
diferenciar la convocatoria a una asamblea y la
orden de desmontar el campamento y emprender
la marcha. Cuando suene la señal de partida, las
tribus acampadas al este del santuario serán las
primeras en salir. Y cuando suene la segunda
señal marcharán las que están al sur. 8Única-
mente los sacerdotes podrán tocar las trompetas.
Ésto es una orden permanente que ha de obedecerse por todas las generaciones.
9»Cuando lleguen a la Tierra prometida y tengan que luchar contra sus enemigos, Dios los oirá
y los salvará de ellos cuando den la alarma con
estas trompetas. 10Usen las trompetas en tiempo
de alegría también, haciéndolas sonar en las
fiestas anuales y al comienzo de cada mes, para
alegrarse en las ofrendas totalmente ofrecidas a
Dios y en las ofrendas de paz. Y yo me acordaré
de ustedes. Pues yo soy el Señor, su Dios».

Desde el Sinaí hasta Parán

11La nube se levantó del santuario el día veinte
del segundo mes del segundo año después de la
salida de Israel de Egipto 12y los israelitas salieron
del desierto de Sinaí y siguieron la nube hasta
que ésta se detuvo en el desierto de Parán. 13Este
fue su primer viaje después de que Moisés recibió
las instrucciones del Señor.
14Abriendo la marcha iba la tribu de Judá,
agrupada detrás de su bandera, y conducida por
Naasón, hijo de Aminadab. 15A continuación iban
la tribu de Isacar, conducida por Natanael, hijo
de Zuar, 16y la tribu de Zabulón, conducida por
Eliab, hijo de Helón.
17El santuario fue desmontado y los hombres
de Guersón y Merari, grupos de la tribu de Leví,
se pusieron a continuación en la línea de marcha, llevando el santuario en los hombros. 18A
continuación iba la bandera del campamento
de Rubén, con Elisur hijo de Sedeúr a la cabeza.
19Le seguían la tribu de Simeón, encabezada por
Selumiel hijo de Zurisaday, 20y la tribu de Gad
conducida por Eliasaf, hijo de Deuel.
21Después seguían los coatitas, llevando los
utensilios del Lugar Santísimo. (El santuario
estaba ya montado en su nuevo emplazamiento
cuando ellos llegaban.) 22A continuación iba la
tribu de Efraín tras su bandera, conducida por
Elisama, hijo de Amiud, 23la tribu de Manasés
conducida por Gamaliel hijo de Pedasur 24y la
tribu de Benjamín conducida por Abidán hijo
de Gedeoni. 25En último lugar marchaban las
tribus encabezadas por la bandera de Dan, bajo
la dirección de Ajiezer hijo de Amisaday, 26la tribu
de Aser dirigida por Paguiel hijo de Ocrán, 27y la
tribu de Neftalí conducida por Ajira, hijo de Enán.
28Este era el orden en que marchaban las tribus.

Moisés invita a Hobab

29Un día Moisés le dijo a su cuñado Hobab,
hijo de Reuel, el madianita:
—Por fin estamos camino a la Tierra prometida. Ven con nosotros y te favoreceremos, pues el
Señor ha hecho maravillosas promesas a Israel.
30Pero su cuñado le respondió:
—¡Muchas gracias!, pero debo regresar a mi
tierra, con mis parientes.

31—Quédate con nosotros —le rogó Moisés—, pues tú conoces los caminos del desierto y nos servirás de guía. 32Si vienes, tendrás una parte de los bienes que Dios nos dará.

Israel se pone en marcha

33Tras dejar el monte Sinaí, viajaron tres días con el cofre al frente de la columna, para elegir lugar donde detenerse. 34Cuando salieron era de día, y la nube iba delante de ellos mientras marchaban. 35Cuando el cofre empezaba a moverse, Moisés exclamaba: «Levántate; oh SEÑOR, y esparce a tus enemigos; que huyan delante de ti». 36Y cuando el cofre se detenía, decía: «Vuelve, Oh SEÑOR, a los miles de millares de Israel».

Fuego del Señor en Taberá

11 El pueblo empezó pronto a quejarse, y el SEÑOR lo oyó. Su furor se encendió contra ellos a causa de sus quejas, y el fuego del SEÑOR empezó por destruir a los que se encontraban en uno de los extremos del campamento. 2Entonces ellos clamaron a Moisés, y cuando éste oró por ellos, el fuego se apagó. 3Desde entonces aquel lugar se conoció con el nombre de Taberá (Incendio), porque el fuego del SEÑOR ardió allí.

El pueblo añora las cosas de Egipto

4,5El populacho que iban con ellos empezó a añorar las cosas buenas de Egipto. A esto se sumó el resto de los israelitas que, descontentos, empezaron a llorar diciendo:

«¡Quién nos diera carne! ¡Ah, si tuviéramos un poco del delicioso pescado que comíamos gratis en Egipto, y pepinos, melones, puerros, cebollas y ajos! 6Pero aquí estamos perdiendo las fuerzas, y todos los días tenemos que conformarnos con este maná».

7Y era el maná del tamaño de una semilla de cilantro, y tenía el aspecto de gotas de resina de árbol. 8El pueblo lo recogía del suelo y lo machacaba para convertirlo en harina, lo hervía después y hacía tortas con él. Sabía a tortas fritas con aceite de oliva. 9El maná caía con el rocío de la noche.

Moisés se queja ante Dios

10Moisés oyó que las familias lloraban de pie delante de sus tiendas, y el furor del SEÑOR se encendió. También Moisés se disgustó mucho, y 11le dijo al SEÑOR: «¿Por qué me has elegido a mí para darme una carga semejante con este pueblo? 12¿Acaso son hijos míos? ¿Soy yo su padre para que me impongas el deber de criarlos como si fueran criaturas, hasta que lleguemos a la tierra que prometiste a sus antepasados? 13¿De dónde voy a sacar carne para toda esta gente? Porque me están llorando y diciendo: "¡Danos carne!" 14¡Yo solo no puedo soportar a esta nación! ¡Es demasiada carga! 15Si me vas a tratar así, mándame la muerte; me harías un favor. ¡Déjame salir de esta situación insoportable!»

Dios responde a Moisés

16Entonces el SEÑOR le dijo a Moisés:

—Convócame a setenta dirigentes de Israel y reúnelos en el santuario para que se presenten contigo. 17Yo descenderé y hablaré contigo allí, y tomaré del Espíritu que hay en ti y lo pondré también en ellos. Ellos te ayudarán a llevar la carga de modo que no tengas que hacer este trabajo solo.

18»Y dile a la gente que se purifique, porque mañana tendrán carne para comer. Diles: "El SEÑOR ha oído sus lloriqueos por lo que han dejado en Egipto, y les va a dar carne. Comerán carne. 19no por un día ni dos, ni cinco ni diez ni veinte. 20Durante un mes entero tendrán carne, hasta que la vomiten por las narices; porque han despreciado al SEÑOR que está aquí entre ustedes y han suspirado por Egipto"».

21Pero Moisés dijo:

—Sólo los hombres suman seiscientos mil (mujeres y niños aparte); ¡y a pesar de eso les prometes carne durante todo un mes! 22¡Aunque matáramos todos nuestros rebaños no tendríamos suficiente! ¡Habría que pescar todos los peces del mar para cumplir tu promesa!

23Entonces el SEÑOR dijo a Moisés:

—¿Cuándo he sido débil? ¡Ahora verás que mi palabra se cumple!

24Y Moisés salió del santuario e informó al pueblo de las palabras del SEÑOR; y reunió a los setenta ancianos y los situó en torno al santuario. 25Y el SEÑOR descendió en la nube y habló con Moisés, y tomó del Espíritu que había en Moisés y lo puso en los setenta ancianos; y cuando el Espíritu estuvo en ellos, profetizaron una sola vez. 26Pero dos de aquellos setenta —Eldad y Medad— se habían quedado en el campamento, y cuando el Espíritu vino a ellos, profetizaron allí. 27Un muchacho fue corriendo y le explicó a Moisés lo que estaba sucediendo, 28y Josué (hijo de Nun), uno de los ayudantes de Moisés, protestó:

—¡Moisés, hazles callar!

29Pero Moisés le respondió:

—¿Tienes celos por mí? ¡Ojalá todo el pueblo de Dios fuera profeta, y el SEÑOR pusiera su Espíritu sobre todos ellos!

30Entonces Moisés regresó al campamento acompañado de los ancianos de Israel.

31El SEÑOR envió un viento que arrastró codornices de la ribera del mar, y las dejó caer en el campamento y en todos sus alrededores. Había codornices en todas direcciones, a distancia de un día de camino, y hasta casi un metro de altura. 32Así pues, el pueblo tomó y mató codornices durante todo el día y la noche, y todo el día siguiente. El que menos recogió, juntó diez montones, y algunos hasta las extendieron en el campo para secarlas. 33Pero en cuanto empezaron a comer carne, la ira de Dios se levantó contra el pueblo, y mató a gran cantidad de ellos con una plaga. 34Por esta razón aquel lugar fue llamado Quibrot Hatavá (Tumba de los codiciosos), porque allí enterraron a los que habían deseado la carne y el regreso a Egipto. 35Y desde aquel lugar se trasladaron a Jazerot, y se quedaron allí una temporada.

Miriam y Aarón critican a Moisés

12 Un día Miriam y Aarón se pusieron a criticar a Moisés porque su mujer era una cusita, 2y dijeron:

—¡El Señor no ha hablado sólo por medio de Moisés! ¡También ha hablado por medio de nosotros dos!

Pero el Señor los oyó 3,4y no le gustó el comentario de ambos, porque Moisés era el hombre más humilde del mundo, e inmediatamente convocó a Moisés, a Aarón y a Miriam al santuario:

—Vengan aquí los tres —ordenó.

Entonces se presentaron ante el Señor.

5De inmediato el Señor descendió en la nube y se situó a la entrada del santuario, y les ordenó a Miriam y Aarón que se acercaran. Y ellos lo hicieron. 6El Señor les dijo:

—Hasta con un profeta me comunicaría con visiones y sueños; 7pero no es así como me comunico con mi siervo Moisés. ¡Él es completamente fiel en toda mi casa! 8¡Con él hablo cara a cara! ¡Y él ve la mismísima apariencia de Dios! ¿Cómo es que se han atrevido a criticarlo?

9Entonces la ira del Señor se encendió contra ellos, y Dios se apartó. 10En el momento en que la nube se alejó de encima del santuario, Miriam quedó de repente blanca por la lepra. Aarón vio lo ocurrido, 11y le dijo a Moisés:

—Señor, no nos castigues por este pecado; hemos sido necios al hacerlo. 12Que no quede ella como quien ha muerto desde antes de nacer.

13Moisés clamó al Señor diciendo:

—Sánala, oh Dios, te lo ruego. 14Y el Señor le dijo a Moisés:

—Si su padre le hubiera escupido el rostro, ella habría quedado impura durante siete días. Que quede fuera del campamento por siete días, y después podrá regresar.

15Entonces Miriam fue expulsada del campamento por siete días, y el pueblo esperó hasta que ella regresara antes de continuar el viaje. 16Después salieron de Jazerot y acamparon en el desierto de Parán.

Los israelitas exploran Canaán

13 Un día el Señor le ordenó a Moisés: 2«Envía espías a la tierra de Canaán; la tierra que le voy a dar a Israel. Envía uno de cada tribu».

3-15Moisés hizo lo que el Señor le había ordenado y envió desde el desierto de Parán a las siguientes personas, una por cada tribu:

Samúa, hijo de Zacur, de la tribu de Rubén;
Safat, hijo de Horí, de la tribu de Simeón;
Caleb, hijo de Jefone, de la tribu de Judá;
Igal, hijo de José, de la tribu de Isacar;
Oseas, hijo de Nun, de la tribu de Efraín;
Palti, hijo de Rafú, de la tribu de Benjamín;
Gadiel, hijo de Sodi de la tribu de Zabulón;
Gadí, hijo de Susi, de la tribu de José (realmente era parte de la tribu de Manasés);
Amiel, hijo de Gemalí, de la tribu de Dan;
Setur, hijo de Micael, de la tribu de Aser
Najbi, hijo de Vapsi, de la tribu de Neftalí;
Geuel, hijo de Maquí, de la tribu de Gad.

16En esta ocasión Moisés le cambió el nombre a Oseas (Salvación) y le puso Josué (el Señor es salvación).

17Moisés los envió en su misión de exploración diciéndoles:

—Vayan hacia el norte, hacia el Néguev, y suban las montañas; 18y observen qué tal es la tierra; fíjense, además, cómo es el pueblo que vive allí, si son fuertes o débiles; pocos o muchos; 19si la tierra es fértil o no, y qué clase de ciudades son, si son pueblos sin muros o si son ciudades fortificadas; 20si la tierra es rica o pobre, y si hay árboles. No teman, y cuando regresen traigan algunas muestras de los frutos que vean. (Era la época en que comenzaba la vendimia.)

21Ellos fueron y exploraron la tierra de Canaán desde el desierto de Zin hasta Rejob y Jamat. 22Yendo hacia el norte, atravesaron el Néguev y llegaron a Hebrón. Allí vieron a los descendientes de Ajimán, de Sesay y de Talmay, descendientes de Anac. (Hebrón era muy antigua, y había sido fundada siete años antes que Zoán, en Egipto.) 23Luego llegaron a lo que se conoce ahora como valle de Escol donde cortaron un racimo de uvas tan grande que fue necesario transportarlo en un palo cargado por dos hombres. También llevaron algunas muestras de granadas e higos. 24Los israelitas llamaron al valle Escol (Racimo) por el racimo que allí encontraron.

Informe de los espías

25Cuarenta días después regresaron de su expedición. 26Informaron a Moisés, a Aarón y a todo el pueblo de Israel en el desierto de Parán, en Cades, y les mostraron el fruto de la tierra que habían traído consigo.

27Este fue su informe:

—Llegamos a la tierra que ustedes nos enviaron a explorar, y encontramos que es una tierra excelente de la que realmente fluye leche y miel. Hemos traído estos frutos como muestra. 28Pero el pueblo que vive en ella es poderoso, sus ciudades están fortificadas y son grandes y, lo que es peor, hemos visto gigantes descendientes de Anac en aquellos lugares. 29Los amalecitas viven en el sur, mientras que en los montes hay heteos, jebuseos y amorreos. A lo largo de la costa del Mediterráneo y en el valle del Jordán están los cananeos.

30Sin embargo, Caleb animó al pueblo delante de Moisés.

—Subamos inmediatamente y tomemos posesión de la tierra —dijo— porque podemos conquistarla.

31—No podremos luchar contra un pueblo tan poderoso —respondieron los otros espías.

32De modo que el informe de la mayoría de los exploradores fue negativo:

—La tierra está llena de guerreros, los pueblos que la habitan son poderosos, 33y vimos gigantes descendientes de Anac. Eran tan grandes que parecíamos langostas al lado de ellos.

El pueblo se rebela

14 Entonces el pueblo comenzó a llorar en alta voz y se pasaron la noche llorando. 2Elevaron sus voces como un gran coro de quejas en contra de Moisés y Aarón.

«Preferiríamos haber muerto en Egipto —se quejaban— o aun aquí en el desierto, 3antes que entrar a ese país que tenemos ante nosotros. El Señor permitirá que nos maten allí y nuestras esposas e hijos serán esclavos. Regresemos a Egipto».

4La idea corrió por el campamento:

«Elijamos a un caudillo y regresemos a Egipto».

5Entonces Moisés y Aarón se postraron en tierra delante del pueblo de Israel; 6dos de los espías, Josué hijo de Nun y Caleb, hijo de Jefone, rasgaron su ropa 7y le dijeron al pueblo:

—Tenemos un país maravilloso por delante 8y el Señor nos ama. Él hará que entremos sanos y salvos en la tierra y nos la entregará. Es una tierra muy fértil, una tierra de la que verdaderamente fluye leche y miel. 9No se rebelen contra el Señor y no teman al pueblo que habita en aquella tierra. Los venceremos fácilmente. El Señor está con nosotros y se ha apartado de ellos. No teman.

10Como respuesta, todo el pueblo se dispuso apedrearlos. Pero la gloria del Señor apareció ante ellos, 11y el Señor le dijo a Moisés:

—¿Hasta cuando me despreciará este pueblo? ¿Es que nunca me creerán aun después de todos los milagros que he hecho entre ellos? 12Los desheredaré y los destruiré con una plaga, y de ti haré una nación mucho más poderosa que ellos.

13—Pero, ¿qué pensarán los egipcios cuando oigan acerca de esto? —le respondió Moisés al Señor—. Ellos saben bien la demostración de poder que hiciste al rescatar a tu pueblo. 14Lo han contado a los habitantes de esta tierra, que saben bien que tú estás con Israel y que tú hablas con Israel cara a cara. Ellos ven la columna de nube y fuego que está sobre nosotros, y saben que tú nos diriges y nos proteges día y noche. 15Si matas a este pueblo, las naciones que habrán oído de tu fama dirán: 16"El Señor les ha dado muerte porque no tuvo suficiente poder para introducirlos en la tierra que juró que les daría".

17»Oh Señor, muestra tu gran poder, 18misericordia y gran paciencia perdonando nuestros pecados. Perdónanos aun cuando dijiste que no dejarías pecado sin castigo, y que castigas las faltas del padre en los hijos hasta la tercera y cuarta generación. 19Perdona los pecados de este pueblo por tu amor magnífico, así como muchas veces los has perdonado desde que salimos de Egipto».

20—Bien, los perdonaré de la manera que me has pedido —respondió el Señor—. 21Pero juro por mi propio nombre que, así como la tierra está llena de mi gloria, 22ninguno de los hombres que vieron mi gloria y los milagros que hice en Egipto y en el desierto (y diez veces se negaron a confiar en mí y a obedecerme) 23verá la tierra que les prometí a sus antepasados. 24Pero mi siervo Caleb es diferente: me ha obedecido en todo. Lo haré entrar en la tierra donde ya ha estado, y sus descendientes poseerán una buena parte de ella. 25Pero ahora, puesto que el pueblo de Israel teme a los amalecitas y a los cananeos que viven en los valles, mañana regresarán al desierto en dirección al Mar Rojo.

26Entonces el Señor les dijo a Moisés y a Aarón:

27—¿Hasta cuando se quejará de mí este pueblo perverso? 28Dile: "El Señor promete concederles lo que acaban de pedir. 29Morirán todos en el desierto. Ninguno que tenga más de veinte años y se haya quejado contra mí 30entrará en la Tierra prometida. Sólo Caleb, hijo de Jefone, y Josué, hijo de Nun podrán entrar. 31Ustedes dijeron que sus hijos serían esclavos del pueblo de esa tierra. Pues no. Al contrario, los haré vivir tranquilos en la tierra y heredarán lo que ustedes han despreciado. 32En cuanto a ustedes, sus cadáveres quedarán en el desierto. 33Hasta que no muera el último de ustedes en el desierto, sus hijos vagarán por él como nómadas durante cuarenta años. De esta manera ustedes pagarán por su falta de fe. 34Por cuanto los espías estuvieron cuarenta días en la tierra, ustedes vagarán en el desierto durante cuarenta años, un año por cada día, llevando la carga de sus pecados. Les enseñaré cada día lo que significa rechazarme". 35Yo el Señor he hablado. Cada uno de ustedes que haya conspirado en mi contra morirá en este desierto.

36-38Los diez espías que habían incitado la rebelión contra el Señor y habían llenado de temor los corazones del pueblo fueron los primeros en morir delante del Señor. Josué y Caleb fueron los únicos que quedaron con vida.

El pueblo intenta conquistar la tierra

39Y hubo llanto en el campamento cuando Moisés les informó lo que el Señor le había dicho.

40A la mañana siguiente los israelitas se levantaron muy temprano y comenzaron a avanzar hacia la Tierra prometida.

—Comprendemos que hemos pecado —dijeron—, pero ahora estamos dispuestos a entrar en la tierra que el Señor nos ha prometido.

41—Es demasiado tarde —les respondió Moisés—. Ahora están desobedeciendo las órdenes del Señor de regresar al desierto.

42No sigan con ese plan o serán derrotados por sus enemigos, porque el Señor no irá con ustedes. 43¿No recuerdan? ¡Allí están los amalecitas y los cananeos! Ustedes se han apartado del Señor y ahora él se apartará de ustedes.

44Pero ellos avanzaron hacia las montañas a pesar de que ni el cofre ni Moisés salieron con ellos del campamento. 45Entonces los amalecitas y los cananeos que vivían en las montañas cayeron sobre ellos y los atacaron y los persiguieron hasta el pueblo de Jormá donde los derrotaron totalmente.

Leyes adicionales sobre las ofrendas

15 El Señor habló con Moisés y le dio las siguientes órdenes para el pueblo de Israel: 2«Cuando los hijos de ustedes estén en la tierra que les voy a dar 3y quieran agradar al Señor con una ofrenda quemada por completo u otro tipo de ofrenda, ofrecerán un animal de sus rebaños de ovejas, cabras o vacas. Cada sacrificio, sea ordinario o para cumplir un voto, sea una ofrenda voluntaria o un sacrificio especial en una de las festividades anuales, será acompañado de una ofrenda de grano. 4Si lo que se sacrifica es un cordero, se usarán dos kilos y medio de harina fina mezclada con un litro de aceite, 5y acompañada por un litro de vino para la libación.

6»Si el sacrificio es un carnero, usará cinco kilos de harina fina mezclada con un litro y tercio de aceite, 7y un litro y tercio de vino para la libación. Este será un sacrificio de olor grato delante del Señor.

8,9»Si el sacrificio es un becerro, la ofrenda de grano que lo acompaña será de siete kilos de harina fina mezclada con dos litros de aceite, 10más dos litros de vino para la libación. Ésto será presentado como ofrenda encendida de olor grato delante del Señor.

11,12»Éstas son las instrucciones sobre lo que debe ir junto a cada sacrificio sea de becerro, cordero o cabrito. 13,14Estas instrucciones deben seguirlas los israelitas nativos y los extranjeros que vivan entre ellos y deseen agradar al Señor con sacrificio u ofrendas encendidas. 15,16Esta misma ley rige para todos, israelitas o extranjeros, y tendrá vigencia de generación en generación para siempre. Todos son iguales delante del Señor. La misma ley regirá para todos».

Ofrenda de las primicias

17El Señor también dijo a Moisés en este tiempo: 18«Dile al pueblo de Israel que cuando hayan entrado en la tierra que les voy a dar, 19-21deben ofrecer al Señor las primicias de la nueva cosecha presentándole un pan de harina gruesa cada año. Este pan será ofrecido al Señor, anualmente, de generación en generación.

Ofrendas por pecados inadvertidos

22,23»Si por error tú o las generaciones futuras no cumplen con todas las reglas que el Señor les ha dado a través de los años por medio de Moisés, 24el pueblo debe ofrecer un becerro como ofrenda totalmente quemada al comprender el error. Será de olor grato delante del Señor, y será sacrificado con la ofrenda de grano y la libación acostumbradas, y un chivo como ofrenda por el pecado. 25El sacerdote hará esa ofrenda por el perdón de todo el pueblo de Israel y así quedarán libres de culpa. Era un error y lo han corregido con la ofrenda encendida al Señor y con su ofrenda por el pecado. 26Todo el pueblo será perdonado, así como los extranjeros que vivan entre ellos, porque toda la población cayó en el error y será perdonada juntamente.

27»Si el error lo cometió un individuo, ofrecerá una cabra de un año como ofrenda por el pecado, 28y el sacerdote hará la ofrenda por el pecado, en su nombre, delante del Señor y será perdonado. 29Esta misma ley se aplica a los israelitas y a los extranjeros que viven entre ustedes.

30»Pero si alguien deliberadamente comete un pecado, sea israelita o extranjero, está blasfemando contra el Señor y será cortado de en medio de su pueblo. 31Ha despreciado el mandamiento del Señor y deliberadamente ha dejado de obedecer su ley. Deberá ser ejecutado a causa de su pecado».

Quebrantamiento del día de reposo

32Un día, estando el pueblo de Israel en el desierto, uno de ellos fue sorprendido recogien-

do leña en el día de reposo. 33Fue arrestado y
llevado delante de Moisés, Aarón y los demás
jueces. 34Lo encerraron hasta que pudiesen saber
con respecto a este caso.
35Entonces el Señor le dijo a Moisés:
«Ese hombre debe morir. Todo el pueblo lo
apedreará fuera del campamento hasta darle
muerte».
36Entonces lo llevaron fuera del campamento
y le dieron muerte de la manera que el Señor lo
había ordenado.

Flecos recordatorios

37El Señor le dijo a Moisés: 38«Dile al pueblo
de Israel que hagan flecos para ponerlos en los
bordes de sus vestiduras (esta es una regla permanente de generación en generación) y que
cosan los flecos con un hilo azul. 39El propósito
de esta regla es recordarles los mandamientos
del Señor cada vez que vean los flecos, y para
que obedezcan sus leyes en vez de seguir sus
propios deseos y de andar en sus propios caminos
como lo hacían cuando servían a otros dioses.
40Les recordará que deben ser santos para Dios.
41Porque yo soy el Señor, que los saqué de la tierra
de Egipto. Sí; yo soy el Señor su Dios».

La rebelión de Coré, Datán y Abirán

16 Un día Coré (hijo de Izhar, nieto de Coat
y descendiente de Leví) conspiró con
Datán y Abirán (hijos de Eliab), y con On (hijo
de Pélet). La intención de los tres, que por cierto
pertenecían a la tribu de Rubén, 2era incitar al
pueblo a una rebelión contra Moisés. En dicha
rebelión participaron doscientos cincuenta varones, todos miembros principales del consejo y
personas de renombre en el pueblo.
3Se presentaron delante de Moisés y Aarón y
les dijeron:
—Ya los hemos soportado bastante. Ustedes
no son mejores que los demás. Todo israelita es
un escogido del Señor, y él está con nosotros:
¿Qué derecho tienen ustedes de ponerse en puestos de mando y de demandar que les obedezcamos, y de actuar como si fueran superiores a los
demás israelitas?
4Cuando Moisés oyó aquello se postró rostro en
tierra, 5y dijo a Coré y a los que estaban con él:
—Mañana el Señor mostrará quiénes son
los suyos, quién es santo y a quién ha escogido
como sacerdote. 6Hagan esto: Coré, tú y todos los
que están contigo tomen incensarios mañana,
7enciéndanlos y pongan incienso en ellos delante
del Señor, y así sabremos a quién ha escogido
el Señor. Ustedes, hijos de Leví, son los presun-
tuosos.
8Luego Moisés añadió:
9—¿Te parece poco, Coré, que el Dios de
Israel te haya escogido de entre todo el pueblo
de Israel para estar junto a él mientras haces tus
trabajos en el santuario del Señor, y que puedas
presentarte delante del pueblo para ministrar en
su favor? 10¿Es poco para ti que él haya dado
esta tarea exclusivamente a ustedes los levitas?
¿Y ahora quieren también el sacerdocio? 11Esto es
lo que realmente están buscando. Por eso es que
se rebelan en contra del Señor. ¿Y qué ha hecho
Aarón para que estén disconformes con él?
12Entonces Moisés llamó a Datán y a Abirán
(los hijos de Eliab), pero ellos se negaron a
acudir:
13—¿Es poco —dijeron burlonamente— que
nos haya sacado de Egipto, tierra que fluye leche
y miel, para hacernos morir en este desierto terrible? ¡Y ahora quieres convertirte en nuestro rey!
14Y por si eso fuera poco, no nos has hecho entrar
en el país maravilloso que prometiste, ni nos has
dado campos y viñas. ¿A quién estas tratando de
engañar? No queremos ir.
15Entonces Moisés se airó y le dijo al Señor:
—No aceptes sus sacrificios. Ni aun un burro
he tomado de ellos, ni les he causado daño alguno.
16Y Moisés le dijo a Coré:
—Preséntate mañana delante del Señor con
todos tus amigos. Aarón también estará aquí.
17Traigan incensarios con incienso. Un incensario
para cada hombre, doscientos cincuenta en total.
También Aarón estará aquí con el suyo.
18Y así lo hicieron. Acudieron con sus incensarios, los encendieron; pusieron incienso en ellos y
estuvieron a la entrada del santuario con Moisés
y Aarón. 19Mientras tanto, Coré había incitado a
toda la nación contra Moisés y Aarón, y todos
se reunieron a observar. Entonces la gloria del
Señor apareció ante todo el pueblo, 20y el Señor
les dijo a Moisés y a Aarón:
21—Apártense de este pueblo, que voy a destruirlo inmediatamente.
22Pero Moisés y Aarón se postraron en tierra,
delante del Señor:
—Oh Dios, Dios de toda la humanidad, ¿has
de enojarte con toda el pueblo cuando es un solo
hombre el que ha pecado?
23Y el Señor le dijo a Moisés:
24—Entonces dile al pueblo que se aparte de
las tiendas de Coré, Datán y Abirán.
25Moisés corrió a las tiendas de Datán y Abirán
seguido muy de cerca por los doscientos cincuenta jefes israelitas.
26—Vamos, rápido —le dijo al pueblo—,
apártense de las tiendas de estos hombres inicuos, y no toquen nada que pertenezca a ellos,
o serán ustedes incluidos en su pecado y serán
destruidos con ellos.

27Entonces todo el pueblo se apartó de las
tiendas de Coré, Datán y Abirán. Datán y Abirán
salieron y se pusieron a la puerta de sus tiendas
con sus esposas, hijos e hijas. 28Y Moisés dijo:
—Ahora se sabrá si el SEÑOR me ha enviado
o no a hacer todas las cosas que he hecho, o si
he actuado por mi iniciativa. 29Si estos hombres
mueren en forma natural; de algún accidente o
enfermedad común, el SEÑOR no me ha enviado.
30Pero si el SEÑOR hace un milagro y la tierra se
abre y se los traga juntamente con todo lo que
les pertenece, y entran vivos en el Seol entonces
se sabrá que estos hombres han despreciado al
SEÑOR.
31Apenas había acabado de decir estas palabras;
cuando la tierra se abrió debajo de los rebeldes, 32y una gran grieta se los tragó junto con
sus tiendas; familias y amigos que estaban con
ellos y con todo lo que poseían. 33De esta manera
entraron vivos en el Seol y la tierra se cerró sobre
ellas y perecieron.
34Todo el pueblo de Israel huyó gimiendo,
temeroso de que la tierra también se los tragara
a ellos. 35Enseguida descendió fuego del SEÑOR y
quemó a los doscientos cincuenta hombres que
estaban ofreciéndole incienso.

Los incensarios

36Y el SEÑOR le dijo a Moisés:
37—Dile a Eleazar el hijo de Aarón el sacerdote
que retire del fuego los incensarios porque son
sagrados, dedicados al SEÑOR. Además debes apagar el fuego 38de los incensarios de estos hombres
que han pecado y les ha costado la vida. 39Con
sus incensarios harán planchas de metal para
cubrir el altar, 40a fin de que sirva de recordatorio
al pueblo de Israel de que ninguna persona no
autorizada, esto es, que no sea descendiente de
Aarón; puede venir delante del SEÑOR a quemar
el incienso; porque le ocurrirá lo mismo que le
pasó a Coré y sus aliados.
Estas órdenes del SEÑOR dadas a Moisés fueron
cumplidas al pie de la letra.

Aarón intercede por el pueblo

41Pero a la mañana siguiente, todo el pueblo
comenzó a murmurar contra Moisés y Aarón
diciendo:
—Tú has dado muerte al pueblo de el SEÑOR.
42No tardó en formarse un gran tumulto. Pero
repentinamente, mientras se dirigían hacia el
santuario, la nube se apareció y se vio la gran
gloria del SEÑOR.
43Moisés y Aarón se pararon a la entrada del
santuario 44y el SEÑOR le dijo a Moisés:
45—Apártate de este pueblo, para que pueda
destruirlo instantáneamente.
Pero Moisés y Aarón se postraron en tierra
delante del SEÑOR.
46Y Moisés le dijo a Aarón:
—Rápido, toma un incensario y ponle fuego
del altar, coloca incienso y llévalo en medio del
pueblo y haz el rito de reparación por ellos, porque la ira del SEÑOR se ha encendido en su contra
y una plaga ya ha comenzado.
47Aarón hizo todo lo que Moisés le había ordenado, y corrió por en medio del pueblo, porque
la plaga ya había comenzado; y puso incienso
en el incensario e hizo la ofrenda de perdón de
pecados por ellos. 48Y se paró entre los vivos y los
muertos y la plaga se detuvo. 49Pero alcanzaron a
morir catorce mil setecientas personas (además
de los que habían muerto el día anterior con
Coré). 50Entonces Aarón regresó a reunirse con
Moisés a la entrada del santuario; de esta manera
se detuvo la plaga.

La vara de Aarón

17 Entonces el SEÑOR le dijo a Moisés: 2«Dile al
pueblo de Israel que cada uno de los jefes
de sus tribus debe presentarse con una vara de
árbol con su nombre escrito en ella. 3El nombre
de Aarón estará en la vara de la tribu de Leví.
4»Pon estas varas en el Lugar Santísimo del
santuario, donde yo me encuentro con ustedes,
en frente del cofre. 5Yo usaré estas varas para
identificar al hombre que he escogido pues la
vara del escogido florecerá. Así se acabarán las
murmuraciones y quejas en contra tuya».
6Entonces Moisés dio estas instrucciones
al pueblo, y cada uno de los jefes de las doce
tribus (incluyendo a Aarón) le trajo una vara.
7Las puso delante del SEÑOR en la sala interior
del santuario, 8y cuando entró al día siguiente,
halló que la vara de Aarón, que representaba a
la tribu de Leví, había reverdecido y florecido, y
hasta tenía almendras.
9Cuando Moisés sacó todas las varas delante
del SEÑOR, todos los israelitas las pudieron ver, y
cada jefe se llevó su propia vara. 10Y el SEÑOR le
dijo a Moisés:
«Coloca la vara de Aarón dentro del cofre
como advertencia a los rebeldes. De esta manera detendrás las protestas de la gente y evitarás
que mueran». 11Así lo hizo Moisés, conforme al
mandato del SEÑOR.
12,13Pero el pueblo de Israel volvió a quejarse
una vez más:
«¡Estamos perdidos! —se lamentaron—. Cada
persona que se acerca al santuario muere. ¿Es
que vamos a morir todos?»

Deberes de sacerdotes y levitas

18 El SEÑOR le dijo a Aarón: «Tú y tus hijos,
y tu familia responderán por cualquier

profanación del santuario, y por cualquier conducta impropia durante el servicio sacerdotal. [2,3]Tus hermanos, los de la tribu de Leví, son tus ayudantes. Pero solamente tú y tus hijos pueden desarrollar los ritos sagrados en el santuario mismo. Los levitas tendrán mucho cuidado de no tocar los objetos sagrados del altar, pues podría destruirlos a ellos y a ti. [4]Nadie que no sea miembro de la tribu de Leví puede ayudarte.

[5]»Recuerda, sólo los sacerdotes deben realizar los deberes sagrados dentro del santuario y en el altar. Si sigues estas instrucciones, jamás caerá la ira de Dios sobre el pueblo de Israel por violar sus leyes. [6]Repito: tus parientes los levitas son tus ayudantes en las tareas del santuario. Ellos son un don de Dios para ti. [7]Pero tú, y tus hijos, personalmente llevarán a cabo el servicio sagrado incluyendo el del altar y todo lo que está dentro de la cortina, porque el sacerdocio es una tarea especial que Dios ha puesto en tus manos. Cualquier persona que trate de realizar estos deberes sin ser de tus descendientes morirá».

Privilegios de los sacerdotes

[8]Además el Señor le dio estas órdenes a Aarón: «He cedido a los sacerdotes todos los presentes que se ofrecen al Señor; todas las ofrendas que se presentan al Señor meciéndolas delante del altar te pertenecen a ti y a tus hijos por norma permanente. [9]Las ofrendas de grano, las ofrendas por el pecado y las ofrendas por la culpa son tuyas, salvo el puñado que se presenta al Señor quemándolo sobre el altar. Estas son ofrendas muy sagradas. [10]Sólo podrán comerse en el santuario, y solamente comerán de ella los varones.

[11]»Todas las otras ofrendas que se me ofrecen mecidas delante del altar son para ti y para tu familia, hijos e hijas por igual. Todos los miembros de tu familia pueden comerlas salvo alguno que esté ceremonialmente impuro en el momento de la comida.

[12]»También son tuyos los primeros frutos de la cosecha que el pueblo trae para ofrecer al Señor: lo mejor del aceite de oliva, del grano [13]y de toda otra cosecha. Tu familia puede comer todas estas ofrendas, menos el que se encuentre ceremonialmente impuro.

[14,15]»Todo lo que haya sido dedicado al Señor será de ustedes, incluyendo a los primogénitos del pueblo de Israel, y el primogénito de sus animales. [16]Sin embargo, no podrás aceptar a los hijos primogénitos, ni los primogénitos de los animales que no se pueden comer. Pero tendrán que redimirlos pagando sesenta gramos de plata por cada hijo primogénito. Esto tiene que ser pagado cuando cumpla un mes de edad.

[17]»Sin embargo, los primogénitos de vacas, ovejas o cabras no podrán ser redimidos porque serán sacrificados al Señor. Su sangre será rociada sobre el altar y se hará arder su grasa sobre el altar como ofrenda encendida de olor muy agradable delante del Señor. [18]La carne de estos animales será tuya, incluyendo el pecho y la pierna derecha, que son presentados meciéndolos delante del altar: [19]Sí, yo te he dado todas estas "ofrendas mecidas" que los israelitas presentan al Señor. Son para que tú y tu familia las coman. Este es un convenio permanente entre el Señor, tú y tus descendientes.

Privilegios de los levitas

[20]»Los sacerdotes no podrán poseer tierras ni tener otros ingresos, porque el tenerme a mí les será suficiente. [21]En cuanto a los de la tribu de Leví, familiares de ustedes, recibirán pago por el servicio prestado mediante los diezmos de toda la tierra de Israel.

[22]»De ahora en adelante no podrán entrar en el santuario los israelitas que no sean sacerdotes o levitas. Los que lo hagan serán castigados y morirán. [23]Solamente los levitas harán trabajos allí; y si no lo hacen serán considerados culpables y ellos serán responsables de las faltas que cometan. Es ley permanente que los levitas no tengan propiedad en Israel. [24]Porque los diezmos que el pueblo ofrezca al Señor mecidos delante del altar pertenecerán a los levitas. Esta es la heredad de ellos, y por lo tanto no tienen necesidad de propiedades».

El diezmo de los diezmos

[25]El Señor también le dijo a Moisés: [26]«Dile a los levitas que den al Señor el diezmo de los diezmos que reciban. [27]El Señor lo recibirá como si fuera primicia de grano, vino, productos de la propiedad de ellos. [28,29]Este diezmo de los diezmos será seleccionado de la mejor parte de los diezmos recibidos. Y será la porción del Señor, que entregarán a Aarón el sacerdote.

[30]»Se considerará como si tú lo hubieras obtenido de tu era y de tus lagares. [31]Aarón, sus hijos y sus familias podrán comerlo en sus hogares o dondequiera que ellos deseen hacerlo, porque es la compensación por su servicio en el santuario. [32]Ustedes los levitas no serán tenidos por culpables de aceptar los diezmos del Señor, si luego dan lo mejor de los diezmos a los sacerdotes.

»Pero, cuidado, porque si tratan los presentes sagrados del pueblo de Israel como si fuera algo común y corriente, morirán».

Purificación de los impuros

19 El Señor les dijo a Moisés y a Aarón: [2]«Otra de mis leyes: Dile al pueblo de Israel que traiga una ternera alazana sin defecto, que no haya trabajado nunca. [3]Dásela a Eleazar el

sacerdote, y alguien la matará en su presencia. 4Eleazar mojará el dedo en la sangre y rociará siete veces hacia el frente del santuario. 5Enseguida alguien quemará la ternera en presencia de Eleazar. Quemará la piel, la carne; la sangre y el estiércol. 6Eleazar entonces tomará madera de cedro, ramas de hisopo e hilo escarlata y los arrojará en la fogata.

7»Luego deberá lavar sus vestiduras y bañarse. Después de hecho esto, regresará al campamento y permanecerá ceremonialmente impuro hasta la noche. 8De igual manera, el que la quemó lavará su ropa y se bañará, y quedará impuro hasta la noche. 9Y otro hombre limpio reunirá las cenizas de la ternera y las colocará en algún lugar purificado fuera del campamento, donde serán conservadas por el pueblo de Israel para preparar el agua de las ceremonias de purificación para remisión del pecado. 10El que junta las cenizas de la ternera deberá lavarse las ropas y quedará impuro hasta la noche. Esta es una ley permanente para beneficio del pueblo de Israel y para los extranjeros que viven en medio de ustedes.

El agua de la purificación

11»Cualquiera que toque un cadáver permanecerá impuro siete días. 12Al tercer y al séptimo días, se purificará con agua, agua que habrá pasado por las cenizas de la ternera alazana, y quedará limpio; pero si no lo hace, continuará estando impuro aun después del séptimo día. 13Cualquiera que toque un cadáver y no se purifique de la manera especificada, habrá profanado la santidad del santuario del Señor, y será excomulgado de Israel. Por cuanto el agua de la purificación no fue rociada sobre él, continúa en su impureza.

14»Éstas son algunas reglas para cuando un hombre muera en una tienda: Cualquiera que entre en la tienda y los que estén en ella en el momento de su muerte, quedarán impuros siete días. 15Cualquier vasija que haya en la tienda que no esté bien cubierta quedará impura.

16»Si alguien en el campo toca el cadáver de uno que ha sido muerto en la batalla, o que ha muerto de alguna otra manera, o si toca el hueso de alguna tumba, quedará impuro siete días. 17Para purificarlo se tomarán cenizas de la ternera alazana quemada para pago por el pecado y se pondrán en un recipiente y se llenará con aguas de manantial. 18Entonces una persona que no esté impura tomará de una rama de hisopo, y la mojará en agua y rociará la tienda y todos los muebles que haya en la tienda, y todas las personas que se hayan contaminado por haber estado en la tienda. También rociará a las personas contaminadas por haber tocado un hueso, o por haber tocado a alguien que ha sido asesinado o que ha muerto de muerte natural, o por haber tocado una tumba. 19Esto se hará los días tercero y séptimo. Enseguida la persona impura lavará su ropa, se bañará y en la noche quedará libre de su contaminación.

20»Pero si alguien que está impuro no se purifica, será expulsado por cuanto ha contaminado el santuario del Señor. El agua de la purificación no ha sido rociada sobre él. Por lo tanto permanece impuro. 21Ésta es una ley permanente.

»El hombre que rocía el agua debe después lavar sus ropas, y cualquiera que toque el agua quedará impuro hasta la noche. 22Todo lo que una persona contaminada toque, permanecerá contaminado hasta la noche. Y quien toque a una persona contaminada, también quedará contaminado hasta la noche».

El agua de la roca

20 El pueblo de Israel entró en el desierto de Zin en abril, y acampó en Cades, donde Miriam murió y fue sepultada. 2Al ver que no había suficiente agua en aquel lugar, el pueblo nuevamente se rebeló contra Moisés y Aarón, 3y se formó un gran tumulto:

«Ojalá hubiésemos muerto junto con los hermanos nuestros que Dios mató —lloraban ante Moisés—. 4Deliberadamente nos trajiste a este desierto para que muramos nosotros, nuestras vacas y ovejas. 5¿Por qué nos hiciste salir de Egipto y nos trajiste a este lugar tan malo? ¿Dónde están las tierras fértiles, las cosechas maravillosas, los higos, los viñedos, y el ganado que decías que encontraríamos? Aquí ni siquiera hay agua para beber».

6Moisés y Aarón se apartaron y fueron a la entrada del santuario donde se postraron sobre sus rostros delante del Señor; y la gloria del Señor se les apareció.

7Y el Señor le dijo a Moisés: 8«Toma la vara de Aarón y tú y Aarón convoquen al pueblo. Delante de ellos ordénale a la roca que produzca agua. La roca dará agua suficiente para todo el pueblo y su ganado».

9Moisés hizo lo que se le había ordenado: Tomó la vara del lugar donde era guardada delante del Señor, 10y él y Aarón convocaron al pueblo y los hicieron reunirse junto a la roca. Luego les dijo:

«Oigan, rebeldes: ¿Hemos de sacar agua de esta roca?»

11Moisés levantó la vara y golpeó la roca dos veces y el agua brotó, y el pueblo y el ganado bebieron.

12Pero el Señor dijo a Moisés y a Aarón: «Por cuanto no me creyeron ni me honraron delante del pueblo de Israel, no serán ustedes quienes los conduzcan a la tierra que yo les he prometido».

13El lugar fue llamado Meribá (Aguas de la rencillas), porque allí el pueblo de Israel se rebeló contra el Señor, y allí les mostró que era un Dios santo.

Edom le niega el paso a Israel

14Cuando llegaron a Cades, Moisés envió el siguiente mensaje al rey de Edom: «Somos los descendientes de tu hermano Israel. Tú sabes nuestra triste historia. 15Nuestros antepasados tuvieron que emigrar a Egipto y se quedaron allí por mucho tiempo, y luego los egipcios los esclavizaron. 16Pero cuando clamamos al Señor, él nos oyó y envió un ángel que nos sacó de Egipto, y ahora estamos en Cades acampados en los límites de tu tierra. 17Permítenos pasar por tu país. Prometemos no pasar por los plantíos ni por los viñedos; ni siquiera beberemos agua de tus pozos. No nos saldremos del camino principal y no lo dejaremos hasta que hayamos cruzado la frontera al otro lado».

18Pero el rey de Edom le respondió:

«No permitiré que pasen por mi territorio. Si tratan de entrar, yo les haré frente con mi ejército».

19Los enviados israelitas respondieron:

«Le prometemos que no nos saldremos del camino principal y ni siquiera tomaremos nada del agua que se encuentre en su territorio, y cualquier cosa que necesitemos la pagaremos. Solamente deseamos pasar a través de su país, y nada más».

20Pero el rey de Edom fue cortante:

«Ya se los advertí, ¡no pasen por mi territorio!»

Dicho eso, se dirigió hacia la frontera con un ejército muy fuerte y bien armado.

Muerte de Aarón

21,22Debido a que Edom le negó el paso a través de su territorio, Israel tuvo que regresar y viajar desde Cades hasta el monte de Hor.

23Entonces el Señor les dijo a Moisés y a Aarón en la frontera de Edom:

24—Ha llegado el momento en que Aarón debe morir. Él no entrará en la tierra que yo le he dado al pueblo de Israel, porque ustedes dos se rebelaron contra mis instrucciones en las aguas de Meribá. 25Ahora toma a Aarón y a su hijo Eleazar y llévalos al monte Hor. 26Allí le quitarás a Aarón las ropas sacerdotales y se las pondrás a Eleazar su hijo, y Aarón morirá allí.

27Moisés hizo como el Señor le había mandado. Los tres subieron juntos al monte Hor mientras todo el pueblo miraba. 28Cuando llegaron a la cima, Moisés le quitó a Aarón sus ropas sacerdotales y las puso sobre su hijo Eleazar. Y Aarón murió en la cima de la montaña. Moisés y Eleazar descendieron del monte, 29y cuando el pueblo fue informado de la muerte de Aarón, lo lloraron por treinta días.

Derrota de Arad

21 Cuando el rey de Arad que estaba en Néguev, oyó que los israelitas se acercaban (porque estaban siguiendo la misma ruta de los espías), movilizó su ejército y atacó a Israel, y tomó prisioneros a algunos de sus hombres. 2Entonces el pueblo de Israel hizo voto al Señor que si él les ayudaba a vencer al rey de Arad y a su pueblo, destruirían completamente las ciudades de aquella región.

3El Señor oyó su petición y derrotaron a los cananeos, y los israelitas destruyeron completamente todas sus ciudades. De ahí en adelante el nombre de la región fue Jormá (Destrucción completa).

La serpiente de bronce

4El pueblo de Israel regresó al monte de Hor, y desde allí continuó hacia el sur por la ruta del Mar Rojo con el fin de dar un rodeo y pasar por el costado de la tierra de Edom. El pueblo estaba muy desalentado. 5Comenzaron a murmurar contra el Señor y a quejarse contra Moisés.

—¿Por qué nos trajiste desde Egipto para morir en este desierto? Aquí no hay nada para comer, nada para beber y ya estamos hastiados de este insípido maná.

6Entonces el Señor los castigó enviando serpientes venenosas, y muchos murieron.

7El pueblo acudió a Moisés y llorando le dijo:

—Hemos pecado, al hablar contra el Señor y contra ti. Ora y pídele que eche de aquí estas serpientes.

Moisés entonces oró por el pueblo, y 8el Señor le dijo:

—Haz una serpiente de bronce y átala en un asta de bandera. Quienquiera que haya sido mordido vivirá con sólo mirar a la serpiente de bronce.

En camino a Moab

9Moisés hizo la serpiente de bronce y todo el que era mordido y miraba a la serpiente de bronce se salvaba.

10A continuación Israel viajó a Obot y acampó allí. 11Luego siguieron viaje a Iyé Abarín, en el desierto, a corta distancia de Moab hacia el oriente, 12y desde allí siguieron su camino hasta el valle del arroyo de Zéred y allí establecieron el campamento. 13Luego se trasladaron al otro lado del río Arnón, cerca de la frontera de los amorreos. (El río Arnón es la línea limítrofe entre los moabitas y los amorreos. 14Este hecho se menciona en el libro de los guerras del Señor, donde se dice que el valle del río Arnón y la ciudad de Waheb 15están entre los amorreos y el pueblo de Moab:)

16Entonces Israel viajó hasta Ber, que significa pozo. Este es el lugar donde el SEÑOR le dijo a Moisés: «Convoca al pueblo y yo les daré agua». 17Lo que ocurrió lo describe una canción que el pueblo canta:

«Brota, oh manantial; cantémosle al agua. 18Este manantial los caudillos lo cavaron con sus bastones y sus palas».

Salieron del desierto y pasaron por Matana, 19Najaliel y Bamot. 20Luego entraron en los valles de la meseta de Moab hasta llegar a la cumbre del monte Pisgá, desde donde se puede ver el desierto.

Victoria sobre Sijón

21Israel envió entonces embajadores al rey Sijón de los amorreos.

22«Permítanos cruzar por su territorio —le pidieron—. No nos saldremos del camino real hasta que hayamos pasado las fronteras. No nos meteremos en los campos ni en los viñedos, ni beberemos el agua de sus pozos».

23Pero el rey Sijón se negó. En vez de concederles el permiso, movilizó su ejército, y atacó a Israel en el desierto. Le presentó batalla en Yahaza. 24Pero Israel lo derrotó y ocupó la tierra desde el río Arnón hasta el río Jaboc, es decir, hasta la frontera de los amonitas. Se detuvieron allí porque las ciudades amonitas estaban bien fortificadas.

25De este modo Israel capturó todas las ciudades de los amorreos y vivió en ellas incluyendo la ciudad de Hesbón, 26de la cual había sido rey Sijón, el que anteriormente había peleado contra el rey de Moab y había tomado toda la tierra de este hasta Arnón. 27Los poetas de antaño se habían referido a Sijón con este poema:

«Vengan a Hesbón, capital de Sijón.

28Porque de ella ha salido fuego, y ha devorado a la ciudad de Ar en Moab, en las alturas del río Arnón.

29¡Ay de ti, Moab! Pueblo de Quemós, ¡estás acabado!

Los hijos de Moab han huido, y sus hijas han sido capturadas por Sijón, rey de los amorreos.

30Él ha devastado el reino de ellos, y ha perecido Hesbón hasta Dibón, y destruimos hasta Nofa y Medeba».

Victoria sobre el rey Og

31Estando Israel en el país de los amorreos, 32Moisés envió exploradores a observar el territorio de Jazer; luego capturó sus pueblos, y expulsó a los amorreos. 33Más tarde se fueron a la ciudad de Basán, pero el rey Og de Basán se enfrentó a ellos en Edrey. 34El SEÑOR le dijo a Moisés que no tuviera temor, que el enemigo ya estaba vencido. «Lo mismo que le ocurrió al rey Sijón en Hesbón le ocurrirá al rey Og», —les dijo el SEÑOR.

35Y así ocurrió: Israel obtuvo la victoria y mató al rey Og, a sus hijos y a sus súbditos, ¡no quedó nadie vivo! Israel tuvo paso libre para tomar posesión de ese territorio.

22 El pueblo de Israel siguió su viaje hacia las llanuras de Moab y acampó al oriente del río Jordán, frente a Jericó. 2,3Cuando el rey Balac de Moab (hijo de Zipor) se enteró del número de los israelitas, y se enteró de lo que le habían hecho a los amorreos, él y su pueblo tuvieron gran temor. 4Rápidamente consultaron a los jefes de Madián.

—Está muchedumbre va a comernos con la misma facilidad con que un buey come pasto —exclamaron los moabitas.

Entonces el rey Balac 5,6envió mensajeros a Balán (hijo de Beor) quien vivía en su tierra natal de Petor, cerca del río Éufrates. En su mensaje el rey rogaba a Balán que fuera y les ayudara.

—Una multitud ha llegado de Egipto, cubren toda la superficie de nuestro país; y han acampado justo delante de mí —le decía—. Ven y maldícelos en mi nombre para que pueda echarlos de mi tierra. Sé que cuando tú bendices grandes bendiciones caen sobre ellos, y también sé que a quienes tú maldices les va mal en todo.

7La comitiva, compuesta de algunos de los príncipes de Moab y de Madían, se presentó ante Balán, dinero en mano, y le refirieron las palabras de Balac.

8—Quédense esta noche —dijo Balán—. Les contaré en la mañana lo que el SEÑOR me ordene hacer.

Y así lo hicieron. 9Aquella noche el SEÑOR vino y le preguntó a Balán:

—¿Quiénes son estos hombres?

10—Ellos han venido de parte del rey Balac de Moab —le explicó—. 11El rey dice que un pueblo enorme ha venido de Egipto y ha llegado hasta sus fronteras. Quiere que yo vaya inmediatamente y los maldiga. Tiene la esperanza de que pueda vencerlos en la batalla si yo voy con ellos y maldigo a los invasores.

12—No lo hagas —le dijo el SEÑOR—. No debes maldecirlos, porque ellos tienen mi bendición.

13Al día siguiente Balán les dijo a los hombres:

—Váyanse, el SEÑOR no me deja ir con ustedes.

14Los embajadores del rey Balac regresaron e informaron al rey de la negativa de Balán. 15Pero Balac insistió. Envió un número mayor y más distinguido de embajadores. 16,17Estos se presentaron ante Balán y le dieron el siguiente mensaje:

—El rey Balac te ruega que vayas. Promete darte grandes honores y cualquier cantidad de

dinero que pidas. Ven de inmediato, y maldice
a ese pueblo.
18Pero Balán replicó:
—Aunque Balac me ofreciera un palacio
repleto de oro y plata, yo no podría hacer nada
contrario a los mandamientos del SEÑOR mi Dios.
19Sin embargo, pasen aquí la noche para ver si el
SEÑOR añade algo a lo que me dijo antes.
20Aquella noche el SEÑOR le dijo a Balán:
—Levántate y ve con aquellos hombres, pero
harás solamente lo que yo te ordene.
21Al día siguiente Balán aparejó su burra y salió
con los mensajeros del rey. 22Pero Dios estaba
enojado, y envió un ángel para que en el camino
le diera muerte. Mientras Balán y los dos siervos cabalgaban juntos, 23la burra de Balán vio
repentinamente al ángel del SEÑOR que estaba
en el camino con una espada desenvainada. La
burra se apartó del camino y entró en un campo,
pero Balán la golpeó hasta que volvió al camino.
24Nuevamente el ángel del SEÑOR se paró en el
lugar donde el camino se estrechaba entre dos
muros de viñas. 25Cuando la burra lo vio allí se
espantó y apretó el pie de Balán contra la pared.
Él azotó nuevamente a la burra.
26Entonces el ángel del SEÑOR siguió por el
camino y se paró en un lugar tan estrecho que
la burra no podía pasar por ningún lado. 27Así
que el animal no tuvo más remedio que echarse
en el camino. En un arranque de ira, Balán la
azotó nuevamente con su vara.
28Entonces el SEÑOR hizo que la burra hablara:
—¿Qué te he hecho; que me has castigado
tres veces? —preguntó.
29—Es que tú me has hecho quedar como un
necio —gritó Balán—. Si tuviera una espada
conmigo te habría dado muerte.
30—¿Te he hecho alguna vez algo semejante
en toda mi vida? —le preguntó la burra.
—No —reconoció Balán.
31Entonces el SEÑOR abrió los ojos de Balán y
pudo ver al ángel parado en el camino con la
espada desenvainada. El profeta cayó en tierra
delante del ángel.
32—¿Por qué golpeaste a tu burra tres veces?
—le preguntó el ángel—. He venido para detenerte porque vas caminando hacia la destrucción. 33Tres veces la burra me vio y se apartó de
mí. Si no hubiera sido por ella ciertamente ya te
habría dado muerte, y ella habría salido con vida.
34—He pecado —confesó Balán—. No me di
cuenta que estabas allí. Regresaré a casa si no
quieres que siga adelante.
35El ángel le dijo:
—Ve con esos hombres, pero hablarás solamente lo que yo te diga.
Balán, siguió con ellos.
36Cuando el rey Balac oyó que Balán se acercaba, salió de la capital y se dirigió a encontrarlo
en el río Arnón, en la frontera de su tierra.
37—¿Por qué te has demorado tanto? —le
preguntó—. ¿No creíste cuando yo te dije que
te daría grandes honores?
38Balán replicó:
—He venido, pero no tengo poder para decir
nada, salvo lo que el SEÑOR me diga. Y eso es lo
que haré.
39Balán acompaño al rey hasta Quiriat Jusot,
40donde el rey Balac dio animales a Balán y a los
embajadores para que ofrecieran sacrificios. 41A
la mañana siguiente Balac llevó a Balán hasta la
cumbre del monte de Ramot Baal, desde el cual
podía ver a todo el pueblo de Israel esparcido
delante de sí.

Primer oráculo de Balán

23 Balán le dijo al rey: «Edifica siete altares
y prepara siete becerros y siete carneros
para el sacrificio».
2Balac hizo lo que Balán le pedía, y sacrificó
un becerro y un carnero en cada altar.
3Entonces Balán le dijo al rey: «Quédate junto
al altar de los sacrificios y yo iré a ver si el SEÑOR
se encuentra conmigo. Entonces te diré lo que
él me diga».
Subió luego hacia una cumbre solitaria, 4y
Dios lo encontró allí.
—He preparado siete altares y he sacrificado
un becerro y un carnero en cada uno —dijo
Balán al SEÑOR.
5Entonces el SEÑOR le dio a Balán un mensaje
para el rey Balac. 6Cuando Balán regresó, el rey
estaba de pie junto a las ofrendas que deben quemarse en forma completa con todos los príncipes
de Moab. 7Este fue el mensaje de Balán:
«Balac, rey de Moab, me trajo de la tierra de
Aram, desde las montañas orientales.
"Ven", me dijo, "maldice a Jacob en favor mío.
Deja que tu ira se alce contra Israel".
8»Pero, ¿cómo puedo yo maldecir lo que Dios
no ha maldecido?
¿Cómo puedo yo amenazar a un pueblo que
Dios no ha amenazado?
9Los he visto desde las altas cumbres, los he
observado desde las colinas.
Viven solos, y prefieren ser distintos a cualquiera otra nación.
10Son numerosos como el polvo, no se pueden
contar.
¡Quién pudiera morir tan feliz como un israelita!
¡Oh, si yo pudiera terminar mi vida como termina la de ellos!»

11—¿Qué me has hecho? —preguntó el rey
Balac—. ¡Yo te dije que maldijeras a mis enemigos, pero tú los has bendecido!
12—¿Puedo decir algo distinto de lo que el
SEÑOR me ha dicho?

Segundo oráculo de Balán

13Entonces Balac le dijo:
—Ven conmigo a otro lugar. Allí sólo verás
una parte del pueblo de Israel. Maldice por lo
menos a esa parte.
14El rey Balac tomó a Balán y lo llevó a los
campos de Zofín en la cumbre del monte de Pisgá, y edificó allí siete altares y ofreció un becerro
y un carnero en cada altar. 15Entonces Balán le
dijo al rey:
—Quédate allí junto a los altares mientras yo
voy a encontrarme con el SEÑOR.
16Y el SEÑOR se encontró con Balán y le dijo lo
que tenía que decir. 17Luego Balán regresó con
el rey y sus príncipes que estaban de pie junto
a los altares.
—¿Qué te ha dicho el SEÑOR? —le preguntó
ansiosamente el rey.
18Y la respuesta de Balán fue:
«Levántate, Balac, y escucha:
Escúchame, tú; hijo de Zipor.
19Dios no es hombre para que mienta; él no se
arrepiente como los hombres.
¿Ha prometido alguna vez sin cumplir lo que
ha dicho?
20He recibido orden de bendecirlos, porque
Dios los ha bendecido, y esto no puede ser cambiado.
21Él no ha visto pecado en Jacob, ni perversidad
en Israel.
El SEÑOR su Dios está con ellos.
Él es su rey.
22Dios los sacó de Egipto.
Israel tiene la fortaleza del búfalo.
23No se puede maldecir a Jacob, y no hay
magia que pueda hacer algo en su contra.
Porque ahora se dirá de Israel:
¡Qué maravillas ha hecho Dios por ellos!
24Esta gente se levanta como un león;
no caerá hasta que haya comido lo capturado
y haya bebido la sangre de los degollados».
25—Si no vas a maldecirlos, por lo menos no
los bendigas —exclamó el rey Balac.
26Pero Balán contestó:
—¿No te dije que yo tengo que decir lo que
el SEÑOR me diga?

Tercer oráculo de Balán

27—Yo te llevaré a otro lugar —le dijo el
rey—. Quizá desde allí el SEÑOR quiera que los
maldigas.
28Lo llevó a la cumbre del monte Peor, que
domina el desierto. 29Balán nuevamente le dijo
al rey que construyera siete altares y preparara
siete becerros y siete carneros para el sacrificio.
30El rey lo hizo así, y ofreció un becerro y un
carnero en cada altar.

24 Por fin Balán comprendió que el SEÑOR
tenía intenciones de bendecir a Israel, de
modo que no fue a encontrarse con el SEÑOR como
lo había hecho anteriormente. En cambio, fue y
dio una mirada hacia el campamento de Israel
2que estaba ocupando la llanura y ordenado
según sus tribus. Entonces el Espíritu del SEÑOR
vino sobre Balán, 3quien proclamo la siguiente
profecía:

«Balán, el hijo de Beor, 4el hombre cuyos ojos
están abiertos, dice: He oído la palabra del SEÑOR,
y he visto lo que el Dios Altísimo me ha mostrado;
mis ojos fueron abiertos:
5»¡Ah, qué delicias aguardan a Israel, deleites
en las tiendas de Jacob!

6Los veo extenderse delante de mí como valles
verdes y huertas fructíferas junto al río; como
árboles plantados por el SEÑOR mismo; como
cedros junto a las aguas.
7Serán bendecidos con abundancia de aguas,
y vivirán en muchos lugares.
El rey será más grande que Agag; su reino
será exaltado.
8»Dios los sacó de Egipto.
Israel tiene la fortaleza de un búfalo, y devorará a todas las naciones que se le opongan; les
partirá los huesos en pedazos, y los herirá con
muchas flechas.
9Israel duerme como león, como leona, ¿quién
se atreve a hacer que se levante?
Bendito será el que te bendiga, oh Israel, y
maldito será el que te maldiga».
10El rey Balac estaba pálido de ira. Golpeando
las manos con furia gritó:
—Yo te llamé para que maldijeras a mis
enemigos y en lugar de ello los has bendecido
tres veces. 11¡Lárgate de aquí! ¡Vete a tu casa! Yo
quería darte un gran honor, pero el SEÑOR te ha
despojado de todo bien.
12Balán contestó:
—Yo te dije por medio de los mensajeros 13que
aunque me dieras un palacio lleno de oro y plata,
yo no podría contradecir al SEÑOR; te advertí que
no podía hablar por mí mismo. Dije que hablaría solamente lo que el SEÑOR me ordenara. 14En
efecto, voy a regresar ahora mismo a mi pueblo,
pero déjame primero decirte lo que los israelitas
van a hacerle a tu pueblo.

Cuarto oráculo de Balán

15Entonces Balán añadió:

«Balán el hijo de Beor, 16¡es el hombre cuyos ojos están abiertos!
El oye las palabras de Dios y tiene conocimiento del Altísimo; él ve lo que el Dios Todopoderoso le ha mostrado.

† 17»Calló, y sus ojos fueron abiertos y vio.
Vio el futuro de Israel.
¡Vio salir en la distancia, una estrella de Jacob!
Este Gobernador de Israel herirá al pueblo de Moab, y destruirá a los hijos de Set.

18»Israel poseerá todo Edom y Seír, y vencerá a todos sus enemigos.
19Jacob se levantará con poder y destruirá muchas ciudades».

20Entonces Balán miró hacia las tiendas del pueblo de Amalec y profetizó:

«Amalec fue la primera de las naciones, pero al fin perecerá para siempre».

21A continuación miró hacia los ceneos:

«Sí, están en una situación de fuerza, tienen su nido entre las rocas.
22Pero los ceneos serán destruidos y el poderoso ejército de Asiria los deportará de esta tierra».

23Concluyó sus profecías diciendo:

«Ay, ¿quién podrá vivir cuando Dios haga esto?
24Barcos vendrán de las costas de Chipre, y someterán a Éber y a Asiria. También deben ser destruidos».

25Entonces Balán y Balac regresaron cada uno a su lugar.

Infidelidad de Israel

25 Mientras Israel estaba establecido en Sitín, algunos de los jóvenes comenzaron a tener relaciones con las muchachas moabitas.
2Ellas los invitaban a asistir a los sacrificios que hacían a sus dioses, y pronto aquellos hombres no solamente asistían a las fiestas de ellas, sino que también se postraban ante los ídolos para adorarlos.
3No mucho después Israel entero adoraba a Baal, el dios de Moab, y la ira del SEÑOR se encendió en contra de su pueblo, y los castigó con una plaga.
4Entonces el SEÑOR le ordenó a Moisés:
«Ejecuta a todos los dirigentes de Israel. Ahórcalos en pleno día delante del SEÑOR para que mi ira se aparte del pueblo».
5Moisés, pues, ordenó a los jueces que ejecutaran a todos los que habían adorado a Baal.
6Uno de los israelitas insolentemente introdujo a una madianita en el campamento ante la vista de Moisés, mientras éste y todo el pueblo lloraban a la puerta del santuario.
7Cuando Finés (hijo de Eleazar y nieto de Aarón el sacerdote) vio esto,
8corrió, tomó una espada, y entró en la tienda donde el hombre había llevado a la mujer. Allí tomó la espada y los atravesó a ambos por el vientre. La plaga se detuvo,
9pero ya habían muerto veinticuatro mil personas.
10Entonces el SEÑOR le dijo a Moisés:
11«Finés (hijo de Eleazar el sacerdote y nieto de Aarón el sacerdote) ha aplacado mi ira, porque sintió el mismo ardor que yo respecto de mi honra. Por esto no destruiré a Israel.
12,13En virtud de lo que ha hecho, en virtud de su celo por su Dios, y por cuanto ha hecho expiación por el pueblo de Israel, prometo que él y sus descendientes tendrán el sacerdocio para siempre».
14El hombre que fue muerto con la muchacha madianita se llamaba Zimri, hijo de Salu, uno de los jefes de la tribu de Simeón.
15El nombre de la muchacha era Cozbí, hija de Zur, príncipe madianita.
16Entonces el SEÑOR dijo a Moisés:
17«Destruye a los madianitas,
18porque ellos los están destruyendo a ustedes con sus engaños. Están provocándolos para que adoren a Baal, y los están apartando del camino, como acaban de ver en el caso de Cozbí».

Segundo censo de las tribus de Israel

26 Cuando la plaga terminó, el SEÑOR les dijo a Moisés y a Eleazar (hijo de Aarón el sacerdote):
2«Levanten un censo de todos los hombres de Israel mayores de veinte años, para saber cuántos hombres de cada tribu y familia pueden ir a la guerra».
3,4Moisés y Eleazar hicieron el censo en la llanura de Moab, juntó al Jordán, frente a Jericó, donde el pueblo se había establecido. Estos son los resultados del censo:

5-11Tribu de Rubén: 43.730
(Rubén era el hijo mayor de Israel.) En esta tribu había los siguientes clanes, nombrados de acuerdo con los nombres de los hijos de Rubén:
Los enoquitas, descendientes de Enoc:
Los faluitas, descendientes de Falú. (En el clan de Eliab, que era uno de los hijos de Falú, estaban las familias de Nemuel, Datán y Abirán. Datán y Abirán son los dos líderes que conspiraron junto a Coré en contra de Moisés y Aarón, y que se rebelaron contra Dios mismo y su autoridad.

Pero la tierra abrió su boca y se los tragó; doscientos cincuenta hombres fueron destruidos por fuego del SEÑOR aquel día, a modo de advertencia para toda la nación.

† **24.17—Lc 3.34**

Pero los hijos de Coré no murieron.)
Los jezronitas, descendientes de Jezrón.
Los carmitas, descendientes de Carmí.

12-14 Tribu de Simeón: 22.200.
Esta tribu estaba formada por los siguientes clanes fundados por los hijos de Simeón:
Los nemuelitas, descendientes de Nemuel.
Los jaminitas, descendientes de Jamín.
Los jaquinitas, descendientes de Jaquín.
Los zeraítas, descendientes de Zera.
Los saulitas, descendientes de Saúl.

15-18 Tribu de Gad: 40.500.
Esta tribu estaba formada por los siguientes clanes fundados por los hijos de Gad:
Los zefonitas, descendientes de Zefón.
Los jaguitas, descendientes de Jaguí.
Los sunitas, descendientes de Suni.
Los oznitas, descendientes de Ozni.
Los eritas, descendientes de Erí.
Los aroditas, descendientes de Arodí.
Los arelitas, descendientes de Arelí.

19-22 Tribu de Judá: 76.500.
Esta tribu estaba formada por los siguientes clanes, cuyos nombres corresponden a los hijos de Judá. Entre ellos no se incluyen Er ni Onán, que murieron en la tierra de Canaán:
Los selaítas, descendientes de Selá.
Los faresitas, descendientes de Fares.
Los zeraítas, descendientes de Zera.
Este censo además incluyó los subclanes de Fares:
Los jezronitas, descendientes de Jezrón.
Los jamulitas descendientes de Jamul.

23-25 Tribu de Isacar: 64.300.
Esta tribu estaba formada por los siguientes clanes, cuyos nombres corresponden a los hijos de Isacar:
Los tolaítas, descendientes de Tola.
Los fuvitas, descendientes de Fuvá.
Los yasubitas, descendientes de Yasub.
Los simronitas, descendientes de Simrón.

26,27 Tribu de Zabulón: 60.500.
En esta tribu había los siguientes clanes, cuyos nombres corresponden a los hijos de Zabulón:
Los sereditas, descendientes de Séred.
Los elonitas, descendientes de Elón.
Los yalelitas, descendientes de Yalel.

28-37 Tribu de José: 32.500 en la media tribu de Efraín, y 52.700 en la media tribu de Manasés.
La media tribu de Manasés estaba formada por el clan de los maquiritas descendientes de Maquir.
El subclan de los maquiritas estaba formado por los galaaditas descendientes de Galaad.
Las familias de los galaaditas eran las siguientes:
Los jezeritas, descendientes de Jezer.
Los jelequitas, descendientes de Jélec.
Los asrielitas, descendientes de Asriel.
Los siquemitas, descendientes de Siquén.
Los semidaítas, descendientes de Semidá.
Los jeferitas, descendientes de Jéfer.
Zelofejad el hijo de Jéfer no tuvo hijos.
Estos son los nombres de sus hijas: Majlá, Noa, Joglá, Milca y Tirsá.
Los 32.500 contados en la media tribu de Efraín eran de los siguientes clanes, cuyos nombres corresponden a los hijos de Efraín:
Los sutelaítas, descendientes de Sutela (Un subclan de los sutelaítas, los eranitas, eran descendientes de Erán, hijo de Sutela.)
Los bequeritas, descendientes de Béquer.
Los tajanitas, descendientes de Taján.

38-41 Tribu de Benjamín: 45.600.
Esta tribu estaba formada por los siguientes clanes, cuyos nombres corresponden a los hijos de Benjamín:
Los belaítas, descendientes de Bela.
Los subclanes de Bela eran dos:
Los arditas, descendientes de Ard, y los naamitas, descendientes de Naamán.
Los asbelitas, descendientes de Asbel.
Los ajiranitas, descendientes de Ajirán.
Los sufanitas, descendientes de Sufán.
Los jufanitas, descendientes de Jufán.

42,43 La tribu de Dan: 64.400.
En esta tribu estaba el clan de los sujanitas, descendientes de Suján, hijo de Dan.

44-47 Tribu de Aser: 53.400.
Esta tribu estaba formada por los siguientes clanes, cuyos nombres corresponden a los hijos de Aser:
Los imnaítas, descendientes de Imná.
Los isvitas, descendientes de Isví.
Los beriaítas, descendientes de Beriá.
Bería dio origen a los siguientes clanes:
Los jeberitas, descendientes de Jéber.
Los malquielitas, descendientes de Malquiel.
Aser también tuvo una hija llamada Sera.

48-50 Tribu de Neftalí: 45.400.
La tribu estaba formada por los siguientes clanes, cuyos nombres corresponden a los hijos de Neftalí:
Los yazelitas, descendientes de Yazel.
Los gunitas, descendientes de Guní.
Los jeseritas, descendientes de Jéser.
Los silenitas, descendientes de Silén.

51 El número total de hombres capaces de salir a la guerra en Israel era de 601.730.

[52]Entonces el SEÑOR le dijo a Moisés [53]que divi-
diera la tierra entre las tribus, en proporción a
la población de cada una, en la forma indicada
por el censo: [54]Las tribus más grandes recibirían
más tierras, y las tribus, más pequeñas, menos.
[55,56]La tierra seria distribuida por sorteo
haciendo distinción entre las tribus grandes y
las pequeñas.
[57]Estos son los clanes de los levitas contados
en el censo:
Los guersonitas, descendientes de Guersón.
Los coatitas, descendientes de Coat.
Los meraritas, descendientes de Merari.
☼ [58,59]Las familias de la tribu de Leví son las
siguientes:
Los libnitas, los hebronitas, los majlitas, los
musitas, y los coreítas.
Cuando Leví estaba en Egipto tuvo una hija a
la que llamó Jocabed. Se casó con Amirán hijo
de Coat. Ellos fueron padres de Aarón, Moisés
y Miriam. [60]Aarón tuvo los siguientes hijos:
Nadab, Abiú, Eleazar e Itamar. [61]Pero Nadab y
Abiú murieron cuando ofrecieron fuego diferente
al que Dios les había indicado.
[62]El número total de los levitas en el censo fue
de 23.000, contando todos los varones de un mes
hacia arriba. Sin embargo, los levitas no fueron
incluidos en la cifra total del censo del pueblo de
Israel, porque los levitas no iban a recibir tierras
cuando éstas se distribuyeran entre las tribus.
[63]Estas, pues, son las cifras del censo preparado
por Moisés y Eleazar el sacerdote, junto al río
Jordán, en la ribera opuesta a Jericó. [64]Ninguna
persona de este censo había sido contada en el
censo anterior realizado en el desierto de Sinaí.
[65]Todos los contados habían muerto, porque el
SEÑOR había dicho de ellos: «Morirán en el desierto». Las únicas excepciones eran Caleb (hijo de
Jefone) y Josué (hijo de Nun).

Las hijas de Zelofejad

27 Había un hombre llamado Zelofejad hijo
de Héfer, nieto de Galaad, y bisnieto de
Maquir, de la tribu de Manasés hijo de José.
Zelofejad tenía cinco hijas llamadas Majlá, Noa,
Joglá, Milca y Tirsá.
[2]Un día se presentaron en el santuario para
hacerle una petición a Moisés, a Eleazar el sacerdote y a los dirigentes tribales que estaban allí.
[3]—Nuestro padre murió en el desierto —
dijeron—, y no fue de los que murieron en la
rebelión de Coré contra el SEÑOR. Murió de muerte
natural, sin dejar hijos varones. [4]¿Por qué ha de
desaparecer el nombre de nuestro padre por el
hecho de no haber tenido ningún hijo? Creemos
que debiéramos tener una propiedad al igual que
los descendientes de los hermanos de nuestro
padre.
[5]Moisés presentó este caso delante del SEÑOR,
[6,7]y el SEÑOR le respondió:
—Las hijas de Zelofejad tienen razón: Dales
una heredad junto a sus tíos. Dales la propiedad
que hubiera correspondido al padre de ellas si
hubiera vivido. [8]Que esta sea ley entre ustedes.
Si un hombre muere y no tiene hijos, la herencia
pasará a sus hijas. [9]Y si no tiene ninguna hija,
pertenecerá a sus hermanos. [10]Si no tiene hermanos, pasará a sus tíos. [11]Y si no tiene tíos, pasará
al pariente más cercano.

Anuncio de la muerte de Moisés

[12]Un día el SEÑOR le dijo a Moisés:
—Sube al monte Abarín y verás al otro lado
del río la tierra que he dado al pueblo de Israel.
[13]Después que la hayas visto, morirás como
murió Aarón tu hermano, [14]por cuanto te rebelaste contra mis instrucciones en el desierto de
Zin. Cuando el pueblo de Israel se rebeló, no me
glorificaste delante de ellos siguiendo mis instrucciones a fin de que el agua brotara de la roca.
Se estaba refiriendo al incidente de las aguas
de Meribá (Aguas de la rencilla) en Cades, en el
desierto de Zin.

Moisés pide un líder para Israel

[15]Entonces Moisés le dijo al SEÑOR:
[16]—Oh, SEÑOR, Dios de los espíritus de los
humanos, antes que yo sea llevado designa a
un nuevo caudillo para el pueblo, [17]un hombre
que los guíe en la batalla y cuide de ellos, de
manera que el pueblo del SEÑOR no quede como
oveja sin pastor.
[18]El SEÑOR contestó:
—Toma a Josué (hijo de Nun), quien tiene
al Espíritu, [19]y llévalo ante Eleazar el sacerdote;
y en presencia de todo el pueblo, encárgale la
responsabilidad de dirigir la nación. [20]Entrége-
le públicamente tu autoridad para que todo el
pueblo le obedezca. [21]Él consultará a Eleazar el
sacerdote para recibir mis órdenes. Yo, el SEÑOR,
hablaré con Eleazar por medio del urim, y Eleazar le entregará las instrucciones a Josué y al pueblo. De esta manera continuará guiando a Israel.
[22]Entonces Moisés hizo como el SEÑOR le había
ordenado: tomó a Josué y lo llevó ante Eleazar
el sacerdote. En presencia del pueblo, [23]Moisés
puso las manos sobre Josué, y lo consagró para
el cargo que el SEÑOR le había dado.

Calendario litúrgico

28 El SEÑOR le dio a Moisés las siguientes
instrucciones para que las entregara al
pueblo de Israel: [2]«Las ofrendas que se presentan
encendidas sobre el altar son para mí como el

☼ 26.59

alimento, y las recibo con gratitud; por lo tanto,
deberán presentarlas a su tiempo y tal como lo
he mandado.

Sacrificio diario

3»Cuando presenten ofrendas encendidas, presenten corderos machos sin defectos. Presenten
dos cada día como ofrenda regular. 4Uno será
sacrificado en la mañana, y el otro en la tarde.
5Con ellos ofrecerán dos kilos y medio de harina
fina amasada con un litro de aceite. 6Esta es la
ofrenda que fue ordenada en el monte Sinaí,
y que debe ofrecerse continuamente como olor
grato, ofrenda presentada por fuego al Señor.
7Juntamente con ella se ofrecerá una libación
consistente en un litro de vino fuerte con cada
cordero, que se derramará en el Lugar Santo
delante del Señor. 8El segundo cordero lo ofrecerán en la tarde con la misma ofrenda de harina
fina y libación. Es también una ofrenda de olor
fragante delante del Señor, una ofrenda presentada por fuego.

Ofrenda del día de reposo

9,10»En el día de reposo, sacrificarán dos corderos de un año, sin defectos, además de las
ofrendas regulares. Serán acompañados por una
ofrenda de cinco kilos de harina mezclada con
aceite y la libación acostumbrada.

Ofrenda mensual

11»Además, el primer día de cada mes, se presentará una ofrenda encendida extraordinaria
en que se ofrecerán al Señor dos becerros, un
carnero y siete corderos de un año, todos sin
defecto. 12Los acompañarán con siete kilos de
harina fina mezclada con aceite como ofrenda
vegetal por cada becerro; cinco litros con cada
carnero; 13y dos litros y medio con cada cordero.
Esta ofrenda será presentada por fuego, y será de
olor grato delante del Señor. 14Con cada sacrificio
se ofrecerá también una libación de dos litros de
vino por cada becerro, un litro y medio por cada
carnero y un litro por cada cordero. Ésta, pues,
será la ofrenda encendida que se presentará cada
mes a través de todo el año.

15»Además, el primer día de cada mes, ofrecerán al Señor un chivo como ofrenda por el pecado. Lo ofrecerán además de la ofrenda encendida
y la libación de cada día.

La Pascua

16»En el día catorce del primer mes de cada
año, celebrarán la Pascua. 17Al día siguiente,
comenzará una fiesta de mucha alegría que
durará siete días, en los que no se servirá pan
leudado. 18En el primer día de la festividad se
convocará a una asamblea santa de todo el
pueblo y no se realizará en él trabajo alguno.
19Ofrecerán como ofrenda especial al Señor dos
becerros jóvenes, un carnero y siete corderos de
un año, todos sin defecto. 20Con cada becerro se
llevará una ofrenda vegetal consistente en siete
kilos de harina fina mezclada con aceite; con
el carnero se ofrecerán cinco litros 21y con cada
uno de los siete corderos se ofrecerán dos litros y
medio. 22Además deberán ofrecer un chivo como
ofrenda por el pecado para hacer expiación por
ustedes. 23Estas ofrendas se instituyen además de
los sacrificios cotidianos. 24El mismo sacrificio se
ofrecerá cada uno de los siete días de la fiesta;
será muy grato delante del Señor. 25En el séptimo
día habrá una asamblea santa y solemne de todo
el pueblo, y durante aquel día no podrán hacer
obra alguna.

Fiesta de las Semanas

26»En el día de las Primicias (llamado también
fiesta de las Semanas o Pentecostés), habrá una
asamblea especial y solemne en la que todo el
pueblo se reunirá para celebrar la nueva cosecha.
En aquel día presentarán las primicias de la nueva cosecha de grano como una ofrenda vegetal al
Señor. Nadie trabajará en aquel día. 27También
se ofrecerán como ofrenda especial: dos becerros,
un carnero y siete corderos de un año. Se le presentarán al Señor como ofrenda quemada de olor
agradable. 28Acompañarán esos sacrificios con
una ofrenda vegetal de siete kilos de harina fina
mezclada con aceite por cada becerro, cinco litros
por el carnero, 29y dos litros y medio por cada
uno de los siete corderos. 30Además, ofrecerán
un chivo como expiación de sus pecados. 31Estas
ofrendas especiales se ofrecerán además de las
regulares y de las ofrendas vegetales y libaciones
de cada día. Los animales que se ofrecerán serán
sin defecto alguno.

Fiesta de las Trompetas

29 »La fiesta de las Trompetas será celebrada
el primer día del séptimo mes de cada
año. Habrá una asamblea solemne de todo el
pueblo en aquel día, y nadie realizará trabajo
alguno. 2Ofrecerán un sacrificio consistente en
un becerro, un carnero y siete corderos de un
año, todos sin defecto. Estos son sacrificios que el
Señor aprecia y en los que se goza. 3Con el becerro
presentarán una ofrenda de grano de siete kilos
de harina fina mezclada con aceite, cinco kilos
de harina con el carnero 4y dos kilos y medio con
cada uno de los siete corderos. 5Además de esto,
sacrificarán un chivo como ofrenda de expiación por el pecado. 6Estos sacrificios especiales los
ofrecerán además de las ofrendas quemadas de
cada día y de cada mes. Me los presentarán con
sus respectivas ofrendas vegetales y libaciones,
en la forma especificada.

El día del perdón

7»Diez días después convocarán nuevamente al pueblo. Ese será un día de humillación delante del SEÑOR, y no se realizará trabajo alguno. 8En ese día ofrecerán un holocausto, es decir, una ofrenda quemada al SEÑOR que será muy grato para él. Consistirá de un becerro, un carnero y siete corderos, todos sin defecto, 9y de las correspondientes ofrendas vegetales. Con el becerro ofrecerán siete kilos de harina fina mezclada con aceite, cinco litros con el carnero, 10y dos litros y medio con cada uno de los siete corderos. 11Además presentarán un chivo como ofrenda por el pecado. Esta se presenta aparte además de la ofrenda por el pecado del día de la Expiación (que se ofrecerá cada año en ese día) y aparte de las ofrendas encendidas regulares de cada día y sus correspondientes ofrendas vegetales y libaciones.

Fiesta de las Enramadas

12»Cinco días después habrá otra asamblea de todo el pueblo, y ese día no se hará trabajo alguno. Es el comienzo de una fiesta dedicada al SEÑOR que durará siete días. 13La ofrenda especial que presentarán ese día será de olor muy grato delante del SEÑOR y consistirá en trece becerros, dos carneros y catorce corderos de un año, todos sin defecto y quemados en su totalidad. 14Acompañarán esas ofrendas con las usuales ofrendas vegetales: siete litros de harina fina mezclada con aceite por cada uno de los trece becerros, cinco litros por cada uno de los dos carneros 15y dos litros y medio por cada uno de los catorce corderos. 16Además ofrecerán un chivo por el pecado, aparte del sacrificio regular de cada día, y sus correspondientes ofrendas de grano y libaciones.

17»El segundo día de esta fiesta de los siete días, ofrecerán doce becerros, dos carneros y catorce corderos de un año; todos sin defectos, 18acompañado cada uno de las respectivas ofrendas vegetales y libaciones. 19Además de los sacrificios correspondientes a ese día, sacrificarán un chivo, con su respectiva ofrenda vegetal y libación, que será ofrenda por el pecado.

20»En el tercer día de la fiesta, ofrecerán once becerros, dos carneros, catorce chivos, cada uno sin defecto, 21y las correspondientes ofrendas y libaciones con cada sacrificio. 22Además de las ofrendas que se ofrecen totalmente quemadas cada día, sacrificarán un chivo como ofrenda por el pecado, con sus correspondientes ofrendas de granos y libaciones.

23»En el cuarto día del festival, sacrificarán diez becerros, dos carneros y catorce corderos de un año sin defectos, 24cada uno con sus correspondientes ofrendas de grano y libaciones. 25Además sacrificarán un chivo como ofrenda por el pecado con sus acostumbradas ofrendas de granos y libaciones, aparte de los sacrificios regulares del día:

26,27»En el quinto día de la fiesta, sacrificarán nueve becerros, dos carneros y catorce corderos de un año, cada uno sin defecto, acompañados por las acostumbradas ofrendas vegetales y libaciones. 28Además sacrificarán un chivo con las acostumbradas ofrendas de granos y libaciones como ofrenda especial por el pecado, además de los sacrificios regulares del día.

29»En el sexto día de la fiesta, ofrecerán ocho becerros, dos carneros y catorce corderos de un año, cada uno sin defecto, 30junto con sus acostumbradas ofrendas de granos y libaciones. 31Además del sacrificio cotidiano, sacrificarán como ofrenda por el pecado un chivo con la correspondiente ofrenda de granos y libación.

32»En el séptimo día de la fiesta, sacrificarán siete becerros, dos carneros y catorce corderos de un año, cada uno sin defecto, 33con sus correspondientes ofrendas vegetales y libaciones. 34Además sacrificarán como ofrenda extraordinaria por el pecado un chivo con las acostumbradas ofrendas vegetales y libaciones, aparte de los sacrificios regulares del día.

35»El octavo día, convocarán al pueblo a otra asamblea solemne. No trabajarán ese día. 36Sacrificarán, como ofrenda agradable al SEÑOR, un becerro, un carnero, y siete corderos de un año, sin defectos. Todos ellos serán sacrificados y quemados totalmente en el altar. 37También ofrecerán las acostumbradas ofrendas de granos y libaciones. 38Además sacrificarán un chivo con su correspondiente ofrenda vegetal y libación como ofrenda por el pecado, además de los sacrificios regulares del día. 39Estas ofrendas son obligatorias con ocasión de las festividades anuales, y se ofrecen además de los sacrificios y ofrendas que presentan ustedes en conexión con votos, o como ofrendas voluntarias, las ofrendas que deben quemarse en su totalidad, ofrendas vegetales, libaciones u ofrendas pacíficas».

40Y Moisés dio todas estas instrucciones al pueblo de Israel.

Votos de las mujeres

30 Moisés convocó a todos los jefes de las tribus y les dijo:

2«El SEÑOR ha ordenado que cualquiera que le haga una promesa, ya sea de hacer algo o de dejar de hacer algo, deberá cumplirla fielmente. La persona que hace el voto deberá hacer exactamente lo que ha prometido.

3»Mas si una mujer soltera que vive en casa de su padre promete al SEÑOR que hará o no hará algo, 4y su padre oye que ha hecho un voto y no dice nada, el voto de ella será válido. 5Pero si el

padre se niega a darle el permiso para hacer el
voto, entonces la promesa quedará automáticamente anulada. Y así el SEÑOR la liberará porque
su padre no quiere que ella lo haga.
[6]»Si se casa cuando todavía está ligada por un
voto; [7]y su marido se entera y no le dice nada, el
voto será válido. [8]Pero si al enterarse el marido
se niega a aceptarlo, su desacuerdo anula el voto
y el SEÑOR la libertará.
[9]»Pero si la mujer es viuda o divorciada, ella
deberá cumplir el voto.
[10]»Si se ha casado y vive en casa de su marido
cuando hace el voto, [11]y su marido se entera de
él, y nada dice, el voto será válido. [12]Pero si él
se niega a permitirlo en el primer día en que se
entera del voto, el voto de ella quedará nulo y
el SEÑOR la perdonará. [13]De modo que el marido podrá confirmar o anular el voto, [14]pero si él
no dice nada durante el día significa que lo ha
aprobado. [15]Si espera más de un día y luego se
niega a reconocer el voto, las obligaciones del
voto recaerán sobre él y él será responsable».
[16]Éstos pues, son los mandamientos que el
SEÑOR dio a Moisés acerca de las relaciones entre
un hombre y su esposa, y entre un padre y su hija
que vive en su casa.

Guerra contra Madián

31 Entonces el SEÑOR le dijo a Moisés: [2]«Toma
venganza de los madianitas por haber
inducido a Israel a la idolatría. Luego morirás».
[3]Moisés le dijo al pueblo: «Algunos de ustedes
deben tomar las armas para hacer caer sobre
Madián la venganza del SEÑOR. [4]Alisten mil hombres de cada tribu».
[5]Así se hizo, y de Israel fueron enviados doce
mil hombres a la batalla. [6]Finés (hijo de Eleazar
el sacerdote) los condujo a la batalla acompañado por el cofre del pacto y con sonido de trompetas. [7]En la batalla murieron todos los hombres
de Madián. [8]Entre los muertos estaban los cinco
reyes madianitas: Evi, Requen, Zur, Jur y Reba.
También murió en la batalla Balán hijo de Beor.
[9-11]El ejército israelita tomó cautivos a las mujeres y a los niños, y se apoderó de las vacas, las
ovejas y de un cuantioso botín. Y quemaron todas
las ciudades, pueblos y aldeas de Madián. [12]Los
cautivos y los despojos de la guerra fueron llevados ante Moisés, Eleazar el sacerdote y el resto
del pueblo de Israel que estaba acampando en
la llanura de Moab, junto al río Jordán, frente a
Jericó. [13]Moisés, Eleazar el sacerdote y todos los
jefes del pueblo salieron a encontrar al ejército
victorioso, [14]pero Moisés se enojó con los oficiales
del ejército y los comandantes de batallón.
[15]«¿Por qué dejaron con vida a las mujeres? —
les preguntó—. [16]Ellas fueron las que siguieron el
consejo de Balán y causaron gran daño al pueblo
de Israel, haciendo que adorara a Baal Peor, y
son la causa de la plaga que nos destruyó. [17]Maten
pues a los niños varones y a todas las mujeres
que hayan tenido relación sexual. [18]Solamente
las muchachas vírgenes podrán vivir. Con ellas
pueden quedarse.

Purificación de combatientes y de prisioneros

[19]»Y en cuanto a ustedes, quédense fuera del
campamento por siete días todos los que hayan
matado a alguien o hayan tocado un cuerpo
muerto. Purifíquense ustedes y los cautivos en
los días tercero y séptimo. [20]Acuérdense también
de purificar la ropa que traen puesta y todo lo
que esté hecho de piel, de pelo de cabrito o de
madera».
[21]Entonces el sacerdote Eleazar dijo a los hombres que habían estado en la batalla:
«Este es el mandamiento que el SEÑOR le ha
dado a Moisés: [22]Todo lo que resiste el calor: oro,
plata, bronce, hierro, estaño o cuero, [23]será pasado por fuego a fin de que quede ceremonialmente
limpio. Luego será purificado con agua. Lo que
no resista el calor será purificado solamente con
agua. [24]En el día séptimo deben lavar la ropa que
traen puesta, y después de purificarse pueden
regresar al campamento».

Reparto del botín

[25]Y el SEÑOR le dijo a Moisés: [26]«Tú, el sacerdote Eleazar y los caudillos de las tribus harán
una lista del botín, incluyendo las personas y
animales. [27]Luego lo dividirán en dos partes. La
mitad será para los hombres que estuvieron en
la batalla, y la otra mitad será distribuida entre
el pueblo de Israel. [28]Pero antes que nada, darán
al SEÑOR su parte de todos los cautivos, bueyes,
burros y ovejas que corresponden al ejército. Su
parte será uno de cada quinientos. [29]Esta parte se
la entregarán a Eleazar el sacerdote para que sea
ofrecida al SEÑOR meciéndola delante del altar.
[30]Además, impondrán un tributo del dos por
ciento de todos los cautivos, cabezas de ganado
y las ovejas que se entregan al pueblo de Israel.
Esto lo entregarán a los levitas que están a cargo
del santuario, porque es la porción del SEÑOR».
[31]Entonces Moisés y Eleazar el sacerdote hicieron lo que el SEÑOR había ordenado. [32-35]El total
del botín (además de las joyas, vestidos etc., que
los soldados guardaron para sí) fue de 675.000
ovejas; 72.000 vacas, 61.000 burros, y 32.000
muchachas vírgenes.
[36-40]La parte entregada al ejército sumó:
337.500 ovejas, (675 fueron entregadas a el
SEÑOR),
36.000 bueyes (72 fueron entregados a el SEÑOR);
30.500 burros (61 fueron entregados a el SEÑOR);

16.000 muchachas (32 fueron entregadas al
SEÑOR).
41Todo lo que correspondía a la porción del
SEÑOR fue entregado a Eleazar el sacerdote conforme a las instrucciones dadas a Moisés.
42-46La mitad del botín que le correspondía al
resto del pueblo fue de:
337.500 ovejas, 36.000 bueyes, 30.500 burros,
y 16.000 muchachas.
47En conformidad con las órdenes del SEÑOR,
Moisés dio el dos por ciento de todo a los levitas.

Las ofrendas de los capitanes

48Entonces los oficiales y los comandantes de
batallones se acercaron a Moisés y le dijeron:
49«Hemos pasado lista a los hombres que salieron a la batalla, y ninguno de nosotros falta.
50Por lo tanto hemos traído al SEÑOR una ofrenda
tomada de nuestro botín para que nos perdone
todos nuestros pecados: oro, joyas, brazaletes,
anillos, aros y collares».
51,52Moisés y Eleazar el sacerdote recibieron esta
ofrenda especial de los capitanes y comandantes de batallones y encontraron que el valor era
de unos doscientos kilos de oro. 53(Los soldados
habían reservado el botín que a cada cual correspondía.) 54La ofrenda fue llevada al santuario
y quedó delante del SEÑOR como memoria del
pueblo de Israel.

Rubén y Gad se establecen en Transjordania

32 Cuando Israel llegó a la tierra de Jazer y
Galaad, las tribus de Rubén y Gad (que
tenían grandes rebaños de ovejas) notaron que
era un país hermoso para el pastoreo, 2y se presentaron ante Moisés, Eleazar el sacerdote y los
demás jefes de las tribus y dijeron:
3—El SEÑOR ha usado a Israel para destruir a
los pueblos de todo el país: Atarot, Dibón, Jazer,
Nimrá, Hesbón, Elalé, Sebán, Nebo y Beón. 4Es
una excelente tierra para el pastoreo, ideal para
nuestros ganados. 5Permítasenos tener esta tierra
como porción nuestra en vez de tener parte al
otro lado del río Jordán.
6—¿Quieren decir que desean establecerse
aquí, mientras sus hermanos van al otro lado
del Jordán y realizan la conquista? —preguntó Moisés—. 7¿Están tratando de desalentar al
resto del pueblo para que no pase al otro lado,
a la tierra que el SEÑOR les ha dado? 8Esto es lo
mismo que hicieron sus padres. Los envié desde
Cades a explorar la tierra, 9pero cuando acabaron
la investigación y regresaron del valle de Escol,
desalentaron al pueblo, y éste no quiso entrar en
la Tierra prometida. 10Entonces la ira del SEÑOR
se encendió en contra de ellos, 11y juró que de los
que habían salido de Egipto, ninguno que tuviera
más de veinte años entraría en la Tierra que había
prometido a Abraham, Isaac y Jacob, porque se
habían negado a hacer la voluntad del SEÑOR.
12Las únicas excepciones fueron Caleb (hijo de
Jefone el cenezeo), y Josué (hijo de Nun), porque
de todo corazón siguieron al SEÑOR. 13Entonces el
SEÑOR hizo que regresáramos y peregrináramos
por el desierto durante cuarenta años hasta que
toda la generación perversa hubo muerto.
14»Y ahora ustedes, descendientes de tales pecadores, pretenden hacer lo mismo. De modo que
la ira del SEÑOR se encenderá contra Israel con
mayor furor esta vez. 15Si ustedes se apartan de
Dios de esta manera, él hará que el pueblo esté
más tiempo en el desierto, y ustedes serán los
culpables de la destrucción de este pueblo y de
haber traído el desastre sobre toda la nación.
16—De ninguna manera —explicaron
ellos—. Queremos construir rediles para nuestros ganados y ciudades para nuestros pequeños, 17pero nosotros iremos con nuestras armas
adelante del resto del pueblo de Israel hasta que
hayamos tomado posesión de la herencia que a
ellos les corresponde. Pero primero necesitamos
construir ciudades amuralladas para nuestras
familias, para que ellos estén a salvo de los ataques de los habitantes de los alrededores. 18No
nos estableceremos aquí hasta que el pueblo de
Israel haya recibido el total de su heredad. 19No
queremos tierra en la otra orilla del Jordán. Más
bien la queremos a este lado, en la ribera oriental.
20Entonces Moisés dijo:
—De acuerdo. Hagan lo que prometen y
vayan a hacer la guerra, 21y crucen con sus soldados al otro lado del Jordán hasta que el SEÑOR
haya expulsado a todos los enemigos, 22y cuando
la tierra finalmente haya sido sometida al SEÑOR,
quedarán libres del deber delante del SEÑOR y
delante del resto del pueblo de Israel, y la tierra
de la orilla oriental será de ustedes ante el SEÑOR.
23»Pero si no cumplen lo que han prometido,
pecarán contra el SEÑOR, y pagarán las consecuencias. 24Vayan y edifiquen ciudades para sus
familias y rediles para sus rebaños. Hagan todo
lo que han dicho.
25—Seguiremos tus instrucciones al pie de la
letra —respondieron los descendientes de Gad
y Rubén—. 26Nuestros hijos, nuestras esposas,
los rebaños y el ganado quedarán aquí en las
ciudades de Galaad. 27Pero todos nosotros nos
alistaremos para ir a pelear por el SEÑOR como tú
lo has dicho. 28Entonces Moisés les dijo a Eleazar,
a Josué y a los jefes de las tribus de Israel:
29—Si todos estos hombres de las tribus de
Gad y Rubén que se han alistado para pelear las
batallas del SEÑOR van con ustedes al otro lado
del Jordán, recibirán la tierra cuando termine la
conquista. 30Pero si se niegan a acompañarlos

deben aceptar un terreno entre los demás en la
tierra de Canaán.
31Las tribus de Gad y Rubén dijeron entonces:
—Haremos como el SEÑOR ha ordenado.
32Seguiremos al SEÑOR armados y entraremos en
la tierra de Canaán, pero nuestra tierra estará
aquí, en este lado del Jordán.
33Entonces Moisés asignó el territorio de Sijón
rey de los amorreos y del rey Og de Basán, incluso
sus ciudades, a las tribus de Gad, Rubén y Manasés (hijo de José).
34-36El pueblo de Gad construyó las siguientes ciudades: Dibón, Atarot, Aroer, Atarot Sofán,
Jazer, Yogbea, Bet Nimrá y Bet Arán. Todas éstas
eran ciudades fortificadas y tenían rediles para
las ovejas.
37Los hijos de Rubén edificaron las siguientes
ciudades: Hesbón, Elealé, Quiriatayim, 38Nebo,
Baal Megón y Sibma. (Los israelitas después cambiaron los nombres de algunas de estas ciudades
que habían conquistado y reconstruido.)
39El clan de Maquir de la tribu de Manasés fue
a Galaad y la conquistó, y expulsó a los amorreos
que vivían allí. 40Moisés, entonces, dio Galaad a
los maquiritas. 41Los hombres de Yaír, otro clan
de la tribu de Manasés, ocuparon varias de las
ciudades de Galaad; y le cambiaron el nombre
a la región y le pusieron Javot Yaír. 42Mientras
tanto un hombre llamado Noba, fue y tomó a
Quenat y sus pueblos, y los ocupó, y la región
se llamó Noba.

Ruta de Israel por el desierto

33 Este es el itinerario que Israel siguió desde
que Moisés y Aarón lo sacaron de Egipto.
2Moisés anotó las etapas del viaje en la forma
que el SEÑOR le había ordenado. 3,4Salieron de
la ciudad de Ramsés en Egipto el primero de
abril, el día siguiente de la noche de la Pascua.
Salieron con orgullo, a instancias de los egipcios
que estaban sepultando a los primogénitos que el
SEÑOR había matado la noche anterior. El SEÑOR
ciertamente había derrotado a todos los dioses
de Egipto aquella noche.
5,6Después de salir de Ramsés, acamparon en
Sucot, en Etam (el límite del desierto), y 7en Pit
Ajirot (cerca de Baal Zefón donde acamparon al
pie del monte Migdol). 8Desde allí cruzaron en
seco el Mar Rojo y durante tres días se interna-
ron en el desierto de Etam, acampando luego en
Mara. 9Salieron de Mara y acamparon en Elim
donde había doce fuentes de agua y setenta palmeras.
10Saliendo de Elim acamparon junto al Mar
Rojo, 11y luego en el desierto de Sin.
12De allí llegaron hasta Dofcá, 13y luego
acamparon en Alús. 14Siguieron después a Refidín (donde no había agua para que el pueblo
bebiera).
15-37Desde Refidín siguieron hasta el desierto
de Sinaí;
desde el desierto de Sinaí a Quibrot Jatavá;
de Quibrot Jatavá a Jazerot;
de Jazerot a Ritma;
de Ritma a Rimón Peres;
de Rimón Peres a Libná;
de Libná a Risá;
de Risá a Celata;
de Celata al monte de Sefér;
del monte de Sefér a Jaradá;
de Jaradá a Maquelot:
de Maquelot a Tajat;
de Tajat a Téraj;
de Téraj a Mitca;
de Mitca a Jasmoná;
de Jasmoná a Moserot;
de Moserot a Bené Yacán;
de Bené Yacán al monte de Gidgad;
del monte de Gidgad a Jotbata;
de Jotbata a Abroná;
de Abroná a Ezión Guéber;
de Ezión Guéber a Cades (en el desierto de Zin);
de Cades al monte Hor (junto a la tierra de
Edom).
38,39Mientras estaban al pie del monte Hor,
Dios le ordenó a Aarón el sacerdote que subiera
a la montaña, y allí murió. Esto ocurrió en el año
cuarenta después de la salida del pueblo de Israel
de Egipto. La fecha de su muerte fue el quince de
julio, cuando tenía ciento veintitrés años.
40Estando allí, el rey cananeo de Arad, que vivía
en el Néguev, en la tierra de Canaán, oyó que el
pueblo de Israel se acercaba a su tierra. 41Luego
los israelitas viajaron del monte de Hor hasta
Zalmona, 42de allí a Punón, 43de Punón a Obot,
44de Obot a Iyé Abarín (en la frontera con Moab),
45de Iyé Abarín a Dibón Gad, 46y luego acamparon
en Almón Diblatayim. 47De allí siguieron hasta
los montes de Abarín delante del monte Nebo, 48y
finalmente llegaron a la llanura de Moab junto
al río Jordán, frente a Jericó. 49Mientras estaban
en esta zona acamparon en varios lugares a lo
largo del río Jordán desde Bet Yesimot hasta Abel
Sitín en las llanuras de Moab.

Instrucciones acerca de la Tierra prometida

50Estando acampados allí, el SEÑOR le pidió a
Moisés que dijera al pueblo de Israel: 51«Cuando hayan pasado el río Jordán, y hayan entrado
en la tierra de Canaán, 52expulsarán a todos los
pueblos que viven allí y destruirán sus ídolos
esculpidos en piedra, sus imágenes fundidas y los
santuarios hechos al aire libre en las colinas. 53Yo
les he entregado la tierra. Tómenla y vivan en

ella. 54 Recibirán tierra en proporción al tamaño de cada tribu. Las zonas más grandes de la tierra serán sorteadas entre las tribus mayores, y las zonas menores serán asignadas por suertes a las tribus menores.

55 »Pero si no expulsan a los pueblos que viven allí; los que queden les molestarán como arena en los ojos y espinas en los costados. 56 Entonces yo los destruiré a ustedes en vez de destruirlos a ellos».

Fronteras de Canaán

34 El Señor le dijo a Moisés:

2 «Dile al pueblo de Israel que cuando entre en la tierra de Canaán, que le daré como patria, 3 en el extremo sur del país estará el desierto de Zin hasta la frontera de Edom; ese será el límite sur que comenzará en el Mar Muerto, 4 y continuará hacia el sur hasta la subida de Acrabim (Paso escorpión) y seguirá hasta Zin. El punto más austral será Cades Barnea, desde donde seguirá hasta Jasar Adar, y desde allí hasta Asmón. 5 Desde Asmón el límite seguirá a lo largo del Wadi el Aris (Torrente de Egipto), hasta el mar Mediterráneo.

6 »El límite occidental será el mar Mediterráneo.

7-9 »La frontera norte comenzará en el mar Mediterráneo y seguirá hacia el oriente hasta el monte de Hor, desde donde seguirá hasta la entrada de Jamat, y de allí a través de Zedad y Zifón hasta Jazar Enán.

10,11 »El límite oriental irá desde Jazar Enán hacia el sur hasta Sefam, y de allí hasta Riblá al lado oriental de Ayín. Desde allí hará un gran semicírculo primero hacia el sur, luego hacia el occidente, hasta tocar el extremo sur del mar de Galilea, 12 y entonces seguirá a lo largo del río Jordán para terminar en el Mar Muerto. Estos serán los límites de la tierra.

13 »Éste es el territorio que dividirán entre ustedes; se dividirá entre las nueve tribus y media, 14,15 porque las tribus de Rubén y Gad y la media tribu de Manasés ya tienen tierra asignada en el lado oriental del río Jordán, frente a Jericó».

16-28 Y el Señor le dijo a Moisés:

—Estos son los nombres de los hombres que he elegido para que dirijan la repartición de tierra: el sacerdote Eleazar, Josué (hijo de Nun) y un jefe de cada tribu que serán los siguientes:

Tribu	*Jefe*
Judá	Caleb (hijo de Jefone)
Simeón	Samuel (hijo de Amiud)
Benjamín	Elidad (hijo de Quislón)
Dan	Buquí (hijo de Joglí)
Manasés	Janiel (hijo de Efod)
Efraín	Quemuel (hijo de Siftán)
Zabulón	Elizafán (hijo de Parnac)
Isacar	Paltiel (hijo de Azán)
Aser	Ajiud (hijo de Selomí)
Neftalí	Pedael (hijo de Amiud)

29 Éstos son los hombres que he designado para que vigilen la repartición de tierra entre las tribus.

Ciudades levíticas

35 Mientras Israel estaba acampando junto al Jordán en las llanuras de Moab, frente a Jericó, el Señor le dijo a Moisés:

2 «Ordena a todo Israel que dé como herencia a los levitas ciertas ciudades y las tierras de pastoreo que las rodean. 3 Estas ciudades son para habitar, y las tierras circundantes son para el ganado, las ovejas y otros animales que puedan poseer. 4 Las tierras de pastoreo estarán inmediatamente a continuación de los muros de la ciudad y será una franja de cuatrocientos cincuenta metros en torno a la ciudad, 5 De este modo el diámetro de la ciudad se verá aumentado en novecientos metros.

6 »Asignarán a los levitas cuarenta y ocho ciudades, seis de las cuales serán ciudades de refugio. En ellas podrá refugiarse cualquier persona que haya dado muerte a otra en forma accidental. 7 En total serán cuarenta y ocho las ciudades que se darán a los levitas con sus correspondientes tierras de pastoreo. 8 Estas ciudades estarán distribuidas en diversos lugares de la nación. Las tribus más grandes, que tienen muchas ciudades, darán más ciudades a los levitas, mientras que las tribus más pequeñas les darán menos ciudades».

Ciudades de refugio

9 Y el Señor le dijo a Moisés: 10 «Dile al pueblo que cuando entre en la tierra, 11 se designarán ciudades de refugio a fin de que se ponga a salvo en ellas cualquiera que haya dado muerte a otro en forma accidental. 12 Estas ciudades serán lugares de protección donde el homicida accidental pueda protegerse del que quiera vengar al muerto. El homicida no podrá ser ejecutado sino hasta que se le haya seguido un juicio justo y se haya establecido su culpa. 13,14 Tres de estas ciudades de refugio estarán en la tierra de Canaán, y tres en el lado oriental del río Jordán. 15 Estas no sólo servirán de protección a los israelitas sino también a los extranjeros y a los viajeros.

16 »Pero si alguien es golpeado y muerto con un instrumento de hierro, debe presumirse que hubo asesinato, y el homicida deberá ser ejecutado. 17 Si el hombre murió porque lo golpearon con una piedra grande, se trata de un asesinato, y el asesino debe morir. 18 Lo mismo es válido si alguien es muerto con un arma de madera. 19 El vengador de la sangre personalmente dará

muerte al asesino cuando lo encuentre. 20Si alguno da muerte a otro por odio arrojándole algo,
poniéndole emboscada o 21golpeándole con el
puño hasta darle muerte; es un asesino. El asesino será ejecutado por el vengador de la sangre
cuando lo hallare.

22,23»Pero si se trata de un accidente, de un
caso en que alguien arroja una piedra y sin querer golpea y mata a quien no era su enemigo,
24el pueblo juzgará si hay que entregar o no al
homicida en manos del vengador de la sangre.
25Si se llega a conclusión de que la muerte fue
accidental, el pueblo protegerá al homicida para
que no caiga en manos del vengador de la sangre. El homicida será residente permanente de
la ciudad de refugio. Vivirá allí hasta la muerte
del sumo sacerdote.

26»Si el homicida sale de la ciudad, 27y el vengador lo encuentra fuera de ella y le da muerte,
no es un asesinato, 28porque el hombre debió
haber permanecido dentro de la ciudad hasta
la muerte del sumo sacerdote. Pero después de
la muerte del sumo sacerdote, el hombre puede
volver a su tierra y a su hogar. 29Estas son leyes
permanentes para todo Israel de generación en
generación.

30»Todos los homicidas serán ejecutados, pero
solamente si hay más de un testigo. Ningún hombre podrá ser ejecutado por el testimonio de una
sola persona. 31Cualquiera que sea declarado culpable de asesinato, debe morir, y no se aceptará
rescate por él. 32Tampoco se podrá aceptar que
un refugiado en una de estas ciudades pague
para que se le permita regresar a su hogar antes
de la muerte del sumo sacerdote. 33Mediante el
cumplimiento de estas normas la tierra no se
contaminará, porque el asesinato contamina
la tierra, y no se puede hacer reparación por la
muerte de una persona sino por la ejecución del
asesino. 34No contaminen la tierra donde van a
vivir, porque yo, el SEÑOR, viviré allí entre ustedes».

Herencia de las mujeres

36 Entonces los dirigentes del subclan de
Galaad (el clan de Maquir, de la tribu
de Manasés, uno de los hijos de José) vinieron a
Moisés ante los jefes de Israel con una petición:

2—El SEÑOR dio orden de repartir la tierra por
sorteo entre el pueblo de Israel —le recordaron
a Moisés—, y que se diera la heredad de nuestro
hermano Zelofejad a sus hijas. 3Pero si ellas se
casan en otra tribu, la tierra de ellas pasará a la
tribu de su marido. De esta manera nuestra tierra
se verá reducida, 4y no regresará a nosotros en
el año del jubileo.

5Moisés contestó públicamente, dando estas
órdenes de parte del SEÑOR:

—Los hombres de la tribu de José tienen una
queja justa. 6Esto es lo que el SEÑOR ha ordenado
acerca de las hijas de Zelofejad: 7Pueden casarse con quienes quieran, siempre que sea dentro
de su tribu. De esta manera, ninguna parte de
la tierra de su tribu pasará a otra tribu, ya que
la tierra debe pertenecer permanentemente a la
tribu a la que fue asignada en el principio. 8Las
jóvenes de las tribus de Israel que pertenezcan a
una familia que esté sin heredero varón, deberán casarse dentro de su propia tribu, para que
la tierra no salga de la tribu. 9De este modo, la
tierra no pasará de una tribu a otra».

10Las hijas de Zelofejad hicieron lo que el SEÑOR
le había ordenado a Moisés. 11Estas eran: Majlá,
Tirsá, Joglá, Milca y Noa, y se casaron con hombres de su propia tribu de Manasés (hijo de José).
12De este modo la tierra de ellas permaneció en
la tribu.

13Éstos son los mandamientos y las ordenanzas
que el SEÑOR le dio al pueblo de Israel por medio
de Moisés, mientras estaban acampados en las
llanuras de Moab junto al río Jordán, frente a
Jericó.

DEUTERONOMIO

¿Quién lo escribió?

Se atribuye la mayor parte de este libro a Moisés (1:1; 31:24,25). En el Nuevo Testamento, varios pasajes de Deuteronomio son citados como escritos por él (Mateo 19:7,8; Marcos 10:3-5; Hechos 3:22,23; 7:37,38; Romanos 10:19). Alguien más debió escribir pasajes como el capítulo 34.

¿A quién lo escribió?

Los receptores de este libro son la nueva generación de israelitas, próximos a entrar a Canaán. Ellos necesitaban un resumen de la ley. Ésta se repite y explica para que puedan comprenderla, obedecerla y transmitirla.

¿Cuándo y dónde lo escribió?

Israel está acampando en las llanuras de Moab, al este del río Jordán. Han pasado 40 años desde la liberación de Egipto y casi 38 desde que el pueblo había salido del Sinaí. Los discursos y los hechos registrados en este libro ocurrieron justo antes de la conquista, alrededor de 1440 y 1400 a.C.

Panorama del libro

Después de casi cuarenta años de deambular por el desierto, una nueva generación está casi preparada para, finalmente, tomar posesión de la anhelada tierra prometida. Este libro es un repaso resumido y con algunas aplicaciones de la Ley de Dios dirigido a la nueva generación que entrará a poseer la tierra. Como tal, el propósito del libro es recordar a esta nueva nación el contenido del pacto de Dios con ellos y resaltar la importancia vital de obedecer las leyes y ordenanzas del Señor.

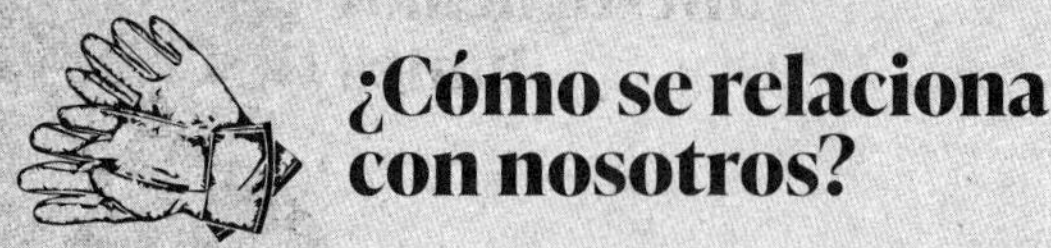

¿Cómo se relaciona con nosotros?

Nuestra rebeldía afecta nuestra relación con Dios y entre nosotros, y eso tiene consecuencias notables en nuestras vidas. Este libro de nombre tan "matemático" nos ayuda a reflexionar acerca de la esperanza que tenemos en Dios a pesar de cualquier pasado, y cómo a Dios le importan los pequeños detalles. Números ayudará a tu matrimonio a ver cómo Dios puede otorgar una nueva oportunidad para ser fieles, llegando a ser los hombres y mujeres que Él espera que seamos cuando le buscamos con un corazón sincero. En Números también podemos conocer más acerca del liderazgo de Moisés y el comportamiento de Israel. Para Moisés debió ser muy cansador lidiar con las quejas y murmuraciones del pueblo durante su escape de la esclavitud de Egipto, y es que una actitud permanente de queja aleja a las personas que amamos y nos impide llegar a donde queremos. Además, retrasa las promesas de Dios y perjudica nuestras relaciones.

¿Cómo lo estudiamos?

1) Dios ha sido fiel hasta ahora. Caps. 1-4
2) La Ley de Dios es grandiosa. Caps. 5-11
3) La Ley de Dios tiene propósitos magníficos para la vida cotidiana. Caps. 12-26
4) El éxito o fracaso dependen de la obediencia a la Ley de Dios. Caps. 27-28
5) Dios renueva su compromiso con las nuevas generaciones. Caps. 29-30
6) La renovación del liderazgo asegura la continuidad del compromiso. Caps. 31-34

DEUTERONOMIO

Deuteronomio

Moisés ordena salir de Horeb

1 Este libro registra las palabras que Moisés dirigió al pueblo de Israel cuando estaba acampado en el valle del Arabá en el desierto de Moab, al oriente del río Jordán. Las ciudades que había en la zona eran Parán, Tofel, Labán, Jazerot y Dizahab. 2-3Las palabras fueron pronunciadas el primer día del mes undécimo; habían pasado cuarenta años desde el momento en que el pueblo de Israel dejó el monte Horeb (aunque el viaje a pie desde el monte Horeb hasta Cades Barnea normalmente solo dura once días, siguiendo la vía del monte Seír). 4Sijón, rey de los amorreos, había sido ya derrotado en Hesbón y el rey Og de Basán había sido derrotado en Astarot, cerca de Edrey. 5Éstas, pues, son las palabras que Moisés declaró ante el pueblo de Israel:

6«Hace cuarenta años, junto al monte Horeb, el Señor, nuestro Dios, nos dijo: "Ya han estado aquí largo tiempo. 7Vayan ahora y ocupen la región montañosa de los amorreos, el valle del Arabá, el Néguev, y toda la tierra de Canaán y el Líbano: toda el área desde las costas del mar Mediterráneo hasta el río Éufrates. 8Yo se la doy a ustedes. Entren y poséanla, porque es la tierra que el Señor prometió a sus antepasados Abraham, Isaac y Jacob, y a todos sus descendientes".

Nombramiento de jefes

9»En aquel tiempo le dije al pueblo: "Ayúdenme. Ustedes son una gran carga para que yo la lleve solo, 10porque el Señor nos ha multiplicado como las estrellas. 11Quiera él multiplicarnos mil veces más y bendecirnos como ha prometido. 12Pero ¿qué puede hacer un hombre solo para resolver las dificultades, los pleitos y los problemas que hay entre ustedes? 13Elijan, pues, hombres de cada tribu que sean sabios, experimentados y entendidos, y yo los pondré como jefes".

14»Ellos estuvieron de acuerdo con esto. 15Entonces tomé los hombres que eligieron, varios de cada tribu, y los señalé como jefes administrativos a cargo de mil, de cien, de cincuenta y de diez para decidir en sus dificultades y ayudarles en todo. 16Les di órdenes de que fueran perfectamente justos en todo tiempo con sus hermanos y aun con los extranjeros. 17"Cuando tomen decisiones", les dije; "no favorezcan a un hombre porque sea rico; sean justos con el grande y con el pequeño. No teman si a ellos no les agrada el fallo de ustedes, porque ustedes son jueces en el nombre de Dios. Los casos demasiado difíciles tráiganmelos a mí, y yo los resolveré". 18Les di además varias otras instrucciones para ustedes.

Misión de los espías

19-21»Luego nos alejamos del monte Horeb y viajamos a través del desierto grande y terrible, y llegamos finalmente a las montañas de los amorreos a las cuales el Señor nuestro Dios nos había dirigido. Estábamos entonces en Cades Barnea (en el límite con la Tierra prometida) y le dije al pueblo: "El Señor, el Dios de nuestros antepasados, nos ha dado esta tierra. Vayan y poséanla como él nos ha dicho. No teman, ni duden".

22»Pero los israelitas replicaron: "Deja que primero enviemos espías para descubrir el mejor camino de entrada y para decidir qué ciudades debemos capturar en primer lugar".

23»Esto me pareció bien, por lo que elegí doce espías, uno de cada tribu. 24-25Los espías cruzaron las colinas y llegaron al valle de Escol, y volvieron con muestras de las frutas que allí se producían. Una sola mirada bastó para convencernos de que la tierra que el Señor nos había dado era una tierra buena.

Rebelión contra el Señor

26»Pero el pueblo no quiso entrar y se rebeló contra el mandamiento del Señor. 27Todos a una sola voz murmuraron y se quejaron en sus tiendas y dijeron: "El Señor debe aborrecernos pues nos ha sacado de Egipto para ser asesinados en el desierto por estos amorreos. 28¿A dónde vamos a entrar? Nuestros hermanos que han visitado la tierra nos han atemorizado con todo lo que nos contaron. Dicen que la gente de esa tierra es alta y fuerte, y que los muros de sus ciudades llegan hasta el cielo. Por si fuera poco, han visto gigantes allí: los descendientes de Anac".

29»Pero yo les dije: "No teman. 30El Señor nuestro Dios irá delante, y peleará por ustedes como lo hizo en Egipto. 31Él nos ha cuidado en nuestra peregrinación por el desierto de la manera que un padre cuida a sus hijos". 32Pero nada de lo que les dije los convenció. No quisieron creer al Señor nuestro Dios, 33quien los había guiado por el camino y había elegido los mejores lugares para que acamparan, y los había guiado con una columna de fuego por la noche y una columna de nubes durante el día.

34»El Señor oyó la queja de los israelitas y se enojó. 35Juró que nadie de esa generación viviría para ver las bondades de la tierra que había prometido a sus antepasados. 36Caleb (hijo de Jefone) es el único que, por haber confiado completamente en el Señor, recibirá, para él y sus descendientes, como heredad personal parte de la tierra sobre la cual había andado.

1.21–31

37»Y el SEÑOR también se enojó conmigo por
causa del pueblo, y me dijo: "Tampoco tú entrarás en la Tierra prometida. 38Josué (el hijo de
Nun), tu ayudante, guiará a tu pueblo hacia
ella. Anímale mientras se prepara para tomar
el mando. 39La tierra se la entregaré a la nueva
generación, a aquellos que según sus padres iban
a morir en el desierto y todos los pequeños quienes todavía no saben distinguir entre lo bueno y
lo malo. 40Por eso se dirigió a los de la antigua
generación y les dijo: Ya que así lo desean, ¡regresen al desierto, camino del Mar Rojo!".

41»Entonces ellos confesaron: "Hemos pecado;
entraremos en la tierra y pelearemos por ella
como el SEÑOR nuestro Dios nos ha dicho". Se
armaron, pues, pensando que sería fácil conquistar la región. 42Pero el SEÑOR me dijo: "Ordénales
que no lo hagan, porque no iré con ellos; ¡serán
derrotados!".

43»Pero los israelitas no quisieron escuchar.
En abierta rebelión contra el mandato del
SEÑOR, subieron a los montes a pelear. 44Pero los
amorreos que vivían allí salieron a presentarles
batalla y, como avispas, los persiguieron desde
Seír hasta Jormá y mataron a muchos de ellos.
45Luego regresaron y lloraron delante del SEÑOR,
pero no los escuchó. 46Tuvieron que permanecer
en Cades largo tiempo.

Peregrinación por el desierto

2 »Luego regresamos al desierto camino del
Mar Rojo, como me había ordenado el SEÑOR.
Durante muchos años vagamos por los alrededores del monte Seír, 2hasta que al fin el SEÑOR
dijo: 3"Ya han permanecido demasiado tiempo en
este monte. Vuelvan al norte. 4Informa al pueblo
que pasarán por el territorio de sus hermanos los
edomitas, descendientes de Esaú, que viven en
Seír; los edomitas sentirán temor, de modo que
¡cuidado! 5No presenten batalla. Yo les he dado
a ellos el monte Seír como posesión permanente,
y no les daré a ustedes nada que les pertenezca
a ellos. 6Páguenles el alimento y el agua que
consuman. 7El SEÑOR, el Dios de ustedes, los ha
cuidado y bendecido durante los cuarenta años
que han peregrinado en este gran desierto, y nada
les ha faltado durante todo este tiempo".

8»Así fue que pasamos a través de Edom, territorio de nuestros hermanos los hijos de Esaú,
cruzamos el camino del Arabá que va hacia el
sur a Elat y Ezión Guéber, y tomamos rumbo al
norte, hacia el desierto de Moab. 9Entonces el
SEÑOR me advirtió: "No ataques ni provoques a
los moabitas, porque yo no les daré a ustedes la
tierra de ellos, la región de Ar; la he dado a los
descendientes de Lot".

10»(Los emitas habían habitado antes aquella
zona. Eran una tribu grande y poderosa, de hombres altos como los gigantes de Anac; 11a los emitas
y a los anaceos se les suele llamar refaítas, pero
los moabitas los llaman emitas. 12Anteriormente
los horeos vivían en Seír, pero fueron desplazados
por las edomitas, los descendientes de Esaú, tal
como Israel desplazará a los pueblos de Canaán,
cuya tierra ha sido asignada a Israel por el SEÑOR.)
13"Crucen ahora el arroyo de Zéred", dijo el SEÑOR,
y así lo hicimos.

14»Habían pasado treinta y ocho años desde que
salimos de Cades hasta que cruzamos por fin el
arroyo de Zéred, porque el SEÑOR había decretado
que no cruzaríamos el arroyo hasta que hubieran muerto todos los hombres que hacía treinta
y ocho años tenían edad suficiente para llevar
armas. 15,16Sí, la mano del SEÑOR estuvo contra
ellos hasta que todos murieron.

17»Finalmente el SEÑOR me dijo: 18"Hoy cruzará
Israel los limites de Moab en Ar 19para entrar a la
tierra de Amón. Pero no los ataques ni provoques,
porque yo no te daré su tierra. La he dado a los
descendientes de Lot". 20(Aquella zona también
estaba habitada por unos gigantes que los amonitas llamaban zamzumitas. 21Eran una tribu
grande y poderosa, de hombres tan altos como
los anaceos. Pero el SEÑOR los destruyó cuando los
amonitas entraron en esa tierra y vivieron allí en
su lugar. 22El SEÑOR igualmente había ayudado
a los descendientes de Esaú en el monte Seír
destruyendo a los horeos que vivían allí antes que
ellos. 23Una situación similar se produjo cuando
el pueblo de Caftor invadió y destruyó la tribu
de los aveos que vivían en pueblos esparcidos en
toda aquella zona hasta Gaza.)

Derrota de Sijón, rey de Hesbón

24»Y el SEÑOR dijo: "Pasen el río Arnón y entren
en la tierra de Sijón, rey amorreo de Hesbón.
Háganle guerra y tomen posesión de su tierra.
25A partir de hoy haré que todos los pueblos de
esta tierra tiemblen de temor delante de ustedes
y sientan angustia ante su llegada".

26»No obstante; envié mensajeros desde el
desierto de Cademot al rey Sijón en Hesbón,
con una propuesta de paz. 27"Pasaremos por
tu tierra", le dijimos. "Nos mantendremos en
el camino real y no entraremos a tus campos a
ninguno de los dos lados. 28No robaremos alimento mientras cruzamos, sino que pagaremos
por todo lo que comamos y todo lo que bebamos.
Lo único que queremos es el permiso para pasar
por ella. 29Los edomitas en Seír nos permitieron
pasar por su país; lo mismo hicieron los moabitas, cuya capital es Ar. Queremos cruzar el Jordán
para entrar en la tierra que el SEÑOR, nuestro Dios,
nos ha dado".

30»Pero el rey Sijón se negó, porque el SEÑOR
nuestro Dios hizo que se endureciera, para poder

destruir a Sijón con las manos de Israel como ahora ya lo ha hecho.

31»Y el SEÑOR me dijo: "He comenzado a darles la tierra del rey Sijón. Cuando tomen posesión de ella, pertenecerá para siempre a Israel".

32»El rey Sijón entonces nos declaró la guerra y movilizó sus fuerzas en Yahaza. 33,34Pero el SEÑOR, nuestro Dios, lo entregó en nuestras manos y conquistamos todas sus ciudades y destruimos completamente todo, incluyendo mujeres y niños. 35Nada dejamos con vida salvo el ganado, el que tomamos como botín, juntamente con lo obtenido del saqueo de las ciudades que habíamos tomado. 36Lo conquistamos todo desde Aroer hasta Galaad, desde la orilla del río Arnón, incluyendo todas las ciudades del valle. Ninguna ciudad tuvo fuerza suficiente para oponérsenos, porque el SEÑOR nuestro Dios las había entregado en nuestras manos. 37Sin embargo, permanecimos alejados de los amonitas, del río Jaboc y de las ciudades del monte, y de todos los lugares a los que el SEÑOR nuestro Dios nos había prohibido entrar.

Derrota de Og, rey de Basán

3 »Luego seguimos hacia la tierra de Basán. Inmediatamente el rey Og movilizó su ejército y nos atacó en Edrey. 2Pero el SEÑOR me dijo que no tuviera temor de él. "Todo este pueblo y sus tierras son tuyos", me dijo. "Tú harás con él como hiciste con el rey Sijón de los amorreos en Hesbón". 3Entonces el SEÑOR nos guió en la batalla contra el rey Og y su pueblo, y les dimos muerte a todos. 4Conquistamos todas sus ciudades, en total sesenta, toda la región de Argob, del reino de Og en Basán. 5Estas eran ciudades muy fortificadas, con muros muy altos y puertas con barras. Tomamos también las ciudades no amuralladas. 6Destruimos completamente el reino de Basán del mismo modo que lo hicimos con el reino de Sijón en Hesbón, dando muerte a toda la población: hombres, mujeres y niños. 7Pero conservamos el ganado y el botín.

8»Quedamos en posesión del territorio de los dos reyes amorreos, al oriente del río Jordán: toda la tierra del valle de Arnón hasta y el monte Hermón 9(los sidonios lo llaman Sirión y los amorreos lo llaman Senir). 10Habíamos conquistado las ciudades de la meseta y todo Galaad y Basán hasta las ciudades de Salcá y Edrey.

11»A propósito, el rey Og de Basán fue el último de los gigantes. Su cama de hierro se conserva en un museo de Rabá, una de las ciudades de los amonitas, y mide unos cuatro metros de largo por uno ochenta de ancho.

División de la tierra

12»En aquel tiempo entregué la tierra conquistada a las tribus de Rubén y Gad, y a la media tribu de Manasés. A las tribus de Rubén y Gad les di la región que comenzaba en Aroer sobre el río Arnón, más la mitad del monte Galaad; incluyendo sus ciudades. 13La media tribu de Manasés recibió el resto de Galaad y todo lo que era el reino de Og en la región de Argob. (Basán es llamada a veces tierra de gigantes.) 14El clan de Yaír, de la tribu de Manasés, tomó toda la región de Argob (Basán) hasta el límite con Gesur y Maaca. Ellos le pusieron su nombre al país y lo llamaron Javot Yaír (Pueblos de Yaír) como se le llama hasta hoy. 15Entonces le di Galaad a Maquir. 16Las tribus de Rubén y Gad recibieron la región que se extiende desde el río Jaboc en Galaad (que está en el límite con Amón) hasta el centro del valle del río Arnón. 17También recibieron el Arabá, con el Jordán como límite al occidente, desde Quinéret hasta el pie del monte Pisgá y el Mar Salado (llamado también mar del Arabá).

18»En aquella oportunidad les dije a las tribus de Rubén, Gad y de Manasés que aunque el SEÑOR les había dado la tierra, no debían establecerse en ella hasta que sus hombres armados ayudaran a las otras tribus a establecerse al otro lado del Jordán.

19»"Pero sus mujeres y sus niños", les dije, "pueden permanecer en las ciudades que Dios les ha dado, cuidando su gran cantidad de ganado, 20hasta que el SEÑOR haya dado la victoria a las otras tribus. Cuando ellos hayan conquistado las tierras que el SEÑOR les ha dado al otro lado del río Jordán, podrán ustedes regresar a la tierra que les he dado".

Instrucciones a Josué

21»Entonces le dije a Josué: "Tú mismo has sido testigo de lo que el SEÑOR tu Dios ha hecho con estos dos reyes. Ahora tú harás lo mismo con todos los reinos que hay al otro lado del Jordán. 22No temas a los pueblos que allí viven, porque el SEÑOR tu Dios peleará por ti".

Dios le prohíbe a Moisés cruzar el Jordán

23»En aquel tiempo, oré al SEÑOR así: 24,25"SEÑOR, mi Dios, permíteme entrar en la Tierra prometida; la buena tierra que está al otro lado del Jordán con sus montes, y el Líbano. ¡Soy testigo de tu grandeza y de tu poder! Y tengo la certeza de que no hay ningún dios en los cielos o la tierra que puede hacer todo lo que tú has hecho por nosotros".

26»Pero el SEÑOR estaba disgustado conmigo a causa de ustedes y no me dejó cruzar. Al contrario, me calló y me dijo: "No hablemos más de eso. 27Te ordeno que subas a la cumbre del monte Pisgá, desde donde puedes mirar en todas direcciones, y desde allí verás la tierra. Pero no cruzarás el río Jordán. 28Comisiona a Josué para que te reemplace. Aliéntalo, porque él hará que este pueblo entre a conquistar el territorio que tú solo verás desde la cumbre del monte".

29»De modo que permanecimos en el valle cerca de Bet Peor».

Exhortación a la obediencia

4 Moisés continuó su discurso y dijo: «Escuchen ahora con atención, israelitas, las leyes que les doy y obedézcanlas, si quieren vivir y entrar a poseer la tierra que les da el SEÑOR, Dios de sus padres. 2No añadan otras leyes ni quiten ninguna de las que ahora les doy. Pónganlas en práctica, porque se las ha dado el SEÑOR su Dios.

3»Ustedes mismos han sido testigos de lo que el SEÑOR hizo en Baal Peor, donde destruyó a los idólatras, 4pero dejó con vida a los que de ustedes permanecieron fieles a él.

5»Estas son las leyes que ustedes deberán obedecer cuando lleguen a la tierra donde vivirán. Han sido dadas por el SEÑOR mi Dios. 6Si las obedecen, obtendrán reputación de sabiduría e inteligencia. Cuando las naciones que los rodeen oigan estas leyes, exclamarán: "¿Qué otra nación es tan sabia y prudente como Israel?" 7Porque ¿qué otra nación, grande o pequeña, tiene a Dios entre ellos como el SEÑOR nuestro Dios está entre nosotros siempre que lo invocamos? 8¿Qué nación, no importa cuán grande sea, tiene leyes tan justas como las que les estoy dando hoy? 9Pero ¡cuidado! No olviden jamás lo que Dios hace por ustedes. Cuenten a sus hijos y a sus nietos los gloriosos milagros que él ha hecho. 10Cuéntenles especialmente acerca del día en que estuvieron delante del SEÑOR en el monte Horeb, y él me dijo: "Reúne al pueblo delante de mí, y yo les enseñaré, para que aprendan a obedecerme y también para que les enseñen estas leyes a sus hijos". 11Ustedes se reunieron al pie del monte y el monte ardía con fuego en medio de la oscuridad, 12y el SEÑOR les habló desde el fuego. Ustedes oyeron sus palabras y nada más, pero ¡nunca lo vieron! 13Esa fue la manera con la que Dios proclamó sus leyes que ustedes deben obedecer. Son los Diez Mandamientos, y los escribió en dos tablas de piedra. 14En aquel tiempo el SEÑOR me ordenó que les entregara las leyes que deben obedecer tan pronto entren en la Tierra prometida.

Prohibición de la idolatría

15»Pero ¡cuidado! Ustedes no vieron la figura de Dios el día en que les habló desde el fuego en el monte Horeb, 16,17de modo que no se corrompan tratando de hacer una imagen de Dios, sea en forma de hombre, de mujer, de animal, de ave, 18de reptil que se arrastre sobre la tierra, o de pez. 19No levanten la vista a los cielos para adorar al sol, la luna o las estrellas. El SEÑOR le ha tolerado esto a otras naciones, pero no a ustedes. 20El SEÑOR los ha rescatado de Egipto (tan destructor como un horno) para que sean su pueblo escogido, su heredad. Esto es lo que ustedes son hoy. 21El SEÑOR se enojó conmigo a causa de ustedes. Juró que yo no cruzaría el río Jordán para entrar a la buena tierra que él les ha dado a ustedes como heredad. 22Ustedes la poseerán, pero yo moriré aquí, a este lado del río. 23Cuídense de no quebrantar el pacto del SEÑOR su Dios. Si se fabrican ídolos, lo estarán quebrantando, porque el SEÑOR, el Dios de ustedes, lo ha prohibido. 24Él es fuego devorador, Dios celoso.

25»En el futuro, cuando los hijos y nietos de ustedes hayan nacido y hayan vivido en la tierra largo tiempo, si se corrompen haciendo ídolos y el SEÑOR su Dios se enoja con ustedes a causa de su pecado, 26el cielo y la tierra son testigos de que pronto serán ustedes destruidos en la tierra. En poco tiempo cruzarán el río Jordán y conquistarán aquella tierra. Pero sus días en ella serán cortos; serán completamente destruidos. 27El SEÑOR los esparcirá entre las naciones y serán muy pocos en número. 28Allí, lejos de su tierra, servirán ídolos de madera y de piedra, hechos por la gente, ídolos que no ven ni oyen, no comen ni huelen.

29»Pero entonces comenzarán a buscar otra vez al SEÑOR su Dios, y lo encontrarán si lo buscan con todo el corazón y toda el alma. 30Cuando esos días amargos vengan sobre ustedes en los últimos tiempos, se volverán al SEÑOR su Dios y oirán lo que les dice. 31Porque el SEÑOR su Dios es misericordioso; él no los abandonará ni los destruirá ni olvidará el pacto y las promesas hechas a sus antepasados.

El SEÑOR es Dios

32»Analicen la historia desde que Dios creó al ser humano sobre la tierra, y busquen desde un extremo del cielo al otro, para ver si pueden encontrar algo semejante a esto: 33Que toda una nación oyó la voz de Dios hablándoles desde el fuego, como pasó con ustedes, y vivió. 34¿Dónde se informa de que algún dios hubiera sacado a una nación de la esclavitud por medio de plagas terribles, milagros poderosos, guerra y terror? Sin embargo, eso es exactamente lo que el SEÑOR su Dios hizo por ustedes en Egipto ante sus mismos ojos. 35Él hizo estas cosas para que ustedes comprendan que el SEÑOR es Dios; y que no hay ninguno como él. 36Dios les permitió oír su voz dando órdenes desde el cielo, y les dejó ver la gran columna de fuego sobre la tierra; y oyeron sus palabras desde el centro del fuego.

37»El SEÑOR los sacó a ustedes de Egipto con gran demostración de poder porque amó a sus antepasados y quiso bendecir a sus descendientes. 38El SEÑOR desechó a otras naciones más poderosas y numerosas que ustedes, y la tierra que era de ellos se la dio a ustedes como heredad. 39Piensen en esto hoy y reflexionen: El SEÑOR es Dios en el cielo y en la tierra, y no hay otro Dios sino solo el SEÑOR. 40Deben obedecer las leyes que les doy en este día para que ustedes y sus hijos tengan bienestar y puedan vivir para siempre en la tierra que el SEÑOR su Dios les da».

Ciudades de refugio

41Entonces Moisés instruyó al pueblo de Israel para que apartaran tres ciudades al oriente del río Jordán 42donde pudiera refugiarse cualquier persona que diera muerte a otra por accidente. 43Estas ciudades eran Béser en la llanura del desierto para la tribu de Rubén; Ramot de Galaad para la tribu de Gad; y Golán de Basán para la de Manasés.

Introducción de la ley

44-46Éstas son las leyes que Moisés entregó al pueblo de Israel cuando salieron de Egipto y estuvieron acampados al oriente del río Jordán cerca de la ciudad de Bet Peor. (Este había sido parte del territorio de Sijón, rey de los amorreos. Su capital era Hesbón; él y su pueblo fueron destruidos por Moisés y los israelitas. 47Israel conquistó su tierra y la del rey Og de Basán. Ellos eran los dos reyes amorreos que estaban al oriente del Jordán. 48Israel también conquistó el territorio que se extiende desde Aroer a orillas del río Arnón hasta el monte Sirión o monte Hermón, como se le llama a veces, 49y todo el Arabá al oriente del Jordán hasta el Mar Salado, al pie de las laderas del Pisgá.)

Los Diez Mandamientos

5 ☼Moisés siguió hablándole al pueblo de Israel y le dijo: «Oigan ahora cuidadosamente estas leyes y normas que Dios les ha dado; apréndanselas, consérvenlas y obedézcanlas.

2,3»El SEÑOR nuestro Dios hizo un pacto con ustedes en el monte Horeb, no con sus antepasados, sino con ustedes que están aquí vivos hoy día. 4El SEÑOR habló con ustedes cara a cara desde el centro del fuego en el monte. 5Yo estaba como mediador entre ustedes y el SEÑOR porque ustedes tenían miedo del fuego y no se quisieron acercar al monte. Él me habló y yo les di sus leyes. Esto es lo que dijo:

6»Yo soy el SEÑOR tu Dios que te liberó de la esclavitud de Egipto.

7»No tendrás dioses ajenos delante de mí.

8»No te harás ídolos, no adorarás imágenes; sean de hombre o mujer, de aves, de animales o de peces. 9,10No te inclinarás delante de imagen alguna para adorarla de ninguna forma, porque yo, el SEÑOR tu Dios; soy un Dios celoso. Yo castigo la maldad que haga un jefe de clan, incluyendo la tercera y cuarta generación de los que me odian; pero muestro misericordia a muchas generaciones de los que me aman y obedecen mis mandamientos.

11»No usarás mi nombre en vano. No daré por inocente al que lo haga. Yo el SEÑOR tu Dios.

12»Guarda el día de reposo como un día santo. Este es mi mandamiento. 13Trabaja seis días, 14pero el séptimo le pertenece al SEÑOR tu Dios; en ese día nadie en tu casa debe trabajar: tú, tus hijos e hijas, tus esclavos, tus bueyes, tus burros, ni ninguno de tus animales, ni los extranjeros que se han establecido entre ustedes. Todos deben descansar juntamente contigo, especialmente tus esclavos y tus esclavas. 15Recuerda que tú mismo fuiste esclavo en Egipto, y el SEÑOR tu Dios te sacó de ese país con gran demostración de poder. Esa es la razón para obedecer este mandamiento.

16»Honra a tu padre y a tu madre, tal como el SEÑOR tu Dios te ordenó. Si lo haces, tendrás una vida larga y próspera en la tierra que te da.

17»No matarás, 18ni cometerás adulterio, 19ni robarás, 20ni acusarás falsamente a tu prójimo. 21Tampoco codiciarás la esposa de otro hombre, ni su casa, ni su tierra, ni sus esclavos, ni sus bueyes, ni sus burros ni cosa alguna que él posea.

22»El SEÑOR les dio estas leyes cuando estaban congregados como asamblea ante el monte. Él les habló desde el fuego, las nubes y las tinieblas que cubrían el monte Sinaí. Estos fueron los únicos mandamientos que el SEÑOR les dio entonces, y los escribió en dos tablas de piedra que me entregó. 23Pero cuando ustedes oyeron la voz que salía desde la oscuridad, y vieron el fuego terrible en la cumbre del monte, sus jefes vinieron a mí 24y me rogaron: "Hoy nuestro Dios nos ha mostrado su gloria y su grandeza; hemos oído su voz desde el centro del fuego. Ahora sabemos que una persona puede oír a Dios y no morir; 25pero si nos habla nuevamente, de seguro moriremos. ¡Ese fuego terrible nos va a destruir totalmen-

☼5.1

te! 26¿Qué mortal puede oír, como hemos oído nosotros, la voz del Dios vivo, que habla desde el fuego, y vivir? 27Ve tú y escucha todo lo que Dios dice, y luego ven y dínoslo y nosotros oiremos y obedeceremos".

28»El Señor accedió a la petición y me dijo: "He oído lo que el pueblo te ha dicho y estoy de acuerdo. 29Ojalá siempre estuviera dispuesto a obedecer mis mandamientos. Si así fuera, les iría bien en todo a ellos, a sus hijos y a las generaciones futuras. 30Ve y diles que regresen a sus tiendas. 31Luego regresa de nuevo a donde estoy. Te daré todos los mandamientos para que se los enseñes al pueblo con el fin de que los pongan en práctica en la tierra que les voy a dar"».

32Entonces Moisés le dijo al pueblo: «Deben obedecer los mandamientos tal como el Señor su Dios se los ha ordenado. Sigan sus instrucciones al pie de la letra, 33y manténganse en el derrotero que Dios les trazó. Esa es la única forma en la que tendrán vida larga y próspera en la tierra que pronto entrarán a poseer.

El amor de Dios

6 »El Señor su Dios me ha pedido que les dé estos mandamientos, para que los obedezcan en la tierra a la que pronto entrarán y en la cual vivirán. 2El propósito es que ustedes, sus hijos y nietos, obedezcan al Señor su Dios en todo. ¡Esa es la manera en que ustedes lo honrarán! Como resultado, vivirán muchos años llenos de prosperidad. 3Por tanto, oh Israel, escucha atentamente cada mandato y ponlo por obra para que te vaya bien a ti y a tus hijos. Si obedeces estos mandamientos llegarás a ser una gran nación en la tierra gloriosa de la que fluye leche y miel, según la promesa de Dios a tus padres.

4»Oye Israel: el Señor nuestro Dios es nuestro único Señor. 5Ámalo con toda tu capacidad mental, con todo lo que eres y con todo lo que vales. 6Debes pensar constantemente en estos mandamientos que te doy en este día. 7Debes enseñarlos a tus hijos y hablar de ellos cuando estás en casa o cuando caminas con ellos; al acostarte y al levantarte. 8Átalos en tu mano y llévalos en la frente, 9escríbelos en la puerta de tu casa y en los portones de tu ciudad.

10,11»Cuando el Señor tu Dios te haya introducido en la tierra que les prometió a tus antepasados Abraham, Isaac y Jacob; y cuando te haya dado ciudades grandes y hermosas que no edificaste, repletas de todo tipo de bienes con pozos que no cavaste, viñedos y olivares que no plantaste; y cuando hayas comido hasta saciarte; 12no olvides jamás que el Señor te sacó de Egipto, tierra de esclavitud. 13Por esa razón solo al Señor debes rendirle toda honra, servirlo y usar su nombre para respaldar tus juramentos y promesas.

14»No adorarás a los dioses de las naciones que te rodean, 15porque el Señor tu Dios, que permanece contigo, es un Dios celoso, y su ira puede encenderse en contra tuya y borrarte de la faz de la tierra. 16No debes provocarlo ni probar su paciencia como lo hiciste cuando te quejaste en su contra en Masá. 17Debes obedecerle en todo lo que te mande. 18Sólo entonces estarás haciendo lo que es correcto y bueno de acuerdo con el deseo del Señor. Si le obedeces, todo te irá bien, y podrás entrar y poseer la buena tierra que el Señor prometió a tus antepasados. 19También podrás expulsar a todos los enemigos que viven en tu tierra, como el Señor te ha dicho.

20»En el futuro, cuando tus hijos te pregunten cuál es el propósito de todos estos mandamientos que el Señor nuestro Dios nos ha dado, 21les responderás: "Fuimos esclavos del faraón en Egipto, y el Señor nos sacó de Egipto con gran poder 22y por medio de milagros portentosos. Envió terribles plagas contra Egipto, contra el faraón y contra toda su gente. Lo vimos con nuestros propios ojos. 23Nos sacó de Egipto para darnos esta tierra que había prometido a nuestros antepasados. 24Y nos ha mandado que obedezcamos estas leyes y las honremos, para que sigamos con vida como lo ha hecho hasta ahora. 25Porque cuando obedecemos todas estas leyes del Señor nuestro Dios, somos justos".

Expulsión de las naciones

7 »Cuando el Señor te haya introducido en la Tierra prometida, como pronto lo hará, destruirá a las siguientes naciones, siete en total, todas naciones numerosas y más poderosas que tú: Los hititas, los gergeseos, los amorreos, los cananeos, los ferezeos, los heveos y los jebuseos.

2»Cuando el Señor tu Dios te las entregue, deberás destruirlas completamente. No hagas con ellas pacto, ni les muestres misericordia. Las destruirás completamente. 3No te casarás con ninguna de las mujeres de esas naciones, ni permitirás que tus hijos e hijas casen a sus hijos e hijas con ellos. 4Si eso sucediera, con seguridad, tus descendientes comenzarían a adorar a los dioses de esas naciones y se apartarían del Señor. Entonces la ira del Señor se encendería en contra tuya y te destruiría.

5»Debes derribar los altares paganos, quebrar los obeliscos, destruir las imágenes de Aserá y quemar sus ídolos. 6Porque eres una nación santa, consagrada al Señor tu Dios. Él te ha elegido de entre todos los pueblos de la tierra para ser su pueblo escogido. 7El Señor no te eligió ni te demostró su amor porque fueras una

5.32-33 6.6-9

nación más grande que las demás. Al contrario, eras la más insignificante de todas las naciones. 8Fue porque él te amó y cumplió la promesa hecha a tus antepasados. Por esta razón te liberó de la esclavitud de Egipto con una gran demostración de poder y milagros maravillosos.

9»Entiende, pues, que el Señor tu Dios es el único Dios fiel, que por mil generaciones es fiel a su alianza y muestra su lealtad a los que le aman y obedecen sus mandamientos. 10Pero los que lo odian, él mismo los castigará y destruirá. 11Por lo tanto, obedece todos estos mandamientos, estatutos y decretos que te doy en este día. 12Como resultado de tu obediencia a los mandamientos, el Señor tu Dios mantendrá la parte del pacto que bajo juramento y con tierno amor hizo con tus antepasados. 13Te amará y te bendecirá y te hará una nación muy numerosa. Los hará fértiles a ti, a tu tierra y a tus animales. Así tendrás abundancia de cereales, de vino y de aceite. Además, tus rebaños de vacas, de ovejas y de cabras aumentarán sobremanera cuando entres a la tierra que prometió a tus antepasados que les daría. 14Serás bendecido más que todas las naciones de la tierra; ninguno de los tuyos, sea hombre o mujer, será estéril, y tampoco lo será tu ganado. 15Y el Señor quitará de ti toda enfermedad y no dejará que sufras ninguna de las plagas que tú mismo sabes que azotaron a Egipto. En cambio, tus enemigos sí las sufrirán.

16»Deberás destruir a todas las naciones que el Señor tu Dios entrega en tus manos. No te apiadarás de ellas ni adorarás sus dioses. El día que lo hagas habrás caído en una trampa. 17Quizás pienses: "¿Cómo podemos vencer a estas naciones que son mucho más poderosas que nosotros?" 18No les tengas miedo. Recuerda lo que el Señor tu Dios le hizo al faraón y a toda la tierra de Egipto. 19¿Recuerdas las plagas que el Señor envió sobre ellos (tus padres las vieron con sus propios ojos) y los milagros portentosos, y las maravillas, y el poder y fortaleza que Dios Todopoderoso usó para sacarte de Egipto? Pues el Señor tu Dios usará ese mismo poder contra el pueblo que tú temas. 20Más aún, Dios enviará avispas para destruir a los que queden y se escondan de ti.

21»No tengas miedo de esas naciones porque el Señor tu Dios está contigo y es un Dios poderoso y terrible. 22Él las expulsará en forma paulatina. No lo hará de una vez, porque si lo hiciera, los animales salvajes se multiplicarían con demasiada rapidez y esto sería peligroso. 23Lo hará gradualmente para que puedas actuar contra ellas y destruirlas. 24Dios entregará los reyes de esas naciones en tus manos, y tú borrarás sus nombres de la faz de la tierra. Ninguno podrá prevalecer en contra tuya.

25»Quema sus ídolos y no toques la plata o el oro con que estén hechos. No los tomes porque te servirán de tropiezo: el Señor los detesta. 26No traigas ídolos a tu casa ni los adores, porque entonces sellarás tu condenación. Aborrécelos porque son malditos.

Recuerda al Señor tu Dios

8 »Obedece los mandamientos que te doy en este día. Si así lo haces, no solamente vivirás sino que te multiplicarás y entrarás, y poseerás la tierra que el Señor prometió a tus antepasados. 2¿Recuerdas cómo te condujo el Señor a través del desierto durante estos cuarenta años, humillándote y probándote para saber dónde estaban tus prioridades y si realmente obedecerías o no sus mandamientos? 3Sí, el Señor te humilló dejándote pasar hambre y luego te dio a comer maná, alimento que no conocían tú ni tus antepasados. Él lo hizo para que comprendieras que no sólo de pan vive el ser humano, sino de la Palabra de Dios. 4En estos cuarenta años tus vestiduras no se han envejecido ni se te han hinchado los pies. 5Así podrás comprender que como un padre disciplina a sus hijos, el Señor te disciplina para ayudarte.

6»Obedece los mandamientos del Señor tu Dios, vive de acuerdo con su voluntad y dale la honra que se merece. 7Porque el Señor tu Dios te está llevando a una buena tierra, tierra de arroyos, de pozos; de manantiales, de valles y de montes; 8tierra de trigo y cebada y viñedos, de higueras y granados, de olivares, de aceite y de miel; 9tierra donde el alimento es abundante y nada falta; tierra donde el hierro es tan común como las piedras, y el cobre abunda en las montañas. 10Tendrás de todo hasta saciarte, y bendecirás al Señor tu Dios por la buena tierra que te ha dado.

11»¡No olvides al Señor tu Dios, y no dejes de obedecer todos sus mandamientos! 12Siempre existe el peligro de que cuando te hayas saciado y hayas prosperado, y hayas edificado casas hermosas, 13y cuando tu ganado y rebaños se hayan engrandecido y tu oro y tu plata se hayan multiplicado, 14caigas en el orgullo y te olvides del Señor tu Dios que te sacó de la esclavitud en la tierra de Egipto. Por eso, ten mucho cuidado, ¡no te olvides del Señor tu Dios, 15pues te condujo a través del desierto grande y terrible habitado por víboras y escorpiones peligrosos, donde todo es árido y seco. No olvides que te dio de beber agua de la roca; 16que te dio de comer maná en el desierto (una especie de pan que antes te era desconocido). A lo largo del camino te probó y te humilló con

7.8–9 8.5–14

el fin de hacerte bien. [17]No pienses jamás que por tu poder y tu fuerza has obtenido esa riqueza. [18]Recuerda siempre que el SEÑOR tu Dios es el que te da el poder para obtener las riquezas, y él lo hace para cumplir la promesa hecha a tus antepasados.

[19]»Ten por cierto que si te olvidas del SEÑOR tu Dios y adoras en su lugar a otros dioses, si te desvías por malos caminos, ciertamente perecerás [20]como las naciones que el SEÑOR destruyó delante de ti. Tu destino será el mismo si no obedeces al SEÑOR tu Dios.

El mérito no es de Israel

9 »Escucha, Israel: hoy mismo vas a cruzar el río Jordán e iniciarás la conquista de las naciones que viven al otro lado del río. [2]Estas naciones son más numerosas y poderosas que tú. Sus habitantes viven en ciudades grandes y amuralladas. Entre ellos están los famosos gigantes, descendientes de Anac, a quienes nadie ha podido vencer. [3]Pero el SEÑOR tu Dios irá delante de ti como un fuego consumidor para destruirlos de modo que puedas vencerlos con rapidez y expulsarlos de la tierra.

[4]»Cuando el SEÑOR haya realizado todo esto, no te atrevas a decir que todo esto lo hizo por tu rectitud. La realidad es otra. El SEÑOR lo hará por la impiedad de las otras naciones. [5]El SEÑOR los expulsará de la tierra no por tu bondad o rectitud, sino debido a la impiedad de las otras naciones, y para cumplir la promesa que hizo a tus antepasados Abraham, Isaac y Jacob. [6]Te lo digo una vez más: El SEÑOR tu Dios no te da esta buena tierra porque tú seas justo, porque no lo eres: Al contrario, eres un pueblo soberbio y rebelde.

El becerro de oro

[7]»No lo olvides, más bien recuerda las muchas veces que hiciste enojar al SEÑOR tu Dios en el desierto. Esto lo hiciste, una y otra vez, desde el día que te sacó de Egipto hasta ahora. Todo este tiempo te has rebelado continuamente contra Dios.

[8]»Recuerda también que lo hiciste enojar cuando estabas esperando al pie del monte Horeb. El SEÑOR estaba dispuesto a destruirte. [9]Yo estaba en el monte en ese momento recibiendo las tablas de piedra, las tablas de la alianza que el SEÑOR había hecho contigo. Estuve allí cuarenta días y cuarenta noches, y en todo ese tiempo nada comí. Ni siquiera tomé agua. [10,11]Al finalizar esos cuarenta días y cuarenta noches, el SEÑOR me dio las tablas de la alianza en las que Dios mismo había escrito las palabras que promulgó desde la cumbre de la montaña cubierta de fuego mientras el pueblo miraba desde abajo, [12]y me dijo que bajara rápidamente porque el pueblo que había librado de Egipto se había corrompido apartándose de la voluntad del SEÑOR y había hecho un ídolo de metal fundido.

[13,14]»El SEÑOR me dijo entonces: "Déjame que destruya a este pueblo terco. Borraré su nombre de debajo del cielo y de ti haré una nación más numerosa y más poderosa de lo que ellos son ahora".

[15]»De inmediato descendí de la montaña que ardía en fuego, llevando en mis manos las dos tablas de la alianza. [16]Cuando bajé con horror descubrí que ustedes habían pecado contra el SEÑOR su Dios. ¡Hicieron un ídolo en forma de becerro y lo adoraron! ¡No les tomó nada de tiempo apartarse de la voluntad de Dios! [17]Tomé las dos tablas de piedra y las estrellé contra el piso; ¡frente a ustedes se hicieron añicos! [18]Tras esto, y durante otros cuarenta días y cuarenta noches, estuve delante del SEÑOR sin probar un solo bocado ni un trago de agua, porque ustedes habían pecado grandemente ante el SEÑOR, e hicieron que se enojara grandemente. [19]Yo temía por ustedes, porque el SEÑOR estaba dispuesto a destruirlos. Pero en aquella oportunidad, nuevamente respondió positivamente a mi oración. [20]Aarón estaba en gran peligro de perder la vida también, porque el SEÑOR estaba sumamente airado con él. Pero también intercedí por él. [21]Sin perder tiempo, tomé el objeto del pecado de todos ustedes, el ídolo, y lo quemé, lo reduje a polvo y lo lancé al arroyo que descendía de la montaña.

[22]»Nuevamente en Taberá, y luego en Masá y en Quibrot Hatavá, ustedes hicieron que se encendiera la ira del SEÑOR. [23]En Cades Barnea, cuando el SEÑOR les dijo que entraran a poseer la tierra que les había dado, se rebelaron y no quisieron creer que Dios los ayudaría; no quisieron obedecerle. [24]Ustedes han sido rebeldes contra el SEÑOR su Dios desde el primer día que los conocí. [25]Cuarenta días y cuarenta noches estuve postrado delante del SEÑOR, porque iba a destruirlos.

[26]»Le supliqué al SEÑOR, y le dije: "SEÑOR y Dios mío, no destruyas a tu pueblo. Es tu propia herencia que rescataste de Egipto con tu maravilloso poder y gloriosa fuerza. [27]No tomes en cuenta las rebeliones y la soberbia de este pueblo. Recuerda las promesas que les hiciste a tus siervos Abraham, Isaac y Jacob. No tomes en cuenta la maldad y el pecado de este pueblo, [28]porque si lo destruyes, los egipcios dirán que no pudiste introducirlos en la tierra que les prometiste, o que los destruiste porque los odiabas, que los llevaste

8.18–19

al desierto para darles muerte allí. 29Ellos son tu pueblo, y la herencia que tú trajiste de Egipto con tu gran poder y con tu brazo poderoso".

Las nuevas tablas de la ley

10 »En aquel tiempo, el SEÑOR me dijo que preparara dos tablas de piedra como las primeras, y que hiciera un cofre de madera para guardarlas dentro, y que volviera a subir a su presencia en el monte. 2Dijo que volvería a escribir las mismas palabras que estaban en las tablas que yo destruí, y me ordenó que colocara las nuevas tablas en el cofre. 3Entonces hice un cofre de madera de acacia y preparé dos piedras lisas como las primeras, y subí con ellas a la montaña. 4El SEÑOR nuevamente escribió los Diez Mandamientos sobre ellas y me las dio. 5Cuando descendí, coloqué las tablas en el cofre que había hecho, donde están hasta este día como el SEÑOR me lo ordenó».

Ministerio de los levitas

6El pueblo de Israel luego avanzó desde los pozos de Berot Bené Yacán hasta Moserá, donde murió Aarón y fue sepultado. Eleazar, su hijo, fue nombrado sumo sacerdote. 7De allí partieron hacia Gudgoda y de Gudgoda a Jotbata, tierra donde hay arroyos. 8Allí fue donde el SEÑOR apartó a la tribu de Leví para que llevara el cofre de la alianza del SEÑOR. Esa tribu debía estar en la presencia del SEÑOR, para estar a su servicio y para bendecir al pueblo en nombre de Dios, hasta el presente. 9Esa es la razón por la cual la tribu de Leví no tiene reservada ninguna porción de la tierra entre las tribus hermanas. El SEÑOR es su heredad, como el mismo SEÑOR afirmó.

Las demandas del SEÑOR

10«Como ocurrió en la primera ocasión, yo permanecí en el monte por espacio de cuarenta días y cuarenta noches. Y en esta ocasión el SEÑOR respondió a mi oración, y no te destruyó.

11»Y me dijo el SEÑOR: "Levántate y lleva a este pueblo a la tierra que prometí a sus antepasados. Es tiempo de que entren y la posean".

12,13»Ahora pues, Israel, ¿qué es lo que el SEÑOR tu Dios quiere de ti sino que escuches cuidadosamente todo lo que te dice y obedezcas por tu bien los mandamientos que te doy en este día, y que lo ames y le sirvas con toda tu mente y todo tu ser? 14La tierra y los altos cielos pertenecen al SEÑOR tu Dios. 15Sin embargo, el SEÑOR se agradó de tus padres y los amó tanto que te escogió para ponerte por encima de todas las naciones como es evidente hoy día. 16Por tanto, limpia tu corazón pecaminoso y deja de lado tu soberbia.

17»El SEÑOR tu Dios es Dios de dioses y SEÑOR de señores. Él es el grande y poderoso Dios, temible; que no es parcial y no acepta soborno, 18que hace justicia a los huérfanos y a las viudas; que ama al exiliado y le da alimento y vestido. 19(Recuerda que debes amar a los exiliados porque fuiste exiliado en Egipto.) 20Temerás, pues, al SEÑOR tu Dios; y lo servirás, lo seguirás, y jurarás solamente por su nombre. 21Él es el objeto de tu alabanza, y él es tu Dios, el que ha hecho los milagros grandiosos que has visto. 22Cuando tus antepasados descendieron a Egipto eran sólo setenta personas; pero ahora tu número ha aumentado hasta ser tan numeroso como las estrellas del cielo.

Amor y obediencia al SEÑOR

11 »Amen al SEÑOR su Dios y obedezcan todos los días cada uno de sus mandamientos. 2No les estoy hablando ahora a los hijos de ustedes, que jamás han experimentado la disciplina del SEÑOR su Dios ni han visto su grandeza ni su glorioso poder, 3ni los milagros y actos portentosos en Egipto contra el faraón y contra su tierra; 4ni tampoco han visto lo que el SEÑOR hizo con el ejército egipcio, con sus caballos y sus carros, hundiéndolos en el Mar Rojo y aniquilándolos hasta este mismo día.

5»Los hijos de ustedes tampoco vieron cómo el SEÑOR los cuidó a ustedes durante todos los años en que anduvieron por el desierto hasta llegar a este lugar. 6Ellos no estaban presentes cuando Datán y Abirán (los hijos de Eliab, descendientes de Rubén) pecaron y la tierra se abrió y los tragó, juntamente con sus familias y tiendas y con todas sus pertenencias, cosa que todo Israel vio. 7Tú, en cambio, sí viste esos milagros.

8»¡Obedezcan todos los mandamientos que les doy en este día, para que tengan la fuerza de ir y poseer la tierra a la que están por entrar! 9Si ustedes obedecen los mandamientos, tendrán una vida larga y buena en la tierra que el SEÑOR les prometió a sus antepasados y a sus descendientes, tierra maravillosa de la que fluye leche y miel. 10Porque la tierra a la que estás por entrar y poseer no es como la tierra de Egipto, de la cual saliste, donde es necesario el riego. 11Esta es una tierra de colinas y valles con lluvia suficiente. 12Una tierra que el SEÑOR tu Dios personalmente cuida. Sus ojos están sobre ella día a día, durante todo el año.

13»Si ustedes obedecen cuidadosamente todos los mandamientos que les voy a entregar en este día, y si aman al SEÑOR su Dios con toda su mente y con toda su vida, y lo adoran, 14él les enviará lluvia que caiga a su tiempo, tanto la de otoño como la de primavera, que haga producir

10.12–13 10.18 11.1 11.13–15

ricas cosechas de grano, de uvas en sus viñedos
y de aceite de sus olivares. 15El SEÑOR les dará
hierba verde para su ganado, y tendrán abundante comida, y se saciarán.
16»Pero no dejen ustedes que su corazón se
aparte del SEÑOR para adorar a otros dioses. 17Por-
que si lo hacen, la ira del SEÑOR se encenderá en
su contra y cerrará los cielos de modo que no haya
lluvia ni cosechas, y todos ustedes perecerán
en la buena tierra que el SEÑOR les ha dado.
18Guarden estos mandamientos cuidadosamente en su memoria y en todo su ser. Átenlos en su mano para que se acuerden de
obedecerlos, átenlos en su frente entre sus dos
ojos. 19Enséñenselos a sus hijos. Hablen de ellos
cuando estén sentados en su casa, cuando estén
afuera caminando, a la hora de acostarse, y al
levantarse. 20Escríbelos en los postes de la casa y
sobre las puertas de la ciudad, 21de tal modo que
mientras haya cielo sobre la tierra, tú y tus hijos
disfruten de la buena vida que te espera en la
tierra que SEÑOR te ha prometido.
22»Si ustedes obedecen cuidadosamente todos
los mandamientos que les doy, y aman al SEÑOR
su Dios, andan en todos sus caminos, y lo siguen,
23el SEÑOR echará de delante de ustedes a todas las
naciones de esta tierra, no importa cuán grandes
y fuertes sean. 24Dondequiera que ustedes vayan,
esa porción de tierra es suya. Sus fronteras se
extenderán desde el Néguev por el sur hasta el
Líbano, y desde el río Éufrates hasta el mar Mediterráneo. 25Nadie podrá hacerles frente porque el
SEÑOR su Dios hará que todos les tengan miedo
a ustedes cualquiera sea el lugar que pasen, tal
como te lo ha prometido.
26»Ahora ustedes deben elegir entre la bendición de Dios y la maldición de Dios. 27Tendrán
bendición si obedecen los mandamientos del
SEÑOR su Dios que les estoy dando en este día, 28y
maldición si lo desobedecen y adoran los dioses
de estas otras naciones. 29Cuando el SEÑOR su Dios
los introduzca en esa tierra para poseerla, una
bendición se proclamará desde el monte Guerizín
y una maldición desde el monte Ebal. 30(Guerizín y Ebal son montes que están al occidente del
río Jordán, donde viven los cananeos en el desierto Arabá frente a Guilgal, junto a las encinas de
Moré.) 31Porque ustedes cruzarán el Jordán y
vivirán en la tierra que el SEÑOR les da. 32Pero
ustedes deben siempre estar dispuestos en vivir
de acuerdo con todas las leyes que hoy les estoy
dando.

El lugar único de adoración

12 »Estas son las leyes que debes obedecer
cuando llegues a la tierra que el SEÑOR,
el Dios de tus padres, te ha dado para siempre:
2»Destruirás todos los altares paganos dondequiera que los encuentres: en los montes altos,
en los collados o debajo de los árboles frondosos. 3Derribarás los altares, destruirás las estatuas, quemarás las imágenes de Aserá, destruirás
los ídolos de metal y no dejarás nada que te los
recuerde.
4,5»No harás sacrificios a tu Dios en cualquier
lugar como los paganos lo hacen con sus dioses.
Por el contrario, deberás construir un santuario
para Dios en un lugar que él mismo te señalará
como su morada. 6Allí llevarás al SEÑOR tus holocaustos y los demás sacrificios: los diezmos, las
ofrendas presentadas con devoción delante del
altar, el pago de tus votos, las ofrendas voluntarias y las primicias de tus rebaños y del ganado. 7Tú y tu familia harán fiesta allí delante del
SEÑOR tu Dios y te regocijarás en todo lo que él
ha hecho por ti.
8»Nadie hará lo que bien le pareciere, como
hasta ahora. 9Porque estas leyes no entran en
vigor hasta que no hayas entrado al lugar de
gozo que el SEÑOR tu Dios te ha dado. 10Pero
cuando hayas cruzado el río y vivas en la Tierra
prometida, y el SEÑOR te dé reposo y te libere de
todos tus enemigos, 11llevarás todos tus sacrificios
y ofrendas al santuario, al lugar que Dios elegirá
como su morada. 12Allí te regocijarás delante del
SEÑOR con tus hijos e hijas y siervos. Además,
recuerda siempre de invitar a los levitas para que
hagan fiesta contigo, porque ellos no tienen tierra
propia.
13»No presentarás tus holocaustos en cualquier
lugar; 14podrás hacerlo solamente en el lugar que
el SEÑOR escogerá. Él elegirá un lugar en el territorio designado para una de las tribus. Solamente
allí podrás hacer tus sacrificios y llevar tus ofrendas. 15Sin embargo, la carne que comas podrás
obtenerla matando a tus animales en cualquier
lugar, de la manera como lo haces ahora con la
gacela o el ciervo. Come toda la carne que desees
y con la frecuencia que puedas, conforme a la
prosperidad que el SEÑOR te haya dado. Los que
estén ceremonialmente impuros también pueden
comer. 16La única restricción es que no podrás
comer sangre, derrámala sobre la tierra.
17»Sin embargo, no podrás comer en tu casa
las ofrendas ni el diezmo de tus cosechas de grano, de tu vino o de tu aceite, ni las primicias de
tus rebaños o de tus vacas, ni ninguna cosa que
hayas dedicado al SEÑOR; ni tus ofrendas voluntarias, ni las ofrendas que haya de presentarse
al SEÑOR meciéndolas delante de su altar. 18Todas
deberán ser llevadas delante el altar donde tú, tus
hijos y los levitas comerán de ellas delante del

11.18–19 11.26–28

Señor tu Dios. Él te dirá dónde quedará establecido este altar. Regocíjate delante del Señor tu Dios en todo lo que haces. [19]No te olvides jamás de los levitas; comparte con ellos tu comida.

[20-22]»Cuando el Señor ensanche tu territorio, si el altar está demasiado lejos de ti, podrás matar tus ovejas y vacas en tu propia tierra, como lo haces actualmente con las gacelas y los ciervos. Aun las personas que estén ceremonialmente impuras podrán comer de ellos. [23]La única restricción es que nunca coman sangre, porque la sangre es la vida, y no comerás la vida con la carne. [24,25]Derramarás la sangre sobre la tierra, de este modo, a tus hijos y a ti les irá bien. [26,27]Pero lo que hayas consagrado al Señor, las ofrendas que hayas prometido en tus votos y los holocaustos deben ser llevados al altar. Esto sólo puede ser ofrecido sobre el altar del Señor, tu Dios. La sangre será derramada sobre el altar, y comerás la carne.

[28]»Obedece cuidadosamente todos estos mandamientos. Si haces lo que al Señor tu Dios le agrada, te irá bien a ti y a tus hijos para siempre. [29]Cuando Dios destruya las naciones que habitan en la tierra donde tú vivirás, y las hayas expulsado, [30]procura no seguir su ejemplo ni adores a sus dioses. Tampoco te dejes llevar por la curiosidad y preguntes cómo adoran a sus dioses estas naciones, para luego ir y adorarlos de la manera que ellos lo hacen. [31]No debes insultar a tu Dios de esa manera. Estas naciones han hecho cosas abominables que él aborrece, todo en nombre de su religión. Hasta han llegado a quemar a sus hijos y a sus hijas delante de sus dioses. [32]Obedece todos los mandamientos que yo te doy; no les añadas ni les quites nada.

Advertencia contra la idolatría

13 »Si hay en medio tuyo un profeta o alguien que asegure ver el futuro por medio de sueños, [2]si su predicción se cumple pero dice: "Vamos, adoremos a los dioses de las otras naciones", [3]no le escuches. Porque el Señor te está probando para saber si lo amas realmente con toda tu mente y corazón y con todo tu ser. [4]No debes jamás adorar a dios alguno sino al Señor; obedece sus mandamientos y síguelo a él nada más.

[5]»El profeta que trate de desviarte debe morir, porque ha tratado de fomentar rebelión contra el Señor tu Dios que te sacó de la esclavitud en Egipto. Con su ejecución habrás quitado el mal de en medio de ti. [6,7]Si un pariente cercano, o un amigo muy íntimo, o aun un hermano, hermana, hija o hijo, te sugiere que vayas y adores a dioses extraños, [8]no consientas ni les escuches, ni tengas misericordia de ellos. No perdonarás a tal persona; no encubrirás su horrible sugerencia. [9]Deberá morir. Tu propia mano será la primera que se levante en su contra para darle muerte, y luego la mano de todo el resto del pueblo. [10]Será apedreado hasta la muerte porque trató de alejarte del Señor tu Dios que te sacó de la tierra de Egipto, de la tierra de esclavitud. [11]Entonces todo Israel oirá de lo ocurrido y sentirá temor de permitir ese tipo de maldad en medio de ti.

[12-14]»Si oyes decir que en alguna ciudad de Israel gente impía ha hecho que tus hermanos se aparten de Dios con la sugerencia de adorar a dioses extraños, primero investiga si el rumor es verdadero. Si lo confirmas y es cierto que algo tan abominable ha ocurrido en una de las ciudades que el Señor te ha dado, [15]deberás declarar la guerra a esa ciudad y destruir completamente a todos sus habitantes, y aun el ganado. [16]Después, juntarás todo el botín en el centro de la plaza y lo quemarás e incendiarás la ciudad completamente como holocausto al Señor tu Dios. Tal ciudad deberá permanecer para siempre como un montón de ruinas y nunca más será reedificada. [17]No conservarás nada del botín. Entonces el Señor aplacará su furor y tendrá misericordia de ti; tendrá compasión de ti y te hará una gran nación, como prometió a tus antepasados. [18]Desde luego, el Señor tu Dios será misericordioso solamente si le has obedecido, si has guardado los mandamientos que hoy te estoy dando, y si has estado haciendo lo que le agrada al Señor.

Alimentos puros e impuros

14 »Puesto que ustedes son el pueblo de Dios, no se harán heridas en el cuerpo, ni se raparán las cabezas para asistir a funerales. [2]Ustedes pertenecen exclusivamente al Señor su Dios, y él los ha elegido para que sean su posesión única entre las demás naciones de la tierra.

[3]»No comerás ningún animal que yo haya declarado ceremonialmente inmundo. [4,5]Estos son los animales que puedes comer:

El buey, la oveja, la cabra, el ciervo, la gacela, el corzo, la cabra montés, el íbice, el antílope y el carnero montés.

[6]»Podrás comer cualquier animal que tenga pezuña hendida y que rumie. [7]Si el animal no cumple con ambos requisitos, no puedes comerlo. Por lo tanto no podrás comer camello, liebre ni conejo. Son rumiantes pero no tienen pezuña hendida. [8]No podrás comer cerdo porque, aunque tiene pezuña hendida, no es rumiante. No debes comer la carne de ninguno de esos animales ni tocar sus cadáveres.

☼13.4

9»Podrás comer solamente los animales marinos que tienen escamas y aletas; 10todos los demás son ceremonialmente inmundos.

11-18»Podrás comer cualquier ave, salvo las siguientes:

El águila, el quebrantahuesos, el azor, el gallinazo, el milano de cualquier variedad, el cuervo de cualquier especie, el avestruz, la lechuza, la gaviota, y el gavilán de cualquiera de sus especies, el búho, el ibis, el calamón, el pelícano, el buitre, el somormujo, la cigüeña, la garza en cualquiera de sus especies, la abubilla y el murciélago.

19»No comerás insectos alados porque son inmundos. 20Pero las langostas, saltamontes y grillos sí podrás comer.

21»No comerás lo que ha muerto de muerte natural. Sin embargo el extranjero puede hacerlo. Puedes dárselo y vendérselo; pero no comas tú de ello, porque tú eres santo delante del Señor tu Dios.

»No cocerás el cabrito en la leche de su madre.

Los diezmos

22»Todos los años deberás apartar la décima parte de todas tus cosechas. 23En presencia del Señor tu Dios en el lugar que él escogerá como santuario, allí comerás el diezmo de tus cereales, de tu vino, de tu aceite y de las primicias de tus ovejas y vacas. El propósito de los diezmos es que aprendas a poner a Dios siempre en el primer lugar de tu vida. 24Si el lugar que Dios elige como santuario te queda tan lejos que no resulta conveniente llevar los diezmos hasta allí, 25venderás la ración correspondiente al diezmo de tus cosechas y ganados, y llevarás el dinero al santuario del Señor. 26Cuando llegues, compra con el dinero un buey, una oveja, vino, sidra o cualquier cosa que desees, para festejar y para regocijarte con toda tu casa delante del Señor tu Dios.

27»No olvides compartir tus ingresos con los levitas de tu comunidad, porque ellos no tienen propiedades ni cosechas como tú.

28»Cada tercer año usarás todo tu diezmo para necesidades de la comunidad donde vives. 29Entrégaselo a los levitas, que no tienen heredad en medio tuyo, a los exiliados, a las viudas, o a los huérfanos dentro de tu ciudad, a fin de que puedan comer y quedar saciados; entonces el Señor te bendecirá a ti y a tu obra.

El año del perdón de las deudas

15 »Al final de cada séptimo año, perdonarán todas las deudas. 2Todo acreedor dará por pagada toda promesa de pago que tenga contra otro israelita, porque el Señor ha liberado a todos de su obligación. 3(Esta prescripción no se aplica a los extranjeros.) 4,5Nadie empobrecerá a causa de esto, porque si obedeces este mandamiento el Señor te bendecirá grandemente en la tierra que te da. El único requisito para esta bendición es que atiendas cuidadosamente todos los mandamientos del Señor tu Dios que hoy te estoy dando. 6Él te bendecirá de la manera que ha prometido. Tú prestarás dinero a muchas naciones, pero jamás necesitarás pedir prestado. Tú gobernarás a muchas naciones, pero ellas jamás te gobernarán a ti.

7»Cuando llegues a la tierra que el Señor tu Dios te da, si hay pobres en medio tuyo, no cerrarás tu corazón o tu mano en su contra. 8Deberás ser generoso y prestarles cuanto necesitan. 9No te niegues a prestarles porque el año de la remisión se encuentre cerca. Si te niegas a hacerle el préstamo y la persona necesitada clama al Señor, te será contado como pecado. 10Debes prestarle ☼lo que necesita y no ser mezquino en nada; porque a causa de esto el Señor te prosperará en todo lo que haces. 11Siempre habrá pobres en esta tierra, por eso te ordeno que seas muy generoso con los pobres y los necesitados.

Liberación de los esclavos

12»Si alguno de tus hermanos hebreos, hombre o mujer, se vende a ti como esclavo, deberás darle la libertad al final del sexto año de haber estado en tu propiedad 13y no deberás despedirlo con las manos vacías. 14Dale un buen regalo de despedida que consista en parte de tus ganados, aceite y vino. Dale en proporción a lo que el Señor tu Dios te haya bendecido. 15Recuerda que fuiste esclavo en la tierra de Egipto, y que el Señor tu Dios te rescató; por eso es que te estoy dando este mandamiento.

16»Pero si tu esclavo no quiere dejarte y dice que te ama y que le gusta estar contigo y que se lleva muy bien contigo, 17toma una lezna y horádale la oreja contra la puerta, y después de eso será esclavo tuyo para siempre. También harás esto con las esclavas. 18Cuando le des la libertad a un esclavo, no te pese hacerlo; porque la verdad es que durante seis años él te ha costado menos de la mitad de lo que cuesta un empleado, y el Señor tu Dios te prosperará en todo porque tú le has dado la libertad.

Los animales primogénitos

19»Dedicarás al Señor todos los primogénitos machos de tus vacas y de tus ovejas. No usarás los primogénitos de tus vacas para trabajar en los campos, y no trasquilarás a los primogénitos de tus ovejas. 20En vez de hacer eso, tú y tu familia se reunirán cada año a comer estos animales delante del Señor tu Dios, en su santuario. 21Sin

☼15.10-11

embargo, si el primogénito tiene algún defecto,
si es cojo o ciego, por ejemplo, o tiene cualquiera
otra imperfección, no lo sacrificarás. 22Lo usarás
para la alimentación de tu familia en casa. Cualquiera, aun el que esté ceremonialmente impuro en ese tiempo se podrá comer de la misma
manera como se come una gacela o un ciervo.
23Pero no comas la sangre; derrámala en la tierra
como si fuera agua.

Fiesta de la Pascua

16 »Acuérdate siempre de celebrar la Pascua en honor del Señor tu Dios en el
mes de aviv, porque fue en ese mes que el Señor
tu Dios te sacó de Egipto durante la noche. 2El
sacrificio pascual lo tomarás de las ovejas o de
las vacas, y lo ofrecerás al Señor tu Dios en su
santuario. 3Lo comerás con pan sin levadura.
Deberás comer pan sin levadura durante siete
días, en memoria del pan que comiste cuando
escapaste de Egipto. Esto es para que te acuerdes
que saliste de Egipto con tal prisa que no hubo
tiempo de leudar el pan. Conmemorarás ese día
todo el resto de tu vida. 4Durante siete días no
habrá levadura en los hogares de ustedes, y ningún resto del cordero pascual será dejado para
el día siguiente.

5»La Pascua no será comida en ninguna de las
ciudades que el Señor tu Dios te da. 6La comerán
en el lugar que el Señor ha escogido para su
santuario. Sacrifícala en la tarde del aniversario,
a la puesta del sol, que es la hora en que saliste de Egipto. 7Asarás el cordero y lo comerás, y
regresarás a tu hogar a la mañana siguiente.
8Durante los seis días siguientes no comerás pan
leudado. El séptimo día habrá una fiesta solemne
del pueblo de cada ciudad delante del Señor tu
Dios. No hagas en ese día ningún trabajo.

Fiesta de las Semanas

9»Siete semanas después del comienzo de la siega 10habrá otra fiesta delante del Señor tu Dios,
llamada fiesta de las Semanas. Con este motivo
le presentarás una ofrenda voluntaria en proporción a la bendición que el Señor tu Dios haya
derramado sobre tu cosecha. 11Este es un tiempo de gozo delante del Señor y lo celebrarás
con tu familia y toda tu casa. No te olvides de
invitar a los levitas que viven en tu ciudad, a los
exiliados, a las viudas y a los huérfanos. Invítalos y haz que te acompañen en la celebración en
el santuario. 12Recuerda que fuiste esclavo en
Egipto, así que cumple cuidadosamente con este
mandamiento.

Fiesta de las Enramadas

13-15»Al final del tiempo de la cosecha, cuando
el grano haya sido trillado, y las uvas hayan sido
pisadas en el lagar, celebrarás otra fiesta, la fiesta
de las Enramadas. Su celebración durará siete
días. Serán días de alegría de los que participarán
tu familia y tus siervos. Y no te olvides de invitar
a los levitas, a los exiliados, a los huérfanos y a
las viudas de tu pueblo.

»La fiesta se celebrará en el santuario, que
estará en el lugar que el Señor haya designado.
Será tiempo de acción de gracias al Señor por la
bendición que te ha dado de una buena cosecha
y porque ha bendecido tu trabajo. Será un tiempo
de gran gozo.

16»Todo varón de Israel se presentará delante
del Señor tu Dios tres veces al año en el santuario en ocasión de las siguientes fiestas: la
fiesta de los Panes sin levadura, la fiesta de las
Semanas y la fiesta de las Enramadas. En cada
una de estas ocasiones presentarán una ofrenda
al Señor. 17Cada uno dará conforme a su posibilidad, según la bendición que el Señor le haya
dado.

Administración de justicia

18»Designa jueces y funcionarios administrativos en todas las ciudades que el Señor tu Dios
te da. Ellos administrarán la justicia en todo el
país. 19No torcerás las leyes para beneficiar al
rico, ni aceptarás soborno. El soborno cierra los
ojos de los sabios y corrompe las decisiones de
los jueces. 20La justicia debe prevalecer. Esta es
la única manera en que serás prosperado en la
tierra que el Señor tu Dios te da.

Contra la idolatría

21»No erigirás ninguna imagen de la diosa
Aserá junto al altar del Señor tu Dios, 22y nunca
levantarás piedras sagradas, porque el Señor lo
aborrece.

17 »Cuando le ofrezcas sacrificios al Señor
tu Dios, no le sacrifiques ovejas o toros
con defectos. Son un insulto para Dios tales
sacrificios.

2-3»Si alguien, hombre o mujer, en cualquier
ciudad de la tierra que el Señor tu Dios te da, viola
el pacto con Dios y adora a otros dioses, al sol,
a la luna o a las estrellas, lo cual he prohibido
estrictamente, 4primero averigua bien si el rumor
es cierto. Si lo confirmas, 5ese hombre o mujer
será llevado fuera de la ciudad y lo apedrearán
hasta darle muerte. 6Pero no lleves a la muerte a
nadie por el testimonio de una sola persona. Es
necesario tener por lo menos el testimonio de dos
o tres personas. 7Los testigos serán los primeros
en arrojar las piedras, y luego lo hará el resto del

16.11 16.16–17

pueblo. De esta manera, se purgará el mal que
haya entre ustedes.

Los tribunales

8»Si surge un caso difícil (por ejemplo, si alguno es culpado de asesinato pero no hay suficiente
evidencia, o si los derechos de alguno han sido
violados), llevarás el caso al santuario del Señor
tu Dios, 9a los sacerdotes y levitas, y al juez que
esté de turno en esos días, para que lleguen a una
decisión. 10La sentencia de ellos será inapelable
y deberá seguirse al pie de la letra. 11La sentencia
que impongan deberá ser ejecutada. 12Si alguien
se niega a aceptar la decisión del juez señalado
por el Señor para este propósito, su castigo será
la muerte. Este tipo de pecadores deberá ser desarraigado de Israel. 13Entonces todos oirán lo que
ocurrió con el hombre que no quiso aceptar el
veredicto de Dios, y tendrán temor y no se atre-
verán a desafiar otra vez los juicios de la corte.

El rey

14»Cuando llegues a la tierra que el Señor tu
Dios te da, y la hayas conquistado, y comiences
a pensar: "Debiéramos tener un rey como todas
las naciones que nos rodean", 15pondrás por rey
al hombre que el Señor tu Dios elegirá. Será un
israelita, no un extranjero. 16No usará el cargo
para aumentar sus posesiones de caballos, ni
enviará sus hombres a Egipto para aumentar sus
caballerizas porque el Señor te ha dicho: "No
vuelvas a Egipto otra vez". 17No deberá tomar
para sí muchas esposas porque su corazón podría
apartarse del Señor, ni amontonará riquezas
excesivas.

18»Cuando haya sido coronado y se siente en
el trono como rey, deberá copiar este libro de la
ley que llevan los sacerdotes y levitas. 19Esa copia
de la ley deberá estar continuamente cerca de su
mano. Deberá leer ella todos los días de su vida
para que aprenda a respetar al Señor su Dios y a
guardar sus mandamientos. 20La lectura regular
de los mandamientos de Dios impedirá que se
sienta superior a sus conciudadanos. También
impedirá que se aparte de las leyes de Dios en
lo más mínimo y le asegurará un reino bueno y
duradero. Y sus hijos heredarán el trono.

Ofrendas para los sacerdotes levitas

18 »Los sacerdotes y los miembros de la tribu
de los levitas no tendrán propiedad como
las demás tribus. Por lo tanto, los sacerdotes y
los levitas deberán vivir de los sacrificios que se
llevan al altar del Señor y de las demás ofrendas
del pueblo. 2Ellos no necesitan tener propiedades
porque el Señor es su heredad. Eso es lo que él
les ha prometido. 3De cada toro u oveja que se
lleve para ser ofrecido en sacrificio se deberá dar
a los sacerdotes la espaldilla, las quijadas y los
intestinos. 4Además, los sacerdotes recibirán las
primicias de las cosechas de cereales, de vino,
de aceite y de lana. 5Porque el Señor tu Dios ha
escogido a la tribu de Leví para que le sirva de
generación en generación.

6»Si algún levita desea de todo corazón ir al
santuario, y deja su lugar de residencia, no se lo
impidan. 7Ese levita tiene el derecho de ministrar en el nombre del Señor en esa ciudad, de la
misma manera que sus hermanos levitas que
trabajan allí regularmente. 8Tendrá participación
de los sacrificios y ofrendas por derecho propio,
no como ayuda en caso de necesidad.

Costumbres corrompidas

9»Cuando hayas entrado en la tierra que el Señor
tu Dios te da, tendrás especial cuidado de no
dejarte llevar por las costumbres corrompidas de
las naciones que ahora viven allí. 10Nadie debe
presentar a su hijo o hija como ofrenda para
ser quemada. Tampoco se debe practicar la adivinación, la brujería, la hechicería, 11la magia, el
encantamiento, el ser médium espiritista o el
consultar los espíritus de los muertos. 12Cualquie-
ra que haga estas cosas será abominable delante del Señor, pues es por esta causa que el Señor
echa de esta tierra a los pueblos que la habitan.
13Deberás comportarte de manera irreprensible
delante del Señor tu Dios.

El profeta

14Las naciones de cuyo territorio tú te adue-
ñarás practican todas estas maldades; pero el
Señor tu Dios no permitirá que tú las practiques
también.

15»El Señor tu Dios hará surgir en medio de
todo el pueblo a un profeta como yo; a un
hombre a quien deberán oír y obedecer. 16Esto
fue lo que pediste a Dios en el monte Horeb. Allí,
al pie de la montaña, le rogaste que no te hiciera oír su voz majestuosa nuevamente ni ver el
fuego aterrador que estaba sobre el monte, porque tenías miedo de morir.

17»"Bien", me dijo el Señor, "haré lo que me
han pedido. 18Levantaré de en medio de ellos
un profeta como tú. Yo le diré lo que tiene que
decir y él les dirá todo lo que yo ordene. 19A cualquiera que no escuche los mensajes que él presente de parte mía, yo le pediré cuentas
personalmente. 20Pero si un profeta dice traer un
mensaje mío sin ser cierto, ese profeta morirá. Y
cualquier profeta que afirme tener un mensaje
de otros dioses deberá morir". 21Quizá te preguntes: "¿Cómo sabré si una profecía es de Dios o

18.10–14 † 18.15—Hch 3.22 18.17–19

no?” [22]Si lo que ese hombre ha profetizado no ocurre, no es el Señor quien ha dado el mensaje. Lo ha fraguado él mismo, no le tendrás temor.

Las ciudades de refugio

19 »Cuando el Señor tu Dios haya destruido a las naciones cuya tierra vas a ocupar, y las hayas expulsado; cuando estés viviendo en las ciudades y casas que ellos dejen, [2,3]designarás tres ciudades en donde pueda refugiarse cualquiera que haya dado muerte accidentalmente a otra persona. Dividirás el país en tres distritos, y cada distrito contará con una de estas ciudades de refugio. Los caminos de acceso a estas ciudades se conservarán en buen estado.

[4]»Un homicida podrá refugiarse allí, si comprueba que lo hizo sin premeditación y que no había enemistad previa con la otra persona. [5]Si un hombre va al bosque con un vecino para cortar leña y el hacha se sale del mango y mata al vecino, deberá huir a una de estas ciudades. [6,7]Cualquiera que trate de vengarse de él, no podrá hacerlo. Estas ciudades deberán estar situadas de tal manera que estén razonablemente cerca de todo lugar. De otro modo, el vengador de sangre podría dar alcance al homicida casual, que no debe morir por cuanto no mató deliberadamente.

[8]»Si el Señor tu Dios ensancha tu territorio de la manera que prometió a tus antepasados, y te da toda la tierra que te prometió [9](esto depende de la obediencia que demuestres a los mandamientos que te estoy dando en este día de amar al Señor tu Dios y andar en todos sus caminos), designarás tres ciudades de refugio adicionales. [10]De esta manera evitarás que muera gente inocente, y no serás responsable de injustificados derramamientos de sangre.

[11]»Pero si alguien odia a su vecino y en una emboscada le da muerte, y luego huye a una de las ciudades de refugio, [12]los ancianos de su pueblo irán a buscarle y lo traerán de regreso para entregarlo en manos del vengador de sangre a fin de que le dé muerte. [13]No tengas misericordia de él. ¡Eliminarás a todos los asesinos de Israel! Solamente entonces te irá bien en todas las cosas.

[14]»Cuando entres en la tierra que el Señor tu Dios te da, no cambies los límites de la propiedad de tu prójimo. Esos límites se establecieron desde hace mucho tiempo.

Los testigos requeridos

[15]»No condenarás a nadie basado en la palabra de un solo testigo. Debe haber por lo menos dos o tres.

[16]»Si alguno da falso testimonio, alegando que ha visto a otro hacer un mal no siendo así, [17]ambas personas se presentarán ante los sacerdotes y jueces delante de Señor. [18]Serán interrogados detalladamente, y si se prueba que el testigo está mintiendo, [19]recibirá el castigo que intentaba hacer caer sobre el otro hombre. De esta manera desarraigarás el mal de en medio de tu pueblo. [20]Así los que se enteren sentirán temor de decir mentiras cuando están declarando ante una corte. [21]No tendrás compasión de un testigo falso. Vida por vida, ojo por ojo, diente por diente, mano por mano, pie por pie, será tu regla en tales casos.

Instrucciones para la guerra

20 »Cuando salgas a la guerra y veas delante de ti un gran número de caballos y carros, y un ejército mucho mayor que el tuyo, no tengas miedo. El Señor tu Dios, el mismo Dios que te sacó de Egipto, está contigo. [2]Antes de comenzar la batalla, el sacerdote se pondrá de pie delante del ejército de Israel y dirá: [3]“Oye, Israel, ahora que sales a la batalla no tengas miedo. [4]El Señor tu Dios va contigo. Él peleará en favor tuyo contra tus enemigos, y te dará la victoria”.

[5]»Enseguida los oficiales del ejército se dirigirán a sus hombres de esta manera: “¿Ha edificado alguno una casa nueva y no la ha estrenado? Si hay alguno en esta situación, váyase a su casa, no sea que muera en la batalla y otro la estrene. [6]¿Acaba alguno de plantar una viña y aún no ha comido de su fruto? Si este es el caso, váyase a su casa, podría morir en la batalla y otro podría disfrutar de lo que no plantó. [7]¿Se ha comprometido alguien en matrimonio? Bien, váyase a su casa y cásese, porque podría morir en la batalla y otro podría casarse con su novia. [8]¿Hay alguno que tiene miedo? Si tiene miedo, que se vaya a su casa, antes que contagie con su miedo al resto del ejército”. [9]Cuando los oficiales hayan terminado de decir esto a sus hombres, anunciarán los nombres de los comandantes de los batallones.

[10]»Cuando te acerques a una ciudad para pelear contra ella, primero ofrécele la paz. [11]Si acepta las condiciones de paz y te abre sus puertas, todo su pueblo pasará a ser tributario de ustedes. [12]Pero si rechaza las condiciones de paz, deberás sitiarla. [13]Cuando el Señor tu Dios te la haya dado, matarás a todo varón de la ciudad, [14]pero conservarás para ti las mujeres, los niños, el ganado y el botín. Y podrás comer del botín de tus enemigos, que el Señor tu Dios te entregó. [15]Estas instrucciones se aplican sólo a ciudades que están distantes y no pertenecen a las naciones vecinas.

[16]»En las ciudades que están dentro de los límites de la tierra que el Señor tu Dios te da, no perdonarás a nadie; destruirás a todo ser viviente. [17]Destruirás completamente a los hititas, a los amorreos, a los cananeos, a los ferezeos, a los heveos, y a los jebuseos. Este es el mandamiento

del Señor tu Dios. 18El propósito de este mandamiento es evitar que el pueblo de la tierra te induzca a adorar sus ídolos y a participar en sus costumbres abominables, haciéndote pecar gravemente contra el Señor tu Dios.

19»Cuando pongas sitio a una ciudad, no destruirás sus árboles frutales. Podrás comer toda la fruta que quieras, pero no cortes los árboles. Ellos no son enemigos, por lo tanto no hay que cortarlos: 20Pero puedes talar los árboles que no den fruta. Úsalos en el sitio de ciudades enemigas para hacer escaleras, baluartes y arietes.

Un caso especial de homicidio

21 »Cuando hayas entrado en el territorio que el Señor tu Dios te da, si se encuentra en el campo un cadáver y no se sabe quién ha sido el homicida, 2los ancianos determinarán cuál es la ciudad que está más cerca del cadáver. 3En seguida los ancianos de aquella ciudad tomarán una ternera que no haya trabajado 4y la llevarán a un arroyo en un valle que no haya sido arado ni sembrado, y allí le quebrarán el cuello.

5»Entonces vendrán los sacerdotes (porque el Señor tu Dios los ha escogido para que sirvan delante de él, pronuncien su bendición, decidan en los juicios y dicten sentencia) 6y los ancianos de la ciudad más cercana se lavarán las manos sobre la ternera 7y dirán: "Nuestras manos no han derramado esta sangre ni nuestros ojos lo han visto. 8Oh Señor, perdona a tu pueblo Israel, al que has reunido, y no lo culpes de la muerte de un hombre inocente". 9Quedarás libre de culpa al seguir las instrucciones del Señor.

El matrimonio con prisioneras de guerra

10»Cuando salgas a la guerra, y el Señor tu Dios te entregue a tus enemigos en tus manos, 11y veas entre los cautivos a una muchacha hermosa a la que deseas por esposa, 12llévala a tu casa contigo. Deberá afeitarse la cabeza, cortarse las uñas 13y cambiarse de ropa, poniendo a un lado la que estaba usando cuando fue capturada. A continuación permanecerá en tu casa llorando a su padre y a su madre por todo un mes. Hecho esto, podrás casarte con ella. 14Sin embargo, si después de casarte con ella te das cuenta de que no te gusta, deberás dejarla libre. No podrás venderla ni tratarla como esclava, por cuanto la has humillado.

El derecho del primogénito

15»Si un hombre tiene dos esposas pero sólo ama a una de ellas, y las dos le han dado hijos, y la madre de su primogénito es la que no ama, 16no debe darle una herencia mayor al hijo de la esposa que él ama. 17Debe darle la doble porción acostumbrada al hijo mayor porque es el principio de su vigor, y tiene los derechos de primogenitura aun cuando es el hijo de la esposa que su padre no ama.

Un hijo rebelde

18»Si un hombre tiene un hijo soberbio y rebelde que no obedece a su padre ni a su madre aun cuando ellos lo hayan castigado, 19el padre y la madre lo llevarán delante de los ancianos de la ciudad 20y declararán: "Este hijo nuestro es soberbio y rebelde, y no obedece, es glotón y borracho". 21Entonces los hombres de la ciudad lo apedrearán hasta darle muerte. De esta manera desarraigarás el mal de en medio de ti, y todos los jóvenes de Israel oirán lo ocurrido y tendrán temor.

Diversas leyes

22»Si un hombre ha cometido un crimen digno de muerte, y se le ejecuta colgándolo de un madero, 23su cuerpo no pasará la noche en el madero. Deberás sepultarlo el mismo día, porque es una maldición de Dios el que es colgado en un madero. No contaminarás la tierra que el Señor tu Dios te ha dado.

22 »Si ves un buey o una oveja extraviada, no hagas como que no lo has visto. Tómalo y llévalo a su propietario. 2Si no sabes quién es el propietario, llévalo a tu casa y retenlo allí hasta que venga su propietario preguntando por él, y entrégaselo. 3Lo mismo harás con burros, ropas o cualquier cosa que encuentres. Consérvalo para entregárselo a su propietario.

4»Si ves que alguien está tratando de poner en pie a un buey o a un burro que se ha caído debajo de su carga, no mires en otra dirección haciéndote el desentendido, anda y ayuda.

5»La mujer no debe usar ropa de hombre, y el hombre no debe usar ropa de mujer. Es abominación delante del Señor tu Dios.

6»Si ves un nido en el suelo o en un árbol, y hay polluelos o huevos en el nido, no tomes la madre juntamente con los polluelos. 7Déjala ir y toma solamente los polluelos. El Señor te bendecirá por ello, y tendrás una larga vida.

8»Cuando edifiques casa nueva, harás una barandilla alrededor de la azotea para evitar que alguien se caiga, y la culpa de su sangre recaiga sobre la casa y sobre el propietario.

9»No sembrarás semillas diversas entre las hileras de tu viña. Si lo haces, los sembrados y las viñas deberán entregarse como ofrenda a Dios.

10»No ararás con un buey y un burro en el mismo yugo.

11»No uses ropa tejida con dos tipos de hebra (por ejemplo, lana y lino).

12»Harás flecos en las cuatro puntas del manto
con que te cubras.

Violación de las reglas matrimoniales

13»Si un hombre se casa con una muchacha, y
después de haber dormido con ella 14la acusa de
haber tenido antes relaciones con otro hombre,
15su padre y su madre traerán las pruebas de su
virginidad a los jueces de la ciudad.
16»El padre dirá: "Yo di mi hija a este hombre
para que fuera su esposa, y ahora él la repudia
17y la calumnia diciendo que no era virgen cuando se casó. Pero aquí está la prueba de su virginidad". Entonces extenderá la sábana delante
de los jueces, 18y éstos sentenciarán al hombre
a que sea azotado, 19y lo multarán con cien
monedas de plata que serán entregadas al padre
de la muchacha. Ha acusado falsamente a una
virgen de Israel. Ella seguirá siendo su esposa y
él no podrá divorciarse de ella. 20Pero si las acusaciones del hombre son ciertas y ella no era
virgen, 21los jueces la llevarán hasta la puerta de
la casa de sus padres donde los hombres de la
ciudad la apedrearán hasta darle muerte. Ha
contaminado a Israel con el delito de andar como
prostituta mientras vivía en la casa de sus padres;
el mal debe ser quitado de en medio de tu pueblo.
22»Si se sorprende a un hombre cometiendo
adulterio con la esposa de otro, él y la mujer
deberán morir. De esa manera será purgado el
pecado de Israel. 23Si una muchacha que está
comprometida es seducida dentro de las murallas
de una ciudad, 24ella y el hombre que la sedujo
serán llevados fuera de las puertas y serán apedreados hasta que mueran: la muchacha porque
no gritó pidiendo socorro, y el hombre porque ha
violado la dignidad de la novia de otro hombre.
De esta manera combatirás el delito en tu pueblo.
25Pero si este hecho ocurre en el campo, solamente el hombre morirá. 26La muchacha es tan
inocente como la víctima de un asesinato. 27Se
da por sentado que ella gritó pero no hubo nadie
cerca para oírla y librarla. Si un hombre viola a
una muchacha que no está comprometida, y es
sorprendido en el acto, 28,29debe pagar una multa
de cincuenta monedas de plata y casarse con
ella. No podrá divorciarse de ella. 30Un hombre
no dormirá con la viuda de su padre, puesto que
perteneció a su padre.

Exclusión de la asamblea

23 »No entrará en la asamblea del Señor
ningún hombre cuyos testículos estén
magullados o le haya sido amputado el pene.
2Tampoco formará parte de la asamblea del Señor
el bastardo ni ninguno de sus descendientes por
diez generaciones.
3»Ni el amonita ni el moabita serán admitidos
en la asamblea del Señor, ni aun después de la
décima generación. 4Esta ley se establece porque
estas naciones no te ayudaron con alimento y
agua cuando saliste de Egipto. Al contrario, trataron de maldecirte, para lo cual contrataron a
Balán el hijo de Beor, de Petor en Mesopotamia.
5Pero el Señor tu Dios no oyó a Balán, sino que
convirtió en bendición la maldición concebida
contra ti porque el Señor tu Dios te ama. 6Mien-
tras vivas no debes ayudar jamás al amonita o
al moabita de ninguna manera. 7Sin embargo,
no tendrás en mala estima al edomita ni al egipcio, porque el edomita es tu hermano y entre los
egipcios viviste. 8Los nietos de los egipcios que
vinieron contigo desde Egipto pueden entrar en
la asamblea del Señor.

Higiene en el campamento

9»Cuando estés en campaña contra el enemigo, los soldados del campamento deben apartarse
de todo mal. 10Cualquiera que quede ceremonialmente impuro por causa de una emisión seminal nocturna, debe abandonar el campamento
11y permanecer fuera hasta la noche. Después, se
bañará y regresará a la puesta de sol.
12»Habrá un área fuera del campamento para
las necesidades físicas. 13Cada hombre debe
tener una pala como parte de su equipo. Cada
vez que tenga necesidad de evacuar los excrementos, cavará un hoyo con la pala, y después
de haber terminado los cubrirá con tierra. 14El
campamento debe mantenerse limpio y santo
porque el Señor lo recorre para protegerte y para
hacer que tus enemigos caigan delante de ti. No
debe haber en él ninguna cosa indecente para
que no se aparte el Señor de ti.

Leyes misceláneas

15»Si un esclavo huye de su amo, no debes
forzarlo a regresar; 16déjalo vivir entre el resto
de la nación, en el pueblo que él escoja, y no
lo oprimas.
17»En Israel no ha de haber prostitución de
mujeres ni de hombres.
18»No debes traer a la casa del Señor ninguna
ofrenda procedente de las ganancias de ese tipo
de prácticas, porque son detestables delante del
Señor tu Dios.
19»No exigirás interés sobre los préstamos que
le hagas a un hermano israelita, ya sea de dinero, alimentos o cualquier otra especie. 20Puedes
exigir intereses a un extranjero, pero no a un
israelita. Porque si cobras interés a un hermano
israelita, el Señor tu Dios no te bendecirá cuando
entres en la tierra donde van a vivir.
21»Cuando hayas hecho un voto al Señor apresúrate a cumplirlo, cualquiera que sea la cosa

que le has prometido, porque el Señor exige que cumplas con prontitud tus votos; es pecado si no lo haces. 22Pero si evitas hacer un voto, entonces no existe pecado. 23Una vez que hayas hecho el voto, debes cumplir exactamente lo que hayas dicho porque lo hiciste voluntariamente y te has comprometido con voto delante del Señor tu Dios.

24»Podrás comer uvas hasta saciarte en el viñedo de otro hombre, pero no podrás sacar nada de él en ningún tipo de recipiente. 25Lo mismo te digo acerca de la mies de otra persona. Puedes comer cereales de ella pero no uses en ella la hoz.

24 »Si un hombre se casa y halla en su esposa algo indecoroso que no le agrada, puede escribir una carta en que declara que se ha divorciado de ella. Le dará a ella la carta y la despedirá. 2En caso de que ella se case otra vez 3y el nuevo marido también se divorcie de ella, o muera, 4el primer marido no podrá tomarla nuevamente porque ella está contaminada. Esto pervertiría la tierra que el Señor tu Dios te da.

5»El recién casado no irá a la guerra ni se le ocupará en responsabilidades especiales. Estará libre durante un año para estar en casa gozando con su esposa.

6»Es ilegal tomar una piedra de molino como prenda porque es la herramienta con que su propietario se gana la vida. 7Si alguien rapta a un israelita y lo trata como esclavo o lo vende, el secuestrador deberá morir a fin de purgar el mal de entre ustedes.

8»Observa muy cuidadosamente las instrucciones del sacerdote en caso de lepra, porque yo le he dado las normas y las instrucciones que debes obedecer a la letra. 9Recuerda lo que el Señor tu Dios le hizo a Miriam cuando venían de Egipto.

10»Si le prestas algo a otro hombre, no debes entrar a su casa para tomarle prenda; 11espera afuera a que él mismo te la traiga.

12»Si el hombre es pobre y en prenda te da su manto, no debes dormir en él. 13Devuélveselo en la tarde para que pueda usarlo en la noche y para que te bendiga. El Señor tu Dios te lo contará por justicia.

14»No oprimas al pobre asalariado, sea israelita o extranjero que viva en tu pueblo. 15Págale su salario cada día, antes de la puesta del sol, porque es pobre y lo necesita diariamente. De otro modo él podría clamar al Señor en contra tuya y se te tendrá por pecado.

16»Los padres no morirán por los pecados de sus hijos, ni los hijos por los pecados de sus padres. Cada persona que merece la pena de muerte será ejecutada por su propio delito.

17»Debes juzgar con justicia a los exiliados y a los huérfanos; y jamás tomes como prenda la ropa de una viuda. 18Recuerda que fuiste esclavo en Egipto y que el Señor tu Dios te rescató. Por esto es que te doy este mandamiento. 19Cuando cortes el trigo y se te quede en el campo una gavilla; no regreses a buscarla. Déjala para los exiliados, los huérfanos y las viudas. Entonces el Señor tu Dios te bendecirá y prosperará en todo lo que hagas. 20Cuando estés recogiendo las aceitunas de tus olivares, no repases las ramas dos veces recogiendo los restos. Deja las que queden para los exiliados, los huérfanos y las viudas. 21Esto mismo te digo acerca de las uvas de tus viñedos: No rebusques las viñas después de la vendimia, deja el resto para los que tienen necesidad. 22Recuerda que fuiste esclavo en Egipto. Por esta razón te doy este mandamiento.

25 »Si un hombre es declarado culpable de un delito 2y se le condena a ser azotado, el juez ordenará que se acueste en tierra y sea azotado en su presencia en proporción a la gravedad de su delito. 3Pero no debe dársele más de cuarenta azotes, porque el castigo podría ser demasiado severo y tu hermano podría verse degradado ante ti.

4»No le pondrás bozal al buey que trilla.

5»Si el hermano de un hombre muere sin tener hijos, la viuda no podrá casarse fuera de la familia. El hermano del marido deberá casarse con ella y darle descendencia. 6El primer hijo que ella le dé será considerado hijo del hermano muerto, a fin de que su nombre no sea olvidado. 7Pero si el hermano del muerto no quiere cumplir su deber en este asunto y se niega a casarse con la viuda, ella irá a la ciudad donde deliberan los ancianos de la ciudad y les dirá: "Mi cuñado no quiere hacer que continúe el nombre de su hermano. No quiere casarse conmigo". 8Los ancianos de la ciudad lo llamarán y tratarán de convencerlo, y si aún se niega, 9la viuda se acercará a él en presencia de los ancianos, le sacará la sandalia del pie y le escupirá en el rostro. Entonces ella dirá: "Esto es lo que le ocurre a un hombre que se niega a dejar descendencia a su hermano". 10De allí en adelante, el nombre de la casa de ese hombre será "casa del descalzo".

11»Si dos hombres riñen y la esposa de uno de ellos interviene para ayudar a su marido y toma al otro por los testículos, 12se le cortará la mano a la mujer inmediatamente y sin misericordia:

13-15»En todos tus negocios debes usar balanza y medida exactas para que tengas una vida larga y buena en la tierra que el Señor tu Dios te da. 16Todo aquel que engaña con pesas y medidas injustas es detestable delante del Señor tu Dios.

24.1–4

17»No debes olvidar lo que el pueblo de Amalec te hizo cuando saliste de Egipto. 18Recuerda que ellos pelearon contra ti y atacaron a los que estaban agotados y cansados en la retaguardia, sin respeto ni temor del SEÑOR. 19Por lo tanto, cuando el SEÑOR tu Dios te haya dado reposo de todos tus enemigos en la Tierra prometida, deberás destruir completamente al nombre de Amalec de debajo del cielo. Jamás olvides esto.

Diezmos y primicias

26 »Cuando hayas entrado en la tierra que el SEÑOR tu Dios te ha dado, y la hayas conquistado y estés viviendo en ella, 2deberás ofrecer al SEÑOR en su santuario las primicias de cada cosecha. Llévalas en un canasto 3y entrégalas al sacerdote que esté de turno y dile: "Este presente es mi ofrenda de gratitud por cuanto el SEÑOR mi Dios me ha traído a la tierra que él prometió a nuestros antepasados". 4El sacerdote tomará el canasto de tu mano y lo pondrá sobre el altar, 5y tú dirás delante del SEÑOR tu Dios: "Mis antepasados fueron emigrantes arameos que fueron a Egipto en busca de refugio. Eran pocos en número pero en Egipto se convirtieron en una nación poderosa. 6,7Los egipcios nos maltrataron y nosotros clamamos al SEÑOR Dios de nuestros antepasados. Él nos oyó y vio nuestros trabajos, sufrimientos y opresiones, 8y nos sacó de Egipto con milagros poderosos y con su brazo extendido. Hizo milagros grandes y terribles delante de los egipcios, 9y nos ha traído a este lugar y nos ha dado esta tierra de la que fluye leche y miel. 10Y ahora, oh SEÑOR, he traído a tu altar las primicias de la tierra que me has dado". Entonces colocarás las primicias delante del SEÑOR tu Dios y lo adorarás. 11Después anda y festeja con todas las buenas cosas que Dios te ha dado. Celebra juntamente con tu familia y con los levitas y exiliados que vivan en tu comunidad.

12»Cada tercer año es un año de diezmos especiales. Ese año darás todo el diezmo y además darás de tus bienes a los levitas, a los exiliados, a las viudas y a los huérfanos, para que todos sean saciados. 13Entonces declararás delante del SEÑOR tu Dios: "He dado todos mis diezmos regulares, y además he dado de mis bienes a los levitas, a los exiliados, a los huérfanos y a las viudas, de la manera que tú me lo ordenaste. No he violado ni olvidado ninguna de tus reglas. 14No he tocado el diezmo estando yo ceremonialmente impuro (por ejemplo estando de duelo), ni lo he ofrecido a los muertos. He obedecido al SEÑOR mi Dios y he hecho cuanto me has mandado. 15Mira desde tu santa morada en el cielo y bendice a tu pueblo y la tierra que nos has dado tal como prometiste a nuestros antepasados, una tierra de la que fluye leche y miel".

Exhortación a seguir los mandamientos del SEÑOR

16»Obedecerás de todo corazón todos estos mandamientos y ordenanzas que el SEÑOR tu Dios te está dando hoy. 17Tú has declarado en este día que él es tu Dios y has prometido obedecerle y guardar sus mandamientos y ordenanzas y atender cuanto él te diga que hagas. 18El SEÑOR ha declarado en este día que tú eres su pueblo de la manera que él lo prometió y que debes obedecer sus leyes, 19y que si lo haces, él te exaltará sobre todas las demás naciones, haciendo que recibas el honor, el elogio y la fama. Pero para alcanzar ese honor y fama debes ser un pueblo santo consagrado al SEÑOR tu Dios, de la manera que él lo pide».

El altar sobre el monte Ebal

27 Entonces Moisés y los ancianos de Israel le dieron al pueblo estas otras instrucciones: 2-4«Cuando cruces el Jordán y llegues a la tierra que el SEÑOR tu Dios te da, tierra de la que fluye leche y miel, sacarás piedras del fondo del río e inmediatamente harás con ellas un monumento en la otra orilla, junto al monte Ebal. Blanquearás las piedras con cal y luego escribirás en ellas las leyes del SEÑOR. 5,6Y levantarás allí un altar al SEÑOR tu Dios. Usa piedras que no hayan sido cortadas, y presenta sobre el altar las ofrendas al SEÑOR tu Dios. 7También presenta sobre el altar los sacrificios de paz, y alégrate allí, con gran gozo, delante del SEÑOR tu Dios. 8Escribe todas estas leyes claramente sobre el monumento».

Maldiciones sobre el monte Ebal

9Entonces Moisés y los levitas se dirigieron a todo el pueblo de Israel diciéndole: «Oye Israel, hoy has llegado a ser el pueblo de Dios, 10de modo que hoy debes comenzar a obedecer todo estos mandamientos que te he dado».

11Ese mismo día, Moisés dio estos encargos al pueblo:

12«Cuando cruces el Jordán, las tribus de Simeón, Leví, Judá, Isacar, José y Benjamín se pondrán en el monte Guerizín a proclamar una bendición, 13y las tribus de Rubén, Gad, Aser, Zabulón, Dan y Neftalí estarán sobre el monte Ebal para proclamar una maldición. 14Entonces los levitas que estarán entre ellos gritarán delante de todo Israel:

15"Maldito sea cualquiera que adore ídolos, aun si lo hace en secreto; sea de madera tallada o de metal fundido, porque el SEÑOR aborrece estos ídolos hechos por la gente". Y el pueblo responderá: "Amén".

26.7 26.10

16“Maldito sea cualquiera que desprecia a su
padre o a su madre”. Y todo el pueblo responderá: “Amén”.
17“Maldito sea el que mueve las marcas de los
límites de su propiedad y la de su vecino”. Y todo
el pueblo responderá: “Amén”.
18“Maldito sea el que pone tropiezo delante de
un ciego”. Y todo el pueblo responderá: “Amén”.
19“Maldito sea el que hace injusticia con el
exiliado, el huérfano y la viuda”. Y todo el pueblo
responderá: “Amén”.
20“Maldito sea el que comete adulterio con una
de las esposas de su padre, porque ella pertenece a su padre”. Y todo el pueblo responderá:
“Amén”.
21“Maldito sea el que tiene relación sexual con
un animal”. Y el pueblo responderá: “Amén”.
22“Maldito sea el que tiene relación sexual con
su hermana o medio hermana”. Y todo el pueblo
responderá: “Amén”.
23“Maldito sea el que tiene relación sexual con
su suegra”. Y todo el pueblo responderá: “Amén”.
24“Maldito sea el que secretamente mata a
otro”. Y todo el pueblo responderá: “Amén”.
25“Maldito sea el que acepta soborno para
matar a un inocente”. Y todo el pueblo responderá: “Amén”.
26“Maldito sea el que no obedece estas leyes”.
Y todo el pueblo responderá: “Amén”.

Bendiciones por la obediencia

28 ☼ »Si obedeces completamente todas
estas ordenanzas del Señor tu Dios, las
leyes que te estoy dando en este día, el Señor te
convertirá en la nación más grande del mundo.
2-6Estas son las bendiciones que vendrán sobre ti:
»Bendito serás en la ciudad; bendito serás en
el campo.
»Tendrás muchos niños; abundantes cosechas;
grandes rebaños de ovejas y vacas.
»Bendiciones de fruta y pan.
»Bendiciones cuando entres; bendiciones
cuando salgas.
7»El Señor derrotará a tus enemigos. Ellos
vendrán juntos en tu contra, pero delante de ti
huirán en siete direcciones. 8El Señor te bendecirá
con grandes cosechas, y te prosperará en todo
lo que hagas cuando entres en la tierra que el
Señor tu Dios te da. 9Él te transformará en un
pueblo santo, consagrado a él. Esto es lo que ha
prometido hacer contigo si le obedeces y andas
en sus caminos. 10Todas las naciones del mundo
verán que perteneces al Señor, y tendrán temor.
11»El Señor te dará abundancia de cosas buenas
en la tierra, como lo ha prometido: Muchos hijos,
mucho ganado, y cosechas abundantes. 12Él te
abrirá el maravilloso tesoro de las lluvias de los
cielos para que tengas ricas cosechas en cada
estación. Él te bendecirá en todo lo que hagas;
y tú prestarás a muchas naciones, y no tendrás
necesidad de pedir prestado de ellas. 13Si escuchas
y obedeces los mandamientos del Señor tu Dios
que te estoy dando en este día, él hará que tú seas
cabeza y no cola, y que estés siempre encima y
nunca debajo. 14Pero cada una de estas bendiciones depende de que no te apartes de ninguna de
las leyes que te he dado; y no debes jamás adorar
a otros dioses.

Maldiciones por la desobediencia

15-19»Si no escuchas al Señor tu Dios y no obedeces estas leyes que te doy en este día, todas estas
maldiciones vendrán sobre ti:s
»Maldito sea en la ciudad; maldito sea en el
campo.
»Maldiciones en las frutas y en el pan.
»Maldición de matrices estériles.
»Maldición sobre tus cosechas.
»Maldiciones sobre la fertilidad de tus ovejas
y vacas.
»Maldiciones cuando entres; maldiciones
cuando salgas.
20»Porque el Señor mismo enviará su maldición sobre ti. Estarás confuso y fracasarás en todo
lo que hagas, hasta que seas destruido por el
pecado de haber abandonado a tu Dios.
21»Te mandará enfermedades hasta que hayas
desaparecido de la tierra a la que estás por entrar
y poseer. 22Te enviará enfermedades mortales,
fiebres e infecciones. Arruinará tus cosechas con
plaga, sequía y con hongos. Y todos sus azotes te
perseguirán hasta que mueras.
23»Los cielos sobre ti serán como bronce, la
tierra debajo de ti será como el acero. 24La tierra
estará tan seca por la falta de lluvia que las tormentas de polvo te destruirán.
25»El Señor hará que seas derrotado por tus
enemigos. Marcharás gloriosamente a la batalla,
pero huirás delante de tu enemigo en completa
confusión y serás causa de espanto entre todas
las naciones de la tierra. 26Tu cadáver servirá de
comida a las aves y a los animales salvajes, y
nadie estará allí para espantarlos.
27»El Señor enviará sobre ti las úlceras y las
plagas de Egipto: tumores, sarna y tiña para las
que no hallarás remedio. 28Te enviará locura,
ceguera, temor y pánico. 29Andarás a tientas al
mediodía, de la manera que un ciego anda en
la oscuridad. No prosperarás en nada de lo que
hagas, serás oprimido y despojado continuamente, y nada podrá salvarte.
30»Tomarás mujer y otro dormirá con ella;
edificarás casa y otro la habitará; plantarás

☼28.1–13

viñas y otro comerá su fruto. 31Tus bueyes serán degollados delante de tus propios ojos, pero no podrás comer un bocado de su carne. Tus burros te serán arrebatados mientras miras y nadie te los devolverá. Tus ovejas serán entregadas a tus enemigos. ¡No habrá quien te proteja! 32Ante tu vista tus hijos e hijas serán llevados en esclavitud. Tu corazón se quebrantará de angustia al verlos, pero no podrás ayudarlos. 33Una nación extranjera de la cual ni siquiera has oído se comerá las cosechas que con tanto trabajo cultivaste. Estarás siempre oprimido y explotado. 34Te volverás loco por toda la tragedia que verás a tu alrededor. 35El Señor te cubrirá de llagas incurables de la cabeza hasta los pies.

36»Cautivo te enviará el Señor juntamente con el rey que elegiste, a una nación que ni tú ni tus antepasados tuvieron en cuenta, y mientras estés en el destierro, adorarás dioses de piedra y de madera. 37Serás motivo de horror y objeto de burla entre todas las naciones, porque el Señor te desechará.

38»Sembrarás mucho pero cosecharás poco, porque las langostas se comerán tus cultivos. 39Plantarás viñedos y los cuidarás, pero no comerás las uvas ni beberás el vino porque el gusano destruirá las viñas. 40Los olivos crecerán por doquier, pero no habrá suficiente aceite para ungirte, porque los árboles dejarán caer el fruto antes de que haya madurado. 41Tus hijos e hijas serán raptados para ser vendidos como esclavos. 42La langosta destruirá tus árboles y tus viñas. 43Los extranjeros que vivan en medio del pueblo se enriquecerán cada vez más, mientras tú te haces cada vez mas pobre. 44Ellos te prestarán a ti, y tú no podrás prestarles a ellos ni un centavo. Ellos estarán a la cabeza y tú, en la cola.

45»Todas estas maldiciones te perseguirán hasta que seas destruido por haber rechazado la palabra del Señor tu Dios. 46Todos estos horrores caerán sobre ti y tus descendientes como una advertencia. 47Serás esclavo de tus enemigos por no haber alabado a Dios con gozo y alegría por todo lo que él ha hecho por ti. 48El Señor enviará a tus enemigos en tu contra, y tendrás hambre y sed; y estarás desnudo y tendrás necesidad de todas las cosas. Sobre tu cuello será colocado un yugo de hierro, hasta que seas destruido.

49»El Señor traerá contra ti una nación distante que vuela con la rapidez del águila y cuyo idioma no entiendes, 50una nación de hombres fieros e iracundos que no tendrán misericordia de jóvenes ni de viejos. 51Comerán de lo que haya en tu casa hasta que se hayan agotado el ganado y las cosechas. Desaparecerá el grano, el vino nuevo, los cabritos y los corderos. 52Esa nación pondrá sitio a tus ciudades y derribará tus murallas altas, en las cuales confiaste creyendo que serían tu protección. 53Llegarás aun a comer la carne de tus hijos e hijas en los terribles días del sitio que está por delante. 54Los hombres más sensibles que moran contigo se endurecerán contra sus propios hermanos, contra sus padres, y contra sus esposas y contra los hijos que aún estén vivos. 55Se negarán a darles parte de la carne que están devorando —carne de sus propios hijos— porque estarán muertos de hambre en medio del sitio de tus ciudades. 56,57La mujer más tierna y delicada de tu pueblo, que no se habría atrevido a posar su pie desnudo en tierra, no querrá compartir su comida con el esposo que ama, ni con su hijo, ni con su hija. Esconderá de ellos la placenta y el bebé que acaba de nacer a fin de comérselo ella sola. Tan terrible será el hambre que habrá en el sitio y la terrible angustia causada por tus enemigos en tus puertas.

58»Si te niegas a obedecer todas las leyes escritas en este libro, rechazando la reverencia y la gloria que merece el nombre del Señor tu Dios. 59El Señor enviará plagas perpetuas sobre ti y tus hijos. 60Traerá sobre ti todas las enfermedades de Egipto que tanto temes, y asolarán la tierra, 61y eso no será todo: El Señor traerá también sobre ti toda enfermedad y plaga existente, aun aquellas que no están mencionadas en este libro, hasta que hayas sido destruido. 62En lugar de llegar a ser numerosos como las estrellas, quedarán pocos de ustedes. Todo esto ocurrirá si no obedeces al Señor tu Dios.

63»Así como el Señor se ha agradado de ti y ha hecho tantas cosas maravillosas por ti y te ha multiplicado, se gozará entonces en destruirte, y desaparecerás de la tierra. 64Porque el Señor te esparcirá en medio de todas las naciones, de uno a otro extremo de la tierra. Allí adorarás dioses paganos que ni tú ni tus antepasados han conocido, dioses hechos de madera y de piedra. 65No tendrás reposo entre esas naciones, sino que el Señor pondrá cobardía en tu corazón, y quedarás en tinieblas con el cuerpo gastado por la tristeza y el temor. 66Tu vida penderá de un hilo. Vivirás noche y día lleno de temor, y no tendrás motivo para pensar que verás la luz del día siguiente: 67En la mañana dirás: "Ojalá pueda vivir hasta la noche". Y en la noche dirás: "Ojalá pueda vivir hasta mañana". Dirás esto porque estarás rodeado de temor, y el miedo se adueñará de tu corazón. 68Entonces el Señor te enviará de regreso a Egipto en barcos, viaje que yo prometí que jamás volverías a hacer. Allí te pondrás en venta delante de tus enemigos para ser esclavo de ellos, pero nadie querrá comprarte».

La renovación del pacto

29 Fue en las llanuras de Moab donde Moisés confirmó el pacto que el Señor había

hecho con el pueblo de Israel en el monte Horeb.
2,3Convocó a todo Israel ante su presencia y les
dijo:
«Ustedes vieron con sus propios ojos las grandes plagas y los milagros portentosos que el Señor
hizo caer sobre el faraón y su pueblo en Egipto.
4Sin embargo, el Señor no les ha dado corazones que entiendan ni ojos que vean ni oídos que
oigan. 5Durante cuarenta años el Señor los condujo a través del desierto, y sus vestiduras no se
envejecieron, ni se les gastó el calzado. 6Él no
les ha permitido establecerse en ningún lugar
ni cultivar la tierra para que les produzca trigo
para el pan y uva para el vino, porque desea que
comprendan que él es el Señor el Dios de ustedes,
y que los ha estado cuidando y alimentando.
7»Cuando llegamos a este lugar, el rey Sijón de
Hesbón y el rey Og de Basán salieron a ofrecernos
batalla, y los derrotamos. 8Tomamos posesión de
sus tierras y se las dimos a las tribus de Rubén,
Gad y a la media tribu de Manasés, para que fuera heredad de ellos. 9Por lo tanto, obedezcan las
condiciones de este pacto para que sean prospe-
rados en todo lo que hagan. 10Todos ustedes, sus
dirigentes, el pueblo, sus jueces y funcionarios
administrativos, están hoy delante del Señor su
Dios, 11junto con sus pequeños, sus viudas y los
exiliados que viven entre ustedes, los que cortan
la leña y los aguadores. 12Están aquí esperando
establecer un pacto con el Señor su Dios, pacto
que él hace con ustedes hoy, bajo juramento.
13Él desea confirmarlos hoy como su pueblo y
confirmar que él es su Dios como prometió a
sus antepasados Abraham, Isaac y Jacob. 14Este
pacto no lo hace sólo con ustedes los que están
aquí delante de él en este día, 15sino también con
todas las generaciones futuras de Israel.
16»Ciertamente recuerdan cómo vivimos en la
tierra de Egipto y cómo salimos de ella, cómo
cruzamos a salvo el territorio de las naciones
enemigas. 17Y ustedes han visto todos sus ídolos
paganos hechos de piedra, de madera, de plata y de oro. 18El día en que cualquiera de ustedes, hombre o mujer, familia o tribu de Israel,
comience a apartarse del Señor nuestro Dios y
desee adorar los dioses de esas naciones, ese día
saldrá de entre ustedes una raíz que producirá
fruto amargo y venenoso.
19»Que ninguno de ustedes, al oír las advertencias de esta maldición, piense livianamente y se
diga: "Prosperaré aun cuando me conduzca de
acuerdo con mi propio capricho". Porque será la
ruina de todos. 20El Señor no lo perdonará. Su ira
se encenderá contra aquella persona. Todas las
maldiciones escritas en este libro caerán sobre
ella y el Señor borrará su nombre de debajo del
cielo. 21El Señor cortará a ese hombre de entre
todas las tribus de Israel y derramará sobre él
todas las maldiciones que están escritas en este
libro, y que caerán sobre los que rompan este
pacto. 22Y los hijos de ustedes, las generaciones
venideras y los extranjeros de tierras distantes
que pasen verán la destrucción de la tierra y las
enfermedades que el Señor ha enviado sobre ella.
23Verán que toda la tierra es azufre y sal, desierta
y calcinada, sin cultivar, tierra que no produce, ni
siquiera hierba, como las de Sodoma y Gomorra,
Admá y Zeboyín, que el Señor destruyó en medio
de su ira.
24»"¿Por qué el Señor trató así a esta tierra?"
preguntarán las naciones. "¿Por qué se encendió
de tal modo su ira?"
25»Y se les dirá: "Porque el pueblo de esta tierra
quebrantó el pacto que hicieron con el Señor,
Dios de sus antepasados, quien los sacó de la
tierra de Egipto. 26Ellos adoraron a otros dioses
que no conocían ni habían hecho nada por ellos.
27Por esta razón la ira del Señor se encendió contra esta tierra, y todas las maldiciones, escritas
en este libro, cayeron sobre ellos. 28Con gran ira
el Señor los desarraigó de su tierra y los lanzó a
otra tierra, donde viven todavía".
29»Hay secretos que el Señor nuestro Dios no
nos ha revelado, pero estas palabras que ha revelado son para que nosotros y nuestros hijos las
obedezcamos para siempre.

Bendición a causa del arrepentimiento

30 »Cuando te hayan ocurrido todas estas
cosas, las bendiciones y las maldiciones que te he enumerado, meditarás acerca de
ellas en las naciones a donde el Señor tu Dios te
habrá desterrado. 2Si entonces quisieras volverte
al Señor tu Dios, y tú y tus hijos comenzaran de
todo corazón a obedecer los mandamientos que
te he dado en este día, 3el Señor tu Dios te rescatará del cautiverio. Él tendrá misericordia de ti y
te recogerá de todas las naciones donde te haya
esparcido. 4Aun cuando estés en el extremo de la
tierra, él irá y te buscará para traerte de regreso
5a la tierra de tus antepasados. Poseerás nuevamente la tierra y él te hará bien y te multiplicará
aun más que a tus antepasados. 6Dios limpiará
tu corazón y el de los hijos de tus hijos, para que
ames al Señor tu Dios con toda tu mente y con
todo tu ser, e Israel vivirá nuevamente.
7,8»Si te vuelves al Señor y obedeces todos los
mandamientos que te he dado hoy, el Señor tu
Dios retirará sus maldiciones y las lanzará contra
tus enemigos, y contra los que te odian y persiguen. 9El Señor tu Dios prosperará todo cuanto emprendas y te dará muchos hijos, mucho
ganado, y abundantes cosechas, pues el Señor
se gozará nuevamente en ti como lo hizo en tus
padres. 10Él se alegrará con tu obediencia si sigues

los mandamientos escritos en este libro de la ley
y si te vuelves al Señor tu Dios con toda tu mente
y con todo tu ser.

Elección entre la vida y la muerte

11 Estos mandamientos no están fuera de tu
alcance ni son superiores a tus fuerzas como
para que no los obedezcas; 12 porque estas leyes
no están en los lejanos cielos, tan distantes que
no puedas oírlas y obedecerlas y no haya nadie
que pueda traerlas a ti en la tierra; 13 ni están
más allá del océano, tan lejos que nadie pueda
hacerte oír su mensaje. 14 Están muy cerca de ti,
en tu memoria y en tus labios, para que puedas
obedecerlas.
15 »Mira, yo he puesto en este día delante de ti la
vida y la muerte; todo depende de tu obediencia
o de tu desobediencia. 16 Hoy te he dado el
mandamiento de que ames al Señor tu Dios
y andes en todos sus caminos, y guardes todas
sus leyes, para que puedas vivir y llegar a ser una
nación grande. Así, el Señor tu Dios te bendecirá
a ti y a la tierra que vas a poseer. 17 Pero si tu
corazón se aparta y no quieres oír, y te dejas
arrastrar a la idolatría, 18 declaro en este día que
ciertamente perecerás. No tendrás una vida larga
y buena en la tierra que entras a poseer.
19 »Invoco a los cielos y a la tierra por testigos
de que he puesto delante de ti la vida o la muerte,
la bendición o la maldición. ¡Ojalá optases por la
vida para que tú y tus hijos puedan vivir! 20 Ama
al Señor tu Dios, obedécele y aférrate a él, porque él es vida para ti y prolongación de tus días.
Así podrás vivir con seguridad en la tierra que
el Señor prometió a tus antepasados Abraham,
Isaac y Jacob».

Josué, sucesor de Moisés

31 Después que Moisés terminó de decir estas
advertencias y consejos al pueblo, 2 añadió: «Ahora tengo ciento veinte años. No podré
continuar dirigiéndote porque el Señor me ha
dicho que no cruzaré el río Jordán. 3 Sin
embargo, él mismo te guiará y destruirá a las
naciones que viven allí, y tú las heredarás. Josué
es tu nuevo comandante según las órdenes del
Señor. 4 El Señor destruirá a las naciones que viven
en la tierra, así como destruyó a Sijón y a Og,
reyes amorreos. 5 El Señor entregará en tus manos
a la nación que vive allí, y tú la destruirás con
forme a lo que te he ordenado. 6 Sé fuerte. Sé
valiente. No temas delante de ellos porque el
Señor tu Dios estará contigo, no te dejará ni te
abandonará».
7 Luego llamó Moisés a Josué delante de todo
Israel y le dijo: «Esfuérzate y ten valor, porque
tú guiarás a este pueblo a la tierra que el Señor
prometió a sus antepasados, y estarás a cargo de
dirigir la conquista. 8 No tengas miedo porque
el Señor irá delante de ti y estará contigo. Él
no te desamparará. No temas ni te desanimes».

La lectura de la ley

9 Moisés, entonces, escribió las leyes que ya
había expresado al pueblo y se las entregó a los
sacerdotes, los hijos de Leví. Los que tenían a
cargo el transporte del cofre que contenía los Diez
Mandamientos del Señor. Moisés también se las
dio a los ancianos de Israel. 10,11 El Señor ordenó
que estas leyes fueran leídas al pueblo cada siete
años, en el año de la remisión, en la fiesta de las
Enramadas; cuando todo Israel se reúna delante
del Señor en el santuario.
12 «Harán congregar al pueblo —dijo el Señor—,
hombres, mujeres y niños, y extranjeros que
viven entre ustedes, para que oigan las leyes de
Dios y aprendan a hacer su voluntad, a fin de
que reverencien al Señor tu Dios y obedezcan sus
leyes. 13 Hagan esto para que los hijos de ustedes que no conocen estas leyes las oigan y
aprendan a temer al Señor su Dios mientras vivan
en la Tierra prometida».

Predicción de la rebeldía de Israel

14 Luego el Señor dijo a Moisés: «Ha llegado el
momento en que debes morir. Llama a Josué y
entra en el santuario para que pueda darle las
instrucciones».
Moisés y Josué entraron y estuvieron de pie
delante del Señor. 15 Él se les apareció en la forma
de una gran nube a la entrada del santuario, 16 y le
dijo a Moisés: «Tú morirás y te reunirás con tus
antepasados. Después de tu partida, este pueblo
comenzará a adorar dioses extraños en la tierra
en la que van a entrar. Ellos se olvidarán de mí
y quebrantarán el pacto que he hecho con ellos.
17 Entonces se inflamará mi ira contra ellos y los
abandonaré, esconderé mi rostro de ellos, y serán
destruidos. Tendrán gran tribulación, de modo
que ellos dirán un día: "El Señor ya no está entre
nosotros". 18 Me apartaré de ellos porque habrán
pecado adorando a otros dioses.
19 »Escribe, pues, las palabras de este cántico
y enséñaselo al pueblo de Israel como advertencia mía. 20 Cuando yo los haya introducido en
la tierra que prometí a sus antepasados, tierra
que fluye leche y miel, y cuando ellos se hayan
saciado y engordado, y comiencen a adorar a
otros dioses y me desprecien y quebranten mi
pacto 21 y caigan sobre ellos grandes calamidades,
este cántico les recordará las razones de su dolor.
(Porque este cántico vivirá de generación en
generación.) Yo los conozco bien ya, aun antes
de que entren en la tierra que prometí darles».

30.16 31.3 31.6 31.8 31.13 31.19–21

22Ese mismo día Moisés escribió las palabras
del cántico y se las enseñó a los israelitas.
23Luego, el SEÑOR encargó a Josué hijo de Nun
que fuera valiente y se esforzara, y le dijo: «Tú
harás entrar al pueblo de Israel en la tierra que
yo juré que les daría; yo estaré contigo».
24Cuando Moisés hubo terminado de escribir
todas las leyes de este libro, 25ordenó a los levitas que conducían el cofre con los Diez Mandamientos 26que pusieran este libro de la ley junto
al cofre del pacto como solemne advertencia al
pueblo de Israel. 27«Porque sé que ustedes son
un pueblo rebelde y obstinado —dijo Moisés—.
Si aun hoy, mientras todavía estoy con ustedes,
se rebelan contra el SEÑOR, cuánto más rebeldes
serán después de mi muerte. 28Hagan venir ahora
a los ancianos y a los jefes de las tribus para que
pueda hablarles, y pueda invocar a los cielos y a
la tierra como testigos contra ellos. 29Yo sé que
después de mi muerte, ustedes se corromperán y
se apartarán del SEÑOR y de sus mandamientos, y
en los días venideros el mal los aplastará porque
harán lo que el SEÑOR dijo que era malo, y la ira
del SEÑOR se encenderá».
30Entonces Moisés recitó el siguiente cántico
ante todo el pueblo de Israel:

32 «Escuchen, cielos y tierra.
Escuchen lo que tengo que decir.
2Mis palabras caerán sobre ustedes como suave
lluvia y rocío, como lluvia sobre el pasto tierno,
como lluvia sobre las laderas.
3Yo proclamaré la grandeza del SEÑOR.
¡Cuán glorioso es él!
4Dios es la Roca. Perfecta es su obra.
Todo lo que hace es justo y bueno.
Dios es fiel, no practica la injusticia.
5Pero Israel se ha corrompido, se ha contaminado con pecado.
Ya no es hijo digno.
Es una generación perversa y depravada.

6»¿Así tratas al SEÑOR, oh pueblo insensato y
necio?
¿No es Dios tu Padre?
¿No es él tu creador?
¿No es él quien te formó y te dio fortaleza?
7Recuerda los días del pasado.
Pregúntale a tu padre y al anciano; ellos te
contarán.
8Cuando Dios dividió el mundo entre las
naciones, según el número de los hijos de Israel.
9Pero no designó uno para Israel:
Porque Israel era la posesión especial de Dios.
10Dios los protegió en la soledad amenazado-
ra como si fuera la niña de sus ojos.
11Extendió sus alas sobre ellos, como un águila
protege a sus polluelos, y los lleva sobre sus alas.
12»Cuando el SEÑOR solo los conducía, y ellos
vivían sin dioses ajenos, 13Dios les entregó fértiles
colinas, y campos fértiles y productivos, les dio
miel de la peña, y aceite de oliva de los pedregales.
14Les dio leche y carne; carneros de Basán y
cabritos, lo mejor del trigo, y el vino por bebida.

15»Pronto Israel estuvo saciado, engordó y dio
coces; entonces, en la abundancia se olvidaron de
su Dios y despreciaron a la Roca de su salvación.
16Israel comenzó a seguir a dioses ajenos, y el
SEÑOR se airó; sintió celos por su pueblo.
17Sacrificaron a dioses paganos, a nuevos dioses que nunca antes habían adorado.
18Se olvidaron de la Roca que los había hecho,
olvidando que era Dios quien les había dado el ser.

19»Dios vio lo que estaban haciendo, y los aborreció. Sus hijos e hijas lo insultaban.
20Dijo: "Los abandonaré; veré entonces qué les
ocurrirá, porque son una generación perversa e
incrédula.
21Me han dado celos con sus ídolos, los cuales
no son dioses.
Ahora yo haré que sientan celos dando mi
amor a las insensatas naciones gentiles que lo
rodean.
22Porque mi ira se ha encendido como un fuego que quema los abismos profundos, consume
la tierra y todos sus productos, y enciende las
montañas con fuego.

23»"Yo amontonaré males sobre los israelitas
y arrojaré contra ellos mis saetas.
24Los consumiré con hambre, con fiebre y
enfermedades fatales.
Yo los devoraré; enviaré contra ellos bestias
salvajes, para que los destrocen con sus dientes
y serpientes venenosas que se arrastran por el
polvo.
25Por fuera los atacará la espada del enemigo;
por dentro la plaga mortal aterrorizará a jóvenes
y a muchachas por igual, al niño de pecho y al
hombre de avanzada edad.
26Había decidido esparcirlos por tierras lejanas,
para que la memoria de ellos desapareciera.
27Pero luego pensé: Mis enemigos se jactarán
diciendo:
'Israel ha sido destruida por nuestro poder.
No fue el SEÑOR quien lo hizo sino nosotros'".

28»Israel es una nación insensata, necia, que
no tiene entendimiento.
29¡Oh, si tuvieran sabiduría!
¡Oh, si tuvieran entendimiento!

32.10–12

¡Oh, si supieran el fin que les espera!

30¿Cómo podría un solo enemigo perseguir a mil, y dos poner en fuga a diez mil; a menos que la Roca los haya abandonado, a menos que el Señor los haya destruido?

31Pero la roca de otras naciones no es como nuestra Roca.

Aun sus enemigos lo reconocen.

32Actúan como los hombres de Sodoma y Gomorra.

Sus obras son amargas y venenosas; 33su vino es veneno de serpientes.

34»"Pero Israel es mi pueblo especial, sellado como joya de mis tesoros.

35Mía es la venganza y la retribución, porque a su tiempo su pie resbalará.

El día de la condenación de sus enemigos está cerca; es segura e inminente".

36»Porque el Señor verá que su pueblo tenga justicia y tendrá compasión de ellos cuando se desvíen.

Verá cuando su fuerza se agote, tanto en el esclavo como en el libre, 37y dirá: "¿Dónde están sus dioses, las rocas que decían les sirvieron de refugio?

38¿Dónde están sus dioses ahora, a quienes ellos sacrificaron su gordura y su vino?

Que se levanten esos dioses y los ayuden.

39»"¿No ven que sólo yo soy Dios?

Yo hago morir y hago vivir.

Yo hago la herida y yo la sano:

nadie se escapa de mi poder.

40He levantado mis manos al cielo y he jurado por mi propia existencia, 41que sacaré filo al rayo de mi espada, y derramaré mi castigo sobre mis enemigos.

42Mis saetas se embriagarán con sangre y mi espada devorará la carne y la sangre de todos los muertos y cautivos.

Las cabezas del enemigo estarán ensangrentadas".

43»Alaben a su pueblo, naciones gentiles, porque él vengará a los suyos; tomará venganza contra sus enemigos y purificará su tierra y su pueblo».

44,45Cuando Moisés y Josué terminaron de recitar este cántico delante del pueblo, 46Moisés hizo estos comentarios:

«Mediten sobre las leyes que les he dado en este día, y háganlas conocer a sus hijos. 47Estas leyes no son sólo palabras, son tu vida. Si las obedecen podrán vivir una vida larga y próspera en la tierra que entrarán a poseer al otro lado del Jordán».

Anuncio de la muerte de Moisés

48Ese mismo día el Señor le dijo a Moisés: 49«Sube al monte Nebo en los montes Abarín, en la tierra de Moab a este lado de Jericó. Sube hasta su cumbre, y observa la tierra que está al otro lado del río en Canaán, la tierra que le doy al pueblo de Israel. 50Después que hayas visto la tierra morirás y te unirás a tus antepasados, de la misma manera que Aarón tu hermano murió en el monte Hor y fue reunido con ellos. 51Porque tú me deshonraste delante del pueblo de Israel en las aguas de Meriba en Cades en el desierto de Zin. 52Verás delante de ti extendida toda la tierra que le doy al pueblo de Israel, pero no podrás entrar en ella».

Moisés bendice las tribus

33 Esta es la bendición que Moisés, varón de Dios, dio al pueblo de Israel antes de morir:

2«El Señor vino a nosotros en el monte Sinaí, apareció desde el monte Seír; resplandeció desde el monte Parán, rodeado por diez millares de ángeles, y con fuego flameante en su mano derecha.

3¡Cuánto ama a su pueblo!

Sus santos están en sus manos.

Ellos siguieron tus pasos, oh Señor;

recibieron sus instrucciones de ti.

4Las leyes que les he dado les son posesión muy preciosa.

5El Señor es rey en Jesurún, elegido por una congregación de jefes de las tribus.

6»¡Que Rubén viva para siempre y sea su tribu numerosa!»

7Y Moisés dijo de Judá:

«Oh, Señor, escucha el lamento de Judá y únelo con Israel; pelea en favor de ellos contra sus enemigos».

8Y entonces dijo Moisés de Leví:

«Da al piadoso Leví tu urim y tu tumim.

Probaste a Leví en Masá y en Meribá, 9y él obedeció tus mandamientos y destruyó a muchos pecadores, aun a sus propios hijos, hermanos, padres y madres.

10Los levitas enseñarán las leyes de Dios a Israel y trabajarán delante de ti en el altar del incienso, y en el altar del holocausto.

11Oh, Señor, haz prosperar a los levitas y acepta la obra que ellos hacen para ti.

Aplasta a los que son sus enemigos; y no dejes que se levanten nuevamente».

12Acerca de Benjamín dijo Moisés:

«Es el amado del Señor y vive con seguridad cerca de él.

33.3

El Señor lo rodea con sus cuidados de amor y lo preserva de todo mal».

13De José, dijo:

«Bendiga el Señor su tierra con los dones más altos del cielo y de la tierra que pisan sus pies.

14Sea bendecido con los mejores frutos que maduran al sol; enriquézcase cada mes 15con las mejores cosechas de las montañas y de las laderas de las colinas.

16Sea bendecido con los mejores dones de la tierra y su plenitud, y con el favor de Dios que se le apareció en la zarza ardiente.

Que todas estas bendiciones vengan sobre José, príncipe entre sus hermanos.

17Es como un toro joven con toda su fortaleza y esplendor, con los cuernos fuertes de un búfalo para pelear contra las naciones de la tierra.

Esta es mi bendición para las multitudes de Efraín y para los millares de Manasés».

18De Zabulón dijo Moisés:

«Regocíjate, oh Zabulón, que amas el aire libre; e Isacar, que amas tus tiendas.

19Llamarán al pueblo a que celebre sacrificios con ellos.

Gustarán las riquezas del mar y los tesoros de la arena».

20Acerca de la tribu de Gad, Moisés dijo:

«Benditos los que ayudaron a Gad.

Está agazapado como un león; desgarra el brazo, el rostro y la cabeza.

21Escogió la mejor de las tierras para sí, porque estaba reservada para un caudillo.

Él condujo al pueblo y ejecutó los mandatos y decretos de Dios para Israel».

22De Dan, Moisés dijo:

«Dan es como un cachorro de león que salta desde Basán».

23De Neftalí dijo:

«Oh Neftalí, estás satisfecho con todas las bendiciones del Señor.

Las costas del Mediterráneo y el Néguev son tu hogar».

24Dijo de Aser:

«Aser es hijo favorito, estimado más que sus hermanos; lava sus pies en aceite de oliva suavizante.

25Seas protegido con fuertes cerrojos de hierro y bronce, y tu fortaleza sea como el largo de tus días.

26»No hay como el Dios de Jesurún, desciende de los cielos con majestuoso esplendor para ayudarte.

☼ 27El Dios eterno es tu refugio, y abajo están los brazos eternos.

Arroja a tus enemigos delante de ti y grita: "¡Destrúyelos!"

28Por esta razón, Israel habita confiada, prosperando en tierra de grano y de vino, mientras las lluvias suaves descienden de los cielos.

29¡Qué bendiciones tienes, oh Israel!

¿Quién más ha sido salvado por el Señor?

Él es tu escudo y tu ayudador, él es tu espada triunfal.

Tus enemigos se inclinarán delante de ti; y tú pisarás sus espaldas».

Muerte de Moisés

34 Entonces Moisés subió desde las llanuras de Moab a la cumbre del Pisgá en el monte Nebo, al otro lado de Jericó. Y el Señor le mostró la tierra entera mientras recorría con la vista todo el territorio de Galaad hasta llegar a alcanzar al de Dan:

2«Allí está Neftalí; y allí están Efraín y Manasés, al otro lado tienes a Judá, que se extiende hasta el mar Mediterráneo; 3allí está el Néguev y el valle del Jordán; y Jericó, la ciudad de las palmeras; y Zoar —le dijo el Señor—. 4Es la Tierra prometida. Yo prometí a Abraham, Isaac y Jacob que la daría por heredad a sus descendientes. Te he permitido verla, pero no entrarás en ella»

5Entonces Moisés, el siervo del Señor, murió en la tierra de Moab, como el Señor había dicho. 6El Señor lo sepultó en un valle, cerca de Bet Peor, en Moab; pero nadie conoce el lugar exacto.

7Moisés tenía ciento veinte años cuando murió; sin embargo, su vista era perfecta, y era tan fuerte como un hombre joven. 8El pueblo de Israel lo lloró durante treinta días, cumpliendo así el tiempo del luto, en las llanuras del Moab.

9Josué (hijo de Nun) estaba lleno del espíritu de sabiduría porque Moisés había impuesto sus manos sobre él; el pueblo de Israel le obedeció y siguió los mandamientos que el Señor le había dado a Moisés.

10Jamás hubo otro profeta como Moisés, porque el Señor habló con él cara a cara. 11,12Y, bajo el mandato de Dios, realizó milagros y prodigios que no han podido ser igualados.

Hizo grandes y terribles prodigios delante del faraón y de toda su corte en Egipto, y delante del pueblo de Israel.

☼33.27

JOSUÉ

¿Quién lo escribió?

Josué es testigo ocular clave de los acontecimientos registrados, y por lo tanto es aceptado como escritor del libro. Josué fue ayudante personal de Moisés, le acompañó al Monte Sinaí (Éxodo 24:13). Fue además uno de los dos espías que trajo un reporte que alentaba al pueblo a conquistar Canaán (Números 13:8,16). Su liderazgo consistió en asentar y gobernar a las 12 tribus, durante unos 25 años. Seguramente alguien más terminó de escribir el libro (24:29-33).

¿A quién lo escribió?

Los receptores de este libro son la generación de israelitas nacidos después de la conquista.

¿Cuándo y dónde lo escribió?

Se calcula que la fecha de redacción del libro se encuentra entre el 1400 y 1370 a.C.

Panorama del libro

Después de casi cuarenta años de deambular por el desierto, una nueva generación está casi preparada para, finalmente, tomar posesión de la anhelada tierra prometida. Este libro es un repaso resumido y con algunas aplicaciones de la Ley de Dios dirigido a la nueva generación que entrará a poseer la tierra. Como tal, el propósito del libro es recordar a esta nueva nación el contenido del pacto de Dios con ellos y resaltar la importancia vital de obedecer las leyes y ordenanzas del Señor.

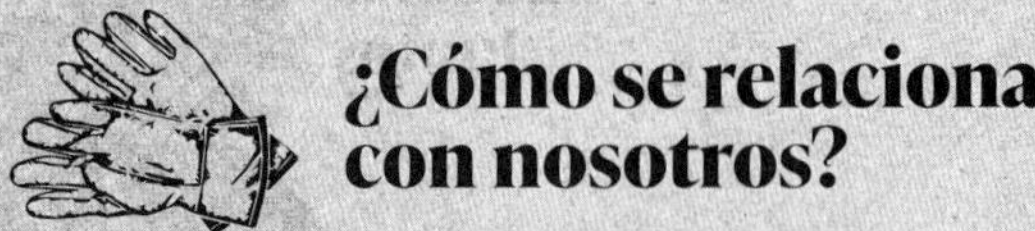

¿Cómo se relaciona con nosotros?

El héroe de este libro enfrentó grandes desafíos en los que requirió de valentía y obediencia a pesar de las circunstancias. Josué fue un ejemplo de integridad y liderazgo audaz. El gran mensaje del libro es que la clave de su éxito no radicó en su astucia sino en su dependencia de Dios y de su Palabra. Este libro nos ayuda a tener bien claro que se requiere valentía y obediencia para llegar a "nuestras tierras prometidas", ya sea en lo espiritual como en las demás facetas de la vida matrimonial. En la vida y en el llamado de Dios debemos tomar decisiones difíciles y evitar distracciones, sobre todo cuando obedecer es más arriesgado y quizás doloroso. En el camino hacia la voluntad de Dios habrá tentaciones y escucharemos muchas voces que nos quieren detener. Siempre tendremos muchas oportunidades de hacer las cosas según nuestra propia sabiduría y sin consultar a Dios, y en cada paso necesitaremos que las palabras de Dios estén presentes en nuestra mente, corazón y boca (Josué 1:8).

¿Cómo lo estudiamos?

1) Prepárate espiritualmente para recibir las promesas del Señor. 1-5
2) Lucha, conquista y dale la gloria al Señor. 6-12
3) Administra las bendiciones con justicia y sabiduría. 13-22
4) Consejos de un veterano guerrero. 23-24

Josué

Orden del Señor a Josué

1 Después de la muerte de Moisés, el siervo
del Señor, Dios habló al ayudante de Moisés,
Josué, hijo de Nun, y le dijo: 2«Ahora que Moisés
mi siervo ha muerto, tú conduce a mi pueblo a
través del río Jordán y hazlo entrar en la Tierra
prometida. 3A ti te digo lo mismo que le dije a
Moisés; yo les daré toda la tierra que conquistes
para Israel: 4desde el desierto de Néguev en el
sur hasta las montañas del Líbano en el norte, y
desde el mar Mediterráneo en el occidente hasta
el río Éufrates en el oriente, incluyendo toda la
tierra de los hititas. 5Nadie podrá hacerte frente
mientras vivas, porque yo estaré contigo como
estuve con Moisés; no te abandonaré, ni dejaré
de ayudarte.

6»Esfuérzate y sé valiente, porque tú dirigirás a
este pueblo con éxito y conquistarán toda la tierra que prometí a sus antepasados. 7Solamente
si te esfuerzas y eres valiente para obedecer al pie
de la letra la ley que Moisés te dio triunfarás en
☼ todo lo que hagas. 8Que no se aparte nunca
de tu boca este libro de la ley. Medita en él
día y noche y obedécelo al pie de la letra. Solamente así tendrás éxito. 9Sí, esfuérzate y sé valiente, no temas ni desmayes, porque el Señor tu Dios
estará contigo dondequiera que vayas».

10Josué dio instrucciones a los jefes de Israel
11para que el pueblo se preparara para cruzar el
río Jordán. Les dijo: «Dentro de tres días cruzare-
mos y conquistaremos la tierra que el Señor nos
ha dado y viviremos en ella».

12Luego reunió a los jefes de las tribus de
Rubén, Gad y de la media tribu de Manasés 13y
les recordó el acuerdo que habían tomado con
Moisés: «El Señor nuestro Dios les ha dado a
ustedes esta tierra, en este lado del río Jordán
—como les había dicho Moisés—. 14Ahora dejen
aquí a las mujeres, niños y ganado, y marchen
bien armados al frente de las demás tribus que
cruzarán el Jordán para conquistar el territorio de
la otra orilla. 15Vayan con ellos hasta que se com-
plete la conquista. Solamente entonces podrán
establecerse aquí en esta orilla del río Jordán».

16Ellos estuvieron completamente de acuerdo
y se comprometieron a obedecer a Josué como
comandante en jefe.

17,18«Te obedeceremos de la misma manera que
obedecimos a Moisés —le dijeron—, pero cuida
que Dios este contigo como estuvo con Moisés.
Si alguno, no importa quién, se rebela contra
tus mandatos, morirá. Solamente esfuérzate y
sé valiente».

Rajab y los espías

2 Josué envió dos espías desde el campamento
de Israel en Sitín para que cruzaran el río
Jordán y observaran la situación en la otra orilla,
especialmente en Jericó. Llegaron a la casa de
una mujer llamada Rajab, que era prostituta;
2pero alguien informó al rey de Jericó que dos
israelitas habían llegado a la ciudad aquella tarde
como espías. 3El rey envió un grupo de soldados
a la casa de Rajab para que los entregara. «Son
espías israelitas —le explicaron—. Los jefes
de Israel los enviaron para averiguar la mejor
manera de atacarnos».

4Pero ella los había escondido, y le dijo al oficial que comandaba el grupo: «Sí, unos hombres
estuvieron aquí temprano, pero no sabía que eran
espías. 5Dejaron la ciudad al atardecer, cuando
las puertas estaban por cerrarse, y no sé hacia
dónde fueron. Si se dan prisa quizás los puedan
alcanzar».

6Ella los había llevado a la azotea y los había
escondido bajo unos manojos de lino que se estaban secando allí. 7Los soldados fueron hasta el río
Jordán buscándolos, y al salir tuvieron el cuidado
de dejar las puertas de la ciudad bien cerradas.
8Rajab subió a hablar con los espías antes que
se durmieran, 9y les dijo:

—Sé perfectamente que su Dios les va a entregar
mi país, y todos temblamos de miedo, especialmente nuestros gobernantes. Nos aterrorizamos
con sólo oír la palabra Israel. 10Hemos sabido lo
que el Señor hizo por ustedes al cruzar el Mar
Rojo cuando salieron de Egipto. También sabemos lo que ustedes hicieron a Sijón y a Og, los
dos reyes amorreos que habitaban al otro lado
del Jordán; sabemos cómo asolaron la tierra de
ellos y destruyeron completamente sus pueblos.
11Esta noticia nos ha asustado. Nadie ha quedado
con ánimo de pelear contra ustedes después de
oír estas cosas, porque su Dios es el Dios supremo
☼ del cielo; no un dios ordinario. 12,13Ahora les
ruego que me prometan por el sagrado nombre de su Dios que cuando Jericó sea conquistada respetarán mi vida y la de mi padre, mi madre,
mis hermanos y hermanas y la de todas sus
familias. ¡Por favor, sálvennos la vida!

14—Si no nos delatas, prometemos con nuestras vidas, que al tomar esta tierra te trataremos
con bondad y fidelidad.

15Como la casa de ella estaba sobre la muralla
de la ciudad, ella los bajó por una ventana con
una cuerda.

16—Huyan a las montañas; escóndanse allí
tres días hasta que los hombres que los buscan

☼1.8–9 ☼2.12–14

hayan regresado, y luego podrán continuar su
camino —les dijo.
17Antes de irse los hombres le dijeron:
—No podemos hacernos responsables de lo
que ocurra 18si no dejas esta cuerda colgando en
la ventana y si tus parientes, tu padre, tu madre,
tus hermanos o cualquier otro no están dentro
de la casa. 19Si salen a la calle, no respondemos
por ellos; pero te prometemos que ninguno que
esté dentro de la casa será muerto ni sufrirá daño
alguno. 20Pero si nos delatas, este juramento ya
no nos obligará de ninguna manera.
21—Acepto las condiciones —contestó ella, y
dejó la cuerda escarlata colgando de la ventana
cuando ellos se fueron.
22Los dos espías subieron a las montañas y
permanecieron allí tres días hasta que los hombres que los estaban buscando regresaron a la
ciudad después de buscar inútilmente por todo el
camino. 23Entonces los dos espías, descendiendo
de la montaña, cruzaron el río Jordán e informaron a Josué todo lo que les había sucedido.
24«El Señor nos dará toda la tierra —dijeron—,
porque el pueblo está muerto de miedo a causa
de nosotros».

El cruce del río Jordán

3 Temprano en la mañana del día siguiente
Josué y todo el pueblo de Israel salieron de
Sitín y llegaron a las riberas del río Jordán, donde
acamparon durante varios días antes de cruzarlo.
2Al tercer día, los oficiales recorrieron el campamento 3dando estas instrucciones: «Cuando
vean que los sacerdotes llevan el cofre de Dios
síganlos. 4Ustedes jamás han estado en el lugar a
donde van a entrar ahora, de modo que ellos los
guiarán. Sin embargo, permanecerán novecientos metros detrás de ellos dejando esa distancia
entre ustedes y el cofre. No se acerquen más de
esto».
5Josué le dijo al pueblo entonces: «Purifíquense, porque mañana el Señor hará maravillas entre
ustedes».
6En la mañana, Josué les dijo a los sacerdotes:
«Tomen el cofre y guíennos en el cruce del río».
Y ellos emprendieron la marcha.
7El Señor le dijo a Josué: «Hoy comenzaré a
exaltarte para que todo Israel sepa que yo estoy
contigo de la misma manera que estuve con Moisés. 8Ordena a los sacerdotes que llevan el cofre
que se detengan a la orilla del río».
9Josué reunió a todo el pueblo y les dijo: «Acérquense y oigan lo que el Señor nuestro Dios ha
dicho. 10Hoy sabrán en forma cierta que el Dios
vivo está entre nosotros y que él expulsará a los
cananeos, a los hititas, a los heveos, a los ferezeos, a los gergeseos, a los jebuseos y a los amorreos, pueblos que ahora viven en la tierra que
ustedes van a ocupar. 11¿Se dan cuenta? El cofre de
Dios, Señor de toda la tierra, nos guiará a través
del río Jordán. 12Ahora elijan doce hombres, uno
de cada tribu, para una tarea especial. 13Cuando
los sacerdotes que transportan el cofre toquen el
agua con sus pies, el río cesará de correr, como
si fuera retenido por un dique».
14,15Era la época de la siega y el Jordán se desbordaba; pero cuando el pueblo comenzó a cruzar el
río, en cuanto los pies de los sacerdotes tocaron
el agua en la orilla, 16repentinamente, lejos de
allí, en la ciudad de Adán, cerca de Saretán, el
agua comenzó a amontonarse como si hubiera
un dique. Después de este punto, el agua siguió
corriendo hasta el Mar Salado, de modo que el
lecho del río quedó seco. Entonces todo el pueblo
cruzó el río por la parte que estaba cerca de la
ciudad de Jericó, 17y los sacerdotes que llevaban
el cofre se quedaron en tierra seca en medio del
Jordán esperando que todo el pueblo cruzara.

Monumento conmemorativo

4 Cuando el pueblo terminó de cruzar el río,
el Señor le dijo a Josué: 2,3Elijan a doce hombres, uno de cada tribu de Israel y diles: tomen
una piedra del lugar donde están parados los
sacerdotes, en medio del Jordán, y llévenlas hasta
el lugar donde acamparán esta noche.
4Josué llamó a los doce hombres 5y les dijo:
«Vayan al centro del Jordán donde está el cofre.
Cada uno de ustedes tomará una piedra y la
sacará en hombros, doce en total, una por cada
tribu. 6Las usaremos para levantar un monumento a fin de que en el futuro, cuando sus hijos
pregunten por qué está aquí este monumento,
7puedan decirles: "Es para recordar que el río
Jordán dejó de correr cuando el cofre de Dios lo
cruzó". El monumento será para el pueblo de
Israel un recuerdo permanente de este asombroso
milagro».
8Enseguida los hombres hicieron como Josué
les había ordenado. Sacaron doce piedras del
río Jordán, una por cada tribu, como el Señor le
había ordenado a Josué, y las llevaron al lugar
donde iban a acampar durante la noche y levantaron un monumento. 9Josué también levantó
otro monumento de doce piedras en el centro del
río, en el lugar donde estaban de pie los sacerdotes. Y están allí hasta el día de hoy.
10Los sacerdotes que transportaban el cofre
estuvieron en medio del río hasta que se cumplieron todas las órdenes que el Señor le había
dado a Josué por medio de Moisés. Mientras tanto,
el pueblo había cruzado el río. 11Cuando todos
habían pasado, el pueblo observó a los sacerdotes
mientras transportaban el cofre y salían del río.
12,13Los varones de las tribus de Rubén, Gad y la
media tribu de Manasés, completamente arma-

dos como Moisés había ordenado, formados por cuarenta mil hombres, precedieron a las otras tribus del Señor en su marcha por las llanuras de Jericó.

14En ese día el Señor engrandeció a Josué ante los ojos de todo Israel, y ellos lo respetaron todos los días de su vida de la misma manera que habían hecho con Moisés. 15El Señor le dijo, entonces, a Josué: 16«Diles a los sacerdotes que salgan del Jordán». 17Entonces, Josué dio la orden, 18y en cuanto los sacerdotes salieron del lecho del Jordán el agua comenzó a correr como de costumbre y se desbordaba por las orillas como antes. 19Este milagro ocurrió el veinticinco de marzo. Ese día Israel cruzó el río Jordán y acampó en Guilgal al este de la ciudad de Jericó; 20y allí se levantó el monumento con las doce piedras del río Jordán.

21Josué explicó nuevamente el propósito de las piedras: «En el futuro, cuando sus descendientes pregunten "por qué están aquí estas piedras, y qué significan", 22ustedes les dirán que estas piedras están puestas aquí para recordarnos que toda la nación de Israel cruzó el río Jordán sobre tierra seca. 23Les dirán que nuestro Dios secó el río delante de sus ojos y lo mantuvo seco hasta que todos cruzamos, como lo hizo antes con el Mar Rojo. 24Él hizo esto para que todas las naciones de la tierra comprendan que el Señor es el Dios Todopoderoso. Por lo tanto, debemos adorarlo para siempre».

5 Cuando las naciones que estaban al oeste del río Jordán (los cananeos y los amorreos que vivían a lo largo de la costa del Mediterráneo) oyeron que el Señor había secado el río Jordán para que el pueblo de Israel pudiera cruzarlo, se les disipó completamente el valor y quedaron paralizados de temor.

Liberación del oprobio egipcio

2,3El Señor entonces le dijo a Josué que apartara un día para circuncidar a toda la población masculina de Israel. El Señor les dio orden de hacer cuchillos de piedra con este propósito. El lugar donde se realizó el rito de la circuncisión fue denominado colina de los Prepucios. 4,5Esta segunda ceremonia de circuncisión se realizó porque ninguno de los varones nacidos durante la peregrinación en el desierto habían sido circuncidados, a diferencia de quienes habían salido de Egipto, pero aquellos ya habían muerto. 6Porque el pueblo de Israel había peregrinado en el desierto durante cuarenta años hasta que todos los hombres, que al salir de Egipto tenían edad militar, murieron. Éstos no habían obedecido al Señor, y él juró que no los dejaría entrar en la tierra que había prometido a Israel, tierra de la que fluye leche y miel. 7Así que Josué hizo circuncidar a los hijos de ellos, los cuales habían crecido para tomar el lugar de sus padres.

8,9Y el Señor le dijo a Josué: «Hoy he quitado de ustedes la humillación de ser esclavos». Por esta razón el lugar donde se realizó esto se llamó Guilgal, y así se llama todavía. Después de la ceremonia todos descansaron en el campamento hasta que sus heridas sanaron.

Celebración de la Pascua

10Mientras estaban acampados en Guilgal, en los llanos de Jericó, celebraron la Pascua durante la tarde del día catorce del mes. 11Al día siguiente, comenzaron a comer de lo que sacaban de los huertos y campos sembrados e hicieron panes sin levadura. 12Al otro día ya no hubo maná y jamás volvieron a verlo. Desde entonces comenzaron a vivir de lo que producía la tierra de Canaán.

El comandante del ejército del Señor

13Un día que Josué recorría los alrededores de la ciudad de Jericó apareció un hombre junto a él con una espada desenvainada. Josué se dirigió a él y le preguntó:

—¿Eres amigo o enemigo?

14—Yo soy el comandante en jefe del ejército del Señor —respondió.

Josué cayó de rodillas delante de él, lo adoró y le dijo:

—Da tus órdenes a tu siervo, Señor.

15—Quítate el calzado —le ordenó el comandante—; porque este es terreno santo.

Y Josué obedeció.

La conquista de Jericó

6 Los habitantes de Jericó mantenían las puertas de la ciudad bien cerradas porque tenían miedo de los israelitas. Nadie podía salir ni entrar. Entonces el Señor le dijo a Josué: 2«Jericó, su rey, y todos sus guerreros ya están derrotados, porque los he entregado en tus manos. 3Los hombres que puedan pelear caminarán alrededor de la ciudad una vez al día durante seis días. 4Lo harán con siete sacerdotes que caminarán delante del cofre, cada uno con una trompeta hecha de cuerno de carnero. En el séptimo día caminarán siete veces alrededor de la ciudad, y los sacerdotes irán tocando sus trompetas. 5Entonces, cuando ellos den un trompetazo largo y estridente, todo el pueblo dará un gran grito y las murallas de la ciudad caerán; entonces entrarán en la ciudad desde todas las direcciones».

6-9Josué reunió a los sacerdotes y les dio las instrucciones: «Los hombres armados irán a

☼4.19–24

la cabeza de la procesión, seguidos por los siete sacerdotes que tocarán continuamente sus trompetas. Detrás de ellos irán los sacerdotes que transportan el cofre, seguidos por una retaguardia».

[10]Josué entonces ordenó: «¡Que haya completo silencio y no se oiga otra cosa que el sonido de las trompetas! Ninguna otra palabra saldrá de su boca hasta que les ordene gritar; y entonces, ¡griten!»

[11]El cofre fue transportado alrededor de la ciudad ese día, después de lo cual cada uno regresó al campamento a pasar la noche allí. [12-14]A la madrugada del día siguiente se levantaron, y marchando en el mismo orden del día anterior, rodearon la ciudad y regresaron nuevamente al campamento. Siguieron haciéndolo así durante seis días. [15]Al amanecer del séptimo día comenzaron nuevamente, pero esta vez dieron siete vueltas alrededor de la ciudad en lugar de una. [16]La séptima vez, mientras los sacerdotes tocaban sus trompetas, Josué ordenó a la gente: «¡Griten! ¡El SEÑOR nos ha entregado la ciudad!»

[17]Él les había dicho previamente: «Mátenlos a todos, menos a Rajab la prostituta y a los que estén en su casa, porque ella protegió a nuestros espías. [18]No tomen botín porque todo debe ser destruido. Si no lo hacen, toda la nación de Israel sufrirá un gran desastre. [19]Pero todo el oro, la plata y los utensilios de bronce y de hierro serán consagrados al SEÑOR y serán llevados a su tesorería».

[20]Cuando el pueblo oyó el sonido de las trompetas, gritaron lo más fuerte que pudieron. Repentinamente las murallas de Jericó se derrumbaron delante de ellos, y el pueblo de Israel entró en la ciudad desde todas direcciones y la capturaron. [21]Destruyeron cuanto había en ella: hombres, mujeres, ancianos y jóvenes; bueyes, ovejas y burros, en una palabra, todo. [22]Entonces Josué les dijo a los espías: «Cumplan lo prometido. Vayan y rescaten a la prostituta y a todos los que están con ella». [23]Los jóvenes la encontraron y la sacaron, juntamente con su padre, su madre, sus hermanos, posesiones y todos los parientes que estaban con ella, y los instalaron fuera del campamento de Israel. [24]Luego quemaron la ciudad y todo lo que había en ella, salvo lo que era de plata, oro, bronce y hierro, que fue guardado para entregarlo en la tesorería del SEÑOR. [25]De esta manera Josué salvó a Rajab la prostituta y a los familiares que estaban con ella en su casa. Todavía viven entre los israelitas porque ella escondió a los espías que Josué envió a Jericó.

[26]Entonces Josué lanzó una terrible maldición sobre cualquiera que reedificara la ciudad de Jericó. Advirtió que cuando fueran puestos los cimientos, el hijo mayor del constructor moriría, y cuando fueran colocadas las puertas moriría el hijo menor.

[27]El SEÑOR estaba con Josué, y su nombre se hizo famoso en todas partes.

El pecado de Acán

7 Hubo un gran pecado entre los israelitas. Alguien desobedeció el mandato de Dios de destruir todo salvo lo que estaba reservado para los tesoros del SEÑOR. Acán, hijo de Carmí, nieto de Zabdí y bisnieto de Zera, de la tribu de Judá, tomó parte del botín para sí, y el SEÑOR se enojó con toda la nación a causa de esto.

La derrota en Hai

[2]Poco después de la derrota de Jericó, Josué envió a sus hombres a reconocer la ciudad de Hai que queda al oriente de Betel. [3]A su regreso le dijeron a Josué: «Es una ciudad pequeña y bastará con dos o tres mil hombres para destruirla; no es necesario que vayamos todos nosotros a tomarla».

[4]Mandaron, pues, a unos tres mil soldados a tomarla, y fueron completamente derrotados. [5]Unos treinta y seis israelitas murieron durante el ataque, y muchos otros murieron mientras huían perseguidos por los hombres de Hai por toda la bajada hasta Sebarim. El pueblo israelita se paralizó de temor ante estos acontecimientos. [6]Josué y los ancianos de Israel rasgaron su ropa y se postraron delante del cofre del SEÑOR echando polvo sobre sus cabezas. [7]Josué clamó al SEÑOR:

—Oh SEÑOR, ¿por qué nos hiciste cruzar el río Jordán si ibas a permitir que los amorreos nos dieran muerte? ¿Por qué no nos quedamos en la otra orilla? [8]Oh SEÑOR, ¿qué voy a hacer ahora que Israel ha huido delante de sus enemigos? [9]Porque cuando los cananeos y los demás pueblos cercanos lo oigan, nos rodearán, nos atacarán y nos exterminarán. Y cuando esto ocurra, ¿qué habrá de la honra que merece tu gran nombre?

[10]Pero el SEÑOR le dijo a Josué:

—Levántate, ¿por qué estás postrado? [11]Israel ha pecado y ha desobedecido mis órdenes, y ha tomado botín cuando yo les dije que no lo tomaran. No solamente lo han tomado, sino que han mentido acerca de ello y lo han escondido entre sus pertenencias. [12]Por esta razón Israel está siendo derrotado, por esta razón tus hombres están huyendo delante de sus enemigos. ¡Están malditos! No permaneceré con ustedes a menos que se libren completamente de este pecado. [13]Levántate y dile al pueblo: Cada uno de ustedes debe pasar por los ritos de la purificación en preparación para mañana, porque el SEÑOR su Dios dice que alguien ha robado lo que a él le pertenecía y no podremos derrotar a nuestros enemigos hasta que acabemos con este pecado. [14]Mañana por la mañana deben comparecer por tribus y el Señor señalará cuál es la tribu culpable. Luego la tribu se presentará por clanes y el Señor señalará cuál es el clan al que pertenece el hombre culpable. Luego el clan comparecerá por familias y entonces señalará la familia culpable y, por último, cada miembro de esa familia comparecerá por sí solo. [15]El que haya robado lo que pertenece al Señor será quemado junto con todo lo que tiene, porque ha violado el pacto del Señor y ha traído calamidades sobre Israel.

El castigo de Acán

[16]Al día siguiente, siendo muy temprano, Josué presentó las tribus de Israel delante del Señor y fue señalada la tribu de Judá. [17]Entonces se presentaron los clanes de Judá y fue señalado el clan de Zera. Luego se presentaron las familias de aquel clan delante del Señor y fue apartada la familia de Zabdí. [18]Los hombres de la familia de Zabdí se presentaron uno por uno y Acán fue señalado como culpable del pecado. [19]Josué entonces le dijo a Acán:

—Hijo mío, da gloria al Dios de Israel y haz tu confesión. Dime lo que has hecho.

[20]Acán contestó:

—He pecado contra el Señor, el Dios de Israel. [21]Vi un hermoso manto importado de Babilonia, casi dos kilos y medio de plata y una barra de oro como de seiscientos gramos. Sentí tanto deseo de poseer todo aquello que lo tomé y lo escondí en la tierra debajo de mi tienda. Allí están, y la plata está debajo de todo.

[22]Josué envió a algunos hombres a buscar el botín. Corrieron a la tienda y hallaron las cosas robadas donde Acán había dicho, y la plata estaba debajo de todo. [23]Trajeron todo a Josué y lo dejaron en tierra frente al Señor. [24]Josué y todos los israelitas tomaron a Acán, la plata, el manto; el oro, sus hijos, sus hijas, sus bueyes, sus burros, sus ovejas, la tienda y todo lo que él tenía, y lo llevaron al valle de Acor. [25]Allí Josué dijo a Acán:

—¿Por qué has traído esta calamidad sobre nosotros? Ahora el Señor traerá calamidad sobre ti.

Los hombres de Israel los apedrearon y luego quemaron sus cuerpos [26]e hicieron un gran montón de piedras sobre ellos. Las piedras todavía están allí hasta el día de hoy, y ese lugar aún es conocido como el valle de la Calamidad. Entonces el Señor calmó su ira.

Obediencia y victoria

8 El Señor le dijo a Josué: «No temas ni desmayes, toma contigo toda la gente de guerra, y levántate y sube a Hai. La he entregado en tus manos para que la conquistes. He entregado en tus manos al rey de Hai y a todo su pueblo, su ciudad y su tierra. [2]Harás con ellos lo mismo que hiciste con Jericó y su rey. Pero esta vez podrán quedarse con el botín y el ganado. Prepara una emboscada detrás de la ciudad».

[3,4]Antes que todos los hombres de guerra emprendieran la marcha hacia Hai, Josué envió treinta mil soldados de entre los más valientes para que emboscaran por detrás a Hai y estuvieran listos para entrar en acción.

[5]«Este es el plan —les explicó—. Cuando ataquemos, los hombres de Hai saldrán a pelear de la manera que lo hicieron antes, entonces, nosotros huiremos. [6]Dejaremos que nos persigan hasta que todos hayan salido de la ciudad. Dirán: "Los israelitas están huyendo nuevamente". [7]Entonces ustedes saldrán de su escondite y entrarán en la ciudad, porque el Señor nos la entregó. [8]Prendan fuego a la ciudad como el Señor lo ha ordenado. Bien, ya saben lo que tienen que hacer».

[9]Se pusieron en marcha aquella noche y tendieron una emboscada entre Betel y el lado occidental de Hai. Pero Josué y el resto de los hombres se quedaron en el campamento de Jericó.

[10]A la mañana siguiente, temprano, Josué hizo que sus hombres se levantaran y emprendieron la marcha hacia Hai acompañados por los ancianos de Israel, [11-13]y se detuvieron a la orilla de un valle al norte de la ciudad. Aquella noche Josué envió otros cinco mil hombres a que se unieran a los soldados que estaban emboscados en el lado occidental de la ciudad, y él pasó la noche en el valle.

[14]El rey de Hai, al ver a los israelitas al otro lado del valle, salió en la madrugada y los atacó en la llanura del Arabá; pero no sabía que había una emboscada detrás de la ciudad. [15]Josué y todo Israel huyeron a través del desierto como si estuvieran completamente derrotados, [16]y todos los soldados de la ciudad salieron en su persecución. La ciudad quedó indefensa. [17]No quedó un solo soldado en Hai, y las puertas de la ciudad quedaron abiertas de par en par. [18]Entonces el Señor le dijo a Josué: «Levanta tu lanza hacia Hai porque te entregaré la ciudad».

[19]Cuando los hombres que estaban ocultos vieron la señal, salieron de su escondite y entraron en la ciudad y la tomaron y sin perder tiempo le prendieron fuego. [20,21]Los hombres de Hai miraron hacia atrás y vieron que el humo de la ciudad llenaba el cielo, y no supieron qué hacer. Pero cuando Josué y sus soldados vieron el humo, se dieron cuenta que los hombres que habían estado listos para emboscar a Hai habían entrado en la ciudad, de modo que dieron media vuelta y comenzaron a atacar a sus perseguidores. [22]Los israelitas que estaban dentro de la ciudad salieron y comenzaron a atacar a sus enemigos por la retaguardia. Los hombres de Hai cayeron en la

trampa y todos murieron. Ninguno sobrevivió ni
escapó, 23salvo el rey de Hai que fue capturado y
llevado a la presencia de Josué.
24Cuando Israel terminó la matanza de todos
los que estaban fuera de la ciudad, regresaron
y acabaron con todos los que quedaban en ella.
25De esta manera todos los habitantes de Hai,
doce mil en total, fueron exterminados en ese
día. 26Josué había mantenido su lanza señalando
hacia Hai hasta que la última persona murió.
27Solamente el ganado y el botín no fueron destruidos, porque los israelitas conservaron estas
cosas para sí mismos. El Señor le había dicho a
Josué que podían hacerlo. 28Así Hai se convirtió
en un desolado montón de ruinas, y así permanece hasta el día de hoy.
29Josué colgó al rey de Hai de un árbol hasta
la tarde, pero cuando el sol estaba declinando
bajó el cuerpo, lo arrojó frente al portón de la
ciudad, y lo cubrió con un montón de piedras
que todavía está allí.

Lectura de la ley en el monte Ebal

30Luego Josué construyó un altar al Señor Dios
de Israel en el monte Ebal 31de la manera que
Moisés le había ordenado en el libro de la ley.
«Hazme un altar de piedras que no hayan sido
labradas ni talladas con hierro», había dicho
el Señor. Entonces allí los israelitas ofrecieron
holocaustos y ofrendas de paz al Señor.
32Y mientras el pueblo de Israel observaba,
Josué grabó sobre las piedras del altar cada uno
de los Diez Mandamientos. 33Todo el pueblo de
Israel, incluidos los ancianos, los oficiales, los
jueces, y los extranjeros que vivían entre el pueblo se dividieron en dos grupos, la mitad de ellos
al pie del monte Guerizín y la otra mitad al pie
del monte Ebal. Entre ellos estaban de pie los
sacerdotes con el cofre, listos para pronunciar
la bendición. (Todo esto fue hecho de acuerdo
con las instrucciones que Moisés había dejado.)
34Josué entonces les leyó todas las bendiciones y
maldiciones que Moisés había escrito en el libro
de la ley de Dios. 35Cada mandamiento que Moisés les había dado fue leído delante de toda la
asamblea, incluyendo a las mujeres, a los niños
y a los extranjeros que vivían en medio de Israel.

Astucia de los gabaonitas

9 Cuando los reyes de los alrededores oyeron lo
que le había ocurrido a Jericó, rápidamente
se unieron para defender sus vidas de los ataques
de Josué y los israelitas. 2Eran los reyes de las
naciones que estaban al occidente del río Jordán,
a lo largo de las costas del Mediterráneo hasta los
montes del Líbano: los hititas, los amorreos, los
cananeos, los ferezeos, los heveos y los jebuseos.
3-5Pero cuando el pueblo de Gabaón oyó lo
ocurrido a Jericó y a Hai, decidieron usar una
estratagema para salvarse. Enviaron embajadores
a Josué vestidos con ropa muy gastada; como si
vinieran de un largo viaje, con sandalias muy
remendadas, monturas muy gastadas sobre sus
burros, odres de vino muy viejos y secos, y pan
enmohecido. 6Cuando llegaron al campamento
de Israel en Guilgal le dijeron a Josué y al pueblo
de Israel:
—Hemos venido de una tierra distante a con-
certar un tratado de paz con ustedes.
7Los israelitas les contestaron:
—¿Cómo sabremos que no son de por aquí
cerca? Porque si son de las cercanías no podemos
hacer ningún tratado con ustedes.
8—Seremos sus esclavos —respondieron.
—Pero, ¿quiénes son ustedes? —preguntó
Josué—. ¿De dónde vienen?
9—Venimos de un país muy distante —le dijeron—. Hemos oído hablar del poder del Señor
su Dios y de todo lo que hizo en Egipto 10y de
lo que hicieron a los reyes de los amorreos, a
Sijón rey de Hesbón y a Og rey de Basán. 11Por
esta razón nuestros ancianos y nuestro pueblo
nos ordenaron: «Prepárense para un largo viaje. Vayan al pueblo de Israel y declárenles que
nuestra nación les servirá y pidan la paz». 12Este
pan estaba caliente, recién salido de los hornos,
cuando emprendimos el viaje. Ahora, como puedes ver, está seco y enmohecido. 13Estos odres
para el vino eran nuevos, pero ahora están viejos
y quebrajados. La ropa y las zandalias se han
gastado a causa de nuestro largo y difícil viaje.
14,15Josué y los demás dirigentes finalmente
les creyeron. No se preocuparon de consultar al
Señor, sino que hicieron un pacto de paz con
ellos. Luego los jefes de Israel ratificaron el pacto
con un juramento.
16Tres días después se descubrió la estratagema:
eran vecinos. 17Los hombres de Israel salieron a
investigar y llegaron a las ciudades de ellos en
tres días. Las ciudades eran Gabaón, Cafira, Berot
y Quiriat Yearín. 18Pero no los mataron y las ciudades no sufrieron daño a causa del juramento
que los dirigentes de Israel habían hecho delante
del Señor. El pueblo de Israel se enojó con sus
dirigentes a causa de este tratado de paz. 19Pero
los dirigentes respondieron:
—Hemos jurado delante del Señor Dios de
Israel que no los tocaremos y así lo haremos.
20Debemos dejarlos con vida, porque si que-
brantamos nuestro juramento, la ira del Señor
se derramará sobre nosotros.
21De esta manera ellos se convirtieron en siervos de los israelitas para cortar la leña y acarrear
el agua. 22Josué convocó a los dirigentes de esos
pueblos y les preguntó:

—¿Por qué nos han mentido diciendo que
vivían en una tierra distante cuando realmente
viven casi entre nosotros? 23Ahora caerá una maldición sobre ustedes. Desde este momento deben
proporcionarnos esclavos que corten la leña y
acarreen el agua para el servicio de nuestro Dios.
24Ellos respondieron:
—Como se nos dijo que el Señor su Dios había
dado órdenes a su siervo Moisés de conquistar
Canaán y destruir a todos sus habitantes, tuvimos
temor de perder la vida a la llegada de ustedes.
Por eso es que lo hemos hecho. 25Pero ahora
estamos en sus manos. Pueden hacer con nosotros lo que quieran.
26Josué no permitió que el pueblo de Israel les
diera muerte, 27pero hizo que fueran leñadores
y aguadores para el pueblo de Israel y para el
altar del Señor dondequiera que fuera construido
(porque el Señor aún no les había dado órdenes
de edificarlo). Esto está todavía en vigor en el
momento en que esto se escribe.

Ataque de los reyes amorreos

10 Cuando Adonisédec, rey de Jerusalén, oyó
que Josué había capturado y destruido
a Hai, y que había dado muerte a su rey de la
misma manera que había hecho en Jericó, y supo
que con una estratagema Gabaón había hecho
paz con Israel y ahora eran aliados, 2tuvo miedo,
porque Gabaón era una gran ciudad, tan grande
como las ciudades reales y mucho más grande
que Hai, y sus hombres eran conocidos como
valientes. 3Entonces Adonisédec envió mensajeros a los siguientes reyes: Hohán rey de Hebrón,
Pirán rey de Jarmut, Jafía rey de Laquis y Debir
rey de Eglón.
Les dijo: 4«Vengan y ayúdenme a destruir a
Gabaón, porque ellos han hecho alianza con
Josué y el pueblo de Israel».
5Los cinco reyes amorreos unieron sus ejércitos
para atacar juntos a Gabaón.

Derrota de los reyes amorreos

6Al saberlo los hombres de Gabaón enviaron
un mensaje urgente a Josué que estaba en Guilgal: «Ven y ayuda a tus siervos. Ven rápidamente
y sálvanos. Todos los reyes que viven en las montañas están aquí con sus ejércitos».
7Entonces Josué y la gente de guerra marcharon desde Guilgal en auxilio de Gabaón.
8«No temas delante de ellos —le dijo el Señor
a Josué—, porque ya están derrotados. Los he
entregado en tus manos para que los destruyas.
Ninguno de ellos podrá hacerte frente».
9Viajaron, pues, toda la noche desde Guilgal y
atacaron al enemigo por sorpresa. 10El Señor hizo
cundir el pánico entre ellos, y los israelitas hicieron una gran matanza en Gabaón y los persiguió hasta Bet Jorón, Azeca y Maquedá, dándoles
muerte a lo largo del camino. 11Además, mientras
el enemigo huía hacia Bet Jorón, el Señor les
lanzó una lluvia de granizo que los siguió hasta
Azeca. Murieron más hombres a causa del granizo que por las espadas de los israelitas.
12Mientras los hombres de Israel estaban persiguiendo y arrasando al enemigo, Josué ordenó:
«Sol, deténte sobre Gabaón y, luna, permanece
quieta en el valle de Ayalón».
13Y el sol y la luna no se movieron hasta que
los israelitas acabaron de destruir a sus enemigos.
Esto está escrito con gran detalle en el libro de
Jaser. El sol se detuvo en los cielos y permaneció quieto casi veinticuatro horas. 14Nunca había
ocurrido antes ni jamás ha vuelto a ocurrir, que
el Señor haya detenido el sol y la luna en respuesta a la voz de un hombre. El Señor estaba
peleando por Israel. 15Después Josué y todos los
israelitas regresaron a Guilgal.

Muerte de los reyes amorreos

16Durante la batalla los cinco reyes escaparon
y se escondieron en una caverna en Maquedá.
17Cuando le llevaron a Josué la noticia de que
habían sido encontrados, 18ordenó que se pusiera
una gran piedra contra la entrada de la cueva y
que se pusiera guardia para que los reyes no escaparan. 19Luego ordenó al resto de los hombres:
«Vayan en persecución del enemigo y atáquenlo
por la retaguardia. No permitan que regresen
a sus ciudades, porque el Señor nos ayudará a
destruirlos completamente».
20Josué y los hombres de Israel siguieron la
matanza y exterminaron a los cinco ejércitos,
salvo un pequeño grupo que logró llegar a sus
ciudades fortificadas.
21Los israelitas regresaron al campamento en
Maquedá sin haber perdido un solo hombre. Después de esto, nadie se atrevió a atacar a Israel.
22,23Josué ordenó a sus hombres que quitaran la
piedra de la entrada de la cueva y sacaran a los
cinco reyes, que eran los de Jerusalén, Hebrón,
Jarmut, Laquis, y Eglón. 24Josué les dijo a los
capitanes que pusieran sus pies sobre el cuello de
los reyes. 25«No teman ni desmayen —dijo Josué
a sus hombres—. Sean fuertes y valientes, porque
el Señor hará esto con todos nuestros enemigos».
26Dicho esto, clavó su espada en cada uno de
los reyes y los mató. Luego los colgó en cinco
árboles hasta la tarde.
27Cuando el sol se estaba ocultando, dio órdenes de que bajaran los cuerpos y los arrojaran en
la cueva donde habían estado escondidos. Luego
pusieron un gran montón de piedras sobre la
entrada de la cueva. El montón aún está en ese
lugar. 28Aquel mismo día Josué destruyó la ciudad
de Maquedá y mató a su rey y a todos los que

vivían en ella. Ninguna persona de la ciudad quedó viva. Al igual que en Jericó.

Conquista de las ciudades del sur

29Luego los israelitas fueron a Libná. 30Allí también el Señor les entregó la ciudad y a su rey. Los mataron a todos, al igual que en Jericó.

31De Libná marcharon hacia Laquis y la atacaron. 32El Señor se la entregó en el segundo día. Allí también mataron a toda la población, de la misma manera que lo habían hecho en Libná.

33Durante el ataque a Laquis, Horán rey de Guézer, llegó con su ejército para tratar de ayudar en la defensa de la ciudad, pero la gente de Josué destruyó a todo su pueblo. 34,35Tomaron la ciudad de Eglón aquel mismo día y, al igual que en Laquis, dieron muerte a todos los que vivían en la ciudad. 36Dejando Eglón, marcharon hacia Hebrón 37y la capturaron con todos los pueblos vecinos, y dieron muerte a toda la población. Ni una sola persona quedó con vida. 38Luego regresaron a Debir, 39a la cual capturaron rápidamente con todos los pueblos cercanos. Y allí también dieron muerte a todos como lo habían hecho en Libná y en Hebrón.

40Josué conquistó toda la tierra: la región montañosa, las tierras bajas, y a todos sus reyes. Los destruyeron a todos como el Señor Dios les había ordenado, 41dándoles muerte desde Cades Barnea a Gaza y desde Gosén a Gabaón. 42Todo esto fue hecho en una sola campaña, porque el Señor Dios de Israel estaba peleando por su pueblo. 43Entonces Josué y todo Israel regresaron a su campamento en Guilgal.

Conquista de los reinos del norte

11 Cuando el rey Jabín de Jazor se enteró de lo ocurrido, envió mensajes urgentes a los siguientes reyes:

Jobab rey de Madón;
al rey de Simrón;
al rey de Acsaf;
2a todos los reyes de la región montañosa del norte;
a los reyes del Arabá al sur de Quinéret,
a los de las llanuras,
a los reyes de las zonas montañosas de Nafot Dor en el occidente,
a los reyes de Canaán del oriente y 3del occidente,
a los reyes de los amorreos, de los hititas, de los ferezeos, de los jebuseos en las colinas, y de los heveos en las ciudades del monte Hermón en la tierra de Mizpa.

4Todos estos reyes respondieron afirmativamente, movilizando sus ejércitos, y se unieron para aplastar a Israel. Los ejércitos, con sus caballos y carros abarcaban todo lo que se podía ver alrededor de las aguas de Merón. 5Allí establecieron su campamento. 6El Señor le dijo a Josué: «No les tengas miedo, porque mañana a esta hora habrán muerto todos. Inutilizarás sus caballos y quemarás sus carros».

7Josué y sus hombres de guerra llegaron repentinamente a las aguas de Merón y atacaron. 8Y el Señor los entregó en manos de los israelitas, quienes los persiguieron hasta Sidón la grande y hasta un lugar llamado Misrefot Mayin (Minas de Sal) y hasta el valle de Mizpa al oriente. Ninguno de los enemigos sobrevivió a la batalla. 9Josué y sus hombres hicieron como el Señor había ordenado: inutilizaron los caballos y quemaron todos los carros.

10En el camino de regreso, Josué tomó a Jazor y mató a su rey —Jazor había sido en su tiempo la capital de la federación de todos estos reinos—. 11Los israelitas dieron muerte a toda persona e incendiaron la ciudad.

12Luego atacaron y destruyeron a las demás ciudades con sus reyes. Todos los habitantes fueron muertos de la manera que Moisés había ordenado mucho tiempo antes. 13Sin embargo, Josué no quemó las ciudades construidas sobre los montes, salvo Jazor. 14Todo el botín y el ganado de las ciudades arrasadas lo tomaron los israelitas para sí mismos, pero mataron a toda la gente. 15Así lo había ordenado el Señor a su siervo Moisés, y Moisés había pasado esta orden a Josué el cual hizo según se le había ordenado. Cuidadosamente obedeció todas las órdenes que el Señor le había dado a Moisés.

Síntesis de la conquista

16De modo que Josué conquistó toda la tierra: las montañas, el Néguev, la tierra de Gosén, las llanuras, el Arabá, y las montañas y las llanuras de Israel. 17El territorio israelita ahora se extendía desde el monte Jalac, cerca de Seír, hasta Baal Gad en el valle del Líbano, al pie del monte Hermón. Josué mató a todos los reyes que vivían en aquellos territorios. 18Tardó mucho tiempo en llevar a cabo todo esto. 19Con ninguna de las ciudades hizo un pacto de paz, salvo con los heveos de Gabaón. Todos los demás fueron destruidos. 20El Señor puso en los enemigos el deseo de pelear contra Israel en lugar de pedir la paz. Por eso los mataron sin misericordia, como el Señor se lo había ordenado a Moisés.

21Durante este período Josué derrotó a todos los gigantes descendientes de Anac que vivían en las montañas de Hebrón, Debir, Anab, Judá e Israel. Los mató a todos y destruyó completamente sus ciudades. 22Ninguno quedó en la tierra de Israel, aunque algunos quedaron en Gaza, Gat y Asdod.

23Josué, pues, tomó posesión de toda la tierra como Dios le había ordenado a Moisés. Se la entregó al pueblo de Israel como herencia, y la dividió entre las tribus. Finalmente la tierra reposó de todas las guerras.

Reyes derrotados por Moisés

12 Esta es la lista de los reyes del lado oriental del río Jordán cuyas ciudades fueron destruidas por los israelitas. El área abarca toda la región desde el valle del Arnón hasta el monte Hermón incluyendo las ciudades del desierto oriental.

2Sijón, rey de los amorreos, que vivía en Hesbón. Su reino se extendía desde Aroer sobre la ribera del río Arnón, y desde el centro del valle del Arnón hasta el río Jaboc que es el límite de los amonitas. Esto abarca la mitad del área actual de Galaad que queda al norte del río Jaboc.

3Sijón controlaba también el valle del río Jordán en el norte hasta las costas del lago de Galilea y al sur hasta el Mar Salado y las faldas del monte Pisgá.

4Og, rey de Basán, último de los refaítas, que vivía en Astarot y Edrey, 5reinaba sobre un territorio que se extendía desde el monte Hermón hasta Salcá, sobre el monte Basán en el oriente, y en el occidente se extendía hasta los límites de los reinos de Guesur y Macá. Su reino también se extendía hacia el sur y abarcaba la mitad norte de Galaad hasta tocar la frontera del reino de Sijón, rey de Hesbón. 6Moisés y el pueblo de Israel habían destruido estos pueblos, y Moisés les dio las tierras a las tribus de Rubén y Gad, y a la media tribu de Manasés.

Reyes derrotados por Josué

7Esta es la lista de los reyes destruidos por Josué y los guerreros de Israel en el lado occidental del Jordán. Esta tierra, que queda entre Baal Gad en el valle del Líbano y el monte Jalac al occidente del monte Seír, Josué la repartió a las distintas tribus de Israel. 8-24Abarcaba las regiones montañosas, los valles, el Arabá, las faldas de las montañas, el desierto de Judea, y el Néguev. Los pueblos que vivían allí eran los hititas, los amorreos, los cananeos, los ferezeos, los heveos y los jebuseos:

El rey de Jericó;
el rey de Hai, cerca de Betel;
el rey de Jerusalén;
el rey de Hebrón;
el rey de Jarmut;
el rey de Laquis;
el rey de Eglón;
el rey de Guézer;
el rey de Debir;
el rey de Guéder;
el rey de Jormá;
el rey de Arad;
el rey de Libná;
el rey de Adulán;
el rey de Maquedá;
el rey de Betel;
el rey de Tapúaj;
el rey de Héfer;
el rey de Afec;
el rey de Sarón;
el rey de Madón;
el rey de Jazor;
el rey de Simrón Merón;
el rey de Acsaf;
el rey de Tanac;
el rey de Meguido;
el rey de Cedes;
el rey de Jocneán del Carmelo;
el rey de Dor, de la provincia de Nafot Dor;
el rey de Goyim en Guilgal;
y el rey de Tirsá.

En total fueron treinta y uno los reyes que fueron destruidos junto con sus ciudades.

El territorio no conquistado

13 Josué ya estaba muy anciano y el Señor le dijo: «Has envejecido y aún falta conquistar muchas naciones. 2-7Esta es la lista de los territorios aún no ocupados:

»Toda la tierra de los filisteos; la de los guesureos; el territorio que ahora pertenece a los cananeos desde el arroyo de Egipto hasta el límite meridional de Ecrón; cinco ciudades de los filisteos: Gaza, Asdod, Ascalón, Gat, y Ecrón; la tierra de los aveos en el sur; en el norte, toda la tierra de los cananeos, incluyendo Araj que pertenece a los sidonios; que se extiende hacia el norte hasta Afec en el límite de los amorreos; la tierra de los guiblitas, y toda la región montañosa, desde Baal Gad al pie del monte Hermón en el sur hasta la entrada de Lebó Jamat en el norte; toda la región montañosa desde el Líbano hasta Misrefot Mayin, incluyendo toda la tierra de los sidonios.

»Expulsaré a todas estas naciones de Israel para incluir su territorio en la división de la tierra entre las nueve tribus restantes y la media tribu de Manasés de la manera que te he ordenado».

División de los territorios al oriente del Jordán

8La otra mitad de la tribu de Manasés y las tribus de Rubén y Gad ya habían recibido sus tierras en la ribera oriental del río Jordán, porque Moisés les había asignado esta tierra. 9Su territorio se extendía desde Aroer a orillas del río Arnón, e incluía la ciudad en el valle, y toda la meseta de Medeba hasta Dibón. 10Incluía además las ciudades de Sijón, rey de los amorreos, que reinaba en Hesbón, y se extendía hasta los límites de Amón,

11y hasta Galaad, territorio de los guesureos y de los macateos. Abarcaba todo el monte Hermón, la tierra de Basán con la ciudad de Salcá, 12y todo el territorio de Og, rey de Basán que había reinado en Astarot y Edrey. Fue el último de los refaítas; Moisés lo atacó y lo expulsó de allí. 13Sin embargo, el pueblo de Israel no había expulsado a los guesureos ni a los macateos, quienes viven entre los israelitas hasta este día.

14Asignación de tierras:

Tierra asignada a la tribu de Leví:

Moisés no asignó tierra a la tribu de Leví, ya que los levitas recibían las ofrendas consagradas al SEÑOR.

15Tierra asignada a la tribu de Rubén:

Según el número de habitantes, Moisés asignó a la tribu de Rubén el siguiente territorio:

16Desde Aroer a orillas del río de Arnón, pasando a través de la ciudad de Arnón, hasta la meseta cerca de Medeba. 17Incluía Hesbón y las otras ciudades de la llanura: Dibón, Bamot Baal, Bet Baal Megón, 18Yahaza, Cademot, Mefat, 19Quiriatayin, Sibma, Zaret Sajar en el monte que está frente al valle, 20Bet Peor, Bet Yesimot, y las faldas del monte Pisgá.

21La tierra de Rubén también abarcaba las ciudades de la meseta y el reino de Sijón. Sijón era el rey de Hesbón que Moisés había matado juntamente con los otros jefes de Madián: Eví, Requen, Zur, Jur y Reba. 22El pueblo de Israel también dio muerte a Balán el adivino, hijo de Beor. 23El río Jordán era el límite occidental de la tribu de Rubén.

24-28Tierra asignada a la tribu de Gad:

Moisés también asignó tierras a la tribu de Gad de acuerdo con su población. Este territorio incluía a Jazer, todas las ciudades de Galaad, y la mitad de la tierra de Amón hasta Aroer cerca de Rabá. También se extendía desde Hesbón hasta Ramat Mizpé, y Betonín; desde Majanayin hasta Lodebar. En el valle estaban Bet Aram y Bet Nimrá, Sucot, Zafón y el resto del reino de Sijón de Hesbón. El río Jordán era el límite occidental y llegaba hasta el lago de Quinéret. Luego el límite seguía hacia el este del río Jordán.

29Tierra asignada a la media tribu de Manasés:

Moisés había asignado el siguiente territorio a la media tribu de Manasés conforme a sus necesidades. 30Su territorio se extendía por el norte desde Majanayin, incluyendo todo Basán, el antiguo reino de Og y las sesenta ciudades de Yaír en Basán. 31La mitad de Galaad y las ciudades reales del rey Og de Basán, Astarot y Edrey, fueron entregadas a la mitad del clan de Maquir, quien era hijo de Manasés.

32Así fue como Moisés dividió la tierra al oriente del río Jordán, donde el pueblo estuvo acampado frente a Jericó. 33Pero Moisés no le había dado tierra a la tribu de Leví porque, como ya les había explicado, el SEÑOR era su herencia.

División de los territorios al occidente del Jordán

14 1,2Las tierras conquistadas en Canaán fueron asignadas a las nueve tribus y media restantes en Israel. La decisión en cuanto a la parte que recibiría cada tribu se tomó por sorteo delante del SEÑOR, y él hizo que éstas salieran en la forma por él deseada. Eleazar el sacerdote, Josué y los jefes de las tribus hicieron el sorteo.

3,4Moisés ya había entregado las tierras a las dos tribus y media que estaban al oriente del Jordán. La tribu de José se había dividido en dos: Manasés y Efraín. Los levitas no recibieron tierras, salvo las ciudades en que vivirían y las tierras de pastoreo que las rodeaban para el uso de sus rebaños. 5La distribución de la tierra se realizó estrictamente de acuerdo con las órdenes dadas por el SEÑOR a Moisés.

Caleb recibe Hebrón

6Tierra asignada a Caleb:

Una delegación de la tribu de Judá dirigida por Caleb, se presentó delante de Josué en Guilgal. «Recuerda lo que el SEÑOR le dijo a Moisés acerca de nosotros dos cuando estábamos en Cades Barnea —dijo Caleb a Josué—. 7Yo tenía entonces cuarenta años, y Moisés nos había enviado a Cades Barnea para explorar la tierra de Canaán. Yo informé lo que juzgué que era la verdad; 8pero los hermanos que fueron con nosotros atemorizaron al pueblo y lo desalentaron para que no entrara en la Tierra prometida. Pero por cuanto yo había seguido las órdenes del SEÑOR mi Dios, 9Moisés me dijo: "El sector de la tierra de Canaán en la que estuviste te pertenecerá a ti y a todos tus descendientes para siempre, porque le fuiste fiel a mi Dios y SEÑOR".

10»Como podrás ver, el SEÑOR me ha mantenido con vida y salud durante estos cuarenta y cinco años desde que comenzamos a vagar por el desierto, y ahora tengo ochenta y cinco años. 11Estoy tan fuerte ahora como cuando Moisés nos envió en aquel viaje de exploración y aún puedo viajar y pelear como solía hacerlo en aquella época. 12Por lo tanto, te pido que me des la región montañosa que el SEÑOR me prometió. Recordarás que cuando exploramos la tierra vimos que los anaceos vivían allí en ciudades con murallas muy grandes, pero si el SEÑOR está conmigo yo los echaré de allí, como él prometió».

13,14Josué lo bendijo y le dio Hebrón como herencia permanente, por cuanto había obedecido al SEÑOR Dios de Israel. 15Antes de eso Hebrón se había llamado Quiriat Arbá, nombre de un gran héroe de los anaceos. Y hubo paz en la tierra.

Los territorios de Judá

15 Tierra asignada, por sorteo, a la tribu de Judá: El límite sur de Judá empezaba en la frontera con Edom, cruzaba el desierto de Zin y terminaba en el extremo norte del Néguev. 2-4Más específicamente, este límite comenzaba en la orilla sur del Mar Salado, seguía a lo largo del camino que va hacia el sur de los montes Acrabín, y cruzando el desierto de Zin llegaba hasta Jezrón, al sur de Cades Barnea, y luego subía por Carcá y Asmón hasta finalmente alcanzar el arroyo de Egipto, y de allí hasta el mar Mediterráneo.

5El límite oriental se extendía a lo largo del Mar Salado hasta la desembocadura del río Jordán.

El límite norte comenzaba en la bahía donde el Jordán desemboca en el Mar Salado, 6cruzaba hasta Bet Joglá, luego seguía hacia el norte de Bet Arabá hasta la piedra de Bohán, hijo de Rubén. 7Desde aquel punto seguía a través del valle de Acor hasta Debir, donde cambiaba de rumbo hacia el noroeste, hacia Guilgal, frente a las lomas de Adumín sobre el lado sur del arroyo. Desde allí el límite se extendía hasta los manantiales de Ensemes, y de allí hasta la fuente de Enroguel. 8Luego pasaba a través del valle de Bet Hinón, al sur de Jebús (donde está localizada la ciudad de Jerusalén). Luego seguía por el occidente hasta la cumbre de la montaña que está sobre el valle de Hinón y hacia el norte por el valle de Refayin. 9Desde allí, desde la cumbre del monte, se extendía hasta el manantial de Neftóaj, y de allí a las ciudades del monte Efrón antes de volver hacia el norte para rodear Balá (que es otro nombre de Quiriat Yearín). 10,11Luego giraba por el oeste de Balá hasta el monte de Seír, pasaba junto al pueblo de Quesalón, el lado norte del monte Yearín, y descendía hacia Bet Semes. Torciendo hacia el norte, la línea limítrofe seguía hacia el sur de Timná, hacia las laderas de la montaña norte de Ecrón, donde doblaba a la izquierda, pasando al sur de Sicrón y del monte Balá. Luego volvía hacia el norte y pasaba junto a Jabnel para terminar en el mar Mediterráneo.

12El límite occidental era la línea costera del mar Mediterráneo: Estos son los límites de la tierra que se le dio a los clanes de la tribu de Judá.

Caleb conquista Hebrón y Debir

13Tierra concedida a Caleb:

El Señor le dio órdenes a Josué de asignar algo de la tierra de Judá a Caleb, hijo de Jefone, de modo que le dio la ciudad de Quiriat Arbá (llamada también Hebrón), llamada así en honor al padre de Anac. 14Caleb derrotó allí a los descendientes de los tres hijos de Anac: Sesay, Ajimán y Talmay. 15Luego peleó contra los que vivían en la ciudad de Debir (anteriormente llamada Quiriat Séfer).

16Caleb ofreció a su hija Acsa como esposa a cualquiera que fuera y tomara Quiriat Séfer. 17Otoniel, hijo de Quenaz, sobrino de Caleb, fue el que la conquistó, de manera que Acsa se casó con Otoniel. 18Antes de irse con él, éste la persuadió a que le pidiera a su padre tierras de labranza como regalo de bodas. Ella entonces se bajó del burro para hablar con su padre y Caleb le preguntó:

—¿Qué deseas?

19Dame otro regalo —ella le respondió—. La tierra que me diste es desierta; danos algunos manantiales también.

Él les concedió los manantiales de arriba y de abajo.

Ciudades de Judá

20Ésta fue la asignación de tierras de la tribu de Judá:

21-32Las ciudades de Judá que estaban situadas a lo largo de las fronteras del Edom en el Néguev, a saber:

Cabsel, Edar, Jagur, Quiná, Dimoná, Adadá, Cedes, Jazor, Itnán, Zif, Telén, Bealot, Jazor Jadatá, Queriot, Jezrón (conocida también como Jazor), Amán, Semá, Moladá, Jazar Gadá, Hesmón, Bet Pelet, Jazar Súal, Berseba, con sus poblados, Balá, Iyín, Esen, Eltolad, Quesil, Jormá, Siclag, Madmana, Sansaná, Lebaot, Siljín, Ayin y Rimón.

En total estas ciudades con sus pueblos circundantes eran veintinueve.

33-36Las siguientes ciudades situadas en los valles también fueron asignadas a Judá:

Estaol, Zora, Asena, Zanoa, Enganín, Tapúaj, Enam, Jarmut, Adulán, Soco, Azeca, Sajarayin, Aditayin, Guederá y Guederotayin.

En total eran catorce ciudades con sus correspondientes pueblos.

37-44La tribu de Judá también recibió como herencia otras veinticinco ciudades con sus pueblos: Zenán, Jadasá, Migdal Gad, Dileán, Mizpa, Joctel, Laquis, Boscat, Eglón, Cabón, Lajmás, Quitlís, Guederot, Bet Dagón, Noamá y Maquedá, Libná, Éter, Asán, Jifta, Asena, Nezib, Queilá, Aczib y Maresá.

45El territorio de la tribu de Judá abarcó además todos los pueblos y ciudades de Ecrón. 46Desde Ecrón el límite se extendía hasta el mar Mediterráneo, e incluía las ciudades que están en las fronteras de Asdod con sus pueblos cercanos. 47También estaba la ciudad de Asdod con sus pueblos, y Gaza con sus pueblos hasta el arroyo de Egipto y también toda la costa del mar Mediterráneo.

48-62Judá recibió además estas cuarenta y cuatro ciudades en la región montañosa con sus pueblos circundantes:

Samir, Jatir, Soco, Daná, Quiriat Saná (que es Debir), Anab, Estemoa, Anín, Gosén, Holón y Guiló, Arab, Dumá, Esán, Yanún, Bet Tapúaj, Afecá, Humtá, Quiriat Arbá (que es Hebrón), Sior, Maón, Carmel, Zif, Yutá, Jezrel, Jocdeán, Zanoa, Caín, Guibeá y Timná, Jaljul, Betsur, Guedor, Marat, Bet Anot y Eltecón, Quiriat Baal (que es Quiriat Yearín), Rabá, Bet Arabá, Midín, Secacá, Nibsán, la Ciudad de la sal y Engadi.

63Pero la tribu de Judá no pudo expulsar a los jebuseos que vivían en la ciudad de Jerusalén, de modo que los jebuseos viven allí en medio del pueblo de Judá hasta la fecha.

Los territorios de Efraín y Manasés

16 Límite sur de las tribus de José (Efraín y la media tribu de Manasés):

2-4Este límite se extendía desde el río Jordán en Jericó, a través del desierto y de la región montañosa, hasta Betel. De allí seguía hasta Luz y hasta Atarot, en el territorio de los arquitas; y hacia el occidente hasta la frontera de los jafletitas, hasta Bet Jorón la de abajo luego hasta Guézer y de allí hacia el mar Mediterráneo.

El territorio de Efraín

5Tierra asignada a la tribu de Efraín:

El límite oriental comenzaba en Atarot Adar. De allí seguía hasta Bet Jorón la de arriba, 6y luego hasta el mar Mediterráneo. El límite norte comenzaba en el mar, seguía hacia el oriente más allá de Micmetat, y luego pasaba hasta Tanat Siló y Janoa. 7De Janoa volvía hacia al sur hacia Atarot y Nará, y tocando Jericó terminaba en el río Jordán. 8La mitad occidental del límite norte iba desde Tapúaj y seguía la línea del arroyo de Caná hasta el mar Mediterráneo. Esta es la tierra que se le dio a los clanes de la tribu de Efraín. 9La tribu de Efraín recibió además algunas de las ciudades del territorio de la media tribu de Manasés. 10Los cananeos que vivían en Guézer jamás fueron expulsados, de modo que aún viven como esclavos en medio del pueblo de Efraín.

El territorio de Manasés

17 Tierra asignada por sorteo a la media tribu de Manasés, hijo mayor de José:

El clan de Maquir, hijo mayor de Manasés y padre de Galaad, que era hombre de guerra, recibió la tierra de Galaad y de Basán en la ribera oriental del río Jordán.

2Los clanes de Abiezer, Jélec, Asriel, Siquén, Héfer y Semidá, hijos de Manasés, recibieron tierras en el lado occidental del Jordán.

3Sin embargo, Zelofejad, hijo de Héfer que era descendiente de Galaad, Maquir y Manasés, no tenía hijos sino sólo cinco hijas cuyos nombres eran: Majlá, Noa, Joglá, Milca y Tirsá. 4Ellas se presentaron ante Eleazar el sacerdote, Josué y los jefes israelitas y les recordaron: «El Señor le dijo a Moisés que nosotras debíamos recibir una propiedad similar a la de los hombres de nuestra tribu».

5,6Entonces, estas cinco mujeres recibieron una heredad junto con la de sus cinco tíos abuelos, de modo que la herencia total de esta tribu fue de diez porciones de tierra (además de la tierra de Galaad y Basán al otro lado del Jordán).

7El límite norte de la tribu de Manasés se extendía hacia el sur, desde la frontera de Aser hasta Micmetat, que está al este de Siquén. En el sur el límite iba desde Micmetat hasta las fuentes de Tapúaj. 8La tierra de Tapúaj pertenecía a Manasés, pero la ciudad de Tapúaj, en la frontera del territorio de Manasés, pertenecía a la tribu de Efraín. 9La frontera de Manasés seguía por la ribera norte del arroyo de Caná hasta el mar Mediterráneo. Varias ciudades del sur del arroyo pertenecían a la tribu de Efraín, aunque estaban localizadas en el territorio de Manasés. 10La tierra del sur del arroyo hasta el mar Mediterráneo fue asignada a Efraín, y la tierra del norte del arroyo y al oriente del mar fue concedida a Manasés. La frontera norte de Manasés era el territorio de Aser y su límite oriental era el territorio de Isacar.

11La media tribu de Manasés también recibió las siguientes ciudades que estaban situadas en áreas asignadas a Isacar y a Aser: Betseán, Ibleam, Dor, Endor, Tanac y Meguido, y las tres colinas, cada una con sus respectivos pueblos. 12Pero por cuanto los descendientes de Manasés no pudieron expulsar a los cananeos que vivían en aquellas ciudades, los cananeos se quedaron en ellas. 13Sin embargo, más adelante, cuando los israelitas se fortalecieron, obligaron a los cananeos a trabajar como esclavos.

14Un día los hijos de José fueron ante Josué y le preguntaron:

—¿Por qué nos has dado sólo una porción de tierra, cuando el Señor nos ha dado una población tan numerosa?

15—Si el territorio montañoso de Efraín no es suficiente para ustedes —contestó Josué—, y pueden hacerlo, suban y desmonten los bosques donde habitan los ferezeos y los refaítas.

16—Sí —dijeron las tribus de José—, porque los cananeos de las tierras bajas que rodean a Betseán y del valle de Jezrel tienen carros de hierro y son demasiado fuertes para nosotros.

17,18—Entonces tendrán los bosques de la montaña —respondió Josué— y puesto que ustedes son una tribu fuerte y numerosa no tendrán problemas para despejar el lugar y vivir en él. Estoy seguro de que pueden expulsar a los cananeos de los valles también, aun cuando ellos sean fuertes y tengan carros de hierro.

Los territorios de las otras tribus

18 Después de la conquista 2—aun cuando siete de las tribus de Israel aún no habían entrado a conquistar la tierra que el Señor les había dado—, todo Israel se reunió en Siló para levantar el santuario. 3Josué les preguntó: «¿Cuánto tiempo van a esperar antes de exterminar a la gente que vive en la tierra que el Señor su Dios les ha dado? 4Elijan tres hombres de cada tribu y yo los enviaré para explorar los territorios aún no conquistados y traer un informe de su extensión y de sus límites naturales, para poder repartirlos entre ustedes. 5,6Los exploradores harán un mapa dividido en siete secciones, y luego haremos un sorteo delante del Señor para decidir qué secciones serán entregadas a cada tribu. El territorio de Judá quedará al sur, y el de los de la casa de José al norte. 7Pero recuerden que los levitas no recibirán tierra: son sacerdotes del Señor, y ese sacerdocio es su herencia. Por supuesto, las tribus de Gad, Rubén y la media tribu de Manasés no recibirán nada más, porque ya tienen la tierra que les concedió Moisés, siervo del Señor, en el lado oriental del Jordán».

8Los exploradores salieron a preparar un mapa del territorio y rendir un informe a Josué, para que éste pudiera asignar las secciones de tierra a las siete tribus por medio de un sorteo. 9Los hombres hicieron lo que se les había ordenado, y dividieron el territorio en siete secciones, e hicieron una lista de las ciudades de cada sección. Luego regresaron ante Josué en el campamento de Siló. 10Allí, en el santuario en Siló, el Señor le mostró a Josué por medio de suertes la sección que cada tribu debía recibir.

El territorio de Benjamín

11Tierra asignada a la tribu de Benjamín:

La sección asignada a la familia de Benjamín quedó entre los territorios asignados previamente a las tribus de Judá y José.

12El límite norte comenzaba en el río Jordán, seguía hacia el norte de Jericó, y luego hacia el occidente por la región montañosa y el desierto de Bet Avén. 13Desde allí torcía hacia el sur en dirección a Luz (llamada también Betel) y seguía hacia Atarot Adar en la región montañosa de Bet Jorón de abajo. 14Allí el límite volvía hacia el sur, pasaba por las montañas cerca de Bet Jorón, y terminaba en el pueblo de Quiriat Baal, a veces llamado también Quiriat Yearín, una de las ciudades de la tribu de Judá. Este era el límite occidental.

15El límite sur iba desde las afueras de Quiriat Baal hasta el manantial de Neftóaj, 16y allí descendía a las faldas de la montaña junto al valle de Ben Hinón al norte del valle de Refayin. Desde allí continuaba a través del valle de Ben Hinón, cruzaba al sur de la antigua ciudad de Jerusalén, donde vivían los jebuseos, y seguía descendiendo hasta Enroguel. 17De allí continuaba hacia el noreste hasta Ensemes, y desde Ensemes hasta Guelilot (que está en el lado opuesto de la subida de Adumín). Entonces descendía hasta la piedra de Bohán, hijo de Rubén 18desde donde seguía a lo largo del borde norte del Arabá. 19El límite entonces descendía en el Arabá, corría hacia el sur hasta más allá de Bet Joglá y terminaba en la bahía norte del Mar Salado, donde desemboca el río Jordán.

20El límite oriental era el río Jordán. Ésta fue la tierra asignada a la tribu de Benjamín, 21-28que contaba además con veintiséis ciudades:

Jericó, Bet Joglá, Émec Casís, Bet Arabá, Zemarayin, Betel, Avín, Pará, Ofra, Quefar Amoní, Ofni y Gueba, Gabaón, Ramá, Berot, Mizpa, Cafira, Mozá, Requen, Irpel, Taralá, Zela, Élef, Jebús (que es Jerusalén), Guibeá y Quiriat.

Estas fueron las ciudades que recibió la tribu de Benjamín con todos los pueblos que las rodeaban.

El territorio de Simeón

19 Tierra asignada a la tribu de Simeón: La tribu de Simeón recibió la siguiente porción de tierra, la cual estuvo ubicada en medio del territorio asignado a Judá.

2-7Sus propiedades incluían estas dieciocho ciudades con sus respectivos pueblos:

Berseba (o Sabá), Moladá, Jazar Súal, Balá, Esen, Eltolad, Betul, Jormá, Siclag, Bet Marcabot, Jazar Susá, Bet Lebaot, Sarujén, Ayin, Rimón, Éter y Asán.

8Las ciudades más al sur como Balatber, que es Ramat en el Néguev, fueron también dadas a la tribu de Simeón. 9Las propiedades de Simeón, pues, vinieron de parte de lo que antes había sido dado a Judá, porque la sección de Judá había sido demasiado grande para ellos.

El territorio de Zabulón

10Tierra asignada a la tribu de Zabulón:

La tercera tribu en recibir su asignación de tierras fue Zabulón. Sus límites comenzaban al costado sur de Sarid. 11De aquí daban vuelta hacia el occidente, hasta cerca de Maralá y Dabéset, y de allí hasta el arroyo Tutor al oriente de Jocneán. 12En la otra dirección, la línea limítrofe iba hacia el este, hasta el límite de Quislot Tabor, y desde allí hasta Daberat y Jafía. 13Luego continuaba hacia el oriente de Gat Jefer, Itacasín y Rimón, y volvía hacia Negá. [14]El límite norte pasaba por Janatón y seguía hasta el valle de Jeftel. [15,16]Las ciudades en estas áreas, además de las mencionadas, incluían a Catat, Nalal, Simrón, Idalá y Belén, y todos los pueblos circundantes. En total eran doce ciudades. Esta es la tierra que se le dio a los clanes de la tribu de Zabulón.

El territorio de Isacar

[17-23]Tierra asignada a la tribu de Isacar:

La cuarta tribu en recibir su asignación de tierras fue Isacar. Sus fronteras incluían las siguientes ciudades:

Jezrel, Quesulot, Sunén, Jafarayin, Sijón, Anajarat, Rabit, Cisón, Abez, Rémet, Enganín, Enadá y Bet Pasés, Tabor, Sajazimá y Bet Semes.

Eran dieciséis ciudades en total, cada una con los pueblos de alrededor. El límite de Isacar terminaba en el río Jordán. Esta es la tierra que se le dio a los clanes de la tribu de Isacar.

El territorio de Aser

[24-26]Tierra asignada a la tribu de Aser:

La quinta tribu en recibir su asignación de tierras fue Aser. Sus fronteras incluían estas ciudades:

Jelcat, Jalí, Betén, Acsaf, Alamélec, Amad y Miseal.

Sus límites del lado occidental iban desde el Carmelo hasta Sijor Libnat, [27]daba vuelta hacia el oriente hasta Bet Dagón y seguían hasta Zabulón en el valle de Jeftel, pasando por el norte de Bet Émec y Neyel. Luego pasaba al este de Cabul, [28]Abdón, Rejob, Hamón, Caná, hasta la gran Sidón. [29]De allí el límite volvía a Ramá y a la ciudad fortificada de Tiro y llegaba al mar Mediterráneo en Josá. El territorio incluía también Majaleb, Aczib, [30,31]Uma, Afec y Rejob, un total de veintidós ciudades con los pueblos que las rodeaban. Esta es la tierra que se le dio a los clanes de la tribu de Aser.

El territorio de Neftalí

[32]Tierra asignada a la tribu de Neftalí:

La sexta tribu en recibir su asignación de tierras fue la de Neftalí. [33]Su territorio comenzaba en Judá desde Alón Sananín, Adaminéqueb, Jabnel hasta Lacún e iba a salir al río Jordán. [34]El límite occidental comenzaba cerca de Helef, corría hasta más allá de Aznot Tabor, luego a Hucoc y colindaba con Zabulón en el sur, con Aser en el oeste y con el río Jordán al este. [35-39]Las ciudades fortificadas que estaban en este territorio eran: Sidín, Ser, Jamat, Racat, Quinéret, Adamá, Ramá, Jazor, Cedes, Edrey, Enjazor, Irón, Migdal El, Jorén, Bet Anat y Bet Semes.

Eran en total diecinueve ciudades con sus correspondientes pueblos.

El territorio de Dan

[40]Tierra asignada a la tribu de Dan:

La última tribu en recibir su asignación de tierras fue Dan. [41-46]Las ciudades de su territorio eran:

Zora, Estaol, Ir Semes, Sagalbín, Ayalón, Jetlá, Elón, Timnat, Ecrón, Eltequé, Guibetón, Balat, Jehúd, Bené Berac, Gat Rimón, Mejarcón y Racón, además del territorio que está junto a Jope.

[47]Pero como parte de este territorio no estaba conquistado todavía, los guerreros de Dan tomaron la ciudad de Lesén, mataron a todos sus habitantes y vivieron allí, y llamaron a la ciudad Dan en honor a su antepasado. [48]Estas ciudades y sus pueblos constituyen la herencia de la tribu de Dan y sus familias.

El territorio de Josué

[49]Así fue que toda la tierra fue dividida entre las tribus con los límites señalados. La nación de Israel dio una porción especial de tierra a Josué, [50]porque el Señor había dicho que él podía tener las ciudades que quisiera. El escogió Timnat Sera, en el territorio montañoso de Efraín, la reedificó y vivió allí.

[51]Eleazar el sacerdote, Josué y los jefes de las tribus de Israel dirigieron el sorteo sagrado para repartir la tierra entre las tribus. Este sorteo fue hecho en la presencia del Señor a la entrada del santuario en Siló.

Ciudades de refugio

20 El Señor le dijo a Josué: [2]«Dile al pueblo de Israel que designe ahora las ciudades de refugio, como le ordené a Moisés. [3]Si un hombre mata a otro accidentalmente, puede ir a una de estas ciudades y quedar protegido de los parientes del muerto, que podrían tratar de vengarse y matarlo. [4]Cuando el homicida accidental llegue a una de estas ciudades, se presentará ante el consejo de la ciudad, les explicará lo sucedido y ellos lo recibirán y le proporcionarán un lugar para vivir en medio de ellos. [5]Si un pariente del muerto viene a la ciudad con intenciones de matarlo para vengarse, el homicida no podrá ser entregado, porque la muerte fue accidental.

[6]»El hombre que causó la muerte deberá permanecer en la ciudad hasta que haya sido juzgado por todo el pueblo, y deberá vivir allí hasta la muerte del sumo sacerdote que estaba en el oficio en el tiempo del accidente. Entonces quedará libre para regresar a su ciudad y a su hogar».

[7]Las ciudades elegidas como ciudades de refugio fueron: Cedes en Galilea, en la región montañosa de Neftalí; Siquén en las montañas de Efraín y Quiriat Arbá, también llamada Hebrón,

70 veces 7

9

"¡Perdónalo hasta setenta veces siete si es necesario!". Esta fue la respuesta de Jesús en Mateo 18:22, después que sus discípulos le preguntaron cuántas veces debían perdonar. La verdad es que lo que Jesús les respondió no tenía que ver con un número en particular, sino con una disposición interminable del corazón. El perdón es una decisión que tendremos que tomar constantemente. No es un evento momentáneo sino un proceso que requiere consistencia y perseverancia hasta que se dé la sanidad completa.

Nosotros creemos que el perdón tiene cuatro etapas y hoy queremos que estos principios bendigan su corazón tanto como lo han hecho con el nuestro.

La primera etapa del perdón se da cuando la persona que ofendió reconoce que cometió un error y pide disculpas, sin embargo, el tema no termina ahí.

En la segunda etapa del perdón es necesario que la persona que ofendió asuma toda la responsabilidad de lo sucedido, y aquí es cuando muchas personas pierden el corazón del otro. Sí, reconocen que cometieron un error, pero no asumen toda la responsabilidad y buscan culpar al otro por sus acciones. Suelen decir frases como: "Sí, sé que estuve mal, pero lo hice porque tú me provocaste". Lamentablemente el perdón pierde fuerza en el corazón del otro cuando no asumimos la responsabilidad de nuestras acciones.

La tercera etapa del perdón es dejarle saber al otro que lo que hemos hecho no volverá a suceder. En este punto el perdón tiene mucha validez, porque la persona ofendida creerá lo que le estamos diciendo, siempre y cuando vea un cambio de conducta. Hay muchas personas a las que se les dificulta perdonar a su cónyuge porque esa disculpa, no viene acompañada de un cambio genuino.

Finalmente, la cuarta etapa del perdón es la restitución. Restituir es devolver lo que se había perdido y en esta ocasión debe ser recuperar la confianza o tal vez reconciliar esa diferencia. Tal vez sea necesario que tomen un tiempo a solas para compartir, cenar o dar un paseo y dejarle saber al otro que es importante y valioso. Necesitamos vivir con un perdón activo y constante, siempre verificando nuestros corazones.
Hoy oramos para que puedan examinar sus corazones para ver cómo están dando o cómo están recibiendo el perdón. Le pedimos a Dios que estos pasos les ayuden a crecer y a dar frutos en su matrimonio.

Profundicemos: Efesios 4:32; Mateo 6:14-15; Marcos 11:25.

Conversemos:

- ¿Cuándo fue la última vez que nos pedimos perdón?
- Cuando cometemos una falta, ¿nos resulta difícil pedir perdón sin justificarnos?
- ¿Cuál de estas cuatro etapas del perdón nos cuesta más?

Oremos:

Padre, te pedimos que nos enseñes a perdonar como tú perdonas, y que tu Espíritu Santo nos dirija a reconocer nuestras faltas y a pedir perdón de forma saludable. Gracias porque el perfecto ejemplo del perdón nos lo has regalado en la cruz. En tu nombre, Jesús. Amén.

Las dos T 10

Como seres humanos nos resulta fácil comportarnos bien cuando nos sentimos alegres y en paz, pero no cuando estamos enojados. Al momento del enojo somos capaces de decir las cosas más horrendas y ofensivas y es por eso que nos urge tener la Palabra de Dios como filtro. Ella nos da las herramientas para no pecar cuando estamos enojados. En Santiago 1:19 nos dice: "todos ustedes deben estar listos para escuchar, pero deben ser lentos para hablar y para enojarse".

Un día el Señor nos habló sobre las 2T: tono correcto y tiempo correcto, y no saben cómo esto nos ha ayudado a la hora de resolver conflictos. Hemos entendido que podemos tener la razón en alguna diferencia, pero que si usamos el tono equivocado perdemos toda autoridad y nos desconectamos. Lo mismo ocurre a la hora de hablar y corregir a nuestros hijos: si hablamos con el tono incorrecto o en el tiempo incorrecto, aunque tengamos razón, perdemos toda autoridad, el mensaje no es claro y traemos más discordia.

¿Alguna vez se han preguntado cuál es el tono de sus palabras? ¿Hablan con amargura, sarcasmo, bronca o maldición? ¿Deciden hablar en momentos que no son los adecuados? Si son lentos para hablar y rápidos para escuchar, podrán discernir la voz del Espíritu Santo indicándoles cuál es el tono correcto para hablar y cuándo deben hacerlo. La boca está ligada a la condición de nuestro corazón. En este guardamos heridas, situaciones sin resolver, conflictos sin trabajar y dolores que se reflejan en nuestras palabras y actitudes. Esta es la razón principal por la cual debemos cuidar el tono y el tiempo cuando le hablamos a nuestro cónyuge, porque sin darnos cuenta podríamos estar filtrando nuestras palabras por las heridas del corazón.

Permítanle al Señor sanar su corazón y al Espíritu Santo mostrarles cuándo y cómo dirigir sus palabras. Podemos darles un consejo: escriban en un pedazo de papel 2T y péguenlo en su refrigerador o en un área visible para que cada vez que lo vean recuerden cómo reaccionar.

Profundicemos: Proverbios 10:14,19; Salmos 34:13; Eclesiastés 3:7.

Conversemos:

- ¿A través de qué filtro estamos diciendo nuestras palabras? ¿Tenemos un filtro?
- ¿Solemos decir las cosas con el tono correcto y en el tiempo correcto?
- Nuestras palabras están ligadas a nuestro corazón. ¿En qué condición se encuentra hoy nuestro corazón y por lo tanto nuestra forma de hablar?

Oremos:

Dios, hoy te pedimos que nos enseñes a hablar en el tiempo y el tono correcto, con palabras sabias y amorosas. Que nuestra boca sea un instrumento de paz y no de discordia, y que nuestras palabras edifiquen y no destruyan.
En el nombre de tu hijo Jesús. Amén.

regresen a sus hogares, a la tierra que les fue entregada por Moisés el siervo de Dios en la otra orilla del río Jordán. 5Sigan obedeciendo todos los mandamientos que Moisés les dio, amen al SEÑOR, y sigan el camino que él ha trazado para sus vidas. Aférrense a él y sírvanle con todo su ser».

6Josué entonces los bendijo y los despidió. 7Moisés había asignado la tierra de Basán a la media tribu de Manasés, y la otra mitad de la tribu recibió tierras en la orilla occidental del río Jordán. Josué despidió de ellos a estos guerreros, y los bendijo, 8y les dijo que compartieran sus grandes riquezas con sus parientes al regresar. Su botín consistía en ganado, plata, oro, bronce, hierro y ropa.

9Los guerreros de Rubén, de Gad y de la media tribu de Manasés dejaron al resto del ejército de Israel en Siló en tierra de Canaán, y cruzaron el río Jordán hacia sus tierras en Galaad. 10Antes de cruzar, estando aún en Canaán, construyeron un gran monumento para que todos lo vieran. Este monumento tenía la forma de un gran altar.

11Cuando el resto de Israel supo lo que habían hecho, 12se reunieron (el ejército) en Siló y se prepararon para ir a ofrecer batalla a sus propios hermanos. 13Pero primero enviaron una delegación dirigida por el sacerdote Finés hijo de Eleazar. Cruzaron el río, llegaron a Galaad, y hablaron a las tribus de Rubén, de Gad y de la media tribu de Manasés. 14En la delegación había diez altos jefes de Israel, uno de cada una de las diez tribus, y cada uno de ellos era cabeza de un clan. 15Cuando llegaron a la tierra de Galaad, les dijeron a las tribus de Rubén, Gad, y a la media tribu de Manasés:

16—La congregación del SEÑOR quiere saber por qué han pecado ustedes contra el Dios de Israel apartándose de él al edificar un altar en rebeldía contra el SEÑOR. 17¡Todavía cargamos con la culpa de Peor, de la cual aún no hemos sido limpiados a pesar de la plaga que nos azotó, 18y ya ustedes se vuelven a rebelar! Ustedes saben que si se rebelan hoy el SEÑOR se enojará con todos nosotros mañana. 19Si necesitan el altar porque su tierra es impura, únanse con nosotros a este lado del río, donde el SEÑOR vive con nosotros en su santuario, y nosotros compartiremos nuestras tierras con ustedes. Pero no se rebelen contra el SEÑOR edificando otro altar además del altar verdadero de nuestro Dios. 20¿No recuerdan que cuando Acán el hijo de Zera pecó contra el SEÑOR, la nación entera fue castigada además del hombre que pecó?

21Esta fue la respuesta del pueblo de Rubén, de Gad y de la media tribu de Manasés a los jefes de los clanes de Israel:

22,23—El SEÑOR Dios de los dioses, sí, el SEÑOR Dios de los dioses sabe que no hemos edificado el altar en rebeldía contra él. Él sabe (y que lo sepa todo Israel también) que nosotros no hemos edificado el altar para ofrecer holocaustos, ofrendas de harina o sacrificios de paz. Que la maldición de Dios caiga sobre nosotros si hemos tenido tal intención. 24Lo hemos hecho porque amamos al SEÑOR, y tenemos temor que en el futuro los hijos de ustedes digan a los nuestros: "¿Qué derecho tienen ustedes de venir a adorar al SEÑOR Dios de Israel? 25El SEÑOR ha colocado el río Jordán como barrera entre nuestro pueblo y el de ustedes. Ustedes no tienen parte en la tierra del SEÑOR. Y podría ser que nuestros hijos se apartaran del SEÑOR".

26,27»Por eso decidimos edificar este altar, no para usarlo, pero sí para mostrar a nuestros hijos y a los hijos de ustedes que nosotros también podemos adorar al SEÑOR con holocaustos; ofrendas de paz y sacrificios, y ellos no podrán decir a nuestros hijos: "Ustedes no tienen nada que ver con el SEÑOR nuestro Dios". 28Si ellos dicen esto, nuestros hijos podrán responder: "Miren el altar del SEÑOR que nuestros padres hicieron según el modelo original del altar del SEÑOR. No es para ofrecer holocaustos ni sacrificios, sino como señal (es un símbolo) de la relación que ambos tenemos con el SEÑOR. 29Lejos esté de nosotros el apartarnos del SEÑOR, o de rebelarnos contra él construyendo otro altar para los holocaustos, para las ofrendas de harina y para los sacrificios. Solamente el altar que está delante del santuario puede ser usado para ello".

30Cuando el sacerdote Finés y los altos jefes oyeron estas razones de las tribus de Gad, de Rubén y de Manasés, quedaron satisfechos.

31Finés les respondió:

—Ahora sabemos que el SEÑOR está entre nosotros porque ustedes no han pecado contra él como habíamos pensado. Nos han librado de la destrucción.

32Entonces Finés y los diez embajadores regresaron al pueblo de Israel y les contaron lo ocurrido, 33y todo Israel se alegró y alabó a Dios, y no se habló más de pelear contra Rubén y Gad. 34Los pueblos de Rubén y Gad le pusieron nombre al altar y le llamaron Altar del Testimonio, porque dijeron: «Es un testimonio entre nosotros y ellos de que el SEÑOR es nuestro Dios también».

Despedida de Josué

23 Mucho tiempo después, cuando el SEÑOR había dado a Israel victoria contra sus enemigos, y Josué estaba muy anciano, 2éste convocó a los jueces y oficiales de Israel y les

22.5

Juntos es mejor

11

Cuando nosotros nos casamos sabíamos que nuestras vidas iban a estar muy cerca, pero la verdad es que no sabíamos que esa cercanía iba a ser mucho más de lo que pensábamos. Desde compartir nuestros platos de comida, la cobija de la cama, conocer nuestros hábitos extraños, hasta soportarnos el aliento mañanero, jajaja. Pero definitivamente, ¡nada mejor que estar cerca como matrimonio!

Sin embargo, esa cercanía no debe ser solo para las cosas cotidianas, sino también para ayudarnos en amor. ¡Qué bueno es estar cerca de alguien con quien podemos contar! En un mundo totalmente dividido, nos bendice saber que tenemos a alguien en quien apoyarnos.

Cuando en 2020 comenzó la pandemia, la persona encargada de nuestra agenda ministerial nos llamó para darnos la noticia de que todos nuestros compromisos se habían cancelado.
Yo, Daniel, al escuchar esa noticia comencé a llenarme de pensamientos de preocupación e incertidumbre. Shari, quien estaba sentada a mi lado, observó mi rostro preocupado y su reacción inmediata fue orar por mí. En aquella oración poderosa ella dijo lo siguiente: "Te pido Dios que traigas paz al corazón de Daniel, que todo lo que Daniel le ha cantado y predicado por muchos años a las personas, ahora se vuelque sobre él. Que tus promesas lo sostengan y pueda ver cuán real eres. Señor, que por cada pensamiento de preocupación, tú le recuerdes diez promesas de tu Palabra". Terminó de orar y me dijo: "Daniel, quiero que sepas que tú no eres el proveedor de nuestro hogar. Nuestro proveedor se llama Dios y Él jamás nos abandonará". ¡Lo mejor que pudo haberme pasado fue escuchar esa oración de Shari! Saber que no estaba solo y que ella estaba ahí para levantarme y ayudarme, me bendijo muchísimo. Su intercesión interrumpió cualquier mentira del maligno.

Definitivamente ¡es mejor ser dos que uno, como dice Eclesiastés! Lo más significativo que hoy pueden hacer por su cónyuge es agarrar su mano y no solo procurar estar físicamente cerca, aunque eso es muy importante también, sino procurar estar más cerca de su corazón. Recuerden que fueron diseñados para caminar juntos, ayudándose mutuamente en este hermoso viaje llamado matrimonio.

Profundicemos: Eclesiastés 4:9-11; Marcos 10:8.

Conversemos:

- ¿Cuán cerca o cuán alejados nos sentimos hoy el uno del otro?
- ¿Qué podemos hacer para conectarnos más con el corazón del otro?
- ¿En qué área necesitamos ayuda?

Oremos:

Jesús, gracias por tu Palabra que nos confronta y nos transforma. Te pedimos que hoy procuremos estar más cerca el uno del otro. Rompe toda división o separación entre nosotros y ayúdanos a intimar con su corazón. Que podamos apoyarnos y levantarnos en momentos desafiantes. En el nombre de Jesús. Amén.

Gratitud 12

En una ocasión cuando yo, Shari, lideraba a un grupo de mujeres, invité a una amiga a nuestro grupo para que nos contara su historia. Ella había enviudado siendo muy joven y teniendo dos niñas pequeñas. Nos dijo: "Si hay algo de lo que me arrepiento es de haber dado por sentado los detalles diarios que mi esposo tenía conmigo. Tal vez no tuve la oportunidad de decirle cuánto valoraba lo que hacía. Desde ayudarme con la comida hasta cortar el césped. Pasan los días y pasa la vida y aún siento que debí hacerle saber cuánto lo apreciaba".

Cuando la escuché, noté que no solo era una carga que ella sentía, sino una palabra de enseñanza hacia las casadas que estábamos en el grupo. Debíamos tomar tiempo para valorar y ser agradecidas. Entonces les dije a las mujeres: "Creo que necesitamos dejar de molestarnos por pequeñeces: la tapa levantada del inodoro que tanto molesta, o la ropa tirada, no son gran cosa. Es necesario evitar discusiones y contiendas innecesarias".

Tanto las esposas como los esposos, perdemos mucho tiempo discutiendo por tonterías, cuando deberíamos valorar el regalo de la familia, del matrimonio o de los hijos que el Señor ha sembrado en nuestra vida.

Con esta reflexión no estamos aplaudiendo el desorden, y mucho menos estamos diciendo que no debe haber una estructura en el hogar, pero la realidad es que a veces hacemos una tragedia de lo que no lo es. Nos preocupamos demasiado por cosas que no tienen tanto valor, perdemos demasiado tiempo y energías en batallas innecesarias, cambiando con peleas la atmosfera del hogar y pasando la oportunidad para conectar como familia.

Amigos, hoy los invitamos a que recurran a Jesús. Aprendan de Él, quien en su momento más difícil decidió servirnos. Seguramente vivirán días estresados por la crianza de sus hijos, o sentirán el impulso de discutir porque las cosas no están como desean. Pero hoy los animamos a que tomen un momento para respirar, agradecer por cada miembro de su familia y valorar lo que Dios les ha entregado. Estamos seguros de que esto hará que su actitud y sus palabras sean diferentes.

Profundicemos: Salmos 26:7; 1 Timoteo 4:4; Colosenses 2:7.

Conversemos:

¿Qué batallas pequeñas nos han robado el gozo de nuestra relación de pareja?
¿Cuándo fue la última vez que nos expresamos mutuamente gratitud?
¿Qué cosas nos podemos agradecer hoy?

Oremos:

Dios, hoy nos has recordado que debemos apreciar el regalo que nos has entregado. Enséñanos a honrar a nuestra familia por encima de los conflictos cotidianos que podamos atravesar. Te pedimos que nos ayudes a mantener ese enfoque todos los días y que nos corrijas si lo olvidamos. En el nombre de Jesús. Amén.

en la región montañosa de Judá. 8Se designaron también tres ciudades con el mismo propósito al lado oriental del Jordán, frente a Jericó. Estas fueron: Béser en el desierto, en la tierra de la tribu de Rubén, Ramot de Galaad, en el territorio de la tribu de Gad, y Golán en Basán de la tribu de Manasés. 9Estas ciudades de refugio acogerían por igual a los extranjeros que vivían en Israel y a los israelitas, haciendo que todo aquel que cometiera un homicidio accidental pudiera huir a ellas para tener un juicio justo y no ser muerto por venganza.

Las poblaciones de los levitas

21 Los dirigentes de la tribu de Leví fueron a Siló a hacer una consulta al sacerdote Eleazar, a Josué y a los jefes de las tribus, y les dijeron: 2«El Señor instruyó a Moisés para que nos diera ciudades donde tuviéramos nuestras casas y tierras de pastoreo para nuestro ganado».

3Entonces les entregaron algunas de las ciudades recientemente conquistadas con sus tierras de pastoreo. 4Trece de estas ciudades habían sido asignadas originalmente a las tribus de Judá, Simeón y Benjamín, y fueron dadas echando suerte a algunos de los sacerdotes del grupo de Coat de la tribu de Leví, descendientes de Aarón. 5Las demás familias de Coat recibieron diez ciudades de los territorios de Efraín, Dan y de la media tribu de Manasés. 6Los descendientes de Gersón recibieron trece ciudades seleccionadas por sorteo en el área de Basán. Estas ciudades fueron dadas por las tribus de Isacar, Aser, Neftalí y la media tribu de Manasés. 7Los descendientes de Merari recibieron doce ciudades de las tribus de Rubén, Gad y Zabulón. 8De esta manera se obedeció el mandato dado por Dios a Moisés, y por medio de sorteo se asignaron las ciudades y las tierras de pastoreo a los levitas.

9-16Los primeros en recibir su asignación fueron los sacerdotes descendientes de Aarón miembro de los levitas de la familia de Coat. Las tribus de Judá y Simeón les dieron las nueve ciudades nombradas a continuación con sus correspondientes tierras de pastoreo:

Hebrón, en las colinas de Judá, como ciudad de refugio, que también se llamaba Quiriat Arbá. (Arbá era el padre de Anac.) Los campos que estaban más allá de las ciudades y los pueblos circunvecinos habían sido dados a Caleb, hijo de Jefone: Libná, Jatir, Estemoa, Holón, Debir, Ayín, Yutá y Bet Semes.

17,18La tribu de Benjamín les dio estas cuatro ciudades con sus tierras de pastoreo: Gabaón, Gueba, Anatot y Almón.

19Así que en total fueron trece las ciudades entregadas a los sacerdotes, descendientes de Aarón.

20-22Las otras familias de los descendientes de Coat recibieron cuatro ciudades y tierras de pastoreo de la tribu de Efraín: Siquén (ciudad de refugio), Guézer, Quibsayin, y Bet Jorón.

23,24Las siguientes cuatro ciudades con sus tierras de pastoreo fueron dadas por la tribu de Dan: Eltequé, Guibetón, Ayalón y Gat Rimón.

25La media tribu de Manasés entregó las ciudades de Tanac y Gat Rimón con sus correspondientes tierras de pastoreo. 26De modo que en total fueron diez las ciudades y tierras de pastoreo dadas a las demás familias de los coatitas.

27Los levitas descendientes de Gersón, recibieron dos ciudades y tierras de pastoreo de la media tribu de Manasés:

Golán en Basán (ciudad de refugio) y Besterá.

28,29La tribu de Isacar dio cuatro ciudades:

Cisón, Daberat, Jarmut y Enganín.

30,31La tribu de Aser dio cuatro ciudades con sus tierras de pastoreo:

Miseal, Abdón, Jelcat, y Rejob.

32La tribu de Neftalí dio:

Cedes (ciudad de refugio en Galilea), Jamot Dor, y Cartán.

33Fueron trece ciudades con sus tierras de pastoreo las asignadas a los descendientes de la familia de Guersón.

34,35El resto de los levitas, los descendientes de Merari, recibieron cuatro ciudades de la tribu de Zabulón: Jocneán, Cartá, Dimná y Nalal.

36,37Rubén les dio: Béser, Yahaza, Cademot y Mefat.

38,39Gad les dio cuatro ciudades con sus tierras de pastoreo: Ramot de Galaad (ciudad de refugio), Majanayin, Hesbón y Jazer.

40De modo que las familias de los descendientes de Merari recibieron doce ciudades en total.

41,42El total de las ciudades y tierras de pastoreo asignadas a los levitas fue de cuarenta y ocho.

43De este modo el Señor le dio a Israel toda la tierra que le había prometido a sus antepasados, y ellos entraron y la conquistaron, y vivieron allí.

44Y el Señor les dio paz, como lo había prometido, y nadie pudo hacerles frente. El Señor les ayudó a destruir a todos sus enemigos. 45Cada cosa buena que les había prometido se cumplió.

Retorno de las tribus orientales

22 Josué convocó a las tribus de Rubén, de Gad, y de la media tribu de Manasés, 2y les dijo lo siguiente: «Ustedes han cumplido lo que Moisés el siervo del Señor les ordenó y han obedecido las órdenes que les he dado; 3han cumplido, pues, las órdenes del Señor nuestro Dios. No han abandonado a sus hermanos aunque la campaña ha durado tanto tiempo. 4Ahora el Señor nos ha dado paz como nos la prometió. Por lo tanto,

dijo: «Ya estoy viejo, 3y ustedes han visto lo que el SEÑOR nuestro Dios ha hecho por nosotros durante mi vida. Él ha peleado en favor nuestro contra nuestros enemigos, y nos ha dado la tierra de ellos. 4He distribuido entre ustedes las naciones aún no conquistadas así como las que destruimos. Toda la tierra desde el río Jordán hasta el mar Mediterráneo será nuestra, 5porque el SEÑOR nuestro Dios expulsará a todos los pueblos que viven allí ahora, y ustedes poseerán sus tierras, tal como el SEÑOR lo prometió.

6»Pero deben observar todas las ordenanzas escritas en el libro de las leyes de Moisés. No se desvíen de ellas ni un ápice. 7Para que no se les ocurra mezclarse con los pueblos (paganos) que aún viven en esta tierra. Ni siquiera mencionen el nombre de sus dioses, ni juren por ellos, ni los adoren. 8Sigan al SEÑOR nuestro Dios como lo han hecho hasta ahora. 9Él ha expulsado delante de ustedes a naciones más fuertes que ustedes; ninguna ha sido capaz de derrotarlos. 10Cada uno de ustedes ha hecho huir a mil enemigos porque el SEÑOR pelea por ustedes como prometió. 11Así pues, sigan amándolo. 12Si no lo hacen, y comienzan a contraer matrimonio con personas de las naciones que los rodean, 13tengan por cierto que el SEÑOR nuestro Dios no expulsará a esas naciones de la tierra. Por el contrario, se convertirán en tropiezo y en trampa para ustedes, y serán como un azote en sus costados y como una espina en sus ojos, y ustedes desaparecerán de esta tierra que el SEÑOR nuestro Dios les ha dado.

14»Pronto seguiré el camino de todos los que habitan la tierra: Voy a morir.

»Ustedes saben bien que las promesas de Dios se han cumplido. 15,16Pero tan ciertamente como que Dios les ha dado las buenas cosas que les había prometido, él traerá el mal si lo desobedecen. Si adoran a otros dioses, él los exterminará en esta buena tierra que les ha dado. Su ira se encenderá contra ustedes y ciertamente perecerán».

Renovación del pacto en Siquén

24 Luego Josué convocó a todo el pueblo de Israel en Siquén, juntamente con sus ancianos, oficiales y jueces. Todos asistieron y se presentaron delante del SEÑOR.

2Josué se dirigió a ellos con las siguientes palabras:

—El SEÑOR Dios de Israel dice: "Sus antepasados, incluyendo a Téraj el padre de Abraham y Najor, vivieron al oriente del río Éufrates. Allí adoraban a otros dioses. 3Pero yo elegí a su padre Abraham desde aquella tierra al otro lado del río, y lo conduje hasta la tierra de Canaán, y le di muchos descendientes por medio de Isaac su hijo. 4Los hijos que a Isaac le di fueron Jacob y Esaú. A Esaú le di el territorio que queda alrededor del monte Seír, mientras que Jacob y sus hijos entraron en Egipto.

5»"Entonces envié a Moisés y a Aarón para que enviaran terribles plagas sobre Egipto, y después saqué a mi pueblo de allí para que fueran libres. 6Pero cuando llegaron al Mar Rojo los egipcios comenzaron a seguirlos con carros y caballos. 7Israel clamó a mí y yo puse tinieblas entre ellos y los egipcios. También hice que el mar descendiera sobre los egipcios y los ahogara, y ustedes lo vieron con sus propios ojos. Luego Israel vivió en el desierto durante muchos años. 8Finalmente los hice entrar en la tierra de los amorreos al otro lado del río Jordán. Ellos pelearon contra ustedes, pero yo los destruí y les entregué a ustedes la tierra de ellos. 9El rey Balac de Moab comenzó una guerra contra Israel y le pidió a Balán, el hijo de Beor, que los maldijera. 10Pero yo no le presté atención, sino hice que los bendijera, y así libré a Israel de sus manos. 11Luego ustedes cruzaron el río Jordán y entraron en Jericó. Los hombres de Jericó pelearon contra ustedes, y así lo hicieron también otros pueblos: los amorreos, los ferezeos, los cananeos, los hititas, los gergeseos, los heveos y los jebuseos. Uno por uno pelearon contra ustedes, pero yo los destruí a todos. 12Envié delante de ustedes avispas para quitarles del paso a los dos reyes de los amorreos y su pueblo. No fue con sus espadas ni con sus arcos con los que obtuvieron ustedes la victoria. 13Yo les di la tierra por la que no habían trabajado y ciudades que no habían edificado, las ciudades en las que ahora están viviendo. Les di viñedos y olivares para que se alimentaran, aunque ustedes no los plantaron".

14»Por lo tanto, teman al SEÑOR y sírvanle con sinceridad y verdad. Desechen para siempre los ídolos que sus antepasados adoraron más allá del Éufrates y en Egipto. Adoren al SEÑOR solamente. 15Pero si les parece mal servir al SEÑOR, escojan hoy a quién van a servir, si a los dioses que sus antepasados adoraban más allá del Éufrates o a los dioses de los amorreos de esta tierra. Pero yo y los de mi casa serviremos al SEÑOR.

16Entonces el pueblo respondió:

—¡Jamás abandonaremos al SEÑOR ni adoraremos a otros dioses! 17Porque el SEÑOR nuestro Dios es el que nos rescató de la esclavitud en Egipto. Él es el Dios que hizo poderosos milagros ante los ojos de Israel y nos defendió de nuestros enemigos cuando pasamos por sus tierras. 18Fue el SEÑOR el que echó delante de nosotros a los amorreos

23.6 23.14 24.14–17

y a las otras naciones que vivían en la tierra.
¡Serviremos al Señor porque él es nuestro Dios!
19Josué respondió al pueblo:
—No podrán adorar al Señor su Dios, porque
él es santo y celoso y no perdonará sus rebeliones
y pecados. 20Si lo abandonan y adoran otros dioses, él se volverá contra ustedes y los destruirá,
aunque los haya cuidado durante tanto tiempo.
21Pero el pueblo respondió:
—Nosotros serviremos al Señor.
22—Ustedes mismos son testigos de lo que han
dicho; han elegido al Señor para servirle —dijo
Josué.
—Sí —respondieron ellos—, somos testigos.
23—Entonces —dijo Josué— destruyan los
ídolos que ahora poseen y obedezcan al Señor
el Dios de Israel.
24Y el pueblo de Israel respondió a Josué:
—Serviremos al Señor nuestro Dios y obedeceremos su voz.
25Entonces Josué hizo un pacto con ellos aquel
día en Siquén, un pacto permanente entre ellos y
Dios. Y allí les dio leyes y mandamientos. 26Josué
anotó la respuesta del pueblo en el libro de las
leyes del Señor y tomó una gran piedra como
recordatorio, y la puso bajo el encino que estaba
junto al santuario.
27Después Josué le dijo a todo el pueblo:
—Esta piedra ha oído cuanto el Señor ha
dicho, de modo que será testigo contra ustedes
si no cumplen lo prometido al Señor.
28Luego Josué despidió al pueblo para que
volviera cada uno a sus tierras.

Entierros en la Tierra prometida

29Poco después de esto murió Josué, hijo de
Nun, siervo del Señor, a la edad de ciento diez
años. 30Fue sepultado en su propiedad en Timnat
Sera, en las montañas de Efraín, al norte del
monte de Gaas.
31Israel obedeció al Señor durante toda la vida
de Josué y de los otros ancianos que habían sido
testigos de las asombrosas obras que el Señor
había hecho por Israel.
32Los huesos de José que el pueblo de Israel
había traído consigo desde Egipto, fueron sepultados en Siquén, en la parcela que Jacob había
comprado por cien piezas de plata a los hijos
de Jamor, situada en el territorio asignado a las
tribus de los hijos de José.
33También murió Eleazar el hijo de Aarón, y
fue sepultado en Guibeá, la ciudad de Finés su
hijo, en las montañas de Efraín.

24.24

JUECES

¿Quién lo escribió?

Se desconoce con exactitud quién es el autor del libro. Sin embargo una opinión muy aceptada indica que Samuel es quien recopiló algunos de los relatos del período de los jueces.

¿A quién lo escribió?

Los receptores de este libro son la generación de israelitas nacidos Este libro fue escrito para recordarle a las generaciones posteriores a la época de los jueces de la desobediencia de sus ancestros y su necesidad de liberación por parte de Dios. después de la conquista.

¿Cuándo y dónde lo escribió?

El libro comienza veinticinco años después del cruce del río Jordán y cubre un período de casi quinientos años de historia.

En la época de los jueces no hay rey en Israel (17:6; 18:1; 19:1; 21:25). El libro fue escrito antes de la captura de Jerusalén por David (aproximadamente en el año 1000 a.C.), dado que los jebuseos aún controlaban el lugar (1:21).

Panorama del libro

El libro de Jueces tiene como propósito mostrar el estado espiritual caótico en el que se encontraba Israel y sus constantes derrotas, debido a su infidelidad. Además, habla de la manera en la que, en su gracia, el Señor los libraba utilizando hombres imperfectos y toscos. Como tal, sirve de enlace y preámbulo a la época de los reyes. Es un libro muy útil para comprender la manera en la que el Señor trata con la desobediencia continua de su pueblo y las maneras inesperadas y pacientes en las que Él muestra su gracia y firmeza.

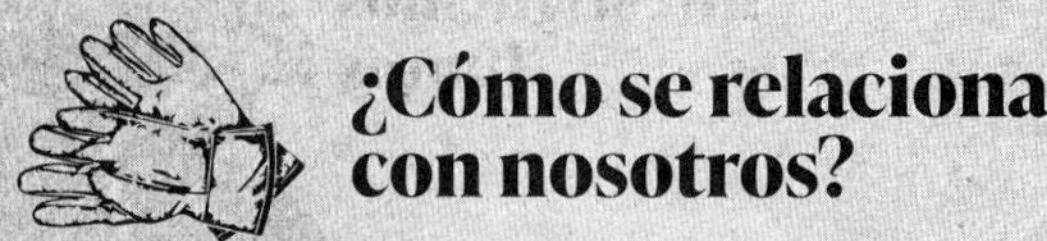

¿Cómo se relaciona con nosotros?

Este libro presenta los trágicos ciclos de derrota-victoria-derrota de nuestra vida espiritual, ya que describe a un pueblo en el que "cada cual hacía lo que bien le parecía". Así como pasó con Israel, a pesar de que conocemos la voluntad de Dios, de que vemos su fidelidad y de que estamos frente a sus promesas, nuestra tendencia siempre es a rebelarnos y a tomar nuestro propio camino. Por eso, Jueces nos recuerda que la desobediencia a Dios termina trayendo desgracia, no porque eso sea lo que Dios desea sino porque esa es la consecuencia de elegir nuestro camino en lugar del suyo.

Jueces nos invita a hacernos algunas preguntas fundamentales: ¿qué está desviando nuestra atención de Dios? En demasiadas ocasiones seremos muy rápidos para decir que seguiremos a Dios en obediencia, para luego dejarnos seducir por los deseos, placeres y tentaciones a nuestro alrededor. Así le pasó al pueblo de Israel al cierre del libro de Josué, y unas páginas más tarde los encontramos rendidos. Por eso, este libro es una invitación a poner el consejo de Dios en acción.

¿Cómo lo estudiamos?

1) Un triunfo incompleto puede llegar a ser una derrota. Caps. 1-2
2) Aod: Un astuto zurdo es usado por Dios. Cáp. 3:12-30.
3) Débora: La sabia mujer líder del pueblo del Señor. Caps. 4-5
4) Gedeón: El granjero desconocido que confió solo en Dios. Caps. 6-8
5) Jefté: Triunfos y errores de un libertador problemático. Caps. 10:6-12:7
6) Sansón: El fortachón más débil de la historia. Caps. 13-16.

Jueces

Israel continúa su lucha contra los cananeos

1 Después de la muerte de Josué, la gente de
Israel se presentó delante del Señor para
pedirle instrucciones.
—¿Cuál de las tribus será la primera en salir
a pelear contra los cananeos? —preguntaron.
2La respuesta de Dios fue la siguiente:
—Judá. Y yo le daré una gran victoria.
3Sin embargo, los jefes de la tribu de Judá
pidieron ayuda a la tribu de Simeón: «Ayúdennos a desalojar a los habitantes del territorio que
se nos asignó —dijeron—, y luego nosotros los
ayudaremos a ustedes en su conquista». Así pues,
la gente de Simeón acompañó a la de Judá.
4-6Y el Señor les ayudó a derrotar a los cananeos y a los fereceos, de modo que diez mil enemigos fueron muertos en Bézec. El rey Adoní
Bézec huyó, pero los israelitas lo persiguieron y
lo capturaron y le cortaron los pulgares de las
manos y de los pies.
7«Setenta reyes sin pulgares en las manos y los
pies recogían migajas debajo de mi mesa» —dijo
Adoní Bézec—. Ahora el Señor me ha pagado
con lo mismo.
Después lo llevaron a Jerusalén y allí murió.
8Judá había conquistado Jerusalén y había
dado muerte a todos sus habitantes, prendien-
do fuego a la ciudad. 9Después luchó contra los
cananeos en la región montañosa del Neguev
y en las llanuras de la costa. 10Enseguida Judá
marchó contra los cananeos en Hebrón, (anteriormente se llamaba Quiriat Arbá) y destruyó las
ciudades de Sesay, Ajimán y Talmay.
11Después marchó contra la ciudad de Debir
(llamada anteriormente Quiriat Séfer). 12Y Caleb
prometió lo siguiente: «¿Quién dirigirá el ataque
contra Debir? A quienquiera que la conquiste le
daré mi hija Acsa por esposa».
13Otoniel, sobrino de Caleb, hijo de Quenaz
el hermano de Caleb, se ofreció para dirigir el
ataque, y conquistó la ciudad y obtuvo a Acsa
por esposa. 14Un instante antes de salir hacia su
nuevo hogar él la persuadió que solicitara de
su padre un pedazo adicional de tierra. Ella se
desmontó del burro.
—¿Qué quieres? —le preguntó Caleb.
15Ella le dijo:
—Quiero pedirte algo: ya que me has dado tierras en el Néguev, dame también fuentes de agua.
Entonces Caleb le dio las fuentes de arriba y
de abajo.
16Cuando la tribu de Judá entró en su nueva
tierra en el desierto del Neguev al sur de Arad, los
descendientes del suegro de Moisés, miembros de
la tribu de los ceneos, lo acompañaron. Dejaron
sus hogares en Jericó, la ciudad de las palmeras, y a partir de entonces las dos tribus vivieron
juntas. 17Después, Judá se unió a Simeón para
enfrentarse a los cananeos en la ciudad de Sefat,
y dieron muerte a todo el pueblo. Por eso ahora
la ciudad es llamada Jormá (Matanza). 18Judá
conquistó además las ciudades de Gaza, Ascalón
y Ecrón, con todos sus pueblos circunvecinos.
19El Señor ayudó a la tribu de Judá a expulsar a
los habitantes de la región montañosa, pero no
pudieron conquistar a los del valle, porque éstos
tenían carros de hierro.
20La ciudad de Hebrón fue dada a Caleb como
el Señor había prometido, y Caleb expulsó a todos
sus habitantes, que eran descendientes de los tres
hijos de Anac.
21La tribu de Benjamín no expulsó a los jebuseos que vivían en Jerusalén, de modo que allí
viven todavía, mezclados con los israelitas.
22,23Por su parte los descendientes de José atacaron la ciudad de Betel, antes conocida como
Luz, y el Señor estuvo con ellos. Primero enviaron
exploradores, 24los que capturaron a un hombre
que salía de la ciudad y prometieron salvarle la
vida y la de su familia si les mostraba cómo entrar
en la ciudad. 25Él les mostró la entrada y ellos
exterminaron a toda la población perdonando
la vida de este hombre y la de su familia. 26Más
tarde este hombre se fue a Siria y fundó una
ciudad también llamada Luz, nombre con que
se conoce todavía.
27La tribu de Manasés tampoco expulsó a la
gente que vivía en Betseán, Tanac, Dor, Ibleam
y Meguido, con sus pueblos circunvecinos, de
modo que los cananeos permanecieron allí.
28Años más tarde, cuando los israelitas fueron
más fuertes, dominaron a los cananeos y los
obligaron a trabajos forzados, pero jamás los
expulsaron del territorio. 29Lo mismo ocurrió con
los cananeos que vivían en Guézer. Ellos todavía
viven en medio de la tribu de Efraín.
30La tribu de Zabulón no dio muerte a los
habitantes de Quitrón y Nalol, sino que los hizo
esclavos. 31La tribu de Aser tampoco expulsó a los
residentes de Aco, Sidón, Ajlab, Aczib, Jelba, Afec y
Rejob. 32De modo que los israelitas todavía viven
con los cananeos que eran el pueblo original de
aquella tierra. 33La tribu de Neftalí no expulsó
al pueblo de Bet Semes y de Bet Anat, de modo
que ellos siguen viviendo allí, pero en calidad
de siervos.
34En cuanto a la tribu de Dan, los amorreos
los obligaron a establecerse en las montañas y
no los dejaron descender al valle. 35Pero más
tarde, cuando los amorreos se esparcieron por
el monte Heres, en Ayalón y Salbín, la tribu de
José los venció y los hizo esclavos. 36Los límites

de los amorreos comienzan en la subida del Paso del Escorpión, siguen hasta un punto llamado Acrabim (La Roca), y de allí a Selá y hacia las montañas.

El ángel del Señor en Boquín

2 Un día el ángel del Señor llegó a Boquín, desde Guilgal y anunció al pueblo de Israel: «Los saqué de Egipto, los hice entrar en esta tierra que prometí a sus antepasados, y dije que jamás quebrantaría mi pacto con ustedes 2si no hacían tratados de paz con los habitantes de esta tierra. Yo les ordené que destruyeran los altares paganos que ellos tenían. ¿Por qué no han obedecido? 3Ahora, puesto que ustedes han quebrantado el pacto, ya no está en efecto, y ya no estoy obligado a destruir a las naciones que viven en esta tierra; por el contrario, ellos serán para ustedes como espinas en el costado, y sus dioses serán una tentación constante para ustedes».

4Cuando el ángel terminó de hablar, el pueblo rompió a llorar. 5Por eso le pusieron al lugar Boquín (Lugar donde el pueblo lloró). Luego ofrecieron allí sacrificios al Señor.

Desobediencia y derrota

6Josué envió de regreso a los israelitas, cada tribu pasó a su nuevo territorio y tomó posesión de la tierra. 7-9Josué, siervo de Dios, murió a la edad de ciento diez años, y fue sepultado en su propiedad en Timnat Sera en la región montañosa de Efraín, al norte del monte Gaas. El pueblo permaneció fiel al Señor durante la vida de Josué. Y también lo hizo mientras vivieron los ancianos que, como Josué, habían visto los grandiosos milagros que el Señor había hecho por Israel. 10Finalmente murió toda aquella generación.

Los que nacieron después de ellos, ya no fueron fieles al Señor su Dios, ni recordaban los actos portentosos que había hecho en favor de Israel. 11Esta nueva generación siguió y sirvió a otros dioses, y realizó actos que el Señor había prohibido expresamente. 12-14Abandonó totalmente al Señor, el Dios que amaron y adoraron sus antepasados, el Dios que los había sacado de la tierra de Egipto. En su lugar, adoraron y sirvieron a los dioses de las naciones vecinas. Por lo tanto, la ira del Señor se inflamó contra Israel, y los dejó a merced de sus enemigos, porque se había separado del Señor y estaban adorando a Baal y a Astarté.

15Cuando la nación de Israel salía a presentar batalla a sus enemigos, el Señor estaba en su contra. Les había advertido que lo haría así. En realidad lo había jurado. Pero cuando el pueblo estaba en medio de una terrible aflicción, 16el Señor levantaba caudillos o jueces que los salvaran de sus enemigos. 17Sin embargo, Israel no oía a los caudillos sino que desobedecía al Señor al adorar otros dioses. Se apartaron muy pronto del camino de sus padres, y se negaron a obedecer los mandamientos del Señor. 18Cada juez rescataba al pueblo de Israel de sus enemigos durante su vida, porque el Señor se compadecía del clamor de su pueblo cuando estaba oprimido y acosado. 19Pero cuando el juez moría, el pueblo volvía a hacer lo malo y lo hacía aún peor que sus antepasados. Adoraban nuevamente a otros dioses. Obstinadamente regresaban a las costumbres perversas de las naciones que los rodeaban.

20Entonces la ira del Señor se inflamaba nuevamente contra Israel. Declaraba: «Por cuanto este pueblo ha violado el pacto que hice con sus antepasados, 21ya no apartaré de delante de ellos a las naciones que Josué dejó sin conquistar cuando murió. 22En cambio, me servirán para probar a mi pueblo, para ver si obedece al Señor de la manera que sus antepasados lo hicieron».

23El Señor, pues, dejó a aquellas naciones en la tierra y no las expulsó ni permitió que Israel las destruyera.

3 Esta es la lista de las naciones que el Señor dejó en la tierra para probar a la nueva generación de Israel que no había participado en las guerras de Canaán, 2y para que aprendieran lo que era una guerra: 3Los filisteos (cinco ciudades), los cananeos, los sidonios, los heveos que vivían en el monte Líbano, desde Baal Hermón hasta la entrada de Lebó Jamat. 4Estos pueblos quedaron, además, para probar a la nueva generación de Israel, para ver si obedecían los mandamientos que el Señor les había dado por medio de Moisés.

5Israel, pues, vivió entre los cananeos, hititas, amorreos, ferezeos, heveos y jebuseos, 6y comenzaron a mezclarse con ellos. Los jóvenes de Israel se casaban con las mujeres de esos pueblos, y las israelitas se casaban con los hombres del lugar. Pronto todo Israel estuvo adorando a sus dioses.

Otoniel

7El pueblo de Israel hizo lo malo delante de los ojos de Dios, porque se volvieron contra el Señor su Dios y adoraron a Baal y a los ídolos de Aserá. 8Por esa razón, el Señor se enojó contra Israel y dejó que el rey Cusán Risatayin de Siria oriental los conquistara. Estuvieron bajo su dominio ocho años. 9Pero cuando Israel clamó al Señor, él hizo que el sobrino de Caleb, Otoniel, hijo de Quenaz, hermano menor de Caleb, lo salvara. 10El Espíritu del Señor vino sobre Otoniel, y gobernó a Israel, y salió en guerra contra el rey Cusán Risatayin, y el Señor ayudó a Israel a vencerlo completamente.

11Durante cuarenta años hubo paz en la tierra, pero, muerto Otoniel, 12Israel se volvió una vez más a sus malos caminos.

Aod

En consecuencia, el Señor ayudó a Eglón, rey de Moab a conquistar parte de Israel.

13Con él se aliaron los amonitas y los amalecitas, y derrotaron a los israelitas y tomaron posesión de Jericó, la Ciudad de las Palmeras. 14Durante los siguientes dieciocho años el pueblo de Israel sirvió al rey Eglón.

15Pero cuando clamaron al Señor, él les envió un salvador, Aod, hijo de Guerá, un benjaminita, que era zurdo. Aod fue el hombre escogido para llevar el tributo anual a la capital moabita. 16Antes de salir en su viaje, se hizo una daga de doble filo de medio metro de largo y la escondió en su ropa junto a su costado derecho. 17-19Después de entregarle el dinero al rey Eglón, quien era muy gordo, inició su viaje de regreso. Pero cuando estaba en las afueras de la ciudad, en las canteras de Guilgal, se despidió de sus compañeros y regresó solo ante el rey.

—Tengo un secreto para ti —le dijo.

El rey inmediatamente hizo salir a todos los que estaban con él a fin de tener una conversación secreta con Aod. 20Aod avanzó hasta donde estaba sentado Eglón en su sala de verano y le dijo:

—Es algo que Dios te manda.

El rey Eglón se puso de pie inmediatamente para recibir lo que Aod traía para él, 21y Aod, con su fuerte mano izquierda sacó la daga de doble filo de debajo de su túnica y la enterró en el vientre del rey. 22,23La empuñadura de la daga desapareció debajo de la carne, y la grasa la cubrió al salírsele el excremento por la herida. Dejando allí la daga, Aod cerró la puerta tras de sí con el cerrojo y escapó por el corredor.

24Cuando volvieron los siervos del rey y vieron que las puertas estaban cerradas, esperaron pensando que podría estar haciendo sus necesidades. 25Pero después de un tiempo, como él no salía se preocuparon y fueron en busca de la llave. Cuando abrieron la puerta, encontraron que su amo estaba muerto en el suelo.

26Mientras tanto Aod había llegado más allá de las canteras, hasta Seirat. 27Cuando entró en la región montañosa de Efraín, hizo sonar una trompeta llamando a las armas, y reunió a los varones israelitas bajo su mando.

28«Síganme —les dijo—, porque el Señor ha puesto en nuestras manos a los moabitas».

Los guerreros le siguieron y tomaron posesión de los vados del Jordán junto a Moab, y no dejaban a nadie cruzarlo. 29Luego atacaron a los moabitas y dieron muerte a unos diez mil de sus hombres más fuertes y hábiles en batalla. Ni uno solo escapó.

30Moab fue conquistada por Israel aquel día, y la tierra tuvo paz durante los siguientes ochenta años.

Samgar

31Después de Aod fue juez Samgar, hijo de Anat, el cual una vez dio muerte a seiscientos filisteos con una vara para arrear bueyes, y salvó a Israel de un desastre.

Débora

4 Después de la muerte de Aod, el pueblo de Israel volvió a pecar contra el Señor, 2por lo que el Señor los entregó en manos de Jabín, rey de Jazor en Canaán. El comandante de su ejército era Sísara, que vivía en Jaroset Goyim, 3y tenía novecientos carros de hierro. Durante veinte años hizo que la vida fuera insoportable para los israelitas. Finalmente, Israel rogó a Dios que le diera ayuda.

4El caudillo que gobernaba a Israel en aquel tiempo fue Débora, una profetisa, esposa de Lapidot. 5Ella celebraba audiencias en un lugar que ahora se conoce con el nombre de Palmera de Débora, entre Ramá y Betel, en la región montañosa de Efraín. Los israelitas acudían a ella para que decidiera sus querellas.

6Un día citó a Barac, hijo de Abinoán, que vivía en Cedes, en la tierra de Neftalí y le dijo:

—El Señor Dios de Israel te manda que movilices diez mil hombres de las tribus de Neftalí y Zabulón. 7Llévalos hasta el monte Tabor, para ofrecer batalla a Jabín y a su poderoso ejército con todos sus carros, que están al mando del general Sísara. El Señor dice: «Yo los conduciré hasta el río Quisón, y allí los derrotarás».

8—Iré si tú vas conmigo —le dijo Barac.

9—Muy bien —contestó ella—, iré contigo, pero te advierto que el honor de vencer a Sísara será de una mujer y no tuyo.

Entonces ella fue con él a Cedes.

10Cuando Barac convocó a los hombres de Zabulón y Neftalí para movilizarse hacia Cedes, se presentaron diez mil voluntarios. Y Débora fue con ellos. 11(Héber el quenita, descendiente de Hobab el suegro de Moisés, se había apartado del clan de los quenitas y había estado viviendo junto a la encina de Zanayin, cerca de Cedes.)

12Cuando el general Sísara supo que Barac estaba acampado en el monte Tabor, 13marchó con todo su ejército, incluyendo novecientos carros de hierro, y marchó desde Jaroset Goyin hasta el arroyo Quisón.

14Débora le dijo a Barac:

—Ahora es el momento de entrar en acción.
El Señor nos dirige, y ha entregado a Sísara en
tus manos.
Entonces Barac lanzó a sus diez mil hombres a
la batalla por las laderas del monte Tabor.
15 El Señor hizo que el pánico cundiera entre
el enemigo, tanto entre los soldados como en
los que conducían los carros, y Sísara saltó de
su carro y escapó corriendo. 16 Barac y sus hombres persiguieron a sus enemigos y a los carros
hasta Jaroset Goyin, hasta que todo el ejército de
Sísara fue destruido. Ni un solo hombre quedó
vivo. 17 Mientras tanto, Sísara había escapado a
refugiarse en la tienda de Jael, esposa de Héber el
quenita, porque había un pacto de ayuda mutua
entre el rey Jabín de Jazor y el clan de Héber.
18 Jael salió a encontrar a Sísara y le dijo:
—Entra en mi tienda, señor. Estarás a salvo
bajo nuestra protección. No tengas miedo.
Él entró en la tienda y ella lo cubrió con una
frazada.
19 —Dame un poco de agua —dijo él—, porque tengo mucha sed.
Ella le dio leche y lo volvió a cubrir.
20 —Ponte en la puerta de la tienda —le pidió
él a ella— y si alguien viene buscándome, dile
que no hay nadie aquí.
21 Entonces Jael tomó una aguda estaca de
tienda y un mazo, y acercándose silenciosamente a donde él dormía profundamente a causa del cansancio, le clavó la estaca en las sienes,
le atravesó la cabeza y se la encajó en el suelo,
y así murió.
22 Cuando Barac llegó buscando a Sísara, Jael
salió a encontrarlo y le dijo: «Ven y te mostraré
al hombre que estás buscando». Ella lo condujo
dentro de la tienda y encontró a Sísara muerto,
con la estaca atravesada en las sienes.
23 Ese día el Señor subyugó al rey Jabín, rey
cananeo, ante Israel. 24 Desde ese día en adelante
Israel se fortaleció cada vez más contra el rey
Jabín, hasta que él y todo su pueblo fueron destruidos.

La canción de Débora

5 Entonces Débora y Barac cantaron esta
canción:
2 «Por cuanto condujo valientemente a los
caudillos de Israel, y el pueblo alegremente lo
siguió, alaben al Señor.
3 »Oigan bien, reyes y príncipes, porque cantaré
al Señor el Dios de Israel.
4 »Cuando nos hiciste salir de Seír, oh Señor,
y nos guiaste por los campos de Edom, la tierra
tembló y el cielo derramó su lluvia. 5 Sí, aun el
monte Sinaí tembló ante la presencia del Dios
de Israel.
6 »En los días de Samgar y de Jael, los principales caminos quedaron desiertos.
Los viajeros usaban senderos estrechos y tor-
tuosos.
7 Los pueblos de Israel quedaron abandonados,
hasta que yo, Débora, surgí como una madre
para Israel.
8 Cuando Israel buscó nuevos dioses, todo se
desplomó, nuestros amos no nos dejaban tener ni
escudo ni espada; entre los cuarenta mil valientes
de Israel ni un arma podía ser hallada.
9 ¡Cuánto me regocijo en los caudillos de Israel
que se ofrecieron voluntariamente! ¡Alaben al
Señor!
10 »Que todo Israel, ricos y pobres, se unan en
sus alabanzas: los que cabalgan en burros blancos y se sientan en ricas alfombras y los que son
pobres y deben caminar.
11 Canten los pastores junto al pozo de agua.
Canten por toda la ciudad. Cuenten allí las justi-
cias del Señor. Lo que él hizo por los campesinos
de Israel.
12 »¡Despierta, oh Débora, y canta! ¡Levántate,
oh Barac, oh hijo de Abinoam, y lleva tus
cautivos!
13 »Desde el monte Tabor descendió el noble
remanente. El pueblo del Señor marchó contra
los poderosos.
14 Vinieron de Efraín y Benjamín, de Maquir
y Zabulón.
15 Hacia el valle descendieron los príncipes de
Isacar con Débora y Barac. Ante el mandato de
Dios se precipitaron hacia el valle. Pero la tribu
de Rubén no fue.
16 ¿Por qué te sentaste en casa entre los rediles, a
oír los balidos de tus ovejas? Sí, la tribu de Rubén
tiene la conciencia intranquila.
17 ¿Por qué Galaad se quedó al otro lado del
Jordán; y por qué Dan se quedó con sus naves, y
por qué Aser se sentó inconmovible junto a las
costas, reposando en sus bahías?
18 Pero las tribus de Zabulón y Neftalí expusie-
ron sus vidas en el campo de batalla.
19 »Los reyes de Canaán pelearon en Tanac,
junto a los manantiales de Meguido, pero no
obtuvieron la victoria.
20 Las mismas estrellas del cielo pelearon contra
Sísara.
21 El arroyo de Cisón los barrió. ¡Adelante, oh
alma mía, con fortaleza!
22 Escucha las pisadas de los caballos de los
enemigos. Escucha el galopar de los valientes.

23 »Pero el ángel del Señor lanzó una maldición sobre Meroz. "Que el Señor los castigue con

5.1–5 5.12

dureza", dijo, "porque no vinieron a ayudar al
SEÑOR contra sus enemigos".

24»¡Bendita sea Jael, la esposa de Héber el quenita! ¡Sea ella bendita por sobre todas las amas
de casa!
25Sísara pidió agua, y ella le dio leche en una
hermosa taza.
26Entonces tomó una estaca y un mazo y partió las sienes de Sísara, aplastando su cabeza.
Traspasó con la estaca su cabeza.
27Y él quedó muerto entre sus piernas.
28La madre de Sísara miraba por la ventana
esperando su regreso:
"¿Por qué su carro demora tanto en llegar?
¿Por qué no oímos el sonido de sus ruedas?"
29Sus doncellas le respondían y ella misma
también lo decía:
30"Hay mucho botín que distribuir, y eso lleva
tiempo.
Cada hombre recibe una o dos jovencitas, y
Sísara recibirá las vestiduras de colores y traerá
a su hogar muchos obsequios para mí".

31»Oh SEÑOR, que todos tus enemigos perezcan
como Sísara; pero los que aman al SEÑOR resplandezcan como el sol a mediodía».
Después de esto hubo paz en el país durante
cuarenta años.

Gedeón

6 Pero el pueblo de Israel comenzó una vez
más a adorar a otros dioses, y una vez más
el SEÑOR los entregó en mano de sus enemigos
para que los oprimieran. Esta vez fue el pueblo
de Madián, y lo hizo durante siete años. 2Los
madianitas eran tan crueles que los israelitas se
fueron a vivir en las cuevas de las montañas.
3Cuando los israelitas sembraban, los de Madián
y de los pueblos vecinos venían 4y destruían las
cosechas, y asolaban el campo hasta Gaza sin
dejar nada para comer, y se llevaban las ovejas,
los bueyes, y los burros. 5Las hordas enemigas llegaban montadas en camellos en un número tan
grande que no se podían contar, y se quedaban
hasta que la tierra había quedado completamente
destruida y saqueada. 6,7Como resultado, Israel
quedó reducido a una gran pobreza, y por fin
el pueblo de Israel comenzó a clamar al SEÑOR
pidiendo ayuda.
8Sin embargo, la respuesta que el SEÑOR envió
a través de su profeta fue ésta:
«El SEÑOR Dios de Israel los sacó de la esclavitud en Egipto, 9y los rescató de los egipcios y
de todos los que fueron crueles con ustedes, y
expulsó a los enemigos de delante de ustedes y
a ustedes les dio su tierra. 10Él les dijo que él es
el SEÑOR Dios y que no debían adorar los ídolos
de los amorreos que viven junto a ustedes. Pero
ustedes no han obedecido».
11Un día el ángel del SEÑOR vino y se sentó bajo
la encina de Ofra, en las tierras de Joás el abie-
zerita. Y su hijo Gedeón había estado trillando
el trigo a mano en el fondo de un lagar para
esconderlo de los madianitas.
12El ángel del SEÑOR se le apareció y le dijo:
—Varón valiente y fuerte, el SEÑOR está contigo.
13—Señor mío —replicó Gedeón—, si el SEÑOR
está con nosotros, ¿por qué nos ocurre todo esto,
y dónde están las maravillas que nuestros antepasados dicen que Dios hizo al sacarlos de Egipto?
El SEÑOR nos ha desechado y permite que los
madianitas nos arruinen.
14Entonces el SEÑOR se volvió hacia él y le dijo:
—Yo te fortaleceré. Ve y salva a Israel de los
madianitas; yo te envío.
15—Señor —repuso Gedeón—, ¿cómo puedo
yo salvar a Israel? Mi familia es la más pobre de
la tribu de Manasés y yo soy el menor de ella.
16Pero el SEÑOR le dijo:
—Yo, el SEÑOR, estaré contigo. Tú destruirás
rápidamente las hordas madianitas.
17—Si es cierto que vas a ayudarme de esa
manera —dijo Gedeón—, haz una señal para
probarlo; pruébame que es realmente el SEÑOR
quien me está hablando. 18Pero, espera hasta que
yo vaya a buscar un presente para ti.
—Bien —respondió el ángel—, me quedaré
aquí hasta tu regreso.
19Gedeón entró apresuradamente en la casa,
asó un cabrito y preparó pan sin levadura, con
veinticuatro kilos de harina. Luego tomó la carne
en un canasto y el caldo en una olla, y lo llevó al
ángel que estaba bajo la encina y se lo entregó.
20El ángel le dijo:
—Coloca la carne y el pan sobre esta roca y
vierte sobre ellos el caldo.
Cuando Gedeón terminó de hacer lo ordenado, 21el ángel tocó la carne y el pan con su vara,
y surgió fuego de la roca y los consumió. De
pronto, el ángel desapareció.
22Cuando Gedeón comprendió que realmente
había sido el ángel del SEÑOR gritó:
—¡Ay, SEÑOR Dios, he visto a tu ángel cara
a cara!
23—Es cierto —respondió el SEÑOR —. Pero
no tengas miedo. No morirás.
24Gedeón edificó allí un altar y lo llamó El
SEÑOR es la paz. El altar está en Ofra, en la tierra
de los abiezeritas. 25Aquella noche el SEÑOR le dijo
que tomara el mejor toro del ganado de su padre
y fuera hasta el altar de Baal y lo derribara, y
destruyera el ídolo de madera de la diosa Aserá.
26«Edifica en su lugar un altar para el SEÑOR
tu Dios aquí sobre esta colina, colocando las pie-

dras con esmero. Luego sacrifica el toro como
holocausto al SEÑOR, usando el ídolo de madera
como leña para el fuego del altar».
27Gedeón llevó a diez de sus siervos e hizo lo
que el SEÑOR le había ordenado. Pero lo hizo
de noche por temor a los demás miembros de
su familia y a los hombres de la ciudad. 28A la
mañana siguiente, temprano, cuando la ciudad
comenzó sus actividades, alguien descubrió que
el altar de Baal había sido destruido, que había
desaparecido el ídolo que estaba allí, y que en
su lugar había un nuevo altar, con los restos de
un sacrificio sobre él.
29—¿Quién hizo esto? —se preguntaban todos.
Finalmente se supo que había sido Gedeón, el
hijo de Joás.
30—Tráenos a tu hijo —gritaron—. Debe
morir por insultar el altar de Baal y por haber
destruido el ídolo de Aserá.
31Pero Joás replicó a la multitud:
—¿Acaso necesita Baal la ayuda de ustedes?
¡Qué insulto para un dios! Ustedes son los que
debieran morir por insultar a Baal. Si Baal es
realmente un dios, ¡que cuide de sí mismo y
destruya al que destruyó su altar!
32Desde entonces Gedeón fue llamado
Yerubaal, sobrenombre que significa: «Que Baal
se cuide a sí mismo».
33Poco después los ejércitos de Madián, Amalec
y otras naciones vecinas se unieron para pelear
contra Israel. Cruzaron el Jordán y acamparon
en el valle de Jezreel. 34Entonces el Espíritu del
SEÑOR descendió sobre Gedeón, y éste, con un
toque de trompeta, llamó a las armas, y los hombres de Abiezer acudieron a él. 35También envió
mensajeros a Manasés, Aser, Zabulón y Neftalí
convocándolos para ir a la batalla, y todos respondieron.
36Entonces Gedeón le dijo al SEÑOR: «Si realmente me vas a usar para salvar a Israel en la
forma prometida, 37pruébamelo de esta manera:
pondré un vellón de lana sobre el campo esta
noche, y si mañana en la mañana la lana está
húmeda y la tierra está seca, sabré que tú me
ayudarás».
38Y ocurrió exactamente de esa manera. Cuando se levantó a la mañana siguiente, exprimió el
vellón y sacó un tazón lleno de agua del rocío.
39Pero Gedeón le dijo al SEÑOR: «SEÑOR, no te
enojes conmigo, pero permíteme hacer una prueba más. Esta es: que la lana quede seca y que la
tierra amanezca mojada».
40Entonces el SEÑOR hizo lo que le pidió. Aquella noche el vellón permaneció seco, pero la tierra
amaneció cubierta de rocío.

Gedeón derrota a los madianitas

7 Yerubaal (el otro nombre de Gedeón) y sus
hombres se levantaron temprano y avanzaron hasta los manantiales de Arod. El ejército
madianita estaba acampado al norte de ellos,
en el valle cerca de la colina de Moré.
2El SEÑOR le dijo a Gedeón: «Los que están contigo son muchos. No puedo permitir que todos se
enfrenten a los madianitas, porque entonces el
pueblo de Israel se jactará delante de mí de que
se han salvado por su propia fortaleza. 3Haz que
todos los que tengan miedo y tiemblen vuelvan
a sus casas».
Veintidós mil se fueron. Solamente se quedaron diez mil.
4Pero el SEÑOR le dijo a Gedeón: «Todavía son
demasiados. Llévalos al manantial y yo te mostraré cuales irán y cuales no».
5Gedeón los reunió junto a las aguas. Allí el
SEÑOR le dijo: «Divídelos en dos grupos según la
forma en que beban. En el primer grupo estarán
todos los que tomen el agua en sus manos y se la
lleven a la boca y la laman como los perros. En
el segundo grupo estarán los que se arrodillen
y beban poniendo sus bocas en la corriente».
6Solamente trescientos hombres bebieron de
sus manos. Todos los demás pusieron la boca en
el arroyo. 7«Yo venceré a los madianitas con estos
trescientos hombres —dijo el SEÑOR a Gedeón—;
envía a los demás a sus casas».
8,9Después que Gedeón reunió todos los jarrones y trompetas del pueblo que tenían entre ellos,
envió a todos los hombres a sus casas, excepto
los trescientos.
Durante la noche, con los madianitas acampados en el valle que estaba debajo, el SEÑOR le
dijo a Gedeón: «Levántate, toma a tus soldados
y ataca a los madianitas, porque yo haré que los
derrotes. 10Sin embargo, si tienes miedo, primero
desciende solo al campamento y lleva contigo a
tu siervo Furá si quieres 11y escucha lo que están
diciendo allí. Te sentirás con más fuerzas para
atacar al campamento».
Entonces fue con Furá y se arrastró por la
oscuridad hasta las posiciones del enemigo.
12Los numerosos ejércitos de Madián, Amalec y
otras naciones del oriente que se les habían unido
estaban esparcidos a través del valle, numerosos
como langostas, como la arena de la playa, y
tenían tantos camellos que era difícil de contar.
13Gedeón se arrastró hasta una de las tiendas, justo en el momento en que el hombre que dormía
adentro había despertado de una pesadilla y se
la contaba a su compañero de tienda.
—Tuve un sueño extraño —le estaba diciendo—. Había un gran pan de cebada que vino
rodando contra nuestro campamento. Golpeó
sobre nuestra tienda y la derribó.

[14]El otro soldado contestó:

—Tu sueño sólo puede significar una cosa: Gedeón, el hijo de Joás, el israelita, va a venir y masacrará a todas las fuerzas aliadas de Madián.

[15]Cuando Gedeón escuchó el sueño y su interpretación, se puso en pie allí mismo para adorar al SEÑOR. Luego regresó junto a sus hombres y gritó:

—Levántense, que el SEÑOR va a usarnos para vencer a los madianitas.

[16]Dividió a los trescientos hombres en tres grupos. Le dio a cada hombre una trompeta y un jarrón con una antorcha encendida dentro de él. [17]Entonces les expuso su plan. «Cuando lleguemos junto al campamento —les dijo—, hagan lo que yo haga. [18]Tan pronto como los hombres de mi grupo y yo hagamos sonar las trompetas, ustedes harán sonar las de ustedes por todos los costados del campamento y gritarán: "¡Peleamos por el SEÑOR y por Gedeón!"»

[19]Fue justamente después de medianoche, cuando se produjo el cambio de guardias, que Gedeón y los cien hombres suyos llegaron hasta las inmediaciones del campo de Madián.

Repentinamente hicieron sonar sus trompetas y rompieron los jarrones para que las antorchas brillaran en la noche. [20]Inmediatamente los demás hombres hicieron lo mismo, y tocando las trompetas que tenían en la mano derecha y con las antorchas encendidas en sus manos izquierdas gritaban: «¡Peleamos por el SEÑOR y por Gedeón!»

[21]Y se mantuvieron firmes y observaron cómo todo aquel enorme ejército comenzó a correr de un lado a otro, gritando y huyendo presa del pánico. [22]En la confusión el SEÑOR hizo que los soldados enemigos comenzaran a pelear entre sí y a matarse unos a otros de uno al otro lado del campamento, y que huyeran en la noche a lugares tan lejanos como Bet Sitá, cerca de Zererá, y hasta la frontera de Abel Mejolá, cerca de Tabat.

[23]Entonces Gedeón hizo llamar a los hombres de Neftalí, Aser y Manasés y les dijo que vinieran a fin de perseguir y destruir a los madianitas que huían. [24]Gedeón también envió mensajeros por toda la región montañosa de Efraín invitando a las tropas a que se apoderaran de los vados del Jordán en Bet Bará para impedir que los madianitas escaparan a través de ellos. [25]Oreb y Zeb, los dos generales de Madián, fueron capturados. Oreb fue muerto en la roca que lleva su nombre y Zeb, en el lagar de Zeb, como se le llama actualmente. Y los israelitas tomaron las cabezas de Oreb y Zeb, y cruzaron el Jordán para llevárselas a Gedeón.

Zeba y Zalmuna

8 Pero los jefes de la tribu de Efraín estaban airados con Gedeón.

—¿Por qué no nos llamaste la primera vez que saliste a pelear contra los madianitas? —le preguntaron.

[2,3]Gedeón respondió:

—Dios permitió que ustedes capturaran a Oreb y Zeb, los generales del ejército de Madián. ¿Qué he hecho yo en comparación con eso? Las acciones de ustedes al final de la batalla fueron más importantes que las nuestras al comienzo.

Entonces ellos se calmaron.

[4]Gedeón cruzó luego el río Jordán con sus trescientos hombres. Estaban muy cansados, pero aún perseguían a sus enemigos. [5]Pidió alimento a los hombres de Sucot.

—Estamos cansados y tenemos que seguir persiguiendo a Zeba y Zalmuna, reyes de Madián.

[6]Pero los jefes de Sucot le respondieron:

—Aún no les han dado alcance. Si les damos de comer y fracasan, ellos vendrán y nos destruirán.

[7]—Cuando el SEÑOR los haya entregado en nuestras manos —Gedeón les advirtió— regresaremos y trillaremos sus carnes con espinas y cardos del desierto.

[8]Fue hasta Peniel, y pidió alimento allí, pero recibió la misma respuesta. [9]Y les dijo también: «Cuando todo esto haya acabado, regresaré para derribar esta torre».

[10]Mientras tanto el rey Zeba y el rey Zalmuna, con quince mil hombres, estaban en Carcor. Era todo lo que quedaba de los ejércitos aliados del oriente, porque ciento veinte mil ya habían sido muertos. [11]Gedeón subió por la ruta de las caravanas al oriente de Noba y de Yogbea, y atacó a los madianitas sorpresivamente. [12]Los dos reyes huyeron, pero Gedeón los persiguió y los capturó tras la derrota. [13]Gedeón regresó por la bajada de Jeres [14]y capturó a un joven de Sucot y le pidió que escribiera los nombres de los setenta y siete dirigentes políticos y religiosos de la ciudad.

[15]Enseguida regresó a Sucot. «Ustedes me injuriaron diciendo que jamás podría dar caza a Zeba y a Zalmuna, y nos negaron alimentos cuando estábamos cansados y hambrientos. Aquí tienen a Zeba y a Zalmuna».

[16]Entonces tomó a los jefes de la ciudad y los hizo azotar con espinas y cardos hasta que murieron. [17]También fue a Peniel, derribó la torre de la ciudad y mató a toda la población masculina.

[18]Luego les preguntó al rey Zeba y al rey Zalmuna:

—¿Cómo eran los hombres que ustedes mataron en Tabor?

Ellos respondieron:

—Estaban vestidos como ustedes, como hijos de reyes.

19—¡Deben de haber sido mis hermanos! —exclamó Gedeón—. Juro que si ustedes no los hubieran matado, yo tampoco los mataría a ustedes.

20Volviéndose a Jéter su hijo mayor, le dio orden de matarlos. El muchacho, que era casi un niño, tuvo miedo.

21Zeba y Zalmuna le dijeron a Gedeón:

—Hazlo tú mismo; preferimos que nos mate un hombre.

Entonces Gedeón los mató y sacó los adornos de los cuellos de sus camellos.

El efod de Gedeón

22Más tarde los hombres de Israel le dijeron a Gedeón:

—Sé nuestro rey. Tú, tus descendientes y todos tus hijos reinen sobre nosotros, por cuanto nos has salvado de Madián.

23Pero Gedeón replicó:

—No seré su rey, ni tampoco lo será mi hijo. El Señor es nuestro rey. 24Sin embargo, les pediré algo: que cada uno de ustedes me dé aretes de los que recogieron de los enemigos. (Porque las tropas de Madián, siendo ismaelitas, usaban aretes de oro.)

25—Con todo gusto te los damos —respondieron—, y extendieron una sábana donde cada uno pudiera lanzar los aretes que había recogido.

26El valor se estimó en unos veinte kilos de oro sin contar las lunetas y pendientes, las ropas reales, ni las cadenas tomadas de los cuellos de los camellos. 27Gedeón hizo un efod con el oro y lo puso en Ofra, su ciudad. Pero Israel pronto comenzó a adorarlo, de modo que sirvió para mal a Gedeón y a su familia.

28Este es el relato de cómo Madián fue subyugado por Israel. Madián jamás se recobró y la tierra tuvo paz durante cuarenta años, mientras vivió Gedeón.

Muerte de Gedeón

29Gedeón regresó a su tierra 30y tuvo setenta hijos, porque se casó con muchas mujeres. 31También tuvo una concubina en Siquén que le dio un hijo al que llamó Abimélec. 32Finalmente, falleció a una edad muy avanzada, y fue sepultado en el sepulcro de Joás su padre, en Ofra, en la tierra de los abiezeritas.

33Pero en cuanto Gedeón murió, los israelitas volvieron a prostituirse yendo tras los baales y adoptaron como dios a Baal Berit. 34Ya no consideraban al Señor como su Dios, aunque él los había salvado de todos sus enemigos en todas sus fronteras. 35Tampoco tuvieron ninguna muestra de bondad hacia la familia de Gedeón, a pesar de todo lo que él había hecho por ellos.

Abimélec

9 Un día Abimélec, hijo de Gedeón, visitó a sus tíos, los hermanos de su madre, en Siquén. 2«Vayan a hablar con los jefes de Siquén —les dijo—, y pregúntenles si quieren ser gobernados por setenta reyes, esto es, por los setenta hijos de Gedeón, o por un solo hombre; yo, que soy de su propia carne y sangre».

3Los tíos de Abimélec fueron ante las autoridades de la ciudad y propusieron el plan. Puesto que su madre era de aquella ciudad, decidieron aceptarlo.

4Le dieron a Abimélec setenta monedas de plata de las ofrendas del templo de Baal Berit, y con ellas contrató a un grupo de vagabundos y ociosos, que aceptaron hacer cualquier cosa que él les dijera. 5Los llevó hasta la casa de su padre en Ofra, y allí sobre una piedra, dieron muerte a sus setenta medio hermanos, salvo a Jotán, el menor, que escapó y se escondió. 6Entonces los ciudadanos de Siquén y de Bet Miló convocaron una reunión bajo la encina junto a Siquén y Abimélec fue proclamado rey de Israel.

7Cuando Jotán oyó esto, se paró sobre el monte Guerizín y gritó para que lo oyeran los hombres de Siquén:

«Si les interesa la bendición de Dios, escúchenme.

8»Una vez los árboles decidieron elegir un rey. Primero se dirigieron al olivo, 9pero éste se negó. "¿Debo dejar de producir el aceite que Dios y el hombre bendicen sólo para ser grande entre los árboles?", preguntó.

10»Entonces fueron y hablaron con la higuera: "Sé nuestro rey". 11Pero la higuera también se negó. "¿Debo dejar de producir dulzura y fruta sólo para elevar mi cabeza sobre los demás árboles?"

12»Entonces hablaron con la vid: "Reina sobre nosotros". 13Pero la vid respondió: "¿Dejaré de producir el vino que alegra a Dios y a los hombres para ser poderosa entre los árboles?"

14»Finalmente todos los árboles se dirigieron a la zarza: "Sé nuestro rey", dijeron. 15Pero la zarza replicó: "Si realmente me quieren, vengan y humíllense bajo mi sombra. Si se niegan, que salga fuego de mí y consuma a los grandes cedros del Líbano".

16»Ahora, pues, ¿están seguros de que han hecho bien al elegir rey a Abimélec? ¿Creen que han hecho justicia a Gedeón y a sus descendientes? 17Mi padre peleó por ustedes y expuso su vida, y los salvó de los madianitas. 18Sin embargo, se han rebelado contra él y mataron a sus setenta hijos sobre una piedra, ¡ahora han elegido rey a

Abimélec, el hijo de la esclava, solamente porque es pariente de ustedes! 19¿Están seguros de que han hecho justicia a Gedeón y a sus descendientes? Si es así, que Abimélec y ustedes tengan una vida larga y feliz. 20Pero si no han sido justos con Gedeón, que Abimélec destruya a los ciudadanos de Siquén y Bet Miló y que ellos destruyan a Abimélec».

21Entonces Jotán huyó y vivió en Ber por temor de su hermano Abimélec.

22,23Tres años más tarde, Dios hizo que surgieran problemas entre Abimélec y los ciudadanos de Siquén, y éstos se rebelaron. 24En los hechos que ocurrieron como consecuencia, Abimélec y los ciudadanos que le ayudaron a dar muerte a los setenta hijos de Gedeón recibieron el justo castigo por estos crímenes. 25Los hombres de Siquén pusieron emboscada contra Abimélec en el camino que va hacia la cumbre de la montaña mientras esperaban que él llegara, asaltaban a cualquiera que pasara por allí. Pero alguien advirtió a Abimélec acerca de este complot.

26En eso Gaal, hijo de Ébed, se mudó a Siquén con sus hermanos y la gente puso en él su confianza 27a tal grado que salieron a vendimiar sus viñas. Luego pisaron las uvas y celebraron la fiesta de la cosecha en el templo de un dios local. El vino corría libremente y todos empezaron a maldecir a Abimélec. 28«¿Quién es Abimélec? —gritaba Gaal—. ¿Por qué ha de ser nuestro rey? ¿Por qué hemos de ser sus siervos? Él y su amigo Zebul debieran ser nuestros esclavos. ¡Abajo Abimélec! 29Corónenme rey y verán lo que ocurre a Abimélec. Le diré a Abimélec: "Toma tu ejército y peleemos"».

30Cuando Zebul, el gobernante de la ciudad, oyó lo que decía Gaal, se enfureció, 31y envió mensajeros a Abimélec en Arumá diciéndole: «Gaal, hijo de Ébed, y sus parientes han venido a vivir en Siquén y ahora están incitando a la ciudad para que se rebele en tu contra. 32Ven esta noche con la gente que está contigo y escóndete en los campos, 33y en la mañana, en cuanto haya aclarado, ataca a la ciudad. Cuando él y los que están con él salgan en contra tuya, podrás hacer con ellos lo que quieras».

34Abimélec y sus hombres se pusieron en marcha durante la noche y se dividieron en cuatro grupos, que se distribuyeron alrededor de la ciudad. 35A la mañana siguiente, cuando Gaal se sentó a la puerta de la ciudad a discutir diversos problemas con los dirigentes locales, Abimélec y sus hombres comenzaron a marchar contra la ciudad.

36Cuando Gaal los vio, dijo a Zebul:

—Mira a la montaña, ¿no es gente que viene descendiendo?

—No —dijo Zebul—. Estás viendo sombras que parecen hombres.

37—No —dijo Gaal—; estoy seguro que veo gente que se dirige hacia nosotros por la colina Ombligo de la Tierra; y mira, hay otros que vienen por la Encina de los Adivinos.

38Entonces Zebul se volvió triunfante hacia él:

—Ahora, dime, ¿qué es lo que habías dicho? ¿Quién era el que decía "¿Quién es Abimélec y por qué debe ser nuestro rey?" Los hombres que insultaste y maldijiste están ahora a las afueras de la ciudad.

39Gaal salió al frente de los hombres de Siquén para ofrecer batalla a Abimélec, 40pero fue derrotado y muchos de los hombres quedaron heridos por todo el camino hasta las puertas de la ciudad. 41Abimélec regresó a Arumá, y Zebul hizo que Gaal y sus parientes salieran para siempre de Siquén.

42Al día siguiente, los hombres de Siquén salieron nuevamente a la batalla. Sin embargo, alguien le había revelado a Abimélec los planes, 43de modo que había dividido sus hombres en tres grupos que estaban escondidos en los campos. Cuando los hombres de la ciudad salieron para atacar, él y sus hombres salieron de sus emboscadas y comenzaron a matarlos. 44Abimélec y sus acompañantes se apoderaron de la entrada de la ciudad para impedir que los hombres de Siquén regresaran, mientras que los otros grupos atacaban en los campos. 45La batalla siguió durante todo el día hasta que al fin Abimélec capturó la ciudad, y dio muerte a sus habitantes y la destruyó. 46Cuando los habitantes de la población cercana a Siquén vieron lo que estaba sucediendo, se refugiaron en la fortaleza del templo del dios Berit.

47Cuando Abimélec se enteró de esto, 48dirigió sus fuerzas al monte Zalmón, donde cortó una rama para el fuego y la puso en su hombro. Enseguida les dijo a sus hombres. «Hagan lo que yo he hecho».

49Entonces cada uno de ellos cortó leña y la llevó hasta el pueblo donde, siguiendo el ejemplo de Abimélec, la colocaron contra las murallas de la fortaleza y le prendieron fuego. Toda la gente murió adentro, unas mil personas entre hombres y mujeres.

50Abimélec luego atacó la ciudad de Tebes y la tomó. 51Sin embargo, dentro de la ciudad había una fortaleza y la población se refugió en ella, cerraron las puertas y se subieron al techo de la torre para mirar. 52Abimélec se acercó a la puerta para quemarla, 53pero una mujer desde el techo dejó caer una rueda de molino sobre la cabeza de Abimélec, y le rompió el cráneo. 54«Mátame —le pidió a su escudero—. Que nunca se diga que una mujer mató a Abimélec». El joven lo atravesó con su espada, y murió. 55Cuando sus hombres vieron que estaba muerto, se desbandaron y regresaron a sus hogares.

56,57Así castigó Dios a Abimélec y a los hombres de Siquén por el pecado de haber asesinado a los setenta hijos de Gedeón, y se cumplió la maldición de Jotán, hijo de Gedeón.

Tola

10 Después de la muerte de Abimélec, el juez de Israel fue Tola, hijo de Fuvá y nieto de Dodó. Era de la tribu de Isacar, pero vivía en la ciudad de Samir en el monte de Efraín. 2Fue juez en Israel durante veintitrés años. Cuando murió, fue sepultado en Samir.

Yaír

3A Tola lo sucedió Yaír, un hombre de Galaad que juzgó a Israel durante veintidós años. 4Tenía treinta hijos que cabalgaban en treinta burros y poseían treinta ciudades en la tierra de Galaad que todavía son conocidas con el nombre de ciudades de Yaír. 5Cuando Yaír murió fue sepultado en Camón.

Jefté

6El pueblo de Israel se apartó del Señor nuevamente y adoró los dioses paganos Baal y Astarté, y los dioses de Siria, Sidón, Moab, Amón y Filistea. No sólo esto, sino que también habían dejado completamente la adoración del Señor. 7,8Esto hizo que el Señor se airara contra su pueblo y permitiera que los filisteos y los amonitas comenzaran a molestarlos y a oprimirlos. Estos ataques ocurrían al oriente del Jordán, en la tierra de los amorreos (que está en Galaad), 9y también en Judá, Benjamín y Efraín, porque los amonitas cruzaban el Jordán para atacar a los israelitas. Esto ocurrió durante dieciocho años. 10Pero al fin, los israelitas se volvieron al Señor nuevamente y le pidieron que los salvara.

—Hemos pecado contra ti y te hemos dejado y hemos adorado ídolos —confesaron.

11Pero el Señor respondió:

—¿No salvé yo a Israel de los egipcios, de los amorreos, de los amonitas, de los filisteos, 12de los sidonios, de los amalecitas y de los madianitas? ¿Ha habido alguna ocasión en que Israel haya clamado a mí y yo no lo haya salvado? 13Sin embargo, sigue alejado de mí y adora a otros dioses. Váyanse. No los volveré a salvar. 14Vayan y clamen a los dioses que ahora adoran. ¡Que los salven ellos en la hora de angustia!

15Pero ellos le suplicaron otra vez:

—Hemos pecado; castíganos como bien te parezca, pero sálvanos sólo una vez más de nuestros enemigos.

16Entonces destruyeron todos los dioses extranjeros y adoraron solamente al Señor. Y el Señor se compadeció de su dolor. 17Los amonitas acamparon en Galaad, mientras que la gente de Israel lo hizo en Mizpa. 18«¿Quién conducirá nuestras fuerzas contra los amonitas? —se preguntaban los jefes de Galaad unos a otros—. Quien quiera que se ofrezca será nuestro líder».

11 Jefté era un gran guerrero de la tierra de Galaad, pero su madre era una prostituta. 2Su padre, cuyo nombre era Galaad, tenía otros hijos de su esposa legítima, y cuando estos medio hermanos crecieron, echaron a Jefté de su país.

«Hijo de prostituta —le dijeron—, no heredarás las propiedades de nuestro padre».

3Jefté huyó de la casa de su padre y vivió en la tierra de Tob. Pronto se unió a él una banda de gente miserable, que lo siguieron y vivían como bandidos.

4Fue por este tiempo que los amonitas comenzaron su guerra contra Israel. 5Los jefes de Galaad entonces mandaron a buscar a Jefté 6para que los dirigiera contra los amonitas.

7Pero Jefté les dijo:

—¿Por qué acuden a mí, si me odian y me han expulsado de la casa de mi padre? ¿Por qué vienen a mí cuando están en dificultades?

8—Porque te necesitamos —le contestaron—. Si quieres ser comandante en jefe contra los amonitas, te haremos rey de Galaad.

9—¡De veras! —exclamó Jefté—. ¿Esperan que yo lo crea?

10—Te lo juramos —respondieron—. Lo prometemos con un juramento solemne.

11Entonces Jefté aceptó la comisión y fue hecho comandante en jefe y rey. El contrato fue ratificado delante del Señor en Mizpa, en una asamblea general de todo el pueblo. 12Luego Jefté envió mensajeros al rey de Amón preguntándole por qué atacaban a Israel. 13El rey de Amón le contestó que la tierra pertenecía al rey de Amón y les había sido robada cuando los israelitas llegaron de Egipto. Todo el territorio desde el río Arnón hasta el Jaboc y el Jordán lo reclamaba como suyo.

—Devuélvenos pacíficamente la tierra —le exigió.

14,15Jefté contestó: «Israel no les robó la tierra; 16lo que ocurrió fue esto: Cuando el pueblo de Israel llegó a Cades en su viaje desde Egipto después de cruzar el Mar Rojo; 17envió un mensaje al rey de Edom pidiéndole permiso para cruzar a través de su tierra, pero la petición fue negada. Le pidieron al rey de Moab un permiso similar, y allí ocurrió lo mismo. El pueblo de Israel permaneció en Cades.

18»Finalmente rodearon Edom y Moab a través del desierto, y viajaron por el límite oriental hasta que llegaron a la frontera de Moab en el río Arnón. Pero nunca entraron en Moab.

19»Entonces Israel envió mensajeros al rey Sijón de los amorreos, que vivía en Hesbón, y le pidió permiso para cruzar por su tierra para llegar a su destino. 20Pero el rey Sijón no confió en Israel, y movilizó su ejército en Jahaza y lo atacaron. 21,22Pero el Señor nuestro Dios ayudó a Israel a derrotar a Sehón y todo su pueblo, de modo que Israel tomó toda la tierra que se extiende desde el río Arnón hasta Jaboc, y desde el desierto hasta el río Jordán. 23Así es que, como puedes ver, fue el Señor Dios de Israel el que quitó la tierra a los amorreos y la entregó a Israel. ¿Por qué creen que deben poseerla ustedes? 24Conserva para ti todo lo que tu dios Quemós te dé, y nosotros retendremos todo lo que el Señor nuestro Dios nos dé. 25Y además, ¿quién crees tú que eres? ¿Eres tú mejor que el rey Balac de Moab? ¿Trató él de recobrar su tierra después que Israel lo derrotó? No, por supuesto que no. 26Pero después de trescientos años vienes tú a crear problema por esto. Israel ha estado viviendo aquí durante todo ese tiempo, ocupando la tierra de Hesbón hasta Aroer y a todo lo largo del río Arnón. ¿Por qué no hiciste un esfuerzo para recobrarla antes de ahora? 27Así que yo no he pecado contra ti; más bien tú me has provocado viniendo a hacerme la guerra. Pero el Señor el juez pronto mostrará quién de nosotros tiene la razón, si Israel o Amón».

28El rey de Amón no prestó atención al mensaje de Jefté.

29En aquel tiempo el Espíritu del Señor vino sobre Jefté y guió sus hombres a través de la tierra de Galaad y Manasés, más allá de Mizpa en Galaad, y a través de Amón. 30,31Mientras tanto, Jefté había hecho voto delante del Señor, que si Dios ayudaba a los israelitas a vencer a los amonitas, él volvería a su casa en paz, y que la primera persona que saliera a recibirlo sería sacrificada en holocausto al Señor.

32Jefté condujo su ejército contra los amonitas y el Señor le dio la victoria. 33Destruyó a los amonitas con una terrible matanza a lo largo de todo el camino entre Aroer y Minit, incluyendo veinte ciudades, y hasta la vega de las viñas. Los amonitas fueron subyugados por el pueblo de Israel.

34Cuando Jefté regresó a su casa, su hija, su única hija, corrió a su encuentro tocando el tamboril y danzando de alegría. 35Cuando él la vio rasgó su ropa con angustia.

—¡Ay, hija mía! —exclamó—. Tú me has abatido hasta el polvo. Porque he hecho voto delante del Señor y no puedo retractarme.

36—Padre —le dijo ella—, debes hacer lo que has prometido al Señor, porque él te ha dado una gran victoria sobre tus enemigos los amonitas. 37Pero, primero déjame que suba a los montes y llore con mis amigas mi virginidad durante dos meses.

38—Sí —dijo él—, anda.

Y ella lo hizo y lloró su suerte con sus amigas durante dos meses; 39luego regresó a donde estaba su padre, que hizo lo prometido. Así que ella nunca se casó. Y después llegó a ser una costumbre de Israel 40que las jóvenes salieran cuatro días cada año a lamentar el destino de la hija de Jefté.

Jefté y Efraín

12 La tribu de Efraín se movilizó en Zafón y envió este mensaje a Jefté:

—¿Por qué no nos llamaste para que te ayudáramos en la lucha contra Amón? Vamos a quemar la casa contigo dentro.

2—Yo los llamé, pero ustedes se negaron a venir —replicó Jefté—. Se negaron a ayudarnos en el tiempo de necesidad. 3Yo arriesgué mi vida y salí a la batalla y el Señor me ayudó a vencer al enemigo. ¿Es ésta una razón para que ustedes luchen contra nosotros?

4Jefté, furioso por el insulto de Efraín de que los hombres de Galaad eran meros bandidos y lo peor de la tierra, movilizó sus hombres y atacó a Efraín. 5Tomó los vados del Jordán y cada vez que un fugitivo de Efraín trataba de cruzar el río los de Galaad le preguntaban:

—¿Eres miembro de la tribu de Efraín?

Si respondía que no, 6le decían: «Di: "Shibolet"». Si no podía pronunciar la «sh» y decía «Sibolet» en vez de «Shibolet», le echaban mano y lo degollaban. Así murieron cuarenta y dos mil hombres de Efraín.

7Jefté fue juez de Israel durante seis años. Cuando murió fue sepultado en una de las ciudades de Galaad.

Ibsán, Elón y Abdón

8El juez que le sucedió fue Ibsán, que vivió en Belén. 9,10Tenía treinta hijos y treinta hijas. Casó a sus hijas con hombres de fuera de su familia y trajo treinta mujeres que se casaran con sus hijos. Juzgó a Israel siete años antes de morir, y fue sepultado en Belén.

11,12El juez siguiente fue Elón de Zabulón. Juzgó a Israel durante diez años y fue sepultado en Ayalón, tierra de Zabulón.

13Luego vino Abdón, hijo de Hilel de Piratón. 14Tuvo cuarenta hijos y treinta nietos que cabalgaban en setenta burros. Fue juez de Israel durante ocho años. 15Luego murió y fue sepultado en Piratón, en Efraín, en la región montañosa de los amalecitas.

Nacimiento de Sansón

13 Una vez más Israel pecó adorando a otros dioses, por lo que el SEÑOR dejó que fueran conquistados por los filisteos, quienes los tuvieron bajo su dominio durante cuarenta años. 2-3 Un día el ángel del SEÑOR se le apareció a la esposa de Manoa, de la tribu de Dan, que vivía en la ciudad de Zora. Ella no tenía hijos, pero el ángel le dijo:

—Aun cuando has sido estéril por tanto tiempo, pronto concebirás y darás a luz un hijo. 4 No bebas vino ni cerveza, ni comas nada que sea ceremonialmente impuro. 5 No le cortarás el cabello a tu hijo porque será nazareo, separado para el servicio de Dios desde su nacimiento. Él comenzará a salvar a los israelitas de manos de los filisteos.

6 La mujer corrió y se lo contó a su marido:

—Un varón de Dios se me apareció. Pienso que debe ser el ángel del SEÑOR, porque tenía un aspecto muy glorioso. No le pregunté de dónde era, y él no me dijo su nombre, 7 pero me dijo: «Vas a tener un hijo varón». Y me dijo que no bebiera vino ni cerveza, y que no comiera alimentos impuros, porque el bebé iba a ser nazareo, que estaría consagrado a Dios desde el momento de su nacimiento hasta el día de su muerte.

8 Entonces Manoa oró:

—Oh SEÑOR, que venga nuevamente para que nos instruya mejor acerca del hijo que nos vas a dar.

9 El Señor contestó su oración, y el ángel de Dios se le apareció nuevamente a su esposa estando ella en el campo. Pero otra vez estaba sola. Manoa no estaba con ella. 10 La mujer corrió en busca de su esposo y le dijo:

—Aquel varón está aquí otra vez.

11 Manoa corrió con su esposa y le preguntó:

—¿Eres tú la persona que le habló a mi esposa el otro día?

—Sí —le respondió—. Yo soy.

12 Entonces Manoa le preguntó: —¿Cómo hemos de criar al niño cuando nazca?

13 Y el ángel le contestó:

—Que tu esposa observe lo siguiente:

14 No comerá ni uvas ni pasas, ni beberá vino ni cerveza, ni comerá nada que sea considerado inmundo para un judío.

15 —Permítenos que te preparemos algo de comer —le dijo Manoa al ángel. 16 —Me quedaré —le contestó el ángel—, pero no voy a comer nada. Si deseas ofrecerme algo, ofrécelo en sacrificio al SEÑOR.

Manoa no sabía todavía que aquél era el ángel del SEÑOR 17 y le preguntó cómo se llamaba.

—Cuando todo esto se cumpla y el niño nazca —le dijo al ángel—, queremos decir a todo el mundo que tú lo predijiste, y así te mostraremos nuestra gratitud.

18 —No me preguntes mi nombre —le respondió el ángel—, porque es un secreto.

19 Entonces Manoa tomó un cabrito y una ofrenda de granos y la presentó como sacrificio al SEÑOR; y el ángel hizo algo extraño y maravilloso: 20 Cuando las llamas del altar ascendieron con sus lenguas hacia el cielo, y ante los ojos atónitos de Manoa y su esposa, el ángel ascendió en la columna de fuego. Manoa y su esposa se postraron rostro en tierra, 21 y eso fue lo último que vieron de él. Manoa comprendió finalmente que había sido el ángel del SEÑOR.

22 —Moriremos —lloraba Manoa junto a su esposa—. Hemos visto a Dios.

23 Pero la esposa le dijo:

—Si el SEÑOR quisiera matarnos, no habría aceptado nuestro holocausto y no se habría presentado, ni nos habría dicho las cosas maravillosas que nos ha dicho y no habría hecho estos milagros.

24 Cuando nació el hijo, le pusieron Sansón, y el SEÑOR lo bendijo mientras crecía, 25 y el Espíritu de Dios comenzó a manifestarse en él cuando visitaba los campamentos de la tribu de Dan que estaba entre las ciudades de Zora y Estaol.

Matrimonio de Sansón

14 Un día Sansón fue a Timnat y se enamoró de cierta joven filistea. 2 Cuando regresó a su casa y dijo a su padre y a su madre que quería casarse con ella, 3 ellos se opusieron rotundamente.

—¿Por qué has de casarte con una filistea pagana? ¿Es que no existe en el pueblo de Israel una joven con la que te puedas casar?

—Es que ella es a quien quiero —respondió Sansón—. Tómala para mí.

4 El padre y la madre no comprendieron que el SEÑOR estaba tras aquella petición, porque estaba preparando una trampa a los filisteos que en aquel tiempo dominaban a Israel.

5 Cuando Sansón y sus padres iban hacia Timnat, un cachorro de león atacó a Sansón en los viñedos de las afueras del pueblo. 6 En aquel momento el Espíritu de Dios vino poderosamente sobre Sansón y, aunque no tenía armas, despedazó al león con la facilidad con que se mata un cabrito. Pero nada les dijo a su padre ni a

su madre acerca de ello. 7Llegados a Timnat, formalizó el compromiso con la muchacha que le agradaba.

8Días después, cuando volvía para la boda, Sansón se apartó del sendero para mirar los despojos del león y halló en él un panal de abejas que tenía miel. 9Tomó un poco de miel consigo para comer mientras caminaba, y dio miel también a su padre y a su madre. Pero no les dijo de dónde la había sacado.

10,11Mientras su padre estaba haciendo los arreglos para la boda, Sansón preparó una fiesta y los filisteos le enviaron treinta jóvenes del pueblo, para que estuvieran con él y lo vigilaran. 12Sansón les preguntó si querían que les propusiera una adivinanza y ellos aceptaron.

—Si ustedes aciertan mi adivinanza durante los siete días de fiesta —les dijo—, les daré treinta túnicas y treinta mudas de ropa. 13Pero si no aciertan, me dará cada uno una túnica y treinta mudas de ropa.

—De acuerdo —dijeron ellos—. Dinos el enigma, que lo escucharemos.

14Este era el enigma: «Del que come salió comida, y del fuerte salió dulzura».

Tres días más tarde aún estaban ellos tratando de adivinarlo. 15En el cuarto día le dijeron a la prometida de Sansón:

—Pídele a tu novio que te dé la respuesta, o nosotros quemaremos la casa de tu padre contigo adentro. ¿Fuimos invitados a esta fiesta para empobrecernos?

16Entonces la prometida de Sansón se puso a llorar delante de él y le dijo:

—Tú no me amas; tú me odias, porque has dicho una adivinanza a mi pueblo y no me has dicho la respuesta.

—No se la he dicho ni a mi padre ni a mi madre. ¿Por qué habría de decírtela a ti? —replicó.

17Cada vez que estaba con él, ella lloraba y se comportó de esa forma por el resto de la fiesta. Por fin, en el séptimo día, él le dio la respuesta y ella se la comunicó sin tardanza a los jóvenes. 18Antes de la puesta del sol del séptimo día, vinieron a darle la respuesta.

—¿Qué es más dulce que la miel —le preguntaron—, y qué es más fuerte que un león?

—Si no hubieran arado con mi ternera, no habrían solucionado mi enigma —replicó Sansón.

19Entonces el Espíritu del Señor vino sobre él y fue hasta la ciudad de Ascalón, mató a treinta hombres, les quitó la ropa y se la dio a los jóvenes que le habían contestado el enigma. Pero estaba tan furioso que abandonó a su prometida y regresó a su casa para vivir con su padre y su madre. 20La prometida de Sansón se casó entonces con el que iba a ser el padrino de la boda.

Sansón se venga de los filisteos

15 Algún tiempo después durante la siega, Sansón tomó un cabrito para llevarlo como presente a su prometida, con la intención de consumar el matrimonio con ella, pero el padre de ella no lo dejó entrar.

2—Yo pensé que tú la odiabas —le explicó—, así que la di en matrimonio a tu amigo. Pero mira, su hermana es más hermosa que ella. Cásate con ella.

3Sansón estaba furioso:

—No puedes culparme por lo que ahora va a ocurrir —le dijo.

4Entonces salió y cazó trescientas zorras y ató sus colas por pares. Puso luego antorchas entre cada dos colas 5y las encendió, y echó las zorras por los campos de los filisteos, haciendo que se incendiara el trigo cortado y en pie, los viñedos y los olivos.

6«¿Quién hizo esto?» —preguntaron los filisteos. «Sansón —fue la respuesta—, porque el padre de su prometida hizo que ella se casara con otro hombre».

Entonces los filisteos vinieron, tomaron a la muchacha y a su padre y los quemaron vivos. 7«Ahora se hará sentir nuevamente mi venganza» —juró Sansón. 8Acto seguido, los atacó con furia y mató a muchos de ellos. Luego se fue a vivir en una caverna en la roca de Etam. 9Los filisteos a su vez subieron a acampar en Judá e incursionaron sobre Lehí.

10—¿Por qué han venido aquí? —preguntaron los hombres de Judá.

Y los filisteos respondieron:

—A capturar a Sansón y a hacerle lo que él nos ha hecho a nosotros.

11Tres mil hombres de Judá fueron a buscar a Sansón a la cueva que está en la roca de Etam.

—¿Qué es lo que nos estás haciendo? —le preguntaron—. ¿No comprendes que los filisteos son los que nos gobiernan?

Pero Sansón respondió:

—Solamente les pagué por lo que me hicieron.

12,13—Hemos venido a capturarte y entregarte a los filisteos —dijeron los hombres de Judá.

—Muy bien —dijo Sansón—, pero prométanme que no me matarán ustedes.

—No —le respondieron—, no haremos tal cosa.

Lo ataron con dos cuerdas nuevas y se lo llevaron. 14Cuando Sansón y sus captores llegaron a Lehí, los filisteos gritaron de alegría. Pero el Espíritu del Señor vino sobre Sansón y las cuerdas con que estaba atado se rompieron como hilos

y cayeron de sus muñecas. 15Entonces tomó una
quijada de burro que estaba en el suelo y mató
a mil filisteos con ella. 16,17Mientras arrojaba la
quijada dijo:
«Con una quijada de burro he hecho montón
y montones.
Con una quijada de burro he batido a mil
hombres».
El lugar fue llamado Ramat Lehí (Colina de
la quijada).
18Como tuvo sed, oró al Señor:
—Le has dado a Israel una maravillosa liberación por medio de mí en este día, ¿debo ahora
morir de sed y quedar a merced de estos filisteos?
19Entonces el Señor hizo que brotara agua del
suelo y Sansón recobró fuerzas mientras bebía.
Entonces puso al lugar el nombre de Enacoré
(Fuente del que clamó), y allí está todavía aquel
manantial.
20Durante los veinte años siguientes, Sansón
gobernó a Israel, pero los filisteos todavía dominaban el país.

Sansón y Dalila

16 Un día Sansón fue a la ciudad filistea de
Gaza y pasó la noche con una prostituta. 2Pronto se supo que había sido visto en la
ciudad, y montaron guardia junto a las puertas
de la ciudad para capturarlo si trataba de irse.
«En la mañana —decían ellos—, cuando haya
suficiente luz, lo encontraremos y le daremos
muerte».
3Sansón estuvo acostado con la prostituta hasta
la media noche, y entonces se dirigió a las puertas
de la ciudad, las arrancó con sus dos postes, las
cargó sobre sus hombros y se las llevó hasta la
cumbre de la montaña que está frente a Hebrón.
4Algún tiempo después se enamoró de una
joven llamada Dalila, del valle de Sorec. 5Los
cinco jefes de los filisteos fueron a hablar con ella
y le pidieron que tratara de descubrir qué era lo
que hacía que Sansón tuviera tanta fuerza, a fin
de saber cómo vencerlo y encadenarlo. «Cada
uno de nosotros te dará mil cien monedas de
plata si lo haces» —le prometieron.
6Entonces Dalila rogó a Sansón que le dijera
su secreto.
—Sansón, dime por qué eres tan fuerte —
le rogaba—. No creo que nadie sea capaz de
capturarte.
7—Cómo no —respondió Sansón—. Si me
atan con siete mimbres verdes, quedaré tan débil
como cualquiera.
8Los jefes filisteos buscaron siete mimbres
verdes y, mientras dormía, ella lo ató. 9Algunos
de los hombres estaban escondidos en la pieza
contigua, de modo que tan pronto como ella lo
hubo atado, exclamó:
—¡Sansón, los filisteos están aquí!
Pero él reventó los mimbres verdes como si
hubieran sido hilo de algodón y no fue descubierto su secreto.
10Dalila le dijo:
—Te estás burlando de mí. Me has mentido.
Dime, ¿cómo se te puede vencer?
11—Si me atan con cuerdas nuevas que jamás
hayan sido usadas —le respondió—, seré tan
débil como cualquier otro hombre. 12Nueva-
mente, mientras él dormía, Dalila tomó cuerdas
nuevas y lo ató con ellas. Los filisteos estaban
escondidos en la pieza contigua como antes. Una
vez más Dalila dijo:
—¡Sansón, los filisteos han venido a capturarte!
Pero él rompió las cuerdas con sus brazos
como si fueran telas de araña.
13—Te has burlado nuevamente de mí, y me
has vuelto a mentir. Ahora dime cómo se te puede
capturar.
—Si tejes mi cabello con un telar —le dijo—,
yo me debilitaré.
14Cuando se durmió, hizo exactamente aquello
y luego gritó:
«¡Los filisteos han venido, Sansón!» Y él despertó y arrancó la urdimbre y el telar con sus
trenzas.
15«¿Cómo puedes decir que me amas, si no confías en mí? —se quejó ella—. Ya te has burlado
de mí tres veces y no me has dicho qué es lo que
te da la fuerza».
16Como Dalila lo acosaba e importunaba día
tras día, él no pudo resistir 17y finalmente le dijo
el secreto. «Jamás me he cortado el pelo —confesó—, porque soy nazareo para Dios desde mi
nacimiento. Si me cortaran el cabello, la fuerza
me abandonaría y yo sería tan débil como un
hombre común».
18Dalila comprendió que finalmente le había
dicho la verdad, por lo que mandó a buscar a
los cinco jefes de los filisteos. «Vengan una vez
más —dijo ella—, porque esta vez me ha dicho
la verdad». Entonces ellos llevaron el dinero que
le habían ofrecido. 19Ella lo hizo dormir con la
cabeza sobre sus rodillas, y ellos hicieron entrar a
un barbero para que le cortara el cabello. Dalila
se dio cuenta de que su fuerza lo había abandonado. 20Entonces ella gritó: «¡Los filisteos están
aquí para capturarte, Sansón!»
Él despertó y pensó: «Haré como antes: me
desharé de ellos». Pero no se había dado cuenta
de que el Señor se había apartado de él.
21Los filisteos lo capturaron, le sacaron los ojos
y se lo llevaron a Gaza, donde fue atado con
cadenas de bronce y lo ocuparon para mover
el molino y moler grano en la prisión. Pero el
cabello no tardó en crecerle nuevamente.

Muerte de Sansón

23,24Los jefes de los filisteos hicieron una gran fiesta a fin de celebrar la captura de Sansón. El pueblo hacía sacrificios al dios Dagón y lo alababan con mucho entusiasmo.

«Nuestro dios nos ha librado de nuestro enemigo Sansón —gritaban satisfechos al verlo allí atado con cadenas—. El enemigo de nuestra nación, el que destruía nuestros campos, y el que ha matado a tantos de nosotros, ahora está en nuestro poder».

25El pueblo ya medio embriagado, pidió:

«¡Traigan a Sansón para divertirnos a costa suya!»

Lo llevaron desde la prisión y lo pusieron en medio del templo entre las dos columnas que sostenían el techo. 26Sansón le dijo al muchacho que lo guiaba de la mano: «Pon una de mis manos en cada columna, para apoyarme en ellas». 27El templo estaba completamente lleno de gente. Todos los príncipes filisteos estaban allí también junto con tres mil personas que desde los balcones contemplaban a Sansón y se reían de él. 28Sansón oró al Señor y le dijo: «Oh Señor Dios, acuérdate de mí nuevamente, dame fuerzas sólo una vez más, para vengarme de los filisteos por la pérdida de mis ojos».

29Entonces Sansón empujó fuertemente las columnas y gritó: 30«Muera yo junto con los filisteos». Y el templo se derrumbó sobre los jefes de los filisteos y sobre todo el pueblo. Y los que él mató en el momento de morir fueron más de los que había matado en toda su vida.

31Más tarde sus hermanos y otros parientes fueron a buscar el cuerpo, y lo llevaron nuevamente a su tierra y lo sepultaron entre Zora y Estaol, donde Manoa había sido sepultado.

Sansón había gobernado a Israel durante veinte años.

Los ídolos de Micaías

17 En la región montañosa de Efraín vivía un hombre llamado Micaías.

2Un día le dijo a su madre:

—Aquellas mil cien monedas de plata que te habían robado, y por las cuales echaste una maldición contra el ladrón delante de mí, yo las robé.

—Dios te bendiga por confesarlo —respondió su madre—, 3y él le devolvió el dinero.

—Lo voy a consagrar al Señor a favor tuyo. Con él haremos un ídolo fundido y tallado.

4Tomó, pues, doscientas monedas y se las llevó a un platero, y el ídolo que hizo fue colocado en un santuario que Micaías hizo. 5Micaías, que tenía muchos ídolos en su colección y tenía también un efod y terafines, instaló a uno de sus hijos en el cargo de sacerdote. 6En aquellos días no había rey en Israel y cada uno hacía lo que quería.

7,8Un día llegó a aquel lugar un joven levita sacerdote de Belén que buscaba un buen lugar para vivir, y acertó a detenerse en la casa de Micaías.

9—¿De dónde vienes? —preguntó Micaías.

Y le respondió:

—Soy levita de Belén de Judá, y estoy buscando un lugar para vivir.

10,11—Bien, quédate conmigo —dijo Micaías— y serás mi sacerdote y te respetaré como a un padre. Te daré diez monedas de plata por año, ropa y comida.

Al joven le agradó la propuesta y pasó a ser como uno de los hijos de Micaías. 12Entonces Micaías lo consagró para que fuera su sacerdote personal.

13«Ahora sí que el Señor me ha de bendecir —exclamó Micaías—, porque tengo un sacerdote de verdad, ¡un levita!»

La tribu de Dan se establece en Lais

18 Como ya se ha dicho, no había rey en Israel en aquel tiempo. La tribu de Dan estaba tratando de encontrar un lugar donde establecerse, pues aún no habían recibido su heredad para establecerse allí. 2Entonces los hombres de Dan escogieron a cinco hombres valientes de las ciudades de Zora y Estaol para que exploraran la tierra donde habían de establecerse.

Cuando llegaron a la región montañosa de Efraín, se quedaron en casa de Micaías. 3Al darse cuenta del acento del levita que oficiaba de sacerdote, lo llamaron a un lado y le preguntaron:

—¿Qué estás haciendo aquí? ¿Por qué viniste?

4Él les contó acerca del contrato que tenía con Micaías y que era su sacerdote privado.

5—Bien —dijeron—, pídele entonces a Dios que te diga si nuestro viaje tendrá éxito.

6—Sí —contestó el sacerdote—. Todo saldrá bien. El Señor los cuidará.

7Los cinco hombres salieron y fueron a Lais, y notaron que allí todo el mundo se sentía seguro y confiado. Vivían a la manera de los sidonios y eran muy ricos. Vivían reposadamente y estaban totalmente desprevenidos para un ataque, porque no había tribus suficientemente fuertes en la región como para que intentaran atacarlos. Vivían a gran distancia de sus parientes en Sidón y tenían poco o ningún contacto con los pueblos cercanos. 8Los espías regresaron a Zora y Estaol.

—¿Qué hay? —preguntaron—. ¿Qué noticias nos traen?

9,10Y los hombres respondieron:

—Ataquemos sin pérdida de tiempo. La tierra es amplia y fértil. Es un verdadero paraíso.

El pueblo no está preparado para defenderse. ¡Vamos y tomémosla, porque el SEÑOR nos la ha dado!

[11]Seiscientos soldados de la tribu de Dan salieron de Zora y Estaol. [12]Acamparon en los lugares al oeste de Quiriat Yearín en Judá (lugares que todavía se conocen por el nombre de Campamento de Dan), [13]y luego siguieron hasta la región montañosa de Efraín.

Cuando pasaron por casa de Micaías, [14]los cinco exploradores les dijeron a los demás:

—Aquí hay un santuario con un efod, algunos terafines y muchos ídolos de plata. Es obvio lo que tenemos que hacer.

[15,16]Los cinco hombres entraron a la casa de Micaías y saludaron al joven sacerdote. Los seiscientos hombres armados se quedaron junto a la puerta, [17]mientras los cinco espías entraban en el santuario y sacaban los ídolos, el efod y los terafines.

[18]—¿Qué hacen? —preguntó el joven sacerdote, cuando vio que los sacaban.

[19]—Calla y ven con nosotros —le dijeron—. Serás nuestro sacerdote y te respetaremos como a un padre. Es mucho mejor que seas sacerdote de toda una tribu de Israel que de un solo hombre.

[20]El joven sacerdote se sintió muy feliz de irse con ellos y se llevó consigo el efod, los terafines y los ídolos. [21]Se pusieron en marcha nuevamente, poniendo a los hijos, el ganado y los enseres adelante. [22]Cuando ya estaban a buena distancia, los de la casa de Micaías salieron en su persecución [23]y les gritaban que se detuvieran.

—¿Qué pretenden persiguiéndonos de esta manera? —preguntaron los hombres de Dan.

[24]—¿Y lo preguntan? —replicó Micaías—. Se han robado mis dioses y mi sacerdote, y nada me han dejado.

[25]—Cuidado con lo que dices —replicaron los hombres de Dan—. Hay aquí algunos que son de ánimo colérico, y podrían enojarse y matarte.

[26]Los hombres de Dan siguieron su marcha. Cuando Micaías vio que eran muchos para enfrentarse a ellos por sí mismo, volvió a su casa. [27]Con los ídolos y el sacerdote de Micaías, los hombres de Dan llegaron a la ciudad de Lais. Ni siquiera había guardia; así que entraron, mataron a todo el pueblo y quemaron la ciudad hasta los cimientos. [28]Nadie pudo ayudar a sus habitantes porque estaba muy lejos de Sidón, y no tenían aliados locales porque no tenían tratos con nadie. Esto ocurrió en el valle que está junto a Bet Rejob.

El pueblo de la tribu de Dan reedificó la ciudad y vivió allí. [29]La ciudad fue llamada Dan, en honor a su antepasado, el hijo de Israel, pero anteriormente se llamaba Lais. [30]Luego instalaron los ídolos y designaron a un hombre llamado Jonatán, hijo de Gersón y biznieto de Moisés, y a sus hijos para que fueran sacerdotes. Esta familia continuó en el sacerdocio hasta que la ciudad fue finalmente conquistada en la época del cautiverio. [31]Así que la tribu de Dan adoró los ídolos de Micaías mientras el Tabernáculo permaneció en Siló.

El levita y su concubina

19 En aquellos días, antes que hubiera rey en Israel, hubo un hombre de la tribu de Leví que vivía en la parte más remota de la región montañosa de Efraín, que llevó a su casa a una mujer de Belén de Judá para que fuera su concubina. [2]Pero ella se enojó con él y huyó, y regresó a la casa de su padre en Belén, donde estuvo unos cuatro meses. [3]El hombre, tomando a un siervo y un burro para ella, fue para ver si podía hacerla regresar. Cuando llegó a la casa, ella lo dejó entrar y se lo presentó a su padre, quien estuvo encantado de conocerlo. [4]El padre le pidió que se quedara un tiempo, y él se quedó tres días, y pasaron momentos agradables.

[5]Al cuarto día se levantaron temprano, preparados para partir, pero el padre de la muchacha insistió en que desayunaran primero. [6]Luego les rogó que se quedaran un día más, puesto que lo estaban pasando bien. [7]Al principio el hombre se negó, pero el padre de la muchacha siguió instándole, hasta que finalmente cedió. [8]A la mañana siguiente, se levantaron temprano nuevamente y una vez más el padre de la mujer dijo: «Quédense solamente hoy día y salgan durante la tarde». Entonces ellos tuvieron otro día de fiesta.

[9]Aquella tarde, mientras él, la muchacha y el siervo se preparaban para partir, el padre de ella dijo: «Miren, se está haciendo tarde. Quédense esta noche y tendremos fiesta, y mañana pueden levantarse temprano y ponerse en marcha». [10]Pero esta vez el hombre fue firme, y se fue. Llegó hasta Jerusalén (también conocida como Jebús) antes que oscureciera.

[11]El siervo le dijo:

—Se está haciendo demasiado tarde para seguir el viaje. Quedémonos aquí esta noche.

[12]—No —dijo el amo—. No podemos quedarnos en esta ciudad extraña donde no hay israelitas. [13]Seguiremos hasta Guibeá o posiblemente hasta Ramá.

[14]Siguieron la marcha. El sol se estaba poniendo cuando llegaron a Guibeá, un pueblo de la tribu de Benjamín. [15]Allí fueron para pasar la noche. Pero, como nadie les ofreció hospedaje, acamparon en la plaza del pueblo. [16]Pero en eso apareció un anciano que regresaba de su trabajo a su hogar, pues trabajaba en el campo (originalmente era de la región montañosa de Efraín pero vivía en Guibeá, aun cuando era territorio

de Benjamín). 17Cuando vio a los viajeros acampados en la plaza, les preguntó de dónde eran y hacia dónde iban.

18—Vamos desde Belén de Judá hacia mi casa. Vivo en la región más lejana del monte de Efraín, cerca de Siló. Pero nadie nos ha acogido por esta noche, 19aun cuando tenemos forraje para nuestros burros y suficiente alimento y vino para nosotros.

20—No se preocupen —dijo el anciano—, vengan a mi casa. No deben pasar la noche en la plaza. Es muy peligroso.

21Y dicho y hecho, los llevó a casa consigo, les dio forraje a los burros mientras ellos descansaban, y luego cenaron juntos.

22Estaban comenzando a alegrarse, cuando rodeó la casa una pandilla de pervertidos sexuales y comenzaron a golpear la puerta y a pedir al anciano que sacara al hombre que estaba con él para violarlo.

23El anciano salió y habló con ellos.

—No, hermanos míos. No hagan tal perversidad —les rogó—, porque es mi huésped. 24Tomen a mi hija virgen y a la esposa de este hombre. Yo las sacaré y pueden hacer con ellas lo que quieran, pero no toquen a este hombre.

25Pero no quisieron oírle. Entonces el levita empujó a su mujer hacia afuera, y ellos abusaron de ella toda la noche, violándola por turnos hasta la mañana. Al fin, al amanecer la dejaron ir. 26Ella se desplomó en la entrada de la casa y quedó allí hasta que aclaró. 27Cuando el hombre abrió la puerta para seguir su camino, la encontró caída frente a la puerta con las manos agarrando el umbral.

28«Levántate y vamos —le dijo—. Pongámonos en marcha». Pero no recibió respuesta, pues ella estaba muerta. Él la cargó entonces sobre el burro y se fue a su casa.

29Llegado allí tomó un cuchillo y cortó el cuerpo en doce partes y envió una parte a cada una de las tribus de Israel. 30«No se había visto un crimen similar desde que Israel salió de Egipto —decían todos—. Tenemos que hacer algo».

Los israelitas derrotan a los benjaminitas

20 Entonces toda la nación de Israel envió a sus dirigentes y a cuatrocientos cincuenta mil hombres para que se reunieran delante del Señor en Mizpa. Vinieron desde Dan, desde Berseba y de todos los lugares intermedios, y desde el otro lado del Jordán, de la tierra de Galaad. 3Pronto supieron en Benjamín que las fuerzas israelitas se habían movilizado en Mizpa. Los jefes de Israel entonces llamaron al hombre de la mujer asesinada y le preguntaron qué había ocurrido.

4—Llegamos una noche a Guibeá, a la tierra de Benjamín —les contó—. 5Esa noche los hombres de Guibeá rodearon la casa con el fin de matarme; y violaron a mi mujer hasta que murió. 6Yo corté su cuerpo en doce pedazos y los envié por todo Israel, porque esos hombres habían cometido un crimen horrendo. 7Ahora, hijos de Israel, denme su parecer y su consejo.

8Y como un solo hombre respondieron:

—Ninguno de nosotros regresará a casa 9,10hasta que no hayamos terminado de castigar al pueblo de Guibeá. La décima parte de las tribus será seleccionada por suertes y estará encargada de abastecernos de alimentos, y el resto de nosotros destruirá a Guibeá por esta horrible acción.

11Todos los hombres de Israel se juntaron contra la ciudad, 12y enviaron mensajeros a la tribu de Benjamín a preguntar: «¿Saben lo que ha ocurrido entre ustedes? 13Entreguen a los hombres perversos de Guibeá para que podamos ejecutarlos y purificar a Israel de su pecado». Pero el pueblo de Benjamín no prestó atención. 14,15En vez de oír, enviaron veintiséis mil hombres a Guibeá para que se unieran a los setecientos del lugar en la defensa contra el resto de Israel. 16Entre ellos había setecientos hombres zurdos de muy buena puntería, que podían dar con la honda a un cabello sin errar. 17Los hombres de Israel, sin los hombres de Benjamín, sumaba cuatrocientos mil hombres.

18Antes de la batalla, los israelitas fueron a Betel a pedir consejo a Dios.

—¿Qué tribu nos guiará contra el pueblo de Benjamín? —le preguntaron.

Y el Señor respondió:

—Judá irá delante.

19,20Salieron a la mañana siguiente para ir a Guibeá y atacar a los hombres de Benjamín. 21Pero los hombres que defendían el pueblo atacaron y dieron muerte a veintidós mil israelitas aquel día. 22-24Luego los hombres de Israel lloraron delante del Señor hasta la tarde y le preguntaron:

—¿Seguiremos luchando contra nuestro hermano Benjamín?

Y el Señor respondió:

—Sí.

Los israelitas recuperaron el valor y fueron al día siguiente a pelear en el mismo lugar. 25Aquel día perdieron otros dieciocho mil hombres, todos hombres de espada.

26Entonces todos los israelitas subieron a Betel y lloraron delante del Señor, y ayunaron hasta la tarde, ofreciendo holocaustos y sacrificios de paz. 27,28(El cofre de Dios estaba en Betel en aquellos días; Finés, hijo de Eleazar y nieto de Aarón era el sacerdote.)

Los hombres de Israel preguntaron al SEÑOR:
—¿Saldremos nuevamente y pelearemos
contra nuestro hermano Benjamín o nos deten-
dremos?

Y el SEÑOR les dijo:

—Vayan, porque mañana haré que derroten
a los hombres de Benjamín.

29Entonces Israel puso una emboscada alrededor del pueblo 30y salió nuevamente al tercer
día, y se pusieron en la formación acostumbrada.
31Cuando los hombres de la tribu de Benjamín
salieron a atacarlos, las fuerzas de Israel retroce-
dieron y Benjamín salió de la ciudad en persecución de Israel. Y de la manera que habían hecho
anteriormente, Benjamín comenzó a perseguir a
los hombres de Israel a lo largo del camino que
corre entre Betel y Guibeá, hasta que treinta de
ellos murieron.

32Los de Benjamín gritaron: «Los estamos
derrotando nuevamente». Pero los israelitas se
habían puesto de acuerdo para huir primero a fin
de que los hombres de Benjamín los persiguieran
y abandonaran la ciudad.

33Cuando los hombres de Israel llegaron a Baal
Tamar, se volvieron y atacaron, mientras los diez
mil hombres emboscados al oriente de Guibeá
salieron de donde estaban 34y avanzaron contra la retaguardia de la gente de Benjamín, que
aún no comprendía el desastre que se avecinaba.
35-39El SEÑOR ayudó a Israel a derrotar a Benjamín.
Aquel día los israelitas mataron a veinticinco mil
cien hombres de Benjamín, dejando apenas un
pequeño remanente de sus fuerzas.

Los israelitas habían retrocedido delante de
los hombres de Benjamín con el fin de ponerles
una emboscada y tener más espacio para manio-
brar. Cuando los de Benjamín dieron muerte a
treinta israelitas, creyeron que iban a hacer una
matanza en masa como en los días anteriores.
Pero entonces los hombres que estaban escondidos entraron en la ciudad y mataron a todos
los que estaban en ella y le prendieron fuego. La
gran nube de humo que subía hacia el cielo fue
la señal para que Israel diera vuelta y atacara
a los de Benjamín, 40,41quienes al mirar detrás
quedaron aterrados al descubrir que la ciudad
estaba ardiendo, y que estaban en serio peligro.
42Huyeron hacia el desierto, pero los israelitas los
destruyeron y los hombres que habían puesto la
emboscada vinieron y se unieron en la matanza
por la retaguardia. 43Rodearon a los benjamitas
al este de Guibeá y mataron a la mayoría de
ellos allí. 44Dieciocho mil hombres de Benjamín
murieron en la batalla aquel día. 45El resto huyó
al desierto hacia la roca de Rimón, pero cinco
mil fueron muertos a lo largo del camino, y dos
mil más cerca de Guidón.

46La tribu de Benjamín perdió veinticinco mil
valientes guerreros aquel día. 47De ellos quedaron
sólo seiscientos hombres que escaparon a la roca
de Rimón, donde vivieron cuatro meses. 48Enton-
ces los israelitas regresaron y mataron a toda
la población de la tribu de Benjamín, hombres,
mujeres, niños y ganado, e incendió todas las
ciudades y pueblos de aquella tierra.

Esposas para los benjaminitas

21 Los jefes de Israel habían jurado en Mizpa
que no permitirían que sus hijas se casaran con hombres de la tribu de Benjamín.

2Los caudillos de Israel se reunieron en Betel
y se sentaron delante del SEÑOR hasta la tarde
y lloraron amargamente. 3«Oh SEÑOR, Dios de
Israel —lloraban—, ¿por qué ha sucedido esto,
que una de nuestras tribus falte?»

4Al día siguiente se levantaron temprano
y edificaron un altar, y ofrecieron sacrificios
y ofrendas de paz en él. 5Y decían entre ellos:
«¿Hubo alguna tribu de Israel que no estuviera
representada cuando tuvimos nuestro consejo
delante del SEÑOR en Mizpa?»

En aquella ocasión se había acordado por
juramento solemne que quien se negara a asistir «debía morir».

6Hubo profunda tristeza a través de todo Israel
por la pérdida de la tribu hermana de Benjamín.
«Ha sido cortada de Israel toda una tribu —
decían—. 7¿Cómo conseguiremos mujeres para
los pocos que quedan, puesto que hemos jurado
al SEÑOR que no les daremos nuestras hijas?»

8,9Entonces pensaron nuevamente en el juramento que habían hecho de matar a todos los que
se habían negado a acudir a Mizpa y recordaron
que al pasar lista a la tropa, de Jabes Galaad nadie
había asistido.

10-12Así pues, enviaron doce mil de los mejores
soldados para que destruyeran Jabes Galaad.
Todos los hombres, las mujeres casadas y los
niños fueron muertos, pero las doncellas de Jabes
Galaad fueron dejadas con vida. Hubo cuatrocientas de éstas y fueron llevadas al campamento
de Siló.

13Israel envió una delegación de paz al pequeño remanente de hombres de Benjamín que estaban en la roca de Rimón. 14Les fueron entregadas
las cuatrocientas jóvenes para que se casaran
con ellas y regresaron a sus hogares. Pero no
fueron suficientes para todos ellos. 15Aquel fue
un tiempo muy triste para Israel, porque el
SEÑOR había abierto una brecha entre las tribus
de Israel. 16«¿De dónde sacaremos mujeres para
los demás, puesto que todas las mujeres de Benjamín han muerto? —preguntaban los dirigentes
de Israel—. 17Tenemos que hallar una forma de
obtener mujeres para ellos, a fin de que no se

pierda para siempre toda una tribu de Israel.
18Pero no podemos darles nuestras hijas, hemos
jurado con voto solemne que cualquiera que lo
haga será maldito de parte de Dios».

19De pronto alguien se acordó de la festividad
religiosa anual que se tenía en los campos de
Siló, entre Leboná y Betel, al costado oriental del
camino que va desde Betel a Siquén, y 20dijeron
a los hombres de Benjamín que todavía necesitaban mujeres: «Vayan y escóndanse en los
viñedos, 21y cuando las jóvenes de Siló salgan
para ir a sus danzas, corran y tómenlas y llé-
venselas para que sean sus mujeres. 22Y cuando
sus padres y hermanos vengan a protestar, les
diremos: "Por favor, sean comprensivos, y dejen
que ellos tengan a sus hijas porque no hallamos
suficientes esposas para ellos cuando destruimos
Jabes Galaad, y ustedes no podían darles sus hijas
a ellos sin ser culpables"».

23Los hombres de Benjamín hicieron como se
les dijo. Raptaron a las doncellas que tomaban
parte en la fiesta y se las llevaron a su tierra.
Luego reedificaron sus ciudades y vivieron en
ellas. 24Entonces el ejército de Israel se disolvió
y regresó cada uno a su casa.

25En aquel tiempo no había rey en Israel y cada
hombre hacía lo que bien le parecía.

RUT

¿Quién lo escribió?

El autor de esta obra es desconocido. Algunos han sugerido a Samuel, pero no existen evidencias conclusivas al respecto.

¿A quién lo escribió?

El libro le ofreció al pueblo una vista a la fe y la piedad, en medio de crisis nacional y degeneración moral.

¿Cuándo y dónde lo escribió?

Es probable que este libro fuera escrito poco antes o durante el reinado de David (1011-971 a.C.), quien es incluso mencionado en 4:17,22.

Panorama del libro

Este es uno de los libros más nobles de la Biblia. Incluso por sus trazos románticos en la manera en la que está escrito. En él se describe la línea ancestral del rey David. Sin embargo, el libro es mucho más que una exposición legal. Se trata de la historia de una familia (la de Elimelec); de una amistad (Noemí y Rut) y de un romance (el de Rut y Booz); todo ello dentro del contexto de leyes y costumbres sumamente nobles y generosas. La obra muestra la gracia de Dios al incorporar a una mujer extranjera al pueblo de Dios y su Providencia al dirigir los eventos hacia sus sabios propósitos. La palabra hebrea para redención aparece 23 veces en este corto libro. Ese es el enfoque principal de Rut. Aunque sea difícil de creer, este precioso libro se desarrolla en la época de caos, desorden, corrupción, idolatría y anarquía que caracterizó el tiempo de los jueces. Es por eso conocido como un faro en la noche oscura, una historia que trae un dulce sabor en una época amarga. Constituye un puente entre la época de los jueces y la monarquía.

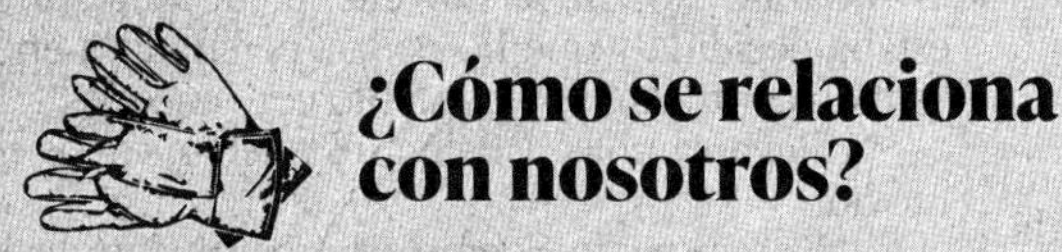

¿Cómo se relaciona con nosotros?

En este libro aprendemos que Dios coordina detalles pequeños para llevar a cabo su plan de rescate de una familia. Nuestras decisiones de hoy tienen repercusiones para otras personas, y en particular para nuestros descendientes. Nuestra obediencia puede dejar un legado de fe a las siguientes generaciones, así como el apartarse de los caminos de Dios puede afectarlas. Una gran lección que no puede pasar desapercibida en este libro es la que se refiere a la importancia de tomar decisiones sabias, buscando y escuchando el consejo de los más sabios. Toda decisión que tomemos afectará tarde o temprano a los que nos rodean y traerán consecuencias incluso eternas, y es por eso por lo que debemos confiar en que Dios sigue teniendo el control total de cada cuestión grande o pequeña de nuestras vidas, aunque las circunstancias no lo hagan notar en el momento. Incluso en medio del caos, Dios sigue siendo dueño de la historia y por eso lo mejor que podemos hacer en cada circunstancia es obedecer y mantener la fe intacta animándonos como matrimonio.

¿Cómo lo estudiamos?

1) Dios controla aun la tragedia. Cáp. 1
2) La actitud correcta es usada para avanzar los planes de Dios. Cáp. 2
3) Un noble romance bajo la dirección de Dios. Cáp. 3
4) La recompensa de hacer lo correcto ante Dios. Cáp. 4

Rut

Noemí y Rut

1 Cuando los jueces gobernaban en Israel, un hombre llamado Elimélec, de Belén de Judá, se fue a causa del hambre que azotaba al país y se estableció en la tierra de Moab. 2Con él se fueron su esposa Noemí, y sus dos hijos Majlón y Quilión. Todos ellos efrateos.

3Estando en Moab murió Elimélec, y Noemí quedó con sus dos hijos. 4,5Los dos jóvenes, Quilión y Majlón, se casaron con Orfa y Rut respectivamente, que eran moabitas, y residieron allí unos diez años. Algún tiempo después ambos hombres murieron, y Noemí quedó sola, sin esposo y sin hijos. 6,7Decidió regresar a Israel con sus dos nueras, porque había oído decir que el Señor había nuevamente bendecido a su pueblo con muy buenas cosechas.

8Pero después de comenzado el viaje de regreso, Noemí dijo a sus dos nueras:

—¿Por qué no regresan mejor a casa de sus padres? Quizás Dios las recompense por la fidelidad que han mostrado a sus maridos y a mí. 9Tal vez él las bendiga y les conceda que tengan otro matrimonio feliz.

Y las besó. Pero ellas se pusieron a llorar.

10—No —dijeron—. Queremos ir contigo y vivir en tu pueblo.

11Pero Noemí replicó:

—Es mejor que regresen a su pueblo. Yo no voy a tener más hijos que puedan casarse con ustedes.[a] 12No, hijas mías, regresen a casa de sus padres, porque yo soy demasiado vieja para tener marido. Y aun si ello fuera posible, y yo pudiera concebir esta noche y dar a luz hijos, 13¿esperarían ustedes a que ellos crecieran? No, por supuesto que no, queridas hijas mías. ¡No saben cuánto siento que el Señor me haya castigado de esta manera y que esto les cause dolor!

14Nuevamente se pusieron a llorar, y Orfa besó a su suegra para despedirse, y regresó a su pueblo natal. Sin embargo, Rut siguió junto a Noemí.

15—Mira —le dijo Noemí—, tu concuña ha regresado a su pueblo y a sus dioses. Tú deberías hacer lo mismo.

16Pero Rut replicó:

—No me pidas que te deje y me aparte de ti; adondequiera que tú vayas iré yo, y viviré donde tú vivas; tu pueblo será mi pueblo, y tu Dios será mi Dios. 17Quiero morir donde tú mueras, y ser sepultada allí. Y que Dios me castigue si no cumplo mi promesa. Nada nos separará, ¡ni siquiera la muerte!

18Cuando Noemí se dio cuenta de que Rut estaba decidida y que no podría persuadirla en sentido contrario, ya no intentó convencerla.

19Al llegar ambas a Belén, el pueblo se conmovió.

—¿Es realmente Noemí? —preguntaban las mujeres.

20Pero ella contestaba:

—No me llamen Noemí. Llámenme Mara (Noemí significa «dulce»; Mara significa «amarga»), porque el Todopoderoso me ha dado gran amargura. 21Salí de aquí llena, y el Señor me ha devuelto vacía. ¿Por qué habría de llamarme Noemí cuando el Señor me ha vuelto la espalda y me ha enviado tal calamidad?

22El regreso de ellas de Moab y su llegada a Belén coincidió con el tiempo de la cosecha de la cebada.

Encuentro de Rut con Booz

2 Noemí tenía un pariente de su marido en Belén que era muy rico. Se llamaba Booz.

2Un día Rut le dijo a Noemí:

—Quizás yo pueda ir a los campos de algún hombre bondadoso para recoger algunas de las gavillas que quedan tras los segadores.

Y Noemí dijo:

—Muy bien, hija mía, ve a hacer lo que has dicho.

3Y así lo hizo. Ocurrió que el campo en que ella entró a espigar pertenecía a Booz el pariente del marido de Noemí. 4Booz llegó de la ciudad mientras ella estaba allí. Después de cambiar saludos con los segadores, 5preguntó al capataz:

—¿Quién es esa muchacha que está allí?

6El capataz le dijo:

—Es la joven moabita que volvió con Noemí. 7Me pidió permiso esta mañana para recoger las gavillas que se les caían a los segadores, y ha estado recogiéndolas desde entonces, salvo unos pocos minutos que estuvo descansando a la sombra.

8Booz se dirigió a ella y le dijo:

—Escucha, hija mía. Quédate aquí para espigar. No vayas a otros campos. 9Sigue detrás de mis segadoras. Yo les he dicho a los hombres que no te molesten; y cuando tengas sed, bebe del agua que sacan los criados.

10Ella le dio gracias de todo corazón:

—¿Cómo puedes ser tan bondadoso conmigo? —preguntó—. Tú sabes que yo tan sólo soy una extranjera.

11—Sí —replicó Booz—, pero sé también de todo el amor y bondad que has mostrado a tu suegra desde la muerte de tu marido, y cómo has

1.8–9 1.12–14 1.16–18 2.4–13

a. Los padres solían retener a la nuera viuda en la familia casándola con un hermano menor de su ex marido. Véase Deuteronomio 25.5-10.

dejado a tu padre y a tu madre en tu tierra y has venido a vivir entre nosotros como extranjera. 12Que el Dios de Israel, bajo cuyas alas has venido a refugiarte, te bendiga por ello.

13—Gracias, señor —contestó ella—, tú has sido bondadoso conmigo, aunque ni siquiera soy una de tus trabajadoras.

14A la hora de la comida, Booz la llamó:

—Ven y come con nosotros.

Ella se sentó con los segadores y él le sirvió comida, más de la que podía comer. 15Y cuando volvió al trabajo nuevamente, Booz les dijo a sus hombres que la dejaran espigar entre las gavillas sin prohibírselo, 16y que dejaran caer espigas con el propósito de que ella las recogiera, y no la reprendieran. 17Ella trabajó allí todo el día, y en la tarde, después de desgranar la cebada que había espigado la midió, y eran como veinticuatro kilos. 18Se los llevó a la ciudad y se los dio a su suegra, juntamente con la comida que había sobrado.

19—¿Cómo pudiste sacar tanto? —exclamó Noemí—. ¿Dónde has estado espigando hoy? Gracias a Dios por la persona que ha sido tan bondadosa contigo.

Rut le contó a su suegra todo lo ocurrido y le dijo que el nombre del propietario del campo era Booz.

20—¡Que Dios lo bendiga! Dios ha seguido mostrándonos su misericordia a nosotras y también a tu marido muerto —exclamó Noemí muy emocionada—. Ese hombre es uno de nuestros parientes más cercanos. Él tiene la obligación de ayudarnos.

21—Me dijo que regresara y espigara muy cerca de las segadoras hasta que haya terminado la cosecha de todo el campo —añadió Rut.

22—¡Esto es maravilloso! —exclamó Noemí—. Haz lo que él ha dicho. Quédate con sus criadas hasta que haya terminado la cosecha. Estarás más segura allí que en cualquier otro campo.

23Así lo hizo Rut, y espigó con ellos hasta el fin de la cosecha de la cebada, y luego durante el tiempo de la cosecha del trigo. En ese tiempo vivía con su suegra.

Rut y Booz en la era

3 Un día Noemí le dijo a Rut:

—Hija mía, ¿no crees que ya es tiempo de que trate yo de encontrar un marido para ti, y que así formes nuevamente un hogar feliz? 2Estoy pensando en Booz; tú has estado trabajando con sus sirvientas, y es un pariente muy cercano. Sé que esta noche estará aventando cebada en la era. 3Haz lo que te voy a decir: báñate y perfúmate y ponte tu mejor vestido, y ve luego al campo. Pero no permitas que te vea hasta que haya terminado de comer. 4Fíjate entonces dónde se acuesta a dormir. Ve enseguida y levanta la manta con que se cubre los pies y acuéstate allí, y él te dirá lo que tendrás que hacer en cuanto a matrimonio.

5—Muy bien —dijo Rut—. Haré lo que me has dicho.

6Fue a la era aquella noche, y siguió las instrucciones de su suegra. 7Después que Booz terminó de comer, se retiró muy contento a acostarse en un montón de paja y se puso a dormir. Rut se acercó silenciosamente, levantó la manta que le cubría los pies y se acostó allí. 8Repentinamente, a medianoche, él se despertó y se sentó sorprendido. Se dio cuenta de que había una mujer a sus pies.

9—¿Quién eres? —le preguntó.

—Soy yo, señor; Rut —explicó ella—. Hazme tu esposa conforme a la ley de Dios, porque tú eres mi pariente más cercano.

10—¡Dios te bendiga, hija mía! —exclamó—. Porque has sido ahora más bondadosa con Noemí que antes. Naturalmente debías haber preferido a un hombre más joven, aun cuando hubiera sido más pobre. 11No te preocupes, hija mía. Yo me encargaré de los detalles, porque todos sabemos que eres una mujer virtuosa. 12Sólo hay un problema. Es verdad que yo soy un pariente cercano, pero hay alguien que está más estrechamente emparentado contigo. 13Quédate aquí durante la noche, y en la mañana yo le hablaré; si él quiere casarse contigo, que se case y que cumpla con su deber. Pero si no, por el Señor que lo haré. Acuéstate aquí hasta la mañana.

14Ella se acostó a sus pies hasta la mañana, y antes de que aclarara se levantó, porque él le había dicho: que nadie se entere de que ha habido una mujer en la era.

15Dame tu manto le dijo a ella. Midió unos veinte kilos de cebada en el manto para que la llevara como un regalo a su suegra, y se lo puso a la espalda.

Ella regresó a la ciudad.

16—¿Qué ha ocurrido? —le preguntó Noemí al llegar.

Rut le contó a Noemí todo lo ocurrido, 17y le entregó la cebada que le había mandado Booz. ¡No había permitido que ella regresara a casa sin un presente para su suegra! 18Entonces Noemí le dijo:

—No hay que hacer nada más. Booz no descansará hasta haber resuelto este asunto. Él lo arreglará todo hoy mismo.

2.15–16 2.20 3.10–11

Matrimonio de Booz y Rut

4 Booz fue hasta la puerta de la ciudad y se sentó. En eso pasó por allí el pariente que había mencionado y lo llamó.

—Oye, ven acá. Siéntate y hablaremos un momento.

Se sentaron. 2Booz llamó a diez ancianos de la ciudad y les pidió que se sentaran como testigos. 3Booz le dijo a su pariente:

—Tú conoces a Noemí, que volvió de Moab. Ella quiere vender la propiedad de Elimélec nuestro hermano. 4Yo creí que debía hablarte de ello para que puedas comprarla, si quieres, con estos hombres respetables como testigos. Si la quieres, házmelo saber ahora, porque si tú no la compras, yo lo haré. Tú tienes el primer derecho de redimirla y yo estoy después.

—Muy bien, yo la compraré —contestó el hombre.

5Booz le dijo:

—La compra de la tierra de Noemí requiere también que te cases con Rut, a fin de que ella pueda tener hijos que lleven el nombre de su marido y puedan heredar la tierra.

6—Yo no puedo hacer eso —contestó el hombre— porque afectaría mi herencia a mis herederos.

7En aquellos días era costumbre en Israel que al transferir un hombre sus derechos de propiedad, se quitara el calzado y lo pasara al otro. Esto daba validez pública a la transacción. 8Así pues, cuando este hombre le dijo a Booz: «cómprala para ti», se quitó el zapato. 9Entonces Booz dijo a los testigos y a los que miraban:

—Ustedes son testigos de que hoy le he comprado a Noemí la propiedad de Elimélec, Quilión y Majlón; 10y que con ella he redimido a Rut la moabita, la viuda de Majlón, a fin de que sea mi esposa, y pueda tener un hijo que lleve el nombre de la familia de su marido muerto.

11Y todo el pueblo que estaba de pie allí, y los testigos respondieron:

—Somos testigos. Que el Señor haga que esta mujer que ha venido a formar parte de tu hogar, sea tan fértil como Raquel y Lea, de quienes desciende toda la nación de Israel. Que seas poderoso y de renombre en Belén; 12y que los descendientes que el Señor te dé por medio de esta mujer sean tan numerosos y honorables como nuestro antecesor Fares, el hijo de Tamar y de Judá.

Genealogía de David

13Entonces Booz se casó con Rut y el Señor le dio un hijo.

14Y las mujeres de la ciudad le dijeron a Noemí: «Bendito sea el Señor, que te ha dado este nieto, para que se encargue de ti. Que sea famoso en Israel. 15Que él rejuvenezca tu alma, y cuide de ti en tu vejez, porque es el hijo de tu nuera. Ella vale más que siete hijos, y ha sido muy buena contigo y te ama tanto».

16Noemí tomó el hijo en sus brazos, y se encargo de criarlo. 17Entonces las vecinas dijeron: «Por fin, Noemí ha tenido un hijo».

Y le pusieron por nombre Obed. Él fue el padre de Isaí y abuelo de David.

18Este es el árbol genealógico de Booz comenzando desde Fares:

Fares, Jezrón, 19Ram, Aminadab, 20Naasón, Salmón, 21Booz, Obed, 22Isaí, David.

4.10 4.13–17 4.22

Investiguemos Juntos

1 SAMUEL

¿Quién lo escribió?

El autor del libro es desconocido. Samuel es una figura que destaca en este libro, y se mencionan sus escritos en el 10:25. 1 y 2 Samuel fueron llamados así por ser éste el último juez de Israel, uno de sus grandes profetas, a quien Dios utilizó para el establecimiento de la monarquía. Pero no es probable que él lo escribiera, porque también su muerte es narrada en el 25:1. La tradición judía menciona a los profetas Natán y Gad como dos redactores de estos libros, basados en 2 Cr. 29:29. De cualquier forma, el autor del libro presenta la perspectiva de Dios de la historia que acontece en el pueblo de Israel.

¿A quién lo escribió?

Los receptores de este libro son los israelitas que vivieron durante los reinados de David y Salomón. La institución de la monarquía marcó una importante transición en la vida del pueblo, que vino desde la teocracia de Moisés y Josué, pasando luego por la anarquía en el período de los jueces. El pueblo no estuvo dispuesto a depender de Dios y prefirió un rey "como todas las demás naciones" (cap. 8).

¿Cuándo y dónde lo escribió?

La fecha de redacción del libro es incierta, pero no puede ser antes de la muerte de David, ya que ese evento es narrado al final de 2 Samuel. El libro cubre un período de más o menos un siglo, desde el nacimiento de Samuel hasta la muerte de Saúl y el inicio del reinado de David.

Panorama del libro

En el canon judío los dos libros de Samuel forman uno solo. Juntos tienen como propósito presentar la transición del pueblo de Israel desde una federación de tribus hasta una monarquía mejor establecida. Este primer libro trata de los orígenes de la monarquía, desde la figura transicional del profeta Samuel, pasando por el intento fallido con Saúl, hasta la preparación del rey definitivo de esta esta forma de gobierno, David. La evaluación que hace el autor de cualquier gobierno o rey es la soberanía de Dios, quien, en último caso, es quien elige y tiene bajo control el destino de su pueblo, aun y cuando, éste desea regir su propio destino.

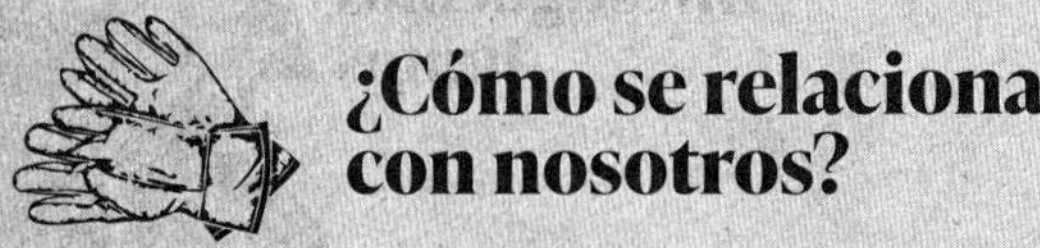

¿Cómo se relaciona con nosotros?

Aunque el libro contiene historias muy conocidas, no siempre han sido suficientemente analizadas; ellas invitan a explorar lo que hay en el corazón de los personajes principales. La lección fundamental del libro es el valor de la integridad y de cuáles son las consecuencias del pecado. Esto es a nivel tanto personal como nacional. 1 Samuel deja ver que la santidad o el pecado no comienzan en los actos externos, sino en lo invisible y secreto de nuestros corazones. Todos nos equivocamos, pero hay una gran diferencia cuando le damos a Dios nuestro corazón y dejamos que Él sea nuestro único y verdadero rey.

¿Cómo lo estudiamos?

1) Samuel, el restaurador: cómo ser líder en tiempos de transición. Caps. 1-7
2) Saúl, el primer rey: cuando tener un gran potencial no es suficiente. Caps. 8-15
3) David, el futuro rey: el difícil camino de la preparación. Caps. 16-31

1 Samuel

Nacimiento de Samuel

1 Elcaná era un hombre de la tribu de Efraín que vivía en Ramatayin de Zofim, en la región montañosa de Efraín.

Su padre se llamó Jeroán; su abuelo, Eliú; su bisabuelo, Tohu, y su tatarabuelo, Zuf.

2Tenía dos esposas, Ana y Penina. Penina tenía hijos, pero Ana no.

3Cada año Elcaná y su familia viajaban al santuario en Siló para adorar al SEÑOR Todopoderoso y ofrecerle sacrificios. En aquel tiempo oficiaban como sacerdotes los dos hijos de Elí, Ofni y Finés. 4El día que ofrecía sacrificio, Elcaná celebraba la ocasión dando porciones de la carne a Penina y a sus hijos e hijas. 5A Ana le daba una porción especial, pues la amaba mucho, a pesar de que el SEÑOR no le había concedido tener hijos. 6Penina empeoraba la situación burlándose de Ana a causa de su esterilidad. 7Todos los años era igual: Penina se burlaba y se reía de ella cuando iban a Siló, y la hacía llorar tanto que Ana no podía comer.

8«¿Qué pasa, Ana? —le preguntaba Elcaná—, ¿por qué no comes? ¿Por qué te afliges tanto por no tener hijos? ¿No es mejor tenerme a mí que tener diez hijos?»

9Una tarde en Siló, después de la cena, Ana fue al santuario. Elí el sacerdote estaba sentado en el lugar acostumbrado junto a la entrada. 10Ella estaba profundamente angustiada y clamaba con amargura mientras oraba al SEÑOR. 11E hizo este voto: «Oh SEÑOR, Dios Todopoderoso, si miras mi dolor y respondes a mi oración dándome un hijo, yo te lo devolveré y será tuyo por toda su vida, y jamás será cortado su cabello».[b]

12,13Como Elí vio que Ana prolongaba mucho su oración y que movía los labios sin emitir sonido, pensó que estaba ebria.

14—¿Cómo te atreves a venir aquí borracha? —le dijo—. ¡Deja ya tu borrachera!

15,16—No, señor —contestó ella—, no estoy ebria; es que estoy muy triste y estaba derramando las penas de mi corazón delante del SEÑOR. No pienses que soy una borracha.

17—En ese caso —dijo Elí—, alégrate, y que el Dios de Israel conceda tu petición, cualquiera que sea.

18—¡Oh, gracias, señor! —exclamó ella, y regresó muy alegre y comenzó a comer nuevamente.

19El día siguiente toda la familia se levantó temprano y fueron al santuario a adorar al SEÑOR una vez más. Entonces regresaron a su hogar en Ramá, y cuando Elcaná durmió con Ana, el SEÑOR se acordó de su petición.

20Pasado el tiempo, ella tuvo un hijo. Y le puso Samuel (Pedido a Dios) porque, como ella dijo: «Se lo pedí al SEÑOR».

Ana dedica a Samuel

21Al año siguiente, Elcaná y Penina y sus hijos fueron a ofrecer el sacrificio anual al santuario, 22pero Ana no fue esa vez porque le dijo a su marido:

—Espera hasta que el niño haya sido destetado. Entonces yo lo llevaré y lo dejaré allí para siempre.

23—Bien, haz lo que te parezca mejor —contestó Elcaná—. Quédate hasta que destetes al niño, y que el SEÑOR vea el cumplimiento de tu voto.

Así que se quedó en casa hasta que destetó al niño. 24Entonces, aunque era muy pequeño, lo llevaron al santuario en Siló, juntamente con un becerro de tres años para el sacrificio y veinticuatro kilos de harina y un odre de vino.

25Después del sacrificio llevaron al niño ante la presencia de Elí. 26«Señor, ¿te acuerdas de mí? —le preguntó Ana—. Yo soy la mujer que estuvo aquí hace algún tiempo orando al SEÑOR. 27Le pedí a él que me diera un hijo, y él ha respondido a mi petición. 28Ahora lo traigo para entregarlo al SEÑOR para toda la vida». Y adoraron allí al SEÑOR.

Oración de Ana

2 Esta fue la oración de Ana: «¡Cuánto me ha bendecido!

Ahora tengo respuesta para mis enemigos, porque el SEÑOR ha resuelto mi problema.

¡Cuánto se goza mi corazón!

2»No hay otro Dios, ni nadie tan santo como el SEÑOR, ni otra roca como nuestro Dios.

3»Dejen de actuar con tanto orgullo y arrogancia; el SEÑOR sabe lo que ustedes han hecho, y él juzgará sus acciones.

4»Los que eran poderosos han perdido sus fuerzas; los que eran débiles ahora son fuertes.

5Los que estaban hartos ahora pasan hambre, los que tenían hambre ahora se sacian.

La mujer estéril, ahora tiene siete hijos; la que tenía muchos hijos ya no los tiene.

6»El SEÑOR mata, el SEÑOR da vida.

7Él empobrece a unos y enriquece a otros; él abate a algunos y enaltece a otros.

8Él levanta al pobre desde el polvo, desde el montón de cenizas, y lo sienta entre los príncipes ubicándolo en un lugar de honor.

»Porque el SEÑOR tiene dominio sobre la tierra.

1.8 1.10–12 1.18 1.20–28 2.1–10

b. Esta era una costumbre de los que se dedicaban completamente a Dios.

[9]Él protegerá a los piadosos, pero los impíos serán silenciados en las tinieblas.

Ninguno podrá triunfar por su propia fortaleza.

[10]»Los que pelean contra el SEÑOR serán quebrantados.

Él truena contra ellos desde los cielos; él juzga a través de toda la tierra.

Él da poderosa fortaleza a su rey, y da gran gloria a su ungido».

[11]Elcaná y su familia regresaron a Ramá sin Samuel; el niño quedó al servicio del SEÑOR, como ayudante de Elí el sacerdote.

Perversidad de los hijos de Elí

[12]Los hijos de Elí eran hombres impíos que desconocían al SEÑOR y las obligaciones del sacerdocio. [13]Por ejemplo, cuando alguien estaba ofreciendo un sacrificio, ellos enviaban a un siervo, y mientras la carne del animal estaba cociéndose, [14]el siervo metía en el caldero o en la olla un tenedor grande de tres dientes, y todo lo que sacaba pertenecía a los hijos de Elí. De esta manera trataban a todos los israelitas que iban a Siló a adorar. [15]A veces el siervo llegaba aun antes del rito de la quema de la grosura sobre el altar, y tenían que entregarle la carne antes que fuera cocida, para poder usarla para asados.

[16]Si el hombre que ofrecía el sacrificio decía: «Toma cuanto quieras, pero deja primero que se queme la grasa», como la ley lo exige, el siervo respondía: «No, dámela ahora, o la sacaré a la fuerza».

[17]Así que el pecado de estos jóvenes era muy grande delante de los ojos del SEÑOR, porque trataban con menosprecio las ofrendas que el pueblo hacía al SEÑOR.

[18]Samuel, aunque todavía era un niño, prestaba servicio ante el SEÑOR y usaba una túnica de lino similar a la de los sacerdotes. [19]Cada año su madre le hacía una túnica de lino y se la llevaba cuando iba con su marido a ofrecer el sacrificio. [20]Antes de que regresaran, Elí bendecía a Elcaná y a Ana, y pedía a Dios que les diera otro hijo que tomara el lugar de éste que habían consagrado al SEÑOR. [21]Y Dios le dio a Ana tres hijos y dos hijas. Mientras tanto, Samuel crecía en el servicio del SEÑOR.

[22]Elí ya estaba muy anciano, pero se daba cuenta de lo que ocurría a su alrededor. Sabía, por ejemplo, que sus hijos estaban seduciendo a las jóvenes que ayudaban a la entrada del santuario. [23,24]«He estado oyendo quejas terribles contra ustedes —dijo Elí a sus hijos—. Es algo horroroso hacer que el pueblo de Dios peque. No, hijos míos, [25]el pecado ordinario recibe un fuerte castigo, pero ¿cuánto más los pecados que ustedes cometen contra el SEÑOR?»

Sin embargo, ellos no quisieron escuchar a su padre porque el SEÑOR había resuelto que murieran.

[26]El pequeño Samuel, en cambio, iba creciendo en estatura y en gracia ante todos y también ante el SEÑOR.

Profecía contra la familia de Elí

[27]Un día un profeta vino ante Elí y le dio este mensaje del SEÑOR:

«¿No mostré yo mi poder a tus antepasados levitas cuando el pueblo de Israel era esclavo en Egipto? [28]¿No los escogí de entre todos sus hermanos para que fueran mis sacerdotes y para que sacrificaran sobre mi altar, quemaran el incienso y usaran las vestiduras sacerdotales mientras me servían? ¿No fui yo quien destinó las ofrendas de los sacrificios para ustedes los sacerdotes? [29]Entonces, ¿por qué tanta codicia en cuanto a las ofrendas que me son ofrecidas? ¿Por qué has honrado más a tus hijos que a mí? Porque tú has dejado que ellos engorden tomando lo mejor de las ofrendas de mi pueblo.

[30]»Por lo tanto, yo, el SEÑOR Dios de Israel, declaro que aunque prometí que tu casa y la casa de tus antepasados llevarían el sacerdocio por siempre, no permitiré que se siga haciendo lo que tú haces. Honraré solamente a los que me honran, y despreciaré a los que me desprecian. [31]Pondré fin a tu familia para que nunca más sirvan como sacerdotes. Cada miembro de tu familia morirá antes de tiempo. Ninguno llegará a viejo. [32]Envidiarás la prosperidad que enviaré a mi pueblo. Pero tú y tu familia pasarán angustia y necesidad. Ninguno de ellos llegará a viejo. [33]Los que queden vivos vivirán con tristeza y dolor, y sus hijos morirán a espada. [34]Y para probar que lo que he dicho ocurrirá, haré que tus dos hijos, Ofni y Finés, mueran el mismo día. [35]Yo haré surgir un sacerdote fiel que me servirá y hará lo que yo le diga. Bendeciré a sus descendientes, y de su familia saldrán los sacerdotes que servirán ante mi rey ungido para siempre. [36]Y los descendientes tuyos que sobrevivan se inclinarán delante de él mendigando dinero y alimentos. "Por favor", dirán, "dame un turno de trabajo entre los sacerdotes para que tenga de qué comer"».

El SEÑOR llama a Samuel

3 Mientras tanto, el pequeño Samuel estaba al servicio del SEÑOR como ayudante de Elí. En aquellos días eran muy raros los mensajes del SEÑOR; [2]pero una noche en que Elí se había ido

2.12–13 2.15–17 2.18–21 2.22–26

a acostar, quien estaba casi ciego debido a la edad, 3y Samuel estaba durmiendo en el santuario cerca del cofre, y todavía estaba encendida la lámpara de Dios, 4el SEÑOR llamó:

—Samuel, Samuel.

—Aquí estoy —contestó Samuel—, 5y saltando de la cama corrió hasta donde Elí estaba. ¿Qué quieres? —le preguntó.

—No te he llamado —dijo Elí—. Vuelve a la cama.

Y así lo hizo.

6El SEÑOR volvió a llamar:

—Samuel.

Y nuevamente Samuel se bajó de la cama y corrió a donde estaba Elí.

—Aquí estoy —dijo—. ¿Para qué me necesitas?

—No, yo no te he llamado, hijo mío —dijo Elí—. Vuelve a la cama.

7Samuel nunca había recibido un mensaje del SEÑOR. 8El SEÑOR llamó a Samuel por tercera vez, y una vez más Samuel se bajó de la cama y corrió a la habitación de Elí.

—Sí —le dijo—. ¿Qué necesitas?

Elí comprendió que era el SEÑOR quien le había hablado al muchacho, 9y le dijo:

—Ve y acuéstate de nuevo; y si oyes otra vez la voz, dile: "Habla, SEÑOR, que tu siervo escucha".

Samuel volvió a acostarse. 10Y el SEÑOR volvió a llamarlo como antes:

—Samuel, Samuel.

Y Samuel respondió:

—Habla, SEÑOR, que tu siervo escucha.

11Entonces el SEÑOR le dijo:

—Voy a hacer algo tan sorprendente en Israel que al que se entere le retiñirán los oídos. 12Voy a cumplir todas las cosas terribles que le dije a Elí. 13Le he advertido continuamente a él y a toda su familia que recibirán un castigo porque sus hijos blasfeman contra mí, y él no se les opone. 14Por lo tanto, he jurado que los pecados de Elí y sus hijos no serán perdonados por sacrificios y ofrendas.

15Samuel se quedó acostado hasta la mañana y luego abrió las puertas del santuario como de costumbre, porque tenía miedo de contarle a Elí lo que el SEÑOR le había dicho. 16Pero Elí lo llamó.

—Hijo mío. 17¿Qué te dijo el SEÑOR? —le preguntó—. Dímelo todo y que Dios te castigue si me escondes algo de lo que te dijo.

18Samuel le contó lo que el SEÑOR le había dicho.

—Es la voluntad del SEÑOR —respondió Elí—. Haga él como mejor le parezca.

19Samuel crecía y el SEÑOR estaba con él y Dios hizo que se cumplieran todos sus mensajes. 20Y todo Israel desde Dan a Berseba sabía que Samuel iba a ser un profeta del SEÑOR. 21El SEÑOR continuó dándole mensajes en el santuario en Siló, y Samuel los proclamaba delante del pueblo de Israel.

Los filisteos capturan el arca

4 Por aquel tiempo Israel estaba en guerra con los filisteos. Los israelitas estaban acampados cerca de Ebenezer y los filisteos en Afec. 2Los filisteos derrotaron a Israel y mataron como a cuatro mil. 3Cuando los israelitas regresaron a su campamento, sus caudillos discutían la causa por la que el SEÑOR había permitido que fueran derrotados.

«Traigamos el cofre desde Siló —dijeron—. Si la llevamos con nosotros a la batalla, el SEÑOR estará entre nosotros y seguramente nos salvará de nuestros enemigos».

4Entonces mandaron a buscar el cofre del SEÑOR de los cielos, quien está entronado por sobre los querubines. Y los hijos de Elí, Ofni y Finés la acompañaron hasta el campamento. 5Cuando los israelitas vieron que el cofre venía, gritaron con tanta alegría y con tanta fuerza que casi hicieron temblar la tierra.

6«¿Que pasa? —se preguntaban los filisteos—. ¿A qué se debe todo ese griterío en el campamento de los hebreos?»

Cuando supieron que se debía a que el cofre de Dios había llegado, 7se llenaron de pánico.

«Un dios ha venido al campamento de ellos —gritaban—. ¡Ay de nosotros! Porque nunca habíamos tenido que enfrentarnos con algo semejante. 8¿Quién puede salvarnos de estos dioses de Israel? Porque son los mismos dioses que destruyeron a los egipcios con plagas cuando Israel estaba en el desierto. 9Debemos pelear como nunca antes, filisteos, o seremos esclavos de ellos así como ellos han sido esclavos de nosotros».

10Los filisteos pelearon tan desesperadamente que vencieron a Israel nuevamente. Treinta mil soldados de la infantería israelita murieron aquel día y los restantes huyeron. 11Y el cofre de Dios fue capturado y Ofni y Finés murieron.

Muerte de Elí

12Un hombre de la tribu de Benjamín corrió desde el campo de batalla y llegó a Siló el mismo día con sus ropas rasgadas y con polvo en la cabeza.[c] 13Elí esperaba a la orilla del camino para tener noticias de la batalla, porque su corazón temblaba pensando en la seguridad del cofre de Dios. Cuando llegó el mensajero del frente de batalla y contó lo ocurrido, se oyó un gran clamor en toda la ciudad.

14,15—¿A qué se debe todo ese bullicio?, preguntó Elí, que para entonces ya tenía noventa años y estaba ciego. Y el mensajero corrió a darle las noticias.

c. Señal de dolor, común en aquellos días.

16—Vengo del campo de batalla; hoy mismo
escapé de allí —le dijo a Elí.
—¿Qué noticias traes, hijo mío? —preguntó
el anciano.
17—Que Israel ha huido ante los filisteos, y
miles de soldados israelitas yacen muertos en el
campo de batalla. Ofni y Finés, tus dos hijos, también murieron, y el cofre de Dios fue capturado.
18Cuando el mensajero mencionó el cofre, Elí
cayó hacia atrás de su asiento que estaba junto
a la puerta y se desnucó y murió, porque estaba
viejo y gordo. Había juzgado a Israel durante
cuarenta años.
19Cuando la nuera de Elí, esposa de Finés, que
estaba esperando un hijo, oyó que había sido
capturado el cofre y que su marido y su suegro
estaban muertos, empezó a sentir los dolores del
parto. 20Mientras agonizaba, las mujeres que la
atendían le dijeron que se animara porque todo
estaba bien y que el niño había sido varón. Pero
ella no reaccionó de ninguna manera. 21-22Luego
murmuró: «Pónganle Icabod (No hay gloria),
porque la gloria se ha apartado de Israel».
Ella le puso este nombre porque el cofre de
Dios había sido capturado y porque su marido y
su suegro estaban muertos.

El arca en Asdod y Ecrón

5 Los filisteos tomaron el cofre de Dios que
habían capturado en el campo de batalla de
Ebenezer 2y lo llevaron al templo de su ídolo
Dagón en la ciudad de Asdod y lo instalaron junto a Dagón. 3Pero cuando los ciudadanos de la
localidad fueron a verlo al día siguiente, Dagón
estaba postrado con su rostro en el suelo delante
del cofre del Señor. Lo volvieron a poner en su
lugar, 4pero a la mañana siguiente ocurrió lo
mismo: el ídolo estaba de bruces delante del cofre
del Señor. En esta oportunidad tenía la cabeza y
las manos cortadas y yacía sobre el umbral. Solamente el tronco estaba intacto. 5Por esta razón ni
los sacerdotes de Dagón ni sus adoradores pisan
el umbral del templo de Dagón en Asdod.
6Entonces el Señor atacó al pueblo de Asdod y
los pueblos vecinos con una plaga de tumores.
7Cuando los filisteos comprendieron lo que estaba ocurriendo, exclamaron: «¡No podemos tener
el cofre del Dios de Israel aquí por más tiempo,
porque todos moriremos juntamente con nuestro
dios Dagón!»
8Convocaron una conferencia con los dirigentes de las cinco ciudades de los filisteos para decidir la manera de deshacerse del cofre. Decidieron
llevarla a Gat.
9Pero cuando el cofre llegó a Gat, el Señor
atacó a la población, jóvenes y ancianos, con la
plaga y hubo gran pánico. 10Entonces enviaron
el cofre a Ecrón, pero cuando la gente de Ecrón
vio que la traían, exclamaron:
«Están trayendo el cofre del Dios de Israel para
que nos mate también a nosotros».
11Entonces convocaron nuevamente a las autoridades de las ciudades filisteas y les rogaron que
devolviesen el cofre a su lugar para que no cau-
sara la muerte de todo el pueblo. La plaga ya
había comenzado y el pánico estaba cundiendo
por la ciudad. 12Aun los que no morían quedaban
gravemente enfermos, y por dondequiera había
gran llanto.

Los filisteos devuelven el cofre a Israel

6 El cofre estuvo en el país de los filisteos
durante siete meses en total.
2Los filisteos llamaron a sus sacerdotes y adivinos y les preguntaron:
—¿Qué haremos con el cofre del Señor? ¿De
qué manera podemos devolverlo a su tierra?
3—Sí, devolvámoslo con un presente —dijeron todos—. Si quieren devolverlo, deben enviarlo con una ofrenda por la falta a fin de que se
detenga la plaga. Si no se detiene sabremos que
el Señor no envió la plaga sobre nosotros.
4-5—¿Y qué expiación enviaremos? —preguntaron.
Y les respondieron:
—Envíen figuras de oro de los tumores y de
las ratas que están asolando la tierra. Cinco figuras de los tumores y cinco de las ratas por cada
uno de ustedes y por los príncipes. Si envían este
presente y luego honran al Dios de Israel, quizás
él deje de asolarlos a ustedes, a su dios y a su
tierra. 6No sean soberbios ni rebeldes como el
faraón y los egipcios. Ellos no quisieron dejar
salir a Israel hasta que Dios los destruyó con
plagas terribles. 7Hagan, pues, un carro nuevo
y consigan dos vacas que estén criando, vacas
que no hayan sido enyugadas antes, y guarden
sus becerros en el establo. 8Coloquen el cofre del
Señor sobre el carro junto a la caja que contendrá
los modelos de oro de las ratas y de los diviesos
y luego dejen que las vacas vayan por el camino
que quieran. 9Si cruzan la frontera de nuestra
tierra y entran en Bet Semes, que es territorio de
ellos, sabremos que fue el Señor quien envió este
gran mal sobre nosotros; pero si no, si las vacas
regresan a buscar a sus becerros, sabremos que
la plaga fue simplemente una coincidencia y que
no fue enviada por el Señor.
10Siguieron las instrucciones: dos vacas nuevas fueron uncidas al carro, y encerraron en el
establo sus becerros. 11Entonces colocaron el cofre
del Señor y la caja que contenía las ratas de oro
y los diviesos de oro sobre el carro. 12Las vacas
tomaron el camino derecho hacia Bet Semes,

y mugían mientras avanzaban; las autoridades
filisteas las siguieron hasta la frontera misma de
Bet Semes. 13 Los de Bet Semes, que cosechaban el
trigo en el valle, cuando vieron el cofre, salieron
gozosos a su encuentro.
14 El carro entró en el campo de un hombre
llamado Josué y se detuvo junto a una gran roca.
Entonces el pueblo partió la madera del carro
para encender fuego, y mató las vacas y las sacrificó al Señor como holocausto. 15 Varios hombres
de la tribu de Leví levantaron el cofre y la caja
que contenía las ofrendas de oro y los sacaron
del carro y los pusieron sobre la roca. Aquel día
los hombres de Bet Semes ofrecieron muchos
holocaustos y sacrificios al Señor.
16 Después que los cinco dirigentes filisteos
observaron lo sucedido, regresaron a Ecrón aquel
mismo día. 17 Las cinco figuras de tumores enviadas por los filisteos como expiación al Señor eran
presentes de los jefes de las ciudades principales:
Asdod, Gaza, Ascalón, Gat y Ecrón. 18 Las ratas de
oro fueron para aplacar al Señor por las demás
ciudades filisteas, fueran ciudades fortificadas o
pueblos satélites controlados por las cinco capitales. Como prueba puede verse hasta hoy la gran
roca de Bet Semes en el campo de Josué. 19 Pero el
Señor dio muerte a setenta hombres de Bet Semes
porque se atrevieron a mirar dentro del cofre. Y
el pueblo hizo duelo a causa de los muchos que
el Señor había matado. 20 «¿Quién puede estar
delante del Señor de este Dios Santo? —gritaban—. ¿A dónde podemos enviar el cofre desde
aquí?» 21 Y enviaron mensajeros a los habitantes
de Quiriat Yearín y les dijeron que los filisteos
habían devuelto el cofre del Señor. «Vengan y
llévenselo» —les rogaron.

7 Entonces fueron los hombres de Quiriat Yearín y se llevaron el cofre a la casa de Abinadab, situada en la colina. A Eleazar su hijo lo
santificaron para que estuviera a cargo de ella.

Samuel derrota a los filisteos en Mizpa

2 El cofre permaneció allí durante veinte años;
Israel tuvo tristeza porque el Señor aparentemente los había abandonado.
3 Entonces Samuel les dijo: «Si realmente
quieren volver al Señor, deshágansе de los dioses
extraños y de los ídolos de Astarté. Resuélvanse a
obedecer y a adorar solamente al Señor, y él los
liberará de los filisteos».
4 Ellos destruyeron los ídolos de Baal y Astarté
y adoraron solamente al Señor. 5 Y Samuel les
dijo: «Vengan a Mizpa, y yo oraré al Señor por
ustedes».
6 Cuando se reunieron allí, en una gran ceremonia sacaron agua del pozo y la derramaron
delante del Señor. También ayunaron todo el día
como señal de tristeza por sus pecados. Y Samuel
quedó establecido en Mizpa como juez de Israel.
7 Cuando los filisteos se enteraron de la gran
concentración que había en Mizpa, sus príncipes
se movilizaron contra ellos. Los israelitas sintieron un miedo horrible cuando supieron que los
filisteos se acercaban. 8 «Ruega a nuestro Dios
para que nos salve» —suplicaban a Samuel.
9 Samuel tomó un cordero que no había sido destetado aún y lo ofreció al Señor como holocausto,
y oró por el pueblo de Israel. Y el Señor respondió.
10 Mientras Samuel estaba ofreciendo el holocausto, los filisteos llegaron para ofrecer batalla,
pero el Señor habló con voz de trueno desde el
cielo y se confundieron, y los israelitas los derrotaron 11 y los persiguieron desde Mizpa hasta Bet
Car, y los fueron matando a todos por el camino.
12 Samuel entonces tomó una piedra y la puso
entre Mizpa y Sen y la llamó Ebenezer (Piedra de
Ayuda) porque dijo: «Hasta aquí nos ha ayudado
el Señor».
13 Así los filisteos fueron subyugados y no volvieron a invadir Israel en aquella época, pues
el Señor estuvo contra ellos durante el resto de
la vida de Samuel. 14 Las ciudades israelitas que
estaban entre Ecrón y Gat y que habían sido
conquistadas por los filisteos volvieron a ser de
Israel, porque el ejército de Israel las rescató de
sus raptores filisteos. Y hubo paz entre Israel y
los amorreos en aquellos días.
15 Samuel siguió juzgando a Israel por el resto
de su vida. 16 Cada año hacía un recorrido por
Betel, Gilgal y Mizpa, juzgaba los casos que le
eran presentados en cada una de estas ciudades
y en todo el territorio que las circundaba. 17 Luego
regresaba a Ramá; porque allí vivía y allí juzgaba
a Israel. Y edificó un altar al Señor en Ramá.

Los israelitas piden un rey

8 En su vejez Samuel se retiró y nombró jueces
de Israel a sus hijos. 2 Joel, que era el primogénito, y Abías, que era el segundo, se establecieran
como jueces en Berseba. 3 Pero no eran como
su padre, porque eran codiciosos. Aceptaban
sobornos y se corrompían en la administración
de la justicia.
4 Entonces los jefes de Israel se reunieron en
Ramá para discutir el asunto con Samuel. 5 Le
dijeron que desde que se había retirado las cosas
no eran iguales, porque sus hijos no andaban por
buen camino. «Danos un rey como las demás
naciones lo tienen» —le rogaron.
6 Esto puso a Samuel terriblemente molesto y
fue a consultar al Señor. 7 «Haz lo que te piden
—respondió el Señor—, porque no te están
rechazando a ti sino a mí. Ellos no quieren que
yo sea su rey. 8 Desde que los saqué de la tierra de

Egipto, continuamente se han apartado de mí y
han seguido a otros dioses. Ahora te dan a ti el
mismo trato. 9Complácelos, pero adviérteles lo
que significará tener un rey».
10Samuel le comunicó al pueblo lo que el SEÑOR
le había dicho:
11—Si insisten en tener un rey, sepan lo que
les espera; a algunos de los hijos de ustedes los
tomará y los destinará a sus carros y a su caballería para que salgan delante de él a la guerra;
12a otros los hará oficiales del ejército, y a otros
los obligará a labrar los campos reales, a segar
sus cosechas sin recibir pago, y a hacer armas y
equipo bélico para sus carros. 13Tomará las hijas
de ustedes y las obligará a cocinar y a hacer perfumes para él. 14Tomará lo mejor de los campos, viñedos y olivares, y lo dará a sus amigos.
15Tomará la décima parte de la cosecha y la dará
a sus funcionarios y cortesanos. 16Exigirá que le
proporcionen esclavos y los mejores animales
para su uso personal. 17Exigirá la décima parte
del ganado y ustedes mismos serán sus esclavos. 18Cuando llegue ese día, ustedes derramarán
amargas lágrimas a causa del rey que piden hoy,
pero el SEÑOR no les ayudará.
19Con todo, el pueblo no quiso oír la advertencia de Samuel.
—De todos modos, queremos un rey —le dijeron—. 20Queremos ser como las demás naciones
que nos rodean. Él nos gobernará y nos conducirá a la batalla.
21Samuel le comunicó al SEÑOR lo que el pueblo
había decidido, 22y el SEÑOR contestó:
—Haz lo que ellos dicen y dales un rey.
Samuel, pues, les dio la respuesta afirmativa
y los envió a sus casas.

Samuel unge a Saúl

9 Quis era un hombre rico e influyente de la
tribu de Benjamín. Era hijo de Abiel, nieto
de Zeror, bisnieto de Becorat y tataranieto de
Afía. 2Su hijo Saúl era el hombre más gallardo
de Israel. Era más alto que todos los demás varones de Israel y los sobrepasaba desde los hombros
hacia arriba.
3Un día algunas burras de Quis se extraviaron, y éste envió a Saúl y a un criado para que
las buscaran. 4Recorrieron la región montañosa
de Efraín, la tierra de Salisá, el área de Salín y
toda la tierra de Benjamín, pero no las pudieron
encontrar en ningún lugar. 5Finalmente, después
de buscar en la tierra de Zuf, Saúl le dijo a su
criado:
—Regresemos a casa, porque ahora mi padre
debe estar más preocupado por nosotros que por
las burras.
6Pero el criado le dijo:
—Acaba de ocurrírseme una idea. Hay un profeta que vive en esta ciudad. Él es muy respetado
por todos sus habitantes, porque todo lo que dice
ocurre. Vamos, busquémoslo y quizás él pueda
decirnos dónde están las burras.
7—Pero no tenemos con qué pagarle —replicó Saúl—. Aun nuestro alimento se ha acabado
y no tenemos nada que darle.
8—Bueno —dijo el criado—, yo tengo tres
gramos de plata. Por lo menos podemos ofrecérselo y ver qué ocurre.
9-11—Bien —aprobó Saúl—, vayamos y pro-
bemos.
Fueron entonces a la ciudad donde vivía el
profeta. Mientras subían la colina hacia la ciudad, vieron a algunas jóvenes que salían a sacar
agua y les preguntaron si sabían donde vivía el
vidente: En aquellos días los profetas eran llamados videntes. «Vamos y preguntemos al vidente»,
decía la gente en vez de decir «vamos y preguntémosle al profeta».
12—Sí —respondieron—, sigue este camino.
Acaba de llegar de un viaje y va a tomar parte
en un sacrificio público en el lugar alto. 13Si se
dan prisa lo encontrarán antes que salga. Pero
apúrense, porque el pueblo no comerá antes que
él llegue. Él es el que ha de bendecir el sacrificio
antes del banquete.
14Entraron en la ciudad y apenas habían cruzado las puertas, vieron a Samuel que salía para ir
hacia el lugar. 15El SEÑOR le había dicho a Samuel
el día anterior: 16«A esta hora, mañana, enviaré a
un hombre de la tierra de Benjamín. Lo ungirás
rey de mi pueblo. Él los salvará de los filisteos,
pues he oído el clamor de mi pueblo».
17Cuando Samuel vio a Saúl, el SEÑOR le dijo:
«Éste es el hombre del que te hablé: él gobernará
a mi pueblo».
18Saúl se acercó a Samuel y le preguntó:
—¿Puedes decirme dónde está la casa del
vidente?
19—Yo soy el vidente —respondió Samuel—,
sube al lugar alto delante de mí y comeremos
juntos. En la mañana te diré lo que quieres saber
y te enviaré de regreso por tu camino. 20Y no te
preocupes acerca de las burras que se perdieron
hace tres días, porque ya las han encontrado.
Además, los más preciosos deseos de Israel se
cumplirán por medio de ti y de tu familia.
21—Perdóneme, señor —respondió Saúl—.
Yo soy de la tribu de Benjamín, la menor de las
tribus de Israel, y mi familia es la menos importante de todas las familias de mi tribu. Debe de
haberse equivocado de hombre.
22Samuel llevó a Saúl y a su criado, los hizo
entrar en el comedor y los puso a la cabecera de
la mesa, con lo que les daba el lugar de honor
sobre los treinta invitados especiales. 23Samuel

dio orden al cocinero de que le sirviera a Saúl la mejor parte de la carne, la porción que él mismo le había entregado para el huésped de honor. [24]Y el cocinero trajo la espaldilla y la pierna y las puso delante de Saúl.

—Vamos, come —dijo Samuel—, porque esta parte la tenía reservada para ti, aun antes de que invitara a los demás.

Saúl comió con Samuel. [25]Después de la fiesta, cuando regresaron a la ciudad, Samuel llevó a Saúl a la terraza, donde conversó con él. [26]Al despuntar el alba a la mañana siguiente, Samuel lo llamó:

—Levántate, es hora de que te marches.

Saúl se levantó y Samuel lo acompañó hasta las puertas de la ciudad. [27]Cuando llegaron a las murallas, Samuel le dijo a Saúl que enviara adelante a su criado. Entonces le dijo:

—He recibido un mensaje del SEÑOR especialmente dirigido a ti.

10

Entonces Samuel tomó una redoma de aceite de oliva y lo derramó sobre la cabeza de Saúl, lo besó en la mejilla y le dijo:

—Hago esto porque el SEÑOR te ha señalado para que seas el rey de su pueblo, de Israel. [2]Cuando te hayas ido de aquí, verás a dos hombres junto a la tumba de Raquel en Selsa, en la tierra de Benjamín. Ellos te dirán que ya aparecieron las burras y que tu padre está preocupado por ti y no cesa de preguntar: "¿Cómo podré encontrar a mi hijo?"

[3]»De allí ve a la encina de Tabor, donde verás a tres hombres que vienen hacia ti y que van a adorar a Dios en el altar de Betel. Uno de ellos llevará tres cabritos, otro llevará tres panes, y el tercero un odre de vino. [4]Hablarán contigo y te ofrecerán los dos panes, y tú los aceptarás.

[5]»Después de eso llevarás a Guibeá Elohim (Monte de Dios), donde está la guarnición de los filisteos. Allí encontrarás a un grupo de profetas que descienden de la colina tocando el salterio, el pandero, la flauta y el arpa, y que profetizan mientras caminan. [6]En ese momento el Espíritu del SEÑOR descenderá repentinamente sobre ti y tú profetizarás con ellos y sentirás y actuarás como una persona diferente. [7]Desde ese momento tendrás que tomar decisiones basadas en lo que te parezca mejor según las circunstancias, porque el SEÑOR estará contigo.

[8]»Ve a Gilgal y espérame allí siete días, porque yo descenderé a presentar holocaustos y ofrendas de paz. Yo te daré nuevas instrucciones cuando llegue.

Saúl es proclamado rey

[9]Cuando Saúl se despidió y emprendió el camino, Dios le cambió la vida, y todas las profecías de Samuel se cumplieron aquel día. [10]Al llegar Saúl y su criado al monte de Dios, vieron a los profetas que descendían hacia ellos y el Espíritu de Dios descendió sobre Saúl y él también comenzó a profetizar.

[11]Cuando sus amigos lo supieron, dijeron:

—¡Cómo! ¿Saúl entre los profetas?

[12]Y uno de los vecinos agregó:

—¿Con un padre como éste?

Así se originó el proverbio: «¿Saúl también entre los profetas?»

[13]Cuando Saúl acabó de profetizar, subió a la colina ante el altar.

[14]—¿Dónde estuvieron? —le preguntó un tío.

Y Saúl respondió:

—Fuimos a buscar las burras y no pudimos encontrarlas. Entonces fuimos a preguntarle al profeta Samuel dónde estaban.

[15]—¿Y qué dijo? —le preguntó su tío.

[16]—Dijo que las burras ya habían sido halladas —contestó Saúl, pero no le contó que había sido ungido rey.

[17]Samuel convocó a todo Israel en Mizpa [18]y le dio este mensaje de Dios:

«Yo los saqué de Egipto y los rescaté de los egipcios y de las naciones que los oprimían. [19]Pero aunque he hecho tanto por ustedes, ustedes me han rechazado y han dicho: "Queremos un rey". Ahora pues, preséntense delante del SEÑOR por tribus y por clanes».

[20]Samuel hizo que se acercaran todos los jefes de tribus delante del SEÑOR, y de entre todas fue escogida por sorteo la tribu de Benjamín. [21]Entonces hizo que cada familia de la tribu de Benjamín se presentara delante del SEÑOR y fue escogida la familia de los matritas. Finalmente, por sorteo fue seleccionado Saúl, hijo de Quis. Pero cuando lo buscaron, no lo encontraron. [22]Le preguntaron al SEÑOR:

—¿Dónde está? ¿Está entre nosotros?

Y el SEÑOR respondió:

—Está escondido entre el bagaje.

[23]Entonces lo encontraron y lo sacaron, y de pie sobresalía desde los hombros hacia arriba por sobre todos los demás.

[24]—Éste es el hombre que el SEÑOR ha escogido para que sea rey —dijo Samuel al pueblo—. No hay otro como él en todo Israel.

Y todo el pueblo lo aclamó:

—¡Viva el rey!

[25]Samuel le dijo al pueblo nuevamente cuáles eran los derechos y los deberes del rey. Los escribió en un libro y los depositó delante del SEÑOR. Después Samuel los despidió.

[26]Cuando Saúl regresó a su casa en Guibeá se unió a él un grupo de hombres de guerra cuyos corazones Dios había tocado para que fueran

compañeros suyos. Sin embargo, hubo algunos
malvados que dijeron:
—¿Cómo puede este hombre salvarnos?
27Y lo despreciaron y se negaron a ofrecerle
presentes. Pero Saúl los ignoró.

Saúl libera la ciudad de Jabés

11 Poco después Najás condujo el ejército de
los amonitas contra la ciudad israelita de
Jabés de Galaad. Pero los habitantes de Jabés le
suplicaron la paz.
—Pon las condiciones y te serviremos —le
propusieron.
2—Bien —contestó Najás—, pero con una
condición: le sacaré el ojo derecho a cada uno
de ustedes como una afrenta para Israel.
3—Danos siete días para ver si podemos
obtener ayuda —respondieron los ancianos de
Jabés—. Si ninguno de nuestros hermanos viene
a ayudarnos, aceptaremos tus condiciones.
4Cuando los mensajeros llegaron a Guibeá,
ciudad de Saúl, y contaron lo que ocurría, todos
se pusieron a llorar.
5Saúl estaba arando en el campo, y cuando
regresó al pueblo preguntó: «¿Qué pasa? ¿Por
qué están llorando?»
Al enterarse de lo que habían mandado a decir
los de Jabés, 6el Espíritu de Dios vino poderosamente sobre Saúl, y se enojó mucho. 7Tomó
dos bueyes, los cortó en pedazos, y los envió por
todo Israel con este mensaje: «Esto es lo que le
ocurrirá a los bueyes de cada uno que se niegue
a seguir a Saúl y a Samuel a la batalla».
Y Dios hizo que el pueblo sintiera temor por la
ira de Saúl, y acudieron como un solo hombre.
8Él los contó en Bézec y vio que eran trescientos
mil, además de treinta mil que vinieron de Judá.
9Entonces envió los mensajeros de regreso a Jabés
de Galaad para que dijeran: «Los rescataremos
antes de mañana al mediodía».
¡Hubo gran alegría en toda la ciudad cuando
llegó aquel mensaje! 10Y los de Jabés mandaron a
decir a sus enemigos: «Nos rendiremos. Mañana
saldremos y podrán hacer con nosotros lo que
quieran».
11Al día siguiente, muy temprano, Saúl llegó.
Tras dividir al ejército en tres columnas, lanzó un
ataque sorpresivo sobre los amonitas y durante
toda la mañana estuvo diezmando al enemigo.
La persecución fue tan tenaz, que no quedaron
juntos ni siquiera dos.

Saúl es confirmado como rey

12El pueblo le dijo a Samuel:
—¿Dónde están los que decían que Saúl no
podría ser nuestro rey? Tráiganlos y los mata-
remos.
13Pero Saúl respondió:
—Nadie será ejecutado hoy, porque el Señor
ha salvado a Israel.
14Y Samuel le dijo al pueblo:
—Vengan, vamos a Gilgal y confirmemos a
Saúl como rey.
15En Gilgal, en una ceremonia solemne delante del Señor, coronaron rey a Saúl, y ofrecieron
sacrificios de paz al Señor. Saúl y todo Israel
estaban llenos de felicidad.

Discurso de despedida de Samuel

12 Samuel habló al pueblo:
—Bien, ya los he complacido: Les he
dado un rey, 2mis hijos son parte del pueblo, y
yo ya estoy viejo y lleno de canas y los he estado
sirviendo desde que era un niño. 3Ahora, díganme mientras estoy delante del Señor y delante de
su ungido: ¿He robado a alguien un buey o un
burro? ¿He defraudado alguna vez a alguno de
ustedes? ¿Los he oprimido alguna vez? ¿He recibido soborno de alguien? Díganmelo y rectificaré
todo lo malo que haya hecho.
4—No —contestaron—, jamás has defraudado ni oprimido a nadie y jamás has recibido
soborno.
5—El Señor y el rey que ha ungido son mis
testigos —declaró Samuel— de que no pueden
acusarme de haberles robado.
—Sí, son testigos —contestaron.
6—Fue el Señor quien designó a Moisés y a
Aarón y sacó de Egipto a nuestros antepasados
—continuó Samuel—. 7Ahora, permanezcan
de pie delante del Señor mientras les hago un
recuento de los beneficios que él nos ha hecho
a nosotros y a nuestros antepasados, y de lo mal
que le hemos respondido:
8»Después de que Jacob entró a Egipto, los
israelitas clamaron al Señor, él envió a Moisés y
a Aarón para que los introdujeran en esta tierra.
9Pero pronto se olvidaron del Señor su Dios, y
él los entregó en manos de Sísara, general del
ejército de Jabín, rey de Jazor, y en manos de
los filisteos y del rey de Moab. 10Ellos clamaron
al Señor nuevamente y confesaron que habían
pecado apartándose de él y adorando a Baal y
a Astarté. Y suplicaron: "Solamente a ti te adoraremos si nos salvas de nuestros enemigos". 11Y
el Señor envió a Gedeón, Barac, Jefté y Samuel
para que los salvaran y ustedes vivieran seguros.
12»Cuando tuvieron miedo de Najás, rey de
Amón, vinieron y me dijeron que deseaban que
un rey los gobernara. Pero el Señor nuestro Dios
era nuestro rey, porque él siempre lo había sido.
13Bien, éste es el rey que ustedes pidieron. Mírenlo.
El Señor les ha contestado su petición. 14Ahora,
si temen al Señor y lo adoran y prestan atención
a todos sus mandamientos, y si ustedes y el rey
siguen fieles a su Dios, todo irá bien. 15Pero si se

rebelan contra los mandamientos del SEÑOR, su mano caerá pesadamente sobre ustedes como ocurrió con sus antepasados.

16»Ahora fíjense en la maravilla que el SEÑOR va a realizar. 17Ustedes saben que no suele llover durante la cosecha del trigo. Oraré que el SEÑOR envíe truenos y lluvia hoy, para que comprendan el mal que han cometido al pedir un rey.

18Entonces Samuel invocó al SEÑOR, y él envió truenos y lluvia. Y el pueblo sintió mucho temor del SEÑOR y de Samuel.

19—Ora para que no muramos —lloraron delante de Samuel—, porque ahora hemos añadido a todos nuestros pecados el de pedir un rey.

20—No teman —los animó Samuel—. Ciertamente han hecho mal, pero al menos no desistan de seguir al SEÑOR y sírvanle con todo el corazón. 21Los otros dioses no los pueden ayudar porque son falsos. 22El SEÑOR no abandonará a su pueblo escogido, porque ello deshonraría su gran nombre. Él los ha hecho una nación especial simplemente porque él lo ha querido. 23En cuanto a mí, lejos esté de mí el pecar contra el SEÑOR dejando de orar por ustedes. Yo les seguiré enseñando lo que es bueno y correcto. 24Confíen en él y adórenlo con sinceridad. Piensen en las grandes cosas que ha hecho por ustedes. 25Pero si siguen pecando, ustedes y el rey serán destruidos.

Samuel reprende a Saúl

13 Saúl había reinado ya un año. En el segundo año de su reinado 2seleccionó a tres mil soldados especiales y llevó a dos mil de ellos a Micmás y a la región montañosa de Betel, mientras los otros mil quedaban con Jonatán, su hijo, en Guibeá en la tierra de Benjamín. Envió el resto del ejército a sus casas. 3Entonces Jonatán atacó y destruyó la guarnición filistea que estaba en Guibeá. La noticia corrió rápidamente entre los filisteos, y Saúl convocó a todo Israel a las armas. 4Anunció que había destruido una guarnición de los filisteos y se corrió la noticia que los israelitas se habían hecho detestables delante de los filisteos. Todo el ejército israelita se movilizó y se reunió en Gilgal. 5Los filisteos reclutaron un poderoso ejército de tres mil carros, seis mil jinetes y tantos soldados como arena hay en la playa, y acamparon en Micmás al este de Bet Avén.

6Cuando los israelitas vieron la gran cantidad de soldados enemigos, perdieron todo su valor y trataron de esconderse en cuevas, en fosos, en peñascos, en excavaciones y en cisternas. 7También algunos cruzaron el río Jordán y huyeron a la tierra de Galaad. Mientras tanto, Saúl se quedó en Gilgal, y los que estaban con él temblaban de miedo ante lo que les esperaba. 8Samuel le había dicho a Saúl que esperara siete días hasta su llegada, pero como todavía no llegaba y los soldados estaban desertando rápidamente, 9decidió ofrecer un holocausto y una ofrenda de paz él mismo. 10Pero cuando estaba terminando llegó Samuel. Saúl salió a encontrarlo y darle la bienvenida, 11pero Samuel le dijo:

—¿Qué es lo que has hecho?

—Bueno —respondió Saúl—, cuando vi que mis hombres estaban desertando y que tú no llegabas en el tiempo que dijiste, y que los filisteos estaban en Micmás listos para la batalla, 12me dije: "Los filisteos están listos para atacarnos y no hemos pedido la ayuda del SEÑOR". Entonces ofrecí el holocausto sin esperar tu llegada.

13—Has actuado locamente —exclamó Samuel—. Has desobedecido el mandamiento del SEÑOR tu Dios. Él quería hacer de ti y de tus descendientes reyes de Israel para siempre, 14pero ahora tu reino no perdurará. El SEÑOR quiere un hombre que le obedezca. Por eso ha buscado a un varón conforme a su corazón y lo ha designado para que sea rey de este pueblo. Y todo porque no has obedecido el mandamiento del SEÑOR.

15Sin más, Samuel se fue de Gilgal a Guibeá de Benjamín.

Jonatán ataca a los filisteos

Cuando Saúl contó los soldados que aún estaban con él, encontró que eran sólo seiscientos. 16Saúl y Jonatán, y estos seiscientos hombres, pusieron su campamento en Guibeá de Benjamín, pero los filisteos se quedaron en Micmás. 17Tres compañías de merodeo salieron del campamento filisteo: una fue hacia Ofra en la tierra de Súal, 18otra fue a Bet Jorón, y la tercera se dirigió hacia las alturas que dominan el valle de Zeboyín, hacia el desierto.

19En aquellos días no había herreros en todo Israel, porque los filisteos no se lo permitían por temor de que los hebreos se hicieran espadas y lanzas. 20Cuando los israelitas necesitaban afilar los arados, los discos, las hachas o las hoces, tenían que llevarlas a un herrero filisteo. 21Esto era lo que se cobraba: por afilar la punta de un arado, ocho gramos de plata; por los azadones, ocho gramos de plata; por las hachas o las hoces, cuatro gramos de plata; y por componer las aguijadas, cuatro gramos de plata.

22En todo el ejército de Israel no había una sola espada ni una lanza, salvo las de Saúl y Jonatán.

23Mientras tanto, el paso hacia Micmás había sido tomado por un contingente del ejército filisteo.

12.20–22

14 Un día más tarde el príncipe Jonatán le
dijo a su escudero: «Vamos, crucemos el
valle hasta la guarnición de los filisteos».

Pero no le avisó a su padre que salía. 2Saúl y
sus seiscientos hombres estaban acampados en
las afueras de Guibeá debajo de un granado que
hay en Migrón. 3Entre sus hombres estaba Abías
el sacerdote, hijo de Ajitob, hermano de Icabod;
Ajitob era hijo de Finés y bisnieto de Elí, sacerdote
del SEÑOR en Siló, que portaba el efod. Nadie se
dio cuenta de que Jonatán había salido.

4Para llegar a la guarnición filistea, Jonatán
tuvo que ir por un estrecho paso que estaba entre
dos riscos conocidos como Bosés y Sene. 5El risco del norte estaba frente a Micmás y el del sur
frente a Guibeá.

6—Vamos a donde están esos paganos —dijo
Jonatán a su escudero—. Quizás el SEÑOR haga
algo por medio nuestro. Para él no hay diferencia
en salvar con muchos o con pocos.

7—Bien —contestó el joven—. Haz lo que
creas conveniente. Cuenta conmigo en cualquier
cosa que decidas hacer.

8—¡Estupendo! Esto es lo que haremos —le
respondió Jonatán—. 9Cuando ellos nos vean, si
nos dicen: «¡Quietos, no se muevan!», nos deten-
dremos y los esperaremos. 10Pero si dicen: «Vengan y peleen», eso haremos. Porque ésa será la
señal de Dios de que él nos ayudará a derrotarlos.

11Cuando los filisteos los vieron acercarse, gritaron:

—Los israelitas están saliendo de sus cuevas.

12Entonces le gritaron a Jonatán y a su escudero:

—Vengan acá pues queremos decirles algo.

—Ven, sígueme —dijo Jonatán a su escudero—, porque el SEÑOR nos ayudará a derrotarlos.
13Subieron afirmándose con las manos y
rodillas. Y a los filisteos que caían delante de
Jonatán, el escudero los remataba. 14Murieron en
total veinte hombres en ese primer ataque, y sus
cuerpos quedaron esparcidos en un espacio como
de la mitad de un surco.

Israel derrota a los filisteos

15Repentinamente cundió el pánico en todo
el campamento filisteo, tanto los que estaban
acampados como los que estaban en el campo
abierto. Para colmo, hubo un gran terremoto
que aumentó el terror. 16Los centinelas de Saúl
en Guibeá vieron como la muchedumbre filistea
comenzó a esparcirse de forma confusa en todas
direcciones.

17«Averígüenme quién no está aquí» —ordenó
Saúl.

Al pasar lista descubrieron que Jonatán y su
escudero no estaban.

18«Trae acá el cofre de Dios» —ordenó Saúl a
Abías, porque el cofre estaba entre el pueblo de
Israel en aquel tiempo.

19Pero mientras Saúl le hablaba al sacerdote, el
griterío y el tumulto entre los filisteos se hicieron
aún más grandes. «Deja, ya no lo traigas» —le
dijo Saúl.

20Entonces Saúl y sus seiscientos hombres
salieron a la batalla y encontraron que los
filisteos se estaban matando unos a otros, pues
había una terrible confusión en todas partes. 21Y
los hebreos que se habían unido a los filisteos
se rebelaron y se unieron a los israelitas capi-
taneados por Saúl y Jonatán. 22Finalmente, los
israelitas que estaban ocultos en las colinas se
unieron en la persecución cuando vieron que los
filisteos huían. 23De esta manera el SEÑOR salvó a
Israel aquel día y la batalla continuó hasta más
allá de Bet Avén.

El juramento de Saúl

24Aquel día Saúl había declarado: «Caiga una
maldición sobre cualquiera que coma algo antes
de la tarde, antes que yo haya completado la
venganza sobre mis enemigos».

25Nadie comió aquel día aun cuando encontraron panales de abejas en el bosque, 26porque
todos tuvieron miedo de la maldición de Saúl.
27Sin embargo, Jonatán, que no había oído la
orden de su padre, sacó miel de un panal con un
palo, y cuando terminó de comerla se sintió con
más fuerzas. 28Entonces alguien le dijo que su
padre había lanzado una maldición sobre todo
aquel que comiera aquel día, y a causa de eso
todos estaban cansados y débiles.

29«¡A quién se le ocurre!» —exclamó Jonatán—. Un mandamiento de este tipo solamente
nos perjudica. Me siento mejor ahora que he
comido este poco de miel. 30Si el pueblo hubiera
podido comer el alimento hallado entre nuestros
enemigos, quién sabe cuanto mayor daño hubiéramos hecho a los filisteos».

31Sin embargo, hambrientos como estaban,
persiguieron y mataron a los filisteos desde Micmás hasta Ayalón, debilitándose cada vez más.
32Y aquella tarde se lanzaron sobre los despojos
de la batalla y mataron ovejas, bueyes y cabritos
y comieron carne sin desangrar. 33Alguien le dijo
a Saúl lo que estaba ocurriendo, y que el pueblo
pecaba contra el SEÑOR comiendo sangre.

—Es una ofensa contra el SEÑOR —dijo
Saúl—. Tráiganme acá una piedra grande, 34y
vayan a decir al pueblo que traigan bueyes y ovejas para degollarlos y derramar su sangre aquí, a
fin de que no pequen contra el SEÑOR comiendo
carne sin desangrar.

Y así lo hicieron al caer la noche. 35Y Saúl edificó un altar al SEÑOR, el primero que levantaba. 36Después dijo:

—Sigamos a los filisteos toda la noche y destruyámoslos hasta que no quede ninguno.

—Haz lo que creas más conveniente. —contestaron sus hombres. Pero el sacerdote dijo:

—Preguntémosle primero al SEÑOR. 37Saúl consultó a Dios:

—¿Iremos tras los filisteos? ¿Nos ayudarás a derrotarlos?

Pero esta vez el SEÑOR no respondió. 38Entonces Saúl les dijo a sus generales:

—Algo anda mal. Debemos descubrir qué pecado se ha cometido hoy. 39Juro por el nombre del SEÑOR que salvó a Israel, que aunque el pecador sea mi hijo Jonatán, morirá.

Nadie de la tropa le contestó.

40—Jonatán y yo nos situaremos de un lado —dijo Saúl— y ustedes al otro lado.

El pueblo aceptó, 41y Saúl añadió:

—Oh SEÑOR Dios de Israel, ¿por qué no has respondido a mis preguntas? ¿Somos Jonatán y yo los culpables, o el pecado está en los demás? Oh SEÑOR Dios, muéstranos quién es el culpable.

Y fueron señalados Jonatán y Saúl como culpables, y el pueblo fue declarado inocente. 42Saúl dijo:

—Ahora echemos suertes entre Jonatán y yo.

Jonatán fue señalado culpable.

43—Dime, ¿qué has hecho? —preguntó Saúl a Jonatán.

—Comí miel —reconoció Jonatán—. Pero fue sólo un poco que saqué con la punta de un palo. ¿Debo morir?

44—Sí, Jonatán —dijo Saúl—, deberás morir. Que Dios me mate si no eres ejecutado por esto.

45Pero los soldados se opusieron:

—¿Jonatán, que salvó hoy a Israel, morirá? ¡De ninguna manera! Juramos por el SEÑOR que ni un cabello de su cabeza será tocado, porque él ha obrado al lado de Dios hoy día.

Así el pueblo salvó a Jonatán de la muerte.

46Luego Saúl no fue en persecución de los filisteos y estos regresaron a su tierra. 47Y como estaba firmemente establecido como rey de Israel, peleó contra todos los pueblos de su entorno: contra Moab, Amón, Edom, los reyes de Sobá y los filisteos.

Adondequiera que iba, triunfaba. 48Hizo grandes cosas. Venció a los amalecitas, y salvó a Israel de todos los que habían sido sus opresores.

La familia de Saúl

49Saúl tuvo tres hijos, Jonatán, Isví y Malquisúa; y dos hijas, Merab, la mayor, y Mical. 50,51La esposa de Saúl se llamaba Ajinoán, hija de Ajimaz. El jefe de su ejército era su primo Abner, hijo de Ner, tío de Saúl. Ner y Quis, el padre de Saúl, eran hermanos. Ambos eran hijos de Abiel.

52Los israelitas pelearon constantemente con los filisteos durante la vida de Saúl. Y cada vez que Saúl encontraba a un joven valiente y fuerte lo unía a su ejército.

El SEÑOR rechaza a Saúl

15 Un día Samuel le dijo a Saúl: «Te coroné rey de Israel porque el SEÑOR me lo ordenó. Escucha lo que él quiere ahora. 2Este es su mandamiento: "He decidido ajustar cuentas con Amalec por no permitir que mi pueblo pasara por su territorio cuando Israel salió de Egipto. 3Ve y destruye completamente a Amalec: hombres, mujeres, bebés, niños, bueyes, ovejas, camellos y burros"».

4Entonces Saúl movilizó su ejército en Telayin. Había doscientos mil de a pie, aparte de los diez mil hombres de Judá. 5Se dirigieron a la capital de los amalecitas y pusieron una emboscada en el valle. 6Saúl mandó un mensaje a los ceneos diciéndoles que se retiraran de entre los amalecitas o morirían con ellos.

«Porque ustedes fueron buenos con el pueblo de Israel cuando salió de Egipto», les dijo.

Los ceneos, tomando sus cosas, salieron de allí.

7Luego Saúl destruyó a los amalecitas desde Javilá a todo lo largo del camino hasta Sur, al este de Egipto. 8Capturó vivo a Agag, rey de los amalecitas, pero mató a todo el resto de la población. 9Sin embargo, Saúl y sus hombres conservaron lo mejor de las ovejas y de las vacas, los mejores corderos y, en suma, todo lo que les pareció bueno. Destruyeron solamente lo que era de poco valor o de mala calidad.

10Entonces el SEÑOR le dijo a Samuel: 11«Lamento haber hecho rey a Saúl porque nuevamente me ha desobedecido».

Samuel se apesadumbró cuando oyó lo que el SEÑOR le dijo, tanto, que lloró delante de Dios toda aquella noche. 12Al día siguiente, de madrugada, salió a buscar a Saúl. Alguien le dijo que había ido al monte Carmelo a edificar un monumento para sí, y que luego se había ido a Gilgal.

13Cuando Samuel finalmente lo encontró, Saúl lo saludó con alegría.

—El SEÑOR te bendiga —le dijo—. Bien he cumplido con el mandamiento del SEÑOR.

14—Entonces, ¿qué son esos balidos de ovejas y mugidos de bueyes que oigo? —preguntó Samuel.

15—Bueno, sí. El ejército reservó lo mejor de las ovejas y de las vacas, pero van a sacrificarlo al SEÑOR tu Dios, y hemos destruido todo lo demás.

16Y Samuel le dijo a Saúl:

—Un momento. Escucha lo que el SEÑOR me dijo anoche.

—¿Qué te dijo? —preguntó Saúl.
17Samuel le dijo:
—Aun cuando tú mismo pensabas que eras
poca cosa, el SEÑOR te ungió rey de Israel. 18Él
te envió un mensaje y te dijo: "Ve y destruye
completamente a los pecadores, a los amalecitas, hasta que todos hayan muerto". 19¿Por qué
no obedeciste al SEÑOR? ¿Por qué te apresuraste
a tomar botín y a hacer exactamente lo que el
SEÑOR te prohibió que hicieras?
20—Pero yo he obedecido al SEÑOR. Fui a donde
me mandó. Traje prisionero al rey Agag, y maté
a todos los demás. 21Sólo que los soldados han
tomado lo mejor de las ovejas, y de las vacas y
del botín para ofrecerlo al SEÑOR.
22Samuel respondió:
—¿Se complace el SEÑOR tanto en los holocaustos y sacrificios como en que se obedezcan
sus palabras? La obediencia es mucho mejor que
los sacrificios. Él prefiere que le obedezcas a que
le ofrezcas la gordura de los carneros. 23Porque la
rebelión es tan mala como el pecado de hechicería, y la soberbia es tan mala como la idolatría. Y
ahora, por cuanto has rechazado la palabra del
SEÑOR, él te ha rechazado como rey.
24—He pecado —reconoció finalmente
Saúl—. Sí, he desobedecido tus instrucciones
y el mandamiento del SEÑOR. Le tuve miedo al
pueblo y les dejé hacer lo que quisieron. 25Perdo-
na mi pecado, y ven conmigo a adorar al SEÑOR.
26Pero Samuel replicó:
—No regresaré contigo. Por cuanto has rechazado el mandamiento del SEÑOR, él te ha rechazado como rey de Israel.
27Cuando Samuel dio media vuelta para irse,
Saúl lo tomó del manto para que regresara y se
lo rasgó.
28Samuel le dijo:
—¿Ves? El SEÑOR ha rasgado de ti el reino de
Israel hoy, y se lo ha dado a un prójimo tuyo que
es mejor que tú. 29Y el SEÑOR, que es la Gloria de
Israel, no miente, ni cambia de parecer, porque
no es como los hombres.
30—He pecado —insistió Saúl—. Pero, por lo
menos, hónrame delante de los jefes y delante del
pueblo yendo conmigo a adorar al SEÑOR tu Dios.
31Finalmente Samuel aceptó y le acompañó, y
Saúl rindió culto al SEÑOR. 32Luego dijo:
—Trae al rey Agag:
Agag llegó sonriente, porque pensaba: «Seguramente ya ha pasado lo peor». 33Pero Samuel
le dijo:
—Puesto que tu espada dejó a muchas madres
sin hijos, ahora tu madre quedará sin su hijo.
Y Samuel lo descuartizó delante del SEÑOR en
Gilgal. 34Entonces Samuel regresó a Ramá y Saúl
a Guibeá. 35Samuel no volvió a ver a Saúl, pero
lloraba continuamente por él, porque el SEÑOR
se había arrepentido de haber hecho a Saúl rey
de Israel.

Samuel unge a David

16 Finalmente el SEÑOR le dijo a Samuel:
—Basta ya de llorar a Saúl, porque lo he
rechazado como rey de Israel. Toma un cuerno
de aceite de oliva, ve a Belén y busca a un hombre llamado Isaí, porque a uno de sus hijos he
escogido para que sea el nuevo rey.
2Pero Samuel preguntó:
—¿Cómo? Si Saúl se entera, me matará.
—Lleva contigo una becerra y di que has ido
a ofrecer un sacrificio al SEÑOR.
3Invita a Isaí al sacrificio y yo te mostraré a
cuál de sus hijos debes ungir.
4Samuel hizo lo que el SEÑOR le ordenó. Cuando llegó a Belén, los ancianos de la ciudad salieron temblando a su encuentro.
—¿Qué pasa? —le preguntaron—. ¿A qué
has venido?
5—No pasa nada —contestó Samuel—. He
venido a ofrecer un sacrificio al SEÑOR. Purifíquense y acompáñenme al sacrificio.
Y realizó el rito de la purificación en favor de Isaí
y de sus hijos y los invitó al sacrificio. 6Cuando
llegaron, Samuel miró a Eliab y pensó: «Este
debe ser el hombre que el SEÑOR ha escogido».
7Pero el SEÑOR le dijo:
—No juzgues al hombre por su apariencia.
No, no es éste. Yo no escojo como los hombres
lo hacen. Los hombres juzgan por la apariencia
exterior, pero yo miro el corazón.
8Isaí le presentó entonces a su hijo Abinadab.
Pero el SEÑOR le dijo:
—Éste tampoco es el escogido.
9Isaí le presentó a Sama, pero Samuel dijo:
—No, éste tampoco es.
10Así le fueron presentando, uno por uno, siete
de los hijos de Isaí, pero todos fueron rechazados.
El SEÑOR no ha escogido a ninguno de ellos 11—le
dijo Samuel a Isaí—. ¿Estos son todos los hijos
que tienes?
—Sólo falta el menor —replicó Isaí—, pero
está en el campo cuidando las ovejas.
—Mándalo a buscar inmediatamente —dijo
Samuel— porque no me sentaré a comer hasta
que él haya llegado.
12Isaí lo mandó a buscar:
Era un joven gallardo, trigueño y de aspecto
agradable. Y el SEÑOR le dijo:
—Éste es, úngelo.
13Samuel tomó el aceite de oliva que había
traído y lo derramó sobre la cabeza de David
delante de sus hermanos. El Espíritu del SEÑOR

15.22–23 16.7

entonces descendió sobre él y le dio gran poder desde aquel día en adelante. Y Samuel regresó a Ramá.

David al servicio de Saúl

14El Espíritu del Señor se había apartado de Saúl, y en cambio, le había enviado un espíritu que lo atormentaba. 15,16Algunos de los servidores de Saúl le sugirieron un remedio.

—¿Por qué no nos autorizas a buscar un buen músico que toque el arpa delante de ti cuando viene el espíritu que te atormenta? La música del arpa te dará tranquilidad y te hará bien.

17—Bien —dijo Saúl—. Búsquenme un músico que toque el arpa.

18Uno de los cortesanos le dijo que conocía a un joven de Belén hijo de un hombre llamado Isaí, que no sólo era un arpista con talento sino un joven gallardo, valiente, fuerte y juicioso.

—Lo que es más —añadieron—, el Señor está con él.

19Saúl envió mensajeros a Isaí pidiéndole que le enviara a su hijo David el pastor, 20Isaí respondió enviando no solamente a David, sino también un cabrito, y un burro cargado de panes y un odre de vino. 21Desde el instante en que vio a David, Saúl se encariñó con él y lo hizo su escudero, 22y le mandó el siguiente recado a Isaí: «Deja que David se quede conmigo, porque me agrada».

23Y cada vez que el espíritu que lo atormentaba, de parte de Dios, molestaba a Saúl, David tocaba el arpa y Saúl se sentía mejor, y el espíritu malo que lo turbaba se apartaba de él.

David y Goliat

17 Los filisteos juntaron sus ejércitos para la batalla y acamparon entre Soco de Judá y Azeca, en Efesdamín.

2Saúl también reunió sus fuerzas en el valle de Elá y las ordenó para la batalla. 3Los filisteos y los israelitas estaban frente a frente en montañas opuestas, y el valle estaba entre ellos.

4-8Entonces Goliat, campeón filisteo de Gat, salió de las filas filisteas y desafió a las fuerzas de Israel. Era un gigante de casi tres metros de alto. Usaba un yelmo de bronce, una cota de malla de unos sesenta kilos, grebas de bronce para las piernas, y una jabalina de bronce de varios centímetros de espesor, en cuyo extremo había una punta de lanza de hierro de más de siete kilos. Y su escudero llevaba un gran escudo delante de él. Goliat se paró y gritó para que lo oyeran los israelitas: «¿Necesitan todo un ejército para solucionar esto? Yo represento a los filisteos. Escojan a alguien que los represente y decidiremos la batalla en un combate singular. 9Si el israelita puede matarme, nosotros seremos esclavos de ustedes. Pero si yo lo mato, ustedes serán nuestros esclavos. 10Desafío a los ejércitos de Israel. Envíen un hombre que pelee conmigo». 11Cuando Saúl y el ejército israelita escucharon esto, se sintieron desfallecer de temor.

12David, hijo del anciano Isaí, miembro de la tribu de Judá que vivía en Belén de Judá, tenía siete hermanos mayores. 13Los tres mayores, Eliab, Abinadab y Sama, se habían incorporado al ejército de Saúl para pelear contra los filisteos. 14David era el menor de todos, 15y alternaba sus viajes al campamento de Saúl con el cuidado de los rebaños de su padre en Belén. 16Durante cuarenta días, dos veces al día, por la mañana y por la tarde, el gigante estuvo desafiando a los ejércitos de Israel.

17Un día, Isaí dijo a David: «Toma estos veinticuatro kilos de grano tostado y estos diez panes y llévalos a tus hermanos. 18Dale este queso al capitán y ve cómo lo están pasando tus hermanos. Y trae alguna prenda de ellos».

19En ese momento el ejército israelita estaba acampado en el valle de Elá. 20En la madrugada del día siguiente David dejó las ovejas con otro pastor y partió con los regalos. Llegó a las afueras del campamento en el momento en que el ejército de Israel salía en orden de batalla y lanzaba gritos de guerra. 21Pronto las fuerzas israelitas y filisteas estuvieron frente a frente. 22David dejó las cosas que llevaba en manos del encargado de las armas y provisiones y corrió a las filas en busca de sus hermanos. 23Mientras conversaba con ellos, vio que el gigante Goliat se adelantaba a las tropas filisteas y su desafío al ejército de Israel. 24Tan pronto como lo vieron los hombres de Israel comenzaron a huir llenos de miedo.

25—¿Oyeron al gigante? —se decían los soldados—. Ha insultado otra vez al ejército de Israel. ¿Saben qué recompensa ha ofrecido el rey al que lo mate? El rey le dará una de sus hijas por esposa y toda su familia estará exenta de pagar impuestos.

26David habló con otros que estaban por allí para verificar lo que había oído.

—¿Qué recibirá el hombre que mate al filisteo y ponga fin a nuestra humillación? —les preguntó—. ¿Quién es este filisteo incrédulo que se le permite que desafíe a los ejércitos del Dios vivo? 27Y recibió la misma respuesta de antes. 28Pero cuando el hermano mayor de David, Eliab, supo lo que decía David, se enojó.

¿Qué haces aquí? —le preguntó—. ¿No debes estar cuidando las ovejas? Yo conozco tu soberbia y tu malicia; solamente has venido a curiosear y ver la batalla.

29—¿Qué he hecho ahora? —contestó David—. Solamente estaba haciendo una pregunta.

[30]Y se acercó a otros y les preguntó lo mismo, y recibió la misma respuesta. [31]Cuando finalmente comprendieron la intención de David, alguien lo dijo al rey Saúl y el rey lo mandó a buscar.

[32]—No se preocupe —le dijo David—. Yo me haré cargo de este filisteo.

[33]—No seas tonto —contestó Saúl—. ¿Cómo puede un chiquillo como tú pelear con un hombre de ese tamaño? Tú eres tan solo un niño y él es un guerrero desde su juventud.

[34]Pero David insistió.

—Cuando cuido las ovejas de mi padre y un león o un oso vienen a arrebatar un cordero del rebaño, [35]yo lo sigo con un palo y de sus fauces le quito el cordero. Si se vuelve hacia mí, lo tomo de la quijada y lo apaleo hasta matarlo. [36]He hecho esto con leones y osos, y lo haré también con este pagano filisteo, porque ha desafiado a los ejércitos del Dios vivo. [37]El Señor que me salvó de las garras del león y del oso, me salvará también de este filisteo.

Saúl finalmente aceptó.

—Bien, ve —le dijo—, y que el Señor te acompañe.

[38]Saúl le puso a David su armadura: un yelmo de bronce y una cota de malla. [39]David se la puso, se ciñó la espada y dio unos pasos para ver cómo se sentía con todo aquello, porque jamás había usado tales cosas.

—Apenas me puedo mover —exclamó—, y se lo quitó todo otra vez.

[40]Luego tomó cinco piedras lisas del arroyo y las puso en su alforja, y armado solamente con una vara de pastor y una honda, comenzó a avanzar hacia Goliat. [41]Goliat se adelantó hacia David con su escudero delante. [42]Venía burlándose del apuesto jovencito de mejillas rosadas.

[43]—¿Soy acaso un perro —rugió delante de David— que vienes a mí con un palo? —y maldijo a David en el nombre de sus dioses—. [44]Ven aquí y daré tus carnes a las aves de rapiña y a los animales salvajes —gritó Goliat.

[45]David respondió gritando:

—Tú vienes a mí con espada y lanza, pero yo voy a ti en el nombre del Señor de los ejércitos del cielo y de Israel, a quien tú has desafiado. [46]Hoy el Señor te vencerá y yo te mataré y te cortaré la cabeza, y daré tu cadáver y el de tus compañeros a las aves de rapiña y a los animales salvajes. Así todo el mundo sabrá que hay Dios en Israel, [47]e Israel sabrá que el Señor no depende de las armas para realizar sus planes. Esta batalla le pertenece al Señor y él los va a entregar a ustedes en nuestras manos.

[48]Goliat avanzó de nuevo y David corrió a su encuentro, [49]y sacando una piedra de la alforja la lanzó con la honda y golpeó al gigante en la frente. La piedra se le clavó en la frente al gigante y cayó de cara a tierra. [50,51]De esa manera David venció al gigante filisteo. Como no tenía espada, corrió y sacó la del gigante de la vaina y lo mató con ella, y luego le cortó la cabeza. Cuando los filisteos vieron que su campeón había muerto, huyeron.

[52]Entonces los israelitas dieron un gran grito de triunfo y los persiguieron por todo el valle hasta Gat y hasta las puertas de Ecrón. Los cuerpos de los filisteos muertos y heridos quedaron regados a todo lo largo del camino a Sajarayin.

[53]Después el ejército israelita regresó y saqueó el campamento de los filisteos. [54]Más tarde David llevó la cabeza de Goliat a Jerusalén, pero colocó sus armas en su tienda. [55]Cuando Saúl vio que David salía a pelear con el gigante, le preguntó a Abner, general de su ejército:

—Abner, ¿de qué familia procede este joven?

—No lo sé, realmente, —dijo Abner.

[56]—Bien, averígualo —le dijo el rey.

[57]Después que David dio muerte a Goliat, Abner lo llevó a la presencia de Saúl con la cabeza del filisteo aún en la mano.

[58]—Dime, ¿quién es tu padre, hijo mío? —dijo Saúl—. Y David dijo:

—Se llama Isaí y vivimos en Belén.

Envidia de Saúl

18 Después que el rey Saúl terminó de conversar con David, [2,3]desde ese día ya no lo dejó volver a su casa. David conoció a Jonatán, hijo del rey, e inmediatamente se estableció entre ellos un fuerte lazo de amistad. Jonatán lo amó como a un hermano, e hizo un pacto con él, [4]y selló el pacto dándole su túnica, su espada, su arco y su cinto.

El rey Saúl hizo que David se quedara en Jerusalén y no permitió que regresara más a su casa. [5]David quedó como ayudante especial de Saúl, y siempre cumplía sus encargos tan satisfactoriamente que Saúl le dio autoridad sobre sus hombres de guerra, designación que fue aplaudida por el ejército y por el pueblo.

[6]Sucedió, sin embargo, que cuando el ejército israelita volvía victorioso después de que David mató a Goliat, las mujeres de todos los pueblos y aldeas salían al camino a celebrar y a vitorear al rey Saúl, y cantaban y danzaban llenas de gozo con tamboriles y címbalos. [7]Ésta era su canción:

«Saúl mató sus miles,
y David sus diez miles».

[8]A Saúl no le gustó lo que oyó. Pensó: «A David le asignan diez miles y a mí solamente miles. Sólo falta que lo proclamen rey».

[9]Desde ese momento Saúl se puso celoso con David. [10]Al día siguiente Dios hizo que un espíritu

malo atormentara a Saúl, y comenzó a delirar
como un loco. David trató de tranquilizarlo
tocando el arpa como lo hacía antes. Pero Saúl,
que blandía su lanza, 11repentinamente la arrojó
contra David con la intención de clavarlo contra
la pared. Pero David saltó y escapó. Dos veces
ocurrió esto. 12Saúl le tenía miedo a David porque
el SEÑOR lo había abandonado y ahora estaba con
David. 13Finalmente, Saúl lo echó de su presencia
y le redujo la responsabilidad sobre el ejército.
Pero la controversia hizo que David fuera aun
más conocido por la gente.

14David siguió teniendo éxito en todo lo que
emprendía, porque el SEÑOR estaba con él. 15Cuan-
do el rey Saúl se dio cuenta de esto, su temor
creció aún más; 16pero todo Israel y Judá amaban
a David, porque era el que encabezaba las tropas
cuando salían de campaña.

17Un día Saúl le dijo a David:

—Te voy a dar a Merab, mi hija mayor, como
esposa. Pero primero tendrás que probar que eres
un verdadero soldado que pelea las batallas del
SEÑOR.

Porque Saúl pensó: «Lo enviaré contra los
filisteos y ellos lo matarán y así no tendré que
hacerlo yo».

18—¿Quién soy yo para ser yerno del rey? —
exclamó David—. La familia de mi padre es
humilde.

19Pero cuando llegó el tiempo de la boda, Saúl
la casó con Adriel, un hombre de Mejolá. 20Mien-
tras tanto Mical, la hija de Saúl, se había enamorado de David, y Saúl se alegró cuando lo supo.
21«Ésta es otra oportunidad para tenderle una
trampa y hacer que lo maten los filisteos», se dijo
Saúl. Pero a David le dijo:

—Serás mi yerno al fin, pues hoy te daré a
mi hija menor.

22Luego dio órdenes a sus hombres para que
le dijeran confidencialmente a David que el rey
lo estimaba mucho, y que todos lo querían y
pensaban que debería de aceptar la proposición
del rey de ser su yerno. 23Pero David contestó:

—¿Cómo puede un hombre como yo, de familia humilde, obtener una dote para casarse con
la hija de un rey?

24Cuando los hombres de Saúl le informaron
esto, 25él les dijo:

—Díganle a David que la única dote que
requiero son los prepucios de cien filisteos que
él mismo haya matado. Lo único que deseo es
vengarme de mis enemigos.

Pero lo que Saúl tenía pensado era que David
muriera en la pelea.

26David aceptó la proposición con placer. Antes
de que expirara el período fijado, 27él y sus hombres fueron y dieron muerte a doscientos filisteos
y entregaron los prepucios al rey Saúl. Y el rey
le dio a Mical.

28Cuando el rey comprendió cuánto era lo que
el SEÑOR bendecía a David y cuanto lo amaba su
hija Mical, 29tuvo cada vez más temor de él, y
su odio se acrecentó con cada día que pasaba.
30Cada vez que el ejército filisteo atacaba, David
tenía triunfos más resonantes que todo el resto
de los soldados de Saúl. Por tanto, el nombre de
David se hizo muy famoso.

Saúl intenta matar a David

19 Saúl sugirió a sus servidores y a Jonatán
su hijo que asesinaran a David. Pero Jonatán, movido por la estrecha amistad que lo ligaba
con David, 2le contó lo que su padre planeaba.

—Mañana por la mañana —le advirtió—,
debes esconderte en un lugar en el campo. 3Le
pediré a mi padre que vaya allá conmigo y le
hablaré a tu favor. Entonces veré qué es lo que
piensa acerca de ti y te lo diré.

4A la mañana siguiente, mientras Jonatán conversaba con su padre, le habló bien de David y le
pidió que no lo tuviera por enemigo.

—Él nada ha hecho contra ti —le dijo Jonatán—. Siempre te ha ayudado en todo lo que
ha podido. 5¿Te has olvidado de cuando arriesgó
su vida por dar muerte a Goliat y cómo el SEÑOR
le dio una gran victoria a Israel como resultado? Entonces estabas muy feliz. ¿Por qué ahora
quieres asesinar a un hombre inocente? No hay
razón para ello.

6Saúl halló razón en las palabras de Jonatán
y juró:

—Vive el SEÑOR que no mataré a David. 7Jona-
tán llamó a David, le contó lo ocurrido, y lo llevó
ante Saúl y todo quedó como antes. 8La guerra
estalló poco después, David dirigió las tropas
contra los filisteos, y mató a muchos de ellos
haciendo huir a todo el ejército.

9Pero un día en que Saúl estaba sentado en
su casa oyendo a David tocar el arpa, repentinamente el espíritu que lo atormentaba de parte del
SEÑOR lo atacó. Tenía la lanza en la mano 10y se
la arrojó a David con la intención de matarlo,
pero David se hizo a un lado y huyó en la noche,
dejándola clavada en la madera de la pared. 11Saúl
entonces envió soldados para que vigilaran la
casa de David y le dieran muerte cuando apareciera en la mañana. «Si no te vas esta noche —le
dijo Mical—, mañana serás hombre muerto».
12Ella lo ayudó a bajar por la ventana. 13Tomó
luego una estatua y la puso en la cama con
una almohada de pelo de cabra en la cabecera
y la cubrió con una manta. 14Cuando llegaron
los soldados para arrestar a David, ella les dijo
que estaba enfermo. 15Pero Saúl ordenó que se
lo llevasen en la cama para darle muerte. 16Mas

cuando volvieron para llevárselo, descubrieron que se trataba de una estatua.

17—¿Por qué me has engañado y has dejado escapar a mi enemigo? —le preguntó Saúl a Mical.

—Tuve que hacerlo —contestó Mical—. Él amenazó con matarme si no le ayudaba.

18De este modo escapó David y se dirigió a Ramá para ver a Samuel. Allí le contó todo lo que Saúl había hecho. Samuel se llevó a David a vivir con él en Nayot. 19Cuando Saúl supo que David estaba en Nayot de Ramá, 20envió soldados para que lo capturasen. Pero cuando llegaron y vieron a Samuel y a los demás profetas que profetizaban, el Espíritu de Dios cayó sobre ellos y ellos también comenzaron a profetizar. 21Cuando Saúl supo lo que había sucedido, envió a otros soldados, pero ellos también profetizaron. Y lo mismo ocurrió una tercera vez.

22Entonces Saúl mismo fue a Ramá y llegó a la fuente que hay en Secú.

—¿Dónde están Samuel y David? —demandó.

Alguien le dijo que estaban en Nayot, 23pero en el camino a Nayot, el Espíritu de Dios vino sobre Saúl y él también comenzó a profetizar. 24Se despojó de sus vestiduras y estuvo desnudo todo el día y toda la noche profetizando delante de Samuel.

—¡Cómo! —exclamaron—. ¿Saúl entre los profetas?

David y Jonatán

20 David entonces huyó de Nayot de Ramá y se unió con Jonatán.

—¿Qué he hecho? —exclamó—. ¿Por qué está tu padre tan decidido a matarme?

2—Eso no es cierto —protestó Jonatán—. Estoy seguro que él no planea tal cosa porque siempre me dice todo lo que va a hacer, aun las cosas pequeñas, y yo sé que él no me ocultaría semejante plan.

3—¡Por supuesto que tú no lo sabes! —dijo David—. Tu padre sabe perfectamente bien la amistad que nos une, y seguramente ha pensado: "No se lo diré a Jonatán. ¿Para qué afligirlo?" Pero la verdad es que estoy a un paso de la muerte; lo juro por el SEÑOR y por tu propia alma.

4—Dime qué puedo hacer —rogó Jonatán.

5—Mañana comienza la celebración de la luna nueva —respondió David—. Siempre he estado con tu padre en esta ocasión, pero mañana me esconderé en el campo y me quedaré allí hasta la tarde del tercer día. 6Si tu padre pregunta dónde estoy, dile que te he pedido permiso para ir a Belén, para la reunión familiar anual. 7Si él lo halla bien, yo sabré que no tiene nada contra mí; pero si se enoja, sabré que está planeando matarme. 8Haz esto por mí, que soy tu sirviente, puesto que estamos unidos por un pacto solemne delante del SEÑOR. Y si he pecado contra tu padre, mátame tú mismo, pero no me entregues a él.

9—¡Ni pensarlo! —exclamó Jonatán—. Mira, ¿no crees que yo te lo diría si mi padre tuviera planes de matarte?

10Entonces David preguntó:

—¿Cómo sabré si tu padre está enojado o no?

11—Sal al campo conmigo —contestó Jonatán—, y salieron juntos. 12Una vez fuera, Jonatán juró a David:

—Prometo por el SEÑOR el Dios de Israel, que a esta hora mañana, o pasado mañana a lo sumo, conversaré con mi padre acerca de ti y te haré saber qué intenciones tiene. 13Si está airado y desea matarte, que el SEÑOR me mate si no te lo digo, para que puedas escapar. ¡Que el SEÑOR esté contigo como estaba con mi padre! 14Cuando eso suceda, sé que mientras yo viva me serás fiel, porque nos hemos jurado lealtad, y que si muero 15seguirás leal a mi familia. Y después que el SEÑOR haya destruido a todos tus enemigos, 16que Dios te juzgue si tú y tu casa no muestran amor a mis descendientes.

17Y renovó Jonatán su pacto con David por el amor que los unía, porque lo quería tanto como a sí mismo. 18Luego le dijo:

—Mañana es luna nueva. Te van a echar de menos cuando tu lugar a la mesa esté vacío. 19Pasado mañana se notará mucho más. Ve entonces al lugar en que te escondiste, hasta la mañana, junto a la piedra de Ézel. 20Yo saldré y dispararé tres flechas hacia la piedra, como si estuviera tirando al blanco. 21Enseguida enviaré a un muchacho para que las recoja y las traiga. Si oyes que le digo, "Están de este lado", sabrás que todo está bien, y que no hay problema. 22Pero si le digo: "Sigue más allá, las flechas están todavía más allá de ti", significará que debes partir inmediatamente. 23Y que el SEÑOR nos ayude a guardar las promesas que nos hemos hecho, porque él ha sido testigo de ellas.

24Y David se escondió en el campo. Cuando comenzó la celebración de la luna nueva, 25el rey se sentó a comer, como de costumbre, en su lugar junto a la pared. Jonatán estaba sentado en frente de él y Abner estaba sentado junto a Saúl, pero el lugar de David estaba vacío. 26Saúl no dijo nada ese día porque supuso que algo había pasado, que quizás David estaba ceremonialmente impuro. 27Pero cuando vio que su lugar estaba vacío también al día siguiente, le preguntó a Jonatán:

—¿Por qué es que David no ha venido a comer ayer ni hoy?

28,29—Me pidió que le permitiera ir a Belén, a participar en una fiesta familiar. Su hermano le pidió que estuviera presente. Yo le dije que fuera.

30Saúl se encendió de ira.

—¡Hijo de la perdida! —le gritó—. ¿Piensas que no sé que tú quieres que ese hijo de nadie sea rey en tu lugar para vergüenza tuya y de tu madre? 31Mientras ese hombre viva, jamás llegarás a ser rey. ¡Ahora ve, encuéntralo y tráemelo, porque ese tipo merece la muerte!

32—¿Por qué merece la muerte? ¿Qué ha hecho? —preguntó Jonatán.

33Entonces Saúl arrojó la lanza contra Jonatán, con la intención de matarlo. Jonatán comprendió que su padre realmente quería matar a David, 34se retiró de la mesa encendido de ira, y se negó a comer en todo aquel día porque estaba muy herido por la vergonzosa conducta de su padre hacia David.

35A la mañana siguiente, de la manera acordada, Jonatán salió al campo y llevó a un joven consigo para que le recogiera las flechas.

36—Corre —le dijo al muchacho— y recoge las flechas que dispare.

Mientras el muchacho corría, Jonatán disparó una flecha por encima de su cabeza. 37Cuando el muchacho estaba por llegar a donde la flecha había caído, Jonatán gritó:

—¡La flecha está todavía más allá; 38date prisa, date prisa, no esperes!

El muchacho recogió la flecha y se la entregó a su señor. 39Por supuesto, no entendió el mensaje que las palabras de Jonatán encerraban. Solamente Jonatán y David lo sabían. 40Jonatán le entregó el arco y las flechas, y le ordenó llevarlas a la ciudad.

41En cuanto se fue, David salió de su escondite detrás de la roca, se inclinó tres veces y se puso rostro en tierra. Luego se abrazaron al tiempo que lloraban, especialmente David. 42Finalmente, Jonatán le dijo a David:

—Consuélate porque nos hemos jurado fidelidad delante de Dios y el será quien nos juzgue siempre, a nosotros y a nuestros descendientes. Entonces se separaron.

David se fue por su camino y Jonatán regresó a la ciudad.

David en Nob

21 David se dirigió a la ciudad de Nob para ver a Ajimélec el sacerdote. Ajimélec tembló cuando lo vio.

¿Por qué vienes solo? —le preguntó—. ¿Por qué nadie te acompaña?

2—El rey me envió en un asunto privado —mintió David—. Me dijo que no le dijera a nadie por qué estoy aquí. Les he dicho a mis hombres dónde podemos encontrarnos más tarde. 3Ahora, ¿qué hay de comer? Dame cinco panes o cualquier otra cosa.

4—No tengo pan común —dijo el sacerdote—, pero hay panes de la proposición. Creo que la ley no prohíbe que ustedes lo coman si no han estado con mujeres últimamente.

5—Puedes estar tranquilo —contestó David—. Mis hombres no han tocado mujer, como siempre que salimos en campaña. Están ceremonialmente limpios, a pesar de que este viaje es de carácter civil.

6Puesto que no había otro alimento disponible, el sacerdote le dio el pan de la proposición que estaba delante del Señor en el santuario. Había sido reemplazado con pan nuevo justamente ese día.

7Doeg, el idumeo, jefe de los pastores de Saúl, estaba allí haciéndose una purificación ceremonial.

8David le preguntó a Ajimélec si tenía una espada o lanza que pudiera usar.

—Tuve que salir tan apresuradamente en este asunto del rey, que salí sin armas —exclamó David.

9—No —contestó el sacerdote—, sólo tengo la espada de Goliat, el filisteo que mataste en el valle de Elá. Está envuelta en un manto en el cuarto de la ropa. Tómala si quieres, porque no tengo otra cosa.

—¡No hay otra igual! —exclamó David—. ¡Dámela!

David en Gat

10Sin pérdida de tiempo, reanudó la marcha huyendo de Saúl y llegó ante el rey Aquis de Gat. 11Pero los funcionarios de Aquis no estaban contentos con la presencia de David allí.

—¿No es éste el caudillo de Israel? ¿No es éste del que la gente canta y danza diciendo: "Saúl mató a sus miles y David a sus diez miles?"

12David oyó estos comentarios y tuvo miedo de que el rey Aquis pudiera hacerle daño, 13por lo que fingió estar loco. Arañaba las puertas y dejaba que la saliva le corriera por la barba, 14hasta que finalmente el rey Aquis dijo a sus siervos:

—¿Por qué me han traído aquí a un loco? 15Ya tenemos suficientes locos por aquí. ¿Acaso voy a hospedar a un individuo así?

David huye a Adulán y a Mizpa

22 David salió de Gat y se refugió en la cueva de Adulam, donde de inmediato se le unieron sus hermanos y otros parientes. 2Y pronto comenzaron a llegar otros también: los que tenían algún tipo de problema o deudas, o los que simplemente estaban descontentos, hasta que David se encontró al frente de unos cuatrocientos hombres. 3Más tarde David fue a Mizpa de Moab a pedirle permiso al rey para que su padre y su madre vivieran allí bajo la protección real hasta que él supiera lo que Dios iba a hacer con él. 4Y los padres de David permanecieron

en Moab durante todo el período en que David estuvo refugiado en la cueva.

5Un día el profeta Gad le dijo a David que dejara la cueva y regresara a la tierra de Judá. Y David se fue al bosque de Jaret.

Saúl elimina a los sacerdotes de Nob

6La noticia de su llegada a Judá llegó pronto a oídos de Saúl. Él estaba en Guibeá en ese momento, sentado bajo una encina, jugando con su lanza mientras estaba rodeado por sus oficiales.

7—Óiganme, hombres de Benjamín —exclamó Saúl cuando oyó la noticia—. ¿Les ha prometido David campos, viñedos y comisiones en su ejército? 8¿Es por eso que están ustedes en contra mía? Porque ninguno de ustedes me contó jamás que mi hijo, mi propio hijo, había hecho un pacto con el hijo de Isaí. Ni siquiera sienten pena por mí. ¿Se dan cuenta? ¡Mi propio hijo ha persuadido a ese siervo mío llamado David para que me aceche!

9Doeg el edomita, que estaba allí con los hombres de Saúl, dijo:

—Cuando yo estaba en Nob, vi a David conversando con el sacerdote Ajimélec. 10Ajimélec consultó al SEÑOR para saber lo que David debía hacer, y le dio comida y la espada de Goliat el filisteo.

11El rey Saúl inmediatamente mandó a buscar a Ajimélec y a toda su familia, y a todos los sacerdotes de Nob. 12Cuando llegaron, Saúl le dijo:

—¡Óyeme, hijo de Ajitob!

—¿Qué quieres? —dijo Ajimélec temblando.

13—¿Por qué tú y David han conspirado contra mí? —preguntó Saúl—. ¿Por qué le diste alimento y espada y consultaste por él a Dios? ¿Por qué lo alentaste para que se rebelara contra mí para que viniera a atacarme?

14—Pero, señor, —replicó Ajimélec—, ¿hay aquí, entre todos tus siervos, alguno que sea tan fiel como David tu yerno? Él es capitán de tu guardia personal y miembro altamente honrado de tu propia casa. 15Ésa no fue la primera vez que consulté por él a Dios. Es injusto que me acuses a mí y a mi familia, porque yo no he sabido de ninguna conspiración en tu contra.

16—¡Morirás, Ajimélec, junto con toda tu familia! —gritó el rey. 17Y ordenó a su guardia personal:

—¡Maten a estos sacerdotes, porque se han aliado con David; ellos sabían que él huía de mí, pero nada me dijeron!

Pero los soldados se negaron a hacer algo contra los sacerdotes.

18Entonces el rey le dijo a Doeg:

—Hazlo tú.

Doeg se volvió a ellos y mató a ochenta y cinco sacerdotes, todos con sus ropas sacerdotales. 19Luego fue a Nob, la ciudad de los sacerdotes, y dio muerte a sus familias: hombres, mujeres, niños y bebés; y también a sus animales: bueyes, burros y ovejas. 20Solamente Abiatar, uno de los hijos de Ajimélec, escapó y huyó a unirse a David. 21Cuando le contó lo que Saúl había hecho, 22David exclamó:

—Me lo temía. Cuando vi a Doeg allí, pensé que se lo diría a Saúl. He provocado la muerte de toda la familia de tu padre. 23Quédate conmigo y yo te protegeré con mi propia vida. Para dañarte tendrán que pasar primero sobre mi cadáver.

David libera la ciudad de Queilá

23 Un día avisaron a David que los filisteos estaban atacando a Queilá y saqueando los campos: 2David consultó al SEÑOR:

—¿Iré y los atacaré?

—Sí, ve y salva Queilá —le dijo el SEÑOR.

3Mas los hombres de David le dijeron:

—Nosotros tenemos miedo aun aquí en Judá. Ciertamente no queremos ir a Queilá a pelear contra las filas filisteas.

4David le preguntó nuevamente al SEÑOR, y el SEÑOR nuevamente le respondió:

—Vete a Queilá, porque yo te ayudaré a conquistar a los filisteos.

5Fueron a Queilá y destrozaron a los filisteos, y les quitaron el ganado. El pueblo de Queilá fue salvado. 6Abiatar el sacerdote fue a Queilá con David, y llevó el efod consigo, a fin de consultar al SEÑOR por David.

Saúl persigue a David

7Saúl pronto supo que David estaba en Queilá. «Bien —exclamó—. Ahora lo tenemos. Dios lo ha entregado en mis manos, pues se ha atrapado a sí mismo en una ciudad amurallada».

8Saúl movilizó todo su ejército y lo puso en marcha hacia Queilá para sitiar a David y a sus hombres. 9Pero David se enteró del plan de Saúl y le dijo a Abiatar el sacerdote que trajera el efod para consultar al SEÑOR.

10—Oh SEÑOR Dios de Israel —dijo David—, he sabido que Saúl tiene planes de venir y destruir Queilá porque yo estoy aquí. 11¿Me entregarán a él los hombres de Queilá? ¿Vendrá Saúl realmente como he oído? Oh SEÑOR Dios de Israel, te ruego que me lo digas.

Y el SEÑOR le dijo:

—Vendrá.

12—¿Y me traicionarán estos hombres de Queilá entregándome a Saúl? —insistió David.

Y el SEÑOR le respondió:

—Sí; te traicionarán.

13 Entonces David y sus hombres, que eran seiscientos ahora, salieron de Queilá y comenzaron
a andar de un lado a otro por el campo. Pronto
Saúl se enteró de que David había huido, y desistió de ir a Queilá. 14,15 David se fue a vivir en las
cuevas del desierto en la región montañosa de
Zif. Un día, cerca de Hores, supo que Saúl iba
hacia Zif en su busca. Saúl lo perseguía día tras
día para matarlo, pero el Señor no permitió que
lo encontrara.

16 El príncipe Jonatán salió en busca de David
y lo halló en Hores, y lo alentó en su fe en Dios.
17 «No tengas miedo —le dijo Jonatán—. Mi
padre jamás te encontrará, tú serás el rey de Israel
y yo estaré junto a ti, y seré tu segundo como mi
padre bien lo sabe».

18 Entonces los dos hombres renovaron su pacto
de amistad. David se quedó en Hores, y Jonatán
regresó a su casa.

19 Pero luego los hombres de Zif fueron a Saúl,
que se hallaba en Guibeá, y delataron a David.

—Sabemos dónde está escondido —le dijeron—. Está en las cuevas de Hores, en la colina
de Jaquilá, al sur del desierto. 20 Desciende, señor,
y nosotros le daremos caza.

21 —Alabado sea el Señor —dijo Saúl—. ¡Por
fin alguien ha tenido compasión de mí! 22 Vayan
nuevamente y asegúrense de que está allí y quién
lo ha visto, porque yo sé que él es muy astuto.
23 Descubran en cuál de sus escondites se halla, y
vuelvan con una información precisa. Entonces
yo iré con ustedes. Y si él está en aquella zona
lo encontraré, aun cuando tenga que registrar
cada rincón de Judá.

24 Ellos, pues, adelantándose a Saúl, se dirigieron a Zif. David y sus hombres se hallaban
en el desierto de Maón en el Arabá, al sur del
desierto: 25 Saúl fue en su busca. David se enteró
y descendió a un risco que se halla en el desierto
de Maón. 26 Saúl y David estaban ahora en laderas
opuestas de una montaña. Saúl y sus hombres
comenzaron a rodearlos. David hizo todo lo posible por escapar, pero, al parecer, estaba perdido.
27 En esto le llegó a Saúl un mensaje en el que se
le informaba que los filisteos estaban atacando
nuevamente a Israel, 28 y Saúl tuvo que abandonar la persecución, y regresar a pelear contra los
filisteos. Desde entonces el lugar donde David
estuvo acampado ha sido llamado Sela Hama-
jlecot (Roca de las Separaciones).

29 Luego David se fue a vivir en las cuevas de
Engadi.

David le perdona la vida a Saúl

24 Después que Saúl regresó de su batalla
con los filisteos, y como le dieran aviso
de que David se había ido al desierto de Engadi,
2 reunió tres mil hombres escogidos de todo Israel
y salió a buscarlo a las Rocas de las Cabras Monteses. 3 En el lugar por donde el camino pasa por
algunos rediles, entró Saúl en una cueva para
hacer sus necesidades. En esa cueva precisamente
estaban escondidos David y sus hombres. 4 Los
hombres de David le dijeron:

—Ahora es tu oportunidad. Hoy es el día de
que hablaba el Señor cuando dijo: "Entregaré a
Saúl en tu poder para que hagas con él lo que
quieras".

David se acercó silenciosamente y cortó un
pedazo del borde de la túnica de Saúl. 5 Pero su
conciencia comenzó a molestarlo.

6 —Jamás haré lo que me sugieren, —dijo a
sus hombres—. Es un grave pecado agredir al
rey escogido de Dios.

7 Estas palabras de David persuadieron a sus
hombres de no dar muerte a Saúl. Cuando Saúl
salió de la cueva para seguir su camino, 8 David
le gritó:

—Señor mío y rey mío.

Saúl miró, y David, haciéndole una reverencia,
9,10 gritó:

—¿Por qué prestas atención a los que dicen
que trato de hacerte daño? Este mismo día comprenderás que no es cierto. El Señor te puso a mi
merced aquí en la cueva, y algunos de mis hombres me dijeron que te diera muerte, pero yo no
quise, porque me dije: «Jamás le haré daño alguno a mi señor porque es el ungido del Señor».
11 ¿Ves lo que tengo en la mano? Es el borde de tu
manto. Lo corté, pero no te quise matar. ¿No te
convence esto de que no estoy tratando de causarte daño y que no he pecado contra ti, aunque
tú has estado buscándome para darme muerte?
12 Que el Señor juzgue entre nosotros. Quizás te
castigará por lo que estás tratando de hacerme,
pero yo jamás te haré daño alguno. 13 Dice el viejo
proverbio: «Un mal provoca otro mal». Pero yo
no te tocaré para dañarte. 14 ¿Y a quién trata de
dar caza el rey de Israel? ¿Debe perder el tiempo
buscando a uno que es tan indigno como un
perro muerto o como una pulga? 15 Que el Señor
juzgue entre nosotros y que castigue a cualquiera
de los dos que sea culpable. Él es mi abogado y
mi defensor, y él me rescatará de tu poder.

16 Saúl entonces dijo:

—¿Eres tú, hijo mío, David? —y rompió a
llorar—. 17 Tú eres mejor que yo, porque me
has pagado bien por mal. 18 Sí, tú has sido muy
misericordioso conmigo en este día, porque
cuando el Señor me entregó en tus manos, no
me mataste. 19 ¿Quién otro dejaría escapar a su
enemigo cuando lo tiene en su poder? Que el
Señor te recompense bien por la bondad que me
has mostrado en este día. 20 Y ahora comprendo
que ciertamente vas a ser rey, y que Israel será
tuyo y tú lo gobernarás. 21 Júrame por el Señor que

cuando esto ocurra no matarás a mi familia, ni destruirás a mis descendientes.

22Así lo prometió David. Saúl entonces regresó a su casa, pero David y sus hombres volvieron a la cueva.

David, Nabal y Abigaíl

25 Poco después murió Samuel. Todo Israel se reunió para su funeral y lo sepultaron en la propiedad de su familia en Ramá.

Mientras tanto, David, descendió al desierto de Parán. 2Un hombre rico de Maón criaba ovejas allí, junto al pueblo del Carmelo. Tenía tres mil ovejas y mil cabras, y se hallaba en su rancho para esquilar las ovejas. 3Su nombre era Nabal. Su esposa, que se llamaba Abigaíl, era una mujer hermosa e inteligente. Él, que era descendiente de Caleb, en cambio, era duro y soberbio, y de modales rudos.

4Cuando David supo que Nabal estaba esquilando sus ovejas, 5envió a diez de sus hombres a Carmelo con este mensaje: 6«Que Dios te dé prosperidad a ti y a tu familia y te multiplique en todo. 7Se me ha dicho que estás esquilando tus ovejas y cabras. Últimamente tus pastores han vivido entre nosotros; no les hemos hecho daño ni les hemos robado nada en todo el tiempo que ellos han estado en Carmelo. 8Pregunta a tus hombres y ellos te dirán si esto es cierto o no. He enviado a mis hombres a pedirte una contribución, pues hemos venido en buen día; danos un presente de lo que tengas a mano».

9Los jóvenes entregaron a Nabal el mensaje de David y esperaron la respuesta:

10—¿Quién es este David? ¿Quién se cree que es este hijo de Isaí? Hay muchos esclavos en estos días que huyen de sus amos. 11¿Es que debo tomar pan, agua y carne, que he preparado para los esquiladores, y dársela a una banda que repentinamente aparece de quién sabe dónde?

12Los mensajeros de David regresaron y le dijeron lo que Nabal les había dicho. 13«Cíñanse las espadas», fue la respuesta de David, mientras se ceñía la suya. Cuatrocientos fueron con David y doscientos se quedaron para cuidar el campamento.

14Mientras tanto, uno de los siervos de Nabal fue y le dijo a Abigail: «David envió desde el desierto a unos hombres a hablar con nuestro amo; pero él los insultó y los despidió. 15,16Sin embargo, los hombres de David han sido muy bondadosos con nosotros y nunca sufrimos nada de parte de ellos. Es más, día y noche fueron como un muro protector para nosotros y para nuestras ovejas y nada nos fue robado en todo el tiempo en que ellos estuvieron con nosotros. 17Será bueno que pienses algo, porque habrá dificultades para nuestro amo y para toda su familia, pues es tan obstinado que nadie puede conversar con él».

18Abigaíl, con prontitud, tomó doscientos panes, dos odres de vino, cinco ovejas guisadas, cuarenta kilos de grano tostado, cien racimos de pasas y doscientos panes. 19«Vayan —dijo a sus criados— y yo iré tras ustedes». Pero no le dijo a su marido lo que estaba haciendo.

20Mientras descendía por el camino montada en su burro, se encontró con David que venía hacia ella. 21David había estado pensando: «En vano le hicimos bien a este individuo. Protegimos sus ganados en el desierto para que nada se le perdiera ni le fuera robado, pero él me ha pagado mal por bien. 22¡Que Dios me maldiga si uno de sus hombres queda vivo mañana por la mañana!»

23Cuando Abigaíl vio a David, se desmontó e hizo una reverencia delante de él.

24—Señor, yo cargo con toda la culpa en esto —dijo postrada a sus pies—. Te ruego que escuches lo que quiero decirte. 25Nabal es hombre de mal temperamento; pero no le hagas caso. Es un necio, que es exactamente lo que significa su nombre. Pero yo no vi a los mensajeros que enviaste. 26Señor, puesto que el Señor te ha impedido cometer un asesinato y tomar venganza por tus propias manos, te ruego por el Señor y por tu propia vida también que sean malditos como Nabal todos tus enemigos. 27Mira, este presente lo he traído para ti y tus hombres. 28Perdona mi atrevimiento al venir hasta aquí. El Señor ciertamente te recompensará haciendo que tú y tus descendientes tengan el reino, porque tú peleas las batallas del Señor y jamás se hallará maldad en ti. 29Aun cuando te persigan los que quieren arrancarte la vida, tú estás seguro bajo el cuidado del Señor tu Dios. Pero la vida de tus enemigos desaparecerá como piedras lanzadas con honda. 30Cuando el Señor haya cumplido todas las promesas que te ha hecho y te haya investido rey de Israel, 31no querrás tener en tu conciencia una masacre y el haber tomado la ley en tus propias manos. Y cuando el Señor haya hecho estas grandes cosas por ti, acuérdate de mí».

32David entonces respondió a Abigaíl:

—Bendito sea el Señor Dios de Israel, que te ha enviado a encontrarme en este día. 33Gracias a Dios por tus buenos razonamientos. Bendita seas, por haberme impedido derramar sangre y hacerme justicia por mis propias manos. 34Porque juro por el Señor Dios de Israel que ha impedido que te haga daño, que si no hubieras venido a mi encuentro, ninguno de los hombres de la casa de Nabal estaría vivo mañana por la mañana.

35 David aceptó los regalos de ella y le dijo que
regresara a su casa sin temor porque él nada le
haría a su marido.
36 Cuando ella llegó a su casa, encontró que
Nabal estaba celebrando un gran festín. Como
estaba completamente ebrio, ella decidió no
hablarle de su encuentro con David hasta el día
siguiente. 37 Cuando él recobró la sobriedad, su
esposa le dijo lo ocurrido, 38 y Nabal tuvo un ataque que lo dejó paralizado por diez días. Luego
murió porque el SEÑOR lo hirió, y Nabal murió.
39 Cuando David oyó que Nabal había muerto,
dijo: «Alabado sea el SEÑOR, porque ha pagado
a Nabal por su insulto y ha impedido que yo lo
haga por mí mismo. Ya ha recibido su castigo
por sus pecados».
David no perdió tiempo y envió mensajeros a
Abigaíl pidiéndole que fuera su esposa. 40 Cuando
los mensajeros llegaron al Carmelo y le dijeron
a qué habían venido, 41 ella prontamente accedió
a la petición y dijo: «Estoy dispuesta a servirle a
David e incluso lavarle los pies a sus sirvientes».
42 Se preparó con prontitud, tomó consigo a cinco
de sus doncellas, montó en su burro, y siguió a
los hombres hasta la presencia de David, y fue
su esposa.
43 David también se había casado con Ajinoán
de Jezrel, 44 pues Saúl había obligado a Mical,
esposa de David e hija suya, a que se casara con
un hombre de Galín que se llamaba Paltiel, hijo
de Lais.

David le perdona la vida a Saúl

26 Los hombres de Zif volvieron ante Saúl
en Guibeá y le informaron que David
estaba escondido en la colina de Jaquilá al este
del desierto. 2 Saúl tomó tres mil de sus mejores
hombres y fue en su persecución, 3 y acampó
junto al camino que bordea el desierto donde
David estaba escondido. 4 Pero David supo de la
llegada de Saúl y envió hombres a observar sus
movimientos.
5-7 Una noche, David fue silenciosamente hasta
el campamento de Saúl. El rey Saúl y el general
Abner dormían rodeados por los soldados.
—¿Algún voluntario quiere ir conmigo? —
preguntó David a Ajimélec, el hitita, y a Abisay,
hermano de Joab e hijo de Sarvia.
—Yo iré contigo —respondió Abisay.
David y Abisay, pues, fueron al campamento
de Saúl y lo encontraron dormido, con la lanza
clavada en el suelo, junto a su cabeza.
8 —Dios ha vuelto a poner a tu enemigo en
tus manos —susurró Abisay—. Déjame que lo
atraviese con su lanza. Lo clavaré en tierra con
ella y no necesitaré darle un segundo golpe.
9 —No —dijo David—, porque nadie puede
quedar impune si ataca al ungido del SEÑOR.
10 Dios le dará muerte algún día, o morirá en una
batalla o de vejez. 11 Pero Dios me libre de matar al
hombre que él ha escogido como rey. Pero mira,
llevémonos su lanza y su cántaro.
12 David tomó la lanza y el cántaro de agua, y
salió sin que nadie los viera, porque el SEÑOR los
había hecho dormirse profundamente. 13 Pasaron
al lado opuesto. Cuando estuvieron en la cima
de la montaña, a una distancia prudente, 14 David
gritó a Abner y a Saúl:
—¡Despierta, Abner!
—¿Quién es? —preguntó Abner—. ¿Quién se
atreve a gritarle al rey?
15 —¡Vaya, vaya, Abner! ¡Eres un gran hombre! —bromeó David—. ¿Dónde en Israel podrá
encontrarse a uno tan bueno como tú? Ah, pero
no has cuidado bien a tu amo el rey. ¡Alguien se
acercó a matarlo! 16 Eso no es bueno, Abner. Juro
por el SEÑOR que debieras morir por tu falta de
cuidado. A ver, ¿dónde está la lanza del rey y el
cántaro de agua que estaba junto a su cabeza?
Búscalos.
17 Saúl reconoció la voz de David y dijo:
—¿Eres tú, hijo mío, David?
Y David respondió:
—Sí, señor, soy yo. 18 ¿Por qué me persigues?
¿Qué he hecho? ¿Cuál es mi delito? 19 Si es el SEÑOR
el que te ha incitado en mi contra, que acepte mi
ofrenda de paz. Pero si son hombres los que lo
han hecho, que el SEÑOR los maldiga, porque se
me ha sacado de mi hogar para que, en vez de
estar con el pueblo del SEÑOR, me encuentre lejos
donde adoran a dioses paganos. 20 ¿Debo morir
en tierra ajena, lejos de la presencia del SEÑOR?
¿Por qué el rey de Israel sale en busca de mi vida
como quien persigue una perdiz en los montes?
21 —He hecho mal —exclamó Saúl—. Regresa, hijo mío, y no trataré más de dañarte. Tú me
has perdonado la vida hoy. He sido un necio y
he actuado mal, muy mal.
22 —Aquí está tu lanza, señor —contestó
David—. Que venga uno de tus hombres a buscarla. 23 Que el SEÑOR dé a cada uno su recompensa por hacer el bien y por ser leal, pues yo me
negué a matarte aun cuando el SEÑOR te entregó
en mis manos. 24 Ahora, que el SEÑOR salve mi vida,
así como yo he salvado la tuya hoy. Que él me
salve de toda aflicción.
25 Y Saúl le dijo a David:
—Que Dios te bendiga, hijo mío, David. Harás
proezas grandes, y serás un gran vencedor.
Entonces David se marchó y Saúl regresó a
su casa.

David entre los filisteos

27 Pero David se dijo: «Algún día Saúl me
va a encontrar y me dará muerte, por lo
tanto me iré a territorio de los filisteos hasta que

Saúl deje de buscarme. Sólo así volveré a tener seguridad».

2-3Tomó sus seiscientos hombres con sus familias y se fueron a vivir a Gat, bajo la protección del rey Aquis. Llevó consigo a sus dos esposas, a Ajinoán de Jezrel y a Abigail del Carmelo, la viuda de Nabal. 4Pronto supo Saúl que David había huido a Gat, y dejó de perseguirlo.

5Un día David le dijo a Aquis: «Señor mío, si te parece bien, concédeme un lugar en uno de los pueblos del campo. Preferiría vivir allí a vivir en la ciudad real».

6Aquis le dio Siclag, que todavía pertenece a los reyes de Judá en estos días, 7y ellos vivieron allí entre los filisteos durante un año y cuatro meses. 8David y sus hombres se dedicaron a hacer incursiones contra los guesureos, los guirzitas y los amalecitas que desde tiempos remotos habitaban el territorio que va desde Telán, en dirección de Sur, hasta Egipto. 9No dejaban persona con vida en los pueblos que atacaban, y se llevaban ovejas, bueyes, burros, camellos y ropa al regresar a sus hogares.

10—¿A quiénes atacaron hoy? —preguntaba Aquis. Y David respondía:

—Atacamos el sur de Judá y el sur de Jeramel y el sur de los ceneos.

11Como a nadie dejaban vivo, nadie podía ir a Gat y decir a dónde habían ido realmente. Esto ocurrió una y otra vez mientras David vivió entre los filisteos. 12Aquis creía lo que David le decía, y pensaba que el pueblo de Israel debía odiarlo bastante ya. «Ahora tendrá que quedarse aquí y servirme para siempre», pensaba el rey.

Saúl y la adivina de Endor

28 En aquellos días los filisteos reunieron sus ejércitos para guerrear contra Israel.

—Tú y tus hombres tienen que ayudarnos en la guerra —dijo a David el rey Aquis.

2—Muy bien —dijo David—. Ya verás de cuánta ayuda podemos serte.

—Si lo haces, serás mi guardaespaldas durante el resto de tu vida —le dijo Aquis.

3Por ese entonces Samuel ya había muerto y todo Israel lo había llorado. Lo sepultaron en Ramá, su ciudad. El rey Saúl había expulsado a todos los invocadores de los muertos y adivinos de la tierra de Israel.

4Los filisteos establecieron su campamento en Sunén, y Saúl y los ejércitos de Israel estaban en Guilboa. 5Cuando Saúl vio el campamento de los filisteos, se llenó de pánico 6y consultó al Señor sobre lo que debía hacer. Pero el Señor no le contestó ni por sueños, ni por Urim,[a] ni por profetas. 7Saúl entonces dio órdenes a sus ayudantes de que tratasen de encontrar un médium para preguntarle lo que debía hacer. Y le dijeron que había una en Endor. 8Saúl se disfrazó usando vestiduras ordinarias en vez de sus túnicas reales, y se presentó ante la mujer de noche, acompañado por dos hombres.

—Quiero hablar con un hombre muerto —le rogó—. ¿Podrás hacer venir su espíritu?

9—¿Qué? ¿Quieres que me maten? —le dijo la mujer—. Tú sabes que Saúl ha hecho ejecutar a todos los invocadores de los muertos y adivinos. Tú debes ser un espía.

10Pero Saúl le juró solemnemente que no. 11Por fin la mujer dijo:

—Bien, ¿a quién quieres que te traiga?

—Tráeme a Samuel —contestó Saúl.

12Cuando la mujer vio a Samuel, le gritó a Saúl:

—¡Me has engañado! ¡Tú eres Saúl!

13—No tengas miedo —le dijo el rey—. ¿Qué es lo que ves?

—Veo una forma nebulosa que sube de la tierra —dijo ella.

14—¿A qué se parece?

—Es un anciano envuelto en una túnica.

Saúl comprendió que era Samuel y se inclinó delante de él.

15—¿Por qué me has molestado haciéndome volver? —preguntó Samuel a Saúl.

Estoy muy angustiado —contestó Saúl—. Los filisteos están en guerra con nosotros y Dios me ha abandonado; no quiere responderme ni por profetas ni por sueños. Te he llamado para preguntarte qué debo hacer.

16Pero Samuel respondió:

—¿Por qué me preguntas a mí si el Señor te ha dejado y se ha convertido en tu enemigo? 17Él ha hecho simplemente lo que por boca mía había predicho y te ha quitado el reino y lo ha dado a tu rival David. 18Te trata así porque no has obedecido sus instrucciones cuando él estaba tan enojado con Amalec. 19Todo el ejército de Israel será derrotado y destruido por los filisteos mañana, y tú y tus hijos estarán conmigo.

20Saúl cayó cuan largo era, paralizado por el temor al escuchar las palabras de Samuel. Además, estaba fatigado, pues no había comido en todo el día.

21Cuando la mujer lo vio tan confundido le dijo:

—Señor, yo obedecí tu orden con riesgo de mi vida. 22Ahora haz lo que yo diga, y déjame que te dé algo de comer para que puedas recuperar las fuerzas y regresar.

23Pero él se negó. Los hombres que estaban con él unieron sus súplicas a las de la mujer, hasta que él finalmente cedió y se levantó y se sentó en un diván. 24La mujer había estado engordando un ternero de modo que salió, lo mató, amasó harina y preparó panes sin levadura. 25Luego,

a. El Urim y Tumim eran instrumentos santos que se usaban para echar suertes y determinar la voluntad de Dios.

trajo la comida al rey y a sus hombres, y ellos comieron. Y por la noche se fueron.

Los filisteos desconfían de David

29 Los filisteos se reunieron en Afec, y los israelitas acamparon junto a la fuente de Jezrel. [2]Mientras los capitanes filisteos conducían a sus soldados por batallones y compañías, David y sus hombres marchaban a la retaguardia con Aquis.

[3]Pero los comandantes filisteos preguntaron:

—¿Qué hacen aquí estos israelitas?

Aquis les respondió:

—Éste es David, siervo de Saúl, que huye de él. Ha estado conmigo durante varios años, y jamás he encontrado en él una falta desde que llegó.

[4]Pero los comandantes se airaron.

—Hazlo que vuelva —le exigieron—. Ellos no irán a la batalla con nosotros. Podrían volverse en contra nuestra. ¿Habrá algún modo mejor de reconciliarse con su amo que volverse contra nosotros durante la batalla? [5]Éste es el mismo hombre del cual las mujeres de Israel cantan en sus danzas:

«Saúl mató a sus miles, y David a sus diez miles».

[6]Por fin Aquis decidió llamar a David:

—Te juro por el Señor —le dijo—, que eres un hombre excelente, y desde el día que llegaste no he encontrado nada que me haga desconfiar de ti; para mí sería un placer que me acompañaras a las batallas, pero mis comandantes dicen que no. [7]Regresa y vete en paz para no desagradarlos.

[8]—¿Qué he hecho yo para merecer este trato? —preguntó David—. ¿Por qué no puedo pelear contra tus enemigos?

[9]Pero Aquis insistió:

—En lo que a mí respecta tú eres tan leal como un ángel del Señor. Pero mis comandantes tienen miedo de que estés con ellos en la batalla. [10]Por eso, levántate temprano en la mañana y déjanos en cuanto haya amanecido.

[11]Entonces David regresó a la tierra de los filisteos, mientras el ejército filisteo seguía hacia Jezrel.

David derrota a los amalecitas

30 Tres días más tarde, cuando David y sus hombres regresaron a Siclag, encontraron que los amalecitas habían invadido el sur, atacado la ciudad y la habían quemado completamente. [2]Para colmo, se habían llevado a todas las mujeres y niños. [3]Cuando David y sus hombres vieron las ruinas y comprendieron lo que le había sucedido a sus familias, [4]lloraron hasta más no poder. [5]Las dos esposas de David, Ajinoán y Abigaíl, se hallaban entre los cautivos. [6]David estaba seriamente preocupado, porque sus soldados, en su profundo dolor por sus hijos, comenzaron a hablar de matarlo. Pero David halló fortaleza en el Señor su Dios.

[7]—Tráeme el efod —le dijo a Abiatar el sacerdote.

Y Abiatar lo trajo.

[8]David preguntó al Señor:

—¿Saldré a perseguirlos? ¿Podré alcanzarlos?

Y el Señor le dijo:

—Sí, ve tras ellos. Recuperarás a todos los cautivos.

[9]David y sus seiscientos hombres salieron en persecución de los amalecitas. [10]Cuando llegaron al arroyo de Besor, doscientos hombres estaban demasiado cansados para cruzar, pero los otros cuatrocientos siguieron la marcha. [11,12]En el camino encontraron a un joven egipcio y lo llevaron a la presencia de David. No había comido ni bebido durante tres días, así que le dieron una porción de higos secos, dos racimos de pasas y agua, y pronto recobró sus fuerzas.

[13]—¿Quién eres y de dónde vienes? —le preguntó David.

—Yo soy egipcio, siervo de un amalecita —respondió—. Mi amo me dejó atrás hace tres días porque estaba enfermo. [14]Íbamos de regreso después de haber atacado el sur de los quereteos, de Judá y de Caleb y habíamos quemado a Siclag.

[15]—¿Puedes decirme adónde fueron? —preguntó David.

Y el joven respondió:

—Si me promete por el nombre de Dios que no me matará ni me devolverá a mi amo, yo lo guiaré hacia donde ellos están.

[16]Los condujo, en efecto, al campamento de los amalecitas. Ellos se habían esparcido en los campos, donde comían y bebían y danzaban con gran gozo para celebrar la gran cantidad de botín que habían tomado de los filisteos y de los hombres de Judá. [17]David y sus hombres los atacaron y estuvieron peleando con ellos toda aquella noche y todo el día siguiente hasta la tarde. Ninguno escapó, salvo cuatrocientos jóvenes que huyeron en camellos. [18,19]David recuperó todo lo que ellos le habían tomado. Los hombres recobraron sus familias y todas sus pertenencias, y David rescató también a sus dos esposas. [20]Los soldados reunieron todos los rebaños de ovejas y el ganado vacuno y lo condujeron delante de ellos.

—Todo esto te pertenece; es tu recompensa —le dijeron a David.

[21]Cuando llegaron al arroyo de Besor y encontraron a los doscientos hombres que habían estado muy cansados para seguir adelante, David los saludó con alegría. [22]Pero algunos de los rufianes que estaban entre los hombres de David declararon:

—Ellos no fueron con nosotros, y no tienen parte en el botín. Devuélveles sus esposas y sus hijos y diles que se vayan.

[23]Pero David dijo:

—No, hermanos míos. El Señor nos ha guardado y nos ha ayudado a derrotar al enemigo.
[24]¿Quién les hará caso en lo que proponen? Tenemos que compartir por igual, los que van a la batalla y los que guardan el equipo.

[25]Desde entonces David hizo de esto una ley para Israel, y aún se respeta.

[26]Cuando llegaron a Siclag, envió parte del botín a los ancianos de Judá y a sus amigos. «Éste es un presente para ustedes, tomado de los enemigos del Señor», les escribió. [27-31]Los enviaron a los ancianos de las siguientes poblaciones donde David y sus hombres habían acampado:

Betel, Ramot del sur, Jatir, Aroer, Sifmot, Estemoa, Racal, las ciudades de los jeramelitas, las ciudades quenitas, Jormá, Corasán, Atac y Hebrón.

Muerte de Saúl

31 Mientras tanto, los filisteos habían comenzado la batalla contra Israel, y los israelitas huyeron de ellos dejando muchos muertos sobre el monte Guilboa. [2]Los filisteos cercaron a Saúl y dieron muerte a sus hijos Jonatán, Abinadab y Malquisúa. [3]Luego los arqueros alcanzaron a Saúl y le hirieron gravemente. [4]El rogó a su escudero: «Mátame con tu espada antes que estos paganos filisteos me capturen y me torturen».

Pero como su escudero tenía miedo también, no quiso hacerlo. Entonces Saúl tomó su propia espada y se arrojó contra la punta de su hoja de modo que lo atravesó. [5]Cuando el escudero vio que estaba muerto, él también se arrojó sobre su espada y murió junto a él. [6]Así es que Saúl, su escudero, sus tres hijos y muchos de sus soldados murieron el mismo día. [7]Cuando los israelitas del otro lado del valle y de más allá del Jordán oyeron que sus guerreros habían huido, y que Saúl y sus hijos estaban muertos, abandonaron las ciudades y los filisteos las tomaron.

[8]Al día siguiente, cuando los filisteos salieron a despojar a los muertos, encontraron los cadáveres de Saúl y sus tres hijos en el monte Guilboa. [9]Le cortaron la cabeza a Saúl y le quitaron la armadura, y enviaron mensajeros con la noticia de la muerte de Saúl a los templos de sus ídolos y al pueblo.

[10]La armadura de Saúl fue puesta en el templo de Astarté, y colgaron el cuerpo en el muro de Betsán.

[11]Pero cuando el pueblo de Jabés de Galaad oyó lo que los filisteos habían hecho, [12]algunos guerreros de aquel pueblo caminaron toda la noche hasta Betsán y bajaron los cuerpos de Saúl y sus hijos del muro y los llevaron hasta Jabés, donde los quemaron. [13]Después sepultaron sus huesos debajo de una encina en Jabés y ayunaron durante siete días.

2 SAMUEL

¿Quién lo escribió?

El autor del libro es desconocido. Samuel es una figura que destaca en este libro, y se mencionan sus escritos en el 1 Samuel 10:25. 1 y 2 Samuel fueron llamados así por ser éste el último juez de Israel, uno de sus grandes profetas, a quien Dios utilizó para el establecimiento de la monarquía. Pero no es probable que él lo escribiera, porque también su muerte es narrada en el 1 Samuel 25:1. La tradición judía menciona a los profetas Natán y Gad como dos redactores de estos libros, basados en 2 Cr. 29:29. De cualquier forma, el autor del libro presenta la perspectiva de Dios de la historia que acontece en el pueblo de Israel.

¿A quién lo escribió?

Los receptores de este libro son los israelitas que vivieron durante los reinados de David y Salomón. La institución de la monarquía marcó una importante transición en la vida del pueblo, que vino desde la teocracia de Moisés y Josué, pasando luego por la anarquía en el período de los jueces. El pueblo no estuvo dispuesto a depender de Dios y prefirió un rey "como todas las demás naciones" (1 Samuel 8).

¿Cuándo y dónde lo escribió?

La fecha de redacción del libro es incierta, pero no puede ser antes de la muerte de David, ya que ese evento es narrado al final de 2 Samuel. Como continuación de 1 Samuel, aquí se cubre el resto de la vida de David.

Panorama del libro

En el canon judío los dos libros de Samuel forman uno solo. Juntos tienen como propósito presentar la transición del pueblo de Israel desde una federación de tribus hasta una monarquía mejor establecida. Continuando la historia de Israel, desde la perspectiva teológica del reinado del Señor, 2 Samuel se concentra en el reino de David y su consolidación por etapas hasta que llega a dominar y unificar la nación. A pesar de ello, el libro no olvida la evaluación profética del rey modelo y narra los fracasos y luchas en la corte davídica. De nuevo, es necesario recordar que el criterio de evaluación de los eventos y personajes es la soberanía del Señor.

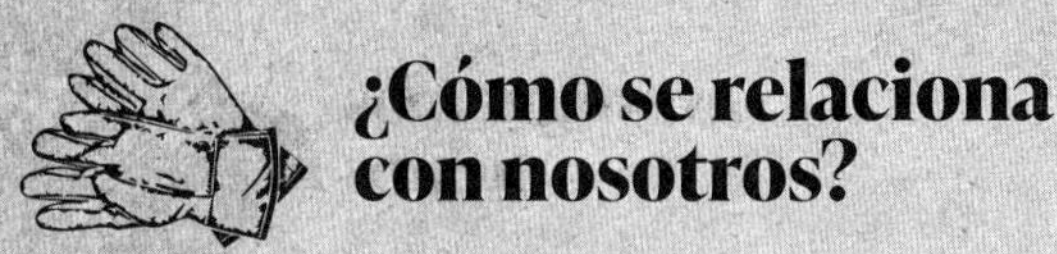

¿Cómo se relaciona con nosotros?

Este libro comienza cuando David se entera de la muerte de Saúl y cuenta su dolor especial por la muerte de Jonatán (2 Samuel 1: 19-27), el hijo de Saúl y gran amigo de David. El Señor puso a David sobre la tribu de Judá (2: 4) y luego sobre todo Israel como el rey ungido (5: 3), uniendo a las doce tribus en una nación. Como en el primer libro de Samuel, estas escenas invitan a reflexionar en el valor de cuidar el corazón y hacer lo que es correcto, aunque no se vean resultados inmediatos.

¿Cómo lo estudiamos?

1) David consolida su reino: El que se humilla ante Dios es exaltado. Caps. 1-10
2) David lucha por su reino: Las consecuencias personales, familiares y nacionales del pecado. Caps. 11-20

2 SAMUEL

2 Samuel

Noticia de la muerte de Saúl

1 Cuando Saúl murió, David regresó a Siclag
y se quedó allí dos días, después de haber
derrotado a los amalecitas. 2Al tercer día llegó
un hombre del campamento de Saúl con su ropa
desgarrada y con polvo en su cabeza, en señal
de dolor. Cuando estuvo delante de David, se
inclinó hasta tocar el suelo con la frente, como
muestra de respeto.
3—¿De dónde vienes? —le preguntó David.
—Logré escaparme del campamento de Israel
—le contestó el soldado.
4—¿Qué ha sucedido? —le preguntó David—.
Dime cómo fue la batalla.
Y el hombre respondió:
—El pueblo huyó. Muchos murieron en la
batalla. ¡El rey Saúl y su hijo Jonatán también
murieron!
5—¿Y cómo sabes que han muerto?
6—Porque yo estaba en el monte Guilboa, y vi
que Saúl se apoyaba en su lanza, y los enemigos
lo tenían rodeado. 7Cuando él me vio me pidió
que me acercara. 8«¿Quién eres?» me preguntó. «Soy un amalecita», le respondí. 9Entonces
me dijo en tono suplicante: «Ven y pon fin a mi
angustia, pues estoy sufriendo terriblemente y
no acabo de morir». 10Así que me acerqué y lo
maté, pues vi que no le quedaba ninguna esperanza de vida.[b] Tomé luego su corona y uno de
sus brazaletes para traérselos a usted, señor mío.
11David y sus hombres rasgaron su ropa en
señal de dolor cuando oyeron aquellas noticias.
12Hicieron duelo, lloraron y ayunaron todo aquel
día por Saúl, por su hijo Jonatán y por el pueblo
del SEÑOR que habían muerto ese día.
13—¿De dónde eres? —le preguntó David al
joven que le había traído las noticias.
—Soy hijo de un inmigrante amalecita —
respondió.
14—¿Por qué te atreviste a matar al ungido de
Dios? —le preguntó David.
15Entonces llamó a uno de sus soldados y le
ordenó:
—¡Mátalo!
Y el soldado mató al amalecita, atravesándolo
con su espada.
16—Tú mismo te declaraste culpable al confesar que diste muerte al ungido del SEÑOR.

Lamento de David por Saúl y Jonatán

17,18David compuso un canto fúnebre por Saúl
y Jonatán. Después ordenó que ese canto fuera enseñado a la gente de Judá. Este canto está
escrito en el libro de Jaser.
19«Israel, los que eran tu gloria y tu gozo yacen
muertos sobre los montes.
¡Cómo han caído los valientes!
20»¡Que no lo sepan los filisteos, para que no
se gocen!
¡Que no lo sepan las ciudades de Gat y Ascalón,
para que no se burlen esa gente idólatra!
21»¡Montes de Guilboa, que nunca más haya
rocío ni lluvia sobre ustedes, ni crezca el trigo
en sus laderas.
Porque allí quedaron aplastados los escudos
de los héroes.
Porque allí el escudo de Saúl perdió todo su
esplendor.
22»Saúl y Jonatán daban muerte a sus más
poderosos enemigos, y no regresaban con las
manos vacías del campo de batalla.
23»¡Cuánto fueron amados! ¡Cuán maravillosos
eran Saúl y Jonatán!
¡Inseparables fueron en la vida y en la muerte!
Eran más rápidos que las águilas, más fuertes
que los leones.
24»Pero ahora, mujeres de Israel, lloren a Saúl.
Él las enriqueció con finos vestidos y adornos
de oro.
25»¡Cómo han caído los valientes en medio
de la batalla!
¡Jonatán yace muerto sobre los montes!
26¡Lloro por ti, hermano Jonatán!
¡Te quise más que a un hermano!
Y tu amistad fue para mí más grata que el
amor de las mujeres.
27»¡Cómo han caído los valientes!
¡Cómo han muerto los hombres de guerra!»

David es ungido rey de Judá

2 Después de esto, David le preguntó al SEÑOR:
—¿Regresaré a alguna de las ciudades de
Judá?
—Sí —le respondió el SEÑOR.
—¿A qué ciudad debo ir? —volvió a preguntar
David.
—A Hebrón —le respondió el SEÑOR.
2Entonces David se fue a Hebrón con sus
esposas Ajinoán la jezrelita y Abigaíl, la viuda
de Nabal de Carmel. 3También se llevó a los
hombres que lo acompañaban, junto con sus
familias, y se establecieron en Hebrón y en las
aldeas vecinas. 4Hasta allá fueron los dirigentes
de Judá y lo coronaron rey de Judá.
Cuando David supo que los hombres de Jabés
de Galaad habían enterrado a Saúl, 5les envió este
mensaje: «Que el SEÑOR los bendiga por haber
sido leales al rey y por haberle dado honrosa
sepultura. 6Que el SEÑOR los recompense fielmen-

---

b. Evidentemente estaba mintiendo. Véase 1 Samuel 31.3,4 donde aparece el verdadero relato.

te y les reconfirme su amor. Yo también tendré en
cuenta el bien que ustedes han hecho. 7Les pido
que se animen y sean valientes, pues aunque su
señor Saúl ha muerto, la tribu de Judá me ha
ungido como su rey».

Guerra entre las tribus

8Pero Abner hijo de Ner, jefe del ejército de
Saúl, se llevó a Isboset hijo de Saúl a Majanayin.
9Allí lo hizo rey de Galaad, de Guesurí, de Jezrel,
de Efraín, de Benjamín y de todo el resto de Israel.
10,11Isboset tenía cuarenta años de edad. Reinó en
Majanayin durante dos años. Únicamente la tribu
de Judá reconocía a David como rey. David reinó
en Hebrón durante siete años y medio.
12Un día, Abner y los ayudantes de Isboset
salieron de Majanayin y fueron a Gabaón. 13Joab
hijo de Sarvia salió con los soldados de David
a hacerle frente. Llegaron junto al estanque de
Gabaón y se colocaron frente a frente, a ambos
lados del estanque.
14Abner le dijo a Joab:
—Escojamos a nuestros mejores guerreros
para que se enfrenten delante de nosotros.
—Está muy bien —respondió Joab.
15Así que doce jóvenes soldados benjaminitas de Isboset y doce de los soldados de David
salieron a pelear cuerpo a cuerpo. 16Cada uno
tomó a su oponente por los cabellos y le clavó la
espada en el costado, de modo que los veinticuatro murieron. El lugar se conoce desde entonces
como «Campo de la Espada».
17Luego, se enfrentaron todos en una dura
batalla. Ese día, los soldados de David, comandados por Joab, derrotaron a Abner y a los israelitas.
18Los hermanos de Joab, Abisay y Asael, estaban
también en la batalla. Asael, que podía correr tan
rápido como una gacela, 19se lanzó en persecución de Abner, y no lo dejó escapar. 20Cuando
Abner miró hacia atrás y lo vio venir, le dijo:
—¿Eres tú, Asael?
—Sí —respondió—, soy yo.
21—¡Deja de perseguirme! —le dijo Abner—.
Es mejor que busques a otro a quien le puedas
arrebatar sus armas.
Pero Asael continuó persiguiéndolo.
22—¡Retírate! —le volvió a gritar Abner—. Si
no dejas de perseguirme tendré que matarte, ¿y
con qué le voy a salir después a tu hermano Joab?
23Pero como Asael no le hizo caso, Abner lo
atravesó con la punta de su lanza, a la altura de
la quinta costilla, y le salió por la espalda.
Asael cayó en tierra y murió. Todos los que
pasaban por allí se detenían a mirarlo. 24Entonces Joab y Abisay se lanzaron en persecución de
Abner. El sol se estaba poniendo cuando llegaron a la colina de Amá, cerca de Guiaj, junto
al camino que va al desierto de Gabaón. 25Los
hombres de Abner se reagruparon en la cumbre
de la colina, 26y Abner le gritó a Joab:
—¿Hasta cuándo seguiremos matándonos,
siendo hermanos? ¿No te das cuenta de lo amarga
que resultará la victoria para cualquiera de los
dos? ¿Qué esperas para ordenar a tus tropas que
dejen de perseguir a sus hermanos?
27—Juro por Dios que si no hubieras dicho
esto, mis hombres los habrían perseguido a
ustedes hasta el amanecer —le respondió Joab.
28Acto seguido, Joab hizo sonar las trompetas, y
sus hombres dejaron de perseguir a los de Israel.
29Aquella noche, Abner y sus hombres se retiraron
por el valle del Jordán, cruzaron el río, atravesaron la región de Bitrón y llegaron a Majanayin.
30Joab regresó y reunió todo su ejército. Al contar su tropa, se dio cuenta de que, además de
Asael, había perdido a diecinueve soldados más.
31Pero Abner había perdido trescientos sesenta
soldados, todos de la tribu de Benjamín. 32Joab y
los suyos llevaron el cuerpo de Asael a Belén y lo
sepultaron junto a su padre. Luego viajaron toda
la noche y llegaron a Hebrón al despuntar el día.

3 Esto fue el comienzo de una larga guerra
entre los seguidores de Saúl y los de David.
Cada día David se iba afirmando en el poder,
mientras que el reino de Saúl se debilitaba cada
vez más.

Hijos de David nacidos en Hebrón

2En Hebrón, David tuvo varios hijos. El mayor
fue Amnón, hijo de su esposa Ajinoán de Jezrel.
3Su segundo hijo fue Quileab, hijo de Abigaíl, la
viuda de Nabal de Carmel. El tercero fue Absalón,
hijo de Macá, la hija del rey Talmay de Guesur.
4El cuarto fue Adonías, hijo de Jaguit. Luego estaba Sefatías, hijo de Abital, 5e Itreán, hijo de Eglá.
Todos éstos le nacieron a David en Hebrón.

Abner hace un pacto con David

6A medida que se prolongaba la guerra, Abner
se hacía políticamente más poderoso entre los
seguidores de Saúl. 7Aprovechando la posición
en que se encontraba, se acostó con una de las
concubinas de Saúl, una mujer llamada Rizpa,
hija de Ayá. Cuando Isboset le llamó la atención
por esto, 8Abner se enfureció y le gritó:
—¿Soy yo un perro de Judá para ser tratado de
esta manera? Después de todo lo que he hecho
por ti y por tu padre, no entregándolos a David,
¿ahora me reprochas por una simple cuestión
de faldas? 9,10¡Que Dios me mande el peor de los
castigos si, de aquí en adelante, no hago todo lo
posible por quitarte todo el reino, desde Dan hasta Berseba, para dárselo a David! ¡Así se cumplirá
lo que el Señor le juró a David!

11Isboset no se atrevió a responder, porque le
tenía miedo a Abner.
12Entonces Abner envió unos mensajeros a
David con el siguiente recado: «Le propongo que
haga un pacto conmigo, y yo me comprometo a
hacer todo lo posible para que todos los israelitas
lo acepten como rey, pues, en realidad, toda la
tierra de Israel le pertenece a usted».
13«De acuerdo —respondió David—, pero no
negociaré contigo a menos que me traigas a mi
esposa Mical, la hija de Saúl».
14David envió también este mensaje a Isboset:
«Devuélveme a mi esposa Mical, porque yo la
compré con la vida de cien filisteos».
15Así que Isboset mandó que se la quitaran a
Paltiel hijo de Lais, que en ese momento era su
marido. 16Éste se fue detrás de ella, llorando por
todo el camino, hasta que llegaron a Bajurín.
Allí Abner le dijo: «¡Deja ya de llorar y regresa a
tu casa!» Y él obedeció.
17Mientras tanto, Abner consultó con los dirigentes de Israel y les recordó que por largo tiempo ellos habían querido que David fuera su rey.
18«Ahora es la ocasión —les dijo—. Porque
el SEÑOR le dijo a David: "Es por medio de ti, que
eres mi siervo, que yo salvaré a mi pueblo de los
filisteos y de sus demás enemigos"».
19Abner habló también con los jefes de la tribu
de Benjamín. Fue después a Hebrón e informó a
David del éxito de las conversaciones con el pueblo de Israel y de Benjamín. 20Veinte hombres lo
acompañaron, y David los agasajó con una fiesta.
21Cuando Abner emprendió el regreso, prometió a David: «Cuando yo regrese, convocaré a
todo el pueblo de Israel, para que lo elijan como
su rey, tal como usted lo ha deseado por tanto
tiempo». Después de despedirse de David, Abner
regresó a su casa en paz.

Joab asesina a Abner

22No hacía mucho que Abner había salido,
cuando Joab y algunos de los soldados de David
regresaron de una incursión trayendo consigo
un gran botín. 23Cuando le informaron a Joab
que Abner hijo de Ner había estado hablando
con el rey, y que éste lo había despedido en
paz, 24,25se presentó rápidamente ante el rey y
le dijo: «¿Qué ha hecho? ¿Por qué ha permitido
que Abner regrese en paz a su casa? Usted bien
sabe que todo lo que él le ha dicho es mentira.
Todo lo que quiere es enterarse de sus planes y
movimientos».
26Luego Joab envió mensajeros para que dieran
alcance a Abner y le pidieran que regresara. Lo
encontraron junto al pozo de Sira, y él regresó
con ellos. Pero David nada sabía de esto. 27Cuan-
do Abner regresó a Hebrón, Joab lo llevó a la
entrada de la ciudad, como si quisiera conversar
con él secretamente. Una vez allí, Joab sacó su
cuchillo y se lo clavó en el vientre. De esta manera Joab vengó la muerte de su hermano Asael.
28Cuando David oyó lo ocurrido, declaró: «Juro
delante del SEÑOR que yo y mi pueblo somos inocentes del crimen cometido contra Abner. 29Joab y
su familia son los culpables. ¡Que no falte nunca
entre ellos quien padezca de flujo, o de lepra, o
de cojera, o que muera violentamente o padezca
hambre!»
30Joab, pues, y su hermano Abisay mataron
a Abner para vengar la muerte de su hermano Asael, a quien Abner mató en la batalla de
Gabaón.
31Luego, el rey David ordenó a Joab y a todos
los que estaban con él que se rasgaran las vestiduras, se vistieran con ropa áspera y lloraran
por la muerte de Abner. Y el rey David fue detrás
del féretro al cementerio. 32Sepultaron a Abner en
Hebrón, y el rey y todo el pueblo lloraron junto a
la tumba. Y David entonó el siguiente lamento:
33,34«¿Debía morir Abner como un villano?
Tus manos no estaban atadas, ni tus pies estaban encadenados.
¡Moriste como quien es asesinado por los malvados!»
Y todo el pueblo lloró nuevamente por él.
35,36David se había negado a comer en el día
del funeral, y todos le rogaban que se sirviera
algo de comida. Pero David había jurado que
no comería nada hasta la puesta del sol. Esto
agradó a su pueblo; en verdad, todo lo que el rey
hacia agradaba al pueblo. 37Así todos, tanto los
de Judá como los de Israel, quedaron plenamente
convencidos de que David nada tenía que ver con
la muerte de Abner.
38Y David dijo a su pueblo: «¿Se dan cuenta de
que hoy ha caído un hombre muy importante de
Israel? 39A pesar de que he sido nombrado como
rey, nada pude hacer para evitar que los hijos de
Sarvia asesinaran a Abner. ¡Que el SEÑOR le dé su
castigo a quien cometió tal maldad!»

Asesinato de Isboset

4 Cuando Isboset hijo de Saúl supo que Abner
había muerto en Hebrón, se acobardó, y sus
partidarios se llenaron de temor. 2,3Isboset tenía a
su servicio a Baná y a Recab, que habían coman-
dado bandas de ladrones. Baná y a Recab eran
hijos de Rimón el berotita; por lo tanto eran
benjaminitas, pues el pueblo de Berot era considerado como parte de la tribu de Benjamín,
aunque sus habitantes habían huido a Guitayin,
y se habían quedado viviendo allí.
4(También había un nieto del rey Saúl llamado Mefiboset, hijo del príncipe Jonatán, que era
lisiado de los pies. Tenía cinco años cuando Saúl
y Jonatán murieron en Jezrel. Cuando esta mala

noticia llegó a la capital, la niñera agarró a Mefiboset y huyó, pero se le cayó mientras corrían, y
el niño quedó cojo.)
5Un día Recab y Baná, los hijos de Rimón el
berotita, llegaron al hogar del rey Isboset. Era
mediodía y éste tomaba una siesta. 6,7Entonces,
con el pretexto de ir a sacar una bolsa de trigo,
se metieron al cuarto donde dormía Isboset, lo
mataron a puñaladas y le cortaron la cabeza.
Luego anduvieron toda aquella noche por el
Arabá, llevando consigo la cabeza de Isboset.
8Al llegar a Hebrón, se la entregaron a David, al
tiempo que le decían:

—¡Mire, mi rey! Ésta es la cabeza de Isboset, el hijo de su enemigo Saúl, el que trató de matarlo. Hoy el SEÑOR le ha dado la venganza sobre el rey Saúl y toda su familia.

9Pero David les contestó:
—¡Juro delante del SEÑOR, que me salvó de
todos mis enemigos, que ustedes morirán! 10La
recompensa que le di a aquel que me dijo: "Saúl
ha muerto", pensando que me traía una buena
noticia, fue apresarlo y hacerlo matar en Siclag.
11Si eso hice con ese hombre, ¿creen ustedes que
los voy a perdonar? ¡Ustedes pagarán con su propia vida el haber dado muerte a un hombre bueno, mientras dormía tranquilo en su casa! ¡Me
vengaré de ustedes eliminándolos de este mundo!
12David ordenó que les dieran muerte, y así
lo hicieron. Les cortaron las manos y los pies y
colgaron sus cuerpos cerca del pozo en Hebrón.
Luego tomaron la cabeza de Isboset y la sepultaron en el sepulcro de Abner, en Hebrón.

David es ungido rey de Israel

5 Después de esto, todas las tribus de Israel
fueron a Hebrón y le dijeron a David: «Aquí
estamos, nosotros somos sus hermanos de sangre.
2Además, sabemos muy bien que, aunque Saúl
era nuestro rey, realmente usted era el que iba al
frente del ejército de Israel cuando teníamos que
enfrentar a nuestros enemigos. También estamos
enterados de que el SEÑOR le ha dicho que usted
será el pastor y rey de este pueblo». 3Entonces
David hizo un pacto delante del SEÑOR con los
jefes de Israel en Hebrón, y ellos lo coronaron
rey de Israel.
4,5Cuando David comenzó a reinar sobre Judá,
en Hebrón, tenía treinta años. Ya llevaba siete
años y medio como rey de Judá, cuando los de
Israel lo coronaron también como rey de ellos. Así
que, después de esto, reinó treinta y tres años más
sobre todo Israel y Judá, y lo hizo desde Jerusalén.
De modo que en total reinó unos cuarenta años.

David conquista Jerusalén

6David dirigió sus ejércitos hacia Jerusalén
para luchar contra los jebuseos que vivían allí.
Éstos estaban muy seguros de que David no
podría apoderarse de la ciudad. Por eso le dijeron: «Jamás podrás apoderarte de nuestra ciudad.
Para derrotarte nos basta un ejército de ciegos
y cojos». 7Pero David los derrotó y capturó la
ciudadela de Sión, que luego se llamó la Ciudad
de David.
8Cuando el mensaje insultante de los jebuseos
llegó a oídos de David, les dijo a sus soldados:
«¡Vayan y ataquen a esos jebuseos! ¡Suban por
el canal del agua y podrán matar a esos ciegos y
cojos que tanto aborrezco!» Este es el origen del
dicho: «Ni los ciegos ni los cojos pueden entrar
al templo».
9David estableció su sede en la fortaleza de
Sión, a la cual llamó Ciudad de David. Además,
le construyó alrededor una muralla, desde Milo
hasta el palacio. 10David, pues, se fortalecía cada
vez más, porque el SEÑOR, Dios Todopoderoso,
estaba con él.
11El rey Hiram de Tiro envió cedro, carpinteros
y albañiles para edificarle un palacio a David.
12Entonces David pudo comprender que el SEÑOR
lo estaba confirmando como rey, y había bendecido mucho su reinado por amor a Israel, su
pueblo escogido.
13Después de trasladarse de Hebrón a Jerusalén,
David tomó otras esposas y concubinas, y tuvo
muchos hijos e hijas. 14-16Éstos son los hijos que
le nacieron en Jerusalén:

Samúa, Sobab, Natán, Salomón, Ibjar, Elisúa, Néfeg, Jafía, Elisama, Eliadá y Elifelet.

David derrota a los filisteos

17Cuando los filisteos se enteraron de que David
había sido coronado rey de Israel, trataron de
capturarlo; pero David lo supo y se refugió en la
ciudadela. 18Los filisteos llegaron y se esparcieron
por el valle de Refayin. 19Por eso, David consultó
al SEÑOR:

—¿Iré y lucharé contra ellos? ¿Me usarás para derrotarlos?

—Sí, vé, porque yo los entregaré en tus manos —le respondió el SEÑOR.

20Entonces David salió y luchó contra los filisteos en Baal Perasín, y los derrotó. En esa ocasión
David exclamó: «El SEÑOR me abrió camino para
derrotar a mis enemigos, tal como una corriente
de agua se abre paso a través del valle». Por eso,
a ese lugar se le dio el nombre de Baal Perasín.
21Luego David y sus hombres se apoderaron de
muchos ídolos que los filisteos habían abandonado al huir.
22Pero los filisteos regresaron, y nuevamente
se esparcieron por el valle de Refayin. 23Cuando
David le preguntó al SEÑOR qué tenía que hacer,
él le respondió:

—No los ataques de frente, sino rodéalos y atácalos por detrás, cuando llegues a los árboles de
bálsamo. 24Cuando oigas ruido como de pies que
marchan por las copas de los bálsamos, atácalos,
porque eso significa que el SEÑOR te ha preparado
el camino para que derrotes a los filisteos.
25David hizo lo que el SEÑOR le había indicado, y destruyó a los filisteos desde Gabaón hasta
Guézer.

David lleva el cofre a Jerusalén

6 Después de esto, David reunió a sus mejores
guerreros, que eran unos treinta mil, y se
dirigió a Balá de Judá. 2En ese momento el cofre
de Dios se hallaba en Balá. Era sobre el cofre que
se invocaba el nombre del SEÑOR Todopoderoso
que reina entre los querubines. 3Sacaron el cofre
de la casa de Abinadab, que estaba en la colina,
y lo pusieron en una carreta nueva, la cual era
guiada por Uza y Ajío, hijos de Abinadab. 4Ajío
iba delante del cofre de Dios, 5seguido por David
y los demás jefes de Israel, que danzaban y cantaban con alegría, acompañados de toda clase de
instrumentos: arpas, liras, salterios, panderetas,
castañuelas y címbalos.
6Pero cuando llegaron al campo de Nacón, los
bueyes tropezaron; entonces Uza extendió la
mano para que el cofre no se cayera. 7Esto hizo
que se encendiera la ira del SEÑOR contra Uza, y
lo hirió por aquel atrevimiento. Uza murió allí
junto al cofre.
8David se entristeció mucho por lo que el
SEÑOR había hecho, y llamó aquel lugar Peres
Uza (lugar de la ira de Dios contra Uza), y así
se le conoce hasta hoy. 9David sintió miedo del
SEÑOR y exclamó: «¡Es mejor no sacar de aquí el
cofre del SEÑOR!» 10Así que decidió no llevar el
cofre hasta la Ciudad de David, sino que la dejó
en la casa de Obed Edom, que era de Gat. 11Allí
estuvo el cofre por tres meses, y el SEÑOR bendijo
a Obed Edom y a toda su familia.
12Cuando David supo esto, llevó el cofre a la
Ciudad de David, en medio de una gran algara-
bía. 13Cada vez que los hombres que llevaban el
cofre caminaban seis pasos, David sacrificaba
un toro y un ternero gordo. 14David, que tenía
puesta una túnica sacerdotal de lino, danzaba
delante del SEÑOR con todas sus fuerzas. 15Los
israelitas, pues, trasladaron a su destino el cofre
del SEÑOR en medio de gritos de alegría y al son
de trompetas.
16Cuando la procesión entró en la Ciudad de
David, Mical, hija de Saúl, se asomó a la ventana;
y al ver al rey David saltando y danzando delante
del SEÑOR, se enojó mucho con él y lo despreció.
17El cofre fue colocado dentro de una carpa que
David había preparado para ponerlo allí. Luego,
David ofreció holocaustos y sacrificios de paz al
SEÑOR. 18Después de esto, David bendijo al pueblo
en el nombre del SEÑOR Todopoderoso 19y a cada
uno de los que estaban allí reunidos, tanto a
hombres como a mujeres, les dio un pan, una
torta de dátiles y otra de uvas pasas. Al finalizar
la celebración, cada uno regresó a su propia casa.
20David también regresó a su casa para bendecir a su familia. Pero Mical salió a su encuentro
y le dijo con intenso disgusto:
—¡Hoy no te has comportado como un rey!
¡Hiciste el ridículo delante de todos! ¡Te descu-
briste delante de las criadas como un cualquiera!
21David le respondió:
—Yo estaba danzando delante del SEÑOR,
quien me prefirió a tu padre y a toda tu familia,
y me señaló como jefe de su pueblo Israel. ¡Estoy
más que dispuesto a actuar como un necio a fin
de mostrar mi gozo delante del SEÑOR! 22Pareceré
un necio ante tus ojos, pero seré admirado por
las criadas de las cuales has hablado.
23Y Mical, hija de Saúl, murió sin haber tenido
hijos.

Promesa de Dios a David

7 Cuando el SEÑOR, finalmente, trajo paz sobre
la tierra, e Israel dejó de estar en guerra con
las naciones vecinas, 2David le dijo al profeta
Natán:
—Mira, yo estoy viviendo en este hermoso
palacio de cedro, mientras que el cofre de Dios
está en una carpa.
3—Haz lo que has pensado —dijo Natán—,
porque el SEÑOR está contigo.
4Pero aquella noche el SEÑOR le dijo a Natán:
5«Dile a mi siervo David que no lo haga, 6porque
nunca he vivido en un templo. Mi hogar siempre
ha sido una carpa desde que saqué a Israel de
Egipto. 7Y jamás me he quejado delante de los
caudillos de Israel, los pastores de mi pueblo. ¿Les
he preguntado alguna vez por qué no me han
edificado un hermoso templo de cedro?
8»Así que dile a mi siervo David que yo, el
SEÑOR Todopoderoso, lo saqué del redil para
que no siga cuidando las ovejas sino para que
gobierne a mi pueblo Israel. 9Que yo he estado
con él adondequiera que ha ido y he derrotado a
sus enemigos. Que yo engrandeceré aún más su
nombre, para que sea uno de los hombres más
famosos del mundo. 10,11A mi pueblo Israel le he
dado un lugar donde pueda vivir tranquilo, sin
que nadie les cause daño ni los oprima, como
sucedía en la época en que los jueces los gobernaban. Te libraré de todos tus enemigos, y seré
yo quien te construya una casa. 12Porque cuando
tú mueras, yo pondré a uno de tus hijos en tu
trono y haré que su reino sea fuerte. 13Él será el
que me va a edificar un templo, y yo estableceré
su trono para siempre. 14Yo seré su Padre y él será

mi hijo. Si él me falla, yo lo castigaré como un
padre castiga a su hijo, 15pero no le retiraré mi
amor como sí se lo retiré a Saúl, tu antecesor. 16Tu
dinastía y tu reino gozarán de mi favor, de modo
que tu trono será establecido para siempre».
17Natán, pues, fue ante David y le dijo todo lo
que el Señor le había dicho.

Oración de David

18Entonces David entró a la carpa donde estaba el
cofre y se sentó delante del Señor, y le dijo: «Mi
Señor y Dios, ¿por qué me has engrandecido, si
yo y mi familia somos tan insignificantes? 19Y
ahora, además de todo, hablas de darme una
dinastía eterna. Tu generosidad es superior a lo
que de un hombre se pudiera esperar. Mi Señor
y Dios 20¿qué más puedo decir? Porque tú sabes
cómo soy. 21Tú haces todas estas cosas porque tú
lo has prometido y lo has querido.
22»¡Cuán grande eres, mi Señor y Dios! ¡Nunca
hemos oído de un Dios como tú! ¡Es que no existe
otro dios! 23¿Qué otras naciones en la tierra han
recibido bendiciones similares a las de Israel tu
pueblo? Porque tú rescataste de la esclavitud a tu
nación escogida, para traer gloria a tu nombre.
Tú la rescataste para ti de Egipto, de las otras
naciones y de sus dioses. 24Tú escogiste a Israel
para que sea tu pueblo para siempre, y tú has
sido nuestro Dios.
25»Y ahora, mi Señor y Dios, haz lo que has
prometido tocante a mí y a mi familia. 26Que
seas eternamente honrado por haber establecido
a Israel como tu pueblo, y haber afirmado mi
dinastía delante de ti.
27»Porque tú, Señor Todopoderoso, Dios de
Israel, me has revelado que yo soy el primero
de una dinastía que gobernará a tu pueblo para
siempre. Por eso es que me he atrevido a elevar-
te esta oración. 28Porque ciertamente tú eres Dios,
y tus palabras son verdaderas. Tú me has prometido estas buenas cosas. 29Te suplico que bendigas la casa de tu siervo, de modo que mi casa
permanezca para siempre delante de ti, oh Señor
y Dios, porque tú lo has prometido».

Victorias de David

8 Después de esto, David derrotó a los filisteos,
les quitó Méteg Amá y los sometió bajo su
dominio. 2También venció a los moabitas, a
quienes hizo tender en el suelo y los midió con
un cordel. A todos los que quedaron dentro de las
dos primeras medidas los hizo matar, pero dejó
con vida a los que estaban en la tercera medida.
Y los moabitas se convirtieron en vasallos y tributarios de David.
3También destruyó las fuerzas del rey Hadad
Ezer, hijo del rey Rejob de Sobá, cuando éste se
dirigía al río Éufrates con la intención de recuperar sus dominios sobre aquel territorio. 4David
capturó a mil setecientos hombres de a caballo y
a veinte mil de infantería, y desjarretó los caballos de todos los carros, salvo los necesarios para
cien carros.
5Además, dio muerte a veintidós mil sirios de
Damasco que acudieron en ayuda de Hadad Ezer.
6David situó varias guarniciones en Damasco, y
los sirios fueron súbditos de David y le presentaban anualmente sus tributos. El Señor le daba
victorias en todas las campañas militares que
emprendía.
7David llevó a Jerusalén los escudos de oro que
usaban los oficiales del rey Hadad Ezer, 8así como
una gran cantidad de bronce de Tébaj y Berotay,
que eran poblaciones de Hadad Ezer.
9Cuando el rey Tou de Jamat se enteró de las
victorias de David sobre las fuerzas de Hadad
Ezer, 10envió a su hijo Jorán para felicitarlo, porque Hadad Ezer y Tou eran enemigos. Tou le
envió a David presentes de plata, oro y bronce.
11,12David dedicó todas estas cosas al Señor, juntamente con la plata y el oro que había sacado de
Siria, Moab, Amón, Filistea y Amalec. Lo mismo
hizo con todo el botín que le había quitado al rey
Hadad Ezer, hijo de Rejob, rey de Sobá.
13David se hizo muy famoso. Después de su
regreso mató a dieciocho mil edomitas en el valle
de la Sal. 14Luego puso guarniciones a través de
Edom y fueron tributarios de David. El Señor estaba con David y le daba la victoria donde quiera
que fuera.

Los oficiales de David

15David reinó con justicia sobre Israel y a todos
los trató por igual. 16Joab hijo de Sarvia estaba
a cargo del ejército y Josafat hijo de Ajilud era
el secretario; 17Sadoc hijo de Ajitob, y Ajimélec
hijo de Abiatar eran los sacerdotes; Seraías era
el cronista; 18Benaías hijo de Joyadá, era el jefe
de la guardia personal del rey, la cual estaba
compuesta de quereteos y peleteos. Los hijos de
David ayudaban en el culto.

David y Mefiboset

9 Un día David preguntó si quedaba algún
descendiente de Saúl, pues quería mostrarle
misericordia, de acuerdo con lo prometido a su
amigo Jonatán. 2Al enterarse de que había un
hombre llamado Siba, que había sido uno de los
siervos de Saúl, lo mandó a llamar.
—¿Eres tú Siba? —le preguntó el rey.
—Sí, su siervo —respondió el hombre.
3El rey entonces le preguntó:

7.27–28

—¿Ha quedado alguien vivo de la familia de Saúl? Si es así, quiero cumplir un voto, mostrándome misericordioso con él.

—Sí, mi rey —respondió Siba—, aún vive un hijo de Jonatán, el cual es tullido de los dos pies.

4—¿Dónde vive? —volvió a preguntar el rey.

—En Lo Debar, en la casa de Maquir hijo de Amiel —respondió Siba.

5,6De inmediato, el rey David envió por Mefiboset hijo de Jonatán y nieto de Saúl. Mefiboset llegó y se inclinó delante del rey David, quien le preguntó:

—¿Eres tú Mefiboset?

—Sí, aquí está su siervo —le respondió.

7David le dijo:

—No tengas miedo. Te he enviado a buscar porque quiero ayudarte, tal como se lo prometí a tu padre Jonatán. Te devolveré todas las tierras que pertenecieron a tu abuelo Saúl, y de aquí en adelante vivirás en mi palacio.

8Mefiboset entonces se inclinó de nuevo delante del rey, y dijo:

—¿Debe el rey mostrar tanta bondad con un perro muerto como yo?

9El rey llamó a Siba, el siervo de Saúl, y le dijo:

—He dado al nieto de tu amo todo lo que pertenecía a Saúl y a su familia. 10,11Tú y tus hijos y tus sirvientes le trabajarán la tierra a fin de proporcionar alimento a su familia. Pero él vivirá aquí conmigo y se sentará a mi mesa.

Siba, que tenía quince hijos y veinte siervos, contestó:

—Mi rey, haré todo lo que usted me ha ordenado.

Desde aquel momento, Mefiboset comió regularmente con el rey David, como si fuera uno de sus hijos. 12Mefiboset tenía un hijo pequeño llamado Micaías. Todos los de la casa de Siba quedaron al servicio de Mefiboset, 13pero Mefiboset, que era tullido de ambos pies, se fue a vivir al palacio real en Jerusalén, y siempre comía en la mesa del rey.

David derrota a los amonitas

10 Después de esto, murió el rey amonita y le sucedió en el trono su hijo Janún. 2Entonces David pensó que debía tratar con bondad a Janún tal como su padre Najás había sido generoso con él. Por eso, envió unos mensajeros para que le dieran el pésame por la muerte de su padre.

3Pero los príncipes amonitas le dijeron a Janún: «No creas que estos hombres han venido aquí para honrar a tu padre y darte el pésame por su muerte. La verdad es que David los ha enviado a espiar la ciudad para después atacarla». 4Entonces Janún hizo capturar a los mensajeros de David y ordenó que les afeitaran la mitad de la barba y le cortaran las vestiduras a la altura de las nalgas. Luego los envió de regreso semidesnudos.

5Cuando David oyó lo que había ocurrido, les ordenó que se quedaran en Jericó hasta que les hubiera crecido la barba, pues se sentían muy avergonzados por su aspecto.

6El pueblo de los amonitas no tardó en comprender cuán seriamente habían ofendido a David; por lo que contrataron a veinte mil mercenarios sirios de las tierras de Bet Rejob y de Sobá, mil de Macá, y doce mil de la tierra de Tob. 7,8Cuando David se enteró de esto, envió a Joab y a todo el ejército de Israel para que los atacaran. Los amonitas se dispusieron a defender las puertas de su ciudad, mientras que los sirios de Sobá y Rejob, y los hombres de Tob y Macá peleaban en los campos.

9Cuando Joab se dio cuenta de que tendría que pelear en dos frentes, escogió a los mejores guerreros, se puso al frente del grupo y se los llevó a pelear contra los sirios en los campos. 10Dejó el resto al mando de su hermano Abisay, el cual se encargaría de atacar a los amonitas que estaban en la ciudad. 11Antes de ir a sus respectivos lugares, Joab le dijo a su hermano Abisay: «Si necesito ayuda contra los sirios, ven y ayúdame. Pero si los amonitas son demasiado fuertes para ti, yo iré y te ayudaré. 12¡Sé valiente!¡Vamos a pelear para salvar a nuestro pueblo y las ciudades de nuestro Dios! ¡Que el SEÑOR haga lo que mejor le parezca!»

13Cuando Joab y sus soldados atacaron, los sirios se dieron a la fuga. 14Cuando los amonitas vieron que los sirios huían, ellos también huyeron de Abisay y se refugiaron en la ciudad. Joab entonces regresó a Jerusalén.

15,16Mientras tanto, los sirios, viendo que no podían hacerle frente a Israel, se reagruparon. Hadad Ezer mandó a buscar refuerzos al otro lado del río Éufrates. Éstos llegaron a Jelán bajo el mando de Sobac, jefe del ejército de Hadad Ezer.

17Cuando David supo lo que estaba sucediendo, personalmente reunió a todo Israel y los condujo hasta Jelán. Allí los sirios lo atacaron. 18Pero nuevamente los sirios huyeron de los israelitas. Los israelitas mataron a setecientos soldados que conducían los carros de combate y a cuarenta mil soldados de infantería. También murió Sobac, comandante en jefe del ejército sirio.

19Cuando los reyes aliados de Hadad Ezer vieron que los sirios habían sido derrotados, se rindieron ante David y le fueron tributarios. Después de esto los sirios tuvieron miedo de ayudar a los amonitas.

David y Betsabé

11 En la primavera del año siguiente, que era la época en que los reyes salían a la guerra,

David envió a Joab y a sus oficiales y a todo el ejército para que atacaran a los amonitas y sitiaran la ciudad de Rabá. Pero David se quedó en Jerusalén.

[2]Una tarde, después de tomar la siesta, David se levantó y comenzó a caminar por la terraza del palacio. Mientras contemplaba la ciudad, vio a una mujer muy hermosa, que se estaba bañando. [3]Envió a investigar el nombre de ella y supo que era Betsabé, hija de Elián y esposa de Urías el hitita. [4]David la mandó a buscar. Cuando Betsabé llegó, David se acostó con ella. Betsabé apenas acababa de completar los ritos de la purificación después de la menstruación. Después regresó a su casa. [5]Cuando se dio cuenta de que había quedado embarazada, envió un recado a David para informárselo.

[6]David, entonces, envió el siguiente mensaje a Joab: «Envíame a Urías el hitita». [7]Cuando Urías llegó, David le preguntó cómo estaban Joab y el ejército, y cómo se desarrollaba la guerra. [8]Luego le dijo que se fuera a su casa y estuviera con su esposa. Al salir del palacio, Urías recibió un regalo de parte del rey. [9]Pero Urías no fue a su casa, sino que pasó aquella noche en la puerta del palacio, con los otros siervos del rey. [10]Cuando David oyó lo que Urías había hecho lo llamó y le preguntó:

—¿Qué te ocurre? ¿Por qué no fuiste a dormir a tu casa después de haber estado tanto tiempo fuera?

[11]Urías respondió:

—El cofre, Israel y Judá, Joab y todo el ejército de mi señor están durmiendo en los campamentos, a la intemperie. ¿Cómo podría yo ir a casa a beber, comer y dormir con mi esposa? Juro que jamás haré tal cosa.

[12]—Bien —le dijo David—. Mañana puedes regresar al campo de batalla.

Urías se quedó cerca del palacio. [13]David lo invitó a comer y a beber, y lo hizo embriagarse, pero ni aun así quiso ir a su casa esa noche sino que durmió a la entrada del palacio.

[14]Al día siguiente, David escribió una carta para Joab y se la envió por medio de Urías. [15]La carta ordenaba a Joab que pusiera a Urías en la primera línea de batalla, cuando el combate fuera más fuerte, y que luego lo dejaran solo para que lo mataran.

[16]Así que Joab colocó a Urías en un punto muy cercano a la ciudad sitiada, donde sabía que estaban peleando los mejores hombres del enemigo. [17]Y Urías murió, junto con otros varios de los soldados de David.

[18]Cuando Joab envió un informe a David de cómo iba la batalla, [19-21]le dijo al mensajero:

—Si el rey se enoja y pregunta: «Por qué los soldados se acercan tanto a la ciudad? ¿No sabían que ellos estarían disparando desde las murallas? ¿No recuerdan cómo murió Abimélec hijo de Yerubéset? ¡Recuerden que fue una mujer de Tebes quien, desde la muralla, le arrojó una piedra de molino y lo mató!» entonces le dirás: «Urías también murió en el combate».

[22]El mensajero llegó a Jerusalén y le dio el informe a David:

[23]—El enemigo salió en contra de nosotros —dijo—, y mientras los perseguíamos hacia las puertas de la ciudad, [24]los hombres que estaban en la muralla nos atacaron y mataron a algunos de los nuestros. También Urías el hitita murió.

[25]—Bien, dile a Joab que no se desaliente —dijo David—. La espada mata unas veces a unos y otras veces a otros. Peleen con más ardor la próxima vez, conquisten la ciudad y destrúyanla. Dile que está haciendo bien.

[26]Cuando Betsabé supo que su marido había perdido la vida, lo lloró. [27]Pasado el tiempo del duelo, David ordenó que se la llevaran al palacio, y la hizo su esposa. En el tiempo señalado, ella dio a luz un hijo. Pero al SEÑOR no le agradó lo que David había hecho.

Natán reprende a David

12 Entonces el SEÑOR envió al profeta Natán a decirle a David lo siguiente:

[2]—Había dos hombres en cierta ciudad: uno muy rico, que tenía muchos rebaños de ovejas y manadas de cabras; [3]y el otro muy pobre, que sólo poseía una ovejita que había logrado comprar. Esta ovejita era el encanto de sus hijos, y su dueño le daba de comer de su propio plato, la hacía beber en su propia taza, y la hacía dormir en sus brazos como si fuera una hija. [4]Un día un hombre llegó a visitar al rico, pero éste, en vez de matar un cordero de sus rebaños para dar de comer al viajero, tomó la ovejita del hombre pobre y con ella preparó una comida y se la sirvió al visitante.

[5]Al oír esto, David se enfureció, y dijo:

—¡Juro por el Dios vivo que quien haya hecho eso, merece la muerte! [6]¿Cómo pudo ese hombre hacer tal cosa? ¡Pues ahora tendrá que pagarle al pobre cuatro veces lo que vale la oveja que le robó!

[7]—¡Tú eres ese hombre! —le dijo Natán a David—. El SEÑOR Dios de Israel dice: «Yo te hice rey de Israel y te salvé del poder de Saúl. [8]Te di su palacio y sus esposas, y los reinos de Israel y Judá. Y si esto no hubiera sido suficiente, te habría dado mucho más. [9]¿Por qué, entonces, has despreciado las leyes de Dios y has cometido esta horrible maldad? Porque tú le diste muerte a Urías y le robaste su esposa. ¡Lo mataste con la espada de los amonitas! [10]Por tanto, de aquí en adelante, el asesinato será una amenaza

12.10–14

constante en tu familia, porque me has insultado al tomar la esposa de Urías. 11¡Juro que por lo
que has hecho haré que tu propia familia se
rebele contra ti! Tus esposas serán de otros hombres, y las poseerán ante tus ojos y ante el pueblo.
12Tú lo hiciste en secreto, pero yo te lo haré abiertamente, ante los ojos de todo Israel».
13—He pecado contra el Señor —contestó
David a Natán.
Natán le respondió:
—Sí, pero el Señor ya te ha perdonado; así
que no morirás por este pecado. 14Pero le has
dado a los enemigos del Señor la oportunidad
de despreciarlo y blasfemar contra él. Por eso,
el niño morirá.
15Natán regresó a su casa. Y el Señor hizo que
el bebé de Betsabé, la que había sido esposa de
Urías, sufriera una grave enfermedad. 16David oró
a Dios pidiendo que salvara al niño; no comía y
pasaba las noches de rodillas en el suelo, delante del Señor. 17Sus consejeros le rogaban que se
levantara y comiera con ellos, pero él se negaba
a hacerlo.
18Al séptimo día el niño murió, y los siervos
de David tenían miedo de decírselo. «Si estaba
tan quebrantado por la enfermedad del niño —
decían— ¿qué será de él cuando le digamos que
el niño está muerto?» 19Pero cuando David vio
que estaban hablando en secreto, sospechó lo
que había ocurrido, y les preguntó:
—¿Ha muerto el niño?
—Sí, ha muerto —le respondieron.
20David se levantó del suelo y se lavó, se cepilló
el cabello, se cambió la ropa, entró en el Santuario y adoró al Señor. Luego regresó al palacio,
y comió. 21Sus servidores estaban asombrados.
—¡No lo comprendemos! —le dijeron—.
Mientras el niño aún vivía usted lloraba y se
negaba a comer, pero ahora que el niño ha muerto, usted ha dejado de llorar y está comiendo
nuevamente.
22David les respondió:
—Ayuné y lloré mientras el niño estaba vivo,
porque me dije: «Quizás el Señor tendrá misericordia de mí, y dejará vivir al niño». 23Pero,
¿por qué he de ayunar si ya ha muerto? ¿Puedo hacerlo revivir acaso? Yo iré a él, pero él no
regresará a mí.
24Entonces David consoló a Betsabé, y durmió
con ella. Betsabé quedó de nuevo embarazada, y
dio a luz un hijo, al que David le puso el nombre
de Salomón. El Señor amó al niño, 25y envió al
profeta Natán a que les dijera: «En mi honor,
ese niño debería llamarse Jedidías (Amado del
Señor)».
26,27Mientras tanto, Joab terminaba con éxito
el sitio de Rabá, la capital de Amón. Joab envió
mensajeros a decirle a David: «Tengo sitiada a
Rabá y he tomado ya la ciudadela que protege el
abastecimiento de agua. 28Ahora, pues, le ruego
que traiga al resto del pueblo y capture la ciudad,
para que la ciudad lleve su nombre y no el mío».
29,30David condujo a todo el ejército a Rabá, y la
capturó. Cuando regresaron, trajeron a Jerusalén
un enorme botín. David traía la corona del rey
de Rabá, de treinta y tres kilos de oro y adornada con una piedra preciosa, y se la puso en la
cabeza. 31Obligó a los habitantes de la ciudad a
trabajos forzados. Los envió a trabajar con sierras,
picos y hachas, y en los hornos de ladrillos. De la
misma manera trató a todas las ciudades de los
amonitas. David y su ejército regresaron después
a Jerusalén.

Amnón y Tamar

13 El príncipe Absalón, hijo de David, tenía
una hermosa hermana llamada Tamar.
Amnón, su medio hermano, se enamoró intensamente de ella. 2Tanta angustia sufrió Amnón por
aquel amor que se sintió enfermo. No encontraba
la manera de estar a solas con ella, pues ella era
virgen. 3Pero Amnón tenía un amigo muy astuto, su primo Jonadab hijo de Simá, hermano de
David. 4Un día Jonadab dijo a Amnón:
—¿Qué te pasa, pues cada día te ves más des-
mejorado? ¡No pareciera que fueras hijo del rey!
—Estoy enamorado de Tamar, mi medio hermana —le respondió Amnón.
5—Bien —dijo Jonadab—, te diré qué debes
hacer. Anda, acuéstate y simula estar enfermo.
Cuando tu padre venga a verte, pídele que deje
venir a Tamar para que te prepare algo de comer.
Dile que te sentirás mejor si ella te da la comida.
6Así lo hizo Amnón. Cuando el rey fue a verlo,
Amnón le pidió que su hermana Tamar le preparara dos tortas y se las sirviera. 7David estuvo
de acuerdo, y ordenó a Tamar que fuera a la
habitación de Amnón y le preparara de comer.
8Así lo hizo ella. Fue a la casa de Amnón y delante
de él amasó harina y le horneó las tortas. 9Pero
cuando se las sirvió, él no quiso comer.
—¡Salgan todos de aquí! —ordenó a sus
servidores.
Cuando todos salieron, 10le dijo a Tamar:
—Ahora tráeme la comida a mi habitación,
y dame tú misma de comer.
Tamar le llevó las tortas que le había preparado. 11Pero cuando se acercó para darle de comer,
Amnón la agarró y le exigió:
—Acuéstate conmigo, hermana mía.
12—¡Amnón! —gritó ella—. ¡No seas necio!
¡No me hagas esto! Tú sabes cuán grave es este
delito en Israel. 13¿A dónde podría ir con mi vergüenza? Y tú serías conocido como el más grande
perverso de Israel. Mejor habla con el rey, que de
seguro él dejará que nos casemos.

14 Pero Amnón no atendió a sus ruegos, sino
que, como era más fuerte que ella, la agarró por
la fuerza y la violó. 15 Luego, repentinamente su
amor se convirtió en odio, y la odió mucho más
de lo que la había amado.
—¡Largo de aquí! —le gritó.
16 —¡No, no! —lloró ella—. Rechazarme ahora es un crimen peor que el que ya has cometido.
Pero él no la quiso escuchar, 17,18 y llamó a su
criado y le ordenó:
—¡Echa de aquí a esta mujer y cierra la puerta
con cerrojo cuando haya salido!
El criado la hizo salir. Tamar usaba una túnica
larga con mangas, como era la costumbre en
aquellos días entre las hijas vírgenes del rey. 19 Al
salir de la casa de Amnón, se rasgó su túnica y
se echó ceniza en la cabeza, y con sus manos en
la cabeza salió gritando y llorando.
20 Su hermano Absalón, al enterarse de lo sucedido, le dijo:
—¡Conque tu hermano Amnón durmió contigo! Pero recuerda que él es tu hermano, así
que es mejor que te tranquilices y no digas nada.
Entonces Tamar se fue a vivir a la casa de su
hermano Absalón, pero se mantenía muy triste.
21 Cuando el rey David oyó lo que había ocurrido, se enojó mucho. 22 Absalón, por su parte,
no le dirigía la palabra a Amnón, pues sentía
odio hacia él por lo que le había hecho a su
hermana Tamar.

Asesinato de Amnón

23,24 Dos años más tarde, cuando estaban esquilando las ovejas de Absalón en Baal Jazor, cerca
del pueblo de Efraín, Absalón invitó a su padre
y a todos sus hermanos a la fiesta para celebrar
la ocasión.
25 —No, hijo mío —respondió el rey—. Si
todos vamos, seríamos una carga demasiado
grande para ti.
Absalón insistió, pero el rey no quiso ir, aunque le dio su bendición.
26 Entonces Absalón le dijo:
—Ya que usted no puede ir, le ruego que permita que mi hermano Amnón vaya.
—¿Por qué Amnón? —preguntó el rey.
27 Absalón siguió insistiendo hasta que el rey
permitió que todos sus hijos fueran, incluso
Amnón. 28 Absalón dijo a sus servidores:
—Esperen hasta que Amnón se embriague, y
entonces, a una señal mía, mátenlo. No teman,
yo soy el que manda aquí y esto es una orden.
Sean valientes y háganlo.
29,30 Así es que ellos mataron a Amnón. Enseguida, los demás hijos del rey se subieron a sus
mulas y huyeron. Mientras iban en su camino
de regreso a Jerusalén, llegó a David la noticia:
«¡Absalón ha dado muerte a todos tus hijos! ¡Ninguno ha quedado con vida!»
31 El rey se levantó, y en señal de dolor se rasgó
su ropa y se postró en tierra. Sus criados también
hicieron lo mismo. 32,33 Entonces Jonadab hijo de
Simá y sobrino de David llegó y dijo:
—Eso no es verdad. El único asesinado fue
Amnón, los demás hijos de mi señor están vivos.
Absalón había estado preparando esto desde
que Amnón violó a Tamar. No, tus hijos no han
muerto. Fue solamente Amnón.
34 El centinela de la ciudad vio que una gran
multitud venía bajando del cerro, y fue a decirle
al rey: «Mucha gente viene bajando del cerro,
por el camino de Joronayin». (Mientras tanto,
Absalón se había lanzado a la fuga.) 35 Entonces
Jonadab le dijo al rey:
—Se da cuenta, mi rey, que yo no le mentí.
¡Mire, ahí vienen sus hijos!
36 Pronto llegaron ellos, llorando a gritos.
Entonces el rey y sus oficiales lloraron juntamente con ellos.
37-39 Absalón huyó a refugiarse donde Talmay[c]
hijo de Amiud, rey de Guesur, y se quedó allí tres
años. Mientras tanto, David lloraba todos los días
por su hijo Amnón. Pero una vez que se consoló
de su muerte, comenzó a sentir deseos de ver a
su hijo Absalón.

Absalón regresa a Jerusalén

14 Cuando el general Joab hijo de Sarvia
comprendió cuánto deseaba David ver a
Absalón, 2,3 envió por una mujer de Tecoa, que
tenía reputación de gran sabiduría, y le dijo que
pidiera una entrevista con el rey. Pero antes de
que la mujer se presentara delante del rey, Joab
le dijo:
—Vístete de luto, no te eches perfume, como
si estuvieras de duelo por un hijo muerto. Luego
irás donde el rey y le dirás todo lo que yo te diga.
4 Cuando la mujer llegó ante el rey, se arrojó
con el rostro al suelo frente a él y clamó:
—¡Mi señor, por favor, ayúdeme!
5,6 —¿Qué te pasa? —le preguntó el rey.
—Soy viuda —contestó ella—, y mis dos
hijos tuvieron una pelea en el campo. Puesto
que no hubo nadie que los separara, uno de ellos
mató al otro. 7 Ahora el resto de la familia pide
que yo entregue a mi otro hijo para ejecutarlo
por haber asesinado a su hermano. Pero si lo
hago no tendré ningún hijo, y el nombre de mi
marido será desarraigado de la tierra.
8 —Déjalo por mi cuenta —dijo el rey—, yo
veré que nadie lo toque.
9 —Gracias, mi señor, rey —contestó ella—.
Yo llevaré la culpa si lo critican a usted por ayudarme de esta manera.

c. El rey Talmay era su abuelo por parte de madre.

10—No te preocupes. Si alguien te amenaza, avísame. Yo puedo asegurarte que jamás volverá a molestarte.

11Entonces ella dijo:

—Júreme por Dios que no permitirá que nadie le haga daño a mi hijo. No deseo más derramamiento de sangre.

—Prometo por Dios —respondió él— que ni un solo cabello de tu hijo caerá a tierra.

12—Ahora, déjeme que le pida una cosa más —dijo ella.

—Habla —contestó él.

13—¿Por qué no hace usted por todo el pueblo de Dios lo que ha prometido hacer por mí? —preguntó ella—. Usted se ha condenado a sí mismo al tomar esta decisión, pues se ha negado a recibir en casa a su hijo que está desterrado. ☼14Todos debemos morir. Nuestras vidas son como el agua que es derramada en tierra, que no puede volverse a recoger. Pero Dios lo bendecirá a usted con una vida más larga si permite que su hijo regrese del destierro. 15,16Pero, yo he venido a rogarle por mi hijo, porque mi vida y la vida de mi hijo han sido amenazadas y yo me dije: «Quizás el rey me oirá y nos librará de los que quieren acabar con nuestra existencia en Israel. 17Sí, el rey nos dará paz nuevamente». Yo sé que usted es como el ángel de Dios y puede discernir entre el bien y el mal. Quiera Dios estar con usted.

18—Quiero saber una cosa —dijo el rey.

—¿De qué se trata, mi señor, el rey? —preguntó ella.

19—¿Fue Joab quien te envió?

Y la mujer respondió:

—¿Cómo podría negarlo? Sí, Joab me envió y me dijo lo que tenía que decir. 20Él lo hizo para que usted pueda ver el asunto desde un ángulo diferente. Pero usted es tan sabio como un ángel de Dios y sabe todo lo que ocurre en la tierra.

21Entonces el rey llamó a Joab y le dijo:

—Bien, anda y trae a Absalón.

22Joab se inclinó a tierra delante del rey, lo bendijo y dijo:

—Al fin sé que mi señor, el rey, tiene buena voluntad hacia mí, pues me ha concedido esta petición.

23Joab fue a Guesur y trajo a Absalón a Jerusalén. 24Pero el rey David ordenó que Absalón se fuera a su propia casa, pues no quería verlo nunca. Por eso, Absalón se fue a su casa sin ver al rey.

25En todo Israel no había alguien tan hermoso como Absalón, y nadie recibía tantos elogios como él. 26Se cortaba el cabello una vez al año, cuando le resultaba demasiado pesado. ¡El pelo que se cortaba pesaba unos dos kilos! 27Tenía tres hijos y una hija, Tamar, que era muy hermosa.

28Después de dos años de estar en Jerusalén sin presentarse ante el rey, Absalón 29llamó a Joab para que intercediera por él; pero Joab no quiso ir. Absalón lo mandó a buscar por segunda vez, pero nuevamente se negó a acudir. 30Entonces Absalón dijo a sus siervos: «Vayan y préndanle fuego al campo de cebada de Joab, que está junto al mío».

Ellos así lo hicieron. 31Entonces Joab se presentó ante Absalón y le preguntó:

—¿Por qué tus siervos han quemado mi campo?

32Y Absalón le respondió:

—Porque yo quería que le preguntaras al rey por qué me hizo venir de Guesur si no me quería ver. ¡Mejor me habría quedado allá! Arréglame una entrevista con el rey, y si él me encuentra culpable de asesinato, que me ejecute.

33Joab le comunicó al rey lo que Absalón había dicho. Al fin, David citó a Absalón, y éste fue y se inclinó delante del rey, y David lo besó.

Absalón conspira contra David

15 Algún tiempo después, Absalón compró un magnífico carro de guerra y caballos; además, contrató a cincuenta hombres para que fueran su escolta personal. 2Se levantaba temprano cada mañana y se paraba en la puerta de la ciudad. Cuando alguien traía un caso para que el rey lo juzgara, Absalón lo llamaba y se mostraba interesado en su problema.

3Entonces decía:

—Veo que tienes razón en este asunto. Es desafortunado que el rey no tenga a alguien que le ayude para atender estos casos. 4Ciertamente me gustaría ser el juez; así cualquiera que tuviera un caso vendría a mí, y yo le haría justicia.

5Y cuando alguien iba a saludarlo y se inclinaba delante de él, Absalón le tendía la mano, lo abrazaba y lo besaba. 6De esta manera Absalón iba conquistando el corazón de todo el pueblo de Israel.

7,8Después de cuatro años, Absalón le dijo al rey:

—Déjame ir a Hebrón a ofrecer sacrificios al SEÑOR. De esta manera podré cumplir el voto que le hice mientras estaba en Guesur de Aram, de que si me permitía volver a Jerusalén, yo le ofrecería un sacrificio.

9—Muy bien —le dijo el rey—, anda y cumple tu voto.

Absalón se fue a Hebrón. 10Pero mientras estaba allí envió mensajeros a todas las tribus de Israel con el siguiente mensaje: «En cuanto oigan el

☼14.14

toque de las trompetas, digan que Absalón ha
sido coronado como rey en Hebrón».
11 Con Absalón habían ido doscientos hombres
de Jerusalén como invitados, pero ellos no conocían sus intenciones. 12 Mientras estaba ofreciendo los sacrificios, envió por Ajitofel, uno de los
consejeros de David que vivía en Guiló. De esta
manera la conspiración adquirió mucha fuerza,
y cada vez eran más los que estaban a favor de
Absalón.
13 Pronto llegó un mensajero a Jerusalén y le
dijo al rey David:
—Todo Israel se ha unido a Absalón en contra
suya.
14 Al oír esto, David les dijo a todos sus oficiales
que estaban con él en Jerusalén:
—¡Debemos huir de inmediato, o será demasiado tarde! Si salimos de la ciudad antes de que
Absalón llegue, nos salvaremos nosotros y se salvará la ciudad de Jerusalén.
15 —Estamos con usted, mi rey —le respondieron los oficiales—. Haremos lo que nos ordene.
16 El rey y los de su casa se pusieron en marcha
inmediatamente. David sólo dejó a diez de sus
concubinas para que se ocuparan del cuidado del
palacio. 17,18 Al llegar a la última casa de la ciudad,
David se detuvo, y todos sus oficiales se colocaron
junto a él, mientras que el resto de la gente seguía
adelante. Así que delante del rey pasaron los quereteos, los peleteos, y los seiscientos guititas que
habían acompañado a David desde Gat.
19,20 El rey se dirigió a Itay, el jefe de los seiscientos guititas, y le dijo:
—¿Qué estás haciendo aquí? Vuelve y quédate
con el nuevo rey, porque tú eres extranjero en
Israel, y estás desterrado de tu patria. Casi acabas
de llegar y no encuentro justo que te obligue
a ir con nosotros quién sabe por qué lugares.
Vuelve y lleva tus tropas contigo, y que el Señor
sea misericordioso contigo.
21 Pero Itay le respondió:
—Juro delante de Dios, y por la vida suya, rey
mío, que donde usted vaya yo iré, sea que esto
signifique la vida o la muerte.
22 —Bien, ven con nosotros —le dijo David.
Así que Itay y sus seiscientos hombres, junto
con sus familias, fueron con él.
23 Hubo profunda tristeza en la ciudad cuando
el rey y los que lo acompañaban salieron, cruzaron el arroyo de Cedrón, y se dirigieron hacia
el campo. 24 Abiatar, Sadoc y los levitas llevaron
el cofre del pacto de Dios y la pusieron junto al
camino hasta que todos pasaron. 25,26 Entonces,
siguiendo las instrucciones de David, Sadoc llevó
el cofre de regreso a la ciudad.
—Si es la voluntad del Señor —dijo David—,
él me permitirá regresar para ver el cofre y el
santuario nuevamente. Pero si no, que haga
conmigo lo que mejor le parezca.
27 Y dijo a Sadoc:
—Éste es mi plan: Vuelve en paz a la ciudad
con tu hijo Ajimaz y con Abiatar y su hijo Jonatán. 28 Yo me detendré en los llanos del desierto
hasta que ustedes me manden a decir cómo está
la situación en la ciudad.
29 Sadoc y Abiatar, pues, regresaron con el cofre
de Dios a Jerusalén, y se quedaron allí. 30 David
subió llorando por el camino que lleva al monte
de los Olivos. Llevaba la cabeza cubierta e iba
descalzo, en señal de duelo. Y la gente que lo
acompañaba también llevaba la cabeza cubierta, y lloraban mientras subían por el monte.
31 Cuando alguien le dijo a David que Ajitofel, su
consejero, estaba de parte de Absalón, David oró:
«Señor, haz que fracasen los planes de Ajitofel».
32 Cuando llegaron a la cumbre del monte de
los Olivos, donde el pueblo adoraba a Dios, David
encontró a Husay, el arquita, con la ropa rasgada
y con la cabeza cubierta de ceniza, en señal de
duelo. 33,34 Pero David le dijo:
—Si vas conmigo serás una carga. Vuelve a
Jerusalén y dile a Absalón: «Rey, yo le serviré de
consejero como lo hice con su padre». Entonces
podrás arruinar los planes de Ajitofel. 35,36 Los
sacerdotes Sadoc y Abiatar están allí. Cuéntales
todo cuanto sepas sobre esta situación. Por medio
de Ajimaz hijo de Sadoc y de Jonatán hijo de
Abiatar me podrán mandar cualquier noticia.
37 Entonces Husay, el amigo de David, regresó
a la ciudad. Llegó precisamente en el momento
en que Absalón entraba a Jerusalén.

David y Siba

16 David acababa de pasar por la cima del
monte cuando Siba, el administrador de
la casa de Mefiboset, lo alcanzó. Llevaba dos
burros cargados con doscientos panes, un centenar de tortas de uvas pasas, cien frutas de la
estación y un pequeño barril de vino.
2 —¿Para qué es esto? —preguntó el rey a Siba.
Y Siba le respondió:
—Los burros son para que la familia de mi
señor, el rey, monte en ellos; el pan y las frutas
son para que sus soldados coman. El vino deben
llevarlo al desierto por si alguno desfallece de sed.
3 —¿Y dónde está Mefiboset? —le preguntó
el rey.
—Se ha quedado en Jerusalén —respondió
Siba—. Él dijo: «Ahora podré ser rey. Hoy reco-
braré el reino de Saúl mi abuelo».
4 —En ese caso —dijo el rey a Siba—, te doy
todo lo que él posee.
—Gracias, gracias, mi señor, el rey —respondió Siba.

Simí maldice a David

5Cuando David y su compañía pasaron por
Bajurín, un hombre salió del pueblo, maldiciéndolo.
Era Simí hijo de Guerá, miembro de la
familia de Saúl. 6A la vez que arrojaba piedras
contra el rey y sus siervos, y contra todos los
guerreros que lo acompañaban, le gritaba al rey:
7,8—¡Largo de aquí, asesino sanguinario! ¡El
Señor te está castigando por haber asesinado a
Saúl y a toda su familia! ¡Tú le quitaste el trono,
y ahora el Señor se lo ha dado a tu hijo Absalón!
¡Por fin probarás tu propia medicina, asesino!
9—¿Por qué ese perro muerto maldice a mi
señor, el rey? —preguntó Abisay hijo de Sarvia—.
¡Déme permiso para ir y cortarle la cabeza!
10—No —dijo el rey—. Si el Señor le ha permitido
que me maldiga, ¿quién soy yo para oponerme?
11Mi propio hijo está tratando de matarme,
y este benjaminita solamente me maldice. Déjenlo
tranquilo, porque sin duda el Señor le ha dicho
que lo haga. 12Quizá el Señor tenga en cuenta mi
profundo dolor, y en vez de maldiciones envíe
bendiciones sobre mí.
13David y sus hombres siguieron su marcha,
y Simí los siguió hasta una colina cercana,
maldiciendo y arrojando piedras contra David
y lanzando polvo al aire. 14El rey y todos los que
estaban con él llegaron extenuados a Bajurín, de
modo que descansaron allí.

El consejo de Husay y Ajitofel

15Mientras tanto, Absalón y sus hombres llegaron
a Jerusalén acompañados por Ajitofel.
16Cuando el amigo de David, Husay el arquita
llegó, fue inmediatamente a ver a Absalón.
—¡Que Dios dé larga vida al rey! —exclamó—.
¡Que viva el rey!
17—¿Es ésta tu manera de tratar a tu amigo
David? —le preguntó Absalón—. ¿Por qué no
te fuiste con él?
18—Porque yo trabajo para el hombre que ha
sido escogido por el Señor y por Israel —respondió
Husay—. 19Debo estar aquí. Yo ayudé a su
padre y ahora lo serviré a usted.
20Absalón se volvió a Ajitofel y le preguntó:
—¿Qué debo hacer ahora?
21Ajitofel le dijo:
—Vaya y acuéstese con las concubinas que su padre dejó cuidando el palacio. Así todo Israel sabrá que usted ha insultado al rey David y que no hay posibilidad de reconciliación. Entonces todos los que están apoyándolo a usted se sentirán más seguros.
22Enseguida levantaron una tienda en el
terrado del palacio, donde todos pudieran ver; y
Absalón entró en la tienda para acostarse con las
concubinas de su padre. 23(Absalón, al igual que
antes David, hacía todo lo que Ajitofel le decía,
pues, en ese tiempo, se consideraba que oír el consejo de Ajitofel era como oír a Dios mismo).

17 Ajitofel le dijo a Absalón:
—Déjeme escoger a doce mil de los
mejores hombres para salir en busca de David
esta noche. 2,3Caeré sobre él mientras está cansado
y desanimado. Él y todos los que están con él serán presa del pánico, y saldrán huyendo. Yo mataré solamente al rey y dejaré con vida a todos los demás, de modo que no les quedará más remedio que unirse a usted y servirle.
4Absalón y todos los ancianos de Israel aprobaron
el plan, 5pero Absalón dijo:
—Es bueno que también contemos con la opinión de Husay.
6Cuando Husay llegó, Absalón le contó lo que
Ajitofel había dicho.
—¿Cuál es tu opinión? —le preguntó Absalón—. ¿Hemos de seguir el consejo de Ajitofel? ¿Qué piensas tú?
7Husay contestó:
—Creo que Ajitofel esta vez comete un error.
8Usted conoce a su padre y a sus hombres. Bien
sabe que son guerreros poderosos, y probablemente se encuentran tan enfurecidos como una osa a quien le han quitado sus ositos. Además, su padre es un guerrero de experiencia y no creo
que vaya a pasar la noche junto con el pueblo. 9Es
muy probable que se haya escondido en algún pozo, o en alguna caverna. Cuando él salga y ataque por sorpresa, entonces habrá pánico entre quienes le son leales a usted, y todos comenzarán
a gritar que los están matando. 10Entonces, aun
los más valientes de ellos, los que son tan fieros como un león, se paralizarán de miedo. Porque todo Israel sabe cuán poderoso es su padre y cuán valientes son sus hombres.
11»Lo que sugiero es que movilice a todo Israel,
desde Dan hasta Berseba, para que constituyan una gran fuerza. Usted, personalmente, debe
guiar a sus hombres. 12Cuando encontremos a
David, lo atacaremos y podremos destruir a todo el que está con él, de modo que ninguno de ellos
quede vivo. 13Y si David se escapa y se oculta en
alguna ciudad, usted tendrá todo Israel a sus órdenes, y podremos tomar sogas y arrastrar los muros de la ciudad hasta el valle más cercano, hasta que toda piedra haya sido removida.
14Absalón y los hombres de Israel dijeron:
—El consejo de Husay es mejor que el de Ajitofel.
Eso sucedió porque el Señor había dispuesto que se anulara el consejo de Ajitofel, cuyo plan realmente era el mejor, para que pudiera venir el desastre sobre Absalón.

[15]Husay les contó a los sacerdotes Sadoc y Abiatar lo que Ajitofel había propuesto y lo que él
había sugerido en cambio.
[16]—¡Rápido! —les dijo—. Busquen al rey
David y díganle que no se quede en los llanos
del desierto esta noche. Es mejor que pasen de
inmediato al otro lado, pues, de lo contrario, se
expone a que lo maten, junto con todo el pueblo.
[17]Jonatán y Ajimaz se habían quedado en Enroguel, para que no se les viera entrar y salir de la
ciudad. Se habían puesto de acuerdo para que
una criada les llevara los mensajes que debían
darle al rey David. [18]Pero un muchacho vio que
salían de Enroguel rumbo a donde estaba David,
y se lo hizo saber a Absalón. Ellos, entonces, se
fueron rápidamente a Bajurín, donde un hombre
los escondió en un pozo en el patio. [19]La esposa
del hombre puso una tela sobre la boca del pozo
y encima puso grano para que se secara al sol. De
este modo nadie sospechó que ellos estaban allí.
[20]Cuando Absalón y sus hombres llegaron y
le preguntaron si había visto a Ajimaz y a Jonatán, ella dijo que habían cruzado el arroyo y se
habían ido. Los buscaron, y al no encontrarlos
regresaron a Jerusalén. [21]Entonces los dos hombres salieron del pozo y corrieron a encontrar
al rey David.

—¡Rápido —le dijeron—, cruce el Jordán
esta noche!

Le contaron lo que había aconsejado Ajitofel
para capturarlo y darle muerte. [22]David y toda la
gente que estaba con él cruzaron el río durante la
noche y llegaron todos al otro lado del río, antes
de la madrugada.
[23]Mientras tanto, Ajitofel, desacreditado públicamente porque Absalón no había aceptado su
consejo, aparejó un burro, se fue a su casa en la
ciudad, puso en orden sus asuntos, y se ahorcó.
De esta manera murió y fue sepultado junto a
su padre.
[24]David ya había llegado a Majanayin cuando Absalón, que había movilizado a todos los
hombres de Israel, cruzaba el Jordán con ellos.
[25]Absalón había designado a Amasá como jefe de
su ejército, en lugar de Joab. (Amasá era primo
segundo de Joab; su padre era Itrá, un ismaelita, y
su madre era Abigaíl hija de Najás, la cual era la
hermana de Sarvia, la madre de Joab.) [26]Absalón
e Israel acamparon en la tierra de Galaad.
[27]Cuando David llegó a Majanayin fue recibido
cariñosamente por tres hombres: Sobí hijo de
Najás, que era de la ciudad amonita de Rabá;
Maquir hijo de Amiel, de Lo Debar, y Barzilay,
que era un galaadita de Roguelín. [28,29]Le trajeron
a David y a los que estaban con él camas para
que durmieran, tazas y vasijas de barro. También les llevaron trigo, cebada, harina, trigo tostado, habas, lentejas, miel, mantequilla y queso.
Hicieron esto porque pensaron que David y sus
hombres estarían muy cansados, hambrientos y
sedientos después de haber atravesado el desierto.

Muerte de Absalón

18 David pasó revista a sus tropas y puso jefes
de mil y de cien soldados. [2]La tercera parte
de los soldados quedó bajo el mando de Joab; otra
tercera parte, bajo el mando de Abisay (hermano
de Joab, hijo de Sarvia), y la otra tercera parte,
bajo el mando de Itay el guitita. El rey quería
dirigir al pueblo, [3]pero ellos se opusieron con
firmeza:

—Mi rey no debe hacer eso —le dijeron—,
porque si tenemos que huir, o la mitad de nosotros muere, los enemigos no irán tras nosotros,
porque es a usted al que buscan. Usted vale
más que diez mil de nosotros, y es mejor que
se quede en la ciudad y nos envíe socorro si lo
necesitamos.
[4]—Bien, hagan lo que les parezca mejor —
respondió finalmente el rey, y se quedó en la
puerta de la ciudad viendo pasar sus tropas.
[5]Pero antes de que se marcharan, el rey les
suplicó a Joab, a Abisay y a Itay:

—Por amor a mí, traten con gentileza al joven
Absalón.

Y los soldados oyeron cuando el rey les daba
este encargo.
[6]Marcharon a pelear contra los israelitas, y
la batalla comenzó en el bosque de Efraín. [7]Los
israelitas fueron derrotados por los hombres de
David. Hubo una gran matanza y veinte mil
hombres murieron aquel día. [8]La batalla se
extendió a través de todo el país, y fueron más
los que se perdieron en el bosque que los que
murieron a espada.
[9]Durante la batalla, Absalón se encontró de
repente con algunos hombres de David, y mientras huía en su mula, pasó debajo de las ramas
de una gran encina, y el pelo se le enredó en las
ramas. La mula siguió su camino, pero él quedó
suspendido de las ramas. [10]Uno de los hombres
de David lo vio y se lo dijo a Joab.
[11]—¿Qué? ¿Lo has visto y no le has dado muerte? —dijo Joab—. Yo te habría recompensado
con diez monedas de plata y un cinturón.
[12]—Aun cuando me hubiera dado mil monedas de plata, no lo habría hecho, porque todos
oímos que el rey les dijo a usted, a Abisay y a Itay:
«Por amor a mí, no le hagan daño al joven Absalón». [13]Y si yo hubiera traicionado al rey dando
muerte a su hijo (y el rey ciertamente hubiera
descubierto quién lo hizo), usted mismo habría
sido el primero en acusarme.
[14]—¡Basta de decir necedades! —dijo Joab.

Enseguida tomó tres dardos y los clavó en el
corazón de Absalón, que aún colgaba vivo de la

encina. 15Luego, diez de los jóvenes escuderos de Joab rodearon a Absalón y terminaron de matarlo. 16Joab hizo sonar la trompeta, y sus hombres dejaron de perseguir a Israel. 17Arrojaron el cuerpo de Absalón en un gran hoyo que había en el bosque y pusieron un gran montón de piedras sobre él. Todo Israel huyó.

18(Absalón había edificado un monumento para sí en el valle del rey, porque se dijo: «No tengo hijos que lleven mi nombre». Lo llamó Columna de Absalón, y con ese nombre se le conoce todavía.)

David hace duelo

19Entonces Ajimaz hijo de Sadoc le dijo a Joab:

—Correré a llevarle la buena noticia al rey David, de que el Señor lo ha salvado de su enemigo Absalón.

20—No —le dijo Joab—, la muerte de su hijo no es una buena noticia para el rey. Puedes servirme de mensajero en otra oportunidad.

21Entonces Joab le dijo a un soldado de Cus:

—Anda y dile al rey lo que has visto.

El hombre se inclinó y se echó a correr. 22Pero Ajimaz le rogó a Joab:

—Déjame acompañar a ese soldado.

—No, no es necesario que vayas, hijo mío —replicó Joab—. ¡No habrá recompensa por esa noticia!

23—No importa; de todos modos, quiero ir —insistió Ajimaz.

Y Joab finalmente dijo:

—Bien, anda también.

Entonces Ajimaz tomó por un atajo a través de la llanura y llegó allí antes que el soldado de Cus. 24David estaba sentado a la puerta de la ciudad. Cuando el centinela subió a su puesto de vigilancia sobre el muro, vio que un hombre solo corría hacia ellos. 25Entonces le avisó al rey David, y el rey respondió:

—Si viene solo, debe traer buenas noticias.

Pero mientras este hombre se acercaba, 26el centinela vio a otro que corría hacia ellos. Entonces gritó:

—¡Viene otro hombre detrás!

Y el rey respondió:

—Ese también debe traer buenas noticias.

27El centinela dijo:

—El primer hombre parece ser Ajimaz hijo de Sadoc.

—Es un hombre de bien y ha de venir con buenas noticias —dijo el rey.

28Ajimaz se acercó, saludó al rey, y se inclinó con su rostro a tierra, y dijo:

—¡Bendito sea el Señor tu Dios que ha destruido a los rebeldes que se atrevieron a levantarse en su contra!

29—¿Y cómo está el joven Absalón? —preguntó el rey—. ¿Está bien?

—Cuando Joab me dijo que viniera había mucho alboroto, pero yo no supe de qué se trataba —respondió Ajimaz.

30—Espera aquí —le dijo el rey.

Ajimaz se hizo a un lado. 31En eso llegó el soldado de Cus y dijo:

—¡Tengo buenas noticias para mi señor el rey! Hoy el Señor lo ha librado de todos lo que se rebelaban contra usted.

32—¿Y cómo está el joven Absalón? ¿Está bien? —preguntó el rey.

—¡Ojalá todos los enemigos de mi señor el rey mueran como murió ese muchacho! —respondió el hombre.

33Al oír la noticia, el rey rompió a llorar y subió al cuarto que estaba encima de la puerta. Se lamentaba diciendo:

«¡Ay, Absalón, hijo mío! ¡Absalón, hijo mío! ¡Ojalá hubiera muerto yo en tu lugar! ¡Ay, hijo mío, Absalón, hijo mío!» Entonces, el rey se entristeció mucho, subió a la habitación que estaba encima de la puerta, y mientras lloraba, decía: «¡Hijo mío Absalón, hijo mío Absalón! ¡Ojalá yo hubiera muerto en tu lugar, Absalón, hijo mío, hijo mío!»

19 Joab se enteró de que el rey estaba muy afligido y llorando por la muerte de su hijo Absalón. 2Cuando el pueblo se enteró del profundo dolor del rey por su hijo, el gozo de la maravillosa victoria de aquel día se convirtió en profunda tristeza. 3Todo el pueblo se replegó y entró en la ciudad como si estuvieran avergonzados y hubieran sido derrotados en la batalla. 4El rey, con el rostro entre las manos, lloraba: «¡Hijo mío Absalón, hijo mío Absalón, hijo mío!»

5Entonces Joab fue a la habitación del rey y le dijo: «Avergüenza a todos sus siervos que han salvado su vida y la de sus hijos e hijas, y la de sus esposas y concubinas; como si hubiéramos cometido un delito. 6¡Parece que ama a los que lo odian, y odia a los que lo aman! Se ve claramente que nosotros nada significamos para usted. Si Absalón estuviera vivo, y todos nosotros hubiéramos muerto, usted estaría feliz. 7Ahora, levántese y hable de corazón a los que lo siguen, porque le aseguro por el Señor, que si no lo hace, ninguno de ellos se quedará aquí para la noche. ¡Eso será peor desgracia que todas las desgracias juntas que haya tenido!»

David regresa a Jerusalén

8Al oír esto, el rey salió y se sentó junto a la entrada de la ciudad. Cuando el pueblo lo supo, fue y se presentó delante de él.

Por su parte, los israelitas que habían acompañado a Absalón regresaron a sus casas. 9Y por todas partes sólo se hablaba de lo que había sucedido. La gente comentaba: «El rey David nos libró del poder de nuestros enemigos. Fue él quien nos salvó del dominio de los filisteos. Pero por culpa de Absalón tuvo que huir del país. 10Siendo que Absalón, al que habíamos elegido como rey, ha muerto, ¿por qué no le rogamos al rey David que regrese y siga siendo nuestro rey?»

11,12Ante aquellos comentarios, David envió un mensaje a los sacerdotes Sadoc y Abiatar pidiéndoles que hablaran con los ancianos de Judá y les dijeran: «¿Por qué son ustedes los últimos en hacer volver al rey? Porque todo Israel está dispuesto a hacerlo, y solamente ustedes no se han pronunciado. Ustedes son mi tribu, sangre de mi sangre y carne de mi carne». 13Y les ordenó que le dijeran a Amasá: «Por cuanto eres mi sobrino, que Dios me quite la vida si no te nombro jefe de mi ejército, en lugar de Joab».

14Entonces Amasá convenció a todos los caudillos de Judá, y ellos respondieron como un solo hombre. Entonces mandaron este mensaje al rey: «Vuelva a nosotros y traiga consigo a todos los que lo acompañan». 15Así que el rey emprendió el regreso hacia Jerusalén. Cuando llegaron al río Jordán, parecía que todos los de Judá habían ido a Guilgal a encontrarse con él y acompañarlo a cruzar el río. 16Y Simí hijo de Guerá, benjamita que era oriundo de Bajurín, pasó corriendo entre los hombres de Judá para dar la bienvenida al rey David. 17Mil hombres de la tribu de Benjamín estaban con él, incluyendo a Siba, el siervo de Saúl, con sus quince hijos y veinte criados. Habían ido apresuradamente al Jordán para llegar antes que el rey, 18y trabajaron duramente ayudando a cruzar el río a la familia del rey y a los soldados, y los ayudaron en todas las formas que pudieron.

Cuando el rey acabó de cruzar el Jordán, Simí se postró delante de él, 19y le rogó:

—Señor, rey mío, perdóneme las terribles cosas que hice cuando salía usted de Jerusalén. 20Sé muy bien cuán grande ha sido mi pecado. Por eso he querido ser el primero de toda la tribu de José en saludarle.

21Abisay hijo de Sarvia exclamó:

—¡Simí merece la muerte por haber maldecido al ungido del Señor!

22—No hables de esa manera —exclamó David—. Éste no es día para castigar, sino día de celebración. Una vez más soy el rey de Israel.

23Y volviéndose a Simí le dijo:

—Te perdono la vida.

24,25También llegó de Jerusalén Mefiboset, nieto de Saúl. No se había lavado los pies ni la ropa, ni se había cortado la barba desde el día en que el rey salió de Jerusalén. El rey le preguntó:

—¿Por qué no viniste conmigo, Mefiboset?

26Y él contestó:

—Mi rey y señor, mi siervo Siba me engañó. Yo le dije: «Prepara mi burro para que pueda ir con el rey». Como usted sabe, yo soy cojo. 27Luego Siba me calumnió diciendo que yo me había negado a acompañarle. Pero yo sé que usted es como un ángel de Dios. Haga lo que estime mejor. 28Después de todo, mi familia y yo no merecíamos sino la muerte; sin embargo, mi señor el rey me ha honrado permitiéndome comer en su propia mesa. ¿Cómo podría yo quejarme?

29—Muy bien —respondió David—. Mi decisión es que tú y Siba se dividan la tierra por partes iguales.

30—Que él se quede con todo —dijo Mefiboset—. Para mí es suficiente regalo que usted haya regresado sano y salvo.

31,32Barzilay el galaadita, que había provisto de alimentos al rey y a su ejército durante su exilio en Majanayin, también llegó de Roguelín para ayudar al rey a pasar el río. Ya estaba muy viejo, pues tenía unos ochenta años, pero era muy rico.

33—Ven conmigo y vive en Jerusalén —le dijo el rey a Barzilay—. Yo cuidaré de ti.

34—No —respondió él—, yo soy demasiado viejo para ello. 35Ya tengo ochenta años y la vida ha perdido el gusto para mí. El alimento y el vino ya no me saben a nada, y ni siquiera puedo escuchar bien las voces de los cantores y cantoras. Yo sólo sería una carga para mi señor, el rey. 36El único honor que quiero es cruzar el río con usted. 37Y luego permítame que regrese y muera en mi ciudad, donde mi padre y mi madre están enterrados. Pero aquí está Quimán, su siervo. Que él vaya con usted a la ciudad y reciba todas las buenas cosas que usted quiera darle.

38—Bien —dijo el rey—. Quimán irá conmigo, y yo haré por él lo que habría hecho por ti.

39Todo el pueblo cruzó el río Jordán con el rey; y después que David besó y dio su bendición a Barzilay, éste regresó a su casa. 40El rey siguió a Guilgal, llevando a Quimán consigo. Y la mayor parte de Judá y la mitad de Israel estaba allí para recibirlo. 41Pero los hombres de Israel se quejaron al rey, porque solamente fueron hombres de Judá los que les ayudaron a cruzar al río a él y a su familia.

42—¿Por qué no? —respondieron los hombres de Judá—. El rey es de nuestra tribu. ¿Por qué esto les ha de causar enojo? ¿Acaso le hemos cobrado? Él no nos ha dado ni comida ni regalos.

43—Pero hay diez tribus en Israel —respondieron los otros—, de modo que tenemos diez veces más derecho delante del rey que ustedes. ¿Por qué no nos invitaron? No olviden que fuimos los primeros en hablar de hacer volver al rey.

La disputa continuó, y las palabras de los de
Judá fueron más violentas que las de los de Israel.

Sabá se rebela contra David

20 Allí en Guilgal se hallaba un hombre
perverso llamado Sabá hijo de Bicrí, de
la tribu de Benjamín. Éste tocó la trompeta y
comenzó a gritar:

«¡No tenemos nada que ver con David! ¡Nada
ganamos con seguir al hijo de Isaí! ¡Israelitas,
váyanse a sus casas!»

2 Todos, menos Judá y Benjamín, abandonaron
a David y siguieron a Sabá. Pero los hombres de
Judá permanecieron junto a su rey, acompañán-
dolo desde el Jordán hasta Jerusalén. 3 Cuando
llegó a su palacio, David ordenó que las diez
esposas que había dejado para que cuidaran la
casa fueran puestas en reclusión. Siguió dándoles
su sustento, pero no volvió a dormir con ellas. Así
fue que, hasta el día de su muerte, esas mujeres
vivieron encerradas y como si fueran viudas.

4 El rey ordenó a Amasá: «Espero que tú y las
tropas de Judá estén aquí dentro de tres días».
5 Amasá salió a reunirlos, pero tardó más de los
tres días que le habían sido dados. 6 Por eso David
le dijo a Abisay: «Ese Sabá hijo de Bicrí nos va a
causar más daño que Absalón. Toma, pues, mi
guardia personal y persíguelo, no sea que entre
en una ciudad fortificada donde no podamos
alcanzarlo».

7 Abisay y Joab, junto con los mejores guerreros y con los quereteos, los peleteos y la guardia
personal del rey, salieron de Jerusalén en persecución de Sabá.

8-10 Cuando llegaron a la gran roca que está en
Gabaón, se encontraron cara a cara con Amasá.
Joab usaba su uniforme ajustado con un cinturón
y cargaba una daga envainada junto al muslo,
la cual se le cayó mientras caminaba. Joab la
recogió y se acercó a saludar a Amasá: «Estoy
contento de verte, hermano mío» —dijo Joab—,
y lo tomó de la barba con la mano derecha como
para besarlo. Amasá no notó la daga que Joab
tenía en la mano izquierda. Así que Joab se la
clavó en el estómago, de tal manera que se le
salieron las entrañas. No necesitó dar un segundo
golpe, porque Amasá murió instantáneamente.
Joab y su hermano Abisay lo dejaron muerto allí
mismo, y continuaron la persecución de Sabá.

11 Uno de los jóvenes de Joab se paró junto al
cadáver de Amasá y dijo: «¡Los que apoyen a
David, que sigan a Joab!» 12 Todos los que pasaban
por allí se detenían a ver a Amasá, pues todavía
su cadáver seguía tendido en un charco de sangre, en medio del camino. Entonces el soldado
arrastró el cadáver hacia un lado del camino y
lo cubrió con una capa. 13 Luego, todos se fueron
con Joab en persecución de Sabá.

14 Mientras tanto, Sabá había salido a recorrer
todas las tribus de Israel y llegó a la ciudad de
Abel Betmacá, donde se le unieron todos los
parientes de Bicrí. 15 Cuando llegaron, los hombres de Joab sitiaron a Abel Betmacá, levantaron
una rampa y comenzaron a derribar la muralla.
16 Pero una mujer sabia gritó desde la ciudad:

—¡Escuchen, escuchen! ¡Díganle a Joab que
venga, pues tengo que hablar con él!

17 Cuando Joab se le acercó, la mujer le preguntó:

—¿Es usted, Joab?

Y él respondió:

—Sí, yo soy.

La mujer le dijo:

—Le ruego que escuche lo que tengo que
decirle.

—Te escucho —le respondió Joab.

18 Entonces ella le dijo:

—Antiguamente había un dicho: «Si quieres
ganar una discusión, pregunta en Abel», porque
siempre damos sabios consejos. 19 Usted ésta destruyendo una ciudad antigua y pacífica, leal a
Israel. ¿Destruirá lo que es del SEÑOR?

20 Joab le respondió:

—¡De ninguna manera! ¡Que Dios me libre
de hacer semejante daño! 21 Todo lo que quiero
es capturar a un hombre de las montañas de
Efraín, llamado Sabá. Este hombre se ha rebelado
contra el rey David. Si me lo entregas, dejaremos
la ciudad en paz.

—Muy bien —respondió la mujer—. Ahora
mismo te arrojaremos la cabeza de Sabá desde
la muralla.

22 La mujer fue a hablar con el pueblo y convenció a todos de que le cortaran la cabeza a
Sabá hijo de Bicrí. Así lo hicieron, y le arrojaron
la cabeza a Joab. Entonces Joab hizo sonar su
trompeta y reunió a sus hombres para que no
realizaran el ataque, y volvieron a Jerusalén, para
presentarse ante el rey.

23 Joab era el jefe del ejército de Israel, mientras
que Benaías hijo de Joyadá estaba a cargo de
los quereteos y los peleteos. 24 Adonirán estaba a
cargo de los que realizaban el trabajo obligatorio,
y Josafat hijo de Ajilud era el secretario. 25 Seva era
el cronista, y Sadoc y Abiatar eran los sacerdotes.
26 Ira el yairita era el capellán de David.

Los gabaonitas se vengan

21 Durante el reinado de David hubo hambre por tres años consecutivos. Entonces
David habló con el SEÑOR acerca de esta situación, y el SEÑOR le dijo: «El hambre ha venido
por causa de que Saúl y su familia asesinaron a
los gabaonitas».

2 El rey David convocó a los gabaonitas. Ellos
no formaban parte de Israel, sino que eran el

remanente de la nación de los amorreos. Israel había prometido no matarlos; pero Saúl, debido a su celo por Judá e Israel, había tratado de acabar con ellos. 3David les preguntó:

—¿Qué puedo hacer por ustedes, para librarnos de esta culpa y para pedirles a ustedes que clamen a Dios que nos bendiga?

4—Bueno, no es cuestión de dinero —respondieron los gabaonitas—, y no es nuestra intención vengarnos matando israelitas.

—¿Qué puedo hacer por ustedes entonces? —preguntó otra vez David—. Díganmelo, y yo lo haré.

5,6—Muy bien —respondieron—, entréguenos a siete de los hijos de Saúl, el hombre que se empeñó en destruirnos. Los colgaremos delante del Señor, en Guibeá, la ciudad del rey Saúl.

—Muy bien —dijo el rey—, se los entregaré.

7David perdonó a Mefiboset, el hijo de Jonatán y nieto de Saúl, a causa de la promesa que le había hecho a Jonatán; 8pero hizo apresar a Armoní y a Mefiboset, que eran hijos de Saúl y Rizpa, la hija de Ayá. Además hizo apresar a los cinco hijos que Merab, la hija de Saúl, había tenido con Adriel hijo de Barzilay, el de Mejolá. 9Luego, David se los entregó a los gabaonitas, quienes los ahorcaron en una montaña, delante del Señor. Los siete murieron juntos, al comienzo de la cosecha de cebada.

10Rizpa, la madre de dos de los hombres, extendió un saco sobre una roca y se quedó allí durante toda la estación de la cosecha, para evitar que las aves de rapiña destrozaran los cuerpos durante el día, y que los animales salvajes se los comieran en la noche. 11Cuando David supo lo que Rizpa, la concubina de Saúl, había hecho, 12-14ordenó que los restos de los hombres fueran llevados a Jerusalén. Al mismo tiempo pidió a los de Jabés de Galaad que devolvieran los restos de Saúl y Jonatán. Ellos los habían rescatado de la plaza pública en Betsán, donde los filisteos los habían colgado, después de la batalla del monte Guilboa. Cuando los de Jabés devolvieron los restos de Saúl y Jonatán, David los hizo sepultar en la tumba de Quis, el padre de Saúl, en la región de Zela de Benjamín. Después de esto, Dios tuvo compasión del pueblo y lo bendijo.

Hazañas de los oficiales de David

15En una ocasión en que los filisteos volvieron a hacerle la guerra a Israel, David y sus hombres salieron a pelear contra ellos. Debido a lo duro de la batalla, David se sintió muy cansado. 16Entonces, un gigante llamado Isbibenob intentó matarlo. Este hombre llevaba una espada nueva y una lanza de bronce, cuya sola punta pesaba más de tres kilos. 17Pero Abisay hijo de Sarvia corrió en su ayuda y mató al filisteo. Después de aquello, los hombres de David le juraron: «¡Nunca más saldrá con nosotros cuando haya guerra! ¿Por qué habremos de arriesgarnos a que se apague la luz de Israel?»

18Durante una guerra con los filisteos en Gob, Sibecay el jusatita mató a Saf, otro gigante. 19En otra oportunidad, y en el mismo lugar, Eljanán hijo de Yaré Oreguín, de Belén, mató al hermano de Goliat el guitita, que tenía una lanza cuya asta era tan grande como el rodillo de un telar.

20,21Y en una ocasión en que los filisteos y los israelitas trabaron combate en Gat, un gigante que tenía seis dedos en cada mano y seis en cada pie desafió a Israel. Entonces Jonatán, sobrino de David e hijo de Simá, que era hermano de David, lo mató.

22Fue así como esos cuatro gigantes, descendientes de Rafá, el de Gat, fueron muertos por los soldados de David.

Salmo de David

22 David entonó este cántico al Señor después que fue librado de Saúl y de todos sus enemigos:

2«El Señor es mi roca, mi fortaleza y mi salvador.

3Mi Dios, la roca en quien me refugio.
Mi escudo y mi salvación, mi asilo y mi amparo.
¡Él me libró de los violentos!

4Invocaré al Señor, que es digno de ser alabado. Él me salvará de todos mis enemigos.

5»Las ondas de muerte me rodeaban; torrentes del mal querían arrasarme;

6me sentía atrapado y atado por el infierno y la muerte.

7Pero en mi angustia invoqué al Señor, y él me oyó desde su templo.
¡Mi clamor llegó a sus oídos!

8»Entonces la tierra se estremeció y tembló.
Los cimientos del cielo se estremecieron a causa de su ira.

9Humo salió de su nariz; su boca vomitó fuego consumidor; ¡arrojaba carbones encendidos!

10»Él inclinó el cielo y descendió a la tierra; caminó sobre nubes oscuras.

11Se montó sobre un querubín y cruzó el cielo, voló sobre las alas del viento.

12Puso alrededor suyo tinieblas por velo, y densas nubes lo rodearon.

13Carbones encendidos brotaron de su resplandor.

14El Señor tronó desde los cielos; desde el cielo se escuchó la voz del Dios Altísimo.

22.4–7

15 Arrojó flechas y relámpagos y derrotó a todos mis enemigos.

16 Por el soplo de su aliento se partió el mar en dos, y se pudo ver el fondo del mar.

17 »Desde las alturas me rescató; me sacó de en medio de las aguas;

18 me salvó de enemigos poderosos, de todos los que me odiaban, y de los que eran demasiado fuertes para mí.

19 Cayeron sobre mí en el día de mi desgracia, pero el Señor fue mi apoyo y mi salvación.

20 Él me libró y me rescató, porque me ama.

21 »El Señor me recompensó por mi justicia, me pagó conforme a la pureza de mis manos.

22 Yo he vivido en la voluntad del Señor, y nunca me he apartado de mi Dios,

23 porque he tenido presentes sus leyes, y las he obedecido.

24 He sido íntegro delante de él, y me he cuidado de pecar.

25 El Señor me ha recompensado, porque he sido justo, porque he vivido rectamente.

26 »Con el misericordioso eres misericordioso, con el intachable eres intachable.

27 Con el que es sincero, tú eres sincero, pero con el que es tramposo tú eres inflexible.

28 Salvas a los que están en angustia, pero humillas a los que se enaltecen, porque tú observas sus pasos.

29 Señor, tú eres mi luz; tú haces que mis tinieblas resplandezcan.

30 Por tu poder yo puedo aplastar a un ejército; por tu fortaleza puedo escalar murallas.

31 »El camino de Dios es perfecto; la palabra del Señor es refinada.

Es escudo para todos los que se refugian en él.

32 ¿Qué Dios hay fuera de nuestro Señor?

¡Él es el único que puede protegernos, pues es una sólida roca!

33 Dios es mi poderosa fortaleza; él me ha dado seguridad.

34 Él hace que el bueno camine con firmeza, como las cabras monteses sobre las rocas.

35 Él me prepara para la batalla, y me fortalece para usar las armas de guerra.

36 Tú me has dado el escudo de tu salvación; y tu bondad me hace prosperar.

37 Me despejas el camino, para que mis pies no resbalen.

38 »He perseguido a mis enemigos y los he destruido; no me detuve hasta aniquilarlos.

39 Los destruí a todos para que ninguno pueda levantarse nuevamente. ¡Han caído todos bajo mis pies!

40 Porque tú me has dado fuerzas para la batalla, y has hecho que someta a todos los que se levantaron contra mí.

41 Tú has hecho que mis enemigos retrocedan y huyan; he acabado con todos los que me odiaban.

42 Clamaron por ayuda, pero nadie los socorrió; clamaron al Señor, pero él se negó a responderles.

43 Los derroté hasta hacerlos polvo, y los molí y esparcí como polvo de las calles.

44 »Tú me has salvado de los rebeldes de mi pueblo; me has preservado como cabeza de las naciones.

45 Pueblos extranjeros me sirven, y me halagan cuando oyen de mi poder.

46 Pierden todo su valor, y salen temblando de sus escondites.

47 ¡El Señor vive! ¡Bendita sea, mi roca!

¡Alabado sea él, que es la roca de mi salvación!

48 Bendito sea Dios, pues destruye a todos los que se me oponen y me libra de mis enemigos.

49 Sí, tú me levantas por encima de mis enemigos, tú me libras de su violencia.

50 Por eso, Señor te daré gracias entre las naciones y cantaré alabanzas a tu nombre.

51 »El Señor da una liberación maravillosa al rey, y muestra misericordia a David, su ungido, y a su descendencia para siempre».

Últimas palabras de David

23 Estas son las últimas palabras de David: «David el hijo de Isaí, el hombre a quien Dios puso en alto;

David, el ungido del Dios de Jacob; David, el dulce cantor de Israel, declara:

2 "El Espíritu del Señor habló por mí y su palabra estuvo en mi lengua".

3 La Roca de Israel me dijo:

"El que reine con justicia, el que gobierne en el temor de Dios,

4 será como la luz de la mañana cuando sale el sol en una mañana sin nubes, que resplandece después de la lluvia, y hace que la hierba brote en la tierra".

5 »¡Dios ha escogido a mi familia!

Sí, Dios ha hecho un pacto eterno conmigo, su acuerdo es eterno, claro y seguro.

Él velará constantemente por mi seguridad y mi triunfo.

6 Pero los impíos son como espinos que se desechan, porque hieren la mano que las toca.

7 Para recogerlos hay que protegerse las manos, y una vez amontonados se echan al fuego y se queman».

22.25–26 22.29–36

Héroes en el ejército de David

8Éstos son los nombres de los tres guerreros
más valientes que tenía David:
El primero de los tres era Joseb Basébet el tac-
monita, conocido también como Adino el eznita,
que una vez mató a ochocientos hombres en una
sola batalla.
9El segundo era Eleazar hijo de Dodó el ajojita. Era uno de los tres hombres que, con David,
contuvieron a los filisteos cuando el resto de
Israel huyó. 10Ese día mató a tantos filisteos que
la mano se le encalambró y se le quedó aferrada
a la espada. El SEÑOR le dio en esa ocasión una
gran victoria a Israel. El resto solo regresó para
recoger el botín.
11,12El tercero era Sama hijo de Agué el ararita. Un día en Lehí, durante un ataque filisteo,
y mientras sus compañeros lo abandonaban y
huían, él se paró solo en el centro de un campo
de lentejas y derrotó a los filisteos. Así el SEÑOR
les dio una gran victoria.
13Una vez, cuando David estaba en la cueva
de Adulán, tres de los treinta más valientes fueron a encontrarse con él. Era el comienzo de la
cosecha, y los invasores filisteos estaban en el
valle de Refayin. 14David, que estaba en su refugio
en aquel tiempo porque algunos filisteos habían
ocupado la cercana ciudad de Belén, 15dijo:
«¡Quién pudiera beber agua del pozo que está
junto a la puerta de la ciudad!» (El pozo estaba
cerca de la puerta de Belén.) 16Entonces los tres
hombres cruzaron las filas filisteas, sacaron agua
del pozo y se la llevaron a David. Pero él se negó
a beberla y la derramó delante del SEÑOR, y dijo:
17«¡No puedo beber esta agua, pues sería como
beber la sangre de estos hombres que arriesgaron
su vida para satisfacer mi deseo! ¡Que el SEÑOR
me guarde de hacer semejante cosa!»
18,19De los treinta, Abisay, el hermano de Joab
hijo de Sarvia, era el más valiente. Una vez con
su lanza se enfrentó a trescientos enemigos y los
mató. Por hazañas como ésta adquirió reputación de ser tan valiente que llegó a ser el jefe de
los tres más valientes, aunque nunca fue contado
entre ellos.
20También estaba Benaías hijo de Joyadá,
soldado heroico de Cabsel. Benaías mató a
dos gigantes, hijos de Ariel de Moab. En otra
oportunidad descendió a un foso y, a pesar de
que había nieve, luchó con un león que estaba
allí y lo mató. 21En otra oportunidad, armado
solamente con una vara, mató a un guerrero
egipcio que estaba armado con una lanza. Lo
atacó con la vara, le arrancó la lanza y lo mató
con ella. 22Estas fueron algunas de las hazañas
que dieron a Benaías una fama casi tan grande
como la de los tres más valientes. 23Él era uno
de los treinta, y aunque llegó a tener fama de ser
tan valiente como los tres más valientes, nunca
fue contado entre ellos. David lo hizo jefe de su
guardia personal.
24-39Los treinta valientes eran:
Asael, hermano de Joab;
Eljanán hijo de Dodó, de Belén;
Sama el jarodita;
Elicá el jarodita;
Heles el paltita;
Ira hijo de Iqués, el tecoíta;
Abiezer el anatotita;
Mebunay el jusatita;
Zalmón el ajojita;
Maray el netofatita;
Jéled hijo de Baná el netofatita;
Itay hijo de Ribay, el de Guibeá de la tribu
de Benjamín;
Benaías el piratonita;
Hiday, del arroyo de Gaas;
Abí Albón el arbatita;
Azmávet el bajurinita;
Elijaba el salbonita;
Jonatán, de los hijos de Jasén;
Sama el ararita;
Ahían hijo de Sarar el ararita;
Elifelet hijo de Ajasbay el macateo;
Elián hijo de Ajitofel el guilonita;
Jezró el de Carmel;
Paray el arbita;
Igal hijo de Natán, el de Sobá;
Baní el gadita;
Sélec el amonita;
Najaray el berotita, escudero de Joab, hijo de
Sarvia;
Ira el itrita;
Gareb el itrita, y Urías el hitita.
En total eran treinta y siete.[d]

David hace un censo militar

24 Una vez más la ira del SEÑOR se encendió
contra Israel, e incitó a David a hacer un
censo nacional.
2El rey dijo a Joab, jefe de su ejército:
—Toma un censo de todo el pueblo, de uno
a otro extremo de la nación, para que yo sepa
con cuántos soldados puedo contar.
3Pero Joab le replicó:
—Que el SEÑOR le conceda larga vida a mi
señor el rey para que pueda ver el día en que
haya en su reino cien veces más habitantes de
los que ahora hay; pero ¿qué necesidad tiene de
hacer tal cosa?
4Pero la orden del rey fue más fuerte que la
oposición de Joab y los demás jefes del ejército.
Por eso, Joab y los demás oficiales salieron a
contar al pueblo de Israel. 5Cruzaron el Jordán
y acamparon en Aroer, al sur de la ciudad que

d. Los treinta, más los primeros tres, más los generales Joab, Abisay, Asael y Benaía.

queda en el valle de Gad, junto a Jazer. 6Luego
pasaron a Galaad y a la región de Tajtín Jodsí, y
siguieron hacia Dan Jaán y llegaron a los alrededores de Sidón. 7De allí pasaron a la fortaleza
de Tiro y a todas las ciudades de los heveos y
cananeos, y avanzaron por el sur de Judá hasta
llegar a Berseba.

8Recorrer todo el territorio les llevó nueve
meses y veinte días. Al cabo de ese tiempo, regresaron a Jerusalén. 9Joab informó el número del
pueblo al rey: Ochocientos mil hombres en edad
militar en Israel, y quinientos mil en Judá.

10Pero después que levantó el censo, la con-
ciencia de David comenzó a molestarle, y oró al
Señor: «Lo que he hecho es terrible. Perdóname,
Señor, la maldad que he cometido».

11Al día siguiente, el Señor habló con el profeta Gad, que era el profeta que atendía a David,
y le pidió que le llevara este mensaje a David:
12«Dile a David que escoja entre estos tres castigos». 13Entonces Gad fue a ver a David y le dijo:

—¿Qué prefieres: siete años de hambre en la
tierra, o huir tres meses delante de tus enemigos,
o tres días de epidemia? Piénsalo y hazme saber
la respuesta que le debo dar al Señor.

14—Es una decisión difícil —respondió
David—, pero es mejor caer en las manos del
Señor, porque grande es su misericordia, que en
manos de los hombres.

15Entonces el Señor envió una epidemia sobre
Israel aquella mañana, la cual duró tres días.
Setenta mil hombres murieron a través de la
nación. 16Pero cuando el ángel de la muerte se
preparaba para destruir a Jerusalén, el Señor se
apiadó y le dijo que se detuviera. El ángel estaba
en el campo de Arauna el jebuseo.

17Cuando David vio al ángel, le dijo al Señor:
«Yo soy el que ha pecado. ¿Qué han hecho estas
ovejas? ¡Que tu ira se encienda solamente contra
mí y contra mi familia!»

David construye un altar

18Aquel día, Gad vino ante David y le dijo:
«Sube y edifica un altar al Señor en el campo de
Arauna el jebuseo».

19David hizo lo que el Señor le había ordenado
a través de Gad. 20Cuando Arauna vio que el rey
y sus hombres se le acercaban, les salió a su
encuentro y se postró hasta tocar el suelo con
su frente.

21—¿A qué ha venido, mi señor rey? —preguntó Arauna.

Y David le respondió:

—A comprarte el campo, para edificar un altar
al Señor, pues sólo así él detendrá la plaga.

22—Tómelo, mi señor —le dijo Arauna al
rey—. Aquí tiene bueyes para el holocausto.
Además, puede usar los instrumentos de la trilla
y los yugos de los bueyes como leña, para encender el fuego en el altar. 23Todo se lo doy, y que el
Señor acepte su sacrificio.

24Pero el rey le dijo a Arauna:

—No, no acepto el campo como regalo. Lo
compraré, porque no quiero ofrecer al Señor mi
Dios holocaustos que no me hayan costado nada.

Acto seguido, David le dio a Arauna cincuenta
monedas de plata, como pago por el campo y los
bueyes. 25Allí David edificó un altar al Señor y
ofreció holocaustos y ofrendas de paz. Y el Señor
respondió a su oración, y la plaga se detuvo.

Investiguemos
Juntos

1 REYES

¿Quién lo escribió?

El autor del libro es desconocido. Samuel es una figura que destaca en este libro, y se mencionan sus escritos en el 1 Samuel 10:25. 1 y 2 Samuel fueron llamados así por ser éste el último juez de Israel, uno de sus grandes profetas, a quien Dios utilizó para el establecimiento de la monarquía. Pero no es probable que él lo escribiera, porque también su muerte esnarradaenel 1Samuel25:1.Latradiciónjudíamenciona a los profetas Natán y Gad como dos redactores de estos libros, basados en 2 Cr. 29:29. De cualquier forma, el autor del libro presenta la perspectiva de Dios de la historia que acontece en el pueblo de Israel.

¿A quién lo escribió?

Básicamente, el libro fue escrito para los judíos que habían sufrido la invasión final de los caldeos, tanto los pocos que se habían quedado en Jerusalén, como los cautivos en Babilonia. Debe haber sido trágico saber que ellos, que eran el pueblo de Dios, habían sido conquistados por un pueblo cruel, el cual destruyó la amada Jerusalén, arrasó con el sagrado templo y los arrancó de su querida tierra prometida. "¿Qué pasó?", se preguntarían. " ¿Por qué Dios permitió esta horrible catástrofe?". Para estos judíos cautivos, aturdidos, consternados y desconcertados fue escrito este libro.

¿Cuándo y dónde lo escribió?

1 Reyes comienza más o menos donde termina 2 Samuel. La composición final de Reyes ocurrió, no en un tiempo muy placentero para el escritor y sus lectores. Los libros deben haber sido escritos durante las primeras décadas del cautiverio y unos años después de la destrucción de Jerusalén, la cual ocurrió en el año 586 a.C. Sin duda, el libro fue escrito en Jerusalén, ya que el autor tiene un conocimiento muy amplio de los eventos desastrosos que ocurrieron en esa ciudad y además lo que ocurrió con sus habitantes en los años posteriores.

Panorama del libro

Los libros de los Reyes presentan la decadencia del sistema de reyes, desde su cúspide con Salomón, pasando por la división del reino, hasta la devastación total de ambos reinos y el exilio como punto más bajo. Siempre la perspectiva desde la que se escribe es la de los profetas, quienes siguen proclamando la soberanía de Dios y la responsabilidad del pueblo de cumplir con sus obligaciones. Ambos libros narran el tumultuoso período de los reyes de Israel y Judá y cubren unos cuatrocientos años, desde la muerte de David (año 970 a.C.) hasta el cautiverio de Israel (722 a.C.) y luego el de Judá (586 a.C.). El primer libro se ocupa del ascenso de Salomón y su gloria y luego la división del reino y termina con un largo reporte del ministerio de Elías.

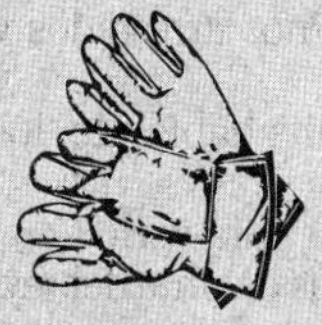

¿Cómo se relaciona con nosotros?

No es agradable repasar fracasos o vergüenzas, y la mayoría de nosotros más bien quisiéramos ocultar estos eventos. Sin embargo, muchas de las lecciones más valiosas de la vida provienen de algunas derrotas, sobre todo si sabemos comprenderlas y superarlas.

1 Reyes comienza con la frase "el rey David", mientras que la última frase de 2 Reyes es "el rey de Babilonia". Este hecho marca el terrible desastre que narran estos dos libros. 1 Reyes es el libro que puedes utilizar para recordar que los triunfos y privilegios espirituales no aseguran una victoria permanente y que, si te apartas de la voluntad del Señor, el fracaso estará a la puerta.

Lo que este libro te deja en claro es que nunca es sabio decir "ya llegué" o "ya tengo asegurada la bendición permanente de Dios en mi vida".

¿Cómo lo estudiamos?

1) Un solo reino bajo Salomón: Cuando hay buenas decisiones hay éxito integral. Caps. 1-11
2) El reino dividido: La aprobación de Dios depende de la obediencia a Él. Caps. 12-16
3) El choque de dos reinos: Elías y el reino de Dios contra Acab y el reino del hombre. Caps. 17-22.

1 REYES

1 Reyes

Adonías usurpa el trono

1 En su vejez, el rey David tenía que permanecer en cama, pues siempre tenía frío, a pesar de todas las frazadas con que se le abrigaba.

2 Por eso, sus ayudantes dijeron: «Sería bueno buscar a una joven soltera para que acompañe y cuide al rey, y se acueste a su lado para darle calor».

3,4 Ellos buscaron por todo Israel, de uno a otro extremo a fin de hallar a la muchacha más hermosa de todas. Abisag, de Sunem, fue la elegida. Así que la llevaron ante la presencia del rey, para que lo acompañara y cuidara. Pero el rey nunca tuvo relaciones sexuales con ella.

5 En aquel tiempo, Adonías hijo de David y de Jaguit, decidió coronarse rey, en lugar de su anciano padre. Consiguió carros de guerra y soldados de caballería, y reclutó a cincuenta hombres para que le sirvieran de guardia personal. 6 Su padre, el rey David, jamás lo había reprendido ni le había dado castigo alguno. Era un hombre muy apuesto, y menor que su hermano Absalón. 7 Un día convenció al general Joab hijo de Sarvia, y al sacerdote Abiatar de que lo apoyaran en su pretensión de ser rey, y ellos estuvieron de acuerdo en ayudarle a apoderarse del reino. 8 Sin embargo, no logró conseguir el apoyo del sacerdote Sadoc, ni de Benaías hijo de Joyadá, ni del profeta Natán, ni de Simí, ni de Reguí, ni de la guardia personal del rey David, pues todos ellos eran muy leales al rey.

9 Adonías fue a Enroguel, donde ofreció sacrificios de ovejas, bueyes y becerros cebados en la peña de Zojélet. Luego convocó a todos sus hermanos, los demás hijos del rey David, y a todos los funcionarios reales de Judá. 10 Pero no invitó al profeta Natán, ni a Benaías, ni a los valientes que habían peleado a lado del rey, ni a su hermano Salomón.

11 Fue por eso que el profeta Natán visitó a Betsabé, madre de Salomón, y le preguntó: «¿No te has enterado de que Adonías, el hijo de Jaguit, se ha proclamado rey, y que nuestro señor David ni siquiera lo sabe? 12 Si quieres salvar tu vida y la de tu hijo Salomón, haz lo que yo te diga. 13 Ve inmediatamente a la presencia del rey David y pregúntale: "Señor mío, ¿no prometiste que mi hijo Salomón sería el nuevo rey y que él se sentaría en tu trono? Entonces, ¿por qué Adonías está reinando?" 14 Y mientras tú estés aún hablando con él, yo entraré y confirmaré todo lo que tú le hayas dicho».

15 Entonces Betsabé entró al dormitorio del rey. David era muy anciano, razón por la cual lo cuidaba Abisag la sunamita. 16 Betsabé se inclinó delante del rey, quien le preguntó:

—¿Qué quieres?

17 Ella le respondió:

—Señor mío, usted me prometió por el Señor su Dios que mi hijo Salomón sería el próximo rey, y que se sentaría en su trono. 18 Pero ahora me entero de que Adonías es el nuevo rey, y usted ni siquiera lo sabe. 19 Él ha celebrado su coronación sacrificando bueyes, becerros y muchas ovejas, y ha invitado a todos los hijos del rey, y también al sacerdote Abiatar y al general Joab. Pero no invitó a Salomón, que ha sido un servidor muy fiel a usted. 20 Y ahora, señor mío, rey mío, todo Israel espera saber su decisión, pues todos quieren que les diga quién va a reinar después de usted. 21 Si no actúa a tiempo, entonces cuando usted muera, mi hijo Salomón y yo seremos arrestados y ejecutados como delincuentes.

22,23 Mientras ella todavía estaba hablando, los siervos del rey le dijeron:

—El profeta Natán está aquí para verlo.

Natán entró e hizo reverencias delante del rey, 24 y le preguntó:

—Señor mío, ¿ha dicho usted que Adonías será el nuevo rey? ¿Es él a quien usted ha elegido para que se siente en su trono? 25 Hoy él celebró su coronación sacrificando bueyes y becerros gordos, y ha invitado a los hijos del rey para que asistan a las festividades. Además, invitó al general Joab y al sacerdote Abiatar. Están festejando y bebiendo con él y gritando: «¡Viva el rey Adonías!» 26 Pero ni el sacerdote Sadoc, ni Benaías hijo de Joyadá, ni su hijo Salomón, que es muy fiel a usted, ni yo fuimos invitados. 27 ¿Ha sido hecho esto con su consentimiento? Porque usted no le ha dicho a este siervo suyo a cuál de sus hijos ha elegido para que lo suceda en el trono.

David proclama rey a Salomón

28 —Llamen a Betsabé —dijo David.

Entonces ella volvió a entrar y se paró delante del rey.

29 Y el rey declaró:

—Juro por el Señor, quien vive y me ha rescatado de todo peligro, 30 que tu hijo Salomón será el nuevo rey que se sentará en mi trono, tal como te lo prometí antes en el nombre del Señor, Dios de Israel.

31 Betsabé hizo una profunda reverencia delante de él nuevamente y exclamó:

—¡Gracias, señor mío! ¡Quiera el Señor que el rey viva para siempre!

32 —Llamen al sacerdote Sadoc, al profeta Natán y a Benaías hijo de Joyadá —ordenó el rey.

1.17 1.28–31

[33]Cuando ellos estuvieron presentes, les dijo:

—Lleven a Salomón y a los funcionarios de la corte a Guijón. Salomón cabalgará en mi propia mula, [34]y el sacerdote Sadoc y el profeta Natán lo ungirán allí como rey de Israel. Luego hagan sonar las trompetas y aclamen: «¡Viva el rey Salomón!» [35]Cuando ustedes lo traigan de regreso, siéntenlo en mi trono como el nuevo rey. Porque yo lo he designado a él como rey de Israel y Judá.

[36]—¡Amén! Alabado sea Dios —contestó Benaías—. [37]Quiera el SEÑOR estar con Salomón como ha estado con usted, y quiera Dios que el reino de Salomón sea aún más grande que el del rey.

[38]Entonces el sacerdote Sadoc, el profeta Natán, Benaías y la guardia personal de David llevaron a Salomón a Guijón, cabalgando sobre la mula de David. [39]En Guijón, Sadoc tomó el cuerno de aceite sagrado del santuario y lo derramó sobre Salomón. Luego hicieron sonar las trompetas, y todo el pueblo aclamó: «¡Viva el rey Salomón!»

[40]Todos regresaron con Salomón a Jerusalén, celebrando gozosamente y con mucho alboroto. [41]Cuando Adonías y sus invitados estaban terminando su banquete, oyeron la conmoción y los gritos.

—¿Qué es lo que pasa? —preguntó Joab—. ¿Por qué hay tanto alboroto en la ciudad?

[42]Y mientras aún hablaba, Jonatán, el hijo del sacerdote Abiatar, llegó corriendo.

—¡Pasa! —le dijo Adonías—. Tú eres un buen hombre, y debes tener buenas noticias.

[43]—Nuestro señor, el rey David, ha proclamado como rey a Salomón —gritó Jonatán—. [44,45]El rey lo envió a Guijón con el sacerdote Sadoc, el profeta Natán y Benaías, protegido por la misma guardia personal del rey. Salomón cabalgaba en la mula del rey. Sadoc y Natán lo han ungido como nuevo rey. Acaban de regresar, y toda la ciudad está celebrando y regocijándose por el hecho. A eso se debe todo este alboroto. [46,47]Salomón está sentado en el trono, y todo el pueblo está felicitando al rey David y diciéndole: "¡Que Dios te bendiga aún más a través de Salomón, de lo que te ha bendecido personalmente! ¡Que Dios haga el reino de Salomón aún más grande que el del rey!" Y David se inclinó en su cama [48]y exclamó: "¡Bendito sea el SEÑOR, Dios de Israel, que ha elegido a uno de mis hijos para sentarse en mi trono, mientras aún estoy vivo para verlo!"

[49,50]Entonces Adonías y sus invitados se levantaron y huyeron aterrorizados. Sentían temor de perder la vida. Adonías entró corriendo en el santuario y se agarró de los cuernos del altar. [51]Alguien fue y le dijo a Salomón:

—Adonías tiene mucho miedo y se ha refugiado en el santuario pidiendo clemencia, y ha dicho: "¡Quiero que el rey Salomón me jure hoy mismo, que no me mandará a matar!"

[52]Entonces Salomón dijo:

—Si se comporta debidamente, no sufrirá ningún daño, pero si no, morirá.

[53]Entonces el rey Salomón lo hizo llamar, y ellos lo sacaron del altar y lo llevaron ante él. Adonías llegó y se inclinó delante del rey, y entonces Salomón le ordenó que se fuera a su casa.

Últimas instrucciones de David

2 A medida que se acercaba el tiempo de su muerte, el rey David hizo estos encargos a su hijo Salomón: [2]«Yo voy a donde cada hombre, que pisa la tierra, debe ir algún día. Confío en que serás un sucesor poderoso y digno. [3]Obedece las leyes de Dios y sigue todos sus caminos; guarda cada uno de los mandamientos escritos en la ley de Moisés, para que prosperes en todo lo que hagas y en todo lo que emprendas. [4]Si haces esto, el SEÑOR cumplirá la promesa que me dio, que si mi hijo y sus descendientes observaban sus caminos y le eran fieles, uno de ellos sería siempre rey sobre Israel, y mi dinastía jamás tendría fin.

[5]»Escucha mis instrucciones. Tú sabes que Joab hijo de Sarvia mató a mis dos generales, a Abner hijo de Ner y a Amasá hijo de Jéter. Él hizo que pareciera un acto de guerra, pero fue hecho en tiempo de paz. Al hacer eso, no sólo se manchó él de sangre, sino que también me hizo a mí culpable. [6]Tú eres un hombre sabio y sabrás qué hacer. Te aconsejo que no le permitas vivir mucho tiempo, y que no dejes que muera en paz. [7]Sin embargo, muéstrate misericordioso con los hijos de Barzilay el galaadita. Hazlos tus huéspedes permanentes, porque ellos me cuidaron cuando huía de tu hermano Absalón.

[8]»¿Te acuerdas de Simí hijo de Guerá, el benjaminita de Bajurín? Él me maldijo con terrible maldición el día que yo iba a Majanayin. Pero cuando volvió ante mi presencia junto al río Jordán, prometí no matarlo. [9]Sin embargo, tú no tienes por qué seguirlo perdonando; eres inteligente y sabrás que no lo puedes dejar con vida. Aunque ya es un viejo, procura que su muerte sea violenta».

[10]David murió, y fue sepultado en Jerusalén. [11]Había reinado sobre Israel cuarenta años, siete en Hebrón y treinta y tres en Jerusalén. [12]Salomón fue el nuevo rey, en lugar de David su padre, y su reino prosperó.

Salomón consolida el reino

[13]Un día, Adonías, el hijo de Jaguit, fue a ver a Betsabé, la madre de Salomón.

2.2–4

—¿Has venido con buenas intenciones? —le preguntó ella.

— Sí —le contestó—, he venido en son de paz. 14En realidad, he venido a pedirte un favor.

—¿De qué se trata? —preguntó ella.

15—Todo iba bien para mí —dijo—, y el reino era mío; todos esperaban que yo fuera el nuevo rey. Pero los papeles cambiaron, y todo pasó a manos de mi hermano, porque de esa manera lo quería el Señor. 16Pero ahora tengo que pedirte un pequeño favor; te suplico que no me lo niegues.

—¿De que se trata? —preguntó ella.

17Él respondió:

—Habla al rey Salomón en favor mío, porque yo sé que él hará cualquier cosa que le pidas, y dile que me dé por esposa a Abisag la sunamita.

18—Muy bien —respondió Betsabé—, se lo pediré.

19Ella fue a pedirle el favor al rey Salomón. El rey se puso de pie cuando ella entró y le hizo una reverencia. Ordenó que junto a su trono se colocara una silla para su madre. Y ella se sentó a su lado derecho.

20—Tengo una petición que presentarte —dijo ella—. Espero que no me la niegues.

—¿De qué se trata, madre mía? —le preguntó—. Tú sabes que no te la negaré.

21—Permite que tu hermano Adonías se case con Abisag —respondió ella.

22—¿Te das cuenta de lo que pides? —dijo él—. Si yo le diera a Abisag, también le estaría dando el reino. Él es mi hermano mayor, y cuenta con el apoyo del sacerdote Abiatar y de Joab hijo de Sarvia.

23,24Entonces el rey Salomón hizo un gran juramento: «¡Que Dios me mate si Adonías no muere este mismo día, por haber hecho estos planes contra mí! ¡Lo juro por el Dios vivo, que me ha dado el trono de mi padre y este reino que él me prometió!»

25Salomón ordenó a Benaías hijo de Joyadá que fuera y matara a Adonías. Y Benaías cumplió la orden del rey.

26En cuanto al sacerdote Abiatar, el rey le dijo: «Regresa a tu hogar en Anatot. También deberías morir, pero no lo haré ahora. Tú transportaste el cofre del Señor durante el reinado de mi padre, y sufriste con él todas las persecuciones».

27Así que Salomón obligó a Abiatar a renunciar a su puesto de sacerdote del Señor. De esa manera se cumplió lo establecido por el Señor en Siló acerca de los descendientes de Elí.

28Cuando Joab se enteró de la muerte de Adonías, corrió al santuario en busca de refugio y se aferró a los cuernos del altar. Joab había apoyado la revuelta de Adonías, aunque no la de Absalón. 29Cuando el rey Salomón se enteró de que Joab había entrado al santuario, y que se hallaba junto al altar, envió a Benaías para que lo ejecutara.

30Benaías entró en el Santuario y le dijo a Joab:

—El rey te ordena que salgas.

—No saldré —dijo Joab—. ¡Aquí moriré!

Entonces Benaías volvió a consultar al rey.

31—¡Haz lo que él dice! —respondió el rey—. Ve y mátalo ahí mismo, y sepúltalo. De este modo, tanto yo como la casa de mi padre quedaremos libres de culpa por los asesinatos que, sin ninguna razón, él cometió. 32Entonces el Señor lo tendrá a él por responsable personal del asesinato de dos hombres que eran mejores que él. Porque mi padre no tuvo parte en la muerte del general Abner, jefe del ejército de Israel, ni en la del general Amasá, jefe del ejército de Judá. 33Que Joab y sus descendientes por siempre lleven la culpa de estos crímenes, y quiera el Señor declarar inocentes de estas muertes a David y a sus descendientes.

34Benaías regresó, pues, al santuario y mató a Joab. Y éste fue sepultado junto a su casa, en el desierto.

35Entonces el rey designó a Benaías como jefe del ejército, y a Sadoc como sacerdote, en lugar de Abiatar.

36,37Después el rey mandó a buscar a Simí, y le dijo:

—Edifícate una casa en Jerusalén, y no salgas de la ciudad por ningún motivo. En el momento en que salgas y pases el arroyo de Cedrón, morirás, y toda la culpa será tuya.

38—De acuerdo —respondió Simí—, haré lo que tú digas.

Y Simí se quedó viviendo en Jerusalén. 39Pero tres años después, dos esclavos de Simí se escaparon y fueron a refugiarse en Gat, donde reinaba Aquis hijo de Macá. Cuando Simí lo supo, 40aparejó un burro y se dirigió a Gat, para visitar al rey. Cuando encontró a sus esclavos, volvió con ellos a Jerusalén.

41Cuando Salomón supo que Simí había salido de Jerusalén y había hecho un viaje de ida y vuelta a Gat, 42lo mandó a llamar y le preguntó:

—¿No te ordené, en el nombre de Dios, que permanecieras en Jerusalén, o morirías? Tú respondiste: "Muy bien, haré como tú dices". 43Entonces, ¿por qué no has respetado el acuerdo a que llegamos? ¿Por qué no obedeciste mi orden? 44Y, ¿qué de aquellos males que le causaste a mi padre, el rey David? ¡Que el Señor te castigue por tu maldad, 45mientras que a mí me dé sus ricas bendiciones, y que en este trono se siente siempre un descendiente de David!

46Entonces, a una orden del rey, Benaías agarró a Simí, lo sacó y lo mató. De este modo el reino se afirmó en manos de Salomón.

Salomón pide sabiduría

3 Salomón emparentó con el faraón, rey de Egipto, tomando por mujer a su hija. Y la llevó a Jerusalén para que viviera en la ciudad de David hasta que él pudiera terminar la edificación de su palacio, del templo del Señor y del muro alrededor de la ciudad.

2En aquel tiempo, el pueblo de Israel ofrecía sus sacrificios y ofrendas en altares sobre las colinas, porque el templo del Señor aún no había sido edificado.

3A pesar de que Salomón amaba al Señor y obedecía todas las instrucciones de su padre David, seguía acudiendo a los pequeños santuarios, que estaban en las colinas, a ofrecer sacrificios y quemar incienso. 4El más famoso de estos altares sobre una colina era el que estaba en Gabaón, y el rey fue allí y ofreció mil holocaustos. 5Esa noche, el Señor se le apareció en un sueño, y le dijo:

—Pídeme lo que quieras, que yo te lo daré.

6Salomón le respondió:

—Fuiste muy misericordioso con mi padre David, porque él era honesto, veraz y fiel a ti, y obedecía tus mandamientos. Y has continuado mostrándole tu misericordia, al haberle dado un hijo que se sentara en su trono.

7»Señor, Dios mío, ahora tú me has hecho rey en lugar de David, mi padre, pero soy como un niño que no conoce el camino que ha de seguir. 8Y aquí estoy entre tu pueblo escogido, un pueblo tan numeroso que es imposible contarlo. 9Dame sabiduría, para poder gobernar bien a tu pueblo y para tener un buen discernimiento de lo que es bueno o es malo. Porque, ¿quién con su propia capacidad puede cargar con una responsabilidad tan grande?

10El Señor miró con agrado esta petición, y se alegró de que Salomón hubiera pedido sabiduría. 11Por eso le respondió:

—Por cuanto has pedido sabiduría para gobernar a mi pueblo, y no has pedido una larga vida ni riquezas para ti, ni has pedido derrotar a tus enemigos, 12yo te daré lo que has pedido. Te daré una sabiduría como la que nadie ha tenido antes ni tendrá después. 13Y también te daré lo que no has pedido, esto es, riquezas y honor. Nadie en el mundo será tan rico y famoso como lo serás tú por el resto de tu vida. 14Y, si te mantienes en mi voluntad y obedeces mis mandamientos, como lo hizo tu padre David, entonces te permitiré vivir muchos años.

15Entonces Salomón despertó y comprendió que había tenido una visión en sueños. Regresó a Jerusalén y entró en el santuario. Y mientras estaba delante del cofre del pacto del Señor, ofreció holocaustos y ofrendas de paz. Luego invitó a todos sus siervos a un gran banquete.

Un gobernante sabio

16Poco después, dos prostitutas vinieron ante el rey a pedirle que pusiera fin a una disputa que había entre ellas.

17,18—Señor —comenzó a hablar una de ellas—, nosotras dos vivimos en la misma casa. Yo tuve un hijo, estando esta mujer conmigo. A los tres días, ella también tuvo un hijo. 19Pero el niño de ella murió durante la noche, porque, dormida, se acostó sobre él y lo aplastó. 20Luego ella se levantó en la noche y tomó a mi hijo mientras yo dormía, y puso su hijo muerto en mis brazos, y el mío lo llevó a dormir con ella. 21En la mañana, cuando quise darle de mamar a mi hijo, descubrí que estaba muerto. Pero cuando hubo suficiente luz, lo observé bien y me di cuenta de que no era mi hijo.

22La otra mujer interrumpió:

—Ese sí era el hijo de ella. El niño vivo es el mío.

—No —dijo la primera mujer—, el muerto es tuyo y el que está vivo es el mío.

Y de esta manera discutieron delante del rey.

23Entonces el rey dijo:

—Aclaremos las cosas: Ambas quieren el niño vivo, y cada una dice que el niño muerto pertenece a la otra.

24Entonces el rey ordenó que le llevaran una espada. Cuando le entregaron la espada, el rey dijo:

25—Partan en dos al niño vivo, y denle una mitad a cada una de estas mujeres.

26Entonces la mujer que realmente era la madre del hijo, y que lo amaba mucho, gritó:

—No, señor. Mejor déle el niño a esa mujer, pero no lo mate.

Pero la otra mujer dijo:

—Bien, de esta manera no será tuyo ni mío; que lo dividan entre nosotras. 27Entonces el rey dijo:

—Denle el niño a la mujer que lo quiere vivo, porque ella es su madre.

28Pronto se difundió este suceso y la sabia decisión del rey por toda la nación, y todo el pueblo estaba asombrado, porque comprendieron la gran sabiduría que Dios le había dado al rey para hacer justicia.

Administración del reino

4 Salomón reinó sobre todo Israel. 2-6Esta es la lista de los miembros del gobierno del rey Salomón:

Azarías, hijo del sacerdote Sadoc;
Elijoref y Ahías, hijos de Sisá, secretarios;

3.11–14 3.25–28

Josafat hijo de Ajilud, cronista y encargado de los archivos;

Benaías hijo de Joyadá, jefe del ejército;

Sadoc y Abiatar, sacerdotes;

Azarías hijo de Natán, a cargo de los gobernadores;

Zabud hijo de Natán era sacerdote y consejero personal del rey;

Ajisar, mayordomo del palacio;

Adonirán hijo de Abdá, superintendente de obras públicas.

7 Además, hubo doce funcionarios en la corte de Salomón, uno por cada tribu, que tenían la responsabilidad de abastecer de provisiones la casa del rey. Cada uno de ellos se ocupaba de las provisiones de uno de los meses del año.

8-19 Los nombres de estos doce oficiales eran:

Ben Jur, que tenía a su cargo la región montañosa de Efraín;

Ben Decar, cuya zona era Macaz, Salbín, Bet Semes, y Elón Bet Janán;

Ben Jésed, cuya zona era Arubot, incluyendo Soco y toda la tierra de Héfer;

Ben Abinadab (que se casó con la hija de Salomón, la princesa Tafat), cuya área eran los territorios de Dor;

Baná hijo de Ajilud, cuya área estaba compuesta por Tanac y Meguido, toda Betseán, que está cerca de Saretán, más abajo de Jezrel, y todo el territorio desde Betseán hasta Abel Mejolá, y hasta más allá de Jocmeán;

Ben Guéber, cuya zona era Ramot de Galaad, incluyendo los pueblos de Yaír hijo de Manasés, en Galaad; y en la región de Argob, en Basán, incluyendo sesenta ciudades amuralladas, con puertas de bronce;

Ajinadab hijo de Idó, cuyo territorio era Majanayin;

Ajimaz (que se casó con Basemat, otra de las hijas de Salomón) tenía a su cargo el área de Neftalí;

Baná hijo de Husay, cuyas zonas eran Aser y Alot;

Josafat hijo de Parúaj, que tenía a su cargo Isacar;

Simí hijo de Elá, cuya área era Benjamín;

Guéber hijo de Uri, cuya área era Galaad, incluyendo los territorios de Sijón, rey de los amorreos, y de Og, rey de Basán.

Un intendente estaba a cargo de la supervisión en aquella tierra.

Prosperidad de Salomón

20 En ese tiempo, los pueblos de Israel y Judá eran tan numerosos, como la arena del mar, que no se puede contar. Además, tenían comida y bebidas en abundancia, y todos vivían muy felices.

21 El rey Salomón gobernó toda la región que se extiende desde el río Éufrates hasta la tierra de los filisteos, y hasta las fronteras con Egipto. Los pueblos de esas tierras pagaban sus tributos a Salomón y continuaron sirviéndole a través de toda su vida.

22 Las provisiones diarias para el palacio eran seis mil seiscientos kilos de harina fina, trece mil doscientos kilos de harina integral, 23 diez bueyes gordos, veinte bueyes de pasto, cien ovejas, sin contar los ciervos, gacelas, corzos y aves gordas que de vez en cuando se consumían.

24 Sus dominios se extendieron sobre todos los reinos que están al occidente del río Éufrates, desde Tifsa hasta Gaza. Y hubo paz en toda la tierra. 25 Durante la vida de Salomón, todo Israel vivió en paz y seguridad; cada familia tenía su casa y su huerto.

26 Salomón tenía cuarenta mil caballos para sus carros y empleaba doce mil jinetes. 27 Cada mes los funcionarios proporcionaban los alimentos para Salomón y para su corte; 28 también traían cebada y paja para los caballos que el rey tenía en los establos.

La sabiduría de Salomón

29 Dios le dio a Salomón sabiduría, entendimiento y una mente llena de muchísimos conocimientos, tantos como la arena del mar. 30 En efecto, su sabiduría superó la de cualquier sabio del oriente, incluyendo a los de Egipto. 31 Era más sabio que Etán el ezraíta, y que Hemán, Calcol y Dardá, los hijos de Majol; y fue conocido en todas las naciones de alrededor.

32 Escribió tres mil proverbios y mil cinco canciones. 33 Fue un gran naturalista que estudió los animales, las aves, los reptiles, los peces y los árboles, desde los grandes cedros del Líbano hasta el minúsculo hisopo que crece en las grietas de las paredes. 34 De todos los pueblos llegaba gente a escuchar la sabiduría de Salomón. Y los reyes que tenían noticias de su sabiduría enviaban mensajeros para solicitar su consejo.

Preparativos para la construcción del templo

5 El rey Hiram, de Tiro, siempre había sido un gran admirador de David, de modo que cuando supo que el rey Salomón, hijo de David, reinaba en Israel, envió embajadores para felicitarlo y desearle un buen reinado. 2-3 Salomón aprovechó la ocasión y le envió este mensaje a Hiram: «Tú sabes que mi padre no pudo construir un templo en el que se pudiera adorar al SEÑOR su Dios, debido a las numerosas guerras que tuvo que librar. Siempre estuvo esperando

4.30

el momento en que el Señor le permitiera vencer a todos sus enemigos. 4Y ahora, el Señor mi Dios ha dado paz a Israel en todo lugar; no tengo enemigos ni quien me quiera hacer daño. 5Por eso, pienso edificar un templo para el Señor mi Dios, en conformidad a la promesa que le hizo a mi padre de que yo lo edificaría. Porque el Señor le dijo: "Tu hijo, a quien pondré en tu lugar en el trono, me edificará un templo".

6»Ahora te ruego que me ayudes en este proyecto. Envía tus hombres a las montañas del Líbano para que preparen madera de cedro para mí. Yo enviaré hombres para que trabajen junto con ellos, y pagaré a tus hombres lo que tú indiques; porque, como tú sabes, no hay en Israel quien sepa cortar la madera como lo hacen los sidonios».

7Cuando Hiram recibió el mensaje de Salomón, se sintió muy complacido, y dijo: «Alabado sea el Señor, por haberle dado a David un hijo sabio para que sea rey de la gran nación de Israel».

8Entonces envió su respuesta a Salomón:

«He recibido tu mensaje, y haré lo que me has pedido acerca de la madera. Puedo proporcionarte madera de cedro y de pino. 9Mis hombres llevarán los troncos hasta el mar y con ellos formarán balsas. Las haremos navegar a lo largo de la costa hasta el lugar en donde tú la necesites; entonces desarmaremos las balsas y te entregaremos la madera. Tú puedes pagarme con alimento para mi casa».

10Entonces Hiram proporcionó a Salomón toda la madera de cedro y de pino que él quiso. 11Por su parte, Salomón le envió en pago anual veinte mil cargas de trigo para su familia y veinte mil medidas de aceite de oliva. 12El Señor, pues, dio a Salomón gran sabiduría como le había prometido. Hiram y Salomón hicieron un pacto formal de paz.

13Entonces Salomón reclutó a treinta mil trabajadores de todo Israel, 14y los hizo trabajar por turno en el Líbano, diez mil cada mes, de modo que cada hombre estaba un mes en el Líbano y dos meses en su casa. Adonirán era el supervisor general de este trabajo. 15Salomón también tenía setenta mil cargadores, ochenta mil canteros que trabajaban en las montañas, 16y tres mil trescientos capataces. 17Los canteros cortaban y daban forma a los bloques de piedra para los cimientos del templo. Las piedras que se usaban para esto eran muy costosas. 18Los hombres de Guebal ayudaron a los constructores de Salomón y de Hiram, cortando y trabajando la madera, y labrando las piedras para el templo.

Salomón construye el templo

6 En el mes de zif, es decir, el segundo mes del cuarto año del reinado de Salomón se comenzó la edificación del templo del Señor. (Habían transcurrido cuatrocientos ochenta años desde que el pueblo de Israel había salido de la esclavitud en Egipto.) 2El templo del Señor tenía veintisiete metros de largo, nueve de ancho, y trece y medio de alto. 3A lo largo del frente había un pórtico de nueve metros de largo, y cuatro metros y medio de ancho. 4Llevaba ventanas estrechas en todo su contorno.

5A lo largo de los muros, a ambos costados del templo, se construyeron salas anexas. 6Estas salas tenían tres pisos de alto, siendo el piso bajo de dos metros con veinticinco centímetros de ancho; el segundo piso medía dos metros con setenta centímetros de ancho, y el piso superior era de tres metros con quince centímetros de ancho. Las medidas de la parte exterior del templo habían sido reducidas, para que las vigas que sostenían las salas no descansaran sobre las paredes.

7Las piedras usadas en la construcción del templo eran completamente labradas en la cantera, de modo que toda la estructura fue edificada sin que se oyera sonido de martillo, de hacha o de otra herramienta en el lugar de la edificación.

8La entrada a la sala contigua del templo estaba en el costado derecho de la misma, y por medio de escaleras en forma de caracol se podía subir al segundo piso; un segundo tramo de escaleras servía para subir hasta el tercer piso. 9Después de acabado el templo, Salomón la hizo cubrir con vigas y tablones de cedro. 10Como ya se ha dicho, había un anexo a cada lado del edificio, unido a las paredes del templo por medio de vigas de cedro. Cada piso del anexo tenía dos metros con veinticinco centímetros de alto.

11-12Entonces el Señor envió este mensaje a Salomón: «Si haces lo que yo te diga, y sigues todos mis mandamientos e instrucciones, cumpliré lo que le prometí a David, tu padre. 13Viviré en medio del pueblo de Israel y jamás lo abandonaré».

14Finalmente, el templo quedó construido. 15Todo el interior, desde el piso hasta el techo, fue recubierto con cedro, y los pisos fueron hechos de tablas de pino. 16El Lugar Santísimo, que estaba al fondo del templo, y medía nueve metros, también fue recubierto de madera de cedro, desde el piso hasta el techo. 17La parte que estaba frente al Lugar Santísimo era el Lugar Santo, y medía dieciocho metros de largo.

18El templo estaba cubierta de cedro por dentro, y la madera estaba tallada con diseños de flores abiertas y en botón, de modo que no se veía ni una sola piedra.

19El cofre del pacto del SEÑOR estaba en la sala interior, es decir, en el Lugar Santísimo. 20Este santuario interior tenía nueve metros de largo, nueve de ancho y nueve de alto. Sus muros y el techo estaban recubiertos con oro puro. El altar de madera de cedro, que estaba frente al Lugar Santísimo, también fue recubierto de oro. 21,22Salomón hizo recubrir de oro puro el interior del resto del templo del SEÑOR, incluyendo el altar de cedro. E hizo cadenas de oro para proteger la entrada al Lugar Santísimo.

23-28Dentro del santuario interior, Salomón colocó dos querubines de madera de olivo, cada uno de cuatro metros y medio de alto. Fueron colocados de modo que sus alas extendidas llegaban de pared a pared y se tocaban entre sí al centro de la sala; cada ala tenía dos metros y veinticinco centímetros, de modo que cada querubín medía cuatro metros y medio de ala a ala. Los dos eran idénticos en todas sus dimensiones, y cada uno fue recubierto de oro.

29En todas las paredes del templo fueron talladas figuras de querubines, palmeras y flores abiertas, y el piso de ambas salas fue cubierto de oro.

30,31La entrada al santuario interior tenía postes que, con el dintel, formaban cinco lados y ángulos, 32y sus dos puertas de madera de olivo fueron talladas con querubines, palmeras y flores abiertas, todo recubierto de oro.

33Luego hizo postes cuadrados de madera de olivo para la entrada. 34Había dos puertas plegables de madera de pino, y cada puerta tenía bisagras, de modo que podía girar sobre sí misma. 35Estas puertas fueron talladas con querubines, palmeras y flores abiertas, y fueron cuidadosamente recubiertas con oro.

36El muro del patio interior tenía tres hileras de piedra labrada y una hilera de vigas de cedro. 37Los cimientos del templo del SEÑOR se echaron en el mes de zif, en el cuarto año del reinado de Salomón, 38y todo el edificio se terminó de construir, conforme a los planos, en el mes de bul, que es el mes octavo, del año undécimo de su reinado. Tardaron, pues, siete años en edificarlo.

Salomón construye su palacio

7 Luego Salomón edificó su propia casa. La construcción tardó trece años. 2Construyó la casa llamada «Bosque del Líbano». Era grande y tenía cuarenta y cinco metros de largo, veintidós metros y medio de ancho, y trece metros y medio de alto. Las grandes vigas de cedro del techo descansaban sobre cuatro hileras de columnas de cedro. 3,4En la sala había cuarenta y cinco ventanas colocadas en tres hileras, una sobre la otra, cinco por hilera, en cada una de las tres paredes. 5Cada una de las puertas y ventanas tenía un marco cuadrado.

6Además, construyó la Sala de los Pilares. Tenía veintidós metros y medio de largo por trece metros y medio de ancho. Tenía un pórtico en el centro, cubierto por un enrejado sostenido por columnas.

7También estaba la Sala del Trono o Sala del Juicio, donde Salomón se sentaba a escuchar asuntos legales. Estaba cubierta con madera de cedro, desde el piso hasta el techo.

8Sus propias habitaciones, cubiertas de madera de cedro, rodeaban un patio que estaba tras esta sala. Diseñó habitaciones similares, del mismo tamaño, para el palacio que edificó para la hija del faraón, una de sus esposas. 9Estos edificios fueron construidos por completo con costosas y enormes piedras cortadas a medida. 10Las piedras de los cimientos medían entre tres metros y medio, y cuatro metros y medio. Todas esas piedras eran costosas y de buena calidad. 11Las grandes piedras de las paredes también fueron cortadas a la medida; y en la parte superior llevaban vigas de cedro. 12El gran atrio tenía tres hileras de piedra labrada en sus paredes, en cuya parte superior pusieron vigas de cedro, de la misma manera que en el atrio interior del templo del SEÑOR y en el pórtico de la casa real.

Mobiliario del templo

13El rey Salomón entonces hizo traer de Tiro a un hombre llamado Hiram, quien era un artesano muy capacitado para trabajos en bronce. 14Era medio judío, pues era hijo de una viuda de la tribu de Neftalí, y su padre había sido fundidor en Tiro. Así que vino a trabajar para el rey Salomón.

15Hizo dos columnas huecas de bronce, cada una de ocho metros de alto y cinco metros y medio de circunferencia. 16-22En la parte superior de las columnas hizo dos capiteles de bronce fundido, cada uno de dos metros y veinticinco centímetros de alto. Cada capitel estaba decorado con siete juegos de bronce trenzado a manera de red y con cuatrocientas granadas dispuestas en dos filas. Los capiteles tenían la forma de lirios. Hiram puso estos pilares a la entrada. El del lado sur fue llamado Jaquín, y el del lado norte Boaz.

23Asimismo hizo una fuente de bronce, de forma circular, que medía dos metros con veinticinco centímetros de alto; de un borde al otro había cuatro metros y medio, y su circunferencia era de trece metros y medio. 24Por debajo del borde había dos hileras de adornos. Estos adornos estaban dispuestos de diez en diez cada cincuenta centímetros, y formaban una sola pieza con la fuente.

25La fuente descansaba sobre doce bueyes de bronce, que estaban parados con las ancas al centro, tres miraban al norte, tres hacia el occidente, tres hacia el sur, y tres hacia el oriente. [26]Las paredes de la fuente tenían ocho centímetros de espesor. El borde era en forma de cáliz; en la fuente cabían unos cuarenta y cuatro mil litros de agua.

[27-30]Entonces hizo diez bases móviles de cuatro ruedas, cada una de un metro con ochenta centímetros de largo y de ancho, por un metro y treinta y cinco centímetros de alto. Estaban construidas con soportes y marcos cuadrados. Estos soportes estaban decorados con relieves de leones, bueyes y querubines. Encima y debajo de los leones y bueyes había decorados de guirnaldas. Cada una de estas bases transportables tenía cuatro ruedas de bronce, con ejes de bronce. Estas bases eran sostenidas en cada esquina por soportes de bronce, decoradas con guirnaldas en cada costado. [31]En la parte superior de cada base había una pieza redonda de cuarenta y cinco centímetros de alto. Su centro era cóncavo, y se apoyaba sobre una base de sesenta y siete centímetros de alto, decorado en su parte exterior con guirnaldas. Sus paneles no eran redondos, sino cuadrados.

[32]Las bases rodaban sobre cuatro ruedas que estaban conectadas a ejes que habían sido fundidos como parte de las mismas. Las ruedas tenían unos sesenta y siete centímetros de altura, [33]y parecían ruedas de carro. Todas las partes de las bases fueron hechas de bronce fundido, incluyendo los ejes, los radios, los cubos y los cinchos. [34]En cada una de las cuatro esquinas de las bases había soportes, los cuales también fueron fundidos en una sola pieza con las bases. [35]La parte superior de la base estaba rodeada por una banda de veintidós centímetros de altura, apoyada con paneles. Todo estaba fundido de una sola pieza con la base. [36]En los bordes de la banda, había relieves de querubines, leones y palmeras, rodeados por guirnaldas. [37]Las diez bases eran del mismo tamaño y tenían la misma forma, porque todas fueron fundidas con el mismo molde.

[38]También Hiram hizo diez lavamanos de bronce, y los colocó sobre las bases. Cada lavamanos tenía un metro con ochenta centímetros, y una capacidad de ochocientos ochenta litros de agua. [39]Cinco de estos lavamanos fueron colocados a la izquierda, y cinco a la derecha de la sala. La fuente de bronce estaba en la esquina sudeste, en el costado derecho de la sala. [40]Hiram hizo además, las calderas, tenazas y cuencos que eran necesarios, y al fin completó la obra del templo del Señor, que le había sido asignada por el rey Salomón.

[41-46]Esta es una lista de las cosas que él hizo:

Dos columnas;

un capitel para la parte superior de cada columna;

las redes que cubrían las bases de los capiteles de cada columna;

cuatrocientas granadas dispuestas en dos hileras sobre la red, para cubrir las bases de los dos capiteles;

diez bases movibles, cada una con un lavamanos;

una gran fuente y doce bueyes para sostenerla;

calderos, paletas y cuencos.

Todo esto fue hecho de bronce pulido, y los fundieron en las llanuras del río Jordán, entre Sucot y Saretán. [47]Salomón no hizo pesar los utensilios de bronce hechos por Hiram, pues eran muchísimos.

[48]Todos los utensilios y enseres usados en el templo del Señor fueron hechos de oro macizo. Esto incluía el altar, la mesa de los panes de la proposición, [49]los candelabros (cinco a la derecha y cinco a la izquierda frente al Lugar Santísimo), las flores, las lámparas, las tenazas, [50]los cántaros, las despabiladeras, las tazas, las cucharillas, los incensarios, los quiciales de las puertas del Lugar Santísimo, y de la entrada principal del templo. Todo esto fue hecho de oro macizo.

[51]Cuando finalmente se acabó la construcción del templo del Señor, Salomón llevó a la tesorería del templo del Señor el oro, la plata y todos los utensilios que David, su padre, había dedicado para ese propósito.

Traslado del cofre al templo

8 Luego Salomón convocó en Jerusalén a todos los ancianos de Israel, los jefes de las tribus y clanes para que presenciaran el acto del traslado del cofre del pacto del Señor desde el santuario en Sión, la ciudad de David. [2]Esta celebración ocurrió en la fiesta de las Enramadas, en el mes de etanim, que es el mes séptimo. [3-4]Durante la festividad, los sacerdotes, en presencia de todos los ancianos de Israel, llevaron el cofre, junto con todos los utensilios sagrados que anteriormente habían estado en el santuario. [5]El rey Salomón y toda la gente se reunieron ante el cofre y sacrificaron una cantidad incontable de ovejas y bueyes.

[6]Entonces los sacerdotes llevaron el cofre y lo introdujeron en el santuario interior del templo, es decir, en el Lugar Santísimo, y lo colocaron debajo de las alas de los querubines. [7]Los querubines habían sido construidos de tal manera que sus alas se extendían por sobre el punto en que se colocaría el cofre; así que ahora sus alas cubrían el cofre y las varas que servían para trasladarlo. [8]Las varas eran tan largas que sus puntas podían verse desde el Lugar Santo, que se hallaba frente al Lugar Santísimo, pero no se podían ver desde

fuera. Y ahí están hasta hoy. 9Nada había en el cofre en aquel tiempo, salvo las dos tablas de piedra que Moisés había colocado allí en el monte Horeb, cuando el SEÑOR hizo su pacto con el pueblo de Israel después que salieron de Egipto.

10Y cuando los sacerdotes salieron del Lugar Santo, una nube brillante llenó el templo del SEÑOR. 11Debido a la nube, los sacerdotes no pudieron quedarse para celebrar el culto, pues la gloria del SEÑOR llenaba todo el templo.

12,13Entonces el rey Salomón oró diciendo: «SEÑOR, tú dijiste que vivirías en la oscuridad más densa; pero, SEÑOR, yo te he edificado esta hermosa casa, para que vivas en ella para siempre».

14Entonces el rey se dio vuelta y, mirando al pueblo que estaba parado delante de él, lo bendijo, diciendo: 15«Bendito sea el SEÑOR, Dios de Israel, que ha cumplido hoy lo que prometió a mi padre David. 16Porque le dijo: "Cuando saqué a mi pueblo de Egipto, no escogí ninguna ciudad de las tribus de Israel para que allí se me construyera una casa, pero elegí a un hombre para que gobernara a mi pueblo". 17Este hombre fue mi padre David. Él quería edificar una casa para el SEÑOR, Dios de Israel, 18pero el SEÑOR no se lo permitió. El SEÑOR le dijo: "Me complace que quieras construirme una casa, pero 19no serás tú quien lo haga, sino tu hijo". 20Y ahora el SEÑOR ha cumplido su palabra, porque he sucedido a mi padre como rey de Israel, y ya he edificado el templo del SEÑOR, Dios de Israel. 21He preparado un lugar allí para el cofre que contiene el pacto hecho por el SEÑOR con nuestros padres, cuando los sacó de Egipto».

Oración de Salomón

22,23Mientras todo el pueblo observaba, Salomón se paró delante del altar del SEÑOR con las manos extendidas hacia el cielo y dijo: «SEÑOR, Dios de Israel, no hay Dios como tú en el cielo ni en la tierra, porque tú eres amoroso y misericordioso, y guardas las promesas hechas a tu pueblo, si hace tu voluntad. 24Hoy tú has cumplido la promesa hecha a mi padre David, que era tu siervo.

25»Ahora, SEÑOR, Dios de Israel, cumple la otra promesa hecha a él, cuando le dijiste: "Si tus descendientes andan en todos mis caminos y hacen mi voluntad, jamás dejará de sentarse uno de ellos en el trono de Israel". 26Sí, Dios de Israel, cumple esta promesa también.

27»Pero, ¿es posible que Dios pueda vivir en la tierra? Si los cielos, los cielos de los cielos, no te pueden contener, mucho menos este templo que yo he edificado. 28Sin embargo, Dios mío, has oído y contestado mi petición. 29Te ruego que estén tus ojos abiertos de noche y de día sobre esta casa, sobre este lugar en el que has prometido habitar, y cuando yo mire hacia este templo y ore, sea de noche o de día, escúchame y responde a mis peticiones. 30Escucha las peticiones del pueblo de Israel cuando quiera que ellos se dirijan a este lugar para orar. Sí, escucha en los cielos donde vives; y cuando hayas oído, perdónanos.

31»Si un hombre es acusado de hacer un mal, y entonces, de pie aquí, delante de tu altar, jura que él no lo hizo, 32óyelo en los cielos y haz lo que es justo; condénalo, si es culpable o justifícalo, si no lo es.

33,34»Y cuando tu pueblo peque y sus enemigos lo derroten, óyelos desde los cielos y perdónalos, si ellos se convierten a ti nuevamente y confiesan que tú eres su Dios. Hazlos volver a esta tierra que les diste a sus padres.

35,36»Y cuando los cielos se cierren y no haya lluvia, por causa de los pecados de tu pueblo, óyelos desde los cielos, y perdónalos cuando ellos oren en este lugar y confiesen tu nombre. Después que los hayas castigado, ayúdalos para que sigan los buenos caminos en los que debieron haber andado y envía la lluvia sobre la tierra que les has dado.

37»Y si hay hambre en la tierra, causada por peste, por langosta, o por gusanos, o si los enemigos de Israel ponen sitio a una de sus ciudades y el pueblo es atacado por una epidemia o plaga —o cualquiera que sea el problema—, 38cuando el pueblo reconozca su pecado y ore en este templo, 39escúchalos desde los cielos, perdónalos y responde en favor de todos los que hayan hecho una confesión sincera; porque tú conoces cada corazón. 40De esta manera aprenderán a reverenciarte, mientras continúan viviendo en esta tierra que les diste a sus padres.

41,42»Y cuando los extranjeros oigan de tu gran nombre y vengan de tierras distantes a adorarte (porque oirán de tu gran nombre y de tus poderosas señales), y oren en este templo, 43óyelos desde los cielos y responde a sus oraciones. Así, todas las naciones de la tierra conocerán y temerán tu nombre, como tu propio pueblo Israel lo hace, y toda la tierra sabrá que éste es tu templo.

44»Cuando envíes a tu pueblo a la batalla contra sus enemigos, y ellos oren a ti mirando hacia tu ciudad escogida de Jerusalén y hacia este templo que he edificado en tu honor, 45escucha sus oraciones y ayúdalos.

46»Si pecan contra ti, ¿porque quién no peca?, y tú te enojas con ellos, y dejas que sus enemigos los lleven cautivos a tierras extrañas, cercanas o lejanas, 47y ellos se dan cuenta de lo que han hecho y se vuelven a ti y claman diciendo:

8.27–30

"Hemos pecado, hemos hecho mal", 48si ellos realmente se vuelven hacia ti, y oran hacia esta tierra que tú has dado a sus padres, y hacia esta ciudad de Jerusalén que tú has escogido, y hacia este templo que yo edifiqué a tu nombre, 49escucha sus oraciones y ruegos desde los cielos donde habitas, y acude en su ayuda. 50Perdona a tu pueblo todas las malas acciones que realicen, y haz que sus captores tengan misericordia de ellos; 51porque son tu pueblo, la herencia especial que sacaste del horno de Egipto.

52»Que tus ojos estén abiertos y tus oídos atentos a las oraciones que ellos hagan. Señor, escucha y responde siempre que ellos clamen a ti, 53porque cuando tú sacaste a nuestros padres de la tierra de Egipto, dijiste a tu siervo Moisés que habías escogido a Israel, de entre todas las naciones de la tierra, para que fuera tu pueblo especial».

54,55Salomón había estado arrodillado, con las manos extendidas hacia los cielos. Cuando terminó de orar, se levantó delante del altar del Señor, y pronunció esta bendición sobre todo el pueblo de Israel: 56«Bendito sea el Señor, que ha cumplido su promesa y ha dado reposo a su pueblo Israel; ni una palabra ha dejado de cumplir de todas las maravillosas promesas dadas por su siervo Moisés. 57Que el Señor nuestro Dios esté con nosotros, como estuvo con nuestros padres; que jamás nos abandone. 58Que él nos dé el deseo de hacer su voluntad en todo y de obedecer todos los mandamientos e instrucciones que dio a nuestros antepasados. 59Y que estas palabras de mi oración estén continuamente delante de él, día y noche, para que nos ayude a mí y a todo Israel, de acuerdo con nuestras necesidades diarias. 60Que el pueblo de toda la tierra sepa que el Señor es Dios, y que no hay otro Dios. 61Y ustedes, pueblo mío, vivan vidas buenas y perfectas delante del Señor nuestro Dios. Obedezcan siempre su ley y sus mandamientos, de la forma que hoy lo están haciendo».

Dedicación del templo

62,63Entonces el rey y todo el pueblo dedicaron el templo del Señor, ofreciendo sacrificios de paz delante del Señor. En total ofrecieron veintidós mil bueyes y ciento veinte mil ovejas. 64Como una medida provisoria, para los holocaustos, para las ofrendas de grano, y para la grasa de las ofrendas de paz, el rey santificó el atrio que está frente a el templo del Señor, porque el altar de bronce era demasiado pequeño para todo lo que había que sacrificar. 65La celebración duró inicialmente siete días, pero luego la extendieron por otros siete días, así que fueron catorce días de fiesta. Fueron muchos los israelitas que se reunieron, pues de todas partes, desde Lebó Jamat hasta el río de Egipto, acudieron a la fiesta. 66Después Salomón despidió al pueblo. Todos bendijeron al rey Salomón y regresaron felices a sus casas, por la misericordia que el Señor había tenido con su siervo David y con su pueblo Israel.

Pacto de Dios con Salomón

9 Cuando Salomón terminó de edificar el templo del Señor, la casa del rey y todos los edificios que se propuso construir, 2,3se le apareció el Señor por segunda vez (la primera vez fue en Gabaón), y le dijo: «He oído tu oración. Y he santificado el templo que has edificado, y he puesto mi nombre en él para siempre. Continuamente velaré sobre él y me gozaré.

4»Y si tú vives en honestidad y verdad, como tu padre David, obedeciéndome siempre, 5haré que tus descendientes sean reyes de Israel para siempre, tal como prometí a David, tu padre, cuando le dije: "Uno de tus hijos será siempre rey sobre el trono de Israel".

6»Sin embargo, si tú o tus hijos se apartan de mí y adoran a dioses extraños, y no obedecen mis leyes, 7yo arrancaré al pueblo de Israel de esta tierra que les he dado. Los arrancaré de este templo que he santificado para mi nombre y los echaré fuera de mi vista; e Israel será el centro de las burlas de las naciones, ejemplo y proverbio de un desastre repentino. 8Este templo se transformará en un montón de ruinas, y todo el que pase quedará asombrado y se burlará preguntando: "¿Por qué el Señor ha hecho esto a esta tierra y a este templo?" 9Y la respuesta será: "Porque el pueblo de Israel abandonó al Señor su Dios, que los sacó de la tierra de Egipto, y adoraron a otros dioses, en lugar de adorarlo a él. Por esta razón el Señor ha traído todo este mal sobre ellos"».

Otras actividades de Salomón

10Al final de los veinte años que tardó la construcción del templo del Señor y su propia casa, 11,12Salomón le dio veinte ciudades de la tierra de Galilea al rey Hiram, de Tiro, a manera de pago por el cedro, el pino y el oro que le había provisto para las construcciones. Hiram vino de Tiro para ver las ciudades, pero no le gustaron. 13Así que le reprochó a Salomón: «¿Qué clase de trato es éste, hermano mío? ¡Esas ciudades que me has dado no valen nada!» A esa región, Hiram le puso el nombre de Cabul (desierto), y así se conoce hasta hoy. 14Hiram le había enviado a Salomón tres mil novecientos sesenta kilos de oro.

15Salomón había establecido como trabajo obligatorio la edificación del templo del Señor, de su propia casa, del terraplén, del muro de Jerusalén, así como la reconstrucción de las ciu-

8.56–61

dades de Jazor, Meguido y Guézer. [16]Guézer fue la ciudad que el rey de Egipto conquistó e incendió, dando muerte a los cananeos que allí vivían. Más tarde, cuando su hija se casó con Salomón, se la dio como regalo de bodas. [17,18]Por eso Salomón reedificó Guézer, junto con Bet Jorón la de abajo, Balat y Tadmor, que está en el desierto. [19]También edificó ciudades para almacenar alimentos, ciudades en las que guardaba sus carros de guerra, ciudades que sirvieron de habitación para sus jinetes y conductores de carros, y ciudades diversas cerca de Jerusalén, en la montaña del Líbano y en todo lugar de su dominio.

[20,21]Salomón implantó el trabajo obligatorio para los que sobrevivieron de las naciones conquistadas: los amorreos, los hititas, los ferezeos, los heveos y los jebuseos. Como el pueblo de Israel no había podido expulsarlos por completo en el tiempo que invadieron la tierra y la conquistaron, ellos continuaron viviendo allí como esclavos hasta este día. [22]Salomón no obligó al trabajo forzado a los israelitas, pues eran sus hombres de guerra, sus siervos, sus príncipes, sus conductores de carros y jinetes. [23]Había también quinientos cincuenta hombres de Israel que eran supervisores de quienes estaban obligados a trabajar.

[24]El rey Salomón trajo a la hija del faraón de la Ciudad de David, sector viejo de Jerusalén, a las nuevas habitaciones que había edificado para él. Luego edificó el terraplén.

[25]Después que se terminó de construir el templo del Señor, Salomón ofrecía holocaustos y sacrificio de paz tres veces al año en el altar que había edificado al Señor. También ofrecía el incienso en él.

[26]El rey Salomón mandó a construir una flota de barcos en Ezión Guéber, cerca de Elat, en la región de Edom, a orillas del Mar Rojo.

[27,28]El rey Hiram le proporcionó navegantes experimentados para que acompañaran a las tripulaciones de Salomón. Fueron a Ofir, de donde regresaron con unos catorce mil kilos de oro para el rey Salomón.

La reina de Sabá visita a Salomón

10 Cuando la reina de Sabá oyó acerca de la forma maravillosa en que Dios había bendecido a Salomón con sabiduría, decidió ir a probarlo con algunas preguntas difíciles. [2]Llegó a Jerusalén con una larga caravana de camellos cargados de especias, oro y joyas. Al ver a Salomón, le hizo todas las preguntas que había preparado. [3]Salomón le respondió todas las preguntas, por más difíciles que fueran, porque el Señor le daba las respuestas correctas en cada caso. [4]Pronto comprendió ella que todo lo que había oído acerca de la gran sabiduría de Salomón era cierto. También vio el hermoso palacio que él había edificado. [5]Y cuando vio los deliciosos manjares sobre su mesa, el gran número de servidores y criados que estaban vestidos con uniformes espléndidos, los coperos, y los muchos sacrificios que ofrecía al Señor, quedó completamente maravillada.

[6]Entonces le dijo a Salomón: «Todo lo que he oído en mi país acerca de tu sabiduría y de las cosas maravillosas que estás haciendo, son verdaderas. [7]Yo no lo creí hasta que vine, pero ahora lo he visto por mí misma. Ahora me doy cuenta de que lo que se me había dicho no era ni la mitad. Tu sabiduría y tu prosperidad superan todo lo que conozco. [8]Tu pueblo es feliz y tus criados están contentos, pero ¿cómo podría ser de otra manera?, pues ellos están aquí día tras día escuchando tu sabiduría. [9]¡Bendito sea el Señor tu Dios que te escogió y te puso en el trono de Israel! ¡Cuánto amor le tiene el Señor a Israel, que le ha dado un rey como tú! Y tú le das a tu pueblo un gobierno justo y bueno».

[10]Entonces entregó al rey un presente: tres mil novecientos sesenta kilos de oro, además de grandes cantidades de especias y piedras preciosas; en realidad, fue el presente más grande de especias que el rey Salomón recibió.

[11](Cuando los barcos del rey Hiram llegaron de Ofir cargados de oro para Salomón, también llevaban grandes cantidades de sándalo y piedras preciosas. [12]Salomón usó el sándalo para hacer columnas para el templo del Señor y la casa real, y para hacer arpas y liras para el coro. Nunca antes ni después ha habido una provisión similar de maderas preciosas).

[13]A cambio de los regalos que la reina de Sabá le trajo, Salomón le dio todo lo que ella pidió, además de los presentes que él ya tenía para ofrecerle. Entonces ella y sus siervos regresaron a su tierra.

El esplendor de Salomón

[14]Cada año Salomón recibía unos veintidós mil kilos de oro, [15]además de los impuestos y de las ganancias obtenidas del comercio con los reyes de Arabia y de otros territorios vecinos. [16,17]Salomón hizo que parte del oro fuera batido para hacer doscientos escudos grandes (cada escudo pesaba unos seis kilos y medio de oro), y trescientos escudos pequeños, de un kilo y medio de oro cada uno, y los puso en su casa llamada «Bosque del Líbano».

[18]También hizo un gran trono de marfil y lo recubrió con oro puro. [19]Tenía seis gradas, el respaldo era redondo y tenía brazos, y un león estaba parado a cada lado. [20]Había dos leones en cada grada, doce en total. No había otro trono en el mundo tan espléndido como aquél.

[21]Todos los vasos del rey Salomón eran de oro
macizo, y en el «Bosque del Líbano» toda la vajilla estaba hecha de oro puro (no usaban la plata,
porque no se consideraba de mucho valor).
[22]El rey Salomón tenía su flota mercante en
sociedad con el rey Hiram, y cada tres años llegaba a los puertos de Israel un gran cargamento de
oro, plata, marfil, monos y pavos reales.
[23]Así que Salomón era el rey más rico y más
sabio de todos los reyes de la tierra. [24]Grandes
hombres de muchas tierras venían a entrevistarse
con él, y a escuchar la sabiduría que Dios le había
dado. [25]Le traían a Salomón un tributo anual de
plata y oro, telas hermosas, armas, perfumes,
caballos y mulas.
[26]Salomón edificó un gran establo para sus
caballos, en el cual metió un gran número de
carros de guerra y caballos. Llegó a tener mil
cuatrocientos carros y doce mil caballos, que
mantenía en sus caballerizas y en Jerusalén.
[27]La plata era tan común como las piedras en
Jerusalén en aquellos días, y el cedro no tenía
más valor que el sicómoro común. [28]Los caballos
de Salomón eran traídos de Egipto y de Cilicia,
donde sus agentes los compraban al por mayor.
[29]Un carro egipcio entregado en Jerusalén costaba
seiscientas piezas de plata, y los caballos, ciento
cincuenta. Luego muchos de éstos eran vendidos
a los reyes de los hititas y de los sirios.

Las mujeres de Salomón

11 El rey Salomón, además de la princesa
egipcia, tuvo muchas mujeres extranjeras:
moabitas, amonitas, edomitas, sidonias e hititas.
[2]Así que provenían de pueblos de los cuales el
SEÑOR claramente había ordenado a su pueblo:
«No se casen con mujeres de esos pueblos, porque
ellas los guiarán a adorar a sus dioses falsos». No
obstante, Salomón no obedeció. [3]Tuvo setecientas
esposas y trescientas concubinas; y ellas hicieron
que su corazón se apartara del SEÑOR, [4]especial-
mente en su vejez. Fue así como sus mujeres lo
llevaron a adorar a sus dioses, en vez de confiar
completamente en el SEÑOR, como David su padre
había hecho. [5]Salomón adoró a Astarté, la diosa
de los sidonios, y a Moloc, el dios abominable de
los amonitas. [6]Salomón, pues, hizo claramente
lo malo y se negó a seguir al SEÑOR. Así que no
siguió el ejemplo de su padre. [7]Llegó a edificar
un santuario en el monte que está frente a Jerusalén, para Quemós, el depravado dios de Moab,
y otro para Moloc, el ídolo abominable de los
amonitas. [8]Estas cosas hizo Salomón para sus
esposas extranjeras, para que ellas pudieran ofrecer incienso y sacrificios a sus dioses.
[9,10]El SEÑOR, Dios de Israel, se enojó con Salomón, pues aunque se le había aparecido dos
veces para advertirle que no debería adorar a
otros dioses, Salomón no hizo caso. [11]Por eso, el
SEÑOR le dijo: «Puesto que no has guardado mi
pacto y no has obedecido mis leyes, les quitaré el
reino a ti y a tu familia, y se lo daré a uno de tus
servidores. [12,13]Sin embargo, por amor a tu padre
David, no lo haré mientras estés vivo. Le quitaré
el reino a tu hijo, y aun así, permitiré que sea
rey de una tribu, por amor de David, y por amor
de Jerusalén, mi ciudad escogida».

Los adversarios de Salomón

[14]El SEÑOR hizo que Hadad el edomita, que era
miembro de la familia real de Edom, se fortale-
ciera y se convirtiera en enemigo de Salomón.
[15]Años antes, cuando David derrotó a los edomitas, Joab, que era el jefe del ejército de Israel, fue
a Edom para sepultar a sus hombres muertos en
batalla, aprovechó la ocasión para dar muerte a
casi todos los varones del país. [16-18]Seis meses se
quedaron Joab y sus soldados en Edom, y acabaron con todos los varones edomitas. Tan solo
Hadad, que en ese tiempo era un muchacho,
logró escapar a Egipto, junto con algunos funcionarios que habían servido a su padre. Salieron de Madián y fueron a Parán, donde otros se
les unieron y los acompañaron a Egipto. Allí el
faraón les dio una casa, alimentos y tierras.
[19]Hadad se convirtió en uno de los amigos más
íntimos del faraón, y éste le dio por esposa a
la hermana de la reina Tapenés. [20]Ella le dio
un hijo, que fue llamado Guenubat, que creció
en el palacio del faraón, entre los mismos hijos
del faraón. [21]Cuando Hadad supo, en Egipto, que
David y Joab habían muerto, pidió permiso al
faraón para regresar a Edom.
[22]—¿Por qué? —le preguntó el faraón—.
¿Qué es lo que te falta aquí? ¿En qué te hemos
defraudado?
—Todo es maravilloso —contestó—, pero
aun así me gustaría regresar a mi tierra.
[23]Otro de los enemigos de Salomón, a quien
Dios levantó con poder, fue Rezón hijo de Eliadá. Rezón fue un servidor de Hadad Ezer, rey de
Sobá, pero lo abandonó y huyó del país. [24]Orga-
nizó una banda de delincuentes, y se convirtió
en su jefe. Cuando David le mató algunos de
sus hombres, Rezón se trasladó a Damasco y se
quedó a vivir allí. [25]Fue de ese modo que Rezón
llegó a ser rey de Siria. Durante todo el reinado
de Salomón, Rezón fue enemigo de Israel. De
modo que al daño que le causaba Hadad a Israel
se unió el de Rezón.

Jeroboán se rebela contra Salomón

[26]Otro jefe rebelde fue Jeroboán hijo de Nabat,
que pertenecía a la tribu de Efraín y vivía en
Seredá. Su madre era Zerúa, una viuda. [27,28]Este
es el relato de su rebelión: Salomón estaba edi-

ficando el terraplén, para reparar los muros de
la Ciudad de David. Jeroboán era muy capaz, y
cuando Salomón vio que era muy activo y valeroso, lo encargó de vigilar el trabajo obligatorio
de los descendientes de la tribu de José.
29Un día cuando Jeroboán salía de Jerusalén,
el profeta Ahías de Siló (que se había puesto
una túnica nueva para la ocasión) lo encontró y lo llamó para conversar con él. Cuando
los dos hombres estuvieron solos en el campo,
30Ahías partió su túnica nueva en doce partes 31y
le dijo a Jeroboán: «Toma diez de estos pedazos,
porque el SEÑOR, Dios de Israel dice: "Partiré el
reino de manos de Salomón, y a ti te daré diez
tribus. 32Pero le dejaré una tribu[e] por amor a
David mi siervo y por amor a Jerusalén, la que
he escogido por sobre todas las otras ciudades de
Israel. 33Porque Salomón me ha abandonado y
ha adorado a Astarté, la diosa de los sidonios, a
Quemós, el dios de Moab, y a Moloc, el dios de
los amonitas. No ha seguido mis caminos y no
ha hecho lo que considero justo; no ha guardado
mis leyes y mis órdenes en la forma en que su
padre David lo hizo.
34»"Sin embargo, no le quitaré el reino ahora.
Por amor a mi siervo David, a quien yo escogí,
y que obedeció mis mandamientos, dejaré que
Salomón reine por el resto de su vida. 35Pero le
quitaré el reino a su hijo y te entregaré a ti diez
de las tribus. 36Su hijo quedará con la tribu restante, de modo que los descendientes de David
continuarán reinando en Jerusalén, la ciudad
que yo escogí para que sea el lugar en que se
rinda culto a mi nombre. 37Yo te pondré en el
trono de Israel, y te daré poder absoluto. 38Si
escuchas lo que te digo, andas en mis caminos
y haces lo que yo considero recto, obedeciendo
mis mandamientos, tal como mi siervo David
lo hizo, te bendeciré, y tus descendientes gobernarán en Israel para siempre (una vez hice la
misma promesa a David. 39Pero por causa del
pecado de Salomón castigaré a los descendientes
de David, aunque no para siempre)"».
40Salomón trató de matar a Jeroboán, pero éste
huyó a Egipto, y le pidió refugio al rey Sisac, y
permaneció allí hasta la muerte de Salomón.

Muerte de Salomón

41Todo lo relacionado con el reinado de Salomón y su sabiduría está escrito en el libro de los
hechos de Salomón.
42Salomón reinó en Jerusalén cuarenta años,
43y cuando murió fue sepultado en la ciudad de
su padre, y su hijo Roboán reinó en su lugar.

División del reino

12 La proclamación de Roboán como rey
se celebró en Siquén. Todos los israelitas
asistieron a la ceremonia de coronación. 2-4Jero-
boán, que todavía estaba en Egipto, a donde
había huido del rey Salomón, se enteró de la
muerte de éste y de la coronación de Roboán,
por medio de sus amigos. Entonces las tribus del
norte de Israel le pidieron que fuera con ellos a
Siquén. Así que Jeroboán y los israelitas fueron
a ver a Roboán, y le dijeron:
—Tu padre fue un amo muy duro. No te queremos por rey, a menos que prometas tratarnos
mejor de lo que él lo hizo.
5Roboán les contestó:
—Denme tres días para pensarlo. Al cabo de
ese tiempo regresen, y les daré mi respuesta.
Y el pueblo se fue. 6Roboán habló del asunto
con los ancianos que habían aconsejado a Salomón, su padre.
—¿Qué me aconsejan ustedes que le responda
a esta gente? —les preguntó.
7Y ellos le respondieron:
—Si les das una respuesta agradable y prometes ser bondadoso con ellos y servirles bien,
podrás ser rey para siempre.
8Pero Roboán rechazó el consejo de los ancianos y llamó a los jóvenes con los que se había
criado.
9—¿Qué piensan ustedes que debo hacer? ¿Qué
le debo decir a esta gente que vino a pedirme que
los tratara mejor de lo que los trató mi padre?
—les preguntó.
10Y los jóvenes le respondieron:
—Diles: "Si ustedes piensan que mi padre fue
duro con ustedes, yo seré aún más duro. 11Si mi
padre, fue recio, yo seré aún más recio. Si mi
padre los azotó con látigos, yo usaré escorpiones".
12Jeroboán y el pueblo regresaron a los tres días,
que fue la fecha que el rey les dio. 13,14Entonces
Roboán les respondió duramente, ignorando el
consejo de los ancianos y siguiendo el de los
jóvenes. Les dijo: «Si mi padre fue recio, yo seré
aún más recio. Si mi padre los azotó con látigos,
yo usaré escorpiones». 15De modo que Roboán no
tuvo en cuenta las peticiones del pueblo. Esto
estaba de acuerdo con la voluntad del SEÑOR, y
de esta forma se cumplió lo que él le había prometido a Jeroboán por medio de Ahías, el profeta
de Siló.
16,17Cuando los israelitas comprendieron que el
rey hablaba en serio y que se negaba a escucharlos, comenzaron a gritar:
«¡No queremos que ningún descendiente de
David nos gobierne!
¡No tenemos nada que nos una a David, el
hijo de Isaí!
¡Que el hijo de David reine sobre su propia
familia!
¡Israelitas, regresemos a nuestras casas!»

e. Judá y Benjamín eran a veces contadas como una sola tribu.

Así que los israelitas se fueron a sus casas. Pero Roboán continuó siendo rey de los israelitas que vivían en las ciudades de Judá. 18Tiempo después, cuando el rey Roboán envió a Adonirán, que era el supervisor del trabajo obligatorio, a que alistara hombres de otras tribus, una gran multitud lo apedreó hasta darle muerte. El rey Roboán se trepó a su carro y logró huir a Jerusalén. 19Desde entonces Israel ha estado en rebeldía contra la dinastía de David.

20Cuando el pueblo de Israel se enteró de que Jeroboán había regresado de Egipto, le pidió que convocara a una reunión a todo el pueblo, y allí lo hicieron rey de Israel. Solamente la tribu de Judá continuó bajo el reinado de la familia de David.

21Cuando el rey Roboán llegó a Jerusalén, convocó a todos los hombres de Judá y de Benjamín que estaban preparados para la guerra, ciento ochenta mil soldados, a fin de obligar al resto de Israel a que lo reconociera como rey. 22Pero Dios le envió este mensaje por medio de Semaías, el profeta: 23,24«Diles a Roboán, el hijo de Salomón, rey de Judá, y a todo el pueblo de Judá y de Benjamín que no deben pelear contra sus hermanos, el pueblo de Israel. Diles que se separen y vuelvan a sus casas, porque lo que le ha ocurrido a Roboán es conforme a mi voluntad». Entonces se disolvieron, y todos volvieron a sus casas, tal como el Señor lo había ordenado.

Los becerros de oro en Betel y Dan

25Jeroboán entonces edificó la ciudad de Siquén, en la región montañosa de Efraín, y la convirtió en su capital. Más tarde construyó Peniel. 26Jeroboán pensaba: «Si no pongo cuidado, el pueblo querrá tener a un descendiente de David como rey. 27Cuando vayan a Jerusalén a ofrecer sacrificios en el templo del Señor, harán amistad con el rey Roboán; luego me matarán y le pedirán que sea rey en mi lugar».

28Entonces, siguiendo el consejo de sus cortesanos, el rey hizo dos becerros de oro y le dijo al pueblo: «Es demasiado molesto tener que ir a Jerusalén para adorar; de ahora en adelante éstos serán sus dioses. Fueron ellos los que los sacaron a ustedes de la cautividad de Egipto».

29Uno de los becerros fue colocado en Betel, y el otro en Dan. 30Y esto fue un gran pecado, porque el pueblo los adoró. 31También construyó santuarios en las colinas, y puso como sacerdotes a gente que no era de la tribu de Leví. 32,33Jeroboán también anunció que la festividad anual del día quince del mes octavo se celebraría en Betel, tal como se celebraba en Jerusalén. Él mismo ofreció sacrificios sobre el altar a los becerros en Betel y les quemó incienso. Y fue allí en Betel donde él nombró a los sacerdotes para los santuarios de las colinas.

El hombre de Dios que llegó de Judá

13 Cuando Jeroboán se acercaba al altar para quemar el incienso al becerro de oro, vino un profeta de Judá, de parte del Señor, y se le acercó. 2Luego a una orden del Señor, el profeta gritó: «¡Altar, altar! El Señor dice que un niño llamado Josías nacerá de la línea de David, y él sacrificará sobre ti a los sacerdotes de los santuarios de las colinas que han venido aquí a quemar incienso; y los huesos de los hombres serán quemados sobre ti».

3Entonces, como prueba de que su mensaje era verdadero, les dio una señal ese mismo día. Les dijo: «Este altar se partirá, y las cenizas que hay sobre él serán esparcidas».

4El rey se puso furioso con el profeta por haber dicho esto. Entonces, señalando con su brazo al profeta, gritó a sus guardias: «¡Arresten a este hombre!» Pero instantáneamente el brazo del rey quedó paralizado, de modo que no podía bajarlo. 5En aquel mismo momento apareció una gran grieta en el altar y las cenizas se esparcieron, tal como el profeta había dicho que ocurriría, porque ésta era la prueba de que Dios estaba hablando a través de él.

6—¡Por favor, por favor! —gritaba el rey al profeta—, ruega al Señor tu Dios que restablezca mi brazo nuevamente.

Entonces el profeta oró al Señor, y el brazo del rey volvió a la normalidad. 7Entonces el rey le dijo al profeta:

—Ven a mi casa conmigo, reposa un poco y come algo, pues quiero darte un regalo.

8Pero el profeta le respondió:

—Aun cuando me dieras la mitad de tu palacio, no podría ir contigo; ni tampoco comeré, ni beberé agua en este lugar. 9Porque el Señor me ha dado estrictas órdenes de no comer ni beber agua mientras esté aquí, y de no regresar a Judá por el camino que vine.

10Entonces regresó por otro camino.

11En Betel vivía un anciano profeta. Y sus hijos fueron a casa y le contaron lo que el profeta de Judá había hecho, y lo que había dicho al rey.

12—¿Por cuál camino se fue? —preguntó el anciano profeta.

Y ellos se lo mostraron.

13—Rápido, ensíllenme el burro —dijo el hombre.

Y cuando ellos lo ensillaron, 14él cabalgó para ir a alcanzar al profeta, y lo encontró sentado debajo de una encina.

—¿Eres tú el profeta que vino de Judá? —le preguntó.

—Sí —le contestó—, yo soy.

15 Entonces el anciano le dijo al profeta:

—Ven a mi casa y come conmigo.

16,17 —No —respondió—, no puedo; porque no puedo comer ni beber nada en Betel. El SEÑOR estrictamente me prohibió que lo hiciera; y también me dijo que no regresara a casa por el mismo camino que vine.

18 Pero el anciano le dijo:

—Yo también soy profeta como tú; y un ángel, por orden del SEÑOR, me dijo que debía llevarte a casa conmigo y darte alimento y agua.

Pero el anciano mentía. 19 Entonces regresaron juntos, y el profeta comió y bebió en casa del anciano.

20 Repentinamente, mientras estaban sentados a la mesa, le llegó un mensaje del SEÑOR al anciano, 21,22 y le gritó al profeta de Judá:

—El SEÑOR dice que por cuanto has sido desobediente a su claro mandato, y has venido aquí, y has comido y bebido agua en el lugar que él te dijo que no lo hicieras, tu cuerpo no será sepultado junto al de tus padres.

23 Y luego de acabar la comida, el anciano ensilló el burro del profeta. 24,25 Y el profeta emprendió la marcha, pero mientras viajaba solo, salió un león y lo mató. Su cuerpo quedó en el camino, y el burro y el león se quedaron parados junto a él. Los que pasaron y vieron el cuerpo tirado en el camino, y el león tranquilamente parado a su lado, fueron y lo contaron en Betel, donde vivía el profeta anciano.

26 Cuando el anciano profeta se enteró de lo que le había ocurrido, exclamó: «¡Es el profeta que desobedeció la orden del SEÑOR! Por eso, el SEÑOR cumplió su amenaza e hizo que el león lo matara».

27 Entonces dijo a sus hijos:

—Ensillen mi burro.

Y ellos lo hicieron.

28 El anciano profeta salió, y encontró el cuerpo del profeta tirado en el camino, y el burro y el león estaban aún parados junto a él, porque el león no se había comido el cuerpo ni atacado al burro. 29 Entonces el profeta puso el cuerpo en el burro, lo llevó de regreso a la ciudad para hacer duelo por él y para sepultarlo. 30 Puso el cuerpo en su propia tumba y exclamó: «¡Ay, hermano mío!»

31 Después dijo a sus hijos: «Cuando yo muera, sepúltenme en la tumba donde está sepultado el profeta. Pongan mis huesos junto a sus huesos. 32 Porque, sin duda alguna, el mensaje que él dio, en nombre del SEÑOR, contra el altar de Betel y contra los santuarios de la ciudad de Samaria se cumplirá».

33 Pero a pesar de la advertencia del profeta, Jeroboán no se apartó de sus malos caminos. En vez de eso, nombró más sacerdotes de entre la gente del pueblo, para que ofrecieran sacrificios a los ídolos en los santuarios de las colinas. Todo el que quisiera ser sacerdote podía pedirle a Jeroboán que lo nombrara como tal, y él lo hacía. 34 Este era un gran pecado, y dio como resultado la destrucción del reinado de Jeroboán, y la muerte de toda su familia.

Profecía de Ahías contra Jeroboán

14 Abías, el hijo de Jeroboán, estaba muy enfermo. 2 Jeroboán le dijo a su esposa: «Disfrázate de manera que nadie pueda reconocer que eres la reina, y anda a consultar a Ahías, el profeta de Siló, el hombre que me dijo que yo sería rey. 3 Llévale un regalo de diez panes, algunas tortas de higo, un cántaro de miel, y pregúntale si el niño vivirá».

4 Así que la esposa de Jeroboán fue a casa de Ahías, en Siló. Como el profeta era muy anciano, ya no podía ver. 5 Pero el SEÑOR le dijo que la reina, pretendiendo pasar por otra persona, vendría a preguntarle acerca de su hijo, que estaba muy enfermo. Y el SEÑOR le comunicó el mensaje que debía darle.

6 Cuando Ahías oyó que alguien llamaba a la puerta, gritó: «Pasa, esposa de Jeroboán. ¿Por qué pretendes pasar por otra persona? Tengo tristes noticias para ti. 7 Dale a tu esposo este mensaje de parte del SEÑOR, Dios de Israel: "Tú eras un miembro común del pueblo y te elegí para hacerte rey de Israel. 8 Le quité el reino a la familia de David y te lo entregué, pero tú no has obedecido mis mandamientos, de la manera que David lo hizo. El deseo de su corazón siempre era obedecerme y hacer lo que yo quería que él hiciera. 9 Pero tú solo has hecho más mal que todos los otros reyes que te han precedido; has fabricado ídolos de otros dioses. Lo que has conseguido con tus becerros de oro es que mi ira suba de punto. Y puesto que te has negado a reconocerme, 10 yo traeré el desastre sobre tu casa y acabaré con todos los varones de tu familia, tanto esclavos como libres. Barreré a tu familia, de la misma forma en que de un establo se barre el estiércol, sin que quede rastro alguno. 11 Prometo que los de tu familia que mueran en la ciudad serán comidos por los perros, y los que mueran en los campos serán comidos por los buitres. Te lo digo yo, el SEÑOR"».

12 Entonces Ahías le dijo a la esposa de Jeroboán: «Vete a casa. Cuando entres en la ciudad morirá tu hijo. 13 Todo Israel lo llorará y lo sepultarán, pero es el único miembro de la familia de Jeroboán que será sepultado, ya que él es el único de la familia que tendrá un final tranquilo.

14 »Y el SEÑOR levantará un rey en Israel que destruirá a la familia de Jeroboán. ¡Y será muy pronto! 15 Entonces el SEÑOR sacudirá a Israel de la manera que una caña es sacudida por el agua

Cultura de honra: *del esposo a la esposa* 13

Uno de los valores fundamentales de nuestra familia es crear una cultura de honra en nuestro hogar. De hecho, es uno de los temas que más disfrutamos compartir, pues hemos comprendido que para nuestro Padre Celestial la honra es sumamente importante.

Hoy me toca a mí, Daniel, hablar de la honra del esposo hacia la esposa. Proverbios 31:28-29 dice: "Sus hijos se levantan y la bendicen, su esposo la alaba diciendo: '¡Hay muchas mujeres ejemplares, pero tú eres la mejor de todas!'". Así me siento acerca de mi amada, Shari. Me resulta fácil hablar de lo mucho que la amo y la admiro. No hay lugar en el mundo en el que no exprese la gran admiración que siento por Jesús, mi esposa y mis hijos. Por eso quisiera hoy compartir contigo, esposo, algunas maneras en las que puedes honrar a tu esposa.

Lo primero es que, después de Jesús, tu esposa debe ser tu prioridad. Shari lo es para mí y donde quiera que voy la gente se da cuenta del lugar que ella ocupa en mi vida. Su opinión y su consejo son esenciales para mí.

Otra forma de honrar a tu esposa es con el romanticismo. Busca maneras de conectar con ella y hacerla sentir amada. En mi caso ¡casi todos mis proyectos musicales contienen una canción dedicada a ella!

También puedes honrarla a través del servicio. Acostúmbrate a preguntarle constantemente cómo la puedes servir. En nuestro caso, Shari se esfuerza y trabaja muchísimo en el hogar; es ministro, madre y maestra de nuestros hijos y me gusta que ella sepa que puede descansar en mí y que estoy presente en las tareas importantes de su vida.

Personalmente, además he aprendido a honrarla prestándole toda mi atención al escucharla con detenimiento y con el corazón. La honro con mis palabras y cuido siempre lo que voy a decirle para guardar siempre su corazón. Una manera también de honrarla, y es de las más importantes, es con mi fidelidad: vivo en integridad para Dios y para ella.

En fin, me esfuerzo por honrarla como ella lo merece, porque… cada hombre se convierte en la voz y las manos de Dios para su esposa aquí en la tierra. ¡Honra! Procura hoy pedirle a Dios que te enseñe cómo honrar a tu esposa. Recuerda que Él es el diseñador de tu matrimonio..

Profundicemos: Efesios 5:25, 28; 1 Pedro 3:7; Hebreos 13:4.

Conversemos:

- ¿Es la honra un valor fundamental en nuestro hogar?
- ¿Me he preguntado, yo como esposo, cómo puedo honrar a mi esposa?
- ¿Qué cosas te hacen sentir honrada como esposa?

Oremos:

Padre, gracias por recordarme la importancia de la honra. Ayúdame a honrar a mi esposa con mi corazón, mis acciones, mi fidelidad y mis palabras. Inspírame con nuevas formas de demostrarle cuánto la amo y, más allá, cuánto Tú la amas. En el nombre de Jesús. Amén.

Cultura de honra: *de la esposa al esposo* 14

De la misma forma que nosotros procuramos honrar a Dios, tenemos que procurar honrarnos el uno al otro. Dios habita donde hay honra y si nuestro deseo es que su presencia habite en nuestro hogar, una cultura de honra debe ser primordial.

Hoy me toca a mí, Shari, hablar de la honra de la esposa hacia el esposo. Veamos lo que dice Proverbios 31:26: "Cuando habla, sus palabras son sabias, cuando enseña, lo hace siempre con amor". Una de las formas en las que he aprendido a honrar a Daniel es con mis palabras. Con el tiempo he entendido que mis palabras tienen mucho peso sobre su vida y su corazón. Nosotras las mujeres, tenemos la capacidad de levantar a nuestros esposos y hacerlos sentir como reyes, o de traer destrucción con lo que elegimos decirles. Por lo tanto, esposa, elige cuidadosamente cómo hablar con tu esposo.

Además de honrar a Daniel con mis palabras, amo servirle. Muchos creen que el servicio está relacionado al género de la persona, que el servir le toca exclusivamente a la mujer y la provisión le corresponde al hombre, pero nosotros no creemos que sea así. La realidad es que el servicio nos toca a todos. El servicio es una actitud del corazón. ¡Amo honrar a Daniel y a mi familia a través del servicio! Lo hago con el corazón. Nuestro Dios es detallista, por eso siempre intento dar la milla extra con los detalles, desde escribirle una notita de amor, hasta preparar y adornar la mejor mesa.

Otra forma en la que procuro honrar a mi esposo es a través del respeto en privado y en público. Efesios 5 dice a los esposos que traten a sus esposas como Cristo trató a su iglesia, pero se nos olvida que el versículo también dice que nosotras debemos respetar a nuestros esposos. El respeto es una manera de honrar y simplemente es cuidar la manera en que nos hablamos en momentos desafiantes, por eso soy cuidadosa con mis palabras.

También honro a Daniel con toda mi fidelidad y exclusividad, haciéndole saber que él es una prioridad en mi vida.

Existen muchísimas formas de procurar reflejar el amor de Dios hacia nuestra pareja, por eso te invito a que le pidas al Señor que te comparta la estrategia perfecta para honrar el corazón de tu esposo. Recuerda acudir siempre al diseñador.

Profundicemos: Proverbios 29:23; Hebreos 13:4; Efesios 5:22-24.

Conversemos:

- ¿Es la honra un valor fundamental en nuestro hogar?
- ¿Me he preguntado, yo como esposa, cómo puedo honrar a mi esposo?
- ¿Qué cosas te hacen sentir honrado como esposo?

Oremos:

Padre, gracias por poner en mí el deseo de amar como tú amas y de honrar al esposo que me has regalado. Ayúdame a ser sabia con mis palabras y lléname de tu bondad. Muéstrame los tiempos correctos y dame las palabras adecuadas; quiero ser un reflejo de tu carácter.
En el nombre de Jesús. Amén.

Así como yo los amo

15

"Así como yo los amo, ustedes deben amarse unos a otros". Si queremos aprender a amar tenemos que aprender de aquel que nos amó sin condiciones. Cuando Jesús dijo estas palabras que leemos en Juan 13:34, se encontraba en la mesa cenando con sus discípulos antes de la crucifixión. Jesús estaba en medio del proceso de despedirse de sus discípulos y entre las últimas enseñanzas que les dio, les compartió esta: ámense como yo los amo. Él sabía que sería traicionado y negado, y aun así les enseñó que se amaran como Él los amó. Jesús nos enseñó a amar hasta el fin, y ese es el tipo de amor que tenemos que experimentar. Definitivamente Jesús es nuestro filtro y mayor ejemplo para aprender a amar.

Hace poco tiempo compramos una cafetera más sofisticada, pero antes nos gustaba hacer nuestro café en una cafetera tipo greca. Las grecas tienen un filtro en el medio donde se coloca el café, y cada vez que vemos ese pequeño filtro lleno de agujeros nos recuerda a Jesús. Imagínense que cada uno de esos agujeros representa uno de los frutos del Espíritu Santo. Es por eso que cuando nos amamos lo hacemos a través de esos agujeros, de ese filtro de amor, alegría, paz, paciencia, benignidad, bondad, fidelidad, humildad y dominio propio. Es decir, ¡Él es el filtro que necesitamos para amar! Él es nuestro ejemplo y quien puso la medida de cómo debe hacerse.

Cuando yo, Shari, pienso en amar a Daniel, lo hago con todo, lo hago aun en un día difícil y desafiante, lo hago a través del filtro de Jesús. Cuando yo, Daniel, amo a Shari siempre pienso en las palabras "entrega total", porque fuel el estándar que Jesús estableció. La verdad es que es una tarea ardua; es un amor que no retiene nada, inagotable, desinteresado. Muchas veces, cuando las personas hablan del matrimonio descartan a Jesús porque Él no estuvo casado. Sin embargo, la Palabra nos dice que Cristo amó tanto a la Iglesia que dio su vida por ella, y luego compara este acto con el trato que el esposo debe darle a la esposa (en Efesios 5). Esto significa que el ejemplo máximo de amor en el matrimonio se compara con la entrega incondicional de Jesús en la cruz. La realidad es que Él nos diseñó con la capacidad de amarnos tal y como Él lo hizo. Su Palabra y su Espíritu Santo nos dan las estrategias que necesitamos para lograrlo. La tarea que tienen de por vida, es hacer que el otro pueda ver a Jesús en ustedes.

Profundicemos: 1 Corintios 13:13; Romanos 5:8; Efesios 3:17-20.

Conversemos:

- ¿Cuál es nuestro filtro para amar?
- ¿Sabíamos que Dios nos diseñó con la capacidad de amar como Él nos amó?
- El máximo ejemplo de amor es Jesús, ¿quién es nuestro mayor ejemplo de amor?

Oremos:

Nuestro Dios, hoy nos acercamos a ti reconociendo que el único que puede enseñarnos a amar correctamente eres tú. Gracias por el gran ejemplo que nos diste y por amarnos sin medida. Ayúdanos y enséñanos a amar como tú amas. En tu nombre, Jesús. Amén.

El perdón

16

¿Saben que yo, Daniel, literalmente soy producto del perdón? Antes de que mis padres conocieran a Jesús enfrentaron un conflicto matrimonial muy fuerte que les hizo tomar la decisión de separarse. Durante ese proceso mi madre aceptó a Jesús y comenzó a orar por mi padre durante dos años, para que fuera salvo y regresara al hogar. Por la gracia de Dios mi padre regresó a la casa, pidió perdón, recibió a Cristo y como resultado de esa reconciliación, nací yo. Más importante aún, al invitar a Jesús a nuestra familia, todas las siguientes generaciones fueron transformadas y todo esto comenzó como resultado de dos personas que se perdonaron.

En 2 Crónicas 7:14 (por favor léanlo) podemos ver cómo el Señor trabaja un proceso de perdón, arrepentimiento y de restauración.

Para que haya restauración entre dos personas que se han herido es necesario, en primer lugar, humillarse, y arrepentirse.

En segundo lugar, este pasaje dice que, además de humillarse, es necesario buscar a Dios. Necesitamos orar para encontrarnos con Dios, cambiar conductas erróneas y rendir nuestras faltas a Él. Debemos orar para que Dios nos dé la fuerzas para perdonar y nos ayude a sanar las heridas.

Cuando mi mamá estaba en el proceso de orar por la restauración de mi papá, sin saberlo, ella pronunció una oración que se encuentra en Oseas 2:6: "Pero yo la cercaré con zarzas y espinales, le cerraré el paso…". Ella le pedía al Señor que su presencia hiciera un cerco alrededor de mi padre, que se arrepintiera de sus malos caminos, y que quisiera regresar a su hogar, ¡y así ocurrió!

Ahora bien, este versículo nos lleva a humillarnos, a buscar a Dios en oración y, en tercer lugar, nos pide alejarnos de nuestra mala conducta. Es necesario no solo que haya arrepentimiento sino también un cambio.

Por último, este pasaje nos dice que Dios entonces los perdonará y restaurará todo lo que se quebrantó. No importa en qué estado se encuentre su matrimonio, ¡Él tiene el poder de restaurar lo que está roto! No hay nada imposible para nuestro Dios. Hoy mis padres son pastores y ayudan a muchas familias a ser restauradas. ¡Confíen! Dios los sanará para que sanen a otros.

Profundicemos: Lucas 6:37; Lucas 17:4; Juan 20:23.

Conversemos:

- ¿Somos comprensivos el uno con las faltas del otro?
- ¿Somos humildes para reconocer nuestras fallas? ¿Practicamos la gracia cuando nos han fallado?
- ¿Podemos identificar algo que necesitemos perdonar y que transformaría a nuestras próximas generaciones?

Oremos:

Señor, te pedimos que hoy nos abrace tu proceso de restauración. Decidimos que este proceso no lo pasaremos solos, sino que lo pasaremos tomados de tu mano. Reconocemos que Jesús murió en la cruz para darnos perdón y restauración. Por eso, hoy abrazamos tu perdón.
En el nombre de Jesús. Amén.

en el arroyo; desarraigará al pueblo de Israel de esta buena tierra de sus padres, y esparcirá a sus habitantes más allá del río Éufrates, porque ellos, por adorar ídolos, han hecho enojar al Señor. 16Él abandonará a Israel, porque Jeroboán pecó contra él, e hizo pecar a todo Israel juntamente con él».

17Entonces la esposa de Jeroboán regresó a Tirsá. Tan pronto ella entró a su casa, el niño murió. 18Y hubo llanto por él a través de toda la tierra, tal como el Señor lo había anunciado por medio del profeta Ahías.

19El resto de las actividades de Jeroboán, sus guerras y los demás sucesos de su reinado, están anotados en el libro de los reyes de Israel. 20Jeroboán reinó veintidós años, y cuando murió, su hijo Nadab subió al trono.

Roboán, rey de Judá

21Mientras tanto, Roboán hijo de Salomón reinaba en Judá. Tenía cuarenta y un años cuando comenzó a reinar, y estuvo en el trono diecisiete años en Jerusalén, ciudad que entre todas las ciudades de Israel el Señor había escogido para habitar en ella. (La madre de Roboán era Noamá, una mujer amonita.)

22Durante su reinado, el pueblo de Judá, como el de Israel, hizo lo malo. Su maldad fue peor que la de sus antepasados, razón por la cual el Señor se enojó con ellos. 23El pueblo edificó santuarios, altares e ídolos en toda colina y bajo todo árbol frondoso. 24A través de todo el país los hombres practicaban la prostitución como si fuera un acto de adoración, de modo que el pueblo de Judá llegó a ser tan depravado como aquellas naciones que el Señor había expulsado del territorio que ahora le pertenecía a Israel.

25En el quinto año del reinado de Roboán, el rey Sisac, de Egipto, atacó y conquistó Jerusalén. 26Saqueó el templo del Señor y los tesoros de la casa real, y se llevó todo, incluyendo los escudos de oro que Salomón había hecho. 27Para reemplazarlos, Roboán hizo escudos de bronce, y los puso bajo la custodia de los guardias que cuidaban las puertas. 28Cuando el rey iba al templo del Señor, los guardias los portaban y luego los guardaban en la sala de la guardia.

29Los demás sucesos del reinado de Roboán están escritos en el libro de los reyes de Judá. 30Hubo guerra permanente entre Roboán y Jeroboán. 31Cuando Roboán, el hijo de la amonita Noamá, murió, fue sepultado entre sus antepasados, en la Ciudad de David, y en su lugar reinó su hijo Abías.

Abías, rey de Judá

15 Abías comenzó a reinar sobre Judá, 2y reinó tres años en Jerusalén. La madre de Abías fue Macá, hija de Abisalón. Cuando comenzó a reinar, ya Jeroboán llevaba dieciocho años reinando sobre Israel. 3Fue tan pecador como su padre, y su corazón no fue leal a Dios, como sí lo fue el de David. 4Pero a pesar del pecado de Abías, el Señor recordó el amor de David y no permitió que se acabara la dinastía de David. Por eso, permitió que Abías tuviera un hijo que se sentara sobre el trono en Jerusalén. 5Porque David había obedecido al Señor durante toda su vida, salvo en el asunto de Urías el hitita.

6Durante el reinado de Abías hubo guerra permanente entre Israel y Judá. 7El resto de la historia de Abías está escrita en el libro de los reyes de Judá. 8Cuando murió, fue sepultado en la Ciudad de David, y en su lugar reinó su hijo Asá.

Asá, rey de Judá

9Asá subió al trono de Judá en Jerusalén, cuando Jeroboán llevaba veinte años reinando sobre Israel, 10y reinó cuarenta y un años (su abuela fue Macá, la hija de Abisalón).

11Asá agradó al Señor, tal como lo había hecho el rey David. 12Echó de la tierra a todos los que practicaban la prostitución como si fuera un acto de adoración, y destruyó todos los ídolos que su padre había hecho. 13Depuso a su abuela Macá, como reina madre, debido a que ella había hecho un ídolo. Asá destruyó y quemó este ídolo en el arroyo de Cedrón. 14Sin embargo, no quitó los santuarios de las colinas. Pero, aun así, se mantuvo fiel al Señor. 15También llevó al templo del Señor el oro, la plata y demás objetos que él y su padre le habían ofrecido a Dios.

16Hubo guerra constante entre el rey Asá, de Judá, y el rey Basá, de Israel. 17El rey Basá construyó la ciudad fortificada de Ramá, en un intento de acabar con todo trato con Jerusalén. 18Entonces Asá tomó todo el oro y la plata que había en la tesorería del templo del Señor y en los tesoros de la casa del rey, y se lo dio a sus siervos para que lo llevaran a Damasco, al rey Ben Adad. Este era hijo de Tabrimón y nieto de Hezión. Junto con este presente, Asá le envió el siguiente mensaje a Ben Adad: 19«Hagamos alianza de la manera que nuestros padres la hicieron. Te envío un presente de oro y plata. Rompe ahora tu alianza con el rey Basá, de Israel, para que se marche y me deje tranquilo».

20Ben Adad estuvo de acuerdo, y envió sus jefes contra algunas de las ciudades de Israel, y conquistó a Iyón, Dan, Abel Betmacá, todo Quinéret, y la región de Neftalí. 21Cuando Basá supo del ataque, dejó de edificar la ciudad de Ramá y se volvió a Tirsá. 22Entonces el rey Asá convocó a todos los de Judá, y pidió que todo hombre capacitado ayudara a demoler Ramá y a acarrear sus piedras y la madera. El rey Asá usó estos materiales para edificar la ciudad de Gueba de Benjamín y la ciudad de Mizpa.

[23]El resto de la biografía de Asá, sus conquistas y hechos y los nombres de las ciudades que edificó se encuentra en el libro de los reyes de Judá. En su ancianidad se enfermó de los pies, [24]y cuando murió fue sepultado en el cementerio real de la Ciudad de David. El nuevo rey de Judá fue su hijo Josafat.

Nadab, rey de Israel

[25]Mientras tanto, en Israel, Nadab, el hijo de Jeroboán, era el nuevo rey. Reinó dos años, comenzando en el segundo año del reinado de Asá, de Judá. [26]Pero no fue un buen rey. Al igual que su padre, adoró muchos ídolos y condujo a Israel al pecado.

[27]Entonces Basá (el hijo de Ahías, de la tribu de Isacar) levantó una sedición en su contra y lo asesinó, mientras estaba con Israel sitiando la ciudad filistea de Guibetón. [28]Esto ocurrió cuando Asá, rey de Judá, llevaba tres años reinando sobre Judá. Fue así como Basá, después de matar a Nadad, lo sucedió en el trono. [29]Inmediatamente mató a todos los descendientes del rey Jeroboán, de manera de que nadie quedó de la familia real, tal como el Señor lo había anunciado por medio del profeta Ahías, de Siló. [30]Esto ocurrió porque Jeroboán había hecho enojar al Señor, Dios de Israel, pecando y conduciendo al resto de Israel al pecado.

[31]Los demás detalles del reinado de Basá están escritos en el libro de los reyes de Israel. [32]Hubo guerra permanente entre el rey Asá, de Judá, y el rey Basá, de Israel.

Basá, rey de Israel

[33]Cuando Asá, rey de Judá, llevaba ya tres años reinando, Basá hijo de Ahías comenzó a reinar sobre todo Israel. Su reinado duró veinticuatro años, y la capital de su reino fue Tirsá. [34]Continuamente desobedeció al Señor, ya que siguió el mal ejemplo de Jeroboán, e hizo que el pueblo de Israel siguiera el pecado de adorar ídolos.

16 En aquel tiempo, el profeta Jehú hijo de Janani le entregó al rey Basá este mensaje de condenación enviado por el Señor: [2]«Yo te levanté desde el polvo para hacerte rey de mi pueblo Israel, pero tú has andado en los malos caminos de Jeroboán. Has hecho pecar a mi pueblo, y estoy airado. [3]Ahora te destruiré a ti junto con tu familia, de la manera que hice con los descendientes de Jeroboán. [4-7]Los de tu familia que mueran en la ciudad serán comidos por los perros, y los que mueran en el campo serán comidos por los buitres».

Este mensaje fue enviado a Basá y a su familia debido a que ellos, con sus malas acciones, hicieron que la ira del Señor se encendiera. Basá fue tan malo como Jeroboán, a pesar de que el Señor había destruido a los descendientes de éste por sus pecados.

El resto de la biografía de Basá, sus hechos y sus conquistas, están escritos en el libro de los reyes de Israel.

Cuando Basá murió, lo sepultaron en Tirsá, y su hijo Elá reinó en su lugar.

Elá, rey de Israel

[8]Cuando Asá llevaba veintiséis años reinando en Judá, Elá hijo de Basá comenzó a reinar en Israel, pero reinó solamente dos años. La capital de su reino fue Tirsá. [9]Luego el general Zimri, que había estado a cargo de los carros reales, se levantó en su contra. Un día el rey Elá estaba bebiendo y se había embriagado en casa de Arsá, administrador de su palacio. [10]Zimri simplemente entró y lo mató. Esto ocurrió durante el año veintisiete del reinado del rey Asá, de Judá. Entonces Zimri se proclamó nuevo rey de Israel. [11]Inmediatamente Zimri mató a toda la familia real, sin dejar un solo niño varón. Acabó con los parientes lejanos y con sus amigos. [12]La destrucción de los descendientes de Basá estaba de acuerdo con lo que el Señor había anunciado por medio del profeta Jehú. [13]La tragedia ocurrió debido a los pecados de Basá y de su hijo Elá, quienes condujeron a Israel a la idolatría, lo que provocó la ira del Señor.

[14]El resto de la historia del reinado de Elá está escrito en el libro de los reyes de Israel.

Zimri, rey de Israel

[15,16]Asá llevaba veintisiete años reinando en Judá, cuando Zimri ocupó el trono de Israel. Pero solamente reinó siete días en Tirsá, pues cuando las tropas de Israel, que estaban atacando la ciudad filistea de Guibetón, se enteraron de que Zimri había asesinado al rey, nombraron a Omrí, jefe del ejército, como el nuevo rey. [17]Entonces Omrí y todo Israel se retiraron de Guibetón y regresaron a sitiar Tirsá, capital de Israel. [18]Cuando Zimri vio que la ciudad había sido tomada, entró al palacio y lo incendió, y murió en medio de las llamas. [19]Porque él también había pecado a la manera de Jeroboán; había adorado ídolos y había hecho que el pueblo de Israel pecara juntamente con él.

[20]El resto de la historia de Zimri y su traición está escrito en el libro de los reyes de Israel.

16.13–16

Omrí, rey de Israel

[21]El reino de Israel se dividió en dos: la mitad
del pueblo siguió a Omrí, y la otra mitad, a Tibni
hijo de Guinat. [22]Pero Omrí venció, y Tibni fue
muerto; entonces Omrí reinó sin oposición.
[23]El rey Asá de Judá llevaba treinta y un años
en el trono, cuando Omrí comenzó a reinar sobre
Israel. Su reinado duró doce años, seis de ellos
en Tirsá. [24]Omrí le compró a un tal Sémer el
monte de Samaria por sesenta y siete kilos de
plata, y edificó allí una ciudad, a la que llamó
Samaria en honor de Sémer. [25]Pero Omrí fue
peor que todos los reyes que hubo antes de él;
[26]adoró ídolos a la manera de Jeroboán e hizo
que Israel cometiera su mismo pecado. Y esto
provocó grandemente la ira del SEÑOR, Dios de
Israel. [27]El resto de la historia de Omrí está escrita
en el libro de los reyes de Israel.
[28]Cuando Omrí murió, fue sepultado en Samaria, y reinó en su lugar su hijo Acab.

Acab, rey de Israel

[29]El rey Asá llevaba treinta y ocho años de reinado en Judá, cuando Acab comenzó a reinar
sobre Israel; y Acab reinó durante veintidós años,
en Samaria. [30]Pero fue aún más perverso que
su padre Omrí, y peor que cualquier otro rey
de Israel. [31]Y como si esto no fuera suficiente, se
casó con Jezabel, la hija del rey Et Baal de los
sidonios, y comenzó a adorar a Baal. [32]Primero
edificó en Samaria un templo y un altar para
Baal. [33]Luego hizo otros ídolos, como el de la
diosa Aserá, y con esto provocó la ira del SEÑOR,
Dios de Israel, más que cualquiera de los demás
reyes que Israel había tenido antes de él.
[34]Fue durante su reinado que Jiel, un hombre
de Betel reedificó la ciudad de Jericó. Cuando
puso los cimientos, murió su hijo mayor Abirán;
y cuando la completó y colocó las puertas, murió
su hijo menor Segub. Así se cumplió la maldición que el SEÑOR había lanzado sobre Jericó, por
medio de Josué hijo de Nun.

Elías es alimentado por los cuervos

17 Elías, el profeta de Tisbé de Galaad, le dijo
al rey Acab: «Tan cierto como que el SEÑOR,
Dios de Israel, vive, el Dios al cual adoro y sirvo, te digo que no habrá rocío ni lluvia durante
varios años en Israel, hasta que yo lo diga».
[2]El SEÑOR le dijo a Elías: [3]«Ve hacia el oriente
y escóndete en el arroyo de Querit, al oriente de
donde desemboca en el río Jordán. [4]Beberás agua
del arroyo y comerás lo que los cuervos te lleven,
porque yo les he ordenado que te den de comer».
[5]Elías hizo lo que el SEÑOR le había dicho, y
fue y acampó junto al arroyo. [6]Los cuervos le
traían pan y comida cada mañana y cada tarde,
y bebía del arroyo.

La viuda de Sarepta

[7]Pero después de un tiempo, el arroyo se secó,
porque ☼ no llovía en ningún lugar de la tierra.
[8,9]Entonces el SEÑOR le dijo: «Vete a
vivir al pueblo de Sarepta, junto a la ciudad de
Sidón. Allí hay una viuda, a la que le he ordenado que te dé comida».
[10]Entonces él se fue a Sarepta. Cuando llegó
junto a las puertas de la ciudad, vio a una viuda
que recogía leña, y le pidió un vaso de agua.
[11]Cuando ella iba a buscarlo, él la llamó, y le
dijo:
—Además, tráeme un pedazo de pan.
[12]Pero ella le respondió:
—La verdad es que no tengo ni un solo pedazo
de pan. Lo único que me queda es un puñado
de harina y un poco de aceite. Estaba juntando
algunas ramas para hacer fuego, para preparar
mi última comida, para que luego mi hijo y yo
nos muramos de hambre. Esto es tan cierto como
que el SEÑOR tu Dios vive.
[13]Pero Elías le dijo:
—No temas. Anda y haz lo que habías pensado
hacer; pero antes prepárame un pan con lo que
tienes. Luego prepara algo para ti y para tu hijo.
[14]Porque el SEÑOR, Dios de Israel, dice que siempre
habrá suficiente harina y aceite en tus depósitos
hasta el día en que él envíe la lluvia, y vuelva a
haber cosecha.
[15]Ella hizo lo que Elías dijo; y los tres siguieron
comiendo de la provisión de harina y aceite todo
el tiempo que fue necesario. [16]No importaba qué
cantidad usara, siempre quedaba suficiente en los
depósitos, tal como el SEÑOR lo había prometido
por medio de Elías.
[17]Pero un día se enfermó el hijo de la mujer, y
murió.
[18]—¡Varón de Dios! —lloró ella—, ¿qué me has
hecho? ¿Has venido aquí a castigarme por mis
pecados, y a matar a mi hijo?
[19]—Dámelo —respondió Elías.
Elías tomó el cuerpo del niño y lo llevó al aposento alto, a la pieza de huéspedes donde vivía,
y puso al niño en la cama. [20]Luego clamó al
SEÑOR: «SEÑOR mi Dios, ¿por qué le has mandado la muerte al hijo de esta viuda que me está
hospedando?» [21]Enseguida, se extendió sobre el
niño tres veces, y clamó al SEÑOR: «¡SEÑOR mi Dios,
permite que este niño vuelva a la vida!»
[22]El SEÑOR oyó la oración de Elías, y el niño
volvió a vivir. [23]Entonces Elías lo llevó abajo y
se lo entregó a su madre:
—¡Mira, tu hijo vive! —le dijo.
[24]—Ahora sé ciertamente que tú eres un profeta —le dijo ella— y que todo lo que tú dices
viene de parte del SEÑOR.

☼17.9

Elías y Abdías

18 Tres años más tarde, el Señor le dijo a Elías: «Ve y dile al rey Acab que pronto enviaré lluvia nuevamente». 2Entonces Elías fue a decírselo. Debido a la sequía era mucha el hambre que había en Samaria.

3,4El hombre que estaba a cargo de la casa de Acab era Abdías, un devoto servidor del Señor. Una vez, cuando la reina Jezabel trató de matar a todos los profetas del Señor, Abdías escondió a un centenar de ellos en dos cuevas, cincuenta en cada una, y los alimentó con pan y agua.

5Aquel mismo día, mientras Elías iba al encuentro del rey Acab, éste le había dicho a Abdías: «Debemos recorrer la tierra en busca de arroyos y ríos. Es probable que encontremos pasto para alimentar los caballos y las mulas, porque si no, se van a morir de hambre».

6Así que cada uno tomó una dirección opuesta, para ir a recorrer la tierra. 7Repentinamente, Abdías vio que Elías se le acercaba. Abdías lo reconoció inmediatamente y cayó en tierra delante de él.

—¿Es usted, mi señor Elías? —le preguntó.

8—Sí, soy yo —respondió Elías—. Ahora ve y dile al rey que yo estoy aquí.

9—Señor —protestó Abdías—, ¿qué mal he cometido yo, para que usted me envíe a darle ese mensaje a Acab? ¡Eso es entregarme en sus manos para que me mate! 10Porque, ciertamente, el rey lo ha buscado a usted por todas las naciones y reinos de la región. Cada vez que se le ha dicho: "Elías no está aquí", el rey Acab ha obligado al rey de esa nación a jurarle que le está diciendo la verdad. 11Y ahora, usted me dice: "Ve y dile que Elías está aquí". 12Pero en cuanto yo me haya ido, el Espíritu del Señor se lo llevará a usted a quién sabe qué lugar, y cuando Acab venga y no lo encuentre, me matará. Usted bien sabe que yo he sido un verdadero siervo del Señor toda mi vida. 13¿No le han contado que cuando Jezabel estaba tratando de matar a los profetas del Señor, yo escondí a un centenar de ellos en dos cuevas, y les di pan y agua? 14Y ahora usted me dice: "Ve y dile al rey que Elías está aquí". Señor, si hago eso soy hombre muerto.

15Pero Elías le dijo:

—Te juro por el Señor, el Dios Todopoderoso, en cuya presencia estoy, que hoy me presentaré ante Acab.

Elías en el monte Carmelo

16Entonces Abdías fue y le dijo a Acab que Elías había llegado; y Acab fue a encontrarse con él. 17—¡Así que tú eres el hombre que ha traído todo este desastre sobre Israel! —exclamó Acab, en cuanto lo vio.

18—Tú eres el que ha traído este desastre —respondió Elías—. Porque tú y tu familia se han negado a obedecer al Señor, y han adorado a Baal. 19Ahora, convoca a todo el pueblo de Israel. Diles que vayan al monte Carmelo, junto con los cuatrocientos cincuenta profetas de Baal y los cuatrocientos profetas de la diosa Aserá, que tienen el apoyo de Jezabel.

20Entonces Acab convocó a todo el pueblo y a los profetas en el monte Carmelo. 21Una vez allí, Elías les dijo:

—¿Hasta cuándo estarán ustedes vacilando entre dos opiniones? —le preguntó al pueblo—. ¡Si el Señor es Dios, síganlo; pero si Baal es Dios, sigan a Baal!

22Y añadió:

—Yo soy el único profeta que queda de los profetas del Señor, pero Baal tiene cuatrocientos cincuenta profetas. 23Traigan ahora dos becerros. Los profetas de Baal pueden elegir uno de ellos, cortarlo en pedazos y ponerlo sobre la leña en el altar, pero sin encender fuego bajo la leña; yo prepararé el otro becerro y lo pondré sobre la leña, en el altar del Señor, y tampoco encenderé fuego debajo. 24Entonces ustedes oren a su dios, y yo oraré al Señor. El que responda enviando fuego para encender la leña, ese es el verdadero Dios.

Todo el pueblo estuvo de acuerdo en someterse a esta prueba.

25Elías se volvió a los profetas de Baal, y les dijo:

—Empiecen ustedes, pues son la mayoría. Escojan uno de los becerros, prepárenlo, y luego invoquen a su dios; pero no enciendan fuego debajo de la leña.

26Ellos prepararon uno de los becerros y lo pusieron sobre el altar. Y estuvieron invocando a Baal toda la mañana.

—Baal, óyenos —gritaban, mientras saltaban alrededor del altar que habían construido.

Pero no recibieron respuesta de ningún tipo. 27Alrededor del mediodía, Elías comenzó a burlarse de ellos:

—Ustedes tienen que gritar más fuerte —les decía—. De seguro que es dios, pero tienen que llamar su atención. Quizás está conversando con alguien, o quizás está sentado meditando, o quizás está de viaje, o se ha dormido y hay que despertarlo.

28Entonces ellos gritaron con más fuerza y, según era su costumbre, comenzaron a cortarse con cuchillos y espadas hasta chorrear sangre. 29Gritaron toda la tarde hasta la hora del sacrificio, pero no hubo respuesta; no sucedió nada, nadie les prestó atención.

30Entonces Elías llamó al pueblo:

—Acérquense —les dijo.

Y todos se acercaron mientras él reparaba el
altar del Señor, que estaba destruido. 31Tomó doce
piedras, una en representación de cada tribu de
Israel, 32y usó las piedras para reedificar el altar
del Señor. Luego cavó una zanja donde cabían
unos doce litros de agua. 33Puso la leña sobre
el altar, cortó en pedazos el becerro y puso los
trozos sobre la leña.
—Llenen cuatro cántaros de agua —dijo— y
derramen el agua sobre el becerro y la leña.
Después que lo hicieron les dijo:
34—Háganlo nuevamente—. Y ellos lo hicieron.
—Háganlo una vez más —volvió a decirles.
Ellos lo hicieron, 35y el agua corrió alrededor
del altar y llenó la zanja que Elías había hecho.
36Cuando llegó la hora del acostumbrado sacrificio de la tarde, Elías se dirigió hasta el altar
y oró: «Señor, Dios de Abraham, Isaac e Israel,
demuestra que tú eres el Dios de Israel, y que yo
soy tu siervo; demuestra que yo he hecho todo
esto por orden tuya. 37Señor, respóndeme. Respóndeme para que esta gente sepa que tú eres
Dios, y que quieres que ellos se vuelvan a ti».
38Entonces, repentinamente, descendió fuego
del cielo y quemó el becerro, la leña, las piedras,
el polvo, e hizo que se evaporara el agua que
había en la zanja.
39Y cuando los que estaban allí vieron esto,
se inclinaron con sus rostros en tierra, gritando:
—¡El Señor es Dios! ¡El Señor es Dios!
40Entonces Elías les ordenó:
—¡Agarren a todos los profetas de Baal! ¡Que
ninguno escape!
Ellos los atraparon a todos, y Elías los condujo
al arroyo de Quisón, y allí los degolló.
41Después Elías le dijo a Acab:
—Ve y disfruta de una buena comida. Oigo
que se acerca una tormenta.
42Enseguida Acab se fue a comer y a beber.
Pero Elías se subió a la cumbre del monte Carmelo y se arrodilló con su rostro entre las rodillas,
43y le dijo a su siervo:
—Ve y mira hacia el mar.
Él fue y miró, y regresó y le dijo a Elías:
—No se ve nada.
Entonces Elías le dijo:
—Ve siete veces.
44Finalmente, a la séptima vez, el siervo le dijo:
—Veo una pequeña nube, como del tamaño
de una mano de hombre, que se levanta del mar.
Entonces Elías gritó:
—Corre a decirle a Acab que se suba a su carro
y baje de la montaña o será detenido por la lluvia.
45Poco después, el cielo se oscureció con nubes,
y comenzó a soplar un viento que trajo una terrible tormenta. Acab salió apresuradamente hacia
Jezrel. 46Elías, por su parte, se amarró el manto
con el cinturón, y echó a correr hacia Jezrel, y
llegó primero que Acab, pues el Señor, con su
poder, fortaleció a Elías para que pudiera correr.

Elías huye a Horeb

19 Cuando Acab le contó a Jezabel lo que
había hecho Elías, y cómo había dado
muerte a los profetas de Baal, 2ella le envió este
mensaje a Elías: «¡Te juro por mis dioses, que
mañana, a esta misma hora, tú serás hombre
muerto! ¡Así como mataste a mis profetas, yo te
mataré a ti!»
3Elías entonces huyó para salvar su vida. Se fue
a Berseba, ciudad de Judá, y dejó a su siervo
allí. 4Luego se internó en el desierto. Después de
caminar todo un día, se sentó bajo un arbusto,
y sintió deseos de morir.
«¡Basta! —le dijo al Señor—. ¡Quítame la
vida, pues no soy mejor que mis antepasados!»
5Entonces se acostó y se quedó dormido bajo el
arbusto. Pero mientras dormía, un ángel lo tocó
y le dijo: «Levántate y come». 6Él miró y vio que
había un pan cocido sobre piedras calientes, y
un cántaro de agua. Entonces comió, bebió y se
acostó nuevamente.
7Entonces el ángel del Señor volvió, lo tocó y
le dijo: «Levántate y come más, porque tienes
un largo viaje por delante». 8Entonces Elías se
levantó, comió y bebió, y recobró suficientes fuerzas para viajar durante cuarenta días y cuarenta
noches hasta el monte Horeb, el monte de Dios.
9Al llegar allí, se metió en una cueva, para pasar
la noche.

El Señor se le aparece a Elías

Pero el Señor le dijo:
—¿Qué haces aquí, Elías?
10Él contestó:
—Siento un ardiente amor por ti, Dios Todopoderoso; me duele ver cómo el pueblo de Israel
ha quebrantado el pacto contigo, ha derribado
tus altares, ha dado muerte a tus profetas. ¡Sólo
yo he quedado, y ahora están tratando de matarme a mí también!
11—Sal y ponte delante de mí, en la montaña,
pues voy a pasar por aquí —le dijo el Señor.
En ese momento, sopló un fuerte viento que
azotó las montañas. Era tan terrible que hacía
añicos las rocas y partía las montañas, pero el
Señor no estaba en el viento. Después del viento
hubo un terremoto, pero el Señor no estaba en el
terremoto. 12Y después del terremoto hubo fuego,
pero el Señor no estaba en el fuego. Y después
del fuego se oyó un susurro suave y apacible.
13Cuando Elías lo oyó, se cubrió el rostro con el
manto, salió y estuvo parado a la entrada de la
cueva. Y una voz le preguntó:
—¿Por qué estás aquí, Elías?

14Él respondió nuevamente:
—Siento un ardiente amor por ti, Dios Todopoderoso; me duele ver cómo el pueblo de Israel
ha quebrantado el pacto contigo, ha derribado
tus altares y ha dado muerte a tus profetas. ¡Sólo
yo he quedado, y ahora están tratando de matarme a mí también!
15El SEÑOR le dijo:
—Regresa a Damasco, por el camino del
desierto, y cuando llegues unge a Jazael para
que sea rey de Siria. 16Luego unge a Jehú hijo
de Nimsi, para que sea rey de Israel, y unge a
Eliseo hijo de Safat, de Abel Mejolá, para que te
reemplace como profeta mío. 17Quien escape de
Jazael, Jehú lo matará, y los que escapen de Jehú,
Eliseo los matará. 18Pero tienes que saber que aún
quedan siete mil hombres en Israel que jamás
se han inclinado ante Baal ni lo han adorado.

El llamamiento de Eliseo

19Entonces Elías fue y halló a Eliseo, mientras
éste araba un campo. Dirigía la última de las
doce yuntas que estaban trabajando. Elías se
acercó a él, le puso el manto en sus hombros y
se alejó. 20Eliseo dejó los bueyes allí, corrió tras
Elías, y le dijo:
—Primero deja que me despida de mi padre y
de mi madre con un beso, y luego me iré contigo.
Elías le respondió:
—Puedes hacerlo. Sólo ten presente lo que
te he hecho hoy.
21Eliseo entonces regresó. Luego tomó los bueyes, los mató y usó la leña del arado para hacer
una fogata, para asar la carne. Invitó a su gente a
comer del asado, y ellos aceptaron su invitación.
Luego se fue con Elías, como su ayudante.

Ben Adad ataca a Samaria

20 Ben Adad, de Siria, movilizó su ejército
para ir a sitiar a Samaria, la capital de
Israel. Para esto contó con el apoyo de treinta y
dos reyes amigos, con sus carros de combate y
sus caballos. 2,3Envió este mensaje a Acab, rey de
Israel: «Tu plata y tu oro son míos, y mías son
las mujeres y tus hermosos hijos».
4Por su parte, Acab le envió esta respuesta:
«Bien, señor mío, tal como tú lo dices, yo soy
tuyo, y todo lo que tengo es tuyo».
5,6Después volvieron los mensajeros de Ben
Adad y le trajeron otro mensaje: «No solamente
debes darme el oro, la plata, las mujeres y los
niños, sino que mañana a esta hora enviaré a
mis hombres para que busquen en tu casa y en
las casas de tu pueblo, y saquen cuanto a ellos
les guste».
7Entonces Acab convocó a sus consejeros:
—Miren lo que este hombre está haciendo —
se quejó—. Sigue buscando problemas, a pesar
de que le dije que podía llevarse las mujeres, los
niños, el oro y la plata, tal como lo había pedido.
8—No le entregues nada más —le aconsejaron los ancianos.
9Entonces él les dijo a los mensajeros de Ben
Adad:
—Díganle a mi señor, el rey: "Yo te daré todo
lo que pediste la primera vez, pero lo otro no".
Entonces los mensajeros regresaron para darle
el mensaje a Ben Adad. 10El rey de los sirios envió
este otro mensaje a Acab: «¡Que los dioses me
hagan más de lo que te puedo hacer a ti, si dejo
que en Samaria quede el polvo suficiente para
que cada uno de los que me siguen se lleve un
puñado!»
11El rey Acab le respondió: «¡No te jactes de
la victoria sin siquiera haber peleado todavía!».
12La respuesta de Acab la recibieron Ben Adad
y los otros reyes mientras estaban bebiendo en
su campamento. Inmediatamente Ben Adad
ordenó a su tropa: «¡Prepárense para el ataque!»
De modo que se prepararon para ir a atacar la
ciudad.

Acab derrota a Ben Adad

13Entonces vino un profeta a ver al rey Acab, y
le dio este mensaje de parte del SEÑOR:
—¿Ves a todos estos enemigos? Hoy los entregaré en tus manos, así no te quedará ninguna
duda de que yo soy el SEÑOR.
14Acab respondió:
—Y, ¿cómo lo hará?
Y el profeta respondió:
—El SEÑOR dice que lo hará por medio de los
siervos de los príncipes de las provincias.
—¿Atacaremos nosotros primero? —preguntó
Acab.
—Sí —respondió el profeta.
15Entonces Acab pasó revista a los siervos de los
príncipes de las provincias, que eran doscientos
treinta y dos. Luego pasó revista a todo el pueblo,
el cual estaba integrado por siete mil hombres.
16Hacia el mediodía, cuando Ben Adad y los
treinta y dos reyes aliados estaban bebiendo y se
habían embriagado, salieron los primeros hombres de Acab de la ciudad. 17Cuando se acercaban,
los vigías de Ben Adad le informaron:
—Vienen algunos hombres.
18—Tómenlos vivos —ordenó Ben Adad—,
ya sea que vengan en son de paz o de guerra.
19Entonces todo el pueblo que seguía a Acab se
unió al ataque. 20Cada uno mató a un soldado
sirio, y repentinamente, todos los sirios huyeron
presas del pánico. Los israelitas los persiguieron,
pero el rey Ben Adad y unos pocos jinetes escaparon. 21Sin embargo, el grueso de los caballos
y carros fueron capturados, y la mayor parte de
los sirios murió en aquella batalla.

22Entonces el profeta se acercó al rey Acab y le
dijo: «Prepárate para otro ataque, pues el rey de
Siria volverá a atacar el próximo año».
23Después de su derrota, los siervos del rey Ben
Adad le dijeron: «El Dios de Israel es Dios de las
colinas, por eso es que los israelitas ganaron. Pero
podemos derrotarlos fácilmente en las llanuras.
24Sólo que esta vez hay que poner gobernadores
en vez de reyes. 25Alista otro ejército similar al que
perdiste; danos la misma cantidad de caballos,
carros y hombres, y pelearemos contra ellos en
las llanuras; no hay sombra de duda de que los
derrotaremos».
El rey Ben Adad hizo lo que ellos sugerían. 26Al
año siguiente alistó a los sirios y salió nuevamente contra Israel, esta vez en Afec. 27El rey Acab, por
su parte, conformó su ejército, estableció la línea
de aprovisionamiento, y salió a ofrecer batalla;
pero los israelitas parecían un par de rebaños de
cabritos, en comparación con las fuerzas sirias
que llenaban todo el campo.
28Entonces un profeta se presentó ante el rey
de Israel con este mensaje de parte del Señor:
«Por cuanto los sirios han dicho: "El Señor es un
Dios de las montañas y no de las llanuras", yo te
entregaré a todo este pueblo, y ustedes sabrán, sin
duda alguna, de que yo soy el Señor».
29Acamparon uno frente al otro durante siete
días, y en el séptimo día se inició la batalla. Los
israelitas dieron muerte, en aquel día, a cien
mil soldados de infantería siria. 30El resto huyó
a refugiarse tras las murallas de Afec; pero las
murallas cayeron sobre ellos y mataron a otros
veintisiete mil hombres. Ben Adad huyó a la ciudad, y se escondió en una pieza interior de una
de las casas.
31Entonces sus siervos le dijeron: «Señor,
hemos oído decir que los reyes de Israel son muy
misericordiosos. Vistámonos con ropas ásperas,
pongámonos cuerdas en el cuello y salgamos
para ver si el rey Acab nos deja con vida».
32Entonces fueron ante el rey de Israel y le
suplicaron:
—Tu siervo Ben Adad te manda a decir que
por favor le perdones la vida.
—¿Está vivo aún? —preguntó el rey de
Israel—. ¡Él es mi hermano!
33Los hombres inmediatamente se aferraron
a este rayo de esperanza, y se apresuraron a responder:
—¡Sí, Ben Adad es tu hermano!
—Vayan y tráiganlo —les dijo el rey de Israel.
Y cuando Ben Adad llegó, Acab lo invitó a subir
a uno de sus carros.
34Ben Adad le dijo:
—Te devolveré las ciudades que mi padre le
quitó al tuyo, para que puedas establecer puestos
de comercio en Damasco, como mi padre hizo
en Samaria.
Acab le contestó:
—Siendo así, te dejaré en libertad.
De este modo Acab hizo un pacto con Ben
Adad, y lo dejó ir.

Un profeta condena a Acab

35Mientras tanto, el Señor habló a uno de los
profetas para que le dijera a otro hombre:
—¡Golpéame!
Pero el hombre se negó a hacerlo.
36Entonces el profeta dijo:
—Por cuanto no obedeciste la voz del Señor,
saldrá un león y te matará en cuanto yo me haya
ido.
Y, efectivamente, tan pronto el profeta se fue,
un león atacó al hombre y lo mató.
37Entonces el profeta fue y le dijo a otro hombre: «¡Golpéame!» Y él lo hizo, y lo dejó herido.
38El profeta esperó al rey a una orilla del camino, habiéndose vendado los ojos para disfrazarse.
39Cuando el rey pasó, el profeta lo llamó y
le dijo:
—Señor, yo estaba en la batalla, y un hombre
me entregó un prisionero y dijo: "Cuida a este
hombre; si él se va, morirás, o me tendrás que dar
treinta mil monedas de plata". 40Pero mientras
yo estaba ocupado en otra cosa, el prisionero
desapareció.
—Bueno, es culpa tuya —respondió el rey—.
Tendrás que pagar.
41Entonces el profeta se arrancó el vendaje de
los ojos, y el rey lo reconoció como uno de los
profetas. 42El profeta le dijo:
—El Señor ha dicho: "Por cuanto tú has salvado la vida del hombre que yo dije que debería
morir, tú morirás en su lugar, y tu pueblo morirá
en lugar del suyo".
43Entonces el rey de Israel regresó a Samaria
enojado y deprimido.

El viñedo de Nabot

21 Nabot, un hombre de Jezrel, tenía un viñedo en las afueras de la ciudad, junto al
palacio del rey Acab. 2Un día el rey le habló y le
pidió que le vendiera su propiedad.
—Quiero plantar en ella una huerta —explicó el rey—, porque está junto al palacio. Yo te
puedo dar un mejor terreno en el cual puedes
tener otro viñedo, o si quieres te daré el dinero
que me pidas.
3Pero Nabot respondió:
—Eso jamás sucederá, pues el Señor me prohíbe venderle la propiedad que ha pertenecido
a mi familia durante generaciones.

4Entonces Acab, enojado y deprimido, regresó
al palacio. Se negó a comer, y se acostó vuelto
hacia a la pared.
5—¿Qué es lo que te pasa? —le preguntó su
esposa Jezabel—. ¿Por qué no comes? ¿Por qué
estás tan deprimido y enojado?
6—Le pedí a Nabot que me vendiera su viñedo
o que lo cambiara por otro, y él se negó —le
respondió Acab.
7—¿Acaso no eres tú el rey de Israel? —le
preguntó Jezabel—. Levántate y come, y no te
preocupes más acerca de ello. Yo te daré ese
viñedo de Nabot.
8Entonces escribió una carta en nombre de
Acab, le puso el sello y la envió a los dirigentes
de Jezrel, la ciudad en que vivía Nabot. 9En la
carta les decía:
«Convoquen a todos los ciudadanos para
que se reúnan a ayunar y orar. También citen
a Nabot, 10y busquen a dos personas que lo acusen de haber blasfemado contra Dios y de haber
maldecido al rey. Luego sáquenlo y mátenlo a
pedradas».
11Los ancianos de la ciudad siguieron las instrucciones que Jezabel les había dado en su carta.
12Convocaron a un ayuno, y sentaron a Nabot
delante del pueblo. 13Entonces dos hombres sin
conciencia lo acusaron de haber maldecido a
Dios y al rey. Entonces Nabot fue arrastrado a
las afueras de la ciudad, donde lo apedrearon
hasta darle muerte. 14Luego avisaron a Jezabel
que Nabot había muerto.
15Cuando Jezabel supo la noticia, le dijo a Acab:
«Nabot no quiso venderte su viñedo por dinero.
Bien, ahora puedes tenerlo sin pagar nada, pues
él ha muerto». 16Entonces Acab fue al viñedo,
para tomar posesión de él.
17Pero el Señor le dijo a Elías: 18«Ve a Samaria, y visita al rey Acab, rey de Israel. Ahora se
encuentra en el viñedo de Nabot, pues ha ido
a apoderarse de él. 19Dale este mensaje de mi
parte: "¿No te ha sido suficiente matar a Nabot?
¿Debes robarle también? Debido a esto los perros
lamerán tu sangre en las afueras de la ciudad, de
la misma manera que ellos lamieron la sangre
de Nabot"».
20—¡Me has encontrado, enemigo mío! —
exclamó Acab cuando vio a Elías.
—Sí —respondió Elías—, he venido, porque
no haces otra cosa que ofender al Señor, pues
solo sabes hacer lo malo. 21Por eso el Señor va
a traerte una gran desgracia, y te va a eliminar.
No permitirá que ninguno de tus descendientes
varones, esclavo o libre, sobreviva. 22Va a destruir
a tu familia, tal como lo hizo con la familia de
Jeroboán y con la familia del rey Basá, porque
tú has provocado su ira y has hecho que todo
Israel caiga en pecado. 23El Señor también me
ha dicho que los perros se comerán el cuerpo
de Jezabel, tu esposa, en los campos de Jezrel.
24Los miembros de tu familia que mueran en la
ciudad serán comidos por los perros, y a los que
mueran en el campo, se los comerán los buitres.
25Nadie se entregó de tal manera a hacer el mal
como Acab, porque Jezabel, su esposa, lo incitaba
a que cometiera toda suerte de perversidades.
26Especialmente se dedicó a la adoración de ídolos, tal como lo hacían los amorreos, pueblo al
cual el Señor había expulsado de la tierra, para
darle el lugar al pueblo de Israel.
27Cuando Acab oyó estas profecías, se vistió con
ropa áspera y ayunó. No se quitaba esa ropa para
dormir, y andaba deprimido. 28Entonces Elías el
tisbita recibió otro mensaje de parte del Señor,
en el que le decía: 29«¿Ves cómo se ha humillado Acab delante de mí? Por cuanto él ha hecho
esto, no haré lo que anuncié durante su vida.
Pero enviaré la desgracia a su familia durante
el reinado de su hijo».

Micaías profetiza contra Acab

22 Durante tres años no hubo guerra entre
Siria e Israel. 2Pero en el tercer año, mientras el rey Josafat, de Judá, visitaba al rey Acab,
de Israel, 3Acab le dijo a sus oficiales: «¿Se dan
cuenta ustedes de que los sirios están aún ocupando nuestra ciudad de Ramot de Galaad? Y
nosotros estamos aquí sentados sin hacer nada
al respecto».
4Entonces se dirigió a Josafat, y le preguntó:
—¿Pelearemos juntos para recobrar la ciudad
de Ramot de Galaad?
El rey Josafat de Judá le respondió:
—Desde luego. Tú y yo somos hermanos; mi
pueblo está a tus órdenes, y mis caballos están a
tu servicio. 5Pero —añadió—, debemos consultar al Señor primero, para estar seguros si esto es
lo que él quiere que hagamos.
6Entonces el rey Acab convocó a sus cuatrocientos profetas paganos y les preguntó:
—¿Atacaremos a Ramot de Galaad?
Y ellos respondieron:
—Sí, vayan, porque el Señor les ayudará a
conquistarla.
7Pero Josafat preguntó:
—¿No hay por aquí un profeta del Señor? Me
gustaría consultarlo.
8Sí, aquí hay uno —dijo el rey Acab—, pero yo
lo odio, porque jamás me profetiza algo bueno,
sino todo lo malo. Su nombre es Micaías hijo
de Imlá.
—¡Vamos! —respondió Josafat—. No digas
tal cosa.
9Entonces el rey Acab llamó a uno de sus sirvientes y le dijo:
—Ve a buscar a Micaías. ¡Date prisa!

10 Entre tanto, todos los profetas seguían dando sus profecías delante de los dos reyes, que estaban con sus vestiduras reales, sentados en los tronos colocados en la era junto a la puerta de la ciudad. 11 Sedequías hijo de Quenaná, que era uno de los falsos profetas, hizo unos cuernos de hierro y declaró:

—El Señor promete que con estos cuernos cornearás a los sirios hasta destruirlos.

12 Y los otros estaban de acuerdo.

—Ve y ataca Ramot de Galaad —le dijeron—, porque el Señor te dará la victoria.

13 El mensajero que fue enviado a buscar a Micaías le dijo:

—Mira, todos los profetas han anunciado que el rey saldrá bien librado en esta batalla. Así que debes concordar con lo que ellos están diciendo.

14 Pero Micaías le respondió:

—Puedes tener la plena seguridad de que sólo hablaré lo que el Señor me diga que hable. Esto es tan cierto como que el Señor vive.

15 Cuando llegaron, el rey le preguntó a Micaías:

—Micaías, ¿subiremos a atacar a Ramot de Galaad, o no?

—¡Sí, por supuesto! ¡Sigan adelante! —le dijo Micaías—. Tendrás una gran victoria, porque el Señor te hará vencedor.

16 —¿Cuántas veces debo decirte que me digas solamente lo que el Señor te ha dicho? —le exigió el rey.

17 Entonces Micaías le dijo:

—Vi a Israel esparcido por las montañas, como ovejas sin pastor. Y el Señor dijo: «El rey de ellos está muerto, así que no tienen quién los gobierne. Pídeles que se vayan a sus casas en paz».

18 Volviéndose a Josafat, Acab se quejó:

—¿No te dije lo que ocurriría? Él jamás me da buenas noticias. Siempre me anuncia el mal.

19 Micaías respondió:

—Escucha esta otra palabra del Señor: Vi al Señor sentado en su trono, y los ejércitos del cielo que estaban alrededor de él. 20,21 Entonces el Señor preguntó: "¿Quién irá a inducir a Acab para que vaya y muera en Ramot de Galaad?" Varias sugerencias se hicieron, hasta que un ángel se acercó al Señor y le dijo: "Yo lo seduciré". 22 "¿Cómo lo harás?", le preguntó el Señor, y él respondió: "Yo iré como un espíritu mentiroso y hablaré por boca de sus profetas". Y el Señor dijo: "Eso está bien; ve, porque tú lo lograrás". 23 ¿No ves? El Señor ha puesto un espíritu mentiroso en la boca de estos profetas, pero el hecho es que el Señor ha decretado el desastre para ti.

24 Entonces Sedequías hijo de Quenaná, se acercó a Micaías y lo golpeó en el rostro.

—¿Desde cuándo el Espíritu del Señor ha dejado de hablarme a mí, para hablarte a ti?

25 Y Micaías le respondió:

—Recibirás la respuesta a tu pregunta cuando andes escondiéndote de habitación en habitación.

26 Entonces el rey Acab ordenó que arrestaran a Micaías.

—Llévenlo a Amón, el jefe de la ciudad, y a mi hijo Joás. 27 Díganles que yo he ordenado que pongan a este individuo en la cárcel, y lo alimenten con pan y agua, sólo lo suficiente para que siga vivo hasta que yo regrese en paz.

28 —Si tú vuelves en paz —respondió Micaías— será prueba de que el Señor no ha hablado por medio de mí.

Entonces Micaías se volvió al pueblo que estaba parado cerca, y dijo:

—¡Tomen nota de lo que he dicho!

Muerte de Acab

29 El rey Acab, de Israel, y el rey Josafat, de Judá, subieron contra Ramot de Galaad.

30 Acab le dijo a Josafat: «Usa tus ropas reales, pero yo no usaré las mías, sino que me disfrazaré». Entonces Acab se disfrazó y entró en la batalla.

31 El rey de Siria había dado orden a sus treinta y dos comandantes de los carros de guerra que concentraran los ataques contra el rey Acab. 32,33 Cuando vieron a Josafat con sus vestiduras reales, pensaron: «Este es el hombre que buscamos». Entonces lo rodearon para atacarlo. Pero cuando Josafat gritó pidiendo ayuda, ellos dejaron de perseguirlo.

34 Sin embargo, alguien disparó una flecha sin dirección y ésta hizo blanco en el rey Acab, por entre las uniones de su armadura. Entonces el rey ordenó al que conducía su carro: «Sácame de aquí, pues estoy herido». 35 La batalla se hizo cada vez más intensa a medida que transcurría el día. El rey Acab, herido, permanecía de pie en su carro, frente a los sirios. Pero la sangre que manaba de su herida corría por el piso del carro. Finalmente, al atardecer, murió. 36,37 Cuando el sol se estaba poniendo, se corrió la voz por el campamento: «¡El rey ha muerto! ¡Que todos regresen a sus ciudades! ¡Que cada uno vaya a su casa!»

Fue así como murió el rey Acab. Llevaron su cuerpo a Samaria, y allí lo sepultaron. 38 Cuando su carro y su armadura fueron lavados junto al estanque de Samaria, donde las prostitutas se bañaban, los perros vinieron y lamieron la sangre del rey, tal como el Señor lo había anunciado.

39 El resto de la historia de Acab, incluyendo el relato de la construcción del palacio de marfil y las ciudades que edificó, está escrito en el libro de los reyes de Israel. 40 Acab fue sepultado entre

sus antepasados, y su hijo Ocozías fue el nuevo rey de Israel.

Josafat, rey de Judá

41Mientras tanto, en Judá, Josafat hijo de Asá,
había subido al trono durante el cuarto año de
reinado de Acab, rey de Israel. 42Josafat tenía
treinta y cinco años cuando subió al trono, y
reinó en Jerusalén durante veinticinco años. Su
madre, fue Azuba, hija de Siljí. 43Siguió el buen
ejemplo de su padre Asá, obedeciendo al SEÑOR
en todo, salvo en una cosa: no destruyó los santuarios paganos, de modo que el pueblo hizo
sacrificios y quemó incienso en ellos. 44También
hizo la paz con Acab, el rey de Israel.

45El resto de los hechos de Josafat, sus heroicas
acciones y sus guerras, está registrado en el libro
de los reyes de Judá. 46También expulsó de la tierra a todos aquéllos que continuaban practicando
la prostitución como un acto de adoración, los
cuales habían quedado desde los días de su padre
Asá. 47En aquel tiempo no había rey en Edom,
sino un gobernador.

48El rey Josafat construyó barcos que fueran a
buscar oro a Ofir; pero jamás llegaron, porque
naufragaron en Ezión Guéber. 49Ocozías, hijo del
rey Acab, y quien lo sucedió en el trono, había
propuesto a Josafat que sus hombres fueran también, pero Josafat había rechazado la oferta.

50Cuando el rey Josafat murió, fue sepultado
con sus antepasados en Jerusalén, en la ciudad
de su antepasado David; y su hijo Jorán subió
al trono.

Ocozías, rey de Israel

51Fue durante el año diecisiete del reinado
de Josafat, de Judá, que Ocozías hijo de Acab
comenzó a reinar sobre Israel, en Samaria; y
reinó durante dos años. 52,53Pero no fue un buen
rey, porque siguió los pasos de su padre y de su
madre, y los pasos de Jeroboán hijo de Nabat, el
que hizo pecar a Israel, al hacer que adoraran
ídolos. Ocozías, pues, provocó mucho la ira del
SEÑOR, Dios de Israel, pues adoró a Baal, tal como
lo había hecho su padre Acab.

2 REYES

¿Quién lo escribió?

Los dos libros de Reyes forman un solo tomo en el canon hebreo. Algunos estudiosos han propuesto que fue recopilado por toda una escuela de escritores, pero no hay razón para dudar que estos libros son obra de un solo autor, el cual echó mano de diversas fuentes históricas, como "las crónicas de Salomón" (1 R. 11:41) o las "crónicas de los reyes de Judá" (1 R. 14:29; pero recuerda que ese no es el libro bíblico de Crónicas, sino los registros oficiales de los reyes). Así, entonces, el autor fue un judío que conocía bien la historia del pueblo de Israel, que fue testigo presencial del destino final del reino del sur, y su capital, Jerusalén, y además tenía una mentalidad teológica proveniente de las ideas del pacto hecho con Moisés. La tradición judía propone que el autor fue Jeremías y, aunque se puede decir que el estilo tiene similitudes con las ideas de ese profeta, la verdad es que no hay manera de saberlo con seguridad.

¿A quién lo escribió?

Básicamente, el libro fue escrito para los judíos que habían sufrido la invasión final de los caldeos, tanto los pocos que se habían quedado en Jerusalén, como los cautivos en Babilonia. Debe haber sido trágico saber que ellos, que eran el pueblo de Dios, habían sido conquista- dos por un pueblo cruel, el cual destruyó la amada Jerusalén, arrasó con el sagrado templo y los arrancó de su querida tierra prometida. "¿Qué pasó?", se preguntarían. "¿Por qué Dios permitió esta horrible catástrofe?". Para estos judíos cautivos, aturdidos, consternados y desconcertados fue escrito este libro.

¿Cuándo y dónde lo escribió?

1 Reyes comienza más o menos donde termina 2 Samuel. La composición final de Reyes ocurrió, no en un tiempo muy placentero para el escritor y sus lectores. Los libros deben haber sido escritos durante las primeras décadas del cautiverio y unos años después de la destrucción de Jerusalén, la cual ocurrió en el año 586 a.C. Sin duda, el libro fue escrito en Jerusalén, ya que el autor tiene un conocimiento muy amplio de los eventos desastrosos que ocurrieron en esa ciudad y además lo que ocurrió con sus habitantes en los años posteriores.

Panorama del libro

Este segundo tomo de la obra (véase la introducción a 1 Reyes), narra el trágico destino de los dos reinos que formaban el pueblo de Israel. El primero en ser llevado al cautiverio es el reino del norte (año 722 a.C., cap. 17), el cual es conquistado por los asirios. Unos años después, el reino del sur (Judá) también fue llevado cautivo por los babilonios (el cautiverio comienza en el año 605 a.C. y hay sucesivos ataques de los caldeos, hasta que en el año 586 a.C., la ciudad es destruida, cap. 25). Siempre el criterio de evaluación fue la obediencia al pacto de Dios con su pueblo.

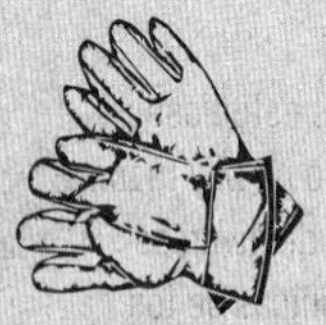

¿Cómo se relaciona con nosotros?

Cuando andamos por caminos que sabemos que no son correctos solemos minimizar la gravedad de los pecados y convencernos de que "tenemos todo bajo control". Otro consuelo suele ser pensar que hay otros que están peor que nosotros, pero estos pensamientos son el paso previo al fracaso, ya que enfrentamos los problemas con nuestras propias fuerzas y según nuestra limitada sabiduría.
Eso fue lo que le sucedió al pueblo de Dios en 2 Reyes. A pesar de la presencia de grandes siervos de Dios, como el profeta Eliseo, y de algunos reyes que actuaron rectamente delante del Señor, al final ambos reinos terminaron en un rotundo fracaso debido a su desobediencia a Dios. Este libro describe el trasfondo histórico de muchos de los libros del Antiguo Testamento, por lo que estudiar los eventos narrados aquí será de gran ayuda para comprender buena parte de la historia en la cual están basados esos libros.

¿Cómo lo estudiamos?

1) Eliseo: El poder de la gracia de Dios se manifiesta aun en medio de apostasía. Caps. 1-13
2) Los reyes de Israel: De mal en peor hasta la destrucción total. Caps. 14-17
3) Los reyes buenos de Judá: Los líderes que trajeron esperanza a un pueblo perdido.
La historia de Joás (Caps. 11-12), Amasías (Cap. 14), Azarías (15:1-7) y Ezequías (caps. 18-20).
4) Los reyes de Judá: El fracaso es inevitable cuando desobedecemos a Dios. Caps. 18-25.

2 REYES

2 Reyes

El juicio del Señor contra Ocozías

1 Después de la muerte del rey Acab, Moab se declaró independiente y se negó a seguir pagando tributos a Israel.

2 Ocozías, el nuevo rey de Israel, que se había caído de la terraza de su palacio en Samaria y había quedado seriamente herido, envió mensajeros al santuario del dios de Baal Zebub, dios de Ecrón, a preguntar si se recuperaría de sus heridas.

3 Pero un ángel del Señor le dijo al profeta Elías: «Ve al encuentro de los mensajeros que el rey de Samaria ha enviado a Ecrón, y pregúntales: "¿Es que no hay Dios en Israel, que van a preguntarle a Baal Zebub, el dios de Ecrón, si el rey se pondrá bien?" 4,5 Por cuanto el rey Ocozías ha hecho esto, el Señor le dice: "No te sanarás, sino que morirás"».

Cuando Elías les dijo esto a los mensajeros, ellos regresaron inmediatamente ante el rey.

—¿Por qué han regresado tan pronto? —les preguntó.

6 —Un hombre vino a nosotros —contestaron— y nos dijo que regresáramos ante usted a decirle: «Por qué envías a consultar a Baal Zebub, dios de Ecrón? ¿Es que no hay Dios en Israel? Por haber hecho esto, el Señor le hace saber al rey que no se recuperará de sus heridas, sino que morirá».

7 —¿Quién era aquel individuo? —preguntó el rey—. ¿Qué aspecto tenía?

8 —Llevaba un abrigo de pelo —le respondieron—, y usaba un cinturón ancho de cuero.

—¡Era el profeta Elías! —exclamó el rey.

9 Entonces envió a un oficial con cincuenta soldados, a arrestarlo. Lo encontraron sentado en la cumbre de una colina. El capitán le dijo:

—Varón de Dios, el rey nos ha mandado a que te llevemos ante él.

10 Pero Elías respondió:

—Si yo soy un varón de Dios, que descienda fuego del cielo y te destruya junto con tus cincuenta hombres.

Y descendió fuego del cielo sobre ellos, y los mató a todos.

11 El rey envió a otro oficial, con cincuenta hombres, a que le dijera:

—Varón de Dios, el rey dice que debes bajar inmediatamente.

12 Elías respondió:

—Si soy un varón de Dios, que descienda fuego del cielo y te destruya a ti con tus cincuenta hombres.

Y nuevamente descendió fuego de Dios, y los quemó.

13 Una vez más, el rey envió cincuenta hombres, pero esta vez el oficial se puso de rodillas ante Elías, y le rogó:

—Varón de Dios, perdona mi vida y la vida de estos tus cincuenta siervos. 14 Yo sé que los otros dos oficiales y sus soldados, que vinieron antes de nosotros, murieron quemados por el fuego que cayó del cielo. Por eso, te pido que nos perdones la vida.

15 Entonces el ángel del Señor le dijo a Elías: «No temas. Ve con él».

Y Elías fue ante la presencia del rey.

16 —¿Por qué enviaste mensajeros a consultar acerca de tu enfermedad a Baal Zebub, dios de Ecrón? —preguntó Elías—. ¿Acaso no hay un Dios en Israel a quien consultar? Por cuanto has hecho esto, no te levantarás de esta cama; ciertamente morirás.

17 Ocozías murió de la manera anunciada por Elías, y Jorán fue el nuevo rey, porque Ocozías no tenía un hijo que le sucediera en el trono. Esto ocurrió en el segundo año del reinado de Jorán hijo de Josafat, rey de Judá. 18 El resto de la historia de Ocozías y su reinado está registrado en el libro de los reyes de Israel.

Elías llevado al cielo

2 Llegó el día en que el Señor se iba a llevar a Elías al cielo en un torbellino. Elías le dijo a Eliseo cuando salieron de Guilgal:

2 —Quédate aquí, porque el Señor me ha dicho que vaya a Betel.

Pero Eliseo le respondió:

—Juro por el Señor y por tu vida que no te dejaré.

Entonces fueron juntos a Betel. 3 Allí los jóvenes que se preparaban para la labor profética salieron a recibirlos, y le preguntaron a Eliseo:

—¿Sabes que hoy el Señor va a llevarse a tu maestro de tu lado?

—¡Cállense! —dijo Eliseo—. ¡Desde luego que lo sé!

4 Poco después Elías dijo a Eliseo:

—Quédate en Betel, porque el Señor me ha enviado a Jericó.

Pero Eliseo le replicó:

—Juro por el Señor y por tu vida que no te dejaré.

Y se fueron juntos a Jericó. 5 Entonces los jóvenes que se preparaban para profetas en Jericó se acercaron a Eliseo, y le preguntaron:

—¿Sabes que hoy el Señor va a llevarse a tu maestro de tu lado?

—¡Cállense! —les ordenó—. ¡Por supuesto que lo sé!

6,7 Luego Elías le dijo a Eliseo:

—Quédate aquí, porque el Señor me ha enviado al río Jordán.

Pero Eliseo le respondió como antes:
—Juro por el Señor y por tu vida que no te
dejaré.
Y partieron juntos y se pararon junto al río Jordán, mientras cincuenta de los jóvenes profetas
miraban desde la distancia. 8Elías dobló su túnica
y golpeó con ella las aguas, y el río se abrió ante
ellos, y cruzaron por tierra seca.
9Cuando llegaron a la otra orilla, Elías le dijo
a Eliseo:
—¿Qué deseas que te conceda antes de ser llevado arriba?
Y Eliseo le respondió:
—Concédeme el doble del poder profético que
tú has tenido.
10—Has pedido algo difícil —respondió
Elías—. Si me ves cuando sea quitado de tu lado,
entonces obtendrás lo que has pedido. Pero si no
me ves, no te será concedido.
11Mientras caminaban juntos y conversaban,
repentinamente un carro de fuego, tirado por
caballos de fuego, apareció y se puso entre ellos,
y Elías fue llevado al cielo en un torbellino.
12Eliseo, al verlo, gritó: «¡Padre mío, padre mío!
¡Carro de Israel y su guía!»
Eliseo no volvió a ver a Elías.
Luego, rasgó sus vestidos y los partió en dos.
13,14Recogió la túnica de Elías, regresó a la orilla
del río Jordán, y golpeó las aguas con ella, al
tiempo que exclamaba: «¿Dónde está el Dios de
Elías?» Apenas golpeó las aguas, éstas se separaron, y Eliseo pudo cruzar el río en seco.
15Cuando los jóvenes profetas de Jericó vieron
lo ocurrido, exclamaron: «¡El espíritu de Elías
está sobre Eliseo!» Y fueron a su encuentro, y lo
saludaron con respeto.
16—Señor —le dijeron—, basta con que diga
usted una palabra y nuestros mejores corredores,
cincuenta de ellos, buscarán en el desierto a su
amo; quizás el Espíritu del Señor lo ha dejado en
alguna montaña o en alguna barranca.
—No —dijo Eliseo—, no se preocupen.
17Pero ellos siguieron presionándolo, hasta que
él se sintió molesto, y les dijo:
—¡Muy bien, vayan!
Cincuenta de ellos estuvieron buscando a Elías
durante tres días, y no lo pudieron encontrar.
18Eliseo estaba todavía en Jericó cuando regresaron.
—Les dije que no fueran —los reprendió.

Eliseo purifica el agua

19Entonces un grupo de ciudadanos notables de
Jericó visitaron a Eliseo:
—Tenemos un problema —le dijeron—.
Esta ciudad tiene una localización muy hermosa, como puede usted ver; pero el agua es mala
y hace que la tierra sea improductiva.
20—Bien —les dijo—, tráiganme una vasija nueva llena de sal. Ellos hicieron lo que les
pidió. 21Entonces Eliseo se dirigió al manantial,
que estaba en las afueras de la ciudad, y lanzando
la sal en el manantial, declaró:
—El Señor ha purificado estas aguas. Ya no
causarán más muerte ni esterilidad.
22Y así ocurrió. El agua quedó purificada, tal
como Eliseo lo dijo.

Eliseo maldice a los burlones

23Eliseo salió de Jericó y se dirigió a Betel. En
el camino, unos muchachos de la ciudad comenzaron a burlarse de él. «¡Calvo, sube al cielo tú
también! ¡Calvo, sube!» 24Él se dio vuelta, y los
maldijo en el nombre del Señor. Al instante, dos
osas salieron del bosque y mataron a cuarenta
y dos de ellos. 25De allí, Eliseo fue al monte Carmelo, y luego regresó a Samaria.

Los moabitas se rebelan

3 Jorán hijo de Acab comenzó su reinado sobre
Israel durante el año décimo octavo del rey
Josafat, de Judá, y reinó doce años. Su capital fue
Samaria. 2Fue un hombre muy perverso, pero no
tanto como lo habían sido su padre y su madre,
porque al menos él derribó el altar de Baal, que
su padre había construido. 3Sin embargo, siguió
practicando el gran pecado de Jeroboán hijo de
Nabat, quien había hecho que el pueblo de Israel
adorara ídolos.
4El rey Mesá, de Moab, y su pueblo eran criado-
res de ovejas. Pagaban a Israel un tributo anual
de cien mil corderos y la lana de cien mil carneros; 5pero después de la muerte de Acab, el rey de
Moab se rebeló contra Israel. 6-8Inmediatamente
el rey Jorán convocó a todo Israel, y envió este
mensaje al rey Josafat, de Judá:
—El rey de Moab se ha rebelado contra mí.
¿Me ayudarás a pelear contra ellos?
—Desde luego que sí —contestó Josafat—.
Mi pueblo y mis caballos son tuyos, y están a
tus órdenes. ¿Cuáles son tus planes de batalla?
—Atacaremos desde el desierto de Edom —
respondió Jorán.
9Salieron los reyes de Israel y Judá con el rey
de Edom y dieron un rodeo a través del desierto
durante siete días; pero no había agua para los
hombres ni para los animales de carga.
10—¿Qué haremos? —preguntó el rey de
Israel—. El Señor nos ha traído aquí para que
el rey de Moab nos derrote.
11Pero Josafat, rey de Judá, preguntó:
—¿No hay aquí algún profeta del Señor con
nosotros? Si lo hay, podemos preguntarle qué
hemos de hacer.

—Eliseo hijo de Safat, que era siervo de Elías,
vive cerca de aquí —respondió uno de los oficiales del rey de Israel.
12—Muy bien —respondió Josafat—. Él nos
dará palabra del Señor.
Entonces los reyes de Israel, Judá y Edom fueron a consultar a Eliseo.
13—No quiero nada contigo —le dijo Eliseo
al rey Jorán, de Israel—. Ve y pregúntales a los
falsos profetas de tu padre y de tu madre.
Pero Jorán le respondió:
—No, porque es el Señor quien nos ha traído
aquí para ser destruidos por el rey de Moab.
14—Juro por el Señor mi Dios que no me pre-
ocuparía por ti, si no fuera por la presencia del
rey Josafat, de Judá —respondió Eliseo—. 15Trae
a alguien que pueda tocar el arpa.
Y mientras el músico tocaba el arpa, le llegó
el mensaje del Señor a Eliseo.
16—El Señor dice que abran muchas zanjas en
este valle seco, 17pues, aunque no verán viento
ni lluvia, este valle se llenará de agua, y tendrán
suficiente para ustedes y para los animales. 18Pero
esto es sólo el comienzo, porque el Señor les dará
la victoria sobre los moabitas. 19Conquistarán sus
mejores ciudades, aun las que están fortificadas;
derribarán sus árboles frutales, taparán todas
las fuentes de agua, y llenarán de piedras sus
campos.
20Y así fue. Al día siguiente, a la hora de ofrecer
el sacrificio de la mañana, desde Edom comenzó
a correr el agua, y todo el lugar quedó inundado.
21Cuando la gente de Moab se enteró de que los
reyes avanzaban hacia ellos, movilizaron a todo
hombre que pudiera pelear, anciano y joven, y
se pusieron a lo largo de su frontera. 22Pero al
amanecer del día siguiente, el sol proyectó su
rojo resplandor sobre el agua, y ésta se veía roja.
23«¡Es sangre! —exclamaron—. Los reyes se
han atacado y se han dado muerte unos a otros.
¡Vamos y recojamos el botín!»
24Pero cuando llegaron al campamento de
Israel, los israelitas salieron y los atacaron.
Entonces los moabitas emprendieron la huida.
Los hombres de Israel avanzaron y entraron en
el territorio de Moab, destruyendo todo lo que
encontraban. 25Destruyeron las ciudades, cubrieron de piedras todo terreno bueno para el cultivo,
taparon los manantiales, y talaron los árboles
frutales. Al final, sólo quedó el fuerte de Quir
Jaréset, pero los hombres que estaban armados
de hondas lo rodearon y conquistaron.
26Cuando el rey de Moab vio que había perdido
la batalla, dirigió a setecientos de sus soldados
en un último y desesperado intento de alcanzar
al rey de Edom, pero fracasó. 27Entonces tomó a
su hijo mayor, que era el heredero al trono, y lo
sacrificó como holocausto sobre el muro. Esto
hizo que los israelitas sintieran indignación, y
por eso, se retiraron y regresaron a su tierra.

El aceite de la viuda

4 Un día la esposa de uno de los miembros de
la escuela de profetas le contó a Eliseo que su
esposo había muerto. Era un hombre que amaba
a Dios, según dijo ella. Pero al morir debía algún
dinero, y el acreedor le estaba exigiendo su pago.
Si ella no pagaba, la amenazó con llevarse a sus
dos hijos como esclavos.
2—¿Qué puedo hacer por ti? —le preguntó
Eliseo—. ¿Qué tienes en la casa?
—Absolutamente nada, salvo un cántaro de
aceite de oliva —contestó ella.
3—Entonces pide prestadas cuantas vasijas
puedas de tus amigas y vecinos —le ordenó—.
4Luego entra en casa con tus hijos, cierra la puerta y echa aceite de oliva de tu cántaro en las
vasijas que hayas pedido prestadas, y ve poniendo
aparte las que vayas llenando.
5Ella lo hizo así. Sus hijos le iban pasando las
vasijas, y ella las llenaba de aceite. 6Después de
haber llenado hasta el borde varias vasijas, la
mujer le dijo a uno de sus hijos:
—Pásame otra vasija.
—No hay más —le contestó el hijo.
Y entonces, en ese mismo momento, el aceite
que estaba en el cántaro se acabó. 7Cuando le
contó al profeta lo que había ocurrido, él le dijo:
—Ve y vende el aceite. Con lo que te den por la
venta, podrás pagar la deuda, y te quedará dinero
suficiente para que tú y tus hijos sigan viviendo.

El hijo de la sunamita

8Un día que Eliseo fue a Sunén, una mujer
importante de la ciudad lo invitó a comer. Después, cada vez que él pasaba por allí, se detenía
a cenar.
9La mujer entonces le dijo a su marido: «Estoy
segura de que este hombre que se detiene de vez
en cuando aquí en nuestra casa es un profeta.
10Hagamos una habitación en la terraza para
que, cada vez que venga al pueblo, se quede
ahí. Podemos poner una cama, una mesa, una
silla y una lámpara. Así, cuando venga, tendrá
un lugar donde quedarse».
11,12Un día que Eliseo estaba descansando en la
habitación, le dijo a su sirviente Guiezi:
—Dile a la mujer que quiero hablar con ella.
Cuando ella llegó, 13él le dijo a Guiezi:
—Dile que apreciamos la bondad que nos ha
mostrado. Pregúntale qué podemos hacer por
ella. ¿Querrá que diga una palabra en su favor
al rey o al jefe del ejército?
—No —respondió ella—, estoy perfectamente contenta.

14—¿Qué podemos hacer por ella? —volvió a
preguntarle Eliseo a Guiezi más tarde.
Guiezi sugirió:
—Ella no tiene hijos, y su marido es ya anciano.
15,16—Dile que vuelva —le dijo Eliseo.
Cuando ella regresó, él conversó con ella,
mientras estaba parada en la puerta.
—El próximo año por este tiempo, tendrás un
hijo —le dijo Eliseo.
—¡Varón de Dios! —exclamó ella—, no bro-
mee de esa manera.
17Pero era cierto. Pronto la mujer concibió y
tuvo un niño, tal como Eliseo lo había profetizado.
18El niño creció. Un día en que había salido a
visitar a su padre, que estaba trabajando con los
segadores, 19se quejó de un fuerte dolor de cabeza
y comenzó a gritar:
—¡Ay, mi cabeza! ¡Me duele mucho la cabeza!
Entonces el padre le dijo a uno de sus criados:
—Llévalo a la casa con su madre.
20Él se lo llevó para la casa, y la madre lo tuvo
en sus brazos; pero hacia el mediodía murió.
21Ella lo acostó entonces en la cama del profeta,
y cerró la puerta. 22Luego envió un mensaje a
su marido:
—Envía a uno de los siervos con un burro
para que me acompañe a ver al profeta.
23—¿Por qué hoy? —le preguntó—. No es día
de fiesta religiosa.
Pero ella le dijo:
—Es importante. Debo ir.
24Enseguida, la mujer hizo ensillar el burro,
y le dijo al criado:
—¡Anda, vamos rápido! No te detengas en el
camino, a menos que yo te lo ordene.
25Cuando se acercaban al monte Carmelo,
Eliseo la vio a la distancia, y le dijo a Guiezi:
—Mira, allá viene la sunamita. 26Corre a
encontrarla y pregúntale qué le pasa. Pregúntale si está bien su marido, y si el niño está bien.
—Sí —le dijo ella a Guiezi—. ¡Todo está
bien!
27Pero cuando llegó ante Eliseo, se arrojó al
suelo delante de él y se abrazó a sus pies. Guiezi
se acercó para apartarla, pero el profeta le dijo:
—Déjala. Es que tiene un gran pesar, y el
Señor no me ha revelado de qué se trata.
28—Fue usted quien me dijo que tendría un
hijo —le dijo por fin ella—, y yo le rogué que
no se burlara de mí.
29—¡Rápido, toma mi vara! —le dijo Eliseo
a Guiezi—. ¡No hables con nadie a lo largo del
camino! ¡Date prisa! Al llegar, pon la vara sobre
el rostro del niño.
30Pero la madre del niño dijo:
—¡Le juro que si no me acompaña, no me iré
de aquí! De eso puede estar tan seguro como que
el Señor y usted viven.
Entonces Eliseo fue con ella.
31Guiezi fue adelante y puso la vara en el rostro
del niño, pero nada ocurrió. No dio señales de
vida. Regresó a encontrar a Eliseo y le dijo:
—El niño aún está muerto.
32Cuando Eliseo llegó, el niño estaba acostado,
sin vida, sobre la cama del profeta. 33Él entró,
cerró la puerta y oró al Señor. 34Luego se tendió
sobre el cuerpo del niño, y colocó su boca sobre
la boca del niño, y sus ojos sobre los ojos del niño,
y sus manos sobre las manos del niño. El cuerpo
del niño comenzó a calentarse nuevamente. 35El
profeta se bajó de la cama y caminó de un lado
a otro de la casa por un rato. Volvió a subir y se
acostó otra vez sobre el niño. Esta vez el niño
estornudó siete veces y abrió los ojos. 36Entonces
el profeta llamó a Guiezi:
—Llama a la mujer —le dijo.
Y cuando ella entró, Eliseo le dijo:
—¡Aquí está tu hijo!
37Ella se tiró a sus pies, tomó a su hijo, y salió.

El milagro de la comida

38Eliseo regresó a Guilgal. Había hambre en la
tierra. Un día, mientras enseñaba a los jóvenes
profetas, le dijo a Guiezi:
—Haz un guiso para que cenen estos hombres.
39Uno de los jóvenes fue al campo a buscar verduras y regresó con algunas calabazas silvestres,
las partió y las puso en una olla, sin saber que
eran venenosas. 40Pero después que los hombres
comieron un poco, gritaron:
—¡Señor, el guiso de la olla es venenoso!
41—Tráiganme un poco de harina —dijo
Eliseo.
La puso dentro de la olla, y dijo:
— Ya todo está bien, así que pueden servirle
a todos para que coman.
Así que todos comieron, sin sufrir ningún
daño.

Alimentación de cien hombres

42Un día, un hombre de Baal Salisá le llevó a
Eliseo una bolsa con veinte panes de cebada,
hechos con los primeros granos de la cosecha.
Eliseo le dijo a Guiezi que repartiera los panes
entre los jóvenes profetas para que comieran.
43—¿Qué? —exclamó Guiezi—. ¿Darle de
comer a cien hombres con sólo esto? Pero Eliseo le dijo:
—Hazlo, porque el Señor dice que habrá suficiente para todos, y que aun sobrará.
44Y sucedió exactamente como el Señor había
dicho.

Eliseo sana a Naamán

5 El rey de Siria sentía mucha admiración por
Naamán, comandante en jefe de su ejército,
porque había conducido a sus soldados a muchas
victorias gloriosas. Era un gran héroe, pero estaba
leproso. 2Los sirios habían invadido a Israel en
varias ocasiones y habían llevado muchos cautivos, entre los cuales había una niña que había
sido dada como esclava a la esposa de Naamán.
3Un día la niña le dijo a su ama: «Me gustaría
que mi amo fuera a ver al profeta que vive en
Samaria. Estoy segura de que él lo puede sanar
de la lepra».

4Naamán le contó al rey lo que la niña había
dicho.

5—Ve y visita al profeta —le dijo el rey—. Yo
te daré una carta de presentación para que se la
entregues al rey de Israel.

Naamán emprendió la marcha. Llevaba consigo regalos: treinta mil monedas de plata, seis
mil monedas de oro y diez mudas de ropa. 6La
carta dirigida al rey de Israel decía: «El hombre
que lleva esta carta es mi siervo Naamán. Quiero
que lo sanes de la lepra».

7Cuando el rey de Israel leyó la carta, rasgó
su ropa, y dijo: «¡Este hombre me manda a un
leproso para que lo sane! ¿Acaso soy Dios, para
matar y dar la vida? ¡Ese rey solo está buscando
un pretexto para invadirnos nuevamente!»
8Pero cuando el profeta Eliseo oyó lo que le
ocurría al rey de Israel, le envió este mensaje:
«¿Por qué estás tan confundido? Envíame a
Naamán, y él sabrá que hay profeta de Dios en
Israel».

9Naamán llegó con sus caballos y carros, y se
paró a la puerta de la casa de Eliseo. 10Entonces
el profeta le mandó a decir que fuera a lavarse
siete veces en el río Jordán, y que así sanaría de
su lepra. 11Pero Naamán se enojó, y se fue. «¿Qué
les parece? —dijo—. Yo pensaba que, por lo
menos, el profeta saldría y me hablaría. Pensé
que levantaría la mano sobre la lepra, invocaría
el nombre del Señor su Dios, y me sanaría. 12Los
ríos Abaná y Farfar, de Damasco, son mucho
mejores que todos los ríos de Israel juntos. Si de
ríos se trata, yo me lavaré en ellos y me libraré
de mi lepra».

Se marchó furioso. 13Pero sus criados le dijeron: «Si el profeta le hubiera pedido que hiciera
algo extraordinario, ¿no lo habría hecho? Debiera
obedecerle, pues lo único que le ha dicho es que
vaya y se lave, para que quede sano».

14Entonces Naamán fue al río Jordán, se sumer-
gió siete veces, como el profeta le había dicho,
y su carne quedó tan sana como la de un niño.
15Inmediatamente él y toda su compañía volvieron a buscar al profeta. Parado humildemente
ante él, Naamán le dijo:

—Ahora sé que no hay Dios en todo el mundo,
sino el de Israel. Te ruego que aceptes un regalo.

16Pero Eliseo respondió:

—Juro por el Señor mi Dios que no lo aceptaré.

Naamán insistió en que lo aceptara, pero Eliseo se negó rotundamente.

17—Bien —dijo Naamán—, muy bien. Pero
dame dos cargas de tierra para llevar conmigo,
porque de ahora en adelante no volveré a ofrecer
sacrificios ni holocaustos a otros dioses, sino al
Señor. 18Claro que cuando mi amo, el rey, entre
en el santuario del dios Rimón y se apoye sobre
mi brazo, el Señor habrá de perdonarme que yo
me incline también.

19—Ve en paz —le dijo Eliseo.
Entonces Naamán emprendió el regreso. 20Pero
Guiezi, siervo de Eliseo, se dijo: «Mi amo no debió
haber dejado que este hombre se fuera sin recibir-
le sus regalos. Yo lo alcanzaré y le pediré algo».
Así que salió en busca de Naamán.

21Cuando Naamán vio que Guiezi lo seguía, se
bajó del carro y corrió a encontrarlo.

—¿Está todo bien? —preguntó.

22—Sí —dijo—, pero mi amo me ha enviado
a decirte que dos jóvenes del monte de Efraín acaban de llegar, y le gustaría tener tres mil monedas
de plata y dos mudas de ropa para ellos.

23—Lleva seis mil monedas —insistió Naamán.

Así que Naamán le entregó a Guiezi dos mudas
de ropa muy preciosa y el dinero en dos bolsas, y
envió a dos siervos para que ayudaran a Guiezi.
24Pero cuando llegaron al monte donde Eliseo
vivía, Guiezi tomó las bolsas que llevaban los dos
siervos de Naamán, y los envió de regreso. Luego
escondió el dinero en la casa. 25Cuando entró a
ver a su amo, Eliseo le preguntó:

—¿Dónde has estado Guiezi?

—En ninguna parte —respondió.

26Pero Eliseo le dijo:

—¿No comprendes que, con mi pensamiento,
yo te estaba acompañando cuando Naamán descendió de su carro para encontrarse contigo? ¿Es
tiempo de recibir dinero, ropa, olivares, viñedos,
ovejas, bueyes y criados? 27Por cuanto has hecho
esto, la lepra de Naamán se te pasará a ti, a tus
hijos, y a los hijos de tus hijos para siempre.

Tan pronto dejó a Eliseo, la piel de Guiezi se
volvió completamente blanca, debido a la lepra.

El milagro del hacha

6 Un día, los discípulos de profetas le dijeron
a Eliseo:

2—Como puede ver, el dormitorio es muy
estrecho. Díganos si podemos edificar uno nuevo
con madera traída de las orillas del río Jordán.

—Muy bien háganlo —les dijo.

3—Señor, acompáñenos —le dijo uno de los
jóvenes.
—Iré con ustedes —respondió.
4Cuando llegaron al río Jordán, comenzaron
a cortar árboles, 5pero a uno de ellos se le cayó
el hacha al río.
—¡Señor, era prestada! —gritó.
6—¿Dónde cayó? —preguntó el profeta.
El joven le mostró el lugar, y Eliseo cortó un
palo, lo lanzó al agua e hizo que el hacha subiera
a la superficie y flotara.
7—Sácala —le dijo Eliseo.
Entonces el profeta la sacó.

Eliseo captura una tropa siria

8Una vez en que el rey de Siria estaba en guerra
con Israel, les dijo a sus oficiales: «Movilizaremos
nuestras tropas a tal lugar» (y dijo el nombre de
un lugar). 9Inmediatamente Eliseo advirtió al
rey de Israel: «No vayan a tal lugar (y nombró el
mismo lugar), porque los sirios están poniendo
emboscadas contra ustedes allí».
10El rey entonces envió a algunos espías para
ver si Eliseo tenía razón. Se confirmó el hecho,
y así se salvaron de un desastre. Esto ocurrió
repetidas veces.
11El rey de Siria, asombrado, convocó a sus
oficiales y les preguntó:
—¿Quién de ustedes es el traidor? ¿Quién ha
estado revelándole mis planes al rey de Israel?
12—Ninguno de nosotros —contestó uno de
los oficiales—. Es el profeta Eliseo el que le dice
al rey de Israel las mismas palabras que tú hablas
en lo más privado de tu habitación.
13—¡Vayan y averigüen dónde está! ¡Enviaré
soldados para que lo tomen preso! —exclamó
el rey.
Pronto llegó el informe: «Eliseo está en Dotán».
14Entonces, una noche, el rey de Siria envió un
gran ejército con muchos carros y caballos que
rodearon la ciudad. 15Al día siguiente, cuando el
criado del profeta se levantó temprano y salió al
exterior, vio las tropas, los caballos y los carros
por toda la ciudad.
—¡Ay, señor mío! ¿Qué haremos ahora? —
exclamó ante Eliseo.
16—No tengas miedo —le dijo Eliseo—. Son
más los que están con nosotros que los que están
con ellos.
17Entonces Eliseo oró: «Señor, ábrele los ojos a
mi criado para que vea». Y el Señor le abrió los
ojos al criado y éste vio que estaban rodeados
de caballos y carros de fuego. ¡No estaban solos
en la montaña! 18Cuando los sirios comenzaron
a acercarse, Eliseo oró: «Señor, haz que queden
ciegos». Y así fue.
19Entonces Eliseo salió y les dijo: «Se han equivocado de ciudad. Síganme y los llevaré ante el
hombre que andan buscando». Y los condujo
a Samaria. 20En cuanto llegaron, Eliseo oró:
«Señor, ábreles ahora los ojos y permíteles ver».
Y el Señor lo hizo; entonces se dieron cuenta
de que estaban en Samaria, la capital de Israel.
21Cuando el rey de Israel los vio, le preguntó a
Eliseo:
—Señor, ¿los mataré? ¿Debo matarlos?
22—Desde luego que no —le respondió Eliseo—. ¿Es que nosotros damos muerte a los prisioneros de guerra? Dales de comer y de beber, y
envíalos de regreso a su tierra.
23Entonces el rey hizo un gran banquete para
ellos, y los envió de regreso a su tierra y a su
rey. Después de esto los sirios dejaron tranquila
la tierra de Israel.

Hambre en Samaria

24Sin embargo, algún tiempo después, el rey
Ben Adad, de Siria, reunió sus tropas y puso sitio
a Samaria. 25Como resultado hubo gran hambre
en la ciudad. Al poco tiempo la cabeza de un
burro se vendía hasta por ochenta monedas de
plata, y un cuarto de litro de estiércol de paloma,
por cinco.
26-30Un día que el rey de Israel caminaba sobre
el muro de la ciudad, una mujer lo llamó:
—¡Auxilio, señor mío, mi rey!
—Si el Señor no te ayuda, ¿qué puedo hacer
yo? —le contestó—. No tengo comida ni vino
para darte. Pero, ¿de qué se trata?
Ella respondió:
—Esta mujer me propuso que nos comiéra-
mos a mi hijo un día y el suyo al día siguiente.
Cocinamos a mi hijo y nos lo comimos, pero
al día siguiente, cuando yo le dije: «Ahora nos
corresponde comernos a tu hijo» ella lo escondió.
Cuando el rey oyó esto, rasgó su ropa. (El
pueblo que observaba se dio cuenta, al rasgarse
él la ropa, que estaba vestido de ropas ásperas).
31«¡Que el Señor me mate, si hoy mismo no le
corto la cabeza a Eliseo hijo de Safat!» exclamó
el rey.
32Eliseo estaba sentado en su casa, con los
ancianos de Israel, cuando el rey lo mandó a
buscar. Pero antes que llegara el mensajero,
Eliseo dijo a los ancianos:
—Este asesino ha enviado a un hombre para
que me corte la cabeza. Cuando él llegue, cierren
la puerta y déjenlo afuera, porque su amo pronto
vendrá tras él.
33Eliseo aún estaba diciendo esto cuando llegó
el mensajero (seguido por el rey).
—El Señor ha causado toda esta aflicción —
dijo el rey—. ¿Por qué he de esperar ayuda de él?

7 Eliseo le respondió:
—El Señor dice que mañana, a esta hora,
ocho kilos de harina fina y el doble de cebada
serán vendidos en el mercado de Samaria por
una sola moneda de plata.
2El oficial que servía de ayudante al rey le dijo:
—Eso no podría ocurrir ni aunque el Señor
hiciera ventanas en los cielos.
Pero Eliseo le respondió:
—Tú lo verás, pero no podrás comprar nada.

Liberación de Samaria

3Había cuatro leprosos sentados fuera del muro
de la ciudad.
—¿Qué hacemos aquí sentados? —se dijeron—. 4Si nos quedamos aquí nos moriremos de
hambre, y si entramos en la ciudad también nos
moriremos de hambre. Por lo tanto, bien podemos salir y rendirnos a los sirios. Si nos dejan
vivir, bien; pero si nos matan, de todos modos
aquí vamos a morir.
5Aquella tarde fueron al campamento de los
sirios, pero no había nadie allí, 6porque el Señor
había hecho que el ejército sirio oyera el sonido
de muchos carros que corrían a gran velocidad
y el estruendo del galope de caballos y el sonido
de un gran ejército que se aproximaba. «El rey
de Israel ha pagado a los hititas y a los egipcios
para que nos ataquen», habían gritado, 7y llenos
de pánico habían huido en medio de la noche,
abandonando tiendas, caballos, burros y todo
lo demás.
8Los leprosos llegaron al campamento, entraron en las tiendas y comieron, bebieron vino, y
tomaron oro, plata y vestidos, y lo escondieron
todo. 9Pero después se dijeron:
—No es correcto lo que estamos haciendo.
Esta es una noticia maravillosa, y debemos darla
a conocer. Si esperamos hasta la mañana, nos
puede ocurrir alguna desgracia. Vamos, regresemos y avisemos a la gente del palacio.
10Entonces regresaron a la ciudad y les contaron a los guardias lo que había ocurrido. Les
dijeron que habían ido al campamento sirio y no
habían hallado a nadie. Que los caballos y los
burros estaban atados, y que en las tiendas estaba
todo en orden, pero no se veía ni un alma por allí.
11Entonces los guardias, a gritos, dieron a conocer
las noticias a los que estaban en el palacio.
12El rey salió de la cama y les dijo a sus oficiales:
—Yo sé lo que ha ocurrido: como los sirios
saben que tenemos hambre, han abandonado el
campamento y se han escondido en los campos.
Piensan que somos tan tontos que saldremos de
la ciudad. Si salimos nos atacarán, nos harán
esclavos y tomarán la ciudad.
13Uno de sus oficiales propuso:
—Enviemos a algunos espías a averiguar lo
que ocurre. Que vayan en cinco de los caballos
que quedan. Si algo les ocurre, no será una pérdida mayor que la que les ocurrirá si se quedan
aquí. ¡De todos modos, todos estamos condenados a morir!
14Así que tomaron dos carros de combate, y
fueron a investigar qué había acontecido en el
campamento de los sirios, tal como el rey les
había indicado. 15Fueron hasta el Jordán. A lo
largo del camino fueron hallando la ropa y el
equipo que habían arrojado los sirios en su prisa. Los espías volvieron y dieron la información
al rey. 16El pueblo de Samaria, entonces, salió
corriendo y saqueó el campamento de los sirios.
De esta manera se cumplió lo que el Señor había
dicho, pues con una sola moneda de plata se
pudo comprar ocho kilos de harina fina y el doble
de cebada.
17El rey había ordenado a su ayudante especial
que controlara el paso de la gente por la puerta de
la ciudad, pero lo atropellaron, y murió. De ese
modo se cumplió lo que el profeta Eliseo le había
dicho el día anterior, cuando el rey había enviado
a arrestarlo. 18Cuando el profeta le dijo al rey que
la harina y la cebada se venderían a un precio
bajo al día siguiente, 19su ayudante le respondió
al profeta: «Eso no podrá ocurrir ni aunque el
Señor abra las ventanas de los cielos». Entonces
el profeta le dijo: «Tú lo verás, pero no podrás
comprar nada de ello». 20Y, efectivamente, no
pudo, porque el pueblo lo atropelló a la entrada
de la ciudad, y murió.

La sunamita recupera su terreno

8 Eliseo le había dicho a la mujer a cuyo hijo
él había resucitado: «Vete con tu familia a
donde puedas, porque el Señor enviará un gran
hambre sobre Israel, que durará siete años». 2La
mujer llevó a su familia a vivir a la tierra de los
filisteos durante siete años.
3Cuando la hambruna acabó, regresó a Israel
y fue a ver al rey, y le rogó que le devolviera su
casa y su tierra. 4Cuando ella entró, el rey estaba
conversando con Guiezi, el criado de Eliseo, y le
decía: «Cuéntame de las grandes hazañas que
Eliseo ha hecho». 5Y Guiezi le estaba hablando al
rey acerca de la oportunidad en que Eliseo había
resucitado al niño. En ese mismo momento entró
la madre del niño.
—¡Señor, ésta es la mujer, y éste es su hijo! ¡Este
es el niño que Eliseo resucitó! —exclamó Guiezi.
6—¿De veras? —le preguntó el rey a ella.
Ella le dijo que sí, y él dio órdenes a un oficial
de su confianza para que se preocupara de que
todo lo que le pertenecía a ella le fuera devuelto, además del valor de la cosecha que hubiera
habido durante su ausencia.

Jazael, rey de Siria

[7]Eliseo se había ido a Damasco (capital de Siria). En esos días el rey Ben Adad estaba enfermo, y alguien le dijo al rey que el profeta había llegado. [8,9]«Lleva un presente al varón de Dios y pídele que le pregunte al SEÑOR si sanaré o no» —le ordenó a Jazael.

Jazael llevó cuarenta camellos cargados de los mejores productos de la tierra, como presente para Eliseo, y le dijo:

—Ben Adad, el rey de Siria y servidor tuyo, me ha enviado a preguntarte si sanará.

[10]Eliseo le respondió:

—Le dirás que sí se sanará. Pero el SEÑOR me ha mostrado que de todas maneras va a morir.

[11]Eliseo se quedó mirando a Jazael, y lo hizo sentir incómodo. Luego Eliseo rompió a llorar.

[12]—¿Qué le pasa a mi señor? —le preguntó Jazael.

Eliseo le respondió:

—Yo sé las cosas terribles que le harás al pueblo de Israel. Quemarás sus ciudades fortificadas, matarás a los jóvenes, estrellarás a los niños contra las rocas, y abrirás el vientre a las mujeres embarazadas.

[13]—¿Soy yo un perro, acaso? —preguntó Jazael—. ¡Jamás haré algo semejante!

Pero Eliseo le respondió:

—El SEÑOR me ha mostrado que vas a ser rey de Siria.

[14]Cuando Jazael regresó, el rey le preguntó:

—¿Qué te dijo el profeta?

Y Jazael respondió:

—Me dijo que usted va a sanar de su enfermedad.

[15]Pero al día siguiente, Jazael tomó una manta, la mojó en agua y cubrió con ella el rostro del rey, hasta que éste murió asfixiado. Luego, Jazael tomó posesión del trono.

Jorán, rey de Judá

[16]Jorán hijo de Josafat, de Judá, comenzó a reinar cuando Jorán hijo de Acab llevaba cinco años reinando en Israel. [17]Jorán tenía treinta y dos años cuando comenzó a reinar, y reinó durante ocho años en Jerusalén. [18]Pero fue tan perverso como Acab y los demás reyes de Israel, y hasta se casó con una de las hijas de Acab. [19]Sin embargo, como Dios había prometido a su siervo David que cuidaría y guiaría a sus descendientes, no destruyó a Judá.

[20]Durante el reinado de Jorán, el pueblo de Edom se rebeló contra Judá y designó a su propio rey. [21]El rey Jorán trató de aplastar la rebelión, pero no tuvo éxito. Cruzó el río Jordán y atacó la ciudad de Zaír, pero fue rápidamente rodeado por los edomitas. Protegido por la oscuridad de la noche, logró cruzar las filas enemigas, pero su ejército se dispersó. [22]De esta manera Edom logró su independencia, la cual ha conservado hasta hoy. La ciudad de Libná también se rebeló en aquel tiempo.

[23]El resto de la historia del rey Jorán está escrito en el libro de los reyes de Judá. [24]Cuando murió lo sepultaron en el cementerio real de la ciudad de David, la sección antigua de Jerusalén. Y su hijo Ocozías reinó en su lugar.

Ocozías, rey de Judá

[25]Cuando Ocozías hijo de Jorán comenzó a reinar en Judá, Jorán hijo de Acab llevaba doce años reinando en Israel. [26]Ocozías tenía veintidós años cuando comenzó a reinar, pero reinó solamente un año en Jerusalén. Su madre fue Atalía, nieta de Omrí, rey de Israel. [27]Fue un hombre perverso, y al igual que todos los descendientes del rey Acab, con quien había emparentado, hizo lo que desagrada al SEÑOR.

[28]En unión con el rey Jorán hijo de Acab, rey de Israel, peleó contra Jazael, el rey de Siria, en Ramot de Galaad. El rey Jorán fue herido en la batalla, [29]y fue a Jezrel a descansar y a recuperarse de sus heridas. Mientras estaba allí, fue a visitarlo el rey Ocozías hijo de Jorán, rey de Judá.

Jehú ungido rey de Israel

9 Un día, el profeta Eliseo le dijo a uno de los discípulos de los profetas: «Prepárate para ir a Ramot de Galaad. Toma este vaso de aceite contigo [2]y busca a Jehú hijo de Josafat y nieto de Nimsi. Hazlo entrar en una pieza en privado, donde no lo vean sus amigos, [3]y derrama aceite sobre su cabeza. Dile que el SEÑOR lo ha ungido como rey de Israel. Tan pronto hagas esto, sal corriendo y no te detengas».

[4]El joven profeta hizo lo que Eliseo le había dicho. Cuando llegó a Ramot de Galaad, [5]encontró a Jehú sentado junto con otros jefes del ejército.

—Tengo un mensaje para usted, señor —le dijo.

—¿Para quién? —preguntó Jehú.

—Para usted —le respondió el joven profeta.

[6]Jehú se apartó de los otros y entró en la casa, y el joven derramó el aceite sobre su cabeza y le dijo: «El SEÑOR, Dios de Israel, dice: "Yo te unjo como rey de mi pueblo Israel. [7]Tú destruirás a la familia de Acab. Tú vengarás el asesinato de mis profetas y de toda la otra gente que murió por causa de Jezabel. [8]Toda la familia de Acab debe ser eliminada. Todo varón de esa familia, esclavo o libre, morirá. [9]Yo destruiré a la familia de Acab, como destruí a la familia de Jeroboán hijo de Nabat, y de Basá hijo de Ahías. [10]Los perros se comerán a Jezabel, la esposa de Acab, en el campo de Jezrel, y nadie la sepultará"».

Tan pronto hizo esto, el profeta abrió la puerta
y salió corriendo. [11]Jehú, por su parte, regresó para
reunirse con los jefes, y uno de ellos le preguntó:

—¿Qué quería ese tonto? ¿Está todo bien?

—Ustedes saben muy bien quién era y lo que
quería —respondió Jehú.

[12]—No, no lo sabemos —dijeron ellos—.
Cuéntanos.

—Me dijo: «El Señor te hace saber que te ha
ungido como rey de Israel».

[13]Ellos prontamente pusieron sus capas a modo
de alfombras en el piso, y tocaron la trompeta y
gritaron: «¡Que viva el rey Jehú!»

Jehú asesina a Jorán y a Ocozías

[14]De esta manera, Jehú hijo de Josafat y nieto
de Nimsi, se rebeló contra el rey Jorán. Fue en la
época en que el rey Jorán había ido a Ramot de
Galaad, con todo Israel, para pelear contra Jazael,
rey de Siria. [15]Pero, como fue herido, regresó a
Jezrel para recuperarse de sus heridas. Jehú les
dijo a quienes estaban de su lado: «Puesto que
ustedes quieren que yo sea rey, no permitan que
nadie vaya a Jezrel a llevar la noticia». [16]Luego
Jehú subió a un carro de combate y se dirigió a
Jezrel, donde el rey Jorán se encontraba recu-
perándose de sus heridas. Ocozías, rey de Judá,
se encontraba allí, pues había ido a visitar al
rey Jorán.

[17]El guardia que estaba en la torre de Jezrel vio
a Jehú y a quienes iban con él, y gritó: «¡Alguien
se acerca!»

—Envíen a un jinete para que vea si es amigo
o enemigo —ordenó el rey Jorán.

[18]El jinete salió al encuentro de Jehú.

—El rey desea saber si eres amigo o enemigo
—le preguntó—. ¿Vienes en son de paz?

—¡Eso a ti no te importa! —le respondió
Jehú—. ¡Sígueme!

El guardia dio voces avisándole al rey que el
mensajero se había reunido con Jehú y sus compañeros, pero que no volvía.

[19]Entonces el rey envió a un segundo jinete,
quien los alcanzó y, en el nombre del rey, preguntó si las intenciones que traían eran amistosas
o no.

—¡Eso a ti no te importa! —le respondió
Jehú—. ¡Sígueme!

[20]—¡Éste tampoco regresa! —exclamó el
guardia—. Debe ser Jehú, porque conduce
velozmente el carro.

[21]Entonces el rey Jorán ordenó:

—¡Rápido! ¡Preparen mi carro de combate!

Una vez que le tuvieron listo el carro, Jorán
y Ocozías, rey de Judá, salieron al encuentro de
Jehú. Lo encontraron en el campo de Nabot, el
de Jezrel.

[22]—¿Vienes como amigo, Jehú? —le preguntó
el rey Jorán.

Jehú le respondió:

—¿Cómo puede haber amistad entre nosotros, si todavía sufrimos debido a las idolatrías y
hechicerías de Jezabel, tu madre?

[23]Entonces el rey Jorán dio la vuelta para huir,
mientras le gritaba a Ocozías:

—¡Traición, Ocozías, traición!

[24]Jehú tomó el arco, disparó con todas sus fuerzas y le clavó la flecha entre los dos hombros. La
flecha le partió el corazón, y Jorán cayó muerto
en su carro.

[25]Jehú le dijo a su ayudante Bidcar:

—¡Arroja el cadáver en el campo que fue de
Nabot, porque acuérdate que una vez, cuando
tú y yo íbamos en un carro tras su padre, Acab,
el Señor me reveló esta profecía: [26]«Yo vengaré
el asesinato de Nabot y de sus hijos en su misma propiedad». ¡Así que arroja el cadáver en el
campo de Nabot, como el Señor dijo!

[27]Mientras tanto, el rey Ocozías, de Judá, había
huido hacia Bet Hagán. Jehú corrió en su persecución gritando:

—¡Dispárenle a él también!

Lo hirieron en su carro, cuando iba subiendo
la cuesta de Gur, junto a Ibleam. Ocozías logró
llegar hasta Meguido, pero allí murió. [28]Sus oficiales lo llevaron en un carro a Jerusalén, donde
lo sepultaron en el cementerio real. [29](El reinado
de Ocozías, sobre Judá, había comenzado en el
año doce del reinado de Jorán, de Israel).

Muerte de Jezabel

[30]Cuando Jezabel supo que Jehú había regresado a Jezrel, se pintó los ojos, se adornó el pelo y
se sentó junto a la ventana. [31]Cuando Jehú entró
por la puerta del palacio, ella, en forma irónica,
le gritó:

—¿Cómo estás, Zimri, asesino de tu rey?

[32]Él miró y la vio en la ventana, y gritó:

—¿Quién está de parte mía?

Y dos o tres oficiales del palacio se acercaron
a la ventana.

[33]—¡Arrójenla por la ventana! —les ordenó
Jehú.

Ellos la arrojaron por la ventana, y su sangre salpicó la muralla y a los caballos que la
pisotearon.

[34]Entonces Jehú entró en el palacio para comer
y beber. Después dijo:

—Que alguien vaya y sepulte a esta mujer
maldita, porque es hija de un rey.

[35]Pero cuando salieron para sepultarla, encontraron solamente la calavera, los pies y las manos.

[36]Cuando regresaron y se lo contaron, él dijo:

—Esto es lo que el Señor, por medio del profeta Elías, dijo que ocurriría. Sí, el Señor dijo que

los perros comerían su carne en Jezrel, 37y que su cuerpo quedaría esparcido como estiércol en el campo, de modo que nadie podría decir: «Estos son los restos de Jezabel».

Jehú extermina a la familia de Acab

10 Después de esto, Jehú envió cartas a las autoridades de la ciudad de Samaria y a los que cuidaban a los setenta hijos de Acab, que vivían allí. En las cartas les decía: 2,3«Al recibir esta carta, elijan a uno de los mejores hijos de Acab para que sea su rey, y prepárenlo para que luche por su trono. Porque ustedes tienen carros, caballos, una ciudad fortificada y armamento. Y prepárense para defender a la familia de su rey».

4Cuando recibieron las cartas sintieron mucho miedo, y dijeron: «Si dos reyes no pudieron vencer a este hombre, ¿qué podemos hacer nosotros?» 5Entonces el administrador de los asuntos del palacio y el gobernador de la ciudad, junto con las demás autoridades de la ciudad y los que cuidaban a los hijos de Acab, le enviaron este mensaje: «Jehú, somos tus siervos y haremos todo lo que nos digas. No proclamaremos como rey a ninguno de los hijos de Acab. Queremos que tú seas nuestro rey. Haz lo que creas conveniente». 6Jehú les escribió otra carta, con el siguiente mensaje: «Si de verdad están de mi parte, y están dispuestos a obedecerme, les pido que mañana, a esta hora, vayan a Jezrel y me lleven las cabezas de los hijos de Acab».

(Los setenta hijos del rey Acab vivían con los hombres que estaban a cargo de su crianza). 7Cuando llegó la carta, los mataron y pusieron sus cabezas en canastos, para llevárselas a Jehú, que estaba en Jezrel. 8Cuando un mensajero le dijo a Jehú que las cabezas de los hijos del rey habían llegado, ordenó que las pusieran en dos montones a la entrada de la ciudad, y las dejaran allí hasta la mañana siguiente.

9,10Por la mañana, Jehú salió y habló a la multitud que se había reunido: «¡Ustedes son inocentes! Yo conspiré contra mi señor, y lo maté, pero ¿quién mató a sus hijos? Todo lo que el Señor dijo acerca de la familia de Acab se cumplirá. Él declaró por medio de Elías, su siervo, que esto ocurriría a los descendientes de Acab». 11Jehú entonces dio muerte al resto de los miembros de la familia de Acab que estaban en Jezrel, y a todos los que habían sido oficiales de Acab, como también a sus amigos íntimos y a sus sacerdotes. Ninguno de ellos quedó con vida.

12Luego, Jehú salió hacia Samaria. Cuando pasó por Bet Équed de los Pastores, 13se encontró con los hermanos del rey Ocozías, de Judá.

—¿Quiénes son ustedes? —les preguntó.

Y ellos respondieron:

—Somos hermanos del rey Ocozías. Vamos a Samaria a visitar a los hijos del rey Acab y de la reina Jezabel.

14—¡Agárrenlos! —gritó Jehú a sus soldados. Así que los agarraron y los llevaron junto al pozo de Bet Équed, donde los mataron a todos. En total eran cuarenta y dos. ¡Ninguno de ellos quedó con vida!

15Al salir de allí, se encontró con Jonadab hijo de Recab, que venía a encontrarse con él. Después de saludarlo, Jehú le dijo:

—¿Eres leal a mí como yo lo soy a ti?

—Sí —respondió Jonadab.

—Dame tu mano entonces —le dijo Jehú, y lo ayudó a subir al carro real.

16—Ahora ven conmigo —dijo Jehú—, y comprueba cuánto amor siento por el Señor.

Jonadab se fue con él. 17Cuando llegaron a Samaria, Jehú hizo matar a todos los amigos y parientes de Acab, que todavía quedaban vivos. Así se cumplió la palabra que el Señor había anunciado por medio de Elías.

Jehú elimina a los adoradores de Baal

18Jehú convocó a una reunión a todos los habitantes de la ciudad, y les dijo: «Acab rindió poco culto a Baal en comparación con el culto que yo le voy a ofrecer. 19Convoquen a todos los profetas y sacerdotes de Baal, y reúnan a todos sus adoradores. Asegúrense de que no falte ninguno, porque nosotros los adoradores de Baal vamos a hacer una gran celebración en su honor. Cualquiera de los adoradores que no venga, morirá».

Jehú estaba invitando a esto, pues su plan era matar a todos los adoradores de Baal. 20,21Envió mensajeros por todo Israel convocando a todos los que adoraban a Baal. Ni uno solo faltó, y llenaron el santuario de Baal, de un extremo a otro. 22Jehú le ordenó al encargado de cuidar los vestidos de los sacerdotes: «Quiero que les entregues los vestidos de los sacerdotes a los adoradores de Baal, para que se los pongan».

23Entonces Jehú y Jonadab hijo de Recab, entraron en el santuario de Baal y le dijeron a los adoradores de Baal: «Procuren que solamente haya adoradores de Baal entre los presentes. Que no haya ninguno de los que adoran al Señor».

24Cuando los sacerdotes de Baal comenzaron a ofrecer sacrificios y holocaustos, Jehú rodeó el edificio con ochenta de sus hombres y les dijo: «Si dejan escapar a alguno, lo pagarán con sus vidas». 25En cuanto acabaron de ofrecer el holocausto, Jehú salió y les dijo a sus oficiales y ayudantes: «Entren y mátenlos a todos. Que ninguno escape». Y los mataron a todos, y sacaron los cuerpos del santuario de Baal. Luego los hombres de Jehú entraron 26y arrancaron el altar que se usaba para adorar a Baal y lo quemaron. 27También derribaron el santuario y lo convirtieron en un basurero, el cual existe todavía.

28Así destruyó Jehú todo vestigio del culto a Baal en Israel. 29Sin embargo, no destruyó los becerros de oro que se hallaban en Betel y en Dan, sino que los adoró, siguiendo así el ejemplo de Jeroboán hijo de Nabat, el cual hizo pecar a Israel.

30Después el Señor le dijo a Jehú: «Has hecho bien al obedecer mis órdenes de destruir a la familia de Acab. Por cuanto has hecho esto, haré que tu hijo, tu nieto y tu bisnieto sean reyes en Israel». 31Pero Jehú no siguió al Señor, Dios de Israel, con todo su corazón, porque siguió adorando a los becerros de oro con que Jeroboán había hecho pecar a Israel.

32,33Por aquel tiempo, el Señor comenzó a quitarle territorio a Israel. El rey Jazael atacó a Israel por todas partes, y les quitó las regiones de Galaad, Gat y Rubén; también conquistó parte de Manasés, desde el río Aroer, cerca del arroyo de Arnón, hasta Galaad y Basán.

34El resto de las actividades de Jehú se encuentran escritas en el libro de los reyes de Israel. 35Cuando Jehú murió, fue sepultado en Samaria, y le sucedió en el trono su hijo Joacaz. 36En total, Jehú reinó como rey de Israel en Samaria durante veintiocho años.

Atalía y Joás

11 Cuando Atalía, la madre de Ocozías, rey de Judá, supo que su hijo había muerto, hizo matar a todos los hijos del rey. 2El único que se salvó fue Joás, que tenía un año de edad, porque su tía Josaba, hija del rey Jorán y hermana del rey Ocozías, logró sacarlo y esconderlo en un dormitorio, junto con su niñera, cuando los demás hijos del rey estaban a punto de ser ejecutados. 3Durante seis años, Joás y su niñera estuvieron escondidos en el templo del Señor, mientras Atalía reinaba en Judá.

4En el séptimo año de Atalía, el sacerdote Joyadá mandó a llamar a los jefes de la guardia del palacio y a la escolta real. Se reunió con ellos en el templo del Señor, y luego de hacerles prometer que guardarían el secreto, les mostró al hijo del rey.

5Luego les dio estas instrucciones: «La tercera parte de quienes estén de guardia en el día de reposo vigilará el palacio. 6-8Otra tercera parte hará guardia en la puerta sur, y la otra tercera parte vigilará la puerta que está detrás del cuartel de la escolta real. Los demás, los que no estén de guardia el sábado, protegerán el templo del Señor. Rodearán al rey, con las armas en la mano, y matarán a quienquiera que trate de pasar. Acompañen al rey a dondequiera que vaya».

9Los jefes obedecieron las órdenes de Joyadá. Llevaron ante él a los hombres que estarían libres en el día de reposo y a los que iban a estar de servicio, 10Joyadá los armó con las lanzas y escudos que estaban guardados en el templo del Señor, y que habían pertenecido al rey David. 11Los guardianes, con las armas preparadas, se pararon en frente del santuario y rodearon el altar, desde el lado sur hasta el lado norte, para proteger al rey.

12Entonces Joyadá sacó al joven príncipe, le puso la corona en la cabeza y le dio una copia del pacto. Luego le derramó aceite sobre la cabeza y lo declaró rey de Judá. Todos aplaudieron y gritaron: «¡Que viva el rey!»

13,14Cuando Atalía oyó el bullicio, entró al templo del Señor y vio al nuevo rey, de pie junto a la columna, como era costumbre en el momento de la coronación, y rodeado por los oficiales y por muchos trompetistas. Todos se regocijaban y hacían sonar las trompetas. Al ver esto, Atalía se rasgó sus vestidos y gritó: «¡Traición! ¡Traición!»

15Entonces, el sacerdote Joyadá ordenó a los jefes de la guardia que la sacaran del templo del Señor y la mataran, junto con cualquiera que tratara de acudir en su ayuda. 16Ellos la arrastraron hacia los establos del palacio, y allí la mataron.

17Después, Joyadá hizo prometer al rey y a la gente que serían fieles al Señor. Además, hizo un pacto entre el rey y el pueblo. 18Todos acudieron al santuario de Baal para destruirlo, y rompieron sus altares e imágenes, y mataron a Matán, el sacerdote de Baal, frente al altar.

Joyadá puso guardias en el templo del Señor. 19Luego él, los jefes, los guardianes y todo el pueblo condujeron al rey desde el templo del Señor y, pasando la guardia, lo llevaron a la casa del rey. Y allí Joás se sentó en el trono real. 20Todos estaban felices, y la ciudad volvió a tener paz después de la muerte de Atalía. 21Joás tenía siete años cuando comenzó a reinar.

Joás, rey de Judá

12 Joás comenzó a reinar sobre Judá, cuando Jehú llevaba siete años reinando sobre Israel. Reinó en Jerusalén durante cuarenta años. (Su madre era Sibia, de Berseba). 2Durante toda su vida Joás hizo lo recto, ya que siguió las enseñanzas del sacerdote Joyadá. 3Sin embargo, no destruyó los santuarios de las colinas, y el pueblo siguió ofreciendo allí sacrificios e incienso.

4,5Un día el rey Joás le dijo a los sacerdotes: «Es necesario reparar el templo del Señor. Cuando alguien traiga una contribución para el Señor, ya sea una contribución regular o una donación especial, úsenla para pagar las reparaciones que sean necesarias».

6Pero en el año veintitrés de su reinado, el
templo aún no había sido reparado. 7Entonces
Joás llamó a Joyadá y a los otros sacerdotes, y
les preguntó: «¿Por qué no se ha reparado los
daños del templo? Desde ahora no manejarán el
dinero que reciban, sino que lo entregarán para
que se invierta en la reparación y restauración
del templo».
8Los sacerdotes estuvieron de acuerdo en no
seguir manejando el dinero, y en no estar al
frente de las reparaciones del templo. 9El sacerdote Joyadá hizo un agujero en la cubierta de
un gran cofre y lo puso a la derecha del altar,
a la entrada del templo del Señor. Los porteros
ponían allí todas las contribuciones del pueblo.
10Cada vez que el cofre se llenaba, el secretario
de finanzas del rey y el sumo sacerdote lo contaban, lo ponían en bolsas, 11,12y lo entregaban a
los administradores de la construcción, para que
pagaran a los carpinteros, canteros, albañiles, a
los que vendían la madera, y a los mercaderes de
piedras, y para que compraran los demás materiales necesarios para la reparación del templo
del Señor.
13,14El dinero no se usaba para comprar vasos de
plata, ni utensilios de oro, ni fuentes, ni trompetas, ni otros artículos similares, sino solamente
para pagar las reparaciones del templo del Señor.
15A los administradores de la construcción no se
les pedía cuentas del dinero, porque eran hombres honestos y fieles. 16Sin embargo, el dinero
que se daba para ofrendas por la culpa y por el
pecado no se llevaba al templo del Señor, sino
que se entregaba a los sacerdotes para su uso
personal.
17En este tiempo, Jazael, rey de Siria, atacó la
ciudad de Gat y la conquistó. Luego se dirigió
hacia Jerusalén, con el fin de atacarla. 18Pero Joás
tomó todos los objetos sagrados que sus antepasados Josafat, Jorán y Ocozías, reyes de Judá,
habían consagrado, juntamente con lo que él
mismo había consagrado al Señor, y todo el oro
de la tesorería del templo del Señor y del palacio,
y lo envió a Jazael. Al recibir este regalo, Jazael
desistió de atacar a Jerusalén.
19El resto de la historia de Joás está escrita en
el libro de los reyes de Judá. 20Algunos de sus oficiales se alzaron contra él y lo asesinaron en Bet
Miló, en el camino a Sila. 21Los asesinos fueron
Josacar hijo de Simat, y Jozabad hijo de Semer,
ambos servidores de confianza. Joás fue sepultado
en el cementerio real de Jerusalén, en la Ciudad
de David, y su hijo Amasías fue el nuevo rey.

Joacaz, rey de Israel

13 Joacaz hijo de Jehú comenzó a reinar
sobre Israel en el año veintitrés del reinado de Joás, de Judá. Reinó diecisiete años. 2Pero
fue un mal rey, pues siguió el mal ejemplo de
Jeroboán hijo de Nabat, el que hizo pecar a Israel.
3Por eso, el Señor se airó contra Israel, y permitió
que Jazael, rey de Siria, y su hijo Ben Adad los
vencieran muchas veces.
4Pero Joacaz pidió ayuda al Señor, y él oyó su
oración, y vio cuán terriblemente el rey de Siria
estaba oprimiendo a Israel. 5El Señor levantó un
libertador entre los israelitas que los libró de la
tiranía de los sirios, de modo que los israelitas
pudieron vivir tranquilos en sus casas, como
antes. 6Con todo eso, no se apartaron del pecado,
sino siguieron el mal ejemplo de Jeroboán. Y continuaron adorando a la diosa Aserá de Samaria.
7Fue tanto el daño que el rey de Siria le había
ocasionado a Israel, que sólo le quedaron cincuenta hombres de caballería, diez carros de
combate y diez mil hombres de infantería.
8El resto de la historia de Joacaz está escrito
en el libro de los reyes de Israel. 9Cuando Joacaz
murió, lo sepultaron en Samaria, y reinó en su
lugar su hijo Joás.

Joás, rey de Israel

10Joás llevaba treinta y siete años reinando en
Judá, cuando Joás hijo de Joacaz comenzó a reinar en Israel, y reinó en Samaria dieciséis años.
11Pero fue malo porque, al igual que Jeroboán
hijo de Nabat, fomentó la adoración a los ídolos,
con lo que hizo pecar a su pueblo. 12El resto de la
historia del reinado de Joás, incluyendo sus guerras contra el rey Amasías, de Judá, está escrito
en el libro de los reyes de Israel. 13Joás murió y
fue sepultado en Samaria con los demás reyes de
Israel; y su hijo Jeroboán fue el nuevo rey. A este
Jeroboán se le llegó a conocer como Jeroboán II.

Muerte de Eliseo

14Cuando Eliseo enfermó de muerte, el rey Joás,
de Israel, lo visitó y, echándose sobre él, se puso
a llorar, y exclamó:
—¡Padre mío, padre mío! ¡Carro de Israel y
su guía!
15Eliseo le dijo:
—Toma un arco y algunas flechas.
Y él así lo hizo.
16,17—Abre aquella ventana que da hacia el
oriente —le ordenó.
Entonces le pidió al rey que pusiera la mano
en el arco, mientras él ponía sus manos sobre
las manos del rey:
—Dispara —ordenó Eliseo.
El rey disparó.
—¡Esta es flecha del Señor que completa la
victoria sobre Siria! ¡Vencerás completamente a
los sirios en Afec! —exclamó el profeta—. 18Aho-
ra toma las demás flechas y golpea con ellas el
suelo.

El rey las tomó y golpeó tres veces el suelo,
y se detuvo.
19—¡Debiste haber golpeado el suelo, cinco o
seis veces —exclamó enojado el profeta—, porque entonces habrías derrotado definitivamente
a los sirios, pero solo lo derrotarás tres veces!
20,21Después Eliseo murió, y fue sepultado.
En aquellos días, algunas bandas de delincuentes
moabitas hacían incursiones en la tierra cada
primavera. Una vez, unos hombres estaban
sepultando a un amigo, pero al ver a esas bandas tuvieron miedo y arrojaron el cadáver en la
tumba de Eliseo. Y en cuanto el cuerpo tocó los
huesos de Eliseo, el hombre resucitó y se puso
de pie.

Jazael oprime a los israelitas

22El rey Jazael, de Siria, había oprimido a Israel
durante todo el reinado del rey Joacaz. 23Pero el
Señor tuvo misericordia del pueblo de Israel, y no
permitió que fuera totalmente destruido. Dios se
compadeció de ellos y también se acordó de su
pacto con Abraham, Isaac y Jacob.
24Cuando el rey Jazael, de Siria, murió, su hijo
Ben Adad reinó en su lugar. 25Entonces Joás hijo
de Joacaz, rey de Israel, lo venció tres veces y
reconquistó ciudades que Ben Adad le había
arrebatado a su padre Joacaz.

Amasías, rey de Judá

14 Durante el segundo año del reinado de
Joás, de Israel, el rey Amasías comenzó
su reinado sobre Judá. 2Amasías tenía veinticinco
años cuando comenzó a reinar, y reinó en Jerusalén veintinueve años. (Su madre era Joadán,
de Jerusalén). 3Fue un buen rey ante los ojos del
Señor, aunque no a la manera de su antepasado
David. Pero fue un buen rey como su padre Joás.
4Sin embargo, no destruyó los altares de las colinas, de manera que el pueblo seguía sacrificando
y quemando incienso en ellos.
5En cuanto se afirmó en el poder, hizo matar a
los hombres que habían dado muerte a su padre;
6pero no mató a los hijos de ellos, porque el Señor
había ordenado en la ley de Moisés que los padres
no murieran por la culpa de los hijos, ni los hijos
por los pecados de sus padres: cada uno debía
pagar la culpa de su propio pecado.
7En una ocasión, Amasías dio muerte a diez
mil edomitas en el valle de la Sal; también conquistó la ciudad de Selá, y le cambió el nombre
por el de Joctel, como se le conoce hasta este día.
8Un día envió un mensaje a Joás hijo de Joacaz
y nieto de Jehú, rey de Israel, en que lo desafiaba
a que saliera a la guerra contra él.
9Pero el rey Joás le respondió: «El cardo del
Líbano le dijo al poderoso cedro: "Entrégame
a tu hija para que sea esposa de mi hijo". Pero
luego pasó un animal salvaje y pisó al cardo, y lo
destrozó. 10Has vencido a Edom y te sientes orgulloso de ello, pero mi consejo es que te sientas
contento con tu triunfo y te quedes en casa. ¿Por
qué provocar un desastre para ti y para Judá?»
11Pero Amasías se negó a oír. Entonces, el rey
Joás de Israel salió a enfrentársele. La batalla
comenzó en Bet Semes, una de las ciudades de
Judá. 12Judá fue derrotado, y huyó. 13El rey Amasías fue capturado, y Joás marchó sobre Jerusalén
y derribó sus murallas, desde la puerta de Efraín
hasta la puerta de la Esquina, como unos ciento
ochenta metros. 14También se llevó a muchos
rehenes, y todo el oro y la plata del templo del
Señor y de la tesorería de la casa real, además
de las copas de oro. Luego regresó a Samaria.
15El resto de la historia de Joás y de su guerra
contra el rey Amasías, de Judá, están escritos en el
libro de los reyes de Israel. 16Cuando Joás murió,
fue sepultado en Samaria con los reyes de Israel,
y su hijo Jeroboán fue el nuevo rey.
17Amasías, rey de Judá, vivió quince años más
que Joás, rey de Israel. 18El resto de su biografía
está escrito en el libro de los reyes de Judá. 19Hubo
una conspiración contra su vida en Jerusalén, y
él huyó a Laquis; pero sus enemigos lo persiguieron, y allí lo mataron. 20Lo llevaron después en
caballos, y lo sepultaron en el cementerio real,
en la Ciudad de David, en Jerusalén.
21Entonces, el pueblo de Judá tomó a Azarías
hijo de Amasías, y lo puso por rey de Judá. En
ese momento Azarías tenía dieciséis años. 22Fue
él quien, tras la muerte de su padre, reconstruyó
la ciudad de Elat y la devolvió a Judá.

Jeroboán II, rey de Israel

23Jeroboán hijo de Joás comenzó a reinar en
Israel cuando Amasías hijo de Joás llevaba quince años reinando en Judá. A este Jeroboán se le
conoce como Jeroboán II, y reinó en Samaria
durante cuarenta y un años. 24Pero fue tan malo
como Jeroboán hijo de Nabat, que había hecho
pecar a Israel haciéndolo adorar ídolos. 25Jero-
boán II recuperó los territorios perdidos de Israel
entre Lebó Jamat y el mar de Arabá, tal como el
Señor, Dios de Israel, lo había anunciado por
medio de Jonás hijo de Amitay, el profeta de Gat
Jefer. 26Porque el Señor había visto la situación
tan triste en que estaban los habitantes de Israel,
tanto libres como esclavos, y que no tenían quién
los defendiera. 27Así que el Señor los libró por
medio de Jeroboán II, pues aún no había decidido
hacer desaparecer al pueblo de Israel.
28El resto de la biografía de Jeroboán, todo lo
que hizo, su gran poder, sus guerras, y cómo recuperó Damasco y Jamat (que habían sido capturadas por Judá) está registrado en el libro de los
reyes de Israel. 29Cuando murió Jeroboán II fue

sepultado con los demás reyes de Israel, y su hijo Zacarías fue el nuevo rey de Israel.

Azarías, rey de Judá

15 Azarías hijo de Amasías comenzó a gobernar en Judá cuando Jeroboán II llevaba veintisiete años reinando en Israel. 2Cuando Azarías subió al trono de Judá tenía dieciséis años, y reinó en Jerusalén durante cincuenta y dos años. Su madre era Jecolías, de Jerusalén.

3Azarías fue un buen rey, y agradó al Señor, tal como lo había hecho su padre Amasías. 4Pero a semejanza de sus antecesores, no destruyó los santuarios situados sobre las colinas, donde el pueblo hacía sacrificios y quemaba incienso.

5El Señor lo atacó con lepra, la que le duró hasta el día de su muerte. Por esta razón vivió solo en una casa. Su hijo Jotán ejercía el gobierno.

6El resto de la historia de Azarías está escrito en el libro de los reyes de Judá. 7Cuando Azarías murió, fue sepultado con sus antepasados en la Ciudad de David, en Jerusalén, y su hijo Jotán fue el nuevo rey.

Zacarías, rey de Israel

8Zacarías hijo de Jeroboán comenzó a reinar en Israel cuando Azarías llevaba treinta y ocho años reinando en Judá. Zacarías reinó en Samaria seis meses, 9y fue un rey malo ante los ojos del Señor, a la manera de sus antecesores. A semejanza de Jeroboán hijo de Nabat, fomentó en Israel el pecado de la adoración a los ídolos.

10Entonces Salún hijo de Jabés conspiró contra él y lo asesinó en Ibleam, y tomó la corona. 11El resto de la historia de Zacarías está en el libro de los reyes de Israel. 12De esta manera se cumplió la afirmación que el Señor había hecho a Jehú: «Tu hijo, tu nieto y tu bisnieto serán reyes de Israel».

Salún, rey de Israel

13Salún hijo de Jabés comenzó a reinar en Israel en el año treinta y nueve del reinado de Uzías en Judá. Salún solo alcanzó a reinar durante un mes, 14pues Menajem hijo de Gadí fue de Tirsá a Samaria y lo mató, y se apoderó del trono.

15Los demás detalles del reinado de Salún y su conspiración están escritos en el libro de los reyes de Israel.

16Menajem destruyó la ciudad de Tifsa y los lugares circundantes, comenzando por Tirsá, porque sus ciudadanos se negaron a aceptarlo como rey. Dio muerte a toda la población, y les abrió el vientre a las mujeres que estaban embarazadas.

Menajem, rey de Israel

17Menajem hijo de Gadí subió al trono de Israel en el año treinta y nueve del reinado de Azarías, rey de Judá. Reinó diez años en Samaria. 18También fue un rey muy malo. Adoró ídolos, siguiendo así el ejemplo de Jeroboán hijo de Nabat que condujo al pueblo de Israel al pecado.

19,20Entonces el rey Pul, es decir, Tiglat Piléser, de Asiria, invadió la tierra, pero el rey Menajem lo compró con un regalo de treinta y tres mil kilos de plata, para que lo dejara seguir siendo rey de Israel. Para conseguir esa cantidad de plata, Menajem obligó a los ricos de Israel a entregar, como impuesto, medio kilo de plata. Entonces Tiglat Piléser se regresó a su tierra.

21El resto de la historia del rey Menajem está escrito en el libro de los reyes de Israel. 22Cuando murió le sucedió su hijo Pecajías.

Pecajías, rey de Israel

23Pecajías hijo de Menajem comenzó a reinar en Israel cuando Azarías llevaba cincuenta años reinando en Judá. Pecajías reinó en Samaria dos años, 24pero hizo lo que ofende al Señor, pues siguió el ejemplo de Jeroboán hijo de Nabat que hizo pecar a Israel, conduciéndolo a la idolatría.

25Entonces Pecaj hijo de Remalías, que era uno de los oficiales del ejército, conspiró contra él con cincuenta hombres de Galaad, y lo asesinaron en el palacio de Samaria. (Argob y Arié también murieron en aquella ocasión). Después de matar al rey, Pecaj se apoderó del trono de Israel.

26El resto de la historia del rey Pecajías está escrito en el libro de los reyes de Israel.

Pecaj, rey de Israel

27Pecaj hijo de Remalías comenzó a reinar en Israel cuando Azarías llevaba cincuenta y dos años reinando en Judá. Pecaj reinó en Samaria veinte años, 28pero hizo lo malo ante los ojos del Señor, pues siguió el ejemplo de Jeroboán hijo de Nabat que hizo pecar a Israel, conduciéndolo a la idolatría.

29Fue durante su reinado que el rey Tiglat Piléser, de los asirios, dirigió un ataque contra Israel. Capturó las ciudades de Iyón, Abel Betmacá, Janoa, Cedes, Jazor, Galaad, Galilea, y toda la tierra de Neftalí, y llevó al pueblo cautivo a Asiria. 30Entonces Oseas hijo de Elá conspiró contra Pecaj, y lo asesinó. Eso ocurrió en el año veinte del reinado de Jotán en Judá. De esa manera Oseas se apoderó del trono de Israel.

31El resto de la historia del reinado de Pecaj está escrito en el libro de los reyes de Israel.

Jotán, rey de Judá

32,33Jotán hijo de Uzías comenzó a reinar en Judá cuando Pecaj hijo de Remalías llevaba dos años reinando en Israel. Jotán tenía veinticinco años cuando comenzó a reinar, y reinó en Jerusalén durante dieciséis años. Su madre fue Jerusa, hija de Sadoc. 34,35En términos generales,

Jotán fue un buen rey. Como su padre Uzías,
siguió al Señor. Pero no destruyó los santuarios
de las colinas, donde el pueblo hacía sacrificios y
quemaba incienso. Fue durante su reinado que se
construyó la puerta superior del templo del Señor.
36El resto de la historia de Jotán se encuentra
escrito en el libro de los reyes de Judá. 37En aquellos días, el Señor hizo que Rezín, rey de Siria,
y Pecaj hijo de Remalías, de Israel, atacaran a
Judá. 38Cuando Jotán murió, fue sepultado con
los demás reyes de Judá en el cementerio real,
en la Ciudad de David. Luego subió al trono su
hijo Acaz.

Acaz, rey de Judá

16 Acaz hijo de Jotán comenzó a reinar en
Judá cuando Pecaj hijo de Remalías llevaba diecisiete años reinando en Israel. 2Tenía
veinte años cuando comenzó a reinar, y reinó en
Jerusalén dieciséis años. No siguió el ejemplo de
su antepasado David, pues hizo lo que no agrada
al Señor. 3Por el contrario, fue tan malo como los
reyes de Israel. Tanta fue su maldad, que hasta
sacrificó en el fuego a su hijo, para ofrecérselo
a un dios falso, que era una ceremonia repugnante que practicaba la gente que antes vivía
en aquella tierra que el Señor le dio a su pueblo
Israel. 4También sacrificó y quemó incienso en
los santuarios de las colinas y en los numerosos
altares que había bajo los árboles frondosos.
5Un día, el rey Rezín, de Siria, y el rey Pecaj
hijo de Remalías, de Israel, le declararon la
guerra a Acaz, y sitiaron a Jerusalén; pero no
la pudieron conquistar. 6Sin embargo, en aquel
tiempo el rey Rezín, de Siria, recuperó la ciudad
de Elat, expulsó a los judíos que vivían allí y
puso habitantes sirios en ella. Luego llegaron
los edomitas y se quedaron a vivir allí hasta hoy.
7Entonces el rey Acaz envió un mensajero al
rey Tiglat Piléser, de Asiria, con el siguiente mensaje: «Soy tu siervo y amigo. Por favor, te ruego
que vengas y me libres de los reyes de Siria y de
Israel, que han venido a atacarme». 8Junto con
el mensaje, le envió como regalo la plata y el oro
del templo del Señor y de los tesoros de la casa
del rey. 9El rey de Asiria atendió su ruego, y fue
y atacó la ciudad de Damasco, capital de Siria,
y la conquistó. Mató al rey Rezín, y tomó como
prisioneros a los habitantes de la ciudad y los
llevó a vivir a Quir.
10El rey Acaz fue entonces a Damasco a encontrarse con el rey Tiglat Piléser, y mientras estaba
allí vio un altar pagano que le agradó. Hizo un
dibujo de ese altar, con sus dimensiones y detalles, y se lo envió al sacerdote Urías con una descripción detallada. 11,12Antes de que el rey regresara
de Damasco, Urías terminó de construir el altar.
Cuando Acaz regresó, vio el altar, se acercó a él
y presentó una ofrenda. 13Ofreció un holocausto
y una ofrenda de grano, derramó vino en él, y lo
roció con la sangre de los animales sacrificados
como ofrenda de paz. 14Luego quitó el altar de
bronce que estaba frente al templo del Señor, y
lo colocó al lado norte del nuevo altar.
15Luego dio órdenes al sacerdote Urías de usar
el nuevo altar para los holocaustos de la mañana,
para la ofrenda de cereal de la tarde, así como
para el holocausto y la ofrenda de grano del rey,
y para las ofrendas del pueblo, incluyendo sus
ofrendas de vino. La sangre del holocausto y de
los sacrificios tenía que rociarla sobre el nuevo
altar. El antiguo altar fue dejado solamente para
uso del rey. 16Entonces, el sacerdote Urías hizo
todo lo que el rey Acaz le ordenó.
17Luego, el rey hizo quitar los entrepaños de
las bases, junto con sus lavamanos. También
hizo bajar la fuente de bronce que estaba encima de los bueyes, y la puso sobre una base de
piedra. 18Y, atendiendo a una petición del rey de
Asiria, quitó la tarima que se había construido
dentro del templo del Señor para la celebración
del sábado, así como el pasadizo que era de uso
exclusivo del rey.
19El resto de la historia del reinado de Acaz está
escrito en el libro de los reyes de Judá. 20Cuando
Acaz murió, fue sepultado en el cementerio real,
en Jerusalén, en la Ciudad de David. Su hijo Ezequías fue el nuevo rey.

Oseas, rey de Israel

17 Oseas hijo de Elá subió al trono de Israel
cuando Acaz llevaba doce años reinando
en Judá. Oseas reinó en Samaria nueve años,
2pero hizo lo que ofende al Señor, aunque no
fue tan malo como los reyes de Israel que habían
reinado antes de él.
3El rey Salmanasar, de Asiria, atacó y derrotó
al rey Oseas, por lo que Israel tuvo que pagar
un pesado tributo anual a Asiria. 4Pero un día,
el rey Oseas se rebeló contra el rey de Asiria, y
pidió al faraón So, rey de Egipto, que le ayudara
a librarse del poder de Asiria. Además, Oseas se
negó a seguir pagándole el impuesto anual al
rey de Asiria. Por eso, éste lo hizo arrestar, y lo
metió en la cárcel.
5Después, el rey de Asiria marchó contra Israel
e invadió la tierra, y por tres años mantuvo sitiada
la ciudad de Samaria, capital del reino. 6Final-
mente, en el año noveno del reinado de Oseas,
Samaria cayó. Entonces el rey Salmanasar llevó
cautivos a los israelitas a Asiria y los instaló en
Jalaj, en Gozán, que está junto al río Jabor, y en
las ciudades de los medos.

El pecado de Israel

7Este desastre cayó sobre el pueblo de Israel, porque sus habitantes adoraron a otros dioses, pecando así contra el Señor su Dios que los había sacado de la esclavitud de Egipto. 8Habían seguido las malas costumbres de las naciones que el Señor había expulsado delante de ellos, y las malas costumbres que habían introducido los reyes de Israel. 9El pueblo de Israel, además, había hecho secretamente muchas cosas que eran malas. Habían edificado altares a otros dioses, a lo largo de toda la región. 10Habían puesto altares e ídolos en la cumbre de toda colina y bajo todo árbol frondoso. 11Habían quemado incienso a los dioses de las naciones a los que el Señor había expulsado de la tierra cuando Israel llegó. El pueblo de Israel, pues, había cometido muchos males, y el Señor estaba enojado con ellos. 12Habían adorado ídolos, a pesar de las advertencias específicas y repetidas del Señor. 13Una y otra vez, el Señor había enviado profetas que advirtieran a Israel y a Judá que era necesario que dejaran sus malos comportamientos, que obedecieran los mandamientos que había dado a sus antepasados por medio de los profetas.

14Pero Israel no prestó atención. El pueblo fue tan soberbio como sus antepasados, y se negó a creer en el Señor su Dios. 15Rechazaron sus leyes y el pacto que había hecho con sus antepasados, y despreciaron todas sus advertencias. En su rebeldía adoraron ídolos paganos, como las naciones vecinas, a pesar de las reiteradas advertencias del Señor. 16Desobedecieron todos los mandamientos del Señor su Dios, e hicieron dos becerros de oro fundido. Hicieron ídolos abominables y vergonzosos, y adoraron a Baal, y a todos los astros del cielo. 17Llegaron aun a sacrificar en el fuego a sus propios hijos e hijas como ofrenda a sus dioses, consultaron a adivinos, practicaron la magia y se vendieron a sí mismos al mal. Por eso el Señor se enojó con ellos.

18Tanto fue el enojo del Señor contra los israelitas que dejó que se los llevaran lejos de su tierra. Tan solo dejó a la tribu de Judá. 19Pero ni aun los de Judá obedecieron los mandamientos del Señor su Dios, sino que anduvieron en las malas costumbres que Israel había introducido. 20Entonces el Señor desechó a todos los descendientes de Jacob. Los castigó entregándolos en manos de sus enemigos, y dejó que fueran llevados lejos de su tierra.

21Cuando el Señor permitió que los israelitas no reconocieran como rey a un descendiente de David, ellos pusieron por rey a Jeroboán hijo de Nabat. Fue precisamente Jeroboán el que hizo que los israelitas cometieran el gran pecado de alejarse del Señor. 22Y el pueblo de Israel no dejó de hacer las cosas malas que Jeroboán le había enseñado, 23hasta que el Señor, finalmente, los arrojó lejos de su presencia, cumpliendo así lo que había anunciado por medio de sus siervos los profetas. Israel fue llevado cautivo a Asiria, donde está hasta estos días.

Repoblación de Samaria

24El rey de Asiria llevó habitantes de Babilonia, Cuta, Ava, Jamat, y Sefarvayin, y los instaló en las ciudades de Samaria, en lugar del pueblo de Israel. Los asirios, pues, tomaron posesión de Samaria y de las demás ciudades de Israel. 25Pero como estos nuevos habitantes no adoraban al Señor, él envió leones que mataron a muchos de ellos. 26Entonces, le enviaron este mensaje al rey de Asiria: «La gente que usted desterró en las ciudades de Samaria no conoce las leyes del dios de esta tierra, y él ha enviado leones para que los maten».

27,28El rey de Asiria ordenó entonces a uno de los sacerdotes exiliados de Samaria que regresara a Israel y enseñara a los nuevos residentes las leyes del Dios de la tierra. Un sacerdote, pues, regresó a Betel y enseñó a la gente de Babilonia la manera de adorar al Señor.

29Pero estos extranjeros también adoraban a sus propios dioses, a los que pusieron en los altares de las colinas, cerca de sus ciudades. 30Los babilonios adoraban a su dios Sucot Benot; los de Cuta adoraban a su dios Nergal, los de Jamat adoraban a Asimá, 31los aveos adoraban a Nibjaz y a Tartac, y los de Sefarvayin ofrecían en holocausto a sus hijos en los altares de sus dioses Adramélec y Anamélec.

32A pesar de que adoraban al Señor, nombraron, de entre el pueblo en general, sacerdotes que ofrecían sacrificios en los altares que habían construido en las colinas. 33Así que, aunque adoraban al Señor, siguieron manteniendo sus costumbres religiosas, tal como lo hacían cuando estaban en sus naciones de origen.

34Todavía hacen lo mismo: siguen sus prácticas anteriores en vez de adorar en forma verdadera al Señor, y obedecer las leyes que él les dio a los descendientes de Jacob (cuyo nombre más tarde le fue cambiado por el de Israel). 35,36El Señor había hecho un pacto con los israelitas, que tenía las siguientes condiciones:

«No adoren a dioses paganos, ni se inclinen delante de ellos; no los alaben ni ofrezcan sacrificios. Adórenme solo a mí, que soy el Señor, que los saqué de la tierra de Egipto con demostraciones grandiosas de poder. 37Obedezcan todas las leyes que les di por escrito, y jamás adoren a otros dioses. 38No olviden el pacto que hice con ustedes; por eso, no adoren jamás a otros dioses. 39Adórenme solamente a mí, pues únicamente yo tengo el poder para librarlos de sus enemigos».

40Pero no quisieron obedecer, sino que siguieron sus antiguas costumbres de adorar a dioses
falsos. 41Adoraban al Señor, pero al mismo tiempo
adoraban a sus ídolos. Y hasta ahora sus descendientes hacen lo mismo.

Ezequías, rey de Judá

18 Ezequías hijo de Acaz comenzó a reinar
en Judá cuando Oseas hijo de Elá llevaba tres años reinando en Israel. 2Ezequías tenía
veinticinco años cuando comenzó a reinar, y
reinó en Jerusalén veintinueve años. Su madre
era Abí, hija de Zacarías. 3Fue un buen rey, pues
hizo lo que le agrada al Señor, siguiendo, así, el
ejemplo de su antepasado David. 4Hizo quitar
los santuarios de las colinas, derribó sus altares y destruyó los vergonzosos ídolos de la diosa
Aserá. También destruyó la serpiente de bronce
que Moisés había hecho, porque el pueblo de
Israel había comenzado a adorarla y a quemarle
incienso, y la llamaban Nejustán.
5Ezequías confió firmemente en el Señor, Dios
de Israel. Ninguno de los reyes, ni antes ni después de él, estuvo tan cerca de Dios como él lo
estuvo. 6Porque siguió al Señor en todo y obedeció
cuidadosamente todos los mandamientos que él
había dado por medio de Moisés. 7Por esta razón
el Señor estuvo con él y lo hizo prosperar en todo
lo que emprendió. Se rebeló contra el rey de Asiria
y se negó a seguir pagando tributos. 8También
venció a los filisteos, tanto en las ciudades grandes como en las pequeñas, y logró llegar hasta
Gaza y sus alrededores.
9En el cuarto año de su reinado, que era el
séptimo año de Oseas en Israel, el rey Salmanasar, de Asiria, atacó a Israel y comenzó el sitio
de la ciudad de Samaria. 10Tres años más tarde
(durante el sexto año del reinado de Ezequías y
el noveno del reinado de Oseas en Israel) cayó
Samaria. 11Fue en aquel tiempo cuando el rey de
Asiria transportó a los israelitas a Asiria y los puso
en colonias en las ciudades de Jalaj, en Gozán,
que está junto al río Jabor, y en las ciudades de
los medos. 12Esto fue porque se habían negado a
obedecer al Señor su Dios y a hacer su voluntad.
Al contrario, habían pasado por alto su pacto y
habían desobedecido todas las leyes que les había
dado por medio de Moisés, su siervo.
13Más tarde, en el año catorce del reinado de
Ezequías, el rey Senaquerib de Asiria, sitió y capturó todas las ciudades fortificadas de Judá. 14El
rey Ezequías quería la paz, y envió este mensaje
al rey de Asiria, que estaba en Laquis: «He hecho
mal. Pagaré cualquier tributo que me pidas, con
tal de que te vayas». El rey de Asiria le exigió nueve mil novecientos kilos de plata y novecientos
noventa kilos de oro. 15Para reunir esta suma, el
rey Ezequías tomó toda la plata que había en
el templo del Señor y en la tesorería de la casa
de rey. 16Además, tuvo que quitar el oro de las
puertas del templo del Señor y de los postes con
que él mismo los había recubierto, y lo dio todo
al rey de Asiria.

Senaquerib amenaza a Jerusalén

17Sin embargo, el rey de Asiria envió desde
Laquis a uno de sus altos oficiales el Tartán, a su
tesorero principal el Rabasaris, y al copero mayor
el Rabsaces, para que fueran a atacar a Jerusalén. Éstos subieron y acamparon en el canal del
estanque superior, que está junto al campo donde
era blanqueada la ropa. 18Entonces le pidieron
al rey Ezequías que saliera a hablar con ellos.
Pero él envió una delegación para pedir tregua.
La delegación estaba formada por los siguientes
hombres: Eliaquín, el mayordomo del palacio,
Sebna, su secretario, y Joa hijo de Asaf, su otro
secretario.
19Entonces el Rabsaces envió este mensaje al
rey Ezequías:
—El gran rey de Asiria dice: «¿Qué te hace
sentir tan seguro? 20,21Necesitas más que promesas
y ayudas antes de rebelarte contra mí. Pero, ¿cuál
de tus aliados te dará más que palabras? ¿Egipto?
Si te apoyas en Egipto, descubrirás que es una
caña que se quiebra bajo tu peso y te traspasa
la mano. El faraón de Egipto es completamente indigno de confianza. 22Y si dices: "Estamos
confiando en que el Señor nos librará", recuerda
que tú has destruido los altares de las colinas
dedicados a él. Porque tú exiges que toda la gente
vaya a adorar ante el altar de Jerusalén».
23»¿Qué te parece? Haz una apuesta con mi
amo, el rey de Asiria. Si encuentras dos mil
hombres que puedan montar a caballo, nosotros te daremos los caballos. 24Y con un ejército
tan pequeño como el tuyo, no eres amenaza ni
para el menor de los oficiales a cargo del más
pequeño contingente. Si los egipcios estuvieran
dispuestos a proporcionarte caballos y carros, de
nada te serviría. 25¿Piensas que nosotros hemos
venido aquí por nuestra propia iniciativa? ¡No!
El Señor nos ha enviado, y nos dijo: "Vayan y
destruyan a ese pueblo".
26Eliaquín hijo de Jilquías, Sebna y Joa le
dijeron:
—Habla en arameo, por favor, porque nosotros lo entendemos. No uses hebreo porque el
pueblo que está en los muros nos está oyendo.
27Pero el asirio respondió:
—¿Me ha enviado acaso mi señor a hablarte solamente a ti y a tu amo? ¡Me ha enviado
a hablarle también al pueblo que está en los
muros, condenados al igual que ustedes a comer
sus excrementos y a beber su orina!

[28]Entonces el Rabsaces asirio gritó en hebreo al pueblo que estaba sobre los muros:

—¡Oigan lo que dice el gran rey de Asiria! [29]¡No permitan que el rey Ezequías los engañe! ¡Él jamás podrá salvarlos de mi poder! [30]¡No permitan que los engañe haciéndoles creer que el Señor los salvará!

[31,32]»¡No escuchen al rey Ezequías! ¡Ríndanse! ¡Podrán vivir aquí en su tierra hasta que yo los conduzca a otra tierra semejante a esta, con muchas cosechas, grano, vino, olivos y miel! Todo esto es mejor que la muerte. No escuchen al rey Ezequías cuando trate de convencerlos de que el Señor los salvará.

[33]»¿Ha podido alguno de los dioses de las otras naciones librarlos del rey de Asiria? [34]¿Qué le ha pasado a los dioses de Jamat, Arfad, Sefarvayin, Hená e Ivá? ¿Rescataron a Samaria? [35]Si no hay dios que haya podido salvar a nación alguna de mi poder, ¿qué los hace pensar que el Señor puede salvar a Jerusalén?

[36]Pero el pueblo sobre el muro permaneció en silencio, porque el rey les había ordenado no responder.

[37]Entonces Eliaquín hijo de Jilquías, el mayordomo, Sebna, el secretario del rey, y Joa hijo de Asaf, el otro secretario, fueron ante el rey Ezequías con su ropa rasgada y le contaron lo que había dicho el Rabsaces asirio.

Isaías profetiza la liberación de Jerusalén

19 Cuando el rey Ezequías escuchó este informe, rasgó sus vestiduras, se vistió de ropa áspera, y entró en el templo del Señor a orar. [2]Y mandó a Eliaquín, a Sebna y a algunos de los sacerdotes más ancianos que se vistieran de ropa áspera y fueran a ver al profeta Isaías hijo de Amoz, y le dieran este mensaje: [3]«Este es un día de tribulación, insulto y deshonra. Es como cuando un niño está a punto de nacer, pero la madre no tiene fuerzas para darlo a luz. [4]Quizás el Señor tu Dios ha oído que el Rabsaces de Asiria desafió al Dios viviente, y lo castigará. Ora por los que todavía quedamos vivos».

[5,6]Isaías les contestó a los mensajeros del rey: «Díganle al rey que esto es lo que el Señor le manda a decir: "No te preocupes por los insultos que estos asirios han lanzado contra mí. [7]Haré que el rey de Asiria reciba malas noticias de su tierra y decida regresar; y haré que lo maten cuando llegue a su tierra"».

[8]El Rabsaces asirio regresó ante su rey, y lo encontró en Libná, porque se había retirado de Laquis.

[9]Poco después le llegó al rey la noticia de que el rey Tiracá, de Etiopía, venía a atacarlo. Antes de partir para hacer frente al ataque, envió este mensaje al rey Ezequías: [10]«No te dejes engañar por ese Dios en quien crees. No le creas cuando dice que nosotros no vamos a conquistar Jerusalén. [11]Tú sabes perfectamente bien lo que los reyes de Asiria han hecho dondequiera que han ido: lo han destruido completamente todo. ¿Por qué tu caso va a ser diferente? [12]¿Han podido contra nosotros los dioses de las otras naciones: Gozán, Jarán, Résef, y los descendientes de Edén que estaban en Telasar? Todos ellos han sido destruidos por los anteriores reyes de Asiria. [13]¿Qué le ocurrió al rey de Jamat y a los reyes de Arfad? ¿Qué le ocurrió a los reyes de Sefarvayin, Hená e Ivá?»

Oración de Ezequías

[14]Ezequías tomó la carta que le entregaron los mensajeros de Senaquerib, la leyó y entró en el templo del Señor y la extendió delante del Señor. [15]Allí hizo esta oración: «Señor, Dios de Israel, que te sientas en tu trono, por encima de los ángeles, sólo tú eres Dios de todos los reinos de la tierra, pues tú creaste los cielos y la tierra. [16]Inclínate, Señor, y escucha, te lo ruego. Abre tus ojos, Señor, y mira. Escucha a este hombre que desafía al Dios vivo. [17]Señor, es cierto que los reyes de Asiria han destruido a todas esas naciones [18]y han quemado sus ídolos. Pero éstos no eran dioses. Fueron destruidos porque no eran sino ídolos de madera y de piedra, hechos por los hombres. [19]Señor, Dios nuestro, te rogamos que nos salves del poder del rey de Asiria. Así todos los reinos de la tierra sabrán que solamente tú eres Dios».

Muerte de Senaquerib

[20]Entonces el profeta Isaías hijo de Amoz envió este mensaje a Ezequías: «El Señor, Dios de Israel dice que ha escuchado tu petición acerca de Senaquerib, rey de Asiria. [21]Y esto es lo que el Señor, decreta contra él:

»"La virgen hija de Sión, no te tiene miedo. La hija de Jerusalén te desprecia y se burla de ti. [22]¿A quién has desafiado e insultado? ¿Contra quién has levantado con soberbia la voz? ¡Es contra el Santo de Israel que lo has hecho!

[23]»"Has dicho con jactancia: 'Mis carros han conquistado las más altas montañas, ¡hasta la cúspide del Líbano! He cortado sus cedros más altos, he talado sus mejores cipreses, y he conquistado sus fronteras más lejanas. [24]Me he refrescado en los manantiales de los pueblos que he vencido, y he destruido la fortaleza de Egipto con sólo pasar por allí'.

[25]»"¿No te has dado cuenta que desde hace mucho, yo, el Señor, es quien te ha dejado hacer estas cosas? Yo ordené que conquistaras todas estas ciudades fortificadas. [26]Por eso, los pue-

blos que has conquistado no pudieron contra ti. Paralizados de terror y avergonzados, quedaron cual hierba del campo, cual césped tierno, como heno de los terrados que se marchita antes de la cosecha.

27»”Yo sé todo de ti. Conozco todos tus planes y sé a dónde vas. Además, sé lo que has dicho en contra mía. 28Debido a tu arrogancia contra mí, voy a poner un garfio en tu nariz, y frenos en tu boca, y te haré regresar por el camino que viniste.

29»”Y ésta es la prueba de que haré lo prometido:

»”Este año mi pueblo comerá el trigo que saldrá espontáneamente, y lo usará como semilla para las siembras del próximo año; y en el tercer año tendrán una cosecha abundante.

30»”Pueblo mío, Judá, que has sobrevivido; volverás a echar profundas raíces en la tierra y producirás fruto para el Señor. 31Un pequeño grupo de mi pueblo se hará fuerte en Jerusalén. El Señor está deseoso de hacer que esto ocurra.

32»”Y mi decisión en cuanto al rey de Asiria es que no entrará en esta ciudad. No estará delante de ella con escudo, ni tenderá rampas para subir por sus muros, ni disparará una sola flecha contra ella. 33Volverá por el camino que vino, 34porque yo descenderé y salvaré a esta ciudad, por amor de mi nombre y por amor de mi siervo David”».

35Aquella misma noche, el ángel del Señor dio muerte a ciento ochenta y cinco mil soldados del ejército asirio. A la mañana siguiente, el campo estaba lleno de cadáveres. 36Entonces el rey Senaquerib regresó a Nínive. 37Pero un día que estaba adorando en el santuario del dios Nisroc, sus hijos Adramélec y Sarézer le dieron muerte, y escaparon a la región de Ararat. Y su hijo Esarjadón fue el nuevo rey de Asiria.

Enfermedad de Ezequías

20 El rey Ezequías se enfermó gravemente y estuvo a punto de morir. Entonces el profeta Isaías hijo de Amoz fue a visitarlo, y le dijo: «El Señor te manda a decir que dejes todos tus asuntos arreglados, porque vas a morir».

2Ezequías se dio vuelta hacia la pared, y le rogó al Señor: 3«Por favor, Señor, recuerda que siempre he tratado de obedecerte y agradarte en todo lo que hago». Y rompió a llorar.

4Antes de que Isaías saliera del patio, el Señor le habló nuevamente, y le dijo: 5«Vuelve a ver a Ezequías, el jefe de mi pueblo, y dile que yo, el Señor, el Dios de su antepasado David, he oído su oración y he visto sus lágrimas. Dile que yo lo sanaré, y que dentro de tres días, a partir de hoy, se levantará e irá al templo del Señor. 6Añadiré quince años a su vida y lo salvaré a él y a esta ciudad del rey de Asiria. Lo haré para gloria de mi nombre y por amor a David mi siervo».

7Isaías, entonces, dio orden a Ezequías de hacer hervir algunos higos secos y preparar una pasta con ellos para ponerla sobre la llaga. Y así lo hicieron, y Ezequías sanó.

8El rey Ezequías había dicho a Isaías:

—Haz una señal para probarme que el Señor me sanará, y que yo podré ir al templo del Señor, dentro de tres días.

9—De acuerdo. El Señor te dará una señal —le dijo Isaías—. ¿Quieres que la sombra en el reloj del sol adelante diez gradas o retroceda diez?

10—Que la sombra avance diez gradas es muy fácil —respondió Ezequías—. ¡Haz que retroceda!

11Isaías le pidió al Señor que hiciera esto, y él hizo que la sombra retrocediera diez gradas en el reloj de sol de Acaz.

Mensajeros de Babilonia

12En aquel tiempo, Merodac Baladán hijo de Baladán, rey de Babilonia, envió embajadores con saludos y un regalo para Ezequías, pues se enteró de que había estado enfermo. 13Ezequías les dio la bienvenida y les mostró todos sus tesoros, la plata, el oro, las especias y aceites aromáticos, las armas, y todo cuanto había en las bodegas. No hubo cosa en su palacio y en su reino que Ezequías no les mostrara.

14Entonces Isaías entró a ver al rey Ezequías, y le preguntó:

—¿Qué querían estos hombres? ¿De dónde son?

—Vienen de lejos, desde Babilonia —respondió Ezequías.

15—¿Qué han visto en tu palacio? —preguntó Isaías.

Y Ezequías le respondió:

—¡Lo han visto todo! ¡Les he mostrado todos mis tesoros!

16Entonces Isaías le dijo a Ezequías:

—Escucha la palabra del Señor: 17Vendrá un día en que todo lo que hay en este palacio será llevado a Babilonia; todos los tesoros de tus antepasados serán llevados, y nada quedará. 18Algunos de tus hijos serán llevados y serán esclavos que servirán en el palacio del rey de Babilonia.

19—Bien —respondió Ezequías—. Si eso es lo que el Señor quiere, está bien.

Pero realmente estaba pensando: «Por lo menos tendré paz y seguridad durante el resto de mi vida».

20El resto de la historia de Ezequías y de sus grandes hechos, incluyendo el estanque y el acueducto que hizo para llevar agua a la ciudad, están escritos en el libro de los reyes de Judá. 21Cuando murió, su hijo Manasés fue el nuevo rey.

Manasés, rey de Judá

21 Manasés tenía doce años cuando comenzó a reinar en Judá, y reinó cincuenta y cinco años en Jerusalén. Su madre era Hepsiba. 2Manasés fue un mal rey, pues hizo lo que no le agrada al Señor, pues imitó las prácticas abominables de las naciones que fueron arrojadas de la tierra para dejarle el lugar al pueblo de Israel. 3-5Reedificó los santuarios de las colinas, que su padre Ezequías había destruido. Edificó altares a Baal e hizo una abominable imagen de la diosa Aserá, tal como lo había hecho Acab, rey de Israel. Levantó altares al dios sol, a la diosa luna, y a los dioses de las estrellas en el templo del Señor, ¡precisamente en la ciudad y el edificio que el Señor había elegido para honrar su propio nombre! 6Además, hizo quemar en un altar pagano a uno de sus propios hijos. Practicó la brujería y la adivinación, y consultó a espiritistas y a adivinos. En fin, hizo todo lo que el Señor desaprueba. Por eso, el Señor se enojó con él.

7Manasés llegó a colocar una abominable imagen de la diosa Aserá en la casa en la cual el Señor había dicho a David y a Salomón: «Yo pondré para siempre mi nombre en esta casa, y en Jerusalén, ciudad que he escogido de entre todas las ciudades de las tribus de Israel. 8Si el pueblo de Israel sigue los mandamientos que les entregué por medio de Moisés, yo jamás los expulsaré de la tierra que di a sus padres».

9Pero el pueblo no quiso escuchar al Señor, y Manasés los indujo a hacer mayores males que las naciones vecinas, aun cuando el Señor había destruido a aquellas naciones por sus malos comportamientos, cuando el pueblo de Israel entró en la tierra.

10Entonces el Señor declaró por medio de los profetas: 11«Por cuanto el rey Manasés ha hecho estas iniquidades, y es aun más malo que los amorreos que vivían en esta tierra hace mucho tiempo, y por cuanto ha llevado al pueblo de Judá a la idolatría, 12yo traeré tal mal sobre Jerusalén y Judá, que los oídos de los que lo oigan les retumbarán de horror. 13Haré que los reyes de Israel conquisten a Jerusalén, y borraré Jerusalén como un hombre limpia un plato y lo pone boca abajo para que se seque. 14Rechazaré aun a los pocos de mi pueblo que han quedado, y los entregaré como despojo y botín en manos de sus enemigos. 15Porque han hecho grandes males y me han hecho enojar siempre, desde que traje a sus antepasados de Egipto».

16Además de practicar la idolatría, que el Señor odia, y de hacer que el pueblo de Judá también la practicara, Manasés asesinó a gran número de personas inocentes. Jerusalén quedó llena de un extremo a otro de los cadáveres de sus víctimas.

17El resto de la historia de Manasés y de su reinado pecaminoso está escrito en el libro de los reyes de Judá. 18Cuando murió, fue sepultado en su palacio, en el jardín de Uza. Su hijo Amón fue el nuevo rey.

Amón, rey de Judá

19Amón tenía veintidós años cuando comenzó a reinar sobre Judá, y reinó dos años en Jerusalén. Su madre era Mesulémet, hija de Jaruz, de Jotba. 20Amón hizo todo lo que desagrada al Señor, siguiendo, así, el ejemplo de su padre Manasés. 21Hizo todas las maldades que su padre había hecho, y adoró los mismos ídolos. 22Así que Amón abandonó su fe en el Señor, Dios de sus antepasados, pues no vivió de acuerdo con su voluntad.

23Pero sus servidores conspiraron contra él y lo mataron en el palacio. 24Luego, la gente del pueblo dio muerte a los asesinos, y pusieron a Josías hijo de Amón, como rey de Judá.

25El resto de la biografía de Amón está escrito en el libro de los reyes de Judá. 26Cuando Amón murió, fue sepultado en su propia tumba, en el jardín de Uza. Su hijo Josías fue el nuevo rey.

Josías, rey de Judá

22 ☼Josías tenía ocho años cuando comenzó a reinar en Judá, y reinó treinta y un años en Jerusalén. Su madre era Jedidá, hija de Adaías, de Boscat. 2Josías hizo lo que agrada al Señor, pues en todo siguió el ejemplo de su antepasado David, sin desviarse en nada.

3,4En el año dieciocho de su reinado, el rey Josías envió a su secretario Safán hijo de Asalías y nieto de Mesulán, al templo del Señor a visitar al sumo sacerdote Jilquías, y le dijera: «Toma el dinero que reciben los sacerdotes en la puerta de la casa, cuando el pueblo viene a adorar, 5,6y entrégalo a los administradores de la construcción, para que puedan contratar carpinteros y albañiles para reparar el templo del Señor, y compren madera y piedras para las reparaciones. 7Los administradores de la construcción no tienen que dar cuenta del dinero, porque son hombres honrados».

8Un día, el sumo sacerdote Jilquías fue a ver al secretario Safán, y le dijo: «¡He encontrado, en el templo del Señor, un rollo que contiene la ley del Señor!» Y le entregó el rollo a Safán para que lo leyera. 9,10Cuando Safán informó al rey del progreso de las reparaciones del templo del Señor, también le contó del rollo que Jilquías había encontrado. Entonces Safán se lo leyó al rey. 11Cuando el rey se enteró de lo que estaba escrito en él, se rasgó la ropa, lleno de temor, 12,13y ordenó al sumo sacerdote Jilquías, al secre-

☼22.1–2 ☼22.16–20

tario Safán, a Ajicán hijo de Safán, a Acbor hijo
de Micaías, al secretario Safán, y a su ministro
Asaías: «Vayan a consultar al Señor, para que
sepamos qué tenemos que hacer, tanto yo como
todo el pueblo, en cuanto a lo que está en este
libro. Pues, según con lo que allí está escrito,
nuestros antepasados no obedecieron la ley del
Señor, ni vivieron de acuerdo con su voluntad.
¡El Señor debe estar muy enojado con nosotros
por eso!»
14 Así que el sumo sacerdote Jilquías, Ajicán, Acbor,
Safán y Asaías fueron a consultar a la profetisa
Huldá, que vivía en el sector nuevo de Jerusalén.
Huldá era esposa de Salún hijo de Ticvá y nieto
de Jarjás, encargado del vestuario del palacio.
15,16 Ella les respondió: «Díganle al hombre
que los envió que así dice el Señor, Dios de Israel:
"Voy a destruir esta ciudad y sus habitantes, tal
como lo he dicho en ese libro que has leído.
17 Porque el pueblo de Judá me ha abandonado y
ha adorado a otros dioses, y ha hecho que mi ira
arda contra este lugar, sin que se pueda apagar.
18,19 Pero, por cuanto estás triste y preocupado, y
te has humillado delante de mí, al leer el libro y
sus advertencias de que esta tierra sería maldita
y destruida, y por cuanto has rasgado tu ropa y
has llorado delante de mí con verdadero pesar,
he escuchado tu petición. 20 La desgracia de este
pueblo no ocurrirá sino hasta después de tu
muerte, de modo que tú no verás el mal que
traeré sobre este lugar"».

Y ellos llevaron el mensaje al rey.

Renovación del pacto

23 Entonces el rey pidió que los ancianos
y los jefes de Judá y de Jerusalén se reunieran con él. 2 Luego, el rey fue al templo del
Señor, acompañado de todos los sacerdotes, de los
profetas y de todo el pueblo, pequeños y grandes,
de Jerusalén y de otras ciudades de Judá. Y, en
presencia de todos, el rey leyó el libro de la ley del
Señor, que había sido descubierto en el templo
del Señor. 3 Parándose junto a la columna, frente
al pueblo, el rey prometió delante del Señor que
iba a obedecer todos los mandamientos y leyes
que estaban escritos en el libro. Se comprometió a obedecer el pacto con todo su corazón y
con toda su alma. Y todo el pueblo, siguiendo el
ejemplo del rey, se comprometió a obedecer el
pacto del Señor.

4 Entonces el rey ordenó al sumo sacerdote
Jilquías y a los demás sacerdotes y guardas del
templo que destruyeran todos los instrumentos
usados en la adoración a Baal, a Aserá, al sol,
la luna y las estrellas. El rey hizo que todo fuera
quemado en los campos del valle de Cedrón, en
las afueras de Jerusalén, y llevó las cenizas a
Betel. 5 Mató a los sacerdotes paganos, que los
anteriores reyes de Judá habían instituido para
quemar incienso en los santuarios de las colinas, a través de todo Judá y aun en Jerusalén.
También a los que ofrecían incienso a Baal, al
sol, a la luna, a las estrellas y a los astros. 6 Hizo
quitar el abominable ídolo de Aserá del templo
del Señor, y lo llevó a las afueras de Jerusalén,
al arroyo de Cedrón. Allí lo quemó y lo redujo
a polvo, y arrojó el polvo sobre la fosa común.
7 Además, destruyó las habitaciones de los que se
dedicaban a la prostitución sagrada en el templo
del Señor, y en las que las mujeres tejían túnicas
para el ídolo de la diosa Aserá.

8 Hizo regresar a Jerusalén a los sacerdotes del
Señor que estaban viviendo en otras ciudades de
Judá, e hizo derribar todos los santuarios de las
colinas donde ellos habían quemado incienso,
aun aquellos que estaban tan distantes como
Gueba y Berseba. Además, destruyó los santuarios que estaban a la entrada del palacio de Josué,
el gobernador de Jerusalén, y que estaba a la
izquierda de una de las puertas de la ciudad.
9 Conviene señalar que los sacerdotes de los santuarios de las colinas no servían en el altar del
Señor en Jerusalén, pero sí comían con los otros
sacerdotes.

10 Asimismo el rey destruyó el altar de Tofet, que
estaba en el valle de Ben Hinón, para que nadie
pudiera usarlo nuevamente con el propósito de
sacrificar a sus hijos o hijas quemándolos en
honor a Moloc. 11 También derribó las estatuas de
caballos y carros que había cerca de la entrada
del templo del Señor, junto a las habitaciones
de Natán Mélec, el eunuco, las cuales habían
sido dedicadas por los reyes de Judá al dios sol.

12 A continuación derribó los altares que los
reyes de Judá habían edificado en la azotea del
palacio, sobre la sala de Acaz. Además destruyó
los altares que Manasés había edificado en los dos
atrios del templo del Señor. Los molió, y esparció el polvo por el valle de Cedrón. 13 Luego hizo
quitar los santuarios de las colinas que estaban
al oriente de Jerusalén, al sur del Monte de la
Destrucción (Salomón había edificado estos altares a Astarté, la detestable diosa de los sidonios,
a Quemós el horrible dios de Moab, y a Moloc,
el detestable dios de los amonitas).

14 Destrozó asimismo los ídolos de piedra y las
abominables imágenes de Aserá. Luego llenó de
osamentas humanas estos lugares. 15 En cuanto al altar y el santuario que Jeroboán hijo de
Nabat había edificado en Betel, y con el cual
había hecho pecar a Israel, derribó las piedras y
las redujo a polvo, y quemó las imágenes abominables de la diosa Aserá.

16 Mientras Josías inspeccionaba los lugares,
vio varias tumbas en la falda de la montaña.
Ordenó a sus hombres que sacaran los huesos

que había en ellas y los quemaran en el altar de
Betel, para profanarlo, cumpliéndose así lo que
el profeta del SEÑOR había dicho que ocurriría
sobre el altar de Jeroboán.
17—¿Qué monumento es ese que hay allí? —
preguntó el rey.
Y los hombres de la ciudad le respondieron:
—Es la tumba del profeta que vino de Judá y
declaró lo que ocurriría sobre el altar de Betel.
18Entonces Josías respondió:
—No hagan nada con él. No molesten sus
huesos.
Entonces respetaron sus huesos junto con los
del profeta de Samaria.
19Josías demolió los santuarios de las colinas
en toda Samaria. Habían sido edificados por
los diversos reyes de Israel que habían hecho
enojar al SEÑOR. Josías los redujo a polvo, de la
manera que había hecho en Betel, 20y ejecutó a
los sacerdotes de los santuarios paganos sobre
sus propios altares, y quemó huesos humanos
sobre los altares, para profanarlos. Después de
esto regresó a Jerusalén.
21Después, el rey ordenó a todo el pueblo:
«Celebren la fiesta de la Pascua del SEÑOR, de
acuerdo con las instrucciones que aparecen en
el Libro del Pacto». 22Desde la época de los Jueces
no había habido una celebración de la Pascua
como aquella, y jamás hubo otra semejante en
todos los años de los reyes de Israel y Judá. 23Esta
Pascua se celebró en el año dieciocho del rey
Josías en Jerusalén.
24Josías también acabó con los brujos y adivinos,
y con todo tipo de adoración de ídolos, tanto en
Jerusalén como en toda Judá. Porque Josías quería seguir todas las leyes que estaban escritas en
el libro que el sumo sacerdote Jilquías había
hallado en el templo del SEÑOR. 25No hubo
☼otro rey que, en forma tan completa, se volviera al SEÑOR, y siguiera todas las leyes de Moisés;
y ningún rey desde el tiempo de Josías ha sido
tan obediente al SEÑOR.
26Pero, a pesar de todo esto, el SEÑOR no desistió
de castigar a Judá, pues nada pudo apagar su ira,
causada por la maldad del rey Manasés. 27Por-
que el SEÑOR había dicho: «Yo destruiré a Judá,
de la manera que destruí a Israel, y desecharé
a Jerusalén como ciudad escogida, y al templo
del SEÑOR de la cual dije que sería el lugar donde
yo habitaría».
28El resto de la biografía de Josías está escrito
en el libro de los reyes de Judá. 29En aquellos
días, el faraón Necao, rey de Egipto, atacó al rey
de Asiria, en el Éufrates. Entonces el rey Josías
salió con el propósito de cerrarle el paso a Necao,
pero éste lo mató en Meguido. 30Sus oficiales llevaron su cuerpo en un carro desde Meguido hasta
Jerusalén, y lo sepultaron allí en la tumba que él
había designado. Entonces el pueblo tomó a su
hijo Joacaz y lo proclamó como rey de Judá, en
lugar de su padre Josías.

Joacaz, rey de Judá

31Joacaz tenía veintitrés años cuando comenzó
a reinar sobre Judá, y reinó sólo tres meses en
Jerusalén. Su madre fue Jamutal, hija de Jeremías, de Libná. 32Siguiendo el ejemplo de sus
antepasados, Joacaz hizo lo que ofende al SEÑOR.
33El faraón Necao lo encarceló en Riblá, que queda en la región de Jamat, para evitar que reinara
en Jerusalén, e impuso un tributo contra Judá
de tres mil trescientos kilos de plata y treinta y
tres kilos de oro. 34Luego tomó a Eliaquín hijo
de Josías, y lo puso como rey de Judá, en lugar
de su padre. Necao le cambió el nombre por el
de Joacim. En cuanto al rey Joacaz, se lo llevó a
Egipto, donde murió.
35Joacim impuso tributo al pueblo, para poder
cumplir con el impuesto de plata y oro que le
había exigido el faraón Necao.

Joacim, rey de Judá

36Joacim tenía veinticinco años cuando
comenzó a reinar en Judá, y reinó once años en
Jerusalén. Su madre fue Zebudá, hija de Pedaías,
de Rumá. 37Siguiendo el ejemplo de sus antepasados, Joacim hizo lo que ofende al SEÑOR.

24 Durante el reinado del rey Joacim, el rey
Nabucodonosor, de Babilonia, atacó a
Jerusalén. Joacim se rindió y le pagó tributos
durante tres años, pero luego se rebeló. 2Enton-
ces el SEÑOR envió a caldeos, sirios, amonitas y
moabitas contra Judá, para que destruyeran la
ciudad, tal como lo había anunciado por medio
de sus profetas. 3,4Es claro que estos desastres
sobrevinieron a Judá por orden directa del SEÑOR,
que había decidido castigar al pueblo de Judá,
haciéndolo ir lejos de su presencia, debido a los
muchos pecados de Manasés, quien había llenado a Jerusalén de sangre. Por eso, el SEÑOR no
quiso perdonarlo.
5El resto de la historia de la vida de Joacim está
escrito en el libro de los reyes de Judá. 6Cuando
murió, le sucedió su hijo Joaquín. 7(El faraón
egipcio jamás volvió después de ello, porque
el rey de Babilonia ocupó todo el territorio que
Egipto pretendía tomar, desde el río de Egipto
hasta el río Éufrates.)

Joaquín, rey de Judá

8Joaquín tenía dieciocho años cuando comenzó a reinar en Judá, y reinó en Jerusalén sólo tres
meses. Su madre fue Nejustá, hija de Elnatán,

☼23.25

de Jerusalén. 9 Siguiendo el ejemplo de su padre, Joaquín hizo lo que ofende al Señor.

10 Durante su reinado, los oficiales de Nabucodonosor, rey de Babilonia, sitiaron la ciudad de Jerusalén. 11 Nabucodonosor, en persona, llegó durante el sitio, 12 y el rey Joaquín, todos sus funcionarios y la reina madre se rindieron. Entonces Nabucodonosor, que llevaba ocho años como rey de Babilonia, capturó a Joaquín.

13 Los babilonios se llevaron consigo todos los tesoros del templo del Señor y de la casa del rey. Además, destrozaron todos los vasos de oro que el rey Salomón había mandado a hacer para el templo del Señor, por orden del Señor. 14 El rey Nabucodonosor se llevó diez mil cautivos de Jerusalén, incluyendo a los príncipes y a los mejores soldados, artífices y herreros. Quedó solamente la gente más pobre de aquella tierra.

15 Nabucodonosor se llevó a Babilonia al rey Joaquín, junto con sus esposas, sus funcionarios, y la reina madre, así como a los poderosos de la tierra. 16 También se llevó a siete mil de los mejores hombres de guerra, y mil artesanos y herreros, todos los cuales eran fuertes y aptos para la guerra. 17 Entonces el rey de Babilonia designó a Matanías, tío del rey Joaquín, como rey de Judá. Le cambió el nombre de Matanías por el de Sedequías.

Sedequías, rey de Judá

18 Sedequías tenía veintiún años cuando comenzó a reinar sobre Judá, y reinó en Jerusalén once años. Su madre fue Jamutal, hija de Jeremías, de Libná. 19 Siguiendo el ejemplo de Joacim, Sedequías hizo lo malo delante del Señor. 20 Por eso, el Señor, en su ira, mandó lejos de su presencia a la gente de Judá y de Jerusalén.

La caída de Jerusalén

25 Entonces el rey Nabucodonosor, de Babilonia, movilizó todo su ejército y puso sitio a Jerusalén. Esto ocurrió el día diez del mes décimo del noveno año del reinado de Sedequías, rey de Judá. 2 El sitio continuó hasta el año once del reinado de Sedequías.

3 Los últimos alimentos de la ciudad fueron consumidos el día nueve del mes cuarto de ese año, es decir, el año once. 4,5 Aquella noche, el rey y sus hombres de guerra abrieron una brecha en el muro y huyeron hacia el Arabá, a través de una puerta que había entre el doble muro, junto al jardín del rey. Las fuerzas babilónicas que rodeaban la ciudad lo persiguieron y lo capturaron en la llanura de Jericó, y todos sus hombres se dispersaron. 6 Fue llevado a Riblá, donde fue juzgado y sentenciado delante del rey de Babilonia. 7 Lo obligaron a presenciar cómo mataban a sus hijos, y luego le sacaron los ojos y se lo llevaron atado con cadenas a Babilonia.

8 Nabuzadarán, capitán de la guardia real, llegó desde Babilonia a Jerusalén el día siete del mes quinto del año diecinueve del reinado de Nabucodonosor. 9 Incendió el templo del Señor, el palacio y todas las demás casas de la ciudad. 10 Luego dirigió a las fuerzas babilónicas en la destrucción de las murallas de Jerusalén. 11 Nabuzaradán se llevó a Babilonia a toda la gente que quedaba en Jerusalén, junto con los que se habían unido al rey de Babilonia. Todos fueron llevados cautivos a Babilonia. 12 Sin embargo, dejó a los más pobres de la tierra, para que se encargaran de cultivar los viñedos y los campos.

13 Los babilonios quebraron las columnas de bronce del templo del Señor, la fuente de bronce y sus bases, y se llevaron todo el bronce a Babilonia. 14,15 También se llevaron los calderos, las paletas, las despabiladeras, los cucharones, y todos los utensilios de bronce usados para el sacrificio. Los incensarios de oro y plata, y todo el resto del oro y la plata.

16 Fue tal la cantidad de bronce usado en las dos columnas, la fuente y las bases, que Salomón había mandado hacer para el templo del Señor, que fue imposible pesarlo. 17 Cada columna tenía ocho metros de altura. La parte superior de cada columna tenía un adorno de bronce de metro y medio, en forma de una red con granadas de bronce.

18 El general se llevó cautivos a Babilonia a Seraías, el principal de los sacerdotes, a su ayudante Sofonías, y a los tres guardianes del templo del Señor. 19,20 Nabuzaradán llevó cautivos ante el rey de Babilonia a un encargado de los hombres de guerra, al principal escriba del ejército que tenía el registro de los soldados, a cinco de los consejeros del rey, y a sesenta agricultores, todos los cuales estaban escondidos en la ciudad. El rey de Babilonia los juzgó en Riblá, 21 que está en la región de Jamat, y los hizo matar.

Fue así como la gente de Judá fue sacada de su tierra y llevada cautiva a Babilonia.

22 Entonces el rey Nabucodonosor designó a Guedalías hijo de Ajicán y nieto de Safán, como gobernador del pueblo que quedó en Judá. 23 Los jefes de las tropas de Judá y sus hombres supieron que el rey de Babilonia había designado a Guedalías como gobernador. Entonces fueron a Mizpa, para ver a Guedalías. Entre los que fueron estaban Ismael hijo de Netanías, Johanán hijo de Carea, Seraías hijo de Tanjumet, de Netofa, y Jazanías, hijo de un hombre de Macá. 24 Guedalías les dijo que se quedaran en aquella tierra y que si se sometían al rey de Babilonia, les iría bien, y no tenían que temer a los oficiales de Babilonia.

[25]Pero siete meses más tarde, Ismael hijo de
Netanías y nieto de Elisama, que era de estirpe real, fue a Mizpa con diez hombres, y dio
muerte a Guedalías y a su corte, tanto judíos
como babilonios. [26]Entonces todos los hombres
de Judá, desde el más joven hasta el más viejo,
junto con los jefes del ejército de Judá, huyeron
a Egipto, pues tenían miedo de lo que los babilonios pudieran hacerles.

Liberación del rey Joaquín

[27]El rey Joaquín, de Judá, fue puesto en libertad
de su prisión el día veintisiete del mes doce del
año treinta y siete de su cautiverio. Ese era el
primer año del reinado de Evil Merodac, sobre
Babilonia. [28]Este rey trató bondadosamente a
Joaquín y le dio un puesto más importante que
el que les dio a los demás reyes que estaban cautivos en Babilonia. [29]Joaquín dejó de vestir como
un prisionero, y por el resto de su vida comió
regularmente en la mesa del rey. [30]Además, el
rey le daba cada día una ayuda económica para
sus gastos. Joaquín recibió esa ayuda por el resto
de su vida.

1 CRÓNICAS

¿Quién lo escribió?

Los libros de Crónicas forman, igual que los de Reyes, un solo tomo en el canon hebreo. Sin embargo, a diferencia de éstos últimos, que tienen una relación temática e histórica con los libros de Samuel, los de Crónicas están relacionados más bien con Esdras. Ambos le dan importancia a las genealogías y además hacen énfasis en las ceremonias y en la fidelidad a la ley de Moisés. Quizá un detalle clave es que los últimos textos de 2 Crónicas (2 Cr. 36:22-23) son los versículos iniciales de Esdras (Esd. 1:1-3). Por esta razón, muchos se inclinan por la opinión de la tradición judía, la cual dice que el escritor es Esdras. Sin duda, este sacerdote estaba capacitado para producir una obra como esta. Era un ministro con suficiente conocimiento de la historia de su pueblo, con capacidad administrativa, liderazgo espiritual y claridad en cuanto a propósito teológico.

¿A quién lo escribió?

Mientras los libros de Reyes fueron leídos por judíos derrotados, ya sea en Jerusalén o en el exilio en Babilonia, los libros de Crónicas fueron escritos para el pueblo judío que estaba ya de regreso en su tierra, después de los setenta años de cautiverio. Ahora, en esta situación de esperanza que reflejaba un nuevo comienzo, ellos necesitaban revisar la historia de su pueblo, pero esta vez no para ver qué fue lo que falló o las causas del fracaso, sino para ver cuál es la fuente de esperanza y éxito en el pasado con el propósito de aprender de él en el presente. Estos judíos, que se sienten como inmigrantes en su propia tierra, la cual muchos nunca habían visto, necesitan recordar cómo funcionaba el templo, cómo trató el Señor con los reyes, por qué David fue tan querido por Dios y, en general, en qué consiste ser parte de una tradición tan rica y valiosa como la suya.

¿Cuándo y dónde lo escribió?

Después del exilio en Babilonia, los persas conquistaron a los caldeos y, a partir del año 537 a.C., les dan permiso a los judíos de retornar a su tierra. El regreso se realiza bajo el liderazgo de varios líderes, principalmente Zorobabel (año 536 a.C.), Esdras (año 458 a.C.) y Nehemías (445 a.C.). Si Esdras es el escritor de este libro, entonces la fecha en la que se escribió fue cerca del año 450 a.C., en la ciudad de Jerusalén, mientras se efectuaba la gran reforma espiritual bajo el liderazgo de Esdras.

Panorama del libro

Muchas de las historias de los libros de Reyes son repetidas aquí, pero esta vez el punto de vista es diferente. Los libros de Crónicas fueron escritos después del exilio y presentan una evaluación mayormente sacerdotal de la historia, a diferencia de Samuel y Reyes los cuales escribían desde la perspectiva de los profetas. Ambos, sin embargo, utilizan una perspectiva teológica de los eventos. El regreso del cautiverio hacía necesario recordar la historia más amplia del pueblo, especialmente en lo relacionado con las promesas de Dios a través del rey David. Debido a ello, el autor hace énfasis en las bendiciones davídicas de Israel: el pacto, la ley, la dinastía de los reyes y el templo. Además, la atención se centra en Judá como el recipiente de las promesas de Dios. En este libro se repasa la genealogía desde Adán y luego se narra la historia desde el ascenso de David al trono.

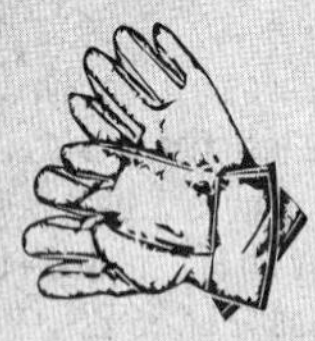

¿Cómo se relaciona con nosotros?

Los libros de Crónicas intimidan a muchos debido a la gran cantidad de nombres y datos que hay en ellos. Sin embargo, estas listas eran muy importantes para los lectores originales. Establecían la continuidad del pueblo de Dios desde el pasado al presente. Clarificaban la manera en la que el Señor había tratado con fidelidad a su pueblo en el pasado, y afirmando que seguiría haciéndolo. Estos libros nos muestran que el Dios de la justicia es el mismo Dios de las promesas y la gracia, describiendo la esperanza que el Señor edificó en la persona y el linaje de David. A diferencia de Reyes, donde se trata de explicar dónde estuvo el fracaso, estos libros declaran cuál es el camino del ideal divino en el mundo y los pasos necesarios para una vida fiel y llena de la aprobación de Dios.

¿Cómo lo estudiamos?

1)Las genealogías: certificando el pasado para enfrentar el futuro. Caps. 1-9.
2)El ascenso de David, el rey que estableció el modelo para el reino. Caps. 10-20
3) La organización del reino. El líder prepara eficientemente su salida. Caps. 21-28

1 CRÓNICAS

1 Crónicas

Descendientes de Adán

1 Éstas son las más remotas generaciones de la raza humana: 2-4 Adán, Set, Enós, Cainán, Malalel, Jared, Enoc, Matusalén, Lamec, Noé.

Descendientes de Noé

Los descendientes de Noé son: Sem, Cam, y Jafet.

5-9 Los hijos de Jafet fueron: Gómer, Magog, Maday, Javán, Tubal, Mésec y Tirás.

Los hijos de Gómer fueron: Asquenaz, Rifat, y Togarma.

Los hijos de Javán fueron: Elisá, Tarsis, Chipre y Rodanín.

Los hijos de Cam fueron: Cus, Misrayin, Fut y Canaán.

Los hijos de Cus fueron: Seba, Javilá, Sabtá, Ragama y Sabteca.

Los hijos de Ragama fueron: Sabá y Dedán.

10 Otro de los hijos de Cus fue Nimrod, quien llegó a ser un reconocido guerrero en la tierra.

11,12 Los pueblos que descienden de Misrayin: Los ludeos, los anameos, los leabitas, los naftuitas, los patruseos, los caslujitas y los caftoritas (quienes fueron los antepasados de los filisteos).

13-16 Entre los hijos de Canaán estaban Sidón, su primer hijo, y Het.

Canaán fue también el progenitor de los jebuseos, los amorreos, los gergeseos, los heveos, los araceos, los sineos, los arvadeos, los zemareos y los jamatitas.

17 Los hijos de Sem fueron: Elam, Asur, Arfaxad, Lud, Aram, Uz, Hul, Guéter y Mésec.

18 El hijo de Arfaxad fue Selá, y el hijo de Selá fue Éber.

19 Éber tuvo dos hijos. Uno fue Péleg, porque fue en el curso de su vida que la gente de la tierra se dividió. El otro hijo de Éter fue Joctán.

20-23 Los hijos de Joctán fueron: Almodad, Sélef, Jazar Mávet, Yeraj, Hadorán, Uzal, Diclá, Obal, Abimael, Sabá, Ofir, Javilá y Jobab.

Descendientes de Sem

24-27 Sem, Arfaxad, Selá, Éber, Péleg, Reú, Serug, Najor, Téraj y Abram, a quien Dios le cambió el nombre por el de Abraham.

Descendientes de Abraham

28-31 Los hijos de Abraham fueron Isaac e Ismael.

Los hijos de Ismael fueron: Nebayot, hijo mayor de Ismael, Cedar, Abdel, Mibsán, Mismá, Dumá, Masá, Hadad, Temá, Jetur, Nafis y Cedema.

32 Además, Abraham tuvo hijos de su concubina Cetura, que fueron: Zimrán, Jocsán, Medán, Madián, Isbac y Súah. Los hijos de Jocsán fueron Sabá y Dedán.

33 Los hijos de Madián fueron: Efá, Éfer, Janoc, Abidá y Eldá.

Estos fueron los descendientes que Abraham tuvo con su concubina Cetura. 34 El otro hijo de Abraham fue Isaac.

Los hijos de Isaac fueron Esaú e Israel.

Descendientes de Esaú

35 Los hijos de Esaú fueron: Elifaz, Reuel, Jeús, Jalán y Coré.

36 Los hijos de Elifaz fueron: Temán, Omar, Zefo, Gatán, Quenaz, Timná y Amalec.

37 Los hijos de Reuel fueron: Najat, Zera, Sama y Mizá.

38,39 También son hijos de Seír, que es el mismo Esaú: Lotán, Sobal, Zibeón, Aná, Disón, Ezer y Disán.

Los hijos de Lotán fueron Horí y Homán. Lotán tuvo una hermana llamada Timná.

40 Los hijos de Sobal fueron: Alván, Manajat, Ebal, Sefó y Onam.

Los hijos de Zibeón fueron Ayá y Aná.

41 El hijo de Aná fue Disón.

Los hijos de Disón fueron: Amirán, Esbán, Itrán y Querán.

42 Los hijos de Ezer fueron Bilán, Zaván y Yacán.

Los hijos de Disón fueron Uz y Arán.

Reyes de Edom

43 A continuación viene una lista de los nombres de los reyes de Edom que reinaron antes de que en Israel hubiera reyes. Bela hijo de Beor, que vivía en la ciudad de Dinaba.

44 Cuando Bela murió, reinó en su lugar Jobab hijo de Zera, que era de Bosra.

45 Cuando Jobab murió, reinó en su lugar Jusán, que era de la región de Temán.

46 Cuando Jusán murió, reinó en su lugar Hadad hijo de Bedad, que derrotó a Madián en los campos de Moab. Hadad reinó en la ciudad de Avit.

47 Cuando Hadad murió, reinó en su lugar Samla, que era de la ciudad de Masreca.

48 Cuando Samla murió, reinó en su lugar Saúl, que era de Rejobot, junto al Éufrates.

49 Cuando Saúl murió, reinó en su lugar Baal Janán hijo de Acbor.

50 Cuando Baal Janán murió, reinó en su lugar Hadad, quien gobernó desde la ciudad de Pau. Su esposa fue Mehitabel, hija de Matred y nieta de Mezab.

51-54 Después de la muerte de Hadad, los edomitas tuvieron los siguientes jefes: Timná, Alvá, Jetet, Aholibama, Elá, Pinón, Quenaz, Temán, Mibzar, Magdiel e Iram.

Hijos de Israel

2 Los hijos de Israel fueron: Rubén, Simeón, Leví, Judá, Isacar, Zabulón, 2Dan, José, Benjamín, Neftalí, Gad y Aser.

Descendientes de Judá

3Judá tuvo tres hijos de una mujer de Canaán, hija de Súaj, que fueron: Er, Onán y Selá. Pero el hijo mayor, Er, era tan malvado que el SEÑOR le quitó la vida.

4Entonces la viuda de Er, llamada Tamar, y su suegro Judá, tuvieron hijos gemelos, Fares y Zera. Así que Judá tuvo cinco hijos.

5Los hijos de Fares fueron Jezrón y Jamul.

6Los hijos de Zera fueron: Zimri, Etán, Hemán, Calcol y Dardá.

7Acar hijo de Carmí fue el hombre que provocó la desgracia sobre el pueblo de Israel, pues desobedeció la orden de Dios de destruir todo lo que había en la ciudad de Jericó.

8El hijo de Etán fue Azarías.

9Los hijos de Jezrón fueron Jeramel, Ram, y Quelubay.

10Ram fue el padre de Aminadab, y Aminadab fue el padre de Naasón, dirigente del pueblo de Israel.

11Naasón fue el padre de Salmón, y Salmón fue el padre de Booz. 12Booz fue el padre de Obed, y Obed fue el padre de Isaí.

13El hijo primogénito de Isaí fue Eliab; el segundo, Abinadab; el tercero, Simá; 14el cuarto, Natanael; el quinto, Raday; 15el sexto, Ozén, y el séptimo fue David. 16También tuvo dos hijas de la misma esposa, cuyos nombres fueron Sarvia y Abigaíl.

Los hijos de Sarvia fueron Abisay, Joab y Asael.

17Abigaíl, cuyo marido fue Jéter, de la tierra de los ismaelitas, tuvo un hijo llamado Amasá.

18Caleb hijo de Jezrón tuvo dos esposas, Azuba y Jeriot. Los hijos de Azuba fueron Jéser, Sobab y Ardón.

19Después de la muerte de Azuba, Caleb se casó con Efrata, la cual dio a luz un hijo llamado Jur. 20El hijo de Jur fue Uri, y el hijo de Uri fue Bezalel.

21A la edad de sesenta años, Jezrón se casó con una hija de Maquir, la cual dio a luz un hijo cuyo nombre fue Segub. Maquir fue también padre de Galaad.

22Segub fue padre de Yaír, quien gobernaba veintitrés ciudades en la tierra de Galaad. 23Pero Guesur y Aram le arrebataron las ciudades de Yaír y Quenat, junto con sus aldeas.

Así que estos fueron los descendientes de Maquir, el padre de Galaad.

24Después de la muerte de Jezrón en Caleb Efrata, su esposa Abías tuvo un hijo llamado Asur, que fue el padre de Tecoa.

25Los siguientes fueron los hijos de Jeramel, que fue el primogénito de Jezrón: Ram, el mayor, Buná, Orén, Ozén y Ahías.

26Atará, la segunda esposa de Jeramel, fue la madre de Onam.

27Los hijos de Ram, el hijo mayor de Jeramel, fueron Maaz, Jamín y Équer.

28Los hijos de Onam fueron Samay y Yada.

Los hijos de Samay fueron Nadab y Abisur.

29Los hijos de Abisur y de su esposa Abijaíl fueron Ajbán y Molid.

30Los hijos de Nadab fueron Séled y Apayin. Séled murió sin hijos, 31pero Apayin tuvo un hijo de nombre Isí. El hijo de Isí fue Sesán, y el hijo de Sesán fue Ajlay.

32Yada, hermano de Samay, tuvo dos hijos, Jéter y Jonatán. Jéter murió sin tener hijos, 33pero Jonatán tuvo dos hijos, Pélet y Zazá.

Así que estos fueron los descendientes de Jeramel.

34,35Sesán[a] no tuvo hijos sino hijas. Una de ellas fue concedida como esposa a Yarjá, esclavo suyo, procedente de Egipto. La esposa de Yarjá fue la madre de Atay.

36El hijo de Atay fue Natán; el hijo de Natán fue Zabad, 37el hijo de Zabad fue Eflal; el hijo de Eflal fue Obed; 38el hijo de Obed fue Jehú; el hijo de Jehú fue Azarías; 39el hijo de Azarías fue Heles; el hijo de Heles fue Elasá; 40el hijo de Elasá fue Sismay; el hijo de Sismay fue Salún; 41el hijo de Salún fue Jecamías; el hijo de Jecamías fue Elisama.

Descendientes de Caleb

42Caleb, hermano de Jeramel, fue el padre de Mesá y de Maresá. Mesá, el hijo mayor, fue el padre de Zif, y Maresá fue el padre de Hebrón.

43Los hijos de Hebrón fueron: Coré, Tapúaj, Requen y Semá.

44Semá fue el padre de Raham, el cual fue padre de Jorcoán. Requen fue el padre de Samay.

45El hijo de Samay fue Maón, y éste fue el padre de Betsur.

46Efá, concubina de Caleb, dio a luz a Jarán, a Mosá y a Gazez. Jarán, a su vez, tuvo un hijo al que también llamó Gazez.

47Los hijos de Yaday fueron: Reguen, Jotán, Guesán, Pélet, Efá y Sagaf.

48,49Macá, otra de las concubinas de Caleb, fue la madre de Séber, Tirjaná y Sagaf, quien fue el padre de Madmana, y a Seva, que fue el padre de Macbena y de Guibeá. Caleb tuvo también una hija llamada Acsa.

50Los hijos de Jur, el hijo mayor de Caleb y Efrata, fueron: Sobal, padre de Quiriat Yearín, 51Salmá, padre de Belén, y Jaref, padre de Bet Gader.

---

a. Al parecer, se trata de un Sesán diferente al del versículo 31.

52Los hijos de Sobal, padre de Quiriat Yearín,
fueron: Haroé, la mitad de los manajatitas, 53las
familias de Quiriat Yearín, los itritas, los futitas,
los sumatitas y los misraítas, de los cuales descendieron los zoratitas y los estaolitas.

54Los descendientes de Salmá fueron: Belén, los
netofatitas, Aterot Bet Joab, la mitad de los manajatitas y los zoreítas; 55se incluía también a las
familias de los escribas que vivían en Jabés, que
fueron los tirateos, los simeateos y los sucateos.

Todos éstos fueron los quenitas que descendieron de Jamat, que fue el padre de la familia
de Recab.

Hijos de David

3 El hijo mayor del rey David fue Amnón, el
cual tuvo con su esposa Ajinoán, que era de
la tierra de Jezrel.

Su segundo hijo fue Daniel, y la madre de éste
fue Abigaíl, que era de Carmel.

2El tercero fue Absalón, hijo de su mujer Macá,
la cual era la hija del rey Talmay, de Guesur.

El cuarto fue Adonías, hijo de Jaguit.

3El quinto fue Sefatías, hijo de Abital.

El sexto fue Itreán, hijo de su esposa Eglá.

4Estos seis le nacieron en Hebrón, desde donde
reinó durante siete años y medio. Después de esto,
cambió la capital a Jerusalén, desde donde reinó
por treinta y tres años más.

5Allí en Jerusalén le nacieron: Simá, Sobab,
Natán y Salomón. Estos cuatro los tuvo con
Betsabé,[b] la hija de Amiel.

6-8David tuvo también otros nueve hijos: Ibjar,
Elisama, Elifelet, Noga, Néfeg, Jafía, Elisama,
Eliadá y Elifelet.

9Y hay que añadir a los hijos de sus concubinas
y a una hija llamada Tamar.

Descendientes de Salomón

10-14Los siguientes son los descendientes del rey
Salomón, que fueron reyes de Judá: Roboán,
Abías, Asá, Josafat, Jorán,[c] Ocozías, Joás, Ama-
sías, Azarías,[d] Jotán, Acaz, Ezequías, Manasés,
Amón y Josías.

15Los hijos de Josías fueron: Johanán,[e] Joacim,
Sedequías y Salún.

16Los hijos de Joacim fueron Jeconías[f] y Sedequías.

17,18Los siguientes son los hijos del rey Jeconías,
el que fue llevado a Babilonia: Salatiel, Mal-
quirán, Pedaías, Senazar, Jecamías, Hosamá y
Nedabías.

19,20Pedaías fue el padre de Zorobabel y Simí.

Los hijos de Zorobabel fueron: Mesulán, Jananías, Jasubá, Ohel, Berequías, Jasadías y Yusab
Jésed. También tuvo una hija llamada Selomit.

21,22Los hijos de Jananías fueron Pelatías
e Isaías. Los descendientes de Isaías fueron:
Refaías, Arnán, Abdías y Secanías.

Los descendientes de Secanías fueron: Semaías
y sus hijos, Jatús, Igal, Barías, Nearías y Safat.

23Los hijos de Nearías fueron Elihoenay, Ezequías y Azricán.

24Los siete hijos de Elihoenay fueron: Hodavías;
Eliasib, Pelaías, Acub, Johanán, Delaías y Ananí.

Descendientes de Judá

4 Los siguientes son los descendientes de Judá:
Fares, Jezrón, Carmí, Jur y Sobal.

2Reaías hijo de Sobal, fue padre de Yajat, quien
a su vez fue padre de Ajumay y Lajad. Estos fueron miembros del clan de los zoratitas.

3,4Los descendientes de Etam fueron: Jezrel,
Ismá e Ibdás, una hija llamada Jazelelponi,
Penuel, padre de Guedor, y Ezer, padre de Jusá.

Estos fueron hijos de Jur, hijo mayor de Efrata,
y padre de Belén.

5Asur, padre de Tecoa, tuvo dos esposas, Helá
y Nara.

6Nara le dio a luz a Ajusán, Héfer, Temeni y
Ajastarí. Así que estos fueron los hijos de Nara.

7Helá le dio a luz a Zéret, Yezojar y Etnán.

8Cos fue el padre de Anub y Zobebá, así como
de las familias de Ajarjel hijo de Harún.

9Jabés tenía más prestigio que cualquiera de
sus hermanos. Su madre lo llamó Jabés (Angustia) debido al gran dolor que tuvo al darlo a luz.
10Fue el mismo que oró al Dios de Israel diciendo:
«¡Te ruego que me bendigas más todavía. Que
ensanches mis fronteras y que estés conmigo para
librarme del mal y que nadie me dañe!» Y Dios
le concedió su ruego.

11,12Los descendientes de Reca fueron: Quelub,
hermano de Sujá y padre de Mejir, quien fue el
padre de Estón; Estón fue el padre de Bet Rafá, de
Paseaj y de Tejiná; Tejiná fue padre de Ir Najás.

13Los hijos de Quenaz fueron Otoniel y Seraías.

Los hijos de Otoniel fueron Jatat y Meonotay;

14Meonotay fue el padre de Ofra;

Seraías fue el padre de Joab. Joab fue el progenitor de los habitantes del valle de Carisín, o
valle de los artesanos.

(Se le daba este nombre porque allí vivían
muchos artesanos).

15Los hijos de Caleb, el cual era el hijo de Jefone, fueron Ir, Elá y Noán. Entre los hijos de Elá
se incluye a Quenaz.

16Los hijos de Yalelel fueron: Zif, Zifá, Tirías
y Asarel.

17Los hijos de Esdras fueron: Jéter, Méred, Éfer
y Jalón.

b. O, «Betsúa».
c. O, «Jehoram».
d. O, «Uzías».
e. O, «Joacás».
f. Conocido también como Joaquín o Conías.

Méred contrajo matrimonio con una princesa egipcia llamada Bitiá. Esta fue la madre de Miriam, Samay e Isba, antepasado de Estemoa.
18La otra mujer de Estemoa era judía, y con ella tuvo a Jéred, a Héber y a Jecutiel. Jéred fue el padre de Guedor; Héber fue el padre de Soco, y Jecutiel fue el padre de Zanoa.
19La esposa de Hodías era la hermana de Naján; uno de los hijos de ella fue Queilá, el garmita, y otro hijo suyo fue Estemoa, el macateo.
20Los hijos de Simón fueron: Amnón, Riná, Ben Janán y Tilón.

Los hijos de Isi fueron Zojet y Ben Zojet.
21Los hijos de Selá hijo de Judá, fueron Er, padre de Lecá;

Ladá, padre de Maresá y de las familias que trabajaban el lino en Bet Asbea.
22Además, Joaquín, los clanes de Cozebá, Joás, y Saraf, que se casaron en Moab antes de volver a Belén.

Todos estos nombres provienen de registros de la antigüedad. 23Todos ellos eran alfareros que vivían en Netaín y Guederá, y prestaban sus servicios al rey.

Descendientes de Simeón

24Los descendientes de Simeón fueron: Nemuel, Jamín, Jarib, Zera, y Saúl.
25El hijo de Saúl fue Salún, su nieto fue Mibsán y su bisnieto fue Mismá.
26Entre los hijos de Mismá se incluye a Jamuel, padre de Zacur y abuelo de Simí.
27Simí tuvo dieciséis hijos y seis hijas, pero ninguno de sus hermanos tuvo familia numerosa, sino que todos tuvieron menos hijos de los que tuvieron los hijos de Judá.
28Vivían en las siguientes ciudades: Berseba,
Moladá, Jazar Súal, 29Bilhá, Esen, Tolad, 30Betuel,
Jormá, Siclag, 31Bet Marcabot, Jazar Susín, Bet Biray, y Sajarayin.

Estas ciudades estuvieron bajo el control de ellos hasta el tiempo del reinado de David.
32,33Sus descendientes también vivían en pueblos tales como Etam, Ayin, Rimón, Toquén y Asán, o cerca de ellos. Algunos de estos pueblos se encontraban tan lejos como el de Baal. (Estos hechos están registrados en sus genealogías).
34-39Estos son los nombres, de algunos príncipes de los clanes que poseían mayor riqueza, y que viajaron hacia el lado oriental del valle de Guedor buscando pasto para su ganado: Mesobab, Jamlec, Josías hijo de Amasías, Joel, Jehú hijo de Josibías, hijo de Seraías, hijo de Asiel; Elihoenay, Jacoba, Yesojaías, Asaías, Adiel, Jesimiel, Benaías, Ziza hijo de Sifi, hijo de Alón, hijo de Jedaías, hijo de Simri, hijo de Semaías.
40,41Allí en Guedor encontraron buenos pastizales, y vivieron muy tranquilos y a sus anchas. Allí habían vivido antes los descendientes de Cam. Todos estos príncipes llegaron a la región durante el gobierno del rey Ezequías, de Judá; invadieron la tierra, derribaron las carpas y las casas de los descendientes de Cam, mataron a los habitantes de esta tierra, tomaron posesión de ella y la ocuparon. 42Después, quinientos de estos invasores, pertenecientes a la tribu de Simeón, fueron al monte de Seír. (Sus dirigentes eran Pelatías, Nearías, Refaías y Uziel, quienes eran hijos de Isí.)
43Allí destruyeron a los últimos sobrevivientes de la tribu de Amalec, y se quedaron viviendo en esa tierra definitivamente.

Descendientes de Rubén

5 El primer hijo de Israel fue Rubén, pero desde que deshonró a su padre por haber dormido con una de sus esposas, perdió su derecho de primogenitura, el cual se le otorgó a su medio hermano José. De consiguiente, la genealogía oficial no menciona a Rubén como primogénito.
2Aun cuando Judá fue más poderoso que sus hermanos, y hasta llegó a ser el jefe de todos, fue José quien recibió el derecho de primogenitura.
3Los hijos de Rubén hijo de Israel, fueron: Janoc, Falú, Jezrón y Carmí.
4Los descendientes de Joel fueron su hijo Semaías, su nieto Gog y su bisnieto Simí.
5El hijo de Simí fue Micaías, su nieto fue Reaías y su bisnieto fue Baal.
6El hijo de Baal fue Beerá, jefe de los rubenitas, y fue llevado cautivo por Tiglat Piléser, rey de Asiria.
7,8Familiares suyos llegaron a ser jefes de clanes y fueron incluidos en la genealogía oficial, como sigue: Jeyel, Zacarías, Bela hijo de Azaz, nieto de Semá y bisnieto de Joel.

Estos rubenitas vivían en Aroer, y en lugares tan remotos como el monte Nebo y Baal Megón.
9Joel era ganadero y pastoreaba sus animales en el costado oriental del desierto hasta el río Éufrates, porque su ganadería aumentó mucho
en la tierra de Galaad. 10Durante el gobierno del rey Saúl, los hombres de la tribu de Rubén le declararon la guerra a los agarenos y los derrotaron, y se quedaron en la región oriental de Galaad.

Descendientes de Gad

11Los descendientes de Gad habitaron en la región de Basán, hasta Salcá, que está al frente de la región de los rubenitas. Los descendientes
de Gad fueron: 12Joel era el principal; en segundo lugar estaba Safán; en tercer lugar, Janay, y por
último, Safat. 13Sus parientes, los jefes de los siete clanes, eran Micael, Mesulán, Sabá, Joray, Jacán, Zía y Éber.

[14]Los descendientes de Buz, en el orden de sus generaciones, fueron: Yadó, Jesisay, Micael, Galaad, Jaroa, Jurí y Abijaíl.

[15]Ahí, hijo de Abdiel y nieto de Guní, era el dirigente del clan. [16]El clan vivía en Galaad y sus alrededores (en la tierra de Basán) y a través de todo el campo de pastizales de Sarón. [17]Todos fueron incluidos en la genealogía oficial en los días de Jotán, rey de Judá, y de Jeroboán, rey de Israel. [18]Las tribus de Rubén, Gad y la media tribu de Manasés contaban con cuarenta y cuatro mil setecientos sesenta hombres bien adiestrados para la guerra, y hábiles en el manejo del arco, la espada y el escudo. [19]Una vez le declararon la guerra a los agarenos, a los jeturitas, a los nafisitas y a los nodabitas.

[20]Clamaron a Dios pidiéndole ayuda, la cual les fue concedida por cuanto confiaban en él. Como consecuencia, los agarenos y todos sus aliados fueron derrotados. [21]Al derrotar a sus enemigos, se quedaron con su ganado, que se componía de cincuenta mil camellos, doscientas cincuenta mil ovejas y dos mil burros; además capturaron a cien mil personas. [22]Un gran número de enemigos pereció en la batalla, porque Dios estaba peleando contra ellos. Por lo tanto, los rubenitas vivieron en el territorio de los agarenos hasta el tiempo del exilio.

La media tribu de Manasés

[23]La media tribu de Manasés llegó a ser muy numerosa y se extendió a través del campo de Basán hasta Baal Hermón, Senir y el monte Hermón.

[24]Los jefes de sus clanes eran los siguientes: Éfer, Isí, Eliel, Azriel, Jeremías, Hodavías y Yadiel.

Cada uno de estos hombres gozaba de una gran reputación como guerrero y como dirigente. [25]Pero no eran fieles al Dios de sus padres, pues adoraban a los ídolos de las gentes a quienes Dios había destruido. [26]Por lo tanto, Dios permitió a Pul, rey de Asiria, (conocido también como Tiglat Piléser) que invadiera la tierra y desterrara a los integrantes de las tribus de Rubén, de Gad y de la media tribu de Manasés, los cuales fueron conducidos a Jalaj, a Jabor, a Hará y al río Gozán, lugares en que se quedaron viviendo definitivamente.

Descendientes de Leví

6 Los nombres de los hijos de Leví fueron Guersón, Coat y Merari.

[2]Los hijos de Coat fueron: Amirán, Izar, Hebrón y Uziel.

[3]Entre los descendientes de Amirán se anotan Aarón, Moisés y Miriam.

Los hijos de Aarón fueron: Nadab, Abiú, Eleazar e Itamar.

[4]Los hijos mayores en las generaciones sucesivas de Aarón fueron los siguientes: Eleazar, quien fue padre de Finés, quien fue padre de Abisúa, [5]quien fue padre de Buquí, quien fue padre de Uzi, [6]quien fue padre de Zeraías, quien fue padre de Merayot, [7]quien fue padre de Amarías, quien fue padre de Ajitob, [8]quien fue padre de Sadoc, quien fue padre de Ajimaz, [9]quien fue padre de Azarías, quien fue padre de Johanán, [10]quien fue padre de Azarías —sumo sacerdote del templo que Salomón edificó en Jerusalén—, [11]quien fue padre de Amarías, quien fue padre de Ajitob, [12]quien fue padre de Sadoc, quien fue padre de Salún, [13]quien fue padre de Jilquías, quien fue padre de Azarías, [14]quien fue padre de Seraías, quien fue padre de Josadac, [15]llevado al exilio cuando el SEÑOR envió a los habitantes de Judá y Jerusalén a cautiverio por medio de Nabucodonosor.

[16]Como se dijo antes, los hijos de Leví fueron Guersón, Coat y Merari.

[17]Los hijos de Guersón fueron Libní y Simí.

[18]Los hijos de Coat fueron: Amirán, Izar, Hebrón y Uziel.

[19-21]Los hijos de Merari fueron Majlí y Musí.

Los descendientes de Guersón fueron: Libní, Yajat, Zimá, Joa, Idó, Zera Yatray.

[22-24]Los descendientes de Coat fueron: Aminadab, Coré, Asir, Elcaná, Ebiasaf, Asir, Tajat, Uriel, Uzías y Saúl.

[25-27]Los descendientes de Elcaná fueron: Amazay, Ajimot, Elcaná, Zofay, Najat, Eliab, Jeroán, y Elcaná.

[28]Los hijos de Samuel fueron Vasni, el primero, y Abías.

[29,30]Los descendientes de Merari fueron: Majlí, Libní, Simí, Uza, Simá, Jaguías y Asaías.

Cantores del templo

[31]El rey David designó directores de canto y coros para alabar a Dios en el templo del SEÑOR, después que el cofre fue colocado en éste. [32]Entonces, cuando Salomón construyó el templo del SEÑOR en Jerusalén, los coros siguieron ejerciendo su ministerio en él, de acuerdo con las instrucciones que había dejado el rey David.

[33-38]Estos son los nombres y las genealogías de los cantores: Hemán, el cantor, era del clan de Coat, y sus antepasados fueron:

Joel, Samuel, Elcaná, Jeroán, Eliel, Toa, Zuf, Elcaná, Mahat, Amasay, Elcaná, Joel, Azarías, Sofonías, Tajat, Asir, Ebiasaf, Coré, Izar, Coat, Leví, e Israel.

[39-43]Su ayudante era su pariente Asaf, cuyos antepasados fueron: Berequías, Simá, Micael, Baseías, Malquías, Etní, Zera, Adaías, Etán, Zimá, Simí, Yajat, Guersón y Leví.

44-47El segundo ayudante de Hemán fue Etán.
Sus antepasados fueron: Quisi, Abdí, Maluc, Jasabías, Amasías, Jilquías, Amsí, Baní, Sémer, Majlí,
Musí, Merari, Leví.
48Sus parientes, que eran todos los demás levitas, fueron designados para varias otras tareas
en el templo de Dios. 49Pero solamente Aarón y
sus descendientes eran sacerdotes. Sus deberes,
entre otros, consistían en presentar holocaustos,
quemar ofrendas e incienso, y realizar todas las
tareas relacionadas con el santuario interior —el
Lugar Santísimo— y las tareas relacionadas con
el día anual de expiación para Israel. Se preocu-
paban de que se cumplieran, al pie de la letra,
todos los detalles que manda la ley de Moisés,
siervo de Dios.
50-53Los siguientes son los descendientes de
Aarón: Eleazar, Finés, Abisúa, Buquí, Uzi, Zeraías,
Merayot, Amarías, Ajitob, Sadoc, y Ajimaz.

Ciudades de los levitas

54La relación que sigue es la inscripción de las
ciudades y terrenos repartidos por sorteo a los
descendientes de Aarón, todos los cuales eran
miembros del clan de Coat: 55-59Hebrón en Judá,
junto con sus terrenos de pastizales, Libná, Jatir,
Estemoa, Hilén, Debir, Asán y Bet Semes.
A Caleb hijo de Jefone le asignaron los terrenos
alrededor de la ciudad y sus aldeas.
60Del territorio de la tribu de Benjamín les dieron las ciudades de Gueba, Alemet y Anatot, con
sus respectivos terrenos de pastizales. En total les
dieron trece ciudades.
61Se hizo entonces un sorteo para asignar terrenos al resto de los descendientes de Coat, y les
tocaron diez ciudades del territorio de la media
tribu de Manasés.
62Los descendientes del clan de Guersón recibieron, por sorteo, trece ciudades en la región de
Basán, que habían sido de las tribus de Isacar, de
Aser, de Neftalí y de la media tribu de Manasés.
63Los descendientes de Merari recibieron, por
sorteo, doce ciudades de las tribus de Rubén, Gad
y Zabulón.
64,65También se adjudicaron, por sorteo, las
tierras de pastoreo a los levitas, como asimismo
ciudades (a las que les cambiaron el nombre)
que pertenecían a las tribus de Judá, Simeón y
Benjamín.
66-69La tribu de Efraín entregó las siguientes
ciudades de refugio con los terrenos de pastizales
circundantes a los descendientes de Coat: Siquén,
en los montes de Efraín; Guézer, Jocmeán, Bet
Jorón, Ayalón y Gat Rimón.
70La media tribu de Manasés hizo entrega a los
hijos de los coatitas de los siguientes pueblos y
sus terrenos de pastizales Aner y Bileán.
71La media tribu de Manasés entregó a los descendientes de Guersón los pueblos y terrenos de
pastoreo Golán (en Basán), y Astarot.
72La tribu de Isacar les entregó Cedes, Daberat, 73Ramot y Anén, y sus terrenos de pastoreo
circundantes.
74La tribu de Aser les dio Abdón, Masal, 75Hucoc
y Rejob, y los terrenos de pastoreo de sus inmediaciones.
76La tribu de Neftalí les dio Cedes de Galilea,
Hamón y Quiriatayin, con sus terrenos de pastoreo.
77Los demás descendientes de Merari recibieron
las siguientes ciudades de la tribu de Zabulón,
Rimón y Tabor, con sus terrenos de pastoreo.
78,79De la tribu de Rubén, que está al otro lado del
río Jordán, frente a Jericó, recibieron las ciudades
de Béser, que está en el desierto, Jaza, Cademot y
Mefat, y sus respectivas tierras de pastoreo. 80La
tribu de Gad les dio Ramot de Galaad, Majanayin, 81Hesbón y Jazer, todas con sus respectivos
terrenos de pastoreo.

Descendientes de Isacar

7 Los descendientes de Isacar fueron: Tola,
Fuvá, Yasub y Simrón.
2Los hijos de Tola, cada uno de los cuales
era jefe de un clan, fueron: Uzi, Refaías, Jeriel,
Yamay, Ibsán y Samuel.
En el tiempo del rey David, el número total de
hombres en pie de guerra, de estas familias, era
de veintidós mil seiscientos.
3El hijo de Uzi fue Israías, y los hijos de éste
fueron: Micael, Abdías, Joel e Isías, todos jefes de
clanes. 4Los descendientes de ellos, en el tiempo
del rey David, contaban con treinta y seis hombres armados para la guerra, porque tuvieron
muchas mujeres e hijos. 5El número total de
hombres disponibles para la guerra, de todas las
familias de la tribu de Isacar, ascendía a ochenta
y siete mil guerreros valientes, todos incluidos en
la genealogía oficial.

Descendientes de Benjamín

6Los hijos de Benjamín fueron Bela, Béquer
y Jediael.
7Los hijos de Bela fueron: Esbón, Uzi, Uziel,
Jerimot e Irí.
Estos cinco guerreros de extraordinario valor
eran jefes de clanes y generales a cargo de veintidós mil treinta y cuatro soldados (todos los
cuales quedaron registrados en las genealogías
oficiales).
8Los hijos de Béquer fueron: Zemirá, Joás,
Eliezer, Elihoenay, Omrí, Jerimot, Abías, Anatot
y Alamet. 9Entre los descendientes de éstos, en los
tiempos de David, había un número de veinte mil

doscientos guerreros valerosos, los cuales estaban dirigidos por sus jefes de clanes.

10El hijo de Jediael fue Bilhán.

Los hijos de Bilhán fueron: Jeús, Benjamín, Aod, Quenaná, Zetán, Tarsis y Ajisajar.

11Estos últimos eran jefes de los clanes de Jediael y entre sus descendientes se contaban diecisiete mil doscientos guerreros.

12Los hijos de Ir fueron Supín y Jupín. Jusín fue uno de los hijos de Ajer.

Descendientes de Neftalí

13Los hijos de Neftalí (que descendieron de Bilhá, esposa de Jacob), fueron: Yazel, Guní, Jéser y Salún.

Descendientes de Manasés

14Los hijos de Manasés, nacidos de su concubina aramea, fueron Asriel y Maquir. (Este último llegó a ser el padre de Galaad). 15La esposa de Maquir fue Macá, quien pertenecía a la familia de Jupín y Supín. Otro de los descendientes fue Zelofejad, quien tuvo solamente hijas. 16Macá, la esposa de Maquir, dio a luz a Peres y a Seres. Los hijos de este último fueron Ulán y Requen. 17El hijo de Ulán fue Bedán.

Estos fueron, pues, los hijos de Galaad, nietos de Maquir, y bisnietos de Manasés.

18Hamoléquet, hermana de Maquir, dio a luz a Isod, Abiezer y Majlá.

19Los hijos de Semidá fueron: Ahián, Siquén, Liquejí y Anián.

Descendientes de Efraín

20,21Los descendientes de Efraín fueron: Sutela, Béred, Tajat, Eladá, Tajat, Zabad, Sutela, Ezer y Elad.

Elad y Ezer fueron a robar ganado en Gat, pero los agricultores de la zona les dieron muerte. 22Efraín, su padre, guardó luto por largo tiempo y sus parientes fueron a consolarlo. 23Posteriormente, su esposa concibió y dio a luz un hijo a quien llamó Beriá debido a la desgracia que había acontecido.

24El nombre de la hija de Efraín fue Será. Ella construyó tanto la alta como la baja Bet Jorón, y además Uzén Será.

25-27La descendencia de Beriá fue Refa, quien fue padre de Résef, quien fue padre de Télaj, quien fue padre de Taján, quien fue padre de Ladán, quien fue padre de Amiud, quien fue padre de Elisama, quien fue padre de Nun, quien fue padre de Josué. 28Vivían en una región cuyo límite, a un lado, era Betel y sus pueblos cercanos; por el oriente limitaba con Narán; por el occidente, con Guézer y sus aldeas, y finalmente con Siquén y sus aldeas, hasta llegar a Ayah y sus aldeas. 29La tribu de Manasés hijo de José y nieto de Israel, controlaba los siguientes pueblos y regiones circundantes: Betseán, Tanac, Meguido y Dor.

Descendientes de Aser

30Los hijos de Aser fueron: Imná, Isvá, Isví, Bería, y Sera (su hermana).

31Los hijos de Beriá fueron Héber y Malquiel (padre de Birzávit).

32Los hijos de Héber fueron: Jaflet, Semer, Jotán y Suá (su hermana).

33Los hijos de Jaflet fueron Pasac, Bimal y Asvat.

34Los hijos de su hermano Semer fueron Rohegá, Yehubá y Aram.

35Los hijos de su hermano Hélem fueron: Zofa, Imná, Seles y Amal.

36,37Los hijos de Zofa fueron: Súaj, Harnéfer, Súal, Berí, Imrá, Béser, Hod, Sama, Silsa, Itrán y Beerá.

38Los hijos de Jéter fueron Jefone, Pispa y Ará.

39Los hijos de Ula fueron Araj, Janiel y Risiyá.

40Estos descendientes de Aser eran jefes de clanes, y todos ellos eran guerreros valientes. Sus descendientes, según los registros en la genealogía oficial, eran veintiséis mil hombres, aptos para la guerra.

Descendientes de Benjamín

8 Los hijos de Benjamín, de acuerdo con su edad, fueron:

2-5Bela, el primero; Asbel, el segundo; Ajará, el tercero; Noja, el cuarto, y Rafá, el quinto.

Los hijos de Bela fueron: Adar, Guerá, Abiud, Abisúa, Naamán, Ajoaj, Guerá, Sefufán e Hiram.

6,7Los hijos de Aod, jefes de los clanes que vivían en Gueba, fueron capturados en guerra y desterrados a Manajat. Ellos fueron: Naamán, Ahías y Guerá, padre de Uza y Ajiud. Guerá fue el que los llevó a Manajat.

8-10Sajarayin se divorció de sus mujeres Jusín y Bará, pero en la tierra de Moab tuvo hijos con Hodes, su nueva esposa, que fueron: Jobab, Sibia, Mesá, Malcán, Jeús, Saquías y Mirma.

Todos estos hijos llegaron a ser jefes de clanes.

11Su esposa Jusín le dio a luz a Abitob y a Elpal.

12Los hijos de Elpal fueron Éber, Misán y Sémed (el cual edificó las ciudades de Ono y Lod, y sus pueblos cercanos).

13Los otros hijos suyos fueron Beriá y Semá, jefes de clanes que vivían en Ayalón, y expulsaron a los habitantes de Gat.

14Otros hijos de Elpal fueron Ajío, Sasac, y Jeremot.

15,16Los hijos de Beriá fueron: Zebadías, Arad, Ader, Micael, Ispá y Yojá.

17,18Entre los hijos de Elpal también están: Zebadías, Mesulán, Hizqui, Éber, Ismeray, Jezlías y Jobab.

19-21Los hijos de Simí fueron: Yaquín, Zicrí, Zabdí, Elienay, Ziletay, Eliel, Adaías, Beraías, y Simrat.

22-25Los hijos de Sasac fueron: Ispán, Éber, Eliel, Abdón, Zicrí, Janán, Jananías, Elam, Anatotías, Ifdaías, y Peniel.

26,27Los hijos de Jeroán fueron: Samseray, Seharías, Atalías, Jaresías, Elías y Zicrí.

28Estos fueron los jefes de clanes que vivían en Jerusalén.

29Jehiel, padre de Gabaón, vivía en Gabaón, y el nombre de su esposa era Macá.

30-32Su hijo mayor fue Abdón, y los otros fueron: Zur, Quis, Baal, Nadab, Guedor, Ajío, Zéquer y Miclot, el cual era padre de Simá.

Todas estas familias vivían juntas, cerca de Jerusalén.

33Ner fue padre de Quis, y Quis fue padre de Saúl.

Los hijos de Saúl fueron: Jonatán, Malquisúa, Abinadab y Esbaal.

34El hijo de Jonatán fue Meribaal.

El hijo de Meribaal fue Micaías.

35Los hijos de Micaías fueron: Pitón, Mélec, Tarea y Acaz.

36Acaz fue el padre de Joada; Joada fue el padre de Alemet, Azmávet y Zimri. El hijo de Zimri fue Mosá.

37Mosá fue el padre de Biná; Biná fue el padre de Rafá;

Rafá fue el padre de Elasá, y Elasá fue el padre de Azel.

38Azel tuvo seis hijos, que fueron:

Azricán, Bocrú, Ismael, Searías, Abdías y Janán.

39Ésec, hermano de Azel, tuvo tres hijos: Ulán, el primogénito; Jeús, el segundo, y Elifelet, el tercero.

40Los hijos de Ulán eran guerreros valientes, muy hábiles en el manejo del arco. Tuvieron ciento cincuenta hijos y nietos, todos ellos miembros de la tribu de Benjamín.

9 El árbol genealógico al cual pertenecía cada israelita, está registrado cuidadosamente en el libro de los reyes de Israel.

Los que regresaron a Jerusalén

Los habitantes de Judá, debido a su infidelidad a Dios, fueron llevados cautivos a Babilonia.

2Los primeros en regresar y establecer otra vez su hogar en los pueblos en que antes vivían, fueron familias de las tribus de Israel, como también los sacerdotes, los levitas, y los ayudantes del templo. 3Posteriormente llegaron a Jerusalén algunas familias de las tribus de Judá, Benjamín, Efraín, y Manasés.

4De los descendientes de Judá, regresaron: Utay hijo de Amiud, hijo de Omrí, hijo de Imrí, hijo de Baní, del clan de Fares hijo de Judá.

5De los descendientes de los silonitas, Asaías, hijo mayor de Silón, y sus hijos. 6De los zeraítas regresaron Jeuel y sus parientes, seiscientas noventa personas en total.

7,8Entre los integrantes de la tribu de Benjamín que regresaron, estaban los siguientes: Salú hijo de Mesulán, hijo de Hodavías, hijo de Senuá; Ibneías hijo de Jeroán; Elá hijo de Uzi, hijo de Micri; y Mesulán hijo de Sefatías, hijo de Reuel, hijo de Ibnías.

9Todos éstos eran jefes de núcleos familiares. El grupo que regresó fue de novecientos cincuenta y seis miembros de la tribu de Benjamín.

10,11Los sacerdotes que regresaron fueron: Jedaías, Joyarib, Jaquín, Azarías hijo de Jilquías, hijo de Mesulán, hijo de Sadoc, hijo de Merayot, hijo de Ajitob. Éste último fue el jefe de la guardia del templo de Dios.

12Otros que regresaron, fueron: Adaías hijo de Jeroán, hijo de Pasur, hijo de Malquías; Masay hijo de Adiel, hijo de Jazera, hijo de Mesulán, hijo de Mesilemit, hijo de Imer.

13En total regresaron mil setecientos sesenta sacerdotes.

14-16Entre los levitas que regresaron estaban: Semaías hijo de Jasub, hijo de Azricán, hijo de Jasabías, el cual era descendiente de Merari; Bacbacar, Heres, Galal, Matanías hijo de Micaías, hijo de Zicrí, hijo de Asaf; Abdías hijo de Semaías, hijo de Galal, hijo de Jedutún; y Berequías hijo de Asá, hijo de Elcaná, que vivía en la región de los netofatitas.

17,18Los porteros fueron: Salún (jefe de los porteros), Acub, Talmón, Ajimán y sus parientes. Todavía tienen la responsabilidad de la puerta del este, correspondiente al palacio real.

19Los antepasados de Salún fueron Coré, Ebiasaf y Coré. Salún y sus parientes, que son los coreítas, estaban a cargo de los sacrificios y de la protección de la Tienda de reunión, tal como sus antepasados habían ejercido la vigilancia del santuario del SEÑOR.

20Finés hijo de Eleazar, fue el primer director de esta organización en tiempos antiguos, y el SEÑOR estaba con él. 21En ese tiempo, Zacarías hijo de Meselemías, era responsable de la protección de la entrada de la Tienda de reunión.

22En aquellos días había doscientos doce porteros, y fueron seleccionados en sus propios pueblos, sobre la base de sus genealogías. Sus nombramientos los hacía David, junto con Samuel, considerando los que eran dignos de confianza. 23Tanto ellos como sus descendientes estaban a cargo del santuario del SEÑOR. 24Eran designados para cada uno de los cuatro puntos cardinales: este, oeste, norte y sur. 25Y los parientes que vivían en los pueblos venían para ayudarlos por siete días. Así que cada siete días se cambiaban los grupos. 26Los grupos de cuatro porteros, todos levitas, tenían un puesto de gran responsabilidad, por cuanto tenían a su cargo los aposentos y los tesoros del santuario de Dios. 27A causa de la importancia del cargo que desempeñaban, vivían cerca del santuario, y abrían sus puertas todas las mañanas.

28Algunos tenían la responsabilidad de cuidar las diversas vasijas que se usaban en el sacrificio y la adoración; las tenían que contar cuando las sacaban y al volverlas a guardar, para evitar pérdidas. 29Otros eran responsables del mobiliario, los utensilios del santuario, y materiales, tales como harina fina, vino, incienso y especias.

30Otros sacerdotes preparaban las especias y el incienso.

31Matatías (uno de los levitas, e hijo mayor de Salún, coreíta) tenía a su cargo la tarea de hacer tortillas para el sacrificio de cereales.

32Algunos de los integrantes del clan de Coat tenían a su cargo la preparación de los panes especiales para los días de reposo.

33,34Los cantores eran todos levitas prominentes. Vivían en Jerusalén y estaban en el desempeño de su labor a toda hora. Estaban exentos de otras responsabilidades, y la selección de ellos se practicaba tomando en consideración sus genealogías.

Genealogía de Saúl

35-37Jehiel, padre de Gabaón, vivía en Gabaón. Su esposa fue Macá; tuvo muchos hijos, entre los cuales se contaban los siguientes: Abdón (el primogénito), Zur, Quis, Baal, Ner, Nadab, Guedor, Ajío, Zacarías y Miclot.

38Miclot fue el padre de Simán. Todos ellos vivían en Jerusalén, junto con sus parientes.

39Ner fue el padre de Quis; Quis fue el padre de Saúl, y Saúl fue el padre de Jonatán, Malquisúa, Abinadab y Esbaal. 40Jonatán fue el padre de Meribaal; y Meribaal fue el padre de Micaías. 41Micaías fue el padre de Pitón, Mélec, Tarea y Acaz. 42Acaz fue el padre de Jará; Jará fue el padre de Alemet, Azmávet y Zimri. Zimri fue el padre de Mosá, 43Mosá fue el padre de Biná; Biná fue el padre de Refaías; Refaías fue el padre de Elasá, y Elasá fue el padre de Azel.

44Azel tuvo seis hijos: Azricán, Bocrú, Ismael, Searías, Abdías y Janán.

Muerte de Saúl

10 Los filisteos atacaron y derrotaron a las tropas israelitas, las cuales se volvieron y huyeron. Pero muchos de ellos fueron masacrados en las laderas del monte Guilboa. 2Los filisteos persiguieron a Saúl y a sus tres hijos Jonatán, Abinadab y Malquisúa, y los mataron. 3La batalla había arreciado alrededor de Saúl y los arqueros filisteos dispararon y lo dejaron herido. 4Entonces Saúl le gritó a su escudero: «Pronto, mátame con tu espada antes que estos incircuncisos me tomen prisionero, se burlen de mí y me torturen».

Como el escudero se sentía atemorizado de hacerlo, Saúl tomó su propia espada, se dejó caer sobre ella, y murió. 5Entonces su escudero, viendo que Saúl estaba muerto, se mató de la misma manera. 6Así murieron Saúl y sus tres hijos. En un mismo día desapareció toda la familia.

7Cuando los israelitas que estaban en el valle, al pie de la montaña, supieron que sus tropas habían sido derrotadas y que Saúl y sus hijos habían muerto, abandonaron sus pueblos y huyeron. Los filisteos ocuparon esos pueblos y vivieron en ellos.

8Al día siguiente, los filisteos regresaron para apoderarse de los objetos de valor de los que habían muerto en la batalla, y al hacerlo, encontraron los cuerpos de Saúl y sus hijos, tendidos en el monte Guilboa. 9Procedieron, pues, a despojar a Saúl de su armadura y le cortaron la cabeza; luego la exhibieron por todas partes del país, y celebraron el portentoso acontecimiento delante de sus ídolos. 10Pusieron la armadura de Saúl en el santuario de sus sus dioses, y colgaron la cabeza en el santuario del dios Dagón.

11Cuando los habitantes de Jabés de Galaad se enteraron de lo que los filisteos habían hecho a Saúl, 12los hombres valientes fueron y rescataron los cuerpos de Saúl y de sus tres hijos. Los sepultaron debajo de la encina de Jabés, y guardaron luto y ayunaron por siete días.

13Saúl murió porque se rebeló contra el SEÑOR, pues no estuvo dispuesto a obedecer su palabra. Además, en vez de consultar al SEÑOR, fue a consultar a una adivina. 14Por eso, el SEÑOR le quitó la vida, y le entregó el reino a David hijo de Isaí.

Proclamación de David como rey de Israel

11 Entonces los dirigentes de Israel fueron a Hebrón a hablar con David y le dijeron: «Nosotros somos tus parientes, 2y aun cuando Saúl reinaba, tú eras el que guiabas a Israel en la batalla y el que lo traía de regreso victorioso. Y el SEÑOR tu Dios te ha dicho: "Tú serás el pastor de mi pueblo Israel. Tú serás su rey"».

3Entonces David hizo un pacto con ellos delante del SEÑOR. Luego lo ungieron como rey de Israel, tal como el SEÑOR le había dicho a Samuel.

David conquista Jerusalén

4David y los dirigentes se fueron a Jerusalén (o Jebús, como era costumbre llamarla) donde vivían los jebuseos, que eran los primeros habitantes de esa tierra. 5Pero los habitantes de Jebús les negaron la entrada a la ciudad, por cuyo motivo David capturó la fortaleza de Sión, que más tarde se llamó Ciudad de David. 6Antes David les había dicho a sus soldados: «¡El primero que mate a un jebuseo será la cabeza y jefe!»

Joab hijo de Sarvia fue el primero, por lo cual David lo nombró jefe. 7David se trasladó a vivir a la fortaleza, y por este motivo aquel sector de Jerusalén es conocido como «Ciudad de David». 8Extendió la ciudad hacia fuera, alrededor de la fortaleza, mientras Joab reconstruía la parte restante de Jerusalén. 9Y David adquiría más y más fama, porque el SEÑOR Todopoderoso estaba con él.

Jefes del ejército de David

10Estos son algunos de los más bravos guerreros de David (los que también estimularon a los dirigentes de Israel a hacer de David su rey, tal como el SEÑOR había dicho que ocurriría).

11Yasobeán hijo de Jacmoní, era el líder de los treinta, que eran los más valientes que tenía David. En una ocasión Yasobeán mató a trescientos hombres con su lanza.

12El segundo de los tres era Eleazar hijo de Dodó, el ajojita. 13Eleazar estuvo con David en la batalla contra los filisteos en Pasdamín. Y cuando el ejército comenzó a huir por el campo de cebada, que había allí, 14Eleazar se plantó firme en medio del campo, lo defendió y derrotó a los filisteos. Fue así como el SEÑOR los libró, dándoles una gran victoria.

15En otra ocasión, tres de los treinta fueron a la cueva de Adulán, donde David estaba escondido. Los filisteos habían acampado en el valle de Refayin, 16mientras David se encontraba en la fortaleza, cuando una avanzada de los filisteos había ocupado Belén. 17David quería beber agua del pozo de Belén, que estaba junto a la puerta de la ciudad, y tan pronto como lo dio a conocer a sus hombres, 18,19estos tres valientes se abrieron paso a través del campamento filisteo, sacaron agua del pozo y se la trajeron a David. Pero éste rehusó beberla, y la derramó como una ofrenda al SEÑOR y exclamó: «¡Que Dios me libre de beber esta agua! ¡Si la bebo, sería como beberme la sangre de estos hombres que arriesgaron su vida por complacerme!»

20Abisay, hermano de Joab, era jefe de los treinta. Se había ganado ese lugar entre los treinta, porque en cierta ocasión mató a trescientos hombres con su lanza. 21Aunque fue el principal y el más famoso de los treinta, no era tan valeroso como los tres jefes principales.

22Benaías hijo de Joyadá era un bravo guerrero de Cabsel, que mató a los dos famosos gigantes de Moab. En otra ocasión, en que estaba nevando, mató un león que estaba en una cisterna. 23En otra ocasión, mató a un egipcio que medía unos dos metros y medio, y tenía una lanza del tamaño de un rodillo de telar. Pero Benaías, que tan solo contaba con una vara, avanzó hacia él, le arrebató la lanza y lo mató con ella. 24,25Su grandeza se compara a la de los tres, aunque no fue uno de ellos, pero gozaba de mucha fama entre los treinta. David lo designó capitán de su guardia personal.

26-47Otros guerreros famosos fueron:

Asael, hermano de Joab; Eljanán, hijo de Dodó, de Belén; Samot, el harorita; Heles, el pelonita; Irá hijo de Iqués, de Tecoa; Abiezer, de Anatot; Sibecay el jusatita; Ilay el ajojita; Maray el netofatita; Jéled hijo de Baná el netofatita; Itay hijo de Ribay, de Guibeá de los benjaminitas; Benaías el piratonita; Juray, procedente de las inmediaciones del arroyo de Gaas; Abiel, procedente de Arbat; Azmávet el bajurinita; Elijaba el salbonita; los hijos de Jasén el guizonita; Jonatán hijo de Sague el ararita; Ahían hijo de Sacar, también ararita; Elifal hijo de Ur; Héfer el mequeratita; Ahías el pelonita; Jezró, de Carmel; Naray hijo de Ezbay; Joel, hermano de Natán; Mibar hijo de Hagrí; Sélec, procedente de Amón; Najaray el berotita, el cual era escudero del general Joab hijo de Sarvia; Irá el itrita; Gareb, también itrita; Urías el hitita; Zabad hijo de Ajlay; Adiná hijo de Sizá, de la tribu de Rubén; ocupaba un lugar entre los treinta y era jefe de esta tribu; Janán hijo de Macá; Josafat el mitnita; Uzías el astarotita; Sama y Jehiel, hijos de Jotán el aroerita; Jediael hijo de Simri; Yojá, su hermano, el tizita; Eliel el majavita; Jerebay y Josavía, hijos de Elnán; Itmá el moabita; Eliel, Obed y Jasiel, de Sobá.

Guerreros que se unieron a David

12 A continuación están los nombres de los guerreros famosos que se unieron a David en Siclag, mientras andaba ocultándose del rey Saúl hijo de Quis. 2Todos eran expertos como arqueros y en el manejo de la honda y usaban su mano izquierda y derecha con la misma agilidad. Todos eran de la tribu de Benjamín, igual que el rey Saúl.

3-7El jefe era Ajiezer y Joás hijos de Semá, de Guibeá.

Los otros eran: Jeziel y Pélet, hijos de Azmávet; Beracá y Jehú, de Anatot; Ismaías, de Gabaón, que era uno de los treinta guerreros y jefe de ellos; Jeremías, Jahaziel, Johanán, Jozabad, de Guederá; Eluzay, Jerimot, Bealías, Semarías, Sefatías el harufita; Elcaná, Isías, Azareel, Joezer y Yasobeán (todos coreítas); Joelá y Zebadías, hijos de Jeroán, procedentes de Guedor.

8-14 Grandes y bravos guerreros de la tribu de Gad se unieron también a David en el desierto. Eran expertos en el uso del escudo y de la lanza. Eran hombres tan feroces como los leones, y tan veloces como los venados. Esta es la lista de ellos: Ezer, el jefe; Abdías, el segundo en mando; Eliab, tercero en mando; Mismaná, el cuarto; Jeremías, el quinto; Atay, el sexto; Eliel, el séptimo; Johanán, el octavo; Elzabad, el noveno; Jeremías, el décimo, y Macbanay, el undécimo. Estos hombres eran oficiales del ejército; el más débil valía por una tropa normal de cien soldados, y el más fuerte valía por mil.

15-16 Atravesaron el río Jordán, en el mes primero, que es cuando el río se desborda, e hicieron huir a todos los habitantes de los valles hacia el este y al oeste. También otros guerreros de las tribus de Benjamín y de Judá fueron a ver a David, cuando se hallaba en la fortaleza, y se le unieron. 17 David salió al encuentro de ellos, y les dijo:

—Si ustedes han venido a ayudarme, somos amigos; pero si han venido a traicionarme y a entregarme a mis enemigos, siendo yo inocente, entonces que el Dios de nuestros padres sea el que los juzgue.

18 Entonces el Espíritu vino sobre Amasay, dirigente de los treinta, y por eso éste respondió:

«¡Somos tuyos, David!
¡Estamos a tu lado, hijo de Isaí!
¡Paz, paz para ti,
paz para todos los que te apoyan;
porque tu Dios está contigo!»

Por consiguiente, David los recibió y permitió que se unieran a él, y los nombró jefes de su ejército.

19-22 También algunos guerreros de la tribu de Manasés desertaron y se unieron a David, justamente cuando él, con los filisteos, se dirigía a pelear contra el rey Saúl. Entretanto, los príncipes filisteos se opusieron a que David y sus hombres fueran con ellos. Después de mucha deliberación los enviaron de regreso, por cuanto tenían desconfianza de que David y sus hombres desertaran y fueran a unirse a las filas del rey Saúl. Los siguientes son los guerreros de la tribu de Manasés que desertaron y se unieron a David cuando éste se dirigía a Siclag: Adnás, Jozabad, Jediael, Micael, Jozabad, Eliú y Ziletay. Cada uno de ellos era oficial de alto rango de las tropas de Manasés, pues estaban a cargo de mil soldados. Eran guerreros bravos y capacitados, y ayudaban a David a combatir a sus enemigos. Más y más hombres se unían diariamente a David, hasta que llegó a tener un ejército muy poderoso, como un ejército de Dios.

Los que se unieron a David en Hebrón

23 A continuación está el registro de los hombres de guerra que se unieron a David en Hebrón Estaban ansiosos de que David llegara a ser rey en lugar de Saúl, tal como el SEÑOR había dicho que ocurriría.

24-37 De Judá, seis mil ochocientos soldados, armados con escudos y lanzas. De la tribu de Simeón, siete mil cien guerreros prominentes.

De la tribu de Leví, cuatro mil seiscientos. De los sacerdotes, descendientes de Aarón, había tres mil setecientos, bajo el mando de Joyadá, y otros veintidós mil jefes de familia, bajo la dirección de Sadoc, hombre joven de valor excepcional.

De la tribu de Benjamín, la misma de la que provenía Saúl, había un total de tres mil. (La mayor parte de esa tribu conservaba su lealtad a Saúl).

De la tribu de Efraín, veinte mil ochocientos guerreros poderosos, cada uno de ellos famoso en su respectivo clan.

De la media tribu de Manasés se envió a dieciocho mil con la finalidad expresa de colaborar para que David llegara a ser rey.

De Isacar había doscientos dirigentes de la tribu con sus parientes; todos ellos eran hombres que entendían el desarrollo de la historia y podían discernir respecto al mejor rumbo que Israel debía tomar.

De la tribu de Zabulón había cincuenta mil guerreros adiestrados; estaban completamente armados, y en su totalidad eran leales a David.

De Neftalí, mil oficiales y treinta y siete mil equipados con escudos y lanzas.

De la tribu de Dan, veintiocho mil seiscientos, todos preparados para la guerra.

De la tribu de Aser, había cuarenta mil listos y adiestrados. Desde el otro lado del río Jordán, donde vivían las tribus de Rubén y Gad y la media tribu de Manasés, ciento veinte mil equipados con toda clase de armas.

38 Todos estos hombres, aptos para la guerra, vinieron a Hebrón con el único propósito de llevar a David al trono, como rey de Israel. 39 Hicieron fiesta, y comieron y bebieron con David durante tres días, porque sus hermanos de Judá les proveyeron de alimentos. 40 Las gentes de lugares cercanos, como asimismo personas que vivían más lejos, como Isacar, Zabulón y Neftalí, trajeron burros, camellos, mulas y bueyes cargados con alimentos. También trajeron para esta celebración abundante aprovisionamiento de comestibles como harina, tortas de higos, pasas, vino, aceite, vacas y ovejas, porque el regocijo se había extendido a través de toda la tierra de Israel.

Traslado del cofre a la casa de Obed Edom

13 Después de consultar con todos los oficiales de sus fuerzas, David 2dijo a todo
el pueblo de Israel: «Si ustedes están de acuerdo,
y si es la voluntad del Señor nuestro Dios, les
propongo que procedamos a enviar mensajes a
nuestros hermanos, el resto del pueblo que se
ha quedado en sus ciudades, y a los sacerdotes,
para invitarlos a venir y unirse a nosotros. 3Y
traigamos de regreso el cofre de nuestro Dios, el
cual hemos tenido abandonado desde que Saúl
inició su reinado».
4Hubo acuerdo unánime, porque cada uno
coincidía con él. 5Por tanto David convocó a los
habitantes de Israel, a través de toda la tierra,
desde Sijor, en la frontera con Egipto, hasta la
entrada de Jamat, para que fueran hasta Quiriat
Yearín. 6Así que David y todo Israel se encami-
naron a Balá (es decir, Quiriat Yearín), pueblo
de Judá, para llevar a Jerusalén el cofre del Señor,
que habita entre los querubines. 7Procedieron a
retirarla de la casa de Abinadab en un carro nuevo. Uza y Ajío guiaban la carreta. 8David y todo
el pueblo bailaban delante del Señor con mucho
entusiasmo, acompañados por cánticos, y por
cítaras, arpas, panderos, címbalos y trompetas.
9Pero cuando llegaron al terreno de trilla, en
Quidón, los bueyes tropezaron y Uza extendió
su mano para mantener la estabilidad del cofre.
10Entonces el Señor descargó su enojo contra Uza
y le quitó la vida, porque había tocado el cofre. Y
así fue que murió allí, delante de Dios.
11David, a su vez, se enojó porque el Señor había
estallado contra Uza. Por eso, a ese lugar le dio el
nombre de Peres Uza. Hasta hoy ese lugar conserva dicho nombre.
12Luego David sintió miedo de Dios y exclamó:
«¡No puedo llevarme el cofre de Dios a mi casa!»
13Finalmente decidió conducirlo a la casa de Obed
Edom, el de Gat, en lugar de llevarlo a la Ciudad
de David. 14El cofre permaneció allí en la casa de
Obed Edom por tres meses, y el Señor lo bendijo,
junto con su familia y sus bienes.

Palacio y familia de David

14 Hiram, rey de Tiro, envió a David una delegación compuesta por albañiles y carpinteros, para ayudarle a construir su palacio,
y, además, le proveyó mucha madera de cedro.
2David comprendió que el Señor, por amor a
su pueblo Israel, lo había hecho rey y lo había
engrandecido.
3Después que David se trasladó a Jerusalén,
trajo a su palacio más esposas, y llegó a ser
padre de muchos hijos e hijas. 4-7Los siguientes son los nombres de los hijos que le nacieron
en Jerusalén: Samúa, Sobab, Natán, Salomón,
Ibjar, Elisúa, Elpélet, Noga, Néfeg, Jafía, Elisama,
Belyadá y Elifelet.

David derrota a los filisteos

8Cuando los filisteos oyeron la noticia de que
David era el nuevo rey de Israel, movilizaron sus
tropas para capturarlo. Pero cuando David supo
que venían en camino, salió contra ellos. 9Los
filisteos invadieron el valle de Refayin, 10y David
preguntó a Dios:
—Si salgo a pelear contra ellos; ¿me darás
tú la victoria?
Y el Señor le respondió:
—Sí, te la daré.
11Por consiguiente, los atacó en Baal Perasín
y los derrotó. Entonces David, lleno de gozo,
exclamó: «¡Dios me ha usado para arrasar a mis
enemigos, como una fuerte corriente de agua
arrastra todo a su paso!» Por este motivo el lugar
es conocido como Baal Perasín. 12Después de la
batalla, los israelitas recogieron muchos ídolos
que los filisteos habían dejado, y David ordenó
que los quemaran.
13Posteriormente, los filisteos invadieron nuevamente el valle, 14y otra vez David le consultó a
Dios acerca de lo que debía hacer.
El Señor le contestó:
—Esta vez no los deberás atacar de frente, sino
que los rodearás y los atacarás por detrás, en el
lugar donde están los árboles de bálsamo. 15Cuan-
do escuches un sonido como de pasos de alguien
que camina sobre las copas de los árboles, los
atacarás, pues esa es la señal de que yo, el Señor,
voy delante de ti, para destruir a tu enemigo.
16David lo hizo, como el Señor le mandó, y
aniquiló al ejército de los filisteos por todo el
camino desde Gabaón hasta Guézer. 17La fama
de David se extendió por todas partes, y el Señor
hizo que todas las naciones le tuvieran miedo.

David lleva el arca a Jerusalén

15 David hizo construir para él varias casas en Jerusalén, en el sector conocido como
la «Ciudad de David». Además, hizo levantar una
carpa para que sirviera de residencia al cofre de
Dios, 2y dijo: «Sólo los levitas podrán cargar el
cofre de Dios, porque a ellos eligió el Señor para
tal fin, y para que estén siempre a su servicio».
3Entonces David convocó a todo Israel a venir
a Jerusalén para celebrar el acontecimiento del
traslado del cofre del Señor a su nueva residencia. 4-10A continuación se anotan los sacerdotes y
levitas que asistieron:

120 del clan de Coat, con Uriel como su jefe.
220 del clan de Merari, con Asías como su jefe.
130 de los descendientes de Guersón, con Joel
como su jefe.

200 de la familia de Elizafán, con Semaías como su jefe.

80 de la familia de Hebrón, con Eliel como su jefe.

112 de la familia de Uziel, con Aminadab como su jefe.

11 Entonces David llamó a Sadoc y a Abiatar, que eran los sumos sacerdotes, y a los dirigentes levitas: Uriel, Asaías, Joel, Semaías, Eliel y Aminadab, 12 y les dijo: «Ustedes son las cabezas de las familias de los levitas. Ahora, pues, santifíquense, junto con todos sus hermanos, para que puedan traer el cofre del SEÑOR, el Dios de Israel, al lugar que he preparado. 13 Antes el SEÑOR nos destruyó porque manejábamos los asuntos suyos en forma impropia, por cuanto no eran ustedes quienes la conducían».

14 Los sacerdotes y los levitas realizaron, pues, las ceremonias de consagración para prepararse y trasladar a su hogar el cofre del SEÑOR, el Dios de Israel. 15 Entonces los levitas llevaron el cofre con las barras sobre sus hombros, tal como el SEÑOR lo había ordenado por medio de Moisés.

16 El rey David había ordenado también a los principales de los levitas, que de entre sus parientes, nombraran a algunos para que entonaran cantos alegres, acompañados de arpas, liras y címbalos. 17 Hemán hijo de Joel, Asaf hijo de Berequías, y Etán hijo de Cusaías, del clan de Merari, fueron los escogidos. 18 Además, nombraron a otros de sus parientes, que trabajaban como ayudantes en el templo del SEÑOR. Fueron: Zacarías hijo Jaziel, Semiramot, Jehiel, Uni, Eliab, Benaías, Maseías, Matatías, Elifeleu, Micnías, Obed Edom y Jeyel. Estos últimos eran porteros.

19 Hemán, Asaf, y Etán tocaban los címbalos de bronce; 20 y Zacarías, Aziel, Semiramot, Jehiel, Uni, Eliab, Maseías y Benaías tocaban arpas de tono bajo. 21 Matatías, Elifeleu, Micnías, Obed Edom, Jeyel y Azazías tocaban las arpas de tono agudo, y guiaban el canto. 22 El director de los cánticos era Quenanías, jefe de los levitas, que fue elegido por su destreza. 23 Berequías y Elcaná eran los que cuidaban el cofre. 24 Sebanías, Josafat, Natanael, Amasay, Zacarías, Benaías y Eliezer, todos los cuales eran sacerdotes, formaban un grupo de trompetistas para marchar a la cabeza de la procesión. Y Obed Edom y Jehías también cuidaban el cofre.

25 Entonces David, los ancianos de Israel y los jefes del ejército fueron con mucho regocijo a la casa de Obed Edom, para llevar el cofre a Jerusalén. 26 Y como Dios ayudaba a los levitas que conducían el cofre, sacrificaron siete toros y siete carneros. 27 David, los levitas que conducían el cofre, los cantores y Quenanías, director de los cánticos, estaban todos vestidos con túnicas de lino. David llevaba además, como capa, un efod de lino. 28 Los jefes israelitas llevaron el cofre a Jerusalén, con gritos de júbilo, toques de cuernos y trompetas, estrépito de címbalos y ruido armonioso de arpas y cítaras.

29 (Pero cuando el cofre llegó a Jerusalén, a la Ciudad de David, Mical, esposa de David e hija del rey Saúl, sintió una profunda repugnancia hacia David, porque lo observó desde la ventana bailando como loco).

16 Finalmente, el cofre de Dios fue colocado en la carpa que David había preparado para él, y los jefes de Israel sacrificaron ofrendas quemadas y ofrendas de paz delante de Dios. 2 Al finalizar estos sacrificios, David bendijo a la gente en el nombre del SEÑOR; 3 luego procedió a dar a cada persona presente, hombres y mujeres por igual, una rebanada de pan, un poco de vino y una torta de pasas.

4 Hizo el nombramiento de determinados levitas para servir delante del cofre, para que alabaran y dieran gracias al SEÑOR. 5 Los nombrados fueron: Asaf, el jefe, Zacarías, Jejiyel, Semiramot, Jehiel, Matatías, Eliab, Benaías, Obed Edom y Jeyel, los cuales tocaban las arpas y las cítaras, mientras que Asaf tocaba los címbalos. 6 Los sacerdotes Benaías y Jahaziel tocaban continuamente sus trompetas delante del cofre del SEÑOR.

Salmo de David

7 En ese tiempo, David encargó, por primera vez, a Asaf y a sus compañeros que alabaran al SEÑOR con este salmo:

8 «¡Den gracias al SEÑOR y oren a él!
¡Cuéntenle a los otros pueblos las maravillas que él ha hecho!
9 Cántenle, sí, canten sus alabanzas, proclamen sus maravillosas obras.
10 Gloria a su santo nombre;
regocíjense los que buscan al SEÑOR.
11 Busquen al SEÑOR; sí, busquen su fortaleza;
sin descanso busquen su rostro.
12,13 »Descendientes de su siervo Israel,
hijos escogidos de Jacob, recuerden sus poderosos milagros, recuerden sus obras maravillosas y sus sabias decisiones.
14 ¡Él es el SEÑOR nuestro Dios!
Su autoridad es visible a través de toda la tierra.
15 Recuerden su pacto para siempre, y las palabras que dio para mil generaciones;
16 recuerden su pacto con Abraham, y del juramento que le hizo a Isaac, 17 y su confirmación a Jacob.

16.9 16.11-12

Le hizo una promesa a Israel, la cual es para
siempre:
18"Te daré la tierra de Canaán como tu herencia".
19Cuando los israelitas eran pocos, muy pocos,
y tan sólo extraños en la Tierra prometida;
20cuando iban errantes de país en país, de un
reino a otro, 21Dios no permitió a nadie que les
hiciera daño.
Por amor a su pueblo, les advertía a los reyes:
22"No hagan daño a mi pueblo escogido;
no traten mal a mis profetas".
23»¡Que toda la tierra cante al SEÑOR!
¡Declaren todos los días que el SEÑOR es quien
salva!
24¡Muestren su gloria a las naciones!
Proclamen a todos sus maravillas.
25Por cuanto el SEÑOR es grande y digno de ser
siempre alabado;
es más temible que todos los dioses.
26Pues los otros dioses son solo imágenes;
pero el SEÑOR hizo los cielos.
27Majestad y honor marchan delante de él.
Poder y belleza hay en su santuario.

28»¡Habitantes de todas las naciones de la tierra, reconozcan el gran poder de nuestro Dios,
y adórenlo!
29Sí, ¡aclamen al SEÑOR, y ríndanle la alabanza
que se merece!
Traigan una ofrenda y vengan delante de él;
¡adoren al SEÑOR en su santuario!
30¡Tiemble delante de él toda la tierra!
Él creó el mundo y lo puso en su lugar, y el
mundo no se moverá.
31¡Que los cielos estén alegres, que se regocije
la tierra!
Que todas las naciones digan: "¡El SEÑOR es
quien reina!".
32»Bramen los vastos mares, regocíjese la cam-
piña y lo que en ella hay.
33Los árboles y los bosques canten de gozo
delante del SEÑOR, porque él viene a juzgar al
mundo.

34»Den gracias al SEÑOR, porque él es bueno;
su amor y su bondad continúan para siempre.
35Clamen a él y díganle: "Sálvanos, Dios de
nuestra salvación;
permítenos regresar sin ningún contratiempo
a nuestra tierra.
Entonces expresaremos nuestra gratitud a tu
Santo Nombre, y nos alegraremos en nuestra
alabanza a ti".
36¡Bendito sea el SEÑOR, Dios de Israel, para
siempre y por siempre jamás!»

Y todos los presentes dijeron: «¡Amén!», y alabaron al SEÑOR.
37David dispuso que Asaf y sus colegas levitas
se encargaran del cuidado del cofre del pacto
del SEÑOR, y de la celebración del culto delante de ella, de acuerdo con las instrucciones ya
existentes.
38David también nombró como porteros a
Obed Edom hijo de Jedutún, Josá, y el otro Obed
Edom, y sesenta y ocho de sus colegas.
39Al sacerdote Sadoc y a sus compañeros los
encargó del santuario del SEÑOR, que estaba en
el cerro de Gabaón, 40para que ofrecieran diariamente, sobre el altar, los sacrificios de la mañana
y de la tarde, tal como el SEÑOR había ordenado a Israel. 41David había designado también
a Hemán, Jedutún y a varios otros, que había
elegido por nombre, para que cantaran al SEÑOR
el coro: «Su gran amor es eterno». 42Usaban sus
trompetas y címbalos para acompañar a los cantores con alabanzas a Dios en voz alta. Y los hijos
de Jedutún fueron designados como porteros.
43Por fin, se terminó la celebración, y la gente
regresó a sus casas; también David fue a su casa
para bendecir a su familia.

Promesa de Dios a David

17 Después de que David se había instalado
en su palacio, le dijo al profeta Natán:
—¡Mira! Mientras yo vivo aquí en un palacio
con paredes de madera de cedro, el cofre del pacto de Dios está afuera en una carpa.
2Y Natán le respondió:
—Lleva a cabo tu proyecto en todos sus detalles, pues cuentas con la ayuda de Dios.
3Pero esa misma noche Dios habló a Natán
y le dijo:
4«Preséntate ante mi siervo David y entrégale
este mensaje: "¡Tú no me construirás una casa!
5Desde que saqué a Israel de Egipto no he vivido
en una casa, sino que he andado de un campamento a otro, y de una carpa a otra. Así ha sido
hasta hoy. 6En todo tiempo nunca quise insinuar
a ninguno de los jefes de Israel, a quienes elegí
para guiar a mi pueblo, que me edificaran una
casa cubierta de cedro".
7»Dile, también, a mi siervo David: El SEÑOR
Todopoderoso te dice: "Te saqué de las labores de
pastor de ovejas y te hice el rey de mi pueblo. 8Y
he estado contigo dondequiera que has andado;
he destruido a tus enemigos, y haré tu nombre
tan grande como el más grande de la tierra. 9Y
daré a mi pueblo Israel un hogar permanente y
los plantaré en su tierra. No volverán a ser pertur-
bados; las naciones malvadas no los conquistarán como lo hicieron antes, 10cuando eran regidos
por los jueces. Subyugaré a todos tus enemigos.
Y ahora declaro que tu familia siempre reinará

sobre mi pueblo. 11Cuando tu tiempo aquí en la
tierra se haya cumplido y mueras, colocaré en el
trono a uno de tus hijos; y haré que su reino sea
fuerte. 12Él será quien construya un templo para
mí, y estableceré su reino para siempre. 13Yo seré
su Padre, y él será mi hijo. Nunca le quitaré mi
amor y misericordia, como sí lo hice con Saúl.
14Lo colocaré sobre mi casa y sobre el reino de
Israel para siempre, y sus descendientes siempre
serán reyes"».
15De esta manera Natán le comunicó al rey
David todo lo que el Señor le había dicho.

Oración de David

16Entonces David entró y se sentó delante del
Señor y dijo:
«¿Quién soy yo, Señor y Dios, y qué es mi familia para que me hayas dado todo esto? 17¡Todas
las grandes cosas que ya has hecho a mi favor
son nada en comparación con lo que has prometido hacer en el futuro! ¡Porque ahora, Señor
y Dios, estás hablando de futuras generaciones,
en que mis descendientes serán reyes también!
Tú hablas como si yo fuera un hombre muy
importante. 18¿Qué más puedo decir? ¡Tú sabes
que no soy más que un perro; no obstante, has
decidido darme honor! 19Señor, me has dado
estas promesas maravillosas, solamente porque
quieres ser bondadoso conmigo, y porque así los
has decidido. 20Señor, no hay ninguno como tú;
no hay otro Dios. ¡En efecto, nunca hemos oído
hablar de otro Dios como Tú! 21¿Y qué otra nación
en toda la tierra es como Israel? Tú has hecho
una nación singular y la has libertado de Egipto,
para hacerla tu pueblo. Realizaste milagros al
expulsar a las naciones, junto con sus dioses, de
delante de tu pueblo, al que liberaste del poder
de Egipto. De esta forma, te hiciste muy famoso.
22Has declarado que tu pueblo Israel te pertenece
para siempre, y has llegado a ser su Dios.
23»Y ahora, Señor, acepto tu promesa de que
yo y mis hijos habremos de gobernar siempre
esta nación. 24Y ojalá que esto traiga honor
eternamente a tu nombre, ya que todos estamos
convencidos de que tú cumples lo que prometes.
Ellos exclamarán: "¡El Señor Todopoderoso es
verdaderamente el Dios de Israel!" ¡Y el pueblo
de Israel será siempre gobernado por mis hijos
y su descendencia!
25»Señor, me he atrevido a orar de esta manera,
porque tú me has revelado que mis descendientes
gobernarán siempre a tu pueblo. 26¡Señor, tú eres
Dios, y me has prometido esta dicha! 27¡Bendice,
pues, la familia de este tu siervo, para que permanezca siempre en tu presencia, pues cuando
tú concedes una bendición, Señor, es una bendición eterna!»

Victorias de David

18 David, finalmente, derrotó y sometió a
los filisteos, y conquistó la ciudad de Gat
y sus pueblos circundantes. 2También conquistó
Moab, y exigió a sus habitantes que le entregaran
todos los años una elevada suma de dinero.
3Igualmente, derrotó en Jamat a Hadad Ezer,
rey de Sobá, justamente cuando éste iba a extender su dominio a lo largo del río Éufrates. 4David
capturó a siete mil jinetes y veinte mil soldados.
Además se apoderó de mil carros de combate, y
les quebró las patas a mil caballos; sin embargo,
dejó los caballos que necesitaba para cien carros
de combate.
5Cuando los sirios llegaron procedentes de
Damasco, para ayudar al rey Hadad Ezer, David
mató a veintidós mil de ellos. 6Luego procedió a
establecer un cuartel de guarnición en Damasco,
capital de Siria. Además, les impuso a los sirios la
obligación de pagar una importante cantidad de
dinero todos los años. Y el Señor le daba a David
la victoria dondequiera que iba.
7David llevó a Jerusalén los escudos de oro de
los oficiales del rey Hadad Ezer, 8como también
una gran cantidad de bronce procedente de las
ciudades de Tibjat y de Cun, que le pertenecían
a Hadad Ezer. Más tarde, el rey Salomón, cuando
construyó el templo del Señor, hizo fundir ese
bronce, para hacer la fuente, las columnas y los
demás utensilios de bronce.
9Tan pronto como Tou, rey de Jamat, supo
que el rey David había destruido las fuerzas de
Hadad Ezer, 10envió a su hijo Adorán a saludar
y felicitar al rey David por el éxito, y hacerle
entrega, a la vez, de muchos regalos de oro, plata
y bronce, tratando así de lograr una alianza con
él. Hadad Ezer y Tou habían sido enemigos entre
sí y habían sostenido entre ellos muchas guerras.
11El rey David dedicó estos regalos al Señor, tal
como lo hiciera con la plata y el oro que tomó
de las naciones de Edom, Moab, Amón, Amalec
y Filistea.
12Abisay hijo de Sarvia derrotó y mató luego
a dieciocho mil edomitas en el valle de la Sal.
13Estableció una base militar en Edom, y obligó
a los edomitas a pagar grandes sumas de dinero
anualmente a David. Esta es precisamente una
nueva demostración de cómo el Señor daba a
David victoria tras victoria.

Oficiales de David

14David reinaba sobre toda la nación de Israel,
y era un gobernante justo. 15Joab hijo de Sarvia
era el jefe del ejército; Josafat hijo de Ajilud era
el secretario. 16Sadoc hijo de Ajitob y Ajimélec
hijo de Abiatar eran los sacerdotes; Savsa era el
cronista del rey; 17Benaías hijo de Joyadá estaba
a cargo de la guardia personal del rey, la cual

estaba conformada por soldados quereteos y peleteos. Los hijos de David eran sus funcionarios más importantes.

Guerra contra los amonitas

19 Cuando murió Najás, rey de Amón, su hijo Janún pasó a ser el nuevo rey. 2,3David, entonces, dijo: «Voy a brindarle mi amistad a Janún en reconocimiento de todas las bondades que su padre Najás tuvo conmigo». Así que envió un mensaje de condolencia a Janún por la muerte de su padre. Pero cuando llegaron los embajadores de David, los consejeros amonitas le dijeron al rey Janún: «Su Majestad, no se deje engañar, pues David no ha enviado a estos hombres para darle el pésame por la muerte de su padre. ¡En realidad, los ha enviado para que exploren el país, para después venir y destruirlo!» 4Entonces el rey Janún apresó a los mensajeros que había enviado David. Luego, para avergonzarlos, les hizo cortar la barba, y rasgar sus vestidos a la altura de las nalgas, y así los hizo regresar a su tierra.

5Cuando David recibió la información de lo que había ocurrido, envió un mensaje a sus desconcertados emisarios, diciéndoles que permanecieran en Jericó hasta que sus barbas volvieran a crecer.

6Cuando el rey Janún y los amonitas se dieron cuenta de su error, enviaron treinta y tres mil kilos de plata para reclutar tropas de mercenarios, carros de combate y caballería de Mesopotamia, de Macá y de Sobá. 7Contrataron treinta y dos mil carros de combate y consiguieron la colaboración del rey de Macá y su pueblo. Estas fuerzas acamparon en Medeba, lugar en que se unieron a las tropas que el rey Janún había reclutado de sus ciudades.

8Tan pronto como David lo supo, envió a Joab y a los más poderosos guerreros de Israel. 9Los hombres de Amón salieron y llegaron hasta la entrada de la ciudad de Medeba. Pero los otros reyes que habían venido a apoyar a Janún se quedaron afuera en el campo.

10Una vez que Joab se enteró de que el enemigo se encontraba tanto al frente de él como detrás, eligió a los mejores de sus hombres y los mandó a enfrentarse a los sirios. 11El otro grupo, bajo el comando de su hermano Abisay, marchó en contra de los amonitas. 12Joab le dijo a Abisay: «Si ves que los sirios me están derrotando, tú vendrás a ayudarme; y si veo que los amonitas te están derrotando, entonces, yo iré en tu ayuda. 13¡Ten ánimo! ¡Vamos a pelear con valor para defender a nuestro pueblo y a las ciudades de nuestro Dios! ¡Que el SEÑOR haga lo que considere mejor!»

14En estas condiciones, Joab y sus tropas atacaron a los sirios, y éstos dieron la vuelta y huyeron. 15Los amonitas fueron atacados por las tropas de Abisay, y al ver que los sirios estaban retirándose, también ellos huyeron hacia la ciudad. Entonces, Joab regresó a Jerusalén.

16Después de su derrota, los sirios solicitaron ayuda a los sirios que vivían al este del río Éufrates. Entonces, Sofac, jefe del rey Hadad Ezer, se puso al frente de ellos. 17,18Al llegar estas noticias a conocimiento de David, movilizó a todo Israel, cruzó el río Jordán y combatió contra los sirios. Pero ellos nuevamente huyeron de David, el cual dio muerte a siete mil hombres de los que estaban a cargo de los carros y a cuarenta mil soldados de infantería. Asimismo dio muerte a Sofac, jefe del ejército sirio. 19Las tropas del rey Hadad Ezer se rindieron al rey David y pasaron a ser sus súbditos. Y los sirios nunca más ayudaron a los amonitas en sus batallas.

Conquista de Rabá

20 En la primavera, que era el tiempo que los reyes acostumbraban salir a la guerra, Joab salió con el ejército israelita, y atacó y arrasó el país de los amonitas. Después de destruirlos, sitió a Rabá y la conquistó. Mientras tanto, David había permanecido en Jerusalén. 2Al llegar David al escenario, le quitó la corona de oro al rey de los amonitas, y se la puso sobre su cabeza. Esa corona pesaba treinta y tres kilos, y tenía piedras preciosas. David, además, se llevó muchas riquezas de la ciudad. 3A la gente de la ciudad la llevó a trabajar con sierras, picos de hierro y hachas, como era su costumbre con todos los pueblos que conquistaba. Luego David regresó a Jerusalén con todo el pueblo.

Guerra contra los filisteos

4La siguiente guerra fue contra los filisteos, en Guézer. Fue allí donde Sibecay el jusatita mató a Sipay, que era uno de los descendientes de los gigantes. Esto hizo que los filisteos se rindieran. 5En el transcurso de otra guerra contra los filisteos, Eljanán hijo de Yaír, mató a Lajmí, hermano del gigante Goliat, el de Gat, cuya lanza tenía una punta del tamaño de un rodillo de telar.

6,7En otra guerra ocurrida en Gat, un gigante que tenía seis dedos en cada mano y seis dedos en cada pie, cuyo padre también fue gigante, desafió e insultó a Israel; pero lo mató Jonatán hijo de Simá y sobrino de David.

8Estos fueron los gigantes descendientes de Rafá, el gigante de Gat, a quienes David y sus oficiales dieron muerte.

David hace un censo militar

21 Satanás se levantó contra Israel, pues incitó a David a hacer un censo. 2Por eso, David les dijo a Joab y a los jefes del pueblo:

—Quiero que vayan por todo el país, desde
Berseba hasta Dan, y cuenten a todos los israelitas
y traíganme ese dato.
3 Pero Joab le respondió:
—¡Que el SEÑOR multiplique su pueblo cien
veces más de lo que es ahora! Pero si ya todos
estamos al servicio de mi rey y SEÑOR, ¿para qué
quiere que contemos a la gente? ¿Por qué hacer
algo que le va a traer la desgracia a Israel?
4 Pero el rey se impuso, y Joab hizo lo que el rey
le ordenó. Viajó, pues, por todo Israel, y regresó
a Jerusalén. 5 Dio una cifra total de habitantes
que ascendió a un millón cien mil hombres
que podían ir a la guerra, mientras que en Judá
habían cuatrocientos setenta mil. 6 Pero no incluyó las tribus de Leví ni de Benjamín en el censo,
porque no estaba de acuerdo con la orden del rey.
7 Y Dios también estaba disgustado con el censo,
y por este motivo castigó a Israel.
8 Entonces David le dijo a Dios: «He cometido
un pecado muy grande al ordenar hacer este censo. Pero ahora te ruego que perdones el pecado
de tu siervo, pues me he portado como alguien
que desconfía de tu poder».
9 Entonces el SEÑOR le dijo a Gad, profeta personal de David:
10 «Ve y dile a David: "El SEÑOR te da la oportunidad de escoger entre tres castigos. Escoge el
que quieras"».
11 Entonces Gad fue y le dijo a David:
—El SEÑOR te manda a decir que elijas uno de
estos tres castigos: 12 tres años de hambre en tu tierra, o tres meses de destrucción por tus enemigos,
o tres días en que el SEÑOR enviará a su ángel para
que desate una plaga mortal por todo el país, de
modo que muchos morirán. Piénsalo y dame a
conocer tu respuesta, para dársela al SEÑOR.
13 —Es una decisión muy difícil de tomar —
respondió David—, pero prefiero caer en las
manos del SEÑOR y no en el poder de los hombres,
porque el SEÑOR es muy compasivo.
14 Entonces el SEÑOR envió una plaga sobre
Israel, y murieron setenta mil hombres. 15 Durante
la plaga, Dios envió un ángel a destruir a Jerusalén; pero entonces sintió tal compasión que le
dolió profundamente, de modo que ordenó al
ángel destructor: «¡No sigas! ¡Es suficiente!». En
ese momento el ángel del SEÑOR se encontraba
de pie en el campo de trilla de Ornán el jebuseo.
16 Cuando David vio al ángel del SEÑOR parado
entre el cielo y la tierra con su espada desenvainada, apuntando hacia Jerusalén, se vistió de
ropas ásperas y se postró en tierra, delante del
SEÑOR; y los ancianos de Israel hicieron lo mismo.
17 Y David le dijo a Dios: «Yo fui el que pecó al
dar la orden de hacer el censo. Pero, ¿qué han
hecho estas ovejas? SEÑOR, Dios mío, castígame
a mí y a mi familia, pero no sigas castigando a
tu pueblo».

David construye un altar

18 Entonces el ángel del SEÑOR le dijo a Gad: «Ve
y dile a David que construya un altar al SEÑOR en
el terreno de trilla de Ornán el jebuseo». 19 David
fue, pues, a hablar con Ornán, cumpliendo así
la orden que el SEÑOR le había dado por medio
del profeta Gad.
20 Cuando David llegó, Ornán y sus cuatro hijos
se hallaban trillando el trigo. Ornán miró hacia
atrás y vio al ángel. Sus hijos también lo vieron,
y corrieron a esconderse. 21 Luego Ornán vio al
rey que se acercaba; salió de la era y se postró
en tierra delante del rey David. 22 Entonces David
le dijo:
—Por favor, véndeme esta parte de tu parcela,
para construir un altar para el SEÑOR, a fin de
que la plaga se detenga. Yo te pagaré lo que en
realidad vale el terreno.
23 —Tómalo, mi señor, y úsalo como lo desees
—dijo Ornán a David—. Toma además los bueyes para el holocausto y usa los instrumentos de
trilla como leña para el fuego y usa, asimismo,
el trigo para la ofrenda de grano. Te regalo todo.
24 —No —respondió el rey—, debo comprarlo
por el valor real; no puedo tomar sin pago lo
que es tuyo y luego darlo al SEÑOR. ¡No ofreceré
al SEÑOR un holocausto que no me haya costado!
25 Entonces, David le dio a Ornán seiscientas
monedas de oro por el terreno. 26 Luego, David
construyó allí un altar al SEÑOR y ofreció holocaustos y ofrendas de paz sobre él. Y oró al SEÑOR, quien
respondió enviando fuego desde los cielos para
quemar las ofrendas que estaban sobre el altar.
27 Por orden del SEÑOR, el ángel guardó su
espada; 28 y cuando David vio que el SEÑOR había
accedido a su súplica, le ofreció sacrificios.
29 En ese tiempo, el santuario y el altar de los
holocaustos que hizo Moisés en el desierto, estaban en el monte de Gabaón. 30 Pero David no
se atrevió a ir a ese lugar a consultar al SEÑOR,
porque le dio mucho miedo ver cómo el ángel
del SEÑOR estaba castigando al pueblo.

22 Entonces David exclamó: «¡Aquí, en el
campo de trilla de Ornán, es el lugar en
que edificaré el templo del SEÑOR Dios, y también
construiré el altar para que Israel presente sus
ofrendas y holocaustos!»

Preparativos para el templo

2 Después David, por medio de un decreto,
ordenó que se reuniera a todos los extranjeros
que vivían en Israel. De entre estos extranjeros
escogió a los que debían trabajar cortando y
puliendo las piedras para el templo de Dios.

3También hicieron del hierro una gran cantidad
de clavos que se necesitarían para las puertas, los
portones y los cerrojos; y fundieron tanto bronce,
que era demasiado para determinar el peso. 4Ade-
más, amontonaron la gran cantidad de madera
de cedro que los hombres de Tiro y de Sidón le
trajeron a David.

5«Mi hijo Salomón es joven e inexperto —
pensó David—, y el templo del Señor debe ser
una estructura maravillosa, famosa y gloriosa a
través del mundo; por consiguiente, me propongo comenzar inmediatamente los preparativos».
En esta forma, David, antes de morir, dejó listos
todos los materiales para la construcción.

6Luego mandó a llamar a su hijo Salomón, y
le encargó que construyera el templo del Señor,
Dios de Israel. 7Le dijo: «Hijo mío, yo quería construir un templo para honrar al Señor mi Dios,
8pero él me dijo: "No serás tú quien me construya
un templo para honrar mi nombre, pues tú has
dirigido muchas guerras y has dado muerte a
mucha gente. 9Pero te daré un hijo, el cual va a
ser un hombre de paz, porque yo haré que sus
enemigos lo dejen en paz, de modo que Israel
vivirá tranquilo durante su reinado. Por eso, se
llamará Salomón. 10Él construirá mi templo, y
será como mi propio hijo, y seré para él su Padre,
y haré que sus hijos y descendientes reinen sobre
cada generación de Israel".

11»Ahora pues, hijo mío, que el Señor te ayude,
para que puedas construir el templo para él, y
cumpla lo que ha dicho en cuanto a ti. 12Y quiera el Señor darte el buen criterio y la inteligencia
suficientes para seguir todas sus leyes cuando él
te haga rey de Israel. 13Porque si obedeces
cuidadosamente las normas y reglamentos
que él dio a Israel por medio de Moisés, vas a
prosperar. ¡Sé enérgico y valiente, entusiasta y
sin miedo!

14»Con mucho esfuerzo he acumulado tres
millones seiscientos mil kilos de oro puro y
treinta y seis millones de kilos de plata, y tanta
cantidad de hierro y bronce que ni siquiera he
logrado saber a cuánto asciende su peso total.
También he acumulado madera y piedra para
las murallas. Todo esto es para usar en la construcción del templo del Señor; de todos modos,
tú deberás conseguir muchos más materiales.
15Además, cuentas con muchos obreros expertos:
canteros, albañiles, carpinteros, y gente experta
en toda clase de trabajos 16en oro, plata, hierro y
bronce. ¡Por lo tanto, inicia el trabajo, y que el
Señor esté contigo!»

17Entonces David ordenó a todos los jefes de
Israel que ayudaran a su hijo en este proyecto.
18«El Señor su Dios está con ustedes —declaró—.
Les ha permitido estar en paz con las naciones
vecinas, porque las he conquistado en el nombre del Señor, y para su pueblo. 19¡Ahora, tomen
la firme decisión de obedecer al Señor su Dios.
Construyan el templo del Señor, para que trasladen a él el cofre del pacto y los demás utensilios
que se utilizan en el culto».

Los levitas

23 David era muy anciano cuando nombró
a su hijo Salomón como rey de Israel.
2Convocó a todos los jefes religiosos y políticos de
Israel para la ceremonia de coronación. 3Conta-
ron a todos los levitas que tuvieran más de treinta
años de edad, y resultó que había un total de
treinta y ocho mil hombres.

4,5David, entonces, los distribuyó de la siguiente
manera: Veinticuatro mil dirigirían el trabajo de
construcción del templo del Señor, seis mil serían
oficiales y jueces, cuatro mil servirían de porteros,
y los cuatro mil restantes serían los encargados de
alabar al Señor con los instrumentos musicales
que David había hecho fabricar para tal fin.
6Luego David procedió a dividirlos en tres
grupos principales, cada grupo encabezado por
descendientes de Leví, como sigue: Sección de
Guersón, sección de Coat, y sección de Merari.

Los guersonitas

7Se procedió a establecer subdivisiones: la sección de Guersón estaría encabezada por sus hijos
Ladán y Simí.

8,9Los hijos de Ladán fueron: Jehiel en su calidad de jefe, Zetán y Joel.

Los hijos de Simí, fueron Selomit, Jaziel y
Jarán.

Estos fueron los jefes de las familias paternas
de Ladán.

10,11Los hijos de Simí fueron: Yajat, el mayor,
Ziza,[a] el segundo; y luego Jeús y Beriá que se
cuentan como una sola familia porque ambos
tuvieron pocos hijos.

Los coatitas

12Los hijos de Coat fueron: Amirán, Izar,
Hebrón y Uziel.

13Los hijos de Amirán fueron Aarón y Moisés.
Aarón y sus hijos fueron apartados para el santo
servicio de sacrificar las ofrendas del pueblo para
el Señor, para quemar el incienso, y para bendecir
al pueblo en nombre del Señor. 14,15En cuanto a
Moisés, varón de Dios, sus hijos Guersón y Eliezer
fueron contados con la tribu de Leví.

16Los hijos de Guersón tenían como jefe a
Sebuel, 17y Rejabías, hijo único de Eliezer, era
jefe de su clan, porque tuvo muchos hijos.

18Los hijos de Izar tuvieron como jefe a Selomit.

a. O, «Zina».

22.13

19Los hijos de Hebrón tuvieron como jefe a Jerías; a Amarías como segundo; Jahaziel era tercero; y Jecamán, cuarto.

20Los hijos de Uziel tuvieron como jefe a Micaías, y como segundo a Isías.

Los meraritas

21Los hijos de Merari fueron Majlí y Musí.
Los hijos de Majlí fueron Eleazar y Quis.

22Eleazar murió sin tener hijos, y sus hijas se casaron con sus primos, es decir, con los hijos de Quis.

23Los hijos de Musí fueron Majlí, Edar y Jeremot.

24En el censo, todos los varones de Leví, de veinte años en adelante, fueron registrados de acuerdo con sus familias paternas. Todos ellos estaban encargados del servicio en el templo del Señor.

25Al respecto, David expresó: «El Señor, Dios de Israel, nos ha dado paz, y va a tener su habitación siempre en Jerusalén. 26Ahora los levitas no tendrán necesidad de conducir el santuario y sus instrumentos de un lugar a otro».

27Este censo de la tribu de Leví fue una de las últimas labores que David desarrolló antes de su muerte. 28El trabajo de los levitas consistía en ayudar a los sacerdotes, descendientes de Aarón, a efectuar los sacrificios en el templo del Señor. Además, tenían la responsabilidad de cuidar los atrios, los cuartos, limpiar todos los utensilios sagrados, 29tener listo todo lo que se usaba en las ofrendas: el pan de la Presencia, la harina para las ofrendas de cereales, las hojuelas sin levadura, las ofrendas fritas o cocidas, y de los instrumentos que se usaban para pesar y medir.

30Todos los días, en la mañana y en la tarde, estaban de pie delante del Señor y cantaban dándole gracias y alabanza. 31Ayudaban en los sacrificios especiales de ofrendas quemadas, los sacrificios del sábado, las celebraciones de la luna nueva y en todos los festivales. Siempre los levitas se presentaban en tanta cantidad como la que se requería para cada ocasión. 32Así que tenían a su cargo el cuidado del santuario, de la Tienda de reunión, y estaban bajo las órdenes de los sacerdotes, descendientes de Aarón.

Organización del servicio sacerdotal

24 Los sacerdotes (descendientes de Aarón) fueron divididos en dos grupos. Los hijos de Aarón fueron: Nadab, Abiú, Eleazar e Itamar. 2Nadab y Abiú murieron antes que su padre, sin tener hijos; por esa razón Eleazar e Itamar quedaron a cargo de la función sacerdotal.

3David consultó con Sadoc, representante del clan de Eleazar, y con Ajimélec, representante del clan de Itamar, para organizar a los descendientes de Aarón en diversos grupos para servir por turnos. 4Los descendientes de Eleazar fueron divididos en dieciséis grupos y los descendientes de Itamar en ocho grupos, ya que los descendientes de Eleazar eran más numerosos.

5Todas las tareas fueron asignadas a los diferentes grupos por sorteo, para que no hubiera preferencia, por cuanto había muchos hombres importantes y altos oficiales del templo de Dios en cada división. 6Semaías, levita, e hijo de Natanael, fue el encargado de anotar los nombres y cargos, en presencia del rey, de los jefes, del sacerdote Sadoc, de Ajimélec hijo de Abiatar, de los jefes de las familias sacerdotales y de los levitas. Para cada tarea se asignaron dos grupos de la división de Eleazar y uno de la división de Itamar.

7-18El trabajo se asignó por sorteo, y la suerte recayó como sigue:

Primero, el grupo a cargo de Joyarib;
segundo, el grupo a cargo de Jedaías;
tercero, el grupo a cargo de Jarín;
cuarto, el grupo a cargo de Seorín;
quinto, el grupo a cargo de Malquías;
sexto, el grupo a cargo de Mijamín;
séptimo, el grupo a cargo de Cos;
octavo, el grupo a cargo de Abías;
noveno, el grupo a cargo de Jesúa;
décimo, el grupo a cargo de Secanías;
undécimo, el grupo a cargo de Eliasib;
duodécimo, el grupo a cargo de Yaquín;
decimotercero, el grupo a cargo de Hupá;
decimocuarto, el grupo a cargo de Jesebab;
decimoquinto, el grupo a cargo de Bilgá;
decimosexto, el grupo a cargo de Imer;
decimoséptimo, el grupo a cargo de Hezir;
decimoctavo, el grupo a cargo de Afsés;
decimonoveno, el grupo a cargo de Petaías;
vigésimo, el grupo a cargo de Ezequiel;
vigesimoprimero, el grupo a cargo de Jaquín;
vigesimosegundo, el grupo a cargo de Gamul;
vigesimotercero, el grupo a cargo de Delaías;
y el vigesimocuarto, el grupo a cargo de Maazías.

19Cada grupo efectuaba sus deberes del templo del Señor en la forma que originalmente Dios había mandado por medio de su antepasado Aarón.

El resto de los levitas

20Ésta es la lista del resto de los descendientes de Leví:

Amirán; su descendiente Subael; y Jehedías descendiente de Subael; 21el grupo de Rejabías, dirigido por su hijo mayor Isías; 22el grupo de Izar, que se componía de Selomot y su hijo Yajat. 23El grupo de Hebrón, que consistía de: Jerías, hijo mayor de Hebrón; Amarías, su segundo hijo; Jahaziel, su tercer hijo; y Jecamán, su cuarto hijo.

[24,25]El grupo de Uziel estaba dirigido por su hijo Micaías y sus nietos Samir e Isías, y por Zacarías hijo de Isías.

[26,27]El grupo de Merari estaba dirigido por sus hijos Majlí y Musí. (El grupo de Jazías, guiado por su hijo Benó, comprende también a sus hermanos Soján, Zacur e Ibrí). [28]Los descendientes de Mají fueron: Eleazar, que no tuvo hijos, [29]y Quis, entre cuyos hijos se contaba Jeramel. [30]Los hijos de Musí fueron Majlí, Edar y Jeremot.

Éstos eran los descendientes de Leví, según sus casas paternas. [31]Tal como en el caso de los descendientes de Aarón, los nombramientos para ocupar sus cargos se hacían por sorteo, sin distinción de edad o rango, y todo esto se hizo en presencia del rey David, de Sadoc, de Ajimélec, y de los jefes de las familias sacerdotales, y de los levitas.

Organización de los músicos

25 David y los oficiales del santuario apartaron a Asaf, Hemán y Jedutún para que se encargaran de la música. Éstos profetizaban acompañándose de arpas, liras y címbalos. La siguiente es la lista de todos los que fueron apartados para este servicio:

[2]Bajo la dirección de Asaf, profeta privado del rey, estaban sus hijos Zacur, José, Netanías y Asarela.

[3]Bajo Jedutún, que guiaba en la acción de gracias y alabanza al Señor (mientras eran acompañados por el arpa), estaban sus seis hijos: Guedalías, Zeri, Isaías, Jasabías, Matatías y Simí.

[4,5]Bajo la dirección de Hemán, profeta al servicio del rey, estaban sus hijos: Buquías, Matanías, Uziel, Sebuel, Jeremot, Jananías, Jananí, Eliatá, Guidalti, Romanti Ezer, Josbecasa, Malotí, Hotir y Mahaziot (Porque Dios lo había bendecido con catorce hijos y tres hijas, cumpliendo así su promesa de que haría de él un hombre muy poderoso). [6,7]El ministerio de la música a cargo de ellos incluía el tocar los címbalos, arpas y liras, todo bajo la dirección de su padre, mientras desempeñaban su ministerio en el santuario.

Asaf, Jedutún y Hemán rendían informe directamente al rey. Ellos y sus familiares estaban adiestrados para cantar alabanzas al Señor. Eran doscientos ochenta y ocho en total, siendo cada uno de ellos maestro de música.

[8]Los cantores eran nombrados para su turno particular de servicios mediante sorteo, sin considerar la edad o reputación.

[9-31]El primer sorteo indicó a José, del clan de Asaf;

el segundo, a Guedalías junto con doce de sus hijos y hermanos;

el tercero, a Zacur, y doce de sus hijos y hermanos;

el cuarto, a Izri, y doce de sus hijos y hermanos;

el quinto, a Netanías, y doce de sus hijos y hermanos;

el sexto, a Buquías, y doce de sus hijos y hermanos;

el séptimo, a Jesarela, y doce de sus hijos y hermanos;

el octavo, a Isaías, y doce de sus hijos y hermanos;

el noveno, a Matanías, y doce de sus hijos y hermanos;

el décimo, a Simí, y doce de sus hijos y hermanos;

el undécimo, a Azarel, y doce de sus hijos y hermanos;

el duodécimo, a Jasabías, y doce de sus hijos y hermanos;

el decimotercero, a Subael, y doce de sus hijos y hermanos;

el decimocuarto, a Matatías, y doce de sus hijos y hermanos;

el decimoquinto, a Jeremot, y doce de sus hijos y hermanos;

el decimosexto, a Jananías, y doce de sus hijos y hermanos;

el decimoseptimo, a Josbecasa, y doce de sus hijos y hermanos;

el decimoctavo, a Jananí, y doce de sus hijos y hermanos;

el decimonoveno, a Malotí, y doce de sus hijos y hermanos;

el vigésimo, a Eliatá, y doce de sus hijos y hermanos;

el vigesimoprimero, a Hotir, y doce de sus hijos y hermanos;

el vigesimosegundo, a Guidalti, y doce de sus hijos y hermanos;

el vigesimotercero, a Mahaziot, y doce de sus hijos y hermanos;

el vigesimocuarto, a Romanti Ezer, y doce de sus hijos y hermanos.

Organización de los porteros

26 Los porteros del templo del Señor también fueron organizados por turnos, quedando de la siguiente manera:

De los coreítas:

Meselemías hijo de Coré, de la familia de Asaf,

[2,3]Los hijos de Meselemías eran: Zacarías, el primogénito; Jediael, el segundo; Zebadías, el tercero; Jatniel, el cuarto; Elam, el quinto; Johanán, el sexto y Elihoenay, el séptimo.

[4,5]Los hijos de Obed Edom: Semaías, el primogénito; Jozabad, el segundo; Joa, el tercero; Sacar,

el cuarto; Natanael, el quinto; Amiel, el sexto;
Isacar, el séptimo y Peultay, el octavo. ¡Cuán
grande bendición le dio Dios con todos esos hijos!
6,7 Los hijos de Semaías hijo de Obed Edom
eran todos varones sobresalientes y ocupaban
cargos de considerable autoridad en el clan. Sus
nombres eran: Otni, Rafael, Obed y Elzabad, y
sus hermanos, Eliú y Samaquías, eran también
hombres muy valientes.
8 Todos estos fueron los hijos y nietos de Obed
Edom, en total sesenta y dos. Todos ellos eran
hombres prominentes, particularmente aptos
para su trabajo. 9 Los hijos y hermanos de Meselemías fueron dieciocho, también hombres muy
valientes. 10 Los hijos de Josá, perteneciente al grupo de Merari, fueron: Simri, a quien su padre
puso como jefe de sus hermanos, aunque no era
el primogénito; 11 Jilquías, el segundo; Tebalías, el
tercero; y Zacarías, el cuarto. Los hijos y hermanos de Josá fueron trece.
12 Las divisiones de los porteros quedaron a cargo de sus jefes. Tal como en el caso de los otros
levitas, éstos tenían la responsabilidad de servir
en el templo del Señor. 13 Se les asignó los deberes
de guardas en las diversas puertas, sin considerar
la reputación de sus familias, ni sus edades, por
cuanto el nombramiento se hacía por sorteo.
14,15 La responsabilidad de la puerta del este
recayó en Selemías y su grupo; la de la puerta
del norte, en su hijo Zacarías, varón de extraordinaria sabiduría; la de la puerta del sur, en Obed
Edom y su grupo (sus hijos quedaron a cargo de
los almacenes de mercancías); 16 y la de la puerta
del oeste y de la puerta de Saléquet, en el camino
de la parte alta, recayó en Supín y Josá.
17 Seis porteros se designaban diariamente a
la puerta del este; cuatro a la puerta del norte;
cuatro a la puerta del sur; y dos a cada uno de
los almacenes de mercancías. 18 Se designaban
seis guardas diariamente a la puerta del oeste,
cuatro para el camino de la parte alta, y dos para
el patio del oeste.
19 Los porteros del templo del Señor habían sido
escogidos de los clanes de Coré y de Merari.

Los tesoreros y otros oficiales

20-22 Otros levitas, que tenían por jefe a Ahías,
eran los encargados de recibir las donaciones
traídas a Dios, que se guardaban en la tesorería
del templo del Señor. Estos varones del subclan
de Ladán, provenientes del clan de Guersón, comprendían también a Zetán y Joel, hijos de Jehiel.
23,24 Sebuel hijo de Guersón y nieto de Moisés, era
jefe oficial de la tesorería. Además era supervisor
de las divisiones que estaban a cargo de Amirán, Izar, Hebrón y Uziel. 25 Sus descendientes,
en línea directa desde Eliezer, fueron: Rejabías,
Isaías, Jorán, Zicrí y Selomit. 26 Selomit y sus hermanos quedaron a cargo de recibir las ofrendas
para el Señor, tanto del rey David como de otros
dignatarios de la nación, tales como los oficiales
y generales del ejército, 27 los cuales dedicaban su
botín de guerra para sufragar los gastos generales
del templo del Señor. 28 Selomit y sus hermanos
tenían también la responsabilidad de cuidar de
los valores materiales dedicados al Señor por el
profeta Samuel, Saúl hijo de Quis, Abner hijo de
Ner, y Joab hijo de Sarvia.
29,30 Quenanías y sus hijos (del subclan de
Izar) recibieron nombramiento de administradores públicos y jueces. Jasabías y mil setecientos
hombres de su clan de Hebrón, todos varones
prominentes, fueron puestos a cargo del territorio
de Israel que está al oeste del río Jordán, y tenían
la responsabilidad sobre los asuntos religiosos
y de la administración pública de esa región.
31,32 En el año cuarenta de su reinado, David hizo
que se investigaran los registros genealógicos
de los descendientes de Hebrón. Al hacerlo, se
descubrió que en Jazer de Galaad había hombres
muy valientes. El número de ellos era de dos mil
setecientos, y tenían como jefe a Jerías. Entonces el rey David les asignó la administración de
los asuntos públicos y religiosos de las tribus de
Rubén, Gad y la media tribu de Manasés.

Divisiones del ejército

27 El ejército israelita fue dividido en doce
regimientos, cada uno con veinticuatro
mil soldados, incluyendo oficiales y personal
administrativo. Estas unidades recibían el llamado para prestar servicio activo durante un mes
al año. La que sigue es la lista de unidades y sus
comandantes en jefe:
2,3 A cargo de la primera división estaba
Yasobeán hijo de Zabdiel, de la familia de Fares.
Tenía veinticuatro mil hombres que prestaban
su servicio el primer mes de cada año.
4 El jefe de la segunda división era Doday el ajojita. Tenía a su cargo veinticuatro mil hombres
que prestaban servicio el segundo mes de cada
año. Miclot actuaba como ayudante.
5,6 El jefe de la tercera división era Benaías,
hijo del sumo sacerdote Joyadá. Sus veinticuatro
mil hombres que prestaban su servicio el tercer
mes de cada año. Benaías fue uno de los treinta
valientes y jefe de ellos. Su hijo Amisabad formaba parte de esta división.
7 El jefe de la cuarta división era Asael, hermano de Joab, el que posteriormente fue reemplazado por su hijo Zebadías. Tenía veinticuatro
mil hombres que prestaban su servicio el cuarto
mes de cada año.
8 El jefe de la quinta división fue Samut el izraí-
ta, con veinticuatro mil hombres que prestaban
su servicio el quinto mes de cada año.

9 El jefe de la sexta división fue Irá hijo de
Iqués, de Tecoa. Tenía veinticuatro mil hombres que prestaban su servicio el sexto mes de
cada año.
10 El jefe de la séptima división era Heles el
pelonita, de la tribu de Efraín, con veinticuatro
mil hombres que prestaban su servicio el séptimo
mes de cada año.
11 El jefe de la octava división era Sibecay de
Jusá, descendiente de los zeraítas. Tenía veinticuatro mil hombres que prestaban su servicio el
octavo mes de cada año.
12 El jefe de la novena división era Abiezer, de
Anatot, de la tribu de Benjamín, el cual comandaba veinticuatro mil hombres que prestaban su
servicio el noveno mes de cada año.
13 El jefe de la décima división era Maray de
Netofa, descendiente de los zeraítas, con veinticuatro mil hombres que prestaban su servicio el
décimo mes de cada año.
14 El jefe de la undécima división era Benaías,
de Piratón, descendiente de Efraín, con veinticuatro mil hombres que prestaban su servicio
durante el undécimo mes de cada año.
15 El jefe de la duodécima división era Jelday
de Netofa, descendiente de Otoniel. Comandaba veinticuatro mil hombres que prestaban su
servicio durante el duodécimo mes de cada año.

Jefes de las tribus

16-22 A cargo de las tribus de Israel estaban los
siguientes:
Jefe de la tribu de Rubén, Eliezer hijo de Zicrí;
de Simeón, Sefatías hijo de Macá;
de Leví, Jasabías hijo de Quemuel;
de los descendientes de Aarón, Sadoc;
de Judá, Eliú, hermano del rey David;
de Isacar, Omrí hijo de Micael;
de Zabulón, Ismaías hijo de Abdías;
de Neftalí, Jerimot hijo de Azriel;
de Efraín, Oseas hijo de Azazías;
de la media tribu de Manasés, Joel hijo de
Pedaías;
de la otra mitad de Manasés, en Galaad, Idó
hijo de Zacarías;
de Benjamín, Jasiel hijo de Abner; y de Dan,
Azarel hijo de Jeroán.
23 Cuando David hizo el censo, no incluyó a
los hombres de veinte años para abajo, porque
el Señor le había prometido multiplicar a Israel
como las estrellas del cielo. 24 Joab comenzó la
labor del censo, pero nunca la terminó, porque
la ira de Dios se desató sobre Israel; por consiguiente, el total final nunca se insertó en los
anales del rey David.

Superintendentes del rey

25 Azmávet hijo de Adiel era el funcionario que
tenía a su cargo las tesorerías del palacio, y Jonatán hijo de Uzías estaba a cargo de las tesorerías
regionales a través de las ciudades, pueblos y
fortalezas de Israel.
26 Ezri hijo de Quelub era el encargado de los
agricultores que trabajaban en las fincas del rey.
27 Simí de Ramat tenía a su cargo la vigilancia
de los viñedos del rey;
Zabdí de Sefán tenía la responsabilidad sobre
la producción del vino y su almacenamiento.
28 Baal Janán de Guéder era responsable de las
plantaciones de olivos y de los bosques de sicómoro del rey en los llanos, frente a la frontera
con los filisteos.
Joás tenía a su cargo el abastecimiento de
aceite de oliva.
29 Sitray de Sarón estaba a cargo del ganado en
las planicies de Sarón.
Safat hijo de Adlay tenía a su cargo el ganado
que estaba en los valles.
30 Obil, del territorio de Ismael, tenía a su cargo
los camellos.
Jehedías de Meronot tenía a su cargo los
burros.
31 Las ovejas estaban bajo el cuidado de Jaziz
el agareno.
Los hombres antes mencionados eran administradores de los bienes del rey David.
32 Jonatán, tío de David, hombre sabio y bien
preparado, era consejero del rey.
Jehiel, hijo de Jacmoní, estaba encargado del
cuidado de los hijos del rey.
33 Ajitofel era también consejero oficial del rey.
Husay el arquita era su consejero privado.
34 Joyadá hijo de Benaías, y Abiatar, eran ayudantes de Ajitofel.
Joab era el jefe de todo el ejército israelita.

Instrucciones para la construcción del templo

28 Luego David citó a reunión a todos sus
oficiales a Jerusalén: los jefes de las tribus, los jefes de las doce divisiones del ejército,
los otros oficiales del ejército, los funcionarios a
cargo de su finca y su ganado, y todos los otros
hombres de autoridad en su reino. 2 Se levantó,
y estando en pie delante de ellos, les dijo: «¡Hermanos míos y pueblo mío! Era mi deseo construir
un lugar permanente para el cofre del pacto del
Señor; un lugar en que nuestro Dios tuviera su
trono. Ya tengo listos todos los elementos necesarios para la construcción, 3 pero Dios me dijo:
"¡Tú no me construirás un templo para honrar
mi nombre, porque has dirigido muchas guerras
y has dado muerte a mucha gente!"

4»No obstante, el Señor, Dios de Israel, me ha escogido de entre toda la familia de mi padre para iniciar una dinastía que regirá a Israel para siempre; ha escogido a la tribu de Judá, y de entre las familias de Judá, a la familia de mi padre; y de entre sus hijos, el Señor, por su gracia, me favoreció y me hizo rey sobre todo Israel. 5El Señor me ha dado muchos hijos, y de entre ellos ha escogido a Salomón para que sea mi sucesor en el trono de su reino de Israel. 6En efecto, me ha dicho: "Tu hijo Salomón construirá mi templo; porque lo he elegido como mi hijo, y yo seré su Padre. 7Y si él continúa obedeciendo mis mandamientos e instrucciones como hasta ahora, haré que su reino dure para siempre".

8»Aquí, delante del pueblo de Israel, que es el pueblo del Señor, y a la vista de nuestro Dios, les pido que obedezcan fielmente todos los mandamientos del Señor, para que puedan disfrutar de esta hermosa tierra que Dios les ha dado, y se la dejen a sus hijos para siempre».

9Luego David se dirigió a Salomón y le dijo: «Salomón, hijo mío, dedícate a conocer al Dios de tus padres; adóralo y sírvele con un corazón limpio y una correcta disposición, porque el Señor ve todo corazón, y entiende y conoce todo pensamiento. Si tú lo buscas, lo encontrarás; pero si tú lo abandonas, él te desechará por completo. 10Recuerda que el Señor te ha elegido para que le construyas un templo como su santuario. Así que ¡con todo ánimo ponte a trabajar!»

11David procedió luego a entregar a Salomón los planos del templo y sus dependencias: las tesorerías, los aposentos altos, las salas interiores y el santuario para el propiciatorio. 12También le dio a Salomón sus proyectos de planos para los patios del templo del Señor, los aposentos de afuera para los tesoros del mismo, y para guardar los utensilios sagrados y las ofrendas especiales. 13El rey puso, asimismo, en manos de Salomón las instrucciones concernientes al trabajo de los diversos grupos de sacerdotes y levitas; e incluyó especificaciones para cada artículo que había de utilizarse en el templo del Señor para la adoración y el sacrificio. 14Además, David le entregó gran cantidad de oro y plata con que se harían todos los utensilios del templo del Señor. 15asimismo la cantidad precisa de oro para confeccionar los candelabros y lámparas, de acuerdo con el servicio que prestaría cada candelabro. 16Luego pesó el oro para la mesa en que se colocarían los panes de la Presencia y para las otras mesas de oro, y pesó, asimismo, la plata para las mesas de plata. 17También le entregó el oro para los tenedores, tazones y jarras. Igualmente le pesó el oro y la plata para las copas. 18Finalmente, le pesó el oro refinado destinado a la construcción del altar del incienso y para hacer los querubines de oro con sus alas extendidas sobre el cofre del pacto del Señor.

19«Cada parte de este plano —expresó David a Salomón— me fue dada por escrito de mano del Señor. 20Sé enérgico y valiente y pon manos a la obra —añadió—. No te amedrentes por lo grande de la tarea, porque el Señor mi Dios está contigo, y no te abandonará, y él hará que cada detalle sea llevado a feliz término. 21Y estos diversos grupos de sacerdotes y levitas servirán en el templo de Dios. Otros con habilidades de toda índole actuarán como voluntarios, y los oficiales y el pueblo entero estarán bajo tu mando».

Ofrendas para el templo

29 Entonces el rey David se volvió hacia la asamblea en pleno y dijo: «Mi hijo Salomón, a quien Dios ha escogido para que sea el próximo rey de Israel, es todavía joven y sin experiencia, mientras que el trabajo que deberá afrontar es enorme, ya que el templo que va a construir no es precisamente una construcción más: ¡Es el templo destinado para el Señor! 2Haciendo uso de todos los recursos a mi alcance, he acumulado abundante material para su construcción: bastante cantidad de oro, plata, bronce, hierro, madera y grandes porciones de ónice, piedras preciosas de toda clase y mármol. 3Y, fuera de todo esto, por amor al templo de Dios, ahora entrego todos mis tesoros privados para ayudar a la edificación. 4,5Estas contribuciones personales consisten en cien mil kilos de oro de Ofir, y doscientos treinta mil kilos de plata pura destinada a recubrir las paredes de las edificaciones, y para los artículos de oro y plata, y para cualquier otro trabajo que se requiera. Ahora, pues, ¿quién seguirá mi ejemplo? ¿Quién, por amor al Señor, dará una ofrenda voluntaria para el templo?»

6,7Entonces los dirigentes de clanes, los jefes de tribus, los oficiales del ejército y los funcionarios administrativos del rey hicieron entrega de ciento sesenta y cinco mil kilos y diez mil monedas de oro, trescientos treinta mil kilos de plata, seiscientos mil kilos de bronce y tres millones trescientos mil kilos de hierro. 8También contribuyeron con grandes cantidades de joyas, las cuales fueron depositadas en la tesorería del templo del Señor, que estaba a cargo de Jehiel (descendiente de Guersón). 9Todos estaban conmovidos y felices por esta oportunidad de servir, y al rey David lo invadió una grande alegría.

28.9 28.20

Oración de David

10Mientras permanecía todavía en presencia de
toda la asamblea, David dirigió así sus alabanzas
al SEÑOR:

«¡SEÑOR, Dios de nuestro padre Israel, alabamos
tu nombre ahora y para siempre! 11Tuyos son
la grandeza y el poder, la gloria, la victoria y
la majestad. Todo cuanto hay en los cielos y
en la tierra es tuyo. También el reino te pertenece, y tienes el control de todo lo que existe.
☼12La riqueza y el honor provienen de ti, y tú
eres el gobernador de toda la humanidad; tu
mano controla el poderío y la potestad, y de
acuerdo con tu voluntad es que los hombres
adquieren la fama y reciben de ti el vigor. 13Dios
nuestro, te damos gracias y alabamos tu glorioso nombre. 14Pero, ¿quién soy yo y quién es mi
pueblo para que se nos permita darte cosas?
¡Todo lo que tenemos ha venido de ti, y sólo te
damos lo que ya es tuyo! 15Porque estamos aquí
sólo por un momento, somos extranjeros en la
tierra, como lo fueron nuestros antepasados;
nuestros días sobre la tierra son como una sombra, sin ninguna esperanza. 16¡SEÑOR Dios nuestro,
todo este material que hemos recolectado destinado a construirte un templo para tu santo nombre viene de ti! 17Comprendo, Dios mío, que tú
pruebas a los hombres para ver si son buenos.
He hecho todo esto inspirado por buenos propósitos, y he observado a tu pueblo cómo ofrece sus
obsequios alegremente y de buena voluntad.

18»¡SEÑOR, Dios de nuestros antepasados Abraham, Isaac e Israel, haz que tu pueblo siempre
tenga el anhelo de obedecerte, y que el amor de
ellos hacia ti nunca se modifique! 19Concede a mi
hijo Salomón un corazón bueno hacia ti, hasta
tal punto que él quiera obedecerte, incluso en
los menores detalles, y que le permitas llevar a
cabo la construcción de tu templo, para el cual
he reunido todos estos materiales».

20Entonces David se dirigió a todo el pueblo
y le dijo: «¡Alaben al SEÑOR su Dios!» Ellos lo
hicieron así, inclinándose a tierra delante del
SEÑOR y del rey.

Coronación de Salomón

21Al día siguiente, le ofrecieron al SEÑOR, por
todo el pueblo de Israel: mil novillos, mil carneros y mil corderos para que fueran sacrificados
y quemados en su honor. Junto con los animales, entregaron las respectivas ofrendas de vino.
22Luego celebraron fiesta y bebieron delante del
SEÑOR con mucho regocijo.

Y nuevamente procedieron a coronar a Salomón, hijo del rey David, como rey de su pueblo.
Lo ungieron delante del SEÑOR como su gobernante, y a Sadoc lo ungieron como su sacerdote.
23De esta manera Salomón se sentó en el trono,
en lugar de su padre David, y tuvo mucho éxito.
Y todo el pueblo de Israel le obedecía. 24Los dirigentes de la nación, los oficiales, y los hijos del
rey David le prometieron lealtad al rey Salomón.

25Y el SEÑOR le dio gran popularidad en todo el
pueblo de Israel, y amasó aun mayores riquezas
y conquistó más honores que su padre.

Muerte de David

26,27Así David fue rey de la tierra de Israel por
cuarenta años, siete de los cuales reinó en Hebrón
y treinta y tres en Jerusalén. 28Murió a una avanzada edad, acaudalado y lleno de honores; y su
hijo Salomón reinó en su lugar. 29Se han escrito
biografías detalladas del rey David en las crónicas del profeta Samuel, del profeta Natán y del
profeta Gad.

30Estos relatos dan cuenta de su reinado y
poder, y de todo lo que le aconteció a él, a Israel
y a los reyes de las naciones vecinas.

☼29.12–13

2 CRÓNICAS

¿Quién lo escribió?

Los libros de Crónicas forman, igual que los de Reyes, un solo tomo en el canon hebreo. Sin embargo, a diferencia de éstos últimos, que tienen una relación temática e histórica con los libros de Samuel, los de Crónicas están relacionados más bien con Esdras. Ambos le dan importancia a las genealogías y además hacen énfasis en las ceremonias y en la fidelidad a la ley de Moisés. Quizá un detalle clave es que los últimos textos de 2 Crónicas (2 Cr. 36:22-23) son los versículos iniciales de Esdras (Esd. 1:1-3). Por esta razón, muchos se inclinan por la opinión de la tradición judía, la cual dice que el escritor es Esdras. Sin duda, este sacerdote estaba capacitado para producir una obra como esta. Era un ministro con suficiente conocimiento de la historia de su pueblo, con capacidad administrativa, liderazgo espiritual y claridad en cuanto a propósito teológico.

¿A quién lo escribió?

Mientras los libros de Reyes fueron leídos por judíos derrotados, ya sea en Jerusalén o en el exilio en Babilonia, los libros de Crónicas fueron escritos para el pueblo judío que estaba ya de regreso en su tierra, después de los setenta años de cautiverio. Ahora, en esta situación de esperanza que reflejaba un nuevo comienzo, ellos necesitaban revisar la historia de su pueblo, pero esta vez no para ver qué fue lo que falló o las causas del fracaso, sino para ver cuál es la fuente de esperanza y éxito en el pasado con el propósito de aprender de él en el presente. Estos judíos, que se sienten como inmigrantes en su propia tierra, la cual muchos nunca habían visto, necesitan recordar cómo funcionaba el templo, cómo trató el Señor con los reyes, por qué David fue tan querido por Dios y, en general, en qué consiste ser parte de una tradición tan rica y valiosa como la suya.

¿Cuándo y dónde lo escribió?

Después del exilio en Babilonia, los persas conquistaron a los caldeos y, a partir del año 537 a.C., les dan permiso a los judíos de retornar a su tierra. El regreso se realiza bajo el liderazgo de varios líderes, principalmente Zorobabel (año 536 a.C.), Esdras (año 458 a.C.) y Nehemías (445 a.C.). Si Esdras es el escritor de este libro, entonces la fecha en la que se escribió fue cerca del año 450 a.C., en la ciudad de Jerusalén, mientras se efectuaba la gran reforma espiritual bajo el liderazgo de Esdras.

Panorama del libro

Esta es la segunda parte de la obra que presenta la historia de Israel desde una perspectiva espiritual. En esta parte de la historia se considera el reinado de Salomón y los reinos sucesivos posteriores a la división de la nación. La atención se concentra solamente en Judá y sus reyes. Debe recordarse que el propósito del autor del libro es asegurar a los judíos que han regresado del exilio que ellos tienen un lugar especial en los planes del Señor. Por ello está repasando la historia de la nación evaluando la actuación de los reyes y colocando la monarquía davídica como el modelo que debían seguir.

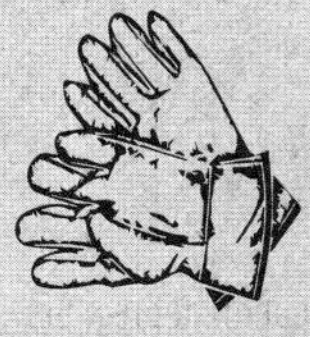

¿Cómo se relaciona con nosotros?

El segundo libro de esta obra ilustra hasta dónde se puede caer cuando se abandona al Señor, y lo hace con un tono de esperanza, más que de condena, ya que el libro se lee desde el punto de vista de un período posterior al castigo del Señor. Este segundo libro de Crónicas tiene también un mensaje vital, puesto que nos recuerda la manera en la que el pueblo puede volverse a Dios al ser humildes y entregarnos enteramente a él. Debido a que el libro hace énfasis en el culto y en las oraciones, sirve como un modelo de los avivamientos que se experimentaron durante la época de los reyes buenos de Judá. Desde el punto de vista histórico, 2 Crónicas repasa la historia de Judá y hace una evaluación de cada uno de sus reyes a la luz del ideal establecido por el rey David. Un amante de la historia disfrutará de las numerosas menciones de figuras históricas seculares durante este período de tiempo. Desde Tilgat-pilneser y Senaquerib de Asiria hasta Nabucodonosor de Babilonia, los líderes extranjeros no judíos desempeñaron un papel destacado en el destino de Judá.

¿Cómo lo estudiamos?

1) El carácter de Salomón. La sabiduría es recompensada por Dios. Cap. 1
2) El templo de Salomón. La casa del Señor como muestra de su grandeza. Caps. 2-7
3) El esplendor del reino de Salomón. Hasta dónde puede bendecir el Señor a un siervo fiel. Caps. 8-9
4) Los reyes buenos de Judá posteriores a Salomón. Los líderes comienzan una reforma espiritual. Historias de los reyes buenos de Judá y la razón para su éxito: Asa (caps. 14-16), Abías (cap. 13), Josafat (caps. 17-20), Joás (cap. 24), Amasías (cap. 25), Uzías (cap. 26), Jotán (cap. 27), Ezequías (caps. 29-32) y Josías (34-35).
5) Los reyes malvados de Judá posteriores a Salomón. Cuando los líderes no siguen a Dios llevan al fracaso a todos. Historias de los reyes malos de Judá y por qué Dios los consideraba malos: Roboán (Cap. 12), Jorán (cap. 21), Ocozías (cap. 22), Acaz (cap. 28), Manasés (33:1-20), Amón (33:21-25), Joacaz, Joacim, Joaquín y Sedequías (cap. 36).

2 CRÓNICAS

2 Crónicas

Salomón pide sabiduría

1 Salomón, hijo de David, llegó a ser un rey muy poderoso, porque contaba con la ayuda del Señor su Dios.

2,3Salomón reunió en Gabaón a todos los oficiales del ejército, a los funcionarios del gobierno, a los jueces y a los jefes de las familias patriarcales de Israel. Los guió hacia la parte alta del cerro, donde estaba el antiguo santuario construido por Moisés, siervo del Señor, mientras el pueblo andaba por el desierto. 4(Había otro santuario en Jerusalén, que David hizo construir para colocar allí el cofre de Dios, cuando lo trasladó desde Quiriat Yearín.) 5,6El altar de bronce que había hecho Bezalel hijo de Uri, y nieto de Jur, todavía se mantenía en pie frente al antiguo santuario del Señor. Por eso, Salomón y todos sus invitados se reunieron delante de él y ofrecieron al Señor mil ofrendas quemadas.

7Aquella noche Dios se presentó a Salomón y le dijo:

—¡Pídeme cualquier cosa, y te la daré!

8Salomón contestó:

—¡Señor, tú fuiste bondadoso y bueno con mi padre David, y ahora me has dado el reino! 9Sólo una cosa puedo pedir, ya que has cumplido la promesa hecha a David mi padre y me has hecho rey sobre una nación tan numerosa como el polvo de la tierra. 10Te suplico que me des sabiduría e inteligencia para gobernar correctamente, porque ¿quién sería capaz de gobernar por sí mismo a una nación tan grande como este pueblo tuyo?

11Dios le respondió:

—Por cuanto tu más grande anhelo es ayudar a tu pueblo, y no has pedido riqueza personal ni honores, ni me has pedido que maldiga a tus enemigos, ni has solicitado una larga vida, sino que has pedido sabiduría y conocimiento para guiar a mi pueblo en forma adecuada, 12¡te doy la sabiduría y el conocimiento que has pedido! ¡Y también te daré riquezas, bienes y honores como ningún rey antes de ti los ha tenido! ¡Jamás habrá otro rey tan grande en todo el mundo!

13Salomón, entonces, salió del santuario que estaba en Gabaón, bajó del cerro, y regresó a Jerusalén para gobernar a Israel.

14Salomón acrecentó el número de sus caballos y de sus carros de combate. Fue así como llegó a tener mil cuatrocientos carros y reclutó doce mil jinetes, los cuales mantenía en los lugares de acuartelamiento y en Jerusalén, cerca de él. 15¡Durante el reinado de Salomón, la plata y el oro eran tan abundantes en Jerusalén como las piedras en los caminos! ¡Y la costosa madera de cedro se utilizaba como cualquier sicómoro común! 16Los comerciantes de la corte compraban en Egipto y Cilicia los caballos para el rey Salomón. 17En esa época, un carro de combate traído de Egipto costaba seiscientas monedas de plata, y un caballo costaba ciento cincuenta monedas de plata. Muchos eran luego vendidos a los reyes de los hititas y de los sirios.

Preparativos para la construcción del templo

2 Salomón decidió construir un templo para el Señor, y su propio palacio real.

2Para esto se necesitaba un personal de setenta mil obreros, ochenta mil obreros que cortaran piedras en las montañas, y tres mil seiscientos capataces. 3Salomón envió un mensaje a Hiram, rey de Tiro, en el que le decía:

«Envíame, por favor, embarques de madera de cedro, similares a los que le enviaste a mi padre David, cuando construyó su palacio. 4Estoy a punto de iniciar la construcción de un templo para el Señor mi Dios. Será un templo en el cual se quemará el incienso y especias aromáticas para el Señor, donde se colocará el pan especial del sacrificio, y donde el pueblo podrá ofrecer sus ofrendas quemadas todos los días en la mañana y en la tarde, y en los días de reposo, y en la celebración de la luna nueva, y otras fiestas dedicadas al Señor nuestro Dios. Porque Dios quiere que Israel celebre siempre estas ocasiones especiales.

5»Va a ser un templo de grandes dimensiones, porque nuestro Dios es un Dios grande; tan grande como no hay otro. 6Sin embargo, ¿quién podrá alguna vez edificarle un templo tan grande, si ni los más altos cielos poseen suficiente grandeza para contenerlo? Y, ¿quién soy yo para que se me permita edificar un templo para Dios? Pero va a ser un lugar para adorarlo.

7»Envíame, pues, un experto en trabajos de oro, plata, hierro y bronce; que también sea experto en el arte de tejer la púrpura, la tela carmesí y el género azul; y que sea también perito grabador para trabajar junto a los artesanos de Judá y de Jerusalén, que fueron designados por mi padre David.

8»Mándame, además, madera de cedro, ciprés y sándalo de los bosques del Líbano, por cuanto tus hombres son los mejores que hay para cortar estos árboles. Yo te enviaré trabajadores para que les ayuden. 9Se va a necesitar una inmensa cantidad de madera, porque el templo que voy a edificar será de grandes proporciones e increíblemente hermoso. 10En cuanto al salario, mi propósito es pagar a tus hombres con veinte mil cargas de trigo, veinte mil cargas de cebada, veinte mil medidas de vino, y veinte mil medidas de aceite de oliva».

11El rey Hiram le contestó al rey Salomón: «¡Es porque el Señor ama a su pueblo, que te ha elegido como su rey! 12Bendito sea el Señor, Dios de Israel, que hizo los cielos y la tierra, y que ha dado a David un hijo tan sabio, inteligente y entendido para edificar el templo del Señor y un palacio real.

13»¡He procedido, pues, a enviarte nada menos que a Hiram Abí, mi famoso maestro en artesanía! Es un hombre brillante, 14hijo de una mujer de la tribu de Dan, y de un hombre de Tiro. Es experto artífice en oro, en trabajos en plata, y también hace trabajo fino con bronce y hierro, y sabe todo lo relativo al trabajo en piedra y en madera. Trabaja, además, muy bien la púrpura, el lino y la escarlata. ¡Es grabador, y además es inventor! Va a trabajar con tus expertos en artesanía y con los que fueron designados por mi señor David, tu padre.

15»Por consiguiente, envíame el trigo, la cebada, el aceite de oliva y el vino que mencionas, 16y comenzaremos a cortar la madera de las montañas del Líbano, en la cantidad que necesitas, y a llevártela por mar, en balsas, hasta Jope, y desde allí tú te encargarás de conducirla hasta Jerusalén».

17Salomón procedió a tomar el censo de los extranjeros existentes en el país (tal como su padre David lo había hecho). Según este censo, había ciento cincuenta y tres mil seiscientos extranjeros en Israel. 18De ellos asignó setenta mil como cargadores, a ochenta mil los envió a las montañas a cortar piedras, y a tres mil seiscientos los puso como capataces.

Construcción del templo

3 Por fin se inició la construcción del templo del Señor. Su ubicación fue en Jerusalén, en la parte alta del monte Moria, donde el Señor se le apareció al rey David, padre de Salomón, es decir, en el terreno de Ornán el jebuseo. Ése fue el lugar que David escogió. 2La construcción propiamente dicha comenzó el día dos del mes segundo del año cuarto del reinado de Salomón.

3Los cimientos eran de veintisiete metros de largo por nueve de ancho. 4Un pórtico de entrada, con techo, se extendía a lo largo de los nueve metros de largo, y nueve metros de alto. ¡Todo el interior del pórtico estaba recubierto de oro puro!

5La parte principal estaba recubierta de madera de ciprés, sobre la cual colocó figuras de palmeras y cadenas de oro puro. 6Además, las murallas tenían incrustaciones de piedras preciosas; el oro era de la más alta calidad, traído de Parvayin. 7Todas las paredes, vigas, puertas y umbrales en todo el templo fueron enchapados con oro, con querubines tallados en las paredes.

8Dentro del templo, a un extremo, hizo el aposento más sagrado, es decir, el Lugar Santísimo, cuya dimensión era de nueve metros de largo, por nueve de ancho. Lo recubrió completamente por dentro con veintitrés toneladas de oro puro. 9Se usaron clavos de oro, y cada clavo pesaba medio kilo. Los aposentos altos también fueron enchapados en oro.

10Dentro del recinto más sagrado, el Lugar Santísimo, Salomón hizo colocar dos esculturas de querubines enchapadas en oro, 11-13las cuales estaban de pie sobre el piso, dando frente al recinto exterior, con las alas extendidas en tal forma que la punta del ala de uno tocaba la punta del ala del otro a través de la sala, de pared a pared. Las alas de estos querubines, extendidas, medían nueve metros. 14De un lado a otro de la entrada a esta sala colocó una cortina de lino fino, azul, púrpura y carmesí, decorada con querubines.

15En la fachada del templo había dos columnas de dieciséis metros de altura, rematadas por un capitel de dos metros veinticinco centímetros de alto. 16Hizo confeccionar cadenas que se colocaron en el remate alto de las columnas, con cien granadas adheridas a las cadenas. 17Posteriormente puso las columnas en la fachada del templo, una a la derecha y otra a la izquierda, y a cada una le dio un nombre: Jaquín (a la columna de la derecha), y Boaz (a la de la izquierda).

Mobiliario del templo

4 Salomón también hizo un altar de bronce de nueve metros de largo, por nueve de ancho y cuatro metros y medio de alto. 2Hizo luego un enorme tanque redondo de hierro fundido, que medía cuatro metros y medio de diámetro. Desde el suelo hasta su orilla, la fuente medía dos metros veinticinco centímetros. Su circunferencia era de trece metros y medio. 3Descansaba sobre dos hileras de bueyes de metal, separados por una distancia de cuatro o cinco centímetros. El estanque y los bueyes fueron moldeados y fundidos de una sola pieza. 4Los bueyes eran doce, dispuestos cola a cola, tres de frente al norte, tres al poniente, tres al sur y tres al oriente. 5Las paredes del tanque eran de unos ocho centímetros de espesor, y sus bordes eran como el cáliz de un lirio. Tenía una capacidad de sesenta y seis mil litros de agua.

6Construyó también diez fuentes para lavar las ofrendas, cinco a la derecha del estanque grande y cinco a la izquierda. Para lavarse ellos mismos, los sacerdotes utilizaban el estanque y no las fuentes.

7Cumpliendo minuciosamente las instrucciones de Dios, hizo diez candelabros de oro, y los colocó en el templo, cinco contra la pared de la derecha y cinco contra la de la izquierda.

[8]Construyó, asimismo, diez mesas, y colocó cinco junto al muro de la derecha y cinco junto al de la izquierda, y moldeó cien tazones de oro sólido. [9]Construyó luego un atrio para los sacerdotes, y también un atrio para el público, y las puertas de estos atrios estaban revestidas de bronce. [10]La gran fuente estaba en la esquina derecha, que da hacia el sureste. [11]Hiram Abí hizo también las ollas, palas y palanganas necesarias para los sacrificios.

De esta manera dio por terminado el trabajo que le había señalado el rey Salomón:

[12-16]La construcción de las dos columnas;

los dos capiteles sobresalientes en la parte alta de las columnas;

los dos juegos de cadenas sobre los capiteles;

las cuatrocientas granadas que colgaban de los dos juegos de cadenas que estaban sobre los capiteles;

los cimientos para las fuentes, y las fuentes mismas;

la gran fuente y los doce bueyes sobre los cuales descansaba;

los calderos, las tenazas, y los tenedores.

Todos estos utensilios para el templo del Señor, los hizo Hiram Abí de bronce pulido, tal como el rey Salomón le encomendó. [17,18]El rey mandó fundirlos en moldes de arcilla en el valle del Jordán, entre Sucot y Saretán. Era tan grande la cantidad de bronce que se utilizó, que no se pudo determinar su peso.

[19]Salomón también mandó a hacer todos los demás utensilios que se usarían en el templo de Dios. De oro puro se hicieron: el altar, la mesa para los panes de la Presencia, [20]los candelabros con sus lámparas, para encenderlas en frente del Lugar Santísimo, tal como está estipulado; [21]las figuras de flores, las lámparas y las tenazas, igualmente de oro puro; [22]las despabiladeras, los aspersorios, las cucharas, los incensarios; la entrada del templo, la puerta principal y las puertas interiores que conducen al Lugar Santísimo y la puerta de la entrada principal del templo. Todo esto fue hecho de oro puro.

5 Una vez terminada la construcción del templo del Señor, Salomón trajo los obsequios dedicados al Señor por su padre, el rey David, y los guardaron en la tesorería del templo de Dios.

El cofre del pacto

[2]Salomón procedió a reunir en Jerusalén a todos los dirigentes de Israel, jefes de tribus y clanes, para la ceremonia del traslado del cofre desde el santuario que está en la ciudad de David, conocida también como Sión. [3]Esta ceremonia tuvo lugar en el mes séptimo, que es la fecha en que se celebra la fiesta de los Tabernáculos. [4,5]Mientras los dirigentes de Israel miraban, los levitas levantaron el cofre y lo sacaron del santuario, junto con los demás utensilios sagrados. [6]¡El rey Salomón y la congregación sacrificaron ovejas y bueyes delante del cofre en tanta cantidad que nadie logró llevar la cuenta!

[7]Los sacerdotes llevaron el cofre a la sala interior del templo, que es el Lugar Santísimo, y lo colocaron bajo las alas de los querubines. [8]Los querubines con sus alas extendidas cubrían el cofre y las varas que se usaban para transportarlo. [9]Esas varas eran tan largas que sus extremos se podían ver desde el Lugar Santísimo, aunque no desde afuera. El cofre estaba todavía allí en el momento de escribirse esto. [10]En el cofre sólo estaban las dos tablas de piedra que Moisés había puesto en ella, cuando estaban en el monte Horeb, donde el Señor hizo un pacto con los israelitas, después de que salieron de Egipto. [11,12]Todos los sacerdotes allí presentes, sin importar su rango o grupo, participaron en el rito de purificación. Por su parte, los levitas cantores, es decir, Asaf, Hemán, Jedutún, junto con sus hijos y parientes, estaban de pie en el lado oriental del altar, vestidos con túnicas de lino fino, y portando címbalos, arpas y liras. Junto a ellos había ciento veinte sacerdotes que tocaban la trompeta. Cuando los sacerdotes salieron del Lugar Santo, [13,14]los trompetistas y los cantores comenzaron a alabar y a dar gracias al Señor, acompañados de trompetas, címbalos y demás instrumentos musicales. Y cuando entonaron a una voz el coro: «Den gracias al Señor, porque él es bueno, y su amor y su bondad son para siempre», una nube cubrió el templo del Señor. Debido a esta nube, los sacerdotes no pudieron continuar la ceremonia.

6 Entonces Salomón exclamó:

«Señor, tú dijiste que vivirías en una nube oscura; [2]¡pero yo he hecho un templo para ti, Señor, para que vivas en él para siempre!»

[3]Luego el rey volvió el rostro hacia la congregación, que permanecía de pie para recibir su bendición. El rey dijo:

[4]«Bendito sea el Señor, Dios de Israel, que le habló a mi padre David, y que acaba de cumplir la promesa que le hizo al decir: [5,6]"Desde que traje a mi pueblo desde la tierra de Egipto, nunca había escogido una ciudad en Israel para la ubicación de un templo en el cual estuviera mi nombre; y nunca antes había elegido un guía para mi pueblo Israel. Pero ahora he escogido a Jerusalén para residir en ella, y a David como rey".

5.13–14

7»Mi padre David deseaba construir un templo
para el Señor, Dios de Israel, 8pero el Señor le
dijo: "Tu deseo de construirme una casa para
honrarme es bueno, 9pero no serás tú quien me
la construya. Será uno de tus hijos el que me
edifique una casa para honrar mi nombre".

10»Y el Señor ha cumplido lo que había prometido, porque he llegado a ser rey como sucesor de
mi padre, y he podido construir el templo para el
Señor Dios de Israel, 11y en su interior he colocado
el cofre. Y en el cofre se encuentra el pacto entre
el Señor y el pueblo de Israel».

Oración de Salomón

12,13Mientras hablaba, Salomón estaba de pie
delante del pueblo sobre una plataforma en el
centro del atrio exterior, frente al altar del Señor.
La plataforma estaba hecha de bronce, y era de
dos metros con veinte centímetros por cada lado,
y un metro con treinta centímetros de alto. Luego, mientras la gente lo observaba, Salomón se
arrodilló, levantó los brazos hacia el cielo, y elevó
esta oración:

14«Señor, Dios de Israel, no hay Dios como tú en
todo el cielo y la tierra. Tú cumples tus bondadosas promesas a todos los que te obedecen y están
dispuestos a hacer tu voluntad. 15Tú has cumplido
la promesa que hiciste a mi padre David, y aquí
tenemos la evidencia de su cumplimiento.

16»Ahora, Dios de Israel, cumple también la
otra promesa que le hiciste a mi padre, cuando le
dijiste: "Si tus descendientes obedecen mis leyes,
como tú lo has hecho, te prometo que siempre
habrá un descendiente tuyo que ocupe el trono
de Israel". 17Señor, Dios de Israel, te ruego que
cumplas también esta promesa.

18»Pero, ¿vivirá realmente Dios en la tierra con
los hombres? Si aun el cielo, y el cielo de los
cielos no pueden contener tu grandeza, ¡cuánto
menos este templo que yo he construido! 19¡Acepta mis oraciones y súplicas, Señor, mi Dios! ¡Escucha la oración que hoy dirijo a ti! 20,21Mira
favorablemente este templo día y noche, este
lugar sagrado donde dijiste que pondrías tu nombre. Te ruego que oigas y contestes las oraciones
que siempre elevaré a ti al estar frente a este
lugar. Escucha mis oraciones y las de tu pueblo,
Israel, siempre que oremos vueltos hacia este
lugar de tu morada; sí, óyenos desde el cielo, y
cuando escuches, danos el perdón.

22»Cuando alguien cometa un delito contra su
prójimo, y se le pida que jure su inocencia delante de este altar, 23te pedimos que oigas desde el
cielo y lo castigues en caso de que esté mintiendo,
y que de lo contrario, lo declares inocente.

24»Si tu pueblo Israel es derrotado por sus enemigos, por haber pecado contra ti, y se vuelven a
ti, y proclaman que son pueblo tuyo, y oran en
este templo, 25escúchalos desde el cielo y perdó-
nales sus pecados y devuélveles esta tierra que
diste a sus padres.

26»Cuando los cielos se cierren y no haya lluvia debido a nuestros pecados, si luego oramos
hacia este lugar, confesándote nuestros pecados
y pidiéndote perdón por ellos, 27por favor, escú-
chanos desde el cielo y perdona los pecados de
tus siervos y de tu pueblo, y enséñales lo recto, y
envía lluvias sobre esta tierra que has dado a tu
pueblo como de su exclusiva propiedad.

28»Si hay hambre en la tierra, o epidemias,
o plagas que afecten los productos agrícolas, o
invasiones de langostas o de gusanos, o si los
enemigos de tu pueblo están en la tierra ase-
diando nuestras ciudades, cualesquiera que sean
las dificultades, 29escucha la oración que cada
israelita, en medio de su dolor, te haga reconociendo su pecado, y extendiendo sus manos hacia
este templo. 30Oye desde el cielo donde tú vives,
y perdona, y da a cada uno lo que realmente
merece, porque sólo tú conoces los pensamientos
del ser humano. 31Así todos te adorarán y servirán,
y estarán dispuestos a vivir según tu voluntad
todos los días que habiten en la tierra que les
diste a nuestros antepasados.

32»Y cuando haya extranjeros que al oír hablar
de tu poder, vengan desde tierras distantes a adorar tu grandioso nombre, y a orar en este templo,
33óyelos desde el cielo donde tú vives, y concé-
deles lo que te pidan. Así todos los pueblos de la
tierra se enterarán de tu fama y te reverenciarán
como lo hace tu pueblo Israel; y sabrán que este
templo lo he construido para honrar tu nombre.

34»Si tu pueblo sale bajo tu mando a pelear
contra sus enemigos, y oran en dirección de esta
ciudad de Jerusalén que tú has elegido, y de este
templo que hemos construido a tu nombre, 35oye
sus oraciones desde el cielo y dales la victoria.

36»Y si ellos pecan contra ti (porque, ¿quién
es aquel que nunca ha pecado?), y te enojas con
ellos, y dejas que sus enemigos los derroten y
se los lleven de aquí cautivos a alguna nación
extranjera, cercana o lejana, 37,38si en el destierro
se vuelven a ti otra vez, y si en su corazón se tor-
nan hacia esta tierra que tú diste a sus padres, y a
esta ciudad y al templo que yo te he construido, y
te suplican con todo su corazón que los perdones,
39óyelos desde el cielo donde vives y ayúdalos, y
perdona a tu pueblo que ha pecado contra ti.

40»Dios mío, te pido que estés vigilante y atento
a todas las oraciones dirigidas a ti en este lugar.
41Y ahora, Señor Dios, levántate y entra en este
lugar de descanso que es tuyo, donde ha sido
colocado el cofre de tu poder. Haz que tus sacerdotes, Señor Dios, sean revestidos de salvación, y
haz que tus santos se regocijen en tus bondadosas
proezas. 42Señor Dios, no te desentiendas de mí;

no apartes tu rostro de mí, que soy tu ungido. SEÑOR, recuerda tu amor por David y tu benevolencia hacia él».

Dedicación del templo

7 Cuando Salomón terminó de orar, cayeron del cielo ráfagas de fuego y consumieron el holocausto y los sacrificios. 2Y la gloria del SEÑOR llenó el templo del SEÑOR de tal manera que los sacerdotes no podían entrar. 3Cuando los israelitas vieron que el fuego caía y que la gloria del SEÑOR llenaba su templo, se arrodillaron hasta tocar el piso con la frente y adoraron al SEÑOR, diciendo: «¡El SEÑOR es bueno, y su amor y bondad son para siempre!»

4,5El rey y todo el pueblo procedieron a consagrar el templo mediante el sacrificio de veintidós mil bueyes y ciento veinte mil ovejas, que fueron entregados por el rey Salomón. 6Los sacerdotes estaban de pie en sus lugares de desempeño de sus deberes, y los levitas tocaban su cántico de acción de gracias: «Su amor y su bondad son para siempre», con los instrumentos musicales que el rey David mismo había hecho y había utilizado para alabar al SEÑOR. Cuando los sacerdotes tocaron las trompetas, el pueblo se puso de pie otra vez. 7Salomón consagró también el atrio interior del templo, para que en esta ocasión se usara como lugar de sacrificio, porque en el altar de bronce no cabían tantos animales sacrificados.

8Durante los siete días siguientes celebraron la fiesta de los Tabernáculos, y multitudes vinieron de todas partes de Israel, desde los que vivían en Lebó Jamat hasta los que vivían en las cercanías del río Nilo, en Egipto. 9El octavo día se llevó a efecto una solemne asamblea, pues habían celebrado la consagración del altar durante siete días, y la fiesta de los Tabernáculos durante otros siete días. 10El día veintitrés del mes séptimo, el rey despidió a toda la gente. Así que todos regresaron a sus pueblos y a sus casas, muy alegres por lo bueno que el SEÑOR había sido con David, con Salomón y con su pueblo Israel.

Pacto de Dios con Salomón

11De esta manera dio término Salomón a la construcción del templo del SEÑOR, así como a la de su propio palacio. Y logró realizar todo lo que se había propuesto hacer. 12Una noche el SEÑOR se presentó a Salomón y le dijo:

«He oído tus oraciones, y he escogido este templo como el lugar en que quiero que se me ofrezcan los sacrificios. 13Si yo cierro los cielos, de modo que no haya lluvia, o si dispongo que una plaga de langostas devore las cosechas, o si les mando una epidemia, 14si mi pueblo se humilla, y ora, y busca mi rostro, y se arrepiente de sus caminos malvados, los oiré desde el cielo y perdonaré sus pecados y restauraré el país. 15Estaré atento a toda oración hecha en este lugar. 16Por cuanto he escogido este templo y lo he santificado para habitar en él para siempre; mis ojos y mi corazón estarán siempre aquí.

17»En lo que se refiere a ti, si me sigues como lo hizo tu padre David, 18haré que tú y tus descendientes reinen siempre en Israel, tal como se lo prometí a David.

19»Pero si no me siguen, si rechazan las leyes que les he dado, y adoran ídolos, 20los echaré de esta tierra que les he dado, y este templo será destruido, aun cuando lo he santificado para mí; lo transformaré en horror y desgracia. 21Aunque sea un templo famoso, llegará el día en que todo aquel que pase por aquí exclamará atónito: "¿Por qué el SEÑOR habrá hecho algo tan terrible a esta tierra y a este templo?" 22Y la respuesta será: "Porque su pueblo abandonó al SEÑOR, Dios de sus padres, el Dios que los sacó de la tierra de Egipto, y en su lugar adoraron a otros dioses. Ese es el motivo por el cual Dios ha procedido de esta manera"».

Otras actividades de Salomón

8 Veinte años tardó Salomón en construir el templo de Dios y el palacio real. 2Al cabo de ese tiempo, Salomón decidió ocuparse de la reconstrucción de las ciudades que Hiram, rey de Tiro, le había dado, y llevó a israelitas a vivir en ellas. 3También en esta época Salomón peleó contra la ciudad de Jamat de Sobá y la conquistó. 4Reconstruyó Tadmor, en el desierto, y todas las ciudades cercanas a Jamat, las cuales usaba como centros de abastecimiento. 5Fortificó las ciudades de Bet Jorón la de arriba, y Bet Jorón la de abajo, levantó sus murallas y les puso portones y barras. 6Construyó también Balat y otros centros de aprovisionamiento, y levantó ciudades para guardar sus carros de combate y caballos. En fin, construyó cuanto quiso construir en Jerusalén, en el Líbano y en todos sus dominios.

7,8Inició la práctica, que aún continúa, de tomar esclavos de entre los hititas, amorreos, ferezeos, heveos y jebuseos, descendientes de las naciones que los israelitas no habían podido exterminar por completo. 9A los ciudadanos israelitas no los sometía a esclavitud, sino que los empleaba como soldados, oficiales y encargados de los carros de combate y de los caballos. 10Además, Salomón nombró a doscientos cincuenta hombres como capataces, para que dirigieran al pueblo en sus trabajos.

11Salomón cambió la residencia de su esposa (que era hija del faraón) del sector de Jerusalén denominado ciudad de David al nuevo palacio que construyó para ella. Porque se dijo: «Ella no debe vivir en el palacio del rey David, porque el cofre del Señor estuvo allí, y por lo tanto, es terreno sagrado».

12Salomón sacrificó animales y los quemó, en honor al Señor, en el altar que había erigido frente a la entrada del templo. 13El número de sacrificios era diferente de un día a otro, de acuerdo con las instrucciones que Moisés había dado; había sacrificios extraordinarios en los sábados, en las lunas nuevas, y en las tres fiestas anuales, que son: la fiesta de los Panes sin levadura, la fiesta de las Semanas, y la fiesta de los Tabernáculos. 14En la designación de los sacerdotes que habían de ocupar los diferentes turnos de su oficio, se ciñó al plan trazado por su padre David; también hizo el nombramiento de levitas para sus funciones de alabanza y como ayudantes de los sacerdotes en los trabajos de cada día. Asimismo, nombró a los porteros de las diferentes puertas. 15Salomón no se desvió en ningún sentido de las instrucciones de David, en cuanto a dichos nombramientos y con el personal de tesorería. 16Toda la obra de Salomón se llevó a feliz término, desde el día que se echaron los cimientos del templo, hasta su terminación. De modo que el templo del Señor quedó completamente terminado.

17,18Entonces Salomón se fue a Ezión Guéber y a Elat, que son puertos de la costa ubicados en Edom, a tomar posesión de una flota de barcos que le regaló el rey Hiram. Con la experimentada tripulación de Hiram trabajando junto a las cuadrillas de Salomón, estos barcos fueron a Ofir y regresaron con unos quince mil kilos de oro.

La reina de Sabá visita a Salomón

9 Cuando la reina de Sabá oyó hablar de la legendaria sabiduría de Salomón, vino a Jerusalén para someterlo a prueba con preguntas difíciles. La acompañaba un séquito numeroso de ayudantes y sirvientes, y camellos cargados de especias, oro y piedras preciosas. 2Salomón respondió a todas sus preguntas; no hubo nada que no conociera y que no pudiera explicar. 3Al darse cuenta de la sabiduría del rey Salomón, de la belleza del palacio que edificó 4y de lo maravilloso de la comida en sus mesas, y de la cantidad de ayudantes y sirvientes que tenía, y de sus uniformes espectaculares y de los oficiales vestidos con sus mejores galas, y vio el porte de los hombres de la guardia de turno, se quedó asombrada. 5Y exclamó delante del rey: «¡Todo cuanto oí decir de ti en mi país es verdad! 6Pero no lo creí, sino hasta que vine y lo vi con mis propios ojos. Tu sabiduría es mucho mayor de lo que pude imaginar. ¡Lo que me contaron no es ni la mitad de lo que en realidad es! 7¡Qué gran privilegio tienen estos hombres de trabajar aquí y oírte hablar! 8¡Bendito sea el Señor tu Dios! ¡Cuánto amor sentirá Dios por Israel, que le ha dado un rey justo como tú! Él quiere que su pueblo sea una nación grande y fuerte para siempre».

9La reina de Sabá entregó al rey un obsequio de tres mil novecientos sesenta kilos de oro, y grandes cantidades de especias de incomparable calidad, e incontables joyas.

10Las cuadrillas de trabajadores del rey Hiram y del rey Salomón traían oro de Ofir, madera de sándalo y piedras preciosas. 11El rey utilizó la madera de sándalo en la construcción de gradas para el templo del Señor y el palacio real, y para fabricar arpas y liras destinadas al coro. Nunca antes hubo tan magníficos instrumentos en toda la tierra de Judá.

12El rey Salomón hizo entrega a la reina de Sabá de obsequios equivalentes al valor de los que ella le había traído, y todo lo que ella pidió le fue concedido. Luego ella y su comitiva regresaron a su tierra.

El esplendor de Salomón

13Salomón recibía unos veintidós mil kilos de oro cada año, 14sin contar los impuestos que le pagaban los comerciantes, y el oro y la plata que le llevaban los reyes de Arabia y los gobernantes del país.

15Una parte del oro la usó en la confección de doscientos escudos grandes, de seis kilos y medio de oro cada uno, 16y trescientos escudos pequeños, de tres kilos de oro cada uno. El rey colocó este material en el palacio conocido como «Bosque del Líbano».

17Se hizo también un gran trono de marfil, revestido de oro puro. 18Tenía seis gradas, un estrado de oro y dos brazos. A cada lado de los brazos del asiento había un león de pie, 19y en cada grada había doce leones, uno a cada lado. ¡Ningún otro trono en todo el mundo podía compararse con éste! 20Las tazas y toda la vajilla del rey Salomón eran de oro sólido, como asimismo todo el mobiliario del palacio «Bosque del Líbano». En cuanto a la plata, ésta no era de mucha estima en aquellos días. 21Cada tres años el rey enviaba sus barcos a Tarsis, usando como tripulación a marineros proporcionados por el rey Hiram, para traer oro, plata, marfil, monos y pavos reales.

22El rey Salomón era más rico y más sabio que cualquier otro rey en toda la tierra. 23De todos los reyes de la tierra venían a visitarlo, para oír la sabiduría que Dios había puesto en su corazón. 24Cada uno de ellos le traía todos los años, como obsequio, tazones de plata y tazones de oro, vestidos, armas, especias aromáticas, caballos y mulas.

25Además, tenía Salomón cuatro mil caballerizas para sus caballos y carros de combate, y

doce mil jinetes que vivían en las ciudades donde
estaban los carros, y en Jerusalén. 26Dominaba a
todos los reyes y reinos, desde el río Éufrates hasta
la tierra de los filisteos y la frontera con Egipto.
27Logró hacer que la plata fuera tan abundante en
Jerusalén como las piedras del camino. Y el cedro
se utilizaba como si fuera sicómoro ordinario.
28Y le traían caballos desde Egipto y otros países.

Muerte de Salomón

29El resto de la biografía de Salomón está escrito en la historia del profeta Natán, en la profecía
de Ahías el silonita, y en las visiones del vidente
Idó con respecto a Jeroboán hijo de Nabat.
30Salomón reinó, pues, sobre todo el pueblo
de Israel durante cuarenta años. 31Luego falleció
y fue sepultado en Jerusalén, en la ciudad de
David, junto a su padre; y su hijo Roboán pasó
a ser el nuevo rey.

División del reino

10 Todo el pueblo de Israel se reunió en
Siquén, para proclamar como nuevo rey
a Roboán. 2,3Mientras tanto, los amigos de Jeroboán hijo de Nabat, le habían enviado noticias de
la muerte de Salomón. Jeroboán se encontraba en
Egipto, a donde había huido para escapar del rey
Salomón. Regresó, pues, rápidamente y se hizo
presente en los actos de la coronación, y, junto
con los jefes de las tribus del norte, dio a conocer
a Roboán las demandas del pueblo:
4—Su padre fue un amo severo —le expresaron—. ¡Por favor, trátenos mejor, y seremos
sus súbditos!
5Roboán les dijo:
—Regresen a sus casas, y vuelvan dentro de
tres días, y les daré la respuesta.
Cuando la gente se fue, 6Roboán consultó con
los ancianos que antes habían sido consejeros de
su padre Salomón.
—¿Qué respuesta les daré? —les preguntó.
7—Si usted quiere ser el rey —le contestaron—, tendrá que darles una respuesta favorable
y tratarlos bondadosamente. Si hace esto, tenga
la seguridad de que ese pueblo estará siempre
bajo su dirección.
8,9Pero él rechazó el consejo de los ancianos,
y pidió la opinión de los jóvenes que se habían
criado junto a él.
—Amigos míos —les dijo—, ¿qué piensan
que debo hacer? ¿Debo ser más complaciente con
ellos de lo que fue mi padre?
10—¡No! —le contestaron—. Diles: «Si creen
que mi padre era severo, ¡ya verán cómo soy yo!
¡Mi dedo meñique es más grueso que la cintura
de mi padre! 11¡No seré nada complaciente, sino al
contrario, seré mucho más duro con ustedes! ¡Si
mi padre los castigaba con azotes, yo los castigaré
con alacranes!»
12Cuando Jeroboán y toda la gente regresaron
al tercer día para oír la decisión de Roboán, 13éste
les habló duramente, pues había rechazado el
consejo de los ancianos, 14y había preferido el de
los jóvenes. Les habló en los siguientes términos:
—¡Si mi padre estableció pesados impuestos, yo les pondré otros aún más pesados! ¡Si
mi padre los azotó con látigos, yo los azotaré
con alacranes!
15Así el rey rechazó las demandas del pueblo.
(Dios lo hizo reaccionar de esa manera a fin
de que se cumpliera lo que le había dicho a
Jeroboán por intermedio de Ahías el silonita).
16Cuando el pueblo oyó aquello, exclamó airado:
—¡Olvidémonos de David y de su dinastía!
¡Nos buscaremos otro rey! ¡Que Roboán gobierne
a su propia tribu de Judá! ¡Regresemos a nuestras
casas!— Y así lo hicieron.
17Sin embargo, los israelitas que vivían en las
ciudades de Judá permanecieron fieles a Roboán.
18Cuando el rey Roboán envió a Adonirán a
reclutar gente para el trabajo forzado de las otras
tribus de Israel, la gente lo apedreó hasta matarlo. Cuando estas noticias llegaron al rey Roboán,
saltó a su carro y huyó a Jerusalén. 19Desde entonces el pueblo de Israel ha rehusado ser gobernado
por un descendiente de David.

11 Tan pronto como Roboán llegó a Jerusalén, reunió un ejército de las tribus de
Judá y Benjamín, ciento ochenta mil soldados
escogidos, y declaró la guerra contra el resto de
Israel, en un esfuerzo por volver a unir el reino.
2Pero el Señor habló con Semaías, varón de Dios,
y le dio este mensaje: 3«Quiero que vayas y digas
al rey Roboán hijo de Salomón, rey de Judá, y a la
gente de Judá y de Benjamín, 4que este es el mensaje que yo, el Señor, les doy: "No peleen contra
sus hermanos. Vuélvanse a su tierra, por cuanto
ellos se han rebelado por disposición mía"».
Por tanto, obedecieron al Señor, y no fueron
a pelear contra Jeroboán.

Roboán fortifica las ciudades de Judá

5-10Roboán se quedó en Jerusalén y fortificó las
siguientes ciudades de Judá y de Benjamín con
murallas y portones:
Belén, Etam, Tecoa, Betsur, Soco,
Adulán, Gat, Maresá, Zif, Adorayin,
Laquis, Azeca, Zora, Ayalón y Hebrón.
11También reconstruyó y reforzó los fuertes y
estableció guarnición con tropas de soldados bajo
el mando de sus oficiales; y allí almacenó alimentos, aceite de oliva y vino. 12Se establecieron
arsenales en cada ciudad para mantener exis-

tencias de escudos y lanzas, como otra medida de seguridad; porque solamente los israelitas de Judá y de Benjamín permanecían leales al rey.

Los sacerdotes y los levitas apoyan a Roboán

13,14Sin embargo, los sacerdotes y levitas de las otras tribus procedieron a abandonar sus hogares y se trasladaron a Judá y a Jerusalén, porque el rey Jeroboán los había despedido y prohibido ejercer el sacerdocio del SEÑOR. 15En lugar de ellos había designado a otros sacerdotes, quienes incitaron a la gente a adorar ídolos y no a Dios, a presentar sacrificios a los ídolos de chivos y becerros que Jeroboán hizo colocar en los cerros. 16También el verdadero pueblo de Dios, de todas partes de Israel, comenzó a trasladarse a Jerusalén, pues allí podían adorar libremente al SEÑOR, Dios de sus padres, y ofrecerle sacrificios. 17Esto fortaleció tanto al reino de Judá, que el rey Roboán pudo subsistir por tres años sin dificultad; porque en aquellos años se hizo un sincero esfuerzo por obedecer al SEÑOR, tal como lo habían hecho el rey David y el rey Salomón.

Esposas e hijos de Roboán

18Roboán se había casado con su prima Majalat, que era hija de Jerimot hijo de David. La madre de Jerimot fue Abijaíl, hija de Eliab y nieta de Isaí. 19De este matrimonio nacieron tres hijos, Jeús, Semarías y Zaján.

20Posteriormente, Roboán se casó con Macá, hija de Absalón, con la cual tuvo cuatro hijos, que fueron: Abías, Atay, Ziza y Selomit. 21Amaba a Macá más que a cualquiera de sus otras esposas y concubinas (tenía dieciocho esposas y sesenta concubinas, con veintiocho hijos y sesenta hijas). 22El hijo de Macá, llamado Abías era el favorito de Roboán; por eso lo puso como jefe de sus hermanos, pues su deseo era hacerlo rey. 23En forma muy inteligente, Roboán envió a sus otros hijos a vivir en las ciudades fortificadas que había a lo largo de Judá y de Benjamín, les dio abundantes provisiones, y les consiguió varias esposas a cada uno.

Sisac invade Jerusalén

12 Pero justo cuando Roboán se encontraba en la cima de su popularidad y poder, abandonó la ley del SEÑOR, y el pueblo lo siguió en este pecado. 2Como consecuencia, Sisac, rey de Egipto, atacó a Jerusalén. Esto ocurrió en el quinto año del reinado de Roboán. 3Sisac atacó con mil doscientos carros de combate, sesenta mil jinetes y un sinnúmero de hombres de infantería: egipcios, libios, suquíes y etíopes. 4Rápidamente conquistó las ciudades fortificadas de Judá y llegó frente a Jerusalén.

5El profeta Semaías se reunió con Roboán y con los dirigentes de Judá que, por miedo a Sisac, se habían reunido en Jerusalén, y les dijo:

—Así ha dicho el SEÑOR: «Ustedes me han abandonado; por lo tanto yo los he entregado en manos de Sisac».

6Luego el rey y los dirigentes de Israel confesaron a Dios sus pecados y exclamaron:

—¡El SEÑOR es justo y recto al tomar esta medida contra nosotros!

7Cuando el SEÑOR vio que se habían humillado, mandó a Semaías a decirles: «Por cuanto ustedes se han humillado, no los destruiré, sino que dentro de poco tiempo los voy a librar. No permitiré que Sisac ejecute el castigo que había planeado contra ustedes, los que viven en Jerusalén. 8Pero sí permitiré que sean siervos de Sisac, para que aprendan cuán diferente es servirme a mí que servir a los reyes de otros países».

9Marchó, pues Sisac, rey de Egipto, y atacó a Jerusalén y se llevó todos los tesoros del templo y del palacio real, como también todos los escudos de oro de Salomón. 10El rey Roboán los reemplazó con escudos de bronce, y los entregó al cuidado del capitán de la guardia. 11Cada vez que el rey entraba en el templo, los guardias llevaban los escudos, y después los traían de vuelta al arsenal. 12Cuando el rey mismo se humilló, el SEÑOR dejó a un lado su enojo, y no lo destruyó por completo, pues aun quedaba algo bueno en Judá. 13Roboán logró afirmarse en el poder, y reinó diecisiete años en Jerusalén, la ciudad que Dios había escogido como su residencia de entre todas las otras ciudades de Israel. Había ascendido al trono a los cuarenta y un años de edad, y el nombre de su madre era Noamá, que era amonita. 14Pero fue un rey malo, porque nunca se decidió realmente a agradar al SEÑOR.

15La biografía completa de Roboán, incluyendo sus constantes guerras con Jeroboán, está escrita en las crónicas del profeta Semaías y del profeta Idó.

16Cuando Roboán murió, fue sepultado en Jerusalén, en la ciudad de David, y su hijo Abías ocupó el trono.

Abías, rey de Judá

13 Abías ocupó el trono de Judá, en Jerusalén, en el año dieciocho del reinado de Jeroboán, rey de Israel. 2Su reinado duró tres años. El nombre de su madre era Micaías, hija de Uriel, de Guibeá.

En los comienzos de su reinado, estalló una guerra entre Judá e Israel. 3Judá, dirigido por el rey Abías, reunió un ejército de cuatrocientos mil guerreros para ir a la guerra, mientras que Jeroboán, rey de Israel, salió con ochocientos mil soldados.

4Cuando el rey Abías llegó al monte Zemarayin, en los cerros de Efraín, gritó: «¡Rey Jeroboán!
¡Soldados israelitas! ¡Escuchen lo que tengo que
decirles! 5¿Acaso no saben que el SEÑOR, Dios
de Israel, decidió que solamente serían reyes
de Israel los descendientes de David, y que esa
promesa la confirmó por medio de un pacto que
no se puede alterar? 6Jeroboán, rey de ustedes,
no es más que un sirviente del hijo de David, y
un traidor a la causa de su soberano. 7Pero se le
unió una cuadrilla de bandidos, y se rebelaron
contra Roboán hijo de Salomón, por cuanto era
joven y cobarde, y no pudo oponerles resistencia.
8»¿Creen ustedes realmente que pueden derrotar al reino del SEÑOR, cuyo servidor es descendiente de David? ¡Ustedes son muchos más que
nosotros, pero tienen los becerros de oro que
Jeroboán les hizo, para que los adoren como a
dioses! 9Además, han destituido a los sacerdotes
del SEÑOR y a los levitas, y han designado en su
lugar a sacerdotes paganos. ¡Tal como lo hacen
los habitantes de otros países, ustedes reciben
como sacerdote a cualquiera que llega y ofrenda
un novillo y siete carneros! ¡Cualquiera puede ser
sacerdote de esos dioses falsos de ustedes!
10»Pero en cuanto a nosotros, el SEÑOR es nuestro Dios, y no lo hemos abandonado. Los sacerdotes nuestros son exclusivamente descendientes
de Aarón, y sólo los levitas los ayudan en sus
labores. 11Queman holocaustos al SEÑOR mañana
y tarde, e incienso aromático, y colocan los panes
de la Presencia sobre la mesa santa, y encienden
el candelabro de oro todas las tardes. Nosotros
seguimos con todo cuidado las instrucciones
del SEÑOR nuestro Dios. Ustedes, en cambio, lo
han abandonado. 12Como pueden observar, Dios
está con nosotros, es nuestro guía. Los sacerdotes
del SEÑOR, al toque de trompeta, nos guiarán a
la batalla contra ustedes. ¡Pueblo de Israel, no
peleen contra el SEÑOR, Dios de nuestros padres,
porque no podrán triunfar!».
13,14Mientras tanto, Jeroboán, secretamente, había
colocado una emboscada a Judá, pues envió soldados a dar un rodeo y colocarse detrás de los
hombres de Judá, y a la otra parte le ordenó que
atacara de frente. Cuando los de Judá se dieron
cuenta de que estaban emboscados, clamaron al
SEÑOR pidiendo ayuda. Los sacerdotes tocaron las
trompetas, 15,16y los soldados de Judá comenzaron
a gritar y, a medida que gritaban, Dios, valiéndose del rey Abías y de los hombres de Judá, derrotó
a Jeroboán. 17Ese día, Judá mató a quinientos mil
de los mejores guerreros de Israel.
18,19De modo que Judá, descansando en la seguridad del SEÑOR, Dios de sus padres, derrotó a
Israel, y persiguió a las tropas del rey Jeroboán
y tomó algunas de sus ciudades: Betel, Jesaná,
Efraín y sus alrededores. 20El rey Jeroboán, de
Israel, nunca se recuperó totalmente durante la
vida de Abías y, a su debido tiempo, el SEÑOR lo
derribó, de modo que Jeroboán murió.
21Abías, rey de Judá, en cambio, crecía en poder.
Tuvo catorce esposas, veintidós hijos y dieciséis
hijas. 22Su biografía completa y sus discursos se
encuentran registrados en la Historia de Judá,
escrita por el profeta Idó.

Asá, rey de Judá

14 Cuando el rey Abías murió, fue sepultado
en Jerusalén, en la ciudad de David. Su
hijo Asá ocupó el trono de Judá, y hubo paz en
la tierra durante los primeros diez años de su
reinado, 2pues Asá se preocupaba por obedecer al
SEÑOR su Dios. 3Hizo demoler los altares paganos
que estaban en los cerros, y destruyó las piedras
sagradas e hizo pedazos la vergonzosa imagen
de la diosa Aserá. 4Además, demandó que toda la
nación obedeciera los mandamientos del SEÑOR,
Dios de sus antepasados. 5Eliminó también las
imágenes del dios sol que estaban en los cerros, y
los altares para el incienso que había en cada una
de las ciudades de Judá. Y Dios dio paz a su reino.
6Esto le permitió construir murallas alrededor de
todas las ciudades de Judá.
7Asá les dijo a los de Judá: «Ahora es el tiempo
oportuno para reconstruir esas ciudades y prote-
gerlas con murallas, torres de vigilancia, puertas
y barras, pues gozamos de paz. El SEÑOR nos ha
permitido seguir gozando de nuestra tierra, y nos
ha concedido tener paz con nuestros vecinos,
por cuanto hemos sido obedientes a él. ¡Así que
levantémonos y construyamos!».
Así pues, se lanzaron al cumplimiento de este
proyecto con todo éxito.
8Las fuerzas de Asá, rey de Judá, contaban con
trescientos mil soldados equipados con escudos
grandes y lanzas. De los benjaminitas contaba
con doscientos ochenta mil hombres armados
con escudos pequeños y arcos. Ambos ejércitos se
componían de hombres bravos y bien adiestrados.
9,10Tiempo después, el rey Zera de Etiopía, que
contaba con un millón de soldados y trescientos
carros de combate, salió a pelear contra Judá, y
llegó hasta la ciudad de Maresá, en el valle de
Sefata. Entonces el rey Asá salió a hacerle frente,
y se ubicó cerca de Maresá. 11Asá clamó al SEÑOR su
Dios, y le dijo: «SEÑOR, ¡nadie más puede ayudarnos, sino tú! Estamos aquí impotentes delante de
esta multitud tan poderosa. ¡SEÑOR Dios nuestro,
ayúdanos! Porque confiamos en que tú puedes
rescatarnos, y en tu nombre atacaremos a esta
muchedumbre. ¡No dejes, SEÑOR, que ningún ser
humano se levante contra ti!».
12Entonces el SEÑOR derrotó a los etíopes. Fue
así como el rey Asá y el ejército de Judá pusieron
en fuga a los etíopes. 13Los persiguieron hasta

Guerar, y cayeron tantos etíopes que no pudieron reorganizarse, de modo que no quedó ni un solo hombre con vida, porque el Señor y su ejército los destruyeron en forma total. La gente de Judá se apoderó de una gran cantidad de objetos y bienes de los etíopes. 14Después atacaron las poblaciones que estaban cerca de Guerar. Los habitantes de esos lugares tuvieron mucho miedo y salieron huyendo. Entonces los de Judá se apoderaron de todo lo que habían dejado en sus ciudades. 15Además, atacaron los campamentos donde había mucho ganado, y se llevaron una gran cantidad de ovejas y camellos. Después de eso, regresaron a Jerusalén.

Reformas de Asá

15 Un día, el espíritu de Dios vino sobre Azarías hijo de Obed, 2y le dio un mensaje para el rey Asá. Entonces Azarías fue a encontrar al rey Asá, y le dijo: «¡Escúchame, rey Asá! ¡Escuchen, Judá y Benjamín! ¡El Señor estará con ustedes, siempre y cuando ustedes estén con él! ¡Todas las veces que lo busquen, lo encontrarán! Pero si lo abandonan, él también los abandonará a ustedes. 3Hace mucho tiempo que Israel vive sin adorar al verdadero Dios, sin un verdadero sacerdote que les enseñara las leyes de Dios. 4Sin embargo, cada vez que en sus angustias se han vuelto al Señor, Dios de Israel, y lo han buscado, él les ha proporcionado ayuda. 5En sus tiempos de rebelión contra Dios no había paz, y los problemas causaban molestias a la nación por todas partes. El crimen iba en aumento. 6Se libraban guerras externas y batallas internas de ciudades contra ciudades, porque Dios estaba castigándolos con toda clase de calamidades. 7Pero ustedes, habitantes de Judá, manténganse en el cumplimiento del deber y no se desanimen, porque recibirán el premio».

8Cuando el rey Asá oyó este mensaje de parte de Dios, se llenó de valor y destruyó todos los ídolos que había en las tierras de Judá y de Benjamín, y en las ciudades que había capturado en la región montañosa de Efraín. Además, reconstruyó el altar del Señor frente al templo.

9Hecho esto, convocó a todo el pueblo de Judá y de Benjamín, y a los israelitas procedentes de Efraín, Manasés y Simeón, que se habían unido a Judá cuando comprendieron que el Señor Dios estaba con el rey Asá. 10Se reunieron en Jerusalén en el mes tercero del año quince del reinado de Asá, 11y sacrificaron, en honor al Señor, setecientos toros y siete mil ovejas del botín que habían recogido en la batalla. 12Luego se comprometieron solemnemente a adorar únicamente al Señor, Dios de sus padres, 13y acordaron que cualquiera que rechazara el cumplimiento de esta cláusula debía morir, ya fuera viejo o joven, hombre o mujer. 14En voz alta prestaron juramento de lealtad a Dios, con aclamación de júbilo y toque de trompetas y cuernos. 15Todos estaban felices de haber hecho este compromiso, porque lo habían hecho de todo corazón, y con firme voluntad habían buscado al Señor, ya que lo necesitaban por sobre todas las cosas, y lo habían encontrado. Y Dios les dio paz a través de toda la nación.

16El rey Asá tomó incluso la medida de alejar a su abuela Macá del lugar que debía ocupar como reina madre, porque ella había hecho una horrible imagen de la diosa Aserá. El rey Asá derribó el ídolo, lo destruyó y lo quemó junto al torrente de Cedrón. 17Aunque no se eliminaron de Israel todos los pequeños santuarios paganos que había en las colinas, Asá se mantuvo fiel a Dios durante toda su vida. 18Se ocupó de devolver al interior del templo las vasijas de plata y de oro que él y su padre habían dedicado al Señor. 19No volvió a haber guerra sino hasta el año treinta y cinco del reinado de Asá.

Pacto de Asá con Ben Adad

16 En el año treinta y seis del reinado de Asá, Basá, rey de Israel, le declaró la guerra a Judá y fortificó la ciudad Ramá con el fin de bloquear las rutas de comunicación de Judá.

2La reacción de Asá fue tomar la plata y el oro del templo y del palacio real, y enviarlo a Ben Adad, rey de Siria, en Damasco, con este mensaje: 3«Te propongo que renovemos el pacto de seguridad mutua que existía entre tu padre y mi padre. Te envío esta plata y este oro para que rompas tu alianza con Basá, rey de Israel, con el fin de que se marche y me deje en paz».

4Ben Adad accedió a la solicitud del rey Asá. Así que movilizó sus ejércitos para atacar a Israel. Destruyeron las ciudades de Iyón, Dan, Abel Mayin y todos los centros de aprovisionamiento de Neftalí. 5Tan pronto como Basá, rey de Israel, tuvo conocimiento de lo que ocurría, desistió de la fortificación de Ramá. 6Luego el rey Asá y el pueblo de Judá se dirigieron a Ramá y se llevaron las piedras de construcción y la madera, para usarlas en la fortificación de Gueba y Mizpa.

7En aquel tiempo, el vidente Jananí fue a hablar con el rey Asá y le dijo: «Por cuanto has depositado tu confianza en el rey de Siria, en lugar de acudir al Señor tu Dios, el ejército del rey de Siria se ha escapado de tus manos. 8¿No te acuerdas de lo que aconteció a los etíopes y a los libios y a su inmenso ejército con todos sus carros y jinetes? Ah, pero en aquella oportunidad pusiste tu confianza en el Señor, y él los entregó ☼ en tus manos. 9Porque los ojos del Señor reco-

☼16.9

rren el mundo para poner su poder en favor de quienes le son fieles. ¡Te has conducido como un insensato, y de hoy en adelante habrá guerras contra ti!».

10Asá estaba tan enojado con el vidente por haberle dicho esto, que lo mandó a la cárcel. Al mismo tiempo trató con crueldad a varias personas de la ciudad.

11El resto de la biografía de Asá está escrita en el libro de los reyes de Israel y de Judá. 12En el año treinta y nueve de su reinado, Asá contrajo una grave enfermedad de los pies, pero no le presentó el problema al Señor, sino que confió en los médicos. 13,14Murió en el año cuarenta y uno de su reinado, y fue sepultado en su propia tumba, la cual había mandado a hacer en la ciudad de David, en Jerusalén. Lo pusieron sobre una camilla llena de perfumes y ungüentos aromáticos. Luego, en su honor, prendieron una inmensa hoguera.

Josafat, rey de Judá

17 En lugar de Asá reinó su hijo Josafat, el cual se fortificó contra Israel. 2Estableció bases militares en todas las ciudades amuralladas de Judá y situó guarniciones en todo el país, y en las ciudades de Efraín, que su padre Asá había conquistado.

3El Señor estaba con Josafat, porque seguía en la buena senda en que su padre anduvo al principio, y no adoraba las imágenes de Baal. 4Al contrario, adoró al Dios de su padre, estuvo dispuesto a obedecer los mandamientos de la ley de Dios, y no imitó la conducta de los reyes israelitas. 5Por eso, el Señor lo ayudó, de modo que pudo gobernar con firmeza a Judá. El pueblo de Judá lo quería mucho y le daba regalos. Así que Josafat llegó a tener mucha riqueza, y a disfrutar de popularidad. 6Seguía con entusiasmo las sendas de Dios, incluso derribó los altares paganos de los cerros y destruyó los ídolos de la diosa Aserá.

7-9En el tercer año de su reinado inició un programa de educación en todo el país. Envió a sus funcionarios a enseñar la ley del Señor a la gente de las ciudades de Judá. Entre ellos estaban: Ben Jayil, Abdías, Zacarías, Natanael y Micaías. Para esta misma finalidad hizo uso también del servicio de levitas como Semaías, Netanías, Zebadías, Asael, Semiramot, Jonatán, Adonías, Tobías y Tobadonías; y de sacerdotes como Elisama y Jorán. Llevaron copias del libro de la ley del Señor a todas las ciudades de Judá, para enseñar las Escrituras al pueblo.

10Y el temor del Señor sobrecogió a los reinos circunvecinos, de tal manera que ninguno de ellos se atrevía a declararle la guerra al rey Josafat. 11Aun algunos de los filisteos le traían obsequios y tributo anual; y los árabes le trajeron siete mil setecientos carneros y siete mil setecientos chivos.

12Y Josafat se hizo poderoso, y construyó, a lo largo de Judá, fortalezas y ciudades para almacenar alimentos. 13Su programa de obras públicas era extenso, y tenía muchos hombres de guerra en Jerusalén, que era su capital. 14,15Trescientos mil soldados de Judá se encontraban bajo el mando del Adnás. Le seguía en mando Johanán, quien estaba al frente de doscientos ochenta mil. 16Luego estaba Amasías hijo de Zicrí, que estaba al frente de doscientos mil. Amasías se había ofrecido para servir voluntariamente al Señor. 17La tribu de Benjamín hizo un aporte de doscientos mil hombres equipados con arcos y escudos, los cuales estaban bajo el mando del valeroso general Eliadá. 18Jozabad estaba bajo sus órdenes con ciento ochenta mil soldados adiestrados para la guerra. 19Éstas eran las tropas destacadas en Jerusalén, aparte de las que estaban destacadas en las ciudades fortificadas en toda la nación.

Micaías profetiza contra Acab

18 El rey Josafat llegó a ser muy rico y poderoso, y emparentó con Acab, quien era el rey de Israel. 2Algunos años más tarde bajó a Samaria para visitar al rey Acab, el cual mató muchas ovejas y vacas para darles la bienvenida a Josafat y a sus acompañantes. Luego, el rey Acab le pidió al rey Josafat que uniera fuerzas con él en contra de Ramot de Galaad.

3-5—¡Por supuesto! —contestó el rey Josafat—. Estoy contigo en todo. ¡Estaremos contigo en la batalla! Sin embargo, será bueno que primero lo pongamos a la consideración del Señor.

El rey Acab mandó a buscar a cuatrocientos de sus profetas paganos, y cuando éstos llegaron, les preguntó:

—¿Iremos a la guerra contra Ramot de Galaad, o no?

Y ellos aconsejaron:

—¡Vayan a la guerra, porque Dios les dará una gran victoria!

6,7Pero Josafat no estaba satisfecho, y dijo:

—Quiero saber si hay también por aquí algún profeta del Señor, a quien le podamos consultar.

—Sí —dijo Acab—, hay uno, pero lo detesto, ¡porque nunca profetiza otra cosa sino el mal! Su nombre es Micaías hijo de Imlá.

—¡No hables de esa manera! —exclamó Josafat—. Veamos lo que nos dice.

8El rey de Israel llamó, pues, a uno de sus ayudantes, y le ordenó que fuera con toda prisa a llamar a Micaías hijo de Imlá.

9Los dos reyes tenían puestas sus vestiduras reales y estaban sentados en sus tronos, en un lugar alto, a la entrada de Samaria. Todos los

profetas estaban delante de ellos dando sus profecías. 10Uno de ellos, llamado Sedequías, hijo
de Quenaná, se hizo algunos cuernos de hierro
para esta ocasión y proclamó: «¡El SEÑOR dice que
ustedes acornearán a los sirios hasta acabar con
ellos! 11Y los demás asentían en coro: «Sí, suban
a Ramot de Galaad y vencerán, porque el SEÑOR
la entregará en manos del rey».

12El hombre que fue a llamar a Micaías, al
llegar le dijo:

—Mira, todos los profetas, sin excepción, han
profetizado la victoria del rey. Así que procura
dar un mensaje similar.

13No obstante, como respuesta, Micaías expresó:

—Prometo delante del SEÑOR que sólo diré lo
que él me diga.

14Cuando llegó a la presencia del rey, éste le
dijo:

—Micaías, ¿debemos ir a la guerra en contra
de Ramot de Galaad o no?

Y Micaías le respondió:

—¡Claro que sí! ¡Vayan y obtendrán una gloriosa victoria!

15—Mira, Micaías —le dijo en tono enérgico
el rey—, ¿cuántas veces tengo que decirte que
sólo me digas la verdad en nombre del SEÑOR?

16Entonces Micaías se dirigió al rey de Judá en
los siguientes términos:

—En mi visión observé al pueblo de Israel
desparramado sobre la montaña como ovejas
sin pastor. Y el SEÑOR dijo: «Esta gente no tiene
un jefe que los dirija. ¡Regresen a sus hogares
en paz!».

17El rey de Israel, dirigiéndose a Josafat, exclamó:

—¿No te lo dije? Siempre hace lo mismo. Nunca profetiza sino lo malo para mí.

18—El SEÑOR me dijo algo más —agregó
Micaías—. Yo vi al SEÑOR sentado en su trono y
rodeado por una inmensa multitud de ángeles.
19,20Y dijo el SEÑOR: «¿Quién puede incitar al rey
Acab a que vaya a la guerra en contra de Ramot
de Galaad, para que encuentre allí la muerte?».
Hubo muchas propuestas, pero finalmente un
espíritu avanzó, y delante del SEÑOR dijo: «¡Yo
puedo hacerlo!». El SEÑOR le preguntó: «¿Cómo
lo harás?». 21Y el espíritu respondió: «¡Actuaré
como un espíritu de mentira en la boca de todos
los profetas del rey!». Entonces el SEÑOR le dijo:
«Anda y hazlo, porque así lo seducirás». 22Así
que el SEÑOR ha puesto un espíritu de mentira
en la boca de tus profetas. ¡En realidad, el SEÑOR
ha decidido precisamente lo contrario de lo que
ellos te están diciendo!

23Entonces Sedequías hijo de Quenaná se acercó a Micaías y le pegó una cachetada.

—¡Eres un mentiroso! —vociferó—. ¿Cuándo
fue que el espíritu de Dios me dejó para entrar
en ti?

24—Lo sabrás pronto —dijo Micaías—,
¡cuando tengas que esconderte en el más oscuro
y apartado aposento!

25—Prendan a este hombre y entréguenlo al
gobernador Amón y a mi hijo Joás —ordenó el
rey de Israel—. 26¡Díganles que yo ordeno que
pongan a este sujeto en prisión y lo alimenten
a pan y agua hasta que yo regrese a salvo de
esta batalla!

27Micaías respondió:

—Si regresas sano y salvo, el SEÑOR no ha
hablado a través de mí.

Entonces, dirigiéndose a los que lo rodeaban,
recalcó:

—¡Tomen nota de lo que he dicho!

Muerte de Acab en Ramot de Galaad

28Así que el rey de Israel y el rey de Judá subieron contra Ramot de Galaad.

29El rey de Israel dijo a Josafat:

—Me disfrazaré para que nadie pueda reconocerme, pero tú vístete con los trajes reales.

Y así lo hicieron.

30Por su parte, el rey de Siria había dado orden
a sus jinetes y cocheros de cumplir estas instrucciones: «¡Despreocúpense de los demás y concén-
trense en atrapar al rey de Israel!».

31De modo que cuando los capitanes de los
carros de combate sirios vieron a Josafat, rey de
Judá, en sus ropas de gala, lo rodearon para atacarlo, por cuanto suponían que él era el hombre
que debían tomar prisionero. Pero Josafat clamó
al SEÑOR para que lo salvara, y el SEÑOR hizo que
los cocheros vieran su error, y lo dejaran libre.
32Tan pronto se dieron cuenta de que aquel no
era el rey de Israel, dejaron de perseguirlo. 33Pero
uno de los soldados sirios disparó una flecha al
azar contra las tropas israelitas y acertó a dar
sobre el rey de Israel, justamente en la abertura
donde se juntan la parte baja de la armadura y
la placa que cubre el tórax. Entonces el rey le
dijo al que guiaba su carro: «¡Da la vuelta, y
sácame del campo de batalla, porque estoy herido!». 34La batalla se fue tornando cada vez más
encarnizada, y tuvieron que sostener al rey Acab
hasta el atardecer, para que permaneciera de pie
peleando contra los sirios. Pero al ponerse el sol,
el rey Acab murió.

19 Cuando Josafat, rey de Judá, regresaba a
su hogar, sano y salvo, 2el profeta Jehú
hijo de Jananí salió a su encuentro y le dijo:
«¿Por qué tenías que ayudar al malvado, y amar
a los que aborrecen al SEÑOR? Por causa de lo
que has estado haciendo, la ira del SEÑOR está

sobre ti. 3Pero tienes algunas cosas buenas, pues eliminaste las imágenes de la diosa Aserá en todo el país y has tratado de ser fiel a Dios».

Josafat nombra jueces

4Josafat ya no hizo más viajes a Israel, sino que permaneció tranquilo en Jerusalén. Algún tiempo después se dio a la tarea de visitar al pueblo, desde Berseba hasta las serranías de Efraín, para estimularlos a que adoraran al Dios de sus antepasados. 5Nombró jueces en todas las ciudades más grandes de la nación, 6y les recomendó: «Miren lo que hacen; no soy yo quien ha hecho nombramiento de jueces sino Dios; y él estará junto a ustedes y los ayudará a ser justos cuando dicten sentencia. 7Teman al Señor. Ajústense a sus indicaciones. Porque entre los jueces que son de Dios no debe haber injusticia ni parcialidad. Tampoco deben aceptar soborno».

8En Jerusalén, Josafat eligió a algunos sacerdotes, levitas y jefes de las familias de Israel para que administraran la justicia del Señor y resolvieran los pleitos del pueblo. 9Y les dio estas instrucciones: «Actúen siempre bajo el temor de Dios, con fidelidad e integridad de corazón. 10Cada vez que los jueces de provincias les envíen un caso para su consideración, ya se trate de casos de homicidio u otras violaciones de las leyes y ordenanzas de Dios, ayúdenles a evaluar bien las evidencias y a hacer verdadera justicia, para que la ira de Dios no recaiga sobre ustedes y sobre ellos; pues, si cumplen estas instrucciones quedarán libres de culpa.

11»He puesto al sumo sacerdote Amarías como jefe de ustedes, para que los oriente en todos los casos que tengan que ver con asuntos del Señor; mientras que Zebadías hijo de Ismael, gobernador de Judá, será el encargado de orientarles en todo asunto civil. Los levitas estarán al servicio de todos ustedes. Y, ahora, ¡a trabajar con ánimo! ¡El Señor estará con quienes actúen bien!».

Josafat derrota a Moab y Amón

20 Algún tiempo después, los moabitas, amonitas y meunitas le declararon la guerra a Josafat y al pueblo de Judá. 2A Josafat le llegó la noticia de que un ejército muy numeroso estaba marchando contra él desde Edom, al otro lado del Mar, y que ya estaba en Jazezón Tamar, es decir, en Engadi. 3Josafat se asustó, pero decidió buscar la ayuda del Señor, y le pidió al pueblo de Judá que ayunara. 4De todas partes del país acudieron a Jerusalén a pedir juntos la ayuda del Señor. 5Josafat se paró en medio de ellos, junto al atrio nuevo que está a la entrada del templo, y pronunció esta oración:

6«Señor, Dios de nuestros padres, único Dios en todos los cielos, gobernador de todos los reinos de la tierra, tú eres fuerte y poderoso. ¿Quién puede prevalecer delante de ti? 7Dios nuestro, ¿no sacaste tú a los paganos de esta tierra cuando tu pueblo llegó? ¿No entregaste esta tierra para siempre a los descendientes de tu amigo Abraham? 8Tu pueblo se estableció aquí y te edificó este santuario 9con la esperanza de que en un tiempo como éste, en que tuviéramos que enfrentarnos con alguna calamidad, enfermedad o hambre, podríamos venir aquí y estar delante de ti, porque tú moras en este templo, y clamar a ti, porque tú nos oirías y nos rescatarías.

10»Ahora, mira lo que los ejércitos de Amón, Moab y los del monte de Seír están haciendo. Tú no quisiste que nuestros antepasados invadieran a esas naciones cuando Israel salió de Egipto, sino que dieran un rodeo y no las destruyeran. 11Ahora mira qué pago nos dan. Han venido a arrojarnos de tu tierra, de la tierra que nos has dado. 12Dios nuestro, ¿no lo impedirás tú? Nosotros no podemos hacerle frente a este gran ejército. No sabemos qué hacer, pero estamos confiando en ti».

13Todo Judá estaba delante del Señor con sus hijo pequeños y esposas. 14En eso, el espíritu del Señor descendió sobre Jahaziel hijo de Zacarías, nieto de Benaías, bisnieto de Jeyel, y tataranieto de Matanías, que era un levita de los hijos de Asaf. 15Entonces Jahaziel dijo: «Escuchen bien, pueblo de Judá y de Jerusalén, y tú, rey Josafat. El Señor dice: "No teman. No se paralicen de miedo ante este enorme ejército, porque la batalla no es de ustedes sino de Dios. 16Atáquenlos mañana. Los hallarán subiendo las lomas de Sis, al final del valle que entra en el desierto de Jeruel. 17Pero ustedes no tendrán que pelear. Tomen posiciones, permanezcan en sus sitios, y contemplen la increíble salvación que el Señor realizará en favor de ustedes, pueblo de Judá y de Jerusalén. No tengan miedo ni se desalienten. Vayan mañana al lugar indicado, porque el Señor está con ustedes"».

18Entonces el rey Josafat cayó en tierra, con el rostro contra el suelo, y todo el pueblo de Judá y de Jerusalén hizo lo mismo, y adoraron al Señor. 19Los levitas del clan de Coat y del clan de Coré se pusieron de pie para adorar al Señor, Dios de Israel, con cánticos de alabanza.

20A la mañana siguiente, bien de madrugada, salieron hacia el desierto de Terna. En el camino, Josafat se detuvo y dijo: «Pueblo de Judá y de Jerusalén, escuchen: ¡Crean en el Señor, el Dios de ustedes, y tendrán éxito! ¡Crean a sus profetas, y les irá bien!».

21Después de consultar con los jefes del pueblo, determinó que un coro abriera la marcha, luciendo sus vestidos sagrados. Irían alabando y dando gracias al Señor y cantando la canción:

«Den gracias al Señor, porque su amor y bondad
son para siempre».
22Cuando comenzaron a entonar este coro, el
Señor hizo que los hijos de Amón, Moab y de Seír
comenzaran a pelear entre sí, y se mataran unos
a otros. 23Primero los amonitas y los moabitas se
volvieron contra sus aliados del monte de Seír,
y los mataron a todos. Y cuando acabaron con
ellos, se volvieron unos contra otros.
24Cuando Judá llegó a la torre que domina el
desierto, vio cadáveres por todas partes: ni uno
solo del enemigo había escapado. 25El rey Josafat
y su pueblo salieron a recoger el botín y regresaron cargados de dinero, vestidos y joyas valiosas.
Eran tantas las pertenencias de sus enemigos,
que los de Judá tardaron tres días en recogerlo. 26El cuarto día se reunieron en el valle de la
Bendición, como se llama actualmente, y allí
alabaron al Señor.
27Luego regresaron a Jerusalén, con Josafat al
frente, llenos de gozo porque el Señor los había
salvado de sus enemigos. 28Entraron marchando
en Jerusalén, al son de arpas, liras y trompetas,
y se dirigieron al templo.
29Y como había ocurrido anteriormente, cuando los reinos cercanos oyeron que el Señor mismo había peleado contra los enemigos de Israel,
el miedo a Dios los sobrecogió. 30Y el reino de
Josafat tuvo paz, porque Dios le dio reposo.

Fin del reinado de Josafat

31El reinado de Josafat fue así: subió al trono de
Judá cuando tenía treinta y cinco años, y reinó
veinticinco años en Jerusalén. El nombre de su
madre fue Azuba, hija de Siljí. 32Fue un buen rey,
al igual que su padre Asá. Procuró siempre seguir
al Señor, 33con la excepción de que no destruyó
los santuarios de ídolos de las colinas, pues el
pueblo todavía no se había decidido a seguir con
firmeza al Dios de sus antepasados.
34Los detalles del reinado de Josafat de principio a fin están escritos en la historia de Jehú
hijo de Jananí, que forma parte de el libro de los
reyes de Israel.
35Pero al final de su vida, Josafat, rey de Judá,
se asoció con Ocozías, rey de Israel, que era malvado, 36para construir barcos en Ezión Guéber,
para ir a Tarsis. 37Entonces Eliezer hijo de Dodías,
de Maresá, profetizó contra Josafat lo siguiente:
«Por cuanto te has asociado con el rey Ocozías,
el Señor destruirá los barcos que has construido». En efecto, los barcos naufragaron y jamás
llegaron a Tarsis.

Jorán, rey de Judá

21 Cuando Josafat murió, lo sepultaron en el
cementerio de los reyes en Jerusalén, en la
ciudad de David, y su hijo Jorán ocupó el trono de
Judá. 2Sus hermanos, los demás hijos de Josafat,
eran Azarías, Jehiel, Zacarías, Azarías, Micael y
Sefatías. 3,4Su padre les había dado valiosos regalos en dinero y joyas, y la propiedad de algunas
ciudades fortificadas de Judá. Sin embargo, le
dio el reinado a Jorán, porque era el mayor. Pero
cuando Jorán se consolidó en el trono, hizo matar
a todos sus hermanos y a varios jefes de Israel.
5Tenía treinta y dos años cuando comenzó a
reinar, y reinó ocho años en Jerusalén. 6Pero fue
tan malo como los reyes de Israel, ya que hizo lo
que ofende al Señor. Fue tan impío como Acab,
y hasta se casó con una de las hijas de éste. 7Sin
embargo, el Señor no quería acabar con la dinastía de David, porque había hecho un pacto con
él, y le había prometido que siempre uno de sus
descendientes se sentaría sobre el trono de Judá.
8En aquel tiempo, los edomitas se rebelaron
contra Judá y nombraron un rey. 9Jorán marchó
de noche contra ellos, con todos sus jefes y con
todos sus carros de combate, y logró derrotar a
los edomitas que los tenían rodeados. 10Pero hasta
este día Edom ha logrado mantenerse independiente de Judá. Por ese mismo tiempo, la ciudad
de Libná también se rebeló contra Judá. Todo,
porque Jorán se había apartado del Señor, Dios
de sus padres. 11Como si esto fuera poco, Jorán
construyó santuarios para los ídolos en las montañas de Judá, e hizo que el pueblo de Jerusalén
adorara ídolos.
12Entonces el profeta Elías le escribió esta carta:

> El Señor, Dios de tu antepasado David,
> dice que por cuanto no has andado en los
> buenos caminos de tu padre Josafat, ni en
> los buenos pasos del rey Asá, 13sino que has
> sido tan malvado como los reyes de Israel,
> y al igual que Acab, has hecho que el pue-
> blo de Jerusalén y Judá adore ídolos; y por
> cuanto has dado muerte a tus hermanos
> que eran mejores que tú, 14el Señor destrui-
> rá tu nación con una gran plaga: Tú, tus
> hijos, tus esposas y todo lo que tienes será
> destruido. 15Tú mismo sufrirás el ataque de
> una enfermedad intestinal y se te pudrirán
> las entrañas.

16Entonces el Señor hizo que los filisteos y los
árabes, que vivían junto a los etíopes, atacaran
a Jorán. 17Marcharon contra Judá, cruzaron la
frontera; y se llevaron todo lo que había de valor
en el palacio del rey, incluyendo a sus hijos y sus
esposas; solamente su hijo menor, Joacaz, escapó.
18Fue después de esto que el Señor atacó a Jorán
con una enfermedad intestinal incurable. 19Con
el tiempo, al cabo de dos años, sus intestinos se
le salieron, y murió en medio de terribles sufrimientos (Cuando se le sepultó se omitieron las
pompas y ceremonias acostumbradas).

20Tenía treinta y dos años cuando comenzó a
reinar, y reinó en Jerusalén ocho años. Murió sin
que nadie lo llorara. Fue sepultado en Jerusalén,
en la ciudad de David, pero no en los sepulcros
reales.

Ocozías, rey de Judá

22 Cuando Jorán murió, la gente de Jerusalén
proclamó como rey a Ocozías,[a] el hijo
menor de Jorán (porque las bandas árabes que
habían asaltado a Jerusalén habían dado muerte
a los hijos mayores del rey). 2Ocozías tenía veintidós años cuando comenzó a reinar, y reinó un
año en Jerusalén. El nombre de su madre era
Atalía, nieta de Omrí.
3Ocozías también anduvo en los malos caminos de Acab, porque su madre lo impulsó a hacer
el mal. 4Hizo lo que desagrada al Señor, siguiendo
así el ejemplo de la familia de Acab. Es más,
cuando su padre murió, Ocozías permitió que
miembros de esa familia fueran sus consejeros.
Esto lo llevó a la perdición. 5Siguiendo sus malos
consejos, Ocozías hizo un pacto con el rey Jorán
hijo de Acab, de Israel, que estaba en guerra con
el rey Jazael, de Siria, en Ramot de Galaad. Hasta
allí Ocozías condujo su ejército para unirse a
la batalla. El rey Jorán, de Israel, cayó herido y
6regresó a Jezrel para curarse. Ocozías hijo de
Jorán, rey de Judá, fue a visitarlo.

Jehú mata a Ocozías

7Pero Dios había decidido que Ocozías muriera
durante esta visita. Al poco tiempo de haber llegado, Ocozías y Jorán marcharon contra Jehú hijo
de Nimsi, a quien el Señor había escogido para
poner fin a la dinastía de Acab. 8Jehú, que buscaba a los familiares y amigos de Acab para darles
muerte, se encontró con los jefes de Judá y con
los parientes de Ocozías, y los mató. 9Luego los
hombres de Jehú estuvieron buscando a Ocozías,
hasta que lo encontraron escondido en la ciudad
de Samaria, y lo llevaron a la presencia de Jehú,
el cual lo mató. Pero lo sepultaron, pues decían:
«Es nieto de Josafat, el rey que, de todo corazón,
sirvió al Señor». Y en la familia de Ocozías no
quedó nadie que fuera capaz de reinar en Judá.

Atalía y Joás

10Cuando Atalía, madre de Ocozías, supo que
su hijo había muerto, mandó a matar a toda la
familia del rey. 11Pero Josaba, que era hermana
del rey Ocozías, escondió a Joás hijo de Ocozías
y a su niñera en uno de los dormitorios del templo. Josabet era hija del rey Jorán, y esposa del
sacerdote Joyadá. 12Joás permaneció escondido
allí durante seis años, mientras Atalía reinaba
en el país.

23 En el año séptimo del reinado de Atalía, el
sacerdote Joyadá se armó de valor y habló
confidencialmente con los siguientes oficiales del
ejército: Azarías hijo de Jeroán, Ismael hijo de
Johanán, Azarías hijo de Obed, Maseías hijo de
Adaías, y Elisafat hijo de Zicrí. 2-3Estos hombres
viajaron secretamente por todo el país, reunieron
a los levitas de todas las ciudades de Judá y a
los jefes de los clanes, y vinieron a Jerusalén. A
su llegada juraron lealtad al joven rey, que aún
estaba escondido en el templo.
«Por fin ha llegado el momento en que el rey
asuma el reino —exclamó Joyadá—. La promesa del Señor, de que un descendiente de David
sería nuestro rey, nuevamente se cumplirá, pues
miren, ¡aquí está el hijo del rey Ocozías! 4Esto
es lo que haremos: el tercio de los sacerdotes
y levitas que estén de servicio el día de reposo, permanecerán a la entrada como guardias.
5-6Otro tercio irá al palacio real, y el último tercio
estará en la puerta de abajo. Todo el pueblo permanecerá en los atrios del templo, en la forma
requerida por la ley de Dios, porque solamente los
sacerdotes y levitas que estén cumpliendo con sus
obligaciones pueden entrar en el templo, porque
están santificados. 7Los levitas formarán un círculo alrededor del rey, con sus armas en mano, y
matarán a cualquier persona no autorizada que
entre en el palacio. Deben permanecer junto al
rey en todo momento».
8Así se hizo. Cada uno se puso al frente de sus
hombres, los que estaban de servicio aquel día de
reposo y los que no estaban de servicio, porque el
sumo sacerdote Joyadá no permitió que nadie se
fuera. 9Entonces Joyadá entregó lanzas y escudos
a los oficiales. Estas armas habían pertenecido
al rey David, y estaban guardadas en el templo.
10Estos oficiales, completamente armados, formaron una línea de un lado al otro del templo y
alrededor del altar, en el atrio exterior. 11Entonces
sacaron al príncipe y lo coronaron, y le entregaron una copia de la ley de Dios y lo proclamaron rey. Y mientras Joyadá y sus hijos lo ungían,
gritaron en forma estruendosa: «¡Viva el rey!»
12Cuando la reina Atalía oyó el alboroto y las
aclamaciones, corrió al templo a ver qué ocurría.
13Allí estaba el rey junto a la columna de la entrada, y los oficiales del ejército, los trompetistas,
y el pueblo en pleno lo rodeaban. Regocijados,
hacían sonar las trompetas, mientras el coro,
acompañado por la orquesta, dirigía al pueblo
en un gran salmo de alabanza. Atalía rasgó sus
vestidos y gritó: «¡Traición, traición!».
14«¡Sáquenla y mátenla! —ordenó el sacerdote
Joyadá a los oficiales—. Pero no la vayan a matar
dentro del templo. ¡Maten también a cualquiera
que trate de ayudarla!» 15Así que la agarraron,

---

a. O, Joacaz

la llevaron al palacio real por la puerta de la caballería, y ahí la mataron.

16Luego Joyadá hizo que todo el pueblo y el rey se comprometieran solemnemente a vivir realmente como el pueblo del Señor. 17Entonces, toda la gente se dirigió al santuario de Baal y lo derribó, derribó sus altares e ídolos, y dio muerte, delante del altar, a Matán, el sacerdote de Baal.

18Después, Joyadá puso a los sacerdotes y a los levitas al frente de la guardia del templo del Señor, y los encargó de presentar los holocaustos al Señor, conforme está escrito en la ley de Moisés, con alegría y cánticos. Organizó las tareas de los levitas, de la misma forma que lo había hecho el rey David. 19También puso guardianes en la entrada del templo, para que no dejaran entrar a quienes estuvieran ritualmente impuros.

20Luego los oficiales del ejército, los nobles, los gobernadores y todo el pueblo escoltaron al rey. Salieron del templo, entraron por la puerta superior del palacio real, y sentaron al rey en el trono. 21El pueblo entero se llenó de alegría, y la ciudad quedó tranquila, por cuanto la reina Atalía había muerto.

Joás, rey de Judá

24 Joás tenía siete años cuando comenzó a reinar, y reinó cuarenta años en Jerusalén. Su madre era Sibia, de Berseba. 2Joás hizo todo lo posible por agradar al Señor durante toda la vida del sacerdote Joyadá. 3Éste lo casó con dos esposas, con las cuales Joás tuvo hijos e hijas.

4Un día Joás decidió reparar el templo del Señor. 5Convocó a los sacerdotes y a los levitas, y les dio estas instrucciones: «Vayan por todas las ciudades de Judá y recojan ofrendas, para que podamos reparar el templo. ¡Háganlo inmediatamente!»

Pero los levitas no atendieron la orden del rey. 6Entonces el rey llamó al sumo sacerdote Joyadá, y le preguntó: «¿Por qué no has exigido que los levitas salgan a cobrar a Judá y a Jerusalén la contribución que Moisés, siervo del Señor, impuso a la congregación de Israel para la tienda de testimonio?»

7,8(Los seguidores de la impía Atalía habían destruido el templo, y todo lo que había sido dedicado al culto del Señor fue usado para el culto a Baal). El rey ordenó que se hiciera una caja y que se pusiera junto a la puerta del templo. 9Entonces se pregonó en todas las ciudades de Judá y en Jerusalén que el pueblo debía traer al Señor la contribución que Moisés, siervo de Dios, había impuesto sobre Israel, cuando estaban en el desierto.

10Y todos los jefes y el pueblo trajeron con alegría el dinero, y lo depositaron en la caja hasta llenarla. 11Cuando veían que había mucho dinero, los levitas llevaban la caja al rey, y uno de los secretarios y representantes del sumo sacerdote contaba el dinero. Luego volvían a colocar la caja en su lugar. Así lo hacían todos los días, y recogieron mucho dinero. 12El rey y Joyadá daban el dinero a los maestros de obras, quienes contrataban albañiles y carpinteros para restaurar el templo, y fundidores para hacer artículos de hierro y de bronce.

13De esta manera la obra siguió progresando, hasta que se terminó la reparación y quedó tal como era antes. 14Cuando todo estuvo acabado, el resto del dinero fue llevado al rey y a Joyadá, quienes lo usaron para hacer cucharones de oro y plata, incensarios y otros instrumentos necesarios para los sacrificios y ofrendas.

Durante toda la vida del sumo sacerdote Joyadá se ofrecieron holocaustos en el templo en forma continua. 15Joyadá vivió hasta una edad muy avanzada, y murió a los ciento treinta años. 16Lo sepultaron en la ciudad de David, entre los reyes, porque había servido fielmente a Israel, a Dios y a su templo.

Depravación de Joás

17,18Después de la muerte de Joyadá, los dirigentes de Judá vinieron ante el rey Joás y lo indujeron a olvidarse del templo y a abandonar al Dios de sus antepasados, y a adorar la imagen de la diosa Aserá y a otros ídolos abominables. Entonces la ira de Dios cayó sobre Judá y Jerusalén nuevamente. 19El Señor les envió profetas, para que les advirtieran de su pecado y los animaran a volver a él, pero el pueblo no quiso oírlos.

20Un día, el espíritu de Dios descendió sobre Zacarías hijo de Joyadá, el cual convocó a una reunión de todo el pueblo. Parado sobre una plataforma delante de ellos, les dijo: «Esto es lo que dice el Señor: ¿Por qué desobedecen ustedes mis mandamientos? Todo lo que consiguen con su actitud es que les vaya mal. ¡Como ustedes me han abandonado, yo también los abandonaré a ustedes!». 21Entonces los jefes se confabularon para matar a Zacarías. El mismo rey Joás ordenó que fuera ejecutado en el atrio del templo. 22De esta manera retribuyó el rey Joás el amor y la lealtad de Joyadá, matando a su hijo. Las últimas palabras de Zacarías al morir fueron: «Señor, mira lo que están haciendo y retribúyeles conforme a su acción».

23Pocos meses más tarde, el ejército sirio llegó y conquistó Judá y Jerusalén, y mató a todos los dirigentes del pueblo, y envió todo el botín al rey de Damasco. 24Fue un gran triunfo con pocos hombres. El Señor dejó que el gran ejército de Judá fuera vencido por tan pequeño grupo, por cuanto lo habían abandonado a él, que es el

SEÑOR, Dios de sus antepasados. Así castigó Dios a Joás.

25Cuando los sirios se fueron, como Joás estaba seriamente herido, sus oficiales decidieron matarlo, para vengar la muerte de Zacarías, el hijo del sumo sacerdote Joyadá. Lo mataron en su cama, y lo sepultaron en la ciudad de David, pero no en el cementerio de los reyes. 26Los conspiradores fueron Zabad hijo de Simat el amonita, y Jozabad hijo de Simrit el moabita.

27Si quieren leer acerca de los hijos de Joás, de las maldiciones que cayeron sobre Joás y sobre la restauración del templo, lean el libro de los reyes. Cuando Joás murió, su hijo Amasías ocupó el trono.

Amasías, rey de Judá

25 Amasías tenía veinticinco años cuando comenzó a reinar, y reinó durante veintinueve años en Jerusalén. El nombre de su madre era Joadán, nacida en Jerusalén. 2Amasías hizo lo que era recto a los ojos del SEÑOR, aunque a veces se dejaba llevar por el mal. 3Cuando se sintió seguro en el trono, ejecutó a los hombres que habían asesinado a su padre. 4Sin embargo, no dio muerte a los hijos de ellos, obedeciendo así el mandato del SEÑOR escrito en la ley de Moisés, que dice: «Los padres no deben morir por los pecados de los hijos, ni los hijos por los pecados de sus padres, sino que deben pagar por sus propios pecados».

5,6Otra cosa que Amasías hizo fue reunir a Judá y organizar al pueblo para la guerra poniéndoles jefes de miles y cientos por todo Judá y de Benjamín. Luego hizo un censo, y resultó que contaba con trescientos mil hombres de más de veinte años, todos preparados y muy diestros en el uso de la lanza y la espada. Empleó, además, tres mil trescientos kilos de plata para contratar a cien mil guerreros valientes de Israel.

7Pero un profeta vino con este mensaje de parte del SEÑOR:

—Su Majestad, no contrate soldados de Israel, porque el SEÑOR no está con ellos. 8Si permite que ellos vayan a la guerra con sus hombres, será derrotado, sin importar cuán valientes sean ni por bien que peleen ellos; porque el SEÑOR tiene poder para ayudar y para derrotar.

9—Pero ¿y el dinero? exclamó Amasías—. ¿Qué pasará con él?

—El SEÑOR tiene poder para darle mucho más dinero —le respondió el profeta.

10Amasías, entonces, despidió a los soldados israelitas que habían venido de Efraín, para que regresaran a su tierra. Éstos se sintieron ofendidos, y regresaron muy enojados a sus casas.

11Y Amasías se armó de valor y llevó su pueblo al valle de la Sal, y allí dio muerte a diez mil hombres de Seír. 12Otros diez mil fueron llevados vivos a la cumbre de un peñasco, y desde allí los lanzaron al vacío. Todos murieron al darse contra las rocas.

13Mientras tanto, las tropas de Israel que habían sido despedidas por Amasías hicieron incursiones contra diversas ciudades de Judá, desde Samaria hasta Bet Jorón, mataron a tres mil personas y se llevaron un enorme botín.

14Cuando el rey Amasías regresó de derrotar a los edomitas, trajo consigo ídolos de los pueblos de Seír, y los aceptó como dioses, de modo que los adoró y les ofreció incienso. 15Esto hizo que el SEÑOR se enojara mucho con Amasías, y le envió un profeta con este mensaje:

—¿Por qué has adorado a dioses que ni aun pueden salvar a sus pueblos de tu mano?

16—¿Desde cuándo he pedido tu consejo? —lo interrumpió el rey—. ¡Cállate, si no quieres que te haga matar!

El profeta se fue, pero antes le dijo lo siguiente:

—Sé que el SEÑOR ha decidido destruirte, porque has adorado a esos ídolos y no has aceptado mi consejo.

17El rey Amasías, de Judá, siguiendo la recomendación de sus consejeros, le declaró la guerra a Joás hijo de Joacaz, y nieto de Jehú, rey de Israel.

18El rey Joás le contestó con esta parábola: «En las montañas del Líbano, el cardo le dijo al cedro: "Dame a tu hija para que se case con mi hijo". Entonces pasó un animal salvaje, pisó el cardo y lo aplastó. 19Estás muy orgulloso de haber vencido a Edom pero mi consejo es que te quedes en casa y no te metas conmigo, pues de lo contrario, les va a ir muy mal a ti y a Judá».

20Pero Amasías no hizo caso, porque el SEÑOR tenía dispuesto que fuera destruido por haber adorado a los dioses de Edom. 21Subió Joás, rey de Israel, y se enfrentó con Amasías en Bet Semes, en Judá. 22Allí Judá fue derrotado y huyó. 23El rey Joás, de Israel, capturó en Bet Semes, al rey Amasías, de Judá, y lo llevó prisionero a Jerusalén. Entonces ordenó que fueran destruidos ciento ochenta metros de los muros de Jerusalén, desde la puerta de Efraín hasta la puerta del Ángulo. 24Se llevó todos los tesoros y vasijas de oro del templo que estaban al cuidado de Obed Edom. Igualmente, se llevó todos los tesoros del palacio real, y muchos prisioneros. Luego regresó a Samaria.

25Sin embargo, el rey Amasías, de Judá, vivió quince años después de la muerte del rey Joás hijo de Joacaz, de Israel. 26La biografía completa del rey Amasías está escrita en el libro de los reyes de Judá e Israel. 27Después de que Amasías se apartó del SEÑOR, el pueblo conspiró en su contra, en Jerusalén, y el rey tuvo que huir a Laquis, hasta donde lo siguieron y lo mataron. 28Lo transportaron a lomo de caballo hasta Jerusalén, y allí lo sepultaron en el cementerio real.

Uzías, rey de Judá

26 El pueblo de Judá proclamó rey a Uzías, que tenía dieciséis años. 2Uzías fue el que reconstruyó la ciudad de Elat y la devolvió a Judá.

3En total, reinó cincuenta y dos años en Jerusalén. Su madre fue Jecolías, de Jerusalén. 4Uzías siguió los pasos de su padre Amasías y, en general, fue un buen rey a los ojos del Señor.

5Mientras Zacarías vivía, Uzías siempre tuvo deseos de agradar a Dios. Zacarías era un hombre que tenía revelaciones especiales de Dios. Mientras el rey siguió los caminos de Dios, prosperó, porque Dios lo bendijo.

6Uzías le declaró la guerra a los filisteos y derribó las murallas de Gat, Jabnia y Asdod. Edificó ciudades en la zona de Asdod y en otras partes del territorio de los filisteos. 7Dios lo ayudó, no solamente en esta guerra contra los filisteos, sino también en sus batallas contra los árabes de Gur Baal y contra los amonitas. 8Los amonitas le pagaban un tributo anual, y su fama se extendió hasta Egipto, porque era muy poderoso.

9Edificó torres fortificadas en Jerusalén, en la puerta del Ángulo, en la puerta del Valle y en la esquina de la muralla. 10También construyó fortalezas en el sur, e hizo muchos estanques de agua, porque tenía mucho ganado en los valles y en las llanuras. Fue un hombre que amaba la agricultura, y tuvo muchas haciendas y viñedos en las laderas y en los valles fértiles.

11Uzías organizó su ejército en regimientos, en los cuales eran alistados hombres de acuerdo con el censo hecho por el escriba Jeyel, por su ayudante Maseías, y por Jananías uno de los jefes del rey. 12Estos regimientos los comandaban dos mil seiscientos jefes de clanes, y todos eran guerreros muy valientes. 13Este ejército estaba formado por trescientos siete mil quinientos guerreros fuertes y poderosos. 14Uzías les entregó escudos, lanzas, yelmos, corazas, arcos y hondas. 15Además, les entregó máquinas de guerra construidas en Jerusalén e inventadas por hombres inteligentes. Estas máquinas fueron colocadas en las torres y en las esquinas de la muralla de Jerusalén, y servían para arrojar flechas y piedras grandes. Con la maravillosa ayuda de Dios, Uzías llegó a ser muy famoso y poderoso, de modo que su fama era conocida en todas partes.

16Pero cuando vio que tenía tanta fama y tanto poder, se convirtió en un hombre orgulloso. ¡Fue ese orgullo el que lo llevó a la desgracia! Tanta fue su arrogancia que un día, desobedeciendo Señor, Dios de sus antepasados, entró al templo para quemar incienso sobre el altar. 17,18El sumo sacerdote Azarías entró tras él con otros ochenta sacerdotes, todos hombres valientes, y le pidieron que saliera, y le dijeron: «No le corresponde a usted, rey Uzías, quemar incienso. Esta es tarea exclusiva de los sacerdotes, de los hijos de Aarón, que estén consagrados para esta obra. Salga, porque ha traspasado el mandamiento, y el Señor no lo va a honrar por esto».

19Uzías, lleno de ira, se negó a dejar el incensario que tenía en la mano, pero repentinamente quedó leproso. 20Cuando Azarías y los demás lo vieron, lo sacaron de allí enseguida. Él mismo estaba muy ansioso de salir, pues el Señor lo había castigado.

21El rey Uzías estuvo leproso hasta el día de su muerte, y vivió aislado, separado de su pueblo y del templo. Su hijo Jotán se puso al frente del palacio, y fue quien asumió el gobierno de Judá.

22Los demás detalles del reinado de Uzías, desde el principio hasta el fin, fueron escritos por el profeta Isaías hijo de Amoz. 23Cuando murió Uzías, fue sepultado cerca del cementerio real, debido a que murió leproso. Su hijo Jotán fue el nuevo rey.

Jotán, rey de Judá

27 Jotán tenía veinticinco años cuando subió al trono, y reinó dieciséis años en Jerusalén. Su madre era Jerusa, hija de Sadoc. 2Jotán actuó de acuerdo a la voluntad del Señor, siguió el ejemplo de su padre Uzías, menos en lo que tiene que ver con entrar al templo a quemar incienso. Sin embargo, a pesar de la buena conducta del rey, el pueblo seguía corrompiéndose.

3Jotán construyó la puerta superior del templo, e hizo muchas obras en el muro de Ofel. 4Edificó ciudades en las montañas de Judá, y levantó fortalezas y torres en las regiones de bosques.

5Les declaró la guerra a los amonitas, y los derrotó. Durante los tres años siguientes recibió de ellos un tributo anual de tres mil trescientos kilos de plata, diez mil cargas de trigo y diez mil cargas de cebada.

6El rey Jotán se hizo muy poderoso, porque procuró siempre seguir los caminos del Señor su Dios.

7El resto de su historia, incluyendo sus guerras y otras actividades, está escrito en el libro de los reyes de Israel y de Judá. 8En resumen, tenía veinticinco años cuando comenzó a reinar, y reinó dieciséis años en Jerusalén. 9Cuando murió, fue sepultado en Jerusalén, en la ciudad de David, y su hijo Acaz fue el nuevo rey.

Acaz, rey de Judá

28 Acaz tenía veinte años cuando comenzó a reinar y reinó dieciséis años en Jerusalén. Fue un rey malo, pues no siguió el ejemplo del rey David, su antepasado. 2Al contrario, Acaz siguió el ejemplo de los reyes de Israel, ya que mandó a fabricar imágenes de los baales, que eran dioses falsos. 3Aun fue al valle de Ben Hinón, y no fue sólo a quemar incienso a los ídolos, sino también a sacrificar a su propio hijo en el fuego, como era costumbre en las naciones paganas que habían sido arrojadas de la tierra por el SEÑOR, para dársela a su pueblo Israel. 4Además, sacrificó y ofreció incienso en los santuarios de otros dioses de las colinas, y debajo de todo árbol frondoso.

5Por esta razón el SEÑOR Dios permitió que el rey de Siria lo derrotara y llevara cautivas a un gran número de personas a Damasco. Israel también le infligió una tremenda derrota. 6En un solo día, Pecaj hijo de Remalías mató a ciento veinte mil de los hombres más valientes de Judá, porque se habían apartado del SEÑOR, Dios de sus padres. 7Y Zicrí, un gran guerrero de Efraín, mató a Maseías hijo del rey, al administrador Azricán, y a Elcaná, que era el funcionario más importante del rey. 8Los israelitas tomaron cautivas a doscientas mil personas de Judá, incluyendo a las mujeres y a los niños. Además, se llevaron a Samaria un inmenso botín.

9Pero cuando los israelitas regresaban a Samaria, les salió al encuentro Obed, profeta del SEÑOR, y dijo:

—Miren, el SEÑOR, Dios de nuestros padres, estaba airado con Judá y, por eso, permitió que ustedes los capturaran. Pero ustedes los mataron con tal crueldad, que en el cielo se tomó nota de esto. 10¿Y pretenden ahora hacer esclavos a esta gente de Judá y de Jerusalén? ¿Acaso no tienen bastante ya con sus propios pecados contra el SEÑOR nuestro Dios? 11Escuchen: ¡Devuelvan los cautivos que arrebataron a sus hermanos, porque si no, la ira del SEÑOR se encenderá contra ustedes!

12Algunos de los hombres de más alto rango de Efraín también expresaron su oposición. Estos hombres fueron Azarías hijo de Johanán, Berequías hijo de Mesilemot, Ezequías hijo de Salún, y Amasá hijo de Hadlay.

13—No deben traer esos cautivos aquí —declararon—. Si lo hacen, el SEÑOR se enojará, y este pecado será añadido a los muchos que ya tenemos. ¡Ya tenemos bastantes problemas con Dios! ¡El SEÑOR nos castigará por esto!

14Entonces los oficiales entregaron los cautivos y el botín a los jefes y a toda la asamblea. 15Y los cuatro hombres ya mencionados distribuyeron la ropa del botín entre las mujeres y niños que lo necesitaban, y les dieron calzado, alimento y vino. Luego, a los que estaban enfermos o ancianos los pusieron sobre burros y los llevaron hasta Jericó, la ciudad de las palmeras, para que de allí regresaran a sus hogares. Luego regresaron a Samaria.

16En aquel tiempo, el rey Acaz, de Judá, le pidió al rey de Asiria que se aliara con él, 17porque Edom estaba invadiendo a Judá y capturando a muchas personas para hacerlas esclavas. 18Por su parte, los filisteos habían invadido las ciudades de las tierras bajas y del sur y habían capturado Bet Semes, Ayalón, Guederot, Soco, Timná, y Gimzó, con sus pueblos circunvecinos, y estaban viviendo allí. 19De este modo el SEÑOR humilló a Judá debido a las malas acciones del rey Acaz de Israel, pues él había llevado al país a la ruina y se había alejado por completo del SEÑOR.

20Pero Tiglat Piléser, rey de Asiria, le trajo problemas al rey Acaz en vez de ayudarle. 21Aun cuando Acaz le había dado todos los objetos de valor que había en el templo, en los tesoros del palacio real, y en las casas de sus oficiales, eso no fue suficiente para lograr el apoyo del rey de Asiria.

22En este tiempo de profundos problemas, el rey Acaz aumentó sus acciones infieles contra el SEÑOR. 23Ofreció sacrificios a los dioses del pueblo de Damasco que lo habían derrotado, porque pensó que por cuanto estos dioses habían ayudado a los reyes de Asiria, también podrían ayudarlo a él si les ofrecía sacrificios. Pero esto más bien fue su ruina y la ruina de su pueblo. 24El rey sacó las vasijas de oro del templo y las destruyó, y cerró las puertas del templo para que nadie pudiera entrar a adorar allí, e hizo altares a los dioses paganos por todo Jerusalén. 25Lo mismo hizo en todas las ciudades de Judá, con lo que provocó la ira del SEÑOR, Dios de sus padres.

26Los demás detalles de su vida y actividades están anotados en el libro de los reyes de Judá y de Israel. 27Cuando el rey Acaz murió, fue sepultado en Jerusalén, pero no en las tumbas reales. Y su hijo Ezequías fue el nuevo rey.

Ezequías, rey de Judá

29 Ezequías tenía veinticinco años cuando comenzó a reinar en Judá, y reinó veintinueve años en Jerusalén. El nombre de su madre era Abías, hija de Zacarías. 2Su reinado fue tan bueno ante los ojos de Dios como lo había sido el de su antepasado David.

3En el primer mes del primer año de su reinado, reabrió las puertas del templo, y las hizo reparar. 4,5Se reunió con los sacerdotes y levitas en la explanada que había en la plaza oriental y les habló de la siguiente manera:

«¡Escúchenme, levitas! Santifíquense y santifiquen el templo del SEÑOR, Dios de nuestros antepasados, y saquen del santuario todo aquello que ofende a Dios. 6Nuestros padres han cometido grandes pecados delante del SEÑOR nuestro Dios;

abandonaron al SEÑOR y su templo y le volvieron las espaldas. 7Y aun cerraron las puertas del atrio, y apagaron la llama perpetua, y dejaron de ofrecer el incienso y los holocaustos.

8»Por lo tanto, la ira del SEÑOR ha venido sobre Judá y Jerusalén, y nos ha hecho objeto de horror, asombro y burla, como lo pueden ver hoy día. 9Nuestros padres han muerto en la guerra, y nuestros hijos e hijas y esposas están en cautividad por causa de esto.

10»Pero ahora quiero hacer un pacto con el SEÑOR, Dios de Israel, para que su ira se aparte de nosotros. 11Hijos míos, no olviden sus deberes, porque el SEÑOR los ha escogido a ustedes para que estén delante de él, y para que sean sus ministros y le quemen incienso».

12-14Entonces los siguientes levitas estuvieron listos a hacer lo que el rey les pedía:

Del clan de Coat, Mahat hijo de Amasay y Joel hijo de Azarías;
Del clan de Merari, Quis hijo de Abdí y Azarías hijo de Yalelel;
Del clan de Guersón, Joa hijo de Zimá y Edén hijo de Joa;
Del clan de Elizafán, Simri y Jeyel;
Del clan de Asaf, Zacarías y Matanías;
Del clan de Hemán, Jehiel y Simí;
Del clan de Jedutún, Semaías y Uziel.

15Éstos convocaron a sus hermanos levitas, los santificaron y comenzaron a limpiar y a santificar el templo, según el mandato del SEÑOR, que el rey les había dado. 16Los sacerdotes limpiaron el interior del templo y sacaron al atrio toda la basura que hallaron allí, y la arrojaron en el arroyo de Cedrón.

17Todo esto comenzó el primer día del mes primero, y en el día octavo habían llegado hasta el atrio exterior. Ocho días estuvieron purificando ceremonialmente el templo. Así que la tarea les llevó en total dieciséis días, 18al cabo de los cuales fueron al palacio y le informaron al rey Ezequías: «Hemos completado la limpieza del templo y del altar de las ofrendas y sus utensilios, y también la mesa de los panes de la Presencia y su equipo. 19Hemos recuperado y santificado todos los utensilios que el rey Acaz había desechado cuando reinaba. Están otra vez junto al altar del SEÑOR».

20A la mañana siguiente, muy temprano, el rey Ezequías fue al templo del SEÑOR con los oficiales de la ciudad. 21Llevaban consigo siete becerros, siete carneros, siete corderos y siete machos cabríos para presentar una ofrenda por el pecado del reino, del santuario y de Judá. El rey ordenó a los sacerdotes descendientes de Aarón que sacrificaran los animales y los quemaran por completo en el altar del SEÑOR. 22Los sacerdotes mataron los becerros, tomaron la sangre y la rociaron sobre el altar. Luego mataron los carneros y rociaron su sangre sobre el altar, y lo mismo hicieron con los corderos. 23Los machos cabríos para la ofrenda por el pecado fueron llevados ante el rey y sus funcionarios, para que pusieran las manos sobre ellos. 24Entonces los sacerdotes los inmolaron, y derramaron la sangre sobre el altar, como sacrificio por el pecado, para hacer expiación por todo Israel, según el mandato del rey, porque el rey había especificado que el holocausto y el sacrificio por el pecado debían ser presentados en favor de todo Israel.

25,26El rey Ezequías colocó a los levitas en el templo para que se encargaran de tocar los címbalos, las arpas y las liras. Esto se hizo según las órdenes de David y de los profetas Gad y Natán (que habían recibido sus instrucciones de parte del SEÑOR). Los levitas ocuparon sus puestos con los instrumentos musicales de David, y los sacerdotes con las trompetas. 27Entonces, el rey Ezequías ordenó que se pusiera el holocausto sobre el altar. Y cuando comenzó a ofrecerse el sacrificio, también comenzaron a cantar alabanzas al SEÑOR y a tocar las trompetas, acompañados por los instrumentos musicales de David, rey de Israel. 28Todo el pueblo permaneció de rodillas hasta que se terminó de presentar los sacrificios, mientras que los cantores elevaban sus cánticos y los sacerdotes tocaban sus trompetas.

29Después el rey y sus asistentes se inclinaron delante del SEÑOR para adorarlo. 30Entonces el rey Ezequías ordenó a los levitas que cantaran algunos salmos de David y del profeta Asaf delante del SEÑOR, lo que ellos hicieron con todo gozo, e inclinaron su cabeza y adoraron.

31«Ha terminado la ceremonia de consagración —dijo Ezequías—. Ahora, traigan ustedes sus sacrificios y ofrendas de acción de gracias». Entonces el pueblo, de todas las partes, trajo sus sacrificios y ofrendas de gracias, y los que quisieron, trajeron también holocaustos. 32,33En total, se ofrecieron en holocausto setenta becerros, cien carneros y doscientos corderos. Además, se presentaron, como ofrendas santas, seiscientos toros y tres mil ovejas. 34Pero eran muy pocos los sacerdotes para la preparación de los holocaustos, de modo que sus hermanos los levitas les ayudaron hasta que el trabajo estuvo terminado y hasta que otros sacerdotes se presentaron a trabajar, porque los levitas se mostraron mucho más dispuestos a santificarse que los sacerdotes. 35Hubo muchos holocaustos, y las acostumbradas ofrendas de vino con cada uno, y muchas ofrendas de paz.

Fue así como el templo del SEÑOR se reabrió para el servicio, y comenzaron a ofrecerse nuevamente los sacrificios. 36Ezequías y todo el pueblo estaban muy felices, porque el SEÑOR les permitió prepararse rápidamente para este acto.

Celebración de la Pascua

30 El rey Ezequías envió cartas por todo Israel, Judá, Efraín y Manasés invitando a todos al templo de Jerusalén, para celebrar la Pascua. 2-3El rey, sus asistentes y toda la asamblea de Jerusalén habían acordado celebrar la Pascua, esta vez en el mes segundo, en vez de hacerlo en la fecha establecida, porque aún muchos sacerdotes no se habían purificado, de modo que no había suficientes para la celebración. Además, la gente no se había reunido en Jerusalén. 4El rey y sus consejeros estuvieron en completo acuerdo en cuanto a esto, 5de modo que proclamaron que se celebraría la Pascua, e invitaron a todos, desde Dan hasta Berseba. Hacía mucho tiempo que no se celebraba la Pascua de acuerdo con las normas establecidas.

6Así que los mensajeros recorrieron todo Israel y Judá, para dar a conocer a la gente el mensaje que contenían las cartas enviadas por el rey y sus oficiales. El mensaje era el siguiente:

> Vuélvanse al SEÑOR, Dios de Abraham, Isaac e Israel, para que él se vuelva a nosotros, los que hemos escapado del poder de los reyes de Asiria. 7No sean como sus padres y sus hermanos que pecaron contra el SEÑOR, Dios de sus padres, y fueron destruidos, como ustedes bien lo saben. 8No sean soberbios como ellos, sino ríndanse al SEÑOR y vengan a su santuario que ha santificado para siempre, y adoren al SEÑOR, Dios de ustedes, para que su ira se aparte de ustedes. 9Porque si se vuelven al SEÑOR, sus hermanos y sus hijos serán tratados con misericordia por sus captores, y podrán volver a su tierra. Porque el SEÑOR, Dios de ustedes, es benigno y misericordioso, y no apartará su rostro de ustedes, si ustedes se vuelven a él.

10Los mensajeros, pues, fueron de ciudad en ciudad a través de Efraín, Manasés y hasta Zabulón. Pero en la mayor parte fueron recibidos con burlas y risas. 11Sin embargo, de las tribus de Aser, Manasés y Zabulón algunos se arrepintieron y vinieron a Jerusalén. 12Pero Dios puso en la gente de todo Judá el fuerte deseo de obedecer las órdenes del SEÑOR, que recibían a través del rey y de las autoridades.

13Una gran multitud se reunió en Jerusalén, en el mes segundo, para celebrar la fiesta de los Panes sin levadura. 14Luego pusieron manos a la obra y destruyeron los altares paganos de Jerusalén, derribaron los altares paganos donde se quemaba incienso y los arrojaron al arroyo de Cedrón.

15El día catorce del mes segundo el pueblo comenzó la celebración de la fiesta de la Pascua. Entonces los sacerdotes y levitas sintieron vergüenza de sí mismos por no haber tomado una parte más activa, por lo que se santificaron y trajeron holocaustos al templo. 16Ocuparon sus puestos en la forma señalada por la ley de Moisés, varón de Dios, y los sacerdotes rociaron la sangre que recibían de los levitas.

17-19Puesto que muchos de los que llegaban de Efraín, Manasés, Isacar y Zabulón estaban ceremonialmente impuros, pues no habían cumplido con los ritos de la purificación, los levitas mataron los corderos de la Pascua, para santificarlos. Entonces el rey Ezequías oró por ellos, y se les permitió comer la Pascua, aun cuando esto no se conformaba con las reglas dadas por Dios. Pero Ezequías dijo: «SEÑOR, Dios de nuestros antepasados, te suplico que perdones a todos aquellos que con toda sinceridad han decidido buscarte, aunque no se hayan purificado de acuerdo con las normas que nos has dado para santificarnos». 20Y el SEÑOR oyó la oración de Ezequías, y perdonó a la gente.

21El pueblo de Israel, pues, celebró la fiesta de los Panes sin levadura en Jerusalén durante siete días con gran gozo, en tanto que los sacerdotes y levitas alababan al SEÑOR con música y címbalos cada día. 22(El rey Ezequías felicitó a los levitas por aquella excelente música, pues de verdad habían puesto todo su empeño en adorar al SEÑOR).

Durante siete días celebraron la fiesta y presentaron ofrendas de paz, y el pueblo confesó sus pecados al SEÑOR, Dios de sus padres. 23Era tanta la alegría, que todos estuvieron de acuerdo en continuar la fiesta por otros siete días más. 24El rey Ezequías había dado al pueblo mil becerros para ofrendas y siete mil ovejas; y los príncipes donaron mil becerros y diez mil ovejas. Esta vez, muchos sacerdotes estuvieron dispuestos a purificarse.

25El pueblo de Judá se llenó de profundo gozo, junto con los sacerdotes, los levitas, los extranjeros y los visitantes de Israel. 26Jerusalén no había visto una celebración como ésta desde los días de Salomón, hijo del rey David. 27Los sacerdotes y levitas se pusieron de pie y bendijeron al pueblo, y sus oraciones llegaron hasta la santa morada de Dios en los cielos.

31 Luego comenzó una intensa campaña contra la adoración de ídolos. Los israelitas que se hallaban presentes se dirigieron a las ciudades de Judá, Benjamín, Efraín y Manasés y destruyeron los altares paganos, los ídolos, las imágenes abominables de la diosa Aserá y todos los centros paganos de adoración. Luego las per-

☼30.9

sonas que habían venido de las tribus del norte a celebrar la Pascua regresaron a sus tierras.

Reorganización del culto

2Ezequías organizó después a los sacerdotes y levitas en un cuerpo de servicio para ofrecer los holocaustos y los sacrificios de reconciliación, y para adorar, dar gracias y alabar al Señor. 3También hizo una contribución de animales para el sacrificio cotidiano de la mañana y de la tarde, para el reposo semanal, para la festividad mensual de la nueva luna y para las demás fiestas anuales establecidas en la ley del Señor. 4Además le pidió al pueblo de Jerusalén que llevara sus diezmos a los sacerdotes y levitas, para que no tuvieran necesidad de realizar otras tareas sino que pudieran entregarse completamente a sus deberes, en la forma exigida por la ley del Señor. 5,6El pueblo respondió inmediatamente y en forma generosa con las primicias de las cosechas de trigo, de vino nuevo, aceite de oliva, miel, y de todos los frutos del campo. Ofrecieron igualmente el diezmo de todos sus ingresos. El pueblo que se había ido de Judá a las tribus del norte, y el pueblo de Judá que vivía en las provincias también trajeron los diezmos del ganado y de las ovejas, y el diezmo de las cosas dedicadas al Señor, y los pusieron en grandes montones. 7,8Los primeros diezmos llegaron en el mes tercero, y en el mes séptimo aún seguían creciendo los montones. Cuando Ezequías y sus funcionarios fueron a ver los grandes montones, bendijeron al Señor y elogiaron al pueblo.

9—¿De dónde ha venido todo esto? preguntó Ezequías a los sacerdotes y levitas.

10Y Azarías, el sumo sacerdote del clan de Sadoc, respondió:

—Éstos son diezmos. Hemos estado comiendo de ellos por muchas semanas, y esto es lo que ha sobrado. El Señor, en verdad, ha bendecido a su pueblo.

11Ezequías ordenó preparar cuartos para almacenaje en el templo, y así lo hicieron. 12,13Todas las provisiones consagradas fueron fielmente llevadas al templo. Conanías, el levita, quedó a cargo de ello ayudado por su hermano Simí. Además, el rey Ezequías y Azarías, que era el administrador de los objetos consagrados, nombraron como inspectores a Jehiel, Azazías, Najat, Asael, Jerimot, Jozabad, Eliel, Ismaquías, Mahat, y Benaías. Todos estos estaban bajo las órdenes de Conanías y de Simí. 14,15Coré hijo de Imná, el levita, que era portero en la puerta oriental, quedó a cargo de la distribución de las ofrendas para los sacerdotes. Sus fieles ayudantes fueron: Edén, Minjamín, Jesúa, Semaías, Amarías y Secanías. Ellos distribuían las ofrendas a los clanes de los sacerdotes en sus ciudades, y las repartían a jóvenes y ancianos por igual. 16Todos los que estaban inscritos en los registros genealógicos, de tres años para arriba, y que prestaban diariamente sus servicios en el templo, de acuerdo a sus turnos, se tenían en cuenta para la distribución. 17,18Los sacerdotes fueron inscritos en el registro genealógico por clanes, y los levitas de veinte años arriba, según sus funciones y divisiones. A todas las familias de los sacerdotes debidamente registrados se les dio una ración regular de alimentos, porque no tenían otra fuente de ingresos debido a que el tiempo y las energías las consagraban al servicio en santidad. 19Había personas encargadas en cada una de las ciudades de los sacerdotes, para entregar los alimentos y otras provisiones a todos los sacerdotes descendientes de Aarón de la zona, y a todos los levitas registrados.

20De esta manera el rey Ezequías procedió en todo Judá, haciendo lo que era justo, bueno y verdadero ante los ojos del Señor su Dios. 21Todo lo que hizo a favor del templo, lo hizo de todo corazón, con el único propósito de buscar a Dios y de actuar de acuerdo con los mandamientos de la ley. Por eso tuvo éxito en todo lo que se propuso hacer.

Senaquerib invade Judá

32 Algún tiempo después de esta buena obra de Ezequías, el rey Senaquerib, de Asiria, invadió Judá y sitió las ciudades fortificadas, con el objeto de imponerles tributo. 2Cuando se vio que Senaquerib pensaba también atacar Jerusalén, 3Ezequías se reunió con los príncipes y oficiales, y decidieron tapar los manantiales que estaban fuera de la ciudad. 4Reunieron a mucha gente para ir a tapar todos los manantiales y el arroyo que atravesaba el campo, pues no querían que cuando los asirios llegaran encontraran suficiente agua.

5Luego Ezequías fortaleció su defensa y reconstruyó la muralla donde había sido derribada, construyó torres de vigilancia sobre ella, y edificó otra muralla en el lado exterior. También reforzó el terraplén de la ciudad de David, y fabricó gran cantidad de armas y escudos. 6Puso oficiales militares que dirigieran al pueblo, y reunidos en las llanuras que estaban delante de la ciudad, los alentó con estas palabras: 7«Sean fuertes y valientes. No teman al rey de Asiria ni a la multitud de guerreros que está con él, porque con nosotros está quien es mucho mayor que él. 8Él cuenta solamente con un poderoso brazo de carne, mientras que nosotros tenemos al Señor nuestro Dios, y será él quien pelee por nosotros».

Esto los alentó grandemente. 9Poco después, el rey Senaquerib, de Asiria, que estaba sitiando la ciudad de Laquis, envió embajadores con este mensaje al rey Ezequías y a los ciudadanos de Jerusalén:

10El rey Senaquerib, de Asiria, pregunta:
«¿Piensan, acaso, que podrán sobrevivir al
sitio de Jerusalén? 11Lo que el rey Ezequías les
pide es un suicidio, pues al permanecer allí,
van a morir de hambre y de sed. No le crean
cuando les dice que el SEÑOR su Dios los salvará de mis manos. 12¿No comprenden que
Ezequías fue quien destruyó los ídolos y los
santuarios paganos, y ordenó a la gente de
Judá y de Jerusalén que usen sólo un altar, y
que quemen incienso solamente en él? 13¿No
comprenden que yo y los reyes de Asiria
que me precedieron jamás hemos fracasado y hemos vencido siempre a las naciones
que hemos atacado? Los dioses de aquellas
naciones no pudieron salvarlas. 14Nombren
solamente un caso cuando cualquiera, en
cualquier lugar, haya podido resistirnos con
éxito. ¿Qué los hace pensar que el Dios de
ustedes va a ser mejor que los otros? 15No permitan que Ezequías los engañe. No le crean.
Repito: ningún dios ha podido librar de mí
o de mis antepasados a su pueblo; ¡cuánto
menos el Dios de ustedes!».

16De esta manera los embajadores se burlaban
de Dios y de Ezequías el siervo de Dios, y los
insultaban. 17El rey Senaquerib también envió
cartas en que insultaba al Dios de Israel. «Los
dioses de las demás naciones no pudieron salvar
a sus pueblos de mi mano, y el Dios de Ezequías
tampoco podrá», decían sus cartas.

18Los mensajeros que trajeron las cartas gritaron amenazas en el idioma judío al pueblo que
estaba sobre los muros de la ciudad, para asustarlos y amedrentarlos. 19Hablaban del Dios de
Jerusalén como si hubiera sido un dios pagano,
un ídolo hecho de mano.

20Entonces el rey Ezequías y el profeta Isaías
hijo de Amoz, clamaron en oración al Dios del
cielo, 21y el SEÑOR les envió un ángel que destruyó
al ejército asirio con todos sus oficiales y generales. Senaquerib regresó a su tierra profundamente avergonzado. Cuando entró al templo de su
dios, sus propios hijos lo mataron allí. 22De esta
manera el SEÑOR salvó a Ezequías y al pueblo de
Jerusalén. Y por fin hubo paz en su reino.

23De allí en adelante, el rey Ezequías fue
inmensamente respetado entre las naciones
vecinas, y llegaban a Jerusalén muchas ofrendas
para el SEÑOR, y valiosos regalos para Ezequías.

Enfermedad y curación de Ezequías

24Un día Ezequías enfermó de muerte; entonces oró al SEÑOR, y él le respondió con un milagro. 25Sin embargo, Ezequías no correspondió
con verdadera gratitud y alabanza, sino que se
enorgulleció, por lo que la ira de Dios se encendió
en su contra, y contra Judá y Jerusalén. 26Pero
luego, Ezequías y todos los residentes de Jerusalén
se arrepintieron de su pecado. Por eso, durante
toda la vida de Ezequías, el SEÑOR no descargó
su ira sobre ellos.

Prosperidad y muerte de Ezequías

27Ezequías se hizo muy rico y recibió muchos
honores. Tuvo que construir edificios para
guardar la plata, el oro, las piedras preciosas
y los perfumes, y los escudos y vasijas de oro.
28,29También edificó muchos almacenes para el
trigo, para el vino nuevo y el aceite de olivas,
y muchos establos para sus animales, y rediles
para sus rebaños de ovejas y cabras. Construyó,
además, muchas ciudades, porque el SEÑOR le
había dado gran riqueza.

30Fue Ezequías el que cerró la salida superior del manantial de Guijón y llevó sus aguas
a la parte occidental de la ciudad de David, en
Jerusalén, a través de un canal subterráneo. En
fin, Ezequías prosperó en todo lo que hizo. 31Sin
embargo, cuando llegaron los embajadores de
Babilonia para saber acerca del milagro maravilloso que había ocurrido en el país, Dios lo dejó
solo para probarlo y ver cómo era realmente.

32El resto de la historia de Ezequías y todas las
cosas buenas que hizo están escritas en el libro
del profeta Isaías hijo de Amoz, y en el libro de
los reyes de Judá e Israel. 33Cuando murió, fue
sepultado en el cementerio real, entre los demás
reyes, y toda la gente de Judá y de Jerusalén lo
honró en su muerte. Su hijo Manasés le sucedió
en el trono.

Manasés, rey de Judá

33 Manasés tenía doce años cuando empezó
a reinar, y reinó cincuenta y cinco años
en Jerusalén. 2Pero su reinado fue malo, porque
fomentó la adoración a los ídolos paganos entre
el pueblo, los ídolos de las naciones que el SEÑOR
destruyó cuando su pueblo entró en la tierra.
3Reedificó los altares paganos que su padre Ezequías había derribado, los altares de Baal, e hizo
imágenes de la diosa Aserá y del sol, la luna y
las estrellas. 4,5Aun construyó altares paganos en
los atrios del templo, para adorar al sol, la luna
y las estrellas en el lugar mismo donde el SEÑOR
había dicho que su nombre sería honrado para
siempre. 6Además, quemó a sus hijos en el valle
de Bet Hinón, como sacrificio para sus dioses.
Además, consultó a espiritistas, a adivinos y a
encantadores, y fomentó toda suerte de mal, con
lo que provocó la ira del SEÑOR.

7Colocó el ídolo que había hecho en el mismo
templo de Dios, lugar del cual Dios le había dicho
a David y a su hijo Salomón: «Seré honrado en
este templo y en Jerusalén, la ciudad que he esco-

gido de entre las demás ciudades de Israel. 8Y si obedecen los mandamientos que di por medio de Moisés, jamás dejaré que Israel sea expulsado de la tierra que les di a sus antepasados».

9Pero Manasés indujo a la gente de Judá y de Jerusalén a cometer males mayores que los pueblos que el Señor había destruido, cuando Israel entró en la tierra: 10El Señor habló a Manasés y a su pueblo, pero ellos no le hicieron caso. 11Entonces Dios envió a los ejércitos asirios, los que capturaron a Manasés y se lo llevaron atado con grillos y cadenas de bronce a Babilonia. 12Allí, finalmente, él se dio cuenta de lo que había hecho, y se humilló por completo ante Dios, y le imploró ayuda. 13Y el Señor lo oyó, y respondió a su petición haciéndole regresar a Jerusalén y a su reinado. Por fin Manasés había comprendido que el Señor realmente es Dios.

14Después de esto, Manasés reedificó la muralla exterior de la ciudad de David, muralla que va desde el occidente del valle de Guijón, en el arroyo de Cedrón, hasta la puerta del Pescado, y rodeaba la colina de Ofel. También estableció comandancias militares en todas las ciudades fortificadas de Judá. 15Quitó los dioses ajenos de las colinas, sacó el ídolo del templo y derribó los altares que haba edificado en la montaña donde estaba el templo, y los altares que había en Jerusalén, y los arrojó fuera de la ciudad. 16Luego reedificó el altar del Señor y ofreció sacrificios en él, ofrendas de paz y ofrendas de acción de gracias, y pidió que el pueblo de Judá adorara al Señor, Dios de Israel. 17Sin embargo, el pueblo aún sacrificaba sobre los altares de las colinas, sólo que los sacrificios los ofrecía al Señor su Dios.

18Los demás hechos de Manasés, su oración a Dios, y la respuesta de Dios por medio de los profetas aparecen en el libro de los reyes de Israel. 19Su oración y la forma en que Dios le respondió, y un relato franco de sus pecados y errores, incluyendo una lista de las localidades donde edificó altares en las colinas y puso imágenes de la diosa Aserá e imágenes esculpidas (desde luego, antes de su gran arrepentimiento), están escritos en el libro de los profetas.

20Cuando Manasés murió, fue sepultado en su palacio, y su hijo Amón subió al trono.

Amón, rey de Judá

21Amón tenía veintidós años cuando comenzó a reinar en Jerusalén y reinó durante sólo dos años. 22Su reinado fue tan malo como lo fueron los primeros años de su padre Manasés, porque Amón ofreció sacrificio a los ídolos, como lo había hecho su padre. 23Pero no se arrepintió, como sí lo hizo su padre, sino que cada vez su maldad era peor. 24Finalmente, sus propios ayudantes lo asesinaron en el palacio. 25Pero algunos ciudadanos, amantes de la justicia, mataron a todos los que lo habían asesinado, y proclamaron rey a su hijo Josías.

Josías, rey de Judá

34 Josías tenía solo ocho años cuando comenzó a reinar. Reinó treinta y un años en Jerusalén. 2Su reinado fue bueno, ya que hizo lo que le agrada al Señor, siguiendo, así, el buen ejemplo de su antepasado David.

3Cuando tenía dieciséis años, en el año octavo de su reinado, comenzó a buscar al Dios de su antepasado David. Cuatro años más tarde comenzó a limpiar a Judá y a Jerusalén de los altares paganos y de las imágenes de la diosa Aserá, y de todos los ídolos que había en el país. 4Salió personalmente a supervisar la destrucción de los altares de Baal, de los ídolos y de las imágenes de la diosa Aserá, todo lo cual redujo a polvo, el cual derramó sobre las tumbas de los que les habían ofrecido sacrificios. 5Quemó los huesos de los sacerdotes paganos sobre sus propios altares, con la intención de limpiar al pueblo de Judá y de Jerusalén de la culpa de su pecado de idolatría.

6Luego fue a las ciudades de Manasés, Efraín y Simeón, y aun a la distante Neftalí e hizo lo mismo. 7Derribó los altares paganos, redujo a polvo los ídolos de la diosa Aserá, destruyó las imágenes y derribó los altares en que se quemaba incienso. Hizo esto en todo el territorio de Israel antes de regresar a Jerusalén.

8Durante el año dieciocho de su reinado, después de haber purificado la tierra y de haber limpiado el templo, designó a Safán hijo de Asalías, a Maseías, gobernador de Jerusalén, y a Joa hijo de Joacaz, tesorero de la ciudad, para que repararan el templo del Señor su Dios. 9Ellos establecieron un sistema para recibir las donaciones para el templo. Los levitas que estaban de turno recibían el dinero a las puertas del templo. Estas donaciones las traía el pueblo que venía de Manasés, de Efraín y de otras partes del resto de Israel, Judá y Benjamín, y de los que vivían en Jerusalén. El dinero se lo entregaban al sumo sacerdote Jilquías, para que dispusiera de él. 10,11Con el dinero los levitas pagaban a los carpinteros y a los albañiles, y compraban los materiales para la construcción: piedras, madera, tablas y vigas. Así reedificó lo que los reyes anteriores de Judá habían derribado.

12Los obreros trabajaban con fidelidad bajo la dirección de Yajat y Abdías, levitas descendientes de Merari, de Zacarías y Mesulán, descendientes de Coat, y de los levitas que tenían habilidad para tocar instrumentos de música. 13Otros levitas supervisaban a los jornaleros que llevaban los materiales para los obreros especializados.

Otros ayudaban en las cuentas, como capataces
y como porteros.

Hallazgo del libro de la ley

14Un día en que Jilquías, el sumo sacerdote,
estaba en el templo anotando el dinero reunido en las puertas, descubrió un viejo rollo que
resultó ser de las leyes que Dios le había dado a
Moisés. 15,16Entonces Jilquías le dijo al secretario
Safán: «¡Mira! Encontré el libro de la ley en el
templo». Y Jilquías le entregó el libro a Safán,
quien se lo llevó al rey, cuando fue a entregar el
informe de lo que se había hecho en la reconstrucción del templo. Le dijo:
17—Hemos abierto las cajas, hemos contado
el dinero y luego se lo hemos entregado a los
capataces y obreros.
18Entonces mencionó el descubrimiento del
rollo y la forma en que Jilquías lo había encontrado. Y se lo leyó al rey. 19Cuando el rey oyó lo
que estas leyes exigían del pueblo de Dios, rasgó
sus vestiduras, 20y llamó a Jilquías, a Ajicán hijo
de Safán, a Abdón hijo de Micaías, al secretario
Safán y a Asaías, su asistente personal.
21—Vayan y consulten al Señor —les dijo el
rey—. Oren por todo el remanente de Israel y por
Judá. Porque según este rollo, es muy probable
que el Señor haya desatado su ira sobre nosotros,
porque nuestros antepasados no obedecieron las
leyes que están escritas aquí.
22Jilquías y los demás fueron a consultar a la
profetisa Huldá, esposa de Salún hijo de Ticvá,
y nieto de Jarjás (Salún era el encargado de cuidar los vestidos del rey, y vivía en el segundo
barrio). Cuando le contaron la inquietud del rey,
23ella respondió: «El Señor, Dios de Israel, dice:
"Díganle al hombre que los envió 24que el Señor
sí destruirá esta ciudad y a su pueblo; que todas
las maldiciones escritas en el libro se cumplirán,
25porque el pueblo lo ha abandonado para ir a
adorar a dioses paganos. Esto ha hecho que su
ira se desate contra este lugar, y nada hará que
cambie de parecer. 26-27Sin embargo, díganle al
rey de Judá, que los envió a consultarme, que el
Señor ha escuchado su oración, por cuanto él,
al oír lo que está decretado contra este pueblo,
estuvo dispuesto a humillarse, llorar y arrepentirse. 28Por eso, el Señor no enviará esta desgracia
sobre el pueblo durante la vida del rey, sino que
lo hará después. De modo que el rey morirá en
paz, sin ver todo el mal que vendrá sobre este
lugar y su gente"».
Ellos le llevaron este mensaje del Señor al rey.

Renovación del pacto

29El rey convocó a todos los ancianos de Judá y
de Jerusalén, 30y a los sacerdotes y levitas y a todo
el pueblo, grandes y pequeños, para que lo acompañaran al templo. Allí el rey les leyó el rollo, es
decir, el pacto de Dios que fue encontrado en el
templo. 31Y allí, de pie delante de ellos, hizo promesa ante el Señor de seguir sus mandamientos
con todo su corazón y su alma, y hacer todo lo
que estaba escrito en el rollo. 32Y les exigió a todos
en Jerusalén y en Benjamín que aceptaran este
pacto con Dios, y todos lo hicieron.
33Entonces Josías quitó todos los ídolos de las
zonas ocupadas por lo judíos, y exigió que adoraran al Señor su Dios. Y mientras Josías vivió,
el pueblo no volvió a abandonar al Señor, Dios
de sus antepasados.

Celebración de la Pascua

35 Josías anunció que el día catorce del mes
primero se celebraría la Pascua en Jerusalén. 2También restauró a los sacerdotes en sus
cargos, y les pidió que comenzaran su labor en
el templo. 3Y envió esta orden a los levitas consagrados que enseñaban por todo Israel: «Puesto
que el cofre está ahora en el templo que edificó
Salomón, y ustedes no necesitan transportarlo
sobre sus hombros, dediquen el tiempo a servir
al Señor y a su pueblo. 4,5Organicen los turnos
de servicios tradicionales que tenían sus antepasados, conforme a lo que dispusieron el rey
David y su hijo Salomón. Cada grupo ayudará
a un determinado clan que venga a presentar
sus ofrendas. 6Celebren la Pascua, purifíquense
ritualmente y prepárense para ayudar al pueblo
que vendrá. Sigan las instrucciones que el Señor
dio por medio de Moisés».
7El rey dio al pueblo unos treinta mil corderos
y cabritos, y tres mil becerros, para que cele-
braran la fiesta de la Pascua. 8Los funcionarios
del rey hicieron contribuciones voluntarias a los
sacerdotes y levitas. Jilquías, Zacarías y Jehiel,
los supervisores del templo, entregaron a los
sacerdotes dos mil seiscientas ovejas y cabritos,
y trescientos toros, para la celebración de la Pascua. 9Los jefes levitas, Conanías y sus hermanos,
Semaías y Natanael, así como Jasabías, Jeyel y
Josabad dieron cinco mil ovejas y cabritos y quinientos toros a los levitas, para la celebración de
la Pascua.
10Cuando todo estuvo organizado, los sacerdotes tomaron sus lugares, y los levitas se organizaron por turnos, en la forma ordenada por
el rey. 11Los levitas mataron los corderos para la
Pascua, y entregaron la sangre a los sacerdotes,
los que la derramaron sobre el altar, mientras
los levitas desollaban los animales. 12Apartaron,
luego, los holocaustos para cada familia, para
que presentaran sus propios holocaustos al Señor,
tal como estaba escrito en la ley de Moisés. También hicieron lo mismo con los toros. 13Entonces,
siguiendo las instrucciones de la ley de Moisés,

asaron los corderos de la Pascua y cocieron las ofrendas santas en ollas, calderos y sartenes, y los repartieron apresuradamente al pueblo.

14Después, los levitas hicieron preparativos para sí mismos y para los sacerdotes, porque éstos habían estado ocupados, desde la mañana hasta la noche, ofreciendo la grasa de los holocaustos. 15Los cantores, hijos de Asaf, estaban en sus lugares, siguiendo las instrucciones dadas siglos antes por el rey David, y por Asaf, Hemán y Jedutún, profetas del rey. Los porteros cuidaban las puertas y no tuvieron necesidad de dejar el cumplimiento de su deber, porque sus hermanos levitas les hicieron lo que les correspondía.

16Toda la ceremonia de la Pascua fue realizada en aquel día. Todos los holocaustos fueron sacrificados sobre el altar del Señor, de la manera ordenada por Josías. 17Los que estaban presentes en Jerusalén celebraron la Pascua y la fiesta de los Panes sin levadura durante siete días. 18Nunca antes, desde el tiempo del profeta Samuel, había habido tal celebración de la Pascua, ni ninguno de los reyes de Israel la celebró como el rey Josías, los sacerdotes, los levitas y los habitantes de Jerusalén y de todas partes de Judá, y los de Israel que se hallaban presentes. 19Todo esto ocurrió en el año dieciocho del reinado de Josías.

Muerte de Josías

20Después de esto, el rey Necao, de Egipto, condujo su ejército contra los asirios hasta Carquemis, junto al río Éufrates, pero el rey Josías quiso impedirle el paso. 21El rey Necao le envió embajadores con este mensaje: «No quiero pelear contra ti, rey de Judá. Yo he salido solamente a hacer guerra contra el rey de Asiria. No me molestes, pues Dios me ha dicho que me apresure. No te interpongas delante de Dios, o él te destruirá, porque él está conmigo».

22Pero Josías se negó a retirarse. En vez de hacerlo, les ofreció batalla en el valle de Meguido (dejó a un lado sus vestiduras reales a fin de que el enemigo no pudiera reconocerlo). Josías no quiso creer que el mensaje de Necao venía de Dios. 23Los arqueros enemigos hicieron blanco en el rey Josías con sus flechas y lo hirieron de muerte. Entonces Josías les dijo a sus ayudantes: «Sáquenme del campo de batalla, pues estoy muy mal herido». 24,25Lo sacaron de su carro de combate y lo pusieron en otro carro, y lo llevaron a Jerusalén, donde murió. Fue sepultado allí, en el cementerio real. Y toda la gente de Judá y de Jerusalén lo lloró. Hasta el profeta Jeremías le compuso un canto fúnebre. Aún hoy día se cantan tristes canciones en las que se menciona la muerte del rey Josías. Esas canciones forman parte del Libro de los Lamentos.

26Los demás hechos de Josías, sus buenas acciones y cómo siguió las leyes del Señor, 27están escritos en el libro de los reyes de Judá e Israel.

Joacaz, rey de Judá

36 Entonces el pueblo proclamó rey de Judá a Joacaz hijo de Josías. 2Joacaz tenía veintitrés años cuando comenzó a reinar, pero reinó solamente tres meses. 3El rey de Egipto lo destronó e impuso un tributo anual a Judá de tres mil trescientos kilos de plata y treinta y tres kilos de oro. 4Luego puso a Eliaquín, hermano de Joacaz, como rey de Judá (le cambió el nombre y le puso Joacim). Joacaz fue llevado a Egipto en calidad de prisionero.

Joacim, rey de Judá

5Joacim tenía veinticinco años cuando comenzó a reinar, y reinó once años en Jerusalén, pero fue un rey malo, pues hizo lo que no le agrada al Señor, su Dios. 6Por eso, Nabucodonosor, rey de Babilonia, conquistó Jerusalén y se lo llevó encadenado a Babilonia. 7Nabucodonosor también se llevó algunos de los utensilios del templo, y los puso en su propio templo, en Babilonia.

8Los demás hechos de Joacim, y todos los males que hizo, están escritos en el libro de los reyes de Judá. Su hijo Joaquín reinó en su lugar.

Joaquín, rey de Judá

9Joaquín tenía dieciocho años cuando subió al trono, pero sólo alcanzó a reinar tres meses y diez días en Jerusalén. Fue un rey malo, pues hizo lo que no le agrada al Señor. 10Por eso, en la primavera de ese año, Nabucodonosor ordenó que lo llevaran a Babilonia. Muchos tesoros del templo también fueron llevados en aquella ocasión. Entonces, el rey Nabucodonosor designó a Sedequías, tío de Joaquín, como rey de Judá.

Sedequías, rey de Judá

11Sedequías tenía veintiún años cuando comenzó a reinar, y reinó once años en Jerusalén. 12También fue un mal rey, pues hizo lo que no le agrada al Señor. Se negó a aceptar el consejo que el Señor le envió por medio del profeta Jeremías. 13Se rebeló contra Nabucodonosor, aun cuando le había jurado lealtad. Sedequías era un hombre terco y orgulloso; por eso, no quiso volverse al Señor, Dios de Israel.

14Todos los personajes importantes de la nación, incluyendo al sumo sacerdote, adoraron los ídolos de las naciones vecinas e hicieron cosas horribles al templo del Señor, que él había escogido como su lugar de adoración. 15A pesar de todo, el Señor, Dios de sus padres, que amaba tanto a su pueblo y a su templo, les envió muchos profetas para hacerlos reaccionar. 16Pero el pueblo se burlaba de aquellos mensajeros de Dios, es

decir, de los profetas, y no tenían respeto por la
palabra del SEÑOR. Por eso, llegó el día en que el
SEÑOR descargó su ira contra ellos, y ya no hubo
más remedio.

La caída de Jerusalén

17El SEÑOR hizo que el rey de Babilonia se levantara en contra de ellos y matara a los jóvenes, a
los que siguió aun dentro del templo, sin tener
misericordia de jóvenes ni doncellas ni de ancianos. El SEÑOR permitió que todos cayeran en las
manos del rey de Babilonia. 18El rey de Babilonia
tomó todos los utensilios del templo, grandes y
pequeños, los tesoros del templo y del palacio y
de las casas de los oficiales de Judá, y se los llevó
a Babilonia. 19Y luego quemó el templo, derribó
los muros de Jerusalén, quemó todos los palacios
y destruyó todo lo que tenía valor.

20Los que sobrevivieron fueron llevados como
esclavos a Babilonia, donde quedaron como
esclavos del rey y de sus hijos, hasta que el rey
de Persia conquistó Babilonia. 21De esta manera
se cumplió la palabra del SEÑOR, dada por medio
de Jeremías. Así, pues, la tierra de Judá disfrutó
de su descanso y tuvo paz por setenta años, que
fue el tiempo que estuvo abandonada.

Decreto de Ciro

22Pero en el primer año del reinado de Ciro,
rey de Persia, el SEÑOR hizo que el rey promulgara
un decreto, tanto de forma oral como por escrito,
permitiendo que los cautivos de Judá pudieran
regresar a su tierra. De esa manera el SEÑOR cumplió lo que había dicho por medio del profeta
Jeremías. Este decreto, que se dio a conocer en
todo el imperio persa, decía:

> 23Yo, Ciro, rey de Persia, declaro que el
> SEÑOR, Dios del cielo, me dio este imperio
> y ha puesto sobre mí la responsabilidad de
> edificarle un templo en Jerusalén, en la tierra
> de Judá. Todos los judíos del reino pueden
> ahora volver a Jerusalén, para reedificar el
> templo del SEÑOR, que es el Dios de Israel
> y de Jerusalén. Que su bendición esté sobre
> ustedes.

Investiguemos Juntos

ESDRAS

¿Quién lo escribió?

Aunque el libro mismo no lo dice, la opinión tradicional ha sido por mucho tiempo que el autor de este libro es el sacerdote Esdras. Esd. 7:21 afirma que éste era además "maestro versado en la ley del Dios del cielo", lo cual nos comunica que él estaba capacitado para escribir este libro y, además que tenía acceso a los documentos oficiales y registros mencionados en el libro. De hecho, una parte está escrita en primera persona (7:27-9:15), lo que refuerza la idea de que fue él quien lo escribió. Hay varios documentos mencionados en el libro. Entre ellos, la lista de artefactos del templo (1:9-11), la lista de exiliados que regresaban a Jerusalén (2:1-70), la genealogía de Esdras (7:1-5), los líderes de las familias (8:1-14) y los involucrados en el asunto de los matrimonios mixtos (10:18-43). Además, hay siete cartas oficiales, seis de ellas escritas en el idioma arameo. Todo lo anterior apunta a Esdras, como escritor, ya que se trata de documentos a los que ese maestro tendría acceso como funcionario.

¿A quién lo escribió?

El cautiverio judío duró setenta años, pero no era la voluntad de Dios que su pueblo estuviese para siempre en tierra extraña. Su gracia permitió que regresara a la tierra de Canaán, tal y como lo había prometido (lee Jer. 29:10-14). Este libro fue escrito para que lo leyeran los judíos que habían regresado del cautiverio bajo el liderazgo de Esdras. El primer grupo de unos cincuenta mil judíos había regresado bajo Zorobabel y se habían enfocado en la reconstrucción del templo (Esd. 1-6). El segundo grupo, de unos dos mil, fue dirigido por Esdras. Ahora la necesidad es de una reforma espiritual más amplia; un regreso a la obediencia a la Palabra de Dios (Esd. 7-10). Esdras cubre ambos períodos.

¿Cuándo y dónde lo escribió?

Esdras regresó en el año 458 a.C. a Jerusalén, así que esto significa que el libro se escribió después de esa fecha. La mayoría de estudiosos considera que su redacción fue terminada entre los años 450-445 a.C., antes del regreso de Nehemías. En cuanto al lugar de su escritura, lo más obvio es pensar que fue escrito en la ciudad de Jerusalén, aunque el autor tuvo acceso a materiales oficiales provenientes del imperio persa y de los registros del pueblo judío.

Panorama del libro

El libro de Esdras, junto con el de Nehemías narra la manera en la que los judíos regresaron a su tierra y se establecieron, a pesar de la oposición. De hecho, Esdras y Nehemías eran considerados un solo tomo en el canon hebreo. Esdras registra cómo los primeros dos grupos de judíos regresan a Israel, bajo el liderazgo de Zorobabel (538 a.C.) yEsdras(457a.C.).EsincreíbleestudiarcómoelSeñorinclusol- legóamoverla voluntad de reyes paganos para hacer que se cumpliera su promesa de que su pueblo regresaría a la tierra prometida. Este libro fue escrito con el propósito de asegurarles a los judíos que han regresado a su tierra que Dios mantiene las promesas del pacto con ellos. Por eso es que se puede decir que "hay esperanza para Israel" (10:2).

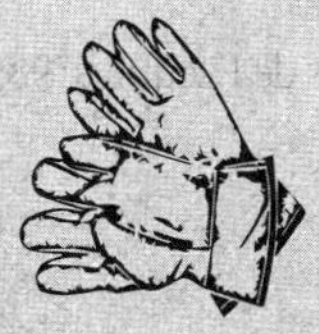

¿Cómo se relaciona con nosotros?

Luego de que sufrieran las consecuencias de su pecado, Dios es quien guía a la restauración de su pueblo de manera que, por un lado, sienta el consuelo y la esperanza de su dirección amorosa, pero que a la vez pueda percibir con claridad cómo puede poner sus prioridades en orden.

El templo debía ser reconstruido, y la obediencia a la ley de Dios restablecida y afirmada, tal como debe ocurrir con nuestra vida cada vez que perdemos el rumbo. Después de las consecuencias de la desobediencia y habiéndonos arrepentido, gran parte de la restauración de la vida espiritual consiste en retomar el camino correcto de la voluntad de Dios, y este es un libro que muestra ese proceso. Con la lectura y estudio de este libro podremos reconocer el camino hacia la restauración de nuestras relaciones, y contaremos con un mapa para saber cómo ayudar a otras personas a moverse en la misma dirección cuando fuere necesario.

¿Cómo lo estudiamos?

1) Regreso bajo Zorobabel. Misión: restaurar la casa de Dios. Caps. 1-6
2) Regreso bajo Esdras. Misión: reformar moralmente la sociedad. Caps. 7-10.

ESDRAS

Esdras

Decreto de Ciro

1 Durante el primer año del reinado del rey
Ciro, de Persia, el Señor hizo que el rey promulgara un decreto, tanto de forma oral como
por escrito, permitiendo que los cautivos de Judá
pudieran regresar a su tierra. De esa manera el
Señor cumplió lo que había dicho por medio
del profeta Jeremías.[b] Este decreto, que se dio a
conocer en todo el imperio persa, decía:

> 2«Yo, Ciro, rey de Persia, declaro que el
> Señor, Dios del cielo, me dio este imperio
> y ha puesto sobre mí la responsabilidad de
> edificarle un templo en Jerusalén, en la tierra
> de Judá. 3Todos los judíos del reino pueden
> ahora volver a Jerusalén, para reedificar el
> templo del Señor, que es el Dios de Israel
> y de Jerusalén. Que su bendición esté sobre
> ustedes. 4Los judíos que no vayan deberán
> proporcionar vestido, transporte y provisio-
> nes para el viaje de quienes sí decidan ir; así
> como una ofrenda voluntaria para el templo
> de Dios que está en Jerusalén».

El regreso de los judíos

5Entonces el Señor puso en los dirigentes de las
tribus de Judá y de Benjamín, y de los sacerdotes
y levitas, un gran deseo de regresar a Jerusalén,
para reedificar el templo. 6Los cautivos que decidieron quedarse en Persia les dieron de todo:
plata, oro, enseres, ganado y artículos valiosos;
además de las ofrendas para el templo. 7El rey
Ciro mismo les devolvió las copas de oro y otros
utensilios de gran valor, que el rey Nabucodonosor se había llevado del templo de Jerusalén,
y los había colocado en el templo de sus dioses.
8Dio órdenes a Mitrídates, tesorero de Persia, que
entregara estas cosas a Sesbasar, uno de los jefes
de los cautivos que regresaban a Judá. 9Los utensilios que Ciro entregó, fueron: treinta tazones de
oro, mil tazones de plata, veintinueve cuchillos,
10treinta tazas de oro, cuatrocientas diez tazas de
plata de inferior calidad y mil objetos diversos.

11En total fueron cinco mil cuatrocientos sesenta y nueve los utensilios de oro y plata que fueron entregados a Sesbasar, para que los llevara
a Jerusalén.

Lista de los que regresaron

2 Esta es la lista de los cautivos judíos que
regresaron a Jerusalén y a las otras ciudades
de Judá. Todos ellos eran hijos de los judíos que
fueron llevados cautivos a Babilonia por el rey
Nabucodonosor.

2Regresaron bajo la dirección de Zorobabel,
Jesúa, Nehemías, Seraías, Relaías, Mardoqueo,
Bilsán, Mispar, Bigvay, Rejún y Baná. Esta es la
lista de los clanes que regresaron:

3-35Del clan de Parós, 2.172;
del clan de Sefatías, 372;
del clan de Araj, 775;
del clan de Pajat Moab, descendientes de Jesúa
y de Joab, 2.812;
del clan de Elam, 1.254;
del clan de Zatú, 945;
del clan de Zacay, 760;
del clan de Baní, 642;
del clan de Bebay, 623;
del clan de Azgad, 1.222;
del clan de Adonicán, 666;
del clan de Bigvay, 2.056;
del clan de Adín, 454;
del clan de Ater, descendientes de Ezequías, 98;
del clan de Bezay, 323;
del clan de Jorá, 112;
del clan de Jasún, 223;
del clan de Guibar, 95;
del clan de Belén; 123;
del clan de Netofa, 56;
del clan de Anatot, 128;
del clan de Azmávet, 42;
de los clanes de Quiriat Yearín, Cafira y Berot;
743;
de los clanes de Ramá y Gueba, 621;
del clan de Micmás, 122;
de los clanes de Betel y de Hai, 223;
del clan de Nebo, 52;
del clan de Magbís, 156;
del clan de Elam, 1.254;
del clan de Jarín, 320;
de los clanes de Lod, Jadid y Ono, 725;
del clan de Jericó, 345;
del clan de Sená, 3.630.

36-39Esta es la lista de los sacerdotes que regresaron:
De la familia de Jedaías, del clan de Jesúa, 973;
del clan de Imer, 1.052;
del clan de Pasur; 1.247;
del clan de Jarín, 1.017.

40-42Esta es la lista de los levitas que regresaron:
De las familias de Jesúa y Cadmiel, del clan
de Hodavías, 74;
del clan de Asaf, que eran los cantores, 128;
de los porteros, descendientes de las familias
de Salún, Ater, Talmón, Acub, Jatitá y Sobay, 139;

43-54De los sirvientes del templo regresaron: las
familias de Zijá, Jasufá, Tabaot, Querós, Sigajá,
Padón, Lebaná, Jagabá, Acub, Jagab, Salmay,
Janán, Guidel, Gajar, Reaías, Rezín, Necoda,

---

b. Jeremías había predicho que los judíos permanecerían en cautiverio bajo los babilonios durante setenta años (Jeremías 25.12 y 29.10).

Gazán, Uza, Paseaj, Besay, Asena, Meunín, Nefu-
sín, Bacbuc, Jacufá, Jarjur, Baslut, Mejidá, Jarsa,
Barcós, Sísara, Temá, Neziaj y Jatifá.

55-57 Entre los que viajaron también estaban
los descendientes de los siguientes funcionarios
de Salomón: Sotay, Soféret, Peruda, Jalá, Darcón, Guidel, Sefatías, Jatil, Poquéret Hasebayin
y Amón.

58 El total de sirvientes del templo e hijos de los
funcionarios de Salomón era de 392.

59 Otros regresaron a Jerusalén, por este mismo
tiempo, procedentes de las ciudades persas de Tel
Melaj, Tel Jarsá, Querub, Adón e Imer. Sin embargo, ellos habían perdido su registro genealógico
y no pudieron probar que eran israelitas. 60 Este
grupo incluía los clanes de Delaías, Tobías, y
Necoda. En total eran 652.
61 Los clanes sacerdotales de Jabaías, Cos y Barzilay (el que se casó con una de las hijas de Barzilay el galaadita y tomó el nombre de la familia
de ella), también volvieron a Jerusalén. 62,63 Pero
tampoco pudieron demostrar que descendían de
familias israelitas, por haber perdido sus registros genealógicos. Así que fueron excluidos del
sacerdocio. El gobernador les prohibió comer con
los sacerdotes y tener parte en la comida sacerdotal de los sacrificios, hasta que hubiera sido
consultado el Urim y el Tumim, para que Dios
les hiciera saber si realmente eran descendientes
de los sacerdotes.
64,65 De modo que regresaron a Judá un total de
cuarenta y dos mil trescientas sesenta personas,
sin contar a los siete mil trescientos treinta y
siete esclavos y doscientos miembros del coro,
entre hombres y mujeres. 66,67 Llevaron consigo
setecientos treinta y seis caballos, doscientas cuarenta y cinco mulas, cuatrocientos treinta y cinco
camellos y seis mil setecientos veinte burros.
68 Algunos de los jefes de clanes, al llegar al templo del Señor que estaba en Jerusalén, ofrendaron
generosamente para ayudar a la reconstrucción
del mismo. 69 Cada uno dio lo que pudo. El valor
total de las donaciones ascendió a cuatrocientos
ochenta y ocho kilos de oro, dos mil setecientos
cincuenta kilos de plata y cien túnicas sacerdotales.
70 Los sacerdotes, los levitas, y una parte del
pueblo se establecieron en Jerusalén y en los
pueblos vecinos. Los cantores, los porteros, los
servidores del templo, y el resto del pueblo regresaron a las demás ciudades de Judá, de donde
procedían.

Restauración del altar

3 Siete meses después de haber regresado a
Judá, se reunieron todos en Jerusalén. Para
ese entonces ya todos estaban ubicados en sus
ciudades. 2 Entonces Jesúa hijo de Josadac, junto
con sus parientes, que eran sacerdotes, y Zorobabel hijo de Salatiel y su clan, comenzaron a
construir el altar del Dios de Israel. Lo hicieron
para poder ofrecer holocaustos, conforme a las
leyes de Moisés, el siervo de Dios. 3 El altar fue
reedificado en su antiguo sitio, a pesar del miedo
que tenían de la gente de los pueblos vecinos, y
ofrecieron sacrificios al Señor, por la mañana y
por la tarde. 4 Luego celebraron la fiesta de las
Enramadas, en la forma prescrita en las leyes de
Moisés. También, ofrecieron los holocaustos que
el reglamento requería para cada día de la fiesta.
5 Además ofrecieron los sacrificios continuos que
se requerían para los días de reposo, los de la
celebración de la luna nueva, y los de las otras
fiestas en honor del Señor, que debían celebrarse
una vez al año. Asimismo ofrecieron las ofrendas
voluntarias que llevaba el pueblo. 6 Así que, desde
el primer día del séptimo mes, comenzaron a
ofrecer holocaustos al Señor. Para esa fecha aún
no se habían echado los cimientos del templo.

Se comienza la reconstrucción del templo

7 Luego contrataron albañiles y carpinteros, y
compraron madera de cedro de Tiro y Sidón,
lo que pagaron con alimentos, vino y aceite de
oliva. La madera de cedro la llevaban desde el
Líbano y por el mar hasta Jope, tal como lo había
ordenado el rey Ciro, de Persia.
8 La construcción comenzó en el segundo mes
del segundo año de su llegada a Jerusalén. Trabajaban todos los que habían regresado y estaban
bajo la dirección de Zorobabel hijo de Salatiel,
de Jesúa hijo de Josadac, y de los sacerdotes y
levitas. Los levitas que tenían más de veinte años
tenían a su cargo la supervisión de la obra. 9 Así
que los levitas Jesúa, junto con sus hijos y hermanos, Cadmiel y sus hijos, que eran descendientes
de Hodavías, y los de la familia de Henadad, se
pusieron al frente de la obra, para supervisar a
los obreros que estaban trabajando en el templo
de Dios.
10 Cuando se completó la construcción de los
cimientos, los sacerdotes, vestidos con sus túnicas
sacerdotales, hicieron sonar las trompetas, y los
descendientes de Asaf hicieron sonar sus címbalos, para alabar al Señor de la manera ordenada
por el rey David. 11 Cantaban y alababan a Dios
dando gracias, y entonaban esta canción: "Dios
es bueno, porque para siempre es su misericordia
con Israel." Entonces todo el pueblo gritó con
gran júbilo y alabó al Señor, porque se habían
echado los cimientos del templo. 12 Pero muchos
de los sacerdotes, levitas y demás dirigentes, que
ya eran ancianos y recordaban el hermoso templo

de Salomón, lloraban en alta voz, mientras los otros gritaban de gozo. 13Los gritos de alegría y los llantos se confundían, y se oían desde muy lejos.

Oposición samaritana

4 Cuando los enemigos de Judá y de Benjamín oyeron que los cautivos habían regresado y estaban reconstruyendo el templo, 2se acercaron a Zorobabel y a los demás jefes, y les dijeron:

—Permítannos que trabajemos con ustedes, porque nosotros también adoramos a su Dios, y le hemos estado ofreciendo sacrificios desde que el rey Esarjadón, de Asiria, nos hizo venir aquí.

3Pero Zorobabel, Jesúa y los demás jefes judíos les respondieron:

—No, ustedes no pueden tener parte en este trabajo. El templo del Dios de Israel debe ser edificado exclusivamente por los israelitas, porque así lo ha ordenado el rey Ciro, de Persia.

4,5Entonces los habitantes de aquellos lugares trataron de desalentar y amedrentar a los judíos, para que no continuaran con el trabajo de reconstrucción. Hasta se atrevieron a pagarles a algunos de los consejeros, para que convencieran a la gente de que no siguieran trabajando. Esto ocurrió durante todo el reinado de Ciro, y hasta el de Darío, quienes fueron reyes de Persia.

6Después, cuando comenzó a reinar el rey Asuero, conocido también como Jerjes, le escribieron una carta acusando a los habitantes de Judá y de Jerusalén. 7Tiempo después, cuando Artajerjes comenzó a reinar en Persia, le enviaron una carta escrita en arameo y traducida al persa. Los que enviaron esa carta fueron: Bislán, Mitrídates, Tabel y sus compañeros.

8,9También el comandante Rejún y el secretario Simsay le enviaron al rey Artajerjes una carta en contra de los habitantes de Jerusalén. Esta carta iba firmada, además, por jueces, gobernadores y los funcionarios de Persia, Érec, Babilonia y Susa, es decir, Elam. 10Así mismo la firmaron los representantes de las demás naciones, cuyos habitantes habían sido sacados de su tierra y llevados a vivir en Jerusalén, Samaria y en la región que está al occidente del río Éufrates. El que hizo esto fue el famoso y respetado Asnapar.

11Este es el texto de la carta que le enviaron al rey Artajerjes:

Al rey Artajerjes: Lo saludan sus leales súbditos de la orilla occidental del Éufrates.

12Queremos informarle que los judíos enviados a Jerusalén desde Babilonia están reedificando su ciudad. La gente de esa ciudad tiene fama de ser rebelde y malvada. Ya han reedificado sus muros, y han reparado los cimientos del templo.

13Pero nosotros queremos que usted sepa que si esta ciudad es reconstruida, la tesorería real saldrá perjudicada, porque se negarán a pagar los impuestos. 14Su Majestad, nosotros hemos decidido informarle de esto, porque estamos muy agradecidos con usted, y no queremos que se le deshonre de ninguna manera. 15Sugerimos que busque en los archivos para que vea cuán rebelde ha sido la gente de esta ciudad en el pasado. Es más, esa ciudad fue destruida debido a su larga historia de rebelión contra reyes y naciones que trataron de dominarla.

16Queremos que usted sepa que si esta ciudad es reconstruida y se reedifican sus muros, bien puede olvidarse de la parte de su imperio de este lado del Éufrates, pues la habrá perdido.

17El rey envió esta respuesta a Rejún, el gobernador, a Simsay, el secretario, y a sus compañeros que vivían en Samaria y en el resto del área occidental del río Éufrates.

18Señores, reciban mis saludos. La carta que ustedes enviaron me fue traducida y leída. 19Ordené buscar las crónicas, y he encontrado que Jerusalén, en el pasado, fue cuna de sublevaciones contra muchos reyes. La rebelión y la sedición son normales para la gente de esa ciudad. 20He descubierto, además, que hubo en Jerusalén grandes reyes que dominaban todo el territorio de ese lado del río Éufrates y a quienes se le pagaba tributos, impuestos y rentas. 21Por lo tanto, mientras no reciban una nueva orden de parte mía, ordenen que esa gente suspenda los trabajos de reedificación de esa ciudad. 22No sean negligentes en esto, porque no podemos permitir que el mal aumente y el reino se vea perjudicado.

23Cuando Rejún, Simsay y sus compañeros leyeron esta carta del rey Artajerjes fueron a Jerusalén y obligaron a los judíos a detener la construcción. 24Las obras quedaron suspendidas hasta el segundo año del reinado del rey Darío, de Persia.

Se reinicia la reconstrucción del templo

5 Los profetas Hageo y Zacarías hijo de Idó le dieron a la gente de Judá y de Jerusalén un mensaje de parte del Dios de Israel, que era quien protegía a su pueblo. 2Cuando Zorobabel hijo de Salatiel y Jesúa hijo de Josadac oyeron el mensaje, decidieron reiniciar la reconstrucción del templo de Dios en Jerusalén. Y los profetas Hageo y Zacarías los ayudaban.

3Entonces Tatenay, gobernador de la región al occidente del Éufrates, y Setar Bosnay y sus compañeros, fueron a Jerusalén y preguntaron: “¿Quién les dio permiso para reedificar este templo y restaurar las murallas?” 4Pidieron además los nombres de los que estaban trabajando en

Desnudémonos 17

Recordamos con mucha emoción el primer día de nuestra luna de miel, cuando amanecimos uno al lado del otro. Estábamos muy felices, sin embargo, junto con la emoción entendimos que, desde ese momento en adelante, tendríamos que acostumbrarnos a estar física, emocional y espiritualmente desnudos.

En Génesis 2:25 dice: "Aunque en ese tiempo el hombre y la mujer estaban desnudos, no se sentían avergonzados". En una relación de pareja tendremos que desnudarnos el cuerpo, el alma y el espíritu. Cuando podemos desnudarnos con libertad en esas tres áreas, no sentimos vergüenza, temor o desconfianza frente a nuestra pareja. Definitivamente nos volvemos vulnerables.

Les confieso que, a mí, Daniel, al principio de nuestra relación me costaba desnudarme emocionalmente, desnudar el alma y mostrarme vulnerable, porque pensaba que Shari dejaría de admirarme. Lo que no sabía era que las esposas admiran que sus esposos les muestren su verdadero ser. A través de los años Dios me ha mostrado su gracia a través de mi esposa; ella es mi mejor amiga. Cuando abrimos nuestro corazón y desnudamos nuestra alma, quebramos toda barrera y nuestro cónyuge puede ver nuestro interior. ¡Pero nuestro cónyuge no es adivino! Debemos hablarle con sinceridad, vulnerabilidad y, sobre todo, con transparencia.

La segunda manera en la que tenemos que desnudarnos es físicamente. Cuando el pecado entró en el mundo, el hombre y la mujer de repente se dieron cuenta de que estaban desnudos y sintieron vergüenza, incluso sintieron la necesidad de taparse. En ocasiones las experiencias de la vida, los traumas y las inseguridades físicas nos impulsan a querer ocultar nuestra desnudez. Este es un buen día para que decidan desnudarse una pieza a la vez. Despójense de todo temor, vergüenza o trauma del pasado. Permítanle al Espíritu Santo sanar su corazón y la intimidad de su sexualidad para que puedan experimentar libertad en esta área de sus vidas. Creemos que sin duda el cónyuge es un instrumento de sanidad.

Finalmente, es sumamente necesario desnudarnos espiritualmente. ¡Seamos sinceros sobre nuestra realidad espiritual! Si el espíritu se apaga, esto afectará a todo el cuerpo. Tenemos que tener la libertad de hablar con nuestras parejas sobre nuestra condición o necesidad espiritual para que oren por nosotros y nos cubran espiritualmente. En el libro de Eclesiastés dice que mejores son dos que uno, porque ambos se ayudan mutuamente. Desnudarnos espiritualmente es tener la capacidad de compartir nuestras peticiones y lo que Dios está trabajando en nuestro corazón. Ya ante Dios estamos totalmente desnudos y expuestos ante sus ojos. Dense la oportunidad de desnudarse emocional, física y espiritualmente frente a su pareja. ¡Disfruten hoy su desnudez!

Profundicemos: Génesis 3:7; 1 Reyes 3:6; Proverbios 28:18.

Conversemos:

- ¿Cómo nos encontramos hoy en estas tres áreas?
- ¿Hay algún área en la que nos cueste desnudarnos?
- ¿Por qué?

Oremos:

Señor, gracias porque a través de tu perfecto amor echas fuera todo temor. Tú eres un Dios de transparencia y claridad, ayúdanos a ser vulnerables de modo que podamos desnudarnos sin vergüenza en cada área de nuestro matrimonio. En el nombre de Jesús. Amén.

Cómo orar por la esposa

18

Soy Daniel, y hoy quiero decirte a ti, esposo, que si existe algo importante en el matrimonio, eso es la oración, y más aún cuando se ora por el cónyuge. Dios nos bendice cuando separamos tiempo para orar el uno por el otro.

Tal vez te has preguntado cómo puedes orar por tu esposa. Hoy quisiera dejarte una idea práctica de cómo hacerlo, un modelo que luego tú puedes modificar.

"Gracias, Dios, por enviarme a mi extraordinaria esposa, por darme a mi mejor amiga. Ayúdame a amarla, respetarla y protegerla de la manera que ella se merece. Dios, te pido que me des las herramientas para amarla como tú la amas y verla como tú la ves. Ayúdame a mantener mis ojos y mi corazón en pureza en medio de este mundo en el que vivimos. Guarda mis ojos sólo para ella.

"Mi Señor, te pido que le des la seguridad de saber que no tiene que competir con ninguna otra mujer por mi atención. Déjale saber que yo estoy cautivado tanto por su belleza interna, como por la externa. Úsame para recordarle que tu plan para ella es único y extraordinario. Te pido, Señor, que yo sea su mayor admirador y no su mayor crítico. Dame las palabras correctas para animarla cuando más lo necesite y enséñame a discernir cuándo es mejor callar y escuchar.

"Muéstrame cómo servirle de sustento para que alcance su máximo potencial. Ayúdala a no creer ninguna mentira del maligno. Hazle saber que su identidad está segura en tu gran amor. Padre, te pido que siempre la fortalezcas en tu amor y en el amor que tú has puesto en mí para ella. Llénala de mucha alegría y que tu gozo nos recuerde que los momentos difíciles son pasajeros. Ayúdame a permanecer fuerte cuando se sienta débil. Líbrala de toda tentación, de todo peligro y regálale abundancia de salud.

"Por favor, Señor, bendice nuestro futuro, ayúdanos a nunca perder la fe y, sobre todo, nunca a rendirnos el uno por el otro. Oro por más sabiduría para que ella pueda seguir siendo una madre ejemplar para nuestros hijos. Que tú, Señor, la bendigas y la guardes. Haz resplandecer tu rostro sobre ella, ten misericordia, alza sobre ella tu rostro y pon en ella tu paz. En el nombre poderoso de Jesús, amén".

Espero que esta oración pueda servir como una oración guía para que tú también puedas hacerla por tu esposa.

Profundicemos: Marcos 11:24; Mateo 6:5.

Conversemos:

- ¿Acostumbro orar por mi esposa? Si no lo hago, ¿a qué creo que se deba?
- ¿Reconozco algún área en la que Dios me inquieta a orar por mi esposa?
- ¿Alguna vez le he preguntado a mi esposa cuáles áreas de su vida puedo incluir en mis oraciones?

Oremos:

Padre, deseo ser un líder sabio en mi hogar y cuidar de mi esposa en todas las áreas, así que te pido que abras mis ojos para poder ver en qué áreas específicas la debo cubrir en oración. Gracias por depositar en mí esta responsabilidad, que es también un privilegio. En el nombre de Jesús. Amén.

Cómo orar por el esposo

19

Soy Shari, y hoy quiero compartir contigo, esposa, algunas áreas por las que oro por Daniel. Son áreas específicas que el Señor me ha mostrado y, de la misma manera, creo que el Señor te va a mostrar las áreas específicas para orar por tu esposo. Las que hoy te comparto tienden a ser las más frecuentes, pero de tiempo en tiempo el Señor me muestra otras áreas por las que debo orar.

Siempre oro por el corazón de Daniel, para que esté rendido al amor de Dios. ¿Por qué oro por eso? Porque vivir rendido a su amor, a su autoridad y a su liderazgo desarrolla en él la capacidad de ser un líder amoroso en nuestra casa y con nuestros hijos. Por eso siempre oro por su liderazgo como cabeza de nuestro hogar. Me gusta orar por su paternidad y para que siempre desee amar a Dios más y más. Mi garantía de fidelidad, amor y de honra no es que esto salga de la fuente del corazón de Daniel, sino que salga de la fuente del corazón del Padre.

También oro para que Daniel sea librado de toda tentación. Pido que sus ojos y su corazón sean guardados en integridad, que cuando él me mire pueda ver a la mujer más hermosa de este mundo; que él pueda salir de casa y recordar que tiene un hogar que lo ama, y que tiene una familia que valora mucho su fidelidad y su lealtad a nosotros. Oro para que él pueda venir con libertad a hablar conmigo cuando me necesite, que sepa que yo estoy aquí para él, para animarlo y cuidarlo, como esposa fiel a su lado.

También le presento al Señor sus proyectos futuros, para que siempre sea lleno de creatividad para llevar a cabo las responsabilidades que el Señor le ha entregado y para que tenga un buen nombre y testimonio. Me gusta orar para que no busque su identidad en lo que hace, sino en lo que él es: hijo de un Dios que es real.

Amo orar por nuestro matrimonio, que Dios nos guarde en una relación de amor, de admiración y de deseo. Que todas las áreas de nuestra relación matrimonial sean cubiertas con el amor y la frescura que solo Dios puede traer a nuestra casa.

Esposa, hoy te animo a que escuches al Señor hablar a tu corazón y a que le pidas que te muestre cuáles son las necesidades específicas de tu esposo. Quiero que sepas que la oración del justo puede mucho (Santiago 5:16) y que hay cosas que solamente pueden cambiar con el poder de Dios y a través de la oración.

Profundicemos: 1 Tesalonicenses 5:17; Mateo 21:22; Romanos 12:12.

Conversemos:

- ¿Acostumbro orar por mi esposo? Si no lo hago, ¿a qué creo que se deba?
- ¿Reconozco algún área en la que Dios me inquieta a orar por mi esposo?
- ¿Alguna vez le he preguntado a mi esposo cuáles áreas de su vida puedo incluir en mis oraciones?

Oremos:

Padre Celestial, hoy me recuerdas el poder de la oración. Enséñame a orar por mi esposo y muéstrame las áreas en las que debo ser intencional a la hora de presentarlo delante de ti. En el nombre del Jesús. Amén.

Un diseñador y un cimiento firme 20

Muchas personas suelen preguntarnos lo mismo: ¿cuál es la clave para tener un matrimonio saludable? Les confesamos que en muchas ocasiones esa pregunta nos toma por sorpresa, porque no es fácil expresar en una oración un principio que pueda traer transformación a un matrimonio. Sin embargo, a través de los años nos hemos dado cuenta de que no se trata de seguir una serie de pasos. Si fuera así de fácil, entonces simplemente seguiríamos ese "uno, dos, tres" para tener un matrimonio saludable. Con el tiempo entendimos que se trata de construir sobre fundamentos esenciales que sostendrán y le darán firmeza a nuestra casa.

El primero de estos fundamentos es entender quién es el diseñador. Un versículo que nos gusta mucho y lo expone con claridad es el siguiente: "Si el Señor no edifica la casa, en vano trabajan los albañiles". (Salmos 127:1). ¿Alguna vez han sentido que por más que se esfuercen en traer cambios a su hogar o su matrimonio, pareciera que es una pérdida de tiempo? Si analizan bien lo que dice este versículo, verán que la clave es saber quién construye. Nuestro deseo es que hoy entiendan que este hermoso diseño llamado matrimonio no es un diseño humano, sino que viene del mismo corazón del Padre. Él quiere que comprendan que lo necesitan en esta parte de la construcción, pues su casa tiene un diseño único y solo Él lo conoce. Comprender este principio nos quita un peso de encima, al entender que el diseño de su matrimonio no depende de la opinión de ustedes ni de su conocimiento. Hay un diseño específico y un diseñador que sabe cómo esto funciona. Proverbios 2:6 dice: "Porque el Señor concede sabiduría; de su boca fluyen conocimiento y ciencia". Nuestra tarea es tomarnos el tiempo para preguntarle diariamente a la Sabiduría eterna, nuestro Señor y diseñador por excelencia, cómo podemos fortalecer nuestro matrimonio, que este sea saludable y hacer feliz a nuestro cónyuge.

Lo segundo que queremos que recuerden es que es imposible que construyamos si no tenemos un cimiento. No existe una construcción que se sostenga firme sin ese paso fundamental. ¿Saben cuál es ese cimiento? La Palabra de Dios. La Biblia dice en el Salmo 119:105: "Tu palabra es una lámpara a mis pies, y una luz en mi sendero". Nosotros hemos decidido consultar su Palabra y convertirla en el filtro de nuestra conducta y de nuestras decisiones para poder construir esto que llamamos matrimonio.

Pídanle hoy al Señor que el fundamento de su hogar sea su Palabra. No la cultura, la historia de vida que traemos o nuestra opinión, sino su Palabra. Unan sus historias al diseñador perfecto del matrimonio y permítanle que los guíe a construir un matrimonio saludable. No estamos solos en este diseño, sino que lo tenemos a Él.

Profundicemos: Salmos 127:1-2; Proverbios 14:1.

Conversemos:

- ¿Es la Palabra el filtro de nuestra conducta y de las decisiones en nuestro matrimonio?
- ¿Buscamos en la sabiduría de Dios respuestas específicas para nuestras necesidades?

Oremos:

Padre bueno, sólo tú puedes diseñar y sostener nuestro hogar. Revélanos ese diseño único, que tú has determinado para nuestra historia. Ayúdanos a fortalecer cada día nuestra unión. En el nombre de Jesús. Amén.

ello. 5Pero como Dios protegía a los jefes del pueblo judío, los enemigos les permitieron continuar los trabajos hasta que llegara la respuesta del rey Darío, a quien se le consultaría sobre el asunto.

6De modo que Tatenay, gobernador de la región al occidente del Éufrates, y Setar Bosnay y sus compañeros, y los demás funcionarios enviaron la siguiente carta al rey Darío:

7Saludamos al rey Darío, y le deseamos paz.

8Queremos informarle que fuimos al templo del gran Dios, y descubrimos que está siendo reconstruido con grandes piedras. Además vimos que se están colocando maderas en las murallas de la ciudad. La obra está avanzando con gran rapidez y éxito.

9Preguntamos a los dirigentes: ¿Quién les dio permiso para hacer esto? 10Pedimos, además, los nombres a fin de notificárselo a usted. 11Ellos nos respondieron:

«Somos siervos del Dios del cielo y la tierra, y estamos reedificando su templo que fue construido hace muchos siglos por un gran rey de Israel. 12Pero después nuestros antepasados hicieron enojar al Dios del cielo, y él los entregó en las manos de Nabucodonosor, quien lo destruyó y se llevó cautivo al pueblo a Babilonia.

13»Ellos insisten en que el rey Ciro, de Babilonia, durante el primer año de su reinado, emitió un decreto en el cual autorizaba reconstruirlo. 14Dicen, además, que el rey Ciro devolvió los utensilios de oro y plata que Nabucodonosor se había llevado del templo de Jerusalén, y los colocó en el templo de Babilonia. Dicen que estos utensilios fueron entregados al cuidado de un hombre llamado Sesbasar, a quien el rey Ciro nombró gobernador de Judá. 15Que el rey dio órdenes de devolver los utensilios a Jerusalén, y dejar que el templo de Dios fuera reconstruido en su sitio. 16Entonces Sesbasar vino y echó los cimientos del templo en Jerusalén. El pueblo ha estado trabajando en ello desde entonces, pero aún no han terminado. 17Si Su Majestad está de acuerdo, le pedimos que ordene investigar en la tesorería real de Babilonia si es verdad que el rey Ciro promulgó ese decreto. Le rogamos que nos haga saber entonces cuál es su decisión en este asunto».

Decreto de Darío

6 Entonces el rey Darío ordenó investigar en los archivos de la tesorería de Babilonia, que era donde se guardaban los archivos. 2Y se halló en el palacio de Ecbatana, en la provincia de Media, un rollo en el cual estaba escrito lo siguiente:

3Primer año del reinado de Ciro. En cuanto al templo de Dios en Jerusalén, el rey Ciro decreta: Que se echen los cimientos y se reconstruya el templo para que los judíos puedan ofrecer los sacrificios. La altura será de veintisiete metros, y el ancho será de veintisiete metros. 4Tendrá tres hileras de piedra en los cimientos y una hilera de madera nueva. Todos los gastos los pagará el rey. 5Los utensilios de plata y de oro, que Nabucodonosor sacó del templo de Dios, serán devueltos a Jerusalén y serán puestos en el templo, donde estaban antes.

6Entonces el rey Darío envió este mensaje al gobernador Tatenay, a Setar Bosnay y a los demás funcionarios de la región occidental del Éufrates:

Salgan de Jerusalén 7y dejen que el gobernador de Judá y los jefes de Judá sigan reconstruyendo este templo en el mismo lugar donde estaba antes.

8Aún más, decreto que ustedes deben pagar, sin tardanza, todos los gastos de construcción, tomando el dinero de los impuestos recolectados en su territorio. 9Además, cada día, deberán darles becerros, carneros, y corderos para los holocaustos al Dios del cielo. También les darán trigo, vino, sal, aceite de oliva y todo cuanto los sacerdotes les soliciten. 10Así los judíos podrán ofrecer sacrificios aceptables al Dios del cielo, y orar por mí y por mis hijos.

11Si alguien intenta alterar este decreto de alguna manera, se quitará un madero de su casa, y con él se construirá una horca en la cual será colgado. Y su casa será reducida a escombros. 12El Dios que ha escogido la ciudad de Jerusalén destruirá a cualquier nación que altere este mandamiento y destruya este templo. Yo, Darío, he promulgado este decreto. Por lo tanto, debe cumplirse con toda diligencia.

Terminación y dedicación del templo

13Por eso, el gobernador Tatenay, Setar Bosnay y sus compañeros cumplieron inmediatamente el mandato del rey Darío. 14Así que los jefes de los judíos continuaron su trabajo y terminaron la reconstrucción, de acuerdo con la palabra de Dios dada por medio de los profetas Hageo y Zacarías hijo de Idó. Gracias al mandato de Dios y a los decretos de Ciro, Darío y Artajerjes, reyes de Persia, los judíos pudieron terminar la reconstrucción. 15El templo fue terminado el día tres del mes de Adar, en el sexto año del reinado del rey Darío, 16y fue entonces dedicado con gran gozo por los sacerdotes, los levitas y todos los que habían regresado del cautiverio.

17Durante la celebración de la dedicación se
ofrecieron en sacrificio cien becerros, doscientos
carneros, y cuatrocientos corderos. Además, como
ofrenda por el pecado, se ofrecieron doce chivos,
uno por cada una de las tribus de Israel. 18Los
sacerdotes y levitas fueron instalados en sus diversos cargos, para hacer la obra de Dios, tal como
está establecido en las leyes de Moisés.

Celebración de la Pascua

19También celebraron la fiesta de la Pascua el
día catorce del mes primero. 20Para esa fecha,
los sacerdotes y levitas ya se habían purificado,
y ofrecieron los sacrificios por el pueblo, por sus
compañeros sacerdotes y por ellos mismos. 21-22Los
judíos que habían regresado de la cautividad en
Babilonia celebraron la Pascua. También se les
unieron aquellos que vivían entre ellos, y que
habían abandonado las costumbres perversas de
los pueblos vecinos, y habían decidido adorar al
Señor, Dios de Israel. La celebración de la fiesta de
los Panes sin levadura duró siete días. La festejaron con mucho júbilo, porque el Señor les había
llenado de alegría al permitir que el rey de Asiria
los tratara con tanta benevolencia y les hubiera
ayudado a reconstruir el templo del Dios de Israel.

Esdras llega a Jerusalén

7 Después, 1-5durante el reinado de Artajerjes, rey
de Persia, Esdras llegó a Jerusalén.

Esdras era hijo de Seraías.
Seraías era hijo de Azarías;
Azarías era hijo de Jilquías;
Jilquías era hijo de Salún;
Salún era hijo de Sadoc;
Sadoc era hijo de Ajitob;
Ajitob era hijo de Amarías;
Amarías era hijo de Azarías;
Azarías era hijo de Merayot,
Merayot era hijo de Zeraías;
Zeraías era hijo de Uzi;
Uzi era hijo de Buquí;
Buquí era hijo de Abisúa;
Abisúa era hijo de Finés;
Finés era hijo de Eleazar;
y Eleazar era hijo de Aarón, el primer sumo
sacerdote.

6Esdras, que llegó de Babilonia, era un maestro
muy versado en las leyes que el Señor había dado
al pueblo de Israel por medio de Moisés. Pidió
que se le permitiera regresar a Jerusalén, y el rey
le concedió su petición, porque Esdras contaba
con la ayuda del Señor.

7-9Con Esdras regresaron muchos israelitas,
entre los cuales había sacerdotes, levitas, cantores, porteros, y sirvientes del templo. Salieron
de Babilonia el día primero del mes primero del
séptimo año del reinado de Artajerjes, y llegaron a
Jerusalén, sin ningún contratiempo, el día primero del mes quinto del mismo año, porque Esdras
contaba con la bondadosa ayuda del Señor. 10Esto
fue porque Esdras se había propuesto estudiar y
obedecer las leyes del Señor, y ser un maestro de
la Palabra de Dios y enseñar las leyes al pueblo
de Israel.

Carta de Artajerjes a Esdras

11El rey Artajerjes entregó esta carta al sacerdote Esdras, que era un maestro muy entendido
en los mandamientos que el Señor les dio a los
israelitas:

12Artajerjes, rey de reyes, al sacerdote
Esdras, maestro de las leyes del Dios del
cielo:

13Decreto que todos los judíos de mi reino, incluyendo a sacerdotes y levitas, pueden regresar contigo a Jerusalén, si así lo
desean. 14Yo y mis siete consejeros ordenamos que vayas a Judá y Jerusalén, para ver
si se está obedeciendo la ley de Dios, la cual
llevas contigo. 15También te comisionamos
para que lleves contigo a Jerusalén la plata
y el oro que te hemos entregado como una
ofrenda al Dios de Israel. 16Igualmente, llevarás todo el oro y toda la plata que recojas
en las provincias de Babilonia, junto con las
ofrendas voluntarias que entreguen la gente
y los sacerdotes para el templo de Dios en
Jerusalén. 17Estos fondos serán usados, ante
todo, para la compra de toros, carneros, corderos, cereales y vino, para que los ofrezcas
sobre el altar del templo de su Dios cuando
lleguen a Jerusalén.

18El dinero que sobre podrá ser usado en
lo que tú y tus hermanos consideren que sea
la voluntad de su Dios. 19Lleva contigo los
utensilios de oro y las demás cosas que se te
han entregado para la casa de tu Dios en Jerusalén. 20Si te falta dinero para la construcción
del templo o para cualquier otra necesidad
similar, puedes pedirlo de los fondos de la
tesorería real.

21Yo, el rey Artajerjes, envío este decreto
a todos los tesoreros de las provincias que
están al occidente del río Éufrates y les ordeno
que le entreguen a Esdras cuanto él les pida,
porque él es sacerdote y maestro de la ley
del Dios del cielo. 22Le pueden dar hasta tres
mil seiscientos kilos de plata, veinticuatro mil
litros de trigo, dos mil cuatrocientos litros de
vino, dos mil cuatrocientos litros de aceite,
y sal sin medida.

23Además, deberán darle cualquier otra
cosa que el Dios del cielo pida para su templo. Después de todo, ¿por qué hemos de

arriesgarnos a que la ira de Dios caiga sobre
el rey y sus hijos? 24Decreto asimismo que los
sacerdotes, levitas, miembros del coro, porteros, y servidores del templo quedan exentos
de todo tipo de impuestos.
25Y tú, Esdras, debes usar la sabiduría que
Dios te ha dado, para seleccionar y designar
magistrados y jueces que impartan justicia al
pueblo que está al occidente del río Éufrates.
Si ellos no conocen las leyes de tu Dios, debes
enseñárselas. 26Cualquiera que se niegue a
obedecer las leyes de tu Dios y las leyes del
rey, será castigado inmediatamente con la
muerte, el destierro, la confiscación de sus
bienes o la prisión.

Oración de Esdras

27«Bendito sea el Señor, Dios de nuestros
antepasados, que colocó en el corazón del rey
el deseo de embellecer el templo del Señor en
Jerusalén. 28Y bendito sea Dios por la demostración de su misericordia hacia mí, al honrarme
delante del rey, de sus consejeros y delante de
todos sus poderosos príncipes. Mi Señor y Dios,
te doy gracias por haberme fortalecido, por haber
estado conmigo y por haberme permitido convencer a algunos de los jefes de Israel para que
regresaran conmigo a Jerusalén».

Lista de los que regresaron con Esdras

8 Estos son los nombres y genealogías de los
jefes que regresaron conmigo de Babilonia,
durante el reinado de Artajerjes:
2-14Del clan de Finés: Guersón;
del clan de Itamar: Daniel;
del clan de David: Jatús;
del clan de Secanías y del clan de Parós: Zacarías, y con él otros ciento cincuenta varones;
del clan de Pajat Moab: Elihoenay hijo de
Zeraías, y doscientos varones más;
del clan de Secanías: el hijo de Jahaziel y trescientos varones más;
del clan de Adín: Ébed hijo de Jonatán, y cincuenta varones más;
del clan de Elam: Isaías hijo de Atalías, y otros
setenta varones;
del clan de Sefatías: Zebadías hijo de Micael,
y ochenta varones más;
del clan de Joab: Abdías hijo de Jehiel, y otros
doscientos dieciocho varones;
del clan de Baní: Selomit hijo de Josifías, y
otros ciento sesenta varones;
del clan de Bebay: Zacarías hijo de Bebay, y
otros veintiocho varones;
del clan de Azgad: Johanán hijo de Hacatán,
y otros ciento diez varones;
del clan de Adonicán: Elifélet, Jeyel, Semaías,
y otros sesenta varones.
Éstos fueron los últimos en llegar; del clan
de Bigvay: Utay, Zabud y otros setenta varones.

El regreso a Jerusalén

15Nos reunimos cerca del río que desemboca
en el Ahava, y acampamos allí tres días, mientras tomábamos nota de las personas y de los
sacerdotes que habían llegado. Encontré que
ningún levita se había presentado como voluntario. 16Entonces mandé a buscar a Eliezer, Ariel,
Semaías, Elnatán, Jarib, Elnatán, Natán, Zacarías
y Mesulán, que eran jefes del pueblo. También
mandé a buscar a Joyarib y a Elnatán, que eran
hombres muy sabios. 17Los envié a Idó, jefe de los
judíos que estaban en Casifia, a pedirle a él y a
sus compañeros que nos enviaran servidores para
el templo de Dios en Jerusalén. 18Y, por la gracia
de Dios, nos enviaron a un hombre muy instruido
llamado Serebías hijo de Majlí, descendiente de
Leví. Con él vinieron sus hijos y hermanos, de
modo que en total fueron dieciocho personas.
19También nos mandaron a Jasabías y a Isaías,
descendientes de Merari, con veinte de sus hermanos e hijos, 20y doscientos veinte sirvientes del
templo. Los sirvientes ayudaban a los levitas. Este
oficio fue instituido por el rey David. Todos estos
quedaron registrados en una lista.
21Luego, allí junto al río Ahava, proclamé un ayuno, para humillarnos delante de nuestro Dios.
Le pedimos que nos diera un buen viaje y nos
protegiera, junto con nuestros hijos y los bienes
con los que viajábamos. 22Me daba vergüenza
pedirle al rey que nos proporcionara soldados y
caballería que nos protegieran de los enemigos
que pudiera haber en el camino, pues le habíamos dicho que nuestro Dios protege a todos los
que lo adoran, y que su ira se abate sólo sobre los
que lo abandonan. 23Ayunamos, pues, y rogamos
a Dios que cuidara de nosotros, y él lo hizo.
24Designé a doce jefes de los sacerdotes: a
Serebías, a Jasabías y a otros diez familiares de
ellos. 25Luego, en presencia de ellos, pesé la plata,
el oro y los utensilios sagrados que habían sido
donados para el templo de Dios por el rey, sus
consejeros y sus jefes, y por todos los israelitas
allí presentes. 26,27La lista de todo lo que entregué
a los sacerdotes, es: veintiún mil cuatrocientos
cincuenta kilos de plata, cien utensilios de plata
que pesaban tres mil trescientos kilos, tres mil
trescientos kilos de oro y veinte tazones de oro
avaluados en mil monedas de oro. Además, había
dos hermosos vasos de bronce pulido, que eran
tan preciosos como el oro. 28Consagré a estos
hombres al Señor, así como los utensilios, la plata
y el oro que habían sido donados como ofren-

da voluntaria para el Señor, el Dios de nuestros padres.

29Entonces les dije: "Cuiden bien estos tesoros y llévenlos al templo del Señor en Jerusalén. Una vez allí, deberán pesar todo en presencia de los sacerdotes, de los levitas y de los jefes de Israel".

30Los sacerdotes y los levitas aceptaron la responsabilidad de transportarlos al templo de Dios en Jerusalén. 31Levantamos el campamento que estaba junto al río Ahava, y salimos rumbo a Jerusalén el día doce del mes primero. Dios nos protegió y nos libró de enemigos y bandidos a lo largo del camino. 32Llegamos a salvo a Jerusalén y descansamos tres días.

33Al cuarto día de nuestra llegada se pesaron la plata, el oro y los utensilios en el templo de nuestro Dios, y se le entregó todo al sacerdote Meremot hijo de Urías, que estaba acompañado por Eleazar hijo de Finés, y los levitas Jozabad hijo de Jesúa, y Noadías hijo de Binuy. 34Se hizo un recibo por cada artículo, y se anotó el peso total del oro y de la plata.

35Luego, cada uno de los que integraban nuestro grupo ofreció holocausto al Dios de Israel: doce becerros por la nación de Israel; noventa y seis carneros, setenta y siete corderos, y doce chivos, como ofrenda por el pecado. 36Y los decretos del rey fueron entregados a los gobernadores y funcionarios de las provincias que quedan al occidente del río Éufrates. Todos ellos estuvieron listos a colaborar en la reconstrucción del templo.

Esdras confiesa el pecado del pueblo

9 Después de esto, los jefes de los judíos vinieron a mí para decirme que muchos judíos, aun algunos sacerdotes y levitas, se habían mezclado con los pueblos vecinos y habían adquirido las horribles costumbres de los hititas, los ferezeos, los jebuseos, los amonitas, los moabitas, los egipcios y los amorreos. 2Y que algunos hombres de Israel se habían casado con mujeres de estas naciones paganas. De modo que el pueblo santo de Dios se estaba contaminando mediante estos matrimonios mixtos, y algunos de los jefes políticos del pueblo eran los primeros en dar mal ejemplo.

3Cuando oí esto, rasgué mi ropa, me arranqué los cabellos y la barba, y me senté lleno de angustia. 4Entonces muchos de los que obedecían las palabras del Dios de Israel, debido a este pecado del pueblo, vinieron y se sentaron conmigo hasta la hora del holocausto de la tarde.
5Finalmente, a la hora de ofrecer el holocausto, recobré el ánimo y me levanté. Y con mi túnica y mi manto rasgados, me arrodillé y levanté mis manos hacia el Señor mi Dios 6y le dije en oración:

«Dios mío, estoy avergonzado. Tengo vergüenza de levantar el rostro hacia ti, porque nuestros pecados son tantos, que sobrepasan nuestras cabezas, y nuestra culpa es tan grande como los cielos. 7Nuestra historia ha sido una historia de pecado. Por esto es que nosotros, nuestros reyes y nuestros sacerdotes fuimos entregados en manos de reyes paganos, quienes nos hirieron, nos tomaron cautivos, nos robaron, y nos humillaron en público. Y hasta hoy esto nos sucede.

8»Pero ahora, por breve instante, tú has tenido misericordia de nosotros al permitir que algunos de nosotros regresemos a Jerusalén. Nos has dado un momento de gozo y una nueva vida en medio de nuestra esclavitud. 9Porque éramos esclavos, pero por tu amor y tu misericordia no nos has abandonado. Antes al contrario, hiciste que los reyes de Persia fueran bondadosos con nosotros. Tan así es que nos han ayudado a reconstruir el templo de nuestro Dios y nos han dado una muralla protectora en Judá y Jerusalén.

10»Y ahora, Dios, ¿qué podemos decir después de todo esto? Una vez más nos hemos apartado de ti y hemos quebrantado tus leyes. 11Los profetas nos advirtieron que la tierra que íbamos a poseer estaba contaminada con las horribles prácticas de los pueblos que allí vivían. De un extremo al otro está llena de corrupción. 12Tú nos dijiste que no debíamos permitir que nuestras hijas se casaran con los hijos de esta tierra, ni que nuestros hijos se casaran con sus hijas, y que no ayudáramos a esas naciones de ninguna manera. Tú nos advertiste que solamente si seguíamos esta norma podríamos llegar a ser una nación próspera, y que nuestros hijos podrían disfrutar siempre de esa prosperidad.

13»Y ahora, después de sufrir el castigo del cautiverio por causa de nuestra maldad, reconocemos que el castigo que nos diste fue menos de lo que merecíamos. Al contrario, has sido muy bueno con nosotros, pues has permitido que un grupo de nosotros regrese de la cautividad. 14Sin embargo, hemos quebrantado tus mandamientos nuevamente y nos hemos casado con las mujeres de estos pueblos que tienen costumbres perversas. Seguramente en tu ira nos destruirás ahora, y ni siquiera un pequeño remanente escapará. 15Señor, Dios de Israel, tú eres un Dios justo, porque permitiste que de nosotros quedara un remanente. ¡Ante tu presencia estamos con nuestras culpas! ¡Sé que no merecemos estar en tu presencia!»

El pueblo reconoce su pecado

10 Mientras Esdras oraba, lloraba y confesaba el pecado del pueblo, de rodillas delante del templo de Dios, una gran multitud de hombres, mujeres y niños llegó y se puso a llo-

rar amargamente, junto a él. 2Entonces Secanías hijo de Jehiel, de la familia de Elam, se acercó a Esdras y le dijo:

«Reconocemos que hemos pecado contra nuestro Dios, porque nos hemos casado con mujeres extranjeras, es decir, que no guardan nuestra fe. Pero aún, a pesar de esto, hay esperanza para Israel. 3Prometemos solemnemente, delante de nuestro Dios, separarnos de nuestras esposas y de los hijos que con ellas hemos tenido. Haremos lo que tú y todos los que obedecen la ley de nuestro Dios nos aconsejen. Obedeceremos las leyes de Dios. 4Ten valor y dinos qué hemos de hacer para rectificar lo malo que hemos hecho y de buen grado lo haremos».

5Entonces Esdras se puso de pie y pidió que los jefes de los sacerdotes y los levitas, y todo el pueblo de Israel, prometieran que harían lo que Secanías había dicho. Y todos estuvieron de acuerdo. 6Luego, Esdras salió del templo de Dios y fue a la habitación de Johanán hijo de Eliasib, y pasó allí la noche. Pero no quiso comer ni beber, pues estaba muy afligido debido al pecado de los que habían regresado del cautiverio.

7,8Luego se anunció, en las ciudades de Judá y en Jerusalén, que todos los que habían regresado del cautiverio debían reunirse en Jerusalén, en un plazo de tres días. Además, los jefes y los consejeros del pueblo acordaron que a cualquiera que se negara a venir se le quitarían sus bienes y se le expulsaría de la comunidad de los que habían regresado del cautiverio.

9Así que a los tres días, el día veinte del mes noveno, todos los hombres de Judá y de Benjamín ya habían llegado y estaban sentados en la plaza del templo. Temblaban a causa de la seriedad del asunto que los había reunido y por la lluvia intensa que caía. 10Entonces, el sacerdote se puso de pie y les dijo:

—Ustedes han pecado, porque se han casado con mujeres extranjeras. Ahora merecemos más condenación que antes. 11Confiesen pues, sus pecados al Señor, Dios de sus padres, y hagan lo que él les pide, es decir, sepárense del pueblo pagano que está alrededor de ustedes, y de esas mujeres. 12Todos dijeron:

—Haremos lo que tú has dicho. 13Pero esto no puede hacerse en uno o dos días, porque somos muchos los que hemos cometido este pecado. Está lloviendo tanto que no podremos permanecer en la intemperie mucho rato. 14Que nuestros jefes nos representen. Los que tengan esposas paganas vendrán en la hora determinada, acompañados por los jefes y los jueces de su respectiva ciudad. Entonces que se juzgue cada caso, y que todo se aclare para que la terrible ira de nuestro Dios se aparte de nosotros. 15Solamente Jonatán hijo de Asael, y Jahazías hijo de Ticvá, apoyados por Mesulán y Sabetay, se opusieron a esta determinación.

16,17Este fue el plan que se siguió: El sacerdote Esdras y algunos jefes de familia fueron designados como jueces para resolver cada caso. Comenzaron la tarea el primer día del mes décimo, y el primer día del mes primero ya habían resuelto todos los casos de quienes se habían casado con mujeres extranjeras.

Lista de los culpables

18,19La siguiente es la lista de los sacerdotes que se habían casado con mujeres extranjeras y que prometieron divorciarse de ellas, y reconocieron su culpa ofreciendo carneros como sacrificio:

De los hijos de Jesúa hijo de Josadac, y de sus hermanos: Maseías, Eliezer, Jarib y Guedalías.

20De los hijos de Imer: Janani y Zebadías.

21De los hijos de Jarín: Maseías, Elías, Semaías, Jehiel y Uzías.

22De los hijos de Pasur: Elihoenay, Maseías, Ismael, Natanael, Jozabad y Elasá.

23Los levitas que fueron hallados culpables fueron los siguientes: Jozabad, Simí, Quelaías, llamado también Quelitá, Petaías, Judá y Eliezer.

24De los cantores fue hallado culpable Eliasib.

De los porteros: Salún, Telén y Uri.

25Esta es la lista de los demás ciudadanos israelitas que fueron hallados culpables: De la familia de Parós: Ramías, Jezías, Malquías, Mijamín, Eleazar, Malquías y Benaías.

26De los hijos de Elam: Matanías, Zacarías, Jehiel, Abdí, Jeremot y Elías.

27De los hijos de Zatú: Elihoenay, Eliasib, Matanías, Jeremot, Zabad y Azizá.

28De los hijos de Bebay: Johanán, Jananías, Zabay y Atlay.

29De los hijos de Baní: Mesulán, Maluc, Adaías, Yasub, Seal y Ramot.

30De los hijos de Pajat Moab: Adná, Quelal, Benaías, Maseías, Matanías, Bezalel, Binuy y Manasés.

31,32De los hijos de Jarín: Eliezer, Isías, Malquías, Semaías, Simeón, Benjamín, Maluc y Semarías.

33De los hijos de Jasún: Matenay, Matatá, Zabad, Elifelet, Jeremay, Manasés y Simí.

34-37De los hijos de Baní: Maday, Amirán, Uel, Benaías, Bedías, Queluhi, Vanías, Meremot, Eliasib, Matanías, Matenay, Jasay.

38-42De los hijos de Binuy: Simí, Selemías, Natán, Adaías, Macnadebay, Sasay, Saray, Azarel, Selemías, Semarías, Salún, Amarías y José.

43Y de los hijos de Nebo: Jeyel, Matatías, Zabad, Zebiná, Jadau, Joel y Benaías.

44Cada uno de estos hombres había tomado esposa pagana y muchos tenían hijos de estas mujeres.

NEHEMÍAS

¿Quién lo escribió?

Se ha atribuido la autoría de este libro a Nehemías, el administrador civil que dirigió el tercer grupo de judíos que regresaban a su tierra para reconstruir el muro de la ciudad de Jerusalén. Algunas partes del libro contienen sus memorias (1:1-7:5; 11:1-2; 12:27-43; 13:4-31). El regreso de este grupo se produjotrece años después del retorno de Esdras. Nehemías nació durante el exilio, de padres judíos. Su nombre significa "Consuelo del Señor", lo cual nos hace concluir que nació en un hogar judío piadoso. Lo único que sabemos de su familia proviene del libro. Su padre era Jacalías (Neh. 1:1) y su hermano se llamaba Janani (Neh. 1:2). Siguiendo la costumbre de los babilonios de aprovechar el talento de los pueblos conquistados, este hombre fue nombrado "copero", es decir el encargado de probar la copa y comida del rey Artajerjes, el cual era un cargo de mucha confianza en el palacio. Desde allí, Dios lo utilizó como una pieza clave para permitir el regreso de los judíos para construir los muros de la ciudad. A diferencia de Esdras, que era un ministro religioso, Nehemías era lo que hoy llamaríamos un laico.

¿A quién lo escribió?

Los lectores originales fueron los judíos que ya estaban viviendo de regreso en la tierra de Israel, después del cautiverio. Estos judíos, aunque ya habían finalizado la reconstrucción del templo, estaban en una situación riesgosa, ya que los muros de la ciudad estaban aún destruidos. Debido a lo anterior, estaban inseguros; a merced del ataque de animales salvajes y sobre todo enemigos que los podrían amenazar. El libro cuenta la historia de la reconstrucción, los obstáculos y las decisiones tomadas por el líder, Nehemías, y el resto del pueblo.

¿Cuándo y dónde lo escribió?

Este libro fue escrito en la ciudad de Jerusalén. La fecha más probable es poco tiempo después de los eventos que narra. Entonces, la fecha más probable es el 430 a.C. Debes tomar en cuenta que este es el libro que narra los últimos eventos históricos del Antiguo Testamento.

Panorama del libro

Este libro continúa el relato de los judíos que restauraban su nación después del cautiverio, el cual fue iniciado por el libro de Esdras. Ambos personajes se complementan, ya que el sacerdote Esdras se ocupa de la purificación espiritual del pueblo, mientras Nehemías, un administrador, se preocupa por la protección física del pueblo mientras edifican. Este libro busca mostrar cómo Dios utiliza líderes capaces y fieles en su objetivo de restaurar al pueblo al lugar de bendición que Él ha preparado.

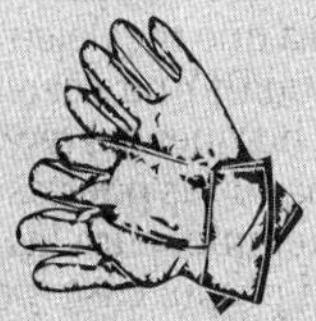

¿Cómo se relaciona con nosotros?

Este es un libro modelo para hablar de liderazgo. Se trata de emprender una gran aventura y de trabajar con la gente para lograr una gran meta. Incluso obras no cristianas lo han utilizado para registrar los principios del liderazgo y la dirección. Por supuesto, hay razones para que el libro sea utilizado de esa manera, y hay muchos elementos aplicables a la labor de los líderes en cualquier ámbito. Sin embargo, es bueno también saber que el propósito de este libro era principalmente espiritual. El principal objetivo de Nehemías no era solamente la construcción de un muro como una meta organizacional cualquiera. Nehemías, como todo gran líder, tenía como prioridad agradar al Señor y hacer su voluntad, ya que sabía que eso era lo mejor para un pueblo como lo es para nosotros hoy.

¿Cómo lo estudiamos?

1) Reconstrucción del muro. Edificando para buscar seguridad. Caps. 1-7
2) Avivamiento de la Nación. Edificando a través de la Palabra. Caps. 8-13

NEHEMÍAS

Nehemías

Nehemías ora por su pueblo

1 Autobiografía de Nehemías hijo de Jacalías:
En diciembre del año veinte del reinado de
Artajerjes de Persia, cuando yo servía en el palacio de Susa, [2]uno de mis compatriotas, un judío
llamado Janani, vino a visitarme con algunos
hombres que habían llegado de Judá. Aproveché
la oportunidad para preguntarles:

—¿Cómo está la ciudad de Jerusalén y cómo
están los judíos que escaparon de ir cautivos a
Babilonia?

[3]—Pues te diremos que las cosas no andan
muy bien —contestaron—. Los que regresaron
del destierro sufren grandes males y humilla-
ciones. Los muros de Jerusalén aún están medio
derribados y las puertas están quemadas.
[4]Cuando oí esto me senté y lloré. Durante varios
días ayuné y oré así al Dios del cielo:

[5]«SEÑOR, Dios del cielo, Dios grande y temible,
que cumples las promesas y que amas y tienes
misericordia de los que te aman y te obedecen,
escucha mi oración. [6,7]Escucha lo que yo te digo.
Mírame y ve que noche y día oro por el pueblo
de Israel. Confieso que hemos pecado contra
ti. Yo mismo y mi pueblo hemos pecado. No
hemos obedecido los mandamientos, estatutos
y preceptos que nos entregaste por medio de tu
siervo Moisés.

[8]»Recuerda que le dijiste a Moisés: "Si ustedes
pecan, los esparciré entre las naciones. [9]Pero si se
vuelven a mí y obedecen mis leyes, y las ponen
en práctica, aun de los rincones más lejanos del
universo, a donde hayan sido llevados, los haré
regresar a Jerusalén. Porque Jerusalén es el lugar
que he escogido como mi lugar de residencia".

[10]»Nosotros somos tus siervos, somos el pueblo
que rescataste con tu gran poder. [11]SEÑOR, escucha
mi oración. Escucha la oración de quienes se
deleitan en darte gloria y honra. Te ruego que
me permitas tener éxito cuando me presente ante
el rey con mi petición. Haz que el rey me atienda
y me trate bien».

Yo era entonces copero del rey.

Nehemías vuelve a Jerusalén

2 Cuatro meses después, un día de abril, yo
estaba sirviendo el vino al rey; [2]y él me preguntó:

—¿Por qué estás tan triste? ¿No estarás enfermo? Tu cara revela que tienes alguna preocupación.

Hasta entonces yo siempre me había mostrado
alegre delante de él. Sentí un gran temor, [3]pero
le respondí:

—¡Deseo larga vida a Su Majestad! Pero,
¿cómo no voy a estar triste, si la ciudad donde
están las tumbas de mis antepasados está en ruinas, y sus puertas están quemadas?

[4]—Bien, ¿qué podemos hacer? —preguntó
el rey.

Elevé una oración al Dios del cielo pidiendo
su ayuda, y le contesté al rey:

—Si agrada a Su Majestad, y si en verdad
usted quiere ayudarme, envíeme a Judá, para
reconstruir la ciudad de mis padres.

[5,6]El rey, que tenía a la reina sentada a su lado,
me preguntó cuánto tiempo duraría mi viaje y
cuándo pensaba regresar. Entonces fijé una fecha
para mi partida, y el rey estuvo de acuerdo. [7]Lue-
go añadí:

—Si Su Majestad está de acuerdo, le pido el
favor de que envíe cartas para los gobernadores
del otro lado del río Éufrates, para que me dejen
pasar por sus países en el viaje a Judá. [8]Y otra carta para Asaf, administrador de los bosques del rey,
para que me dé madera para reparar las puertas
de la fortaleza que está junto al templo, para las
murallas de la ciudad, y para mi propia casa.

El rey me concedió todas estas peticiones, porque Dios me estaba prestando su benigna ayuda.

[9]Cuando llegué a las provincias que estaban
al occidente del río Éufrates, entregué las cartas
del rey a los gobernadores (el rey, debo añadir,
había enviado conmigo oficiales y soldados de
caballería para que me protegieran). [10]Pero cuando Sambalat el horonita, y Tobías el funcionario
amonita, oyeron que había alguien interesado
en ayudar a los israelitas, se enojaron mucho.

Nehemías inspecciona la muralla

[11,12]Tres días después de mi llegada a Jerusalén,
me levanté durante la noche y salí acompañado
de unos cuantos hombres. Yo no le había contado
a nadie los planes que Dios había puesto en mi
corazón acerca de Jerusalén. Yo iba montado en
mi burro y mis acompañantes iban a pie. [13]Sali-
mos por la puerta del Valle rumbo a la fuente del
Dragón y luego a la puerta del Basurero. Inspeccioné las murallas que habían sido destruidas y
las puertas que habían sido quemadas. [14,15]Segui-
mos hasta la puerta de la Fuente y al estanque
del Rey, pero mi burro no pudo pasar a través de
las ruinas. Entonces, todavía de noche, subí por
el arroyo e inspeccioné la muralla; luego volví a
entrar por la puerta del Valle.

[16]Los funcionarios de la ciudad no supieron a
dónde había ido ni qué había hecho, porque a
nadie le había hablado de mis planes, ni a los
jefes políticos ni a los jefes religiosos, ni a los que
habían estado haciendo el trabajo.

[17]Entonces les dije:

—Ustedes conocen bien el estado calamitoso
de nuestra ciudad. Saben muy bien que las murallas están en ruinas y las puertas están quemadas.

¡Vamos! ¡Reedifiquemos los muros de Jerusalén y
no permitamos que se sigan burlando de nosotros!
18Entonces les hablé del deseo que Dios había
puesto en mi corazón y de la conversación que
había tenido con el rey, para presentarle mi plan,
el cual él había aceptado. Ellos respondieron
inmediatamente:
—¡Muy bien! ¡Pongámonos a reconstruir la
muralla!
Y comenzaron a trabajar.
19Pero cuando Sambalat el horonita, Tobías
el funcionario amonita y Guesén el árabe se
enteraron de nuestro plan, se burlaron y dijeron:
—¿Qué es lo que están haciendo? ¿Se están
rebelando acaso contra el rey?
20Pero yo les contesté:
—El Dios del cielo nos ayudará, y nosotros,
sus siervos, reedificaremos los muros. Ustedes no
tienen autoridad sobre nosotros, pues no tienen
ninguna herencia en Jerusalén, ni hacen parte
de su historia.

Se inicia la reconstrucción

3 El sumo sacerdote Eliasib y los otros sacerdotes se encargaron de reconstruir la entrada de
las Ovejas. Le colocaron la puerta, y reedificaron
la muralla desde la torre de los Cien hasta la torre
de Jananel. 2Los de Jericó trabajaron en el tramo
siguiente de la muralla, y en el sector siguiente
trabajó la cuadrilla de Zacur hijo de Imrí.
3Los hijos de Sená reconstruyeron la puerta
de los Pescados. Ellos lo hicieron todo: cortaron
las vigas, colocaron las puertas e hicieron los
cerrojos y las barras. 4Meremot hijo de Urías y
nieto de Cos, reparó la sección siguiente de la
muralla. El tramo siguiente lo reparó Mesulán
hijo de Berequías y nieto de Mesezabel. El tramo
siguiente lo reparó Sadoc hijo de Baná. 5A continuación de ellos estaban los hombres de Tecoa,
pero sus jefes no quisieron colaborar con los que
dirigían la obra.
6La puerta Vieja fue reparada por Joyadá hijo
de Paseaj, y Mesulán hijo de Besodías. Ellos colocaron las vigas, pusieron las puertas e instalaron
los cerrojos y barras. 7A continuación de ellos
estaban Melatías de Gabaón, Jadón de Meronot
y los hombres de Gabaón y Mizpa. (Las regiones
de Gabaón y Mizpa estaban bajo la dirección del
gobernador de la provincia que está al oeste del
río Éufrates).
8Uziel hijo de Jaraías, que tenía el oficio de
orfebre, y Jananías, que era un fabricante de perfumes, reconstruyeron el tramo de la muralla que
va hasta la muralla Ancha. 9Refaías hijo de Jur,
gobernador de la mitad del distrito de Jerusalén,
reparó el tramo siguiente de la muralla. 10Jedaías
hijo de Jarumaf, reparó el tramo siguiente, que
quedaba al frente de su propia casa. El sector
siguiente lo reparó Jatús hijo de Jasabnías.
11Después estaban Malquías hijo de Jarín, y
Jasub hijo de Pajat Moab, quienes restauraron
la torre de los Hornos, además de una sección
de la muralla. 12Salún hijo de Halojés, y sus
hijas repararon la sección siguiente. Halojés era
el gobernador de la otra mitad del distrito de
Jerusalén.
13Janún y los habitantes de Zanoa reconstruyeron la puerta del Valle. Colocaron la puerta en
su lugar, con las cerraduras y las barras. Además
reconstruyeron cuatrocientos cincuenta metros
de la muralla, hasta la puerta del Basurero.
14La puerta del Basurero fue reconstruida por
Malquías hijo de Recab, gobernador del distrito
de Bet Haqueren. Colocó la puerta en su lugar e
instaló las cerraduras y las barras.
15Salún hijo de Coljozé, gobernador del distrito de Mizpa, reparó la puerta de la Fuente.
La techó, la enmaderó, colocó la puerta en su
lugar e instaló los cerrojos y las barras. Luego
reconstruyó la muralla desde el estanque de
Siloé, que está junto al jardín del rey, hasta las
gradas que descienden a la Ciudad de David. 16A
continuación estaba Nehemías hijo de Azbuc,
gobernador de la mitad del distrito de Betsur,
quien reconstruyó la muralla hasta en frente de
la tumba de David y hasta el estanque artificial
y la casa de los Valientes.
17Luego había un grupo de levitas que trabajaban bajo la supervisión de Rejún hijo de Baní.
A continuación estaba Jasabías, gobernador
de la mitad del distrito de Queilá, que hizo la
reconstrucción de la muralla en su propio distrito. 18Luego estaban sus compañeros: Bavay hijo
de Henadad, gobernador de la otra mitad del
distrito de Queilá, 19y Ezer hijo de Jesúa, gobernador de una parte de Mizpa, quienes restauraron
otro tramo de la muralla que queda frente a la
subida del depósito de armas, en la esquina. 20A
continuación estaba Baruc hijo de Zabay, quien
construyó desde la esquina de la muralla hasta
la casa de Eliasib, el sumo sacerdote. 21Meremot
hijo de Urías y nieto de Cos, edificó el tramo de
la muralla que se extendía desde la entrada de
la casa de Eliasib hasta el término de la misma.
22A continuación estaban los sacerdotes de
las llanuras. 23Benjamín, Jasub, y Azarías hijo
de Maseías y nieto de Ananías, repararon las secciones cercanas a sus casas. 24Luego estaba Binuy
hijo de Henadad, que reedificó la sección de la
muralla desde la casa de Azarías hasta la esquina.
25Palal hijo de Uzay se encargó del trabajo desde
la esquina hasta los cimientos de la torre alta que
se levanta por encima del palacio del rey, junto
al patio de la cárcel. Después estaba Pedaías hijo
de Parós. 26Los sirvientes del templo que vivían

en Ofel repararon la muralla hasta la puerta de
las Aguas, al oriente, y la torre que sobresale.
27Después de ellos estaban los tecoítas, quienes
repararon la sección de la muralla que sobresale,
hasta la muralla de Ofel.
28Los sacerdotes repararon la muralla desde
la puerta de los Caballos, cada uno en la parte
que quedaba frente a su casa. 29Sadoc hijo de
Imer, también reconstruyó el tramo de muralla
que quedaba frente a su casa. A continuación de
él estaba Semaías hijo de Secanías, portero de
la puerta oriental. 30Jananías hijo de Selemías,
y Janún, el sexto hijo de Salaf, reconstruyeron
el siguiente tramo. Mesulán hijo de Berequías
reedificó la parte de la muralla que estaba frente
a su casa. 31Malquías, que era uno de los plateros, reconstruyó el tramo de la muralla que va
hasta la casa de los sirvientes del templo y de
los comerciantes, frente a la puerta del Juicio, y
hasta la torre de vigilancia de la esquina. 32Los
demás plateros y comerciantes completaron la
reconstrucción de la muralla desde aquella esquina hasta la puerta de las Ovejas.

Se obstaculiza la reconstrucción

4 Sambalat se enojó mucho cuando supo que
estábamos reedificando la muralla. Enfurecido, nos insultó y se burló de nosotros. 2Delan-
te de sus amigos y de los oficiales del ejército
samaritano, dijo:
—¿Qué hace ese grupito de judíos pobres y
débiles? ¿Piensan que se les permitirá reconstruir,
para que vuelvan a ofrecer sus sacrificios? ¿Acaso creen que ese trabajo lo pueden terminar en
un día? ¡Miren las piedras calcinadas que están
sacando de la basura para volverlas a usar!
3Tobías el amonita, que estaba junto a él,
agregó:
—¡Valiente construcción! ¡Si un zorro camina
sobre el muro, lo derrumba!
4Entonces yo oré:
«Oye, Dios nuestro, cómo se burlan de nosotros. Haz que sus burlas caigan sobre sus propias
cabezas, y que sean llevados cautivos a tierra
extraña. 5No pases por alto su pecado, ni olvides
su maldad, pues han insultado a los que recons-
truyen la muralla».
6El muro fue completado hasta la mitad de
su altura original alrededor de toda la ciudad,
porque los obreros trabajaron arduamente. 7Pero
cuando Sambalat, Tobías, los árabes, los amonitas y los asdodeos oyeron que la obra estaba avanzando y que las brechas de la muralla estaban
siendo reparadas, se enfurecieron. 8Se pusieron
de acuerdo para atacar a Jerusalén y producir
desánimo en la gente. 9Pero nosotros oramos a
nuestro Dios y colocamos guardias que vigilaran
de día y de noche. 10Como si eso fuera poco, los
de Judá comenzaron a quejarse, y decían:
«Los cargadores están muy cansados, y todavía
quedan muchos escombros para botar. ¡Jamás
podremos reconstruir la muralla!»
11Mientras tanto, nuestros enemigos estaban
planeando caer sobre nosotros y matarnos, para
poner fin a nuestro trabajo. 12Pero algunos judíos
que vivían en medio de ellos venían, una y otra
vez, a avisarnos de sus planes y nos indicaban
por dónde pensaban atacarnos.
13Por lo tanto, puse guardias armados organizados por familias en los lugares donde la
muralla estaba más baja. 14Luego, al considerar la situación, convoqué a todos los jefes y al
pueblo y les dije: «No tengan miedo: Recuerden
que el Señor es grande y poderoso. ¡Peleen por
sus amigos, por sus familias y por sus hogares!»
15Nuestros enemigos dejaron de estorbarnos
cuando supieron que estábamos al tanto de
todo y de que Dios había desbaratado sus planes.
Entonces nosotros regresamos a nuestros trabajos
en la muralla. 16Pero desde entonces sólo la mitad
trabajaba, mientras la otra mitad estaba de guardia, armados de lanzas, escudos, arcos y corazas.
Y los jefes de Judá les brindaban su apoyo. 17Los
albañiles y los demás obreros trabajaban con las
armas al alcance de la mano. 18Cada uno de los
constructores llevaba una espada al cinto. El que
tocaba la trompeta permanecía junto a mí, a fin
de hacer llegar la voz de alarma. 19Yo les había
dicho a los hombres importantes del pueblo, a
los jefes y al resto del pueblo: «La obra es mucha
y extensa, de modo que estamos muy separados
unos de otros. 20Por eso, cuando oigan el sonido de alarma, corran a reunirse con nosotros
al lugar desde donde suena la trompeta. ¡Dios
peleará por nosotros!»
21Trabajábamos desde el alba hasta la salida
de las estrellas, y la mitad de los hombres estaba
siempre de guardia. 22Pedí a todos los que vivían
fuera de los muros que se quedaran a dormir en
Jerusalén, para que sus siervos también pudieran
estar de guardia y trabajaran en el día. 23Durante
este tiempo, ninguno de nosotros, ni yo, ni mis
hermanos, ni los siervos, ni los guardias que
estaban conmigo, nos quitábamos la ropa para
dormir. Y siempre teníamos las armas a la mano.

Nehemías defiende a los pobres

5 Hubo en esos días una gran protesta de las
familias del pueblo contra algunos judíos
ricos que estaban abusando de ellos. 2-4Lo que
ocurría era que las familias que se quedaban sin
dinero tenían que vender a sus hijos o hipotecar
sus campos, viñas o casas para obtener dinero
para comprar comida. Algunos ni eso podían
hacer, porque ya habían tomado dinero prestado

para pagar los impuestos que le pagaban al rey.
La gente protestaba: 5«Somos sus hermanos, y
nuestros hijos son iguales a los de ustedes. Sin
embargo, hemos tenido que vender a nuestros
hijos como esclavos a fin de obtener el dinero
que necesitamos para vivir. Ya hemos vendido
algunas de nuestras hijas, y no podemos pagar
por su libertad, porque nuestros campos también
han sido hipotecados a estos hombres».

6Me enojé mucho cuando oí esto. 7Después de
pensarlo, hablé con los ricos y con los funcionarios del gobierno.

—¿Qué es lo que están haciendo? —les pregunté—. ¿Cómo se atreven a pedir propiedades
en prenda como condición para ayudar a otro
israelita?

Entonces convoqué a una asamblea pública
para juzgar el asunto.

8En la reunión les dije:

—Nosotros, a la medida de nuestras fuerzas,
hemos estado pagando el rescate de nuestros
hermanos judíos que regresaron del exilio como
esclavos. ¡Y ahora ustedes los están vendiendo
para que luego tengamos que volver a redimirlos!

Y ellos no hallaban qué decir. 9Entonces insistí:

—Lo que ustedes están haciendo es muy malo.
¿Por qué no actúan ustedes de acuerdo a la instrucción de nuestro Dios? ¿No tenemos enemigos
suficientes entre las naciones que nos rodean y
que están tratando de destruirnos? 10Casi todos
nosotros estamos prestando dinero y granos a
nuestros hermanos judíos sin ningún interés. Por
eso, les ruego que dejen de hacer de la usura un
negocio. 11Devuélvanles hoy mismo sus campos,
sus viñas, sus olivares y sus casas, y aliviémoslos
así de sus cargas.

12Ellos estuvieron de acuerdo en hacerlo, y dijeron que ayudarían a sus hermanos sin exigirles
nada. Luego convoqué a los sacerdotes e hice
que estos hombres juraran cumplir sus promesas.
13Entonces, me sacudí la ropa y dije:

—¡Así sacuda Dios a todo aquel que no cumpla esta promesa! ¡Que así lo sacuda Dios y lo
deje sin casa y sin ninguna propiedad!

Y todo el pueblo gritó:

—¡Amén!

Alabaron a Dios, y cumplieron lo prometido.

14Debo mencionar que durante los doce años
que fui gobernador de Judá, desde el año veinte
hasta el año treinta y dos del reinado de Artajerjes, ni mis ayudantes ni yo aceptamos el salario
que me correspondía como gobernador. 15En
cambio, los gobernadores que habían estado
antes de mí habían exigido alimento, vino y
cuatrocientos ochenta gramos de plata, y habían
puesto la población a merced de sus ayudantes,
quienes los maltrataban. Pero yo obedecí a Dios
y no actué de esa manera. 16Seguí trabajando en
el muro y me negué a comprar tierras.

Además, les pedí a mis funcionarios que dedi-
caran tiempo a la edificación de la muralla.
17Todo esto, a pesar de que sentaba regularmente a mi mesa a ciento cincuenta funcionarios
judíos, sin contar a los visitantes de los países
vecinos. 18Diariamente se preparaba un buey, seis
ovejas grandes y un gran número de aves domés-
ticas. Además, cada diez días nos abastecíamos
de vinos en abundancia. No obstante, me negué
a establecer impuestos sobre la gente, porque
ellos ya estaban pagando demasiados impuestos.
19¡Dios mío, recuerda todo lo que he hecho por
este pueblo y dame tu bendición!

Nueva oposición de los enemigos

6 Cuando Sambalat, Tobías, Guesén el árabe,
y el resto de nuestros enemigos se dieron
cuenta de que estábamos a punto de finalizar
la reconstrucción de la muralla, aunque faltaba
colocar las hojas de muchas puertas, 2me enviaron un mensaje invitándome a reunirme con
ellos en uno de los pueblos de la llanura de Ono.
Comprendí que lo que intentaban era matarme,
3de modo que les respondí con este mensaje:
«Estoy ocupado en unas obras muy importantes.
Si yo bajo a reunirme con ustedes, entonces los
trabajos se paralizarían. ¿Por qué han de suspen-
derse las obras para ir yo a visitarlos?»

4Cuatro veces me enviaron el mismo mensaje
y otras tantas les respondí lo mismo. 5,6La quinta
vez vino el siervo de Sambalat con una carta
abierta en la mano en la que me decía:

> Guesén me ha dicho que por todas partes
> se oye decir que los judíos planean rebelarse,
> y que por esta razón están reedificando la
> muralla. Se dice que tú pretendes ser rey,
> 7y que has designado profetas que hablen
> a favor tuyo en Jerusalén diciendo: «Nehe-
> mías es el hombre que necesitamos como
> rey». Puedes estar seguro de que voy a pasar
> esos interesantes rumores al rey Artajerjes.
> Te sugiero que vengas y hables conmigo al
> respecto, porque ésta es la única manera de
> salvarte.

8Mi respuesta fue:

> Tú sabes que estás mintiendo, que no hay
> un ápice de verdad en todo lo que has dicho

9Todo cuanto nuestros enemigos pretendían
era asustarnos, de modo que nos desanimáramos
y no termináramos los trabajos. Así que oré al
SEÑOR, y le dije: «Dios mío, dame las fuerzas para
continuar esta obra».

10Dos días después fui a visitar a Semaías hijo
de Delaías y nieto de Mehitabel, que se había
encerrado en su casa. Cuando llegué, me dijo:
—Escondámonos en el templo, en el interior
de la Casa de Dios, y cerremos bien las puertas,
pues están planeando matarte esta noche.
11Pero le contesté:
—¿Que yo, el gobernador, me ponga en fuga?
Como no soy sacerdote no debo entrar en el santuario, ni siquiera para salvar la vida. ¡No, no
lo haré!
12,13Comprendí que Dios no le había hablado,
sino que Tobías y Sambalat le habían pagado
para que me asustara y me convenciera de encerrarme en el templo. Si lo hubiera hecho, habría
pecado, y ellos tendrían motivos para hablar mal
de mí y dañar mi buena reputación.
14Entonces oré: «¡Dios mío, no te olvides de
Tobías, de Sambalat, de la profetisa Noadías, ni
de los demás profetas que han tratado de intimidarme!»

Termina la reconstrucción de la muralla

15Terminamos la reconstrucción de la muralla
el día veinticinco del mes de elul, es decir, cincuenta y dos días después de haberla comenzado.
16Cuando nuestros enemigos y las naciones
circundantes supieron que habíamos acabado,
se asustaron y se sintieron humillados, pues comprendieron que la obra había sido hecha con la
ayuda de nuestro Dios.
17Durante esos cincuenta y dos días, Tobías
mantuvo una intensa correspondencia con
varios judíos importantes. 18Pues muchos judíos
se habían comprometido a ayudarlo, ya que
Tobías era yerno de Secanías hijo de Araj, y porque su hijo Johanán se había casado con la hija
de Mesulán hijo de Berequías. 19Algunos hasta lo
elogiaban en mi presencia, y luego le contaban
todo lo que yo había dicho. Y Tobías era quien
me enviaba las cartas amenazadoras.

Plan para defender a Jerusalén

7 Cuando la muralla estuvo terminada y le
colocamos las puertas y designamos a los
porteros, cantores y levitas, 2ordené asumir el
gobierno de Jerusalén a mi hermano Janání y a
Jananías, el comandante de la fortaleza, hombre
muy fiel que temía a Dios, más que cualquier
otro en el pueblo. 3Les di órdenes de no abrir las
puertas de Jerusalén hasta mucho después de la
salida del sol, y de cerrarlas y asegurarlas mientras los guardias estuvieran aún en sus puestos.
Además, a los guardias residentes en Jerusalén
les ordené permanecer en sus puestos en horarios
regulares, y a cada persona que tenía casa junto
a la muralla le impuse el deber de proteger la
sección que estaba frente a su casa. 4Porque la
ciudad era grande, pero la población era pequeña, y había sólo unas pocas viviendas esparcidas
a través de la ciudad, pues aún no se habían
reconstruido todas las casas.

Lista de los repatriados

5Entonces mi Dios puso en mí el sentir de convocar a los jefes de la ciudad, juntamente con los
del común del pueblo para censarlos. Yo había
encontrado los registros genealógicos de los que
habían regresado a Judá antes, y esto es lo que
estaba escrito en ellos:
6La siguiente es una lista de los nombres de los
judíos que regresaron a Jerusalén y a las demás
ciudades de Judá después de haber sido exiliados
por el rey Nabucodonosor de Babilonia. 7Sus jefes
eran: Zorobabel, Jesúa, Nehemías, Azarías, Raamías, Najamani, Mardoqueo, Bilsán, Mispéret,
Bigvay, Nehúm y Baná.
Los demás que regresaron en este tiempo
fueron:
8-38Del clan de Parós, 2.172;
del clan de Sefatías, 372;
del clan de Araj, 652;
de las familias de Jesúa y de Joab, del clan de Pajat Moab, 2.818;
del clan de Elam, 1.254;
del clan de Zatú, 845;
del clan de Zacay, 760;
del clan de Binuy, 648;
del clan de Bebay, 628;
del clan de Azgad, 2.322;
del clan de Adonicán, 667;
del clan de Bigvay, 2.067;
del clan de Adín, 655;
de la familia de Ezequías, el clan de Ater, 98;
del clan de Jasún, 328;
del clan de Bezay, 324;
del clan de Jarif, 112;
del clan de Gabaón, 95;
de los clanes de Belén y de Netofa, 188;
del clan de Anatot, 128;
del clan de Bet Azmávet, 42;
de los clanes de Quiriat Yearín, Cafira y Berot, 743;
de los clanes de Ramá y de Gueba, 621;
del clan de Micmás, 122;
de los clanes de Betel y de Hai, 123;
del clan de Nebo, 52;
del clan de Elam, 1.254;
del clan de Jarín, 320;
del clan de Jericó, 345;
de los clanes de Lod, de Jadid y de Ono, 721;
del clan de Sená, 3.930.
39-42Estas son las estadísticas acerca de los
sacerdotes que regresaron:
De la familia de Jesúa, el clan de Jedaías, 973;

del clan de Imer, 1.052;
del clan de Pasur, 1.247;
del clan de Jarín, 1.017.
43-45Estas son las cifras de los levitas:
De la familia de Cadmiel, del clan de Hodavías,
el subclan de Jesúa, 74.
Los miembros del coro del clan de Asaf, 148.
De los porteros regresaron:
del clan de Salún, de Ater, de Talmón, de Acub,
de Jatitá y de Sobay, 138.
46-56De los ayudantes del templo estaban los
siguientes clanes:
Zijá, Jasufá, Tabaot, Querós, Sigajá, Padón,
Lebaná, Jagabá, Salmay, Janán, Guidel, Gajar,
Reaías, Rezín, Necoda, Gazán, Uza, Paseaj,
Besay, Meunín, Nefisesín, Bacbuc, Jacufá, Jarjur, Baslut, Mejidá, Jarsa, Barcós, Sísara, Temá,
Neziaj y Jatifá.
57-59La siguiente es una lista de las familias que
volvieron a Judá y que descendían de los funcionarios de Salomón: Sotay, Soféret, Peruda, Jalá,
Darcón, Guidel, Sefatías, Jatil, Poquéret, Hasebayin, y Amón. 60En total los ayudantes del templo
y los sirvientes de los funcionarios de Salomón
eran 392.
61Otro grupo regresó a Jerusalén en aquel tiempo de las ciudades persas de Tel Melaj, Tel Jarsá,
Querub, Adón e Imer. Pero habían perdido sus
genealogías y no podían probar que eran judíos.
62Estos eran descendientes de Delaías, Tobías y
Necoda, un total de 642.
63También hubo varios clanes de sacerdotes
64,65cuyas genealogías se perdieron. Eran los
descendientes de Jabaías, Cos y Barzilay (que se
casó con una de las hijas de Barzilay, el galaadita, y tomó el nombre de su familia). Como no
pudieron comprobar que procedían de familias
israelitas no se les permitió seguir en el sacerdocio. Además, el gobernador les prohibió comer de
los alimentos solemnemente consagrados, hasta
que un sacerdote consultara a Dios por medio
del Urim y el Tumim, y se decidiera qué hacer
con ellos.
66En total, cuarenta y dos mil trescientas sesenta personas habían regresado a Judá por aquel
tiempo. 67Además había siete mil trescientos
treinta y siete esclavos y doscientos cuarenta y
cinco miembros del coro, entre hombres y mujeres. 68,69Llevaron consigo setecientos treinta y seis
caballos, doscientas cuarenta y cinco mulas,
cuatrocientos treinta y cinco camellos y seis mil
setecientos veinte burros.
70Algunos de sus jefes hicieron donaciones
para la obra. El gobernador dio mil monedas de
oro, cincuenta tazones y quinientas treinta túnicas sacerdotales. 71Los otros dirigentes dieron un
total de veinte mil monedas de oro y mil trescientos veinte kilos de plata. 72El resto del pueblo dio
veinte mil monedas de oro, mil doscientos kilos
de plata y sesenta y siete túnicas sacerdotales.
73Los sacerdotes, los levitas, los porteros, los
miembros del coro, los ayudantes del templo,
y el resto del pueblo volvieron a sus respectivos
pueblos y ciudades.

Esdras lee la ley

Para el mes séptimo ya los israelitas estaban
ubicados en sus ciudades.
8 El día primero del mes séptimo todo el pueblo se reunió en la plaza que está frente a
la puerta de las Aguas, para pedirle a Esdras, el
jefe religioso, que leyera la ley que Dios les había
dado por medio de Moisés.
El sacerdote Esdras sacó el rollo de las leyes
de Moisés. Se paró sobre un estrado de madera
hecho especialmente para la ocasión, de modo
que todos pudieran verlo mientras leía. Estaba
ante la plaza que queda frente a la puerta de
las Aguas, y leyó desde que amaneció hasta el
mediodía. Todos se pusieron de pie cuando él
abrió el rollo. Los que tenían edad para entender,
escuchaban con mucha atención. A su derecha
estaban de pie Matatías, Semá, Anías, Urías, Jilquías, y Maseías. A su izquierda estaban Pedaías,
Misael, Malquías, Jasún, Jasbadana, Zacarías y
Mesulán.
6Entonces Esdras bendijo al Señor, el gran
Dios, y todo el pueblo dijo: «¡Amén!», y levantaron las manos al cielo. Luego se arrodillaron
y adoraron al Señor, inclinándose hasta tocar el
suelo con la frente.
7,8Mientras Esdras leía el rollo, Jesúa, Baní,
Serebías, Jamín, Acub, Sabetay, Hodías, Maseías,
Quelitá, Azarías, Jozabed, Janán y Pelaías iban
por entre el pueblo y explicaban el sentido de
los pasajes que se estaban leyendo. 9Y todo el
pueblo lloraba al oír los mandamientos de la
ley. Entonces el sacerdote Esdras, yo, que era
el gobernador, y los levitas que enseñaban a la
gente, les dijimos: «No lloren ni se entristezcan
en un día como éste. Hoy es un día dedicado al
Señor, nuestro Dios».
10Además, Esdras les dijo: «¡Vayan a sus casas
a celebrar este día! Preparen buena comida,
beban vino dulce y compartan con los que no
tienen nada preparado. No, no se entristezcan
porque el gozo del Señor es nuestra fortaleza».
11Y los levitas también tranquilizaban a la gente, diciéndole: «Cállense; no lloren, porque este
es un día de santo gozo y no de tristeza».
12Entonces el pueblo se fue a hacer fiesta y a
compartir sus comidas y bebidas con sus amigos.

8.10

Fue ocasión de gran fiesta y gozo, porque podían oír y entender las palabras del libro de la Ley.

La fiesta de las Enramadas

13Al día siguiente, los jefes de los clanes y los sacerdotes y levitas se reunieron con el maestro Esdras, para estudiar la ley con más detalle. 14Notaron que el Señor le había dicho a Moisés que todo el pueblo debía vivir en enramadas durante la fiesta que se celebraba en ese mes. 15Había dicho, además, que se debían hacer proclamas en todas las ciudades de la tierra, especialmente en la ciudad de Jerusalén, diciendo a la gente que fuera a los montes a buscar ramas de oliva, de arrayán, de palmera y de todo árbol frondoso, para hacer enramadas en las que vivirían durante los días de la fiesta.

16Así que la gente fue y cortó ramas y las usó para construir enramadas sobre las terrazas de sus casas, en los parques, en el atrio del templo, en la plaza junto a la puerta de las Aguas y en la plaza de la puerta de Efraín. 17Se alojaron en las enramadas los siete días que duró la fiesta, y todos estuvieron llenos de gozo (esto no se había hecho así desde los días de Josué). 18Esdras les estuvo leyendo el libro de la Ley durante todos los días de la fiesta, y en el octavo día se celebró el servicio solemne de clausura, como lo requería la ley de Moisés.

Los israelitas confiesan sus pecados

9 El día veinticuatro de ese mes los israelitas regresaron para celebrar otra fiesta. En esta oportunidad ayunaron, se vistieron de luto y se echaron ceniza en la cabeza; además, 2se separaron de todos los extranjeros. Y puestos de pie confesaron sus pecados y los de sus antepasados. 3Durante tres horas se les leyó en voz alta la ley de Dios, y durante otras tres horas más estuvieron de pie confesando sus pecados, y adoraron al Señor su Dios. 4En las gradas, los levitas Jesúa, Baní, Cadmiel, Sebanías, Buní, Serebías, Baní y Quenaní alababan al Señor su Dios con cánticos de gozo. 5Y los levitas Jesúa, Cadmiel, Baní, Jasabnías, Serebías, Hodías, Sebanías y Petaías clamaron:

«Pónganse de pie y adoren al Señor nuestro Dios, porque él vive desde la eternidad y hasta la eternidad. ¡Alaben su glorioso Nombre! Su gloria excede a cualquier bendición o alabanza.

6»Señor, tú eres el único Dios. Tú has hecho los cielos de los cielos, la tierra y los mares, y todo lo que en ellos hay. Tú das vida a todo cuanto has creado, y todos los ángeles de los cielos te adoran.

7»Señor, tú eres el Dios que escogió a Abram y lo sacó de Ur de los caldeos y le puso por nombre Abraham. 8Cuando él fue fiel a ti, tú le prometiste, por medio del pacto, darle a él y a sus descendientes la tierra de los cananeos, de los hititas, de los amorreos, de los ferezeos, de los jebuseos y de los gergeseos. Y cumpliste tu promesa, porque eres fiel a tu palabra.

9»Tú viste las dificultades y los dolores de nuestros antepasados en Egipto y oíste su clamor junto al Mar Rojo. 10Tú hiciste grandes milagros contra el faraón, sus siervos y su pueblo, porque viste con cuánta crueldad los egipcios estaban tratando a tu pueblo. Tus obras grandes e inolvidables hicieron que te conocieran como un Dios poderoso. 11Tú dividiste el mar, para que tu pueblo pudiera pasarlo por tierra seca, y luego destruiste a tus enemigos en las profundidades del mar. ¡Se hundieron como piedras bajo las impetuosas aguas! 12Tú guiaste a nuestros antepasados con una columna de nube durante el día, y con una columna de fuego durante la noche, así les alumbrabas el camino por donde debían caminar.

13»Tú descendiste al monte Sinaí y hablaste con ellos desde el cielo; y les diste leyes, estatutos y mandamientos rectos, firmes y excelentes. 14Les diste las leyes acerca del reposo; y tú les ordenaste, por medio de tu siervo Moisés, que las obedecieran.

15»Tú les diste a comer pan del cielo cuando tuvieron hambre, y agua de la roca cuando tuvieron sed. Tú les ordenaste que entraran y conquistaran la tierra que habías prometido darles. 16Pero nuestros antepasados eran porfiados y soberbios, y desobedecieron tus mandamientos. 17Se negaron a obedecerte y, olvidando los milagros que hiciste con ellos, se rebelaron y eligieron un caudillo que los llevara de regreso a la esclavitud de Egipto. Pero tú nunca los abandonaste, porque eres un Dios que siempre está dispuesto a perdonar, pues eres un Dios compasivo y bueno. Eres un Dios lleno de amor y que no se enoja fácilmente.

18»Y aunque se hicieron un becerro fundido y proclamaron: "Este es nuestro dios, el que nos sacó de Egipto" y, además, te ofendieron de muchas maneras, 19tú, en tu gran compasión, no los abandonaste para que murieran en el desierto. La columna de nube los condujo día tras día, y la columna de fuego les mostró el camino en medio de la noche.

20»Enviaste tu generoso espíritu para que les enseñara, y no dejaste de darles pan del cielo o agua para la sed. 21Durante cuarenta años los sustentaste en el desierto, ¡y nada les faltó! Sus vestidos no se envejecieron y sus pies no se les hincharon.

9.9 9.13 9.20

22»Luego les ayudaste a conquistar grandes
reinos y a vencer a muchas naciones, y les repar-
tiste aquella tierra. Y entraron en posesión de
las tierras de Sijón, rey de Hesbón, y de Og, rey
de Basán. 23Tú hiciste que el pueblo israelita se
multiplicara como las estrellas del cielo, y los
hiciste entrar en la tierra que habías prometido a
sus antepasados. 24Ellos entraron y conquistaron
aquella tierra. Delante de ellos, tú aplastaste a los
cananeos que allí vivían, y les entregaste a los
reyes y su gente, para que hicieran con ellos lo
que quisieran. 25Tu pueblo conquistó ciudades
fortificadas y tierras fértiles. Tomaron casas llenas
de buenas cosas; se apoderaron de viñedos, de
olivares y de muchos árboles frutales. Comieron
y se saciaron, y gozaron de todas tus bendiciones.

26»Pero a pesar de todo esto, fueron desobedientes y se rebelaron contra ti. Dejaron tu ley,
dieron muerte a los profetas que les exhortaban a
volver a ti, e hicieron muchas otras cosas abominables. 27Entonces tú los entregaste en manos de
sus enemigos. Pero en sus tiempos de tribulación
ellos clamaron a ti y tú los oíste desde el cielo, y
con gran misericordia les enviaste libertadores
que los libraran de sus enemigos. 28Pero cuando
todo iba bien, tu pueblo volvió a pecar, y una vez
más dejaste que sus enemigos los vencieran. Pero
cuando se volvían a ti y clamaban implorando
tu ayuda, tú los oías desde el cielo y en tu maravillosa misericordia los librabas. 29Los castigaste
para hacer que se volvieran a tus leyes, pero ellos
se mostraron soberbios y no quisieron obedecerte;
pasaron por alto tus enseñanzas que dan vida
al que las pone en práctica. Fueron rebeldes y
tercos, y no quisieron escucharte.

30»Tú fuiste paciente con ellos por muchos
años. Enviaste profetas que les advirtieran la gravedad de su pecado, pero no quisieron oír. Entonces una vez más permitiste que las otras naciones
los vencieran y los conquistaran. 31Pero, por tu
gran misericordia, no los destruiste completamente ni los abandonaste para siempre. Por
tus muchas misericordias no los consumiste, ni
los desechaste para siempre. Porque eres un Dios
de gracia y de misericordia.

32»Y ahora, Dios grande y terrible, que guardas
tus promesas de amor y bondad, no tengas en
poco los sufrimientos por los que hemos pasado.
Gran tribulación ha venido sobre nosotros, sobre
nuestros reyes y príncipes, sobre nuestros sacerdotes y profetas, y sobre nuestros antepasados
desde los días en que los reyes de Asiria triunfa-
ron sobre nosotros hasta ahora. 33Cada vez que
nos has castigado has sido perfectamente justo.
Hemos cometido muchas maldades, y tú nos has
dado lo que merecíamos. 34Nuestros reyes, príncipes, sacerdotes y antepasados no obedecieron
tus leyes ni escucharon tus advertencias. 35No te
adoraron a pesar de las maravillosas cosas que
hiciste por ellos y de las bondades que derramaste
sobre ellos como lluvia. Les diste una tierra extensa y fértil, pero ellos no te sirvieron ni desistieron
de sus maldades.

36»Por eso ahora somos esclavos en la tierra
fértil que diste a nuestros antepasados, para
que disfrutaran de su abundancia. 37Los frutos
abundantes de esta tierra pasan a manos de los
reyes que, por causa de nuestros pecados, tú has
dejado que nos conquisten. Ellos tienen poder
sobre nuestros cuerpos y sobre nuestro ganado,
y hacen lo que quieren con nosotros, y estamos
en una gran aflicción.

38»Debido a todo esto, hoy, Señor, prometemos
servirte. Nosotros, nuestros príncipes, los levitas y
los sacerdotes ponemos esta promesa por escrito
y la firmamos».

El pueblo se compromete a obedecer la ley

10 Yo, Nehemías, como gobernador, firmé
el pacto. 2-8Los otros que lo firmaron fueron: Sedequías, Seraías, Azarías, Jeremías, Pasur,
Amarías, Malquías, Jatús, Sebanías, Maluc, Jarín,
Meremot, Abdías, Daniel, Guinetón, Baruc, Mesulán, Abías, Mijamín, Maazías, Bilgay y Semaías
(todos estos eran sacerdotes).

9-13Los levitas que firmaron fueron los siguientes: Jesúa hijo de Azanías, Binuy, Cadmiel, y sus
hermanos Sebanías, Hodías, Quelitá, Pelaías,
Janán, Micaías, Rejob, Jasabías, Zacur, Serebías,
Sebanías, Hodías, Baní y Beninu.

14-27Los siguientes jefes del pueblo también
firmaron: Parós, Pajat Moab, Elam, Zatú, Baní,
Buní, Azgad, Bebay, Adonías, Bigvay, Adín, Ater,
Ezequías, Azur, Hodías, Jasún, Bezay, Jarif, Ana-
tot, Nebay, Magpías, Mesulán, Hezir, Mesezabel,
Sadoc, Jadúa, Pelatías, Janán, Anaías, Oseas,
Jananías, Jasub, Halojés, Piljá, Sobec, Rejún,
Jasabná, Maseías, Ahías, Janán, Anán, Maluc,
Jarín y Baná.

28Estos son los que firmaron en representación de toda la nación, esto es, por el común
del pueblo, por los sacerdotes, por los levitas, los
porteros, los miembros del coro, los ayudantes del
templo y por las mujeres, sus hijos e hijas, y por
todos los que tenían edad de comprender estas
cosas y se habían separado de los pueblos extranjeros de la tierra, para servir a Dios. 29Todos, pues,
de corazón, estuvimos de acuerdo con este pacto
y prometimos, bajo pena de maldición, y bajo
juramento, guardar y cumplir los mandamientos,
ordenanzas y estatutos que el Señor nuestro Dios
nos dio por medio de su siervo Moisés.

30Acordamos no dejar que nuestras hijas se
casaran con hombres que no fueran judíos, ni
que nuestros hijos se casaran con mujeres que

no fueran judías. 31También acordamos que si
los extranjeros venían el día sábado o en algún
día de fiesta a vendernos trigo u otros productos,
no les compraríamos nada. Además, acordamos
no cultivar la tierra cada siete años, y perdonar
y dar por canceladas las deudas de nuestros hermanos judíos.

32Acordamos también pagar anualmente el
impuesto de cuatro gramos de plata, para que
hubiera dinero suficiente para el cuidado del
templo de nuestro Dios. 33Además era necesario
tener provisión especial de pan de la Presencia,
de la ofrenda de granos y de holocausto para el
reposo, las fiestas de las lunas nuevas y las fiestas
solemnes. Igualmente las ofrendas sagradas, los
sacrificios para las expiaciones por el pecado de
Israel, y todo lo necesario para el servicio del
templo de nuestro Dios.

34Luego echamos suertes para determinar los
turnos en que las familias de los sacerdotes, los
levitas y el pueblo en general debían traer la leña
para los holocaustos del templo del SEÑOR nuestro
Dios, que estaba estipulado en la ley.

35Acordamos traer siempre las primeras cosechas de nuestros campos, y los primeros frutos
de nuestros árboles frutales.

36Acordamos presentar a Dios nuestros primogénitos, y dar como ofrenda los primeros animales de nuestros ganados, vacunos y ovinos, tal
como está escrito en la Ley. Esto lo haríamos a
través de los sacerdotes que sirven en el templo
de nuestro Dios.

37También acordamos llevar a los almacenes
del templo de nuestro Dios la primera harina
del trigo que moliéramos, los primeros frutos de
los árboles, el primer vino y el primer aceite de
oliva. Estas ofrendas eran para los sacerdotes que
sirven en el templo. Además, acordamos dar a los
levitas la décima parte de todo lo producido por
nuestra tierra, ya que eran ellos los responsables
de recoger los diezmos en todas las poblaciones
rurales. 38Un sacerdote, descendiente de Aarón,
debía estar con los levitas en el momento en que
éstos recogieran los diezmos. Los levitas, por su
parte, sacarían la décima parte de estos diezmos
y la depositarían en los almacenes del templo
de nuestro Dios. 39El pueblo y los levitas estaban obligados a llevar estas ofrendas de trigo,
vino nuevo y aceite de oliva, y colocarlas en los
almacenes del templo. Allí es donde se guardan
los utensilios sagrados, y donde se quedan los
sacerdotes, los porteros y los cantores del coro,
cuando están de turno.

Fue así como nos comprometimos a no descuidar el templo de nuestro Dios.

Los que se establecieron en Jerusalén

11 Los funcionarios israelitas se quedaron
viviendo en Jerusalén, la ciudad santa.
En cuanto al resto del pueblo, echaron suertes
para seleccionar a una de cada diez personas
para que se quedaran viviendo en Jerusalén; los
restantes residirían en las demás poblaciones.
2El pueblo bendijo a todos los que se ofrecieron
voluntariamente para ir a vivir a Jerusalén.

3Los demás israelitas, los sacerdotes, los levitas, los ayudantes del templo, y los descendientes
de los servidores de Salomón habitaron en sus
respectivas propiedades en los diversos pueblos
y ciudades de Judá. Los siguientes son los jefes
de provincias que se quedaron viviendo en Jerusalén:

4-6De la tribu de Judá:

Ataías hijo de Uzías, hijo de Zacarías, hijo de
Amarías, hijo de Sefatías, hijo de Malalel, del
clan de Fares.

Maseías hijo de Baruc, hijo de Coljozé, hijo de
Jazaías, hijo de Adaías, hijo de Joyarib, hijo de
Zacarías, hijo de Siloní.

Estos fueron los cuatrocientos sesenta y ocho
descendientes de Fares que se fueron a vivir a
Jerusalén.

7-9De la tribu de Benjamín: Salú hijo de Mesulán, hijo de Joed, hijo de Pedaías, hijo de Colaías,
hijo de Maseías, hijo de Itiel, hijo de Isaías, junto
con sus hermanos Gabay y Salay. En total eran
novecientos veintiocho. Joel hijo de Zicrí, era el
jefe de ellos, y Judá hijo de Senuá era el segundo
jefe de la ciudad.

10-14De los sacerdotes: Jedaías hijo de Joyarib,
Jaquín, Seraías hijo de Jilquías, hijo de Mesulán,
hijo de Sadoc, hijo de Merayot, hijo de Ajitob, que
era el jefe del templo de Dios, y sus ochocientos
veintidós parientes que hacían la obra del templo.
También estaban Adaías hijo de Jeroán, hijo de
Pelalías, hijo de Amsí, hijo de Zacarías, hijo de
Pasur, hijo de Malquías, junto con sus parientes,
que eran jefes de familia. En total eran doscientos
cuarenta y dos.

Además, Amsay hijo de Azarel, hijo de Ajzay,
hijo de Mesilemot, hijo de Imer, y sus parientes.
En total eran ciento veintiocho hombres fuertes.
El jefe de ellos era Zabdiel hijo de Guedolín.

15-17De los levitas: Semaías hijo de Jasub, hijo de
Azricán, hijo de Jasabías, hijo de Buní; Sabetay
y Jozabad, que estaban a cargo de la obra en
la parte exterior del templo; Matanías hijo de
Micaías, hijo de Zabdí, hijo de Asaf, que dirigía
los cantos de acción de gracias a la hora de la
oración; Bacbuquías, que era el segundo entre
sus hermanos, y Abdá hijo de Samúa, hijo de
Galal, hijo de Jedutún. 18En total había doscientos
ochenta y cuatro levitas en Jerusalén.

19 Había además ciento setenta y dos porteros
dirigidos por Acub, Talmón y otros de su clan.
20 Los demás sacerdotes, levitas y el resto del pueblo vivían con sus familias en las demás poblaciones de Judá, de acuerdo con la asignación
que se les había hecho. 21 Los siervos del templo
(cuyos jefes eran Zijá y Guispa), vivían en Ofel.
22,23 El supervisor de los levitas en Jerusalén
era Uzi hijo de Baní, hijo de Jasabías, hijo de
Matanías, hijo de Micaías, descendiente de Asaf.
El clan de Asaf tenía a su cargo el canto en el
templo. Fue el rey David quien estableció, por
decreto, las tareas de cada día para los cantores.
24 Petaías hijo de Mesezabel, descendiente de
Zera hijo de Judá, ayudaba en todo lo que se
refería a la administración pública.

Otras ciudades habitadas

25-30 Algunas de las poblaciones donde el pueblo de Judá estableció su residencia fueron:
Quiriat Arbá, Dibón, Yecabsel (además de todos
los pueblos vecinos), Jesúa; Moladá, Bet Pelet,
Jazar Súal, Berseba (y todos los pueblos circunvecinos), Siclag, Mecona (y los pueblos que las
rodean), Enrimón, Zora, Jarmut, Zanoa, Adulán
y sus pueblos; Laquis y sus tierras, y Azeca con
sus pueblos.
Así que el pueblo se esparció desde Berseba
hasta el valle de Hinón.
31-35 El pueblo de la tribu de Benjamín vivió
en: Gueba, Micmás, Aías, Betel (y sus pueblos),
Anatot, Nob, Ananías, Jazor, Ramá, Guitayin,
Jadid, Seboyín, Nebalat, Lod y Ono, y el valle
de los artífices.
36 Algunos de los levitas que vivían en Judá se
fueron a vivir con la tribu de Benjamín.

Sacerdotes y levitas repatriados

12 Esta es la lista de los sacerdotes y levitas
que regresaron de Babilonia bajo la dirección de Zorobabel hijo de Salatiel, y con Jesúa:
2-7 Seraías, Jeremías, Esdras, Amarías, Maluc,
Jatús, Secanías, Rejún, Meremot, Idó, Guinetón,
Abías, Mijamín, Madías, Bilgá, Semaías, Joyarib,
Jedaías, Salú, Amoc, Jilquías y Jedaías. Estos eran
los jefes de los sacerdotes y de sus hermanos en
los días de Jesúa.
8 Los levitas que fueron con ellos son los
siguientes: Jesúa, Binuy, Cadmiel, Serebías, Judá
y Matanías, que era el que estaba a cargo del
culto de acción de gracias, junto con sus compañeros.
9 Bacbuquías y Uni, del mismo clan, les ayudaban durante el culto.
10,11 Jesúa fue el padre de Joaquim, y éste fue el
padre de Eliasib. Eliasib, fue el padre de Joyadá,
y éste fue el padre de Johanán, y Johanán fue el
padre de Jadúa.
12-21 Los siguientes fueron dirigentes de los clanes
de sacerdotes que sirvieron bajo el sumo sacerdote Joaquim:
Meraías, jefe del clan de Seraías;
Jananías, jefe del clan de Jeremías;
Mesulán, jefe del clan de Esdras;
Johanán, jefe del clan de Amarías;
Jonatán, jefe del clan de Melicú;
José, jefe del clan de Sebanías;
Adná, jefe del clan de Jarín;
Jelcay, jefe del clan de Merayot;
Zacarías, jefe del clan de Idó;
Mesulán, jefe del clan de Guinetón;
Zicrí, jefe del clan de Abías;
Piltay, jefe de los clanes de Minjamín y Moa-
días;
Samúa, jefe del clan de Bilgá;
Jonatán, jefe del clan de Semaías;
Matenay, jefe del clan de Joyarib;
Uzi, jefe del clan de Jedaías;
Calay, jefe del clan de Salay;
Éber, jefe del clan de Amoc;
Jasabías, jefe del clan de Jilquías;
Natanael, jefe del clan de Jedaías.
22 En los días de Eliasib, Joyadá, Johanán y
Jadúa, durante el reinado de Darío, de Persia, se
hizo un registro genealógico de los jefes de los
clanes sacerdotales y de los levitas. Los nombres
de los levitas fueron anotados 23 en el libro de
las Crónicas hasta los días de Johanán hijo de
Eliasib.
24 Estos son los nombres de los jefes de los levitas: Jasabías, Serebías y Jesúa hijo de Cadmiel.
Los hombres de su mismo clan los ayudaban
durante las ceremonias de alabanza y acción de
gracias, de acuerdo con el mandato dado por
David, varón de Dios.
25 Los porteros que custodiaban los almacenes
junto a las puertas eran: Matanías, Bacbuquías,
Abdías, Mesulán, Talmón y Acub.
26 Estos eran los hombres que estaban en servicio en tiempo de Joaquim hijo de Jesúa y nieto de
Josadac, cuando yo era el gobernador, y Esdras
era el sacerdote y maestro de la Ley.

Dedicación de la muralla

27 Próxima ya la dedicación de la nueva muralla de Jerusalén, se pidió a todos los levitas de la
tierra que vinieran a Jerusalén a presenciar la
ceremonia y a participar en la feliz ocasión con
sus acciones de gracias, acompañados de címbalos, salterios y arpas. 28 Los miembros del coro
llegaron de los pueblos cercanos a Jerusalén y de
las aldeas de Netofa. 29 También vinieron desde
Bet Guilgal y de las aldeas de Gueba y Azmávet,
porque los cantores habían edificado caseríos
en las cercanías de Jerusalén. 30 Los sacerdotes y

levitas se purificaron primero; luego purificaron al pueblo, las puertas y la muralla.

31,32 Hice subir a los jefes de Judá sobre la muralla y los separé en dos líneas, para que dieran gracias, mientras caminaban en direcciones opuestas sobre el muro. El coro que marchó a la derecha, rumbo a la puerta del Basurero, estaba formado por la mitad de los jefes de Judá, 33 incluyendo a Osaías, Azarías, Esdras, Mesulán, 34 Judá, Benjamín, Semaías y Jeremías.

35,36 Los sacerdotes que tocaban las trompetas eran Zacarías hijo de Jonatán, hijo de Semaías, hijo de Matanías, hijo de Micaías, hijo de Zacur, hijo de Asaf; Semaías, Azarel, Milalay, Guilalay, May, Natanael, Judá, y Jananí (usaban los instrumentos musicales del rey David). El sacerdote Esdras dirigió esta procesión. 37 Cuando llegaron a la puerta de la Fuente, siguieron adelante y subieron las gradas que conducen hasta la Ciudad de David. Luego siguieron por la cuesta de la muralla, pasaron junto al palacio de David, hasta la puerta de las Aguas, en el oriente.

38 El otro grupo, del que yo formaba parte, caminó en el otro sentido para encontrarse con ellos. Caminamos desde la Torre de los Hornos hasta el muro Ancho. 39 Luego pasamos por encima de la puerta de Efraín, por la puerta Vieja, y seguimos por la puerta del Pescado, la torre de Jananel y la torre de los Cien. Luego seguimos adelante hasta la puerta de las Ovejas y nos detuvimos en la puerta de la Cárcel.

40,41 Ambos coros entonces prosiguieron hasta el templo. A mi lado estaban los sacerdotes que tocaban las trompetas: Eliaquín, Maseías, Minjamín, Micaías, Elihoenay, Zacarías, Jananías, 42 Maseías, Semaías, Eleazar, Uzi, Johanán, Malquías, Elam y Ezer. Luego los cantores empezaron a cantar en alta voz y con claridad, bajo la dirección de Izraías.

43 En aquel día de gozo se ofrecieron muchos sacrificios, porque el SEÑOR les había dado motivos para estar muy gozosos. Las mujeres y los niños también se alegraron, y el regocijo del pueblo de Jerusalén se oía desde lejos.

Contribución para los sacerdotes y levitas

44 En aquel día se nombraron a las personas que se harían cargo de los tesoros, las ofrendas mecidas, los diezmos y las primicias. Tendrían la tarea de recolectarlas de los campos pertenecientes a las poblaciones, como lo estipulan las leyes de Moisés. Estas ofrendas estaban destinadas a los sacerdotes y levitas, porque el pueblo de Judá los apreciaba mucho por el servicio que ofrecían. 45 Eran ellos los que se ocupaban, con la ayuda de los cantores y porteros, del culto de Dios y de las ceremonias de purificación, conforme a las leyes de David y su hijo Salomón. 46 (Fue en los días de David y de Asaf que comenzó la costumbre de tener directores de coro, y se cantaban himnos de alabanza y acción de gracias a Dios.) 47 Así que en los días de Zorobabel y de Nehemías el pueblo traía una provisión diaria de alimento para los miembros del coro, los porteros y los levitas. Los levitas, a su vez, daban una porción de lo que recibían a los sacerdotes descendientes de Aarón.

Reforma final de Nehemías

13 Aquel mismo día, al leer la Ley de Moisés al pueblo, se encontró un texto que decía que los amonitas y los moabitas no debían formar parte del pueblo de Dios, 2 ya que ellos no habían sido hospitalarios con el pueblo de Israel. En vez de brindarle amistad, habían contratado a Balán para que los maldijera, pero Dios cambió la maldición en bendición. 3 Leída esta regla, todos los extranjeros fueron expulsados de la asamblea.

4-5 Antes de esto, el sacerdote Eliasib, que había sido designado guardián de los almacenes del templo de nuestro Dios, había transformado una de las salas de almacenaje en hermosa recámara para Tobías, ya que era su pariente. Esta sala se había usado anteriormente para almacenar ofrenda de grano, incienso, vasijas, diezmos de granos, vino nuevo y aceite de oliva, todo lo cual había dispuesto Moisés que se diera a los levitas, a los miembros del coro y a los porteros (las ofrendas mecidas eran para los sacerdotes).

6 Cuando esto ocurrió yo no estaba en Jerusalén, porque había regresado a Babilonia en el año treinta y dos del reinado de Artajerjes. Más tarde solicité y obtuve permiso del rey 7 para regresar a Jerusalén. Al llegar supe del mal que había hecho Eliasib al haberle dado a Tobías una habitación en el templo de Dios. 8 Entonces me enojé mucho e hice sacar todas las pertenencias y muebles que había en la habitación. 9 Luego exigí que la sala fuera purificada, y volví a poner allí las vasijas, las ofrendas de grano, y el incienso.

10 Supe, además, que los levitas no estaban recibiendo lo que se les debía dar, por lo que ellos y los cantores del coro, que debían estar dirigiendo los cultos de adoración, habían regresado a sus campos. 11 Inmediatamente reprendí a los oficiales y les dije: «¿Por qué ha sido descuidado el templo de Dios?» Luego reuní a todos los levitas y los restablecí en sus puestos. 12 Y una vez más el pueblo de Judá comenzó a traer los diezmos del grano, del vino nuevo y del aceite de oliva a los almacenes.

13 Puse a cargo de la administración de los almacenes al sacerdote Selemías, al escriba Sadoc y al levita Pedaías, y les puse como ayudante a Janán hijo de Zacur y nieto de Matanías.

Estos hombres tenían excelente reputación, y su
responsabilidad era hacer una distribución justa
entre todos sus compañeros levitas.
14«¡Dios mío, recuerda estas acciones mías, y
no olvides todo lo que he hecho por tu templo
y por tu culto!»
15Un día de reposo, estando en el campo, vi a
unos hombres que pisaban lagares, acarreaban
manojos de trigo, y cargaban los burros con vino,
uvas, higos y todo tipo de productos que habían
recogido aquel día para llevar a Jerusalén. Me
opuse a ellos inmediatamente. 16También había
algunos hombres de Tiro que traían pescado
y toda clase de productos para venderlos en el
día de reposo a la gente de Jerusalén. 17Enton-
ces pregunté a los jefes de Judá: «¿Por qué están
profanando el día de reposo? 18¿Acaso no es suficiente el mal ejemplo de nuestros padres? ¿No
recuerdan que por ellos hacer esto, Dios envió las
calamidades que vinieron sobre nosotros y sobre
nuestra ciudad? ¡Ustedes están acrecentando la
ira de Dios sobre todo Israel al permitir que el
día de reposo sea profanado de esta manera!»
19Ordené que se cerraran las puertas de la ciudad a la caída de la tarde, antes de que empezara
el sábado, y que no se abrieran hasta que hubiera
pasado el día de reposo. Además, envié a algunos
de mis siervos para que vigilaran las puertas,
de modo que impidieran que alguna mercadería pudiera ser introducida en la ciudad en el
día de reposo. 20Los mercaderes y comerciantes
acamparon en las afueras de Jerusalén un par de
veces. 21Entonces les hablé duramente y les dije:
«¿Qué hacen ustedes aquí acampando fuera de
los muros? Si lo hacen nuevamente los arrestaré».
Aquella fue la última vez que ellos vinieron en
el día de reposo. 22Y ordené a los levitas que se
purificaran y que vigilaran las puertas con el fin
de preservar la santidad del día de reposo.
«¡Recuerda esta acción, Dios mío, y ten compasión de mí, según tu gran misericordia!»
23Por aquellos días me di cuenta también de
que algunos de los judíos se habían casado con
mujeres de Asdod, de Amón y de Moab, 24y que
muchos de sus hijos hablaban el lenguaje de
Asdod y de otros pueblos, pero no podían hablar
el idioma de Judá. 25Los reprendí y los maldije,
e hice azotar a algunos de ellos, y arranqué los
cabellos de otros, y ellos prometieron delante de
Dios que no permitirían que sus hijos o hijas
se casaran con personas que no fueran judías.
26Y les dije: «¿No fue éste exactamente el
pecado de Salomón? No hubo rey que se pudiera comparar con él, y Dios lo amó y lo hizo rey
sobre todo Israel. Pero aun así fue llevado a la
idolatría por sus mujeres extranjeras que tenían
dioses distintos al nuestro. 27¿Creen ustedes que
pasaremos por alto este mal tan grande que están
cometiendo contra Dios?»
28Uno de los hijos de Joyadá, hijo del sumo
sacerdote Eliasib, era yerno de Sambalat el horonita, de modo que lo expulsé de mi lado.
29«¡Castiga a esta gente, Dios mío, porque han
contaminado el sacerdocio y las promesas y pactos de los sacerdotes y levitas!»
30Así que expulsé a todos los extranjeros, y
asigné las tareas a los sacerdotes y levitas, a cada
uno en el trabajo que conocían. 31Ellos proveyeron la leña para el altar en el tiempo propicio, y
se ocuparon de los sacrificios y de las primicias
de todas las cosechas.
«¡Acuérdate de mí, Dios mío, y ten misericordia
de mí!

Investiguemos Juntos

ESTER

¿Quién lo escribió?

El libro no da indicios acerca de la identidad de su autor. Algunos incluso han llegado a sugerir a Esdras o Nehemías, pero son solamente especulaciones. Sin embargo, podemos encontrar en la obra ciertas pistas que señalan al menos el trasfondo del escritor. Aparentemente fue alguien muy familiarizado con las costumbres y la cultura persa, así como los procedimientos oficiales del palacio. Además, escribe como alguien que es un testigo presencial de muchos de los eventos que narra. Incluso parece haber echado mano de recuerdos personales de algunos de los protagonistas, como Ester o Mardoqueo. A la vez, es claro que no es un escritor neutral, sino que está de parte de los judíos. Por todo lo anterior, lo más probable es que el escritor fue un judío que vivía en Persia durante el exilio de los judíos

¿A quién lo escribió?

Una de las razones por las que se escribió este libro fue para explicar el origen de la fiesta de Purim, uno de los festivales judíos más populares. Los lectores originales serían, entonces, los judíos que aún estaban en el exilio que comenzó con las invasiones de los caldeos a finales del siglo VII e inicios del siglo VI a.C. Quizá muchos de ellos se preguntaban si Dios los había abandonado debido a su pecado, o si el Señor podría protegerlos ahora que estaban fuera de la tierra prometida. Este libro respondía estas preguntas.

¿Cuándo y dónde lo escribió?

En la obra se describen eventos que ocurren durante el exilio de los judíos. De hecho, se ubican entre los capítulos 6 y 7 de Esdras. La fecha de su escritura, entonces, se ubica más o menos en el año 450 a.C., unos ocho años después del viaje de Esdras a la tierra prometida, y posiblemente durante el reinado del rey persa Artajerjes (464-424 a.C.). Es muy probable que el lugar en el cual se escribió fuera Susa, la capital del imperio persa, mencionada en el libro mismo. Las costumbres, el ambiente y los procedimientos oficiales refuerzan esta idea.

Panorama del libro

Este es uno de los dos libros de la Biblia que no mencionan el nombre de Dios (el otro es Cantares) y uno de los dos libros que llevan el nombre de una mujer (el otro es Rut). Aunque el nombre de Dios no aparece, es una de las narraciones en las que aparece de manera clara la providencia divina, aun en medio de naciones paganas y circunstancias adversas. Esta obra tiene como propósito mostrarles a los judíos, tanto a los que aún están en cautiverio, como a los que han regresado a la tierra, que el Señor sigue protegiendo a su pueblo, incluso en tierras paganas y en medio de amenazas.

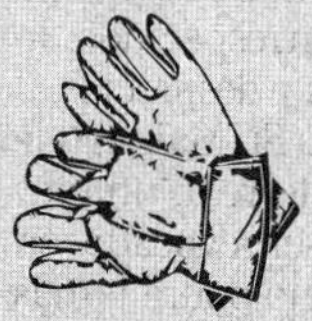

¿Cómo se relaciona con nosotros?

Este libro es como una película de suspenso y está bien a tono con las heroínas modernas, ya que tiene personajes bien definidos, sucesos extraordinarios y cambios repentinos en la trama. La historia de Ester es una aventura muy atractiva para explorar, ya que esconde los principios del valor, del compromiso con una causa y de la lealtad a la familia. Está relatada con gran maestría para aumentar la emoción; es como un modelo general de cómo la providencia del Señor dirige los acontecimientos del mundo. El hecho de que no se mencione el nombre de Dios es, en este sentido, más bien un recurso literario del autor para mostrar que "el invisible" es más poderoso que, por ejemplo, el rey Asuero, que aparece muy seguido pero no controla los eventos. Así, Ester no presenta grandes milagros, ni plagas, ni rayos y truenos. Sin embargo, por medio de "casualidades" y del valor de Ester, la voluntad de Dios se cumple de manera clara y contundente.

¿Cómo lo estudiamos?

1) Ester. El ascenso de una valiente libertadora. Caps. 1-2
2) Amán. Las manipulaciones de un enemigo mortal. Caps. 3-5
3) La liberación. La recompensa por haber confiado en el Señor. Caps. 6-10

ESTER

Ester

Destitución de la reina Vasti

1 Era el tercer año del reinado del rey Asuero, emperador del extenso imperio medo-persa, que estaba formado por ciento veintisiete provincias y se extendía desde la India hasta Etiopía. 2,3Este era el año de la gran celebración en el palacio de Susa, capital del reino, a la que el emperador había invitado a todos los gobernadores, cortesanos, y jefes del ejército de todas partes de Media y Persia. 4La fiesta duró seis meses, con un despliegue enorme de las riquezas y las glorias del imperio.

5Cuando todo terminó, el rey dio una fiesta especial para los funcionarios y sirvientes del palacio. Esta fiesta duró siete días y se celebró en los jardines del palacio, 6el cual se adornó con cortinas verdes, blancas y azules, y estaban atadas con cordones de lino y púrpura que pasaban por anillos de plata y columnas de mármol. Los reclinatorios eran de oro y plata, y estaban sobre un piso de mármol blanco y negro, con incrustaciones de alabastro y jacinto. 7Las bebidas se servían en vasos de oro de diversos diseños, y había gran abundancia de vino real, porque el rey era generoso. 8Los invitados podían beber cuanto quisieran, ya que el rey había ordenado a sus sirvientes servir a cada uno todo el vino que deseara. Sin embargo, ninguno debía ser obligado a tomar más de lo que deseara.

9La reina Vasti, por su parte, dio un banquete a las mujeres, en el palacio del rey Asuero. 10Al séptimo día, el último de la fiesta, el rey, medio embriagado con el vino, se sentía alegre y llamó a Meumán, Biztá, Jarboná, Bigtá, Abagtá, Zetar y Carcás, que eran siete servidores de su entera confianza, y les ordenó 11que fueran por la reina Vasti y la llevaran hasta donde él estaba. La reina debía presentarse luciendo la corona real en su cabeza, pues el rey quería que todos contemplaran su belleza, pues en realidad era una mujer muy hermosa. 12Pero la reina Vasti se negó a cumplir la orden que el rey le envió por medio de aquellos hombres. Esto disgustó tanto al rey que se enfureció. 13-15Entonces consultó a hombres expertos en las leyes y la justicia del imperio en cuanto a lo que debía hacer, pues siempre acostumbraba tratar con ellos todos los asuntos que tenían que ver con su reino. Estos hombres eran Carcena, Setar, Admata, Tarsis, Meres, Marsená y Memucán. Estos siete hombres eran jefes de Persia y Media, y tenían puestos muy importantes en el reino, pues formaban parte del consejo real.

—¿Qué debo hacer? —les preguntó—. ¿Qué castigo contempla la ley para una reina que se niega a obedecer la orden del rey, enviada por medio de sus servidores?

16Memucán tomó la palabra y les dijo al rey y a sus compañeros:

—La reina Vasti no solamente ha ofendido a Su Majestad, sino a todos los funcionarios y a todos los varones del imperio. 17Porque las mujeres, en todos los lugares del imperio, cuando se enteren de lo que la reina Vasti le ha hecho a Su Majestad, seguirán su ejemplo, y le perderán el respeto a sus maridos, pues les dirán: «Estamos enteradas de que la reina Vasti no quiso obedecer al rey, así que nosotras podemos hacer lo mismo con ustedes». 18Tan pronto nuestras esposas, las princesas de Persia y Media, se enteren de lo que hizo la reina Vasti nos van a tratar de la misma manera. Eso hará que seamos irrespetados, lo cual causará muchos problemas y desprecios.

19»Por eso, recomiendo que, si a Su Majestad le parece bien, promulgue un edicto real, una ley de Media y Persia que no pueda ser revocada, en el que declare que la reina Vasti no podrá jamás volver a presentarse ante usted. Y Su Majestad podrá escoger a otra mujer que sea más digna de llevar el título de reina. 20Cuando este decreto sea publicado a través de todo el reino, no habrá esposa que no respete a su marido, cualquiera que sea su rango.

21Al rey y a los gobernadores les pareció bien el consejo de Mamucán. Entonces el rey 22envió cartas a todas las provincias, en todos los idiomas locales, en las que se declaraba que los hombres debían gobernar el hogar, y que debían hacer sentir su autoridad como jefes de la familia.

Elección de Ester como reina

2 Después de algún tiempo, cuando ya se le había pasado la ira, el rey Asuero se puso a pensar en Vasti, en lo que había hecho, y en el decreto que había publicado para reemplazarla. 2,3Entonces sus consejeros le recomendaron: «Su Majestad, nombre en cada provincia del reino a ciertos hombres para que se encarguen de seleccionar a las más hermosas jóvenes solteras de todo el imperio. Luego, esas jóvenes deberán ser traídas aquí a Susa, a la casa donde están todas las mujeres que le pertenecen a Su Majestad, para que sean sometidas a un tratamiento de belleza, bajo la responsabilidad de Jegay, que es el encargado de cuidar a las mujeres de Su Majestad. 4Después, usted podrá escoger a la joven que más le guste, para que reemplace a Vasti en su puesto de reina». Esta idea agradó mucho al rey, y puso inmediatamente el plan en ejecución.

5Allí en Susa vivía un judío llamado Mardoqueo, que pertenecía a la tribu de Benjamín. Mardoqueo era hijo de Yaír, nieto de Simí y bisnieto de Quis. 6Cuando Jerusalén fue destruida por

Nabucodonosor, lo llevaron cautivo a Babilonia,
junto con el rey Jeconías de Judá, y muchos otros.
7Mardoqueo tenía bajo su tutela a una prima
hermana, ya que había quedado huérfana de
padre y madre. Esta muchacha era joven y muy
hermosa, y se llamaba Jadasá, es decir, Ester.
8Cuando se publicó el decreto del rey, muchas
jóvenes fueron llevadas a Susa, a la casa de las
mujeres del rey, que estaba bajo el cuidado de
Jegay. Entre esas jóvenes estaba también Ester.
9Jegay, que era el encargado de la casa de las
mujeres del rey, quedó muy bien impresionado
con ella, e hizo todo lo posible por hacerla feliz.
Ordenó que le sirvieran comidas especiales, y la
favoreció en los tratamientos de belleza, y puso
a su servicio a siete esclavas selectas del palacio,
y le dio el aposento más lujoso de la casa.

10Ester no le había dicho a nadie que era judía,
porque Mardoqueo le había aconsejado que no
lo hiciera. 11Todos los días, Mardoqueo se paseaba
por el frente de la casa donde estaban las mujeres, para averiguar cómo estaba Ester y cómo
la trataban.

12-14Antes de ser llevadas a la presencia del
rey, cada muchacha debía recibir seis meses
de tratamiento de belleza con aceite de mirra,
seguido por otros seis meses de tratamiento con
perfumes y cosméticos femeninos. Cuando a una
muchacha le tocaba ir a pasar la noche con el rey
Asuero, se le daban a elegir los vestidos y joyas
que deseara, para realzar su belleza. La llevaban
entonces a los aposentos del rey en la tarde y a la
mañana siguiente regresaba a una segunda casa,
donde vivían las concubinas del rey. Allí quedaba
por el resto de su vida al cuidado de Sasgaz, que
era otro de los hombres de confianza del rey. Tan
sólo podía regresar al palacio si el rey la deseaba
y la mandaba a llamar.

15Cuando le correspondió a Ester el turno de
presentarse ante el rey, aceptó el consejo de Jegay,
el funcionario que estaba a cargo de las mujeres
del rey, de modo que se vistió y adornó de acuerdo a sus instrucciones. Ya para ese momento,
Ester se había ganado el aprecio de todos los que
la conocían. Recordemos que Ester había sido
adoptada por Mardoqueo, cuando murió Abijaíl,
padre de Ester y tío de Mardoqueo. 16En el décimo mes, que es el mes de Tébet, en el séptimo
año del reinado de Asuero, Ester fue llevada al
palacio del rey.

17Y sucedió que el rey amó a Ester más que a
cualquiera de sus otras mujeres. Se sintió tan
complacido con ella que le puso la corona real
en la cabeza y la proclamó reina en lugar de
Vasti. 18Para celebrar la ocasión, celebró otra
gran fiesta para todos sus altos funcionarios y
cortesanos, repartió muchos regalos, como es
digno de un rey, y rebajó los impuestos en todas
las provincias.

Conspiración contra Asuero

19Después de esto, el rey pidió el segundo grupo
de mujeres. En ese tiempo Mardoqueo era portero
del palacio. 20Ester no le había dicho a nadie a
qué familia y nación pertenecía, tal como Mardoqueo le había ordenado, pues Ester lo obedecía
como cuando estaba bajo su cuidado.

21Un día en que Mardoqueo cumplía sus funciones en el palacio, dos oficiales del rey, Bigtán y
Teres, que eran guardias de la puerta del palacio,
estaban hablando muy enojados contra el rey y
planeando la forma de matarlo. 22Mardoqueo se
enteró y le dio la información a la reina Ester, la
que a su vez la transmitió al rey, en nombre de
Mardoqueo. 23Se investigó el asunto, y se halló
que los dos hombres eran culpables, así que
los colgaron en la horca. Todo esto fue debidamente registrado en el libro de las crónicas del
rey Asuero.

Conspiración de Amán contra los judíos

3 Poco después, el rey Asuero honró a Amán
hijo de Hamedata, descendiente de Agag,
con el cargo de ministro. Amán pasó a ser el
funcionario más poderoso del imperio, después
del rey. 2Todos los que trabajaban cuidando el
palacio real se inclinaban delante de él con gran
reverencia cuando pasaba, porque así lo había
ordenado el rey. Pero Mardoqueo se negaba a
arrodillarse y a inclinarse delante de Amán.

3-4Por eso, sus compañeros de trabajo, le preguntaron, una y otra vez, «¿Por qué desobede-
ces la orden del rey?» Como Mardoqueo no les
hacía caso, lo denunciaron ante Amán, para ver
si Mardoqueo se atrevía a decirle que era judío,
tal como se los había dicho a ellos.
5Cuando Amán se enteró de que Mardoqueo no
se arrodillaba ni inclinaba ante él, se enfureció.
6Y cuando se enteró de que Mardoqueo era judío,
decidió acabar, no sólo con éste, sino con todos
los judíos que vivían en el reino de Asuero.

7Para determinar el momento más propicio
para la acción, echó suertes. Lo hizo en el mes
primero, es decir, en el mes de Nisán, del año
doce del reinado de Asuero, y se decidió, según
las suertes, que la matanza debía llevarse a cabo
en el mes doce, que es el mes de Adar.

8Amán se presentó ante el rey para hablarle
del asunto, y le dijo:

—Hay un pueblo esparcido por todas las provincias del reino, cuyas leyes son diferentes a las
de todas las naciones y, por eso, ese pueblo se
niega a obedecer las leyes del rey. ¡Su Majestad no
puede permitir que sigan viviendo! 9Si le agrada,

dicte un decreto para que sean destruidos, y yo pagaré trescientos treinta mil kilos de plata, para que sean incorporados a la tesorería real, a fin de sufragar los gastos que esto demande.

10El rey estuvo de acuerdo, y quitándose el anillo del dedo, se lo entregó a Amán hijo de Hamedata, descendiente de Agag, acérrimo enemigo de los judíos.

11—Guárdate el dinero —le dijo el rey—. Te entrego ese pueblo. Haz con él lo que bien te parezca.

12Entonces se acordó que el día trece del mes de Abib todos los secretarios del rey se reunieran, para escribir las órdenes de Amán. Estas órdenes fueron escritas en el idioma de cada pueblo, en nombre del rey Asuero y selladas con el anillo real. Luego se enviaron a los gobernadores y autoridades de cada región y provincia del reino. 13Fueron, pues, enviadas por medio de mensajeros a todas las provincias del imperio, decretando que todos los judíos, jóvenes y viejos, mujeres y niños, debían morir el día trece del mes doce, que es el mes de Adar, y que se les quitaran todas sus propiedades. 14En las cartas se decía que este edicto debía ser proclamado como ley en todas las provincias y debía hacerse conocer a todo el pueblo, para que todos estuvieran preparados para cumplir su deber en el día señalado.

15El edicto fue enviado por medio de los mensajeros más rápidos del rey, después de haber sido proclamado en la ciudad de Susa. El rey y Amán se sentaron a beber, mientras que la ciudad se llenó de confusión y pánico.

Acuerdo entre Mardoqueo y Ester

4 Cuando Mardoqueo supo lo que se había hecho, rasgó su ropa, se vistió de luto, se echó ceniza en la cabeza y salió por la ciudad dando gritos de dolor. 2Se detuvo ante la puerta del palacio, porque a nadie se le permitía entrar vestido de esa manera. 3De igual manera, cuando la noticia de la orden real llegaba a las distintas provincias donde vivían judíos, éstos sentían mucho dolor, ayunaban, lloraban y se lamentaban amargamente. Muchos se vestían de luto y dormían sobre ceniza.

4Cuando las sirvientas y los guardias de Ester fueron y le contaron lo que ocurría con Mardoqueo, ella se sintió profundamente perturbada y le mandó ropa para que se quitara el luto, pero él se negó. 5Entonces Ester mandó a buscar a Hatac, uno de los hombres de confianza del rey que había sido puesto a su servicio, y le dijo que fuera a preguntarle a Mardoqueo cuál era el problema y por qué estaba actuando de esa manera. 6Hatac salió a la plaza de la ciudad y encontró a Mardoqueo en las afueras del palacio. 7Mardoqueo lo puso al tanto de todo y de los trescientos treinta mil kilos de plata que Amán había prometido entregar a la tesorería del rey a cambio del exterminio de los judíos. 8Además, Mardoqueo le dio a Hatac una copia del decreto del rey en el que se condenaba a todos los judíos, y le pidió que se lo mostrara a Ester y le contara lo que estaba ocurriendo. También le pidió que le dijera a Ester que fuera a ver al rey y le suplicara que no le hiciera tal mal a su pueblo. 9Hatac regresó enseguida ante Ester con el mensaje de Mardoqueo. 10Ester le dijo a Hatac que regresara a Mardoqueo y le dijera: 11«Todo el mundo sabe que cualquiera, sea hombre o mujer, que entre a la presencia del rey sin ser llamado por él está condenado a morir, a menos que el rey le tienda su cetro de oro. ¡Hace más de un mes que el rey no me llama a su presencia!»

12Hatac fue y le dio el mensaje de Ester a Mardoqueo. 13Entonces Mardoqueo le mandó a decir: «¿Piensas que porque estás en el palacio escaparás cuando los otros judíos sean muertos? 14Si callas en un tiempo como éste, Dios salvará a los judíos de alguna otra manera, pero tú y tu familia morirán. ¿Y quién sabe si no es para ayudar a tu pueblo en un momento como éste que has llegado a ser reina?»

15Entonces Ester envió a decir a Mardoqueo: 16«Ve y reúne a todos los judíos de Susa y pídeles que ayunen por mí. Diles que no coman ni beban durante tres días con sus noches. Yo y mis sirvientas haremos lo mismo. Luego, aunque está estrictamente prohibido, me presentaré ante al rey. ¡Si he de morir, que muera!»

17Mardoqueo hizo lo que Ester le ordenó.

Petición de Ester al rey Asuero

5 Tres días más tarde, Ester se puso sus vestiduras reales y entró al patio interior, al salón real del palacio, donde el rey estaba sentado en su trono. 2Cuando el rey vio a la reina Ester que estaba de pie allí, le agradó y le tendió el cetro de oro. Ester se acercó y tocó la punta del cetro.

3—¿Qué deseas, reina Ester? —le preguntó el rey—. ¿Cuál es tu petición? Te daré todo lo que quieras, aun cuando sea la mitad del reino.

4Y Ester replicó:

—Si de verdad Su Majestad quiere complacerme, le suplico que asista, junto con Amán, esta noche a un banquete que he preparado en su honor.

5El rey se volvió hacia sus sirvientes y les dijo:

—Vayan y díganle a Amán que venga pronto, para que asistamos al banquete que la reina Ester ha preparado.

El rey y Amán asistieron al banquete de Ester. 6Mientras bebían vino, el rey le volvió a decir a Ester:

—Ahora dime qué es lo que realmente quieres, y yo te lo daré, aun cuando sea la mitad del reino.
7,8Ester entonces le contestó:
—Mi petición, mi más profundo deseo, es que si Su Majestad me ama, y quiere concederme mis deseos, venga mañana con Amán a otro banquete que he preparado para ustedes, y allí le explicaré de qué se trata.

Odio de Amán contra Mardoqueo

9¡Cuán feliz estaba Amán cuando salió del banquete! Pero al pasar por la puerta del palacio notó que Mardoqueo no se puso de pie ni hizo reverencia delante de él, así que se puso furioso.
10Sin embargo, se refrenó y siguió hasta su casa y reunió a todos sus amigos y a su esposa Zeres,
11y se jactó delante de ellos acerca de su riqueza, de sus muchos hijos, y de cómo el rey lo había honrado y lo había convertido en el hombre más poderoso del reino, después del mismo rey.
12Enseguida lanzó su exclamación triunfal:
—Sí, y Ester, la reina, me ha invitado a mí solamente para que vaya con el rey al banquete que ella ha preparado para nosotros. ¡Y nos invitó para otro banquete mañana! 13Pero todo esto de nada sirve cuando veo que Mardoqueo, el judío que se sienta frente a la puerta del rey, se niega a inclinarse delante de mí.
14—Bien— respondió Zeres su esposa, y concordaron con ella todos sus amigos—. Haz preparar una horca de veintidós metros y medio de alto, y en la mañana pídele al rey que haga colgar a Mardoqueo en ella. Cuando esto haya sido realizado, tú podrás seguir alegremente para reunirte con el rey en el banquete.
Esto agradó a Amán inmensamente, y ordenó que fuera construida la horca.

Exaltación de Mardoqueo

6 Aquella noche, al rey se le fue el sueño y ordenó que le leyeran las crónicas de su reino, que estaban en la biblioteca. 2Leyeron hasta el punto en que se relataba la forma en que Mardoqueo había delatado a Bigtán y Teres, los dos oficiales del rey, encargados de vigilar la puerta del palacio, que habían planeado asesinar al rey.
3—¿Qué recompensa le hemos dado a Mardoqueo por haber hecho esto? —preguntó el rey.
—Nada— respondieron sus oficiales.
4En ese preciso momento, Amán entraba al patio exterior del palacio, para pedirle al rey que colgara a Mardoqueo en la horca que había preparado. Por eso, el rey preguntó:
—¿Quién está en el patio?
5—Es Amán, Su Majestad —le respondieron sus oficiales.
—Díganle que venga —ordenó el rey.
6Entonces Amán entró y se presentó delante del rey, que le preguntó:
—¿En qué forma honrarías a un hombre al que yo deseo honrar?
Amán pensó: «¿A quién querrá honrar el rey más que a mí?» 7,8Y respondió:
—Haría traer ropas reales que el rey haya usado, el caballo del rey, la corona real, 9y ordenaría a los príncipes más nobles del rey que lo vistieran y lo llevaran por las calles montado sobre el caballo del rey, y que fueran anunciando delante de él: «¡De esta manera el rey honra a una persona que le ha agradado!»
10—¡Magnífico! —dijo el rey—. Toma las vestiduras y el caballo, y haz así con Mardoqueo, el judío que trabaja en la puerta real. Hazlo todo en la misma forma que lo has sugerido, sin que se te escape ni un solo detalle.
11Amán tomó las vestiduras, se las puso a Mardoqueo, lo hizo montar en el caballo del rey, y lo condujo por las calles gritando: «¡De esta manera el rey honra a los que le agradan!»
12Después de esto, Mardoqueo regresó a su trabajo, pero Amán se retiró a su casa. Se sentía humillado. 13Cuando les contó a su esposa Zeres y a todos sus amigos lo que había ocurrido, ellos le dijeron:
—Si Mardoqueo es judío, no podrás destruirlo. ¡Oponerte a él será tu derrota!
14Mientras aún discutían con él, los mensajeros llegaron para conducir a Amán rápidamente al banquete que Ester había preparado.

Humillación y muerte de Amán

7 El rey y Amán llegaron al banquete que Ester les preparó. 2Nuevamente, mientras bebían vino, el rey le preguntó a la reina Ester:
—¿Cuál es tu petición, reina Ester? ¿Qué es lo que deseas? Cualquier cosa que sea. ¡Te daré hasta la mitad de mi reino!
3La reina Ester le contestó:
—Si de verdad me he ganado el favor de Su Majestad, y si lo desea, le ruego que salve mi vida y la vida de mi pueblo. 4Porque mi pueblo y yo hemos sido vendidos a quienes quieren destruirnos. ¡Estamos condenados a la destrucción total! Si sólo hubiéramos sido vendidos como esclavos y esclavas, yo no me quejaría delante de Su Majestad, pues eso no sería motivo para inquietarlo.
5—¿De qué estás hablando? —le preguntó el rey Asuero—. ¿Quién se atrevería a hacerte daño?
6Ester replicó:
—¡Nuestro enemigo y adversario es este malvado Amán!
Entonces Amán se perturbó delante del rey y de la reina. 7El rey se levantó y salió del banquete al jardín del palacio. Pero Amán se quedó supli-

cándole a la reina Ester que le salvara la vida, porque sabía que ya no contaba con la ayuda del rey. [8]Cuando el rey regresó del jardín y entró a la sala, vio que Amán estaba inclinado sobre el sofá donde se hallaba recostada Ester. Entonces, al ver esto, el rey gritó:

—¡Y es que te vas a atrever a violar a la reina aquí mismo en el palacio, delante de mis propios ojos!

Al oír el grito del rey, sus guardias entraron y le cubrieron el rostro a Amán con el velo de los condenados a muerte. [9]Entonces Jarboná, otro de los hombres de confianza del rey, dijo:

—Su Majestad, Amán ordenó construir, en el patio de su casa, una horca de veintidós metros y medio de alto para colgar a Mardoqueo, el hombre que salvó al rey de ser asesinado.

—¡Cuelguen a Amán en ella! —ordenó el rey.

[10]Así que colgaron a Amán en la misma horca que había preparado para Mardoqueo, y así se apaciguó la ira del rey.

Edicto real en favor de los judíos

8 Aquel mismo día, el rey Asuero entregó a la reina Ester las propiedades de Amán, el enemigo de los judíos. Mardoqueo fue llevado a la presencia del rey, porque Ester le había dicho al rey que era su primo y padre adoptivo. [2]El rey entonces se sacó el anillo, el que antes le había dado a Amán, y se lo entregó a Mardoqueo. Ester, por su parte, encargó a Mardoqueo de la administración de las propiedades de Amán.

[3]Entonces, una vez más, la reina Ester se presentó delante del rey, se postró a sus pies y le rogó con lágrimas que detuviera el plan de Amán contra los judíos. [4]El rey, al verla, le extendió el cetro de oro. Ester se puso de pie delante de él, [5]y le dijo:

—Si a Su Majestad le parece bien, y si en verdad me ama, le ruego que saque otro decreto, por medio del cual anule la orden que Amán dio de exterminar a los judíos que viven en todas las provincias del reino. [6]¿Cómo podría yo quedarme tranquila viendo que la desgracia cae sobre mi pueblo? ¿Cómo podría quedarme quieta viendo la destrucción de mi gente?

[7]Entonces el rey Asuero les dijo a la reina Ester y a Mardoqueo el judío:

—Le he dado a Ester el palacio de Amán y él ha sido colgado en la horca, porque trató de destruirlos. [8]Ahora escriban, en mi nombre, un mensaje y envíenlo a los judíos. Redáctenlo en los términos que a ustedes mejor les parezca, y séllenlo con el anillo del rey, para que no pueda ser revocado.

[9,10]Inmediatamente fueron convocados los secretarios del rey. Era el día veintitrés del mes tercero, es decir, del mes de Siván. Los secretarios escribieron el edicto que Mardoqueo les dictó, para ser enviado a los judíos, a los oficiales, a los gobernadores y príncipes de las ciento veintisiete provincias, desde la India hasta Etiopía. El edicto fue traducido a los idiomas y dialectos de todos los pueblos del reino. Mardoqueo lo escribió en nombre del rey Asuero, lo selló con el anillo del rey y envió las cartas por medio de mensajeros del rey, que montaban los caballos más veloces que el rey tenía. [11]Este edicto daba a los judíos, que vivían en todas las provincias del reino de Asuero, permiso para defender sus vidas y sus familias, y para destruir a todas las fuerzas que se les opusieran, y apoderarse de las propiedades de sus enemigos. [12]El día escogido para ello a través de todas las provincias del rey Asuero, era el día trece del mes doce, es decir, el mes de Adar. [13]Además establecía, que este edicto, que debía ser reconocido en todo lugar como decreto, debía ser proclamado en alta voz delante del pueblo, para que los judíos pudieran prepararse y vencer a sus enemigos. [14]Los mensajeros, por orden directa del rey, salieron rápidamente montados sobre los veloces caballos del rey. El mismo decreto también fue promulgado en el palacio de Susa.

[15]Mardoqueo se puso las vestiduras reales de azul y blanco y la gran corona de oro, con un manto de lino y púrpura, y salió de la presencia del rey por todas las calles de la ciudad, que estaban llenas de gente que le aclamaba. [16]Los judíos sintieron gozo y alegría, y fueron honrados en todo lugar. [17]En todas las ciudades y provincias a donde llegaba el decreto del rey, se producía una gran alegría entre los judíos, hasta el punto que hacían una gran celebración y declaraban día festivo. Muchos se hacían pasar por judíos, por temor a lo que los judíos pudieran hacerles.

Triunfo de los judíos

9 El día trece del mes doce, es decir, el mes de Adar, el mismo día en que debían cumplirse los dos decretos del rey (día en que los enemigos de los judíos tenían esperanza de vencerlos, y sucedió todo lo contrario), [2]los judíos se reunieron en sus ciudades, a través de todas las provincias del rey, para defenderse contra los que pudieran tratar de hacerles daño. Pero nadie se atrevió, porque sentían gran temor. [3]Y todos los funcionarios de las provincias, gobernadores, oficiales y cortesanos, ayudaban a los judíos por temor de Mardoqueo. [4]Porque Mardoqueo era ahora un hombre muy importante en el palacio del rey, y su fama se extendía por todas las provincias, pues se hacía cada vez más poderoso.

[5]Los judíos cumplieron con el decreto el día señalado y mataron a todos sus enemigos. [6]Mataron a quinientos hombres en Susa. [7-10]También dieron muerte a diez hijos de Amán hijo de

Hamedata, enemigo de los judíos. Estos son sus
nombres: Parsandata, Dalfón, Aspata, Porata,
Adalías, Aridata, Parmasta, Arisay, Ariday y Vai-
zata, pero no se apoderaron de sus bienes.
11Ese mismo día el rey se enteró del número de
personas muertas en Susa. 12Entonces llamó a la
reina Ester y le dijo:
—Tan solo en la ciudad de Susa los judíos han
dado muerte a quinientos hombres y también
mataron a los diez hijos de Amán. Si esto han
hecho aquí, me pregunto ¿qué habrá ocurrido
en el resto de las provincias? ¿Qué más deseas?
También te será concedido. Dímelo y te lo daré.
13Y Ester dijo:
—Si Su Majestad está de acuerdo, le pido que
permita que los judíos que están en Susa hagan
mañana nuevamente lo que han hecho hoy, y
ordene que los diez hijos de Amán sean colgados en horcas.
14El rey le concedió la petición. El decreto fue
promulgado en Susa, y colgaron los cadáveres de
los diez hijos de Amán. 15Entonces los judíos de
Susa se reunieron también el día catorce del mes
de Adar, y dieron muerte a otros trescientos hombres, pero no se apoderaron de sus propiedades.
16Mientras tanto, los judíos de las demás provincias del imperio se habían reunido también
para defender sus vidas y habían destruido a sus
enemigos, dando muerte a setenta y cinco mil
personas que los odiaban. Pero no se apoderaron
de sus bienes. 17Esto ocurrió el día trece del mes
de Adar, y al día siguiente reposaron, y celebraron
la victoria con fiestas y alegría.

Celebración de Purim

18Pero los judíos de Susa siguieron dando
muerte a sus enemigos el segundo día también,
así que descansaron el día quince, y lo celebraron
con una gran fiesta. 19Por esto es que los judíos
de los pueblos sin murallas de todo Israel celebran la fiesta el día catorce del mes de Adar, y es
entonces cuando se alegran y se hacen regalos
unos a otros.
20Mardoqueo escribió la historia de todos estos
sucesos, y envió cartas a los judíos de cerca y de
lejos, a través de todas las provincias del rey,
21pidiéndoles que establecieran una festividad
anual los días catorce y quince del mes de Adar,
22para celebrar con fiestas, alegría y regalos este
día histórico en que los judíos fueron salvados
de sus enemigos, cuando su llanto se convirtió
en alegría, y sus lamentos en felicidad.
23Los judíos adoptaron la sugerencia de Mardoqueo y comenzaron esta festividad anual
24,25como recordatorio de la ocasión en que
Amán hijo de Hamedata, el agagueo, enemigo
de todos los judíos, había tramado destruirlos en
una fecha que determinaron tras haber echado
suertes, y para recordar que cuando Ester se lo
contó al rey, éste emitió un edicto a fin de que
el plan de Amán se volviera en su contra, y él
y sus hijos fueron colgados en la horca. 26Esta
fiesta se llama «Purim», porque la palabra pur,
en idioma persa, significa «echar suertes». Así
que los judíos acordaron celebrar esta fiesta
de acuerdo con lo ordenado por Mardoqueo, y
por todo lo que habían tenido que sufrir y ver.
27Todos los judíos del reino estuvieron de acuerdo
en comenzar esta tradición y comunicarla a sus
descendientes y a todos los que se convirtieran en
judíos. Declararon que jamás dejarían de celebrar estos dos días. 28Sería un acontecimiento
que celebrarían anualmente, de generación en
generación, todas las familias judías del mundo,
para que la comunidad judía no olvidara jamás
lo que ocurrió.
29-31La reina Ester, hija de Abijaíl, y Mardoqueo
escribieron esta segunda carta, para confirmar
plenamente los días en que debía celebrarse la
fiesta anual de Purim. Las cartas fueron enviadas
a todos los judíos que vivían en las ciento veintisiete provincias del reino de Asuero, con mensajes
de buena voluntad y de aliento para confirmar
la celebración anual de estos dos días de Purim,
decretada por Mardoqueo el judío y por la reina
Ester. Además, les daban instrucciones en cuanto
a la obligación de ayunar y de guardar luto. 32Así
que el decreto de Ester confirmó estas fechas, y
fue registrado como ley.

Grandeza de Mardoqueo

10 El rey Asuero no sólo impuso tributo a
los países que estaban sobre tierra firme,
sino también a los que quedaban sobre las islas
del mar. 2Sus grandes hechos, y también un relato completo de la grandeza de Mardoqueo y de
los honores que le dio el rey están escritos en el
libro de las crónicas de los reyes de Media y de
Persia. 3El judío Mardoqueo fue primer ministro
con autoridad muy cercana a la del mismo rey
Asuero. Por supuesto, él fue muy grande entre los
judíos, y lo respetaban todos sus compatriotas,
porque hacía todo cuanto podía por su pueblo,
y se preocupaba por el bienestar de todos ellos.

Investiguemos Juntos

JOB

¿Quién lo escribió?

No se sabe quién fue el autor, aunque se ha propuesto varios candidatos. Entre ellos, Moisés, Salomón o uno de sus contemporáneos o el mismo Job. No hay manera de saberlo. Sin embargo, casi todos concuerdan con que se trata de un autor de la época de los patriarcas altamente calificado y con una gran profundidad teológica. Se acepta que el libro es una unidad, debido a que el desarrollo del argumento es bastante consistente en todas sus partes. Los intentos por separar ciertas secciones no son convincentes.

¿A quién lo escribió?

Es indudable que el libro de Job tiene su origen en los escritos de sabiduría de Israel y que sus personajes comparten muchas ideas teológicas y morales provenientes del pueblo de Dios. Sin embargo, como otros libros de sabiduría, tiene en mente una audiencia mucho mayor; es decir, personas de todas las épocas y lugares. En este sentido, el protagonista de la historia no es israelita (se cree que Uz estaba ubicada en el norte de Arabia o en Edom), no se mencionan los grandes temas israelitas de la ley, el pacto o el éxodo y casi no se usa Yahveh, el nombre de Dios que se refiere al pacto con su pueblo. Por ello, un famoso escritor llega a decir que la grandeza literaria de Job es su aplicación universal.

¿Cuándo y dónde lo escribió?

No sabemos cuál fue el lugar en el que se escribió esta obra. Algunos han tratado de asignar lugares fuera de Israel para la composición de este libro, como por ejemplo, Egipto o Arabia. Sin embargo, es evidente que las ideas generales del autor provienen de la tradición hebrea. En cuanto a la fecha, los estudiosos no se ponen de acuerdo. Las fechas varían desde la época patriarcal (unos 2000 años antes de Cristo) hasta el siglo II a.C. Ciertos detalles lingüísticos, así como la falta de mención del sistema sacrificial, de la historia y las leyes de Israel ha hecho que muchos estudiosos se inclinen por la opinión de que este es uno de los libros bíblicos más antiguos (quizá fue escrito en 2000 a.C., en tiempos de Abraham).

Panorama del libro

Este es uno de los libros más profundos y enigmáticos de la Biblia. Enfrenta grandes temas, tales como el sufrimiento, la justicia y la intervención de Dios en estos complejos asuntos. Aparentemente, el tema central es el del sufrimiento de un creyente. Sin embargo, detrás de este tema, que obviamente es importante, se encuentra la realidad del control soberano de Dios sobre todo el cosmos y, a la vez, sobre la vida de cada persona. La obra contrapone esa realidad con la del sufrimiento de personas justas y buenas y presenta las meditaciones de los seres humanos ante esa aparente contradicción.

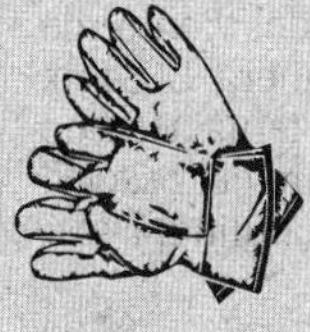

¿Cómo se relaciona con nosotros?

Todos tenemos preguntas y dudas, y cuando alguien las expresa no es sabio decirle que no piense en ellas. Al contrario, es necesario resolverlas con la fuerza de la verdad. El libro de Job es uno de los libros de la Biblia que más nos enseña a enfrentar las cuestiones profundas y contradictorias de la vida con la fe en un Dios que es soberano. El hecho de que Job evite las respuestas fáciles o los triunfalismos irreales es de gran ayuda para que vivir un cristianismo real y no de apariencias, ya que tener fe no significa cerrar los ojos o "apagar el cerebro", y este es un mensaje conveniente y necesario para nuestros matrimonios y familias. De hecho, este libro nos previene de todas aquellas defensas simplistas del Señor, como las de los amigos de Job, que, aunque bien intencionadas, no honraban la verdad.

¿Cómo lo estudiamos?

1) Dios, Satán y Job. Un vistazo a la batalla cósmica. Caps. 1-2
2) Elifaz, el intelectual, explica el dolor de Job: "Dios es puro. El ser humano es quien atrae los problemas". Caps. 3-5; 12-15; 21-22.
3) Bildad, el tradicionalista, explica el dolor de Job: "Dios no tuerce la justicia. Es el ser humano el que se olvida de Él". Caps. 6-8; 16-18, 23-26.
4) Zofar, el moralista, explica el dolor de Job. "Dios conoce cuando eres impío". Caps. 9-11; 19-20; 27.
5) Eliú, el joven, da su opinión. "Los sufrimientos refinan al justo". Caps. 32-37
6) Dios confronta a Job y lo restaura. Caps. 38-42

Job

Prólogo

1 En la tierra de Uz vivía un hombre llamado Job, hombre bueno que temía a Dios y se abstenía de lo malo. 2,3Tenía una familia grande formada por siete hijos y tres hijas, y era inmensamente rico, pues poseía siete mil ovejas, tres mil camellos, quinientas yuntas de bueyes, quinientas burras, y muchísimos siervos. Era en efecto el más rico hacendado de toda aquella región. 4Los hijos de Job, acostumbraban turnarse para celebrar banquetes en sus respectivas casas e invitaban a sus hermanos y hermanas a comer y beber con ellos. 5Al terminar el ciclo de los banquetes, Job reunía a sus hijos y los santificaba; se levantaba muy de mañana y presentaba una ofrenda por cada uno de ellos. Porque pensaba: «Quizás mis hijos hayan pecado y en su corazón se hayan alejado de Dios». Estas cosas eran costumbre en Job.

Primera prueba de Job

6Cierto día en que los ángeles se presentaron ante el SEÑOR, acudió también con ellos el ángel acusador.

7—¿De dónde vienes? —le preguntó el SEÑOR al acusador. Y éste respondió:

—De rondar la tierra y recorrerla por todas partes.

8Entonces Dios preguntó al acusador:

—¿Te has fijado en mi siervo Job? No hay otro como él en toda la tierra: hombre perfecto y recto, que me teme y se abstiene de todo mal.

9—¿Y cómo no habría de serlo si lo recompensas tan bien? —dijo burlonamente el acusador—. 10Siempre has librado de todo daño su persona, su hogar y sus bienes. Has hecho prosperar cuanto hace. ¡Mira cómo se ha enriquecido! ¡Razón tiene para adorarte! 11Pero quítale sus riquezas, ¡y ya verás cómo te maldice en tu propia cara! 12,13El SEÑOR replicó al ángel acusador:

—Tienes permiso para hacer con su riqueza lo que quieras; pero no lo perjudiques en su cuerpo.

Entonces el ángel acusador se fue; y como era de esperarse, no mucho después, en un banquete que los hijos e hijas de Job tuvieron en casa del hermano mayor, ocurrió la tragedia.

14,15Llegó corriendo a casa de Job un mensajero con esta noticia:

—Estaban sus bueyes arando, y las burras pastaban junto a ellos, cuando nos asaltaron los sabeanos, se llevaron los animales y mataron a los demás siervos. ¡Sólo yo escapé!

16Aún estaba hablando este mensajero, cuando llegó otro con más noticias malas: —Del cielo cayó un rayo que calcinó a las ovejas y a todos los criados. ¡Sólo yo escapé para contárselo!

17No había terminado éste, cuando otro mensajero entró corriendo.

—Tres bandas de caldeos se llevaron sus camellos y mataron a sus siervos. ¡Sólo yo escapé para contárselo!

18Mientras aún estaba hablando éste, llegó otro mensajero y dijo:

—Sus hijos e hijas estaban celebrando un banquete en casa de su hermano mayor, 19cuando de pronto un fuerte viento del desierto arrasó la casa; desplomó el techo sobre ellos y los mató a todos. ¡Sólo yo escapé para contárselo!

20Job se levantó y rasgó su manto y se rasuró la cabeza en señal de duelo y se postró en tierra en actitud de adoración.

21Entonces dijo: «Desnudo salí del vientre de mi madre, y nada tendré cuando muera. El SEÑOR me dio cuanto yo tenía; suyo era, y tenía derecho de llevárselo. Bendito sea el nombre del SEÑOR».

22En todo esto Job no pecó ni maldijo a Dios.

Segunda prueba de Job

2 Llegaron nuevamente los ángeles a presentarse ante el SEÑOR, y con ellos el ángel acusador.

2—¿De dónde vienes? —le preguntó el SEÑOR al acusador. Y éste respondió: —De rondar la tierra.

3—Bien, ¿te fijaste en mi siervo Job? —preguntó el SEÑOR—. Es el mejor hombre de toda la tierra; hombre que me teme y se abstiene de todo mal. Ha mantenido su fe en mí no obstante haberme incitado tú a que te dejara perjudicarlo sin causa alguna.

4,5—¿Y qué si lo perjudico en carne propia? —respondió el acusador—. El hombre dará cualquier cosa por salvar su vida. ¡Dáñalo con una enfermedad, y te maldecirá en tu propia cara!

6—Haz con él como quieras —respondió el SEÑOR—, pero no le quites la vida. 7Entonces el ángel acusador salió de la presencia del SEÑOR e hizo brotar en Job dolorosas llagas desde la cabeza hasta los pies. 8Y Job, sentado en medio de las cenizas, tomó un pedazo de teja para rascarse constantemente. 9Su esposa le reprochó:

—¿Persistes en tu vida piadosa viendo todo lo que Dios te ha hecho? ¡Maldícelo y muérete!

10Pero él respondió:

—Hablas como una necia. ¿Pues qué? ¿Hemos de recibir de manos de Dios únicamente lo agradable y nunca lo desagradable?

En todo esto Job no pecó ni de palabra.

Los tres amigos de Job

11Había tres amigos de Job, que al enterarse de la gran tragedia que le había sobrevenido, se pusieron de acuerdo para ir a consolarlo y animarlo. Se llamaban Elifaz de Temán, Bildad de Súah y Zofar de Namat. 12Job estaba tan cambiado que casi no lo reconocieron. Sus amigos rompieron a llorar, rasgaron su ropa, lanzaron polvo al aire y se echaron tierra en la cabeza en señal de dolor. 13Luego se sentaron silenciosos en el suelo junto a Job durante siete días y siete noches, y ninguno dijo nada; comprendían que su aflicción era tal que no había lugar para las palabras.

Primer discurso de Job

3 Al fin habló Job, y maldijo el día de su nacimiento.

2,3«Maldito sea el día en que nací —dijo— y la noche en que fui concebido. 4Que ese día se vuelva oscuridad; que Dios en lo alto no lo tome en cuenta; que no brille en él ninguna luz. 5Que las tinieblas se adueñen de él; que una nube negra lo cubra con su sombra. 6Que sea borrado del calendario y jamás vuelva a contarse entre los días del mes de ese año. 7Que aquella noche sea helada y sin alegría. 8Que la maldigan los que profieren maldiciones. 9Que se esfumen las estrellas de esa noche; que suspire por la luz, y no la vea jamás; que nunca vea la luz matutina. 10Maldita sea por no haber cerrado el vientre de mi madre; por dejarme nacer para llegar a ver toda esta aflicción.

11»¿Por qué no morí al nacer? 12¿Por qué la partera me dejó vivir? ¿Por qué me amamantaron con pechos? 13Si hubiera muerto al nacer, ahora estaría yo tranquilo, dormido y en reposo, 14,15junto con dignatarios y reyes con toda su pompa; con opulentos príncipes cuyos castillos están llenos de ricos tesoros. 16¡Ojalá hubiera sido un aborto! ¡No haber respirado ni visto la luz jamás! 17Porque en la muerte dejan los malvados de hostigar y los cansados hallan reposo. 18Allá, hasta los cautivos tienen alivio, sin un brutal carcelero que los maltrate. 19Ricos y pobres por igual están allí, y el esclavo se ve al fin libre de su amo.

20,21»¡Ay! ¿Por qué dar luz y vida a quienes yacen en aflicción y amargura, que suspiran por la muerte, y no llega; que buscan la muerte como otros buscan alimento o dinero? 22¡Qué bendito alivio reciben al fin al morir! 23¿Por qué dejar que nazca un hombre si Dios lo ha de encerrar en una vida de incertidumbre y frustración? 24Los suspiros no me dejan comer; mis gemidos se derraman como agua. 25Lo que siempre temí me ha sobrevenido. 26No encuentro paz ni sosiego, no hallo reposo, sino sólo agitación».

Primer discurso de Elifaz

4 Respuesta de Elifaz de Temán a Job:

2«¿Me permites una palabra? Pues, ¿cómo sería posible no hablar? 3,4En tiempos pasados aconsejaste a más de un alma acongojada que confiara en Dios y has alentado a los débiles o vacilantes, y a quienes yacían decaídos o tentados a desesperar. 5Pero ahora, bajo el golpe de la aflicción, desfalleces y te derrumbas. 6En un tiempo como éste, ¿no debería tu fe en Dios ser todavía tu confianza? ¿Acaso no crees que Dios cuidará de los buenos?

7,8»¡Ponte a pensar! ¿Viste alguna vez a una persona genuinamente buena e inocente que haya sido castigada? La experiencia enseña que los que siembran pecado y problemas son quienes los cosechan. 9Mueren bajo la mano de Dios. 10Aunque ruja el león y gruña el cachorro, acabarán con los colmillos destrozados; 11el león perece por falta de presa, y los cachorros de la leona se dispersan.

12»En secreto se me dio esta enseñanza, como un susurro al oído. 13Me llegó en visión nocturna, mientras los demás dormían. 14Súbitamente me invadió el miedo; temblé y me estremecí de terror 15cuando un espíritu pasó ante mi rostro; el pelo se me erizó. 16Sentí la presencia del espíritu, pero no pude verlo ante mí. Luego, escuché una voz que susurró:

17»"¿Será acaso el simple mortal más justo que Dios? ¿Más puro que su Creador?" 18,19Si Dios no puede confiar en sus propios siervos y aun a sus ángeles acusa de cometer errores, ¡cuánto más a los que habitan en casas de barro, cimentadas sobre el polvo y aplastadas como polillas! 20En la mañana están vivos, y por la noche han muerto sin dejar siquiera un recuerdo. 21¿No se arrancan acaso las estacas de su carpa? ¡Mueren sin haber adquirido sabiduría!

5 »Clama pidiendo ayuda, pero ¿alguien te responderá? ¿a cuál de tus dioses te dirigirás? 2Los necios mueren frustrados, abrumados por su propia ira. 3Quienes se alejan de Dios pueden triunfar momentáneamente, pero de pronto les sobreviene un súbito desastre. 4Sus hijos son estafados, y nadie los defiende. 5Sus cosechas son robadas, y sus riquezas son bebida de muchos, pero no de sus dueños. 6El sufrimiento los abate como castigo por haber plantado semillas de pecado. 7La humanidad va rumbo al pecado y el sufrimiento tan cierto como que del fuego salen las llamas.

8»Este consejo te doy: Acude a Dios y confiésale tus pecados. 9Porque él realiza admirables milagros, maravillas sin cuento. 10Envía lluvia a la tierra para regar los campos, 11da prosperidad a los pobres y humildes, y lleva a los afligidos a sitio seguro. 12Desbarata las intrigas de los astutos. 13Ellos caen en sus propias redes; él frustra sus maquinaciones. 14Andan tropezando como ciegos

5.6–9

en el día, no ven mejor de día que de noche.
15Dios salva de las garras de estos opresores a
los huérfanos y a los pobres. 16Así es como los
pobres recobran la esperanza, y a la injusticia
se le tapa la boca.

17»¡Dichoso el hombre a quien Dios corrige!
Cuando peques, no menosprecies el castigo
del SEÑOR. 18Pues aunque él hiere, venda y vuelve
a sanar. 19Una y otra vez te librará para que ningún mal te dañe. 20Te librará de la muerte en
tiempo de hambre, y del poder de la espada en
la guerra. 21Estarás a salvo del calumniador; no
tienes por qué temerle al futuro. 22Te burlarás de
la guerra y del hambre; las fieras te respetarán.
23Las bestias salvajes te dejarán en paz. 24No tendrás que angustiarte por tu hogar cuando andes
lejos; nada hurtarán de tu hacienda. 25Tus hijos
llegarán a ser hombres importantes; tus descendientes serán tan numerosos como la hierba.
26Larga y próspera vida tendrás; como las espigas
que se recogen a tiempo.

27»La experiencia me ha enseñado la verdad de
todo esto. Para bien tuyo, escucha mi consejo».

Segundo discurso de Job

6 Respuesta de Job:
2«¡Quién pesara en balanza mi tristeza
y mis congojas! 3Porque son más pesadas que
la arena de mil playas. De ahí nació mi hablar
impertinente. 4Porque el SEÑOR me ha derribado
con sus flechas: en lo profundo de mi corazón ha
clavado sus dardos venenosos. Todos los terrores
de Dios militan contra mí. 5-7Si el burro montés
rebuzna, es que el pasto se le ha agotado; no
mugen los bueyes cuando tienen alimento; el
hombre se queja cuando su comida está sin sal.
Y ¡qué insípida es la clara del huevo cruda! Pierdo
el apetito con sólo mirarla; siento náuseas con
sólo pensar en comerla.

8,9»¡Ay, que Dios me diera lo que más deseo:
morir bajo su mano, y no sentir más su puño
que me aprieta! 10Esto, al menos, me consuela
a pesar de todo mi dolor; que no he negado las
palabras del santo Dios.

»11¡Ay! ¿Por qué me sustenta mi vigor? ¿Cómo
tener paciencia hasta morir? 12¿Soy acaso insen-
sible como piedra? ¿Tengo la carne hecha de
bronce? 13Porque estoy del todo impotente, sin
sombra de esperanza.

14»Uno debe tener piedad con el amigo desfalleciente, pero tú me has acusado sin el mínimo
temor a Dios. 15-18Hermano mío, resultaste tan
vano como un arroyuelo, que hincha su corriente
cuando hay nieve o hielo, pero en tiempo de calor
se desvanece. Se desvían las caravanas buscando
en él refrigerio, pero no hallan qué beber, y perecen. 19-21Cuando las caravanas de Tema y de Sabá
se detienen allí en busca de agua, ven fallidas
sus esperanzas. Así han fallado mis esperanzas
en ti; tú te apartas de mí aterrado y me niegas
tu ayuda. 22¿Y por qué? ¿Alguna vez te pedí un
mínimo favor? ¿Te he solicitado algún regalo?
23¿Alguna vez te pedí ayuda?

24»Una respuesta razonable es todo lo que pido;
después, guardaré silencio. Dime, ¿cuál ha sido
mi maldad? 25,26Cosa admirable es decir la verdad,
pero tus críticas no se fundan en los hechos. ¿Vas
a condenarme tan sólo porque impulsivamente
clamé desesperado? 27Eso sería como perjudicar a
un huérfano indefenso, o traicionar a un amigo.

28»¡Mírame! ¿Habría yo de mentirte cara a
cara? 29No me presumas culpable, pues soy un
hombre recto. No seas tan injusto. 30¿No conozco
acaso la diferencia entre el bien y el mal? De
haber pecado, ¿no lo reconocería?

7»¡Cuánto ha de batallar la humanidad!
Prolongada y penosa es la vida del hombre,
como vida de esclavo. 2¡Cómo anhela el fin de
la jornada! ¡Cómo se esfuerza por llegar al fin
de la semana y a su paga! 3También a mí me
han tocado meses desalentadores y largas noches
fatigosas. 4Al acostarme pienso, "¡Cuánto falta
para el amanecer!" Y doy vueltas en la cama
hasta el amanecer. 5Tengo el cuerpo cubierto
de gusanos y de costras. La carne se me revienta
y brota el pus.

6»Mis días se van más veloces que una lan-
zadera, y sin esperanza alguna llegan a su fin.
7Recuerda, oh Dios, que mi vida es un suspiro;
que ya no verán mis ojos la felicidad. 8Hoy me
ves, pero no será por mucho tiempo. Pronto verás
mi cadáver. 9Como la nube se disipa y desaparece, así los que perecen se esfuman para siempre
10y no volverán jamás a su familia y su hogar:
jamás volverán a aparecer.

11»¡Ay, déjame expresar mi angustia. Que dé
rienda suelta a la amargura de mi alma! 12¡Oh
Dios! ¿Soy acaso un monstruo, que no me das
tregua? 13,14Aun en la noche, cuando en el sueño
procuro olvidar mi congoja, me aterrorizas con
pesadillas. 15Mejor que me estrangularan que
seguir así. 16Detesto mi vida. ¡Ay, déjame en paz
los pocos días que me restan!

17»¿Qué es el mísero hombre para que dediques
tu tiempo a perseguirle? 18¿Has de ser su inquisidor
cada mañana, y ponerlo a prueba cada instante
del día? 19¿Por qué no me dejas en paz, aunque
sólo sea por un momento? 20¿Te ha perjudicado
mi pecado, oh Dios, guarda de la humanidad?
¿Por qué me has tomado como blanco, y hecho
que la vida se me torne tan pesada carga? 21¿Por
qué no perdonas sencillamente mi pecado y lo

☼5.17–27

borras? Pues estoy a punto de echarme en el polvo y morir, y cuando me busques, ya no existiré».

Primer discurso de Bildad

8 Bildad de Súah responde a Job:

2«¿Hasta cuándo, oh Job, seguirás así, pronunciando palabras que son como viento tempestuoso? 3¿Acaso pervierte Dios la justicia? 4Si tus hijos pecaron contra él y él los castigó, 5y tú imploraste por ellos al Todopoderoso Dios, 6si fueras puro y bueno, él escucharía tu oración, te respondería y te bendeciría dándote un hogar feliz. 7Y habiendo comenzado con poco, al final tendrías mucho.

8»Analiza la historia y observa, 9porque apenas ayer nacimos y sabemos muy poco; nuestros días aquí en la tierra son efímeros comqo sombras. 10Pero la sabiduría del pasado te enseñará. La experiencia de otros te hablará, recordándote que 11-13quienes se olvidan de Dios carecen de esperanza. Son como papiros sin pantano donde crecer, o como hierba sin agua que la mantenga viva: de pronto comienza a marchitarse, aun antes que la corten. 14El hombre sin Dios se apoya en una telaraña; todo aquello en que confía caerá por tierra. 15Si en su hogar cree hallar seguridad, pronto se desengaña. 16Al amanecer tiene aspecto muy vigoroso y viril; como planta verde, sus ramas se extienden por el jardín. 17Hunde sus raíces en la corriente, entre las piedras. 18Pero desaparece, ¡y nadie lo echa de menos! 19¡Eso es todo cuanto puede esperar! Y otros vienen a ocupar su puesto.

20»¡Pero fíjate! Dios no rechaza al hombre bueno ni hace prosperar al malhechor. 21Aún llenará de risa tu boca y tus labios de gritos jubilosos. 22Quienes te odian serán vestidos de oprobio, y los impíos serán destruidos».

Tercer discurso de Job

9 Respuesta de Job:

2«Bien sé todo eso; nada nuevo me cuentas. Pero, ¿cómo puede un hombre ser genuinamente bueno a los ojos de Dios? 3Si Dios quisiera disputar con él, ¿podría el hombre contestar siquiera una entre mil preguntas? 4Porque su sabiduría es profunda y vasto su poder. ¿Quién logró jamás vencerlo? 5,6Súbitamente mueve las montañas y las derriba en su furor. Sacude la tierra hasta sus cimientos. 7El sol deja de salir y las estrellas de brillar si él lo ordena. 8Él solo ha desplegado los cielos y medido a largos pasos los mares. 9Él hizo la Osa Mayor, el Orión, las Pléyades y las constelaciones del Zodiaco meridional. 10Realiza inauditos e innumerables milagros. 11Pasa delante de mí y no lo veo; transita, pero no lo veo. 12Cuando envía la muerte a llevarse a un hombre, ¿quién puede impedírselo? ¿Quién osa preguntarle: "qué estás haciendo"? 13Y Dios no depone su ira. Ante él se doblega el orgullo del hombre.

14»Y, ¿quién soy yo para que intente discutir con el Dios Todopoderoso, o siquiera razonar con él? 15Aunque yo fuera impecable, no diría ni una palabra; me limitaría a pedir clemencia. 16Y aun si él diera respuesta a mis plegarias, apenas podría creer que hubiera escuchado mi clamor. 17Pues él es quien destruye, quien multiplica mis heridas sin causa alguna. 18No me concede respiro, sino me colma de amargos sufrimientos. 19Sólo él es fuerte y justo. ¿Quién le pedirá cuentas? 20Y yo, ¿soy acaso justo? Mi propia boca lo niega. Aunque creyera que soy perfecto, Dios me declararía convicto de maldad.

21»Y aunque fuera del todo inocente, no me atrevería ni a pensarlo. ¡Detesto lo que soy! 22Inocente o culpable, para él da lo mismo, pues él destruye a uno y a otro. 23Se ríe cuando la calamidad azota al inocente. 24La tierra está en manos de los malvados; Dios venda los ojos de los jueces y los deja proceder injustamente. Si no es él, ¿quién es entonces?

25»Veloz se me va la vida cargada de tragedia. 26Mis años se esfuman como naves fugaces, como águila que se precipita sobre su presa. 27Si yo resolviera olvidarme de mis quejas contra Dios, dar fin a mi tristeza y alegrarme, 28él entonces volcaría aun mayores penas sobre mí. ¡Porque yo sé que no me tienen por inocente, oh Dios, 29sino que me condenan! Entonces, ¿para qué esforzarme? 30Aunque me lavara con el agua más pura y enjuagara mis manos con lejía para dejarlas sin mancha alguna, 31aun así me hundirías en el albañal y el lodo; y hasta mi ropa sería menos inmunda de lo que tú me consideras.

32,33»Y no puedo defenderme, pues Dios no es simple hombre como yo. Si lo fuera, podríamos discutir esto imparcialmente; pero no hay árbitro entre nosotros, no hay componedor, no hay mediador que nos concilie. 34¡Ay! Que deje de azotarme para que ya no tenga yo que vivir bajo el terror de su castigo. 35Entonces podría hablarle sin temor, y decirle que yo no me considero culpable.

10 »¡Estoy harto de esta vida! Dejen que dé rienda suelta a mis quejas. Hablaré en mi dolor y en mi amargura. 2Le he dicho a Dios: No te limites a condenarme: dime por qué lo haces. 3¿De veras te parece bien oprimir y despreciar la obra de tus manos, y dar alegría y prosperidad a los malvados? 4-7¿Eres injusto como los hombres? ¿Es tan breve tu vida como la de los humanos, que hayas de perseguirme por pecados que bien sabes no he cometido? ¿Será ello porque sabes que nadie puede librarme de tu mano?

8»Tú me hiciste, y sin embargo me destruyes. 9¡Ay, te ruego que recuerdes que estoy hecho de polvo! ¿Tan pronto me harás volver al polvo? 10Tú me has cambiado de vasija en vasija como leche y me has cuajado como queso. 11Me diste piel y carne y uniste mis huesos y tendones. 12Me diste vida, y fuiste bueno y amoroso conmigo, y por tu cuidado me conservo vivo.

13,14»Y sin embargo, sé que tu verdadera intención siempre fue vigilarme a ver si yo pecaba y negarte a perdonar mi iniquidad. 15Si soy culpable, ¡pobre de mí! Y si soy inocente, de nada me vale. ¿Qué esperanza tengo? 16Si comienzo a levantarme del suelo, saltas sobre mí como un león y pronto acabas conmigo. 17Renuevas tus testimonios contra mí y derramas sobre mí tu ira como torrente que aumenta sin cesar, y contra mí enfilas nuevos ejércitos.

18»¿Por qué entonces dejaste que naciera? ¿Por qué no me dejaste morir al nacer? 19Así me habría ahorrado esta mísera existencia. Habría pasado directamente del vientre al sepulcro. 20-22¿No ves cuán poco tiempo me queda? ¡Ay! Apártate de mí para que pueda tener un poco de consuelo antes de partir hacia la tierra de oscuridad y sombra de muerte, para ya nunca volver; tierra tenebrosa como la medianoche, tierra de sombra de muerte donde sólo reina la confusión, y donde la misma claridad es negra como la noche».

Primer discurso de Zofar

11 Zofar de Namat responde a Job:

2«¿No ha de haber quien corte este torrente de palabras? La palabrería de un hombre, ¿prueba que tiene razón? 3¿He de quedarme callado ante tus alardes? ¿Te burlarás sin que nadie te responda? 4¡Pretendes ser puro a los ojos de Dios! 5¡Cómo me gustaría que Dios hablara y te dijera lo que piensa! 6¡Que te mostrara tal cual eres; pues él conoce todo lo que has hecho! Escucha: Dios sin duda te está castigando mucho menos de lo que mereces.

7»¿Conoces los pensamientos y propósitos de Dios? El mucho investigar, ¿te los revelará? ¿Estás capacitado para juzgar al Todopoderoso? 8Él es tan perfecto como alto es el cielo; y tú, ¿quién eres? Insondable es su pensamiento; ¿qué podrás tú saber en comparación con él? 9Es más amplio que la tierra y más extenso que el mar. 10Si viene y te pone en un calabozo, y luego te llama a cuentas, ¿quién lo hará desistir? 11Porque él conoce a fondo todas las faltas y pecados de la humanidad; sin escrutar, ve todos los pecados. 12El simple hombre tiene tantas probabilidades de ser sabio, como un borriquillo de nacer en forma de hombre.

13,14»Antes de enfrentarte a Dios y extender hacia él tus manos, deja tus pecados y despójate de toda iniquidad. 15Sólo entonces, sin manchas de pecado que te ensucien, podrás marchar derecho hacia Dios sin temor. 16Sólo entonces podrás olvidar tu desdicha. Todo eso quedará en el pasado. 17Y no habrá nubarrones en tu vida; toda oscuridad se transformará en luminosa mañana. 18Obtendrás valentía porque tendrás esperanza. Procederás con calma y reposarás seguro. 19Te acostarás sin temor y muchos buscarán tu ayuda. 20Pero los malvados no hallarán escapatoria: su única esperanza está en la muerte».

Cuarto discurso de Job

12 Respuesta de Job:

2«¡En verdad ustedes todo lo saben! ¡Muertos ustedes, morirá la sabiduría! 3Pues bien; yo también sé unas cuantas cosas; ustedes no son mejores que yo. ¿Y quién ignora lo que me han venido diciendo?

4»Yo, que imploraba ayuda de Dios y de Dios obtenía respuesta, me he convertido en hazmerreír de mis vecinos. Sí, yo, varón justo, soy ahora objeto de burla. 5Entre tanto, los ricos se mofan de los atribulados y están prontos a menospreciar a todos los menesterosos. 6Los ladrones prosperan. ¡Y los que provocan a Dios viven confiados y piensan que pueden controlarlo!

7-9»Pregunta a la bestia más estúpida: ella sabe que así es; pregunta a las aves: ellas te lo dirán; o que te enseñe la tierra, o los peces del mar. 10Porque el alma de todo ser viviente y el hálito de toda la humanidad están en la mano de Dios. 11Así como mi boca puede saborear manjares, mi mente saborea la verdad cuando la oigo, 12y como tú lo dices, los viejos como yo son sabios; comprenden.

13»Pero la sabiduría y el poder verdaderos pertenecen a Dios. Sólo él sabe lo que debemos hacer; él entiende. 14¡Y cuán grande es su poder! Lo que él destruye no puede reedificarse. Cuando él acorrala a un hombre, no hay escapatoria. 15Retiene la lluvia, y la tierra se vuelve un desierto; envía las tormentas, y se inunda el suelo. 16Sí, suyas son la fortaleza y la sabiduría. Tanto los engañadores como los engañados son esclavos suyos.

17Pone en ridículo a los consejeros y a los jueces. 18Convierte a los reyes en esclavos y libera a sus siervos. 19Los sacerdotes son llevados como esclavos. Derriba a los poderosos. 20Quita la voz a los oradores y la visión a los jefes ancianos. 21Derrama desprecio sobre los príncipes y debilita a los poderosos. 22Inunda de luz las tinieblas y descubre las sombras más profundas. 23Exalta a una nación y luego la destruye. La engrandece, y luego la reduce a la nada. 24,25Quita el entendi-

10.12 11.13–18

miento a reyes y presidentes, y los deja errantes, perdidos y a tientas, sin luz que los guíe.

13 »He visto muchos casos como los que ustedes describen. Comprendo lo que dicen. 2Sé tanto como ustedes. No soy un ignorante. 3¡Cómo quisiera hablar directamente al Todopoderoso! Quisiera dilucidar esto con Dios mismo. 4Porque ustedes lo malinterpretan todo. Son doctores que no saben lo que hacen. 5¡Ojalá se callaran! Esa sería su más excelsa sabiduría.

6»Escúchenme ahora, oigan las razones de lo que pienso y mis súplicas. 7¿Seguirán mintiendo, en nombre de Dios, cuando él ni siquiera una vez ha dicho las palabras que ustedes ponen en su boca? 8¿Necesita Dios la ayuda de ustedes si en su nombre van a torcer la verdad? 9¡Cuidado, no vaya él a descubrir lo que están haciendo! O ¿piensan que pueden engañar a Dios como a los hombres? 10No; se verán en grandes dificultades con él si con mentiras tratan de ayudarle. 11La majestad suya, ¿no les infunde terror? ¿Cómo se atreven a proceder así? 12Estas tremendas afirmaciones que han lanzado valen tanto como las cenizas; su defensa de Dios es tan frágil como vasija de barro.

13»Callen ahora y déjenme hablar; yo estoy dispuesto a afrontar las consecuencias. 14Sí, voy a tomar mi vida en mis manos y a decir lo que realmente pienso. 15Dios puede matarme por decirlo, y probablemente lo haga. No obstante, voy a defender mi caso con él. 16Esto por lo menos me favorecerá: que no soy un impío, para ser rechazado instantáneamente de su presencia. 17Escuchen atentos lo que voy a decir. Óiganme.

18Esta es mi defensa: yo sé que soy justo. 19¿Quién puede presentar cargos contra mí? Si ustedes pudieran convencerme de mi error, abandonaría mi defensa y me moriría.

20»Oh Dios, te suplico dos cosas; sólo entonces podré enfrentarme a ti: 21No me abandones y no me aterrorices con tu terrible presencia. 22Pídeme que acuda ¡y prestamente responderé! O permite que te hable, y responde tú. 23Dime, ¿qué mal he hecho? ¡Ayúdame! Indícame mi pecado. 24¿Por qué te apartas de mí? ¿Por qué me entregas a mi enemigo? 25¿Culparías a una hoja que es arrastrada por el viento? ¿Perseguirás a la paja seca?

26»Has dictado contra mí penas amargas y me estás cobrando todas las locuras de mi juventud. 27,28Me has aprisionado; me tienes cercado por todas partes. Soy como un árbol podrido que se cae, como un manto apolillado.

14 »¡Cuán frágil es el hombre! ¡Cuán pocos sus días y cuán atribulados! 2Un instante abre su corola como flor, y se marchita; como sombra de efímera nube, pronto se desvanece. 3¿Tan duro has de ser con los frágiles hombres, y exigirles cuentas? 4¿Cómo puedes exigir pureza de quien nació impuro? 5Brevísima vida has concedido al hombre; no le das más que unos meses. No puede tener ni una pequeña prórroga de vida. 6¿No le otorgarás algún reposo? Aparta tu mirar airado y concédele unos momentos de alivio antes que muera.

7»Porque para el árbol hay esperanza: si lo cortan, retoña y produce nuevas ramas tiernas. 8,9Aunque sus raíces envejezcan en la tierra y su tronco degenere, puede revivir y echar renuevos al contacto del agua, como planta de vivero. 10Pero cuando el hombre muere y es sepultado, ¿a dónde va su espíritu? 11,12Como agua que se evapora de un lago; como río que desaparece en la sequía, así el hombre yace por última vez y no vuelve a levantarse hasta que los cielos ya no existan; no se levantará ni se despertará de su sueño.

13»¡Ay, quisieras tú ocultarme entre los muertos y olvidarte de mí hasta que tu ira acabe; pero marca tu calendario para que vuelvas a recordarme!

14Si el hombre muere, ¿volverá a vivir? Este pensamiento me da esperanza, de modo que en mi angustia ansiosamente aguardo la dulce muerte. 15Si me llamaras, yo acudiría, tú me recompensarías por cuanto hice. 16Pero en vez de eso, sólo me permites dar unos cuantos pasos en el escenario de la vida, y señalas todos los errores que cometo. 17Los reúnes como pruebas en mi contra.

18,19»Los montes se desgastan y desaparecen. Las rocas se desprenden de su sitio. El agua convierte en arena las rocas. Los torrentes erosionan el suelo. De igual modo desvaneces tú la esperanza humana. 20,21Siempre prevaleces sobre el hombre, y él desaparece del escenario. Lo vuelves viejo y arrugado, y luego lo despides. Jamás se entera si sus hijos alcanzan honra; si fracasan y se enfrentan al desastre, él no lo sabe. 22Sólo siente el dolor de su cuerpo y la aflicción de su alma».

Segundo discurso de Elifaz

15 Respuesta de Elifaz de Temán:

2«¿Debe un sabio como tú hablar así? Tus argumentos son puro viento. 3No está bien hablar tan neciamente. ¿Qué bien hacen tales palabras? 4,5¿No tienes temor de Dios? ¿No le tienes reverencia? Tus pecados inspiran las palabras de tu boca. Lo que dices se funda en astuto engaño. 6¿Por qué habría yo de condenarte? De ello se encarga tu propia boca.

7,8»¿Eres acaso el hombre más sabio que ha existido? ¿Naciste antes que fueran hechas las colinas? ¿Tienes parte en el consejo de Dios? ¿Acaso eres tú el único sabio? 9¿Qué sabes tú más que nosotros? ¿Qué entiendes que no entendamos? 10Hay entre nosotros ancianos mucho mayores que tu padre.

11El consuelo de Dios, ¿será demasiado insignificante para ti? ¿Es su dulzura demasiado áspera? 12¿Qué haces, dejándote arrastrar por la ira? ¿Por qué te relampaguean los ojos? 13¿Por qué te vuelves contra Dios y le echas en cara todos estos perversos razonamientos?

14»¿Qué hombre en toda la tierra podrá ser tan puro y justo como tú dices ser? 15¡Vaya! ¡Dios no confía ni siquiera en los ángeles! ¡Ni siquiera los cielos pueden ser absolutamente puros comparados con él! 16¡Cuánto menos uno como tú, corrupto y pecaminoso, que bebe el pecado como agua!

17-19»Escúchame, y te responderé por experiencia propia, confirmada con la experiencia de los sabios varones que recibieron esto de sus padres, nuestros antepasados, los únicos a quienes se les dio la tierra. 20El hombre impío anda siempre atribulado en su vida. 21Está cercado de terrores, y si tiene días buenos, pronto se le desvanecen. 22No se atreve a salir en la oscuridad, por miedo a que lo maten. 23,24Anda errante mendigando alimento. Vive en el temor, la zozobra y la angustia. Sus enemigos lo vencen como un rey que derrota a sus enemigos. 25,26Protegiéndose con escudo de latón, alza el puño contra Dios, desafiando al Todopoderoso, atacándolo neciamente.

27,28»Este perverso hombre está gordo y rico, y ha vivido en ciudades conquistadas luego de matar a sus habitantes. 29Pero no será siempre rico ni continuará extendiendo sus posesiones. 30No; las tinieblas lo envolverán para siempre; el aliento de Dios lo destruirá; el fuego consumirá cuanto posee. 31Que ya no confíe en vanas riquezas; que no se engañe más, pues el dinero en que confía será su única recompensa. 32Antes que muera, toda esa insignificancia le saltará a la vista. Porque todo lo que constituía su seguridad, desaparecerá, 33y caerá en tierra como uva marchita. ¡Qué poca sustancia darán sus esperanzas! 34Porque los impíos son estériles: no logran producir nada realmente bueno. El fuego de Dios los consume junto con todas sus posesiones. 35Lo único que pueden concebir es pecado; su corazón sólo da a luz maldad».

Quinto discurso de Job

16 Respuesta de Job:
2«Todo eso lo había escuchado antes. ¡Qué lastimosos consoladores son ustedes! 3¿Nunca van a detener la corriente de sus necias palabras? ¿Qué he dicho para provocar ese hablar interminable? 4Pero quizá yo podría hablar del mismo modo que ustedes si estuvieran ustedes en mi lugar. Lanzaría mis críticas contra ustedes y menearía la cabeza al mirarlos. 5¡Pero no! Hablaría de modo que los ayudara. Procuraría alejar su dolor.

6»Sin embargo, yo he de seguir sufriendo por mucho que me defienda, y de nada sirve negarme a hablar, 7porque Dios me ha molido y me ha quitado mi familia. 8¡Ay Dios, me has reducido a huesos y pellejo, según dicen, como prueba de mis pecados!

9»Dios me aborrece y airadamente rasga mi carne; me ha desgarrado con sus dientes, y ha acechado para extinguir en mí toda señal de vida. 10La gente se mofa de mí abiertamente; burlones, me dan de bofetadas, y todos juntos se ponen en mi contra. 11Y Dios me ha entregado en manos de los pecadores, en poder de los inicuos. 12Yo vivía tranquilo hasta que él me quebrantó. Me tomó por el cuello y me despedazó, y luego me colgó en alto para servirle de blanco. 13Sus arqueros me rodean y me lanzan sus flechas hasta que la sangre de mis heridas empapa la tierra. 14Me ataca sin tregua, embistiéndome como gigante.

15»Aquí me siento vestido con ropa de penitencia, y al polvo he arrojado toda esperanza. 16El llanto enrojece mis ojos, y en mis párpados hay sombra de muerte. 17Pero soy inocente y mi plegaria es pura.

18»¡Oh tierra, no ocultes mi sangre! ¡Déjala que proteste en mi nombre! 19Pero aun ahora el testigo de mi inocencia está allá en el cielo; mi abogado está allá en lo alto. 20Mi intercesor es mi amigo, y ante él me deshago en lágrimas 21para que interceda ante Dios a favor mío, como quien apela por su amigo. 22Pasarán sólo unos cuantos años antes de que yo emprenda el viaje sin regreso.

17 »Enfermo estoy y próximo a la muerte; el sepulcro está presto a recibirme. 2Estoy rodeado de burladores. Por todas partes los veo. 3,4¿No habrá en ninguna parte quien confirme mi inocencia? Pero tú, oh Dios, les has impedido comprender esto. ¡Ay! No los dejes triunfar. 5Si aceptan soborno por denunciar a sus amigos, sus hijos quedarán ciegos.

6»Dios me ha convertido en hazmerreír del pueblo; me escupen en la cara. 7Mis ojos están nublados de llorar y no soy sino sombra de lo que fui. 8Los varones rectos se asombran al verme. Pero un día los inocentes se alzarán por sobre los impíos; 9los justos progresarán y marcharán adelante; los de corazón puro serán cada vez más vigorosos y fuertes.

10»En cuanto a ustedes, váyanse, se lo ruego; porque no veo ni uno sabio entre ustedes. 11Mis buenos días pasaron. Mis esperanzas han desaparecido. Los anhelos de mi corazón se han deshecho. 12Dicen que la noche es día y el día, noche; ¡cómo pervierten la verdad!

13,14Si muero, saldré a las tinieblas y llamaré padre mío a la tumba y madre y hermana mía al gusano. 15¿Dónde, pues, está mi esperanza? ¿Hay quién pueda encontrarla? 16No, mi esperanza bajará conmigo al sepulcro. ¡Juntos reposaremos en el polvo!»

Segundo discurso de Bildad

18 Bildad de Súah responde nuevamente: 2«¿A quién tratas de engañar? Exprésate con algo de sensatez si quieres que te respondamos. 3¿Hemos llegado a ser para ti como animales estúpidos y mudos? 4Sólo porque enojado rasgas tu ropa, ¿habrá de comenzar un terremoto? ¿Habremos de correr todos a escondernos?

5»Queda en pie la verdad de que si no prosperas es porque eres malvado. Y tu brillante llama será apagada. 6Habrá tinieblas en toda casa donde haya maldad. 7El confiado paso del impío será acortado; verá que su vigor se desvanece. 8,9Cae en trampas, y los ladrones le tienden emboscadas. 10A cada paso, una trampa lo espera. 11Razón tiene para temer; su enemigo está por darle alcance.

12Su vigor está agotado por el hambre; la calamidad acecha para lanzarse sobre él. 13La enfermedad le carcome la piel. La muerte lo devorará. 14La riqueza en que confiaba lo rechazará, y lo harán descender a donde está el rey de los terrores. 15Su hogar desaparecerá bajo ardiente bombardeo de azufre. 16Morirá de sus raíces arriba, y todas sus ramas serán cortadas,

17»Todo recuerdo de su existencia perecerá en la tierra; nadie lo recordará. 18Será echado del reino de la luz y lanzado a las tinieblas, y expulsado del mundo. 19No le quedará hijo ni nieto ni ningún otro pariente. 20Viejos y jóvenes por igual se horrorizarán ante su destino. 21Sí, eso es lo que ocurre a los pecadores, a quienes rechazan a Dios.

Sexto discurso de Job

19 Respuesta de Job: 2«¿Hasta cuándo me atormentarán y tratarán de quebrantarme con sus palabras? 3Ya por diez veces me han declarado pecador. ¿Cómo no les da vergüenza darme un trato tan duro? 4Y si de veras estuviera yo equivocado, tendrían que demostrarlo. 5¿Tan grandes se creen? Pues demuestren mi culpa. 6La verdad es que Dios me ha derribado y me ha atrapado en su red.

7»Grito pidiendo ayuda y nadie me escucha. Doy voces, pero no se me hace justicia. 8Dios me ha cerrado el paso y ha convertido en tinieblas mi luz. 9Me ha despojado de mi gloria y ha quitado la corona de mi cabeza. 10Me ha quebrantado por todas partes y estoy acabado. Me ha destruido toda esperanza, 11Su furia me quema; me tiene por enemigo. 12Envía sus ejércitos a sitiar mi tienda.

13»Ha alejado a mis hermanos y amigos. 14Mis parientes me han fallado; todos mis amigos me han abandonado. 15Quienes viven en mi casa, aun mis siervos, me miran como a un extraño. Soy para ellos como un forastero. 16Llamo a mi siervo, y no acude; ¡hasta le suplico! 17Mi propia esposa y mis hermanos sienten asco de mí. 18Hasta los niñitos me desprecian: cuando me levanto para hablar, se burlan de mí. 19Mis mejores amigos me aborrecen. Los que yo amaba se han vuelto contra mí, 20Soy huesos y pellejo, y tan sólo por un pelo he escapado a la muerte.

21»¡Ay, amigos míos, compadézcanme porque la airada mano de Dios me ha tocado! 22¿Por qué han de perseguirme como me persigue Dios? ¿Por qué no les basta mi angustia?

23,24»¡Ay, que con pluma de hierro se pudiera dejar grabado mi alegato en una roca para siempre! 25Yo sé que mi redentor vive, que al fin estará de pie sobre la tierra. 26¡Y sé que después que este cuerpo se haya descompuesto, con este cuerpo veré a Dios! 27Entonces él estará de parte mía y lo veré, no como un extraño sino como un amigo. ¡Qué gloriosa esperanza!

28»¿Cómo se atreven ustedes a seguir acosándome, como si mi culpabilidad estuviera probada? 29Les advierto que ustedes mismos se arriesgan a ser castigados por actuar así.

Segundo discurso de Zofar

20 Respuesta de Zofar de Namat: 2«Me apresuro a responder, pues tengo la contestación para ti: 3Has tratado de hacerme avergonzar de mí mismo por llamarte pecador, pero mi espíritu no me permite detenerme.

4»Bien sabes tú que desde antaño, desde que Dios puso al hombre en la tierra, 5el triunfo del malvado ha sido breve, y efímero el gozo del impío. 6Aunque el impío sea altivo como los cielos y ande con la nariz levantada, 7perecerá para siempre, arrojado como su propio excremento. Quienes lo conocieron se preguntarán adónde habrá ido a parar. 8Se esfumará como un sueño. 9Ni sus amigos ni su familia lo volverán a ver jamás. 10Sus hijos tendrán que resarcir a los pobres; con duro trabajo pagarán ellos lo que él robó. 11En plena juventud, sus huesos irán al polvo.

12»Disfrutó la delicia de su maldad derritiéndola en su boca, 13sorbiéndola lentamente para que no se consumiera. 14Pero repentinamente los manjares que ha comido se le agrian en su interior. 15Vomitará los despojos que tragó, Dios no le permitirá que los retenga. 16Para él son veneno y muerte. 17No disfrutará de los arroyos de aceite y los torrentes de miel y requesón que robó. 18Sus esfuerzos no tendrán recompensa; la riqueza no le dará dicha. 19Por cuanto ha oprimido a los pobres y se robó la casa que no construyó, jamás se repondrá.

19.25–27

20»Aunque siempre fue codicioso, ahora no tiene nada; de todo cuanto soñó, nada le queda. 21Por cuanto nada escapó de su voracidad, su bienestar no será duradero.

22Cuando esté en la cumbre de su poderío, se meterá en dificultades; todos los malvados lo destruirán. 23Cuando esté a punto de llenarse el estómago, Dios derramará su ira sobre él, 24será perseguido y derribado. 25Le sacarán del cuerpo la flecha, cuya punta reluciente goteará bilis. Terrores de muerte lo asaltarán. 26Sus tesoros se perderán en la más profunda oscuridad. Un fuego rugiente tragará sus bienes, consumiendo cuanto ha dejado. 27Los cielos revelarán sus pecados y la tierra dará testimonio en su contra. 28Su riqueza desaparecerá bajo la ira de Dios. 29Este es el fin que Dios reserva al malvado, tal es la herencia que le asignó».

Séptimo discurso de Job

21 Respuesta de Job:
2,3«Escúchenme; déjenme hablar, y luego sigan con sus burlas.

4»De Dios me quejo, y no del hombre. Con razón tengo el espíritu tan atribulado: 5Mírenme horrorizados y tápense la boca con la mano. 6Hasta yo me asusto al verme, el horror se apodera de mí, y me estremezco. 7La verdad es que los malos llegan a una agradable ancianidad, se engrandecen y se hacen poderosos. 8Alcanzan a ver a sus hijos convertidos en hombres en torno suyo, así como a sus nietos. 9Sus casas están a salvo de todo temor, y Dios no los castiga. 10Su ganado se reproduce, 11tienen muchos hijos felices 12,13y pasan el tiempo entre cantos y danzas. Nadan en riquezas y de nada tienen que privarse; son afortunados hasta el final. 14Todo esto no obstante que han expulsado a Dios de su vida, y no quieren nada con él ni con lo que manda. 15"¿Quién es el Dios Todopoderoso?", dicen burlándose. "¿Por qué tenemos que obedecerlo? ¿Qué ganaremos con eso?" 16Miren, ¡cuanto el rico toca se convierte en oro! Pero yo me niego a tratar siquiera con gente así.

17»Sin embargo, los ricos se quedan tan campantes como siempre. Jamás tienen tribulaciones, y Dios se olvida de ellos al distribuir sus dolores y su ira. 18¿Son arrastrados como paja por el viento? ¿Los arrasa la tormenta? ¡Jamás! 19"Bueno", dirán ustedes, "por lo menos a sus hijos los castiga Dios". ¡Pero yo digo que Dios debe castigar al que peca y no a los hijos de éste! Que sienta el castigo en su propia carne. 20Sí, que sea destruido por su maldad. Que beba bastante de la ira del Todopoderoso, 21porque cuando esté muerto, ¿qué más le da lo que le pase a su familia?

22»Pero, ¿quién podrá reprender a Dios, el supremo juez? 23,24Él destruye a los sanos, ricos, y prósperos. 25Dios destruye también a los que padecen espantosa miseria y jamás poseyeron bien alguno. 26Unos y otros son sepultados en el mismo polvo; devorados por los mismos gusanos.

27»Sé muy bien lo que están pensando, y los planes que tienen de hacerme daño. 28»También sé que se preguntan: "¿Dónde está la mansión del potentado? ¿Dónde están las moradas de los inicuos?" 29Pero yo respondo: pregúntenle a cualquiera que tenga experiencia y él les dirá la verdad: 30-32que al malvado suele eximírsele en el día de la calamidad, y permitírsele que huya. Nadie lo reprende en público. Nadie le da su merecido. Y una guardia de honor le rinde homenaje en su tumba. 33Un gran cortejo fúnebre lo precede y lo sigue cuando lo conducen a la mullida tierra que lo ha de cubrir.

34»¿Cómo pueden ustedes consolarme con palabras tan faltas de fundamento?»

Tercer discurso de Elifaz

22 Otra respuesta de Elifaz de Temán:
2«¿Para Dios, tiene algún valor el mísero hombre? Aun el más sabio, sólo para sí mismo vale algo. 3¿Complace al Todopoderoso que tú seas justo? ¿Ganaría él algo con que fueras perfecto? 4¿Será porque eres bueno que te castiga? 5De ningún modo. ¡Es por tu maldad! Tus pecados son innumerables.

6Por ejemplo, seguramente te habrás negado a prestarle dinero a tus amigos menesterosos a menos que te dejaran su ropa en prenda. ¡Los habrás dejado desnudos! 7Seguramente le habrás negado agua al sediento y pan al hambriento. 8Pero a los hombres importantes sin duda les habrás dado cuanto querían, y habrás permitido al rico vivir en donde se le antojara. 9¡Habrás echado a las viudas sin ayudarles, y quebrado los brazos de los huérfanos! 10,11Por eso es que ahora estás rodeado de trampas, de repentinos temores, de tinieblas y oleadas de terror.

12»¡Qué grande es Dios, más alto que los cielos y más elevado que las estrellas! 13Pero entonces respondes: ¡Por eso no puede ver lo que hago! ¿Cómo podrá juzgar a través de la oscuridad impenetrable? 14Porque espesas nubes giran en torno suyo y no puede vernos. Está allá lejos, recorriendo el cielo de uno a otro extremo.

15,16»¿No te das cuenta de que los que marchan por antiguos caminos de pecado son arrebatados en su juventud; y la base de su vida es arrasada para siempre? 17Pues ellos le dijeron a Dios: "¡Vete Dios! ¿Qué puedes hacer tú por nosotros?" 18Pero han olvidado que fue él quien llenó sus hogares de bienes. Yo no me dejaré llevar por sus malos consejos.

19»Y ahora los justos verán la destrucción de los impíos; la risa de los inocentes matará de vergüenza a los malvados. 20"¡Miren!", dirán. "¡Nuestros enemigos han sido destruidos en el fuego!"

21»¡Deja de disputar con Dios! Ponte de acuerdo con él y al fin tendrás paz. Su favor te rodeará sólo con reconocer tu error. 22Escucha sus instrucciones y guárdalas en tu corazón. 23Si regresas a Dios y arreglas todo lo malo que hay en tu hogar, serás restaurado. 24Si renuncias a tu codicia y arrojas tu oro, 25el Todopoderoso mismo será tu tesoro; él será para ti como preciosa plata. 26Entonces te deleitarás en el Todopoderoso, y esperarás en Dios. 27Orarás, y él te escuchará, y tú cumplirás cuanto le hayas prometido. 28¡Todo lo que desees se cumplirá! Y la luz del cielo iluminará tu camino delante de ti. 29Si te atacan y te derriban, sabrás que hay uno que te volverá a levantar. Sí, él salvará al humilde; 30y aun a los pecadores ayudará mediante tus manos puras».

Octavo discurso de Job

23 Respuesta de Job:

2«Mi respuesta es aún hoy amarga, pues mi castigo es mucho más grave de lo que mi falta merece. 3¡Si supiera yo dónde hallar a Dios, para acudir a su trono y hablar con él allí! 4,5Le expondría mi causa, y escucharía su respuesta y comprendería lo que desea. 6¿Querría él simplemente anonadarme con su grandeza? No, él escucharía compasivamente. 7Los hombres justos y honrados podrían discutir con él, y ser absueltos por mi juez.

8»Pero en vano trato de hallarlo. Lo busco por aquí, lo busco por allá, y no puedo hallarlo. 9Lo busco en donde realiza sus obras en el norte, y no lo encuentro allí. Tampoco puedo hallarlo en el sur, donde también se esconde. 10Pero él conoce cada detalle de lo que a mí me ocurre; y cuando me haya examinado, me declarará completamente inocente: tan puro como oro macizo. 11En los senderos de Dios me he mantenido, siguiendo tras sus pasos. No me he apartado. 12No he rechazado sus mandamientos, sino que en ellos me he deleitado más que en mi alimento de cada día.

13»Sin embargo, su intención respecto a mí sigue invariable, ¿y quién podrá apartarlo de sus propósitos? Lo que él quiere, eso hace. 14Así es que me hará cuanto ha planeado, y aún hay más que esperar. 15Con razón me aterrorizo tanto en su presencia. Al pensar en ella, el terror me atenaza. 16,17Dios me ha dado un corazón desfalleciente. El Todopoderoso me ha aterrado con las tinieblas y la espesa e impenetrable oscuridad que me rodean.

24 »Si los tiempos no se esconden del Todopoderoso, ¿por qué no los perciben quienes dicen conocerlo? 2Porque una ola de crimen nos consume: cambian los linderos de las propiedades, roban los rebaños de ovejas, 3y hasta el burro del pobre y del huérfano roban. Para obtener un préstamo, las viudas pobres tienen que entregar en prenda lo poco que poseen. 4A puntapiés son echados los pobres; tienen que hacerse a un lado del camino. 5Como burros monteses en el desierto, los pobres tienen que pasarse todo el tiempo luchando para apenas mantener el alma en el cuerpo. Los mandan al desierto a buscar alimento para sus hijos. 6Comen cuanto producto silvestre hallan y hasta tienen que buscar en las viñas de los malvados. 7Los pobres pasan toda la noche desnudos, expuestos al frío, sin ropa ni cobijas. 8La lluvia de las montañas los moja, y tienen por casa las cuevas. 9Los malvados arrebatan a los huérfanos del pecho de sus madres, y toman al hijo del pobre como prenda antes de prestarle algún trigo o dinero. 10Por eso tienen que andar desnudos, sin ropa, y se ven obligados a transportar alimentos mientras se mueren de hambre. 11Se ven forzados a exprimir el aceite en el molino, sin poder saborearlo; a sacar con sus pies el jugo de las uvas, mientras padecen sed. 12Los huesos de los moribundos claman desde la ciudad; los heridos gritan pidiendo socorro, pero Dios no responde a sus gemidos.

13»Los malvados son rebeldes contra la luz, y no conocen el derecho ni el bien. 14,15Son asesinos que madrugan para matar al pobre y al menesteroso. Por la noche son ladrones y adúlteros, en espera de las sombras, pues entonces, piensan: "Nadie me ve", van enmascarados para que nadie los conozca. 16Allanan las casas de noche y duermen de día; no les gusta la luz. 17Para todos ellos, la mañana es oscuridad; prefieren el horror de las tinieblas».

Interrupción de Zofar

18«¡Pero cuán velozmente desaparecen de la tierra! Todo lo que poseen está maldito. No dejan bienes en herencia a sus hijos. 19La muerte consume a los pecadores como la sequía y el calor consumen la nieve. 20Hasta la madre del pecador lo olvidará. Los gusanos harán banquete con la carne del malvado. Nadie volverá a recordarlo. Porque los malos son quebrantados como el árbol en la tormenta, 21porque despojaron a los que no tienen hijos que los defiendan; negaron ayuda a las viudas menesterosas. 22,23Pero a veces parece que con su poder Dios ayuda a los ricos y les da vida cuando todos los demás perecen. Dios les da confianza y vigor, y en muchas formas los auxilia. 24Pero aunque hoy estén muy engrandecidos, en un instante desaparecerán como los demás, segados como espigas de trigo. 25¿Puede alguien decir que no es así? ¿Quién puede demostrar que miento y afirmar que estoy equivocado?»

☼22.27–28 ☼23.1–12

Tercer discurso de Bildad

25 Bildad de Súah responde:
2«Dios es poderoso y temible. Él pone orden en las altura de los cielos. 3¿Quién podrá contar sus ejércitos de ángeles? Y su luz se derrama sobre toda la tierra. 4¿Cómo puede el simple hombre plantarse ante Dios y pretender que es justo? ¿Quién en el mundo entero puede alardear de ser puro? 5Tan glorioso es Dios, que hasta la luna y las estrellas son menos que nada comparadas con él. 6¡Cuánto más insignificante es el hombre, que no es más que un simple gusano a la vista de él!»

Interrupción de Job

26 Respuesta de Job:
2«¡Tú sí que ayudas al débil! ¡Cómo me has animado en mi gran necesidad! 3¡Cómo has instruido mi ignorancia! ¡Qué magnífica sabiduría has expresado! 4¿Cómo se te han ocurrido esos admirables comentarios?»

Bildad reanuda su discurso

5,6«Desnudos y temblorosos se presentan los muertos ante Dios en el sitio adonde van. 7Dios extiende el cielo sobre el espacio vacío, y cuelga la tierra de la nada. 8Envuelve la lluvia en sus densas nubes, y las nubes no se rompen con ese peso. 9Oculta su trono entre cortinas de nubes. 10Pone límite al océano; sí, y limita el día y la noche. 11Las columnas del cielo tiemblan cuando él reprende. 12Y por su poder se calma el mar. Él es diestro en aplastar el orgullo de las aguas. 13Embellece los cielos con su espíritu; clava a la serpiente que huye veloz. 14Estas son algunas de sus obras más insignificantes; no más que un murmullo de su poder. ¿Quién podrá entonces resistir ante su trueno?»

Noveno discurso de Job

27 Defensa final de Job:
2«Por el Dios viviente que me ha despojado de mis derechos; por el Dios Todopoderoso que ha amargado mi alma, 3afirmo que mientras viva, mientras haya en mí aliento de Dios, 4no dirán mis labios ningún mal; no habrá mentira en mi lengua. 5Nunca jamás les daré la razón; hasta que muera, afirmaré mi inocencia. 6No soy un pecador; lo repito una y otra vez. Mi conciencia estará limpia mientras viva.

7»Quienes afirman lo contrario son perversos enemigos míos. Son hombres malvados. 8Pero, ¿qué esperanza habrá para el impío cuando Dios le corte la existencia, le quite la vida? 9¿Escuchará Dios su clamor cuando la tribulación lo asalte? 10Porque él se goza en el Todopoderoso o se acuerda de Dios sólo en tiempos de crisis.

11»Les enseñaré acerca de Dios; 12pero en realidad no es necesario, puesto que ustedes saben de él tanto como yo. Y sin embargo, vienen diciéndome tantas palabras inútiles.

Tercer discurso de Zofar

13«Este es el destino que aguarda a los malvados, y que procede de la mano del Todopoderoso: 14Si tienen multitud de hijos, es para que mueran en la guerra o perezcan de hambre. 15Los que sobrevivan irán a la tumba por enfermedad o plaga, y no habrá quien los llore, ni siquiera sus esposas. 16El malvado puede acumular dinero como polvo, y tener armarios llenos de vestidos; 17sí, puede mandar que el sastre se los confeccione, pero serán los inocentes quienes los usen y quienes se repartan su oro. 18Toda casa construida por los malvados es frágil como tela de araña, tan agrietada como choza de paja. 19Era rico al acostarse, pero al despertar descubre que toda su riqueza ha desaparecido. 20El terror lo abruma y lo arrastran las tormentas de la noche. 21El viento del este se lo lleva y lo hace desaparecer. Lo arrastra a la eternidad. 22Porque Dios lo acosará sin misericordia. Él ansía escapar de Dios. 23Todos gritarán de júbilo cuando muera, y con burlas lo despedirán hacia la eternidad».

Elogio de la sabiduría

28 Hay minas donde se extrae la plata, y lugares especiales donde se refina el oro. 2El hierro y el cobre se sacan de la tierra, y también tienen lugares donde se refinan. 3,4Ya no hay obstáculos para que los mineros entren en las minas. Con sus linternas vencen a la más oscura cueva. En ella investigan hasta los más recónditos secretos de la tierra, balanceándose y suspendidos en sogas. 5Los hombres saben obtener alimento de la superficie terrestre, bajo la cual hay fuego.

6Saben descubrir zafiros y oro en polvo; 7tesoros que ningún ave de rapiña puede ver y ningún ojo de águila descubrir, 8porque se encuentran en lo profundo de las minas. Ningún animal salvaje ha pisado jamás estos tesoros; ningún león les ha puesto la zarpa encima. 9Los hombres saben partir rocas como el pedernal y trastrocar el pie de las montañas. 10Son capaces de abrir túneles en las rocas y de poner al desnudo piedras preciosas. 11Construyen presas para detener el agua y sacan el oro.

12Pero aunque los hombres pueden hacer todo esto, no saben dónde hallar la sabiduría y el entendimiento. 13No sólo ignoran cómo obtenerla, sino que, en efecto, ella no puede hallarse entre los vivientes. 14«Aquí no está», dicen los

27.3–6

océanos; y los mares responden: «Ni aquí tampoco».

15No puede comprarse con oro o plata, 16ni con todo el oro refinado o las piedras preciosas de ónix y zafiro. 17Ni el oro ni el cristal pueden compararse con la sabiduría, ni se cambia por áureas joyas. 18El coral negro y el cristal de roca no tienen valor para obtenerla; vale mucho más que los rubíes. 19Los topacios de Cus no pueden comprarla, ni tampoco el oro más fino.

20¿Dónde, entonces, obtenerla? ¿Dónde hallarla? 21Porque está oculta a los ojos de la humanidad; ni las aves de aguda mirada que vuelan en el cielo pueden descubrirla.

22¡Pero la destrucción y la muerte dicen saber algo de ella! 23,24Y Dios ciertamente sabe dónde se halla, porque él traspasa con la mirada toda la tierra y penetra todos los cielos. 25El hace soplar los vientos y pone límite a los océanos. 26Él establece las leyes de la lluvia y el sendero del relámpago. 27Él sabe dónde se encuentra la sabiduría y lo declara a cuantos quieran escuchar. Él la estableció y la examinó plenamente.

28Y esto dice él a todos los hombres: «Escuchen: temer al Señor es verdadera sabiduría; abandonar el mal es verdadero entendimiento».

Soliloquio de Job

29 Job prosiguió:

2«¡Cómo extraño aquellos tiempos en que Dios cuidaba de mí, 3cuando iluminaba el camino ante mis pasos y yo marchaba seguro entre las tinieblas!

4»¡Si volvieran mis años de juventud, cuando la amistad de Dios reinaba en mi hogar; 5cuando el Todopoderoso aún estaba conmigo y mis hijos en torno mío; 6cuando mis planes prosperaban y hasta de la roca manaba aceite de olivas para mí!

7»Aquellos eran los tiempos en que yo salía a la puerta de la ciudad y tomaba mi sitio entre los ancianos honorables. 8Los jóvenes me veían y se apartaban, y hasta los ancianos se levantaban respetuosos a mi llegada. 9Los príncipes se mantenían silenciosos y se tapaban la boca con la mano. 10Los más altos dignatarios de la ciudad guardaban silencio. 11Todos se regocijaban al oír mis palabras. Hablaban bien de mí cuantos me veían. 12Pues yo, como juez honrado ayudaba a los pobres en sus necesidades y a los huérfanos que carecían de defensor. 13Ayudaba a quienes estaban a punto de perecer, y ellos me bendecían. Y yo ponía en el corazón de las viudas un canto de alegría. 14¡Todo cuanto yo hacía era justo y honorable, porque la rectitud era mi vestidura! 15Fui ojos para el ciego y pies para el cojo. 16Fui padre de los pobres y me encargué de que hasta a los extranjeros se les hiciera justicia. 17Quebranté los colmillos de los impíos opresores y los obligué a soltar a sus víctimas.

18»Yo pensaba: "Sin duda moriré en paz en mi nido, tras larga y buena vida". 19Pues cuanto yo hacía prosperaba. Toda la noche había rocío en mis campos y los regaba. 20Constantemente se me tributaban nuevos honores, y mis capacidades eran refrescadas y renovadas continuamente. 21Todos me escuchaban y atendían mi consejo, y callaban hasta que yo hablara. 22Y luego que yo hablaba no replicaban; porque mi consejo les satisfacía. 23Ansiaban mis palabras como los que en la sequía ansían la lluvia. Esperaban ansiosos y con la boca abierta. 24Cuando estaban desalentados, yo les sonreía y eso los animaba y les levantaba el espíritu. 25Les decía lo que debían hacer, y los corregía como jefe de ellos, o como un rey instruye a su ejército, y como quien consuela a los dolientes.

30 »Pero ahora, quienes son menores que yo se burlan de mí, jovencitos cuyos padres no les llegaban ni a las pantorrillas de mis perros ovejeros. 2¡Ah! Cierto que tienen espaldas fuertes, pero son necios inútiles, insensatos. 3Están enflaquecidos de hambre; han sido echados a los desiertos y a los páramos, desolados y tristes. 4Comen raíces y hojas, 5expulsados como están de la civilización. Los hombres gritaban tras ellos como quien corre a ladrones. 6Así es que ahora habitan en cañadas espantosas; en cuevas y entre rocas. 7Gritan como animales entre la maleza, apiñándose para protegerse bajo las ortigas. 8Estos hijos suyos también resultaron necios, hijos sin nombre, proscritos de la civilización.

9»¡Y ahora soy por tema de sus parodias! ¡Soy entre ellos motivo de burla! 10Me desprecian y no quieren acercarse a mí, y no tienen empacho en escupirme a la cara. 11Porque Dios ha puesto mi vida en peligro. Estos jovencitos, tras humillarme, ahora muestran todo desenfreno ante mí. 12Este populacho me pone zancadillas y pone trampas a mis pies. 13Ponen estorbos a mi camino y hacen cuanto pueden para que me sobrevenga la calamidad, sabiendo bien que no tengo quien me ampare. 14Vienen contra mí de todos lados. Se lanzan sobre mí cuando estoy caído. 15Ahora vivo aterrorizado. Me desprecian, y mi prosperidad se ha desvanecido como nube ante fuerte viento.

16»Tengo el corazón quebrantado. La aflicción hace presa de mí. 17Mis noches fatigosas están llenas de dolor, como si algo me perforara implacablemente los huesos. 18Toda la noche la paso dando vueltas en el lecho, enredado en mi ropa. 19Dios me ha derribado en el lodo. He llegado a ser como polvo y cenizas.

28.28 29.13

20»Clamo a ti, oh Dios, pero no me respondes. Me presento ante ti, y no te dignas mirarme. 21Te has vuelto cruel conmigo, y me persigues con gran poder y fuerza. 22Me lanzas en el torbellino y me disuelves en la tormenta. 23Y sé que tu propósito para conmigo es la muerte.

24»Yo esperaba que mi caída se detuviera, como quien al caer extiende la mano o grita pidiendo auxilio en su calamidad. 25¿Acaso no lloré yo por los atribulados? ¿No me he condolido por los pobres? 26Por eso esperaba yo que me viniera lo bueno, pero me vino lo malo. Esperaba la luz y vinieron las tinieblas. 27Tengo el corazón atribulado e inquieto. Oleadas de aflicción me han asaltado. 28,29Estoy ennegrecido, pero no por el sol. Me pongo de pie y grito pidiendo ayuda a la asamblea. Pero más valdría no desperdiciar el aliento, pues se me tiene por hermano de los chacales y compañero de las avestruces. 30Tengo la piel negra, y se me está cayendo. Los huesos me arden de fiebre. 31La voz de gozo y alegría se ha vuelto lamentación.

31 »Yo había convenido con mis ojos no mirar con lujuria a ninguna mujer. 2,3Bien sé que el todopoderoso Dios que está en lo alto envía calamidades a quienes hacen eso. 4Él ve todo lo que hago y cada paso que doy.

☼ 5»Si he mentido y engañado 6que Dios me pese en una balanza justa y así sabrá que soy inocente. 7,8Si me he desviado de la senda de Dios, o si mi corazón ha sentido concupiscencia por lo que mis ojos hayan visto, o si soy culpable de cualquier otro pecado, entonces, ¡que otro coseche lo que yo he sembrado y cuanto yo he plantado sea arrancado!

9»Si he codiciado la mujer ajena, 10¡muera yo entonces y vaya mi esposa a parar a casa ajena, y otro hombre sea su marido! 11Porque vergonzoso pecado es la lujuria; crimen que debe castigarse. 12Es fuego devastador que nos consume y nos lanza al infierno, y arrancaría de raíz cuanto yo he plantado.

13»Si yo hubiera sido injusto con mis siervos, 14¿cómo podría presentarme ante Dios? ¿Qué podría responderle cuando me pida cuentas? 15Porque fue Dios quien me hizo, y él es también el hacedor de mi siervo. A ambos nos creó él.

16»Jamás maltraté al pobre o hice llorar a la viuda; 17jamás negué pan al huérfano hambriento. ☼ 18Desde mi juventud he sido un padre para ellos; a las viudas las he guiado desde mi nacimiento. 19,20 Si vi al que se moría de frío y no le di abrigo o lana de mis ovejas para que se calentara, 21o si he levantado contra el huérfano mi mano por contar con influencias en los tribunales. 22Si algo de eso hice yo, ¡que me arranquen el brazo; que me lo disloquen desde el hombro! 23Eso antes que enfrentarme al castigo de Dios. Lo que él manda es lo que más temo, porque si la majestad de Dios fuera en contra mía, ¿qué esperanza habría?

24»Si puse mi confianza en el dinero; 25si mi felicidad consistía en la riqueza, 26o si he contemplado el sol que brilla en el cielo o la luna que viaja por su sendero de plata, 27y en secreto, seducido mi corazón, los he adorado enviándoles besos con la mano, 28también esto debe ser castigado por los jueces. Pues si tales cosas hubiera hecho yo, significaría que negaba al Dios del cielo.

29»¿Acaso me alegré de la ruina de mi enemigo? 30Jamás maldije a nadie ni pedí venganza. 31A ninguno de mis siervos dejé pasar hambre. 32Jamás rechacé a los extranjeros; mis puertas estuvieron abiertas para todos. 33Jamás traté de ocultar mis pecados como el común de la gente, 34por temor a la multitud y a su desprecio, negándome a reconocer mi transgresión.

35»¡Cómo quisiera que Dios me escuchara! Estampo aquí mi firma; que me responda el Todopoderoso. Si él quiere contender conmigo, que lo haga por escrito. 36Llevaré esta acusación como una corona. 37Entonces yo le contaría exactamente lo que hice y por qué y le presentaría mi defensa como quien es escuchado por él.

38,39»Si mis tierras me acusan de haber robado el fruto que ellas producen; o si asesiné a sus dueños para apropiarme de sus posesiones, 40¡que estas tierras produzcan espinos en lugar de trigo, y malas hierbas en vez de cebada!»

Fin de las palabras de Job.

Intervención de Eliú

32 Los tres hombres rehusaron dar ninguna otra respuesta a Job, porque éste insistía en su inocencia.

2Entonces Eliú, hijo de Baraquel de Buz, perteneciente a la familia de los Ram, se enojó porque Job se negaba a reconocer que había pecado y a aceptar que Dios tenía justa causa para castigarlo. 3Pero también estaba enojado contra los tres amigos de Job, porque habiéndose mostrado incapaces de contestar a los argumentos de Job, sin embargo lo condenaban. 4Eliú había esperado hasta este momento para hablar, porque los otros eran mayores que él. 5Pero al ver que no tenían nada más que añadir, habló airadamente, 6y dijo:

Primer discurso de Eliú

«Soy joven, y ustedes son ancianos; por eso me contuve, sin atreverme a decirles lo que pensaba, 7pues dicen que los ancianos son más sabios. ☼ 8,9Pero no son solamente los años los que dan sabiduría a los hombres; más bien es el espí-

☼31.5–6 ☼31.18 ☼32.8

ritu que habita en el hombre, el hálito del Todopoderoso, el que lo hace inteligente.
10»Así, pues, escúchenme un momento; permítanme expresar mi opinión. 11,12He esperado
todo este tiempo y he escuchado atentamente
los argumentos de ustedes, pero ninguno de ellos
ha convencido a Job de que es pecador, ni ha
demostrado que lo sea. 13Y no me vengan con
aquello de que "sólo Dios puede convencer de
su pecado al pecador". 14Si Job hubiera estado
discutiendo conmigo, ¡yo no le habría respondido
con esa clase de lógica!
15»Allí están contrariados; sin más argumentos. 16¿Tengo que continuar esperando mientras
ustedes permanecen silenciosos? 17No; yo también
daré mi respuesta. 18Porque me siento ansioso
y lleno de palabras: mi espíritu me impulsa.
19Estoy como un odre lleno de vino y sin salida.
¡Mis palabras están a punto de estallar! 20Tengo
que hablar para desahogarme; déjenme, pues,
que dé mis respuestas. 21,22No insistan en que sea
prudente para no herir a nadie, ni me pidan que
adule a alguien. Déjenme ser franco, no vaya a
ser que Dios me haga caer muerto.

33 »Job, te ruego que escuches lo que voy a
decir: 2Ya comencé a hablar; ahora déjame proseguir. 3Diré la verdad desnuda. 4Porque
el espíritu de Dios me hizo: el hálito del Todopoderoso me da vida. 5Si puedes responderme,
no te detengas. 6Mira, yo soy el que anhelabas:
el intermediario entre tú y Dios, para actuar en
representación de él y de ti. 7No tienes por qué
temerme. No soy persona famosa, que pueda
ponerte nervioso o intimidarte. Yo también estoy
hecho del barro común.
8»Has dicho ante mis oídos; y varias veces, por
cierto: 9"Soy puro, soy inocente; no he pecado".
10Dices que Dios emplea un rastrillo muy fino
tratando de hallar aunque sólo sea una falta,
para tenerte por enemigo suyo. 11"El mete mis
pies en el cepo", dices tú, "y vigila cada uno de
mis movimientos".
12»Pues bien, esta es mi respuesta: Precisamente has pecado al hablar así de Dios. Porque
Dios es más grande que el hombre. 13¿Por qué
tienes que luchar contra él sólo porque no te
rinde cuentas de lo que hace? 14Porque Dios habla
repetidamente 15en sueños, en visiones nocturnas,
cuando el sueno profundo cae sobre los hombres
mientras yacen en sus lechos. 16En tales ocasiones Dios les abre los oídos y les da sabiduría e
instrucción, 17,18haciéndoles cambiar de opinión,
guardándolos del orgullo, y previniéndolos sobre
los castigos del pecado, y evitando que caigan
en algún lazo.
19A veces, Dios envía la enfermedad y el dolor,
aunque no rompa ningún hueso, 20de modo que
el hombre pierde el gusto y el apetito, sin que le
llame la atención ni el más delicioso manjar. 21Se
enflaquece; se vuelve huesos y pellejo, 22y llega
al borde de la muerte.
23,24»Pero si hay un mensajero del cielo que
interceda por él como amigo, para mostrarle
lo que es recto, entonces Dios se compadece de
él y dice: "Pónganlo en libertad; no lo hagan
morir, pues he hallado un sustituto". 25Entonces
el cuerpo se le volverá sano como el de un niño,
robusto y juvenil otra vez. 26Y cuando ore, Dios
lo escuchará; contestará su oración y lo recibirá
gozoso, y lo hará volver a sus deberes. 27Y el hombre le declarará a sus amigos: "Pequé, pero Dios
me dejó libre. 28No me hizo morir. Continuaré
viviendo en el mundo de la luz".
29»Sí, Dios suele hacer esto en favor del hombre. 30Saca del hoyo su alma, para que pueda
vivir bajo la luz de los vivientes.
31»Fíjate bien en esto, Job, escúchame y déjame
decir algo más. 32Pero si ahora tienes algo que
decir, dilo. Quiero escucharlo, pues estoy deseoso de justificarte. 33De lo contrario, escúchame.
¡Mantén silencio, y yo te enseñaré sabiduría!»

Segundo discurso de Eliú

34 Eliú prosiguió:
2«Escúchenme, hombres sabios. 3Pode-
mos elegir los sonidos que deseemos escuchar;
podemos escoger el sabor de la comida que que-
ramos; 4y deberíamos también elegir la senda
correcta. Pero ante todo debemos definir entre
nosotros qué es el bien.
5»Porque Job ha dicho: "Soy inocente, pero
Dios dice que no lo soy. 6Se me llama mentiroso,
aunque soy inocente. Se me castiga espantosamente, aun cuando no he pecado".
7,8»¿Quién hay tan arrogante como Job? Debe
de haber pasado mucho tiempo en compañía de
hombres malos, 9pues dijo: "¿Para qué malgastar
tiempo tratando de agradar a Dios?"
10»Escúchenme con entendimiento. ¡Sin duda
todos saben que Dios no peca! 11Por el contrario,
castiga a los pecadores. 12No hay mayor verdad
que ésta: Dios nunca es malo ni injusto. 13Sólo
él tiene autoridad sobre la tierra y administra
justicia para el mundo. 14Si Dios retirara su espíritu, 15toda la vida desaparecería y la humanidad
volvería al polvo.
16»Escucha ahora y procura entender. 17¿Podría
Dios gobernar si detestara la justicia? Vas tú a condenar al Dios justo y poderoso? 18¿Vas a condenar a
este Dios que dice a los reyes y a los nobles: "son
malos e injustos"? 19Porque a él no le impresiona
lo grande que un hombre sea, ni favorece a los
ricos más que a los pobres. A todos los hizo él. 20En
un instante mueren: a la medianoche, grandes y

pequeños súbitamente fallecerán, llevados por una mano que no es de hombre.

21»Porque Dios observa atentamente lo que hace la humanidad; a todos los ve. 22No hay oscuridad tan densa que oculte al malo de sus ojos, 23de modo que no hay que esperar que se produzca un crimen enorme para que el hombre sea llamado a juicio ante Dios. 24Sin mucha ceremonia, Dios sencillamente hace trizas a los más grandes hombres, y pone a otros en su lugar. 25Observa lo que hacen, y en sólo una noche los derriba y los destruye, 26 a plena luz los hace caer como malvados. 27Porque ellos se desviaron de los caminos de Dios, 28e hicieron que los clamores de los pobres llegaran a oídos del SEÑOR. Sí, él escucha el llanto de los oprimidos. 29,30Pero si él prefiere no hablar, ¿quién podrá censurarlo? También él puede impedir que un hombre indigno llegue a gobernar, evitándole ruina a una nación; y puede con igual facilidad echar por tierra a una nación entera.

31»¿Por qué no clama el pueblo ante su Dios, diciendo: "Hemos pecado, pero nos apartaremos del mal". 32O, "ignoramos el mal que hayamos hecho; enséñanos cuál es, y lo abandonaremos de inmediato"? 33¿Tendría Dios que acomodar su justicia a tus exigencias? ¿Tendría que cambiar el orden del universo para satisfacer tus caprichos? ¡La respuesta tiene que ser evidente hasta para ti! 34,35Aun sin ser muy listo, cualquiera estará de acuerdo conmigo en que tú, Job, hablas como un necio. 36Deberías recibir el máximo castigo por la forma perversa en que has hablado acerca de Dios. 37Porque ahora, a tus demás pecados has añadido la rebeldía, la arrogancia y la blasfemia».

Tercer discurso de Eliú

35 Eliú prosiguió:
2,3«¿Crees que está bien que tú declares: "No he pecado, pero no por ello me va mejor delante de Dios?" 4Yo te responderé, y también a todos tus amigos. 5Mira al cielo, muy por encima de ti. 6Si pecas, ¿conmoverás con ello el cielo y derribarás a Dios de su trono? Aunque peques una y otra vez, ¿en qué lo afectarás a él? 7O si te portas bien, ¿le estás haciendo un gran favor? 8Tus pecados pueden dañar a otro hombre, o tus buenas acciones causarle provecho.

9,10»Los oprimidos pueden gritar bajo sus males y gemir bajo el poder de los ricos; pero ninguno clama a Dios preguntando: "¿Dónde está Dios mi hacedor; que da cánticos en la noche, 11y nos hace un poco más sabios que los cuadrúpedos y las aves?" 12Cuando alguno le lanza esta pregunta, nunca responde él castigando inmediatamente a los tiranos. 13Pero es falso afirmar que no escucha esos clamores. 14,15Y más falso aún decir que no ve lo que sucede. Dios sí hace justicia finalmente, si esperamos. Pero, ¿protestas contra él porque no responde airadamente al instante? 16Has hablado como un necio, Job».

Cuarto discurso de Eliú

36 Eliú prosiguió:
2«Permíteme continuar, y te mostraré la verdad de lo que digo. ¡Porque aún no he terminado mi defensa de Dios! 3Voy a presentarte muchos ejemplos de la justicia de mi hacedor. 4Te estoy diciendo la pura verdad, pues poseo conocimientos bien equilibrados.

5»¡Dios es Todopoderoso y sin embargo a nadie menosprecia! Es perfecto en su entendimiento. 6No recompensa con sus bendiciones a los malvados, sino que les da la justa medida de su castigo. 7No se desentiende de los buenos; por el contrario, los honra colocándolos en tronos eternos. 8Si les vienen tribulaciones y se ven esclavizados y afligidos, 9él se toma el trabajo de indicarles la razón; lo que hayan hecho de malo o en qué se han portado altivamente. 10Les ayuda a escuchar su instrucción para que se aparten de su pecado. 11Si lo escuchan y obedecen, serán bendecidos con dicha y prosperidad toda su vida. 12Si no lo escuchan, perecerán en batalla y morirán por su falta de sensatez.

13»Pero los impíos cosechan la ira de Dios. Ni siquiera se vuelven a él cuando los castiga. 14Mueren en su juventud, luego de vivir disipada y depravadamente. 15A los que sufren, Dios los libra mediante el sufrimiento; en su aflicción, los consuela.

16»¡Cómo ansiaba él atraerte y apartarte del peligro para llevarte a un extenso y agradable valle en donde hacerte prosperar! 17Pero estás demasiado preocupado con tus imaginarias quejas contra el prójimo. 18¡Cuidado! No dejes que tu ira contra el prójimo te lleve a burlarte de Dios. No permitas que tus sufrimientos te amarguen en contra del único que puede librarte. 19¿Piensas realmente que si gritas bastante fuerte contra Dios, él se avergonzará y se arrepentirá? ¿Acabará ello con tu castigo? 20No anheles la noche, con sus oportunidades para el crimen. 21Apártate del mal, pues fue para evitar que cayeras en una vida de maldad que Dios te envió este sufrimiento.

22»Mira, Dios es exaltado por su poder. ¿Qué maestro hay como él? 23¿Quién podrá decir que lo que él hace es absurdo o malo? 24Por el contrario, glorifícalo por sus poderosas obras que lo han hecho famoso. 25Desde lejos las han visto todos.

26»Tan grande es Dios que ni siquiera hemos comenzado a conocerlo; nadie puede empezar a entender la eternidad. 27Dios hace subir el vapor de agua, y luego lo hace caer como lluvia 28que

36.11

los cielos derraman. 29¿Puede alguien realmente comprender cómo se esparcen las nubes y los truenos que ellas encierran? 30Mira cómo ilumina con el relámpago en torno suyo y cubre la cima de los montes. 31Mediante sus tremendos poderes en la naturaleza castiga o bendice a la gente, dándoles alimento en abundancia. 32Se llena de rayos las manos, y lanza cada uno al punto que quiere. 33Sentimos su presencia en el trueno. Sirva esto de advertencia a todos los pecadores.

37 ☼»Esto hace temblar mi corazón. 2¡Escucha, escucha el trueno de su voz! 3Su rugido cruza los cielos y sus relámpagos dan fogonazos en todas direcciones. 4Luego viene el rugido del trueno; la tremenda voz de su majestad. 5Gloriosa en el trueno es su voz. No podemos abarcar la grandeza de su poder. 6Porque él dirige la nieve, las lluvias y la tormenta para que caigan sobre la tierra. 7La obra del hombre se detiene en esas temporadas, para que en todas partes puedan reconocer su poder. 8Los animales salvajes se esconden en las rocas o en sus cuevas.

9»Del sur viene la lluvia; del norte, el frío. 10Dios sopla sobre los ríos, y hasta los más anchos torrentes se congelan. 11Carga de humedad las nubes, y ellas despiden el relámpago. 12Los rayos son dirigidos por su mano, y hacen en todo el mundo lo que él manda. 13Por su bondad hace que vengan las nubes, ya sea para castigar o para bendecir.

14»Escucha, Job: detente y medita en los admirables milagros de Dios. 15¿Sabes cómo domina Dios la naturaleza y hace que de las nubes broten relámpagos? 16,17¿Comprendes el equilibrio de las nubes, su perfección y sabia disposición? ¿Sabes por qué sientes calor cuando sopla el viento del sur y todo está en calma? 18¿Puedes tú extender el gigantesco espejo de los cielos como lo hace él? 19,20»Tú que presumes de saber tanto, enseñanos a los demás cómo debemos acercarnos a Dios. ¡Porque somos demasiado torpes! Con tu sabiduría, ¿nos atreveríamos a acercárnosle? ¿Desearía el hombre que se lo tragaran vivo? ☼21Porque así como no podemos mirar directamente al sol cuando el viento ha dispersado las nubes, 22no podemos contemplar la terrible majestad de Dios que desde el cielo irrumpe sobre nosotros, vestida con deslumbrante esplendor. 23No podemos imaginar el poder del Todopoderoso, y sin embargo, él es tan justo y misericordioso que no nos destruye. 24Él no toma en cuenta a los que se creen sabios; por eso le temen los mortales».

Respuesta de Dios

38 ☼Entonces el Señor respondió a Job desde el torbellino:

2«¿Por qué con tu ignorancia niegas mi providencia? 3Prepárate ahora para la lucha pues voy a exigir de ti algunas respuestas y tendrás que responderme.

☼4»¿Dónde estabas tú cuando yo eché las bases de la tierra? Dímelo, si tanto sabes. 5¿Sabes cómo se calcularon las dimensiones y quién fue el agrimensor? 6,7¿En qué se apoyan sus bases, y quién puso la piedra angular mientras las estrellas de la mañana cantaban unidas y todos los ángeles clamaban de júbilo?

8,9»¿Quién decretó las fronteras de los mares cuando ellos surgieron potentes desde lo profundo? ¿Quién los vistió de nubes y densas tinieblas, 10y los encerró 11diciendo: "¡Hasta aquí llegarán, y no más allá; y aquí se detendrá el orgullo de sus olas!"

12»¿Alguna vez ordenaste al amanecer que apareciera y mandaste a la aurora que surgiera en el oriente? 13¿Alguna vez ordenaste al día que se extendiera hasta los confines de la tierra para poner fin a las maldades nocturnas? 14¿Alguna vez diste a la aurora su manto rojo, 15e invadiste la madriguera de los malvados y detuviste el brazo que estaba a punto de herir?

16»¿Has explorado las fuentes en donde nacen los mares, o has andado por los rincones del abismo? 17,18¿Se te ha revelado el sitio en donde están las puertas de la muerte? ¿Sabes cuál es la extensión de la tierra? ¡Dímelo; si lo sabes!

19»¿De dónde viene la luz, y cómo se llega allá? O dime respecto a la oscuridad: ¿de dónde viene? 20¿Puedes descubrir sus fronteras o ir a sus fuentes? 21Pero ¡naturalmente que sabes todo esto, pues naciste antes que todo ello fuera creado, y tienes mucha experiencia!

22,23»¿Has ido a los tesoros de la nieve, o visto en dónde se fabrica y almacena el granizo? Porque reservado lo tengo para cuando lo necesite en la guerra. 24¿Dónde está el sendero que lleva al punto de donde se distribuye la luz? ¿Cuál es el origen del viento oriental? 25-27¿Quién abrió los valles para que corran los torrentes de lluvia? ¿Quién trazó la senda al relámpago, para que la lluvia caiga en los desiertos estériles, de modo que la tierra reseca y yerma se sacie de agua, y nazca la tierna hierba? 28¿Acaso tiene padre la lluvia? ¿De dónde viene el rocío? 29¿Quién es la madre del hielo y la escarcha? 30Porque el agua se transforma en hielo, duro como la piedra.

31»¿Puedes detener las estrellas? ¿Puedes frenar a Orión o las Pléyades? 32¿Puedes garantizar la correcta sucesión de las estaciones, o guiar la constelación de la Osa con sus satélites a través de los cielos? 33¿Conoces las leyes del universo, y cómo los cielos influyen en la tierra?

☼37.3–4 ☼37.21–24 ☼38.1 ☼38.4–27

34»¿Puedes gritarles a las nubes y hacer que llueva? 35¿Puedes hacer que salga el relámpago y que el rayo caiga donde tú mandes? 36¿Quién da la intuición y el instinto? 37,38¿Quién es tan sabio que pueda enumerar todas las nubes? ¿Quién puede derramar los cántaros del cielo cuando todo se ha vuelto polvo y terrones?

39,40»¿Puedes tú, como la leona, cazar la presa para satisfacer el hambre de sus cachorros que esperan en su guarida, o mantenerte al acecho en la selva? 41¿Quién alimenta a los cuervos cuando sus polluelos claman a Dios, y se agitan hambrientos en sus nidos?

39

»¿Sabes cómo paren las cabras monteses? ¿Alguna vez viste nacer sus cabritos? 2,3¿Sabes cuántos son sus meses de preñez antes de que se encorven para parir y librarse de su carga? 4Sus cabritos crecen en campo abierto, luego abandonan a sus padres para no volver más.

5»¿Quién hace montaraces a los burros salvajes? 6Yo los puse en el desierto y les di llanos salados en donde vivir. 7Porque ellos detestan el ruido de la ciudad, y no quieren que los arrieros les griten. 8En la serranía están sus pastos; allá buscan toda brizna de hierba.

9»¿Querrá de buen grado servirte el buey salvaje? ¿Querrá quedarse junto a tu pesebre? 10¿Puedes arar con el buey salvaje? ¿Querrá él arar con tu arado? 11Por su mucha fuerza, ¿confiarás en él? ¿Dejarás que decida dónde trabajar? 12¿Podrás enviarlo a acarrear el trigo de la era?

13»La hembra del avestruz aletea airosamente, pero ¿hay acaso amor maternal en su plumaje? 14Pone los huevos a ras de tierra para que se calienten en el polvo. 15Olvida que alguien puede aplastarlos con el pie, o que los animales salvajes pueden destruirlos. 16Se desentiende de sus polluelos como si no fueran sus hijos y no le importa si mueren, 17porque Dios no le ha dado sabiduría. 18Pero si de correr se trata, es más veloz que el caballo y su jinete.

19»¿Fuiste tú quien dio al caballo su fortaleza o coronó su cuello de ondeante crin? 20¿Le diste tú la capacidad de saltar como la langosta? ¡Su majestuoso relincho es digno de escucharse! 21-23Golpea la tierra con su casco y se regocija en su vigor, y cuando va a la guerra no se arredra aunque las flechas y las fulgurantes espadas y jabalinas le golpeen el costado. 24En frenética carrera devora las distancias; al toque de trompeta no es posible refrenarlo. 25Al oír el clarín relincha: "¡Ea!" De lejos olfatea la batalla. Se alegra con el clamor de la pelea y el rugido de las órdenes del capitán.

26»¿Sabes cómo se remonta el halcón y tiende sus alas hacia el sur? 27¿Es por orden tuya que el águila se eleva sobre los riscos para hacer su nido? 28Vive sobre los riscos, y hace su casa en la fortaleza de la montaña. 29Desde allá espía su presa; desde grandísima distancia. 30Sus polluelos tragan sangre; ella va a dondequiera que haya muertos».

40

El Señor prosiguió:

2«¿Aún quieres disputar con el Todopoderoso? ¿O prefieres darte por vencido? Tú que censuras a Dios, ¿tienes las respuestas?»

3Entonces Job respondió a Dios:

4«No soy nada. ¿Cómo podría jamás hallar las respuestas? Me tapo la boca con la mano y guardo silencio. 5Ya he hablado demasiado».

6El Señor le volvió a hablar a Job desde el torbellino:

7«¡Plántate como hombre y prepárate para la lucha! Deja que te pregunte y respóndeme. 8¿Vas a difamar mi justicia y a condenarme para poder decir que eres justo? 9¿Tienes fuerza como la de Dios y voz tan poderosa como la suya? 10Pues ponte tus vestiduras de ceremonia; cúbrete de majestad y esplendor. 11Da rienda suelta a tu ira: que se desborde contra los orgullosos. 12Humilla al altivo con una mirada; aplasta a los malvados con tu pie. 13Lánzalos al polvo, con rigidez de muerte en sus rostros. 14Si puedes hacer eso, convendré contigo en que tu propia fortaleza puede salvarte.

15»¡Mira al hipopótamo! También es hechura mía, como lo eres tú. Come hierba como el buey. 16Mira sus formidables lomos y los músculos de su vientre. 17Tiene la cola tan derecha como un cedro. Tiene los tendones de los muslos firmemente unidos. 18Sus vértebras van derechas como un tubo de bronce. Tiene las costillas como barras de hierro. 19Es de lo más feroz en toda la creación de Dios; quien quiera dominarlo, traiga espada aguda. 20Los montes le brindan su mejor alimento: los demás animales que le sirven de comida. 21Se echa bajo las plantas de loto ocultándose en sus tallos, 22escondido a la sombra de los sauces junto a las aguas. 23No lo asustan los ríos torrentosos, ni cuando el crecido Jordán se lanza contra él. 24Nadie puede tomarle desprevenido ni ponerle anillos en la trompa para llevárselo cautivo.

41

»¿Puedes pescar al Leviatán con cuerda y anzuelo? ¿O echarle un nudo corredizo a la lengua? 2¿Puedes atarlo de la nariz con una cuerda, o atravesarle la quijada con un garfio? 3¿Te suplicará que lo dejes en paz, o con zalamerías procurará aplacarte? 4¿Consentirá en que lo esclavices de por vida? 5¿Podrás domesticarlo

39.1–3 **39.13–17**

como a un pájaro y dárselo a tus hijas para que jueguen? 6¿Lo llevarán los pescadores para que lo pongan a la venta en la pescadería? 7¿Será su piel vulnerable a los dardos, o su cabeza al arpón? 8»Si llegaras a agarrarlo jamás olvidarías aquella lucha, ni querrías repetirla. 9No, vano es querer atraparlo. El solo pensarlo asusta. 10Nadie se atreve a provocarlo; mucho menos a capturarlo. Y si ante él nadie se mantiene, ¡quién se mantendrá delante de mí! 11A nadie soy deudor. Cuanto hay bajo el cielo me pertenece.

12»Debo también mencionar la tremenda fuerza que hay en sus miembros y en todo su cuerpo. 13¿Quién puede perforarle la piel, o quién se atreve a ponerse al alcance de sus fauces? 14Porque tiene unos dientes terribles. 15-17Se enorgullece de sus escamas traslapadas perfectamente selladas, que no dejan pasar aire, y que nada puede penetrarlas. 18Cuando estornuda, la luz del sol resplandece como relámpago al pasar por la llovizna. Sus ojos brillan como chispas. 19Lanza fuego por la boca. 20Por las narices echa humo como el vapor que sale de un caldero sobre fuego de juncos secos. 21Sí, su aliento encendería carbones; echa llamas por la boca.

22»La inmensa fuerza de su cuello infunde terror por dondequiera que pasa. 23Tiene la piel dura y firme, no blanda ni fofa. 24Tiene el corazón duro como roca; como piedra de molino. 25Cuando se pone de pie, aun los más fuertes se atemorizan: el terror los domina. 26No hay espada, ni lanza, dardo o aguda flecha que lo detenga. 27,28Para él el hierro es como paja, y el bronce como palo podrido. Las flechas no lo ahuyentan. Las piedras de honda son tan inútiles como paja. 29Los garrotes de nada sirven y él se ríe de las jabalinas que lanzan. 30Tiene el vientre cubierto de escamas como cascos agudos; ¡se arrastra por la tierra como un rodillo de aplanar!

31-32»Hace rebullir al agua cuando se pone en movimiento. Agita lo profundo. Deja tras sí una brillante estela de espuma. ¡Al verlo, parece que el mar fuera de escarcha! 33No hay en toda la tierra un ser que, como él, a nada tema. 34Entre todas las bestias es la más orgullosa; es el monarca de todo cuanto ve».

Respuesta de Job

42 Entonces Job respondió a Dios:
2«Sé que todo lo puedes y que nadie es capaz de detenerte. 3Preguntas quién ha sido tan necio para negar tu providencia. Soy yo. Hablaba de lo que ignoraba en absoluto; de lo que no comprendía; de cosas demasiado admirables para mí.

4»Tú dijiste: "Escucha, y yo hablaré. Déjame plantearte las preguntas. ¡A ver si eres capaz de responder!"

5»Pero ahora yo digo. Había oído hablar de ti, pero ahora te he visto, 6y me detesto, y me arrepiento en polvo y cenizas».

Epílogo

7Luego que el Señor terminó de hablar con Job, dijo a Elifaz de Temán: «Estoy airado contra ti y tus dos amigos, pues no tenían razón en lo que dijeron respecto a mí, como sí la tuvo Job. 8Ahora tomen siete becerros y siete carneros; vayan a mi siervo Job y presenten una ofrenda quemada en expiación por ustedes; y mi siervo Job orará por ustedes, y yo aceptaré su oración en favor suyo, y no los destruiré como debería hacerlo por su pecado, porque no han hablado rectamente respecto a mi siervo Job».

9De modo que Elifaz de Temán, Bildad de Súah y Zofar de Namat hicieron como el Señor los mandó, y el Señor, aceptó la oración de Job en favor de ellos. 10Luego, cuando Job oró por sus amigos, el Señor le restituyó sus riquezas y felicidad. ¡En verdad, el Señor le dio el doble de lo que antes tenía! 11Todos sus hermanos, hermanas y antiguos amigos llegaron y festejaron con él en su hogar, consolándolo en todos sus padecimientos, y alentándolo por las pruebas que el Señor le había mandado. Y cada uno de ellos le llevó un obsequio de una pieza de plata y un anillo de oro. 12Así el Señor bendijo a Job al final de su vida, más que al comienzo. Pues ahora tenía catorce mil ovejas, seis mil camellos, mil yuntas de bueyes y mil burras.

13,14Dios también le dio otros siete hijos y tres hijas. Estos son los nombres de sus hijas: Paloma, Canela y Linda.

15Y en toda la tierra no hubo jóvenes tan bonitas como las hijas de Job; y su padre las incluyó en su testamento junto con sus hermanos.

16Job vivió ciento cuarenta años después de esto, y llegó a ver a sus nietos, y también a sus bisnietos. 17Al fin murió, muy anciano, tras larga y próspera vida.

41.11

SALMOS

¿Quién lo escribió?

La verdad es que los Salmos siempre se identifican con David, el más famoso famoso rey de Israel, porque es quien más salmos escribió, casi la mitad, pero no todos son de su autoría. Asaf escribió doce salmos. Los hijos de Coré son los compositores de once salmos. Los sabios (lee 1 Reyes 4:31), Hemán el ezraita y Etán el ezraita, escribieron uno cada uno (Salmo 88 y 89) y Moisés escribió uno (Salmo 90). De los restantes 51 no se conoce su autor.

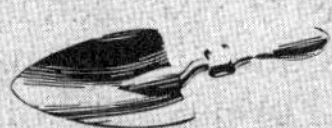

¿A quién lo escribió?

La colección fue compilada con el pueblo de Israel en mente, para su instrucción, la expresión de sus sentimientos y sobre todo para servir dentro del culto comunitario en el templo y después del cautiverio en las sinagogas. Por supuesto, también cada salmo tuvo su origen particular y una situación específica que le dio origen. Sin embargo, hay algo muy humano en este libro. Sus emociones, sus clamores, sus alabanzas e incluso sus quejas son una declaración de lo que existe en los corazones humanos de todas las épocas y lugares, así que, aunque originalmente fue hecho pensando en Israel, tiene un alcance universal.

¿Cuándo y dónde lo escribió?

Los salmos se escribieron en un marco de tiempo bastante amplio –quizá unos quinientos años– desde la época de David hasta el tiempo posterior al cautiverio. Incluso el Salmo 90, compuesto por Moisés, fue escrito mucho tiempo antes. Sin embargo, la colección fue reunida en su forma actual en la época posterior al exilio. Muchas fuentes antiguas asignan a Esdras el trabajo de recopilar y colocar juntos todos los salmos. Si esto es así, significa que el libro finalmente fue publicado a mediados del siglo V antes de Cristo.

Panorama del libro

Este es uno de los libros más cercanos al alma de los seres humanos, ya que muchas emociones y experiencias comunes a la raza humana son reflejadas en sus páginas. Se puede decir que el propósito para formar esta colección es, por un lado, práctico y por otro, teológico: el lado práctico es el de tener a mano una colección de los cantos para uso en la liturgia pública y privada del pueblo de Dios. Teológicamente, el propósito es el de expresar de manera poética una variedad de sentimientos, pensamientos y vivencias de los autores con el Dios personal y amoroso al cual sirven.

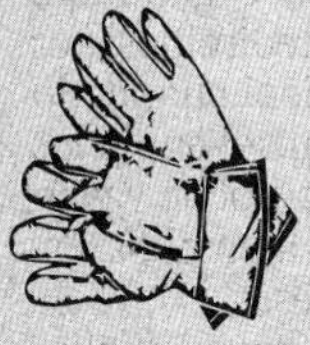

¿Cómo se relaciona con nosotros?

Este es el libro con la mayor gama de emociones de toda la Biblia. En él no solo salen a la luz cantos de alabanza sino todo el arcoíris de sentimientos humanos que los salmistas (este libro tiene varios autores) expresan con plena libertad, incluyendo el enojo, el sentido de venganza, el temor, la timidez y la audacia. El libro de Salmos ofrece una gran variedad de experiencias, ideas, sentimientos y emociones de diferentes autores en una variedad de circunstancias, quienes tuvieron la libertad de decirle a Dios por medio de expresiones artísticas lo que sentían, lo que pensaban y lo que deseaban en esos momentos sin demasiados filtros. Los Salmos son una fuente de inspiración para quienes están llenos de sueños e ilusiones, y a la vez brindan consuelo y dirección en momentos de tristeza, lamento o confusión. En ellos podemos notar que Dios desea que nuestro dialogo con él y entre nosotros sea honesto y transparente.

¿Cómo lo estudiamos?

1) Salmos de alabanza. Expresión de mi acción de gracias a Dios por su ser y sus obras. Sal. 66, 67, 113, 116, etc.
2) Salmos de penitencia. Expresión de mi arrepentimiento por el pecado. Sal. 6, 32, 38, 51.
3) Salmos históricos. Expresión de mis sentimientos ante la historia del pueblo de Dios. Sal. 78, 105, 106, 136.
4) Salmos proféticos. Expresión de mi esperanza que se cumple en el Mesías. Sal. 2, 22, 45, 72, 110.
5) Salmos imprecatorios. Expresión de mi petición por justicia ante el Señor. Sal. 5, 7, 35, 69, 109, 137.

SALMOS

Salmos

Salmo 1

1Dichosos todos aquellos que no siguen el
consejo de los malvados, ni se detienen en la
senda de los pecadores, ni cultivan la amistad de
los blasfemos, 2sino que se deleitan en la ley del
SEÑOR, la meditan día y noche. 3Son como árboles junto a las riberas de un río, que no dejan de
dar delicioso fruto cada estación. Sus hojas nunca se marchitan y todo lo que hacen prospera.
4¡Qué distinto el caso de los malvados! Son
como la paja que el viento arrastra. 5Por eso, los
malvados no se sostendrán en el juicio, ni serán
contados entre los buenos.
6Porque el SEÑOR protege los pasos de los justos; pero los pasos de los impíos conducen a la
perdición.

Salmo 2

1¿Por qué se unen las naciones en contra del
SEÑOR y en vano conspiran? 2Los reyes de la
tierra se preparan para la batalla; los gobernantes se asocian contra el SEÑOR y contra su ungido.
3«Vamos, rompamos sus cadenas», dicen, «libe-
rémonos de la esclavitud de Dios».
4¡Pero el SEÑOR de los cielos se ríe! Se burla de
ellos. 5Y luego, con ardiente furia los reprende y
los llena de espanto. 6El SEÑOR declara: «Este es
el rey que he elegido. Lo he puesto en el trono
de Jerusalén, mi santo monte».
7Su elegido responde: «Yo revelaré los eternos
propósitos de Dios, pues el SEÑOR me ha dicho:
"Tú eres mi hijo. Hoy mismo te he concebido.
8Pídeme, y te daré como herencia todas las naciones del mundo. ¡Tuyos serán los confines de la
tierra! 9¡Gobiérnalas con vara de hierro; rómpelas
como vasijas de barro!»
10Ustedes, los reyes, obren sabiamente. 11Sirvan
al SEÑOR con temor reverente; con temblor rín-
dale alabanza. 12Bésenle los pies, antes que se
encienda su ira y perezcan en el camino, pues
su ira se inflama de repente. ¡Dichosos los que
en él buscan el refugio!

Salmo 3

Salmo de David, cuando huía de su hijo Absalón.

1¡Oh SEÑOR, muchos son mis enemigos!
¡Muchos están contra mí! 2Muchos dicen que
Dios jamás me ayudará 3Pero, SEÑOR, tú eres mi
escudo, mi gloria, tú mantienes en alto mi cabeza.
4Clamé al SEÑOR a voz en cuello, y él me respondió desde su monte santo. 5Luego me acosté
y dormí en paz, y desperté a salvo, porque el
SEÑOR velaba por mí. 6Y ahora, aunque diez mil
adversarios me tengan cercado, no tengo miedo. 7«¡Levántate, oh SEÑOR! ¡Sálvame, Dios mío!»
¡Rómpele la quijada a mi enemigo! ¡Rómpele los
dientes a los malvados!
8La salvación viene de Dios. Envía su bendición a todo su pueblo.

Salmo 4

Al director musical. Acompáñese con instrumentos de cuerda. Salmo de David.

1Responde a mi clamor, Dios mío y defensor
mío. Alivia mi pena. Ten piedad de mí; escucha
mi oración.
2El SEÑOR Dios pregunta: «Ustedes, señores,
¿hasta cuándo van a estar convirtiendo mi gloria en vergüenza? ¿Hasta cuando amarán ídolos
vanos e irán en pos de lo ilusorio? 3Oigan bien:
El SEÑOR ha separado para sí a los redimidos; por
tanto me escuchará y me responderá cuando lo
llame. 4No pequen permitiendo que el enojo los
controle. Medítenlo cuando por la noche vayan
a descansar. 5Pongan su confianza en el SEÑOR,
y preséntenle sacrificios agradables.
6Muchos dicen que tú, SEÑOR, jamás nos auxilia-
rás. Haz que la luz de tu rostro resplandezca sobre
nosotros. 7Sí, la alegría que me has dado es
mucho mayor que el gozo de ellos en la siega
cuando contemplan su abundante cosecha
de grano y vino. 8En paz me acostaré y dor-
miré porque sólo tú, SEÑOR, me haces vivir
seguro.

Salmo 5

Al director musical. Acompáñese con flautas. Salmo de David.

1Escucha, SEÑOR, mis oraciones; toma en cuenta mis gemidos 2Escucha mis súplicas, rey mío
y Dios mío, porque a ti elevo mi plegaria. 3Cada
mañana, SEÑOR escucha mi clamor; por la mañana te presento mis súplicas y atento espero tu
presencia. 4Sé que no te agrada la maldad y que
no toleras ni el más leve pecado. 5Por tanto, los
altivos no tienen lugar en tu presencia, pues detestas a los malvados. 6Por sus mentiras los destruirás. ¡Cómo aborreces a los asesinos y tramposos!
7Pero yo entraré en tu templo bajo el amparo
de la misericordia y tu amor; y te adoraré con
profundísimo y reverente temor.
8SEÑOR, guíame como lo has prometido; de otro
modo, caeré bajo mis enemigos. Dime claramente qué debo hacer, qué camino tomar. 9Porque
en la boca de ellos no hay ni una palabra de
verdad. Su deseo más profundo es destruir a
otros. Su garganta es un sepulcro abierto; con su
lengua hablan engaños. 10¡Oh Dios, condénalos!
Hazlos caer en sus propias trampas, hazlos
derrumbarse bajo el peso de sus propias trans-
gresiones, porque han rebotado contra ti.
11Pero haz que se regocijen todos los que ponen

1.1–6 2.1—Hch 4.25–26 3.1–8 4.8 5.1–8 5.11–12

su confianza en ti. Haz que siempre clamen de alegría porque tú los defiendes. Llena de tu dicha a cuantos te aman. 12Tú bendices al justo, oh Señor, y con tu escudo de amor lo proteges.

Salmo 6

Al director musical. Acompáñese con instrumentos de cuerda. Sobre la octava. Salmo de David.

1¡No, Señor! ¡no me castigues cuando estés enojado; no me reprendas en tu furor! 2Ten piedad de mí, oh Señor, porque soy débil. Sáname, pues mi cuerpo está en agonía, 3y estoy desconcertado y turbado. Tengo el alma llena de aprensión y tristeza. ¿Hasta cuándo, Señor, hasta cuándo?

4Ven, Señor, y sáname. Sálvame por tu misericordia. 5Pues si muriera, no podría alabarte. 6El dolor me tiene agotado; cada noche baño en lágrimas mi almohada. 7Los ojos se me están envejeciendo y nublando de sufrimiento a causa de todos mis enemigos.

8Váyanse; déjenme ya, hombres de perversas obras, porque el Señor ha escuchado mi llanto 9y mi súplica. Él responderá a todas mis oraciones. 10Todos mis enemigos quedarán repentinamente en ridículo, aterrorizados y avergonzados. Serán rechazados afrentosamente.

Salmo 7

Sigaión de David, que elevó al Señor acerca de Cus el benjaminita.

1En tus manos me he puesto, oh Señor, Dios mío, para que me salves de mis perseguidores. 2No dejes que me devoren como leones, que me despedacen y me arrastren sin nadie que me libre. 3Distinto sería, Señor, si yo estuviera haciendo lo malo; si fuera injusto, 4 o si le hiciera daño a un amigo, o si a mi enemigo le quitaran sin razón lo que es suyo. 5Entonces sí tendrías razón en permitir que mis enemigos me persigan y me alcancen, y pisoteen mi honra en el polvo.

6¡Pero, Señor, levántate airado contra la furia de mis enemigos! ¡Despierta! Exige que se me haga justicia, Señor. 7Reúne a todas las naciones delante de ti; siéntate muy por encima de ellos y juzga sus pecados. 8Pero justifícame en público; establece mi honra y mi verdad ante todos ellos. 9Pon fin a toda maldad, Señor, y bendice a todos los que genuinamente te adoran porque tú, el justo Dios, miras hasta lo profundo del corazón de todo hombre y mujer, y examinas todas sus intenciones y pensamientos.

10Dios es mi escudo. Él salva a los de corazón recto y puro.

11Dios es un juez perfectamente justo; su ira contra los malvados es constante. 12A menos que se arrepientan, él afilará su espada y tensará su arco; 13ha preparado mortíferas armas y flechas de fuego.

14El malvado concibe un plan perverso; está preñado de maldad y da a luz mentira; 15que caiga él en su propia fosa que cavó para que cayeran otros. 16Que la violencia que pensó para el prójimo, se vuelva contra él.

17¡Cuán grande es mi gratitud para con el Señor, por su justicia! Entonaré alabanzas al nombre del Señor que está por sobretodos los señores.

Salmo 8

Al director musical. Sígase la tonada de «La canción del lagar». Salmo de David.

1Oh Señor, soberano nuestro, ¡qué imponente es tu nombre en toda la tierra! ¡Has puesto tu gloria sobre los cielos! 2Has enseñado a los pequeños y a los niños de pecho a rendirte perfecta alabanza. ¡Que su ejemplo avergüence a tus enemigos!

3Cuando alzo la vista al cielo nocturno y contemplo la obra de tus manos, la luna y las estrellas que tú hiciste, 4no logro comprender por qué te ocupas de nosotros, simples mortales. 5Nos hiciste apenas un poco inferior a un dios, y nos coronaste de gloria y de honra.

6Pusiste a nuestro cuidado todo cuanto has hecho; todo ha sido puesto bajo nuestra autoridad: 7las ovejas, bueyes, los animales salvajes, 8las aves, los peces y todos los seres del mar. 9¡Oh Señor nuestro, la majestad y gloria de tu nombre llenan la tierra!

Salmo 9

Al director musical. Sígase la tonada de «La muerte del hijo». Salmo de David.

1¡Oh Señor, te alabaré con todo el corazón, y le contaré a todo el mundo las maravillas que haces! 2Me alegraré, sí; por ti estaré lleno de gozo. Cantaré tus alabanzas, oh Altísimo.

3Mis enemigos retrocederán y perecerán en tu presencia; 4tú me has vindicado; has respaldado mis acciones, declarándolas buenas desde tu trono. 5Has reprendido a las naciones y destruido a los malvados, borrando para siempre sus nombres. 6Oh enemigos tuyos: condenados están para siempre. El Señor destruirá sus ciudades; aun el recuerdo de ellas desaparecerá.

7Pero el Señor reina eternamente; está sentado en su trono para juzgar. 8Él juzgará rectamente al mundo; gobernará a las naciones con igualdad. 9Todos los oprimidos pueden acudir a él. Él es refugio para ellos en tiempo de tribulación. 10Todos los que conocen tu misericordia, Señor, contarán contigo para que los auxilies, pues jamás has abandonado a quienes en ti confían.

6.8–9 7.8 8.1–9 9.1–2 9.9–10

11Canten salmos al SEÑOR, el rey de Sión, cuéntenle al mundo sus hechos inolvidables. 12El que castiga a los homicidas tiene cuidado de los desvalidos. No olvida las súplicas de los atribulados que le piden ayuda.

13Y ahora, SEÑOR, ten misericordia de mí; mira como padezco a manos de quienes me odian. SEÑOR, sácame de las fauces de la muerte. 14Sálvame, para que pueda alabarte públicamente en presencia del pueblo en las puertas de Jerusalén, y pueda regocijarme porque me has rescatado.

15Las naciones caen en las trampas que cavaron para otros; la trampa que pusieron los ha atrapado. 16El SEÑOR es célebre por la forma en que hace caer a los malvados en sus propios lazos. 17Los malvados serán enviados al sepulcro; éste es el destino de las naciones que olvidan al SEÑOR. 18Pero no se olvidará para siempre al necesitado y las esperanzas del pobre no se verán eternamente burladas.

19¡Oh SEÑOR, levántate! No dejes que el hombre domine. ¡Haz que las naciones se presenten delante de ti! 20Hazlos temblar de miedo; bájales los humos hasta que comprendan que no son sino frágiles hombres.

Salmo 10

1SEÑOR, ¿por qué te retraes y te mantienes alejado? ¿Por qué te ocultas cuando más te necesito?

2Ven y llama a cuentas a estos hombres altivos y malvados que se encarnizan persiguiendo a los pobres. Derrama sobre estos malvados el mal que para otros planeaban. 3Estos hombres se vanaglorian de todos sus malos deseos, injurian a Dios y felicitan al ambicioso.

4Estos malvados, tan orgullosos y altivos, parecen creer que Dios ha muerto. ¡No se les ocurre siquiera buscarlo! 5No obstante, todo cuanto emprenden les sale bien. No ven el castigo tuyo que les espera. 6Se jactan de que ni Dios ni el hombre pueden hacer nada contra ellos; siempre estarán libres de problemas.

7Tienen la boca llena de maldiciones, mentira y fraude. En la punta de su lengua tienen maldad y problemas. 8Acechan en las callejuelas oscuras de la ciudad y asesinan a los inocentes que pasan. 9Como leones, se agazapan silenciosos en espera de lanzarse sobre los indefensos. Como cazadores, hacen caer a sus víctimas en sus trampas. 10Los desdichados son vencidos por la mayor fuerza de ellos, y caen bajo sus golpes. 11«Dios no ve, no se dará cuenta», dicen para sí los malvados.

12¡Levántate, oh SEÑOR! ¡Oh Dios, aplástalos! No te olvides de los indefensos. 13¿Por qué permites que el malvado se quede tan campante después de maldecirte así, oh Dios? Porque ellos creen que nunca los llamarás a cuentas. 14SEÑOR, tú ves todos los problemas y el dolor que han causado. Castígalos, pues, Oh, SEÑOR; el huérfano se encomienda en tus manos; tú eres auxilio del desvalido. 15Rompe los brazos de esos malvados, persíguelos hasta que el último de ellos sea destruido.

16El SEÑOR es rey para siempre jamás. Quienes siguen a otros dioses serán borrados de su tierra.

17SEÑOR, tú conoces el anhelo de los desvalidos. Ciertamente escucharás sus clamores y los consolarás. 18Estarás con los huérfanos y con todos los oprimidos, para que el simple mortal no los aterrorice más.

Salmo 11

Al director musical. Salmo de David.

1En el SEÑOR me encuentro protegido. ¿Cómo se atreven a decirme: «Huye a las montañas para protegerte»?

2Los malvados han tensado sus arcos; tienen preparadas las flechas sobre las cuerdas para disparar desde las sombras contra aquellos que actúan con rectitud. 3«La ley y el orden se han derrumbado», se nos dice. «¿Qué pueden hacer los justos?»

4Pero el SEÑOR está en su santo templo; aún reina desde el cielo, observa atentamente cuanto ocurre y a cada ser humano aquí en la tierra. 5Él pone a prueba al justo y al malvado; aborrece a los que aman la violencia. 6Derramará fuego y azufre sobre los malvados y los abrasará con su ardiente soplo.

7Justo es Dios, y ama la justicia; los justos verán su rostro.

Salmo 12

Al director musical. Sobre la octava. Salmo de David.

1SEÑOR, ¡ayúdanos! Rápidamente van desapareciendo los piadosos. Ya no queda gente fiel en este mundo. 2Se mienten unos a otros, hablando con labios aduladores; ya no hay sinceridad.

3El SEÑOR acabará con todo labio adulador y toda lengua vanidosa que dice: 4«Mentiremos cuanto se nos antoje. La boca es nuestra; ¿quién nos podrá callar?» 5El SEÑOR responda: «Yo me levantaré y defenderé a los oprimidos, a los pobres, a los necesitados. Los rescataré como ellos anhelan». 6Segura es la promesa del SEÑOR, como plata siete veces refinada. 7SEÑOR, sabemos que para siempre guardarás a los tuyos del poder de los malos, 8aunque ronden por todas partes y la maldad sea exaltada por toda la tierra.

Salmo 13

Al director musical. Salmo de David.

1¿Hasta cuándo me tendrás en el olvido, SEÑOR? ¿Para siempre? ¿Hasta cuándo esconderás de mí

10.12–18 11.1–7 12.6–7

tu rostro? 2¿Hasta cuándo soportaré esta diaria
angustia? ¿Hasta cuándo triunfará mi enemigo?
3Respóndeme, oh SEÑOR, Dios mío. ¡Devuélveles
la luz a mis ojos! 4No permitas que mis enemigos
digan: «Lo hemos vencido». No los dejes gozarse
por mi derrota.
5Pero yo, desde ya, confío en tu gran amor. Me
gozo porque tú me has salvado. 6Te canto, SEÑOR,
por el bien que me has hecho.

Salmo 14

Al director musical. Salmo de David.

1Las personas necias afirman que no hay Dios.
Están corrompidas, sus obras son detestables; ¡no
hay un solo individuo que haga lo bueno!
2Desde el alto cielo mira el SEÑOR para ver si
entre toda la humanidad hay aunque sea uno
que sea entendido y busque a Dios. 3Pero no;
todos se han descarriado; todos están corrompidos por el pecado. No hay ninguno bueno, ¡ni
siquiera uno! 4¿Acaso no entienden todos los que
hacen lo malo? Devoran a mi pueblo como pan;
y en cuanto a orar, ¡ni pensarlo!
5El terror los acosará, pues Dios está con los
que lo obedecen. 6Los malvados frustran los planes de los oprimidos pero el SEÑOR los protege.
7¡Ojalá que desde Sión viniera Dios para salvar
a su Israel! ¡Qué gozo habrá en Israel y cómo
gritará de alegría Jacob, cuando el SEÑOR haya
rescatado a su pueblo!

Salmo 15

Salmo de David.

1SEÑOR; ¿quién puede habitar en tu santuario?
¿Quién puede vivir en tu santo monte?
2Sólo el de conducta intachable, que practica
la justicia y de corazón dice la verdad; 3que no
calumnia con la lengua, que no le hace mal a su
prójimo, ni le acarrea desgracia a su vecino. 4que
desprecia al que Dios reprueba pero honra al que
le teme al SEÑOR; que cumple lo prometido aunque
salga perjudicado; 5que no cobra intereses sobre
el dinero que presta y se niega a ser testigo contra
el inocente por mucho que se le quiera sobornar.
Una persona así permanecerá siempre firme.

Salmo 16

Mictam de David.

1¡Sálvame, oh Dios, pues acudo a tu amparo¡ 2Yo
le dije: «Tú eres mi SEÑOR, todo lo bueno que tengo
viene de ti». 3Mis verdaderos héroes son la gente
santa del país. ¡Ellos son la gente que verdaderamente me agrada! 4Quienes elijan dioses ajenos
se verán llenos de pesar; no ofreceré yo sacrificios
a sus dioses, y ni siquiera pronunciaré su nombre.
5El SEÑOR es mi herencia, mi copa de bendiciones. Él cuida cuanto es mío. 6La tierra que él me
ha dado es un lugar bello. ¡Qué magnífica herencia! 7Bendeciré al SEÑOR que me aconseja; aun
de noche me instruye. Me dice qué debo hacer.
8Yo sé que el SEÑOR continuamente está conmigo,
jamás tendré por qué tropezar y caer, pues él está
a mi lado. 9Por eso tengo el corazón lleno
de gozo; mi boca está llena de alabanzas.
Todo mi ser descansa con tranquilidad, 10por-
que no me dejarás entre los muertos; no permitirás que tu amado se pudra en el sepulcro.
11Me has dejado saborear los gozos de la vida y
los exquisitos placeres de tu presencia eterna.

Salmo 17

Oración de David.

1Oh, SEÑOR oye mi ruego para que se haga justicia; escucha mi clamor para obtener ayuda;
presta oído a mi oración porque sale de un corazón sincero. ¡Presta oído a mi angustioso clamor!
2Declara mi inocencia, SEÑOR, pues tú conoces a
los justos. 3Has probado mis pensamientos; aun
de noche has examinado mi corazón. Has buscado dentro de mí sin hallar nada incorrecto y
sabes que he dicho la verdad. 4He cumplido tus
mandatos y no he imitado a los hombres crueles
y perversos. 5Mis pasos no se han desviado de tus
sendas; no he dudado en seguirte.
6Oro así porque sé que me responderás, oh Dios.
¡Sí!, inclinas a mí tu oído y escuchas mi oración.
7Muéstrame en forma admirable tu gran amor,
oh Salvador de cuantos buscan tu auxilio contra
sus enemigos. 8Protégeme como lo harías con
la niña de tus ojos; escóndeme bajo la sombra
de tus alas.
9Protégeme de los malvados que me atacan, de
los asesinos enemigos que me rodean. 10Son des-
piadados y arrogantes. Escúchalos alardear. 11Se
abalanzan contra mí, prontos a derribarme. 12Son
como leones ansiosos de destrozarme; como leoncillos agazapados en busca de su oportunidad.
13SEÑOR, levántate y haz que caigan de rodillas. Rescátame de los malvados con tu espada.
14Líbrame con tu poderosa mano de estos mortales cuyo único interés está en la ganancia terrena.
Con tus tesoros les has llenado el vientre, sus hijos
han tenido abundancia, y hasta ha sobrado para
sus descendientes.
15Pero yo en justicia contemplaré tu rostro; me
bastará con verte cuando despierte.

Salmo 18

Al director musical. De David, siervo del SEÑOR. David dedicó al SEÑOR la letra de esta canción cuando el SEÑOR lo libró de Saúl y de todos sus enemigos. Dijo así:

1SEÑOR, ¡cuánto te amo! Porque eres mi fuerza.
2El SEÑOR es mi fortaleza, mi roca y mi salvación; mi Dios es la roca en la que me refugio.

15.1-5 16.9—Ma 27.57-60 16.10—Ma 27.63 17.8 18.1-19

Él es mi escudo, el poder que me salva. 3Basta que clame a él para ser librado de todos mis enemigos: ¡Alabado sea el SEÑOR!

4La muerte me envolvió con sus lazos; y torrentes de maldad se lanzaron poderosos contra mí. 5El sepulcro me enredó en sus lazos; la misma muerte me clavó su mirada. Atrapado e indefenso, luchaba yo contra las cuerdas que me arrastraban hacia la muerte.

6En mi angustia clamé al SEÑOR pidiendo ayuda. Y él me escuchó desde su templo; mi clamor llegó a sus oídos. 7Entonces la tierra tembló y se estremeció, y los cimientos de las montañas se sacudieron y temblaron. ¡Cómo se estremecieron cuando ardió su ira! 8Humo le salió de la nariz. Espantosas llamas salieron de su boca; lanzaba carbones encendidos. 9Él abrió los cielos y descendió; bajo sus pies había densas tinieblas. 10Cabalgando en querubines surcó los cielos sobre las alas del viento. 11Se envolvió en oscuridad; y ocultó su avance con espesas nubes oscuras. 12Súbitamente, el esplendor de su presencia rompió de entre las nubes con carbones encendidos y con una granizada.

13El SEÑOR tronó en los cielos; el Dios que está sobre todos los dioses ha hablado: ¡Qué de granizo! ¡Qué de fuego! 14Lanzó las tremendas flechas de sus rayos y derrotó a todos mis enemigos. ¡Miren cómo huyen! 15 A causa de tu represión, SEÑOR, las cuencas del mar quedaron a la vista. Sonó tu aliento como trompeta, y las profundidades quedaron desnudas.

16Desde lo alto extendió su mano, me tomó y me sacó del mar profundo. Me rescató de las aguas profundas. 17Me liberó de mi recio enemigo, de los que me odiaban; a mí, que estaba indefenso en manos de ellos.

18El día de mi mayor debilidad, me atacaron; pero el SEÑOR me sostuvo. 19Me llevó a un sitio seguro, porque en mí se deleita. 20El SEÑOR me recompensó porque hice lo recto y fui puro, 21porque yo he cumplido sus mandatos y no he pecado dejando de seguirlo. 22Mantuve celosamente todas sus leyes; no rechacé ni una sola. 23Hice cuanto pude por guardarlas todas, y me abstuve de hacer el mal. 24El SEÑOR me ha recompensado con sus bendiciones conforme a la limpieza de mis manos.

25SEÑOR, ¡qué fiel eres con los fieles! ¡Que intachable eres con los intachables! 26Con los puros eres puro, pero hostil con el malvado. 27Libras a los humildes y condenas a los orgullosos y altivos.

28Has encendido mi lámpara. Has convertido mis tinieblas en luz. 29Ahora con tu fuerza puedo escalar cualquier muro, atacar cualquier ejército.

30¡Qué grandioso es él! ¡Cuán perfecto en todo! Todas sus promesas se cumplen. Es escudo para todo aquel que tras él se refugia. 31Porque, ¿quién es Dios sino nuestro SEÑOR? ¿Quién es la roca sino nuestro Dios?

32Él me llena de fortaleza y me protege por dondequiera que voy. 33Hace mis pies tan seguros como los de la cabra montés en las laderas. Me lleva a salvo por los riscos. 34Me prepara para la batalla y me da fuerza para tensar un arco de bronce.

35Me has dado tu salvación como escudo. Tu mano derecha, SEÑOR, me sostiene; tu bondad me ha engrandecido. 36Has hecho amplias gradas bajo mis pies para que no resbale. 37Perseguí a mis enemigos, los alcancé, y no me volví hasta vencerlos a todos. 38Los aplasté. Ya no pudieron levantarse. Les puse el pie sobre el cuello. 39Porque tú me has armado con fuerte armadura para la batalla. Mis enemigos tiemblan ante mí y caen derrotados a mis pies. 40Los hiciste volverse y huir; destruí a cuantos me odiaban. 41Gritaron pidiendo ayuda, pero nadie se atrevió a rescatarlos; clamaron al SEÑOR, pero él se negó a responderles. 42De modo que los hice polvo y los lancé al viento. Los arrojé como basura del piso. 43Me diste la victoria en toda batalla. Vinieron las naciones y me sirvieron. Hasta los que yo no conocía vinieron a postrarse ante mí. 44Extranjeros que nunca me han visto se someten al instante. 45Temblorosos de miedo salen de sus fortalezas.

46¡Dios vive! Alaben al que es mi gran roca. ¡Exaltado sea Dios mi Salvador! 47Es el Dios que castiga a quienes me dañan y somete a las naciones ante mí. 48Él me rescata de mis enemigos. Me exalta sobre ellos. Me guarda de tan poderosos adversarios. 49Por eso, SEÑOR, te alabaré entre las naciones. 50Muchas veces me has librado milagrosamente, a mí, el rey que has elegido. Has sido amoroso y bueno para conmigo y lo serás para con mis descendientes.

Salmo 19

Al director musical. Salmo de David.

1Los cielos cuentan la gloria de Dios, el firmamento proclama la obra de sus manos. 2Un día se lo dice a otro día; una noche a otra hace que lo conozcan. 3Hablan sin sonido ni palabra, su voz es silenciosa en los cielos; 4su mensaje se extiende por todo el mundo, hasta los confines de la tierra. El sol, a quien Dios le puso su hogar en el cielo, 5recorre el espacio tan resplandeciente como el novio que viene de su boda, tan alegre como el atleta que espera participar en una carrera. 6Cruza los cielos de un extremo al otro y nada escapa a su calor.

18.28–41 19.1

7La ley del Señor es perfecta: infunde nuevo aliento. Sus mandamientos son fieles: dan sabiduría a los sencillos.

8Las normas del Señor son justas: traen alegría al corazón. Los mandamientos del Señor son claros: dan luz a los ojos.

9El temor del Señor es puro: permanece para siempre. Los decretos del Señor son verdaderos y justos. 10Son más deseables que el oro, más que el oro refinado. Son más dulces que la miel que destiló del panal. 11Porque ellos advierten al que los oye y hacen triunfar a quienes los obedecen.

12Pero, ¿cómo podré yo saber qué pecados acechan en mi corazón? 13Purifícame de esas faltas que me son ocultas, y líbrame de cometer maldades voluntariamente; ayúdame para que ellas no me dominen. Sólo así podré estar libre de culpa y de multiplicar mis pecados.

14Que mis palabras y mis más íntimos pensamientos sean agradables a ti; Señor, roca mía y redentor mío.

Salmo 20

Al director musical. Salmo de David.

1Que el Señor esté contigo en el día de tu tribulación. ¡Que el Dios de Israel te libre de todo mal! 2Que desde su santuario te envíe ayuda; que desde Jerusalén te fortalezca. 3Que recuerde con agrado lo que le has brindado: tus sacrificios y ofrendas quemadas: 4Que él te conceda lo que tu corazón anhela y haga realidad todos tus planes. 5Que haya griterío de júbilo cuando sepamos la noticia de tu victoria; que se agiten las banderas en alabanza a Dios por todo lo hecho en favor tuyo. Que él responda a todas tus plegarias.

6«Dios salve a su ungido rey». ¡Y yo sé que lo salva! Él le escucha desde el alto cielo y lo rescatará con su gran poder. 7Algunas naciones se vanaglorian de sus ejércitos y armamento; pero nosotros nos gloriamos en el Señor nuestro Dios. 8Esas naciones caerán y perecerán; nosotros nos alzaremos y permaneceremos firmes y a salvo.

9Otorga la victoria a nuestro rey, Señor. Escucha nuestra oración.

Salmo 21

Al director musical. Salmo de David.

1En tu fuerza, Señor, se regocija el rey, ¡qué gozo siente en tus victorias! 2Porque le has dado cuanto su corazón anhelaba, todo cuanto te pidió.

3Con triunfo y prosperidad lo recibiste para darle el trono. Le pusiste regia corona de oro purísimo. 4Él pidió larga y buena vida y tú se la concediste; los días de su vida se prolongan para siempre. 5Por tu victoria le diste renombre y honor. Lo vestiste de esplendor y majestad. 6Lo dotaste de eterna felicidad. Le concediste el inagotable gozo de tu presencia. 7Y por cuanto confía en el Señor, en el gran amor del Altísimo, el rey jamás tropezará, nunca caerá.

8Tu mano, Señor, alcanzará a tus enemigos, tu diestra a cuantos te odian. 9Cuando todos te veamos, ellos serán consumidos como por el fuego de un horno, en tu presencia. En su ira los devorará el Señor; fuego los consumirá. 10Borrarás de la faz de la tierra a sus hijos; nunca tendrán descendientes. 11Porque esos hombres traman en contra tuya, Señor, pero jamás triunfarán. 12Volverán la espalda y huirán al ver que tus flechas les apuntan.

13Señor, acepta nuestra alabanza por todo tu glorioso poder. Escribiremos cánticos para celebrar tus poderosos hechos.

Salmo 22

Al director musical. Sígase la tonada de «La cierva de la aurora». Salmo de David.

1¡Dios mío, Dios mío! ¿Por qué me has abandonado? ¿Por qué te niegas a ayudarme y ni siquiera escuchas mis gemidos? 2Cada día clamo a ti, mi Dios, pero tú no me respondes; clamo de noche pero no hallo reposo. 3Pero tú eres santo, tú eres rey, ¡tú eres la alabanza de Israel! 4Ellos confiaron en ti y tú los libraste. 5Escuchaste su clamor y los salvaste; jamás quedaron defraudados cuando buscaron tu ayuda.

6Pero yo sólo soy un gusano y no un ser humano; la gente se burla de mí, el pueblo me desprecia. 7Cuantos me miran se ríen de mí, se mofan y se encogen de hombros, diciendo: 8«Este es aquel que se encomendó al Señor, ¡pues que el Señor lo salve! Si el Señor lo ama tanto, ¡que el Señor lo libere! 9Pero tú me sacaste del vientre materno; me hiciste reposar confiado en el regazo de mi madre. 10Desde antes de mi nacimiento he sido puesto a tu cuidado; desde el mismo momento en que nací, has sido tú mi Dios. 11No me abandones ahora, cuando la tribulación está próxima y ningún otro puede ayudarme.

12Temibles enemigos me rodean, fuertes como manada de enormes toros de Basán. 13Se me vienen encima con las fauces abiertas, como leones al asaltar su presa. 14Mi fuerza se escurrió como agua y tengo todos los huesos descoyuntados. Mi corazón se derrite como cera; 15mi fuerza se ha secado como una teja quemada por el sol; la lengua se me pega al paladar, porque me has echado en el polvo de la muerte. 16Mis enemigos me rodean, me rodean como perros en jauría; me ha cercado una banda de malvados;

19.7–11 19.14 20.2 20.7–9 22.3–4
22.6–7—Mc 15.29 22.16—Jo 20.27

me han traspasado las manos y los pies. 17Puedo
contar cada uno de mis huesos. Miro cómo brillan de regocijo los ojos de esos malvados;
18se reparten entre ellos mis vestidos; juegan
a los dados por mi ropa.
19SEÑOR, ¡no te quedes lejos! ¡Oh Dios, fuerza
mía, apresúrate a socorrerme! 20Rescátame de
la muerte; libra mi vida de todos estos perros.
21Sálvame de las fauces de estos leones y de los
cuernos de estos toros salvajes.
22Ante todos mis hermanos te alabaré; me
levantaré ante la congregación y daré testimonio
de las maravillas que has hecho. 23«Alaben al
SEÑOR, los que le temen», diré yo; ¡Hónrenlo descendientes de Jacob! ¡Adórenlo descendientes de
Israel! 24Porque no ha desdeñado mi clamor ni
mi profunda desesperación; no me ha vuelto la
espalda ni se ha alejado. Cuando clamé a él, me
escuchó y acudió. 25Me levantaré y te alabaré
delante de todo el pueblo. Públicamente cumpliré mis votos en presencia de cuantos te adoran.
26Los pobres comerán y se saciarán; cuantos
busquen al SEÑOR lo hallarán. De gozo constante tendrán lleno el corazón. 27Todos en esta
tierra lo verán y se volverán al SEÑOR. Y la gente
de todas las naciones lo adorará.
28Porque del SEÑOR es el reino y él gobierna
sobre las naciones. 29Los ricos de la tierra festeja-
rán y le adorarán, todo mortal nacido para morir,
se postrará ante él y lo adorará. 30También nuestros hijos le servirán, porque de nuestros labios
oirán las maravillas del SEÑOR. 31Generaciones no
nacidas aún oirán las maravillas que Dios hizo
por nosotros.

Salmo 23

Salmo de David.

1El SEÑOR es mi pastor, nada me falta.
2En verdes pastos me hace descansar, y me
guía junto a arroyos tranquilos. 3Me infunde
nuevas fuerzas. Me guía por sendas de justicia,
por amor a su nombre.
4Aun cuando atraviese el negro valle de la
muerte, no tendré miedo, pues tú irás siempre
muy junto a mí. Tu vara de pastor y tu cayado
me protegen y me dan seguridad.
5Preparas un banquete para mí, en presencia
de mis enemigos. Me recibes como invitado tuyo,
ungiendo con perfume mi cabeza. ¡Mi copa rebosa de bendiciones!
6Tu bondad e inagotable generosidad me
acompañarán toda la vida, y después viviré en
tu casa para siempre.

Salmo 24

Salmo de David.

1A Dios pertenece la tierra. Suyo es cuanto ser
habita en el mundo. 2Él es quien hizo retroceder los océanos para que apareciera la tierra
seca.
3¿Quién puede subir al monte del SEÑOR?
¿Quién puede estar en su lugar santo? 4Solamente
el de manos inocentes y corazón puro, el que no
adora ídolos y nunca miente.
5A esa persona Dios le dará su bendición; Dios
su Salvador, les hará justicia, 6y se le permitirá
estar en presencia del SEÑOR y adorar al Dios de
Israel.
7¡Ábranse, puertas antiguas, y den paso al Rey
de la gloria!
8¿Quién es este Rey de la gloria? El SEÑOR, fuerte
y poderoso, invencible en la batalla.
9Sí, ¡ábranse de par en par las puertas y den
paso al Rey de la gloria!
10¿Quién es este Rey de la gloria?
Es el SEÑOR Todopoderoso; ¡él es el Rey de la
gloria!

Salmo 25

Salmo de David.

1A ti, SEÑOR, elevo mi alma. 2En ti confío, mi
Dios. No permitas que me humillen. No dejes
a mis enemigos que se alegren en mi derrota.
3Nadie que tenga fe en ti, Dios mío, se avergonzará de haber puesto su confianza en ti. Pero los
que engañan a otros serán avergonzados.
4Enséñame la senda que debo seguir, SEÑOR.
Indícame el camino por donde debo andar.
5¡Guíame por medio de tu verdad, enséñame!
Porque tú eres el Dios que me da salvación;
en nadie sino en ti tengo esperanza todo el día.
6Acuérdate, SEÑOR, de tu misericordia y gran amor
que siempre me has mostrado. 7Pasa por alto los
pecados de mi juventud, SEÑOR; mírame con ojos
de misericordia y perdón.
8Bueno eres, SEÑOR, y enseñas el camino recto
a cuantos se extravían. 9Tú diriges a los humildes en la justicia y les enseñas su camino. 10Tú,
SEÑOR, guías con gran amor y fidelidad a quienes
guardan tu pacto y obedecen tus decretos.
11Pero ¡ay, SEÑOR, mis pecados! ¡Cuántos son!
¡Perdónamelos por amor a tu nombre!
12Al que te teme, SEÑOR, tú le enseñarás a elegir el mejor sendero. 13Vivirá rodeado de las
bendiciones que sólo tú envías, y sus descendientes heredarán la tierra.
14Ser amigo tuyo, oh Dios, es privilegio de
quienes te honran. Sólo con ellos compartes los
secretos de tu pacto.
15Continuamente buscan mis ojos el socorro que
sólo tú, SEÑOR, me ofreces, pues sólo tú puedes
salvarme de las trampas de mis enemigos.
16Ven, SEÑOR, y muéstrame tu misericordia,

22.18—Mc 15.24 22.26–31 23.1–6 24.1–10 25.1–2 25.5–6 25.12–14 25.16–18

pues me hallo indefenso, abrumado, sumido en
la tribulación. 17De mal en peor van mis problemas, ¡ay, líbrame de ellos! 18Siente mis dolores;
fíjate en mis angustias; perdona mis pecados.
19Mira cuántos son mis enemigos y cuán tremendo es su odio contra mí. 20¡Líbrame de ellos!
¡Salva mi vida de su poder! ¡No se diga jamás
que inútilmente confié en ti!
21Dame por guardias la santidad y la integridad, pues espero que me protejas, 22y que redimas
de todas sus tribulaciones a Israel.

Salmo 26

Salmo de David.

1Retira toda acusación en contra mía, SEÑOR;
pues he procurado cumplir tus leyes y sin vaci-
lación he confiado en ti. 2Sométeme a examen,
SEÑOR, y compruébalo; prueba también mis razones y sentimientos. 3Porque tengo presente tu
gran amor y he vivido conforme a tu verdad.
4No me junto con los mentirosos, ni ando con los
hipócritas. 5Detesto las reuniones de los malvados
y me niego a unirme a los perversos. 6En prueba
de mi inocencia me lavo las manos y me pongo
ante tu altar, 7y entono un cántico de gratitud y
proclamo tus milagros.
8SEÑOR, amo tu santuario en donde mora tu
gloria.
9No me dejes sufrir la misma suerte de los
pecadores; no me condenes junto con los asesinos. 10Sus manos están llenas de artimañas y
constantemente reciben sobornos.
11No, no soy así, SEÑOR; hago lo que es correcto;
sálvame, pues, por piedad.
12En público alabo al SEÑOR que me libra de
resbalar y caer.

Salmo 27

1El SEÑOR es mi luz y mi salvación; ¿a quién
temeré? El SEÑOR me protege del peligro,
¿quién podrá amedrentarme? 2Cuando los malvados se lancen a destruirme, tropezarán y caerán. 3Sí, aunque un poderoso ejército marche
contra mí, mi corazón no abrigará temor. Aunque ellos me ataquen, confío en Dios.
4Lo que pido de Dios, lo que más deseo, es el
privilegio de meditar en su templo, vivir en su
presencia cada día de mi vida y deleitarme en su
perfección y gloria. 5Allí estaré yo cuando sobre-
vengan las tribulaciones. Él me esconderá en su
santuario. Él me pondrá sobre alta roca. 6Enton-
ces alzaré mi cabeza, sobre todos mis enemigos
que me rodean. Entonces le llevaré sacrificios y
con gran gozo entonaré sus alabanzas.
7¡Escucha mis súplicas, SEÑOR! Ten piedad y
envíame el socorro que necesito.
8Mi corazón te oyó decir: «Ven y conversa
conmigo».
Y mi corazón responde: «Ya voy SEÑOR».
9¡Oh, no te ocultes cuando procuro hallarte!
Airado, no rechaces a tu siervo. Tú has sido mi
auxilio; no me dejes ahora, no me abandones,
Dios de mi salvación: 10Si mi padre y mi madre
me abandonaran, tú me recibirías y me con-
solarías.
11SEÑOR, enséñame cómo debo vivir; guíame
por la senda de rectitud, pues estoy rodeado de
enemigos que me acechan. 12No dejes que me
atrapen, SEÑOR. ¡No permitas que yo caiga en sus
manos! Porque me acusan de lo que jamás he
cometido, y respiran contra mí violencia. 13Yo
sé que veré tu bondad, mientras esté aquí en la
tierra de los vivientes.
14Espera al SEÑOR; él acudirá. Sé valiente,
resuelto y animoso. Sí; espera, y él te ayudará.

Salmo 28

Salmo de David.

1Te imploro que me ayudes, SEÑOR, porque
tú eres mi roca de salvación. Si no quieres responderme y guardas silencio, ¡prefiero mejor la
muerte que la vida! 2SEÑOR, alzo mis manos hacia
tu santuario e imploro tu ayuda. ¡Ay, escucha
mi clamor!
3No me arrastres junto con todos los malvados
que hablan amablemente a su prójimo mientras planean maldad en sus corazones. 4Dales el
castigo que tan merecido tienen. Que el castigo
corresponda a su maldad. Castiga todas sus perversidades. Dales una probada de lo que ellos le
han hecho a otros. 5A ellos nada les importa lo
que el SEÑOR ha hecho o ha creado; por lo tanto,
los derribará y nunca jamás se levantarán de
su ruina.
6Bendito sea el SEÑOR porque ha escuchado mi
clamor. 7Él es mi fuerza, el escudo que me protege de todo peligro. En él confié y él me ayudó. En
mi corazón hay tanto gozo que prorrumpo en un
cántico de alabanza a él. 8El SEÑOR protege a
su pueblo y da victoria a su rey ungido.
9Defiende a tu pueblo, SEÑOR; defiende y bendice a tus elegidos, condúcelos como pastor y
llévalos por siempre en tus brazos.

Salmo 29

Salmo de David.

1Alaben al SEÑOR, seres celestiales, alábenlo
por su gloria y su fortaleza. 2Alábenlo por su
majestuosa gloria; la gloria de su nombre. Preséntense ante él en su majestuoso santuario.
3La voz del SEÑOR resuena sobre el mar. El
Dios de gloria retumba sobre el impetuoso mar.
4Potente y majestuosa es la voz del SEÑOR. 5La
voz del SEÑOR desgaja los cedros, despedaza los

27.1–14 28.8 29.1–2

potentes cedros del Líbano. 6Sacude las montañas del Líbano y hace que parezcan becerros saltando; y al monte Hermón que parezca toro salvaje saltando. Estos saltan y corretean ante él como ternerillos. 7La voz del SEÑOR lanza ráfagas de fuego; 8la voz del SEÑOR sacude al desierto y el SEÑOR sacude al desierto de Cades. 9La voz del SEÑOR retuerce los fuertes robles y los desgaja; desnuda los bosques. Pero en su templo todos pregonan: «Gloria, gloria al SEÑOR».
10El SEÑOR gobierna sobre las lluvias. El SEÑOR reina por siempre. 11Él dará fuerza a su pueblo. Derramará paz como bendición sobre ellos.

Salmo 30

Cántico para la dedicación de la casa. Salmo de David.

1Te exaltaré, SEÑOR, porque me has salvado de mis enemigos. No dejas que me derroten: 2SEÑOR, Dios mío, a ti clamé y tú me devolviste la salud. 3Me sacaste del borde de la tumba, de la muerte misma, y heme aquí con vida.
4¡Cántenle, ustedes sus santos! Den gracias a su santo nombre. 5Un instante dura su ira; su gracia perdura de por vida. Las lágrimas pueden huir la noche entera, pero al amanecer habrá gozo. 6Dije yo en mi prosperidad: «Esto es para siempre. ¡Ahora nada puede detenerme! 7El SEÑOR me ha mostrado su gracia. Me ha dado firmeza como de montaña». Entonces, SEÑOR, apartaste de mí tu rostro y quedé destruido. 8Clamé a ti, SEÑOR. ¡Ay, como supliqué! 9«SEÑOR, ¿qué ganarás con matarme? ¿Acaso puede el polvo mío hablar desde el sepulcro y proclamar al mundo tu fidelidad?
10Escúchame, SEÑOR; apiádate y ayúdame». 11Entonces, él transformó mi dolor en danza. Me quitó mi ropa de luto y me vistió de fiesta, 12para que pudiera entonarle alegres alabanzas en vez de yacer en el silencio de la tumba. SEÑOR, Dios mío, proseguiré expresándote mi gratitud eternamente.

Salmo 31

Al director musical. Salmo de David.

1SEÑOR, sólo en ti confío. No permitas que mis enemigos me derroten. Líbrame, pues tú eres el Dios que siempre procede rectamente. 2Respóndeme pronto cuando a ti clamo; inclina tu oído y escucha el susurro de mi súplica. Sé para mí la gran roca que me protege de mis enemigos.
3Sí, tú eres mi roca y mi fortaleza; honra el nombre tuyo sacándome de este peligro. 4Líbrame de la trampa que mis enemigos han armado para mí. Porque sólo en ti hallo protección.
5En tus manos encomiendo mi espíritu. Tú, el Dios que cumple sus promesas, me has rescatado. 6Odio a los que adoran ídolos sin valor; yo confío en el SEÑOR. 7Irradio gozo por tu misericordia; porque me has escuchado en mis tribulaciones y has visto las crisis de mi espíritu. 8No me entregaste a mi enemigo sino que me pusiste en un lugar seguro.

9¡SEÑOR, apiádate de mí en mi angustia! Tengo los ojos enrojecidos de llorar; el dolor ha quebrantado mi salud. 10Me va consumiendo la pena; mis años se han acortado, agotados por la tristeza. Mi desgracia ha acabado con mi fuerza. Me estoy acabando por dentro. 11Todos mis enemigos se burlan, mis vecinos me desprecian y mis amigos tienen miedo de acercárseme. Temen toparse conmigo; vuelven la vista cuando yo paso. 12Me han echado al olvido como a un muerto, como a vasija rota y desechada. 13Son muchos los rumores que he oído acerca de mí, y estoy rodeado de terror. Se han confabulado contra mí mis enemigos, porque traman quitarme la vida.
14Pero yo confío en ti, SEÑOR y digo: Tú eres mi Dios. 15En tus manos está mi vida entera. Rescátame de quienes me persiguen implacables. 16Que tu gracia brille sobre tu siervo; ¡sálvame tan sólo por tu misericordia! 17SEÑOR, no permitas que me avergüencen, porque a ti he clamado. Que sean avergonzados los malvados, y acallados en el sepulcro. 18Que sean silenciados sus labios mentirosos, porque hablan contra los justos con orgullo, desdén e insolencia.

19¡Cuán grande es tu bondad para los que a la vista de la gente declaran que tú los rescatarás! Porque guardas grandes bendiciones para quienes en ti confían y te reverencian.

20Oculta a tus amados en el refugio de tu presencia, a salvo bajo tu mano, a salvo de las lenguas acusadoras. 21¡Bendito el SEÑOR, porque me ha demostrado que su infaltable amor me protege como cuando me hallaba en una ciudad a la que iban a atacar! 22Hablé a la ligera cuando dije: «El SEÑOR me ha abandonado», pues tú escuchaste mi plegaria y me respondiste.
23¡Amen al SEÑOR, ustedes los que le son fieles. El SEÑOR protege a quienes le son leales; pero castiga duramente a cuantos lo rechazan altivos.
24Anímense y sean fuertes todos ustedes que confían en el SEÑOR.

Salmo 32

Salmo de David.

1¡Qué felicidad la de aquellos cuya culpa ha sido perdonada! ¡Qué gozo hay cuando los pecados son borrados! 2¡Qué alivio tienen los que han confesado sus pecados y a quienes el SEÑOR ha borrado su registro de delincuencia y que viven en completa honestidad!

3Hubo un tiempo en que yo rehusaba reconocer lo pecador que era. Pero era yo débil y mise-

29.11 30.4–8 30.10–11 31.3 31.5 31.7 31.14–15 31.24 32.1–2

rable y gemía todo el día. 4Día y noche su mano pesaba sobre mí. Mi fuerza se evaporaba como agua en día de sol. 5Pero un día reconocí ante ti todos mis pecados y no traté de ocultarlos más. Dije para mí: «Se los voy a confesar al SEÑOR». ¡Y tú me perdonaste! Toda mi culpa se esfumó.

6Por eso los fieles te invocan en momentos de angustia; caudalosas aguas podrán desbordarse, pero a ellos no los alcanzarán. 7Tú eres mi refugio; tú me protegerás del peligro y me rodearás con cánticos de liberación. 8El SEÑOR dice: «Yo te instruiré y te guiaré por el mejor camino para tu vida; yo te aconsejaré y velaré por ti. 9No seas como el caballo ni como la mula que no tienen discernimiento y que necesitan un freno en la boca para no salirse del camino».

10Muchos dolores sobrevienen al malvado, pero el gran amor del SEÑOR envuelve a los que en él confían. 11¡Regocíjense en él, ustedes los justos, y griten de júbilo todos ustedes los de recto corazón!

Salmo 33

1Canten al SEÑOR con alegría, ustedes los justos; es propio de los íntegros alabar al SEÑOR. 2Alaben al SEÑOR al son de la lira, entonen alabanzas con el arpa. 3Compónganle nuevos cánticos de alabanza, hábilmente acompañados en el arpa; canten con júbilo.

4Porque todas las palabras de Dios son rectas; y cuanto él hace merece nuestra confianza. 5Él ama la justicia y el derecho; llena está la tierra de su tierno amor. 6Bastó que hablara, y se formaron los cielos; que soplara para que se formaran todas las estrellas. 7Él puso límites a los mares y encerró los océanos en su gran estanque.

8Que todos en el mundo teman al SEÑOR, y ante él sientan sobrecogido respeto. 9Porque bastó que hablara, y surgió el mundo. ¡A su mandato, apareció! 10Desbarata los planes de todas las naciones, y frustra todos sus proyectos. 11pero los planes de él permanecen para siempre. Sus intenciones son inamovibles.

12Bendita la nación cuyo Dios es el SEÑOR, que ha sido elegida por él como pueblo suyo. 13Desde el cielo mira el SEÑOR a la humanidad. 14Desde su trono observa a todo el que vive en la tierra. 15Él hizo el corazón de ellos, entiende todo lo que hacen.

16Ni el ejército mejor equipado puede salvar a un rey, porque no basta la mucha fuerza para salvar al guerrero. 17Poca cosa es un caballo de guerra para obtener victoria; es vigoroso, pero no puede salvar.

18Pero los ojos del SEÑOR observan a los que le temen y confían en su invariable amor. 19Él los guardará de la muerte y aun en tiempos de hambre los mantendrá con vida. 20Sólo en el SEÑOR confiamos para que nos salve. Sólo él puede ayudarnos; nos protege como escudo. 21Razón tenemos para regocijarnos en el SEÑOR. Porque confiamos en él. Confiamos en su santo nombre. 22Sí, SEÑOR, que tu amor nos rodee perennemente, porque sólo en ti reposa nuestra esperanza.

Salmo 34

Salmo de David, cuando fingió estar demente ante Abimélec, por lo cual éste lo arrojó de su presencia.

1Alabaré al SEÑOR, pase lo que pase. Constantemente hablaré de sus glorias y de su gracia. 2Me gloriaré de todas sus bondades para conmigo. Anímense todos los desalentados. 3Proclamemos juntos la grandeza del SEÑOR, y ensalcemos su nombre.

4Porque clamé a él y él me respondió. Me libró de todos mis temores. 5Otros también estaban radiantes por lo que él había hecho por ellos. No estaban cabizbajos ni avergonzados. 6Este pobre clamó al SEÑOR; el SEÑOR lo escuchó y lo libró de todas sus tribulaciones. 7Porque el ángel del SEÑOR acampa alrededor de todos los que le temen y los libra.

8¡Pongan a prueba a Dios, y verán cuán bueno es! Dichosos todos los que confían en él. 9Si pertenecen al SEÑOR, reveréncienlo; porque todo el que así procede tiene cuanto necesita. 10Hasta los fuertes leoncillos a veces padecen hambre; pero los que reverenciamos al SEÑOR jamás careceremos de bien alguno.

11Vengan hijos míos, escúchenme y dejen que les enseñe el temor del SEÑOR. 12¿Desean larga y próspera vida? 13¡Pues cuidado con la lengua! No mientan. 14Apártense del mal y hagan el bien. Procuren vivir en paz con todo el mundo; esfuércense en ello.

15Porque los ojos del SEÑOR observan detenidamente a los que viven como se debe, y sus oídos están contra los que hacen el mal cuando claman a él. 16Pero el rostro del SEÑOR está contra los que hacen el mal, ha resuelto borrar de la tierra hasta el recuerdo de ellos. 17Sí, el SEÑOR escucha al bueno cuando le pide ayuda, y lo libra de todas sus tribulaciones.

18El SEÑOR está cerca de los que tienen el corazón quebrantado; libra a los de espíritu abatido. 19El bueno no está libre de tribulación; también tiene sus problemas pero en todos ellos lo auxilia el SEÑOR. 20El SEÑOR los protege de cualquier daño, ni uno de sus huesos les quebrarán.

21Al malvado ciertamente le sobrevendrá calamidad; serán castigados quienes detestan a los

32.5 32.7–8 33.6 33.8–12 33.17–22 34.1–8 34.10 34.17–19 34.20—Jo 19.36

buenos. 22Pero el SEÑOR redimirá a los que le sirven; no serán condenados los que confían en él.

Salmo 35

Salmo de David.

1SEÑOR, defiéndeme de los que me atacan; combate a los que me combaten. 2Ponte tu armadura, toma tu escudo y acude en mi ayuda. Protégeme poniéndote enfrente. 3Empuña tu lanza y tu jabalina en mi defensa, haz frente a mis perseguidores. Quiero oírte decir: Yo soy tu salvación. 4Afrenta a quienes intentan matarme; recházalos y confúndelos. 5Espárcelos con tu soplo como paja en el viento; viento que el ángel del SEÑOR envía. 6Haz oscuro y resbaladizo el camino de ellos; que el ángel del SEÑOR los persiga. 7Pues aunque ningún mal les hice, me tendieron una trampa y aunque ningún mal les hice, cavaron una fosa para mí. 8Que les sobrevenga ruina súbita. Que caigan en su propia trampa, en la fosa que ellos cavaron para mí.

9Pero yo me regocijaré en el SEÑOR. Él me librará. 10De lo profundo de mi corazón sube esta alabanza: «¿Quién como tú, SEÑOR? ¿Qué otro protege del fuerte al débil y desvalido, y al pobre y menesteroso de quienes desean despojarlos?»

11Estos malvados juran en falso. Me acusan de cosas que yo ignoro. 12Les hago el bien, y me pagan con mal. Estoy enfermo por la desesperación. 13En cambio, cuando ellos estuvieron enfermos, lloré ante el SEÑOR, me vestí de luto, rogándole que los sanara; estuve ayunando; oré por ellos con todo el corazón pero Dios no escuchó. 14Anduve triste como si se tratara de mi madre, de mi amigo o mi hermano que estuviera enfermo y agonizante. 15Y ahora que estoy en tribulación, ellos se alegran; se reúnen a calumniarme; y yo ni siquiera conocía a algunos de los que allí estaban. 16Se burlan de mí y me maldicen, y contra mí rechinan los dientes.

17SEÑOR, ¿hasta cuándo te vas a quedar allí, sin hacer nada? Intervén ahora y líbrame, porque sólo tengo una vida, y estos leones están prontos a devorarla. 18Sálvame, y manifestaré mi gratitud ante toda la congregación, ante la multitud te alabaré.

19¡No permitas a mis enemigos gozarse sobre mi derrota! No dejes que se sonrían burlonamente los que me odian sin motivo, 20pues no hablan de paz ni de hacer el bien, sino de tramar contra los inocentes que no se meten con los demás. 21A gritos afirman haberme visto hacer el mal. «¡Ajá!», dicen, «con nuestros propios ojos te vimos hacerlo». 22SEÑOR, tú lo sabes todo. ¡No te calles! ¡No me abandones ahora!
23¡Despierta, SEÑOR, Dios mío! ¡Vindícame! 24Declárame inocente, porque tú eres justo. No dejes que mis enemigos se regocijen por mi tribulación. 25No permitas que digan: «¡Ajá! ¡Nuestro mayor deseo contra él pronto será realidad! ¡Nos lo hemos tragado vivo!» 26Avergüénzalos; haz que quienes alardean a costa mía y se gozan de mis tribulaciones sean agobiados por la desgracia. Despoja hasta la deshonra a todos los que se creen más que yo. 27Pero concede gran gozo a los que me desean el bien. Que clamen ellos con júbilo: «¡Grande es el SEÑOR que se deleita en auxiliar a su siervo!» 28Y yo proclamaré ante todos cuán grande y bueno eres tú; te alabaré todo el día.

Salmo 36

Al director musical. De David, el siervo del SEÑOR.

1En el fondo del corazón de los malvados acecha el pecado. No tienen temor de Dios que los refrene. 2Por el contrario, en su vanidad no pueden ver lo malvado que son. 3Todo lo que dicen es torcido y engañoso; ya no son sabios ni buenos. 4Se pasan la noche despiertos, tramando sus perversos planes se aferran a su mal camino, en vez de pensar cómo mantenerse alejados del mal.

5Tu firme amor, SEÑOR, es grande como los cielos. Tu fidelidad va más allá de las nubes. 6Tu justicia es como tus poderosos montes. Tus juicios como las profundidades del océano. Por igual te preocupas de los hombres y los animales.

7¡Cuán precioso es tu constante amor, Dios! Toda la humanidad se refugia a la sombra de tus alas. 8Los alimentas con las delicias de tu mesa y les das a beber de tus ríos deleitosos.

9Porque tú eres la fuente de la vida; nuestra luz viene de tu luz. 10Derrama tu firme amor sobre los que te conocen y otorgan tu justicia a los de recto corazón. 11No permitas que estos orgullosos me pisoteen. No dejes que sus perversas manos me traten como estropajo. 12¡Mira! Ya han caído. Quedaron derribados para no levantarse más.

Salmo 37

Salmo de David.

1¡Que no te provoquen enojo los malvados! Ni envidies a los que hacen mal.

2Pronto se desvanecen como la hierba, y desaparecen como las flores de primavera.

3Pero confía en el SEÑOR. Sé generoso y bueno; entonces vivirás y prosperarás aquí en la tierra.

4Deléitate en el SEÑOR. Así él te dará lo que tu corazón anhela. 5Encomienda al SEÑOR todo cuanto haces, confía en que él te ayudará a realizarlo, y él lo hará. 6Tu inocencia alumbrará como el alba, y tu justicia resplandecerá como el sol de mediodía.

35.27–28 36.5 36.7 37.3–13

[7]Reposa en el Señor; espera con paciencia que él se manifieste. No envidies a los malvados que prosperan o te desesperes por sus perversos planes. [8]¡Deja el enojo! Aparta la ira, no envidies a otros; con ello sólo te perjudicas. [9]Porque los malvados serán destruidos, pero los que confían en el Señor heredarán la tierra y vivirán tranquilamente. [10]Sólo un breve tiempo, y los malvados desaparecerán. Inútilmente los buscarán. [11]Los que se humillan delante del Señor heredarán la tierra y vivirán tranquilamente.

[12]Los malvados conspiran contra los justos y truenan la boca contra ellos. [13]Pero el Señor se ríe de quienes traman contra los justos, pues sabe que para aquellos viene el día del juicio. [14]Los malvados apuntan el arma para matar al pobre; están listos para asesinar a los que hacen el bien. [15]Pero la espada se les hundirá en su propio corazón y todas sus armas serán destruidas.

[16]Mejor es tener poco y ser justo que poseer mucho y ser malvado. [17]La fuerza de los malos será quebrantada, pero el Señor toma en sus manos a los justos.

[18]Día tras día el Señor cuida de los justos, y les concede recompensas eternas. [19]Cuida de ellos en tiempos de estrechez; aun en la hambruna tendrán suficiente. [20]Pero los malos perecerán. Los enemigos de Dios se secarán como la hierba, y desaparecerán como el humo. [21]Los malos piden prestado y no pagan, pero el bueno paga lo que debe y da más. [22]Aquellos a quienes el Señor bendice heredarán la tierra, pero los que él maldice perecerán.

[23]Los pasos de los buenos son guiados por el Señor. Él se deleita en cada paso que dan. [24]Si se tropiezan, no caen, porque el Señor los sostiene con su mano.

[25]Fui joven y estoy viejo, y en todos mis años jamás vi al justo en la miseria; tampoco he visto a los hijos de los justos pasar hambre. [26]Por el contrario, los justos pueden ser generosos dando obsequios y préstamos al prójimo, y sus hijos son una bendición.

[27]De modo que si quieres tener siempre donde vivir, abandona tus costumbres malas y vive en santidad. [28]Porque el Señor ama la justicia y la rectitud. Nunca abandonará a su pueblo. Ellos serán eternamente guardados a salvo; pero los hijos de los que aman la maldad perecerán.

[29]Los justos serán firmemente plantados en la tierra, y allí vivirán por siempre. [30]El justo es buen consejero, sabe distinguir entre el bien y el mal. [31]La ley de Dios está en su corazón, y jamás resbalan sus pies.

[32]Los malos espían a los justos en busca de un pretexto para acusarlos y exigir su muerte. [33]Pero el Señor no permitirá que los malvados triunfen, ni dejará que los justos sean condenados cuando sean llevados ante el juez.

[34]No seas impaciente esperando que el Señor se manifieste. Continúa tu marcha firme por su senda, y a su tiempo él te honrará para que heredes la tierra, y verás destruidos a los malvados. [35]Yo mismo he visto que así pasa; he visto al déspota y malvado extenderse como cedro frondoso. [36]Pero pasó al olvido y dejó de existir; lo busqué, y ya no pude encontrarlo. [37]¡Observa al bueno, al inocente, al recto, porque les espera un gran porvenir a aquellos que aman la paz! ¡Para él hay un fin venturoso! [38]Los malos serán destruidos, y su posteridad truncada.

[39]El Señor salva a los santos. Él es su refugio y salvación en tiempos de tribulación. [40]Él los ayuda y los libra de los lazos de los malvados.

Salmo 38

Salmo de David, para las ofrendas memoriales.

[1]¡Señor, no me reprendas en tu enojo! ¡Señor no me castigues mientras estés airado! [2]Tus flechas me han herido profundamente; tus golpes me están demoliendo. [3]Por tu ira tengo el cuerpo enfermo; mi salud está quebrantada bajo mis pecados. [4]Mis culpas me abruman; son una carga demasiado pesada de llevar. [5]Mis heridas se han infectado y apestan por causa de mi necedad. [6]Estoy encorvado y corroído de dolores. Mis días están llenos de angustia. [7]Estoy ardiendo de fiebre y todo mi cuerpo está enfermo. [8]Estoy agotado y agobiado; mi corazón gime desesperado.

[9]Señor, tú conoces mis anhelos. Tú oyes todo suspiro mío. [10]El corazón se me quiere salir; me faltan las fuerzas y me estoy volviendo ciego. [11]Mis seres queridos y mis amigos se mantienen lejos de mí por miedo a mi enfermedad. Hasta mi propia familia se mantiene alejada.

[12]Mientras tanto, mis enemigos procuran matarme. Traman mi ruina, y se pasan el día planeando traiciones. [13]Pero soy sordo a todas sus amenazas; callo ante ellos como quien no sabe hablar. [14]Hago como que no oigo y no respondo. [15]Yo Señor, espero en ti; tú Señor y Dios mío serás quien responda. [16]Pon fin a la arrogancia de ésos que ríen perversamente al verme derribado.

[17]¡Estoy a punto de desmayar! ¡Esta fuente de dolor no cesa ni un instante! [18]Yo confieso mis pecados; lamento lo que hice. [19]Pero mis enemigos me persiguen encarnizadamente; siguen odiándome, aunque nada hice para provocar su odio. [20]Me pagan mal por bien, y me detestan porque defiendo la justicia.

[21]No me dejes, Señor; ¡no te vayas! [22]¡Ven pronto! Ayúdame, Señor de mi salvación.

37.16–19 37.23–28 37.34–40
38.13—Ma 26.63 38.15–16

Salmo 39

Al director musical. Para Jedutún. Salmo de David.

1Yo dije para mí: voy a vigilar mi conducta y no
pecaré con la lengua. Me pondré una mordaza
en la boca especialmente cuando los impíos me
rodeen. 2Pero guardaba silencio. ¡Ni aun lo bueno salía de mi boca! La tormenta creció dentro de
mí hasta que estuvo a punto de estallar. 3Cuanto
más meditaba, tanto más ardía ese fuego interno.
Por fin hablé, y supliqué a Dios: 4«SEÑOR, ayúdame a comprender lo corto que será mi tiempo en
la tierra. Ayúdame a comprender que mis días
están contados y que mi vida se me escapa de las
manos. 5Muy breve es mi vida. Toda entera no
es más que un momento para ti. ¡La existencia
humana es como un soplo! 6¡Simple sombra! Y
sus múltiples afanes en nada paran. Amontona
riqueza para que otro la derroche. 7Entonces,
SEÑOR, mi única esperanza está en ti.

8»Líbrame de ser vencido por mis pecados,
pues entonces aun los necios se burlarán de mí.

9»SEÑOR, ante ti estoy mudo. No abriré mi boca
para decir ni una queja, pues mi castigo procede
de ti.

10»SEÑOR, no me hieras más; agotado estoy bajo
tu mano. 11Cuando lo castigas por sus pecados,
el ser humano queda destruido, pues es tan frágil como trapo roído de polilla; sí, la existencia
humana es como un soplo.

12»¡Escucha mi plegaria, SEÑOR; escucha mi clamor! No te quedes indiferente a mis lágrimas,
porque soy huésped tuyo, soy viajero que pasa por
la tierra, como lo fueron todos mis antepasados.

13»¡Dame respiro, SEÑOR! Deja que me restablezca y sonría otra vez antes que muera».

Salmo 40

Al director musical. Salmo de David.

1Con paciencia esperé que Dios me ayudara;
entonces él oyó y escuchó mi clamor. 2Me
sacó del abismo de la desesperación, del pantano
y del lodo; puso mis pies sobre senda dura y firme, y me fortaleció mientras yo proseguía mi
camino. 3Me ha dado un nuevo cántico para que
lo entone, con alabanzas a nuestro Dios. Ahora
muchos oirán de las cosas admirables que él
hizo; maravillados estarán ante el SEÑOR, y en él
pondrán su confianza. 4Muchas bendiciones se
derraman sobre los que confían en el SEÑOR, y no
se fían de los altivos ni de los que confían en
ídolos.

5¡SEÑOR, Dios mío! ¡Cuántas y cuántas veces
has realizado grandes milagros en favor nuestro! ¿Quién más puede hacer tales maravillas? El
tiempo no alcanza para narrar todos tus maravillosos actos.

6A ti no te complacen sacrificios ni ofrendas,
pero me has hecho obediente; tú no has pedido
holocaustos ni sacrificios por el pecado. 7Por eso
dije: «Aquí me tienes —como el libro dice de
mí—. 8Me deleito en hacer tu voluntad, Dios
mío, tu ley la llevo dentro de mí».

9A todos les he hablado de tu justicia. Sin timidez lo he proclamado, según te consta, SEÑOR.
10No he ocultado esta buena noticia en mi corazón, sino que he proclamado tu fidelidad y tu
salvación. Les he hablado a todos en la asamblea
de tu gran amor y tu fidelidad.

11¡SEÑOR, no alejes de mí tu misericordia! Mi
única esperanza está en tu gran amor y fidelidad.
12Son tantos los problemas que me rodean que no
los puedo ni contar. Se han acumulado tanto que
no me dejan encontrar la salida. Son más que
los cabellos de mi cabeza. Mi corazón se debilita.

13¡Te lo ruego, SEÑOR, líbrame! ¡Pronto! ¡Ven
a ayudarme! 14Sean avergonzados y humillados
aquellos que tratan de aniquilarme. Huyan deshonrados aquellos que se deleitan en mis problemas. 15Que se llenen de horror y de vergüenza
porque dijeron: ¡Ya lo tenemos!

16Pero que el gozo del SEÑOR se derrame sobre
cuantos lo aman, y buscan la salvación que él da.
Que siempre exclamen: «¡Cuán grande es Dios!»

17En cuanto a mí, pobre soy, y menesteroso,
pero en este instante Dios piensa en mí. ¡Dios
mío, tú eres mi auxilio! Tú eres mi salvación.
¡Ven pronto, y sálvame! ¡No te demores, por favor!

Salmo 41

Al director musical. Salmo de David.

1Dios bendice a los que son buenos con los
pobres. El SEÑOR los libra en tiempo de angustia. 2Los protege y los mantiene vivos; los prospera y los libra de sus enemigos. 3Los cuida en
sus enfermedades, y alivia sus dolores y preocupaciones.

4Oré diciendo: «SEÑOR, ten piedad y sáname,
pues he pecado contra ti». 5Pero mis enemigos
dicen: «Ojalá muera pronto y caiga en el olvido».
6¡Qué amistosos se muestran cuando me visitan!
Y cuando se van, salen a contar las calumnias
que recogieron. Y cuando se van, se ríen y se
burlan. 7Susurran entre ellos imaginando lo peor
de mí. 8«Tenga lo que tenga, es sin remedio»;
dicen. «¡De esa cama no se levantará!»

9Hasta mi mejor amigo se ha vuelto contra
mí; el hombre en quien yo confiaba; ¡con el
que compartía el pan! 10¡SEÑOR, no me abandones!
Muéstrate benigno y sáname, SEÑOR, para que
pueda darles su merecido. 11Veo que estás contento de mí porque no has permitido que mis
enemigos me derroten. 12Me has preservado por

40.1-17 41.1-3 41.9—Mc 14.10,21

mi honradez; has permitido que para siempre esté en presencia tuya.

13¡Bendigan al Señor, al Dios de Israel, cuya existencia data de un eterno pasado, y se extiende a un eterno porvenir! ¡Así sea! ¡Amén!

Salmo 42

Al director musical. Masquil de los hijo de Coré.

1¡Así como el ciervo jadea anhelando el agua, te anhelo yo, Dios! 2Tengo sed de Dios, del Dios vivo. ¿Dónde hallarlo, para ir a estar en su presencia? 3Día y noche mi pan son mis lágrimas, y mientras tanto mis enemigos se mofan de mí. «¿Dónde está ese Dios tuyo?» dicen burlones.

4Mi corazón se consume en la tristeza al recordar aquellos tiempos —¡cómo olvidarlos!— cuando guiaba a una gran multitud hacia el templo en días de fiesta, cantando con gozo, alabando al Señor. 5Entonces, ¿por qué desalentarse? ¿Por qué estar desanimado y triste? ¡Espera en Dios! ¡Aún lo alabaré de nuevo! ¡Él es mi Salvador y mi Dios! 6Y sin embargo aquí estoy deprimido y sombrío; pero meditaré en tu bondad desde esta tierra por donde fluye el río Jordán y en donde se elevan el monte Hermón y el Mizar. 7Escucho el rugir del enfurecido mar, mientras tus olas y la agitada marea me derriban.

8Sin embargo, día tras día derrama el Señor sobre mí su constante amor; y por la noche entono sus cánticos y elevo oración al Dios que me da vida.

9«¡Oh Dios, Roca mía!», clamo, «¿por qué me has abandonado? ¿Por qué tengo que sufrir estos ataques de mis enemigos?» 10Sus burlas me traspasan como fatal herida no se cansan de preguntarme burlándose: «¿Dónde está ese Dios tuyo?» 11¿Por qué voy a desarmarme y estar tan triste? Volveré y lo alabaré. ¡Es mi Dios y mi Salvador!

Salmo 43

1¡Oh Dios, defiéndeme de las acusaciones de estos implacables hombres mentirosos! 2Porque tú eres Dios, mi único refugio. ¿Por qué me has echado a un lado? ¿Por qué tengo que llorar oprimido por mis enemigos?

3Envía tu luz y tu verdad; que sean ellas mi guía. Que ellas me guíen a tu templo, a Sión, tu santo monte, donde tú habitas. 4Allí acudiré al altar de Dios, del Dios que es la fuente de mi gozo, y lo alabaré con mi arpa. ¡Oh Dios, mi Dios! 5¿Por qué voy a desanimarme y a estar triste? ¡Confía en Dios! Nuevamente lo alabaré. ¡Él es mi Dios y mi Salvador!

Salmo 44

Al director musical. Masquil de los hijos de Coré.

1Oh Dios, hemos oído de las proezas que realizaste en días antiguos. 2Nuestros antepasados nos han contado cómo echaste a las naciones paganas de esta tierra, y nos la diste toda, extendiendo a Israel de un extremo al otro del país. 3No fue con su espada, ni por su propia fuerza y habilidad que vencieron, sino por tu gran poder y porque tú les sonreíste y los favoreciste.

4Tú eres mi rey y mi Dios. Ordena victorias para tu pueblo. 5Porque sólo por tu poder y mediante tu nombre pisoteamos a nuestros enemigos y los hacemos retroceder. 6No confío yo en mis armas: jamás podrían salvarme. 7Sólo tú puedes darnos el triunfo sobre aquellos que nos odian y humillarlos.

8¡Dios, por siempre te glorificaremos! ¡Por siempre alabaremos tu nombre! 9Y sin embargo, por un tiempo, Señor, nos has echado a un lado con deshonra, sin salir con nuestros ejércitos a la batalla. 10Nos hiciste retroceder ante nuestros enemigos. Los que están en contra nuestra, han saqueado nuestros campos. 11Nos has tratado como ovejas de matadero, y nos esparciste entre las naciones. 12Nos vendiste, a tu pueblo amado, por una insignificancia. Consideraste que nada valíamos. 13Las naciones vecinas se ríen y se mofan de nosotros por todo el mal que nos has enviado. 14Nos has convertido en el hazmerreír de las naciones; todos los pueblos se burlan de nosotros. 15Soy constante objeto de humillación; se me cae la cara de vergüenza. 16Todo lo que escucho son las burlas de los que me quieren poner en ridículo. Todo lo que veo son los deseos de venganza de mis enemigos.

17Todo esto nos ha sucedido, a pesar de que nunca te olvidamos ni faltamos jamás a tu pacto. 18Nuestros corazones no te han abandonado, no nos hemos apartado ni un paso de tu senda. 19Sin embargo, nos castigas en inhóspito desierto y nos envías las tinieblas y la muerte.

20Si hubiéramos dejado de adorar a nuestro Dios o hubiéramos alzado nuestras manos en oración a dioses extraños, 21¿no lo sabría Dios? Sí, él conoce los secretos de cada corazón. 22Por tu causa, cada día nos llevan a la muerte; nos tratan como oveja para el matadero.

23¡Despierta! ¡Levántate! ¡No duermas, Señor! ¿Nos has desechado para siempre? 24¿Por qué apartas la mirada? ¿Por qué te desentiendes de nuestros dolores y opresión? 25Estamos postrados con el rostro en el polvo. 26¡Levántate, Señor, y acude en nuestra ayuda! Sálvanos por tu gran amor.

☼42.5 ☼42.8 ☼43.5 ☼44.20–21

Salmo 45

Al director musical. Sígase la tonada de «Los lirios». Masquil de los hijos de Coré. Canto nupcial.

1 Mi corazón rebosa de hermosos pensamientos! Recitaré un bello poema para el rey, pues mi lengua es como la pluma de un hábil escritor.

2 Eres entre todos el más apuesto; tus labios son fuente de elocuencia, ya que Dios te ha bendecido para siempre.

3 ¡Toma las armas, tú el poderoso guerrero, lleno de gran majestad y gloria, 4 y, ¡majestuoso, marcha a vencer, por la verdad, la humildad y la justicia!

¡Adelante, a realizar proezas asombrosas!

5 Tus agudas saetas traspasan el corazón de tus enemigos.

Las naciones ante ti se desploman, yacen bajo tus pies.

6 Tu trono, oh Dios, permanece para siempre; la justicia en tu mano, es un cetro real.

7 Amas el bien, y el mal detestas, por eso Dios, el Dios tuyo, te ha ungido, derramando sobre ti más perfume de alegría que sobre los demás.

8 Tus vestiduras exhalan perfume de mirra, áloe y casia. En tus palacios adornados de marfil hay música de arpa para deleite tuyo. 9 Entre tus damas de honor se cuentan princesas; a tu derecha se halla la novia real luciendo el oro más fino. 10 «Oye este consejo, hija mía. No te aflijas por tu familia que está en tu lejana tierra. 11 El rey, tu señor, se deleita en tu belleza. Inclínate ante él con reverencia. 12 La gente de Tiro te cubrirá de regalos; los más ricos del pueblo suplicarán tu favor».

13 La novia, que es una princesa, espera en su recámara, cubierta de hermosos vestidos bordados en oro. 14 Vestida de finos bordados es conducida ante el rey, seguida por sus damas de compañía. 15 Con alegría y regocijo son conducidas al interior del palacio real. 16 Un día, tus hijos serán reyes como su padre. Los pondrás por príncipes en toda la tierra. 17 Y haré que tu nombre sea honrado en todas las generaciones; las naciones de la tierra te alabarán para siempre.

Salmo 46

Al director musical. De los hijo de Coré. Canción según alamot.

1 Dios es nuestro amparo y nuestra fuerza, nuestra pronta ayuda en tiempos de tribulación. 2 Por eso no temeremos aunque el mundo se desintegre y los montes se derrumben y caigan al mar. 3 ¡Que rujan los océanos espumantes! ¡Que las montañas se hundan en el mar!

4 Un río de gozo fluye a través de la ciudad de nuestro Dios, de la santa morada del Dios altísimo. 5 Dios mismo habita en aquella ciudad, la cual por tanto se mantiene firme. Dios lo protegerá al rayar el alba. 6 Las naciones se alborotan y tambalean los reinos, pero cuando Dios habla, la tierra se funde.

7 El Señor Todopoderoso está aquí entre nosotros; nuestro refugio es el Dios de Jacob. 8 ¡Vengan! ¡Vean las gloriosas hazañas de nuestro Dios; vean cómo derrama ruina sobre el mundo; hace cesar 9 las guerras por todo el mundo; rompe y quema todas las armas! 10 ¡Silencio! ¡Sepan que yo soy Dios! ¡Todas las naciones del mundo me honrarán!

11 ¡Aquí, entre nosotros, está el Señor Todopoderoso! ¡Nuestro refugio es él, el Dios de Jacob!

Salmo 47

Al director musical. Salmo de los hijos de Coré.

1 ¡Vengan todos, y den palmadas de júbilo! ¡Griten triunfantes alabanzas al Señor! 2 Porque el Señor, el Altísimo es imponente; es el gran rey de toda la tierra. 3 Él subyuga a las naciones ante nosotros, poniendo a nuestros enemigos bajo nuestros pies. 4 Él escogió la tierra prometida como nuestra herencia, que es el orgullo de Jacob, a quien amó.

5 Dios ha subido con potente clamor, con sonido de trompeta. 6 Entonemos alabanzas a nuestro Dios, nuestro rey. 7 Porque Dios es el rey de toda la tierra. Alabémosle entonando un salmo. 8 Él reina sobre todas las naciones, sentado en su santo trono. 9 Los gobernantes se han unido a nosotros en la alabanza y alaban al Dios de Abraham, 10 porque todos los reyes de la tierra le pertenecen a Dios. Por todas partes se le rinde grande honra.

Salmo 48

Canción. Salmo de los hijos de Coré.

1 ¡Qué grande es el Señor! Cuánto debemos alabarlo en su monte santo en la ciudad de nuestro Dios. 2 Miren el monte Sión que se eleva al norte de la ciudad alzándose sobre la llanura para que todos lo vean; el monte Sión, gozo de toda la tierra, residencia del gran Rey.

3 Dios mismo es el defensor de Jerusalén. 4 Los reyes de la tierra han llegado juntos para avanzar contra la ciudad. 5 Maravillados están ante el espectáculo; están aterrados y huyen, 6 aterrorizados por lo que han visto; van llenos de pánico, como mujer acongojada por los dolores de parto, 7 como las majestuosas naves de Tarsis cuando las destruye un poderoso viento del este. 8 De la gloria de la ciudad hemos oído, pero ahora nosotros mismos la hemos visto, la ciudad de nuestro Dios Todopoderoso. Es la ciudad de nuestro Dios ¡Él la hará permanecer para siempre!

9 Señor, aquí en tu templo meditamos en tu gran amor mientras te adoramos. 10 La honra a tu nombre, oh Dios, y la alabanza, a ti llega hasta

† 45.7—Lc 4.18 46.1–4 47.1–9 48.1

los confines de la tierra; tu diestra está llena de victoria. [11]Que el pueblo en el monte Sión se regocije. Que la ciudad de Judá se alegre, porque tus juicios son justos. [12]Vayan, examinen la ciudad. Denle la vuelta y cuenten sus muchas torres. [13]Observen sus reforzados muros y recorran sus fortalezas para que puedan contarlo a las futuras generaciones.

[14]Este Dios es nuestro Dios por los siglos de los siglos. Él será, nuestro guía hasta que muramos.

Salmo 49

Al director musical. Salmo de los hijos de Coré.

[1]¡Escuchen todos: la clase alta y la clase baja, [2]ricos y pobres del mundo entero! Escuchen mis palabras, [3]porque son sabias y mis pensamientos están llenos de discernimiento.

[4]Escucharé muchos proverbios y resolveré enigmas al son del arpa. [5]No hay por qué temer cuando llega la adversidad, ni aunque este rodeado de enemigos. [6]Ellos confían en sus bienes y se jactan de sus riquezas. [7]Pero nadie puede salvar a nadie de la muerte, pagándole rescate a Dios por su vida. [8]Tal salvación no se da fácilmente, pues nadie puede pagar suficiente, [9]para vivir por siempre y no llegar a ver la fosa.

[10]Nadie puede negar que todos mueren, que sabios e insensatos perecen por igual y, que sus riquezas se quedan para otros. [11]La tumba será su hogar eterno donde se quedarán para siempre. Ponen su nombre a sus propiedades pero tendrán que dejarles sus riquezas a otros. [12]El ser humano, con toda su pompa, tiene que morir como cualquier animal. [13]Así es el destino de los necios, aunque se diga de ellos que tuvieron gran sabiduría.

[14]Como ovejas están destinados al sepulcro; donde la muerte será su pastor. Por la mañana los gobernarán los justos. Sus cuerpos se pudrirán en el sepulcro lejos de sus suntuosas propiedades. [15]Pero en cuanto a mí; Dios redimirá mi alma del poder de la muerte; porque él me recibirá. [16]Así que no se desanimen cuando los malvados se enriquecen y edifican bellas mansiones. [17]Porque al morir nada se llevan consigo. Sus riquezas no los seguirán al sepulcro. [18]Aunque alguien se diga feliz toda la vida, y la gente lo elogie por sus logros, [19]al fin muere como todos los demás y no vuelve a ver la luz del día.

[20]Porque el ser humano, con toda su pompa, tiene que morir como cualquier animal.

Salmo 50

Salmo de Asaf.

[1]El Dios de dioses, el SEÑOR, ha convocado a toda la humanidad, desde el oriente hasta el occidente. [2]Dios resplandece desde Sión, la ciudad bella y perfecta. [3]Nuestro Dios, con rugir de trueno se acerca; todo lo destruye con fuego a su paso, y en torno suyo ruge la tormenta. [4]El cielo y la tierra serán sus testigos cuando él juzgue a su pueblo: [5]«Reúnan a mi pueblo: a los que han hecho un pacto conmigo mediante un sacrificio». [6]El cielo proclama la justicia divina, porque Dios mismo es el juez.

[7]¡Escucha, pueblo mío, que voy a hablar! Éstas son mis acusaciones en contra tuya, Israel. ¡Porque yo soy Dios, el Dios tuyo! [8]No tengo queja alguna por los sacrificios o las ofrendas quemadas que traes a mi altar, pues los traes con regularidad. [9]Pero no son los toros de tu establo ni las cabras de tu aprisco lo que quiero; [10]pues todos los animales del bosque son míos, y del ganado de mil colinas yo soy dueño. [11]Cada ave de los montes y todos los animales del campo me pertenecen. [12]Si tuviera hambre, no te lo diría; porque mío es el mundo y todo lo que en él hay. [13]No necesito tus toros de sacrificios ni la sangre de tus machos cabríos. [14]Lo que quiero de ti es verdadera gratitud a Dios; quiero que cumplas tus promesas al Altísimo. [15]Confía en mí en tus tribulaciones para que yo te libre y puedas darme la gloria.

[16]Pero al malvado dice Dios: No recites más las leyes mías y deja de fingir que me obedeces, [17]pues has rechazado mi disciplina, y menospreciado mis leyes. [18]Ves a un ladrón, y le ayudas y pasas el tiempo en compañía de adúlteros. [19]Tu boca se llena de perversidades y tu lengua de mentiras. [20]Calumnias a tu hermano, al hijo de tu misma madre. [21]Mientras hiciste todo esto, yo guardé silencio; pensaste que nada me importaba, pero ahora llegó el momento de reprenderte, y plantearé la lista de acusaciones contra ti. [22]Arrepiéntanse todos los que se han olvidado de Dios, antes que los despedace y nadie pueda ayudarlos. [23]Pero el que me ofrenda su gratitud, me honra. Los que andan por mis sendas recibirán salvación del SEÑOR.

Salmo 51

Al director musical. Salmo de David cuando el profeta Natán fue a verlo por haber cometido adulterio con Betsabé.

[1]Ten compasión de mí, Dios, conforme a tu gran amor. Conforme a tu piedad, borra mis pecados. [2]Lávame de toda mi culpa y límpiame de mi pecado. [3]Porque yo reconozco mi vergonzosa acción; día y noche me persigue. [4]Es contra ti, sólo contra ti, que he pecado, y he hecho lo malo ante tus ojos. Tu sentencia contra mí es justa y tu juicio irreprochable. [5]Porque yo nací pecador;

48.14 49.5–6 49.10 49.12 49.15–17 50.23

sí, lo soy desde el momento que mi madre me concibió. 6Tú amas la verdad en lo íntimo, y me enseñas a ser sabio en lo más profundo de mí ser.

7Purifícame con hisopo, y volveré a ser puro. Lávame, y seré más blanco que la nieve. 8Devuélveme mi gozo y alegría; me has quebrantado, ahora déjame gozarme. 9Aparta tu rostro de mis pecados y borra toda mi maldad. 10Crea en mí un corazón limpio, Dios, y renueva la rectitud de mi espíritu. 11No me arrojes de tu presencia. No quites de mí tu santo Espíritu. 12Devuélveme el gozo de tu salvación y dame anhelo de obedecerte. 13Entonces enseñaré tus caminos a otros pecadores, y éstos volverán a ti. 14Perdóname por derramar sangre, Dios de mi salvación; entonces gozoso cantaré de tu perdón. 15Abre mis labios, SEÑOR para que pueda alabarte.

16Tú no quieres sacrificios ni ofrendas quemadas; si así fuera, con gusto lo haría. 17Lo que quieres es un espíritu quebrantado. Al corazón quebrantado y contrito, Dios, no lo despreciarás tú.

18Mira con agrado a Sión y ayúdala; levanta los muros de Jerusalén.

19Entonces te agradarán los sacrificios de justicia, las ofrendas quemadas y otra vez sobre tu altar se ofrecerán becerros.

Salmo 52

Al director musical. Masquil de David, cuando Doeg el edomita fue a informarle a Saúl: «David ha ido a la casa de Ajimélec».

1Tú te las das de héroe, ¿verdad? Te alabas por este crimen que cometiste contra el pueblo de Dios. 2Todo el día tramas destrucción. Tu lengua como navaja afilada, es experta en decir mentiras. 3¡Amas la perversidad más que el bien! ¡Y la mentira más que la verdad! 4Te gusta decir lo que causa daño a los demás, mentiroso.

5Pero Dios te derribará de un golpe; te echará de tu casa; a rastras te sacará de la tierra de los vivientes. 6Los justos lo verán y se asombrarán. Entonces reirán y dirán: 7«Miren lo que les ocurre a quienes desprecian a Dios, confían en su riqueza y se vuelven cada vez más atrevidos en su maldad».

8Pero yo soy como olivo que florece en la casa del SEÑOR. Confío en el gran amor de Dios para siempre jamás. 9SEÑOR, te alabaré eternamente por tus obras. Y esperaré tus misericordias, en la presencia de tu pueblo.

Salmo 53

Al director musical. Según majalat. Masquil de David.

1Las personas necias afirman que no hay Dios. Están corrompidas, sus obras son perversas; ¡no hay una sola que haga lo bueno! 2Dios mira desde el cielo buscando entre la humanidad a ver si encuentra siquiera una sola persona que haga el bien y realmente busque a Dios. 3Pero todos le han vuelto la espalda; todos se han corrompido. Ni siquiera uno es bueno, ¡ni uno! 4¿Es que los que hacen lo malo no pueden comprender nada? Devoran a mi pueblo como pan y rehúsan acudir a Dios. 5Pero pronto un inaudito terror les sobrevendrá. Dios esparcirá los huesos de esos enemigos suyos. Están condenados, porque Dios los ha rechazado.

6¡Quiera Dios que de Sión venga la salvación para Israel! Cuando Dios restaure a su pueblo, Jacob gritará de alegría; Israel se regocijará.

Salmo 54

Al director musical. Acompáñese con instrumentos de cuerda. Masquil de David, cuando gente de Zif fue a decirle a Saúl: «¿No estará David escondido con nosotros?»

1¡Ven con gran poder, Dios; y sálvame! ¡Defiéndeme con tu potencia! 2¡Escucha mi oración! Presta atención a mi súplica. 3Porque gente desconocida me está atacando; hombres violentos tratan de matarme; hombres a quienes Dios no les importa.

4Pero Dios es mi auxilio. El SEÑOR es quien me sostiene vivo. 5Él hará que las maldades de mis enemigos se vuelvan contra ellos mismos.

Haz como lo prometiste y acaba con estos malvados. 6Te presentaré una ofrenda voluntaria y alabaré, SEÑOR, tu buen nombre.

7Dios me ha rescatado de toda mi tribulación, y me ha ayudado a triunfar sobre mis enemigos.

Salmo 55

Al director musical. Acompáñese con instrumentos de cuerda. Masquil de David.

1Escucha mi plegaria, oh Dios; no te ocultes cuando clamo a ti. 2Por favor, óyeme y respóndeme, porque mis cargas me agobian.

3Mis enemigos gritan contra mí y me amenazan. Me traen problemas derribándome en su enojo. 4Mi corazón se angustia dentro de mí. El terror a la muerte me domina. 5Temblando estoy de miedo, sobrecogido estoy de terror. 6¡Quién tuviera alas como paloma para escapar y reposar! 7Yo volaría a los lejanos desiertos y allá me quedaría. 8De toda esta tormenta escaparía a algún refugio.

9Oh SEÑOR, destrúyelos y confunde su lenguaje; porque veo violencia y luchas en la ciudad. 10Aunque día y noche patrullen las murallas en contra de invasores, su verdadero problema es la maldad interna. 11Hay homicidio y robo por todas partes; amenazas y engaños se desbordan por sus calles.

51.6 51.10–13 52.1

[12]No fue un enemigo quien se mofó de mí; eso lo habría soportado yo; no fueron los que están en mi contra los que me humillaron, de ellos podría haberme ocultado y huido. [13]Pero fuiste tú, un hombre como yo, mi compañero y amigo. [14]Como disfrutábamos nuestra amistad mientras juntos caminábamos a la casa de Dios. [15]Que a mis enemigos la muerte los tome por sorpresa. Que el sepulcro se los trague vivos, pues en ellos habita la maldad. [16]Pero yo clamaré al SEÑOR, él me salvará. [17]Oraré de mañana, al medio día y de noche, suplicándole a Dios; él escuchará. [18]Aunque son muchos los que están en contra mía, él me rescata y me salva de la batalla que se libra contra mí. [19]Dios, que reina para siempre, me escuchará y los humillará. Porque mis enemigos se negaron a cambiar de conducta, no tienen temor de Dios.

[20]Levantan la mano contra sus amigos y no cumplen sus compromisos. [21]Sus palabras eran suaves como aceite, pero en su corazón había guerra. Sus palabras eran blandas como crema, pero ocultaban puñales.

[22]Lleva tus cargas al SEÑOR, él te sostendrá. No permitirá que el santo resbale o caiga. [23]Enviará a los malos al abismo de destrucción. Los homicidas y los mentirosos no vivirán la mitad de sus días. Pero yo confío en que tú me salvarás.

Salmo 56

Al director musical. Sígase la tonada de «La tórtola en los robles lejanos». Mictam de David, cuando los filisteos lo apresaron en Gat.

[1]SEÑOR, ten misericordia de mí; todo el día las tropas enemigas me presionan. [2]Mis enemigos me persiguen constantemente; y muchos orgullosos me atacan.

[3]Pero cuando tenga miedo, pondré mi confianza en ti. [4]Oh Dios, alabo tu palabra. Confío en Dios ¿por qué temeré? ¿Qué podrá hacerme un simple mortal? [5]Continuamente tuercen mis palabras. En lo único que piensan es en cómo perjudicarme. [6]Se reúnen y me espían; observan cada uno de mis pasos para matarme. [7]No permitas que en su maldad, se salgan con la suya. En tu enojo, Dios mío, derríbalos hasta el suelo.

[8]Lleva la cuenta de mis lamentos. Has recogido todas mis lágrimas y las has guardado en un frasco. Has anotado cada una de ellas en tu libro. [9]El mismo día que yo te pido ayuda, huirán mis enemigos. Una cosa sé: ¡Dios está de mi parte! [10]Estoy confiado en Dios. ¡Alabadas sean sus promesas! No temo nada de lo que un simple hombre pueda hacerme. Sí; alabadas sean sus promesas. [11]Confío en Dios ¿por qué temeré? ¿Qué podría hacerme un simple mortal? [12]Ciertamente cumpliré los votos que he hecho ante ti, SEÑOR, y te presentaré mis ofrendas de gratitud por tu ayuda. [13]Porque tú me salvaste de la muerte, y mis pies de resbalar, de modo que puedo marchar ante el SEÑOR en la luz de la vida.

Salmo 57

Al director musical. Sígase la tonada de «No destruyas». Mictam de David, cuando David huía de Saúl y estaba en una cueva.

[1]¡Ten compasión de mí, oh Dios, ten compasión de mí; pues en ti confío! Bajo la sombra de tus alas me esconderé hasta que pase la tormenta. [2]Clamaré al Dios Altísimo, al Dios que cumple en mí su propósito. [3]De lo alto enviará ayuda para salvarme, me librará de aquellos que quieren atraparme. Dios enviará su amor y su verdad. [4]Estoy rodeado de leones feroces; de hombres devoradores que tienen dientes como agudas lanzas y flechas; tienen lenguas como espadas. [5]SEÑOR, ¡que seas exaltado por sobre los más altos cielos! Que tu gloria resplandezca sobre la tierra. [6]Mis enemigos me han armado una trampa. Mi ánimo quedó abatido. Han cavado un hoyo en el camino, pero ellos mismos han caído dentro.

[7]Dios mío, tengo el corazón tranquilo y confiado. Con razón puedo cantar tus alabanzas. [8]¡Despierta, alma mía! ¡Despierten, arpa y lira! Haré despertar con mis cantos al amanecer. [9]Públicamente te expresaré mi gratitud por toda la tierra. Cantaré tus alabanzas entre las naciones. [10]Amplios como los cielos son tu bondad y tu amor. Tu fidelidad llega hasta el cielo.

[11]Que seas exaltado, oh Dios, sobre los cielos. Que tu gloria brille por toda la tierra.

Salmo 58

Al director musical. Sígase la tonada de «No destruyas». Mictam de David.

[1]¡Ustedes, los gobernantes hablan de justicia y ni siquiera saben el significado de esa palabra! ¿Juzgan con rectitud al pueblo? [2]Todos sus actos son injustos: dan violencia en lugar de justicia. [3]Estos malvados nacieron pecadores; mienten desde el momento mismo de su nacimiento y se desvían. [4]Son venenosos como serpientes mortales, cobras que cierran los oídos [5]para no escuchar la música de los más hábiles encantadores.

[6]Oh Dios; rómpele los colmillos. ¡Arráncales los dientes a estos leoncillos, SEÑOR! [7]Que se desvanezcan como agua tragada por la tierra sedienta. Vuélvanse inútiles las armas en sus manos. [8]Que se disuelvan, como babosa rastrera; que no vean la luz, cual si fueran abortivos. [9]Dios raerá tanto a los viejos como a los jóvenes. Los destruirá más pronto de lo que tarda la olla en sentir el fuego de espinos en el fogón.

55.14 55.16–17 55.22–23 56.3–4 56.8–13 57.7–9

10Los justos se regocijan al ver la venganza; al lavar sus pies en la sangre de los malvados. 11Entonces al fin dirán todos que el bien recibirá recompensa, y que hay un Dios que juzga con justicia aquí en la tierra.

Salmo 59

Al director musical. Sígase la tonada de «No destruyas». Mictam de David, cuando Saúl había ordenado que vigilaran la casa de David con el propósito de matarlo.

1¡Oh Dios mío, sálvame de mis enemigos! ¡Protégeme de quienes han venido a destruirme! 2Guárdame de estos criminales, de estos asesinos. 3Me acechan para darme muerte. Hombres vigorosos están allí a la espera. Y no es, SEÑOR, porque yo les haya hecho mal alguno. 4Aunque soy inocente, se alistan para matarme. ¡SEÑOR! ¡Mira lo que sucede! ¡Ayúdame! 5Tú, SEÑOR, eres el Dios Todopoderoso, ¡eres el Dios de Israel! ¡Despiértate y castiga a todas las naciones; no tengas compasión de esos viles traidores! 6Al anochecer vienen a espiar, y ladran como perros que rondan la ciudad. 7Escucha la suciedad que sale de sus bocas, las espadas filosas que lanzan por sus labios, y dicen: «¿Quién va a oírnos?» 8SEÑOR, ríete de ellos, y búrlate de todas las naciones.

9¡Oh Dios, fortaleza mía!, esperaré a que me rescates, pues tú eres mi lugar seguro. 10Dios mío tu amor por mí es muy grande; vendrás. Harás que yo vea la derrota de mis enemigos. 11No los mates, porque mi pueblo olvida pronto estas lecciones, pero haz que se tambaleen bajo tu poder y ponlos de rodillas. ¡Tú SEÑOR, eres nuestro escudo! 12Por los pecados de su boca, por la maldad que hay en sus labios, que caigan en la trampa de su orgullo, de sus maldiciones y de sus mentiras. 13Destrúyelos en tu ira. Aniquílalos, y sepan también las naciones que Dios reina en Israel y regirá por todo el mundo. 14Mis enemigos salen al anochecer, y rondan la ciudad aullando como perros en busca de comida. 15Andan en busca de comida pero se duermen sin quedar satisfechos.

16En cuanto a mí, cada mañana cantaré de tu poder y misericordia. Porque tú has sido mi gran torre de refugio, sitio seguro en el día de mi angustia. 17¡Oh fortaleza mía, a ti canto mis alabanzas porque tú eres mi refugio, mi Dios de misericordia!

Salmo 60

Al director musical. Sígase la tonada de «El lirio del pacto». Mictam didáctico de David, cuando luchó contra los arameos del noroeste de Mesopotamia y de Siria central, y cuando Joab volvió y abatió a doce mil edomitas en el valle de la Sal.

1¡Oh Dios, tú nos has rechazado y has roto nuestras defensas; te has airado contra nosotros! SEÑOR, restáuranos de nuevo en tu favor. 2Hiciste temblar la tierra, la has agrietado: repara sus grietas antes de que se desmorone. 3Has sido duro con nosotros y nos diste a beber vino que nos ha hecho tambalear.

4Levanta la bandera en señal de retirada para tus fieles, y podrán escapar de quienes los atacan. 5Emplea tu vigorosa diestra para librarnos y rescata a tu amado pueblo. 6Dios ha dicho en su santuario; «Gozosamente dividiré a Siquem y mediré el valle de Sucot. 7Mío es Galaad, y mío es Manasés; Efraín producirá mis guerreros, y Judá mis reyes 8Moab llegará a ser mi siervo humilde y Edom, mi esclavo. Y yo elevaré gritos de triunfo sobre las filisteos!»

9¿Quién me hará entrar en la ciudad fortificada? ¿Quién me traerá la victoria sobre Edom? 10¿Eres tú, oh Dios, quien nos ha rechazado? ¿Ya no sales con nuestros ejércitos? 11Sí, SEÑOR, ayúdanos contra nuestros enemigos, porque de nada vale la ayuda de un simple mortal como nosotros.

12Con el auxilio de Dios, realizaremos proezas, porque él pisoteará a nuestros enemigos.

Salmo 61

Al director musical. Salmo de David. Acompáñese con instrumentos de cuerda. De David.

1¡Oh Dios, escucha mi clamor! ¡Atiende a mi plegaria! 2Desde los confines de la tierra, clamo a ti pidiendo auxilio pues mi corazón desfallece; llévame a una roca donde esté yo a salvo. 3Porque tú eres mi refugio, alta torre en donde mis enemigos jamás podrán tocarme. 4Por siempre moraré en tu santuario. ¡Seguro bajo el amparo de tus alas! 5Porque tú has escuchado mis votos, Dios, y me has dado la bendición que guardas para quienes temen tu nombre.

6Añade más años a la vida del rey; que sus años se extiendan de generación en generación. 7Que reine para siempre bajo tu protección. Que tu amor y fidelidad lo protejan. 8Así cantaré siempre alabanzas a tu nombre; con lo que cumpliré mis votos cada día.

Salmo 62

Al director musical. Para Jedutún. Salmo de David.

1Silencioso estoy ante el SEÑOR, esperando que él me libre. Porque sólo de él procede la salvación. 2Sí; sólo él es mi roca y mi salvación; él es mi refugio. ¡Jamás habré de caer!

3¿Hasta cuándo estarán en contra de un hombre tratando de matarlo? Para ellos soy como un muro inclinado o una cerca a punto de caer. 4Planean derribarme de mi lugar de grandeza. Aman el decir mentiras acerca de mí. ¡Qué amistosos se me muestran; mientras en el corazón me maldicen! 5Pero yo callo ante el SEÑOR, porque

59.16–17 60.11–12 61.3 62.1–8

en él está mi esperanza. 6Sí, sólo él es mi roca, y mi salvación; él es mi refugio. ¡Jamás habré de caer! 7Mi salvación y mi gloria proceden sólo de Dios. Él es mi refugio, la roca en donde ningún enemigo podrá alcanzarme. 8¡Pueblo mío, confía en él siempre! ¡Ábrele tu corazón, pues él es nuestro refugio! 9El mayor de los hombres, o el más humilde, nada son ante sus ojos. En la balanza pesan menos que el aire.

10No te enriquezcas mediante la extorsión y el robo. Y si tus riquezas aumentan, no pongas en ellas tu corazón. 11Una cosa ha dicho Dios, y dos veces lo he escuchado: Que el poder, oh Dios, solo a ti te pertenece; 12que el amor, SEÑOR, es tuyo. Ciertamente tú pagarás a cada uno según lo que se merezcan sus obras.

Salmo 63

Salmo de David, cuando estaba en el desierto de Judá.

☼ 1¡Oh Dios, mi Dios! ¡Cómo te busco! ¡Qué sed tengo de ti en esta tierra reseca y triste en donde no hay agua! ¡Cómo anhelo encontrarte! 2¡Te he visto en tu santuario y he contemplado tu fortaleza y gloria, 3porque tu amor y bondad son para mí mejor que la vida misma! ¡Cuánto te alabo! 4Te bendeciré mientras viva, alzando a ti mis manos en oración. 5Tú dejas mi alma más satisfecha que un delicioso banquete; te alabarán mis labios con gran júbilo.

6Paso la noche despierto en mi lecho pensando en ti, 7en cuánto me has ayudado. ¡Canto durante la noche con gozo bajo la protectora sombra de tus alas! 8Te sigo de cerca, protegido por tu potente diestra. 9Pero quienes planean destruirme descenderán a las profundidades de la tierra. 10Están condenados a morir a espada; a ser comida de chacales. 11Pero el rey se regocijará en Dios. Todos los que en él confían se alegrarán, y los mentirosos serán acallados.

Salmo 64

Al director musical. Salmo de David.

1SEÑOR, escucha mi queja. Protégeme del temor a mis enemigos. 2Escóndeme de la conspiración de los malvados, de la intrigas de perversos. 3Afilan sus lenguas como espadas; lanzan como flechas sus palabras amargas. 4Desde su emboscada tiran contra el inocente. Lo hacen sin aviso, y no tienen temor. 5Unos a otros se animan a cometer el mal. Planean cómo poner sus trampas. «Aquí jamás las descubrirá», dicen. 6Maquinan sus perversidades, y dicen: «Hemos tramado el plan perfecto». ¡Sí, los pensamientos y el corazón humano no se pueden comprender!

7Pero Dios mismo les disparará y caerán. Sin aviso las flechas los herirán. 8Sus propias palabras se volverán contra ellos y los destruirán. Cuantos los vean se burlarán de ellos. 9Entonces todos sentirán temor, proclamarán las poderosas obras de Dios; por fin reconocerán las admirables cosas que él hace. 10Y los justos se regocijarán en el SEÑOR, y encontrarán refugio en él. Y los de recto corazón lo alabarán.

Salmo 65

Al director musical. Salmo de David. Cántico.

1A ti, oh Dios, te pertenece la alabanza en Sión. A ti te deben cumplir los votos, 2porque tú respondes a nuestras oraciones, y a ti acude todo ser humano. 3Aunque los pecados llenen nuestro corazón, tú los perdonas todos. 4¡Dichosos aquellos a los que tú escoges y acercas a ti, para que vivan en tus atrios! ¡Qué gozo nos espera en medio de todo lo bueno que allí hay! 5Tú fielmente respondes a nuestras oraciones con imponentes obras, oh Dios, Salvador nuestro. Tú eres la esperanza de cada uno en esta tierra, aun de aquellos que navegan en los más lejanos mares.

6Tú formaste los montes con tu gran fuerza, y te rodeaste de potencia. 7Tú calmaste el rugido de los mares, el estruendo de las olas, y el tumulto de los pueblos. 8Hasta los últimos rincones de la tierra los gloriosos actos de Dios asombrarán a todos. Desde donde el sol sale hasta donde se oculta, tú inspiras cantos de alegría. 9Tú riegas la tierra para darle fertilidad. Los ríos de Dios nunca se secan. Tú preparas la tierra para tu pueblo y les envías ricas cosechas de trigo. 10Tú riegas los surcos con agua abundante. Las lluvias ablandan la tierra, nivelan las partes de sus tierras que no lo están. Y tú bendices los renuevos. 11Tú coronas el año con generosas cosechas; aún las veredas se desbordan de abundancia. 12El desierto se convierte en verdes prados y las colinas se visten de gozo. 13Los pastos se llenan de rebaños de ovejas, y una alfombra de trigo cubre los valles. Dan voces y cantan de alegría.

Salmo 66

Al directo musical. Salmo. Cántico.

1¡Aclamen alegres a Dios, habitantes de toda la tierra!

2¡Canten salmos a su glorioso nombre! Cuenten al mundo cuán admirable es él.

3¡Qué imponentes son tus obras, oh Dios! ¡Cuán grande es tu poder! ¡Con razón se rinden tus enemigos! 4La tierra entera te adorará y cantará tus glorias. 5Vengan, vean las gloriosas obras que Dios ha hecho. ¡Qué maravillosos milagros él hace para su pueblo! 6Convirtió el mar en tierra seca, y el pueblo cruzó el río a pie. ¡Regocijémonos en él!

☼ **63.1–8**

7Por su gran poder gobierna eternamente. Él vigila cada movimiento de las naciones. ¡Que no se levanten contra él los rebeldes!

8Bendigan todos los pueblos a Dios y canten sus alabanzas, 9porque él tiene en sus manos nuestra vida, él evita que nuestros pies resbalen.

10Nos has puesto a prueba, nos has purificado, oh Señor, como a plata en el crisol. 11Nos apresaste en tu red y pusiste grandes cargas a nuestra espalda. 12Has enviado la caballería a pisotear nuestros cuerpos quebrantados; por incendio y por inundación hemos pasado. Pero al final nos has dado gran abundancia.

13Ahora he acudido a tu templo con ofrendas quemadas para cumplir los votos que te hice. 14Sí, los votos que me escuchaste pronunciar cuando estuve en tribulación. 15Por eso es que te traigo ofrendas quemadas de carneros, chivos y becerros gordos. El humo de su sacrificio se elevará ante ti.

16Vengan y escuchen todos los que temen a Dios, y yo les contaré lo que él hizo en favor mío. 17Pues clamé pidiéndole ayuda, y tenía las alabanzas listas en mi lengua. 18Él no habría escuchado si yo no hubiera confesado mis pecados. 19¡Pero él escuchó! ¡Oyó mis súplicas! ¡Les puso atención!

20Bendito sea Dios, que no me volvió la espalda cuando yo oraba, y no me negó su bondad y amor.

Salmo 67

Al director musical. Acompáñese con instrumentos de cuerda. Salmo. Cántico.

1¡Oh Dios, bendícenos por tu misericordia! ¡Que resplandezca tu rostro cuando nos miras desde lo alto!

2Que conozcan tus caminos por toda la tierra, y entre todas las naciones tu salvación. 3Que te alaben, oh Dios, los pueblos; que todos los pueblos te alaben. 4¡Cómo se alegrarán las naciones y cantarán de júbilo porque tú las gobiernas con justicia; tú guías a las naciones de todo el mundo! 5Que te alaben, oh Dios, los pueblos; que todos los pueblos te alaben. 6Porque la tierra ha producido abundantes cosechas. 7Dios, el Dios nuestro, nos bendecirá, los pueblos de todos los confines de la tierra le temerán.

Salmo 68

Al director musical. Salmo de David. Cántico.

1¡Levántate, oh Dios, y esparce a todos tus enemigos! ¡Hazlos huir de tu presencia, oh Dios! 2Échalos como humo ante el viento. ¡Derrítelos como cera en el fuego! Que perezcan así los malvados ante la presencia de Dios.

3Pero gócense los justos. Regocíjense y alégrense en la presencia de Dios. 4¡Canten alabanzas a su nombre! Alcen su voz en cántico al que cabalga sobre las nubes. Señor es su nombre. Regocíjense en su presencia. 5Él es padre del huérfano; él hace justicia a las viudas, es Dios en su santa morada. 6Él da familia al solitario y da libertad a los encarcelados, y éstos cantan con júbilo. Mas a los rebeldes da hambre y tribulación.

7Oh Dios, cuando saliste al frente de tu pueblo y con ellos marchaste por el desierto, 8la tierra tembló y los cielos dejaron caer sus aguas delante de ti, el Dios de Sinaí, delante de ti, el Dios de Israel. 9Tú enviaste lluvia abundante, oh Dios, para reanimar a tu cansada herencia. 10En esta tierra habitó tu pueblo que en tu bondad, oh Dios, le diste al pobre. 11El Señor anuncia victoria, y millares de mujeres proclaman las buenas nuevas. 12Los reyes enemigos y sus tropas huyen; mientras las mujeres de Israel se reparten el botín. 13Aunque viven entre los rebaños, ahora están cubiertas con oro y plata, como las palomas están cubiertas con sus alas. 14Dios esparció a los reyes enemigos como los copos de nieve que van cayendo sobre la cumbre del monte Zalmón. 15¡Oh grandes montes de Basán! ¡Montes de Basán, montes escarpados! 16¿Por qué montes escarpados miran con envidia al monte Sión, donde al Señor le place estar, donde el Señor habitará por siempre? 17Rodeado de carros que se cuentan por millares; el Señor viene del monte Sinaí para entrar en su santo templo. 18Subiste a lo alto, llevando muchos cautivos contigo. Recibiste obsequios de los hombres aun de los que una vez fueron rebeldes. Dios habitará aquí entre nosotros.

19¡Alabado sea el Señor, alabado sea nuestro Dios y Salvador! Porque día tras día nos lleva cargados en sus brazos.

20Él nos libera. Nos rescata de la muerte. 21Pero Dios aplastará la cabeza de sus enemigos, destrozará el cráneo de los que aman vivir pecando. 22El Señor nos dice: «A mis enemigos los regresaré de Basán; de las profundidades del mar los haré volver». 23Tú, pueblo mío, empaparás tus pies en la sangre de tus enemigos; aun los perros al lamerla tendrán su parte.

24Tu procesión puede verse, oh Dios, la procesión de mi Dios y rey ha entrado en el santuario: 25al frente, los cantores; siguen los músicos; y en medio van doncellas tocando el tamboril. 26«Que todo el pueblo de Israel alabe al Señor, alaben a Dios los descendientes de Israel». 27La joven tribu de Benjamín va a la cabeza; los príncipes y ancianos de Judá, y los príncipes de Zabulón y Neftalí vienen detrás. 28Reúne tu potencia, exhibe

68.5–6 † 68.18—Lc 24.51 68.19

tu poder pues has realizado tales proezas para beneficio nuestro.

29Los reyes de la tierra traen sus ofrendas a tu templo de Jerusalén. 30Reprende a nuestros enemigos; Señor. Reprende a estas naciones enemigas, a estas bestias acechando entre los juncos, a esta manada de toros entre naciones que parecen débiles becerros. Humíllalas hasta que te lleven tributo de barras de plata. Dispersa a las naciones que se deleitan en la guerra. 31Egipto enviará dones de metales preciosos. Etiopía se inclinará ante Dios en adoración. 32Canten al Señor, oh reinos de la tierra; canten alabanzas al Señor, 33al que cabalga sobre los antiguos cielos; cuya potente voz truena desde el cielo.

34Reconozcan todos que ¡a Dios pertenece el poder! Su majestad está sobre Israel; su poder está en las alturas. 35En su santuario, Dios es imponente. El Dios de Israel da fuerza y gran poder a su pueblo. ¡Bendito sea Dios!

Salmo 69

Al director musical. Sígase la tonada de «Los Lirios». De David.

1¡Sálvame, oh Dios mío! Que las aguas ya me llegan al cuello. 2Cada vez me hundo más en el lodo, y no tengo dónde apoyar el pie. Estoy en medio de aguas profundas y la corriente me arrastra.

3He llorado hasta agotarme. Tengo la garganta seca y enronquecida. Tengo los ojos hinchados de llorar, en espera de que Dios me ayude. 4No puedo contar a todos los que me detestan sin causa pues son más que los cabellos de mi cabeza. Los enemigos que procuran destruirme, no tienen ninguna razón para hacerlo. Me atacan con mentiras demandando que les devuelva lo que nunca les robé.

5Oh Dios, bien sabes lo torpe que soy, y conoces todos mis pecados. 6¡Señor soberano, Todopoderoso, no permitas que yo sirva de tropiezo para quienes en ti confían! Oh Dios de Israel, no permitas que yo sea la causa que los humillen, 7aunque por tu causa sea yo objeto de maldición y mofa. 8¡Hasta mis propios hermanos fingen no conocerme! Me tratan como a un extraño. 9Mi celo por tu casa arde como un fuego dentro de mí, tus enemigos me injurian como te injurian a ti. 10¡Cómo me escarnecen y se mofan de mí cuando lloro y ayuno ante el Señor! 11¡Cómo se burlan de mí cuando me visto de luto para mostrar mi tristeza. 12Soy la comidilla del pueblo, y los borrachos cantan coplas acerca de mí. 13Pero yo, Señor, a ti imploro, esperando que sea este el tiempo en que muestres tu favor. Por tu gran amor, oh Dios, respóndeme con la seguridad de tu salvación. 14Sácame de este fango. No dejes que me hunda. Rescátame de los que me odian, y de estas profundas aguas en las que estoy.

15No dejes que la corriente me arrastre, ni que el abismo me trague, ni que la fosa me devore. 16Señor, responde a mis plegarias, pues admirable es tu gran amor; porque grande es tu misericordia, vuélvete a mí. 17No te ocultes de este siervo tuyo, pues estoy angustiado. ¡Apresúrate! ¡Respóndeme! 18Ven, Señor, y líbrame. Rescátame de todos mis enemigos. 19Tú sabes cómo me insultan, humillan y avergüenzan. Tú ves a todos mis enemigos y sabes lo que cada uno ha dicho. 20Sus insultos me han quebrantado el corazón; y estoy desesperado. ¡Si por lo menos uno mostrara piedad! ¡Si uno por lo menos me consolara!

21Me dieron a comer veneno; para mi sed me brindaron vinagre. 22Que su banquete se convierta en trampa, y su seguridad en lazo. 23Que caigan sobre ellos tinieblas, ceguera y extrema debilidad. 24Derrama sobre ellos tu furia y consúmelos con la fiereza de tu ira. 25Que sus hogares queden desolados y sus tiendas de campaña abandonadas. 26Porque persiguen al que tú has angustiado y se burlan del dolor de aquel que tú has herido. 27Amontona sus pecados y no les des tu salvación. 28Que estos hombres sean borrados del libro de la vida; que no queden inscritos entre los justos. 29Pero a mí, oh Dios, rescátame con tu salvación de mi pobreza y dolor.

30¡Entonces alabaré el nombre de Dios con mi cántico! Mi gratitud será su alabanza, 31que le agradará más que si le sacrificara un toro o buey con sus cuernos y sus pezuñas. 32Los humildes verán a su Dios manifestándose en su favor. Con razón se alegrarán. Cuantos buscan a Dios vivirán en gozo. 33Porque el Señor escucha el clamor de sus necesitados, y no desdeña a sus cautivos.

34¡Alábenlo los cielos y la tierra! Alábenlo todos los mares y cuanto en ellos hay. 35Porque Dios salvará a Sión; él reconstruirá las ciudades de Judá, su pueblo habitará en ellas y no será desposeída. 36Sus hijos heredarán la tierra. Todos cuantos aman su nombre vivirán allí seguros.

Salmo 70

Al director musical. Petición de David.

1¡Líbrame, oh Dios! ¡Señor, apresúrate, acude en mi auxilio! 2Que sean humillados y confundidos los que procuran matarme. Que retrocedan avergonzados los que desean mi mal. 3Que se horroricen de vergüenza por haberse burlado de mí. 4Pero a los seguidores de Dios, llénalos de gozo. Exclamen quienes aman su salvación: «¡Qué admirable Dios!» 5Pero yo soy pobre y estoy

69.5 † 69.9—Jo 2.17 69.14-18
† 69.21—Ma 27.34,48 69.30 69.32-36

necesitado. Apresúrate a socorrerme, pues sólo
tú puedes ayudarme y salvarme. Oh SEÑOR, no
tardes.

Salmo 71

1¡SEÑOR, tú eres mi refugio: jamás me dejes quedar
en vergüenza! ¡No me abandones! 2Sálvame
de mis enemigos, porque tú eres justo. ¡Líbrame! Inclina tu oído, escucha mi plegaria y sálvame. 3Sé tú mi roca protectora, que siempre me
acoge. Ordena que me salven, porque tú eres mi
roca y mi fortaleza. 4Rescátame, Dios mío, del
poder de los malvados, de manos de los crueles. 5Oh SEÑOR, sólo tú eres mi esperanza;
en ti he confiado desde mi niñez. 6Sí, tú me has
acompañado desde que nací; desde el vientre de
mi madre me has cuidado. ¡Razón tengo para
estar alabándote siempre! 7Mi vida es un ejemplo
para muchos, porque tú has sido mi fuerza y mi
protección. 8Por eso no puedo dejar de alabarte;
todo el día te alabaré y te honraré.
9Y ahora, en mi vejez, no me eches a un lado.
No me abandones ahora que las fuerzas me faltan. 10Mis enemigos murmuran contra mí; todos
ellos se juntan y hacen planes para matarme. 11«Y
dicen: ¡Dios lo ha abandonado! Ahora le echa-
remos mano. No hay quien lo ayude». 12¡Oh
Dios, no te quedes lejos! ¡Ven pronto! ¡Ayúdame! 13Destruye y avergüenza a todos los que me
cusan. Que se cubran de humillación y deshonra todos aquellos que quieren hacerme daño.
14Seguiré esperando que me ayudes. Te alabo más
y más. 15A todos les contaré de tu justicia, y
todo el día les hablaré de tu poder salvador.
Aunque has hecho tanto por mí que no lo puedo
entender. 16Soberano SEÑOR, alabaré tus poderosas
obras. A todos les contaré que sólo tú eres justo
y bueno. 17Oh Dios, tú me has enseñado desde
mi más tierna niñez, y yo constantemente he
dado a otros testimonio de las maravillosas obras
que haces. 18Y ahora que estoy viejo y canoso, no
me abandones, oh Dios. Déjame contarle a esta
nueva generación, y a los que vienen después de
mí, de todos tus poderosos milagros. 19Oh Dios,
tú has hecho grandes cosas, tu justicia llega a la
alturas. ¿Quién como tú, oh Dios? 20Me has dejado pasar por muchos problemas. Pero me traerás
de nuevo a la vida, sacándome de las profundidades de la tierra. 21Me darás más honra que
antes, y nuevamente te volverás y me consolarás.
22Te alabaré con música de arpa, contando
de tu fidelidad en cumplir cuanto prometes,
oh Dios. Te cantaré con lira, oh Santo de Israel.
23Con gritos de júbilo y cánticos te alabaré por
haberme redimido. 24Todo el día contaré de tus
obras de justicia, pues cuantos procuraron dañarme han sido humillados y deshonrados.

Salmo 72

De Salomón.

1Oh Dios, concede tu justicia al rey, y rectitud al
hijo del rey. 2Ayúdale a juzgar a tu pueblo con
rectitud, y tratar a los pobres con justicia. 3Que
los montes y las colinas florezcan de prosperidad porque el rey hace lo que es justo. 4Ayú-
dalo a defender al pobre, a rescatar a los hijos de
los necesitados, y a quebrantar a sus opresores.
5Que él viva mientras el sol brille y la luna permanezca en el cielo. ¡Sí, eternamente!
6Que su reino traiga vida como las lluvias de
primavera, como aguaceros que riegan la tierra.
7Que los rectos florezcan durante su reinado, que
haya gran prosperidad hasta el fin del tiempo.
8Reine él de mar a mar, y desde el río Éufrates
hasta los confines de la tierra. 9Los nómadas del
desierto se inclinarán ante él; sus enemigos caerán con el rostro en la tierra. 10Los reyes de Tarsis
y de las costas remotas, le darán tributo. Los reyes
de Sabá y Seba, todos traerán sus obsequios. 11Sí,
los reyes de todas partes. ¡Todos se inclinarán
ante él! Todos le servirán!
12Él librará al pobre cuando clame a él; él
ayudará al oprimido porque ellos no tienen a
nadie que los defienda. 13Él se apiadará del débil
y del necesitado, y los rescatará. 14Los salvará de
la opresión y la violencia; porque sus vidas son
muy valiosas para él.
15¡Viva el rey! Que le den el oro de Sabá. Que el
pueblo ore por él sin cesar, y que todos los días
lo bendigan. 16Que haya abundantes cosechas
por toda la tierra, aun en las cumbres de los
montes. Que los árboles frutales den fruto como
lo hacen en el Líbano; que el fruto brote como
la hierba en el campo. 17Que su nombre perdure
para siempre, y continúe mientras el sol brille.
Que todos sean en él bendecidos; que todas las
naciones lo alaben.
18Bendito sea Dios, el SEÑOR, el Dios de Israel;
el único que hace maravillas. 19Bendito sea su
glorioso nombre para siempre. ¡Que toda la tierra
esté llena de su gloria! ¡Amén y amén!
20Aquí terminan la oraciones de David, hijo
de Isaí.

Salmo 73

Salmo de Asaf

1¡Qué bueno es Dios para con Israel, para con
los de corazón puro! 2En cuanto a mí, ¡qué cerca
estuve del borde del precipicio! Ya mis pies resba-
laban y estaba a punto de despeñarme. 3Porque
yo envidiaba la prosperidad de los orgullosos y
malvados. 4Ellos parece que viven una vida sin
problemas; sus cuerpos son fuertes y saludables.

71.1–2 71.5–8 71.12
71.15–18 71.22–24 72.3–9

5No se ven angustiados como toda la gente o
cargados de problemas como los demás, 6y por
eso lucen su orgullo como collar de piedras preciosas, y sus ropas están tejidas de crueldad. 7Esos
ricachones tienen cuanto su corazón anhela. 8Se
burlan y hablan sólo de maldad; en su orgullo
buscan acabar con los demás. 9Se jactan contra
el cielo mismo, y sus palabras recorren orgullosas
la tierra.
10Y así, el pueblo de Dios está desanimado y
confuso, bebiéndose sus propias palabras. 11Pre-
guntan: «¿Se dará cuenta Dios de lo que pasa?
¿Entiende el Altísimo lo que está pasando?»
12¡Miren a esos arrogantes; ni siquiera se molestan
en alzar un dedo y se multiplican sus riquezas!
13¿De qué me sirvió mantener mi corazón
limpio y cuidarme de no hacer maldad? 14Lo
que recibo todo el día son problemas, y cada
amanecer me trae dolor. 15Si en verdad hubiera
yo hablado así, habría sido traidor a tu pueblo.
16Pero qué difícil es entender eso: la prosperidad
de los malvados. 17Y un día entré a meditar en el
santuario de Dios, y estuve pensando en el futuro
de esos malvados. 18¡En verdad, los has puesto
en un camino resbaladizo y los empujarás por
el borde del abismo y caerán en su destrucción.
19En un instante serán destruidos, consumidos
por el terror. 20Un sueño no más es toda su vida
presente, que se olvida al despertar. Cuando tú
te levantes, SEÑOR, los desecharás de esta vida.
21Entonces me di cuenta de lo amargado y lastimado que estaba por todo lo que había visto.
☼ 22Vi lo necio e ignorante que era; a ti, Dios,
debo de parecerte una bestia. 23Pero yo siempre estoy contigo, pues tú sostienes mi mano
derecha. 24Seguirás guiándome toda mi vida con
tu sabiduría y consejo; y después me recibirás en
la gloria. 25 ¿A quién tengo yo en el cielo sino a
ti? Y en la tierra nada deseo fuera de ti. 26La salud
me puede fallar, mi espíritu puede debilitarse,
¡pero Dios permanece! ¡Él es la fuerza de mi
corazón; él es mío para siempre!
27Pero quienes rehúsan adorar a Dios perecerán, porque él destruye a los que sirven a otros
dioses.
☼ 28En cuanto a mí, me acerco a él lo más que
puedo. He elegido al Dios soberano como mi
refugio, y a todos contaré las maravillas que él
hace.

Salmo 74

Masquil de Asaf

1Oh Dios, ¿por qué nos has desechado para
siempre? ¿Por qué arde tu ira contra nosotros,
ovejas de tu prado? 2Acuérdate del pueblo que
adquiriste desde tiempos antiguos, de la tribu que
redimiste para que fuera tu posesión. Acuérdate
de este monte Sión, que es donde tú habitas.
3Marcha por entre las espantosas ruinas de
la ciudad, y contempla lo que ha hecho el enemigo a tu santuario. 4Allí lanzaron su grito de
batalla y plantaron sus banderas en señal de
victoria. 5Despedazaron la entrada como si fueran leñadores en un bosque. 6Destrozaron los
adornos de madera con sus hachas y martillos.
7Prendieron fuego al santuario y lo arrasaron;
insultaron escandalosamente el lugar que lleva tu nombre. 8«Destruyamos todo», dijeron, y
recorrieron todo el país quemando los sitios en
donde te adoramos.
9No quedan señales de que tú nos salvarás. Ya
no hay profetas. ¿Y quién puede decir cuándo
terminará todo esto? 10¿Hasta cuándo, oh Dios,
permitirás que tus enemigos se burlen de ti? ¿Les
permitirás que insulten tu nombre por siempre?
11¿Por qué detienes tu poderosa mano derecha?
Dales con tu puño el golpe definitivo.
12Desde los tiempos pasados, oh Dios, tú eres
mi rey; tú traes salvación sobre la tierra. 13,14Con
tu fuerza dividiste el Mar Rojo; ¡aplastaste las
cabezas del dios marino! ¡Lo entregaste como
alimento a las tribus del desierto! 15Tú hiciste
que brotaran fuentes y arroyos; secaste ríos de
inagotables corrientes. 16Por igual te pertenecen
el día y la noche; tú hiciste la luz de las estrellas y
el sol. 17La naturaleza entera está en tus manos; tú
haces también el verano y el invierno. 18Recuerda,
SEÑOR, que tu enemigo se burla, y que un pueblo
insensato ofende tu nombre.
19Oh, SEÑOR, ¡sálvame! Protege de los gavilanes
a tu tórtola. Salva de estas bestias a tu pueblo
amado. 20¡Acuérdate de tu promesa! La tierra
está llena de oscuridad y de hombres crueles.
21Oh, SEÑOR, no dejes que tu pisoteado pueblo sea
continuamente injuriado. Da motivo para que
estos pobres y menesterosos alaben tu nombre.
22Álzate, oh Dios, y plantea tu causa delante de
tus enemigos. Recuerda los insultos que estos
rebeldes han lanzado contra ti el día entero. 23No
disimules las maldiciones de estos enemigos
tuyos; ellas se vuelven cada vez más clamorosas.

Salmo 75

Al director musical. Sígase la tonada de «No destruyas».
Salmo de Asaf. Cántico.

1¡Qué agradecidos te estamos, SEÑOR! Te damos
gracias porque tú estás cerca. Todas las personas
hablan de tus poderosas obras.
2Dios dice: «Cuando yo lo decida, juzgaré al
malvado. 3Cuando la tierra tiemble y todos sus
habitantes vivan agitados, sus columnas estarán
firmes porque yo soy quien las sostiene».

☼73.22-26 ☼73.28

4¡Advertí a los orgullosos que dejaran su arrogancia! Dije a los malvados que no fueran soberbios. 5Que no levantaran su puño desafiando a los cielos o que hablaran con orgullo. 6Porque nadie en la tierra, desde el este hasta el oeste ni aun en el desierto, puede enaltecer a nadie; sino sólo Dios es el que juzga: a unos humilla y a otros enaltece. 8En la mano del Señor hay una copa de espumante vino mezclado con especias; cuando él lo derrame, todos los malvados tendrán que beberlo hasta la suciedad del fondo. 9En cuanto a mí, eternamente proclamaré las alabanzas del Dios de Jacob. 10Aniquilaré la altivez de todos los impíos, y exaltaré el poder de los justos.

Salmo 76

Al director musical. Acompáñese con instrumentos de cuerda. Salmo de Asaf. Cántico.

1Dios es conocido en Judá, grande es su nombre en Israel. 2En Salén se halla su santuario, en Sión está su morada. 3Allí destroza él las flechas, los escudos, las espadas y todas las armas de los enemigos.

4¡Los montes eternos no pueden comparar su gloria con la tuya! 5Vencidos están los más poderosos de nuestros enemigos. Están recostados ante nosotros en el sueño de la muerte; ni uno de ellos puede alzar su mano contra nosotros. 6Cuando tú, Dios de Jacob, los reprendiste, caballos y jinetes quedaron inmóviles. 7¿Quién puede estar ante ti cuando se enciende tu enojo? 8Desde el cielo pronuncias sobre ellos la sentencia; tiembla la tierra y silenciosa está ante ti. 9Te levantas para castigar a los malhechores, oh Dios, y para rescatar a los pobres de la tierra. 10La enemistad de los hombres sólo hace que tu gloria se note más; porque tú la usas como espada de juicio.

11Hagan votos al Señor su Dios y cúmplanlos. Traiga cada uno su presente al Dios maravilloso, 12porque él quebranta el espíritu de los príncipes y es temido por los reyes de la tierra.

Salmo 77

Al director musical. Para Jedutún. Salmo de Asaf.

1Clamo al Señor; para que él me escuche. 2Cuando estoy en medio de grandes problemas, voy ante el Señor. Paso la noche entera orando, alzando mis manos al cielo, suplicando. Para mí no podrá haber gozo hasta que él se manifieste. 3Pienso en Dios y me lamento, agotado por el ansia de recibir su ayuda. 4No me dejas dormir; estoy tan angustiado que no puedo ni orar.

5Continuamente pienso en aquellos buenos días pasados, que hace tanto se fueron. 6Entonces mis noches estaban llenas de cánticos jubilosos. Busco en mi alma y pienso en cómo han cambiado las cosas. 7¿Me ha rechazado para siempre el Señor? ¿Nunca más me mostrará su buena voluntad? 8¿Se habrá acabado para siempre su gran amor? ¿Fallaron para siempre sus promesas? 9¿Ha olvidado mostrarse bondadoso? ¿Ha cerrado la puerta de su amor? 10Y yo dije: «Este es mi destino: que las bendiciones del Altísimo se hayan cambiado a odio». 11Recuerdo todo lo que tú has hecho, Señor; me pongo a recordar las maravillosas obras que tú hiciste hace mucho tiempo. 12Aquellos hechos maravillosos están en mis pensamientos. No puedo dejar de pensar en ellos.

13¡Oh Dios, santos son tus caminos! ¿Dónde hay otro tan poderoso como tú? 14Tú eres el Dios de los milagros y maravillas. Tú muestras tu grandioso poder entre las naciones.

15Con tu poder nos redimiste a nosotros, tu pueblo, hijos de Jacob y de José. 16Al verte, ¡cómo se atemorizó el Mar Rojo! ¡Tembló hasta lo más profundo! 17Las nubes derramaron su lluvia; estallaron los truenos en el cielo. Centelleó tu relámpago. 18Resonó el trueno en el torbellino; el relámpago iluminó al mundo. La tierra tembló y se estremeció.

19Tu camino iba por una senda que cruzaba el mar, que atravesaba las poderosas aguas; una senda de la cual nadie sabía. 20Por ese camino llevaste a tu pueblo como a un rebaño de ovejas que tenían por pastores a Moisés y a Aarón.

Salmo 78

Masquil de Asaf.

1¡Pueblo mío, oye mis enseñanzas! Abre tus oídos a lo que digo. 2Porque te hablaré en parábolas; te enseñaré lecciones escondidas en nuestro pasado; 3cosas que hemos oído y conocido, cosas que nuestros padres nos han contado. 4No esconderemos estas verdades a nuestros hijos; diremos a la generación venidera de las gloriosas obras del Señor, de su poder y de sus grandes milagros. 5Porque él dio sus mandatos a Jacob y a Israel sus leyes, y ordenó a nuestros padres que las enseñaran a sus hijos, 6para que éstos a su vez las enseñaran a sus hijos, aun a los que estaban por nacer. De este modo, sus leyes se transmiten de generación en generación. 7Así, cada generación ha podido obedecer sus leyes y poner nuevamente su esperanza en Dios y no olvidarse de sus gloriosos milagros. 8No tenían que ser como sus padres: tercos, rebeldes, infieles, que no quieren entregarle a Dios su corazón.

9Los guerreros de Efraín, aunque bien armados, volvieron las espaldas y huyeron al llegar el día de la batalla, 10porque no cumplieron el pacto con Dios y no obedecían sus leyes. 11Se olvidaron de lo que él había hecho, los admirables milagros que

☼77.1 ☼77.3 ☼77.6 ☼77.10–14 ☼78.1–8

él les había mostrado, 12de los milagros que hizo a la vista de sus padres en la tierra de Egipto, en la región de Zoán. 13Porque él abrió el mar ante ellos, y los guió a través del mismo. ¡Como muros a ambos lados de ellos se detuvieron las aguas! 14Durante el día los guió mediante una nube, y durante la noche mediante una columna de fuego. 15En el desierto abrió las rocas para suministrarles agua en abundancia, como si brotaran de una fuente. 16¡De la roca manaron corrientes que fluyeron como un río! 17Pero ellos siguieron en su rebeldía, pecando contra el Altísimo en el desierto. 18Con toda intención pusieron a Dios a prueba, exigiéndole comida a su antojo. 19Murmuraron contra Dios diciendo: «Dios no puede darnos comida en el desierto, 20sin embargo cuando golpeó la roca, el agua brotó como ríos, pero no puede darle a su pueblo pan y carne». 21Cuando el Señor oyó esto, se puso muy furioso y su enojo se encendió contra Jacob, su ira ardió contra Israel. 22Porque no creían en Dios ni confiaban en que él cuidaría de ellos. 23Desde lo alto dio una orden a la nubes, y se abrieron las puertas de los cielos. 24 Hizo llover maná para que se alimentaran. ¡Les dio pan del cielo! 25¡Alimento de ángeles comieron! Les dio hasta que se saciaran.

26Y él llevó el viento oriental y al viento del sur guió con su gran poder. 27Hizo llover aves abundantes como polvo; nubes de aves como la arena de la playa. 28Hizo que las aves cayeran en medio de las tiendas. 29El pueblo comió hasta hartarse. Les dio lo que pedían. 30Mas apenas habían terminado de comer, aún tenían la carne en la boca, 31cuando se alzó contra ellos la ira del Señor, y mató a los hombres más fuertes, a los mejores de entre los jóvenes de Israel. 32Pero aun así el pueblo continuó pecando y rehusó creer en los milagros. 33Entonces él les acortó la vida y les dio años de terror.

34Si Dios los castigaba, entonces lo buscaban, se arrepentían y volvían a Dios. 35Entonces, recordaron que Dios era su roca; que su redentor era el Dios Altísimo. 36Pero sólo de boca lo seguían; le mentían con la lengua; 37lejos andaba su corazón. No cumplían con su pacto. 38Pero él fue misericordioso; les perdonaba sus pecados y no los destruía. Una y otra vez contuvo su ira. 39Porque se acordaba que eran simples mortales, que en un momento se desvanecen como un soplo del viento y nunca regresan.

40¡Cuántas veces se rebelaron contra él en aquellos años del desierto y le entristecieron el corazón! 41Una y otra vez pusieron a prueba la paciencia de Dios, y provocaron al Santo de Israel. 42Se olvidaron de su poder, y de cómo los había librado de sus enemigos; 43olvidaron sus señales milagrosas en Egipto, sus maravillas en la región de Zoán. 44Cómo volvió sangre sus ríos y nadie podía beber de sus aguas, 45y cómo envió enormes nubes de moscas que cubrieron la tierra, y cómo las ranas llenaron todo Egipto.

46Entregó a los gusanos sus cultivos. Las langostas consumieron sus cosechas. 47Mediante granizo les destruyó las viñas y sicómoros. 48Entregó su ganado al granizo y sus rebaños a los rayos. 49Sobre ellos desató el furor de su ira, derramando dolor y enemistad. Contra ellos mandó un ejército de ángeles destructores. 50Dio rienda suelta a su ira y no libró la vida de las egipcios, sino que los entregó a plagas. 51Luego mató al hijo mayor de cada familia egipcia: a cada retoño a lo largo de toda la tierra de Egipto.

52Pero a su pueblo lo guió como a un rebaño; seguro por el desierto. 53A salvo los guardó para que no temieran. Pero el mar se precipitó sobre los enemigos de ellos y se los tragó. 54Él los llevó a la frontera de su tierra santa, a esta tierra de colinas que para ellos él conquistó. 55Echó a las naciones que ocupaban la tierra, y a cada tribu de Israel le dio una porción de tierra como herencia.

56Pero aunque hizo todo esto por ellos, continuaron poniendo a prueba la paciencia de Dios; rebelándose contra el Dios Altísimo y negándose a cumplir sus mandatos. 57Fueron desleales y traidores, como sus padres; ¡tan falsos como un arco defectuoso! 58Lo hicieron enojar construyendo altares a otros dioses; con sus ídolos despertaron sus celos.

59Al ver esto, grande fue la ira de Dios, y él rechazó completamente al pueblo de Israel. 60Entonces abandonó su tabernáculo que estaba en Siló, en donde había morado entre los hombres, 61y permitió que el símbolo de su poder y gloria cayera cautivo en manos enemigas. 62Tan furioso estaba contra su propio pueblo, que dejó que los mataran a filo de espada. 63Sus jóvenes murieron a fuego, y sus doncellas perecieron sin haber alcanzado la edad de cantar sus cánticos nupciales. 64Sus sacerdotes fueron asesinados y sus viudas murieron sin que pudieran siquiera comenzar su lamento.

65Entonces se alzó el Señor como si hubiera estado durmiendo, como hombre poderoso que se despierta de un sueño causado por el vino; 66y derrotó a sus enemigos, y los rechazó, y los envió a eterna vergüenza. 67Desechó a la familia de José, no escogió a la tribu de Efraín, 68y eligió a la tribu de Judá, y al monte Sión, que él amaba. 69Allí edificó su imponente santuario, tan sólido y duradero como la tierra misma. 70Escogió a su siervo David, y lo llamó de los apriscos de las ovejas; 71y lo quitó de andar arriando los rebaños para que fuera el pastor de los descen-

78.65–72

dientes de Jacob, pastor de Israel el pueblo de Dios; 72 y él los cuidó con sincero corazón y mano diestra.

Salmo 79

Salmo de Asaf.

1 ¡Oh Dios, tu tierra ha sido conquistada por naciones paganas! Tu templo está profanado y Jerusalén es un montón de ruinas. 2 Han dejado los cadáveres de tus siervos como alimento de las aves del cielo; los cuerpos de tus fieles se han convertido en comida para los animales salvajes. 3 Su sangre ha corrido alrededor de Jerusalén como si fuera agua; no ha quedado nadie para que entierren a los muertos. 4 Nuestros vecinos se mofan de nosotros; somos el centro de las burlas de quienes nos rodean.

5 Señor, ¿hasta cuándo estarás enojado con nosotros? ¿Para siempre? ¿Hasta cuándo arderán tus celos como fuego? 6 Derrama tu ira sobre las naciones que no te reconocen, sobre los reinos que no claman a tu nombre. 7 Porque ellas han devorado a tu pueblo Israel, dejando su tierra desolada como un desierto. 8 ¡No nos condenes por nuestros antiguos pecados! Que tus tiernas misericordias satisfagan las necesidades nuestras, pues hemos sido abatidos hasta el polvo. 9 ¡Ayúdanos, Dios de nuestra salvación! Por la honra de tu nombre, ¡ayúdanos! ¡Sálvanos y perdona nuestros pecados! Por la honra de tu nombre. 10 ¿Por qué permitir a las naciones paganas que digan burlonas: «¿Dónde está el Dios de ellos?» ¡Muéstranos tu venganza en contra de las naciones que han derramado la sangre de tus siervos! 11 Escucha los suspiros de los prisioneros. Salva a los condenados a muerte, muestra la grandeza de tu poder. 12 Señor, véngate siete veces de nuestros vecinos por las burlas que han lanzado contra ti.

13 Entonces nosotros, pueblo tuyo, ovejas de tu prado, te expresaremos gratitud por los siglos de los siglos, y alabaremos tu grandeza de generación en generación.

Salmo 80

Al director musical. Sígase la tonada de «Los lirios del pacto». Salmo de Asaf.

1 Pastor de Israel, tú que guías a José como a un rebaño; tú que reinas sobre los querubines, ¡escucha mi súplica! ¡Muestra tu poder y resplandeciente gloria! 2 ¡Resplandece delante de Efraín, Benjamín y Manasés! ¡Muestra tu poder, y ven a salvarnos!

3 Restáuranos, oh Dios. Derrama sobre nosotros tu mirada; sólo entonces seremos salvos. 4 Oh Señor, Todopoderoso, ¿hasta cuándo estarás enojado contra nosotros y rechazarás nuestras oraciones? 5 Por comida, nos has dado tristeza; por bebida, nos has dado lágrimas en abundancia, 6 y nos has hecho despreciables para las naciones vecinas. Ellas se ríen.

7 Vuélvenos de nuevo a ti, oh Dios Todopoderoso. Derrama sobre nosotros tu mirada; sólo entonces seremos salvos. 8 Nos trajiste de Egipto como si fuéramos tierna viña, echaste a los paganos de tu tierra y nos plantaste. 9 Limpiaste el terreno para nosotros, echamos raíces y llenamos la tierra. 10 Los montes se cubrieron de nuestra sombra; fuimos como cedros imponentes llenos de ramas, 11 desde el mar Mediterráneo se extendieron nuestras ramas hasta el río Éufrates. 12 ¿Por qué has derribado nuestros muros, para que todo el que pase pueda robar nuestros frutos? 13 El jabalí del bosque nos devora, y los animales salvajes, y las bestias salvajes se alimentan de nosotros.

14 Regresa, te lo suplicamos, oh Dios Todopoderoso, y bendícenos. ¡Mira desde el cielo, contempla nuestra situación y cuida esta viña tuya! 15 ¡Es la raíz que plantaste con tu diestra! ¡Es el vástago que has criado para ti! 16 Porque nuestros enemigos nos han destrozado y quemado. ¡Que perezcan ellos con un solo movimiento de tus ojos! 17 Fortalece al que amas, al hijo elegido por ti, 18 y jamás te volveremos a abandonar. Revívenos para que volvamos a invocar tu nombre.

19 Vuélvenos de nuevo a ti, oh Dios Todopoderoso. Míranos con rostro resplandeciente; sólo entonces seremos salvos.

Salmo 81

Al director musical. Sígase la tonada de «La canción del lagar». Salmo de Asaf.

1 ¡El Señor nos fortalece! ¡Entonemos alabanzas! ¡Cantemos al Dios de Israel! 2 Cantemos con el acompañamiento de pandereta; y de la melodiosa lira y el arpa. 3 ¡Hagamos sonar la trompeta! Vayamos a las fiestas sagradas en tiempo de luna llena, en tiempos de luna nueva. 4 Porque así lo mandan las leyes de Israel; es una ley del Dios de Jacob. 5 Él hizo que fuera una orden para Israel, cuando hirió a Egipto para liberarnos. Oí una voz desconocida que decía: 6 «Ahora aliviaré tu hombro de su carga; liberaré tus manos de sus pesadas tareas». 7 Él dijo: «En medio de tu angustia me llamaste y yo te salvé; desde el nubarrón te respondí. En Meribá puse a prueba tu fe, cuando te quejaste por falta de agua. 8 Escúchame, pueblo mío, mientras te doy serias advertencias: ¡Ay Israel, si tan sólo me escucharas! 9 No tendrás ningún dios extranjero, ni te inclinarás ante ningún dios extraño. 10 Yo soy el Señor tu Dios, quien te sacó de la tierra de Egipto. ¡Pruébame! Abre bien la boca, y verás si no la lleno. ¡Recibirás toda la bendición que nece-

81.1–4 81.10

sites! 11¡Pero no, mi pueblo no quiere oír! Israel no me quiere a su lado. 12Entonces los entregué a su ceguera y necedad, a que vivieran como mejor les pareciera. 13Si mi pueblo tan sólo me escuchara, si Israel quisiera andar por mis caminos. 14 ¡Con qué rapidez sometería yo a sus enemigos! ¡Qué pronto caerían mis manos sobre los que están en su contra! 15Los que odian al SEÑOR se humillarían ante él, su desolación sería eterna. 16Pero a ti te daría él los más ricos manjares. Te daría miel de la peña hasta dejarte satisfecho».

Salmo 82

Salmo de Asaf.

1Dios está en el tribunal del cielo. Pronuncia sentencia contra los jueces. 2¿Hasta cuándo, jueces, tomarán decisiones injustas? ¿Hasta cuándo concederán favores especiales a los malvados? 3Juzguen rectamente al pobre y al huérfano, y al desvalido y al oprimido háganles justicia. 4Rescaten de las garras de los malvados al pobre y al necesitado. 5¡Pero qué necios e ignorantes son ustedes! Como están en tinieblas, los cimientos de la tierra se estremecen. 6Yo les he dicho: «Ustedes son dioses e hijos del Altísimo». 7Mas para la muerte, ustedes no son sino hombres. Caerán como cualquier príncipe, pues todos han de morir.

8¡Levántate, oh Dios, y juzga a la tierra! Todas las naciones te pertenecen.

Salmo 83

Cántico. Salmo de Asaf.

1¡Oh Dios, no te quedes silencioso e inactivo! 2¿No escuchas el tumulto de tus enemigos? ¿No ves lo que hacen estos hombres altivos que te detestan? 3Llenos de astucia hacen planes contra aquellos a quienes tú amas. 4Y dicen: «¡Vengan, destruyamos su nación! ¡Que el nombre de Israel no vuelva a recordarse!» 5Como un solo hombre se confabulaban, han hecho un pacto contra ti. 6Se trata de los ismaelitas, los edomitas, los moabitas y los agarenos; 7de los pueblos de las tierras de Gebal, Amón, Amalec, Filistea y Tiro. 8Asiria se ha unido con ellos también, y está aliada con los descendientes de Lot.

9Hazles lo que una vez hiciste a Madián, o lo que hiciste a Sísara y Jabín en el río Cisón, 10y lo que hiciste en Endor, que sus cuerpos se quedaron pudriéndose hasta que fertilizaron la tierra. 11Haz que sus poderosos nobles mueran como Oreb y Zeb; que mueran todos sus príncipes como Zeba y Zalmuna, 12quienes dijeron: «Vamos a adueñarnos de estas praderas de Dios».

13¡Oh Dios mío, espárcelos con un soplo como a polvo; como paja ante el viento; 14como incendio en el bosque que ruge por el monte. 15Persíguelos con tus tormentas, aterrorízalos con tus tempestades. 16SEÑOR, deshónralos hasta que acepten lo grande de tu nombre. 17Que sean siempre puestos en vergüenza, que perezcan humillados. 18Que sepan que tú eres el SEÑOR, que ése es tu nombre; que sepan que sólo tú eres el Altísimo sobre toda la tierra.

Salmo 84

Al director musical. Sígase la tonada de «La canción del lagar». Salmo de los hijos de Coré.

1¡Cuán hermoso es el lugar donde tú habitas, oh SEÑOR Todopoderoso! 2Casi me desmayo pues mi deseo más intenso es entrar en los atrios del SEÑOR; con todo mi ser, alma y cuerpo, alabaré alegremente al Dios viviente. 3Hasta los gorriones encuentran casa cerca de tus altares; y la golondrina hace allí su nido, para empollar a sus pequeños; oh SEÑOR Todopoderoso, mi rey y mi Dios. 4¡Dichosos quienes pueden morar en tu templo y cantar tus alabanzas!

5Dichosos quienes son fuertes en el SEÑOR y desean por sobre todo seguir tus pasos. 6Cuando atraviesen el Valle del Llanto se les convertirá en región de manantiales, donde los estanques se llenen de las lluvias de bendiciones. 7Continuamente crecerán en fortaleza y cada uno se presentará ante Dios en Sión.

8Oh SEÑOR Todopoderoso, escucha mi oración. Escucha, Dios de Israel. 9Oh Dios, defensor nuestro, ten piedad de aquel que ungiste como rey tuyo.

10Un sólo día en tu templo es mejor que mil en cualquier otro sitio. Preferiría ser portero del templo de mi Dios que vivir una vida cómoda en palacios de maldad. 11Porque el SEÑOR es nuestra luz y nuestra protección. Él nos da gracia y gloria. Ningún bien se les negará a quienes hagan lo que es justo.

12Oh SEÑOR Todopoderoso, son felices los que en ti confían.

Salmo 85

Al director musical. Salmo de los hijos de Coré.

1SEÑOR, has derramado admirables bendiciones sobre esta tierra. Has renovado el destino 2y has perdonado los pecados de tu pueblo; has sepultado sus culpas, 3de modo que tu ira, tu ardiente enojo, ya se ha apagado.

4Ahora regresa a nosotros, Dios de nuestra salvación. Haz a un lado tu enojo contra nosotros. 5¿O continuarás siempre enojado con nosotros? ¿Tu ira continuará hasta las más lejanas generaciones? 6¿No volverás a darnos nueva vida, para que tu pueblo se alegre en ti? 7SEÑOR, muéstranos tu inagotable amor, y concédenos tu salvación. 8Estoy atento a cuanto el SEÑOR está diciendo, porque da palabras de paz a su pueblo, a sus fieles. No los dejes regresar a sus caminos de

82.3–4 83.1–3 84.11–12 85.2

necedad. 9Ciertamente, su salvación está cerca de quienes lo honran; nuestra tierra estará
llena de su gloria.
10La misericordia y la verdad se encontraron.
La justicia y la paz se besaron. 11La verdad brota
de la tierra y la rectitud sonríe desde el cielo.
12Sí, el SEÑOR derrama sus bendiciones sobre la
tierra y ésta produce abundantes cosechas. 13La
justicia marcha delante de él para abrir el camino
a sus pasos.

Salmo 86

Oración de David.

1Inclínate y escucha mi oración, y respóndeme, porque necesito tu ayuda.
2Protégeme pues te soy fiel. Sálvame, porque
a ti te sirvo y en ti confío; tú eres mi Dios. 3Ten
piedad, oh SEÑOR, pues en ti espero continuamente.
4Dame la felicidad, SEÑOR, pues mi vida depende de
ti. 5¡Oh SEÑOR, qué bueno y perdonador eres; qué
gran amor tienes por todos los que te piden ayuda!
6Escucha atentamente mi oración, oh Dios.
Escucha mi urgente clamor. 7A ti clamaré cuando
me llegue la angustia, y tú me responderás.
8SEÑOR, no hay entre dioses paganos un Dios
como tú, ni hay milagros como los tuyos. 9Todas
las naciones que has creado vendrán y se inclinarán ante ti, SEÑOR, y alabarán tu grande y santo
nombre. 10Porque tú eres grande y haces grandes
maravillas. Sólo tú eres Dios.
11Enséñame tus caminos, SEÑOR, para que viva
de acuerdo a tu verdad. Concédeme un corazón
puro para que te honre. 12Con todo mi corazón
te alabaré, oh SEÑOR mi Dios. Daré gloria a tu
nombre eternamente, 13porque tu amor por mí
es muy grande. Me has rescatado de las profundidades del sepulcro.
14Oh Dios, hombres altivos se levantan contra
mí; gente violenta procura matarme. Para esa
gente tú no significas nada; 15pero tú, SEÑOR,
eres misericordioso y bueno, Dios, lento para
enojarte, y lleno de gran amor y verdad. 16Mírame
y ten compasión de mí. Dale fuerzas a este siervo tuyo; sí, sálvame, porque yo soy tu siervo.
17Dame una muestra de tu amor, para que los
que me odian se avergüencen, porque tú, SEÑOR,
me ayudas y me consuelas.

Salmo 87

Salmo de los hijos de Coré. Cántico.

1Sobre el santo monte está la ciudad fundada
por Dios. 2El SEÑOR ama los portones de Sión más
que a todas las casas de Jacob.
3De ti, ciudad de Dios, se dicen cosas gloriosas. 4Entre los que me reconocen puedo contar a
Rahab y a Babilonia, a Filistea y a Tiro, lo mismo
que a Cus. Se dice: «Éste nació en Sión» 5De Sión
se dirá, en efecto: «Éste y aquél nacieron en ella.
El Altísimo mismo la ha establecido». 6Cuando
el SEÑOR anote en el registro a las naciones, dirá:
«Éste ha nacido en Sión». 7Y mientras cantan y
bailan, dicen: «En ti se hallan todos mis orígenes».

Salmo 88

Cántico. Salmo de los hijos de Coré. Al director musical. Según majalat leannot.

Masquil de Hemán el ezraíta.

1SEÑOR, Dios de mi salvación, día y noche he
llorado delante de ti. 2Escucha ahora mi oración;
escucha mi súplica, 3porque mi vida está llena
de problemas, y la muerte se acerca. 4Me han
contado entre los muertos como si fuera uno
de ellos; como un hombre fuerte al que ya no
le queda más fuerza. 5Me han dejado para que
muera, parezco un cadáver. Me has olvidado y
arrebatado de tu cuidado.
6Me has arrojado al hoyo más profundo, al más
oscuro abismo. 7Tu enojo es como una pesada
carga para mí; como si fuera olas que me hunden.
8Has hecho que mis amigos me detesten, y ellos
se han alejado. Estoy en una trampa y no puedo
salir. 9Los ojos se me nublan de llorar. Cada día
te suplico que me ayudes; oh SEÑOR, extiendo mis
manos suplicantes pidiendo misericordia.
10¿De qué valdrán tus milagros cuando esté yo
en el sepulcro? ¿Pueden los muertos levantarse a
alabarte? 11¿Pueden los que están en el sepulcro
hablar de tu gran amor? ¿Pueden hablar en el
abismo destructor de tu fidelidad? 12¿Pueden las
tinieblas hablar de tus milagros? ¿Puede alguien
en la tierra del olvido hablar de tu justicia?
13Oh SEÑOR, a ti clamo y seguiré rogándote día
tras día. 14SEÑOR, ¿por qué me rechazas? ¿Por qué
escondes tu rostro de mi? 15Desde mi juventud he
sido enfermizo y he estado cercano a la muerte. Me
has enviado cosas terribles, y ante eso estoy indefenso y desesperado. 16Tu ira me agota; las cosas
terribles que me has enviado me han acabado.
17Todo el día me rodean como un mar. Me han
rodeado por completo. 18Me has quitado amigos
y seres queridos; ahora solo quedan las tinieblas.

Salmo 89

Masquil de Etán el ezraíta.

1Oh SEÑOR, por siempre cantaré la grandeza de
tu amor; por todas las generaciones proclamará mi boca tu fidelidad. 2Tu gran amor dura para
siempre; tu fidelidad dura tanto como los cielos.
3El SEÑOR Dios dice: «He hecho un pacto con mi
escogido; le he jurado a David mi siervo: 4"Estableceré tu dinastía para siempre, y afirmaré tu
trono por todas las generaciones"».
5Todo el cielo alabará tus milagros, SEÑOR;
millares de ángeles te alabarán por tu fidelidad.
6Porque ¿quién en todo el cielo puede compararse

85.9–13 86.1–12 86.15–16 89.1–4

con el Señor? ¿Qué ángel por más poderoso que sea, puede siquiera parecerse al Señor? 7Los poderes angelicales más altos se quedan temerosos ante Dios; él es más asombroso que ninguno de los que rodea su trono. 8Oh Señor, Dios Todopoderoso, ¿dónde hay otro tan poderoso como tú? La fidelidad es una de tus cualidades.

9Tú mandas a los océanos cuando sus olas se elevan en furiosa tempestad; tú las calmas. 10Tú eres el que aplasta al gran monstruo marino; dispersas a tus enemigos con tu brazo poderoso. 11Tuyos son los cielos y la tierra; todo en el mundo es tuyo. Tú lo creaste todo. 12Tú creaste el norte y el sur. Los montes Tabor y Hermón cantan alegres a tu nombre. 13Poderoso es tu brazo. Fuerte es tu mano. Tu mano derecha se eleva con gloriosa fortaleza.

14Dos fuertes columnas sostienen tu trono: una es la justicia y la otra la rectitud. La verdad y tu amor están ante ti como tus servidores. 15Dichosos aquellos que escuchan el alegre llamado a la adoración; porque ellos caminarán en la luz de tu presencia, Señor. 16Todo el día se alegran en tu maravillosa fama y en tu justicia son enaltecidos. 17Tú eres su fuerza gloriosa. ¡Nuestro poder se funda en tu favor! 18Sí, nuestra protección viene del Señor, y él, el Santo de Israel, es nuestro rey.

19Una vez en una visión hablaste a tu profeta y dijiste: «Le he dado mi ayuda a un joven valiente; lo he elegido de entre el pueblo para que sea rey. 20¡Es mi siervo David! Lo he ungido con mi aceite sagrado. 21Le daré firmeza y lo haré fuerte. 22No lo superará el enemigo ni lo vencerán los malos. 23Aplastaré delante de él, a los que están en su contra; destruiré a quienes lo odian. 24Mi fidelidad y mi gran amor lo acompañarán, y por mí su poder se levantará. 25Gobernará desde el río Éufrates hasta el mar Mediterráneo. 26Y él me dirá: Tú eres mi Padre, mi Dios y la roca de mi salvación.

27»Yo lo trataré como a primogénito mío y lo haré el más grande rey de toda la tierra. 28Lo amaré para siempre, y para siempre seré bondadoso con él; mi pacto con él no terminará jamás. 29Siempre tendrá un heredero. Su trono será tan eterno como los días del cielo. 30Si sus hijos se desvían de mis leyes y no viven de acuerdo a ellas; 31si ellos no obedecen mis órdenes y no cumplen mis mandamientos; 32entonces castigaré con vara su pecado y con azotes su desobediencia. 33pero nunca lo dejaré de amar ni mis promesas le faltarán. 34No, no romperé mi pacto; no me arrepentiré de ninguna de las palabras que dije. 35Porque a David le juré, y yo que soy santo, no puedo mentir, 36que su descendencia continuará para siempre y que su trono es tan seguro como lo es el sol. 37Será tan eterno como la luna, fiel testigo mío en el cielo».

38Pero tú lo has rechazado. ¿Por qué enojarse tanto con aquel que elegiste por rey? 39Has renunciado a tu pacto con él. Porque tú has echado su corona en el polvo. 40Has quebrantado los muros que lo protegían y has convertido en ruinas todas las fortalezas que lo defendían. 41Todos los que pasan le roban, mientras sus vecinos se burlan. 42Has fortalecido a sus enemigos contra él y los has llenado de alegría. 43Has hecho que su espada no sirva para nada y te has negado a darle ayuda en la batalla. 44Has puesto fin a su esplendor y has derribado su trono. 45Lo has hecho que se haga viejo antes de tiempo y lo has avergonzado frente a todos.

46Oh Señor, ¿hasta cuándo seguirá esto? ¿Te ocultarás de mí para siempre? ¿Hasta cuándo arderá como fuego tu ira? 47¡Acuérdate de lo corta que es mi vida! Es una vida vacía e inútil la de los mortales. 48Ningún ser humano puede vivir eternamente. Todos morirán. ¿Quién puede librar su vida del poder del sepulcro?

49Señor, ¿dónde está el amor que me tenías?; ¿dónde la bondad que prometiste a David con fiel juramento? 50Señor, mira cómo todos desprecian a tus siervos; como llevo en mi corazón los insultos de muchos pueblos. 51Tus enemigos se burlan de mí, oh Señor, del que tú ungiste como rey de ellos. 52¡Bendito sea el Señor por siempre! ¡Amén y amén!

Salmo 90

Oración de Moisés, hombre de Dios.

1¡Señor, tú has sido nuestro refugio en todas las generaciones! 2Antes que los montes fueran creados, antes que la tierra fuera formada, tú eras Dios sin principio ni fin.

3Tú haces que el ser humano vuelva al polvo, cuando dices: «Vuelve al polvo». 4¡Mil años son como el día de ayer para ti! ¡Son como unas cuantas horas! 5Acabas con la gente como si fueran sueños que desaparecen; como hierba que nace en la mañana, 6que al amanecer brota verde y fresca, y por la noche ya está marchita y seca. 7Morimos bajo tu ira; tu enojo es como una carga muy pesada para nosotros. 8Frente a ti extiendes nuestros pecados, nuestros pecados secretos, y los ves todos. 9Vivimos nuestras vidas bajo tu ira. Llegamos al fin de nuestras vidas como en un suspiro.

10Algunos llegamos a vivir hasta setenta años, quizás algunos alcancemos hasta los ochenta. Pero aun los mejores años de entre todos ellos, están llenos de dolor y problemas; pronto pasan y nosotros pasamos con ellos. 11¿Quién puede darse cuenta de los terrores de tu ira? ¿Quién de nosotros puede temer tu gran ira como debe?

89.15 89.19 89.30–34 89.48

12Enséñanos a contar bien nuestros días para
que nuestro corazón se llene de sabiduría.
13Oh Señor vuelve a nosotros. ¿Cuánto tardarás?
Ten compasión de tus siervos. 14Llénanos con
tu amor por la mañana, y toda nuestra vida
cantaremos de alegría. 15Hemos sufrido días y
años; ¡devuélvenos ahora esos días y años en
alegría! 16Que volvamos a ver tus milagros;
que nuestros hijos vean maravillas; como las
que antes hacías. 17Que el Señor nuestro Dios nos
muestre su favor. Que el trabajo de nuestras
manos tenga éxito; sí, que el trabajo de nuestras
manos tenga éxito.

Salmo 91

1El que vive al abrigo del Altísimo, descansará bajo la sombra del Todopoderoso.
2Yo le digo al Señor: «Tú eres mi refugio y
en ti estoy seguro; eres mi Dios, y en ti confío».
3Porque él te libra de todas las trampas y te protege de plagas mortales. 4Él te cubrirá con sus
plumas y bajo sus alas encontrarás refugio. ¡Sus
fieles promesas son tu armadura y protección!
5No tienes que temer al terror de la noche, ni
asustarte por los peligros del día, 6ni atemorizarte
por las plagas que se ocultan en las tinieblas ni
por los desastres del mediodía.
7Podrán caer mil al lado tuyo, y al otro lado
diez mil casi muertos, pero el mal a ti no te tocará. 8Lo verás tú mismo; verás como castiga a
los malvados. 9Si haces del Señor tu refugio, del
Altísimo tu protección, 10ningún mal te dominará;
ninguna calamidad llegará a tu hogar.
11Porque él ordena a sus ángeles que te protejan por dondequiera que vayas. 12Te sostendrán
con sus manos y evitarán que tropieces con las
piedras del camino. 13Pisotearás al león y a la
serpiente venenosa; aplastarás a leones feroces
y víboras bajo tus pies.
14Porque el Señor dice: «Por cuanto me ama, yo
lo libraré; lo protegeré porque confía en mi nombre. 15Cuando me llame, yo responderé; estaré con
él en la angustia, lo libraré y lo honraré. 16Le daré
muchos años de vida y le daré mi salvación».

Salmo 92

Salmo para cantarse en sábado.

1Bueno es darle gracias al Señor, cantarle alabanzas al Dios Altísimo.
2Proclamar tu gran amor por la mañana y tu
fidelidad por la noche, 3acompañados por la
música del arpa, el laúd y la lira. 4¡Me maravilla, oh Señor, lo que tu has hecho por mí!
Canto de puro júbilo por las obras que haces.
5¡Oh Señor, qué grandes milagros haces! ¡Y
qué profundos son tus pensamientos! 6Sólo un
ignorante no sabría esto, sólo un necio no lo
entendería: 7que si bien los malvados florecen
como malas hierbas, lo único que les espera es
eterna destrucción. 8Pero el Señor permanece
para siempre, exaltado en los cielos, 9mientras
tus enemigos, Señor, perecerán; todos los malhechores, serán esparcidos.
10Tú me has dado vigor como de toro salvaje.
¡Cómo me han reconfortado tus bendiciones! 11Mis
ojos han visto la caída de mis enemigos y mis
oídos han escuchado la derrota de los malvados
que están en contra mía. 12Pero los justos florecerán como la palmera, y crecerán como
los cedros del Líbano. 13Porque son transplanta-
dos al huerto del Señor, y están en los atrios de
nuestro Dios. 14Aun en su vejez producirán fruto
y estarán llenos de vida y verdor. 15Ellos proclamarán: «El Señor es justo; él es mi Roca y en él
no hay injusticia».

Salmo 93

1¡El Señor es rey! Se ha revestido de majestad,
de majestad se ha revestido y se ha armado con
poder. Ha establecido al mundo con firmeza; no
lo sacudirán.
2Tu trono desde el principio se estableció, y
tú desde siempre has existido. 3Los poderosos
océanos braman, Señor. Los poderosos océanos
braman como truenos; los poderosos océanos
braman cuando sus olas se rompen en la playa.
4Pero el Señor, en las alturas, se muestra poderoso; más poderoso que el estruendo de las muchas
aguas. 5Tus reales decretos no cambian. La santidad, Señor, es lo que hace a tu reino diferente.

Salmo 94

1Señor, Dios de las venganzas; Dios de las
venganzas, ¡manifiéstate! 2Levántate, Juez de la
tierra. Dales su merecido a los soberbios. 3Señor,
¿hasta cuándo se le permitirá al malvado que se
burle? 4¡Escucha su arrogancia! ¡Cómo se vanaglorian estos malvados! 5Mira cómo oprimen a
tu pueblo; oh Señor; lastimando a los que amas.
6Matan a las viudas y a los extranjeros; a los
huérfanos los asesinan. 7Y hasta dicen: «El Señor
no ve; al Dios de Israel no le importa».
8Entiendan esto, gente necia; ¿cuándo, insensatos, lo van a comprender? 9¿Será sordo el que
hizo las orejas? ¿Estará ciego el que formó los
ojos? 10Él castiga a las naciones; ¿no los castigará
a ustedes también? Él lo sabe todo; ¿no sabrá
también lo que están naciendo?
11El Señor conoce los pensamientos humanos,
y sabe que son inútiles. 12Dichosos aquellos a los
que tu corriges, Señor; a los que tú instruyes en
tu ley. 13Tú les das tranquilidad en tiempos de
angustia mientras que al malvado se le cava una
fosa. 14El Señor no abandonará a su pueblo;

90.10–12 90.14 90.16–17 91.1–16 92.1–2
92.4–5 92.12–15

porque son su especial propiedad. 15El juicio volverá a ser justo y todos los de recto corazón tendrán su recompensa.

16¿Quién me protegerá de los malvados? ¿Quién estará de mi parte en contra de los malhechores? 17Si el SEÑOR no me hubiera ayudado, yo habría muerto. 18Yo grité: «¡Me resbalo, SEÑOR!» y tu gran amor, SEÑOR, me sostuvo.

19SEÑOR, cuando en mí la angustia iba en aumento, tu consuelo llenaba mi alma de alegría. 20¿Pueden los gobernantes injustos decir que tú estás de su parte; gobernantes que se apoyan en sus propias leyes para hacer maldad? 21Ellos acusan a la gente recta y condenan a muerte al inocente. 22El SEÑOR es mi fortaleza; mi Dios es la gran roca donde puedo refugiarme. 23Dios ha hecho que los pecados de los malvados se vuelvan contra ellos mismos. Él los destruirá por sus pecados. El SEÑOR nuestro Dios los destruirá.

Salmo 95

1¡Vengan, cantemos al SEÑOR con júbilo! Aclamaremos a la roca de nuestra salvación.

2Vayamos ante él con corazón agradecido. Cantémosle salmos de alabanza. 3Porque el SEÑOR es un gran Dios, el gran Rey de todos los dioses. 4En sus manos están los abismos de la tierra, suyas son las cumbres de los montes. 5Suyo es el mar porque él lo hizo; con sus manos formó la tierra firme. 6Vamos, arrodillémonos ante el SEÑOR nuestro hacedor, 7porque él es nuestro Dios. Nosotros somos el pueblo al que él vigila, ovejas de su rebaño a las que cuida. ¡Ah, que hoy escucharan ustedes su llamado y acudieran a él!

8No endurezcan su corazón como lo hizo Israel en el desierto, en Meribá y Masá. 9Porque allí sus padres dudaron de mí y me pusieron a prueba, a pesar de haber visto mis obras. ¡Cómo abusaron de mi paciencia con sus quejas! 10«Cuarenta años estuve enojado con ellos, y dije: "Son un pueblo cuyo corazón está muy lejos de mí. No quieren hacer lo que les digo". 11Así que, en mi enojo, hice un juramento: "Jamás entrarán en mi reposo"».

Salmo 96

1Canten al SEÑOR un cántico nuevo. Canten al SEÑOR habitantes de toda la tierra. 2Cantemos sus alabanzas. Bendigamos su nombre, cada día proclamemos las buenas noticias de que él salva.

3Publiquen por toda la tierra sus gloriosos hechos, Hablen con todos de las admirables obras que hace. 4Grande es el SEÑOR y digno de alabanza, más respetado que todos los dioses. 5Porque los dioses de otras naciones no son más que ídolos, pero nuestro Dios hizo los cielos. 6Honra y majestad lo rodean; fortaleza y belleza hay en su templo.

7Naciones del mundo, confiesen que sólo Dios es glorioso y fuerte. 8Denle la gloria que merece. Traigan sus ofrendas vengan y adórenlo. 9Alaben al SEÑOR en la majestad de su santuario; que tiemble delante de él la tierra. 10Digan a todas las naciones: ¡El SEÑOR es rey! Él ha formado el mundo con firmeza; jamás será removido. Él juzga a todos los pueblos con justicia.

11¡Alégrense los cielos, gócese la tierra; que ruja de alabanza el mar con todo lo que hay en él. 12¡Canten alegres los campos y sus cosechas! ¡Canten jubilosos los árboles del bosque! 13Porque el SEÑOR viene a juzgar la tierra. Con justicia y verdad juzgará a las naciones.

Salmo 97

1¡El SEÑOR es rey! ¡Regocíjese la tierra entera! Que las más lejanas islas se alegren.

2Rodeado está de nubes y tinieblas. Rectitud y justicia son el fundamento de su trono. 3El fuego va delante de él y consume a todos sus enemigos. 4Su relámpago ilumina todo el mundo. Lo ve la tierra y tiembla. 5Las montañas se funden como cera delante del SEÑOR, dueño de toda la tierra. 6Los cielos declaran su justicia; todas las naciones contemplan su gloria.

7Sean avergonzados los adoradores de ídolos, todos los que presumen de sus inútiles dioses, porque todo dios tiene que inclinarse ante él. 8Sión y todas las ciudades de Judá han oído de tu justicia, SEÑOR, y se alegran. 9Porque tú eres el SEÑOR Altísimo, por encima de todos los dioses.

10El SEÑOR ama a quienes odian el mal; él protege la vida de sus fieles, y los libra de los malvados. 11La luz resplandece sobre los justos y la alegría sobre los que hacen lo recto. 12Sean felices en el SEÑOR todos los justos y alaben su santo nombre.

Salmo 98

1Canten al SEÑOR un cántico nuevo porque ha hecho maravillas, porque ha obtenido una gran victoria mediante su poder y santidad.

2Ha anunciado su victoria y ha revelado su justicia a cada nación. 3Él ha recordado su promesa de amar y ser fiel a Israel. La tierra entera ha visto la salvación de nuestro Dios. 4¡Aclamen al SEÑOR toda la tierra! ¡Exalten al SEÑOR con alabanzas y alegres cantos!

5Entonemos nuestra alabanza al son del arpa y de coros melodiosos. 6Resuenen los clarines y trompetas. ¡Hagan una jubilosa sinfonía ante el SEÑOR, el Rey! 7¡Que ruja de alegría el mar con todo lo que hay en él; también el mundo y todos sus habitantes! Clamen la tierra y todos sus habitantes: «¡Gloria al SEÑOR!»

94.14–15 95.2 95.6–7 96.4–9 98.2–3

8¡Que los ríos aplaudan con alegría y que los montes canten con gozo al SEÑOR! 9Porque el SEÑOR viene a juzgar la tierra. Él juzgará al mundo con justicia y a los pueblos con igualdad.

Salmo 99

1¡El SEÑOR es rey! ¡Tiemblen las naciones! Él tiene su trono entre querubines: que se estremezca toda la tierra. 2Grande es el SEÑOR en Sión, y soberano sobre todas las naciones de la tierra, 3Sea alabado su grande y maravilloso nombre, ¡él es santo!

4Rey poderoso, que amas la justicia: tú has establecido igualdad y has actuado con justicia por todo Israel. 5¡Exaltemos al SEÑOR, nuestro Dios! Inclinémonos hasta sus pies para adorarlo porque él es santo.

6Moisés y Aarón estaban entre sus sacerdotes, y Samuel también clamó su nombre. Ellos suplicaron al SEÑOR su ayuda y él les respondió. 7Les habló desde la columna de nube y ellos siguieron las leyes y mandamientos que él les dio. 8SEÑOR y Dios nuestro, tú les respondiste y les perdonaste sus pecados, pero los castigaste cuando procedieron mal.

9Exalten al SEÑOR nuestro Dios; adórenlo en su santo monte: ¡Santo es el SEÑOR nuestro Dios!

Salmo 100

Salmo de acción de gracias.

1Aclamen alegres al SEÑOR, habitantes de toda la tierra; 2adoren al SEÑOR con regocijo. Preséntense ante él con cántico de júbilo.

3Reconozcan que el SEÑOR es Dios; él nos hizo, y somos suyos. Somos su pueblo y ovejas de su prado.

4Entremos por sus puertas con canciones de alabanza y gratitud. Démosle gracias y bendigamos su nombre. 5Porque el SEÑOR es bueno. Y su gran amor es eterno; su fidelidad está con nosotros para siempre.

Salmo 101

Salmo de David

1Quiero cantar al amor y a la justicia: quiero, SEÑOR, cantarte salmos.

2Trataré de vivir una vida sin mancha, pero ¿cuándo vendrás en mi ayuda? Quiero portarme en mi propia casa como debo. 3Me negaré siquiera a mirar lo despreciable y vulgar. Aborrezco las acciones tramposas; nada tendré que ver con ellas. 4Alejaré de mí toda mala intención; me alejaré de todo mal. 5No toleraré a nadie que en secreto calumnie a su prójimo; y no permitiré la vanidad ni el orgullo. 6Mantendré mis ojos sobre los fieles de la tierra, para que habiten conmigo seguros. Sólo quienes tengan una conducta intachable serán siervos míos. 7Pero no permitiré engañadores en mi casa; a los que mienten no se les permitirá estar en mi presencia. 8Diariamente me dedicaré a descubrir a los delincuentes y a librar de sus garras a la ciudad de Dios.

Salmo 102

Oración de un afligido que, a punto de desfallecer, da rienda suelta a su lamento ante el SEÑOR.

1¡Escucha, SEÑOR, mi oración! ¡Escucha mi súplica!

2No te apartes de mí cuando estoy angustiado. Inclina tu oído y respóndeme pronto cuando te llamo, 3porque mis días se desvanecen como el humo, y mis huesos arden como rojas brasas. 4Mi corazón está enfermo y se marchita como la hierba; ¡hasta he perdido el apetito! 5Por causa de mis gemidos, se me pueden contar los huesos. 6Soy como un búho en el desierto, o como una lechuza solitaria en un lugar lejano y despoblado. 7Me paso las noches sin dormir, como solitario gorrión en el tejado.

8Mis enemigos se burlan de mí día tras día y me maldicen. 9Me alimento de cenizas en vez de comida. Por tu enojo en contra mía, por tu ira, mis lágrimas caen en lo que bebo. 10Porque tú me levantas para luego tirarme. 11Pasa veloz mi vida como las sombras de la noche. Me voy marchitando como la hierba 12mientras tú, oh SEÑOR, reinas para siempre. Tu fama permanecerá por todas las generaciones.

13Yo sé que vendrás y te apiadarás de Sión; y éste es el tiempo de compadecerla, el tiempo en que prometiste que nos ayudarías. 14Porque tú pueblo ama cada piedra de sus muros y se enternece por cada grano del polvo de sus calles. 15¡Las naciones temblarán ante el SEÑOR; los reyes de la tierra temblarán ante su gloria! 16Porque el SEÑOR reconstruirá a Sión. Él surgirá en su gloria.

17Él escuchará las oraciones de los desamparados, y no rechazará sus ruegos.

18Qué se escriba esto para las futuras generaciones, y que el pueblo que será creado alabe al SEÑOR. 19Diles que Dios miró desde su templo en los cielos, 20para escuchar los gemidos de su pueblo en esclavitud, y liberar a los condenados a muerte. 21Y la fama del SEÑOR se proclamará en Sión, y sus alabanzas en Jerusalén, 22cuando todos los pueblos y los reinos se reúnan para adorar al SEÑOR.

23En el curso de mi vida acabó Dios con mis fuerzas; me redujo los días. 24Por eso dije: «No me lleves, Dios mío, a la mitad de mi vida; tú permaneces por todas las generaciones. 25En tiempos pasados tú pusiste las bases de la tierra, e hiciste con tus manos los cielos. 26Ellos pere-

99.9 100.1–5 101.2–8 102.1–4 102.12 102.18

cerán, pero tú permanecerás para siempre. Ellos se desgastarán como vestiduras viejas, y tú como ropa los cambiarás, y los dejarás a un lado. 27Pero tú eres siempre el mismo, y tus años no tienen fin. 28Los hijos de tus siervos vivirán seguros, y sus descendientes prosperarán en tu presencia».

Salmo 103

Salmo de David.

1Alaba, alma mía al Señor; alabe todo mi ser su santo nombre. 2Alaba, alma mía, al Señor, y no olvides ninguna de las cosas buenas que él te da. 3Él perdona todos tus pecados y sana todas tus enfermedades, 4y rescata tu vida del sepulcro. Te rodea de tierno amor y misericordia. 5Llena tu vida de cosas buenas. Te rejuvenece como a las águilas. 6Él hace justicia a cuantos son tratados injustamente. 7A Moisés dio a conocer sus caminos, y al pueblo de Israel sus obras.

8El Señor es misericordioso y compasivo, es lento para enojarse y está lleno de amor. 9No nos acusa constantemente, ni permanece enojado para siempre. 10No nos ha castigado conforme a lo que merecemos por todos nuestros pecados, 11porque su misericordia para los que le temen es tan grande como la altura de los cielos sobre la tierra. 12Ha arrojado nuestros pecados tan lejos de nosotros como está el oriente del occidente. 13El Señor es para nosotros como un padre, compasivo para con los que le temen. 14Porque él sabe lo débiles que somos, sabe que somos polvo. 15Nuestros días en esta tierra son como la hierba, como la flor del campo que florece y muere, 16y que el viento se lleva y desaparece para siempre.

17Pero el amor del Señor permanece para siempre con aquellos que le temen. Su salvación está con los hijos de sus hijos, 18con los que cumplen su pacto y se acuerdan de cumplir sus mandamientos. 19El Señor ha hecho de los cielos su trono; desde allí gobierna sobre cuanto existe. 20Bendigan al Señor, ustedes sus ángeles, ustedes poderosas criaturas que escuchan y cumplen cada uno de sus mandatos. 21Alaben al Señor, todos sus ejércitos, siervos suyos que cumplen su voluntad.

22Alabe al Señor todo lo que él ha creado en todos los rincones de su reino. ¡Alaba, alma mía al Señor!

Salmo 104

1¡Alaba, alma mía, al Señor! Dios mío, qué grande eres tú. Estas revestido de honor y majestad. 2Te cubres de luz como con un manto; extiendes los cielos como un velo. 3Afirmas sobre las aguas tus altos aposentos y haces de las nubes tus carros de guerra. ¡Tú cabalgas en las alas del viento! 4Haces de los vientos tus mensajeros, y de las llamas de fuego tus servidores.

5Tú pusiste la tierra sobre sus cimientos, y de allí nunca se moverá. 6Vestiste la tierra con torrentes de agua que cubrieran las montañas. 7Pero a tu reprensión huyeron las aguas; ante el estruendo de tu voz se dieron a la fuga. 8Las montañas salieron y los valles se hundieron hasta el lugar que tú les diste. 9Luego pusiste límite a los mares, para que nunca más cubrieran la tierra.

10Tú haces que los manantiales viertan sus aguas en las cañadas, y que los riachuelos fluyan en abundancia desde las montañas. 11Ellas suministran agua para todos los animales. Allí apagan su sed los burros salvajes, 12y las aves anidan junto a las corrientes y cantan entre las ramas de los árboles. 13Desde tu casa en las nubes, envías la lluvia sobre las montañas, y llenas la tierra con el fruto de tu trabajo. 14Haces que crezca la hierba para el ganado, y las plantas que la gente cultiva para sacar de la tierra su alimento, 15y vino para alegrarlo, y aceite de oliva como loción para su piel, y pan para fortalecerlo. 16Los árboles del Señor están bien regados, los cedros del Líbano que él plantó. 17Allí las aves hacen sus nidos, y en los cipreses tiene su hogar las cigüeñas. 18En lo alto de los montes hay pasto para las cabras monteses, y en sus rocas hallan refugio los tejones.

19Él destinó la luna para marcar los meses, y el sol para marcar los días. 20Tú envías la oscuridad, y cae la noche, y es cuando los animales del bosque salen a buscar su presa. 21Entonces rugen los leoncillos pidiendo alimento, pero en manos del Señor están. 22Cuando amanece regresan para ocultarse y reposar en sus guaridas, 23y la gente sale para cumplir con sus tareas, ellos trabajan hasta que las sombras de la noche caen otra vez. 24¡Señor, qué variedad de cosas has hecho! ¡Y con qué sabiduría has hecho todo! La tierra está llena de tus criaturas.

25Allí está el mar, ancho e infinito, que abunda en animales, grandes y pequeños, cuyo número es imposible conocer. 26¡Mira como navegan los barcos, y al Leviatán que tú hiciste para que jugara en el mar! 27Cada uno de estos animales espera de ti que a su tiempo le des su alimento. 28Tú se lo das, y ellos lo recogen. Abres tu mano para alimentarlos, y ellos quedan satisfechos.

29Pero si te apartas de ellos, se aterran; si les quitas el aliento, mueren y vuelven al polvo.

30Envías entonces tu Espíritu y nace nueva vida, para volver a llenar de seres vivientes la tierra. 31Que la gloria del Señor dure para siempre. El Señor se alegra en todo lo que ha creado. 32Él mira la tierra y la hace temblar; las montañas se incendian cuando él las toca.

102.27–28 103.1–5 103.7–22

33Cantaré al Señor mientras viva. Alabaré al Señor mientras me quede aliento. 34Deseo que a él le agraden todos estos pensamientos, pues él es la fuente de toda mi alegría. 35Desaparezcan de la tierra todos los pecadores; que los malvados desaparezcan para siempre. ¡Alaba, alma mía, al Señor! ¡Aleluya! ¡Alabado sea el Señor!

Salmo 105

1Den gracias al Señor por todas las maravillas que hace; proclámenlo a todas las naciones. 2Cántenle, sí, cántenle alabanzas; y hablen a todos de sus milagros. 3¡Siéntanse orgullosos de su santo nombre; adoradores de Dios, alégrense!

4Busquen al Señor y su fortaleza; sigan siempre buscándolo.

5Recuerden las maravillas que él ha hecho, los milagros y los juicios que de él hemos recibido. 6¡Ustedes, hijos de Abraham, siervo de Dios! ¡Ustedes, descendientes de Jacob, el elegido de Dios! 7Él es el Señor Dios nuestro. Su gobierno se ve por doquier en la tierra. 8Aunque pasen mil generaciones, él jamás olvida sus promesas. 9Es el pacto que él hizo con Abraham, el juramento que le hizo a Isaac. 10Se lo confirmó a Jacob como una ley, al pueblo de Israel como un pacto eterno, 11cuando dijo: «Te daré la tierra de Canaán como la herencia que te toca». 12Él dijo esto cuando sólo eran unos cuantos en número, un grupo muy pequeño en la tierra de Canaán. 13Andaban siempre de nación en nación y de reino en reino, 14pero en todo a nadie permitió que los oprimiera, por ellos reprendió a los reyes: 15«No toquen a mis ungidos; no hagan daño a mis profetas», advirtió. 16Hizo venir el hambre sobre la tierra de Canaán, cortando su fuente de alimento. 17Luego, envió delante de ellos a José, al que vendieron como esclavo a Egipto. 18Allá en la cárcel le sujetaron los pies con grilletes y le pusieron la cabeza en cepo de hierro, 19hasta que llegó el tiempo de que se cumpliera lo que él predijo y el Señor probó el carácter de José. ¡Cómo le probó Dios su paciencia! 20Entonces el faraón lo mandó llamar y lo puso en libertad, el gobernante de la nación abrió las puertas de su prisión. 21Pusieron a su cargo todo lo que le pertenecía al faraón, él mandaba sobre todas las cosas que eran del faraón. 22Él podía instruir a su antojo a los ayudantes del rey, y enseñar a sus consejeros.

23Y luego Israel llegó a Egipto y vivió allí, como un extranjero, en la tierra de Cam. 24El Señor hizo que su pueblo se multiplicara; lo hizo más numeroso que sus enemigos. 25En esas circunstancias, Dios enemistó a los egipcios contra los israelitas; y conspiraron en contra de los siervos del Señor.

26Pero Dios envió a su siervo Moisés, junto con Aarón, a quien había escogido; 27ellos hicieron señales maravillosas entre los egipcios, y milagros en la tierra de Cam. 28El Señor envió tinieblas, y la tierra se oscureció, pero ellos no atendieron a sus palabras. 29Convirtió en sangre sus aguas y causó la muerte de sus peces. 30Todo Egipto se infestó de ranas; ¡hasta las habitaciones del rey! 31Cuando él habló, moscas y mosquitos cubrieron como nubes a Egipto de un extremo al otro. 32En vez de lluvia envió mortal granizo, y los rayos sobrecogieron a la nación. 33Sus viñas y sus higueras se arruinaron; todos los árboles quedaron despedazados. 34Dio una orden y millares de langostas acudieron, ¡muchísimos saltamontes! 35Devoraron toda la vegetación y destruyeron todas las cosechas. 36Luego mató al hijo mayor de cada familia egipcia: el orgullo y alegría de cada familia. 37Sacó de Egipto a su pueblo, cargado de oro y plata; en aquel tiempo no había entre ellos débiles. 38Egipto se alegró de que se fueran, porque le inspiraban profundo terror.

39Él extendió sobre ellos una nube para protegerlos del sol abrasador, y les dio una columna de fuego por la noche para iluminarlos. 40Pidieron carne y les mandó codornices, y les dio maná: pan del cielo. 41Él abrió una roca, y de ella brotó agua que formó un río por entre la tierra seca y estéril; 42porque él recordó su sagrada promesa a Abraham su siervo.

43Sacó a su pueblo, a sus escogidos, con gozo y alegría. 44Les entregó las tierras de los gentiles, cosecharon lo que otros habían plantado. 45Esto se hizo para que siguieran y obedecieran sus leyes. ¡Aleluya! ¡Alabado sea el Señor!

Salmo 106

1¡Aleluya! ¡Alabado sea el Señor! ¡Qué bueno eres! Tu amor hacia nosotros es eterno. 2¿Quién puede proclamar las proezas del Señor, o expresar toda su alabanza?

3Dichosos los que tratan a los demás con justicia y siempre hacen lo que es justo.

4Cuando te compadezcas de tu pueblo, acuérdate también de mí, oh Señor; ven a mí con tu salvación. 5Hazme compartir el bienestar de tus escogidos, participar en la alegría de tu pueblo, y alabarte con aquellos que son tu herencia.

6Mucho hemos pecado nosotros y nuestros padres; hemos hecho mal y actuado con perversidad. 7Cuando nuestros antepasados estaban en Egipto, no tomaron en cuenta los milagros de Dios; pronto se olvidaron de sus hechos bondadosos hacia ellos. Por el contrario, se rebelaron contra Dios en el Mar Rojo. 8Pero aun así Dios los salvó para honrar su nombre y mostrar su gran poder. 9Ordenó al Mar Rojo dividirse, y formar un camino seco, tan seco como el desierto.

104.33–34 105.14–15 105.41–45 106.1–3 106.6–8

10Los libró de sus enemigos del poder de quienes
los odiaban. 11Luego el agua volvió, cubrió a sus
enemigos; ni uno se salvó.

12Entonces por fin su pueblo creyó en sus promesas. Finalmente le cantaron alabanzas.

13Pero ¡muy pronto olvidaron lo que él había
hecho, y no esperaron para conocer sus planes.
14En el desierto se entregaron a sus deseos; en los
páramos pusieron a prueba a Dios. 15Entonces les
concedió lo que pedían, pero les envió una plaga.
16En el campamento tuvieron envidia de Moisés
y de Aarón, el sacerdote consagrado al Señor.
17Por esto se abrió la tierra y se tragó a Datán,
sepultó a Abirán y a sus seguidores. 18Cayó del
cielo fuego para consumir a estos malvados; las
llamas devoraron a sus seguidores. 19En Horeb
hicieron un becerro; se postraron ante un ídolo
hecho de oro. 20Cambiaron a su Dios glorioso por
la estatua de un buey que come hierba. 21Ellos
se olvidaron de Dios, su salvador, el que había
hecho grandes cosas en Egipto: 22milagros en
la tierra de Cam, y maravillas en el Mar Rojo
23Dios amenazó con destruirlos, pero no lo hizo
por Moisés, su escogido, que se puso ante él en
la brecha e impidió que su ira los destruyera.

24Menospreciaron esa bella tierra; pues no creyeron en la promesa de Dios. 25Por el contrario,
refunfuñaron en sus tiendas de campaña, y no
obedecieron al Señor. 26Por tanto él juró que los
mataría en el desierto, 27que esparciría a sus descendientes entre las naciones y que serían extranjeros en tierras lejanas. 28Entonces, nuestros
padres se sometieron al yugo de Baal Peor y
comieron de las ofrendas a ídolos sin vida. 29Con
todo esto provocaron el enojo del Señor y entonces
una plaga se desató entre ellos. 30Pero Finés
tuvo el valor de levantarse y hacer justicia, y
la plaga se detuvo. 31A él se le considera como un
hombre justo desde entonces.

32También en Meribá, hicieron enojar al Señor,
y a Moisés le fue mal por culpa de ellos, 33pues
lo sacaron de quicio y él habló sin pensar lo que
decía. 34No destruyeron los pueblos de esa tierra,
tal como se los había ordenado el Señor, 35sino
que se mezclaron con los paganos y aprendieron
sus malas costumbres, 36y ofrecieron sacrificio a
sus ídolos y esto los hizo caer. 37Sacrificaron sus
hijos e hijas a los demonios. 38Derramaron sangre inocente, la sangre de sus hijos e hijas. Al
sacrificarlos a los ídolos de Canaán, contaminaron con su sangre la tierra. 39Sus malas acciones
los contaminaron, pues su amor a los ídolos era
adulterio a los ojos de Dios. 40Por eso la ira del
Señor ardió contra su pueblo; a su misma heredad aborreció. 41Por eso los entregó a las naciones
paganas, y los gobernaron quienes los odiaban.
42Sus enemigos los oprimieron, y los sometieron a su cruel poder.

43Una y otra vez los libró, pero ellos continuaban rebelándose contra él, y finalmente
fueron destruidos por su pecado. 44Aun así, él se
compadecía de ellos en su angustia y escuchaba
sus lamentos. 45Se acordaba del pacto que había
hecho con ellos, y por su gran amor les tuvo compasión. 46Hizo que quienes los tenían cautivos,
les tuvieran compasión.

47¡Señor, Dios nuestro, sálvanos! Vuelve a reco-
gernos de entre las naciones para que podamos dar
gracias a tu santo nombre, regocijarnos y alabarte.

48¡Bendito por los siglos de los siglos sea el
Señor, el Dios de Israel! ¡Diga todo el pueblo:
«¡Aleluya! ¡Alabado sea el Señor!»

Salmo 107

1Den gracias al Señor, porque él es bueno, su
gran amor durará por siempre. 2¿Te ha redimido el Señor? ¡Pues dilo! Cuenta a otros que te
ha salvado de tus enemigos.

3Reunió a quienes estaban desterrados en
muchos países, de oriente y de occidente, del
norte y del sur. 4Errantes y sin hogar andaban
por el desierto, 5hambrientos y sedientos casi se
mueren. 6«¡Señor, ayúdanos!», clamaron en su
angustia, y él los libró de su dolor. 7Los llevó a
vivir a un lugar seguro hasta una ciudad donde
ellos pudieran vivir. 8¡Que den gracias al Señor
por su gran amor, por sus maravillosas obras
que ha hecho para su bien! 9Porque él satisface
al sediento y llena de bien al hambriento.

10Algunos habitan en la oscuridad, en las más
densas tinieblas, miserables prisioneros encadenados. 11Ellos se rebelaron contra las palabras de
Dios, tuvieron en poco el consejo del Altísimo. 12Por
eso los quebrantó con duro trabajo; cayeron y
nadie los ayudó a levantarse otra vez. 13Entonces
clamaron al Señor en su angustia, y él los salvó
del sufrimiento. 14Los sacó de la oscuridad y de las
densas tinieblas y rompió sus cadenas. 15¡Que den
gracias al Señor por su gran amor, y por sus maravillosas obras que ha hecho para su bien! 16Porque
él hizo pedazos las puertas de bronce de su prisión
y cortó sus barrotes de hierro. 17Algunos fueron
necios en su rebeldía, sufrieron por sus pecados.
18Habían perdido el apetito y tenían a la muerte
cerca. 19«¡Señor, ayúdanos!», clamaron en su
angustia, y él los salvó de su dolor. 20Él habló
y fueron sanados, arrebatados de las puertas de la
muerte. 21¡Que den gracias al Señor por su gran
amor, y por las maravillosas obras que ha hecho
para su bien! 22¡Que ofrezcan sacrificios de gratitud, y canten por sus gloriosas obras!

23Algunos se hicieron a la mar en barcos; navegando las rutas comerciales del mundo. 24Tam-

106.30–31 106.42–45 107.1–9 107.19–20

bién ellos observaron el poder de Dios en acción, sus obras impresionantes, allí, en las aguas profundas. 25Habló y se desató un fuerte viento, se encresparon las olas. 26Sus barcos eran lanzados hacia el cielo y volvían a hundirse hacia lo profundo; los navegantes temblaban aterrorizados. 27Tropezaban y se tambaleaban como ebrios y no hallaban qué hacer. 28«¡Señor, ayúdanos!», clamaron en su angustia, y él los salvó de su dolor. 29Cambió la tempestad en brisa, calmó las olas. 30¡Qué bendición cuando hubo calma, cuando él los llevó a salvo al puerto! 31¡Que den gracias al Señor por su gran amor, y por sus maravillosas obras que ha hecho para su bien! 32Alábenlo ante la congregación y ante los dirigentes de la nación.

33Él convirtió los ríos en desierto, y los manantiales en tierra seca; 34y transformó la tierra fértil en terrenos salitrosos, por la maldad de sus habitantes. 35Pero también transformó los desiertos en fuentes de aguas, la tierra seca en abundantes manantiales. 36Lleva a los hambrientos a establecerse allí y a edificar sus ciudades, 37a cultivar sus campos y plantar sus viñas, y a recoger magníficas cosechas. 38¡Cómo los bendice! Allí crían numerosas familias y sus rebaños aumentan.

39Pero si disminuyen y empobrecen es por la opresión, los problemas y la tristeza. 40Dios derrama su desprecio sobre los príncipes y los hacen vagar sin rumbo por los desiertos; 41pero libra a los pobres de su miseria y hace que sus familias crezcan como rebaño. 42Los rectos verán estas cosas y se alegrarán, mientras los malvados serán acallados.

43Quien sea sabio, que entiende estas cosas y vea el gran amor del Señor.

Salmo 108

Cántico. Salmo de David.

1Mi corazón, oh Dios, está listo para cantarte himnos. ¡Voy a despertarme!

2¡Despierten, también, arpa y lira! ¡Voy a despertar al nuevo día!

3Te alabaré, Señor, entre todos los pueblos; te cantaré alabanzas entre todas las naciones. 4Porque tu gran amor es más alto que los cielos; tu fidelidad llega hasta el firmamento. 5Exaltado seas, oh Dios, sobre los cielos, y tu gloria brille sobre la tierra. 6Sálvanos con tu poderosa diestra, y rescata a tu amado pueblo.

7Dios ha prometido por su santidad: «Con alegría repartiré Siquén, y dividiré el valle de Sucot. 8Mío es Galaad, y también Manasés; la tierra de Efraín es el yelmo de mi cabeza, Judá es mi cetro. 9Moab es mi fiel sirviente, Edom mi esclavo; sobre Filistea lanzo gritos de triunfo».

10¿Quién me llevará a la ciudad fortificada? ¿Quién me dará la victoria sobre Edom? 11Señor, ¿nos has desechado? ¿Has abandonado ☼nuestros ejércitos? 12¡Oh, ayúdanos a combatir a nuestros enemigos, pues los hombres son aliados inútiles! 13Pero con tu ayuda realizaremos grandes proezas. Porque él aplasta a nuestros enemigos.

Salmo 109

Al director musical. Salmo de David.

1¡Oh Dios, alabanza mía, no te quedes callado! 2Los malvados me calumnian y dicen mentiras. 3Con sus palabras de odio me inquietan, y sin razón alguna me buscan pleito. 4Yo los amo, pero aun mientras oro por ellos, ellos están procurando destruirme. 5Pagan mal por bien, y odio por mi amor.

6Pon en su contra a un malvado; haz que un acusador los lleve a juicio. 7Que los declaren culpable al ser juzgado. Considera pecado sus oraciones. 8Que sus años sean pocos; que otro tome su lugar. 9Que sus hijos queden huérfanos y viuda su esposa, 10que sus hijos anden vagando como mendigos; que los echen de su hogar en ruinas. 11Que los acreedores se apoderen de todas sus propiedades y los extraños tomen cuanto ha ganado. 12Que nadie sea generoso con ellos; que nadie se apiade de sus hijos huérfanos. 13Que mueran sus descendientes. Que en una sola generación desaparezca su apellido. 14Castiga los pecados de su padre. No olvides el pecado de su madre. 15Piensa continuamente en los males que han hecho, y arranca su nombre de la memoria de los hombres.

16Porque no quiso hacer el bien a otros, persiguió hasta la muerte a pobres, a necesitados y a los quebrantados de corazón. 17Se gozaba en maldecir al prójimo; maldícelo tú ahora. Nunca bendijo a otros; no lo bendigas ahora. 18La maldición es parte de él como sus vestidos, o como al agua que bebe, o como los manjares que come.

19Vuélvanse ahora esas maldiciones contra él y que sean parte de él como la ropa; que lo aprieten como su cinturón. 20Así sea el castigo del Señor sobre mis enemigos que me calumnian y me amenazan de muerte.

21Pero tú, Señor soberano, trátame bien por causa de tu nombre; líbrame porque tú eres bueno y fiel.

22Porque soy pobre y estoy necesitado, y mi corazón está lleno de dolor. 23Me estoy desvaneciendo como una sombra cuando anochece; estoy cayendo como un saltamontes al que se le sacude con facilidad. 24y la piel se me pega a ✝los huesos. 25Soy símbolo de fracaso para toda la humanidad; cuantos me miran menean la cabeza.

☼108.12–13 ✝109.25—Ma 27.39

26¡Ayúdame, Señor, y Dios mío! ¡Sálvame! Por tu
gran amor.27Hazlo en público, para que todos vean
que tú lo has hecho. 28Después, que me maldigan
si quieren; pero tú me bendecirás, pues entonces
todos sus esfuerzos por destruirme fracasarán, pues
yo soy tu siervo y seguiré regocijándome.

29¡Que todos vean su humillación, cúbrelos
con un manto de vergüenza! 30Pero yo daré
repetidas gracias al Señor, y lo alabaré ante
todos. 31Porque él defiende al necesitado, para
salvarlo de quienes lo condenan.

Salmo 110

Salmo de David.

1Así dijo el Señor a mi Señor: Siéntate a mi
derecha hasta que humille a tus enemigos
poniéndolos por estrado de tus pies. 2El Señor
establecerá tu trono en Sión para que gobiernes,
desde allí sobre tus enemigos. 3Cuando vayas a la
guerra, tu pueblo te apoyará gustoso; tu traje de
guerra será un traje de gala, y tu fuerza se renovará día tras día como el rocío de la mañana.

4El Señor ha jurado, y no cambiará su voto:
Tú eres sacerdote eternamente como Melquisedec. 5Dios está a tu lado para protegerte. En el
día de su ira aplastará a muchos reyes. 6Castiga-
rá a las naciones y las llenará de sus muertos.
Aplastará muchas cabezas en toda la tierra.
7Beberá de un arroyo junto al camino, y por lo
tanto cobrará nuevas fuerzas.

Salmo 111

1¡Aleluya! Agradeceré al Señor con todo mi corazón en compañía de los rectos. 2Que grandes
son las obras del Señor; todos los que en ellas
se deleitan deben pensar en ellas. 3Todo lo
que él hace revela su gloria y majestad. Su
justicia nunca falta.

4¿Quién podrá olvidar las maravillas que él
hace? ¡El Señor es bondadoso y misericordioso!
5Él da alimento a quienes en él confían; jamás
olvida su pacto. 6Él ha mostrado su gran poder a su
pueblo dándole la tierra de otras naciones. 7Todo
cuanto él hace es justo y bueno, y todas sus leyes
son rectas, 8no cambian nunca, deben obedecerse
fielmente. 9Él ha pagado el precio del rescate por
su pueblo, y estableció con ellos su pacto para
siempre. ¡Su nombre es santo e imponente!

10El principio de la sabiduría es el temor al
Señor. La recompensa para todos los que lo
obedecen es la sabiduría. ¡Alabemos su nombre
por siempre!

Salmo 112

1¡Aleluya!¡Alabado sea el Señor! Dichosos los
que se deleitan en cumplir sus mandamientos
y temen al Señor.
2Sus hijos prosperarán en todos lados; la descendencia de los justos será bendecida. 3Ellos mismos tendrán riqueza, y sus buenas acciones
nunca serán olvidadas. 4Cuando los cubran las
tinieblas, de repente brillará la luz. Ellos son
generosos, misericordiosos y justos. 5Todo le
sale bien a los que son generosos y manejan
honradamente sus asuntos.

6Esas personas no serán derrotadas por las
perversas circunstancias. Los justos serán para
siempre recordados. 7Ellos no tienen miedo de
recibir malas noticias; pues están confiados en
que el Señor los cuidará. 8Por eso no tienen miedo
y pueden enfrentar victoriosamente a sus enemigos. 9Dan generosamente a los necesitados. Sus
buenas acciones jamás serán olvidadas. Tendrán
influencia y honra.

10Los malvados se enfurecerán al ver esto,
rechinarán los dientes furiosos y se escabullirán,
sus esperanzas no se cumplirán.

Salmo 113

1¡Aleluya! ¡Alabado sea el Señor! Alaben, siervos del Señor, alaben el nombre del Señor.
2Bendito es su nombre por los siglos de los siglos.
3¡Alábenlo desde el amanecer hasta que el sol se
ponga! 4Porque él está muy por encima de las
naciones; su gloria es mucho más grande que
los cielos.

5¿Quién podrá compararse con el Señor nuestro Dios, que tiene su trono en las alturas? 6Allá
por debajo de él están los cielos y la tierra; él se
inclina a mirar, 7y levanta al pobre del polvo,
y al necesitado del basurero, 8y los hace sentarse entre los príncipes, con los príncipes de su
pueblo. 9Él da hijos a la mujer estéril, un hogar
para que sea una madre feliz. ¡Aleluya! ¡Alabado
sea el Señor!

Salmo 114

1Hace mucho tiempo, cuando Israel salió de
Egipto, de una tierra extraña, 2la tierra de Judá
se convirtió en el santuario de Dios e Israel, en
su reino.

3El Mar Rojo los vio venir y rápidamente huyó
ante ellos. El río Jordán se volvió atrás. 4Las montañas saltaron como chivos, y las colinas como
corderos. 5¿Qué te pasó, Mar Rojo, qué te hizo
huir? Río Jordán, ¿qué le ocurrió a tus aguas?
¿Por qué se volvieron atrás? 6Por qué, ustedes los
montes saltaron como chivos? ¿Por qué, ustedes
colinas, saltaron como corderos?

7Tiembla, oh tierra, ante la presencia del Señor,
el Dios de Jacob, 8porque él hizo que de la roca
surgiera un estanque, del pedernal surgieran
torrentes de agua.

109.30 110.1–He 1.3 110.4—He 6.20 111.3–4
111.10 112.1–3 112.5–8 113.1–3 113.7–9

Salmo 115

1La gloria, Señor, no es para nosotros, sino para ti; por causa de tu gran amor y tu fidelidad. 2¿Por qué permitir que digan las naciones: «¿Dónde está su Dios?»

3Porque él está en los cielos, y hace lo que quiere. 4Pero los ídolos de ellos son imágenes de oro y plata hechas por manos de hombres. 5No pueden hablar ni ver, aunque tengan ojos y boca. 6No pueden oír con sus oídos, ni pueden oler con su nariz, 7ni palpar con sus manos y tienen pies pero no pueden caminar. Ni pueden permitir un solo sonido con su garganta. 8Y quienes los fabrican o adoran son tan necios como sus ídolos.

9¡Israel, confía en el Señor! Él es tu ayudador. Él es tu escudo. 10Sacerdotes de Aarón, confíen en el Señor. Él es su ayudador; él es su escudo. 11Todos ustedes, que temen al Señor, confíen en él. Él es su ayudador; él es su escudo.

12El Señor nos recuerda y seguramente nos bendecirá. Bendecirá al pueblo de Israel, a los sacerdotes de la familia de Aarón, 13y a todos, grandes y pequeños que le temen.

14Que el Señor te bendiga ricamente a ti y a tus hijos. 15Sí, el Señor, que hizo el cielo y la tierra te bendecirá. 16Los cielos pertenecen al Señor, pero él ha dado la tierra a toda la humanidad.

17Los muertos no pueden entonar alabanzas al Señor, porque han bajado al silencio de la tumba, 18pero nosotros sí, nosotros lo alabamos para siempre. ¡Aleluya! ¡Alabado sea el Señor!

Salmo 116

1Amo al Señor; porque él escucha mis plegarias y las contesta. 2Porque se inclina y escucha, oraré a él mientras tenga aliento.

3Los lazos de la muerte me enredaron; el terror del sepulcro me sorprendió, solo veía problemas y tristeza. 4Entonces clamé: «¡Señor, sálvame!» 5¡Cuán bondadoso es él! ¡Cuán bueno es! ¡Qué misericordioso es este Dios nuestro! 6El Señor protege a la gente sencilla; estaba yo muy débil, y él me salvó. 7Ahora puedo descansar, porque el Señor ha sido bueno conmigo. 8Me ha salvado de la muerte, ha enjugado mis lágrimas y me ha librado de tropiezo. 9¡Viviré! ¡Sí, en su presencia, aquí en la tierra! 10Creo en ti, por eso digo: «Me encuentro muy angustiado, Señor». 11En mi desesperación he exclamado: «Todos son unos mentirosos».

12Y ahora, ¿cómo puedo pagarle al Señor por tanta bondad que me ha mostrado? 13Levantaré una copa como símbolo de su salvación y alabaré su nombre por haberme salvado. 14¡Cumpliré mis promesas al Señor en presencia de todo su pueblo! 15Sus amados son muy preciosos para él; le causa tristeza cuando ellos mueren.

16Señor, soy tu siervo; sí, soy tu siervo y el hijo que tú has hecho; ¡tú has roto mis cadenas! 17Te ofreceré sacrificio de gratitud e invocaré, Señor, tu nombre. 18¡Cumpliré mis promesas al Señor en presencia de todo su pueblo, 19en los atrios de la casa del Señor, en medio de ti, oh Jerusalén! ¡Aleluya! ¡Alabado sea el Señor!

Salmo 117

1Alaben al Señor, naciones todas. Alábenlo todos los pueblos de la tierra. 2Porque grande es su amor por nosotros; la fidelidad del Señor es para siempre. ¡Aleluya! ¡Alabado sea el Señor!

Salmo 118

1Den gracias al Señor, porque él es bueno; su gran amor perdura para siempre. 2Que diga el pueblo de Israel: «Su gran amor perdura para siempre». 3Que digan los sacerdotes de la familia de Aarón: «Su gran amor perdura para siempre». 4Que digan los que temen al Señor: «Su gran amor perdura para siempre».

5En angustia clamé al Señor y él me respondió y me libró. 6Él está de mi parte, no tendré miedo. ¿Qué podrá hacerme un simple mortal? 7El Señor está de mi parte; él me ayudará. ¡Yo veré triunfante a los que me odian! 8Mejor es confiar en el Señor que confiar en los hombres. 9Mejor es confiar en el Señor que confiar en los poderosos.

10Aunque naciones enemigas me rodeen, yo las destruiré a todas en el nombre del Señor. 11Sí, me rodean y me atacan pero yo las destruiré a todas en el nombre del Señor. 12Se me echan encima como enjambre de abejas; se levantan contra mí como llama rugiente. Pero yo las destruiré a todas en el nombre del Señor. 13Hiciste cuanto pudiste por matarme, enemigo mío, pero el Señor me ayudó. 14Él es mi fortaleza y mi canción; mi victoria es él. 15Cantos de júbilo y victoria se elevan en las casas de los justos. El brazo poderoso del Señor ha hecho cosas maravillosas. 16El brazo poderoso del Señor se levanta triunfante. El brazo poderoso del Señor ha hecho cosas maravillosas. 17No moriré sino viviré para narrar todos sus hechos. 18El Señor me ha castigado, pero no me entregó a la muerte.

19Ábranme las puertas de la justicia para que entre yo a dar gracias al Señor. 20Esas puertas llevan a la presencia del Señor, y por ellas entran los justos. 21Oh Señor, gracias por contestar mi oración y salvarme.

22La piedra que los constructores rechazaron se ha convertido en piedra angular. 23¡Esto es obra del Señor, y nos deja maravillados! 24Este es el día que ha hecho el Señor; regocijémonos y alegrémonos. 25Señor, sálvanos. Señor, concédenos la victoria. 26Bendito el que viene en el

115.12-18 118.5-9 118.14-17 118.19-21 118.24-25

nombre del SEÑOR. Te bendecimos desde la casa
del SEÑOR.
27El SEÑOR es Dios y nos ilumina. Traigan al
frente el sacrificio y déjenlo en el altar. 28Tú
eres mi Dios, y te alabaré. Tú eres mi Dios, y
te exaltaré. 29¡Den gracias al SEÑOR, porque él es
bueno! Su gran amor permanece para siempre.

Salmo 119

1Dichosos los que van por caminos perfectos,
los que andan conforme a la ley del SEÑOR.
2Dichosos los que obedecen sus normas, y lo buscan con todo su corazón. 3No hacen compromisos
con el mal y sólo andan en los caminos de él.
4Nos has ordenado cumplir cuidadosamente
tus mandamientos. 5¡Que se puedan ver tus leyes
en lo que yo hago! 6Entonces no seré avergonzado, cuando compare mi vida con tus mandamientos.
7Cuando aprenda tus leyes justas, te mostraré
mi gratitud viviendo como debo. 8Obedeceré tus
normas, no me abandones.
9¿Cómo puede mantenerse íntegro el joven?,
viviendo conforme a tu palabra. 10Me he esforzado cuanto he podido por hallarte: no permitas
que me desvíe de tus mandamientos. 11He ateso-
rado tu palabra en mi corazón, para no pecar
contra ti.
12Bendito SEÑOR, enséñame tus normas. 13He
repetido en voz alta todas tus leyes, 14y en ellas
me he regocijado más que en las riquezas.
15En ellas meditaré y las acataré plenamente.
16Me deleitaré en tus normas y no olvidaré tu
palabra.
17Bendice a tu siervo dándole vida para que pueda continuar obedeciéndote. 18Abre mis ojos para
que vean las maravillas de tu ley. 19En esta tierra
soy un extranjero; necesito que tus mandamientos
me guíen, no los escondas de mí. 20Estoy agobiado
continuamente por el deseo de conocer tus leyes.
21Tú reprendes a los malditos orgullosos, a
los que se apartan de tus mandamientos. 22No
les permitas que se burlen de mí y me insulten
porque obedezco tus normas. 23Pues hasta los
poderosos se confabulan contra mí; pero yo
meditaré en tus decretos. 24Tus leyes son mi
deleite y también mis consejeras.
25Estoy tirado en el polvo completamente
desalentado; dame vida conforme a tu palabra.
26Te hablé de mi forma de vivir y tú respondiste.
¡Enséñame tus decretos! 27Ayúdame a entender el significado de tus mandamientos, y
meditaré en tus maravillas.
28Lloro de angustia; anímame con tu palabra. 29No permitas que me engañe a mí mismo;
concédeme el privilegio de conocer tu ley. 30He
optado por el camino de la fidelidad, he escogido
tus juicios. 31Yo me apego a tus decretos; SEÑOR,
no me hagas pasar vergüenza. 32Si tú me ayudas,
correré para seguir tus mandamientos.
33Enséñame, SEÑOR, a seguir cada uno de tus
decretos. 34Dame entendimiento y obedeceré
tu ley; y la cumpliré con todo mi corazón. 35Haz
que yo ande por la senda de tus mandamientos,
porque es ahí donde encuentro la felicidad.
36¡Ayúdame a preferir tus decretos y a no amar
el dinero! 37Aparta mi vista de las cosas sin valor,
y dame vida conforme a tu palabra. 38Confírmame
tu promesa, que es para aquellos que te honran.
39Ayúdame a dejar mis vergonzosos caminos;
porque tus leyes son todo lo que quiero en la vida.
40¡Anhelo obedecer tus mandamientos! Renueva
mi vida con tu justicia. 41SEÑOR, dame tu gran
amor y la salvación que me prometiste. 42Así
tendré una respuesta para los que me desprecian,
porque yo confío en tu palabra.
43No me arrebates tu palabra de verdad, porque mi única esperanza está puesta en tus
leyes. 44Obedeceré tus leyes por toda la eternidad.
45Viviré con libertad, porque he buscado tus mandamientos. 46Hablaré a los reyes de tus decretos,
y no me avergonzaré.
47¡Cuánto amo yo tus leyes! ¡Cómo me gozo en
tus mandamientos! 48Yo amo tus mandamientos,
y hacia ellos levanto mis manos; meditaré en
tus decretos.
49Recuerda las promesas que le hiciste a tu
siervo, porque son mi única esperanza. 50Tus
promesas me dan vida; me consuelan en
medio de mi angustia. 51Los orgullosos me ofenden hasta el colmo pero yo no me aparto de tu
ley. 52Medito en tus leyes que no son nuevas, oh
SEÑOR, y me consuelan.
53Estoy muy enojado con los malvados que
rechazan tus mandamientos, 54porque estas
leyes tuyas han sido la canción de mi vida en
todos estos años de mi peregrinaje. 55SEÑOR, por
la noche evoco tu nombre; ¡quiero cumplir tu
ley! 56Lo que a mí me corresponde es obedecer
tus preceptos.
57¡SEÑOR, tú eres mío! ¡Yo prometo obedecer tu
palabra! 58De todo corazón deseo tus bendiciones.
Sé misericordioso como lo prometiste. 59Pensé
en el rumbo que llevaba mi vida, y cambié para
seguir tus normas. 60Me apresuro sin tardanza
para obedecer tus mandamientos. 61Los malos
han procurado arrastrarme al pecado, pero yo
estoy firmemente anclado en tus leyes.
62A media noche me levantaré para darte gracias
por tus leyes justas. 63Soy amigo de todos los
que te honran, de todos los que observan tus
preceptos. 64SEÑOR, la tierra está llena de tu gran
amor. ¡Enséñame tus decretos!

118.28 119.1–8 119.9–12 119.15–16 119.24
119.27–30 119.33–35 119.41 119.43–45
119.50 119.63–68

65Has hecho muchas cosas buenas por mí,
Señor, tal como lo prometiste. 66Ahora enséñame buen juicio y sabiduría. Porque creo en tus
mandamientos. 67Yo anduve desviado hasta que
tú me disciplinaste, ahora obedezco tu palabra.
68Tú eres bueno y sólo haces el bien; enséñame
tus decretos.

69Los orgullosos han inventado calumnias en
mi contra, pero lo cierto es que yo obedezco tus
mandamientos de todo corazón. 70Sus corazones
son torpes y necios, pero yo me deleito en tu ley.

71Me hizo bien haber sido afligido, pues me
enseñó a poner atención a tus leyes. 72Ellas son
para mí más valiosas que millones en oro y plata.

73Señor, tú me hiciste, tú me creaste; dame
ahora entendimiento para seguir tus mandamientos. 74Que todos los que te honran se regocijen al verme, porque he puesto mi esperanza
en tu palabra.

75Señor, yo sé que tus juicios son justos, y que
me disciplinaste porque lo necesitaba. 76Aho-
ra, que tu gran amor me consuele, tal como
lo prometiste a tu siervo. 77Rodéame de tus tiernas misericordias para que viva. Porque tu ley
es mi deleite.

78Que sean avergonzados los orgullosos, porque mienten acerca de mí. Pero yo meditaré en
tus mandamientos.

79Que me reconcilie con todos los que te temen
y conocen tus normas. 80Sea mi corazón íntegro
hacia tus decretos, para que yo no sea avergonzado. 81Esperando tu salvación se me va la vida;
pero he puesto mi esperanza en tu palabra. 82Mis
ojos se esfuerzan por ver cumplidas tus promesas.
¿Cuándo me consolarás? 83Parezco odre marchito
por el humo, agotado de esperar. Pero todavía
me aferro a tus leyes y las obedezco. 84¿Cuánto
tendré que esperar hasta que castigues a quienes
me persiguen? 85Estos orgullosos que detestan tu
verdad y tus leyes han cavado profundos pozos
para que yo caiga. 86Todos tus mandamientos son
confiables. Protégeme de aquellos que sin razón
me persiguen. 87Casi habían acabado conmigo,
y sin embargo me negué a ceder y a desobedecer tus leyes. 88Por tu gran amor, salva mi vida;
entonces podré seguir obedeciendo tus decretos.

89Tu palabra, Señor, es eterna, y permanece
firme en el cielo. 90Tu fidelidad se extiende a
cada generación, y permanece como la tierra que
formaste. 91Tus leyes siguen siendo verdaderas
hoy, porque todo está de acuerdo a tus planes.
92Si tus leyes no hubieran sido mi alegría, la
angustia me habría matado. 93Jamás me olvidaré de tus mandamientos, pues con ellos me
has dado vida. 94Tuyo soy; ¡sálvame, porque he
procurado vivir de acuerdo a tus mandamientos!
95Aunque los malvados se oculten por el camino
para matarme, yo tranquilamente meditaré en
tus decretos.

96Aun la perfección tiene sus límites, pero tus
mandamientos no tienen límites. 97¡Oh, cuánto amo tu ley! Pienso en ella todo el día. 98Me
hace más sabio que mis enemigos, porque siempre
está conmigo. 99Sí, tengo más entendimiento que
mis maestros, porque siempre medito en tus normas. 100Soy más sabio que los ancianos, porque he
obedecido tus mandamientos.

101He rehusado seguir la senda del mal porque
permaneceré obediente a tu palabra. 102No, no
me he apartado de tus leyes, porque tu me has
enseñado bien. 103Qué dulces son tus palabras a
mi paladar; son más dulces que la miel. 104Por
tus mandamientos tengo entendimiento; por eso
aborrezco todas las formas equivocadas de vivir.

105Tu palabra es una lámpara a mis pies, y
una luz en mi sendero. 106Lo prometí una vez y
lo prometeré otra vez: que obedeceré tus maravillosas leyes.

107Señor, he sufrido mucho; devuélveme la
vida, tal como me lo prometiste. 108Acepta la
expresión de mi gratitud y enséñame tus leyes.
109Mi vida cuelga de un hilo, pero yo no dejaré
de obedecer tus leyes. 110Los malvados me han
puesto trampas, pero no me apartaré de tus mandamientos. 111Tus decretos son mi tesoro; son el
deleite de mi corazón. 112Cumpliré tus normas
para siempre y hasta el fin.

113Aborrezco a los que no se deciden a obedecerte;
pero mi elección es clara: amo tu ley. 114Tú eres
mi refugio y mi escudo; y tus promesas son mi
única fuente de esperanza. 115Apártense de mi camino, gente perversa, que quiero obedecer los mandamientos de mi Dios. 116Señor, sósténme como lo
prometiste, y viviré; no defraudes mis esperanzas.
117Sósténme, y estaré a salvo; y meditaré en tus
decretos continuamente.

118Tú rechazas a los que se desvían de tus
decretos, porque sólo maquinan falsedad. 119Tú
desechas como escoria a los malvados de la tierra;
por eso amo tus decretos. 120El temor a ti me hace
temblar; temo tus juicios.
121No me abandones en manos de mis enemigos,
porque yo he hecho lo recto y justo. 122Asegura una
bendición para mí. No permitas que los orgullosos
me opriman. 123Mis ojos se nublan en espera de tu
liberación; en espera del cumplimiento de tu promesa. 124Soy tu siervo, trátame de acuerdo a
tu gran amor; y enséñame tus decretos. 125Dame
entendimiento, soy tu siervo; y así conoceré tus
decretos.

126Señor, ya es tiempo de que actúes. Porque
estos malvados han violado tus leyes. 127Verdade-

119.73 119.76–77 119.89–90 119.93
119.97–109 119.114 119.125

ramente amo tus mandamientos más que el oro finísimo. 128Toda ley de Dios es recta. Yo detesto toda senda falsa.

129Tus decretos son maravillosos; con razón los obedezco. 130La enseñanza de tus palabras dan luz, aun el sencillo puede entenderlas. 131Jadeante abro la boca porque anhelo tus mandamientos. 132Ven y ten misericordia de mí como lo haces con quienes aman tu nombre. 133Guía mis pasos conforme a tu promesa; no dejes que me domine la iniquidad. 134Líbrame de la opresión de los malvados; entonces podré obedecer tus mandamientos. 135Mírame con amor; enséñame tus decretos. 136Ríos de lágrimas brotan de mis ojos, porque la gente desobedece tu ley.

137Oh Señor, tú eres justo y tus juicios son rectos. 138Tus decretos son perfectos, y dignos de confianza. 139Me consume el enojo por la forma en la que mis enemigos han desechado tus palabras. 140He puesto a prueba tus promesas por completo y es por eso que las amo tanto. 141Indigno soy y despreciado, pero no olvido tus mandamientos. 142Tu justicia es eterna, y tu ley es la verdad. 143En mi angustia y tribulación tus mandamientos son mi alegría. 144Tus decretos son siempre justos; ayúdame a comprenderlos y viviré.

145Oro a ti con todo el corazón; respóndeme, Señor; y obedeceré tus decretos. 146A ti clamo: «¡Sálvame!» Así podré cumplir tus decretos. 147Muy de mañana, antes de salir el sol, clamo a ti pidiendo ayuda; en tus palabras he puesto mi esperanza. 148Me quedo despierto en la noche para meditar en tus promesas. 149Conforme a tu justicia, salva mi vida.

150Ya vienen contra mí esos hombres sin ley; andan lejos de tu ley. 151Pero tú estás cerca, Señor, todos tus mandamientos son verdad. 152Desde mis primeros días he sabido que tu voluntad no cambia nunca. 153Mira mis penas y líbrame, pues no he olvidado tu ley. 154Defiende mi causa; ponte de mi lado. Protege mi vida como lo prometiste. 155Los malvados están lejos de la salvación porque ellos no buscan tus decretos. 156Señor, cuán grande es tu misericordia; devuélveme la vida conforme a tu justicia.

157Muchos me persiguen y me causan problemas, pero yo no me aparto de tu voluntad. 158Detesté a esos traidores porque tu palabra no les importa nada. 159Señor, mira cuánto amo tus mandatos. Devuélveme ahora la vida conforme a tu gran amor. 160Todas tus palabras son verdad; todas tus leyes son justas y permanecen para siempre.

161Grandes hombres me han perseguido sin causa, pero mi corazón solamente teme a tu palabra. 162En tu palabra me regocijo como quien descubre un gran tesoro. 163¡Cómo detesto toda falsedad, y cómo amo tus leyes! 164Te alabaré siete veces al día porque tus leyes son justas. 165Los que aman tus leyes tienen profunda paz y no tropiezan. 166Anhelo tu salvación, Señor, y por eso he obedecido tus mandamientos. 167He obedecido tus decretos, y los amo mucho. 168Sí, he obedecido tus mandamientos y decretos, porque tu sabes todo lo que hago.

169Oh Señor, escucha mi clamor, dame el sentido común que prometiste. 170Escucha mis plegarias. Líbrame como lo prometiste. 171Que se llenen mis labios de alabanza, pues tú me enseñas tus decretos. 172Que mi lengua entone un canto a tu palabra, pues todos tus mandamientos son justos. 173Que estés listo para ayudarme, pues yo he decidido seguir tus mandamientos. 174Oh Señor, he anhelado tu salvación, y tu ley es mi deleite. 175Déjame vivir para alabarte; que tus leyes me ayuden.

176Me he apartado como oveja extraviada; ven y encuéntrame, porque no me he olvidado de tus mandamientos.

Salmo 120

Cántico de los peregrinos.

1En mi angustia, supliqué a Dios y me respondió. 2Líbrame, Señor, de los mentirosos y de los calumniadores. 3¡Ah, lengua mentirosa! ¿Que hará Dios contigo? ¿Cómo aumentará tu sufrimiento? 4Serás perforada con agudas flechas y quemada en las brasas.

5¡Ay de mí, que soy extranjero en Mésec, que he acampado entre las tiendas de Cedar! 6Cansado estoy de habitar entre estos hombres que detestan la paz. 7Soy partidario de la paz, pero si hablo de paz, ellos hablan de guerra.

Salmo 121

Cántico de los peregrinos.

1Hacia las montañas levanto la mirada; ¿de dónde vendrá mi ayuda? 2Mi ayuda viene del Señor, que hizo los cielos y la tierra. 3No permitirá que resbales y caigas; jamás duerme el que te cuida. 4De verdad, jamás duerme ni se cansa el que cuida a Israel.

5¡El Señor mismo te cuida! El Señor está a tu lado como tu sombra protectora. 6El sol no te hará daño de día ni la luna de noche. 7Te guarda de todo mal y protege tu vida. 8El Señor te cuida cuando vas y cuando vienes, desde ahora y para siempre.

Salmo 122

Cántico de los peregrinos. Salmo de David.

1Me alegré mucho cuando me dijeron: «Vamos a la casa del Señor». 2Hemos llegado, Jerusalén. ¡Ya estamos dentro de tus muros! 3Jerusalén,

119.143–144 119.165–169 120.1–2 120.7
121.1–8 122.1 122.3

ciudad que estás bien edificada, bien unida entre sí. 4Todo el pueblo de Israel, el pueblo del SEÑOR, sube aquí. Vienen para alabar el nombre del SEÑOR como la ley lo ordena. 5Aquí están los tronos de justicia, los tronos de la dinastía de David.

6Pidamos por la paz de Jerusalén: «Que vivan en paz los que te aman. 7Que reine la paz dentro de tus muros y la prosperidad en tus palacios». 8Por causa de mi familia y amigos, yo diré: «Deseo que tengas paz». 9Por la casa del SEÑOR nuestro Dios procuraré tu bienestar.

Salmo 123

Cántico de los peregrinos.

1¡Oh Dios cuyo trono está en el cielo: a ti levanto la mirada!

2Como el siervo mantiene la mirada en su amo, como la esclava observa la mínima señal de su ama, así dirigimos la mirada al SEÑOR nuestro Dios, esperando su misericordia.

3Ten misericordia de nosotros; SEÑOR, ten misericordia. Porque estamos hartos del desprecio. 4Estamos hartos de las burlas de los orgullosos y de los altivos.

Salmo 124

Cántico de los peregrinos. De David.

1Si el SEÑOR no hubiera estado de nuestra parte, 2si el SEÑOR no hubiera estado de nuestra parte; cuando todo el mundo se levantó contra nosotros, 3nos habrían tragado vivos al encenderse su enojo contra nosotros. 4Nos habrían tragado las aguas, nos habría arrastrado el torrente. 5Sí, ¡nos habrían arrastrado las aguas de su enojo!

6Bendito sea el SEÑOR, que no dejó que nos despedazaran con sus dientes. 7Hemos escapado, como el pájaro, de la trampa del cazador; ¡la trampa se rompió y nosotros estamos libres! 8Nuestra ayuda viene del SEÑOR que hizo el cielo y la tierra.

Salmo 125

Cántico de los peregrinos.

1Quienes confían en el SEÑOR son firmes como el monte Sión, que jamás será conmovido, que permanecerá para siempre.

2Así como los montes rodean y protegen a Jerusalén, así al SEÑOR rodea y protege a su pueblo. 3Porque los malvados no gobernarán a los justos, no sea que éstos se vean forzados al mal. 4SEÑOR, haz bien a quienes son buenos, cuyo corazón es recto ante ti; 5pero a los que van por caminos torcidos, SEÑOR, deséchalos. Llévatelos junto con los que hacen mal. Que haya para Israel paz y tranquilidad.

Salmo 126

Cántico de los peregrinos.

1Cuando el SEÑOR hizo volver a Sión a los cautivos, ¡fue como un sueño! 2¡Cómo reímos y cantamos de júbilo! y las demás naciones decían: «¡El SEÑOR ha hecho grandes cosas por ellos!»

3Sí, el SEÑOR ha hecho cosas maravillosas por nosotros, ¡qué alegría! 4Haz volver a nuestros cautivos como haces volver los arroyos al desierto. 5Los que siembran con lágrimas cosecharán con alegría. 6Plantarán llorando sus semillas, y regresarán cantando, trayendo su cosecha.

Salmo 127

Cántico de los peregrinos. Salmo de Salomón

1Si el SEÑOR no edifica la casa, en vano trabajan los albañiles. Si el SEÑOR no cuida la ciudad, en vano hacen guardia los vigilantes. 2En vano se levantan de madrugada, y se acuestan muy tarde, trabajando desesperadamente por pan para comer, porque Dios concede el sueño a sus amados.

3Los hijos son un regalo de Dios, recompensa suya son. 4Los hijos de padre joven son como flechas en manos del guerrero. 5Dichoso el hombre que tiene su aljaba llena de esta clase de flechas. No será avergonzado cuando se enfrente a sus enemigos a las puertas de la ciudad.

Salmo 128

Cántico de los peregrinos.

1Dichosos todos los que temen al SEÑOR, y siguen sus caminos. 2Disfrutarás el fruto de tu trabajo; gozarás de dicha y prosperidad.

3En tu hogar, tu esposa será como vid llena de uvas alrededor de tu mesa, tus hijos serán jóvenes olivos. 4Esa es la recompensa de Dios para los que le temen.

5Que el SEÑOR te bendiga desde Sión, y que veas la prosperidad de Jerusalén todos los días de tu vida. 6Que vivas para ver a tus nietos. ¡Que haya paz en Israel!

Salmo 129

Cántico de los peregrinos.

1Desde mi juventud mis enemigos me han perseguido —que lo repita ahora Israel— 2Desde mi juventud mis enemigos me han perseguido, pero no han logrado acabar conmigo.

3Mi espalda está cubierta de heridas, como si hubieran pasado un arado sobre ella y hecho surcos. 4Pero el SEÑOR es bueno; me ha librado de las ataduras de los malvados.

5Que retrocedan avergonzados todos los que odian a Sión.

122.6 125.1–5 126.1–6 127.1–5 128.1–6 129.5–8

6Que sean como la hierba en el techo, que antes de crecer se marchita; 7que no llena las manos del segador ni el regazo del que cosecha. 8Que al pasar nadie les diga: «La bendición del Señor sea con ustedes; los bendecimos en el nombre del Señor».

Salmo 130

Cántico de los peregrinos.

1¡Señor, desde lo profundo de mi desesperación clamo a ti pidiendo ayuda! 2Escucha mi lamento, Señor. Atiende mi oración.

3Si tú tomaras en cuenta nuestros pecados ¿quién, Señor, podría seguir vivo? 4Pero tú ofreces perdón, para que aprendamos a temerte. 5Yo espero en el Señor; sí, espero en él. He puesto mi esperanza en su palabra. 6Espero al Señor, más que los centinelas al amanecer; sí, más que los centinelas esperan al amanecer. 7Oh Israel, espera en el Señor porque en él hay amor inagotable, y abundante salvación. 8Él mismo rescatará a Israel de las cadenas del pecado.

Salmo 131

Cántico de los peregrinos. De David.

1Señor, mi corazón no es orgulloso, ni mis ojos altivos; no busco grandezas, ni cosas que sean mayores a mis fuerzas. 2Pero estoy callado y tranquilo, como un niño pequeño está quieto al lado de su madre. Sí, como un niño pequeño es mi alma.

3Israel, pon tu esperanza en el Señor desde ahora y para siempre.

Salmo 132

Cántico de los peregrinos.

1Señor, acuérdate de David y de todo lo que él sufrió. 2Él hizo un juramento ante el Señor, hizo votos al Poderoso de Jacob. 3No iré a mi casa y no descansaré. 4No cerraré los ojos, ni siquiera un parpadeo, 5hasta que encuentre un lugar para edificar la casa del Señor, un santuario para el Poderoso de Jacob.

6En Efrata oímos hablar del cofre; dimos con él en los campos de Yagar. 7Vayamos hasta la morada del Señor; postrémonos ante el estrado de sus pies». 8Levántate, Señor, y entra en tu santuario, con el cofre, símbolo de tu poder.

9Tus sacerdotes se vestirán de salvación; ¡que tus siervos fieles canten de gozo!

10Por amor a tu siervo David, no rechaces al rey que elegiste para tu pueblo. 11El Señor le hizo un juramento a David, y él nunca falta a sus promesas: «Pondré uno de tus descendientes en tu trono. 12Si tus hijos cumplen con mi pacto y con las normas que les enseñé, también sus descendientes seguirán en el trono para siempre». 13Porque el Señor ha escogido a Sión; él decidió que ahí será su hogar: 14«Éste es mi hogar donde moraré para siempre. Aquí habitaré porque así lo deseo. 15Bendeciré con creces sus provisiones, y saciaré de pan a sus pobres. 16Vestiré de salvación a sus sacerdotes; sus fieles cantarán de júbilo. 17Aumentará el poder de David, mi ungido será una luz para mi pueblo. 18Vestiré de vergüenza a sus enemigos, pero él será un rey glorioso».

Salmo 133

Cántico de los peregrinos. De David.

1¡Que admirable, que agradable es que los hermanos vivan juntos en armonía! 2Es como el buen aceite que, desde la cabeza, va descendiendo por la barba, por la barba de Aarón, hasta el borde de sus vestiduras. 3Es tan refrescante como el rocío del monte Hermón que cae sobre los montes de Jerusalén. Donde se da esta armonía, el Señor concede bendición y vida eterna.

Salmo 134

Cántico de los peregrinos.

1Bendigan al Señor, todos sus siervos, ustedes que sirven por la noche en la casa del Señor. 2Alcen sus manos en santidad, y bendigan al Señor.

3Que el Señor te bendiga desde Sión: el Señor que hizo el cielo y la tierra.

Salmo 135

1¡Alabado sea el Señor! ¡Alaben el nombre del Señor! ¡Alábenlo ustedes siervos del Señor! 2Ustedes que sirven en la casa del Señor, en los atrios de la casa de nuestro Señor. 3Alaben al Señor porque el Señor es bueno; canten a su maravilloso nombre. 4Porque el Señor ha elegido a Jacob como su propiedad, a Israel como su posesión.

5Yo conozco la grandeza del Señor; sé que es mayor que la de cualquier otro dios. 6Él hace cuanto le place por todo el cielo y la tierra, y en lo profundo del mar. 7Hace que las nubes se levanten sobre la tierra; envía el relámpago con la lluvia y libera al viento de sus depósitos. 8Destruyó al hijo mayor de cada hogar egipcio, junto con las primeras crías de los ganados. 9Hizo grandes milagros en Egipto ante el faraón y todo su pueblo. 10Hirió a grandes naciones, matando a reyes poderosos, 11a Sijón, rey de los amorreos; a Og, rey de Basán, y a los reyes de Canaán. 12Entregó la tierra como herencia para ellos, como especial posesión para su pueblo Israel.

13Señor, tu nombre permanece para siempre; tu fama, Señor, es conocida por todas las generaciones. 14Porque el Señor restituirá a su pueblo, y tendrá compasión de sus siervos.

130.1–8 131.1–3 132.8–12 133.1–2

15Los ídolos son sólo cosas hechas de oro y plata, producto de manos humanas. 16Tienen boca, pero no pueden hablar; ojos, pero no pueden ver; 17tienen oídos, pero no pueden oír; nariz, pero no pueden respirar. 18Semejantes a ellos son sus hacedores y todos los que confían en ellos. 19 Israel, ¡bendice al SEÑOR! Sacerdotes de Aarón, bendigan al SEÑOR; 20descendientes de Leví, ¡bendigan al SEÑOR! Todos los que le temen, bendigan su nombre. 21Desde Sión sea bendito el SEÑOR, el que habita en Jerusalén. ¡Aleluya! ¡Alabado sea su nombre!

Salmo 136

1Den gracias al SEÑOR, porque él es bueno; *su gran amor perdura para siempre.*

2Den gracias al Dios de dioses; *su gran amor perdura para siempre.*

3Den gracias al SEÑOR de señores; *su gran amor perdura para siempre.*

4Al único que hace grandes maravillas; *su gran amor perdura para siempre.*

5Al que con inteligencia hizo los cielos; *su gran amor perdura para siempre.*

6Al que extendió la tierra sobre las aguas; *su gran amor perdura para siempre.*

7Al que hizo las luminarias del cielo; *su gran amor perdura para siempre.*

8El sol, que gobierna al día; *su gran amor perdura para siempre.*

9La luna y las estrellas, que gobiernan la noche; *su gran amor perdura para siempre.*

10Al que hirió a los primogénitos de Egipto; *su gran amor perdura para siempre.*

11Al que sacó de Egipto a Israel; *su gran amor perdura para siempre.*

12Con mano fuerte y brazo poderoso; *su gran amor perdura para siempre.*

13Al que partió en dos el Mar Rojo; *su gran amor perdura para siempre.*

14Y por en medio hizo cruzar a Israel; *su gran amor perdura para siempre.*

15Pero hundió en el Mar Rojo al faraón y a su ejército; *su gran amor perdura para siempre.*

16Al que guió a su pueblo por el desierto; *su gran amor perdura para siempre.*

17Al que derribó a grandes reyes; *su gran amor perdura para siempre.*

18Al que a reyes poderosos les quitó la vida; *su gran amor perdura para siempre.*

19A Sijón, rey de los amorreos; *su gran amor perdura para siempre.*

20A Og, rey de Basán; *su gran amor perdura para siempre.*

21Cuyas tierras entregó como herencia; *su gran amor perdura para siempre.*

22Como herencia para su siervo Israel; *su gran amor perdura para siempre.*

23Al que nos recuerda, aunque estemos desvalidos; *su gran amor perdura para siempre.*

24Al que nos salvó de nuestros enemigos; *su gran amor perdura para siempre.*

25Al que alimenta a todo ser viviente; *su gran amor perdura para siempre.*

26Den gracias al Dios del cielo; *su gran amor perdura para siempre.*

Salmo 137

1Llorando nos sentábamos junto a los ríos de Babilonia pensando en Sión. 2Hemos abandonado nuestras liras, colgadas de las ramas de los sauces. 3Allí, los que nos tenían cautivos nos exigían que cantáramos. Nuestros verdugos nos pedían un himno alegre, nos decían: «Cántennos uno de esos cantos de Sión». 4Pero ¿cómo cantaremos los himnos del SEÑOR en una tierra extraña? 5Si llego a olvidarte, oh Jerusalén, ¡que mi mano derecha olvide cómo tocar el arpa! 6Si no me acordara de ti, ni fueras tú mi más grande gozo, que la lengua se me pegue al paladar.

7SEÑOR, no olvides lo que estos edomitas hicieron aquel día en que los ejércitos de Babilonia tomaron Jerusalén. «¡Arrásenla hasta el suelo!», gritaban. 8Oh Babilonia, que serás destruida; dichoso el que te haga pagar por lo que nos has hecho. 9¡Dichoso el que tome a tus niños y los estrelle contra las rocas!

Salmo 138

Salmo de David.

1SEÑOR, te doy gracias de todo corazón. Cantaré tus alabanzas delante de los dioses. 2Al adorarte me inclino ante tu santo templo. Agradeceré a tu nombre por tu gran amor y fidelidad. Porque has exaltado tu nombre y tu palabra por sobre todas las cosas. 3Cuando oro me respondes y me animas dándome la fuerza que necesito. 4Todos los reyes de la tierra te darán gracias, SEÑOR, porque todos ellos oirán tus palabras. 5Sí, cantarán de los caminos del SEÑOR, porque la gloria del SEÑOR es muy grande. 6Aunque el SEÑOR es grande, toma en cuenta a los humildes, y está lejos de los orgullosos. 7Aunque me rodeen tribulaciones, tú me librarás de la ira de mis enemigos. Contra el enojo de mis enemigos extenderás tu mano. Tu poder me salvará. 8El SEÑOR cumplirá sus planes para mi vida. Porque tu gran amor, SEÑOR; es para siempre. No me abandones, pues tú me hiciste.

Salmo 139

Al director musical. Salmo de David.

1SEÑOR, tú me has examinado el corazón y me conoces muy bien. 2Sabes si me siento o me levantó. Cuando estoy lejos, conoces cada uno de mis pensamientos. 3Trazas la senda delante de mí, y me dices dónde debo descansar. Cada momento

136.1–26 138.3 138.6–8

sabes dónde estoy. 4Sabes lo que voy a decir antes que lo diga, Señor. 5Por delante y por detrás me rodeas, y colocas tu mano sobre mi cabeza.

6Conocimiento tan maravilloso está más allá de mi comprensión; tan grande es que no puedo entenderlo. 7¡Jamás podré alejarme de tu Espíritu! ¡Jamás podré huir de su presencia! 8Si me voy al cielo, allí estás tú. Si desciendo al lugar de los muertos, allí estás. 9Si cabalgo en los vientos matutinos y habito en los lejanos océanos, 10aun allí me guiará tu mano, tu fuerza me sostendrá. 11Puedo pedirle a las tinieblas que me oculten; y a la luz que me rodea que se haga noche. 12Pero aun en las tinieblas no puedo ocultarme de ti; para ti la noche es tan brillante como el día. Para ti son lo mismo las tinieblas que la luz.

13Tú hiciste todas las delicadas partes internas de mi cuerpo y las uniste en el vientre de mi madre. 14¡Gracias por haberme hecho tan admirable! Es admirable pensar en ello. Maravillosa es la obra de tus manos, y eso lo sé muy bien. 15Tú me observaste cuando en lo más recóndito era yo formado. 16Tus ojos vieron mi cuerpo en gestación: todo estaba ya escrito en tu libro; todos mis días se estaban diseñando, aunque no existía uno solo de ellos.

17¡Cuán preciosos son los pensamientos que tienes de mí, oh Dios! ¡Son innumerables! 18No puedo contarlos, superan en número a los granos de arena. Y cuando despierto en la mañana, tú todavía estás conmigo.

19Dios, si solamente destruyeras a los malvados. ¡Apártense de mi vida, ustedes, asesinos! 20Ellos blasfeman contra ti; tus enemigos toman tu nombre en vano. 21Señor, ¿no debo odiar a quienes te odian? ¿No detesto a los que te rechazan? 22Sí, los odio, con un odio implacable, pues tus enemigos son mis enemigos.

23Examíname, Dios, y conoce mi corazón; pruébame y conoce mis pensamientos. 24Señálame lo que en mí te ofende, y guíame por la senda de la vida eterna.

Salmo 140

Al director musical. Salmo de David.

1Señor, líbrame de los hombres malvados. Guárdeme de los violentos, 2que todo el día fomentan pleitos y traman en su corazón el mal. 3Afilan sus lenguas como lenguas de serpiente; veneno de víbora escurre por sus labios. 4Guárdeme del poder de ellos; protégeme del poder de los impíos, de los que traman hacerme caer. 5Esos orgullosos me han tendido una trampa; han puesto los lazos de su red, han tendido trampas a lo largo de mi camino.

6Yo le dije al Señor: «Tú eres mi Dios». Escucha, Señor, mi súplica por misericordia. 7Señor soberano, mi salvador poderoso que me protege en el día de la batalla. 8No cumplas, Señor, sus perversos caprichos; no permitas que sus planes prosperen, para que no se llenen de orgullo. 9Haz que sus planes se vuelvan contra ellos mismos. Que sean destruidos por el mismo mal que planearon para mí. 10Que caigan brasas sobre sus cabezas, arrójalos al fuego, a profundos hoyos de donde no puedan escapar. 11No permitas que prosperen los mentirosos aquí en nuestra tierra; que la calamidad caiga con gran fuerza y violencia. 12Pero el Señor ciertamente auxiliará a los perseguidos por aquellos; él mantendrá los derechos de los pobres. 13Ciertamente los justos están alabando tu nombre y vivirán en tu presencia.

Salmo 141

Salmo de David.

1¡Pronto, Señor, respóndeme! Porque a ti he orado. ¡Escúchame cuando clamo a ti pidiéndote ayuda! 2Que suba a tu presencia mi oración como una ofrenda de incienso; que hacia ti levante mis manos como un sacrificio vespertino.

3Ayúdame, Señor, a mantener cerrada mi boca y sellados mis labios. 4No me dejes desear cosas malas, ni que participe en hechos malvados; no me dejes compartir banquetes con los que hacen mal. 5¡Haz que los justos me hieran! ¡Eso será bondad! Si ellos me reprenden, eso es medicina. No permitas que yo la rechace. Pero yo estoy en constante oración contra los malvados y sus hechos. 6Cuando sus dirigentes sean lanzados desde un precipicio, sabrán que mis palabras eran bien intencionadas. 7Así como un agricultor abre surcos en la tierra y saca la roca, así los huesos de los malvados serán dispersados sin un buen entierro.

8A ti alzo los ojos en espera de ayuda, Señor soberano. Tú eres mi refugio; no permitas que me maten. 9Guárdame de las trampas que me tienden, de las trampas de los que hacen mal. 10Haz que ellos caigan en sus propios lazos y yo me libre.

Salmo 142

Salmo de David. Cuando estaba en la cueva. Oración.

1¡Cómo le suplico a Dios; cómo imploro su misericordia 2y derramo ante él mis quejas y le cuento mis problemas! 3Porque estoy abrumado y desesperado, y sólo tú sabes qué rumbo debo tomar. Por donde quiera que vaya, mis enemigos me ponen trampas. 4Mira a mi derecha y ve: nadie me tiende la mano. Nadie me ayuda; a nadie le interesa lo que me pase. 5Entonces, oro a ti, Señor, y te digo: «Tú eres mi refugio, tú eres lo único que yo quiero en la vida». 6Escucha mi clamor, pues estoy muy deprimido. Rescátame de mis perseguidores, pues son demasiado

141.1–3 142.1–2 142.5–7

fuertes para mí. 7Sácame de la prisión para que pueda darte gracias. Los justos se reunirán a mi alrededor porque eres bueno conmigo.

Salmo 143

Salmo de David.

1Escucha mi plegaria, SEÑOR; responde a mi súplica, pues tú eres fiel y justo. 2¡No me sometas a juicio! Porque, comparado contigo, nadie es perfecto.

3Mi enemigo me persigue. Me ha derribado a tierra. Me obliga a vivir en tinieblas como los que están en el sepulcro. 4Estoy perdiendo toda esperanza; el temor me paraliza.

5Recuerdo los días de antaño; medito en tus gloriosos milagros. Pienso en lo que tú has hecho. 6Extiendo las manos hacia ti; me haces falta como la lluvia a la tierra seca. 7Ven pronto, SEÑOR, y respóndeme, porque cada vez me deprimo más; ¡no te apartes de mí, o me muero! 8En la mañana, muéstrame tu bondad para conmigo, pues en ti confío. Muéstrame a dónde ir, porque a ti elevo mi oración. 9Sálvame de mis enemigos, SEÑOR, a ti acudo para que me escondas. 10Ayúdame a hacer tu voluntad, pues tú eres mi Dios. Que tu buen Espíritu me guíe por un terreno firme. 11Por la gloria de tu nombre, SEÑOR, sálvame; por tu justicia sácame de esta angustia. 12Por tu gran amor, destroza a todos mis enemigos y destruye a quienes procuran dañarme; porque soy siervo tuyo.

Salmo 144

Salmo de David.

1Bendito sea el SEÑOR, que es mi roca. Él me da fortaleza y destreza en la batalla. 2Él es mi amoroso aliado y mi fortaleza, mi torre de seguridad y mi libertador, mi escudo y mi refugio. Él es quien pone los pueblos a mis pies.

3SEÑOR, ¿qué es el mortal para que lo tomes en cuenta? ¿Qué es el ser humano para que lo cuides? 4Porque el ser humano no es más que un soplo; sus días son sombras pasajeras.

5Abre los cielos y desciende. Toca los montes para que echen humo. 6Libera tus relámpagos y dispersa a tus enemigos; libera tus flechas y dispérsalos. 7Extiende tu brazo desde el cielo, y rescátame; líbrame de las aguas profundas, del poder de mis enemigos. 8La boca de ellos está llena de mentiras; juran decir la verdad, pero mienten.

9Te cantaré un canto nuevo, Dios; te cantaré alabanzas con el arpa de diez cuerdas. 10Porque tú das la victoria a los reyes. Tú eres el que rescatará a tu siervo David. 11Sálvame de la espada fatal. Rescátame del poder de mis enemigos. Sus bocas están llenas de mentiras; juran decir la verdad, pero mienten.

12Que nuestros hijos crezcan en su juventud, como plantas frondosas;
que sean nuestras hijas como columnas labradas para adornar un palacio.
13Que nuestros graneros se llenen con toda clase de cosechas.
Que en nuestros campos los rebaños aumenten por millares, por decenas de millares.
14Que nuestros bueyes lleven cargas pesadas;
Que no haya grietas en los muros, ni tengamos que huir,
Que no haya gritos de angustia en nuestras calles.
15¡Dichosos aquellos que tienen todo esto!
¡Dichoso el pueblo cuyo Dios es el SEÑOR!

Salmo 145

Salmo de alabanza. De David.

1Te alabaré, Dios y rey mío, 2y bendeciré tu nombre eternamente y para siempre.

3¡Grande es el SEÑOR, y digno de toda alabanza; su grandeza no se puede comprender! 4Que cada generación diga a sus hijos las grandes cosas que él hace. 5En tu gloria, esplendor, majestad y milagros meditaré. 6En toda lengua estarán tus imponentes hechos; proclamaré tu grandeza. 7Todo el mundo dirá cuán bueno eres y cantará con alegría por tu justicia.

8El SEÑOR es compasivo y misericordioso, lento para enojarse y lleno de amor. 9Él es bueno con todos; y derrama compasión sobre su creación. 10Todas tus obras, SEÑOR, te alabarán, y tus fieles te bendecirán. 11Conversarán entre ellos de la gloria de tu reino y celebrarán tu poder. 12Contarán de tus milagros y de la majestad y gloria de tu reino.

13Porque tu reino no termina jamás. Tú gobiernas generación tras generación. El SEÑOR es fiel en todo lo que dice, él es bueno en todo lo que hace.

14El SEÑOR levanta a los caídos y sostiene a los agobiados. 15Los ojos de toda la humanidad te buscan esperando auxilio; tú les das el alimento que necesitan. 16Abres la mano y satisfaces el hambre y la sed de toda criatura viviente.

17El SEÑOR es justo en todo lo que hace, y lleno de bondad. 18El SEÑOR está cerca de cuantos lo llaman, sí, de todos los que llaman sinceramente. 19Él cumple los deseos de quienes le temen; escucha su clamor de auxilio y los rescata. 20El SEÑOR protege a todos los que lo aman, pero destruye a los malvados.

21Alabaré al SEÑOR, todo el mundo bendiga su santo nombre por siempre y para siempre.

Salmo 146

1¡Aleluya! ¡Alabado sea el SEÑOR! Alaba alma mía al SEÑOR. 2Yo lo alabaré mientras viva; sí, hasta el último suspiro de mi vida. 3No pongan

☼143.4–8 ☼143.10–11 ☼144.5 ☼144.12–15
☼145.1–4 ☼145.13–21 ☼146.1–10

El matrimonio es una construcción 21

Estamos convencidos de que el matrimonio es un proyecto de construcción y en esta tarea de construcción familiar hemos identificado a tres tipos de constructores: los que están construyendo desde cero, esos son los que están en los comienzos de su matrimonio; los que se la pasan remodelándolo todo, siempre buscando cómo mejorar y crecer; y los que se encuentran en proceso de reconstruir, esos son aquellos que ven que su matrimonio está en ruinas y necesitan reconstruirlo. Si son parte este tercer grupo de constructores, sepan que el Padre vino para sanar y levantar ruinas, y a hacer algo nuevo a partir de lo que parecía sin posibilidades. ¡Él está a su favor!

Ahora bien, los tres grupos tienen algo en común y es que no se quedaron inmóviles, sino que decidieron provocar un cambio. Cuando pensamos en estos tipos de constructores, definitivamente viene a nuestra mente Nehemías. En el primer capítulo del libro de Nehemías vemos que él se levantó y decidió reconstruir la ciudad de sus padres. Él ya no vivía en esa ciudad y tampoco la devastación había sido responsabilidad suya, pero simplemente sintió la carga en su corazón y decidió responder. En el matrimonio, ya sea que estemos en una construcción de cero, remodelación o reconstrucción, con uno que se levante y se haga responsable, así como lo hizo Nehemías, comienza la obra.

Cuando Nehemías llegó a la ciudad en ruinas, se dio cuenta de que lo primero que tenía que hacer era proteger las áreas más vulnerables, así que decidió nombrar grupos de familias que se encargaran de proteger estas áreas (Nehemías 4:13). Generalmente los matrimonios tienden a confiar y fortalecer aquello que está fuerte y firme, pero son propensos a descuidar lo que está debilitado. Suele ser complicado enfocarse en trabajar y reconstruir esas áreas de difícil acceso, así que procuran evitarlas. Sin embargo, son justamente esas áreas más vulnerables las que Dios quiere revelarles para que las puedan identificar y fortalecer.

Amigos, el matrimonio y la familia sí funcionan, pero ¡hay que pelear para que funcione! Nuestra lucha es contra nuestro enemigo, no contra nuestra pareja. Hoy los animamos a ser los centinelas de su hogar, a pelear por lo que Dios un día puso en sus manos.

Profundicemos: Mateo 7:24-28; Proverbios 24:3.

Conversemos:

- ¿Hemos identificado las áreas vulnerables que necesitan ser protegidas en nuestro matrimonio?
- ¿Cómo podemos proteger esas áreas débiles?
- ¿Qué decisión podemos tomar hoy para seguir edificando nuestro hogar?

Oremos:

Señor, hoy nos levantamos como Nehemías y tomamos la decisión de reconstruir, proteger y luchar por nuestra familia. Tú eres grande y temible, y nos acompañarás en el proceso. Nos levantamos como centinelas de nuestro hogar.
En tu nombre, Jesús. Amén.

¿Termómetro o termostato? 22

Los termómetros tienen la capacidad de leer la temperatura de un lugar y adaptarse a esta, sin embargo, los termostatos tienen la capacidad de regular y cambiar la temperatura de un lugar. Cuando escuchamos esta analogía nos dijimos: "¡Señor, no queremos ser termómetros, queremos ser termostatos! Queremos tener la capacidad de transformar el lugar en donde estamos, no queremos adaptarnos al ambiente del lugar donde entremos. Queremos tener la autoridad de cambiar en tu nombre un ambiente hostil en uno lleno de paz y gozo".

¡Esto nos ha enseñado tanto sobre la atmósfera en nuestro hogar! Cuando uno de los dos siente que el ambiente está en una "temperatura" no muy cómoda, hacemos lo que sea para provocar que cambie la atmósfera. ¿Cómo? Alegrando el entorno, repartiendo besos y abrazos, poniendo música que calme nuestro espíritu y nos acerque al Padre, en fin... lo que sea necesario para transformar esa atmósfera incomoda.

Es normal que los matrimonios tengamos diferencias que crean una atmósfera tensa. Pero el hábito que debemos alcanzar es que uno de los dos sea el termostato en ese momento y cambie la atmósfera. Cuando caminamos en la presencia de Dios, su presencia cambia toda atmósfera en paz y plenitud. Nuestro hogar debe ser un lugar en el que la presencia de Dios sea una prioridad.

Recuerden que tenemos el poder para decidir cómo actuamos y cómo usamos nuestras palabras. Hay cosas que no tendremos oportunidad de decidir, sin embargo, siempre tendremos poder de elección sobre lo que decimos. Como matrimonio, pueden decidir hoy si quieren cambiar la atmósfera o la temperatura de su hogar con sus palabras. Un hogar donde se respira paz y armonía es un hogar saludable.

"La lengua tiene poder para vida o para muerte", dice Proverbios 18:21. A lo largo de nuestro matrimonio hemos procurado aprender acerca del poder que tienen las palabras. Comprendimos el valor que esto representa y la fuerza que implica, porque nuestras palabras pueden adaptarse a la atmósfera y no aportar nada, o traer una transformación total en el ambiente.

Hoy, sobre todas las cosas, ustedes tienen el poder total de elegir sus palabras y el efecto que estas tendrán en su hogar. ¡Elijan ser termostato!

Profundicemos: Romanos 12:2; 1 Juan 4:19; 2 Juan 1:6.

Conversemos:

- ¿Qué queremos producir con nuestras palabras?
- ¿Qué atmósfera deseamos tener en nuestro hogar?
- ¿En la actualidad, nos consideramos un termómetro o un termostato?

Oremos:

Señor, te pedimos que nos ayudes a transformar la atmósfera de nuestro hogar. Llena nuestra casa con tu amor y tu paz, para que podamos vivir alegres y en armonía. Ayúdanos a ser un instrumento de tu gracia y tu bondad para nuestra familia. En el nombre de Jesús. Amén.

Construyamos para el día malo 23

El matrimonio es una hermosa construcción y la Biblia nos enseña que hay dos tipos de constructores: los sabios y los necios. Siempre me ha gustado esta comparación que aparece en Mateo 7:24,26: "Todo el que presta atención a mis enseñanzas y las pone en práctica es tan sabio como el hombre que edificó su casa sobre una roca bien firme. (…) Pero el que oye mis enseñanzas y no las pone en práctica, es como el tonto que edificó su casa sobre la arena".

La diferencia entre ser sabio y necio está en la aplicación de la enseñanza. Ambos la escucharon, pero solo el sabio la aplicó a su vida. Amigos, nosotros no construimos para el día bueno, construimos para el día difícil. Solo en el día difícil nos daremos cuenta de qué está hecha nuestra casa y cómo se encuentran los fundamentos. Como matrimonios experimentaremos temporadas desafiantes, y es por eso que es necesario que seamos muy intencionales en aplicar principios bíblicos en distintas áreas de nuestro matrimonio para que nos sostengan. ¿Dónde han construido su casa? ¿Son los principios de Su Palabra los que sostienen su hogar?

En un momento de dificultad, en medio de la cuarentena por la pandemia, llenamos una pared de nuestra habitación con papelitos que contenían promesas que Dios nos ha dado como familia. Ahí, además de promesas, incluimos los principios sólidos sobre los cuales hemos fundado nuestro matrimonio: ámense por encima de las debilidades, no se acuesten enojados, hónrense mutuamente, etc. En ese momento de incertidumbre que todos enfrentamos, tuvimos que refugiarnos en aquella esquina de la habitación para recordar una y otra vez sus promesas. Esas promesas y cimientos son los que nos han hecho permanecer y florecer en medio de los momentos de crisis más fuertes.

Ahora bien, el fundamento más sólido sobre el cual podemos construir es el amor. En Colosenses 3:14 dice: "Y sobre todo, vístanse de amor, que es lo que permite vivir en perfecta armonía". Solo el amor nos ayuda a crear un vínculo perfecto. Nuestro Dios es la única fuente de amor verdadero, y lo necesitan en su matrimonio porque, solo Él podrá ayudarlos a honrar, respetar y bendecirse mutuamente aun en el día malo. El matrimonio sí funciona, pero requerirá una construcción constante y una aplicación diaria de sus principios, ahí es que verdaderamente se prueba el amor. Elijan ser constructores sabios.

Profundicemos: Isaías 43:2; Isaías 41:10; Mateo 19:6.

Conversemos:

- De acuerdo con Mateo 7:24-27, ¿hoy nos reconocemos como constructores sabios o como constructores necios?
- Esta parábola nos enseña que las dos casas fueron azotadas por tormentas, ¿por qué una sí permaneció?
- ¿Qué principios podemos comenzar a aplicar desde hoy y hacerlos fundamentos?

Oremos:

Hoy venimos ante ti reconociendo que te necesitamos, la única fuente de amor inagotable. Queremos que nos ayudes a construir en terreno sólido, para permanecer firmes durante el día malo. Nos sujetamos a ti. Gracias porque nos ayudas. En tu nombre, Jesús. Amén.

Clamemos juntos por un milagro 24

Hay personas que evitan orar por un milagro por miedo a sentirse decepcionados. Nuestro llamado como creyentes es a orar por sanidad, por milagros y por ver el poder de Dios manifestado. Ese es nuestro llamado, aunque la respuesta que esperamos tome tiempo o el desenlace no sea el que esperábamos.

Hoy queremos animarles a que, si están esperando un milagro como matrimonio, comiencen a clamar. Leamos Juan 11: 43-44: la resurrección de Lázaro se dio como resultado del clamor de sus hermanas. Era humanamente imposible que Lázaro saliera de aquella tumba, sin embargo, para Dios no hay nada imposible.

¿Será que hoy pueden dedicar un tiempo para identificar áreas en su matrimonio que necesitan resurrección? ¿Hay algo que parece estar muerto y creen que es imposible que cobre vida? Queremos animarles hoy a creer que el mismo Dios que levantó a Lázaro, tiene el poder para resucitar lo que está muerto en su hogar. Nuestro Dios es el mismo ayer, hoy y siempre, y no hay absolutamente nada que Él no pueda restaurar.

Tal vez llevan mucho tiempo esperando que Dios les responda y haga un milagro. Bueno, ¡los animamos a celebrar incluso aquello que sus ojos todavía no han visto! Celebren en fe, confiando que Dios es poderoso y que, como dice la Palabra en el libro de Romanos, su voluntad es buena, agradable y perfecta. Muchos adoran a Dios y lo reconocen por lo que ha hecho, pero no muchos adoran a Dios cuando no se ha visto el cumplimiento de la promesa. Oramos por que puedan ser testigos de la bondad de Dios y de su fidelidad.

Nosotros hemos experimentado milagros sobrenaturales en momentos en los que parecía imposible en lo natural. Orar juntos como matrimonio nos hace dependientes de Dios, y nos pone en acuerdo con el cielo para recibir el milagro que necesitamos. No dejen de clamar juntos, no dejen de orar juntos por su matrimonio; sigan creyendo en milagros para sus hijos. La oración del justo puede mucho. ¡No dejen de creer, Dios ha escuchado su clamor!

Profundicemos: Isaías 65:24; Salmos 91:15; Efesios 6:18; Juan 11:40.

Conversemos:

- ¿Somos conscientes de que como creyente estamos llamados a orar por nuestro matrimonio, por milagros, por sanidad y por todo aquello que nos carga?
- ¿Alguna vez nos hemos cohibido de orar por un milagro por temor a que el desenlace no sea el que esperamos?
- ¿Qué áreas de nuestro matrimonio necesitan resurrección hoy?

Oremos:

Nuestro Dios, te damos gracias porque sabemos que tu oído está inclinado hacia nuestro clamor. Hoy decidimos esperar en ti y creer en un milagro. Tal vez nos hayamos cansado en el proceso de espera, pero hoy decidimos volver a creer y esperar con paciencia.
Danos las fuerzas que necesitamos para descansar en ti.
En tu nombre oramos, Jesús. Amén.

su confianza en gente poderosa, ahí no encontrarán ayuda. 4Su aliento se detiene, la vida termina, y en un instante todos sus planes se deshacen. 5Pero dichosa la persona que tiene como auxilio suyo al Dios de Jacob y que tiene su esperanza en el Señor su Dios, 6creador del cielo y de la tierra; los mares y cuanto en ellos hay. Él es el Dios que cumple siempre todas sus promesas. 7El Señor hace justicia a los oprimidos, da de comer a los hambrientos y pone en libertad a los cautivos. 8El Señor da vista a los ciegos, el Señor ama a los justos. 9El Señor protege al extranjero, y cuida al huérfano y a la viuda pero desbarata los planes de los malvados.

10¡El Señor reinará por siempre! ¡Oh Sión, que tu Dios reine por todas las generaciones! ¡Aleluya! ¡Alabado sea el Señor!

Salmo 147

1¡Aleluya! ¡Alabado sea el Señor! ¡Qué bueno es cantar sus alabanzas! ¡Qué agradable y justo es alabarle!

2El Señor está reconstruyendo Jerusalén y regresando a sus exiliados. 3Él sana a los quebrantados de corazón y les venda las heridas. 4Él cuenta las estrellas y las llama por su nombre. 5¡Cuán grande es él! ¡Su poder es absoluto! Su entendimiento no tiene fronteras. 6El Señor sostiene al humilde, pero derriba hasta el polvo al malvado. 7Canten al Señor con gratitud; canten alabanzas a nuestro Dios, con acompañamiento de arpa. 8Él cubre los cielos de nubes, envía la lluvia sobre la tierra y hace que la hierba verde crezca en los pastizales del monte. 9Él alimenta a las bestias salvajes y los polluelos del cuervo lo llaman a él pidiéndole comida. 10A él la fuerza del caballo no le causa admiración. 11Pero su gozo está en quienes lo honran; en aquellos que confían en su gran amor.

12¡Alaba al Señor, Jerusalén! ¡Alaba a tu Dios, Sión! 13Porque él ha reforzado los cerrojos de tus puertas, y ha bendecido a tus hijos que en ti habitan. 14Él envía paz por toda tu nación, y te sacia con el mejor trigo. 15Él da sus órdenes al mundo; su palabra corre a toda prisa. 16Él envía la nieve como lana, y esparce la escarcha en la tierra como ceniza. 17Deja caer el granizo como piedras: ¿quién podrá resistir su frío que congela? 18Entonces, envía su palabra y todo se derrite; envía sus vientos y el hielo se funde. 19A Jacob le ha revelado sus palabras; sus leyes y decretos a Israel. 20Esto no lo ha hecho con ninguna otra nación; éstas no han conocido sus leyes.

¡Alabado sea el Señor!

Salmo 148

1¡Alaben al Señor desde los cielos! ¡Alaben al Señor desde las alturas! 2Alábenlo sus ángeles todos, todos sus ejércitos. 3Alábenlo, sol y luna, y todas ustedes, estrellas luminosas. 4Alábenlo, altos cielos. Alábenlo las aguas que están sobre los cielos.

5Alábelo, todo cuanto él ha creado. Porque él dio la orden, y ellos fueron creados. 6Él los estableció para siempre. Sus órdenes no serán revocadas jamás.

7Alábenlo desde la tierra, ustedes criaturas de las profundidades del océano; 8el fuego y el granizo, la nieve y la tormenta, el viento y el temporal que cumplen su mandato, 9las montañas y colinas, árboles frutales y cedros, 10bestias salvajes y ganado, serpientes y aves; 11los reyes y todo el pueblo, con sus gobernantes y jueces; 12jóvenes y doncellas, ancianos y niños. 13Alaben todos el nombre del Señor, porque sólo su nombre es muy grande; su gloria está por encima de la tierra y de los cielos. 14Él ha hecho fuerte a su pueblo; ha honrado a sus fieles, su pueblo cercano.

¡Alabado sea el Señor!

Salmo 149

1¡Aleluya! ¡Alabado sea el Señor! Canten al Señor un cántico nuevo. Canten sus alabanzas en la comunidad de los fieles.

2Que se alegre Israel por su Creador; que se regocijen los hijos de Sión por su rey. 3Alaben su nombre con danzas, con acompañamiento de tambores y lira.

4Porque el Señor se goza en su pueblo; él corona al humilde con la salvación. 5Que se alegren los fieles en su triunfo; que aun en sus camas canten de júbilo.

6Que la alabanza a Dios salga de su boca, y haya en sus manos una espada de dos filos. 7Para que tomen venganza de las naciones y castiguen a los pueblos, 8Para que sujeten a sus reyes con grilletes, y a sus dirigentes con cadenas de hierro; 9para que se cumpla en ellos la sentencia escrita. Ésta es la gloria de sus fieles. ¡Aleluya! ¡Alabado sea el Señor!

Salmo 150

1¡Aleluya! Alaben a Dios en su santuario, alábenlo en la enormidad del firmamento. 2Alábenlo por sus poderosas obras. Alaben su sin igual grandeza. 3Alábenlo con sonido de trompeta, alábenlo con el arpa y la lira. 4Alábenlo con pandero y danza, alábenlo con cuerdas y flautas. 5Alábenlo con címbalos sonoros, alábenlo con címbalos resonantes

6¡Todo lo que respira alabe al Señor! ¡Aleluya! ¡Alabado sea el Señor!

147.1–14 148.12–14 149.1–6 150.1–6

Investiguemos
Juntos

PROVERBIOS

¿Quién lo escribió?

El punto de vista tradicional es que el rey Salomón escribió la mayoría de proverbios encontrados en este libro. 1 Reyes 4:32-33 específicamente indica que, no solo estaba capacitado para escribir una colección como esta, sino que escribió mucho más de lo que aparece en este libro. Sin embargo, él no es el único autor. La misma sección escrita por Salomón menciona lo que algunas traducciones llaman "los dichos de los sabios" (22:17-24:34). También se menciona Agur, hijo de Jaqué como el autor de los dichos del capítulo 30 y el rey Lemuel como la fuente del capítulo 31. Aunque la tradición judía afirma que estos dos nombres también se refieren a Salomón, no hay manera de comprobarlo.

¿A quién lo escribió?

Los proverbios circulan como dichos sabios que usa la gente de todos los estratos sociales en la conversación diaria. "De tal palo tal astilla" o "Dime con quién andas y te diré quién eres" han sido utilizados por mucho tiempo sin saber quién los inventó o para quién se dijeron originalmente. Ahora bien, como libro, Proverbios fue publicado para registrar la sabiduría de Salomón y otros grandes pensadores para que sirvieran como guías en la vida diaria de las personas. Como escrito de sabiduría es un llamado a tomar el camino de la sabiduría. Así, entonces, se trata de una obra dirigida principalmente, aunque no exclusiva- mente, a los jóvenes (lee 1:4), quienes se encuentran en el proceso de tomar una decisión entre vivir de acuerdo a los principios de la sabiduría o de la necedad.

¿Cuándo y dónde lo escribió?

El capítulo 25 registra que un grupo de escribas o sabios nombrados por el rey Ezequías copiaron otros proverbios de Salomón y también posiblemente los de los capítulos 30 y 31, lo cual apunta a que el libro fue compilado en esa época. Es muy posible que los proverbios de Salomón hayan circulado oralmente o como colecciones breves y por fin fueron coleccionados en un libro en la época de Ezequías o un tiempo después. Entonces, en cuanto a la fecha, se puede decir que para el año 700 a.C., el libro podría haber sido ya recopilado en sus varias secciones.

Panorama del libro

Los proverbios son una forma literaria muy popular en oriente, ya que, en un mundo donde la escritura no era tan conocida, encerraban grandes enseñanzas con enunciados sencillos pero de gran profundidad, para que fueran fáciles de recordar. Este libro fue compuesto con el propósito de impartir sabiduría y hacer un llamado a toda persona para que tome una decisión clara en favor de la sabiduría práctica, en lugar de la necedad. Algunos proverbios llegan a discutir temas morales, mientras que otros son observaciones generales acerca de la realidad, y aun otros son consejos prácticos sobre la vida diaria. El propósito del libro es explícitamente declarado en los primeros versículos: comunicar sabiduría, disciplina, corrección, sagacidad, conocimiento y discreción a los jóvenes (1:1-4).

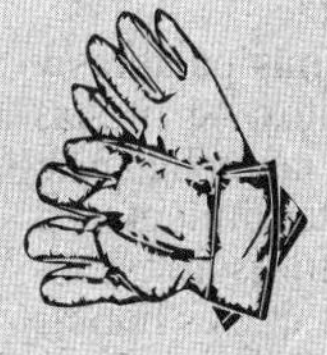

¿Cómo se relaciona con nosotros?

Este libro pareciera estar escrito para las redes sociales de hoy. Muchos de los dichos de este libro parecen las instrucciones de padres dirigidas a hijos que aún están en el camino de tomar las decisiones más importantes de sus vidas. Proverbios es una fuente extraordinaria de consejos prácticos para la vida cotidiana en relación con las relaciones interpersonales, las palabras, el trabajo, la justicia y la injusticia y las realidades de la vida en general. Proverbios es una colección de consejos oportunos y conocimientos prácticos que puede aprovecharse de mil maneras en el mundo de hoy. Sus cápsulas de sabiduría son un regalo de parte del Señor para cada uno de nosotros, y su énfasis está puesto en el éxito genuino y el significado de la sabiduría, y por esta razón será siempre útil para tomar buenas decisiones.

¿Cómo lo estudiamos?

1) Un llamado urgente a ser sabio. Caps. 1-9
2) Consejos acerca de la amistad. 14:20; 17:9, 17; 18:24; 19:4; 25:17-19; 27:5-10.
3) Consejos acerca del trabajo y la pereza. 6:6-9; 12:24-27; 16:26; 18:9; 21:25; 22:19; 26:13-16.
4) Consejos acerca del sexo opuesto. 5:20; 11:16, 22; 12:4; 14:1; 31:10-31.
5) Consejos acerca de las palabras. 4:24; 8:8; 12:6, 25; 15:26; 16:24, 28; 17:27; 20:19; 25:11.
6) Consejos acerca de la riqueza y pobreza. 3:9; 10:2-4, 15; 10:22; 12:27; 13:7-8; 14:31; 15:22; 18:11; 19:1, 7; 22:4; 23:4.
7) Consejos acerca de las relaciones entre padres e hijos. 1:8; 10:1; 13:1, 24; 15:20; 17:21, 25; 19:26; 24:21; 28:7; 29:15, 17.
8) Qué significa vivir bajo el temor del Señor. 1:7; 2:5; 9:10; 14:26-27; 15:33; 16:6; 19:23; 22:4; 23:17.

Proverbios

Prólogo: Propósito y tema

1 Proverbios de Salomón, hijo de David, rey de Israel: 2para adquirir sabiduría y disciplina, para ayudar a comprender las palabras inteligentes; 3para recibir instrucción, prudencia, justicia y equilibrio; 4para infundir sagacidad a los inexpertos, conocimiento y madurez a los jóvenes. 5El que es sabio y los escucha, adquiere mayor sabiduría, y el entendido recibe dirección 6para entender los proverbios, los dichos de los sabios y sus enigmas. 7Lo primero que hay que hacer para empezar a ser sabios, es honrar al Señor. Sólo los necios desprecian la sabiduría y la disciplina.

Exhortaciones a buscar la sabiduría

Advertencia contra el engaño

8Hijo mío, escucha las correcciones de tu padre y no rechaces las enseñanzas de tu madre. 9Lo que aprendas de ellos adornará tu cabeza como una corona, tu cuello como un collar. 10Hijo mío, si los pecadores quieren engañarte, ¡no se los permitas! 11Ellos te pueden decir: «Ven con nosotros; sólo por gusto atrapemos y matemos algún inocente cuando pase. 12Nos tragaremos vivo a alguien, como el sepulcro se traga a los hombres que caen en él. 13Obtendremos toda clase de riquezas; llenaremos nuestras casas con todo lo robado. 14Ven, comparte tu suerte con nosotros; nos repartiremos todo lo que obtengamos».

15¡No les hagas caso, hijo mío! Apártate de sus caminos, 16porque sus pies se apresuran hacia el mal; ¡tienen prisa por derramar sangre! 17Cuando el pájaro ve que le ponen una trampa no se acerca, 18pero estos hombres se meten en la trampa ellos mismos y acaban con su propia vida. 19Así terminan los ambiciosos; esta ambición acaba con su vida.

Advertencia contra el rechazo a la sabiduría

20La sabiduría levanta su voz en las calles y lugares públicos. 21Clama por la calle principal, a la entrada de la ciudad: 22«Jóvenes inexpertos, ¿hasta cuándo disfrutarán su inexperiencia, sus burlas y despreciarán el conocimiento? 23Escuchen mis correcciones y yo les abriré mi corazón, para que conozcan mis pensamientos. 24Repetidamente los he llamado y no quieren venir; les he tendido mi mano pero no me hacen caso. 25Porque menospreciaron mi consejo y rechazaron mi corrección, 26algún día van a estar en desgracia, y yo me reiré. Me burlaré de ustedes cuando estén llenos de miedo, 27cuando el terror caiga sobre ustedes como una tormenta y los problemas y la angustia los arrastren como un torbellino. 28Entonces ellos me llamarán, pero no les responderé; me buscarán ansiosos, pero no me encontrarán.

29»Pues despreciaron la sabiduría y no quisieron honrar al Señor; 30porque menospreciaron mi consejo y rechazaron mi corrección, 31cosecharán el fruto de su conducta, se hartarán de sus malas intenciones, 32los matará su desvío e inexperiencia, su despreocupación y necedad los destruirá. 33Pero los que me escuchen vivirán en paz y seguridad, sin temor».

Ventajas de la sabiduría

2 Hijo mío, si haces tuyas mis palabras y atesoras mis mandamientos; 2si prestas oído a la sabiduría y te entregas a la inteligencia; 3si clamas por inteligencia y discernimiento, 4si los buscas como si fuera plata o un tesoro escondido, 5entonces comprenderás lo que es honrar al Señor y encontrarás el conocimiento de Dios.

6Porque el Señor concede sabiduría; de su boca fluyen conocimiento y ciencia. 7El Señor ayuda y protege a los que viven con rectitud y justicia. 8Él cuida el sendero de los justos y protege a aquellos que le son fieles. 9Entonces comprenderás lo que es recto y justo, y sabrás tomar la decisión correcta cada vez que lo necesites. 10La sabiduría entrará en tu corazón, y el conocimiento te llenará de alegría. 11La prudencia te cuidará y la inteligencia te mantendrá a salvo. 12La sabiduría te librará de los malvados, de los que hablan perversidades, 13de los hombres que se apartan del camino recto para hacer el mal, 14de los que se gozan en hacer el mal y festejan sus pecados, 15de los que andan por caminos torcidos y sus sendas no son las correctas. 16Te librará de la mujer adúltera y de sus palabras seductoras. 17Esa mujer que ha abandonado al compañero de su juventud y se ha olvidado del compromiso que hizo con Dios. 18El entrar a su casa te conduce hacia la muerte. Su conducta te lleva hacia el reino de muerte. 19Todo aquel que se enreda con ella no vuelve jamás ni alcanza los senderos de la vida.

20Sigue el ejemplo de los justos y compórtate como lo hacen los rectos. 21Pues sólo los intachables y los que viven honestamente habitarán para siempre la tierra. 22Pero los malvados serán arrancados y expulsados de la tierra.

Otras ventajas de la sabiduría

3 Hijo mío no olvides nunca mis enseñanzas. Guarda mis mandamientos en tu corazón, 2porque ellos te darán una larga vida y te traerán felicidad. 3No te apartes nunca del amor y la verdad; llévalos atados a tu cuello como

si fueran un collar y escríbelos en lo profundo de tu corazón. 4Entonces contarás con la buena opinión de la gente y el favor de Dios. 5Confía en el SEÑOR con todo tu corazón, y no confíes en tu propia inteligencia. 6Busca la voluntad del SEÑOR en todo lo que hagas, y él dirigirá tus caminos.

7No creas que eres tan sabio como para no tenerle miedo al mal. Honra al SEÑOR y huye del mal, 8así llenarás tu cuerpo con salud y vigor.

9Honra al SEÑOR con tus riquezas y con los primeros frutos de tus cosechas. 10Así tus graneros se llenarán hasta reventar, y tus bodegas rebosarán de vino nuevo.

11Hijo mío, no desprecies la corrección del SEÑOR, ni te enojes cuando te reprenda; 12pues el SEÑOR corrige al que ama, así como el padre corrige al hijo que es su alegría. 13Feliz es el que halla sabiduría y adquiere inteligencia. 14Porque es mejor hallar sabiduría que plata; la sabiduría deja más ganancias que el oro. 15Es mucho más valiosa que las piedras preciosas. ¡No hay dinero alguno con el que la puedas pagar! 16Por un lado, la sabiduría te ofrece larga vida y, por el otro, te otorga riquezas y honor. 17Te llevará por caminos agradables y en sus senderos encontrarás paz.

18La sabiduría es árbol de vida para quien se sujeta de ella; ¡felices los que no la sueltan! 19Con sabiduría el SEÑOR fundó la tierra, con inteligencia estableció los cielos. 20Por su conocimiento se separaron las aguas, las nubes derramaron la lluvia. 21Hijo mío, sé prudente y no pierdas de vista la discreción, 22porque ellas te llenarán de vida y te adornarán como un collar. 23Podrás andar seguro en esta vida, sin problemas ni tropiezos. 24Al acostarte, no tendrás ningún temor y dormirás tranquilamente. 25No temerás al desastre que venga de repente, ni a la desgracia que caiga sobre los malvados, 26porque el SEÑOR estará siempre contigo y evitará que caigas en la trampa.

27No te niegues a hacer el bien a quien lo necesita, cuando bien sabes que está en tu mano hacerlo. 28No le digas a alguien que venga mañana por la ayuda, si tienes con qué dársela hoy. 29No trames nada malo contra el que vive confiado en ti. 30No te metas en pleitos con nadie, sino te han hecho daño. 31No envidies a la gente violenta, ni imites su conducta. 32Porque el SEÑOR detesta a esos malvados, pero le da su amistad a los justos.

33La maldición del SEÑOR cae sobre la casa de los malvados, pero su bendición está sobre el hogar de los justos. 34El SEÑOR se burla de los burladores, pero ayuda a los humildes. 35Los sabios se llenarán de honra, pero los necios se llenarán de vergüenza.

La sabiduría es lo máximo

4 Escuchen hijos la corrección de un padre. Pongan atención para que adquieran inteligencia. 2Yo digo la verdad; no se aparten. 3Yo también he sido hijo; cuando era el niño consentido de mi madre, 4mi padre me enseñaba y me decía: «Guarda en tu corazón mis palabras, obedece mis mandamientos, y vivirás. 5Adquiere sabiduría e inteligencia, no la olvides ni te apartes de ellas. 6No abandones la sabiduría, ámala, y ella te protegerá. 7Lo más importante que debes hacer es adquirir sabiduría, y también buen juicio. 8Ama la sabiduría, y ella te engrandecerá; aférrate a ella y te honrará; 9te adornará con diadema de gracia la cabeza; y te obsequiará una hermosa corona». 10Hijo mío, escucha y obedece mis palabras, y tendrás una larga vida.

11Yo te llevo por el camino de la sabiduría y te guío por sendas de rectitud. 12Cuando camines por ellos, nada te estorbará ni tropezarás al correr. 13Aférrate a mi instrucción, no la olvides; pues ella es tu vida.

14No hagas lo que hacen los malvados, ni sigas el ejemplo de los malhechores. 15Mantente lejos de esa gente; sí, aléjate de ellos y sigue adelante. 16Los malvados no duermen hasta haber hecho lo malo; no pueden descansar hasta hacer que alguien tropiece y caiga. 17¡Su comida es la maldad y su bebida la violencia!

18La senda de los justos se parece a los primeros rayos de luz del amanecer, que brillan cada vez más hasta que es pleno día. 19Pero la senda de los malvados está en completa oscuridad, los que la siguen ni siquiera saben con qué tropiezan.

20Hijo mío, toma en cuenta mis consejos, escucha atentamente mis palabras. 21No pierdas de vista mis palabras, grábalas en lo más profundo de tu corazón. 22Porque ellas traen vida y salud a quienes las hallan.

23Sobre todas las cosas cuida tu corazón, porque de él brota la vida. 24Evita hablar de cosas perversas; aparta tus labios de decir cosas corruptas. 25Mira lo que tienes delante; pon tus ojos en lo que tienes frente a ti. 26Establece bien la conducta de tu vida, mantenla siempre, y estarás seguro. 27¡Practica el bien en todo momento! ¡Apártate del mal!

Advertencia contra el adulterio

5 Hijo mío, pon atención a mi sabiduría; escucha atentamente mi sabio consejo. 2Así aprenderás a ser discreto y te llenarás de conocimiento. 3Los labios de la mujer infiel son como miel, y sus palabras más suaves que el aceite. 4Pero al final resulta ser más amarga que la hiel y más cortante que una espada de dos filos. 5Quien cae en sus redes, va derecho a la tumba; su estilo de vida es un pase directo a la

1.5–10 1.19 1.33 2.1–9 2.11–12 3.1–22 3.24–29 4.1–11 4.20–26 5.1–2 muerte. 6A ella nada le importa lo que piense la gente de su conducta. Vive la vida sin control alguno, y ni siquiera se da cuenta de eso.

7Pues bien, hijo mío, escucha atentamente y no te apartes de mis enseñanzas. 8Huye de la mujer infiel; no te acerques ni siquiera a la puerta de su casa, 9para que no entregues tus mejores años ni tu fortaleza a quienes sólo quieren hacerte mal; 10para que los malvados no se queden con tu salario ni con los bienes que posees. 11Si lo haces así, acabarás quejándote de angustia porque todo tu cuerpo se irá consumiendo. 12Y dirás: «¡Cómo pude despreciar la corrección! ¡Cómo pudo mi corazón rechazar los consejos! 13No obedecí las enseñanzas de mis maestros, ni presté atención a mis instructores. 14Estoy al borde de una ruina total y en vergüenza ante toda mi comunidad».

15Disfruta del amor, pero sólo con tu esposa. 16Tu amor y fidelidad le corresponden sólo a ella; ¡jamás se los entregues a otra! 17Recuerda que el goce del matrimonio solo le pertenece a los dos, y nadie debe inmiscuirse en él. 18¡Bendita sea tu esposa, la mujer de tu juventud! 19Ella es una gacela amorosa y agradable. ¡Que sus pechos te dejen siempre satisfecho! ¡Que su amor siempre te cautive! 20Hijo mío, ¡no te enredes con la mujer infiel! ¡Aléjate de sus caricias! 21Recuerda que el SEÑOR mira todo lo que hacemos, no pierde de vista ninguno de nuestros actos. 22Al malvado lo tienen atrapado sus propios pecados, son cuerdas que lo atan y retienen. 23Morirá por no querer disciplinarse; se perderá por su gran necedad.

Advertencia contra la insensatez

6 Hijo mío, si te haces fiador de tu amigo, o si te haces responsable de alguien a quien apenas conoces, 2si tú mismo te comprometiste y has quedado atrapado en tus propias palabras, 3entonces has caído en las manos de tu amigo. Haz esto que te digo para poder librarte: trágate tu orgullo y suplícale que deshaga el compromiso. 4No lo dejes para después. Hazlo ahora. No descanses hasta que lo hayas hecho. 5Libérate, como se libera la gacela del cazador, o como se libera el ave de la trampa.

6¡Aprende de las hormigas, perezoso! Fíjate en lo que hacen, y sigue su ejemplo. 7Aunque no tienen quien las obligue a trabajar, no tienen quien las mande, 8trabajan mucho todo el verano, recogiendo alimentos durante la cosecha. 9Perezoso, no haces más que dormir, ¿Cuándo vas a despertar de tu sueño? 10Duermes un poquito más, te tomas una larga siesta, descansas cruzado de brazos, 11y así, lo que lograrás es pobreza y más pobreza. Esta te atacará sin piedad.

12El hombre que es malvado y perverso, siempre cuenta mentiras, 13guiña los ojos, hace señas con los pies y con los dedos, 14su corazón es perverso, siempre está planeando el mal y provocando peleas.

15Por eso será destruido de repente; en un instante quedará arruinado sin esperanza de recuperarse.

16El SEÑOR está harto, ¡hasta el cansancio! de este tipo de gente:

17del altanero, el que ama la mentira, del malvado, 18del que sólo piensa en hacer el mal, 19del testigo falso y del que causa división entre hermanos.

Advertencia contra el adulterio

20Hijo mío, obedece siempre los mandamientos y enseñanzas de tu padre y de tu madre. 21Grábalos en tu corazón, cuélgalos alrededor de tu cuello. 22Adonde vayas, te servirán de guía; mientras estés dormido, te protegerán; al despertar, te aconsejarán. 23Porque estos mandamientos y enseñanzas son lámpara que alumbra tu camino delante de ti; su corrección y consejos son el camino de la vida. 24Te protegerán de la mujer malvada, de las palabras seductoras de la mujer infiel.

25No la desees en tu corazón por su belleza, no te dejes seducir por sus ojos, 26porque la prostituta anda tras tu dinero, pero la adúltera anda tras tu misma vida. 27¿Podría alguien echarse fuego en el pecho sin quemarse la ropa? 28¿Podría alguien andar sobre las brasas sin quemarse los pies? 29Pues tampoco el que se acuesta con la mujer infiel y se enreda con ella, quedará sin castigo. 30Nadie desprecia al ladrón que roba para no morir de hambre; 31pero si lo atrapan, se le cobra siete veces lo robado, aunque para ello tenga que vender todo lo que tiene en su casa.

32Pero al que se acuesta con la mujer de otro le falta la capacidad de pensar, pues se destruye a sí mismo. 33Sólo sacará heridas y vergüenza, y su deshonra no se podrá borrar. 34Porque el esposo estará furioso por los celos, y no perdonará el día de la venganza. 35No aceptará ningún desagravio, ni perdonará por muchos regalos que se le ofrezca.

Advertencia contra la mujer adúltera

7 Hijo mío, obedece mis palabras y atesora mis mandamientos. 2Obedece mis mandamientos y vivirás; cuida mis enseñanzas como la niña de tus ojos. 3Átalos a tus dedos, grábalos en lo profundo de tu corazón. 4Ama la sabiduría como a una hermana, y a la inteligencia como a un pariente tuyo. 5Ellas te librarán de la mujer infiel y de la adúltera y de sus palabras seductoras. 6Miraba yo por la ventana de mi casa, a

5.7 5.10–15 5.18–23 6.5 6.6–11 6.20–29 7.1–5

través de la celosía, 7a unos jóvenes sin experiencia, y entre ellos me fijé en un joven falto de sentido común. 8Cruzó la calle al llegar a la esquina, y caminó hacia la casa de esa mujer. 9Empezaba a oscurecer, el día llegaba a su fin. 10Entonces la mujer se le acercó, vestida seductoramente y actuando con astucia. 11Escandalosa y desvergonzada, que no puede quedarse en su casa. 12Que anda por las calles y por las plazas buscando atrapar a alguien en las esquinas.

13Lo abrazó por el cuello, lo besó, y con descaro le dijo: 14«He ofrecido sacrificios de paz, y acabo de cumplir mis votos. 15Por eso salí a tu encuentro, te busqué, ¡y te he encontrado! 16Mi cama está tendida con sábanas del mejor lino importado de Egipto, 17la he perfumado con mirra, áloe y canela. 18Ven, hagamos el amor hasta que llegue el nuevo día, 19pues mi esposo no está en casa, anda en un largo viaje; 20se ha llevado una bolsa llena de dinero, y no regresará hasta el día de la luna llena».

21Con palabras suaves la mujer infiel convenció a ese jovencito; lo sedujo con halagos y mimos. 22En un momento él la siguió, como el buey que va camino al matadero, como ciervo que cae en la trampa, 23en espera de la flecha que le partirá el corazón; como el ave que va directo a la red, sin darse cuenta que ahí perderá la vida. 24Escúchame, hijo mío, y pon atención a mis palabras. 25No dejes que tu corazón se desvíe hacia ella; ni te pierdas en sus caminos; 26porque muchos han muerto por causa suya; muchos hombres han sido sus víctimas. 27Su casa es la puerta por la que llegas rápido a la muerte.

Llamado de la sabiduría

8 ¿No está llamando la sabiduría? ¿No está alzando la voz la inteligencia? 2Está parada en lo más alto de las colinas, donde se cruzan los caminos. 3A un lado de las puertas que llevan a la ciudad, dice a gritos: 4«A ustedes hombres, les hablo a todos ustedes; dirijo mis palabras a toda la humanidad. 5Ustedes los necios e inexpertos, ¡adquieran sentido común y aprendan a ser prudentes! 6Escuchen las cosas importantes que tengo que decirles; mis labios hablarán cosas rectas. 7Mi boca hablará la verdad, porque mis labios detestan la mentira. 8Mis palabras son justas; no hay en ellas perversidad o cosa torcida. 9Mis palabras son claras para el que quiera entender; irreprochables para el que sea sabio. 10Elijan mi instrucción en lugar de la plata, y el conocimiento en lugar del oro puro».

11Porque la sabiduría vale mucho más que las piedras preciosas; nada se puede comparar con ella. 12Yo, la sabiduría, habito con el buen juicio, y sé dónde encontrar discernimiento y conocimiento. 13El que teme al Señor aborrece el mal; yo aborrezco el orgullo y la arrogancia, la mala conducta y el hablar perverso. 14Son míos el consejo y el sentido común; son míos el entendimiento y el poder. 15Por mí reinan los reyes y los gobernantes dictan leyes justas. 16Por mí gobiernan los príncipes y los nobles dictan leyes justas. 17Amo al que me ama, y los que me buscan, sin duda me hallarán. 18Tengo riquezas, honra, bienes y prosperidad para repartir. 19Lo que yo doy es mejor que el oro más fino; mi salario es mejor que la plata refinada. 20Yo voy por el camino de la rectitud, por las sendas de la justicia. 21A los que me aman los enriquezco y lleno sus arcas de tesoros. 22El Señor me creó antes que empezara su creación, antes que a ninguna de sus obras. 23Me formó desde los primeros tiempos, al principio, antes que formara la tierra. 24Nací antes que fueran creados los grandes mares, antes que surgieran los manantiales de abundantes aguas, 25antes que los montes y las colinas fueran formados, yo ya había nacido, 26antes que Dios creara la tierra y sus campos y el polvo con el que hizo el mundo.

27Yo estaba allí cuando Dios estableció la bóveda celeste y trazó el horizonte sobre las aguas. 28Yo estaba allí cuando estableció las nubes en los cielos y reforzó las fuentes en las profundidades de los mares. 29Yo estaba allí cuando Dios puso límite a los mares y les mandó no salirse de sus bordes, 30yo estaba allí, a su lado. Yo era su continua alegría, disfrutaba estar siempre en su presencia; 31me alegraba en el mundo que el Señor creó; ¡me gozaba en la humanidad! 32Y ahora, hijos míos, escúchenme: dichosos los que van por mis caminos.

33Escuchen mi consejo, y sean sabios; no lo rechacen. 34¡Dichoso el hombre que me escucha, que me espera día tras día atentamente a las puertas de mi casa! 35El que me encuentra, halla la vida y recibe la aprobación del Señor. 36Pero el que me rechaza, se hace daño a sí mismo; el que me aborrece ama la muerte.

Invitación de la sabiduría y de la necedad

9 La sabiduría ha construido su casa con siete columnas. 2Ha preparado un banquete, mezcló los vinos y puso la mesa. 3Ha enviado a sus criadas a lo más alto de la ciudad para que griten: 4¡Vengan conmigo los inexpertos! —les dice a los faltos de juicio—. 5Vengan a mi banquete y beban los vinos que he mezclado. 6Abandonen su necedad y vivirán; aprendan a ser sabios! 7Si corriges al burlón sólo conseguirás que te insulte; si corriges al malvado sólo conseguirás

7.24–27 8.14 8.17 8.20–22 8.32–35 9.6

que te lastime. 8 No corrijas al burlón pues terminará odiándote; corrige al sabio, y te amará. 9 Enseña al sabio, y será más sabio; enseña al justo, y aprenderá más. 10 Lo primero que hay que hacer para adquirir sabiduría es honrar al SEÑOR; conocer al Santo es tener inteligencia. 11 La sabiduría aumentará tus días y añadirá años a tu vida. 12 Si eres sabio, tu recompensa será la sabiduría; si eres desvergonzado, tú serás el único que sufra.

13 La mujer necia es escandalosa; es ignorante y ni siquiera lo sabe. 14 Se sienta a la puerta de su casa, en lo más alto de la ciudad, 15 llama a los que pasan por allí, a los que andan por el buen camino. 16 ¡Vengan conmigo los inexpertos!—les dice a los faltos de juicio—. 17 El agua robada es más refrescante; y el pan que se come a escondidas sabe mejor! 18 Pero ellos no se dan cuenta que allí está la muerte, y que sus invitados ahora están en el fondo de la fosa.

Proverbios de Salomón

10 Estos son los proverbios de Salomón. ¡Qué felices viven los padres de un hijo sabio, pero qué tristeza les da el hijo necio.

2 Las riquezas mal adquiridas no tienen un valor duradero, pero la vida honrada libra de la muerte. 3 El SEÑOR no permitirá que el justo pase hambre, pero no dejará que el malvado quede satisfecho.

4 Los perezosos empobrecen pronto; los que trabajan mucho enriquecen pronto.

5 El que cosecha en el verano es un hijo sabio, pero el que duerme durante la cosecha es un sinvergüenza.

6 El justo está cubierto de bendiciones, pero la boca del malvado está cubierta de violencia.

7 Al justo se le recuerda con alegría, pero el nombre de los malvados será como algo podrido.

8 El sabio obedece los mandamientos, pero el necio rezongón acaba en la ruina.

9 El hombre íntegro anda seguro, pero el perverso acabará mal.

10 El que guiña el ojo con malicia causa problemas; el necio rezongón acaba en la ruina.

11 La boca del justo es fuente de vida, pero la boca del malvado está cubierta de violencia.

12 El odio provoca pleitos, pero el amor cubre todas las faltas.

13 En los labios del sabio hay palabras de sabiduría, pero para el necio son los azotes en la espalda.

14 El sabio atesora conocimiento, pero la palabrería del necio es un peligro.

15 La riqueza del rico es su ciudad fortificada; la pobreza del pobre es su ruina.

16 Su salario al justo, le trae vida, pero sus ganancias al rico, le traen pecado.

17 El que acepta la corrección, va camino a la vida; el que la rechaza, va camino a la perdición.

18 El que esconde su odio es un mentiroso; el que esparce calumnias es un necio.

19 En las palabras del que habla mucho, seguramente encontrarás pecado; el sabio sabe cuando callar.

20 La lengua del justo es plata refinada, pero el corazón del malvado no vale nada.

21 Los labios del justo aconsejan a muchos, pero los necios mueren por falta de sentido común.

22 La bendición del SEÑOR trae riquezas, sin que con ellas traiga tristeza.

23 El necio se divierte haciendo el mal; la diversión del sabio es su sabiduría.

24 Lo que el malvado teme se cumplirá; lo que el justo desea se le concederá.

25 Sobreviene la tormenta y arrastra al malvado, pero el justo permanece para siempre.

26 El perezoso es para quien lo emplea, como humo a los ojos o como vinagre a los dientes.

27 El honrar al SEÑOR alarga la vida, pero a los malvados se la acorta.

28 En el futuro de los justos hay felicidad, pero el de los malvados está vacío.

29 El SEÑOR protege a los rectos, pero destruye a los que hacen mal.

30 Los justos jamás serán echados de su tierra, pero los malvados no permanecerán en la tierra.

31 De la boca del justo brota sabiduría, pero al perverso se le cortará la lengua.

32 El justo dice cosas útiles; el malvado, sólo cosas perversas.

11 El SEÑOR detesta las balanzas falsas, pero le agradan las pesas exactas.

2 El orgullo te lleva hacia la deshonra; la humildad, hacia la sabiduría.

3 A los justos los guía su honestidad; a los falsos los destruye su hipocresía.

4 De nada servirán las riquezas en el día del juicio, pero la justicia te librará de la muerte.

5 La justicia endereza el camino de los rectos, pero los malvados caerán por sus mismos pecados.

6 La justicia libera a los rectos, pero la codicia atrapa a los traidores.

7 Cuando muere el malvado, todas sus esperanzas e ilusiones de poder, mueren con él.

8 El justo se salva de la calamidad, pero la desgracia le sobreviene al malvado.

9 Las palabras del malvado destruyen a su prójimo, pero por medio del conocimiento se libra el justo.

9.10–12 10.1 10.4–6 10.9 10.11–13 10.22 10.24 10.27 11.1–3

10 Cuando el justo prospera, la ciudad entera
se alegra; cuando el malvado muere, la ciudad
grita de alegría.
11 La bendición de los justos hace prosperar la
ciudad, pero la boca de los malvados la destruye.
12 El imprudente desprecia a su prójimo, pero
el prudente guarda silencio.
13 El chismoso revela los secretos, pero el hombre confiable los guarda.
14 Por la falta de un buen gobierno, la nación
fracasa; pero con muchos consejeros tendrá éxito.
15 El que sale como fiador de un extraño, sufrirá; es mejor negarse a dar la fianza y así vivir
tranquilo.
16 La mujer bondadosa obtiene respeto; los
hombres violentos obtienen riquezas.
17 El que es bondadoso se beneficia a sí mismo,
pero el que es cruel se destruye.
18 El malvado recibe ganancias momentáneas,
pero el justo recibe una recompensa duradera.
19 El justo hallará la vida, el malvado la muerte.
20 El SEÑOR aborrece a los de corazón perverso,
pero se agrada en los que viven con rectitud.
21 Ten plena seguridad de que el malvado será
castigado, y que los justos saldrán librados.
22 La mujer hermosa pero indiscreta es como
un anillo de oro en el hocico de un cerdo.
23 Los deseos de los justos terminan bien; la
esperanza de los malvados termina mal.
24 El que da en abundancia, recibe más de lo
que dio; pero el que es tacaño, termina en la
pobreza. 25 El que es generoso, prospera; el que
da a otros, a sí mismo se enriquece.
26 La gente maldice al que acapara el trigo, pero
cubre de bendiciones al que lo vende.
27 El que busca el bien, encontrará buena
voluntad; pero el que busca el mal, a él lo encontrará el mal.
28 El que confía en sus riquezas se marchitará
como las hojas, pero el justo florecerá como
las ramas.
29 El que perturba su casa no heredará más que
el viento; el necio será siervo del sabio.
30 El fruto del justo es árbol de vida, y el que
gana vidas es sabio.
31 Si los justos reciben su recompensa aquí en
la tierra, ¡cuánto más los malvados recibirán lo
que se merecen!

12 Para aprender, se tiene que amar la
disciplina, pero aborrecerla es ser un
ignorante.
2 El SEÑOR bendice al hombre bueno, pero condena al malvado.
3 La maldad no puede traerle firmeza a nadie;
sólo los justos tienen raíces firmes.
4 La mujer ejemplar es gozo y corona de su
marido, pero la que es mala lo destruye.
5 Los planes del justo son buenos, pero en el
consejo del malvado hay engaño.
6 Las palabras del malvado son una emboscada
mortal, pero las del justo ponen a salvo.
7 Los malvados perecen, y allí acaba todo para
ellos; pero los hijos de los justos siguen firmes.
8 Al hombre lo alaban según su sabiduría, pero
al de corazón perverso lo desprecian.
9 Es mejor ser menospreciado pero con criado,
que alabado y sin comida.
10 El hombre bueno se preocupa por el bienestar
de sus animales, pero el hombre malo es cruel.
11 El que trabaja su tierra tendrá abundante
comida, pero el que vive soñando no es inteligente.
12 Los malos deseos son la trampa de los malvados, pero la raíz de los justos florecerá.
13 Los malvados quedan atrapados en sus propias palabras mentirosas, pero el justo se libra
de ese aprieto.
14 Cada uno recibe el fruto de lo que habla, y el
fruto del trabajo de sus manos.
15 El necio cree que lo que hace está bien, pero
el sabio escucha consejos.
16 El necio se enfurece fácilmente, pero el prudente se mantiene sereno cuando lo insultan.
17 El testigo honesto dice la verdad, pero el
falso dice mentiras.
18 Hay quienes hieren con sus palabras, pero
las palabras del sabio traen alivio.
19 Los labios que dicen la verdad permanecen
para siempre, pero la lengua mentirosa dura sólo
un momento.
20 Llenos de engaño están los corazones de los
que traman el mal, pero el gozo inunda los corazones de los que promueven la paz.
21 Al hombre justo no le vendrá ningún mal,
pero el malvado se llenará de males.
22 El SEÑOR aborrece a los mentirosos, pero le
agradan los que viven en la verdad.
23 El sabio no proclama lo que sabe, pero el
necio proclama su necedad.
24 Trabaja con empeño y gobernarás; sé perezoso y otro a ti te gobernará.
25 La angustia desalienta el corazón del hombre, pero una palabra alentadora lo anima.
26 El justo es guía de su prójimo, pero el malvado los extravía en el camino.
27 El perezoso ni siquiera cocina el animal que
caza, pero el diligente ya posee una gran riqueza.
28 El camino de los justos conduce a la vida;
el de los imprudentes a la muerte.

13 El hijo sabio acepta la corrección de su
padre; el descarado no quiere escucharla.

11.12 11.16–17 11.21 11.24–25 11.28
11.30 12.1–4 12.12–14 12.17–19 12.21–22
12.24–25 12.28–13.3

2El que habla el bien, cosechará el bien, pero los traidores tienen hambre de violencia.

3El que cuida sus palabras, cuida su vida; el que descuida sus palabras provoca su propia ruina.

4El perezoso desea mucho pero obtiene poco; el que trabaja obtendrá todo lo que desea.

5El hombre justo detesta la mentira, pero el malvado trae deshonra y vergüenza.

6La justicia protege al hombre que es recto, pero la maldad destruye al pecador.

7Hay pobres que aparentan ser ricos, hay ricos que aparentan ser pobres.

8El rico puede salvar su vida con sus riquezas, pero al pobre ni siquiera lo amenazan.

9La luz de los justos brilla intensamente, pero los malvados son como lámpara apagada.

10El orgullo conduce a la discusión, pero en los que escuchan consejos hay sabiduría.

11La riqueza mal ganada pronto se esfuma; la obtenida poco a poco se multiplica.

12La esperanza frustrada trae angustia al corazón, pero el deseo cumplido es como un árbol de vida.

13El que menosprecia la instrucción, pagará las consecuencias; el que la respeta recibirá su recompensa.

14La enseñanza del sabio es fuente de vida, y libra de los lazos de la muerte.

15El buen juicio trae aprecio, pero el camino del traidor lleva a la ruina.

16El prudente actúa con inteligencia, pero el necio presume su necedad.

17El mensajero malvado trae desgracia, pero el confiable trae alivio.

18El que rechaza la corrección caerá en pobreza y deshonra; el que la acepta, recibirá grandes honores.

19El deseo cumplido trae alegría, pero el necio detesta alejarse del mal.

20El que anda con sabios, será sabio; al que anda con necios, lo lastimarán.

21Al pecador lo persiguen los problemas; pero al justo lo recompensan las bendiciones.

22El hombre bueno deja herencia a sus nietos; las riquezas del pecador se quedan para los justo.

23En el campo del pobre abunda la comida, pero la injusticia acaba con todo.

24El que no corrige a su hijo, no lo quiere; el que lo ama, lo corrige.

25El justo come hasta quedar satisfecho, pero el malvado se queda con hambre.

14 La mujer sabia construye su casa; la necia la destruye con sus propias manos.

2El que anda por el camino recto, le teme al Señor; el que anda por el camino del mal lo desprecia.

3De los labios del necio brota el orgullo, pero los labios del sabio son su propia protección.

4El establo está vacío donde no hay bueyes, pero con la fuerza de un buey aumenta la cosecha.

5El testigo verdadero nunca miente; el testigo falso sólo dice mentiras.

6El descarado busca sabiduría sin encontrarla, para el inteligente el conocimiento es cosa fácil.

7No te acerques al necio, pues no encontrarás sabiduría en sus labios.

8El sabio medita en sus propios caminos, pero al necio lo engaña su propia necedad.

9Los necios se burlan de sus propios pecados,
pero entre los justos se encuentra buena voluntad. 10Cada corazón conoce su propia amargura,
y ningún extraño puede compartir su alegría.

11La casa de los malvados será destruida, pero la de los justos prosperará.

12Hay caminos que al hombre le parecen rectos, pero que al final terminan en muerte.

13La risa puede ocultar un corazón adolorido, pero cuando acaba la risa, queda el dolor.

14El necio recibirá lo que se merece por su necedad; el hombre bueno recibirá recompensa por sus acciones.

15El ingenuo cree todo lo que le dicen, pero el prudente piensa cada paso que da.

16El sabio teme al Señor y se aparta del mal, pero al necio no le importa y es muy confiado.

17El que fácilmente se enoja hace locuras, y el perverso es odiado.

18Los imprudentes heredan necedad; los prudentes conocimiento.

19Los malvados se inclinarán ante los buenos; los perversos se inclinarán ante las puertas de los justos.

20Al pobre lo desprecian hasta sus amigos, pero los ricos cuentan con muchos amigos.

21Despreciar al prójimo es un pecado; feliz el que se compadece de los pobres.

22Los que planean hacer el mal, se perderán; pero los que buscan hacer el bien, encontrarán amor y fidelidad.

23El trabajo produce ganancia; pero el hablar mucho y no hacer nada, empobrece.

24La corona del sabio es su sabiduría; la de los necios su necedad.

25El testigo verdadero libra de la muerte; pero el testigo falso engaña.

26El que honra al Señor está seguro, y será un refugio para sus hijos.

27El honrar al Señor es fuente de vida, y libra al hombre de los lazos de la muerte.

28La gloria del rey es gobernar a muchos; pero su ruina es gobernar a pocos.

13.18 13.20 13.22 14.1 14.7–9 14.11–14 14.16–17 14.21 14.23 14.26–27

29 El que controla su enojo es muy inteligente; el que se enoja fácilmente es un necio.
30 El corazón tranquilo le da vida al cuerpo, pero la envidia corroe los huesos.
31 El que oprime al pobre ofende a su Creador, pero honra a Dios quien se apiada del necesitado.
32 Al malvado lo aplasta su propia maldad; al justo lo protege su justicia.
33 La sabiduría habita en el corazón de los sabios, pero los necios no la conocen.
34 La justicia engrandece a una nación, pero el pecado es una vergüenza para cualquier pueblo.
35 El rey se alegra en el siervo inteligente, pero se enoja con el sinvergüenza.

15 La respuesta amable calma el enojo, pero la respuesta grosera lo hace encenderse más.
2 De la lengua de los sabios brota conocimiento; de la boca de los necios necedades.
3 Los ojos del Señor miran por todas partes, y vigilan a los buenos y a los malos.
4 La lengua que consuela es un árbol de vida, pero la lengua engañosa lastima el espíritu.
5 El necio menosprecia la corrección de su padre; el que la toma en cuenta demuestra inteligencia.
6 En la casa del justo hay gran abundancia, pero en las ganancias del malvado, grandes problemas.
7 Los labios del sabio esparcen sabiduría; el corazón del necio no la conoce.
8 El Señor detesta las ofrendas de los malvados, pero se deleita en las oraciones del justo.
9 El Señor aborrece el camino de los malvados, pero ama a quienes procuran la justicia.
10 El que abandona el camino de la justicia será castigado; el que aborrece la corrección morirá.
11 Ante el Señor están las profundidades de la muerte y del sepulcro, ¡con mayor razón el corazón de los hombres!
12 El burlón no ama a quien lo corrige, ni busca la compañía de los sabios.
13 El corazón feliz, alegra la cara; el corazón lastimado, entristece el espíritu.
14 El corazón sabio busca el conocimiento, pero la boca de los necios se alimenta de necedades.
15 Para el afligido, todos los días traen problemas; para el de corazón alegre, todos los días son de fiesta.
16 Es mejor tener poco y honrar al Señor, que tener muchos tesoros y grandes angustias.
17 Es mejor comer verduras sazonadas con amor, que banquete de carne sazonado con odio.
18 El que se enoja fácilmente provoca peleas; el que controla su enojo las apacigua.
19 El camino del perezoso está lleno de espinas; pero la senda del justo es como una calzada.
20 El hijo sabio alegra a su padre; el hijo necio menosprecia a su madre.
21 El necio se alegra en su falta de juicio; el inteligente corrige sus propios pasos.
22 La falta de consejo frustra los planes; la abundancia de consejo los prospera.
23 Qué grato es dar la respuesta adecuada, y todavía más grato cuando es oportuna.
24 El camino de los sabios sube hacia la vida, y los libra de bajar al sepulcro.
25 El Señor destruye la casa del orgulloso, pero protege la propiedad de la viuda.
26 El Señor detesta el pensamiento de los malvados, pero le agradan las palabras limpias.
27 El ambicioso trae dolor a toda su familia, pero el que aborrece el soborno vivirá.
28 El justo piensa antes de hablar, pero de la boca del malvado brota maldad.
29 El Señor está lejos de los malos, pero escucha las oraciones de los justos.
30 La mirada que anima trae alegría al corazón, y las buenas noticias dan nuevas fuerzas.
31 El que escucha la corrección que da la vida, habitará entre los sabios.
32 El que rechaza la corrección se daña él mismo; el que atiende la reprensión gana entendimiento.
33 El honrar al Señor enseña sabiduría; primero viene la humildad y luego la honra.

16 El hombre propone y Dios dispone.
2 El hombre piensa que es justo lo que él hace, pero el Señor juzga los motivos.
3 Pon en manos del Señor todo lo que haces, y tus planes tendrán éxito.
4 Toda obra del Señor tiene un propósito; ¡hasta el malvado fue hecho para el día del desastre!
5 El Señor aborrece a los orgullosos; puedes estar seguro que recibirán su castigo.
6 Con amor y verdad se perdona el pecado, y con temor del Señor se evita el mal.
7 Cuando al Señor le agrada la conducta de un hombre, hasta con sus enemigos los reconcilia.
8 Es mejor ser pobre y justo, que rico e injusto.
9 El hombre hace planes, pero es el Señor el que dirige sus pasos.
10 La sentencia está en labios del rey, en el veredicto que emite no hay error.
11 Las pesas y las balanzas justas le pertenecen al Señor, todas las medidas han sido creadas por él.
12 El rey detesta las malas acciones, porque su trono se apoya en la justicia.
13 Al rey le agradan los labios honestos, y aprecia a quien habla con la verdad.
14 La ira del rey lleva mensaje de muerte, pero el sabio la apaciguará.

14.29 14.31–32 15.1 15.4 15.10 15.13–18 15.23 15.25 15.29–33 16.3 16.6–9

15 El rostro radiante del rey es signo de vida; su favor es como lluvia en primavera.

16 Es mejor obtener sabiduría que oro; es mejor adquirir inteligencia que plata.

17 El camino del justo se aparta del mal; el que quiere salvar su vida, se fija por dónde va.

18 Al orgullo le sigue la destrucción; a la altanería, el fracaso.

19 Es mejor humillarse con los pobres que repartirse el botín con los ricos.

20 El que hace caso a la palabra, prospera. ¡Dichoso el que confía en el Señor!

21 Al sabio de corazón, se le llama inteligente; los labios convincentes promueven el saber.

22 La prudencia es fuente de vida para quien la posee; pero instruir al necio es una locura.

23 De la mente del sabio provienen palabras sabias; sus palabras promueven la enseñanza.

24 Las palabras amables son como la miel, endulzan el alma y dan salud al cuerpo.

25 Hay delante del hombre un camino que parece recto, pero termina en muerte.

26 Al que trabaja, el hambre lo obliga a trabajar, pues su propio apetito lo estimula.

27 El perverso anda en busca de la maldad; sus palabras son como fuego devorador.

28 El hombre perverso provoca peleas, el chismoso aleja a los mejores amigos.

29 El violento engaña a sus amigos y los conduce por el mal camino.

30 El que guiña el ojo planea hacer lo malo; el que se muerde los labios ya lo llevó a cabo.

31 Las canas son corona de gloria y se obtienen viviendo una vida justa.

32 Es mejor ser paciente que poderoso; mejor es dominarse a sí mismo que conquistar una ciudad.

33 Se puede echar suertes, pero el Señor es quien decide el resultado.

17

Es mejor comer un pan duro en paz que tener banquete con pleitos.

2 El siervo sabio gobernará al hijo sinvergüenza y compartirá la herencia con los otros hermanos.

3 La plata y el oro se prueban con el fuego, pero al corazón lo prueba el Señor.

4 El malvado escucha los labios malvados, el mentiroso hace caso a la lengua maliciosa.

5 El que se burla del pobre ofende a su Creador; el que se alegra de su desgracia será castigado.

6 Los nietos son la corona del anciano; los padres el orgullo de sus hijos.

7 No es de esperarse que el rebelde diga la verdad ni que los reyes digan mentiras.

8 El soborno parece funcionar como vara mágica para el que lo ofrece, pues todo lo que emprende lo consigue.

9 El que perdona la ofensa conserva el amor; el que insiste en ella, separa a los mejores amigos.

10 Es más efectivo un solo regaño al hombre entendido, que cien azotes en la espalda del necio.

11 El rebelde sólo busca pelea, pero contra él enviarán un cruel mensajero.

12 Es mejor toparse con un oso enfurecido, que con un necio atrapado en su necedad.

13 Si pagas mal por bien, el mal nunca se apartará de tu casa.

14 Empezar una pelea es como abrir las compuertas de un río; así que mejor no la empieces.

15 El Señor aborrece que se perdone al culpable y se condene al inocente.

16 ¿De qué le sirve al necio tener dinero? ¿Podría comprar con eso sabiduría, si no tiene entendimiento?

17 El verdadero amigo siempre ama, y en tiempos de necesidad es como un hermano.

18 El que es imprudente se compromete y se hace responsable por otro.

19 Al que le gusta pecar, le gusta pelear; el que abre mucho la boca, busca que se la rompan.

20 El hombre de corazón perverso jamás prospera; el de lengua mentirosa caerá en desgracia.

21 Es doloroso ser el padre de un necio; no hay alegría en ser el padre de un tonto.

22 El corazón alegre es una buena medicina, pero el ánimo triste debilita el cuerpo.

23 El malvado acepta soborno en secreto para torcer la justicia.

24 La meta del prudente es la sabiduría; el necio divaga contemplando vanos horizontes.

25 El hijo necio causa dolor a su padre y amargura a su madre.

26 No está bien multar al inocente, ni castigar al honorable por su rectitud.

27 El sabio habla poco y el inteligente se sabe controlar.

28 Hasta un necio pasa por sabio si guarda silencio; se le considera prudente si cierra la boca.

18

El egoísta sólo busca satisfacer su propio bien; está en contra de todo buen consejo.

2 Al necio no le interesa entender; todo lo que quiere es dar su propia opinión.

3 Con la maldad, viene el desprecio, y con la vergüenza llega el oprobio.

4 Las palabras del hombre son aguas profundas; las palabras de sabiduría son como un arroyo refrescante.

5 Está mal que un juez favorezca al culpable y condene al inocente.

6 Los labios del necio lo meten en continuas peleas; sus palabras le causan azotes.

16.16–21 16.23–24 16.27 16.31–17.2 17.5–6 17.10 17.14 17.17 17.22 17.25 18.4

7 La boca del necio es su ruina; sus labios son una trampa mortal.

8 Los chismes son como delicioso bocado, pero penetran hasta lo más profundo del ser.

9 El perezoso es tan malo como el destructor.

10 El nombre del Señor es una torre poderosa; los justos acuden a ella y están a salvo.

11 El rico piensa que su riqueza es una ciudad protegida por altos muros, impenetrable.

12 Primero viene el orgullo y luego el fracaso; primero la humildad y luego los honores.

13 Es vergonzoso y necio responder antes de escuchar.

14 El ánimo del hombre puede sostener al enfermo, ¿pero quién puede levantar al abatido?

15 El inteligente adquiere conocimiento, el sabio escucha atentamente para encontrarlo.

16 Con regalos se abren todas las puertas y se llega a la presencia de gente importante.

17 El primero que da su versión parece que dice la verdad, hasta que llega el otro y lo desmiente.

18 El echar suertes termina con los pleitos y arregla los desacuerdos entre las partes en pugna.

19 Más resiste el hermano ofendido que una ciudad amurallada, los litigios son como cerrojos de ciudadelas.

20 El hombre se llena con el fruto de su boca, y se sacia con lo que habla.

21 La lengua tiene poder para vida o para muerte; los que la aman sufrirán las consecuencias.

22 El hombre que encuentra esposa, halla algo bueno; con eso el Señor le ha mostrado su favor.

23 El pobre pide con súplicas y el rico responde con arrogancia.

24 Hay amigos que nos llevan a la ruina, pero hay amigos más fieles que un hermano.

19 Es mejor ser pobre y honrado que necio y de labios mentirosos.

2 El afán sin conocimiento no es bueno; el que va de prisa puede equivocar el camino.

3 Por su propia necedad el hombre puede echar a perder su vida y luego echarle la culpa al Señor.

4 La riqueza trae muchos amigos, pero la pobreza los aleja.

5 El testigo falso no se escapará del castigo, tampoco el mentiroso se librará.

6 Muchos buscan quedar bien con el poderoso; todos son amigos del que es dadivoso.

7 Si los parientes del pobre lo aborrecen, con más razón sus amigos se alejan de él. Los llama con súplicas pero ellos ya se fueron.

8 El que adquiere sabiduria a si mismo se ama; el que posee entendimiento prospera.

9 El testigo falso no se escapará del castigo, y el mentiroso será destruido.

10 No se ve bien que el necio viva con lujo o que el esclavo gobierne a los príncipes.

11 El buen juicio hace al hombre calmar su enojo y el pasar por alto la ofensa le trae honra.

12 La ira del rey es como el rugido del león, pero su aprobación es como el rocío sobre la hierba.

13 El hijo necio es la ruina de su padre, y la esposa pendenciera como gotera constante.

14 La casa y la riqueza se heredan de los padres, pero la esposa inteligente es un regalo del Señor.

15 El perezoso duerme profundamente, pero pasa hambre.

16 El que cumple los mandamientos conserva su vida; el que los desprecia muere.

17 Servir al pobre es hacerle un préstamo al Señor; Dios pagará esas buenas acciones.

18 Disciplina a tu hijo mientras hay esperanza; si no lo haces, le arruinarás la vida.

19 El hombre de mal carácter recibirá su castigo; si lo ayudas a librarse empeoraras las cosas.

20 Escucha el consejo y acepta la corrección, y llegarás a ser sabio.

21 El hombre puede hacer muchos planes, pero la decisión final es del Señor.

22 Lo que se espera del hombre es lealtad. Es mejor ser pobre que mentiroso.

23 La reverencia al Señor da vida, seguridad y nos libra de cualquier daño.

24 El perezoso no mueve ni un dedo para llevarse la comida a la boca.

25 Castiga al insolente y el imprudente aprenderá la lección; reprende al sabio, y será más sabio.

26 El que roba a su padre y echa a la calle a su madre es un hijo que trae vergüenza y desgracia.

27 Si dejas de atender a la corrección, hijo mío, le habrás dado la espalda al conocimiento.

28 El testigo corrupto se burla de la justicia, y de la boca del malvado brota maldad.

29 A los insolentes les espera el castigo, y a la espalda de los necios los azotes.

20 El vino lleva al hombre a la desvergüenza, las bebidas embriagantes al escándalo; ¡el que está bajo sus efectos no puede ser sabio!

2 La furia del rey es como el rugir del león, hacerlo enojar es arriesgar la vida.

3 Evitar los pleitos es honroso para el hombre, sólo el necio los empieza.

4 El perezoso no labra la tierra en otoño, en tiempo de cosecha buscará y no hallará.

5 Los pensamientos secretos son como aguas profundas; el que es inteligente los conocerá.

6 Muchos dicen que son amigos fieles, ¿pero se puede encontrar a alguien en quien confiar?

7 El justo lleva una vida recta y honrada; ¡felices los hijos que vienen detrás de él!

18.7 18.10 18.19–22 18.24 19.14 19.18 19.20 19.23 20.1 20.4 20.7

8 Cuando el rey se sienta en su trono a juzgar, con una sola mirada echa fuera toda maldad.

9 ¿Quién puede decir: «Tengo puro el corazón, estoy limpio de pecado»?

10 El Señor aborrece las pesas falsas y las medidas que engañan.

11 Por sus acciones el niño revela si su conducta será pura y recta.

12 El oído para oír y los ojos para ver son obras de la creación del Señor.

13 No seas dormilón o terminarás en la pobreza; manténte despierto y tendrás abundante pan.

14 «¡Esto no sirve!», dice el comprador al regatear, pero después se jacta de su buena compra.

15 Las palabras sabias son más valiosas que el oro y las piedras preciosas.

16 Toma en garantía la prenda del que salga como fiador de un extraño.

17 La comida que se gana con engaños tal vez sea sabrosa, pero al final será como llenarse la boca de arena.

18 El buen consejo asegura el éxito de los planes; no vayas a la guerra sin una buena estrategia.

19 El chismoso cuenta los secretos; no te juntes con el que habla de más.

20 Al que maldice a su padre o a su madre, la lámpara de su vida se le apagará en la más terrible oscuridad.

21 La herencia que al principio se obtiene con facilidad, al final no traerá alegría.

22 No digas: «¡Me vengaré por el mal que me has hecho!» Confía en el Señor y él actuará por ti.

23 El Señor aborrece las pesas falsas y el uso de medidas engañosas.

24 El Señor dirige los pasos del hombre, ¿cómo puede entonces comprender su propio destino?

25 Es peligroso prometerle algo al Señor antes de considerar el costo.

26 El rey sabio encuentra a los malvados, los avienta y desmenuza bajo la rueda como trigo.

27 El espíritu del hombre es la lámpara del Señor, que examina hasta lo más profundo del ser.

28 El rey se mantiene seguro en su trono mientras la misericordia y la verdad lo protejan.

29 La gloria de los jóvenes está en su fuerza, la honra de los ancianos está en sus canas.

30 Los golpes y las heridas curan la maldad; los azotes purifican lo más íntimo del ser.

21

El corazón del rey es como un río en las manos del Señor, él lo dirige adonde él quiere.

2 Al hombre le parece bien todo lo que hace, pero el Señor juzga sus intenciones.

3 El Señor prefiere que practiquemos la justicia y la honradez en lugar de los sacrificios.

4 Los ojos altivos, el corazón orgulloso y las malas acciones son pecado.

5 Los planes hechos con cuidado traen prosperidad; los planes hechos de prisa traen ruina.

6 La riqueza que se obtiene por la lengua mentirosa se esfuma como la niebla y es como una trampa mortal.

7 La violencia de los malvados se volverá contra ellos, por no haber querido practicar la justicia.

8 El camino del culpable es torcido, pero recta la conducta del hombre honrado.

9 Es mejor vivir en el rincón de la azotea, que en una casa hermosa con una mujer pendenciera.

10 El malvado sólo piensa en hacer mal; no tiene misericordia de su vecino.

11 Cuando se castiga al insolente, aprende el inexperto; cuando se corrige al sabio, el inexperto adquiere conocimiento.

12 El justo observa la casa del malvado, y ve cuando éste acaba en la ruina.

13 El que cierra sus oídos a los clamores del pobre no será escuchado cuando él tenga necesidad.

14 El regalo dado en secreto, calma el enojo y apacigua la ira.

15 Cuando se hace justicia, el justo se alegra y el malhechor tiembla.

16 El hombre que se aparta del sentido común va a parar entre los muertos.

17 El que ama los placeres se empobrece; el vino y el lujo no son el camino a la riqueza.

18 El malvado pagará por el justo, y el traidor por el hombre intachable.

19 Es mejor vivir en el desierto que con una mujer pendenciera y de mal carácter.

20 En la casa del sabio hay riquezas y perfumes en abundancia, pero el necio derrocha todo lo que tiene.

21 El que procura la justicia y el amor halla vida y honra.

22 El sabio conquista la ciudad de los más fuertes y derriba el poder en el que ellos confiaban.

23 El que mantiene la boca cerrada se libra de problemas.

24 Orgulloso, arrogante y altivo, es el que actúa con demasiada soberbia.

25 La codicia del perezoso lo lleva a la muerte, porque sus manos se niegan a trabajar;

26 todo el día se lo pasa codiciando, pero el justo da con generosidad.

27 El Señor detesta los sacrificios de los malvados, especialmente cuando los hacen con mala intención.

28 El testigo falso será destruido, y el que le haga caso perecerá.

29 El malvado es duro en sus decisiones, pero el justo examina su conducta.

20.11 20.20 20.23 20.27 20.29
21.13 21.17 21.23

30 Nadie, por inteligente o sabio que sea, puede
enfrentarse al Señor.
31 Los caballos ya están listos para el día de la
batalla, pero la victoria depende del Señor.

22 Es mejor la buena reputación que las
muchas riquezas, y mejor ser tenido
en buena estima que tener oro y plata.
2 El rico y el pobre tienen esto en común: que
el Señor los creó a los dos.
3 El hombre prudente ve el peligro y se protege; el imprudente ciegamente avanza y sufre las
consecuencias.
4 La humildad y el respeto hacia el Señor llevan
al hombre a la riqueza, a la honra y a una
larga vida.
5 El camino del perverso está lleno de espinas y
trampas, pero el que estima su vida se mantendrá
alejado de ellas.
6 Enséñale al niño a elegir el camino correcto,
y cuando sea viejo no lo abandonará.
7 Así como el rico es amo del pobre, el que pide
prestado es siervo del que le presta.
8 El que siembra injusticia cosechará desastre,
el Señor lo destruirá con el cetro de su ira.
9 El que es generoso será bendecido, porque
comparte su comida con los pobres.
10 Echa fuera al insolente, y se acabarán los
pleitos, la discordia y los insultos.
11 El que ama el corazón sincero y la gracia al
hablar es amigo del rey.
12 El Señor vigila cuidadosamente al sabio, pero
desbarata las palabras del mentiroso.
13 Al perezoso no le faltan excusas: «¡Hay un
león allá afuera! —dice— ¡Me matarán en la
calle si salgo!»
14 La boca de la mujer adúltera es como un
pozo profundo; en él caerán los que han hecho
enfurecer al Señor.
15 La necedad es parte del corazón juvenil, pero
la vara de la disciplina la corrige.
16 El que enriquece oprimiendo al pobre y dando regalos a los ricos, terminará en la pobreza.

Los treinta dichos de los sabios

17 Escucha las palabras del sabio; aplica tu
corazón a mi enseñanza.
18 Porque es grato que las guardes muy dentro de ti, y las tengas listas en tus labios para
repetirlas.
19 Te estoy enseñando hoy, para que pongas tu
confianza en el Señor.
20 Te he escrito treinta dichos que están llenos
de consejos y sabiduría.
21 Para que conozcas la verdad y de esta manera puedas responder correctamente a quien te
pregunte.

1

22 No le robes al pobre porque es pobre, ni oprimas en los tribunales a los necesitados. 23 Porque
defensor suyo es el Señor, y él lastimará a quienes
los lastimen.

2

24 No te hagas amigo de gente violenta, ni te
juntes con los que se enojan fácilmente, 25 no sea
que aprendas a ser como ellos y caigas tú mismo
en la trampa.

3

26 No te hagas responsable de las deudas de
otra persona, ni te comprometas por otros, 27 pues
si no tienes para pagar, hasta la cama en que
duermes te quitarán.

4

28 No le robes a tu vecino cambiando los linderos que establecieron tus antepasados.

5

29 ¿Conoces a algún hombre trabajador? Él será
siervo de reyes y no de gente común.

6

23 Cuando comas con un gobernante, fíjate
bien en lo que tienes frente a ti. 2 Si tienes
mucha hambre, controla tu apetito. 3 No codicies
sus manjares, pues esa comida es un engaño.

7

4 No te fatigues tratando de hacerte rico, sé
inteligente y no te preocupes por eso. 5 Porque
las riquezas pueden desaparecer como si les salieran alas, se van volando como águilas.

8

6 No te sientes a la mesa de un tacaño, ni
codicies sus manjares, 7 porque ellos son de los
que siempre están pensando lo que les cuesta.
«Come y bebe», te dicen, pero no lo dicen de
corazón. 8 Vomitarás lo poco que comiste, y de
nada habrán servido tus palabras de agradecimiento por su bondad.

9

9 No malgastes tus palabras con el necio, él
despreciará el consejo más sabio.

10

10 No despojes de su tierra al huérfano indefenso cambiando de lugar los antiguos linderos,
11 porque su Defensor es muy poderoso, él mismo
será tu acusador.

11

12 Dedica tu corazón y tus oídos a la disciplina
y al conocimiento.

12

13 No dejes de corregir al joven; unos cuantos
azotes no lo matarán. 14 La corrección física puede
salvarlo de la muerte.

☼22.1 ☼22.4 ☼22.6 ☼22.9 ☼22.15 ☼22.17–18
☼23.4–5 ☼23.12–14

13

[15]Hijo mío, qué gozo tendré si llegas a ser un hombre sabio; [16]hasta en lo más profundo de mi ser me alegraré cuando hables con justicia y rectitud.

14

[17]No envidies a los malos; más bien, sigue siempre honrando al Señor. [18]Porque seguramente hay esperanza más adelante para ti, la cual no será destruida.

15

[19]Hijo mío, escucha y sé sabio; mantén tu corazón en el camino correcto. [20]No te juntes con los borrachos ni con los que comen más de lo que deben, [21]porque los borrachos y los glotones acaban en la pobreza, y los dormilones vestidos de harapos.

16

[22]Escucha a tu padre que te dio la vida, y no desprecies a tu madre cuando sea anciana. [23]Adquiere la verdad y la sabiduría, la disciplina y el entendimiento ¡y nunca los vendas! [24]El padre del justo tiene de qué alegrarse. Qué felicidad es tener un hijo sabio. [25]¡Que tu padre y tu madre se alegren! ¡Que se alegre la que te dio la vida!

17

[26]Hijo mío, dame tu corazón y que tus ojos se deleiten en mis caminos de sabiduría. [27]Porque pozo profundo es la prostituta, y fosa angosta la mujer adúltera. [28]Como un ladrón ella espera escondida a su víctima, y hace que muchos hombres sean infieles.

18

[29]¿Quién tiene angustia? ¿Quién tiene tristeza? ¿Quién está siempre peleando? ¿Quién se está quejando siempre? ¿Quién es herido sin motivo? ¿Quién tiene los ojos enrojecidos? [30]El que se la pasa bebiendo vino y probando nuevas bebidas. [31]No dejes que las burbujas y el agradable sabor del vino te engañen. [32]Porque al final muerde como serpiente y envenena como víbora. [33]Tus ojos verán alucinaciones y tu mente te hará decir estupideces. [34]Te sentirás como si durmieras en alta mar, recostado en el mástil mayor. [35]Después dirás: «Me pegaron y ni siquiera lo sentí. No me di cuenta cuando me golpearon. ¿Cuándo despertaré para ir a buscar otro trago?»

19

24 No envidies a los malvados, no busques su compañía; [2]pues se pasan el tiempo tramando violencia y no hablan más que de buscar problemas.

20

[3]Con sabiduría se construye la casa y con inteligencia sus cimientos; [4]con conocimiento se llenan sus cuartos de toda clase de riquezas y cosas valiosas.

21

[5]El hombre sabio es más poderoso que el hombre fuerte. [6]La guerra se hace con buena estrategia, la victoria se alcanza con muchos consejeros.

22

[7]La sabiduría no es para el necio, que en la asamblea del pueblo nada tiene que decir.

23

[8]Al que planea perversidades, le llaman intrigante. [9]Los planes del necio son pecado, y todos desprecian al insolente.

24

[10]Si te desanimas cuando estás en medio de muchos problemas, es que no tienes mucha fortaleza.

25

[11]Rescata a los que van rumbo a la muerte, detén a los que a tumbos avanzan al sepulcro. [12]Pues aunque digas que no sabías nada, el que conoce los corazones, el que vigila tu vida, sí lo sabrá. Él paga a cada uno según sus obras.

26

[13]Hijo mío, come miel, porque es buena; la miel del panal es dulce a tu paladar. [14]Así de dulce sea la sabiduría a tu alma; si das con ella, tendrás buen futuro; tendrás una esperanza que no será destruida.

27

[15]No hagas planes malvados en contra de la casa del justo, ni acabes con la casa donde él vive; [16]porque puede que caigan siete veces, pero cada vez que caigan se levantarán; pero a los malvados les bastará una sola caída para hundirse en la desgracia.

28

[17]No te alegres cuando tu enemigo caiga, ni dejes que tu corazón se regocije cuando tropiece, [18]porque el Señor verá lo que pasa y no le agradará, y apartará su enojo de él.

29

[19]No te alteres por causa de los malvados, ni sientas envidia de los impíos, [20]porque no hay futuro para el malvado, su lámpara se apagará.

30

[21]Hijo mío, teme al Señor y honra al rey, y no te juntes con los rebeldes. [22]Porque de repente les vendrá el desastre; ¡y quién sabe cuál será el castigo del Señor y del rey!

Otros dichos de los sabios

[23]También éstos son dichos de los sabios: Es malo mostrar favor hacia alguien en el juicio.

[24]Al que dice al culpable: «Eres inocente», lo maldecirán los pueblos y las naciones. [25]Pero se derramarán bendiciones sobre el que condene al culpable.

23.19–26 24.3–4 24.16–18

26 La respuesta sincera es como el beso en los labios.

27 Prepara primero tus faenas de cultivo y ten listos tus campos para la siembra; después de eso, construye tu casa.

28 No testifiques sin ninguna causa contra tu
prójimo ni digas mentiras. 29 No digas, «¡Ahora me desquitaré de todo el mal que me hizo!»

30 Pasé junto al campo del perezoso, junto a
la viña del que no tiene sentido común.
31 Había espinas por todas partes; la hierba cubría
el terreno, y su cerca de piedras estaba derrumbada. 32 Entonces, mientras miraba y pensaba en
esto, aprendí esta lección: 33 Un poquito más de
sueño, otra pequeña siesta, cruza los brazos para
descansar... 34 ¡y te asaltará la pobreza como un
ladrón, y la escasez como un bandido armado!

Más proverbios de Salomón

25 Estos proverbios también son de Salomón, fueron copiados por los ayudantes de Ezequías, rey de Judá.

2 Es gloria de Dios ocultar un asunto, y honra del rey investigarlo.

3 Nadie puede comprender la altura del cielo o la profundidad de la tierra, ni tampoco los pensamientos del rey.

4 Quita las impurezas de la plata y quedará lista para que el orfebre la use;

5 quita a los malvados del servicio al rey y su reino se afirmará en la justicia.

6 No te des importancia delante del rey, ni exijas un lugar entre los poderosos;

7 es mejor que él te invite a subir, y no que te humille públicamente.

Lo que atestigües con tus ojos, 8 no te des prisa en llevarlo al tribunal, pues tu prójimo
puede ponerte en vergüenza y al final no sabrás
qué hacer.

9 Defiende tu causa contra tu prójimo, pero no traiciones la confianza de nadie,

10 pues otros pueden oírte y ponerte en vergüenza y nunca recobrarás tu buena fama.

11 El consejo oportuno es como naranjas de oro con incrustaciones de plata.

12 Como anillo o joya del más fino oro es la corrección del sabio al que la acepta.

13 El mensajero fiel es como refrescante nieve en medio del calor del verano, le da nuevos ánimos a su amo.

14 El que no da el regalo prometido, es como la nube y el viento que no traen nada de lluvia.

15 Por medio de la paciencia se puede convencer al gobernante; la lengua amable puede quebrantar hasta los huesos.

16 ¿Te gusta la miel? No comas demasiada, o te puede hacer daño.

17 No abuses de las visitas a tu amigo, pues se cansará de ti y ya no te recibirá con alegría.

18 Calumniar a alguien es tan dañino como herirlo con un hacha, atravesarlo con la espada o clavarle una flecha aguda.

19 Confiar en un hombre indigno en momentos de angustia es como masticar con una muela careada o caminar con una pierna rota.

20 Cantar canciones al que tiene afligido el corazón es como robarle el abrigo en pleno frío o echarle vinagre en una herida.

21 Si tu enemigo tiene hambre, dale de comer. Si tiene sed, dale de beber.

22 Así harás que se avergüence de lo que ha hecho, y el SEÑOR te recompensará.

23 Tan cierto como que el viento del norte trae lluvia, las malas lenguas traen miradas de enojo.

24 Es mejor vivir en un rincón de la azotea que en una hermosa casa con una mujer pendenciera.

25 Las buenas noticias de tierras lejanas son como agua fría para la garganta sedienta.

26 Como fuente turbia o manantial lodoso es el justo que tiembla ante el malvado.

27 Así como comer mucha miel es malo, también es malo que los hombres busquen su propia gloria.

28 Como ciudad con sus murallas destrozadas es el hombre que no se sabe dominar.

26 Ni la nieve es para el verano, ni la lluvia para la cosecha, ni los honores para el necio.

2 Como gorrión que vuela sin rumbo o la golondrina sin nido, la maldición sin motivo jamás llega a destino.

3 El látigo es para el caballo, el freno para el burro y la vara, para la espalda del necio.

4 No respondas al necio según su necedad, o tú mismo pasarás por necio.

5 Respóndele al necio como se merece, para que no se crea sabio.

6 Confiar que el necio lleve un mensaje es como cortarse los pies o sufrir violencia.

7 Inútil es el proverbio en la boca del necio como inútiles son las piernas de un inválido.

8 Honrar al necio es tan descabellado como atar una piedra a la honda.

9 El proverbio en la boca del necio es como la espina en la mano del borracho.

10 Como el arquero que hiere a todo el que pasa, así es el que da trabajo al necio en su casa.

11 Como el perro vuelve a su vómito, así el necio vuelve a su necedad.

12 Hay más esperanza para un necio que para el que se cree muy sabio.

13 El perezoso para no trabajar pone excusas,
dice: «Hay un león allá afuera que anda suelto».
14 Sobre sus bisagras gira la puerta; sobre la cama,
el perezoso.

24.28 24.30–34 25.4 25.8–9 25.11 25.15 25.21–22 25.28

15El perezoso no mueve ni un dedo para llevarse la comida a la boca.
16El perezoso se cree más listo que siete sabios
que saben responder.
17Meterse en pleitos ajenos es como agarrar a
un perro por las orejas.
18Como loco que lanza flechas encendidas, 19es
el que engaña a su prójimo y luego dice: «Sólo
era una broma».
20Sin leña se apaga el fuego, y sin chismes se
acaba el pleito.
21El carbón es para hacer brasas, la leña para
hacer fuego, y el hombre pendenciero para empezar pleitos.
22Los chismes son como bocados sabrosos;
llegan hasta lo más profundo del corazón.
23Como baño de plata sobre olla de barro así
son las palabras amables que ocultan un corazón
malvado.
24El que odia lo disimula al hablar, pero en su
corazón hace planes malvados;
25No le creas, aunque te hable con dulzura,
porque su corazón rebosa de abominaciones.
26Puede engañarnos disimulando su odio pero
ante todos se descubrirá su maldad.
27El que cava una fosa, en ella caerá; el que
echa a rodar una roca, contra él se volverá.
28La lengua mentirosa odia a sus víctimas, la
boca aduladora causa la ruina.

27 No presumas del día de mañana porque no sabes lo que el día traerá.
2Deja que sean otros los que te alaben; no te
alabes tú mismo.
3La piedra es pesada y la arena es toda una
carga, pero el enojo del necio pesa más que ellas.
4La ira es cruel y agobiante el enojo, pero
¿quién puede enfrentarse a la envidia?
5Es mejor la reprensión franca que el amor
en secreto.
6Son mejores las heridas del amigo que los
besos del enemigo.
7Hasta la miel empalaga al que está satisfecho;
pero al que tiene hambre lo amargo le sabe dulce.
8El hombre que se aleja de su hogar es como
el pájaro que se aleja de su nido.
9El consejo sincero de un amigo endulza el alma,
como el perfume y el incienso alegran el corazón.
10No abandones a tu amigo ni al amigo de tu
padre. No vayas a la casa de tu hermano cuando necesites ayuda. Más vale vecino cerca que
hermano lejos.
11Hijo mío, sé sabio y alegrarás mi corazón, así
podré responder a los que me desprecian.
12El prudente ve el peligro y se protege; el imprudente sigue adelante y sufre las consecuencias.
13Toma en prenda la ropa del que salió de fiador de un extraño.
14El mejor saludo se juzga una impertinencia
cuando se da a gritos y de madrugada
15Como gotera constante en día lluvioso es la
mujer que constantemente pelea. 16Lograr que
deje de pelear es como detener el viento o retener
aceite en la mano.
17El hierro se afila con el hierro y el hombre al
relacionarse con el hombre.
18El que cuida de la higuera come sus higos, el
que cuida de su amo recibe honores.
19Como el agua refleja el rostro, el corazón
refleja a la persona.
20El sepulcro, la muerte y los ojos del hombre
jamás se dan por satisfechos.
21El fuego prueba la pureza de la plata y el
oro, pero al hombre lo prueban las alabanzas.
22Aunque al necio lo muelas y lo vuelvas a
moler y lo reduzcas a polvo como al grano, no
le quitarás lo necio.
23Date cuenta de la condición de tus rebaños y
cuida mucho de tus ovejas; 24porque ni las riquezas ni la corona duran por siempre.
25Cuando salga el pasto y brote el verdor, y
se recoja la hierba en los montes, 26tus ovejas
te darán lana para vestidos, y tus cabras para
comprar un terreno; 27tendrás suficiente leche de
cabra para alimentarte tú, tu familia y tus siervos.

28 El malvado huye sin que nadie lo persiga;
pero el justo vive confiado como león.
2Cuando hay rebelión en un país se multiplican sus dirigentes; pero el gobernante con
sabiduría y entendimiento mantiene el orden.
3El gobernante que oprime a los pobres, es
como tormenta que acaba con la cosecha.
4Los que abandonan la ley alaban al malvado;
los que la cumplen luchan contra él.
5Los malvados no comprenden la justicia, pero
los que siguen al Señor entienden todo.
6Es mejor ser pobre y honrado que rico y perverso.
7El que obedece la ley es un hijo inteligente,
pero el que anda con libertinos es vergüenza
para su padre.
8El que aumenta su riqueza cobrando intereses, la aumenta para el que se compadece de
los pobres.
9El que no presta atención a la ley aun sus
oraciones son detestables.
10El que lleva al justo por el camino del pecado,
caerá en su propia trampa; pero los intachables
heredarán el bien.
11El rico es sabio en su propia opinión, pero
el pobre e inteligente lo ve como realmente es.

27.1–2 27.8 27.20 28.3 28.7

[12]Cuando los justos prosperan, todos se alegran,
cuando los malvados triunfan, todos se esconden.
[13]El que disimula su pecado no prosperará;
pero el que lo confiesa y lo deja, obtendrá
misericordia.
[14]Dichoso el hombre que honra al Señor, pero
el que endurece su corazón caerá en desgracia.
[15]El gobernante malvado es tan peligroso para los
pobres como el león rugiente o el oso hambriento.
[16]El gobernante que no tiene entendimiento
oprimirá a su pueblo; pero el que no es avaro
tendrá larga vida.
[17]El asesino atormentado por su sentimiento
de culpa, será un fugitivo hasta que muera. ¡Que
nadie lo apoye!
[18]El que es honesto estará a salvo, pero el perverso será destruido.
[19]El que trabaja su tierra tendrá comida en
abundancia; el que pierde el tiempo tendrá
pobreza en abundancia.
[20]El hombre fiel recibirá bendiciones; pero el
que busca enriquecerse rápidamente no quedará
sin castigo.
[21]No está bien ser parcial con nadie; hasta por
un pedazo de pan se puede pecar.
[22]El ambicioso trata de enriquecerse rápidamente, pero eso lo conduce a la pobreza.
[23]Finalmente la gente estima más la crítica
que la alabanza.
[24]El que roba a su padre o a su madre y dice:
«¿Qué hay de malo en eso?», es amigo de criminales.
[25]La codicia provoca peleas; la confianza en
el Señor lleva a la prosperidad.
[26]El que confía en sí mismo es un necio; el que
actúa con sabiduría estará a salvo.
[27]El que ayuda al pobre no conocerá la pobreza; el que le niega su ayuda será maldecido.
[28]Cuando los malvados triunfan, la gente se
esconde; cuando los malvados caen, los justos
prosperan.

29 El hombre que rechaza la corrección
será destruido de repente y sin remedio.
[2]Cuando los justos tienen el poder, el pueblo
se alegra; pero cuando los malvados tienen el
poder, el pueblo sufre.
[3]El hijo que ama la sabiduría hace dichoso a su
padre, pero el que anda con prostitutas derrocha
su riqueza.
[4]Un rey justo da estabilidad a su nación, pero
el que exige tributos, la destruye.
[5]El que alaba a su prójimo le está poniendo una
trampa. [6]El malvado está atrapado en sus propios
pecados, pero el justo está cantando de gozo.
[7]El justo conoce los derechos del pobre; al
malvado no le importa conocerlos.
[8]Los alborotadores agitan toda la ciudad mientras que los sabios calman la ira.
[9]Cuando el sabio entabla pleito contra un
necio, aunque se enoje o se ría, nada arreglará.
[10]Los asesinos detestan a los honestos, y quieren
matar al justo.
[11]El necio deja escapar todo su enojo, el sabio
lo controla.
[12]Si el gobernante presta atención a las mentiras todos sus oficiales se corrompen.
[13]El opresor y el pobre tienen algo en común,
que el Señor les ha dado a los dos la vista.
[14]El rey que gobierna a los pobres con justicia
está asegurando su trono.
[15]La vara de la disciplina hace al hijo entendido, pero el hijo consentido es una vergüenza para su madre.
[16]Cuando el malvado tiene el poder, el pecado
aumenta, pero los justos vivirán para ver su caída.
[17]Disciplina a tu hijo y te dará paz y traerá
tranquilidad a tu alma.
[18]Cuando no hay dirección del Señor, el pueblo
se extravía; ¡dichosos los que cumplen la ley!
[19]No bastan las palabras para corregir al siervo,
aunque entiende no obedece.
[20]Hay más esperanza para el necio que para
el que habla sin pensar.
[21]El siervo consentido desde su niñez, al final
traerá tristeza.
[22]El hombre que se violenta fácilmente provoca
pleitos y comete toda clase de pecados.
[23]El orgulloso será humillado, pero el humilde será honrado.
[24]El cómplice del ladrón se daña a sí mismo,
pues aunque está bajo juramento no confiesa.
[25]El temor al hombre es una trampa peligrosa,
pero la confianza en el Señor trae seguridad.
[26]Muchos buscan el favor del gobernante, pero
la justicia viene del Señor.
[27]Los justos detestan a los malvados, y los malvados detestan a los justos.

Dichos de Agur

30 Dichos de Agur, hijo de Jaqué. Oráculos.
Palabras de este varón:
[2]Oh Dios, estoy cansado y agotado. Soy el más
ignorante de los hombres; me falta discernimiento humano.
[3]No he conocido la sabiduría, ni tampoco
conozco al Dios santo. [4]¿Quién ha subido y
bajado del cielo? ¿Quién retiene el viento en su
puño o envuelve el mar en su manto? ¿Quién ha
establecido los límites de la tierra? ¿Quién sabe
su nombre y el de su hijo? Dímelo si lo sabes.
[5]Toda palabra de Dios es verdadera. Él protege
a los que acuden a él en busca de protección.

28.13 28.18 28.22 28.25–27 29.1
29.15 29.17–18 29.23 29.25 30.5

6No añadas nada a sus palabras para que no te
reprenda y te haga quedar como un mentiroso.
7Oh Señor, dos cosas te pido antes de morir, no
me las niegues: 8Aparta de mí la mentira y la falsedad, no me des ni pobreza ni riquezas, dame sólo
el pan de cada día. 9Porque si tengo mucho, quizá
te desconozca y diga: ¿Quién es el Señor? Y si tengo
poco, quizá robe y deshonre así tu santo nombre.
10Jamás ofendas al esclavo delante de su amo,
o él te maldecirá y sufrirás las consecuencias.
11Hay quienes maldicen a su padre y no bendicen a su madre. 12Hay quienes se creen puros, y
no se han limpiado de su impureza. 13Hay quienes se creen más que los demás y a todos miran
con desprecio. 14Hay quienes tienen dientes como
espadas y mandíbulas como cuchillos para devorar a los pobres de la tierra, y a los necesitados
de este mundo.
15La sanguijuela tiene dos hijas que siempre
están pidiendo a gritos: «Dame más, más». Hay
tres cosas, y hasta cuatro, que nunca quedan satisfechas: 16el sepulcro, el vientre estéril, el desierto
árido y el fuego que todo lo consume.
17Al que mira con desprecio a su padre y
menosprecia a su madre anciana, que los cuervos le saquen los ojos y los buitres se lo devoren.
18Hay tres cosas, y hasta cuatro, que me asombran y no entiendo: 19el camino del águila en el
cielo, el camino de la serpiente en la roca, el
camino del barco en alta mar, y el camino del
hombre en la mujer.
20Así hace la mujer adúltera: Come, se limpia la
boca y después dice: ¿Qué tiene de malo lo que hice?
21Tres cosas hacen temblar la tierra, y una
cuarta la hace estremecer: 22el esclavo que llega
a ser rey, el necio que le sobra la comida, 23la
mujer amargada que al fin se casa, y la criada
que le quita el lugar a su señora.
24Hay cuatro cosas pequeñas en la tierra, pero
que son más sabias que los mismos sabios: 25las
hormigas, no son fuertes pero almacenan comida
para el invierno; 26los tejones, no son poderosos
pero construyen sus casas entre las rocas; 27las
langostas, que aunque no tienen rey, marchan en
formación perfecta; 28las lagartijas que se atrapan
con la mano pero que se encuentran hasta en los
palacios de los reyes.
29Hay tres cosas, y hasta cuatro, que su andar es
majestuoso: 30el león, poderoso entre los animales,
que no retrocede ante nada, 31el gallo orgulloso, el
macho cabrío, el rey cuando conduce a su ejército.
32Si te has engrandecido tú mismo como un
necio, o si tramas maldades, ponte a pensar 33que
al batir la leche se obtiene mantequilla, que al
sonarse fuerte la nariz sangra, y que provocar la
ira causa pleitos.

Dichos del rey Lemuel

31 Estos son los dichos del rey Lemuel por
medio de los cuales su madre le enseñó:
2Hijo mío, fruto de mi vientre, cumplimiento de
mis promesas, 3no gastes tu vitalidad con mujeres,
ni tu fuerza en las que causan la ruina de los reyes.
4No está bien que los reyes, oh Lemuel, se
entreguen al vino o que los gobernantes se den
al licor, 5pues si lo hacen puede que olviden sus
deberes y sean incapaces de administrar justicia
a los oprimidos. 6El licor es para los moribundos y el vino para los deprimidos; 7¡que beban
para olvidar su pobreza y para que no vuelvan a
recordar sus penas!
8¡Alza la voz por aquellos que no pueden alzar-
la por sí mismos, defiende a los indefensos!
9¡Alza la voz por los pobres y necesitados y
procura que se les haga justicia!

Epílogo: Acróstico a la mujer ejemplar

10Mujer ejemplar, ¿dónde se hallará? ¡Vale más
que las piedras preciosas! 11Su esposo puede
confiar plenamente en ella y no le faltan ganancias. 12Ella no es un estorbo para él, sino una
ayuda todos los días de su vida. 13Sale en busca
de lana y lino, y alegremente trabaja con sus
manos. 14Es como un barco mercante, que trae su
alimento desde muy lejos. 15Madruga para preparar el desayuno a su familia, y les asigna las tareas
del día a sus criadas. 16Sale a inspeccionar un
terreno y lo compra, con sus ganancias planta un
viñedo. 17Está llena de vitalidad, y está lista para
trabajar. 18Se complace con la prosperidad de sus
negocios, y no se apaga su lámpara en la noche.
19Sus manos están ocupadas hilando y tejien-
do. 20Les tiende su mano en ayuda a los pobres y
necesitados. 21No le preocupa que nieve, pues todos
los de su casa andan bien abrigados. 22Ella misma
hace sus colchas, y se viste de púrpura y lino fino.
23Su esposo es bien conocido en la comunidad,
pues se sienta entre las autoridades de la ciudad.
24Ella hace ropa de lino y cinturones, y los
vende a los comerciantes. 25Está revestida de fuerza y dignidad, y no le teme al futuro. 26Cuando
habla, sus palabras son sabias, cuando enseña,
lo hace siempre con amor. 27Observa con cuidado
lo que sucede en su casa, y no come el pan por
el que no ha trabajado. 28Sus hijos se levantan
y la bendicen, su esposo la alaba diciendo: 29
«¡Hay muchas mujeres ejemplares, pero tú eres
la mejor de todas!»
30Los encantos pueden engañar y la belleza
no dura, pero la mujer que honra al Señor es
digna de alabanza.
31¡Alábenla por todo lo que ha hecho y públicamente reconozcan sus obras!

31.10–31

Investiguemos Juntos

ECLESISASTÉS

¿Quién lo escribió?

El autor se llama a sí mismo "el Maestro, hijo de David, rey en Jerusalén" (1:1), lo cual apunta a Salomón. La descripción de sí mismo, su sabiduría, sus riquezas y su colección de proverbios (lee Ecl. 12:9 y 1 Reyes 4:32) son argumentos a favor de esta postura. Además, 1 Reyes 4:33 menciona las múltiples disertaciones del hijo de David, lo cual atestigua de su capacidad para escribir un tratado tan profundo como este. Por otro lado, muchos estudiosos dudan de la autoría de Salomón con base en consideraciones lingüísticas y de ambiente del libro. Si el escritor fue el hijo de David, es muy posible que haya sido escrito en sus últimos años, después de toda una vida de experiencias, grandes aciertos y sonoros fracasos (lee 2 Reyes 11).

¿A quién lo escribió?

Al igual que otros libros de sabiduría en Israel, este libro tiene un alcance más universal que local. En otras palabras, Eclesiastés no fue escrito pensando en una persona o situación particular, sino que fue dirigido a cualquiera que buscara un sentido o propósito a la vida. En este sentido, su enfoque no es tan optimista como el de Proverbios, sino más discreto y hasta brutalmente realista; cercano a los enigmas y paradojas que discute Job. De manera interesante, sin embargo, parece que el autor aún está pensando en jóvenes que puedan aprender de sus experiencias en la vida (lee Ecl. 11:9; 12:1).

¿Cuándo y dónde lo escribió?

El libro mismo habla de Jerusalén en varias ocasiones (1:1, 12, 16; 2:7, 9), por lo que la tendencia natural es pensar en esa ciudad como el lugar en el cual el libro fue escrito. Sin embargo, el carácter universal de la obra hace que el lugar en el que fue escrita no sea tan decisivo para la comprensión de su mensaje. En cuanto a la fecha, mucho se ha escrito al respecto. Las fechas varían desde la época de Salomón (año 930 a.C.) hasta una época tan tardía como 200 a.C., después del exilio babilónico de los judíos. Como el libro implica que otra persona, distinta de "el Maestro", editó el libro para su publicación (Ecl. 12:9-10), se puede suponer que las reflexiones del libro provienen en su totalidad de Salomón, pero un grupo de escribas, quizá en la época de Ezequías, como sugiere la tradición judía, hizo la edición final del libro en una época cercana al exilio.

Panorama del libro

Si hay un libro en la Biblia que se acerca a una meditación acerca de la filosofía de la vida ese es Eclesiastés. Esta es una obra en la que el autor describe su búsqueda sistemática del significado de la vida, a través de los placeres, la sabiduría, las riquezas y otros medios. Siguiendo un estilo realista que a veces parece pesimista, el Predicador escribe una obra para proclamar que el gozo de la vida está en el Señor y en su bendición y que, fuera de Él, la vida es "lo más absurdo de lo absurdo" (1:2).

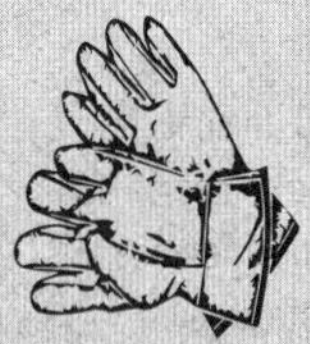

¿Cómo se relaciona con nosotros?

En este libro un sabio anciano comparte con la siguiente generación sus más importantes lecciones aprendidas acerca de la vida. Salomón, ya mayor, responde grandes preguntas como el significado de la vida, el lugar del placer y la utilidad de la investigación y el trabajo. Este es un libro muy valioso para los más reflexivos o para aquellos que están en una temporada de planteos importantes para decidir lo que es esencial en sus vidas. Eclesiastés puede sentirse un tanto pesimista; sin embargo, es un libro con la suficiente profundidad y carácter práctico como para conectar con una gran variedad de decisiones que quieras explorar en tu matrimonio y vida en general.

¿Cómo lo estudiamos?

1) Es absurdo tratar de vivir la vida sin Dios. Caps. 1-2
2) Es absurdo vivir sin comprender las leyes que gobiernan la vida. Caps. 3-4
3) Es absurdo buscar satisfacción en los bienes materiales. Caps. 5-6
4) Es absurdo vivir en insensatez, lejos de la sabiduría de Dios. Caps. 7-10
5) Es sensato vivir la vida dependiendo del Señor. Caps. 11-12

ECLESIASTÉS

ECLESIASTÉS

Discurso inicial

1 Estas son las palabras del Predicador, hijo de David, rey de Jerusalén.

2Según mi entender, nada vale la pena; todo es vano. 3-7Pues, ¿qué obtiene la gente de todo su trabajo?

Generaciones vienen y generaciones van y todo sigue igual. Sale el sol y se pone, y en rápido giro vuelve a surgir. Sopla el viento del sur y del norte, aquí y allá, yendo y volviendo, sin ir a ninguna parte. Los ríos desembocan en el mar y éste nunca se llena, y el agua vuelve a los ríos y nuevamente fluye hacia el mar. 8-11Todo es indecible fastidio y fatiga. Por más que vemos, jamás nos satisfacemos; por más que oímos, no estamos contentos.

La historia es simple repetición. Nada hay realmente nuevo; todo ha sido hecho o dicho antes. ¿Puedes tú indicar algo que sea nuevo? ¿Cómo sabes que no existió ya en remotas edades? No recordamos lo ocurrido en aquellos tiempos antiguos, y en las futuras generaciones nadie recordará lo que hayamos hecho ahora.

Primeras conclusiones

12-15Yo, el Predicador, fui rey de Israel y viví en Jerusalén. Y en busca de conocimientos me dediqué a investigarlo todo en el universo. Descubrí que la suerte del ser humano, que Dios le ha señalado, no es un camino feliz. Todo es insensatez; todo es perseguir el viento. Lo torcido no puede enderezarse: es agua pasada; y de nada vale soñar con lo que pudiera haber sido.

16-18Yo me dije: «Fíjate, soy más instruido que cualquiera de los reyes que me precedieron en Jerusalén. Tengo más sabiduría y conocimientos». Así es que me esforcé por ser sabio en vez de necio, pero hoy reconozco que aun eso fue perseguir el viento. Pues cuanto mayor era mi sabiduría, tanto más grande era mi pena; aumentar el conocimiento es sólo aumentar el dolor.

2 Me dije entonces: «¡Anda, alégrate; sáciate de gozo!» Pero descubrí que esto también era vano. 2Porque es necedad reír todo el tiempo; ¿qué beneficio produce?

3Así que, después de mucho pensarlo, resolví probar los placeres de la embriaguez, procurando aún encontrar la sabiduría.

Luego volví a cambiar de rumbo y emprendí el camino de la frivolidad para experimentar la única felicidad que en toda su vida conoce la mayoría de la gente.

4-6Después traté de hallar satisfacción inaugurando un amplio programa de obras públicas: casas, viñedos, jardines, parques y huertos para mí, y estanques para el regadío de mis plantaciones.

7,8Luego compré esclavos y esclavas, y otros nacieron en mis propiedades. Crié grandes manadas y rebaños, más que cualquiera de los reyes que me precedieron. Recaudé plata y oro como tributo de muchos reyes y provincias.

En el aspecto cultural, organicé coros y orquestas de hombres y mujeres.

Y además tuve muchas y hermosas concubinas.

9Así es que me engrandecí más que cualquiera de los reyes de Jerusalén que me antecedieron, y sin embargo mantuve mi perspicacia de modo que pude evaluar todo esto. 10Tomaba para mí cuanto se me antojaba, y no me privaba de ningún goce. Hasta en el trabajo arduo hallé placer. Este gusto fue en verdad la única recompensa de todas mis faenas.

11Pero mirando cuanto había emprendido, me pareció tan inútil, como perseguir el viento sin que nada valiera realmente la pena.

Todos paran en lo mismo

12Entonces consideré la sabiduría y la insensatez, y cualquiera llegaría a la misma conclusión que yo: 13,14Que la sabiduría es más valiosa que la insensatez, así como la luz es mejor que las tinieblas; pues mientras el sabio ve, el necio está ciego. Y sin embargo observé que al sabio y al necio les espera el mismo final. 15Entonces, me dije: «yo también moriré igual que el necio». Entonces, ¿de qué vale toda mi sabiduría? Así reconocí que aun la sabiduría es vana. 16Pues nadie se acuerda del sabio ni del necio, y con el paso del tiempo todo cae en el olvido y tanto el sabio como el necio mueren. 17Así es que ahora detesto la vida, pues es tan irracional; todo es insensatez, ¡es correr tras el viento!

☼ 18Y esto es lo repugnante: que tenga yo que dejar a otros el fruto de mi ardua labor. 19Y ¿quién podrá decir si mi hijo va a ser sabio o necio? Pero todo lo que tengo irá a sus manos; ¡qué desalentador!

20-23Desesperado, abandoné entonces el trabajo arduo, como respuesta a mi búsqueda de satisfacción. Pues hay quienes pasan la vida en busca de sabiduría, conocimientos y habilidad, para luego dejárselo todo a quien no se ha esforzado ni un día de su vida. Esto no sólo es necio sino injusto. Así pues, ¿qué obtiene el ser humano de toda su ardua labor? Días llenos de tristeza y dolor, y noches inquietas y amargas. Todo es absolutamente ridículo.

☼ 2.18–20

24-26No hay nada mejor para el hombre y la mujer que disfrutar de su comida, su bebida y su trabajo. Entonces reconocí que aun este placer, procede de Dios. Porque, sin él, ¿quién puede comer o tener gozo? Porque Dios da sabiduría, conocimientos y gozo a quien es de su agrado; pero si un pecador se enriquece, Dios le quita la riqueza y se la entrega a quienes le agradan. Y también esto es absurdo, ¡es correr tras el viento!

Hay un tiempo para todo

3 Para todo hay un tiempo oportuno. Hay tiempo para todo lo que se hace bajo el sol.

2Tiempo de nacer;
Tiempo de morir;
Tiempo de plantar;
Tiempo de cosechar;
3Tiempo de matar;
Tiempo de sanar;
Tiempo de destruir;
Tiempo de reedificar;
4Tiempo de llorar;
Tiempo de reír;
Tiempo de tener duelo;
Tiempo de danzar;
5Tiempo de esparcir piedras;
Tiempo de recoger piedras;
Tiempo de abrazar;
Tiempo de no abrazar;
6Tiempo de encontrar;
Tiempo de perder;
Tiempo de ahorrar;
Tiempo de derrochar;
7Tiempo de romper;
Tiempo de reparar;
Tiempo de callar;
Tiempo de hablar;
8Tiempo de amar;
Tiempo de odiar;
Tiempo de guerra;
Tiempo de paz.

De nada sirve afanarse

9Realmente, ¿qué se obtiene del mucho trabajar? 10He meditado esto en relación con las diversas clases de trabajo que Dios ha dado a los humanos. 11Todo está bien en su momento oportuno. Pero si bien Dios ha plantado la eternidad en el corazón de todo hombre y mujer, el ser humano es incapaz de una plena visión de la obra de Dios de principio a fin. 12Llego así a esta conclusión: primero, que no hay para el ser humano nada mejor que ser feliz y pasarla bien mientras pueda; 13segundo, que debe comer, beber y disfrutar del fruto de su trabajo, pues éstos son dones de Dios.

14Y esto sé: que todo lo que Dios hace permanece para siempre; nada puede añadírsele ni quitársele; lo que Dios se propone es que el ser humano le tema.

15Lo que ahora existe ya existía, y lo que va a existir, existe ya. Dios hace que la historia se repita.

Contradicciones de la vida

16Además, observo que en toda la tierra la justicia está cediendo ante el crimen y que hasta los tribunales de justicia están corrompidos. 17Entonces me dije: «A su tiempo juzgará Dios cuanto hace la gente: lo bueno y lo malo».

18Y entonces me di cuenta de que Dios permite que el mundo siga su mal camino para poner a prueba a la humanidad, y para que los seres humanos mismos comprendan que no son mejores que las bestias. 19Porque humanos y animales respiran el mismo aire y unos y otros mueren. De modo que la humanidad no tiene verdadera superioridad sobre las bestias; ¡qué absurdo! 20A un mismo sitio van todos: al polvo de donde salieron y al cual han de volver. 21Pues ¿quién podrá demostrar que el espíritu del ser humano va a lo alto y que el de los animales desciende al polvo? 22Comprendí entonces que no hay para los hombres nada mejor que ser felices en su trabajo, porque para eso están aquí, y nadie puede volverlos a la vida para que disfruten lo que haya de existir en el futuro; por tanto, que lo disfruten ahora.

Opresores y oprimidos

4 Luego observé opresión y tristeza por toda la tierra: lloraban los oprimidos y nadie les ayudaba, mientras sus opresores contaban con poderosos aliados. 2Entonces comprendí que mejor están los muertos que los vivos. 3Y más dichosos aún son los que jamás nacieron, y no vieron jamás la maldad y el crimen que imperan en la tierra.

4Vi entonces que el móvil principal del éxito es el impulso de la envidia y los celos. Pero también esto es necedad, es perseguir el viento. 5,6El necio rehúsa trabajar y casi muere de hambre, pero cree que mejor es ser perezoso y vivir a medias que trabajar mucho, si al fin de cuentas todo es tan vano.

La unión hace la fuerza

7También observé en la tierra otra locura: 8el caso del hombre solitario, sin hijos ni hermanos, y que trabaja arduamente para seguir acumulando riquezas. No se pregunta a quién le quedará

2.26 3.1–8 3.9–14 3.19–20 4.4–6 4.9–11

todo. ¿Y por qué renuncia a tanto ahora? ¡Todo
esto es tan sin sentido y deprimente!
9Más vale dos que uno, porque el resultado
puede ser mucho mejor. 10Si uno cae, el otro lo
levanta; pero si el hombre solitario cae, su problema es grave.
11Además, en noche fría, dos bajo una frazada
mutuamente se dan calor; pero, ¿cómo se calen-
tará el solitario? 12Y uno solo puede ser atacado y
vencido, pero dos, espalda contra espalda, pueden
resistir y triunfar; y tres son aún mejores, pues
una cuerda de tres hilos no es fácil de romper.

Juventud y sabiduría

13Mejor es el joven pobre y sabio que el rey viejo
y necio que rechaza todo consejo. 14Dicho joven
podría salir de la cárcel y triunfar. Hasta podría
llegar a rey aunque haya nacido pobre. 15A un
joven así todos están ansiosos de ayudarlo, hasta para que usurpe el trono. 16Puede convertirse
en caudillo de millones de personas, y ser muy
popular. Pero viene luego la joven generación
que lo rodea, y lo rechaza. Y de nuevo todo es
necedad, es perseguir el viento.

Hay que cumplir los votos

5 Cuando entres en la casa de Dios, ten abiertos
los oídos y cerrada la boca. No seas como el
necio que ni siquiera reconoce que es pecado
hacerle a Dios promesas temerarias, 2pues él está
en el cielo y tú aquí abajo en la tierra; sean,
pues, pocas tus palabras. 3Así como el exceso
de ocupaciones produce pesadillas, la necedad
te convierte en un necio que dice tonterías. 4Así,
cuando le hables a Dios y le prometas hacer algo,
no tardes en cumplirlo. Pues a Dios no le agradan
los necios. Cúmplele lo prometido. 5Es mejor no
decir que se va a hacer algo, que decirlo y no
hacerlo. 6,7En este caso, la boca te hace pecar.
No procures excusarte diciéndole al mensajero
de Dios que fue por error (el hacer la promesa).
Eso enojaría mucho a Dios; y él podría truncar
tu prosperidad. Soñar y no realizar es necedad, y
el torrente de palabras vacías es ruidoso; en vez
de eso, teme a Dios.

Futilidad de las riquezas

8Si en cualquier parte del país ves que un rico
oprime al pobre haciendo abortar la justicia, no
te sorprendas. Pues cada subalterno recibe órdenes de más arriba, y los más altos oficiales tienen
la mirada puesta en sus jefes. Así es que la cuestión se hace una maraña de papeleo y burocracia.
Y por sobre todos está el rey. 9¡Ay, que hubiera un rey dedicado a su nación! Sólo él
podría producir orden entre este caos.
10El que ama el dinero jamás se saciará. ¡Qué
locura pensar que el dinero produce felicidad!
11Cuanto más se tiene, más se gasta, hasta el límite de los ingresos. Entonces, ¿qué ventaja da la
riqueza; como no sea verla escaparse por entre
los dedos? 12El que trabaja arduamente duerme
tranquilo, coma poco o mucho; pero el rico padece de preocupaciones e insomnio.
13,14Otro grave problema he observado por
doquier: se invierten los ahorros en negocios
arriesgados que fracasan, y pronto no queda nada
para dejar a los hijos. 15El que especula, pronto
se halla en donde empezó: con las manos vacías.
16Esto, ya lo dijimos, es un grave problema, pues
trabajó mucho para nada. Todo se lo lleva el
viento. 17Pasa el resto de su vida ensombrecido,
triste, desalentado, frustrado y enojado.
18Es esto lo que he visto de bueno: corresponde
al ser humano comer bien, beber su buen vaso de
vino, aceptar su puesto en la vida y disfrutar de su
trabajo sea cual sea su empleo, por el tiempo de
vida que el Señor le conceda. 19,20Y, naturalmente,
está muy bien. Si Dios le ha dado al ser humano
riqueza y salud es para que lo disfrute. Gustar de
nuestro trabajo y aceptar la suerte que la vida nos
deparó, es en verdad un don de Dios. Quien tal
haga no tendrá que mirar triste hacia el pasado,
pues Dios llenará de gozo su corazón.

¿Qué sentido tiene la vida?

6 Pero hay un gravísimo mal que he visto en
todas partes: 2Dios les ha dado a unos inmensa riqueza y honra que les permitirían obtener
todo lo que se les antoje, pero no les ha dado
salud para disfrutarlo; mueren, y otros se apoderan de todo. Esto es absurdo, simple burla,
una falla grave.
3Si un hombre tiene cien hijos y otras tantas
hijas y vive hasta muy anciano, pero al morir deja
tan poco dinero que no le alcanza a sus hijos ni
para enterrarlo decentemente, yo digo que mejor
hubiera nacido muerto. 4Porque el abortivo vino
de la nada, y a las tinieblas va, y en las tinieblas
permanecerá anónimo, 5sin haber visto jamás
el sol o saber siquiera de su existencia; aun eso
es mejor que ser un anciano desdichado. 6Si un
ser humano vive mil años y el doble, y no halla
la dicha, ¿de qué le sirve?
7,8Sabios y necios pasan la vida por igual, afa-
nándose por el alimento, y jamás parecen tener
suficiente. Ambos padecen el mismo problema;
pero el pobre que sea sabio vive mucho mejor.
9Más vale pájaro en mano que cien volando;
soñar imposibles es necedad, un perseguir el
viento.
10Todo lo que pasa está decidido de antemano;
desde antiguo ya se sabía lo que cada ser humano
habría de ser. Así que es inútil que discutas con
Dios sobre tu destino.

[11]Entre más palabras, menos claridad; entonces; ¿para qué molestarse en hablar?

[12]En los pocos días de nuestra vida vacía, ¿quién podrá decir cuál es la mejor manera de vivirlos? ¿Quién podrá saber lo que será mejor para el futuro cuando él haya desaparecido? Pues, ¿quién conoce el futuro?

Nueva escala de valores

7 La buena fama es más valiosa que el perfume más caro. Mejor es el día de nuestra muerte que el día que nacimos. [2]Más vale gastar el tiempo en funerales que en festivales. Porque la muerte te espera y es bueno pensar en ello mientras te quede tiempo. [3]Mejor es el dolor que la risa, porque la tristeza ejerce una influencia purificadora. [4]El sabio piensa mucho en la muerte, mientras que el necio sólo piensa en divertirse hoy.

[5]Mejor es la censura del sabio que la alabanza del necio. [6]Porque la adulación del necio se desvanece tan pronto como el papel en el fuego, y es tonto dejar que nos impresione.

[7]El soborno entorpece al sabio; le destruye el entendimiento.

[8]Mejor es terminar que comenzar. La paciencia es mejor que el orgullo. [9]No te dejes llevar por la ira, porque eso es necedad.

[10]No digas: «todo tiempo pasado fue mejor», pues no sabes si en verdad lo fue.

[11]Tan bueno es ser sabio como ser rico; en realidad, es mejor. [12]Todo se puede obtener con sabiduría o con dinero, pero en la sabiduría hay muchas ventajas.

[13]Observa los métodos de Dios, y ponte en armonía con ellos. No vayas en contra de la naturaleza. [14]Disfruta de los buenos tiempos siempre que puedas, y cuando lleguen los malos tiempos, reconoce que unos y otros proceden de Dios, para que todos se den cuenta de que no hay nada seguro en esta vida.

[15-17]He visto de todo en esta loca vida, inclusive que a los justos los destruye su justicia y los malvados disfrutan de larga vida. No seas, pues, ni demasiado bueno ni demasiado sabio. ¿Para qué vas a matarte? Por otra parte, no seas tampoco demasiado malo: ¡no seas necio! ¿Para qué morir antes de tiempo?

[18]Pon manos a la obra que te corresponda, y si temes a Dios puedes confiar en sus bendiciones.

[19]Un sabio tiene más poder que los alcaldes de diez grandes ciudades. [20]Y no hay en toda la tierra un ser humano que sea siempre bueno y no peque jamás.

[21,22]No escuches a hurtadillas. Podrías oír a tu siervo murmurando de ti. Bien sabes cuán a menudo hablas tú mal del prójimo.

Tras la razón de las cosas

[23]He hecho lo posible por ser sabio. Dije: «Yo quiero ser sabio», pero fue inútil. [24]Lejana y difícil de hallar es la sabiduría. [25]Investigué por doquier resuelto a hallar sabiduría y la razón de las cosas, y a comprobar que la insensatez es maldad y la necedad locura.

[26]Pero más amarga que la muerte es aquella mujer que es una trampa, que por corazón tiene una red y por brazos cadenas. Quien agrada a Dios se librará de ella, pero los pecadores no huyen de sus lazos.

[27,28]A esta conclusión llego, dice el Predicador. Paso tras paso llegué a este resultado tras investigar en todas direcciones: de mil hombres, uno podía tenerse por sabio; y de las mujeres, ninguna.

[29]Y descubrí que si bien Dios hizo íntegros a los hombres, cada cual se apartó para ir por su camino cuesta abajo.

8 ¡Qué admirable es ser sabio, para poder comprender, analizar e interpretar las cosas! La sabiduría ilumina el rostro del ser humano, suavizando sus durezas.

La obediencia al rey

[2,3]Obedece al rey conforme a tu juramento. No andes tratando de rehuir responsabilidades, aunque sean desagradables. Porque el rey castiga a los desobedientes. [4]Tras el mandato del rey hay gran poder, y nadie puede oponérsele u objetarlo.

[5]Quienes le obedecen no serán castigados. El sabio hallará tiempo y forma de cumplir lo que ordena. [6,7]Para todo hay tiempo y manera, aunque el ser humano esté abrumado de dificultades; pues, ¿cómo evitar que acontezca lo que guarda el futuro desconocido?

[8]Nadie puede impedir que se le escape el espíritu; nadie tiene poder para evitar el día de la muerte, pues no hay licencia que libre de esa obligación y de esa negra batalla. Y desde luego, la maldad del ser humano no le ayudará entonces.

Sinrazones de la vida

[9,10]He meditado profundamente en todo lo que ocurre en este mundo, en que los individuos tienen el poder de perjudicarse los unos a los otros. He visto los funerales de los malvados, y cuando sus amigos regresaban del cementerio, olvidadas todas las maldades del difunto, se le alababa en la misma ciudad en donde había cometido sus múltiples fechorías. ¡Qué absurdo! [11]Como Dios no castiga instantáneamente a los pecadores, la gente cree que puede hacer el mal impunemente.

7.8–9 7.25 8.5–8

12Pero aunque el ser humano peque cien veces y continúe viviendo, sé que le irá mejor a quien teme a Dios y le guarda reverencia. 13En cambio, los malos, no tendrán larga y próspera vida: sus días serán tan efímeros como sombras, porque no temen a Dios.

14Algo raro ocurre aquí en la tierra: pues hay gente justa a quien le va como si fuera malvada, y hay malvados a quienes les va como si fueran justos. Esto mortifica y molesta.

15Entonces resolví dedicar la vida a divertirme, pues pensé que no había en el mundo nada mejor que comer, beber y alegrarse, con la esperanza de que esta felicidad permanecería en medio del duro trabajo que Dios asigna a la humanidad en todas partes.

16,17En mi búsqueda de sabiduría observé lo que acontecía en toda la tierra: incesante actividad día y noche. Pude ver todo lo que Dios había hecho. El ser humano no puede comprender todo lo hecho por Dios en esta vida. Por más que se esfuerce por encontrarle sentido, no lo hallará; aun cuando el sabio diga conocerlo, en realidad no lo puede comprender.

Un destino común

9 También investigué minuciosamente esto: que los justos y los sabios dependen de la voluntad de Dios; nadie sabe si Dios los favorecerá o no. Es cosa de azar. 2,3Buenos y malos, religiosos y descreídos, blasfemos y justos, tienen el mismo final. Parece muy injusto que sea igual el destino de todos. Por eso es que los humanos no se preocupan más del bien, sino que eligen su camino de locura, pues no tienen esperanza; al fin y al cabo lo único que les espera es la muerte.

4Sólo para los vivientes hay esperanza. ¡Más vale perro vivo que león muerto! 5Pues los que viven saben por lo menos que han de morir. Pero los muertos nada saben, ni siquiera tienen memoria. 6Todo lo que hayan hecho en vida —amar, odiar, envidiar— es cosa remota y ellos ya en nada participan aquí en la tierra. 7¡Adelante, pues; come, bebe y alégrate; pues Dios ya se ha agradado de tus obras! 8Usa buena ropa y un poquito de perfume. 9Date buena vida con la mujer que amas en los fugaces días de la vida, pues la esposa que Dios te da es la mejor recompensa por tu trabajo aquí en la tierra. 10Haz bien todo lo que emprendas, porque en la muerte, a la cual vas, no hay trabajo, planes, saber ni entendimiento.

Más vale maña que fuerza

11Volví a mirar por toda la tierra y descubrí que no siempre el más veloz gana la carrera, ni el más fuerte la batalla; que los sabios suelen ser pobres y los hombres diestros no son por fuerza famosos; todo es cuestión de suerte; de estar en el sitio adecuado en el momento oportuno. 12Nunca sabe el ser humano cuándo le vendrá la mala suerte. Es como pez en la red o ave en el lazo.

13Hay algo más que me ha impresionado profundamente al observar los sucesos humanos: 14había un pueblo pequeño con pocos habitantes; llegó un rey y lo cercó. 15Había en la ciudad un sabio muy pobre, que sabía lo que debía hacerse para salvar la ciudad, y eso la libró. Pero después nadie se acordó más de él. 16Entonces me di cuenta de que si bien la sabiduría es mejor que la fuerza, si el sabio es pobre, será menospreciado y no se apreciará lo que diga. 17Pero aun así, las serenas palabras del sabio son mejores que los clamores del rey de los necios. 18La sabiduría es mejor que el armamento, pero una manzana podrida echa a perder todas las de una cesta.

Dichos de sabiduría

10 Las moscas muertas dan mal olor y echan a perder el perfume. Un pequeño error puede pesar más que gran sabiduría y honra. 2El corazón del sabio lo impulsa al bien; el del necio, lo lleva al mal. 3Al necio se le conoce con sólo ver cómo camina por la calle.

4Si el patrón se enoja contigo, no renuncies. El espíritu sereno apaciguará el enojo. 5Otro mal he visto al observar el acontecer del mundo, algo triste relativo a reyes y gobernantes: 6pues he visto otorgar mucha autoridad a los necios, y que a los ricos no se les concede el puesto de honor que les corresponde. 7¡Hasta he visto sirvientes a caballo, mientras los príncipes marchaban como sirvientes!

8,9Cavas un pozo, y caes en él; derribas un muro viejo, y una serpiente te muerde. Trabajas en la cantera, y cae una piedra y te aplasta. Hay peligro en cada golpe de hacha que das.

10Si el hacha no tiene filo, se necesita mucha fuerza; sé inteligente: afílala.

11Si la serpiente muere antes de ser hechizada, de nada sirve el encantador.

12,13Es agradable oír las palabras sabias; pero los labios del necio lo llevan a la ruina. Puesto que su premisa es necia; su conclusión es locura. 14El necio lo sabe todo respecto al futuro y a todo el mundo le da los detalles. Pero, ¿quién podrá realmente saber lo que va a ocurrir? 15Al necio le preocupa tanto el mínimo trabajo, que no tiene fuerzas para el asunto más sencillo.

16,17¡Ay de la nación que tiene por rey a un niño y cuyos dirigentes están embriagados desde la mañana! Dichosa la nación cuyo rey es un noble,

9.1 9.9 9.18

y cuyos dirigentes trabajan empeñosamente antes de andar en fiestas y en bebidas, a no ser para fortalecerse para sus tareas. 18Por causa del ocio se cae el techo. 19En la fiesta hay risa; el vino da alegría y con dinero todo se obtiene. 20Jamás, ni de pensamiento, maldigas al rey; tampoco al rico, pues no faltará pajarito que se lo cuente.

11 Sé generoso en dar, pues más tarde volverán a ti tus regalos. 2Reparte tus regalos entre muchos pues no sabes si tú mismo estarás mañana en necesidad. 3Cuando las nubes están cargadas, cae la lluvia; y si un árbol cae, sea hacia el norte o hacia el sur, allí se queda, su suerte está echada. 4Si esperas condiciones perfectas, nunca realizarás nada. 5Los caminos de Dios son misteriosos como la senda del viento, o como la forma en que el espíritu humano se infunde en el cuerpo del niño aún en el vientre de su madre. 6Persevera en la siembra, pues no sabes cuál semilla germinará; quizá germinen todas.

7Maravilloso es estar vivo. 8El que llegue a muy anciano regocíjese cada día de su vida, pero recuerde también que la eternidad es mucho más larga y que comparado con ella todo lo de este mundo es vano.

Acuérdate de tu Creador

9Joven, la juventud es un tesoro. ¡Disfruta cada minuto de ella! ¡Haz cuanto se te antoje! Pruébalo todo, pero sabe que tendrás que rendirle cuentas a Dios de cuanto hagas. 10Aleja el sufrimiento y la pena, pero recuerda que el joven, ante el cual se extiende una vida entera, puede cometer graves errores.

12 No permitas que la alegría de la juventud haga que te olvides de tu Creador. Hónralo cuando joven, antes que lleguen los años malos en que ya no tengas alegría de vivir. 2Entonces será demasiado tarde para tratar de recordarlo, cuando el sol, la luna y las estrellas se hayan oscurecido ante tus ojos envejecidos, y tus nubes carezcan de un borde plateado. 3Un día temblarán los guardianes de la casa y se encorvarán los hombres de batalla y se detendrán las moledoras por ser tan pocas. 4Se cerrarán las puertas de la calle, disminuirá el ruido del molino y las aves elevarán su canto pero su trino se oirá apagado.

5Entonces, sobrevendrá el temor por las alturas y por los peligros del camino. El almendro florecerá, la langosta resultará una carga y la alcaparra no servirá de nada porque cada uno de nosotros se va a su hogar eterno y ya rondan en las calles los que lloran su muerte.

6Acuérdate de tu Creador ahora que eres joven, antes que se rompa el cordón de plata, se quiebre la escudilla de oro y el cántaro se quiebre junto a la fuente y la rueda se haga trizas en la cisterna; 7y el polvo vuelva a la tierra de donde vino, y el espíritu regrese a Dios que lo dio. 8Vanidad tras vanidad, dice el Predicador; todo es vanidad.

Epílogo

9Pero luego, ya que el Predicador era sabio, continuó enseñándole al pueblo todo lo que sabía; y recogió proverbios y los clasificó. 10Porque el Predicador no sólo era un sabio, sino un buen maestro; no sólo enseñaba al pueblo, sino que lo hacía de modo interesante. 11Las palabras del sabio son como aguijones que mueven a la acción. Destacan importantes enseñanzas. Los alumnos que captan lo que sus maestros dicen son listos.

12Pero tú, hijo mío, date por advertido: son infinitas las opiniones que pueden expresarse. Su estudio puede prolongarse eternamente, y volverse gran fatiga.

13Y esta es mi conclusión definitiva: teme a Dios y obedece sus mandamientos, porque esto es lo más importante para todo hombre y mujer. 14Porque Dios nos juzgará por cuanto hacemos, inclusive lo oculto, sea bueno o malo.

11.9–10 12.12–14

CANTAR DE LOS CANTARES

¿Quién lo escribió?

La postura tradicional ha sido que Salomón escribió este libro. Hay seis referencias directas a ese rey de Israel (1:5; 3:7, 9, 11; 8:11, 12) y tres referencias a un rey (1:4, 12; 7:5). Si fue así, entonces quizá fue escrito en la juventud del rey; antes de que las conveniencias políticas y las costumbres culturales lo llevaran a la poligamia, lejos del amor que se refleja en estas páginas. Hay una teoría interesante que afirma que Salomón se hizo pasar por un plebeyo para conquistar a esta joven proveniente de las regiones al norte de Israel y que el libro describe su cortejo, su matrimonio y algunos conflictos de esa relación. Otra teoría afirma que la "Sulamita" (Cnt. 6:13) sería Abisag, la joven "sunamita" que sirvió al rey David en su vejez (1 Reyes 1:1-4). Todas ellas son propuestas interesantes, pero no pasan de ser teorías, ya que no hay forma de comprobarlas.

¿A quién lo escribió?

Como literatura de sabiduría, este libro no tiene una audiencia específica en mente. Esta escrito como una celebración universal del amor entre un hombre y una mujer. Sin embargo, es muy posible que, tal y como sucede en nuestros días, las parejas de jóvenes esposos encontrarán en estos poemas una inspiración para cultivar y expresar su amor como pareja.

¿Cuándo y dónde lo escribió?

Si Salomón escribió este libro durante su juventud, entonces la fecha más probable de su escritura sería entre los años 960-950 a.C., cuando comenzaba su reinado y aún no había caído en los gruesos errores que caracterizaron sus años posteriores. Si es así, entonces quizá sea cierta la idea de que Cantares fue escrito durante la juventud de Salomón; Proverbios durante su edad adulta y Eclesiastés en los años de su vejez. El ambiente, las referencias geográficas y las costumbres dan suficientes evidencias para afirmar que el libro fue escrito en la ciudad de Jerusalén.

Panorama del libro

Mientras Eclesiastés examina una visión intelectual de la vida de los seres humanos, Cantares presenta una hermosa perspectiva emotiva de un hombre y una mujer. El libro describe de manera poética el cortejo y el coqueteo, hasta la ceremonia matrimonial y la vida romántica de los esposos. Su propósito parece ser la celebración del amor romántico y puro entre un hombre y una mujer. Como tal, es un excelente ejemplo del principio de Heb. 13:4: "tengan todos en alta estima el matrimonio y la fidelidad conyugal".

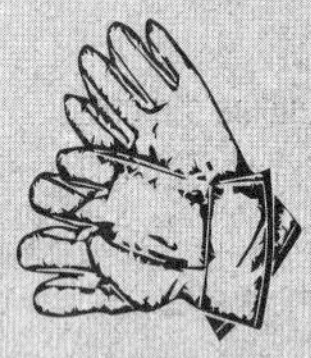

¿Cómo se relaciona con nosotros?

Este libro es una narración amorosa con algunas declaraciones eróticas, y esa es la razón por la que los judíos ortodoxos no les leen este libro a sus hijos hasta que tienen cierta edad.
Para nosotros, como matrimonio, es muy valioso que Dios haya considerado oportuno incluir el romance y la sexualidad en su inspiración del texto bíblico para demostrarnos que no necesitamos darle un baño de falsa religiosidad o negación a nuestra atracción sexual. Dios está en cada sentimiento, en cada halago y en cada decisión que los jóvenes protagonistas de este libro toman, y es un relato que resalta la importancia de una orientación sabia y prudente a los enamorados. Cantares nos motiva al galante cortejo y a la exuberante expresión del amor intenso, creciente y honesto entre un hombre y una mujer.

¿Cómo lo estudiamos?

1) Cómo se cortejan los futuros esposos. Caps. 1-3
2) Así celebran la ceremonia de bodas los esposos. Caps. 4-5:1
3) La angustia de la separación de los esposos. Caps. 5:2-6:3
4) La descripción del fuerte amor de los esposos. Caps. 6:4-8:14

CANTAR DE LOS CANTARES

Cantar de los cantares

1 Cantar de los cantares de Salomón.

Primer canto

La amada

2Bésame una y otra vez, pues tu amor es más
dulce que el vino. 3¡Qué fragante es tu loción, y
qué agradable tu nombre! Con razón te aman
todas las doncellas. 4¡Llévame contigo; vámonos
corriendo!

Las jóvenes de Jerusalén

¡Qué felices seremos! Tu amor es mejor que el vino. ¡Con razón te aman todas las doncellas!

La amada

5Soy morena y hermosa, hijas de Jerusalén,
bronceada como las oscuras tiendas de Cedar. ¡Y
soy bella como las tiendas de Salomón!
6No me desprecien sólo porque mi piel sea tan
morena; el sol me ha quemado. Mis hermanos,
enojados conmigo, me mandaron al sol a cuidar
las viñas; pero la mía no cuidé.
7Dime, amado mío, ¿dónde llevas hoy tu
rebaño? ¿Dónde harás descansar tus ovejas al
mediodía? ¿Por qué he de andar vagando entre
los rebaños de tus compañeros?

El amado

8Si no lo sabes, hermosa entre las mujeres,
sigue las huellas de mi rebaño hasta las tiendas
de los pastores, y apacienta a sus alrededores
tus cabritos.
9¡Eres tan bella como las yeguas de faraón,
amor mío! 10¡Qué lindas tus mejillas entre tus
pendientes! ¡Qué hermoso luce tu cuello entre
los collares! 11Haremos para ti pendientes de oro
con adornos de plata.

La amada

12En su cama, el rey está hechizado por la fragancia de mi perfume. 13Mi amado es bolsita de
mirra entre mis pechos.
14Ramo de flores en los jardines de Engadi, es
mi amado.

El amado

15¡Qué bella eres, amor mio! ¡Qué bella eres!
Tus ojos son suaves como paloma.

La amada

16¡Qué hermoso eres, amor mío! Estamos
recostados en la hierba, 17a la sombra de cedros
y abetos.

2 Yo soy la rosa de Sarón, el lirio de los valles.

El amado

2Como lirio entre espinas es mi amada entre
las mujeres.

La amada

3Mi amado es un manzano, el mejor del huerto
en comparación con cualquier otro joven. Me
he sentado en su anhelada sombra y su fruto es
delicioso para comer. 4Me lleva a la sala del banquete, y es evidente para todos cuánto me ama.
5Dame a comer tu amor tus pasas y tus manzanas
pues muero de amor. 6Tiene su mano izquierda
bajo mi cabeza y con la derecha me abraza.

El amado

7Mujeres de Jerusalén, les ruego por las gacelas
y cervatillas del bosque que no despierten a mi
amada. ¡Déjenla dormir!

Segundo canto

La amada

8¡Ya oigo a mi amado! Viene, saltando por los
montes, brincando por las colinas. 9Mi amado es
como la gacela o como el cervatillo. Escuchen;
ahí está detrás de la pared; ahora mira por las
ventanas, se asoma por las celosías.
10Mi amado me dijo: «Levántate, amor mío,
hermosa mía, y vámonos, 11porque ha pasado el
invierno y han cesado las lluvias; 12brotan las flores y ha llegado el tiempo del canto de los pájaros.
13Ya surgen las hojas y las viñas florecen. ¡Qué
delicioso aroma! Levántate amor mío, hermosa
mía y vámonos».

El amado

14Mi paloma se oculta tras unas rocas, tras un
saliente del risco. Llámame, y déjame escuchar
tu bella voz y ver tu hermoso rostro.

El amado y la amada

15Las pequeñas zorras están arruinando las
viñas. Atrápalas; pues los viñedos están en flor.

La amada

16Mi amado es mío y yo soy suya. Él está apa-
centando entre los lirios. 17Antes que amanezca y
huyan las sombras, ven a mí, amado mío, como
una gacela o como un ciervo en los montes de
especias.

3 Cierta noche no hallé a mi amado en mi
lecho. Me levanté a buscarlo y no pude hallarlo. 2Salí en su busca por las calles de la ciudad y
por los caminos, pero no lo hallé. 3Los guardias

me detuvieron y yo les dije: «¿Han visto ustedes por algún lado al amor de mi vida?» 4Un poco más tarde lo hallé, lo retuve y no lo dejé ir hasta llevarlo al hogar de mi madre, a la alcoba donde ella me concibió.

El amado

5Les ruego, mujeres de Jerusalén, por las gacelas y cervatillas del bosque que no despierten a mi amada. ¡Déjenla dormir!

Tercer canto

El coro

6¿Quién es éste que irrumpe de los desiertos como nube de humo por la tierra, entre aromas de mirra e incienso y perfumes exóticos? 7Miren, es el carro de Salomón rodeado por sesenta de los más aguerridos hombres de su ejército. 8Todos son diestros con la espada y expertos guerreros. Cada uno lleva su espada sobre el muslo contra cualquier ataque nocturno. 9Porque el rey Salomón se hizo una carroza de madera del Líbano. 10De plata eran sus columnas, su dosel de oro, de púrpura el asiento. Y su interior fue decorado con amor por las doncellas de Jerusalén.

11Salgan a ver al rey Salomón, oh doncellas de Sión, vean la corona que su madre le puso el día de su boda, el día de su alegría.

El amado

4 ¡Qué hermosa eres, amor mío, qué hermosa! Tus ojos, tras el velo, son como palomas. Sobre el rostro, tus negros cabellos son como rebaños de cabras que retozan en las laderas de Galaad. 2Tus dientes son tan blancos como lana de oveja recién trasquilada y lavada; son perfectos y completos. 3Como cinta escarlata son tus labios, y ¡qué bellas tus palabras! Tus mejillas, tras el velo parecen dos mitades de granadas. 4Tu cuello es como la torre de David, engalanada con los escudos de mil héroes.

5Tus pechos son dos gacelas, dos gacelas pastando entre lirios. 6Hasta que despunte el día y huyan las sombras, subiré yo al monte de mirra y a la colina de incienso. 7¡Qué hermosa eres toda tú, amor mío! No tienes defectos. 8Vente conmigo, desde el Líbano, novia mía. Miraremos desde la cumbre del monte, desde la cima del monte Hermón, donde tienen su guarida los leones y merodean los leopardos. 9Cautivaste mi corazón, hermosa mía, novia mía; me cautivaste con una sola mirada de tus ojos, con una sola cuenta de tu collar. 10Cuán dulce es tu amor, amada mía, novia mía, Cuánto mejor que el vino. Más fragante es el perfume de tu amor que las más ricas especias. 11Tus labios, amada mía, destilan miel. Sí, miel y crema escondes bajo tu lengua, y el aroma de tus vestidos es como el de los montes y cedros del Líbano.

12Mi novia y mi amada es como huerto privado, como manantial vedado a los demás. 13Eres como bello huerto que produce frutas preciosas, con los más exóticos perfumes: 14nardo y azafrán, cálamo aromático y canela, y perfume de todo árbol de incienso; además de mirra y áloe, y toda especia preciosa. 15Eres fuente de jardín, pozo de agua viva; refrescante como las corrientes que manan de los montes del Líbano.

La amada

16Ven, viento del norte; despierta; ven, viento del sur, sopla sobre mi huerto y llévale a mi amado su dulce perfume. Que venga él a su huerto y coma su fruto más exquisito.

El amado

5 Aquí estoy en mi huerto, amada mía, novia mía. Reúno la mirra con las especias mías y como mi panal con la miel. Bebo mi vino con mi leche.

El coro

¡Oh, amado y amada, coman y beban! ¡Sí, beban hasta saciarse!

Cuarto canto

La amada

2Cierta noche, mientras dormía, se me despertó en sueños el corazón. Oí la voz de mi amado; ¡llamaba a la puerta de mi recámara! «Ábreme, amada mía; amor mío, mi linda paloma», decía, «pues mi cabeza está empapada de rocío; la humedad de la noche corre por mi cabello».

3Pero yo le dije: «Ya me desvestí. ¿Me visto otra vez? Ya me lavé los pies; ¿me los vuelvo a ensuciar?»

4Mi amado trataba de abrir el cerrojo de la puerta, y mi corazón se estremeció. 5Salté para abrirle; mis manos destilaban perfume y mis dedos preciosa mirra cuando empujé el cerrojo. 6Le abrí a mi amado, pero ya no estaba. El corazón se me detuvo. Lo busqué y no pude hallarlo en ninguna parte. Lo llamé, pero no hubo respuesta. 7Los centinelas me encontraron mientras rondaban la ciudad, me golpearon y me hirieron. Los vigilantes de la torre me arrancaron el velo. 8Les ruego, mujeres de Jerusalén, que si encuentran a mi amado, le digan que me muero de amor.

3.11 4.10–15 4.16

El coro

9 Dinos, bella entre las mujeres, ¿en qué aventaja tu amado a otros hombres, para que así nos ruegues?

La amada

10 Mi amado es bronceado y hermoso, el mejor entre diez mil. 11 Su cabeza es oro finísimo, y tiene el cabello negro y ondulado. 12 Sus ojos son perfectos; parecen palomas que se bañan en un estanque de leche. 13 Sus mejillas son como lecho de dulce bálsamo, como cultivos de aromáticas hierbas. Perfumados lirios son sus labios, como mirra es su aliento. 14 Barras de oro incrustadas de topacio son sus brazos; su cuerpo es marfil reluciente incrustado de zafiro. 15 Sus piernas, como columnas de mármol asentadas en bases de oro finísimo, fuerte como cedro del Líbano; él es sin par. 16 Su boca es dulcísima, él es todo un amor. Así, oh mujeres de Jerusalén, es mi amado, ¡así es mi amor!

El coro

6 Bella entre las bellas, ¡¿dónde habrá ido tu amado?! Te ayudaremos a buscarlo.

La amada

2 Mi amado ha bajado a su huerto, a sus lechos de especias, a apacentar su rebaño y a recoger lirios. 3 Yo soy de mi amado y mi amado es mío. Él apacienta su rebaño entre los lirios.

Quinto canto

El amado

4 Amada mía, eres tan bella como la tierra de Tirsá; hermosa como Jerusalén. Impresionante como las estrellas del cielo. 5 ¡Aparta de mí la mirada, pues tus ojos me han vencido! Tus cabellos, derramándose sobre tu rostro, son como rebaño de cabras que retozan por las laderas de Galaad. 6 Tus dientes son como rebaños de cabritas recién lavados; perfectos y completos. 7 Tus mejillas son como dos mitades de granadas tras el velo. 8 Pueden ser sesenta las reinas y ochenta las princesas, así como incontables vírgenes a mi disposición. 9 Pero tú, paloma mía, eres la única entre todas. La hija consentida de su madre. Encantadas quedaron las mujeres de Jerusalén al verte, y hasta las reinas y princesas te alaban. 10 ¿Quién es ésta que surge como la aurora, bella como la luna, brillante como el sol, impresionante como las estrellas del cielo.

11 Bajé al bosquecillo de nogales y salí al valle para contemplar la primavera, para ver si ya retoñaban las viñas o florecían los granados. 12 Antes de darme cuenta, me encontré entre las carrozas reales de mi pueblo.

El coro

13 Vuelve, vuelve acá, ¡oh mujer perfecta! ¡Regresa, regresa para que podamos verte otra vez!

El amado

¿Por qué contemplan a la que es todo perfección mientras danza graciosamente?

7 ¡Qué bellos son tus pies en las sandalias!, princesa mía. Tus torneados muslos son joyas, obra del más excelso artífice. 2 Tu ombligo es copa de vino. Tu vientre encantador es montón de trigo entre lirios. 3 Tus pechos son dos gacelas; sí, dos gacelas mellizas; 4 tu cuello parece torre de marfil, tus ojos, los manantiales de Hesbón junto a la entrada de Bat Rabín. Tu nariz es bella como la torre del Líbano que mira hacia Damasco. 5 Como el monte Carmelo es corona de montes, así tu cabeza es tu corona. Has cautivado al rey con tus rizos. 6 ¡Qué deliciosa eres; qué agradable, amor, sumo deleite! 7 Eres alta y esbelta al igual que una palmera, y tus pechos son sus racimos. 8 Yo me dije: «Subiré a la palmera y tomaré sus racimos». Sean ahora tus pechos como racimos de uvas y el aroma de tu aliento como manzanas, 9 y tus besos tan embriagantes como el mejor vino, que resbala suavemente por labios y dientes.

La amada

10 Soy de mi amado; ¡su pasión lo atrae hacia mí! 11 Ven, amado mío, salgamos a los campos y pasemos la noche entre los azahares. 12 Madruguemos para salir a las viñas a ver si han retoñado, si los capullos se han abierto, y si los granados están en flor. Y allí te entregaré mi amor. 13 Allí las mandrágoras esparcen su aroma, y a nuestra puerta hallamos las más exóticas frutas, frescas y secas, pues las he guardado para ti, amado mío.

8 ¡Cómo quisiera que fueras mi hermano! Entonces podría besarte aunque nos vieran, y nadie se burlaría de mí. 2 Te llevaría de la mano al hogar de mi infancia, y allí me enseñarías. Yo te daría a beber vino con especias, dulce vino de granada. 3 ¡Pon tu brazo izquierdo bajo mi cabeza y rodea mi cintura con tu brazo derecho!

El amado

4 Les ruego, mujeres de Jerusalén, que no despierten a mi amada hasta que ella quiera.

Sexto canto

El coro

5¿Quién es ésta que sube del desierto, apoyada
en el hombro de su amado?

La amada

Bajo el manzano donde entre dolores te trajo
al mundo tu madre, allí desperté tu amor.
6Grábame como un sello sobre tu corazón.
Llévame como un tatuaje en tu brazo, porque
fuerte como la muerte es el amor, y tenaz como
llama divina es el fuego ardiente del amor.
☼ 7¡Nada puede apagar las llamas del amor!
¡Nada, ni las inundaciones ni las aguas abundantes del mar podrán ahogarlo! Si alguien tratara de comprarlo con todo cuanto tiene sólo
lograría que le despreciaran.

El coro

8Nuestra hermana es jovencita, todavía no
tiene pechos. ¿Qué haremos si alguien la pide
por esposa?
9La reforzaremos con defensas de plata si es
muralla, y si es puerta, la cubriremos con paneles
de cedro.

La amada

10Soy alta, esbelta, y de pechos bien desarrolla-
dos, y he hallado gracia a los ojos de mi amado.
11Salomón tenía una viña en Baal Jamón y la
dio en renta a unos labradores, cada uno de los
cuales debía pagar mil piezas de plata.
12Pero en cuanto a mi viña, tú, Salomón, quédate con las mil piezas de plata y yo les daré
doscientas a los que la cuidan.

El amado

13Amada mía, tú que moras en los huertos, qué
hermoso que tus compañeros puedan escuchar
tu voz; deja que yo también la oiga.

La amada

14Ven pronto, amado mío, como gacela o
cervatillo sobre las colinas cubiertas con yerbas
aromáticas.

☼8.7

ISAÍAS

¿Quién lo escribió?

El libro se presenta como la profecía de Isaías, hijo de Amoz. Este profeta ministró durante los reinados de Uzías, Jotán, Acaz y Ezequías en Judá. Según la tradición, era primo del rey Uzías, dato que no se puede confirmar. Isaías era casado y tenía dos hijos: Sear Yasub (Is. 7:3) y Maher Salal Jasbaz (Is. 8:3).

Este profeta ministró por casi sesenta años, desde el año de la muerte de Uzías (739 a.C.) hasta quizá el año 681 a.C. De acuerdo a una tradición proveniente del siglo II, Isaías murió aserrado bajo el reinado de Manasés.

¿A quién lo escribió?

Los lectores originales fueron los habitantes de Judá después de la caída de Samaria y el reino del norte en manos de los asirios. El largo ministerio de Isaías sirvió para advertir a los judíos sobre sus malos caminos, pero también para anunciar las grandes bendiciones de la restauración que Dios traería a la tierra.

¿Cuándo y dónde lo escribió?

Lo más probable es que Isaías fue escrito poco tiempo antes de la muerte del profeta. Quizá la fecha más probable sea el año 680 a.C., durante los primeros años del reinado de Manasés. El libro cubre los casi sesenta años de largo ministerio de Isaías, durante los cuales fue testigo de muchos eventos buenos y malos para su pueblo.

El acceso constante que tenía el profeta al palacio real confirma que el libro fue escrito en la ciudad de Jerusalén.

Panorama del libro

Este profeta ministró durante un tiempo de crisis para Israel. Asiria acechaba la seguridad tanto de Israel como de Judá. La tentación era la formación de alianzas militares con potencias vecinas para librarse de la amenaza asiria. Dios comisiona a Isaías para hacer un llamado a ambos reinos para que se arrepintieran de su pecado de incredulidad y que confiaran solamente en Él para su salvación. En el proceso, profetiza acerca de diversos juicios y además de una esperanza extraordinaria en la persona del Mesías.

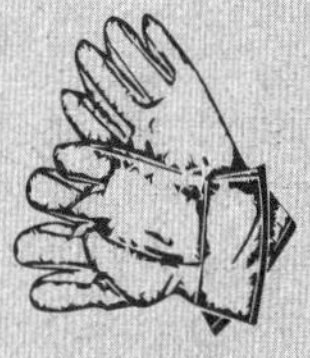

¿Cómo se relaciona con nosotros?

Isaías ha sido llamado "el príncipe de los profetas" o "el profeta evangélico", debido a su importancia en la Biblia y a sus abundantes profecías con respecto al Mesías. Algo intrigante puede ser saber que ha sido llamado "la Biblia en miniatura", ya que los primeros treinta y nueve capítulos se enfocan en el juicio del pueblo de Dios, mientras que los otros veintisiete están centrados en la gracia y la restauración. Isaías señala los grandes temas de la teología de los profetas, como la grandeza y soberanía de Dios, los límites y la variedad del pecado humano y la notoria gracia abundante del Señor, que se hace latente con la brillante esperanza basada principalmente en el Mesías. La formación completa de los cristianos nunca estaría completa si no se estudiara un libro tan maravilloso como este. Isaías describe a un Dios majestuoso, brinda advertencias para todos los tiempos y detalla las bendiciones futuras que el Señor ha preparado para los que le aman.

¿Cómo lo estudiamos?

1) Juicio para el pueblo infiel del Señor y las naciones vecinas. Caps. 1-39.
2) Consuelo para el pueblo por medio del siervo fiel del Señor, y también para las naciones vecinas. Caps. 40-66.
3) Tema especial: las profecías mesiánicas de Isaías.

Isaías

1 Estos son los mensajes que recibió Isaías, hijo de Amoz, en unas visiones que tuvo durante los reinados de Uzías, Jotán, Acaz y Ezequías, todos ellos reyes de Judá. En estos mensajes Dios le mostró lo que habría de ocurrirles a Judá y a Jerusalén en los días por venir.

Judá, nación rebelde

2Escuchen, cielo y tierra, lo que dice el SEÑOR: Los hijos que crié y cuidé por tanto tiempo y tan tiernamente se han vuelto contra mí. 3Hasta los animales —el burro y el buey— conocen a su amo y agradecen sus cuidados, ¡pero no así mi pueblo Israel! Haga lo que haga por ellos, les tiene sin cuidado. 4¡Qué nación tan pecadora! Andan encorvados bajo la carga de su culpa. También sus padres fueron malvados. Nacidos para el mal, le volvieron las espaldas al SEÑOR y menospreciaron al Santo de Israel. Ellos mismos se han alejado de mi auxilio.

5,6Oh pueblo mío, ¿no han recibido suficiente castigo? ¿Por qué obligarme a azotarlos una y otra vez? ¿Es su intención ser rebeldes toda la vida? De la cabeza a los pies están enfermos, débiles y desfallecidos, cubiertos de magulladuras, verdugones y heridas infectadas, sin ungir ni vendar. 7Su patria está en ruinas, sus ciudades incendiadas. Mientras ustedes se la pasan mirando, los extranjeros destruyen y saquean cuanto ven. 8Y ahí se quedan ustedes, indefensos y abandonados como si fueran una de esas chozas inútiles que usan los vigilantes en el campo luego de terminada la cosecha, pero cuando el producto de la cosecha ya ha sido saqueado y robado.

9Si el SEÑOR Todopoderoso no hubiera intervenido para salvar a unos cuantos de nosotros, habríamos sido destruidos como lo fueron Sodoma y Gomorra. 10¡Es una buena comparación! Escuchen, jefes de Israel, hombres de Sodoma y Gomorra, como ahora les llamo. ¡Escuchen al SEÑOR! ¡Escuchen lo que les dice! 11Sus sacrificios me tienen harto, no me los traigan más. No quiero sus carneros engordados, no quiero ver la sangre de sus ofrendas. 12,13¿Cómo he de querer los sacrificios de ustedes si ni siquiera son capaces de sentir dolor por sus pecados? El incienso que me traen hiede en mis narices. Sus santas celebraciones de la luna nueva y el sábado, y sus días de ayuno especial —aun sus más santas reuniones—, ¡todo es fraude! No quiero nada más con ellos. 14Los detesto a todos, no puedo verlos ni pintados. 15De ahora en adelante, cuando oren con las manos levantadas al cielo, no miraré ni escucharé. Por más oraciones que hagan, no escucharé, porque sus manos son manos de asesinos, están manchadas con la sangre de víctimas inocentes.

16¡Oh, lávense, límpiense! Que no les vea yo nunca más cometer esas maldades; dejen sus malos caminos. 17Aprendan a hacer el bien, a ser justos y a ayudar a los pobres, a los huérfanos y a las viudas.

18¡Vengan y aclaremos las cuentas! —dice el SEÑOR—, por profunda que sea la mancha de sus pecados, yo puedo quitarla y dejarlos tan limpios como la nieve recién caída. ¡Aunque sus manchas sean rojas como el carmesí, yo puedo volverlas blancas como la lana! 19Si me dejan ayudarlos, que me puedan obedecer, yo los enriqueceré. 20Pero si continúan volviéndome las espaldas y negándose a escucharme, morirán a manos de sus enemigos. Yo, el SEÑOR, se los aseguro.

21¡Oh Jerusalén, que fuiste mi fiel esposa, ahora eres una ramera! ¡Corres tras otros dioses! Fuiste «La Ciudad de la Justicia», pero hoy eres guarida de asesinos. 22Fuiste como plata purificada, pero ahora estás mezclada con ruin aleación. Fuiste muy pura, pero ahora estás diluida como vino aguado. 23Tus caudillos son rebeldes, compinches de ladrones; todos son sobornables y no defienden a las viudas ni a los huérfanos. 24Por tanto, así dice el SEÑOR, el SEÑOR Todopoderoso, el Poderoso de Israel, dice: ¡Derramaré mi ira sobre ustedes, enemigos tuyos! 25Yo mismo los derretiré en la fundición y les sacaré la escoria.

26Y después les daré buenos jueces y sabios consejeros como los que antes tenían. Entonces nuevamente la ciudad de ustedes se llamará «La Ciudad de la Justicia» y «La Ciudad Fiel». 27Los que regresen al SEÑOR deben ser justos y buenos, y entonces serán redimidos. 28Pero todos los pecadores serán totalmente aniquilados, porque rehúsan venir a mí. 29Los cubriré de vergüenza, y enrojecerán pensando en aquellas ocasiones en que sacrificaban ante los ídolos en sus bosques de encinas «sagradas». 30Perecerán como lo hace un árbol marchito o un huerto sin agua. 31Los más fuertes de ustedes desaparecerán como paja en el fuego; sus maldades son la chispa que enciende la paja, y nadie podrá apagarla.

El monte del SEÑOR

2 Este es otro mensaje que dio el SEÑOR a Isaías respecto de Judá y Jerusalén: 2En los días finales Jerusalén y el templo del SEÑOR se convertirán en la mayor atracción del mundo, y gente de muchas tierras acudirá a adorar al SEÑOR.

3«Vamos», dirán todos, «subamos al monte del SEÑOR, al templo del Dios de Israel; allí nos enseñará él sus leyes, y las obedeceremos».

1.2 1.16–20 2.3

Porque en aquellos días el mundo será
gobernado desde Jerusalén. 4El Señor zanjará
las disputas internacionales, todas las naciones
transformarán las armas de guerra en herramientas de paz, por fin cesarán las guerras y
terminará el adiestramiento militar. 5¡Vamos, oh
Israel, caminemos en la luz del Señor y obedezcamos sus leyes!

El día del Señor

6El Señor los ha rechazado porque dieron
cabida a extranjeros del oriente que practican
la magia y se comunican con los malos espíritus,
como hacen los filisteos.

7Israel posee grandes tesoros de oro y plata
y gran cantidad de caballos y carros. 8Además,
su tierra está llena de ídolos. Son productos
humanos y, sin embargo, los adoran. 9Grandes
y pequeños, todos se inclinan religiosamente ante
ellos; por este pecado no los perdones.

10Huyan a las cuevas de las rocas y ocúltense
aterrorizados de su gloriosa majestad, 11porque
el día viene en que sus altivas miradas serán
humilladas; sólo el Señor será exaltado.

12En aquel día el Señor Todopoderoso marchará contra los orgullosos y altivos y los humillará
hasta que estén postrados en el polvo.

13Todos los altos cedros del Líbano y las poderosas encinas de Basán se van a humillar, 14así
como los altos montes y las colinas, 15y todo muro
y alta torre, 16y todos los orgullosos navíos del
océano y barcas de cabotaje. En aquel día todos
serán quebrantados ante el Señor. 17Toda la gloria
de la humanidad se humillará; los orgullosos
yacerán en el polvo, y sólo el Señor será exaltado.
18Todos los ídolos serán abolidos y destruidos por
completo.

19Cuando el Señor se levante de su trono para
sacudir la tierra, sus enemigos irán arrastrán-
dose temerosos a los agujeros de las rocas y a
las cuevas, huyendo de la gloria de su majestad.
20Por fin abandonarán sus ídolos de oro y plata
a los topos y a los murciélagos, 21y se arrastrarán
a las cavernas para ocultarse entre ásperas rocas
en lo alto de los riscos, tratando de escapar del
espanto que el Señor provoca y de la gloria de su
majestad cuando él se alce para castigar la tierra.
22¡Mezquino es el ser humano! ¡Frágil como su
aliento! ¡Jamás confíen en él!

Juicio sobre Jerusalén y Judá

3 El Señor Todopoderoso les cortará a Jerusalén
y a Judá la fuente de agua y alimentos, 2y
matará a sus dirigentes; destruirá sus ejércitos,
jueces, profetas, ancianos, 3oficiales militares,
comerciantes, abogados, magos y políticos. 4Los
reyes de Israel serán como niñitos y gobernarán
infantilmente. 5Y reinará la peor de las anar-
quías: cada cual pisoteará a su prójimo, el vecino
luchará contra su vecino, los jóvenes se rebelarán
contra la autoridad, los delincuentes se reirán de
las personas honorables.

6En aquellos días un hombre dirá a su hermano: «Tú tienes ropa de más; reina pues sobre
nosotros y encárgate de este desorden.»

7«¡No!», responderá aquél. «¡Nada puedo
hacer! No tengo ni comida ni ropa de sobra. ¡No
me metas en esto!»

8La administración civil de Israel estará en
completa ruina porque los judíos han hablado
contra su Señor y no quieren adorarlo, ofenden
su gloria. 9Hasta la mirada de sus rostros los
traiciona y pone de manifiesto su culpa. Y se
vanaglorian de que su pecado es igual al pecado
de Sodoma. ¡Ni vergüenza les da! ¡Qué catástrofe!
Se han acarreado su propia condenación.

10Pero todo le saldrá bien al justo. Díganle:
«¡Qué hermosa recompensa te espera!» 11Pero al
malvado díganle: «Tu condenación es segura.
También tú recibirás la paga que mereces. Ya
viene el castigo que te has ganado».

12¡Oh pueblo mío! ¿Acaso no ves qué necios
gobernantes tienes? ¡Débiles como mujeres,
necios como chicuelos jugando a que son reyes!
¿Dirigentes? ¡No; guías ineptos! Por senda florida
los llevan a la destrucción.

13¡Se levanta el Señor! Es el gran fiscal que
presenta la acusación contra su pueblo. 14Los
primeros que caerán bajo su ira serán los consejeros y los príncipes, porque han defraudado a
los pobres. Han llenado sus graneros con el trigo
robado a los indefensos campesinos.

15«¿Cómo se atreven a moler a mi pueblo así
en el polvo?», les dirá el Señor Todopoderoso.

16Luego juzgará a las altivas mujeres judías,
que orgullosas pasan contoneándose con sus pulseras tintineantes en los tobillos, con ojos lascivos
que recorren la multitud para atraerse la mirada
de los hombres. 17¡Tiña les va a mandar el Señor
como adorno a sus cabezas! El Señor exhibirá
la desnudez de ellas a los ojos de todos. 18No se
oirá más el orgulloso tintineo al paso de ellas,
porque el Señor las desnudará de su belleza arti-
ficiosa y sus adornos, 19de sus collares, pulseras
y velos de sedoso tul. 20Se acabaron las chalinas
y las cadenas para los tobillos, las cintas para el
cabello, los aretes y los perfumes, 21los anillos y
las joyas, 22los vestidos de fiesta, las batas de casa,
los sombreritos, las peinetas y los bolsos, 23los
espejos, la linda ropa interior, los hermosos vestidos y velos. 24En vez de exhalar dulce perfume,
tendrán pestilencia; en vez de cinturón usarán
cuerdas; el bien cuidado cabello se les caerá; vestirán saco en lugar de vestidos. Toda su belleza
se esfumará; les quedará únicamente vergüenza

y deshonor. 25,26Sus maridos morirán en batalla
y ellas, desoladas, se sentarán en tierra llorando.

4 En aquel tiempo quedarán vivos tan pocos
hombres, que siete mujeres se pelearán por
cada uno de ellos y dirán:

«¡Queremos casarnos contigo! Nosotras apor-
taremos nuestra comida y nuestra ropa, basta
que nos dejes llevar tu apellido para que nadie
se mofe de nosotras por ser solteronas».

2-4Aquellos de quienes está escrito que escaparán a la destrucción de Jerusalén serán lavados
y purificados de toda su inmundicia moral por
medio de los horrores que pasarán y por el fuego.
Constituirán el santo pueblo de Dios y la tierra les
producirá la mayor abundancia y sus más ricos
frutos. 5Entonces el Señor dará sombra a toda
Jerusalén, a cada hogar y a los sitios públicos.
Les dará un dosel de humo y nube durante todo
el día y nube de fuego por la noche, que cubran
la Tierra Gloriosa 6para protegerla del calor del
día y de las lluvias y tormentas.

El canto a la viña

5 Ahora entonaré para el que amo un canto
sobre su viña. Mi Amado tiene una viña en
una fértil colina. 2La aró, le quitó todas las piedras y plantó un viñedo con las más escogidas
vides. Edificó una torre para el vigilante y en las
rocas cavó un lagar. Estuvo en espera de la vendimia, pero las uvas que se produjeron eran silvestres y agrias, y no dulces como él las esperaba.

3Ya han oído el caso, hombres de Jerusalén y
de Judá, sean ustedes los jueces. 4¿Qué más podría
haber hecho yo? ¿Por qué en vez de uvas dulces
mi viña produjo uvas agrias? 5Derribaré las cercas
y dejaré que mi viña sea pisoteada por las vacas
y ovejas que en ella pastan. 6No la podaré ni la
escardaré sino dejaré que la invadan maleza y
espinos. Ordenaré a las nubes que no lluevan
más sobre ella.

7Les he presentado la historia del pueblo de
Dios. Mi pueblo es la viña de la que les he hablado. Israel y Judá son su agradable parcela. Dios
esperaba que le produjeran cosecha de justicia,
pero halló que sólo cometieron hechos sangrientos. Esperaba que actuaran con rectitud, pero a
sus oídos llegaron sólo gritos de opresión.

Maldiciones contra los explotadores

8Ustedes compran propiedades y las acaparan
para que otros no tengan donde vivir. Edifican
sus casas en medio de extensos terrenos para vivir
a sus anchas en la tierra. 9Pero el Señor Todopoderoso ha decretado para ustedes un espantoso
destino; con mis propios oídos lo escuché:

«Quedarán desiertas muchas casas hermosas,
y su dueños morirán o desaparecerán». 10¡Cinco
hectáreas de viñedos producirán sólo veinticuatro litros de jugo! ¡Doscientos cuarenta litros de
semilla no darán más que veinticuatro litros de
cosecha!

11¡Ay de los que madrugan a embriagarse y
siguen el jolgorio hasta altas horas de la noche!
¡Ay de ustedes, borrachos! 12Ustedes llevan buena
música a sus grandes fiestas; las orquestas son
magníficas. Pero no piensan en el Señor ni de
él se preocupan. 13Por lo tanto les enviaré desterrados a tierras muy lejanas, pues no saben
ni les importa todo lo que por ustedes he hecho.
Los hombres de grandeza y respeto entre ustedes
morirán de hambre y los del vulgo morirán de sed.

14Ya el infierno se relame esperando a Jerusalén, como si fuera delicioso bocado. Devorados
serán los grandes y pequeños de ella, así como
sus ebrias multitudes. 15En aquel día los altivos
serán derribados hasta el polvo, los orgullosos
serán humillados. 16Pero el Señor Todopoderoso
es exaltado por sobre todo, pues sólo él es santo,
justo y bueno. 17En aquellos días pastarán los
rebaños entre las ruinas. Corderos, becerros y
cabritos pastarán allí.

18¡Ay de los que llevan sus pecados a rastras
como toro enlazado! 19Hasta se burlan del Santo
de Israel y desafían al Señor a que los castigue.
«¡Vamos, castíganos, Señor!», dicen. «¡A ver qué
puedes hacer!» 20Dicen que lo bueno es malo y
lo malo es bueno, que lo negro es blanco y lo
blanco negro, dulce lo amargo y amargo lo dulce.

21¡Ay de los que se creen muy sabios y astutos!
22¡Ay de los valientes de la embriaguez, los que
se vanaglorian de cuánto licor resisten! 23Aceptan
soborno para pervertir la justicia; dejan libre al
malvado y encarcelan al inocente. 24Por tanto
Dios se encargará de ellos y los dará al fuego.
Desaparecerán como la paja en las llamas. Las
raíces se les pudrirán y las flores se les marchitarán, porque han desechado las leyes de Dios
y han menospreciado la Palabra del Santo de
Israel. 25Por eso está encendida contra su pueblo
la ira del Señor, por eso ha extendido su mano
para aniquilarlos. Temblarán las colinas y los
cadáveres podridos de su pueblo serán echados
como basura a las calles. Pero aún así no se apla-
ca su ira, todavía levanta su mano sobre ellos.

26El Señor dará señal a las naciones lejanas,
silbará a los de los confines de la tierra y acudirán en tropel hacia Jerusalén. 27Ellos jamás se
fatigan, ni tropiezan ni se detienen; llevan sus
cintos apretados y calzan fuertes botas; corren
sin detenerse a descansar ni a dormir. 28Tienen
agudas flechas, arcos curvados. Los cascos de sus
caballos echan chispas y las ruedas de sus carros
giran como el viento. 29Rugen como leones y

saltan sobre su presa. Se apoderan de mi pueblo y se lo llevan a lejano cautiverio, sin que haya quien los libre. 30Gruñen sobre sus víctimas como mar rugiente. Nube de tinieblas y dolor cubre a Israel. Negro es el cielo.

La misión de Isaías

6 ¡Yo vi al SEÑOR el año que murió el rey Uzías! Ocupaba un trono sublime, y el templo estaba lleno de su gloria. 2Sobre él revoloteaban poderosos serafines de seis alas. Con dos alas se cubrían el rostro, con otras dos se cubrían los pies y con dos volaban. 3En gran coro antifonal cantaban:

—Santo, Santo, Santo es el SEÑOR Todopoderoso; toda la tierra está llena de su gloria.

4¡Qué tremendo canto! Hizo temblar el templo hasta sus cimientos, y súbitamente todo el santuario se llenó de humo.

5Entonces dije: «¡Esta es mi muerte! Porque soy un pecador de boca impura, miembro de una raza pecadora, de inmunda boca, y sin embargo he mirado al Rey, al SEÑOR Todopoderoso».

6Entonces uno de los serafines voló hacia el altar y con unas tenazas sacó una brasa. 7Con ella me tocó los labios y dijo:

—Con esto se te declara «inocente», porque esta brasa tocó tus labios. Todos tus pecados quedan perdonados.

8—¿A quién enviaré por mensajero a mi pueblo? ¿Quién irá? —oí al SEÑOR preguntar.

Y yo dije:

—SEÑOR ¡yo voy! Envíame a mí.

9Él dijo:

—¡Ve! Pero dile esto a mi pueblo: «Aunque una y otra vez oyen mis palabras, no quieren entenderlas. Por más que me ven hacer milagros repetidas veces, no quieren entender su significado». 10Quítales la inteligencia, tápales los oídos y ciérrales los ojos. No quiero que vean, oigan ni entiendan, ni que se vuelvan a mí para que los sane.

11Entonces dije:

—SEÑOR, ¿cuánto tiempo pasará antes que estén dispuestos a escuchar?

Y él respondió:

—No será sino hasta que sus ciudades sean destruidas y no quede persona con vida, y todo el país esté desolado, 12y todos sean llevados como esclavos a países lejanos, y toda la tierra de Israel quede desierta. 13Pero la décima parte, un remanente, sobrevivirá; y aunque Israel sea invadido y destruido una y otra vez, será como árbol talado que aún conserva vida para retoñar.

La señal de Emanuel

7 Durante el reinado de Acaz, hijo de Jotán y nieto de Uzías, Jerusalén fue atacada por el rey Rezín de Siria y el rey Pecaj de Israel, hijo de Remalías. Pero no la tomaron, la ciudad resistió. 2Sin embargo, cuando a la corte real llegó la noticia, «Siria está aliada con Israel contra nosotros», el corazón del rey y de su pueblo tembló de miedo como las hojas del bosque se estremecen bajo la tormenta.

3El SEÑOR le ordenó a Isaías:

Ve al encuentro del rey Acaz en compañía de tu hijo Sear Yasub. Lo hallarás al final del acueducto que va de la fuente de Gihón al estanque de arriba, junto al camino que baja al campo del blanqueador. 4Dile que no se angustie más, dice el SEÑOR. Dile que no tiene por qué asustarse de la furia de esos dos fracasados, Rezín y Pecaj. 5Sí, cierto, los reyes de Siria e Israel vienen contra él. Los enemigos dicen: 6«Invadiremos a Judá y llenaremos de pánico a su pueblo. Luego pelearemos hasta llegar a Jerusalén y pondremos por rey suyo al hijo de Tabel».

7Pero el SEÑOR Dios dice: Este plan no triunfará, 8porque Damasco seguirá siendo capital sólo de Siria, y el reino de Rezín no extenderá sus fronteras. Y dentro de sesenta y cinco años también Efraín será aplastado y quebrantado. 9Samaria es la capital de Efraín solamente, y el poder del rey Pecaj no aumentará. ¿No me creen? Si quieren mi protección, tienen que aprender a creer lo que digo.

10No mucho después de esto, el SEÑOR envió este otro mensaje al rey Acaz: 11Acaz, pídeme una señal para demostrarte que en realidad aplastaré a tus enemigos como lo tengo dicho. Pide lo que quieras que haga en cualquier lugar del globo terraqueo.

12Pero el rey se negó y dijo:

—¡Jamás importunaré al SEÑOR con nada semejante!

13Entonces Isaías respondió:

—Oh casa de David, no te basta con agotarme la paciencia, ¡tienes que agotársela también a † Dios! 14Bueno, el SEÑOR mismo elegirá la señal: ¡Una joven dará a luz un niño! y ella le pondrá por nombre Emanuel (que significa «Dios está con nosotros»). 15,16Para cuando este niño sea destetado y pueda distinguir entre el bien y el mal, los dos reyes a quienes tanto temes —los reyes de Israel y Siria— habrán muerto.

17«Pero más adelante el SEÑOR mandará terrible maldición sobre ti, tu nación y tu familia. Habrá tanto terror como nunca se vio desde la división del imperio de Salomón en los reinos de Israel y Judá. ¡El poderoso rey de Asiria vendrá con su gran ejército!» 18En aquel tiempo el SEÑOR silbará llamando al ejército del Alto Egipto y al de Asiria, para que cual moscas desciendan sobre ti y te des-

† **7.14—Ma 1.23**

truyan como si fueran abejas de aguijón mortal. 19Acudirán en hordas inmensas que se esparcirán por todo el país, hasta los valles desolados, las cuevas y los espinales, así como hacia toda la tierra fértil. 20En aquel día el SEÑOR tomará esta «navaja», estos mercenarios asirios que contrataste para salvarte, y la usará para rasurarte de cuanto posees: tu tierra, tus cosechas y tu pueblo.

21,22Cuando finalmente dejen de saquear, toda la nación será sólo un pastizal. Y afortunado será el granjero a quien al menos le quede una vaca y dos ovejas. Pero los abundantes pastos producirán mucha leche y todos los que queden se alimentarán de leche cuajada y miel silvestre. 23En aquel tiempo los lozanos viñedos se convertirán en zarzales. 24Toda la tierra será un vasto espinar, coto de caza donde abunden los animales salvajes. 25Nadie irá a las fértiles laderas donde antes había huertos, pues estarán cubiertas de espinos. Vacas, ovejas y cabras pastarán allí.

Asiria, el instrumento del SEÑOR

8 El SEÑOR volvió a darme un mensaje: Hazte un gran letrero y anuncia en él el nacimiento del hijo que voy a darte. ¡Escríbelo con mayúsculas! Su nombre será Maher Salal Jasbaz (que significa pronto serán destruidos sus enemigos).

2Les pedí a Urías, el sacerdote y a Zacarías, hijo de Jeberequías, ambos de notoria honradez, que me vigilaran mientras yo escribía para que dieran testimonio que yo lo había escrito (antes de que el niño fuera siquiera concebido). 3Entonces tuve relaciones sexuales con mi esposa y ella concibió y me dio un hijo, y el SEÑOR dijo:

«Ponle por nombre Maher Salal Jasbaz. 4Ese nombre profetiza que dentro de un par de años, antes que ese niño tenga edad para decir papá o mamá, el rey de Asiria invadirá a Damasco y a Samaria, y se llevará todas sus riquezas».

5Luego el SEÑOR volvió a hablarme y dijo:

6«Puesto que el pueblo de Jerusalén piensa rechazar mi tierna solicitud y sus habitantes están ansiosos de pedirles a los reyes Rezín y Pecaj que acudan en su auxilio, 7,8yo abrumaré a mi pueblo con la impetuosa corriente del Éufrates; el rey de Asiria con todos sus poderosos ejércitos se abalanzará contra ellos. ¡Esta inundación llenará todos sus canales y barrerá toda la tierra de Judá, oh Emanuel, llenándola de cabo a cabo».

9,10Por mucho que hagan Siria e Israel, enemigos nuestros, no triunfarán; serán despedazados. Escúchenme ustedes, todos nuestros enemigos: Alístense para hacernos la guerra, y perecerán. ¡Sí, perecerán! Reúnan sus consejos de guerra, desarrollen su estrategia, preparen planes de ataque contra nosotros, ¡y perezcan! porque Dios está con nosotros.

Hay que temer a Dios

11El SEÑOR Dios lo ha declarado del modo más firme: Bajo ninguna circunstancia sigan a Judá en sus planes de rendirse a Siria e Israel. 12Que nadie los llame traidores por su lealtad al Dios verdadero. No se llenen de pánico como tantos de sus vecinos cuando piensan en el ataque de Siria e Israel contra ustedes. 13¡No teman nada sino al SEÑOR Todopoderoso! Si a él le temen, no tienen por qué temerle a nada más. 14,15Él será su seguridad. Pero Israel y Judá han rechazado su protección y por tanto tropezaron contra la Roca de su salvación y yacen aplastados por ella. ¡La presencia de Dios entre ellos los ha puesto en peligro!

16Escribe todo lo que voy a hacer, dice el SEÑOR, y séllalo para el futuro. Encárgalo a algún hombre justo para que lo haga llegar a los justos de las generaciones futuras.

17Aunque el SEÑOR esté ahora oculto, voy a esperar a que nos ayude. En él reposa mi única esperanza. 18Yo y los hijos que Dios me ha dado tenemos nombres simbólicos que revelan los planes del SEÑOR Todopoderoso para su pueblo: Isaías significa «El SEÑOR salvará (a su pueblo)»; Sear Yasub significa «Un remanente volverá»; y Maher Salal Jasbaz significa «Tus enemigos serán pronto aniquilados». 19¿Por qué, pues, procuran averiguar el futuro consultando a brujas y médium? No escuchen sus bisbiseos y murmullos. ¿Podrán los vivos obtener de los muertos la revelación del futuro? ¿Por qué no se lo preguntan a su Dios?

20¡Contrasta las palabras de estas brujas con la palabra de Dios!, dice él. Si sus mensajes difieren de los míos, es que no proceden de mí, porque no hay en ellas luz de verdad. 21Mi pueblo será llevado cautivo, claudicante, fatigado y hambriento. Y llevados del hambre, en su desvarío sacudirán el puño contra el cielo y maldecirán a su rey y a su Dios. 22Adondequiera que vuelvan la mirada hallarán tribulación, angustia y negra desesperación. Y serán lanzados a las tinieblas.

Nos ha nacido un niño

9 Pero ese tiempo de tinieblas y desesperación no será eterno. Aunque pronto la tierra de Zabulón y Neftalí caigan bajo el menosprecio y el castigo de Dios, en lo futuro estas mismas tierras, Galilea y Transjordania del norte, donde están los caminos que llevan al mar, se verán llenas de gloria. 2El pueblo que anda en tinieblas verá una gran luz, una luz que iluminará a todos los que moran en la tierra de amenaza de muerte. 3Porque Israel volverá a

8.19–20 9.1–2—Ma 4.15–16 9.3–4

ser grande, lleno de gozo como los segadores en el tiempo de la mies y como los hombres que se reparten el botín capturado. 4Porque Dios quebrantará las cadenas que oprimen a su pueblo y el látigo que los azota, tal como destruyó la gran hueste de los madianitas valiéndose del pequeño grupo de Gedeón. 5En aquel glorioso día de paz ya no se fabricará armamento, no habrá más uniformes de guerra manchados de sangre. Todo eso será quemado.

† 6Porque nos ha nacido un niño, se nos ha dado un hijo y él tendrá el gobierno sobre su hombro. Estos serán sus títulos de realeza: «Admirable», «Consejero», «Dios poderoso», «Padre eterno», «Príncipe de paz». 7Su siempre creciente y pacífico reinado no acabará jamás. Gobernará con perfecta equidad y justicia desde el trono de David su padre. Traerá verdadera justicia y paz a todas las naciones del mundo. Esto ocurrirá porque el Dios Todopoderoso se ha empeñado en realizarlo.

El enojo del Señor contra Israel

8-10El Señor ha hablado contra el jactancioso Israel que dice que si bien nuestra tierra yace ahora en ruinas, la reconstruiremos mejor que antes. ¡Han talado los sicómoros, pero los repondremos con cedros!, dicen. 11,12La respuesta del Señor a su jactancia es traer a sus enemigos contra él: los sirios al este y los filisteos al oeste. Con sus fauces devorarán a Israel y aun así la ira del Señor contra ustedes no estará satisfecha; todavía tiene cerrado el puño para aplastarlos. 13Pero a pesar de todo este castigo no se arrepentirán ni se volverán a él, al Señor Todopoderoso. 14,15Por lo tanto el Señor, en un solo día, destruirá a los jefes de Israel y a los profetas mentirosos. 16Los caudillos han llevado a su pueblo cuesta abajo hacia la ruina.

17Por eso el Señor no se complace en sus mancebos, y no se apiada siquiera de las viudas ni de los huérfanos, pues todos son malvados, mentirosos de inmunda boca. Por eso es que aún no está satisfecha su ira y su puño está aún listo para aplastarlos a todos. 18Él quemará toda esta maldad, estos espinos y zarzas. Y las llamas consumirán también los bosques y de sus incendios subirá una gran columna de humo. 19,20La tierra está ensombrecida por las nubes negras provocadas por tal incendio, por la ira del Señor Todopoderoso. Pasto de las llamas es el pueblo. Cada cual lucha contra su hermano para robarle el alimento, pero nunca tendrá suficiente. ¡Finalmente, llegarán hasta comerse a sus propios hijos! 21Manasés contra Efraín, Efraín contra Manasés, y ambos contra Judá. Pero ni aun después de todo esto se satisface la ira de Dios. Aún pende sobre ellos su mano para aplastarlos.

10 ¡Ay de los jueces prevaricadores y de los que promulgan leyes injustas!, dice el Señor, 2de modo que no haya justicia para los pobres, las viudas y los huérfanos. Sí, es cierto que hasta roban a las viudas y a los niños sin padre.

3¡Ay! ¿Qué harán cuando yo los visite en el día en que de lejanas tierras haga caer sobre ustedes la desolación? ¿A quién se volverán entonces en busca de socorro? ¿En dónde pondrán a salvo sus tesoros? 4Yo no los ayudaré, tropezarán como prisioneros y yacerán entre los muertos. Y aún así no estará satisfecha mi ira, sino que aún tendré el puño listo para golpearlos.

Juicio de Dios sobre Asiria

5,6Asiria es el látigo de mi ira, su fuerza militar es el arma que empleo contra esta nación impía, sentenciada y condenada. Ella los esclavizará, los saqueará y pisoteará como tierra bajo sus pies. 7Pero el rey de Asiria no sabrá que fui yo quien lo envió. Pensará solamente que ataca a mi pueblo como parte de su plan de dominio mundial. 8Dirá que pronto cada uno de sus príncipes será rey de un país conquistado.

9«Destruiremos a Calnó así como destruimos a Carquemis», dirá, «y Jamat caerá ante nosotros como cayó Arfad; y destruiremos a Samaria como destruimos a Damasco. 10Sí, hemos aniquilado muchos reinos cuyos ídolos eran mucho más grandes que los de Jerusalén y Samaria. 11Así que cuando hayamos derrotado a Samaria y sus ídolos, destruiremos a Jerusalén y los suyos».

12Luego que el Señor se haya valido del rey de Asiria para realizar sus fines, se enfrentará con los asirios y los castigará también, porque son hombres orgullosos y altivos. 13Se vanaglorian diciendo: Por nuestra propia fuerza y sabiduría hemos ganado esas guerras. Somos grandes y sabios. Por nuestra propia fuerza derribamos las murallas y destruimos a los pueblos, y nos llevamos sus tesoros. 14Por nuestra propia grandeza hemos saqueado sus nidos de riquezas y hemos reunido reyes como los granjeros recogen huevos, y nadie puede mover un dedo ni abrir la boca contra nosotros.

15Pero el Señor dice:

«¿Pretenderá el hacha tener más poder que el hombre que la maneja? ¿Será la sierra más importante que el serrador? ¿Podrá la vara golpear a menos que la mano la mueva? ¿Podrá el bordón caminar por sí solo?»

16¡Por esa su perversa jactancia, oh rey de Asiria, el Señor Todopoderoso enviará una plaga entre tus orgullosas tropas, y las herirá! 17Dios, la

† 9.6–7—Jo 7.42

Luz y el Santo de Israel, será el fuego y la llama
que las destruirá. En una sola noche quemará
esos espinos y zarzas, los asirios que destruyeron
la tierra de Israel. 18El enorme ejército de Asiria
es como un bosque imponente, pero será destruido. El Señor los destruirá en cuerpo y alma,
como cuando el enfermo se consume. 19De aquel
magno ejército sólo unos cuantos quedarán, tan
pocos que un niño podrá contarlos.

El remanente de Israel

20Y finalmente, los que hayan quedado en
Israel y Judá confiarán en el Señor, el Santo de
Israel, en vez de temer a los asirios. 21Un remanente de ellos retornará al Dios poderoso. 22Pero
aunque Israel sea ahora tan numeroso como las
arenas de la playa, sólo unos pocos quedarán
para regresar en aquel día. Con toda justicia ha
resuelto Dios destruir a su pueblo. 23Ya el Señor
Dios Todopoderoso, el dueño de ustedes, ha decidido consumirlos. 24Por lo tanto, el Señor Dios
Todopoderoso dice:

«¡Oh pueblo mío de Jerusalén, no temas a los
asirios cuando te opriman como hace mucho
hicieron los egipcios! 25No será por mucho tiempo; dentro de poco cesará mi ira contra ti y se
encenderá contra ellos para destruirlos».

26El Señor Todopoderoso enviará su ángel para
acabar con ellos en una gran matanza como
cuando Gedeón venció a Madián en la roca de
Oreb, o como cuando Dios ahogó a los ejércitos
egipcios en el mar. 27En aquel día pondrá Dios
fin a la esclavitud de su pueblo, les quitará de
la cerviz el yugo de esclavitud y destruirá a los
enemigos como está decretado.

28,29¡Miren! ¡Ya vienen los poderosos ejércitos de
Asiria! Ya están en Ayat, ahora llegan a Migrón,
ya acumulan parte de sus tropas en Micmás y
franquean el paso, van a pasar la noche en Gueba. El miedo se apodera de Ramá: todo el pueblo
de Guibeá, la ciudad de Saúl, huye para salvarse.
30¡Bien pueden gritar aterrorizados, oh pueblo
de Galín! Griten avisándole a Lais, pues se acerca
el poderoso ejército. ¡Pobre Anatot, qué destino te
espera! 31Anda de huida el pueblo de Madmena, y
los habitantes de Guebín se preparan para escapar, 32pero el enemigo se detiene a pasar en Nob
el resto del día. Amenaza con el puño a Jerusalén
que está en el monte Sión.

33De pronto, ¡miren, miren! El Señor, el Señor
Todopoderoso viene derribando los regios árboles. Está acabando con todo aquel vasto ejército,
con grandes y pequeños por igual, oficiales y
reclutas. 34Él, el Poderoso, truncará al enemigo
como el hacha del leñador corta los árboles del
bosque en el Líbano.

El retoño de Isaí

11 † La descendencia real de David será
interrumpida, cortada como se hace
con un árbol, pero del tronco surgirá un
renuevo, una nueva rama de la antigua raíz.
† 2Y sobre él reposará el Espíritu del Señor, el
Espíritu de sabiduría, entendimiento, consejo y
poder; el Espíritu de conocimiento y reverencia
por el Señor. 3Su delicia será obedecer al Señor.
No los juzgará por las apariencias, por falsas
pruebas o por chismes, 4sino que defenderá a los
pobres y explotados. Regirá contra los malvados
que los oprimen. 5Porque estará revestido de
equidad y verdad.

6En ese tiempo el lobo y el cordero se echarán
juntos, y el leopardo y las cabras estarán en paz.
Los becerros y el ganado engordado estarán a
salvo entre los leones, y un niñito los pastoreará
a todos. 7Las vacas pacerán entre los osos; los
cachorros y los terneros se echarán juntos y los
leones comerán hierba como hacen las vacas.
8Los pequeñitos andarán seguros gateando entre
las serpientes venenosas, y el niñito que meta la
mano en un nido de víboras no sufrirá ningún
daño. 9Nada habrá perjudicial ni destructivo en
todo mi monte sagrado, pues así como las aguas
llenan el mar, de igual modo la tierra estará llena
del conocimiento del Señor.

10En aquel día, el que creó la dinastía real de
David será estandarte de salvación para todo el
mundo. Las naciones acudirán a él, pues el sitio
en donde viva será un lugar glorioso. 11En aquel
tiempo el Señor hará volver por segunda vez a
los pocos que permanecieron fieles de entre su
pueblo, trayéndolos a Israel desde Asiria, el Alto
y el Bajo Egipto, Etiopía, Elam, Babilonia, Jamat
y todas las lejanas tierras costeras. 12Alzará una
bandera entre las naciones como señal para que
éstas se congreguen. De todos los confines de la
tierra recogerá a los israelitas dispersos. 13Y finalmente acabarán los celos entre Israel y Judá, no
pelearán más entre sí, 14sino que juntos se lanzarán contra las naciones asentadas en su tierra al
oriente y al occidente, uniendo sus fuerzas para
derrotarlas y ocuparán las naciones de Edom,
Moab y Amón.

15El Señor les abrirá paso por entre el Mar Rojo,
y alzando su mano sobre el Éufrates mandará un
fuerte viento que lo dividirá en siete partes que
puedan cruzarse fácilmente. 16Construirá el Señor
una calzada desde Asiria para el pequeño grupo
de fieles que allá mora, tal como antiguamente
lo hizo para todo Israel cuando éste retornó de
Egipto.

† 11.1—Jo 1.45 † 11.2—Lc 4.18

Canciones de alabanza

12 En aquel día dirán:
—¡Alaben al SEÑOR! Estuvo airado conmigo, pero ahora me consuela. 2¡Miren! ¡Dios ha acudido a salvarme! Estaré confiado y no temeré, porque el SEÑOR es mi fuerza y mi canción, ¡él es mi salvación! 3¡Oh, qué gozo es beber hasta saciarse de la fuente de salvación!

4En aquel admirable día dirán:
—¡Den gracias al SEÑOR! ¡Alaben su nombre! Cuéntenle al mundo de su maravilloso amor. ¡Cuán poderoso es! 5¡Cántenle al SEÑOR, pues ha realizado maravillas! Den a conocer su alabanza en la redondez del mundo. 6Cante jubiloso su canto de reconocimiento todo el pueblo de Jerusalén. Porque grande y poderoso es el Santo de Israel, que mora entre ustedes.

Profecía contra Babilonia

13 Ésta es la visión que Dios le mostró a Isaías, hijo de Amoz, respecto a la caída de Babilonia.

2Vean cómo ondean las banderas mientras sus enemigos la atacan. ¡Grítenles, oh Israel, y háganles señas cuando marchan contra Babilonia a destruir los palacios de los ricos y poderosos! 3Yo, el SEÑOR, he apartado estos ejércitos para la tarea; he llamado a los que se gozan en su fuerza para que hagan esta obra, para satisfacer mi ira. 4Escuchen el tumulto en los montes. ¡Escuchen a los ejércitos en marcha! Es el tumulto y el clamor de muchas naciones. El SEÑOR Todopoderoso los ha congregado aquí, 5desde lejanos países. Son las armas que emplea contra ti, oh Babilonia. Son portadores de su ira y destruirán toda tu tierra.

6Griten aterrorizados, porque ha llegado el día del SEÑOR, el tiempo en que el Todopoderoso los aplastará. 7Tienen los brazos paralizados de miedo; hasta los más recios corazones se derriten 8y están llenos de miedo. El terror los atenaza con terribles dolores como los de la mujer a punto de dar a luz. Se miran unos a otros, indefensos, mientras las llamas de la ciudad incendiada se reflejan en sus pálidos rostros.

9Pues vean, viene el día del SEÑOR, el terrible día cuando dará rienda libre a su cólera y gran ira. Entonces será destruido el país y con él todos los pecadores. 10El cielo se oscurecerá sobre ellos. No darán su luz las estrellas, ni el sol ni la luna.

11Y yo castigaré al mundo por su maldad, a los inicuos por su pecado. Yo aplastaré la arrogancia de los orgullosos y la altivez de los ricos. 12Pocos quedarán con vida cuando yo acabe mi obra destructora. Escasearán los hombres como escasea el oro; valdrán más que el oro de Ofir. 13En mi ira y furor sacudiré los cielos y entonces la tierra se saldrá de su órbita en los cielos.

14Los ejércitos de Babilonia correrán hasta agotarse, huyendo hacia su país como si fueran venados perseguidos por los perros, como ovejas errantes abandonadas de su pastor. 15Los que no huyan caerán en la matanza. 16Sus pequeños serán estrellados contra el pavimento ante sus propios ojos; sus casas serán saqueadas, y violadas sus esposas por las hordas invasoras. 17Porque yo incitaré a los medos contra Babilonia, y no habrá plata ni oro suficientes para aplacarlos. 18El ejército atacante no se apiadará de los jóvenes de Babilonia, ni de sus infantes o niños de pecho.

19Y así Babilonia, el más glorioso de los reinos, flor y nata de la cultura caldea, será completamente arrasada como lo fueron Sodoma y Gomorra cuando Dios les envió fuego del cielo; 20jamás volverá a surgir Babilonia. Generaciones vendrán y pasarán pero su tierra no volverá a ser habitada ni los nómadas volverán a acampar en ella. Los pastores jamás pernoctarán allí con sus ovejas. 21Las fieras del desierto tendrán allí su morada y por sus casas andarán bestias ululantes. Las habitarán los avestruces, y los demonios tendrán allí sus danzas. 22Hienas y chacales tendrán su guarida en sus palacios. Contados están los días de Babilonia, pronto será el día de su caída.

14 Pero el SEÑOR tendrá misericordia de los israelitas, pues todavía son especial posesión suya. Los llevará de regreso para poblar nuevamente la tierra de Israel. Y muchas naciones vendrán y se unirán a ellos allí y serán sus leales aliados. 2Las naciones del mundo les ayudarán a regresar, y los que lleguen a vivir en su tierra les servirán. Los que esclavicen a Israel serán esclavizados. ¡Israel gobernará a sus enemigos!

3En el día maravilloso en que el SEÑOR dé a su pueblo reposo de la pena y el temor, de la esclavitud y las cadenas, 4ustedes se mofarán del rey de Babilonia y dirán: «¡Grandísimo matón, por fin te llegó tu día, 5porque el SEÑOR ha aplastado tu impío poder y ha quebrantado tu perverso gobierno!». 6Tú perseguiste a mi pueblo con incesantes golpes rabiosos y tuviste a las naciones entre tus crueles garras. La tuya fue una tiranía desenfrenada. 7¡Mas por fin toda la tierra está en reposo y tranquilidad! Todo el mundo comienza a cantar. 8Hasta los árboles de los bosques —los pinos y cedros del Líbano— entonan este cántico jubiloso: «Quebrantado está tu poder, nadie más nos inquietará; por fin tenemos paz».

9Los moradores del infierno se apiñan para recibirte cuando entras en su dominio. Caudillos de todo el mundo y los más poderosos reyes, muertos hace mucho, están allí para ver-

12.2–3

te. 10Exclaman a una voz: «¡Ahora eres tan débil como nosotros!» 11Se esfumaron tu grandeza y poder; contigo quedan enterrados. Cesó toda dulce música en tu palacio; ahora tu sábana son larvas y tu frazada, gusanos.

12¡Cómo caíste del cielo, oh Lucifer, hijo de la aurora! ¡Cómo has sido derribado en tierra, tú que fuiste tan poderoso luchando contra las naciones del mundo! 13Porque te extasiabas pensando: «Subiré al cielo y gobernaré a los ángeles. 14Treparé hasta lo más elevado del cielo y seré como el Altísimo». 15Pero en vez de ello, serás hundido en lo más profundo del abismo infernal. 16Allá todos te mirarán con asombro y preguntarán: «¿Será éste aquel que hacía temblar la tierra y los reinos del mundo? 17¿Será éste aquel que destruía el mundo, convirtiéndolo en un degolladero, demoliendo sus grandes ciudades sin tener misericordia de sus prisioneros?»

18En regia gloria reposan en sus tumbas los reyes de las naciones, 19pero tu cuerpo está tirado como si fuera rama desgajada; yace en un sepulcro abierto, cubierto por los cadáveres de los muertos en batalla; yace como carroña en el camino, pisoteado y deshecho por los cascos de los caballos. 20Para ti no habrá monumento, porque has destruido a tu nación y has asesinado a tu pueblo. Tu hijo no te sucederá en el trono. 21Maten a los hijos de este pecador. No dejen que se levanten a conquistar la tierra ni a reconstruir las ciudades del mundo.

22Yo mismo me he alzado contra él, dice el Señor Todopoderoso, y troncharé a sus hijos y a los hijos de sus hijos para que jamás se sienten en su trono. 23Convertiré a Babilonia en páramo para los puercoespines, lleno de pantanos y ciénagas. Barreré el país con escoba de destrucción, dice el Señor Todopoderoso.

Profecía contra Asiria

24Dios ha jurado hacerlo, diciendo: Tal es mi propósito y mi plan. 25He resuelto quebrantar el ejército asirio cuando esté en Israel, y aplastarlo en mis montes. Mi pueblo no será más esclavo suyo. 26Este es mi plan para toda la tierra; lo realizaré por mi gran poder que alcanza toda la redondez del mundo. 27El Señor, el Dios de la batalla, ha hablado; ¿quién podrá cambiar sus planes? Cuando su mano se mueve, ¿quién puede detenerlo?

Profecía contra los filisteos

28Esta es la comunicación que recibí el año que murió el rey Acaz:

29No se regocijen, filisteos, de que haya muerto el rey que los hería. Cierto que esa vara está quebrada, pero su hijo será para ustedes peor azote de lo que fue su padre. De la serpiente nacerá una víbora, una víbora de fuego que los destruirá. 30Yo pastorearé a los pobres de mi pueblo; ellos pacerán en mis pastos. En paz se acostarán los menesterosos. Pero a ti, a ti te raeré mediante el hambre y la espada. 31Lloren, ciudades filisteas, condenadas están. Condenada está toda su nación, porque un ejército perfectamente entrenado baja desde el norte contra ti. 32¿Y qué les diremos a los cronistas? Díganles que el Señor fundó a Jerusalén y él ha resuelto que los pobres de entre su pueblo hallen refugio dentro de sus muros.

Profecía contra Moab

15 Este es el mensaje de Dios para Moab: En una sola noche serán destruidas Ar y Quir, ciudades suyas. 2Tu pueblo en Dibón irá doliente a sus templos para llorar por el destino de Nebo y Medeba. En señal de duelo se rasurarán la cabeza y se cortarán la barba. 3Irán por las calles vestidos de saco penitencial, y en todo hogar se oirá su llanto. 4Los gritos de las ciudades de Hesbón y Elalé llegan lejos, hasta Yahaza. Los más valientes guerreros de Moab lloran completamente aterrorizados.

5¡Mi corazón llora por Moab! Sus habitantes huyen a Zoar y a Eglat Selisiyá. Llorando suben la cuesta de Luhit, y su llanto se oye por todo el camino de Joronayin. 6¡Hasta el río Nimrín está desolado! Secas están sus hermosas riberas y ya no hay tiernas plantas. 7Los desesperados fugitivos toman sólo aquellos bienes que pueden llevar en la mano y huyen a través del arroyo de los Sauces. 8De un extremo al otro, toda Moab es tierra de llanto. 9La corriente cercana a Dibón se volverá roja de sangre, ¡pero aún no he terminado con Dibón! Presa de leones serán los sobrevivientes: los que huyan y los que se queden.

16 Los refugiados de Moab que están en Selá envían corderos como oferta de alianza hacia el rey de Judá. 2Las mujeres de Moab son dejadas en los bajos del río Arnón, como aves sin nido. 3Los embajadores que van con el regalo a Jerusalén suplican que se les dé consejo y auxilio:

—Dennos refugio, protéjannos, no nos entreguen a nuestros enemigos. 4,5Dejen que nuestros desterrados moren entre ustedes, ocúltenlos de nuestros enemigos. Dios los recompensará por su bondad para con nosotros. Si dejan que los fugitivos de Moab se establezcan entre ustedes, una vez pasado el terror, Dios establecerá el trono de David para siempre, y en ese trono pondrá a un rey justo e íntegro.

6¿Es éste el altivo Moab de quien tanto hemos oído? ¡Su arrogancia e insolencia ahora se han esfumado! 7Por eso llora toda Moab. Sí, Moab llorará por la abatida Quir Jaréset 8y por las abandonadas haciendas de Hesbón y los viñedos de Sibma. Los caudillos enemigos talaron las mejores vides; sus tropas llegaron hasta Jazer en el desierto y aun hasta el mar. 9Así que lloro y me lamento por Jazer y por los viñedos de Sibma. Correrá mi llanto por Hesbón y Elalé, porque ha caído la destrucción sobre sus frutos de verano y sus mieses. 10Huyó la alegría, huyó el júbilo de la cosecha. Ya no se escuchará el canto alegre en los viñedos, nunca más exprimirán sus pies las uvas para el vino en los lagares. Yo puse fin a todos los goces de la cosecha.

11¡Ay, lloro, lloro, lloro por Moab, y grande será mi pena por Quir Jaréset! 12El pueblo de Moab clamará angustiado a sus ídolos en la cumbre de las colinas, pero de nada les valdrá; llamarán a sus dioses en los templos de sus ídolos, pero nadie acudirá en su auxilio. 13,14Todo esto respecto a Moab ha sido dicho antes, pero ahora el Señor dice que dentro de tres años, sin falta, la gloria de Moab terminará y que pocos de entre su pueblo quedarán vivos.

Profecía contra Damasco

17 Este es el mensaje de Dios para Damasco, capital de Siria:

¡Miren! ¡Damasco ha desaparecido! Ya no es ciudad; se ha convertido en un montón de ruinas. 2Las ciudades de Aroer están desiertas. En ellas pastan las ovejas, tranquilas y sin miedo, sin nadie que las espante. 3La fuerza de Israel y el poder de Damasco se acabarán, y el remanente de Siria será destruido. Porque como la gloria de Israel desapareció, también la de ellos se esfumará, declara el Señor Todopoderoso. 4Sí, la gloria de Israel será menguada cuando la pobreza invada el país. 5Israel quedará tan abandonada como los trigales cosechados del valle de Refayin. 6¡Ay, poquísimos de sus habitantes quedarán, así como unas cuantas aceitunas quedan olvidadas en el árbol cuando pasa la cosecha: dos o tres en las más altas ramas, cuatro o cinco en las puntas de las ramas más pequeñas! Así les ocurrirá a Damasco e Israel: serán despojados de sus habitantes y sólo quedarán a salvo unos cuantos pobres. 7Entonces por fin se acordarán de Dios su Creador y respetarán al Santo de Israel. 8En aquel día ya no pedirán ayuda a sus ídolos, ni adorarán a lo fabricado por sus manos. Ya no reverenciarán las imágenes de Aserá ni a las imágenes del sol.

9Sus mayores ciudades quedarán tan desoladas como las lejanas colinas montañosas y las alturas de los montes, y serán como las abandonadas ciudades de los amorreos, desiertas desde que los israelitas se acercaron a ellos hace tanto tiempo. 10¿Por qué? Porque se han apartado del Dios que puede salvarlos, la Roca que puede esconderlos. Por lo tanto, aunque hagan raros y valiosos cultivos, 11y aunque se den tan bien que florezcan la misma mañana en que se siembran, jamás cosecharán. Su única cosecha será una montaña de pena y de incurable dolor.

12¡Miren! ¡Vean los ejércitos que marchan atronadores contra la tierra de Dios! 13Pero aunque rujan como las olas que rompen en los arrecifes, Dios les impondrá silencio. Huirán esparcidos como paja al viento, como torbellino de polvo antes de la tormenta. 14Al anochecer Israel espera aterrorizado, pero al rayar el alba sus enemigos habrán muerto. Esta es la justa recompensa de quienes saquean y destruyen al pueblo de Dios.

Profecía contra Etiopía

18 ¡Ah, tierra que está más allá de las cabeceras del Nilo, donde los alados botes de vela se deslizan por el río! 2¡Tierra que en rápidas embarcaciones envía embajadores Nilo abajo, vuelvan a ti veloces mensajeros! ¡Oh vigorosa y ágil nación temida por doquier, nación conquistadora y destructora cuyo país está dividido por el Alto Nilo! Este es el mensaje para ti:

3Cuando se alce mi estandarte de batalla sobre el monte, ¡sépase notificado el mundo entero! Cuando suene la trompeta, ¡escuchen! 4Porque esto me ha dicho el Señor: «Que avance ahora tu poderoso ejército contra la tierra de Israel». Dios observará impasible desde su templo en Jerusalén, sereno como en placentero día estival o en hermosa mañana de otoño durante la siega. 5Pero antes que lancen el ataque y mientras estén madurando sus planes como uvas, él los cortará como con podadora. Podará los zarcillos que se extienden. 6Tu poderoso ejército quedará muerto en el campo para que lo devoren las aves del monte y las fieras salvajes. Los buitres andarán desgarrando cadáveres todo el verano y las fieras roerán huesos todo el invierno. 7Pero vendrá el tiempo en que aquella vigorosa y potente nación terror de todos, lejanos y cercanos, (aquella nación conquistadora y destructora, cuya tierra dividen los ríos), traerá ofrendas al Señor Todopoderoso en Jerusalén, donde él ha puesto su nombre.

Profecía contra Egipto

19 Este es el mensaje de Dios respecto a Egipto:

¡Miren! ¡Cabalgando en veloz nube el Señor viene contra Egipto! ¡Los ídolos de Egipto tiemblan, los corazones de los egipcios se derriten de miedo! 2Yo los pondré a pelear unos contra otros: hermano contra hermano, vecino contra vecino, ciudad contra ciudad, provincia contra provincia. 3Sus sabios consejeros ya no hallan qué hacer. Piden sabiduría a sus ídolos, consultan a médium, hechiceros y brujas para que los orienten.

4Yo entregaré a Egipto en manos de un amo duro y cruel, un rey despiadado, dice el verdadero amo de ustedes, el Señor Todopoderoso. 5Y las aguas del Nilo no subirán ni inundarán los campos. Las acequias quedarán resquebrajadas y secas, 6pestilentes sus canales por las cañas podridas, 7todo lo verde por las riberas del río se marchitará y el viento se lo llevará. Los cultivos se secarán, todo morirá. 8Llorarán los pescadores por falta de trabajo, ni los que pescan con anzuelo ni los que usan redes tendrán qué hacer. 9Los tejedores carecerán de lino y de algodón, pues las cosechas se perderán. 10Los hombres, grandes y pequeños, estarán abatidos y quebrantados.

11¡Qué necios consejeros tiene Zoán! El mejor de sus consejos para el rey de Egipto es completamente insensato y equivocado. ¿Continuarán vanagloriándose de su sabiduría? ¿Osarán hablarle al faraón de los muchos sabios que hay entre sus ascendientes? 12¿Qué fue de tus «sabios consejeros», faraón? ¿A dónde se les fue la sabiduría? Si son sabios, que te digan lo que el Señor le hará a Egipto. 13Los «sabios» de Zoán también son necios y los de Menfis absolutamente ilusos. Son los mejores que puedes hallar, pero han arruinado a Egipto con su necio consejo. 14El Señor les envió espíritu de necedad para que todo lo que sugieran sea equivocado. Hacen que Egipto se tambalee como un borracho enfermo. 15Nada ni nadie podrá salvar a Egipto, nadie puede mostrarle el camino.

16En aquel día los egipcios serán tan débiles como mujeres, temblando de miedo ante el puño alzado de Dios. 17La simple mención del nombre de Israel les infundirá terror en el corazón, porque el Señor Todopoderoso ha trazado sus planes contra ellos.

18En aquel tiempo, cinco de las ciudades de Egipto seguirán al Señor Todopoderoso y comenzarán a hablar el idioma hebreo. Una será Heliópolis (La Ciudad del Sol). 19Y habrá en aquellos días un altar al Señor en el corazón de Egipto, y un monumento al Señor en sus fronteras. 20Ésta será señal de lealtad al Señor Todopoderoso. Entonces, cuando clamen al Señor pidiendo ayuda contra quienes los oprimen, él les enviará un Salvador, y éste los librará.

21En aquel día el Señor se dará a conocer a los egipcios. Sí, ellos conocerán al Señor y le darán sus sacrificios y ofrendas, le harán promesas a Dios y las cumplirán. 22El Señor herirá a Egipto y luego lo restaurará, porque los egipcios se volverán al Señor y él escuchará la súplica de ellos y los sanará.

23En aquel día Egipto e Irak estarán unidos por una carretera y egipcios e iraquíes viajarán libremente entre uno y otro país, y adorarán al mismo Dios, 24e Israel será su aliado. Los tres estarán juntos e Israel será para ellos bendición. 25Porque el Señor bendecirá a Egipto y a Irak por causa de su amistad con Israel. Él dirá:

«Bendito sea Egipto, pueblo mío; bendito sea Irak, nación que yo hice; bendito sea Israel, heredad mía».

Profecía contra Egipto y Etiopía

20 El año que Sargón, rey de Asiria, envió al comandante en jefe de su ejército contra la ciudad filistea de Asdod y la tomó, 2el Señor ordenó a Isaías, hijo de Amoz, que se quitara la ropa, inclusive los zapatos, y anduviera desnudo y descalzo. E Isaías hizo como se le mandó. 3Entonces el Señor dijo: Mi siervo Isaías, que durante estos tres años ha andado desnudo y descalzo, es símbolo de la tremenda tribulación que traeré sobre Egipto y Etiopía. 4Porque el rey de Asiria se llevará cautivos a los egipcios y etíopes, obligándolos a andar desnudos y descalzos, tanto a jóvenes como a ancianos, con las nalgas al viento para vergüenza de Egipto. 5,6¡Y qué turbación la de los filisteos que confiaban en el «poder de Etiopía», y en su «glorioso aliado» Egipto! Y dirán: «Si esto le ocurre a Egipto, ¿qué será de nosotros?»

Profecía contra Babilonia

21 Este es el mensaje de Dios respecto a Babilonia:

Desde el desierto viene contra ustedes un desastre rugiente, como son los torbellinos arrasadores del sur. 2Veo una espantosa visión: ¡Oh, qué horrendo! Dios me dice lo que hará: ¡los veo saqueados y destruidos! Elamitas y medos participarán en el asedio. Babilonia caerá, y entonces llegará a su fin el gemido de todas las naciones que ella esclavizó. 3Tengo retortijones y dolor de estómago, siento agudas punzadas de horror, como de mujer que da a luz. Me desmayo al oír lo que Dios planea, estoy horrorizado, me ciega la angustia. 4Yo desvarío, el corazón me late impetuoso, soy presa de espantoso miedo. Todo reposo nocturno —¡qué agradable era!— ha desaparecido; estoy en mi lecho desierto y tembloroso.

5¡Miren! ¡Están preparando un gran banquete! Llenan de manjares las mesas, arman sus sillas para comer... ¡Vamos! ¡Pronto, tomen los escudos y alístense para el combate! ¡Los están atacando!

6,7Mientras tanto en mi visión el Señor me había dicho:

Coloca un vigía sobre la muralla de la ciudad para que grite lo que vea: Cuando vea pares de jinetes cabalgando en burros y camellos, dile: «¡Ya está!»

[8,9]Coloqué, pues, al vigía sobre la muralla y al fin él gritó:

—SEÑOR, día y noche he estado aquí en mi puesto; ahora por fin, ¡mire! ¡Allá vienen jinetes apareados!

Entonces oí una voz que clamaba:

—¡Cayó, cayó Babilonia, y todos los ídolos de Babilonia yacen despedazados por tierra!

[10]¡Oh pueblo mío, trillado y aventado, les he dicho cuanto el SEÑOR Todopoderoso, el Dios de Israel, ha dicho!

Profecía contra Edom

[11]Este es el mensaje de Dios para Edom:

Alguien de entre ustedes continuamente me llama: «Guarda, ¿qué de la noche? Guarda, ¿qué de la noche? ¿Cuánto tiempo falta?»

[12]El guarda responde: «El día de su juicio está amaneciendo. Vuélvanse a Dios para que yo pueda darles mejores noticias. Búsquenlo, y luego vuelvan a preguntar».

Profecía contra Arabia

[13]Este es el mensaje de Dios respecto a Arabia:

«¡Oh caravanas procedentes de Dedán, ustedes se ocultarán en los desiertos de Arabia! [14]Pueblo de Temá: Traigan comida y agua para estos cansados fugitivos. [15]Vienen huyendo de las espadas desnudas, las agudas flechas y los terrores de la guerra. [16]Mas pasará un largo año a partir de ahora, dice el SEÑOR, y el gran poder del enemigo de ellos, la poderosa tribu de Cedar, acabará. [17]Sólo unos cuantos de sus aguerridos arqueros sobrevivirán».

El SEÑOR, el Dios de Israel, ha hablado.

Profecía contra Jerusalén

22 Este es el mensaje de Dios respecto a Jerusalén:

¿Qué sucede? ¿A dónde van todos? ¿Por qué corren a las azoteas? ¿Qué miran? [2]Hay gran conmoción en la ciudad. ¿Qué le ocurre a esta activa y alegre ciudad? ¡Cadáveres! ¡Cadáveres por doquier, muertos por la plaga y no por la espada! [3]Todos tus caudillos huyen; se rinden sin pelear. La gente se escabulle, pero también ella es capturada. [4]Déjenme llorar, no traten de consolarme, déjenme llorar por mi pueblo al ver cómo lo destruyen. [5]¡Ay, qué día de angustiosa tribulación! ¡Qué día de confusión y terror ha enviado el SEÑOR Dios Todopoderoso! Derruidos están los muros de Jerusalén, y las laderas de los montes hacen eco al grito de muerte. [6,7]Elamitas son los arqueros, sirios conducen los carros, los hombres de Quir sostienen los escudos. Estos enemigos llenan los más hermosos valles de Jerusalén y se apiñan contra sus puertas.

[8]Dios ha retirado su solícita protección. Corren al arsenal en busca de armas. [9-11]Inspeccionan los muros de Jerusalén para ver qué hay que reparar. Ven las casas y tiran algunas para conseguir piedras para reparar los muros. En el interior de la ciudad construyen un depósito de reserva con agua del estanque de abajo. Pero de nada valdrán sus presurosos planes pues no han pedido la ayuda de Dios, el cual hizo que les sobreviniera este desastre. Fue él quien lo planeó desde hace mucho. [12]El SEÑOR Dios Todopoderoso los llamó a arrepentirse, a llorar, lamentar y rasurarse la cabeza dolidos por sus pecados, y a vestirse de saco penitencial para mostrar arrepentimiento. [13]Pero en vez de ello, cantan, danzan y juegan, comen y beben.

«Comamos, bebamos y alegrémonos, dicen, ¡qué más da, si mañana moriremos!»

[14]El SEÑOR Dios Todopoderoso me ha revelado que este pecado no se les perdonará hasta el día de su muerte. [15,16]Además, el mismo SEÑOR Dios Todopoderoso me ha dicho esto: Ve y dile a Sebna, el administrador del palacio: «¿Quién te imaginas que eres, tú que edificas para ti este hermoso sepulcro en la roca? [17]Porque el SEÑOR que te permitió vestirte con tal magnificencia, te arrojará y te enviará en cautiverio. ¡Oh gran hombre, [18]el SEÑOR te hará un bodoque en su mano y te lanzará a tierra lejana y estéril! ¡Allá morirás, tú que te crees varón glorioso, tú que deshonras a tu nación!

[19]Sí, te echaré de tu puesto, dice el SEÑOR, y te derribaré de tu elevada posición. [20]Y llamaré luego a mi siervo Eliaquín, hijo de Jilquías, para sustituirte. [21]Él tendrá tu uniforme, título y jurisdicción, y será un padre para el pueblo de Jerusalén y para todo Judá. [22]Le daré autoridad sobre todo mi pueblo. Lo que diga él se hará, nadie podrá detenerlo. [23,24]Lo convertiré en fuerte y firme percha que sostenga a mi pueblo. Sobre él echarán carga. Él llevará con toda honra su nombre. [25]Pero aquella otra percha que parece estar tan firme en la pared, el SEÑOR la arrancará. Saldrá y caerá en tierra, y cuanto ella sostenga la acompañará en la caída, porque el SEÑOR ha hablado.

Profecía contra Tiro

23 Este es el mensaje de Dios para Tiro:

¡Lloren, naves de Tarsis que regresan de tierras lejanas! ¡Lloren por su puerto, porque ha desaparecido! Los rumores que oyeron en Chipre eran verdaderos. [2,3]Sólo el silencio de muerte reina por todas partes. Hay silencio en donde antes existía su agitado puerto, cuando estaba lleno de naves de Sidón que traían mercancías del otro lado del océano, desde Egipto y de las orillas del Nilo. Tú eras el emporio del mundo.

4Avergüénzate, Sidón, fortaleza del mar, porque has quedado sin hijos. 5Cuando Egipto se entere, tendrá gran dolor. 6Huyan llorando a Tarsis, hombres de Tiro. 7Esta silenciosa ruina es lo que queda de la que un día fue su fecunda tierra. ¡Qué grande fue tu historia! ¡Pensar en todos los colonos que enviaste a tierras lejanas!

8¿Quién ha acarreado este desastre a Tiro, la que edificó imperios y fue reina de los mercaderes del mundo? 9¡El SEÑOR Todopoderoso lo ha hecho para abatir tu orgullo y para mostrar su desprecio por toda arrogante grandeza humana! 10¡A la mar, a la mar, naves de Tarsis, que ya no tienen puerto! 11El SEÑOR extiende su mano sobre los mares, hace temblar los reinos de la tierra. El SEÑOR ha hablado contra esta gran ciudad mercantil, para destruir su arrogante fortaleza.

12Él dice: Nunca más te regocijarás ni tendrás vigor. ¡Oh deshonrada virgen hija de Sidón, aunque huyas a Chipre no hallarás reposo!

13Tiro será echada a las fieras por los babilonios, no por los asirios. Aquellos la asediarán, arrasarán sus palacios y la convertirán en montón de ruinas. 14¡Aúllen, naves que surcan los océanos, porque destruido está el puerto que las acogía!

15,16Setenta años yacerá Tiro en el olvido. Luego en los días de otro rey, la ciudad resucitará. Entonará dulces cantos como la ramera que después de largo tiempo ausente de sus amantes, vuelve a recorrer las calles en su busca y ellos la recuerdan. 17Sí, después de setenta años el SEÑOR revivirá a Tiro, pero ésta no habrá cambiado; volverá a sus antiguas maldades en todo el mundo. 18Sin embargo ¡día lejano vendrá en que sus negocios rendirán fruto para el SEÑOR! No estarán atesorados, sino que entonces se emplearán para obtener buen alimento y fina ropa para los sacerdotes del SEÑOR.

Juicio universal

24 ¡Miren! ¡El SEÑOR está arrasando la tierra de Judá y la está convirtiendo en vasto campo desolado y destruido! Miren cómo saca a su pueblo de sus territorios y lo esparce por la tierra. 2Sacerdotes y pueblo, siervos y señores, esclavas y amas, compradores y vendedores, prestamistas y los que toman prestado, banqueros y deudores: ¡nadie escapará! 3La tierra será totalmente vaciada y saqueada. El SEÑOR ha hablado.

4,5La tierra sufre por los pecados de su pueblo. La tierra languidece, los cultivos se marchitan, los cielos niegan la lluvia. El país está corrompido por el crimen; el pueblo ha torcido las leyes de Dios y ha quebrantado sus mandamientos eternos. 6Por lo tanto sobre ellos cae la maldición de Dios: quedan aislados, destruidos por la sequía, pocos quedarán con vida.

7Todos los goces de la vida huirán, la vendimia fracasará, no habrá vino, los festejadores suspirarán y llorarán. 8No se escucharán más las melodiosas cuerdas del arpa ni la pandereta, se acabaron los días dichosos. 9Ya no existen los gozos del vino y el canto, el licor se torna amargura en la boca.

10La ciudad es un caos. Casas y tiendas están fuertemente atrancadas, como defensa contra el saqueo. 11Se forman turbamultas que recorren las calles pidiendo vino. Se acabó el gozo, la alegría ha sido expulsada de la tierra. 12La ciudad quedó en ruinas, sus puertas están derribadas. 13Por todo el país sucede lo mismo; sólo queda un remanente.

14Pero todos los que queden gritarán y cantarán de gozo: los del occidente alabarán la majestad de Dios 15,16y los del oriente les responderán con alabanzas. Escúchenlos cantarle al SEÑOR desde los puntos más alejados de la tierra, cantando la gloria del Justo.

Pero yo tengo el corazón abrumado de dolor, porque aún prevalecen por todas partes la maldad y la traición. 17El terror y cautiverio del infierno son aún su experiencia cotidiana, hombres del mundo. 18Cuando huyan despavoridos caerán en un hoyo, y si de él escapan, darán en una trampa, porque es del cielo que viene sobre ustedes la destrucción. El mundo tiembla bajo sus pies. 19La tierra se ha derrumbado en completa ruina. Todo está perdido, abandonado y confuso. 20El mundo se tambalea como lo hace un ebrio, se agita como una tienda en la tormenta. Cae para no levantarse más, porque inmensos son los pecados de la tierra.

21En aquel día el SEÑOR castigará en el cielo a los ángeles caídos, y en la tierra a los orgullosos gobernantes del mundo. 22Serán acorralados como prisioneros y puestos en calabozos hasta que se les juzgue y condene. 23Entonces el SEÑOR Todopoderoso subirá a su trono en Sión y gobernará gloriosamente en Jerusalén, a la vista de todos los dignatarios de su pueblo. Tan grande será el resplandor de esa gloria que hará desvanecer la brillantez del sol y de la luna.

Canto de alabanza al SEÑOR

25 ¡Oh SEÑOR, honraré y alabaré tu nombre, porque tú eres mi Dios, tú haces grandes maravillas! Hace tiempo las planeaste y ahora las has ejecutado, tal como dijiste.

2Tú conviertes en ruinas las grandes ciudades. Las más firmes fortalezas son transformadas en escombros. Hermosos palacios en lejanas tierras desaparecen y jamás son reconstruidos. 3Por todo ello, temblarán de miedo ante ti las naciones fuertes; despiadadas naciones te obedecerán y glorificarán tu nombre.

4Mas para los pobres, oh SEÑOR, tú eres como refugio ante la tormenta, sombra contra el calor, amparo contra los hombres crueles que son como tenaz aguacero capaz de deshacer un muro de tierra. 5Como las nubes refrescan la tierra cálida y seca, así enfriarás tú el orgullo de las naciones implacables. 6Aquí en el monte Sión en Jerusalén, el SEÑOR Todopoderoso brindará un admirable festín para todos los habitantes del mundo: habrá deliciosos manjares, vinos claros añejados y la mejor carne. 7En aquel día alejará él la nube de tristeza, el ambiente fúnebre que cubre la tierra. 8El SEÑOR le quitará el poder a la muerte para siempre. El SEÑOR secará toda lágrima y ahuyentará para siempre todas las injurias y burlas que se dirigen contra su tierra y su pueblo. ¡El SEÑOR ha hablado! ¡Sin duda cumplirá su palabra!

9En aquel día proclamará el pueblo: «Éste es nuestro Dios, en quien confiamos, a quien hemos esperado. Ahora por fin está aquí». ¡Qué día de regocijo! 10Porque la buena mano del SEÑOR reposará cuidadosa sobre Jerusalén, y Moab será aplastado como si fuera paja bajo sus pies y luego se pudrirá. 11Dios los echará abajo, como el nadador que empuja el agua con sus manos. Acabará con el orgullo y las malas obras de ellos. 12¡Destruidas y hechas polvo serán las altas murallas de Moab!

Canto de victoria

26 ¡Escúchenlos cantar! En aquel día toda la tierra de Judá entonará esta canción:

«¡Fuerte es nuestra ciudad! ¡Estamos rodeados por los muros de su salvación!»

2Ábranles a todos las puertas de la ciudad, pues pueden entrar todos cuantos aman al SEÑOR.

3Él cuidará en perfecta paz a todos los que confían en él y cuyos pensamientos buscan a menudo al SEÑOR.

4Confíen siempre en el SEÑOR Dios, porque en el SEÑOR hay fortaleza eterna.

5El SEÑOR humilla a los orgullosos y convierte en polvo a la ciudad altiva; las murallas de ésta se derrumban 6y él se la entrega a los pobres.

7Pero el camino de los buenos no es áspero ni empinado; Dios no les da una senda traicionera y áspera, sino una que ha sido por él mismo allanada.

8¡Oh SEÑOR, nos deleita cumplir tu voluntad! ¡El anhelo de nuestro corazón es hacer famoso tu nombre!

9Toda la noche te busco; busco a Dios con todo fervor; sólo cuando vengas a juzgar la tierra y a castigarla, el pueblo se apartará de su maldad y hará lo que es justo.

10Tu bondad para con los malos no los hace buenos, sino que ellos siguen empecinados en el mal sin tener respeto por tu majestad. 11No escuchan cuando tú amenazas, no alzan la vista para ver tu puño levantado. ¡Muéstrales cuánto amas a tu pueblo! ¡Quizá eso los avergüence! ¡Sí, que los consuma el fuego reservado para tus enemigos! 12SEÑOR, concédenos paz, pues todo lo que tenemos y somos de ti procede. 13¡Oh, SEÑOR Dios nuestro, hace tiempo que adoramos a otros dioses, pero ahora te adoramos sólo a ti! 14Aquéllos a quienes servimos, muertos y desaparecidos están, jamás retornarán. Viniste contra ellos y los destruiste, y hace tiempo que fueron olvidados. 15¡Oh, alaben al SEÑOR! ¡Él ha dado mucha fortaleza a nuestra nación! ¡El SEÑOR ha ensanchado las fronteras de nuestra patria!

16SEÑOR, angustiados te buscaron. Cuando les llegó tu castigo, entonces exhalaron su temerosa oración.

17¡Cómo echábamos de menos tu presencia, SEÑOR! Sufrimos como mujer que está a punto de dar a luz y que grita y se retuerce de dolor. 18También nosotros nos retorcíamos en nuestra agonía, pero nada, nuestros esfuerzos no produjeron liberación. 19Pero esta seguridad tenemos: ¡Los que pertenecen a Dios volverán a vivir! ¡Sus cuerpos volverán a levantarse! ¡Los que moran en el polvo despertarán y cantarán de gozo! ¡Porque la luz del Dios de la vida se derramará como rocío sobre ellos!

20¡Vete a casa, pueblo mío, y atranca las puertas! Escóndete un poquito hasta que la ira del SEÑOR contra tus enemigos haya pasado. 21¡Miren! Baja del cielo el SEÑOR para castigar al pueblo de la tierra por sus pecados. La tierra no esconderá más a los homicidas. Los culpables serán descubiertos.

Liberación de Israel

27 En aquel día el SEÑOR tomará su tremenda y veloz espada y castigará al Leviatán, rauda serpiente, serpiente tortuosa, dragón marino.

2En aquel día de la liberación de Israel entónese este himno:

3«Israel es mi viña y yo, el SEÑOR, cuidaré las viñas fructíferas. Cada día las regaré y las vigilaré día y noche para mantener alejados a todos los enemigos. 4,5Mi ira contra Israel ya terminó. Si hallo que la acosan zarzas y espinas, las quemaré, a menos que estos enemigos tuyos se rindan y supliquen mi paz y mi protección. 6Vendrá el tiempo en que Israel echará raíces, retoñará y florecerá llenando toda la tierra con sus frutos».

7,8¿Ha castigado Dios a Israel tanto como a los enemigos de éste? No, pues ha devastado a sus enemigos en tanto que a Israel lo ha castigado sólo levemente, exiliándolo a tierras lejanas como arrastrado por tormenta del oriente. 9Y ¿por

25.8–9 26.3–9 26.12

qué lo hizo Dios? Fue para limpiarlo de sus pecados, y librarlo de todos sus ídolos y de los altares
para éstos. Ahora jamás volverán a ser adorados.
10Tus ciudades amuralladas quedarán silenciosas
y vacías, abandonadas las casas, invadidas las
calles por malas hierbas, y las vacas pacerán por
la ciudad rumiando ramas y arbustos.

11Mi pueblo es como secas ramas de árbol,
quebradas y puestas como leña debajo de las
ollas. Son una nación necia, un pueblo fatuo e
insensato, puesto que se aparta de Dios. Por lo
tanto, no se apiadará de sus habitantes el que los
hizo, ni les mostrará misericordia.

12Pero vendrá el tiempo en que uno por uno
los recogerá el SEÑOR como quien escoge granos
con la mano, seleccionándolos de aquí y de allá
de entre su gran era que se extiende desde el río
Éufrates hasta los límites de Egipto. 13En aquel día
sonará la gran trompeta y muchos que estaban
para morir entre sus enemigos, asirios y egipcios,
serán librados y llevados a Jerusalén para que
adoren al SEÑOR en su santo monte.

Ay de Samaria

28 ¡Ay de la ciudad de Samaria! Samaria,
rodeada de su rico valle, orgullo y deleite
de los borrachos de Israel. ¡Ay de su belleza que
se marchita, máximo esplendor de una nación
cuyos hombres yacen ebrios por las calles! 2Por-
que el SEÑOR enviará un poderoso ejército, el asirio, contra ti, el que como enorme granizada se
abatirá sobre ti y te derribará en tierra. 3La altiva
ciudad de Samaria —sí, el gozo y deleite de los
borrachos de Israel— será lanzada a tierra y
pisoteada por pies enemigos. 4La que fue gloriosa,
cuya belleza se marchita lentamente, rodeada
por fértil valle, súbitamente desaparecerá; manos
codiciosas la arrebatarán como a higo temprano,
el que es ávidamente arrancado y devorado.

5Entonces por fin el propio SEÑOR Todopoderoso será su corona de gloria, la diadema de
belleza para los que queden de su pueblo. 6El
SEÑOR dará a sus jueces anhelo de justicia y a
sus soldados gran valor para que peleen hasta el
último hombre defendiendo sus puertas. 7¡Pero
hoy está gobernada por borrachos! Sus sacerdotes
y profetas vacilan y se tambalean, cometiendo
estupideces y errores. 8Sus mesas están cubiertas
de vómito, por todas partes hay inmundicia.

9«¿Quién se imagina ser este Isaías», dice el
pueblo, «para hablarnos de esta forma? ¿Somos
acaso niños que casi no saben hablar? 10¡Nos dice
las cosas una y otra vez, renglón por renglón, con
palabras tan simples!»

11Pero no quieren escuchar, ¡el único idioma
que entienden es el castigo! Por eso Dios los
castigará enviando contra ellos extranjeros que
hablan extraña jerga, ¡sólo así le escucharán!
12Podrían disfrutar de reposo en su propia tierra si
obedecieran a Dios y fueran generosos y buenos.
Eso les dijo el SEÑOR, pero no quisieron oírle.
13Entonces el SEÑOR se lo dirá claramente, y se
lo repetirá una y otra vez con palabras sencillas
hasta donde pueda. Pero ellos tropezarán en este
mensaje sencillo y directo; caerán y serán quebrantados, atrapados y capturados.

14Oigan por tanto la palabra del SEÑOR, burlones
gobernantes de Jerusalén: 15Han firmado pacto
con la muerte, dicen, y se han vendido al diablo
a cambio de su protección contra los asirios. «No
podrán tocarnos», dicen, «pues estamos protegidos por uno que los engañará y los burlará».

16Pero el SEÑOR Dios dice:

«¡Miren, estoy poniendo en Sión una piedra
como fundamento; es de gran belleza y probada en su resistencia y rectitud, muy segura para
edificar sobre ella! El que crea jamás tendrá que
huir otra vez. 17Tomaré la cuerda y la plomada de
justicia para examinar la rectitud y resistencia de
los cimientos que han construido. Su apariencia
es excelente, pero es tan débil que una granizada
los derribaría. Vendrá el enemigo como corriente
de agua y lo arrasará, y ustedes se ahogarán. 18Yo
romperé su pacto con la muerte y el diablo para
que cuando irrumpa el torrente enemigo sean
pisoteados por tierra. 19Una y otra vez volverá
aquel torrente y los arrastrará hasta que finalmente comprendan con horror lo verdaderas que
son mis advertencias».

20El lecho que hicieron es demasiado corto, no
caben en él; las frazadas son demasiado angostas
y no los cubren. 21Súbita y airadamente vendrá el
SEÑOR, como en el monte Perasín y en Gabaón,
para hacer algo extraño e inaudito: ¡destruir a
su propio pueblo! 22Así que no más burlas para
que su castigo no sea aún mayor, pues el SEÑOR
Dios Todopoderoso me ha dicho claramente que
está resuelto a aplastarlos.

23,24Escúchenme, escuchen mi súplica: ¿Siembra continuamente el labrador sin cosechar
jamás? ¿Abre el surco eternamente sin sembrar
nunca? 25¿No siembra al fin sus diversos granos,
cada cual en una sección del terreno? 26Él sabe
exactamente qué debe hacer, porque Dios ha
hecho que vea y entienda. 27Él no trilla todo grano de la misma manera. No golpea el eneldo con
un mazo, sino con un palo. No se pasa la rueda
trilladora sobre el comino, sino que suavemente
se le da con una vara. 28El trigo se aplasta con
facilidad, y por eso no lo golpea mucho. 29El
SEÑOR Dios Todopoderoso es un maestro admirable y da sabiduría al labrador.

Ay de la Ciudad de David

29 ¡Ay de Jerusalén, la ciudad de David! Año
tras año presentan múltiples ofrendas,

2pero yo enviaré un gran castigo sobre ustedes que les causará llanto y dolor. Porque Jerusalén será como indica su nombre, «Ariel», que significa «altar cubierto de sangre». 3Yo seré su enemigo, yo rodearé a Jerusalén y la sitiaré, y luego construiré fuertes en torno a ella para destruirla. 4Su voz será como un susurro de fantasma desde el sitio en donde yacerán enterrados sus habitantes.

5Pero súbitamente sus implacables enemigos serán rechazados como si fueran paja barrida por el viento. 6En un instante yo, el SEÑOR Todopoderoso, me arrojaré sobre ellos con trueno, terremoto, torbellino y fuego. 7Y todas las naciones que combaten contra Jerusalén se desvanecerán como una quimera. 8Como el hambriento sueña con comer pero queda hambriento, y como el sediento sueña con beber pero queda atormentado por la sed al despertar, así sus enemigos soñarán victoriosas conquistas pero en vano.

9¿Se quedan maravillados, incrédulos? ¿No lo creen? ¡Pues adelante, y continúen ciegos si así ha de ser! ¡Torpes están, y no por la embriaguez! ¡Se tambalean, y no por el vino! 10Porque el SEÑOR ha derramado sobre ustedes espíritu de profundo sueño. Ha cerrado los ojos de sus profetas y videntes 11para que todos estos sucesos futuros sean para ellos como libro sellado. Cuando se lo entregan a uno para que lo lea, éste dice:

—No puedo, porque está sellado.

12Se lo dan a otro, y dice:

—Lo siento, no sé leer.

13Y entonces el SEÑOR dice:

Puesto que este pueblo dice que me pertenece pero no me obedece, y puesto que su adoración se limita a palabras y repeticiones de fórmulas de memoria, 14me vengaré espantosamente de estos hipócritas, y entonteceré a sus más sabios consejeros.

15¡Ay de quienes procuran ocultar del SEÑOR sus planes, que procuran esconderle lo que hacen! «Dios no puede vernos», se dicen, «no sabe lo que está ocurriendo.»

16¡De qué estupidez son capaces! El Alfarero, ¿no es mayor que las vasijas que hace? ¿Le dirán: «No fue él quien nos hizo»? ¿La máquina llama tonto a su inventor?

17Pronto, no tardará mucho, el páramo del Líbano volverá a ser un campo fructífero, lozano y fértil bosque. 18En aquel día los sordos oirán la palabra del libro, y desde su tristeza y tinieblas los ciegos conocerán mis planes. 19Los mansos rebosarán nuevo júbilo procedente del SEÑOR y los pobres se gozarán en el Santo de Israel. 20Desaparecerán los opresores y los burladores ya no existirán, y morirán cuantos traman maldades: 21el violento que riñe por un quítame allá esas pajas, el que acecha escondido para atacar al juez que lo condenó, y los que valiéndose de cualquier excusa cometen injusticias.

22Por eso dice el SEÑOR que liberó a Abraham: Ya mi pueblo no volverá a palidecer de miedo ni será más avergonzado. 23Pues cuando vean el explosivo aumento de población y la prosperidad de su economía en expansión, temerán y se gozarán en la fama de mi nombre, y alabarán al Santo de Israel, y con admiración estarán en su presencia. 24Los que estaban equivocados creerán en la verdad y los quejosos estarán dispuestos a recibir enseñanza.

Ay de la nación obstinada

30 ☼¡Ay de mis hijos rebeldes!, dice el SEÑOR, ¡piden consejo de todos menos de mí, y resuelven hacer precisamente lo que yo no quiero! Hacen pactos sin mi consentimiento, y cometen pecados una y otra vez. 2Porque sin consultarme han descendido a Egipto en busca de auxilio y han puesto su esperanza en que el faraón los proteja. 3Pero al confiar en el faraón se verán desengañados, humillados y avergonzados, pues él no podrá librarlos con base sólo en promesas. 4Pues aunque su poder se extienda hasta los territorios de Zoán y Janés, 5todo terminará en vergüenza para ti. Él no podrá ayudarte en lo más mínimo.

6Véanlos avanzar lentamente a través del terrible desierto hacia Egipto, con burros y camellos cargados de tesoros para pagar el auxilio de Egipto. Atraviesan los yermos habitados por leones y veloces víboras. ¡Pero Egipto no les dará nada en cambio! 7Las promesas de Egipto no valen nada, «Dragón Renuente» lo llamo yo.

8Ve ahora y escribe esta palabra mía respecto a Egipto, para que permanezca hasta el fin del tiempo, eternamente, como denuncia de la incredulidad de Israel. Escríbela, 9porque si no la escribes, dirán que nunca los previne.

«¡Oh, no!», dirán, «¡jamás nos dijiste eso!», porque son rebeldes empecinados.

10,11A mis profetas les dicen:

«¡A callar! ¡Basta de mensajes suyos!»

O dicen:

«No nos digan la verdad, díganos algo agradable, dígannos mentiras alegres. Olvídense ya de esas cosas tristes que anuncian, ya hemos oído más que suficiente de su Santo de Israel».

12Esto es lo que responde el Santo de Israel:

«Ya que desprecian lo que digo, y en cambio confían en fraudes y mentiras, y no quieren arrepentirse, 13inesperada calamidad les sobrevendrá, como muro alto y agrietado que está a punto de derrumbarse. 14Como a plato frágil

☼**30.1**

los aplastará Dios, sin tenerles misericordia. No quedará pedazo de tamaño suficiente que sirva para llevar brasas del fogón, ni un poquito de agua del pozo».

☼ 15Porque el SEÑOR Dios, el Santo de Israel dice: «Sólo volviéndose a mí y confiando en mí serán salvados. En la quietud y confianza en mí está su fuerza, pero nada de eso tendrán. 16"No", dicen, "de Egipto obtendremos auxilio, ellos nos darán veloces caballos para entrar en batalla". ¡Pero la única velocidad que percibirán será la de sus enemigos que los persiguen! 17Uno de ellos perseguirá a mil de ustedes, cinco de ellos serán suficientes para esparcirlos a ustedes hasta que no queden ni dos juntos. Ustedes serán como árboles solitarios en las cumbres de los montes lejanos».

18Pero el SEÑOR aún espera que acudan a él para poder demostrarles su amor. Él los conquistará para bendecirlos, tal como lo ha dicho, porque el SEÑOR es fiel a su promesa. Bienaventurados son cuantos esperan confiados en la ayuda del SEÑOR. 19¡Oh, pueblo mío de Jerusalén, no llores más, pues al oír el clamor de tu llanto él derramará su gracia sobre ustedes, él les responderá! ☼ 20Aunque les dé pan de adversidad y agua de aflicción, estará con ustedes para enseñarles. Con sus propios ojos verán a su Maestro. 21Y si abandonan las sendas de Dios y se extravían, escucharán tras ustedes una voz que dirá:

—No, éste es el camino, caminen por aquí.

22Y destruirán todos sus ídolos de plata y todas sus imágenes de oro, y arrojarán todo como inmundicia que les repugna tocar.

—¡Uf!, les dirán, ¡fuera!

23Entonces Dios los bendecirá con lluvia en el tiempo de la siembra y con grandes cosechas y abundantes pastos para su ganado. 24Los bueyes y los burros que aran la tierra comerán trigo cuya paja será llevada por el viento. 25En aquel día en que Dios intervenga para destruir a sus enemigos, les dará corrientes de agua que bajarán de cada monte y collado. 26La luna será tan brillante como el sol, y la luz de éste más esplendorosa que la de siete días claros. Así será el tiempo cuando el SEÑOR comience a sanar a su pueblo y a curarle las heridas que le causó.

27Miren, de lejos acude el SEÑOR, ardiendo en ira, rodeado de espeso humo que sube. Tiene los labios llenos de furor y sus palabras consumen como fuego. 28Su ira se derrama como torrente sobre todos ellos para arrasarlos. Zarandeará a las altivas naciones como si estuvieran en un tamiz; luego les pondrá una brida y las llevará al patíbulo.

29Pero el pueblo de Dios entonará un cántico de solemne gozo, como los que se entonan de noche en las fiestas sagradas. A su pueblo se le alegrará el corazón como cuando un flautista guía al grupo de peregrinos que se dirigen a Jerusalén, al monte del SEÑOR, la Roca de Israel. 30Y el SEÑOR hará oír su majestuosa voz y descargará su potente brazo sobre sus enemigos con gran indignación, con llamas consumidoras, torbellinos, tremendas tormentas e inmensos granizos.

31La voz del SEÑOR castigará a los asirios, quienes le habían servido de vara de castigo. 32Y cuando el SEÑOR los hiera, su pueblo celebrará con música y cantos. 33Hace tiempo está lista la hoguera funeraria de Moloc, el dios asirio, listo el montón de leña. El aliento del SEÑOR como fuego de volcán la encenderá.

Ay de los que confían en Egipto

31 ¡Ay de quienes corren a Egipto en busca de ayuda y confían en su poderosa caballería y sus carros, en vez de poner la mirada en el Santo de Israel y consultarlo a él! 2Por su sabiduría, el SEÑOR enviará grandes males a su pueblo y no cambiará de opinión. Se alzará contra ellos por el mal que han hecho, y también a sus aliados los aplastará. 3Porque estos egipcios no son más que hombres, ¡no son Dios! ¡Débil carne son sus caballos, y no espíritus poderosos! Cuando el SEÑOR cierre el puño ante ellos, tropezarán y caerán en medio de aquellos a quienes procuran ayudar. Juntos sufrirán la derrota.

4,5Pero el SEÑOR me ha dicho esto:

Cuando un león, aunque sea cachorro, mata una oveja, no se cuida de los gritos y ruidos del pastor, devora sin detenerse. De igual manera vendrá el SEÑOR y combatirá sobre el monte Sión. ¡No habrá quien lo amedrente! El SEÑOR Todopoderoso se cernirá sobre Jerusalén como ave que revolotea en torno a su nido. Descenderá a la ciudad y la librará.

6¡Por lo tanto, oh pueblo mío, por más que ustedes sean malvados rebeldes, vengan, vuélvanse a Dios! 7Yo sé que vendrá el día glorioso en que cada uno de ustedes arroje sus ídolos de oro e imágenes de plata que en su tiempo de iniquidad se habían hecho. 8Y los asirios serán destruidos, pero no por espada manejada por algún hombre: ¡la espada de Dios los herirá! Se llenarán de pánico y huirán, y los vigorosos mancebos asirios serán llevados como esclavos. 9Hasta sus generales temblarán aterrorizados y huirán al ver las banderas de guerra de Israel, dice el SEÑOR. Porque la llama de Dios arde vivamente en Jerusalén.

El reino de justicia

32 ¡Miren, un rey justo viene acompañado de príncipes honrados! 2Él protegerá a Israel

☼30.15 ☼30.20–21

de la tormenta y el viento, le dará refrigerio como
río en el desierto, como la refrescante sombra
de una potente roca en tierra calurosa y árida.
3Entonces por fin se abrirán los ojos de Israel
para ver a Dios, el pueblo escuchará la voz de su
Dios. 4Hasta los alborotadores estarán llenos de
sensatez y comprensión, y los que tartamudean
inseguros, hablarán con toda claridad.
5En aquellos días no serán admirados los descreídos, los charlatanes. Los ricos estafadores no
serán tenidos por hombres generosos y sobresalientes. 6Todo el mundo sabrá con sólo verlo
quién es malo, y los hipócritas no engañarán a
nadie. Sus mentiras respecto a Dios y sus fraudes
contra los necesitados estarán a la vista de todos.
7Se descubrirán las triquiñuelas de los malvados,
así como las mentiras con las cuales oprimían
a los pobres en los tribunales. 8Pero los buenos
serán generosos con el prójimo, y Dios los bendecirá por todo lo que hacen.

Las mujeres de Jerusalén

9Escúchenme, mujeres que viven en la ociosidad, escúchenme y les diré su recompensa:
10Dentro de poco, algo más de un año, tendrán
súbita preocupación, ustedes que están despreo-
cupadas. Porque se perderá la cosecha de frutas
y no se realizará la siega. 11Tiemblen, mujeres de
vida cómoda, renuncien a la despreocupación.
Quítense su linda ropa, pónganse saco penitencial por su dolor. 12Golpéense los pechos de pena
por las ricas haciendas que pronto se les irán de
las manos, y por las fértiles viñas de antaño.
13Porque sus tierras se llenarán de espinos y zarzas, desaparecerán sus alegres casas y felices
ciudades. 14Deshabitados quedarán los palacios
y las mansiones, y vacías las ciudades populosas.
Montaraces manadas de burros y cabras pastarán
en los montes donde estaban las torres de vigía.
15Hasta que al fin desde el cielo se derrame el Espíritu sobre nosotros. Entonces volverán a producir-
se enormes cosechas, 16entonces la justicia regirá
en todo el país 17y, fruto de la justicia, la paz.
La quietud y la confianza reinarán para siempre. 18Mi pueblo vivirá en seguridad y tranquilidad en su tierra. 19Pero los asirios serán destruidos
y arrasadas sus ciudades.
20Y Dios bendecirá grandemente a su pueblo.
En dondequiera que siembren se producirán
abundantes cosechas, y sus rebaños y manadas
pastarán en verdes prados.

Angustia y auxilio

33 ¡Ay de ustedes, asirios, que lo han destruido todo a su alrededor sin haber sufrido
jamás en carne propia la destrucción! ¡Exigen
que otros cumplan lo que les prometen, y ustedes los traicionan! Ahora les toca a ustedes ser
traicionados y destruidos.
2¡Pero a nosotros, oh SEÑOR, muéstranos misericordia, porque en ti hemos confiado! Sé nuestra
fuerza cada día y nuestro auxilio cuando sobrevenga la tribulación. 3Al escuchar tu voz huye
el enemigo; cuando tú te alzas, se desbandan
las naciones. 4Como las langostas despojan las
eras y las viñas, despojará Jerusalén al derrotado
ejército de Asiria.
5Excelso es el SEÑOR, quien tiene su morada
en el cielo. Él convertirá a Jerusalén en hogar de
justicia, bondad y rectitud. 6Hay para Judá abundancia de salvación guardada en lugar seguro,
junto con sabiduría, conocimiento y reverencia
a Dios.
7Pero ahora sus embajadores lloran con amargo desengaño, porque Asiria ha rechazado su
clamor de paz. 8Sus caminos están arruinados,
los viajeros se desvían por caminos apartados. Los
asirios han quebrantado su pacto de paz, y nada
les importan las promesas hechas en presencia
de testigos; a nadie respetan. 9Hay tribulación
en toda la tierra de Israel; el Líbano ha sido destruido; Sarón se ha vuelto un desierto; Basán y
el Carmelo han sido saqueados.
10Pero el SEÑOR Dios dice:
Yo me levantaré y demostraré mi poder y
fuerza. 11Nada ganarán ustedes los asirios con
todos sus esfuerzos, su propio aliento se volverá
fuego que los consumirá. 12Sus ejércitos arderán
y serán reducidos a cal, como si fueran espinos
cortados y echados al fuego.
13¡Escuchen lo hecho por mí, oh naciones
lejanas! ¡Y ustedes las cercanas, reconozcan mi
poderío! 14Los pecadores de mi pueblo tiemblan
de miedo.
«¿Cuál de nosotros», claman, «podrá vivir así
en presencia de este consumidor Fuego Eterno?»
15Les voy a decir quién puede vivir aquí: todas
las personas honradas y justas que rehúsan
obtener ganancias mediante fraude, que refrenan sus manos de recibir soborno, que se niegan
a confabular con quienes planean homicidios,
que cierran los ojos a todo lo que los atraiga al
mal. 16Las personas que sean así morarán en lo
alto. Las rocas de los montes serán sus seguras
fortalezas, obtendrán alimento y tendrán toda el
agua que necesiten.
17Sus ojos verán al Rey en su belleza, y a los
montes celestiales en la lejanía. 18Y su corazón
recordará los tiempos de terror cuando los oficiales asirios desde fuera de las murallas contaban
sus torres y calculaban cuánto botín obtendrían
de su ciudad caída. 19Pronto se habrán ido. Este

32.17 33.10

pueblo fiero y violento que habla una jerga incomprensible, desaparecerá.

20Verás en cambio a Jerusalén en paz, sitio en que se adora a Dios, ciudad tranquila y firme. 21El glorioso SEÑOR nos será como amplio río de protección, que ningún enemigo podrá atravesar.

22Porque el SEÑOR es nuestro juez, nuestro legislador y nuestro rey. Él nos cuidará y nos librará. 23Caídas están las velas de los enemigos, en mástiles quebrados y jarcias inútiles. El pueblo de Dios se repartirá los tesoros de ellos; hasta los cojos obtendrán su parte del botín. 24El pueblo de Israel ya no dirá: «Estamos enfermos y desesperados», porque el SEÑOR les perdonará sus pecados y los bendecirá.

Juicio contra las naciones

34 Vengan a escuchar este mensaje, naciones de la tierra, oigan mis palabras el mundo y cuanto hay en él. 2El SEÑOR está enfurecido contra las naciones, su ira se abalanza contra los ejércitos. Él los destruirá por completo, provocándoles gran mortandad. 3Sus muertos quedarán sin sepultar, y el hedor de los cuerpos putrefactos llenará la tierra, y la sangre correrá por los montes. 4En aquel día los cielos se fundirán y desaparecerán como quien enrolla un pergamino, y como si fueran hojas, o fruta madura, caerán las estrellas.

5Y cuando mi espada haya acabado su obra destructora en los cielos ¡tengan cuidado! porque entonces se descargará sobre Edom, el pueblo que he condenado.

6La espada del SEÑOR está saciada de sangre, está harta de carne, como si hubiera estado degollando ovejas y cabras para el sacrificio. Porque como si hubiera gran sacrificio, enorme matanza, hará el SEÑOR en Edom. 7Morirán los más vigorosos, tanto entre los muchachos como entre los veteranos. La tierra quedará empapada en sangre y el suelo rebosante de grasa. 8Porque es el día de venganza, el año de retribución por lo que Edom le ha hecho a Israel.

9Los arroyos de Edom estarán llenos de brea ardiente, y de fuego la tierra. 10Este castigo de Edom no terminará nunca, su humo se elevará eternamente. La tierra quedará desierta generación tras generación; nadie volverá a vivir allí. 11Gavilanes y puercoespines morarán allí, así como también lechuzas y cuervos. Porque Dios observará esta tierra y la hallará digna de ser destruida. Probará a sus nobles y los hallará dignos de muerte. 12Será llamada «Tierra de Nada», y sus príncipes desaparecerán pronto. 13Espinos cubrirán sus palacios y ortigas crecerán en sus fuertes, y se convertirá en guarida de chacales y hogar de avestruces. 14Allí se mezclarán las fieras del desierto con las hienas y los lobos. Sus aullidos llenarán la noche. Allí los monstruos nocturnos chillarán uno contra otro; allí irán a asentarse los demonios. 15La lechuza hará su nido, pondrá sus huevos y empollará sus pequeños, cobijándolos con sus alas, y los milanos acudirán cada uno con su compañera.

16Escudriñen el libro del SEÑOR y vean todo lo que hará. No se perderá ni un detalle, no habrá milano al que le falte su compañera, porque el SEÑOR lo ha dicho y su Espíritu hará que se cumpla. 17Él ha medido y subdividido la tierra, y la ha entregado a esas dolientes criaturas; ellas la poseerán por siempre, generación tras generación.

La alegría de los redimidos

35 Hasta los páramos y el desierto se regocijarán en aquellos días. Incluso, el desierto florecerá. 2Sí, habrá abundancia de flores, cánticos y júbilo. Los desiertos se volverán verdes como los montes del Líbano, hermosos como los pastos del monte Carmelo y los prados de Sarón, porque allí exhibirá el SEÑOR su gloria, se apreciará la excelencia de nuestro Dios.

3Alegra con estas noticias a todos los descorazonados, 4alienta a los atemorizados. Diles: «Sean valientes, no teman, porque su Dios viene para destruir a sus enemigos, viene a salvarlos». 5Y cuando él venga abrirá los ojos de los ciegos y los oídos de los sordos, 6los cojos saltarán como el ciervo y los mudos gritarán y cantarán. Entonces brotarán fuentes en los páramos y arroyos en el desierto, 7los terrenos resecos se convertirán en estanques, con arroyos en la tierra sedienta. Donde habitaban los chacales del desierto, habrá carrizos y cañas. 8Y un gran camino atravesará lo que fue desierto, se le llamará «Camino Santo». Ningún hombre de corazón perverso podrá andar por él. Por él andará Dios con ustedes; ni el más torpe se extraviará. 9No habrá en él leones en acecho, ni algún otro peligro, solamente los salvados pasarán por allí. 10Estos redimidos del SEÑOR irán por ese camino a su hogar, a Sión, entonando cánticos de júbilo eterno. Nunca más habrá para ellos dolor ni suspiros. Allí sólo habrá felicidad y gozo.

Senaquerib amenaza a Jerusalén

36 Así que en el año catorce del reinado del rey Ezequías llegó Senaquerib, rey de Asiria, a atacar las ciudades amuralladas de Judá, y las conquistó. 2Luego, al frente de un gran ejército, envió desde Laquis a su representante personal para que se entrevistara con el rey Ezequías en Jerusalén. Acampó cerca del acueducto del estan-

33.22 35.4

que de arriba, por el camino del campo donde
se blanquean telas.
3Eliaquín, hijo de Jilquías, primer ministro de
Israel, Sebna escriba del rey, y Joa, hijo de Asaf,
secretario real, se constituyeron en comité de tregua y salieron de la ciudad a su encuentro. 4El
embajador asirio les dijo que fueran a decirle a
Ezequías: «El poderoso rey de Asiria dice que eres
un necio si piensas que el rey de Egipto te ayudará. 5¿Qué valor tienen las promesas del faraón?
Las palabras solas nada son ante la fuerza, ¡y tú
confiando en su ayuda, te has rebelado contra
mí! 6Egipto es un aliado peligroso. Es vara afilada
que te atravesará la mano si te apoyas en ella.
Eso les ha pasado a cuantos han buscado apoyo
en él. 7Pero quizá digas: "¡Confiamos en el SEÑOR
Dios nuestro!" ¿Ah, sí? ¿No es acaso el mismo a
quien su rey insultó, derribando sus templos y
altares en los montes y haciendo que todos los
de Judá adoren únicamente en los altares aquí
en Jerusalén?
8,9»Mi señor, el rey de Asiria, quiere hacer contigo una pequeña apuesta: ¿A que en tu ejército
no te quedan dos mil hombres? Si te quedan, él te
dará dos mil caballos para que ellos los monten.
Con tan insignificante ejército, ¿cómo crees poder
enfrentarte siquiera al más pequeño escuadrón
de mi señor? Porque de Egipto no obtendrás socorro. 10Es más: ¿crees que he venido acá sin que el
SEÑOR me dijera que me apoderara de esta tierra?
El SEÑOR me dijo: "Ve y destrúyela"».
11Entonces Eliaquín, Sebna y Joa le dijeron:
—Te rogamos que nos hables en arameo
que nosotros entendemos bastante bien. No nos
hables en hebreo, porque te oirá la gente de la
muralla.
12Pero él respondió:
—Mi señor quiere que todos los de Jerusalén
escuchen esto y no solamente ustedes. Quiere
que sepan que si no se rinden, esta ciudad será
asediada hasta que cada uno tenga tanta hambre
y tanta sed que se coma sus propios excrementos
y se beba su propia orina.
13Luego gritó en hebreo a los judíos que escuchaban desde la muralla:
—¡Escuchen las palabras del gran monarca, el rey de Asiria! 14No dejen que los engañe
Ezequías; nada que él haga los salvará. 15No
dejen que les haga confiar en el SEÑOR diciendo
que el SEÑOR no permitirá que el rey de Asiria
los conquiste. 16No escuchen a Ezequías, porque
éste es el ofrecimiento que el rey de Asiria les
hace: Entréguenme un obsequio como prenda de
rendición; abran las puertas y salgan, y yo haré
que cada uno posea su hacienda, su huerto y
agua, 17hasta que haga los arreglos para llevarlos
a un país muy semejante a éste, a una tierra de
abundantes cosechas de trigo y uvas, un país de
abundancia. 18No permitan que Ezequías los prive
de todo esto diciendo que el SEÑOR los librará de
mis ejércitos. Los dioses de alguna otra nación,
¿han triunfado jamás sobre los ejércitos del rey
de Asiria? 19¿No recuerdan lo que les hice a Jamat
y a Arfad? ¿Los salvaron acaso sus dioses? ¿Y qué
de Sefarvayin y Samaria? ¿Dónde están ahora
sus dioses? 20De todos los dioses de estas tierras,
¿cuáles han librado alguna vez de mi poder a
su pueblo? ¡Nómbrenme siquiera uno! ¿Y creen
que este Dios suyo pueda librar de mis manos a
Jerusalén? ¡No sean ridículos!
21Pero el pueblo permaneció en silencio, no
respondió palabra porque Ezequías les había
dicho que no replicaran nada. 22Entonces Eliaquín, hijo de Jilquías, primer ministro, Sebna, el
escriba real, y Joa, hijo de Asaf, secretario real,
volvieron a donde estaba Ezequías con la ropa
hecha trizas en señal de desesperación y le contaron todo lo ocurrido.

Se profetiza la liberación de Jerusalén

37 Cuando el rey Ezequías se enteró del
resultado de la reunión, rasgó su ropa y
se vistió de tela ordinaria de la que se usa para
hacer sacos, como señal de humildad y duelo,
y fue al templo a orar. 2Y mientras tanto envió
ante Isaías, el profeta hijo de Amoz, a Eliaquín
su primer ministro, a Sebna su escriba real y a los
sacerdotes más ancianos, todos vestidos de saco
penitencial. 3Le llevaron este mensaje:
«Hoy es día de tribulación, frustración y blasfemia; es tiempo grave, como de parturienta tratando de dar a luz cuando la criatura no sale. 4Pero
quizá el SEÑOR tu Dios haya oído la blasfemia del
representante del rey de Asiria burlándose del
Dios viviente. Sin duda no le dejará Dios salirse
con la suya, sin duda Dios lo reprenderá por esas
palabras. ¡Oh Isaías, ruega por los que hemos
quedado!» 5Así fue como le dieron a Isaías el
mensaje del rey.
6Isaías respondió:
«Díganle al rey Ezequías que el SEÑOR dice: "No
te angusties por esas palabras del siervo del rey
de Asiria ni por su blasfemia. 7Porque al rey va a
llegarle un mensaje de Asiria informándole que
se le necesita allá inmediatamente, y él volverá
a su tierra en donde yo haré que lo maten"».
8,9Entonces el enviado asirio partió de Jerusalén y fue a consultar con su rey, el cual había
dejado Laquis y estaba poniéndole sitio a Libná.
En esto el rey asirio recibió noticias de que Tiracá, príncipe heredero de Etiopía, venía contra él
desde el sur. Al oírlo, volvió a enviar mensajeros
a Ezequías a Jerusalén con este mensaje:
10«¡No dejes que este Dios en quien confiaste
te engañe prometiéndote que Jerusalén no será

tomada por el rey de Asiria! 11Acuérdate de lo que ha ocurrido dondequiera que han llegado los reyes de Asiria, pues han aplastado a todo el que se les ha opuesto. ¿Piensan que ustedes van a ser la excepción? 12¿Salvaron acaso sus dioses a las ciudades de Gozán, Jarán, Résef o al pueblo de Edén en Telasar? ¡No, los reyes asirios los destruyeron por completo! 13Y no te olvides de lo ocurrido al rey de Jamat, al rey de Arfad y a los reyes de las ciudades de Sefarvayin, de Hená y de Ivá».

Oración de Ezequías

14Tan pronto como el rey Ezequías leyó esta carta, fue al templo y la extendió ante el Señor, 15y oró: 16,17«¡Oh Señor Todopoderoso, Dios de Israel, entronizado por encima de los querubines, sólo tú eres Dios de todos los reinos de la tierra! Tú solo hiciste el cielo y la tierra. Escucha mi súplica, mírame orar. Mira esta carta del rey Senaquerib, pues él se ha burlado del Dios viviente. 18Cierto es, Señor, que los reyes de Asiria han destruido a todas esas naciones tal como lo dice la carta, 19y que han lanzado sus dioses al fuego, porque esos no eran dioses, sino simples ídolos, labrados en madera y piedra por los hombres. Naturalmente los asirios podían destruirlos. 20¡Oh Señor Dios nuestro, sálvanos para que todos los reinos de la tierra conozcan que tú eres Dios, y solamente tú!».

Muerte de Senaquerib

21Entonces Isaías, hijo de Amoz, envió este mensaje al rey Ezequías: «El Señor Dios de Israel dice: "Esta es mi respuesta a tu plegaria contra Senaquerib, el rey de Asiria".

22»El Señor le dice: "Mi pueblo —la indefensa y virgen hija de Sión— se ríe y se mofa de ti, y mueve la cabeza burlonamente. 23¿De quién te has burlado y mofado tú? ¿A quién has injuriado? ¿Contra quién enfilaste tu violencia y orgullo? ¡Fue contra el Santo de Israel! 24Enviaste tus mensajeros a burlarse del Señor. Dices jactancioso: 'Vine con mi potente ejército contra las naciones del oeste. Talé los más altos cedros y los mejores cipreses. Dominé tus más elevados montes y destruí tus bosques más tupidos'. 25Te jactas de haber abierto pozos en muchas tierras conquistadas, y Egipto con todo su ejército no constituye obstáculo para ti.

26»"Pero ¿todavía ignoras que fui yo quien decidí y permití todo esto desde hace mucho? Yo hice que todo ocurriera tal como lo planeé: que derribaras las ciudades amuralladas convirtiéndolas en ruinas. 27Por eso te ofrecieron tan poca resistencia sus pueblos y fueron tan fácil presa para ti. Fueron tan indefensos como la hierba, como las tiernas plantas que aplastas con los pies, como la hierba de los tejados marchitada por el sol.

28»"Pero yo te conozco bien, tus idas y venidas y cuanto haces, y la forma en que me has ofendido. 29Eso fue por causa de tu ira contra el Señor, ¡y yo lo escuché todo!, por eso te he puesto un gancho en la nariz y una brida en la boca y te he llevado de regreso a tu tierra por el camino en que viniste"».

30Entonces Dios le dijo a Ezequías:

«Esta es la prueba de que yo soy quien libra del rey asirio a esta ciudad: Este año él levantará el asedio. Aunque ya es demasiado tarde para la siembra y no cuentes para este otoño con más trigo que el que por sí mismo se produzca, su rendimiento te dará semilla suficiente para el año entrante, y dentro de dos años, contando a partir de hoy, volverán a vivir en la abundancia. 31Y los que han quedado en Judá arraigarán de nuevo en su suelo, florecerán y se multiplicarán, 32porque de Jerusalén saldrá un remanente a repoblar el país. El poder del Señor Todopoderoso hará que ocurra todo esto.

33»En cuanto al rey de Asiria: Sus ejércitos no entrarán en Jerusalén, ni dispararán en ella sus flechas, ni marcharán ante sus puertas, ni edificarán muro de asalto contra sus murallas. 34Él regresará a su tierra por donde vino y jamás entrará en esta ciudad. Lo dice el Señor. 35Por mi propia honra y en recuerdo de mi siervo David la defenderé».

36Aquella noche el ángel del Señor salió y fue al campo de los asirios y mató a ciento ochenta y cinco mil soldados. Cuando al día siguiente se despertaron los sobrevivientes, vieron ante sí los millares de cadáveres. 37Entonces Senaquerib, rey de Asiria, regresó a su tierra, a Nínive. 38Y cierto día en que oraba en el templo de Nisroc su dios, sus hijos Adramélec y Sarézer lo mataron a espada, luego huyeron a la tierra de Ararat. Y su hijo Esarjadón ocupó el trono.

Enfermedad de Ezequías

38 Poco antes de esto Ezequías cayó gravemente enfermo y el profeta Isaías, hijo de Amoz, fue a visitarlo y le dio este mensaje del Señor:

Pon tus asuntos en orden pues vas a morir; no te restablecerás de esta enfermedad.

2Al oír esto Ezequías volvió su rostro a la pared y oró:

3Oh Señor, ¿no recuerdas lo fiel que te he sido y que siempre he procurado obedecerte en cuanto has mandado? Y rompió en grandes sollozos.

4Entonces el Señor envió otro mensaje a Isaías:

5«Ve y dile a Ezequías: El Señor Dios de tu antepasado David escuchó tu oración, vio tus lágrimas y te dejará vivir quince años más.

6 Yo los libraré del rey de Asiria a ti y a esta ciudad. Yo te defenderé, dice el SEÑOR, 7 y ésta es mi
garantía: 8 Haré que el sol retroceda diez grados
en el cuadrante de Acaz. ¡Y el sol retrocedió diez
grados que había recorrido en el reloj!»

Escrito de Ezequías

9 Cuando el rey Ezequías se restableció, escribió
este poema relativo a su experiencia:
10 «He recorrido solo la mitad de mi vida y tengo
que dejarla. Se me despoja de mis años normales
y tengo que traspasar las puertas del Seol. 11 Jamás
volveré a ver al SEÑOR en la tierra de los vivientes.
Jamás volveré a ver a mis amigos en este mundo. 12 Mi vida es arrastrada por el viento como si
fuera tienda de pastor; es cortada como cuando
el tejedor termina su trabajo en el telar. En un
breve día mi vida pende de un hilo.
13 »Estuve gimiendo la noche entera; sentía
como si leones me despedazaran. 14 Delirante,
parloteaba como golondrina y gemía como paloma. Se me cansaban los ojos esperando auxilio.
"¡Oh Dios!", clamé, "¡estoy atribulado, ayúdame!" 15 ¿Pero qué puedo decir? Pues él mismo es
quien envió esta enfermedad. Por la amargura
de mi alma, el sueño huyó de mí. 16 ¡Oh SEÑOR,
buena es tu disciplina y ella conduce a la vida y
la salud! ¡Ay, sáname y haz que viva!
17 »Sí, ahora lo comprendo: fue bueno que yo
padeciera esta amargura, pues amorosamente
me has librado de la muerte, has perdonado todos
mis pecados. 18 Porque los muertos no pueden
alabarte, no pueden rebosar de esperanza y gozo.
19 Los vivientes, sólo ellos, pueden alabarte como
lo hago yo este día. Una generación da a conocer
tu fidelidad a la siguiente. 20 ¡Quién lo dijera! ¡El
SEÑOR me sanó! De hoy en adelante entonaré en
el templo cánticos de alabanza cada día, con
acompañamiento de orquesta».
21 Porque Isaías les había dicho a los siervos
de Ezequías:
—Preparen un ungüento de higos, úntenselo
en el divieso, y sanará.
22 Y Ezequías había preguntado:
—¿Qué señal me dará el SEÑOR en garantía
de que me sanará?

Mensajeros de Babilonia

39 Poco después, el rey de Babilonia (Merodac Baladán, hijo de Baladán) envió un
regalo y saludos a Ezequías, pues había oído de
la grave enfermedad que lo había aquejado y
también que ya estaba restablecido. 2 Ezequías se
lo agradeció y llevó a los enviados de Babilonia a
recorrer el palacio y les mostró la casa del tesoro
repleto de plata, oro, especias y perfumes. Los
llevó también a la sala de sus piedras preciosas
y desplegó ante ellos todos sus tesoros, sin ocul-
tarles nada.
3 Entonces el profeta Isaías vino a donde estaba
el rey y le dijo:
—¿Qué te dijeron? ¿De dónde son?
—De la lejana Babilonia —respondió
Ezequías.
4 —¿Cuánto vieron? —preguntó Isaías. Y
Ezequías respondió:
—Les mostré todo cuanto tengo, todos mis
inestimables tesoros.
5 Entonces Isaías le dijo:
—Escucha este mensaje del SEÑOR Todopoderoso: 6 El día viene en que todo cuanto posees,
todos los tesoros acumulados por tus padres,
serán llevados a Babilonia. No dejarán nada. 7 Y
algunos de tus propios hijos serán tomados como
esclavos; sí, serán eunucos en el palacio del rey
de Babilonia.
8 —Está bien —replicó Ezequías—, todo lo
que el SEÑOR dice es bueno. ¡Por lo menos habrá
paz en mis días!

Consuelo para el pueblo de Dios

40 ¡Consuelen, sí, consuelen a mi pueblo!, dice el Dios de ustedes. 2 Hablen
tiernamente a Jerusalén y díganle que han terminado sus días de dolor y amargura. Sus pecados han sido perdonados, y el SEÑOR le dará el
doble de bendiciones comparado con el castigo
que ha recibido.
3 ¡Escuchen! Oigo a alguien gritar:
—¡Abran para el SEÑOR un camino derecho y
parejo a través del desierto! 4 ¡Rellenen los valles
y nivelen las colinas, enderecen las sendas torci-
das y allanen los sitios ásperos del camino! 5 ¡La
humanidad entera contemplará la gloria del
SEÑOR! El SEÑOR lo ha dicho y se cumplirá.
6 La voz ahora dice:
—¡Grita!
—¿Qué debo gritar? —pregunté.
—Di a gritos que todo hombre y mujer es como
hierba que se marchita, y que toda su belleza se
aja como las flores que languidecen. 7 La hierba
se seca, la flor se marchita bajo el aliento de Dios.
Igual le ocurre al frágil ser humano. 8 La hierba se seca, y se marchita la flor, pero la Palabra de nuestro Dios permanecerá viva para
siempre.
9 ¡Oh heraldo de buenas noticias, grítale a Jerusalén desde la cumbre de los montes! ¡Grítale más
alto! ¡Sin temor! Diles a las ciudades de Judá:
«¡Ya viene Dios!»
10 Sí, el SEÑOR Dios viene con gran potencia, gobernará con tremendo poder. Miren, trae consigo su

40.1 40.3–5 40.8

recompensa, a cada cual le dará según sus hechos. 11Como pastor apacentará su rebaño, llevará en brazos los corderillos y suavemente guiará las ovejas con cría.

12¿Qué otro ha tenido los océanos en sus manos y medido el cielo con su regla? ¿Qué otro conoce el peso de la tierra y pesa las montañas y colinas? 13¿Quién puede dar consejos al Espíritu del Señor o servirle de maestro o consejero? 14¿Ha necesitado él alguna vez consejo de alguien? ¿Ha requerido él instrucción respecto a lo conveniente y lo mejor? 15No, porque comparados con él, los pueblos del mundo nada son, son apenas una gota en el mar o polvo en la balanza. Él levanta las islas como si no pesaran nada. 16Ni todos los bosques del Líbano contienen leña suficiente para consumir un sacrificio que baste para honrarlo, ni son suficientes todos sus animales para ofrecérselos a nuestro Dios. 17Para él todas las naciones son como nada, menos que nada, son a su vista simple vacío y espuma.

18¿Cómo describir a Dios? ¿Con qué podemos compararlo? 19¿Con un ídolo? ¿Con una estatuilla hecha de molde, enchapada en oro y con cadenas de plata en torno al pecho? 20Quien sea demasiado pobre para comprar dioses así de lujosos, hallará un tronco de árbol sin podrir y pagará para que un hombre le talle el rostro, y el leño se convierte en dios suyo. ¡Un dios que ni siquiera puede moverse!

21¿Tan ignorantes son? ¿Tan sordos son a las palabras de Dios, a las palabras que él emitió antes que existieran los mundos? ¿Nunca han oído ni entendido? 22Dios es quien está sentado por sobre el círculo de la tierra. ¡La gente aquí abajo ha de parecerle saltamontes! Dios es quien extiende el cielo como cortina y de él hace su tienda. 23Dios sentencia a los grandes del mundo y los reduce a nada. 24Apenas han comenzado, apenas comienzan a echar raíces cuando sopla sobre ellos, marchitando sus obras, y el viento se los lleva como paja.

25¿Con quién me compararán? ¿A quién me dan por igual?, pregunta el Santo.

26¡Alcen los ojos a los cielos! Quien creó los planetas y las estrellas, las llama a cada una con nombre cariñoso y las cuenta para cerciorarse de que ninguna se ha perdido o extraviado. 27¡Oh Jacob, oh Israel! ¿Cómo pueden decir que el Señor no ve sus tribulaciones y no procede con justicia? 28¿No comprenden todavía? ¿Aún no saben que el Dios eterno, el Creador de los sitios más lejanos de la tierra, jamás se fatiga ni desmaya? Nadie puede sondear las profundidades de su entendimiento. 29Él da fuerzas al cansado y extenuado, y vigor al débil. 30Hasta los jóvenes quedan sin aliento y los muchachos se dan por vencidos. 31Pero los que esperan en el Señor renovarán sus fuerzas: emprenderán vuelo como si tuvieran alas de águilas, correrán y no se cansarán, caminarán y no desfallecerán.

El amparo de Israel

41 ¡Escuchen, silenciosas ante mí, oh tierras de ultramar! Presenten sus más sólidos argumentos. Adelante, tienen la palabra. El tribunal está listo para su proceso.

2¿Quién ha incitado a éste desde el oriente, que encuentra la victoria a cada paso? ¿Quién será, sino el Señor? Dios le ha dado victoria sobre muchas naciones, y le ha permitido pisotear a reyes y atravesar con la espada ejércitos enteros. 3Él los persigue y marcha adelante libre de peligro, aunque ande por sendas desconocidas. 4¿Quién ha realizado tales proezas, dirigiendo los asuntos de las generaciones de los seres humanos conforme éstas se suceden? ¡Yo, el Señor, el primero y el último! ¡Sólo yo soy!

5Las tierras de ultramar observan aterrorizadas y esperan noticias de las nuevas campañas de Ciro. Naciones remotas tiemblan y se movilizan para la guerra. 6Cada varón anima a su vecino diciendo: «No te preocupes, no triunfará».

7Pero van presurosos a hacerse un nuevo ídolo, el tallador corre al orfebre y el forjador ayuda en el yunque. «Muy bien», dicen, «está saliendo muy bien. Ahora podemos soldarle los brazos». Cuidadosamente le pegan las extremidades y luego aseguran el monigote en su sitio para que no se caiga.

8¡Pero tú, oh Israel, eres mío, mi pueblo elegido, porque eres la descendencia de Abraham, y él fue amigo mío! 9Te he llamado desde los confines de la tierra y he dicho que sólo a mí has de servir, pues yo te he elegido y no te desecharé. 10No temas, pues yo estoy contigo, no te desanimes. Yo soy tu Dios, yo te fortaleceré, yo te ayudaré, yo te sostendré con mi triunfante mano diestra.

11¡Mira, todos tus furiosos enemigos están echados, confusos y esparcidos! Todo el que se te oponga morirá. 12En vano los buscarás, habrán desaparecido. 13Yo te sostengo tomándote de la mano derecha —yo, el Señor Dios tuyo— y te digo: ¡No tengas temor; estoy aquí para ayudarte! 14Aunque seas despreciado, no temas, oh Israel, porque yo te auxiliaré. Yo soy el Señor, tu Redentor; yo soy el Santo de Israel. 15Serás nuevo instrumento trillador de agudos dientes para destrozar a todos los enemigos, convirtiendo en paja los montes. 16Los lanzarás al aire, el viento los arrastrará, los torbellinos los espar-

40.11 40.18 40.21–22 40.26 40.28–31 41.4 41.6 41.10–13 41.15–17

cirán. Y estarán rebosantes de júbilo del Señor,
se gloriarán en el Dios de Israel.
17Cuando los pobres y menesterosos busquen
agua sin hallarla, y tengan la lengua reseca de
sed, yo responderé cuando clamen a mí. Yo, el
Dios de Israel, no los abandonaré jamás. 18Abri-
ré para ellos ríos en las altas mesetas. Les daré
fuentes de aguas en los valles. En los desiertos
habrá estanques de agua, y ríos alimentados por
manantiales correrán por la tierra seca y sedienta.
19Yo plantaré árboles —cedros, mirtos, olivos,
cipreses, abetos y pinos— en la tierra estéril.
20Todos verán este milagro y comprenderán que
es Dios quien lo hizo, el Santo de Israel.
21¿Pueden sus ídolos presentar tales obras? ¡Que
vengan y muestren lo que pueden hacer! dice
Dios, el Rey de Israel. 22Que procuren decirnos
qué ocurrió en el pasado lejano o qué guarda el futuro. 23¡Sí, a la prueba! ¡Si son dioses,
dígannos lo que va a ocurrir en el porvenir, o
realicen algún milagro que nos deje atónitos,
estupefactos! 24¡Pero no! ¡Son menos que nada y
nada pueden hacer! ¡Al que los elija, habría que
examinarle la cabeza!
25Pero yo he incitado (a Ciro) desde el norte y
el este; él se lanzará contra las naciones, invocará
mi nombre y yo le daré victoria sobre reyes y príncipes. Él los pisoteará como alfarero que anda
sobre la arcilla. 26¿Quién sino yo les dijo que esto
iba a ocurrir? ¿Qué otro lo predijo, forzándolos a
reconocer que tenía razón? ¡Nadie más! ¡Ningún
otro dijo nada! 27Yo fui el primero que dijo a
Jerusalén. «¡Mira, mira! ¡Ya viene el auxilio!»
28Ninguno de sus ídolos les dijo esto, ninguno
respondió cuando yo pregunté. 29Fíjense, todos
son objetos ridículos e indignos. Sus ídolos son
tan vacíos como el viento.

El siervo del Señor

42 Vean a mi Siervo, a quien yo sostengo,
mi elegido, en quien me deleito. En él he
puesto mi Espíritu, él mostrará lo que es justicia
a las naciones del mundo. 2Será apacible, no
gritará ni reñirá en las calles. 3No quebrará la
caña maltratada, ni apagará la llama vacilante.
Se encargará de que se haga plena justicia a las
víctimas de injusticia, 4y no se dará por satisfecho
hasta que la verdad y la justicia prevalezcan en
toda la tierra, y hasta que las lejanas tierras de
ultramar hayan puesto en él su confianza.
5El Señor Dios que creó el cielo y lo extendió,
y creó la tierra y cuanto hay en ella, y que da
vida, aliento y espíritu a todos en el mundo, es
el que dice:
6Yo, el Señor, te he llamado para demostrar
mi justicia, yo te cuidaré y te sostendré, porque te he dado a mi pueblo como confirmación
personal de mi pacto con ellos. Serás también
luz que guíe las naciones hacia mí. 7Darás vista
a los ciegos y libertarás a los que yacen en prisión
de tinieblas y desaliento. 8¡Yo soy el Señor! Ese es
mi nombre y no daré a ningún otro mi gloria,
no compartiré mi alabanza con ídolos tallados.
9Todo lo que yo profeticé se cumplió, y ahora
volveré a profetizar; te diré el futuro antes que
acontezca.

Canción de alabanza al Señor

10Entonen un canto nuevo al Señor; entonen sus
alabanzas, todos los que habitan en los más
remotos rincones de la tierra. ¡Canta, oh mar!
¡Canten todos los que moran en tierras distantes
de ultramar! 11Únanse al coro, ciudades del desierto: Cedar y Selá. Y ustedes también, los que
moran en las cumbres de los montes. 12Que
las costas del oeste glorifiquen al Señor y canten su gran poder.
13El Señor será poderoso guerrero, lleno de ira
contra sus enemigos. Lanzará un fuerte grito de
guerra y vencerá. 14Él callaba desde hace tiempo.
Se había dominado, pero ahora desatará su ira.
Gemirá y llorará como mujer que da a luz. 15Apla-
nará los montes y collados y quemará su verdor.
Secará los ríos y estanques. 16Al ciego Israel lo
conducirá por sendas que nunca antes vio.
Ante ellos hará resplandecer las tinieblas, y alla-
nará y enderezará el camino que les espera, no
los abandonará. 17Pero los que confían en ídolos
y los llaman dioses tendrán enorme desengaño,
serán desechados.

Israel ciego y sordo

18¡Oh, qué ciegos y sordos son para con Dios!
¿Por qué no quieren escuchar? ¿Por qué no quieren ver? 19¿Quién hay en el mundo tan ciego como
mi pueblo, destinado a ser mi mensajero de la
verdad? ¿Quién tan ciego como mi «consagrado», el «Siervo del Señor»? 20Ven y comprenden
lo bueno, pero no hacen caso, no lo ponen por
obra; oyen, pero no quieren entender.
21El Señor ha enaltecido su ley y la ha hecho
verdaderamente gloriosa. Mediante ella había
planeado mostrarle al mundo que él es justo.
22¡Pero qué espectáculo da su pueblo, los encargados de mostrarle a todo el mundo la gloria
de su ley, pues son víctimas de robo y están
esclavizados, encarcelados, atrapados, presa
de todos, sin quién los proteja! 23¿No hay entre
ustedes siquiera uno que saque enseñanzas de
estas lecciones del pasado y vea la ruina que les
espera? 24¿Quién permitió que a Israel se le robara
y dañara? ¿No fue el Señor? Fue el Señor contra
el cual pecaron, porque no quisieron ir a donde
él los enviaba ni escuchar sus leyes. 25Por eso

42.6 42.12 42.16

derramó el Señor tan grande furia e ira sobre su pueblo y lo destruyó en batalla. Sin embargo, aun sobre el fuego y quemándose, no entienden el porqué: ¡Está Dios deseoso de que se arrepientan!

El único Salvador de Israel

43 Ahora, oh Israel, el Señor, quien te creó, dice: ¡No temas, pues yo te rescaté, yo te llamé por tu nombre, eres mío! 2Cuando pases por aguas profundas de gran tribulación, yo estaré contigo. Cuando pases por ríos no te ahogarás. Cuando pases por fuego no te quemarás, las llamas no te consumirán. 3Porque yo soy el Señor tu Dios, tu Salvador, el Santo de Israel. Entregué Egipto, Etiopía y Seba a cambio de tu libertad, como rescate por ti. 4Otros murieron para que tú vivieras. Yo cambié la vida de ellos por la tuya porque me eres precioso y honorable, y yo te amo.

5No temas, pues yo estoy contigo. Yo te recogeré del este y del oeste, 6del norte y del sur. Yo traeré a mis hijos e hijas de regreso a Israel desde los más apartados rincones de la tierra. 7Vendrán todos los que me invocan como su Dios, pues para gloria mía los hice, yo los creé. 8Tráelos de regreso a mí, aunque son ciegos y sordos a mi llamado.

9Reúnan a las naciones. ¿Cuál de todos sus ídolos predijo jamás tales cosas? ¿Cuál puede predecir siquiera uno de los días que vendrán? ¿En dónde están los testimonios de cualquier cosa que hayan dicho ellos? Si no hay testigos, tienen que confesar que sólo Dios puede profetizar.

10Pero yo tengo testigos, oh Israel, dice el Señor. Ustedes son mis testigos, elegidos para conocerme y creerme, y para entender que sólo yo soy Dios. No hay otro Dios, jamás lo hubo ni lo habrá. 11Yo soy el Señor y no hay otro Salvador. 12Siempre que han desechado sus ídolos yo les he mostrado mi poder. Con una palabra los he salvado. Me han visto hacerlo; ustedes son mis testigos de que es verdad. 13Desde la eternidad hasta la eternidad yo soy Dios. Nadie puede contrariar lo que yo hago.

La misericordia de Dios y la infidelidad de Israel

14El Señor, su Redentor, el Santo de Israel dice: Por el amor que les tengo a ustedes enviaré contra Babilonia un ejército invasor que penetrará casi sin recibir daño alguno. Las jactancias de los babilonios se volverán gritos de dolor. 15Yo soy el Señor, su Santo, el Creador y Rey de Israel. 16Yo soy el Señor que abre camino por medio de las aguas, que construye un sendero a través del mar. 17Yo llamé al poderoso ejército de Egipto con todos sus carros y caballos, para dejarlos sepultados bajo las ondas, muertos, acalladas sus vidas como llama de vela.

18Pero olvídense de todo esto: ¡eso no es nada comparado con lo que voy a hacer! 19Voy a realizar algo enteramente nuevo. ¡Miren, ya he comenzado! ¿No lo ven? Abriré camino a través del desierto del mundo para que mi pueblo vuelva a su patria, y para ellos crearé ríos en el desierto. 20Las fieras del campo me darán gracias, así como los chacales y avestruces, por haberles dado agua en el desierto. Sí, manantiales en el desierto para que mi pueblo, mis elegidos, puedan tener refrigerio. 21Yo hice a Israel para mí, y algún día este pueblo mío me honrará ante el mundo.

22Pero ¡oh pueblo mío, no quieren pedirme auxilio, están hastiados de mí! 23No me han traído las ovejas como ofrenda quemada, no me han honrado con sacrificios. ¡Y sin embargo muy poco es lo que les he pedido de ofrendas e incienso! No los he tratado como a esclavos. 24No me han traído incienso de suave fragancia ni me han agradado sacrificando grasa de animales. No, lo único que me han presentado son pecados, y me han hastiado con todas sus fallas.

25Yo, sí, sólo yo soy quien borra sus pecados por amor a mí mismo y nunca más los recordaré. 26Recuérdenme esta promesa de perdón, pues de sus pecados hemos de hablar. Defiendan su causa para obtener mi perdón. 27Desde el principio mismo sus antepasados pecaron contra mí, todos sus antecesores quebrantaron mi ley. 28Por eso es que he destituido a sus sacerdotes y destruido a Israel, exponiéndolo a la vergüenza.

Israel, el escogido

44 Escúchame, siervo mío Israel, mi elegido: 2Oh siervo mío, el Señor, quien te hizo, quien te ayudará, dice: ¡No temas, oh Jerusalén, mis elegidos, no teman! 3Yo proveeré agua abundante para su sed y para sus campos resecos. Y yo derramaré mi Espíritu y mis bendiciones sobre sus hijos. 4Ellos prosperarán como hierba de regadío, como sauces en la ribera del río. 5«Al Señor pertenecemos», dirán orgullosos, «somos israelitas», y tatuarán en sus manos el nombre de Dios o el honorable nombre de Israel.

El Señor y los ídolos

6El Señor, el Rey de Israel dice, sí, el Redentor de Israel, el Señor Todopoderoso es quien lo dice: Yo soy el primero y el último, no hay otro Dios. 7¿Quién otro puede decirles lo que va a ocurrir en los días venideros? Que se lo digan los ídolos si pueden y demuestren su poder, que vengan y hagan obras semejantes a las que yo he realizado desde antaño. 8No tengan ningún

43.2–3 43.5–7 43.18–19 43.21 43.25 44.3–4 44.6

temor. ¿Acaso no he proclamado yo desde épocas
antiguas que los salvaría? Ustedes son mis testigos. ¿Hay acaso algún otro Dios? ¡No! ¡Ninguno
que yo sepa! ¡No hay ninguna otra Roca!
9¡Qué necios son quienes se fabrican ídolos para
tenerlos como sus dioses! Sus esperanzas quedan
sin cumplir. Ellos mismos son testigos de eso,
porque sus ídolos ni oyen ni conocen. Con razón
se avergüenzan quienes los adoran. 10¿Quién
sino un necio se haría su propio dios, un ídolo que no puede ayudarle en lo más mínimo?
11Todos los que adoran esas imágenes, avergonzados se presentarán ante el SEÑOR junto con
todos esos carpinteros —hombres no más— que
dicen haber hecho un dios. Unidos estarán en el
terror. 12El herrero ante la fragua hace el hacha
golpeándola con todas sus fuerzas. Hambriento
y sediento, se siente débil y desfalleciente. 13Lue-
go el tallador toma el hacha y la emplea para
hacer un ídolo. Mide y marca un trozo de madera y talla la figura de un hombre. Ahora cuenta
con un admirable ídolo que ni siquiera puede
moverse del sitio donde lo ponen. 14Corta cedros,
selecciona el ciprés y el roble, planta el fresno en
el bosque para que la lluvia lo nutra. 15Y después
de cuidarlo, emplea parte de la madera para
hacer un fuego que lo caliente y para cocinar su
pan, y después —realmente es así— toma el
resto de la madera y se hace un dios, un dios para
que los hombres lo adoren. Un ídolo, ¡un ídolo
ante el cual postrarse y al cual alabar! 16Quema
parte del árbol para asar su carne, mantenerse
caliente, comer y sentirse contento, 17y con lo que
sobra se hace su dios: un ídolo tallado. Se postra
ante él, lo adora y le ora. «Líbrame», le dice. «Tú
eres mi dios».
18¡Qué insensatez e ignorancia! Dios les ha
cerrado los ojos para que no puedan ver y les
ha cerrado el entendimiento. 19El hombre aquel
no se detiene a pensar o a preguntarse: «¿No es
acaso sólo un trozo de madera? Lo usé como leña
para calentarme, cocinar mi pan y asar mi carne, ¿cómo ha de ser un dios el pedazo sobrante?
¿He de postrarme ante un trozo de madera?» 20El
pobre necio engañado come cenizas. Confía en
lo que jamás podrá darle ayuda alguna y, sin
embargo, no logra preguntarse: «¿Será acaso
falso esto, este ídolo que tengo en la mano?»
21Presta atención, Israel, pues siervo mío eres.
Yo te hice y no me olvidaré de ayudarte. 22Yo
he borrado tus pecados, se han esfumado
como niebla matutina al llegar el mediodía. ¡Oh,
regresa a mí, pues yo pagué el precio de tu libertad!
23¡Canta, oh cielo, porque el SEÑOR ha hecho
esta obra admirable! ¡Clama, oh tierra, prorrumpan en canción montañas y selvas y todo árbol
porque el SEÑOR redimió a Jacob y su gloria es
Israel!

Jerusalén vuelve a ser habitada

24El SEÑOR, tu Redentor, quien te hizo, dice:
Todas las cosas por mi fueron hechas, sólo yo
extendí los cielos. Yo solo hice la tierra y cuanto
en ella hay. 25Yo soy quien pongo al descubierto
a los mentirosos falsos profetas haciendo que
suceda algo distinto de lo que ellos anuncian.
Yo hago que los sabios den consejo contrario del
que deben, y los entontezco. 26Pero lo que mis
profetas dicen, eso hago. Si dicen que Jerusalén
será librada y las ciudades de Judá volverán a
ser habitadas, así será. 27Cuando les hablo a los
ríos diciéndoles: «¡Séquense!» se secan. 28Cuando
respecto a Ciro digo: «Él es a quien he escogido
como pastor», indefectiblemente hará él lo que
yo diga. Y Jerusalén será reconstruida y restaurado su templo, porque yo lo he dicho.

45 Este es el mensaje del SEÑOR para Ciro,
ungido de Dios, a quien ha elegido para
que conquiste muchas tierras. Dios dará poder a
su mano derecha y él aplastará la fortaleza de
poderosos reyes. Dios le abrirá las puertas de
Babilonia, y las puertas no se le cerrarán más.
2Yo iré delante de ti, Ciro, y allanaré los montes y derribaré las puertas de bronce y los
barrotes de hierro. 3Y te daré tesoros que se ocultan en lugares oscuros, riquezas secretas, y tú
sabrás que yo lo hago. Yo, el SEÑOR, el Dios de
Israel, es el que te llama por tu nombre.
4¿Y por qué te he nombrado para esta obra?
Por amor de Jacob, mi siervo; de Israel, mi elegido. Yo te llamé por tu nombre cuando no me
conocías. 5Yo soy el SEÑOR, y no hay otro Dios.
Ya te fortaleceré y te enviaré a la victoria aunque no me conozcas, 6y todo el mundo desde el
oriente hasta el occidente sabrá que no hay otro
Dios. Yo soy el SEÑOR y no hay ningún otro, sólo
yo soy Dios. 7Yo formo la luz y hago las tinieblas.
Yo envío los buenos tiempos y los malos. Yo, el
SEÑOR, soy el que hace esto.
8Ábrase el cielo, derrame el cielo su justicia.
Germinen unidas en la tierra la salvación y la
justicia. Yo, el SEÑOR, las creé.
9¡Ay del ser humano que lucha contra su Creador! ¿Acaso discute la vasija con su hacedor? ¿Disputa la arcilla con quien le da forma, diciéndole:
«¡Alto, te has equivocado!»? ¿O exclama la vasija:
«¡Qué torpe eres!»? 10¡Ay del recién nacido que les
grita a su padre y a su madre!: «¿Por qué me han
engendrado? ¿No saben hacer bien nada?»

44.10 44.22 45.2–3 45.5–6

11El SEÑOR, el Santo de Israel, el Creador de Israel, dice: ¿Quién eres tú para darme órdenes respecto de la obra de mis manos? 12Yo hice la tierra y creé al ser humano en ella. Con mis propias manos extendí el cielo y ordené las incontables miríadas de estrellas. 13Yo levanté a Ciro para que cumpla mi justo propósito, y yo dirigiré todas sus sendas. Él restaurará mi ciudad y librará a mi pueblo cautivo, y no lo hará por recompensa.

14El SEÑOR dice: Los egipcios, etíopes y sabeos estarán sujetos a ti. Acudirán a ti con todas sus mercancías, las cuales te pertenecerán. Irán tras ti como prisioneros en cadenas y se postrarán de rodillas ante ti diciendo: «¡El único Dios que hay, es tu Dios!»

15Ciertamente, oh Dios de Israel, Salvador, te manifiestas en formas misteriosas y extrañas. 16Todos los que adoran ídolos se verán desengañados y avergonzados, 17pero Israel será salvado por el SEÑOR con eterna salvación; jamás sufrirán desengaño de su Dios por toda la eternidad. 18Porque el SEÑOR creó el cielo y la tierra y lo puso todo en su sitio, e hizo el mundo para que fuera habitado, y no un caos vacío. Yo soy el SEÑOR, dice él, y no hay otro.

19Nunca hablo en secreto, ni murmuro palabras en algún rincón oscuro. ¡No le dije a Israel que me pidiera lo que no pensaba darle! ¡No, porque yo, el SEÑOR, hablo solamente verdad y justicia!

20Reúnanse y vengan, naciones que escapan de la mano de Ciro. ¡Qué insensatos son los que andan con ídolos de madera y oran a dioses que no pueden salvar! 21Consulten entre ustedes, argumenten su causa. ¿Quién sino Dios dijo que todo esto se cumpliría? Porque no hay Dios sino yo, Dios justo y Salvador. No, ¡no hay ni uno! 22Alce a mí los ojos el mundo entero en busca de salvación, porque yo soy Dios, y no hay otro.

23Por mí mismo he jurado y jamás me retractaré, porque mi palabra es verdad, anuncio que toda rodilla en el mundo se doblará ante mí, y toda lengua jurará lealtad a mi nombre.

24«En el SEÑOR reside toda mi justicia y fortaleza», dirá todo el pueblo. Y todos los que contra él estaban enojados, acudirán a él avergonzados. 25En el SEÑOR todas las generaciones de Israel serán declaradas justas, y triunfarán.

Los dioses de Babilonia

46 En carreta de bueyes llevan a los ídolos de Babilonia, Bel y Nebo. ¡Pero miren! ¡Las bestias tropiezan! ¡El carro se vuelca! 2¡Los dioses caen por tierra! ¿Es eso todo lo que pueden hacer? Si ni a sí mismos pueden salvarse de caer, ¿cómo podrán salvar de Ciro a sus adoradores? 3Escúchenme, todos lo que han quedado de Israel: Yo los creé y los he cuidado desde su nacimiento. 4Yo seré su Dios en toda su vida. Sí, hasta que su cabello se encanezca por la edad. Yo los hice y yo los cuidaré, los llevaré en mis manos y seré su Salvador.

5¿A qué me compararán en el cielo o en la tierra? ¿A qué me igualarán? 6¿Me compararán con un ídolo hecho de oro y plata? Contratan un orfebre que tome su riqueza y con ella les haga un dios. ¡Después se postran y lo adoran! 7Lo llevan en hombros y cuando lo ponen abajo, allí se queda, pues no puede moverse. Y cuando alguien le suplica no obtiene respuesta, pues no puede sacarlo de apuros.

8¡No lo olviden, apóstatas, 9no echen en olvido las muchas veces que con claridad les dije lo que acontecería en el futuro! Porque yo soy Dios, yo y nadie más, y no hay otro que me iguale, 10que pueda predecir lo que va a suceder. Todo cuanto yo digo se cumple, pues yo hago cuanto quiero. 11Del oriente llamaré aquella veloz ave de rapiña, a Ciro, aquel varón de tierras lejanas. Él acudirá y hará mi voluntad. 12¡Escúchenme, hombres empecinados y perversos, 13porque yo les ofrezco liberación, no en un futuro lejano, sino ahora mismo! Presto estoy para salvarlos, y restauraré a Jerusalén y a Israel, gloria mía.

La caída de Babilonia

47 ¡Oh Babilonia invicta, ven a sentarte en el polvo, porque tus días de gloria, pompa y honor llegaron a su fin! ¡Oh hija de Caldea, jamás volverás a ser aquella encantadora, tierna y delicada princesa! 2Toma la pesada piedra y ponte a moler el trigo; quítate el velo, desvístete y exhíbete en público. 3Desnuda serás puesta en vergüenza. De ti me vengaré y no me arrepentiré. 4Así dice nuestro Redentor, el cual salvará a Israel del gran poder de Babilonia, el SEÑOR Todopoderoso es su nombre, el Santo de Israel:

5Siéntate callada y en tinieblas, oh Babilonia, jamás se te volverá a llamar «Reina de Reinos». 6Porque enojado estuve con mi pueblo Israel y comencé a castigarlos un poco permitiendo que cayeran en tus manos, oh Babilonia. Pero fuiste despiadada con ellos. Hasta a los ancianos obligaste a llevar pesadas cargas. 7Creíste que tu reino no terminaría jamás, reina de los reinos del mundo. No te diste la menor molestia por mi pueblo o en pensar en el destino de quienes lo maltratan.

8¡Oh reino ebrio de placeres, que vives a tus anchas, vanagloriándote de ser el más grande de la tierra, escucha la sentencia que mi tribunal dicta sobre tus pecados! Tú dices: «Sólo yo soy dios. No enviudaré jamás, jamás perderé a mis

45.12–13 46.4 46.10–11

hijos». 9Pues bien, ambas cosas te ocurrirán en
un instante, en un día te abrumará su plenitud:
la viudez y la pérdida de tus hijos, a despecho de
tu magia y brujería.

10Segura te sentías en toda tu maldad. «Nadie
me ve», decías. Tu «sabiduría» y tu «conocimiento» hicieron que te apartaras de mí y que
proclamaras que tú misma eres dios. 11Por eso te
sobrevendrá súbito desastre, tan repentino que
no sabrás de dónde viene, y no habrá entonces
expiación que limpie tus pecados.

12Invoca las hordas de demonios que adoraste
todos estos años, pídeles que te ayuden a infundir
nuevamente profundo terror en muchos corazones. 13Cuentas con montones de consejeros, tus
astrólogos y contempladores de estrellas que procuran decirte qué guarda el futuro. 14Pero son tan
inútiles como hierba seca que arde en el fuego.
Ni a sí mismos pueden librarse. Ningún auxilio
recibirás de ellos. Su fuego no puede calentarte.
15Y todos tus amigos de la infancia se desvanecerán y desaparecerán, incapaces de ayudar.

El Israel obstinado

48 Escúchenme todos los que forman parte
de mi pueblo; ustedes los que juran lealtad al Señor y lo invocan, pero son unos hipócritas y mentirosos. 2Sí, porque ustedes ostentan el
nombre de «Ciudad Santa» y dicen confiar en el
Dios de Israel cuyo nombre es Señor Todopoderoso. 3Una y otra vez les dije lo que iba a ocurrir
en el futuro. 4Yo sabía cuán tercos son. Tienen
el cuello tan inflexible como el hierro, tienen
la cabeza tan dura como el bronce. 5Por eso les
dije por anticipado lo que iba a hacer, para que
no atribuyeran los hechos a sus ídolos, para que
jamás pudieran decir: «Lo hizo el ídolo mío, mi
imagen esculpida ordenó que sucediera».

6Han escuchado mis predicciones y las han
visto cumplirse, pero se niegan a reconocerlo. Les
anunciaré ahora nuevos detalles que jamás había
mencionado, secretos que ustedes no han oído.
7Entonces no podrán decir: «¡Ya lo sabíamos!»

8Sí, les voy a decir cosas totalmente nuevas,
pues bien sé lo traidores que son, rebeldes desde
la más tierna infancia, podridos por completo.
9Mas por mí mismo y por la honra de mi nombre
refrenaré mi ira y no los destruiré. 10En el horno
de aflicción los refiné, pero no encontré plata en
ustedes. Carecen de valor; nada bueno hay en
ustedes. 11Pero por mí, por amor de mí mismo,
los salvaré de mi ira y no los destruiré para que
no digan sus dioses que me han vencido. No les
permitiré que me arrebaten mi gloria.

Liberación de Israel

12¡Escúchame, pueblo mío, elegido mío! Sólo
yo soy Dios. Yo soy el primero, yo soy el último. 13Mi mano fue la que echó los cimientos de
la tierra, la palma de mi mano derecha extendió
el cielo alto. Hablé y existieron.

14¡Vengan y escuchen, ustedes todos! Entre
todos sus ídolos, ¿cuál les dijo jamás esto: «El
Señor ama a Ciro, de él se valdrá para acabar
con el Imperio de Babilonia, y derrotará por
completo los ejércitos caldeos»? 15Pues yo se los
estoy diciendo. Yo he llamado a Ciro, yo le he
encomendado esto y haré que prospere.

16¡Acérquense más y escuchen! Siempre les he
dicho con claridad lo que ocurriría, para que
pudieran entender claramente. Y ahora el Señor
Dios y su Espíritu me han enviado con este mensaje: 17El Señor, su Redentor, el Santo de Israel,
dice: Yo soy el Señor Dios de ustedes, que los
castiga para su bien y que los guía por la senda
que deben seguir.

18¡Ay, ojalá que hubieran atendido mis leyes!
Entonces habrían disfrutado de paz que fluiría
como manso río, y de grandes oleadas de justicia.
19Entonces habrían llegado a ser tan numerosos
e incontables como los granos de arena de las
playas del mundo, y su destrucción no habría
sido necesaria.

20¡Líbrense de su cautiverio! ¡Salgan de Babilonia, cantando en el camino! ¡Grítenle a los
extremos de la tierra que el Señor ha redimido a
sus siervos los israelitas! 21Cuando él los guió por
los desiertos, no padecieron sed. Él abrió la roca
y de ella brotó agua para que bebieran. 22Pero no
hay paz para el malvado, dice el Señor.

El Siervo del Señor

49 Escúchenme, todos los habitantes de
lejanas tierras: El Señor me llamó antes
de mi nacimiento, desde el vientre de mi madre
me llamó por mi nombre. 2Dios hizo que mis
palabras fueran como espadas afiladas. Él me
ha ocultado en la sombra de su mano, soy como
aguda flecha en su aljaba.

3Él me dijo:

«Tú eres mi siervo, pueblo de Israel, y estoy
muy orgulloso de ti».

4Yo respondí:

«Pero me dije: todo lo que hago es en vano;
me he quedado sin fuerzas, y no he logrado nada.
Sin embargo, lo que hago se lo debo al poder
de Dios, y él será quien me dé mi recompensa».

5El Señor me formó desde el vientre de mi
madre para que le sirviera, él fue quien me
encargó restaurar para él a su pueblo Israel y el
que me ha dado fuerza para realizar esta tarea y
me ha honrado por cumplirla. El Señor me dijo:
6«Te he llamado para que realices una obra más

48.12–13 48.16–18 49.4

grande que la de restaurar a Israel y que hagas volver a los sobrevivientes de mi pueblo. ¡Yo te convertiré en luz de las naciones del mundo para que también a ellas les lleves mi salvación!»

[7]El Señor, el Redentor y Santo de Israel dice a aquel que es despreciado, rechazado de la humanidad y que yace bajo la planta de los gobernantes del mundo: Los reyes se mantendrán reverentes cuando tú pases, los príncipes te harán profunda reverencia porque el Señor te ha elegido y cumplirá lo que promete.

Restauración de Israel

[8,9]El Señor dice: En momento oportuno llegó tu petición. Te libraré de perjuicio prematuro, y te daré a Israel como prenda y señal, como prueba de que restableceré la tierra de Israel y la volveré a dar a su propio pueblo. Por medio de ti llamo a los cautivos de las tinieblas: «¡Salgan! ¡Salgan! ¡Yo les doy libertad!» Ellos serán ovejas mías que pastarán en verdes prados y en hermosas colinas. [10]No padecerán hambre ni sed, ni el ardiente sol ni el abrasador viento del desierto los volverán a tocar, pues por su misericordia el Señor los guiará junto a aguas refrescantes. [11]Y para ellos convertiré mis montes en sendas llanas, los caminos serán alzados por sobre los valles. [12]Miren, desde lejos retornará mi pueblo: desde el norte, el oeste y el sur.

[13]¡Canta jubiloso, oh cielo; clama, oh tierra; prorrumpan en canciones, oh montes; porque el Señor ha consolado a su pueblo y tendrá compasión de su dolor!

[14]Pero ellos dicen: «Mi Señor nos ha abandonado, nos ha olvidado».

[15]¡Jamás! ¿Podrá la madre olvidar a su criaturita y no amar a su propio hijo? Pues aunque eso fuera posible, yo no los olvidaré. [16]Miren, en la palma de mi mano he grabado su nombre y ante mí tengo perpetuamente el cuadro de las derribadas murallas de Jerusalén. [17]Pronto vendrán sus reedificadores y echarán a cuantos las están destruyendo.

[18]Miren, pongan atención, pues el Señor ha jurado que todos sus enemigos vendrán y serán esclavos suyos. Serán como joyas de exhibición, como adornos de recién casada.

[19]Hasta los más desolados rincones de su tierra pronto estarán llenos de su pueblo y sus enemigos que los esclavizaban estarán lejos. [20]Las generaciones que nacieron en el exilio volverán y dirán: «¡Necesitamos más espacio! ¡Estamos muy amontonados!» [21]Entonces ustedes se dirán: «¿Quién nos ha dado a todos estos? Porque la mayoría de nuestros hijos fueron muertos y el resto fue llevado cautivo, dejándonos solos aquí. ¿Quién dio a luz a todos éstos? ¿De dónde vinieron?»

[22]El Señor, el dueño de ustedes dice: Miren, daré señal a los gentiles y ellos les traerán en brazos a sus hijos y en sus hombros a sus hijas. [23]Reyes y reinas les servirán, atenderán a todas sus necesidades. Ante ustedes se inclinarán hasta el suelo y lamerán el polvo de sus pies; entonces sabrán que yo soy el Señor. Los que en mí esperan no serán avergonzados jamás.

[24]¿Quién arrebatará de manos de un varón fuerte su presa? ¿Quién podrá exigirle al tirano que deje ir a sus cautivos? [25]Pero el Señor dice: Hasta los cautivos del más poderoso y terrible tirano serán liberados, porque yo combatiré a quienes los combaten y salvaré a sus hijos. [26]Haré que sus enemigos se coman su propia carne y se embriaguen con ríos de su propia sangre. El mundo entero sabrá que yo, el Señor, soy su Salvador y Redentor, el Poderoso de Israel.

El pecado de Israel y la obediencia del Siervo

50 El Señor pregunta: ¿Los entregué yo en manos de mis acreedores? ¿Será por eso que no están presentes? ¿Está ausente su madre porque yo me divorcié de ella y la despedí? No, se han entregado ustedes mismos por sus pecados, y a su madre se la llevaron en pago de sus deudas. [2]¿Me faltaron fuerzas para librarlos? ¿Será por eso que la casa está silenciosa y vacía cuando llego? ¿No tendré ya poder para librar? No, esa no es la razón. Yo puedo reprender al mar y dejarlo seco, puedo convertir los ríos en desiertos cubiertos de peces agonizantes. [3]Yo soy quien envía la oscuridad a través del cielo.

[4]El Señor Dios me ha dado sus palabras de sabiduría para que yo sepa qué debo decirles a todos estos fatigados. Cada mañana me despierta y abre mi entendimiento a su voluntad. [5]El Señor Dios me ha hablado y yo escuché; no me rebelo ni me aparto. [6]Entrego mi espalda al látigo y mis mejillas a quienes me mezan la barba. No rehúso la vergüenza. En la cara me escupen.

[7]Ya que el Señor Dios me ayuda, no me desanimaré. Esa es la razón por la que me mantengo firme como roca, y sé que venceré. [8]Cerca está el que me hace justicia. ¿Quién se atreverá ahora a luchar contra mí? ¿Dónde están mis enemigos? ¡Que se presenten! [9]¡Miren! ¡El Señor, Dios mismo se ha puesto de parte mía! ¿Quién me declarará culpable? Todos mis enemigos serán destruidos como harapos, consumidos por la polilla.

[10]¿Quién entre ustedes teme al Señor y obedece a su siervo? Si alguno de ustedes anduviere en tinieblas, sin un solo rayo de luz, confíe en

49.8–11 49.13 49.14–16 50.7 50.10

el Señor, pónganse en las manos de su Dios. 11Pero oigan los que se iluminan con su propia luz y se calientan con su propio fuego; Dios los llenará de dolor toda la vida.

Salvación eterna para Sión

51 ¡Escúchenme todos los que aman la justicia y buscan al Señor! Tengan en cuenta la cantera de que fueron sacados, la roca de donde fueron labrados. 2Sí, piensen en sus antepasados Abraham y Sara, de los cuales provienen. Se angustian por ser tan pocos y tan pequeños, pero Abraham era solamente uno cuando yo lo llamé. Pero cuando yo lo bendije, se convirtió en una gran nación. 3De igual modo, el Señor bendecirá nuevamente a Israel y hará florecer sus desiertos, sus páramos serán tan hermosos como el huerto de Edén. Allí reinarán el gozo y la alegría, la acción de gracias y los hermosos cánticos.

4¡Escúchame, pueblo mío; escucha, oh Israel, porque yo haré que el bien triunfe! 5Mi justicia vendrá pronto, mi salvación está en camino. Yo gobernaré a las naciones, ellas me esperarán y anhelarán mi venida. 6Mira al alto cielo, y fíjate en la tierra abajo, porque el cielo se desvanecerá como humo, la tierra se gastará como vestidura, y el pueblo de la tierra morirá como moscas. Pero mi salvación y mi justicia permanecerán para siempre.

7¡Escúchenme, los que disciernen entre el bien y el mal y en su corazón aman mis leyes: no teman a las mofas ni calumnias del populacho! 8Porque la polilla los consumirá como a vestiduras, el gusano se los comerá como a lana, pero mi justicia y misericordia serán para siempre, y mi salvación para toda su descendencia.

9¡Despierta, oh Señor! ¡Levántate y vístete con tu manto de fortaleza! ¡Álzate como antaño, cuando destruiste a los egipcios! 10¿No eres acaso hoy el mismo, el potente Dios que secó el mar, por el medio del cual abrió senda para sus liberados? 11Llegará el día cuando todos los redimidos de Dios regresarán a su patria. Volverán a Jerusalén con cánticos y llenos de gozo y de alegría sin fin; y el dolor y el luto habrán acabado para siempre.

12Yo, sí, yo soy el que te conforta y te da todo este gozo. Así pues, ¿por qué temer a los simples mortales que cual la hierba se marchitan y desaparecen? 13Y sin embargo, te has olvidado de tu Creador, del que extendió los cielos e hizo la tierra. No le teman al que con furia quiere destruirlos. Ante mí, su furia desparece de inmediato. 14Pronto, muy pronto ustedes los esclavos serán liberados. Las prisiones, el hambre y la muerte no son su destino. 15Porque yo soy el Señor Dios de ustedes, el Señor Todopoderoso, que para ustedes abrió senda seca a través del mar, entre las ondas rugientes. 16Y yo he puesto en sus labios mis palabras y les he dado seguro refugio dentro de mi mano. Yo puse las estrellas en su sitio y modelé toda la tierra. Yo soy quien dice a Israel: «Tú eres mío».

La copa de la ira de Dios

17¡Despierta, despierta, Jerusalén! Ya sufriste demasiado la furia del Señor. ¡Has sufrido tanto que ya ni puedes levantarte! 18Ni uno de tus hijos quedó con vida para ayudarte ni indicarte qué debes hacer. 19Estos dos males te han tocado en suerte: desolación y destrucción. Sí, hambre y espada. ¿Y quién ha quedado para compadecerte? ¿Quién ha quedado para consolarte? 20Porque tus hijos, sin fuerzas, están tirados por las calles, indefensos como venados atrapados en la red. Contra ti ha derramado el Señor su furia y reprensión.

21Pero escuchen esto, ustedes habitantes de Jerusalén que viven tambaleándose de dolor y aflicción, esto dice el Señor, 22el Señor su Dios, el mismo que defiende a su pueblo: ¡Ya no volveré a tratarlos con ira, ni a castigarlos con severidad! ¡Todo eso se ha terminado! 23Sí, en cambio, castigaré con la misma severidad a quienes los atormentaron a ustedes y los pisotearon, y pasaron marchando sobre sus espaldas.

52 ¡Despierta, despierta, Jerusalén, y vístete de la fortaleza de Dios! Ponte tus hermosas vestiduras, Sión, ciudad Santa, porque nunca más entrarán por tus puertas los ejércitos extranjeros, esos que detestan a Dios. 2Levántate del polvo, Jerusalén, arroja de tu cuello las cadenas de esclavitud, y siéntate en tu trono. 3Porque el Señor dice: Cuando te entregué al destierro, no pedí precio a tus opresores; ahora puedo volver a tomarte sin deberles ni un céntimo. 4Hace mucho tiempo mi pueblo emigró a Egipto y vivió allí como esclavo, y ahora, sin causa alguna, Asiria lo ha maltratado. 5Y ahora ¿qué ocurre?, pregunta el Señor. ¿Por qué vuelve mi pueblo a estar cautivo y oprimido sin causa alguna? Quienes lo gobiernan se burlan de ellos, y me insultan día tras día. 6Pero llegará el día en que mi pueblo me conocerá. ¡Sabrá quién es el que les dice: «¡Aquí estoy para salvarlos!»

7¡Cuán hermosos son sobre los montes los pies de quienes traen la feliz noticia de paz y salvación, la nueva de que el Dios de Israel reina! 8Los centinelas gritan y cantan de júbilo, porque con sus propios ojos ven al Señor traer de regreso a su pueblo. 9Rompan en jubiloso cántico las ruinas de Jerusalén, porque el Señor ha consolado a su pueblo, ha redimido a Jerusalén. [10]Ante los ojos de todas las naciones el SEÑOR desplegará su gran poder, y todas ellas contemplarán la salvación de nuestro Dios.

[11]¡Salgan, salgan pronto! ¡Dejen sus cadenas de esclavitud! ¡No toquen nada de la inmundicia de Babilonia! Ustedes, los que traen de regreso los utensilios del templo, ¡Purifíquense y no toquen nada impuro! [12]No tienen que salir apresurados, ni salgan huyendo, ¡nadie los perseguirá! El SEÑOR, el Dios de Israel, marchará con ustedes y los rodeará y protegerá de todo peligro.

El sufrimiento y la gloria del Siervo

[13]Miren, mi Siervo será prosperado, será grandemente exaltado. [14,15]Pero al verlo, muchos se asombrarán. Sí, las naciones lejanas y sus gobernantes quedarán estupefactos y mudos ante su presencia. Porque verán y entenderán lo que jamás se les había dicho. Verán a mi siervo tan desfigurado que sería difícil tomarlo por ser humano.

53 ¡Nadie cree lo que hemos proclamado! ¡Nadie ha sido testigo del poder de Dios! [2]Era como tierno retoño que brota de una raíz en tierra seca. No había nada de belleza en él. No tenía atractivo como para desearlo. [3]Todos lo despreciaron y lo rechazaron. Fue un hombre marcado por el dolor y habituado al más amargo sufrimiento. Todos evitábamos mirarlo, lo ignorábamos y lo considerábamos como harapo pisoteado en el camino.

[4]Y sin embargo, el sufrimiento que él padeció es el que a nosotros nos correspondía, nuestras penas eran las que lo agobiaron. Y nosotros pensábamos que sus tribulaciones eran castigo de Dios por sus propios pecados, [5]¡pero él fue herido y maltratado por los pecados nuestros! ¡Se le castigó para que nosotros tuviéramos paz, lo azotaron y nosotros fuimos sanados por su sufrimiento! [6]Nosotros fuimos quienes nos extraviamos como ovejas, nosotros, quienes seguimos nuestro propio camino. ¡Pero Dios echó sobre él la culpa y los pecados de cada uno de nosotros! [7]Fue oprimido y afligido, pero no pronunció ni una sola palabra de queja. Como si fuera un cordero lo llevaron al matadero; como muda oveja ante sus trasquiladores, permaneció callado ante quienes lo condenaban. [8]De la cárcel y del juicio se lo llevaron a la muerte. Pero ¿quién entre el pueblo de aquel tiempo se dio cuenta de que era por los pecados de ellos que él moría, que él sufría el castigo que a ellos correspondía? [9]Lo sepultaron como a delincuente en la tumba de un rico, pero él no había hecho mal alguno, jamás pronunció una palabra perversa. [10]Sin embargo, fue Dios mismo el que decidió humillarlo y hacerlo sufrir hasta la agonía. Pero el siervo ofreció su vida en sacrificio por nuestros pecados. Por eso, tendrá una larga vida y llegará a ver sus descendientes. Todos los planes de Dios se harán realidad por medio de sus manos. [11,12]Y después de tanto sufrimiento comprenderá por qué fue necesaria su obediencia y su intercesión. Porque fue mediante su sufrimiento y por haber llevado sobre sí el pecado de muchos que mi siervo hará que ellos sean declarados inocentes y aceptados por Dios. Por lo tanto, yo le daré como premio toda la honra y todo poder.

La futura gloria de Sión

54 ¡Canta, mujer estéril! ¡Prorrumpe en grande y jubiloso cántico, Jerusalén, porque la que había sido abandonada tiene más bendiciones que la que conservó su marido! [2]¡Amplía tu casa, construye cuartos adicionales, ensancha tu morada [3]porque pronto no tendrás espacio! Tus descendientes poseerán las ciudades que habían quedado durante el exilio y gobernarán a las naciones que se apoderaron de su tierra.

[4]No temas, ya no vivirás avergonzada. La vergüenza de tu juventud y el dolor de la viudez no se recordarán más, [5]porque tu Creador será el «esposo» tuyo. SEÑOR Todopoderoso es su nombre; él es tu Redentor, el Santo de Israel, el Dios de toda la tierra. [6]Porque el SEÑOR te ha llamado para que dejes tu dolor, joven esposa abandonada por tu marido. [7]Por un breve momento te abandoné, pero con mucha compasión te tomaré de nuevo. [8]En un momento de ira no quise saber nada de ti, pero con amor eterno nuevamente tendré compasión de ti, dice el SEÑOR, tu Redentor. [9]Así como en días de Noé juré que jamás permitiría que la inundación de las aguas cubriera la tierra y destruyera su vida, juro ahora que jamás volveré a derramar mi ira sobre ti como lo hice durante el exilio. [10]Podrán los montes marcharse y desaparecer las colinas, pero la misericordia mía no te dejará. Jamás será quebrantada mi promesa de paz para ti, dice el SEÑOR, quien tiene misericordia de ti.

[11]¡Oh afligido pueblo mío, atormentado y atribulado, volveré a construir para ti cimiento de zafiros, y de piedras preciosas haré los muros de tus casas! [12]De ágata resplandeciente construiré tus torres, y tus puertas y murallas serán de fulgurantes gemas. [13]Y yo seré el maestro de todos tus ciudadanos y grande será la prosperidad de ellos. [14]Serás regida por un gobierno justo y honrado. Tus enemigos se mantendrán a distancia,

52.10 52.12 52.13 52.15 53.3–6—Ma 8.17
53.7—Ma 27.12–14 53.9–12—Ma 27.38.57–60
53.11–12 54.5 54.7 54.9–10 54.13–17

vivirás en paz, el terror no se acercará. 15Si alguna nación acude a combatirte, no será enviada por mí como castigo; por lo tanto será derrotada, porque yo estoy de tu parte. 16Yo he creado al herrero que desde abajo de la fragua da viento a los carbones y fabrica las armas destructivas. Yo he creado los ejércitos que destruyen. 17Pero aquel día ninguna arma que se vuelva contra ti triunfará, y se te hará justicia contra toda calumnia que se esgrima en los tribunales. Ésta es la herencia de los siervos del Señor, ésta es la bendición que te he dado, dice el Señor.

Invitación a los sedientos

55 ¡Oigan! ¿Alguien tiene sed? ¡Que venga y beba, aunque no tenga dinero! ¡Vengan, elijan el vino y la leche que gusten: todo es gratis! 2¿Por qué gastar su dinero en alimento que no nutre? ¿Por qué pagar por víveres que no aprovechan? Escuchen y les diré dónde obtener buen alimento que fortalece el alma.

3Acudan a mí, y presten atención. Escuchen, porque está en juego su vida. Dispuesto estoy a firmar un pacto permanente con ustedes: hacer efectivas las promesas que le hice a David, mi rey amado. 4A él lo puse por testigo para guiar a las naciones en el camino de la justicia y de mis enseñanzas. 5De igual modo, ustedes también convocarán a las naciones, y éstas acudirán presurosas; vendrán a ustedes por todo lo que el Señor, el Santo de Israel, ha hecho por ustedes, pues les ha mostrado su amor y los ha honrado.

6Éste es el momento oportuno para buscar al Señor. Ahora que está cerca es cuando deben llamarlo. 7Los que siempre buscan hacer el mal, que abandonen sus malos pensamientos y ese estilo de vida, y vuélvanse al Señor, pues él siempre está dispuesto a perdonarlos; el Señor es un Dios compasivo. 8Mis pensamientos y conducta son radicalmente diferentes a los de ustedes. 9Porque así como el cielo es más alto que la tierra, mi conducta y mis pensamientos son más elevados que los de ustedes.

10Así como la lluvia y la nieve descienden del cielo y permanecen en la tierra para regarla, haciendo que la tierra dé grano y produzca semilla para el sembrador y pan para el hambriento, 11así es mi palabra. Yo la envío y siempre produce fruto. Realiza cuanto yo quiero y prospera en dondequiera la envíe. 12En gozo y paz vivirán. Montes y collados, árboles del campo, todo el mundo que los rodea, se regocijará. 13Donde hubo espinos crecerán abetos, donde crecían zarzas brotarán mirtos. Este milagro engrandecerá mucho el nombre del Señor y será eterna señal del poder y del amor de Dios.

Salvación para los demás

56 Practiquen la justicia y el derecho, dice el Señor, porque pronto vengo a demostrarles mi poder liberador. 2Dios bendecirá a todo el que se abstenga de practicar el mal y al que rehúse trabajar los días sábado, es decir, los días de reposo obligatorio.

3El extranjero que se entrega al Señor no debe ni siquiera pensar en que Dios lo va a rechazar. Tampoco el eunuco debe considerarse como árbol seco. 4Esto digo a los eunucos que respetan mis días de reposo, me son fieles y me obedecen: 5Yo les concederé el privilegio de tener sus nombres grabados de manera permanente en mi templo, dentro de mis muros. Tendrán un nombre eterno que nunca será borrado. ¡Eso es mejor que tener muchos hijos e hijas!

6En cuanto a los extranjeros, aquellos que se unan al pueblo del Señor, le sirvan, amen su nombre, sean siervos suyos, no profanen el sábado y hayan aceptado su pacto y sus promesas, 7también los traeré a mi santo monte de Jerusalén y los llenaré de gozo dentro de mi Casa de Oración. Aceptaré sus sacrificios y ofrendas porque mi templo será llamado «Casa de Oración para todos los pueblos». 8Porque el Señor que hace volver a los desterrados de Israel dice: «A otros traeré además de mi pueblo Israel».

La acusación de Dios contra los malvados

9¡Vengan, naciones enemigas! ¡Vengan a destruir a mi pueblo! 10Porque sus líderes son unos incapaces. No se dan cuenta del peligro en el que está mi pueblo. Más bien se pasan la vida durmiendo y soñando. 11Son codiciosos como perros, jamás se satisfacen; son pastores insensatos a quienes sólo preocupa su propio interés, procurando obtener cuanto más pueden, no importándoles el origen.

12«Vamos», dicen. «Conseguiremos vino y haremos fiesta; embriaguémonos. ¡Esto se llama vivir; que siga la fiesta, y mañana será aún mejor!»

57 Mueren los buenos, perecen los justos antes de tiempo sin que nadie parezca preocuparse o preguntarse la razón. Nadie pareciera darse cuenta de que Dios los aleja de los malos días que vendrán. 2Porque los justos que mueren descansarán en paz.

3Pero ustedes, ¡vengan acá, hijos de brujas, descendientes de adúlteros y prostitutas! 4¿De quién se burlan haciendo muecas y sacando la lengua? ¡Hijos de pecadores y embusteros!

55.1–4 55.6–13 56.1 56.4–8 57.2

[5]Debajo de los robles y de todo árbol frondoso tienen relaciones sexuales para adorar a los falsos dioses, y junto a los arroyos y en las cuevas de las rocas sacrifican a sus hijos como ofrenda en su honor. [6]Sus dioses son las piedras lisas de los valles, a las que adoran. A ellas les llevan vino y cereales como ofrenda. ¡Bien saben que toda esta conducta me llena de tristeza y enojo!

[7]En lo alto de los montes ponen sus camas, porque allí han adorado ídolos. [8]Tras las puertas cerradas han colocado sus ídolos y han adorado a otros dioses y no a mí. Esto es adulterio, porque entregan su amor a estos ídolos en vez de amarme a mí.

[9]Han llevado agradable incienso y perfume como ofrenda al dios Moloc. Han ido lejos, hasta el infierno mismo, en busca de nuevos dioses a quienes amar. [10]Se fatigan en su búsqueda, pero jamás cesan en su empeño, cobran fuerzas y prosiguen. [11]¿Por qué les tienen más temor a esos dioses que a mí? ¿Por qué no me consagran ni la sobra de un recuerdo? ¿Será porque he sido demasiado bueno, y por eso no me temen?

[12]Y luego vienen con su «justicia» y sus «buenas obras», ninguna de las cuales los salvará. [13]Ya verán que nada ni nadie en toda la gran colección de ídolos que tienen podrá ayudarlos cuando clamen pidiéndoles salvación. ¡Tan débiles son, que el viento puede llevárselos! Un soplo puede arrastrarlos. Pero todo el que confía en mí poseerá la tierra y heredará mi santo monte.

Consuelo para los contritos

[14]Yo diré: ¡Reconstruyan el camino, aparten rocas y piedras, preparen un glorioso camino para mi pueblo que regresa del cautiverio!

[15]El que es alto y excelso y habita la eternidad, aquel cuyo nombre es santo, dice así: Yo moro en aquel elevado y santo sitio, pero también estoy donde habitan los pobres y los afligidos, y a ellos les doy ánimo y aliento. [16]Porque no lucharé contra ustedes para siempre, ni para siempre les mostraré mi enojo. Si así fuera, perecería todo lo que tiene vida en este mundo. [17]Estuve airado y herí a estos hombres codiciosos, pero ellos continuaron pecando, haciendo cuanto su malvado corazón anhelaba. [18]He visto lo que hacen, y sin embargo los sanaré, guiaré y consolaré, ayudándoles a llorar por sus pecados y a confesarlos.

[19]¡La paz, la paz esté con ellos, los cercanos y los lejanos, pues a todos los sanaré! [20]Pero los que aún me rechazan son como mar embravecido que jamás se aquieta, y sus olas arrastran lodo y suciedad. [21]¡Para ellos no hay paz!, dice mi Dios.

El verdadero ayuno

58 El SEÑOR me dijo: ¡Grita bien fuerte, clama con voz de trompeta, no tengas miedo! ¡Reprende a mi pueblo sus pecados! [2]¡Mi pueblo está lleno de hipócritas! Acuden al templo cada día y les encanta oír la lectura de mis leyes, como si fueran a obedecerla, como si no menospreciaran los mandamientos de su Dios. ¡Qué afán muestran porque se les enseñen leyes justas, y les encanta estar cerca de mí!

[3]«Ante ti hemos ayunado», dicen, «¿por qué no te impresionas? ¿Por qué no ves nuestros sacrificios? ¿Por qué no escuchas nuestras plegarias? ¡Hemos hecho grandes penitencias, y ni siquiera te fijas!»

Pero yo les digo la razón: Es que mientras ayunan se dedican a hacer negocios, y explotan a sus trabajadores. [4]Además, el día de ayuno ustedes se las pasan en pura violencia, maltratándose unos a otros ¡Cómo quieren que escuche sus plegarias con esa clase de ayuno! [5]Si a eso que ustedes hacen le llaman ayuno, ¡a mí no me agrada para nada! Para mí nada tiene que ver con el ayuno que ustedes hagan penitencia y se mortifiquen y doblen la espalda como junco y se vistan de luto y se acuesten sobre ceniza. [6]¡Eso no es ayuno! El ayuno que a mí me agrada es que dejen de oprimir a quienes trabajan para ustedes y liberen a los que están esclavizados y que ¡acaben con toda injusticia! [7]Ayuno es que compartan su alimento con los hambrientos y que alberguen en sus hogares a los indefensos y menesterosos, que vistan a los que padecen frío y ayuden a todo aquel que necesite de su auxilio. [8]Los que practican esta clase de ayuno brillarán como la luz de la aurora, y el SEÑOR sanará todas sus heridas. Además, la justicia será su guía y la gloria del SEÑOR será su protección a sus espaldas. [9]Cuando me invoquen, yo les responderé. Si gritan pidiendo ayuda, yo les diré: «¡Sí, aquí estoy!»

Si ustedes hacen desaparecer la opresión, si dejan de acusar a los demás y de levantar calumnias, [10]si dan de comer al hambriento y ayudan a los que sufren, entonces su luz brillará entre las tinieblas, y su noche será como luminoso día. [11]Yo, el SEÑOR, los guiaré de continuo, y les daré de comer en el desierto y siempre tendrán fuerzas. Serán como huerto bien regado, como manantial que fluye sin cesar. [12]Sus hijos reedificarán las ruinas de sus ciudades, por tanto tiempo convertidas en desiertas ruinas, y a ustedes se los conocerá como «reparadores de muros caídos», «reconstructores de casas en ruinas».

[13]Dediquen el día de descanso para honrarme a mí. No hagan negocios ese día, no lo usen para

57.15 57.19–21 58.2 58.7–12

hablar de cosas inútiles. Más bien, disfruten el día de descanso con alegría y como un día especial dedicado a mí. 14Si hacen todo lo que les pido, yo seré su verdadera alegría, y los llevaré de triunfo en triunfo, y les entregaré la tierra que les prometí. Yo, el SEÑOR les confirmo que así será.

Pecado, confesión y redención

59 ¡Escuchen ahora! No es que el Señor se haya debilitado tanto que no pueda salvarlos, ni se ha vuelto sordo que no pueda escucharlos cuando claman. 2El problema está en que sus pecados los han separado de Dios. Por causa del pecado él ha escondido su rostro de ustedes y ya no quiere escucharlos. 3Porque las manos de ustedes están llenas de sangre por los crímenes que han cometido, y sobre todo eso, mienten y murmuran, y se oponen al bien. 4Nadie se preocupa por ser justo y fiel. Sus litigios se fundan en mentiras; pasan el tiempo planeando males y ejecutándolos. 5Dedican su tiempo y energía a trazar planes perversos cuyo fin es sangriento. 6Engañan y estafan a todos. Cuanto hacen es pecaminoso; la violencia es su marca distintiva. 7Sus pies corren hacia el mal y se apresuran a cometer homicidio; sólo piensan en pecar y a dondequiera que van dejan un rastro de dolor y de muerte. 8Ignoran qué es la paz, o qué significa ser justo y bueno; continuamente hacen el mal, y quienes van en pos de ustedes tampoco gozan de paz.

9Es por todo ese mal que no cuentan con las bendiciones de Dios; por eso es que él no castiga a quienes les hacen mal a ustedes. Con razón caminan en tinieblas y no en luz; 10con razón andan a tientas como ciegos y tropiezan aun en pleno día. Aun cuando el sol brilla en su esplendor, para ustedes es como si fuera noche oscura. Se mantienen con vida, pero carentes de vigor. 11Dan rugidos como osos hambrientos; se quejan con gemidos lastimeros como palomas. Buscan a Dios para que los proteja, pero él se abstiene, él les ha vuelto la espalda, 12porque sus pecados siguen amontonándose en presencia del justo Dios, y dan testimonio en contra suya.

Ustedes mismos dicen: Sí, sabemos lo pecadores que somos, 13conocemos nuestra desobediencia, hemos negado al SEÑOR Dios nuestro. Sabemos lo rebeldes e injustos que somos, pues minuciosamente tramamos nuestras mentiras. 14Nuestros tribunales se oponen a la justicia y se desconoce en ellos la imparcialidad. La verdad cae muerta en las calles y la justicia no tiene lugar en sus vidas. 15¡Sí, desapareció la verdad y a todo el que se aparta del mal, lo despojan de todo! El SEÑOR contempló todo este mal y le desagradó ver que no se tomaban medidas contra el pecado. 16Se asombró de que nadie interviniera y decidió salvarlos con su poder y su justicia. 17Se vistió colocándose la justicia como armadura y puso en su cabeza la salvación como un yelmo. Se puso vestiduras de venganza y de santa furia. 18Pagará a sus enemigos por sus maldades, con furia para sus enemigos de tierras lejanas. 19Entonces, las naciones temblarán de miedo ante el SEÑOR, y le rendirán homenaje, porque vendrá como río caudaloso impulsado por un viento muy fuerte. 20El SEÑOR vendrá a redimir a los moradores de Jerusalén y a todos los israelitas que se arrepientan de su pecado. ¡Él así lo ha afirmado!

21El SEÑOR dice así: Yo hago un pacto con ustedes y les prometo que mi poder y mis enseñanzas nunca se apartarán de ustedes ni de sus descendientes.

La gloria de Sión

60 ¡Levántense moradores de Jerusalén! ¡Replandezca la luz de Sión para que la vean todas las naciones! Porque de ustedes fluye la gloria del SEÑOR. 2Tinieblas negras como la noche cubrirán a todos los pueblos de la tierra, pero la gloria del SEÑOR resplandecerá sobre su ciudad. 3Todas las naciones acudirán a su luz; reyes poderosos vendrán a contemplar sobre ella la gloria del SEÑOR.

4¡Alcen sus ojos y miren! Porque de lejanas tierras regresan familias enteras con sus niños en brazos. 5Se llenarán de suprema alegría porque de todo el mundo vendrán a Jerusalén mercaderes trayendo riquezas de muchas tierras. 6Multitud de camellos convergerán en ella, dromedarios de Madián, de Sabá y de Efa también, mercaderes de oro e incienso para añadirlos a la alabanza de Dios. 7Para mis altares se reservarán los rebaños de Cedar y los carneros traídos de Nebayot, y en aquel día yo glorificaré mi grandioso templo.

8Y ¿quiénes son esos que vuelan como nubes hacia Jerusalén, como palomas a sus nidos? 9He reservado los navíos de muchos países, los mejores de ellos, para traer a los habitantes de Jerusalén de lejanas tierras, y a sus riquezas con ellos. Porque el SEÑOR, el Santo de Israel, renombrado en todo el mundo, los ha enaltecido a los ojos de todos.

10Extranjeros vendrán y reconstruirán las murallas de Jerusalén, y sus gobernantes y reyes se pondrán al servicio de ustedes, habitantes de Jerusalén. Pues aunque yo destruí a Jerusalén en mi arranque de ira, por mi amor sin límite me apiadaré de ella. 11Sus portones permanecerán abiertos día y noche para que entre la riqueza de muchas naciones. Los reyes del mun-

58.14 59.1–2 59.19 60.1–2 60.10

do la abastecerán. [12]Porque las naciones que rehúsen servirles a ustedes, habitantes de Jerusalén, serán destruidas por completo. [13]De Jerusalén será la gloria del Líbano —los bosques de abetos, pinos y bojes— para embellecer mi santuario, el lugar donde he puesto mi trono.

[14]Los hijos de quienes los oprimieron a ustedes, habitantes de Jerusalén, vendrán a humillarse y hasta les besarán los pies. Llamarán a Jerusalén «Ciudad del Señor» y «Glorioso monte del Santo de Israel». [15]Aunque una vez Jerusalén fue despreciada, odiada y rechazada de todos, será hermosa para siempre, gozo para todos los descendientes de ustedes.

[16]Poderosos reyes y aguerridas naciones proveerán de lo mejor de sus bienes para satisfacer todas las necesidades de todos ustedes, y finalmente todos los que habitan en Jerusalén reconocerán que yo, el Señor, soy su Salvador y Redentor, el Poderoso de Israel. [17]En lugar de bronce les traeré oro; en vez de hierro traeré plata; en vez de madera les daré bronce, y en vez de piedra les traeré hierro. ¡La paz los gobernará y la justicia será su guía! [18]La violencia desaparecerá de su tierra, cesará toda guerra. Las murallas de Jerusalén tendrán por nombre «Salvación» y sus portones, «Alabanza».

[19]Nadie en Jerusalén necesitará más de sol ni de luna para que los iluminen, porque el Señor, el Dios de ustedes, será su luz perpetua; ¡él será su resplandor! [20]El sol nunca tendrá ocaso y la luna no menguará, porque el Señor será luz permanente. Los días de luto por fin terminarán. [21]Todo los habitantes de Jerusalén practicarán la justicia y poseerán por siempre la tierra, porque aquí los plantaré con mis propias manos, y así se manifestará mi gloria. [22]La más pequeña familia se multiplicará hasta convertirse en un gran clan, el grupo pequeño llegará a ser poderosa nación. Yo, el Señor, a su tiempo haré que todo esto se cumpla.

El año del favor del Señor

61 El Espíritu del Señor Todopoderoso está sobre mí, porque me eligió para traer buenas noticias a los pobres, para consolar a los afligidos y para anunciarles a los prisioneros que pronto van a quedar en libertad. [2]El Señor me ha enviado a decir a los que lloran que ha llegado para ellos la hora de la compasión de Dios, y el día de su ira contra los enemigos de ellos. [3]A todos los que guardan luto en Israel les dará: belleza en vez de cenizas, júbilo en vez de llanto, y alabanza en vez de abatimiento. Porque para gloria de Dios, él mismo los ha plantado como vigorosos y esbeltos robles.

[4]Entonces ellos reedificarán las antiguas ruinas, repararán las ciudades que hace largo tiempo fueron destruidas; las levantarán, aunque por generaciones han estado derruidas. [5]Los extranjeros serán los siervos de ustedes, les darán de comer a sus rebaños, ararán sus tierras y cuidarán sus viñedos.

[6]Ustedes serán llamados sacerdotes del Señor, ministros de Dios. Se nutrirán de los tesoros de las naciones y en sus riquezas se gloriarán todos ustedes. [7]En lugar de vergüenza y deshonra, gozarán doble porción de prosperidad y de alegría perpetua.

[8]Porque yo, el Señor, amo la justicia, detesto el robo y el mal. Fielmente recompensaré a mi pueblo por sus sufrimientos y con ellos estableceré pacto perpetuo. [9]Sus descendientes tendrán renombre y serán famosos entre las naciones. Todos reconocerán que son un pueblo bendecido por Dios.

[10]Dice el profeta: ¡Dejen que les cuente la felicidad que Dios me ha dado! Me ha cubierto con vestiduras de salvación y me ha puesto un manto de justicia. Soy como novio vestido para celebrar la boda o como una novia enjoyada para el desposorio.

[11]El Señor mostrará a las naciones del mundo su justicia; todos lo alabarán. Su justicia será como un árbol con renuevos, o como huerto al comenzar la primavera, lleno de plantas que brotan por doquier.

El nuevo nombre de Sión

62 Continuó hablando el profeta: Porque amo el monte Sión, porque mi corazón suspira por Jerusalén, no cesaré de orar por ella o de interceder por ella ante Dios hasta que resplandezca en su justicia y sea maravillosa en su salvación. [2]Jerusalén, las naciones verán tu justicia, los reyes serán deslumbrados por tu gloria y Dios te otorgará un nombre nuevo. [3]El Señor te alzará en sus manos para que todos te vean: ¡espléndida corona para el Rey de reyes! [4]Jamás volverán a llamarte «La Abandonada» ni a tu nación «La Arruinada». Tu nuevo nombre será «Mi Preferida» y tu nación, «La Desposada», porque en ti se deleita el Señor y te reclamará como posesión suya. [5]Jerusalén, así como un joven se casa con su novia, así se casa contigo el que te reconstruyó. El Señor se regocija contigo, como el marido se alegra con su esposa. [6]¡Oh Jerusalén, sobre tus muros he puesto centinelas que ni de día ni de noche dejan de decir: No descansen todos los que oran, [7]y no den tregua a Dios hasta que reestablezca a Jerusalén y haga que se le respete y admire por toda la tierra. [8]El Señor le juró solemnemente a Jerusa-

60.22 61.1–6 61.9–11 62.4

lén: ¡Jamás volveré a entregarte en manos de tus enemigos, jamás volverán soldados extranjeros a arrebatarte el trigo y el vino! 9 Tú lo cultivaste y tú te quedarás con él, y por ello alabarás a Dios. En los atrios del templo beberán el jugo de su vendimia.

10 ¡Salgan! ¡Salgan! —dice el profeta— ¡Preparen el camino para el retorno de mi pueblo! ¡Reparen los caminos, eliminen los peñascos, alcen la bandera de Israel!

† 11 Miren, el SEÑOR ha enviado sus mensajeros a todas las naciones y ha dicho:

Digan a mi pueblo: Yo, el SEÑOR, Dios de ustedes, vengo a salvarlos, yo les daré la libertad.

☼ 12 A los israelitas los llamarán «Pueblo santo» y «Redimidos por el SEÑOR», y a Jerusalén la llamarán «Ciudad deseada» y «Ciudad no abandonada».

El día de la venganza y la redención de Dios

63 ¿Quién es éste que viene de Edom, de la ciudad de Bosra, con sus magníficas vestiduras púrpuras? ¿Quién es éste con manto real, que marcha con grandeza y reflejando poder?

«¡Soy yo, el SEÑOR que te anuncio salvación; yo, el SEÑOR, poderoso para salvar!»

2 ¿Por qué son tan rojas tus vestiduras, como si vinieras de exprimir uvas en el lagar?

3 «Porque he pisado yo solo el lagar. No hubo quien me ayudara. En mi ira, he pisoteado a mis enemigos como si fueran uvas, en mi furia pisoteé a mis adversarios. Es su sangre la que ves en mi ropa. 4 Porque ha llegado la hora de que yo vengue a mi pueblo, de que los libere de la tierra de sus opresores. 5 Miré, pero nadie acudió en su auxilio; quedé asombrado y estupefacto. Entonces ejecuté la venganza yo solo; sin auxilio, llevé a cabo el castigo. 6 Con furia aplasté a las naciones paganas, las hice tambalearse y caer por tierra».

Alabanza y oración

7 De la amorosa bondad de Dios hablaré. Lo elogiaré por todo lo que ha hecho; me regocijaré por su gran bondad para con Israel, otorgada según su misericordia y amor. 8 Él dijo:

Míos son, sin duda no volverán a serme desleales.

Y él se convirtió en su Salvador, 9 y los libró de todas sus aflicciones. No fue ningún enviado del SEÑOR, sino que él en persona, motivado por su amor y piedad, los redimió, los levantó y los condujo todos aquellos años antiguos.

10 ¡Pero ellos volvieron a rebelarse y ofendieron a su Santo Espíritu! Por eso se transformó él en su adversario y los combatió personalmente. 11 Entonces ellos recordaron los días de antaño cuando Moisés, siervo de Dios, sacó de Egipto a su pueblo y clamaron:

¿Dónde está el que sacó a Israel a través del mar, con Moisés como pastor suyo? ¿Dónde está el Dios que envió su santo Espíritu a morar entre su pueblo? 12 ¿Dónde está aquél cuyo gran poder abrió el mar ante ellos cuando Moisés levantó la mano, y estableció para siempre su fama? 13 ¿Quién los llevó por el fondo del mar? Fueron como airosos caballos que corren por el desierto, y jamás tropezaron. 14 Como ganado que pace en los valles, el Espíritu del SEÑOR les dio reposo. De este modo se dio a sí mismo magnífico renombre.

15 El pueblo de Israel oró a Dios y le dijo: ¡Oh SEÑOR, mira desde el alto cielo y contémplanos desde tu santa y gloriosa morada! ¿Dónde está el amor que nos tenías, tu poder, misericordia y compasión? ¿Dónde están ahora? 16 ¡Ciertamente aún eres nuestro Padre! Aunque Abraham y Jacob nos desconocieran, tú serías nuestro Padre, nuestro Liberador desde la antigüedad. 17 Oh SEÑOR, ¿por qué nos has endurecido el entendimiento, nos has hecho pecar y volvernos contra ti? ¡Regresa y ayúdanos, pues los que a ti pertenecemos te necesitamos tanto! 18 ¡Cuán poco tiempo poseímos a Jerusalén! Y ahora nuestros enemigos la han destruido. 19 Oh Dios, ¿por qué nos tratas como si no fuéramos tu pueblo, como si fuéramos una nación pagana que jamás te hubiera llamado «SEÑOR»?

64 El pueblo de Israel continuó su oración: ¡Oh, que surgieras de los cielos y descendieras a la tierra! ¡Cómo se estremecerían los montes en tu presencia! 2 El fuego consumidor de tu gloria abrasaría los bosques y haría hervir los océanos hasta secarlos. Ante ti temblarían las naciones; entonces tus enemigos sabrían dar razón de tu fama.

3 Así fue antiguamente cuando tú descendiste, pues realizaste obras portentosas, superiores a nuestras más grandes esperanzas, ¡y cómo ☼ temblaron los montes! 4 Porque desde que el mundo es mundo nadie vio ni oyó jamás de un Dios como el nuestro, que se manifiesta en favor de los que en él confían. 5 Acoges con agrado a quienes alegremente hacen el bien, a quienes van por sendas santas. Pero no somos santos; somos y hemos sido pecadores toda la vida. Por lo tanto, tu ira pesa sobre nosotros. ¿Cómo podrán salvarse las personas que son como nosotros?

☼ 6 Estamos completamente contaminados e inmundos de pecado. Todas nuestras buenas obras son como inmundos harapos. Como hojas

† 62.11—Jo 12.14-16 ☼ 62.12 ☼ 64.4 ☼ 64.6-8

de otoño nos decoloramos, nos marchitamos y caemos. Como viento, nos arrastran nuestros pecados. 7Y, sin embargo, nadie invoca tu nombre ni te suplica misericordia. A causa de ello, tú te has apartado de nosotros y nos has abandonado por nuestra maldad.

8¡Y no obstante, oh Señor, tú eres nuestro Padre! Somos la arcilla y tú el alfarero: todos fuimos modelados por tu mano. 9¡Ay, no estés tan airado con nosotros, Señor, ni recuerdes para siempre nuestros pecados! Mira y ve que todos somos pueblo tuyo.

10Tus santas ciudades están destruidas, Jerusalén está desierta. 11Nuestro santo y hermoso templo, en donde nuestros padres te alababan, está quemado, y todos sus hermosos objetos destruidos. 12Después de todo esto, ¿aún te negarás a ayudarnos, Señor? ¿Permanecerás callado y continuarás castigándonos?

Juicio y salvación

65 El Señor dice:
Gente que nunca antes preguntó por mí, ahora me busca. Naciones que nunca antes me buscaron, ahora me hallan.

2Pero mi propio pueblo —no obstante que el día entero he tenido los brazos abiertos para recibirlos— se ha rebelado; sigue sus propias sendas y pensamientos perversos. 3Todo el día me ofenden cara a cara adorando ídolos en muchos huertos y quemando incienso en las azoteas de sus casas. 4Van por la noche a las tumbas y a las cuevas para adorar malos espíritus, y comen cerdo y otros alimentos prohibidos. 5Pero unos a otros se dicen: «¡No te me acerques mucho, porque me contaminas, porque soy más santo que tú!» Ya no los soporto, día tras día me enfurecen.

6Mira, aquí tengo escrito el decreto: ¡No guardaré silencio, daré a cada quien lo que se merece! Sí, les daré su merecido pago, 7y no sólo por los pecados de ellos, sino por los de sus padres también, dice el Señor, porque también ellos quemaban incienso en los montes y me ofendían en las colinas. Les voy a dar su merecido pago.

8Pero no los destruiré a todos, dice el Señor, porque así como entre los racimos de uvas malas aparecen algunas buenas (y alguien dirá: «¡No las arrojes todas; hay algunas uvas buenas!») no destruiré a todo Israel, porque tengo entre él algunos siervos fieles. 9Preservaré algún remanente de mi pueblo para que posea la tierra de Israel; los que yo seleccione la heredarán y allí me servirán. 10Y para aquellos de mi pueblo que me hayan buscado, los valles de Sarón volverán a estar llenos de rebaños y el valle de Acor será sitio para pastorear manadas.

11Pero ya que el resto de ustedes ha abandonado al Señor y su templo, y adoran dioses de la «Suerte» y del «Destino», 12yo los «destinaré» a la espada, y su «suerte» será terrible, pues cuando llamé no me respondieron, cuando hablé no quisieron escuchar. Deliberadamente pecaron ante mi vista y resolvieron hacer a sabiendas lo que yo desprecio. 13Por lo tanto, el Señor Dios dice: Ellos morirán de hambre, pero mis siervos tendrán qué comer; padecerán de sed mientras ellos beben; estarán tristes y avergonzados, pero ellos se gozarán; 14llorarán de dolor, disgusto y desesperación, mientras ellos cantan de júbilo. 15Su nombre será anatema entre mi pueblo, porque el Señor Dios los matará y a sus siervos fieles les dará otro nombre.

16Sin embargo, vendrán días cuando todos los que invoquen una bendición o presten juramento lo harán al Dios fiel; porque desecharé mi enojo y olvidaré el mal que hicieron.

Nuevos cielos y nueva tierra

17Pues miren, estoy creando un nuevo cielo, y una tierra nueva, tan admirables que nadie volverá a recordar las cosas pasadas. 18¡Alégrense, regocíjense para siempre en mi creación! ¡Miren! Volveré a crear a Jerusalén como sitio de felicidad, y su pueblo siempre estará gozoso. 19Y yo me regocijaré en Jerusalén, y en mi pueblo, y el sonido del llanto y del clamor no se volverá a escuchar allí jamás.

20Jamás volverán a morir los niñitos de pocos días de nacidos, ya no se tendrá por viejos a los hombres de cien años. ¡Únicamente los pecadores morirán a edad tan temprana! 21,22En aquellos días, cuando un hombre edifique una casa, podrá vivir tranquilo en ella, no será destruida por ejércitos invasores como en el pasado. Mi pueblo plantará viñas y comerá de su fruto, sus enemigos no las confiscarán. Porque mi pueblo vivirá tanto como los árboles y disfrutará por mucho tiempo de lo obtenido con su afanoso esfuerzo. 23Sus cosechas no serán devoradas por sus enemigos. Sus hijos no nacerán para ser carne de cañón. Porque son hijos de aquéllos a quienes el Señor ha bendecido; y sus hijos también serán bendecidos. 24Yo les responderé aun antes de que me invoquen; mientras estén aún contándome sus necesidades, yo procederé a contestar sus súplicas. 25El lobo y el cordero comerán juntos, el león se alimentará de paja como el buey, y la serpiente venenosa no volverá a morder. En aquellos días nada ni nadie recibirá daño ni será destruido en todo mi santo monte, dice el Señor.

Juicio y esperanza

66 El cielo es mi trono y la tierra es apoyo para mis pies. ¿Qué templo semejante a

65.17-24

éste pueden construirme ustedes? 2Mis manos hicieron la tierra y el cielo, los cuales son míos. Pero siento inclinación por el hombre de corazón humilde y contrito, que tiene reverencia ante mi palabra.

3Pero los que eligen sus propios caminos deleitándose en sus pecados, son malditos. Dios no aceptará sus ofrendas. Cuando se hagan esa clase de sacrificios en el altar de Dios, Dios los rechazará. Si sacrifican un cordero o traen una ofrenda de grano, es tan aborrecible para Dios como poner un perro o sangre de puercos sobre su altar. Cuando le queman incienso, él lo considera como si estuvieran adorando a un ídolo.

4Yo les enviaré grandes tribulaciones, todo cuanto ellos temían, pues cuando los llamé se negaron a responder, y cuando les hablé no quisieron escuchar. Por el contrario, ante mi propia vista hicieron lo malo, y a sabiendas escogieron lo que yo despreciaba.

5Escuchen las palabras de Dios, todos los que le temen y tiemblan ante sus palabras: Sus hermanos los odian y los desechan por ser leales a mi nombre. «Den gloria a Dios», dicen burlándose, «gócense en el Señor». Pero ellos serán avergonzados debido a estas burlas.

6¿Qué es toda esa conmoción en la ciudad? ¿Qué terrible ruido viene del templo? ¡Es la voz del Señor que se venga de sus enemigos!

7,8¿Quién vio jamás algo tan extraño? Pues en un solo día, súbitamente nacerá una nación, Israel, aun antes que se produzcan los dolores del parto. En un momento, apenas comience la angustia de Israel, nace el niño, comienza la nación. 9¿Te llevaré al momento del parto y no darás a luz?, pregunta el Señor tu Dios. ¡No, jamás!

10¡Regocíjense con Jerusalén, alégrense con ella todos cuantos la aman, los que por ella han llorado! 11¡Deléitense en Jerusalén, beban profundamente de su gloria, tal como la madre alimenta tiernamente a su pequeño! 12Como río inundará la prosperidad a Jerusalén, dice el Señor, pues yo le enviaré las riquezas de los gentiles. Sus hijos serán amamantados por sus pechos, llevados en sus caderas y mecidos en su regazo. 13Allí ☼te consolaré como una madre lo hace con su pequeñín. 14Cuando vean a Jerusalén, su corazón se regocijará; tendrán vigorosa salud. Todo el mundo verá la buena mano de Dios sobre su pueblo y su ira sobre sus enemigos.

15¡Pues miren, el Señor vendrá con fuego y con veloces carros de juicio para derramar la furia de su ira y su ardiente reprensión entre llamas de fuego! 16Porque el Señor castigará al mundo mediante fuego y su espada, y a muchos matará el Señor. 17Los que adoran ídolos que ☼esconden tras un árbol del jardín, haciéndoles festín con carne de cerdo y de ratón y con toda carne prohibida, tendrán un mal fin, dice el Señor. 18Yo bien veo lo que hacen, sé lo que piensan, de modo que congregaré a todas las naciones y pueblos contra Jerusalén, en donde contemplarán mi gloria. 19Realizaré un portentoso milagro contra ellos, y enviaré a los que escapen como misioneros a las naciones: a Tarsis, Put, Lidia (famosa por sus arqueros), Tubal y Grecia, y a las tierras de ultramar que no han oído mi fama ni visto mi gloria. Ahí anunciarán mi gloria a los gentiles. 20También traerán de regreso a sus hermanos que están entre todas las naciones como obsequio para el Señor, transportándolos suavemente, a caballo y en carrozas, en literas, a lomo de mula y en camellos, a mi santo monte, a Jerusalén, dice el Señor. Será como ofrenda que fluye al templo del Señor en tiempos de cosecha, llevados como si fueran en vasos consagrados al Señor. 21Y nombraré a algunos de los que regresen como sacerdotes míos y levitas, dice el Señor.

22Tan ciertamente como mi nuevo cielo y nueva tierra permanecerán, así serán ustedes para siempre pueblo mío, con un nombre que jamás perecerá. 23Toda la humanidad llegará a adorarme semana a semana y mes a mes. 24Y saldrán y mirarán los cadáveres de los que se rebelaron contra mí, porque el gusano de ellos no morirá jamás, el fuego de ellos no se apagará, y serán un repulsivo espectáculo para toda la humanidad.

☼66.13 ☼66.17–24

JEREMÍAS

¿Quién lo escribió?

El autor de este libro es el profeta Jeremías, hijo de Jilquías, de una familia sacerdotal de la tribu de Benjamín (Jer. 1:1). Fue llamado al ministerio profético siendo muy joven –algunos han especulado que tendría hasta unos catorce años– durante el reinado de Josías, y ministró hasta después de la destrucción de Jerusalén, por unos cuarenta años. Se le ha llamado "el profeta llorón" o "el profeta del corazón quebrantado", debido a su alta sensibilidad y dolor ante el pecado y sus consecuencias en el pueblo de Dios.

¿A quién lo escribió?

En el año 722 a.C., las diez tribus que formaban el reino del norte fueron llevadas cautivas por el imperio asirio. Las dos tribus que formaban el reino del sur debieron haber aprendido la lección y cambiar su conducta. Sin embargo, ellos continuaron por el mismo camino de rebeldía. Al fin, el juicio de Dios llegó y luego de sucesivas derrotas a manos de los caldeos en los años 605 a.C. y 597 a.C., la nación fue llevada cautiva en el año 586 a.C. y Jerusalén fue destruida. El libro de Jeremías estaba dirigido a los habitantes de Judá ya cautivos en Babilonia como un repaso de los eventos que los habían llevado hasta ese punto en su historia. Si alguien tenía duda de las razones por las cuales tanto el reino del norte como el del sur sufrieron el cautiverio, Jeremías lo dejaría bastante claro: el exilio se debía al castigo divino por el pecado de la nación y la restauración vendría como resultado de la misericordia del Señor.

¿Cuándo y dónde lo escribió?

Jeremías comenzó su ministerio en el año 627 a.C., unos cien años después de la caída de Israel en manos de Asiria. Ahora, la nueva potencia en la región era Babilonia, la cual conquistó a los asirios en 605 a.C. y llegaría a conquistar Jerusalén en 586 a.C. El profeta ministraría hasta más o menos el año 581 a.C. El libro de Jeremías registra la caída de Jerusalén, lo que significa que el libro fue terminado y publicado tiempo después de ese evento. Una fecha que aparece en los escritos de los estudiosos es el año 582 a.C. El libro fue escrito en la ciudad de Jerusalén, donde habían ocurrido los acontecimientos descritos en él. Hay que recordar que Habacuc y Sofonías ministraron durante los primeros años del ministerio de Jeremías, mientras Ezequiel y Daniel lo hicieron durante la última parte.

Panorama del libro

Unos sesenta años después de la muerte de Isaías, Jeremías fue llamado por el Señor para profetizar en Judá; nación que estaba al borde del desastre. El propósito de su ministerio se relacionaba con un mensaje claro para el pueblo: la opresión y futura derrota a manos de los babilonios era la manera en la que el Señor los estaba llamando a arrepentirse de sus pecados y a convertirse a Él para recibir las promesas de un pacto nuevo, el cual incluiría un corazón nuevo. Debido a ese mensaje y a su oposición a ciertas maniobras políticas, fue perseguido y odiado. De hecho, fue este profeta el que anunció el cautiverio a manos de los caldeos y la posterior restauración de Judá.

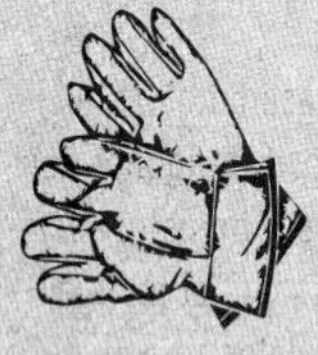

¿Cómo se relaciona con nosotros?

Este es el libro más largo de la Biblia en cuanto al número de versículos y en él encontramos a un líder con un corazón sensible. En muchos rincones de la iglesia se percibe a los líderes como hombres o mujeres casi indestructibles, que nunca se inmutan y cuya espiritualidad los lleva a resolver toda clase de desafíos sin tristezas ni frustraciones, pero este libro demuestra que esa no es la foto real del liderazgo cristiano. La profecía de Jeremías es clara, aunque saca a la luz que, al hablar de las consecuencias del pecado, debemos hacerlo con un corazón tierno. Ser firmes puede ir de la mano con un corazón gentil y este libro ilustra perfectamente esta rara combinación entre fortaleza y suavidad, entre vigor y sensibilidad, que tanto necesita la sociedad de hoy. Jeremías regala a nuestros matrimonios reflexiones acerca de la falsa religiosidad, la justicia y también sobre un nuevo corazón, un nuevo pacto y un vínculo ideal de fidelidad.

¿Cómo lo estudiamos?

1) Llamado de un joven para servir al Señor como profeta. Cap. 1
2) El profeta advierte al pueblo de Dios que será castigado. Caps. 2-6
3) El profeta advierte que el templo no los librará del castigo por la idolatría. Caps. 7-10
4) El profeta anuncia el castigo de formas variadas. Caps. 11-29
5) El profeta anuncia restauración y consolación para el pueblo. Caps. 30-33
6) El profeta anuncia la inminente caída del pueblo. Caps. 34-44
7) El profeta anuncia la soberanía de Dios sobre todas las naciones. Caps. 45-52

JEREMÍAS

Jeremías

1 Este es el mensaje que el SEÑOR le comunicó al sacerdote Jeremías, hijo de Jilquías, quien vivió en el pueblo de Anatot en la provincia de Benjamín. 2Recibió el primero de los mensajes de parte de Dios en el año trece del reinado de Josías, hijo de Amón, rey de Judá. 3Recibió otros durante el reinado de Joacim, hijo de Josías, rey de Judá, y posteriormente en diversas ocasiones hasta el mes de julio en el año once del reinado de Sedequías, hijo de Josías, rey de Judá, cuando la población de Jerusalén fue llevada cautiva a Babilonia.

Llamamiento de Jeremías

4El SEÑOR me dijo: 5Yo había determinado tu futuro desde que te estabas formando en el vientre de tu madre; antes que nacieras te escogí y te consagré como vocero mío ante el mundo.

6«¡Oh SEÑOR Dios», dije yo, «no puedo hacer eso! ¡No soy más que un muchacho! ¡Ni siquiera puedo hablar con soltura!»

7No digas eso, respondió el SEÑOR, pues tú irás a dondequiera que yo te envíe y anunciarás lo que yo te diga. 8Y no le tengas miedo al pueblo, porque yo, el SEÑOR, estaré contigo y te libraré en caso de peligro.

9Luego el SEÑOR me tocó la boca y dijo: Mira, te he dado la capacidad de comunicar mis mensajes. 10Hoy comienza tu trabajo: prevenir a las naciones y a los pueblos del mundo. De acuerdo con mis palabras, expresadas por tu boca, yo derribaré a unos y los destruiré, y plantaré y cuidaré a otros, los fortaleceré y los engrandeceré.
11Luego el SEÑOR me dijo:

Mira, Jeremías, ¿qué ves?

Y yo respondí:

Veo una rama de almendro.

12Y el SEÑOR respondió:

Eso es, y significa que sin duda alguna ejecutaré mis amenazas de castigo.

13Luego me preguntó:

¿Qué ves ahora?

Y yo respondí:

Veo una vasija de agua hirviendo que se ladea hacia el sur.

14Sí, dijo, porque del norte caerá un terror hirviendo sobre todos los pueblos de esta tierra. 15Yo llamo a los ejércitos de los países del norte para que se lancen sobre Jerusalén y la rodeen con sus ejércitos, y que hagan lo mismo con todas las demás ciudades de Judá. 16Así castigaré a mi pueblo por haberme abandonado y por rendirles homenaje a otros dioses, que son sólo ídolos hechos por sus propias manos.

17Así que levántate, vístete y ve a decirles cuanto yo te mande. No les tengas miedo, mantén una postura firme ante ellos. 18Mira, hoy te vuelvo inexpugnable a todos sus ataques, no pueden dañarte. Yo te doy una gran fuerza como si fueras ciudad llena de torres defensivas que no puede ser conquistada, como si fueras una columna de hierro o fuerte puerta de bronce. Todos los reyes de Judá, sus funcionarios, sacerdotes y habitantes no podrán nada contra ti. 19Van a intentar acabar contigo, pero fracasarán porque yo estoy contigo, dice el SEÑOR. Yo te libraré.

Israel abandona a Dios

2 Me habló nuevamente el SEÑOR y dijo: 2Ve y grita lo siguiente en las calles de Jerusalén:

El SEÑOR dice: Yo recuerdo que hace tiempo anhelaban agradarme como joven enamorada, ¡cómo me amaban y me seguían hasta por estériles desiertos! 3En aquellos días Israel era un pueblo santo, el primogénito de mis hijos. A todos los que lo perjudicaban se les culpaba gravemente, y eran castigados con mucha rigidez.

4,5Oh habitantes de Israel, dice el SEÑOR, aclárenme lo siguiente: ¿Por qué me abandonaron sus padres? ¿Qué hallaron torcido en mí que los apartó de la forma de vida que les mostré y los convirtió en necios adoradores de ídolos? 6Ellos pasan por alto que fui yo, el SEÑOR, quien los sacó con seguridad de Egipto y los condujo por estériles desiertos, por arenales rocosos donde reina la sed y la muerte, que nadie habita y ni siquiera transita. 7Yo los traje a tierra fructífera para que disfrutaran de su abundancia y frescura, pero ellos la convirtieron en tierra de maldad y corrupción y transformaron mi heredad en porquería. 8Ni siquiera sus sacerdotes se preocuparon por mí, y sus jueces me echaron al olvido; sus dirigentes se volvieron contra mí, y sus profetas adoraron a Baal y derrocharon su tiempo en necedades.

9Por eso sigo en mi pleito contra ustedes, el cual continuaré incluso contra sus descendientes en los años venideros.

10,11Miren en torno y vean si pueden encontrar otra nación en cualquier parte del mundo que haya cambiado sus antiguos dioses por otros nuevos, aunque sus dioses nada sean. Envíen a occidente, a la isla de Chipre; envíen al oriente, a los desiertos de Cedar; vean si hay allí alguien que jamás haya oído algo tan extraño. ¡Sólo mi pueblo ha renunciado a su glorioso Dios a cambio de ídolos ridículos! 12¡El cielo se espanta de esa gran estupidez y retrocede horrorizado y consternado!, dice el SEÑOR. 13Porque dos males ha cometido mi pueblo: me abandonaron a mí que soy fuente de agua viva, y han cavado para sí cisternas que no pueden ni siquiera retener agua.

14¿Por qué se ha convertido Israel en nación
de esclavos? ¿Por qué lo conquistan y lo llevan
lejos? ¿Acaso nació para eso?

15Veo grandes ejércitos que marchan sobre
Jerusalén entre grandes alaridos de guerra para
destruirla y dejar en ruinas sus ciudades, incendiadas y desoladas. Le causaron tantos estragos
como harían cachorros de león con sus juegos
violentos. 16Hasta los habitantes de Menfis y Tafnes participaron en la humillación y desolación
contra Israel. 17¿No se dan cuenta aún que ustedes
se han acarreado esto al rebelarse contra el SEÑOR
su Dios cuando él quería guiarlos y mostrarles
la forma correcta de vivir? 18¿Qué han ganado
con sus alianzas con Egipto y Asiria? 19Su propia
maldad será su castigo. Verán lo malo y amargo
que es rebelarse contra el SEÑOR su Dios, aban-
donándolo sin temor, dice el SEÑOR, el SEÑOR de
los ejércitos.

20Desde hace mucho se desligaron de todo
lo que los unía a mí. Desafiantes, no quisieron
seguir mis instrucciones. Sobre cada colina y
debajo de cada árbol se han postrado ante los
ídolos.

21¿Cómo pudo ocurrir esto? ¿Cómo pudo ser?
Porque cuando yo los planté, elegí cuidadosamente la semilla: era la mejor. ¿Por qué te has
convertido en esta degenerada raza de malvados,
como si procedieran de una malísima semilla?
22No hay en el mundo jabón ni detergente que
puedan purificarte. Has cometido tantos delitos
que son difíciles de olvidar. Los veo permanentemente ante mí, dice el SEÑOR Dios.

23Pero tú dices que no es verdad, que no has
adorado ídolos. ¿Cómo puedes decir tal cosa?
¡Ve y mira en cualquier valle del país todas las
señales de tu ligereza e idolatría! ¡Toma nota de
los muchos delitos que has cometido, oh came-
lla inquieta en busca de macho! 24¡Eres como
burra montés que olfatea el aire en época de celo!
¿Quién podrá refrenar tu lascivia? Ningún burro
que te desee necesita buscarte, pues tú corres
hacia él. 25¿Por qué no dejas al estéril correr tras
otros dioses? Sabes que el Señor te provee para
tus necesidades, pero tú dices: «No malgastes
palabras. ¡Estoy enamorada de estos extranjeros
y no puedo dejar de amarlos ahora!»

26,27Como el ladrón, la única vergüenza que
Israel conoce es que lo atrapen. Reyes, príncipes,
sacerdotes y profetas, en esto son iguales. A un
poste labrado lo llaman padre suyo, y tienen por
madre un ídolo labrado en piedra. ¡Pero cuando le llegan los tiempos de angustia es a mí a
quien recurren pidiendo salvación! 28¿Por qué
no imploran a los dioses que se han fabricado?
Cuando sobrevenga el peligro, ¡que te ayuden
ellos y te salven si pueden! Porque tienes tantos
dioses como ciudades hay en Judá, incluso cada
calle de Jerusalén tiene un altar dedicado a un
ídolo diferente. 29No acudan más a mí, todos son
rebeldes y me han echado pleito, dice el SEÑOR.

30Castigué a sus hijos pero nada les aprovechó:
aún no quieren obedecer. Y ustedes mismos han
matado a mis profetas como el león que mata
su presa.

31Oh pueblo mío, dime: ¿He sido acaso injusto
con Israel? ¿He sido para ellos como tierra mala y
egoísta? ¿Por qué entonces dice mi pueblo: «Por
fin nos vemos libres de Dios, jamás volveremos a
tener nada con él?» 32¿Cómo pueden desconocer
así a su Dios? ¿Podrá una muchacha olvidar
arreglarse linda? ¿Qué novia tratará de ocultar
lo más lindo de su ajuar? ¡Pero por largos años
mi pueblo se ha olvidado de mí, del más precioso
de sus tesoros!

33¡Cuánto señuelo y qué artificios para atraer
a tus amantes! ¡La coqueta más experta tendría
mucho que aprender de ti! 34Tienes los vestidos
manchados con la sangre de los inocentes y los
pobres. Descaradamente matas sin causa. 35Y sin
embargo dices: «¡Nada hice que enoje a Dios,
estoy segura de que no está enojado!» Pero precisamente por decir «No he pecado» será que te
castigaré duramente.

36Por aquí y por allá andas mariposeando de
un aliado a otro en busca de socorro, pero de
nada te valdrá pues tus nuevos amigos de Egipto te abandonarán como antes lo hizo Asiria.
37Quedarás desesperada y te cubrirás el rostro
con las manos desesperada, porque el SEÑOR ha
rechazado a aquéllos en quienes confías. No
triunfarás por más que te ayuden.

3 ☼Hay una ley según la cual quien se divorcia de una mujer que luego se casa con
otro, no debe volver a tomarla, pues ella queda
mancillada. Pero aunque tú me has abandonado y te has juntado con muchos amantes, yo te
he instado a que vuelvas a mí, dice el SEÑOR.

2¿Habrá en todo el país sitio en que no hayas
sido deshonrada por tus adulterios, es decir, tu
adoración de esos otros dioses? Te sientas como
prostituta en espera de cliente al lado del camino.
Te sientas sola como acostumbran hacerlo los
beduinos del desierto. Has corrompido la tierra
con tu indigna prostitución. 3Por eso han faltado
hasta las lluvias de primavera, porque tú eres
una coqueta del todo desvergonzada. 4,5Y sin
embargo me dices: «¡Oh Padre, tú siempre has
sido amigo mío, de seguro no estarás enojado
por una pequeñez así, de seguro la olvidarás!»
Eso dices y prosigues haciendo todo el mal que

☼3.1

puedes. Se han acumulado sin fin los delitos que
has cometido.

La infidelidad de Israel

6Este comunicado del SEÑOR me llegó durante
el reinado del rey Josías:

¿Has visto lo que hace Israel? Se comporta
como esposa infiel que se entrega a otros hombres cada vez que puede, pues es semejante lo que
hace Israel al rendirle homenaje a otros dioses en
cualquier colina, debajo de cada árbol frondoso.
7Yo pensaba que algún día retornaría a mí y
volvería a ser mía; pero no regresó. Y su infiel
hermana Judá vio la permanente rebelión de
Israel, 8pero no puso atención aunque vio que
yo me divorcié de la infiel Israel. Ahora también
Judá me ha dejado y se ha entregado a la prostitución, pues ha acudido a otros dioses para adorarlos. 9No le dio ninguna importancia al asunto;
para ella no era nada adorar ídolos de madera y
piedra, y así la tierra se contaminó y se corrom-
pió grandemente como consecuencia de estas
conductas reprobables. 10Luego, más tarde, esta
infiel «regresó» a mí, pero su «arrepentimiento»
era fingido, dice el SEÑOR.

11En realidad la infiel Israel es menos culpable
que la traidora Judá.

12Por lo tanto ve y dile a Israel: ¡Oh Israel, pueblo mío pecador, vuelve a mí, pues soy misericordioso; no estaré eternamente enojado contigo,
dice el SEÑOR, porque mi capacidad de perdonar
es muy grande! 13Basta con que reconozcas tu
culpa, reconoce que te rebelaste contra el SEÑOR
tu Dios y cometiste adulterio contra él, adorando ídolos debajo de cada árbol; confiesa que te
negaste a seguir mis instrucciones, dice el SEÑOR.
14¡Oh hijos que se han alejado de mí, regresen,
pues yo soy su SEÑOR y quiero llevarlos de regreso
a la tierra de Israel, uno de aquí, otro de allá, en
dondequiera que estén esparcidos, 15y les daré
líderes bien probados que los guíen con sabiduría
y comprensión!

16Entonces, cuando su tierra esté nuevamente
poblada, dice el SEÑOR, ya no suspirarán por «los
buenos tiempos que fueron» cuando tenían el
cofre del pacto de Dios. No echarán de menos
aquellos días y ni siquiera pensarán en ellos, y
el cofre no será reconstruido, 17porque el SEÑOR
mismo estará entre ustedes, y toda la ciudad de
Jerusalén será conocida como el Trono del SEÑOR,
y todas las naciones acudirán a él allá y no seguirán empecinadas en sus malos propósitos.

18En aquel tiempo los pueblos de Judá e Israel
volverán juntos de su cautiverio desde el norte
a la tierra que yo di a sus antepasados como
herencia para siempre. 19Y yo di a conocer mi
propósito de adoptarles como mi hijo. Tracé
planes de darles parte de esta hermosa tierra, la
mejor del mundo. Esperaba ilusionado que me
llamaran «Padre», y creía que nunca volverían
a abandonarme. 20Pero me han traicionado; se
han alejado, entregándose a una hueste de dioses
extraños; fueron como esposa infiel que abandona a su marido, dice el SEÑOR.

21En lo alto de los montes que el viento azota
oigo voces que gritan a todo pulmón. Son los
hijos de Israel que le dieron la espalda al SEÑOR
su Dios y se alejaron. 22¡Oh rebeldes hijos míos,
vuélvanse a mí y yo los aliviaré del dolor provocado por sus delitos!

Y ellos responden: «¡Sí, volveremos, pues tú
eres el SEÑOR Dios nuestro! 23Hartos estamos de
adorar ídolos en las colinas y de celebrar orgías
en los montes. Todo esto es sólo farsa. Sólo en el
SEÑOR nuestro Dios podrá Israel hallar auxilio y
salvación, ahora lo entendemos. 24Desde nuestra
niñez hemos visto cuanto nuestros antepasados
tenían (rebaños, ganado, hijos e hijas) derro-
chado en sacerdotes e ídolos, y ahora vemos que
por causa de la idolatría lo hemos perdido todo.
25Aceptemos nuestra vergüenza y deshonra, que
desde nuestra niñez nosotros y nuestros antepasados hemos pecado contra el SEÑOR nuestro Dios,
y que no le hemos obedecido».

4 ¡Oh Israel, si en verdad regresas a mí y
definitivamente desechas tus ídolos, esos
monigotes horribles que te has hecho, 2y si
juras pertenecerme sólo a mí, el Dios viviente, e
inicias una vida buena, honrada y limpia, serás
testimonio para las naciones del mundo y estas
acudirán a mí y servirán también para difundir
mi gran fama!

3El SEÑOR dice a la gente de Judá y Jerusalén:
Aren en la dureza de sus tierras, y no siembren
sobre los cardos. 4Dediquen al SEÑOR su mente y
corazón, y no sólo su cuerpo como lo simbolizan
al cortar parte de la piel del pene, o de otro modo
mi cólera se encenderá y con ella los castigaré
tanto que parecerá como un incendio que no se
puede apagar.

La infidelidad de Israel

5Grítenle a la gente de Jerusalén y Judea que
den la alarma por todo el país y se comunique
por todos lados: «¡Huyan para salvarse! ¡Refú-
giense en los edificios más seguros de cada ciudad!». 6Envíen de Jerusalén este aviso: «¡Escapen
ya, no se tarden!». Porque yo, el SEÑOR, traigo
desde el norte un terrible ejército contra ustedes.
7El enemigo viene como un león furtivo que sale
furioso desde su guarida, y se encamina a la tierra
de ustedes. Sus ciudades quedarán en ruinas,
sin un habitante. 8¡Así que vístanse de luto y lloren con amargura, porque la terrible cólera del
SEÑOR aún no ha terminado! 9En aquel día, dice el

SEÑOR, el rey y los príncipes temblarán de miedo,
y los sacerdotes y profetas estarán horrorizados.
10(Entonces protesté yo: «¡Pero SEÑOR, el pueblo
ha sido engañado por lo que tú dijiste, pues le
prometiste que vivirían en paz! ¡Y sin embargo,
ahora mismo el enemigo tiene la espada lista
para matarlos!»)
11,12En aquel tiempo el SEÑOR enviará sobre ellos
un viento ardiente del desierto, no en pequeñas
ráfagas sino en rugientes vendavales, no para
limpiar los terrenos ni generar un clima agradable, sino que será el anuncio de la sentencia
de destrucción de parte del SEÑOR. 13Y ese viento
es la imagen del enemigo, quien se dejará venir
sobre nosotros como si fuera viento de tormenta.
Sus carros de guerra parecerán un torbellino, sus
caballos son más veloces que las águilas. ¡Ay de
nosotros, pues no tenemos ninguna posibilidad
de salir bien librados ante semejante ejército!
14¡Oh Jerusalén, pon en orden tu vida mientras
haya tiempo; aún puedes salvarte cambiando tu
conducta y modo de pensar! 15Desde la región
de Dan y desde el monte Efraín llega el aviso
de desgracias. 16Adviertan a toda nuestra gente
que el enemigo viene desde muy lejos gritando
amenazas e insultos contra Jerusalén y las ciudades de Judá. 17Ahora rodean a Jerusalén como
si fueran pastores enfurecidos que acosan a un
animal salvaje encerrado en un corral. Y esto
es como consecuencia de que contra mí se ha
rebelado mi pueblo, dice el SEÑOR.
18Tu conducta malvada te ha acarreado esto,
llenando de amargura tu corazón.
19¡Ay, estoy completamente lleno de dolores!
¡Me retuerzo de dolor; el corazón me late violentamente! ¡No puedo estarme sereno pues he oído
y escuchado las trompetas del ejército enemigo
y el vocerío de los soldados agresores que se nos
vienen encima. 20¡Arremeten con todas sus fuerzas dejando destrucción por todos lados! Súbitamente, en un abrir y cerrar de ojos, destruyen
las casas y saquean las pertenencias. 21¿Cuánto
tiempo durará esto? ¿Hasta cuándo tendré que
verme rodeado de guerra y muerte?
22Hasta que mi pueblo abandone su terquedad, pues se niegan a seguir mis instrucciones.
Son torpes, retrasados, sin entendimiento, muy
avispados para hacer el mal, pero muy tontos
cuando se trata de hacer algo bueno.
23Miré su tierra, y hasta donde mi vista alcan-
zaba en todas direcciones no se veían más que
ruinas, y el cielo estaba negro por el humo de los
incendios. 24Miré a los montes y los vi temblar y
estremecerse, como reflejo de lo que le acontecía
a los habitantes de la ciudad. 25Miré, y había
desaparecido todo rastro de vida, ¡hasta las aves
del cielo habían huido! 26Los fértiles valles habían
quedado desiertos y todas las ciudades estaban
en ruinas ante la presencia del SEÑOR, derribadas
por el efecto de su acción justiciera. 27Y todo esto
como cumplimiento de una decisión del SEÑOR.
¡Menos mal que él decidió que al menos quedará
con vida un pequeño grupo del pueblo!
28La tierra llorará, los cielos estarán enluta-
dos por la decisión contra mi pueblo, pero estoy
resuelto y no la cambiaré.
29Debido a estas acciones guerreras todos los
habitantes de la ciudad huyen aterrorizados, tratando de escapar del retumbo de los ejércitos en
marcha que se acercan, disparando sus flechas
contra todos los habitantes. El pueblo huye a
los montes y se oculta en los matorrales. Toda
la ciudad ha quedado abandonada.
30¿Y ahora tú, Jerusalén, por qué te pones tu
vestido más lindo y las joyas más valiosas y te
esmeras tanto con tu maquillaje? ¡No tiene sentido nada de lo que haces! ¡Tus aliados, a los
que buscaste para que fueran tus amantes, ahora
te desprecian y lo que quieren es verte muerta!
31Entonces escuché un gran llanto y gemidos,
como de parturienta primeriza. ¡Es el clamor de
mi pueblo jadeante que suplica socorro, vencido
por el enemigo!

La corrupción de Jerusalén y de Judá

5 ¡Corran arriba y abajo por todas las calles
de Jerusalén; busquen con cuidado por todas
partes para ver si pueden hallar siquiera una
persona justa y honrada! Si encuentran aunque
sea una, no destruiré la ciudad. 2¡Y es que ustedes mienten hasta cuando juran! 3SEÑOR, tú no
aceptas sino la verdad. Castigándolos has tratado
de hacer que reflexionen y sean honrados, pero
no quieren cambiar. Los has arruinado, pero no
escarmientan y se niegan a dejar su conducta
malvada. Con el rostro como dura piedra por su
terquedad, están empecinados en no arrepentirse.
4Entonces dije yo: «Pero, ¿qué puede esperarse de los sencillos e ignorantes? No conocen las
instrucciones de Dios. ¿Cómo podrán obedecerle?
5Iré ahora a sus jefes, a los hombres prominentes
y les hablaré, pues ellos conocen bien las instrucciones del SEÑOR y las consecuencias que una
conducta malvada acarrea». ¡Pero resulta que
también ellos habían rechazado por completo
a su Dios!
6Entonces lanzaré sobre ellos la tremenda furia
de sus enemigos quienes los atacarán como si
fueran el león de la selva, los lobos del desierto
y el leopardo que ronda en busca de presa, listo a
dar el zarpazo a la primera presa que encuentre.
Y todo esto como consecuencia de su desobediencia hacia mí y por haberse alejado de las
instrucciones que le he dado.
7¿Cómo perdonarlos? Porque hasta sus niños
se han apartado, y adoran dioses que no lo son.

Di de comer a mi pueblo hasta que estuvo satisfecho, y su agradecimiento fue entregarse al adulterio escandalosamente y armar francachelas en
los burdeles de la ciudad. 8Son como garañones
bien nutridos y lascivos, cada cual relinchando
en busca de yegua ajena. 9¿No los habré de castigar por esto? ¿Tendré que fingir que no me doy
cuenta de nada de lo que hacen?
10Ataquen la ciudad y causen mucho daño,
pero no la destruyan del todo. Desciende a los
viñedos y destrúyelos, pero deja con vida unos
cuantos esparcidos. Arranca los sarmientos de
cada vid, pues no son del Señor.
11¡Vaya que se han dado sus mañas para intentar engañarme los pueblos de Israel y Judá!, dice
el Señor.
12No me han tomado en cuenta para nada,
y dicen: «¡Él no nos inquietará! ¡Ningún mal
nos sobrevendrá! ¡No habrá hambre ni guerra!
13Los profetas de Dios», dicen ellos, «son simples
charlatanes: muchas palabras y nada de autoridad divina. La condena con que amenazan caerá
sobre ellos, no sobre nosotros».
14Por lo tanto, esto es lo que Dios, el Señor de
los ejércitos, dice a sus profetas: Por murmuraciones así tomaré sus palabras y predicciones y haré
que se cumplan en sus vidas con el efecto que
causa un terrible incendio, el cual los consumirá
como si fueran simples trozos de madera.
15Miren, traeré contra ustedes una nación
lejana, oh Israel, dice el Señor, nación poderosa, nación antigua cuya lengua no entiendes.
16Mortíferas son sus armas, todos sus hombres son
grandes guerreros. 17Y ellos devorarán tus cosechas y el pan de tus hijos e hijas, se apropiarán de
tus rebaños de ovejas y tu ganado; sí, y también
se comerán tus uvas e higos; y saquearán tus
ciudades, las que tú considerabas muy seguras
por tener fuertes murallas y torreones defensivos.
18Pero no los destruiré a ustedes por completo,
dice el Señor.
19Y cuando su pueblo pregunte: «¿Por qué nos
hace esto el Señor, nuestro Dios?» les responderán: «Ustedes lo rechazaron y se entregaron a
otros dioses en su tierra, y ahora tendrán que ser
esclavos de extranjeros en sus tierras».
20Anuncia esto a Judá y a Israel:
21Escucha lo que digo, pueblo tonto e insensato, de ojos ciegos y oídos sordos. 22¿No me tienen
respeto alguno?, pregunta el Señor Dios. ¿Cómo
es que ni siquiera tiemblan en mi presencia? Mi
poder es tan grande que yo fui quien establecí sus
límites a los mares del mundo y ellos por más que
se embravezcan y rujan, no podrán traspasarlos.
¿No es de ser temido y respetado un Dios así de
poderoso?
23,24Pero mi pueblo tiene una voluntad rebelde,
se ha apartado de mí y se ha desviado a la idolatría. Aunque yo soy quien les da lluvia cada año
en primavera y otoño y les envía el tiempo de las
cosechas, no me tienen temor ni respeto. 25Y por
eso les he retirado estas admirables bendiciones.
Su conducta reprobable contra mí les ha privado
de aquellos bienes.
26Hay entre mi pueblo hombres perversos
que acechan víctimas como lo hace un cazador oculto. Arman trampas y redes con mucha
habilidad. ¿Y qué es lo que atrapan? ¡Personas!
27Como gallinero lleno de pollos, sus hogares
están llenos de perversas tramas. ¿Y el resultado?
28Ahora son grandes y ricos, bien alimentados y
relucientes, y no hay límite para sus maldades.
¡Pero niegan la justicia a los huérfanos y sus
derechos a los pobres! 29¿He de estarme con los
brazos cruzados tolerando esta situación?, pregunta el Señor. ¿No he de castigar a un país que
vive en esta situación?
30Algo espantoso ha ocurrido en este país: 31los
profetas anunciando mentiras y los sacerdotes
muy contentos apoyándolos. Y al pueblo parece
que le gusta esta situación. ¡¿Dónde irá a parar
toda esta locura?!

Jerusalén es sitiada

6 ¡Corre, pueblo de Benjamín, sálvese quien
pueda! ¡Huyan de Jerusalén! ¡Toquen alarma
en el pueblo de Tecoa, envíen señales desde Bet
Haqueren, adviertan a todos que desde el norte viene un poderoso ejército para destruir esta
nación! 2Indefensa como doncella eres Jerusalén,
bella y delicada como pradera. 3Pero malos pastores te rodearán. Acamparán en derredor de la
ciudad y dividirán sus tierras de pastoreo para
sus propios rebaños, ¡los rebaños en realidad son
ejércitos! 4¡Míralos preparándose para la batalla
que comenzará a mediodía! Y aún al empezar a
oscurecer continúa la batalla con toda intensidad. 5«¡Vamos!», dicen, «¡asaltémosla, no importa que haya llegado la noche, y destruyamos sus
torreones defensivos!»
6Porque el Señor de los ejércitos les ha dicho:
Corten árboles para emplearlos como arietes, y
puedan escalar y tomar las murallas de Jerusalén. La ciudad está confundida y la gente anda
desesperada de un lado para otro. 7En ella se ve
la impiedad por todos lados, en sus calles resuena
el eco de la violencia, gente gritando que le han
robado o golpeado.
8Presta mucha atención, Jerusalén, no suceda
que deje de quererte y permita que te arruines
completamente. 9Por más que se escondan serán
encontrados y castigados, ha dicho el Señor de
los ejércitos. Porque con el mismo cuidado que
el vendimiador examina la viña por si algo se le
ha quedado, así serán buscados los que queden.

10Pero, ¿quién escuchará cuando yo los preven-
go? Tienen los oídos tapados y se niegan a escuchar. La palabra de Dios sólo les causa molestia,
para nada les gusta.
11Por todo esto estoy lleno de la cólera, dice el
SEÑOR, y se me acabó la paciencia para seguir
conteniéndola. La derramaré sobre Jerusalén,
aun sobre los niños que juegan en las calles,
sobre las reuniones de jóvenes, sobre los esposos y las esposas y los abuelos. 12Sus enemigos
se adueñarán de sus casas, campos y mujeres.
Pues voy a castigar al pueblo de este país, ha
dicho el SEÑOR.
13Son estafadores y engañadores, desde el más
pequeño hasta el más encumbrado. ¡Sí, hasta
mis profetas y sacerdotes! Todos piensan sólo en
cómo aprovecharse de los demás. 14No se puede
sanar una herida con sólo decir que no existe. Sin embargo, los sacerdotes y profetas dan
seguridad de paz cuando todo es guerra. 15¿Se
avergonzaba mi pueblo cuando adoraba ídolos?
¡No, en absoluto, ni siquiera se ruborizaba! Por
eso yacerán entre los muertos, morirán cuando
yo los castigue, dice el SEÑOR.
☼ 16El SEÑOR les dio el mejor consejo: Pregunten
dónde está el buen camino, las instrucciones
justas en las que antes se orientaban, y vuelvan
a vivir conforme a ellas. ¡Ya verán lo bien que se
sentirán por ello! Pero responden: «¡No, estamos
bien así!» 17Luego puse sobre ustedes vigías que
les advirtieran: «¡Escuchen el sonido de la trompeta! Les indicará cuando una desgracia se acerque». Pero dijeron: «¡No, no pondremos
atención!»
18,19Por lo tanto, este es el decreto contra mi
pueblo. ¡Escúchenlo, pueblos que viven lejos,
escúchalo, pueblo mío de Jerusalén, escúchelo la
tierra entera! Traeré desgracia sobre este pueblo;
será el fruto de su pecado, pues no quieren seguir
mis instrucciones, rechazan mi ley.
20¡No sirve de nada quemar en mi presencia
dulce incienso de Sabá! ¡Guárdense sus caros
perfumes! No voy a aceptar sus ofrendas; no me
agradan en lo más mínimo. 21Volveré muy difícil
el camino de mi pueblo; padres e hijos se verán
burlados, juntos caerán amigos y vecinos, dice
el SEÑOR.
22El SEÑOR dice: ¡Vean los ejércitos que marchan
desde el norte, una nación poderosa se lanza
☼ contra ustedes! 23Son un pueblo cruel y despiadado, jinetes expertos y disciplinados,
armado hasta los dientes, en pie de guerra. Es
tan grande que su avance produce un escándalo
como rugido de mar.
24La fama de sus ejércitos hemos oído, y el miedo nos debilita. El miedo y el dolor nos atenazan
como a mujer a punto de dar a luz.
25¡No salgan a los campos! ¡No viajen por los
caminos! Porque el enemigo está rondando por
todas partes, listo para la matanza. ¡Hay terror
en cada rincón!
26¡Ay Jerusalén, orgullo de mi pueblo, vístete
de luto y siéntate sobre cenizas a llorar amargamente como por la muerte de un hijo único,
porque en seguida caerán sobre ti los ejércitos
destructores!
27Jeremías, te he puesto como probador de la
conducta de mi pueblo, para que lo examinaras
con toda atención. 28¿No son acaso los peores
rebeldes, grandes calumniadores? Son de mala
calidad, como bronce y hierro, unos degenera-
dos. 29El fuelle sopla a toda intensidad, el fuego
refinador es cada vez más candente, pero no
podrá purificarlos, pues de ellos no puede ya
desprenderse su impureza. 30Habrá que ponerles
un letrero que diga: «Impuros, plata rechazada»,
porque el SEÑOR los ha rechazado.

La religión falsa e inútil

7 Luego le dijo el SEÑOR a Jeremías:
2Ve a la entrada del templo del SEÑOR y dale
al pueblo este mensaje: ¡Oh Judá, escucha este
mensaje del SEÑOR! Escúchenlo ustedes, los que
vienen aquí a rendir homenaje a Dios. 3El SEÑOR
de los ejércitos, el Dios de Israel dice: Aun ahora,
si abandonan su mala conducta los dejaré permanecer en su tierra. 4Pero no se dejen engañar
por quienes mienten diciendo que por estar aquí
el templo del SEÑOR, Dios jamás permitirá que
Jerusalén sea destruida. 5Pueden quedarse sólo
con estas condiciones: Si abandonan sus malvados pensamientos y actos, y se relacionan entre sí
en toda justicia 6y dejan de explotar a los huérfanos, las viudas y los extranjeros. Y déjense de
homicidios, y de rendirles homenaje a los ídolos,
como para su mal hacen ahora. 7Así, y sólo así,
les dejaré permanecer en esta tierra que di a sus
antepasados para siempre.
8¡No se engañen! Dejen de confiar en mensajes
engañosos y sin fundamento. 9¿De veras piensan que pueden robar, matar, cometer adulterio,
mentir y rendir homenaje a Baal y a todos esos
nuevos dioses suyos, 10y luego venir acá, ponerse ante mí en mi templo y canturrear «¡Salvos
somos!», para volver inmediatamente a sus maldades? 11¿Será mi templo ante sus ojos sólo cueva
de ladrones? ¡Pues para mí no es otra cosa ahora
que cueva de ladrones!
12Vayan a Siló, la ciudad que primero honré
con mi nombre, y vean lo que le hice por culpa
de la maldad de mi pueblo Israel. 13,14Y ahora, dice
el SEÑOR, lo mismo haré aquí por todo este mal

☼6.16 ☼6.23

que ustedes han hecho. Una y otra vez les hablé
de ello; con mucha insistencia les llamaba, pero
no quisieron oír ni responder a mis advertencias.
Por ello destruiré este templo como hice con Siló;
este templo que lleva mi nombre, del que creen
recibir garantía de seguridad, y este sitio que di
a ustedes y a sus antepasados. 15¡Y los echaré de
mi presencia tal como lo hice con sus hermanos,
los del pueblo de Efraín!

16No ores más por este pueblo, Jeremías. No
llores por ellos ni ores ni supliques que yo les
ayude, pues no te atenderé. 17¿Acaso no ves todos
los delitos que están haciendo por todas las ciudades de Judá y en las calles de Jerusalén? 18Tengo
mucho motivo para estar enojado. Observa a los
niños recogiendo leña, a los padres haciendo fuego y a las mujeres amasando para hacer tortas
como ofrenda para la Reina del Cielo[a] y para
los demás ídolos. 19¿Es a mí a quien perjudican?,
pregunta el Señor. ¡A sí mismos es a quien más
dañan, para vergüenza suya! 20Así que el Señor
Dios dice: ¡Mi ira, sí, mi cólera derramaré sobre
este sitio: personas, animales, árboles y plantas
serán consumidos por el fuego de mi ira, que
nadie podrá apagar!

21El Señor de los ejércitos, el Dios de Israel, dice:
¡Alejen de mí sus ofrendas y sacrificios! 22No eran
ofrendas y sacrificios lo que de sus antepasados
quería cuando los saqué de Egipto. No era esa
la razón de mi mandamiento. 23Lo que les dije
fue: ¡Sigan mis instrucciones y yo seré su Dios y
ustedes serán mi pueblo; basta que hagan lo que
les indico y todo les saldrá bien!

24Pero no quisieron escuchar; siguieron
haciendo lo que les daba la gana, siguiendo sus
pensamientos tercos y malvados. Retrocedie-
ron en vez de avanzar. 25Desde el día que sus
antepasados salieron de Egipto hasta ahora, he
continuado enviándoles mis profetas día tras día.
26Pero no quisieron escucharles, ni siquiera trataron de poner atención. ¡Son duros, empecinados
y rebeldes, peor que sus antepasados!

27Diles cuánto yo les haré, pero no esperes que
escuchen. Grita tus advertencias, pero no esperes
que respondan. 28Diles: ¡Ésta es la nación que
se niega a obedecer al Señor Dios suyo y rehúsa
recibir enseñanza; la que persevera practicando
la maldad!

29¡Oh Jerusalén, rápate la cabeza en señal de
vergüenza y llora solitaria sobre los montes, porque el Señor ha rechazado y abandonado a este
pueblo, quien ha provocado su enojo!

El valle de la Matanza

30Porque el pueblo de Judá ha actuado de muy
mala manera, dice el Señor. Han colocado sus
feos ídolos en mi propio templo, deshonrándolo.
31Y han edificado el altar llamado Tofet en el valle
de Ben Hinón y allí han hecho morir quemados
a sus hijitos e hijitas como sacrificio a sus dioses;
¡algo tan espantoso ni siquiera me hubiera pasado jamás por el pensamiento, y mucho menos lo
habría yo ordenado!

32Pronto llegará el tiempo, dice el Señor, cuando el nombre del valle se cambiará de «Tofet» o
«Valle de Ben Hinón» a «Valle de la Matanza»,
pues habrá tantos cadáveres sin sepultar que
faltará espacio para todas las tumbas y tendrán
que arrojar los cuerpos en fosas comunes. 33Los
cadáveres de mi pueblo serán carroña para las
aves y las fieras, pues no quedará ni siquiera
quien las espante.

34Yo acabaré con la alegría y los cantos festivos
en las calles de Jerusalén y en las ciudades de
Judá, así como con la jubilosa voz de los recién
casados, porque la desgracia llenará toda la ciudad y los hogares.

8 Entonces, dice el Señor, el enemigo abrirá las
tumbas de los reyes de Judá y de los príncipes, sacerdotes, profetas y de la gente común del
pueblo. 2Desenterrará sus huesos y los esparcirá
por la tierra ante el sol, la luna y las estrellas,
¡dioses de mi pueblo, a quienes ellos han amado
y adorado! Sus huesos no volverán a recogerse
ni a enterrarse sino que serán esparcidos como
estiércol en la tierra. 3Y los que de esta malvada
nación queden aún con vida anhelarán la muerte
antes que vivir en donde yo los dejaré abandonados, dice el Señor de los ejércitos.

Pecado y castigo

4,5Y dales también este mensaje del Señor:
Cuando alguien cae se levanta inmediatamente.
Cuando va por senda equivocada y descubre su
error, retrocede al punto donde se equivocó. Pero
este pueblo sigue actuando equivocadamente,
por más que yo lo prevenga. No quieren cambiar,
aferrándose a su conducta idolátrica.

6Escucho su conversación, y ¿qué oigo? ¿Hay
quien lamente haber pecado? ¿Hay quien diga:
«¡Qué terrible lo que hice!»? ¡No, todos viven felices en medio de sus actos malvados! ¡Hasta se me
figuran caballos desbocados cuando perdieron al
jinete en medio de la batalla!

7Y es que hasta la cigüeña conoce el tiempo
de su migración, así como la tórtola, la grulla y
la golondrina. Cada año retornan en el tiempo
que Dios les ha fijado; ¡pero no así mi pueblo!
No aceptan la guía que ofrecen las leyes de Dios.

8¿Cómo pueden decir: «Las leyes del Señor
entendemos», cuando sus maestros las han
torcido, dándoles interpretaciones contrarias a
lo que yo dije? 9Por esta falsificación calculada

a. Nombre que se daba a Istar (Astarté) diosa del amor y la guerra entre los mesopotamios.

serán avergonzados con el cautiverio estos que
se creen sabios maestros, pues han rechazado la
palabra del SEÑOR. ¡Y eso que se creen tan sabios!
10Entregaré a otros sus esposas y propiedades,
pues todos ellos, grandes y pequeños, profetas y
sacerdotes, tienen un sólo propósito: adueñarse
de lo que no les pertenece. 11Recetan medicina
inútil para las dolorosas heridas de mi pueblo,
pues le aseguran que todo va bien cuando es
totalmente lo contrario.
12¿Se avergüenzan acaso de las horribles cosas
que hacen? ¡No, en absoluto, ni siquiera se rubo-
rizan! Por eso me encargaré de que caigan y sean
avergonzados. Yo mismo les acarrearé la muerte.
13Sus higos y uvas desaparecieron, sus árboles
frutales se secaron y todos los bienes que llegaron
a tener se esfumaron. Y fui yo quien provoqué
sus pérdidas.
14Entonces el pueblo dirá: «¿Para qué esperar
a morir aquí? Vengan, vamos a las ciudades protegidas y perezcamos allá. Porque el SEÑOR Dios
nuestro nos ha condenado a muerte y nos ha
dado a beber copa de veneno por todas nuestras
maldades. 15Esperábamos paz, y paz no hubo;
buscábamos salud, y sólo hallamos desgracia».
16Se escucha gran escándalo de guerra viniendo del norte. Todo el mundo se llena de espanto
al acercarse el terrible ejército, pues viene el enemigo y a su paso acaba con todo cuanto halla,
ciudades y gente por igual. 17Porque yo enviaré
contra ustedes estos ejércitos enemigos como serpientes venenosas a las que no pueden engañar.
Hagan lo que hagan, los atacarán y morirán.
18¡No hay consuelo para mi tristeza; tengo el
corazón lleno de dolor! 19Escuchen el llanto de
mi pueblo por toda la tierra: «¿En dónde está el
SEÑOR?», preguntan, «¿nos ha abandonado Dios?»
¡Ay! ¿Por qué me han provocado con sus ídolos
labrados y sus perversos ritos extraños?, responde
el SEÑOR.
20Pasó la cosecha, se fue el verano y nosotros
seguimos esperando nuestra salvación. 21Lloro
por la herida de mi pueblo; estoy atónito, silencioso, mudo de dolor. 22¿No hay remedio en
Galaad? ¿No hay allí médico? ¿Por qué no hace
Dios algo? ¿Por qué no nos brinda su auxilio?

9 ¡Ay, ya las lágrimas no me alcanzan para
llorar por tantos muertos de mi pueblo! 2¡Quisiera poder retirarme al desierto y no tener que
estar viendo tantas infidelidades de parte de mi
pueblo! ¡Todos se han vuelto adeptos de ídolos,
me han traicionado! 3¡Todos son grandes mentirosos, para nada se preocupan de hablar con
la verdad! Nada les importa la justicia y van de
mal en peor. Nada les importo yo, dice el SEÑOR.
4¡Cuídate de tu vecino! ¡Cuídate de tu hermano! Cada cual se aprovecha del otro y siempre
andan hablando mal de todo el mundo. 5Se han
vuelto especialistas en la mentira y el chisme,
¡y no tienen otra cosa en la cabeza que hacer
maldades! 6Están bien instalados en su mundo de
mentiras, ahí se sienten como en su propia casa
y de plano rehúsan acudir a mí, dice el SEÑOR.
7Por lo tanto, esto dice el SEÑOR de los ejércitos:
Los haré pasar por grandes pruebas para comprobar su calidad, así como se hace con los metales
para librarlos de las impurezas. ¿Qué otra cosa
puedo hacer con ellos? 8Porque siempre andan
dañando con sus palabras mentirosas, como
cuando saludan a un vecino diciéndole «que
tengas paz», pero en su interior están pensando
cómo dañarlo. 9¿No habré de castigarlos por toda
esta situación?, pregunta el SEÑOR, ¿no habré de
corregir con toda autoridad a este pueblo?
10Entonces se soltarán llorando por todos lados,
hasta en los lugares desiertos, porque hay mucha
desgracia, muerte de gente, de aves y ganados.
11Convertiré a Jerusalén en un montón de casas
ruinosas, en guarida de chacales. Ciudades fan-
tasmas serán las de Judá, sin nadie que habite en
ellas. 12¿Quién tiene suficiente inteligencia para
entender todo esto? ¿Dónde está el mensajero del
SEÑOR que pueda explicar lo que pasó? ¿Por qué
está tan desolado el país, al punto de que nadie
se atreve a viajar por él?
13La razón es que mi pueblo ha ignorado mis
instrucciones y no ha obedecido lo que le mandé, responde el SEÑOR. 14Lejos de eso, han hecho
cuanto les ha dado la gana y han adorado ídolos
como ese mentado Baal, como les enseñaron sus
antepasados. 15Por tanto, esto es lo que dice el
SEÑOR de los ejércitos, el Dios de Israel: Miren,
yo les daré a comer amargura y a beber veneno.
16Los esparciré por la superficie de la tierra para
que sean extranjeros en tierras lejanas; y aun allá
los perseguirán los enemigos con sus espadas
desenvainadas hasta que hayan acabado con los
israelitas por completo.
17,18El SEÑOR de los ejércitos dice: ¡Envíen a llamar a las lloronas de oficio! ¡Pronto! ¡Comiencen a llorar! ¡Derramen lágrimas sin parar!
19Escuchen a Jerusalén llorando desesperada:
«¡Estamos arruinados! ¡Nos ha sobrevenido el
desastre! ¡Tenemos que abandonar nuestra patria
y nuestros hogares!»
20¡Escuchen, oh mujeres llorosas, las palabras del SEÑOR! Enséñenles a gemir a sus hijas y
vecinas, enséñenles los cantos funerarios porque
los van a necesitar. 21Porque traicioneramente la
muerte se ha metido por la ventana en sus hogares, ha quitado la vida a la flor de su juventud.
Ya no hay niños y niñas jugando en las calles,
ya no hay jóvenes que se reúnan en las plazas.
22Diles esto, dice el SEÑOR: Los cadáveres serán
esparcidos por los campos como si fueran estiér-

col, como se hace con las gavillas tras la siega, y nadie los sepultará.

[23]El SEÑOR dice: No se enorgullezca el sabio en su sabiduría, ni el poderoso en su poder, ni el rico en su riqueza. [24]Sientan orgullo sólo de esto: de conocerme bien y comprender que yo soy el SEÑOR que exige vivir de manera justa y actuar siempre con rectitud, de saber que mi amor es firme, y que así me gusta ser.

[25,26]Dentro de algún tiempo, dice el SEÑOR, castigaré a cuantos han realizado la circuncisión en su cuerpo pero no en su espíritu: egipcios, edomitas, amonitas, moabitas, árabes y también tú, pueblo de Judá. Porque todas esas naciones paganas también se circuncidan. Pero a menos que la circuncisión que realizan en su cuerpo se corresponda con su dedicación de toda su vida a mí, su circuncisión no pasa de ser un rito pagano como el de esas naciones.

Dios y los ídolos

10 Escucha el mensaje del SEÑOR, Israel: [2,3]No hagan como la gente que traza horóscopos y procura leer su destino y futuro en las estrellas. No los asusten predicciones como las de ellos, pues no son más que un cúmulo de mentiras. Necios y sin sentido son sus procedimientos. Derriban un árbol, un artesano labra un ídolo, [4]lo adornan con oro y plata, y luego con clavos y martillo lo colocan firme en su sitio para que no se caiga, [5]y allí permanece el dios de ellos como espantapájaros en un huerto. No sabe hablar, y hay que transportarlo pues no puede andar. No teman a un dios así, pues no puede ni perjudicar ni ayudar.

[6]¡Oh SEÑOR, no hay otro Dios como tú! Porque grande eres, y poderoso y de gran fama tu nombre. [7]¿Quién no habrá de temerte, oh Rey de las naciones? ¡Y sólo a ti corresponde ese título! Entre todos los sabios de la tierra y entre todos los reinos del mundo no hay nadie como tú.

[8]Los hombres más sabios, pero que adoran ídolos, en realidad son tontos e insensatos. [9]Traen de Tarsis plata laminada y de Ufaz traen oro, lo dan a hábiles orfebres que les hacen sus ídolos, luego visten esos ídolos de mantos de púrpura real, obra de expertos sastres. ¡Los ídolos sólo son productos hechos por artesanos!

[10]¡Pero el SEÑOR es el único Dios verdadero, el Dios que está vivo y da vida, el Rey siempre poderoso! ¡Es tan poderoso que toda la tierra tiembla cuando él se enoja, el mundo prefiere esconderse cuando sabe que está enojado!

[11]Háblenles así ustedes a los que adoran otros ídolos: ¡Sus falsos dioses, que no hicieron los cielos ni la tierra, van a parar en nada! [12]Fue nuestro Dios quien formó la tierra por medio de su poder e inteligencia, quien con suma sabiduría colgó las estrellas en el espacio y extendió los cielos. [13]Es su voz la que retumba en el trueno de las nubes tormentosas. Él hace que de la tierra se levante la niebla, envía el relámpago y produce la lluvia, y de sus tesoros saca el viento.

[14]Realmente es sorprendente la estupidez de la gente que no tiene conocimiento de Dios, quienes se inclinan ante sus propios ídolos fabricados. Están entregados a algo vergonzoso, pues lo que hacen son falsificaciones, dioses sin vida ni poder. [15]Nada valen, son necedad; serán aplastados junto con sus fabricantes.

[16]¡Qué diferente es el Dios de Jacob, él es el Creador de todo, e Israel es su nación elegida. SEÑOR de los ejércitos es su nombre.

Destrucción inminente

[17]Alisten el equipaje, dice, prepárense para partir, pronto comenzará el asedio. [18]Porque súbitamente los arrojaré de esta tierra y permitiré que les acontezcan grandes desgracias; por fin probarán mi cólera.

[19]¡Ay, que terrible es mi herida, como me duele, mi enfermedad es incurable! Y yo que pensaba que sólo era un malestar pasajero.

[20]Ay, desapareció mi hogar, se han llevado a mis hijos e hijas y jamás volveré a verlos! ¡Mi casa ha sido completamente desmantelada! No ha quedado nadie que pueda ayudarme a reconstruir mi casa. [21]Los pastores de mi pueblo se han vuelto necios, ya no se preocupan de seguir las instrucciones de Dios ni buscan conocer su voluntad. Por eso mueren y sus rebaños son esparcidos.

[22]¡Oigan, escuchen el terrible escándalo que producen los ejércitos que vienen desde el norte! Las ciudades de Judá quedarán convertidas en guaridas de chacales.

Oración de Jeremías

[23]¡Oh SEÑOR, yo sé que no está en manos del ser humano trazar el plan de su vida y ponerle rumbo! [24]Yo sé que por eso me corriges, SEÑOR, pero hazlo con suavidad, te lo ruego. No me corrijas con brusquedad, pues moriría. [25]Deja caer tu cólera sobre las naciones que no te obedecen, pues han causado tanto daño a Israel que lo han dejado convertido en triste páramo.

Violación del pacto

11 Luego volvió el SEÑOR a hablarle a Jeremías: [2,3]Recuérdales a los habitantes de Judá y a todo el pueblo de Jerusalén que yo firmé un contrato con sus antepasados, ¡y maldito sea quien no lo respete! [4]Pues cuando los liberé de la esclavitud de Egipto les dije que si me obedecían y hacían cuanto yo les mandara, ellos y sus descendientes me pertenecerían y yo sería

su Dios. 5Ahora pues, Israel, obedéceme, dice el SEÑOR, para que pueda hacer por ti también las admirables obras que juré realizar por ti si me obedecías. Quiero darte una tierra de la que «fluye leche y miel», es decir, muy próspera, tal como es hoy día. Entonces respondí: «¡Así sea, SEÑOR!»

6Luego el SEÑOR dijo: Comunica este mensaje por las calles de Jerusalén; ve de ciudad en ciudad por todo el país y diles: Acuérdense de este convenio que sus antepasados establecieron con Dios, y hagan todo lo que ellos le prometieron. 7Porque solemnemente dije a sus antepasados cuando los saqué de Egipto, y he continuado repitiéndolo hasta este día: ¡Obedezcan todas mis instrucciones establecidas en el convenio!

8Pero sus antepasados no lo hicieron, ni siquiera se dignaron poner atención a lo que les decía. Cada uno hizo lo que le dio la gana, guiado por su terquedad. Y como se negaron a obedecer, les apliqué los castigos estipulados en el convenio.

9Volvió a hablarme el SEÑOR y dijo: He descubierto entre los hombres de Judá y Jerusalén una conspiración contra mí. 10Han vuelto a cometer las mismas faltas de sus antepasados, se niegan a seguir mis instrucciones y ofrecen homenaje a los ídolos. El convenio que establecí con sus antepasados queda roto y sin validez. 11Por lo tanto, dice el SEÑOR, dejaré que caigan desgracias sobre ellos y no escaparán. Por más que se quejen de su mal, no atenderé sus súplicas. 12¡Que vayan a rogarles a sus ídolos y a quedar bien con ellos ofreciéndoles agradables perfumes! ¡Entonces se darán cuenta de lo incapaces que son esos ídolos de salvarlos!

13¡Oh pueblo mío, tienen tantos ídolos como ciudades, y sus altares de vergüenza! ¡Hay altares para rendirle homenaje al ídolo Baal por todas las calles de Jerusalén! 14Por tanto, Jeremías, no intercedas más por este pueblo, ni llores ni supliques por ellos, porque no los escucharé cuando finalmente en su desesperación clamen pidiéndome ayuda. 15¿Qué derecho tiene mi pueblo para seguir acudiendo a mi templo? Porque han sido infieles adorando otros dioses. ¿Podrán ahora las promesas y los sacrificios desviar el castigo que les espera y volver a contar con vida y alegría?

16Eran como lozanos olivos para el SEÑOR, se veían muy hermosos y estaban siempre llenos de buen fruto. Pero ahora el SEÑOR ha enviado contra ellos la furia de sus enemigos para prenderles fuego y dejarlos convertidos en ramajes humeantes. 17Por la maldad de Israel y Judá al ofrecerle agradables perfumes como homenaje a Baal es que el SEÑOR de los ejércitos, quien plantó el olivo, también ha determinado su ruina.

18Lo sé porque el SEÑOR me contó los planes de ellos y me mostró sus intrigas. 19Yo había estado tan confiado como oveja o buey camino del matadero, que no sabe lo que le espera. ¡No sabía que tramaban mi muerte! «Acabemos con este hombre y todos sus mensajes», decían, «matémoslo para que de él no quede ni el recuerdo».

20¡Oh SEÑOR de los ejércitos, tú eres justo, tú conoces los pensamientos e intenciones de la gente! Fíjate en el corazón y los móviles de estos hombres. Dales su merecido por todos sus planes. De ti espero justicia.

21,22Y el SEÑOR respondió: Los hombres de la ciudad de Anatot serán castigados por planear tu muerte. Bajo amenaza de muerte te ordenarán que no profetices en el nombre de Dios. Por ello, sus muchachos morirán en batalla, sus niños y niñas morirán de hambre. 23¡Ni uno de estos conspiradores de Anatot escapará con vida, porque sobre ellos traeré una desgracia espantosa! ¡Ya les llegará su hora!

Queja de Jeremías

12 SEÑOR, tú siempre me haces justicia cuando te presento mis quejas. Deja que te presente ahora una más: ¿Por qué prosperan tanto los malvados? ¿Por qué son tan felices los traidores? 2Tú los plantas, ellos agarran suelo y sus iniciativas prosperan. Sus ganancias se multiplican y ellos se enriquecen. Dicen: «¡Gracias a Dios!», pero en su corazón no te lo atribuyen a ti. 3En cuanto a mí respecta, tú conoces mi corazón, bien sabes cuánto anhelo serte fiel. ¡Sin embargo, soy pobre, oh SEÑOR! ¡SEÑOR, llévalos arrastrados como ovejas silenciosas al matadero! ¡Júzgalos, oh Dios!

4¿Hasta cuando tendrá esta tierra tuya que soportar la conducta de ellos? ¡Aun la hierba del campo tiene que pagar las consecuencias por las perversidades que ellos cometen! Las bestias y aves silvestres han huido, dejando desierta la tierra. Sin embargo, el pueblo dice: «Dios no nos llevará a juicio. Estamos completamente a salvo».

Respuesta de Dios

5El SEÑOR me respondió: Si el competir en la carrera con simples hombres —los de Anatot— te ha cansado, ¿cómo vas a competir contra caballos, contra el rey, su corte y todos sus malvados sacerdotes? Si en tierra pareja tropiezas y caes, ¿qué harás en las selvas del río Jordán? 6Y es que tu prueba será tan dura que hasta tus hermanos, tu propia familia, se pondrán en tu contra. ¡No confíes en ellos por más amables que sean las palabras que te dirijan!

7Luego el SEÑOR dijo: He abandonado a mi pueblo, mi propiedad; en manos de sus enemigos he entregado lo que más amo. 8Es que mi pueblo ha rugido en mi contra como león del bosque, y entonces los he tratado como si no los amara. 9Mi

pueblo se ha convertido en una presa deseada, de
tal manera que sobre él se cierne una multitud de
buitres y bestias salvajes que quieren devorarlo.
[10]Muchos gobernantes extranjeros han asolado
a mi pueblo como si fuera un viñedo maltratado,
pisoteando las vides y transformando su belleza
en estéril desierto. [11]Lo han desolado; escucho
sus amargos lamentos. Toda la tierra de Israel
está desolada y nadie se duele por ello. [12]Ejércitos
destructores saquean la tierra. El SEÑOR se vale
de ellos como si fueran una espada y con ella
causa gran destrozo. ¡No hay donde ocultarse
de la destrucción; nadie escapará!
[13]Mi pueblo sembró trigo y cosechó espinos;
trabajaron afanosamente, pero sin provecho.
Tendrán cosecha tan raquítica que se avergonzarán de ella, y es que sobre ellos pesa la tremenda
cólera del SEÑOR.
[14]Y ahora el SEÑOR dice así a las naciones perversas, las que rodean la tierra que Dios dio a su
pueblo Israel: ¡Miren, de su tierra los echaré así
como Judá será echada de la suya! [15]Pero después volveré y tendré compasión de todos ellos,
y los traeré de regreso a su tierra, cada uno a
su provincia de origen, la que le pertenece. [16]Y
si estas naciones paganas aprenden pronto las
costumbres de mi pueblo y me tienen por Dios
suyo en vez de Baal, cuyo culto enseñaron ellos
a mi pueblo, entonces serán fuertes en medio de
mi pueblo. [17]Pero toda nación que se niegue a
obedecerme será nuevamente expulsada y ani-
quilada, dice el SEÑOR.

El cinturón de lino

13 El SEÑOR me dijo: Ve y cómprate un cinturón de lino y cíñete con él, pero no lo
laves, no lo metas en el agua. [2]Compré, pues, el
cinturón y me lo puse.
[3]Luego me llegó otra vez un mensaje del SEÑOR.
Esta vez me dijo: [4]Lleva el cinturón al río Éufrates
y escóndelo en un hueco en las rocas. [5]Así lo
hice, lo escondí como el SEÑOR me había dicho.
[6]Mucho tiempo después, el SEÑOR me dijo:
Vuelve al río y saca el cinturón. [7]Y así lo hice,
saqué el cinturón del hueco donde lo había
escondido. Pero estaba podrido y deshaciéndose,
y ya no servía para nada.
[8,9]Entonces el SEÑOR dijo: Esto muestra la forma
en que pudriré el orgullo de Judá y de Jerusalén.
[10]Este pueblo perverso se niega a escucharme, va
en pos de sus malos deseos y adora ídolos; por lo
tanto llegará a ser como ese cinturón: inservible.
[11]Como el cinturón se ciñe a la cintura de una persona, hice que Judá e Israel se ciñeran a mí, con
la idea de que fueran mi orgullo, lo más valioso
para mí, dice el SEÑOR. Eran mi pueblo, quienes
le daban fama a mi nombre. Pero se desviaron.

Los cántaros rotos

[12]Diles esto: El SEÑOR Dios de Israel les dice
este refrán: Todas sus jarras se pueden llenar
con vino». Y ellos responderán: «Desde luego,
no hay para qué decirnos que toda jarra puede
ser llena con vino». [13]Diles entonces: Pues no
lo entienden bien. Llenaré de inútil confusión
a cuantos vivan en esta tierra: desde el rey que
ocupa el trono de David, los sacerdotes y profetas,
hasta la gente sencilla del pueblo. [14]A hijos y a
padres estrellaré unos contra otros, dice el SEÑOR.
No dejaré que la lástima ni la misericordia los
salve de la ruina total.

Advertencia oportuna

[15]¡Ay, si no fueran tan orgullosos y tercos!
Entonces pondrían atención al SEÑOR cuando
les habla. [16]Ríndanle respeto al SEÑOR su Dios
antes que sea demasiado tarde, antes que haga
caer sobre ustedes grandes nubarrones oscuros
de modo que no puedan ver y tropiecen y caigan
en los montes. Entonces, cuando busquen la luz
sólo hallarán terrible oscuridad. [17]¿Seguirán
negándose a escuchar? Entonces mi corazón
adolorido llorará en la soledad a causa de su
terco orgullo. Se me llenarán de lágrimas los ojos
porque el rebaño del SEÑOR será llevado como
esclavo lejos de su tierra.
[18]Díganles al rey y a la reina madre: Bajen de
sus tronos a sentarse en el polvo, porque su cabeza ha quedado sin su linda corona, han perdido
su poder. [19]Las ciudades del sur han sido sitiadas
por el enemigo. Y ahora todo el pueblo de Judá
será llevado como esclavo a tierras lejanas.
[20]¡Vean los ejércitos que marchan desde el norte! ¿Dónde está tu rebaño, Jerusalén, el hermoso
rebaño que te di a apacentar? [21]¿Qué sentirás
cuando apresen y castiguen a tus dirigentes, los
líderes que habías preparado? Seguro te retor-
cerás de dolor como mujer que da a luz. [22]Y si
te preguntas: «¿Por qué me ocurre todo esto?»,
debes saber que es debido a lo grosero de tus
pecados; por eso has sido violada y arruinada
por el ejército invasor.
[23]¿Podrá el etíope cambiar el color oscuro de su
piel? ¿O el leopardo quitarse sus manchas? Pues
tampoco ustedes, pues están tan acostumbrados
al mal, que son incapaces de comenzar a ser buenos. [24,25]Por haberme sacado de sus pensamientos
y por haber puesto su confianza en dioses falsos,
yo los esparciré como si fueran paja arrebatada
por uno de esos furiosos vientos que soplan en
el desierto. Esto es pues lo que les toca, la suerte
que les espera. [26]Y todo debido que me dejaste
y pusiste tu confianza en ídolos falsos. [27]¡Cuán

13.15–17

bajo has caído, pueblo mío! Por todos lados hay señales de tu alejamiento de mí, tu deslealtad para conmigo y tu abominable culto a los ídolos en los campos y colinas. ¡Ay de ti, Jerusalén! ¿Cuándo podrás ser nuevamente pura?

Sequía, hambre y espada

14 Este mensaje del Señor le vino a Jeremías como explicación de la sequía que había llegado.

2Judá llora, los negocios están paralizados, todo el mundo se postra en tierra y hay gran aflicción en Jerusalén. 3Los nobles envían empleados a los pozos en busca de agua, pero los encuentran secos. Contrariados y desesperados, regresan los empleados y en señal de desesperación se cubren la cabeza, como es la costumbre. 4La tierra está reseca y agrietada por falta de lluvia; los granjeros están temerosos por la reseca, y también ellos se cubren la cabeza. 5Hasta la venada abandona su cría recién parida porque no hay hierba. 6Jadeando como chacales del desierto están los burros monteses en las colinas desnudas; les duelen los ojos buscando hierba que comer, pero no encuentran nada.

7¡Oh Señor, contra ti hemos cometido faltas gravísimas, pero ayúdanos por amor a tu propia magnífica fama! 8Oh Esperanza de Israel, Salvador nuestro en tiempos de aflicción, ¿por qué nos tratas como si fueras un extraño, como forastero de paso que sólo se detiene una noche, indiferente a lo que pasa? 9¿No tienes poder para salvarnos? ¡Oh Señor, tú estás aquí en nuestro medio, y nosotros nos identificamos con tu nombre, como pueblo tuyo se nos conoce! ¡Oh Señor, no nos abandones ahora!

10Pero el Señor responde: Se complacieron en alejarse de mí y no han procurado seguir las sendas que les señalé. Ahora ya no los aceptaré como pueblo mío, ahora recordaré todo el mal que han hecho, y castigaré sus pecados.

11El Señor me dijo de nuevo: No me pidas más que bendiga a este pueblo, no ores más por ellos. 12Cuando ayunen, no pondré atención; cuando me presenten sus ofrendas y sacrificios, no los aceptaré. Lo que les daré como respuesta será guerra, hambre y enfermedad.

13Entonces dije yo: ¡Oh Señor Dios, sus profetas les dicen que todo anda bien, que no habrá ni guerra ni hambre; le dicen al pueblo que tú sin duda les enviarás paz, que tú los bendecirás!

14Entonces el Señor dijo: ¡Pues falso es todo eso que andan diciendo! ¡Profetizan falsamente como si yo los hubiera enviado! Yo no los envié ni les ordené hablar ni les di mensaje alguno. Profetizan de visiones y revelaciones que jamás vieron ni oyeron, proclaman necedades inventadas en su mentiroso corazón. 15Por lo tanto, dice el Señor, yo castigaré a estos profetas mentirosos que han hablado como si yo los hubiera enviado, y dicen que no habrá guerra ni hambre. ¡Ellos serán las primeras víctimas del hambre y la guerra! 16Y en cuanto al pueblo a quien profetizan, les aseguro que sus cuerpos serán arrojados por las calles de Jerusalén, víctimas del hambre y la guerra; y no habrá siquiera quien los sepulte. Esposos, esposas, hijos e hijas: todos desaparecerán. ¡Sobre todos ellos derramaré un terrible castigo por sus graves delitos!

17Por tanto, diles esto: Día y noche lloraré amargamente; no puedo dejar de llorar porque mi pueblo ha sido traspasado por la espada de los enemigos y ahora yace en tierra mortalmente herido. 18Si salgo a los campos, allí están los cuerpos de los muertos caídos por las heridas de las espadas enemigas; y si ando por las calles, allí están tirados los muertos que causaron el hambre y la enfermedad. Y sin embargo, los profetas y sacerdotes por igual se encargaron de viajar por todo el país afirmando a diestra y siniestra de que todo andaba bien, hablando de cosas que ignoraban por completo.

19«¡Oh Señor!», clamará el pueblo, «¿has rechazado por completo a Judá? ¿Aborreces a Jerusalén? ¿Tendremos de nuevo paz cuando pase el castigo? Nosotros pensábamos: Ahora por fin el Señor nos sanará y vendará nuestras heridas. Pero la paz no llegó y sólo reinan por todos lados la desesperación y el terror.

20¡Oh Señor, confesamos nuestra gran maldad y también la de nuestros antepasados! 21¡No nos detestes, Señor, por amor de tu gran fama! ¡No te deshonres a ti y el sitio maravilloso donde habitas, rompiendo la promesa de bendecirnos! 22¿Qué dios pagano puede darnos lluvia? ¿Quién sino tú, oh Señor Dios nuestro, puede hacer cosas así? Por tanto, de ti esperaremos auxilio».

15 Entonces el Señor me dijo: Aun si Moisés y Samuel vinieran ante mí a rogarme por este pueblo, yo no les ayudaría. ¡Fuera con ellos! ¡Échalos de mi presencia! 2Y si te preguntan: ¿A dónde podemos ir?, infórmales que el Señor dice: Los destinados a morir, a la muerte; los destinados a morir en la guerra, a la guerra; los que han de morir de hambre, al hambre; y los del cautiverio, al cautiverio. 3Cuatro clases de destructores les echaré encima: la espada que mata, los perros que destrozan, y los buitres y bestias salvajes que acaben con el resto. 4Por las maldades que en Jerusalén hizo Manasés, hijo de Ezequías, rey de Judá, los castigaré tan terriblemente que quedarán tan malparados que los demás pueblos se horrorizarán.

5¿Quién tendrá lástima de ti, Jerusalén? ¿Quién llorará por ti? ¿Quién preguntará siquiera cómo estás? 6Me abandonaste y me volviste la espalda, dice el Señor. Por lo tanto, yo utilizaré mi fuerza para destruirte. Ya estoy harto de darte oportunidad tras oportunidad de que te arrepientas. 7Te voy a zarandear a las puertas de tus ciudades y te quitaré todo lo que tienes por valioso y arruinaré a mi propio pueblo porque se niegan a volverse a mí dejando sus conductas perversas. 8Entonces habrá innumerables viudas; a mediodía traeré muerte a los muchachos y dolor a sus madres. Haré que de repente caigan sobre ellos angustia y miedo. 9La madre de siete hijos flaqueará y se desmayará de dolor porque se los mataron a todos. Ella sentirá que todo se vuelve negro por el dolor que la embarga, a pesar de ser de pleno día. Allí está Jerusalén sentada como estéril, avergonzada, porque a los sobrevivientes los rematarán los enemigos, dice el Señor.

10Entonces Jeremías dijo: «¡Qué tristeza tengo, madre mía! ¡Parece que nací sólo para sufrir y ser criticado por toda la gente! Porque donde quiera que voy me detestan. No soy ni acreedor pronto a cobrar una hipoteca ni deudor moroso, y sin embargo, todos me maldicen. 11¡Tú sabes, Señor, cómo ante ti he intercedido por ellos, cómo te he suplicado que libres a estos enemigos míos cuando estaban en apuros!»

12,13¿Podrá alguien ser capaz de romper barras de hierro o de bronce del norte? ¡Claro que no! Así pues, por todas sus malas acciones en mi contra, entregaré a su enemigo como botín su riqueza y tesoros. 14Haré que sus enemigos se los lleven como esclavos a una tierra donde nunca han estado, porque han hecho explotar mi cólera y ahora sufrirán las consecuencias.

15Entonces Jeremías respondió: «¡Señor, tú sabes que es por amor a ti que padezco! Me persiguen porque les he comunicado tus mensajes. ¡No dejes que me maten! ¡Líbrame de sus garras y dales su merecido! 16Son tus palabras las que me dan ánimo y consuelo; ellas son como alimento para mi vida desesperada, traen alegría a mi corazón triste y me deleitan. ¡Qué orgulloso estoy de contribuir para que tu nombre se vuelva más famoso, oh Señor de los ejércitos! 17,18No he participado de los alegres festines del pueblo, más bien me he apartado de ellos enojado por sus malas conductas, lleno de indignación. ¿No dejarán jamás de perseguirme? ¡Es que a veces siento que no hay remedio para mis males y en ocasiones te siento indiferente a mi dolor!»

19El Señor respondió: ¡Déjate de necedades y habla con algo de inteligencia! Sólo si pones en mí tu confianza te dejaré continuar como mi portavoz. Tienes que ser tú quien influya en ellos y no al revés. 20Lucharán contra ti como ejército sitiador contra una alta muralla. Pero no te vencerán porque yo estoy contigo para protegerte y librarte, dice el Señor. 21Sí, sin falta te libraré de estos malvados y te rescataré de sus despiadadas manos.

Mensaje de juicio

16 En otra ocasión me habló nuevamente el Señor y me dijo:

2No debes casarte ni tener hijos ni hijas en este lugar, 3porque de los niños y niñas que nazcan en esta ciudad, sus madres y padres 4morirán a causa de guerras y hambrunas. Nadie llevará luto por ellos ni los enterrarán, sino que sus cadáveres yacerán por tierra para pudrirse y abonar el campo. Sus pellejos serán destrozados por buitres y fieras.

5No te enlutes ni llores por ellos, pues yo les he retirado mi protección y mi paz; les he retirado mi benignidad y misericordia, dice el Señor.

6Tanto los grandes como los pequeños morirán en esta tierra, insepultos y sin haber quien los llore. Sus amigos no se harán heridas ni se raparán la cabeza en señal de dolor, como es la costumbre. 7Nadie confortará con alimento a los dolientes ni les enviarán una copa de vino como señal de dolor y solidaridad por la muerte de padres y madres.

8Como señal de los tristes días que están por venir, tampoco aceptes invitaciones a sus banquetes y fiestas. 9Porque el Señor de los ejércitos, el Dios de Israel, dice: En tus días, ante tus propios ojos, haré que desaparezca la alegría de este pueblo, incluso los alegres cantos y las fiestas de boda.

10Y cuando digas estas cosas al pueblo y te pregunten: «¿Por qué ha decidido el Señor tan terribles males contra nosotros?, ¿qué hemos hecho para merecerlo?, ¿cuál es nuestra conducta errónea contra el Señor Dios nuestro?», 11diles que la respuesta del Señor es ésta: Porque sus antepasados me abandonaron. Adoraron a otros dioses y les fueron muy devotos y fieles, y desobedecieron todas mis instrucciones.

12¡Pero ustedes han sido aun peores que sus antepasados! Se sienten muy satisfechos practicando maldades y no quieren seguir mis consejos. 13Por lo tanto yo los echaré de esta tierra y serán llevados a la fuerza a tierras extrañas en donde ni ustedes ni sus antepasados estuvieron antes, y allá rendirán homenaje a sus ídolos. ¡Y no esperen que los perdone!

14,15Pero vendrá un día maravilloso, dice el Señor, cuando el tema de toda conversación será que desde los países norteños a donde como castigo los había enviado como esclavos, los traeré de nuevo a su propio país. Ya no será su más importante recuerdo el de cuando liberé a sus antepasados de Egipto, sino que la liberación de su cautiverio del norte será el acontecimiento más celebrado. Aquel portentoso milagro casi no volverá a mencionarse. Sí, los traeré de regreso, dice el SEÑOR, a esta misma tierra que di a sus antepasados.

16 Ahora envío a llamar a muchos pescadores para que los pesquen de lo profundo en donde se ocultan de mi gran cólera, dice el SEÑOR. Envío a buscar cazadores para que los persigan como a venados en el bosque o cabras monteses en riscos inaccesibles. Adondequiera que corran huyendo de mi juicio, los hallaré y los castigaré. 17 Porque para nada los pierdo de vista y estoy atento a todas las maldades que cometen. Es inútil que intenten ocultarse de mí. 18 Les daré doble castigo por sus actos malvados, porque han corrompido mi tierra con sus detestables ídolos y todas sus malas acciones.

19 Oh SEÑOR, tú que eres para mí como fortaleza y baluarte en mi debilidad, como mi refugio en los días que estoy angustiado, pueblos de muchas partes del mundo acudirán a ti diciendo: «Nuestros antepasados fueron insensatos, pues adoraban ídolos vanos que para nada les aprovecharon. 20 ¿Podrán los seres humanos hacer dioses? ¡Qué van a ser dioses los que ellos hicieron!» 21 Y cuando con esa actitud acudan a mí, entonces yo les mostraré mi poder y energía y haré que por fin comprendan que sólo yo soy Dios, y que mi nombre es el SEÑOR.

17 Mi pueblo peca como por encargo, como si sus maldades fueran leyes esculpidas con cincel de hierro o punta de diamante sobre su empedernido corazón o en las esquinas de sus altares. 2-3 Sus jóvenes son especialistas en cometer maldades, rinden homenaje a ídolos debajo de cada árbol, en lo alto de los montes o en las llanuras de abajo. Por eso entregaré yo todas sus propiedades valiosas a sus enemigos como precio que deben pagar por sus actos malvados. 4 Y la magnífica herencia que les tenía reservada se les escapará de las manos, y los enviaré a servir como esclavos a sus enemigos en tierras lejanas. Porque han provocado mi gran cólera la cual será muy difícil de aplacar.

5 El SEÑOR dice: Maldita la persona que ponga su confianza en cualquier mortal y aleja del SEÑOR su corazón. 6 Es como si fuera sólo un raquítico arbusto del desierto, sin esperanza para el futuro, sólo a duras penas sobreviviendo en la planicie salitrosa de un inhóspito desierto; la prosperidad lo abandonó para siempre.

7 Pero está destinada a prosperar la persona que confía en el SEÑOR y en el SEÑOR ha puesto su esperanza y fe. 8 Esta persona es semejante a un árbol plantado a orillas de un río, cuyas raíces penetran hasta encontrar el agua; este es un árbol al que no agobia el calor ni angustian los largos meses de sequía. Su follaje se mantiene siempre verde y produce con regularidad jugosos frutos.

9 Nada hay tan engañoso ni tan absolutamente perverso como el corazón. Nadie es capaz de conocer a fondo su maldad. 10 Sólo el SEÑOR lo conoce, porque el examina con cuidado todos los corazones y examina los más ocultos móviles de las personas para poder dar a cada cual su recompensa según sus hechos, según como haya vivido.

11 Como ave que llena su nido de polluelos que ella no empolló y que pronto la abandonarán y se irán volando, así es la persona que obtiene su riqueza por medios injustos. Tarde o temprano perderá sus bienes y al final de sus días será sólo una persona miserable.

12 ¡Pero nuestro refugio, oh SEÑOR, eres tú, en quien siempre podemos encontrar protección! 13 ¡Oh SEÑOR, esperanza de Israel, todos cuantos de ti se apartan serán deshonrados y avergonzados! Su futuro es muy mediocre, sólo cosas terrenales, porque han abandonado al SEÑOR, quien es como una fuente de aguas dadoras de vida. 14 ¡SEÑOR, sólo tú puedes sanarme, sólo tú puedes salvarme de todos los peligros, por eso toda la gratitud de mi corazón es sólo para ti!

15 Toda la gente se burla de mí diciendo: «¿Qué es esa palabra del SEÑOR de la que hablas sin parar? Si tus amenazas proceden realmente de Dios, ¿por qué no se cumplen?»

16 SEÑOR, no quiero que alguna terrible calamidad caiga sobre tu pueblo. Tuyo y no mío es el plan, tuyo y no mío es el mensaje que les doy. ¡No soy yo quien quiere su condena! 17 ¡SEÑOR, no me abandones! ¡Siempre te he dicho sinceramente lo que siento! 18 Acarréales confusión y congojas a cuantos me persiguen, y a mí dame paz. ¡Sí, doble destrucción para ellos!

La observancia del sábado

19 Entonces el SEÑOR me dijo: Ve y ponte de pie ante las puertas de la ciudad de Jerusalén, primero ante la puerta por donde entra y sale el rey, y luego ante cada una de las otras, 20 y dile al pueblo: ¡Escuchen el mensaje del SEÑOR, reyes de Judá y todos los habitantes de este país, y ustedes, vecinos de Jerusalén! 21-22 El SEÑOR dice: Sigan la instrucción del SEÑOR para que vivan; no hagan trabajo innecesario el sábado, sino respételo como día apartado. Este mandamiento di a sus antepasados, 23 pero ellos no escucharon ni obedecieron. Tercamente se negaron a recibir mi instrucción y seguirla. 24 Pero si ustedes obedecen mi instrucción, dice el SEÑOR, y se abstienen de trabajar el día sábado y lo guardan como día

17.9–10 17.14 17.17

especial y apartado, 25esta nación nunca será destruida. Los descendientes de David serán nombrados reyes aquí en Jerusalén; nunca faltarán los reyes y príncipes que cabalguen con pompa y esplendor como señal de fuerza entre el pueblo y esta ciudad nunca será destruida. 26Y de todas las regiones de Jerusalén, y de las ciudades de Judá y de Benjamín, y más al sur, y de las tierras bajas que se localizan al oeste de Judá, acudirá el pueblo con sus ofrendas quemadas y sus ofrendas de grano y perfumes agradables, trayendo sus sacrificios para rendir homenaje al SEÑOR en su templo.

27Pero si no me escuchan, y se niegan a dedicar para mí el sábado, y en sábado meten cargamentos de mercancía por estas puertas de Jerusalén como si fuera un día común, entonces incendiaré las puertas. El fuego se extenderá a los palacios y los destruirá, sin que nadie pueda apagar un incendio tan destructivo.

Parábola del alfarero

18 Otro mensaje que Jeremías recibió del SEÑOR: 2¡Baja al taller donde hacen ollas y tinajas, que allí te comunicaré mi mensaje!

3Hice como el SEÑOR me pidió, y encontré al alfarero trabajando en su torno. 4Pero la tinaja que estaba haciendo no le salió como quería; entonces la redujo a una bola de arcilla y de nuevo comenzó a darle forma.

5Entonces el SEÑOR dijo:

6Oh Israel, ¿acaso no puedo yo hacer contigo lo que este alfarero hace con su arcilla? Como la arcilla en las manos del alfarero, así estás tú en mis manos. 7Siempre que anuncie yo que una nación ha de ser tomada y destruida, 8si esa nación se aparta de su mala conducta, no la destruiré según había planeado. 9Y si anuncio que determinada nación será fortalecida y engrandecida, 10pero ella cambia de actitud, empieza a cometer maldades y rehúsa obedecerme, también yo cambiaré de actitud y no bendeciré a esa nación como lo había dicho.

11Ve por tanto y adviértele a todo Judá y Jerusalén diciendo: Oigan la palabra del SEÑOR: Estoy planeando hacerles mucho mal en vez de otorgarles beneficios; apártense de su mala conducta y hagan lo bueno.

12Pero ellos replicaron: «No pierdas tu tiempo. No tenemos ninguna intención de hacer lo que Dios dice. Seguiremos viviendo como nos dé la gana, libres de todo lo que nos frene, así nos sentimos bien».

13Luego el SEÑOR dijo: ¡Ni entre los paganos se oyó jamás cosa tal! Mi pueblo ha hecho algo tan espantoso que no se entiende. 14En lo alto del Líbano jamás se derrite la nieve. Las frías corrientes que manan de las grietas del monte Hermón jamás se secan. 15En eso se puede confiar porque pasa con regularidad, pero no en mi pueblo. Porque me han abandonado y puesto su confianza en ídolos que no sirven para nada. Se han alejado de una vida honesta y ahora viven dedicados a cometer toda clase de delitos. 16Por lo tanto su tierra será desolada, de modo que cuantos pasen por allí abrirán la boca y moverán la cabeza asombrados al ver tanta destrucción. 17Esparciré a mi pueblo ante sus enemigos como el viento del este esparce el polvo. Y cuando estén atribulados les volveré la espalda y rehusaré poner atención a su desesperación.

18Entonces el pueblo dijo: «Vamos, librémonos de Jeremías. Nosotros tenemos sacerdotes, sabios y profetas, no necesitamos su consejo. Acallémoslo para que no hable más contra nosotros ni nos vuelva a molestar».

19¡Oh SEÑOR, ayúdame! ¡Mira lo que traman contra mí! 20¿Habrán de pagarme mal por bien? Han armado una emboscada para matarme, por más que yo te haya hablado bien de ellos y haya procurado defenderlos de tu cólera. 21Ahora, SEÑOR, ¡mi deseo es que mueran de hambre sus hijos y les caigan encima guerras terribles! ¡Que queden viudas sus mujeres y pierdan todos sus hijos! ¡Que mueran sus hombres por la peste y sus muchachos en la batalla! 22Deseo que se escuche en todas sus casas llanto amargo mientras súbitamente son asaltadas por los soldados, pues cavaron un hoyo para que yo cayera en él y han puesto trampas ocultas para atraparme y darme muerte. 23SEÑOR, tú conoces todos sus planes homicidas en contra mía. No los perdones, no te hagas el disimulado ante tanta perversidad, sino hazlos morir ante tu presencia. ¡Encárgate de ellos como se merecen!

19 El SEÑOR dijo: Cómprate una tinaja de barro y llévala al valle de Ben Hinón junto a la puerta oriental de la ciudad. 2Lleva contigo algunos de los hombres respetables del pueblo y algunos de los sacerdotes, y comunícales el mensaje que yo te daré.

3Entonces el SEÑOR les dijo lo siguiente: Oigan la palabra del SEÑOR reyes de Judá y ciudadanos de Jerusalén. El SEÑOR de los ejércitos, el Dios de Israel, dice: Sobre este lugar traeré un mal espantoso, tan terrible que a cuantos lo oigan les quedarán zumbando los oídos. 4Porque Israel me ha abandonado y ha convertido este valle en sitio de vergüenza e iniquidad. El pueblo le ofrece perfumes agradables a los ídolos en señal de homenaje, ídolos que ni esta generación ni sus antepasados ni los reyes de Judá habían honrado antes, y han empapado en sangre de niños inocentes este lugar. 5Le han construido lugares de homenaje al dios Baal, lugares en los que queman a sus hijos como sacrificio, cosa que jamás les ordené y ni siquiera pensé.

[6]Por todo esto, dice el SEÑOR, este valle ya no será llamado Tofet ni Valle de Ben Hinón, sino Valle de la Matanza. [7]Pues yo trastornaré los planes de batalla de Judá y Jerusalén, y dejaré que los ejércitos invasores los aniquilen aquí y dejen sus cadáveres como carroña para buitres y fieras salvajes. [8]Y también borraré de la faz de la tierra a Jerusalén, de modo que todo el que pase abra la boca asombrado ante todo lo que le hice y hará una rechifla burlona. [9]Yo me encargaré de que tus enemigos asedien la ciudad hasta que se acabe todo alimento, y los que estén atrapados dentro comiencen a comerse a sus propios hijos e hijas y amigos.

[10]Y ahora, Jeremías, mientras estos hombres observan, rompe la tinaja que trajiste contigo, [11]y diles: Este es el mensaje del SEÑOR de los ejércitos para ustedes: Así como esta tinaja queda hecha añicos, así destrozaré al pueblo de Jerusalén; y así como no se puede reparar esta tinaja, así tampoco podrá haber restauración para ellos. Tan grande será la matanza que no habrá espacio suficiente para una tumba adecuada en ningún lugar, y sus cadáveres quedarán amontonados en este valle. [12]Y como en este valle, así será en Jerusalén, porque también a Jerusalén la llenaré de cadáveres. [13]Y golpearé todos los hogares de Jerusalén, incluso el palacio de los reyes de Judá, en castigo porque todo el mundo se dedicó a homenajear con perfume agradable y ofreciendo bebidas especiales a todos los ídolos, incluyendo las estrellas que consideran dioses.

[14]Al regresar de Tofet, en donde había dado este mensaje, se detuvo Jeremías frente al templo del SEÑOR, y le dijo a todo el pueblo:

[15]El SEÑOR de los ejércitos, el Dios de Israel, dice: ¡Sobre esta ciudad y sus pueblos aledaños traeré todo el mal que he anunciado, porque ciertamente se han negado a escuchar el consejo del SEÑOR!

Jeremías y Pasur

20 Entonces, cuando Pasur, hijo de Imer, sacerdote encargado del templo del SEÑOR, oyó lo que Jeremías decía, [2]lo prendió y ordenó que le dieran una paliza y que lo pusieran en un calabozo, en la cárcel que está en la puerta de la ciudad conocida como de Benjamín, cerca del templo. [3]Al día siguiente, cuando por fin Pasur lo soltó, Jeremías dijo:

Pasur, el SEÑOR te ha cambiado de nombre. Él ordena que de ahora en adelante se te llame «Varón que vive en el terror». [4]Porque el SEÑOR enviará terror sobre ti y todos tus amigos, y los verás morir por herida de espada, traspasados por sus enemigos. Dejaré a Judá en manos del rey de Babilonia, dice el SEÑOR, y él se llevará a los de este pueblo como esclavos a Babilonia y dejará que los acuchillen. [5]Y yo dejaré que tus enemigos saqueen a Jerusalén. Todos los famosos tesoros de la ciudad, con las piedras preciosas, el oro y la plata de los reyes, serán llevados a Babilonia. [6]En cuanto a ti, Pasur, todos los de tu casa y parentela serán esclavos en Babilonia y allí morirán; tú y aquellos a quienes engañaste profetizando que todo saldría bien.

Quejas de Jeremías

[7]Entonces dije: ¡Oh SEÑOR, me sedujiste y no puse resistencia! Me veo forzado a darles tus mensajes porque tú eres más fuerte que yo, pero ahora soy el hazmerreír de la ciudad, todo el mundo se burla de mí. [8]Ni una sola vez me has permitido decirles siquiera una palabra bondadosa, todo el tiempo he tenido que anunciarles desastre, horror y destrucción. Con razón se ríen y burlan de mí y convierten mi nombre en chiste de la familia. [9]¡Y no puedo renunciar! Porque si digo que nunca más volveré a mencionar al SEÑOR, que nunca más hablaré en su representación, empiezo a sentir tu palabra como si fuera lumbre que me quema por dentro y no lo puedo resistir más. [10]Sin embargo, por todos lados los oigo murmurar sus amenazas y tengo miedo. «Te vamos a acusar», dicen. Hasta los que eran mis amigos me vigilan, esperando que cometa un error fatal. «Él solo se meterá en la trampa», dicen, «y entonces lo atraparemos y nos vengaremos de él».

[11]Pero el SEÑOR está junto a mí como gran guerrero, y delante de él, el Poderoso, el Terrible, ellos no pueden hacer nada. No pueden derrotarme; serán avergonzados y completamente humillados, y sobre ellos caerá un castigo muy duro.

[12]¡Oh SEÑOR de los ejércitos, que conoces a los que son justos y examinas los más profundos pensamientos del corazón y la mente, permíteme ver tu venganza contra ellos! Porque en ti he confiado mis asuntos. [13]Con esta confianza que me inspiras, cantaré de alegría y agradecimiento al SEÑOR. ¡Cantemos, pues pobre y menesteroso como yo era, él me ha liberado de mis perseguidores!

[14]¡Maldito el día en que nací! ¡Para nada sea recordado con alegría el día que mi madre me dio a luz! [15]¡Maldito sea aquel mensajero que le avisó a mi padre de mi nacimiento! [16]¡Que a ese mensajero le pase como a las ciudades de la antigüedad que Dios destruyó sin misericordia. [17]Ahora deseo haber nacido muerto, siendo el vientre de mi madre mi tumba y así no haber tenido que pasar por todo lo que he pasado. [18]¿Pues para qué nací? Porque mi vida sólo ha sido angustia, dolor y vergüenza.

Dios rechaza la petición de Sedequías

21 Entonces el rey Sedequías envió a Pasur, hijo de Malquías, y a Sofonías, hijo de Maseías, a Jeremías y le rogaron:

—Pídele al Señor que nos ayude, porque Nabucodonosor, rey de Babilonia, nos ha declarado la guerra. [2]Quizá el Señor quiera ayudarnos y realice un gran milagro como en el pasado y obligue a Nabucodonosor a retirar sus ejércitos invasores.

[3,4]Jeremías replicó:

—Vuelvan al rey Sedequías y díganle que el Señor Dios de Israel dice: Yo haré que sus armas sean inútiles contra el rey de Babilonia y los soldados caldeos que los asedian. En efecto, traeré a sus enemigos hasta el corazón mismo de esta ciudad, [5]y yo mismo pelearé contra ustedes, porque estoy muy enojado. [6]Y sobre esta ciudad enviaré una espantosa plaga, y morirán personas y animales. [7]Y finalmente entregaré al propio rey Sedequías y a todo el resto que haya quedado en la ciudad en poder del rey Nabucodonosor de Babilonia, para que los mate sin piedad ni misericordia.

[8]Dile a este pueblo lo que dice el Señor: Les doy la posibilidad de que elijan entre la vida y la muerte. [9]O permanecer en Jerusalén y morir —degollados por sus enemigos, muertos de hambre y enfermedad— o salir y entregarse al ejército caldeo, y vivir. [10]Porque le he dado la espalda a esta ciudad. Enemigo y no amigo suyo seré, dice el Señor. Será tomada por el rey de Babilonia, quien la mandará incendiar hasta dejarla convertida en cenizas.

[11]Y al rey de Judá el Señor le dice: [12]Estoy listo a juzgarte por el mal que estás cometiendo. ¡Pronto! ¡Haz justicia a los que juzgas! Comienza a hacer lo justo antes que mi terrible enojo caiga sobre ti como un fuego que nadie puede apagar. [13]Yo pelearé contra esta ciudad de Jerusalén, que se ufana diciendo: «Estamos a salvo, aquí nadie puede tocarnos». [14]Yo mismo te destruiré por haber cometido tantas maldades, dice el Señor. Destruiré todo, incluso encenderé un fuego en los bosques que quemará cuanto halle a su paso, hasta lo que se encuentra en la periferia.

Juicio contra reyes malvados

22 Luego el Señor me dijo: Ve a hablarle directamente al rey de Judá y dile: [2]Oye este mensaje del Señor, rey de Judá, tú que ocupas el trono de David, y escuchen también tus servidores y tu pueblo.

[3]El Señor dice: Sean justos. Procedan con rectitud. Ayuden a los que requieren justicia. Deténganse en sus maldades. Protejan los derechos de los extranjeros e inmigrantes, de los huérfanos y las viudas; ¡dejen de matar inocentes! [4]Si dejan las terribles acciones que están cometiendo, yo libraré a esta nación y otra vez le daré reyes que ocupen el trono de David, y habrá prosperidad para todos.

[5]Pero si no atienden esta advertencia, juro por mi gran fama, dice el Señor, que este palacio lo convertiré en ruinas y la familia real acabada. [6]Porque éste es el mensaje del Señor respecto a la familia real: Te quiero tanto como a la fructífera Galaad y a los verdes bosques del Líbano, pero te destruiré y te dejaré desierta y deshabitada. [7]Llamaré a una cuadrilla de demoledores que traigan sus herramientas y te desmantelen. Arrancarán todas tus magníficas vigas de cedro y las echarán al fuego. [8]Hombres de muchas naciones pasarán junto a las ruinas de esta ciudad y se dirán uno al otro: «¿Por qué hizo esto el Señor? ¿Por qué destruyó esta gran ciudad?» [9]Y su respuesta será: «Porque el pueblo que la habitaba olvidó al Señor su Dios y violó el convenio que habían firmado con él, y le rindieron homenaje a ídolos».

[10]¡No lloren la muerte de Josías! ¡Lloren más bien por los que son llevados cautivos! Porque jamás volverán a ver su país natal. [11]Esto dice el Señor respecto a Salún, que reinó después de su padre el rey Josías, y fue llevado cautivo: [12]Morirá en tierra lejana, y jamás volverá a ver su patria.

[13]¡Ay de ti, rey Joacim, porque estás edificando tu gran palacio con trabajo forzado! Al no pagar los salarios a los trabajadores, es como si estuvieras edificando los muros con materiales de injusticia y con opresión haces los marcos de las puertas y los cielos rasos. [14]Tú dices: «Construiré un magnífico palacio con grandes cámaras y muchas ventanas, con artesonados de fragante cedro y pintado de atractivo color rojo». [15]¡Pero no es la belleza del palacio lo que hace la grandeza del rey! ¿Por qué reinó tanto tiempo tu padre Josías? Porque fue justo e imparcial en todos sus actos. Por eso lo bendijo Dios. [16]Él se encargó de que a los pobres y menesterosos se les hiciera justicia y se les ayudara, y todo le salió bien. Esa es la manera de vivir de acuerdo a mi voluntad, dice el Señor. [17]Pero tú, ¡tú estás lleno de codicia y fraude! Matas a los inocentes, oprimes a los pobres y reinas despiadadamente.

[18]Por lo tanto, esta es la condena del Señor contra el rey Joacim, quien reinó después de su padre Josías: Su familia no lo llorará cuando muera. A sus súbditos ni siquiera les importará que haya muerto. ¡Que tristeza ser echado al olvido de esa manera! [19]Lo enterrarán como si fuera un burro: lo sacarán de Jerusalén a rastras y lo echarán en el muladar más allá de los límites de la ciudad.

[20]Llora, porque se han ido tus aliados. Búscalos en el Líbano, llámalos a gritos en Basán, búscalos

en los vados del Jordán. Mira, todos han muerto,
no quedó ni uno que te ayude. 21Cuando todo te
iba bien te lo advertí, pero tú respondiste: «No
me molestes». Así fuiste desde tu niñez; ¡de plano
te niegas a escuchar! 22Y ahora todos tus aliados
han desaparecido con un soplo del viento. A todos
tus amigos se los llevaron como esclavos. Sin
duda por fin comprenderás tu maldad y tendrás
vergüenza. 23Seguro que es muy bonito vivir con
elegancia en un hermoso palacio construido con
madera de cedro del Líbano, pero pronto llorarás
y gemirás angustiado como mujer a punto de
dar a luz.

24,25Y respecto a ti, Jeconías, hijo de Joacim rey
de Judá, aunque tú fueras el anillo del sello en
mi mano derecha, yo te sacaría y te entregaría en manos de quienes buscan tu muerte, de
quienes tienes tanto miedo: Nabucodonosor rey
de Babilonia y su poderoso ejército. 26A ti y a tu
madre los echaré de este país, y morirán en país
lejano. 27Jamás retornarán a la tierra que tanto
aman. 28Este Jeconías es como plato quebrado
y desechado. Él y sus hijos irán desterrados a
tierras lejanas, igual como se desecha un plato
quebrado.

29¡Ay tierra, tierra, tierra! ¡Escucha el mensaje
del Señor! 30El Señor dice: Haz constar que este
Jeconías no tendrá descendencia, pues ninguno de sus hijos ocupará el trono de David ni
gobernará en Judá. Su vida no tendrá ninguna
importancia.

El Rey justo

23 ¡Son unos desgraciados los pastores que
dejan que sus ovejas se pierdan o las dejan
abandonadas ante el peligro!, dice el Señor 2En
vez de llevar mi rebaño a lugar seguro, lo han
abandonado y lo han arriado hacia la destrucción. Ahora sobre ustedes descargaré mi gran
cólera por el mal que les han causado. Voy a
pasar revista de nuevo a sus malas obras para
darles el castigo que se merecen. 3Y recogeré el
resto de mi rebaño de todas partes donde anden
desperdigados y los traeré a su propio aprisco,
y nuevamente tendrán pasto abundante y se
multiplicarán. 4Y los pondré al cuidado de pastores responsables, y nunca más tendrán por qué
vivir atemorizadas. Ni una sola se perderá, dice
el Señor.

† 5Porque llegará un día, dice el Señor, en que
pondré como rey en el trono del rey David
una Rama justa. Será un Rey que gobierne con
sabiduría y rectitud, que hará que la justicia sea
la norma de todas las personas en la tierra. 6Se
le conocerá como Señor Justicia Nuestra. En
aquel tiempo Judá e Israel habitarán en paz y
con seguridad.

7En aquel tiempo, al prestar juramento ya no
se dirá: «¡Por el Señor que rescató de Egipto al
pueblo de Israel!», 8sino que se dirá: «Por el Señor
que desde los países del norte donde los había
desterrado trajo a los israelitas de regreso a su
patria Israel».

Profetas mentirosos

9Tengo el corazón lleno de dolor, me siento
debilitado y confundido como un borracho que es
tardo en reaccionar por causa del espantoso destino que les espera a los falsos profetas, porque el
Señor ha pronunciado contra ellos palabras terribles de castigo. 10El país está lleno de adulterio
y la tierra hasta parece maldita, completamente
reseca. Las personas sólo piensan en cometer
maldades, siempre actuando tramposamente.
11Tanto profetas como sacerdotes son hombres
malvados y mentirosos, ¡y hasta cuando están
en el templo!, dice el Señor.

12Por lo tanto, tendrán que pasar experiencias
horribles; los perseguirán cuesta abajo por despe-
ñaderos oscuros y traicioneros, y caerán. Cuando
llegue el tiempo que he decidido recibirán el castigo que les corresponde por todos sus pecados.

13Yo sabía que los profetas de Samaria eran
increíblemente perversos, porque profetizaban
mediante Baal e inducían a mi pueblo a actuar
perversamente. 14¡Pero peores aún son los profetas
de Jerusalén! Las cosas que hacen son horribles;
cometen adulterio y se deleitan en sus malas
acciones. Animan y aplauden a los malhechores en vez de advertirles de las consecuencias de
sus malas acciones. Esos profetas son totalmente
depravados, como lo eran los hombres de Sodoma y Gomorra.

15Por tanto, el Señor de los ejércitos dice respecto a estos falsos profetas: Les daré a comer
amargura y veneno a beber, pues por causa de
ellos la maldad se ha propagado por todas partes.

16Esta es mi advertencia a mi pueblo, dice el
Señor de los ejércitos: No escuchen a esos falsos profetas cuando les profeticen, llenándolos
de falsas esperanzas. Son unos embaucadores,
inventan todo cuanto dicen, no son portavoces
míos. 17Continuamente dicen a estos rebeldes que
me desprecian: «No tengan ningún cuidado, todo
va bien», y a quienes viven como ellos quieren
les dicen: «El Señor ha dicho que tendrán paz».
18Pero, ¿pueden nombrar siquiera a uno de
estos profetas que tenga tanta intimidad con el
Señor que oiga lo que dice? ¿Se ha preocupado
siquiera uno de ellos en escuchar? 19Miren, el
Señor envía un gran torbellino que arrastrará
a esos locos. 20La terrible cólera del Señor no se

† 23.5—Ma 1.1

aplacará hasta que haya ejecutado todo el castigo planeado. Más adelante comprenderán mejor lo que les estoy diciendo.

21 Yo no he enviado a estos profetas, pero ellos se apresuraron a hablar en mi nombre; no les he dado mensaje alguno, pero ellos dicen que sus mensajes son de mi parte. 22 Si fueran míos, tratarían de apartar a mi pueblo de sus malos caminos.

23 ¿Soy yo acaso un Dios que esté solamente en un sitio y no pueda ver lo que están haciendo? 24 ¿Podrá alguien ocultarse de mí? ¿No estoy yo acaso en todas partes, en el cielo y en la tierra?

25 «Escuchen el sueño que anoche me envió Dios», dicen. Y se ponen a inventar mentiras en nombre mío. 26 ¿Hasta cuándo durará esto? Si son «profetas», lo son de engaño, inventores de cuanto dicen. 27 Al narrar estos falsos sueños pretenden que mi pueblo me olvide así como me olvidaron sus antepasados, quienes se volvieron a los ídolos de Baal. 28 Cuenten estos falsos profetas sus sueños, y que mis genuinos mensajeros proclamen fielmente cada palabra mía. ¡Ustedes se darán cuenta entonces que hay mucha diferencia entre la paja y el trigo!

29 ¿No quema mi palabra como si fuera fuego?, pregunta el SEÑOR. ¿No es como un poderoso mazo que despedaza la roca? 30 Por eso estoy contra estos «profetas» que reciben sus mensajes unos de otros, 31 estos profetas que endulzan sus mensajes con mentiras y dicen: «Este mensaje procede de Dios». 32 Sus sueños inventados son descaradas mentiras que inducen a mi pueblo a cometer maldades. Yo no los envié y no tienen mensaje alguno para mi pueblo, dice el SEÑOR.

Profecías falsas

33 Cuando alguien del pueblo o uno de sus «profetas» o sacerdotes te pregunten: «Anda Jeremías, ¿qué tristes noticias del SEÑOR tienes hoy?», les responderás: «¿Qué tristes noticias? ¡Ustedes son las tristes noticias, porque el SEÑOR los ha reprobado!». 34 Y en lo tocante a los falsos profetas, sacerdotes y común del pueblo que hacen chistes respecto a «las tristes noticias del SEÑOR», los castigaré a ellos y a sus familias por esas palabras. 35 Pueden preguntarse unos a otros: «¿Cuál es el mensaje de Dios? ¿Qué dice?» 36 Pero no usen el mote de «tristes noticias de Dios», porque lo que hay de triste son ustedes y sus mentiras. Están tergiversando mis palabras, que soy un Dios que ama la vida, y andan inventando «mensajes de Dios» que yo no he dado, dice el SEÑOR.

37 Respetuosamente pueden preguntarle a Jeremías: «¿Cuál es el mensaje del SEÑOR? ¿Qué te ha dicho?» 38,39 Pero si le preguntan por «las tristes noticias de Dios» habiendo advertido yo contra tales burlas, entonces yo, el SEÑOR Dios, me libraré de la carga que me son ustedes. Los arrojaré de mi presencia, junto con esta ciudad que di a ustedes y a sus antepasados, 40 y sentirán mucha vergüenza por todo lo que les pasará y se ganarán una reputación de infames para siempre.

Dos canastas de higos

24 Después que Nabucodonosor, el rey de Babilonia, capturó y sometió a esclavitud a Jeconías, hijo de Joacim, rey de Judá, y lo llevó prisionero a Babilonia junto con los príncipes de Judá y los obreros calificados —carpinteros y herreros—, el SEÑOR me dio otra visión. 2 Vi dos canastas de higos colocadas frente al templo de Jerusalén. En una canasta había higos frescos, recién madurados, pero los de la otra cesta estaban echados a perder y mohosos, pudriéndose ya. 3 Entonces el SEÑOR me dijo: ¿Qué ves, Jeremías? Yo respondí: «Higos, unos muy buenos y otros muy malos, que no se pueden comer de malos».

4,5 Entonces el SEÑOR, el Dios de Israel, dijo: Los higos buenos representan a los que van como prisioneros a Babilonia. De ellos tendré mucho cuidado. 6 Yo me encargaré de que los traten bien y los volveré a traer de regreso. Les ayudaré y no los heriré; haré que vuelvan a ubicarse en su tierra y en ella serán prósperos. 7 Les daré un corazón que esté en sintonía con mi voluntad. Serán mi pueblo y yo seré su Dios, porque con gran alegría volverán a mí.

8 Pero los higos podridos representan a Sedequías, rey de Judá, sus funcionarios y el resto de Jerusalén que se ha quedado en este país; también a los que se fueron a vivir en Egipto. Los trataré como a higos podridos que no sirven para nada, dice el SEÑOR. 9 Los haré repulsivos para todas las naciones de la tierra, y serán objeto de burla, mofa y maldición dondequiera que yo los obligue a ir. 10 Y en medio de ellos habrá mucha muerte, hambre y enfermedad hasta que sean eliminados de la tierra de Israel, la que yo di a ellos y a sus antepasados.

Setenta años de cautiverio

25 El siguiente mensaje del SEÑOR para todo el pueblo de Judá le fue dado a Jeremías en el cuarto año del reinado del rey Joacim de Judá, hijo de Josías. Este fue el año que comenzó a reinar Nabucodonosor como rey de Babilonia.

2,3 Desde hace veintitrés años, dijo Jeremías, desde el año decimotercero del reinado de Josías, hijo de Amón, rey de Judá, hasta el presente, el SEÑOR ha estado enviándoles sus mensajes. Fielmente se los he transmitido, pero ustedes no han querido escucharlos. 4 Durante mucho tiempo el SEÑOR les ha enviado sus profetas, pero ustedes se

23.23–24 23.32

han negado a oír. 5En cada ocasión el mensaje fue: Dejen sus malas conductas y abandonen las maldades que están cometiendo. Sólo así pueden seguir viviendo aquí en esta tierra que el SEÑOR les dio a ustedes y a sus antepasados para siempre. 6No me hagan enojar rindiéndole homenaje a ídolos; pero si me son leales no les haré daño. 7Pero no quieren escuchar; tercos, me han enfurecido con sus ídolos. Así se han hecho merecedores de todo el mal que se les ha venido encima.

8,9Y ahora el SEÑOR de los ejércitos dice: Como no me han escuchado, reuniré todos los ejércitos del norte al mando de Nabucodonosor, rey de Babilonia, a quien he nombrado mi representante, y los traeré a todos contra este país y su pueblo y contra las demás naciones cercanas a ustedes. Los destruiré totalmente y los convertiré en refrán burlesco para siempre. 10Los despojaré de su gozo, su alegría y sus fiestas nupciales. Fracasarán sus empresas y todas sus casas estarán tristes y sin luz. 11Todo este país se convertirá en un arenal desolado; todo mundo quedará con la boca abierta de asombro ante el desastre que les llegará. Durante setenta años Israel y las naciones vecinas servirán al rey de Babilonia.

12Después, pasados los setenta años de esclavitud, castigaré al rey de Babilonia y a su pueblo por sus maldades. En eternas ruinas convertiré el país de Caldea, mejor conocido como Babilonia. 13Traeré sobre ellos todos los terrores que he prometido en este rollo, todas las penas anunciadas por Jeremías contra las naciones. 14Porque muchas naciones y grandes reyes esclavizarán a los caldeos así como ellos esclavizaron a mi pueblo; los castigaré en proporción al trato que ellos le dieron a mi pueblo.

15Porque el SEÑOR, el Dios de Israel, me dijo: Toma de mi mano esta copa en que rebosa mi gran cólera y haz que de ella beban todas las naciones a quienes te envío. 16Al beber de ella se tambalearán como borrachas, enloquecidas por los golpes mortales que haré caer sobre ellas.

17Tomé entonces la copa de cólera que el SEÑOR me daba e hice que bebieran de ella todas las naciones, cada nación a la que el SEÑOR me envió. 18Fui a Jerusalén y a las ciudades de Judá, y sus reyes y príncipes bebieron de la copa, de modo que desde entonces han estado en desolación, detestados y maldecidos, hasta el día de hoy. 19,20Fui a Egipto, y el faraón y sus siervos, los príncipes y el pueblo, bebieron también de la terrible copa, junto con los extranjeros que habitaban su país. Igual hicieron los reyes de la tierra de Uz y los reyes de las ciudades filisteas Ascalón, Gaza, Ecrón y lo que de Asdod quedaba. 21Visité también las naciones de Edom, Moab y Amón; 22a los reyes de Tiro y de Sidón; a los reyes de las regiones que están al otro lado del mar; 23a Dedán, a Temá y a Buz, y a los otros que están allí; 24a los reyes de Arabia y a los de las tribus nómadas del desierto; 25a los reyes de Zimri, Elam y Media; 26y a todos los reyes de los países del norte, lejanos y cercanos, unos tras otros; y a todos los reinos del mundo. Y finalmente el propio rey de Babilonia bebió de esta copa de la cólera del SEÑOR.

27Diles: El SEÑOR de los ejércitos, el Dios de Israel, dice: Beban de esta copa de mi cólera hasta que estén borrachos; vomiten y caigan para no levantarse más, porque envío terribles guerras sobre ustedes. 28Y si rechazan la copa, diles: El SEÑOR de los ejércitos dice que tienen que beber. ¡No pueden rehuirla!

29A mi propio pueblo he comenzado a castigarlo. ¿Habrían de escapar ustedes? ¡No, no evadirán el castigo! Lanzaré a guerra contra todos los pueblos de la tierra, dice el SEÑOR de los ejércitos.

30Por lo tanto, profetiza contra ellos. Diles que desde su santo templo tronará el SEÑOR contra los suyos y contra todos los habitantes de la tierra. Gritará de coraje, y tan fuerte como lo hacen los que en la vendimia exprimen el jugo de las uvas bajo sus pies. 31Aquel grito que anuncia el castigo retumbará hasta los últimos rincones más apartados de la tierra, porque el SEÑOR echa pleito contra las naciones, contra toda la humanidad. A todos los malvados los hace caer en la guerra, dice el SEÑOR.

32¡Miren, dice el SEÑOR de los ejércitos, mi castigo irá de nación en nación; un gran torbellino destructor alcanzará los límites más alejados de la tierra! 33Aquel día los muertos a manos del SEÑOR llenarán la tierra de cabo a cabo. Nadie los llorará ni recogerá los cadáveres para enterrarlos; serán abono para la tierra.

34Lloren y giman, malos pastores; golpéense la cabeza contra las piedras los líderes de las naciones, porque ha llegado el tiempo de su destrucción y dispersión. Caerán como frágiles objetos destinados a ser destruidos. 35Los pastores y demás líderes no hallarán dónde esconderse ni por dónde escapar.

36Escuchen los frenéticos gritos de los pastores y de los otros líderes que claman desesperados porque el SEÑOR ha arruinado sus pastos. 37Los que ahora viven a sus anchas serán truncados por la ferocidad de la cólera del SEÑOR. 38El SEÑOR ha salido como león que sale de su cubil en busca de presa. Su tierra ha sido asolada por ejércitos en guerra, provocados por la tremenda cólera del SEÑOR.

Jeremías bajo amenaza de muerte

26 Vino a Jeremías este mensaje de parte del SEÑOR durante el primer año del reinado de Joacim, hijo de Josías, rey de Judá:

Seamos uno 25

¿Alguna vez han pensado cuán impresionante es que al casarse, el hombre y la mujer se hacen uno? No solo se unen físicamente, sino que se unen emocional y espiritualmente. Sí, la intimidad es la plataforma donde se comparte lo más privado del uno al otro. En ocasiones hablamos de intimidad y solo pensamos en el aspecto físico o sexual, pero la intimidad se puede dar en distintos escenarios a los que les hemos decidido llamar "tanques". Cada pareja debe procurar llenar sus tanques de intimidad.

Comencemos con el primer tanque: intimidad espiritual. Se refiere a cuando nos sentamos juntos y discutimos aspectos de nuestra vida devocional, compartimos conocimiento bíblico, oramos juntos o trabajamos en algún proyecto ministerial. Nosotros como matrimonio reconocemos que esta parte de la intimidad es sumamente importante. Uno de nuestros mejores momentos del día es el tiempo que dedicamos cada mañana para tomarnos una taza de café, orar juntos y leer la Biblia. Es importante hacerlo cada uno por separado, pero la realidad es que hay poder en el acuerdo y la unidad; en espacios así podemos hablar el mismo idioma y conocer juntos qué se está hablando en el cielo para nuestra familia.

También debemos procurar llenar el tanque de la intimidad emocional, que se refiere a nuestra necesidad de conexión emocional, nuestro corazón. Necesitamos compartir como amigos cuáles son nuestras metas y sueños personales o como pareja; hablar con libertad sobre nuestras emociones y poder mostrarnos tal cual somos. Nosotros dos somos mejores amigos; hemos aprendido a compartir nuestros gustos e intereses y procuramos siempre llenar esa necesidad el uno con el otro. Esto no quiere decir que no podemos tener otros amigos, pero quien debe llenar ese espacio más que nadie es el cónyuge.

Finalmente, el ultimo tanque a llenar es el de la intimidad física o sexual, donde compartimos nuestro deseo pasional, el uno con el otro. Recuerden: son uno, disfruten de esta bendición divina. Todo matrimonio necesita el toque afectivo, la intimidad física para así mantener una intimidad saludable. La intimidad sexual traerá frescura y una conexión integral entre ustedes. No olvidemos que la intimidad no comienza cuando cerramos la puerta de nuestra habitación cada noche, sino que comienza desde que abrimos los ojos cada mañana y transcurre durante todo el día. Procuren conectar con miradas, con un toque, un abrazo, una conversación, o tal vez orando juntos, haciendo sus devocionales mientras toman un café.

Nuestra oración es que hoy puedan detenerse y preguntarse si algunos de sus tanques están vacíos y puedan pedirle dirección a Dios para poder llenarlos. Los animamos a que, con el favor de Dios, puedan disfrutar una intimidad placentera en todas las áreas de su ser, sin perder de vista que ya no son dos, ahora son uno.

Profundicemos: Mateo 19:6; Eclesiastés 4:9-10; Génesis 2:23-24.

Conversemos:

- ¿Alguno de nuestros tanques de intimidad está vacío?
- ¿Cómo podemos volver a llenarlo?
- ¿Podemos reconocer en qué punto de la relación ese tanque quedó vacío?

Oremos:

Señor, renueva cada área de intimidad en nuestra relación de pareja, únenos en tu espíritu, tu amor y tu verdad. Deseamos ser uno, así como lo dice tu Palabra. Te pedimos esto en el nombre de Jesús. Amén. En tu nombre oramos, Jesús. Amén.

Recuperemos nuestra pasión

26

Hay dos tipos de pasión: aquella que está dirigida a consentir los deseos pecaminosos de la carne y todo aquello que nos separa de Dios, y aquella que está dirigida hacia lo que está en el corazón del Padre. La pasión que está enfocada en la voluntad del Padre, respaldada por el Espíritu Santo, nos hace ser esforzados, pacientes, fieles e íntegros con lo que amamos. Desde el comienzo de nuestra relación decidimos enfocar nuestra pasión en Dios y hoy, luego de tantos años, vemos los resultados y la bendición por haberlo decidido así. Hemos aprendido que nuestra pasión no es vivir para hacernos felices a nosotros mismos, sino vivir para hacer felices a quienes amamos.

Ahora bien, lo contrario a la pasión es la pasividad, el estancamiento y la falta de motivación. Pueden tener amor, pero si en el proceso se estancan en la pasividad, no lograrán su objetivo. Imaginen que van a ver un partido de fútbol y del lado derecho tienen sentado a un fanático apasionado por el juego, y del lado izquierdo, alguien que está desconectado. Les aseguro que podrán ver la diferencia. Tal vez a ambos les gusta el fútbol, pero es de acuerdo a su actitud que podrán ver su pasión, y cómo esta contagia a quienes están a su alrededor. ¡Lo mismo ocurre en el matrimonio y en la familia! Una persona apasionada actúa y vive con pasión, y todos a su alrededor lo pueden notar. No hay pasividad en él. Cuando comienza el noviazgo o el matrimonio tenemos todas nuestras energías, fuerzas y emociones invertidas en la conquista, pero tristemente, en muchas ocasiones esa pasión se apaga. Sin embargo, esto no debería ser así. Nos gusta lo que dice Cantares 7:10: "Soy de mi amado; su pasión lo atrae hacia mí". Eso significa que hay un trabajo constante y continuo de su parte, impulsado por la pasión.

Amigos, la pasión no muere, solo hay que trabajar para recuperarla, y se logra volviendo a hacer lo que funcionó al principio cuando enamoraron a su cónyuge. Como dice la Palabra: "¡Recuerda de dónde has caído! (Apocalipsis 2: 5). ¿Qué hacían que han dejado de hacer? ¿Una carta, una mirada, una canción, una cita, una cena, una palabra de afirmación? No es tarde para retomar lo que un día funcionó.

Oramos para que el Espíritu Santo les traiga a la memoria lo que un día ardía en su corazón, y nuevamente encienda y avive lo que esté apagado y estancado. Que Su amor se manifieste a través de sus vidas. Amen y entréguense con la pasión que Él lo ha hecho por ustedes y si nunca han experimentado esta clase de amor, oramos para que el Padre se haga real en sus vidas hoy mismo. ¡Nunca es tarde para recuperar la pasión!

Profundicemos: Cantar de los Cantares 8:7; Cantar de los Cantares 4:10-12; 1 Corintios 13:7.

Conversemos:

- ¿Somos esforzados con lo que amamos?
- ¿Hemos dejado de hacer cosas que fortalecían la pasión en nuestro matrimonio?
- ¿Qué podemos hacer hoy para recuperar aquello que se ha perdido?

Oremos:

Señor, te pedimos que enciendas todo lo que pueda estar apagado y estancado en nuestra relación. Deseamos ser apasionados por el amor y los lazos con los que nos has unido. Ayúdanos y muéstranos cómo ser más como tú. En el nombre de Jesús. Amén.

Dios peleará por nuestra casa

27

¿Se han dado cuenta de que en los momentos de reconstrucción siempre se levanta oposición y desánimo? Siempre que nos levantemos a reconstruir, Satanás se las arreglará para traer desánimo e intimidación y detener los planes de Dios sobre nuestras vidas.

Eso fue lo que le sucedió al pueblo de Israel tan pronto decidió reconstruir los muros de Jerusalén. Observen lo que dice Nehemías 4:1: "Sambalat se enojó mucho cuando supo que estábamos reedificando la muralla. Enfurecido, nos insultó y se burló de nosotros". ¿Les ha sucedido algo similar? Toman la decisión de obedecer a Dios y comienzan a reconstruir, pero escuchan voces externas de burla e intimidación que intentan detenerlos. Unos se burlan y otros les dicen que están locos. Eso también le sucedió mi mamá (habla Daniel) cuando decidió levantarse a luchar por la restauración de su matrimonio. Muchos le decían que jamás lograría tener una familia estable y que su matrimonio no prosperaría. Pero ella decidió cerrar sus oídos a voces externas y se enfocó en escuchar la voz de Dios.

En Nehemías 4:10 también vemos cómo el pueblo luego comenzó a enfrentar el desánimo: "Como si eso fuera poco, los de Judá comenzaron a quejarse, y decían: 'Los cargadores están muy cansados, y todavía quedan muchos escombros para botar. ¡Jamás podremos reconstruir la muralla!'".

Tal vez les ha pasado como le sucedió a Nehemías y al pueblo de Israel que cuando vieron la cantidad de escombros que había en la muralla, se abrumaron y desanimaron. ¿Acaso han pensado que la situación que enfrentan es tan complicada que no tiene remedio? ¿Ven la cantidad de escombros y piensan que es totalmente imposible continuar el proceso de restauración?

¡Levántense como lo hizo Nehemías! Aun en medio de la intimidación y el desánimo, Nehemías decidió confiar y le recordó al pueblo de Israel que ellos servían a un Dios poderoso. Nehemías 4:14 dice: "No tengan miedo: recuerden que el Señor es grande y poderoso. ¡Peleen por sus amigos, por sus familias y por sus hogares!". La intimidación y el desánimo definitivamente vendrán, pero ¿a quién han decidido creerle? Al seguir Su dirección la Palabra nos dice que: "¡Dios peleará por nosotros!" Nehemías 4:20. Recuerden que sirven a un Dios grande y glorioso cuyo gozo es su fuerza. Levántense, luchen y reconstruyan, ¡Él pelea por su casa!

Profundicemos: Deuteronomio 20:4; Deuteronomio 1:30; Romanos 8:26.

Conversemos:

- ¿Qué voces han intentado desanimarnos?
- ¿Nos estamos rodeando de personas que hablen vida sobre nuestro hogar?
- ¿Nos sentimos identificados con la historia de Nehemías? ¿En qué sentido?

Oremos:

Señor, decidimos creer solo en ti. Cierra nuestros oídos a las voces externas que quieran desalentarnos y desviarnos de tu propósito. Hoy declaramos que tú peleas por nuestra casa y que veremos el resultado de tu obra en nosotros. ¡Amén!

Nos necesitamos 28

"...Dios creó a los seres humanos a su imagen. Sí, a su imagen Dios los creó. Y Dios los creó hombre y mujer" Génesis 1:27. La descripción de la Creación es un relato maravilloso. Dios tomó una parte de su esencia y la puso en el hombre. Cuando Dios creó al hombre, lo diseñó con la capacidad de lidiar con muchos proyectos. Le dio a Adán múltiples responsabilidades en el Edén como, por ejemplo, ponerles nombre a los animales y tomar autoridad sobre ellos, pero estaba solo.

Cuando yo, Daniel, llego de algún viaje, después de días de estar trabajando, siempre me hago las mismas preguntas, que tal vez muchos hombres se hacen al llegar a casa: "¿Con quién voy a compartir mis logros? ¿Quién me felicita o me dice cómo puedo mejorar en todos los proyectos en los que estoy interviniendo?". Imagino que así se sentiría Adán al finalizar un día de trabajo. Entonces... ¡apareció Eva! Dios creó perfectamente lo que necesitábamos: nuestra ayuda idónea. Creó a la mujer tomando una parte de Él y también del hombre, haciendo así una increíble fusión. Entre todas las virtudes que Dios puso en la mujer, hay dones especiales que puso en ella: es dadora de vida, diseñada con una capacidad para consentir, escuchar, consolar, ser sabia y aconsejar. Las mujeres tienen características increíbles.

En una ocasión en la que dimos una clase de matrimonios llevamos plastilina para hacer una ilustración. Le dimos a cada matrimonio dos colores de plastilina diferentes, rojo a la mujer y azul al hombre. Esa tarde queríamos enseñarles cómo Dios nos funde como pareja. Entonces le pedimos a cada uno que creara su propio muñequito. Nosotros hicimos los nuestros. Luego les dijimos: "Vamos a fusionar esos dos muñequitos y hagan uno nuevo, porque la Biblia dice que somos una sola carne". Así que, unimos los dos muñequitos y los mezclamos. Cuanto más los apretábamos más se unían los colores. En la nueva masa que se estaba formando se veían características de los dos tonos, pero ahora estaban mezclados. Luego les pedimos que trataran de separarlos, pero fue imposible. Cada vez que yo, Shari, trataba de arrancar un pedazo de mi color rojo, me traía un pedazo de color azul. Cada vez que yo, Daniel, trataba de tomar un pedazo azul del muñequito, me llevaba un pedazo rojo. ¡Qué gran lección! Es muy importante saber que el matrimonio es una fusión completa que Dios creó para nuestro beneficio. Por eso cuando se rompe es algo sumamente doloroso, porque no solo perdemos emocionalmente, sino que también arrancamos a alguien que perteneció y se ligó a nuestro cuerpo, alma y espíritu. ¡Así de entremezclados y unidos estamos! Amigos, se necesitan el uno al otro, ustedes juntos se bendicen y se complementan mutuamente. Recuerden, ¡son una fusión divina!

Profundicemos: Santiago 5:16; Eclesiastés 4:11; Gálatas 6:2.

Conversemos:

- ¿Cómo podemos trabajar juntos para fortalecer nuestra unión?
- ¿Qué características individuales tenemos que son para el beneficio del otro?

Oremos:

Padre, gracias por recordarnos la importancia de la unión que has creado a través del matrimonio, una unión que diseñaste para nuestro beneficio y bienestar. Te pedimos que nos ayudes a complementarnos de la forma en la que tú lo diseñaste. En el nombre de Jesús. Amén.

2Ponte frente al templo del Señor y dale un
anuncio a todo el pueblo que desde muchos
sitios de Judá se ha congregado allí para ofrecer
culto. Dales el mensaje completo, no descartes ni
una sola de las palabras que tengo para que las
escuchen. 3Porque tal vez escuchen y se detengan
de hacer tantas maldades y entonces pueda yo
aguantarme de darles el castigo que se merecen
por sus malas acciones. 4Diles de parte del Señor:
Si no escuchan y obedecen las instrucciones que
les he dado, 5y si no ponen atención a lo que les
dicen mis servidores los profetas —pues una y
otra vez los he enviado para prevenirlos, pero
no han querido hacerles caso—, 6destruiré este
templo, como destruí el templo de Siló, y haré
que sobre Jerusalén se digan toda clase de tristes
historias, como ciudad maldecida.

7,8Cuando Jeremías terminó su mensaje, luego
que dijo todo cuanto el Señor le había ordenado,
los sacerdotes, los falsos profetas y todo el pueblo reunido en el templo se le echaron encima
gritando:

—¡Muera! ¡Muera! 9¿Qué derecho tienes para
decir que el Señor destruirá este templo como
hizo con el de Siló? ¿Qué es eso de que Jerusalén
será destruida y nadie se salvará?

10Cuando los altos dignatarios de Judá oyeron lo que ocurría, acudieron aprisa desde el
palacio y se sentaron a la entrada principal del
templo para entablar un juicio. 11Los sacerdotes y
los falsos profetas presentaron sus cargos contra
Jeremías ante los dignatarios y el pueblo:

—Este hombre merece morir —decían—.
Con sus propios oídos han oído su traición, pues
ha declarado que esta ciudad será destruida.

12Jeremías habló en defensa propia:

—Ha sido el Señor quien me ha enviado para
anunciar la destrucción de este templo y esta ciudad. Él me dio cada una de las palabras que he
pronunciado. 13Pero si dejan de cometer tantas
maldades y comienzan a seguir las instrucciones
del Señor su Dios, él revocará todo el castigo que
ha anunciado contra ustedes. 14En lo que a mí
toca, indefenso estoy en poder de ustedes, hagan
de mí lo que quieran. 15Pero una cosa sí les digo:
Si me matan serán culpables de la muerte de un
inocente, y la responsabilidad recaerá sobre esta
ciudad y cuantos en ella viven, porque es absolutamente cierto que el Señor fue quien me envió a
decir cada una de las palabras que de mí han oído.

16Los dignatarios y el pueblo dijeron al sacerdote y a los falsos profetas:

—Este hombre no es digno de muerte, pues
nos ha hablado en nombre del Señor nuestro Dios.

17Entonces uno de los sabios ancianos se puso
de pie y habló a todo el pueblo que lo rodeaba:

18—Esa es una decisión correcta, pues ya en el
pasado, cuando Miqueas, el de Moréset, profetizó
en tiempo del reinado de Ezequías de Judá, y
comunicó al pueblo que Dios decía: «Este monte
será arado como si fuera un campo de labranza y esta ciudad de Jerusalén será convertida en
montones de piedra, y en su cumbre habrá sólo
un matorral, en donde hoy está el gran templo».
19Pero, ¿lo mataron acaso el rey Ezequías y el
pueblo por decir eso? No, sino que dejaron sus
actos malvados y rindieron homenaje al Señor y
le suplicaron que tuviera misericordia de ellos.
Y el Señor no les envió el terrible castigo que
les había preparado. Si por comunicarnos los
mensajes de Dios matamos a Jeremías, ¡quién
sabe qué nos hará el Señor!

20Urías, hijo de Semaías, de Quiriat Yearín,
otro verdadero mensajero del Señor, denunciaba
a la ciudad y al pueblo al mismo tiempo que
Jeremías. 21Pero cuando el rey Joacim, los oficiales del ejército y los dignatarios oyeron lo que
decía, el rey envió a matarlo. Urías se enteró de
la orden y huyó a Egipto. 22Para capturar a Urías,
el rey Joacim envió a Egipto a Elnatán, hijo de
Acbor, con varios hombres más. 23Lo apresaron y
lo llevaron de regreso ante el rey Joacim, el cual
lo hizo atravesar con una espada y luego mandó
que lo enterraran en un sepulcro desconocido.
24Entonces Ajicán, hijo de Safán, secretario del
rey, estuvo a favor de Jeremías y persuadió al
tribunal para que no lo entregara a la muerte
en manos del populacho.

Parábola del yugo

27 Este mensaje del Señor recibió Jeremías
al comienzo del reinado de Joacim,[b] hijo
de Josías, rey de Judá:

2Hazte un yugo y póntelo al cuello atado con
correas como quien enyuga un buey para arar.
3Envía luego mensaje a los reyes de Edom, Moab,
Amón, Tiro y Sidón, mediante sus embajadores
en Jerusalén, 4a los cuales dirás: Digan a sus amos
que el Señor de los ejércitos, el Dios de Israel, les
envía este mensaje:

5Por mi gran poder yo hice la tierra; toda la
humanidad y todos los animales, y esto, que
es mío, lo doy a quien quiero. 6Así, ahora he
entregado todas sus naciones al rey Nabucodonosor de Babilonia, que es representante mío. Y
le he entregado a él todo el ganado de sus amos.
7Todas las naciones le servirán a Nabucodonosor
y a sus hijos y nietos hasta que le llegue su turno
de ser castigado, y entonces muchas naciones
y poderosos reyes conquistarán Babilonia y la
harán su esclava. 8¡Pero ahora sométanse a
Nabucodonosor y sírvanle, pórtense sumisos ante
Babilonia! Castigaré a cualquier nación que se
niegue a ser esclava suya; enviaré guerra, hambre

b. Algunas versiones dicen «Sedequías».

y enfermedad sobre dicha nación hasta que él la haya conquistado.

9No escuchen a sus falsos profetas, adivinos, soñadores, agoreros y magos que dicen que el rey de Babilonia no los someterá a esclavitud, 10porque todos son mentirosos. Y si siguen sus consejos y se niegan a someterse al rey de Babilonia, yo los echaré de su tierra y los enviaré lejos y allá perecerán. 11Pero al pueblo de toda nación que se someta al rey de Babilonia se le permitirá quedarse en su propio país y cultivar la tierra como de costumbre.

12Jeremías le repitió todas estas profecías a Sedequías, rey de Judá:

Si deseas vivir, sométete al rey de Babilonia, le dijo. 13¿Por qué se empeñan en morir tú y tu pueblo? ¿Por qué elegir la guerra, el hambre y la enfermedad que el Señor ha anunciado a toda nación que no se someta al rey de Babilonia? 14No prestes oído a los falsos profetas que continuamente te dicen que el rey de Babilonia no te derrotará, pues son unos mentirosos. 15Yo no los envié, dice el Señor, y te están mintiendo en mi nombre. Si insistes en hacerles caso, tendré que echarlos de esta tierra para que mueran tú y todos estos «profetas».

16Una y otra vez hablé a los sacerdotes y a todo el pueblo y les dije:

El Señor dice: No escuchen a sus falsos profetas que les dicen que pronto serán traídas de Babilonia las vasijas de oro que fueron saqueadas del templo. Son puras mentiras. 17No los escuchen. Sométanse al rey de Babilonia para que les perdone la vida, porque de otro modo toda esta ciudad será destruida. 18Si realmente son profetas de Dios, que le oren al Señor de los ejércitos pidiendo que las vasijas de oro que aún han quedado en el templo, y las que hay en el palacio del rey de Judá y en los palacios de Jerusalén, no sean llevadas como botín junto con ustedes a Babilonia.

19-21Porque el Señor de los ejércitos dice: Las columnas de bronce que están en el frente del templo, y la gran fuente de bronce que está en el atrio del templo, y los soportes de metal y todos los demás objetos ceremoniales dejados aquí por Nabucodonosor, el rey de Babilonia, cuando desterró a todas las personas importantes de Judá y Jerusalén llevándolos a Babilonia, junto con Jeconías, hijo de Joacim, rey de Judá, 22todavía están por ser llevados a Babilonia y allá se quedarán hasta que yo los mande traer. Después los volveré a traer de regreso a Jerusalén.

Jananías, el falso profeta

28 Cierto día de diciembre del mismo año —el cuarto año del reinado de Sedequías, rey de Judá— Jananías, hijo de Azur, un falso profeta de Gabaón, habló en público en el templo cuando todos los sacerdotes y el pueblo escuchaban, y dijo:

2—El Señor de los ejércitos, el Dios de Israel, declara: ¡Los he librado de la opresión que sufrían bajo la dominación del rey de Babilonia! 3Dentro de dos años traeré de regreso todos los tesoros del templo que Nabucodonosor se llevó a Babilonia, 4y traeré de regreso al rey Jeconías, hijo de Joacim, rey de Judá, y a todos los demás cautivos que se encuentran desterrados en Babilonia, dice el Señor. Tengan por cierto que los libraré de la opresión que sufren de parte del rey de Babilonia.

5Entonces, frente a todos los sacerdotes y el pueblo, Jeremías le dijo a Jananías:

6—¡Bonitas palabras dices! ¡Ojalá se cumplan tus profecías! Espero que el Señor haga cuanto dices y traiga de Babilonia los tesoros de este templo, y a todos nuestros seres queridos. 7Pero escucha ahora las solemnes palabras que en presencia de todo este pueblo pronuncio yo. 8Los antiguos profetas que nos precedieron a ti y a mí hablaron contra muchas naciones, siempre con advertencias de guerra, hambre y pestes. 9De modo que al profeta que prediga paz le corresponde demostrar que Dios realmente lo ha enviado. Únicamente si su mensaje se cumple se sabrá que realmente procede de Dios.

10Jananías, el falso profeta, le quitó a Jeremías el yugo que llevaba al cuello y lo quebró. 11Y volvió a decirle al pueblo que se había reunido:

—El Señor ha prometido que dentro de dos años liberará a todas las naciones hoy esclavas del rey Nabucodonosor de Babilonia.

En ese preciso momento Jeremías se alejó. 12Poco después el Señor le dio a Jeremías este mensaje:

13Ve y dile a Jananías que el Señor dice: ¡Tú rompiste un yugo de madera, pero este pueblo carga una opresión que le pesa como si llevara al cuello yugos de hierro! 14El Señor de los ejércitos, el Dios de Israel, dice: ¡Yugo de hierro he puesto al cuello de todas estas naciones obligándolas a ir como esclavas a Nabucodonosor, rey de Babilonia! Y nada modificará este decreto, pues le he entregado hasta los rebaños y manadas.

15Jeremías le dijo a Jananías, el falso profeta:

—Mira, Jananías, el Señor no te ha enviado y el pueblo cree tus mentiras. 16Por lo tanto, el Señor dice que tendrás que morir. Este mismo año acabará tu vida porque te has rebelado contra el Señor.

17Y en efecto, dos meses después murió Jananías.

Carta a los exiliados

29 Después que fueron llevados cautivos por Nabucodonosor a Babilonia el rey Jeconías, la reina madre, los dignatarios de la corte,

los jefes de las tribus y los obreros calificados,
2Jeremías les escribió una carta desde Jerusalén,
dirigida a los consejeros judíos, a los sacerdotes
y profetas y a todo el pueblo. 3Envió la carta con
Elasá, hijo de Safán, y con Guemarías, hijo de
Jilquías, cuando ellos fueron a Babilonia como
embajadores del rey Sedequías ante Nabucodonosor. Y la carta decía así:

4El Señor de los ejércitos, el Dios de Israel,
envía este mensaje a todos los cautivos que
ha desterrado de Jerusalén a Babilonia:
5Edifiquen casas y piensen en quedarse; plan-
ten viñas, porque se quedarán allí muchos
años. 6Cásense y tengan hijos e hijas, y
luego búsquenles consorte y tengan
muchos nietos y nietas. ¡Multiplíquense! ¡No
mermen! 7Y trabajen por la prosperidad y paz
de Babilonia. Oren por ella, porque si Babilonia tiene paz, la tendrán ustedes.
8El Señor de los ejércitos, el Dios de Israel,
dice también: No permitan que los falsos
profetas y agoreros que hay entre ustedes los
engañen. No hagan caso de los sueños que
inventan, 9porque profetizan mentiras en mi
nombre. Yo no los envié, dice el Señor. 10La
verdad es ésta: Pasarán en Babilonia setenta
años. Pero entonces vendré y haré por ustedes
todas las cosas buenas que he prometido y
los conduciré de regreso a su patria. 11Pues
conozco los planes que para ustedes tengo,
dice el Señor. Son planes de bien y no de mal,
para darles un futuro y una esperanza.
12En aquellos días cuando oren, yo escucharé. 13Me hallarán cuando me busquen,
si con toda sinceridad me buscan.

14Sí, dice el Señor, me hallarán y yo pondré
fin a su esclavitud y restauraré su fortuna y
los reuniré de entre las naciones a donde los
esparcí y los traeré de regreso a su casa y a
su patria.

15Pero ahora, debido a que aceptan a los
falsos profetas entre ustedes y aseguran que el
Señor los envió, 16,17enviaré guerra, hambre y
peste sobre el pueblo que ha quedado aquí en
Jerusalén —sobre sus parientes que no fueron llevados prisioneros a Babilonia y sobre el
rey que ahora ocupa el trono de David— y los
haré como higos podridos, que no se pueden
comer. 18Los esparciré por la superficie de la
tierra y en toda nación en donde yo les ponga
recibirán ofensas, silbidos y burlas, 19porque
se negaron a escucharme aunque les hablé
una y otra vez mediante mis profetas.

20Por lo tanto, escuchen la palabra del
Señor todos los judíos cautivos allá en Babilonia. 21El Señor de los ejércitos, el Dios de
Israel, dice esto acerca de sus falsos profetas
Acab, hijo de Colaías, y Sedequías, hijo de
Maseías, que usando mi nombre les dicen
mentiras: ¡Miren, en manos de Nabucodonosor los entrego para que los ejecute en
público! 22Su destino se convertirá en símbolo
de todo mal, de modo que cuando alguien
quiera maldecir a otro le dirá: «¡El Señor permita te acontezca como a Sedequías y a Acab,
a quienes el rey de Babilonia quemó vivos!»
23Porque estos hombres han hecho algo terrible en mi pueblo. Han cometido adulterio
con las esposas de sus vecinos y han mentido
usando mi nombre. Lo sé bien, porque he
visto todo cuanto hacen, dice el Señor.

Mensaje de Semaías

24«Y díganle esto a Semaías, el nejelamita (que
significa "soñador"): 25El Señor de los ejércitos,
el Dios de Israel, dice: Le has escrito una carta
a Sofonías, hijo de Maseías, el sacerdote, y has
enviado copias a todos los demás sacerdotes y a
todos los habitantes de Jerusalén. 26Y en esta carta
le decías a Sofonías: "El Señor te ha nombrado
para reemplazar a Joyadá como sacerdote en
Jerusalén. Y en tu responsabilidad está arrestar
a cualquier loco que diga ser profeta, y ponerlo
en el cepo. 27¿Por qué no has hecho algo respecto
a Jeremías, ese falso profeta de Anatot? 28Porque
él nos ha escrito a los que estamos en Babilonia
diciendo que nuestro cautiverio será largo, y que
deberíamos construir casa permanente y planear
quedarnos muchos años y sembrar árboles frutales, pues estaremos aquí para comer su fruto
por mucho tiempo"».

29Sofonías le llevó la carta a Jeremías y se la
leyó. 30Entonces el Señor le dio este mensaje a
Jeremías:

31Envía una carta abierta a todos los desterrados en Babilonia y diles esto: El Señor dice que
por haberles «profetizado» Semaías de Nejelán
sin que yo lo enviara, y por haberlos inducido
a creer sus mentiras, 32yo lo castigaré a él y a
su familia. Ninguno de sus descendientes vivirá
para poder ver el bien que tengo reservado para
mi pueblo, porque él les ha inducido a ustedes
a rebelarse contra el Señor.

Restauración de Israel

30 Este es otro de los mensajes del Señor a
Jeremías:

2El Señor Dios de Israel dice: Escribe en un
rollo para que conste todo lo que te he dicho.
3Porque vendrá el tiempo cuando restauraré la
fortuna de mi pueblo, Israel y Judá, y los traeré
de regreso a esta tierra que di a sus antepasados;
la poseerán y vivirán de nuevo en ella. 4Y escribe
también esto respecto a Israel y Judá:

29.6 29.12–13

5«¿Dónde hallaremos paz?» claman. «No hay
sino miedo y temblor». 6¿Dan a luz los hombres?
¿Por qué están entonces ahí, con rostro ceniciento,
con las manos apretadas contra la cintura
como mujeres a punto de dar a luz?

7¡Ay! en toda la historia, ¿cuándo hubo jamás
un tiempo de terror como ese que se le viene
encima a Israel? Es tiempo de mucho sufrimiento
para mi pueblo —para Jacob— como nunca
lo experimentaron antes. ¡Pero Dios los librará!
8Pues en aquel día, dice el Señor de los ejércitos,
yo quebrantaré ese dominio extranjero que pesa
sobre ti como yugo y te haré libre, 9entonces sólo
le serán fieles al Señor su Dios, y a David su Rey,
a quien yo volveré a la vida para que les ayude,
dice el Señor.

10¡No temas, pues, oh Jacob, siervo mío; no te
desalientes, oh Israel, porque yo te conduciré a tu
hogar desde tierras lejanas, y a tus hijos desde su
destierro! Todos tendrán reposo y tranquilidad en
su propia patria, y nadie los atemorizará 11porque
yo estoy con ustedes y los libraré de cualquier
peligro, dice el Señor. Aunque destruya totalmente
a las naciones en donde los he esparcido, no
los exterminaré a ustedes; los castigaré, es cierto,
no se librarán del castigo, para que les sirva de
corrección.

12Porque tu maldad es como una llaga incurable,
terrible herida. 13No hay quien los ayude
a vendar su herida y ningún remedio es eficaz.
14Todos tus amantes te han abandonado y ya no
te tienen ningún cariño; porque cruelmente los
he herido, como si fuese enemigo suyo; sin misericordia,
como si fuese un implacable adversario;
porque sus pecados son muy numerosos, y su
culpa muy grande.

15¿Por qué protestan por su castigo? ¡Tan escandalosa
es su maldad que su dolor no debería tener
fin! Es por lo grande de su maldad que he tenido
que castigarlos tanto.

16Pero en aquel día venidero, todos los que los
destruyen serán destruidos, y todos sus enemigos
les servirán como esclavos. A los que les roban
se les robará, y los que los atacan serán atacados.
¡A todos pagaré con su propia moneda!
17Les devolveré a ustedes la salud y sanaré sus
heridas. Ahora los llaman «Los desechados»
y «Jerusalén, sitio que nadie quiere».

18Pero, dice el Señor, cuando yo los haga retornar
de su cautiverio a la patria y restaure su fortuna,
Jerusalén será reedificada sobre sus ruinas,
el palacio será reconstruido como era antes. 19Las
ciudades estarán llenas de júbilo y la gente expresará
su gratitud, y yo haré que mi pueblo vuelva
a crecer y lo convertiré en una nación grande
y honorable. 20Sus hijos prosperarán como lo
hicieron en el pasado; toda la comunidad estará
muy firme y en buena relación conmigo, y yo
castigaré a todos los que los perjudiquen. 21Volverán
a tener su propio gobernante, y no será un
extranjero. Y yo le invitaré a que se dirija a mí con
toda confianza, y él se me acercará, pues ¿quién
se atrevería a venir a mí de no ser invitado? 22Y
ustedes serán mi pueblo y yo seré su Dios.

23¡Súbitamente el devastador torbellino del
Señor llega con furia; estallará sobre la cabeza
de los malvados! 24¡El Señor no retirará la furia
de su cólera hasta que haya terminado la tremenda
destrucción que ha planeado! Más adelante
comprenderán lo que les digo.

31 En aquel tiempo, dice el Señor, todas
las familias de Israel me reconocerán
como su Señor; se comportarán como pueblo
mío. 2Yo los cuidaré como hice con los que se
liberaron de Egipto, a quienes mostré mi amor
en el desierto, cuando Israel buscaba reposo.
3Porque hace mucho tiempo dije a Israel: ¡Yo
te he amado, oh pueblo mío, con amor sin
fin, con amorosa bondad te he atraído a mí! 4Yo
reedificaré tu nación, oh Virgen de Israel, volverás
a ser feliz y danzarás alegre, con lindos adornos,
al son de los panderos en medio de una
fiesta. 5Volverás a plantar tus viñedos sobre los
montes de Samaria y allá volverás a comer de
sus frutos.

6Llegará un día cuando los vigías de los montes
de Efraín te llamarán diciendo: «¡Levántate y
vamos a Sión, donde está el Señor Dios nuestro!»
7Porque el Señor dice: Canten jubilosos por todo
lo que haré por Israel, la más grande de las naciones.
Clamen con gozo y alabanza: «¡El Señor ha
salvado a su pueblo, al resto de los sobrevivientes
que él ha protegido!»
8Porque los traeré del norte, de los lugares
más lejanos de la tierra, sin olvidarme de sus
ciegos y cojos, de las madres jóvenes con sus
pequeños, y de las que están prontas a dar a luz.
¡Una gran compañía será la que vendrá! 9Lágrimas
de gozo les correrán por las mejillas, y con
mucha suavidad los conduciré a su hogar. Andarán
junto a serenas corrientes de agua sin tropezar.
Porque yo soy Padre para Israel, y Efraín es
mi hijo mayor.

10Escuchen este mensaje del Señor naciones del
mundo, y publíquenlo por todas partes: El Señor
que esparció a su pueblo lo recogerá otra vez y lo
cuidará como pastor a su rebaño. 11El Señor salvará
a Israel de quienes son demasiado fuertes
para ellos. 12Volverán a la patria y entonarán cánticos
de alegría sobre los montes de Sión, y estarán
resplandecientes ante las bondades del Señor
como las buenas cosechas, el trigo, el vino, el

30.17 31.1 31.3 31.8–10

aceite y los vigorosos rebaños y manadas. Su vida
será como huerto de regadío, y ya no tendrán más
penas. [13]Las doncellas danzarán de gozo y los
hombres —viejos y jóvenes— participarán en la
alegría; porque transformaré su aflicción en gozo,
los confortaré y los haré alegrarse, porque el cautiverio con todos sus dolores quedará atrás.
[14]Festejaré a los sacerdotes con la abundancia
de ofrendas que les llevarán al templo. Satis-
faceré de la abundancia mía a mi pueblo, dice
el SEÑOR.
[15]El SEÑOR dice: Hay amargo llanto en Ramá.
Raquel llora por sus hijos y nadie puede con-
solarla, pues han desaparecido. [16]Pero el SEÑOR
dice: ¡No llores más, porque yo he oído tus plegarias y te aseguro que los volverás a ver; regresarán a ti desde la lejana tierra enemiga donde
ahora se encuentran! [17]Hay para ti esperanza en
el futuro próximo, dice el SEÑOR, y tus hijos e hijas
volverán a su patria.
[18]He oído los gemidos de Efraín: «Gravemente me has castigado; pero yo lo necesitaba, así
como hay que amansar al ternero para el yugo.
¡Vuélveme otra vez a ti y restáurame, pues sólo
tú eres el SEÑOR, mi Dios! [19]Del SEÑOR me alejé,
pero tuve que lamentarlo. Me di golpes por mi
necedad. Me dio enorme vergüenza todo lo que
hice en mi juventud».
[20]El SEÑOR responde: ¡Efraín es aún hijo mío, el
pequeño a quien amo! ¡Tuve que castigarlo por
necesidad, pero lo amo todavía! Por él suspiro y
de él tendré misericordia.
[21]Cuando te lleven al exilio ve dejando en el
camino señales que indiquen el camino de regreso
a Israel. Marca bien la senda de ida, porque a
tus ciudades retornarás por ellas algún día, Virgen Israel. [22]¿Hasta cuándo estarás indecisa, oh
muchacha terca? Porque el SEÑOR hará que ocurra
algo nuevo y diferente: ¡Israel buscará a Dios!
[23]El SEÑOR de los ejércitos, el Dios de Israel,
dice: Cuando yo los traiga de regreso dirán en
Judá y sus ciudades este refrán: «¡El SEÑOR te bendiga, oh lugar donde se practica la justicia, lugar
santo!» [24]Y los habitantes de la ciudad, los granjeros y los pastores por igual vivirán juntos
en paz y felicidad. [25]Porque he dado reposo a
los fatigados y gozo a los afligidos.
[26]Jeremías despertó.
—¡Qué dulce sueño! —dijo.
[27]El SEÑOR dice: En el futuro cercano multiplicaré la población y también el ganado aquí en Israel.
[28]En tiempos pasados con mucho empeño arruiné
y dañé a la nación pero ahora la reedificaré
cuidadosamente. [29]Ya el pueblo no dirá este
refrán: «Los padres comen las uvas agrias y
a los hijos les da la dentera». [30]Pues cada cual
morirá a consecuencia de sus propias faltas: el
que coma uvas agrias será quien tenga dentera.
[31]Llegará el día, dice el SEÑOR, cuando celebraré un nuevo convenio con el pueblo de Israel y
Judá. [32]No será como el convenio que hice con
sus antepasados cuando de la mano los saqué de
tierra de Egipto, convenio que ellos quebrantaron, obligándome a rechazarlos, dice el SEÑOR.
[33]Este es el nuevo convenio que voy a celebrar con
ellos: Grabaré mis instrucciones en el corazón de
ellos, para que tengan la voluntad de honrarme;
entonces serán verdaderamente pueblo mío y yo
seré su Dios.
[34]En aquel tiempo ya no será necesario que
uno al otro se amoneste para conocer al SEÑOR
pues cada cual, el grande y el pequeño, realmente me conocerá, dice el SEÑOR, y yo perdonaré y
olvidaré sus graves faltas.
[35]El SEÑOR que nos da la luz del sol en el día y
la luna y las estrellas para que iluminen la noche,
y que agita el mar para formar rugientes olas
—SEÑOR de los ejércitos es su nombre— dice así:
[36]¡Si yo rechazara a mi pueblo Israel sería
como si abrogara las leyes de la naturaleza! [37]Así
como es imposible que alguien logre medir los
cielos y explorar los cimientos de la tierra, también es imposible que yo piense en desecharlos
para siempre por causa de sus graves faltas.
[38]Más bien viene el día, dice él, cuando todo
Jerusalén será reconstruida por el SEÑOR, desde
la torre de Jananel en la esquina nordeste, hasta
la puerta de la Esquina en el noroeste; [39]y desde
la colina de Gareb en el suroeste, hasta el otro
lado, hasta Goa en el sudeste. [40]Y toda la ciudad,
inclusive el cementerio y el botadero de cenizas
que se encuentra en el valle, será santa para el
SEÑOR, igual que todos los campos hasta el arroyo
de Cedrón, y desde allí hasta la puerta de los
Caballos en el lado oriental de la ciudad; nunca
más la volverán a conquistar ni a destruir.

Parábola del terreno

32 El SEÑOR dio a Jeremías el siguiente mensaje
el décimo año del reinado de Sedequías,
rey de Judá (decimoctavo año del reinado de
Nabucodonosor), [2-3]cuando estaba Jeremías preso
en el calabozo subterráneo del palacio, mientras
el ejército de Babilonia sitiaba a Jerusalén. El
rey Sedequías lo había puesto allí porque seguía
profetizando que la ciudad sería conquistada por
el rey de Babilonia, [4]y que el rey Sedequías sería
capturado y llevado prisionero ante el rey de Babilonia para ser enjuiciado y sentenciado.
[5]«Te llevará a Babilonia y te encarcelará por
muchos años hasta que mueras. ¿Para qué ir
contra los hechos? ¡No podrás triunfar! ¡Ríndete
ahora!», le había dicho Jeremías una y otra vez.

31.14 31.15—Ma 2.17–18 31.25 31.29
31.34

6,7Luego vino a Jeremías este mensaje del SEÑOR: Tu primo Janamel, hijo de Salún, llegará pronto a pedirte que le compres la finca que tiene en Anatot, pues por ley te corresponde la oportunidad de comprarla antes de ofrecérsela a cualquier otro. 8Llegó pues Janamel como lo había predicho el SEÑOR y lo visitó en la cárcel.

—Cómprame el campo que tengo en Ananot, en la región de Benjamín, dijo, pues la ley te da prioridad para comprarla.

Así tuve la certeza de que el mensaje que había oído era realmente del SEÑOR. 9Compré entonces el campo, pagándole a Janamel doscientos cuatro gramos de plata. 10Firmé y sellé el documento de la compra ante testigos, pesé la plata y le pagué. 11Luego tomé el documento sellado que contenía términos y condiciones, y tomé también la copia sin sellar, 12y públicamente, en presencia de mi primo Janamel y de los testigos que habían firmado el documento, mientras los guardas de la cárcel observaban, entregué los documentos a Baruc, hijo de Nerías, quien era hijo de Maseías. 13Y le dije mientras todos escuchaban:

14El SEÑOR de los ejércitos, el Dios de Israel, dice: Toma el documento sellado y la copia y mételos en una tinaja para que se conserven por mucho tiempo, 15porque el SEÑOR de los ejércitos, Dios de Israel, dice: En el futuro, esos documentos serán valiosos; algún día la gente volverá a ser dueña de tierras en este país, y comprará y venderá casas, viñedos y campos.

16Y después de entregarle los documentos a Baruc, oré así:

17«¡Oh SEÑOR Dios! Tú hiciste los cielos y la tierra con tu gran poder; no hay para ti nada demasiado difícil. 18Eres amoroso y bondadoso para con millares de personas y sin embargo, los hijos y las hijas sufren las consecuencias de las faltas cometidas por sus padres. Tú eres el grande y poderoso Dios, el SEÑOR de los ejércitos. 19Tienes gran sabiduría y realizas poderosos milagros, porque tu atención está puesta en todo lo que hace la gente y recompensas a cada cual según su vida y sus hechos. 20Has hecho cosas increíbles en el país de Egipto, hechos que se recuerdan hasta el presente. Y has continuado realizando grandes milagros en Israel y en todo el mundo. Le has dado gran fama a tu nombre, tal como la tiene hoy.

21»Liberaste a Israel de Egipto con grandes milagros y demostraciones de poder y provocando terror en los egipcios. 22Diste a Israel esta tierra que prometiste a sus antepasados hace mucho, tierra tan pródiga que de ella se dice "por la que corre leche y miel". 23Vinieron nuestros antepasados, la conquistaron y vivieron en ella, pero se negaron a obedecerte y a cumplir tus instrucciones. No han hecho casi ninguna de las cosas que les ordenaste, por eso les has enviado este espantoso mal. 24Mira cómo se han elevado los montículos de asalto contra las murallas de la ciudad, y cómo los babilonios tomarán la ciudad por el poder de sus ejércitos, por el hambre y la enfermedad. Todo ha ocurrido como tú dijiste, como planeaste que ocurriera. 25¡Y sin embargo, me ordenas comprar el campo y pagar una alta suma ante estos testigos, SEÑOR, aun cuando la ciudad pertenecerá a nuestros enemigos!».

26Entonces le llegó este mensaje a Jeremías:

27Yo soy el SEÑOR, el Dios de toda la humanidad. ¿Hay para mí algo demasiado difícil? 28Sí, daré esta ciudad a los babilonios y a Nabucodonosor, su rey; él la conquistará. 29Y los babilonios que están fuera de las murallas entrarán y prenderán fuego a la ciudad y quemarán todas estas casas en cuyas azoteas han ustedes rendido homenaje al dios Baal por medio de agradables perfumes, y donde han derramado bebidas especiales en honor a otros dioses, provocando mi cólera. 30Porque Israel y Judá no han hecho sino lo malo desde su más tierna infancia; me han enfurecido con todas sus malas acciones. 31Desde que esta ciudad fue edificada hasta el presente, no ha hecho sino enojarme; así que estoy resuelto a deshacerme de ella. 32Las malvadas acciones de Israel y Judá —del pueblo, de sus reyes, dignatarios, sacerdotes y profetas— me irritan.

33Me han vuelto la espalda y no han querido volverse a mí. Día tras día, año tras año, les enseñaba a discernir entre el bien y el mal, pero no querían escuchar ni obedecer. 34Hasta llegaron a profanar mi templo rindiendo homenaje allí a ídolos abominables. 35Y han edificado elevados altares a Baal en el valle de Ben Hinón. Allí han quemado a sus hijos como sacrificio a Moloc, algo que jamás ordené y ni siquiera imaginé sugerir. ¡Qué increíble iniquidad, la cual lleva a Judá a pecar tan espantosamente!

36Por lo tanto, el SEÑOR Dios de Israel dice respecto a esta ciudad: ¡Caerá ante el poder del rey de Babilonia mediante guerra, hambre y enfermedad! 37Pero aun así, yo traeré de nuevo a mi pueblo de regreso desde todos los países en donde mi furia los habrá esparcido. Los traeré a esa misma ciudad y haré que vivan en paz y seguridad. 38Y ellos serán mi pueblo y yo seré su Dios. 39Y les daré corazón y mente dispuestos para honrarme y respetarme por siempre, por su propio bien y por el de todos sus descendientes. 40Y celebraré un convenio eterno con ellos, prometiendo no volver a abandonarlos, y hacerles sólo bien. Pondré en sus corazones el deseo de honrarme y respetarme, y nunca me abandonarán. 41Me deleitaré en hacerles bien y

32.17–19 32.27

los volveré a establecer en esta tierra con gran alegría. 42Así como les envié todos estos terrores y males, de igual modo les haré todo el bien que les he prometido.

43Nuevamente se venderán y comprarán tierras en este país, hoy asolado por los babilonios, del cual han desaparecido personas y bestias. 44Sí, se volverán a comprar y vender tierras —se firmarán y sellarán documentos de compra-venta ante testigos— en la región de Benjamín y aquí en Jerusalén, en las ciudades de Judá y en toda la región montañosa, en el valle de Filistea y también en el sur, porque un día yo les restauraré su prosperidad.

Promesas de restauración

33 Estaba Jeremías aún en la cárcel cuando el SEÑOR le envió este otro mensaje:

2El SEÑOR, el Creador del cielo y de la tierra —el SEÑOR es su nombre— dice así:

3Pregúntame y yo te revelaré algunos importantes secretos acerca de lo que habrá de ocurrir aquí. 4Pues aunque han derribado las casas de esta ciudad y el palacio del rey en busca de materiales para fortalecer las murallas contra las arremetidas del enemigo, 5los babilonios penetrarán, y los habitantes de esta ciudad pueden darse por muertos, pues en mi cólera he decidido destruirlos. Los he abandonado por sus maldades, y no me compadeceré de ellos cuando pidan auxilio. 6Sin embargo, vendrá el tiempo en que sanaré a Jerusalén y le daré prosperidad y paz. 7Reconstruiré las ciudades de Judá e Israel y restauraré también su fortuna. 8Y los limpiaré de todas sus acciones perversas contra mí y los perdonaré. 9Entonces esta ciudad será honra para mí, me dará gozo y será para mí fuente de reconocimiento y gran fama ante todas las naciones de la tierra. Los pueblos del mundo verán el bien que le hago a mi pueblo y estarán asombrados de todos los bienes que les concederé a Judá e Israel.

10,11El SEÑOR declara que las alegres voces de los novios y las desposadas, y los jubilosos cánticos de los que traen ofrendas de gratitud al SEÑOR se escucharán otra vez en esta tierra sentenciada. El pueblo cantará: «¡Rindan homenaje al SEÑOR! ¡Porque es bueno y su capacidad de perdonar no tiene límites!» Y es que daré a esta tierra mayor felicidad y prosperidad de la que nunca tuvo. 12Este país, aunque toda persona, animal y ciudad de ella estén sentenciados, nuevamente verán pastores conduciendo ovejas y corderos. 13Nuevamente sus rebaños se multiplicarán en los pueblos montañosos y en las ciudades al este de la llanura filistea, en todas las ciudades del sur, en la región de Benjamín, en la cercanía de Jerusalén y en todas las ciudades de Judá. 14¡Sí, día viene, dice el SEÑOR, cuando yo haré por Israel y Judá todo el bien que les prometí!

15Y en aquel tiempo haré subir al trono al verdadero Hijo de David, y él gobernará con justicia. 16Y en aquel día los de Judá y Jerusalén vivirán en seguridad y su lema será: «El SEÑOR es nuestra justicia». 17Porque el SEÑOR declara que desde entonces en adelante David tendrá por siempre un heredero que ocupe el trono de Israel. 18Y habrá siempre levitas que presenten ofrendas quemadas, ofrendas de granos y sacrificios al SEÑOR.

19Llegó luego a Jeremías este mensaje del SEÑOR:

20,21Cuando puedan quebrantar mi pacto con el día y la noche, de modo que el día no venga cuando le corresponda, sólo entonces será quebrantado mi convenio con mi siervo David, de modo que no haya hijo suyo que reine en su trono. Y mi convenio con los sacerdotes y levitas ministros míos, no se deroga. 22Y así como no se pueden contar las estrellas ni contarse los granos de arena de las playas, así los descendientes de mi servidor David y la descendencia de los levitas que para mí ministran se multiplicarán.

23El SEÑOR le habló nuevamente a Jeremías diciendo:

24¿Has oído lo que el pueblo dice? ¡Que el SEÑOR eligió a Judá e Israel y luego los abandonó! Se burlan y dicen que Israel no merece ser tenida como nación. 25,26Pero ésta es la respuesta del SEÑOR: ¡Yo no rechazaría a mi pueblo así como no modificaría mis leyes del día y la noche, de la tierra y el cielo! ¡Jamás abandonaré a los israelitas, ni a mi servidor David; no modificaré el plan de que un descendiente suyo gobierne un día sobre estos descendientes de Abraham, Isaac y Jacob! Por el contrario, les restauraré su prosperidad y tendré piedad de ellos, voy a liberarlos del cautiverio y traerlos de regreso a su tierra.

Advertencia al rey Sedequías

34 Este es el mensaje del SEÑOR que llegó a Jeremías cuando Nabucodonosor, rey de Babilonia, y todos sus ejércitos de todos los reinos que gobernaba, llegaron a combatir contra Jerusalén y las ciudades de Judá:

2Ve y dile a Sedequías, rey de Judá, que el SEÑOR dice así: Entregaré esta ciudad al rey de Babilonia y él la tomará e incendiará. 3Tú no escaparás; serás capturado y llevado ante el rey de Babilonia el cual te sentenciará y serás desterrado a Babilonia. 4Pero escucha esto, Sedequías, rey de Judá: El SEÑOR dice que no caerás en la matanza de la guerra, 5sino que morirás tranquilamente y con honor entre tu pueblo, y ellos quemarán incienso en recuerdo tuyo, así como hicieron por tu padre. Llorarán por ti y dirán: «¡Ay, nuestro rey ha muerto!» Así lo he decretado, dice el SEÑOR.

32.40 33.2–3 33.8 33.10–11

6 Así dio Jeremías el mensaje al rey Sedequías.
7 Por entonces el ejército babilónico sitiaba a
Jerusalén, Laquis y Azeca, las únicas ciudades
amuralladas de Judá que aún quedaban en pie.

Liberación para los esclavos

8 Este es el mensaje del Señor que llegó a Jeremías después de que el rey Sedequías de Judá
había libertado a todos los esclavos de Jerusalén.
9 (El rey Sedequías había ordenado a todos que se
diera libertad a sus esclavos hebreos, hombres y
mujeres. Había dicho que ningún judío debía ser
amo de otro judío, pues todos eran hermanos.
10 Los príncipes y todo el pueblo habían obedecido
el mandado del rey y liberado sus esclavos, pero
eso fue sólo temporal. 11 Cambiaron de sentir y volvieron a esclavizar a sus siervos. 12 Fue por eso que
el Señor dio el siguiente mensaje a Jerusalén.)
13 El Señor, el Dios de Israel, dice:
Con sus antepasados establecí un convenio
hace mucho cuando los liberé de su esclavitud
en Egipto. 14 Les dije que todo esclavo hebreo debe
ser liberado luego de servir seis años, pero no lo
hicieron así. 15 Recientemente comenzaron a proceder correctamente, como se lo había ordenado,
y liberaron a sus esclavos. Solemnemente me
habían prometido en mi templo que lo harían.
16 Pero ahora rehúsan cumplir, y han mancillado
mi fama quebrantando su juramento y los han
vuelto a esclavizar.
17 Por lo tanto, dice el Señor, como no quieren
escucharme y liberarlos, yo los entregaré al poder
de la muerte mediante la guerra, el hambre y la
enfermedad. Y los esparciré por todo el mundo
como exiliados. 18,19 Como han rechazado los términos de nuestro convenio, yo los descuartizaré
como descuartizaron el becerro para pasar por
en medio de las dos mitades como acto solemne
para simbolizar sus votos. ¡Sí, los entregaré a la
matanza, ya sean príncipes, dignatarios de la corte, sacerdotes o del común del pueblo, porque han
quebrantado su juramento! 20 Los entregaré a sus
enemigos y los matarán. Daré sus cadáveres como
alimento a los buitres y a las fieras. 21 Y entregaré
a Sedequías, rey de Judá, y a sus dignatarios en
manos del ejército del rey de Babilonia, aunque
éste se ha alejado de la ciudad por breve tiempo.
22 Volveré a llamar a los ejércitos de Babilonia
que lucharán contra esta ciudad, la tomarán y
la incendiarán. Y yo me encargaré de que las
ciudades de Judá sean totalmente destruidas y
queden desoladas, sin persona viva.

El ejemplo de los recabitas

35 Este es el mensaje que el Señor dio a Jeremías cuando Joacim, hijo de Josías, era
rey de Judá:
2 Ve a la colonia donde moran las familias de
los recabitas e invítalos a ir al templo. Llévalos a
uno de los aposentos interiores y bríndales una
copa de vino.
3 Fui, pues, a ver a Jazanías, hijo de Jeremías,
hijo de Jabasinías, y lo llevé con todos sus hermanos e hijos —que representaban a todas las familias de Recab— 4 al templo, al aposento dedicado
a Janán el profeta, hijo de Igdalías. Este aposento
estaba contiguo al que usaba el dignatario del
palacio, directamente encima del aposento de
Maseías, hijo de Salún, quien era el guarda de la
entrada. 5 Puse ante ellos copas y jarros de vino y
los invité a beber, 6 pero se negaron.
¡No!, dijeron. No bebemos porque Jonadab
nuestro padre, hijo de Recab, nos ordenó que
ninguno de nosotros bebiera jamás y tampoco
ninguno de nuestros hijos. 7 Nos dijo también que
no construyéramos casa ni tuviéramos viñedos ni
otras plantaciones ni fuéramos dueños de fincas,
sino que viviéramos siempre en tiendas, y que
si obedecíamos tendríamos larga y buena vida
en nuestra tierra. 8 Y lo hemos obedecido en todo
esto. Desde entonces jamás hemos bebido vino
nosotros ni nuestras esposas ni nuestros hijos
ni nuestras hijas. 9 No hemos edificado casas ni
tenido fincas ni sembrado plantaciones. 10 Hemos
vivido en tiendas y hemos obedecido plenamente
cuanto nuestro padre Jonadab nos mandó. 11 Pero
cuando Nabucodonosor, rey de Babilonia, llegó a
este país, tuvimos miedo y decidimos trasladar-
nos a Jerusalén. Por eso estamos aquí.
12 Entonces el Señor le dio este mensaje a Jeremías:
13 El Señor de los ejércitos, el Dios de Israel, dice:
Ve y di a Judá y a Jerusalén: ¿No van a aprender
la lección de las familias de Recab, tomándolas
como ejemplo? 14 No beben vino porque su padre
se lo prohibió. Pero yo les he hablado a los habitantes de Judá e Israel una y otra vez y no quieren
escuchar ni obedecer.
15 Les he enviado profeta tras profeta a decirles
que se vuelvan de sus malas conductas y dejen
de rendir homenaje a otros dioses, y que si obedecían yo los dejaría vivir aquí en paz en la tierra que di a ustedes y a sus antepasados. Pero
no quisieron oír ni obedecer. 16 Las familias de
Recab han obedecido a su padre plenamente,
pero ustedes, se han negado a escucharme. 17 Por
lo tanto el Señor Dios de los ejércitos dice: ¡Como
se niegan a escuchar o a responder cuando llamo, yo enviaré sobre Judá e Israel todo el mal
que les he advertido!
18,19 Entonces Jeremías se volvió a los recabitas
y dijo:
El Señor de los ejércitos, el Dios de Israel, dice
que puesto que han obedecido a su padre en

todos los sentidos, éste tendrá siempre descendientes que le rindan homenaje.

El rey Joacim quema el rollo de Jeremías

36 El cuarto año del reinado del rey Joacim de Judá, hijo de Josías, el SEÑOR dio a Jeremías este mensaje:

2Toma un rollo y escribe todos mis mensajes contra Israel, Judá y las demás naciones. Comienza con el primer mensaje desde los días de Josías, y escribe luego cada uno de los demás. 3Quizá cuando el pueblo de Judá vea por escrito todas las terribles cosas que voy a hacerles, se arrepientan, y entonces podré perdonarlos.

4Entonces Jeremías envió a llamar a Baruc, hijo de Nerías, y conforme Jeremías dictaba, Baruc escribía todas las profecías.

5Cuando todo estuvo terminado, Jeremías le dijo a Baruc:

—Ya que estoy preso aquí, 6lee tú el rollo en el templo el próximo día de Ayuno, porque ese día habrá allí gente de todo Judá. 7Quizá todavía se vuelvan de sus malas conductas y le pidan al SEÑOR perdón antes que sea demasiado tarde, aunque ya se les hayan echado estas predicciones de castigo de Dios.

8Baruc hizo como Jeremías le ordenaba, y leyó todos estos mensajes del SEÑOR al pueblo en el templo, tal como Jeremías le había pedido. 9Esto ocurrió el día de Ayuno que se celebró en diciembre del quinto año del reinado del rey Joacim, hijo de Josías. Y llegó gente de todo Judá para asistir a los servicios del templo aquel día. 10Baruc fue a la oficina de Guemarías el escriba, hijo de Safán, para leer el rollo. (Este cuarto quedaba al lado del salón de asambleas que el templo tenía arriba, cerca de la entrada de la Puerta Nueva.)

11Cuando Micaías, hijo de Guemarías, hijo de Safán, oyó los mensajes del SEÑOR, 12bajó al palacio, al salón de conferencias en donde estaban reunidos los encargados de la administración. Elisama (el escriba) estaba allí, así como Delaías, hijo de Semaías, Elnatán, hijo de Acbor, Guemarías, hijo de Safán, Sedequías, hijo de Ananías, y todos los demás que tenían cargos administrativos semejantes. 13Cuando Micaías les contó acerca de los mensajes que Baruc estaba leyéndole al pueblo, 14,15los dignatarios enviaron a Yehudi, hijo de Netanías, hijo de Selemías, hijo de Cusí, a pedirle a Baruc que viniera a leerles a ellos también los mensajes, y Baruc lo hizo.

16Cuando terminó, estaban llenos de temor.

—Tenemos que contárselo al rey —dijeron—. 17Pero primero, dinos cómo obtuviste estos mensajes.

18Entonces Baruc les explicó que Jeremías se los había dictado palabra por palabra, y él los había escrito con tinta en el rollo.

19—Escóndanse tú y Jeremías —le dijeron los dignatarios a Baruc—. ¡No le digan a nadie dónde están!

20Luego los dignatarios ocultaron el rollo en el cuarto de Elisama el escriba y fueron a hablarle al rey.

21El rey envió a Yehudi que trajera el rollo. Yehudi lo trajo del cuarto de Elisama el escriba y se lo leyó al rey mientras todos los dignatarios se mantenían de pie. 22El rey estaba por entonces en un aposento de invierno en el palacio, sentado al frente de un gran brasero con fuego, porque era diciembre y hacía frío. 23Y cada vez que Yehudi terminaba de leer tres o cuatro columnas, el rey tomaba su cuchillo, cortaba la sección del rollo y la arrojaba al fuego, hasta que se consumió todo el rollo. 24,25Y nadie protestó, sino Elnatán, Delaías y Guemarías. Suplicaron al rey que no quemara el rollo, pero no les hizo caso. Ninguno de los otros dignatarios del rey dio señales de temor o ira por lo que había hecho.

26Entonces el rey ordenó a Jeramel, su hijo, a Seraías, hijo de Azriel, y a Selemías, hijo de Abdel, que detuvieran a Baruc y a Jeremías. Pero el SEÑOR los ocultó.

27Después que el rey quemó el rollo, el SEÑOR le dijo a Jeremías:

28Consigue otro rollo y escribe todo de nuevo igual que hiciste primero, 29y dile esto al rey: El SEÑOR dice: Tú quemaste el rollo porque decía que el rey de Babilonia destruiría esta tierra y cuanto en ella hay. 30Y ahora el SEÑOR añade esto respecto a ti, Joacim, rey de Judá: Éste no tendrá un heredero que ocupe el trono de David. Su cadáver será dejado sin sepultar a la intemperie, expuesto al ardiente sol y a las heladas noches, 31y yo lo castigaré a él y a su familia, así como a sus oficiales, por causa de sus malvadas acciones. Haré que sufran todo el mal que he anunciado; sobre ellos y sobre todo el pueblo de Judá y Jerusalén, porque no quisieron escuchar mis advertencias.

32Entonces Jeremías tomó otro rollo y volvió a dictarle a Baruc todo lo que había escrito antes, sólo que esta vez el SEÑOR añadió mucho más.

Encarcelamiento de Jeremías

37 Nabucodonosor, rey de Babilonia, no nombró a Jeconías, hijo del rey Joacim, como nuevo rey de Judá, sino que eligió a Sedequías, hijo de Josías. 2Pero ni el rey Sedequías ni sus oficiales ni el pueblo que se quedó en el país prestaron atención a lo que el SEÑOR decía mediante Jeremías. 3Sin embargo, el rey Sedequías envió a Jucal, hijo de Selemías, y al sacerdote Sofonías, hijo de Maseías, a pedirle a

Jeremías que orara por ellos. 4(Fue en el tiempo en que Jeremías todavía no había sido encarcelado, así es que podía andar por todas partes.)

5Cuando el ejército del faraón Hofra apareció en la frontera sur de Judá para ayudar a la sitiada ciudad de Jerusalén, el ejército babilonio se retiró de Jerusalén para hacer frente a los egipcios.

6Entonces el SEÑOR envió este mensaje a Jeremías:

7El SEÑOR, el Dios de Israel, dice: Dile al rey de Judá que envió a preguntarme qué va a ocurrir, que el ejército del faraón, aunque vino acá para ayudarte, está a punto de volverse huyendo a Egipto. Los babilonios derrotarán a los egipcios y los harán regresar corriendo a su país. 8Esos babilonios tomarán esta ciudad, la incendiarán y la dejarán convertida en cenizas. 9No te hagas la ilusión de que los babilonios se han retirado definitivamente. ¡No es así! 10Aunque destruyeras a todo el ejército babilónico, aunque sólo quedara un puñado de sobrevivientes que yacieran heridos en sus tiendas, aún así saldrían tambaleantes de sus tiendas, te derrotarían y prenderían fuego a esta ciudad.

11Cuando el ejército babilónico se apartó de Jerusalén para entrar en batalla con el ejército del faraón, 12Jeremías intentó salir de la ciudad rumbo a la tierra de Benjamín para ver la propiedad que había comprado. 13Pero cuando salía por la llamada puerta de Benjamín un centinela lo detuvo como traidor, acusándolo de querer pasarse al lado de los babilonios. El centinela que lo detuvo era Irías, hijo de Selemías, nieto de Jananías.

14—¡No es cierto! —dijo Jeremías—. ¡No tengo la menor intención de hacer tal cosa! Pero Irías no le hizo caso; llevó a Jeremías ante los funcionarios de la ciudad. 15,16Estos, enfurecidos contra Jeremías, lo hicieron azotar y echar en un calabozo subterráneo de la casa del escriba Jonatán, la cual había sido convertida en prisión. Allí tuvieron varios días a Jeremías, 17pero al fin el rey Sedequías lo mandó a llevar secretamente al palacio. El rey le preguntó si había recibido algún mensaje reciente del SEÑOR.

—Sí —dijo Jeremías—, lo he recibido. ¡Serás derrotado por el rey de Babilonia! 18Entonces Jeremías planteó la cuestión de su encarcelamiento:

—¿Qué hice yo para merecer esto? —le preguntó al rey—. ¿Qué delito he cometido? Dime lo que haya hecho contra ti, tus oficiales o el pueblo. 19¿Dónde están ahora aquellos profetas que te decían que el rey de Babilonia no vendría? 20Escucha, oh rey, señor mío: Te suplico no enviarme otra vez a aquel calabozo, pues allí moriría.

21Entonces el rey Sedequías mandó que no volvieran a llevar a Jeremías al calabozo, sino que lo pusieran en la cárcel del palacio, y ordenó que le dieran cada día un pedazo de pan fresco mientras en la ciudad quedara qué comer. Así tuvieron a Jeremías en la cárcel del palacio.

Jeremías en la cisterna

38 Pero cuando Sefatías, hijo de Matán, Guedalías, hijo de Pasur, Jucal, hijo de Selemías, y Pasur, hijo de Malquías, oyeron lo que Jeremías le había estado diciendo al pueblo, 2que cuantos permanecieran en Jerusalén morirían por herida de espada o de hambre o enfermedad, pero que los que se rindieran a los babilonios vivirían, 3y que la ciudad de Jerusalén sería inevitablemente conquistada por el rey de Babilonia, 4fueron al rey y le dijeron:

—Señor, hay que matar a este hombre. Ese modo de hablar minará la moral de los pocos soldados que nos quedan, y del resto del pueblo. Este hombre es un traidor. 5Y el rey Sedequías estuvo de acuerdo.

—Está bien —dijo—, hagan como les parezca más conveniente; no puedo impedírselos.

6Sacaron pues, a Jeremías de su celda y atado con cuerdas lo bajaron a una cisterna seca en el patio de la cárcel. (La cisterna pertenecía a Malquías, miembro de la familia real.) No había agua en ella, pero sí una gruesa capa de lodo en el fondo, en la cual se hundió Jeremías. 7Cuando el etíope Ebedmélec, importante oficial del palacio, oyó que Jeremías estaba en la cisterna, 8fue corriendo a la llamada puerta de Benjamín en donde el rey estaba presidiendo la corte.

9—Rey y señor mío —dijo—, estos hombres han procedido muy mal echando a Jeremías en la cisterna. Va a morirse de hambre, pues ya casi no hay nada que comer en la ciudad.

10Entonces el rey ordenó a Ebedmélec que llevara treinta hombres consigo y sacaran a Jeremías del pozo antes que muriera. 11Tomó pues Ebedmélec treinta hombres, fue al depósito del palacio donde se guardaban suministros de desecho y ropa usada. Encontró allí harapos y ropa vieja que llevó a la cisterna y los bajó a Jeremías con una cuerda. 12Ebedmélec le gritó a Jeremías:

—¡Ponte esos harapos bajo las axilas para protegerte de las cuerdas!

Luego, cuando Jeremías estuvo listo, 13lo izaron y después lo llevaron a la cárcel del palacio, en donde permaneció.

Sedequías interroga a Jeremías

14Un día el rey Sedequías envió a llamar a Jeremías para reunirse con él en la puerta lateral del templo.

—Quiero preguntarte algo —dijo el rey—. No trates de ocultarme la verdad.

15Jeremías dijo:

—Si te digo la verdad me matarás. Y de todos
modos no querrás escucharme.

16Juró entonces el rey Sedequías ante el Señor,
Creador suyo, que no mataría a Jeremías ni
lo entregaría a quienes tramaban su muerte.
17Entonces Jeremías le dijo a Sedequías:

—El Señor de los ejércitos, el Dios de Israel,
dice: Si te rindes a Babilonia, tú y tu familia
vivirán y la ciudad no será incendiada. 18Si rehúsan rendirse, esta ciudad será incendiada por el
ejército babilónico y ustedes no escaparán.

19—Pero temo rendirme —le dijo el rey—,
porque los babilonios me entregarán a los judíos
que se han pasado del lado suyo, ¡y quién sabe
qué me harán!

20Jeremías respondió:

—Basta con que obedezcas al Señor y no caerás en manos de ellos; tu vida será respetada y
todo te saldrá bien. 21,22Pero si rehúsas rendirte, el
Señor ha dicho que todas las mujeres que queden
en tu palacio serán sacadas y entregadas a los
oficiales del ejército babilónico; y estas mujeres
se burlarán de ti amargamente. «¡Qué amigos
tienes!» dirán, «¡qué egipcios esos! ¡Te traicionaron y te entregaron a tu destino!» 23«Todas tus
esposas e hijos serán entregados a los babilonios,
y tú no escaparás. El rey de Babilonia te capturará
y esta ciudad será incendiada».

24Entonces Sedequías dijo a Jeremías:

«¡Bajo pena de muerte, no le cuentes a nadie
lo que me has dicho esto! 25Y si mis oficiales oyen
que he hablado contigo y te amenazan de muerte
si no les dices de qué hemos tratado, 26diles simplemente que me suplicaste que no te volviera al
calabozo en casa de Jonatán, pues allí morirías».
27Y no mucho después todos los oficiales de
la ciudad fueron a donde estaba Jeremías y le
preguntaron por qué lo había mandado llamar
el rey. Y él dijo lo que el rey le había ordenado,
y ellos se fueron sin descubrir la verdad, pues la
conversación entre Jeremías y el rey no había sido
escuchada por nadie. 28Y Jeremías permaneció en
el patio de la prisión hasta el día en que Jerusalén
fue conquistada por los babilonios.

La caída de Jerusalén

39 Fue en enero del noveno año del reinado
del rey Sedequías de Judá que el rey Nabucodonosor y su ejército volvieron a atacar a Jerusalén y la sitiaron. 2Dos años después, en el mes
de julio, abrieron una brecha en la muralla, por
la cual entraron y la ciudad cayó rendida. 3Todos
los oficiales del ejército babilónico entraron y,
triunfantes, se sentaron delante de la puerta principal de la ciudad. Nergal Sarézer estaba allí,
con Samgar, Nebo Sarsequín y Nergal Sarézer,
el hombre de confianza del rey, y muchos otros.

4Cuando el rey Sedequías y sus soldados se
dieron cuenta de que la ciudad estaba perdida,
huyeron de noche por la puerta que hay entre las
dos murallas detrás del jardín del palacio, atravesando los campos hacia el valle del Jordán. 5Pero
los babilonios persiguieron al rey, lo capturaron
en los llanos de Jericó y se lo llevaron a Nabucodonosor, rey de Babilonia, que estaba en Riblá,
en tierra de Jamat, en donde lo sentenció. 6El
rey de Babilonia obligó a Sedequías a presenciar
cómo mataban a sus hijos y a todos los nobles
de Judá. 7Luego le sacó los ojos a Sedequías y
lo envió encadenado como esclavo a Babilonia.

8Mientras tanto el ejército incendió a Jerusalén,
inclusive el palacio, y derribó las murallas de
la ciudad. 9Entonces Nabuzaradán, capitán de
la guardia, y sus hombres enviaron a Babilonia
al resto de la población de Jerusalén y a los que
se habían pasado de su lado. 10Pero por toda la
tierra de Judá dejó unos cuantos, de entre los más
pobres, y les dio tierras y viñedos.

11,12Mientras tanto el rey Nabucodonosor le
había ordenado a Nabuzaradán que buscara a
Jeremías.

—Encárgate de que no sufra ningún daño, le
dijo. Cuídalo bien y dale cuanto quiera.

13Así es que Nabuzaradán, capitán de la guardia, Nabusazbán, jefe de los eunucos, Nergal
Sarézer, consejero del rey, y todos los oficiales
tomaron medidas para cumplir lo que el rey
había ordenado. 14Enviaron soldados a que
sacaran a Jeremías de la cárcel y lo pusieron
al cuidado de Guedalías, hijo de Ajicán, hijo de
Safán, para que lo llevara de regreso a su casa.
Y Jeremías vivió allí entre la gente de su pueblo
que había quedado en el país.

15El Señor dio el siguiente mensaje a Jeremías
antes de la llegada de los babilonios, mientras
aún estaba en la cárcel:

16Mándale decir a Ebedmélec el etíope: El Señor
de los ejércitos, el Dios de Israel, dice: Cumpliré todas mis amenazas contra esta ciudad; la
destruiré ante tus ojos, 17pero a ti te libraré, no
serás muerto por aquellos a quienes tanto temes.
18Como recompensa por confiar en mí, yo preser-
varé tu vida y te guardaré a salvo.

Liberación de Jeremías

40 Nabuzaradán, capitán de la guardia,
llevó a Jeremías a Ramá junto con todo
el pueblo exiliado de Jerusalén y Judá que eran
enviados a Babilonia, pero luego lo soltó.

2,3El capitán llamó aparte a Jeremías y le dijo:

—El Señor tu Dios ha traído este desastre sobre
esta tierra tal como dijo que lo haría, porque este
pueblo ha ofendido mucho al Señor cometiendo
tantas maldades, por eso ocurrió todo este mal.
4Ahora voy a quitarte las cadenas y a dejarte ir.

Si quieres venir conmigo a Babilonia, muy bien, yo me encargaré de que te atiendan bien. Pero si no deseas venir, quédate. Tienes la decisión; ve a donde quieras. 5Si decides quedarte, vuelve adonde está Guedalías, que ha sido nombrado gobernador de Judá por el rey de Babilonia, y quédate con el resto del pueblo que él gobierna. Pero es cosa tuya; ve a donde quieras.

Nabuzaradán le dio a Jeremías alimentos y dinero y lo dejó ir. 6Jeremías volvió entonces a donde estaba Guedalías y vivió en Judá con el pueblo que se había quedado en el país.

Asesinato de Guedalías

7Y cuando los jefes de los guerrilleros judíos que andaban por el campo oyeron que el rey de Babilonia había nombrado a Guedalías gobernador de los pobres de la tierra que se habían quedado, y no había exiliado a todos a Babilonia, 8fueron a ver a Guedalías en Mizpa, donde tenía su cuartel general. Los jefes que acudieron fueron éstos: Ismael, hijo de Netanías, Johanán y Jonatán, hijos de Carea, Seraías, hijo de Tanjumet, los hijos de Efay (el netofatita), Jezanías, hijo de un macateo, y sus hombres. 9Y Guedalías les aseguró que rindiéndose a los babilonios estarían a salvo.

—Quédense aquí y sírvanle al rey de Babilonia —dijo—, y en todo les irá bien. 10En lo que a mí respecta, me quedaré en Mizpa e intercederé por ustedes ante los babilonios que vendrán acá como supervisores de mi administración. Establézcanse en cualquier ciudad que deseen, y vivan del producto de la tierra. Cosechen las uvas, los frutos de verano, las aceitunas, y almacénenlos.

11Cuando los judíos que estaban en Moab, entre los amonitas, en Edom y en otras tierras vecinas, oyeron que unos cuantos del pueblo estaban aún en Judá, y que el rey de Babilonia no se los había llevado a todos, y que aquel Guedalías era el gobernador, 12comenzaron a volver a Judá desde los muchos lugares a donde habían huido. Se detuvieron en Mizpa para exponer sus planes a Guedalías y luego se fueron a las haciendas desiertas y recogieron una gran cosecha de uvas para vino, y otros productos.

13,14Pero poco después Johanán, hijo de Carea, y los demás jefes guerrilleros fueron a Mizpa para advertirle a Guedalías que Balís, el rey de los amonitas, había enviado a Ismael, hijo de Netanías, para asesinarlo. Pero Guedalías no quiso creerles. 15Entonces Johanán tuvo una conferencia privada con Guedalías, en la que Johanán se ofreció para matar a Ismael en secreto.

—¿Por qué habríamos de permitirle que venga a asesinarte? —preguntó Johanán—. ¿Qué les ocurrirá a los judíos que se han quedado si tú mueres? ¡Seguro serían esparcidos y se perdería este remanente del pueblo que aun queda!

16Pero Guedalías dijo:

—Les prohíbo hacer tal cosa, pues lo que dicen de Ismael es mentira.

41 Pero en octubre Ismael, hijo de Netanías, hijo de Elisama, que era miembro de la familia real y uno de los principales oficiales del rey, llegó a Mizpa, acompañado de diez hombres. Guedalías los invitó a comer. 2Mientras comían, Ismael y los diez hombres apalabrados con él se pusieron de pie de un salto, sacaron sus espadas y mataron a Guedalías. 3Después salieron e hirieron de muerte con sus armas a todos los oficiales judíos y a todos los oficiales babilonios que estaban en Mizpa con Guedalías.

4Al día siguiente, antes que nadie se enterara de lo ocurrido, 5ochenta hombres procedentes de Siquem, Siló y Samaria marcharon a Mizpa para adorar en el templo del Señor. Se habían rasurado la barba, habían rasgado sus vestiduras y herido sus cuerpos; y traían ofrendas y perfumes delicados. 6Ismael salió a su encuentro desde la ciudad, llorando mientras marchaba. Cuando se topó con ellos les dijo:

—¡Vengan y vean lo que le ha ocurrido a Guedalías!

7Luego, cuando estuvieron dentro de la ciudad, Ismael y sus hombres mataron a todos, excepto a diez, y arrojaron sus cadáveres a una cisterna. 8Los diez habían convencido a Ismael que los dejara partir y que ellos le traerían sus tesoros de trigo, cebada, aceite y miel que habían escondido. 9La cisterna en que Ismael echó los cadáveres de los hombres que había asesinado era la grande construida por el rey Asá cuando fortificó a Mizpa para protegerse contra Basá, rey de Israel.

10Ismael aprisionó a las hijas del rey y al pueblo que Nabuzaradán, capitán de la guardia, había dejado al cuidado de Guedalías en Mizpa. Poco después los llevó consigo cuando se dirigió hacia el territorio de los amonitas.

11Pero cuando Johanán, hijo de Carea, y el resto de los jefes guerrilleros oyeron lo que Ismael había hecho, 12tomaron a todos los hombres y fueron a detenerlo. Lo alcanzaron en el estanque cerca de Gabaón. 13,14El pueblo que acompañaba a Ismael gritó de alegría al ver a Johanán y sus hombres, y corrieron a su encuentro.

15Mientras tanto Ismael escapó con ocho de sus hombres a la tierra de los amonitas.

Huida a Egipto

16,17Entonces Johanán y sus hombres fueron al pueblo de Guerut Quimán, cerca de Belén, llevando consigo a los que habían rescatado: soldados, mujeres, niños y eunucos, para preparar-

se para salir huyendo a Egipto, [18]porque tenían
miedo de lo que harían los babilonios cuando
tuvieran noticia de que Ismael había matado al
gobernador Guedalías, pues éste había sido escogido y nombrado por el rey babilónico.

42 Johanán, los capitanes del ejército y todo
el pueblo, grandes y pequeños, acudieron
a Jeremías [2]y dijeron:
—¡Por favor, ora por nosotros ante el Señor
tu Dios, porque como bien sabes, somos sólo un
minúsculo resto de lo que fuimos! [3]¡Suplícale
al Señor tu Dios que nos muestre qué debemos
hacer y a dónde ir!
[4]—Muy bien —respondió Jeremías—. Le pre-
guntaré y les comunicaré lo que el Señor diga;
nada les ocultaré.
[5]Entonces le dijeron a Jeremías:
—Caiga sobre nosotros la maldición de Dios
si rehusamos obedecer en todo lo que nos mande
hacer. [6]Nos guste o no, obedeceremos al Señor
nuestro Dios, ante quien te enviamos con nuestra súplica. Porque si le obedecemos, todo nos
saldrá bien.
[7]Diez días después el Señor dio su respuesta
a Jeremías. [8]Él entonces llamó a Johanán, a los
capitanes de su ejército y a todo el pueblo, grandes y pequeños, [9]y les dijo:
—Ustedes me enviaron ante el Señor, el Dios
de Israel, con su petición, y ésta es su respuesta:
[10]Quédense en esta tierra. Si así hacen, yo los
bendeciré y nadie les hará daño, porque me
duele todo lo que he tenido que castigarlos. [11]No
le teman más al rey de Babilonia, pues yo estoy
con ustedes para librarlos de su poder. [12]Y tendré
misericordia de ustedes volviéndolo a él benigno
hacia ustedes, de modo que no los mate ni los
someta a esclavitud, sino que los dejará permanecer aquí en la tierra de ustedes.
[13,14]»Pero si rehúsan obedecer al Señor y dicen:
"Aquí no nos quedaremos", e insisten en ir a
Egipto en donde piensan estar libres de la guerra,
el hambre y las alarmas, [15]entonces esto es lo que
el Señor responde, oh sobrevivientes de Judá. El
Señor de los ejércitos, el Dios de Israel, dice: Si
insisten en ir a Egipto, [16]la guerra y el hambre
que temen irán pisándoles los talones y allá les
alcanzarán. [17]Esa es la suerte que espera a cada
uno de los que insistan en ir a vivir en Egipto.
Sí, morirán por herida de espada, de hambre y
enfermedad. Ninguno de ustedes escapará al mal
que traeré sobre ustedes allá.
[18]»Porque el Señor de los ejércitos, el Dios de
Israel, dice: Así como mi ira y mi furia cayeron
sobre el pueblo de Jerusalén, así caerá sobre ustedes cuando entren en Egipto. Los recibirán con
disgusto y odio, los maldecirán y afrentarán, y
jamás volverán a ver su patria. [19]Porque el Señor
ha dicho: ¡Oh sobrevivientes de Judá, no vayan
a Egipto! Tengan presente que hoy nuevamente
se lo estoy advirtiendo. [20]Si van, pagarán con
la vida. Porque sin sinceridad me enviaron a
consultar al Señor y dijeron: "Dinos lo que el
Señor mande y lo haremos". [21]Y hoy les he dicho
exactamente lo que el Señor dijo, pero no quieren obedecer hoy como no quisieron obedecer
en el pasado. [22]Tengan desde ahora por seguro
que morirán por herida de espada, de hambre y
enfermedad en Egipto a donde insisten en ir».

43 Cuando Jeremías terminó de dar este
recado de parte del Señor a todo el pue-
blo, [2,3]Azarías, hijo de Osaías, y Johanán, hijo de
Carea, y todos los otros hombres orgullosos le
dijeron a Jeremías:
—¡Mientes! ¡El Señor nuestro Dios no te ha
mandado que nos digas que no vayamos a Egipto! Baruc, hijo de Nerías, te ha puesto contra
nosotros y te ha dicho que nos digas esto para
que nos quedemos acá y seamos muertos por
los babilonios o llevados cautivos a Babilonia.
[4]De modo que Johanán y todos los jefes guerrilleros y todo el pueblo se negaron a obedecer
al Señor y quedarse en Judá. [5]Todos, inclusive
cuantos habían regresado de las regiones aleda-
ñas a donde habían huido, emprendieron el viaje
a Egipto al mando de Johanán y los demás capitanes. [6]Entre la multitud había hombres, mujeres,
niños y niñas, las hijas del rey y todos aquellos a
quienes Nabuzaradán, el capitán de la guardia,
había dejado con Guedalías. Hasta obligaron a
Jeremías y a Baruc a ir con ellos. [7]Así es que llegaron a Egipto, a la ciudad de Tafnes, pues no
quisieron seguir la recomendación del Señor.
[8]Entonces en Tafnes, el Señor habló a Jeremías
otra vez y le dijo:
[9]Reúne a gente de Judá y, mientras te observan, entierra piedras grandes en medio de las
baldosas a la entrada del palacio del faraón aquí
en Tafnes, [10]y diles esto a la gente de Judá: El
Señor de los ejércitos, el Dios de Israel, dice: No
tengan la menor duda de que traeré a Egipto a
Nabucodonosor, rey de Babilonia, pues él es mi
siervo. Pondré su trono sobre estas piedras que
he escondido; sobre ellas extenderá su pabellón.
[11]Y cuando venga, destruirá la tierra de Egipto,
matando a cuantos yo quiera que mate, y capturando a los que yo quiera que capture, y muchos
morirán a consecuencia de la peste. [12]Incendiará
los templos de los dioses de Egipto, quemará los
ídolos y se llevará cautivo al pueblo. Y saqueará
la tierra de Egipto, como pastor que saca pulgas
de su capa; pero él saldrá ileso. [13]Y quebrantará
los obeliscos que se levantan en la ciudad de
Bet Semes, y quemará los templos de los dioses
de Egipto.

Desastre causado por la idolatría

44 Este es el mensaje que Jeremías recibió
del SEÑOR respecto a todos los israelitas
que vivían en el norte de Egipto en las ciudades
de Migdol, Tafnes y Menfis, y por todo el sur de
Egipto también.
2,3El SEÑOR de los ejércitos, el Dios de Israel,
dice: Ustedes vieron lo que les hice a Jerusalén y
a todas las ciudades de Judá. Como consecuencia
de sus actos de maldad yacen ahora en ruinas y
cenizas, sin persona viva. Pues mi cólera se descargó contra ellas porque adoraron a otros dioses,
«dioses» que ni ellos ni ustedes ni ninguno de
sus antepasados conoció jamás. 4Una y otra vez
envié a mis siervos los profetas a protestar y a
suplicarles que no cometieran este horrible acto
que yo detesto, 5pero no quisieron oír ni abandonar sus malas acciones, sino que han continuado
rindiéndole honores a esos «dioses». 6Así es que
hicieron hervir mi cólera y mi furia, las que solté
contra ustedes y las ciudades de Judá y las calles
de Jerusalén como si fueran fuego, de modo que
por eso allí hay desolación hasta el día de hoy.
7Y ahora el SEÑOR, el Dios de los ejércitos, el
Dios de Israel, les pregunta: ¿Por qué se dañan
tanto a sí mismos? ¡Porque si siguen obrando
tan mal ninguno de ustedes vivirá: ni un solo
hombre, mujer, niño o niña entre los que han
venido acá desde Judá, ni siquiera los niños de
brazos! 8Porque están provocando mi cólera con
los ídolos que han hecho y adorado allí en Egipto,
ofreciéndoles agradables perfumes y provocándo-
me a que los aniquile y los convierta en maldición y motivo de burla de todas las naciones de
la tierra. 9¿Han olvidado las malas acciones que
cometieron sus antepasados, y las maldades de
los reyes y las reinas de Judá, y los suyos propios,
y las de sus esposas en Judá y Jerusalén? 10Y hasta
la hora presente no han presentado excusa; nadie
ha querido volverse a mí, o seguir las instrucciones que di a ustedes y a sus antepasados.
11Por lo tanto el SEÑOR de los ejércitos, el Dios
de Israel, dice: ¡Mi atención está puesta en ustedes y estoy planeando la manera de castigarlos!
12¡Tomaré a este remanente de Judá que insistió
en venir acá a Egipto y los consumiré como hace
el fuego! ¡Caerán aquí en Egipto, muertos por el
hambre y las heridas de las espadas; todos morirán, desde el más pequeño al más grande! Serán
despreciados y odiados, maldecidos y detestados.
13Los castigaré en Egipto como los castigué en
Jerusalén, mediante las heridas de las espadas, el
hambre y la enfermedad. 14Ni uno de ellos escapará a mi cólera excepto los que se arrepientan de
haber venido y huyan de los demás para volver
a su propio país.
15Entonces todas las mujeres que estaban presentes y los hombres que sabían que sus esposas
habían ofrecido agradables perfumes en honor
a los ídolos (era una gran multitud de todos
los judíos en el sur de Egipto) respondieron a
Jeremías:
16«¡No vamos a escuchar los falsos mensajes
que dices de parte del SEÑOR! 17Haremos lo que
se nos antoje. Ofreceremos perfumes agradables
en honor a la Reina del Cielo y le sacrificaremos
cuanto nos plazca, igual que lo hicimos nosotros y nuestros antepasados, y nuestros reyes y
príncipes en las ciudades de Judá y en las calles
de Jerusalén; porque en aquellos días teníamos
abundancia de alimentos y estábamos bien aco-
modados y felices. 18Pero desde que dejamos de
ofrecer perfumes agradables en honor a la Reina
del Cielo y dejamos de rendirle homenaje, hemos
estado en gran tribulación y hemos sido destruidos por las heridas de espada y el hambre.
19»Además —añadieron las mujeres—, ¿piensas que le rendíamos homenaje a la Reina del
Cielo y le derramábamos bebidas en señal de
reconocimiento y le hacíamos tortas en que gra-
bábamos su imagen, sin que nuestros maridos lo
supieran y nos ayudaran? ¡Claro que no!»
20Entonces Jeremías les dijo a todos, a los
hombres y las mujeres que le habían dado esa
respuesta:
21¿Piensan acaso que el SEÑOR no sabía que
ustedes, sus antepasados, sus reyes y príncipes y
todo el pueblo ofrecían perfumes agradables a
los ídolos en las ciudades de Judá y en las calles
de Jerusalén? 22Fue por no poder soportar más
todas las maldades que cometían que él desoló su
tierra, convirtiéndola en increíble ruina, reseca,
despoblada, tal como está hoy. 23Precisamente
la razón por la cual les han acontecido todas
estas terribles cosas es que han ofrecido perfume
agradable en homenaje a los ídolos y así han
ofendido al SEÑOR, y se han negado a seguir sus
instrucciones.
24Luego Jeremías les dijo a todo el pueblo,
hombres y mujeres:
¡Escuchen el consejo del SEÑOR, ustedes todos
ciudadanos de Judá que están en Egipto! 25El
SEÑOR de los ejércitos, el Dios de Israel, dice:
Tanto ustedes como sus esposas han dicho que
jamás renunciarán a su devoción y práctica de
rendir homenaje a la «Reina del Cielo» y así lo
han demostrado con sus actos. ¡Pues adelante;
cumplan las promesas y votos que le han hecho!
26Pero escuchen el mensaje del SEÑOR, todos ustedes, judíos que viven en tierra de Egipto: Por
mi gran fama he jurado, dice el SEÑOR, que de
nada les servirá ya buscar mi auxilio y bendición,
diciendo: «¡Oh SEÑOR Dios nuestro, ayúdanos!»
27Porque sobre ustedes pondré mi atención, ¡pero
no para bien! ¡Yo me encargaré de que les sobre-

vengan males, y serán destruidos por la guerra y
el hambre hasta que todos perezcan!
28Únicamente los que vuelvan a Judá (será sólo
un pequeño grupo de sobrevivientes) escaparán a
mi cólera, pero todos los que se nieguen a regresar —quienes insistan en vivir en Egipto— descubrirán quién dice la verdad, si yo o ellos. 29Y
esta es la prueba que les doy de que todas mis
amenazas se cumplirán en ustedes, y de que los
castigaré aquí: 30Entregaré al faraón Hofra, rey de
Egipto, en manos de quienes procuran matarlo,
así como entregué a Sedequías, rey de Judá, en
manos de Nabucodonosor, rey de Babilonia.

Mensaje para Baruc

45 Este es el mensaje que Jeremías comunicó a Baruc el cuarto año del reinado del
rey Joacim, hijo de Josías, cuando Baruc escribía
todos los mensajes según se los dictaba Jeremías:
2Baruc, el Señor Dios de Israel te dice lo
siguiente:
3Tú has dicho: «¡Ay de mí! ¿No tengo ya suficientes tribulaciones? ¡Y ahora el Señor ha añadido más! Cansado me tienen mis propios suspiros
y no hallo reposo». 4Pero dile esto a Baruc: El
Señor dice: Destruiré a esta nación que edifiqué,
arrasaré lo que establecí. 5¿Buscas grandes cosas
para ti mismo? ¡No lo hagas! Porque aunque yo
traiga grandes males sobre todo este pueblo, a
ti, como recompensa, te protegeré dondequiera
que vayas.

Mensaje para Egipto

46 Estos son los mensajes que el Señor le
dio a Jeremías respecto a las naciones
extranjeras.
Respecto a los egipcios:
2Este mensaje se dio contra Egipto en ocasión
de la batalla de Carquemis, cuando el faraón
Necao, rey de Egipto, y su ejército fueron derrotados junto al río Éufrates por Nabucodonosor,
rey de Babilonia, el cuarto año del reinado de
Joacim, hijo de Josías, rey de Judá:
3¡Egipcios, cíñanse la armadura y marchen
a la batalla! 4Ensillen los caballos y prepárense
para cabalgar; pónganse los yelmos, afilen las
espadas y pónganse la armadura. 5¡Pero vean lo
que acontece! El ejército egipcio huye atemorizado; los más valerosos de sus soldados corren
sin volver la mirada. Sí, el terror los rodeará por
todos lados, dice el Señor. 6No escapará ni el más
veloz, ni el más fuerte de los guerreros. En el norte, junto al río Éufrates, han tropezado y caído.
7¿Qué es este potente ejército que se alza como
el Nilo en el tiempo de la creciente, inundando
toda la tierra? 8Es el ejército egipcio, que presume
de que cubrirá la tierra como si fuera inundación,
y que destruirá a todo enemigo. 9¡Vengan pues,
caballos, carrozas de guerra y fuertes guerreros
de Egipto! ¡Vengan, todos los de Cus y Fut, que
empuñan el escudo y preparan sus armas para
entrar en la batalla! 10Porque hoy es el día del
Señor Dios de los ejércitos, el día de venganza
contra sus enemigos. La espada herirá hasta
saciarse, sí, derramará sangre por todos lados,
porque el Señor Dios de los ejércitos recibirá hoy
un sacrificio en la tierra del norte, junto al río
Éufrates.
11¡Ve a Galaad en busca de remedio, oh virgen,
hija de Egipto! ¡Pero no hay remedio para tus
heridas, aunque hayas usado muchas medicinas,
no hay salvación para ti! 12Las naciones han oído
de la vergüenza tuya. Por todas partes se escucha
tu clamor de desesperación y derrota. Tus más
poderosos soldados tropezarán unos con otros y
caerán juntos.
13Entonces el Señor dio a Jeremías este mensaje
respecto a la venida de Nabucodonosor, rey de
Babilonia, para atacar a Egipto:
14¡Grítalo en Egipto, publícalo en las ciudades de Migdol, Menfis y Tafnes! Es mejor que
no emprendas ninguna acción, no te movilices
para la guerra, porque las armas del enemigo
acabarán de cualquier modo con todo en torno
tuyo. 15¿Por qué ha huido aterrorizado Apis, su
dios toro? ¡Porque el Señor lo derribó ante sus
enemigos! 16Enormes multitudes caen amon-
tonadas. (Entonces el grupo de sobrevivientes
de los judíos dirá: «¡Vengan, regresemos a Judá
en donde nacimos, y alejémonos de toda esta
matanza!»)
17¡Cámbienle el nombre al faraón Hofra y llá-
menlo «Varón sin poder pero de mucho ruido»!
18¡Téngalo por absolutamente seguro, dice el
Rey, el Señor de los ejércitos, que viene contra
Egipto uno tan alto como el monte Tabor o el
monte Carmelo junto al mar! 19¡Alisten el equipaje, prepárense a partir al exilio, ciudadanos de
Egipto, porque la ciudad de Menfis será totalmente destruida y dejada sin persona viva! 20,21Egipto
es hermoso como becerra pero un tábano la hace
correr, ¡un tábano que viene del norte! Hasta sus
famosos mercenarios se han vuelto como asustados terneros. Corren y corren porque es día de
gran calamidad para Egipto, es un tiempo de
tremendo castigo.
22,23Silencioso como serpiente que se desliza,
huye Egipto. Entra el ejército invasor. Los innumerables soldados tronchan a su pueblo como si
fueran leñadores que abren un claro en el bosque. 24Indefensa como muchachita es Egipto ante
estos hombres del norte.
25El Señor de los ejércitos, el Dios de Israel,
dice: Castigaré a Amón, dios de Tebas, y a los
demás dioses de Egipto. Castigaré también al
faraón y a cuantos en él confían. 26Los entre-

garé en poder de quienes quieren matarlos, en poder de Nabucodonosor, rey de Babilonia, y de su ejército. Pero luego la tierra se recuperará de los desastres de la guerra, y será repoblada.

27¡Pero tú no temas, oh pueblo mío que regresas a tu tierra, no te desanimes, porque yo te salvaré allá lejos y te traeré a tus hijos y a tus hijas desde tierra lejana! ¡Sí, Israel retornará a su tierra y tendrá reposo y nada lo asustará!

28¡No temas, oh Jacob, siervo mío, dice el SEÑOR, porque yo estoy contigo! Yo destruiré a todas las naciones a las cuales te he enviado cautivo, pero a ti no te destruiré. Yo te castigaré, pero únicamente lo que baste para corregirte.

Mensaje para los filisteos

47 Este es el mensaje que el SEÑOR dio a Jeremías respecto a los filisteos de Gaza, antes que la ciudad fuera tomada por el ejército egipcio.

2El SEÑOR dice: Del norte viene una inundación que cubrirá la tierra de los filisteos, la que destruirá sus ciudades y todo cuanto en ellas hay. Aterrorizados clamarán los hombres más valientes y todo el país sollozará.

3¡Pero no es una inundación de aguas sino de soldados enemigos! Escuchen el tamborileo de las herraduras de los caballos y el estruendo de las ruedas al paso de los carros de guerra. ¡Huyen los padres sin volver siquiera la mirada a sus indefensos hijos, 4porque ha llegado el tiempo en que todos los filisteos y sus aliados de Tiro y Sidón serán destruidos! Porque el SEÑOR aniquila a los filisteos, colonos provenientes de Caftor. 5Arrasadas serán las ciudades de Gaza y Ascalón, y quedarán convertidas en ruinas. Descendientes de Anac, ¡cuán grande será su llanto y su duelo!

6Espada del SEÑOR, ¿cuándo volverás a reposar de provocar tanta matanza? ¡Envaínate de nuevo; reposa y queda en paz! 7Mas, ¿cómo ha de estarse quieta si el SEÑOR le ha dado una encomienda? Porque la ciudad de Ascalón y los que moran por la ribera del mar tienen que ser aniquilados.

Mensaje para Moab

48 Este es el mensaje del SEÑOR de los ejércitos, el Dios de Israel, contra Moab:

¡Ay de la ciudad de Nebo, pues quedará en ruinas! La ciudad de Quiriatayin y sus fuertes defensivos son derribados y tomados. 2-4Jamás volverá nadie a jactarse respecto a Moab, pues hay un complot contra la vida de ella. En Hesbón se han trazado planes para destruirla. «Vengan», dicen, «la haremos desaparecer como nación». En Madmén reina el silencio. Luego surgirá contra Joronayin un rumor de batalla, pues todo Moab está siendo aniquilado. Su clamor llegará hasta Zoar. 5Sus refugiados subirán por las laderas de Luhit llorando amargamente, mientras de la ciudad que han dejado se escuchan gritos de terror. 6¡Sálvese quien pueda; ocúltense en el desierto! 7Porque confiaron en su riqueza y sus habilidades, por lo tanto morirán. Su dios Quemós, junto con sus sacerdotes y príncipes, será llevado a tierras lejanas.

8Todos los pueblos y ciudades, tanto las que se localizan en las mesetas o en los valles, serán destruidos, porque el SEÑOR lo ha decidido. 9¡Ay, que Moab tuviera alas para escapar, pues no quedará en sus ciudades persona con vida! 10¡Malditos quienes refrenan sus espadas de derramar la sangre de ustedes, negándose a realizar la obra que el SEÑOR les ha encomendado!

11Desde su más temprana historia, Moab ha vivido en su lugar, libre de toda invasión. Es como vino que no ha sido trasvasado y conserva su fragancia y suavidad. ¡Pero ahora será derramado en el destierro!

12¡Pronto llegará el día, ha dicho el SEÑOR, cuando él enviará atormentadores que lo trasvasen de cántaro en cántaro, y luego quebrará los cántaros! 13Entonces por fin Moab será avergonzado debido a su ídolo Quemós, tal y como lo fue Israel por su idolátrico becerro en Betel.

14¿Recuerdas cómo se vanagloriaban: «Somos héroes, poderosos hombres de guerra»? 15Pero ahora Moab tiene que ser destruido; ya viene su destructor. La flor de su juventud está destinada a la matanza, dice el Rey, el SEÑOR de los ejércitos. 16La desgracia y el dolor se acercan veloces sobre Moab.

17¡Amigos de Moab: sollocen y lloren por ella! ¡Vean cómo es destrozada la hermosa y fuerte, la famosa! 18Bajen de su gloria y siéntense en el polvo, pueblo de Dibón, porque quienes destruyen a Moab también a Dibón destrozarán y derribarán todas sus torres defensivas. 19Los de Aroer observan con ansiedad apostados junto al camino, y gritan a los que pasan huyendo de Moab: «¿Qué pasó allá?»

20Y ellos responden: «¡Moab está en ruinas; lloren y laméntense por ello! ¡Cuenten por las riberas del Arnón que Moab ha sido destruida!»

21Todas las ciudades de la meseta quedaron también convertidas en ruinas, porque el juicio del SEÑOR ha caído sobre todas ellas: Holón, Yahaza, Mefat, 22Dibón, Nebo, Bet Diblatayin, 23Quiriatayin, Bet Gamul, Bet Megón, 24Queriot, Bosra y todas las ciudades de la tierra de Moab, las lejanas y las cercanas. 25¡Se acabó la fuerza de Moab: le arrancaron los cuernos, le quebraron los brazos!, dice el SEÑOR.

26Tropiece y caiga como borracha, porque se ha rebelado contra el SEÑOR. Moab se revolcará en su vómito, sufriendo la burla de todos. 27Y todo esto es porque hiciste sufrir a Israel, te burlabas de él como si hubiera sido sorprendido robando.

28Pueblo de Moab, huye de tus ciudades y mora en cuevas como paloma que hace su nido en la hendidura de las peñas. 29Todos hemos oído del orgullo de Moab, pues grande se cree. Sabemos de tu altivez, arrogancia y soberbio corazón: ¡eres muy engreída! 30Yo conozco tu insolencia, ha dicho el SEÑOR, pero falsa es tu presunción y grande tu impotencia. 31Sí, gimo de pesar por Moab y tengo el corazón lleno de tristeza por los habitantes de Quir Jeres.

32Varones de Sibma, ricos en viñedos, lloro por ustedes más que por Jazer, porque el invasor ha destruido tus lindos viñedos, tan famosos en toda la región. Tu cosecha y vendimia han sido convertidas en un desastre. 33El júbilo y la alegría se fueron de la fértil Moab. Ya los lagares no dan vino; no hay quien exprima las uvas bajo sus pies mientras entona canciones alegres. Gritos hay, sí, ¡pero no de alegría!

34Se levantan en cambio horribles gritos de terror por todo el país, desde Hesbón hasta Elalé y Yahaza, desde Zoar hasta Joronayin y Eglat Selisiyá. Los prados de Nimrín han quedado desiertos.

35Porque el SEÑOR dice: ¡Yo acabé con la práctica de ofrecer homenaje a los falsos dioses y la ofrenda de perfumes delicados a los ídolos que realiza Moab! 36En mi corazón hay mucha pesadumbre por Moab y Quir Jeres, pues toda su prosperidad se ha esfumado en un dos por tres. 37Angustiados, los hombres se rasuran la cabeza y la barba, se hieren el cuerpo y visten saco penitencial. 38En todo hogar de Moab y en las calles habrá llanto y dolor porque descargué mi golpe y rompí a Moab como a cacharro viejo e inútil. 39¡Cómo quedó quebrantada! ¡Oigan sus gemidos! ¡Miren la vergüenza de Moab! Porque ella constituye ahora ejemplo de horror y burla para sus vecinos.

40El SEÑOR se levanta sobre el país de Moab como si fuera un águila en vuelo. 41Sus ciudades han sido destruidas, sus fortalezas defensivas han sido tomadas. A sus más fuertes guerreros les tiembla el corazón de miedo como a mujer ante los dolores del parto.

42Moab ha sido totalmente destruida, ya no volverá a ser nación, porque se ha jactado contra el SEÑOR. 43¡Miedo, emboscadas y traición serán tu herencia, oh Moab! dice el SEÑOR. 44El que huya caerá en una trampa y el que escape de ésta caerá en un lazo de cazador. Yo me encargaré de que no escapen, porque ha llegado el día de su juicio, dice el SEÑOR. 45Huyen a Hesbón incapaces de ir más lejos. Pero fuego surge en Hesbón, en la región de Sijón, y de un extremo al otro devora el país junto con su población rebelde.

46¡Ay de ti, Moab! El pueblo del dios Quemós ha sido destruido, y a sus hijos e hijas se los llevan como esclavos. 47Pero más adelante, dice el SEÑOR, yo restauraré a Moab.

(Aquí termina la profecía relativa a Moab.)

Mensaje para Amón

49 ¿Qué es lo que hacen? ¿Por qué moran los amonitas en las ciudades de los israelitas? ¿No hay acaso israelitas suficientes? ¿No se las di a ellos como herencia? ¿Por qué entonces ustedes, adoradores de Moloc, se han apoderado de Gad y todas sus ciudades? 2Por esto los castigaré, dice el SEÑOR, destruyendo su ciudad de Rabá. Esta se convertirá en montón de ruinas y los pueblos aledaños serán incendiados. Entonces vendrá Israel y volverá a tomar de ustedes su tierra. Despojará a quienes la despojaron, dice el SEÑOR.

3¡Clama, Hesbón, porque la ciudad de Hai ha sido destruida! ¡Solloza, población de Rabá, vístete de luto, solloza y gime, oculta entre los matorrales, porque tu dios Moloc será desterrado junto con sus príncipes y sacerdotes! 4Orgullosa estás de tus fértiles valles, pero pronto serán arrasados. ¡Hija perversa, confiabas en tus riquezas y pensabas que nadie podía perjudicarte jamás! 5Pero mira, sobre ti desencadenaré desastres y te llenarás de miedo, dice el SEÑOR de los ejércitos, porque todos tus vecinos te echarán de tu tierra y no habrá quien ayude a tus exiliados cuando huyan. 6Pero yo ayudaré a los amonitas en el futuro para que puedan volver a su tierra, dice el SEÑOR.

Mensaje para Edom

7El SEÑOR de los ejércitos dice: ¿Qué se hicieron todos tus sabios del pasado? ¿No quedó ni uno en todo Temán? ¿No hay nadie que pueda dar un consejo prudente? 8Huye a lo más recóndito del desierto, pueblo de Dedán, porque cuando yo castigue a Edom, también te castigaré a ti. ¡Se acerca la hora de rendir cuentas! 9,10Los vendimiadores dejan unas cuantas uvas para los pobres; ni siquiera los ladrones se lo llevan todo, ¡pero yo dejaré desnuda la tierra de Esaú, y no habrá donde esconderse! Sus hijos e hijas, hermanos, vecinos —todos serán destruidos— y ella también perecerá. 11(Pero yo cuidaré de tus huérfanos que queden, y haré que sus viudas confíen en mí.)

12Esto dice el SEÑOR a Edom: Si han de sufrir los inocentes, ¡cuánto más tú! ¡No te librarás! ¡Tienes que sufrir todas las consecuencias del juicio que te he preparado! 13¡Pues por mi propia fama he jurado, dice el SEÑOR, que Bosra se convertirá en montón de ruinas, maldecida y humillada,

☼49.11

y todas sus ciudades quedarán convertidas en
ruinas y nunca más serán habitadas!
14He recibido este mensaje de parte del Señor:
Él ha enviado un mensajero para que con-
voque a los pueblos para que formen una coa-
lición contra Edom y la destruyan. 15Porque sin
duda que eres insignificante entre los países de
la región, sin que nadie se cuide de ti. 16Tu fama
y tu orgullo son sólo un engaño, moradora de los
montes de Petra, tú que vives en las hendiduras
que hay entre las rocas. Pero aunque mores en
las montañas más altas con las águilas, yo de
ahí te haré caer, dice el Señor.
17¡Horrible será el destino de Edom; todos los
que por allí pasen quedarán espantados, boquiabiertos ante el desolador espectáculo!
18Tus ciudades quedarán tan mal paradas como
Sodoma, Gomorra y los pueblos aledaños, dice el
Señor. Jamás volverá nadie a vivir allí. 19Contra
ellos enviaré a uno que vendrá como el león
de los montes de Jordania que rastrea las ovejas
del redil. Súbitamente Edom será destruida, y yo
haré que los edomitas sean gobernados por un
elegido mío. Pues ¿quién como yo, y quién podrá
llamarme a cuentas? 20¿Qué pastor podrá desa-
fiarme? Ténganlo presente: ¡Tengan por seguro
que les hará esto el Señor a Edom y al pueblo de
Temán! ¡Hasta a los niñitos se los llevarán como
esclavos! Eso será horrible de ver.
21Retiembla la tierra al caer Edom; el griterío de
miedo y dolor del pueblo llega hasta el Mar Rojo.
22El que ha de venir volará veloz como un águila
y extenderá sus alas contra Bosra. ¡Entonces el
valor de los más fuertes guerreros se desvanecerá
como el de mujer ante los dolores del parto!

Mensaje para Damasco

23¡Presas de temor están las ciudades de Jamat
y Arfad, porque les llegó la noticia de su sentencia! Tienen el corazón latiendo acelerado por el
miedo como si fuera un mar agitado. 24Damasco
se ha debilitado y todo su pueblo se da a la fuga.
El miedo, la angustia y el dolor la atenazan como
a mujer con dolores de parto. 25¡Oh famosa ciudad, metrópolis de la alegría, qué desolada estás!
26Por tus calles están tendidos los cadáveres de
tus jóvenes, todo tu ejército será destruido en un
solo día, dice el Señor de los ejércitos.
27Y haré estallar un incendio que acabe con las
murallas de Damasco así como con los palacios
de Ben Adad.

Mensaje para Cedar y Jazor

28Esta profecía se refiere a Cedar y a los reinos
de Jazor, los que van a ser destruidos por Nabucodonosor, rey de Babilonia, porque el Señor lo
enviará para destruirlos. 29Sus rebaños y las tiendas donde habitan serán tomados como botín,
dice el Señor, junto con todas sus demás posesiones. Se llevarán también sus camellos y en torno
sólo habrá gritos de pánico: «¡Estamos sitiados y
condenados!» Incluso a la ciudad se le llamará
"Lugar donde vive el miedo". 30¡Sálvese quien
pueda, dice el Señor, huye a lo más recóndito del
desierto, pueblo de Jazor, porque Nabucodonosor,
rey de Babilonia, ha trazado planes de guerra
contra ti y se prepara para destruirte!
31«¡Ve!», le dijo el Señor al rey Nabucodonosor,
«ataca a esas ricas tribus beduinas que viven sin
vecinos en el desierto, libres de toda preocupación, jactándose de bastarse a sí mismas, de que
no necesitan ningún tipo especial de protección.
32Sus camellos y ganados te pertenecerán y yo
esparciré a estos paganos por los cuatro vientos. De todos los rumbos haré que les lleguen
desgracias».
33Jazor se convertirá en morada de alimañas
del desierto. Jamás volverá a morar nadie allí.
Para siempre sólo será un montón de ruinas.

Mensaje para Elam

34Este mensaje del Señor contra Elam le llegó
a Jeremías al comienzo del reinado de Sedequías,
rey de Judá:
35El Señor de los ejércitos dice: Destruiré el
ejército de Elam 36y esparciré al pueblo de Elam
por los cuatro vientos; serán exiliados a países
de todo el mundo.
37¡Mi terrible cólera traerá grandes males contra Elam, dice el Señor, y haré que sus enemigos
la aniquilen! Ni siquiera se podrán defender pues
caerán de puro miedo ante sus enemigos. 38Yo
estableceré mi trono en Elam, dice el Señor, destruiré a su rey y a sus príncipes. 39Pero después
de un tiempo traeré de regreso al pueblo, dice
el Señor.

Mensaje para Babilonia

50 Este es el mensaje del Señor contra Babilonia y los caldeos, proclamado por el
profeta Jeremías:
2Dile a todo el mundo que Babilonia será destruida. No ahorren en medios para dar a conocer
por todas partes la pronta destrucción de Babilonia. Sus dioses Marduc y Bel serán completamente avergonzados, 3pues contra Babilonia se
lanzará desde el norte una nación que la arrasará
de tal modo que nadie volverá a vivir en ella
jamás. No quedará nada: habitantes y bestias
saldrán huyendo.
4Entonces, sollozando, los pueblos de Israel
y Judá se reunirán y buscarán al Señor su Dios.
5Preguntarán cuál es el camino a Sión y emprenderán el regreso. «Vamos», dirán, «unámonos al
Señor en compromiso eterno que jamás volverá
a ser quebrantado».

6Como ovejas perdidas ha sido el pueblo mío. Sus pastores lo desviaron y abandonaron luego en los montes. Los israelitas se extraviaron y no supieron cómo volver al redil. 7Quienes los encontraban los devoraban, diciendo: «Tenemos permiso para atacarlos a nuestro antojo, porque han pecado contra el Señor, el Dios de justicia, la esperanza de sus antepasados».

8Pero ahora, escapen de Babilonia, tierra de los caldeos; lleven a mi pueblo de regreso a su patria con la misma decisión que los machos cabríos guían a sus grupos. 9¡Pues miren que yo levanto un ejército de naciones poderosas del norte y las lanzo al ataque contra Babilonia, la cual será destruida! ¡Las flechas enemigas dan en el blanco, no fallan! 10Y Babilonia será saqueada hasta que todo el mundo quede satisfecho del botín, dice el Señor.

11¡Estuvieron alegres, caldeos, despojadores de mi pueblo, y están gordos como vacas que pastan en jugosos prados, y relinchan como caballos alegres! 12¡Pero su madre será abrumada de vergüenza, porque se convertirá en la nación más despreciable: en desierto, en tierra seca y estéril! 13Por la cólera del Señor Babilonia se convertirá en un paraje desierto, y cuantos por allí pasen se quedarán con la boca abierta y harán burla de todas sus heridas.

14¡Sí, alístense para la batalla contra Babilonia todas las naciones del entorno! Disparen contra ella los arqueros; no economicen flechas, porque ha pecado contra el Señor. 15Griten contra ella de todos los rumbos. ¡Miren! ¡Ya se rinde! ¡Sus murallas se han derrumbado! ¡Ya se cumplió la venganza del Señor! ¡Hagan con ella como ella hizo con ustedes! 16¡Abandónenla todos los jornaleros, huyan a sus fincas conforme se acerca el enemigo!

17Como ovejas perseguidas por los leones son los israelitas. Primero los devoró el rey de Asiria, luego Nabucodonosor, rey de Babilonia, les trituró los huesos. 18Por eso dice el Señor de los ejércitos, el Dios de Israel: ¡Ahora castigaré al rey de Babilonia y a su país, como castigué al rey de Asiria! 19Y traeré a Israel de regreso a su patria, para que coma en los campos del Carmelo y Basán, y vuelva a ser feliz en el monte de Efraín y en el de Galaad. 20¡En aquellos días, dice el Señor, no se hallará pecado en Israel ni en Judá, porque yo perdonaré a los que hayan quedado, a quienes yo liberé!

21¡Arriba, guerreros míos, contra la tierra de Meratayin y contra el pueblo de Pecod! ¡Sí, en marcha al ataque contra Babilonia, tierra de rebeldes, tierra que yo castigaré! ¡Destrúyanlos por completo como les he mandado! 22¡Que se oiga en el país clamor de batalla, gritos de gran destrucción!, dice el Señor. 23Babilonia, el más poderoso martillo del mundo, está quebrada y esparcida por el suelo. ¡Derrotada entre las naciones está Babilonia!

24¡Ay Babilonia, te puse trampa y caíste, porque luchaste contra el Señor! 25El Señor abrió su arsenal y sacó armas para hacer estallar su coraje sobre sus enemigos. El terror que cae sobre Babilonia será obra de Dios, el Señor de los ejércitos.

26¡Sí, vengan contra ella desde tierras lejanas, irrumpan en sus graneros, derriben sus murallas y casas hasta convertirlas en un montón de ruinas y la arrasen por completo! ¡Que no quede nada en pie, 27ni siquiera su ganado! ¡Ay de ellos también! ¡Mueran todos, porque ha llegado la hora de que Babilonia sea devastada!

28Pero mi pueblo será librado; escaparán para regresar a su patria y contar cómo el Señor Dios suyo se lanzó furioso contra quienes destruyeron su templo.

29Manda a llamar arqueros que vengan contra Babilonia; rodea la ciudad para que nadie pueda escapar. Haz con ella como ella hizo con otros, pues envalentonada desafió al Señor, al Santo de Israel.

30Sus muchachos más valiosos caerán en la calle y morirán; todos sus guerreros serán muertos, dice el Señor. 31No les quede la menor duda: ¡Yo estoy contra ti, pueblo orgulloso, ya te llegó tu hora, pueblo famoso por tu insolencia! 32¡Patria del orgullo, tropezarás y caerás y no habrá quien te levante, porque el Señor encenderá un fuego en las ciudades de Babilonia que consumirá cuanto hay en torno!

33Así dice el Señor de los ejércitos: Injustamente han sido tratados los pueblos de Israel y Judá. Quienes los esclavizaron se niegan a dejarles en libertad. 34Pero el Liberador de ellos es fuerte. Se llama Señor de los ejércitos. Él será su abogado y se encargará de que obtengan libertad y regresen a vivir tranquilos en Israel. ¡Pero los babilonios no tendrán reposo!

35La guerra destructora caerá sobre los caldeos, dice el Señor. Caerá la guerra sobre el pueblo de Babilonia sin que se libren ni sus príncipes ni sus sabios. 36¡Todos sus prudentes consejeros resultarán necios! ¡Habrá pánico entre todos sus más valientes guerreros! 37La guerra consumirá sus caballos y sus carros de guerra, y sus aliados extranjeros serán débiles como mujeres. Será despojado de todos sus tesoros, 38y hasta el agua le faltará. ¿Y por qué? ¡Porque todo el país está lleno de idolatría y el pueblo está locamente enamorado de sus ídolos!

39Por lo tanto, esta ciudad de Babilonia se convertirá en morada de avestruces y chacales, será guarida de alimañas del desierto. Jamás volverá a ser habitada por seres humanos; quedará desolada para siempre.

40El Señor anuncia que destruirá a Babilonia
como destruyó a Sodoma, Gomorra y sus pueblos
aledaños. Nadie volvió a vivir en ellos jamás, así
como tampoco nadie volverá a vivir en Babilonia.
41¡Allá vienen! ¡Es un gran ejército que marcha
desde el norte! Lo acompañan muchos reyes venidos desde diversos países. 42Armados hasta los dientes, vienen a la matanza; son crueles e implacables;
su grito de guerra retumba como el mar que se
estrella contra las rocas. ¡Ay Babilonia, vienen en
sus carros de guerra a presentarte batalla!
43Cuando recibió el mensaje, el rey de Babilonia dejó impotente caer los brazos; el terror
le produjo dolores como de mujer a punto de
dar a luz.
44Enviaré contra ellos un invasor que los atacará de pronto, como si fuera un león de los bosques de Jordania que se lanza sobre las ovejas en
el prado. Pondré en fuga a sus defensores y haré
que los gobierne alguien que yo elija. ¿Quién
como yo? ¿Qué gobernante puede llevarme la
contraria? ¿Quién puede pedirme cuentas?
45Oigan el plan del Señor contra Babilonia,
tierra de los caldeos. Porque hasta los niñitos
serán llevados como esclavos, y sus posesiones
serán saqueadas y destruidas. ¡Qué espanto! ¡Qué
horror! 46¡El mundo entero se estremecerá por la
caída de Babilonia, y su grito desesperado se oirá
por toda la tierra!

51 Así dice el Señor: Provocaré un destructor
contra Babilonia, contra toda la tierra de
los caldeos, y la destruiré. 2Vendrán los aventa-
dores y la zarandearán para que el viento se la
lleve; vendrán de todos los rumbos y se lanzarán contra ella en el día de su desesperación.
3Las flechas enemigas harán caer a los arqueros
de Babilonia y perforarán las armaduras de sus
guerreros. Nadie se librará; morirán tanto los
jóvenes como los viejos. 4Muertos caerán en el
país de los caldeos; caerán por herida de cuchillo
en sus calles, 5porque el Señor de los ejércitos no
ha abandonado a Israel ni a Judá, todavía es el
Dios de ellos a pesar de la gran cantidad de faltas
que han cometido contra Dios, el Santo de Israel.
6¡Huyan de Babilonia! ¡Sálvese quien pueda!
¡No dejen que los atrapen! Si se quedan, serán
destruidos cuando el Señor ejecute su venganza
por los actos de maldad de Babilonia. 7Babilonia
ha sido como copa de oro en las manos del Señor,
copa de la cual hizo que el mundo entero bebiera hasta volverse loco. 8Pero ahora, de pronto,
también cayó Babilonia. Lloren por ella; denle
medicina, quizá pueda aún ser sanada.
9Si pudiéramos le ayudaríamos, pero ya no tiene remedio. Déjenla, abandónenla y vuelvan a su
patria, porque lo que sufre es un castigo que Dios
le manda desde el cielo. 10Así es como el Señor nos
hizo justicia. ¡Vamos, proclamemos en Jerusalén
todo lo que ha hecho el Señor Dios nuestro!
11¡Sáquenle punta a las flechas! ¡Arriba los escudos! Porque el Señor ha incitado a los reyes de
los medos para que se lancen contra Babilonia y
la destruyan. Esa es su venganza contra los que
trataron injustamente a su pueblo y profanaron
su templo.
12¡Prepara tus defensas, Babilonia! ¡Pon bastantes guardas en tus murallas, coloca una emboscada, pues el Señor hará cuanto ha anunciado
contra Babilonia! ¡El Señor sin duda cumplirá
su promesa de destruir a Babilonia! 13¡Oh puerto
lleno de riquezas, gran centro mercantil, ya te
llegó tu hora, hoy se rompe el hilo del que pende
tu vida! 14El Señor de los ejércitos ha dado su
palabra, lo ha jurado por la fama de su nombre:
¡Tus ciudades se verán infestadas de enemigos
como si fuera un campo cubierto por una plaga
de langostas y hasta el cielo llegará el grito de
victoria de tus enemigos!
15Dios hizo el mundo con su poder y sabiduría,
extendió los cielos guiándose con su entendimiento. 16Cuando el Señor habla, hay trueno en
los cielos, y hace que de toda la tierra se levante
vapor; de sus tesoros saca el relámpago, la lluvia y los vientos. 17Comparados con él, todos los
seres humanos son animales sin inteligencia. ¡Ni
uno de ellos tiene sabiduría! Al hacer imágenes y
estatuillas de ídolos, el platero se embrutece, pues
fabrica mentiras. ¡Dice que son dioses, cuando
ni sombra de vida tienen! 18¡Los ídolos nada son!
Son falsificaciones. Y un día el Señor vendrá,
observará y los destruirá todos. 19¡Pero el Dios de
Israel no es un ídolo! Él hizo todo lo que existe,
e Israel es la nación suya; su nombre es: Señor
de los ejércitos.
20El rey Ciro es el hacha de guerra y la espada
de Dios. Tú serás mi instrumento, dice el Señor,
para despedazar a las naciones y destruir muchos
reinos. 21Valiéndome de ti aplastaré ejércitos; acabaré con el caballo y su jinete, con el carro de
guerra y quien lo conduce. 22Sí, también destruiré
al resto del pueblo: hombres y mujeres, viejos y
jóvenes, muchachos y muchachas, 23pastores y
ganados, labradores y bueyes, gobernantes y jueces. 24Delante de sus ojos voy a darle a Babilonia
y a los caldeos su merecido por todo el mal que
le han hecho a mi pueblo, dice el Señor.
25¡Porque yo estoy contra ti, monte poderoso, Babilonia, destructora del mundo! ¡Contra
ti dirigiré mi poder, te derribaré de tus alturas y
te convertiré en monte consumido por el fuego!
¡Desde tus alturas te haré caer! 26Para siempre
quedarás desolada; ni siquiera tus piedras se
volverán a usar como material de construcción.
Serás borrada del mapa.

27¡Den la señal a muchas naciones para que
se movilicen contra Babilonia! ¡Toquen alarma!
¡Que salgan los ejércitos de Ararat, Mini y Asquenaz! ¡Nombren un general, traigan multitud de
caballos! 28¡Lancen contra ella los ejércitos de
los reyes medos y sus generales, y los ejércitos de
todos los países que ellos gobiernan! ¡Movilicen
a toda la gente en contra de Babilonia!
29Babilonia tiembla y se retuerce de dolor, porque todo lo que el Señor ha planeado contra ella
se mantiene firme. Babilonia quedará desierta,
sin persona viva. 30Ya no luchan sus más fuertes
guerreros, permanecen en sus cuarteles. Perdieron su valentía, parecen mujeres. Los invasores
han incendiado las casas y han derribado las
puertas de la ciudad. 31De todos los rumbos acuden los mensajeros a decirle al rey que todo está
perdido, que la ciudad ha sido completamente
tomada por los enemigos. 32Todos los caminos
de retirada están copados, las fortalezas están en
llamas y el ejército es presa de pánico.
33Porque el Señor de los ejércitos, el Dios de
Israel, dice: Babilonia es como trigo al que le van
a quitar la paja; dentro de poco comenzarán a
darle una paliza.
34,35Los judíos de Babilonia dicen: «Nabucodonosor, rey de Babilonia, nos ha explotado
exprimiendo y devorando nuestra fuerza, nos ha
absorbido como si fuera un enorme monstruo, se
ha llenado el estómago con nuestras riquezas y
nos ha echado de nuestra patria. ¡Que Babilonia
reciba su merecido por todo lo que nos hizo! ¡Que
reciba la justa paga por toda nuestra sangre que
derramó!»
36Y el Señor responde: ¡Yo seré el abogado de
ustedes, yo defenderé su causa, yo los vengaré!
Les voy a secar su río, sus fuentes de agua, 37y
Babilonia se convertirá en un montón de ruinas, refugio de chacales, espantoso e increíble
espectáculo, motivo de burla y vergüenza, sin
persona viva.
38Ebrios en sus festines, los babilonios rugen
como leones. 39Y mientras yacen embriagados
de vino, yo les prepararé otra fiesta, y haré que
beban hasta que caigan en tierra sin sentido, a
dormir para siempre, para no despertar jamás,
dice el Señor. 40Los llevaré al matadero como si
fueran ovejas, carneros y cabras.
41¡Qué caída la de Babilonia, la gran Babilonia,
la que todo el mundo admiraba! ¡El mundo casi
no puede creer lo que ve, la poderosa Babilonia
caída! 42El mar se ha levantado contra Babilonia;
está cubierta por las olas. 43Sus ciudades están en
ruinas; es tierra desierta donde nadie habita, por
donde ni siquiera pasan los viajeros.
44Yo castigaré a Bel, el dios de Babilonia, y
le sacaré de la boca lo que ha devorado. Ya las
naciones no acudirán a rendirle homenaje; ha
caído la muralla que protegía a Babilonia.
45¡Pueblo mío, huye de Babilonia, sálvate de
la tremenda cólera del Señor! 46Pero no se llenen
de pánico ante las primeras noticias de que el
enemigo se acerca, porque año tras año habrá
olas de rumores. Luego habrá guerra civil entre
los gobernadores del reino de Babilonia. 47Porque
se acerca sin pausa el día en que castigaré a
esta gran ciudad y a todos sus ídolos. Sus muertos yacerán en las calles. 48El cielo y la tierra
se alegrarán cuando del norte vengan ejércitos
destructores contra Babilonia, dice el Señor.
49Tal como Babilonia mató al pueblo de Israel,
así tiene que ser muerta ella. 50¡Adelante, los que
escaparon a las heridas de las espadas! ¡No se
queden para mirar; huyan mientras sea tiempo!
¡Acuérdense del Señor y vuelvan a la lejana Jerusalén! 51«Estamos llenos de vergüenza porque el
templo del Señor ha sido profanado por extranjeros de Babilonia».
52Sí, dice el Señor, pero ya les llegó la hora a
los ídolos de Babilonia. Por todo el país se oirá
gemir a los heridos. 53Aunque Babilonia fuera
tan poderosa como el cielo, aunque aumentara
su fortaleza sin medida, morirá, destruida por los
ejércitos enemigos que le enviaré, dice el Señor.
54¡Atención! ¡Oigan el clamor de gran destrucción que se oye desde Babilonia, la tierra que
gobiernan los caldeos! 55Porque el Señor está destruyendo a Babilonia; ya no se escucha la fuerte
voz de ella, y ahora las olas rugientes la ahogan.
56Los ejércitos destructores enemigos llegan y
matan a sus valientes; todas sus armas se les rompen a los babilonios en las manos, porque el Señor
es buen pagador y le da a Babilonia su merecido.
57Yo embriagaré a sus príncipes, sabios, gobernantes, capitanes y guerreros. ¡Caerán dormidos
para no despertar más!, dice el Rey, cuyo nombre
es el Señor de los ejércitos.
58Porque las gruesas murallas que protegen
Babilonia serán arrasadas, e incendiadas las
altas puertas de su ciudad. En vano trabajaron
constructores de muchos países: ¡su obra será
consumida por las llamas!
59En el cuarto año del reinado de Sedequías le
fue dado a Jeremías este mensaje para Seraías,
hijo de Nerías, nieto de Maseías, referente a la
captura de Seraías y a su destierro junto con
Sedequías, rey de Judá. (Seraías era intendente
del ejército de Sedequías.) 60Jeremías escribió
en un rollo todos los espantosos males que Dios
tenía planeados contra Babilonia —los cuales
han sido consignados más arriba— 61,62y entregó
el rollo a Seraías, diciéndole:
—Cuando llegues a Babilonia, lee lo que
tengo escrito, y di: «Señor, tú has dicho que destruirás a Babilonia hasta no dejar en ella ser

viviente, y que será abandonada para siempre». 63Luego, acabada tu lectura del rollo, átale una piedra y arrójalo en el río Éufrates, 64diciendo: «Así se hundirá Babilonia para no surgir más, por la destrucción que yo traigo sobre ella, de la cual nunca podrá recuperarse».

(Aquí terminan los mensajes de Jeremías.)

(Acontecimientos que se mencionan en el capítulo 39.)

La caída de Jerusalén

52 Tenía Sedequías veintiún años de edad cuando se convirtió en rey, y reinó once años en Jerusalén. Su madre se llamaba Jamutal y era hija de Jeremías de Libná. 2Pero Sedequías fue un rey malvado, como lo había sido Joacim. 3A tal punto llegaron las cosas, que el SEÑOR, airado, hizo que Sedequías se rebelara contra el rey de Babilonia, a consecuencia de lo cual fue echado de la presencia del SEÑOR en Jerusalén y Judá, junto con el pueblo de Israel, y llevado cautivo a Babilonia.

4El noveno año del reinado de Sedequías, el día diez del décimo mes, Nabucodonosor; rey de Babilonia, marchó con todo su ejército contra Jerusalén, construyó fuertes en torno 5y la tuvo sitiada dos años. 6Finalmente, el día nueve del cuarto mes, agravada el hambre en la ciudad, pues habían consumido hasta el último bocado, 7los de la ciudad abrieron un boquete en el muro y por la noche huyeron todos los soldados pasando junto a la puerta que hay entre los dos muros cerca de los jardines del rey (pues la ciudad estaba sitiada por los caldeos), y veloces se escurrieron por los campos hacia el Arabá.

8Pero los soldados caldeos los descubrieron y persiguieron, capturando al rey Sedequías en unos campos cerca de Jericó, pues todo su ejército se había desbandado. 9Se lo llevaron a Nabucodonosor, rey de Babilonia, que entonces se hallaba en la ciudad de Riblá, en el reino de Jamat, y allí lo juzgaron. 10Nabucodonosor obligó a Sedequías a presenciar la muerte de sus hijos y de todos los príncipes de Judá; 11luego le sacó los ojos y, encadenado, lo llevaron a Babilonia, en donde pasó encarcelado el resto de sus días.

12El día diez del quinto mes, en el año diecinueve del reinado de Nabucodonosor, rey de Babilonia, Nabuzaradán, capitán de la guardia, llegó a Jerusalén, 13incendió el templo, el palacio y las grandes mansiones, 14y puso al ejército caldeo a demoler las murallas de la ciudad. 15Luego se llevó prisioneros a Babilonia algunos de los más pobres de entre el pueblo junto con los sobrevivientes del asedio y la destrucción y a los desertores que se habían pasado al ejército babilónico y a los artesanos que habían quedado. 16Pero dejó algunos de los más pobres para que atendieran los cultivos como viñadores y labriegos.

17Los babilonios desmontaron las dos grandes columnas que estaban a la entrada del templo y la fuente de bronce junto con los bueyes de bronce que le servían de soporte y se los llevaron a Babilonia. 18Y se llevaron todas las vasijas y ollas de bronce, las palas para ceniza que se empleaban en el altar, las despabiladeras, cucharas, tazones y demás objetos que se usaban en el templo. 19Se llevaron también los braseros, candelabros, tazas y escudillas de oro puro y las de plata.

20Las dos enormes columnas, la fuente y bueyes de bronce eran pesadísimos. Imposible era calcular su peso. (Habían sido hechos en tiempos del rey Salomón.) 21Cada columna medía nueve metros con cuarenta y cinco centímetros de alto, y seis metros y treinta centímetros de circunferencia; eran huecas, y sus paredes tenían setenta y cinco milímetros de grueso. 22En la parte superior, en una franja de dos metros y sesenta y dos centímetros había, en bajorrelieve, granadas de bronce. 23Había noventa y seis granadas en los costados y cien granadas más formando una red en torno.

24,25El capitán de la guardia se llevó a Seraías, el sacerdote principal, a Sofonías su ayudante, a los tres principales guardas del templo, a uno de los más altos oficiales del ejército, a siete de los principales consejeros del rey que halló ocultos en la ciudad, al secretario del general del ejército israelita a cuyo cargo estaba el reclutamiento, y a otros sesenta personajes importantes que estaban escondidos. 26Se los llevó al rey de Babilonia que estaba en Riblá, 27en donde el rey los mandó matar.

Así se realizó el exilio de Judá. 28El número de cautivos llevados a Babilonia el séptimo año del reinado de Nabucodonosor fue de tres mil veintitrés. 29Luego, once años después, se llevó otros ochocientos treinta y dos; 30cinco años después envió a Nabuzaradán, el capitán de su guardia, y se llevó setecientos cuarenta y cinco, haciendo un total de cuatro mil seiscientos cautivos.

Liberación del rey Joaquín

31El veinticinco de febrero, el año treinta y siete del cautiverio de Joaquín, rey de Judá, en Babilonia, Evil Merodac, que ese año comenzó a reinar en Babilonia, bondadosamente sacó de la cárcel al rey Joaquín. 32Lo trató amablemente, le dio preferencia sobre los demás reyes que estaban cautivos en Babilonia y 33le dio ropa nueva y alimentación de la cocina real mientras vivió. 34Se le otorgó además una asignación para sus necesidades diarias, hasta el día de su muerte.

LAMENTACIONES

¿Quién lo escribió?

El escritor es un testigo ocular de la tragedia y un hombre que muestra sentimientos muy profundos por la tragedia experimentada por Jerusalén. Se trata de un escritor con amplia capacidad literaria y sensibilidad poética. Estos hechos y además algunos vínculos literarios y teológicos con el libro de Jeremías apuntan a ese profeta como el autor, aunque el libro mismo no lo dice.

¿A quién lo escribió?

Los lectores originales de este libro eran los judíos cautivos en Babilonia y además los pocos que permaneci- eron en Jerusalén después de su destrucción. Se trata de un poema que busca expresar la agonía, la perplejidad y la profunda tristeza por lo ocurrido en la amada ciudad. La intención era que estos poemas sirvieran como un vehículo para que los sobrevivientes de la tragedia pudieran expresar sus profundas emociones de dolor y, a la vez, de arrepentimiento ante lo sucedido. Hay una larga tradición entre los judíos que los lleva a leer este libro en días de ayuno y tragedias nacionales, sobre todo al recordar el cautiverio.

¿Cuándo y dónde lo escribió?

La fecha de composición se coloca muy cerca de la destrucción de Jerusalén, en el año 586 a.C., ya que los recuerdos de los eventos estaban frescos aún. En el tono de los lamentos se nota tal cercanía con lo ocurrido (por ejemplo, 1:10-11), que casi se pueden escuchar los sollozos de los sobrevivientes y el ruido del fuego aun encendido en toda la ciudad (2:9-12). Pocos estudiosos contradicen esta fecha del libro.

Panorama del libro

Muchos judíos pensaban que Dios nunca permitiría la destrucción de Jerusalén, puesto que el templo estaba allí (Jer. 7:4). Después de unos cuarenta años de advertir a Judá sobre el castigo que vendría, lo impensado ocurrió: Jerusalén y el templo fueron destruidos por los ejércitos de Babilonia. Jeremías llora y expresa un dramático lamento por lo sucedido. El propósito del libro es doble: primero, Jeremías confiesa los pecados del pueblo, expresando, a la vez, su profundo pesar por el castigo recibido. Segundo, el profeta proclama la esperanza que existe en la fidelidad de Dios, quien no ha abandonado a su pueblo y que al fin lo restaurará. Este doble propósito hace del libro un muy buen modelo en cuanto a la actitud que el creyente debe tener ante el pecado y el castigo.

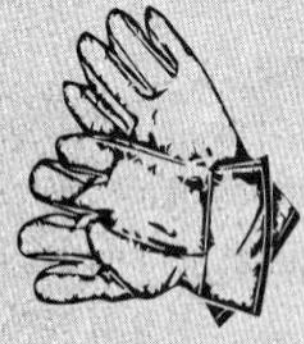

¿Cómo se relaciona con nosotros?

El cristianismo contemporáneo se relaciona más con el triunfalismo que con la lamentación y por esa razón este libro no suele estar en el top ten de los libros bíblicos más mencionados. Quizás esta afirmación pueda sorprender a muchas víctimas de esta cultura, pero en muchos pasajes de la historia los cristianos fuimos una minoría perseguida o al menos discriminada. Al pueblo de Israel también le tocó sufrir, y hasta tuvieron que hacerlo como esclavos. En situaciones de violencia y desesperanza este libro ofrece una manera de expresar creativamente el dolor ante un desastre provocado por la maldad.

Lamentaciones es un excelente modelo de lo que se debe hacer ante las consecuencias del pecado. Los elementos de aflicción y angustia, de profundo pesar por el pecado y de la dependencia de la misericordia del Señor están presentes aquí de varias maneras. Lamentaciones hace claro que la Biblia no promete que el pueblo de Dios no enfrentará las consecuencias de sus malas decisiones ni evitará siempre los momentos de lamento.

¿Cómo lo estudiamos?

1)"¡Ay!". Conmovedora aflicción por el castigo. Cap. 1
2)"El Señor se porta como enemigo". Evidente causa del castigo. Cap. 2
3)"¡Muy grande es su fidelidad!". Alentadora esperanza en medio del castigo. Cap. 3
4)"Por los pecados...". Honesta confesión ante el castigo, Cap. 4
5)"Permítenos volver a ti". Humilde súplica después del castigo. Cap. 5.

LAMENTACIONES

Lamentaciones

1 Las calles de Jerusalén donde antes siempre
había un feliz alboroto están ahora en silencio. La que era gran señora ahora es como una
viuda que se sienta a llorar su soledad. La que
era reina de pueblos ahora es la criada.
2Llora toda la noche; las lágrimas corren por
sus mejillas. Entre todos sus amantes no hay
quien la consuele. Todos sus amigos la han
traicionado y son ahora sus enemigos.
3Han expulsado a Judá de su propio territorio
y la han sometido a trabajos forzados y doloro-
sos. Sus enemigos la alcanzaron y la llenaron
angustia.
4Los caminos que conducen a Jerusalén están
muy tristes, pues no hay quien venga con alegría
a celebrar las fiestas del templo. Las puertas de
acceso a la ciudad están desportilladas, sus sacerdotes gimotean, las jóvenes afligidas y Jerusalén
sufren amargamente.
5Sus enemigos dominan sobre Jerusalén, y
están alegres por el dolor de la ciudad. ¡Y todo
es porque el SEÑOR ha castigado a Jerusalén por la
cantidad de los delitos que ha cometido! ¡Hasta se
han llevado a sus niños cautivos a tierras lejanas!
6Jerusalén ha perdido toda su hermosura y
majestad. Sus principales ciudadanos son como
ciervos hambrientos que buscan pastos, sin fuerzas para seguir huyendo de sus perseguidores que
les pisan los talones.
7Y ahora, en medio de toda su aflicción, Jerusalén recuerda toda su historia de sufrimiento,
como cuando cayó en poder del enemigo y nadie
la ayudó, y cuando sus enemigos vieron su caída
se burlaron de ella.
8¡Tantos son los delitos de Jerusalén que parece
imposible volver a restaurarle su honra! Todo
aquel que la honraba ahora la desprecia, pues
la ha visto insignificante y humillada. Ahora sólo
llora y no se atreve a dar la cara.
9Se entregó a la inmoralidad y no pensó en el
castigo que le podría venir. Ahora está humillada
hasta lo más bajo y no hay nadie que la ayude, y
clama: «¡Oh SEÑOR, mira mi aflicción; el enemigo
ha triunfado sobre mí!»
10Los enemigos se apoderaron de todos sus
tesoros, los mismos enemigos a quienes tú pro-
hibiste la pertenencia a tu nación favorita, ahora
saquean incluso los tesoros del templo.
11Su pueblo gime buscando pan; han vendido
todo lo que tienen por comida para poder sobrevivir: «¡Mira, oh SEÑOR, el lamentable estado en
que me encuentro!»
12¿Acaso no los conmueve a todos ustedes los
que pasan? Miren y juzguen si hay dolor como
el mío, el que el SEÑOR me ha causado en el día
de su gran enojo.
13Desde el cielo mandó el fuego que ahora me
consume toda; me puso una trampa y me hizo
caminar de espaldas hacia ella. Me abandonó y
me dejó enferma todo el día.
14¡El SEÑOR mismo ató mis delitos, y me los
puso como si fueran un yugo sobre mi cuello!
El SEÑOR mismo me ha debilitado y entregado a
mis enemigos, ante quienes estoy completamente
indefensa.15El SEÑOR despreció a mis guerreros,
reunió un gran ejército para exterminar a mis
muchachos. ¡El SEÑOR ha aplastado a la joven
Judá como se aplastan las uvas para hacer vino!
16No tengo a nadie que me consuele, los que
me pueden animar están lejos de aquí. Mis hijos
están abandonados porque el enemigo nos conquistó.
17Jerusalén implora por ayuda, pero nadie la
consuela. ¡Es que el SEÑOR ha decidido enviar a los
vecinos de Israel como sus enemigos! ¡Deja que
la traten como si no mereciera ningún respeto!
18Confieso que el SEÑOR tiene razón, pues me he
rebelado en su contra. ¡Oigan, les ruego, pueblos
de todas partes, vean mi dolor, pues mis muchachos y señoritas han sido llevados como esclavos
a tierras lejanas!
19Pedí ayuda a mis amantes pero ellos me
traicionaron. Mis sacerdotes y mis sabios consejeros murieron mientras buscaban comida para
sobrevivir.
20¡Mira, oh SEÑOR, mi angustia! ¡Mi corazón
está quebrantado y todo mi ser desesperado por
haberme rebelado contra ti! En las calles la espada de los enemigos mata a mis hijos y en casa
sólo hay muerte.
21¡Escucha mis lamentos, SEÑOR, porque tú eres
el único que puede consolarme! Cuando mis enemigos escuchan del mal que tú me has hecho,
se alegran. ¡Haz que llegue el día en que a ellos
les vaya como me ha ido a mí!
22¡Mira también todos sus delitos, oh SEÑOR, y
trátalos por ellos como me has tratado a mí! ¡Es
que ya estoy harta de gemir y sentir cómo mi
corazón se va debilitando!

2 El SEÑOR oscureció a Sión, pues su enojo era
como una nube oscura; acabó con la hermosura de Israel hasta volverla nada. En el día de
su enojo, ni siquiera se acordó de la posición de
privilegio que goza esta ciudad.
2El SEÑOR destruyó sin piedad todas las casas
de Israel. En su ira derribó las fortalezas de la
capital de Judá. Echó por tierra tanto el reino
como a sus príncipes.
3Deshizo todo el poderío de Israel cuando dio
rienda suelta a su cólera. No nos protegió más
cuando el enemigo llegó a atacarnos. El SEÑOR
acaba con Israel por todos lados como si fuera
un incendio fuera de control.

4Ha atacado como si fuera un guerrero enemigo, dando muerte con sus flechas a nuestros muchachos más valiosos del país. Como el fuego que destruye una tienda valiosa, así derramó su enojo contra Jerusalén.

5El Señor ha tratado a Israel como a un enemigo, destruyéndolo. Ha derribado sus torres de defensa y sus palacios. Ha traído llanto y tristeza sin fin a la capital de Judá.

6Ha derribado su templo, después de haber ingresado a la ciudad destruyendo sus murallas como si fueran sólo la cerca de un huerto. El Señor ha hecho que olvide sus fiestas santas y sábados. Reyes y sacerdotes caen juntos ante su ira.

7El Señor ha rechazado su propio altar, ha despreciado su santuario, ha entregado sus palacios a sus enemigos. ¡Hasta se atreven a gritar en el templo como si fuera un día de fiesta!

8El Señor decidió derribar las murallas de Jerusalén. Planeó con cuidado su destrucción y la llevó a cabo. Muros y refuerzos de las murallas han caído ante su acción.

9Las puertas de Jerusalén han caído por el suelo; el Señor destruyó por completo sus cerrojos. Su rey y sus príncipes andan como extranjeros en tierras lejanas. Ya no hay ley y sus profetas ya no tienen visiones de parte del Señor.

10Los sabios consejeros de Jerusalén se sientan en tierra y guardan silencio, vestidos con sacos ásperos propios de tiempos de dolor echan polvo sobre sus cabezas en señal de tristeza. Las muchachas de Jerusalén agachan sus cabezas hasta el suelo como señal de la tristeza que sufren.

11He llorado hasta agotar mis lágrimas, todo mi ser se siente profundamente conmovido al ver lo que ha pasado a Jerusalén. ¡Incluso niños, niñas y bebés de pecho desfallecen y mueren en las calles de la ciudad!

12«¡Mamá, mamá, queremos comer!», claman mientras sus vidas se van debilitando en los mismos brazos de sus madres. Luego mueren, como si fueran los heridos de una guerra.

13¿Hubo alguna vez en toda la tierra un dolor tan grande como el tuyo? Dime, Jerusalén, ¿con qué compararé tu angustia? ¿Cómo podré consolarte, pura y bella Jerusalén? Porque tu angustia es tan grande como el mar. ¿Quién podrá curarte?

14Tus «profetas» han dicho muchas cosas necias y totalmente falsas, no te señalaron tu maldad para que hubieras podido evitar tu cautiverio; mintieron con falsos mensajes y te hicieron creer en ellos.

15Todos los que pasan por el camino al verte aplauden en son de burla; entre silbido y muecas, dicen: «¿Es esta la ciudad a la que llaman Hermosa, supuestamente la alegría de toda la tierra?»

16Todos tus enemigos abren la boca para hablar mal de ti; rechinando los dientes, se burlan diciendo: «¡La hemos destruido al fin! ¡Ha llegado el día que tanto esperábamos! ¡Por fin podemos verlo!

17El Señor es quien llevó a cabo lo que había planeado. Cumplió las promesas de desastre que hizo hace mucho tiempo. Destruyó a Jerusalén sin piedad y ha permitido que sus enemigos se rían de ella y presuman delante de ella su poder.

18¡Clama al Señor, Jerusalén! ¡Oh bella ciudad amurallada, capital de Sión! ¡Que tus lágrimas corran con abundancia! ¡No dejes de llorar ni de día ni de noche!

19Levántate en la noche y clama al Señor, cuando los guardas inician la ronda. Derrama tu corazón delante del Señor, como si fuera agua, y levanta tus manos hacia él en actitud de oración. ¡Clama a Dios por tus niños y niñas que desfallecen de hambre en las calles!

20¡Oh Señor, ponte a pensar, es a tu propio pueblo al que haces sufrir así! ¿Acaso era necesario llegar al extremo de que las madres tuvieran que comerse a sus propios hijos pequeños?¿Que los sacerdotes y profetas fueran asesinados incluso dentro del templo del Señor?

21¡Niños y ancianos, muchachos y muchachas, tendidos en las calles, muertos por las heridas de espada del enemigo! ¡Tú los has matado sin piedad, dejándote llevar por tu cólera!

22¡Has traído el terror de todas partes, como si lo trajeras a una fiesta! En el día de tu ira, Señor, nadie ha escapado ni quedado con vida. El enemigo ha matado a todos los niños y niñas que yo crié y eduqué.

3 Yo soy un hombre que ha visto lo que se sufre cuando el Señor castiga las maldades. 2Él me hizo caminar en tinieblas, sin nada de luz. 3Se ha vuelto contra mí, de día y de noche me castiga sin parar. 4Me ha hecho sufrir tanto que hasta me veo avejentado y estoy lleno de tristeza. 5Él ha procurado que sólo me acontezcan cosas malas; todo a mi alrededor es triste y penoso. 6Me ha hecho vivir en las tinieblas por largo tiempo, como si ya estuviera muerto. 7Me ha maltratado por todos lados, casi no tengo ni respiro; estoy tan apesadumbrado que parece que estuviera sujetado con cadenas pesadas. 8¡Por más que grite y clame no me pone nada de atención! 9¡Me ha cerrado el camino de modo que no veo nada claro en mi futuro! ¡Todos mis proyectos los ha estorbado y ya no sé qué hacer!

10Me acecha como un oso, como un león, listo para atacarme. 11Me ha arrastrado a un lado del camino, me ha despedazado con sus garras, me ha dejado indefenso y abandonado a mi suerte.

12Como si fuera un arquero enemigo, me tomó
de blanco para lanzarme sus flechas. 13¡Y claro
que me ha clavado sus flechas en todo mi cuerpo!
14Mi propia gente se burla de mí, no dejan de
molestarme con sus burlas y rechiflas en ningún
momento.
15El SEÑOR ha llenado mi vida de tristeza y vivo
amargado y dolorido todo el tiempo.
16Me ha hecho moler grava con mis dientes,
me ha revolcado en el polvo.
17¡Me has quitado la paz! ¡Ya ni siquiera me
preocupo por portarme bien!
18Y dije: «Ya no tengo ganas de hacer nada y
hasta estoy perdiendo la fe en el SEÑOR».
19¡Oh, acuérdate de que ando sin saber adonde
ir y afligido, con mucho dolor! 20Porque nunca
podré olvidar este tiempo tan terrible, y por eso
estoy desanimado.
21Pero hay algo que quiero recordar y en ello
poner mi esperanza: 22¡en que el gran amor
del SEÑOR no tiene fin, pues sólo ha sido por
su misericordia que nos ha guardado de la destrucción completa! 23El SEÑOR es digno de toda
confianza; sus muestras de bondad las recibimos
cada día.
24El SEÑOR es todo para mí, por lo tanto en él
confiaré siempre. 25El SEÑOR es maravillosamente
bueno con aquellos quienes en él confían, con
aquellos que buscan seguir sus instrucciones. 26Es
bueno esperar en confiado silencio la salvación
del SEÑOR.
27Es bueno ser fiel al SEÑOR desde la juventud.
28Déjenla estar sola y en silencio, cuando el SEÑOR
le quiere mostrar algo. 29Que incline su rostro
hasta el suelo en señal de humildad, tal vez aún
haya esperanza de algún cambio. 30Que ponga
su mejilla a quienes lo hieren, y que soporte sus
insultos, 31porque el SEÑOR no la abandonará para
siempre.
32Aunque el SEÑOR la aflija, también le mostrará compasión, por la grandeza de su bondad.
33¡Nadie crea que al SEÑOR le agrada afligir al ser
humano ni causarle dolor!
34El pisotear a los prisioneros de su pueblo, 35el
negar al ser humano sus derechos en la presencia
de Dios, 36el no hacer justicia, ¡son cosas que el
SEÑOR para nada aprueba! 37¿Puede acaso suceder
algo sin el permiso de Dios? 38¿Acaso no viene de
Dios tanto lo bueno como lo malo?
39¿Por qué, pues, nosotros, simples seres humanos, nos quejamos cuando nos castigan por nuestros pecados? 40Examinemos nuestra conducta y
volvamos a ser fieles al SEÑOR otra vez. 41Alcemos
nuestros corazones y manos al Dios del cielo.
42¡Hemos actuado muy mal, hemos sido muy
tercos, pero tú no has perdonado!
43Nos has derribado, SEÑOR, en tu gran cólera,
y nos has matado, no quisiste perdonarnos. 44Te
has cubierto como con una espesa nube para que
nuestras oraciones no lleguen hasta ti. 45Nos has
tratado como si fuéramos basura delante de las
naciones. 46Todos nuestros enemigos han hablado en contra nuestra. 47Estamos llenos de temor
pues estamos atrapados, desolados y destruidos.
48Me la paso llorando al ver la destrucción
de mi pueblo. 49Lágrimas fluyen de mis ojos sin
descanso, al darme cuenta que no hay escape
para mi pueblo. 50¡Oh, que el SEÑOR mire desde
el cielo y responda a mi ruego! 51Estoy lleno de
dolor al ver todo lo que les está pasando a las
mujeres de Jerusalén.
52Mis enemigos, a quienes nunca hice mal,
me cazaron como a un ave. 53Me metieron en
un pozo y lo cubrieron con una roca. 54El agua
me cubría por completo. Pensé: «Éste es el fin».
55¡Entonces yo me dirigí a ti en oración, SEÑOR,
desde la profundidad del pozo, 56y atendiste mi
petición! ¡Escuchaste mis oraciones, fuiste sensible a mi llanto! 57Sí, tú acudiste ante mi oración
desesperada y me dijiste: «No tengas miedo.»
58¡Oh SEÑOR, tú eres mi defensor! ¡Defendiste mi
causa, pues tú has librado mi vida de la muerte!
59Tú has visto el mal que me han hecho, SEÑOR,
sé mi juez y hazme justicia. 60Has visto con que
violencia me persiguen mis enemigos. 61SEÑOR, tú
has escuchado los insultos y burlas que dirigen
contra mí todo el día, 62y cómo me agreden de
todas formas; entonan canciones burlescas en mi
contra. 63Mira cómo se ríen y cantan alegremente
contra mí esos refranes malintencionados. 64¡Oh
SEÑOR, dales su merecido por todo el mal que me
han hecho! 65¡Permite que caigan en sus propias
maldades, SEÑOR! 66¡Persíguelos, SEÑOR, en tu enojo y haz que caigan golpeados por la mala suerte!

4 ¡Cómo se ha opacado el oro! ¡Cómo ha perdido su brillo el más fino oro! ¡Regadas por las
esquinas de las calles se han quedado las joyas
sagradas! 2Los apuestos habitantes de Jerusalén,
los que antes valían su peso en oro, hoy los tratan
como a simples ollas de barro sin valor alguno.
3Aun los chacales alimentan a sus crías, pero
no así mi pueblo, Israel. Ellos son como crueles
avestruces del desierto, ignorando el clamor de
sus hijos. 4La lengua de los niños se les pega por
la sed al paladar. Los niños piden pan pero no
hay quien se preocupe por ellos.
5Los que antes comían las comidas más costosas están ahora mendigando por las calles por
cualquier cosa que puedan llevarse a la boca. Los
que vivían con todo lujo en sus palacios, ahora
revuelven los basureros en busca de comida. 6Y
ello porque los delitos de mi pueblo son peores

3.22-26

que los de Sodoma, que fue destruida en un abrir
y cerrar de ojos sin que ningún ser humano tuviera que intervenir en su ruina.
7Sus príncipes eran más puros que la nieve, y
muy apuestos, tan elegantes como una joya preciosa; 8pero ahora su aspecto es muy lamentable,
nadie puede reconocerlos. Ahora son puro pellejo
sobre los huesos, consumidos.
9Les fue menos mal a los que fueron muertos
por las heridas de espada que a aquellos que lentamente se mueren de hambre. 10Tiernas madres
han cocido y comido a sus propios hijos; ¡sólo
así han podido sobrevivir al sitio de la ciudad!
11Pero ahora por fin la cólera del Señor está
aplacada, su terrible enojo se ha calmado. Le
prendió fuego a Jerusalén que la ha consumido
hasta sus cimientos.
12¡Nadie se hubiera podido imaginar que un
enemigo podría entrar por las puertas de Jerusalén para conquistarla!
13Todo aconteció a causa de las maldades
cometidas por sus profetas y sacerdotes, quienes llenaron la ciudad con la sangre de muchos
inocentes. 14Ahora andan vagando como ciegos
por las calles, tan sucios de sangre que nadie se
atreve a tocar siquiera sus ropas.
15«¡Apártense!», la gente les grita. «¡Están
inmundos, no nos toquen!» Entonces huyen a
tierras lejanas y andan errantes entre extranjeros, pero nadie les permite quedarse. 16El Señor
mismo los dispersó, ya no les ayuda más. No
hubo respeto para los sacerdotes ni compasión
para los ancianos.
17Miramos esperanzados que nuestros aliados
nos vengan a salvar, pero es en vano. Estamos en
espera de una nación que no puede ayudarnos.
18No podemos salir a la calle sin correr peligro. Nuestro fin está cerca, nuestros días están
contados, ¡nos ha llegado la hora!
19Nuestros enemigos son más veloces que las
águilas. Si huimos a las montañas, nos encuentran, si nos escondemos en el desierto, allí nos
están esperando. 20De nuestro rey, el escogido del
Señor, el que era para nosotros como el aire que
respiramos, de quien decíamos: ¡Bajo su protección podremos resistir a cualquier nación sobre
la tierra!, él también ha sido apresado.
21¿Te alegras, oh pueblo de Edom, que habitas en la región de Uz? ¡Tú también tendrás que
sufrir todo este tormento!
22¡Tu castigo ha terminado, Jerusalén, pronto terminará tu condición de esclava en tierra
lejana! ¡Pero para ti, Edom, el castigo apenas
empieza! ¡Pronto quedarán al descubierto todas
tus maldades!

5 ¡Oh Señor, acuérdate de lo que nos ha pasado;
mira todo lo que aun tenemos que soportar!
2Nuestras posesiones ahora las tienen extranjeros, nuestras casas son habitadas por forasteros.
3Somos huérfanos, nuestros padres han muerto
y nuestras madres han quedado viudas. 4¡Hasta
tenemos que pagar por el agua que bebemos y
por nuestra propia leña!
5Los que nos persiguen nos pisan los talones,
nos cansamos y no nos dejan descansar. 6Nos
sometimos a los egipcios y a los asirios para tener
al menos algo que comer.
7Nuestros antepasados obraron muy mal, pero
murieron antes de que pudieran recibir su propio
castigo. ¡Ahora a nosotros nos tocó el castigo que
ellos merecían!
8Los que antes eran nuestros siervos han llegado a ser nuestros amos. No queda nadie para
librarnos de ellos. 9Arriesgamos nuestra vida en el
desierto para conseguir comida. 10Tenemos la piel
quemada y reseca, ¡por el hambre nos da fiebre!
11En Jerusalén y en los pueblos de Judá violaron
tanto a las mujeres como a las niñas. 12A nuestros
príncipes los humillan colgándolos de las manos.
No respetan ni las canas de nuestros viejos. 13Se
llevan a los jóvenes para moler en los molinos
y los muchachitos se tambalean bajo el peso de
los fardos de leña.
14Los ancianos ya no se sientan a las puertas
de la ciudad; los jóvenes ya no bailan ni cantan
más. 15La alegría se ha ido de nosotros, nuestro
baile se ha convertido en tristeza. 16Todo nuestro
bienestar se ha ido, se esfumó nuestra grandeza.
¡Ay, es que hemos cometido tantas maldades!
17Nuestros corazones están enfermos, débiles;
todo lo vemos fúnebre y triste. 18El monte de Sión
esta desierto; en él sólo habitan los chacales.
19¡Pero tú, Señor, permaneces para siempre
igual! Tu presencia entre nosotros permanece
por todas las generaciones.
20¿Por qué nos olvidas para siempre? ¿Por qué
te ausentas por tanto tiempo? 21¡Haznos volver a
ti, Señor, y volveremos! ¡Devuélvenos la alegría
que antes teníamos! 22¿O nos has rechazado por
completo? ¿Vas a mantener para siempre tu cólera contra nosotros?

Investiguemos
Juntos

EZEQUIEL

¿Quién lo escribió?

El profeta y sacerdote Ezequiel, hijo de Buzí, ha sido considerado tradicionalmente como el autor de este libro (Ez. 1:3). Aunque el Señor envió al exilio a su pueblo, no dejó de hablarles. Ezequiel estaba entre los diez mil que fueron llevados durante la segunda invasión de Jerusalén (año 597 a.C.), durante el reinado de Joaquín, así que su ministerio profético se realizó en el cautiverio, buscando que los judíos se volvieran a Dios. Su nombre significa "El Señor fortalece". Su llamado profético lo recibió estando en una comunidad de judíos exiliados a las orillas del canal de Quebar, el cual conectaba los dos grandes ríos de Babilonia, el Tigris y el Éufrates (Ez. 1:3). El libro sugiere que tenía treinta años cuando recibió su comisión (Ez. 1:1). Este profeta estaba casado, pero su esposa murió durante la invasión de Jerusalén y no se le permitió mostrar su luto, como una señal de que peores tragedias venían para el pueblo de Judá (Ez. 24:15-24). Su ministerio se divide en dos etapas: la primera que habla de juicio y castigo se extiende hasta la caída de Jerusalén (año 586 a.C., Ez. 24); la segunda que habla de restauración y consuelo comienza cuando el profeta recibe la noticia de la destrucción de Jerusalén, unos dos años después (Ez. 33:21-22). Ezequiel fue uno de los grandes líderes de los judíos en el exilio. Incluso algunos le llaman "el padre del judaísmo".

¿A quién lo escribió?

El libro de Ezequiel fue escrito para que lo leyeran los judíos durante el exilio en Babilonia, aunque grandes secciones del libro se refieren a la situación en la que se encontraba Judá. El profeta se encontraba en una colonia de cautivos establecida por Nabucodonosor a orillas del canal de Quebar, en un asentamiento llamado Tel-aviv (Ez. 3:15), en el cual él tenía su casa (Ez. 8:1). Aparentemente, los líderes judíos continuamente se juntaban con Ezequiel para recibir los consejos del profeta. Algunos sugieren que quizá este sea el inicio de lo que después serían las sinagogas, tan populares en tiempos del Nuevo Testamento.

¿Cuándo y dónde lo escribió?

Este es uno de los libros del Antiguo Testamento que hacen más énfasis en referencias cronológicas. Se cuentan hasta trece alusiones a distintas fechas. Ezequiel comenzó su ministerio en el año 592 a.C., unos cinco años después de ser llevado a Babilonia (lee Ez. 1:2). Veintidós años después, aún seguía profetizando a los exiliados (lee Ez. 29:17).

El libro fue escrito en el exilio, mientras Ezequiel estaba en la comunidad de Tel aviv, a orillas del río-canal de Quebar, en Babilonia; lejos de la tierra prometida. Continuamente, sin embargo, el texto declara que el profeta fue llevado en el espíritu a la tierra de Judá para testificar lo que allí estaba sucediendo.

Panorama del libro

El propósito de este libro fue el de explicarles a los judíos que su castigo se debía a su pecado y falta de santidad delante del Señor. De hecho, el profeta logró este propósito a través de dramáticos y extremos actos simbólicos (lee como ejemplo Ez. 4). A la vez, proclamó la restauración total de un remanente del pueblo, a través de la creación de un nuevo pueblo; con un nuevo corazón, un nuevo pacto, una nueva ciudad y un nuevo templo.

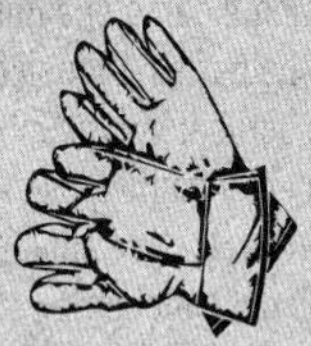

¿Cómo se relaciona con nosotros?

La lección del libro de Ezequiel es muy clara: a veces no queda otra que tocar fondo, ya que un estado de arrepentimiento puede ser la catapulta para disfrutar de una vida en libertad y armonía con nuestra realidad.
Para el tiempo de Ezequiel, Israel había vivido durante tanto tiempo en rebelión y confiado en sus propias fuerzas y en las de las naciones vecinas que necesitaban que Dios les recordara su naturaleza santa y su identidad de la manera más dramática. Después de siglos de advertencias y mensajes proféticos, Dios decidió que tenía que sacar al pueblo de su tierra prometida para su propio bien, ya que su purificación vendría mediante la prueba. Este es un mensaje muy necesario para la generación actual.
El libro de Ezequiel nos moviliza a buscar al Señor en esos tiempos oscuros, cuando nos sentimos perdidos, para examinar nuestras propias vidas y alinearnos con el único Dios verdadero.

¿Cómo lo estudiamos?

1) Llamado excepcional de un siervo del Señor. Caps. 1-3
2) Cómo y porqué viene el juicio sobre el pueblo del Señor. Caps. 4-24
3) Cómo y porqué viene el juicio sobre las naciones enemigas del Señor. Caps. 25-32
4) Restauración total del verdadero pueblo del Señor. Caps. 33-48

Ezequiel

1 Ezequiel, hijo de Buzí, era un sacerdote que vivía con los exiliados judíos junto al río Quebar, en Babilonia. Él recibió de parte de Dios visiones que le mostraban lo que acontecería en los próximos meses y años.

2Un día, a fines de junio, cuando ya habían pasado cinco años del exilio del rey Joaquín, 3fue cuando empecé a recibir visiones y mensajes de parte del SEÑOR.

4Yo vi en una visión una gran tormenta acercándose hacia mí desde el norte, y delante de ella una enorme nube que resplandecía con fuego, desde adentro de la cual continuamente salían llamaradas, y en el fuego mismo había algo que brillaba como el bronce pulido.

5Luego, desde el centro de la nube aparecieron cuatro seres extraños, aunque su figura era como la de un ser humano. 6¡Pero, cada uno tenía cuatro caras y dos pares de alas! 7Sus piernas eran como las de los hombres, pero sus pies tenían pezuñas como de buey, aunque brillaban como el bronce bruñido. 8Y debajo de cada una de sus alas yo podía ver manos humanas.

9Los cuatro seres extraños estaban vivos y unidos ala con ala y volaban hacia delante sin volverse atrás. 10Cada uno tenía la cara de un ser humano al frente, las caras de los costados eran una de león y una de buey, en tanto que la posterior era de águila. 11Cada uno tenía, además, dos pares de alas desplegadas que partían del medio de sus espaldas. Un par se extendía hacia arriba y el otro par cubría su cuerpo. 12A donde les impulsaba el Espíritu iban, pero moviéndose siempre hacia adelante, sin darse vuelta.

13Subiendo y descendiendo entre ellos había otras formas que resplandecían como brasas ardientes o antorchas brillantes, y desde ellos salían relámpagos. 14Los seres vivos iban y venían con la velocidad del relámpago.

15Al estar mirando atentamente todo esto, vi cuatro ruedas sobre el suelo debajo de ellos, correspondiendo una rueda a cada uno de los seres vivientes. 16Las ruedas parecían como si fueran hechas de ámbar pulido, y cada una estaba construida con una segunda rueda cruzada por adentro. 17Así podían avanzar en cualquiera de las cuatro direcciones sin tener que darse vuelta. 18Las cuatro ruedas tenían una enorme circunferencia y despedían brillos intensos.

19Cuando los cuatro seres vivos volaban hacia adelante, las ruedas se desplazaban con ellos. Cuando volaban hacia arriba, las ruedas también subían con ellos. 20Cuando los seres vivos se detenían, también se detenían las ruedas. 21Es que el Espíritu de los cuatro seres vivos estaba en las ruedas de modo que dondequiera su Espíritu iba, las ruedas y los seres vivos iban también.

22En la parte superior de este extraño ser había una especie de bóveda de cristal purísimo y resplandeciente. 23Las alas de cada uno de los seres estaban debajo de esta bóveda extendidas para tocar las alas de los otros y cada uno tenía dos alas cubriendo su cuerpo. 24Al volar, el ruido de sus alas era muy intenso, como las olas estrellándose sobre la costa, o como la voz de Dios, o como el griterío de un poderoso ejército en medio de una feroz batalla. Cuando se detenían, entonces plegaban sus alas. 25Estaba yo observando cuando se produjo un gran estruendo. 26Entonces vi sobre la cúpula que estaba encima de ellos. Había algo que se parecía a un trono hecho de zafiros azules, y sentado sobre él, alguien con la apariencia de un ser humano.

27Desde su cintura hacia arriba parecía como bronce reluciente, deslumbrante como el rayo, y desde su cintura hacia abajo como si todo fuera una llamarada. 28Había una aureola resplandeciente semejante a un arco iris alrededor de él. Ése era el aspecto que la presencia magnífica del SEÑOR tenía para mí. Y cuando yo lo vi, caí rostro a tierra, y oí la voz de alguien que me hablaba.

Llamamiento de Ezequiel

2 Y me dijo: ¡Ponte de pie, hombre mortal,[a] que hablaré contigo!

2Y el Espíritu entró en mí mientras me hablaba, y me puso de pie.

3«Hombre mortal, me dijo, yo te envío a los israelitas, una nación terca, nación que está siempre rebelándose contra mí. Ellos y sus antepasados han vivido siempre desoyendo mis consejos y sin aceptar mi dirección. 4Ellos son un pueblo terco, de corazón duro. Pero yo te envío para comunicarles a ellos mis mensajes, los mensajes del SEÑOR Dios. 5Y si ellos escuchan o no (pues acuérdate que son rebeldes), por lo menos sabrán que han tenido un profeta entre ellos. 6Hombre mortal, no tengas temor de ellos, no te asustes, aun cuando te amenacen con arrojarte a un pozo lleno de escorpiones. No desmayes ante sus semblantes airados, pues acuérdate que son rebeldes. 7Tú debes entregarles mis mensajes, escuchen ellos o no (pero no lo harán, porque son muy rebeldes). 8Escucha, hombre mortal, lo que yo te diré. ¡No seas tú también rebelde! ¡Abre la boca y come lo que te daré!»

9Entonces miré y vi una mano tendida hacia mí con un rollo escrito por ambos lados. 10Él

a. *Hombre mortal*: La expresión *hombre mortal* (lit. «hijo de hombre») se usa con frecuencia en este libro (unas 87 veces), cuando Dios se dirige a Ezequiel. Con esta expresión se quiere resaltar la pequeñez del ser humano frente la grandeza de Dios. Sin embargo, a pesar de esa fragilidad, Dios usa al profeta como su instrumento para llevar a cabo sus planes y dar esperanza al pueblo cautivo.

lo desenrolló, y entonces vi que estaba lleno de advertencias, lamentaciones y condenas.

3 Él me dijo: «¡Hombre mortal, come este rollo que te he dado! Luego ve y comunica este mensaje al pueblo de Israel».

2Entonces abrí la boca para comer el rollo que él me ofreció. 3«Cómelo todo», me dijo. Y cuando lo comí, supe que tenía el gusto dulce de la miel.

4Luego él me dijo: «Hombre mortal, yo te envío al pueblo de Israel con mis mensajes. 5No te envío a alguna tierra extraña y distante, donde no entenderías el idioma. 6No, no a tribus con lenguas extrañas y difíciles que no entenderían lo que les dices. (¡Aunque si lo hiciera, ellos sí obedecerían mis mandatos!) 7Yo te envío al pueblo de Israel, y ¡no te van a escuchar a ti, como no me han escuchado a mí! Pues todos ellos son duros y testarudos. 8Pero mira que yo te he hecho duro y testarudo también, tanto como ellos, para que seas insistente. 9Yo he hecho tu frente más dura que la roca. Así que no tengas miedo de ellos, ni temas sus miradas amenazantes e iracundas, aunque sean tan rebeldes».

10Luego él agregó: «Hombre mortal, deja que mis palabras penetren en lo profundo de tu propio corazón primero; medítalas tú mismo, atentamente. 11Luego ve a tus compatriotas en el exilio y, escuchen o no, diles: "Esto es lo que el Señor Dios dice"».

12Luego el Espíritu me alzó, y la magnífica presencia del Señor comenzó a alejarse, acompañada por el sonido como de un gran terremoto al escucharse un grito que decía: «Que magnífica es la presencia del Señor cuando está en su templo». 13También el ruido de las alas de los seres vivos al tocarse entre sí era ensordecedor.

14El Espíritu me alzó por los aires. Yo iba lleno de amargura e ira, pero la mano del Señor me tenía agarrado con gran fuerza. 15Llegamos a Tel Aviv, donde estaban los israelitas deportados, junto al río Quebar. Al llegar me senté entre ellos, abrumado y atónito, durante siete días.

Advertencia a Israel

16Al final de los siete días, el Señor me dijo:

17«Hombre mortal, yo te he designado como un vigía sobre Israel; siempre que le envíe una advertencia a mi pueblo, transmítesela a ellos en seguida. 18Si rehúsas advertir a los malos cuando yo quiero que les digas: "¡Están bajo sentencia de muerte, por lo tanto arrepiéntanse y salven sus vidas!", ellos morirán en sus propias culpas, pero yo te culparé a ti por ello. 19En cambio, si les adviertes y ellos siguen actuando mal, y rehúsan arrepentirse, ellos morirán en sus propias maldades, pero tú estarás sin culpa; hiciste todo lo posible. 20Y si un hombre bueno se vuelve malo, y tú rehúsas advertirle de las consecuencias, y el Señor lo destruye, sus obras buenas anteriores no le ayudarán; él morirá como culpable. Pero yo te tendré a ti como responsable de su muerte y te castigaré. 21Y si tú le aconsejas a un justo que se mantenga fiel en su justicia, él será libre de castigo y tú también por haber hecho lo correcto».

22En eso estaba cuando el Señor me habló de nuevo: «Ve al valle y allí te hablaré». 23Me levanté y fui al valle, y ¡vi la presencia magnífica del Señor allí, tal como la vi en mi primera visión junto al río Quebar! Y caí con el rostro hacia tierra. 24Luego el Espíritu entró en mí, me fortaleció y me puso de pie. Me dijo: «Ve y enciérrate en tu casa. 25Te adelanto que te atarán con sogas de manera que no puedas moverte. 26Yo haré que tu lengua se pegue a tu paladar para que no puedas hablar para reprenderles, pues ellos son rebeldes y tercos. 27Pero siempre que te dé un mensaje, entonces soltaré tu lengua y te dejaré hablar, y les dirás: "El Señor Dios dice", y les comunicarás mi mensaje. ¡El que quiera escuchar, que lo haga, y el que quiera rehusar hacerlo, también! Y es que ellos son rebeldes.

Anuncio del sitio a Jerusalén

4 »Y ahora, hombre mortal, toma una tablilla de arcilla y ponla delante de ti y dibuja sobre ella un mapa de la ciudad de Jerusalén. 2Dibuja allí los terraplenes que se usarán para el sitio, los lugares de donde se lanzarán los asaltos, los campamentos enemigos a su alrededor; y también arrietes en derredor de las murallas. 3Y coloca una plancha de hierro entre ti y la ciudad, como si fuera un muro de hierro. ¡Demuestra gráficamente cómo un ejército enemigo capturará a Jerusalén! Hay un significado especial en cada detalle de lo que te he dicho que hagas, pues es una advertencia para el pueblo de Israel.

4,5»Ahora acuéstate sobre tu costado izquierdo durante trescientos noventa días, para mostrar que Israel será castigado por trescientos noventa años mediante cautiverio y opresión. Cada día que estés acostado allí representa un año de castigo que aguarda a Israel. 6Después, date vuelta y acuéstate sobre tu costado derecho durante cuarenta días, para señalar los años del castigo de Judá. Cada día representará un año. 7Mientras continúa tu demostración del sitio de Jerusalén, acuéstate allí con tu brazo arremangado (para señalar gran fuerza y poder en el ataque contra ella); esto será un gesto simbólico que profetizará su condena. 8Y yo te ataré con cuerdas para que no puedas darte vuelta de un lado al otro hasta que hayas completado todos los días que simbolizarás el castigo para Israel y Judá.

9»Durante los primeros trescientos noventa días come pan hecho de harina mezclada de

trigo, cebada, habas, lentejas, ajonjolí y espelta.
Junta estas varias clases de harina en un jarro.
10Habrás de sacar de esto una ración de doscientos cuarenta gramos por vez, una comida por
día. 11Y usa dos tercios de un litro de agua por
día, no más. 12Cada día toma harina y prepárala
como harías pan de cebada. Mientras todos están
observando, lo cocerás sobre un fuego, usando
excrementos humanos secos como combustible,
y lo comerás».

13El sentido de este gesto es que el Señor declara que Israel comerá pan contaminado en las
tierras de pueblos paganos a las que les enviará
en exilio.

14Luego yo dije: «Oh Señor Dios, ¿por qué debo
yo contaminarme empleando excrementos? Yo
nunca antes he estado contaminado en toda mi
vida. Desde que era niño hasta ahora, jamás he
comido ningún animal que haya muerto enfermo o que haya encontrado lastimado o muerto,
y nunca he comido de las clases de animales que
nuestra ley prohíbe».

15Entonces el Señor dijo: «Bien, te permito
emplear estiércol de vaca, en vez de excrementos humanos».

16Luego me dijo: «Hombre mortal, el pan estará
restringido en Jerusalén. Será pesado con gran
cuidado y comido con temor. Y el agua será distribuida con medida, y bebida con ansiedad. 17¡Yo
haré que le falte al pueblo pan y agua, y que se
miren el uno al otro con terror, y se llenen de
angustia y de remordimientos!

5 »Hombre mortal, toma una espada afilada
y empléala como navaja de peluquero para
afeitar tu cabeza y barba; emplea luego una
balanza para pesar el pelo en tres partes iguales. 2Coloca un tercio en el centro del mapa de
Jerusalén. Quémalo allí después del sitio. Esparce
otro tercio por tu mapa y da cuchilladas sobre él.
Esparce el último tercio al viento, pues yo perseguiré a mi pueblo con los terrores de la guerra.
3Conserva sólo un poco del pelo atrapándolo con
tu manto; 4luego saca unos pocos pelos y arrójalos al fuego, pues este poco representa un grupo
de sobrevivientes del que posteriormente vendrá
alguien como un fuego contra Israel».
5-7El Señor Dios dice: «Todo esto ilustra lo que
sucederá a Jerusalén, pues se ha apartado de
mis instrucciones y consejos y ha sido aún más
perversa que las naciones que la rodean. Este
es el motivo por el que será castigada con tanta
severidad. 8Por eso el Señor Dios dice: Yo mismo
estoy contra ustedes y los castigaré públicamente
mientras todas las naciones vecinas observan. 9A
causa de las graves maldades que han cometido
yo los castigaré en forma más severa de lo que
jamás he hecho antes o lo haré después. 10Los
padres y los hijos se devorarán mutuamente, y
aquellos que sobrevivan serán esparcidos por
todo el mundo.

11»Pues yo les aseguro: Porque han profanado
mi templo llenándolo con ídolos y ofreciendo
sacrificios rituales para ellos, entonces yo no los
perdonaré ni les tendré piedad. 12Un tercio de
ustedes morirá de hambre y peste, otro tercio será
muerto por el enemigo y un tercio esparciré en
desbandada, enviando a sus enemigos con espada en mano tras ellos. 13Luego, por fin, mi cólera
será desahogada. ¡Entonces todo Israel sabrá que
aquello que advierto, también lo cumplo!

14»Así haré un ejemplo público de ustedes
entre todas las naciones en derredor y ante todos
los que pasen por entre las ruinas de su tierra.
Quienes los vean se reirán y burlarán de ustedes.
15Llegarán a ser el hazmerreír del mundo y un
terrible ejemplo a todos, para que vean lo que
sucede cuando el Señor se la toma contra una
nación entera en reprensión furiosa. Yo, el Señor,
lo he dicho.

16»Les castigaré con hambrunas severas para
destruirlos. El hambre se acrecentará hasta que
no quede ni un pedazo de pan. 17Y no sólo sobrevendrá hambre, sino que las fieras los atacarán y
los matarán a ustedes y a sus familias; la enfermedad y la guerra los cazarán, y las espadas de
los enemigos se encargarán de terminar la obra
destructiva. Yo, el Señor, lo he dicho».

Profecía contra los montes de Israel

6 De nuevo me vino un mensaje del Señor:
2«Hombre mortal, voltea hacia las montañas de Israel y profetiza contra ellas. 3Diles: "¡Oh
montañas de Israel, oigan el mensaje que el Señor
Dios trae contra ustedes y contra los ríos, valles y
montes! Yo, el Señor mismo, traeré guerra que se
extenderá sobre ustedes para destruir los lugares
donde se rinde homenaje a los ídolos. 4-7Todas
sus ciudades serán derribadas y quemadas, y los
altares de los ídolos quedarán abandonados. Sus
dioses serán hechos pedazos, las estelas de madera serán quemadas hasta convertirlas en cenizas;
los huesos de sus devotos serán esparcidos entre
los altares de los ídolos horribles. Entonces por
fin sabrán que yo soy el Señor.

8»"Pero dejaré que unos pocos de mi pueblo
escapen, para ser esparcidos entre las naciones
del mundo. 9Entonces, cuando estén como exiliados entre las naciones, se acordarán de mí porque
yo quitaré su amor por esos ídolos horribles, y
evitaré que sus ojos sigan buscando con lujuria
esas imágenes idolátricas que son solo basura.
Entonces por fin ellos sentirán remordimientos
por toda esta maldad que cometieron. 10Entonces
se darán cuenta que sólo yo soy el Señor y que

no estaba hablando en broma cuando les advertí que todo esto les sucedería"».

11El Señor Dios me dijo: «Alza las manos y patalea y menea la cabeza con profundo remordimiento y di: "¡Ay, cuánta maldad ha cometido Israel! ¡Tendrá que perecer por la guerra, el hambre y la peste!" 12La peste caerá sobre los que estén en exilio; la guerra destruirá a los que vivan en la tierra de Israel; y los que queden perecerán de hambre durante el sitio de la ciudad. Así, por fin, desahogaré mi indignación sobre ustedes. 13Cuando sus muertos estén esparcidos entre sus ídolos y altares sobre cada colina y montaña y bajo cada árbol verde y cada gran roble donde ellos ofrecían perfumes delicados a sus dioses, esas basuras inmundas, se darán cuenta que sólo yo soy Dios. 14Los castigaré a ustedes y desolaré sus ciudades desde el desierto en el sur hasta Riblá en el norte. Entonces sabrán que yo soy el Señor».

El fin ha llegado

7 Este nuevo mensaje me vino del Señor: 2Dile a Israel: «En cualquier dirección que mires, este, oeste, norte o sur, tu tierra está acabada. 3No queda esperanza, pues yo soltaré mi gran cólera sobre ti a causa de tu devoción por los ídolos. ¡Me tendrás que rendir cuentas por tus infidelidades! 4Me voltearé para no verte y no te mostraré piedad, te daré tu merecido; te pagaré en pleno, y sabrás que yo soy el Señor.

5,6»Dios el Señor dice: Con un golpe tras otro yo te acabaré. El fin ha llegado, tu juicio final te está esperando. Ya no tienes escapatoria. 7¡Oh Israel, amanece el día de tu condenación, ha llegado el tiempo del castigo! ¡Es un día de gritos de angustia en vez de gritos de alegría! 8,9 Pronto derramaré mi cólera contra ti y permitiré que termine su obra de castigarte por todas tus obras perversas. No te perdonaré ni te tendré piedad, y sabrás que yo, el Señor, soy quien lo está haciendo.

10,11»El día del juicio ha llegado; amanece, pues tu maldad y orgullo han recorrido su ciclo y han llegado a su fin. Ninguno de estos hombres orgullosos, ricos y malvados vivirá. Hasta hoy ha sido la maldad quien reina por todas partes. 12Sí, el tiempo ha llegado, el día se acerca. No habrá nada para comprar o vender, pues la cólera de Dios está sobre la tierra. 13Y aun si un comerciante vive, su negocio habrá desaparecido, pues Dios ha hablado contra todo el pueblo de Israel; todo será destruido. Ni siquiera uno de aquellos cuyas vidas están llenas de maldad saldrá bien librado. 14Tocan las trompetas llamando al ejército de Israel a movilizarse, pero nadie escucha porque mi cólera está sobre todos ellos y tienen miedo.

15»Si sales fuera de las murallas, allí está el enemigo esperando para matarte; si permanecen adentro, el hambre y la peste se encargarán de ti. 16Cualquiera que logre escapar estará solitario como si fuera una paloma escondida en las montañas, cada uno llorando por sus propias maldades. 17Todas las manos estarán debilitadas, y todas las rodillas tan endebles como el agua. 18Estarán vestidos de saco en señal de penitencia, y el horror y la vergüenza estarán marcados en sus rostros; traerán rapada la cabeza en señal de dolor y remordimiento.

19»¡Arroja de ti tu dinero! ¡Tíralo como desperdicios sin valor, porque no valdrá nada en aquel día de destrucción, ni te satisfará ni te alimentará pues tu amor al dinero es el causante de tu lamentable estado!

20»Te di oro y piedras preciosas, ¡y lo empleaste todo para hacerte ídolos! Por lo tanto te lo quitaré todo, echaré todos tus ídolos a la basura. 21O se los daré a extranjeros y a hombres malvados como botín. 22No miraré cuando los extranjeros entren a mi templo y lo contaminen, ni los detendré cuando anden saqueando esos ídolos de oro. Como ladrones, ellos saquearán los tesoros y dejarán al templo en ruinas.

23»Prepara cadenas para mi pueblo pues la tierra está llena de crímenes sangrientos. Jerusalén está llena de violencia, así que esclavizaré a su gente. 24Aplastaré el orgullo de Jerusalén trayendo a las peores naciones para ocupar sus hogares, destruir las fortificaciones de las que están tan orgullosos los israelitas y contaminar el templo. 25Porque ha llegado el tiempo del asolamiento de Israel. Pedirás paz, pero no la obtendrás. 26¡Calamidad tras calamidad caerán sobre ti; dolor sobre dolor, desastre tras desastre! Anhelarás a algún profeta que pueda guiar a tus habitantes, pero no lo hallarás. 27Los sacerdotes y sabios consejeros, los reyes y los príncipes, todos estarán impotentes, llorando con desesperación. El pueblo temblará horrorizado, porque yo traeré sobre ellos el mal que ellos han provocado, y les daré su justo merecido. Así aprenderán que yo soy el Señor».

Idolatría en el templo

8 Luego, a fines de agosto del sexto año del cautiverio del rey Joacín, mientras yo estaba hablando con los sabios consejeros de Judá en mi hogar, llegó a mí la presencia de Dios el Señor. 2Vi lo que parecía ser un hombre, aunque desde su cintura hacía abajo era de fuego, y de su cintura hacía arriba era resplandeciente como un relámpago. 3Tendió lo que parecía una mano y me tomó por el pelo. Y el Espíritu me alzó hacia el cielo y pareció transportarme a Jerusalén, a la entrada de la puerta norte de la ciudad, donde se

encontraba el ídolo que tanto había provocado
la cólera del SEÑOR. 4Y allí estaba la presencia
magnífica del Dios de Israel, tal como la había
visto antes en el valle.
5Él me dijo: «Hombre mortal, mira hacia el
norte». Miré y, por cierto, al norte de la puerta
del altar, en la misma entrada, estaba el ídolo tan
aborrecido. 6Y Él me dijo: «Hombre mortal, ¿te
das cuenta del sacrilegio que los israelitas están
cometiendo? ¿Ves la infidelidad que el pueblo
de Israel está cometiendo aquí, para alejarme
de mi templo? Pero ven y te mostraré mayores
desviaciones».
7Luego me llevó a la puerta del atrio del templo, donde pude ver un agujero en la pared.
8«Ahora sigue cavando ese agujero en la pared»,
me dijo. Lo hice y descubrí una puerta hacia una
habitación escondida. 9«Entra», me dijo, «y verás
toda la colección idolátrica que tanto veneran».
10Entré. ¡Las paredes estaban cubiertas de cuadros de toda clase de serpientes, lagartos y bestias espantosas, además de otros muchos ídolos
venerados por el pueblo de Israel! 11Setenta de los
sabios consejeros de Israel estaban allí junto con
Jazanías, hijo de Safán, rindiendo homenaje a
las imágenes y las esculturas. Cada uno de ellos
tenía un incensario, así que había una espesa
nube de humo sobre sus cabezas.
12Luego el SEÑOR me dijo: «Hombre mortal, ¿te
das cuenta de lo que los sabios consejeros de
Israel están haciendo en lo oculto? Ellos dicen:
"¡El SEÑOR no nos ve, se ha alejado!"»
13Luego el SEÑOR agregó: «¡Ven y te mostraré
cosas aun peores que éstas!»
14Me llevó a la puerta norte del templo, y allí
había mujeres sentadas llorando y presentando
sus necesidades ante su dios Tamuz, al que consideran dios de la fertilidad.
15«¿Te das cuenta de tanta infidelidad?», me
preguntó. «¡Pero te mostraré cosas aun peores
que éstas!»
16Luego me llevó al atrio interior del templo y
allí junto a la puerta, entre el vestíbulo y el altar
de bronce, había unos veinticinco hombres de
espaldas al templo del SEÑOR, mirando hacia el
oriente, ¡rindiendo homenaje al sol!
17«¿Te das cuenta de lo que están haciendo?»,
me preguntó. «¿No significa nada para los hombres principales del pueblo de Judá cometer estos
terribles actos, conduciendo a toda la nación a la
idolatría? Además que aumentan su provocación
haciéndome gestos de burla. 18¡Por todo ello no
me apiadaré, ni perdonaré, y aunque clamen por
misericordia no les tendré lástima!»

El castigo de los culpables

9 Luego el SEÑOR gritó con fuerza: «¡Llama a
aquellos a quienes yo he entregado la ciudad
para que la conquisten! ¡Diles que traigan sus
armas consigo!»
2Ante su llamado aparecieron seis hombres
procediendo de la puerta superior del norte, cada
uno portando sus armas, listos para castigar. Uno
de ellos estaba vestido de lino y llevaba un tintero
de escribano ceñido al costado. Todos entraron al
templo y se pararon a un lado del altar de bronce.
3Y la magnífica presencia del Dios de Israel se
alzó del querubín donde había estado reposada
y se puso sobre la entrada al templo.
Entonces el SEÑOR llamó al hombre con el
tintero de escribano, 4y le dijo: «Camina por las
calles de Jerusalén y pon una marca sobre la frente de los hombres que lloran y suspiran a causa
de todas las maldades que ven a su alrededor».
5Luego oí al SEÑOR decir a los otros hombres:
«Síganlo a través de la ciudad y maten a todos
aquellos cuya frente no está marcada. No les perdonen ni se apiaden de ellos, 6mátenlos a todos:
viejos y jóvenes, muchachas, mujeres y niños
pequeños; pero no toquen a nadie que tenga la
marca en la frente. Comiencen aquí mismo en
el templo». Y así comenzaron por dar muerte a
los sabios consejeros. 7Y luego el SEÑOR les dijo:
«¡Profanen el templo! ¡Llenen sus atrios con
los cuerpos de aquellos que matan! ¡Salgan a
matar!»
Y ellos salieron por la ciudad e hicieron según
les fue ordenado.
8Mientras ellos estaban cumpliendo sus órdenes, yo estaba solo. Me postré rostro en tierra
y exclamé: «¡Oh SEÑOR Dios!, ¿tu furia contra
Jerusalén exterminará a todos los que quedan?»
9Entonces el SEÑOR me dijo: «Las maldades
del pueblo de Israel y Judá son muy graves y
toda la tierra está por su culpa llena de muerte
e injusticia, pues ellos dicen: "¡El SEÑOR no nos
ve! ¡Se ha alejado de este país!" 10Y por eso no los
perdonaré, ni tendré piedad de ellos, y les pagaré
en pleno por todo lo que han hecho».
11Justo en ese momento el hombre vestido de
lino que llevaba el tintero de escribano vino a dar
su informe diciendo: «He terminado la tarea que
me encomendaste».

La gloria del SEÑOR abandona el templo

10 Repentinamente un trono hecho de
hermosos zafiros azules apareció en el
cielo encima de las cabezas de los seres alados,
también llamados querubines.
2Entonces el SEÑOR habló al hombre vestido
de lino y le dijo: «Ve entre las ruedas que giran
debajo de los querubines y toma un puñado de
brasas encendidas y espárcelas sobre la ciudad».
Él lo hizo así, mientras yo observaba.

3 Los querubines estaban parados al sur del templo cuando el hombre entró. Y una nube esplendorosa llenó el atrio interior.

4 Luego la magnífica presencia del Señor se alzó desde los querubines, donde estaba asentada, y se trasladó a la puerta del templo. El templo estaba lleno de la magnífica presencia, que se veía como una nube, y el atrio del templo se llenó también del esplendor de la magnífica presencia del Señor. 5 Y el sonido de las alas de los querubines era como la voz del Dios Todopoderoso cuando habla, y podía oírse con claridad hasta en el atrio exterior.

6 Cuando el Señor le mandó al hombre vestido de lino que fuera entre los querubines y tomara algunas brasas encendidas de entre las ruedas, el hombre entró y se paró al lado de una de estas ruedas. 7,8 Entonces uno de los querubines extendió su mano (pues cada querubín tenía, debajo de sus alas, lo que se parecían a manos humanas) y tomó algunas brasas encendidas de las llamas de entre las ruedas y las puso en las manos del hombre vestido de lino, quien las tomó y salió.

9-13 Cada uno de los cuatro querubines tenía una rueda junto a él, Las Ruedas que Giran, como las oí llamar, pues cada una tenía una segunda rueda cruzada adentro, resplandeciente como el crisolito, con un color verde amarillo. Debido a la construcción de estas ruedas, los querubines podían ir hacia adelante en cada una de las cuatro direcciones; no se volvían atrás cuando cambiaban de dirección puesto que podían desplazarse a cualquiera de las cuatro direcciones a las que sus caras miraban. Cada una de las cuatro ruedas estaba cubierta de ojos, ¡incluyendo las llantas y los rayos! 14 Cada uno de los cuatro querubines tenía caras diferentes: la primera era la de un buey; la segunda, la de un hombre; la tercera, la de un león; y la cuarta, la de un águila.

15,16 Estos eran los mismos seres que yo había visto al lado del río Quebar, y cuando se alzaban en el aire las ruedas subían con ellos, y permanecían junto a ellos al volar. 17 Cuando los querubines se paraban, también lo hacían las ruedas, pues el espíritu de los querubines estaba en las ruedas.

18 Luego la presencia magnífica del Señor se elevó de la puerta principal del templo y se puso encima de los querubines. 19 Y al estar yo observando, los querubines volaron con sus ruedas junto a ellos a la puerta oriental del templo. Y la presencia magnífica del Dios de Israel estaba sobre ellos.

20 Estos eran los seres vivientes que yo había visto debajo del Dios de Israel al lado del río Quebar. Yo sabía que eran los mismos, 21 pues cada uno tenía cuatro caras y cuatro alas, y con lo que parecían manos humanas debajo de sus alas. 22 Sus caras también eran idénticas a las que yo había visto al lado del río, y viajaban desplazándose hacia adelante, tal como lo hacían los otros.

Juicio contra los líderes de Israel

11 Luego el Espíritu me alzó de nuevo y me llevó a la entrada oriental del templo, donde vi a veinticinco de los hombres más prominentes de la ciudad, incluyendo a dos funcionarios, Jazanías, hijo de Azur, y Palatías, hijo de Benaías. 2 El Espíritu me dijo: «Hombre mortal, estos son los hombres responsables de tanta maldad por todo el consejo perverso que se está dando en esta ciudad, pues ellos dicen al pueblo: 3 "Ahora es el tiempo de reconstruir Jerusalén, pues nuestra ciudad es tan segura como un escudo de hierro y nos protegerá de todo mal". 4 Por lo tanto, hombre mortal, profetiza contra ellos con voz fuerte y clara».

5 Luego el Espíritu del Señor vino sobre mí y me mandó que dijera: «El Señor dice al pueblo de Israel: "¿Es eso lo que ustedes están diciendo? Sí, yo sé que lo están haciendo, pues yo conozco todo lo que piensan, cada pensamiento que viene a sus mentes. 6 Ustedes han asesinado sin parar y han llenado sus calles con los muertos de su violencia.

7 »"Por lo tanto el Señor dice: ¿Ustedes piensan que esta ciudad es tan segura como un escudo de hierro? ¡Pues no lo es, no los protegerá! Sus muertos estarán tendidos adentro, pero ustedes serán arrastrados afuera y ahí los matarán. 8 Yo los expondré a la guerra que tanto han temido, dice Dios el Señor, 9 y los tomaré de Jerusalén y los entregaré a extranjeros que ejecutarán mis juicios contra ustedes. 10 Serán muertos por todo el camino hacia las fronteras de Israel, y entonces comprenderán que yo soy el Señor. 11 ¡No, esta ciudad no será como un escudo de hierro para ustedes, y no estarán seguros dentro de ella! ¡Yo los perseguiré aun hasta las fronteras de Israel! 12 Y comprenderán que yo soy el Señor, al que ustedes no han querido obedecer, sino que ustedes han preferido imitar a las naciones a su alrededor"».

13 Mientras aún estaba hablando y contándoles esto, Palatías, hijo de Benaías, murió de repente. Luego me eché con el rostro hasta el suelo y clamé: «¡Oh Señor Dios!, ¿has de matar a todos en Israel?»

14 De nuevo me vino un mensaje del Señor:

15 «Hombre mortal, el remanente que queda en Jerusalén está diciendo de tus hermanos que están exiliados: "Ha sido a consecuencia de que eran tan malvados que el Señor los exilió. Ahora el Señor nos ha dado sus tierras a nosotros". 16 Pero diles a los exiliados que el Señor Dios dice: "Aunque los he esparcido entre las naciones del mundo, sin embargo, yo seré un santuario para ustedes por el tiempo que estén allí, 17 y algún día los juntaré de entre las naciones donde están

esparcidos y les haré volver de nuevo a la tierra de
Israel. 18Y cuando vuelvan, quitarán todo rastro de
toda esta horrible idolatría que está practicándose
en la actualidad. 19Les daré un solo corazón y
un espíritu nuevo; quitaré sus corazones duros
como si fueran de piedra y les daré corazones
tiernos llenos de amor hacia Dios 20para que puedan seguir con gusto mis instrucciones y ser mi
pueblo, y yo seré su Dios. 21Pero en cuanto a los
que están ahora en Jerusalén, esos que anhelan
los ídolos, yo les pagaré en pleno por sus malas
conductas, dice el SEÑOR Dios"».

La gloria del SEÑOR abandona Jerusalén

22Los querubines desplegaron sus alas y se
alzaron en el aire con sus ruedas junto a ellos, y
la magnífica presencia del Dios de Israel estaba
sobre ellos. 23Luego la presencia magnífica del
SEÑOR se alzó de encima de la ciudad y se puso
sobre la montaña al oriente.

24Después el Espíritu de Dios me llevó de vuelta
a Babilonia, a los judíos que estaban exiliados
allí. Y así concluyó la visión de mi visita a Jerusalén. 25Y les conté a los exiliados todo lo que el
SEÑOR me había mostrado.

Símbolo del exilio

12 De nuevo me vino un mensaje del SEÑOR:
2«Hombre mortal, me dijo, tú vives entre
rebeldes que podrían conocer la verdad si quisieran, pero no quieren; ellos podrían oírme si
pusieran atención, pero no lo hacen, 3pues son
muy testarudos. Así que ahora haz una demostración para mostrarles cómo será el estar exiliados.
Empaqueta todo lo que puedas llevar sobre tus
espaldas y deja tu hogar para ir a otra parte. Vete
de día para que ellos te vean, pues quizás aún
ahora ellos se preguntarán lo que esto significa,
aun cuando son tan testaduros. 4Saca tus bultos
fuera de tu casa de día para que ellos puedan
observar. Luego deja la casa de noche, tal como
lo hacen los cautivos cuando comienzan su larga marcha a tierras distantes. 5Cava un agujero
a través del muro de la ciudad mientras están
observando y saca tus posesiones a través de ese
agujero. 6Mientras ellos observan, alza tus bultos
sobre tus hombros y aléjate en la noche; cubre tu
rostro y no mires a ningún lado. Todo esto es una
señal al pueblo de Israel del mal que sobrevendrá
sobre Jerusalén».

7Hice como se me había mandado. Traje mis
bultos afuera a la luz del día —todo lo que podía
llevar al exilio— y al atardecer cavé a través del
muro con mis manos. Salí en la oscuridad con
mis bultos sobre mis hombros, mientras la gente
observaba. 8A la mañana siguiente me vino este
mensaje del SEÑOR:

9«Hombre mortal, estos testaduros del pueblo
de Israel han preguntado lo que todo esto significa. 10Diles que el SEÑOR dice que es un mensaje
para el rey Sedequías en Jerusalén y para todo el
pueblo de Israel. 11Explica que lo que tú hiciste es
una demostración de lo que les va a pasar a ellos,
porque serán sacados de sus hogares y enviados
al exilio. 12Aun el rey Sedequías saldrá de noche
a través de un agujero en la muralla, llevando
sólo lo que puede cargar, con la cara cubierta,
porque no podrá ver. 13Pero yo lo capturaré en mi
red y lo traeré a Babilonia, la tierra de los caldeos,
pero no la verá, y morirá allí. 14Yo esparciré a
sus sirvientes y guardias a los cuatro vientos y
enviaré enemigos armados con espadas en su
persecución. 15Y cuando estén esparcidos entre las
naciones, entonces sabrán que yo soy el SEÑOR.
16Pero salvaré a unos pocos de ellos de la muerte
por guerra, hambre y peste. Los salvaré para dejar
bien claro entre las naciones cuán perversos ellos
han sido, y sabrán que yo soy el SEÑOR».

17Luego me vino este otro mensaje del SEÑOR:

18«Hombre mortal, tiembla al comer; toma tu
agua como si fuera lo último que te queda, 19y
diles al pueblo de Israel y a Jerusalén que distri-
buirán su comida con sumo cuidado y tomarán
en pequeños sorbos su ración de agua en desesperación debido a sus maldades. 20Sus ciudades serán destruidas y sus campos arrasados, y
entonces sabrán que yo soy el SEÑOR».

21Nuevamente me vino un mensaje del SEÑOR:

22«Hombre mortal, ¿cuál es ese proverbio que
citan en Israel? "Los días al pasar vuelven mentiroso a cada profeta". 23Dios el SEÑOR dice: "Yo pondré
fin a este proverbio y pronto dejarán de repetirlo".
Dales este otro en su lugar: "Ha llegado el tiempo
para que todas estas profecías se cumplan".

☼ 24»Luego verán lo que pasará con todas las
predicciones falsas de seguridad para Jerusalén. 25¡Pues yo soy el SEÑOR! ¡Lo que yo anuncio
siempre se cumple! ¡No habrá más demoras, oh
testaduros de Israel! ¡Lo haré muy pronto, ustedes
lo verán!, dice el SEÑOR Dios».

26Luego me vino este mensaje:

27«Hombre mortal, el pueblo de Israel dice:
"Sus predicciones no se cumplirán por mucho
tiempo". 28Por lo tanto diles: Dios el SEÑOR dice:
"¡Toda espera se ha acabado! ¡Lo haré ahora!"»

Condena a los falsos profetas

13 Entonces me vino este mensaje de parte
del SEÑOR:

2,3«Hombre mortal, profetiza contra los falsos
profetas de Israel, quienes están inventado sus
propias visiones y pretendiendo tener mensajes de

☼12.24-25

parte mía cuando yo no les he comunicado absolutamente nada. ¡Ay de ellos! 4¡Oh Israel, estos "profetas" tuyos son tan ineptos como los zorros para reconstruir muros! 5¡Oh profetas perversos!, ¿qué han hecho para fortalecer las murallas de Israel contra sus enemigos, fortaleciendo a Israel, comunicándoles con fidelidad las instrucciones del SEÑOR? 6En vez de ello han mentido cuando dijeron: "Mi mensaje es de Dios". Dios no los envió y, sin embargo, esperan que él cumpla sus profecías inventadas. 7¿Pueden negar que pretendieron haber tenido visiones que nunca vieron, y que han dicho: "Este mensaje es de Dios", cuando jamás les he comunicado nada a ustedes?

8»Por lo tanto, el SEÑOR Dios dice: Yo acabaré con ustedes por estas "visiones" y mentiras que han inventado. 9Mi enojo se dirigirá en contra de ustedes y serán eliminados de entre los jefes de Israel; borraré sus nombres de entre mi pueblo y no verán más su propio país. Y así sabrán que yo soy el SEÑOR. 10Pues estos hombres perversos engañan a mi pueblo, diciendo: "Dios enviará paz", cuando ése no es mi plan. ¡Mi pueblo lleno de falsa confianza construye una pared endeble que no lo podrá proteger, y estos profetas le alaban por ello, y la blanquean con cal!

11»Diles a estos constructores perversos que su pared se caerá: ¡un aguacero la minará, grandes piedras de granizo y poderosos vientos la derribarán! 12Y cuando la pared caiga, la gente exclamará: "¿Por qué no nos dijeron que no aguantaba? ¿Por qué la blanquearon y solo disimularon sus grietas?" 13Sí, seguro que caerá. El SEÑOR dice: "¡Yo la derribaré con una tormenta de indignación y un gran aguacero de enojo y con piedras de granizo de cólera! 14Destruiré su pared blanqueada y caerá sobre ustedes y los aplastará. Hasta los cimientos quedarán a la vista y sabrán entonces que yo soy el SEÑOR". 15Entonces por fin mi cólera contra la pared y contra los que la blanquearon será desahogada, y diré: "Tanto la pared como sus constructores han desaparecido, 16pues ellos eran profetas mentirosos que pretendían que Jerusalén tendría paz cuando no habría paz, dice el SEÑOR Dios".

Condena a las profetisas

17»Hombre mortal, habla contra las profetisas quienes también pretenden que el SEÑOR les ha dado sus mensajes. 18Comunícales que el SEÑOR Dios les dice: "¡Ay de estas mujeres que están engañando a mi pueblo, tanto a jóvenes como ancianos, al atar amuletos mágicos a sus muñecas y proporcionarles velos mágicos y venderles salvaguardas! Rehúsan aun ofrecer ayuda si no sacan provecho de ello. Ustedes creen vender protección a mi pueblo, pero ni ustedes se podrán proteger a sí mismas de mi castigo. 19Por unos pocos puñados de cebada o un pedazo de pan, ¿han de apartar a mi pueblo de mí? ¡Han conducido a la muerte a aquellos que no debían morir! ¡Y han prometido vida a aquellos que no debían vivir, al mentir a mi pueblo, y cuánto lo aprecian ellos!"

20»Por eso el SEÑOR dice: "Yo las aplastaré porque han cazado las almas de mi pueblo como si fueran pájaros con todos sus amuletos y talismanes mágicos. Yo les arrancaré los amuletos y liberaré a mi pueblo como a pájaros de sus jaulas. 21Arrancaré los velos mágicos y libraré a mi pueblo del engaño de ustedes; ya no más serán sus víctimas, y sabrán que yo soy el SEÑOR. 22Sus mentiras han desalentado a los justos, cuando yo no lo quería. Y sus mentiras han alentado a los perversos prometiéndoles vida, aunque continúan viviendo cometiendo toda clase de maldades. 23No mentirán más, ya no hablarán más de tener visiones inexistentes, ni practicarán su magia ni demás engaños, pues yo libraré a mi pueblo de sus trucos, destruyéndolas a ustedes, y sabrán que yo soy el SEÑOR"».

Contra la idolatría

14 Entonces algunos de los sabios consejeros de Israel me visitaron para pedirme un mensaje del SEÑOR, 2y éste es el mensaje que me vino para entregarles:

3«Hombre mortal, estos hombres tienen su corazón lleno de idolatría; su único interés es sacar ventaja de sus mentiras. ¿Debiera yo permitirles preguntarme algo? 4Diles que el SEÑOR Dios dice: "Yo, el SEÑOR, me ocuparé en forma personal de castigar a cualquiera en Israel que rinde homenaje a los ídolos y que sólo habla mentiras y luego viene para solicitar mi ayuda. 5Pues yo castigaré a todos aquellos que se apartan de mí y van tras los ídolos".

6,7»Por lo tanto adviérteles que Dios el SEÑOR dice: "Arrepiéntanse y destruyan sus ídolos y dejen de rendirles homenaje y poniéndolos en todos los rincones de sus casas". Yo, el SEÑOR, personalmente castigaré a todo aquel o aquella, sea del pueblo de Israel o de los extranjeros que viven entre ustedes, que me rechaza por seguir a los ídolos y luego se acerca a un profeta para solicitar mi ayuda y consejo. 8Yo me volveré contra él o ella y le proporcionaré un terrible castigo ejemplar, lo haré el hazmerreír de todo mundo y será expulsado de entre los míos y entonces sabrá que yo soy el SEÑOR.

9»Y si alguno de los falsos profetas de cualquier modo les da un mensaje, sepan que es una mentira. Su profecía no se cumplirá, y yo me pondré contra ese "profeta" y lo eliminaré de entre mi pueblo Israel. 10Serán castigados tanto los falsos profetas como quienes les consultan, todos

serán castigados por sus extravíos, 11para que el
pueblo de Israel aprenda a no abandonarme y
contaminarse con todas sus maldades, sino a ser
mi pueblo fiel y yo su Dios. Así dice el Señor».

Contra falsas esperanzas

12Luego me vino este mensaje del Señor:
13«Hombre mortal, cuando la gente de esta
tierra cometa infracciones contra mis instrucciones, yo los aplastaré con mi puño y suspenderé
su sustento y les haré sufrir hambre tanto a las
personas como a los animales. 14Si Noé, Daniel y
Job estuvieran hoy aquí, sólo ellos serían salvados
debido su forma de vivir justa, pero yo destruiría
el resto de Israel, dice el Señor Dios.
15»Cuando yo envíe una invasión de peligrosos
animales salvajes para acabar con la población
y dejar la tierra en completa desolación, 16aun si
estos tres hombres justos estuvieran allí, el Señor
Dios jura que no cambiaría la situación, pues
no salvaría a la gente de la destrucción que ha
decidido provocar. Sólo estos tres se salvarían,
pero la tierra y sus habitantes serían devastados.
17»O cuando yo traiga guerra contra la tierra
y mande a los ejércitos del enemigo a venir y
destruir todo, 18aunque estos tres hombres estu-
viesen sobre la tierra, el Señor Dios declara que
sólo ellos se salvarían.
19»Y cuando yo dé rienda suelta a mi cólera
enviando una epidemia a la tierra y la plaga
mate tanto a las personas como a los animales,
20aunque Noé, Daniel y Job vivieran allí, el Señor
Dios dice que sólo ellos se salvarían a causa de
su forma justa de vivir.
21»Y el Señor agrega: Cuatro grandes castigos
aguardan a Jerusalén para destruir toda vida:
guerra, hambre, fieras y plaga. 22Y si después
hubiera sobrevivientes y vinieran aquí para
unirse a ustedes como exiliados en Babilonia,
verían con sus propios ojos cuán perversos son
ustedes, y sabrían que fue justo que yo destruyera a Jerusalén. 23Estarán de acuerdo, cuando se
encuentren con ellos, de que con toda razón se
están haciendo todas estas cosas a Israel».

Jerusalén, una vid inútil

15 Luego me vino este mensaje del Señor:
2«Hombre mortal, ¿de qué sirven las
viñas del bosque? ¿Tienen tanta utilidad como
los árboles? ¿Llegan a tener siquiera el valor de
una sola rama? 3¡No, pues la madera de las viñas
ni siquiera puede ser empleada para hacer estacas para colgar ollas y cacerolas o ganchos para
colgar ropa! 4Sólo sirve para hacer leña, y aún
así arde en forma muy pobre. 5Así, pues, ¡es inútil
tanto antes como después de ser echada al fuego!
6«Esto es lo que yo les quiero decir con esta
ilustración, dice Dios el Señor: Los habitantes de
Jerusalén son como las viñas del bosque, ¡inútiles antes de ser quemados e inútiles después! 7Y
yo me pondré contra ellos para asegurar que si
escapan de un fuego, caigan en otro; y entonces
sabrán que yo soy el Señor. 8Y yo desolaré su tierra
como castigo por su idolatría, dice el Señor Dios».

Infidelidad de Jerusalén

16 Luego me vino de nuevo un mensaje del
Señor:
2«Hombre mortal, me dijo, recrimina a Jerusalén por sus horribles maldades. Comunícales
que el Señor dice: 3¡Tú no eres mejor que la gente
de Canaán, tu padre debe haber sido un amorreo
y tu madre una hitita! 4Cuando naciste nadie te
cuidó como es debido. Cuando primero te vi, tu
cordón umbilical no había sido cortado, ni se te
había lavado, ni frotado con sal, ni fajado, como
es la costumbre en estos casos. 5Nadie tenía el
menor interés en ti; nadie se compadeció de ti
ni te cuidó. En aquel día en que naciste fuiste
arrojada en el campo y dejada para morir.
6»Pero yo pasé por allí y te vi cubierta con tu
propia sangre y te dije: ¡Vive! 7¡Florece como una
planta en el campo! ¡Y así fue! Creciste y te hiciste
grande, delgada y flexible, ¡una chica realmente
hermosa! Y cuando llegaste a la pubertad tus
pechos estaban bien formados y tu vello púbico
había crecido; pero estabas desnuda.
8»Más tarde, cuando yo pasé y te vi de nuevo,
ya tenías edad como para casarte, y yo tendí sobre
ti mi manto como es la costumbre para declarar
legalmente mi voto de matrimonio. Firmé un
convenio contigo y llegaste a ser mía. 9,10Luego,
cuando el casamiento había tenido lugar, yo te di
hermosas ropas de lino y seda, bordadas, y sandalias hechas de fina piel. 11Te di hermosas joyas,
brazaletes y primorosos collares, 12un anillo para
tu nariz y dos más para tus orejas, y una espléndida diadema para tu cabeza. 13Y así fuiste hecha
aun más hermosa con oro y plata, y tus vestidos
eran de seda y lino finamente bordados. Comías
los manjares más exquisitos y llegaste a ser más
hermosa aún. Parecías una reina, ¡y lo eras! 14Tu
reputación era grande entre las naciones por tu
hermosura; tu hermosura se veía perfecta debido
a todo lo que yo te había dado, dice el Señor Dios.
15»Pero luego pensaste que podías valerte sola,
y confiaste en tu hermosura, y te diste como prostituta a cada hombre que pasaba. Tu hermosura
era de cualquiera, si te lo pedían. 16Empleaste las
cosas hermosas que yo te había dado para hacer
altares a los ídolos y para decorar tu cama de
prostitución. ¡Increíble! ¡Jamás ha sucedido algo
así antes! 17Tomaste las mismas joyas y adornos
de oro y plata que yo te di e hiciste de ellas estatuas de hombres y les rendiste homenaje como
si fueran dioses, lo que es adulterio contra mí.

18Empleaste la ropa finamente bordada que yo te di ¡para cubrir tus ídolos! ¡Y usaste mi aceite y mi perfume para rendirles homenaje! 19Colocaste ante ellos —¡increíble!— la harina fina, el aceite y la miel que yo te di, y los usaste como ofrenda para ellos.

20»También tomaste a mis hijos e hijas, los que habías engendrado para mí, y los sacrificaste ritualmente a tus dioses; y ya no están más. ¿No bastaba con que fueras una prostituta? ¿Tenías que haber llegado a tal extremo de maldad? 21¿Debías también sacrificar a mis hijos en el fuego de los altares idolátricos? 22Y en todos estos años de adulterio y maldad no has pensado en aquellos días de hace tanto tiempo, cuando estabas desnuda y cubierta con sangre.

23»Y luego, además de todas tus otras perversidades, ¡ay de ti, dice el Señor Dios, 24construiste un espacioso burdel para tus amantes, y altares para los ídolos en cada calle, 25y allí ofreciste tu hermosura a cada hombre que pasaba, en una corriente interminable de prostitución! 26Y agregaste a tu lista de amantes a los egipcios, de grandes penes, con quienes te aliaste en tu prostitución. ¡Mi cólera es grande! 27Por tanto yo te he aplastado con mi puño, he reducido tus límites y te he entregado en poder de aquellos que te odian, los filisteos, y aun ellos se avergüenzan de tu desenfreno. 28Has cometido adulterio con los asirios también, haciéndolos tus aliados y rindiendo homenaje a sus dioses; parece como si nunca pudieras encontrar suficientes dioses nuevos. Después de tu adulterio allí, todavía no estabas satisfecha, 29así que rendiste homenaje también a los dioses de esa tierra de comerciantes, Babilonia, y aún así no estabas satisfecha.

30»Qué corazón tan ligero tienes, dice el Señor Dios, para hacer semejantes cosas, que ni la prostituta más descarada se atrevería a realizar. 31Construyendo tus altares a los ídolos, tus burdeles sobre cada calle, has sido peor que una prostituta, ¡tan deseosa de cometer tus maldades que ni siquiera has cobrado por tu entrega!

32»¡Sí, tú eres una esposa adúltera, que vives con otros hombres en vez de vivir con tu propio marido! 33Las prostitutas cobran por sus servicios; los hombres pagan con muchos regalos, pero no a ti, al contrario ¡tú les das regalos a ellos, sobornándoles para que vengan a ti! 34Así eres distinta de las demás prostitutas, pues eres tú la que pagas a los hombres para que vengan a ti.

35»¡Oh prostituta! oye la palabra del Señor, quien dice: 36Como yo veo tus actos malvados, tu adulterio con tus amantes, tu devoción a los ídolos y el ofrecimiento de tus hijos como sacrificio ritual a tus dioses, 37esto es lo que voy a hacer: Juntaré a todos tus aliados, esos amantes tuyos con quienes has fornicado, tanto los que amaste como los que aborreciste, y te desnudaré ante ellos para que te vean humillada y te avergüences. 38Te castigaré como una asesina es castigada y como se hace con una mujer que atenta contra el matrimonio viviendo con otros hombres. 39Te entregaré a tus amantes, estas muchas naciones, para que seas destruida, y ellos echarán abajo tus burdeles y altares, y te desnudarán y se llevarán tus hermosas joyas, dejándote avergonzada. 40Luego te entregarán a la chusma para que te arrojen piedras y te hieran a cuchilladas. 41Ellos quemarán tus hogares, castigándote ante los ojos de muchas mujeres. Y yo me aseguraré de que detengas tus adulterios con otros dioses, y que termines tu costumbre de pagar a tus aliados para que acepten tu entrega. 42Entonces, por fin, cesarán mi cólera y mi celo contra ti, y me tranquilizaré y ya no estaré enojado contigo. 43Pero primero, como no te has acordado de tu juventud sino que has provocado mi cólera con todas estas cosas perversas que haces, yo te pagaré en pleno por todas tus maldades, dice el Señor. Porque además de tus otras faltas, eres desagradecida.

44»De tal madre, tal hija», eso es lo que todo el mundo dirá de ti. 45Porque tu madre aborreció a su esposo y a sus hijos, así como tú también lo haces. Y eres exactamente como tus hermanas, pues ellas también despreciaron a sus esposos y a sus hijos. ¡Verdaderamente, tu madre tiene que haber sido una hitita y tu padre un amorreo!

46Tu hermana mayor es Samaria, y vive con sus hijas hacia el norte tuyo; tu hermana menor es Sodoma, y vive con sus hijas en el sur. 47¡No le has ido a la zaga a la hora de cometer maldades, sino que en poco tiempo las sobrepasaste a ellas! 48¡Lo digo con pleno convencimiento, dice el Señor Dios, que Sodoma y sus hijas jamás han sido tan perversas como los son tú y tus hijas! 49El pecado de tu hermana Sodoma fue el orgullo, la ociosidad y el exceso de comida mientras los pobres y necesitados sufrían afuera de sus puertas sin que ella les prestara atención. 50Ella insolentemente rindió homenaje a muchos ídolos mientras yo observaba. Por eso la aplasté. 51Ni siquiera Samaria ha cometido la mitad de tus perversidades. Tú has rendido homenaje a los ídolos mucho más y con mayor devoción de lo que lo han hecho tus hermanas; ¡casi parecen blancas palomas comparadas contigo! 52No te sorprendas pues por el castigo más leve que ellas reciben. ¡Pues tus maldades son tan terribles que en comparación contigo, tus hermanas parecen inocentes!

53»(Pero algún día restauraré la prosperidad de Sodoma y Samaria, y la de Judá también.) 54Tu terrible castigo será un consuelo para ellas, porque será mayor que el suyo. 55¡Sí, tus hermanas Sodoma y Samaria y toda su gente serán restauradas nuevamente, y Judá también prosperará en aquel día! 56En los días de tu orgullo tenías un profundo desprecio por Sodoma, y te burlabas de ella. 57Pero ahora tu perversidad mayor ha quedado expuesta ante todo el mundo, y tú eres objeto de desdén y burla de parte de Edom y sus vecinos y de todos los filisteos. 58Esto es parte de tu castigo por todas tus maldades, dice el SEÑOR.

59»El SEÑOR Dios dice: ¡Yo te castigaré por todas tus promesas no cumplidas! Livianamente quebraste tus solemnes votos hacia mí; 60sin embargo, yo mantendré el compromiso que hice contigo cuando eras joven. Yo estableceré un convenio para siempre contigo, 61y te acordarás con vergüenza de todo el mal que has hecho. Entonces serás conmovida por mi favor hacia ti cuando tome a tus hermanas Samaria y Sodoma y las haga tus hijas, para que tú reines sobre ellas. Sabrás que no mereces este acto de gracia, porque no fuiste fiel al convenio que hiciste conmigo. 62Reafirmaré mi convenio contigo, y sabrás que yo soy el SEÑOR. 63A pesar de todo lo que has hecho, yo seré bondadoso contigo de nuevo. Bajarás tu rostro avergonzada cuando yo te perdone de todo lo malo que has hecho, dice el SEÑOR Dios».

La vid y el águila

17 Luego me vino este mensaje de parte del SEÑOR:

2»Hombre mortal, propón esta adivinanza al pueblo de Israel:

3»Una gran águila con alas anchas y de un plumaje de varios colores, muy poderosa, vino del Líbano 4y arrancó el renuevo de la copa del más alto de los cedros y lo llevó a una ciudad llena de comerciantes. 5Allí lo plantó en un terreno fértil al lado de un ancho río, donde crecería tan rápido como un sauce. 6El renuevo echó brotes y creció y llegó a ser una vid baja pero frondosa que se extendió hacia el águila y produjo fuertes ramas y abundantes hojas, y luego dio frutos. 7Pero cuando llegó otra gran águila, también con alas anchas y abundante plumaje, este árbol dirigió sus raíces y ramas hacia esta segunda águila. 8Aunque ya estaba en buena tierra con abundancia de agua como para poder llegar a ser una vid espléndida, produciendo hojas y frutos, no estuvo conforme.

9»El SEÑOR Dios pregunta: ¿Dejará la primera águila que este árbol crezca y prospere, cuando en realidad es tan fácil arrancarla? ¡No, arrancaré hasta sus raíces, cortaré todas sus ramas y dejaré que sus hojas se marchiten y mueran! 10Aunque la vid empezó tan bien, ¿prosperará? ¡No, se secará completamente cuando el viento caliente del este la toque, secándose en el mismo suelo donde había crecido tan bien!»

11Luego me vino este mensaje del SEÑOR:

12«Pregúntales a estos testarudos de Israel: ¿No entienden lo que significa esta adivinanza? Se los diré: Nabucodonosor, rey de Babilonia, el primero de las dos águilas, vino a Jerusalén y se llevó a su rey y a sus príncipes, sus más elevados renuevos y brotes, a Babilonia. 13Nabucodonosor hizo un pacto con un miembro de la familia real (Sedequías), y le hizo jurar respetar el pacto y serle fiel. Nabucodonosor tomó a este príncipe como si fuera un renuevo y lo llevó a Babilonia donde lo mantuvo exiliado junto a los principales hombres del gobierno de Israel. 14Con esta estrategia se aseguró de que Israel no fuera fuerte de nuevo y no tuviera ánimo de rebelarse. 15Sin embargo, Sedequías se rebeló contra Babilonia, enviando embajadores a Egipto para solicitar un gran ejército y muchos caballos para luchar contra Nabucodonosor. Pero, ¿prosperará Israel después de quebrantar así el pacto de lealtad que firmó? ¿Tendrá éxito? 16¡No, les aseguro sin ninguna duda, dice el SEÑOR, que el rey de Israel morirá! ¡Nabucodonosor arrancará el árbol junto con sus raíces! Sedequías morirá en Babilonia, donde vive el rey que le dio poder y cuyo pacto él despreció y rompió. 17El faraón y todo su poderoso ejército no ayudarán a Israel cuando el rey de Babilonia ponga sitio contra Jerusalén de nuevo y mate a muchos de sus habitantes. 18Y todo esto porque el rey de Israel quebrantó su pacto de fidelidad después de jurar obediencia; por lo tanto no escapará.

19»El SEÑOR Dios dice: "¡Les aseguro que lo castigaré por despreciar el juramento solemne que él hizo en mi nombre! 20Lo atraparé dondequiera que pretenda huir y lo traeré de regreso a Babilonia y me ocuparé de él por esta traición contra mí. 21Y todos los mejores soldados de Israel serán muertos por herida de espada, y los que permanezcan en la ciudad serán esparcidos en todas direcciones. Entonces sabrán que yo, el SEÑOR, he dicho estas cosas".

22»Dios el SEÑOR dice: "Yo mismo tomaré la más tierna ramita de la copa del más alto cedro, y la plantaré en la cima de la montaña más elevada de Israel. 23Llegará a ser un noble cedro, produciendo ramas y frutos. Animales de todo tipo se juntarán debajo de él; sus ramas cobijarán toda clase de aves. 24Y todo el mundo sabrá que soy yo, el SEÑOR, quien talo los árboles altos y exalto a los bajos, que hago secar al árbol verde y al árbol seco crecer. ¡Yo, el SEÑOR, he dicho que lo haré, y lo haré!"»

La responsabilidad personal

18 Entonces me vino de nuevo un mensaje del SEÑOR:

2«¿Por qué emplea la gente este proverbio acerca de la tierra de Israel: "Los padres han comido uvas agrias y los hijos sienten el efecto en sus dientes?” 3Les aseguro, dice el SEÑOR Dios, que no usarán más este proverbio en Israel. 4Pues todas las vidas para juzgar son mías, la de padres, madres, hijos e hijas por igual, y mi resolución es ésta: Es por sus propias faltas que cada persona morirá; hijos e hijas no pagarán por las faltas de los padres.

5»Si una persona es justa y hace lo que es recto, 6y no ha ido a las montañas para ofrecer homenajes a los ídolos, y no comete adulterio o se acuesta con una mujer durante el período de su menstruación, 7y es un acreedor misericordioso, no quedándose con las prendas empeñadas por deudores pobres, y no es ladrón, sino que da alimento a los pobres y ropa a los necesitados, 8y concede préstamos sin interés, y se mantiene alejado de trampas y maldades, y es honesto y justo cuando juzga a otros, 9y vive de acuerdo con mis instrucciones, esa persona es justa, dice el SEÑOR, y seguramente vivirá, no le daré la pena de muerte.

10»Pero si esa persona tiene un hijo que es un ladrón o asesino y no cumple con ninguna de sus responsabilidades, 11rehúsa vivir de acuerdo con las instrucciones de Dios, y ofrece homenajes a los ídolos sobre las montañas y comete adulterio, 12y oprime a los pobres y necesitados, y roba a sus deudores rehusando permitirles redimir lo que le han dejado en empeño, y ama los ídolos, 13y presta su dinero con interés, ¿dejaré con vida a esa persona? ¡No, por cierto morirá, y será su propia culpa!

14»Pero si esta persona mala tiene, a su vez, un hijo que ve toda la maldad de su padre pero respeta a Dios y decide vivir en contra de esa clase de vida malvada, 15y no sube a la montaña para rendir homenaje a los ídolos, y no comete adulterio, 16y es justo con aquellos que le piden prestado y no les roba, sino que alimenta a los hambrientos y viste a los necesitados, 17y ayuda a los pobres, y presta dinero sin interés, y vive de acuerdo con mis instrucciones, él no morirá a causa de las maldades de su padre, sino que le dejaré seguir con vida. 18Pero su padre morirá por sus propias maldades, porque es cruel y roba y hace el mal.

19»“¡Cómo!”, me preguntas, “¿el hijo no paga por las maldades de su padre?” ¡No! Pues si el hijo hace lo que es justo y vive de acuerdo con mis instrucciones, seguramente seguirá viviendo. 20Aquel que comete maldades es el que muere. El hijo no será castigado por las maldades de su padre, ni el padre por las de su hijo. El justo será recompensado por su propia bondad y el perverso castigado por su propia maldad.

21»Pero si una persona perversa se aparta de todas sus maldades y comienza a conducirse de acuerdo con mis instrucciones y a hacer lo que es justo y recto, sin duda seguirá viviendo y no la haré morir. 22Todas sus maldades pasadas serán olvidadas, y esta persona seguirá viviendo debido a su justicia. 23¿Creen acaso que me agrada ver a los malos morir?, pregunta el SEÑOR. ¡Por supuesto que no! Yo solamente quiero que se arrepientan de sus conductas perversas y puedan seguir viviendo.

24»Sin embargo, si un justo deja de serlo y comienza a actuar como cualquier otro injusto, ¿debiera permitírsele vivir? ¡No, por supuesto que no! Toda su justicia previa será olvidada y él morirá por las injusticias que cometa.

25»Sin embargo, ustedes dicen: “¡El SEÑOR no está siendo justo!” ¡Oh pueblo de Israel!, ¿soy yo el que no es justo, o son ustedes? 26Cuando un hombre bueno se aparta de su justicia y comienza a cometer maldades, entonces muere a consecuencia de su maldad. 27Y si una persona malvada se aparta de su maldad y comienza a vivir de acuerdo con mis instrucciones y hace lo que es recto, salvará su vida, 28pues lo ha pensado y ha decidido apartarse de sus maldades y llevar una vida recta. Seguramente seguirá viviendo, no morirá.

29»No obstante el pueblo de Israel sigue diciendo: “¡El SEÑOR no es justo!” ¡Oh pueblo de Israel, son ustedes los que no son justos, yo sí lo soy! 30¡Yo juzgaré a cada uno de ustedes, oh Israel, y castigaré o recompensaré a cada uno de acuerdo con sus propias acciones! ¡Oh israelitas, arrepiéntanse de sus maldades mientras aún hay tiempo! 31¡Déjenlos como cosa del pasado y pidan a Dios ayuda para que puedan recibir pensamientos y sentimientos renovados! Pues ¿por qué habrían de morir, israelitas? 32No me agrada verlos morir, dice Dios el SEÑOR. ¡Cambien su forma de vivir, cambien y sigan con vida!

Lamento por los príncipes de Israel

19 »Canta estas estrofas para los jefes de Israel:

2»¡Qué mujer era su madre, como una leona! ¡Sus hijos eran como cachorros de león! 3Uno de sus cachorros (el rey Joacaz) llegó a ser un fuerte león joven, y aprendió a cazar la presa ¡y se volvió devorador de seres humanos! 4Entonces las naciones llamaron a sus cazadores y lo atraparon en un pozo y lo trajeron sujeto en cadenas a Egipto.

5»Cuando Israel, la leona madre, vio que todas las esperanzas de que él volviera se desvanecían, tomó a otro de sus cachorros (el rey Joacín) y le enseñó a ser rey de los animales. 6Se convirtió en rey entre los leones y aprendió a cazar la presa, y él también llegó a ser devorador de seres humanos. 7Demolió los palacios de las naciones vecinas y arruinó sus ciudades; asoló los campos, destruyó sus cosechas; todos en la tierra temblaban de miedo cuando lo oían rugir. 8Entonces los ejércitos de las naciones vecinas se unieron y lo rodearon, viniendo de todos lados, lo atraparon en una fosa y lo capturaron. 9Luego lo encerraron en una jaula y lo trajeron ante el rey de Babilonia. Fue mantenido en cautiverio para que su rugido no se oyera más sobre las montañas de Israel.

10»¡Tu madre fue como una vid plantada al lado de un canal de riego, vigorosa de follaje verde por la abundancia de agua! 11Su rama más fuerte llegó a ser como el cetro de un rey y era muy grande, alzándose por encima de las otras vides de tal manera que podía ser vista desde muy lejos. 12Pero la vid fue arrancada con furia y arrojada al suelo. Sus ramas fueron quebradas y secadas por un fuerte viento caliente del este; su fruto fue destruido por el fuego. 13Ahora la vid está plantada en el desierto donde el suelo es duro y árido. 14Se está resecando desde adentro, no queda ninguna rama fuerte.

»El cumplimiento de esta triste profecía ya ha comenzado, y aún queda más».

Historia de una rebelión

20 A fines de julio, seis años después de que el rey Joaquín fuera capturado, algunos de los consejeros de Israel vinieron a mí para solicitar instrucciones del SEÑOR, y se sentaron delante de mí aguardando la respuesta. 2Entonces el SEÑOR me dio este mensaje:

3«Hombre mortal, di a los consejeros de Israel: El SEÑOR Dios dice: "¿Cómo se atreven a venir a solicitar mi ayuda? ¡Les aseguro que no les diré nada!"

4»Júzgalos tú, hombre mortal, condénalos, cuéntales todas las maldades que esta nación ha cometido desde los tiempos de sus antepasados hasta ahora. 5,6Comunícales que el SEÑOR Dios dice: "Cuando yo escogí a Israel y me revelé a él en Egipto, yo les juré a él y a sus descendientes que los sacaba de Egipto y los llevaba a una tierra que yo había preparado para ellos; una buena tierra con tanta abundancia que se decía que de ella fluía leche y miel; la mejor de las tierras en cualquier parte".

7»Luego yo les dije: "Eliminen todos los ídolos a los que ahí se les rinde homenaje, no se contaminen tampoco con los ídolos de Egipto, pues yo soy el SEÑOR Dios de ustedes". 8Pero ellos se pusieron tercos contra mí y no quisieron seguir mis órdenes. No se deshicieron de sus ídolos ni abandonaron los dioses de Egipto. Entonces pensé: "Yo descargaré mi cólera contra ellos mientras aún estén en Egipto".

9,10»Pero no lo hice, pues actué para proteger la fama de mi nombre, para que los egipcios no se burlaran del Dios de Israel, diciendo que no podía protegerlos del mal. Así que saqué a mi pueblo fuera de Egipto delante de los propios ojos de los egipcios y los conduje al desierto. 11Allí yo les di mis instrucciones para que vivieran de acuerdo con ellas, teniendo cuidado en seguirlas con fidelidad. 12Y les determiné el sábado, un día de descanso cada semana, como un señal entre ellos y yo, para recordarles que soy yo el SEÑOR, quien los aparta en exclusividad para mí, y que ellos verdaderamente son mi pueblo elegido.

13»Pero Israel se rebeló contra mí, allí en el desierto rechazaron mis instrucciones. No quisieron obedecer mis reglas, aunque el obedecerlas significara vivir con seguridad y por largo tiempo. Y tampoco respetaron los días sábados. Entonces pensé: "Descargaré mi cólera sobre ellos y los haré morir en el desierto".

14»Pero de nuevo me contuve para poder proteger la fama de mi nombre, para que las naciones que me vieron sacarlos de Egipto no dijeran que los había destruido porque no los podía cuidar. 15Pero yo les aseguré en el desierto que no los traería a la tierra que yo les había dado, una tierra tan pródiga que parece que de ella fluyen leche y miel, el sitio más próspero del mundo, 16porque ellos se burlaron de mis instrucciones, ignoraron mis deseos y echaron al olvido el respetar los sábados. ¡Sus corazones estaban embotados con sus ídolos! 17Sin embargo, los perdoné, los vi con compasión y no los exterminé en el desierto.

18»Entonces hablé a sus hijos y les dije: "No sigan las pisadas de sus padres, no echen a perder su relación conmigo por rendir homenaje a sus ídolos, 19pues yo soy el SEÑOR, Dios de ustedes. Sigan mis instrucciones, cumplan con nuestro convenio, 20recuerden que los sábados deben estar dedicados a mí, pues ellos son una señal del convenio entre nosotros, para ayudarlos a recordar que yo soy el SEÑOR su Dios".

21»Pero sus hijos también se rebelaron contra mí. Ellos rechazaron mis instrucciones, los mandamientos que, de ser obedecidos, aseguran para ustedes una vida larga y próspera. Pero no, se comportaron los sábados como cualquier otro día. Así, pues, dije: "¡Ahora por fin descargaré mi cólera sobre ustedes en el desierto!"

22»Sin embargo, de nuevo yo retuve mi castigo planeado contra ellos para proteger la fama de mi nombre entre las naciones que habían visto mi poder al sacarlos de Egipto. 23,24Pero hice un solemne juramento contra ellos mientras estaban en el desierto, de que los esparciría, haciéndolos marchar a los lugares más alejados de la tierra porque ellos no obedecieron mis instrucciones sino que las despreciaron y tuvieron en nada los sábados y amaron los ídolos de sus padres. 25Les permití adoptar costumbres y leyes que no tenían valor. Al dejarse guiar por ellas no podrían lograr una vida larga y próspera, como era mi deseo. 26Esperando que ellos retrocederían con horror, y sabrían que sólo yo soy el SEÑOR, les permití contaminarse con los mismos dones que yo les había dado. ¡Hasta llegaron a quemar a sus primogénitos como ofrendas a sus dioses!

27,28»Hombre mortal, comunícales que el SEÑOR dice: "Sus antepasados continuaron blasfemando y traicionándome cuando yo los traje a la tierra que yo les había prometido, pues ofrecieron a sus ídolos homenajes y perfumes agradable en cada colina alta y debajo de cada árbol. Provocaron mi cólera al ofrecer sus sacrificios rituales a esos 'dioses'. ¡Trajeron sus perfumes e incienso y derramaron sus bebidas especiales en honor a ellos! 29Yo les dije: '¿Qué es ese lugar de sacrificio a donde van?' Y por eso le llaman 'El lugar de sacrificio'; así es como obtuvo su nombre".

Juicio y restauración

30»El SEÑOR Dios quiere saber si ustedes se van a contaminar tal como lo hicieron sus antepasados, si seguirán ofreciendo homenajes a sus ídolos. 31Pues cuando ofrecen regalos a ellos y entregan a sus pequeños para ser quemados, como lo hacen aún hoy, ¿creen ustedes que pondré atención a sus oraciones?, ¿creen que los ayudaré, oh israelitas? "¡Tengan por seguro", dice el SEÑOR Dios, "que no les daré ningún mensaje, aunque han acudido a mí para preguntar! 32Lo que tienen en mente no llegará a cumplirse: ser como las naciones a su alrededor, sirviendo a dioses de madera y piedra. 33¡Yo reinaré sobre ustedes con gran autoridad y rigidez, así como con gran ira y poder! 34Con poderío y furia los sacaré de las tierras donde están dispersados, 35,36y los traeré al desierto donde serán juzgados por mí. Los juzgaré allí, y me libraré de los testarudos, tal como lo hice en el desierto después de sacarlos de Egipto. 37Los contaré cuidadosamente y sólo permitiré que regrese un pequeño grupo. 38Y a los otros, los testarudos y todos aquellos que cometen maldades en contra de mis instrucciones, los expulsaré de entre ustedes. Ellos no entrarán en Israel, pero los recogeré de los países donde están exiliados. Y cuando eso suceda sabrán que yo soy el SEÑOR".

39»Oh Israel, el SEÑOR Dios dice: "Si ustedes insisten en rendir homenaje a sus ídolos, adelante, ¡pero entonces no me traigan regalos a mí también! ¡Tal falta de respeto y consideración hacia mí debe cesar de inmediato! 40¡Porque en Jerusalén, en mi monte escogido, dice el SEÑOR, todo Israel estará consagrado y dedicado a mí solamente! Allí yo los aceptaré, y demandaré sus ofrendas y sus más espléndidos dones. 41Ustedes serán para mí como una ofrenda de perfume suave cuando los traiga de vuelta del exilio, y las naciones notarán el gran cambio de sus corazones al ver el cambio de sus conductas. 42Entonces cuando los haya traído de regreso a la tierra que prometí a sus antepasados sabrán que yo soy el SEÑOR. 43Entonces se acordarán de sus maldades y se avergonzarán y sentirán remordimientos a causa de todo el mal que han hecho. 44¡Y cuando yo haya honrado mi nombre haciéndoles toda clase de bien a pesar de su maldad, entonces, oh Israel, ustedes sabrán que yo soy el SEÑOR!"»

Profecía contra el sur

45Luego me vino este mensaje del SEÑOR:

46«Hombre mortal, mira hacia Jerusalén, y habla contra ella y los bosques del sur. 47Profetiza y di: "Oye el mensaje del SEÑOR. ¡Yo te incendiaré, oh bosque, y todos los árboles perecerán, los verdes y los secos por igual! Las terribles llamas no se apagarán y chamuscarán el mundo entero. 48Y todo el mundo verá que yo, el SEÑOR, los he encendido. No serán apagadas las voraces llamas"».

49Entonces yo dije: «¡Oh SEÑOR, ellos dicen de mí: "Él sólo habla en enigmas"!».

La espada justiciera

21 Luego me vino este mensaje del SEÑOR: 2«Hombre mortal, pon tu rostro hacia Jerusalén y profetiza contra Israel y contra sus santuarios. 3Pues el SEÑOR dice: "¡Yo estoy contra ti, Israel, te atacaré con mucha fuerza y destruiré a tu gente con violentos tajos de espada, buenos y malos por igual serán eliminados! 4No perdonaré ni a los justos. Limpiaré toda la tierra desde el sur hasta tus fronteras en el norte. 5Todo el mundo sabrá que soy yo el SEÑOR. ¡Yo estoy decidido a continuar el castigo hasta que logre acabar con tanta perversidad! ¡No pararé hasta haber logrado mi propósito!"

6»Hombre mortal, suspira y gime de dolor en tu amarga angustia, que tu cuerpo se agite por los sollozos; ellos se impactarán por tanto dolor. 7Cuando te pregunten por qué sufres tanto, diles: "A causa de la espantosa noticia que Dios me ha dado. ¡Cuando se cumpla, aun el corazón del más plantado se derretirá de pavor y perderá toda su fuerza! ¡Todo ánimo se vendrá a los suelos, las rodillas más fuertes temblarán y se volverán endebles como el agua!". Y el SEÑOR Dios dice: "¡Tu condena ya viene, Israel, mi castigo por tu maldad e infidelidad está por llegar!"»

8Luego de nuevo me vino otro mensaje de parte del SEÑOR:

9«Hombre mortal, diles esto: "¡Se está afilando y puliendo una espada para ejecutar una terrible matanza! 10¿Ahora se reirán? La espada está lista para ser entregada al verdugo. ¡Su peor falta ha sido haber despreciado el cetro de mi hijo, bur-

lándose de él como si fuera cualquier palo de
escoba! 11Ahora tiemblen porque la espada afilada
está ya en manos del verdugo.

12»"Hombre mortal, llora y golpea contra tu
muslo en señal de desesperación, pues esa espada
matará a mi pueblo y a todos sus jefes. Todos
morirán por igual. 13Los pondrá a todos a prueba,
y ¿qué suerte tendrán?, pregunta el Señor. ¡Y es
que el verdugo no respetará ni a los miembros
de la familia real!

14»"Profetiza de esta manera: Bate las palmas
vigorosamente, luego toma una espada y blánde-
la dos y tres veces, para simbolizar la gran matanza que les espera. 15Que sus corazones palpiten
acelerados de terror, pues la amenaza de muerte
está presente en cada hogar, a todos lados llega
la matanza, la espada sigue afilada como una
navaja y todavía dispuesta para degollar. 16¡Oh
espada, corta a la derecha y corta a la izquierda,
adondequiera que te vuelvas! 17Y yo aplaudiré al
ritmo de la matanza, dice el Señor, y así calmaré
mi gran cólera"».

18Luego me vino este mensaje. El Señor dijo:

19,20«Hombre mortal, haz un mapa y sobre él
traza dos rutas que simbolizarán los caminos
que seguirá el rey de Babilonia; una se dirigirá
a Jerusalén y la otra a Rabá de los amonitas. Y
coloca una señal en la bifurcación del camino de
Babilonia. 21Esta bifurcación se debe a que el rey
de Babilonia está detenido en una bifurcación,
indeciso en cuanto si atacar a Jerusalén o a Rabá.
Él llamará a sus magos para usar adivinación;
ellos arrojarán suertes agitando flechas de su
aljaba; sacrificarán a los ídolos e inspeccionarán
el hígado de su sacrificio, usando todas esas costumbres paganas de adivinación. 22¡Y decidirán
dirigirse hacia Jerusalén! Con arietes arremeterán
contra las puertas y en medio de gritos de guerra
construirán torres para sitiarla y terraplenes para
escalar la muralla hasta llegar a su parte más
alta y luego penetrar al interior de la ciudad y
conquistarla. 23Jerusalén no entenderá esta traición, ¿cómo podían los adivinadores cometer este
terrible error? ¡Pues Babilonia es el aliado de Judá
y ha jurado defender a Jerusalén! Pero el rey de
Babilonia pensará sólo en las veces que ellos se
rebelaron contra él. Atacará y los derrotará.

24»El Señor dice: "Una y otra vez su culpabilidad clama contra ustedes, pues sus maldades se
cometen abierta y desvergonzadamente en todo
tiempo y lugar. Nadie puede olvidarse de ellas
aunque quisiera. Dondequiera que ustedes van,
todo lo que hacen, todo está lleno de maldad, y
por ello ahora ha llegado la hora del castigo".

25»¡Oh rey Sedequías, malvado príncipe de
Israel, ha llegado el día del ajuste de cuentas!
26Quita la corona de tu cabeza, dice el Señor Dios.
El orden antiguo cambia: ¡ahora los pobres son
exaltados y los ricos humillados! 27Yo trastornaré
y arruinaré este reino, para que aun el nuevo
orden que surja no tenga éxito, hasta que venga
el Hombre que tiene derecho a él. Y se lo daré a él.

28»Hombre mortal, profetiza también contra
los amonitas, pues ellos se burlaron de mi pueblo
cuando más sufrían. Diles esto: "Contra ustedes
también se ha desenvainado mi espada reluciente; está afilada y pulida y relampaguea. 29Sus
adivinos y falsos profetas les han dicho mentiras
respecto a seguridad y éxito: que sus dioses los
salvarán del rey de Babilonia. Así han causado
su muerte junto con todos los demás impíos,
pues cuando el día final de juicio venga ustedes
también serán heridos de muerte.

30»"¿Devolveré mi espada a su vaina antes de
ocuparme de ustedes? ¡No, yo los destruiré en
su propia tierra donde nacieron! 31Descargaré
mi cólera de tal manera que parecerá un fuego
avasallador; y los entregaré en manos de hombres crueles, experimentados en la destrucción.
32Serán como pasto del fuego; su sangre será
derramada en su propia tierra y serán absolutamente borrados, de tal manera que en poco
tiempo no habrá nadie que se acuerde de que
alguna vez existieron. Yo, el Señor, lo digo"».

Los pecados de Jerusalén

22 Otro mensaje me vino de parte del Señor:
2«Hombre mortal, acusa a Jerusalén como
la Ciudad de Homicidios. Denuncia públicamente sus terribles hechos, su derramamiento de sangre inocente. 3Ciudad de Homicidios, condenada
y sentenciada, ciudad de ídolos, contaminada
e inmunda, 4eres culpable tanto de homicidio
como de idolatría. Ahora llega tu día de condenación. Has llegado al límite de tus años. Yo te
haré el hazmerreír y motivo de burla de todas
las naciones del mundo. 5¡De cerca y desde lejos
se burlarán de ti, tu fama caída hasta el suelo!

6»Cada jefe en Israel que vive dentro de tus
murallas no piensa más que en el homicidio.
7Los padres y las madres son desdeñosamente
ignorados; se obliga a los inmigrantes y a las
visitas a pagarles por su "protección"; los huérfanos y las viudas son agraviados y oprimidos;
8las cosas de Dios son despreciadas; mis sábados
ignorados. 9Se acusa falsamente a los prisioneros y se les envía a la muerte. La cima de cada
montaña está llena de altares para los ídolos; la
lascivia está en todas partes. 10Hay hombres que
cometen adulterio con las esposas de sus padres y
se acuestan con mujeres menstruantes. 11El adulterio con la esposa de un vecino, una nuera, una
hermanastra, incluso el incesto es cosa común.
12Asesinos a sueldo, usureros y extorsionistas se
encuentran en todas partes. Ni siquiera piensan
en mí y mis instrucciones, dice el Señor Dios.

13»Pero ahora yo interrumpo y hago cesar tu
ganancia deshonesta y el derramamiento de
sangre. 14¿Cuán fuerte y valiente serás entonces,
cuando yo te llame a rendir cuentas por tu conducta? ¡Pues yo, el SEÑOR, he hablado, y haré todo
lo que he dicho! 15Te esparciré a través de todo
el mundo, y acabaré con la maldad dentro de ti.
16Serás deshonrada entre las naciones, y sabrás
que yo soy el SEÑOR».

17Luego el SEÑOR dijo esto:

18-20«Hombre mortal, el pueblo de Israel es
como la escoria sin valor que queda cuando la
plata es fundida. Es como la hez compuesta de
bronce, estaño, hierro y plomo. Por lo tanto el
SEÑOR Dios dice: "Por cuanto ustedes son escoria
sin valor, los traeré a mi crisol en Jerusalén, para
fundirlos con el fuego de mi cólera. 21Soplaré con
ese fuego sobre ustedes hasta que sean fundidos,
22y se fundirán como la plata en el calor intenso, y
sabrán que yo, el SEÑOR, he desahogado mi cólera
sobre ustedes"».

23Nuevamente me vino un mensaje del SEÑOR
diciendo:

24«Hombre mortal, di al pueblo de Israel: "En
el día que explote mi indignación tú serás como
el yermo sin limpiar, o el desierto sin lluvia".
25Tus "profetas" han conspirado contra ti como
leones buscando presa. Ellos acaban muchas
vidas, se apoderan de los bienes de la gente
humilde por medio de la extorsión y el chantaje,
multiplican las viudas en el país. 26Tus sacerdotes
han ignorado mis mandamientos y deshonrado mi templo y mi santidad no les ha merecido
ninguna consideración. Para ellos las cosas de
Dios no tienen más importancia que cualquier
tarea diaria. No han enseñado a mi pueblo la
diferencia entre el bien y el mal, y no toman en
cuenta mis sábados como días especiales, por
lo que mi nombre santo es ofendido constantemente por ellos. 27Tus jefes son como lobos
que desgarran a sus víctimas y destruyen vidas
para provecho propio. 28Tus "profetas" describen falsas visiones y transmiten falsos mensajes
pretendiendo que vienen de Dios, cuando él ni
siquiera les ha hablado una sola palabra. ¡Así
reparan los muros agrietados con cal! ¡Pura apariencia! 29Aun la gente común oprime y roba a
los pobres y necesitados y cometen extorsión contra los extranjeros. 30Yo busqué en vano alguien
que fuera justo y pudiera interceder a favor de
la ciudad, que sirviera como su protector, quien
pudiera colocarse en la brecha y defenderte de
mis justos ataques, pero no encontré a nadie.
31Por tanto el SEÑOR Dios dice: "Yo derramaré mi
cólera sobre ti, te destruiré con el poder de mi
cólera. Yo he acumulado sobre ti el castigo que
ahora recibirás".

Las dos hermanas adúlteras

23 Un mensaje del SEÑOR me vino otra vez,
diciendo:

2«Hombre mortal, hubo dos hermanas quienes
aún siendo jóvenes se volvieron prostitutas. 3En
Egipto fue donde desde muy jóvenes se entregaron a su lascivia. 4La mayor se llamaba Aholá, y
su hermana Aholibá (¡Estoy hablando de Samaria y Jerusalén!) 5Me casé con ellas, y me dieron
hijos e hijas. Pero luego Aholá se volvió a otros
dioses en vez de mí, y entregó su amor a los
asirios, vecinos suyos, 6pues eran todos jóvenes
atractivos, capitanes y comandantes, vestidos de
uniforme azul, cabalgando sobre sus caballos de
guerra. 7Y así ella cometió adulterio con ellos —
los hombres más escogidos de Asiria— rindiendo homenaje a sus ídolos, degradándose. 8Pues
cuando dejó Egipto, no perdió su gusto por la
prostitución, por lo que aún ahora es tan disoluta
como en su juventud, cuando los egipcios volca-
ron sus deseos impuros sobre ella y le robaron su
virginidad. 9Por ello la entregué en las garras de
los asirios cuyos dioses ella amaba tanto. 10Ellos
la desnudaron y mataron y se llevaron a sus hijos
como esclavos. Su nombre fue conocido por cada
mujer de la tierra como el de una pecadora que
había recibido lo que merecía.

11»Pero cuando Aholibá (Jerusalén) vio lo que
le había pasado a su hermana, en lugar de aprender de la mala experiencia, siguió adelante por el
mismo camino, y fue más desenfrenada aún que
su hermana. 12Se enamoró de sus vecinos asirios,
esos apuestos jóvenes montados sobre hermosos
caballos, esos oficiales del ejército con sus atractivos uniformes, todos ellos deseables 13Yo vi el
camino que ella seguía, siguiendo los mismos
pasos de su hermana mayor. 14,15En realidad, ella
se degradó aun más que Samaria, ¡pues hasta se
enamoró de cuadros que ella vio pintados sobre
una pared! Eran cuadros de militares babilónicos,
vestidos con uniformes de rojo llamativo, con
lindos cinturones y turbantes ondeantes sobre sus
cabezas. 16Cuando ella vio esos cuadros anheló
entregarse a los hombres allí retratados, así que
envió mensajeros a Caldea para invitarlos a venir
a ella. 17Y ellos vinieron y cometieron adulterio
con ella, contaminándola en su lecho de amor,
pero después ella los odió y quebró las relaciones con ellos. 18Y yo la desprecié, tal como había
despreciado a su hermana, pues ella se expuso
delante de ellos y se entregó a sus pasiones. 19Pero
eso no la molestó. Se entregó a prostituciones
aún mayores, pecando con los hombres sensuales
que recordaba de su juventud de prostituta en
Egipto. 20Y vivió enamorada de esos lujuriosos
que no piensan más que en orgías y violaciones.
21¡Y así celebraste aquellos días pasados cuando

como una doncella entregaste tu virginidad a aquellos de Egipto!

22»¡Y ahora el Señor Dios dice que se pondrá en tu contra, oh Aholibá (Jerusalén), esas mismas naciones de las que te alejaste disgustada! 23Pues los de Babilonia vendrán, y todos los caldeos de Pecod, Soa y Coa, y todos los asirios con ellos, jóvenes apuestos de alto rango, cabalgando sobre sus caballos de guerra. 24Vendrán contra ti desde el norte con carros de guerra y carretas llenas de pertrechos y un gran ejército armado hasta los dientes y listos para el ataque. Te rodearán por todos los costados hombres armados, y te dejaré a su merced para que hagan lo que quieran contigo. 25Y yo también estaré contra ti y te atacaré con furia, cortándote la nariz y las orejas. Los que sobrevivan serán rematados; tus hijos serán llevados como esclavos, y todo lo que quede será quemado. 26Ellos te despojarán de tus hermosos vestidos y de tus joyas. 27Y así haré cesar tu lujuria y prostitución que trajiste de la tierra de Egipto, y ya no más anhelarás Egipto y sus dioses.

28»Pues el Señor Dios dice: "¡Ciertamente te entregaré a tus enemigos, a aquellos que en un tiempo deseaste y ahora aborreces! 29Ellos procederán contigo con odio, y te robarán todo lo que posees, dejándote desnuda y a la intemperie. ¡La vergüenza de tu prostitución será expuesta ante todo el mundo!

30»"¡Acarreaste todo este castigo sobre ti por rendir homenajes a los dioses de otras naciones, contaminándote con todos sus ídolos! 31Has seguido los pasos de tu hermana, así que te castigaré con los mismos terrores que la destruyeron a ella. 32¡Sí, los terrores que cayeron sobre ella caerán sobre ti, y todos los sufrimientos que ella soportó también vendrán sobre ti! Y todo el mundo se burlará de ti por tu dolor.

33»Caminarás tambaleándote como una borracha, aturdida por los terribles golpes del dolor y la pena, tal como lo hiciera tu hermana Samaria. 34En gran angustia tomarás sobre ti todo ese sufrimiento como si bebieras de una gran copa llena de un líquido amargo hasta la última gota. Yo he hablado, dice el Señor.

35»"Por cuanto te has olvidado de mí y me has dado la espalda, deberás soportar las consecuencias de toda tu maldad".

36»Hombre mortal, debes acusar a Jerusalén y Samaria por todos sus terribles hechos. 37Porque ellas han cometido tanto adulterio como homicidio; han rendido homenaje a ídolos y han matado a los hijos que habían engendrado para mí, quemándolos como sacrificios rituales sobre sus altares. 38En el mismo día profanaron mi templo e ignoraron mis sábados, 39porque después de matar a sus hijos frente a sus ídolos, ese mismo día entraron a mi templo para rendirme homenaje a mí. ¡Eso muestra lo poco que se preocupan por mí!

40»Aun enviaron a tierras distantes por sacerdotes para que vinieran con otros dioses a quienes rendir homenaje también, ¡y ellos han llegado y han sido acogidos! Y ellas se han lavado, pintado sus párpados y puesto sus más finas joyas para agradarles a ellos. 41Se sentaron juntos sobre una cama hermosamente bordada y colocaron mi perfume suave y mi aceite sobre una mesa tendida delante de ustedes. 42De su aposento vino el sonido de muchos hombres alborotados, hombres sensuales y ebrios del desierto, que colocaron brazaletes sobre sus muñecas y hermosas coronas sobre sus cabezas. 43¿Cometerán adulterio con éstas que se han convertido en viejas prostitutas? 44¡Eso es lo que hicieron! Entraron a ellas —Samaria y Jerusalén, estas prostitutas desvergonzadas— con todos los bríos de hombres sensuales que visitan prostitutas. 45Pero los justos de todas partes las juzgarán por lo que son en realidad: adúlteras y homicidas. Ellos les proporcionarán las sentencias que la ley demanda.

46»El Señor Dios dice: Traigan un ejército contra ellas y entréguenlas para ser aplastadas y despreciadas. 47Pues sus enemigos las apedrearán y matarán con espadas; destrozarán a sus hijos e hijas y prenderán fuego a sus hogares. 48Así haré cesar la lujuria e idolatría del país; mi juicio será un escarmiento contra la idolatría para todos los pueblos. 49Porque recibirán el castigo que se merecen por todo el adulterio y la devoción de ídolos que realizan. Entonces sabrán que yo solo soy el Señor».

La olla hirviente

24 Un día a fines de diciembre del noveno año del cautiverio del rey Joaquín me vino otro mensaje del Señor.

2«Hombre mortal, me dijo, escribe esta fecha, pues hoy el rey de Babilonia ha atacado a Jerusalén. 3Y ahora entrega esta parábola a estos rebeldes de Israel. Diles que el Señor Dios dice: "Coloquen una olla sobre el fuego para hervir. 4Llénenla con carne de carnero escogida: el cuarto trasero, la espalda y todos los cortes más tiernos. 5Usen sólo los mejores carneros del rebaño, y apilen la leña sobre el fuego debajo de la olla. Cuezan la carne bien, hasta que se desprenda de los huesos".

6»Pues el Señor Dios dice: "¡Ay de Jerusalén, Ciudad de Homicidas, tú eres como una olla herrumbrosa y desportillada! Luego saca la carne trozo a trozo en cualquier orden que venga, pues ninguna parte es mejor que otra. 7Porque su maldad es evidente a todos, audazmente da muerte a quien le da la gana, dejando sangre de las víctimas sobre las rocas a la vista de todos;

ni siquiera procura cubrirla. 8Y yo la he dejado
allí sin cubrir; para que esa sangre sea como una
acusación a mí contra ella y despierte mi cólera
y deseos de someterla a juicio severo.
9»"¡Ay de Jerusalén, Ciudad de Homicidas, api-
laré la leña debajo de ella! 10Amontona la leña,
deja que el fuego arda y la olla hierva. Que se
cueza bien la carne y luego vacía la olla y quema
los huesos. 11Déjala vacía sobre las brasas para que
se queme su herrumbre y todas las adherencias
de comida. 12¡Pero de nada vale, no desaparece su
suciedad e impureza a pesar del fuego ardiente!
13¡Es la herrumbre y corrupción de tu lascivia
sucia, de la devoción de los ídolos! ¡Y ahora, puesto que quise limpiarte y te rehusaste, permanece
sucia hasta que mi cólera haya enviado todos
sus castigos sobre ti! 14¡Yo, el SEÑOR, lo he dicho,
sucederá así, yo lo haré!"»

Muerte de la esposa de Ezequiel

15De nuevo me vino un mensaje del SEÑOR,
diciendo:
16«Hombre mortal, voy a quitarte tu hermosa
esposa. Repentinamente ella morirá. Sin embargo, no debes mostrar ningún dolor. No llores;
no le guardes luto. 17Puedes suspirar, pero en
forma silenciosa. Que no haya duelo ni llanto
ante su tumba, no te descubras la cabeza ni los
pies como es la costumbre en estos casos, ni tampoco aceptes la comida que te traigan los amigos
para consolarte».
18Yo proclamé esto al pueblo por la mañana, y
a la tarde murió mi esposa. A la mañana siguiente hice todo lo que el SEÑOR me había mandado.
19Luego la gente preguntó:
«¿Qué significa todo esto? ¿Qué pretendes
comunicarnos con tu actitud?»
20,21Yo respondí: «El SEÑOR me mandó decir
al pueblo de Israel: "Yo destruiré mi hermoso
templo, el cual representa la fuerza de la nación.
Y sus hijos e hijas en Judea serán muertos por
herida de espada. 22Y harán como he hecho yo;
no pueden hacer duelo en público o consolarse
comiendo la comida traída por aquellos que se
compadecen de ustedes. 23Sus cabezas y pies no
serán descubiertos como es la costumbre, no
harán duelo ni llorarán. Pero lamentarán los
unos por los otros por sus maldades y harán
duelo a solas por todo el mal que han hecho.
24Ezequiel es un ejemplo para ustedes, dice el
SEÑOR Dios. Harán como él ha hecho. Y cuando
venga ese momento, entonces sabrán que yo soy
el SEÑOR".
25»Hombre mortal, en el día en que yo termine de quitarles en Jerusalén el gozo de sus
corazones y su orgullo y alegría —me refiero
a sus esposas e hijos e hijas—, 26en ese día un
refugiado de Jerusalén comenzará su viaje hasta
Babilonia para contarte lo que ha pasado. 27Y en
el día de su llegada, tu voz de pronto retornará
a ti para que puedas hablar con él. Y tú serás
un símbolo para esta gente y ellos sabrán que
yo soy el SEÑOR».

Profecía contra Amón

25 Luego me llegó un mensaje del SEÑOR
otra vez:
2«Hombre mortal, dirige tu vista hacia la tierra
de Amón y profetiza contra su pueblo. 3Diles:
Escuchen lo que el SEÑOR Dios dice: "¡Por cuanto
se burlaron cuando mi templo fue destruido, y
se burlaron de Israel en su angustia, y se rieron
de Judá cuando fue llevada cautiva, 4yo permitiré que los beduinos del desierto, los que viven
al oriente de ustedes, invadan su tierra! Ellos
establecerán sus campamentos entre ustedes, se
comerán sus frutos y beberán su leche. 5Y convertiré la ciudad de Rabá en pastizal de camellos
y toda la tierra de los amonitas en terreno abandonado que solo servirá para apacentar rebaños
de ovejas. Entonces sabrán que yo soy el SEÑOR".
6»Pues el SEÑOR Dios dice: "¡Por cuanto aplaudieron y bailotearon y vitorearon alegremente
ante la destrucción de mi pueblo, 7yo te castigaré con mucho rigor, entregándolos a muchas
naciones para ser maltratados! Los haré desaparecer como nación para siempre, los destruiré, y
entonces sabrán que yo soy el SEÑOR"».

Profecía contra Moab

8Y el SEÑOR Dios dice: «¡Puesto que los moabitas han dicho que Judá no está mejor que ninguna otra nación, 9,10yo atacaré el flanco oriental
de Moab, destruyendo sus ciudades fronterizas,
que son el gran orgullo de la nación, Bet Yesimot,
Baal Megón y Quiriatayin! Y tribus beduinas del
desierto al oriente se desparramarán por ellas,
tal como lo harán con Amón. Y Moab no existirá más entre las naciones. 11Así haré sentir mi
juicio sobre los moabitas, y ellos sabrán que yo
soy el SEÑOR».

Profecía contra Edom

12Y el SEÑOR Dios dice: «¡Por cuanto el pueblo de
Edom ha causado tanto daño al vengarse sobre
el pueblo de Judá, 13yo le causaré mucho daño
a Edom y exterminaré su gente, su ganado y
sus rebaños! ¡Habrá mucha destrucción desde
Temán hasta Dedán! 14Y el instrumento de mi
venganza será mi pueblo Israel. Ellos ejecutarán
mi tremenda venganza».

Profecía contra los filisteos

15Y el SEÑOR Dios dice: «¡Por haber actuado los
filisteos contra Judá con tanta violencia, con un
odio añejado, 16yo causaré ahora mucho daño en
sus territorios, y borraré a los quereteos del mapa

y destruiré completamente aquellos que habitan al lado de la costa del mar! 17Llevaré a cabo mi terrible venganza sobre ellos para reprenderlos por lo que han hecho contra mi pueblo. Y cuando todo esto suceda, entonces sabrán que yo soy el SEÑOR».

Profecía contra Tiro

26 Otro mensaje me vino del SEÑOR en el primer día del mes, en el onceavo año después que el rey Joaquín fue llevado al cautiverio:

2«Hombre mortal, Tiro se ha puesto muy contenta por la caída de Jerusalén, diciendo: «¡Bien! ¡Ella, que controlaba las lucrativas rutas comerciales de norte a sur a lo largo de la costa y a lo largo del curso del río Jordán, ha sido quebrada, y yo soy la heredera! ¡Por cuanto ella ha sido desolada, yo me aprovecharé y llegaré a ser rica!»

3Por lo tanto el SEÑOR Dios dice: «¡Yo estoy aquí contra ti, Tiro! Traeré naciones en guerra contra ti como si fueran olas del mar. 4Ellas destruirán las murallas de Tiro y echarán por los suelos sus torres defensivas. ¡Barreré con todo hasta que la ciudad se vea como una roca desnuda! 5Llegará a ser como una isla deshabitada, un lugar donde los pescadores tiendan sus redes, pues yo he hablado, dice el SEÑOR. Tiro llegará a ser la presa de muchas naciones, 6y sus pueblos y caseríos de alrededor también serán destruidos con violencia. Entonces sabrán que yo soy el SEÑOR».

7Pues el SEÑOR Dios dice: «¡Yo traeré a Nabucodonosor, rey de Babilonia —el rey más poderoso de las naciones del norte— contra Tiro con un gran ejército y poderosa caballería y muchos carros de guerra! 8Primero destruirá tus suburbios, luego atacará la ciudad en tierra firme construyendo un cerco militar y atacando luego de sorpresa con toda su furia contra ella. 9Él colocará arietes contra tus murallas y con mazos demolerá tus fuertes defensivos. 10Los cascos de su caballería levantarán una polvareda sofocante y tus murallas temblarán al retumbe de su galope cuando entren a través de las puertas de la ciudad rotas, arrastrando carros de guerra tras ellos. 11Los jinetes ocuparán cada calle de la ciudad; darán muerte a tu gente con sus filosas espadas y tus famosos y enormes pilares serán demolidos con facilidad. 12Entonces saquearán todas tus riquezas y mercaderías y derribarán tus murallas. Destruirán tus hermosas casas y botarán tus piedras y maderas, y aun el polvo, en el mar. 13Haré cesar la música de tus cantos; ya no tendrás más motivos para organizar alegres fiestas. 14Haré que tu territorio quede como si fuera una roca desnuda, un lugar sólo útil para tendedero de redes de los pescadores. No serás jamás reconstruida, pues yo, el SEÑOR, lo he dicho.

15»El país entero temblará con tu caída; los heridos gritarán en medio del estruendo de la matanza. 16Entonces todos los soberanos de los puertos de mar descenderán de sus tronos y se quitarán sus hermosas vestimentas y se sentarán sobre el suelo temblando de miedo por lo que han visto, asombrados y atónitos por lo que te ha sucedido. 17Y ellos llorarán por ti, cantando esta endecha: "¡Oh poderosa ciudad-isla, con tu poderío naval que infundía terror a las ciudades de la tierra firme, cómo has desaparecido de los mares! 18¡Cómo temblarán las islas ante tu caída! ¡Todos observan espantados lo que te ha sucedido!"»

19El SEÑOR Dios dice: «¡Yo arrasaré a Tiro hasta el suelo! ¡Te hundiré bajo las olas terribles del ataque enemigo! ¡Grandes mares te tragarán! 20Te enviaré al fondo del abismo del infierno para permanecer allí con aquellos que están ahí desde mucho tiempo antes. Tu ciudad quedará en ruinas, muerta, como los cadáveres de aquellos que entraron en el mundo del más allá de los muertos. Nunca más serás poblada o tendrás hermosura aquí en la tierra de los vivientes. 21Te conduciré hacia un fin terrible; por más esfuerzos que se hagan, nadie podrá encontrarte, dice el SEÑOR».

Lamento por la caída de Tiro

27 Luego me vino este mensaje de parte del SEÑOR:

2«Hombre mortal, canta esta triste canción por Tiro:

3¡Oh poderosa ciudad porteña, centro comercial de toda la costa, el SEÑOR Dios habla! Tú dices: "Yo soy la ciudad más hermosa de todo el mundo". 4Tú has extendido tus límites aun sobre el mar; tus arquitectos te han hecho construcciones maravillosas. 5Eres como un barco construido de la madera más fina del SEÑOR. Tomaron un cedro del Líbano para hacerte el mástil. 6Tus remos están hechos de robles de Basán. Las paredes de tu cabina son de ciprés de la costa sur de Chipre. 7Tus velas están hechas del lino más fino de Egipto. Estás parada debajo de cubiertas de lienzo con colores brillantes, con anilinas púrpuras y escarlatas traídas de la parte oriental de Chipre. ¡Todo lo mejor de lo mejor!

8Tus marineros vinieron de Sidón y de Arvad; tus timoneles son hombres hábiles de Zemer. 9Sabios y experimentados artesanos de Guebal calafatean tus junturas. Naves vienen de todas las naciones con mercaderías para intercambiar y negociar contigo. 10Tu ejército incluye mercenarios de la lejana Persia, Lidia y Fut. Ellos te sirven; es un orgullo para ti que sus escudos estén colgados sobre tus paredes; es la mayor de tus honras.

11»De Arvad y Jelec son los centinelas que
vigilan sobre tus murallas; tus torres defensivas
están guarnecidas con hombres gamadeos. Sus
escudos cuelgan fila tras fila sobre las murallas
de tu ciudad coronando tu gloria, mostrando tu
gran poderío. 12De Tarsis proceden toda clase de
riquezas para tus mercados: plata, hierro, estaño y plomo. 13Comerciantes de Javán, Tubal y
Mésec traen esclavos y utensilios de bronce para
comerciar en tus mercados y bazares, 14en tanto
que de Bet Torgama proceden caballos para los
carros de guerra, corceles y mulas.

15Comerciantes vienen a ti desde Rodas, y
muchas tierras costeras son tus mercados seguros, quienes te pagan con ébano y marfil. 16Edom
envía a sus mercaderes para comprar tus muchas
mercaderías. Ellos traen para negociar esmeral-
das, anilinas púrpuras, bordados, lino fino y joyas
de coral y ágata. 17Judá y las ciudades en lo que
era una vez el reino de Israel envían mercaderes
con trigo de Minit y Panag, y con miel, aceite
y bálsamo. 18Damasco viene también. Ella trae
vinos de Jelbón y lana blanca siria para negociar
por la rica variedad de mercaderías que tú produ-
ces. 19Dan y Javán traen hilo árabe, hierro labrado, casia y caña aromática, 20mientras Dedán
trae caros paños para las monturas de caballos.

21»Los árabes y los ricos príncipes mercaderes
de Cedar te traen corderos, carneros y cabras.
22Los mercaderes de Sabá y de Ragama vienen
con toda clase de especias, joyas y oro. 23Jarán,
Cané, Edén, Asiria y Quilmad también envían sus
mercaderías. 24Ellos traen para negociar escogidas telas, telas azules, bordados y alfombras
de muchos colores, enlazados con cordones y
asegurados. 25Las naves de Tarsis son como tus
caravanas de mar; ¡tus depósitos en la isla están
llenos hasta el tope!

26»¡Pero ahora tus estadistas conducen tu
barco, es decir, los negocios del reino, hacia un
desastroso huracán! ¡Tu poderosa nave peligra
ante la fuerte tormenta que viene del este, y sufres
el naufragio en medio de los mares! 27¡Todo está
perdido! ¡Tus riquezas y mercaderías, tus marineros y pilotos, tus constructores de barcos y
mercaderes, soldados y toda la gente se hunden
en el mar en el día de tu ruina inmensa! 28¡Las
ciudades vecinas tiemblan ante el sonido de tus
pilotos que gritan de miedo! 29¡Todos tus marineros que estaban en alta mar vienen a tierra y
observan desde la costa, 30llorando amargamente, echando polvo sobre sus cabezas y revolcán-
dose en cenizas! 31¡Se rapan las cabezas en señal
de duelo y se visten de saco y lloran por ti con
profunda amargura y desesperación!

32»Y este es su canto triste que te dedican:
"¿Dónde en todo el mundo hubo jamás una
ciudad tan maravillosa como Tiro, la que fue
destruida en medio del mar? 33Tus mercaderías
satisfacían las necesidades de muchas naciones.
Reyes de los reinos más lejanos de la tierra se
regocijaban en las riquezas que tú les enviabas.
34Ahora yaces quebrantada bajo el mar; toda tu
mercadería y tu tripulación han perecido contigo.
35Todos los que viven sobre las costas observan,
incrédulos. Sus reyes están espantados y miran
con caras demudadas. 36Los mercaderes de las
naciones menean sus cabezas, pues tu destino
es terrible, has perecido para siempre"».

Profecía contra el rey de Tiro

28 Aquí hay otro mensaje que me fue dado
por el SEÑOR:

2«Hombre mortal, di al príncipe de Tiro: Dios
el SEÑOR dice: ¡Eres tan orgulloso que te crees dios,
sentado sobre el trono de un dios en tu hogar
en la isla en medio de los mares! Pero sólo eres
un hombre, y no un dios, aunque te jactas de
ser como dios. 3Te crees más sabio que Daniel,
y piensas que ningún secreto está escondido de
ti. 4Has empleado tu sabiduría y entendimiento
para obtener gran riqueza, oro, plata y muchos
otros tesoros. 5Sí, tu sabiduría te ha hecho muy
rico y muy orgulloso».

6Por tanto el SEÑOR Dios dice: «Por cuanto
pretendes que eres tan sabio como Dios, 7¡un
poderoso ejército enemigo, el terror de las naciones, repentinamente desenvainará sus espadas
contra tu maravillosa sabiduría y echará por
tierra tu esplendor! 8Ellos te llevarán al sepulcro
sufriendo la muerte de los náufragos. 9En aquel
entonces ¿te jactarás como si fueras un dios? ¡Por
lo menos para esos invasores no serás ningún
dios, sino meramente un hombre! ¡Las heridas
que te hagan las espadas te lo mostrarán con toda
claridad! 10Morirás como cualquier criminal a
manos de extranjeros, porque yo lo he decidido,
dice el SEÑOR Dios».

11Entonces este mensaje adicional me vino del
SEÑOR:

12«Hombre mortal, entona una canción triste
por el rey de Tiro. Dile que el SEÑOR Dios dice:
¡Tú eras la perfección de sabiduría y hermosura!
13Estabas en el Edén, el jardín de Dios, tu vestidura estaba adornada con toda piedra preciosa:
rubí, topacio, diamante, crisolito, ónice, jaspe,
zafiro, carbunclo y esmeralda, todas engastadas
en el oro más fino. Ello te fue dado en el día que
fuiste creado. 14Te designé como el querubín, un
ser celestial de gran dignidad, protector, personaje de gran alcurnia. Tenías acceso al santo monte
de Dios. Caminabas en medio de las piedras de
fuego, ningún lugar estaba restringido para ti.

15»Eras perfecto en todo lo que hacías desde el
día que fuiste creado, hasta aquel momento en
que se halló maldad en ti. 16Tu gran riqueza te

llenó de inquietud interior y empezaste a cometer falta tras falta. Por lo tanto yo te eché del monte de Dios como a un infractor cualquiera. ¡Yo te desalojé, oh querubín protector, de ese lugar privilegiado donde habitabas!

17»Se te subieron los humos a causa de toda tu hermosura; tu sabiduría te volvió engreído y perdiste tu esplendor. Por ello te he echado por los suelos y expuesto tu miserable situación ante la mirada curiosa de los reyes. 18No fuiste consecuente con tu estatus privilegiado y codiciaste ganancias injustas, por lo que saqué fuego de tus propias acciones y dejé que te consumiera hasta las cenizas sobre la tierra, a la vista de todos aquellos que te observaban. 19¡Todos los que te conocen están asombrados ante tu triste destino, eres un escarmiento para ellos, estás destruido para siempre!»

Profecía contra Sidón

20Luego me vino otro mensaje del SEÑOR:

21«Hombre mortal, mira hacia la ciudad de Sidón y profetiza contra ella. Dile: 22El SEÑOR Dios dice: "¡Yo soy tu enemigo, oh Sidón, y haré una demostración de mi poder contra ti! Cuando yo te destruya y muestre mi furia sobre ti, entonces todos los que lo vean sabrán que yo soy el SEÑOR.

23»"Enviaré una epidemia y un ejército para destruirte. Los heridos serán rematados en tus calles por las tropas enemigas por todos lados. Entonces sabrás que yo soy el SEÑOR. 24Ya no más tú y las otras naciones vecinas de Israel serán una amenaza permanente, como un aguijón punzante y un espino desgarrador para ella, aunque antes la despreciaban y trataban con gran desdén".

25»El pueblo de Israel de nuevo vivirá en su propia tierra, la tierra que yo di a su antepasado Jacob. Porque yo los recogeré de vuelta de las tierras distantes donde los he esparcido y mostraré a las naciones del mundo mi santidad, manifiesta a través de mi pueblo, cuando tendremos una relación de exclusividad. 26Y habitarán seguros en Israel, y construirán sus hogares y plantarán sus viñas, y disfrutarán de todo en seguridad. Cuando yo castigue a las naciones en torno a ella que la trataron con tal desdén, entonces ellas sabrán que yo soy el SEÑOR su Dios».

Profecía contra Egipto

29 A fines de diciembre del décimo año del encarcelamiento del rey Joaquín, me vino este mensaje del SEÑOR:

2«Hombre mortal, dirige tu mirada hacia Egipto y profetiza contra el faraón su rey y todo su pueblo. 3Comunícales que el SEÑOR Dios dice: "¡Yo soy tu enemigo, faraón, rey de Egipto, quien te crees poderoso dragón echado en medio de tus ríos! Pues tú has dicho: '¡El Nilo es mío, yo lo he hecho para mí mismo!' 4Yo pondré garfios en tus quijadas y te sacaré hacia tierra con peces adheridos a tus escamas. 5Luego te dejaré a ti y a todos los peces desamparados en el desierto para morir, y no serás sepultado, pues yo te he dado como alimento para las fieras y las aves. 6Este castigo es debido a que te doblaste cuando Israel solicitó tu ayuda (en vez de confiar en mí), entonces todos sabrán que yo soy el SEÑOR. 7Israel se apoyó sobre ti, pero tú te quebrantaste como cayado resquebrajado y así descoyuntaste su hombro, haciéndolo doblarse por el dolor".

8»Por lo tanto el SEÑOR Dios dice: "¡Yo traeré un ejército poderoso contra ti, oh Egipto, y destruiré tanto a las personas como a los animales! 9La tierra de Egipto llegará a ser un yermo desolado, por tu arrogancia de pensar que tú hiciste el río Nilo y que era de tu pertenencia exclusiva, y entonces los egipcios sabrán que yo, el SEÑOR, lo he hecho. 10Yo estoy contra ti y tu río, y destruiré completamente la tierra de Egipto desde Migdol hasta Asuán, y tan al sur como la frontera con Etiopía. 11Por cuarenta años ni un ser viviente pasará por allí, ni personas ni animales; estará completamente despoblado. 12Yo haré de Egipto tierra desolada, rodeada por naciones desoladas, sus ciudades yacerán desiertas también durante cuarenta años. Y yo enviaré a los egipcios al exilio en otras tierras"».

13Pero el SEÑOR Dios dice que al final de los cuarenta años él traerá a los egipcios de regreso de las naciones a las cuales ellos serán desterrados. 14Y dice también: «Restauraré las fortunas de Egipto y traeré a su pueblo de vuelta a la tierra de Patros en el sur de Egipto donde nacieron, pero será un reino menor, poco importante. 15Será la más humilde de todas las naciones; nunca más le declarará la guerra a otras naciones, pues nunca más tendrá Egipto suficiente poder para ello.

16»De esta manera Israel no volverá a poner su esperanza en Egipto. Siempre que piense solicitarle ayuda, recordará su error al haberla buscado antes. Entonces Israel sabrá que sólo yo soy el SEÑOR».

17En el vigésimo séptimo año del cautiverio del rey Joaquín, a mediados de marzo, me vino este otro mensaje del SEÑOR:

18«Hombre mortal, el ejército del rey Nabucodonosor de Babilonia peleó fuertemente contra Tiro. Las cabezas de los soldados se volvieron calvas de llevar pesados cestos de tierra sobre ellas; sus hombros estaban pelados y ampollados por el peso de las piedras acarreadas para poner el sitio. Y Nabucodonosor no recibió ninguna compensación y no pudo pagar al ejército por todo este trabajo. 19Por lo tanto, el SEÑOR Dios dice: Yo le daré la tierra de Egipto a Nabucodo-

nosor, rey de Babilonia, y él tomará sus riquezas,
apropiándose de todo lo que ella tiene, para su
ejército. 20Sí, yo le he dado la tierra de Egipto
como su salario, pues él estuvo trabajando para
mí durante estos trece años en Tiro, dice el SEÑOR.
21»En ese tiempo también haré que resurja el
antiguo poderío de Israel, y entonces por fin sus
palabras serán respetadas, y Egipto sabrá que
yo soy el SEÑOR.

Lamento por Egipto

30 Otro mensaje del SEÑOR:
2«Hombre mortal, profetiza: El SEÑOR
Dios dice: ¡Lloren porque el terrible día, el día
del juicio del SEÑOR ya casi ha llegado! 3Será un
día de nubarrones y oscuridad, día de desesperación para las naciones. 4Un ejército terrible caerá
sobre Egipto, y la matanza que hará será tan
grande que los muertos cubrirán las calles. Sus
riquezas le serán quitadas a Egipto, sus cimientos
destruidos. 5También Etiopía, Fut, Lud, Arabia,
Libia y todos los países en liga con ellos serán
destruidos en esa guerra».
6Pues el SEÑOR Dios dice: «¡Todos los aliados
de Egipto también caerán, y así será doblada
su arrogancia de considerarse invencible! Desde Migdol hasta Asuán caerán abatidos por los
ejércitos enemigos. 7Ella será desolada, rodeada
por naciones desoladas, y sus ciudades estarán
en ruinas, rodeadas por otras ciudades en ruinas.
8Y ellos sabrán que yo soy el SEÑOR cuando haya
prendido fuego a Egipto y destruido a sus aliados.
9»En ese tiempo enviaré mensajeros veloces
con esta terrible noticia para difundir pánico
entre los etíopes; ellos se llenarán de miedo cuando sepan del castigo aplicado contra Egipto. Todo
esto sucederá».
10Pues el SEÑOR Dios dice: «¡Nabucodonosor,
rey de Babilonia, destruirá personas y bienes de
Egipto! 11Él y sus ejércitos —el terror de las naciones— son enviados para demoler las naciones de
la tierra. Ellos lucharán contra Egipto y cubrirán
la tierra con los muertos en combate.
12»Yo secaré el río Nilo y venderé la tierra
entera de Egipto a hombres perversos. Yo destruiré a Egipto y todo lo que hay allí, utilizando
a los extranjeros para hacerlo. Yo, el SEÑOR, lo
he dicho.
13»¡Haré pedazos los ídolos de Egipto y las imágenes de Menfis, y no habrá faraón en Egipto!
¡Reinará sólo la anarquía, sin quien tome las
riendas del gobierno!
14»Las ciudades de Patros (en la parte superior
del Nilo), Zoán y Tebas yacerán en ruinas después de mi castigo. 15Y también derramaré mi
furia sobre Sin, la más fuerte fortaleza de Egipto,
y exterminaré a la gente de Tebas.
16«¡Sí, pondré fuego a Egipto! Sin estará ator-
mentada de dolor, Tebas será destrozada, Menfis
temblará de terror diariamente. 17Los jóvenes de
On y de Bubastis morirán a causa de la guerra y
las mujeres serán llevadas como esclavas; serán
tiempos de desgracia. 18Cuando yo venga para
quebrar el poder de Egipto será un día tenebroso
en Tafnes también; una nube oscura la cubrirá y
sus hijas serán llevadas cautivas. 19Y así castigaré
de manera ejemplar a Egipto y ellos sabrán que
yo soy el SEÑOR».
20Un año más tarde, a mediados de marzo del
año décimoprimero del cautiverio del rey Joacín,
me vino este mensaje del SEÑOR:
21«Hombre mortal, yo he quebrado el brazo
del faraón, rey de Egipto, esto es, a su poderoso
ejército, y no ha sido vendado ni entablillado ni
enyesado para que no tenga suficiente fuerza
para sostener de nuevo una espada. 22Pues el
SEÑOR Dios dice: Yo estoy contra el faraón, rey de
Egipto, y quebraré sus dos brazos, el fuerte y el
que había quebrado antes, y haré que su espada,
su poderoso ejército, caiga ruidosamente en tierra. 23Y desterraré a los egipcios en muchas naciones. 24Y entonces fortaleceré los brazos del rey de
Babilonia y colocaré mi espada en su mano. Pero
quebraré los brazos del faraón, rey de Egipto, y
él gemirá delante del rey de Babilonia como uno
que ha sido herido de muerte.
25»Yo fortaleceré las manos del rey de Babilonia, mientras los brazos del faraón caerán
inútiles a sus costados. ¡Sí, cuando yo coloque
mi espada en la mano del rey de Babilonia, y él
la esgrima sobre la tierra de Egipto, Egipto sabrá
que yo soy el SEÑOR! 26Esparciré a los egipcios
desterrados entre las naciones; entonces ellos
sabrán que yo soy el SEÑOR».

El cedro del Líbano

31 A mediados de mayo del año undécimo
del cautiverio del rey Joacín, me vino este
mensaje del SEÑOR:
2«Hombre mortal, pregúntale al faraón, rey de
Egipto, y a todo su pueblo: "¿Con quién les gustaba compararse cuando estaban en el punto más
alto de su poderío? 3¡Tú eres como Asiria lo fue,
una nación grande y poderosa, como un cedro
del Líbano, llena de frondosas ramas, con su copa
tan alta que llegaba hasta las nubes! 4Sus raíces
penetraban profundamente en la tierra húmeda, crecía en forma exuberante y mandaba sus
acequias de agua a todos los árboles en derredor. 5Sobrepasaba a todos los demás árboles, se
multiplicaron sus ramas y su fronda se extendió
gracias a toda el agua que tenían sus raíces. 6Las
aves hacían sus nidos en sus ramas, y a su sombra
los rebaños y el ganado se reproducían. Todas
las grandes naciones del mundo vivían bajo su
sombra protectora. 7Era fuerte y hermoso, pues
sus raíces penetraban hondo hasta el agua. 8Este
árbol era más alto que cualquier otro en el jardín

de Dios; ningún ciprés tenía ramas iguales, ni su fronda podía compararse; ninguno lo igualaba en hermosura. 9Por la magnificencia que yo le había dado, él era la envidia de todos los demás árboles del Edén, el jardín de Dios.

10»"Pero Egipto se ha vuelto orgulloso y arrogante, dice el Señor Dios. Entonces, ya que se ha puesto tan por encima de los demás, alcanzando las nubes, 11yo lo entregaré en poder de una poderosa nación para destruirlo como merece su arrogancia. ¡Yo mismo lo talaré! 12Un ejército extranjero, el de Babilonia —el terror de las naciones—, invadirá su tierra y lo talará, dejándola caído sobre la tierra. Sus ramas serán esparcidas por las montañas, valles y ríos de su tierra. Todos aquellos que viven bajo su sombra se alejarán y lo dejarán secándose allí donde cayó. 13En lo que quede por los suelos sólo podrán poner sus nidos algunas aves y su refugio algunas fieras. 14¡Que ninguna otra nación se regocije con orgullo por su propia prosperidad, aunque sea más alta que las nubes, pues todas están sentenciadas y caerán estrepitosamente junto con todos los hombres orgullosos del mundo!"»

15El Señor Dios dice: «¡Cuando Egipto cayó, hasta la naturaleza sufrió por ello, hice que los océanos hicieran duelo por él y restringieran sus mareas! Vestí al Líbano de negro e hice llorar a sus árboles. 16Hice temblar a las naciones con temor ante lo estrepitoso de su caída, porque lo arrojé al abismo de la muerte junto con todas aquellas naciones que eran como él. Y todos los otros árboles orgullosos del Edén, los más escogidos y mejores del Líbano, aquellos cuyas raíces penetraban profundamente hasta las corrientes subterráneas, se consuelan al encontrarlo allí junto a ellas en el abismo de la muerte. 17Sus aliados también están todos destruidos y perecen con él. Ellos descendieron con ella al mundo inferior, aquellas naciones que habían vivido bajo su sombra protectora.

18»¡Oh Egipto, tú eres grande y glorioso entre los árboles del Edén, las naciones del mundo! ¡Pero serás abatido hasta el abismo de la muerte junto con todas estas otras naciones! Estarás entre las naciones que desprecias, liquidadas en la guerra. Éste es el destino que le espera al faraón y a toda su innumerable gente, dice el Señor».

Lamento por el faraón

32 A mediados de febrero del año décimosegundo del cautiverio del rey Joaquín, me vino este mensaje del Señor:

2«Hombre mortal, haz duelo por el faraón, rey de Egipto, y dile: "¡Te consideras como un joven y poderoso león entre las naciones, como un cocodrilo a orillas del Nilo, haciendo burbujas y enturbiando la corriente con tus violentos coletazos!"»

3El Señor Dios dice: «¡Yo enviaré un gran ejército de muchas naciones aliadas para atraparte con mi red! 4Te sacaré y te dejaré varado en tierra para morir. Y todas las aves de los cielos se posarán sobre ti y las fieras de toda la tierra te devorarán hasta saciarse. 5Y cubriré los montes con tu carne y llenaré los valles con tus huesos. 6Y regaré la tierra con tu sangre, llenando los torrentes hasta las cimas de las montañas. 7Y cuando haya acabado contigo se nublarán los cielos y dejará de verse el brillo de las estrellas. Cubriré el sol con una nube, y la luna no dará su luz; ¡todo el mundo dará señales de tu caída! 8¡Sí, habrá oscuridad en toda la tierra, aun los astros brillantes serán entenebrecidos sobre ti!

9»Y cuando yo te destruya habrá dolor en muchos corazones entre las naciones distantes que tú jamás has visto, donde irán llegando a refugiarse tus sobrevivientes. 10¡Sí, el terror se apoderará de muchas tierras, y sus reyes tendrán miedo a causa de todo lo que yo te hago! ¡Temblarán de terror cuando yo vuelva mi atención y juicio contra ellos! ¡Ellos temblarán por sus vidas en el día de tu caída!»

11Pues el Señor Dios dice: «¡El poderoso ejército del rey de Babilonia vendrá sobre ti! 12Te destruiré con el poderoso ejército de Babilonia, mi instrumento, el terror de las naciones. Haré pedazos el orgullo de Egipto y acabaré con su pueblo; todos perecerán. 13Destruiré todos tus rebaños y el ganado que se apacientan al lado de los arroyos, y ni ser humano ni animal enturbiarán más esas aguas. 14Por lo tanto, después las aguas de Egipto serán tan cristalinas y fluirán tan plácidamente como si fueran aceite de oliva, dice el Señor Dios.

15»Y cuando yo destruya a Egipto y elimine todo lo que tiene, entonces sabrá que yo, el Señor, lo he hecho. 16¡Sí, llora por las penas de Egipto! ¡Todas las naciones lloren por Egipto y su pueblo!, dice el Señor».

17Dos semanas más tarde me vino otro mensaje del Señor. Me decía:

18«Hombre mortal, llora por el pueblo de Egipto y por las otras naciones poderosas. Envíalas al mundo inferior, entre los habitantes del mundo de la muerte. 19¿Qué nación es tan bella como tú, oh Egipto? Sin embargo, tu destino es el abismo; yacerás al lado de gente que desprecias. 20¡Los egipcios morirán entre las multitudes muertas por herida de espada, porque el ejército enemigo está listo como espada desenvainada contra la tierra de Egipto! ¡Egipto será traído a juicio! 21¡Los que eran poderosos guerreros que se encuentran en el mundo inferior lo acogerán al llegar junto con todos sus amigos, para yacer allí al lado de las naciones que despreció, todas víctimas de heridas de espada!

22»Los príncipes de Asiria yacen allí rodeados por los sepulcros de su gente, aquellos que las heridas de espada han matado. 23Sus sepulcros están en las profundidades del mundo de la muerte, rodeados por sus antiguos aliados. Todos estos hombres poderosos, quienes una vez sembraron el terror por todos lados, están ahora muertos.

24»Grandes reyes de Elam yacen allí con su gente. Mientras vivían azotaron a las naciones, y ahora yacen deshechos en sus sepulcros; su destino es el mismo que aquél de la gente común y corriente. 25Ellos tienen un lugar de descanso entre los muertos, rodeados de los sepulcros de toda su gente. ¡Sí, ellos aterrorizaron las naciones mientras vivían, pero ahora yacen en vergüenza, en el reino de la muerte! ¡Ahora están en las mismas condiciones de aquellos que ellos mismos mataron!

26»Los príncipes de Mésec y Tubal están también allí, rodeados de los sepulcros de todos sus ejércitos —todos ellos idólatras— quienes una vez sembraron el terror por todas partes; ahora yacen muertos. 27Están sepultados en una fosa común, y no como los señores caídos quienes son sepultados con gran honor con sus armas de guerra a su lado y sus escudos cubriéndolos y sus espadas debajo de sus cabezas. Eran un terror para todos mientras vivían, pero ahora son solo polvo, como todos los muertos.

28»¡Ahora yacen aplastados y rotos entre los idólatras, entre aquéllos muertos por herida de espada!

29»Edom está allí con sus reyes y sus príncipes; por más poderosos que fueron, ellos también yacen entre los otros que la espada ha matado, con los idólatras que han descendido al sepulcro.

30»Todos los príncipes del norte están allí, y todos los sidonios, todos muertos. En un tiempo fueron un terror, ahora yacen en vergüenza, yacen en ignominia con todos los demás muertos que descienden al sepulcro.

31»Cuando llegue el faraón será confortado al encontrar que no está solo pues se encontrará con todo su ejército de muertos, dice el Señor Dios.

32»Pues yo he puesto mi terror sobre todos los vivientes. Y el faraón y su ejército yacerán entre los idólatras que han sido muertos por heridas de espada, dice el Señor».

El profeta centinela de su pueblo

33 Nuevamente me vino un mensaje del Señor, diciendo:

2«Hombre mortal, di a tu pueblo: "Cuando yo traigo un ejército contra un país, y la gente de ese país escoge un vigía, 3y cuando él ve venir el ejército y suena la alarma para advertirles, 4entonces cualquiera que oyendo la alarma rehúsa prestar atención, bien, si él muere la culpa es suya, 5pues oyó la alarma pero no quiso escuchar; la culpa es suya. Si él hubiera prestado atención a la advertencia, habría salvado su vida.

6»"Pero si el vigía ve venir al enemigo y no suena la alarma para advertir a la gente, él es responsable por sus muertes. Ellos morirán en castigo por sus maldades, pero yo acusaré al vigía por sus muertes".

7»Así es contigo, hombre mortal. Yo te he designado como vigía para el pueblo de Israel, por lo tanto escucha lo que te digo y adviérteles de parte mía. 8Si yo digo al impío: ¡Oh hombre impío, morirás!, y tú no le cuentas lo que yo dije, así que no tiene oportunidad de arrepentirse, esa persona impía morirá en castigo por sus maldades, pero yo te tendré a ti como responsable de su muerte. 9Pero si tú le adviertes para que tenga oportunidad de arrepentirse, y no lo hace, él morirá en castigo por sus maldades, y tú no serás responsable.

10»¡Oh pueblo de Israel!, ustedes están diciendo: "Nuestras acciones perversas pesan sobre nosotros; nos estamos consumiendo por nuestro sentimiento de culpa. ¿Cómo podemos seguir viviendo?" 11Diles: "¡Se los aseguro, dice el Señor Dios, que no me complazco para nada en la muerte del impío, sino que deseo que el impío se arrepienta de sus maldades y viva! ¡Dejen de cometer maldades!, pues ¿por qué habrían de morir, oh israelitas?"

12»Porque las buenas obras de una persona justa no la salvarán si regresa a sus prácticas malvadas, y las obras malvadas de una persona impía no la destruirán si se arrepiente de ellas. 13Yo he dicho que la persona justa vivirá largamente. Pero si comete maldades, esperando que su piedad y justicia previas la salvarán del castigo, se equivoca, pues en realidad ninguna de sus buenas obras pasadas será recordada. Yo la castigaré por sus maldades. 14Y cuando yo le digo a la persona impía que morirá, pero se arrepiente de sus maldades y hace lo que es justo y cabal, 15si restituye la prenda del que pide prestado y devuelve lo que ha robado y vive practicando la justicia, no haciendo mal, seguramente vivirá largamente. No haré que muera como castigo. 16Ninguna de sus maldades pasadas se recordarán contra esta persona, pues se ha vuelto hacia el bien y seguramente vivirá largamente.

17»Y sin embargo, tu pueblo está diciendo que el Señor no es cabal. ¡El problema es que ellos no son cabales! 18Pues de nuevo lo digo: ¡cuando la persona buena se vuelve al mal, morirá, 19pero si la persona impía se vuelve de su maldad y hace lo que es cabal y justo, vivirá! 20¡Y aún están diciendo que el Señor no es cabal! Pero yo juzgaré a cada uno de ustedes conforme a sus hechos».

La caída de Jerusalén

21En el decimosegundo año de nuestro exilio, a fines de diciembre, uno de aquellos que escapó de Jerusalén llegó para decirme: «¡La ciudad ha sido conquistada!»

22La presencia del Señor había estado conmigo la tarde anterior y me había sanado para que pudiera hablar de nuevo para cuando el hombre llegara. 23Entonces me vino este mensaje de parte del SEÑOR:

24«Hombre mortal, los pocos sobrevivientes esparcidos de Judá que viven entre las ciudades arruinadas insisten en decir: "¡Abraham era un hombre solo y sin embargo, obtuvo la posesión de todo el país! ¡Nosotros somos muchos, así que sin duda podremos obtenerla de vuelta!"»

25Pero el SEÑOR Dios dice: «¡No tienen poder, porque viven pendientes sólo de hacer el mal! Comen carne con su sangre, rinden homenaje a ídolos y asesinan. ¿Suponen que les dejaré la tierra cuando viven de esta manera? 26¡Asesinos! ¡Idólatras! ¡Adúlteros! ¿Debieran en estas condiciones poseer la tierra?

27»Diles: El SEÑOR Dios dice: "¡Ténganlo por cierto, les aseguro que morirán todos, hasta aquellos que viven en las ruinas y en los lugares más recónditos! Aquellos que viven en los campos serán comidos por las fieras, y los que están en fuertes y cuevas morirán por enfermedad. 28Yo desolaré la tierra y su orgullo, y su poder cesará. Y los pueblos de las montañas de Israel estarán tan arruinados que nadie podrá siquiera caminar por ellos. 29Cuando yo haya arruinado la tierra a causa de sus maldades, entonces ellos sabrán que yo soy el SEÑOR".

30»Hombre mortal, tu pueblo está murmurando detrás de tu espalda. Ellos hablan mal de ti en sus casas y murmuran en las puertas diciendo: "¡Vengan, tengamos un poco de diversión! ¡Vayamos para que él nos cuente lo que el SEÑOR mismo quiere comunicarnos!" 31Así que vienen como si fueran sinceros y se sientan ante ti a escucharte. ¡Pero ellos no tienen ninguna intención de hacer lo que yo les diga! Hablan dulcemente de amar al SEÑOR, pero con sus cabezas están pensando sólo en el robo. 32Eres para ellos un entretenimiento, como alguien que canta lindas canciones con una hermosa voz o toca bien un instrumento. ¡Ellos oyen lo que dices pero no prestan atención a ello! 33Pero cuando todas estas cosas terribles les sucedan —¡porque se cumplirán!— entonces sabrán que un profeta ha estado entre ellos».

Pastores y ovejas

34 Entonces me vino este mensaje del SEÑOR: 2«Hombre mortal, profetiza contra los pastores, los jefes de Israel, y diles: Dios el SEÑOR les dice: "¡Ay de los pastores que se alimentan a sí mismos en vez de alimentar a sus rebaños! ¿No debieran los pastores alimentar a sus ovejas? 3Los pastores de Israel comen la mejor comida y llevan la ropa más fina, pero dejan que sus rebaños pasen hambre y frío. 4No han cuidado de los débiles ni atendido a los enfermos ni vendaron los huesos rotos de los heridos ni fueron a buscar las ovejas que se han descarriado y están perdidas. En vez de eso las han dominado con fuerza y violenta crueldad. 5Y así es como ellas fueron esparcidas, sin pastor. Han quedado a la intemperie y sin protección y por ello han sido presa fácil de las fieras del campo. 6¡Mis ovejas andaban errantes por los montes y desfiladeros y valles de la tierra, y no había ningún pastor que procurase buscarlas o cuidarlas!

7»"Por tanto, oh pastores de Israel, oigan este mensaje del SEÑOR:

8¡Se los aseguro!, dice el SEÑOR Dios, ¡que por cuanto ustedes han abandonado mi rebaño, dejándolo desprotegido y a la intemperie, y no fueron verdaderos pastores, pues no tuvieron cuidado de mis ovejas, sino que se alimentaron ustedes y las dejaron a ellas pasar hambre, 9,10por ello yo estoy enojado contra ustedes los malos pastores y los hago responsables de lo malo que ha pasado a mi rebaño! ¡Yo les quitaré su derecho a pastorear el rebaño, y les quitaré su derecho a comer de él! ¡Yo salvaré a mi rebaño de que sea empleado para su comida!

11»"Pues el SEÑOR Dios dice: ¡Yo personalmente buscaré y encontraré a mis ovejas! ¡A cada una le daré mi atención! 12Yo seré como un pastor en medio de su rebaño. Yo encontraré a mis ovejas y las rescataré y reuniré de todos los lugares donde fueron esparcidas en aquel día oscuro y nublado. 13Yo traeré mis ovejas, los israelitas, de vuelta de entre los pueblos y naciones donde estaban de regreso a su hogar en su propia tierra de Israel, y las alimentaré sobre las montañas de Israel y al lado de los ríos donde la tierra es fértil y buena. 14Sí, les daré buenos pastos sobre los altos montes de Israel. Allí se recostarán en paz y apacentarán en ricos pastos en seguridad. 15Yo mismo seré el pastor de mis ovejas, y las haré recostarse a descansar, dice el SEÑOR Dios. 16Buscaré a las perdidas, las que se han descarriado, y las traeré de vuelta al redil con seguridad. Yo entablillaré y vendaré a las perniquebradas y sanaré a las enfermas. No dedicaré mi atención sólo a las robustas y bien engordadas.

17»"Y en cuanto a ustedes, oh mi rebaño, mi pueblo, el SEÑOR Dios dice: ¡Yo distinguiré entre corderos y cabritos, y entre carneros y cabras! 18¿Es poca cosa para ustedes, oh malos pastores, que no sólo han guardado los mejores pastos para ustedes, sino que han hollado también el resto? ¿Les parece justo que después de beber el agua clara hayan enturbiado el resto con sus pies para que el rebaño débil beba sólo agua sucia? 19¡Todo lo que queda para mi rebaño es lo que ustedes han hollado; lo único que tienen para beber es el agua que ustedes han enturbiado!

20»"Por tanto Dios el SEÑOR dice: ¡Por supuesto que discerniré entre los carneros corpulentos y las ovejas flacas! 21Pues estos carneros empujan

34.16

y acornean mi rebaño enfermo y hambriento hasta que están desparramados y alejados. 22Así que yo mismo salvaré a mi rebaño; ya no más serán para rapiña, fácil presa de las fieras. Y yo notaré cuáles están engordadas y cuáles enjutas, y por qué. 23Y pondré un gran pastor sobre todo mi pueblo, ¡a mi servidor David! ¡Él apacentará a mi pueblo y será su pastor! 24¡Y yo, el Señor, seré su Dios, y mi siervo David será un príncipe entre mi pueblo! Yo, el Señor, lo he dicho.

25»"Haré un convenio de paz con ellos, y alejaré los animales peligrosos de la tierra para que mi pueblo pueda acampar en los lugares despoblados y dormir en los bosques, y donde quiera que lo deseen, con toda seguridad. 26Haré de mi pueblo y sus hogares lugares seguros donde reina la alegría y la prosperidad. Y enviaré las lluvias siempre en el tiempo oportuno para que sus cosechas sean abundantes. 27Entonces sus árboles frutales y sus campos de cultivo producirán cosechas abundantes, y todos vivirán en seguridad. ¡Cuando yo haya roto sus cadenas de esclavitud y les haya liberado de aquellos que se aprovecharon de ellos, sabrán que yo soy el Señor! 28Ya no más serán conquistados por otras naciones ni atacados por animales salvajes. Vivirán en seguridad y nadie los atemorizará. 29Entonces levantaré una Vid notable (¡el Mesías!) en Israel, para que mi pueblo nunca más pase hambre ni sea avergonzado por conquistadores paganos. 30De esta manera sabrán que yo, el Señor su Dios, estoy con ellos, y que ellos, el pueblo de Israel, son mi pueblo, dice el Señor Dios. 31¡Ustedes son mi rebaño, las ovejas de mi pradera! ¡Ustedes son mi pueblo y yo soy su Dios!, dice el Señor"».

Profecía contra Edom

35 Nuevamente me vino un mensaje del Señor:

2«Hombre mortal, dirige la vista hacia el monte Seír y profetiza contra el pueblo que ahí habita: 3El Señor Dios dice: "¡Yo estoy contra ti y te haré pedazos con mi puño y te dejaré convertido en lugar desértico y deshabitado! 4,5Puesto que tú odias a mi pueblo Israel, yo demoleré tus ciudades y te dejaré desolada, y entonces sabrás que yo soy el Señor. Atacaste a mi pueblo cuando ellos estaban desamparados, cuando yo los había castigado por todas sus maldades. 6¡Te lo aseguro!, dice el Señor Dios, ¡ya que pareces disfrutar tanto de la sangre, te daré tu propio baño de sangre! ¡Tu turno ha llegado! 7Yo arruinaré completamente al pueblo del monte Seír, eliminando a todos los que tratan de escapar y a aquellos que vuelven para esconderse. 8Yo llenaré tus montañas con los muertos. Tus colinas, tus valles y tus ríos estarán llenos de aquellos que la espada haya eliminado. 9Nunca más te recuperarás, serás abandonada para siempre, tus ciudades jamás volverán a ser reconstruidas. Entonces sabrás que yo soy el Señor.

10»"Pues tú dijiste: ¡Tanto Israel como Judá serán mías! Tomaré posesión de ellas, ¡qué me importa que Dios esté allí! 11¡Te lo aseguro!, dice el Señor Dios, ¡yo te pagaré por tus hechos airados con los míos, te castigaré por todos tus actos de envidia y odio! Y yo aumentaré mi fama en Israel por lo que yo te haré a ti. 12Y tú te darás cuenta de que yo he oído cada palabra perversa que hablaste contra el Señor, diciendo: '¡Su pueblo está desamparado; será presa fácil para nosotros, en un dos por tres lo doblaré!' 13Diciendo esto, te vanagloriaste con grandes palabras presuntuosas contra el Señor. ¡Y yo las he oído todas!

14»"El mundo entero se regocijará cuando yo te deje desolada. 15Te regocijabas ante el destino terrible de Israel. ¡Ahora yo me regocijaré ante el tuyo! ¡Serás eliminado, oh pueblo del monte Seír y todos los que viven en Edom! ¡Y entonces sabrás que yo soy el Señor!"

Profecía sobre las montañas de Israel

36 »Hombre mortal, profetiza a los habitantes de las montañas de Israel. Diles: "Escuchen este mensaje del Señor: 2Sus enemigos han hablado con desprecio de ustedes y han reclamado sus regiones altas antiguas como suyas, 3y las han atacado por todas partes y enviado como esclavos a sus habitantes a muchas tierras. Se burlan de ustedes y los calumnian. 4Por lo tanto, oh habitantes de las montañas de Israel, oigan la palabra del Señor Dios. Él dice a los habitantes de las colinas y montañas, las cañadas y los valles, y a los de los campos arruinados y ciudades desiertas desde hace tiempo, destruidos y mofados por las naciones paganas de los alrededores: 5¡Estoy que reviento de cólera contra estas naciones, especialmente contra Edom, por haberse apoderado de mi tierra con gusto, en absoluto desprecio por mí, para tomarla para sí mismos!"

6»Por lo tanto profetiza y di a los habitantes de los montes y montañas, las cañadas y los valles de Israel: El Señor Dios dice: "¡Estoy que reviento de cólera porque fueron avergonzados por las naciones que los rodean! 7Por tanto yo he jurado con la mano en alto, que a aquellas naciones a su vez les tocará ser avergonzadas.

8»"Pero para Israel volverán tiempos de bonanza, habrá abundantes cosechas de fruta para preparar para el retorno de mi pueblo, ¡y volverán pronto! 9Yo estoy con ustedes, y vendré y los ayudaré a ustedes a preparar el suelo y sembrar sus cosechas. 10En gran manera aumentaré la población en todo Israel, y las ciudades arruinadas serán reconstruidas y repobladas. 11No sólo multiplicaré a la gente, sino también sus rebaños y ganado en forma asombrosa. ¡Oh montañas de Israel, otra vez estarán llenas de hogares! Haré aún más por ustedes de lo que hice antes. Entonces sabrán que yo soy el Señor. 12Mi pueblo caminará sobre ustedes nuevamente; pertenecerán a ellos de nuevo y ya no serán más lugar donde se hace guerra contra mi pueblo.

13»"El Señor Dios dice: Ahora las demás naciones se mofan de ustedes, diciendo: ¡Israel es una tierra que devora a su propia gente! 14Pero ya no dirán eso más. Ya no habrá en ti más muertos por la guerra y tampoco se sacrificarán más niños a los ídolos, dice el Señor. 15Nunca más te despreciarán aquellas naciones, pues no serás más una nación de malvados, dice el Señor Dios"».

16Luego me vino este otro mensaje del Señor:

17«Hombre mortal, cuando el pueblo de Israel estaba viviendo en su propia tierra, la contaminaron con sus malas obras. Para mí su devoción era tan repugnante como si fueran trapos manchados de sangre de menstruación. 18Ellos contaminaron la tierra con homicidios y sus homenajes a los ídolos, así que lancé mi cólera sobre ellos. 19Los envié al exilio en muchas tierras; así es como los castigué por la forma perversa en que habían vivido. 20Pero cuando estaban esparcidos entre las naciones, entonces ellos fueron una mancha sobre mi intachable fama porque las naciones decían: "¡Estos son el pueblo de Dios, y él no pudo protegerlos de la desgracia!" 21Yo estoy preocupado por mi reputación, la que fue dañada por mi pueblo en todo el mundo. 22»Por tanto di al pueblo de Israel: El Señor dice: "Los traeré de vuelta a su tierra nuevamente, pero no porque lo merecen; lo estoy haciendo para proteger mi buena reputación que ustedes han puesto en entredicho en las naciones. 23Yo limpiaré mi gran fama que ustedes han dañado, y la gente del mundo sabrá que yo soy el Señor. Yo seré honrado ante sus ojos al liberarlos del exilio entre ellos. 24¡Porque los traeré de vuelta a la tierra de Israel! 25Entonces será como si yo hubiera esparcido agua limpia sobre ustedes, porque serán limpios; su inmundicia será lavada, y sus homenajes a los ídolos será cosa del pasado. ☼ 26¡Y les daré un corazón nuevo, les daré intenciones nuevas y rectas, y pondré un espíritu nuevo en ustedes! ¡Les quitaré sus corazones de piedra, tercos e insensibles, y les daré nuevos corazones, llenos de amor y buenas intenciones! 27Y pondré mi Espíritu dentro de ustedes para que sigan mis instrucciones y hagan todo cuanto es justo y agradable para mí. 28Y vivirán en Israel, la tierra que yo di a sus antepasados hace tanto tiempo. Y serán mi pueblo y yo seré su Dios.

29»"Yo haré que su historial de maldades sea cosa del pasado. 30Les daré abundantes cosechas de sus árboles frutales y sus campos, y nunca más pasarán hambre ni ninguna necesidad. 31Entonces se acordarán de sus maldades pasadas y sentirán remordimientos por todos los males que hicieron. 32Pero acuérdense siempre de esto: No hago esto por ustedes, sino por mí. ¡Oh pueblo de Israel, sientan mucha vergüenza por todo lo que han hecho!

33»"El Señor Dios dice: Cuando yo los limpie de su pasado delictivo los traeré de nuevo a Israel, y reconstruiré las ruinas y vivirán en ciudades reconstruidas. 34Los campos que durante los años de exilio estuvieron vacíos como el desierto, serán cultivados de nuevo. Todos los que pasaban por allí se asombraban al ver la desolación en su tierra, 35pero cuando yo los traiga a ustedes de vuelta ellos dirán: '¡Esta tierra que estaba tan desértica ha llegado a ser como el jardín de Edén! ¡Las ciudades arruinadas han sido reconstruidas y amuralladas y repobladas!' 36Entonces las naciones en torno de ustedes, todas aquellas que aún queden, sabrán que yo, el Señor, reconstruí las ruinas y les di cosechas abundantes en el desierto. ¡Pues yo, el Señor, lo que prometo, cumplo!"

37»El Señor Dios dice: ¡Yo estoy listo para oír las oraciones de Israel por estas bendiciones y estoy presto concederles sus peticiones! 38Tan sólo que pidan y yo los multiplicaré como los rebaños que llenan las calles de Jerusalén en el tiempo del sacrificio. Las ciudades arruinadas serán reconstruidas y repobladas, y todos sabrán que yo soy el Señor».

El valle de los huesos secos

37 La fuerza del Señor vino sobre mí y fui llevado por el Espíritu del Señor a un valle lleno de huesos viejos y secos que estaban esparcidos por todas partes sobre el suelo. 2Él me hizo pasar entre ellos, y luego me dijo:

—Hombre mortal, ¿pueden estos huesos llegar a ser gente viva de nuevo?

3Yo respondí:

—Señor, solo tú sabes la respuesta a eso.

4Luego me dijo que hablara a los huesos y les dijera: «Oh huesos secos, escuchen las palabras del Señor, 5quien dice: "¡Yo los haré revivir y respirar de nuevo! 6¡Volveré a colocar músculos y tendones sobre ustedes y los cubriré con piel! ¡Pondré aliento en ustedes y volverán a respirar y a vivir y sabrán que yo soy el Señor!"»

7Así pues, dije estas palabras de Dios, tal como él me mandó a hacerlo, y repentinamente hubo un ruido de agitación por todo el valle y los huesos de cada cuerpo se juntaron y se unieron tal como antes. 8Luego, mientras observaba, los músculos y la carne se formaron sobre los huesos y la piel los cubrió, pero los cuerpos no tenían aliento, que es la vida. 9Entonces me dijo el Señor que llamara al aliento de vida, el Espíritu, y le dijera: «El Señor Dios dice: "¡Ven de los cuatro vientos, oh Espíritu, y sopla sobre estos cuerpos muertos, para que puedan volver a respirar y

☼ **36.26–27**

vivir! 10Y hablé al aliento de vida tal como el Señor
me había mandado, y los cuerpos comenzaron a
respirar, volvieron a la vida y se pusieron de pie,
como si fueran un poderoso ejército"».
11Luego el Señor me explicó lo que la visión
significaba: «Estos huesos, me dijo, representan
a todo el pueblo de Israel. Ellos dicen: "¡Hemos
llegado a ser como un montón de huesos secos;
toda esperanza se ha ido de nosotros!" 12Pero diles
que el Señor Dios dice: "¡Pueblo mío, yo abriré
los sepulcros del exilio y los haré subir de nuevo
y volver a la tierra de Israel! 13¡Y entonces por
fin, oh pueblo mío, sabrán que yo soy el Señor!
14»"¡Yo pondré mi aliento de vida, el Espíritu,
en ustedes y vivirán y volverán a su hogar en su
tierra! Entonces sabrán que yo, el Señor, he hecho
exactamente lo que prometí hacer"».

Unificación de Judá e Israel

15De nuevo me vino un mensaje del Señor,
diciendo:
16«Toma un palo y graba sobre él estas palabras: "Este palo representa a Judá y sus tribus
aliadas". Luego toma otro palo y graba estas
palabras sobre él: "Este palo representa a todas
las otras tribus de Israel". 17Ahora sostenlos juntos
en tu mano como si fueran un solo palo.
18-20»Dile luego a esta gente (sosteniendo los
palos para que ellos puedan ver lo que estás
haciendo): El Señor Dios dice: "¡Yo tomaré las
tribus de Israel y las juntaré a Judá y las convertiré en un solo pueblo, como si fueran este palo
en mi mano!" 21Pues el Señor Dios dice: "¡Yo
estoy juntando al pueblo de Israel de entre las
naciones y trayéndolo de vuelta, de alrededor de
todo el mundo, a su propia tierra, 22para reunirlo como una sola nación! Un rey reinará sobre
todos ellos y ya no estarán más tiempo divididos
en dos naciones. 23Ellos dejarán de pervertirse
con sus idolatrías y demás maldades, pues yo
los salvaré de toda esta inmundicia. Entonces,
verdaderamente ellos serán mi pueblo y yo seré
su Dios. 24Y entonces mi servidor David será su
rey, su único pastor; y ellos seguirán mis instrucciones y todos mis deseos. 25Ellos vivirán en la
tierra de Israel donde sus antepasados vivieron,
la tierra que yo di a mi siervo Jacob. Ellos, sus
hijos e hijas, y sus nietos y nietas, por todas las
generaciones futuras. Y mi servidor David será su
Príncipe para siempre. 26Y yo haré un convenio
de paz con ellos, un convenio eterno. Yo los llenaré con toda clase de bienes y los multiplicaré
y pondré mi templo entre ellos para siempre. 27Y
viviré para siempre entre ellos. Sí, yo seré su Dios
y ellos serán mi pueblo. 28¡Y cuando mi templo
permanezca entre ellos, entonces las naciones
sabrán que yo, el Señor, he elegido a Israel para
llenarlo de toda clase de bienes especiales!"»

Profecía contra Gog

38 Aquí hay otro mensaje que me dio el
Señor:
2«Hombre mortal, dirige tu mirada hacia el
norte, hacia la tierra de Magog, y profetiza contra
Gog, rey de Mésec y Tubal. 3Dile que el Señor Dios
dice: "Yo estoy contra ti, Gog. 4Pondré garfios en
tus quijadas y te arrastraré junto tu ejército hasta
el lugar de tu castigo. Lo haré a pesar del poder de
tu ejército tus tropas de infantería y su caballería,
todos armados hasta los dientes. 5Tu misma suerte
correrán Persia, Etiopía y Fut, quienes se unirán a
ti con todas sus armas, 6así como Gómer y todas
sus huestes, y también los ejércitos de Bet Togarma
del norte distante, además de muchos otros.
7»"¡Prepárate! ¡Permanece movilizado! ¡Tú
eres su jefe, Gog! 8Más adelante serás llamado a
la acción. Al cabo de años distantes te lanzarás
sobre la tierra de Israel, que estará en paz luego
del retorno de su pueblo desde muchas tierras. 9Tú
y todos tus aliados —un vasto y temible ejército— descenderán sobre ellos como una tormenta
y ocuparán la tierra como si fueran una nube.
10»"Pues en ese tiempo un malvado pensamiento se habrá introducido en tu mente, y tendrás intensiones destructivas contra mi pueblo.
11Tú habrás dicho: '¡Israel es una tierra indefensa
de pueblos sin murallas! ¡Marcharé contra ella y
destruiré a esta gente que vive tan confiada! 12Yo
iré a aquellas ciudades que en un tiempo estuvieron desoladas pero que ahora están otra vez
llenas de gente —las que han retornado desde
todas las naciones donde estuvieron exiliadas—
y capturaré mucho botín y muchos esclavos. Pues
la gente ahora es rica en ganado y su tierra es
muy productiva'. 13Pero Sabá y Dedán y los príncipes mercaderes de Tarsis con quienes ella comer-
cia preguntarán: '¿Quién eres tú para robarles
su plata y oro y llevarte su ganado y tomar sus
mercaderías, dejándolos pobres?'"
14»Por esto el Señor Dios dice a Gog: "Cuando
mi pueblo esté viviendo en paz en su tierra, tú
te darás cuenta de ello. 15Entonces tú vendrás del
norte con tu poderoso ejército, con tu enorme y
disciplinada caballería y ocuparás su tierra como
si fueras una nube. 16Esto sucederá en el futuro
distante. Yo te traeré contra mi tierra, y mi celo
quemante será reconocido a través de la destrucción que provocaré por medio de ti.
17»"El Señor Dios dice: Tú eres aquél de quien
hablé hace mucho tiempo a través de los profetas
de Israel, diciendo que después de muchos años
yo te traería para hacer guerra contra mi pueblo.
18¡Pero cuando tú vengas para destruir la tierra
de Israel, se despertará mi furia! 19Porque en mi
celo y mi gran cólera yo prometo un gran temblor
en la tierra de Israel para aquel día. 20Entonces
todo lo que vive temblará de terror ante mi presencia; las montañas se desmoronarán; las rocas

escarpadas se caerán; las murallas se vendrán al suelo. 21Y lanzaré contra ti toda clase de terror, dice el Señor Dios, ¡y pelearán todos ofuscados incluso contra sus propios hermanos! 22¡Yo pelearé contra ti y todos tus aliados con espada, peste, lluvias torrenciales, grandes piedras de granizo, fuego y azufre! 23Así te mostraré mi grandeza y traeré mayor fama sobre mi nombre, y todas las naciones del mundo oirán lo que he hecho, y sabrán que yo soy el Señor".

Derrota de Og

39 »Hombre mortal, profetiza esto también contra Gog. Dile: "Yo estoy contra ti, Gog, jefe de Mésec y Tubal. 2Yo te lanzaré y te conduciré contra la población de las montañas de Israel, trayéndote desde el distante norte. 3Yo arrancaré de tus manos las armas, los arcos y las flechas, y te dejaré desvalido. 4Tú y tus enormes ejércitos morirán sobre las montañas. Yo te daré a los buitres y fieras para que te devoren. 5Nunca llegarás a las ciudades; caerás derrotado en los campos abiertos, pues yo lo he decidido, dice el Señor Dios. 6También haré descender lluvia de fuego sobre Magog y sobre todos tus aliados que viven confiadamente sobre las costas, y ellos sabrán que yo soy el Señor.

7»"Así se volverá aun más famoso mi gran nombre entre mi pueblo Israel; no permitiré que sea mofado más. Y las naciones también sabrán que yo soy el Señor, el Santo de Israel. 8El día de juicio vendrá; todo sucederá tal como yo lo he declarado.

9»"La gente de las ciudades de Israel saldrá y levantará todas las armas que ustedes perdieron en las batallas, los escudos, paveses, arcos, flechas, jabalinas y lanzas para usar como combustible, y será tanto que alcanzará para siete años. 10Durante siete años no necesitarán nada más para sus fuegos. No cortarán leña de los campos o bosques, pues estas armas les suplirán todo lo que necesiten. Los israelitas usarán las posesiones de aquellos que abusaron de ellos.

11»"Yo haré una enorme sepultura para Gog y sus ejércitos en el valle de los Viajeros, al oriente del Mar Muerto. Bloquearé el sendero de los viajeros. Allí Gog y todos sus ejércitos serán sepultados. Y cambiarán el nombre del lugar a 'el valle del ejército de Gog'. 12Se necesitarán siete meses para que la gente de Israel les dé sepultura a los cuerpos. 13Todos en Israel ayudarán, porque será una victoria gloriosa para Israel en aquel día cuando yo demuestre mi poder, dice el Señor.

14»"Al final de los siete meses, ellos designarán hombres que busquen por toda la tierra sistemáticamente por cualquier esqueleto para sepultarlo, para que la tierra sea limpiada. 15Cuando vean algunos huesos, colocarán un marcador a su lado para que los enterradores los vean y se los lleven al Valle del Ejército de Gog para sepultar. 16Una ciudad nombrada 'Multitud' se encuentra allí. ¡Así la tierra por fin será limpiada!"

17»Y ahora, hombre mortal, llama a todas las aves y animales y diles: Reúnanse para una gran fiesta de sacrificio. Vengan de lejos y de cerca a las montañas de Israel. ¡Vengan, coman la carne y beban la sangre de los enemigos de Israel! 18¡Coman la carne de hombres poderosos y beban la sangre de príncipes, ellos son los carneros, los corderos, las cabras y los toros engordados de Basán para mi fiesta! 19Coman carne hasta que estén saciados, beban sangre hasta que estén ebrios; ésta es la fiesta de sacrificios que les he preparado. 20Atráquense ante mi mesa de banquete; atráquense con caballos, jinetes y valientes guerreros, dice el Señor Dios.

21»Así yo demostraré mi poder entre las naciones; todos verán el castigo de Gog y sabrán que yo lo he hecho, dice el Señor. 22Y desde aquel tiempo en adelante, el pueblo de Israel sabrá que yo soy el Señor su Dios. 23Y las naciones entenderán por qué Israel fue enviada al exilio: ¡fue en castigo por sus maldades, pues los israelitas actuaron traicioneramente contra su Dios! Por ello yo les retiré mi protección y permití que sus enemigos los destruyeran. 24Dejé que pagaran las consecuencias de sus actos y yo no metí las manos por ellos.

25»Pero ahora el Señor Dios dice: Yo terminaré el cautiverio de mi pueblo y tendré misericordia de ellos y restauraré sus fortunas, ¡pues yo estoy preocupado acerca de mi reputación! 26Su tiempo de traición y vergüenza estará totalmente en el pasado; estarán de vuelta en paz y seguridad en su propia tierra, sin que nadie los moleste ni los atemorice. 27Yo los traeré de vuelta de las tierras de sus enemigos, y mi majestad será evidente a todas las naciones cuando lo haga. A través de ellos vindicaré mi majestad ante las naciones. 28Entonces mi pueblo sabrá que yo soy el Señor su Dios, responsable de haberlos enviado al exilio, y responsable también de traerlos de regreso. No dejaré a ninguno de ellos entre las naciones. 29Y jamás me volveré a alejar de ellos de ellos de nuevo, sino que derramaré mi Espíritu sobre ellos, dice el Señor Dios».

Visión del templo futuro

40 A principios de abril del vigésimo quinto año de nuestro exilio, el decimocuarto año después de que Jerusalén fue capturada, la mano del Señor vino sobre mí, 2y en una visión me llevó a la tierra de Israel y me colocó sobre una montaña alta donde vi delante de mí lo que parecía una ciudad. 3Acercándome, vi a un hombre cuyo rostro brillaba como el bronce, parado al lado de la puerta del templo, sosteniendo en su mano una cinta métrica y una vara de medir. 4Me dijo: «Hombre mortal, observa y escucha, presta atención a todo lo que yo te mostraré, porque has sido traído aquí para que yo pueda mostrarte

muchas cosas; y luego has de volver al pueblo de Israel para contarles todo lo que has visto».

La puerta oriental

5El hombre comenzó a medir el muro que rodea el exterior de la zona del templo con su vara de medir, el cual tenía un largo de tres metros con quince centímetros. Él me dijo: «Este muro tiene una altura de tres metros con quince centímetros y un espesor de tres metros con quince centímetros». 6Luego me llevó a la puerta que atraviesa el muro del oriente. Subimos los siete escalones a la entrada y él midió el vestíbulo de la puerta; tenía un ancho de tres metros con quince centímetros.

7Siguiendo a través del pasillo yo vi que había tres habitaciones destinadas para los guardias a ambos lados. 8Cada una de estas habitaciones era cuadrada, de tres metros con quince centímetros de lado con una distancia de dos metros con sesenta y dos centímetros entre cada una de ellas. 9Frente a estas habitaciones había una barrera baja de cincuenta y dos centímetros y medio de altura y cincuenta y dos centímetros y medio de espesor. 10Más allá de las habitaciones de la guardia había una puerta de tres metros con quince centímetros 11que conducía a una sala de cuatro metros con veinte centímetros con columnas de un metro con cinco centímetros. 12Pasando esta sala, en la punta interior de la entrada había un vestíbulo con un ancho de seis metros con ochenta y dos centímetros y un largo de cinco metros con cuarto centímetros.

13Entonces él midió el ancho total exterior de la entrada, midiendo a lo largo del techo desde las puertas exteriores de las habitaciones de la guardia. Esta distancia era de trece metros con doce centímetros. 14Luego él estimó que los pilares de ambos lados del pórtico tendrían una altura de treinta y un metros y medio. 15El largo total del pasillo de entrada era de veintiséis metros y cuarto de un extremo al otro. 16Había ventanas que se volvían más angostas hacia adentro, las que atravesaban las paredes de ambos lados del pasillo y las habitaciones de la guardia. Las ventanas también estaban en las salas de entrada y salida. Los pilares estaban decorados con motivos de palmeras.

El atrio exterior

17Y así pasamos a través del pasillo de entrada al atrio. Un enlosado de piedra lo rodeaba del lado interior de las paredes, y había treinta habitaciones construidas contra las paredes, con apertura hacia este enlosado. 18A éste se le llamaba el «enlosado inferior». Se extendía fuera de las paredes y hacia el atrio la misma distancia que el pasillo.

19Luego midió hasta la pared del otro costado del atrio, que se llamaba el «atrio exterior» del templo, y encontró que la distancia era de cincuenta y dos metros y medio.

La puerta norte

20Mientras yo lo seguía, dejó el pasillo de entrada del este y se fue al pasillo de entrada a través del muro del norte y lo midió. 21Aquí también había tres habitaciones para la guardia de cada lado, y todas las medidas eran las mismas que para el pasillo de la entrada del este —veintiséis metros y cuarto de largo y trece metros con doce centímetros de lado a lado por la parte de arriba de las habitaciones de guardia—. 22Había ventanas, una sala de entrada y las decoraciones de palmeras al igual que en el este. Y había siete escalones que conducían a la sala de entrada.

23Aquí en la entrada del norte, tal como en la del este, había un pasillo que conducía al patio exterior que llegaba hasta la pared interior. Ésta tenía otro pasillo que conducía al patio interior. La distancia entre los dos pasillos era de cincuenta y dos metros y medio.

La puerta sur

24Luego me llevó a la puerta del sur y midió las varias sesiones de su pasillo y encontró que eran iguales a las de las otras. 25Tenía ventanas a lo largo de las paredes, como las otras, y una sala de entrada. Y como las otras, tenía también un largo de veintiséis metros y cuarto y un ancho de trece metros con doce centímetros. 26Ésta también tenía siete escalones de acceso y había decoraciones de palmeras a lo largo de las paredes. 27Y aquí, de nuevo, si uno caminaba a través del pasillo hasta el patio y lo cruzaba, llegaba a una pared interior y un pasillo a través de ella que conducía a un patio interior. La distancia entre los dos pasillos era de cincuenta y dos metros y medio.

Las puertas del atrio interior: la puerta sur

28Luego me llevó al muro interior y su pasillo sur. Midió este pasillo y encontró que tenía las mismas medidas que los pasillos del muro exterior. 29Sus habitaciones para la guardia, pilares y salas de entrada y salida eran idénticas a todas las otras, así como las ventanas a lo largo de sus paredes y entrada. 30Y como las otras, tenía un largo de veintiséis metros y cuarto y un ancho de trece metros con doce centímetros. 31La única diferencia era que tenía ocho escalones de acceso en vez de siete. Tenía decoraciones de palmeras sobre los pilares, tal como las otras.

El atrio interior: la puerta oriental

32Luego me llevó por el atrio hasta la entrada oriental del muro interior, y la midió. Ésta también tenía las mismas medidas que las otras. 33Sus habitaciones para la guardia, los pilares y la sala de entrada eran de la misma medida que las de los otros pasillos, y había ventanas en las paredes y en la sala de entrada; y tenía un largo de veintiséis metros y cuarto y un ancho de trece metros con doce centímetros. 34Su sala de entrada miraba hacia el patio exterior y había decoraciones de palmeras sobre sus columnas; pero había ocho escalones de acceso a la entrada en vez de siete.

El atrio interior: la puerta norte

35Luego me llevó a la puerta norte del muro interior, y las medidas allí eran idénticas a las otras. 36Las habitaciones para la guardia, pilares y sala de entrada de este pasillo eran iguales a los otros, con un largo de veintiséis metros y cuarto y un ancho de trece metros con doce centímetros. 37Su sala de entrada miraba hacia el patio exterior y había decoraciones de palmeras a cada lado del pasillo, y había ocho escalones de acceso a la entrada.

Los anexos de las puertas

38Pero una puerta conducía de su sala de entrada a una habitación al costado donde la carne de los sacrificios era lavada antes de ser llevada al altar. 39De cada lado de la sala de entrada había dos mesas donde mataban a los animales para los diferentes tipos de ofrendas, las quemadas, las que se hacen para el perdón de los actos malos y las generales, las que debían ser presentadas en el templo. 40Afuera de la sala de entrada, de cada lado de los escalones que ascendían a la entrada del norte, había dos mesas más. 41Así había un total de ocho mesas, cuatro adentro y cuatro afuera, donde los sacrificios eran cortados y preparados. 42Había también cuatro mesas de piedra sobre las que se colocaban los cuchillos y otros utensilios utilizados para los sacrificios. Estas mesas medían setenta y nueve centímetros por los cuatro costados, y tenían una altura de cincuenta y dos centímetros y medio. 43Había ganchos, de siete centímetros y medio de largo, sobre las paredes de la sala de entrada y sobre las mesas donde la carne de las ofrendas se colocaba.

Las habitaciones para los sacerdotes

44En el patio interior había dos edificios de una sola habitación, uno al lado de la entrada norte, mirando hacia el sur, y el otro al lado de la entrada sur, mirando hacia el norte.

45Y él me dijo: «El edificio al lado de la entrada norte interior es para los sacerdotes que supervisan el mantenimiento. 46El edificio al lado de la entrada interior del sur es para los sacerdotes que están a cargo del altar —los descendientes de Sadoc— pues sólo ellos, de entre todos los levitas, pueden acercarse para ministrar para el SEÑOR».

El atrio interior y el templo

47Luego midió el patio interior (que está frente al templo) y encontró que medía cincuenta y dos metros y medio por los cuatro costados, y había un altar en el patio delante del templo. 48Luego me trajo al vestíbulo del templo. Diez escalones conducían desde el patio interior al vestíbulo, cuyas paredes formaban dos pilares, cada uno de los cuales tenía un espesor de dos metros con sesenta y dos centímetros. 49La entrada tenía un ancho de siete metros con treinta y cinco centímetros con paredes de un metro con cincuenta y siete centímetros. El vestíbulo mismo era de diez metros y medio de largo y cinco metros con setenta y siete centímetros de ancho.

41 Después me introdujo en la nave, la gran habitación principal del templo, y midió los pilares que formaban su portal. Formaban un cuadrado de tres metros con quince centímetros por lado. 2El vestíbulo tenía una anchura de cinco metros y cuarto y un largo de dos metros con sesenta y dos centímetros. La nave misma tenía diez metros y medio de ancho y veintiún metros de largo.

3Luego entró en la habitación interior, al final de la nave, y midió las columnas de la entrada. Éstas tenían un espesor de un metro con cinco centímetros; el portal tenía un ancho de tres metros con quince centímetros, con un zaguán de tres metros con sesenta y siete centímetros de largo detrás de él. 4La habitación interior formaba una sala de diez metros y medio. «Éste», me dijo, «es el Lugar Exclusivo».

5Luego midió el muro del templo y encontró que tenía un espesor de tres metros con quince centímetros con una hilera de habitaciones por el lado exterior. Cada habitación tenía un ancho de dos metros con diez centímetros. 6Estas habitaciones estaban en tres pisos sobrepuestos, con treinta habitaciones en cada piso. Toda la estructura estaba sostenida por vigas, pero no estaba unida al muro del templo. 7Cada piso era más ancho que aquel que estaba debajo, en correspondencia con el muro del templo que se iba haciendo más angosto a medida que subía. Una escalera al costado del templo llevaba de un piso al otro.

8Noté que el templo estaba construido sobre una plataforma y que la hilera de habitaciones de más abajo se extendía tres metros con quince centímetros sobre ésta. 9La pared exterior de estas habitaciones tenía un espesor de dos metros con sesenta y dos centímetros, dejando un espacio libre de dos metros con sesenta y dos centímetros hasta el borde de la plataforma, igual en ambos lados.

10A diez metros y medio de distancia de la plataforma, en ambos lados del templo, había otra hilera de habitaciones en el patio interior. 11Dos puertas conducían de los pisos de habitaciones al patio de la plataforma, que tenía un ancho de dos metros con sesenta y dos centímetros; una puerta miraba hacia el norte y la otra hacia el sur.

12Un edificio grande estaba sobre el oeste, mirando hacia el patio del templo que tenía treinta y seis metros de ancho y cuarenta y siete de largo. Sus paredes tenían dos metros con sesenta y dos centímetros de espesor. 13 Luego midió el templo y los patios que lo rodeaban. La zona formaba un cuadrado de cincuenta y dos metros y medio. 14 El patio interior al este del templo también tenía cincuenta y dos metros y medio de ancho, 15 como también el edificio al oeste del templo, incluyendo sus dos paredes.

La nave del templo, el Lugar Exclusivo y el vestíbulo estaban cubiertos de madera, y los tres lugares tenían ventanas empotradas. 16 Las paredes interiores del templo estaban cubiertas de madera arriba y abajo de las ventanas. 17 El espacio arriba de la puerta que conducía al Lugar Exclusivo también estaba cubierto de madera. 18 Las paredes estaban decoradas con tallados de querubines, cada uno con dos caras, y de palmeras alternando con los querubines. 19 Una cara —la de un hombre— miraba hacia la palmera a un costado, y la otra cara —la de un león— miraba hacia la palmera del otro lado. 20 Y así seguía en toda la pared interior del templo.

21 Había postes cuadrados en las puertas de la nave, y frente al Lugar Exclusivo había lo que parecía ser un altar, que estaba hecho de madera. 22 Este altar tenía una forma cuadrada de un metro con cinco centímetros, y una altura de un metro con cincuenta y siete centímetros; sus esquinas, base y costado eran todos de madera. «Ésta», me dijo, «es la mesa del Señor».

23 Tanto la nave como el Lugar Exclusivo tenían puertas dobles, 24 cada una con dos secciones y hojas que giraban. 25 Las puertas que conducían a la nave estaban decoradas con querubines y palmeras, tal como las paredes. Y había un portal de madera a la entrada del vestíbulo. 26 Había ventanas empotradas y palmeras talladas a ambos lados del vestíbulo, en las salas laterales del templo y en el portal de la entrada.

Las habitaciones para los sacerdotes

42 Luego me condujo fuera del templo, a través del patio interior, a las habitaciones al norte del patio del templo y a otro edificio. 2 Este grupo de estructuras tenía un largo de cincuenta y dos metros y medio con un ancho de veintiséis metros y cuarto. 3 Las hileras de habitaciones detrás de este edificio formaban el muro interior del patio. Las habitaciones estaban en tres pisos, y desde allí se veía el patio exterior por un lado, y una franja de diez metros y medio del patio interior del otro. 4 Había un corredor de cinco metros y cuarto entre el edificio y los pisos de las habitaciones, que se extendía a todo lo largo con las puertas del edificio mirando hacia el norte. 5 Los dos pisos de habitaciones de arriba no eran tan anchos como el de abajo, porque los pisos superiores tenían corredores más anchos a su lado. 6 Y ya que el edificio no estaba construido con vigas como en el patio exterior, los pisos de más arriba eran más angostos que la planta baja. 7 Los pisos del norte, próximos al patio exterior, tenían un largo de veintiséis metros y cuarto, sólo la mitad del largo del ala interior que miraba hacia el patio del templo, el cual tenía un largo de cincuenta y dos metros y medio. 8 Pero una pared se extendía desde el final del ala más corta, paralela al ala más larga. 9 Y había una entrada del patio exterior a estas habitaciones desde el este. Del lado opuesto del templo había un edificio similar compuesto de dos unidades de pisos sobre el costado sur del patio interior, 10 entre el templo y el patio exterior, arreglado de la misma manera que el otro. 11 Había un corredor entre las dos alas del edificio, de la misma manera que en el otro edificio del otro lado del patio, con el mismo largo y ancho y las mismas salidas y puertas. Eran unidades idénticas. 12 Y había una puerta desde el patio exterior en el lado este.

13 Luego él me dijo: «Estos pisos de habitaciones del norte y del sur que dan hacia el patio del templo son exclusivos; allí los sacerdotes que ofrecen los sacrificios al Señor comerán de las ofrendas más exclusivas y las almacenarán, las ofrendas de cereales, las ofrendas por el perdón de las maldades y las ofrendas por la culpabilidad general, pues estas habitaciones son exclusivas. 14 Cuando los sacerdotes salgan del Lugar Exclusivo, la nave del templo, deben cambiar sus vestiduras antes de salir al patio exterior. Primero deben quitarse las vestiduras especiales con las que han estado ministrando, pues son exclusivas. Deben colocarse otras vestimentas antes de entrar en las partes del edifico que están abiertas al pueblo».

15 Cuando terminó de tomar estas medidas, me llevó afuera a través del pasillo del este para medir toda la zona del templo. 16-20 Encontró que tenía la forma de un cuadrado, de doscientos sesenta y dos metros de largo sobre cada costado, con un muro alrededor para separar la zona restringida de los lugares públicos.

La gloria del Señor vuelve al templo

43 Después me trajo de nuevo al pasillo a través del muro exterior hacia el este. 2 Y de repente la presencia majestuosa del Dios de Israel apareció del lado oriente. El sonido de su venida era como el estrépito de caudalosas aguas y todo el horizonte resplandeció con su presencia majestuosa. 3 Era tal como la había visto en las otras visiones, primero al lado del río Quebar, y luego más tarde en Jerusalén cuando vino para destruir la ciudad. Caí, rostro en tierra. 4 Y la presencia majestuosa del Señor entró en el templo por la puerta que daba al oriente. 5 Luego el Espíritu me alzó y me trajo al patio interior; y la presencia majestuosa del Señor llenó el templo.

6Y oí al SEÑOR hablándome desde adentro del templo (el hombre que había estado midiendo aún estaba parado al lado mío). 7El SEÑOR me dijo: «Hombre mortal, éste es el lugar de mi trono y el lugar donde se posa la planta de mis pies, donde yo permaneceré, viviendo en medio del pueblo de Israel para siempre. Ellos y sus reyes ya no más pondrán en entredicho mi intachable reputación por la traicionera devoción de otros dioses, o inclinándose ante los emblemas de sus reyes. 8Ellos construyeron sus templos idólatras al lado del mío, con sólo un muro de por medio, y allí rindieron homenaje a sus ídolos. Como dañaron la reputación de mi fama con semejante maldad, yo los destruí en mi ira. 9Ahora que arrojen lejos sus ídolos y emblemas levantados por sus reyes, y yo viviré en medio de ellos para siempre.

10»Hombre mortal, describe el templo que yo te he mostrado al pueblo de Israel. Cuéntales su apariencia y su plan, para que ellos sientan vergüenza por todas sus maldades. 11Y si ellos están realmente avergonzados de lo que han hecho, luego explícales los detalles de su construcción —sus puertas y entradas— y todo lo concerniente a él. Escribe todas las indicaciones y reglas que ellos deben guardar. 12Y ésta es la ley básica del templo: ¡Exclusividad! ¡Toda la parte superior de la colina donde está construido el templo es exclusiva! ¡Sí, esta es la ley principal!»

El altar

13-17Y éstas son las medidas del altar: La base del altar es cuadrada, de nueve metros con cuarenta y cinco centímetros de lado, con un borde en todo el derredor de veintidós centímetros y medio de alto. Esta base se eleva del patio cincuenta y dos centímetros y medio. Encima de la base hay una plataforma de piedra de un metro con cinco centímetros de alto, y ocho metros con cuarenta centímetros de lado. (Esto deja cincuenta y dos centímetros y medio de borde entre la base y la plataforma de piedra.) Ésta, a su vez, sostiene la próxima plataforma cuadrada de siete metros con treinta y cinco centímetros por lado y dos metros con diez centímetros de alto, dejando una repisa de cincuenta y dos centímetros y medio en cada lado. La plataforma cuadrada de siete metros con treinta y cinco centímetros tiene un reborde de veintidós centímetros y medio de alto, y lleva a la plataforma más alta, de seis metros con treinta centímetros por lado, y dos metros con diez centímetros de alto. De las esquinas de esta última plataforma se extienden cuatro cuernos de cincuenta y dos centímetros y medio cada uno. Los escalones para subir el altar estaban en el lado este.

18Y él me dijo: «Hombre mortal, el SEÑOR Dios dice: Éstas son las medidas del altar que habrá de ser hecho en el futuro, cuando sea levantado para quemar ofrendas y rociar sangre allí. 19En aquel tiempo, los de la familia de Sadoc, de la tribu de Leví, quienes son mis ministros, han de recibir un becerro para la ofrenda por el perdón de las maldades. 20Tomarás un poco de su sangre y la aplicarás en los cuatro cuernos del altar y en las cuatro esquinas de la plataforma de arriba y en el reborde que lleva en torno. Esto limpiará y hará expiación por el altar. 21Luego toma el becerro para la ofrenda por el perdón de las maldades y quémalo en el lugar indicado afuera de la zona del templo.

22»El segundo día, sacrifica un carnero sin ningún defecto —sin enfermedad, deformidades, heridas o costras— como ofrenda por el perdón de las maldades. Así el altar será limpiado, como lo fue previamente por el becerro. 23Cuando hayas concluido esta ceremonia de purificación, ofrece otro becerro perfecto y un carnero perfecto del rebaño. 24Preséntalos delante del SEÑOR, y los sacerdotes esparcirán sal sobre ellos como una ofrenda quemada. 25Cada día durante siete días un cordero, un becerro y un carnero del rebaño serán sacrificados como ofrenda por el perdón de la maldad. Ninguno de ellos debe tener defecto alguno. 26Esto será hecho cada día, durante siete días, para purificar y hacer expiación por el altar, para consagrarlo. 27En el octavo día, y cada día después, los sacerdotes sacrificarán sobre el altar las ofrendas quemadas y las ofrendas de gratitud del pueblo, y yo las aceptaré, dice el SEÑOR Dios».

Deberes de levitas y sacerdotes

44 Luego el SEÑOR me trajo de vuelta a la entrada oriental del muro exterior, pero estaba cerrada. 2Y él me dijo: «Esta puerta permanecerá cerrada; jamás será abierta. Ningún hombre pasará a través de ella, pues el SEÑOR, el Dios de Israel, entró por allí y, por tanto, permanecerá cerrada. 3Sólo el príncipe —por ser él el príncipe— se sentará allí para comer delante del SEÑOR. Pero entrará y saldrá solamente por la sala de entrada.

Los levitas

4»Luego me condujo a través del pasillo de entrada del norte hasta el frente del templo. Miré y vi la presencia majestuosa del SEÑOR que llenaba el templo, y caí rostro en tierra».

5Y el SEÑOR me dijo: «Hombre mortal, presta atención, abre bien tus ojos y oídos. Escucha todo lo que yo digo respecto a las leyes y ordenanzas relativas al templo del SEÑOR. Presta atención en cuanto a quiénes pueden ser admitidos al templo, y quiénes han de estar excluidos de él.

6»Y di a estos tercos, los pueblo de Israel: El SEÑOR Dios dice: "¡Oh israelitas, han hecho maldades en gran manera, 7permitiendo que los paganos entraran en mi santuario —aquellos cuyo corazón no se interesa en Dios— cuando me ofrecen mi comida, la grasa y la sangre! Así han roto mi convenio, además de todas las demás maldades que han cometido. 8No han observado las leyes que yo les di respecto a estas cosas exclusivas, pues han empleado extranjeros para que se hagan cargo de mi santuario".

9»El Señor Dios dice: "¡Ningún extranjero de los muchos entre ustedes entrará en mi santuario si no ha sido circuncidado y no ama al Señor! 10Y los hombres de la tribu de Leví, quienes me abandonaron cuando Israel se alejó de Dios para irse hacia los ídolos, deben ser castigados por su falta de fidelidad. 11Ellos podrán ser guardias y porteros, podrán matar los animales traídos para las ofrendas quemadas y estar presentes para ayudar a la gente. 12Pero como ellos incitaron a la gente a rendir homenajes a otros dioses, causando que Israel cayera en maldad profunda, he alzado mi mano y jurado, dice el Señor Dios, que ellos deben ser castigados. 13Ellos no se acercarán a mí para oficiar como sacerdotes; ellos no pueden tocar ninguna de mis cosas exclusivas, pues deben llevar su vergüenza por todas las maldades que han cometido. 14Ellos son sólo los cuidadores del templo, para hacer el trabajo de mantenimiento y ayudar a la gente en una forma general.

15»"Sin embargo, los hijos de Sadoc, de la tribu de Leví, continuaron como mis sacerdotes en el templo cuando Israel me cambió por los ídolos. Estos hombres serán mis ministros; ellos estarán delante de mí para ofrecer la grasa y la sangre de los sacrificios, dice el Señor Dios. 16Los hijos de Sadoc entrarán a mi santuario y vendrán a mi mesa para oficiar ante mí; ellos cumplirán mis requisitos. 17Ellos deben vestir solamente vestiduras de lino cuando entren al patio interior, pues no deben llevar nada con lana mientras estén en servicio en el patio interior o en el templo. 18Deberán llevar turbantes de lino y pantalones de lino; no deben llevar nada que los haga sudar. 19Cuando vuelvan al patio exterior, deben quitarse las vestiduras que emplearon mientras estaban oficiando delante de mí, dejándolos en las habitaciones exclusivas, y ponerse otras vestiduras para que no consagren a la gente por descuido si las tocan con las vestiduras de lino.

20»"No deben dejar que su cabello crezca demasiado, ni raparse. Se permiten cortes de cabello regulares y moderados solamente.

21»"Ningún sacerdote puede beber vino antes de entrar al patio interior.

22»"Pueden casarse solamente con una muchacha virgen judía, o con la viuda de uno que haya sido sacerdote; no pueden casarse con una mujer divorciada.

23»"Enseñarán a mi pueblo la diferencia entre lo que es exclusivo y lo que es ordinario, entre lo que está bien y lo que está mal.

24»"Servirán como jueces para resolver cualquier desacuerdo entre mi pueblo. Sus decisiones deben estar basadas sobre mis leyes. Y los mismos sacerdotes obedecerán mis mandamientos y reglamentos en todas las fiestas sagradas, y se asegurarán de que el sábado sea respetado.

25»"Un sacerdote no debe contaminarse estando en la presencia de un cadáver, salvo que sea su padre, madre, hijo, hermano o hermana soltera. En tales casos está permitido. 26Pero después debe esperar siete días para quedar purificado y poder llevar a cabo de nuevo sus deberes en el templo. 27El primer día que vuelva a trabajar y entrar al patio interior y el santuario, debe presentar una ofrenda por su situación especial, dice el Señor Dios.

28»"En cuando a propiedades, no tendrán ninguna, ¡pues yo soy su herencia! ¡Eso es suficiente! 29Se alimentarán de las ofrendas y sacrificios traídos al templo por el pueblo, las ofrendas de cereales, las ofrendas por el perdón de las maldades y las ofrendas generales. Lo que sea que se da al Señor será también para los sacerdotes. 30Las primicias de los primeros frutos y de todas las ofrendas para el Señor irán también a los sacerdotes. Las primeras muestras de cada cosecha de granos también serán donadas a los sacerdotes, para que el Señor bendiga sus hogares. 31Los sacerdotes nunca podrán comer de cualquier ave o animal que muera de muerte natural o después de ser atacado por otros animales.

División de la tierra

45 »"Cuando dividas por la suerte la tierra entre las tribus de Israel, primero dejarás una sección de la misma para el Señor como su porción exclusiva. Esta porción será de trece kilómetros con ciento veinticinco metros de largo, y diez kilómetros con quinientos metros de ancho. Todo este terreno será exclusivo.

2Una sección de esta tierra, un cuadrado de doscientos sesenta y dos metros y medio por lado, será designado para el templo. Un margen adicional de veintiséis metros y cuarto alrededor del mismo se ha de dejar libre. 3El templo será construido dentro de la zona de trece kilómetros con ciento veinticinco metros de largo por cinco kilómetros con doscientos cincuenta metros de ancho. 4Toda esta sección será tierra exclusiva; será utilizada por los sacerdotes, quienes ofician en el santuario, para sus hogares y para mi templo. 5La franja próxima a ella, de trece kilómetros con ciento veinticinco metros de largo por cinco kilómetros con doscientos cincuenta metros de ancho, será la zona habitacional de los levitas que trabajan en el templo. 6Junto a los terrenos exclusivos habrá una franja de trece kilómetros con ciento veinticinco metros de largo y dos kilómetros con seiscientos veinticinco metros de ancho, donde se construirá una ciudad en la que cualquiera de Israel pueda vivir.

7»"Dos secciones especiales de tierra serán apartadas para el príncipe —una a cada lado de los terrenos exclusivos y los de la ciudad, contiguas a éstos a lo largo—, y sus límites al este y al oeste serán iguales a los de las secciones tribales. 8Ésta será su parte. Mis príncipes ya no más oprimirán y robarán a mi pueblo, sino que le asignarán el resto de la tierra, dando una porción a cada tribu. 9Pues el Señor Dios dice a los que gobiernan: ¡Dejen de robar y estafar a mi pueblo en su tierra y de expulsarlos de sus hogares! ¡Sean siempre justos y honestos! 10¡Deben emplear balanzas justas y medidas cabales! 11Un jómer (doscientos cuarenta litros) será su unidad de medida reguladora tanto para medidas líquidas como sólidas. Las unidades más pequeñas serán el efa (veinticuatro litros) para sólidos y el bato (veinticuatro litros) para líquidos. 12La unidad de peso será la moneda de plata, de doce gramos; siempre debe ser cambiada por veinte guerás, nunca por menos. Cinco monedas serán valuadas a cinco monedas, no menos; y diez monedas a diez monedas. Cincuenta monedas siempre igualarán una mina.

13»"Éste es el impuesto que deben dar al príncipe: cuatro litros de trigo o cebada por cada doscientos cuarenta que cosechen; 14y un litro por cada cien de su aceite de oliva; 15y una oveja por cada doscientas en todos sus rebaños en Israel. Estas son las ofrendas de harina, las ofrendas quemadas y las ofrendas de gratitud para el arreglo de cuentas con Dios de aquellos que los traen, dice el Señor Dios. 16Todo el pueblo de Israel traerá sus ofrendas al príncipe. 17El príncipe deberá proveer al pueblo con sacrificios para los homenajes públicos, ofrendas por las infracciones cometidas, ofrendas quemadas, ofrendas de harina, ofrendas de libación y ofrendas de gratitud, para la reconciliación del pueblo de Israel con Dios. Esto será hecho en el tiempo de las fiestas religiosas, las ceremonias de luna nueva, los sábados y todas las otras ocasiones especiales.

18»"El Señor Dios dice: Cada víspera de Año Nuevo sacrifiquen un becerro sin defecto alguno, para purificar el templo. 19El sacerdote tomará parte de la sangre de esta ofrenda por las infracciones cometidas y la pondrá sobre los postes del templo y sobre las cuatro esquinas de la base del altar y sobre las paredes a la entrada del patio interior. 20Hagan esto también en el séptimo día de ese mes por cualquiera que haya cometido una infracción por error o ignorancia, y así el templo será purificado.

21»"En el décimocuarto día de ese mismo mes celebrarán la Pascua. Será una fiesta de siete días. Sólo pan sin levadura será comido durante esos días. 22En el día de la Pascua el príncipe proveerá un becerro como ofrenda por sus propias infracciones y por las de todo el pueblo de Israel. 23En cada uno de los siete días de la fiesta él preparará una ofrenda quemada para el Señor. Esta ofrenda diaria consistirá en siete becerros y siete carneros sin defecto. Un cabrito también será dado cada día como ofrenda por las infracciones públicas. 24Y el príncipe proveerá trescientos treinta y seis litros de grano para la ofrenda de harina, veinticuatro litros por cada becerro y carnero; y cincuenta y seis litros de aceite de oliva, cuatro litros por cada veinticuatro litros de grano.

25»"A principios de octubre, durante cada uno de los siete días de la fiesta anual, él proveerá estos mismos sacrificios para la ofrenda por las infracciones generales, la ofrenda quemada, la ofrenda de harina y la ofrenda de aceite.

46 »"El Señor Dios dice: La entrada del muro interior por el lado este estará cerrada durante los seis días de trabajo, pero abierta durante el sábado y los días de celebración de la luna nueva. 2El príncipe entrará por el pasillo de entrada de la puerta exterior y avanzará hasta el muro interior del otro lado mientras el sacerdote presenta sus ofrendas quemadas y ofrendas de paz. Rendirá homenaje dentro de ese pasillo de entrada y luego volverá a la puerta, que no será cerrada hasta la tarde.

3»"El pueblo rendirá homenaje al Señor frente a este pasillo de entrada los sábados y los días de celebración de luna nueva. 4La ofrenda quemada que el príncipe presente como sacrificio al Señor los sábados será de seis corderos y un carnero, todos sin defecto. 5El príncipe presentará una ofrenda de veinticuatro litros de grano con el carnero; y con los corderos, toda la cantidad que esté dispuesto a dar; y con cada ofrenda de grano traerá cuatro litros de aceite de oliva. 6En la celebración de la luna nueva traerá un becerro en perfectas condiciones, seis corderos y un carnero, todos sin defecto. 7Con el becerro traerá veinticuatro litros de harina como ofrenda. Con el carnero traerá veinticuatro litros de harina. Con el cordero, traerá lo que esté dispuesto a ofrecer. Con cada una de estas ofrendas traerá cuatro litros de aceite de oliva.

8»"El príncipe entrará por el pasillo de acceso de la puerta y saldrá por el mismo lugar; 9pero cuando el pueblo entre a través del pasillo de la entrada del norte para sacrificar durante las fiestas religiosas, deberá salir por el pasillo de la entrada del sur, en el lado opuesto. Aquellos que entren desde el sur deben salir por el norte. Jamás deberán salir por el mismo pasillo que entraron, sino que siempre deberán usar la entrada del lado opuesto. 10El príncipe entrará y saldrá con la gente común en esas ocasiones. 11Para resumir: En las fiestas especiales y los festivales sagrados la ofrenda de harina será de veinticuatro litros con el becerro y la misma cantidad con el carnero, tanto como el príncipe esté dispuesto a dar con cada cordero; y cuatro litros de aceite de oliva por cada ofrenda de grano.

12»"Cuando el príncipe presente una ofrenda quemada extra o una ofrenda de paz para ser declarada como exclusiva para el Señor, la puerta del este será abierta para que entre, y ofrecerá

sus sacrificios tal como los sábados. Luego se
dará vuelta, y la puerta será cerrada detrás de él.
13»"Cada mañana un cordero de un año debe ser
sacrificado como ofrenda quemada al Señor. 14,15Y
debe haber una ofrenda de harina cada mañana;
cuatro litros de harina y un litro y tercio de aceite
de oliva con que mezclarla. Ésta es una ordenanza
permanente; nunca deben dejar de hacerlo. El cordero, la ofrenda de harina y de aceite de oliva serán
provistos cada mañana para el sacrificio diario.
16»"El Señor Dios dice: Si el príncipe da tierra
como regalo a uno de sus hijos, le pertenecerá a
él para siempre. 17Pero si da tierra como regalo a
uno de sus servidores, el servidor podrá conservarlo
sólo hasta el año de liberación, cada séptimo año,
cuando se le liberará; entonces la tierra vuelve a
ser propiedad del príncipe. Sólo los regalos a sus
hijos son permanentes. 18Y el príncipe jamás puede
tomar la propiedad de alguno por la fuerza. Si
da propiedades a sus hijos, debe ser de su propia
tierra, porque yo no quiero que mi pueblo pierda
su propiedad y tenga que emigrar por esa causa"».
19,20Después de eso, empleando la puerta a
través del muro al lado del pasillo principal,
me condujo a través de la entrada al bloque de
habitaciones que miraban hacia el norte. Allí,
en el extremo oeste de estas habitaciones, vi un
lugar donde, según me dijo mi guía celestial, los
sacerdotes han de cocer la carne de la ofrenda por
las infracciones y la ofrenda para declarar libre
de culpa al pueblo y la ofrenda de harina para
hacer pan. Lo harán allí para evitar la necesidad
de llevar los sacrificios a través del patio exterior,
para no declarar de forma involuntaria como
intachable de esa manera al pueblo.
21,22Luego mi guía celestial me trajo afuera
nuevamente, al patio exterior, y me llevó a cada
una de las cuatro esquinas del patio. Vi que en
cada esquina había una habitación de veintiún
metros de largo y quince metros y tres cuartos
de ancho, encerrada con paredes. 23En torno al
interior de estas paredes había tinas de ladrillo
que se usaban para hervir, con hornos por debajo. 24Me dijo que estas habitaciones era donde
los servidores del templo, los levitas, cuecen los
sacrificios que la gente ofrece.

El río del templo

47 Luego mi guía celestial me trajo de vuelta
a la puerta del templo. Vi una corriente
de agua fluyendo hacia el este, desde debajo del
templo y pasando a la derecha del altar, o sea,
sobre su lado sur. 2Luego me trajo fuera del muro
a través del pasillo de la entrada del norteb y me
hizo dar la vuelta hasta la entrada del este donde
vi la corriente fluyendo por el lado sur (del pasillo
de la entrada este).
3Midiendo a medida que avanzaba, el guía
celestial me llevó cuatrocientos cincuenta metros
al este por la corriente y me hizo cruzarla. En
este punto el agua me llegaba hasta los tobillos.
4Él midió otros cuatrocientos cincuenta metros
y me indicó que lo cruzara de nuevo. Esta vez el
agua me llegaba hasta las rodillas. 5Otros cuatrocientos cincuenta metros después me llegaba a la
cintura. Pero cuatrocientos cincuenta metros más
adelante había llegado a ser un río tan profundo que no podía cruzarlo salvo que nadara. Era
demasiado profundo para cruzarlo a pie. 6El guía
celestial me dijo que tuviera en cuenta lo que
había visto, luego me llevó de vuelta por la ribera.
7Y ahora, ante mi sorpresa, ¡muchos árboles
estaban creciendo a ambos lados del río! 8Me dijo:
«Este río fluye hasta el este a través del desierto
y el valle del Jordán hasta el Mar Muerto, donde
transformará las aguas saladas y las hará frescas
y potables. 9Todo lo que toque el agua de este
río vivirá. Abundarán los peces en el Mar Muerto,
pues sus aguas tendrán propiedades medicina-
les. Dondequiera fluyan estas aguas, todo vivirá.
10Los pescadores estarán parados sobre las costas
del Mar Muerto, pescando desde Engadi hasta
Eneglayin. Las costas estarán llenas de redes
secándose al sol. ¡Peces de toda especie llenarán
el Mar Muerto tal como en el Mediterráneo! 11Pero
los esteros y pantanos no serán sanados; seguirán
siendo salinas. 12Toda clase de árboles frutales
crecerán en las riberas del río. Las hojas nunca
se marchitarán y ni caerán, sino que siempre
habrá fruto. Habrá una nueva cosecha de fruta
cada mes, ¡sin falta! ¡Es que están regados por
el río que fluye del templo! ¡Sus frutos servirán
de alimento y sus hojas de medicina!

Los límites del país

13»El Señor Dios dice: Aquí están las indicaciones para dividir la tierra entre las doce tribus de
Israel: la tribu de José (Efraín y Manasés) recibirá
dos secciones. 14En cambio cada una de las otras
tribus tendrá una porción igual. Yo prometí con
mano alzada, en señal de juramento, dar la tierra
a sus antepasados, y ahora la heredarán ustedes.
15»El límite del norte va desde el Mediterráneo
hasta Hetlón, y luego a través de Zedad y Jamat
16hasta Berotá y Sibrayin, que están en el límite entre Damasco y Jamat, y finalmente hasta
Jazar Haticón, en el límite de Jaurán. 17Así que el
límite del norte será desde el Mediterráneo hasta
Jazar Enán, en el límite con Jamat para el norte
y Damasco para el sur.
18»La frontera del este correrá desde Jazar Enán
hacia el sur al monte Jaurán, donde dobla hacia
el oeste al Jordán en la punta del mar de Galilea,
y bajando por el río Jordán separando a Israel de
Galaad, pasando por el Mar Muerto hasta Tamar.
19»La frontera del sur partirá desde Tamar
hacia el oeste hasta los manantiales de Meribá

Cades y luego seguirá el curso del arroyo de Egipto (llamado Wadi el Arish) hasta el Mediterráneo.
20»Del lado occidental, el Mediterráneo mismo
será la frontera, desde el límite sur hasta el punto
donde comienza el límite del norte.
21»Dividan la tierra dentro de estos límites entre
las tribus de Israel. 22Distribuyan la tierra como
una heredad para ustedes y para los extranjeros
que viven entre ustedes con sus familias. Todos
los que nazcan en esta tierra —sean sus padres
extranjeros o no— han de ser considerados ciudadanos y tienen los mismos derechos que sus propios hijos. 23Todos estos inmigrantes han de recibir
tierra de acuerdo con la tribu donde ahora viven.

Reparto de la tierra

48 »Aquí está la lista de tribus y el territorio
que cada una de ellas ha de recibir. Para
Dan: Desde el límite norte en el Mediterráneo,
a través de Hetlón, luego a Lebó Jamat y hasta
Jazar Enán en la frontera entre Damasco hacia
el sur y Jamat hacia el norte. Estos son los límites
orientales y occidentales de la tierra. 2El territorio
de Aser queda al sur del territorio de Dan y tiene
los mismos límites al este y al oeste. 3La tierra de
Neftalí queda al sur de Aser con los mismos límites
al este y al oeste. 4Luego viene Manasés, al sur de
Neftalí, con los mismos límites al este y al oeste.
5-7Después, hacia el sur están Efraín, Rubén y luego
Judá, todos con los mismos límites al este y al oeste.
8»Al sur de Judá está la tierra apartada para el
templo. Tiene los mismos límites al este y al oeste
como las secciones de las tribus, con el templo
en el centro. 9Esta zona del templo será de trece
kilómetros y ciento veinticinco metros de largo y
diez kilómetros y medio de ancho. 10Una franja de
tierra que mide trece kilómetros y ciento veinticinco metros de este a oeste, y cinco kilómetros y
cuarto de norte a sur rodea el templo. 11Esta franja
es para los sacerdotes, o sea los hijos de Sadoc,
quienes me obedecieron y no se lanzaron a cometer maldades cuando sí lo hicieron el pueblo de
Israel y el resto de su propia tribu de Leví. 12Es su
porción especial cuando la tierra sea distribuida, la
tierra más exclusiva. Al lado queda la zona donde
vivirán los otros levitas. 13Será de la misma medida
y forma que la primera. Juntas medirán trece kilómetros y ciento veinticinco metros de largo y diez
kilómetros y medio de ancho. 14No podrán vender
ni cambiar ni ceder nada de esta tierra especial,
porque pertenece al Señor, es exclusiva.
15»La franja de tierra que queda de trece kilómetros y ciento veinticinco metros de largo por
dos kilómetros y seiscientos veinticinco de ancho,
al sur de la sección del templo, es para uso público, para viviendas, pastizales y parques, con una
ciudad en el centro. 16La ciudad será cuadrada, de
dos kilómetros y trescientos sesenta metros por
lado. 17Una franja de ciento treinta y un metros
rodeará la ciudad y será tierra de pastoreo. 18Afue-
ra de la ciudad, extendiéndose hacia el este y
oeste por cinco kilómetros y cuarto al lado de los
terrenos exclusivos, habrá una zona de huertas de
la ciudad para uso público. 19Estará abierta para
cualquiera que trabaje en la ciudad, no importa
de qué parte de Israel proceda. 20La zona entera
—incluyendo las tierras exclusivas y tierras de la
ciudad— forma un cuadrado de trece kilómetros
y ciento veinticinco metros por lado.
21,22»La tierra de ambos lados de las porciones
exclusivas y de la ciudad pertenecerán al príncipe. Se extenderán desde el cuadrado de trece
kilómetros y ciento veinticinco metros de éstas
hasta el límite occidental, y desde el otro lado
hasta el límite oriental. Esta porción del príncipe
tendrá como límites el territorio de Judá al norte
y el de Benjamín al sur.
23»Las secciones dadas a las restantes tribus son
las siguientes: la sección de Benjamín se extiende
a lo ancho de Israel desde la frontera oriental
hasta la occidental.
24»Al sur de la zona de Benjamín queda la de
Simeón, también extendiéndose entre los mismos
límites orientales y occidentales.
25»Después viene Isacar, con los mismos límites. 26Luego viene Zabulón, también extendiéndose a lo ancho de Israel.
27,28»Finalmente viene Gad, que cuenta con los
mismos límites sobre el este y el oeste, mientras
su límite sur corre desde Tamar a los manantiales
de Meribá Cades, y luego sigue Wadi el Arish
(Arroyo de Egipto) hasta el Mediterráneo.
29»Estas son las asignaciones que han de ser
hechas a cada tribu, dice el Señor Dios.

Las puertas de Jerusalén

30,31»Cada puerta de la ciudad será nombrada en
honor de una de las tribus de Israel. Sobre el lado
norte, con su muro de dos kilómetros y trescientos
sesenta metros de largo habrá tres puertas, una
nombrada Rubén, otra Judá y otra Leví.
32»En el lado este, con su muro de dos kilómetros y trescientos sesenta metros de largo, serán
nombradas José, Benjamín y Dan. 33El muro sur,
con la misma extensión, tendrá las puertas de
Simeón, Isacar y Zabulón; 34sobre los dos kilómetros y trescientos sesenta metros del lado oeste,
las puertas serán nombradas Gad, Aser y Neftalí.
35»La circunferencia total de la ciudad es de
nueve kilómetros y cuatrocientos cincuenta
metros. ¡Y el nombre de la ciudad será Dios Sama
(Dios está allí)!»

Investiguemos Juntos

DANIEL

¿Quién lo escribió?

El testimonio claro del libro es que su escritor es Daniel. Incluso Jesús afirma que Daniel fue el autor de sus profecías (Mt. 24:15). Este fue uno de los primeros judíos en ser llevado cautivo por los caldeos (año 605 a.C.). Por la providencia de Dios, fue entrenado por sus captores como parte de la nobleza, y eventualmente el joven judío llegó a destacar como un profeta, consejero de cuatro reyes y estadista en tres imperios mundiales, ministrando prácticamente durante toda la cautividad incluso hasta el reinado de Ciro, el persa (Dan. 10:1).

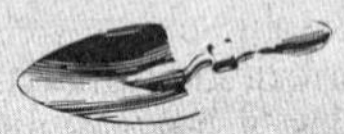

¿A quién lo escribió?

Sin duda, el ministerio y la influencia de Daniel durante todo el exilio debe haber sido un reyo de esperanza para los judíos en Babilonia y en la tierra prometida. El libro fue escrito pensando en los judíos que estaban aún en el exilio, así como también aquellos que estaban regresando a su tierra después del terrible trauma del cautiverio. El doble énfasis –la fidelidad al Señor y su soberanía absoluta sobre la historia– sin duda estaban diseñados para motivar a un pueblo que estaba reconstruyendo su identidad nacional y espiritual.

¿Cuándo y dónde lo escribió?

El capítulo 10, versículo 1 menciona el año tercero de Ciro de Persia. Esto sería el año 536 a.C., por lo que una fecha probable en la que el libro fue escrito es el año 530 a.C., o sea, cuando Daniel tenía ya noventa años. Hay que tomar en cuenta que cuando Daniel comienza es el año 605 a.C. Babilonia estaba sustituyendo a Asiria como imperio mundial. Cuando Daniel termina es el año 536 a.C. El gran imperio mundial era Persia y los judíos ya habían regresado a su tierra para comenzar la reconstrucción del templo. Tomando en cuenta lo anterior, el libro sería escrito, entonces, en la ciudad de Susa, capital del imperio persa, desde donde el libro fue enviado a los judíos que ya estaban habitando de nuevo en su tierra, después de la cautividad.

Panorama del libro

El libro fue escrito, por un lado, para asegurarles a los judíos en el exilio que era posible permanecer fieles a Dios aun viviendo en un país pagano y en medio de una situación adversa para su fe. Por otro lado, para garantizarles que Dios estaba en control, tanto de su pueblo como de Babilonia y del resto de la historia presente y futura. Ese era un mensaje que necesitaban escuchar los cautivos para mantener su esperanza como pueblo de Dios.

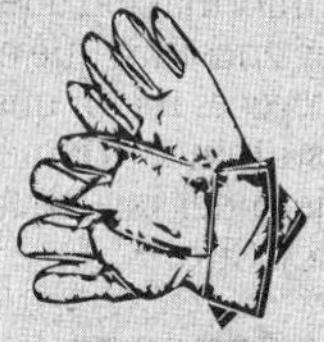

¿Cómo se relaciona con nosotros?

Este libro suele ser recordado por la historia del foso de los leones o la dieta vegetariana que escogió su protagonista. Sin embargo, lo primero a destacar es que cancela cualquier excusa respecto a perder la integridad en el ambiente pecaminoso en el que vivimos. Daniel es una historia de lealtad a toda prueba. Su historia se erige como un modelo de integridad que nos desafía a afirmar nuestro carácter en un mundo adverso a los valores del cristianismo. Daniel no solo fue un buen siervo fiel a Dios, sino que tuvo éxito en su mundo, y esa es una lección de vital importancia. Las profecías de Daniel proveen confianza y seguridad en un Dios que controla los eventos de la historia humana. Por eso, Daniel nos invita a cambiar nuestra comprensión de los acontecimientos personales, familiares y mundiales desde la perspectiva de su historia, y desde allí transformar nuestra realidad para su gloria y honra y para bien de todos.

¿Cómo lo estudiamos?

1) Fidelidad total al Señor, en medio de las naciones. Caps. 1-6
2) Dominio total del Señor, en medio de las naciones. Caps. 7-12.

Daniel

Daniel en Babilonia

1 Tres años después que el rey Joacim comenzó a reinar en Judá, Nabucodonosor, el rey de Babilonia, vino a Jerusalén y la sitió con sus ejércitos. [2]El SEÑOR le permitió que venciera sobre Joacim, el rey de Judá. Al volver a Babilonia, se llevó algunas de las copas sagradas del templo de Dios, y las colocó en la casa del tesoro de sus dioses, en la región de Sinar. [3]Luego ordenó a Aspenaz, quien estaba a cargo del personal de servicio de su palacio, traer al palacio a algunos de los jóvenes judíos que habían sido traídos cautivos, jóvenes de la familia real o de la nobleza de Judá. [4]«Escoge muchachos fuertes, sanos y de buen parecer, le dijo, que tengan una amplia cultura; jóvenes bien educados, inteligentes, despiertos, sensatos y capaces de servir en el palacio. Enséñales a estos jóvenes la lengua y la literatura de los babilonios».

[5]Y el rey les asignó a estos jóvenes la mejor comida y el mejor vino, todo de lo que él mismo consumía, durante el periodo de entrenamiento de tres años, con la idea de hacerlos sus consejeros al graduarse.

[6]Daniel, Ananías, Misael y Azarías fueron cuatro de los jóvenes escogidos, todos de la tribu de Judá. [7]Sin embargo, el jefe del personal les dio nombres babilónicos: Daniel fue llamado Beltsasar; Ananías fue llamado Sadrac; Misael fue llamado Mesac; y Azarías fue llamado Abednego.

[8]Pero Daniel se propuso no contaminarse comiendo la comida y el vino que el rey les daba. Por lo tanto, pidió permiso al jefe del personal para comer otras cosas. [9]Dios permitió que Daniel se ganara el respeto del jefe del personal. [10]Éste estaba preocupado ante la petición de Daniel. «Mi señor el rey ha ordenado que ustedes coman esta comida y beban este vino, le dijo. Tengo miedo de que se pongan pálidos y delgados en comparación con los otros jóvenes de su edad, y luego el rey me cortaría la cabeza por no cumplir bien con mis responsabilidades».

[11]Daniel conversó sobre este asunto con el mayordomo a quien el jefe del personal había encargado el cuidado de Daniel, Ananías, Misael y Azarías. [12]Dijo Daniel: «Haz una prueba con nosotros. Por diez días danos de comer vegetales y de beber sólo agua. [13]Al final de los diez días, compara nuestro aspecto con el de los jóvenes que comen la comida del rey, y entonces decide si nos dejas continuar comiendo vegetales y bebiendo agua».

[14]Por fin el mayordomo aceptó que se hiciera la prueba por diez días. [15]Al finalizar los diez días, ¡Daniel y sus tres amigos parecían más saludables y mejor alimentados que los jóvenes que habían estado comiendo de la comida del rey! [16]Así que después, el mayordomo los alimentó solamente con verduras y agua, retirando del menú los ricos manjares y vinos.

[17]Dios concedió a estos cuatro jóvenes gran facilidad para aprender y pronto ellos habían llegado a dominar toda la literatura y ciencia de aquel tiempo. Y a Daniel además le dio la habilidad de poder entender el significado de sueños y visiones.

[18]Cuando se completó el periodo de tres años de entrenamiento, el jefe del personal llevó a todos los jóvenes ante el rey Nabucodonosor. [19]El rey habló con cada uno de ellos, y ninguno le impresionó tanto como lo hicieron Daniel, Ananías, Misael y Azarías. Por eso pasaron a ser miembros de su cuerpo permanente de consejeros. [20]Y en todos los asuntos que requerían información adecuada y juicio equilibrado, el rey encontró que el consejo de estos jóvenes era diez veces mejor que el de los magos y agoreros de su reino. [21]Daniel mantuvo este puesto de consejero del rey hasta el primer año del reinado del rey Ciro.

El sueño del rey Nabucodonosor

2 Una noche, durante el segundo año de su reinado, el rey Nabucodonosor tuvo un sueño, y lo inquietó tanto que ya no pudo seguir durmiendo. [2]Inmediatamente llamó a todos sus magos, encantadores, hechiceros y astrólogos, y les demandó le dijeran el significado de su sueño.

[3]—Yo he tenido un sueño que me preocupa —les dijo mientras estaban reunidos delante de él—, díganme qué significa.

[4]Entonces los astrólogos (hablando en arameo) dijeron al rey:

—Que viva por siempre el rey. Cuéntenos el sueño y entonces podremos decirle lo que significa.

[5]Pero el rey respondió:

—Mi decisión está tomada. Si no me dicen lo que soñé y lo que significa, ordenaré que los corten en pedazos y que a sus casas las quemen hasta que queden convertidas en cenizas. [6]Pero les daré muchos maravillosos regalos y honores si me dicen cuál fue el sueño y lo que significa. Así que, ¡empiecen!

[7]Ellos dijeron de nuevo:

—Si Su Majestad nos cuenta el sueño, nosotros le diremos lo que significa.

[8]El rey respondió contrariado:

—Mi decisión está tomada; ustedes lo saben y por eso quieren ganar tiempo. [9]¡Pero si no me cuentan el sueño, ya saben lo que les pasará! Ustedes se han puesto de acuerdo para decirme mentiras, deseando que algo pase y cambie mi decisión. Pero díganme lo que soñé y sabré que también me pueden decir su significado.

[10]Los astrólogos respondieron al rey:

1.3–6 1.17

—¡No hay nadie en la tierra que pueda decirle a Su Majestad lo que soñó! ¡Y no hay rey, por grande y poderoso que sea, que pediría semejante cosa a ningún mago, hechicero o astrólogo! 11Lo que el rey pide es imposible. Nadie, salvo los dioses, puede decirle su sueño, y ellos no están aquí para ayudar.

12Al oír esto, el rey se puso furioso, y ordenó ejecutar a todos los sabios de Babilonia. 13Debido a estas órdenes, Daniel y sus compañeros fueron buscados para ser ejecutados junto con los demás sabios.

14Cuando Arioc, el comandante de la guardia real, vino para matarlos, Daniel manejó la situación con mucho tacto y cuidado al preguntar:

15—¿Por qué ha dado el rey semejante orden?

Entonces Arioc le contó lo que había sucedido. 16Así que Daniel pidió audiencia para hablar con el rey. Le dijo:

—Déme un poco de tiempo y yo le diré el sueño que tuvo y lo que significa.

17Luego se fue a su casa y les contó todo a Ananías, Misael y Azarías, sus compañeros. 18Luego les pidió que suplicaran al Dios del Cielo que les mostrara su bondad diciéndoles el secreto, para que no murieran junto con los sabios babilonios. 19Y esa noche, en una visión, Dios le reveló a Daniel lo que el rey había soñado. Entonces Daniel alabó al Dios del cielo, 20diciendo:

—Digno de elogio sea el nombre de Dios en todos los tiempos, pues sólo él tiene toda la sabiduría y todo el poder. 21Lo que pasa en el mundo está bajo su control. Él quita reyes y coloca a otros sobre sus tronos. Él da a los sabios sabiduría, y a los entendidos su inteligencia. 22Él revela misterios profundos y sabe lo que se oculta en las sombras, aunque él mismo está rodeado de luz. 23¡Te doy gracias y declaro tu gran bondad, oh Dios de mis antepasados, pues me has dado sabiduría y poder! Me has concedido lo que te pedimos, nos has mostrado el sueño del rey.

Daniel interpreta el sueño del rey

24Entonces Daniel entró a ver a Arioc, a quien se le había ordenado ejecutar a los sabios de Babilonia, y le dijo:

—No los mates. Llévame al rey y yo le diré el significado del sueño.

25Arioc llevó a Daniel apresuradamente ante el rey y le dijo:

—¡He encontrado a uno de los judíos cautivos que puede darle a Su Majestad la interpretación del sueño!

26El rey le dijo a Daniel, a quien también le llamaban Beltsasar:

—¿Es esto cierto? ¿Puedes tú hacerme conocer el sueño que tuve y lo que significa?

27Daniel respondió:

—Ningún sabio, astrólogo, mago o adivino puede descubrir al rey tales cosas, 28pero hay un Dios en el cielo capaz de revelar los secretos, y él le ha mostrado a usted, rey Nabucodonosor, lo que va a pasar en el futuro. Éste fue su sueño y las visiones que tuvo mientras estaba en su cama: 29Mientras Su Majestad dormía, soñó los acontecimientos que están por venir. Entonces Dios le mostró en sueños lo que va a suceder. 30Pero recuerde que no es porque yo sea más sabio que los demás seres humanos que conozco el secreto de su sueño, sino porque Dios quiere que entienda lo que usted cavilaba en su cama.

31»En su sueño, Su Majestad vio una enorme y poderosa estatua de un hombre, de un brillo extraordinario y aspecto terrible. 32La cabeza de la estatua estaba hecha del oro más puro; su pecho y sus brazos de plata; su vientre y sus muslos de bronce; 33sus piernas de hierro; sus pies estaban hechos en parte de hierro y en parte de arcilla. 34Pero mientras Su Majestad miraba la estatua, una piedra que ninguna persona había tocado se desprendió y vino y golpeó los pies de la estatua. 35Entonces toda la estatua se desplomó en una pila de hierro, arcilla, bronce, plata y oro; sus pedazos se hicieron polvo, y el viento se los llevó. Pero la piedra que había derribado la estatua llegó a ser una gran montaña, tan grande que cubrió toda la tierra.

36»Este fue el sueño. Ahora le diré a Su Majestad lo que significa. 37Su Majestad tiene dominio sobre muchos reyes, pues el Dios del cielo le ha dado su reino, poder, fuerza y gloria. 38Él ha hecho que Su Majestad gobierne sobre las provincias más distantes y aun los animales y las aves están bajo su control. Usted es la cabeza de oro. 39Pero después que su reino haya llegado a su fin, otro reino de menor importancia surgirá para tomar su lugar. Y después que ese reino haya caído, otro reino, el tercero, representado por el vientre y muslos de bronce, se levantará para reinar sobre el mundo.

40»Después de este reino vendrá un gran reino, el cuarto, fuerte como el hierro. Y así como el hierro rompe y destroza todo lo que golpea, así este reino romperá y destrozará los reinos anteriores. 41Los pies y los dedos que usted vio, parte de hierro y parte de arcilla, muestran que más adelante este reino será dividido. 42Algunas partes de este reino serán tan fuertes como el hierro, mientras que otras serán débiles como la arcilla. 43Esta mezcla de hierro con arcilla también muestra que estos reinos tratarán de fortalecerse formando alianzas entre ellos a través del casamiento mutuo entre miembros de las familias de la realeza; pero esta estrategia no tendrá éxito, pues el hierro y la arcilla no se mezclan.

44»Durante el gobierno de estos reyes, el Dios del cielo establecerá un reino que jamás será

2.19–23

destruido, al que nadie jamás podrá conquistar.
Este reino de Dios destruirá a todos estos reinos, pero él mismo permanecerá estable para
siempre. 45Éste es el significado de la piedra que
se desprendió de la montaña sin que ninguna
persona la hubiera tocado; la piedra que convirtió
en polvo todo el hierro, el bronce, la arcilla, la
plata y el oro. Así el gran Dios ha mostrado a Su
Majestad lo que sucederá en el futuro. El sueño
es verdadero y su significado es cierto.

Nabucodonosor recompensa a Daniel

46Entonces Nabucodonosor se postró ante
Daniel y le rindió honores, y mandó a su pueblo
a ofrecer y rendirle homenaje y esparcir perfumes
delicados ante él.

47El rey le dijo a Daniel:

«Tu Dios es el Dios de los dioses, el Rey de los
reyes, el Revelador de misterios, porque él te ha
descubierto este secreto».

48Entonces el rey le dio a Daniel un alto rango
y muchos regalos costosos y lo nombró gobernador de toda la provincia de Babilonia, además de
jefe sobre todos sus sabios del reino. 49Luego, a
solicitud de Daniel, el rey nombró a Sadrac, Mesac y Abednego como ayudantes de Daniel para
estar a cargo de todos los asuntos de la provincia
de Babilonia. Daniel, mientras tanto, servía en
la corte del rey.

El horno en llamas

3 El rey Nabucodonosor hizo una estatua de
oro, de veintisiete metros de alto y casi tres
metros de ancho, y la hizo colocar en el valle de
Dura, en la provincia de Babilonia. 2Luego envió
mensajes a todos los príncipes, gobernadores,
capitanes, jueces, tesoreros, consejeros, alguaciles y los oficiales de las provincias, ordenándoles
venir para la dedicación de su estatua. 3Cuando
todos los príncipes, gobernadores, capitanes, jueces, tesoreros, consejeros, alguaciles y oficiales
de las provincias habían llegado y estaban reunidos frente a la estatua, 4un vocero anunció:
«Oh gente de todas las naciones y lenguas, ésta
es la orden del rey: 5"Cuando escuchen la música de las flautas, trompetas, cítaras, liras, arpas,
zampoñas y otros instrumentos musicales, deben
inclinarse y rendir homenaje a la estatua de oro
del rey Nabucodonosor. 6Cualquiera que rehúse
obedecer será inmediatamente arrojado en un
horno de fuego ardiente"».

7Por lo tanto, al escuchar la música de todos
los instrumentos musicales, todos, sin importar
cual fuera su pueblo, nación o lengua, cayeron
al suelo y rindieron homenaje a la estatua de
oro que el rey Nabucodonosor había mandado
levantar. 8Pero algunos caldeos fueron al rey y
acusaron a los judíos. 9Le dijeron al rey Nabucodonosor:

«¡Que viva Su Majestad por siempre! 10Usted
ha establecido una ley ordenando que todos
deban postrarse y rendir homenaje a la estatua
de oro cuando escuchen la música de las flautas,
trompetas, cítaras, liras, arpas, zampoñas y otros
instrumentos musicales, 11y que cualquiera que
se niegue a hacerlo sea arrojado a un horno de
fuego ardiente. 12Pero hay algunos judíos aquí,
Sadrac, Mesac y Abednego, a quienes Su Majestad
ha puesto a cargo de los asuntos de Babilonia,
que han desobedecido sus órdenes. No respetan
al dios de Su Majestad, ni rinden homenaje a la
estatua de oro que usted mandó levantar».

13Entonces Nabucodonosor, en un arrebato de
cólera, ordenó que Sadrac, Mesac y Abednego
fueran traídos a su presencia.

14Cuando los trajeron ante él, les preguntó:

—¿Es verdad Sadrac, Mesac y Abednego, que
se han negado a honrar a mis dioses y rendir
homenaje a la estatua de oro que levanté? 15Les
daré una oportunidad. Cuando oigan la música,
si se inclinan y rinden homenaje a la estatua, no
tomaré en cuenta su falta; pero si se niegan a
hacerlo, serán arrojados inmediatamente en un
horno de fuego ardiente. Y entonces, ¿qué dios
podrá librarlos de mi castigo?

16Sadrac, Mesac y Abednego respondieron:

—No hace falta que nos defendamos ante
Su Majestad. 17Si somos arrojados al horno de
fuego ardiente, el Dios a quien servimos puede
librarnos del horno y de cualquier otro castigo
que Su Majestad nos imponga. 18Y aunque no lo
hiciera, Su Majestad debe entender que nunca
honraremos a sus dioses ni rendiremos homenaje
a su estatua.

19Entonces Nabucodonosor se puso furioso, y
su rostro estaba irreconocible de la cólera contra Sadrac, Mesac y Abednego. Mandó que el horno ardiente fuera calentado siete veces más de lo
normal, 20y llamó a algunos de los hombres más
fuertes de su ejército para que ataran a Sadrac,
Mesac y Abednego, y los arrojaran en el fuego.
21Fueron, pues, bien atados con sogas y arrojados
al horno, con todo y su ropa puesta. 22Y por estar
el horno demasiado caliente, por la orden que
había dado el rey en su gran cólera, ¡las llamaradas mataron a los soldados al acercarse al
horno para arrojar a los tres jóvenes! 23Así
Sadrac, Mesac y Abednego cayeron atados en
medio de las llamas.

24Pero de pronto, asombrado Nabucodonosor,
se levantó a toda prisa y preguntó a sus consejeros:

—¿No atamos y arrojamos a tres hombres al
horno?

3.16–18 3.19–27 3.23–25

Ellos le respondieron:
—Así es, Su Majestad.
25—¡Pero miren!, gritó el rey Nabucodonosor, ¡yo estoy viendo cuatro hombres sueltos,
paseándose en medio del fuego, y ni siquiera
han sufrido daño de las llamas! ¡Y el cuarto se
parece a un dios!
26Luego Nabucodonosor se acercó lo más posible a la puerta abierta del horno ardiente y gritó:
—¡Sadrac, Mesac y Abednego, servidores del
Dios altísimo, salgan y vengan aquí!
Entonces ellos salieron de en medio del fuego.
27Los príncipes, gobernadores, capitanes y consejeros se juntaron a su alrededor y comprobaron
que el fuego no los había tocado, ni siquiera un
pelo de sus cabezas se había chamuscado, su
ropa estaba intacta, ¡ni el olor a quemado se les
había pegado! 28Entonces Nabucodonosor dijo:
«Digno de todo elogio sea el Dios de Sadrac,
Mesac y Abednego, pues envió su ángel para
librar a sus servidores que confiaron en él y desobedecieron la orden del rey, y estaban dispuestos
a morir antes que servir o rendir homenaje a
cualquier dios que no fuera el de ellos. 29Por lo
tanto doy esta orden: Que cualquier persona de
la nación, lengua o pueblo que sea, que hable
contra el Dios de Sadrac, Mesac y Abednego, sea
descuartizado y su casa quemada. Pues ningún
otro dios es capaz de salvar de esta manera».
30Luego el rey les dio a Sadrac, Mesac y Abednego una mejor posición que la que tenían antes
en la provincia de Babilonia.

Nabucodonosor sueña con un árbol

4 Esta es la proclamación del rey Nabucodonosor, que envió a los pueblos de todas
las lenguas y en todas las naciones del mundo:

¡Paz y prosperidad a todos!
2Yo quiero que todos sepan de algo extraordinario que el Dios Altísimo ha hecho para
mí. 3¡Las muestras de su poder son maravillosas! ¡Su reino es para siempre! ¡Él gobierna
en todas las generaciones!
4Yo, Nabucodonosor, estaba viviendo en mi
palacio, en paz y prosperidad, 5cuando una
noche tuve un sueño que me asustó mucho.
Tuve unas visiones que me causaron terror,
mientras estaba recostado en mi cama. 6Yo
mandé traer ante mi presencia a todos los
sabios de Babilonia para que me dijeran el
significado de mi sueño, 7pero cuando llegaron los magos, astrólogos, adivinos y hechiceros, y les conté el sueño, no pudieron decirme
lo que significaba. 8Por último vino Daniel,
llamado también Beltsasar en honor a mi
dios, en quien está el espíritu de los dioses
santos, y le conté mi sueño.
9«¡Oh Beltsasar, jefe de los magos y demás
sabios!, le dije, yo sé que el espíritu de los dioses santos está en ti y que ningún misterio
es demasiado grande para que tú no lo puedas resolver. Dime lo que mi sueño significa.
10Mientras estaba recostado en mi cama esto es
lo que soñé: Había un árbol muy alto en medio
de la tierra 11. El árbol creció y era muy alto y
grueso, era tan alto que llegaba hasta el cielo
y podía verse desde cualquier lugar en la tierra.
12Sus hojas eran frescas y verdes, y estaba lleno
de frutos, los que alcanzaban para alimentar a
todos. Las bestias descansaban bajo su sombra
y las aves anidaban en sus ramas, y todo el
mundo se alimentaba de él.
13»Luego, mientras estaba acostado allí
soñando, vi a un ángel vigilante descender
del cielo. 14Él gritó: "Derriben el árbol, corten
sus ramas, quiten sus hojas y desparramen sus
frutos. Alejen los animales de debajo de él y las
aves de sus ramas. 15Pero dejen el tronco con
sus raíces, atados con una cadena de hierro
y bronce entre la hierba del campo. ¡Que lo
empape el rocío y que comparta la suerte con la
hierba y con las fieras! 16Que tenga durante siete
años la mente de un animal en vez de la de un
hombre. Así permanecerá durante siete años".
17»Esta es la sentencia que han dictado los
vigilantes, la orden que han dado los santos.
¡El propósito de esta sentencia es que todo
el mundo sepa que el Altísimo domina los
reinos del mundo, y le da el gobierno a quien
quiere, aun al más humilde de los hombres!
18»¡Oh Beltsasar, ese fue el sueño que yo, el
rey Nabucodonosor, tuve! Ahora dime lo que
significa, pues nadie más puede ayudarme.
Todos los hombres más sabios de mi reino me
han fallado, pero tú me lo puedes decir, porque
el espíritu de los dioses santos está en ti».

Daniel explica el sueño

19Entonces Daniel, también llamado Beltsasar, estuvo sentado allí en silencio por largo tiempo, turbado por el significado del
sueño. Finalmente el rey le dijo:
—Beltsasar, no te preocupes por el sueño
y por su significado.
Daniel respondió:
—¡Oh, cómo quisiera que lo que ocurre
en este sueño le sucediera a sus enemigos,
mi señor, y no a usted! 20Pues el árbol alto y
grueso que vio, el cual llegaba hasta el cielo,
y se podía ver desde cualquier parte de la
tierra, 21con sus hojas verdes y frescas, cargado
de fruta para que todos pudieran comer, con
las bestias viviendo a su sombra, y sus ramas

4.1-3

llenas de aves, 22ese árbol, Su Majestad, es usted. Pues ha crecido poderoso y alto; su grandeza llega al cielo y su reino hasta los fines de la tierra.

23»Luego vio al ángel vigilante, al Santo descendiendo del cielo y diciendo: "Derriben el árbol y destrúyanlo, pero dejen su tronco con sus raíces en la tierra rodeado de hierba, atado con una cadena de hierro y bronce. Dejen que se moje con el rocío del cielo. Por siete años déjenle comer hierba con los animales del campo".

24»Esto es lo que el sueño significa, Su Majestad, el Dios Altísimo lo ha declarado, y ciertamente sucederá, 25que lo separen de la gente y viva en los campos como un animal, comiendo la hierba como una vaca, su espalda mojada por el rocío del cielo. Durante siete años esta será su vida, hasta que aprenda que el Dios Altísimo domina los reinos de la tierra y se los da a quien él quiere. 26Pero el tronco y las raíces las dejaron en el suelo. Esto significa que otra vez usted tendrá su reino, cuando haya aprendido a ser humilde y reconozca que del cielo viene todo poder para reinar.

27»¡Oh, rey Nabucodonosor, escúcheme, deje de cometer injusticias; haga lo que es recto, ponga fin a sus maldades, muestre misericordia a los pobres! Quizás entonces seguirá viviendo con prosperidad.

El cumplimiento del sueño

28Entonces todas estas cosas le sucedieron a Nabucodonosor. 29Doce meses después de este sueño, él estaba paseando por la terraza del palacio real en Babilonia, 30e iba diciendo: «¡Miren qué gran ciudad es Babilonia! Yo, con mi propio poder, he construido esta hermosa ciudad como mi residencia real y como capital de mi imperio».

31Mientras aún estaban estas palabras en su boca, una voz le habló desde el cielo:

«Oh, rey Nabucodonosor, este mensaje es para ti: Tú no eres más el soberano de este reino. 32Serás separado de la gente para vivir con los animales en los campos, y para comer hierba como las vacas durante siete años hasta que finalmente te des cuenta que el Dios Altísimo gobierna sobre todos los reinos de la tierra y se los da a quien él quiere».

33En aquella misma hora se cumplió la profecía. Nabucodonosor fue separado de la gente y comió hierba como las vacas, y su cuerpo se empapó con el rocío; su cabello le creció tan largo como plumas de águila, y sus uñas se parecían a las garras de las aves.

34«Al cabo de los siete años yo, Nabucodonosor, alcé mi vista hacia el cielo, y recobré la razón, y elogié y rendí homenaje al Dios Altísimo y reconocí humildemente a Aquel que vive por todos los tiempos. Él gobernará para siempre, y su reino no tendrá fin. 35Todos los habitantes de la tierra son como nada cuando se comparan con él. Hace lo que le parece mejor tanto en el cielo como entre los habitantes de la tierra. Nadie puede oponerse a su poder. 36Cuando recobré mi razón, también recobré mi honor, mi honra y mi reino. Mis consejeros y funcionarios vinieron a buscarme y me puse nuevamente al frente del gobierno de mi reino. Llegué a ser más poderoso que antes.

37»Ahora yo, Nabucodonosor, elogio y reconozco y respeto al Rey del cielo porque todas sus obras son rectas y buenas. Él es capaz de humillar a los orgullosos».

La escritura en la pared

5 El rey Belsasar[a] invitó a mil de los más importantes funcionarios suyos a una gran fiesta donde él y sus invitados bebieron mucho vino. 2Mientras Belsasar estaba bebiendo, ya bajo los efectos del vino, ordenó que trajeran las copas de oro y plata que habían sido robadas del templo en Jerusalén durante el reinado de Nabucodonosor, para que bebieran en ellas él, sus esposas y concubinas, y los nobles de su reino. 3Así que trajeron las copas de oro que habían sido robadas del templo en Jerusalén, y bebieron en ellas el rey, sus esposas y concubinas, y los nobles de su reino. 4Todos bebían vino y elogiaban a sus ídolos, hechos de oro, plata, bronce, hierro, madera y piedra. 5De repente, mientras estaban bebiendo de estas copas, vieron los dedos de la mano de un hombre escribiendo sobre la parte alta de la pared, detrás del candelabro. El rey mismo podía ver la mano que escribía. 6Su rostro palideció de miedo, y tal pavor se apoderó de él, que sus rodillas temblaban y sus piernas se aflojaron.

7—¡Traigan a los magos, adivinos y astrólogos!— gritó. Les dijo esto a los sabios de Babilonia: —¡El que pueda leer esa escritura sobre la pared, y descifrar lo que significa, será vestido con la ropa púrpura de la realeza; se le pondrá en el cuello una cadena de oro, y será el tercero en la jerarquía de mi reino!

8Pero cuando llegaron los sabios, ninguno de ellos pudo entender la escritura ni decirle lo que significaba.

9El rey estaba tan aterrado que su rostro se le puso blanco como la ceniza, y sus nobles también temblaban de miedo. 10Pero cuando la reina madre oyó lo que estaba pasando, entró apresuradamente en la sala del banquete y dijo a Belsasar:

—¡Que viva Su Majestad para siempre! No se asuste ni se ponga pálido por esto, 11pues hay

a. Belsasar era el segundo bajo Nebonido su padre, quien estaba ausente en esta oportunidad.

un hombre en su reino que tiene el espíritu de
los dioses santos. En los días de su padre, este
hombre demostró estar tan lleno de sabiduría
y entendimiento como si él mismo fuera un
dios. Y en el reinado del rey Nabucodonosor él
fue hecho jefe de todos los magos, astrólogos
y adivinos de Babilonia. 12Mande llamar a este
hombre, Daniel, o Beltsasar como lo llamó el
rey anterior a usted, pues su mente está llena de
conocimiento y entendimiento divinos. Él puede
interpretar sueños, explicar los enigmas y resolver problemas difíciles. Él le explicará lo que la
escritura significa.

13En seguida Daniel fue llevado ante el rey,
quien le preguntó:

—¿Eres tú el Daniel, a quien el rey Nabucodonosor trajo de Israel como cautivo judío?
14He oído decir que tienes el espíritu de los dioses
santos dentro de ti y que estás lleno de entendimiento y sabiduría. 15Mis sabios y astrólogos
han procurado leer esa escritura sobre la pared
y decirme lo que significa, pero no pueden. 16Se
me ha dicho que tú puedes resolver toda clase
de misterios. Si tú puedes leer esas palabras y
decirme lo que significan, te vestiré de púrpura,
con una cadena de oro alrededor de tu cuello, y
serás el tercero en la jerarquía de mi reino.

17Daniel respondió:

—Quédese Su Majestad con sus regalos, o
déselos a otro, que de todos modos yo le diré lo
que quieren decir las palabras en la pared.

18»Su Majestad, el Dios Altísimo dio a Nabucodonosor, el rey anterior a usted, un reino,
majestad, gloria y honor. 19Le dio tal poder que
la gente de todos los pueblos, lenguas y naciones
del mundo temblaban ante él y le temían. Él
mataba o dejaba vivir a quien él quería. A unos
los ponía en alto con honor y a otros los humi-
llaba. 20Pero cuando su corazón y su mente se
endurecieron por el orgullo, Dios lo sacó de su
trono real y le quitó su gloria, 21y fue apartado
de la gente. Sus pensamientos eran como los
de un animal, y vivió entre los burros salvajes;
comía hierba como las vacas y su cuerpo estaba
empapado con el rocío del cielo, hasta que por
fin reconoció que el Altísimo domina sobre los
reinos de los hombres, y que él escoge a quien
quiere para reinar sobre ellos.

22»¡Y usted, su sucesor, oh Belsasar, sabía todo
esto, y sin embargo no ha sido humilde! 23Pues
ha desafiado al Señor del cielo al traer aquí estas
copas robadas de su templo; y usted, sus esposas y
concubinas, y sus nobles han estado bebiendo de
ellas y al mismo tiempo elogiando a dioses de plata,
oro, bronce, hierro, madera y piedra, dioses que ni
ven ni oyen, ni tampoco entienden algo. ¡Pero no
han elogiado al Dios que les da el aliento y tiene
dominio sobre sus vidas! 24Y por eso Dios ha enviado esta mano para escribir este mensaje: 25"Mene,
Mene, Téquel, Parsin". Estas eran las palabras.

26»Esto es lo que significan: Mene significa
"contar"; Dios ha contado los días de su reinado, y ha decidido ponerle fin. 27Téquel significa
"pesado"; usted ha sido pesado en la balanza de
Dios y no ha pasado la prueba. 28Parsin significa
"dividido"; su reino será dividido y dado a los
medos y a los persas.

29Mandó entonces Belsasar vestir a Daniel de
púrpura, colgar una cadena de oro alrededor de
su cuello y proclamar que era el tercero en autoridad y jerarquía en el reino.

30Esa misma noche mataron a Belsasar de Babilonia, 31y Darío de Media[b] entró en la ciudad y
comenzó a reinar a la edad de sesenta y dos años.

Daniel en el foso de los leones

6 Darío dividió el reino en ciento veinte provincias, cada una de ellas bajo un gobernador regional. 2El rey escogió a Daniel y a otros
dos como sus superintendentes, para vigilar a
los gobernadores y así cuidar lo que era del rey.
3Pronto Daniel se destacó entre los otros superintendentes y gobernadores debido a sus grandes
cualidades, y el rey pensó en colocarlo a él al
frente de todos los asuntos del gobierno.

4Entoces los otros superintendentes y gobernadores comenzaron a buscar alguna falla en la forma
en que Daniel manejaba los asuntos del gobierno
para así denunciarlo al rey. Pero no podían encontrar nada digno de crítica en él. Era fiel y honesto,
y muy responsable. 5Llegaron, pues, a la siguiente
conclusión: «Nuestra única posibilidad para repro-
charle algo tendrá que ver con su religión».

6Decidieron ir al rey y decirle:

—¡Vive por siempre, oh rey Darío! 7Nosotros,
los superintendentes, gobernadores, consejeros y
oficiales hemos decidido que Su Majestad envíe
una ley, estableciendo que todo aquel que en el
término de treinta días hiciera petición alguna
a quienquiera que sea, dios u hombre, fuera de
usted, oh rey, sea arrojado a los leones. 8Le soli-
citamos que ponga su firma a esta ley de modo
que no pueda ser cancelada o cambiada; será
conocida como «ley de los medos y los persas»,
que no puede ser modificada.

9Firmó, pues, el rey Darío esta ley. 10Pero aunque Daniel lo supo, se fue a su hogar y se
arrodilló como de costumbre en su dormitorio
en la planta alta, con sus ventanas abiertas hacia
Jerusalén, y oró tres veces al día, tal como siempre lo había hecho, dando gracias a su Dios.
11Entonces todos estos hombres vinieron a la casa

---

b. Este Darío no debe confundirse con Darío el persa mencionado en Esdras, Hageo y Zacarías ni con el de Nehemías 12.22.

6.10

de Daniel y lo encontraron orando e invocando
a su Dios. [12]Volvieron en seguida ante el rey y le
recordaron su prohibición.
—¿No ha firmado una ley, le dijeron, que
no permite ninguna petición a ningún dios u
hombre, que no sea usted, durante un plazo de
treinta días? ¿Y que todo aquel que lo desobede-
ciera fuera arrojado a los leones?
—Sí, respondió el rey, es una «ley de los medos y
los persas», que no puede ser alterada ni cambiada.
[13]Entonces le contaron al rey:
—Pues Daniel, uno de los cautivos judíos,
no está prestando ninguna atención ni a usted
ni a esta ley. Por el contrario, él está solicitando
favores a su Dios tres veces al día.
[14]Al oír esto, el rey se enojó consigo mismo
por haber firmado semejante ley, y se propuso
salvar a Daniel. Pasó el resto del día tratando de
encontrar alguna manera de sacar a Daniel de
este aprieto. [15]Al atardecer, los hombres volvieron
ante el rey y le dijeron:
—Su Majestad sabe bien que, según la «ley
de los medos y los persas», ninguna ley que el
rey firme se puede cambiar ni anular.
[16]Al fin, el rey se vio obligado a dar la orden para
arrestar a Daniel, y éste fue llevado al foso de los
leones. El rey le dijo entonces:
—Que tu Dios, a quien siempre le eres fiel,
te salve.
[17]Y trajeron una piedra que colocaron sobre la
boca del foso y el rey selló la piedra con su anillo
y con el anillo de los principales de su gobierno,
para que nadie pudiera rescatar a Daniel de los
leones. [18]Luego el rey volvió a su palacio y se acostó
sin cenar. Rechazó su diversión habitual y no pudo
pegar los ojos en toda la noche. [19]Muy temprano,
a la mañana siguiente, se dirigió a toda prisa al
foso de los leones, [20]y llamó con voz angustiada:
—¡Oh Daniel, servidor del Dios viviente!,
¿pudo tu Dios, a quien eres fiel siempre, librarte
de los leones?
[21]Entonces oyó una voz:
—¡Oh rey, viva para siempre! [22]Mi Dios ha
enviado su ángel para cerrar las fauces de los
leones para que no pudieran tocarme; pues soy
inocente ante Dios, y no he hecho mal a nadie.
[23]El rey se puso muy contento y ordenó que
Daniel fuera sacado del foso. Y no se encontró
siquiera un rasguño en él, porque había confiado
en su Dios, quien lo protegió.
[24]Luego el rey mandó traer a los hombres que
habían acusado a Daniel, y ordenó arrojarlos en
el foso junto con sus hijos y esposas; y los leones
se lanzaron sobre ellos y los despedazaron antes
que cayeran al fondo del foso.
[25]Después el rey Darío escribió este mensaje
dirigido a todos los pueblos, naciones y lenguas
de la tierra:
Deseo a ustedes paz y prosperidad. [26]Orde-
no que en todo mi reino todos teman y tiemblen ante el Dios de Daniel. Pues su Dios es el
Dios vivo, que no cambia, cuyo reino jamás
será destruido y cuyo poder jamás se acabará.
[27]Él libra y salva a los suyos; él hace grandes
obras en el cielo y la tierra; es él quien ha
librado a Daniel del poder de los leones.
[28]Así Daniel prosperó durante el reinado de
Darío y el reinado de Ciro el persa.

La visión de las cuatro bestias

7 Una noche, durante el primer año del reinado
de Belsasar sobre el imperio de Babilonia,
Daniel tuvo un sueño que decidió poner por escrito. Ésta es la descripción de lo que vio:
[2]«En mi sueño vi una gran tormenta sobre
el océano, con fuertes vientos que soplaban de
todas las direcciones. [3]Luego cuatro enormes
bestias salían del agua, cada una distinta a la
otra. [4]La primera era como un león, ¡pero tenía
alas de águila! Y mientras yo observaba, sus alas
le fueron arrancadas, lo levantaron del suelo y
lo pararon sobre sus patas traseras, como un
hombre; y le fue dada la mente de un hombre.
[5]La segunda bestia se parecía a un oso, tenía un
costado más alzado que el otro. Tenía tres costillas entre sus dientes, y oí una voz que le decía:
"¡Ponte en acción! ¡Devora mucha gente!" [6]La
tercera de estas bestias extrañas se parecía a un
leopardo, pero en su espalda tenía cuatro alas
como las de las aves, y tenía cuatro cabezas. Y
se le entregó gran poder.
[7]»Luego la cuarta bestia que vi en mis visiones
nocturnas surgió del océano, demasiado terrible
y espantosa, tanto que no la puedo describir, e
increíblemente fuerte. Devoraba a todas sus víctimas desgarrándolas con sus enormes dientes de
hierro, y aplastaba las sobras bajo sus patas. Era
diferente de todas las otras bestias, y tenía diez
cuernos. [8]Mientras estaba mirando los cuernos,
de repente otro cuerno pequeño apareció entre
los demás, y tres de los primeros cuernos fueron arrancados, con sus raíces, para darle lugar
al pequeño. Este cuerno pequeño tenía ojos de
hombre y una boca que hablaba con arrogancia.

Canto al Anciano

[9]»Estaba observando, cuando de pronto,
fueron puestos tronos y un Anciano cargado
de años se sentó para juzgar. Su vestidura era
blanca como la nieve, su cabello como la más
blanca lana. Se sentó sobre un trono envuelto en
llamas con ruedas de fuego ardiente, y [10]un río
de fuego procedía de delante de él. Millones de
ángeles estaban a su servicio y otros cientos de
millones estaban parados delante de él. Luego la

corte comenzó su sesión y los libros del juzgado divino fueron abiertos.

11»Yo seguí mirando mientras escuchaba las cosas tan arrogantes que el cuerno pequeño decía. Pude ver que mataron a la cuarta bestia y que su cuerpo fue consumido por el fuego. 12En cuanto a las otras tres bestias, vi que sus reinos les fueron quitados, pero se les permitió seguir viviendo por un poco de tiempo.

13»Luego seguí viendo en mis visiones nocturnas. Vi la llegada de uno que parecía un hombre ordinario, ¡traído sobre nubes del cielo! Se acercó al Anciano cargado de años y lo llevaron ante él. 14Le dieron la facultad de gobernar, reinar y ser tratado con gran respeto en todos los pueblos, culturas y naciones del mundo, para que siguieran sus disposiciones. Su poder es inmenso, nunca se acabará, su gobierno jamás será destruido.

La interpretación del sueño

15»Yo estaba confundido y turbado por todo lo que había visto, 16así que me acerqué a uno de los que estaban parados al lado del trono y le pregunté el significado de todas estas cosas, y él me las explicó:

17"Estas cuatro bestias enormes, me dijo, representan cuatro reyes que algún día reinarán sobre el mundo. 18Pero al final los santos del Dios Altísimo dominarán los gobiernos del mundo para siempre".

19»Entonces le pregunté acerca de la cuarta bestia que era tan diferente a todas las otras, con sus dientes de hierro y garras de bronce que devoraba a todas sus víctimas y pisoteaba las sobras. 20También le pregunté sobre el significado de los diez cuernos, y el cuerno pequeño que surgió después y que destruyó a tres de los otros; el cuerno con los ojos y la boca que hablaba con tanta arrogancia, el cuerno que parecía más fuerte que los otros.

21»Porque yo había visto este cuerno luchando contra los santos de Dios y venciéndolos, 22hasta que vino el Anciano cargado de años e hizo justicia al pueblo del Dios Altísimo, pues se había cumplido el tiempo para que el pueblo de Dios tomara las riendas del reino.

23»"Esta cuarta bestia, me dijo, es el cuarto poder que reinará sobre el mundo. Será diferente a todos los otros, más violento y terrible; devorará al mundo entero, destruyendo todo a su paso. 24Sus diez cuernos son diez reyes que reinarán en ese imperio. Luego otro rey surgirá, diferente a los otros diez, y derribará a tres de ellos. 25Él desafiará al Dios Altísimo, e irá acabando con sus santos, y tratará de cambiar todas las leyes y las fiestas religiosas del pueblo de Dios. El pueblo de Dios estará bajo su poder por tres años y medio. 26Entonces los jueces se sentarán para juzgar, y al cuerno se le quitará el poder, dejándolo destruido para siempre.

27Luego todas las naciones debajo del cielo, con todo su poder, serán entregadas al pueblo del Dios Altísimo. Ellos reinarán para siempre, y todos los gobernantes de la tierra le servirán y obedecerán".

28»Ese fue el fin de la visión. Y yo estaba muy turbado y mi rostro estaba pálido de miedo, pero no conté a nadie lo que había visto».

Visión del carnero y el chivo

8 «En el tercer año del reinado del rey Belsasar tuve otra visión, además de la que había tenido antes. 2En esta visión yo me encontraba en la ciudadela de Susa, en la provincia de Elam, parado al lado del río Ulay. 3Mientras miraba frente a mí, vi un carnero con dos cuernos largos parado a la orilla del río. Uno de estos cuernos comenzó a crecer hasta que llegó a ser más largo que el otro.

4»El carnero atacaba todo lo que se le ponía al frente en su camino hacia el oeste, el norte y el sur, y nadie podía enfrentarlo o siquiera ayudar a sus víctimas. Hacía lo que quería, y cada vez se volvía más poderoso.

5»Mientras yo estaba pensando en el significado de lo que había visto, de repente un chivo apareció del oeste, yendo a tal velocidad que ni siquiera tocaba el suelo. Este chivo, que tenía un cuerno muy grande entre sus ojos, 6atacó violentamente al carnero con dos cuernos, el que yo había visto junto al río, 7y le rompió sus dos cuernos, sin que el carnero pudiera hacer nada para defenderse. Después el chivo derribó al carnero y lo pisoteó, sin que nadie pudiera salvarlo.

8»El chivo se hizo muy poderoso, pero de repente, en el momento que más poder tenía, su cuerno se rompió y en su lugar crecieron cuatro cuernos que apuntaban hacia las cuatro direcciones. 9De uno de los cuernos grandes surgió uno pequeño, que creció mucho hacia el sur y el este, y hacia la tierra gloriosa de Israel. 10Creció hasta alcanzar a los ejércitos celestiales y derribó parte del ejército celestial y de las estrellas, y las pisoteó. 11Aun llegó a desafiar al jefe del ejército del cielo al prohibir los sacrificios rituales diarios que se le ofrecían, además de echar por tierra el lugar más sagrado de su templo. 12Pero no se le permitió al ejército del cielo destruirlo por su pecaminosidad. Como resultado de esto, contaminaron las ceremonias del templo y dañaron las cosas más sagradas del pueblo de Dios. En fin, el cuerno hizo lo que quiso, y en todo tuvo éxito.

13»Entonces oí a dos de los santos hablando entre sí. Uno de ellos dijo: "¿Cuánto tiempo pasará esto que se ve, para que de nuevo haya sacrificio ritual diario en honor a Dios? ¿Cuánto tiempo va durar la terrible maldad de entregar el templo de Jerusalén y los ejércitos celestiales para ser pisoteados?" 14El otro contestó: "Primero deben pasar dos mil trescientos días; entonces el templo será purificado de nuevo".

Significado de la visión

15»Mientras yo estaba tratando de comprender el significado de esta visión, repentinamente un hombre, o por lo menos parecía un hombre, se paró delante de mí, 16y oí una voz humana que gritaba desde el río Ulay: "Gabriel, dile a Daniel el significado de su visión".

17»Por eso Gabriel se dirigió hacia mí. Pero al acercarse, yo estaba demasiado asustado como para mantenerme en pie, y caí con mi rostro hacia el suelo. "Hombre, me dijo, debes comprender que lo que pasa en la visión se refiere al tiempo final".

18»Mientras él hablaba me desmayé, tirado boca abajo en el suelo. Pero él me despertó con un toque suyo, y me ayudó a ponerme de pie. 19"Estoy aquí, me dijo, para decirte lo que va a suceder en los últimos días del gran enojo de Dios, pues lo que has visto se refiere al fin del tiempo. 20Los dos cuernos del carnero que viste son los reyes de Media y Persia; 21el chivo lanudo es el rey de Grecia, y su cuerno largo entre los ojos, representa al primer rey de ese imperio. 22Cuando viste quebrarse el cuerno para ser reemplazado por cuatro cuernos más pequeños, esto significa que el imperio griego se dividirá en cuatro poderes con cuatro reyes, ninguno de los cuales será tan grande como el primero.

23»"Cuando sus gobiernos lleguen a su fin, y su maldad llegue al colmo, un rey astuto y cruel asumirá el poder. 24Llegará a ser muy poderoso, pero no por él mismo. Causará gran destrucción y triunfará en todo lo que haga. Destruirá a los poderosos y dañará mucho al pueblo de Dios. 25Será experto en engañar. Derrotará a muchos al sorprenderlos desprevenidos. Sin advertencia alguna los destruirá. Se enfrentará al Príncipe de los príncipes pero será destruido aunque no por un poder humano. 26Tu visión de los dos mil trescientos días, es verdad. Pero ninguna de estas cosas sucederá pronto, así que no se lo cuentes a nadie aún".

27»Luego me debilité y estuve enfermo durante varios días. Después me levanté y reanudé mis actividades y cumplí con mis deberes hacia el rey. Pero estaba muy preocupado por el sueño y no lo comprendía del todo.

Daniel ora por su pueblo

9 »Había llegado el primer año del reinado del rey Darío, el hijo de Jerjes. Darío era medo, pero llegó a ser rey de los babilonios. 2En ese primer año de su reinado yo, Daniel, estaba estudiando el libro del profeta Jeremías, donde el SEÑOR le dice a Jeremías que Jerusalén debía permanecer destruida durante setenta años.

3Así que rogué a Dios el SEÑOR. Oré, ayuné y me vestí con ropas ásperas, sentándome en ceniza. 4Oré al SEÑOR mi Dios y le hice esta confesión:

»"Oh SEÑOR, tú eres un Dios grande y maravilloso; tú siempre cumples tus promesas de misericordia hacia aquellos que te aman y viven según tus instrucciones. 5Pero nosotros hemos actuado muy mal; nos hemos rebelado contra ti y hemos despreciado tus instrucciones. 6No hemos hecho caso a tus servidores los profetas, quienes hablaron en tu nombre a nuestros reyes, príncipes, a nuestros antepasados y a todo el pueblo de esta tierra.

7»"¡Oh SEÑOR, tú eres justo, mientras que nosotros siempre estamos avergonzados porque sabemos que hemos actuado mal, tal como nos ves ahora! Sí, todos nosotros, los habitantes de Judá, el pueblo de Jerusalén y todo Israel, esparcidos por todas partes donde tú nos has echado a causa de nuestra deslealtad hacia ti.

8»"¡Oh SEÑOR, nosotros, nuestros reyes y príncipes, y padres estamos llenos de vergüenza a causa de nuestras malas acciones! 9Pero tú, SEÑOR, eres nuestro Dios, siempre misericordioso y dispuesto a perdonarnos aun cuando nos hemos rebelado contra ti.

10»"Oh SEÑOR, Dios nuestro, nosotros te hemos desobedecido; no hemos seguido las instrucciones que nos diste por medio de tus servidores los profetas. 11Todo Israel ha desobedecido, nos hemos apartado de ti y no hemos hecho caso de tus consejos. Y así tu terrible juicio y castigo, escritos en la ley de Moisés tu servidor, han caído sobre nosotros, por causa de nuestras faltas.

12»"Y tú has hecho exactamente como nos habías advertido que harías a nosotros y a nuestros gobernantes. Nunca en toda la historia ha habido un desastre semejante a lo que nos pasó en Jerusalén.

13»"Cada maldición escrita contra nosotros en la ley de Moisés se ha cumplido; todos los males que él predijo nos han sobrevenido. Pero no te hemos buscado, SEÑOR y Dios nuestro, ni hemos dejado nuestro mal obrar ni procurado vivir de acuerdo a tus sabias indicaciones.

14»"Y por eso el SEÑOR trajo sobre nosotros este desastre. Él es justo en todo lo que hace, pero nosotros no quisimos obedecer.

15»"¡Oh SEÑOR, nuestro Dios, tú trajiste gran fama a tu nombre al sacar a tu pueblo de Egipto con tu gran poder! Pero hemos cometido muchas maldades y estamos llenos de impiedad. 16Sabemos que eres bondadoso, SEÑOR. Deja de descargar tu gran cólera contra Jerusalén, tu ciudad querida, asentada en tu monte santo. Todos los

9.3–5

pueblos vecinos se burlan de Jerusalén y de tu pueblo, por culpa de nuestras maldades y las de nuestros antepasados.

17»"¡Oh Dios nuestro, oye la oración y las súplicas de tu servidor! Ten en consideración la gran fama de tu nombre y mira con amor tu templo, que ha quedado en ruinas. 18¡Oh mi Dios, pon atención y escucha mi petición! Mira toda la desgracia que estamos sufriendo, y a tu ciudad en ruinas, pues todos saben que ésta es tu ciudad. No te pedimos porque creamos que merecemos tu auxilio, sino porque sabemos que tú eres misericordioso. 19¡Oh SEÑOR, escucha; por favor, SEÑOR, perdona! ¡Oh SEÑOR, escúchame y actúa! No te demores, hazlo al menos para cuidar la fama de tu nombre, oh mi Dios, porque tu pueblo y tu ciudad llevan tu nombre".

Las setenta semanas

20»Mientras estaba orando y confesando mis faltas y las faltas de mi pueblo, y desesperadamente suplicando al SEÑOR mi Dios por Jerusalén, asentada sobre su santo monte, 21el ángel Gabriel, a quien había visto en la visión anterior, voló velozmente hacia mí a la hora en que en el templo se realiza el sacrificio ritual de la tarde, 22y me dijo:

»"Daniel, yo estoy aquí para ayudarte a comprender estas cosas. 23En cuanto empezaste a orar, Dios te respondió. Yo estoy aquí para contarte lo que era, pues Dios te ama mucho. ¡Escucha, y trata de comprender el significado de la visión que tuviste!

24»"Setenta semanas han de pasar para que tu pueblo y Jerusalén pongan fin a su terquedad y maldad, para que pidan perdón por su maldad, establezcan para siempre la justicia, para que se cumplan la visión y la profecía, y consagren el lugar más especial del templo.

25»"Ahora escucha y entiende bien: Siete semanas han de pasar desde el momento en que se ordene la reconstrucción de Jerusalén, hasta la llegada del jefe elegido por Dios. Después de esto pasarán sesenta y dos semanas más para la reconstrucción de las calles y las murallas de Jerusalén; pero serán tiempos peligrosos. 26Después de las sesenta y dos semanas, se quedarán sin nada y quitarán la vida al jefe elegido por Dios. Jerusalén y el templo serán destruidos por la gente de un rey que vendrá. El fin vendrá como una inundación, y la destrucción se acabará sólo cuando se acabe la guerra. 27Durante una semana este rey hará un pacto con mucha gente, pero a la mitad de la semana pondrá fin a los sacrificios rituales y las ofrendas. Entonces cometerá el más terrible de sus actos, una deshonra vergonzosa contra el altar de los sacrificios rituales, hasta que la destrucción que se había anunciado caiga sobre él"».

Daniel junto al río Tigris

10 En el tercer año del reinado de Ciro, el rey de Persia, Daniel, también llamado Beltsasar, tuvo otra visión. Tenía que ver con lo que de verdad pasaría en el futuro, acerca de la guerra, y esta vez él entendió lo que la visión significaba.

2«En aquellos días, yo, Daniel estuve angustiado por tres semanas. 3En ese tiempo no probé vino ni carne, y no comí alimentos especiales, ni me puse ningún perfume. 4Luego un día, a principios de abril, mientras estaba parado al lado del gran río Tigris, 5levanté mi vista y vi un hombre vestido de ropa fina, con un cinto del más puro oro alrededor de su cintura. 6Su cuerpo brillaba como topacio; su cara resplandecía como el relámpago y sus ojos eran como antorchas de fuego; sus brazos y pies brillaban como el bronce pulido, y su voz era como el rugido de una vasta multitud de gente.

7»Sólo yo, Daniel, vi la visión; los hombres que estaban conmigo no vieron nada. Pero de repente se llenaron de terror y corrieron para esconderse, 8y me dejaron solo. Cuando yo vi esta visión espantosa perdí mis fuerzas, me puse pálido y débil del susto. 9Cuando le oí hablar, caí boca abajo, desmayado. 10Pero una mano me tocó y me levantó, aún temblando, hasta que estuve sobre mis manos y rodillas. 11Él dijo: "¡Oh Daniel, amado de Dios, levántate y escucha cuidadosamente lo que yo tengo que decirte, pues Dios me ha enviado a ti!"

»Así que me puse de pie, aún temblando de temor. 12Luego me dijo: "No tengas miedo, Daniel, pues desde el primer día en que trataste de comprender las cosas difíciles y te mostraste humilde ante tu Dios, él te escuchó. Por eso estoy aquí, como respuesta a tus oraciones. 13Durante veintiún días el príncipe de Persia estorbó mi camino, pero vino en mi ayuda el ángel Miguel, uno de los príncipes de más alto rango. Y me quedé allí, con los reyes de Persia. 14Pero ahora estoy aquí para contarte lo que acontecerá a tu pueblo en el futuro, pues la visión tiene que ver con ese tiempo".

15»Todo este tiempo, mientras él hablaba, yo miraba hacia abajo, no pudiendo siquiera pronunciar una sola palabra. 16Luego, el que parecía un hombre, tocó mis labios y pude hablar de nuevo y le dije al que estaba frente a mí: "Señor, estoy atemorizado por la visión que he tenido y no tengo fuerzas. 17¿Cómo puede ser posible que yo, que soy tu servidor más humilde, tenga el privilegio de hablarte? Las fuerzas se me han ido y casi no puedo respirar".

18»Luego el que parecía un hombre me tocó de nuevo y sentí que volvía a tener fuerza. 19"Dios te ama muchísimo", me dijo. "No temas. ¡Cálmate y sé fuerte, sí, ten ánimo!"

9.17–18 9.24–25—Jo 4.25–26 9.26—1 Co 15.3–4
10.17–21

»De repente, mientras decía estas palabras, yo
me sentí más fuerte y le dije: "Ahora puede seguir
adelante y hablar, señor, pues me ha fortalecido".
20Él me respondió: "¿Sabes por qué he venido?
Porque debo volver a pelear contra el príncipe
de Persia. Y cuando termine de luchar con él,
vendrá el príncipe de Grecia. 21Ahora te diré lo
que está escrito en el Libro de la Verdad. En mi
lucha contra ellos sólo me ayuda el ángel Miguel,
el protector de ustedes.

Los reyes del norte y del sur

11 »"Cuando Darío, el rey medo, estaba en
el primer año de su reinado, yo también
lo animé y ayudé. 2Ahora te revelaré la verdad
a ti. Tres reyes persas más reinarán; les seguirá
un cuarto mucho más rico que los otros. Cuando
haya alcanzado el poder por medio de sus riquezas, pondrá a todos en contra del reino de Grecia.
3Luego un poderoso rey gobernará sobre un gran
reino y cumplirá todo lo que se propone. 4Pero
cuando esté en la cumbre de su poder, su reino
acabará y será repartido en cuatro partes. Este
reino no pasará a sus descendientes, ni tampoco
tendrá el poder que tuvo, porque quedará dividido y otros gobernarán en su lugar.

5»"El rey del sur será muy poderoso, pero uno
de sus oficiales llegará a ser más poderoso que
él y gobernará su reino con más fuerza. 6Varios
años más tarde, una alianza será formada entre
el rey del norte y el rey del sur. La hija del rey del
sur se casará con el rey del norte, para que haya
paz entre los dos reinos; pero ella no se quedará
con el poder por mucho tiempo, ni tampoco el
rey. Ella será traicionada junto con su esposo, su
hijo y sus criados.

7»"Pero cuando uno de sus familiares llegue a
ser rey del sur, enviará un ejército contra el rey del
norte y su fortaleza real, y el rey del sur saldrá victorioso. 8Cuando vuelva a Egipto se llevará consigo
los ídolos de ellos, además de platos valiosos de
oro y plata como botín, y por algunos años dejará
tranquilo al rey del norte. 9Tiempo después el rey
del norte invadirá los dominios del rey del sur, pero
se verá obligado a regresar a su tierra. 10Pero los
hijos del rey del norte prepararán un gran ejército
para la guerra que, como si fuera una inundación,
avanzará arrasando con todo a su paso, y llegará
hasta la fortaleza enemiga.

11»"El rey del sur, enfurecido, saldrá a luchar
contra el rey del norte y lo derrotará, a pesar de
que éste tendrá un poderoso ejército. 12Después
de su triunfo, el rey del sur se llenará de orgullo
y matará a muchos de sus enemigos, pero su
victoria no durará mucho tiempo. 13Pocos años
más tarde el rey del norte regresará a atacar al rey
del sur, con un ejército armado hasta los dientes,
mucho más poderoso que el que había perdido.

14»"En ese tiempo muchos se rebelarán contra
el rey del sur. Entre ellos habrá algunos hombres
malvados de Israel, tu pueblo, pero no saldrán
victoriosos, tal como se mostró en la visión. 15El
rey del norte vendrá y construirá rampas alrededor de la ciudad fortificada para poder escalar las
murallas y la conquistará. Ni las mejores tropas
del sur podrán detener a las tropas enemigas. 16El
rey del norte hará lo que se le antoje, pues nadie
podrá hacerle frente, y se quedará en la tierra pri-
vilegiada de Israel, destruyendo todo. 17El rey del
norte se preparará para atacar con todo el poder
de su reino. Para eso hará una alianza con el rey
del sur, y le dará a su hija como esposa, para que
por medio de ese enlace pueda destruir su reino;
pero sus planes no tendrán éxito. 18Después atacará
a las ciudades que están en la costa, y conquistará
muchas de ellas. Pero un general, de otra tierra,
pondrá fin a su arrogancia y lo hará quedar en
ridículo. 19Desde allí el rey del norte regresará a la
fortaleza de su país, pero sufrirá una desgracia y
no se volverá a saber nada de él.

20»"Su lugar será ocupado por un rey que será
recordado como el rey que envió un cobrador
de impuestos para mantener la abundancia del
reino, pero después de un reinado muy breve
morirá, no como resultado de una batalla o de
una revuelta.

21»"Después de él reinará un hombre despreciable, un usurpador al que no le correspondía
ser rey, pero que cuando la gente esté más segura,
tomará el trono por medio de engaños. 22Des-
truirá por completo a los ejércitos que estén en
su contra, y también al príncipe del pacto. 23Sus
promesas no tendrán ningún valor. Desde el principio el método que empleará será el engaño.
Con sólo un puñado de seguidores, se volverá
fuerte. 24Cuando nadie se lo espere, entrará en las
tierras más ricas de las provincias y hará lo que
ninguno de sus antepasados hizo. Repartirá entre
sus seguidores los bienes y las riquezas obtenidas en al guerra, y hará planes para atacar las
ciudades fortificadas, aunque por poco tiempo.

25»"Animado por su poder y valor, atacará al
rey del sur con un gran ejército, pero no podrá
resistir los ataques del ejército enemigo, además
de que lo traicionarán. 26Los mismos que comían
con él en su mesa provocarán su ruina, pues su
ejército será derrotado por completo y muchos
morirán en batalla.

27»"Entonces los dos reyes estarán pensando
en hacerse daño el uno al otro en la mesa de
negociación, procurando engañarse mutuamente. Pero no importará, pues ninguno de los
dos podrá tener éxito hasta que haya llegado el
tiempo determinado por Dios. 28El rey del norte
regresará a su tierra con grandes riquezas, y en su
camino se pondrá en contra de Israel, el pueblo

del pacto sagrado. Llevará a cabo sus planes y luego volverá a su país.

29»"Cuando llegue el momento, él invadirá otra vez el sur, pero ahora el resultado será diferente. 30Los barcos de guerra de las costas del oeste lo harán huir de terror. Entonces el rey del norte descargará su odio contra el pueblo de Israel, premiando a los que abandonaron el pacto. 31Su ejército profanará la fortaleza del templo, suspenderá el sacrificio ritual diario y pondrá allí una humillante abominación que causa destrucción. 32El rey tratará de ganarse con halagos a los que renieguen del pacto; pero el pueblo que conoce a su Dios será fuerte y no se dejará deslumbrar por los halagos.

33»"Los sabios instruirán a mucha gente, pero luego a estos maestros los matarán atravesándolos con espadas filosas o los quemarán o los tomarán como esclavos y les despojarán de todos sus bienes. 34Cuando todas estas persecuciones ocurran, recibirán un poco de ayuda, aunque muchos de los que se les unirán no serán sinceros. 35Algunos de los sabios que instruían al pueblo también serán perseguidos, para que por medio de la prueba sean purificados y perfeccionados, hasta que llegue el momento señalado.

El rey se exalta a sí mismo

36»"El rey del norte hará lo que se le antoje. Estará tan orgulloso de sí mismo, que se creerá superior a todos los dioses, y dirá cosas horribles contra el Dios de dioses. Y tendrá éxito hasta que la cólera de Dios lo alcance, porque lo que debe pasar pasará. 37No tendrá consideración por los dioses de sus padres, ni por el dios amado por las mujeres, ni por cualquier otro dios, porque él se creerá superior a todos ellos. 38En vez de estos dioses, él adorará al dios de las fortalezas, un dios que sus padres jamás conocieron, y le ofrecerá oro, plata, piedras preciosas y costosos regalos. 39Con la ayuda de dioses extranjeros, atacará las fortalezas más poderosas, y les hará honores a los que lo reconozcan, los pondrá en puestos importantes y les dará tierras como recompensa.

40»"Cuando llegue el tiempo final, el rey del sur atacará al rey del norte, pero éste responderá a su ataque como una tormenta, con carros, caballos y barcos de guerra. Invadirá muchos países y los acabará como si fuera una inundación. 41En el camino invadirá varias tierras, incluyendo Israel, la tierra gloriosa, y derrocará los gobiernos de muchas naciones. Moab, Edom y la mayor parte de Amón escaparán, 42pero Egipto y muchas otras tierras no escaparán. 43Se llevarán el oro, la plata y todos los tesoros de Egipto, y los libios y etíopes serán sus esclavos. 44Pero las noticias del este y del norte lo dejarán alarmado, y en su enojo saldrá destruyendo y matando. 45Levantará su campamento real entre el mar y el santo monte de la Hermosura. Pero hasta ahí llegará su tiempo y no habrá nadie que le ayude.

La hora final

12 »"Entonces se presentará Miguel, el gran ángel encargado de proteger a tu pueblo. Habrá un tiempo de angustia como no ha habido otro en toda la historia de la humanidad. Cuando este tiempo llegue, se salvarán todos los miembros de tu pueblo cuyo nombre esté escrito en el libro de registro de Dios.

2»"Y muchos de los que están muertos y sepultados se levantarán de sus tumbas, algunos para vivir para siempre y otros para sufrir vergüenza y desprecio sin fin.

3»"Y aquellos que son sabios brillarán como brilla la bóveda celeste, y los que enseñen a muchos la práctica de la justicia resplandecerán por siempre, como lo hacen las estrellas.

4»"Pero Daniel, ¡debes conservar esta profecía en secreto y sellarla hasta el tiempo final, pues mucha gente andará de un lado a otro buscando comprender!"

5»Entonces yo, Daniel, observé y vi a dos hombres, uno en cada orilla de un río. 6Uno de ellos preguntó al hombre vestido con ropa de lino que estaba parado sobre el río: "¿Cuánto durarán todos estos terrores?"

7»El hombre vestido de lino, que estaba sobre las aguas del río, con ambas manos levantadas hacia el cielo, dijo jurando con solemnidad en el nombre del Dios viviente: "Dentro de tres tiempos y medio, cuando deje de ser agredido el poder del pueblo de Dios, entonces terminarán todas estas cosas".

8»Oí lo que dijo pero no entendí lo que significaba, así que pregunté: "Señor, ¿pero cómo concluirá todo esto?" 9Él me dijo: "Ve ahora, Daniel, pues lo que yo he dicho es para que se cumple hacia el final de la historia. 10Muchos serán purificados mediante el paso por grandes pruebas y persecuciones. Pero los malos continuarán en su maldad y ninguno de ellos entrará en razón. Sólo aquellos que son sabios entenderán lo que todo esto significa. 11Desde el momento en que el sacrificio ritual diario que se realiza en el templo sea quitado y en su lugar se ponga la humillante abominación pasarán mil doscientos noventa días.[c] 12Y, ¡benditos sean aquellos que esperan y permanecen fieles hasta el día mil trescientos treinta y cinco! 13Pero sigue ahora tú viviendo hasta el final de tus días y luego descansa en paz, que al final de los tiempos serás levantado de tu tumba para recibir tu recompensa"».

---

c. Tres años y medio más un mes.

12.3

Investiguemos Juntos

OSEAS

¿Quién lo escribió?

El autor, como testifica el libro mismo, es Oseas, hijo de Beerí (Os. 1.1). No poseemos mayor información sobre su familia o su origen, pero las abundantes ilustraciones agrícolas que utiliza señalan a un trasfondo familiar mayormente rural. Oseas no recibió capacitación formal para el oficio profético, pero muestra tener mucha capacidad para escribir y mucho conocimiento acerca de su pueblo y acerca de Dios. Este fue un profeta que ministró en el reino del norte durante el siglo VIII a.C. De hecho, es el único libro del Antiguo Testamento proveniente de las diez tribus del norte. Fue el último profeta que ministró en el reino del norte, antes de caer en manos de los asirios (año 722 a.C.). Fue contemporáneo de Amós, Isaías y Miqueas, aunque esos profetas ministraron principalmente en el reino del sur.

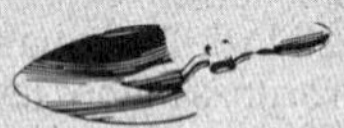

¿A quién lo escribió?

En la época en la que ministró Oseas había gran prosperidad y paz en Israel. Era la época de Jeroboam II (2 Reyes 14:23-29), quien había llevado las fronteras del reino casi hasta los límites que tenía en la época de David y Salomón. Políticamente, el reino estaba desorientado. Un grupo opinaba que debían buscar una alianza con Egipto, y otro opinaba que debían buscar la protección de Asiria. Como el libro dice, Israel era como una "paloma torpe", que buscaba protección en cualquier lado, menos en Dios (lee Os. 7:10-11). Sin embargo, a pesar de esa prosperidad material y los movimientos políticos, espiritualmente la nación estaba enferma. Había idolatría e inmoralidad y el pueblo rechazaba el amor de Dios de forma consistente. Por eso, el libro se dirige a los habitantes de Israel como reino. Es un doloroso y dramático llamado de atención, proveniente del corazón herido de Dios para que ellos reconozcan lo profundo de su pecado y se vuelvan a Dios en arrepentimiento, antes que sea demasiado tarde.

¿Cuándo y dónde lo escribió?

Como dice el libro, ministró durante el reinado de cuatro reyes de Judá y durante el reinado de Jeroboam en el norte. Ya el reino estaba dividido, pero las diez tribus del norte no habían sido conquistadas por Asiria (año 722 a.C.), ni las del sur por Babilonia (año 586 a.C.). Oseas ministró desde los últimos años del reinado del segundo Jeroboam (años 793-753 a.C.) hasta después de la conquista por parte de Asiria, cubriendo un período de unos cuarenta años. Él fue testigo de una época que osciló entre la prosperidad económica y militar, pero de fracaso espiritual, hasta el desastre de la derrota militar y el cautiverio.

Panorama del libro

Oseas es el primero de los llamados "profetas menores", debido al menor tamaño de los libros que escribieron. Originalmente, los hebreos tenían estos doce libros como uno solo y le llamaban simplemente "Los Doce". La profecía de Oseas se caracteriza por estar basada en una ilustración del amor y la gracia de Dios y el dolor que le provoca la infidelidad de su pueblo y el castigo que vendrá. Así, entonces, el propósito del libro es mostrar cómo se balancea el amor de Dios con su justicia. El amor de Dios no impide que haya justo juicio por el pecado, mientras que su justicia no obstaculiza su deseo de restaurar su relación con su amado pueblo.

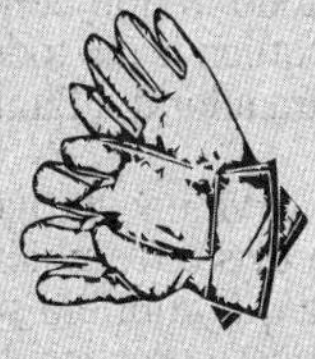

¿Cómo se relaciona con nosotros?

Este libro presenta la ilustración más dramática que tenemos acerca de la historia del amor de Dios por su pueblo. Quizá debido a la actitud excesivamente seria de muchas iglesias en sus cultos, muchos cristianos se criaron pensando en un Dios continuamente enojado, solo interesado en hacer cumplir una serie de reglamentos. En el libro de Oseas, en cambio, encontramos al Señor insistiendo en ser fiel, incluso con un corazón quebrantado por la traición de su pueblo. El Dios que da a conocer el libro de Oseas trata de un Dios apasionado, con un anhelo constante por ver a su pueblo regresando a Él y amándolo con todo el corazón. El mensaje de Oseas es que Dios anhela a cada uno de nosotros a pesar de nuestras infidelidades, y quienes perdemos cuando somos indiferentes somos nosotros.

¿Cómo lo estudiamos?

1) Dramática ilustración de la fidelidad y la infidelidad del pueblo. Caps. 1-3
2) Dramática acusación de la infidelidad del pueblo. Caps. 4-7
3) Dramático juicio debido a la infidelidad del pueblo. Caps. 8-10
4) Dramática restauración futura del pueblo libre de infidelidad. Caps. 11-14

Oseas

1 Estos son los mensajes que el SEÑOR le comunicó a Oseas, hijo de Beerí, durante los reinados de Uzías, Jotán, Acaz y Ezequías, quienes fueron reyes de Judá; y durante el reinado de Jeroboán, hijo de Joás, que fue rey de Israel.

La esposa y los hijos de Oseas

2Aquí está el primer mensaje: El SEÑOR le dijo a Oseas: «Ve y cásate con una prostituta, y ten hijos con ella. Esto ilustrará la forma en que mi pueblo me ha sido infiel, cometiendo abiertamente adulterio contra mí al rendir homenaje a otros dioses».

3Así que Oseas se casó con Gómer, hija de Diblayin, la cual quedó embarazada y le dio un hijo.

4,5Y el SEÑOR le dijo a Oseas: «Llámalo Jezrel, pues en el valle de Jezrel estoy por castigar a la dinastía del rey Jehú. Porque pronto le haré pagar por los asesinatos que cometió en el valle de Jezrel. Así pondré fin al tiempo de Israel como reino independiente, pues acabaré con el poder que tiene como nación».

6Pronto Gómer concibió otra vez, y tuvo una hija. Y el SEÑOR le dijo a Oseas: «Llámala Lorrujama (No más compasión), pues no tendré más compasión con Israel para perdonarlo de nuevo. 7Pero tendré compasión de la tribu de Judá. Personalmente la libraré de sus enemigos, sin ayuda alguna de sus ejércitos ni de sus armas».

8Después de que Gómer había destetado a Lorrujama, concibió de nuevo, y esta vez dio a luz un hijo varón. 9Y el SEÑOR le dijo a Oseas: «Llámalo Loamí (No pueblo mío), pues Israel ya no es mi pueblo, y yo no soy ya su Dios.

10»Sin embargo, el tiempo vendrá cuando Israel prosperará y llegará a ser una nación grande; en ese día su población será demasiado numerosa, de modo que será imposible contarla, pues será tanta como los granos de la arena del mar. Cuando eso ocurra, en vez de decirles: "Ustedes no son mi pueblo", se les dirá: "Ustedes son hijos del Dios viviente". 11Luego, los pueblos de Judá e Israel se unirán y tendrán un solo jefe; retornarán del exilio juntos. ¡Qué grandioso será ese día de Jezrel!

Castigo y restauración de Israel

2 »Ese día llamarán a sus hermanos: "Pueblo mío", y a sus hermanas las llamarán: "Compadecidas".

2»Acusen a su madre, ¡sí, acúsenla!, pues ella se ha convertido en la mujer de otro hombre, ya no soy más su marido. Pídanle que deje su prostitución, que no se entregue más a otros hombres. 3Si no lo hace, para avergonzarla la dejaré tan desnuda como el día en que nació, y haré que se vaya consumiendo y muera de sed, como si fuera una tierra llena de hambre y sequía. 4Y no tendré consideración especial para sus hijos, pues ya no son mis hijos, sino los hijos de sus amantes.

5»Pues su madre se ha convertido en una prostituta. Ella hizo algo vergonzoso cuando dijo: "Correré detrás de otros hombres y me venderé a ellos para conseguir comida, bebida y ropa". 6Pero yo la cercaré con zarzas y espinales, le cerraré el paso para hacerle extraviar el camino. 7Se empeñará en correr tras sus amantes, pero no los alcanzará. Los buscará, pero no los encontrará. Entonces pensará: "Quizás sea mejor que vuelva a mi marido, pues me iba mejor con él que con mis amantes".

8»Ella no se da cuenta que todo lo que tiene ha sido provisto por mí. ¡Fui yo quien le dio todo el oro y la plata que ella usó para adorar a Baal, su dios!

9»Pero ahora le quitaré todo el vino y el trigo con que continuamente la he provisto. También le quitaré la ropa que le di para que cubriera su desnudez. Ya no le daré más ricas cosechas de trigo en su estación, ni vino en el tiempo de las uvas. 10Ahora expondré su desnudez en público para avergonzarla, para que la vean todos sus amantes, y nadie podrá rescatarla de mi mano.

11»Pondré fin a todos sus goces, sus fiestas, peregrinaciones y todas sus demás festividades. 12Destruiré sus viñas y sus huertos, regalos que, según ella, le fueron dados por sus amantes, y dejaré que se conviertan en matorrales, y los animales salvajes serán quienes comerán sus frutos.

13»La voy a castigar por todo el perfume agradable que ella ofreció a Baal, su ídolo, y por todas las veces que ella se puso sus aretes y joyas, y me abandonó a mí, por irse tras sus amantes. Lo digo yo, el SEÑOR.

14»Pero yo la conquistaré de nuevo, la llevaré al desierto y allí le hablaré con ternura. 15Allí le devolveré sus viñas y transformaré su valle de Penas en entrada hacia la Esperanza. Ella me responderá allí, cantando con gozo, tal como en los días de su juventud, como en el día cuando la saqué de Egipto.

16»En aquel día ella me llamará "mi esposo" en vez de "mi señor". Lo digo yo, el SEÑOR. 17Israel, yo haré que olvides tus ídolos y que nunca más siquiera menciones sus nombres. 18En aquel tiempo yo haré un trato entre ti y los animales salvajes, las aves y las víboras, para que no sientan temor los unos de los otros. Y también destruiré todas las armas y todas las guerras terminarán. Entonces todos podrán vivir tranquilos.

2.18–23

19»Te convertiré en mi esposa para siempre y te daré como regalos la rectitud, la justicia, el amor y la misericordia. 20Me comprometeré contigo en fidelidad y amor, y me conocerás verdaderamente como tu SEÑOR.

21,22»En aquel tiempo yo responderé a las peticiones que la tierra le hace al cielo para que le envíe lluvias. Entonces la tierra podrá responder al clamor del trigo, de las uvas y de los olivos, de modo que el valle de Jezrel gozará de abundancia. Yo haré que todo marche en armonía para que siempre haya abundancia. Lo digo yo, el SEÑOR.

23»¡En aquel tiempo yo plantaré y cuidaré a Israel en la tierra sólo para mí! Me compadeceré de "la no compadecida" y le diré a Loamí: "Tú eres mi pueblo", y él me responderá: "¡Tú eres mi Dios!"»

Oseas se reconcilia con su esposa

3 Entonces el SEÑOR me habló por segunda vez, y me dijo: «Ve y busca a tu esposa de nuevo, y tráela de vuelta contigo y ámala, aunque ella ame a otro hombre. ¡Porque así es como el SEÑOR ama a los israelitas, aunque ellos han preferido rendir homenaje a otros dioses y participan de las comidas especiales que les ofrecen!»

2Así que la compré por ciento ochenta gramos de plata y trescientos sesenta litros de cebada, 3y le dije: «Serás mi esposa por mucho tiempo. No te portarás más como una prostituta durmiendo con muchos hombres, sino que me serás fiel. También yo te seré fiel».

4Esta situación ilustra el hecho de que Israel estará por mucho tiempo sin rey ni príncipe, y sin altar ni templo ni sacerdotes. ¡Ni siquiera tendrá ídolos! 5Pero después ellos retornarán al SEÑOR su Dios, y se acordarán de David, su rey. Sí, al final de los tiempos ellos buscarán con reverencia y humildad al SEÑOR y sus bendiciones.

Pleito contra Israel

4 Israelitas, escuchen la palabra del SEÑOR, pues él tiene un pleito contra ustedes. La queja del SEÑOR es ésta: «Ya no hay entre ustedes fidelidad, ni bondad, ni conocimiento de Dios. 2Ustedes blasfeman, mienten, matan, roban y cometen adulterio. ¡Es tanta la violencia que los homicidios parecen no tener fin! 3Por eso la gente está de luto, todos están tristes y deprimidos. ¡Hasta los animales del campo, las aves del cielo y los peces están padeciendo los efectos de su maldad!

4»¡No señales con tu dedo a alguna otra persona, tratando de pasarle la culpa! ¡Mira, sacerdote, yo estoy señalándote a ti con mi dedo! 5Cometes maldades de día y de noche, y los falsos profetas también se asocian contigo. ¡Destruiré todo lo tuyo, hasta a tu madre! 6Mi pueblo es destruido porque no me conoce a mí, perece por no seguir mis instrucciones, y es todo por culpa de ustedes, sacerdotes, pues ustedes mismos han rehusado conocerme; por lo tanto, yo rehúso reconocerlos como mis sacerdotes. Siendo que han olvidado mis instrucciones, yo me olvidaré de bendecir a tus hijos. 7Cuanto más se multiplicaban los sacerdotes, peor actuaban en mi contra. Ellos cambiaron la grandeza y dignidad de Dios por la insignificancia y vergüenza de los ídolos.

8»¡Los sacerdotes se regocijan en las maldades cometidas por mi pueblo, pues en cuanto peor se porta la gente, más comida tienen ellos! 9Y así se cumple aquello de que "cual el sacerdote, tal el pueblo", y como los sacerdotes son malvados, el pueblo lo es también. Por lo tanto yo castigaré tanto a los sacerdotes como al pueblo por sus hechos malvados. 10Comerán, pero quedarán con hambre; fornicarán con sus amantes, pero no tendrán hijos. Esto les acontecerá porque me han abandonado y han rendido homenaje a otros dioses.

11»El vino, las mujeres y la música han embotado los sentidos de la gente de mi pueblo. 12¡Pues están pidiéndole a un pedazo de madera que les diga lo que deben hacer! Su inclinación a la idolatría los hace desviarse del camino correcto. Abandonaron a su Dios para poner su confianza en otros dioses. 13Ellos ofrecen sacrificios rituales a los ídolos en las cimas de las montañas; suben a las colinas para ofrecerles delicados perfumes bajo la sombra placentera de los robles, álamos y olmos. Allí sus hijas y sus nueras se entregan a la prostitución. 14Pero, ¿por qué habré de castigarlas a ellas? Pues ustedes los hombres están haciendo lo mismo; ustedes se acuestan con las prostitutas que ofrecen sus cuerpos como culto a sus dioses, y junto con ellas ofrecen sacrificios rituales a esos dioses. ¡Por eso es que el pueblo, carente del verdadero conocimiento de Dios, actúa tan mal y se destruye a sí mismo!

15»Si Israel es una prostituta, tú, Judá, no sigas su ejemplo. ¡No vayan a Guilgal ni acudan a Bet Avén, ni juren allá por la vida del SEÑOR! 16Israel es testaruda como una novilla, no deja que el SEÑOR la cuide y la lleve a pastar al campo, como si fuera un corderito. 17Como Efraín, es decir, Israel, se ha entregado a los ídolos, ¡pues que se quede con ellos! 18Los hombres de Israel se entregan a borracheras y se van en busca de prostitutas. Aman más la vergüenza que el honor. 19Por lo tanto, un viento poderoso los barrerá, para que sientan vergüenza de adorar a sus ídolos.

Juicio contra Israel

5 »Escuchen esto, ustedes sacerdotes, y todos los jefes de Israel; escuchen, todos los miembros de la familia real: Contra ustedes se ha dictado

sentencia, porque han engañado al pueblo con los ídolos en Mizpa y Tabor, 2y han cavado un profundo pozo para atrapar a sus víctimas en Sitín. Pero no se olviden: Yo ajustaré cuentas con todos ustedes por lo que han hecho. 3Yo conozco perfectamente a Israel, así que no me es extraña su conducta. Yo sé que Israel se ha ido tras la idolatría y que se han echado a perder por completo.

4»Tus hechos no te permitirán venir a Dios de nuevo, pues tu inclinación a la idolatría te impide ser fiel al SEÑOR. 5La misma arrogancia de Israel testifica en su contra en el juicio que le hago. Israel tropezará caerá debido al peso de todas las malas obras que carga, y Judá también caerá por seguirle los pasos. 6Luego, por fin, ellas vendrán con sus rebaños y manadas para ofrecer sacrificios rituales tratando de contentar al SEÑOR, pero será demasiado tarde pues no lo encontrarán, ya que él se ha apartado de ellas y las ha dejado a su propia suerte. 7Porque ellas han traicionado el honor del SEÑOR, pues han tenido hijos que no conocen ni siguen sus instrucciones. Por eso, dentro de poco, tanto ustedes como sus campos serán destruidos.

8»¡Hagan sonar la alarma en Guibeá! ¡También háganla sonar en Ramá! ¡Adviertan a los de Bet Avén y a los de Benjamín que están en peligro! 9Oye este anuncio, Israel, pues te doy a conocer lo que te pasará: Cuando tu día de juicio y castigo venga, llegarás a ser sólo un montón de escombros.

10»Los jefes de Judá han llegado a ser como esa gente que corre los cercados en los campos para robar terrenos. Por eso, derramaré sobre ellos mi incontenible cólera como si fuera mar embravecido.

11»Efraín ha sido oprimido y se le han violentado sus derechos, y ello por haber decidido seguir a sus ídolos. 12¡Voy a destruir a Israel como la polilla lo hace con la madera! ¡Voy a acabar con Judá como la carcoma acaba con los muebles!

13»Cuando Efraín y Judá vean cuán enfermos están, Efraín acudirá al gran rey de Asiria para que le ayude, pero él no podrá ayudarlos ni sanarlos. También Judá buscará ayuda en un poderoso rey, quien tampoco lo ayudará. 14Rasgaré a Efraín y a Judá como un león despedaza su presa; me los llevaré y ahuyentaré a todos los que quieran rescatarlos. 15Yo los abandonaré y volveré a mi hogar, hasta que ellos admitan su culpa y miren hacia mí en busca de ayuda. ¡Sí, en medio de su aflicción me buscarán!»

Impenitencia de Israel

6 Ese día los israelitas dirán: «¡Vengan, volvamos al SEÑOR! Él es quien nos ha des garrado, y él será quien nos sane. 2En tan sólo dos o tres días nos sanará por completo y entonces podremos vivir siempre bajo su protección. ¡No vacilemos en buscar al SEÑOR! 3¡No nos cansemos de ir en busca del SEÑOR! Si lo hacemos, podemos estar seguros de que él vendrá a nuestro encuentro. Eso es tan seguro como el hecho de que el sol alumbra cada día. Eso será así, tan seguro como el hecho de que la lluvia cae en el tiempo oportuno y riega la tierra».

4El Señor dice: «Efraín y Judá, ¿qué haré con ustedes? Pues su amor hacia mí es tan inconstante, se desvanece tan pronto, como lo hacen las nubes de la mañana y como desaparece como el rocío. 5Yo envié a mis profetas para advertirles del destino funesto que les espera; yo los he herido con la dureza de las palabras que les he enviado, incluso amenazándolos de muerte. Sepan que de repente, sin advertencia alguna, mi juicio realmente los matará como si fuera un rayo fulminante. 6Lo que más quiero de ustedes no son sus sacrificios rituales, sino que amen a Dios y a su prójimo; lo que más quiero de ustedes no son sus ofrendas, sino que me reconozcan y respeten como su Dios. 7Pero como Adán, han desobedecido mi convenio, han despreciado mi amor.

8»Galaad es una ciudad de gente malvada, las huellas de la violencia están por todas partes. 9Sus sacerdotes son como bandas de ladrones, que se esconden para sorprender y caer sobre sus víctimas; en el camino que lleva a Siquén cometen toda clase de maldades.

10»Sí, yo he visto una cosa horrible en Israel: Efraín me ha sido infiel y se ha ido tras la idolatría; Israel se ha corrompido por completo.

11»También para ti, Judá, tengo preparado tu castigo, cuando haya hecho que mi pueblo regrese a su tierra.

7 »Yo deseaba perdonar a Israel, pero sus maldades fueron demasiado grandes. ¡Todos los que viven en Samaria son mentirosos, ladrones o bandidos que se meten a las casas a robar, o asaltan en las calles! 2Su gente jamás parece reconocer que yo los estoy observando. Sus hechos malvados los delatan por todos lados, y ninguno de ellos se oculta de mi vista. ¡No se me escapa nada de lo que hacen!

3»El rey se alegra en la maldad de ellos; a los príncipes le parece muy gracioso todo el mal que hacen. 4Todos ellos son infieles y arden de pasión, así como el horno que el panadero deja encendido, mientras espera que la masa se fermente. 5En las fiestas que el rey celebra, los príncipes le dan vino hasta emborracharlo; y el rey se olvida de su posición de honor y se revuelca en el suelo con

6.1 6.2—Ma 28.6 6.3

los que se burlan de él. 6Sus corazones, llenos de
intrigas, arden como un horno. Su conspiración
se va cocinando lentamente durante la noche y a
la mañana la ponen por obra. 7Todos son iguales
en su inclinación por el mal. Sus reyes llegan y
pasan, uno tras otro, pero ninguno es capaz de
clamar a mí por ayuda.
8»Mi pueblo se entremezcla con los paganos y
adopta sus costumbres malas, ¡y así llegan a ser
tan inútiles como una torta cocinada a medias!
9La ocupación de rendir homenajes a los dioses
extranjeros ha agotado sus fuerzas, pero ellos
parecen no darse cuenta. El cabello de Efraín
se está volviendo canoso y él ni siquiera se da
cuenta cuán débil y viejo está. ¡No ha ganado
nada de experiencia con los años!
10»El orgullo de Israel lo está destruyendo, no le
permite reconocer su desgracia ni le deja acudir
al Señor en busca de ayuda.
11»Efraín es como una paloma tonta y necia,
que vuela a Egipto o a Asiria en busca de ayuda.
12Pero mientras ella vuela, arrojo mi red sobre ella
y la atrapo como a cualquier ave en los aires. ¡La
castigaré por toda su maldad! ¡Haga lo que haga
no escapará de mi castigo!
13»¡A mi pueblo le va a ir muy mal por haberme
abandonado! ¡Será destruido por haberse puesto
en mi contra! Yo quería salvarlos, pero ellos no
hacen más que calumniarme.
14»Se acuestan en sus camas a gemir por su
desgracia, pero no oran a mí con sinceridad.
Cuando no tienen trigo ni vino, se hacen heridas
en el cuerpo para solicitar ayuda a los ídolos, y
no dejan de ser rebeldes.
15»Yo los ayudé y los fortalecí, sin embargo
ahora se vuelven contra mí. 16Miran hacia todas
partes menos hacia mí. Son como un arco torcido
que nunca da en el blanco; sus jefes morirán
a golpe de una espada filosa, y todo Egipto se
burlará de ellos.

Siembran vientos y cosechan torbellinos

8 »¡Toquen la trompeta para alertar al pueblo!
¡Avísenle que ya viene el enemigo contra él!
Sí, con la rapidez y fuerza de un águila el Señor
viene contra su pueblo, porque no han cumplido
su convenio y porque se han rebelado contra sus
instrucciones. 2Ahora Israel implora, diciéndome:
"¡Ayúdanos porque tú eres nuestro Dios!" 3Pero
es demasiado tarde. Israel ha rechazado el bien;
por eso, sus enemigos la perseguirán. 4Israel ha
nombrado reyes y príncipes sin consultarme, que
no cuentan con mi aprobación. Han usado su
oro y su plata para fabricarse ídolos, los que los
llevarán a la destrucción.
5Samaria, yo rechazo tu becerro, ese ídolo que
has hecho. ¡Mi cólera está que revienta contra
ti! ¿Hasta cuándo seguirás en el extravío de tu
idolatría? ¿Cuándo por fin te preocuparás por
ser virtuosa? 6¿Cuándo vas a reconocer que ese
becerro al que le rindes homenaje es sólo un
objeto hecho por artesanos? ¡No es Dios! Por lo
tanto será hecho pedazos.
7»Ellos han sembrado viento y cosecharán torbellino. Sus tallos de trigo permanecen secos, no
tienen granos; y si les llegaran a quedar algunos,
los extranjeros se los comerán. 8Israel ha sido
destruida; está tirada entre las naciones como si
fuera una olla rota. 9Se ha quedado sola, como
un burro terco y solitario. Ha llevado regalos a
los asirios, para suplicarles que le ayuden. 10Pero
aunque ella alquile amigos de muchas tierras, yo
la enviaré al exilio. ¡Dentro de poco no contarán
con reyes ni con jefes!
11»¡Efraín ha construido muchos altares, pero
no son para rendirme homenaje a mí! ¡Son
altares donde practican su maldad ofreciendo
homenaje a sus ídolos! 12Aunque yo tuve el cuidado de entregarles por escrito mis instrucciones,
ellos las consideraron como algo sin importancia. 13Aunque ahora quisieran por fin rendirme
homenaje solo a mí, yo no lo aceptaría. Más bien
voy a exigirles cuentas por sus pecados y luego
los castigaré. ¡Otra vez haré que sean esclavos
de Egipto!
14»Israel ha edificado grandes palacios; Judá
ha construido grandes fortalezas de defensa para
sus ciudades, pero se ha olvidado de su Hacedor.
Por lo tanto, yo enviaré fuego sobre esos palacios
y quemaré esas fortalezas».

El castigo a Israel

9 ¡No te alegres, Israel! ¡No hagas fiesta como
las otras naciones! Porque has abandonado
a tu Dios y te has portado como una prostituta,
pues te entregas a los ídolos y te alegras con
ellos más que por las cosechas de trigo que yo
te regalo. 2Por lo tanto en adelante tus cosechas
serán raquíticas y tu vino de pésima calidad. 3Ya
no puedes permanecer más en esta tierra que el
Señor te ha dado; Efraín será llevado cautivo a
Egipto y a Asiria, y tendrá que comer alimentos impuros. 4Allí, lejos de tu hogar, no tendrás
vino para ofrendar al Señor, ni le podrás ofrecer
ningún sacrificio ritual que le sea grato. El pan
que comerán allá será como el pan que se sirve
en un velorio, que contamina a todos los que
se lo comen. Ese alimento sólo les calmará el
hambre, pero no podrán usarlo como ofrenda
para el Señor.
5¿Qué, pues, harán ustedes en los días santos, o en los días especiales dedicados a ofrecer
homenajes al Señor? 6Si logras librarte de la
destrucción, Egipto te atrapará y te enterrará en
Menfis. Todas tus riquezas serán cubiertas por

la maleza, y tus casas abandonadas se llenarán
de matorrales.
7¡Ha llegado el tiempo del castigo de Israel! ¡El
día de que cada quien reciba su merecido está
cercano! ¡Todo Israel se dará cuenta de esto! Es
tan grande la maldad de Israel, es tan enorme
su pecado, que dicen: «¡Los profetas están locos y
los hombres inspirados han perdido la cordura!»
8Yo designé a los profetas para advertir y guiar
a mi pueblo por medio de sus mensajes, pero el
pueblo se ha opuesto a ellos en todas partes, y ni
siquiera respetan el templo de Dios pues también
ahí les expresan su odio.
9Las cosas que hace mi pueblo son tan depra-
vadas como las que hicieron en Guibeá. ¡Pero el
SEÑOR no se olvida de sus maldades y los castigará
por todo el mal que han hecho!
10El SEÑOR dice: «¡Israel, qué bien recuerdo
aquellos primeros días encantadores, cuando
te conduje a través del desierto! ¡Recuerdo con
alegría cuando te vi nacer y tus primeros pasos!
¡Cuánto me satisfacía, como los primeros higos
del verano en su primer año! Pero al llegar a Baal
Peor me abandonaste y te fuiste tras los dioses
falsos. ¡Y te volviste tan repugnante como esos
ídolos que adorabas!
11»La gloria de Israel se aleja volando como un
pájaro, pues tus hijos morirán al nacer, o perecerán en la matriz, o ni siquiera serán concebidos.
12Y si tus hijos llegan a crecer, morirán antes de
llegar a la edad adulta; todos están condenados.
Sí, será un día triste cuando yo me aparte de ti y
te deje abandonado a tu suerte.
13»En mi visión yo he visto que Israel y Tiro se
parecen, pues ambos tienen territorios hermosos.
¡Pero Efraín conduce a sus hijos a la muerte!»
14SEÑOR, ¿qué pediré para tu pueblo? ¡Pediré
matrices infértiles que no engendren y pechos
sin leche que no puedan alimentar!
15El SEÑOR dice: «Toda su maldad comenzó en
Guilgal; allí yo comencé a odiarlos. Yo los expulsaré de mi tierra por causa de su idolatría. No los
amaré más, pues todos sus jefes son rebeldes a
mí. 16Efraín está condenado a muerte. Es como
un árbol que tiene las raíces secas y ya no da
frutos. Y si llega a tener hijos, yo les quitaré la
vida, aunque sean su fruto más precioso».
17Mi Dios destruirá al pueblo de Israel, porque
ellos no quieren escuchar su consejo ni seguir sus
instrucciones. Ya no tendrán una patria estable,
sino que andarán como vagabundos entre las
naciones.

10

¡Cuán próspero es Israel, es como una
vid frondosa y llena de fruto! Pero cuanta más riqueza yo le doy, más altares construye
para sus dioses paganos; cuanto más ricas son
las cosechas que yo le doy, tanto más hermosas
son las estatuas y las imágenes que construye
para ellos.
2Los israelitas tienen su corazón dividido, pues
pretenden amar a Dios y a sus ídolos al mismo
tiempo. Pero ese es un gravísimo error por el
que tendrán que pagar. El SEÑOR destruirá sus
altares paganos y volverá añicos las imágenes
de sus ídolos.
3Entonces dirán: «Nosotros abandonamos al
SEÑOR, por eso él nos quitó nuestro rey. Pero, ¿de
qué nos serviría tener rey? ¡Nada podría hacer
para ayudarnos!» 4Ellos hacen promesas que no
tienen siquiera la intención de cumplir, hacen
pactos inútiles con las naciones fuertes. Por lo
tanto, el castigo brotará entre ellos como lo hace
la mala hierba en los surcos del campo.
5La gente de Samaria tiembla y llora por la pérdida de su ídolo, el becerro de Bet Avén. El pueblo
y los sacerdotes están de luto porque el esplendor
de su becerro se ha perdido. ¡Cuánto dolor por la
pérdida de un ídolo! 6Ese ídolo, el dios becerro,
será llevado a Asiria como un regalo para el gran
rey. Se burlarán de Efraín por haber confiado en
este ídolo; Israel quedará avergonzado.
7El rey de Samaria desaparecerá como una
ramita arrastrada por las aguas. 8Y los altares
construidos en las montañas para los ídolos, a
donde acudían a cometer sus maldades los israelitas, serán destruidos por completo, pues era allá
donde adoraban a sus ídolos. Sobre las ruinas de
esos altares crecerán espinas y cardos, crecerán
para cubrirlos completamente. Y la gente clamará a las montañas y a las colinas para que caigan
sobre ellos y los aplasten.
9El SEÑOR dice: «¡Ustedes, israelitas, no han
hecho más que cometer maldades desde aquella
terrible noche en Guibeá! ¡No han cambiado en
absoluto! Así como aquellos hombres de Guibeá fueron castigados, también lo serán ustedes.
10Vendré contra ti por tu desobediencia; juntaré
los ejércitos de las naciones contra ti para castigarte por tus múltiples maldades.
11»Efraín era como una novilla muy dócil a la
que le encantaba trillar el grano. Jamás lo he
puesto bajo un yugo pesado, antes siempre le he
perdonado su maldad. ¡Ahora sabrá lo que es la
vida dura! ¡Ahora le pondré el yugo sobre su frágil
cuello! Israel tendrá que arrastrar el arado y Judá
preparará la tierra con gran fatiga».
12Planten las buenas semillas de justicia y
entonces segarán una cosecha de mi amor; aren
el suelo duro de sus corazones para que estén
listos a recibir la instrucción de Dios, porque
ahora es el tiempo de buscar al SEÑOR, para que
él venga y les de una vida próspera y tranquila.
13¡Pero en lugar de ello han cultivado maldad por
todos lados y por eso ha brotado una abundante
cosecha de cosas malas! ¡Han recibido la recom-

pensa por confiar en una mentira, pues creyeron que sus carros de guerra y su gran ejército podían darles seguridad! 14Por lo tanto, los terrores de la guerra los perseguirán y sus fortalezas serán destruidas. Les sucederá lo mismo que a Bet Arbel, cuando el rey Salmán la destruyó el día de la batalla y aplastó a las madres junto con sus hijos. 15Ese será también el destino de Israel debido a su gran maldad. ¡Tan pronto amanezca, el rey de Israel habrá muerto!

El amor de Dios por Israel

11 † El SEÑOR dice: «Cuando Israel era niño yo lo amé como a un hijo, y lo liberé de Egipto. 2Pero después, cuanto más lo llamaba a estar cerca de mí tanto más se rebelaba y era desobediente. Ofrecía homenajes a Baal y ofrecía perfumes delicados a los ídolos. 3Yo lo capacité desde su infancia, le enseñé a andar y lo sostuve en mis brazos. Pero él ni siquiera se dio cuenta de que era yo quien lo cuidaba. 4Lo traté con mucha ternura, lo conquisté con expresiones de amor. Yo la alzaba en mis brazos y jugaba con él, contento de ver sus sonrisas. Yo mismo le daba de comer, como a un niño pequeño.

5»Pero ellos no quieren volver a mí; por eso tendrán que volver a Egipto, y el rey de Asiria gobernará sobre ellos. 6La guerra acabará con sus ciudades, sus enemigos destruirán sus fortalezas y echarán todo por los suelos. 7Pues mi pueblo está decidido a abandonarme. Por eso los he sentenciado a la esclavitud, y nadie los podrá librar.

8»¿Cómo podré abandonarte, mi Efraín? ¿Cómo podré dejarte ir? ¿Cómo podré desampararte como lo hice con Admá y Zeboyín? ¡Me duele el corazón por ti y no puedo contener todo el amor que te tengo! ¡Me duele tanto tener que castigarte! 9No dejaré que mi cólera se desate contra Efraín y lo destruya, pues yo soy Dios y no un hombre. Yo soy el Santo que vivo entre ustedes, y no he venido para destruirte».

10El SEÑOR rugirá como un león y su pueblo lo seguirá. Sí, él rugirá y su pueblo vendrá temblando desde el oeste. 11Como una bandada de pájaros recién liberados ellos vendrán de Egipto; como palomas volando libres desde Asiria. Y los traeré de vuelta a su hogar. Lo afirma el SEÑOR.

El pecado de Israel

12El SEÑOR dice: «Israel me rodea con mentiras y engaño, pero Judá aún confía en Dios y es fiel al Santo.

12 »Efraín pone su confianza en lo que no sirve y tiene su esperanza en el país del este, pues hace alianzas con Asiria y envía regalos a Egipto para que le ayuden, pero será inútil. Sin cesar aumenta sus mentiras y sus actos de violencia».

2Pero el SEÑOR tiene un pleito contra Judá, y lo castigará por todo lo malo que ha hecho; sí, le dará a Jacob lo que se merece por su mala conducta.

3Está tan inclinado a la violencia que ya en el seno materno peleó con su hermano gemelo y cuando llegó a ser adulto, luchó con el enviado del SEÑOR. 4Sí, luchó con el ángel y lo venció. Lloró y le imploró que lo bendijera. Se encontró con Dios en Betel, y allí habló con él. 5¡Habló con el SEÑOR Todopoderoso! 6Por eso, Israel, busca de nuevo a tu Dios y vive de acuerdo con los principios del amor y la justicia, y siempre confía en él.

7Pero no, mi pueblo es semejante a los comerciantes tramposos, pues usa balanzas adulteradas para estafar a la gente. 8Efraín se jacta: «¡Yo soy muy rico! ¡Lo he logrado todo por mi propia cuenta! ¡Nadie podrá probar que he engañado a alguien!»

9El SEÑOR dice: «Yo soy el mismo SEÑOR, el mismo Dios que los libró de la esclavitud de Egipto, y yo soy el que los hará vivir nuevamente en tiendas, como lo hacían cuando estaban en el desierto. 10Yo envié a mis profetas para advertirles por medio de muchas visiones, parábolas y sueños».

11Los que viven en Galaad no hacen sino mentir, sólo pensando en cometer maldades. En Guilgal ofrecen bueyes como sacrificios rituales a sus dioses falsos; por eso sus altares serán destruidos y sus piedras esparcidas por el campo.

12Jacob huyó a Aram y cuidando ovejas se ganó una esposa, tuvo que trabajar muchos años como pastor para obtener la mano de su novia. 13Luego el SEÑOR, por medio de un profeta, sacó a Israel de Egipto y lo cuidó durante la marcha por el desierto. 14Pero Efraín ha hecho enojar al SEÑOR, le ha causado un gran disgusto con sus actos violentos. Por eso el SEÑOR le hará pagar por sus crímenes y hará que el mal que hizo se vuelva en su contra.

La ira del SEÑOR contra Israel

13 Hubo un tiempo cuando Israel hablaba y las naciones temblaban de miedo, pues él era un pueblo poderoso; pero luego se hizo devoto de Baal, y así se acarreó la desgracia y fue destruido. 2Y ahora el pueblo se vuelve más idólatra y tonto. Funden su plata y con ella los artesanos fabrican ídolos y luego dicen: «¡Ofrezcan sacrificios rituales y besen a estos nuestros dioses! ¡Estos becerros son nuestros dioses!» 3Por eso desaparecerán como la niebla matutina al

† 11.1—Ma 2.15

salir el sol, como el rocío que rápidamente se
seca, como la paja llevada por el viento, como
una nube de humo.
4El Señor dice: «Sólo yo soy su Dios, el Señor,
y lo he sido desde que los saqué de Egipto. No
tienen otro Dios aparte de mí, pues no hay ningún otro Salvador. 5Yo los cuidé en el desierto, en
esa tierra árida y sedienta por donde anduvieron
tanto tiempo. 6Pero cuando llegaron a la tierra
próspera y comieron hasta quedar satisfechos,
entonces se volvieron orgullosos y se olvidaron
de mí. 7Por eso vendré sobre ustedes como un
león, o como un leopardo que está al acecho en
el camino esperando su presa. 8¡Los desgarraré
como lo hace una osa con quien intenta quitarle
sus cachorros! ¡Como un león los devoraré, como
una bestia salvaje los devoraré!
9»Israel, si yo te destruyo, ¿quién podrá salvarte? 10¿Dónde está tu rey? ¿Por qué no clamas
a él para que te ayude? ¿Dónde están todos los
jefes del pueblo? Muchas ganas tenías de tenerlos, ahora pues, ¡que ellos te salven! 11Yo te di
reyes cuando estaba enojado, y luego te los quité
cuando estaba furioso.
12»Los actos malvados de Efraín están bien
archivados; sus maldades han sido registradas
en un libro. 13Se le ofrece la oportunidad de un
nuevo inicio, como un nuevo nacimiento, pero
es como un niño que se resiste a nacer. ¡Qué
testarudo! ¡Cuán necio!
14»¿Lo rescataré del infierno? ¿Lo libraré de la
muerte? Muerte, ¿dónde están tus plagas? Sepulcro, ¿dónde está tu poder destructor? ¡No le tendré
más compasión!»
15Él fue llamado el más fructífero de todos sus
hermanos, pero el viento del este, un viento que
el Señor enviará desde el desierto, soplará fuerte
sobre él y secará su tierra. Todas sus fuentes de
aguas, todos sus manantiales se secarán. Su tierra
será arrasada y sus tesoros desaparecerán.
16Samaria debe llevar su culpa, pues se ha rebelado contra su Dios. Su pueblo será arrasado por
el ejército invasor, sus bebés serán estrellados
contra el suelo y a las mujeres embarazadas les
abrirán el vientre.

Arrepentimiento para traer bendición

14 Israel, vuelve a ser fiel al Señor, tu Dios,
pues tu maldad te ha hecho caer en tan
desastrosa situación. 2Ven con confianza,
presenta tu ruego delante del Señor, y dile:
«Señor, quítanos nuestra inclinación a cometer
maldades; muestra tu bondad hacia nosotros y
recíbenos de nuevo, y te ofreceremos cantos de
gratitud. 3Asiria no nos puede salvar, ni tampoco
nuestra poderosa caballería; nunca más confia-
remos en los ídolos que hemos hecho con nuestras manos, pues solamente en ti, Señor, los
huérfanos encuentran misericordia».

Respuesta de Dios

4Entonces el Señor dirá: «¡Yo te curaré de la
idolatría y de la infidelidad, y mi amor no
conocerá límites, pues mi cólera se habrá aplacado para siempre! 5Yo seré de nuevo para Israel
su Dios amoroso y proveedor. Lo refrescaré como
lo hace el rocío del cielo, y lo haré florecer como
el lirio, y echará raíces profundas como los árboles del Líbano. 6Volverá a crecer como si fuera
un árbol frondoso. Sus ramas se extenderán y
serán tan hermosas como las de los olivos y tan
fragantes como los cedros del Líbano. 7Volverán
a habitar en su tierra bajo mi protección; de nuevo sembrarán sus campos y cosecharán trigo en
abundancia; cultivarán sus viñas y harán un vino
que será tan famoso como los vinos del Líbano.
8»¡Efraín, aléjate de esos ídolos! ¡Yo estoy vivo
y soy fuerte! Yo te atiendo y te cuido. Yo soy como
un árbol siempre verde, que te brindo mi fruto
a través de todo el año. ¡Mis acciones misericor-
diosas hacia ti nunca faltan!»
9Todo aquel que es sabio y prudente entenderá estas cosas. Todo aquel que es inteligente, que escuche y siga mis consejos. Pues los
senderos del Señor son verdaderos y justos, y las
personas buenas caminan por ellos. Pero la gente mala se pierde en sus propios malos pasos.

14.2 14.4 14.9

JOEL

¿Quién lo escribió?

El libro menciona el nombre de su autor y el de su padre ("Joel hijo de Petuel", Jl. 1:1). No se sabe nada sobre el profeta o su familia; solo el significado de su nombre ("el Señor es Dios") y el nombre de su padre. Por su estilo de escritura y su familiaridad con la geografía de Judá podemos suponer que nació en el reino del sur, que quizá vivió en Jerusalén y que tuvo cierta preparación literaria y teológica.

¿A quién lo escribió?

Este profeta ministró en el reino de Judá. El mensaje de advertencia acerca de un juicio cercano estaba dirigido a los judíos de esas dos tribus del sur. Una plaga de langostas es vista como el anticipo de un juicio en contra de una nación que está enredada en sus pecados y, además, como un símbolo del Día del Señor.

¿Cuándo y dónde lo escribió?

Debido a la falta de más información acerca del autor, es difícil determinar la fecha en la que el libro fue escrito. La mayoría de estudiosos evangélicos se inclinan por una fecha durante el reinado de Joás (820 a.C.) o unos 30 o 40 años más tarde en la primera mitad del siglo VIII, debido a que no se mencionan las grandes potencias como Siria, Asiria o Babilonia. En su lugar se mencionan enemigos del período pre-exílico como los filisteos, los fenicios (lee Joel 3:4), los egipcios o los edomitas (Joel 3:19). Además, el libro está colocado entre otros profetas que ministraron más o menos en ese período, como Oseas y Amós.

En cuanto al lugar de su escritura, es posible que haya sido la ciudad de Jerusalén.

Panorama del libro

Aprovechando una tragedia nacional, una plaga de langostas que arruinó las cosechas, Joel lanza un urgente mensaje de juicio que vendrá durante el "Día del Señor", un período de terribles castigos que habrá antes de la restauración final, con motivo del arrepentimiento del pueblo.

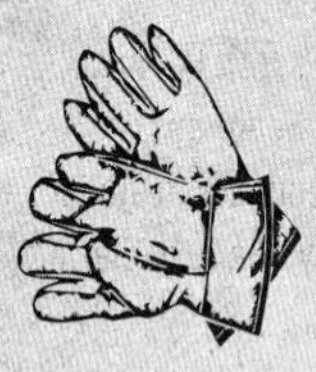

¿Cómo se relaciona con nosotros?

Este libro deja en claro que siempre es sabio interpretar lo que está sucediendo en el mundo a la luz de las verdades bíblicas y la voluntad del Señor. Siempre es sabio recordar que Dios está activo y que es el dueño de la historia, aunque nosotros podamos alterarla con nuestras decisiones.

Joel invita a leer adecuadamente los sucesos para identificar lo que nuestro Señor está haciendo y va a hacer en nuestro mundo y habla de uno de los temas más relevantes en las profecías bíblicas: el Día del Señor. Este es un período de juicio y también de bendición y restauración de todas las cosas. Para los pecadores e infieles, el Día del Señor es una advertencia de cosas terribles (Joel 1:15), pero el pueblo fiel del Señor debe regocijarse porque Él hará grandes cosas con los suyos (Joel 2:21).

¿Cómo lo estudiamos?

1) Una lectura espiritual de la historia presente. Cap. 1
2) Una descripción de la tribulación futura. Cap. 2:1-17
3) Una descripción de la restauración futura. Cap. 2:18-3:21

Joel

1 Éste es el mensaje que el SEÑOR le dio a Joel,
hijo de Petuel.

La invasión de langostas

2¡Escuchen, sabios consejeros de Israel! ¡Escuchen, todos sus habitantes! En toda su vida, sí,
en toda su historia, ¿ha sucedido algo semejante
a lo que les voy a contar? 3Esto que va a suceder
ustedes se lo contarán a sus hijos y ellos, a su vez,
se lo contarán a sus propios hijos, de modo que la
historia se irá contando de una generación a otra.
4¡Todos los cultivos fueron devorados por las
plagas! Primero vinieron las orugas y se comieron una parte. Luego vinieron las langostas y
acabaron con otra parte. Después de éstas vinieron sucesivamente pulgones y saltamontes y se
comieron lo poco que quedaba.
5¡Despierten y lloren ustedes, borrachos, pues
no hay uvas para preparar el vino! ¡Les quitarán hasta el mosto que tengan en la boca! 6¡Un
inmenso ejército los invade! Es un ejército terrible, demasiado numeroso como para poder ser
contado, ¡es tan terrible y destructor que parece
tener dientes y garras como los de los leones!
7Han arruinado mis viñedos y desgajado las
higueras. ¡Las han derribado y pelado por completo! 8Llora, como llora desconsolada una joven
novia porque han matado a su prometido.
9Ya no hay cereales ni vino para llevar como
ofrenda al templo del SEÑOR. Por eso están de
luto los sacerdotes que sirven al SEÑOR, quienes
ministran en su templo. 10Los campos están secos,
la tierra está vacía. Se perdió la cosecha del trigo,
ya no hay vino y se acabó el aceite.
11¡Lloren, labradores! ¡Sollocen, viñadores!
¡Pues se perdieron las cosechas del trigo y la
cebada! 12Las vides están muertas; las higueras
se están muriendo; los granados están secos, lo
mismo que las palmeras y los manzanos. ¡Todos
los árboles del campo se murieron! Por eso la
alegría se ha ido de la gente.

Llamado al arrepentimiento

13¡Sacerdotes, vístanse de luto, lloren ustedes
que ministran en el altar! Vengan, ministros de
Dios, y pasen la noche sobre ceniza y con ropas
ásperas en señal de profunda tristeza, porque en
el templo de su Dios no hay ofrendas de cereales
ni de vino. 14Anuncien un ayuno general; llamen
a todo el pueblo a una reunión. Reúnan a los
jefes y a todo el pueblo dentro del templo del
SEÑOR su Dios, para que le pidan ayuda al SEÑOR.
15¡Ay, que ya viene el terrible día del SEÑOR! ¡La
anunciada destrucción de parte del Todopoderoso ya se aproxima! 16Nuestro sustento desaparecerá delante de nuestros ojos; todo gozo y alegría
habrá terminado en el templo de nuestro Dios.
17La semilla se pudre en el suelo; los pajares y
graneros están vacíos porque la cosecha se perdió. 18¡El ganado muge por el hambre! ¡Los bueyes corren como locos, porque no tienen pasto!
¡También las ovejas están sufriendo!
19¡SEÑOR, ayúdanos, pues el fuego ha devorado
los pastos, las llamas han quemado todos los
árboles! 20Aun los animales salvajes claman a ti
por ayuda, porque se secaron los riachuelos y los
pastizales se marchitaron.

Un ejército de langostas

2 ¡Hagan sonar la alarma en Jerusalén! ¡Que
el trompetazo de advertencia sea escuchado
sobre mi santo monte! ¡Que todo el mundo tiemble de miedo, pues se acerca el día del juicio
del SEÑOR!
2Es un día de oscuridad y sombra, de mucha
tristeza y lleno de calamidades. ¡Qué ejército
tan poderoso es el que llega contra Jerusalén!
¡Tan numeroso que cubre las montañas cercanas como lo hacen las sombras cuando llega la
noche! ¡Cuán grande, cuán poderosa es esa gente
que los invade! ¡Ningún ejército tan poderoso
existió antes ni existirá después! 3¡Parece como
si el fuego fuera delante y detrás de ellos por
todas partes por todo el daño que dejan a su
paso! Antes de su llegada la tierra se ve tan bella
como el jardín del Edén en toda su hermosura,
pero cuando ellos llegan arrasan con todo, ni
una sola cosa escapa.
4Se parecen a caballos veloces, montados por
expertos jinetes. 5¡Van saltando por las cumbres
de las montañas! Escuchen el ruido que hacen,
como el estruendo de los carros de guerra, como
el rumor del fuego cuando arrasa un campo
cultivado. Son un poderoso ejército entrando
en fiera batalla.
6El terror se apodera de la gente que los ve
llegar; sus rostros palidecen de miedo. 7Atacan
como soldados de infantería perfectamente
entrenados; escalan las murallas como guerreros adiestrados. Marchan de frente, siempre en
orden, bien disciplinados. 8Jamás se estorban
entre sí en la batalla. Cada uno está en el lugar
que le corresponde y atacan con método y furia.
9Cubren la ciudad como un enjambre; trepan con
facilidad sobre las murallas defensivas, suben a
los techos de las casas y entran como ladrones a
través de las ventanas. 10¡La tierra tiembla delante
de ellos, y el cielo se estremece! ¡El sol y la luna
se oscurecen, y se esconden las estrellas!
11El SEÑOR los conduce con su voz de mando. El
suyo es un poderoso ejército, con innumerables
batallones que siguen sus órdenes. El día del juicio del SEÑOR es algo terrible y pavoroso. ¿Quién
podrá mantenerse en pie?

Exhortación al arrepentimiento

12Por eso el SEÑOR dice: «Vuélvanse a mí por completo, mientras aun hay tiempo. Háganlo con ayuno, llanto y arrepentimiento sincero». 13No finjan arrepentimiento rasgándose la ropa, sino vuélvanse al SEÑOR su Dios con un corazón lleno de arrepentimiento sincero. Porque él es un Dios amoroso y bueno, que no se enoja fácilmente. Él los ama mucho y le duele castigarlos. 14Tal vez cambie de parecer y los perdone, y los bendiga en vez de castigarlos. Quizá haga que la tierra vuelva a producir en abundancia, de modo que tengan cereales y vino para que le presenten sus ofrendas.

15¡Hagan sonar la trompeta que señala la alerta en Sión! ¡Proclamen ayuno y convoquen a todo el pueblo a una solemne reunión! 16Traigan a todos: ancianos, niños, y aun a los recién nacidos. También los recién casados deben salir de su alcoba matrimonial y asistir a la asamblea.

17Los sacerdotes, ministros de Dios, se pararán entre el pueblo y el altar, llorando, y orarán diciendo: «SEÑOR nuestro, perdona a tu pueblo, no permitas que los paganos reinen sobre nosotros, pues tú eres también su dueño. Que no se burlen de tu pueblo los paganos, y digan: "¿Dónde está ese Dios de ellos? ¡Qué débil e inútil debe de ser!"»

La respuesta del SEÑOR

18Entonces el SEÑOR tendrá piedad de su pueblo y lo perdonará. 19El SEÑOR responderá: «Vean, yo les envío mucho trigo, vino y aceite para satisfacer plenamente su necesidad. Ya no los haré el hazmerreír entre las naciones. 20Yo venceré a estos ejércitos del norte y los enviaré muy lejos; los mandaré a una tierra árida y desértica. Los que marchaban al frente morirán en el Mar Muerto, y los que iban detrás se ahogarán en el Mediterráneo. ¡Se pudrirán y su hedor llenará la tierra!» ¡Sí, el SEÑOR intervendrá con hechos extraordinarios a favor de ustedes! 21No temas, pueblo mío, alégrate y regocíjate, pues el SEÑOR hará cosas extraordinarias para protegerte.

22No tengan miedo, animales del campo, pues en las praderas abundará el pasto. Los árboles darán su fruto; las higueras y las vides florecerán de nuevo.

23¡Regocíjense, habitantes de Jerusalén, regocíjense en el SEÑOR su Dios! Porque las lluvias que él envía son muestras de su perdón. Una vez más vendrán las lluvias de otoño, además de las de primavera, siempre en la cantidad y los tiempos oportunos. 24Las eras estarán de nuevo llenas de trigo, y habrá vino y aceite en abundancia. 25¡Y yo les devolveré las cosechas que las langostas, por orden mía, se comieron! Ellas fueron como el gran ejército destructor que envié contra ustedes. 26Una vez más tendrán comida en abundancia. Entonces cantarán de alegría en mi honor, que soy el SEÑOR su Dios, porque haré todo esto. Y nunca más mi pueblo experimentará desastre semejante a éste, ¡nunca más mi pueblo volverá a ser humillado! 27Y ustedes se convencerán que yo estoy en medio de Israel, mi pueblo, y que sólo yo soy el SEÑOR su Dios, y que no hay otro dios. Y mi pueblo nunca más recibirá un golpe como éste.

El día del SEÑOR

28Después de haber derramado mis lluvias de nuevo, ¡también derramaré mi Espíritu sobre todos ustedes! Sus hijos e hijas profetizarán, sus ancianos tendrán sueños y sus jóvenes tendrán visiones de parte de Dios. 29Y yo derramaré mi Espíritu incluso sobre los esclavos y las esclavas. 30También pondré extrañas señales en la tierra y en el cielo: sangre, fuego y columnas de humo. 31El sol se oscurecerá y la luna se pondrá roja como la sangre. ¡Eso acontecerá antes de que venga el grande y terrible día del SEÑOR!

32Pero todo aquel que invoque mi nombre se salvará. Pues yo, el SEÑOR, he prometido que en el monte Sión, esto es, en Jerusalén, habrá salvación. ¡Allí habitarán los que yo, el SEÑOR, deje con vida!

El juicio de las naciones

3 En el tiempo que viene, cuando yo restaure la prosperidad de Judá y Jerusalén, 2juntaré los ejércitos del mundo en el valle de Josafat. Allí los juzgaré y castigaré por haber hecho daño a mi pueblo, por haberlo esparcido entre las naciones y haber repartido mi tierra. 3Los menospreciaron tanto que echaron suertes para repartirse a mi pueblo, cambiaron a un jovencito por una prostituta, y a una niña por suficiente vino para emborracharse.

4¡Tiro y Sidón, no traten de meterse en este asunto! ¿Están tratando de vengarse de mí, ustedes ciudades de Filistea? ¡Cuidado, pues yo me desquitaré rápidamente y devolveré el mal que quieren hacer sobre sus propias cabezas! 5Han tomado mi plata, mi oro y todos mis tesoros preciosos, y los han llevado a sus templos paganos. 6Han vendido al pueblo de Judá y Jerusalén a los griegos, quienes se los llevaron cautivos lejos de su propia tierra.

7Pero yo los traeré de vuelta de todos estos lugares a donde los han vendido, y ajustaré cuentas con ustedes, por todo lo que han hecho. 8Yo venderé a sus hijos e hijas a Judá, y ellos los venderán como esclavos a los sabeos, quienes

2.18–19 2.26 2.28 2.30–32

viven en tierras remotas. Esta es una sentencia
del SEÑOR.
9Anuncien esto por todas partes: ¡Prepárense
para la guerra! Recluten a sus mejores soldados;
junten todos sus ejércitos. 10Conviertan sus arados
en espadas y sus hoces en lanzas. Que el débil
diga: «¡Soy fuerte!» 11Júntense y vengan, naciones
de todas partes. Y ahora, SEÑOR, ¡haz descender
tus guerreros!
12Naciones, levántense pronto y suban al valle
de Josafat, pues allí estableceré mi juzgado para
pronunciar mi juicio sobre todas ustedes.
13Agarren la hoz, porque la cosecha ya está
lista. Vengan y pisen las uvas, porque el lagar
está lleno. ¡La maldad de esta gente es grande!
14¡Una multitud inmensa se ha reunido en el
valle llamado de la Decisión! ¡Está cercano el día
en que el SEÑOR llegará al valle de la Decisión a
juzgar a las naciones!
15Será tan grande el trastorno que incluso el sol
y la luna se oscurecerán y las estrellas dejarán
de alumbrar. 16El SEÑOR ruge como si fuera un
león desde Sión, desde Jerusalén lanza su grito,
y la tierra y el cielo comienzan a temblar. ¡Pero
el SEÑOR protegerá a su pueblo, será un refugio
seguro para Israel!

Bendiciones para el pueblo de Dios

17Entonces se convencerán, por fin, que yo soy
el SEÑOR su Dios, y que habito en Sión, mi santo
monte. Jerusalén será santa, y nunca más los
extranjeros la volverán a invadir.
18Tendrán tanta abundancia que vino dulce
destilarán las montañas, y de las colinas fluirá
la leche. Los arroyos de Judá se llenarán de agua,
y una fuente brotará del templo del SEÑOR para
regar el valle de las Acacias.
19Egipto y Edom serán destruidos porque atacaron con violencia a la gente de Judá y mataron
a gente inocente. 20Pero Judá y Jerusalén serán
habitadas para siempre. 21Pues yo me vengaré
de todo el mal que le causaron a mi pueblo; no
dejaré sin castigo a los culpables. ¡Yo, el SEÑOR,
viviré en Sión!

AMÓS

¿Quién lo escribió?

El libro mismo afirma que su autor fue "Amós, pastor de Tecoa" (Am. 1.1). Cuando dice que era "pastor" y "cultivaba higueras" (Am. 7:14), no quiere decir que Amós era un campesino, sino que parece que era lo que hoy llamaríamos un ranchero dedicado a la cría de ganados y a actividades agrícolas. Además, su libro denota que tenía cierto nivel educativo. Tecoa era un pueblo que estaba más o menos a 16 km. de Jerusalén, obviamente, en Judá.
Sin embargo, Dios lo envió a las tribus del norte a anunciar su mensaje, lo cual sería un desafío difícil, ya que probablemente no sería bien recibido, como en efecto sucedió (Am. 7:12-13).

¿A quién lo escribió?

Durante el reinado del segundo Jeroboam, en el reino del norte hubo una época de esplendor económico y militar. Sin embargo, la vida espiritual del pueblo era decadente. Entonces, Dios llama a Amós, proveniente del reino del sur, para que venga al reino del norte a denunciar el pecado y a anunciar juicio para el pueblo por sus pecados personales y sociales. De hecho, este es uno de los libros con más referencias al pecado social de Israel. Uno se podría imaginar a Amós anunciando juicio de Dios en los vecindarios exclusivos de Betel o de Samaria, acusando a las respetables señoras de injusticia y derroche, llamándolas "vacas" (Am. 4:1) y comparando a los habitantes con peces que serán llevados por ejércitos extranjeros (Am. 4:2). Uno se imagina a los miembros de las familias acomodadas escuchando con disgusto las molestas palabras de este hombre de campo. Para ellos fue escrito este potente libro.

¿Cuándo y dónde lo escribió?

El libro fue escrito alrededor del año 760 a.C., durante el reinado de Uzías en Judá y de Jeroboam II en el norte. El libro dice que Amós comenzó a ministrar "dos años antes del terremoto" (Am. 1:1), el cual ocurrió más o menos en el año 760 a.C. Con estos datos, la mayoría de expertos ubica a Amós predicando en una época de prosperidad y poder político en Israel, aunque no todos gozaban de los beneficios de estas condiciones. Como muestra de esa abundancia se mencionan casas de piedra labrada (Am. 5:11); camas de marfil (Am. 6:4); palacios (Am. 6:8) casas de invierno y verano (Am. 3:15); pero también había injusticia (Am. 2:6), corrupción (Am. 2:8) y desigualdad social (Am. 4:1). En ese tiempo se desarrolló el ministerio de Amós a lo sumo durante dos años. En cuanto al lugar, Amós fue enviado a Israel, específicamente, a Betel la capital y residencia del rey. Esta ciudad había sido convertida en el principal santuario del reino del norte (1 Reyes 12:26-33).

Nuestro trabajo es amar, el del Espíritu Santo es cambiar

Una noche estábamos en la cama (habla Daniel), y Shari trataba de tener una conversación profunda conmigo. A Shari le gusta profundizar, por eso me decía: "Mi amor, es que tú no entiendes. No estás viendo lo que te estoy explicando". Ella quería que yo entrara en esa profundidad con ella, quería resolver algo que estaba en su corazón y no entendía por qué yo no podía hacerlo. Para mí, como para la mayoría de los hombres, el tema era blanco o negro, no entendía su profundidad, ¡pero para ella había un gris!

Recuerdo que en ese momento yo, Shari, me frustré mucho. Cerré mis ojos y dije: "Está bien, vamos a dormir". Sentía que mis palabras no lograban expresarle lo que quería, y que él no entendía lo que estaba expresándole, así que oré y dije: "Señor, yo no tengo la capacidad de convencer a nadie, porque no soy el Espíritu Santo, pero tú sí. Te pido que le muestres a Daniel lo que está en mi corazón, y que él entienda lo que estoy tratando de explicarle". Y… ¿qué creen? ¡Funcionó! Mientras Daniel estaba recostado de su lado de la cama, el Espíritu Santo le trajo a memoria algo, e inmediatamente se sentó en la cama y dijo: "Shari, ahora que me acuerdo, pasó esto y esto otro… es cierto no lo había visto como tú, te quiero pedir perdón. ¡Tenías tanta razón en este tema! Lo siento mucho". Yo lloraba y me reía de la alegría. ¡La oración fue respondida! He decidido que hay cosas que se resuelven solo en oración, que yo no soy quien hago el cambio. Mi trabajo es amar y el del Espíritu Santo es cambiar.

La mayoría de las veces nos enfocamos demasiado en querer cambiar a nuestro cónyuge o en probar nuestro punto de vista. Nos esforzamos por provocar esas transformaciones, pero se nos olvida por completo que esa no es ni será nunca nuestra función. Quien es perfecto para transformar el corazón, aun el más duro o alejado de Dios, es el Espíritu Santo. Recuerden: su trabajo siempre será amar; el de Su Espíritu, transformar. ¡Comiencen hoy con su corazón, amando sin reservas! Deléitense en Él, confíen en Él, procuren crecer en amor y permítanle que su Espíritu se encargue del resto. "Deléitate en el Señor. Así él te dará lo que tu corazón anhela". Salmos 37:4.

Profundicemos: 1 Juan 3:18; Efesios 5:33; Juan 15:12.

Conversemos:

- ¿Cuán comprometidos estamos en ver cambios en nuestro corazón más que en el corazón del otro?
- ¿Esperamos en la labor del Espíritu Santo o nos apresuramos a intentar producir cambios solo?
- ¿Amamos mientras esperamos?

Oremos:

Señor, gracias porque nos enviaste a tu Espíritu Santo para que traiga transformación y cambio a nuestras vidas y nuestro entorno. Por favor, enséñanos a confiar en que en tus manos tienes el poder de transformar cualquier situación. Permítenos enfocarnos en lo que quieres cambiar en nuestro corazón y ayúdanos a amar mientras esperamos en ti. Descansamos en ti, Jesús. En tu nombre. Amén.

Dejando un legado I 30

Tenemos tres hijos maravillosos que son nuestro mayor tesoro: Isaac, Natán y Daniela. En el transcurso de los años hemos aprendido que los hijos son un gran regalo del cielo, pero también presentan un enorme desafío. Uno de los mayores desafíos es entender que los hijos llegan a nuestras vidas "crudos" y que nosotros, a través de la Palabra del Señor, les vamos dando forma conforme a lo que Dios ha dicho de ellos. Ya Dios trazó un gran plan y determinó el propósito que tiene con sus vidas, pero nos toca a nosotros buscar cuál es ese gran propósito que Él ha hablado. Esto conlleva entablar una relación con ellos y transferirles un legado. Una herencia es lo que podemos dejar a nuestros hijos materialmente, eso es increíble. Pero un legado es aún mejor.

Un legado es la transferencia no solo de bienes sino de valores, principios y fe que dejamos a la próxima generación. Dejar un legado es el mayor tesoro que podemos dejarles a nuestros hijos. El legado da dirección, fundamento y orden, y parte de dejar un legado es aprender que, con nuestras vivencias, ejemplo y palabras, nosotros sembramos en sus corazones. La primera "cara" que nuestros hijos tendrán de nuestro Padre Celestial es la nuestra. Ellos entenderán el perdón, la misericordia, la gracia a través de su trato con nosotros. Tal vez hoy se preguntan, ¿cómo podemos comenzar a transferirles un legado espiritual a nuestros hijos? Lo primero que necesitan entender es que es imposible transferir lo que no se tiene, pero una vez que experimentamos la misericordia, el perdón, la bondad y la gracia de Dios, podemos convertirnos en portadores de lo que Dios ya nos ha dado.

Vamos a analizar Deuteronomio 6:5-9, por favor léanlo detenidamente. ¿Identifican el orden? Primero necesitan amar a Dios con todo su ser, ser intencionales en grabar su Palabra en el corazón. ¿Desean que sus hijos amen y sirvan a Dios? Procuren modelarles la verdad que se ha grabado en su corazón. Recuerden: ¿cómo entenderán el perdón, la fe, la gracia, la bondad, la misericordia… si nadie se las modela? Siempre será a través de cómo ellos lo vean en ustedes. Su fe, su vida, su carácter, su historia será el mejor legado de ustedes para ellos.

Profundicemos: Joel 1:3; Génesis 17:7; Salmos 112:2.

Conversemos:

- ¿Cómo creemos que Dios puede utilizar nuestras vivencias para depositar un legado en nuestras próximas generaciones?
- ¿Cuán intencional somos en modelarles a nuestros hijos la Palabra de Dios que se ha grabado en nuestros corazones?

Oremos:

Padre, ayúdanos a amarte con todo el corazón, toda el alma y todas las fuerzas. Permite que podamos grabar tu Palabra en lo más profundo de nuestro ser, para que así nuestros hijos puedan conocerte. Que nuestro legado espiritual hacia ellos sea poderoso y trascienda generaciones. Gracias por tu verdad. Amén.

Dejando un legado II 31

En el devocional anterior les compartimos cómo nuestro modelaje en el hogar es importante para que nuestros hijos reciban una herencia y legado espiritual. Ahora, además ser modelos, ¿qué dice la Palabra en relación a cómo se transfiere ese legado espiritual? Volvamos a leer detenidamente Deuteronomio 6:5-9.

El Señor sabía que para que los hijos pudieran ser formados en Él, había que repetirles continuamente su enseñanza. El versículo continúa diciendo que hablen de ellas cuando estén en su casa, cuando estén en el camino, cuando se acuesten, cuando se levanten. Tal vez escuchen a sus hijos quejarse porque les repiten lo mismo constantemente, pero esa es nuestra tarea y no la inventamos nosotros, es una orden divina. Lamentablemente, vivimos en una era tecnológica que nos consume el tiempo y cautiva nuestra atención. Por eso, como padres, procuramos transferir principios bíblicos cuando nos sentamos a la mesa, en el auto, al acostarse y durante cualquier oportunidad que se presente durante el día.

El Salmo 127:3-5 nos recuerda que nuestros hijos son flechas en manos de valientes, y esos valientes somos nosotros. Nosotros les damos dirección a nuestros hijos y los enviamos como flechas a su destino profético. Pero no podemos enviar lo que no tenemos cerca. Un guerrero pone su aljaba, el lugar donde se guardan las flechas, en su espalda o en su cadera, para así tener acceso inmediato a su flecha. ¿Pueden visualizarlo? Necesitamos estar cerca de nuestros hijos, conectar con ellos en la mesa, antes de dormir, en el auto, para tener acceso a su corazón y así enviarlos con propósito y dirección.

No hay padres perfectos, no hay familias perfectas, pero sí hay familias rendidas a un Dios perfecto, rendidos al poder de nuestro Padre Celestial. Si aún no tienen hijos, esperamos que al leer este escrito reciban herramientas para prepararse. Si tienen hijos adultos, tal vez estén pensando que ya es muy tarde para inculcarles la Palabra de Dios, o dejarles un legado. Sin embargo, creemos que aún están a tiempo de seguir sembrando en sus corazones, enviarlos a su propósito y dejarles un legado de fe.

Profundicemos: Salmos 119:90; Salmos 145:4; Colosenses 3:12.

Conversemos:

- ¿Somos conscientes de que tenemos la responsabilidad de inculcar la Palabra de Dios a las próximas generaciones? ¿Cómo lo hacemos?
- ¿Con cuánta frecuencia les repetimos a nuestros hijos los principios que deseamos inculcar en ellos?
- Busquemos hoy maneras de conectar con sus corazones.

Oremos:

Dios, ayúdanos a compartir tu Palabra de forma sabia y efectiva con las próximas generaciones, para así contar con una descendencia de influencia y luz en medio de las tinieblas. Declaramos que todo fruto de nuestro vientre o legado que entregues en nuestras manos, le servirá al Señor. En tu nombre, Jesús. Amén.

La bendición del Señor

32

¿Alguna vez se han preguntado cómo se ve la bendición del Señor? Hoy queremos regalarles nuestro salmo favorito, un salmo que ha sido fundamental para nuestra familia. Leamos Salmos 128:1-4. Este salmo nos muestra una imagen de una familia, no de cualquier familia, una familia feliz. Nos presenta a un hombre que teme al Señor, un hombre de fe, un padre de familia. Nos dice que disfruta del fruto de su trabajo, pero nos llama la atención que disfrutar de su trabajo es estar sentado en su mesa junto a los que ama, su familia. El salmista lo llama próspero, lo tiene todo, no carece de nada. Es también un hombre pleno, lleno, es simplemente feliz.

También habla de cómo su esposa es una vid, una mujer llena de uvas, lista para bendecir su familia. Ella es floreciente en el hogar, que significa que da un buen fruto como esposa y madre. También habla de unos hijos que son retoños de olivo; el olivo representa al aceite y el aceite tipifica unción, presencia.

Pero lo más que nos llama la atención es que están sentados alrededor de la mesa, y el salmista vuelve a repetir …esa es la bendición del señor para los que le temen. ¿Esa es la bendición? Algo tan cotidiano, tan simple, algo que damos por sentado y en muchas ocasiones no valoramos. La bendición del señor es una familia sentada alrededor de la mesa. La mesa es su lugar de encuentro, de conexión, de intimidad, pero también es Su lugar de presencia. Qué fácil es pasar por alto algo tan cotidiano, cómo podemos perder el enfoque y creer que Su bendición se ve como algo material, una posición, un llamado, un puesto en la iglesia o dinero en el banco.

Este salmo nos ha dado un secreto del corazón del Padre: qué es lo que realmente Él ama. Su corazón está en ver a un matrimonio rendido a él, disfrutando de su hogar e influyendo en el corazón de sus hijos. Hoy queremos animarles a volver a la mesa, a ese lugar de encuentro. Queremos que este salmo les recuerde cómo se ve su bendición y que no permitan que nada robe algo tan extraordinario como estar en la mesa juntos. Oramos que en su mesa se den las mejores conversaciones, que su matrimonio pueda disfrutar y valorar el tesoro de estar juntos y que sus hijos puedan ser testigos de su amor. Recuerden que solo requiere temer al señor y sentarse a la mesa… esa es Su bendición para ustedes.

Profundicemos: Salmos 128; Proverbios 10:22; Génesis 12:2.

Conversemos:

- ¿Cómo pensábamos que se veía la bendición de Dios?
- ¿Que significa para nosotros la mesa?
- Planifiquemos una cena como familia y hablemos de su importancia.

Oremos:

Señor, venimos delante de ti con un corazón agradecido. Reconocemos que en ocasiones no hemos valorado la bendición de nuestra mesa. Gracias por mostrarnos tu corazón y lo que es importante para ti. En tu nombre, Jesús. Amén.

Panorama del libro

Específicamente, el propósito del libro es hacer un llamado a Israel para que se arrepienta tanto de los pecados sociales y culturales, tales como la violencia, la injusticia social y la idolatría, como de los pecados internos tales como el orgullo, la autocomplacencia y la adoración meramente externa. De lo contrario, el Señor caería sobre ellos como un león cae sobre su presa (Am. 1:2; 3:4). Por otro lado, el Señor pronuncia juicio contra las naciones vecinas por diversos pecados contra la humanidad.

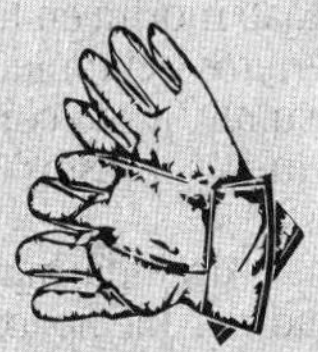

¿Cómo se relaciona con nosotros?

Amós vivió en un mundo muy parecido al actual. Nunca había habido tanta prosperidad, y al mismo tiempo existía una brecha cada vez mayor entre los que tenían y los que no. Hoy hay mucha injusticia, violencia y desigualdad en el mundo y la Biblia no es indiferente ni nosotros podemos serlo. Si ha de suceder un cambio en la manera de pensar de las personas, los cristianos tenemos un papel vital.

Los cristianos de hoy necesitamos recuperar un sentido de santa indignación ante los pecados sociales que existen en las comunidades de las que son parte nuestras iglesias. Amós es la antesala ampliada del sermón del monte, en el que Jesús nos dice que nosotros somos la sal y la luz de la tierra (Mateo 5:13). Amós incluso brinda algunas ideas de cómo rebelarnos contra la maldad a nivel individual y social.

¿Cómo lo estudiamos?

1) Dios acusa a las naciones por crímenes contra la humanidad. Caps. 1-2
2) Dios acusa a Samaria por su indiferente iniquidad. Caps. 3-6
3) Dios describe su creativo juicio contra Samaria. Caps. 7-9:10
4) Dios describe la esperanza de la restauración. Cap. 9:11-15

Amós

1 Este es el mensaje que Dios le envió a Israel por medio del profeta Amós, que era un pastor de ovejas que vivía en el pueblo de Tecoa. Esto ocurrió dos años antes del memorable terremoto, durante el tiempo en que Uzías reinaba sobre Judá y Jeroboán, hijo de Joás, reinaba sobre Israel.

2Este es su mensaje: «Desde Sión el Señor rugirá como un león, desde Jerusalén lanzará un poderoso grito. Será tan terrible su grito que los pastos de los campos se secarán y se resecará la cumbre del monte Carmelo».

Juicio contra las naciones vecinas

3El Señor dice: «Los habitantes de Damasco han acumulado maldades sobre maldades, así que no los dejaré sin el castigo que se merecen. Porque han maltratado tanto a los habitantes de Galaad que parece que los han trillado con trillos de hierro, tal como si fueran trigo. 4En castigo por eso yo prenderé fuego al palacio del rey Jazael y destruiré las fortalezas defensivas que se encuentran en Ben Adad. 5Quebraré los barrotes que soportan las puertas de entrada a la ciudad Damasco y mataré al que gobierna en el valle de Avén y al que gobierna en Bet Edén, y haré que los sirios sean llevados cautivos a Quir». Lo ha dicho el Señor.

6El Señor dice: «Los habitantes de Gaza han acumulado maldad sobre maldad, así que no los dejaré sin el castigo que se merecen. Ellos capturaron a un pueblo entero y lo vendieron como esclavo en Edom. 7En castigo por eso yo prenderé fuego a las murallas de Gaza y destruiré todas sus fortalezas defensivas. 8Mataré a la gente de Asdod y destruiré al rey de Ascalón. Arremeteré con furia contra los habitantes de Ecrón y no dejaré con vida a ningún filisteo». Lo ha dicho el Señor.

9El Señor dice: «Los habitantes de Tiro han acumulado maldad sobre maldad, así que no los dejaré sin castigo. Ellos han ignorado su pacto con su hermano, pues atacaron y conquistaron a todo un pueblo fraterno y lo vendieron como esclavo a Edom. 10En castigo por eso yo prenderé fuego a las murallas defensivas de Tiro y consumirá también sus palacios».

11El Señor dice: «Los habitantes de Edom han acumulado maldad sobre maldad, así que no los dejaré sin castigo. Edom persiguió sin ninguna compasión a los israelitas para matarlos, y siempre los han odiado y robado, sin mostrar la más mínima piedad. 12En castigo por eso prenderé un fuego en Temán que consumirá todas las fortalezas de Bosra».

13El Señor dice: «Los habitantes de Amón han acumulado maldad sobre maldad, así que no los dejaré sin castigo. Para ensanchar sus fronteras llenaron de terror a todo mundo, incluso abrieron el vientre de las mujeres embarazadas que vivían en Galaad. 14En castigo por eso prenderé fuego a las murallas de Rabá que consumirá también todos sus palacios. Habrá entonces gritos salvajes en medio de la batalla y parecerá todo como un torbellino en una fuerte tormenta. 15Tanto su rey como sus príncipes juntamente serán llevados al exilio». Lo ha dicho el Señor.

2 El Señor dice: «Los habitantes de Moab han acumulado maldad sobre maldad, así que no los dejaré sin castigo. Ellos han profanado el cadáver del rey de Edom, pues quemaron sus huesos hasta reducirlos a cenizas. 2En castigo por eso yo enviaré un fuego sobre Moab que destruirá todos los palacios de Queriot. Moab morirá en la batalla entre los gritos de los guerreros y el sonido de las trompetas. 3Yo mataré a su rey, junto con todos sus jefes militares y a sus jueces injustos». Lo ha dicho el Señor.

4El Señor dice: «Los habitantes de Judá han acumulado maldad sobre maldad, así que no los dejaré sin castigo. Ellos han rechazado las instrucciones del Señor y se han negado a seguir sus instrucciones. Además, han rendido homenaje a los mismos ídolos que honraron sus antepasados. 5En castigo por eso yo destruiré a Judá con fuego, y consumirá también todos los palacios de Jerusalén».

Juicio contra Israel

6El Señor dice: «Los habitantes de Israel han acumulado maldad sobre maldad, así que no los dejaré sin castigo. Ellos han pisoteado la justicia al aceptar sobornos, pues vendieron a la esclavitud al justo y al pobre lo declararon culpable a cambio de un par de zapatos. 7Pisotean los derechos de los pobres en el polvo y son injustos con los humildes. Padre e hijo tienen relaciones sexuales con la misma mujer, enlodando así la honorable fama de mi nombre. 8Sobre cualquier altar se acuestan sobre la ropa que los pobres tuvieron que dejar empeñadas, y en el templo de sus dioses beben vino adquirido con el cobro de multas injustas.

9»¡Deberían recordar lo que yo hice por ustedes, ingratos! ¡Yo expulsé a los amorreos de su tierra para dársela a ustedes! ¡Sí, los destruí completamente, aunque eran altos como los cedros y poderosos como los robles!

10»Yo los libré a ustedes de Egipto y los conduje a través del desierto durante cuarenta años para llevarlos a vivir en la tierra que era de los amorreos. 11Y escogí a algunos de sus hijos para que fueran mis profetas, y a otros los elegí para que fueran jóvenes consagrados en exclusividad a mi servicio. ¿Israelitas, se atreverían ustedes a negar esto? Lo ha dicho el SEÑOR.

12»Pero ustedes hicieron errar incluso a estos jóvenes consagrados a mi servicio al incitarlos a beber vino, lo que tenían prohibido, y silenciaron a mis profetas ordenándoles que no comunicaran mis mensajes.

13»Por lo tanto, yo pasaré sobre ustedes y los aplastaré como aplasta la tierra una carreta llena de sacos de trigo. 14Entonces sus guerreros más veloces tropezarán en su huida, a los más fuertes no les servirá de nada su fuerza y los valientes no podrán salvar su vida. 15La puntería del arquero fallará, el más veloz quedará como paralizado, ni siquiera los que van a caballo podrán escapar. 16Ese día, ¡hasta el más valiente de todos tendrá que huir desnudo!» Lo ha dicho el SEÑOR.

Vocación del profeta Amós

3 ¡Escuchen, israelitas, el mensaje que el SEÑOR ha pronunciado contra ustedes y contra todos los que él liberó de Egipto!

2«De todos los pueblos de la tierra, los he escogido a ustedes solamente. Es por eso que debo castigarlos mucho más fuerte que a los demás a causa de todas las maldades cometidas por ustedes».

3¿Acaso pueden dos personas andar juntas si no están de acuerdo? 4¿Acaso ruge el león en la selva si no ha cazado un animal? ¿Acaso gruñe el cachorro de león en su cueva, si no tiene una presa para comer? 5¿Acaso cae el pájaro en la trampa si previamente no se preparó la red? ¿Acaso se cerrará la trampa si no ha caído dentro de ella algún animal? 6¿Acaso no se asusta la gente cuando escucha sonar la alarma? ¿Acaso vendrá sobre la ciudad algún castigo que no lo haya mandado el SEÑOR? 7¡Claro que no pasa nada al azar! Dios, el SEÑOR, antes de hacer algo, primero se lo comunica a sus siervos los profetas, para que éstos a su vez le adviertan a su pueblo.

8Cuando el león ruge, todos se asustan; así también cuando el SEÑOR comunica un mensaje, los profetas tienen que comunicarlo.

El castigo a Israel

9Vayan a los palacios de Asdod y a los palacios de Egipto, y díganles a sus reyes: «Reúnanse alrededor de Samaria, y vean todas las injusticias y crímenes que allí se cometen. 10Mi pueblo se ha olvidado de lo que significa hacer el bien. Sus hermosos palacios están llenos de bienes obtenidos por el robo y los actos de violencia». Lo ha dicho el SEÑOR.

11Por lo tanto, Dios el SEÑOR dice: «Viene un enemigo que sitiará y conquistará tu país, acabará con tu poder y se llevará las riquezas de tus palacios».

12El SEÑOR dice: «Tal como lucha un pastor con un león para no dejar que se le lleve una oveja, pero sólo logra arrebatarle dos patas o un pedazo de oreja, así los israelitas que viven en Samaria sólo podrán rescatar la mitad de una silla o un tapete de Damasco. 13»Escuchen este anuncio y publíquenlo a través de todo Israel. Lo dice Dios el SEÑOR, el Dios Todopoderoso.

14»En aquel mismo día en que yo castigue a Israel a causa de sus maldades, también destruiré los altares de ídolos en Betel; los cuernos distintivos de los altares idolátricos serán cortados y arrojados por el suelo. 15Y yo destruiré las hermosas casas de los ricos: sus casas de invierno y sus casas de verano. ¡También demoleré sus lujosas mansiones adornadas de marfil!» Lo ha dicho el SEÑOR.

4 Escúchenme «vacas gordas» de Basán, es decir, mujeres ricas de Samaria, que maltratan a los pobres y humillan a los necesitados, que les ordenan a sus esposos: «¡Tráigannos vino para emborracharnos!» 2El SEÑOR ha jurado por su santidad que vendrá el tiempo cuando a ustedes y a sus hijos les pondrán ganchos en sus narices, como si fueran reses, y se los llevarán cautivos lejos de aquí. 3Las sacarán de sus hermosas casas y las harán pasar una tras otra por los huecos de la muralla, hacia Hermón, como vacas que van al matadero. Lo ha dicho el SEÑOR.

4¡Adelante, vayan a Betel y a Guilgal a ofrecer sacrificios rituales a sus ídolos y aumenten así sus actos de maldad! ¡Ofrezcan sus sacrificios cada mañana y traigan sus diezmos dos veces por semana! 5¡Israelitas, no se olviden de sus ofrendas de gratitud! ¡Háganle saber a todo el mundo que ustedes sí dan ofrendas voluntarias! ¡Pues a ustedes les encanta que los aplaudan por esto! Lo ha dicho el SEÑOR.

Dureza de Israel

6El SEÑOR dice: «Yo les hice pasar hambre en todas sus ciudades, de modo que en ningún lugar había qué comer. Pero no sirvió de nada, pues ni por ello ustedes acudieron a mí para que los ayudara.

7»Les arruiné sus cosechas reteniendo la lluvia tres meses antes de la siega. Envié lluvia sobre una ciudad, pero no sobre otra. Mientras que la lluvia cayó sobre un campo, otro estaba seco y marchito. 8La gente de dos o tres ciudades hacía un viaje agotador para obtener agua en una ciudad donde había llovido, sin embargo, no lograban saciar la sed. Pero no sirvió de nada esta amarga lección, pues ni por ello ustedes acudieron a mí para que los ayudara. Lo ha dicho el SEÑOR.

9»Les envié vientos calientes del desierto, también plagas y langostas que acabaron con sus
verduras, viñedos, higueras y olivares. Pero no
sirvió de nada, pues tampoco por ello ustedes
acudieron a mí para que los ayudara. Lo ha dicho
el SEÑOR.
10»Les envié plagas como las enviadas sobre
Egipto. Maté a sus jóvenes en la guerra, junto
con sus caballos. El hedor de los cadáveres era
tan fuerte que se sentía en todo el país. Pero no
sirvió de nada, pues ustedes ni por ello acudieron
a mí para que los ayudara. Lo ha dicho el SEÑOR.
11»Les destruí algunas de sus ciudades, como
lo hice con Sodoma y Gomorra; las que quedan
son sólo como tizones arrebatados del fuego.
Pero no sirvió de nada, pues ni siquiera por ello
ustedes acudieron a mí para que los ayudara. Lo
ha dicho el SEÑOR.
12»Por lo tanto, israelitas, voy a castigarlos fuertemente. Así que prepárense para recibir mi castigo, pues no podrán escapar de él». 13Pues están
tratando con Dios, quien formó las montañas e
hizo los vientos y conoce hasta los pensamientos de cada ser humano. Él puede cambiar la
mañana en oscuridad y aplastar las montañas
debajo de sus pies. Su nombre es el SEÑOR, el Dios
Todopoderoso».

Advertencias y lamentos

5 Con dolor entono esta canción de lamento
por ti, Israel:
2«La hermosa Israel yace débil y aplastada
sobre el suelo, y no se puede levantar. No hay
nadie que le brinde su apoyo para que se levante».
3Pues Dios el SEÑOR dice: «La ciudad enviará
mil hombres a la batalla, pero retornarán con
vida sólo cien. Y la ciudad que enviará cien, vivos
sólo diez volverán».
4El SEÑOR le dice al pueblo de Israel: «¡Acudan
a mí y yo protegeré sus vidas! 5No confíen en los
ídolos de Betel, Guilgal o Berseba; pues la gente
de Guilgal será llevada al exilio, y a los de Betel
les sobrevendrá una gran desgracia».
6¡Acudan al SEÑOR y él protegerá sus vidas! Si
no lo hacen, él vendrá sobre Israel como fuego
y lo consumirá, y ninguno de los ídolos de Betel
en los que ustedes tanto confían podrá apagar
ese fuego.
7¡Cuánto van a sufrir aquellos que convierten
la «justicia» en algo amargo como el vinagre y
les tiene sin cuidado el derecho de los pobres!
8Acudan a Dios, quien creó las Pléyades y el
Orión, quien tiene poder incluso para cambiar la
oscuridad en mañana, y el día en noche; quien
saca el agua del océano y la vierte sobre la tierra
como lluvia. ¡Su nombre es el SEÑOR! 9Él convierte
en ruinas las grandes fortalezas y deja en puro
escombros las poderosas torres defensivas.
10¡Cómo odian ustedes a los jueces honestos!
¡Cómo desprecian a la gente que dice la verdad!
11¡Cómo oprimen ustedes a los pobres y los obligan
a entregarles parte de sus cosechas! Por eso serán
castigados, de modo que no vivirán en las hermosas casas de piedra que están construyendo,
ni tampoco beberán el vino de las abundantes
viñas que están plantando.
12¡Yo sé que sus crímenes son incontables, que
sus injusticias no tienen límite! Ustedes oprimen
a la gente honrada, los jueces se venden por dinero y en los tribunales condenan injustamente a
los pobres. 13Por eso, debido a la maldad que
existe, el prudente se queda callado.
14¡Hagan lo bueno y no lo malo, para que
vivan! Sólo así el SEÑOR, Dios Todopoderoso,
verdaderamente será su ayudador, como ustedes lo han afirmado. 15Odien el mal y amen el
bien; dejen que reine la justicia en sus tribunales.
Quizás así el SEÑOR, Dios Todopoderoso, tenga
compasión de los pocos israelitas que quedan.
16Por lo tanto, el SEÑOR, Dios Todopoderoso,
dice esto: «Se escucharán sus llantos en todas las
calles y en cada camino. ¡Llamen a los agricultores para que lloren con ustedes! ¡Llamen a las
lloronas de oficio, para que les reciten lamentos!
17Habrá tristeza y llanto en cada viña cuando yo
llegue para castigarlos, pues ellas quedarán rese-
cas». Lo ha dicho el SEÑOR.
18¡Cuánto van a sufrir aquéllos que anhelan
que llegue el día de juicio del SEÑOR! ¡Pues ese día
no será de fiesta y prosperidad como ustedes se lo
imaginan, sino de tristeza y ruina! 19En aquel día
serán como un hombre que al huir de un león,
se topa de frente con un oso; o como un hombre
que en una habitación oscura se apoya en una
pared y lo muerde una víbora. 20Sí, ese será un
día terrible y de muchas desgracias para ustedes.
21El SEÑOR dice: «Yo odio las fiestas religiosas
con que ustedes pretenden honrarme; para nada
me agradan sus homenajes llenos de tanta pompa. 22No aceptaré sus ofrendas de animales ni
de cereales; tampoco miraré el sacrificio ritual
de sus novillos gordos que me dan como medio
de reconciliación. 23¡Fuera con sus cantos de
homenaje, pues son un mero ruido a mis oídos!
Yo no escucharé su música, no importa cuán
hermosa sea.
24»¡Lo que yo quiero es que la justicia y la
honradez estén presentes en todas sus acciones,
que fluyan entre ustedes como las aguas de un río
y, que sean virtudes tan fuertes como las aguas
de un torrente profundo!
25»Israelitas, ¿acaso me ofrecieron ustedes
sacrificios rituales y ofrendas durante los cuarenta años que anduvieron por el desierto? 26En

cambio, sí cargan ustedes con esas imágenes de Sicut, al que consideraban su rey, y de Quiyún, al que llamaban su estrella protectora. ¡Si sólo son estatuillas que ustedes mismos se fabricaron! 27 Por eso, los voy a mandar a ustedes fuera de su tierra, a un lugar más allá de Damasco». Lo ha dicho el SEÑOR, cuyo nombre es Dios Todopoderoso.

6 ¡Cuánto van a sufrir aquellos que viven tan tranquilos en Jerusalén! ¡Cuánto van a sufrir aquéllos que viven tan seguros en Samaria! ¡Cuánto van a sufrir aquellos que se creen los más importantes del país, a quienes acuden los israelitas en busca de ayuda! 2 Vayan de visitan a Calné y vean lo que sucedió allí; luego vayan a la gran Jamat y también a Gat, en la tierra de los filisteos. En un tiempo fueron mejores y mayores que ustedes, pero mírenlas en lo que han quedado convertidas ahora. 3 Ustedes creen que pueden evitar el castigo que les he preparado, pero, al contrario, con sus malos hechos la están acercando. 4 A ustedes sólo les interesa dormir sobre camas lujosas, recostarse sobre sofás muy cómodos y comer en sus fiestas corderos y terneros de la mejor calidad. 5 Les gusta cantar en fiestas alegres acompañados del arpa y dársela de ser tan buenos músicos como lo fue el rey David. 6 Les encanta beber vino en grandes cantidades y perfumarse con ungüentos aromáticos, pero no les importa el estado desastroso del país. 7 Por eso, ustedes serán los primeros en ser llevados como esclavos a otro país, y ya no podrán disfrutar más de sus fiestas placenteras.

8 El SEÑOR, el Dios Todopoderoso, ha jurado por su propia gran fama: «¡Yo desprecio el orgullo y la vanidad de Israel, y odio sus hermosos palacios! Por eso entregaré esta ciudad a sus enemigos; sí, la entregaré con todo lo que hay en ella».

9 Acontecerá en ese día que si en una casa había diez hombres, ninguno de ellos quedará con vida. 10 Y cuando algún familiar llegue a la casa para sacar los cadáveres y le pregunte a otro pariente que esté allí: «¿Queda aún algún cadáver?» Éste le responderá: «No». Entonces el primero le dirá: «¡No digas más nada, no sea que pronuncies el nombre del SEÑOR y nos suceda algo peor también a nosotros!»

11 Pues el SEÑOR ha mandado que las casas, tanto grandes como pequeñas, sean destruidas por completo.

12 ¿Pueden acaso los caballos galopar sobre las rocas? ¿Pueden acaso los bueyes arar en el mar? Resulta necio preguntarlo, pero no más necio que aquello que ustedes hacen cuando desprecian la justicia y echan a perder todo lo que es bueno y correcto. 13 ¡Ustedes hacen gran alboroto por alguna conquista insignificante, y por ello creen que son muy poderosos e invencibles!

14 «Por eso, israelitas, yo traeré contra ustedes una nación que se apoderará de su país, desde Lebó Jamat hasta el arroyo de Arabá, y que los oprimirá sin compasión». Lo ha dicho el SEÑOR, el Dios Todopoderoso.

Tres visiones

7 Esto es lo que Dios el SEÑOR me mostró en una visión: Él estaba preparando un vasto enjambre de langostas para destruir toda la cosecha que le pertenecía al pueblo. La primera cosecha, que era para el rey, ya se la habían entregado a él. 2 En la visión contemplaba cómo las langostas estaban acabando con todos los cultivos. Entonces dije:

—¡SEÑOR mi Dios, te ruego que perdones a tu pueblo! ¡No les envíes esta plaga! Si tú te vuelves contra Israel, ¿qué esperanza queda? ¡Pues Israel es tan pequeño y débil y después de esta plaga les irá peor!

3 Por eso el SEÑOR cambió de idea, y me dijo:

—Muy bien, no haré esto.

4 Luego Dios el SEÑOR me mostró un gran incendio que él había preparado para castigar a los israelitas. Era tan violento que había ya secado las aguas y estaba secando toda la tierra. 5 Entonces yo dije:

—¡SEÑOR mi Dios, te ruego que no lo hagas! Si tú te vuelves contra Israel, ¿qué esperanza queda? ¡Pues Israel es tan pequeño y débil!

6 Entonces el SEÑOR cambió de idea, y me dijo:

—Muy bien, tampoco voy a hacer eso.

7 Luego me mostró esto: El SEÑOR estaba parado al lado de una pared y tenía en su mano una plomada, de las que usan los albañiles para comprobar si una pared está recta. 8 Y el SEÑOR me preguntó:

—Amós, ¿qué ves?

Yo respondí:

—Una plomada de albañil.

Entonces el SEÑOR contestó:

—Yo probaré a mi pueblo con una plomada. Ya no me apartaré de mi propósito de castigarlo, le daré lo que se merece por sus actos de maldad. 9 Derribaré los altares y los templos de los ídolos que se ha hecho Israel, y también mataré con espada a la familia del rey Jeroboán.

Amasías contra Amós

10 Pero cuando Amasías, el sacerdote de Betel, oyó lo que Amós estaba anunciando, envió rápidamente un mensajero al rey Jeroboán con este mensaje: «Amós está incitando a los israelitas a que se rebelen contra usted. No podemos permitir que siga hablando con la gente del pueblo. 11 Él dice que usted morirá en una batalla y que los

israelitas serán llevados como esclavos a un país
lejano».
12Luego Amasías le dijo a Amós:
—¡Sal de aquí, hombre de visiones! ¡Huye a la
tierra de Judá y gánate la vida profetizando allá!
13¡No nos molestes aquí con tus visiones! Aquí en
Betel está el principal templo del reino, y es donde
el rey viene a adorar. ¡Así que no prediques más
en esta ciudad!
14Pero Amós contestó:
—Yo no soy realmente uno de los profetas
oficiales. Yo no desciendo de una familia de profetas. Soy tan sólo un pastor de ovejas y recolector
de higos silvestres. 15Pero fue el SEÑOR quien me
sacó de mi ocupación de cuidar los rebaños y
me dijo: «Anda y profetiza a mi pueblo Israel lo
que yo te comunicaré». 16Ahora, pues, escucha
este mensaje para ti, de parte del SEÑOR. Tú dices:
«No profetices contra los israelitas, pues son los
descendientes de Isaac». 17Por eso, el SEÑOR te dice:
«Escucha lo que se te viene encima: Tu esposa
se convertirá en una prostituta en esta ciudad,
tus hijos e hijas serán muertos en una batalla y
tu tierra será repartida entre tus enemigos. Tú
mismo morirás en una tierra pagana, y el pueblo
de Israel será llevado como esclavo a un país
extraño, muy lejos de aquí».

Cuarta visión y advertencias

8 Luego Dios el SEÑOR me mostró en una visión
una canasta llena de fruta madura, y me preguntó:
2—¿Qué ves, Amós?
Yo le contesté:
—Una canasta llena de fruta madura.
Luego el SEÑOR me dijo:
—Esta fruta representa a mi pueblo Israel,
pues ya está maduro para recibir el castigo que
merece; de modo que no voy a perdonarlo más.
3El día que lo castigue, en el templo se entonarán cantos fúnebres en vez de alabanzas alegres.
Serán tantos los muertos que habrá cadáveres por
todas partes, y serán sacados fuera de la ciudad
en silencio, con mucha pesadumbre. Lo ha dicho
Dios el SEÑOR.
4Escuchen, ustedes, comerciantes que explotan
a los pobres y ustedes, terratenientes que causan
la ruina de los necesitados arrebatándoles su tierra. 5Ustedes que anhelan que el sábado termine
y que las fiestas religiosas se acaben, para poder
salir y comenzar a estafar de nuevo, usando sus
balanzas falseadas y medidas tramposas. 6Ustedes
que hasta se atreven a vender los deshechos del
trigo. Ustedes que son capaces de comprar como
esclavos a los pobres por unas cuantas monedas,
o por un par de sandalias. 7El SEÑOR, que es el
orgullo de Israel, ha jurado: «¡Yo no olvidaré
jamás sus malas acciones!» 8¡Hasta la tierra se
estremecerá de horror al ver las consecuencias de
mi castigo, y sus habitantes llorarán de dolor! La
tierra subirá como lo hace el río Nilo en el tiempo
de la inundación, se agitará y bajará de nuevo.
9En aquel tiempo yo haré que el sol se oculte al
mediodía, y oscureceré la tierra cuando todavía
sea de día. Lo ha dicho Dios el SEÑOR.
10Y yo transformaré sus fiestas alegres en
velorios tristes, y sus cantos de gozo en gritos de
desesperación. Haré que ese día se pongan ropa
de luto y se rapen la cabeza en señal de dolor y
vergüenza. Ese día habrá tanto llanto y amargura
como cuando se muere un hijo único.
11El tiempo viene, dice Dios el SEÑOR, cuando yo
enviaré hambre sobre la tierra, pero no hambre
de pan o sed de agua, sino de oír y seguir las
instrucciones del SEÑOR. 12Los hombres irán de
un mar a otro, atravesarán la tierra de norte a
sur buscando conocer las instrucciones del SEÑOR,
pero no las encontrarán.
13Ese día, las muchachas hermosas y los jóvenes valientes desmayarán de sed. 14Y los que ofrecen homenajes a los ídolos de Samaria, Dan y
Berseba caerán para nunca más levantarse.

Quinta visión

9 Vi al SEÑOR parado al lado del altar del templo
de Jerusalén, y dijo: «Destrocen los capiteles de las columnas y sacudan el templo hasta
que las columnas se desmoronen y el techo se
desplome sobre la gente. Si alguno queda vivo
en esa ocasión, entonces haré que muera en la
guerra. ¡Ninguno logrará escapar con vida! 2Aun-
que hagan un hueco y traten de bajar a lo más
profundo de la tierra, hasta allí iré a buscarlos
y los sacaré para darles su merecido; aunque
pudieran subir al cielo intentando escapar, yo
los haría descender para darles el castigo que
se merecen.
3Aunque se escondan entre las rocas en la
cima del monte Carmelo, yo los buscaré allá y
los capturaré. Aunque se escondan en el fondo
del océano, yo enviaré la serpiente marina tras
ellos para morderlos y destruirlos. 4Aunque sus
enemigos se los lleven como esclavos a un país
muy lejano, hasta allá haré que mueran atra-
vesados por la espada. Yo me aseguraré de que
reciban mal y no bien».
5Dios, el SEÑOR Todopoderoso, toca la tierra
y ésta se derrite ante lo intenso de su cólera; la
hace subir y bajar como si fuera el río Nilo, como
ocurre en un terremoto. Por eso, lloran todos los
habitantes de la tierra.
6El SEÑOR construyó su palacio en el cielo, y ha
puesto sus cimientos en la tierra. Él llama a las
aguas del mar y las derraman como lluvia sobre
la tierra. Su nombre es el SEÑOR.

7El Señor ha dicho: «Israelitas, ¿acaso no son
ustedes para mí iguales que los cusitas? ¿Acaso yo, que los saqué a ustedes de Egipto, no he hecho lo mismo con otros pueblos también? Yo saqué de Creta a los filisteos y de Quir a los sirios. Lo ha dicho el Señor.
8»Mis ojos están observando a Israel, esa
nación tan inclinada a la maldad; por lo que veo, exterminaré a sus habitantes, los descendientes de Jacob; aunque dejaré a algunos de ellos con vida. Lo ha dicho el Señor.
9»Pues yo he mandado que Israel sea zaran-
deado por las otras naciones, como se zarandea el trigo en una criba, sin que un solo grano caiga a tierra. 10En cambio, sí morirán en batalla
todos estos malvados que dicen: "Dios no nos tocará; ninguna desgracia tendremos que sufrir nosotros".

Restauración de Israel

11»Luego, en ese tiempo yo repararé la casa de
David, repararé sus grietas, levantaré sus murallas, y haré que vuelva a ser tan importante como
antes. 12Israel, que es mi pueblo, se adueñará de
lo que queda de Edom y de todas las naciones vecinas. Lo ha dicho el Señor, quien hará que esto ocurra.
13»El tiempo vendrá cuando habrá tal abun-
dancia de cosechas, que la temporada de la siega casi no habrá terminado cuando el agricultor comenzará de nuevo a sembrar para otra cosecha; y los montes sembrados de uvas producirán tanto, que sobrará el vino. ¡Sí, de las colinas bajará el vino como si fuera un río! Lo ha dicho el Señor.
14»Ese día, yo haré que mi pueblo Israel regrese
a su país. Entonces reconstruirán sus ciudades arruinadas, y vivirán en ellas de nuevo; plantarán viñas y disfrutarán de su vino, cultivarán la
tierra y comerán sus cosechas. 15Yo los plantaré
firmemente allí sobre la tierra que les he dado; y nunca más serán arrancados de su tierra». Lo ha dicho el Señor, tu Dios.

Investiguemos Juntos

ABDÍAS

¿Quién lo escribió?

El libro se presenta como la visión de Abdías. Eso es lo único que sabemos de este profeta. Su nombre significa "Siervo del Señor".

¿A quién lo escribió?

Aunque hay una larga referencia a Edom, lo más probable es que el libro fue escrito para que fuese leído por los judíos que ya estaban sufriendo el exilio o que habían quedado viviendo de manera precaria en las ruinas de Jerusalén. Era la forma de decirles que el Señor seguía estando en control y que, aunque la invasión de los caldeos fue permitida por Dios, de todas maneras Él pediría cuentas a aquellos involucrados en la destrucción de su pueblo.

¿Cuándo y dónde lo escribió?

Hay varias fechas posibles para la composición de este libro. Sin embargo, la gravedad de la tragedia de Judá sugiere que la destrucción de esa nación es la que sufrió a manos de los caldeos en el año 586 a.C. Eso sugiere que el libro fue terminado poco después de ese evento. En cuanto al lugar en el que fue escrito, es posible que Abdías haya escrito este libro en lo que quedaba de Jerusalén.

Panorama del libro

Específicamente, el propósito del libro es hacer un llamado a Israel para que se arrepienta tanto de los pecados sociales y culturales, tales como la violencia, la injusticia social y la idolatría, como de los pecados internos tales como el orgullo, la autocomplacencia y la adoración meramente externa. De lo contrario, el Señor caería sobre ellos como un león cae sobre su presa (Am. 1:2; 3:4). Por otro lado, el Señor pronuncia juicio contra las naciones vecinas por diversos pecados contra la humanidad.

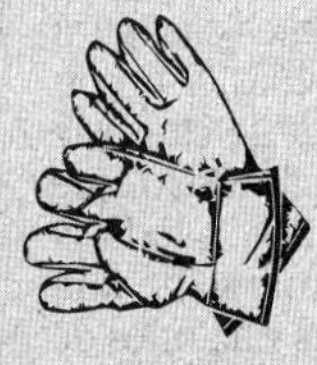

¿Cómo se relaciona con nosotros?

Las relaciones humanas demandan trabajo y esto sucede en el matrimonio, las familias y en la iglesia. El egoísmo provoca toda clase de conflictos y por eso este libro contiene un mensaje muy importante. Abdías es una advertencia para abandonar el orgullo en las relaciones interpersonales y una invitación a caracterizarnos por la misericordia. Edom recibió la condena de parte de Dios por ser orgulloso y cruel en la hora de angustia de su hermano, y de la misma forma la recibirá todo aquel que trate con crueldad al prójimo que ha caído en desgracia. Por eso, este sería un buen libro para enseñar acerca de llevarse bien con los hermanos mayores o menores en la familia. La nueva generación de cristianos debe caracterizarse por la gracia, la amabilidad y la compasión para con los demás. Ese es el gran desafío de este pequeño libro, que puede ayudarte a recordar que la armonía familiar no es algo que simplemente sucede, sino que debemos trabajar para que ocurra.

¿Cómo lo estudiamos?

1) El orgulloso será humillado. V. 1-9
2) El orgulloso es condenado por traicionar a su hermano. V. 10-16
3) El humilde será colocado a la cabeza de la historia. V. 17-21

Abdías

Orgullo y caída de Edom

1Esta es la visión que Dios el Señor le mostró a
Abdías en cuanto a lo que iba a hacer con Edom.
Un mensajero ha sido enviado por el Señor para
que les dé esta orden a las naciones:
«¡Atención! ¡Envíen sus ejércitos contra Edom
y destrúyanlo!»
2«Edom, te humillaré entre las naciones, te
haré insignificante y despreciable.
3Te sientes muy seguro porque vives en una
zona difícil de conquistar, entre rocas altas e inaccesibles. "¿Quién podrá alcanzarnos acá arriba?",
preguntas con jactancia. 4¡No seas necio! Aunque
te encumbres tan alto como las águilas, y pongas
tus ciudades en zonas tan altas y aparentemente
seguras, ahí llegaré para castigarte», dice el Señor.
5«Hubiera sido mejor que ladrones te visitaran
de noche para robarte, porque al menos ellos
no se lo habrían llevado todo. O que hubieran
robado de tus viñas todo el fruto, porque por lo
menos habrían quedado sin ser vistos algunos
racimos. ¡Pero yo seré más severo en la destrucción! 6Cada rincón y cada escondrijo de tu país
será rebuscado y saqueado, y todo tesoro será
hallado y tomado.
7»Todos tus aliados se volverán en tu contra
y ayudarán a arrojarte de tu tierra. Te promete-
rán paz, mientras conspiran para destruirte. Tus
amigos de mayor confianza pondrán trampas,
te traicionarán y dirán que estás loco. 8En aquel
tiempo», dice el Señor, «yo acabaré con los sabios
de Edom, aniquilaré a todos los sabios consejeros
del país. 9Los soldados más valientes de Temán
estarán temblando de miedo, y los que habitan
en la región montañosa de Esaú también caerán
en la masacre.
10»Y ¿por qué será castigado de tal manera
Edom, el pueblo de los descendientes de Esaú?
¡Por lo que le hiciste a los israelitas, los descendientes de tu hermano Jacob! Ahora tus maldades quedarán al descubierto, para que todos se
den cuenta de todo el daño que causaste. Serás
avergonzado y destruido para siempre. 11Esto te
sucederá por haber abandonado a Israel en el
tiempo de su necesidad. Te quedaste mirando,
sin mover un dedo para ayudarlo, cuando los
invasores se llevaban sus bienes y se repartían
a Jerusalén por suertes. ¡Incluso participaste del
saqueo!
12»¡No debiste haber actuado así! ¡No debiste
haberte alegrado cuando los llevaron cautivos a
tierras extrañas! ¡No debiste alegrarte en el día de
su infortunio! ¡No debiste burlarte en el día de
su necesidad! 13Tú mismo entraste en la tierra de
Israel en el día de su desgracia y la saqueaste. Te
enriqueciste a sus expensas y estabas feliz viendo
su lamentable situación. 14Te paraste en las encru-
cijadas para matar a los que trataban de escapar;
capturaste a los sobrevivientes y los entregaste a
sus enemigos en el tiempo de su terrible angustia.
15»¡Ya se acerca el día en que el Señor castigará
a todas las naciones! Edom, lo que tú hiciste con
otros, se hará contigo. ¡El daño que le causaste
a Israel se volverá contra ti, y recibirás lo que
mereces! 16Ustedes, israelitas, asimilaron todo el
daño como si fuera el contenido amargo de una
gran copa. Pero les aseguro que las naciones de
alrededor también la beberán. ¡Sí, la beberán, y
a causa del castigo que les impondré se tambalearán y luego desaparecerán de la historia! ¡Será
como si nunca hubieran existido como naciones!
17»Pero Jerusalén se convertirá en refugio de los
sobrevivientes de Israel. ¡Israel volverá a ocupar
su tierra, aunque sólo será un grupo pequeño de
sobrevivientes! 18Israel será como un fuego que
incendiará los campos secos de Edom. ¡Ningún
edomita quedará vivo!» Lo dice el Señor.

Restauración del pueblo de Dios

19Entonces mi pueblo, que vive en el Néguev,
ocupará para habitarla la zona montañosa de los
edomitas, los descendientes de Esaú; los que viven
en las tierras bajas de Judea tomarán posesión
de los valles de los filisteos, y volverán a tomar
posesión de los campos de Efraín y de Samaria.
Y el pueblo de Benjamín poseerá a Galaad.
20Los expatriados de Israel regresarán después
del exilio y ocuparán la franja costera de Fenicia hasta Sarepta, por el norte. Los exiliados que
estaban en Sefarad regresarán a sus tierras y conquistarán las ciudades del sur. 21Porque vendrán
libertadores a Jerusalén y gobernarán sobre todo
Edom. ¡Y el Señor será el Rey!

JONÁS

¿Quién lo escribió?

El libro mismo no dice quién es su autor, pero la opinión tradicional, poco discutida, ha sido que Jonás escribió este libro. 2 Reyes 14:25 parece sugerir que este profeta fue contemporáneo con el rey Jeroboam II, de Israel y que era originario de Gat Jefer, una villa cerca de Nazaret, perteneciente a la tribu de Zabulón.

¿A quién lo escribió?

Es difícil definir quiénes eran los lectores originales, porque no hay pistas claras en el libro mismo. Sin embargo, uniendo el trasfondo de Jonás con el contenido del libro se puede sugerir que estaba dirigido a los compatriotas del profeta en el reino de Samaria, quienes quizá estaban satisfechos con los éxitos militares de su rey y no deseaban que una ciudad como Nínive se levantara para ser una amenaza y habían perdido de vista la gracia abarcadora de Dios. De todas maneras, el libro tiene cierto matiz universal, así que en este caso, la falta de información acerca de los receptores originales no afecta la interpretación o el impacto que tiene para el lector contemporáneo.

¿Cuándo y dónde lo escribió?

En cuanto a la fecha de escritura del libro, es posible que el autor, si fue Jonás, lo haya escrito al final de su vida, entre los años 770-760 a.C. En cuanto al lugar, lo más lógico es pensar que lo escribió en su pueblo natal, Gat Jefer. Sin embargo, ni el libro ni la tradición ofrecen datos al respecto.

Panorama del libro

A diferencia de los otros profetas que escriben el mensaje que les ha sido revelado, el libro de Jonás comunica su mensaje a través de la experiencia del autor. De hecho, el libro sólo dedica dos versículos para registrar su profecía (1:2; 3:4), la cual, a fin de cuentas no se cumplió. Este libro fue escrito para mostrar el carácter misericordioso de Dios, quien perdona a quienes se arrepienten,sin importar quiénes son y, además, le da una lección de misericordia al profeta.

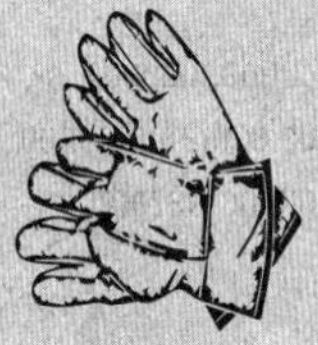

¿Cómo se relaciona con nosotros?

Jonás es uno de esos libros de la Biblia que incomodan a algunos cristianos intelectuales, y en lugar de desmerecer esos sentimientos, debemos ayudar a todos a considerar la importancia del mensaje de estas historias. Las imágenes de un pez tragándose a un profeta, de una ciudad entera arrepentida o de una planta que creció en un solo día pueden sonar como cuentos para niños, pero lo más crucial en ellas no es el debate sobre la historicidad de los eventos sino su significado. La gran lección teológica de Jonás es que la misericordia de Dios está disponible para todas las personas que se arrepienten y eso puede sonar muy normal para lo que se predica hoy día, pero no hay que perder de vista que este es un texto escrito originalmente para un pueblo judío que cree que la salvación y la fe en Jehová es solo para ellos. Piensa en el peor pecador que puedas pensar: un terrorista, un narcotraficante, un asesino, un ateo o un secuestrador. El mensaje de amplia gracia de Dios también es para ellos, y como Jonás, nosotros debemos compartírselo.

¿Cómo lo estudiamos?

1) Nadie está más allá de la voluntad de Dios. Cap. 1
2) Nadie está más allá de la misericordia de Dios. Cap. 2-3
3) Nadie pone sus intereses personales por encima de la misericordia de Dios. Cap. 4

Jonás

Jonás desobedece al Señor

1 El Señor envió este mensaje a Jonás, hijo de
Amitay:
2«Ve a la gran ciudad de Nínive y anúnciale que
la voy a destruir, porque su maldad ha quedado
completamente evidente ante mí».
3Pero Jonás no quiso ir. Al contrario, quiso huir
de la presencia del Señor; por eso, fue hacia la costa,
al puerto de Jope. Allí encontró un barco que iba
hacia Tarsis. Pagó su pasaje y subió al barco para
irse bien lejos de la presencia del Señor.
4El barco navegaba normalmente, cuando de
repente el Señor envió un fuerte viento sobre el
mar, haciendo que una gran tormenta amena-
zara con hacer naufragar el barco. 5Temerosos
de perder la vida, los desesperados marineros gritaban pidiendo ayuda a sus dioses, y arrojaban
la carga al mar para que la nave quedara más
liviana. Mientras tanto, Jonás dormía profundamente en el fondo del barco.
6El capitán bajó a buscarlo y, cuando lo encontró, le gritó:
—¿Qué haces aquí dormido? ¡No es tiempo
de dormir! ¡Levántate y clama a tu Dios! ¡Quizás
tenga misericordia de nosotros y nos salve!
7Entonces los marineros decidieron echar suertes para descubrir quién era el culpable de que
les estuviera pasando esa desgracia. ¡Y la mala
suerte señaló a Jonás!
8—¿Qué hiciste para que nos viniera este mal?
¿Quién eres? ¿En qué trabajas? ¿De qué nacionalidad eres? ¿De qué país vienes? —le preguntaron.
9,10—Soy hebreo, soy devoto del Señor, el Dios
del cielo, quien hizo el mar y la tierra. Lo que
está sucediendo es por mi culpa, pues trato de
huir de la presencia de Dios —les respondió.
Los hombres se asustaron mucho cuando oyeron esto, y le preguntaron:
—¿Por qué lo hiciste? 11Dinos, ¿qué debemos
hacer contigo para detener la tormenta?
Porque el mar se embravecía más y más.
12—Arrójenme al mar —les dijo— y el mar
se aquietará nuevamente. Porque yo sé que esta
tormenta ha venido por mi culpa.
13Los marineros trataron de hacer volver la
nave a tierra, remando arduamente, pero fue
imposible. El mar estaba demasiado embravecido y no lo podían vencer. 14Entonces clamaron
al Señor, el Dios de Jonás: «Señor, no nos hagas
morir por el pecado de este hombre, y no nos
hagas responsables de su muerte, porque no ha
sido culpa nuestra lo ocurrido; tú enviaste esta
tempestad en su contra, porque tú tienes buenas
razones para ello». 15En seguida tomaron a Jonás
y lo arrojaron por la borda al mar enfurecido, y
¡la tempestad se calmó de inmediato!
16Aquellos hombres sintieron gran temor del
Señor, le ofrecieron sacrificios y prometieron
siempre rendirle homenaje.
17El Señor había planeado que un gran pez se
tragara a Jonás. Y Jonás estuvo dentro del pez
durante tres días y tres noches.

Oración de Jonás

2 Entonces Jonás oró al Señor desde el vientre
del pez:
2«En medio de mi gran angustia clamé al Señor, y
él me respondió. Estando ya muy cerca de morir
te pedí ayuda, y tú, Señor, oíste mi súplica. 3Me
arrojaste a las profundidades del mar; me hundí
en las corrientes de las aguas, y tus olas tempes-
tuosas pasaron sobre mí. 4Entonces dije: "He sido
arrojado de tu presencia. ¿Cómo me será posible
volver a visitar tu santo templo de Jerusalén?"
5»Las aguas me rodearon y la muerte estaba
cada vez más cerca; estaba en lo más profundo
y las algas se enredaban a mi cuerpo. 6Descendí
hasta donde están las bases de las montañas que
salen de lo profundo del océano. La vida se me
escapaba poco a poco, y me sentía ya más muerto
que vivo. Pero tú, Señor, Dios mío, me salvaste de
esa situación desesperada y me permitiste seguir
con vida.
7»Cuando casi había perdido toda mi esperanza, mis últimos pensamientos los dirigí una vez
más al Señor, y mi oración desesperada fue escuchada por él. 8Los que confían en dioses falsos
no saben lo que se están perdiendo; desprecian
el inmenso amor de Dios.
9»Pero yo para siempre te rendiré homenaje y
te ofreceré sacrificios rituales en agradecimiento por lo que has hecho por mí. Cumpliré las
promesas que te hice. ¡Solamente el Señor me
puede salvar!».
10Entonces el Señor ordenó al pez que vomitara
a Jonás en la playa, y así lo hizo el pez.

Jonás obedece al Señor

3 Entonces el Señor le habló de nuevo a Jonás:
2«Ve a la gran ciudad de Nínive y comunícales
el mensaje que te voy a dar».
3En esta ocasión Jonás obedeció y fue a Nínive.
Nínive era una ciudad muy grande, tan grande
era que se necesitaban tres días para recorrerla.
4,5Cuando entró Jonás el primer día a la ciudad
y comenzó a predicar, el pueblo se arrepintió
de sus malas obras. Jonás pregonaba con voz
potente el mensaje de Dios:
«¡Dentro de cuarenta días Nínive será destruida!»
Los ninivitas creyeron el mensaje que Dios
les enviaba y decidieron ayunar. Desde el más

encumbrado hasta el más pobre se vistieron con ropas de luto, es decir, con ropa áspera y tosca,[a] en señal de arrepentimiento. 6Cuando el rey de Nínive supo lo que Jonás estaba predicando, bajó del trono, se quitó las ropas reales, se vistió también con ropa áspera y se sentó sobre ceniza. 7Luego el rey y sus nobles enviaron este mensaje a toda la ciudad: «Que nadie, incluidos los animales, coma nada ni beba agua. 8Todos deben vestirse con ropas ásperas, de luto, clamar de todo corazón a Dios y dejar su mal comportamiento, la violencia y el robo. 9Quizás Dios tenga misericordia, deje de estar enojado con nosotros y nos permita seguir viviendo».

10Cuando Dios vio que los ninivitas estaban dispuestos a dejar su mala conducta, decidió no destruirlos como había planeado.

Enojo de Jonás

4 Esto hizo que Jonás se sintiera muy enojado. 2Se quejó de ello ante el SEÑOR:

—SEÑOR, esto es exactamente lo que pensé que harías, cuando todavía estaba en mi tierra y me dijiste que viniera a Nínive. Por esta razón huí a Tarsis. Yo sabía que eres un Dios compasivo, misericordioso, que te cuesta mucho enojarte y que eres lleno de bondad. Yo sabía que con facilidad dejarías la idea de destruir a este pueblo. 3SEÑOR, es mejor que me mates; prefiero la muerte antes que la vida, porque nada de lo que les anuncié ocurrirá.

4—¿Crees que es correcto que te enojes tanto por esto? —le respondió el SEÑOR.

5Jonás salió de la ciudad y se sentó malhumorado al oriente de ella. Allí se hizo una enramada para que le hiciera sombra, mientras esperaba a ver si le pasaba algo a la ciudad. 6Dios el SEÑOR hizo que creciera rápidamente una calabacera, la cual extendió sus hojas sobre la cabeza de Jonás, haciéndole sombra. Esto hizo que Jonás se sintiera muy cómodo y contento.

7Pero Dios también preparó un gusano. A la mañana siguiente el gusano picó la calabacera, y ésta se marchitó y se secó. 8Cuando el sol salió, Dios ordenó que soplara un viento muy caliente. Debido al intenso calor, Jonás estuvo a punto de desmayarse, y deseó la muerte. Así que exclamó: «¡Mejor sería estar muerto que sufrir este padecimiento!»

9—¿Crees que es justo que te enojes tanto porque se secó la planta? —le preguntó Dios a Jonás.

—¡Claro que sí es justo! —respondió Jonás—. ¡Es tanta la rabia que tengo, que prefiero la muerte!

10Entonces el SEÑOR le dijo:

—Sientes lástima porque fue destruida la planta que te daba sombra, aunque tú no trabajaste en ella y, que de todos modos, es de corta vida. 11Y ¿por qué no iba yo a tener lástima de la gran ciudad de Nínive, con sus ciento veinte mil habitantes que no saben distinguir entre lo bueno y lo malo, y de todo su ganado?

MIQUEAS

¿Quién lo escribió?

El libro atestigua que el autor es Miqueas de Moréset, el cual era un pueblo a unos 35 km. al suroeste de Jerusalén. No hay más datos acerca de su familia o su trasfondo, aunque algunos suponen que era un campesino o artesano. Un siglo después, el libro de Jeremías recuerda el valor de este profeta, el cual fue uno de los responsables del avivamiento que ocurrió bajo el rey Ezequías (lee Jer. 26:17-19).

¿A quién lo escribió?

Aunque el libro se dirige "a todos los pueblos" (Miq. 1:2), el mensaje más específico es dirigido a los líderes y a los pueblos de los dos reinos, el de Israel al norte y el de Judá al sur. A veces, incluso se dirige a ambos aparentemente como un solo pueblo, llamándoles "Jacob" o "Israel", ya que Dios los considera a ambos culpables por su pecado (Miq. 1:5). En algunas secciones, Miqueas se dirige a grupos específicos de la nación, como los ricos (Miq. 2:1-2) y el liderazgo religioso (Miq. 3:11).

¿Cuándo y dónde lo escribió?

Miqueas profetizó durante el reinado de Jotán, Acaz y Ezequías (740-690 a.C.). Sin embargo, la fecha de escritura de este libro es antes de la caída de Samaria bajo el poder de los asirios (año 722 a.C.). En cuanto al lugar de escritura, es probable que lo haya escrito en Jerusalén, a la cual le dirigió muchas de sus palabras, aunque también profetizó contra los pecados del reino del norte.

Panorama del libro

Por definición, los líderes tienen influencia en las personas. Así sucedió con el pueblo de Israel. Sus líderes se corrompieron y guiaron al pueblo hacia el pecado. Por eso Dios los señala como los principales culpables de la ruina de la nación. Con valentía y atrevimiento, Miqueas se levanta y se enfrenta con los poderosos de la nación para comunicarles la sentencia del Señor. Este libro tiene como objetivo el anunciar juicio justo, debido a la apostasía e hipocresía religiosa, además de mostrar cómo la fe verdadera tiene implicaciones prácticas, como la honestidad y la justicia social

¿Cómo se relaciona con nosotros?

Aunque las actividades de la iglesia son importantes para los cristianos, el libro de Miqueas nos recuerda que hay algo más importante aún y es la ética y la integridad en la vida diaria. Miqueas apunta nuestra atención hacia la justicia y nos invita a preguntarnos cuáles serían las verdaderas evidencias de una vida cristiana. Si somos honestos, parece que a veces nuestras vidas cristianas están enfocadas en las reuniones, y la fascinación de muchos de nosotros pareciera ser la música. Miqueas nos desafía a perseguir una relación con Dios que se manifieste en nuestras decisiones diarias, porque no es suficiente con cantar, levantar las manos o decir las palabras correctas en las actividades semanales. Necesitamos practicar la justicia, amar la misericordia y ser continuamente humildes ante el Señor (Miqueas 6:8). Esa es la vida que el mundo necesita de nosotros y el ejemplo que debemos dar a las siguientes generaciones.

¿Cómo lo estudiamos?

1) Pecado de las capitales y la fuente de esperanza para ellas. Caps. 1-2
2) Pecado de los líderes y la fuente de esperanza para ellos. Caps. 3-5
3) Pecado del pueblo y la fuente de esperanza para ellos. Caps. 6-7

Miqueas

1 Éste es el mensaje dado por el SEÑOR a Miqueas, que vivió en el pueblo de Moréset, durante los reinados de Jotán, Acaz y Ezequías, reyes de Judá. Este mensaje está dirigido a Samaria y a Jerusalén, recibido por Miqueas en forma de visiones.

La venida del SEÑOR

2 ¡Atención, todos los pueblos de la tierra! ¡Escuchen bien, habitantes de esta nación! Dios el SEÑOR, desde su santo templo ha hecho acusaciones contra ustedes.
3 ¡Miren! ¡El SEÑOR viene! Deja su trono en el cielo y viene hacia la tierra caminando sobre la cumbre de los montes. 4 Es tanto el poder y la fuerza que irradia, que los montes se derriten a su paso y fluyen como cera puesta en el fuego; los valles se dividen como cortados por las aguas que se desbordan con fuerza.

5 ¿Y por qué ocurre esto? ¡Por los actos malvados cometidos por los israelitas, por las maldades de los descendientes de Jacob! En Samaria se admiran los actos malvados de los israelitas; en Jerusalén abundan las injusticias y toda clase de maldad.

6 Por lo tanto, toda la ciudad de Samaria será derribada y se convertirá en un montón de ruinas, se verá después del castigo como si fuera un campo arado para plantar viñas. El SEÑOR destruirá sus murallas y sus fortalezas defensivas; dejará al descubierto sus cimientos, y las piedras con las que fueron construidas serán arrancadas y esparcidas por el valle. 7 Todas las imágenes de sus ídolos serán destruidas, ya sea con fuego o a golpes de martillo. Como esos ídolos fueron hechos con el salario que recibían las prostitutas, serán quemados y convertidos en monedas para pagar a las prostitutas.

Lamento de Miqueas

8 Lloraré y me sentiré muy triste; andaré descalzo y desnudo. Aullaré como si fuera un chacal, y chillaré como si fuera un avestruz herido. 9 El motivo de mi tristeza es que Samaria ha sido herida de muerte, y no hay remedio que la cure. Y lo peor es que su mal ha llegado hasta Judá. ¡Se ha extendido hasta la entrada de Jerusalén, que es mi pueblo!

10 ¡No digan nada de esto en la ciudad de Gat, ni se pongan a llorar! ¡Revuélquense en el polvo por la angustia y en la vergüenza de la ciudad de Bet Leafrá! 11 Allí van los de Safir, llevados como esclavos, azotados, desnudos y avergonzados. Los habitantes de Zanán no se atreven a salir fuera de sus murallas. Los habitantes de Bet Ésel están llorando, y ustedes se quedan sin su apoyo. 12 El pueblo de Marot en vano anhela días mejores; sólo amargura les espera porque el SEÑOR ha extendido su castigo hasta alcanzar a Jerusalén.

13 ¡Rápido! ¡Engancha los carros a los caballos y huye, pueblo de Laquis! Tú fuiste la primera de las ciudades de Judá que siguió el mal ejemplo de Israel. En ti se hallaron los mismos delitos que se cometieron en Israel.

14 Despídanse de Moréset Gat, pues no hay forma de salvarla. La ciudad de Aczib ha engañado a los reyes de Israel. 15 Habitantes de Maresá, también contra ustedes será enviado un conquistador. ¡El orgullo de Israel irá a parar a Adulán!

16 Habitantes de Sión, rasúrense la barba y rápense la cabeza en señal de dolor, pues sus hijos, que ustedes tanto aman, serán llevados como esclavos a tierras lejanas.

El castigo a los ricos opresores

2 ¡Ay de los que se pasan la noche tramando el mal, y se levantan de madrugada para ejecutar lo que planearon, porque tienen el poder para hacerlo! 2 ¡No se detienen ante nada para cometer sus maldades! Codician la parcela o la casa de una persona, aunque sea todo lo que esta persona posee, y se la quitan por medio de fraudes, amenazas y violencia. Amenazan al dueño de la casa junto con toda su familia, y le roban lo que tiene.

3 Pero el SEÑOR dice: «Les daré mal por mal, y nada me detendrá; tengo planeado mandar una gran desgracia contra ustedes, de la cual no podrán escapar. Después de lo que les voy a hacer, ya no andarán pavoneándose con tanta arrogancia. 4 Cuando llegue ese día, la gente se burlará de ustedes y les dedicarán este triste canto: "¡Estamos acabados, arruinados! Dios nos ha quitado nuestras tierras y se las ha dado a otros, quienes se las reparten echando suertes, y a nosotros nos ha enviado a vivir muy lejos de nuestro país"».

5 Por eso, israelitas, ustedes no volverán a ser parte del pueblo del SEÑOR.

Falsos profetas

6 «No digan tonterías, no sigan diciendo que la desgracia vendrá sobre nosotros, porque no será así», le dice la gente a los profetas.

7 Esta gente dice también: «¿Acaso creen que la descendencia de Jacob está maldita? ¿Creen que Dios ha dejado de ser paciente con nosotros? ¿Acaso las palabras del SEÑOR no son siempre para nuestro bien? ¡Nunca nos irá mal, pues somos el pueblo justo!»

8 Antes ustedes eran mi pueblo, pero ahora se han convertido en mis enemigos. Son tan malos que a los que regresan agotados de la guerra, ustedes les arrebatan su ropa.

9 A las mujeres de mi pueblo les roban sus
casas, donde vivían seguras, y a sus hijos les quitan todo aquello que yo mismo les proporcioné.
10 ¡Levántense! ¡Márchense de aquí, pues éste ya no
es un lugar seguro para vivir! ¡Voy a destruir este
lugar a consecuencia de las muchas maldades
que ustedes cometen! ¡Recibirán altos intereses
por la cantidad de maldades acumuladas!
11 Si un falso profeta viniera y les dijera: «Les
anunciaré cosas muy lindas a cambio de alguna
botella de vino», seguro que ustedes lo recibirían
con los brazos abiertos.

Promesa de liberación

12 Vendrá el día en que yo reuniré al grupo de
sobrevivientes de Israel, y los pastorearé como
si fueran ovejas de un redil, como rebaño en las
praderas, y serán de nuevo un pueblo alegre y con
ánimo de fiesta. 13 Yo mismo los sacaré del exilio,
los conduciré de nuevo a la libertad, y los llevaré
de regreso a su propia tierra. Yo, el Señor, que soy
su Rey, iré delante de ellos abriéndoles camino.

El castigo a los gobernantes corruptos

3 ¡Oigan ustedes, jefes de Israel! Escuchen
ustedes que gobiernan al pueblo de Jacob:
¿Acaso no es deber de ustedes saber lo que es
la justicia? 2 Sin embargo, ustedes son los más
injustos, odian el bien y aman el mal; ustedes son
quienes más explotan a mi pueblo y lo dejan en
la miseria, despojándolo hasta de lo más necesario para vivir.
3 Ustedes son quienes devoran a mi pueblo
como si fueran una res, le arrancan la piel, quie-
bran sus huesos y lo despedazan como si fuera
carne para la cazuela. 4 Por eso, cuando rueguen
al Señor que los ayude en los tiempos difíciles,
él no les hará caso. Cuando procuren su ayuda,
el Señor se les esconderá, pues está enojado por
los crímenes que ustedes cometen.

Contraste entre el profeta falso y el verdadero

5 Esto es lo que el Señor dice contra los falsos profetas, los que descarrían a este pueblo:
«Ustedes le anuncian la paz a quienes les dan
de comer, pero a quienes no les dan nada, les
anuncian la guerra. 6 Por eso, la oscuridad caerá
sobre ustedes y los dejará sin visiones; tendrán
tapado el entendimiento y no recibirán ningún
mensaje de Dios».
7 Esos profetas y adivinos quedarán en ridículo,
serán el hazmerreír de todos; no tendrán nada
que decir, pues Dios no les dará mensajes.
8 En cambio, yo estoy lleno de poder, de justicia
y de fuerza. Estoy lleno del Espíritu del Señor
para denunciar sin temor todas las maldades y
la desobediencia de Israel.

El gobierno corrupto, causa de la caída de Sión

9 Escuchen esto, líderes de Israel, que odian
la justicia y tuercen las intenciones y las obras
justas, 10 que llenan a Jerusalén, que es la ciudad
del monte Sión, de crímenes y actos injustos.
11 Los jueces son corruptos, pues reciben dinero
para juzgar a favor de los ricos; los sacerdotes
enseñan sólo si se les paga, y los falsos profetas le ponen precio a sus mensajes. Y como si
esto fuera poco, mal usan el nombre del Señor,
diciendo: «¡El Señor está entre nosotros! ¡Ningún
mal nos puede acontecer!» 12 Por eso, por culpa
de ustedes, profetas falsos, Jerusalén será arada
como si fuera un potrero y se convertirá en un
montón de ruinas, y la montaña donde se asienta
el templo se llenará de maleza como cualquier
ruina abandonada.

Futura exaltación de Sión

4 Pero en los últimos días, la montaña sobre
la cual se asienta el templo del Señor se convertirá en la más famosa montaña del mundo,
será la colina más elogiada de la tierra; personas
de todas las naciones del mundo irán a visitarla.
2 Pueblos numerosos llegarán y dirán: «Vengan,
subamos al monte del Señor, entremos al templo del Dios de Israel para que él nos diga qué
debemos hacer. Y nosotros seguiremos sus enseñanzas». Porque de Sión, esto es, de Jerusalén,
saldrá la instrucción del Señor, la sabiduría y la
justicia para vivir en paz.
3 El Señor juzgará con justicia entre muchas
naciones, y será quien corrija a muchos pueblos
poderosos y lejanos. Esas naciones dejarán de
vivir obsesionadas con la guerra, convertirán sus
espadas de guerra en azadones, y sus lanzas en
podaderas. Ya no se entrenarán para la guerra,
ni guerrearán entre ellas.
4 Cada persona podrá vivir tranquila bajo su
viña o su higuera, sin que nadie le robe su paz.
¡El Señor Todopoderoso lo ha prometido!
5 ¡Aunque las otras naciones sigan a sus propios
dioses, nosotros siempre seguiremos y obedeceremos sólo al Señor nuestro Dios!

Futura restauración de Sión

6 Lo siguiente afirma el Señor: «En ese día haré
que mi pueblo, al que había castigado, regrese
a su tierra. Los reuniré con cuidado, como un
pastor que se preocupa por una oveja herida o
una que extravió el camino a su redil. 7 Con los
pocos que hayan quedado, aunque estén heridos o confusos, haré una nación poderosa. Yo
mismo seré su Rey y la gobernaré para siempre

desde Jerusalén. 8 Y tú, Jerusalén, ciudad fuerte edificada sobre el monte Sión, volverás a tener el poderío de antes, pues nuevamente serás la capital del reino».

Castigo y triunfo de Sión

9 Y ahora, ¿por qué haces tanto alboroto? ¿Es que no tienes rey? ¿Acaso se murieron tus consejeros, para que te retuerzas de dolor como una mujer que está a punto de dar a luz? 10 Retuércete y gime en medio de tu terrible dolor, pueblo de Israel, como una mujer que está a punto de dar a luz, porque tendrás que dejar esta ciudad y vivir en descampado. Serás llevada en exilio a Babilonia. Pero de allí el SEÑOR te rescatará y te librará del poder de tus enemigos.

11 Muchas naciones se han reunido en tu contra, y gritan: «¡Qué grandioso será ver la derrota de Jerusalén! ¡Será un hermoso espectáculo!» 12 Pero ellas no conocen las intenciones del SEÑOR, no tienen ni idea de sus planes. No saben que el SEÑOR las juntará como si fueran manojos de espigas en la era para luego destruirlas.

13 ¡Levántate y trilla, hija de Sión! Pues el SEÑOR te dice: «Yo te daré mucho poder, como si tuvieras cuernos de hierro y cascos de bronce, y desmenuzarás con ellos a muchos pueblos; y te daré sus riquezas para que me las entregues como ofrenda a mí, que soy el SEÑOR de toda la tierra».

Humillación y exaltación de la dinastía davídica

5 ¡Jerusalén, ciudad guerrera, prepárate para la guerra, refuerza tus murallas pues nos han sitiado y el gobernante de Israel será humillado y maltratado!

† 2 Pero tú, Belén Efrata, aunque eres sólo un pequeño pueblo de Judá, serás el lugar de donde nacerá el rey que gobernará a Israel. Este rey pertenece a una familia muy antigua y su linaje se remonta hasta tiempos muy lejanos. † 3 Dios abandonará a su pueblo en manos de sus enemigos, pero sólo hasta el momento en que la mujer que está embarazada dé a luz a este rey. Entonces todos los israelitas que fueron llevados al exilio volverán a reunirse con sus compatriotas que se quedaron en Judá.

4 En aquel tiempo este rey se levantará con mucho poder y guiará al pueblo de Dios con seguridad y autoridad, como un pastor apacentará a su rebaño con el poder y la grandeza que el SEÑOR su Dios le dará. Y logrará que su pueblo viva seguro y en paz, y su reino se extenderá hasta el último rincón de la tierra. 5 ¡Él será la garantía de nuestra paz! Cuando los asirios invadan nuestra tierra y ataquen nuestras fortalezas, él designará a siete pastores y a ocho grandes líderes para que nos defiendan. 6 Ellos someterán, por medio de su poder y destreza para la guerra, a Asiria, la tierra de Nimrod. Sí, cuando los asirios se atrevan a invadirnos, este rey nuestro nos librará de ellos y los expulsará de nuestra tierra.

El remanente

7 Entonces, esa nación diezmada de Israel será para el mundo como un rocío suave que lo refresca, como lluvia sobre la hierba que cae sin que persona alguna intervenga. ¡Israel será una bendición para todas las naciones! 8 Pero esa pequeña nación de Israel será también, en medio de tantos pueblos, tan poderosa y temible como un león entre muchos animales indefensos; o como un león entre un rebaño de ovejas, que al pasar las agarra y devora, sin que nadie las pueda librar de sus garras. 9 Es así, SEÑOR, como te levantarás ante tus enemigos y acabarás con todos ellos.

Purificación de un pueblo idólatra y belicoso

10 Esto es lo que dice el SEÑOR: «En aquel tiempo destruiré todas las armas en las cuales confías, y desbarataré tus ejércitos. 11 Destruiré tus murallas y demoleré las torres de defensa de tus ciudades. 12 Pondré fin a toda hechicería y no quedarán adivinos ni agoreros a quienes puedes ir a consultar. 13 Destruiré todos tus ídolos y destrozaré tus imágenes, de modo que nunca más rendirás homenaje a dioses que tus propias manos fabricaron. 14 Destrozaré las imágenes de tu diosa Aserá y destruiré las ciudades donde están los templos de tus ídolos. 15 Y ejecutaré mi venganza sobre las naciones que se nieguen a reconocerme y a vivir sin seguir mis instrucciones».

Querella de Dios contra su pueblo

6 Oigan lo que el SEÑOR dice a su pueblo: «¡Levántate y presenta tu caso de manera tan poderosa que se escuche por todo el mundo! ¡Habla de forma que hasta en las colinas más alejadas escuchen tu queja!»

2 Y ahora, escuchen ustedes, montañas y todo el universo, que el SEÑOR va a presentar una queja, pues tiene un gran pleito contra su pueblo Israel.

3 El SEÑOR dice: «Pueblo mío, ¿qué te he hecho para que reniegues de mí de ese modo? ¿En qué te he ofendido? ¡Respóndeme! 4 Acuérdate que yo te libré de Egipto rompiendo las cadenas de tu esclavitud. Envié a Moisés, a Aarón y a Miriam para que te guiaran. 5 Pueblo mío, ¿no te acuerdas que cuando Balac, rey de Moab, trató de destruirte por medio de las maldiciones de Balán, hijo de Beor, y que yo, en lugar de ello, hice que este profeta te bendijera y te expresara un

† 5.2—Ma 2.6 † 5.3—Lc 1.26–35

gran futuro? Bien sabes que te he mostrado mi misericordia múltiples veces. ¿Es que acaso no recuerdas cómo dividí el torrente del río Jordán para que pasaras en seco de la orilla de Sitín a la de Guilgal? ¡Recuerda las obras extraordinarias que he hecho siempre en tu favor!»

6«¿Cómo podemos compensar todo el mal que hemos hecho?», preguntan. «¿Nos presentaremos ante el SEÑOR con ofrendas rituales muy valiosas, como por ejemplo becerros de un año? 7¿Se sentirá satisfecho si le ofrecemos como ofrenda mil carneros o diez mil litros de aceite? ¿O tendremos que ofrecerle en sacrificio al mayor de nuestros hijos para que nos perdone por nuestros pecados?»

8¡Pueblo de Dios! Ya el SEÑOR les ha dicho qué es lo que él espera que ustedes hagan. Ya él les ha enseñado lo que es bueno y espera que ustedes hagan. Lo que el SEÑOR les pide es que practiquen la justicia, que sean misericordiosos y que vivan siguiendo fielmente sus instrucciones.

Castigo por delitos económicos y sociales

9La voz del SEÑOR se ha escuchado. Él está convocando a una reunión a todos los habitantes de Jerusalén. Así que escuchen su voz, pues es de sabios prestar atención a las palabras del SEÑOR.

10Esto es lo que el SEÑOR dice: «¿Acaso creen que voy a dejar sin castigo a esos malvados que han conseguido sus riquezas por medio del robo? ¿Creen que voy a tolerar que tengan pesas falseadas? 11¿Diré yo a tus comerciantes que todo está bien y que no hay problema en que tengan balanzas falseadas y medidas adulteradas? ¿Cómo podría ser Dios justo y considerarlos a ustedes como si fueran inocentes? 12Tus ricos han conseguido sus riquezas por medio de la extorsión y la violencia; tus ciudadanos están tan acostumbrados a la mentira que no saben decir la verdad.

13»Por eso, ya he comenzado a castigarlos. Ya he comenzado a destruirlos por causa de sus actos malvados. Por eso ahora están tan debilitados. 14Comerás, pero no te sentirás satisfecho. Sentirás siempre los retortijones del hambre como si siempre anduvieras con el estómago vacío. Aunque te empeñes en ahorrar, no lo conseguirás; y si algo logras guardar, haré que lo pierdas en la guerra. 15Plantarás, pero no disfrutarás de tus cosechas; exprimirás las aceitunas, pero no podrás usar su aceite. Pisarás las uvas, pero no beberás su vino.

16»¡Pero bien que fuiste muy fiel obedeciendo los perversos mandamientos del malvado rey Omrí! El único ejemplo que sigues es el del igualmente malvado Acab. Por eso te destruiré, te haré el hazmerreír del mundo; todo el que te vea se burlará de ti».

Lamento ante una sociedad corrupta

7 ¡Ay de mí! Soy como el que ha llegado después de que ha pasado la cosecha y ya no encuentra ni higos ni uvas para comer. ¡Y yo que con tanta ilusión esperé por los buenos frutos! 2Ya no hay gente honrada en este país. ¡Ya no queda en este país ni una sola persona que practique la justicia! Son todas homicidas, que se vuelven contra sus propios familiares. ¡Unos a otros buscan hacerse daño!

3¡Se han vuelto expertos en hacer lo malo, a tal punto que no hay quien les supere en maldad! El gobernador exige recompensas, el juez acepta sobornos y el rico hace lo que le da la gana. ¡Por eso la ciudad se ha pervertido! 4El mejor de ellos es peor que un arbusto lleno de espinas; el más recto está más retorcido que una zarza. Pero ya se acerca el día de su castigo, tal como lo anunciaron los profetas. ¡Ese día habrá mucho llanto y desesperación!

5No confíes en nadie, ni en tu mejor amigo, mucho menos en tus gobernantes. ¡Ni siquiera confíes en tu esposa! 6Pues la maldad está tan extendida que el hijo desprecia a su padre, la hija desafía a su madre, la nuera maldice a su suegra. Sí, los enemigos de cada persona son los de su propia casa.

7Pero yo he puesto toda mi confianza en el SEÑOR; yo confío en que Dios me salvará de cualquier peligro, y estoy seguro que siempre escucha mis ruegos.

Esperanza de redención

8No te regocijes de mi derrota, enemiga mía, porque aunque caiga, me volveré a levantar. Porque aunque ahora vivan esta situación tan difícil que parece que atravieso un túnel oscuro, el SEÑOR me sacará adelante hasta que vuelva a tener la situación bajo control. El SEÑOR es para mí como luz en la noche oscura. 9Soportaré con paciencia mientras el SEÑOR me castiga, porque reconozco que actué muy mal y lo ofendí. Pero estoy seguro de que luego él me defenderá de todos mis enemigos, y los castigará por todo el mal que me han hecho. Dios me sacará de las tinieblas a la luz, y me permitirá disfrutar de nuevo sus actos de bondad. 10Entonces mi enemigo, el que se burlaba de mí diciendo: «¿Dónde está ese Dios tuyo?», quedará avergonzado. Con mis propios ojos veré su derrota, pues será pisoteado como se hace con el lodo de las calles.

11Pueblo de Jerusalén, viene el día en que tus murallas serán reconstruidas y tus fronteras serán extendidas. 12Ciudadanos de muchas

6.8 7.8

naciones vendrán y te rendirán homenaje, desde
Asiria hasta Egipto, desde el río Nilo hasta el río
Éufrates, desde un mar hasta otro mar y desde
un monte hasta otro monte.
13La tierra de nuestros enemigos quedará
convertida en un desierto a consecuencia de los
horribles actos de maldad de sus habitantes.
14¡SEÑOR, ven y cuida a tu pueblo, apacienta
a tu rebaño! Haz que tu pueblo viva en paz y
con prosperidad; permítele deleitarse en las fértiles praderas de Basán y Galaad, como antes
lo hacía. 15¡SEÑOR, realiza poderosos milagros en
favor de tu pueblo, como los que hiciste cuando
lo libraste de la esclavitud de Egipto! 16¡Que todas
las naciones se queden con la boca abierta al ver
tus maravillas! ¡Que se avergüencen al ver que
su fortaleza es poca cosa ante tu extraordinario
poder! ¡Que se queden mudas y sordas al contemplar tus maravillas! 17¡Que se arrastren por el
polvo como si fueran serpientes o reptiles! ¡Que
salgan temblando de sus refugios y se rindan
ante ti, SEÑOR y Dios nuestro!
18¿Dónde hay otro Dios como tú, que perdona
los pecados de los que aún quedan de su pueblo? Pues tú no retienes para siempre el enojo
contra tu pueblo, porque amas la misericordia
y el perdón más que la cólera y el castigo. 19Una
vez más ten compasión de nosotros y borra de
tus registros nuestras faltas. ¡Olvídate de nuestras
maldades como si hubieran sido echadas para
siempre en lo más profundo del mar! 20¡Permítenos, SEÑOR, disfrutar otra vez de ese amor y esa
fidelidad que hace muchos años prometiste a
nuestros antepasados Abraham y Jacob!

NAHÚM

¿Quién lo escribió?

Del profeta Nahúm no se tienen muchos datos personales. Se sabe que era de Elcós, posiblemente una aldea de Galilea. El autor cristiano Jerónimo dice que era un lugar importante para el pueblo judío. Algunos creen que nació en esa aldea, pero que residió en Capernaúm, que significa "aldea de Nahúm", sin embargo, no hay evidencias de ello. Se trata de un autor especialmente dotado para escribir poesía.

¿A quién lo escribió?

La ciudad de Nínive, capital de Asiria había experimentado un avivamiento espiritual en la época de Jonás. Más de cien años después, la ciudad se había olvidado de Dios y había vuelto por el camino del orgullo y la crueldad, al igual que todo el imperio asirio. Dios envía al profeta Nahúm para proclamar el destino trágico que le esperaba a esta ciudad, debido a sus múltiples pecados. Los lectores originales serían los habitantes de Judá, quienes se preguntaban si Dios aún estaba con ellos y si Él era soberano sobre las naciones. Por supuesto, la respuesta de Nahúm fue un rotundo sí.

¿Cuándo y dónde lo escribió?

El libro menciona la destrucción de la ciudad de Tebas, la cual ocurrió en el año 663 a.C. Lo anterior significa que la fecha de composición del libro puede ser ubicada entre ese año y la caída de Nínive, a manos de Babilonia, en el año 612 a.C. Algunos colocan la fecha cerca del 645 a.C., la cual es consistente con el poder de Asiria, según es descrito en el libro. El lugar desde donde lo escribió sería Jerusalén.

Panorama del libro

Nahúm enseña que el Soberano Señor de la historia es justo y castiga todos los pecados. Aunque es misericordioso, Él no olvida la iniquidad y el juicio es lo que le espera a Nínive. Ahora ya no es tiempo de arrepentimiento, sino de castigo por el pecado. A la vez, el autor busca consolar a Judá, recordándole que el Señor cuida de su pueblo.

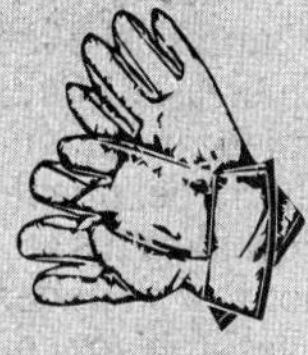

¿Cómo se relaciona con nosotros?

Este es un llamado de atención especial para aquellos que nos dejamos seducir por la idea mundana de que la razón de vivir es la búsqueda de felicidad y placer. El mensaje de los medios y las redes sociales insiste en inculcarnos que lo más vital de la vida es sentir placer. "Disfruta de la vida como quieras y con quien quieras" es la insinuación que está detrás de miles de publicidades y posteos, y tal filosofía ha llevado a muchos a volverse irresponsables, desarrollando comportamientos destructivos sin conciencia de pecado y que terminan haciendo justamente lo contrario a lo deseado.

Nahúm confirma que, aunque la misericordia de Dios es grande, Él también es justo y recto; las malas decisiones tienen consecuencias, por lo que no solo la disciplina de Dios también puede llegar cuando él lo considere adecuado, sino que el placer a corto plazo muchas veces desencadena esclavitud a largo plazo. El mensaje de Nahúm es que el Señor es lento para la ira y a la vez, no deja a nadie sin castigo (Nahúm 1:3). En otras palabras, quiere decir: vale la pena confiar en Dios y no hay nada más torpe que darle la espalda.

¿Cómo lo estudiamos?

1) La justicia de Dios pronuncia sentencia contra el pecado. Cap. 1
2) El juicio de Dios es decretado contra el pecado. Caps. 2-3

NAHÚM

Nahúm

1 Estas son las visiones que Dios le dio a Nahúm, que vivió en Elcós, acerca de la inminente destrucción de Nínive.

Manifestación del Señor

2El Señor es celoso con todos los que ama y por eso castiga a los que les causan daño y destruye a sus enemigos con furor. 3El Señor no se enoja fácilmente, pero cuando está airado, su poder supera todo lo imaginable y no considera inocente al culpable. Él muestra su poder también en la naturaleza, como cuando camina sobre el ciclón y la tormenta, y está tan alto que podemos imaginar que las nubes son el polvo de sus pies. 4Es capaz de secar el mar cuando lanza su potente voz, así como el río puede quedar como arena seca. Cuando él se manifiesta las praderas de Basán y del monte Carmelo se marchitan y la vegetación del Líbano desaparece. 5Ante su presencia tiemblan los montes y se derriten las colinas; la tierra tiembla y los pueblos son destruidos.

6¿Quién puede permanecer en pie ante la cólera de Dios? Su enojo es como el ardor del fuego, que es capaz de arrasar con todo lo que se ponga a su paso; hasta las montañas tiemblan cuando Dios da rienda suelta a su enojo.

Destrucción de Nínive

7Pero el Señor es bueno. Cuando llegan la angustia y la desesperación él es el mejor refugio. Protege a todos los que en él ponen su confianza; él conoce bien a los que le son fieles. 8Pero también arrasa a sus enemigos como torrente que se desborda. ¡Hasta de noche perseguirá a sus enemigos!

9Gente, ¿qué están pensando, que se atreven a desafiar al Señor? ¡Él los destruirá de un solo golpe! ¡Ustedes no tendrán una segunda oportunidad! 10El Señor arroja a sus enemigos en el fuego como si fueran espinos; entonces ellos arden como si fueran paja. 11Nínive, de ti ha salido el malvado consejero que se atreve a imaginar que puede hacerle daño al Señor.

Liberación del opresor

12Así ha dicho el Señor: «¡Aunque los asirios sean muy fuertes y numerosos, los voy a destruir por completo! Y a ti, Judá, pueblo mío, que te he castigado mucho, ya no te castigaré más. 13Ahora romperé tus cadenas y te libraré de la esclavitud de este rey asirio». 14Pero acerca de ti, Nínive, el Señor ha dicho: «He decidido el fin de tu dinastía real; los descendientes de tus reyes no se sentarán jamás sobre tu trono. Y yo destruiré tus dioses y tus templos, y te sepultaré, porque te has aferrado a la maldad».

Anuncio de la victoria sobre Nínive

15¡Miren! Mensajeros descienden de las montañas trayendo buenas noticias: «Los invasores han sido derrotados y hemos sido salvados». ¡Judá, celebra un día de acción de gracias y ríndele un homenaje al Señor como prometiste, porque nunca más volverás a ser atacada por Nínive! ¡Ha sido destruida para siempre! ¡Jamás la volveremos a ver!

La destrucción de Nínive

2 ¡Nínive, estás acabada! ¡Ya estás sitiada por los ejércitos enemigos! ¡Haz sonar las alarmas! ¡Refuerza con guerreros tus murallas! ¡Pasa revista a tus defensas, a todas tus fuerzas, y monta una buena vigilancia porque comienza el ataque del enemigo! 2Aunque ahora la tierra del pueblo de Dios está vacía y quebrantada debido a tus ataques, el Señor le restaurará su honra y su poder.

3¡Los escudos de los atacantes rojean con la sangre de tus soldados muertos! ¡El ataque comienza! ¡Miren sus uniformes rojos de tanta sangre que han hecho correr! ¡Vean sus carros de guerra relucientes que avanzan veloces! 4Sus carros de guerra corren por todas las calles y plazas de tu ciudad provocando gran alboroto y causando pavor a tus ciudadanos. Parece que fueran antorchas de fuego. ¡Parecen relámpagos veloces!

Caída y saqueo de Nínive

5El rey de Nínive llama a sus oficiales y ellos se atropellan entre sí al correr hacia las murallas para fortalecer sus defensas. 6Pero, ¡es demasiado tarde! ¡Las tropas enemigas han penetrado en la ciudad como si fueran un río impetuoso que todo lo arrasa a su paso! ¡El enemigo conquista la ciudad! ¡En el palacio el pánico ha hecho presa de todo mundo!

7La reina de Nínive es capturada, y luego es conducida cautiva con todas sus damas que lloran tras ella; gimotean como si fueran palomas asustadas y se golpean el pecho. 8Nínive es como un viejo estanque roto que no puede retener el agua. Sus soldados huyen y la dejan abandonada. Ella no los puede retener. «¡Deténganse, esperen!», les grita, pero ellos siguen huyendo a toda prisa.

9¡Se les roba la plata! ¡Se les roba el oro! Sus tesoros son inmensos, sus riquezas y sus joyas son incontables, pero les están saqueando todo. 10En poco tiempo la ciudad ha quedado como un matadero vacío. Los corazones laten acelerados de terror; tiemblan las rodillas; la gente se estremece de dolor y todos palidecen de espanto.

1.7

La bestia salvaje morirá

11¿Dónde está ahora la gran Nínive, que era como un poderoso y temible león entre las naciones, que despedazaba a sus enemigos? ¿Qué fue de ese león que se metía en su guarida con su leona y sus cachorros, y nadie se atrevía a molestarlos?

12Nínive, como si fueras un león vigoroso aplastabas a tus enemigos y saqueabas sus riquezas para dárselas a tus habitantes, y llenabas sus hogares con esclavos y bienes obtenidos por la violencia y el robo.

13Pero ahora el Señor Todopoderoso te dice: «Nínive, yo estoy en tu contra. Quemaré tus carros de guerra y haré que tus valientes soldados mueran en la batalla. No permitiré que sigas robando, ni que tus mensajeros vuelvan a llevar amenazas a las naciones».

Descripción del fin de Nínive

3 ¡Qué pesar por Nínive, esa ciudad sanguinaria, llena de mentiras y de robos, que como fiera salvaje siempre andaba tras sus presas! 2¡Oigan el chasquido de los látigos y el ruido de los carros de guerra de los enemigos que se lanzan contra ella! 3¡La caballería ataca con violencia! ¡Miren cómo brillan las espadas y lanzas del ejército enemigo! ¡Son muchos los muertos! ¡Los cadáveres están por montones! ¡La gente se tropieza con ellos!

4Todo esto es debido a tus engaños porque, como una prostituta, seducías a las naciones. Eras muy hábil para atrapar a los pueblos valiéndote de tus encantos y de tus hechizos.

5»No te extrañes ahora que esté en tu contra», dice el Señor Todopoderoso. «Te levantaré las faldas hasta el rostro para que todo mundo pueda ver tu desnudez y así quedes avergonzada en público. Ahora toda la tierra verá tu desnudez y tu vergüenza. 6Te cubriré de excrementos para completar tu deshonra delante de todos los pueblos de la tierra. 7Todos los que te vean retrocederán espantados, y dirán: "Nínive ha quedado en la más completa ruina". Sin embargo, nadie lamentará tu destino».

Destrucción total de Nínive

8¿Eres acaso mejor que Tebas, que es una ciudad asentada junto al Nilo, protegida por todos sus costados por el río y por el mar? 9Cus y toda la tierra de Egipto eran sus aliadas poderosas. De Fut y Libia recibía ayuda siempre que la necesitaba. 10Sin embargo, Tebas cayó y su pueblo fue llevado cautivo; sus bebés fueron estrellados contra las piedras de las calles. A la gente importante se la repartieron como esclava echando suertes. Todos sus capitanes fueron llevados cautivos.

11Nínive también se tambaleará como un borracho, y se esconderá llena de miedo ante la llegada del ejército enemigo. 12Todas tus fortalezas, que creías indestructibles, se parecen a higueras llenas de higos maduros que, si las sacuden, sus higos caen en la boca del que está abajo. 13Tus soldados estarán débiles e indefensos y serán deshonrados como mujeres por las tropas enemigas. Las puertas de tu territorio se abrirán de par en par ante tu enemigo y serás devorada por el fuego.

Defensa inútil

14¡Prepárate para el ataque! Almacena agua. Refuerza tus fortificaciones. Prepara muchos ladrillos para reparar tus murallas. Entra al pozo, pisa el lodo y mételo en los moldes.

15Pero en medio de tus preparativos te devorará el fuego; con espada se te matará. El enemigo te consumirá como la langosta joven que se come todo lo que halla a su paso. No tienes posibilidad de escapar, aunque te multiplicaras con la rapidez que lo hace la langosta. 16Mercaderes tan numerosos como las estrellas llenaron la ciudad con muchas riquezas, pero tus enemigos pululan como langostas, y se las llevan. 17Tus príncipes son como langostas y tus generales como enjambre de insectos, que en el tiempo de frío se asientan sobre los muros, pero todos ellos huirán y desaparecerán, como la langosta cuando el sol sale y calienta la tierra.

18Rey de Asiria, tus generales yacen muertos en el polvo; tu ejército se encuentra huyendo esparcido por las montañas y no hay quién pueda reunirlo para defender el territorio. 19No hay cura para tu herida, ¡es demasiado profunda para curarla! Todos los que sepan de tu desgracia aplaudirán de gozo, porque, ¿dónde se podrá encontrar a alguien que no haya sufrido con tu crueldad?

Investiguemos
Juntos

HABACUC

¿Quién lo escribió?

Poco sabemos acerca del profeta Habacuc, aunque es posible que haya tenido algo de relación con los músicos del templo (3:19). Fue contemporáneo de los profetas Jeremías y Sofonías.

¿A quién lo escribió?

Este profeta ministró en una época muy turbulenta de Judá. Babilonia había conquistado la ciudad de Nínive, capital de Asiria (año 612 a.C.), levantándose como la nueva gran potencia de la región. En Judá, mientras tanto, murió el buen rey Josías (509 a.C.). Por su parte, 2 Reyes 23:34-37 registra que, en un esfuerzo por fortalecerse militarmente, el egipcio Faraón Necao impuso a Joacim como rey de Judá (reinó entre los años 609-598 a.C.), el cual resultó ser ambicioso y corrupto. Además, Judá se volvió a la idolatría (Ez. 8:9-12). Para este pecador pueblo es que Habacuc escribió su libro. Las condiciones espirituales del pueblo ya eran insostenibles, por lo cual el juicio ya es inminente. Dios ha decidido castigar a su pueblo mediante los caldeos.

¿Cuándo y dónde lo escribió?

La fecha más probable en la que fue escrito el libro es el 609 a.C.; después que los caldeos conquistaran Nínive (612 a.C.), pero antes de la primera invasión de Judá por parte de esta misma potencia (605 a.C.). En cuanto al lugar, la mención del templo (Hab. 2:20; 3:19) confirma que el libro fue escrito en Jerusalén.

Panorama del libro

En este ambiente de injusticia, idolatría y confusión ministró Habacuc. Su libro se escribió con el propósito de asegurar que el pecado de Judá sería castigado, utilizando el poder de los babilonios y que los que confiaran en el Señor serían preservados. Ante esas condiciones, atónito, Habacuc establece una especie de sesión de preguntas y respuestas con Dios para preguntarle el porqué de sus decisiones. Al final, el profeta comprende que no debe depender de lo que está ante sus ojos sino de la fe en el Señor y eso le dará seguridad.

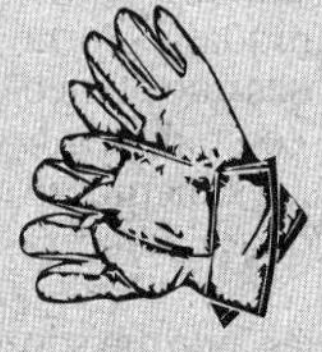

¿Cómo se relaciona con nosotros?

El libro de Habacuc ofrece la imagen de un pueblo orgulloso que es humillado, mientras que los justos viven por la fe en Dios (Habacuc 2: 4). Nos recuerda que, si bien Dios por momentos puede parecer silencioso y desinteresado en nuestro mundo, Él siempre tiene un plan para lidiar con el mal y siempre termina haciendo justicia. Este libro deja totalmente claro que, cuando hay una relación sana y estrecha con el Señor, tenemos la libertad de expresarle nuestras dudas e inquietudes con confianza. Habacuc deja ver la diferencia que hay entre expresar nuestros cuestionamientos a Dios y hacerlo contra Dios. El ejemplo del profeta Habacuc anima a los creyentes a esperar en el Señor, confiando en que Él realmente hará todas las cosas para nuestro bien (Romanos 8:28).

¿Cómo lo estudiamos?

1) Expresémosle al Señor las dudas acerca de lo que vemos. Cap. 1
2) Confiemos en los decretos del Señor acerca de lo que vemos. Cap. 2
3) Expresémosle al Señor nuestra confianza a pesar de lo que vemos. Cap. 3

HABACUC

Habacuc

1 Esta es la profecía que recibió Habacuc en una visión que Dios le dio.

La primera queja de Habacuc

2 Señor, ¿por cuánto tiempo debo clamar pidiéndote ayuda sin que me oigas? ¿Hasta cuándo te pediré que nos salves de esta cruel violencia? 3 ¿Por qué me haces ver siempre maldad y violencia a mi alrededor? Dondequiera que miro hay opresión e injusticias, hombres que aman el pleito y la contienda. 4 La ley no se pone en vigor y las cortes no administran justicia, porque los perversos son más que los justos, y el soborno y el engaño se han generalizado.

La respuesta del Señor

5 Entonces, Dios respondió: «¡Miren y asómbrense! ¡Quedarán perplejos ante lo que voy a hacer! Porque haré algo en su vida que tendrán que verlo para creerlo. 6 Estoy levantando una nueva potencia en el escenario mundial: los caldeos. Ésa es una nación cruel y violenta que marchará por el mundo y conquistará con su poderoso ejército a las naciones vecinas. 7 Son un pueblo cruel y violento. La única ley que vale es la de ellos, y se consideran los más grandes del mundo. 8 Sus caballos son más veloces que los leopardos y más feroces que los lobos nocturnos. Sus soldados son expertos jinetes que vienen a todo galope desde muy lejos y se lanzan como águilas sobre sus enemigos. 9 Sólo vienen a causar destrucción; por donde pasan siembran el terror. Sólo de ver sus rostros le gente se llena de miedo. Los prisioneros que toman son tantos, que son como la arena del mar.

10 »Se burlan de príncipes y reyes; se ríen de toda ciudad bien protegida, pues no hay muralla que pueda contenerlos pues levantan rampas de tierra contra sus muros y se apoderan de ellas con toda facilidad. 11 Pasan como el huracán que todo lo destruye; pero su gran error es creer que de su dios les viene el inmenso poder que tienen».

La segunda queja de Habacuc

12 Señor, Dios mío, tú eres eterno. Tú, mi Dios santo, no nos dejarás perecer. Yo sé, Señor, que usarás a los babilonios para obrar tu justicia. Tú, Roca mía, los has hecho surgir con mucho poder para castigar nuestro pecado. 13 Tú eres tan puro que no toleras a los que hacen maldades, ni te quedas callado ante la injusticia. ¿Acaso permitirás que esos traidores se salgan con la suya? ¿Te quedarás callado viendo cómo los malos acaban con los que son justos?

14 ¿Por qué tratas a los seres humanos con tanta indiferencia, como si fueran peces del mar, como si fueran reptiles que no tienen quién los guíe? 15 Los babilonios atrapan a las naciones como si fueran peces, y al verlas en sus redes, se llenan de alegría. 16 Por eso, ellos adoran sus armas y les rinden homenaje, como si fueran un dios. Pues, según ellos, son sus armas las que los han hecho ricos y poderosos. 17 ¿Permitirás que sigan en esto para siempre? ¡Destrúyelos, Señor, que ya no sigan con su pesca despiadada de naciones!

2 Subiré a la torre de vigilancia y me quedaré ahí a la espera de la respuesta que Dios dará a mi queja.

La respuesta del Señor

2 Entonces el Señor me dijo: «Escribe mi respuesta en letras grandes y claras, para que cualquiera pueda leerla de una mirada y corra a contarla a los demás. 3 Las cosas que planeo no ocurrirán tan pronto, pero con toda seguridad ocurrirán. Aunque pienses que se demoran en cumplirse, no te desesperes. ¡Todo acontecerá en el día que he señalado!

4 »Los babilonios son prepotentes, porque son malvados; pero el justo vivirá porque confía en Dios. 5 Estos babilonios arrogantes desean siempre el poder, por eso se apoderan de naciones y de pueblos. Pero es tanta su codicia, que se parecen a la muerte que nunca está satisfecha, aunque sean muchos los muertos. 6 Viene el día en que todos sus cautivos se burlarán de ellos, diciendo: "¡Ladrones! ¡Pobre Babilonia, ya no podrá seguir haciéndose rica con los bienes ajenos! ¡Por fin dejarás de robar y de acumular tantas riquezas!"

7 »De repente, aquellos a quienes oprimiste se levantarán contra ti. Se vengarán de ti y te quitarán todos tus bienes. 8 ¡Te pagarán con tu misma moneda! Así como tú robaste a muchas naciones, habrá naciones que te robarán a ti. De esa manera pagarás por toda tu violencia, por todos los crímenes que cometiste en las ciudades del país.

9 »¡Pobre de ti, Babilonia! Te hiciste rica con los bienes de otros y pensaste que ningún mal te alcanzaría por haber puesto tu residencia en zona muy alta y bien protegida. 10 Por los homicidios cometidos, has llenado de vergüenza a tu nación. Al destruir a muchas naciones te buscaste tu propio mal, cavaste tu propia tumba. 11 Ahora la venganza la tienes en tu propia casa. Las piedras de tus casas claman contra ti, y las vigas del techo les hacen eco.

12 »¡Pobre de ti, que edificas ciudades y pueblos con dinero obtenido por medio del asesinato y el robo y que la única ley que tienes es la de la violencia! 13 ¿No ha decretado el Señor Todopoderoso que las ganancias de la nación impía se

2.3 2.14

conviertan en cenizas en sus manos? De modo que de nada te servirá haber acumulado tanto.

14Viene el día en que la tierra será llena del conocimiento de la fama del Señor, así como las aguas cubren los mares.

15»¡Pobre de ti, Babilonia, que haces que las naciones vecinas caigan y se tambaleen como borrachos bajo tus golpes, para luego burlarte de ellas al verlas humilladas! 16Dentro de poco tu propia grandeza será transformada en vergüenza. ¡También tú caerás y serás humillada! ¡El Señor desatará sobre ti su juicio! 17Cortaste los bosques del Líbano; ahora tú serás cortada. Fuiste el terror de los animales que cayeron en tus trampas; ahora el terror te alcanzará a ti, debido a la violencia con que trataste a nuestro país y a nuestras ciudades.

18»¿Qué provecho hay en rendir homenaje a los ídolos hechos por los artesanos? ¡Qué gran mentira es decir que ellos pueden ayudar! ¡Qué tonta fuiste al confiar en lo que tú misma habías hecho con tus manos! 19¡Pobre de ti, Babilonia, que le dices a tus ídolos muertos que te salven! ¡Pobre de ti, que le pides a la piedra muerta que te diga lo que has de hacer! ¿Acaso crees que las imágenes de madera pueden hablar? Aunque están recargadas de oro y plata, no tienen vida.

20»En cambio, el Señor está en su santo templo, ¡guarden silencio respetuoso delante de él los habitantes de toda la tierra!»

La oración de Habacuc

3 Esta es la oración que compuso el profeta Habacuc, para que sea cantada:

2«Señor, he oído de todos tus hechos poderosos y he quedado fascinado.

En este tiempo de tanta necesidad, repite tus actos poderosos como lo hiciste en tiempos anteriores. ¡Muéstranos tu poder y sálvanos! ¡En medio de la cólera, acuérdate que tus principales virtudes son la bondad y el perdón!

3»Veo a Dios, el Santo, que viene desde Temán, desde el monte de Parán. Su brillante esplendor llena los cielos y la tierra. Su gloria llena los cielos, y la tierra está llena de cantos en su honor. ¡Qué Dios maravilloso es él! 4Su rostro brilla como un relámpago. De su mano salen rayos refulgentes de luz, que demuestran su inmenso poder. 5La mortandad marcha delante de él. Por donde pasa quedan las huellas de su terrible marcha. 6Si se detiene, entonces la tierra tiembla; lanza una mirada a las naciones, y éstas se espantan. Ante él se desmoronan las viejas montañas y los cerros antiguos se derrumban. ¡Su poder es el mismo de siempre! 7Veo a los habitantes de Cusán llenos de miedo y a los de Madián muertos de pavor.

8»Señor, cuando montaste sobre tus caballos y trepaste a tu carro de guerra, ¿estabas, acaso, enojado con los ríos y con el mar que causaste tantos estragos en la naturaleza? 9Tienes el arco listo para disparar tus flechas. Usas los ríos para agrietar la tierra. 10Los montes te vieron y temblaron. Se desata un aguacero torrencial y una tormenta que agita el mar y eleva sus olas llenas de espuma. 11Hasta el sol y la luna se detuvieron en lo alto y palidecieron ante la brillantez de tus flechas y el resplandor de tu lanza.

12»Enojado has recorrido la tierra, y en tu cólera has aplastado las naciones. 13Saliste a salvar a tu pueblo escogido. Aplastaste al rey de esos impíos y derrotaste a todos sus seguidores.

14»Destruiste con sus propias armas a los que salieron como un torbellino, dispuestos a atacarnos y a sacarnos de nuestra tierra. Salieron contra nosotros muy contentos y confiados, pues creían que nos podían derrotar fácilmente.

15»Con tus caballos corriste por el mar, y sus aguas se desbordaron con violencia.

16»Tiemblo cuando oigo de todo esto; mis labios se estremecen de temor. Mis piernas se me aflojan y me agito de terror. Esperaré tranquilamente el día de la angustia que vendrá sobre el pueblo que nos invade.

17»Aun después de tanta destrucción; cuando la higuera se seque y no haya flores ni fruto; cuando los olivos no produzcan y los campos permanezcan estériles; cuando el ganado muera en el campo y los corrales estén sin vacas, 18yo me regocijaré en el Señor y me alegraré en el Dios que nos salva. 19¡El Señor Dios es quien me hace estar fuerte! Me dará la velocidad de un venado y me conducirá con seguridad sobre la altura de las montañas».

(Nota para el director del coro: Al cantar esta oración, el coro debe ir acompañado por instrumentos de cuerdas.)

3.19

SOFONÍAS

¿Quién lo escribió?

Sofonías fue el autor de este libro. Su nombre significa "protegido por el Señor" o "tesoro de Jehová". No es común que un profeta registre su genealogía hasta cuatro generaciones previas, por lo que Ezequías debía ser una persona de mucha importancia, por lo que se puede decir que Sofonías era posiblemente descendiente del famoso rey de Judá.

¿A quién lo escribió?

Las profecías de Sofonías fueron dirigidas al pueblo de Judá, el cual estaba sumido en una situación espiritual y moral deplorable. Su reclamo profético lo hace a las personas comunes y corrientes, pero especialmente a los líderes (1:4-6, 9; 3:1-4).

¿Cuándo y dónde lo escribió?

Sofonías profetizó en los días que gobernó en Judá el rey Josías (2 Rey. 21:23-24). Antes de su reinado, los asirios habían convertido a la nación en una de sus colonias (2 Rey. 18:13). De modo que, cuando Josías llegó al trono, se encontró con un pueblo que casi había olvidado a Dios y habían adoptado mucho de la cultura y dioses de sus colonizadores. La profecía de Sofonías fue dada un poco antes de la reforma que hizo el Rey Josías (año 621 a.C.). Los estudiosos calculan que profetizó en el año 625 a. C. El lugar desde el que se escribió el libro es la ciudad de Jerusalén.

Panorama del libro

El ministerio de Sofonías seguramente fue como un motor que alentó al rey Josías a hacer un cambio drástico en la nación. El libro se escribió para anunciar la llegada del "Día del Señor" y corregir falsas ideas con respecto a él, ya que no se trataba de un día de regocijo, sino de destrucción para los idólatras miembros del pueblo. A la vez, el libro les recuerda a los fieles que hay esperanza para ellos.

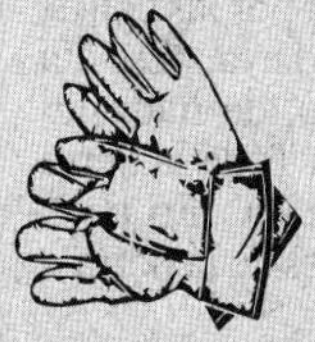

¿Cómo se relaciona con nosotros?

Sofonías es un libro perfecto para atacar la mediocridad de una vida cristiana de fin de semana, porque sacude a aquellos que dicen ser creyentes pero que al mismo tiempo sirven al pecado y ni siquiera se dan cuenta (Sofonías 1:5). Cuando la familia y la mayoría de nuestros amigos van a la iglesia, decir que somos cristianos se vuelve la respuesta automática, de tal manera que prácticamente lo damos por sentado y esta realidad nos va deteriorando la vida espiritual por dentro y robando el gozo del Espíritu. Mientras esto sucede, corremos el riesgo de permitirles crecer a ciertos pecados y ser parte de nuestro "cristianismo", y por eso la respuesta para esta condición de nuestra vida, según Sofonías, es una clara humillación delante del Señor todopoderoso. Necesitamos un contundente arrepentimiento de estas falsas versiones de la fe (Sofonías 2:1-3) y un cambio de corazón.

¿Cómo lo estudiamos?

1) Viene un día de tristeza para los infieles. Caps. 1-3:8
2) Viene un día de alegría para los fieles. Cap. 3:9-20

SOFONÍAS

Sofonías

1 Cuando Josías, hijo de Amón, reinaba en Judá, el SEÑOR le dio un mensaje al profeta Sofonías. Este era hijo de Cusí, quien, a su vez, era hijo de Guedalías, nieto de Amarías y bisnieto de Ezequías.

Advertencia sobre la destrucción venidera

2«Arrasaré por completo con todo lo que hay sobre la tierra, dice el SEÑOR.

3»Arrasaré con hombres y animales por igual. Los ídolos y quienes los adoran desaparecerán de la tierra. Aun las aves del cielo y los peces del mar perecerán. Acabaré con los habitantes de toda la tierra, dice el SEÑOR.

Juicio contra Judá

4»Aplastaré a Judá, junto con Jerusalén, con mi puño, y destruiré a todos los que rinden homenaje a Baal. Acabaré con los sacerdotes idólatras, de manera que hasta el recuerdo de ellos desaparecerá. 5Acabaré con todos los que se suben a los terrados para rendir homenaje al sol, la luna y las estrellas. Destruiré a todos los que me rinden homenaje a mí, pero al mismo tiempo rinden homenaje al dios Moloc. 6Destruiré también a los que antes rendían homenaje al SEÑOR, pero ya no lo hacen, y a los que nunca lo han amado ni han querido saber de él.

7»¡Debe guardarse un silencio respetuoso en la presencia de Dios el SEÑOR! Ha llegado el día terrible de su juicio. Ha preparado una gran matanza contra su pueblo, y ha escogido a sus convidados. 8El día del juicio castigaré a los jefes y príncipes de Judá, y a todos los que llevan vestiduras extranjeras. 9Sí, yo castigaré a los que siguen las costumbres paganas, a los que roban y llenan las casas de sus amos con ganancias obtenidas por la violencia y el fraude, y a los que presentan cosas robadas como ofrenda en el templo del SEÑOR.

10»Gritos pidiendo auxilio se oirán en aquel día desde la puerta del barrio llamado Los Pescados, aullidos desde el Barrio Nuevo, y un bullicio espantoso desde las colinas, dice el SEÑOR.

11»¡Aúllen de pesar, ustedes que viven en el barrio del Mercado, pues todos tus comerciantes que allí habitan morirán! ¡Serán eliminados todos los que trafican con el dinero! 12En aquel día buscaré cuidadosamente por toda Jerusalén a todos los tramposos, castigaré a los que reposan tranquilos después del robo; también a los que se atreven a pensar que el SEÑOR no interviene ni para bien ni para mal. 13Estos mismos verán cómo sus riquezas cambian de dueño, verán cómo sus casas son destruidas. No tendrán jamás la oportunidad de vivir en las casas nuevas que edificaron. No podrán beber el fruto de los viñedos que plantaron.

El gran día del SEÑOR

14»Ese día terrible del SEÑOR está cerca. ¡Se acerca rápidamente! Ese día será tan horrible que hasta los más valientes llorarán amargamente y habrá alboroto por todos lados. 15En ese día se descargará toda la cólera de Dios; será un día de angustia y dolor, día marcado por la ruina y la desolación, de terrible oscuridad, de nubarrones y neblina de pesar.

16»La trompeta sonará ordenando el ataque, se oirá el griterío de la guerra; caerán hasta las ciudades mejor fortificadas y las torres fuertes de la defensa. 17Por haber obrado tan mal contra el SEÑOR, él hará que ese día todos sean angustiados y anden como ciegos sin darse cuenta ni por donde caminan. Su sangre correrá por las calles, y sus cuerpos se pudrirán sobre la tierra. 18Ese día en que el SEÑOR desate su castigo, de nada les servirá la plata y el oro que tienen. Toda la tierra será devorada por el fuego de su ira. ¡En poco tiempo morirán todos los habitantes de la tierra!»

2 ¡Reúnanse, estén atentos, gente desvergonzada! 2Háganlo cuando aún hay tiempo, antes de que comience el juicio de Dios y ustedes desaparezcan como si fueran paja llevada por el viento; antes de que caiga sobre ustedes la gran cólera del SEÑOR y el día terrible de su castigo comience. 3Ustedes, los humildes del país, los que aun procuran vivir de acuerdo a las instrucciones del SEÑOR, practiquen la justicia y vivan con humildad. Quizá así puedan ser salvados el día en que el SEÑOR desate su castigo.

Juicio contra los filisteos

4Gaza, Ascalón, Asdod y Ecrón, ciudades filisteas, también serán castigadas y dejadas en completa desolación. 5¡Pobre de ti, Filistea, que vives en la costa y en la tierra de Canaán, porque el castigo del SEÑOR también te alcanzará, de modo que serás destruida y ninguno de tus habitantes quedará con vida! 6Las tierras de la costa se convertirán en praderas, en campo de pastores y de rediles de ovejas. 7Allí será reubicado el pequeño grupo de sobrevivientes de Judá. Reposarán en las casas abandonadas de Ascalón. Y es que el SEÑOR Dios visitará a su pueblo con su misericordia y nuevamente restaurará su prosperidad.

Juicio contra Moab y Amón

8«He oído las burlas de Moab y de Amón, que insultaban a mi pueblo e invadían su territorio. 9Por lo tanto, el SEÑOR Todopoderoso ha jurado que Moab y Amón serán destruidas como lo fueron Sodoma y Gomorra, y sus lugares quedarán tan devastados que parecerán campos de espinales, minas de sal donde nada crece y sólo reina eterna desolación. Los que queden de mi pueblo les quitarán sus bienes y se apoderarán de su tierra».

10Este es su castigo por la gran soberbia que mostraron contra mi pueblo, porque se han burlado del pueblo del Señor Todopoderoso. 11El Señor les hará cosas terribles. Destruirá todos los dioses de las potencias extranjeras, y luego todos los habitantes de la tierra, hasta los que viven muy lejos, rendirán homenaje al Señor, cada uno en su propio país.

Juicio contra Cus

12«También ustedes, los de Etiopía, serán muertos por el ataque poderoso del Señor».

Juicio contra Asiria

13El Señor también castigará al país del norte; sí, él destruirá a Asiria y hará que Nínive, su gran capital, quede convertida en tierra desolada como si fuera un desierto. 14La que fuera ciudad orgullosa se convertirá en tierra de pastoreo para ovejas. Toda clase de animales salvajes pondrán ahí su guarida. El erizo tendrá allí su madriguera. Los buitres y los búhos vivirán entre las ruinas de los palacios, cantando desde las ventanas desvencijadas. Los cuervos graznarán desde sus puertas carcomidas. Todo su entablado de cedro quedará a la intemperie, a merced del viento.

15Este será el destino de la ciudad grande y próspera que vivió tan segura y que decía de sí misma: «En todo el mundo no hay ciudad tan grande como yo». Pero ahora, vean cómo ha quedado convertida en un lugar de completa ruina, como guarida de animales. Todo el que pase por ella se burlará o meneará la cabeza sin creer lo que ve.

El futuro de Jerusalén

3 ¡Pobre de Jerusalén, que es una ciudad rebelde, llena de maldad y opresión! 2En su soberbia no quiere oír la voz de Dios. Nadie puede decirle nada; rechaza toda corrección. Ella ya no confía en el Señor, ni busca ser fiel a su Dios.

3Sus jefes son como leones rugientes que acechan a sus víctimas para quitarles cuanto tienen. Sus jueces son como rapaces lobos nocturnos que no dejan ni los restos de su presa para la mañana.

4Sus profetas son unos parlanchines mentirosos que engañan a la gente. Sus sacerdotes deshonran el templo con sus infracciones a la ley de Dios.

☼ 5El Señor está dentro de la ciudad y es justo. Cada día su justicia se hace más evidente, pero nadie presta atención; los malvados no conocen la vergüenza y viven ignorando las instrucciones de Dios.

6«He acabado con muchas naciones, he derribado sus grandes fortalezas, he dejado sus calles solitarias, de modo que nadie anda por ellas. He arrasado por completo sus ciudades y ni un solo habitante ha quedado en ellas. 7Entonces pensé: "Seguramente ahora me oirán; ahora prestarán atención a mis advertencias, para que no tenga que castigarlos nuevamente". Pero no; por mucho que los castigue, siguen cometiendo todo tipo de maldades. 8Por eso, espérenme, lo digo yo, el Señor, pues se acerca el día en que me pondré de pie y acusaré a la ciudad de Jerusalén. Porque he decidido reunir los reinos de la tierra para derramar sobre Israel todo el peso de mi cólera.

9»En aquel tiempo haré que los pueblos paganos dejen de cantar en honor a sus ídolos, para que puedan invocar mi nombre, y para que todos juntos me rindan homenaje sólo a mí. 10Los que viven más allá de los ríos de Cus, mi pueblo que había sido esparcido, regresarán a mí trayéndome regalos. 11Ese día ya no tendrán que sentir vergüenza por sus maldades antiguas, porque ya no los trataré como rebeldes. Pero eso sí, quitaré de en medio de ustedes a todo hombre soberbio y arrogante; no habrá orgullo ni altanería en Jerusalén y alrededores. 12Serán protegidos los pobres y los humildes, y confiarán en la protección que el Señor les ofrece. 13Ya no practicarán la maldad ni dirán mentiras ni engañarán a nadie. Vivirán en paz y ya no habrá quien los asuste».

14¡Canten con alegría habitantes de Jerusalén! ¡Grita de gozo, Israel! ¡Alégrate y regocíjate con todo tu corazón, hija de Jerusalén! 15Porque el Señor no te castigará como lo había dicho, sino más bien alejará de ti los ejércitos de tus enemigos y los dispersará. Y el Señor, Rey de Israel, estará siempre presente entre ustedes. Por eso ninguna desgracia volverá a caer sobre ustedes. 16En aquel día le dirán a Jerusalén: «¡Alégrate, no ☼ tengas miedo, y ten mucho ánimo! 17¡El Señor tu Dios ha llegado para vivir en medio de ti! Él es tu Salvador poderoso, que siempre cuidará de ti. Él se regocijará en ti con gran alegría; te amará y no te acusará. 18Por ti lanzará gritos de júbilo, como si hubiera fiesta. Él ha prometido liberarte de todo aquello que te causa sufrimiento y tristeza».

19El Señor dice: «Castigaré severamente a los que te han oprimido. Salvaré al débil y al indefenso, y reuniré de nuevo a todos los que fueron perseguidos y esparcidos. Daré fama y buen nombre a los que estuvieron exiliados y sufrieron las burlas y la vergüenza.

20»En aquel tiempo te recogeré, reuniré a tus hijos e hijas y los traeré nuevamente a su hogar. Te daré un buen nombre, te haré famoso entre todos los pueblos de la tierra, y ellos te elogiarán cuando vean que yo restauro tus bienes y tu prosperidad. Lo digo yo, el Señor».

☼3.5 ☼3.17

HAGEO

¿Quién lo escribió?

Hageo es el primero de los profetas menores llamados "pos-exílicos", ya que sus profecías son dirigidas al pueblo que ha regresado a la tierra después del cautiverio de setenta años en Babilonia. El rey pagano Ciro de Persia afirmó que Dios le había mandado que le edificara casa en Jerusalén y decidió enviar a los cautivos que eran originarios de Judá para realizar esta tarea (lee Esd. 1:1-4). El primer grupo de cincuenta mil judíos regresó en el año 538 a.C. (Esd. 2:64, 65). Ese era el cumplimiento de la promesa hecha a Judá de que después de setenta años regresarían a su tierra (lee Jer. 29:10).Poco sabemos del profeta Hageo, más que su nombre al inicio del libro (Hag. 1:1). Una antigua tradición judía afirma que fue autor de varios salmos de la Biblia (entre ellos el 138, 146 y 147), pero esto no se puede confirmar. Este profeta es mencionado en varios escritos apócrifos del período intertestamentario como 2 Esdras y Eclesiástico, lo cual indica que llegó a ser muy apreciado por los judíos.

¿A quién lo escribió?

Dos años después de haber regresado a su amada tierra, los judíos comenzaron la reconstrucción del templo, pero se desanima- ron por la oposición y la obra permaneció quince años sin avanzar (Esdras 4:4, 5). Dios levantó al profeta Hageo para animarlos a continuar la construcción de la casa del Señor. Para ellos fue escrito este pequeño pero potente libro.

¿Cuándo y dónde lo escribió?

El libro mismo establece la fecha de su escritura: en el año segundo del rey Darío, es decir, el año 520 a.C., unos dieciocho años después del primer regreso de los judíos a su tierra. Los cuatro mensajes del libro se dan en el mismo año. La ciudad en la que fue escrito fue Jerusalén.

Panorama del libro

El propósito del libro es animar a la construcción del templo. El mensaje de parte de Dios era bastante sencillo: "reconstruyan mi casa" (Hag. 1:8). El profeta señala que su falta de satisfacción (Hag. 1:6), el fracaso de las cosechas (Hag. 1:9) y la sequía (Hag. 1:11) son maneras en las que Dios los está llamando a considerar esta obra. Luego, les promete bendiciones debido a su obediencia y a que pusieron su obra en primer lugar. Una palabra importante que se repite al menos cuatro veces en el libro es "reflexionen" (Hag. 1:5, 7; 2:15, 18). Como puede verse, Hageo trata de motivar la reflexión del pueblo de Dios para que coloque en orden las prioridades en su vida.

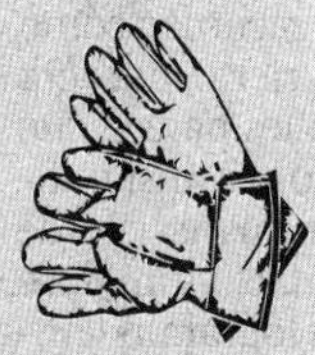

¿Cómo se relaciona con nosotros?

Después de miles de años, el libro de Hageo sigue siendo en gran parte único entre los libros de los profetas del Antiguo Testamento, ya que la gente de Judá escuchó el mensaje de Hageo de reconstruir el templo (Hageo 1: 8). A través del acto físico de reconstruir el templo, la gente comenzó a indicar un cambio en sus vidas espirituales: fueron de la devoción al yo hacia la devoción a Dios.

El tema de las prioridades y aquello que hoy valoras se encuentra en el corazón del mensaje de este libro. Hageo muestra cómo el Señor motiva a su pueblo a conducirse conforme a su voluntad y a colocar sus valores en orden. Según el mensaje de Hageo, si las personas colocaran a Dios en el centro de sus vidas, se darían cuenta de las futuras bendiciones que Dios tiene reservadas para quienes en Él confían.

¿Cómo lo estudiamos?

1) Es tiempo de cumplir la voluntad del Señor. Cap. 1
2) Es tiempo de considerar el éxito según los criterios del Señor. Cap. 2:1-9
3) Es tiempo de purificarse para no apartar la bendición del Señor. Cap. 2:10-19
4) Es tiempo de obedecer para alcanzar la bendición del Señor. Cap. 2:20-23

Hageo

Primer oráculo: Exhortación a reedificar el templo

1 Por medio del profeta Hageo, el Señor les
envió un mensaje a Zorobabel, hijo de Salatiel, que era el gobernador de Judá, y al jefe de
los sacerdotes Josué, hijo de Josadac. Esto sucedió
el día primero del mes sexto del segundo año del
reinado de Darío, rey de Persia.
2El Señor Todopoderoso les preguntó: «¿Por
qué andan todos diciendo que todavía no es
tiempo de reedificar mi templo en Jerusalén?»
3Luego, el Señor les volvió a hablar a través del
profeta Hageo: 4«¿Cómo es posible que ustedes
vivan en casas bien hermosas, mientras mi templo permanece en ruinas? 5Yo, que soy el Señor
Todopoderoso, les digo: ¡Tengan mucho cuidado
con lo que están haciendo! 6Siembran mucho,
pero recogen poco; comen, pero quedan con
hambre; beben, pero quedan con sed; se visten,
pero la ropa no los calienta; y el salario no les
alcanza para nada.
7»¡Piensen muy bien lo que están haciendo!
Se los digo yo, el Señor Todopoderoso. 8Suban a
las montañas, traigan madera y reedifiquen mi
templo. Eso me alegrará mucho y ustedes serán
recompensados. Lo digo yo, el Señor.
9»Esperan mucho, pero reciben poco. Lo que
logran guardar en sus casas, yo lo hago desaparecer de un soplo. ¿Por qué? Porque mi templo
yace en ruinas y a ustedes nada les importa. Su
única preocupación es el adorno de sus propias
casas. Lo digo yo, el Señor Todopoderoso.
10»A consecuencia de esa negligencia suya es
que yo me he enojado y decidido no enviarles la
lluvia necesaria para sus cosechas. 11En realidad
he decidido que haya sequía en el valle y sobre los
montes; una sequía que hará marchitar el trigo,
las uvas, los olivares y todas sus cosechas; una
sequía que destruirá todo aquello por lo que han
trabajado arduamente, de modo que tanto ustedes como sus animales padecerán sed y hambre».
12Entonces Zorobabel, hijo de Salatiel, gobernador de Judá, el jefe de los sacerdotes Josué, hijo
de Josadac, y el resto de la gente sintió mucho
miedo. Por eso estuvieron dispuestos a obedecer
el mensaje que el Señor su Dios les había enviado
por medio del profeta Hageo.
13Entonces, después de que cambiaron de actitud, el Señor envió de nuevo al profeta Hageo
para que les dijera: «Yo estaré con ustedes ayudándoles a cumplir este buen propósito». 14Fue así
como el Señor animó a Zorobabel, hijo de Salatiel, gobernador de Judá, al jefe de los sacerdotes
Josué, hijo de Josadac, y al resto del pueblo para
que comenzaran a trabajar en la reconstrucción
del templo de su Dios, el Señor Todopoderoso.
15Así que comenzaron los trabajos el día veinticuatro del mes sexto del segundo año del reinado
de Darío, rey de Persia.

Segundo oráculo: La presencia del Señor

2 El día veintiuno del mes séptimo, el Señor
envió un nuevo mensaje por medio del profeta Hageo. 2Una vez más, el mensaje era para
el gobernador Zorobabel, hijo de Salatiel, para
el jefe de los sacerdotes Josué, hijo de Josadac,
y para el resto del pueblo. Este fue el mensaje:
3«¿Quién entre ustedes puede recordar cómo
era el templo anterior? ¿No es cierto que era
esplendoroso y magnífico? ¿Y no les parece que
éste, comparado con el primero, es insignificante? 4¡Anímate, Zorobabel! ¡Anímate, jefe de
los sacerdotes Josué, hijo de Josadac! ¡Anímense
todos, y pónganse a trabajar para lograr un templo magnífico, porque yo estoy con todos ustedes
apoyándolos! Lo digo yo, el Señor Todopoderoso.
5Porque yo prometí desde el día que lo liberé de
Egipto que mi Espíritu estaría con ustedes para
siempre. De modo que no deben tener miedo ante
nada que yo sigo estando con ustedes.
6»Les aseguro que dentro de poco comenzaré
a sacudir los cielos y la tierra, los océanos y la
tierra seca. 7Haré temblar a todas las naciones y
éstas desearán venir a este templo trayendo todas
sus riquezas. Entonces este lugar resplandecerá y
tendrá gran fama porque yo estaré en él. Lo digo
yo, el Señor Todopoderoso. 8-9El futuro esplendor
de este templo será mayor que el del primero,
porque tengo abundancia de plata y de oro para
hacerlo. En realidad, todas las riquezas del mundo
me pertenecen. Y será éste el lugar desde donde
estableceré mi paz y seguridad. Lo digo yo, el Señor
Todopoderoso».

Tercer oráculo: Consulta a los sacerdotes

10El día veinticuatro del mes noveno del segundo año del reinado de Darío, el Señor volvió a
hablar por medio del profeta Hageo. 11Esta vez el
Señor le dijo que les preguntara a los sacerdotes:
«¿Conocen ustedes en realidad las instrucciones
del Señor?»
12—Si alguno de ustedes lleva un sacrificio
consagrado en su ropa, y por casualidad la ropa
roza pan, vino o carne, ¿será consagrada también
esa comida?
—No —respondieron los sacerdotes—. La
santificación no se transmite a las demás cosas
de ese modo.
13Entonces Hageo les preguntó:

—Pero si alguien toca un muerto, y por esta razón queda ceremonialmente impuro, y roza alguna cosa, ¿queda aquello contaminado?

—Sí —respondieron los sacerdotes.

14Entonces Hageo les dijo:

—Escuchen lo que les dice el Señor: «De igual manera, ustedes han estado contaminando los sacrificios rituales con sus actitudes egoístas y sus corazones malvados, y han contaminado no solamente los sacrificios, sino todo lo demás que han hecho como un servicio para mí. 15Así
que todo lo que han hecho hasta hoy es malo. Pero ahora todo será diferente, pues han comenzado a edificar el templo. 16Antes, cuando esperaban una cosecha abundante obtenían solamente la mitad. Cuando esperaban cincuenta toneles de aceite de oliva, obtenían solamente
veinte. 17Todo su fatigoso trabajo lo recompensé con plagas, pulgón y granizo. Sin embargo, ni en esas circunstancias buscaron mi ayuda. Lo digo yo, el Señor.

18»Pero ahora noten esto: Desde hoy, veinticuatro de este mes noveno, día en que han echado los cimientos del templo del Señor, todo cambiará
para su bien. 19Aunque todavía no tienen alimentos en los graneros, y aunque aún las vides, las higueras, los granados y los olivos no dan frutos, les prometo que a partir de hoy no les faltará nada, pues les voy a regalar con abundancia de todo».

Cuarto oráculo: Promesas a Zorobabel

20Ese mismo día, es decir, el día veinticuatro del noveno mes, el Señor le dio este otro mensaje a Hageo:

21«Dile a Zorobabel, el gobernador de Judá: “Muy pronto sacudiré los cielos y la tierra; 22des-
truiré reinos poderosos y acabaré con el dominio de muchas naciones. Destruiré sus ejércitos, tanto sus carros de guerra como sus jinetes; estarán tan ofuscados que se matarán entre sí. 23Pero
Zorobabel, servidor mío, cuando aquello ocurra, te tomaré y te honraré, serás como anillo de sellar en mi dedo, porque yo te escogí”. Lo digo yo, el Señor Todopoderoso».

Investiguemos Juntos

ZACARÍAS

¿Quién lo escribió?

El autor del libro es Zacarías, hijo de Berequías. Este profeta provenía de una familia sacerdotal. Su abuelo, Idó, fue uno de los sacerdotes que retornó de Babilonia (Nehemías 12:1-4). Así que, por linaje, Zacarías era sacerdote y por llamado era también profeta (Esdras 5:1), como Ezequiel y Jeremías. Aparentemente era muy joven cuando comenzó su ministerio (lee Zac. 2:4), al igual que Daniel y Jeremías. El significado de su nombre es "Jehová recuerda". Algunos piensan que ese nombre le fue puesto por sus padres para dar testimonio de que seguían esperando que Dios se acordara de ellos en el exilio.

¿A quién lo escribió?

Zacarías proclamó su mensaje a los judíos que habían regresado bajo el liderazgo de Zorobabel a su tierra. Su ministerio comenzó casi al mismo tiempo que el de Hageo. Sin embargo, mientras éste hizo un llamado a poner en orden las prioridades del pueblo, Zacarías entrega un mensaje de compromiso con Dios y, a la vez, de consuelo y ánimo en forma de visiones proféticas acerca del futuro. En el libro hay, además, mensajes específicos para el líder civil Zorobabel (Zac. 4:6-7), el sumo sacerdote Josué (Zac. 3:8-9) y los sacerdotes como líderes espirituales del pueblo (Zac. 7:4-5).

¿Cuándo y dónde lo escribió?

Dos meses después de que Hageo finalizara su profecía, Dios también le habló al pueblo a través del profeta Zacarías exactamente en el mes octavo que es octubre-noviembre (Zacarías 1:1). Así, entonces, la fecha de los primeros ocho capítulos del libro es la misma que la de Hageo: 520 a.C. Los capítulos 9-14 son posteriores; quizá cerca del año 480 a.C. Zacarías se encontraba en Jerusalén cuando escribió su libro.

Panorama del libro

Este es el libro más largo de los profetas menores, con catorce capítulos y el más apocalíptico. Junto con Hageo, recibió la comisión de animar al pueblo a continuar la labor de reconstrucción del templo. Además, el profeta dio instrucciones acerca de la santidad de vida, necesaria para la reconstrucción de un templo santo. Por último, el libro revela detalles acerca del futuro, sobre todo sobre el Mesías, fuente de esperanza para el pueblo.

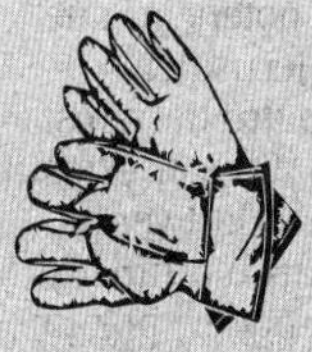

¿Cómo se relaciona con nosotros?

Zacarías es un excelente ejemplo de un mensajero que promueve la santidad sin apelar a los típicos recursos de la culpa y el temor. Este libro contiene el mayor número de pasajes mesiánicos entre los profetas menores, y en este sentido es posible pensar el libro de Zacarías como una especie de libro de Isaías en miniatura. Zacarías representa a Cristo tanto en su primera venida (Zacarías 9: 9) como en su segunda venida (9: 10–10: 12). Jesús vendrá, según Zacarías, como Salvador, Juez y, en última instancia, como el Rey justo que gobierna a su pueblo desde Jerusalén (14: 8–9) y por eso su llamado a la santidad se hace desde la perspectiva de Jesús.

¿Cómo lo estudiamos?

1) El Señor reanima a través de un llamado al arrepentimiento. Cap. 1:1-6
2) El Señor reanima por medio de visiones que revelan la historia. Caps. 1:7-6:15
3) El Señor reanima por medio de respuestas claras. Caps. 7-8
4) El Señor reanima por medio de una visión del futuro Mesías. Caps. 9-14

ZACARÍAS

Zacarías

Un llamado a volver al Señor

1 En el mes octavo del segundo año del reinado de Darío, el Señor le habló a Zacarías hijo de Berequías y nieto de Idó. El Señor Todopoderoso le pidió que les diera a los israelitas este mensaje: 2«Yo, que soy el Señor, estuve muy enojado con los antepasados de ustedes. 3Pero si ustedes vuelven a serme fieles devotos, entonces yo volveré a estar con ustedes en todo momento. Lo afirmo yo, el Señor Todopoderoso.

4»¡No sean como sus antepasados! A ellos, los primeros profetas les rogaron en vano que dejaran de actuar de forma tan malvada. "¡Vamos, vuélvanse de nuevo en fieles devotos del Señor", les decían en nombre del Señor. Pero no. Ellos no quisieron seguir la exhortación; no les hicieron caso a sus palabras.

5»Hace tiempo ya que murieron sus antepasados, y también los profetas antiguos. 6Pero se cumplió en ellos todo lo que les advertí por medio de mis profetas. Sí, el castigo anunciado cayó sobre ellos. Entonces al fin se arrepintieron. "Hemos recibido del Señor Todopoderoso lo que merecían nuestras malas acciones", dijeron. "El Señor hizo lo que nos había advertido que haría"».

El hombre entre los mirtos

7En el día veinticuatro del mes onceavo, el mes llamado sebat, del segundo año del reinado de Darío, el Señor le habló a Zacarías hijo de Berequías y nieto de Idó. Lo hizo con estas palabras. 8Vi en la noche a un hombre montado sobre un caballo alazán que estaba entre los mirtos, en medio de un valle. Detrás de él había otros caballos: alazanes, bayos y blancos, cada uno con su jinete. 9Un ángel se paró a mi lado, y yo le pregunté: «Señor, ¿para qué son todos estos caballos?» El ángel me respondió: «Te explicaré». 10Entonces el jinete del caballo alazán, que estaba entre los mirtos, me dijo: «A estos caballos el Señor los ha enviado a recorrer la tierra».

11Entonces los demás jinetes informaron al ángel del Señor: «Hemos recorrido toda la tierra, y en todo lugar hay paz y prosperidad». 12Después de oír esto, el ángel del Señor dijo en oración: «Señor Todopoderoso, durante setenta años has castigado mucho a Jerusalén y las ciudades de Judá. ¿Cuánto tiempo más tendrá que pasar antes de que les muestres tu misericordia nuevamente?»

13Y el Señor le respondió con palabras alentadoras y buenas al ángel que estaba parado a mi lado. 14Entonces el ángel me dijo: «Proclama este mensaje del Señor Todopoderoso: "Amo mucho a Jerusalén, es tan inmenso el amor que le tengo, que hasta siento celos por ella. 15Estoy encolerizado con las naciones paganas que viven tan tranquilas, porque se aprovecharon de que estuve enojado un poco con mi pueblo, y estas naciones aprovecharon para afligir a mi pueblo mucho más de lo que debían. 16Por lo tanto, así digo yo, el Señor: Volveré a tener misericordia de Jerusalén, y haré que mi templo sea reedificado. Lo afirmo yo, el Señor Todopoderoso"».

17El ángel me dijo que también diera este mensaje de parte del Señor Todopoderoso: «Nuevamente las ciudades de Israel volverán a rebosar de prosperidad, y el Señor consolará otra vez a Jerusalén, la bendecirá y vivirá en ella».

18Luego levanté la vista, y vi cuatro cuernos. 19Entonces le pregunté al ángel que hablaba conmigo: «¿Qué significan estos cuernos?» Y él me respondió: «Representan las cuatro potencias que han esparcido a Judá, a Israel y a Jerusalén».

20Entonces el Señor me mostró cuatro herreros. 21Y le pregunté: «¿Qué han venido a hacer estos hombres?» El ángel me respondió: «Han venido a derribar los cuernos que dispersaron a Judá, y para acabar por completo con su poder, por lo que le hicieron a Judá».

El hombre con una cuerda de medir

2 Nuevamente alcé la vista, y vi alrededor mío a un hombre que llevaba en la mano una cuerda de medir. 2Entonces le pregunté: «¿A dónde vas?» Y él me respondió: «Voy a medir a Jerusalén, pues quiero saber cuánto mide de ancho y cuánto de largo».

3Entonces el ángel que estaba conversando conmigo se dispuso a salir, pero en ese momento llegó otro ángel y habló con el él. 4Le dijo: «Ve y dile a este joven: "Jerusalén llegará a tener tantos habitantes y tanto ganado, que será una ciudad sin murallas. 5Porque yo mismo, que soy el Señor, seré su muro de protección, seré como una muralla de fuego a su alrededor, y además haré sentir siempre mi poderosa presencia dentro de ella".

6»¡Vamos, huyan de la tierra del norte, de Babilonia! ¡Fui yo el que los esparcí a ustedes por los cuatro puntos cardinales! ¡Salgan de Babilonia! ¡Regresen a Jerusalén! Lo ordeno yo, que soy el Señor Todopoderoso. 7¡Vamos, Israel, es hora de marchar!»

8El Señor Todopoderoso me ha enviado a decirles a las naciones que los oprimieron: «¡El que hace daño a mi pueblo lo pagará muy caro! ¡Quien daña a Israel es como si lastimara la niña de mis ojos! 9Los aplastaré con mi puño, y sus mismos esclavos los robarán». Entonces reconocerán que el Señor Todopoderoso me ha enviado.

10»¡Canta y regocíjate, Jerusalén, porque yo he venido para vivir contigo! Lo afirmo yo, el Señor.

2.10

11»En aquel tiempo muchas naciones se convertirán en fieles devotas del Señor. También ellas serán mi pueblo, y viviré en medio de ellas. Entonces sabrán que fue el Señor Todopoderoso quien me envió a ustedes. 12Judá será de nuevo herencia del Señor en la Tierra Santa; Dios una vez más ha escogido a Jerusalén para bendecirla. 13¡Que toda la humanidad guarde silencio delante del Señor, porque se ha puesto en pie en su santa morada!»

Ropas limpias para el sumo sacerdote

3 Entonces el ángel me mostró en la visión al sumo sacerdote Josué que estaba delante del ángel del Señor; y también estaba allí Satanás, a la derecha del ángel, acusando de muchas cosas a Josué. 2El ángel del Señor le dijo a Satanás: «¡Que el Señor te condene a ti, Satanás! ¡Sí, que el Señor, que ha escogido a Jerusalén, te condene! ¿Acaso no ves que a este hombre lo ha librado el Señor del castigo?»

3Josué, que estaba delante del ángel, tenía ropas sucias. 4Entonces el ángel les dijo a los demás que estaban parados allí: «¡Quítenle esa ropa sucia!» Y volviéndose a Josué, le dijo: «Mira, he quitado tu pecado, y te vestiré con ropa de dignidad».

5Entonces ordenó: «Pónganle también una mitra en la cabeza, como señal de dignidad». Y ellos se la pusieron, y le pusieron también las ropas de dignatario. 6Cuando terminaron de vestirlo, el ángel del Señor le advirtió a Josué: 7«Esto es lo que te dice el Señor Todopoderoso: Si te mantienes fiel a mis instrucciones y ejerces con fidelidad tu sacerdocio, entonces te pondré a cargo del templo y cuidarás mis atrios. ¡Y te daré una posición especial entre estos ángeles que están a mi servicio!

8»Óyeme, Josué, sumo sacerdote, y que me oigan también tus compañeros, los que están a tu lado, pues todos ustedes son una señal de las buenas cosas que vendrán: ¡Yo traeré a mi siervo, yo traeré a mi Renuevo! 9¡Pon mucha atención, Josué, delante de ti he puesto una piedra! ¡Es una piedra extraordinaria de siete lados! En ella voy a dejar grabado un mensaje. ¡En un solo día perdonaré el pecado de esta tierra! ¡Lo afirmo yo, el Señor Todopoderoso!

10»Y después de aquello, declara el Señor Todopoderoso, todos ustedes vivirán en paz y prosperidad, y cada uno poseerá su propia casa, con jardines y viñedos, y de nuevo podrá invitar a sus vecinos».

El candelabro de oro y los dos olivos

4 Entonces el ángel que había estado hablando conmigo me despertó, como si hubiera estado durmiendo, 2y me preguntó: «¿Que ves ahora?» Yo le respondí: «Veo un candelabro de oro que sostiene siete lámparas, y sobre ellas hay un depósito para el aceite de oliva que sirve de combustible y que fluye hacia ellas a través de siete tubos. 3Veo, además, dos olivos junto al candelabro, uno a cada lado del depósito».

4Entonces le pregunté al ángel: «¿Qué es esto, señor? ¿Qué significa?» 5Y el ángel me preguntó: «¿En realidad, no lo sabes?» Yo le dije que no lo sabía. 6De modo que el ángel me dijo: «Este es el mensaje de Dios para Zorobabel: No vencerás con ejército, ni usando tu fuerza, sino sólo con mi Espíritu, dice el Señor Todopoderoso. 7Por lo tanto, ninguna montaña, por alta que sea, podrá estorbar a Zorobabel, pues delante de él será solo un valle fácil de atravesar. Tú, Zorobabel, colocarás la primera piedra para construir el templo, y todos gritarán llenos de alegría: "¡Qué preciosa es! ¡Qué preciosa es!"»

8Luego el Señor me dijo:

9«Zorobabel echó los cimientos de este templo, y él lo completará. ¡Así se confirmará delante de todo el pueblo que yo, el Señor Todopoderoso, te he enviado a darles mi mensaje!

10»No desprecien este humilde comienzo, porque los ojos del Señor se deleitan en ver el trabajo iniciado, al ver la plomada en la mano de Zorobabel controlando la verticalidad de los muros. Porque estas siete lámparas representan mis ojos, pues yo lo observo todo».

11Entonces le pregunté acerca de los dos olivos que estaban a ambos lados del candelabro, 12y acerca de las dos ramas de olivo que vaciaban aceite en vasijas de oro, por medio de dos tubos de oro.

13Y el ángel me preguntó: «¿No lo sabes?» Y yo le contesté que no lo sabía. 14Entonces me dijo: «Representan a los dos ungidos que ayudan al Señor de toda la tierra».

El rollo que volaba

5 Alcé la vista y vi un rollo que volaba. 2El ángel me preguntó. «¿Qué ves?» Y yo le contesté: «Un rollo que vuela. Tiene unos diez metros de largo por cinco de ancho».

3Entonces el ángel me dijo: «Este rollo representa el castigo que vendrá sobre la tierra. Dice que todos los que roban y mienten han sido juzgados y sentenciados a muerte. En este rollo están registrados en un lado los robos y en el otro los

4.6

falsos juramentos. 4El SEÑOR Todopoderoso ha dicho que él envía su maldición sobre los ladrones y sobre los que usan su nombre para jurar en falso. Y que su maldición permanecerá sobre las casas de ellos y las destruirá completamente».

La mujer en un recipiente

5Entonces el ángel me dejó por unos momentos, pero luego volvió y me dijo: «¡Mira! ¡Algo está apareciendo!»

6«¿Qué es?» le pregunté. Y él me respondió: «Es un recipiente que se usa para medir, y está lleno con todas las maldades de todos los que viven en este país».

7Repentinamente la pesada cubierta de plomo que estaba sobre el recipiente fue levantada, y pude ver a una mujer sentada dentro del recipiente. 8El ángel dijo:

«¡Ella representa la maldad!» Luego la volvió a meter en el recipiente, y colocó de nuevo la pesada tapa de plomo encima.

9Entonces alcé de nuevo la vista, y vi a dos mujeres que volaron hacia nosotros con alas como de cigüeña. Tomaron el recipiente y se lo llevaron.

10«¿A dónde lo llevan?», le pregunté al ángel. 11Él me respondió: «A Babilonia, que es donde le corresponde estar, y donde le construirán un templo. Allí, en el templo, construirán un altar, y sobre éste pondrán ese recipiente».

Los cuatro carros

6 Nuevamente levanté la vista, y vi cuatro carros que venían de entre lo que parecía dos montañas de bronce. 2El primer carro era tirado por caballos alazanes, el segundo, por caballos negros, 3el tercero por caballos blancos, y el cuarto por caballos pintos. 4«¿Y qué son éstos, señor? ¿Qué significan?», le pregunté al ángel.

5Él me respondió: «Estos son los cuatro espíritus celestiales que están delante del SEÑOR de toda la tierra; y ahora salen a recorrer la tierra. 6El carro tirado por caballos negros irá al norte, el tirado por los caballos blancos irá al oeste, mientras el de los pintos irá al sur».

7Estos caballos estaban impacientes por salir a recorrer la tierra de uno a otro extremo; así que el ángel les ordenó: «¡Salgan a recorrer la tierra!» Y ellos salieron de inmediato, y empezaron a recorrer toda la tierra.

8Entonces el ángel me llamó y me dijo: «Los que fueron hacia el país del norte han ejecutado mi juicio, y han así han apaciguado mi ira contra ese país».

La corona para Josué

9En otro mensaje el SEÑOR me dijo: 10«Los exiliados Jelday, Tobías y Jedaías han llegado de Babilonia. 11Ve y pídeles el oro y la plata que han traído, y dirígete a la casa de Josías hijo de Sofonías. Pídele que con ese oro y esa plata haga una corona. Le pondrás esa corona al sumo sacerdote Josué hijo de Josadac, 12y le darás este mensaje que yo, el SEÑOR Todopoderoso, le envío: "Haré que surja en la tierra un hombre, cuyo nombre será Renuevo, él será el encargado de edificar el templo del SEÑOR. 13 Él construirá el templo del SEÑOR, luego se sentará sobre su trono real para gobernar. También un sacerdote se sentará sobre otro trono, a su lado, y habrá completa paz y armonía entre ellos".

14»Luego pondrás la corona en el templo del SEÑOR, para recordar a quienes dieron la plata y el oro para hacerla, esto es, a Jelday, Tobías, Jedaías y Hen hijo de Sofonías. 15Cuando ustedes estén dispuestos a poner atención a mis instrucciones y a obedecerme, entonces muchos de los que están lejos vendrán y ayudarán a reconstruir el templo del SEÑOR. Entonces reconocerán que yo, el SEÑOR Todopoderoso, me he comunicado con ustedes a través de Zacarías, mi servidor».

Justicia y misericordia en lugar de ayuno

7 El día cuatro del mes noveno, que es el mes llamado Quisleu, del cuarto año del reinado de Darío, el SEÑOR le comunicó otro mensaje a Zacarías. 2Los judíos de la ciudad de Betel habían enviado un grupo de hombres encabezados por Sarézer, principal funcionario administrativo del rey, y a Reguen Mélec, al templo del SEÑOR, en Jerusalén. El motivo de la visita era, además de pedir la ayuda del SEÑOR, 3preguntarles a los sacerdotes y a los profetas si debían o no continuar con la práctica del ayuno del mes quinto del año, tal como lo venían haciendo desde hacía varios años.

4Esta fue la respuesta que el SEÑOR Todopoderoso les dio a través del profeta Zacarías:

5«Cuando regresen a Betel, digan a su pueblo y a sus sacerdotes: "Durante los setenta años de exilio, cada vez que ayunaron y se humillaron en los meses quinto y séptimo, ¿lo hacían pensando sinceramente en dejar de cometer maldades y ser fieles a mis instrucciones? ¡No, de ninguna manera! 6Aun ahora, en sus fiestas llenas de pompa, no piensan en agradarme a mí, sino en sus comilonas y borracheras"».

7Hace muchos años, cuando Jerusalén y las ciudades vecinas estaban llenas de gente y tenían paz, cuando también el desierto del Néguev y los valles del oeste estaban poblados, los antiguos profetas les advirtieron que esta actitud los conduciría a la ruina, como efectivamente ocurrió.

8De nuevo Zacarías recibió un mensaje del SEÑOR:

9«Esto es lo que dice el SEÑOR Todopoderoso:
Sean honrados y justos, no reciban soborno y
muestren misericordia y bondad hacia todos.
10Dejen de oprimir a las viudas y a los huérfanos,
a los extranjeros y a los pobres. Dejen de pensar
en cometer maldades contra sus vecinos.
11»Sus antepasados no atendieron este mensaje.
Se mostraron soberbios, dieron la espalda y se
taparon los oídos con los dedos para no oírme.
12Endurecieron su corazón como si fuera pedernal, para no hacer caso a las palabras que yo,
el SEÑOR Todopoderoso, les enviaba, las instrucciones que por mi Espíritu había revelado a los
profetas antiguos. Por esta razón yo, el SEÑOR
Todopoderoso, los traté con mucha cólera y
rigor. 13Fue por esta situación que cuando ellos
clamaron a mí, yo no atendí a sus ruegos, así
como ellos no quisieron obedecerme cuando yo
les hablé. 14Los esparcí como con un torbellino
hacia naciones lejanas. La tierra de ellos quedó
desolada; nadie viajó por ella; la tierra que en
tiempo era tan próspera quedó convertida en
estéril desierto».

El SEÑOR promete bendecir a Jerusalén

8 Volví a recibir un mensaje del SEÑOR Todopoderoso.
2El SEÑOR Todopoderoso dice: «Es tanto mi amor
por Jerusalén, que hasta siento celos por ella,
sí, unos celos que me llenan de ira contra sus
enemigos. 3Ahora voy a regresar a mi tierra y
habitaré en Jerusalén, y Jerusalén será conocida
como "Ciudad Fiel", y Sión será llamado "Monte
Santo"».
4El SEÑOR Todopoderoso declara: «En las calles
de Jerusalén se volverán a sentar los ancianos y
las ancianas, andarán apoyados en su bastón,
debido a su avanzada edad. Sí, sus habitantes
vivirán de nuevo muchos años. 5De nuevo, los
niños y las niñas de la ciudad jugarán confiados
en sus calles».
6El SEÑOR Todopoderoso dice: «Esto parece
increíble para ustedes que son un resto pequeño
y desalentado, pero no es una cosa difícil para
mí. 7Pueden estar seguros de que yo rescataré a
mi pueblo desde el oriente hasta el occidente,
de dondequiera que hayan sido llevados cautivos. 8Yo los haré volver a su casa nuevamente, y
ellos vivirán tranquilos en Jerusalén, y serán mi
pueblo, y yo seré su Dios, un Dios justo y fiel».
9El SEÑOR Todopoderoso dice: «A ustedes que
han escuchado los mensajes de los profetas, desde el momento en que se comenzaron a echar
los cimientos del templo del SEÑOR Todopoderoso, les digo: ¡Anímense y pónganse a trabajar!
10Recuerden que anteriormente no se les pagaba
ningún salario, ni a los animales se les daba su
alimento. Nadie podía viajar tranquilo de un lado
a otro, debido al enemigo. Yo mismo hice que
los habitantes del país estuvieran enemistados
unos con otros.
11»Pero ahora todo es diferente con ustedes, que
son el pequeño grupo de los que han superado
el exilio, dice el SEÑOR Todopoderoso. 12Yo estoy
poniendo las bases para que ustedes gocen de
paz y prosperidad. Sus cosechas serán abundantes, los viñedos estarán sobrecargados de uvas,
la tierra será fecunda y habrá abundancia de
lluvia para sus cosechas. Todas estas bendiciones
serán dadas al pequeño grupo del pueblo que
quedó en la tierra después del exilio. 13Ustedes,
habitantes de Judá e Israel, han sido perseguidos
y maltratados por los pueblos vecinos; pero yo
voy a defenderlos de aquí en adelante, y serán
llenados de cosas buenas por mí. ¡Sigan adelante con entusiasmo en la reconstrucción del
templo! 14Si lo hacen, ciertamente los
llenaré de cosas buenas. No cambiaré de parecer.
Cuando me enojé contra sus antepasados y prometí que los castigaría, los castigué; 15pero ahora no cambiaré mi determinación de hacerles
mucho bien y darles todo lo que necesitan. No
tengan temor por nada.
16»Esto es lo que tienen que hacer: Digan
siempre la verdad. Juzguen de manera justa y
de acuerdo a la verdad de los hechos. Vivan en
paz con todos. 17No piensen en causar daño a su
prójimo; no juren que algo es verdadero, cuando
es falso. Todo este tipo de cosas yo las repruebo,
dice el SEÑOR».
18Este es otro mensaje que recibí del SEÑOR
Todopoderoso:
19«Los ayunos y los otros rituales tradicionales
de los meses cuarto, quinto, séptimo y décimo
ya no serán expresión de constricción sino de
alegría y festejo; serán días de fiesta y de gozo
para todo el pueblo. Me interesa más que amen
la paz y la verdad.
20»Gente de diversos pueblos y ciudades vendrán a ustedes, 21e irán de una ciudad a otra
gritando: "¡Vamos a Jerusalén a pedir que el
SEÑOR nos bendiga también a nosotros! ¡Vamos
a rendir homenaje al SEÑOR Todopoderoso! ¡Ya
estoy listo para partir!" 22Sí, gente de muchos
pueblos, aun naciones poderosas, vendrán a
Jerusalén para rendir homenaje al SEÑOR Todopoderoso e implorar su bendición.
23»En aquellos días», dice el SEÑOR Todopoderoso, «sucederá que diez habitantes de diversas
naciones agarrarán a un judío por su manto,
y le dirán: "¡Por favor, permítenos ir contigo a
Jerusalén! ¡Sabemos que Dios está con ustedes!"».

Juicio contra los enemigos de Israel

9 Este es el mensaje que el Señor, quien vigila
a toda la humanidad, envía contra las ciudades de Jadrac y de Damasco, mensaje al que
deben estar muy atentas todas las tribus de Israel,
2De igual manera su vecina Jamat y las naciones
de Tiro y Sidón, que se sienten muy superiores
debido a su cultura.
3Aunque Tiro se ha armado hasta los dientes,
y se ha enriquecido, al punto que la plata ahí
brilla por todas partes y tienen oro hasta para
recubrir sus calles, 4el Señor la despojará y echará
sus riquezas en el mar; luego será incendiada,
quemada hasta quedar convertida en cenizas.
5Ascalón verá todo esto y temblará de miedo;
Gaza se desesperará y Ecrón estará confundido,
sin saber ni siquiera qué hacer, sin esperanza.
Gaza se quedará sin rey, y Ascalón se quedará
vacía.
6Extranjeros tomarán posesión de la ciudad
de Asdod, y yo destruiré a los orgullosos filisteos.
7Arrancaré de un tirón la idolatría que practican
como se arranca la presa de una fiera; quitaré
de entre sus dientes las presas capturadas en su
violencia. Pero nuestro Dios dejará algunos filisteos con vida, los cuales llegarán a ser parte de
Judá y serán tratados con mucha consideración;
pero los filisteos de Ecrón serán tratados como
los jebuseos, con mucha dureza. 8Y cuidaré mi
templo como un vigilante, para impedir que
ningún enemigo entre. ¡Nunca más un enemigo atacará a mi pueblo, pues ahora yo soy su
poderoso guardián!

El rey de Sión

✝ 9¡Regocíjate grandemente, pueblo mío! ¡Grita de alegría, Jerusalén! ¡Tu rey viene montado sobre un burrito! ¡Es un rey justo y humilde,
y viene a salvarte! 10Destruirá los carros de guerra
de Efraín y la caballería de Jerusalén. Acabará
con el poderío militar de los fuertes y establecerá la paz entre las naciones. Su reino se extenderá de mar a mar, desde el río Éufrates hasta el
último rincón de la tierra.

Restauración de Israel

11Debido al pacto que hice contigo, el cual sellé
con sangre, yo libraré a tus cautivos de ese pozo
seco que les servía de prisión. 12¡Presos, váyanse
ahora a la tierra donde está la salvación, porque aún hay esperanza! Prometo ahora darles el
doble de cosas buenas por cada dolor que sufrieron. 13Judá, te usaré como si fueras mi arco, y a
ti, Efraín, como si fueras mi flecha. Ambos serán
instrumentos poderosos, como espada de soldado
valiente blandida contra los hijos de Grecia.
14El Señor dirigirá a su pueblo en la batalla.
Sus flechas serán como rayos; el Señor Dios hará
sonar la trompeta dando las órdenes en la batalla,
y saldrá contra los enemigos como si fuera un
torbellino que viene desde el desierto del sur. 15El
Señor Todopoderoso defenderá a su pueblo. Por
eso, ellos pisotearán, victoriosos, las armas de
sus enemigos; celebrarán con gozo su victoria,
beberán vino hasta embriagarse, y derramarán
la sangre de sus enemigos, como la sangre de
los animales sacrificados que se deposita en los
tazones y luego se derrama sobre el altar. 16Ese
día, el Señor su Dios los salvará, los tratará como
un pastor a sus ovejas. Y al estar de nuevo en su
tierra, brillarán como piedras preciosas. 17¡Todos
apreciarán la bondad y hermosura de Dios! ¡La
felicidad del pueblo será muy grande! ¡Qué bello
será todo aquello! ¡El trigo dará vigor a sus jóvenes, y el vino dulce alegrará a las muchachas!

El Señor cuidará de Judá

10 ¡Pidan al Señor las lluvias tardías! Y él les
responderá con relámpagos y lluvias. El
campo dará abundante hierba verde. 2¡Qué necedad es pedir algo a los ídolos! Las predicciones de
los adivinos son un montón de mentiras necias;
¿qué consuelo hay en promesas que no llegan a
cumplirse? Judá e Israel han sido engañados por
ellos y por eso ahora vagan como ovejas perdidas;
todos las atacan porque no tienen pastor que las
defienda.
3Mi ira se ha encendido contra los que dicen
ser tus pastores, contra tus jefes, y los castigaré. Porque ha llegado el Señor Todopoderoso
a defender a Judá, su rebaño. Lo haré fuerte y
distinguido como caballo de honor en el combate. 4De Judá saldrá la piedra del ángulo, que
es la más importante de una construcción; y la
estaca más resistente de su tienda de campaña;
también el arco para la guerra; saldrán también
eficaces gobernantes. 5Entonces serán como guerreros valientes que dominan claramente a sus
enemigos, dejándolos tendidos en las calles, y
que enfrentan y derrotan también a las fuertes
caballerías enemigas, porque saben que el Señor
está con ellos.
6«Yo fortaleceré a Judá, y protegeré a la casa
de Israel. Haré que de nuevo sean prósperos y
felices, porque los amo. Será como si nunca los
hubiera desechado, porque yo, el Señor su Dios,
habré escuchado sus oraciones llenas de angustia. 7Los de Efraín serán como guerreros poderosos. Estarán alegres como si hubieran bebido
vino. Sus hijos también verán las misericordias
del Señor y se alegrarán. Ellos también estarán
felices al darse cuenta que el Señor siempre está
con ellos. 8Los llamaré con silbido y ellos vendrán

✝ 9.9—Ma 21.1-10

corriendo; cuando los haya rescatado, volverán a ser un pueblo numeroso y fuerte, como lo fueron en el pasado.

9»Aunque los esparza como semillas entre las naciones, aún en esos pueblos lejanos se acordarán de mí. Aunque llegaran a vivir con sus hijos lejos de su tierra, regresarán a ella de nuevo. 10Los haré volver de Egipto y de Asiria y los estableceré en Israel, en Galaad y en el Líbano; ¡y hasta les quedará faltando espacio! 11Ellos pasarán a salvo por el mar de la angustia porque yo aquietaré sus olas. Haré que el profundo Nilo quede seco por completo. ¡Acabaré con el orgullo de Asiria, y derribaré la prepotencia de Egipto!

12»Yo mismo fortaleceré a mi pueblo, y haré que avancen confiados en mi permanente ayuda. Lo afirmo yo, que soy el Señor Todopoderoso».

11 ¡Líbano! ¡Abre tus puertas, para que el fuego devore tus cedros! 2Lloren, pinos, por todos los cedros destruidos; los más altos y hermosos de ellos cayeron. ¡Griten de miedo, encinas de Basán! ¡Lloren por ese enorme bosque que ha sido devorado por el fuego! 3¡Se escucha el llanto de los pastores al ver cómo desaparece la pradera! ¡Se oye el rugido triste de los leones que quedan en desamparado! ¡La llanura fértil del Jordán se ha convertido en paraje desolado y triste!

Los dos pastores

4Entonces me dijo el Señor mi Dios: «Apacienta las ovejas que van a ser llevadas al matadero. 5Los que las compran, las matan sin sentir ninguna culpa; y los que las venden dicen: "¡Gracias a Dios, ahora soy rico!". Ni siquiera a sus propios pastores les importa su suerte. 6Por ello tampoco yo tendré compasión de la gente de este país, dice el Señor. Dejaré que sus propios jefes impíos se apoderen de ellos. Dejaré que los exploten y opriman, y no haré nada por defenderlos».

7Así que tomé dos varas de pastor y las llamé «Gracia» y «Unión», y apacenté las ovejas, es decir, a la gente más desprotegida del pueblo, en la forma que se me había ordenado. 8Me deshice de tres pastores malvados en un solo mes. Realmente no podía soportar su ineficacia, además de que ellos me odiaban.

9Así que les dije: «No seré más su pastor. La que muera, que muera. Si las matan, no me importará. Sigan adelante, ¡destrúyanse ustedes mismas! ¡Cómanse unas a otras, si eso es lo que quieren!»

10Entonces tomé la vara de pastor llamada «Gracia» y la partí. De este modo di a entender que Dios había roto el pacto de gracia que había hecho con todas las naciones. 11Eso puso fin al pacto. Entonces los que miraban comprendieron que Dios les daba un mensaje por medio de lo que hice.

† 12Y yo dije a los jefes: «Si les parece bien, páguenme mi salario, lo que estimen conveniente, y si no, quédense con él». Entonces ellos me dieron como pago solamente treinta monedas de plata.

13Entonces el Señor me dijo: «¡Toma esas monedas, ese "espléndido salario" que me han dado, y deposítalas en la tesorería del templo!» Así que tomé las treinta moneditas y las eché en la tesorería.

14Entonces quebré la otra vara de pastor, a la que había llamado «Unión», para mostrar que el lazo de unión entre Judá e Israel quedaba roto.

15Luego el Señor me dijo: «Ahora te vestirás como uno de esos malos pastores, que no cuidan a sus ovejas. 16Porque voy a darle a esta nación un pastor que no se preocupará de las moribundas; no buscará las pequeñas, ni curará a las heridas, ni llevará a las cansadas en sus brazos; en cambio, se comerá a las gordas y les romperá las pezuñas».

17¡Ay del pastor que no sirve para nada, que abandona su rebaño! ¡Que una espada le hiera su brazo, y no le quede sirviendo para nada! ¡Que un cuchillo le saque su ojo derecho, para que no vuelva a ver con él!

Destrucción de los enemigos de Jerusalén

12 Este es el mensaje que el Señor tiene acerca de Israel: El Señor, que hizo los cielos, que puso los fundamentos de la tierra y que le dio vida al ser humano, dice esto:

2«Haré que Jerusalén sea como una copa de vino que embriague a los pueblos vecinos. También Judá, como Jerusalén, será sitiada. 3Entonces todos los pueblos se juntarán para atacarla. Pero, en ese día, haré que Jerusalén sea como una piedra pesada a la que todos tratarán de levantar. Sin embargo, todos los que lo hagan van a fracasar, y quedarán aplastados debajo de ella.

4»En aquel día», dice el Señor, «yo espantaré a todos los caballos, y enloqueceré a todos los jinetes. Ese día dejaré ciegos a todos los caballos de los pueblos, pero cuidaré con toda atención a mi pueblo Judá. 5Entonces los jefes de Judá dirán: "¡El Señor Todopoderoso es la fortaleza de Jerusalén! ¡En él basan su gran fuerza!"

6»En ese tiempo haré que los jefes de Judá sean como un pequeño fuego que enciende un gran bosque, como antorcha encendida entre las gavillas de paja seca; acabarán con las naciones vecinas como lo hace el fuego con la paja, mientras Jerusalén quedará inconmovible, y volverá a ser habitada. 7El Señor salvará, en

† 11.12–13—Ma 26.15

primer lugar, a las otras familias de Judá, antes
que a la familia de David. De ese modo, todos
entenderán que para el SEÑOR todos los miembros de su pueblo son de igual valor. Así que la
familia de David no podrá pensar que es más
importante que las otras.
8»En ese tiempo, el SEÑOR defenderá al pueblo
de Jerusalén; el más débil de sus habitantes será
tan poderoso como el rey David. Y la descendencia real será como Dios mismo, como el ángel
del SEÑOR que va delante de ellos.
9»En ese tiempo, destruiré a todas las naciones
que se movilicen para atacar a Jerusalén.
✝ 10Entonces llenaré las vidas de los habitantes
de Jerusalén de espíritu de gracia y oración,
y ellos pondrán su atención en mí, a quien traspasaron, y se lamentarán de su antiguo error
como se llora la muerte de un primogénito, habrá
luto como si se les hubiera muerto el hijo mayor.
11»En aquel día, el lamento que habrá en Jerusalén será tan grande como el que los paganos
hacen por su dios Hadad Rimón en el valle de
Meguido.
12-14»Todo Israel llorará con profundo pesar.
Toda la nación hará lamento con una aflicción
que será general: rey, profeta, sacerdote y pueblo.
Cada familia, por separado, llorará y hará duelo.
Será igual para la familia de David, la de Natán,
la de Leví, la de Simí, y todas las demás. Hombres
y mujeres llorarán por igual. Cada familia llorará
su propia tragedia, y también se hará duelo por
el destino de todo el pueblo.

Limpieza del pecado

13 »En aquel día será como abrir un gran
manantial en donde la descendencia real
de David y todos los habitantes de Jerusalén puedan purificarse de todas las maldades que han
cometido.
2»En aquel día, dice el SEÑOR Todopoderoso,
haré desaparecer todo vestigio de adoración de
ídolos de la tierra, de tal modo que se olvidará
aun el nombre de esos ídolos. Todo falso profeta,
junto con su espíritu de mentira que los inspira,
será también eliminado. 3Y si alguien comienza
nuevamente con profecías falsas, su propio padre
o su madre lo matarán. “Debes morir”, le dirán,
“porque has difundido mentiras como si fueran
mensajes de parte del SEÑOR”.
4»Entonces nadie se jactará de tener dones
proféticos. Nadie usará la túnica típica de profeta para engañar nuevamente al pueblo con
sus mentiras. 5En vez de jactarse que son profetas, cada uno dirá: “No, yo no soy profeta; soy
campesino. Toda mi vida me la he pasado en el
campo”. 6Y si alguien le pregunta: “Entonces,
¿qué significan las cicatrices que tienes en las
manos?”, él responderá: “Son heridas que me
hicieron mis propios amigos”.

El pastor herido, las ovejas dispersas

7»El SEÑOR Todopoderoso exclama: ¡Mi espada
será lanzada contra mi pastor, contra aquel que
había hecho mi compañero de confianza! ¡Herido
el pastor, entonces las ovejas se dispersarán! ¡Yo
mismo me encargaré de matar a los corderitos!
8»Dos tercios del pueblo de Israel serán exterminados, pero un tercio quedará a salvo sobre
la tierra. 9A este tercio restante lo someteré a una
dura prueba, será como hacerlo pasar por el fuego para purificarlo, así como se hace con el oro
y la plata para refinarlos. Entonces se dirigirán a
mí con oraciones fervientes y yo les pondré atención. Diré: “¡Este es mi pueblo!”, y ellos dirán:
“El SEÑOR es nuestro Dios”.

El reinado venidero del SEÑOR

14 »¡Cuidado! ¡Se acerca el día en que el
SEÑOR se manifestará con poder! 2En aquel
día, el SEÑOR reunirá a las naciones para que
ataquen a Jerusalén; la ciudad será tomada, serán
saqueadas las casas, se repartirá el botín, las
mujeres serán violadas; la mitad de la población
será llevada cautiva a la esclavitud, pero la otra
mitad se quedará aquí en su tierra.
3»Entonces intervendrá el SEÑOR, y peleará a
favor de Israel contra todas las naciones enemigas que lo habían atacado; peleará como en
sus grandes días de guerra. 4En ese día pondrá
sus pies sobre el monte de los Olivos, el que está
al oriente de Jerusalén, y el monte se partirá en
dos, formando un extenso valle que irá de este
a oeste, porque una mitad del monte se moverá
hacia el norte, y la otra mitad lo hará hacia el
sur. 5Entonces ustedes podrán escapar por aquel
valle, hacia Asal. Sí, huirán como lo hicieron sus
antepasados hace muchos años, cuando hubo
un terremoto en tiempos de Uzías, rey de Judá.
Y entonces vendrá el SEÑOR mi Dios, y todos sus
santos le acompañarán.
6»En aquel día no se sabrá con precisión si
es de día o de noche. 7Será un día único, muy
especial, que sólo el SEÑOR sabe cómo será. No
habrá días ni noches como estamos acostumbrados; a la hora que normalmente anochece
habrá plena luz.
8»En aquel día, las aguas que todo lo llenan
de vida y verdor fluirán desde Jerusalén, la mitad
hacia el Mar Muerto y la otra mitad hacia el
Mediterráneo, corriendo continuamente en
invierno y en verano, sin agotarse. 9Y el SEÑOR
será Rey sobre toda la tierra. En aquel día solo

✝ 12.10—Jo 20.27

el SEÑOR será reconocido como Dios, y sólo su
nombre será reconocido como digno de honor
y homenaje.
10»Toda la tierra, desde Gueba, en el norte, hasta Rimón, al sur de Jerusalén, será una extensa
llanura, pero Jerusalén estará en un sitio elevado,
abarcando el área que se extiende desde la puerta
de la ciudad de Benjamín hasta el lugar conocido
como de la puerta Vieja, y hasta la puerta del
Ángulo, y desde la torre de Jananel hasta donde se
encuentran los lagares del rey. 11Y Jerusalén será
de nuevo habitada por sus propios ciudadanos;
en ella se gozará de paz y seguridad, y nunca
más volverá a ser destruida.
12»Y el SEÑOR enviará una plaga contra todos
los pueblos que lucharon contra Jerusalén. Serán
como cadáveres vivientes, pues se les pudrirá la
carne, se les hundirán los ojos en sus cuencas, y
la lengua se les pegará al paladar. 13Se llenarán
del terror y la angustia provocados por el SEÑOR,
y pelearán unos contra otros, completamente
confundidos.
14»Toda Judá estará peleando en Jerusalén. En
torno a Jerusalén serán reunidas las riquezas de
las naciones vecinas, las que les serán arreba-
tadas por completo: grandes cantidades de oro,
plata y vestidos. 15La misma plaga alcanzará a
caballos, mulas, camellos, burros y a todos los
animales del campamento enemigo.
16»Al final, los que sobrevivan la plaga subirán cada año a Jerusalén para ofrecer homenaje
al Rey, al SEÑOR Todopoderoso, y para celebrar
la fiesta de los Tabernáculos. 17Y toda nación,
de cualquier parte del mundo, que se niegue a
venir a Jerusalén a ofrecer homenaje al Rey, al
SEÑOR Todopoderoso, no recibirá lluvia. 18Y si los
de Egipto se niegan a acudir, tampoco recibirán
lluvia. El SEÑOR castigará con alguna otra plaga
a quienes no suban a Jerusalén a participar de
la fiesta de los Tabernáculos. 19Así que Egipto y
los demás países serán castigados con sequía si
se niegan a subir a participar de dicha fiesta.
20»En aquel día habrá la siguiente inscripción
en las campanillas de los caballos: "Consagrado
al SEÑOR". Las ollas que se usan en el templo
del SEÑOR serán consideradas tan especiales y de
uso exclusivo como las copas que se usan para
esparcir la sangre frente al altar del sacrificio,
en el templo. 21En realidad, todas las ollas que
haya en Jerusalén y en Judá, serán consagradas
al SEÑOR Todopoderoso. De modo que cualquiera
que vaya a presentar un sacrificio al SEÑOR, podrá
usarlas y cocer en ellas. En aquel día ya no habrá
más mercaderes abusivos en el templo del SEÑOR
Todopoderoso».

MALAQUÍAS

¿Quién lo escribió?

Del autor no se sabe absolutamente nada más que el significado de su nombre, "mensajero" o "mi mensajero". De hecho, algunos piensan que Malaquías era un sobrenom- bre, porque ese nombre no aparece en ningún otro lugar en el Antiguo Testamento. Sin embargo, todos los profetas han sido llamados por su nombre, así que no hay razón para pensar que él es la excepción.

¿A quién lo escribió?

El ministerio de Malaquías se desarrolla casi un siglo después del de Hageo. El pueblo judío que trabajó de manera tan entusiasta en Hageo, había cambiado. Quizá la espera del cumplimiento de las promesas de Zacarías les pareció muy larga y ellos volvieron a comportarse indignamente. Entre la audiencia del profeta estaban los cínicos, los apáticos, los mediocres, los que dudaban, los deshonestos e incluso algunos claramente impíos. Entonces Dios los reprendió a través del profeta Malaquías. En el libro hay mensajes especialmente dirigidos a los líderes espirituales del pueblo (Mal. 1:6-2:9).

¿Cuándo y dónde lo escribió?

Es muy difícil señalar una fecha exacta para la composición del libro, pero la mayoría de estudiosos ubican su ministerio un poco antes de las reformas de Esdras y Nehemías (465 a.C.) Algunos incluso creen que Malaquías fue contemporáneo de Nehemías. El libro fue escrito en la ciudad de Jerusalén.

Panorama del libro

La profecía de él es "contra" el pueblo de Israel (1:1). Es decir, Dios le envía un mensaje de reproche a todo su pueblo. La reprensión es presentada como si fuera un diálogo entre Dios y el pueblo, el cual contesta con preguntas que dan la impresión de que se creía inocente. El libro hace un llamado a practicar una adoración más sincera y, a la vez que la vida de los judíos se ajuste a las demandas éticas del pacto con el Señor. Estas exigencias están basadas en una premisa teológica bastante sencilla, pero profunda: "'Yo los he amado', dice el Señor" (Mal. 1:2). A la vez, como en la mayoría de los profetas, termina con una nota de esperanza, basada en la venida de "Elías" en el "Día del Señor" (lee Mt. 11:14; 17:12; Mr. 9:12).

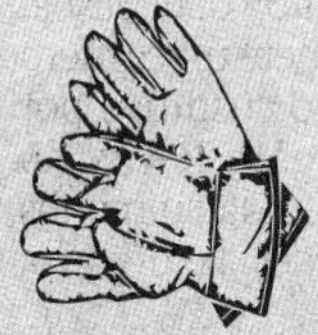

¿Cómo se relaciona con nosotros?

Este libro se escribe en un momento en el que la gente luchaba por creer que Dios todavía los amaba (Malaquías 1: 2). El pueblo se había centrado en sus circunstancias desafortunadas sin reconocer que la causa de ellas eran sus propios actos pecaminosos, así que Dios les señaló a través de Malaquías que si esperaban ver cambios tenían que asumir la responsabilidad de sus propias acciones y servir a Dios fielmente de acuerdo con la promesa que sus padres le habían hecho a Dios en el pasado.

Este libro es un llamado crucial a permitir que el amor que Dios ha mostrado por nosotros en el pasado inunde cada área de nuestra vida para transformarla en el presente. La pregunta de fondo es cuánta influencia práctica tiene el amor de Dios en nuestra vida y si en verdad confiamos en Él. Este llamado de Malaquías nos impulsa a vivir fielmente ante Dios y nos ofrece la esperanza de que Dios aún no ha terminado de extender su misericordia a nosotros (Malaquías 3:1; 4:2).

¿Cómo lo estudiamos?

1) El amor de Dios es afirmado. Cap. 1:1-5
2) El amor de Dios es rechazado. Caps. 1:6-3:15
3) Dios protegerá a los que responden a su amor. Caps. 3:16-4:6

MALAQUÍAS

Malaquías

1 Este es el mensaje dado por el SEÑOR a Israel, por medio del profeta Malaquías:

El amor de Dios por su pueblo

2,3«Te he amado con amor profundo», dice el SEÑOR. Pero preguntas: «¿De qué manera nos demuestras que nos amas?»

Y el SEÑOR responde: «Bien, recuerden que Esaú era el hermano mayor de Jacob, sin embargo yo preferí a Jacob sobre Esaú. Además, desolé las montañas y los campos de Esaú de tal manera que ahí sólo pudieron vivir los chacales del desierto».

4Si los descendientes de Edom dicen: «Reedificaremos las ruinas», el SEÑOR Todopoderoso les responde: «Inténtenlo, si quieren, pero yo las destruiré nuevamente, porque su tierra se llama debido a mí territorio de maldad y pueblo contra el cual el SEÑOR está enojado para siempre. 5Y ustedes, israelitas, lo podrán ver con sus propios ojos, y dirán: «¡Verdaderamente el gran poder del SEÑOR se extiende más allá de nuestras fronteras!»

El culto al SEÑOR

6El hijo respeta a su padre y el esclavo a su amo. Yo, el SEÑOR Todopoderoso, sin embargo les pregunto a ustedes, sacerdotes, que no le dan ninguna importancia a mi gran fama: «Si soy su Padre, ¿por qué no me respetan? Si soy su Amo, ¿por qué no me tienen temor?»

Pero ustedes aún se atreven a preguntar: «¿Cuándo hemos tenido en nada tu gran fama?»

7¡Pues lo hacen cuando ofrecen sacrificios rituales inadecuados sobre mi altar!

«¿Sacrificios rituales inadecuados dices? ¿Cuándo hemos hecho tal cosa?», vuelven a preguntar los sacerdotes.

Y el SEÑOR les responde: «Cada vez que dicen a la gente de Israel: "No se preocupen por traer una ofrenda valiosa a Dios. 8Pueden traer animales cojos para ofrecer en el altar del SEÑOR. También pueden traer animales enfermos y ciegos". ¿Pretenden que esto no es malo? Si ustedes le regalan esos animales a su gobernante, ¿creen que los recibirá con gusto? ¿Creen que pensará bien de ustedes?» Lo digo yo, el SEÑOR Todopoderoso.

9«¡Que Dios tenga misericordia de nosotros!», suplican. «¡Que Dios se apiade de nosotros!» Pero, ¿por qué habría de apiadarme de ustedes cuando traen ese tipo de presentes?, pregunta el SEÑOR Todopoderoso.

10«¡Ah, si pudiera encontrar un sacerdote entre ustedes que cerrara las puertas y se negara a recibir ese tipo de sacrificios rituales! ¡No me traigan más esas ofrendas, pues estoy disgustado con ustedes, y me desagradan todas sus ofrendas! Lo digo yo, el SEÑOR Todopoderoso.

11»Sepan que mi fama es muy grande y respetada en todas las naciones que hay desde el oriente hasta el occidente. Por todo el mundo ofrecen perfumes delicados y ofrendas puras en honor a mi gran fama. ¡De qué manera se ha extendido mi fama entre las otras naciones! Lo digo yo, el SEÑOR Todopoderoso.

12»Pero ustedes dañan mi fama cuando dicen que mi altar no tiene importancia, y cuando animan a la gente a que traiga animales baratos y enfermos para ofrecer en sacrificio ritual sobre mi altar. 13Ustedes dicen: "Es muy molesto servir al SEÑOR y hacer lo que él pide". Luego desprecian las instrucciones que él les ha dado. ¡Imagínense! ¡Animales robados, cojos y enfermos como ofrendas a Dios! ¿Creen acaso que puedo aceptar esa clase de ofrendas?, les pregunto yo, el SEÑOR. 14¡Maldito todo aquel que me promete un carnero sano de su rebaño, pero luego lo sustituye por uno enfermo! Porque yo soy el gran Rey, y no permitiré que mi gran fama sea tenida en menos en las naciones por culpa de ustedes. Lo digo yo, el SEÑOR Todopoderoso.

Juicio contra los sacerdotes

2 »Oigan, ustedes sacerdotes, esta advertencia: 2Si no cambian su conducta y le dan la importancia que merece mi gran fama, yo enviaré un castigo terrible sobre ustedes, y en vez de darles bendición, como me gustaría hacerlo, me volveré contra ustedes con toda clase de males. Por cierto, ya los he maldecido, porque ustedes no han tomado en serio las cosas que para mí son importantes, dice el SEÑOR.

3»Tengan en cuenta que cortaré su descendencia y arrojaré contra sus rostros los excrementos de estos animales que me ofrecen, y los echaré a ustedes fuera como si fueran basura. 4Entonces al fin sabrán que fui yo quien les dio la advertencia de que debían vivir guiándose en las instrucciones que di a su padre Leví. Lo digo yo, el SEÑOR Todopoderoso. 5El propósito del convenio que hice con él era proporcionarle una vida próspera y paz. Le di mis instrucciones para que aprendiera a respetarme, y él me obedeció y tuvo en muy alta estima mi gran fama. 6Él dio a conocer al pueblo todas las enseñanzas verdaderas que yo le había dado. Nunca intentó engañar a la gente; caminó de acuerdo a mi voluntad y consejos, vivió una vida buena y practicando la justicia, e hizo que muchos abandonaran su vida de maldad.

7»Los sacerdotes deberían encargarse de dar a conocer al pueblo mis instrucciones, y estar siempre dispuestos a enseñar las cosas buenas que yo quiero mi pueblo realice. ¡Ellos son los mensajeros del SEÑOR Todopoderoso! 8Pero ustedes en realidad han hecho lo contrario, con sus malos

consejos y ejemplos han hecho que muchos se
descarríen y hagan muchas cosas malas. Ustedes
han hecho que el convenio que hice con Leví no
valga nada. Lo digo yo, el Señor Todopoderoso.
9 Por eso yo los he hecho despreciables a los ojos
de todo el pueblo, porque no me han obedecido,
y no han aplicado la ley en forma equitativa para
todos».

Deslealtad de Judá

10 ¿Acaso no tenemos todos un mismo padre?
¿No fuimos todos creados por el mismo Dios?
Sin embargo, hemos actuado deslealmente unos
con otros, pues no le damos la mínima atención
al convenio que hicieron nuestros antepasados
con el Señor. 11 En Judá, en Israel y en Jerusalén
hay traición, porque los hombres de Judá han
contaminado el santo templo del Señor que él
tanto ama, al haberse ellos casado con mujeres paganas que adoran ídolos. 12 ¡Ojalá el Señor
Todopoderoso expulse de su pueblo hasta el último hombre que haya hecho esto, así sea alguien
que crea muy santo y le presenta ofrendas!
13 Además ustedes bañan el altar con sus lágrimas porque el Señor no hace caso ya de sus
ofrendas, y ustedes no reciben más su bendición.
14 Y todavía se atreven a preguntar: «¿Por qué
nos ha abandonado Dios?» Les diré por qué:
Porque el Señor ha visto que ustedes no han
cumplido su compromiso con aquellas mujeres
con quienes se casaron cuando eran jóvenes.
15 Fueron unidos a sus esposas por el Señor. Dios,
en su sabiduría, hizo que los dos llegaran a ser
como una sola existencia delante de sus ojos
cuando se casaron. ¿Qué es lo que él quiere?
Hijos piadosos, producto de su unión. Por eso,
¡tengan cuidado de no ser infieles a la esposa
de su juventud! 16 Porque el Señor, el Dios de
Israel, dice que odia el divorcio y a los hombres
crueles. Por eso, ¡tengan cuidado, no cometan
ningún tipo de traición!

Acusaciones contra Judá

17 Ustedes han cansado al Señor con sus palabras, y todavía se atreven a preguntar «¿Cómo
lo hemos cansado?»

¡Pues cuando dicen que el Señor se alegra con
los que actúan mal, y que es injusto!

3 Presten atención a lo que el Señor Todopoderoso dice: «Yo enviaré a mi mensajero delante
de mí, para que me prepare el camino. Entonces
el Señor, a quien buscan, vendrá repentinamente
a su templo. Sí, vendrá primero el mensajero que
anuncia la alianza de Dios, a quienes ustedes
desean».
2 Pero, ¿quién podrá permanecer de pie cuando
aparezca? ¿Quién podrá soportar el impacto que
provocará su venida? Porque será tan poderosa
como el intenso fuego que se utiliza para purificar
metales preciosos, y actuará como una poderosa
lejía de lavandero cuando empiece a purificarlos
a ustedes. 3 Como un refinador de plata se sentará y verá cómo se quema lo malo de su pueblo.
Purificará a los levitas, los ministros de Dios, y los
refinará como se refina el oro o la plata, a fin de
que se dediquen a las cosas de Dios con limpio
corazón. 4 Entonces el Señor nuevamente aceptará
con agrado la ofrenda que presenten los habitantes
de Judá y Jerusalén, como anteriormente ocurría.
5 «Dentro de poco tiempo vendré y los juzgaré.
Testificaré prontamente contra los hechiceros,
contra los adúlteros, contra los mentirosos, contra los que roban a sus jornaleros, contra los que
oprimen a las viudas y a los huérfanos, y contra
los que son injustos con los extranjeros, sin tener
temor de mí. Lo digo yo, el Señor Todopoderoso.

Fidelidad en las ofrendas

6 »Porque yo, el Señor, no cambio. Por esta razón
ustedes no han sido completamente destruidos,
porque mi misericordia dura para siempre, aun
que ustedes sean tan volubles. 7 Aunque desde
hace mucho tiempo ustedes han despreciado
mis instrucciones, aún tienen la oportunidad de
dirigirse a mí. ¡Diríjanse a mí y yo los perdonaré!
Lo digo yo, el Señor Todopoderoso. Pero ustedes
responden: "¡Jamás hemos desobedecido tus instrucciones!"
8 »¿Debe una persona robar a Dios? ¡Claro que
no! Pero ustedes me han robado. Y aún se atreven
a preguntar: "¿Cuándo te hemos robado?" Ustedes me han robado los diezmos y las ofrendas.
9 Por eso, toda la nación está en la mira de mi
castigo, pues todos me están robando.
10 »Traigan todos los diezmos a la tesorería del
templo, para que haya alimento suficiente en
mi Templo. Si lo hacen, yo abriré las ventanas
de los cielos y haré que venga sobre ustedes una
benéfica y oportuna lluvia sobre sus campos para
que obtengan abundantes cosechas. ¡Los exhorto
a que me prueben en esto! 11 Sus cosechas serán
grandes, porque yo las cuidaré de los insectos y de
las plagas; sus uvas no caerán antes de madurar.
Lo digo yo, el Señor Todopoderoso.
12 »Y todas las naciones los llamarán afortunados, porque la suya será una tierra caracterizada
por la alegría y la abundancia. Lo digo yo, el
Señor Todopoderoso.

Insolencia de Judá

13 »La actitud de Judá hacia mí ha sido orgullosa y arrogante. Lo digo yo, el Señor. Pero ustedes

3.7–12

se atreven a preguntar: "¿Qué cosas malas hemos dicho contra ti?"

14»Óiganme bien; ustedes han dicho: "De nada sirve respetar a Dios y obedecerlo. ¿Qué provecho hay en seguir sus instrucciones, y en entristecernos y arrepentirnos por nuestras malas acciones? 15De ahora en adelante, en lo que respecta a nosotros, más bien afirmaremos que los soberbios son dichosos. Porque es evidente que los que hacen el mal son los que prosperan y los que viven sin seguir las instrucciones de Dios salen bien librados de cualquier situación"».

16Entonces los que respetaban y amaban al Señor hablaron de él a sus compañeros. Y el Señor anotó en un libro de memorias los nombres de los que honran y respetan su fama. 17«Ellos serán para mí como el tesoro más precioso. En el día del juicio los perdonaré, así como el padre perdona al hijo que le respeta y honra. 18Entonces verán ustedes la diferencia entre el tratamiento que Dios proporciona a los buenos y a los malos, entre los que le respetan y viven de acuerdo a sus instrucciones y los que no lo hacen.

El día del Señor

4 »Miren, el día del juicio se acerca. Será un día ardiente, como un horno. Ese día los soberbios y los malvados serán quemados como la paja; serán consumidos por completo, de modo que no quedará nada de ellos. Lo digo yo, el Señor Todopoderoso.

2»Pero para ustedes que respetan mi fama, se levantará el Sol de Justicia trayendo en sus rayos la salvación. Entonces serán libres y saltarán con gozo, como los terneros que son sacados del establo. 3Entonces ustedes derrotarán con facilidad a los perversos, y éstos serán como ceniza bajo sus pies. Lo digo yo, el Señor Todopoderoso.

4»Pongan mucho cuidado en seguir las instrucciones que di a todo Israel por medio de mi servidor Moisés, en el monte Horeb.

5»Miren, antes de que llegue mi día de juicio, que será un día muy impactante, yo les enviaré otro profeta como Elías. 6Su predicación hará que los padres y los hijos se reconcilien, que lleguen a compartir las mismas buenas intenciones y sean impulsados por las mismas buenas motivaciones. Así, cuando yo llegue, no tendré que castigarlos, destruyendo completamente su país».

3.16–18 4.6

Nuevo Testamento

BIBLIA DEVOCIONAL MATRIMONIAL

MATEO

¿Quién lo escribió?

En tanto que el evangelio mismo no indica quién lo escribió, la tradición primitiva testifica que el evangelio existió en hebreo/arameo escrito por Mateo. Papías, Irineo, Panteno y Jerónimo, entre otros, lo respaldan.

¿A quién lo escribió?

El uso del vocablo ekklesia (16:18; 18:17) y ethnos (21:43) para referirse a una comunidad cristiana, sugiere un grupo diferente del previo pueblo de Dios, llamado "Israel".Los esfuerzos teológicos de Mateo parecen ir dirigidos a la legitimización de la existencia y prácticas de su propia comunidad. Mateo entiende y pinta su colectivo (destinatarios/lectores) como miembros de un grupo devoto de seguidores de Jesús opuesto a los judíos hostiles.

¿Cuándo y dónde lo escribió?

Ninguna evidencia clara demuestra una fecha fija, pero es probable que los 3 sinópticos (Mateo, Marcos y Lucas) hayan sido escritos entre el 40 y el 70 d.C. En el caso de Mateo, hay propuestas que plantean una escritura en Palestina o en Antioquía de Siria.

Panorama del libro

Mateo está intentado resolver un problema en la Iglesia palestinence. En la nación la expectación mesiánica es alta. Ellos esperaban el cumplimiento de tres pasos en su restauración: posesión de la tierra, la venida del Mesías y las bendiciones de su llegada. Esperaban así, el cumplimiento de Zacarías 9-10 entre otras profecías del AT. Estas profecías levantan varios problemas a los judíos: habían retornado a la tierra hacía tiempo, la expectación mesiánica corrió al máximo pero los años pasaron y el Mesías no vino. Las bendiciones tampoco se podían hacer presentes. Los judeocristianos tenían otra óptica: han retornado a la tierra, el Mesías vino en la persona de Jesús, pero ellos no han recibido las bendiciones prometidas del reino por su Rey. ¿Qué ha pasado al plan de Dios? ¿Ha fracasado? Mateo escribió para responder a estas interrogantes en un ambiente de profunda marginalización y catástrofe religiosa, inestabilidad social, un tumulto de visiones religiosas rivales y de igual número de candidatos al título de "Mesías". En este contexto, Jesús representa un punto de estabilidad e identidad.

Mateo aclara que las bendiciones del reino están presentes pero no en la forma que ellos desean. Las promesas de los pactos respecto a su forma de pensar se cumplirán o irán cumpliendo a su debido tiempo. Por su reiterado uso del AT, Mateo busca demostrar la correlación de la antigua profecía con sus promesas pactales, y el advenimiento del Mesías. Se puede hablar entonces de 3 propósitos mayores del libro: a) que el lector judeocristiano pueda reconocer quién fue Jesús, confiar en él y hallar así su verdadera "herencia" espiritual (identidad), b) que la iglesia primitiva judía entienda su lugar en el programa de Dios a pesar de la marginación que enfrentan y, c) que ellos puedan tomar el mensaje de Mateo y usarlo para hacer discípulos en todas las naciones así como Cristo mandó. En vista de lo anterior, el mensaje del libro contiene dos temas: Uno demuestra que Jesús fue el Mesías prometido, el otro, explica qué ha pasado al plan de Dios para su pueblo Israel.

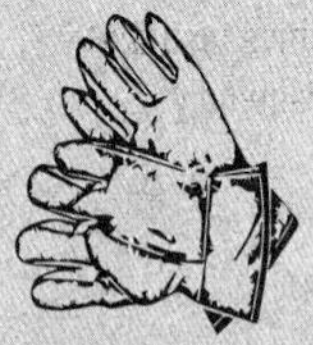

¿Cómo se relaciona con nosotros?

El evangelio de Mateo responde a dos preguntas fundamentales. La primera es por qué podemos tener la seguridad de que Jesús es el mesías y la segunda es cómo es el reino prometido por Dios. Mateo revela que el plan de Jesús se lleva a cabo mediante la edificación de un reino espiritual y no de un poder político, y lo hace también demostrando a los lectores de su tiempo que este había sido el plan de Dios desde siempre. Por esta razón comienza su narración con el registro de la genealogía de Jesús citándolo como el Mesías, el hijo de David y el hijo de Abraham (Mateo 1: 1).

Al leer las páginas de Mateo no solo vemos a Jesús revelado como el Rey y Mesías de Israel, sino que su venida a la tierra como Dios en la carne nos recuerda su profundo amor por nosotros. Ahora resucitado y ascendido, el Señor Jesús siempre estará con nosotros, incluso hasta el fin de los tiempos mientras cumplimos con la tarea de hacer discípulos (Mateo 28:20).

¿Cómo lo estudiamos?

1) ¡Las profecías acerca del Mesías se cumplieron! (1:1-4:11)
2) La predicación del Mesías (4:12-7:29)
3) ¡El Mesías es poderoso! (8:1-10:42)
4) La misión del Mesías (11:1-12:50)
5) Las parábolas del reino (13:1-58)
6) Los adversarios del Mesías (13:53-17:27) 7) Cómo funciona el reino (18:1-39)
8) La pasión del Mesías (24:1-28:20)

Mateo

Antepasados de Jesucristo

1 Estos son los antepasados de Jesucristo, descendiente de David y de Abraham:
2Abraham fue el padre de Isaac, Isaac de Jacob
y Jacob de Judá y sus hermanos.
3Judá tuvo con Tamar a Fares y a Zera; Fares
fue el padre de Jezrón y Jezrón de Aram.
4Aram fue el padre de Aminadab, Aminadab
de Naasón y Naasón de Salmón.
5Salmón tuvo con Rajab a Booz; Booz tuvo con
Rut a Obed y Obed fue el padre de Isaí.

6Isaí fue el padre del rey David, y David tuvo a
Salomón, cuya madre fue esposa de Urías.
7Salomón fue el padre de Roboán, Roboán de
Abías y Abías de Asá. 8 Asá fue el padre de Josafat,
Josafat de Jorán y Jorán de Uzías.
9Uzías fue el padre de Jotán, Jotán de Acaz
y Acaz de Ezequías. 10Ezequías fue el padre de
Manasés, Manasés de Amón y Amón de Josías.
11Josías tuvo a Jeconías y a sus hermanos durante el cautiverio en Babilonia.
12Después del cautiverio, Jeconías tuvo a Salatiel. Salatiel fue el padre de Zorobabel,
13Zorobabel de Abiud, Abiud de Eliaquín y Eliaquín de Azor. 14Azor fue el padre de Sadoc, Sadoc
de Aquín y Aquín de Eliud. 15Eliud fue el padre
de Eleazar, Eleazar de Matán y Matán de Jacob.
16Jacob fue el padre de José, esposo de María,
y María fue la madre de Jesús, el Mesías.
17Así que desde Abraham hasta David hubo
catorce generaciones; de David hasta el cautiverio, otras catorce; y desde el cautiverio hasta
Cristo, catorce más.

Nacimiento de Jesucristo

18Así fue el nacimiento de Jesucristo. Su madre,
María, estaba comprometida con José. Pero
antes de la boda, el Espíritu Santo hizo que quedara encinta. 19José, su novio, como era un hombre recto, quiso romper el compromiso en
secreto, para no manchar el buen nombre de la
joven. 20Mientras pensaba en esto se quedó dormido y un ángel se le apareció en sueños y le
dijo:
«José, hijo de David, no temas casarte con
María, porque el hijo que lleva en las entrañas
lo concibió ella del Espíritu Santo. 21María tendrá
un hijo y lo llamarán Jesús, porque él salvará a
su pueblo de sus pecados».
22De esta manera se cumplió lo que el Señor
había anunciado a través del profeta que dijo:

23«¡Miren! La virgen concebirá y tendrá un hijo
y lo llamarán Emanuel» (que quiere decir «Dios
está con nosotros»).

24Al despertar de aquel sueño, José obedeció las
palabras del ángel y se casó con María, 25aun-
que no tuvo relaciones sexuales con ella hasta
que nació su hijo. Cuando el niño nació, José lo
llamó Jesús.

Visita de los sabios

2 Jesús nació en un pueblo de Judea llamado
Belén, durante el reinado de Herodes. Llegaron a Jerusalén varios sabios del oriente, 2y
preguntaron:
—¿Dónde está el recién nacido rey de los
judíos? Vimos su estrella en el lejano oriente y
venimos a adorarlo.
3Al oír esto, el rey Herodes y la ciudad entera
se turbaron. 4Inmediatamente Herodes convocó
a todos los jefes de los sacerdotes y a los maestros
religiosos del pueblo judío.
—¿Saben ustedes dónde nacerá el Mesías?
—les preguntó.
5—El Mesías nacerá en Belén de Judea —le
respondieron—. Así lo dijo el profeta:
6«Y tú, Belén, que estás en Judá, no eres la
menos importante de Judá, porque de ti saldrá un
caudillo que guiará a mi pueblo Israel».[a]

7Entonces Herodes mandó llamar secretamente a los sabios, y averiguó la fecha exacta en que
habían visto por primera vez la estrella.
8—Vayan a Belén y busquen al niño —les
dijo—. Cuando lo encuentren, avísenme, para
que yo también pueda ir a adorarlo.
9Al terminar la audiencia con el rey, los sabios
reanudaron el viaje. ¡Y la estrella que habían visto
en el oriente los iba guiando hasta que se detuvo
sobre la casa donde estaba el niño!
10Los sabios se llenaron de alegría cuando vieron
la estrella. 11Entonces entraron en la casa, y al
ver al niño con María, su madre, se postraron
ante él para adorarlo. Luego abrieron sus alforjas
y le ofrecieron como tributo oro, incienso y mirra.
12Después Dios les avisó en sueños que no
regresaran a donde estaba Herodes, y por eso se
fueron a su país por otro camino.

La huida a Egipto

13Cuando los visitantes ya habían partido, un
ángel del Señor se le apareció a José en sueños
y le dijo:
«Levántate y huye a Egipto con el niño y su
madre, y quédate allá hasta que yo te avise,
porque el rey Herodes va a buscar al niño para
matarlo».

---

a. Miqueas 5.2

1.16–17 1.18–21 2.11–14

14 Aquella misma noche huyó José con María y el niño hacia Egipto, 15 donde habrían de permanecer hasta la muerte del rey Herodes. Así se cumplió lo que había predicho el Señor por medio del profeta:

«De Egipto llamé a mi Hijo».[b]

16 Entonces Herodes se puso furioso por la burla de los sabios y mandó matar a todos los niños varones que vivieran en Belén y sus alrededores y que tuvieran dos años o menos. Lo ordenó así tomando en cuenta el tiempo que los sabios le habían indicado. 17 Así se cumplió lo que había dicho el profeta Jeremías:

18 «Gritos de agonía y llanto incontenible se escuchan en Ramá; es Raquel que llora desconsolada la muerte de sus hijos».[c]

El regreso a Nazaret

19 Cuando Herodes murió, un ángel del Señor se le apareció en sueños a José en Egipto, 20 y le dijo:

«Levántate y regresa con el niño y su madre a Israel; porque los que querían matarlo ya murieron».

21 Así fue como José regresó a la tierra de Israel con el niño y su madre. Pero en el camino se enteró de que Arquelao, hijo de Herodes, reinaba en Judea, y tuvo miedo de ir allí.

22 Luego Dios le indicó en sueños que fuera a Galilea; 23 y se fueron a vivir a un lugar llamado Nazaret. Así se cumplieron las predicciones de los profetas que afirmaban que Jesús sería llamado nazareno.

Juan el Bautista prepara el camino

3 En aquellos días, Juan el Bautista comenzó a predicar en el desierto de Judea. 2 Este era su mensaje: «Arrepiéntanse de sus pecados porque el reino de los cielos se ha acercado».

3 Siglos atrás, el profeta Isaías había hablado de Juan y lo describió así:[d]

«Una voz clama en el desierto: "Prepárenle el camino al Señor; que nada le estorbe a su paso"».

4 Juan usaba ropa hecha de pelo de camello y se la sujetaba con un cinto de cuero. Su alimentación consistía en langostas del desierto y miel silvestre.

5 Toda la gente de Jerusalén, de todo el valle del Jordán y de toda Judea, iba al desierto a escucharlo. 6 A los que reconocían que eran pecadores, él los bautizaba en el río Jordán. 7 Y cuando vio que entre los que iban a bautizarse había muchos fariseos y saduceos, les dijo:

«Crías de víboras, ¿quién les dijo que así podrán escapar de la ira de Dios que vendrá sobre ustedes? 8 Demuestren, antes de bautizarse, que están arrepentidos. 9 No crean que les basta con decir que son descendientes de Abraham, porque Dios puede sacar hijos de Abraham aun de estas piedras. 10 El hacha está lista para talar los árboles que no den fruto y arrojarlos al fuego.

»11 Yo bautizo con agua a los que se arrepienten de sus pecados; pero después de mí vendrá alguien que es más poderoso que yo y él bautizará con el Espíritu Santo y fuego. ¡Yo ni siquiera soy digno de desatar sus zapatos! 12 Él está listo para separar la paja del trigo; quemará la paja en un fuego que nunca se apaga y guardará el trigo en su granero».

Bautismo de Jesús

13 Jesús fue desde Galilea a donde estaba Juan en el río Jordán, para que lo bautizara. 14 Pero Juan no quería hacerlo.

—¿Cómo va a ser eso? —le decía Juan a Jesús—. ¡Tú eres el que debería bautizarme a mí!

15 —Juan —le respondió Jesús—, bautízame, porque nos conviene cumplir lo que Dios manda.

Y Juan lo bautizó.

16 Cuando Jesús salía de las aguas del bautismo, los cielos se abrieron y vio que el Espíritu de Dios descendía sobre él en forma de paloma; 17 y una voz de los cielos dijo:

«Este es mi Hijo amado, y en él me complazco».

Tentación de Jesús

4 El Espíritu Santo condujo a Jesús al desierto para que el diablo lo tentara.

2 Luego de pasar cuarenta días y cuarenta noches sin probar bocado, Jesús sintió hambre 3 y el diablo se le acercó.

—Si eres el Hijo de Dios —le dijo—, haz que estas piedras se conviertan en pan.

4 —¡No! —le respondió Jesús—. Escrito está: "Para vivir no sólo es importante el pan: debemos obedecer todo lo que manda Dios".

5 Entonces el diablo lo llevó al lugar más alto del templo de Jerusalén.

6 —Si eres el Hijo de Dios —le dijo—, tírate desde aquí. Las Escrituras dicen que Dios enviará a sus ángeles a cuidarte, y ni siquiera te tropezarás con las rocas.

7 —Pero las Escrituras también dicen: "No pongas a prueba a tu Dios" —le respondió Jesús.

---

b. Os. 11.1.
c. Jer. 31.15
d. Isaías 40.3

2.19–23 3.8–9 3.11 4.2–4 4.6

8Finalmente el diablo lo llevó a la cima de una alta montaña y le mostró las naciones del mundo y la gloria que hay en ellas.

9—Todo esto te lo daré si de rodillas me adoras —le dijo.

10—¡Vete de aquí, Satanás! —le respondió Jesús—. Las Escrituras dicen: "Sólo al Señor tu Dios adorarás, y solamente a él le obedecerás".

11El diablo se fue, y ¡los ángeles llegaron a atender a Jesús!

Jesús comienza a predicar

12Cuando Jesús oyó que habían encarcelado a Juan, regresó a Galilea.

13Pero no mucho después dejó Nazaret y se trasladó a Capernaum, junto al lago, en la región de Zabulón y Neftalí. 14Así se cumplió la profecía de Isaías:

15«Tierra de Zabulón y Neftalí, que estás en el camino al mar, al otro lado del Jordán, Galilea, donde tantos extranjeros habitan:

16El pueblo que estaba en tinieblas vio una gran luz y al pueblo que andaba en regiones de sombra de muerte le resplandeció la luz».

17Y desde aquel mismo instante Jesús comenzó a predicar:

«Arrepiéntanse de sus pecados porque el reino de los cielos se ha acercado».

Llamamiento de los primeros discípulos

18Un día, caminando Jesús a orillas del lago de Galilea, vio a dos pescadores que tiraban la red al agua. Eran Simón, mejor conocido por Pedro, y Andrés, su hermano.

19«Síganme y los convertiré en pescadores de hombres», les dijo Jesús.

20Inmediatamente dejaron la red y lo siguieron.

21Un poco más adelante vio a otros dos hermanos, Jacobo y Juan, que estaban sentados en una barca, con Zebedeo su padre, y remendaban las redes. Cuando Jesús los llamó, 22dejaron a su padre a cargo de lo que estaban haciendo y siguieron a Jesús.

Jesús sana a los enfermos

23Jesús recorrió toda Galilea enseñando en las sinagogas, proclamando las buenas noticias del reino y sanando las enfermedades y dolencias de la gente.

24Su fama llegó hasta Siria, y le traían todo tipo de enfermos: No había enfermo, endemoniado, loco o paralítico que le trajeran y a quien no sanara. 25Y dondequiera que iba lo seguían multitudes enormes de Galilea, Decápolis, Jerusalén, toda Judea y de los territorios al este del río Jordán.

Las bienaventuranzas

5 Al ver que la multitud se le acercaba, Jesús subió a un monte. 2Allí se sentó, y cuando sus discípulos se le acercaron comenzó a enseñarles:

3«¡Dichosos los que reconocen su pobreza espiritual, porque de ellos es el reino de los cielos! 4¡Dichosos los que lloran, porque serán consolados! 5¡Dichosos los mansos, porque el mundo entero les pertenecerá! 6¡Dichosos los que tienen hambre y sed de justicia, porque quedarán satisfechos! 7¡Dichosos los que tienen compasión de otros, porque Dios tendrá compasión de ellos! 8¡Dichosos los que tienen un corazón limpio, porque verán a Dios! 9¡Dichosos los que hacen la paz, porque serán llamados hijos de Dios! 10¡Dichosos los que sufren persecución por ser justos, porque el reino de los cielos les pertenece!

11»Dichosos ustedes cuando alguien los ofenda o persiga o diga todo tipo de mentiras contra ustedes por ser mis discípulos. 12¡Alégrense mucho, porque en el cielo les espera una gran recompensa! Así fue como persiguieron a los profetas antiguos.

La sal y la luz

13»Ustedes son la sal del mundo. Si la sal pierde el sabor, ¿para qué va a servir? ¡Sólo para que la boten y la pisoteen por inservible!

14»Ustedes son la luz del mundo. Una ciudad asentada sobre un monte no puede esconderse. 15Nadie enciende una lámpara para esconderla bajo un cajón, sino que la pone en alto para que alumbre a todos los que están en la casa.16¡Así dejen ustedes brillar su luz ante toda la gente! ¡Que las buenas obras que ustedes realicen brillen de tal manera que la gente adore al Padre celestial!

El cumplimiento de la ley

17»No vayan a creer que vine a anular la ley de Moisés y las enseñanzas de los profetas. Al contrario, vine a darles su verdadero significado.

18Les aseguro que mientras existan el cielo y la tierra, ni la parte más pequeña e insignificante de la ley se pasará por alto, hasta que ésta se cumpla totalmente. 19Por eso, el que desobedezca el más pequeño mandamiento, y así les enseñe a los demás, se convertirá en la persona más pequeña del reino de los cielos; pero quien obedezca y enseñe los mandamientos de Dios, será grande en el reino de los cielos. 20Les advierto que, a menos que ustedes sean más justos que

4.10–11 5.3–16 5.18–20

los fariseos y los maestros de la ley de Dios, no podrán entrar al reino de los cielos.

El homicidio

21»Ustedes saben que bajo la ley de Moisés la regla era que el que matara sería castigado. 22Pues yo añado que el que se enoja contra su hermano está cometiendo el mismo delito. El que le dice "idiota" a su hermano, merece que lo lleven al juzgado. Y el que maldiga a una persona, merece ir a parar a las llamas del infierno. 23Por lo tanto, si mientras estás presentando tu ofrenda delante del altar, te acuerdas de pronto de que alguien tiene algo contra ti, 24deja allí mismo tu ofrenda. Vete primero a reconciliarte con tu hermano y luego regresa a presentar tu ofrenda. 25Reconcíliate con tu enemigo de inmediato antes que sea demasiado tarde, te lleve a juicio y te arrojen en la cárcel. 26Te aseguro que tendrás que permanecer allí hasta que pagues el último centavo.

El adulterio

27»Ustedes saben que está escrito en la ley: "No cometerás adulterio". 28Pero yo les digo: Cualquiera que mira a una mujer y desea acostarse con ella, comete adulterio en su corazón. 29Así que si uno de tus ojos te hace pecar, sácatelo y échalo lejos. Es mejor perder un miembro del cuerpo, y no que el cuerpo entero sea echado al infierno. 30Y si tu mano derecha te conduce al pecado, córtatela y échala lejos. Es mejor quedarse manco que ir al infierno.

El divorcio

31»También está escrito: "El que quiera separarse de su esposa, debe darle un certificado de divorcio". 32Pero yo les digo que el hombre que se divorcia de su esposa, excepto cuando ésta haya sido infiel, hace que ella cometa adulterio y que el que se case con ella también lo cometa.

Los juramentos

33»Ustedes también saben que hace mucho se dio este mandamiento: "Cumplan lo que le juren a Dios". 34Pero yo les digo: Nunca juren. No juren por el cielo, porque es el trono de Dios; 35ni juren por la tierra, porque es donde él pone sus pies; ni por Jerusalén, porque Jerusalén es la capital del gran Rey. 36Ni siquiera juren por su propia cabeza, porque no pueden volver blanco o negro ni un solo cabello. 37Es suficiente con que digan "sí" o "no" y nada más. Si dicen algo más, seguro viene del maligno.

Ojo por ojo

38»Ustedes saben que está escrito: "Ojo por ojo y diente por diente". 39Pero yo les digo: No paguen mal por mal. Si los abofetean en la mejilla derecha, presenten la otra. 40Si los llevan a juicio y les quitan la camisa, denles también el abrigo. 41Si los obligan a llevar una carga un kilómetro, llévenla dos kilómetros. 42Denle al que les pida, y no le den la espalda al que les pida prestado.

El amor a los enemigos

43»También conocen el mandamiento que dice: "Ama a tu prójimo y odia a tu enemigo". 44Pero yo les digo: ¡Amen a sus enemigos! ¡Oren por quienes los persiguen! 45De esta forma estarán actuando como hijos de su Padre que está en el cielo, porque él da la luz del sol a los malos y a los buenos y envía la lluvia a los justos y a los injustos. 46Si ustedes aman sólo a los que los aman, ¿qué de extraordinario tiene eso? ¡Aun la gente mala puede hacerlo! 47Y si sólo saludan a sus hermanos, ¿qué hacen de más? ¡Aun los paganos hacen eso! 48Ustedes deben ser perfectos, como su Padre que está en los cielos es perfecto.

El dar a los necesitados

6 »¡Mucho cuidado con andar haciendo buenas obras para que los demás los vean y admiren! ¡Los que así lo hacen no tendrán recompensa del Padre que está en el cielo! 2Cuando den alguna limosna, no lo anden proclamando como los hipócritas, que tocan trompetas en las sinagogas y en las calles para que la gente se fije en lo caritativos que son. ¡Les aseguro que, aparte de eso, no tendrán otra recompensa! 3Pero cuando hagan algún bien, háganlo discretamente. 4¡Ah, pero el Padre de ustedes, que conoce todos los secretos, los recompensará!

La oración

5»Y cuando oren, no hagan como hacen los hipócritas, que oran de pie en las esquinas y en las sinagogas para que todo el mundo los vea. Les aseguro que aparte de eso, no tendrán más recompensa. 6Pero cuando ustedes oren, háganlo a solas, a puerta cerrada; y el Padre de ustedes, que conoce todos los secretos, los recompensará. 7»Cuando estén orando, no hagan como los paganos que se ponen a repetir la misma oración, porque piensan que mientras más palabras usen más los va a escuchar Dios. 8No los imiten. Dios Padre sabe exactamente lo que ustedes necesitan antes que se lo pidan. 9Ustedes oren así: "Padre nuestro que estás en los cielos, santificado sea tu nombre. 10Venga tu reino y cúmplase en la tierra tu voluntad como se cumple en el cielo. 11Danos hoy los alimentos que necesitamos, 12y perdona nuestros pecados, así como nosotros perdonamos

5.22–24 5.27–32 5.44 5.46–48 6.5–16

a los que nos han hecho mal. [13]No nos metas en tentación, mas líbranos del mal, porque tuyo es el reino, el poder y la gloria para siempre. Amén".

[14]»Su Padre celestial los perdonará si perdonan a los que les hacen mal; [15]pero si se niegan a perdonarlos, su Padre no los perdonará a ustedes.

El ayuno

[16]»Cuando ustedes ayunen, no lo hagan en público como los hipócritas, que tratan de aparentar que están pálidos y desaliñados para que la gente se dé cuenta de que ayunaron. Les aseguro que, aparte de esto, no tendrán más recompensa. [17]Pero cuando ustedes ayunen, lávense la cara y arréglense, [18]para que nadie, excepto el Padre que ve lo secreto, se dé cuenta de que están ayunando. Y el Padre, que conoce lo secreto, los recompensará.

Tesoros en el cielo

[19]»No acumulen tesoros en la tierra, donde la polilla y la herrumbre echan a perder las cosas y donde los ladrones roban. [20]¡Háganse tesoros en el cielo, donde no hay polilla ni herrumbre que puedan corromper, ni ladrones que les roben!, [21]pues donde esté tu tesoro, allí también estará tu corazón.

[22]»Los ojos son la lámpara del cuerpo. Si tu ojo es bondadoso, andarás en la luz; [23]pero si tu ojo es maligno, estarás sumido en la oscuridad. Y si tu luz no es más que oscuridad, tu oscuridad ¡qué negra debe ser!

[24]»Nadie puede servir a dos amos. No puedes servir a Dios y al dinero, pues amarás a uno y odiarás al otro, o servirás a uno y despreciarás al otro.

De nada sirve preocuparse

[25]»Por ello les aconsejo que no se preocupen por la comida, la bebida o la ropa. ¡Es mucho más importante tener vida y un cuerpo, que tener qué comer y qué vestir! [26]Fíjense en los pájaros, que no siembran ni cosechan ni andan guardando comida, y el Padre celestial los alimenta. ¡Para él ustedes valen más que cualquier ave! [27]Además, ¿qué gana uno con preocuparse?; ¿podemos acaso alargar nuestra vida aunque sea una hora? [28]¿Para qué preocuparse de la ropa? ¡Miren los lirios del campo, que no tejen su propia ropa, [29]y ni aun Salomón con todo su esplendor se vistió jamás con tanta belleza. [30]Si Dios cuida tan admirablemente las flores, que hoy están aquí y mañana se queman en el fuego, ¿no los cuidará mucho más a ustedes, hombres de poca fe? [31]Por eso, no se anden preocupando por la comida o por la ropa. [32]¡Los paganos son los que siempre se andan preocupando de esas cosas! Recuerden que su Padre celestial sabe lo que necesitan. [33]Lo más importante es que primero busquen el reino de Dios y hagan lo que es justo. Así, Dios les proporcionará todo lo que necesiten. [34]No se preocupen por lo que sucederá mañana, pues mañana tendrán tiempo para hacerlo. Ya tienen suficiente con los problemas de hoy.

El juzgar a los demás

7 »No juzguen a los demás, para que Dios no los juzgue a ustedes, [2]porque de la manera como juzguen a otros, así Dios los juzgará a ustedes; Dios los va a tratar de la misma forma en que ustedes traten a los demás. [3]¿Cómo te atreves a mirar la paja que está en el ojo de tu hermano, si tienes una viga en el tuyo? [4]¿Cómo le pedirás a tu amigo que te deje sacarle la paja que tiene en su ojo, si la viga que tienes en el tuyo no te deja ver? [5]¡Hipócrita! Sácate primero la viga que tienes en tu ojo, para que puedas ver bien cuando estés sacando la paja del ojo de tu hermano.

[6]»No le den lo que es santo a los perros, ni echen perlas delante de los puercos; porque son capaces de pisotearlas y luego dar media vuelta y atacarlos a ustedes.

Pidan, busquen, llamen

[7]»Pidan y se les concederá lo que pidan. Busquen y hallarán. Toquen y se les abrirá la puerta. [8]Porque todo el que pide, recibe; y el que busca, halla; y al que llama, se le abrirá. [9]¿Si su hijo le pide pan, ¿quién de ustedes será capaz de darle una piedra? [10]Y si le pide pescado, seguro que no le dará una serpiente venenosa, ¿verdad? [11]Pues si ustedes que son malos saben dar buenas cosas a sus hijos, ¡cuánto más su Padre que está en los cielos dará buenas cosas a los que se las pidan!

[12]»Haz a otros todo lo que quieras que te hagan a ti. En esto se resumen las enseñanzas de la ley y de los profetas.

La puerta estrecha y la puerta ancha

[13]»Entren por la puerta estrecha, porque ancha es la puerta y espacioso el camino que conducen a la perdición; por eso muchísimas personas los prefieren. [14]En cambio, estrecha es la puerta y angosto el camino que conducen a la vida, y muy pocas personas los hallan.

El árbol y sus frutos

[15]»Cuídense de los falsos maestros que se les acercan disfrazados de ovejas, pero en realidad son lobos capaces de destrozarlos. [16]De la misma manera que uno puede identificar un árbol por los frutos que lleva, así podrán identi-

6.18 6.19–21 6.24 6.25–34 7.1–5
7.7–11 7.15–17

ficar a esos falsos profetas por la forma en que se comportan. ¿Quién confunde una vid con un espino o una higuera con abrojos? [17]El buen árbol produce buenos frutos; y el malo, malos frutos. [18]Es imposible que un buen árbol produzca frutos desagradables. Por otro lado, es imposible que un mal árbol produzca buenos frutos. [19]Por eso los árboles que dan malos frutos se cortan y se queman. [20]Igualmente, una persona se conoce por las acciones que realiza.

[21]»No todos los que se dirijan a mí llamándome "Señor, Señor", entrarán en el reino de los cielos. Allí sólo entrarán los que obedezcan a mi Padre que está en el cielo. [22]El día del juicio muchos me dirán: "Señor, nosotros predicamos en tu nombre, y en tu nombre echamos fuera demonios y realizamos muchísimos milagros". [23]Pero yo les responderé: "A ustedes nunca los conocí. Apártense de mí, porque sus obras son malignas".

El prudente y el insensato

[24]»Todo el que presta atención a mis enseñanzas y las pone en práctica es tan sabio como el hombre que edificó su casa sobre una roca bien firme. [25]Cuando llegaron las lluvias, las inundaciones y los huracanes, la casa no se derrumbó porque estaba edificada sobre roca. [26]Pero el que oye mis enseñanzas y no las pone en práctica, es como el tonto que edificó su casa sobre la arena. [27]Cuando llegaron las lluvias, las inundaciones y los fuertes vientos, la casa se derrumbó y su ruina fue irreparable».

[28]Cuando Jesús terminó de impartir estas enseñanzas, la multitud que lo había escuchado quedó admirada, [29]porque enseñaba como alguien que tiene gran autoridad y no como los escribas.

Jesús sana a un leproso

8 Jesús descendía de la colina seguido de una multitud inmensa [2]cuando, de pronto, un leproso se le acercó y se puso de rodillas ante él.

—Señor —suplicó el leproso—, si quieres, puedes curarme.

[3]Jesús, extendiendo la mano, lo tocó y le dijo:

—Quiero. ¡Ya estás curado!

E instantáneamente la lepra desapareció.

[4]—No te detengas a conversar con nadie —le ordenó entonces Jesús—. Ve en seguida a que el sacerdote te examine y presenta la ofrenda que requiere la ley de Moisés, para que les conste que ya estás bien.

La fe del centurión

[5]Cuando Jesús llegó a Capernaúm, un capitán del ejército romano se le acercó y le rogó [6]que sanara a un sirviente que estaba en cama paralítico y que sufría mucho.

[7]Le respondió Jesús:

—Iré a sanarlo.

[8]—Señor —le dijo entonces el capitán—, no soy digno de que vayas a mi casa. Desde aquí mismo puedes ordenar que se sane mi criado y se sanará. [9]Lo sé, porque estoy acostumbrado a obedecer las órdenes de mis superiores; además, si yo le digo a alguno de mis soldados que vaya a algún lugar, va; y si le digo que venga, viene; y si le digo a mi esclavo que haga esto o aquello, lo hace.

[10]Al oír esto, Jesús se maravilló y les dijo a quienes lo seguían:

—¡En todo Israel no he hallado una fe tan grande como la de este hombre! [11]Óiganme lo que les digo: Muchos gentiles, al igual que este soldado romano, irán de todas partes del mundo a sentarse en el reino de los cielos con Abraham, Isaac y Jacob. [12]En cambio, muchos israelitas que deberían estar en el reino, serán arrojados a las tinieblas de afuera donde todo es llorar y crujir los dientes.

[13]Entonces Jesús le dijo al soldado:

—Vete; lo que creíste ya se ha cumplido.

Y el criado se sanó en aquella misma hora.

Jesús sana a muchos enfermos

[14]Cuando Jesús llegó a la casa de Pedro, la suegra de éste estaba en cama con una fiebre muy alta. [15]Jesús fue y la tocó, y la fiebre la dejó; y ella se levantó a servirlos.

[16]Por la noche llevaron varios endemoniados a Jesús. Bastaba una sola palabra para que los demonios huyeran y los enfermos sanaran. [17]Así se cumplió la profecía de Isaías: «Él mismo tomó nuestras enfermedades y llevó nuestras dolencias».[e]

Lo que cuesta seguir a Jesús

[18]Al ver Jesús que la multitud crecía, pidió a sus discípulos que se prepararan para pasar al otro lado del lago. [19]En eso, un maestro de la ley de Dios le dijo:

—Maestro, te seguiré vayas adonde vayas.

[20]—Las zorras tienen guaridas y las aves nidos —le respondió Jesús—; pero yo, el Hijo del hombre, no tengo ni dónde recostar la cabeza.

[21]Otro de sus seguidores le dijo:

—Señor, te seguiré pero déjame que vaya antes a enterrar a mi padre.

[22]Pero Jesús le contestó:

—No, sígueme ahora. Deja que los que están muertos se ocupen de sus muertos.

Jesús calma la tormenta

[23]Entonces subió a una barca con sus discípulos y zarparon de allí. [24]Durante la travesía se quedó dormido.

e. Isaías 53.4.

Poco después se levantó una tormenta tan
violenta que las olas inundaban la barca. 25Los
discípulos corrieron a despertar a Jesús:
—¡Señor, sálvanos! ¡Nos estamos hundiendo!
26—Hombres de poca fe, ¿a qué viene tanto
miedo? —les respondió.
Entonces, se puso de pie, reprendió al viento
y a las olas, y la tormenta cesó y todo quedó en
calma.
27Pasmados, los discípulos se decían:
«¿Quién es éste, que aun los vientos y la mar
lo obedecen?»

Liberación de dos endemoniados

28Ya al otro lado del lago, en tierra de los gada-
renos, dos endemoniados le salieron al encuentro. Vivían en el cementerio, y eran tan peligrosos
que nadie se atrevía a andar por aquella zona.
29Al ver a Jesús, le gritaron:
—¡Déjanos tranquilos, Hijo de Dios! ¡Todavía
no es hora de que nos atormentes!
30Por aquellos alrededores andaba un hato de
cerdos, 31y los demonios le suplicaron a Jesús:
—Si nos vas a echar fuera, déjanos entrar en
aquel hato de cerdos.
32—Está bien —les respondió Jesús—. Vayan.
Y los demonios salieron de los hombres y
entraron en aquellos cerdos. Estos se despeñaron
desde un acantilado y se ahogaron en el lago.
33Los que cuidaban los cerdos salieron corriendo y se fueron a la ciudad a contar lo sucedido,
34y la ciudad entera vino al encuentro de Jesús y
le suplicaron que se fuera de aquellos lugares.

Jesús sana a un paralítico

9 Jesús se subió de nuevo a la barca y regresó
a la ciudad donde residía.
2Varios hombres le trajeron a un paralítico tendido en un camastro. Cuando Jesús vio la fe que
tenían, dijo al enfermo:
—¡Ten ánimo, hijo! ¡Te perdono tus pecados!
3«¡Blasfemia!» —pensaron algunos de los
maestros religiosos que lo oyeron.
4Jesús, que sabía lo que estaban pensando,
les dijo:
—¿A qué vienen esos malos pensamientos? 5Díganme, ¿qué es más difícil: sanar a un
enfermo o perdonarle sus pecados? 6Pues voy a
demostrarles que tengo autoridad en la tierra
para perdonar los pecados.
Entonces se dirigió al paralítico y le dijo:
—¡Levántate, recoge la camilla y vete a tu
casa!
7Y el paralítico se puso de pie y se fue a su casa.
8Un escalofrío de temor sacudió a la multitud
ante aquel milagro, y todos alababan a Dios por
haberles dado tanto poder a los seres humanos.

Llamamiento de Mateo

9Al salir del lugar, Jesús vio a Mateo, un cobrador de impuestos que estaba sentado junto a la
mesa donde se pagaban los tributos.
«Sígueme», le dijo Jesús.
Mateo se levantó y se fue con él.
10Ese mismo día cenó Jesús en su casa. Y junto con sus discípulos había muchos cobradores
de impuestos y gente pecadora. 11Al ver eso, los
fariseos se indignaron.
—¿Por qué su Maestro anda con gente de esa
calaña? —preguntaron a los discípulos.
12Jesús alcanzó a oír aquellas palabras y les
respondió:
—Porque los sanos no necesitan médico, y los
enfermos sí. 13Vayan y traten de entender el texto
que dice: «Misericordia quiero, no sacrificios»,
porque yo no he venido a llamar a los buenos,
sino a los malos.

Le preguntan a Jesús sobre el ayuno

14Un día los discípulos de Juan se le acercaron
a preguntarle:
—¿Por qué tus discípulos no ayunan como
los fariseos y nosotros?
15—¿Acaso pueden estar tristes los invitados a
una boda mientras el novio está con ellos? —les
preguntó Jesús—. ¡Claro que no! Pero llegará el
momento en que les quitarán al novio y entonces
sí ayunarán. 16A nadie se le ocurre remendar un
vestido viejo con una tela nueva, porque lo más
probable es que la tela nueva se encoja y rompa
la vieja, con lo cual la rotura se haría mayor. 17Y a
nadie se le ocurre echar vino nuevo en odres viejos, porque los odres se romperían, y se perderían
el vino y los odres. El vino nuevo se debe echar
en odres nuevos, para que ambos se conserven.

Una niña muerta y una mujer enferma

18Apenas terminó de pronunciar estas palabras,
cuando un jefe de los judíos llegó y se postró
ante él.
—Mi hija acaba de morir —le dijo—, pero
sé que resucitará si vas y la tocas.
19Jesús y los discípulos se dirigieron al hogar
del jefe judío. 20Mientras iban, una mujer que
llevaba doce años enferma de un derrame de
sangre, se acercó por detrás y tocó el borde del
manto de Jesús. 21Ella pensaba que si lo tocaba
sanaría. 22Jesús se volvió y le dijo:
—Hija, tu fe te ha sanado. Vete tranquila.
Y la mujer sanó en aquel mismo momento.
23Al llegar a la casa del jefe judío y escuchar
el alboroto de los presentes y la música fúnebre,
24Jesús dijo:

—Salgan de aquí. La niña no está muerta, sólo está dormida.

La gente se rió de Jesús, 25y todos salieron. Jesús entró donde estaba la niña y la tomó de la mano. ¡Y la niña se levantó sana!

26La noticia de este milagro se difundió por toda aquella región.

Jesús sana a los ciegos y a los mudos

27Cuando regresaba de la casa del jefe judío, dos ciegos lo siguieron gritando:

—¡Hijo de David, apiádate de nosotros!

28Al llegar a la casa, Jesús les preguntó:

—¿Creen que puedo devolverles la vista?

—Sí, Señor —le contestaron—; creemos.

29Entonces él les tocó los ojos y dijo: —Hágase realidad lo que han creído.

30¡Y recobraron la vista!

Jesús les pidió encarecidamente que no se lo contaran a nadie, 31pero apenas salieron de allí se pusieron a divulgar por aquellos lugares lo que Jesús había hecho.

32Cuando se fueron los ciegos, le llevaron a la casa a un hombre que había quedado mudo por culpa de demonios que se le habían metido. 33Tan pronto como Jesús los echó fuera, el hombre pudo hablar. La gente, maravillada, exclamó:

«¡Jamás habíamos visto algo semejante en Israel!»

34En cambio, los fariseos decían:

«Él puede echar fuera demonios porque tiene dentro al mismísimo príncipe de los demonios».

Son pocos los obreros

35Jesús recorría las ciudades y los pueblos de la región enseñando en las sinagogas, predicando las buenas nuevas del reino y sanando a la gente de sus enfermedades y dolencias. 36Al ver a las multitudes, sintió compasión de ellas, porque eran como ovejas desamparadas y dispersas que no tienen pastor.

37«¡Es tan grande la mies y hay tan pocos obreros!» —les dijo a los discípulos—. 38«Pidan que el Señor de la mies consiga más obreros para sus campos».

Jesús envía a los doce

10 Jesús reunió a sus doce discípulos y les dio autoridad para echar fuera espíritus malignos y para sanar toda clase de enfermedades y dolencias. 2Los doce apóstoles eran:

Simón, también llamado Pedro; Andrés, hermano de Pedro; Jacobo, hijo de Zebedeo; Juan, hermano de Jacobo; 3Felipe; Bartolomé; Tomás; Mateo, cobrador de impuestos; Jacobo, hijo de Alfeo; Tadeo; 4Simón, miembro de los zelotes, y Judas Iscariote, el que más tarde lo traicionó.

5A estos doce Jesús los envió y les dio las siguientes instrucciones:

«No vayan a los que no son judíos ni a los samaritanos. 6Limítense a visitar a las ovejas perdidas del pueblo de Israel.

7»Anúncienles que el reino de los cielos ya se ha acercado.

8»Curen enfermos, resuciten muertos, sanen leprosos y echen fuera demonios. De la misma manera que ustedes están recibiendo este poder gratuitamente, tampoco cobren por sus servicios. 9No lleven dinero 10ni bolsa con comida; no lleven más túnicas ni más calzado que los que traen puestos, ni lleven bordón, porque las personas a las que ustedes ayuden tienen el deber de alimentarlos y cuidarlos. 11Cuando lleguen a cualquier ciudad o pueblo, busquen a una persona de confianza y quédense en su casa hasta ☼ que se vayan a otro pueblo. 12Y al entrar a la casa, den su bendición a los que allí viven. 13Si ellos lo merecen, tendrán la paz que ustedes les desearon; pero si no lo merecen, no la tendrán. 14Si en alguna ciudad u hogar no los reciben ni les hacen caso, salgan de allí y sacúdanse el polvo de los pies al salir. 15Les aseguro que en el día del juicio, el castigo de Sodoma y Gomorra resultará mucho más tolerable que el castigo que caerá sobre aquella ciudad.

16»Ustedes son como ovejas y los estoy enviando a meterse donde están los lobos. Sean prudentes como serpientes e inofensivos como palomas. 17Pero tengan cuidado, porque los arrestarán y los azotarán en las sinagogas. 18Y hasta tendrán que comparecer ante gobernadores y reyes por mi causa. Esto les brindará la oportunidad de hablarles de mí y de proclamarme ante el mundo.

19»Cuando los arresten, no se preocupen por lo que vayan a decir en el juicio, porque en el momento oportuno se les pondrá en la boca lo que tengan que decir. 20No serán ustedes los que hablen: ¡el Espíritu de su Padre hablará a través de ustedes!

21»El hermano entregará a muerte a su hermano, los padres traicionarán a sus hijos y los hijos se levantarán contra sus padres y los matarán. 22El mundo entero los va a odiar a ustedes por causa de mí, pero el que se mantenga fiel hasta el fin será salvo. 23Cuando los persigan en una ciudad, huyan a otra. Les aseguro que no terminarán de recorrer todas las ciudades de Israel antes que yo haya regresado: 24Ningún estudiante es más que su maestro, ni ningún siervo es mayor que su señor. 25Es suficiente para el discípulo ser como su maestro y para el siervo como su señor. Y si a mí, que soy como el padre de familia, me llaman

☼10.12–13

Beelzebú, ¿qué no les dirán a ustedes? 26Pero no
tengan miedo, porque pronto llegará la hora de
la verdad y no habrá secreto que no se descubra.
27Lo que les digo en la penumbra, proclámenlo
a la luz del día; y lo que les susurro al oído,
divúlguenlo desde las azoteas. 28No teman a
los que pueden matar el cuerpo pero no pueden tocar el alma. Sólo teman a Dios, que es el
único que puede destruir alma y cuerpo en el
infierno.

29»¿Qué valen dos pajarillos? ¡Apenas unos
centavos! Sin embargo, ni uno solo cae a tierra
sin que el Padre lo permita. 30Pues yo les digo que
hasta el último cabello de ustedes está contado.
31Así que no teman, que para Dios ustedes valen
más que muchos pajarillos.

32»Si alguno declara ante la gente que es mi
seguidor, yo declararé a su favor ante mi
Padre que está en los cielos. 33Pero al que me
niegue públicamente, también yo lo negaré
delante de mi Padre que está en los cielos. 34No
crean que vine a traer paz a la tierra. ¡Vine a traer
guerras!; 35a poner al hijo contra su padre, a la
hija contra su madre, a la nuera contra su suegra.
36¡Cada quien tendrá a sus peores enemigos en
su propia casa! 37El que ame a su padre o madre
más que a mí, no es digno de ser mío; y el que
ame a su hijo o hija más que a mí, no es digno
de ser mío. 38Y el que se niegue a tomar la
cruz y seguirme, no es digno de ser mío. 39El
que se apegue demasiado a su vida, la perderá;
pero el que renuncie a ella porque me ama, la
salvará.

40»El que los reciba a ustedes me estará recibiendo a mí; y el que me reciba está recibiendo
al que me envió. 41Quien reciba a un profeta por
el hecho de que es profeta, recibirá la misma
recompensa que reciben los profetas. Y quien
reciba a un hombre justo sólo porque es justo,
recompensa de justo recibirá. 42Y el que le dé
al más humilde de mis discípulos un vaso de
agua por el simple hecho de que es mi discípulo
recibirá su recompensa: esto se lo aseguro yo a
ustedes».

Jesús y Juan el Bautista

11 Cuando terminó de dar estas instrucciones
a sus doce discípulos, Jesús se fue a enseñar y a predicar por las ciudades.

2Juan el Bautista, que ya estaba preso, se enteró
de los milagros que el Mesías estaba realizando
y envió a dos de sus discípulos 3a preguntarle
a Jesús:

—¿Eres tú de veras el que estábamos esperando, o debemos esperar a otro?

4Jesús respondió a los mensajeros:

—Vayan donde está Juan y cuéntenle todo
lo que han oído y lo que me han visto realizar.
5Cuéntenle que los ciegos ven, los paralíticos
andan, los leprosos se curan, los sordos oyen,
los muertos resucitan, y que anuncio las buenas nuevas a los pobres. 6Díganle, además, que
benditos son los que no dudan de mí.

7Cuando los discípulos de Juan se marcharon,
Jesús se puso a hablar de Juan a la multitud:

«Cuando salieron al desierto a ver a Juan, ¿qué
esperaban ver en él? ¿Una caña que el viento
sacude? 8¿o acaso a un hombre vestido de príncipe? ¡Estos se encuentran en los palacios reales!
9Entonces, ¿qué salieron a ver? ¿a un profeta? Les
aseguro que sí, y él es más que profeta: 10Juan es
aquel de quien las Escrituras dicen: "Un mensajero mío irá delante de ti para prepararte el
camino". 11Les aseguro que de todos los hombres
que han nacido en este mundo, ninguno ha sido
mayor que Juan el Bautista. Y sin embargo, el
más insignificante en el reino de los cielos es
más grande que él. 12Desde que Juan el Bautista
comenzó a predicar hasta ahora, se ha combatido
mucho contra el reino de los cielos, y los que son
violentos luchan para acabar con él. 13La ley y
todos los profetas profetizaron hasta que llegó
Juan. 14Y si quieren creerlo, él es Elías, del que se
anunció que vendría. 15El que quiera escuchar,
¡escuche ahora!

16»¿Qué diré de la gente de hoy día? Es semejante a los muchachos que, sentados en las
plazas, gritan a sus compañeros de juego: 17"Si
tocamos la flauta ustedes no bailan, y si cantamos canciones tristes ustedes no lloran".

18»Vino Juan el Bautista, que no toma vino ni
come mucho, y ustedes dicen que está endemoniado. 19Y luego vengo yo, el Hijo del hombre, que
como y bebo, y me acusan de glotón, bebedor de
vino y amigo de cobradores de impuestos y de
gente de la peor calaña. Pero uno demuestra la
sabiduría con sus acciones».

Ayes sobre ciudades no arrepentidas

20Entonces comenzó Jesús a reprender a las
ciudades en que había realizado la mayoría de
sus milagros, porque no se habían arrepentido.

21«¡Pobre de ti, Corazín! ¡Pobre de ti, Betsaida!
Si los milagros que se realizaron en tus calles se
hubieran realizado en Tiro y Sidón, hace mucho
tiempo que estas ciudades se habrían vestido de
ropas ásperas y se habrían echado ceniza en la
cabeza como muestra de su arrepentimiento.

22»¡Ciertamente a Tiro y Sidón les irá mejor
que a ustedes en el día del juicio! 23¡Y tú,
Capernaúm, ¿serás elevada hasta el cielo? ¡No!
Te irás a lo profundo del infierno. Porque si los

☼10.28–31 ☼10.32 ☼10.38–39 ☼10.42 ☼11.22–30

milagros que se realizaron en ti se hubieran realizado en Sodoma, esta ciudad existiría todavía.
24¡A Sodoma le irá mejor que a ti en el día del
juicio!»

Descanso para los cansados

25En esa ocasión, Jesús dijo:
«Te alabo Padre, Señor del cielo y de la tierra, porque escondiste estas cosas de los sabios e
inteligentes, y se las diste a conocer a los niños.
26Sí, Padre, porque así lo quisiste.
27»El Padre me ha confiado todas las cosas.
Sólo el Padre conoce al Hijo y sólo el Hijo conoce
al Padre, y también aquellos a quienes el Hijo
se lo revela. 28Vengan a mí los que estén cansados y afligidos y yo los haré descansar. 29Lleven
mi yugo y aprendan de mí, que soy manso y de
corazón humilde. Así hallarán descanso para el
alma, 30porque mi yugo es fácil de llevar y mi
carga es ligera».

Señor del día de reposo

12 En aquellos días, Jesús y sus discípulos
salieron a caminar por los sembrados. Era
el día de reposo. Cuando los discípulos sintieron
hambre, se pusieron a arrancar espigas de trigo
y a comérselas. 2Algunos fariseos que los vieron
protestaron inmediatamente:
—¡Tus discípulos están quebrantando la ley!
¡Están recogiendo granos en el día de reposo!
3Pero Jesús les dijo:
—¿No han leído lo que el rey David hizo cuando él y los que lo acompañaban tuvieron hambre?
4Pues entraron al templo y se comieron los panes
de la proposición, panes sagrados que sólo los
sacerdotes podían comer.
5»¿No han leído en la ley de Moisés cómo los
sacerdotes que sirven en el templo tienen que
trabajar el día de reposo y no por ello cometen
pecado?
6»Pues les digo que el que ahora está aquí
es mayor que el templo. 7Y si comprendieran lo
que quieren decir las Escrituras con "Misericordia
quiero, no sacrificio", no condenarían a quienes
no son culpables. 8Porque yo, el Hijo del hombre,
soy Señor del día de reposo».
9De allí se fue a la sinagoga del pueblo. 10Como
había allí un hombre con una mano paralizada,
los fariseos le preguntaron a Jesús:
—¿Es legal sanar en el día de reposo?
Los fariseos buscaban una razón para acusarlo.
11Jesús les respondió:
—Si en el día de reposo a alguno de ustedes se le cae una oveja en un pozo, ¿la sacará?
¡Por supuesto que sí! 12Bueno, díganme, ¿no vale
mucho más una persona que una oveja? Por lo
tanto, no hay nada malo en que uno haga el bien
en el día de reposo.
13Entonces le dijo al hombre:
—Extiende la mano.
Y al extenderla le quedó tan normal como la
otra.
14Cuando los fariseos salieron de la sinagoga, se
reunieron para planear cómo matarían a Jesús.

El siervo escogido por Dios

15Pero Jesús, que lo sabía, se alejó de allí seguido por mucha gente. Y él sanaba a todos los
enfermos, 16pero les encargaba rigurosamente
que no se lo contaran a nadie. 17Con esto se cumplió la profecía de Isaías[f] que anunció:

18«Aquí tienen a mi siervo, mi escogido,
mi amado, en quien mi alma se deleita.
Pondré mi Espíritu sobre él,
y anunciará justicia a las naciones.
19No protestará, ni gritará, ni alzará su voz en
las calles;
20no romperá la caña que ya está quebrada, ni
acabará de apagar el pabilo humeante,
hasta que haga triunfar la justicia.
21Y las naciones pondrán en él sus esperanzas».

Jesús y Beelzebú

22Entonces le presentaron a un endemoniado,
ciego y mudo. Jesús lo sanó y el hombre pudo ver
y hablar. 23La gente estaba maravillada.
«¡Quizás Jesús es el Hijo de David!» —exclamaban.
24Al oír tales exclamaciones, los fariseos dijeron: «Al contrario, este hombre expulsa demonios en el nombre de Beelzebú, príncipe de los
demonios».
25Jesús, que sabía lo que estaban pensando,
les dijo: «Un reino dividido acaba por des-
truirse. Una ciudad o una familia divididas no
pueden durar. 26Si Satanás echa fuera a Satanás,
pelea consigo mismo y acabará destruyendo su
propio reino. 27Y si, como dicen, yo echo fuera
demonios invocando el poder de Beelzebú, ¿invocando qué poder los echan fuera los seguidores
de ustedes? Por tanto, ellos serán quienes los
juzguen a ustedes. 28Ahora bien, si yo echo
fuera los demonios por el poder del Espíritu de
Dios, el reino de Dios ha llegado a ustedes.
29»¿Cómo podrá alguien entrar en la casa de
un hombre fuerte y robarle sus bienes, si primero
no lo ata? Sólo así podrá robarle.
30»El que no está a mi favor, está en contra de
mí. Y el que no recoge conmigo, desparrama.
31Cualquier blasfemia o cualquier otro pecado
le será perdonado a la gente; pero el que ofenda

---

f. Isaías 42.1-4.

11.25 12.25 12.28–29

al Espíritu Santo no tendrá perdón. 32Cualquiera que hable mal del Hijo del hombre, será perdonado; pero el que hable mal contra el Espíritu Santo no será perdonado ni en este mundo ni en el venidero.

33»Uno conoce un árbol por sus frutos. Cultiven un árbol bueno y su fruto será bueno o cultiven un árbol malo y su fruto será malo. 34¡Crías de víboras! ¿Cómo van a hablar de lo bueno si son malos? ¡La boca expresa lo que hay en el corazón! 35El habla de un hombre bueno revela la bondad de su corazón. El corazón del malo está lleno de maldad, y ésta se refleja en sus palabras. 36Les aseguro que en el día del juicio van a dar cuenta de las cosas que digan descuidadamente. 37Lo que una persona diga ahora determina lo que le espera: o será justificada por sus palabras ¡o por ellas será condenada!»

La señal de Jonás

38Algunos maestros de la ley y fariseos se acercaron a Jesús para pedirle que realizara alguna señal milagrosa. 39Pero Jesús les respondió:

«Esta nación perversa e infiel pide una señal milagrosa; pero no se le dará ninguna más, excepto la señal del profeta Jonás.40Porque de la misma manera que Jonás estuvo en las entrañas de un gran pez tres días y tres noches, yo, el Hijo del hombre, pasaré tres días y tres noches en las entrañas de la tierra. 41En el día del juicio, los hombres de Nínive se levantarán y condenarán a esta gente. Porque cuando Jonás les predicó, aquellos se arrepintieron de sus pecados. Y ustedes tienen aquí a uno que es superior a Jonás.

42»En el día del juicio, la reina del Sur se levantará contra esta nación y la condenará, porque vino desde los confines de la tierra a escuchar la sabiduría de Salomón. Y ustedes tienen aquí a uno que es superior a Salomón.

43»Cuando un espíritu malo sale de una persona, se va a lugares solitarios en busca de reposo. Al no hallarlo, 44el espíritu se dice: "Es mejor que regrese a la casa de donde salí". Al regresar, la encuentra desocupada, barrida y arreglada. 45Entonces el espíritu va y busca siete espíritus peores que él y juntos habitan en aquella casa. ¡Y resultó que lo último fue peor que lo primero! Así le sucederá a esta nación perversa».

La madre y los hermanos de Jesús

46Mientras Jesús hablaba a la gente, su madre y sus hermanos, que deseaban hablar con él, se tuvieron que quedar fuera.

47Cuando alguien le avisó a Jesús que su familia estaba fuera y quería hablarle, 48él preguntó:

—¿Quién es mi madre?, ¿quiénes son mis hermanos?

49Y señalando a sus discípulos, dijo:

—Aquí tienen a mi madre y a mis hermanos. 50¡El que obedece a mi Padre que está en los cielos, ése es mi hermano, mi hermana y mi madre!

Parábola del sembrador

13Mas tarde, aquel mismo día, Jesús salió de la casa y se dirigió a la orilla del lago. 2Pronto se congregó una multitud tan inmensa que se vio obligado a subir a una barca y enseñar desde allí a la gente que lo escuchaba con atención en la orilla. 3,4En su sermón, empleó muchos simbolismos que ilustraban sus puntos de vista. Por ejemplo, usó el siguiente:

«Un agricultor salió a sembrar sus semillas en el campo. Mientras lo hacía, algunas semillas cayeron en el camino, y las aves vinieron y se las comieron. 5Otras cayeron sobre terreno pedregoso, donde la tierra no era muy profunda. Las plantas nacieron pronto, pero a flor de tierra, 6y el sol ardiente las abrasó y se secaron, porque casi no tenían raíz. 7Otras semillas cayeron entre espinos, y los espinos las ahogaron. 8Pero algunas cayeron en buena tierra y produjeron una cosecha de treinta, sesenta y hasta cien granos por semilla plantada. 9¡El que tenga oídos, oiga!»

10Sus discípulos se le acercaron y le dijeron:

—¿Por qué usas esos simbolismos tan difíciles de entender?

11Él les explicó que ellos, los discípulos, era a los únicos a los que se les permitía entender las cosas del reino de los cielos, pero no a los demás. Y añadió:

12—Al que tiene se le dará más, pero al que no tiene nada, aun lo poco que tiene le será quitado. 13Usé estos simbolismos porque esta gente oye y ve, pero no entiende. 14Así se cumple la profecía de Isaías:

»"Oirán, pero no entenderán; verán, pero no percibirán, 15porque tienen el corazón endurecido, no oyen bien y tienen los ojos cerrados. Por lo tanto, no verán ni oirán ni entenderán ni se convertirán ni dejarán que yo los sane".

16»¡Dichosos los ojos de ustedes, porque ven! ¡Dichosos los oídos de ustedes, porque oyen! 17Muchos profetas y muchos hombres justos anhelaron ver lo que ustedes están viendo y oír lo que están oyendo; pero no lo lograron. 18Y ahora les voy a explicar el simbolismo del sembrador. 19»El camino duro en que algunas de las semillas cayeron representa el corazón de las personas que escuchan las buenas nuevas del reino y no las entienden. Por eso, cuando Satanás llega, les

12.34 12.36–37 12.50

quita lo que se les sembró. 20El terreno pedregoso y poco profundo simboliza el corazón del hombre que escucha el mensaje y lo recibe con gozo,
21pero no hay profundidad en su experiencia, y las
semillas no echan raíces profundas; luego, cuando aparecen los problemas o las persecuciones
por causa de sus creencias, el entusiasmo se le
desvanece y se aparta de Dios. 22El terreno lleno
de espinos es el corazón del que escucha el mensaje, pero se afana tanto en esta vida que el amor
al dinero ahoga en él la Palabra de Dios, y
cada vez trabaja menos para el Señor. 23La
buena tierra representa el corazón del hombre
que escucha el mensaje, lo entiende y sale a
ganar treinta, sesenta y hasta cien almas para el
reino de Dios.

Parábola de la mala hierba

24Otra de las parábolas o simbolismos que usó
Jesús fue la siguiente:
«El reino de los cielos es como el labrador
que planta la buena semilla en el campo; 25pero
por la noche, mientras la gente duerme, su enemigo va y siembra malas hierbas entre el trigo.
26Cuando las plantas empiezan a crecer, la mala
hierba crece también. 27Al verlas, los trabajadores
del labrador corren a donde está éste y le dicen:
"Señor, el terreno en que sembraste aquellos
granos de buena calidad está lleno de hierbas
malas". 28"Seguro que alguno de mis enemigos
las sembró", explicó el labrador. "¿Quieres que
arranquemos la mala hierba?", preguntaron los
trabajadores. 29"No", respondió el labrador, "porque pueden dañar el trigo. 30Dejen que crezcan
juntos, y cuando llegue el tiempo de la cosecha
daremos instrucciones a los segadores para que
arranquen primero la cizaña y la quemen; y
después, que pongan el trigo en el granero"».

Parábolas del grano de mostaza y de la levadura

31Jesús también refirió esta otra parábola:
«El reino de los cielos es como una pequeña
semilla de mostaza plantada en un campo. 32La
semilla de mostaza es la más pequeña de todas
las semillas, pero se convierte en un árbol enorme
en cuyas ramas los pájaros hacen sus nidos».
33Y les dijo también:
«El reino de los cielos es como la levadura
que una mujer toma para hacer pan. Luego la
mezcla con tres medidas de harina, y leuda toda
la masa».
34Jesús siempre usaba estas ilustraciones cuando hablaba con la multitud. Sin parábolas no
les hablaba. 35Así se cumplió lo que el profeta
había dicho:

«Hablaré en parábolas y explicaré las cosas
que han estado escondidas desde la fundación
del mundo.»[g]

Explicación de la parábola de la mala hierba

36Cuando despidieron a la multitud y regresaron a la casa, sus discípulos le pidieron que
les explicara el simbolismo de la mala hierba
y el trigo.
37—Muy bien —comenzó—: Yo soy el labrador
que siembra el grano selecto. 38El terreno en que
se sembró es el mundo y las buenas semillas son
los súbditos del reino; las malas hierbas son los
súbditos de Satanás. 39El enemigo que sembró la
mala hierba entre el trigo es el diablo; la siega
es el fin del mundo, y los segadores son los ángeles. 40De la misma manera que los segadores
separan el trigo de la mala hierba y queman
ésta, en el fin del mundo 41envia- ré a mis
ángeles a arrancar del reino a los que tientan a
los demás y a los que hacen el mal. 42Y una vez
arrancados, ¡irán a parar al fuego! Allí será el
llorar y el crujir de dientes. 43Entonces los justos
brillarán como el sol en el reino del Padre. ¡El
que tenga oídos, oiga!

Parábolas del tesoro escondido y de la perla

44»El reino de los cielos es también como un
tesoro escondido en un terreno. Un hombre viene
y lo encuentra. Emocionado y lleno de ilusiones,
vende todo lo que tiene y compra el terreno, con
lo cual está adquiriendo también el tesoro.
45»El reino de los cielos es como un merca-
der de perlas que anda en busca de perlas finas.
46Por fin descubre una verdadera oportunidad
cuando le ofrecen a buen precio una perla de
gran valor. Entonces corre, vende todo lo que
tiene y la compra.

Parábola de la red

47»El reino de los cielos es como el pescador
que tira la red al agua y recoge peces de todo
tipo, buenos y malos. 48Cuando se llena la red, la
lleva a la orilla y se sienta a escoger los pescados.
Los buenos los echa en una canasta y los malos
los desecha. 49Así sucederá cuando llegue el fin
del mundo. Los ángeles vendrán y separarán a
los malos de los justos 50y arrojarán aquéllos al
fuego. Allí será el llorar y el crujir de dientes.
51¿Entienden ahora?»
—Sí —contestaron—. Gracias.
52Entonces Jesús añadió:

g. Salmo 78.2.

13.23 13.41–42

—Los maestros de la ley que se han convertido en mis discípulos tienen a su alcance un tesoro doble: las antiguas verdades de las Escrituras y las verdades nuevas que mis enseñanzas revelan.

Un profeta sin honra

[53]Al terminar de exponer estos simbolismos, Jesús fue [54]a Nazaret de Galilea, el pueblo de su niñez, y allí enseñaba en la sinagoga. La gente estaba maravillada con su sabiduría y por sus milagros.

[55]—¿Será posible? —comentaban—. Este es hijo de María y del carpintero, y hermano de Jacobo, José, Simón y Judas. [56]Sus hermanas viven aquí mismo. ¿De dónde habrá sacado tanta sabiduría?

[57]Y terminaron enojándose con él. Entonces Jesús les dijo.

—Al profeta nunca lo aceptan en su propia tierra ni entre su propia gente.

[58]Por causa de la incredulidad de la gente no hizo allí muchos milagros.

Decapitación de Juan el Bautista

14 Cuando la fama de Jesús llegó a oídos del rey Herodes Antipas, que gobernaba la región, [2]éste dijo a sus hombres:

«¡De seguro es Juan el Bautista que ha resucitado! ¡Por eso puede hacer milagros!»

[3]Este Herodes era el que había prendido a Juan y lo había encadenado en la cárcel por exigencias de Herodías, que había sido esposa de su hermano Felipe. [4]Herodías odiaba a Juan, porque éste se había atrevido a decirle al rey que era incorrecto que se casara con ella. [5]Herodes lo habría matado en seguida, pero temía que el pueblo se le rebelara, ya que la gente consideraba que Juan era profeta. [6]Sucedió entonces que durante la celebración del cumpleaños de Herodes, la hija de Herodías danzó para el rey, y a éste le agradó tanto [7]que juró darle cualquier cosa que pidiera. [8]Mal aconsejada por su madre, la muchacha pidió que le trajeran la cabeza de Juan el Bautista en una bandeja. [9]Al rey no le agradó nada aquella petición, pero como había hecho juramento y como no quería romperlo delante de sus invitados, mandó que la complacieran.

[10]Al poco rato decapitaron a Juan en la prisión [11]y le ofrecieron a la muchacha la cabeza en una bandeja, y ella se la llevó a su madre.

[12]Después los discípulos de Juan fueron, lo enterraron y corrieron a contarle a Jesús lo sucedido.

Jesús alimenta a los cinco mil

[13]Cuando le dieron a Jesús la noticia, él tomó una barca y se fue a un lugar desierto donde pudiera estar a solas. Pero la gente vio hacia dónde se dirigía, y muchos fueron a pie hasta allá desde las ciudades vecinas. [14]Cuando Jesús llegó, encontró que una vasta multitud lo esperaba y, compadecido, sanó a los enfermos.

[15]Al atardecer, los discípulos se le acercaron y le dijeron:

—Ya pasó la hora de la cena y aquí en el desierto no hay nada que comer. Despide a la gente para que vaya por los pueblos a comprar alimentos.

[16]—¿Por qué? —les respondió Jesús—. ¡Denles ustedes de comer!

[17]—¿Pero con qué, si no tenemos más que cinco panecillos y dos pescados?

[18]—¡Pues tráiganlos!

[19]La gente se fue sentando en la hierba a petición de Jesús. Él, tomando los cinco panes y los dos pescados, miró al cielo, los bendijo, y comenzó a partir los panes y a darlos a los discípulos para que los distribuyeran entre la gente. [20]Nadie se quedó sin comer. ¡Y hasta sobraron doce cestas de comida, [21]a pesar de que había cerca de cinco mil hombres, además de las mujeres y los niños!

Jesús camina sobre el agua

[22]Mientras despedía a la multitud, Jesús les pidió a los discípulos que se subieran a la barca y se fueran al otro lado del lago. [23-24]Al quedarse solo, Jesús subió al monte a orar.

La noche sorprendió a los discípulos en medio de las aguas agitadas y luchando contra vientos contrarios. [25]A las tres de la mañana Jesús se les acercó, caminando sobre las aguas turbulentas. [26]Los discípulos, al verlo, gritaron llenos de espanto:

—¡Es un fantasma!

[27]Pero Jesús inmediatamente les gritó:

—¡Calma! ¡No tengan miedo! ¡Soy yo!

[28]—Señor —le respondió Pedro—, si realmente eres tú, ordena que también yo camine sobre el agua y vaya hasta donde tú estás.

[29]—Está bien; ¡ven!

Sin vacilar, Pedro salió por la borda y caminó sobre las aguas hacia Jesús. [30]Pero al percatarse de lo que hacía y de la inmensidad de las olas que se le echaban encima, sintió miedo y comenzó a hundirse.

—¡Señor, sálvame! —gritó horrorizado.

[31]Extendiendo la mano, Jesús lo sujetó y le dijo:

—¡Hombre de poca fe! ¿Por qué dudaste?

[32]Cuando subieron a la barca, los vientos cesaron. [33]Los otros discípulos, maravillados, se arrodillaron y le dijeron:

—¡No cabe duda de que eres el Hijo de Dios!

[34]Desembarcaron en Genesaret. [35]La noticia de la llegada de Jesús se esparció rápidamente por la ciudad. Numerosas personas corrieron de un lugar a otro avisando que podían llevarle los

enfermos para que los sanara. 36Muchos le rogaban que les dejara tocar aunque sólo fuera el borde de su manto; y los que lo tocaban, sanaban.

Lo limpio y lo impuro

15 Ciertos fariseos y jefes judíos de Jerusalén fueron a entrevistarse con Jesús.

2—¿Por qué tus discípulos desobedecen la tradición antigua? —dijeron—. ¡No están observando el ritual de lavarse las manos antes de comer!

3A lo que Jesús respondió:

—¿Y por qué ustedes violan los mandamientos directos de Dios en el afán de guardar las tradiciones? 4La ley de Dios dice: "Honra a tu padre y a tu madre, y el que maldiga a sus padres, muera irremisiblemente". 5Pero ustedes dicen: "Es preferible dejar de ayudar a los padres que estén en necesidad a dejar de ofrendar a Dios". 6De esta manera, con un mandamiento humano están anulando el mandamiento divino de honrar y cuidar a los padres. 7¡Hipócritas! Bien dijo de ustedes el Profeta Isaías:

8»"Este pueblo de labios me honra, pero lejos está de amarme de corazón. 9La adoración que ustedes me brindan no les sirve de nada, porque enseñan tradiciones humanas como si fueran mandamientos de Dios"».

10Entonces Jesús llamó a la gente y le dijo:

—Escuchen y traten de entender: 11Lo que daña el alma no es lo que entra por la boca, sino los pensamientos malos y las palabras con que éstos se expresan.

12Los discípulos se le acercaron y le dijeron:

—Los fariseos se ofendieron por esas palabras.

13—Cualquier planta que mi Padre no haya sembrado será arrancada —les respondió Jesús—. 14Así que no les hagan caso, porque son ciegos que tratan de guiar a otros ciegos y lo único que logran es caer juntos en el hoyo.

15Pedro le pidió que les explicara aquello de que comer los alimentos que la ley judía prohíbe no es lo que contamina al hombre.

16—¿Tampoco ustedes entienden? —le respondió Jesús—. 17Cualquier cosa que uno come pasa a través del aparato digestivo y se expulsa; 18pero el mal hablar brota de la suciedad del corazón y corrompe a la persona que así habla. 19Del corazón salen los malos pensamientos, los asesinatos, los adulterios, las fornicaciones, los robos, las mentiras y los chismes. 20Esto es lo que de veras corrompe. Pero uno no se corrompe por comer sin lavarse primero las manos.

La fe de la mujer cananea

21Jesús salió de allí y caminó los ochenta kilómetros que lo separaban de la región de Tiro y Sidón. 22Una cananea, que vivía por allí, se le acercó suplicante:

—¡Ten misericordia de mí, Señor, Hijo de David! Mi hija tiene un demonio que la atormenta constantemente.

23Jesús no le respondió ni una sola palabra. Sus discípulos se le acercaron y le dijeron:

—Dile que se vaya, que ya nos tiene cansados.

24Entonces Jesús le dijo a la mujer:

—Me enviaron a ayudar a las ovejas perdidas de Israel, no a los gentiles.

25Pero ella se acercó más y de rodillas le suplicó de nuevo:

—¡Señor, ayúdame!

26—No creo que sea correcto quitarle el pan a los hijos y echárselo a los perros —le replicó Jesús.

27—Sí —respondió ella—, pero aun los perrillos comen las migajas que caen de la mesa.

28—¡Tu fe es extraordinaria! —le dijo Jesús—. Conviértanse en realidad tus deseos.

Y su hija sanó en aquel mismo instante.

Jesús alimenta a los cuatro mil

29Jesús regresó al lago de Galilea, subió a una colina y se sentó. 30Y estuvo sanando a cojos, ciegos, mudos, lisiados y a muchos otros enfermos que la multitud le llevaba. 31¡Qué espectáculo! Los que hasta entonces no podían pronunciar ni una palabra hablaban emocionados; los miembros inútiles de los lisiados eran restaurados; los cojos caminaban y saltaban, mientras que los ciegos, maravillados, contemplaban por primera vez el mundo. El gentío, asombrado, alababa al Dios de Israel.

32—Me da lástima toda esta gente —dijo Jesús en voz baja a sus discípulos—. Hace tres días que están aquí y ya no tienen nada que comer. No quiero enviarlos a sus casa sin comer, porque se desmayarían en el camino.

33—¿Pero en qué lugar de este desierto vamos a conseguir suficiente comida para alimentar a este gentío? —le respondieron.

34—¿Qué tienen ahora? —les preguntó Jesús.

—¡Siete panes y unos cuantos pescados!

35Entonces ordenó a la gente que se sentara en el suelo. 36Tomó los siete panes y los pescados, dio gracias a Dios por ellos y comenzó a partirlos y a entregarlos a los discípulos para que los repartieran a la gente.

37,38Nadie se quedó sin comer, a pesar de que había cuatro mil personas, sin contar las mujeres y los niños ¡Y sobraron siete cestas repletas de alimentos!

39Cuando terminaron de comer, Jesús despidió a la gente y él y sus discípulos se fueron en una barca a la región de Magadán.

Le piden a Jesús una señal

16 Un día, los fariseos y los saduceos fueron a donde estaba Jesús a pedirle que demostrara, con alguna señal milagrosa en el cielo, que él había sido enviado por Dios.

2—De veras me sorprende —les respondió Jesús—. Ustedes pueden leer en el cielo las predicciones del tiempo. Si el cielo se pone rojo hoy por la tarde saben que habrá buen tiempo mañana; 3y si por la mañana se pone rojo, saben que habrá tempestad. ¡Y sin embargo, no pueden leer las notorias señales de los tiempos! 4Esta generación perversa e incrédula pide que se le den señales en los cielos, pero no verá más señal que la de Jonás.

Y se fue de allí.

La levadura de los fariseos y de los saduceos

5Al llegar al otro lado del lago, los discípulos se dieron cuenta de que se les había olvidado la comida. En aquel preciso instante Jesús les decía:

6—¡Cuídense de la levadura de los fariseos y de los saduceos!

7Los discípulos pensaron que les decía eso porque se les había olvidado llevar pan. 8Pero Jesús, que sabía lo que estaban pensando, les dijo:

—¡Qué hombres con tan poca fe! ¿Por qué se preocupan tanto por la comida? 9¿Cuándo van a entender? ¿Ya se les olvidó que alimenté a cinco mil personas con cinco panes, y que sobraron varias cestas de comida? 10¿Y se les olvidó los cuatro mil que alimenté y las cestas de comida que sobraron? 11¿Cómo se les ocurre pensar que me estoy refiriendo a la comida? Lo que dije fue que se cuidaran de la "levadura" de los fariseos y de los saduceos.

12Por fin entendieron que no se refería a la levadura del pan, sino a las enseñanzas falsas de los fariseos y de los saduceos.

La confesión de Pedro

13Al llegar a Cesarea de Filipo, les preguntó: «¿Quién dice la gente que soy?»

14—Bueno —le respondieron—, algunos dicen que eres Juan el Bautista; otros, que eres Elías; y otros, que eres Jeremías o alguno de los profetas.

15—¿Y quién creen ustedes que soy?

16—¡Tú eres el Cristo, el Mesías, el Hijo del Dios viviente! —respondió Simón Pedro.

17—Dios te ha bendecido, Simón, hijo de Jonás —le dijo Jesús—, porque esto no lo aprendiste de labios humanos. ¡Mi Padre celestial te lo reveló personalmente! 18Tú eres Pedro,[b] y sobre esta roca edificaré mi iglesia, y los poderes del infierno no prevalecerán contra ella. 19Te daré las llaves del reino de los cielos: la puerta que cierres en la tierra se cerrará en el cielo; y la puerta que abras en la tierra se abrirá en el cielo.

20A continuación les suplicó que no le dijeran a nadie que él era el Mesías.

Jesús predice su muerte

21Desde entonces empezó a explicarles claramente que era imprescindible que fuera a Jerusalén, que allí sufriría mucho en manos de los dirigentes judíos; y que, aunque al fin lo matarían, a los tres días resucitaría.

22Pedro, inquieto, lo llamó aparte y lo reprendió:

—¡Dios guarde, Señor! —le dijo—. ¡A ti no te puede pasar eso que dices!

23—¡Apártate de mí, Satanás! —dijo Jesús mirando a Pedro—. ¡Me eres un estorbo! ¡Estás mirando las cosas desde el punto de vista humano y no del divino!

24Y dijo luego a los discípulos:

—Si alguien desea seguirme, niéguese a sí mismo, tome su cruz y sígame. 25Porque el que trate de vivir para sí, perderá la vida; pero el que pierda la vida por mi causa, la hallará. 26¿De qué les sirve ganarse el mundo entero y perder la vida eterna? ¿Habrá algún valor terrenal que compense la pérdida del alma? 27Yo, el Hijo del hombre, vendré con los ángeles en la gloria de mi Padre y juzgaré a cada persona según sus obras. 28Y algunos de los que están aquí ahora mismo no morirán sin verme venir en mi reino.

La transfiguración

17 Seis días después, Jesús, con Pedro, y Jacobo y Juan (que eran hermanos), subió a la cima de un elevado monte para estar a solas. 2Allí Jesús se transfiguró delante de los discípulos. Su rostro se volvió brillante como el sol, y su ropa blanca como la luz. 3De pronto, Moisés y Elías aparecieron y se pusieron a hablar con él. 4Pedro, atónito, balbució:

—Señor, ¡qué bueno que nos pudiéramos quedar aquí! Si quieres, podemos hacer tres enramadas: una para ti, otra para Moisés y otra para Elías.

5Pero mientras hablaba, una nube resplandeciente los cubrió y una voz dijo desde la nube: «Este es mi Hijo amado; en él me complazco. Obedézcanlo».

6Los discípulos se postraron en tierra temblando de miedo. 7Jesús se les acercó y los tocó.

—Levántense —les dijo—. No tengan miedo.

8Y al levantar la mirada, encontraron a Jesús solo.

16.15–18

b. Pedro quiere decir «piedra».

9Al descender de la montaña, Jesús les ordenó
que no le dijeran a nadie lo que habían visto,
hasta que él se levantara de entre los muertos.
10Los discípulos le preguntaron:

—¿Por qué los maestros de religión insisten en
que Elías regresará antes que aparezca el Mesías?

11—Ellos tienen razón —les respondió
Jesús—. Elías tiene que venir a poner las cosas
en orden. 12Y, en efecto, ya vino, pero en vez de
reconocerlo, lo trataron con la misma crueldad
con que me tratarán a mí, que soy el Hijo del
hombre.

13Los discípulos comprendieron que se refería
a Juan el Bautista.

Jesús sana a un muchacho endemoniado

14Cuando llegaron al valle, la gente los esperaba; y
un hombre corrió y se puso de rodillas ante Jesús.

15—Señor —dijo—, ten misericordia de mi
hijo, que está enfermo de la mente y padece
muchísimo. Muchas veces se cae en el fuego o
en el agua, con peligro de su vida. 16Lo traje a tus
discípulos; pero no pudieron curarlo.

17—¡Oh generación incrédula y perversa! —dijo
Jesús—. ¿Hasta cuándo tendré que soportarlos?
¡Tráiganme al muchacho!

18Jesús reprendió al demonio que estaba en
el muchacho, y el demonio salió. Desde aquel
instante el muchacho quedó bien.

19Más tarde, los discípulos le preguntaron en
privado a Jesús:

—¿Por qué no pudimos echar fuera aquel
demonio?

20—Porque tienen muy poca fe —les respondió Jesús—. Si tuvieran siquiera una fe tan
pequeña como un grano de mostaza, podrían
decirle a aquella montaña que se quitara de en
medio y se quitaría. Nada les sería imposible.
21Pero este tipo de demonio no sale a menos que
uno haya orado y ayunado.
22Un día, estando aún en Galilea, les dijo:

«Alguien me va a traicionar y me va a entregar
a los que quieren matarme, 23pero al tercer día
resucitaré».

Los discípulos se estremecieron de tristeza y
temor.

El impuesto del templo

24Al llegar a Capernaúm, los cobradores de
impuestos del templo le preguntaron a Pedro:

—Tu Maestro, ¿paga impuestos?

25—¡Claro que los paga! —les respondió
Pedro—, e inmediatamente entró a la casa a
hablarle a Jesús sobre el asunto.

No había pronunciado todavía la primera
palabra, cuando Jesús le preguntó: —¿A quién
crees tú, Pedro, que cobran tributos los reyes de
la tierra? ¿A sus súbditos o a los extranjeros?

26—A los extranjeros, claro —respondió
Pedro.

27—Entonces, los suyos quedan exentos,
¿verdad? —añadió Jesús—. Sin embargo, para
que no se ofendan, vete al lago y echa el anzuelo, pues en la boca del primer pez que saques
hallarás una moneda que alcanzará para tus
impuestos y los míos.

El más importante en el reino de los cielos

18 En aquella ocasión, los discípulos le preguntaron a Jesús cuál de ellos ocuparía el
cargo más importante en el reino de los cielos.
2Jesús llamó a un niño de los que andaban
por allí y lo sentó en medio de ellos. Entonces
les dijo:

3«Si no se vuelven a Dios, arrepentidos de sus
pecados y con sencillez de niños, no podrán
entrar en el reino de los cielos. 4En otras palabras,
el que esté libre de altivez como este niño tendrá
un puesto importante en el reino de los cielos.
5El que reciba en mi nombre a una persona así,
a mí me recibe. 6Pero al que haga que uno de
mis creyentes humildes pierda la fe, mejor le sería
que le ataran una roca al cuello y lo arrojaran
al mar. 7¡Ay del mundo y sus maldades! La tentación es, ciertamente, inevitable, pero ¡ay de
la persona que tienta! 8Por lo tanto, si tu mano
o tu pie te hace pecar, córtatelo y échalo de
ti, porque es mejor entrar al reino de los cielos
mutilado que ir a parar al infierno con las dos
manos y los dos pies. 9Y si tu ojo te hace pecar,
sácatelo y échalo a la basura. Mejor te es entrar
tuerto al reino de los cielos que ir al infierno con
los dos ojos.

Parábola de la oveja perdida

10»Nunca menosprecien al creyente humilde,
porque su ángel tiene en el cielo constante
acceso al Padre. 11Además, yo, el Hijo del hombre,
vine a salvar a los perdidos. 12Si un hombre tiene
cien ovejas y una se le extravía, ¿qué hará? ¿No
deja las noventa y nueve sanas y salvas y se va a
las montañas a buscar la perdida? 13Ah, ¡y si la
encuentra, se regocija más por aquélla que por
las noventa y nueve que dejó en el corral! 14Asi-
mismo, mi Padre no quiere que ninguno de estos
pequeños se pierda.

El hermano que peca contra ti

15»Si un hermano te hace algo malo, llámalo y
dile en privado cuál ha sido su falta. Si te escucha
y la reconoce, habrás recuperado a un hermano.

17.19–20 18.2–6 18.8–9 18.10–14

16Pero si no, consíguete una o dos personas que vayan contigo a hablarle y te sirvan de testigos. 17Si se niega a escucharte, presenta el caso a la iglesia, y si ésta se pronuncia a tu favor y tu hermano no acepta la recomendación de la iglesia, entonces la iglesia debe expulsarlo. 18Les aseguro que cuanto aten en la tierra quedará atado en el cielo, y que lo que suelten en la tierra quedará suelto en el cielo. 19También quiero decirles que si dos de ustedes se ponen de acuerdo aquí en la tierra acerca de algo que quieran pedir en oración, mi Padre que está en los cielos se lo concederá, 20porque dondequiera que estén dos o tres reunidos en mi nombre, allí estaré yo».

Parábola del siervo despiadado

21Pedro se le acercó y le preguntó:

—Señor, ¿cuántas veces debo perdonar a un hermano que haga algo malo contra mí? ¿Debo perdonarlo siete veces?

22—¡No! —respondió Jesús—, ¡perdónalo hasta setenta veces siete si es necesario!

23»El reino de los cielos puede compararse a un rey que decidió arreglar cuentas con sus súbditos. 24En el proceso, le trajeron a uno que le debía cien millones de pesos. 25Como no podía pagarle, el rey ordenó que lo vendieran como esclavo, y también a su esposa, a sus hijos y sus posesiones. 26Al oírlo, el hombre cayó de rodillas delante del rey y le suplicó: “Señor, por favor, ten paciencia conmigo y te lo pagaré todo”. 27El rey, conmovido, lo soltó y le perdonó la deuda.

28»Pero cuando aquel mismo hombre salió de allí, fue adonde estaba alguien que le debía veinte mil pesos y, agarrándolo por el cuello, exigió pago inmediato. 29También este hombre cayó de rodillas delante de él y le suplicó: “Ten paciencia y te lo pagaré todo”. 30Pero su acreedor no quiso conceder ninguna prórroga, y lo hizo arrestar y meter a la cárcel hasta que la deuda quedara completamente saldada. 31Los amigos del encarcelado, entristecidos, acudieron al rey y le contaron lo sucedido. 32El rey, sin pérdida de tiempo, mandó llamar al hombre al que había perdonado. “¡Malvado! ¡Perverso!”, le dijo. “¡Así que yo te perdoné aquella inmensa deuda porque me lo pediste, 33y tú no pudiste tener misericordia del otro como yo la tuve de ti?” 34Tan enojado estaba el rey que lo envió a las cámaras de tortura hasta que pagara el último centavo.

35»Así hará mi Padre celestial al que se niegue a perdonar a algún hermano».

El divorcio

19 Tras pronunciar estas palabras, salió Jesús de Galilea y llegó a la región de Judea que está al este del Jordán. 2Multitudes lo seguían, y Jesús sanaba a los enfermos.

3Varios fariseos, en una entrevista, trataron de hacerlo caer en la trampa de decir algo que luego ellos pudieran utilizar contra él.

—¿Apruebas el divorcio? —le preguntaron.

4—Y ustedes, ¿no leen las Escrituras? —les respondió—. En ellas está escrito que al principio Dios creó al hombre y a la mujer, 5y que el hombre debe abandonar al padre y a la madre para unirse a su esposa. 6Los dos serán uno, no dos. Y ningún hombre debe separar lo que Dios juntó.

7—Entonces, ¿por qué dice Moisés que uno puede romper los lazos matrimoniales con su esposa siempre y cuando le dé una carta de divorcio? —le preguntaron.

8Y él les replicó: —Moisés se vio obligado a reglamentar el divorcio por la dureza y la perversidad de su pueblo, pero Dios nunca ha querido que sea así. 9Es más: les digo que si alguno se divorcia de su esposa, a no ser en los casos en que ésta le haya sido infiel, comete adulterio si se casa con otra. Y el que se casa con la divorciada, también comete adulterio.

10Entonces los discípulos le dijeron:

—Si eso es así, ¡mejor sería no casarse!

11Jesús les respondió: —Esto sólo lo pueden entender aquellos a quienes Dios ha ayudado a entenderlo. 12Hay personas que no se casan porque nacieron incapacitados para el matrimonio; otros no lo hacen porque los hombres los incapacitaron; y aun otros, porque no desean hacerlo por amor al reino de los cielos. El que pueda aceptar esto último, que lo acepte.

Jesús y los niños

13Le llevaron entonces varios niños para que les pusiera las manos encima y orara por ellos. Pero los discípulos reprendieron a los que los traían.

—No molesten al Maestro —les dijeron.

14—No, no —intervino Jesús—. No impidan que los niños vengan a mí, porque de ellos es el reino de los cielos.

15Entonces les puso las manos encima a los niños y los bendijo. Luego se fue de allí.

El joven rico

16Cierto día, alguien le preguntó:

—Buen Maestro, ¿qué bien haré para obtener la vida eterna?

17—¿Por qué me llamas bueno? —le contestó Jesús—. El único bueno es Dios. Pero déjame contestarte: Si quieres obtener la vida, guarda los mandamientos.

18—¿Cuáles?

Jesús le dijo:

18.18–20 18.21–22 19.3–9 19.13–15

—«No matarás, no cometerás adulterio, no robarás, no mentirás; 19honra a tu padre y a tu madre, y ama a tu prójimo con la misma sinceridad con que te amas a ti mismo».

20—Yo siempre he obedecido esos mandamientos —respondió el joven—. ¿Qué más tengo que hacer?

21—Si quieres ser perfecto —le dijo Jesús—, ve, vende todo lo que tienes y dales el dinero a los pobres. De esta manera tendrás tesoros en el cielo. Y cuando lo hayas hecho, ven y sígueme.

22Cuando el joven oyó esto, se fue muy triste porque era extremadamente rico.

23—A un rico le es muy difícil entrar al reino de los cielos —comentó luego Jesús con sus discípulos—. 24Le es más fácil a un camello entrar por el ojo de una aguja que a un rico entrar al reino de Dios.

25—¿Y entonces, quién puede salvarse? —preguntaron los discípulos algo turbados.

26Jesús los miró fijamente y les dijo:

—Humanamente hablando, nadie. Pero para Dios no hay imposibles.

27—Nosotros lo abandonamos todo por seguirte —dijo Pedro—. ¿Qué obtendremos en cambio?

28Y Jesús le respondió:

—Cuando yo, el Hijo del hombre, me siente en mi trono de gloria, ustedes, mis discípulos, se sentarán en doce tronos a juzgar a las doce tribus de Israel. 29Y cualquiera que haya dejado hogar, hermanos, hermanas, padre, madre, esposa, hijos, tierras, por seguirme, recibirá cien veces lo que haya dejado, aparte de recibir la vida eterna. 30Pero muchos de los que ahora se creen importantes no lo serán entonces. Y muchos de los que ahora se consideran poco importantes serán los importantes entonces.

Parábola de los viñadores

20 »El reino de los cielos es también semejante al dueño de una finca que sale por la mañana a contratar obreros para recoger la cosecha. 2Conviene con ellos en pagarles un denario al día, que es el salario normal, y los pone a trabajar. 3Un par de horas más tarde, al pasar por la plaza y ver a varios hombres que andan en busca de trabajo, 4los envía al campo con la promesa de que les pagará lo que sea justo al final de la jornada.

5»Al mediodía y a las tres de la tarde hace lo mismo.

6»A las cinco de la tarde se encuentra en el pueblo a otros desocupados y les pregunta: "¿Por qué no están trabajando?" 7"Porque nadie nos ha contratado", le responden. "Pues váyanse a trabajar a mi finca, y les pagaré lo que sea justo".

8»Por la noche, el pagador fue llamando a cada uno de los obreros para pagarles, comenzando por los últimos que habían contratado. 9A los que llegaron a las cinco les pagó un denario. 10Los que habían llegado primero, al ver lo que recibieron los que llegaron de último, pensaron que a ellos se les pagaría mucho más. Pero se les pagó también un denario.

11»Claro, inmediatamente uno de ellos protestó ante el dueño: 12"Esa gente trabajó sólo una hora y le están pagando lo mismo que a nosotros que trabajamos de sol a sol".

13»"Amigo", le contestó el dueño, "¿no quedamos en que se te iba a pagar un denario al día? 14,15Pues tómalo y vete. Y porque quiero pagarle a todos los trabajadores lo mismo, ¡no me vengas ahora con que es injusto que yo haga con mi dinero lo que me plazca! Por tanto, no tienes razón para enojarte".

16»Así, pues, los primeros serán los últimos y los últimos serán los primeros».

Jesús predice de nuevo su muerte

17Camino de Jerusalén, Jesús tomó a los doce discípulos aparte 18y les habló de lo que le sucedería cuando llegaran a la capital.

«Seré entregado a los principales sacerdotes y escribas, y me condenarán a muerte. 19Luego me entregarán a los romanos, para que se burlen de mí y me crucifiquen. Pero al tercer día resucitaré».

La petición de una madre

20En eso se le acercó la esposa de Zebedeo, junto con sus dos hijos, Jacobo y Juan, y se arrodilló ante él.

21—¿Qué quieres? —le preguntó Jesús.

—Quiero que cuando establezcas tu reino, mis dos hijos se sienten junto a ti en el trono, uno a tu derecha y el otro a tu izquierda.

22Pero Jesús le dijo:

—¡No sabes lo que estás pidiendo!

Y volviéndose a Jacobo y a Juan, les dijo:

—¿Se creen ustedes capaces de beber del terrible vaso del que yo tengo que beber? ¿Y de resistir el bautismo con que voy a ser bautizado?

—Sí —respondieron—. Podemos.

23—Pues a la verdad van a beber de mi vaso —les contestó Jesús— y van a bautizarse con mi bautismo, pero no tengo el derecho de decir quiénes se sentarán junto a mí. Mi Padre es el que lo determina.

24Los otros diez discípulos se enojaron al enterarse de lo que Jacobo y Juan habían pedido, 25pero Jesús los llamó y les dijo:

19.19 19.21–24 19.26–29 20.20–21

—En las naciones paganas, los reyes, los tiranos o cualquier funcionario está por encima de sus súbditos. 26Pero entre ustedes será completamente diferente. El que quiera ser grande debe servir a los demás; 27y el que quiera ocupar el primer lugar en la lista de honor debe ser esclavo de los demás. 28Recuerden que yo, el Hijo del hombre, no vine para que me sirvan, sino para servir y dar mi vida en rescate de muchos.

Dos ciegos reciben la vista

29Al salir de Jericó, los seguía un inmenso gentío. 30Y dos ciegos que estaban sentados junto al camino, al escuchar que Jesús iba a pasar por allí, se pusieron a gritar:

—¡Señor, Hijo de David, ten misericordia de nosotros!

31La gente los mandó callar, pero ellos gritaron todavía con más fuerza. 32Cuando Jesús pasó junto a donde estaban, les preguntó:

—¿En qué puedo servirles?

33—Señor —le dijeron—, ¡queremos ver!

34Jesús, compadecido, les tocó los ojos. Al instante pudieron ver; y siguieron a Jesús.

La entrada triunfal

21 Ya cerca de Jerusalén, en el pueblo de Betfagué, junto al monte de los Olivos, Jesús envió a dos de los discípulos al pueblo cercano.

2A la entrada del pueblo les dijo: «Hallarán una burra atada y junto a ella un burrito. Desátenlos y me los traen. 3Si alguien les pregunta algo, díganle que el Maestro los necesita y que luego se los devolverá».

4Así se cumplió la antigua profecía:

5«Díganle a Jerusalén: "Tu Rey vendrá a ti sentado humildemente sobre un burrito"».

6Los dos discípulos obedecieron, 7y poco después regresaron con los animales. Pusieron luego sus mantos encima del burrito para que Jesús se montara. 8Cuando Jesús pasaba, algunos de entre el gentío tendían sus mantos a lo largo del camino, otros cortaban ramas de los árboles y las tendían delante de él. 9Y delante y detrás del cortejo, el pueblo lo aclamaba:

—¡Viva el Hijo del rey David! ¡Alábenlo! ¡Bendito el que viene en el nombre del Señor! ¡Gloria a Dios!

10Cuando entraron a Jerusalén, toda la ciudad se conmovió.

—¿Quién será éste? —preguntaban.

11—Es Jesús, el profeta de Nazaret de Galilea.

Jesús en el templo

12Jesús se dirigió al templo y echó fuera a los que allí vendían y compraban, y volcó las mesas de los que cambiaban dinero y las sillas de los que vendían palomas. Y dijo:

13—Las Escrituras afirman que el templo de Dios es casa de oración, pero ustedes lo han convertido en cueva de ladrones.

14Entonces se le acercaron los ciegos y los cojos y los sanó allí mismo en el templo. 15Los principales sacerdotes y los demás jefes judíos vieron aquellos sorprendentes milagros; y cuando escucharon a los niños que gritaban en el templo: «¡Viva el Hijo de David!», se perturbaron y se llenaron de indignación. Entonces le dijeron a Jesús:

16—¿No oyes lo que están diciendo esos niños?

—Sí —respondió Jesús—. ¿No dicen acaso las Escrituras que «aun los recién nacidos lo adoran»?

17Después de esto regresó a Betania, donde pasó la noche.

Se seca la higuera

18Cuando regresaba a Jerusalén a la mañana siguiente, tuvo hambre. 19Se acercó a una higuera del camino con la esperanza de encontrar en ella higos, ¡pero sólo encontró hojas!

—¡Nunca jamás produzcas fruto! —le dijo.

Y la higuera se secó. 20Al verlo, los discípulos se preguntaron llenos de asombro:

—¿Cómo es que la higuera se secó tan pronto?

21Y Jesús les respondió:

—Pues les repito que si tienen fe y no dudan, podrán hacer cosas como ésta y muchas más. Hasta podrán decirle al Monte de los Olivos que se quite y se arroje al mar, y los obedecerá. 22Cualquier cosa que pidan en oración la recibirán, si de veras creen.

La autoridad de Jesús puesta en duda

23Ya de regreso en el templo, y mientras enseñaba, los principales sacerdotes y otros jefes judíos se le acercaron a exigirle que les explicara por qué había echado del templo a los mercaderes y quién le había dado autoridad para hacerlo.

24—Lo explicaré si ustedes me contestan primero esta pregunta —les respondió Jesús—. 25¿Quién envió a Juan a bautizar? ¿Fue Dios o no?

Como era una pregunta difícil de contestar, se pusieron a discutirla entre ellos en voz baja:

—Si decimos que Dios lo envió, nos preguntará por qué no creímos en él. 26Y si decimos que no fue Dios el que lo envió, el pueblo se enojará, porque casi todo el mundo cree que Juan era profeta.

27Por fin le respondieron:

—La verdad es que no sabemos.

Y Jesús les dijo:

20.26–28 21.20–22

—Pues yo tampoco les voy a decir quién me dio autoridad para hacer estas cosas.

Parábola de los dos hijos

28»Pero, ¿qué les parece? Un padre que tenía dos hijos le dijo al mayor: "Hijo, ve a trabajar hoy a la finca". 29Y el hijo le respondió: "Lo siento; no tengo deseos de trabajar hoy en la finca". Pero luego, arrepentido, fue. 30Cuando el padre le pidió al menor que fuera, éste le respondió: "¡Con mucho gusto! ¡Ahora mismo voy!" Pero no fue. Díganme: 31¿Cuál de los dos obedeció a su padre?

—El primero, por supuesto —le respondieron los principales sacerdotes y los jefes judíos.

—Pues los despreciados cobradores de impuestos y las prostitutas llegarán al reino de Dios antes que ustedes, 32puesto que Juan el Bautista les dijo que se arrepintieran y se volvieran a Dios, y ustedes no le hicieron caso. Los cobradores de impuestos y las prostitutas, en cambio, sí que creyeron el mensaje de Juan. Y aun viendo que esto sucedía así, ustedes se negaron a arrepentirse y a creer en él.

Parábola de los labradores malvados

33Entonces les contó la siguiente parábola: «Cierto hombre plantó una viña, la cercó, construyó una torre de vigilancia, y la arrendó a varios labradores. Según el contrato, éstos habrían de compartir con el dueño el producto de la viña. El dueño se fue a otra región. 34Cuando se acercó el tiempo de la cosecha, envió a empleados suyos a recoger lo que le correspondía. 35Pero los labradores los atacaron: a uno lo golpearon, a otro lo mataron y a otro lo apedrearon. 36Entonces el dueño envió un grupo mayor de hombres a cobrar, pero éstos corrieron la misma suerte. 37Por último, envió a su hijo con la esperanza de que lo respetarían por ser quien era. 38Pero cuando los labradores vieron que se acercaba, se dijeron: "Este no es nada menos que el heredero. Matémoslo y así nos quedaremos con la herencia". 39Y, en efecto, lo sacaron de la viña y lo mataron.

40»¿Qué creen ustedes que hará el dueño cuando regrese?

41Los dirigentes judíos respondieron:

—Pues matará sin misericordia a esos malvados y arrendará la viña a otros labradores que le paguen lo convenido.

42Entonces Jesús les preguntó:

—¿Han leído alguna vez en las Escrituras aquello que dice: «La piedra que rechazaron los constructores ha sido puesta como piedra principal. ¡Qué interesante! El Señor lo hizo y es maravilloso»? 43Con esto quiero decirles que a ustedes Dios les va a quitar el reino de los cielos, y se lo dará a gentes que den los frutos que él espera. 44El que tropiece con la Roca de la verdad se hará pedazos; y al que la piedra le caiga encima quedará pulverizado.

45Al darse cuenta los principales sacerdotes y los demás jefes judíos que Jesús se refería a ellos, que ellos eran los labradores de la parábola, 46sintieron deseos de apresarlo, pero no se atrevieron porque el pueblo tenía a Jesús por profeta.

Parábola del banquete de bodas

22 Jesús les relató otras parábolas que describían el reino de los cielos:

2«El reino de los cielos puede ilustrarse con el cuento de un rey que preparó un gran banquete en celebración de la boda de su hijo. 3Envió muchísimas invitaciones, y cuando el banquete estuvo listo, mandó un mensajero a notificar a los convidados que ya podían ir. ¡Pero nadie fue! 4Envió a otros siervos a decirles que fueran pronto, que no se demoraran, que ya los asados estaban listos. 5Algunos de los invitados se rieron de los mensajeros y se fueron a sus labranzas o negocios; 6y los otros tomaron a los mensajeros y, tras golpearlos y afrentarlos, los mataron. 7El rey, enojado, ordenó al ejército que acabara con aquellos asesinos y quemara la ciudad. 8Entonces dijo: "El banquete está listo, pero los que estaban invitados han mostrado que no eran dignos de la invitación. 9Por eso, vayan ahora por las esquinas e inviten a todo el mundo".

10»Los siervos obedecieron y trajeron a cuantos hallaron, lo mismo malos que buenos. Las mesas se llenaron de invitados. 11Pero cuando el rey fue a ver a los convidados, vio que uno no traía puesto el vestido de boda que había comprado para los invitados. 12"Amigo mío", le dijo, "¿cómo entraste sin el vestido de boda?". Como no le respondió, 13el rey ordenó: "Átenlo de pies y manos y échenlo en las tinieblas de afuera. ¡Allí será el llorar y el crujir de dientes! 14Porque muchos son los llamados, pero pocos los escogidos"».

El pago del impuesto al César

15Los fariseos se reunieron para tramar la manera de enredar a Jesús en sus propias palabras y hacerle decir algo que lo comprometiera. 16Decidieron enviar a algunos de sus hombres, juntamente con algunos herodianos,[i] a formularle algunas preguntas.

—Señor —le dijeron—, sabemos que amas la verdad y que la enseñas sin miedo a las consecuencias. 17Dinos, ¿debe uno pagar impuestos al gobierno romano?

18,19Jesús, que sabía lo que se traían entre manos, les dijo:

i. Los herodianos eran un partido político judío.

—¡Hipócritas! ¿A quién se creen que están
tratando de engañar con preguntas como ésas?
Enséñenme una moneda.
Y ellos le mostraron una moneda romana de
plata.
20—¿De quién dice ahí que es esa imagen?
—les preguntó.
21—Del César —respondieron.
—Pues denle al César lo que es del César y a
Dios lo que es de Dios.
22Sorprendidos y avergonzados, se fueron.

El matrimonio en la resurrección

23Aquel mismo día, algunos de los saduceos
(que eran los que no creían en la resurrección
de los muertos), le preguntaron:
24—Señor, Moisés dijo que si un hombre muere sin tener hijos, uno de sus hermanos debe
casarse con la viuda para que ella tenga hijos
que reciban la herencia familiar del muerto.
25,26Pues bien, hubo una vez una familia de siete
hermanos. El primero de éstos se casó y murió
sin tener hijos, por lo cual la viuda se casó con
el segundo hermano. Aquel hermano también
murió sin tener hijos, y la esposa se casó con
el siguiente hermano. El caso se fue repitiendo
de manera tal que aquella señora fue esposa de
los siete hermanos. 27,28Pero a la mujer le llegó
también la hora de morir. Dinos, ¿de cuál de los
hermanos será esposa cuando resuciten? ¡En vida
lo fue de los siete!
29—Pues ustedes se equivocan por ignorar las
Escrituras y el poder de Dios —les dijo Jesús—.
30En la resurrección no habrá matrimonios, porque todos serán como los ángeles del cielo. 31Y
en cuanto a la resurrección de los muertos, ¿no
se han fijado que las Escrituras dicen: 32«Yo soy
el Dios de Abraham, de Isaac y de Jacob»? Dios
no es Dios de muertos, sino de vivos.
33El gentío se quedó boquiabierto ante aquella
respuesta.

El mandamiento más importante

34Los fariseos no se dejaron amedrentar por la
derrota de los saduceos 35y se les ocurrió una nueva idea. Uno de ellos, abogado, preguntó a Jesús:
36—Señor, ¿cuál es el mandamiento más
importante de la ley de Moisés?
37Jesús respondió:
—«Amarás al Señor tu Dios con todo tu corazón, con toda tu alma y con toda tu mente».
38Este es el primero y el más importante de los
mandamientos. 39El segundo es similar: «Amarás a tu prójimo con el mismo amor con que te
amas a ti mismo». 40Los demás mandamientos
y demandas de los profetas se resumen en estos
dos mandamientos que he mencionado. El que
los cumpla estará cumpliendo todos los demás.

¿De quién es hijo el Cristo?

41Aprovechando la ocasión de estar rodeado de
fariseos, Jesús les preguntó:
42—¿Qué opinan ustedes del Mesías? ¿De quién
es hijo?
—De David —le respondieron.
43—Entonces, ¿por qué David, inspirado por
el Espíritu Santo, lo llama «Señor»? Porque fue
David quien afirmó:

44»"Dijo el Señor a mi Señor: Siéntate a mi
derecha hasta que haya puesto a tus enemigos
bajo tus pies".

45»¿Creen ustedes que David habría llamado
"Señor" a su hijo?
46—No —le respondieron—. Y desde entonces nadie se atrevió a preguntarle nada.

Jesús denuncia a los fariseos y a los maestros de la ley

23 Entonces Jesús, dirigiéndose al gentío y a
sus discípulos, dijo:
2«¡Cualquiera que ve a estos escribas y fariseos
creando leyes se creerá que son «Moisés en persona»! 3Claro, obedézcanlos. ¡Hagan lo que dicen,
pero no se les ocurra hacer lo que ellos hacen!
Porque ellos mismos no hacen lo que dicen que
se debe hacer. 4Recargan a la gente de mandamientos que ni ellos mismos intentan cumplir.
5»¡Y luego se dedican a hacer obras de cari-
dad para que los demás los vean! Para aparentar
santidad, se ponen en la frente y en los brazos
porciones de las Escrituras escritas en las tiras
de pergamino o piel más anchas que puedan
encontrar, y procuran que los flecos de sus mantos sean más largos que los de los demás. 6¡Ah,
y les encanta ir a los banquetes y sentarse a las
cabeceras de las mesas, e ir a la sinagoga y sentarse en las primeras sillas! 7Y cuando andan
por las calles, les gusta que les digan: "¡Rabí,
rabí!" 8No dejen que nadie los llame así. Sólo el
Cristo es Rabí[j] y todos los hombres están en el
mismo nivel de hermanos. 9Y no llamen a nadie
en la tierra "padre", porque el único digno de ese
título es Dios, que está en los cielos. 10No se dejen
llamar "maestro", porque sólo hay un Maestro: el
Mesías. 11Mientras más humildemente sirvamos a
los demás, más grandes seremos. Para ser grande
hay que servir a los demás, 12pues los que se creen
grandes serán humillados; y los que se humillan
serán enaltecidos.
13»¡Ay de ustedes, escribas y fariseos hipócritas,
porque ni entran al reino de los cielos ni dejan

j. Maestro.

22.37–39

entrar a nadie! 14¡Ay de ustedes, escribas y fariseos
hipócritas, que por un lado hacen oraciones lar-
guísimas en las calles y por el otro les roban las
casas a las viudas! ¡Hipócritas! 15¡Ay de ustedes,
hipócritas!, porque recorren el mundo en busca de conversos, y una vez que los encuentran
los hacen dos veces más hijos del infierno que
ustedes mismos. 16,17¡Guías ciegos, ay de ustedes!,
porque dicen que no importa que se jure en vano
por el templo de Dios, pero si alguien jura en
vano por el oro del templo, lo condenan. ¡Ciegos insensatos! ¿Qué es más importante, el oro
o el templo que santifica el oro? 18Y dicen que se
puede jurar en vano por el altar, pero si se jura en
vano por lo que está sobre el altar, lo condenan.
19¡Ciegos! ¿Qué es más importante, la ofrenda que
se pone sobre el altar o el altar que santifica la
ofrenda? 20El que jura por el altar está jurando
también por lo que está sobre él; 21y el que jura
por el templo está jurando por el templo y por
Dios que habita en él. 22Y cuando se jura por el
cielo se está jurando por el trono de Dios y por
Dios mismo.

23»¡Ay de ustedes, fariseos y escribas hipócritas!
Porque diezman hasta la última hojilla de menta
del jardín y se olvidan de lo más importante, que
es hacer justicia y tener misericordia y fe. Sí, hay
que diezmar, pero no se puede dejar a un lado
lo que es aun más importante.

24»¡Guías ciegos, que cuelan el mosquito y se
tragan el camello! 25¡Ay de ustedes, escribas y
fariseos hipócritas!, porque limpian cuidadosamente el exterior del vaso y dejan el interior lleno
de robo e injusticia. 26Fariseos ciegos, limpien
primero el interior del vaso, para que esté limpio
por dentro y por fuera. 27¡Ay de ustedes, escribas
y fariseos hipócritas, pues son como sepulcros
blanqueados: hermosos por fuera, pero dentro
están llenos de huesos de muertos y podredum-
bre! 28Así también son ustedes: por fuera se ven
santos, pero bajo la apariencia de piedad hay
un corazón manchado de hipocresía y pecado.

29»¡Ay de ustedes, escribas y fariseos hipócritas!, porque levantan monumentos a los profetas
que los padres de ustedes mataron, y adornan
las tumbas de los justos que destruyeron, 30y al
hacerlo dicen: "¡Nosotros no los habríamos matado!" 31¿No se dan cuenta de que se están tildando
de hijos de asesinos? 32¡Acaben de imitarlos! ¡Pónganse a la altura de ellos! 33¡Serpientes, crías de
víboras! ¿Cómo van a escapar de la condenación
del infierno?

34»Yo les enviaré profetas, hombres llenos del
Espíritu y escritores inspirados, pero a algunos
los crucificarán, a otros les destrozarán las espaldas a latigazos en las sinagogas, y a los demás
los perseguirán de ciudad en ciudad. 35Así caerá
sobre ustedes la culpa de la sangre de los justos
asesinados, desde Abel hasta Zacarías, el hijo de
Berequías, que ustedes mataron entre el altar y
el santuario. 36¡Los juicios acumulados a través
de los siglos caerán sobre esta generación!

37»¡Jerusalén, Jerusalén, que matas a los profetas y apedreas a los enviados de Dios! ¡Cuántas
veces quise juntar a tus hijos como la gallina
junta a sus polluelos debajo de sus alas, pero no
quisiste! 38De ahora en adelante tu casa quedará abandonada, 39porque te aseguro que no me
volverás a ver hasta que digas: "¡Bendito el que
viene en el nombre del Señor!"»

Señales del fin del mundo

24 Mientras salían, sus discípulos le suplicaron que los acompañara a recorrer los
edificios del templo. 2Y él les dijo:

—¿Ven esos edificios? ¡Todos serán destruidos
y no quedará ni una piedra sobre otra!

3Una vez sentados en las laderas del monte
de los Olivos, los discípulos le preguntaron:

—¿Qué acontecimientos indicarán la cercanía
de tu regreso y el fin del mundo?

4—No dejen que nadie los engañe —les contestó Jesús—: 5Muchos vendrán diciendo que son
el Mesías y engañarán a un gran número. 6Cuan-
do oigan rumores de guerras, no crean que ya
estarán señalando mi retorno; habrá rumores y
habrá guerra, pero todavía no será él fin. 7Las
naciones y los reinos de la tierra pelearán entre
sí, y habrá hambrunas y terremotos en diferentes
lugares. 8Pero esto será sólo el principio de los
horrores que vendrán. 9Entonces a ustedes los
torturarán, los matarán, los odiarán en todo el
mundo por causa de mí, 10y muchos de ustedes
volverán a caer en pecado y traicionarán y abo-
rrecerán a los demás. 11Muchos falsos profetas
se levantarán y engañarán a muchas personas.
12Habrá tanto pecado y maldad, que el amor de
muchos se enfriará. 13Pero los que se mantengan firmes hasta el fin serán salvos. 14Las buenas
nuevas del reino serán proclamadas en todo el
mundo, para que todas las naciones las oigan.
Y sólo entonces vendrá el fin.

15»Por lo tanto, cuando vean que aparece en el
Lugar Santo la desoladora impureza de que habla
el profeta Daniel[k] (¡preste atención el lector!),
16el que esté en Judea, que huya a los montes.
17El que esté en la azotea, que no baje a hacer
las maletas, 18 y el que esté en el campo, que no
regrese a buscar la capa. 19¡Ay de las mujeres que
estén encinta o que tengan niños de pecho en
aquellos días! 20Oren para que la huida no sea en
invierno ni en el día de reposo, 21porque como la

k: Daniel 9.27; 11.31; 12.11.

24.3-14

persecución que entonces se desatará no se habrá desatado ninguna en la historia, ni se desatará después. 22 Si aquellos días no fueran acortados, la humanidad entera perecería; pero serán acortados por el bien de los escogidos de Dios.

23 »Si en aquellos días alguien les dice que el Mesías está en ese lugar o en el otro, o que apareció aquí o allá o en la ciudad de más allá, no lo crean. 24 Porque se levantarán falsos cristos y falsos profetas que realizarán milagros extraordinarios con los cuales tratarán de engañar aun a los escogidos de Dios. 25 Por lo tanto, repito: 26 Si alguien les dice que el Mesías ha regresado y está en el desierto, no se les ocurra ir a verlo. Y si les dicen que está escondido en cierto lugar, no lo crean, 27 porque mi venida será tan visible como un relámpago que cruza el cielo de este a oeste. 28 Y los buitres se juntarán donde esté el cuerpo muerto.

29 »Una vez que la persecución de aquellos días haya cesado, "el sol se oscurecerá, la luna no dará su luz, y las estrellas del cielo y los poderes que están sobre la tierra se conmoverán". 30 Entonces aparecerá en el cielo la señal de mi venida, y el mundo entero se ahogará en llanto al verme llegar en las nubes del cielo con poder y gran gloria. 31 Y enviaré a los ángeles delante de mí para que, con toque de trompeta, junten a mis escogidos de todas partes del mundo.

32 »Apréndanse bien la lección de la higuera. Cuando la rama está tierna y brotan las hojas, se sabe que el verano está cerca. 33 De la misma manera, cuando vean que estas cosas empiezan a suceder, sepan que mi regreso está cerca. 34 Sólo entonces terminará esta era de maldad. 35 El cielo y la tierra desaparecerán, pero mis palabras permanecerán, para siempre.

Se desconocen el día y la hora

36 »Ahora bien, nadie, ni siquiera los ángeles, sabe el día ni la hora del fin. Sólo el Padre lo sabe. 37–39 Este mundo incrédulo continuará entregado a sus banquetes y fiestas de bodas hasta el día de mi venida, y le va a pasar lo mismo que a la gente que no quiso creer a Noé hasta que fue demasiado tarde y el diluvio la arrastró. 40 Cuando yo venga, dos hombres estarán trabajando juntos en el campo; uno será llevado y el otro dejado. 41 Dos mujeres estarán realizando sus quehaceres hogareños; una será tomada y la otra dejada. 42 Por lo tanto, deben estar listos, porque no saben cuándo vendrá el Señor. 43 De la misma manera que el padre de familia se mantiene vigilante para que los ladrones no se introduzcan en la casa, 44 ustedes también deben estar vigilantes para que mi regreso no los sorprenda. 45 ¿Son ustedes siervos sabios y fieles a quienes el Señor ha encomendado la tarea de realizar los quehaceres de su casa y proporcionar a sus hijos el alimento cotidiano? 46 ¡Benditos serán si a mi regreso los encuentro cumpliendo fielmente con su deber! 47 ¡Los pondré a cargo de mis bienes!

48 »Pero si son tan malvados que, creyendo que voy a tardar en venir, 49 se dedican a oprimir a sus consiervos, a andar de fiestas y a emborracharse, 50 el Señor llegará cuando menos lo esperen, 51 los azotará severamente y los enviará al tormento de los hipócritas. Allí será el llorar y el crujir de dientes.

Parábola de las diez jóvenes

25 »En el reino de los cielos sucederá lo que les sucedió a las diez muchachas que tomaron sus lámparas y salieron a recibir al novio. 2–4 Cinco de ellas fueron sabias y llenaron bien las lámparas de aceite, mientras que las otras cinco, insensatas, no lo hicieron.

5 »Como el novio se demoraba, todas se quedaron dormidas. 6 Alrededor de la media noche un grito las despertó: "¡Allí viene el novio! ¡Salgan a recibirlo!" 7 Las muchachas saltaron a arreglar las lámparas, 8 y las cinco que casi no tenían aceite suplicaron a las otras que compartieran con ellas el que tenían, porque se les estaban apagando las lámparas. 9 Las otras, las prudentes, respondieron: "No tenemos suficiente aceite para darles. Vayan a la tienda y compren". 10 Así lo hicieron. Pero al regresar encontraron la puerta cerrada, pues el novio había llegado ya y había entrado a la boda con las muchachas que estaban listas con sus lámparas. 11 "Señor, ábrenos", gritaron, tocando a la puerta, las que habían ido a comprar el aceite. 12 Pero el novio les respondió: "¡No sé quiénes son ustedes! ¡Váyanse!"

13 »Por lo tanto, manténganse vigilantes, porque no saben cuándo ni a qué hora he de regresar.

Parábola de las monedas de oro

14 »Hubo una vez un hombre que juntó a sus siervos; antes de partir hacia otro país, y les prestó dinero para que lo invirtieran en su nombre durante su ausencia. 15 A uno le entregó cincuenta mil pesos, a otro veinte mil y a otro diez mil, de acuerdo con las capacidades que había observado en cada uno de ellos.

16 »El que recibió los cincuenta mil pesos los invirtió inmediatamente en negocios de compraventa y en poco tiempo obtuvo una ganancia de cincuenta mil pesos. 17 El que recibió los veinte mil pesos los invirtió también y ganó veinte mil pesos. 18 Pero el que recibió los diez mil, cavó en la tierra y escondió el dinero para que estuviera seguro.

24.31 24.33–36

19»Después de una ausencia prolongada, el jefe regresó del viaje y los llamó para arreglar cuentas con ellos.

20»El que había recibido los cincuenta mil pesos le entregó cien mil. 21El jefe, satisfecho, le dijo: "¡Magnífico! Eres un siervo bueno y fiel. Y ya que fuiste fiel con el poco dinero que te di, te voy a confiar una cantidad mayor. Ven, entra, celebremos tu éxito".

22»El que había recibido los veinte mil presentó su informe: Señor, me diste veinte mil pesos y aquí tienes cuarenta mil. 23"¡Estupendo!", le respondió el jefe. "Eres un siervo bueno y fiel. Y ya que has sido fiel con lo poco que deposité en tus manos, te voy a confiar ahora una cantidad mayor. Ven, entra, celebremos tu éxito".

24,25»Cuando el que había recibido los diez mil pesos se presentó ante el jefe, le dijo: "Señor, como sabía que eres tan duro que te quedarías con cualquier utilidad que yo obtuviera, escondí el dinero. Aquí tienes hasta el último centavo que me diste". 26"¡Malvado! ¡Haragán! Si sabías que quería obtener utilidades, 27por lo menos debías haber puesto el dinero en el banco para que ganara intereses. 28Quítenle ese dinero y dénselo al que tiene los cien mil pesos, 29porque el que sabe usar bien lo que recibe, recibirá más y tendrá abundancia; pero al que es infiel se le quitará aun lo poco que tiene. 30Echen a este siervo inútil en las tinieblas de afuera. Allí será el llorar y el crujir de dientes".

Las ovejas y las cabras

31»Cuando yo, el Hijo del hombre, venga en todo mi esplendor junto con los ángeles, me sentaré en mi trono de gloria 32y las naciones se reunirán delante de mí. Y las separaré como el pastor separa las ovejas de los cabritos. 33A mis ovejas las pondré a la mano derecha; a los cabritos, a la izquierda.

34»Entonces yo, el Rey, diré a los de mi derecha: "Vengan, benditos de mi Padre. Entren al reino que está preparado para ustedes desde la fundación del mundo, 35porque tuve hambre y me dieron de comer; tuve sed y me dieron de beber; fui forastero y me alojaron en sus casas; 36estuve desnudo y me vistieron; enfermo y en prisión, y me visitaron".

37»Y los justos me preguntarán: "Señor, ¿cuándo te vimos con hambre y te alimentamos, o sediento y te dimos de beber? 38¿Cuándo te vimos forastero y te alojamos en casa, o desnudo y te vestimos? 39¿Y cuándo te vimos enfermo o en prisión y te visitamos?"

40»Yo, el Rey, les responderé: "Todo lo que hicieron a mis hermanos necesitados a mí me lo hicieron".

41»Entonces me volveré a los de la izquierda y les diré: "¡Apártense de mí, malditos, al fuego eterno preparado para el diablo y sus demonios. 42Porque tuve hambre y no me alimentaron; sed y no me dieron de beber; 43cuando fui forastero, me negaron hospitalidad; estuve desnudo y no me vistieron; enfermo y en prisión, y no me visitaron".

44»Ellos responderán: "Señor, ¿cuándo te vimos hambriento, sediento, forastero, desnudo, enfermo o en prisión y no te ayudamos?"

45»Y les responderé: "Cada vez que se negaron a ayudar a uno de mis hermanos necesitados, se estaban negando a ayudarme".

46»Irán, por tanto, al castigo eterno, mientras que los justos entrarán a la vida eterna».

La conspiración contra Jesús

26 Al terminar de decir estas cosas, dijo a sus discípulos:

2«Como ya saben, dentro de dos días se celebra la Pascua, y me van a traicionar y a crucificar».

3,4En aquel mismo instante, los principales sacerdotes y los funcionarios judíos se reunían en la residencia de Caifás, el sumo sacerdote, y discutían sobre la manera de capturar a Jesús a espaldas del pueblo y matarlo.

5—No debemos hacerlo durante la celebración de la Pascua —dijeron—, porque habrá revuelta.

Una mujer unge a Jesús en Betania

6Jesús fue a Betania, donde visitó a Simón el leproso. 7Durante la cena, una mujer se le acercó con un frasco de un perfume costosísimo y se lo echó en la cabeza. 8Al ver esto, los discípulos se enojaron.

—¡Qué desperdicio! —dijeron—. 9Se hubiera podido vender ese perfume a muy buen precio y habríamos dado el dinero a los pobres.

10Jesús, que sabía lo que estaban pensando, les dijo:

—¿Por qué la critican? Lo que hizo está muy bien hecho. 11Entre ustedes siempre habrá pobres, pero yo no estaré siempre con ustedes. 12Ella me ha bañado en perfume para prepararme para la sepultura. 13Lo que ha hecho se sabrá en todas partes del mundo en que se prediquen las buenas nuevas.

Judas hace tratos para traicionar a Jesús

14Entonces Judas Iscariote, uno de los doce apóstoles, se presentó ante los principales sacerdotes 15y les preguntó:

—¿Cuánto me pagan si les entrego a Jesús?

—Treinta piezas de plata.

16Desde ese momento, Judas buscaba la ocasión propicia para traicionar a Jesús.

☼25.21 ☼25.34–41 ☼25.46

La Cena del Señor

17El primer día de las ceremonias pascuales en que los judíos se abstenían de comer pan con levadura, los discípulos le preguntaron a Jesús:

—¿Dónde quieres que preparemos la cena de Pascua?

18—Vayan a la ciudad, a la casa de quien ya saben, y díganle que mi tiempo está cerca y que deseo celebrar la Pascua en su casa, con mis discípulos.

19Los discípulos obedecieron y prepararon allá la cena.

20-21Aquella noche, mientras comía con los doce, dijo:

—Uno de ustedes me va a traicionar.

22Entristecidos, cada uno de los discípulos le fue preguntando:

—¿Seré yo, Señor?

23Y él fue respondiendo a cada uno:

—Es el que va a comer conmigo en el mismo plato. 24Es cierto, voy a morir como está profetizado, pero pobre del hombre que me traiciona. Habría sido mejor si no hubiera nacido.

25Judas se le acercó también y le preguntó:

—¿Soy yo, Maestro?

—Sí. Tú lo has dicho.

26Mientras comían, Jesús tomó un pedazo de pan, lo bendijo, lo partió y lo dio a sus discípulos.

—Tomen. Cómanlo; esto es mi cuerpo.

27Tomó luego una copa de vino, la bendijo y también la dio a sus discípulos.

—Beban esto, 28porque esto es mi sangre que sella el nuevo pacto. Mi sangre se derramará para perdonar con ella los pecados de infinidad de personas. 29Recuerden: No volveré a beber de este vino hasta el día en que beba con ustedes del nuevo vino en el reino de mi Padre.

30Después de estas palabras, cantaron un himno y se fueron al monte de los Olivos.

Jesús predice la negación de pedro

31Allí Jesús les dijo:

—Esta noche ustedes se alejarán de mí desilusionados, porque las Escrituras dicen que Dios herirá al pastor y las ovejas del rebaño se dispersarán. 32Pero después que resucite, iré a Galilea a encontrarme con ustedes.

33—Aunque los demás te abandonen, yo jamás te abandonaré —le dijo Pedro.

34—Pedro —le respondió Jesús—, te aseguro que esta noche, antes que el gallo cante, me negarás tres veces.

35—¡Aunque me cueste la vida, no te negaré! —insistió Pedro.

Y los demás discípulos dijeron lo mismo.

Jesús en Getsemaní

36Entonces se los llevó al huerto de Getsemaní, y les pidió que se sentaran y lo esperaran mientras entraba al huerto a orar. 37Entró con Pedro y los dos hijos de Zebedeo (Jacobo y Juan). Ya a solas los cuatro, se fue llenando de indescriptible tristeza y de profunda angustia.

38«Tengo el alma llena de tristeza y angustia mortal. Quédense aquí conmigo. No se duerman».

39Se apartó un poco, se postró rostro en tierra y oró:

«Padre mío, si es posible, aparta de mí esta copa. Pero hágase lo que tú quieres y no lo que quiera yo».

40Cuando fue adonde había dejado a los tres discípulos, los halló dormidos.

«Pedro —dijo—, ¿no pudieron quedarse despiertos conmigo ni siquiera una hora? 41Manténganse despiertos y oren, para que la tentación no los venza. Porque es cierto que el espíritu está dispuesto, pero la carne es débil».

42Y se apartó de nuevo a orar:

«Padre mío, si no puedes apartar de mí esta copa, hágase tu voluntad».

43Se volvió de nuevo a ellos y los halló dormidos por segunda vez. ¡Tan agotados estaban! 44Entonces regresó a orar por tercera vez la misma oración. 45Cuando volvió a los discípulos les dijo:

«Duerman, descansen..., pero no, ha llegado la hora. Me van a entregar en manos de los pecadores. 46Levántense, vámonos. El traidor se acerca».

Arresto de Jesús

47No había terminado de pronunciar estas palabras cuando Judas, uno de los doce, se acercó al frente de una turba armada con espadas y palos. Iban en nombre de los líderes judíos y 48esperaban solamente que Judas identificara con un beso al Maestro. 49Sin pérdida de tiempo, el traidor se acercó a Jesús.

—Hola, Maestro —le dijo, y lo besó.

50—Amigo, haz lo que viniste a hacer —le respondió Jesús.

En el instante en que prendían a Jesús, 51uno de los que lo acompañaban sacó una espada y de un tajo le arrancó la oreja a un siervo del sumo sacerdote.

52—¡Guarda esa espada! —le ordenó Jesús—. El que mata a espada, a espada perecerá. 53¿No sabes que podría pedirle a mi Padre que me enviara doce mil ángeles y me los enviaría al instante? 54Pero si lo hiciera, ¿cómo se cumplirían las Escrituras que describen lo que ahora mismo está aconteciendo?

55Luego dijo a la turba:

—¿Soy acaso un asesino tan peligroso que tienen que venir con espadas y palos a arrestarme?

Todos estos días he estado enseñando en el templo y no me detuvieron. 56Pero esto sucede para que se cumplan las predicciones de los profetas en las Escrituras.

Los discípulos huyeron y lo dejaron solo.

Jesús ante el Consejo

57Condujeron a Jesús a casa de Caifás, el sumo sacerdote, donde se encontraban reunidos los jefes judíos. 58Pedro lo siguió de lejos, llegó hasta el patio del sumo sacerdote y se sentó entre los soldados a esperar el desarrollo de los acontecimientos.

59Los principales sacerdotes y la corte suprema judía, reunidos allí, se pusieron a buscar falsos testigos que les permitieran formular cargos contra Jesús que merecieran pena de muerte. 60Pero aunque muchos ofrecieron sus falsos testimonios, éstos siempre resultaban contradictorios. Finalmente, dos individuos 61declararon:

—Este hombre dijo que era capaz de destruir el templo de Dios y reconstruirlo en tres días.

62El sumo sacerdote, al oír aquello, se puso de pie y le dijo a Jesús:

—Muy bien, ¿qué respondes a esta acusación? ¿Dijiste eso o no lo dijiste? 63Jesús no le respondió.

—Demando en el nombre del Dios viviente que nos digas si eres el Mesías, el Hijo de Dios —insistió el sumo sacerdote.

64—Sí —le respondió Jesús—. Soy el Mesías. Y un día me verás a mí, el Hijo del hombre, sentado a la derecha de Dios y regresando en las nubes del cielo.

65,66—¡Blasfemia! —gritó el sumo sacerdote, rasgándose la ropa—. ¿Qué más testigos necesitamos? ¡Él mismo lo ha confesado! ¿Cuál es el veredicto de ustedes?

—¡Que muera!, ¡que muera! —le respondieron.

67Entonces le escupieron el rostro, lo golpearon y lo abofetearon.

68—A ver, Mesías, ¡profetiza! —se burlaban—. ¿Quién te acaba de golpear?

Pedro niega a Jesús

69Mientras Pedro estaba en el patio, una muchacha se le acercó y le dijo:

—Tú también andabas con Jesús el galileo.

70—No sé de qué estás hablando —le respondió Pedro enojado.

71Más tarde, a la salida, otra mujer lo vio y dijo a los que lo rodeaban:

—Ese hombre andaba con Jesús el nazareno.

72Esta vez, Pedro juró que no lo conocía y que ni siquiera había oído hablar de él. 73Pero al poco rato se le acercaron los que por allí andaban y le dijeron:

—No puedes negar que eres uno de los discípulos de ese hombre. ¡Hasta tu manera de hablar te delata!

74Por respuesta, Pedro se puso a maldecir y a jurar que no lo conocía. Pero mientras hablaba, el gallo cantó 75y le hizo recordar las palabras de Jesús: «Antes que el gallo cante, me negarás tres veces».

Y corrió afuera a llorar amargamente.

Judas se ahorca

27 Al amanecer, los principales sacerdotes y funcionarios judíos se reunieron a deliberar sobre la mejor manera de lograr que el gobierno romano condenara a muerte a Jesús. 2Por fin lo enviaron atado a Pilato, el gobernador romano.

3Cuando Judas, el traidor, se dio cuenta de que iban a condenar a muerte a Jesús, arrepentido y adolorido corrió a donde estaban los principales sacerdotes y funcionarios judíos a devolverles las treinta piezas de plata que le habían pagado.

4—He pecado entregando a un inocente —declaró.

—Y a nosotros ¿qué nos importa? —le respondieron.

5Entonces arrojó en el templo las piezas de plata y corrió a ahorcarse.

6Los principales sacerdotes recogieron el dinero.

—No podemos reintegrarlo al dinero de las ofrendas —se dijeron—, porque nuestras leyes prohíben aceptar dinero contaminado con sangre.

7Por fin, decidieron comprar cierto terreno de donde los alfareros extraían barro. Aquel terreno lo convertirían en cementerio de los extranjeros que murieran en Jerusalén. 8Por eso ese cementerio se llama hoy día Campo de Sangre. 9Así se cumplió la profecía de Jeremías que dice:

«Tomaron las treinta piezas de plata, precio que el pueblo de Israel ofreció por él, 10y compraron el campo del alfarero, como me ordenó el Señor».

Jesús ante Pilato

11Jesús permanecía de pie ante Pilato.

—¿Eres el Rey de los judíos? —le preguntó el gobernador romano.

—Sí —le respondió—. Tú lo has dicho.

12Pero mientras los principales sacerdotes y los ancianos judíos exponían sus acusaciones, nada respondió.

13—¿No oyes lo que están diciendo contra ti? —le dijo Pilato.

14Para asombro del gobernador, Jesús no le contestó.

15Precisamente durante la celebración de la
Pascua, el gobernador tenía por costumbre soltar
al preso que el pueblo quisiera. 16Aquel año tenían
en la cárcel a un famoso delincuente llamado
Barrabás. 17Cuando el gentío se congregó ante
la casa de Pilato aquella mañana, le preguntó:
—¿A quién quieren ustedes que suelte?, ¿a
Barrabás o a Jesús el Mesías?
18Sabía muy bien que los dirigentes judíos
habían arrestado a Jesús porque estaban celosos de la popularidad que había alcanzado en
el pueblo.
19Mientras Pilato presidía el tribunal, le llegó el
siguiente mensaje de su esposa: «No te metas con
ese hombre, porque anoche tuve una horrible
pesadilla por culpa suya».
20Pero los principales sacerdotes y ancianos,
que no perdían tiempo, persuadieron al gentío para que pidiera que soltaran a Barrabás y
mataran a Jesús. 21Cuando el gobernador volvió
a preguntar a cuál de los dos querían ellos que
soltara, gritaron:
—¡A Barrabás!
22—¿Y qué hago con Jesús el Mesías?
—¡Crucifícalo!
23—¿Por qué? —exclamó Pilato asombrado—. ¿Qué delito ha cometido?
Pero la multitud, enardecida, no cesaba de
gritar:
—¡Crucifícalo!, ¡crucifícalo!
24Cuando Pilato se dio cuenta de que no estaba
logrando nada y que estaba a punto de formarse
un disturbio, pidió que le trajeran una palangana
de agua y se lavó las manos en presencia de la
multitud. Y dijo:
—Soy inocente de la sangre de este hombre.
¡Allá ustedes!
25Y la turba le respondió:
—¡Que su sangre caiga sobre nosotros y sobre
nuestros hijos!
26Pilato soltó a Barrabás. Pero a Jesús lo azotó
y lo entregó a los soldados romanos para que lo
crucificaran.

Los soldados se burlan de Jesús

27Primero lo llevaron al pretorio. Allí, reunida
la soldadesca, 28lo desnudaron y le pusieron un
manto escarlata. 29A alguien se le ocurrió ponerle
una corona de espinas y una vara en la mano
derecha a manera de cetro. Burlones, se arrodillaban ante él.
—¡Viva el Rey de los judíos! —gritaban.
30A veces lo escupían o le quitaban la vara y
lo golpeaban con ella en la cabeza.
31Por fin, le quitaron el manto, le pusieron su
ropa y se lo llevaron para crucificarlo.

La crucifixión

32En el camino hallaron a un hombre de Cirene[a] llamado Simón, y lo obligaron a llevar la cruz
que Jesús cargaba.
33Ya en el lugar conocido como Gólgota (Loma
de la Calavera), 34los soldados le dieron a beber
vino con hiel.[b] Tras probarlo, se negó a beberlo. 35Una vez clavado en la cruz, los soldados
echaron suertes para repartirse su ropa, 36y luego se sentaron a contemplarlo. 37En la cruz, por
encima de la cabeza de Jesús, habían puesto un
letrero que decía: «Este es Jesús, el Rey de los
judíos». 38Junto a él, uno a cada lado, crucificaron también a dos ladrones. 39La gente que
pasaba por allí se burlaba de él y meneando la
cabeza decía:
40—¿No afirmabas tú que podías destruir el
templo y reedificarlo en tres días? Pues veamos: Si
de verdad eres el Hijo de Dios, ¡bájate de la cruz!
41Los principales sacerdotes, escribas, fariseos
y ancianos también se burlaban de él.
42—Si a otros salvó, ¿por qué no se salva a
sí mismo? ¡Conque tú eres el Rey de los judíos!
¡Bájate de la cruz y creeremos en ti! 43Si confió
en Dios, ¡que lo salve Dios! ¿No decía que era el
Hijo de Dios?
44Y los ladrones le decían lo mismo.

Muerte de Jesús

45Aquel día, desde el mediodía hasta las tres de
la tarde, la tierra se sumió en oscuridad. 46Cerca
de las tres, Jesús gritó:
—Elí, Elí ¿lama sabactani? (Dios mío, Dios
mío, ¿por qué me has desamparado?)
47Algunos de los que estaban allí no le entendieron y creyeron que estaba llamando a Elías.
48Uno corrió y empapó una esponja en vinagre,
la puso en una caña y se la alzó para que la
bebiera. 49Pero los demás dijeron:
—Déjalo. Vamos a ver si Elías viene a salvarlo.
50Jesús habló de nuevo con voz muy fuerte,
y murió.
51Al instante, el velo que ocultaba el Lugar Santísimo del templo se rompió en dos de arriba
abajo, la tierra tembló, las rocas se partieron, 52las
tumbas se abrieron y muchos creyentes muertos
resucitaron. 53Después de la resurrección de Jesús,
esas personas salieron del cementerio y fueron a
Jerusalén, donde se aparecieron a muchos.
54El centurión y los soldados que vigilaban a
Jesús, horrorizados por el terremoto y los demás
acontecimientos, exclamaron:
—¡Verdaderamente éste era el Hijo de Dios!
55Varias de las mujeres que habían seguido a
Jesús desde Galilea y le servían estaban no muy

---

a. África.
b. Narcótico que solían ofrecer a los condenados para aliviar sus sufrimientos.

lejos de la cruz. 56Entre ellas estaban María
Magdalena, María la madre de Jacobo y de
José, y la madre de los hijos de Zebedeo.

Sepultura de Jesús

57Al llegar la noche, un hombre rico de Arimatea llamado José, discípulo de Jesús, 58fue a
Pilato y le reclamó el cuerpo de Jesús. Pilato se
lo concedió. 59José tomó el cuerpo, lo envolvió
en una sábana limpia 60y lo colocó en un sepulcro nuevo labrado en la peña. Hacía poco que
había hecho ese sepulcro y ordenó que rodaran
una piedra grande para cerrar la entrada. José se
alejó, 61pero María Magdalena y la otra María se
quedaron sentadas delante del sepulcro.

La guardia ante el sepulcro

62Al siguiente día, al cabo del primer día de las
ceremonias pascuales, los principales sacerdotes
y los fariseos fueron a Pilato 63y le dijeron:
—Señor, aquel impostor dijo una vez que al
tercer día resucitaría. 64Quisiéramos que ordena-
ras poner guardias ante la tumba hasta el tercer
día, para evitar que sus discípulos vayan, se roben
el cuerpo y luego se pongan a decir que resucitó.
Si eso sucede estaremos peor que antes.
65—Bueno, ahí tienen un pelotón de soldados.
Vayan y asegúrense de que nada anormal suceda.
66Entonces fueron, sellaron la roca y dejaron
a los soldados de guardia.

La resurrección

28 Cuando al amanecer del domingo María
Magdalena y la otra María regresaban a
la tumba, 2hubo un fuerte temblor. Un ángel
del Señor acababa de descender del cielo y, tras
remover la piedra, se había sentado en ella.
3Tenía el aspecto de un relámpago; y sus vestiduras eran blancas como la nieve. 4,5Los guardias,
temblando de miedo, se quedaron como muertos.
Pero el ángel dijo a las mujeres:
—No teman. Sé que buscan a Jesús, el crucificado. 6Pero no lo encontrarán aquí, porque
ha resucitado como se lo había dicho. Entren y
vean el lugar donde lo habían puesto... 7Ahora,
váyanse pronto y díganles a los discípulos que
él ya se levantó de los muertos, que se dirige a
Galilea y que allí los espera. Ya lo saben.
8Las mujeres, llenas de espanto y alegría a
la vez, corrieron a buscar a los discípulos para
darles el mensaje del ángel. 9Mientras corrían,
Jesús les salió al encuentro.
—¡Buenos días! —les dijo.
Ellas cayeron sobre sus rodillas y, abrazándole
los pies, lo adoraron.
10—No teman —les dijo Jesús—. Digan a mis
hermanos que salgan en seguida hacia Galilea,
y allí me hallarán.

El informe de los guardias

11Mientras esto sucedía, los guardias del templo
que habían estado vigilando la tumba corrieron
a informar a los principales sacerdotes. 12Estos
inmediatamente convocaron a una reunión de
jefes judíos y acordaron entregar dinero a los
guardias 13a cambio de que dijeran que se habían
robado el cuerpo de Jesús cuando ellos se quedaron dormidos.
14—Si el gobernador se entera —les aseguró
el concilio—, nosotros nos encargaremos de que
no les pase nada.
15Los soldados aceptaron el soborno y se pusieron a divulgar aquella falsedad entre los judíos.
¡Y todavía lo creen!

La gran comisión

16Los discípulos se fueron a la montaña de
Galilea donde Jesús dijo que habría de encontrarse con ellos. 17Cuando lo vieron, lo adoraron,
aunque algunos no estaban completamente
convencidos de que en realidad era Jesús.
18Pero él se les acercó y les dijo:
—He recibido toda autoridad en el cielo y en
la tierra. 19Por lo tanto, vayan y hagan discípulos
en todas las naciones. Bautícenlos en el nombre
del Padre, del Hijo y del Espíritu Santo, 20y enséñenles a obedecer los mandamientos que les he
dado. De una cosa podrán estar seguros: Estaré
con ustedes siempre, hasta el fin del mundo.

27.56 28.18–20

MARCOS

¿Quién lo escribió?

Sabemos que el autor es judío: conoce las costumbres, cultura, sectas judías y creencias judías (teología del AT). Sabemos también que es bien educado ya que usa varios latinismos y arameísmos, añadido al uso del griego (12:42; 15:46). Evidencia interna de su estructura comparada con el sermón en Hechos 10:34-43 podría indicar cierta influencia de Pedro. La evidencia externa de mediados y finales del siglo II concuerda en indicar que fue escrito por alguien de nombre Marcos, quien estuvo asociado con Pedro. ¿Quién fue Marcos? Aunque el nombre era común en esta época, el nombre completo "Juan Marcos" es citado en 1 Pedro 5:13; Hechos 12:12, 25; 13:13; 15:37-39; Filemón 24; Colosenses 4:10; 2 Timoteo 4:11. De estas citas se parte para afirmar que Marcos fue compañero de Pedro y Pablo, miembro de la Iglesia en Jerusalén que se reunía en el aposento alto del hogar materno (Hech. 12:12) donde quizá Jesús pudo celebrar su última cena (Mr. 14:14-15; Hech. 1:13-14).

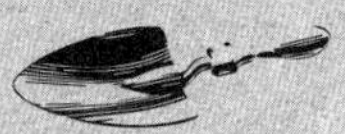

¿A quién lo escribió?

Posiblemente escrito en Roma para los cristianos romanos. Debido al lenguaje (latinismos) y el griego (koiné) se sugiere que el autor o su audiencia o ambos, están en un ambiente romano, sea en Roma misma o en alguna colonia romana donde el latín pudo haber sido muy usado. Ellos son gentiles difícilmente prosélitos o adherentes de la sinagoga. Es una comunidad misionera cuya cosmovisión es apocalíptica debido a la cultura dominante que les ha perseguido. Marcos está escribiendo a cristianos romanos después de la persecución neroniana, entre mediados y finales de los 60's, después que los cristianos fueron acusados de incendiar Roma. Ellos están asustados no solo por la situación en Roma, sino por la situación en Jerusalén y, lo que el nuevo emperador pueda hacer. La caída de Jerusalén es inminente. Marcos busca entonces preparar a su audiencia para el sufrimiento adicional y dificultades por venir, recordándoles que Su Maestro ya ha experimenta- do tales sufrimientos a manos de los romanos.Así que en el Evangelio se aprecian dos polos que hay que considerar: el contexto social del Evangelio de Marcos (Galilea y Judea entre los 20-30 d.C.) y, el contexto político en Roma (en los 60 s). Ambos fueron ambientes volátiles. Como consecuencia, el judaísmo está a punto de perder su Templo y el cristianismo de perder a Pedro y a Pablo y quedar ambos pueblos, dispersos.

¿Cuándo y dónde lo escribió?

Un intento de reconstruir el ambiente de Marcos apunta a la década de los 60's (66-70 d. C.) El libro contiene una profecía de la destrucción de Jerusalén sin ninguna mención de su cumplimiento. Por esto puede ser sensata una fecha previa al 70. El prólogo antimarcionita lo coloca en "las regiones de Italia".

Panorama del libro

Jesús o sus enseñanzas es el tema en 44% de los verbos en Marcos. Él también dedica un 19% de su narración a la pasión en comparación con el 15% de Mateo o Lucas. Marcos parece retratar a Jesús como irreconocible y rechazado, incluso humillado y traicionado, víctima del status hostil. Busca que se entienda al mensajero, su mensaje y sus alternativas. Los que se unen a Cristo pagan el precio. Los que se oponen serán juzgados. Él plantea las interrogantes: ¿Quién es Jesús, qué lo recomendó y por qué él es digno de que se escriba una biografía de su vida? Tomando en cuenta lo que los cristianos han padecido a manos de los judíos y a manos de los romanos, no debe de sorprender que Marcos hubiera escrito un Evangelio usando la retórica apocalíptica, preparando a su audiencia para sufrimiento y problemas adicionales, recordándoles el sufrimiento del Mesías. En un contexto romano (de la capital), los cristianos deben enfrentar no solo marginación de su propia cultura, sino muy posiblemente, ejecución en el Circo romano. Marcos debe explicarles entonces el camino de la cruz que Cristo tomó y el camino de los primeros discípulos, sus triunfos y fracasos. Mateo aclara que las bendiciones del reino están presentes pero no en la forma que ellos desean. Las promesas de los pactos respecto a su forma de pensar se cumplirán o irán cumpliendo a su debido tiempo. Por su reiterado uso del AT, Mateo busca demostrar la correlación de la antigua profecía con sus promesas pactales, y el advenimiento del Mesías. Se puede hablar entonces de 3 propósitos mayores del libro: a) que el lector judeocristiano pueda reconocer quién fue Jesús, confiar en él y hallar así su verdadera "herencia" espiritual (identidad), b) que la iglesia primitiva judía entienda su lugar en el programa de Dios a pesar de la marginación que enfrentan y, c) que ellos puedan tomar el mensaje de Mateo y usarlo para hacer discípulos en todas las naciones así como Cristo mandó. En vista de lo anterior, el mensaje del libro contiene dos temas: Uno demuestra que Jesús fue el Mesías prometido, el otro, explica qué ha pasado al plan de Dios para su pueblo Israel.

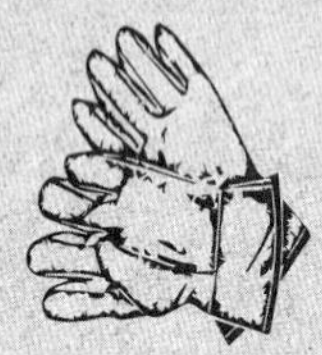

¿Cómo se relaciona con nosotros?

El evangelio de Marcos es fundamental para discutir de política desde la agenda de Jesús, y sobre todo para explorar la ética cristiana. El mundo que le está tocando vivir a nuestra generación está convulsionado: hay protestas sociales por todos lados, quiebras de naciones que fueron grandes economías, la ecología está languideciendo y la corrupción campea por todos lados y a todo nivel. Los cristianos debemos sumergirnos en todos estos campos y desde allí ser "sal y luz" a las naciones, aunque el futuro pueda verse apocalíptico.
En Cristo siempre hay esperanza y los milagros registrados en el libro dan testimonio de que nada es imposible con Jesús.

¿Cómo lo estudiamos?

1) Preparación e inicio del ministerio de Jesús (1:1-5:43)
2) El apogeo del ministerio de Jesús (6:1-7:23)
3) Ministerio de Jesús entre los gentiles (7:24-9:50) 4) Conclusión del ministerio (10:1-13:37)
5) La pasión y resurrección de Jesús (14:1-16:20)

MARCOS

Marcos

Juan el Bautista prepara el camino

1 Este es el principio de la buena noticia de Jesús el Mesías, el Hijo de Dios.

2En el libro que escribió el profeta Isaías dice:

«Mira, voy a enviar un mensajero delante de ti, a prepararte el camino».

3«Voz de uno que clama en el desierto: "Preparen el camino del Señor, háganle caminos derechos"».

4Así fue como se presentó Juan en el desierto, predicando que debían arrepentirse y bautizarse para obtener el perdón de los pecados.

5Desde Jerusalén y de toda la provincia de Judea acudía la gente a Juan. Cuando alguien confesaba sus pecados, Juan lo bautizaba en el río Jordán.

6Juan usaba un vestido de pelo de camello ceñido con un cinto de cuero y se alimentaba con langostas del desierto y miel silvestre. 7Predicaba de esta manera:

«Pronto vendrá alguien más poderoso que yo, y ni siquiera soy digno de agacharme ante él para desatar la correa de sus sandalias. 8Yo los bautizo con agua, pero él los bautizará con el Espíritu Santo».

Bautismo y tentación de Jesús

9En esos días Jesús llegó de Nazaret de Galilea, y Juan lo bautizó en el río Jordán. 10En el instante en que Jesús salía del agua, vio los cielos abiertos y al Espíritu Santo que descendía sobre él en forma de paloma. 11Se escuchó entonces una voz del cielo que decía: «Tú eres mi Hijo amado; en ti me complazco».

12Inmediatamente el Espíritu lo llevó al desierto, 13donde pasó cuarenta días, y era tentado por Satanás. Estaba entre las fieras y los ángeles lo servían.

Llamamiento de los primeros discípulos

14Después de que el rey Herodes mandó arrestar a Juan, Jesús se fue a Galilea a predicar las buenas nuevas de Dios.

15«¡Llegó por fin la hora! —anunciaba—. ¡El reino de Dios está cerca! Arrepiéntanse y crean las buenas noticias».

16Al pasar por la orilla del mar de Galilea, Jesús vio a Simón y a su hermano Andrés que echaban la red en el lago, pues eran pescadores.

17«¡Vengan y síganme —les dijo Jesús—, y los convertiré en pescadores de hombres!»

18De inmediato abandonaron las redes y lo siguieron.

19Un poco mas adelante vio a Jacobo y Juan, hijos de Zebedeo, que remendaban las redes en una barca. 20Los llamó también, y ellos dejaron a Zebedeo en la barca con los empleados y se fueron con Jesús.

Jesús expulsa a un espíritu maligno

21Llegaron a Capernaúm. El día de reposo por la mañana entraron en la sinagoga, y Jesús comenzó a enseñar. 22La gente quedó maravillada de su enseñanza, porque Jesús hablaba con autoridad, y no como los maestros de la ley.[c] 23Un endemoniado que estaba en la sinagoga se puso a gritar:

24—¡Ah! ¿Por qué nos molestas, Jesús de Nazaret? ¿Has venido a destruirnos? Yo sé que eres el Santo de Dios.

25Jesús le dijo: —¡Cállate y sal de él!

26El espíritu inmundo sacudió con violencia al hombre y salió de él dando un gran alarido. 27Todos se quedaron tan espantados que se preguntaban unos a otros:

«¿Qué es esto? Es una enseñanza nueva, ¡y con qué autoridad! ¡Hasta los espíritus inmundos lo obedecen!» 28La noticia de lo sucedido corrió rápidamente por toda Galilea.

Jesús sana a muchos enfermos

29De allí, Jesús, Jacobo y Juan se fueron a casa de Simón y Andrés. 30Y le contaron a Jesús que la suegra de Simón estaba en cama con fiebre. 31Él se le acercó, la tomó de la mano y la ayudó a sentarse. ¡Inmediatamente se le quitó la fiebre y se levantó a servirlos!

32Al atardecer, cuando ya se ponía el sol, le llevaron a Jesús todos los enfermos y endemoniados, 33de manera que la ciudad entera estaba agolpada a la puerta. 34Jesús sanó a muchos enfermos y endemoniados. Pero no permitía que los demonios hablaran y revelaran quién era él.

Jesús ora en un lugar solitario

35A la mañana siguiente, todavía de madrugada, Jesús se levantó y se fue a un lugar solitario a orar. 36Simón y los demás fueron a buscarlo, 37y cuando lo encontraron le dijeron:

—Toda la gente te anda buscando.

38Él les respondió:

—Vámonos de aquí a otras ciudades cercanas donde también debo predicar. Para eso vine.

39Así que Jesús recorrió Galilea entera predicando en las sinagogas y expulsando a los demonios.

---

c. Los escribas.

1.35

Jesús sana a un leproso

40 Un leproso se le acercó y, de rodillas, le dijo:
—Si quieres, puedes sanarme.
41 Jesús, compadecido, lo tocó y le dijo:
—Quiero; queda curado.
42 E instantáneamente la lepra desapareció y
quedó limpio.
43 —Jesús lo despidió de inmediato y le recomendó con seriedad lo siguiente:
44 —Mira, no le digas a nadie que yo te curé.
Vete a presentarte ante el sacerdote y llévale la
ofrenda que Moisés mandó, para que les conste
a los sacerdotes.
45 Pero tan pronto salió de allí, comenzó a
divulgar lo que le había sucedido. Como consecuencia de esto, Jesús ya no podía entrar abiertamente en ninguna ciudad. Tenía que quedarse en
los lugares apartados; y aun así, de todas partes
llegaban a él.

Jesús sana a un paralítico

2 Días más tarde, Jesús regresó a Capernaúm.
La noticia de que estaba en casa se esparció
rápidamente. 2 Y pronto la gente llenó tanto la
casa que no quedó sitio para nadie más ni siquiera frente a la puerta. Y él predicaba la palabra.
3 Entonces llegaron cuatro hombres llevando a
un paralítico. 4 Como no pudieron pasar entre la
multitud para llegar a Jesús, subieron a la azotea,
hicieron una abertura en el techo, exactamente
encima de donde estaba Jesús, y entre los cuatro
bajaron la camilla en la que yacía el paralítico.
5 Cuando Jesús vio la fe de ellos, le dijo al
paralítico:
—Hijo, tus pecados quedan perdonados.
6 Algunos maestros de la ley que estaban allí
sentados pensaron: 7 «¿Cómo se atreve a hablar
así? ¡Eso es una blasfemia! ¡Dios es el único que
puede perdonar los pecados!»
8 Jesús les leyó el pensamiento y les dijo:
—¿Por qué piensan ustedes así? 9 ¿Qué es más
fácil, decirle al paralítico «tus pecados quedan
perdonados» o decirle: «Levántate, toma tu camilla y anda»? 10 Pues voy a probarles que yo, el
Hijo del hombre, tengo potestad para perdonar
los pecados.
Entonces se dirigió al paralítico y le dijo:
11 —A ti te digo, levántate, recoge la camilla
y vete.
12 El hombre se levantó de inmediato, tomó
su camilla y se abrió paso entre la asombrada
concurrencia que, entre alabanzas a Dios, exclamaba:
—Jamás habíamos visto nada parecido.

Llamamiento de Leví

13 Jesús salió de nuevo a la orilla del lago y allí
le enseñaba al gentío que acudía a él.
14 Caminando por el lugar, vio a Leví, hijo de
Alfeo, sentado en la mesa donde cobraba los
impuestos.
—Sígueme —le dijo Jesús.
Y Leví se levantó y lo siguió.
15 Leví invitó a Jesús y a sus discípulos a comer.
También invitó a comer a muchos cobradores de
impuestos y a otros pecadores. Ya eran muchos
los que seguían a Jesús.
16 Cuando algunos de los maestros de la ley,
que eran fariseos, vieron a Jesús comiendo con
aquella gente, les preguntaron a los discípulos:
—¿Cómo es que éste come con recaudadores
de impuestos y con pecadores?
17 Jesús, que oyó lo que decían, les replicó:
—Los enfermos son los que necesitan médico,
no los sanos. No he venido a llamar a los justos
sino a los pecadores.

Le preguntan a Jesús sobre el ayuno

18 Al ver que los discípulos de Juan y los de los
fariseos ayunaban, algunos se acercaron a Jesús
y le preguntaron:
—¿Por qué tus discípulos no ayunan también?
19 Jesús les respondió:
—¿Se abstendrán acaso de comer en un banquete de bodas los amigos del novio mientras el
novio esté con ellos? 20 Llegará el momento cuando el novio les será quitado, y entonces ayunarán.
21 Nadie remienda un vestido viejo con una tela
nueva, porque el parche se encoge y rompe el
vestido, y la rotura que queda es mayor que la
anterior. 22 ¿Y a quién se le ocurriría poner vino
nuevo en odres viejos? El vino nuevo reventaría
los odres y se perderían el vino y los odres. El
vino nuevo se echa en odres nuevos.

Señor del sábado

23 Un día de reposo, pasaron por los trigales
Jesús y sus discípulos, y éstos se pusieron a arrancar espigas. 24 Los fariseos le preguntaron a Jesús:
—¿Por qué hacen ellos lo que está prohibido
hacer en el día de reposo?
25 Jesús les respondió:
—¿Nunca han leído lo que hizo David una
vez que él y sus compañeros tuvieron hambre?
26 Cuando Abiatar era el sumo sacerdote, David
entró en la casa de Dios y comió de los panes consagrados a Dios, que sólo los sacerdotes podían
comer. Y no sólo comió él, sino que también dio
a sus compañeros.
27 »El sábado se hizo para el ser humano y no
el ser humano para el sábado. 28 Por eso, el Hijo
del hombre es Señor incluso del sábado.

3 En otra ocasión, Jesús entró en la sinagoga
y había allí un hombre que tenía una mano
paralizada. 2 Como era el día de reposo, quienes

querían acusar a Jesús lo vigilaban para ver si
se atrevería a curar al enfermo.
3Jesús le pidió al hombre que tenía la mano
paralizada que se parara frente a todos. 4Y les
preguntó a los otros:
—¿Qué es correcto hacer en el día de reposo:
el bien o el mal? ¿Es éste un día para salvar una
vida o para matar?
No le contestaron.
5Jesús, mirándolos con una mezcla de enojo
y tristeza por la indiferencia que mostraban, le
dijo al hombre:
—Extiende la mano.
Y al extenderla, se le sanó.
6En cuanto salieron, los fariseos se reunieron
con los herodianos[d] para urdir un plan con el
propósito de matar a Jesús.

La multitud sigue a Jesús

7Jesús y sus discípulos se retiraron a la orilla
del lago, y los siguieron una gran multitud que
venía de Galilea, 8Judea, Jerusalén, Idumea, de
más allá del Jordán y de las regiones de Tiro
y Sidón. Las noticias de los milagros de Jesús
atraían a toda esta gente.
9Jesús le había ordenado a sus discípulos que
le tuvieran siempre lista una barca para evitar
que el gentío lo oprimiera, 10pues como había
realizado muchas curaciones, todos los enfermos
lo rodeaban tratando de tocarlo. 11Cada vez que
los endemoniados lo veían, caían de rodillas ante
él gritando:
—¡Tú eres el Hijo de Dios!
12Actuaban así a pesar de que les tenía prohibido revelar quién era.

Nombramiento de los doce apóstoles

13Jesús subió a una montaña y llamó a los que
él quiso; y ellos vinieron a él. 14De entre todos
seleccionó a doce para que estuvieran siempre
con él y salieran a predicar. A estos los llamó
apóstoles, 15y les dio autoridad para echar fuera
demonios. 16Aquellos doce fueron:
Simón (a quien llamó Pedro), 17Jacobo y Juan
(hijos de Zebedeo, a quienes Jesús les puso el
apodo de Boanerges, es decir, Hijos del Trueno), 18Andrés, Felipe, Bartolomé, Mateo, Tomás,
Jacobo (hijo de Alfeo), Tadeo, Simón el zelote 19y
Judas Iscariote (el que lo traicionó).

Jesús y Beelzebú

20Luego Jesús entró en una casa a la que acudió tanta gente que ni siquiera pudieron comer
él y sus discípulos. 21Los familiares de Jesús, al
enterarse de lo que estaba pasando, salieron a
buscarlo porque creían que se había vuelto loco.
22Los maestros de la ley que habían llegado
de Jerusalén decían: «Los demonios lo obedecen porque tiene a Beelzebú, el príncipe de los
demonios».
23Jesús los llamó y les habló en parábolas:
«¿Cómo puede Satanás echar fuera a Satanás?
24Si un reino está dividido y los distintos bandos
luchan entre sí, pronto desaparecerá. 25Si un
hogar está dividido contra sí mismo, se destruirá.
26Y si Satanás pelea contra sí mismo y se divide,
no podrá mantenerse y, entonces, ¿en qué irá a
parar? 27Nadie puede entrar en la casa de alguien
fuerte y despojarlo de sus bienes si primero no
lo ata. Sólo entonces podrá robar su casa. 28Les
aseguro que todos los pecados y blasfemias se les
perdonarán a todos por igual. 29Pero la blasfemia
contra el Espíritu Santo nunca tendrá perdón,
pues será un pecado de consecuencias eternas».
30Así respondió Jesús a la acusación de que
tenía un espíritu inmundo.

La madre y los hermanos de Jesús

31Cuando la madre y los hermanos de Jesús
llegaron, se quedaron afuera y le enviaron un
recado para llamarlo, 32ya que había mucha
gente sentada alrededor de él.
—Tu madre y tus hermanos están afuera y
quieren verte —le dijeron.
33—¿Quién es mi madre? ¿Quiénes son mis
hermanos? —replicó Jesús. 34Y mirando a los
que estaban a su alrededor, añadió:
—Estos son mi madre y mis hermanos.
35Cualquiera que hace la voluntad de Dios es
mi hermano, mi hermana y mi madre.

Parábola del sembrador

4 Una vez más una inmensa multitud se
congregó en la orilla del lago donde Jesús
enseñaba. Era tanto el gentío que Jesús tuvo que
subirse a una barca y sentarse a hablarles desde
allí. 2Jesús se puso a enseñarles muchas cosas
por medio de parábolas. Al narrar una de ellas,
decía así: 3«Pongan atención. Un sembrador salió
a sembrar. 4Al esparcir las semillas algunas cayeron junto al camino y las aves llegaron y se las
comieron. 5Otras cayeron en un terreno rocoso,
sin mucha tierra. Pronto germinaron, porque la
tierra no era profunda; 6pero como no tenían
raíces, cuando salió el sol ardiente, las marchitó y murieron. 7Algunas semillas cayeron entre
espinos que, al crecer, ahogaron las plantas y no
pudieron dar frutos. 8Pero algunas de las semillas
cayeron en buena tierra y brotaron, crecieron y
produjeron treinta, sesenta y hasta cien semillas
por cada una sembrada». 9Y añadió Jesús: «El
que tenga oídos, oiga».

d. Partido político pro-romano.

10Después, a solas con los doce y los que estaban alrededor de él, le preguntaron qué quiso decir con aquella parábola.

11Él les respondió:

«A ustedes se les ha concedido conocer el secreto del reino de Dios; pero a los que están fuera se les dice todo por medio de parábolas, 12para que "aunque vean, no perciban, y aunque oigan, no entiendan; no sea que se vuelvan a Dios y sean perdonados".

13»Ahora bien, si ustedes mismos no entienden esa parábola, ¿cómo van a entender las demás? 14»El sembrador es el que proclama la palabra de Dios. 15Las que fueron sembradas junto al camino son los que escuchan la palabra de Dios, pero inmediatamente Satanás quita la palabra que fue sembrada en ellos. 16Las que cayeron en suelo rocoso representan a los que escuchan el mensaje con alegría, 17pero como sus raíces no tienen profundidad, brotan antes de tiempo y se apartan apenas comienzan las tribulaciones y las persecuciones por causa de la Palabra. 18Las que fueron sembradas entre espinas son los que escuchan la Palabra, 19pero inmediatamente las preocupaciones del mundo, el amor por las riquezas, y los demás placeres ahogan la palabra y no la dejan producir frutos. 20Pero las que cayeron en buena tierra son los que escuchan la Palabra, la reciben y producen mucho fruto: treinta, sesenta y hasta cien por cada semilla».

Una lámpara en una repisa

21Y agregó:

«¿Es lógico que uno encienda una lámpara y la ponga debajo de una caja o debajo de la cama? Por supuesto que no. Cuando uno enciende una lámpara, la pone en un lugar alto donde alumbre. 22No hay nada escondido que no se vaya a conocer, ni nada hay oculto que un día no haya de saberse. 23El que tenga oídos, oiga».

24Y les dijo: «Fíjense bien en lo que oyen. Con la misma medida con que ustedes den a otros, se les dará a ustedes, y se les dará mucho más. 25Porque el que tiene recibirá más; y al que no tiene se le quitará aun lo poco que tenga.

Parábola de la semilla que crece

26»El reino de Dios es como un hombre que siembra un terreno. 27Y la semilla nace y crece sin que él se dé cuenta, ya sea que él esté dormido o despierto, sea de día o de noche. 28Así, la tierra da fruto por sí misma. Primero brota el tallo, luego se forman las espigas de trigo hasta que por fin estas se llenan de granos. 29Y cuando el grano está maduro, lo cosechan pues su tiempo ha llegado».

Parábola del grano de mostaza

30Un día les dijo:

«¿Cómo les describiré el reino de Dios? ¿Con qué podemos compararlo? 31Es como un grano de mostaza que se siembra en la tierra. Aunque es la más pequeña de las semillas que hay en el mundo, 32cuando se siembra se convierte en la planta más grande del huerto, y en sus enormes ramas las aves del cielo hacen sus nidos».

33Jesús usaba parábolas como éstas para enseñar a la gente, conforme a lo que podían entender. 34Sin parábolas no les hablaba. En cambio, cuando estaba a solas con sus discípulos les explicaba todo.

Jesús calma la tormenta

35Anochecía y Jesús les dijo a sus discípulos:

—Vámonos al otro lado del lago.

36Y, dejando a la multitud, salieron en la barca. Varias barcas los siguieron. 37A medio camino se desató una terrible tempestad. El viento azotaba la barca con furia y las olas amenazaban con anegarla completamente. 38Jesús dormía en la popa, con la cabeza en una almohada. Lo despertaron y le dijeron:

—Maestro, ¿no te importa que nos estemos hundiendo?

39Jesús se levantó, reprendió a los vientos y dijo a las olas:

—¡Silencio! ¡Cálmense!

Los vientos cesaron y todo quedó en calma. 40Y Jesús les dijo:

—¿Por qué tienen tanto miedo? ¿Acaso no tienen fe?

41Ellos, asustados, se decían:

—¿Quién será éste que aun los vientos y las aguas lo obedecen?

Liberación de un endemoniado

5 Cuando llegaron al otro lado del lago, a la tierra de Gerasa, 2en cuanto Jesús puso pie en tierra, un endemoniado salió del cementerio y se le acercó.

3,4Vivía entre los sepulcros y tenía tanta fuerza que, cada vez que lo encadenaban de pies y manos, rompía las cadenas y se iba. Nadie tenía fuerza suficiente para dominarlo. 5Día y noche vagaba solitario por los sepulcros y los montes gritando e hiriéndose con piedras afiladas. 6Cuando vio a lo lejos que Jesús se acercaba, corrió a su encuentro, cayó de rodillas ante él 7y gritó con fuerza:

—¿Qué tienes contra mí, Jesús, Hijo del Dios Altísimo? ¡Te suplico por Dios que no me atormentes!

8,9—¡Sal de este hombre, espíritu inmundo! —le ordenó Jesús; y luego le preguntó:

—¿Cómo te llamas?

4.18–20

El demonio le respondió:
—Legión, porque somos muchos.
10Los demonios le suplicaron que no los enviara lejos de aquella región.
11Y como había por allí, cerca del cerro, un
enorme hato de cerdos comiendo, 12le suplicaron
los demonios:
—Envíanos a los cerdos y déjanos entrar en
ellos.
13Al asentir Jesús, los espíritus inmundos salieron del hombre y entraron en los cerdos, que
se precipitaron al lago por un despeñadero y se
ahogaron. Eran como dos mil animales.
14Los que cuidaban los cerdos corrieron a dar
la noticia en la ciudad y en los campos, y la
gente salió a ver lo que había sucedido. 15Cuando
llegaron a donde estaba Jesús, vieron sentado allí,
vestido y en su pleno juicio, al que había estado
endemoniado. Y les dio mucho miedo.
16Al contarles los testigos presenciales lo ocurrido, 17le pidieron a Jesús que se fuera de allí.
18Jesús ya iba a regresar en la barca cuando se
le acercó el que había estado endemoniado y le
suplicó que lo dejara ir con él. 19Pero Jesús le dijo:
—No. Vete a tu casa, con los tuyos, y cuéntales
las maravillas que el Señor ha hecho contigo, y
cómo tuvo misericordia de ti.
20Aquel hombre recorrió la Decápolis contando
las grandes cosas que Jesús había hecho con él.
Y la gente se maravillaba al oírlo.

Una niña muerta y una mujer enferma

21Cuando Jesús desembarcó en la otra orilla del
lago, una enorme multitud se reunió a su alrededor. 22De la multitud se adelantó un hombre
que se postró a los pies de Jesús. Era Jairo, uno
de los jefes de la sinagoga.
23—Señor —le suplicaba—, mi hija se está
muriendo. Ven y pon tus manos sobre ella, porque yo sé que puedes hacer que viva.
24,25Jesús lo acompañó. En medio de aquella
multitud que se apretujaba a su alrededor, estaba
una mujer que durante los últimos doce años
había estado enferma con cierto tipo de derrame
de sangre. 26Hacía mucho que sufría en manos de
los médicos, y a pesar de haber gastado todo lo
que tenía, en vez de mejorar estaba peor. 27Ente-
rada de lo que Jesús hacía, se le acercó por detrás,
entre la multitud, y le tocó el manto, 28porque
pensaba que al tocarlo, sanaría. 29Y, en efecto,
tan pronto como lo tocó, el derrame cesó y se
sintió perfectamente bien.
30Jesús se dio cuenta en seguida de que de él
había salido poder; por eso se volvió y le preguntó
a la multitud:
—¿Quién me tocó?
31Sus discípulos le respondieron:
—¿Cómo se te ocurre preguntar quién te tocó
si ves que todo el mundo te está apretujando?
32Él siguió mirando a su alrededor en busca
de quién lo había hecho.
33La mujer, temblando de miedo y consciente
de lo que le había pasado, se arrodilló delante
de él y le confesó toda la verdad.
34Jesús le dijo:
—Hija, tu fe te ha sanado; vete en paz, que
ya no estás enferma.
35Mientras decía esto, llegaron de la casa de
Jairo a darle la noticia de que su hija había muerto y decirle que ya no era necesario que siguiera
molestando al maestro. 36Al darse cuenta, Jesús
le dijo al jefe de la sinagoga:
—No temas. Sólo cree.
37Y no permitió que nadie fuera con él sino
Pedro y los hermanos Jacobo y Juan.
38Al llegar a la casa del jefe de la sinagoga y ver
que había mucho alboroto y gran llanto y dolor,
39Jesús les dijo a los que allí estaban:
—¿Por qué hacen tanto llanto y alboroto? La
niña no está muerta; sólo está dormida.
40La gente se rió de Jesús; pero Jesús les ordenó
a todos que salieran y él, con el padre, la madre
y los discípulos que lo acompañaban entró al
cuarto en que reposaba la niña. 41La tomó de la
mano y le dijo:
—Talita cum (que significa: Levántate, niña).
42,43En el mismo instante, la niña, de doce años
de edad, se levantó y caminó. Jesús ordenó que le
dieran de comer. La gente quedó muy admirada,
pero Jesús les suplicó encarecidamente que no
lo dijeran a nadie.

Un profeta sin honra

6 Poco después salió de aquella región y regresó
con sus discípulos a su pueblo, Nazaret.
2Cuando llegó el día de reposo, Jesús fue a
enseñar a la sinagoga. Y muchos que lo escucharon se quedaron boquiabiertos y se preguntaban:
—¿De dónde sacó éste tanta sabiduría y el
poder para hacer los milagros que hace?, 3pues es
el carpintero, hijo de María, hermano de Jacobo,
José, Judas y Simón. Y sus hermanas viven aquí
mismo.
Y estaban escandalizados.
4Pero Jesús les dijo: «Al profeta nunca lo aceptan en su propia tierra, ni entre sus parientes, ni
en su propia casa».
5Debido a la incredulidad de la gente no pudo
realizar ningún milagro allí, salvo poner las
manos sobre unos pocos enfermos y sanarlos.
6Jesús estaba asombrado de la incredulidad de
aquella gente. Y se fue a enseñar en las aldeas
cercanas.

Jesús envía a los doce

7Y llamó a los doce y los envió de dos en dos con poder para echar fuera demonios. 8Les ordenó que no llevaran nada con ellos, excepto un bastón. No debían llevar alimentos ni bolsa ni dinero; 9podían llevar sandalias, pero no una muda de ropa.

10«Cuando entren a una casa —les dijo—, quédense allí hasta que se vayan de ese lugar. 11Y si en alguna parte no los reciben ni les prestan atención, sacúdanse el polvo de los pies y váyanse. Con eso les estarán haciendo una advertencia».

12Los discípulos salieron y fueron a predicarle a la gente para que se arrepintiera. 13Echaron fuera muchos demonios y sanaron a muchos enfermos ungiéndolos con aceite.

Decapitación de Juan el Bautista

14La fama de Jesús llegó a oídos del rey Herodes. Este pensó que Jesús era Juan el Bautista que había resucitado con poderes extraordinarios.

15De hecho, algunos pensaban que Jesús era Elías; y otros, que era uno de los profetas.

16Pero Herodes reiteró: «Él es Juan, a quien yo decapité, que ha vuelto a la vida».

17,18Herodes había mandado arrestar a Juan porque éste le decía que era ilegal que se casara con Herodías, la esposa de su hermano Felipe. 19Por eso mismo, Herodías odiaba a Juan y quería que lo mataran, pero no había podido conseguirlo.

20Y ya que Herodes respetaba a Juan porque lo consideraba un hombre justo y santo, lo había arrestado para ponerlo a salvo. Aunque cada vez que hablaba con Juan salía turbado, le gustaba escucharlo.

21Un día se le presentó a Herodías la oportunidad que buscaba. Era el cumpleaños de Herodes y éste organizó un banquete para sus altos oficiales, los jefes del ejército y la gente importante de Galilea. 22En medio del banquete, la hija de Herodías danzó y gustó mucho a los presentes.

—Pídeme lo que quieras —le dijo el rey— y te lo concederé, 23aunque me pidas la mitad del reino.

Esto se lo prometió bajo juramento.

24La chica salió y consultó a su madre:

—¿Qué debo pedir? Y la mamá le dijo:

—Pídele la cabeza de Juan el Bautista.

25La chica fue corriendo de inmediato a donde estaba el rey y le dijo:

—Quiero que me des ahora mismo, en una bandeja, la cabeza de Juan el Bautista.

26Al rey le dolió complacerla, pero no podía faltar a su palabra delante de los invitados. 27Por eso, en seguida envió a uno de sus guardias a que le trajera la cabeza de Juan. El soldado decapitó a Juan en la prisión, 28regresó con la cabeza en una bandeja y se la entregó a la chica y ésta se la llevó a su madre.

29Cuando los discípulos de Juan se enteraron de lo sucedido, fueron en busca del cuerpo y lo enterraron.

Jesús alimenta a los cinco mil

30Los apóstoles se reunieron con Jesús y le contaron lo que habían hecho y enseñado. 31Era tanto el gentío que entraba y salía que apenas les quedaba tiempo para comer. Por ello Jesús les dijo:

—Apartémonos del gentío para que puedan descansar.

32Partieron, pues, en una barca hacia un lugar desierto. 33Pero muchos que los vieron ir los reconocieron y de todos los poblados fueron por tierra hasta allá, y llegaron antes que ellos. 34Al bajar Jesús de la barca vio a la multitud, y se compadeció de ellos porque parecían ovejas sin pastor. Y comenzó a enseñarles muchas cosas.

35Ya avanzada la tarde, los discípulos le dijeron a Jesús:

—Este es un lugar desierto y se está haciendo tarde. 36Dile a esta gente que se vaya a los campos y pueblos vecinos a comprar comida.

37—Aliméntenlos ustedes —fue la respuesta de Jesús.

—¿Y con qué? —preguntaron—. Costaría el salario de siete meses comprar comida para esta multitud.

38—¿Cuántos panes tienen ustedes? — les preguntó—. Vayan a ver.

Al poco rato regresaron con la noticia de que había cinco panes y dos pescados.

39Jesús les ordenó que hicieran que la multitud se sentara por grupos sobre la hierba verde. 40Y se acomodaron en grupos de cincuenta o cien personas.

41Jesús tomó los cinco panes y los dos pescados y, mirando al cielo, los bendijo. Luego, partió los panes y los pescados y los fue dando a los discípulos para que los repartieran entre la multitud. 42Comieron todos hasta quedar saciados. 43,44Y aunque eran cinco mil hombres, sobraron doce cestas llenas de panes y pescados.

Jesús camina sobre el agua

45Jesús hizo que los discípulos subieran a la barca y se fueran a Betsaida, donde él se les uniría cuando despidiera a la multitud. 46Después que todos se fueron, Jesús subió al monte a orar.

47Ya de noche, cuando los discípulos llegaban al centro del lago, Jesús vio, desde el lugar solitario en que estaba, 48que sus discípulos remaban con dificultad, porque tenían los vientos en contra. Como a las tres de la mañana, se acercó a ellos caminando sobre el agua y siguió como si tuviera intenciones de pasar de largo.

49Cuando los discípulos vieron que caminaba
sobre el agua, gritaron de terror creyendo que
era un fantasma, 50pues estaban muy espantados
por lo que veían. Pero él en seguida les dijo:
«Cálmense, soy yo, no tengan miedo».
51Cuando subió a la barca, el viento se calmó.
Los discípulos quedaron boquiabiertos, maravillados. 52Todavía no entendían lo de los panes,
pues tenían la mente ofuscada.
53Al llegar a Genesaret, al otro lado del lago,
amarraron la barca 54y saltaron a tierra. La gente
en seguida reconoció a Jesús. 55Él y sus discípulos
recorrieron toda aquella región, y cuando oían
que él estaba en algún lugar, allí le llevaban
en camillas a los enfermos. 56Dondequiera que
iba, ya fuera en los pueblos, en las ciudades o
en los campos, ponían a los enfermos por donde
él pasaba y le suplicaban que los dejara tocarle
siquiera el borde de su manto. Los que lo tocaban, sanaban.

Lo puro y lo impuro

7 Llegaron de Jerusalén varios maestros de la
ley y fariseos, y se acercaron a Jesús. 2Notaron
que los discípulos de Jesús comían con manos
impuras, es decir, sin habérselas lavado. 3(Es que
los judíos, sobre todo los fariseos, jamás comen si
primero no se lavan las manos como lo requiere
la tradición de los ancianos. 4Cuando regresan
del mercado tienen que lavarse de la misma
manera, antes de tocar cualquier alimento. Y
siguen otras muchas tradiciones, tales como
la ceremonia del lavamiento de vasos, jarros y
utensilios de metal.)
5—¿Por qué tus discípulos no siguen la tradición de los ancianos? ¿Por qué comen sin lavarse
conforme al rito? —le preguntaron a Jesús los
maestros de la ley y los fariseos.
6Jesús les respondió:
—¡Hipócritas! Bien dijo el profeta Isaías acerca de ustedes:
»Este pueblo de labios me honra, pero lejos
de mí está su corazón. 7La adoración que me
brindan no les sirve de nada porque enseñan
tradiciones humanas como si fueran mandamientos de Dios".
8»Ustedes pasan por alto los mandamientos de
Dios y se aferran a la tradición de los hombres.
9Rechazan las leyes de Dios por guardar la propia
tradición de ustedes.
10»Moisés les dijo: "Honra a tu padre y a tu
madre; y el que maldiga a sus padres muera
irremisiblemente". 11Sin embargo, ustedes enseñan que una persona puede desentenderse de las
necesidades de sus padres con la excusa de que
ha consagrado a Dios la parte que les iba a dar a
ellos. 12Ustedes afirman que quien dice esto ya no
está obligado a ayudar a sus padres. 13Así, ustedes
pisotean la ley de Dios por guardar la tradición
humana. Este es sólo un ejemplo de muchos.
14Pidió entonces Jesús la atención de la multitud y dijo:
—Escúchenme bien y entiendan: 15Lo que
daña a una persona no es lo que viene de afuera.
Más bien, lo que sale de la persona es lo que la
contamina. 16El que tenga oídos, oiga.
17Una vez en la casa, después de haber dejado
a la gente, sus discípulos le preguntaron el significado de lo que acababa de decir.
18—¿Así que ustedes tampoco entienden? —les
preguntó—. ¿No ven que lo que una persona
come no puede contaminarla, 19porque los alimentos no entran al corazón sino al estómago,
y después van a dar a la letrina?
Con esto Jesús quiso decir que todos los alimentos son limpios.
20Y añadió:
—Lo que sale de la persona es lo que la contamina. 21En efecto, de adentro, del corazón humano, salen los malos pensamientos, la inmoralidad
sexual, los robos, los asesinatos, 22los adulterios,
la avaricia, la maldad, los engaños, la lascivia, la
envidia, la maledicencia, la soberbia, la insensatez. 23Estas cosas malas salen de adentro y son
las que contaminan a la persona.

La fe de una mujer sirofenicia

24Jesús se fue de allí a la región de Tiro. Entró a
una casa y deseaba que nadie supiera su parade-
ro. Pero no lo logró, 25pues pronto supo de él una
mujer, cuya hija estaba endemoniada. Postrada
a sus pies, 26la mujer le suplicó que liberara a su
hija del poder de los demonios.
La mujer era griega, pero de nacionalidad
sirofenicia.
27—Primero se tiene que alimentar a los hijos
—le respondió Jesús—. No es correcto que uno
le quite el alimento a los hijos y lo eche a los
perros.
28—Cierto, Señor, pero aun los perrillos comen
bajo la mesa las migajas que caen del plato de
los hijos —respondió la mujer.
29Entonces dijo Jesús:
—Por haberme contestado así, vete tranquila;
el demonio ya salió de tu hija.
30Cuando la mujer llegó a la casa, encontró
a su hija reposando en la cama. El demonio ya
había salido de ella.

Jesús sana a un sordomudo

31Jesús salió de la región de Tiro y se dirigió,
por Sidón, al lago de Galilea, por la región de
Decápolis.
32Le llevaron un hombre que era sordo y tarta-
mudo y le suplicaron que pusiera la mano sobre
él. 33Jesús se lo llevó aparte para estar a solas

con él; le puso los dedos en los oídos y le tocó la lengua con saliva. 34 Luego, mirando al cielo, suspiró y ordenó:

«¡Efatá!» (que quiere decir: ¡Ábrete!)

35 Al instante el hombre pudo oír y hablar perfectamente. 36 Jesús le pidió a la multitud que no contara lo que había visto; pero mientras más lo pedía, más lo divulgaba.

37 La gente estaba sumamente maravillada y decía: «¡Todo lo ha hecho bien! ¡Hasta logra que los sordos oigan y los mudos hablen!»

Jesús alimenta a los cuatro mil

8 En aquellos días, de nuevo había una gran multitud que no tenía qué comer. Jesús llamó a sus discípulos y les dijo:

2 —Siento compasión de la gente, porque ya llevan tres días aquí y se les ha acabado la comida. 3 Si los envío sin comer, se desmayarán en el camino porque muchos han venido de lejos.

4 —Y en un lugar desierto como éste, ¿dónde se podrá encontrar alimentos para darles de comer? —protestaron los discípulos.

5 —¿Cuántos panes tienen? —les preguntó.

—Siete —respondieron.

6 Pidió a la multitud que se sentara en el suelo. Luego tomó los siete panes, dio gracias a Dios por ellos, los partió y los fue pasando a los discípulos. Los discípulos a su vez los fueron distribuyendo. 7 Encontraron también unos pescaditos. Jesús los bendijo y pidió a los discípulos que los repartieran. 8 Todos comieron y se hartaron. Al terminar, recogieron siete cestas de alimentos que sobraron; 9 y eran como cuatro mil los que comieron. Después Jesús los despidió.

10 Acto seguido se embarcó con sus discípulos hacia la región de Dalmanuta. 11 Allí llegaron los fariseos y empezaron a discutir con él.

Para ponerlo a prueba le dijeron:

—Haz alguna señal en el cielo.

12 Y él, suspirando profundamente, respondió:

—¿Por qué pide esta gente una señal? Les aseguro que no se le dará ninguna. 13 Entonces los dejó y se embarcó de nuevo. Esta vez se fue al otro lado del lago.

La levadura de los fariseos y la de Herodes

14 A los discípulos se les olvidó comprar alimentos antes de salir, y sólo tenían un pan en la barca. 15 Jesús les advirtió:

—¡Cuidado con la levadura del rey Herodes y la de los fariseos!

16 Los discípulos se preguntaban intrigados: ¿Se referirá a que se nos olvidó el pan?

17 Jesús, que sabía lo que estaban comentando, les dijo:

—¿Por qué están hablando de que no tienen pan? ¿Todavía no ven ni entienden? ¿Tienen el corazón tan endurecido? 18 ¿Acaso tienen ojos y no ven, y oídos y no escuchan? ¿Ya no se acuerdan de 19 que alimenté a cinco mil hombres con cinco panes? ¿Cuántas cestas llenas sobraron?

—Doce— contestaron.

20 —Y cuando alimenté a los cuatro mil con siete panes, ¿qué sobró?

—Siete cestas llenas —le respondieron.

21 —¿Y todavía no entienden? —les dijo.

Jesús sana a un ciego en Betsaida

22 Llegaron luego a Betsaida; le llevaron a un ciego y le rogaron que lo tocara. 23 Jesús tomó al ciego de la mano y lo sacó del pueblo. Una vez fuera, le mojó los ojos con saliva y le puso las manos encima.

—¿Ves algo ahora? —le preguntó.

24 El hombre miró a su alrededor.

—¡Sí! —dijo—. Veo gente y parecen como árboles que caminan.

25 Jesús le colocó de nuevo las manos sobre los ojos, y el hombre miró fijamente y pudo ver todo con claridad.

26 Jesús le ordenó que regresara con su familia.

—No entres en el pueblo —le dijo.

La confesión de Pedro

27 Jesús y sus discípulos siguieron hacia los pueblos de Cesarea de Filipo. En el camino les preguntó:

—¿Quién cree la gente que soy?

28 —Algunos dicen que eres Juan el Bautista —le respondieron—; y otros afirman que eres Elías o uno de los profetas.

29 —¿Y quién creen ustedes que soy?

Pedro le respondió:

—¡Tú eres el Mesías!

30 Jesús les mandó que no se lo dijeran a nadie.

Jesús predice su muerte

31 Y empezó a enseñarles que era necesario que el Hijo del hombre sufriera mucho y que iba a ser rechazado por los ancianos, los jefes de los sacerdotes y los maestros de la ley. Les dijo también que lo matarían, pero resucitaría después de tres días.

32 Con tanta franqueza les habló, que Pedro lo llamó aparte y lo reprendió.

33 Pero Jesús le volvió la espalda y, mirando a los otros discípulos, reprendió a Pedro:

—¡Apártate de mí, Satanás! ¡Estás mirando las cosas como las ven los hombres y no como las ve Dios!

34 Dicho esto, llamó a la multitud junto con sus discípulos y añadió:

8.34-36

—Si alguno quiere venir en pos de mí, niéguese a sí mismo, tome su cruz y sígame. 35El que se afana por salvar su vida, la perderá. Pero los que pierden su vida por mi causa y por la causa del evangelio, la salvarán.

36»¿De qué le sirve a una persona ganarse el mundo entero si pierde su vida? 37¿Qué se puede dar a cambio de la vida? 38Si alguien se avergüenza de mí y de mi mensaje en medio de esta gente incrédula y pecadora, el Hijo del hombre se avergonzará de él cuando venga en la gloria de su Padre con los santos ángeles.

9 »Algunos de los que están aquí no morirán sin contemplar el advenimiento del reino de Dios con poder —añadió Jesús.

La transfiguración

2Seis días más tarde, Jesús llevó a Pedro, a Jacobo y a Juan a una montaña alta. Estaban solos. Y allí, delante de ellos, Jesús cambió de apariencia:

3Su ropa adquirió un color blanco y resplandeciente. ¡Ningún lavador de la tierra habría podido lograr tanta blancura! 4Y aparecieron Elías y Moisés, que se pusieron a hablar con Jesús.

5—Maestro, ¡qué bueno que estemos aquí! —exclamó Pedro—. Construiremos tres enramadas: una para ti, otra para Moisés y otra para Elías.

6Hablaba sin saber lo que decía, ya que todos estaban asustados. 7En eso, una nube los cubrió. Desde la nube resonó una voz que les dijo: «Este es mi Hijo amado. Óiganlo a él».

8En ese mismo momento, cuando miraron a su alrededor, los discípulos vieron solamente a Jesús.

9Mientras descendían del monte les suplicó que no dijeran a nadie lo que habían visto hasta que el Hijo del hombre resucitara. 10Por eso guardaron el secreto, aunque entre ellos se preguntaban qué sería aquello de "resucitar".

11—¿Por qué dicen los maestros de la ley que Elías tiene que regresar primero? —le preguntaron.

12,13—Es cierto —les respondió Jesús—. Elías vendrá primero a restaurar todas las cosas; pero lo cierto es que ya vino y la gente lo maltrató, tal como está escrito de él. Y lo mismo está escrito acerca del Hijo del hombre, que sufrirá mucho y que será rechazado.

Jesús sana a un muchacho endemoniado

14Al llegar a donde estaban los discípulos encontraron que un gran gentío los rodeaba, y a varios maestros de la ley que discutían con ellos. 15La llegada de Jesús sorprendió al gentío, que corrió a su encuentro a saludarlo.

16—¿Qué están discutiendo con ellos? —les preguntó.

17Alguien le dijo:

—Maestro, te traía a mi hijo porque tiene un espíritu que no lo deja hablar. 18Cada vez que el espíritu lo toma, lo arroja al suelo y le hace echar espumarajos por la boca y crujir los dientes; y mi hijo se queda tieso. Pedí a tus discípulos que echaran fuera al espíritu, pero no lo lograron.

19—¡Oh generación incrédula! —les respondió Jesús—. ¿Hasta cuándo tendré que estar con ustedes? ¿Hasta cuándo he de soportarlos? Traigan acá al muchacho.

20Así lo hicieron, pero cuando el espíritu vio a Jesús, sacudió al muchacho con tal violencia que éste cayó al suelo, se revolcó y echó espumarajos por la boca.

21—¿Cuánto tiempo lleva en estas condiciones? —le preguntó Jesús al padre.

—Desde pequeño —contestó—. 22Muchas veces el espíritu lo arroja en el fuego o en el agua, tratando de matarlo. Por favor, si puedes hacer algo, ten misericordia de nosotros y ayúdanos.

23—¿Que si puedo? —dijo Jesús—. Cualquier cosa es posible si crees.

24Al instante el padre exclamó:

—Creo; pero ayúdame a no dudar.

25Cuando Jesús vio que el gentío se agolpaba, reprendió al espíritu impuro con estas palabras:

—Espíritu mudo y sordo, te ordeno que salgas de este muchacho y que no entres más en él.

26El espíritu gritó, sacudió violentamente al muchacho, y salió de él. El muchacho quedó inmóvil como si estuviera muerto. Por eso, muchos decían:

—¡Está muerto!

27Pero Jesús lo tomó de la mano, y con su ayuda el muchacho se puso de pie.

28Cuando Jesús entró a la casa, los discípulos le preguntaron en privado:

—¿Por qué no pudimos echar fuera aquel espíritu?

29—Esta clase de espíritus no puede salir sino por medio de oración —les respondió Jesús.

30Al salir de aquella región viajaron por Galilea y evitaban que la gente lo supiera, 31pues deseaba estar con sus discípulos y enseñarles que el Hijo del hombre sería entregado en manos de gente que lo iba a matar, aunque al tercer día resucitaría.

32Ellos no lo entendían, pero tenían miedo de preguntarle.

¿Quién es el más importante?

33Llegaron a Capernaúm. Una vez en la casa, Jesús les preguntó:

—¿Qué venían discutiendo en el camino?

34 Se quedaron callados porque habían estado
discutiendo cuál de ellos era el más importante.
35 Jesús se sentó, llamó a los doce y les dijo:
—El que de ustedes quiera ser el primero
conviértase en el último de todos y en el siervo
de los demás.
36 Puso luego a un niño en medio de ellos y,
tomándolo en los brazos, les dijo:
37 —El que recibe a un niño como éste en mi
nombre, me está recibiendo a mí; y el que me
recibe a mí, recibe al que me envió.

El que no está contra nosotros está a favor de nosotros

38 Juan le dijo:
—Maestro, vimos a un hombre que echaba fuera
demonios en tu nombre. Nosotros se lo prohibi-
mos, porque no es de los nuestros.
39 —¡No se lo prohíban! —respondió Jesús—.
Nadie que realice milagros en mi nombre podrá
hablar mal de mí. 40 El que no está contra nosotros está a favor de nosotros. 41 El que les dé un
vaso de agua en mi nombre, porque ustedes son
de Cristo, les aseguro que tendrá su recompensa.

El hacer pecar

42 »Pero si alguien hace que uno de mis creyentes humildes pierda la fe, mejor le sería que
lo echaran al mar con una piedra de molino
atada al cuello.
43,44 »Si tu mano te hace pecar, córtatela. Mejor
te es ser manco y entrar en la vida que tener las
dos manos e ir a parar al inextinguible fuego del
infierno. 45,46 Y si tu pie te hace pecar, córtatelo.
Mejor es ser cojo y entrar en la vida que tener los
dos pies e ir al infierno. 47 Y si tu ojo te hace pecar,
sácatelo. Mejor es entrar tuerto al reino de Dios
que tener los dos ojos e ir a parar al infierno,
48 donde el gusano no muere, donde el fuego
nunca se apaga. 49 Porque todos serán salados
con fuego. 50 La sal es buena, pero si pierde su
sabor, ¿cómo podrá recuperarlo? Tengan siempre
sal en ustedes y vivan en paz unos con otros».

El divorcio

10 Se levantó y salió de aquel lugar hacia
la región de Judea que está al este del río
Jordán. La gente acudió a verlo y él, como de
costumbre, se puso a enseñarles. 2 Varios fariseos se le acercaron y le preguntaron:
—¿Es correcto que un hombre se divorcie de
su mujer? Trataban de tenderle una celada.
3 —¿Qué les ordenó Moisés? —les preguntó
Jesús.
4 —Moisés permitió que el hombre le escriba a
la esposa una carta de divorcio y la despida, —le
respondieron.
5 Pero Jesús les dijo:

—Moisés dio ese mandamiento por la dureza
del corazón de ustedes. 6 Pero al principio de la
creación, Dios creó al hombre y a la mujer. 7 «Por
eso, el hombre debe separarse de su padre y de
su madre y unirse a su mujer 8 y los dos serán
uno solo». Así que ya no son dos sino una sola
carne. 9 Por tanto, lo que Dios juntó que no lo
separe el hombre.
10 Cuando regresó con los discípulos a la casa,
volvieron a hablar del asunto.
11 —Si un hombre se divorcia de su esposa
y se casa con otra —les dijo Jesús—, comete
adulterio contra la primera. 12 Y si una mujer se
divorcia del esposo y se vuelve a casar, también
comete adulterio.

Jesús y los niños

13 También le llevaban niños para que los tocara, pero los discípulos reprendieron a quienes
los llevaban. 14 Cuando Jesús se dio cuenta, se
disgustó con los discípulos.
—Dejen que los niños vengan a mí —les
dijo—, porque de quienes son como ellos es el
reino de los cielos. ¡No se lo impidan! 15 Les aseguro que el que no reciba el reino de Dios como
un niño, no podrá entrar en él.
16 Entonces tomó a los niños en los brazos, puso
las manos sobre ellos y los bendijo.

El joven rico

17 Iba a seguir su camino cuando un hombre
llegó corriendo hasta él y, de rodillas, le preguntó:
—Buen Maestro, ¿qué tengo que hacer para
heredar la vida eterna?
18 —¿Por qué me llamas bueno? —le preguntó Jesús—. ¡El único bueno es Dios! 19 Ya sabes
los mandamientos: «No matarás, no cometerás
adulterio, no robarás, no darás falso testimonio,
no defraudarás, honra a tu padre y a tu madre».
20 —Maestro, todo esto lo he obedecido desde
que era joven.
21 Jesús lo miró con amor y le dijo:
—Sólo te falta una cosa: ve, vende todo lo que
tienes y dalo a los pobres, y tendrás tesoros en el
cielo. Luego ven y sígueme.
22 Al oír esto, el hombre se afligió y se fue muy
triste. ¡Tenía tantas riquezas! 23 Jesús mirando
alrededor les dijo a sus discípulos:
—¡Qué difícil es para los ricos entrar en el
reino de Dios!
24 Esto les sorprendió a los discípulos. Pero
Jesús repitió: —Hijos, ¡qué difícil es entrar en
el reino de los cielos! 25 Más fácil le es a un camello pasar por el ojo de una aguja que a un rico
entrar en el reino de Dios.

9.48–49 10.2–12 10.13–16 10.24

El enojo, ¿nos maneja o lo manejamos? 33

¿Alguna vez han escuchado a alguien decir que cuando se enoja “se le sale el “Hulk”? Esta frase la dicen personas que expresan cuán difícil les resulta controlar su enojo. Entonces, hoy les preguntamos: ¿el enojo los maneja o lo manejan? 2 Timoteo 1:7 dice que el Señor nos ha dado la capacidad del autocontrolarnos.

En Efesios 4:26 en la versión NTV, Pablo dice: “No pequen al dejar que el enojo los controle”. Sí, lo sabemos, Dios nos da permiso para enojarnos, pero no nos permite “sacar el Hulk”. No, no podemos pecar; y cuando hablamos de pecar, nos referimos a que no podemos herir, humillar u ofender a nuestro cónyuge, que es la persona más significativa e importante de nuestras vidas.

A veces las personas nos preguntan si alguna vez nosotros nos molestamos. Sí, claro que nos hemos molestado, pero procuramos no lastimarnos, ofendernos o humillarnos, porque sabemos que al hacerlo nos perderemos emocionalmente el uno al otro. Amigos, como matrimonio siempre habrá diferencias, pero no se asusten por eso, las diferencias nos dejarán saber que hay algo que tenemos que trabajar. Nosotros procuramos que el enojo no nos domine y nos esforzamos por hablarnos utilizando un filtro al que hemos llamado “el filtro del amor y honra” y sabemos que él sostendrá nuestras palabras en el momento del enojo.

La Biblia también nos dice en Efesios 4:26-27 que no permitamos que el sol se ponga mientras seguimos enojados, porque el enojo da lugar al diablo. Sí, tenemos veinticuatro horas para resolver un conflicto. Entonces, ¿deben acostarse a dormir solo cuando hayan resuelto el conflicto en su totalidad? Bueno, en algunas ocasiones lograrán resolver el problema antes de irse a la cama, sin embargo, cuando no sea posible resolverlo, al menos es posible procurar que no haya enojo almacenado en el corazón. ¿Saben por qué es necesario resolver el enojo antes de dormir? Porque si no lo resolvemos nuestras emociones irán creciendo y nuestra mente se llenará de pensamientos incorrectos.

Por último, la Biblia nos dice en 1 Corintios 13:4-5 que el amor no “guarda rencor”. Cuando decidimos amar y perdonar a nuestro cónyuge vivimos sin acumular conflictos. Todos nos enojamos alguna vez, pero tenemos estrategias en su Palabra para vencer.

Profundicemos: Colosenses 3:8; Efesios 4:27; Salmos 4:4.

Conversemos:

- ¿El enojo nos maneja o lo manejamos?
- ¿Procuramos no llevar un registro de las ofensas y que el sol no se ponga sobre nuestro enojo?
- Cuando estamos enojados, ¿nos esforzamos por no humillarnos con palabras hirientes?

Oremos:

Padre, gracias por recordarnos que nos has dado la capacidad del dominio propio. Enséñanos a manejar correctamente nuestras emociones, ayúdanos a perdonar con rapidez y quita de nosotros todo rencor. En el poderoso nombre de Jesús. Amén.

Fundamentos de una comunicación saludable 34

¿Sabían que si un ejército quiere atacar a otro lo primero que intenta es derribar sus líneas de comunicación? ¡Esto nos parece increíble! Cuando el enemigo sabe que puede derribar la comunicación, elabora una estrategia para debilitar al ejército contrario y así evita que se pongan de acuerdo para defenderse.

Mientras leíamos acerca de este tema, nos dimos cuenta de que así también el enemigo intenta destruir la comunicación eficaz que tenemos con nuestro cónyuge. Uno de los hábitos que más practicamos en nuestro hogar es precisamente sentarnos a la mesa para hablar. Esto podría parecer "común", pero creemos que los matrimonios tienen que sacar al menos una hora diaria para tener una conversación significativa. Sí, tal vez están pensando que estamos sugiriendo algo imposible de hacer. Lo entendemos, porque muchísimas veces nosotros mismos hemos tenido que esforzarnos para alcanzarlo. Sin embargo, muchos estudios han revelado que las parejas que apartan un tiempo para dialogar son aquellas que perduran.

La Palabra de Dios en Santiago 1:19 nos ofrece un fundamento claro que sustenta lo que hoy te compartimos: "… deben estar listos para escuchar, pero deben ser lentos para hablar y para enojarse". ¿Se han preguntado qué es lo que mueve a nuestro Padre cada vez que actúa? Sí, eso mismo, el amor. Si algo necesitamos para establecer una conversación saludable es el amor. La base de nuestras conversaciones no puede ser un deseo de juzgar, señalar o criticar; siempre debe ser el amor. Este versículo que te compartimos nos enseña a sostener conversaciones saludables, amorosas y con parámetros.

Hoy los animamos a que ¡aprendan a escucharse con atención! Aprender a escuchar a los demás es un arte. Cuando nos detenemos a escuchar en amor, no procuramos oír palabras sino que intentamos escuchar el corazón y las emociones del que habla, y ¡esto es una disciplina! Ahora bien, generalmente a los hombres se les dificulta escuchar, y a las mujeres les resulta difícil ser lentas para hablar. La Palabra también nos aconseja en cuanto a esto: "El Señor me ha dado sus palabras de sabiduría" Isaías 50:4. Aprender a esperar el momento adecuado para hablar también es un arte. Si no nos detenemos a pensar antes de hablar, podemos causar dolor o terminamos hablando sin sabiduría.

¿Cómo se hablan entre ustedes? ¿Se hablan con amor? Nuestra oración es que entiendan que la comunicación es el arma más poderosa con la que cuentan en su matrimonio.

Profundicemos: Santiago 1:19-20; Proverbios 15:1; Proverbios 15:23.

Conversemos:

- ¿Con cuánta frecuencia apartamos tiempo para conversar?
- ¿Alguna vez hemos procurado perfeccionar el arte de escuchar?
- ¿Cuán lentos somos para hablar?
- ¿Hemos procurado modificar el tono de nuestra voz al responder?

Oremos:

Señor, ayúdanos a fortalecer nuestra comunicación como pareja, a sacar tiempo para conversar y a estar en dominio de nuestras emociones. Gracias por la herramienta de la comunicación y porque nos enseñas cómo edificarla. En tu nombre, Jesús. Amén.

Escojamos nuestras batallas 35

Un día escuchamos un gran consejo: escojan sus batallas. Debemos estar conscientes de que habrá situaciones en las que lo mejor que podemos hacer es permanecer callados, ser pacientes, tolerantes y mostrar amor y gracia.

En una ocasión uno de nuestros hijos olvidó sus cosas en la escuela y en medio de mil responsabilidades yo, Daniel, tuve que regresar a buscarlas. Me enojé durante un momento, y pensé en todo lo que quería decirle: "Tienes que ser más cuidadoso, me has hecho perder tiempo, bla, bla bla...", pero me quedé callado, porque sentí que Dios me dijo: "Tú eres mi misericordia. Dile a tu hijo que estarás ahí, cuantas veces se equivoque. Él va a aprender, pero tú muéstrale misericordia. No dejes de corregirlo, pero muéstrale gracia".

Todos los días tendremos que enfrentar la realidad de decidir amar o de querer cambiar al otro. Nosotros hemos decidido amar y dejar que Dios sea el que traiga cambios, y no al revés.

¿Quieren que se acabe el conflicto? Sean benévolos, cedan, aprendan a ser tolerantes. Es preferible ser feliz que tener la razón. Nos preocupamos demasiado por cosas que no tienen valor, cosas momentáneas y tendemos a perder demasiado tiempo y energías en batallas innecesarias.

Es tiempo de escoger nuestras batallas en el nombre de Jesús. Proverbios 19:11 nos recuerda: "El buen juicio hace al hombre calmar su enojo y el pasar por alto la ofensa le trae honra".

Es momento de que se digan mutuamente: "Esta diferencia que tenemos no es mayor que nuestra historia, que lo mucho que hemos vivido y que todo lo que hemos construido". No pueden dejar que una cosa pequeña dañe tantos años de matrimonio, ¡hay que salvar el matrimonio y los años lindos que se han vivido! Hoy los animamos a escoger qué batallas van a luchar, ¡elijan sabiamente!

Profundicemos: 2 Corintios 10:3; Éxodo 14:14; Filipenses 4:6-7.

Conversemos:

- Cuando tenemos una diferencia entre nosotros, ¿estallamos con facilidad o respondemos con gracia y misericordia?
- ¿Cómo procuramos terminar los conflictos?
- ¿Cuántas veces decidimos permanecer en silencio antes de iniciar una pelea por algo simple?

Oremos:

Señor, Jesús, hoy venimos delante de ti a pedirte que nos des la sabiduría que necesitamos para reconocer cuándo es necesario permanecer tranquilos y cuando es necesario accionar. Hoy nos comprometemos a escoger nuestras batallas y vivir rendidos a ti. En tu nombre oramos. Amén.

Algo nuevo

Cuando comenzamos a planificar nuestra boda, decidimos leer un libro que se llama "Prepárense para el matrimonio". En una sección del texto se explica que es necesario sentarse a hablar de las generaciones anteriores de cada uno de los novios. Entonces tomamos dos hojas de papel en blanco y comenzamos a escribir una lista donde plasmamos tanto lo bueno como lo malo acerca de nuestras generaciones pasadas. Desde ese momento comenzamos a hablar de formar una nueva generación. Sabíamos que Dios quería depositar y construir algo nuevo en nuestra vida, y la única forma de hacerlo era estar dispuestos a crearlo.

Así fue como comenzamos a escribir aun aquellas conductas familiares que nos avergonzaban, y luego hablábamos acerca de ellas. Queríamos ser transparentes; nos casaríamos sin secretos entre nosotros. Así que, aunque en nuestra vida había ruinas antiguas, estábamos dispuestos a construir una nueva generación, y así lo hicimos. Mientras revisábamos lo que habíamos escrito nos asustamos, pero empezamos a orar y a cerrar las puertas espirituales a todas las áreas que podían estar en vulnerabilidad.

Esa tarde oramos para iniciar una nueva generación con esas herramientas de bendición que teníamos de ambas familias. También acordamos que no sólo haríamos las cosas a la manera de Daniel ni a la de Shari, sino como Dios nos las mostraría. Una vez que identificamos cada una de esas cosas, sencillamente oramos en el nombre de Jesús. Nos arrepentimos de cada uno de los pecados, expusimos a la luz maldiciones familiares y personales, y decidimos voluntariamente no repetirlos más. Le pedimos a Dios que nos ayudara a dar comienzo a la construcción de algo nuevo. Esa oración fue clave, porque cerró la lista.

Nosotros no tenemos el poder para producir cambios, pero Jesús sí. Es por eso que Dios envió a Jesús a la cruz para que, a través de su poder, lográramos lo que nunca nosotros pudimos. Lo que sí estamos en la capacidad de hacer es tomar la decisión de arrepentirnos y abrirle nuestras puertas a Jesús para que con su poder cambie nuestra historia. Lean juntos Gálatas 5:19 e identifiquen los pecados que siguen operando en ambas familias y ciérrenlos en el nombre de Jesús. Hoy clamamos a Dios para que con su poder puedan levantar una generación que proclame su nombre.

Profundicemos: Isaías 43:19; 2 Corintios 5:17; Isaías 65:18.

Conversemos:

- ¿Qué herramientas de nuestras familias pueden bendecir nuestra nueva generación?
- ¿Qué puertas de prácticas familiares incorrectas Dios nos inquieta a cerrar?
- ¿Alguna vez hemos orado juntos por la construcción de nuestra nueva generación?

Oremos:

Amado Dios, deseamos crear una nueva generación en ti. Espíritu Santo, te pedimos que traigas a nuestra memoria cualquier área que esté en desorden en nuestra vida y que tu luz alumbre y produzca cambios. En el nombre de Jesús. Amén.

26Los discípulos se asombraron aún más y se preguntaban unos a otros:

—¿Y entonces, quién se puede salvar?

27Jesús los miró fijamente y les respondió:

—Humanamente hablando, nadie. Pero para Dios no hay imposibles. Todo es posible para Dios.

28Pedro comenzó a reclamarle: ¿Qué de nosotros, que hemos dejado todo por seguirte?

29Le contestó Jesús:

—Les aseguro que el que haya dejado casa, hermanos, hermanas, padre, madre, hijos o tierras por amor a mí y por amor al evangelio, 30recibirá en este mundo cien veces más: casas, hermanos, hermanas, madres, hijos y tierras, aunque con persecuciones. Y en el mundo venidero recibirá la vida eterna. 31Pero muchos de los que son los primeros serán los últimos y muchos que ahora son los últimos, serán los primeros.

Jesús predice de nuevo su muerte

32Iban subiendo hacia Jerusalén y Jesús marchaba a la cabeza. Detrás iban los discípulos asombrados, y los otros que los seguían iban llenos de miedo. Una vez más Jesús llamó aparte a los doce y les habló de lo que le sucedería cuando llegaran a Jerusalén.

33—Miren, cuando lleguemos, el Hijo del hombre será entregado a los principales sacerdotes y maestros de la ley, y ellos lo condenarán a muerte y lo entregarán a los extranjeros. 34Se burlarán de él, lo escupirán, lo maltratarán a latigazos y lo matarán. Pero al tercer día resucitará.

La petición de Jacobo y Juan

35Jacobo y Juan, hijos de Zebedeo, se le acercaron y le dijeron:

—Maestro, queremos pedirte un favor.

36—¿Qué quieren que haga por ustedes? —Les dijo Jesús.

37—Queremos que en tu gloria nos permitas sentarnos junto a ti, uno a tu derecha y el otro a tu izquierda.

38—¡No saben lo que están pidiendo! ¿Serán ustedes capaces de beber de la copa que tengo que beber?, ¿y bautizarse con el bautismo con que tengo que ser bautizado?

39—¡Sí podemos! —le dijeron.

Jesús les respondió:

—Pues beberán de mi copa y se bautizarán con mi bautismo, 40pero yo no puedo concederles lo que me piden. Ya está decidido quiénes serán los que se sienten a mi derecha y a mi izquierda.

41Cuando los demás discípulos oyeron lo que Jacobo y Juan habían pedido, se enojaron con ellos. 42Por eso, Jesús los llamó y les dijo:

—Como saben, los que se consideran jefes de las naciones oprimen a su gente, y los grandes abusan de su autoridad. 43Pero entre ustedes debe ser diferente. El que quiera ser superior debe servir a los demás. 44Y el que quiera estar por encima de los otros debe ser esclavo de los demás. 45Así debe ser, porque el Hijo del hombre no vino para que le sirvan, sino para servir a los demás y entregar su vida en rescate por muchos.

El ciego Bartimeo recibe la vista

46Fueron luego a Jericó. Poco después, Jesús salió de allí con sus discípulos y con mucha gente de la ciudad. Sentado junto al camino estaba un pordiosero ciego llamado Bartimeo, hijo de Timeo. 47Cuando oyó que Jesús de Nazaret se acercaba, se puso a gritar:

—¡Jesús, Hijo de David, ten misericordia de mí!

48—¡Cállate! —le gritaron algunos.

Él gritó aun con más fuerza:

—¡Hijo de David, ten misericordia de mí!

49Cuando Jesús lo oyó, se detuvo en el camino y ordenó:

—Díganle que venga.

Se acercaron al ciego y le dijeron:

—¡Ánimo! ¡Levántate, te llama!

50Bartimeo se quitó la capa, la tiró a un lado, dio un salto y fue a donde estaba Jesús.

51—¿Qué quieres que te haga? —le preguntó Jesús.

—Maestro —dijo—, ¡quiero recobrar la vista!

52Jesús le dijo:

—Puedes irte, tu fe te ha sanado.

Instantáneamente el ciego vio; y siguió a Jesús en el camino.

La entrada triunfal

11 Ya se acercaban a Jerusalén; y cuando estaban cerca de Betfagué y de Betania, frente al Monte de los Olivos, Jesús envió a dos de sus discípulos con este encargo: 2«Vayan al pueblecito que está enfrente. Al entrar verán un burro atado, en el que nadie ha montado. Desátenlo y tráiganmelo. 3Y si alguien les pregunta por qué lo hacen, díganle que el Señor lo necesita y que pronto lo devolverá».

4Los dos discípulos obedecieron y hallaron al burrito en la calle, atado junto a una puerta. Y lo desataron. 5Unos que estaban allí les preguntaron: «¿Por qué lo desatan?»

6Ellos les respondieron lo que Jesús les había dicho; y los dejaron ir. 7Y le llevaron, pues, el burro a Jesús.

Los discípulos pusieron sus mantos sobre el burro, y Jesús se montó.

10.29–30 10.43–45

8Y muchos tendían por el camino sus mantos
o ramas de árboles. 9Y los que iban delante y los
que iban detrás gritaban:

—¡Hosanna! ¡Bendito el que viene en el nombre del Señor! 10¡Bendito el reino que viene, que
es el reino de nuestro padre David! ¡Hosanna en
las alturas!

11Ya en Jerusalén, Jesús entró al templo, miró
detenidamente a su alrededor y salió. Como ya
estaba avanzada la tarde, se marchó a Betania
con los doce.

Jesús purifica el templo

12A la siguiente mañana, al salir de Betania,
tuvo hambre, 13por lo que se acercó a una frondosa higuera. Esperaba hallar algunos higos, pero
al hallar sólo hojas, porque no era la temporada
de higos, 14dijo al árbol: «¡Nadie más va a volver
a comer jamás de tu fruto!»

Y lo oyeron los discípulos.

15Al llegar a Jerusalén, se dirigió al templo. Allí
echó fuera a los que vendían y compraban, y
volcó las mesas de los que cambiaban dinero
y las sillas de los que vendían palomas. 16Y no
permitía que nadie entrara al templo cargando
mercancías.

17Y se puso a enseñar. Les decía: «Las Escrituras
dicen que mi templo ha de ser "casa de oración
de todas las naciones", pero ustedes lo han convertido en "cueva de ladrones"».

18Cuando los jefes de los sacerdotes y los maestros de la ley oyeron esto, comenzaron a urdir
un plan para matar a Jesús. Le tenían miedo a
Jesús porque toda la gente estaba maravillada
con su enseñanza.

19Y cuando se hizo de noche, Jesús y sus discípulos salieron de la ciudad.

La higuera seca

20A la siguiente mañana, al pasar junto a la
higuera, los discípulos vieron que se había secado
hasta las raíces. 21Pedro, recordando lo que había
pasado, exclamó:

—¡Maestro, mira! La higuera que maldijiste
está seca.

22Jesús respondió:

—Tengan fe en Dios. 23Les aseguro que si
alguien le dice a este monte que se mueva y se
arroje al mar, y no duda que va a suceder, el
monte lo obedecerá. 24Por eso les digo que todo
lo que pidan en oración, crean que lo recibirán,
y así será. 25Pero cuando oren, perdonen a los
que les hayan hecho algo, para que el Padre que
está en el cielo les perdone a ustedes sus pecados.
26Pero si no perdonan, nuestro Padre que está en
los cielos no les perdonará sus pecados.

La autoridad de Jesús puesta en duda

27Vinieron nuevamente a Jerusalén. Andaba
Jesús caminando por el templo cuando los jefes
de los sacerdotes, los maestros de la ley y los
ancianos 28le preguntaron:

—¿Quién te dio autoridad para hacer lo que
haces?

29—Les diré con qué autoridad hago esto —
les contestó Jesús—, si ustedes me responden a
otra pregunta. 30El bautismo que Juan practicaba,
¿era de Dios o de los hombres? ¡Contéstenme!

31Ellos deliberaron en voz baja y se decían:

—Si le respondemos que era de Dios, nos preguntará por qué no le creímos. 32Y si decimos que
era de los hombres, el pueblo se rebelará contra
nosotros, porque creía que Juan era un profeta.

33Por fin respondieron:

—No lo sabemos.

Y Jesús les contestó:

—Pues yo tampoco les diré quién me dio
autoridad para hacer estas cosas.

Parábola de los labradores malvados

12 Entonces Jesús comenzó a hablarles en
parábolas: «Un hombre plantó un viñedo.
Puso un cerco alrededor de él, cavó un lagar y
construyó una torre para vigilarlo. Luego alquiló
el viñedo a unos labradores y se fue de viaje.

2»Cuando llegó el tiempo de la cosecha, mandó a uno de sus criados para que los labradores
le pagaran con la parte de la cosecha que habían
convenido. 3Pero los labradores lo agarraron, lo
golpearon y lo enviaron con las manos vacías.

4»Él entonces envió a otro de sus criados; y
a éste lo hirieron en la cabeza y lo humillaron.

5»Mandó a otro y también lo mataron. Luego
mandó a muchos más; y a unos los golpearon y
a otros los mataron. 6Ya sólo le quedaba enviar a
uno, a su hijo amado. Por fin lo mandó a él, pensando que como era su hijo sí lo iban a respetar.
7Pero los labradores se dijeron unos a otros: "Este
es el heredero. Vamos, matémoslo y la herencia
será nuestra". 8Dicho y hecho: lo agarraron, lo
mataron y arrojaron su cadáver fuera del viñedo.

9»¿Qué creen que hará el dueño? Volverá,
matará a aquellos labradores y arrendará el
viñedo a otros.

10»¿No han leído ustedes la Escritura que dice?:
"La piedra que los constructores desecharon ahora es la piedra principal. 11El Señor lo hizo y es
una maravilla ante nuestros ojos"».

12Los sacerdotes, maestros de la ley y ancianos
que escuchaban se dieron cuenta de que la parábola iba dirigida contra ellos y entonces quisieron
arrestarlo. Pero como temían a la multitud, lo
dejaron y se fueron.

El pago de impuestos al césar

13 Enviaron luego a algunos de los fariseos y de
los herodianos[a] para hacer caer a Jesús en una
trampa con sus mismas palabras.
14 Apenas llegaron, le dijeron:
—Maestro, sabemos que eres un hombre intachable y no te dejas llevar por lo que dicen los
demás, porque no te fijas en las apariencias. Tú
de verdad enseñas el camino de Dios. ¿Está bien
que paguemos impuestos al césar, o no? 15 Pero
Jesús, conociendo su hipocresía, les replicó:
—¿Por qué me tienden trampas? Tráiganme
una de las monedas con que se paga ese impuesto, para que la vea.
16 Ellos le llevaron la moneda; y mirándola,
señalándola, Jesús les preguntó: —¿De quién es
esta imagen y esta inscripción?
—Del césar —contestaron ellos.
17 Él les dijo: —Pues denle al césar lo que es
del césar; y a Dios, lo que es de Dios.
Esa respuesta los llenó de admiración.

El matrimonio en la resurrección

18 Luego los saduceos, los que sostienen que
no hay resurrección, fueron a ver a Jesús y le
plantearon esta dificultad:
19 —Maestro, Moisés nos enseñó por medio de
sus escritos que si un hombre muere y deja a su
esposa sin haber tenido hijos, el hermano de ese
hombre debe casarse con la viuda para que a su
hermano le quede descendencia.
20 Pues bien, había siete hermanos. El primero
se casó, pero murió sin dejar hijos. 21 El segundo
se casó con la viuda, pero también él murió sin
dejar descendencia; lo mismo le pasó al tercero
22 y así sucesivamente a los otros cuatro. Los siete hermanos murieron sin dejar hijos. Después
murió también la mujer. 23 Cuando resuciten, ¿de
cuál de ellos será esposa esta mujer, pues los siete
estuvieron casados con ella?
24 Jesús les respondió:
—Ustedes están equivocados por no conocer ni
las Escrituras ni el poder de Dios. 25 Cuando resuciten los muertos, no se casarán ni serán entregados
en casamiento, porque serán como los ángeles que
están en el cielo. 26 Y en cuanto a que los muertos
resucitan, ¿no han leído ustedes, en el libro de
Moisés, el pasaje de la zarza en el que se dice que
Dios le habló a Moisés y le dijo: «Yo soy el Dios
de Abraham, el Dios de Isaac y el Dios de Jacob»?
27 Dios no es Dios de muertos, sino de vivos. Así que
ustedes están equivocados por completo.

El mandamiento más importante

28 Entonces se le acercó uno de los maestros
de la ley que los oyó discutir. Al ver que Jesús les
había contestado bien, le preguntó:
—De todos los mandamientos, ¿cuál es el más
importante?
29 Jesús le contestó:
—El más importante es: «Oye, Israel. El Señor
nuestro Dios, el Señor es uno. 30 Ama al Señor
tu Dios con todo tu corazón, con toda tu alma,
con toda tu mente y con todas tus fuerzas». 31 Y
el segundo es: «Ama a tu prójimo como a ti mismo». No hay otro mandamiento más importante
que estos.
32 El maestro de la ley le respondió:
—Muy bien dicho, Maestro. Dices la verdad
cuando afirmas que Dios es uno y que no hay
otro además de él. 33 Y que amar a Dios con todo
el corazón, con todo el entendimiento y con todas
las fuerzas, y amar al prójimo como a uno mismo, es más importante que todos los holocaustos
y todos los sacrificios.
34 Al ver Jesús que había respondido con sabiduría, le dijo:
—No estás lejos del reino de Dios.
Después de esto, ya nadie se atrevió a hacerle
más preguntas.

¿De quién es hijo el Cristo?

35 Mientras Jesús enseñaba en el templo, les
preguntó:
—¿Por qué dicen los maestros de la ley que el
Cristo es hijo de David? 36 David mismo, hablando
por el Espíritu Santo, dijo: «El Señor dijo a mi
Señor: "Siéntate a mi derecha, hasta que ponga
a tus enemigos debajo de tus pies"». 37 ¿Cómo,
pues, puede ser hijo de David si el propio David
lo llama «Señor»?
La gente lo escuchaba con agrado.
38 Jesús continuó enseñando y les decía:
—Cuídense de los maestros de la ley, pues a
ellos les gusta pasearse vestidos con ropas que
llaman la atención, para que los saluden en las
plazas. 39 También les gusta ocupar los primeros
asientos en las sinagogas y los lugares de honor
en los banquetes. 40 Les quitan sus bienes a las
viudas y luego ocultan ese hecho con largas
oraciones para impresionar a los demás. Esos
recibirán mayor castigo.

La ofrenda de la viuda

41 Jesús se sentó frente al lugar donde se depositaban las ofrendas en el templo, y se puso
a observar cómo la gente echaba su dinero.
Muchos ricos depositaban grandes cantidades.
42 También llegó una viuda pobre y echó en la
caja de las ofrendas dos moneditas de muy poco
valor. 43 Entonces Jesús indicó a sus discípulos
que se le acercaran y les dijo: «Les aseguro que
esta viuda pobre ha echado más en el tesoro que
todos los otros. 44 Todos echaron de lo que les
sobraba; pero ella, siendo tan pobre, dio todo lo
que tenía para vivir».

a. Los herodianos eran un partido político judío.

Señales del fin del mundo

13 Al salir Jesús del templo, uno de sus discípulos le dijo:

—¡Maestro, mira! ¡Qué piedras más impresionantes! ¡Qué edificios!

2Jesús le respondió:

—¿Ves todos estos grandes edificios? De ellos no quedará una piedra sobre otra, pues serán derribados.

3Después estaba Jesús sentado en el monte de los Olivos, frente al templo. Entonces, Pedro, Jacobo, Juan y Andrés le preguntaron aparte:

4—Dinos, ¿cuándo va a suceder esto? ¿Y cuál será la señal de que todo esto ya va a cumplirse?

5Jesús les contestó y comenzó a decirles:

—Tengan cuidado de que nadie los engañe. 6Porque vendrán muchos que, usando mi nombre, dirán: «Yo soy», y engañarán a muchos. 7Cuando ustedes escuchen que hay guerras y rumores de guerras, no se inquieten. Es necesario que así suceda, pero todavía no será el fin. 8Las naciones pelearán una contra la otra, y un reino contra otro reino. Habrá terremotos por todas partes, y hambre. Esto sólo será el comienzo de los dolores.

9»Por eso, cuídense. A ustedes los entregarán a los tribunales y los golpearán en las sinagogas, y por mi causa los harán comparecer ante gobernadores y reyes, para dar testimonio ante ellos. 10Antes del fin deberá predicarse el evangelio a todas las naciones. 11Cuando a ustedes los entreguen y los lleven a juicio, no empiecen a preocuparse con antelación por lo que vayan a decir. Digan sólo lo que se les indique en esos momentos, porque no serán ustedes los que hablen, sino el Espíritu Santo.

12»El hermano entregará a la muerte a su hermano, y el padre al hijo. Los hijos se rebelarán contra sus padres y los matarán. 13Todo el mundo los odiará a ustedes por causa de mí, pero el que se mantenga firme hasta el fin será salvo.

14»Y cuando vean que "la terrible abominación" está donde no debe estar[b] (el que lee, que entienda), entonces los que estén en Judea, huyan a las montañas. 15El que esté en la azotea, no baje a la casa para sacar nada. 16Y el que esté en el campo, no regrese para llevarse su capa. 17¡Pobres de las que estén embarazadas o amamantando en esos días! 18Oren para que esto no ocurra en invierno, 19porque serán días de tribulación como no la ha habido desde el principio cuando Dios creó el mundo, ni jamás la volverá a haber. 20Si el Señor no acortara esos días, nadie se salvaría; pero por causa de los que él ha elegido, acortó esos días. 21Entonces, si alguien les dice a ustedes: "¡Miren, aquí está el Cristo!" o "¡Miren allí está!", no le crean. 22Porque surgirán falsos Cristos y falsos profetas que harán señales y milagros para engañar, de ser posible, hasta a los mismos elegidos. 23Así que, tengan cuidado, pues ya los advertí de todo lo que va a pasar.

24»En aquellos días, después de esa tribulación, tanto el sol como la luna dejarán de brillar; 25las estrellas caerán del cielo y los otros cuerpos celestes serán sacudidos. 26Entonces verán al Hijo del hombre venir en las nubes con gran poder y gloria. 27Él enviará a sus ángeles para que reúnan a sus elegidos de los cuatro puntos cardinales, desde el extremo de la tierra hasta el extremo del cielo.

28»Aprendan esta lección de la higuera: Cuando sus ramas se ponen tiernas y brotan sus hojas, ustedes se dan cuenta de que el verano está cerca. 29Será lo mismo cuando vean que suceden estas cosas: ustedes se darán cuenta de que el tiempo está cerca, a las puertas. 30Les aseguro que todas estas cosas sucederán antes que está generación se acabe. 31El cielo y la tierra pasarán, pero mis palabras nunca pasarán.

Se desconocen el día y la hora

32»Pero en cuanto al día y la hora, nadie lo sabe, ni siquiera los ángeles del cielo, ni el Hijo. Solamente el Padre lo sabe. 33Por eso, estén alertas y vigilen, porque ustedes no saben cuándo llegará ese tiempo.

34»Es como cuando un hombre se va de viaje y, al marcharse, deja su casa al cuidado de sus criados. A cada uno le deja una tarea y le ordena al portero que vigile. 35Así que, ustedes manténganse despiertos, porque no saben cuándo va a regresar el señor de la casa. No saben si volverá al atardecer, a la media noche, al canto del gallo o al amanecer. 36Por eso deben mantenerse alertas, no sea que venga de repente y los encuentre durmiendo. 37Lo que les digo a ustedes, se lo digo a todos: ¡Manténganse vigilantes!»

Una mujer unge a Jesús en Betania

14 Faltaban dos días para la Pascua, o sea, la fiesta de los panes sin levadura. Los jefes de los sacerdotes y los maestros de la ley buscaban con engaños la oportunidad de arrestar a Jesús y matarlo.

2Se decían entre ellos: «No lo hagamos durante la fiesta, para que el pueblo no haga alboroto».

3Jesús estaba en Betania, en casa de Simón al que llamaban el leproso. Mientras comían, llegó una mujer con un frasco de alabastro lleno de un perfume hecho de nardo puro, muy costoso. Rompió el frasco y derramó el perfume sobre la cabeza de Jesús. 4Algunos de los que estaban allí se enojaron y se decían unos a otros:

13.31

b. Daniel 9.27; 11.31; 12.11.

—¿Para qué se desperdició este perfume?
5Podía haberse vendido por más de trescientas
monedas de plata, y dárselas a los pobres. Y
reprendían duramente a la mujer.
6Jesús les dijo:
—Déjenla en paz. ¿Por qué la molestan? Ella
ha hecho una buena obra conmigo. 7Porque
siempre tendrán a los pobres con ustedes y los
podrán ayudar cuando quieran; pero a mí no me
van a tener siempre. 8Ella hizo lo que pudo. Se
ha anticipado a ungir mi cuerpo, preparándolo
para la sepultura. 9Les aseguro que en cualquier
lugar del mundo donde se predique el evangelio,
se recordará a esta mujer, contando lo que hizo.
10Entonces Judas Iscariote, uno de los doce,
fue a los jefes de los sacerdotes y se ofreció para
entregarles a Jesús. 11Ellos se alegraron al oírlo
y prometieron darle dinero. Judas buscaba el
momento apropiado para entregarlo.

La Cena del Señor

12El primer día de la fiesta en la que se comían
panes sin levadura, cuando se acostumbraba
sacrificar el cordero de la Pascua, los discípulos
le preguntaron a Jesús: —¿Dónde quieres que
vayamos a hacer los preparativos para la comida
de la Pascua? 13Él envió a dos de sus discípulos
y les dijo:
—Vayan a la ciudad y allí les saldrá al encuentro un hombre que lleva un cántaro de agua.
Síganlo, 14y díganle al dueño de la casa donde
él entre: «El Maestro pregunta: ¿Dónde está el
cuarto en el que voy a tener la comida de la
Pascua con mis discípulos?» 15Él les mostrará en
el piso alto un cuarto amplio, amueblado y ya
listo. Preparen allí nuestra cena.
16Los discípulos salieron y, al llegar a la ciudad,
encontraron todo tal como Jesús les había dicho.
Entonces prepararon la comida de Pascua.
17Al anochecer, llegó Jesús con los doce. 18Mien-
tras estaban sentados a la mesa comiendo, dijo:
—Les aseguro que uno de ustedes, que está
comiendo conmigo, me va a traicionar.
19Ellos se pusieron tristes y uno por uno le fueron preguntando:
—¿Acaso seré yo?
20—Es uno de los doce —dijo Jesús—; es el
que moja el pan conmigo en el plato. 21Les aseguro que el Hijo del hombre morirá tal y como se
ha dicho de él en las Escrituras, pero ¡ay de aquel
que lo traiciona! Sería mejor para ese hombre
no haber nacido.
22Mientras comían, Jesús tomó pan y lo bendijo. Luego lo partió y se lo dio a ellos, diciendo:
—Tomen, esto es mi cuerpo.
23Luego tomó una copa, dio gracias y se la dio
a ellos; y todos bebieron de ella.
24Y les dijo:
—Esto es mi sangre del pacto, que es derramada por muchos. 25Les aseguro que no volveré
a beber del fruto de la vid, hasta el día en que
beba el vino nuevo en el reino de Dios.
26Después de cantar los salmos, se fueron al
monte de los Olivos.

Jesús predice la negación de Pedro

27Jesús les dijo:
—Todos ustedes me abandonarán, porque
así lo dicen las Escrituras: «Heriré al pastor y
las ovejas se dispersarán». 28Pero después que yo
resucite, iré delante de ustedes a Galilea.
29Pedro le dijo:
—Aunque todos te abandonen, yo no.
30Jesús le contestó:
—Te aseguro, Pedro, que hoy, esta misma
noche, antes que el gallo cante dos veces, me
negarás tres veces.
31Pedro dijo con insistencia:
—Aunque tenga que morir contigo, jamás te
negaré.
Y los demás dijeron lo mismo.

Getsemaní

32Llegaron a un lugar llamado Getsemaní, y
Jesús les dijo a sus discípulos:
—Siéntense aquí mientras yo voy a orar.
33Se llevó consigo a Pedro, a Jacobo y a Juan,
y comenzó a sentir tristeza y angustia.
34Les dijo: «Tengo tanta angustia que siento
que me muero. Quédense aquí y vigilen».
35Se alejó un poco y, postrado en tierra, oró
pidiéndole a Dios que si era posible no tuviera
él que pasar por aquella hora.
36Al orar, decía: «Abba, Padre, para ti todo es
posible. No me hagas beber este trago amargo;
pero no se haga lo que yo quiero sino lo que tú
quieres».
37Después regresó a donde estaban sus discípulos y los encontró dormidos.
Le dijo a Pedro: «Simón, ¿estás dormido? ¿No
pudiste mantenerte despierto ni una hora? 38Vigi-
len y oren para que no caigan en tentación. El
espíritu está dispuesto, pero el cuerpo es débil».
39Se alejó otra vez e hizo la misma oración.
40Al regresar, los volvió a encontrar dormidos,
porque se les cerraban los ojos de sueño. Y no
sabían qué decirle.
41Cuando regresó por tercera vez, les dijo:
«¿Todavía están durmiendo y descansando? ¡Ya
fue suficiente! Ha llegado la hora en que el Hijo
del hombre va a ser entregado en manos de los
pecadores. 42¡Levántense! ¡Vámonos! Aquí viene
el que me traiciona».

Arresto de Jesús

43No había terminado de hablar Jesús cuando
llegó Judas, uno de los doce. Venía acompañado

de mucha gente armada con espadas y palos, a
la que habían enviado los jefes de los sacerdotes,
los maestros de la ley y los ancianos. 44A éstos
el traidor les había dado esta contraseña: «Al
que yo bese, ése es; arréstenlo y llévenselo bien
asegurado».
45Al llegar Judas, se acercó rápidamente a Jesús,
lo besó y le dijo:
—¡Maestro!
46Entonces los hombres arrestaron a Jesús. 47Pero
uno de los que estaban allí, sacó su espada e
hirió al siervo del sumo sacerdote, cortándole
una oreja.
48Jesús les dijo:
—¿Acaso soy un bandido para que vengan con
espadas y palos a arrestarme? 49Cada día estaba
con ustedes en el templo enseñándoles, y no me
arrestaron. Pero esto ocurre para que se cumplan
las Escrituras.
50Entonces todos lo abandonaron y huyeron.
51Pero un joven, que sólo se cubría con una sábana, iba siguiendo a Jesús. Lo agarraron, 52y él,
soltando la sábana, se escapó desnudo.

Jesús ante el Consejo

53Llevaron a Jesús ante el sumo sacerdote y allí
se reunieron todos los jefes de los sacerdotes, los
ancianos y los maestros de la ley.
54Pedro lo siguió de lejos hasta dentro del patio
del sumo sacerdote. Allí estaba sentado con los
guardias, calentándose junto al fuego.
55Los jefes de los sacerdotes y todo el Consejo
trataban de encontrar alguna prueba contra Jesús
para condenarlo a muerte, pero no la encontraban. 56Aunque muchos declaraban falsamente
contra él, sus declaraciones eran contradictorias.
57Entonces algunos decidieron acusarlo también
con falsedades y dijeron:
58—Nosotros le oímos decir: "Yo destruiré este
templo que los hombres han hecho, y en tres días
construiré otro, no hecho por hombres".
59Pero ni aun así coincidían las declaraciones
que daban. 60Entonces el sumo sacerdote se puso
de pie en medio de todos y le preguntó a Jesús:
—¿No tienes nada que contestar? ¿Qué son
estas declaraciones contra ti?
61Pero Jesús se quedó callado y no le respondió nada, por lo que el sumo sacerdote volvió a
preguntarle:
—¿Eres el Cristo, el Hijo del Bendito?
62Jesús le dijo:
—Sí, yo soy. Y ustedes verán al Hijo del hombre sentado a la derecha del Todopoderoso y
bajando en las nubes del cielo.
63Cuando lo oyó, el sumo sacerdote se rasgó
la ropa y dijo:
—¿Para qué necesitamos más testigos? 64Ya
oyeron ustedes la blasfemia. ¿Qué les parece?
Todos estuvieron de acuerdo y lo condenaron
a muerte.
65Entonces algunos comenzaron a escupirlo,
le vendaron los ojos, lo golpearon y le gritaban:
—¡Profetiza!
Y los guardias también le pegaron en la cara.

Pedro niega a Jesús

66Pedro estaba abajo, en el patio. Una de las
criadas del sumo sacerdote que pasó por allí, 67vio
a Pedro calentándose, lo miró detenidamente y
le dijo:
—Tú también estabas con ese nazareno, el
que se llama Jesús.
68Pero él lo negó diciendo:
—No lo conozco. Ni siquiera sé de que estás
hablando. Salió y se puso fuera, a la entrada. Y
el gallo cantó.
69La criada, al ver otra vez a Pedro, les dijo a
los que estaban allí:
—Éste es uno de ellos.
70Él lo negó otra vez.
Poco después, esos mismos le dijeron a Pedro:
—Por supuesto que tú eres uno de ellos, pues
también eres galileo.
71Pedro comenzó a echar maldiciones y jurar:
—¡No conozco a ese hombre del que me
hablan!
72En ese mismo momento un gallo cantó por
segunda vez, y Pedro se acordó de lo que Jesús le
había dicho: «Antes que el gallo cante dos veces,
me negarás tres veces». Y se echó a llorar.

Jesús ante Pilato

15 Muy temprano en la mañana, se reunieron
los jefes de los sacerdotes, los ancianos, los
maestros de la ley y el pleno del Consejo Supremo
y tomaron una decisión. Ataron a Jesús, se lo
llevaron y lo entregaron a Pilato.
2Pilato le preguntó:
—¿Eres tú el rey de los judíos?
Él respondió:
—Tú mismo lo dices.
3Los jefes de los sacerdotes lo acusaban de
muchas cosas.
4Pilato le preguntó otra vez:
—¿No me vas a contestar? Mira todas las cosas
de las que te acusan.
5Pero ni aun así Jesús respondió, de modo que
Pilato se quedó asombrado.
6Pilato tenía la costumbre de soltar a un preso
durante la fiesta, el que la gente pidiera. 7Un
hombre llamado Barrabás estaba preso junto con
otros rebeldes por haber cometido un asesinato
en una revuelta. 8La gente llegó y le pidió a Pilato
que le concediera lo que acostumbraba.
9Pilato respondió:

—¿Quieren que deje libre al rey de los judíos?
10Les hizo esa pregunta porque se daba cuenta de
que los jefes de los sacerdotes habían entregado
a Jesús por envidia.
11Pero éstos incitaron a la gente para que Pilato
dejara libre a Barrabás.
12Pilato volvió a preguntar:
—¿Y qué voy a hacer con el que ustedes llaman el rey de los judíos?
13Ellos gritaron:
—¡Crucifícalo!
14Él les decía:
—¿Por qué? ¿Qué mal ha hecho?
Pero ellos gritaron todavía más fuerte:
—¡Crucifícalo!
15Como Pilato quería tener contenta a la gente, dejó en libertad a Barrabás; después mandó
que azotaran a Jesús y lo entregó para que lo
crucificaran.

Los soldados se burlan de Jesús

16Los soldados llevaron a Jesús al interior del
palacio, al lugar llamado pretorio, y reunieron
a toda la tropa. 17Le pusieron un manto de color
púrpura; también trenzaron una corona de espinas y se la pusieron.
18Y le gritaban:
—¡Viva el rey de los judíos!
19Lo golpeaban en la cabeza con una caña y lo
escupían, y doblando la rodilla, le hacían reverencias. 20Después de haberse burlado de él, le
quitaron el manto y le pusieron su propia ropa.
Por último, lo sacaron para crucificarlo.

La crucifixión

21A un hombre de Cirene, que pasaba por allí
al regresar del campo, lo obligaron a llevar la
cruz. El hombre se llamaba Simón, y era padre
de Alejandro y de Rufo.
22Llevaron, pues, a Jesús a un lugar llamado
Gólgota (que significa: Lugar de la Calavera).
23Le ofrecieron vino mezclado con mirra, pero no
lo tomó. 24Entonces lo crucificaron. Repartieron
la ropa de Jesús, y lo hicieron echando suertes
para ver con qué se quedaba cada uno. 25Eran
las nueve de la mañana cuando lo crucificaron.
26Un letrero tenía escrita la causa de su condena: «El Rey de los judíos».
27Con él crucificaron a dos bandidos, uno a
su derecha y otro a su izquierda. 28Con esto se
cumplieron las Escrituras que dicen: "Contado
fue entre malvados".
29Los que pasaban por allí meneaban la cabeza
y lo insultaban diciendo:
—¡Eh! Tú, que destruyes el templo y en tres
días lo reconstruyes, 30¡baja de la cruz y sálvate
a ti mismo! 31También los jefes de los sacerdotes
y los maestros de la ley se burlaban de él con
estas palabras:
—Salvó a otros, pero no puede salvarse a sí
mismo. 32Que baje ahora de la cruz ese Cristo,
rey de Israel, para que veamos y creamos.
Los que estaban crucificados con él, también
lo insultaban.

Muerte de Jesús

33Al llegar el mediodía toda la tierra quedó en
oscuridad, hasta la media tarde.
34A esta hora Jesús gritó con fuerza:
—*Eloi, Eloi, ¿lama sabactani?*[c] (que significa: Dios mío, Dios mío, ¿por qué me has
abandonado?)
35Cuando algunos de los que estaban allí lo
oyeron, dijeron:
—Escuchen, está llamando al profeta Elías.
36Entonces un hombre corrió, empapó una
esponja en vinagre, la puso en el extremo de
una caña y se la ofreció a Jesús para que bebiera.
Y dijo:
—Déjenlo, vamos a ver si Elías viene a bajarlo.
37Entonces Jesús, dando un fuerte grito, murió.
38El velo del templo se rasgó en dos, de arriba
abajo. 39El centurión que estaba frente a Jesús, al
oír el grito y ver que estaba muerto, dijo: —¡Verdaderamente este hombre era el Hijo de Dios!
40Había también algunas mujeres mirando
desde lejos. Entre ellas estaban María Magdalena, María la madre de Jacobo el menor y de
José, y Salomé. 41Estas mujeres habían seguido
a Jesús y lo habían atendido cuando estaba en
Galilea. Además, había allí muchas otras que
habían subido con él a Jerusalén.

Sepultura de Jesús

42Como era el día de preparación, es decir, la
víspera del sábado, ya al atardecer, 43José de Arimatea, miembro distinguido del Consejo Superior de los judíos, y quien también esperaba el
reino de Dios, se llenó de valor y se presentó ante
Pilato para pedirle el cuerpo de Jesús.
44Pilato se sorprendió de que Jesús ya estuviera muerto. Llamó al centurión y le preguntó si
hacía mucho que había fallecido. 45Cuando el
centurión le informó, entonces Pilato entregó
el cuerpo a José.
46José compró una sábana, bajó el cuerpo y lo
envolvió en ella. Después lo puso en un sepulcro
cavado en la roca. Luego hizo rodar una piedra
a la entrada del sepulcro.
47María Magdalena y María la madre de José
vieron dónde pusieron el cuerpo de Jesús.

---

c. Hablaba en arameo. Muchos de los observadores, que hablaban griego y latín, no entendieron las dos primeras palabras y pensaron que llamaba al profeta Elías.

La resurrección

16 Cuando pasó el sábado, María Magdalena, María la madre de Jacobo, y Salomé
compraron especias perfumadas para ir a ungir
el cuerpo de Jesús.
2El primer día de la semana, muy temprano,
apenas había salido el sol, fueron al sepulcro.
3Iban preguntándose unas a otras: «¿Quién nos
quitará la piedra de la entrada del sepulcro?»,
4pues la piedra era muy grande. Pero cuando
llegaron, se dieron cuenta de que la piedra había
sido removida.
5Al entrar en el sepulcro vieron a un joven
vestido con un manto blanco, sentado al lado
derecho; y las mujeres se asustaron. 6Él les dijo:
—No se asusten. Ustedes buscan a Jesús el
nazareno, el que fue crucificado. Ha resucitado,
no está aquí. Miren el lugar donde lo pusieron.
7Vayan a decirles a los discípulos y a Pedro:
"Él va delante de ustedes a Galilea. Allí lo
verán, tal como les dijo".
8Las mujeres salieron huyendo del sepulcro,
temblando y asustadas. No dijeron nada a nadie
porque tenían miedo.

Apariciones y ascensión de Jesús

9Después que Jesús resucitó muy temprano el
primer día de la semana, se apareció primero
a María Magdalena, de la que había expulsado
siete demonios. 10Ella fue y avisó a los que habían
estado con él, pues estaban tristes y llorando.
11Cuando ellos oyeron que Jesús estaba vivo y que
ella lo había visto, no lo creyeron.
12Después de esto, se apareció Jesús en otra
forma a dos de ellos que iban caminando hacia
el campo. 13Estos fueron y avisaron a los demás,
pero tampoco a ellos los creyeron.
14Por último, Jesús se apareció a los once discípulos mientras comían. Los reprendió por su falta
de fe y por su terquedad en no creer a los que lo
habían visto resucitado. 15Y les dijo: «Vayan
por todo el mundo y anuncien las buenas
nuevas a toda criatura. 16El que crea y sea bautizado será salvo, pero el que no crea será condenado. 17Y estas señales acompañarán a los que
crean: en mi nombre expulsarán demonios,
hablarán nuevas lenguas, 18tomarán en sus
manos serpientes, cuando beban algo venenoso,
no les hará daño, pondrán las manos sobre los
enfermos y éstos sanarán».
19Después de hablar con ellos, el Señor Jesús
fue llevado al cielo y se sentó a la derecha de Dios.
20Los discípulos salieron a predicar por todas
partes. El Señor los ayudaba y confirmaba su
palabra acompañándola con señales.

16.7–8 16.15–20

LUCAS

¿Quién lo escribió?

La tradición claramente apoya la paternidad "lucana" del libro, el cual lleva su nombre. Testimonio es encontrado en el fragmento Muratori, en Irineo, Tertuliano, Clemente de Alejandría y Orígenes. Ninguna evidencia objetiva ha sido presentada para rechazar dicho testimonio. Mientras Lucas mismo presenta poca evidencia, cuando se combina con el libro de Hechos, la evidencia es considerablemente fuerte. Un cuidadoso estudio del "nosotros", referencias en Hechos, donde el autor se incluye a sí mismo como presente con Pablo (16:10-17; 20:5-15; 21:1-18 y 27:1-28:16), comparado con los saludos enviados en las cartas a las iglesias indican la fuerte probabilidad que Lucas escribió ambos tomos.

¿A quién lo escribió?

El "tratado" está dirigido a Teófilo, un hombre de rango social, dentro de la comunidad romana de aquellos días. Pero dada la magnitud del esfuerzo de Lucas, parece claro que Lucas no escribió pensando sólo en Teófilo. También en muchos otros con quienes pudo haberlo compartido o con muchos otros que como Teófilo, estuvieran atravesando por la tensión de convicción de la fe, en vista del rechazo judío y la persecución que sufría la comunidad de creyentes. La importancia del nombre y el contenido del libro demuestran que está dirigido a cuantos aman a Dios.

¿Cuándo y dónde lo escribió?

Lucas fue escrito antes de Hechos, lo cual es definido por la conclusión del libro alrededor del 63 d.C. Otras narraciones estuvieron circulando en el tiempo cuando Lucas escribe. Por lo anterior, la fecha más probable puede ser alrededor del 60 d.C. El lugar más probable es Roma, aunque se ha sugerido también Acaya, Efeso y Cesarea.

Panorama del libro

El contenido del Evangelio [y Hechos], no presenta una defensa sino una proclamación de Jesús, una revisión de su enseñanza y de la Iglesia, de la cual Teófilo ya ha oído. El declarado propósito del libro, es confirmar las cosas que Teófilo [y otros lectores] han sabido. Hechos es frecuentemente llamado un "libro transicional". Este describe la transición del Programa de Dios con Israel a la formación de un nuevo pueblo de Dios, la Iglesia. No obstante, la transición no empieza en Hechos. Ninguna razón es dada en Hechos para explicar por qué Dios empezó un nuevo programa. Lucas escribió el evangelio para describir la fase inicial de la transición. Él describe la transición desde la llegada del Mesías hasta su rechazo, muerte y resurrección, demostrando por qué el nuevo programa fue necesario.

La característica distintiva del Evangelio de Lucas corresponde a su propósito distintivo. ¿Por qué Dios forma un "nuevo pueblo llamado afuera"? Porque los líderes de Israel no quisieron oír la buenas nuevas respecto a la llegada del Mesías. Ellos sólo buscaban proteger sus propios privilegios e intereses, no escuchar la verdad. Con notables pocas excepciones, los líderes rechazaron a Jesús. Dios por ello, deja a los líderes de lado. Para formar un nuevo pueblo, Dios se mueve afuera de la nación, la cual aquellos líderes controlaban. Él empezó con unos pocos de aquellos desechados de la sociedad. Ellos deberían pagar un alto precio por su fe. Muchos podrían ser tentados a abandonarlo. No obstante, el pueblo de Dios crecería siendo una fuerte iglesia la cual nadie sería capaz de destruir. Lucas escribe para animarlos en su aflicción al recordarles de por qué y cómo Dios los ha traído hasta donde ellos están.

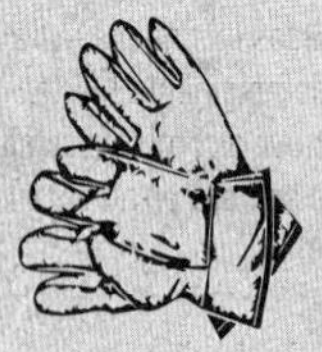

¿Cómo se relaciona con nosotros?

Lucas, quien era médico de profesión, se dedica en este evangelio a enfatizar la humanidad de Jesús y por eso deja notar que "Hijo del Hombre" era la forma favorita de Jesús para referirse a sí mismo. A Lucas le parece vital destacar que Jesús estaba pendiente de la salud de la gente, que él sentía compasión por los demás y que tenía un corazón inclinado hacia los que sufrían y necesitaban su ayuda. Es común ver en estas páginas a Jesús cerca de las personas rechazadas, desde los leprosos hasta los nada populares cobradores de impuestos. Incluso las mujeres, que en aquel momento y en aquella cultura ocupaban un lugar secundario, recibieron de parte del Salvador un respeto y una dignidad muy notoria para la época.

Tomar el ejemplo de nuestro Señor y desarrollar una disposición especial para mirar a los que los demás ignoran es un desafío e invitación también para nuestros matrimonios.

¿Cómo lo estudiamos?

1) Evidencias que demuestran que Jesús es el Salvador (1:1-4:13)
2) El ministerio del Salvador y sus diferentes reacciones (4:14-9:50)
3) La misión del Salvador (9:51-19:27)
4) La pasión del Salvador (19:28-23:56)
5) La victoria del Salvador y su comisión (24:1-53)

Lucas

Prólogo

1 Muchos han escrito historias de las cosas que se han cumplido entre nosotros, 2según nos las contaron quienes fueron testigos presenciales de todo desde el principio. Ellos eran también servidores de la Palabra.

3Además, distinguido Teófilo, yo mismo investigué con mucho cuidado los acontecimientos desde su origen, y ahora te los describo en orden, 4para que confirmes la verdad de lo que se te ha enseñado.

Anuncio del nacimiento de Juan el Bautista

5Hubo un sacerdote llamado Zacarías, miembro del grupo de Abías, que vivió cuando Herodes era rey de Judea. Su esposa, Elisabet, era descendiente de Aarón.

6Zacarías y Elisabet eran piadosos e intachables delante de Dios, 7pero no tenían hijos, porque Elisabet era estéril. Ambos eran ya de edad avanzada.

8Un día en que al grupo del sacerdote Zacarías le llegó el turno de servir a Dios en el templo, 9le tocó en suerte a Zacarías (porque esa era la costumbre de los sacerdotes) entrar en el santuario del templo del Señor para quemar incienso.

10A la hora de ofrecer el incienso, la gente estaba reunida afuera orando. 11Entonces se le apareció a Zacarías un ángel a la derecha del altar del incienso. 12Al verlo, Zacarías se asustó y se llenó de temor. 13Pero el ángel le dijo:

—No tengas miedo, Zacarías, pues Dios ha escuchado tus oraciones. Tu esposa Elisabet te dará un hijo, y lo llamarás Juan. 14Su nacimiento les traerá mucha alegría a ti y a muchos más, 15porque tu hijo va a ser un gran hombre delante del Señor. Nunca tomará vino ni licor, y estará lleno del Espíritu Santo aun antes que nazca. 16Él hará que muchos en Israel se vuelvan al Señor su Dios 17y también irá primero, delante del Señor, con el mismo espíritu y poder que tuvo el profeta Elías. Él reconciliará a los padres con los hijos y hará que los desobedientes aprendan de la sabiduría de los justos. De esta manera preparará al pueblo para recibir al Señor.

18Zacarías le preguntó al ángel:

—¿Cómo podré estar seguro de esto? Tanto mi esposa como yo somos ancianos.

19El ángel le contestó:

—Yo soy Gabriel y estoy al servicio de Dios. Él me envió para hablar contigo y darte estas buenas noticias. 20Pero como no creíste lo que te dije, lo cual se va a realizar a su debido tiempo, no podrás hablar hasta el día en que todo esto se cumpla.

21Mientras tanto, el pueblo estaba afuera esperando a Zacarías y a todos les extrañaba que se tardara tanto en salir del santuario. 22Cuando por fin salió, no podía hablar, así que se dieron cuenta de que allí había tenido una visión.

23Cuando cumplió con los días que debía servir, regresó a su casa.

24Poco tiempo después, Elisabet quedó embarazada; y durante cinco meses no salió de su casa.

25Ella decía: «El Señor me ha mostrado su bondad haciendo que yo vaya a tener un hijo y así la gente ya no me despreciará».

Anuncio del nacimiento de Jesús

26A los seis meses, Dios envió al ángel Gabriel al pueblo de Nazaret, que pertenecía a la región de Galilea. 27Fue a visitar a una joven virgen llamada María, que estaba comprometida para casarse con un hombre llamado José, que era descendiente del rey David. 28El ángel entró donde ella estaba y le dijo:

—¡Te saludo, a ti que has recibido la bendición de Dios! El Señor está contigo.

29María se sorprendió al escuchar estas palabras, y se preguntaba qué significaría ese saludo. 30El ángel le dijo:

—No tengas miedo, María, porque Dios te ha concedido su favor. 31Vas a quedar embarazada y tendrás un hijo, y lo llamarás Jesús. 32Él será un gran hombre, y le darán el título de Hijo del Altísimo. Dios el Señor lo hará rey como hizo rey a su antepasado David, 33y reinará para siempre sobre el pueblo de Jacob. Su reinado no tendrá fin.

34María le preguntó al ángel:

—¿Cómo va a suceder esto, puesto que soy virgen?

35El ángel le contestó:

—El Espíritu Santo vendrá sobre ti y el poder del Altísimo te cubrirá con su sombra. Por lo tanto, al santo niño que va a nacer lo llamarán Hijo de Dios. 36También tu parienta Elisabet, a pesar de ser anciana, va a tener un hijo. La gente decía que ella era estéril, y desde hace seis meses está embarazada, 37pues para Dios no hay nada imposible.

38María dijo:

—Soy la esclava del Señor. Que él haga conmigo como tú me has dicho.

Y entonces el ángel se fue.

María visita a Elisabet

39Pocos días después, María se fue de prisa a un pueblo en la región montañosa de Judea. 40Llegó a la casa de Zacarías y, al entrar, saludó a Elisabet. 41Cuando Elisabet oyó el saludo de

1.5–16 1.24–25 1.36–38 1.39–45

María, la criatura saltó dentro de ella. Entonces Elisabet, llena del Espíritu Santo, 42dijo en voz muy fuerte:

—Dios te ha bendecido más a ti que a todas las mujeres, y también ha bendecido al hijo que darás a luz. 43¿Cómo es que la madre de mi Señor ha venido a visitarme? 44En el momento en que escuché tu saludo, la criatura que llevo dentro de mí saltó de alegría. 45Dichosa tú que has creído, pues lo que el Señor te dijo se cumplirá.

El cántico de María

46Entonces María dijo:

—Mi alma alaba al Señor, 47mi espíritu se llena de alegría porque Dios es mi Salvador. 48Dios se ha fijado en mí, su humilde esclava. De ahora en adelante, todas las generaciones me llamarán dichosa, 49porque el Dios Todopoderoso ha hecho grandes cosas por mí. ¡Su nombre es santo! 50Él siempre tiene misericordia de todos los que le honran. 51Actuó con poder, desbarató las intrigas de los orgullosos. 52A los poderosos los quitó de sus tronos, y a los humildes los puso en lugares de honor. 53A los hambrientos llenó de bienes, y a los ricos los envió con las manos vacías. 54Ayudó al pueblo de Israel, su siervo, y siempre lo trató con misericordia. 55Cumplió así su promesa a nuestros padres: trató con misericordia a Abraham y a sus descendientes para siempre.

56María se quedó con Elisabet como tres meses. Después regresó a su casa.

Nacimiento de Juan el Bautista

57Cuando llegó el momento, Elisabet dio a luz a su hijo.

58Sus vecinos y familiares se llenaron de alegría al enterarse de que el Señor había sido misericordioso. 59A los ocho días de nacido, llevaron a circuncidar al niño. Querían ponerle Zacarías, que era el nombre de su padre; 60pero su madre dijo:

—¡No! Tiene que llamarse Juan.

61Le dijeron:

—¡Pero si en tu familia no hay nadie con ese nombre!

62Entonces le preguntaron por señas a su padre cómo quería que se llamara el niño. 63Él pidió una tabla y escribió: «Su nombre es Juan». Todos quedaron asombrados. 64Al instante, Zacarías recobró el habla y comenzó a alabar a Dios. 65Los vecinos se llenaron de temor, y en toda la región montañosa de Judea se hablaba de lo sucedido. 66Todos los que oían hablar del asunto se preguntaban: «¿Qué llegará a ser ese niño? Porque el Señor estaba con él».

El cántico de Zacarías

67Entonces Zacarías, su padre, lleno del Espíritu Santo, dijo esta profecía:

68«Alabemos al Señor, Dios de Israel, porque ha venido a rescatar a su pueblo. 69Nos envió un poderoso salvador, que desciende del rey David, su siervo. 70Así lo prometió hace mucho tiempo, por medio de sus santos profetas: 71que nos libraría de nuestros enemigos y de la mano de los que nos odian; 72que sería misericordioso con nuestros padres al acordarse de su santo pacto. 73Así lo juró a Abraham nuestro padre: 74que ya no tendríamos temor, porque nos libraría del poder de nuestros enemigos, para que lo sirvamos 75con santidad y justicia, viviendo en su presencia todos los días de nuestra vida.

76»Y tú, hijo mío, serás llamado profeta del Altísimo, porque irás delante del Señor preparándole el camino. 77Tú le enseñarás a su pueblo que hay salvación por medio del perdón de sus pecados. 78Esto es así gracias a la gran misericordia de nuestro Dios. Y nos envió desde el cielo el sol de un nuevo día, 79para dar luz a los que viven en tinieblas y en la más terrible oscuridad; para guiar nuestros pasos por el camino de la paz».

80El niño crecía y su espíritu se hacía más fuerte; y vivió en el desierto hasta el día en que se presentó públicamente al pueblo de Israel.

Nacimiento de Jesús

2 Por aquellos días, César Augusto mandó que se hiciera un censo en todo el imperio romano. 2Este primer censo se hizo cuando Cirenio era gobernador de Siria.

3Todos tenían que ir a su pueblo de origen para inscribirse. 4También José, que era descendiente del rey David, tuvo que ir de Nazaret, que era una ciudad de la región de Galilea, a Belén, que estaba en Judea. Esa era la ciudad de David, 5y José fue allí para inscribirse junto con María, su esposa, que estaba embarazada.

6Mientras estaban en Belén, a ella le llegó el tiempo, 7y dio a luz a su primer hijo. Lo envolvió en pañales y lo acostó en un pesebre, porque no habían encontrado lugar para ellos en la posada.

Los pastores y los ángeles

8Por aquella misma región había unos pastores que pasaban la noche en el campo cuidando a sus ovejas. 9De pronto, un ángel del Señor se les apareció y la gloria del Señor brilló y los envolvió. Los pastores se llenaron de miedo. 10Pero el ángel les dijo: «¡No tengan miedo! Les traigo buenas noticias que van a llenar de alegría a todo el

1.46–55 1.57–64 1.67–68 1.73–77 1.80 2.6–7

pueblo: 11 Hoy ha nacido, en la ciudad de David, su
Salvador, que es Cristo el Señor. 12 Se darán cuenta
de que es él, porque lo encontrarán envuelto en
pañales y acostado en un pesebre».

13 De repente aparecieron muchos ángeles del
cielo que alababan a Dios y decían:

14 «Gloria a Dios en las alturas,
y paz en la tierra para los que gozan de su
buena voluntad».

15 Cuando los ángeles volvieron al cielo, los pastores se dijeron unos a otros: «Vamos a Belén,
a ver esto que ha pasado y que el Señor nos ha
anunciado».

16 Fueron de prisa y encontraron a María y a
José, y al niño acostado en el pesebre. 17 Cuando lo
vieron, contaron lo que les habían dicho acerca
del niño.

18 Todos los que oyeron se quedaron asombrados de lo que decían los pastores. 19 Pero María
guardaba todas estas cosas en su corazón y no
dejaba de pensar en ellas.

20 Los pastores regresaron dando la gloria a
Dios y alabándolo por lo que habían visto y oído.
Todo sucedió tal como se les había dicho.

Presentación de Jesús en el templo

☼ 21 Ocho días más tarde fueron a circuncidar al
niño, y le pusieron el nombre de Jesús, tal
como el ángel le había dicho a María antes de
quedar embarazada.

22 Cuando llegó el día en que, según la ley de
Moisés, ellos debían purificarse, José y María llevaron al niño a Jerusalén para presentárselo al
Señor. 23 Así lo hicieron para cumplir con la ley
del Señor, que dice: «Siempre que el primer hijo
sea varón, deberán dedicárselo al Señor». 24 También fueron a ofrecer el sacrificio que manda la
ley del Señor, que dice: «un par de tórtolas o
dos pichones».

25 En aquel tiempo había en Jerusalén un hombre llamado Simeón, que era justo y piadoso.
Vivía con la esperanza de que Dios libertara a
Israel. El Espíritu Santo estaba con él 26 y le había
hecho saber que no moriría sin antes ver al Cristo
del Señor. 27 El Espíritu Santo guió a Simeón y
fue al templo. Cuando los padres del niño Jesús
lo llevaron para cumplir con la costumbre que
manda la ley, 28 Simeón lo tomó en sus brazos y
alabó a Dios, diciendo:

29 «Ahora, Soberano Señor, tu palabra se ha
cumplido: ya puedes dejar que este tu siervo
muera en paz, 30 porque mis ojos han visto tu
salvación, 31 la que has preparado a la vista de
todos los pueblos; 32 es la luz que alumbrará a las
naciones y la gloria de tu pueblo Israel».

33 El padre y la madre del niño se quedaron
asombrados de lo que decía de él. 34 Simeón los
bendijo y le dijo a María, la madre de Jesús: «Este
niño ha sido enviado para hacer que muchos
caigan o se levanten en Israel. Él será una señal
y muchos se le opondrán, 35 así se conocerán las
intenciones de cada uno. Esto será para ti como
una espada que te atravesará el alma».

36 También estaba en el templo una profetisa,
Ana, hija de Penuel, que pertenecía a la tribu de
Aser. Era muy anciana. Cuando era joven, había
vivido con su esposo siete años, 37 pero entonces
quedó viuda y ahora ya tenía ochenta y cuatro
años de edad. Nunca salía del templo; se pasaba noche y día adorando a Dios con ayunos y
oraciones. 38 Ana llegó también en aquel mismo
momento, dio gracias a Dios y comenzó a hablar
del niño a todos los que esperaban que Dios liberara a Jerusalén.

39 Después de haber cumplido con todo lo
que mandaba la ley, José y María regresaron a
Galilea, a su propio pueblo de Nazaret. 40 El niño
crecía y se fortalecía; se llenaba de sabiduría y
Dios lo favorecía.

El niño Jesús en el templo

41 Los padres de Jesús iban todos los años a
Jerusalén para la fiesta de la Pascua. 42 Cuando
él cumplió doce años, fueron allá como era su
costumbre. 43 Al terminar la fiesta, se regresaron,
pero el niño Jesús se quedó en Jerusalén sin que
sus padres se dieran cuenta. 44 Ellos caminaron
todo un día pensando que Jesús iba entre los
familiares y conocidos. Cuando lo buscaron 45 y
no lo encontraron, volvieron a Jerusalén para
buscarlo.

46 Después de tres días, lo encontraron en el
templo, sentado entre los maestros de la ley, escu-
chándolos y haciéndoles preguntas. 47 Todos los
que lo oían se quedaban asombrados de su inteligencia y de sus respuestas. 48 Cuando sus padres
lo vieron, también se quedaron admirados. Su
madre le dijo:

—Hijo, ¿por qué nos has hecho esto? ¡Tu
padre y yo te hemos estado buscando llenos de
angustia!

49 Él le respondió:

—¿Por qué me buscaban? ¿No sabían que
tengo que estar en la casa de mi Padre?

50 Pero ellos no entendieron lo que él les quería
decir. 51 Entonces Jesús volvió con sus padres a
Nazaret y los obedecía en todo. Pero su madre
guardaba todas estas cosas en el corazón.

52 Jesús seguía creciendo en sabiduría y estatura, y gozaba más y más del favor de Dios y de
la gente.

☼ 2.21–24

Juan el Bautista prepara el camino

3 Cuando ya llevaba quince años reinando Tiberio César, Poncio Pilato era gobernador de la región de Judea. Herodes gobernaba en Galilea; Felipe, el hermano de Herodes, gobernaba en Iturea y en la región de Traconite; y Lisanias gobernaba en Abilene. 2 En aquel tiempo, los jefes de los sacerdotes eran Anás y Caifás. Entonces Dios le habló a Juan, el hijo de Zacarías, en el desierto.

3 Juan fue entonces por toda la región del Jordán predicando a todos que debían ser bautizados y arrepentirse, para que Dios les perdonara sus pecados. 4 Eso fue lo que estaba escrito de él en el libro del profeta Isaías: «Voz de uno que grita en el desierto: "Preparen el camino del Señor, háganle sendas que estén derechas. 5 Todo valle será rellenado, toda montaña y colina será nivelada; los caminos torcidos serán enderezados y las sendas disparejas quedarán llanas. 6 Todo el mundo verá la salvación de Dios"». 7 Muchos iban a Juan para que los bautizara, y él les decía:

—¡Crías de víboras! ¿Quién les dijo que van a escaparse del castigo que se acerca? 8 Produzcan frutos que demuestren que se han arrepentido. Y no piensen: "Somos descendientes de Abraham", porque les digo que Dios puede aun de estas piedras darle descendientes a Abraham. 9 Además, el hacha ya está puesta a la raíz de los árboles, y todo árbol que no produce buen fruto será cortado y arrojado al fuego.

☼ 10 La gente le preguntaba:

—¿Entonces qué debemos hacer?

11 Y Juan les contestaba:

—El que tiene dos trajes, debe compartir con el que no tiene ninguno. El que tiene comida, compártala con el que no tiene.

12 Unos que cobraban impuestos vinieron también para que los bautizara, y le preguntaron:

—Maestro, ¿qué debemos hacer nosotros?

13 Él les respondió:

—No cobren más de lo que deben cobrar.

14 Unos soldados le preguntaron:

—Y nosotros, ¿qué tenemos que hacer?

Él les dijo:

—No les quiten a los demás lo que es de ellos ni acusen falsamente a nadie; y confórmense con su salario.

15 La gente se preguntaba si Juan sería el Cristo.

16 Juan entonces les respondió a todos:

—Yo los bautizo a ustedes con agua. Pero pronto viene uno que es más poderoso que yo y él los bautizará con el Espíritu Santo y con fuego. Yo ni siquiera merezco desatarle las correas de sus sandalias. 17 Él tiene el rastrillo en la mano para limpiar su era, y separará el trigo de la paja. El trigo lo recogerá en su granero y la paja la quemará en un fuego que nunca se apaga.

18 Juan usaba estas y muchas otras palabras para anunciar a la gente las buenas nuevas. 19 Él reprendió a Herodes, el que gobernaba en Galilea, por causa de su cuñada Herodías, y también por todas las otras cosas malas que había hecho. 20 Entonces Herodes hizo otra cosa peor: encerró a Juan en la cárcel.

Bautismo y genealogía de Jesús

21 En una ocasión en que todos iban para que Juan los bautizara, Jesús fue y también a él lo bautizó. Y mientras Jesús oraba, el cielo se abrió 22 y el Espíritu Santo bajó sobre él en forma de paloma. Entonces se oyó una voz del cielo que decía:

—Tú eres mi Hijo amado; estoy muy contento contigo.

23 Jesús tenía unos treinta años de edad cuando comenzó su ministerio. Era, según se creía, hijo de José.

José era hijo de Elí, 24 hijo de Matat, hijo de Leví, hijo de Melquí, hijo de Janay, hijo de José,

25 hijo de Matatías, hijo de Amós, hijo de Nahúm, hijo de Eslí, hijo de Nagay,

26 hijo de Máat, hijo de Matatías, hijo de Semeí, hijo de Josec, hijo de Judá,

27 hijo de Yojanán, hijo de Resa, hijo de Zorobabel, hijo de Salatiel, hijo de Neri,

28 hijo de Melquí, hijo de Adí, hijo de Cosán, hijo de Elmadán, hijo de Er,

29 hijo de Josué, hijo de Eliezer, hijo de Jorín, hijo de Matat, hijo de Leví,

30 hijo de Simeón, hijo de Judá, hijo de José, hijo de Jonán, hijo de Eliaquín,

31 hijo de Melea, hijo de Mainán, hijo de Matata, hijo de Natán, hijo de David,

32 hijo de Isaí, hijo de Obed, hijo de Booz, hijo de Salmón, hijo de Naasón,

33 hijo de Aminadab, hijo de Aram, hijo de Jezrón, hijo de Fares, hijo de Judá,

34 hijo de Jacob, hijo de Isaac, hijo de Abraham, hijo de Téraj, hijo de Najor,

35 hijo de Serug, hijo de Ragau, hijo de Péleg, hijo de Éber, hijo de Selaj,

36 hijo de Cainán, hijo de Arfaxad, hijo de Sem, hijo de Noé, hijo de Lamec,

37 hijo de Matusalén, hijo de Enoc, hijo de Jared, hijo de Malalel, hijo de Cainán,

38 hijo de Enós, hijo de Set, hijo de Adán, hijo de Dios.

Tentación de Jesús

4 Jesús, lleno del Espíritu Santo, volvió del Jordán y el Espíritu lo llevó al desierto. 2 Allí estuvo cuarenta días, y Satanás quería hacerlo caer en tentación. Durante todos esos días no

☼ 3.10–11

comió nada; y cuando pasó ese tiempo, tuvo
hambre. 3El diablo le dijo:
—Si eres el Hijo de Dios, dile a esta piedra que
se convierta en pan.
4Jesús le respondió:
—La Escritura dice: «No sólo de pan vivirá
la gente».
5Entonces el diablo lo llevó a un lugar alto y
desde allí le mostró en un momento todos los
reinos del mundo.
6El diablo le dijo:
—Te daré poder y autoridad sobre todos estos
reinos y también te daré su grandeza, porque
a mí me lo han dado y yo se lo doy a quien yo
quiera. 7Todo esto será tuyo si me adoras. 8Jesús
le contestó:
—La Escritura dice: «Adora al Señor tu Dios
y sírvele sólo a él».
9Luego el diablo lo llevó a Jerusalén, a la parte
más alta del templo, y le dijo:
—Si eres el Hijo de Dios, tírate desde aquí,
10pues en la Escritura dice: «Dios enviará a sus
ángeles para cuidarte. 11Ellos te sostendrán en sus
manos para que tu pie no tropiece con ninguna
piedra».
12Jesús le respondió:
—También en la Escritura dice: «No pongas
a prueba al Señor tu Dios».
13Después que el diablo trató por todos los
medios de hacerlo caer en tentación, se alejó de
él por un tiempo.

Rechazan a Jesús en Nazaret

14Jesús regresó a Galilea lleno del poder del
Espíritu Santo, y adquirió fama por toda la
región. 15Enseñaba en las sinagogas y todos lo
admiraban.
16Cuando llegó a Nazaret, donde se había criado, un sábado fue a la sinagoga, como era su
costumbre. Allí se levantó a leer,
17y le dieron el libro del profeta Isaías. Lo abrió
y encontró el lugar donde dice: 18«El Espíritu del
Señor está sobre mí, porque me ha ungido para
dar buenas noticias a los pobres. Me ha enviado
para anunciar libertad a los presos y dar vista a
los ciegos, para poner en libertad a los oprimidos,
19para anunciar el año en que el Señor nos dará
su favor».
20Luego cerró el libro, se lo devolvió al encargado y se sentó. Todos los que estaban en la
sinagoga tenían los ojos puestos en él.
21Entonces él comenzó a decirles:
—Esta Escritura acaba de cumplirse hoy
delante de ustedes.
22Todos se expresaban bien de él y estaban
admirados por las hermosas palabras que él
hablaba.
Estaban intrigados y se preguntaban:
—¿No es éste el hijo de José?
23Jesús les dijo:
—Sin duda ustedes me dirán ese refrán:
«Médico, cúrate a ti mismo. Haz aquí, en tu
propia tierra, lo que hemos oído que hiciste en
Capernaúm». 24Pero yo les aseguro que ningún
profeta es bien recibido en su propia tierra. 25En
tiempos de Elías no llovió por tres años y medio
y hubo mucha hambre en toda la tierra. En Israel
vivían muchas viudas en esa época; 26sin embargo, a Elías no lo enviaron a ninguna de ellas,
sino a una viuda de Sarepta, cerca de la ciudad
de Sidón. 27Y en tiempos del profeta Eliseo había
en Israel muchos enfermos de lepra, pero Eliseo
no sanó a ninguno de ellos sino sanó a Naamán,
que era de Siria.
28Al oír esto, todos los que estaban en la sinagoga se pusieron furiosos, 29se levantaron y lo
echaron fuera del pueblo. Lo llevaron a lo alto
de la colina sobre la que estaba construido el
pueblo, para arrojarlo desde allí, 30pero él pasó
por en medio de ellos y se fue.

Jesús expulsa a un espíritu maligno

31Jesús se fue a Capernaúm, un pueblo de la
región de Galilea, y enseñaba a la gente el día
sábado. 32Los que lo oían se sorprendían de sus
enseñanzas, porque hablaba con autoridad.
33En la sinagoga había un hombre que estaba
poseído por un espíritu malo que le gritó con
todas sus fuerzas:
34—¡Por qué te metes con nosotros, Jesús de
Nazaret? ¿Has venido a destruirnos? Yo sé quién
eres tú. ¡El Santo de Dios!
35Jesús le replicó:
—¡Cállate! ¡Sal de ese hombre!
Entonces el demonio derribó al hombre en
medio de la gente y salió de él sin hacerle ningún
daño. 36Todos estaban muy asustados y se decían
unos a otros:
—¿Qué tienen sus palabras? Con autoridad y
poder les ordena a los espíritus malos que salgan,
y salen.
37Y por todo aquel lugar se hablaba de Jesús.

Jesús sana a muchos enfermos

38Al salir Jesús de la sinagoga se fue a la casa de
Simón. La suegra de éste estaba enferma y con
fiebre muy alta, y le pidieron a Jesús que hiciera
algo por ella.
39Él se inclinó sobre ella y ordenó que la fiebre
se le quitara, y se le quitó. Ella en seguida se
levantó y comenzó a servirles.
40Al anochecer, la gente le llevó a Jesús todos
los que tuvieran cualquier tipo de enfermedad. Él
puso las manos sobre cada uno de ellos y los sanó.
41También de muchas personas salían demonios
que gritaban: «¡Tú eres el Hijo de Dios!»

Pero él los reprendía y no los dejaba hablar,
porque sabían que era el Cristo.
42Al amanecer, Jesús salió y se fue a un lugar
solitario. La gente lo buscó por todas partes y,
cuando lo encontraron, trataron de detenerlo
para que no se fuera. 43Pero él les dijo: «Tengo
que anunciar las buenas noticias del reino de
Dios a los demás pueblos, porque para eso fui
enviado».
44Y continuó anunciando las buenas noticias
en las sinagogas de los judíos.

Llamamiento de los primeros discípulos

5 Un día, Jesús estaba a la orilla del lago de
Genesaret y la gente lo apretujaba para oír el
mensaje de Dios. 2Entonces vio dos barcas que
estaban en la playa. Los pescadores las habían
dejado allí mientras lavaban sus redes. 3Él subió
a una de las barcas, que era de Simón, y le pidió
que la alejara un poco de la orilla. Luego se sentó
y desde la barca le enseñaba a la gente.
4Cuando terminó de hablar, le dijo a Simón:
—Lleva la barca adonde el agua está más profunda y allí echa tus redes para pescar. 5Simón
le respondió:
—Maestro, toda la noche hemos trabajado sin descanso y no hemos pescado nada. Pero, puesto que tú me lo mandas, voy a echar las redes.
6Ellos hicieron lo que él les dijo, y recogie-
ron tantos peces que las redes se les rompían.
7Entonces hicieron señas a sus compañeros de
la otra barca para que fueran a ayudarlos. Ellos
fueron, y llenaron tanto las dos barcas que se
empezaron a hundir.
8Cuando Simón Pedro vio esto, cayó de rodillas
ante Jesús y le dijo:
—¡Apártate de mí, Señor, porque soy un pecador!
9Es que él y sus demás compañeros estaban
asombrados por la gran pesca que habían hecho.
10También estaban asombrados Jacobo y Juan,
hijos de Zebedeo, socio de Simón.
Jesús le dijo a Simón:
—No tengas miedo, de ahora en adelante serás pescador de seres humanos.
11Entonces llevaron las barcas a tierra, lo deja-
ron todo y siguieron a Jesús.

Jesús sana a un leproso

12Un día que Jesús estaba en un pueblo, se
presentó un hombre enfermo de lepra. Al ver
a Jesús, se inclinó hasta tocar con su rostro el
suelo y le suplicó:
—Señor, si quieres, puedes sanarme.
13Jesús extendió la mano, tocó al hombre y
le dijo:
—Sí quiero. ¡Queda sano!
Y en ese momento se le quitó la lepra.
14Jesús le ordenó:
—No se lo digas a nadie. Ve, preséntate al sacerdote y lleva la ofrenda de purificación que Moisés ordenó, para que les sirva de testimonio.
15Sin embargo, Jesús se hacía cada vez más
famoso, y mucha gente iba para oírlo y para que
la sanara de sus enfermedades. 16Pero él con frecuencia se apartaba a lugares solitarios para orar.

Jesús sana a un paralítico

17Un día que enseñaba, estaban sentados por allí
algunos fariseos y maestros de la ley que habían
venido de todos los pueblos de Galilea y Judea, y
hasta de Jerusalén. Jesús mostraba el poder del
Señor sanando a los enfermos.
18Entonces llegaron unos hombres que llevaban en una camilla a un paralítico. Ellos querían
entrar para ponerlo delante de Jesús, 19pero no
podían porque había allí mucha gente. Así que
subieron al techo e hicieron un hueco entre las
tejas, y bajaron al paralítico en la camilla en
medio de la gente, hasta ponerlo frente a Jesús.
20Cuando vio la fe de ellos, Jesús le dijo al que
estaba postrado:
—Amigo, tus pecados quedan perdonados.
21Los fariseos y los maestros de la ley comenzaron a pensar:
«¿Quién se cree éste, que dice blasfemias? Sólo Dios puede perdonar pecados».
22Pero Jesús sabía lo que estaban pensando
y les dijo:
—¿Por qué piensan así? 23¿Qué es más fácil,
decirle que sus pecados están perdonados o que
se puede levantar y andar? 24Pues voy a demostrarles que el Hijo del hombre tiene autoridad en
la tierra para perdonar pecados.
Entonces se dirigió al paralítico y le dijo:
—Levántate, toma tu camilla y vete a tu casa.
25En ese mismo instante, ante los ojos de todos,
el hombre tomó la camilla en la que había estado
acostado y se fue a su casa alabando a Dios.
26Todos quedaron asombrados y comenzaron
también a alabar a Dios. Y llenos de temor,
decían:
—Hoy hemos visto cosas maravillosas.

Llamamiento de Leví

☼ 27Después de esto salió Jesús y vio a un hombre llamado Leví que era recaudador de
impuestos. Estaba sentado a la mesa donde
cobraba. Jesús le dijo:
—Sígueme.
28Leví se levantó, dejó todo y lo siguió.
29Luego Leví le ofreció a Jesús un gran banquete en su casa. También invitó a muchos de
los recaudadores de impuestos y a otras personas.

☼5.27–28

30Los fariseos y los maestros de la ley que pertenecían a su mismo grupo, se molestaron con los
discípulos de Jesús y les dijeron: ¿Por qué comen
y beben ustedes con recaudadores de impuestos
y con pecadores? 31Jesús les contestó:
—Los que están sanos no necesitan médico,
sino los enfermos. 32Yo no he venido a llamar
a los justos para que se arrepientan, sino a
los pecadores.

Le preguntan a Jesús sobre el ayuno

33Algunos le dijeron a Jesús:
—Los discípulos de Juan y los discípulos de
los fariseos ayunan y oran mucho, pero los tuyos
se la pasan comiendo y bebiendo.
34Jesús les respondió: —¿Acaso pueden ustedes
hacer que los invitados a una boda ayunen mientras el novio está con ellos? 35Va llegar el día en
que les quiten al novio y entonces sí ayunarán.
36Y les contó esta parábola:
—Nadie le corta un pedazo de tela a un vestido nuevo para remendar un vestido viejo. Si lo
hace, echa a perder el vestido nuevo, y el retazo
nuevo no se verá bien en el vestido viejo. 37Tam-
poco nadie echa vino nuevo en odres viejos. Si lo
hace, el vino nuevo hará que revienten los odres,
el vino se derramará y los odres se echarán a
perder. 38Por eso, el vino nuevo se debe echar en
odres nuevos. 39Y cuando alguien probó el vino
viejo, ya no quiere beber el nuevo, porque dice:
«El añejo es mejor».

Señor del sábado

6 Un sábado, Jesús y sus discípulos pasaban por
los sembrados. Sus discípulos se pusieron a
arrancar unas espigas de trigo y las restregaban
con las manos para desgranarlas y comérselas.
2Entonces unos fariseos les dijeron:
—¿Por qué hacen ustedes lo que está prohibido hacer en sábado?
3Jesús les contestó:
—¿No han leído ustedes lo que hizo David
cuando él y sus hombres tuvieron hambre? 4Entró
en la casa de Dios, tomó los panes que estaban
consagrados a Dios, que sólo a los sacerdotes se
les permitía comer, y comieron él y sus hombres.
5Y añadió:
—El Hijo del hombre es Señor aun del sábado.
6Otro sábado, entró en la sinagoga y comenzó
a enseñar. Y había allí un hombre que tenía la
mano derecha paralizada. 7Como los maestros de
la ley y los fariseos vigilaban a Jesús tratando de
encontrar algún motivo para acusarlo, querían
ver si sanaba en sábado.
8Aunque Jesús sabía lo que estaban pensando,
llamó al hombre de la mano paralizada y le dijo:
—Levántate y ponte en medio de todos.
El hombre hizo como Jesús le había indicado
y Jesús les dijo a los otros:
9—Les voy a hacer una pregunta. ¿Qué es lo
que está permitido hacer en sábado: el bien o el
mal, salvar una vida o destruirla?
10Entonces Jesús miró a todos los que lo rodeaban y le dijo al hombre:
—Extiende tu mano.
Él la extendió, y su mano le quedó sana. 11Pero
los que querían acusarlo se llenaron de ira y
comenzaron a hacer planes contra Jesús.

Los doce apóstoles

12En aquellos días se fue Jesús a la montaña
y pasó toda la noche orando a Dios. 13Al amanecer, llamó a sus discípulos y entre ellos escogió
a doce, a los que llamó apóstoles:
14Simón (a quien le puso el nombre de Pedro) y
su hermano Andrés, Jacobo, Juan, Felipe, Bartolomé, 15Mateo, Tomás, Jacobo hijo de Alfeo, Simón
(al que llamaban Zelote), 16Judas hijo de Jacobo,
y Judas Iscariote (que fue el que lo traicionó).

Bendiciones y ayes

17Jesús bajó de la montaña con ellos y se detuvo en un lugar llano. Allí lo esperaban muchos
de sus discípulos y mucha gente de toda Judea,
de Jerusalén y de la costa de Tiro y Sidón. 18Habían
llegado para oírlo y para que los sanara de sus
enfermedades. También los que eran atormentados por espíritus malos quedaban sanos.
19Todo el mundo quería tocar a Jesús, porque
de él salía poder que los sanaba a todos.
20Él entonces miró a sus discípulos y les dijo:
«Dichosos ustedes los pobres, porque el reino de
Dios les pertenece.
21»Dichosos ustedes los que ahora pasan
hambre, porque tendrán pan en abundancia.
Dichosos ustedes los que ahora lloran, porque
después reirán.
22»Dichosos ustedes cuando los odien, cuando los desprecien, los insulten y hablen mal de
ustedes por causa del Hijo del hombre.
23»Alégrense en ese día, llénense de gozo, porque hay una gran recompensa para ustedes en
el cielo.
24»Pero, ¡qué tristeza para ustedes los ricos,
porque ya han recibido su consuelo!
25»¡Qué tristeza para ustedes los que ahora
tienen en abundancia, porque pasarán hambre!
¡Qué tristeza para ustedes los que ahora ríen,
porque luego se quejarán y llorarán!
26»¡Qué tristeza cuando a ustedes todos los elo-
gien! Porque los antepasados de los que ahora
los elogian, elogiaron de la misma manera a los
falsos profetas.

5.32 6.12 6.19

El amor a los enemigos

27»Pero a ustedes que me escuchan les digo: Amen a sus enemigos, hagan bien a quienes los odian, 28bendigan a quienes los maldicen, oren por quienes los maltratan. 29Si alguien te pega en una mejilla, deja que te pegue también en la otra. Si alguien te quita la camisa, deja que se lleve también el abrigo. 30A todo el que te pida, dale, y si alguien te quita lo que es tuyo, no le pidas que te lo devuelva. 31Traten a los demás como a ustedes les gustaría que ellos los traten. 32Si aman sólo a quienes los aman, ¿qué mérito tiene eso? Lo mismo hacen los pecadores. 33Y si ustedes sólo le hacen bien a quien les hacen bien, ¿qué mérito tienen ustedes? Los pecadores lo hacen así. 34Y si ustedes les dan prestado sólo a los que pueden darles algo, ¿qué mérito tienen ustedes? Los pecadores se prestan unos a otros esperando recibir el mismo trato.

35»Ustedes amen a sus enemigos, háganles el bien y préstenles sin esperar nada a cambio. Si lo hacen tendrán una gran recompensa y serán hijos del Altísimo, porque él es bueno tanto con los ingratos como con los malos. 36Ustedes sean compasivos, así como su Padre es compasivo.

El juzgar a los demás

37»No juzguen a los demás y así no los juzgarán a ustedes. No condenen a los demás y no los condenarán a ustedes. Perdonen, y serán perdonados. 38Den, y les darán a ustedes; es más, les echarán en el regazo una medida llena, apretada, sacudida y repleta. El principio es éste: con la medida con la que midan a los demás los medirán a ustedes».

39También les contó esta parábola: «¿Acaso puede un ciego guiar a otro ciego? ¿No caerán los dos en un hoyo? 40El discípulo no sabe más que su maestro, pero todo discípulo que ha completado sus estudios puede llegar a igualar a su maestro.

41»¿Por qué te fijas en la paja que está en el ojo de tu hermano y no te fijas en la viga que tienes en el tuyo? 42¿Cómo te atreves a decirle a tu hermano: "Hermano, déjame sacarte la paja que tienes en tu ojo", si tú no te das cuenta de la viga que tienes en el tuyo? ¡Hipócrita! Saca primero la viga que tienes en tu ojo, y entonces podrás ver con claridad para sacar la paja del ojo de tu hermano.

El árbol y su fruto

43»Ningún árbol bueno da fruto malo, ni ningún árbol malo da fruto bueno. 44Cada árbol se conoce por el fruto que produce. De los espinos no se pueden recoger higos ni de las zarzas se cosechan uvas. 45El hombre que es bueno hace el bien, porque en su corazón tiene un tesoro de bondad. Pero el que es malo hace el mal, porque eso es lo que llena su corazón. De lo que abunda en su corazón es de lo que habla su boca.

El prudente y el insensato

46»¿Por qué me llaman "Señor, Señor", si no me obedecen? 47Les voy a decir a quién se parece todo el que viene a mí, oye lo que enseño y me obedece: 48Se parece a un hombre que construyó su casa sobre la roca, cavó muy hondo y puso allí los cimientos. Cuando vino una inundación, la corriente de agua azotó la casa, pero ni siquiera la movió porque estaba bien construida. 49Pero el que oye lo que enseño y no me obedece se parece al hombre que construyó su casa sobre tierra y sin cimientos. Cuando la corriente de agua la azotó, la casa se derrumbó y quedó echa pedazos».

La fe del centurión

7 Cuando Jesús terminó de hablar al pueblo, entró en Capernaúm. 2Allí vivía un capitán del ejército romano que tenía un siervo al que estimaba mucho. Y ese siervo estaba enfermo, al borde de la muerte. 3El capitán oyó hablar de Jesús y mandó a varios ancianos de los judíos a pedirle que fuera y sanara a su siervo. 4Al llegar ellos ante Jesús, le suplicaron:

—Ese hombre merece que hagas lo que te pide. 5Ama tanto a nuestra nación que nos construyó una sinagoga.

6Jesús fue con ellos. Y cuando ya estaba cerca de la casa, el capitán mandó a unos amigos a decirle:

—Señor, no te molestes, pues no merezco que entres en mi casa. 7Por eso no fui yo mismo a buscarte. Yo sé que con una sola palabra que digas, mi siervo sanará, 8pues yo mismo estoy acostumbrado a obedecer las órdenes de mis superiores y también a dar ordenes a mis soldados. Si yo le digo a uno: «Ve» él va, y si le digo al otro: «Ven» él viene. Y si le digo a mi siervo: «Haz esto», él lo hace.

9Jesús, al oír aquel mensaje se asombró, y mirando a la gente que lo seguía dijo:

—Ni siquiera en Israel he encontrado una fe tan grande.

10Cuando los enviados regresaron a la casa, encontraron sano al siervo.

Jesús resucita al hijo de una viuda

11Poco después, Jesús, acompañado de mucha gente y de sus discípulos, se dirigió a un pueblo llamado Naín. 12Cuando se acercaba a las puertas del pueblo, vio que llevaban a enterrar a un muerto. Se trataba del único hijo de una viuda, a quien acompañaba mucha gente del pueblo.

☼6.31 ☼6.35–38 ☼6.40 ☼6.43–49

13Al verla el Señor, tuvo compasión de ella y
le dijo:
—No llores.
14Se acercó luego y tocó la camilla. Los que la
llevaban se detuvieron, y Jesús dijo:
—¡Joven, te ordeno que te levantes!
15Entonces el muerto se levantó y comenzó a
hablar, y Jesús se lo entregó a su madre.
16La gente se llenó de miedo y, alabando a
Dios, decía:
—Un gran profeta ha surgido entre nosotros.
Dios ha venido a ayudar a su pueblo.
17Lo que Jesús había hecho se supo por toda
Judea y sus alrededores.

Jesús y Juan el Bautista

18Los discípulos de Juan le contaron todas estas
cosas. Él llamó a dos de ellos 19y los mandó a
preguntarle a Jesús:
—¿Eres tú el que ha de venir o debemos esperar a otro?
20Cuando ellos se acercaron a Jesús, le dijeron:
—Juan el Bautista nos envió a preguntarte:
¿Eres tú el que ha de venir o debemos esperar
a otro? 21En ese momento Jesús sanó a muchos
que estaban enfermos o sufriendo, a personas
que tenían espíritus malos y a muchos ciegos,
a los que les dio la vista. 22Luego les respondió:
—Vayan y cuéntenle a Juan lo que han visto
y oído: los ciegos ven, los cojos andan, los leprosos quedan sanos, los sordos oyen, los muertos
resucitan y a los pobres se les anuncian las buenas nuevas. 23¡Y dichoso el que no tropiece por
causa de mí!
24Cuando se fueron los discípulos de Juan,
Jesús comenzó a hablarle a la gente acerca de
Juan: «Ustedes, ¿qué salieron a ver al desierto?
¿Una caña sacudida por el viento? 25Y si no, ¿qué
salieron a ver? ¿A un hombre vestido con ropa
lujosa? No, pues los que visten ropas lujosas y
viven en placeres están en los palacios de los
reyes. 26Entonces, ¿qué salieron a ver? ¿A un profeta? Sí, y a alguien que es más que profeta. 27Él
es de quien la Escritura dice: "Voy a enviar mi
mensajero delante de ti, él te preparará el camino". 28Les digo que entre todos los hombres no
hay otro más grande que Juan. Sin embargo, el
más pequeño en el reino de Dios es más grande
que él».
29Todo el pueblo, hasta los que cobraban
impuestos, al oír esto reconocieron que lo que
Dios pide es justo e hicieron que Juan los bautizara. 30Pero los fariseos y los maestros de la ley
no quisieron que Juan los bautizara, y de esta
manera rechazaron el propósito que Dios tenía
para ellos.
31«Entonces, ¿con qué compararé a la gente
de esta generación? ¿A quién se parecen? 32Se
parecen a los niños que se sientan en la plaza
y les gritan a otros niños: "Tocamos la flauta, y
ustedes no bailaron; cantamos canciones tristes,
y ustedes no lloraron". 33Vino Juan el Bautista,
que no come pan ni bebe vino, y ustedes dicen
que tiene un demonio. 34Luego vino el Hijo del
hombre, que come y bebe, y ustedes dicen que
es un glotón y un borracho, que es amigo de
recaudadores de impuestos y de pecadores. 35Pero
la sabiduría se demuestra por los que la siguen».

Una mujer pecadora unge a Jesús

36Un fariseo invitó a Jesús a comer. Él fue a la
casa del fariseo y se sentó a la mesa. 37Entonces
una mujer que vivía en aquel pueblo y tenía mala
fama, se enteró de que Jesús estaba comiendo en
aquella casa. La mujer llegó allí con un frasco de
alabastro lleno de perfume. 38Se colocó, llorando, a los pies de Jesús, y con sus lágrimas se los
mojaba. Luego se los secaba con sus cabellos, se
los besaba y se los ungía con el perfume.
39Cuando el fariseo que había invitado a Jesús
vio esto pensó: «Si este hombre fuera profeta,
sabría que lo está tocando una mujer que tiene
mala fama».
40Entonces Jesús le dijo:
—Simón, tengo algo que decirte.
Él respondió:
—Dime, Maestro.
41—Dos hombres le debían dinero a un pres-
tamista. Uno le debía quinientas monedas de
plata, y el otro cincuenta. 42Como ellos no tenían
con qué pagarle, les perdonó a los dos la deuda.
Ahora dime, ¿cuál de los dos lo amará más?
43Simón contestó:
—Supongo que el hombre al que más le perdonó.
Jesús le dijo:
—Haz juzgado bien.
44Luego, mirando a la mujer le dijo a Simón:
—¿Ves a esta mujer? Cuando entré en tu casa,
no me diste agua para mis pies, pero ella me
ha lavado los pies con sus lágrimas y me los ha
secado con sus cabellos. 45Tú no me saludaste
con un beso, pero ella desde que entré, no ha
dejado de besarme los pies. 46Tú no me ungiste la cabeza con aceite, pero ella me ungió los
pies con perfume. 47Por eso te digo que ella ama
mucho porque sus muchos pecados le han sido
perdonados. Pero al que se le perdonan pocos
pecados, poco ama.
48Entonces Jesús le dijo a la mujer:
—Tus pecados ya están perdonados.
49Los demás invitados comenzaron a preguntarse: «¿Quién es éste, que hasta perdona
pecados?»
50Jesús también le dijo a la mujer:
—Tu fe te ha salvado; vete tranquila.

Parábola del sembrador

8 Después de esto, Jesús anduvo por muchos
pueblos y aldeas anunciando las buenas nuevas del reino de Dios. Lo acompañaban los doce
2y algunas mujeres a las que él había sanado de
espíritus malignos y de diferentes enfermedades.
Entre ellas estaba María, a la que llamaban Magdalena, de la que habían salido siete demonios.
3También estaban Juana, que era esposa de Cuza,
el administrador de Herodes, Susana y muchas
otras que los ayudaban con lo que tenían.

4Mucha gente salió de los pueblos para ver a
Jesús, y cuando todos estaban reunidos, él les
contó esta parábola:

5«Un sembrador salió a sembrar. Al sembrar
la semilla, una parte cayó junto al camino, la
pisotearon y los pájaros se la comieron. 6Otra
parte cayó sobre las piedras; esa semilla brotó,
pero por falta de humedad se secó. 7Otra parte
cayó entre los espinos y brotó, pero los espinos la
ahogaron y no la dejaron crecer. 8Pero otra parte
cayó en buena tierra, brotó, creció y produjo por
cada semilla cien granos». Cuando terminó de
hablar dijo con voz fuerte: «El que tenga oídos
para oír, que oiga».

9Luego sus discípulos le preguntaron el significado de esa parábola. 10Él les contestó: «A
ustedes se les ha permitido conocer los secretos
del reino de Dios, pero a los demás les hablo por
medio de parábolas para que, "aunque miren, no
vean y, aunque oigan, no entiendan". 11Esto es lo
que significa la parábola: La semilla representa
la palabra de Dios. 12Las que cayeron junto al
camino representan a los que oyen, pero luego
viene el diablo y les quita la palabra del corazón,
para que no crean y se salven. 13La que cayó sobre
las piedras representa a los que oyen la palabra
y la reciben con alegría, pero como no tienen
raíz, creen por un tiempo y después se apartan
cuando llega la prueba. 14La que cayó entre los
espinos representa a los que oyen, pero después
de un tiempo los ahogan las preocupaciones, las
riquezas y los placeres de la vida, y no llegan a
madurar. 15La que cayó en buena tierra representa
a los que oyen la palabra con un corazón bueno
y sincero. Estos la retienen y, porque perseveran,
producen una buena cosecha.

Una lámpara en una repisa

16»Nadie enciende una lámpara y la cubre con
una olla o la pone debajo de la cama. Lo que
hace es ponerla en un lugar alto para que los
que entren a la casa tengan luz. 17No hay nada
escondido que no llegue a descubrirse, ni hay
nada secreto que no llegue a conocerse públicamente. 18Por eso, pongan mucha atención, pues
al que tiene, se le dará más; pero al que no tiene,
aun lo que cree tener se le quitará».

La madre y los hermanos de Jesús

19La madre y los hermanos de Jesús fueron a
verlo, pero no podían acercarse a él porque había
mucha gente. 20Entonces le avisaron:

—Tu madre y tus hermanos están afuera y
quieren verte.

21Pero él les contestó: —Mi madre y mis hermanos son los que oyen la palabra de Dios y la
obedecen.

Jesús calma la tormenta

22Un día, Jesús subió a una barca con sus discípulos y les dijo:

—Vamos al otro lado del lago.

Y partieron. 23Mientras navegaban, él se quedó
dormido. Entonces se desató una tormenta sobre
el lago, y la barca comenzó a hundirse poniéndolos a ellos en peligro. 24Los discípulos fueron a
despertar a Jesús y lo llamaron a gritos:

—¡Maestro, Maestro, nos estamos hundiendo!

Él se levantó y ordenó al viento y a las olas
que se calmaran. La tormenta se detuvo y todo
quedó tranquilo.

25Después les dijo a sus discípulos:

—¿Dónde está la fe de ustedes?

Ellos, llenos de temor y asombro, se decían
unos a otros: «¿Quién será este hombre que aun
los vientos y el mar lo obedecen?»

Liberación de un endemoniado

26Siguieron navegando hasta la otra orilla del
lago, hasta la región de los gerasenos, frente a
Galilea. 27Al bajar Jesús de la barca, un endemoniado que venía del pueblo le salió al encuentro.
Este hombre desde hacía mucho tiempo andaba desnudo y no vivía en una casa sino en los
sepulcros. 28Cuando vio a Jesús, lanzó un grito y
cayó de rodillas ante él. Entonces dijo a gran voz:

—¿Qué quieres conmigo, Jesús, Hijo del Dios
Altísimo? ¡Te ruego que no me atormentes!

29Decía eso porque Jesús le había ordenado
al espíritu maligno que saliera del hombre. Ese
espíritu se había apoderado de él muchas veces.
Al hombre le ponían cadenas en los pies y en las
manos para sujetarlo, y lo mantenían vigilado,
pero él rompía las cadenas y el demonio lo hacía
huir a lugares solitarios.

30Jesús le preguntó:

—¿Cómo te llamas?

Respondió:

—Legión.

Así contestó porque habían entrado en él
muchos demonios. 31Estos le suplicaban que no
los mandara al abismo.

32Como había en la colina muchos cerdos
comiendo, los demonios le rogaron a Jesús que
los dejara entrar en ellos. Y él les dio permiso. 33Cuando los demonios salieron del hom-

bre, entraron en los cerdos. Y todos los cerdos
corrieron hacia el lago por el despeñadero y se
ahogaron.
34Los que cuidaban a los cerdos vieron lo que
pasó y se fueron a llevar la noticia al pueblo y por
los campos. 35La gente salió a ver lo que había
pasado. Al llegar, encontraron a Jesús y, sentado
a sus pies, al hombre del que habían salido los
demonios. Cuando lo vieron vestido y en su sano
juicio, se llenaron de miedo. 36Los que vieron
estas cosas le contaron a la gente cómo había
sido sanado el endemoniado. 37Entonces toda la
gente de la región de los gerasenos le pidió a
Jesús que se fuera de allí, porque todos tenían
mucho miedo.
En el momento en que Jesús subía a la barca
para irse, 38el hombre del que habían salido los
demonios le suplicó que lo dejara acompañarlo;
pero Jesús le dijo:
39—Vuelve a tu casa y cuenta todo lo que Dios
ha hecho por ti.
El hombre se fue y le contó a todo el pueblo
lo que Jesús había hecho por él.

Una niña muerta y una mujer enferma

40Cuando Jesús regresó, la gente lo recibió con
alegría, pues todos lo estaban esperando. 41En eso
llegó un hombre llamado Jairo, que era jefe de la
sinagoga. Se arrojó a los pies de Jesús y le suplicó
que fuera a su casa, 42porque su única hija, que
tenía doce años, se estaba muriendo.
Mientras Jesús iba hacia allá, la gente lo apretujaba.
43Entre la gente había una mujer que estaba
enferma desde hacía doce años. Tenía derrames
de sangre y nadie había podido sanarla, a pesar
de haber gastado cuanto tenía en médicos. 44Ella
se acercó a Jesús por detrás y le tocó el borde
del manto. En ese mismo momento quedó sana.
45Jesús preguntó:
—¿Quién me tocó?
Como todos negaban haberlo tocado, Pedro
le dijo:
—Maestro, es mucha la gente que te aprieta
y empuja.
46Jesús respondió:
—Pero alguien me ha tocado; lo sé porque de
mí ha salido poder.
47La mujer, al verse descubierta, fue temblando
y se arrojó a los pies de Jesús. Y allí, frente a toda
la gente, le contó por qué lo había tocado y cómo
en ese mismo momento había quedado sana.
48Le dijo Jesús:
—Hija, tu fe te ha sanado. Vete tranquila.
49Jesús estaba todavía hablando, cuando llegó
alguien de la casa de Jairo, el jefe de la sinagoga,
y le dijo:
—Tu hija ha muerto. No molestes más al
Maestro.
50Jesús, que lo oyó, le dijo a Jairo:
—No tengas miedo; nada más cree y ella se
sanará.
51Cuando llegó a la casa de Jairo, sólo permitió que entraran con él Pedro, Juan, Jacobo y el
padre y la madre de la niña; y nadie más. 52Todos
estaban llorando y lamentaban la muerte de la
niña. Pero Jesús les dijo:
—¡No lloren! Ella no está muerta, sino dormida.
53La gente empezó a burlarse de él, porque
sabían que estaba muerta. 54Pero él la tomó de
la mano y le dijo:
—¡Niña, levántate!
55Ella volvió a la vida y al instante se levantó.
Entonces Jesús mandó que le dieran de comer.
56Los padres estaban asombrados, pero él les
ordenó que no contaran a nadie lo que había
sucedido.

Jesús envía a los doce

9 Jesús reunió a sus doce discípulos y les dio
poder y autoridad para echar fuera a todos
los demonios y para sanar enfermedades. 2Los
envió a anunciar el reino de Dios y a sanar a
los enfermos.
3Les dijo: «No lleven nada para el camino: ni
bastón, ni bolsa, ni comida, ni dinero, ni más
ropa que la que traen puesta. 4En la casa a la
que lleguen, quédense hasta que salgan de ese
pueblo. 5Si en algún pueblo no quieren recibirlos,
al salir de allí sacúdanse el polvo de los pies como
un testimonio contra ellos».
6Entonces se fueron de pueblo en pueblo
anunciando las buenas noticias y sanando a los
enfermos.
7Cuando Herodes se enteró de todo lo que
estaba sucediendo, quedó confundido. Es que
algunos decían que Juan había resucitado. 8Otros
sostenían que Elías había aparecido; y aun otros,
que había resucitado alguno de los antiguos profetas.
9Pero Herodes dijo: «Yo mismo mandé que a
Juan le cortaran la cabeza. ¿Quién será entonces
éste, de quien oigo estas cosas?»
Y buscaba la oportunidad de verlo.

Jesús alimenta a los cinco mil

10Cuando los apóstoles regresaron, le contaron
a Jesús lo que habían hecho. Él se los llevó sólo
a ellos a un pueblo llamado Betsaida. 11Pero la
gente se dio cuenta donde estaba y lo siguió. Él
los recibió y les habló del reino de Dios, y sanó
a los enfermos. 12Como empezaba a oscurecer,
los doce se le acercaron y le dijeron:

—Despide a la gente, para que vaya a los
campos y pueblos cercanos a buscar comida y
alojamiento, pues aquí no hay nada.
13Jesús les dijo:
—Denles ustedes de comer.
Ellos le respondieron:
—No tenemos más que cinco panes y dos
pescados. Para dar de comer a toda esta gente
tendríamos que ir a comprar comida. 14Había allí
como cinco mil hombres. Pero Jesús dijo a sus
discípulos:
—Hagan que la gente se siente en grupos de
cincuenta.
15Los discípulos así lo hicieron, y todos se sentaron. 16Entonces Jesús tomó los cinco panes y los
dos pescados, miró al cielo y los bendijo. Luego
los partió y se los dio a los discípulos para que
los repartieran a la gente. 17Todos comieron hasta
quedar satisfechos; y recogieron doce canastas
con los pedazos que sobraron.

La confesión de Pedro

18Un día en que Jesús estaba orando a solas,
sus discípulos lo acompañaban, y él les preguntó:
—¿Quién dice la gente que soy yo?
19Ellos le respondieron:
—Unos dicen que eres Juan el Bautista, otros
que eres Elías, y otros que eres uno de los antiguos profetas que ha resucitado.
20—Y ustedes, ¿quién dicen que soy yo?
Pedro contestó:
—Eres el Cristo de Dios.
21Jesús les dio órdenes estrictas de que no le
dijeran esto a nadie. Y les explicó:
22—El Hijo del hombre va a sufrir mucho y
será rechazado por los ancianos, por los jefes de
los sacerdotes y por los maestros de la ley. Lo van
a matar, pero al tercer día resucitará.
23Entonces se dirigió a todos y les dijo:
—El que quiera ser mi discípulo debe olvidarse de sí mismo, llevar su cruz cada día y
seguirme, 24porque el que quiera salvar su vida,
la perderá; pero el que pierda su vida por causa de
mí, la salvará. 25¿De qué le sirve a alguien ganar
el mundo entero si se destruye a sí mismo? 26Si
alguien se avergüenza de mí y de mis palabras,
el Hijo del hombre se avergonzará de él cuando
venga en su gloria y en la gloria del Padre y de
los santos ángeles. 27Les aseguro que algunos de
los que están aquí no morirán sin antes haber
visto el reino de Dios.

La transfiguración

28Más o menos ocho días después de haber
dicho esto, Jesús, acompañado de Pedro, Juan y
Jacobo, subió a una montaña para orar. 29Mien-
tras oraba, su cara cambió y su ropa se volvió
blanca y brillante. 30Entonces aparecieron dos
hombres: eran Moisés y Elías que conversaban
con Jesús. 31Estaban rodeados de gloria, y hablaban de la partida de Jesús, que iba a ocurrir en
Jerusalén. 32Pedro y sus compañeros se habían
quedado dormidos, rendidos por el cansancio.
Pero cuando se despertaron, vieron su gloria y a
los dos hombres que estaban con él. 33Mientras
estos hombres se alejaban de Jesús, Pedro le dijo:
—Maestro, ¡qué bueno que estemos aquí!
Podemos construir tres chozas: una para ti, otra
para Moisés y otra para Elías.
Pero él no sabía lo que decía.
34No había terminado de hablar cuando apareció una nube que los envolvió y ellos se llenaron
de miedo. 35De la nube salió una voz que dijo:
«Este es mi Hijo, al que yo escogí. Escúchenlo».
36Después que se oyó la voz, Jesús quedó solo.
Los discípulos por algún tiempo no le dijeron
nada a nadie de lo que habían visto.

Jesús sana a un muchacho endemoniado

37Al día siguiente, cuando bajaron de la montaña, mucha gente les salió al encuentro. 38De
entre toda esa gente, un hombre le dijo:
—Maestro, te ruego que ayudes a mi hijo, pues
es el único que tengo. 39Un espíritu se apodera
de él y, de repente, hace gritar al muchacho.
También lo sacude con violencia y hace que eche
espuma por la boca. Cuando por fin lo suelta, lo
deja todo lastimado.
40Les rogué a tus discípulos que echaran fuera
al espíritu, pero no pudieron.
41Respondió Jesús:
—¡Oh, gente falta de fe y perversa! ¿Hasta
cuándo tendré que estar con ustedes y soportarlos? Trae acá a tu hijo.
42Cuando el muchacho se acercaba, el demonio lo derribó e hizo que temblara con violencia.
Pero Jesús reprendió al espíritu maligno, sanó al
muchacho y se lo devolvió a su padre. 43Todos
quedaron asombrados ante la grandeza de Dios.
Y mientras la gente seguía tan asombrada por
todo lo que hacía, Jesús dijo a sus discípulos:
44—Pongan mucha atención a lo que les voy
a decir: El Hijo del hombre va a ser entregado
en manos de los hombres.
45Pero los discípulos no entendían lo que Jesús
quería decir con esto. Todavía todo estaba como
nublado para ellos y no podían comprenderlo. Y
no se atrevían a preguntarle.

¿Quién va a ser el más importante?

46Cierto día, los discípulos comenzaron a discutir acerca de quién de ellos sería el más importante. 47Jesús sabía lo que ellos pensaban, así que
tomó a un niño y lo puso junto a él. 48Les dijo:

9.23–26

—El que recibe a este niño en mi nombre, me
recibe a mí; y el que me recibe a mí, recibe al
que me envió. El que es más insignificante entre
todos ustedes, ése es el más importante.
49Juan le dijo:
—Maestro, vimos a un hombre que echaba
fuera demonios en tu nombre, pero como no
anda con nosotros, tratamos de que no lo hiciera.
50Jesús les respondió:
—No se lo impidan, porque el que no está
contra ustedes está a favor de ustedes.

La oposición de los samaritanos

51Cuando se acercaba el tiempo de que Jesús
subiera al cielo, él se hizo el firme propósito de ir
a Jerusalén. 52Envió por delante mensajeros, que
fueron a un pueblo samaritano para prepararle
alojamiento. 53Pero allí no quisieron recibirlo,
porque sabían que se dirigía a Jerusalén.[d] 54Cuan-
do Jacobo y Juan, sus discípulos, vieron esto, le
preguntaron:
—Señor, ¿quieres que mandemos que caiga
fuego del cielo y los destruya?
55Pero Jesús se volvió a ellos y los reprendió.
56Luego siguieron su camino hacia otro pueblo.

Lo que cuesta seguir a Jesús

57Cuando iban por el camino, alguien le dijo:
—Te seguiré a dondequiera que vayas.
58Jesús le respondió:
—Las zorras tienen guaridas y las aves tienen
nidos, pero el Hijo del hombre no tiene ni donde
recostar la cabeza.
59En otra ocasión, a otro le dijo:
—Sígueme.
Él le contestó:
—Señor, primero déjame ir a enterrar a mi
padre.
60Jesús le respondió:
—Deja que los muertos entierren a sus propios muertos. Tu deber es ir y anunciar el reino
de Dios.
61Otro le dijo:
—Señor, yo te seguiré, pero primero déjame
ir a despedirme de mi familia.
62Jesús le respondió:
—El que pone la mano en el arado y vuelve
la vista atrás no es útil para el reino de Dios.

Jesús envía a los setenta y dos

10 Después de esto, el Señor escogió a otros
setenta y dos discípulos y los envió de dos
en dos para que llegaran antes que él a todos los
pueblos y lugares donde él pensaba ir. 2Les dijo:
«La cosecha es mucha y son muy pocos los obreros. Por eso, pídanle al Señor de la cosecha que
mande obreros a su campo. 3¡Vayan ustedes! Pero
fíjense que los envío como corderos en medio de
lobos. 4No lleven dinero, ni bolsa, ni zapatos, ni
se detengan a saludar a nadie por el camino.
5»Cuando lleguen a una casa, primero saluden
y digan: "Paz a esta casa". 6Si hay allí alguien
digno de paz, la recibirá; pero si no, la bendición
no se cumplirá. 7Quédense en la misma casa,
coman y beban lo que allí les den, porque el
trabajador tiene derecho a su salario. No anden
de casa en casa.
8»Cuando lleguen a un pueblo y los reciban
bien, coman lo que les sirvan. 9Sanen a los enfermos y díganles: "El reino de Dios ya está cerca
de ustedes". 10Pero cuando lleguen a un pueblo y
no los reciban bien, salgan a las plazas y digan:
11"Hasta el polvo de este pueblo, que se nos ha
pegado a los pies, lo sacudimos en protesta contra
ustedes. Pero les aseguro que el reino de Dios
ya está cerca". 12Ciertamente, en aquel día, el
castigo de este pueblo será peor que el castigo
de Sodoma.
13»¡Ay de ti, Corazín! ¡Ay de ti, Betsaida! Porque
si los milagros que se hicieron entre ustedes, se
hubieran hecho en Tiro y en Sidón, hace tiempo
que se habrían arrepentido, y se habrían vestido
con ropas ásperas y echado ceniza en la cabeza. 14Pero en el juicio, el castigo reservado para
ustedes será peor que el de Tiro y Sidón. 15Y tú,
Capernaúm, ¿piensas que serás levantada hasta
el cielo? No, sino que bajarás hasta el abismo.
16»El que los escucha a ustedes, me escucha
a mí. El que los rechaza a ustedes, me rechaza
a mí. Y el que me rechaza a mí, rechaza al que
me envió».
17Los setenta y dos discípulos regresaron contentos
de la misión y dijeron:
—Señor, hasta los demonios nos obedecen
cuando les damos órdenes en tu nombre.
18Él les respondió:
—Yo vi a Satanás caer del cielo como un rayo.
19Sí, yo les he dado a ustedes poder para pisotear serpientes y escorpiones, para vencer todo
el poder del enemigo, y nada les hará daño. 20Sin
embargo, no se alegren de que los espíritus les
obedezcan, sino alégrense de que sus nombres
están escritos en el cielo.
21En ese momento Jesús, lleno de alegría por
el Espíritu Santo, dijo: «Te alabo, Padre, Señor
del cielo y de la tierra, porque no permitiste que
los sabios e instruidos conocieran estas cosas,
sino que se las has revelado a los que son como
niños. Sí, Padre, porque así lo quisiste.
22»Mi Padre me ha entregado todas las cosas.
Nadie sabe quién es el Hijo, sino el Padre; y nadie

9.57–62 10.19–20

d. Caso típico de discriminación. Los judíos llamaban *mestizos* a los samaritanos, y éstos odiaban a los judíos (vea Juan 4.9).

sabe quién es el Padre, sino el Hijo y aquel a quien el Hijo se lo quiera revelar».

23Volviéndose a sus discípulos, les dijo a solas: «Dichosos los ojos que ven lo que ustedes ven. 24Pues yo les digo que muchos profetas y reyes quisieron ver lo que ustedes ven, pero no lo vieron; y oír lo que ustedes oyen, pero no lo oyeron».

Parábola del buen samaritano

25Un maestro de la ley fue ante Jesús y lo quiso poner a prueba haciéndole esta pregunta:

—Maestro, ¿qué tengo que hacer para tener la vida eterna?

26Jesús le respondió:

—¿Qué está escrito en la ley? ¿Entiendes tú lo que quiere decir?

27El maestro de la ley respondió:

—«Ama al Señor tu Dios con todo tu corazón, con toda tu alma, con todas tus fuerzas y con toda tu mente», y «Ama a tu prójimo como a ti mismo».

28Jesús le dijo:

—Contestaste muy bien. Haz eso y vivirás.

29Pero él, queriendo justificarse, le volvió a preguntar:

—¿Y quién es mi prójimo?

30Jesús le respondió:

—En cierta ocasión, un hombre iba de Jerusalén a Jericó y cayó en manos de unos ladrones. Éstos le quitaron todo lo que llevaba, lo golpearon y lo dejaron medio muerto. 31Entonces pasó por el mismo camino un sacerdote que, al verlo, se hizo a un lado y siguió de largo. 32Luego, un levita pasó también por el mismo lugar y, al verlo, se hizo a un lado y siguió de largo. 33Pero un samaritano que iba de viaje por el mismo camino, se acercó al hombre y, al verlo, se compadeció de él. 34Llegó adonde estaba, le curó las heridas con vino y aceite, y se las vendó. Luego lo montó sobre su propia cabalgadura, lo llevó a un alojamiento y lo cuidó. 35Al día siguiente, le dio dos monedas de plata al dueño del alojamiento y le dijo: «Cuídeme a este hombre, y lo que gaste usted de más, se lo pagaré cuando vuelva». 36¿Cuál de los tres piensas que se comportó como el prójimo del que cayó en manos de los ladrones?

37El maestro de la ley contestó:

—El que se compadeció de él.

Entonces Jesús le dijo:

—Anda pues y haz tú lo mismo.

En casa de Marta y María

38Jesús y sus discípulos continuaron su viaje y entraron en un pueblo. Allí, una mujer llamada Marta los recibió en su casa. 39Ella tenía una hermana llamada María, que se sentó a los pies del Señor a escucharlo. 40Marta estaba preocupada, pues tenía mucho que hacer. Entonces se acercó a Jesús y le dijo:

—Señor, ¿no te importa que mi hermana me haya dejado sirviendo sola? Dile que me ayude.

41Jesús le contestó:

—Marta, Marta, te preocupas demasiado por muchas cosas. 42Pero sólo una es necesaria. María ha escogido la mejor, y nadie se la va a quitar.

Jesús enseña sobre la oración

11 Un día que Jesús estaba orando en cierto lugar, al terminar uno de sus discípulos le dijo:

—Señor, enséñanos a orar, así como Juan enseñó a sus discípulos.

2Él les dijo:

—Cuando oren, digan:

«Padre, santificado sea tu nombre. Venga tu reino. 3Danos hoy nuestro pan de cada día. 4Y perdónanos nuestros pecados, porque también nosotros perdonamos a todos los que nos hacen mal. Y no nos metas en tentación».[e]

5Y siguió diciendo:

—Supongamos que uno de ustedes tiene un amigo, y a medianoche va y le dice: "Amigo, préstame tres panes, 6porque un amigo mío acaba de llegar de un viaje y no tengo nada que ofrecerle". 7Y el que está adentro le responde: "No me molestes. La puerta ya está cerrada, y mis hijos y yo estamos acostados. No puedo levantarme a dártelos". 8Les digo que se levantará a darle el pan, no por que sea su amigo, sino por su impertinencia, y le dará todo lo que necesite.

9»Por eso yo les digo: Pidan, y se les dará; busquen, y encontrarán; llamen, y se les abrirá. 10Porque todo el que pide, recibe; el que busca, encuentra; y al que llama, se le abre.

11»¿Alguno de ustedes que sea padre, si su hijo le pide un pescado, le dará una serpiente? 12¿O si le pide un huevo, le dará un escorpión? 13Pues si ustedes, que son malos, saben darles cosas buenas a sus hijos, con mayor razón el Padre celestial dará el Espíritu Santo a quienes se lo pidan».

Jesús y Beelzebú

14En cierta ocasión cuando Jesús estaba echando fuera de un hombre a un demonio que lo había dejado mudo, al salir el demonio el mudo empezó a hablar. La gente se quedó asombrada por esto; 15pero algunos dijeron: «Seguramente que este echa fuera a los demonios por medio de Beelzebú, el príncipe de los demonios».

e. Algunos manuscritos antiguos agregan aquí otra porción a la Oración del Señor, como se ve en Mateo 6.9-13.

10.29–37 11.9 11.13

16Otros, para ponerlo a prueba, le pedían una
señal del cielo. 17Como él conocía sus pensamientos, les dijo: «Cualquier reino dividido contra sí
mismo quedará destruido. Una casa dividida contra sí misma se derrumbará. 18Por eso, si Satanás
está dividido contra sí mismo, ¿cómo es que su
reino no ha quedado destruido? Les pregunto
esto porque ustedes dicen que yo echo fuera a
los demonios con el poder de Beelzebú. 19Pero
si yo echo fuera a los demonios por medio de
Beelzebú, los seguidores de ustedes ¿por medio
de quién los echan fuera? Por eso, ellos mismos
serán los jueces de ustedes. 20Pero si yo echo fuera
a los demonios con el poder de Dios, eso quiere
decir que el reino de Dios ha llegado a ustedes.

21»Cuando un hombre fuerte y bien armado
cuida su casa, todo lo que él tiene está seguro.
22Pero si llega otro más fuerte que él y lo vence,
le quitará las armas en que confía y repartirá
todo lo que le quitó.

23»El que no está de mi parte, está contra mí,
y el que no recoge, desparrama.

24»Cuando un espíritu maligno sale de una
persona, anda por lugares áridos buscando donde
descansar. Y cuando no lo encuentra, dice: "Volveré a mi casa, de donde salí". 25Cuando regresa,
la encuentra barrida y arreglada. 26Así que va y
trae otros siete espíritus peores que él, y todos
entran a vivir allí. Y al final, esta persona está
peor que al principio».

27Mientras Jesús hablaba, una mujer de entre
la multitud gritó:

—¡Dichosa la mujer que te dio a luz y te amamantó!

28Jesús contestó:

—¡Dichosos, más bien, los que oyen la palabra de Dios y la obedecen!

La señal de Jonás

29Como la gente seguía llegando, Jesús comenzó a decirles: «Esta es una generación de gente
malvada. Pide una señal milagrosa, pero la única
señal que se le dará será lo que le pasó a Jonás.
30Así como Jonás fue una señal para los habitantes de Nínive, también el Hijo del hombre lo
será para esta generación. 31La reina del Sur se
levantará en el día del juicio y condenará a esta
gente, porque ella vino desde los confines de la
tierra para escuchar la sabiduría de Salomón. Y
ustedes tienen aquí a uno más grande que Salomón. 32La gente de Nínive se levantará en el día
del juicio y condenará a esta generación, porque
ellos se arrepintieron al escuchar la predicación
de Jonás. Y ustedes tienen aquí a uno más grande
que Jonás.

La lámpara del cuerpo

33»Nadie enciende una lámpara y luego la
esconde o la cubre con un cajón. Al contrario,
la pone en alto para que alumbre a los que entren
en la casa. 34Tus ojos son la lámpara de tu cuerpo. Si tus ojos ven con claridad, toda tu vida se
llenará de luz. Pero si al ver hay confusión, toda
tu vida estará en tinieblas. 35Procura que la luz
que hay en ti no sea tinieblas. 36Por tanto, si todo
tu ser está lleno de luz, sin que haya ninguna
parte en tinieblas, verás todo claramente, como
cuando una lámpara te alumbra con su resplandor».

Jesús denuncia a los fariseos y a los maestros de la ley

37Cuando Jesús terminó de hablar, un fariseo
lo invitó a comer con él. Jesús entró en su casa
y se sentó a la mesa. 38El fariseo se sorprendió
cuando vio que Jesús no había cumplido con el
rito de lavarse antes de comer. 39El Señor le dijo:

—Ustedes los fariseos limpian el vaso y el plato por fuera, pero ustedes mismos están llenos
de codicia y maldad por dentro. 40¡Necios! El que
hizo lo de afuera, ¿no hizo también lo de adentro?
41Den a los pobres de lo que ustedes tienen dentro,
y así todo quedará limpio.

42»¡Ay de ustedes, fariseos!, porque se cuidan
de dar la décima parte de la menta, de la ruda
y de toda clase de legumbres, pero no tienen
cuidado de la justicia y el amor de Dios. Debían
haber hecho eso, sin dejar de hacer lo otro.

43»¡Ay de ustedes, fariseos!, porque aman los
asientos de honor en las sinagogas y que los saluden en las plazas.

44»¡Ay de ustedes!, porque son como sepulcros ocultos, que la gente no ve y pisa sin darse
cuenta.

45Un maestro de la ley le dijo:

—Maestro, cuando dices todo esto también a nosotros nos insultas.

46Jesús le respondió:

—¡Ay de ustedes también, maestros de la ley! Ponen sobre los demás cargas que apenas pueden soportar, y ustedes no levantan ni un dedo para ayudarlos.

47»¡Ay de ustedes!, porque construyen monumentos para los profetas que los antepasados de
ustedes mismos mataron. 48Así demuestran que
están de acuerdo con lo que hicieron sus propios antepasados: ellos mataron a los profetas
y ustedes les construyen los sepulcros. 49Por eso
Dios, en su sabiduría, dijo: "Les enviaré profetas
y apóstoles, y a algunos de ellos los matarán y
a otros los perseguirán". 50Por eso, a esta gene-

11.27 11.33 11.42

ración se le va a pedir cuentas de la muerte de
todos los profetas desde el principio del mundo:
[51]desde la muerte de Abel hasta la de Zacarías, a
quien mataron entre el altar y el santuario. Sí,
les aseguro que a esta generación se le pedirá
cuentas de todo esto.
[52]»¡Ay de ustedes, maestros de la ley!, porque
se han quedado con el control del conocimiento.
Ustedes mismos no entran; y a los que quieren
entrar, no los dejan».
[53]Cuando Jesús salió de allí, los maestros de la
ley y los fariseos comenzaron a acosarlo con preguntas. [54]Lo que hacían era ponerle trampas para
que dijera algo por lo que pudieran acusarlo.

Advertencias y estímulos

12 Mientras, se habían juntado miles de personas, tantas que se atropellaban unas a
otras. Jesús comenzó a hablar y les dijo primero
a sus discípulos: «Cuídense de la levadura de los
fariseos, o sea, de su hipocresía. [2]Porque no hay
nada encubierto que no llegue a descubrirse, ni
nada escondido que no llegue a conocerse. [3]Lo
que ustedes hayan dicho en la oscuridad se conocerá a plena luz, y lo que hayan dicho en secreto,
a puerta cerrada, se publicará desde las azoteas.
[4]»A ustedes, mis amigos, les digo que no tengan miedo de los que matan el cuerpo, porque
eso es todo lo que les pueden hacer. [5]Les diré a
quién deben de temer: teman al que, después de
quitar la vida, tiene poder para echarlos al infierno. A él sí que le deben temer. [6]¿No se venden
cinco pajarillos por dos moneditas? Sin embargo,
Dios no se olvida de ninguno de ellos. [7]Así pasa
con ustedes: hasta los cabellos de su cabeza están
contados. No tengan miedo, pues ustedes valen
más que muchos pajarillos.
[8]»Les aseguro que al que me reconozca públicamente, lo reconoceré en la presencia de los
ángeles de Dios. [9]Pero negaré delante de los
ángeles a aquellos que me nieguen delante de la
gente. [10]Cualquiera que diga algo contra el Hijo
del hombre será perdonado, pero el que blasfeme
contra el Espíritu Santo no será perdonado.
[11]»Cuando los lleven a las sinagogas y ante los
gobernantes y las autoridades, no se preocupen
por lo que tengan que decir o de cómo vayan a
defenderse, [12]porque el Espíritu Santo les enseñará en ese momento lo que deben decir».

Parábola del rico insensato

[13]Uno de entre la gente le dijo:
—Maestro, dile a mi hermano que comparta
la herencia conmigo.
[14]Jesús le respondió:
—Hombre, ¿quién me ha puesto a mí de juez
o árbitro entre ustedes?
[15]Y le dijo a la gente:
—Tengan cuidado y dejen toda avaricia. La vida
de una persona no depende de las muchas cosas
que posea.
[16]Entonces les contó esta parábola:
—Un hombre rico tenía un terreno que le
había producido muy buena cosecha. [17]Y se puso
a pensar: «¿Qué haré? No tengo dónde guardar
mi cosecha». [18]Después de pensarlo dijo: «Ya sé
lo que haré. Derribaré mis graneros y construiré
unos más grandes, donde pueda guardar toda mi
cosecha y mis bienes. [19]Entonces diré: Alma mía,
ya tienes muchas cosas buenas guardadas para
muchos años. Descansa, come, bebe y disfruta de
la vida». [20]Pero Dios le dijo: «¡Necio! Esta misma
noche perderás la vida. ¿Y quién disfrutará de
todo lo que has guardado?»
[21]»Así le sucede al que acumula riquezas para
sí mismo, pero no es rico delante de Dios».

No se preocupen

[22]Después Jesús les aconsejó a sus discípulos:
—Por eso les digo: No se preocupen por su
vida, qué van a comer; ni por su cuerpo, con
qué se van a vestir. [23]La vida tiene más valor que
la comida y el cuerpo más que la ropa. [24]Miren
a los cuervos, que no siembran ni cosechan ni
tienen almacén ni granero y sin embargo, Dios
los alimenta. ¡Ustedes valen mucho más que
las aves! [25]¿Quién de ustedes, por mucho que se
afane, puede alargar su vida una hora más? [26]Si
no pueden hacer esto tan sencillo, ¿por qué se
preocupan por lo demás?
[27]»Fíjense cómo crecen los lirios, que no trabajan ni hilan. Y yo les digo que ni siquiera Salomón con toda su riqueza se vistió como uno de
ellos. [28]Si Dios viste así a las flores que hoy están
aquí y mañana las queman en el horno, ¡cómo
no hará más por ustedes, gente de poca fe!
[29]Y no se preocupen por qué van a comer o a
beber; no se angustien. [30]La gente que no conoce a Dios se preocupa por estas cosas, pero el
Padre sabe que ustedes las necesitan. [31]Ustedes
busquen, antes que nada, el reino de Dios, y
recibirán también estas cosas.
[32]»No tengan miedo, mi pequeño rebaño, porque el Padre de ustedes, en su bondad, quiere
darles el reino. [33]Vendan lo que tienen, y den a
los pobres. Hagan para ustedes bolsas que no se
desgasten; guarden en el cielo un tesoro que no
se acabe. Allí no hay ladrón que robe ni polilla
que destruya. [34]Donde ustedes tengan su tesoro,
allí tendrán también su corazón.

La vigilancia

[35]»Estén siempre listos, con la ropa bien ajus-
tada y la lámpara encendida, [36]como los sirvien-

12.8–9 12.12 12.15 12.22–24 12.29–32

tes que esperan a que su señor regrese de un banquete de bodas, para abrirle la puerta en el momento en que él llegue y toque. 37Dichosos los sirvientes a los que su señor encuentre atentos a su llegada. Les aseguro que se ajustará la ropa, hará que los sirvientes se sienten a la mesa y él mismo se pondrá a servirles. 38Dichosos los sirvientes a los que su señor encuentre preparados sin importar si llega a la media noche o de madrugada. 39Dense cuenta de esto: Si el dueño de una casa supiera la hora a la que va a llegar el ladrón, estaría atento para no dejarlo entrar. 40Así ustedes estén siempre preparados, porque el Hijo del hombre vendrá cuando menos lo esperen».

41Pedro le preguntó:

—Señor, ¿a quién le cuentas esta parábola?, ¿sólo a nosotros o también a todos los demás?

42El Señor le respondió:

—¿Quién es el mayordomo fiel y atento al que su señor deja encargado de los otros sirvientes para darles la comida a tiempo? 43Dichoso el sirviente al que su señor, al regresar, encuentra cumpliendo con su deber. 44Les aseguro que lo pondrá a cargo de todos sus bienes. 45Pero si el sirviente piensa: «Mi señor va a tardar en volver», y comienza a golpear a los criados y a las criadas, y a comer y a beber y a emborracharse, se verá en serios problemas. 46Cuando vuelva su señor, el día y a la hora que el sirviente menos se lo espera, lo castigará con un castigo tan grande como el que se les da a los incrédulos.

47»El sirviente que sabe lo que quiere su señor y no se prepara para hacerlo, recibirá muchos golpes. 48Pero el que no lo sabe y hace algo que merezca castigo, recibirá pocos golpes. A todo el que se le da mucho, también mucho se le exigirá; y al que mucho se le confía mucho más se le pedirá.

División en vez de paz

49»He venido a traer fuego a la tierra, y ¡cómo quisiera que ya estuviera ardiendo! 50Pero todavía tengo que pasar por la prueba de un bautismo, y ¡cuánto sufro hasta que se cumpla! 51¿Creen ustedes que vine a traer paz a la tierra? ¡No! Vine a traer división. 52De ahora en adelante estarán divididos cinco en una familia, tres contra dos, y dos contra tres. 53Estarán divididos el padre contra su hijo y el hijo contra su padre, la madre contra su hija y la hija contra su madre, la suegra contra su nuera y la nuera contra su suegra».

Señales de los tiempos

54Luego Jesús le dijo a la gente:

—Cuando ustedes ven una nube que se forma en el occidente, dicen: «Va a llover»; y así sucede. 55Y cuando sopla el viento del sur, dicen: «Va a hacer calor»; y así sucede. 56¡Hipócritas! Saben interpretar el aspecto del cielo y de la tierra, pero no saben interpretar este tiempo presente.

57»¿Por qué no juzgan por ustedes mismos lo que es correcto? 58Si tienes que ir ante la autoridad con alguien que te ha acusado, trata de reconciliarte con él mientras van en camino. Hazlo antes que te lleve por la fuerza ante el juez, y el juez te entregue al guardia, y el guardia te meta en la cárcel. 59Te aseguro que no saldrás de allí hasta que pagues el último centavo».

El que no se arrepiente perecerá

13 Por ese mismo tiempo había unas personas que le contaron a Jesús que Pilato había mandado matar a unos hombres de Galilea mientras ofrecían sus sacrificios.

2Jesús les respondió: «¿Piensan ustedes que esos hombres sufrieron así porque eran más pecadores que todos los demás? 3¡No! Y si ustedes no se arrepienten, todos ustedes también morirán. 4¿Y qué piensan de los dieciocho que murieron cuando les cayó encima la torre de Siloé? ¿Eran acaso más culpables que todos los demás habitantes de Jerusalén? 5¡No! ¡Y si ustedes no se arrepienten, todos ustedes también morirán!»

6Entonces les contó esta parábola: «Un hombre tenía plantada una higuera en su viñedo. Cuando fue a buscar fruto en ella, no encontró nada, 7así que le dijo al que cuidaba el viñedo: "Por tres años he venido a buscar fruto en esta higuera, y no he encontrado ninguno. Por tanto, córtala para que no siga ocupando terreno". 8El que cuidaba el viñedo le respondió: "Señor, déjela todavía un año más. Yo removeré la tierra a su alrededor y le echaré abono. 9Tal vez así dé fruto. Y si no da, córtela"».

Jesús sana a una mujer encorvada

10Un sábado, Jesús estaba enseñando en una sinagoga. 11Allí estaba una mujer que llevaba dieciocho años enferma por causa de un demonio. Andaba encorvada y no podía enderezarse del todo. 12Cuando Jesús la vio, la llamó y le dijo:

—Mujer, quedas libre de tu mal.

13Le dijo eso mientras ponía las manos sobre la mujer, y ella al instante se enderezó y comenzó a alabar a Dios. 14El jefe de la sinagoga se enojó, porque Jesús había sanado en sábado, y le dijo a la gente:

—Hay seis días en que se puede trabajar. Vengan esos días para ser sanados y no el sábado.

15El Señor le contestó:

—¡Hipócritas! ¿No desatan ustedes su buey o su burro en sábado y lo llevan a tomar agua? 16Y a esta mujer, que es descendiente de Abraham, y a

12.42–44

quien Satanás tuvo enferma por dieciocho años,
¿no se le debía desatar esta cadena en sábado?
17Cuando él habló de esta manera, sus enemigos quedaron en vergüenza ante la gente, pero
ésta estaba feliz por las maravillas que él hacía.

Parábola del grano de mostaza y de la levadura

18Jesús también les dijo:
—¿A qué se parece el reino de Dios? ¿Con qué
puedo compararlo? 19El reino de Dios se parece
a una semilla de mostaza que un hombre sembró en su huerto. Creció y se convirtió en un
árbol grande, y en sus ramas las aves hicieron
sus nidos.
20Jesús volvió a decir:
—¿Con qué puedo comparar el reino de Dios?
21Se puede comparar con la levadura que una
mujer mezcló con una gran cantidad de harina,
y la levadura hizo que fermentara toda la masa.

La puerta estrecha

22Jesús continuó su viaje a Jerusalén y enseñaba en los pueblos y aldeas por donde pasaba.
23Alguien le preguntó:
—Señor, ¿son pocos los que se van a salvar?
Él contestó:
24—Traten de entrar por la puerta angosta,
porque muchos tratarán de entrar y no podrán.
25Cuando el dueño de la casa se levante y cierre
la puerta, ustedes se pondrán a golpearla, y gritarán: «Señor, ábrenos». Pero él les contestará:
«No sé quiénes son ustedes». 26Y ustedes dirán:
«Comimos y bebimos contigo, y tú enseñaste en
nuestras calles». 27Pero él les contestará: «Ya les
dije que no sé quiénes son ustedes. ¡Apártense de
mí, malhechores!»
28»Cuando a ustedes los echen fuera, allí habrá
llanto y rechinar de dientes, porque verán en el
reino de Dios a Abraham, Isaac, Jacob y a todos
los demás profetas. 29Y vendrá gente del oriente
y del occidente, del norte y del sur, para sentarse
a la cena en el reino de Dios. 30Entonces verán
que los que fueron últimos serán primeros, y los
que fueron primeros serán últimos».

Lamento de Jesús sobre Jerusalén

31En ese momento unos fariseos se acercaron
a Jesús y le dijeron:
—Vete de aquí, porque Herodes te quiere
matar.
32Él les contestó:
—Vayan y díganle a esa zorra: «Yo voy a
seguir echando fuera demonios y sanando a la
gente hoy y mañana, y al tercer día terminaré lo
que debo hacer». 33Tengo que seguir mi camino
hoy, mañana y pasado mañana, porque no puede
ser que un profeta muera fuera de Jerusalén.
34»¡Jerusalén, Jerusalén, que matas a los profetas y apedreas a los mensajeros que se te envían!
¡Cuántas veces quise reunir a tus hijos, como
reúne la gallina a sus pollitos debajo de sus alas!,
pero no quisiste. 35Por eso, la casa de ustedes
va a quedar abandonada. Y les aseguro que no
me volverán a ver hasta el día en que digan:
"¡Bendito el que viene en el nombre del Señor!"»

Jesús en casa de un fariseo

14 Un sábado, Jesús fue a comer a casa de un
jefe fariseo. Los fariseos lo vigilaban. 2Allí,
frente a él, también estaba un hombre enfermo
de hidropesía.
3Jesús les preguntó a los maestros de la ley y
a los fariseos:
—¿Está permitido sanar a un enfermo en
sábado?
4Pero ellos se quedaron callados. Entonces
tomó al enfermo, lo sanó y lo despidió.
5Luego les preguntó a ellos:
—¿Si a uno de ustedes se le cae en un pozo
su hijo o su buey, no lo saca en seguida, aunque
sea sábado?
6Y no pudieron contestarle nada.
7Al ver que los invitados escogían los lugares
de honor en la mesa, les contó esta parábola:
8—Cuando alguien te invite a una fiesta de
bodas, no te sientes en el lugar de honor, porque
si llega algún invitado más importante que tú, 9el
que invitó a los dos te dirá: «Dale tu asiento a este
otro invitado». Entonces, avergonzado, tendrás
que sentarte en el último lugar. 10Lo mejor será
que, cuando te inviten, te sientes en el último
lugar. Así, cuando venga el que te invitó, te dirá:
«Amigo, ven acá, aquí hay un lugar mejor». Así,
recibirás honor delante de todos los demás invitados. 11Todo el que se engrandece a sí mismo será
humillado; y al que se humilla Dios lo ensalzará.
12Luego, Jesús le dijo al que lo había invitado:
—Cuando des una comida o una cena, no
invites a tus amigos ni a tus hermanos ni a tus
familiares ni a tus vecinos ricos, porque cuando
ellos te devuelvan la invitación, habrás recibido
tu recompensa. 13Lo mejor es que cuando des un
banquete, invites a los pobres, a los inválidos, a
los cojos y a los ciegos. 14Así serás dichoso, pues
ellos no tienen con qué recompensarte, pero tú
serás recompensado cuando resuciten los justos.

Parábola del gran banquete

15Cuando uno de los que estaba sentado a la
mesa con Jesús oyó esto, le dijo:
—¡Dichoso el que coma en el banquete del
reino de Dios!
16Jesús le respondió:
—Un hombre preparó una gran cena e invitó
a muchas personas. 17A la hora de la cena mandó

a su sirviente a decirles a los invitados: «Vengan, porque ya todo está listo». 18Pero todos los invitados comenzaron a dar excusas. El primero dijo: «Te ruego que me disculpes, pues acabo de comprar un terreno y tengo que ir a verlo». 19Otro dijo: «Te ruego que me disculpes, pues acabo de comprar cinco yuntas de bueyes y tengo que probarlas». 20Y otro dijo: «Acabo de casarme y no puedo ir».

21»El sirviente regresó y le contó todo esto a su señor. Entonces el dueño de la casa se enojó y le dijo al sirviente: "Ve pronto por las calles y los callejones del pueblo, y trae acá a los pobres, a los inválidos, a los cojos y a los ciegos". 22Poco después, el siervo volvió a decirle: "Señor, ya hice lo que usted me mandó, pero todavía hay lugar". 23El señor le dijo: "Ve por los caminos y las veredas y obliga a la gente a entrar, para que se llene mi casa. 24Les aseguro que ninguno de los primeros invitados disfrutará de mi cena"».

El precio del discipulado

25Mucha gente seguía a Jesús, entonces él se volvió y les dijo:

26«El que quiera seguirme tiene que amarme más que a su padre, a su madre, a su esposa y a sus hijos, a sus hermanos y a sus hermanas, e incluso más que a su propia vida. De lo contrario, no podrá ser mi discípulo. 27El que no carga su cruz y me sigue, no puede ser mi discípulo.

28»Supongamos que alguno de ustedes quiere construir una torre. ¿Qué tendría que hacer primero? Tendría que sentarse a calcular el costo, para ver si tiene lo suficiente para terminarla, 29porque si echa los cimientos y después no puede terminarla, todos los que la vean se burlarán de él. 30Entonces dirán: "Este hombre comenzó a construir y no pudo terminar su torre". 31Supongamos también que un rey está a punto de ir a la guerra contra otro rey. ¿Qué tendría que hacer primero? Tendría que sentarse a calcular si con diez mil hombres puede enfrentarse al que lo va a atacar con veinte mil. 32Si ve que no puede, enviará una delegación para pedir condiciones de paz mientras el enemigo está todavía lejos. 33De igual manera, cualquiera de ustedes que quiera ser mi discípulo tendrá que dejar todo lo que tiene. 34La sal es buena, pero si ya no tiene sabor, ¿cómo volverá a recuperarlo? 35No sirve ni para la tierra ni para el abono; lo mejor es tirarla. El que tenga oídos para oír, que oiga».

Parábola de la oveja perdida

15 Muchos de los que cobraban impuestos y de los pecadores se acercaban a Jesús para oírlo. 2Por eso, los fariseos y los maestros de la ley comenzaron a murmurar: Este hombre recibe a los pecadores y come con ellos. 3Entonces él les contó esta parábola: 4«Supongamos que uno de ustedes tiene cien ovejas y una de ellas se le pierde. ¿No deja las otras noventa y nueve en el campo y se va a buscar la oveja perdida hasta encontrarla? 5Y cuando la encuentra, lleno de alegría la pone sobre sus hombros 6y vuelve a la casa. Después, reúne a sus amigos y a sus vecinos y les dice: "Alégrense conmigo porque ya encontré la oveja que había perdido". 7Les digo que lo mismo pasa en el cielo: hay más alegría por un pecador que se arrepiente que por noventa y nueve justos que no necesitan arrepentirse.

Parábola de la moneda perdida

8»Supongamos también que una mujer tiene diez monedas de plata y pierde una. ¿No encendería la lámpara y barrería la casa buscando con cuidado hasta encontrarla? 9Y cuando la encuentra, reúne a sus amigas y vecinas y les dice: "Alégrense conmigo porque ya encontré la moneda que había perdido". 10Les digo que de la misma manera se alegra Dios con sus ángeles por un pecador que se arrepiente».

Parábola del hijo perdido

11Jesús continuó y les dijo: «Un hombre tenía dos hijos. 12Un día, el menor le dijo a su padre: "Papá, dame la parte que me toca de la herencia". Entonces el padre repartió sus bienes entre los dos. 13A los pocos días, el hijo menor juntó todo lo que tenía y se fue lejos, a otro país. Allí vivió desordenadamente y desperdició su herencia. 14Cuando ya lo había gastado todo, la comida empezó a faltar en ese país, y él comenzó a pasar hambre. 15Entonces fue y consiguió trabajo con un ciudadano del lugar, que lo mandó a sus campos a cuidar cerdos. 16Tenía tanta hambre, que le daban ganas de llenarse el estómago con la comida que daban a los cerdos; pero nadie se la daba. 17Un día, se puso a pensar: "En la casa de mi padre, los jornaleros tienen comida en abundancia, y yo aquí me estoy muriendo de hambre. 18Volveré a casa y le diré a mi padre: Papá, he pecado contra el cielo y contra ti. 19Ya no merezco que digan que soy tu hijo. Trátame como a uno de tus jornaleros". 20Así que viajó de regreso a la casa de su padre.

»Cuando todavía estaba lejos, su padre lo vio y sintió compasión por él; salió corriendo a encontrarlo, lo abrazó y lo besó. 21El joven le dijo: "Papá, he pecado contra el cielo y contra ti y ya no merezco que digan que soy tu hijo". 22Pero el padre ordenó a sus sirvientes: "¡Pronto! Traigan la mejor ropa y vístanlo; pónganle un anillo en su dedo y sandalias en sus pies. 23Y que maten

14.26 15.7 15.11–24

el becerro más gordo para hacer fiesta, 24porque este hijo mío estaba muerto pero ha vuelto a vivir; se había perdido y lo hemos encontrado". Y comenzaron la fiesta.

25»Mientras tanto, el hijo mayor estaba en el campo. Cuando ya iba de regreso, cerca de la casa, oyó la música del baile. 26Llamó a uno de los sirvientes y le preguntó qué estaba pasando. 27Él le respondió: "Tu hermano ha regresado y tu papá mandó matar el becerro más gordo porque lo ha recuperado sano y salvo". 28El hermano mayor se enojó tanto que se negó a entrar. El padre tuvo que salir a suplicarle que entrara. 29Pero él le respondió: "Por años he trabajado para ti sin desobedecerte, y jamás me has dado siquiera un cabrito para hacer una fiesta con mis amigos. 30En cambio, ahora que regresa ese hijo tuyo, que ha malgastado tu dinero con prostitutas, mandas matar el becerro más gordo para él".

31»Su padre le respondió: "Hijo mío, tú siempre estás conmigo y todo lo que tengo es tuyo. 32Pero teníamos que hacer fiesta y alegrarnos, pues tu hermano estaba muerto y ha vuelto a la vida, se había perdido y lo hemos encontrado"».

Parábola del administrador astuto

16 Jesús les contó esta parábola a sus discípulos: «Un hombre rico tenía un administrador al que acusaron de estarle malgastando sus bienes. 2Entonces lo llamó y le dijo: "¿Qué es eso que me dicen de ti? Prepárame un informe de tu administración, porque ya no puedes seguir siendo mi administrador". 3El administrador se puso a pensar: "¿Qué voy a hacer ahora que mi patrón ya no quiere que sea su administrador? No tengo fuerzas para cavar, y me da vergüenza pedir limosna. 4Ya sé lo que voy a hacer para que cuando me quiten el trabajo haya gente que me reciba en sus casas".

5»Llamó a cada uno de los que le debían algo a su patrón. Al primero le preguntó: "¿Cuánto le debes a mi patrón?" 6Éste le contestó: "Cien barriles de aceite". El administrador le dijo: "Toma tu factura, siéntate, date prisa y escribe cincuenta". 7Después le preguntó al segundo: "Y tú, ¿cuánto le debes?" Él contestó: "Cien bultos de trigo". El administrador le dijo: "Toma tu factura y anota ochenta".

8»El patrón felicitó al administrador porque hizo las cosas con astucia. Es que la gente de este mundo es más astuta en su trato con los que también son de este mundo, que los que han recibido la luz. 9Por eso yo les aconsejo que usen las riquezas de este mundo para ganar amigos y así, cuando esas riquezas se les acaben a ustedes, los reciban en las viviendas eternas.

☼ 10»El que es honesto en lo poco, también es honesto en lo mucho; y el que no es honesto en lo poco, tampoco será honesto en lo mucho. 11Por eso, si ustedes no son honestos con las riquezas de este mundo, ¿quién les confiará las riquezas verdaderas? 12Si no son honrados con lo que no es de ustedes, ¿quién les dará lo que les pertenece a ustedes?

13»Nadie puede ser sirviente de dos patrones, porque despreciará a uno y amará al otro. Nadie puede servir al mismo tiempo a Dios y a las riquezas».

14Los fariseos oían todas estas cosas y se burlaban de Jesús porque a ellos les gustaba mucho el dinero.

15Jesús les dijo: «Ustedes se hacen pasar por buenos delante de la gente, pero Dios conoce sus corazones. Les digo que aquello que la gente piensa que tiene mucho valor para Dios es despreciable.

Otras enseñanzas

16»La ley y los profetas se anunciaron hasta Juan. Desde entonces, se anuncian las buenas nuevas del reino de Dios, y todos se esfuerzan por entrar en él. 17Pero es más fácil que desaparezcan el cielo y la tierra, que deje de cumplirse una sola tilde de la ley.

☼ 18»Todo hombre que se divorcia de su esposa y se casa con otra, comete adulterio; y el que se casa con la divorciada, también comete adulterio.

El rico y Lázaro

19»Había un hombre rico que se vestía con ropas muy lujosas y a diario hacía fiestas donde servían espléndidos banquetes. 20Junto a la puerta de su casa se sentaba un mendigo llamado Lázaro. Tenía la piel cubierta de llagas 21y hasta los perros se las lamían. A él le habría gustado llenarse el estómago con lo que caía de la mesa del rico.

22»Un día, el mendigo murió y los ángeles lo llevaron junto a Abraham. El rico murió también y lo enterraron. 23En el infierno, en medio de sus tormentos, el rico vio a lo lejos a Abraham, y a Lázaro junto a él. 24Entonces lo llamó a gritos: "Padre Abraham, ten compasión de mí. Manda a Lázaro a que moje la punta de su dedo en agua y me refresque la lengua, porque estoy sufriendo mucho en este fuego".

25»Pero Abraham le respondió: "Hijo, recuerda que cuando ustedes vivían, a ti te fue muy bien pero a Lázaro muy mal. Ahora a él le toca recibir consuelo aquí y a ti te toca sufrir. 26Además, entre ustedes y nosotros hay un gran abismo, y nadie puede venir de allá para acá ni ir de aquí para allá".

☼16.10–13 ☼16.18 ☼17.3–6

27»El rico, le dijo: "Padre Abraham, entonces te suplico que mandes a Lázaro a la casa de mi padre, 28para que avise a mis cinco hermanos, y no vengan ellos también a este lugar de tormento". 29Pero Abraham le replicó: "Ellos ya tienen a Moisés y a los profetas: ¡que les hagan caso!".

30»Entonces el hombre rico respondió: "No les harán caso, padre Abraham. Pero si algún muerto fuera y se les presentara entonces sí se arrepentirán". 31Abraham le dijo: "Si no le hacen caso a Moisés y a los profetas, tampoco le harán caso a alguien que se levante de entre los muertos"».

El pecado, la fe y el deber

17 Jesús les dijo a sus discípulos:

—No se pueden evitar los tropiezos, pero ¡ay de aquel que los causa! 2Mejor le sería que lo arrojaran al mar con una piedra de molino atada al cuello, que ser la causa de que tropiece uno solo de estos pequeños. 3Así que, ¡tengan cuidado!

»Si tu hermano peca, repréndelo; y si se arrepiente, perdónalo. 4Aun si en un día peca siete veces contra ti, y siete veces regresa a decirte: "Me arrepiento", perdónalo».

5Luego los apóstoles le dijeron al Señor:

—¡Haz que nuestra fe aumente!

6El Señor les respondió:

—Si la fe que ustedes tienen fuera tan pequeña como un grano de mostaza, podrían decirle a este árbol: "Saca tus raíces de aquí y plántate en el mar", y el árbol les obedecería".

7»Si ustedes tienen un sirviente que ha estado arando el campo o cuidando las ovejas, cuando él regresa, ¿le van a decir: "Ven y siéntate a comer"? 8No, más bien le dicen: "Prepárame la comida y arréglate para atenderme mientras yo ceno. Tú podrás comer y beber más tarde". 9Tampoco le dan las gracias al sirviente porque hizo lo que se le mandó. 10Así también ustedes, cuando hayan hecho lo que se les mandó, deben decir: "Somos sirvientes inútiles, pues sólo cumplimos con nuestra obligación"».

Jesús sana a diez leprosos

11Un día, Jesús siguió su viaje hacia Jerusalén, pasando por Samaria y Galilea. 12Cuando entró en un pueblo, diez hombres que estaban enfermos de lepra le salieron al encuentro. Ellos se pararon un poco lejos de él, 13y le gritaron:

—¡Jesús, Maestro, ten compasión de nosotros!

14Él, al verlos, les dijo:

—Vayan a presentarse a los sacerdotes.

Y mientras aún iban en el camino, quedaron sanos.

15Uno de ellos, al verse sano, regresó alabando a Dios a gritos. 16Y se echó sobre sus rodillas, tocando con su rostro el suelo, a los pies de Jesús, y le dio las gracias. Este hombre era samaritano.

17Jesús preguntó:

—¿No eran diez los que quedaron sanos? ¿Dónde están los otros nueve? 18¿Sólo este extranjero regresó a dar gloria a Dios? 19—Y le dijo al hombre—: Levántate y vete. Tu fe te ha sanado.

La venida del reino de Dios

20Los fariseos le preguntaron cuándo vendría el reino de Dios.

Él les contestó:

—El reino de Dios no vendrá como algo que todo mundo pueda ver. 21Nadie podrá decir: «¡Aquí está!» o «¡Allá está!», porque el reino de Dios ya está entre ustedes.

22Les dijo a sus discípulos:

—Llegará el tiempo en que ustedes desearán ver por lo menos uno de los días del Hijo del hombre, pero no podrán. 23Algunos les dirán: «¡Allá está!» o «¡Aquí está!», pero no vayan, no los sigan. 24Porque el día del Hijo del hombre, él resplandecerá como un relámpago que ilumina el cielo de un lado hasta el otro. 25Pero primero tiene que sufrir mucho y ser rechazado por la gente de esta generación.

26»Cuando regrese el Hijo del hombre, las cosas estarán como en los tiempos de Noé: 27comían, bebían y se casaban, hasta el día en que Noé entró en el arca, llegó el diluvio y los destruyó a todos.

28»Lo mismo pasó en tiempos de Lot: comían y bebían, compraban y vendían, sembraban y edificaban. 29Pero cuando Lot salió de Sodoma, cayó fuego y azufre del cielo y acabó con todos. 30»Así será el día en que el Hijo del hombre aparezca. 31En aquel día, el que esté en la azotea y tenga sus cosas dentro de la casa, que no baje a sacarlas. El que esté en el campo, que no regrese a su casa. 32¡Recuerden lo que le sucedió a la esposa de Lot! 33El que trate de conservar su vida, la perderá. El que la pierda, la conservará. 34Aquella noche habrá dos personas en una misma cama: una será llevada y la otra será dejada. 35,36Dos mujeres estarán moliendo juntas: una será llevada y la otra será dejada».[c]

37Le preguntaron: —¿Dónde ocurrirá eso, Señor?

Él les respondió:

—Donde esté el cadáver, allí se juntarán los buitres.

Parábola de la viuda insistente

18 Jesús les contó una parábola a sus discípulos para enseñarles que debían orar siempre y sin desanimarse. 2Les dijo: «En

17.9–10 17.32–33 18.1

un pueblo había un juez que no temía a Dios ni respetaba a nadie. 3En ese mismo pueblo vivía una viuda que no se cansaba de decirle: "Hágame usted justicia contra mi enemigo". 4Al principio el juez no le hizo caso, pero después de un tiempo pensó: "Aunque no temo a Dios ni respeto a nadie, 5esta mujer ya me tiene cansado. Para que me deje tranquilo, le haré justicia"».

6Y el Señor siguió diciendo: «Piensen en lo que dijo el juez malo. 7¿No creen ustedes que Dios hará justicia a los que él ha escogido y que claman a él día y noche? ¿Se tardará él en responderles? 8Yo les aseguro que él les hará justicia sin tardar. Pero cuando el Hijo del hombre venga, ¿encontrará fe en la tierra?»

Parábola del fariseo y del recaudador de impuestos

9Jesús les contó esta parábola a unos que se creían muy justos y despreciaban a los demás: 10«Dos hombres fueron al templo a orar. Uno de ellos era fariseo y el otro, un cobrador de impuestos. 11El fariseo, de pie, oraba así: "Dios, te doy gracias porque no soy como otros hombres que son ladrones, malhechores, adúlteros; ni mucho menos soy como este cobrador de impuestos. 12Ayuno dos veces a la semana y te doy la décima parte de todo lo que gano". 13El cobrador de impuestos, en cambio, se quedó a cierta distancia y ni siquiera se atrevía a levantar los ojos al cielo. Se golpeaba el pecho y decía: "¡Dios mío, ten compasión de mí, que soy pecador!"

14»Les aseguro que éste, y no el fariseo, regresó a su casa habiendo sido perdonado por Dios. Porque el que se engrandece a sí mismo será humillado, y el que se humilla será engrandecido».

Jesús y los niños

15También le llevaron a Jesús niños pequeños para que los tocara. Sus discípulos, al ver esto, comenzaron a reprender a quienes los llevaron. 16Pero Jesús llamó a los niños y les dijo a los discípulos: «Dejen que los niños vengan a mí, y no se lo impidan, porque el reino de Dios es de aquellos que son como ellos. 17Les aseguro que el que no reciba el reino de Dios como lo recibe un niño, no entrará en él».

El dirigente rico

18Uno de los jefes de los judíos le preguntó:

—Maestro bueno, ¿qué debo hacer para tener la vida eterna?

19Jesús le respondió:

—¿Por qué dices que soy bueno? Dios es el único que es bueno. 20Tú ya conoces los mandamientos: «No cometas adulterio, no mates, no robes, no digas mentiras para hacerle daño a nadie, respeta a tu padre y a tu madre».

21El hombre le dijo:

—Todo esto lo he cumplido desde que era joven.

22Jesús le respondió:

—Hay una cosa que todavía no has hecho: vende todo lo que tienes y repártelo entre los pobres. Así tendrás un tesoro en el cielo. Cuando lo hayas hecho, ven y sígueme.

23Al oír el hombre esto, se puso muy triste, pues era muy rico. 24Cuando Jesús lo vio tan triste, dijo:

—¡Qué difícil es para los ricos entrar en el reino de Dios! 25En verdad, es más fácil que un camello pase por el ojo de una aguja que un rico entre en el reino de Dios.

26Los que oyeron esto preguntaron:

—Entonces, ¿quién podrá salvarse?

27Jesús les respondió:

—Lo que es imposible para los hombres es posible para Dios.

28Pedro le dijo:

—Pues nosotros hemos dejado todo para seguirte.

29Jesús les respondió:

—Y yo les aseguro que todo el que haya dejado su casa, su esposa, sus hermanos, sus padres o sus hijos por causa del reino de Dios, 30recibirá mucho más en este tiempo, y en la vida venidera recibirá la vida eterna.

Jesús predice de nuevo su muerte

31Entonces Jesús se reunió aparte con los doce y les dijo: «Ahora vamos camino a Jerusalén. Allí se cumplirá todo lo que los profetas escribieron acerca del Hijo del hombre. 32Lo van a entregar a los gentiles, y éstos se van a burlar de él. Lo van a insultar y a escupir. 33Después lo azotarán y, por último, lo matarán. Pero al tercer día resucitará».

34Los discípulos no entendieron nada de esto, ni sabían de qué les hablaba.

Un mendigo ciego recibe la vista

35Cuando Jesús se acercaba a Jericó, un ciego estaba sentado junto al camino pidiendo limosna. 36Al oír que pasaba mucha gente, preguntó qué sucedía. 37Le respondieron:

—Jesús de Nazaret está pasando por aquí.

38Entonces el ciego gritó:

—¡Jesús, Hijo de David, ten compasión de mí!

39Los que iban delante lo reprendían para que se callara, pero él gritó todavía más fuerte:

—¡Hijo de David, ten compasión de mí!

40Jesús se detuvo y mandó que lo trajeran a su presencia.

Cuando el ciego se acercó, Jesús le preguntó:

41—¿Qué quieres que haga por ti?

—Señor, quiero que me des la vista.

42 Jesús le dijo:

18.10–14

—¡Recibe la vista! Tu fe te ha sanado.
43En ese mismo instante el ciego recobró la
vista. Se fue siguiendo a Jesús y alabando a Dios.
Y toda la gente que vio esto también alababa a
Dios.

Zaqueo, el recaudador de impuestos

19 Jesús llegó a Jericó y comenzó a cruzar la
ciudad. 2Allí vivía un hombre muy rico
llamado Zaqueo, que era jefe de los cobradores
de impuestos. 3Él trataba de ver a Jesús, pero era
de baja estatura y había tanta gente que no alcan-
zaba a verlo. 4Entonces se adelantó corriendo al
lugar por donde Jesús iba a pasar y se subió a un
árbol para poder verlo. 5Cuando Jesús pasaba por
ese lugar, miró hacia arriba y le dijo:
—Zaqueo, baja en seguida, porque quiero
quedarme hoy en tu casa.
6Zaqueo se bajó a toda prisa y, muy contento,
recibió a Jesús en su casa.
7Al ver esto, todos empezaron a murmurar:
—Se fue a quedar en la casa de un pecador.
8Zaqueo se levantó y dijo:
—Señor, voy a dar la mitad de todo lo que
tengo a los pobres. Y si a alguien le he robado,
le devolveré cuatro veces lo que le robé.
☼9Jesús le dijo:
—Hoy, la salvación ha llegado a esta casa,
pues este hombre también es uno de los hijos de
Abraham. 10En efecto, el Hijo del hombre vino a
buscar y a salvar a los que se habían perdido.

Parábola del dinero

11Como Jesús ya estaba cerca de Jerusalén y la
gente pensaba que el reino de Dios comenzaría
en ese momento, Jesús les contó una parábola.
12Les dijo: «Un hombre de la nobleza fue a que
lo coronaran rey en un país lejano y después de
eso regresaría. 13Antes de partir, llamó a diez de
sus empleados y le entregó a cada uno una buena
cantidad de dinero. Les dijo: "Hagan negocio con
este dinero hasta que yo vuelva". 14Pero la gente
de su país lo odiaba y mandaron un grupo de
personas tras él para que dijeran: "No queremos
que éste sea nuestro rey".
15»A pesar de todo, fue coronado rey. Cuando regresó a su país, ordenó llamar a los diez
empleados a quienes les había entregado dinero,
para ver cuánto habían ganado. 16El primero se
presentó y le dijo: "Señor, su dinero ha ganado
diez veces más de lo que usted me dejó". 17El rey
le respondió: "¡Muy bien, eres un buen empleado!
Como has sido fiel en lo poco que te entregué, te
nombro gobernador de diez ciudades".
18»El segundo se presentó y le dijo: "Señor, su
dinero ha ganado cinco veces más de lo que usted
me dejó". 19El rey le respondió: "A ti te nombro
gobernador de cinco ciudades".
20»Llegó el otro empleado y dijo: "Señor, aquí
está su dinero. Lo envolví en un pañuelo y lo
guardé. 21Tenía miedo porque usted es un hombre
muy exigente que recoge lo que no depositó y
cosecha lo que no sembró". 22Entonces el rey
le contestó: "Eres un empleado malo. Con tus
mismas palabras te voy a juzgar. Si sabías que
soy muy exigente, que recojo lo que no deposité y
cosecho lo que no sembré, 23¿por qué no deposi-
taste mi dinero en el banco, para que cuando yo
regresara ganara los intereses?" 24Entonces, les
dijo a los que estaban allí: "Quítenle el dinero y
dénselo al que ganó diez veces más". 25Pero, ellos
le dijeron: "Señor, pero si él ya tiene diez veces
más". 26El rey les respondió: "Les aseguro que al
que tiene, se le dará más, pero al que no tiene,
hasta lo poco que tenga se le quitará. 27Y a esos
enemigos míos que no querían que yo fuera su
rey, tráiganlos aquí y mátenlos delante de mí"».

La entrada triunfal

28Al terminar de decir esto, siguió su camino
hacia Jerusalén. 29Cuando estuvo cerca de Betfagué y Betania, junto al monte de los Olivos,
envió a dos de sus discípulos y les dijo: 30«Vayan
a la aldea que está enfrente. Cuando entren, van
a encontrar un burrito atado en el que nadie
antes se ha montado. Desátenlo y tráiganlo. 31Si
alguien les pregunta por qué lo desatan, díganle:
"El Señor lo necesita"».
32Ellos fueron y lo encontraron tal como él les
había dicho. 33Al estar ellos desatando al burrito,
los dueños les preguntaron:
—¿Por qué lo desatan?
34Ellos contestaron:
—El Señor lo necesita.
35Después, llevaron al burrito a donde estaba Jesús; pusieron sobre el animal sus mantos
y ayudaron a Jesús a montarse. 36Conforme iba
avanzando, la gente extendía sus mantos sobre el
camino. 37Cuando ya estaban cerca de la bajada
del monte de los Olivos, todos sus seguidores
se llenaron de alegría y comenzaron a alabar
a Dios por todos los milagros que habían visto.
Y gritaban:
38—¡Bendito el rey que viene en el nombre
del Señor!
—¡Paz en el cielo y gloria en las alturas!
39Algunos de los fariseos que estaban entre la
gente le dijeron a Jesús:
—¡Maestro, reprende a tus discípulos!
40Él les respondió:

☼19.9–10

—Les aseguro que si ellos se callan, las piedras
gritarán.

Jesús en el templo

41Cuando Jesús estaba cerca de Jerusalén y vio
la ciudad, lloró por ella. 42Y dijo:
—¡Cómo me gustaría que hoy entendieras
lo que puede traerte paz! Pero ahora eso no
lo puedes ver. 43Llegarán sobre ti días en que
tus enemigos harán un muro y te rodearán, y
te atacarán por todos lados. 44Te derribarán, no
dejarán ni una piedra sobre otra, y matarán a tus
hijos. Todo esto ocurrirá porque no reconociste
el tiempo en que Dios vino a salvarte.
45Cuando llegó al templo, comenzó a echar
fuera de allí a los que estaban vendiendo. 46Les
dijo:
—Escrito está: «Mi casa será casa de oración»; pero ustedes la han convertido en «cueva
de ladrones».
47Él enseñaba todos los días en el templo, y los
jefes de los sacerdotes, los maestros de la ley y
los líderes del pueblo trataban de matarlo. 48Pero
no encontraban cómo hacerlo, porque todo el
pueblo lo escuchaba con mucha atención.

La autoridad de Jesús puesta en duda

20 Un día, Jesús estaba enseñando a la gente
en el templo. Mientras les enseñaba las
buenas noticias, se le acercaron los jefes de los
sacerdotes, los maestros de la ley y los ancianos
para hacerle esta pregunta: 2—¿Dinos quién te
ha dado autoridad para hacer esto?
3Él les respondió: —Yo también les voy a hacer
una pregunta. Contéstenme: 4Juan, ¿bautizaba
con autoridad del cielo o de la tierra?
5Ellos comenzaron a discutir entre sí: «Si decimos que "del cielo", él nos preguntará por qué no
le creímos. 6Y si decimos que "de la tierra", todo
el pueblo nos apedreará, porque están seguros
de que Juan era un profeta.
7Entonces le respondieron:
—No sabemos.
8Él les dijo:
—Pues yo tampoco les voy a decir con qué
autoridad hago esto.

Parábola de los labradores malvados

9Después le contó a la gente esta parábola:
—Un hombre plantó un viñedo, lo alquiló a
unos labradores y luego se fue de viaje por largo
tiempo. 10Cuando llegó el tiempo de la cosecha,
mandó a un sirviente para que los labradores le
dieran como pago parte de la cosecha. Pero los
labradores lo golpearon y lo enviaron con las
manos vacías. 11Luego envió a otro sirviente, pero
también a este lo golpearon, lo humillaron y lo
enviaron con las manos vacías. 12Entonces envió
por tercera vez a un sirviente, y a éste también lo
hirieron y lo echaron fuera.
13»Así que el dueño del viñedo pensó: "¿Qué
haré? Enviaré a mi hijo, al que tanto amo. Estoy
seguro de que a él sí lo respetarán".
14»Pero cuando los labradores lo vieron, se
dijeron unos a otros: "Éste es el que heredará
todo esto. Vamos a matarlo y la herencia será
nuestra". 15Así que lo echaron fuera del viñedo y
lo mataron. ¿Qué piensan ustedes que les hará
el dueño? 16Regresará, matará a esos labradores
y dará el viñedo a otros».
La gente oyó esto y dijo:
—¡Qué Dios no lo permita!
17Jesús los miró y les dijo:
—Entonces, si está escrito: «La piedra que los
constructores despreciaron, se ha convertido en
la piedra más importante», ¿qué quiere decir eso?
18»El que caiga sobre esa piedra se hará pedazos; y si la piedra cae sobre alguien, lo hará
polvo».
19Los maestros de la ley y los jefes de los
sacerdotes se dieron cuenta de que la parábola
se refería a ellos. Por eso querían arrestarlo en
ese mismo momento, pero le tenían miedo a
la gente.

El pago de impuestos al césar

20Entonces enviaron espías que se hacían pasar
por gente honrada para vigilarlo. Querían atrapar
a Jesús cuando dijera algo que les diera la oportunidad de entregarlo al gobernador romano.
21Los espías le dijeron:
—Maestro, sabemos que dices y enseñas lo
que es correcto. Que no te dejas llevar por las
apariencias, sino que de verdad enseñas el camino de Dios. 22Dinos: ¿Está bien que paguemos
impuestos al gobierno romano o no?
23Pero Jesús se dio cuenta de sus malas intenciones y les dijo:
24—Muéstrenme una moneda romana. ¿De
quién es la imagen y el nombre que tiene escrito?
Le contestaron:
—Del césar.
25Él les dijo:
—Pues denle al césar lo que es del césar y a
Dios lo que es de Dios.
26Y así no encontraron oportunidad para atraparlo en nada de lo que él decía frente a la gente.
Por eso, sorprendidos de su respuesta, se callaron.

La resurrección y el matrimonio

27Después, algunos saduceos se acercaron a
Jesús. Ellos no creían que hubiera resurrección,
y por esa razón le hicieron esta pregunta:
28—Maestro, Moisés dice en sus escritos que
si un hombre muere sin haber tenido hijos con
su esposa, el hermano de ese hombre tiene que

casarse con la viuda, para darle hijos a su hermano muerto. 29Pues bien, había siete hermanos. El
primero se casó y murió sin tener hijos. 30Después
el segundo 31y el tercero se casaron con la misma
mujer, luego el resto de los siete hermanos. Cada
uno murió sin tener hijos. 32Por último, también
la mujer murió. 33Cuando ocurra la resurrección,
¿de cuál de ellos será esposa esta mujer si estuvo
casada con los siete? 34Jesús les contestó: —En
este mundo la gente se casa, 35pero los que merecen resucitar en el mundo que viene, esos no
se casarán, 36ni tampoco morirán. Serán como
los ángeles, y serán hijos de Dios porque toman
parte en la resurrección. 37Hasta Moisés mismo
nos deja ver que los muertos resucitan. Lo dijo
en el pasaje sobre la zarza, pues llama al Señor
«el Dios de Abraham, el Dios de Isaac, y el Dios
de Jacob». 38Y Dios no es Dios de muertos, sino
de vivos, pues para él todos ellos viven.
39Algunos de los maestros de la ley le dijeron:
—¡Muy buena respuesta, Maestro!
40Y ya no se atrevieron a hacerle más preguntas.

¿De quién es Hijo el Cristo?

41Entonces fue Jesús quien les preguntó:
—¿Por qué dicen que el Cristo es el Hijo de
David? 42David mismo dice esto en el libro de
los Salmos:

«El Señor le dijo a mi Señor:
"Siéntate a mi derecha,
43 hasta que ponga a tus enemigos por estrado
de tus pies"».

44»Si al Cristo David lo llama "Señor", ¿cómo
puede entonces ser su hijo?
45Mientras toda la gente lo escuchaba, Jesús
les dijo a sus discípulos:
46—Cuídense de los maestros de la ley. A ellos
les gusta pasearse con ropas lujosas y que los
saluden en las plazas. Les encanta ocupar los
primeros puestos en la sinagoga y los mejores
lugares en los banquetes.
47»Ellos les quitan sus casas a las viudas y a la
vez hacen largas oraciones para impresionar a los
demás. El castigo para ellos será peor».

La ofrenda de la viuda

21 Jesús vio como los ricos echaban sus ofrendas en las alcancías del templo. 2También
vio como una viuda echaba dos moneditas de
cobre.
3Él dijo:
—Les aseguro que esta viuda echó más que
todos los demás, 4porque todos ellos dieron sus
ofrendas de lo que les sobraba; pero ella, en
medio de su pobreza, dio todo lo que tenía para
vivir.

Señales del fin del mundo

5Algunos de sus discípulos hablaban del templo, de las hermosas piedras y ofrendas dedicadas
a Dios, que lo adornaban. Pero Jesús les dijo:
6—Llegará el día en que no quedará ni una
piedra que esté sobre otra. Todo será destruido.
7Le preguntaron:
—Maestro, ¿cuándo sucederá eso? ¿Cuál será
la señal de que está a punto de suceder?
8Jesús les dijo:
—Tengan cuidado. No se dejen engañar. Porque vendrán muchos que haciéndose pasar por
mí, dirán: «Yo soy» y «el tiempo ya está cerca».
Ustedes no los sigan. 9Cuando oigan que hay
guerras y revoluciones, no se asusten. Primero
tienen que pasar estas cosas, pero todavía no
vendrá el fin.
10Continuó diciéndoles:
—Pelearán una nación contra otra y un reino contra otro reino. 11Habrá grandes terremotos, hambrunas y epidemias por todas partes.
En el cielo ocurrirán cosas espantosas y grandes
señales.
12»Pero antes que todo esto suceda, echarán
mano de ustedes y los perseguirán. Los entregarán
a las sinagogas y los meterán en las cárceles. Por
ser mis seguidores, los llevarán ante reyes y gobernadores. 13Esto les dará a ustedes la oportunidad
de hablarles de mí. 14Pero no se preocupen de
antemano de cómo se defenderán, 15pues yo
les daré las palabras adecuadas y sabias para
responder, y ninguno de sus enemigos podrá
estar en contra de ustedes ni contradecirlos. 16A
ustedes los traicionarán aun sus padres, hermanos, parientes y amigos. Y a algunos los matarán.
17Todo el mundo los odiará por ser mis seguidores. 18¡Pero ni uno solo de los cabellos de su cabeza se perderá! 19Si se mantienen firmes, se
salvarán.
20»Cuando vean a Jerusalén rodeada de ejércitos, sepan que su destrucción está cerca. 21Los que
estén en Judea, huyan a las montañas; los que
estén en la ciudad salgan de ella; y los que estén
en el campo no regresen a la ciudad. 22Esos días
serán de juicio y en ellos se cumplirá todo lo que
está escrito. 23¡Ay de las que estén embarazadas
o amamantando en aquellos días! Porque habrá
mucho sufrimiento en la tierra y este pueblo será
castigado. 24Unos morirán a filo de espada y a
otros los llevarán prisioneros a todas las naciones.
Los gentiles pisotearán a Jerusalén, hasta que
llegue el tiempo señalado para ellos.
25»Habrá señales en el sol, la luna y las estrellas. En la tierra, las naciones estarán angustiadas
y confundidas por el bramido del mar y de las

21.14–15

olas. 26Los hombres se desmayarán de terror por
el miedo de lo que sucederá con el mundo. Todos
los cuerpos celestes serán sacudidos. 27Entonces
verán al Hijo del hombre que viene en una nube
con gran poder y gloria. 28Cuando estas cosas
comiencen a suceder, anímense y levanten la
cabeza, porque su salvación está cerca».

29Jesús también les dijo:

—Fíjense en la higuera o en cualquiera de
los otros árboles.

30»Cuando las hojas le comienzan a brotar, ustedes se pueden dar cuenta por sí mismos de que el
verano se acerca. 31Así también, cuando vean que
las cosas que les dije suceden, eso quiere decir
que el reino de Dios está cerca. 32Les aseguro que
todas estas cosas sucederán antes que pase esta
generación. 33El cielo y la tierra dejarán de existir,
pero mis palabras nunca dejarán de existir.

34»¡Cuídense! No sea que por el vicio, las borracheras y todas las preocupaciones de esta vida,
se les endurezca el corazón. Ese día puede llegar
cuando ustedes menos lo esperen. 35Vendrá como
una emboscada sobre todos los habitantes de la
tierra. 36Ustedes estén siempre vigilantes. Oren
para que puedan escapar de todo lo que va a
suceder, y así puedan presentarse delante del Hijo
del hombre».

37Jesús pasaba la noche en el monte de los
Olivos, pero enseñaba de día en el templo, 38y
toda la gente madrugaba para ir a oírlo.

Judas acuerda traicionar a Jesús

22 Se acercaba la fiesta de los panes sin
levadura, también llamada Pascua. 2Los
jefes de los sacerdotes y los maestros de la ley
buscaban la manera de acabar con Jesús, pero
le tenían miedo a la gente.

3Entonces entró Satanás en Judas, uno de los
doce, al que llamaban Iscariote. 4Éste fue a los
jefes de los sacerdotes y a los capitanes del templo
para ponerse de acuerdo con ellos en cómo les
entregaría a Jesús. 5Ellos se alegraron y prometieron darle dinero. 6Judas aceptó, y comenzó
a buscar la oportunidad de entregarles a Jesús
cuando no hubiera nadie.

La última cena

7Cuando llegó el día de la fiesta de los panes
sin levadura, en que se sacrificaba el cordero de
la Pascua, 8Jesús llamó a Pedro y a Juan, y les
dijo: —Vayan y preparen todo para que comamos la Pascua.

9Ellos le preguntaron:

—¿Dónde quieres que la preparemos?

10Él les contestó:

—Al entrar ustedes en la ciudad, encontrarán a un hombre que lleva un cántaro de agua.
Síganlo hasta la casa en que entre, 11y díganle al
dueño de la casa: «El Maestro quiere saber cuál
es la sala donde va a comer la Pascua con sus
discípulos». 12Él les mostrará una sala grande y
amueblada, en el piso de arriba. Preparen allí
la cena.

13Ellos se fueron y encontraron todo tal como
Jesús les había dicho. Así que prepararon la Pascua. 14Cuando llegó la hora, Jesús y sus apóstoles
se sentaron a la mesa.

15Él les dijo:

—Había deseado muchísimo comer esta Pascua con ustedes, antes que sufra. 16Pues les aseguro que no volveré a comerla hasta que tenga
su cumplimiento en el reino de Dios.

17Luego tomó la copa, dio gracias y dijo:

—Tomen esto y repártanlo entre ustedes.
18Pues yo les aseguro que no volveré a beber del
fruto de la vid hasta que venga el reino de Dios.

19Entonces tomó el pan, dio gracias por él, lo
partió, se lo dio a ellos y les dijo:

—Este pan es mi cuerpo, que es entregado por
ustedes. Hagan esto para que se acuerden de mí.

20Después de la cena, tomó la copa y dijo:

—Esta copa es el nuevo pacto en mi sangre
que es derramada por todos ustedes. 21Pero la
mano del que va a traicionarme, está aquí con
la mía, sobre la mesa. 22Es verdad que el Hijo del
hombre irá por el camino que le está determinado, pero ¡ay de aquel que lo traiciona!

23Entonces comenzaron a preguntarse unos
a otros quién de ellos haría tal cosa. 24Y empezaron a discutir sobre cuál de ellos sería el más
importante. 25Jesús les dijo:

—Los reyes de las naciones son unos tiranos con sus súbditos. Y aun así, ellos dicen de
sí mismos que le hacen bien a la gente. 26Pero
entre ustedes no debe ser así. El más importante
debe comportarse como el menor, y el que manda como el que sirve. 27Porque, ¿quién es más
importante?, ¿el que está sentado a la mesa o el
que sirve? ¿No es el que está sentado a la mesa?
Sin embargo, yo estoy entre ustedes como el que
sirve. 28Ustedes han estado siempre a mi lado en
mis pruebas. 29Por eso, yo mismo les doy un reino
como mi Padre me lo ha dado a mí. 30En mi reino
van a comer y a beber en mi mesa y se sentarán
en tronos para juzgar a las doce tribus de Israel.

31»Simón, Simón, date cuenta de que Satanás
ha pedido zarandearlos a ustedes como si fueran
trigo; 32pero yo he rogado por ti, para que tu fe
no falle. Y cuando eso pase y tú te hayas vuelto
a mí, fortalece a tus hermanos».

33Pedro respondió:

—Señor, estoy dispuesto a ir contigo a la cárcel y aun a la muerte.

34Él le dijo:

—Pedro, pues te digo que hoy mismo, antes
de que el gallo cante, tres veces dirás que no
me conoces.
35Luego, Jesús les dijo a todos:
—Cuando los envié sin dinero ni bolsa ni
sandalias, ¿les hizo falta algo?
Respondieron:
—Nada.
36—Pero ahora les digo: El que tenga dinero,
que lo lleve, y también el que tenga una bolsa,
que la lleve. El que no tenga espada, que venda
su manto y se compre una. 37Les digo que tiene
que cumplirse en mí lo que está escrito: «A él lo
contaron como otro malvado más». Y eso que se
ha escrito de mí, se cumplirá.
38Los discípulos le dijeron:
—Señor, mira, aquí hay dos espadas.
Y él les contestó:
—¡Basta!

Jesús ora en el monte de los Olivos

39Jesús salió de la ciudad acompañado por sus
discípulos y se dirigió al monte de los Olivos,
como era su costumbre. 40Cuando llegaron al
lugar, les dijo: «Oren para que no caigan en
tentación».
41Entonces se alejó de ellos a una buena distancia, se arrodilló y se puso a orar: 42«Padre, si
quieres, no me hagas beber este trago amargo.
Pero que no se haga lo que yo quiero, sino lo
que tú quieres».
43En ese momento, un ángel del cielo se le
apareció para darle fortaleza. 44Estaba tan angustiado, que se puso a orar con más intensidad, y su
sudor caía a tierra como grandes gotas de sangre.
45Cuando terminó de orar, volvió adonde estaban
los discípulos y los encontró dormidos, estaban
agotados por la tristeza.
46Les dijo: «¿Por qué están durmiendo? Levántense y oren para que no caigan en tentación».

Arresto de Jesús

47Mientras Jesús decía esto, llegó mucha gente
y al frente de ellos iba Judas, que era uno de los
doce. Éste se acercó para besar a Jesús.
48Pero Jesús le preguntó:
—Judas, ¿con un beso traicionas al Hijo del
hombre?
49Los discípulos, al ver lo que pasaba, le dijeron:
—Señor, ¿atacamos con la espada?
50Y uno de ellos le cortó la oreja derecha al
sirviente del jefe de los sacerdotes.
51Jesús les ordenó:
—¡Basta ya, déjenlos!
Entonces tocó la oreja del hombre y lo sanó.
52Luego les dijo a los jefes de los sacerdotes,
a los capitanes del templo y a los ancianos que
habían venido a llevárselo: —¿Por qué vienen
contra mí con espadas y palos como si yo fuera
un bandido? 53Yo estaba con ustedes en el templo
todos los días, y sin embargo, no se atrevieron
a arrestarme. Pero esta es ya la hora de ustedes,
hora en que reinan las tinieblas.

Pedro niega a Jesús

54Entonces arrestaron a Jesús y lo llevaron a la
casa del jefe de los sacerdotes. Pedro los seguía
de lejos. 55Allí, en medio del patio, encendieron
una fogata y se sentaron alrededor de ella. Pedro
también se sentó con ellos. 56Una sirvienta, al
verlo sentado junto al fuego, se le quedó mirando
y dijo:
—¡Éste estaba con él!
57Pero él lo negó, diciendo:
—Mujer, yo no lo conozco.
58Poco después alguien lo vio también y dijo:
—Tú también eres uno de ellos.
Pedro contestó:
—¡No, hombre, no lo soy!
59Como una hora después, otro insistió diciendo:
—Seguro que éste estaba con él, pues es de
Galilea.
60Pedro respondió:
—¡Hombre, no sé de qué hablas!
Y mientras aun estaba hablando, el gallo
cantó.
61El Señor se volvió y miró a Pedro. Entonces
Pedro se acordó de que el Señor le había dicho:
«Hoy mismo, antes de que el gallo cante tres
veces, dirás que no me conoces». 62Y Pedro salió
de allí a llorar amargamente.

Los soldados se burlan de Jesús

63Los hombres que vigilaban a Jesús se burlaban de él y lo golpeaban. 64Le vendaron los ojos
y luego le decían:
—¡Adivina quién te pegó!
65Y lo insultaban diciéndole muchas otras
cosas.

Jesús ante Pilato y Herodes

66Cuando amaneció, se reunieron los ancianos
del pueblo, los jefes de los sacerdotes y los maestros de la ley y llevaron a Jesús ante el Consejo.
Entonces le preguntaron:
67—Dinos, ¿eres tú el Cristo?
Jesús les contestó:
—Si les dijera que sí, ustedes no me lo creerían. 68Y si les hiciera preguntas, no me con-
testarían. 69Pero de ahora en adelante, el Hijo
del hombre estará sentado a la derecha del Dios
Todopoderoso.
70Todos le preguntaron:
—Entonces, ¿eres tú el Hijo de Dios?
Él les contestó:

—Ustedes mismos lo han dicho.

71Entonces ellos dijeron:

—¿Qué más testigos necesitamos? Ya lo oímos de sus propios labios.

23 En ese momento, toda la asamblea se levantó y lo llevaron ante Pilato.

2Comenzaron a acusarlo, diciendo:

—Encontramos a este hombre alborotando a nuestra nación. Está en contra de que se paguen impuestos al emperador y asegura que él es el Cristo, el rey.

3Pilato le preguntó a Jesús:

—¿Eres tú el rey de los judíos?

Él respondió:

—Tú mismo lo dices.

4Entonces Pilato le dijo a los jefes de los sacerdotes y a la gente:

—No encuentro nada que haga culpable a este hombre.

5Pero ellos seguían insistiendo:

—Con sus enseñanzas alborota al pueblo por toda Judea. Comenzó en Galilea y ya llegó hasta aquí.

6Cuando Pilato oyó esto, preguntó si el hombre era de Galilea.

7Al enterarse de que pertenecía a la jurisdicción de Herodes, se lo mandó a él, pues en aquellos días también Herodes estaba en Jerusalén.

8Cuando Herodes vio a Jesús, se puso muy contento, porque ya hacía tiempo que quería verlo. Había oído hablar de él y esperaba verlo hacer algún milagro. 9Le hizo muchas preguntas pero Jesús no le contestó nada. 10También estaban allí los jefes de los sacerdotes y los maestros de la ley y lo acusaban con insistencia. 11Entonces Herodes y sus soldados lo trataron con desprecio y, para burlarse de él, le pusieron un manto lujoso. Después lo mandaron de vuelta a Pilato. 12Herodes y Pilato antes no se llevaban bien, pero desde ese mismo día se hicieron amigos.

13Pilato reunió a los jefes de los sacerdotes, a los gobernantes y al pueblo, 14y les dijo:

—Ustedes me trajeron a este hombre acusado de incitar al pueblo a la rebelión. Pero ya lo he interrogado delante de ustedes y no lo encuentro culpable de lo que ustedes lo acusan. 15Herodes tampoco lo encontró culpable, y por eso nos lo devolvió. Este hombre no ha hecho nada que merezca la muerte. 16Por lo tanto, ordenaré que lo azoten y después lo dejaré libre. 17Ahora bien, durante la fiesta tenía la obligación de soltarles un preso. 18Pero todos gritaban a una voz:

—¡Llévate a ese! ¡Deja libre a Barrabás!

19Barrabás estaba preso por una rebelión ocurrida en la ciudad y por haber matado a alguien. 20Pilato quería dejar libre a Jesús y por eso habló con el pueblo otra vez. 21Pero la gente gritaba:

—¡Crucifícalo! ¡Crucifícalo!

22Entonces él les dijo por tercera vez:

—Pero, ¿qué delito ha cometido este hombre? No lo encuentro culpable de nada que merezca la pena de muerte. Voy a ordenar que lo azoten y después lo dejaré libre.

23Pero ellos siguieron insistiendo a gritos que lo crucificara, y por fin lo consiguieron. 24Pilato les concedió lo que pedían. 25Ordenó que dejaran libre al hombre que estaba preso por rebelde y asesino, y les entregó a Jesús para que hicieran con él lo que quisieran.

La crucifixión

26Cuando se lo llevaban, obligaron a un hombre de Cirene, llamado Simón, a que fuera detrás de Jesús cargando la cruz. Este hombre volvía en ese momento del campo. 27Mucha gente del pueblo y muchas mujeres lo seguían. Ellas lloraban por él y se golpeaban el pecho. 28Jesús se volvió hacía ellas y les dijo:

—Hijas de Jerusalén, no lloren por mí. Lloren más bien por ustedes y por sus hijos. 29Porque se acerca el día en que dirán: «¡Dichosas las mujeres estériles, que nunca dieron a luz ni tuvieron que amamantar hijos!» 30Entonces comenzarán a decir a las montañas: «¡Caigan sobre nosotros!», y a las colinas: «¡Cúbrannos!», 31pues si cuando el árbol está verde hacen esto, ¿qué no harán cuando esté seco?

32Llevaban también con él, para matarlos, a otros dos que eran criminales. 33Cuando llegaron al lugar llamado la Calavera, lo crucificaron. También a los criminales, uno a la derecha de él y otro a su izquierda.

34Jesús dijo:

—Padre, perdónalos porque no saben lo que hacen.

Mientras, echaban suertes para ver quién se quedaba con la ropa de Jesús. 35La gente se quedó allí para mirar; y por su parte, los gobernantes se burlaban de él. Decían:

—Si es el Cristo de Dios, el Escogido, que se salve a sí mismo como salvó a otros.

36Los soldados también se burlaban de él. Se acercaron para ofrecerle vinagre,

37y le dijeron: —Si eres el rey de los judíos, sálvate a ti mismo.

38Sobre él había un letrero que decía: «ÉSTE ES EL REY DE LOS JUDÍOS».

39Uno de los criminales que estaban allí colgados también empezó a insultarlo:

—¿Acaso, no eres tú el Cristo? ¡Sálvate a ti mismo y sálvanos a nosotros también!

40Pero el otro criminal lo reprendió:

—¿Ni siquiera tienes temor de Dios aunque estés sufriendo el mismo castigo?

41Nosotros merecemos este castigo y sufrimos a causa de nuestros delitos; pero éste no ha hecho nada malo.

42Luego le dijo:

—Jesús, acuérdate de mí cuando vengas en tu reino.

43Jesús le contestó:

—Te aseguro que hoy estarás conmigo en el paraíso.

Muerte de Jesús

44Desde el mediodía y hasta las tres de la tarde, toda la tierra quedó a oscuras, 45pues el sol se ocultó. Y la cortina del templo se partió en dos. 46Entonces Jesús gritó con fuerza:

—¡Padre, en tus manos encomiendo mi espíritu!

Y después de decir esto, murió.

47El capitán romano, al ver lo que había sucedido, alabó a Dios y dijo:

—En verdad, este hombre era justo.

48Los que estaban allí reunidos para presenciar ese espectáculo, al ver lo que pasaba, se fueron de allí golpeándose el pecho. 49Pero todos los conocidos de Jesús y las mujeres que lo habían seguido desde Galilea, se quedaron mirando desde lejos.

Sepultura de Jesús

50Había un hombre llamado José que era bueno y justo. Era miembro del Consejo, 51pero no había estado de acuerdo con la decisión y la conducta de los demás. Procedía del pueblo de Arimatea, en la región de Judea, y esperaba el reino de Dios. 52Éste fue ante Pilato para pedirle el cuerpo de Jesús. 53Después de bajarlo, lo envolvió en una sábana de lino y lo puso en un sepulcro cavado en una roca. Ese sepulcro nunca antes lo habían usado.

54Era el día en que se preparaban para el descanso del sábado, que ya estaba a punto de comenzar. 55Las mujeres que habían seguido a Jesús desde Galilea acompañaron a José hasta el sepulcro y vieron cómo colocaba el cuerpo. 56Luego regresaron a su casa y prepararon especias aromáticas y perfumes. Después descansaron el sábado, como lo manda la ley.

La resurrección

24 El primer día de la semana, muy de mañana, las mujeres fueron al sepulcro llevando las especias aromáticas que habían preparado.

2Encontraron que la piedra que cubría el sepulcro no estaba en su lugar, 3y cuando entraron no encontraron el cuerpo del Señor Jesús. 4Estaban confundidas, pues no sabían qué había pasado. Mientras tanto, vieron a dos hombres vestidos con ropas brillantes, de pie junto a ellas. 5Estaban tan asustadas que se inclinaron hasta tocar el suelo con su rostro. Pero ellos les dijeron:

—¿Por qué buscan entre los muertos al que vive? 6No está aquí; ha resucitado. Recuerden lo que él les dijo cuando todavía estaba con ustedes en la región de Galilea: 7«El Hijo del hombre tiene que ser entregado en manos de hombres malvados, y lo crucificarán, pero al tercer día va a resucitar».

8Entonces ellas recordaron las palabras de Jesús. 9Cuando regresaron del sepulcro, les contaron a los once y a todos los demás lo que había pasado. 10Las mujeres que contaron estas cosas eran María Magdalena, Juana, María la madre de Jacobo, y las demás que las acompañaban.

11Pero los discípulos pensaron que lo que ellas decían era una locura y no les creyeron. 12Sin embargo, Pedro salió corriendo al sepulcro. Al asomarse, sólo vio las vendas de lino. Luego regresó a su casa sorprendido de lo que había sucedido.

De camino a Emaús

13Ese mismo día, dos de ellos se dirigían a un pueblo llamado Emaús, a unos once kilómetros de Jerusalén. 14Iban conversando de todo lo que había pasado. 15Mientras hablaban y discutían, Jesús mismo se acercó y empezó a caminar con ellos; 16pero no lo reconocieron, pues sus ojos estaban velados.

17Él les preguntó:

—¿De qué vienen hablando por el camino?

Se detuvieron; tenían los rostros embargados de tristeza. 18Uno de ellos, llamado Cleofas, le dijo:

—¿Eres tú el único que ha estado en Jerusalén y no se ha enterado de lo que ha pasado en estos días?

19Él les preguntó:

—¿Qué ha pasado?

Ellos le respondieron:

—Lo de Jesús de Nazaret. Era un profeta poderoso en lo que hacía y decía ante Dios y ante la gente. 20Los jefes de los sacerdotes y nuestros gobernantes lo entregaron para que lo condenaran a muerte y lo crucificaran. 21Sin embargo, nosotros teníamos la esperanza de que él sería el libertador de Israel. Pero ya hace tres días que sucedió todo esto. 22Esta mañana, algunas de las mujeres de entre nosotros nos dejaron asombrados. Muy temprano, fueron al sepulcro, 23pero no encontraron su cuerpo. Cuando volvieron, nos contaron que unos ángeles se les habían aparecido y les habían dicho que él está vivo. 24Algunos de nuestros compañeros fueron al sepulcro y lo encontraron tal como las mujeres habían explicado. Pero a él, no lo vieron.

24.13–15

25Él les dijo:
—¡Qué torpes son ustedes! ¡Qué corazón tan
lento tienen para creer todo lo que los profetas
dijeron! 26¿Acaso no saben que el Cristo tenía que
sufrir estas cosas antes de entrar en su gloria?
27Entonces les explicó todo lo que las Escrituras
decían acerca de él, comenzando por Moisés y
siguiendo por todos los profetas.
28Cuando ya estaban cerca del pueblo adonde
iban, Jesús hizo como que seguía su camino;
29pero ellos le dijeron con insistencia:
—Quédate con nosotros. Es muy tarde, ya es
casi de noche.
Así lo hizo, y entró para quedarse con ellos.
30Mientras estaban sentados a la mesa, tomó el
pan, lo bendijo, lo partió y se lo dio. 31Entonces
se les abrieron los ojos y pudieron reconocerlo;
pero él desapareció.
32Y ellos se decían uno al otro:
—¿No sentíamos como si nuestro corazón
ardiera mientras él hablaba en el camino y nos
explicaba las Escrituras?
33En ese mismo momento, se pusieron en
camino y regresaron a Jerusalén. Allí encontraron reunidos a los once y a los otros que estaban
con ellos. 34Éstos decían:
—¡Es verdad! ¡El Señor ha resucitado y se le
apareció a Pedro!
35Los dos también contaron lo que les había
pasado en el camino, y cómo reconocieron a
Jesús cuando partió el pan.

Jesús se aparece a los discípulos

36Ellos todavía estaban hablando cuando Jesús
mismo se puso en medio de ellos y les dijo:
—Paz a ustedes.
37Todos se llenaron de terror pues creyeron
que lo que veían era un espíritu.
38Él les preguntó:
—¿Por qué están tan asustados? ¿Por qué
tienen tantas dudas? 39Miren mis manos y mis
pies. ¡Soy yo! Tóquenme y comprueben, pues un
espíritu no tiene carne ni huesos como ven que
yo los tengo.
40Después de decir esto les mostró las manos y
los pies. 41Como ellos estaban alegres y asustados,
no lo podían creer. Entonces les preguntó:
—¿Tienen algo de comer?
42 Le dieron un pedazo de pescado asado, 43y
él lo tomó y se lo comió mientras todos lo veían.
Luego les dijo:
44—Recuerden que cuando todavía estaba yo
con ustedes, les decía que tenía que cumplirse
todo lo que está escrito acerca de mí en la ley de
Moisés, en los profetas y en los salmos.
45Entonces les abrió el entendimiento para
que pudieran comprender las Escrituras. 46Les
explicó:
—Está escrito que el Cristo padecerá y resucitará al tercer día. 47Y también que en su nombre,
comenzando en Jerusalén, se predicará a todas
las naciones que hay perdón de pecados para el
que se arrepiente. 48Ustedes son testigos de estas
cosas. 49Pronto enviaré lo que prometió mi Padre.
Pero ustedes quédense en Jerusalén hasta que los
llene con poder de lo alto.

La ascensión

50Tras aquellas palabras, los llevó hasta Betania. Una vez allí, alzó las manos y los bendijo.
51Y mientras los bendecía, se alejó de ellos y fue
llevado al cielo.
52Los discípulos, después de adorarlo, regresaron a Jerusalén llenos de alegría. 53Desde ese día
estaban siempre en el templo alabando a Dios.

JUAN

¿Quién lo escribió?

El mismo libro indica que el autor es Juan, el discípulo al cual Jesús amaba (13:23; 19:26; 20:2; 21:7,20,24).
Por ser testigo presencial, incluye en su narración muchos detalles que sólo pueden ser descritos por alguien que los vivió en carne propia (porejemplo,2:6; 12:3;13:26;21:8,11). Además,sabemosque era alguien que conocía muy bien las costumbres judías (por ejemplo, 21:8), las referencias mesiánicas (1:20,21; 7:40-42), y la tierra de Palestina (1:44,46; 5:2; 11:18). Juan era hijo de Zebedeo y de Salomé, quien probablemente fue hermana de María, madre de Jesús (Mateo 27:56; Marcos 15:40; Juan 19:25). Jacobo fue su hermano mayor, y ambos fueron parte de un grupo muy cercano a Jesús (Mateo 17:1: 26:37). Fue él quien recibió a María en su casa por instrucciones de Jesús (19:27). Era además alguien de carácter muy fuerte y violento (Lucas 9:54); apodado el hijo del trueno (Marcos 3:17). Jugó un papel muy importante en el liderazgo de la iglesia en Jerusalén (Hechos 3:1; 8:14; Gálatas 2:9). Escribió este evangelio, las tres cartas que llevan su nombre y Apocalipsis. Terminó su vida exiliado en la isla de Patmos (Apocalipsis 1:9).

¿A quién lo escribió?

El "tratado" está dirigido a Teófilo, un hombre de rango social, dentro de la comunidad romana de aquellos días. Pero dada la magnitud del esfuerzo de Lucas, parece claro que Lucas no escribió pensando sólo en Teófilo. También en muchos otros con quienes pudo haberlo compartido o con muchos otros que como Teófilo, estuvieran atravesando por la tensión de convicción de la fe, en vista del rechazo judío y la persecución que sufría la comunidad de creyentes. La importancia del nombre y el contenido del libro demuestran que está dirigido a cuantos aman a Dios.

¿Cuándo y dónde lo escribió?

Lucas fue escrito antes de Hechos, lo cual es definido por la conclusión del libro alrededor del 63 d.C. Otras narraciones estuvieron circulando en el tiempo cuando Lucas escribe. Por lo anterior, la fecha más probable puede ser alrededor del 60 d.C. El lugar más probable es Roma, aunque se ha sugerido también Acaya, Efeso y Cesarea.

Panorama del libro

Juan escribió con un propósito evangelístico: "Jesús hizo muchas otras señales milagrosas en presencia de sus discípulos, las cuales no están registradas en este libro. Pero éstas se han escrito para que ustedes crean que Jesús es el Cristo, el Hijo de Dios, y para que al creer en su nombre tengan vida" (20:30,31). Desde su introducción, este es el más teológico de los cuatro evangelios. Juan escribe para convencer a sus lectores de la verdadera identidad de Jesús como el perfecto Dios-hombre, y para llevarlos a creer en Él. Utiliza la palabra creer 98 veces en todo el libro. Esto explica el resto del contenido del libro:

- las entrevistas personales de Jesús (por ejemplo, 3:1-21; 4:1-42)
- los milagros (2:1-11; 4:46-54; 5:1-18; 6:6-13; 6:16-21; 9:1-7; 11;1-45)
- los títulos con los que se refiere al Hijo de Dios (1:1,29,41; 4:25,26,42; 20:28)
- las declaraciones de la deidad de Cristo (6:35; 8:12,58; 10:7,9,11,14; 11:25; 14:6; 15:1,5)
- las declaraciones de la humanidad de Cristo (1:14; 2:21; 4:6,7; 8:57; 11:33,35; 12:27; 19:28,34)

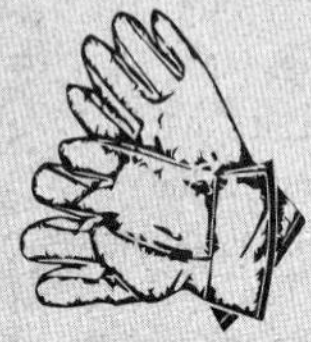

¿Cómo se relaciona con nosotros?

Hoy existen demasiados mensajes distorsionados del evangelio y de la persona de Cristo, y algo semejante sucedía en el tiempo en que Juan escribe su evangelio. Mientras que los otros tres evangelios describen a Jesús como el Rey, el Siervo y el Hijo del Hombre, Juan presenta a Jesús como el Hijo de Dios. Juan escribió para que sus lectores pudieran "creer que Jesús es el Cristo, el Hijo de Dios", para que tengan vida en su nombre (Juan 20:31), y para lograr ese objetivo presentó una imagen fascinante y distintiva de Jesucristo, en completa unidad con los retratos de los otros tres evangelios, pero también agregando significativamente a la revelación bíblica de Jesús, el Dios-hombre. En este evangelio es donde Jesús habla más de sí mismo, porque para Juan la definición de la identidad de Jesús determina nuestra identidad.

¿Cómo lo estudiamos?

1) ¡Cree en Jesús! (1:1-18)
2) Las primeras reflexiones y entrevistas (1:19-4:54)
3) Ministerio de Jesús: público... y polémico (5:1-6:71)
4) Incredulidad (7:1-12:36a)
5) ¿Están listos? Preparación de los discípulos (12:36b-16:33)
6) ¡Jesús oró por ti! (17:1-26)
7) La pasión (18:1-19:42)
8) ¡Él vive! ¡Lo hemos visto! (20:1-21:25)

JUAN

Juan

La Palabra se hizo hombre

1 Antes que nada existiera, ya existía la
Palabra,[a] y la Palabra estaba con Dios
porque aquel que es la Palabra era Dios.
2Él estaba con Dios en el principio.
3Por medio de él todas las cosas fueron creadas, y no existe nada que él no haya creado.
4En él estaba la vida, y la vida era también la luz de la humanidad.
5Esta luz brilla en la oscuridad, y la oscuridad no puede apagarla.
6,7Dios envió como testigo a un hombre llamado Juan, para que les hablara a todos de la
luz, y por medio de él todos creyeran. 8Juan no
era la luz; él sólo vino a guiar a todos hacia la
luz. 9La luz verdadera, la que alumbra a todo
ser humano, ya estaba por llegar a este mundo.
10El que es la luz estaba en el mundo, y Dios creó
el mundo por medio de él, pero el mundo no lo
reconoció. 11Vino a este mundo, que es suyo,
y los suyos no lo recibieron. 12Pero a todos los
que lo recibieron, a los que creen en él, les dio
el derecho de ser hijos de Dios. 13Los hijos de Dios
no nacen de la sangre, ni por deseos naturales o por voluntad humana, sino que nacen de Dios.
14Y la Palabra se hizo hombre y habitó entre nosotros. Y hemos visto su gloria, la gloria que le pertenece al Hijo único del Padre, en el que abundan el amor y la verdad.
15Juan habló de él y, a voz en cuello, gritó: «Éste es del que yo les había dicho que venía después de mí. Pero él es más importante que yo, porque existía antes que yo».
16De la abundancia que hay en él, todos hemos
recibido bendición sobre bendición. 17Por
medio de Moisés recibimos la ley mientras que por medio de Jesucristo recibimos el amor y la verdad.
18A Dios nadie lo ha visto nunca; pero el Hijo único, que es Dios mismo y siempre está en unión con el Padre, nos ha enseñado cómo es, para que así lo podamos conocer.

Juan el Bautista niega ser el Cristo

19Los judíos de Jerusalén enviaron sacerdotes y ayudantes del templo para que le preguntaran a Juan quién era él. Esto es lo que Juan les respondió:
20—Yo no soy el Cristo.
Así dijo sin negarse a confesarlo claramente.
21Le preguntaron:
—¿Y quién eres entonces? ¿Eres acaso Elías?
Él respondió:
—No lo soy.
—¿Eres el Profeta?
—No.
22Le dijeron:
—¿Quién eres entonces? Tenemos que llevar una respuesta a los que nos enviaron. ¿Qué puedes decir de ti mismo?
23Juan respondió con las palabras del profeta Isaías:
—Yo soy la voz del que grita en el desierto: «Preparen un camino recto para el Señor».
24Los enviados de los fariseos 25le preguntaron:
—Si no eres el Cristo, ni Elías ni el Profeta, ¿por qué bautizas?
26Juan respondió:
—Yo bautizo con agua, pero entre ustedes
hay alguien a quien ustedes no conocen, 27que
viene después de mí. A él, yo ni siquiera merezco desatarle la correa de las sandalias.
28Todo esto ocurrió en Betania, el pueblo que está en el lado este del río Jordán, donde Juan estaba bautizando.

Jesús, el Cordero de Dios

29Al día siguiente Juan vio que Jesús se acercaba a él, y exclamó: «¡Aquí viene el Cordero
de Dios, que quita el pecado del mundo! 30Él es
aquel de quien dije: "Después de mí viene un hombre que es más importante que yo, porque
existía antes que yo". 31Yo no lo conocía, pero
vine bautizando con agua para que él se diera
a conocer al pueblo de Israel». 32Juan añadió:
«Yo vi al Espíritu descender del cielo en forma
de paloma y posarse sobre él. 33Yo mismo no lo
conocía, pero el que me mandó a bautizar con agua me dijo: "Cuando veas al Espíritu descender y posarse sobre alguien, ese es el que bautiza con
el Espíritu Santo". 34Yo lo he visto y por eso les
aseguro que éste es el Hijo de Dios».

Los primeros discípulos de Jesús

35Al día siguiente, Juan estaba con dos de sus
discípulos en el mismo lugar. 36Cuando vio que
Jesús pasaba por allí, dijo:
—¡Aquí viene el Cordero de Dios!
37Al oír esto, los dos discípulos siguieron a
Jesús. 38Jesús volvió la cabeza, y viendo que lo
seguían, les preguntó:
—¿Qué buscan?
Ellos contestaron:
—Rabí, (Rabí significa: Maestro) ¿dónde vives?
39Jesús les respondió:
—Vengan y vean.
Ellos fueron con él, vieron dónde vivía, y puesto que eran como las cuatro de la tarde, se quedaron con él ese día.

a. Literalmente, «el Verbo», término que significa Cristo, la sabiduría y el poder de Dios, la primera causa de todas las cosas y la manifestación personal de Dios ante los hombres, la segunda Persona de la Trinidad.

1.1–4 1.11–12 1.16–17

40Andrés, hermano de Simón Pedro, era uno
de los dos que habían seguido a Jesús después
de oír a Juan. 41Andrés, al primero que encontró
fue a su hermano Simón y le dijo:
—Hemos encontrado al Mesías (es decir, al
Cristo).
42Entonces Andrés llevó a Simón a donde estaba Jesús.
Jesús lo miró fijamente y le dijo:
—Tú eres Simón, el hijo de Juan. De ahora en
adelante te llamarás Cefas (o sea, Pedro).

Jesús llama a Felipe y a Natanael

43Al día siguiente, Jesús decidió ir a Galilea.
Allí se encontró con Felipe y le dijo:
—Sígueme.
44Felipe era de Betsaida, el mismo pueblo de
donde eran Pedro y Andrés.
45Felipe fue a buscar a Natanael y le dijo:
—Hemos encontrado a aquel de quien escribió Moisés en la ley y del que también escribieron
los profetas. Es Jesús de Nazaret, el hijo de José.
46Natanael replicó:
—¿Acaso puede salir algo bueno de Nazaret?
Felipe le contestó:
—Ven y te convencerás.
47Cuando Jesús vio que Natanael se le acercaba, dijo:
—Aquí viene un verdadero israelita, en el que
no hay engaño.
48Natanael le preguntó:
—¿De dónde me conoces?
—Te vi cuando aún estabas debajo de la
higuera, antes que Felipe te llamara.
49Natanael exclamó:
—Maestro, ¡tú eres el Hijo de Dios! ¡Tú eres
el Rey de Israel!
50—¿Lo crees sólo porque te dije que te vi
cuando estabas debajo de la higuera? Pues vas
a ver cosas más grandes que éstas.
Y siguió diciendo:
51—Les aseguro que ustedes verán abrirse el
cielo, y a los ángeles de Dios subir y bajar sobre
el Hijo del hombre.

Jesús transforma el agua en vino

2 Tres días más tarde hubo una boda en el
pueblo de Caná de Galilea, y la madre de
Jesús estaba allí. 2También Jesús y sus discípulos
habían sido invitados a la boda. 3El vino se acabó
y entonces la madre de Jesús le dijo:
—Ya no tienen vino.
4Jesús le respondió:
—Mujer, ¿acaso es mi problema? Todavía no
ha llegado mi hora.
5Su madre dijo a los sirvientes:
—Hagan lo que él les ordene.
6Había allí seis tinajas de piedra de unos cien
litros de capacidad cada una. Eran tinajas de
las que usaban los judíos en sus ceremonias de
purificación. 7Jesús ordenó a los sirvientes:
—Llenen de agua estas tinajas.
Los sirvientes las llenaron casi hasta rebosar.
8Jesús volvió a ordenarles:
—Ahora, saquen un poco y llévenselo al
encargado de la fiesta.
Así lo hicieron. 9El encargado de la fiesta probó
el agua convertida en vino. Él no sabía de dónde
había salido ese vino, pero los sirvientes sí lo
sabían pues ellos habían sacado el agua. Entonces el encargado se acercó al novio 10y le dijo:
—Todos sirven el mejor vino primero, y después, cuando los invitados ya han bebido mucho,
les sirven el vino barato. Pero tú has guardado el
mejor vino hasta el final.
11Jesús hizo esta señal, que fue la primera, en
Caná de Galilea. Así dio a conocer su gloria; y
sus discípulos creyeron en él.
12Después de esto, Jesús fue al pueblo de Capernaúm con su madre, sus hermanos y sus discípulos, y allí se quedaron unos días.

Jesús purifica el templo

13Luego, como se acercaba la Pascua, que es
una fiesta de los judíos, Jesús se fue a Jerusalén.
14Dentro del templo encontró a los que vendían
bueyes, ovejas y palomas, y a los que cambiaban
dinero sentados a sus mesas. 15Entonces, hizo un
látigo con algunas cuerdas y echó a todos del
templo. También echó junto con ellos a sus ovejas y bueyes; arrojó al suelo las monedas de los
que cambiaban el dinero y volcó sus mesas. 16A
los que vendían palomas, les dijo:
—¡Saquen esto de aquí! ¡No conviertan la casa
de mi Padre en un mercado!
17Sus discípulos entonces recordaron que la
Escritura dice: «El celo que tengo por tu casa
me está consumiendo».
18Frente a esto, los judíos le preguntaron:
—¿Qué señal nos puedes mostrar de que tienes
derecho de hacer esto?
19Jesús les contestó:
—Destruyan este templo y en tres días lo volveré a levantar.
20Los judíos dijeron:
—¡Les llevó cuarenta y seis años construir este
templo, ¿y tú dices que en tres días lo puedes
volver a construir?
21Pero el templo del que él hablaba era su propio cuerpo. 22Por eso, después que resucitó, sus
discípulos se acordaron de estas palabras que él
había dicho. Entonces creyeron en la Escritura
y en lo que Jesús había dicho.
23Mientras Jesús estaba en Jerusalén durante la
fiesta de la Pascua, muchos creyeron en él porque
vieron las señales milagrosas que hacía. 24Pero
Jesús no confiaba en ellos, porque los conocía a
todos. 25No necesitaba que nadie le dijera nada

acerca de los demás, porque él conocía los pensamientos del ser humano.

Jesús enseña a Nicodemo

3 Había un fariseo llamado Nicodemo; era un jefe importante entre los judíos.

2Éste fue una noche a visitar a Jesús y le dijo:

—Maestro, sabemos que Dios te ha enviado a enseñarnos, porque nadie puede hacer las señales milagrosas que tú haces si Dios no está con él.

3Jesús le dijo:

—Te aseguro que si una persona no nace de nuevo no podrá ver el reino de Dios.

4Nicodemo preguntó:

—¿Cómo puede uno nacer de nuevo cuando ya es viejo? ¿Acaso puede entrar otra vez en el vientre de su madre y nacer de nuevo?

5Jesús respondió:

—Te aseguro que el que no nace de agua y del Espíritu, no puede entrar en el reino de Dios. 6Los que nacen de padres humanos, son humanos; los que nacen del Espíritu, son espíritu. 7No te sorprendas de que te dije que tienes que nacer de nuevo. 8El viento sopla por donde quiere y oyes el ruido que produce, pero no sabes de dónde viene ni a dónde va. Eso mismo pasa con todos los que nacen del Espíritu.

9Nicodemo preguntó:

—¿Cómo es posible que esto suceda?

10Jesús le respondió una vez más:

—Tú eres maestro de Israel, ¿y no sabes estas cosas? 11Te aseguro que hablamos de las cosas que sabemos y de las que nosotros mismos hemos sido testigos, pero ustedes no creen lo que les decimos. 12Si no me creen cuando les hablo de las cosas de este mundo, ¿cómo van a creerme si les hablo de las cosas del cielo? 13Nadie ha subido jamás al cielo excepto el que bajó del cielo, que es el Hijo del hombre.

Jesús y el amor del Padre

14»Como Moisés levantó la serpiente en el desierto, así también tienen que levantar al Hijo del hombre, 15para que todo el que crea en él tenga vida eterna.

16»Dios amó tanto al mundo, que dio a su único Hijo, para que todo el que cree en él no se pierda, sino tenga vida eterna. 17Dios no envió a su Hijo para condenar al mundo, sino para salvarlo por medio de él. 18El que cree en el Hijo único de Dios no será condenado, pero quien no cree en él ya está condenado. 19En esto consiste la condenación: en que la luz vino al mundo y la gente prefirió las tinieblas a la luz, pues las cosas que hacía eran malas. 20Todo el que hace lo malo odia la luz, y no se acerca a ella por temor a que sus malas acciones se descubran. 21En cambio, el que practica la verdad se acerca a la luz, para que se vea que obedece a Dios en lo que hace».

Testimonio de Juan el Bautista acerca de Jesús

22Después de esto, Jesús fue con sus discípulos a la región de Judea. Allí estuvo algún tiempo con ellos bautizando.

23Juan también bautizaba en Enón, cerca de Salín. Allí había mucha agua y la gente iba para que la bautizara.

24Esto sucedió antes que a Juan lo encarcelaran. 25Entonces empezaron a discutir los discípulos de Juan y un judío acerca de la ceremonia de purificación.

26Aquéllos fueron a ver a Juan y le dijeron:

—Maestro, el que estaba contigo al otro lado del río Jordán, aquel del que tú mismo hablaste, ahora está bautizando y todos lo siguen.

27Juan les respondió:

—Nadie puede recibir nada si Dios no se lo da. 28Ustedes saben muy bien que yo dije: «Yo no soy el Cristo, sino que fui enviado delante de él». 29El que tiene a la novia es el novio. Pero el amigo del novio, que está a su lado y escucha la voz del novio, se llena de alegría al oír su voz. Así estoy yo, lleno de alegría. 30Ahora él debe tener más importancia y yo menos.

El que viene del cielo

31El que viene de arriba está por encima de todos; el que es de la tierra es terrenal y habla de las cosas de la tierra. El que viene del cielo está por encima de todos 32y habla de las cosas que ha visto y oído. Sin embargo, nadie cree lo que él dice. 33El que cree confirma que Dios dice la verdad. 34Aquel a quien Dios ha enviado habla lo que Dios le dice, porque Dios mismo le da su Espíritu en abundancia. 35El Padre ama al Hijo y le ha dado poder sobre todo lo que existe. 36El que cree en el Hijo tiene vida eterna; pero el que no cree en el Hijo no sabrá lo que es esa vida, pues siempre estará bajo el castigo de Dios.

Jesús y la samaritana

4 Jesús se enteró de que los fariseos sabían que él hacía y bautizaba más discípulos que Juan. 2Aunque en realidad los que bautizaban eran los discípulos de Jesús y no él mismo. 3Cuando Jesús se enteró, salió de Judea y regresó a Galilea. 4En el viaje tenía que pasar por Samaria 5y llegó a un pueblo samaritano llamado Sicar. Éste se encontraba cerca del terreno que Jacob le había dado a su hijo José. 6Allí estaba el pozo de Jacob. Jesús, cansado del viaje, se sentó junto al pozo. Era cerca del mediodía.

7-8Sus discípulos habían ido al pueblo a comprar comida. En eso, llegó una mujer de Samaria a sacar agua. Jesús le dijo:

—Dame un poco de agua.

3.3–7 3.14–18 3.36 4.6

[9]Pero como los judíos no se llevaban bien con los samaritanos, la mujer le respondió:

—¿Cómo se te ocurre pedirme agua, si tú eres judío y yo soy samaritana?

[10]Jesús le contestó:

—Si supieras lo que Dios puede darte y quién es el que te está pidiendo agua, serías tú la que le pedirías agua a él y él te daría agua que da vida.

[11]La mujer le dijo:

—Señor, ni siquiera tienes con qué sacar el agua y el pozo es muy hondo. ¿Cómo me vas a dar agua que da vida? [12]Nuestro antepasado Jacob nos dejó este pozo y de aquí bebía agua él, sus hijos y su ganado. ¿Acaso eres tú superior a Jacob?

[13]Jesús respondió:

—Cualquiera que beba de esta agua volverá a tener sed, [14]pero el que beba del agua que yo le dé, no volverá a tener sed jamás, porque dentro de él esa agua se convertirá en un manantial del que brotará vida eterna.

[15]La mujer le dijo:

—Señor, dame de esa agua para que no vuelva a tener sed ni tenga que venir aquí a sacarla.

[16]Jesús le dijo:

—Ve a llamar a tu esposo y regresa acá.

[17]La mujer respondió:

—No tengo esposo.

Jesús le dijo:

—Has dicho la verdad en cuanto a que no tienes esposo, [18]porque has tenido cinco y el que ahora tienes no es tu esposo.

[19]La mujer le dijo:

—Señor, me parece que eres profeta. [20]Nuestros antepasados adoraron en este monte, pero ustedes los judíos dicen que el lugar donde debemos adorar está en Jerusalén.

[21]Jesús le respondió:

—Créeme, mujer, que ya está cerca la hora en que ustedes no adorarán al Padre ni en este monte ni en Jerusalén. [22]Ustedes adoran lo que no conocen, pero nosotros adoramos lo que conocemos, pues la salvación viene de los judíos. [23]Pero la hora se acerca, y ya está aquí, cuando los que verdaderamente adoran al Padre lo harán guiados por el Espíritu y en forma verdadera, porque el Padre así quiere que sean los que lo adoren. [24]Dios es espíritu, y los que lo adoran deben hacerlo guiados por el Espíritu y en forma verdadera.

[25]La mujer respondió:

—Yo sé que viene el Mesías, al que llaman el Cristo. Cuando él venga nos explicará todas las cosas.

[26]Jesús le dijo:

—Ése soy yo, el que está hablando contigo.

Los discípulos vuelven a reunirse con Jesús

[27]En eso llegaron sus discípulos. Aunque se sorprendieron de verlo hablando con una mujer, no se atrevieron a preguntarle por qué lo hacía ni de qué estaba hablando con ella.

[28]La mujer dejó su cántaro, corrió al pueblo y le decía a la gente:

[29]—Vengan a ver a un hombre que me ha dicho todo lo que he hecho. ¿No será éste el Cristo?

[30]Entonces salieron del pueblo y fueron a ver a Jesús.

[31]Mientras tanto, sus discípulos le suplicaban:

—Maestro, come algo.

[32]Él les dijo:

—Yo tengo una comida que ustedes no conocen.

[33]Los discípulos se preguntaban: ¿Le habrán traído algo de comer?

[34]Jesús les explicó:

—Mi comida es hacer la voluntad del que me envió y terminar el trabajo que me dio. [35]Ustedes dicen: «Todavía faltan cuatro meses para la cosecha», pero yo les digo: ¡Fíjense bien en los campos sembrados! La cosecha ya está madura.

[36]»El que trabaja recogiendo la cosecha ya recibe su salario y recoge la cosecha para vida eterna. Tanto el que siembra como el que cosecha se alegran juntos. [37]Porque es cierto lo que dice el refrán: "Uno es el que siembra y otro el que cosecha". [38]Yo los he enviado a ustedes a cosechar lo que no les costó ningún trabajo. Otros fueron los que se fatigaron trabajando, y ustedes han cosechado el fruto del trabajo de ellos».

Muchos samaritanos creen en Jesús

[39]Muchos de los samaritanos que vivían en ese pueblo creyeron en Jesús por las palabras que les dijo la mujer: «Me ha dicho todo lo que he hecho». [40]Cuando los samaritanos llegaron a donde él estaba, le suplicaron que se quedara con ellos. Jesús se quedó allí dos días, [41]y muchos más creyeron después de oírlo hablar.

[42]Le dijeron a la mujer:

—Ahora creemos porque nosotros mismos lo hemos oído, y sabemos en verdad que él es el Salvador del mundo.

Jesús sana al hijo de un funcionario

[43]Después de pasar allí esos dos días, se fue a Galilea, [44]pues Jesús mismo había dicho que ningún profeta recibe honra en su propia tierra. [45]Cuando llegó a Galilea, los galileos lo recibieron muy bien, ya que ellos mismos habían visto

4.13–14 4.16–17 4.21–24 4.28–30 4.42

todo lo que él había hecho en Jerusalén durante
la Pascua, porque habían estado también allí.
46Después volvió Jesús a Caná de Galilea, donde había convertido el agua en vino. Había allí
un importante funcionario real que tenía a su
hijo enfermo en Capernaúm. 47Cuando el funcionario se enteró de que Jesús había viajado de
Judea a Galilea, fue a verlo y le suplicó que lo
acompañara y sanara a su hijo, pues estaba a
punto de morir.
48Jesús le dijo:
—Ustedes sólo van a creer si ven señales y
milagros.
49El funcionario le rogó:
—Señor, ven antes que se muera mi hijo.
50Jesús le dijo:
—Regresa a casa, que tu hijo vive.
El hombre creyó lo que Jesús le dijo, y se fue.
51Cuando iba de regreso a su casa, sus criados
salieron a su encuentro con la noticia de que
su hijo estaba vivo. 52Él les preguntó a qué hora
había comenzado su hijo a sentirse mejor, y le
contestaron:
—Ayer a la una de la tarde se le quitó la fiebre.
53El padre se dio cuenta de que a esa misma
hora Jesús le había dicho: «Tu hijo vive». Así que
él y toda su familia creyeron.
54Esta fue la segunda señal que hizo Jesús en
Galilea, después de volver de Judea.

Jesús sana a un inválido

5 Algún tiempo después, Jesús regresó a Jerusalén, donde se celebraba una fiesta de los
judíos.
2Allí en Jerusalén, junto a la puerta de las Ovejas, había un estanque rodeado de cinco pórticos.
El estanque, se llamaba en arameo, Betzatá.
3En los pórticos estaban acostados muchos
enfermos, ciegos, cojos y paralíticos que esperaban que se moviera el agua. 4De cuando en cuando un ángel del Señor bajaba al estanque y movía
el agua. El primero que se metía al agua después
de que había sido removida, quedaba sano de
cualquier enfermedad que tuviera. 5Entre ellos
había un hombre inválido que llevaba enfermo
treinta y ocho años.
6Cuando Jesús lo vio allí acostado y supo que
tenía mucho tiempo de estar enfermo, le preguntó:
—¿Quieres curarte?
7El enfermo respondió:
—Señor, no tengo a nadie que me meta en el
estanque mientras se remueve el agua. Cada vez
que trato de hacerlo otro se me adelanta.
8Jesús le dijo:
—Levántate, recoge tu camilla y anda.
9En ese mismo momento el hombre quedó
sano. De inmediato tomó su camilla y comenzó
a andar.
Y ese día era sábado. 10Por eso los judíos le
dijeron al hombre que había sido sanado:
—Hoy es sábado, y no está permitido que
andes cargando tu camilla.
11Él les respondió:
—El que me sanó me dijo: «Recoge tu camilla
y anda».
12Ellos le preguntaron:
—¿Quién es ese hombre que te dijo: «Recoge
tu camilla y anda»?
13El hombre no sabía quién lo había sanado, pues Jesús ya había desaparecido entre la
multitud que había en el lugar. 14Jesús encontró
después al hombre en el templo y le dijo:
—Mira, ahora ya estás sano. No vuelvas a
pecar porque te puede ocurrir algo peor.
15El hombre se fue y les dijo a los judíos que
Jesús era el que lo había sanado.

Vida mediante el Hijo

16Por estas cosas los judíos perseguían a Jesús,
por hacerlas en sábado.
17Pero Jesús les dijo:
—Mi Padre siempre trabaja y por eso yo también trabajo.
18Por esto los judíos trataban aún más de
matarlo, ya que desobedecía la ley acerca del
sábado y decía que Dios era su Padre, con lo cual
se hacía igual a Dios. 19Entonces Jesús les dijo:
—Les aseguro que el hijo no puede hacer nada
por su propia cuenta, sino solamente lo que ve
que hace su padre, porque cualquier cosa que
☼ hace el padre, la hace también el hijo. 20El
padre ama al hijo y le muestra todo lo que
hace. Le mostrará cosas aun más grandes que
éstas y los dejará a ustedes asombrados. 21Así
como el Padre resucita a los muertos y les da
vida, de la misma manera también el Hijo le da
vida a quien él quiere. 22Y el Padre no juzga a
nadie, sino que le ha dado al Hijo el poder para
juzgar, 23para que todos honren al Hijo como
honran al Padre. El que se niega a honrar al Hijo,
tampoco honra al Padre que lo envió.
☼ 24»Les aseguro que el que presta atención a
lo que digo y cree en el que me envió, tiene
vida eterna y no será condenado, porque ha pasado de la muerte a la vida. 25Les aseguro que ya
viene la hora, y ya ha llegado, en que los muertos oirán la voz del Hijo de Dios, y los que la
oigan vivirán. 26El Padre tiene vida en sí mismo
y ha permitido que el Hijo tenga también vida
en sí mismo, 27y le ha dado autoridad para que
juzgue, ya que es el Hijo del hombre.
28»No se sorprendan por esto, porque viene la
hora en que todos los muertos oirán su voz, 29y
saldrán de los sepulcros. Los que han hecho lo
bueno resucitarán para tener vida, pero los que

☼5.20–22 ☼5.24

han hecho lo malo resucitarán para ser juzgados.
30Yo no puedo hacer nada por mi propia cuenta.
Juzgo por lo que oigo, y mi juicio es correcto, porque está de acuerdo con la voluntad del que me
envió y no de acuerdo con mi propia voluntad.

Los testimonios a favor del Hijo

31»Si yo hablara en mi favor, ese testimonio no
tendría valor. 32Pero es otro el que habla en mi
favor, y me consta que tiene valor el testimonio
que él da de mí.

33»Ustedes enviaron a preguntarle a Juan, y él
dio un testimonio que tiene valor. 34No se trata
de que yo necesite el testimonio de un hombre;
más bien digo esto para que ustedes sean salvos.
35Juan era una lámpara encendida que alumbra-
ba, y ustedes quisieron disfrutar de su luz por
un tiempo.

36»Yo tengo un testimonio mayor que el de
Juan, pues lo que el Padre me ha encomendado hacer es lo que estoy haciendo y es lo que
demuestra que el Padre me ha enviado. 37Y
el Padre mismo que me envió ha testificado
en mi favor. Pero ustedes nunca han oído su voz
ni han visto su figura, 38ni vive su palabra en
ustedes, porque no han creído en aquel a quien
él envió.

39»Ustedes estudian con cuidado las Escrituras
porque piensan que en ellas hallan la vida
eterna. Y son ellas las que hablan de mí. 40Sin
embargo, ustedes no quieren venir a mí para
tener vida eterna.

41»Yo no acepto la gloria de los hombres, 42por-
que los conozco a ustedes y sé que no aman
realmente a Dios. 43Yo he venido en nombre de
mi Padre, y ustedes no me aceptan. En cambio,
si otro viniera por su propia cuenta, a ese sí lo
aceptarían. 44¿Cómo van a creer, si unos a otros
se rinden gloria pero no buscan la gloria del
Dios único?

45»Pero no crean que yo voy a acusarlos con
mi Padre. Moisés será el que los acuse, ya que
en él tienen puesta su confianza. 46Si creyeran
a Moisés, me creerían a mí, porque él escribió
acerca de mí. 47Pero como no creen lo que él
escribió, ¿cómo van a creer lo que yo les digo?»

Jesús alimenta a los cinco mil

6 Después de esto, Jesús se fue al otro lado del
mar de Galilea o de Tiberíades. 2Mucha gente
lo seguía, porque veía las señales milagrosas que
él hacía en los enfermos. 3Entonces Jesús subió
a una colina y se sentó con sus discípulos. 4Fal-
taba poco tiempo para la Pascua, la fiesta de los
judíos. 5Cuando Jesús alzó la vista, vio mucha
gente que venía hacia él; entonces le dijo a Felipe:
—¿Dónde vamos a comprar pan para tanta
gente?

6Dijo esto para ponerlo a prueba, porque él ya
sabía lo que iba a hacer.

7Felipe respondió:
—Ni con el salario de ocho meses de trabajo
nos alcanzaría para darle un pedazo de pan a
tanta gente.

8Andrés, que era otro de sus discípulos y hermano de Simón Pedro, le dijo:
9—Aquí hay un muchacho que tiene cinco
panes de cebada y dos pescados. Pero, ¿qué es
esto para tanta gente?

10Jesús les ordenó:
—Díganle a la gente que se siente.
Allí había mucha hierba, así que todos se
sentaron. Sólo los hombres eran como cinco
mil. 11Jesús tomó los panes, dio gracias y los fue
repartiendo a los que estaban sentados. Luego
hizo lo mismo con los pescados. Todos comieron
cuanto quisieron.

12Cuando ya todos estuvieron satisfechos, les
dijo a sus discípulos:
—Recojan los pedazos que sobraron, para que
no se desperdicie nada.

13Ellos los recogieron, y con los pedazos que
sobraron de los panes, llenaron doce canastas.

14Al darse cuenta de la señal milagrosa que
Jesús realizó, la gente comenzó a decir:
—No cabe duda de que éste es el profeta que
tenía que venir al mundo.

15Jesús se dio cuenta de que querían llevárselo a
la fuerza para hacerlo su rey, por lo que se retiró
otra vez a la montaña él solo.

Jesús camina sobre el agua

16Al anochecer, sus discípulos bajaron al lago,
17subieron a una barca y comenzaron a cruzar el
lago rumbo a Capernaúm. Ya había oscurecido
y Jesús todavía no regresaba.

18Soplaba un fuerte viento que levantó unas
olas muy altas. 19Los discípulos habían remado
unos cinco o seis kilómetros cuando vieron que
Jesús caminaba sobre el agua. Él venía hacia la
barca y ellos se asustaron. 20Pero él les dijo: «Soy
yo, no tengan miedo». 21Entonces lo recibieron
con gusto en la barca y en seguida la barca llegó
a la orilla a donde iban.

22Al día siguiente, la gente que se había quedado en el otro lado del lago se dio cuenta de
que los discípulos se habían ido solos en la única
barca que había y que Jesús no se había ido en
la barca con ellos. 23Otras barcas de Tiberíades
llegaron al lugar donde la gente había comido el
pan después que el Señor diera gracias. 24Cuando
la gente se dio cuenta de que ni Jesús ni sus
discípulos estaban allí, subió a las barcas y se
fue a buscarlo a Capernaúm.

5.37 5.39

Jesús, el pan de vida

25Cuando lo encontraron al otro lado del lago,
le preguntaron:
—Maestro, ¿cuándo llegaste acá?
26Jesús les respondió:
—La verdad es que ustedes me buscan, no
porque han visto señales milagrosas sino porque
comieron hasta llenarse. 27No trabajen por la
comida que se acaba. Trabajen más bien por
la comida que permanece y da vida eterna, que
es la comida que el Hijo del hombre les dará.
Sobre él ha puesto Dios el Padre su sello de aprobación.
28Le preguntaron:
—¿Qué tenemos que hacer para llevar a cabo
las obras que Dios exige?
29Jesús les respondió:
—La obra que Dios exige es que crean en
aquel a quien él envió.
30Ellos insistieron:
—¿Qué señal milagrosa harás para que al
verla te creamos? ¿Qué puedes hacer? 31Nuestros
antepasados comieron el maná en el desierto,
como dice la Escritura: «Les dio a comer pan
del cielo».
32Jesús les respondió:
—Les aseguro que no fue Moisés el que les
dio a ustedes el pan del cielo. Mi Padre es el que
da el verdadero pan del cielo. 33El pan que da
Dios es el que baja del cielo y da vida al mundo.
34Le dijeron:
—Señor, danos siempre ese pan.
35Jesús les dijo:
—Yo soy el pan que da vida. El que viene a
mí no volverá a tener hambre, y el que cree en
mí no volverá a tener sed. 36Pero como ya les dije,
aunque ustedes me han visto, no creen en mí.
37Todos los que el Padre me da vendrán a mí;
y al que viene a mí, no lo rechazo. 38Yo he
venido del cielo a cumplir la voluntad del que
me envió y no la mía. 39Y ésta es la voluntad del
que me envió: que no pierda a ninguno de los
que él me ha dado, sino que los resucite en el
día final, 40porque mi Padre quiere que todo
el que reconozca al Hijo y crea en él, tenga
vida eterna, y yo lo resucitaré en el día final.
41Entonces los judíos empezaron a murmurar
contra Jesús, porque dijo: «Yo soy el pan que
bajó del cielo». 42Y decían: «¿No es este Jesús, el
hijo de José? Nosotros conocemos a su padre y
a su madre. ¿Cómo se atreve a decir que él bajó
del cielo?»
43Jesús les respondió:
—Dejen de murmurar. 44Nadie puede venir
a mí si el Padre que me envió no lo trae, y
yo lo resucitaré en el día final. 45En los profetas
está escrito: «Dios les enseñará a todos». Así que
todos los que escuchan al Padre y aprenden de
él, vienen a mí. 46Nadie ha visto al Padre, sólo
el que viene de Dios ha visto al Padre. 47Les aseguro que el que cree tiene vida eterna. 48Yo soy
el pan de vida. 49Los antepasados de ustedes comieron el maná en el desierto, y aun así murieron.
50Pero yo soy el pan que baja del cielo; el que
come de él, no muere. 51Yo soy el pan vivo que
bajó del cielo. El que coma de este pan vivirá
para siempre. Este pan es mi carne, que daré para
que el mundo viva.
52Entonces los judíos se pusieron a discutir
entre ellos, diciendo: «¿Cómo puede éste darnos
a comer su carne?»
53Jesús les dijo:
—Les aseguro que si no comen la carne del
Hijo del hombre y no beben su sangre, no tienen
realmente vida. 54El que come mi carne y bebe mi
sangre tiene vida eterna, y yo lo resucitaré en el
día final. 55Porque mi carne es comida verdadera
y mi sangre es bebida verdadera. 56El que come
mi carne y bebe mi sangre vive unido a mí y yo
vivo unido a él. 57Yo vivo por el Padre viviente
que me envió; por eso, el que come de mí, vivirá
por mí. 58Yo soy el pan que bajó del cielo. Los
antepasados de ustedes comieron maná y, sin
embargo, murieron; pero el que come de este
pan vivirá para siempre.
59Jesús enseñó todo esto en la sinagoga de
Capernaúm.

Muchos discípulos abandonan a Jesús

60Al escucharlo, muchos de sus discípulos
dijeron: «Esto que tú enseñas es muy difícil de
aceptar. ¿Quién puede estar de acuerdo con eso?»
61Jesús comprendió que los discípulos estaban
murmurando por lo que había dicho y les preguntó:
—¿Esto les ofende? 62¿Qué pasaría si vieran
al Hijo del hombre subir a donde antes estaba?
63El Espíritu es el que da vida; la carne no vale
para nada. Las palabras que yo les he dicho
son espíritu y vida. 64Pero todavía hay algunos
de ustedes que no creen.
Es que Jesús sabía desde el principio quiénes
eran los que no creían y quién lo traicionaría.
Por eso dijo:
65—A eso me refería cuando les dije que nadie
puede venir a mí, a menos que el Padre se lo
permita.
66Desde ese momento muchos de sus discípulos lo abandonaron. Entonces, Jesús les preguntó
a los doce:
67—¿También ustedes quieren irse?
68Simón Pedro le contestó:
—Señor, ¿a quién iríamos? Tú tienes palabras de vida eterna. 69Y nosotros hemos creído,
y sabemos que eres el Santo de Dios.

6.27 6.35 6.37 6.40 6.44–47 6.50–51 6.63

70 Jesús les respondió:

—Yo los escogí a ustedes doce, pero uno de ustedes es un diablo.

71 Hablaba de Judas, hijo de Simón Iscariote, uno de los doce, que lo iba a traicionar.

Jesús va a la fiesta de los Tabernáculos

7 Después de esto, Jesús andaba por Galilea. No quería ir a Judea porque allí los judíos lo esperaban para matarlo. 2 Como se acercaba la fiesta judía de los Tabernáculos, 3 los hermanos de Jesús le dijeron:

—Tienes que salir de aquí. Vete a Judea para que tus discípulos vean las obras que haces, 4 porque nadie puede darse a conocer si hace las cosas en secreto. Ya que haces estas cosas, deja que todo el mundo te conozca.

5 Era evidente que ni siquiera sus hermanos creían en él.

6 Por eso Jesús les respondió:

—Para ustedes cualquier tiempo es bueno, pero todavía no ha llegado mi tiempo. 7 A ustedes el mundo no los odia, pero a mí sí me odia, porque yo les muestro que sus obras son malas. 8 Vayan ustedes a la fiesta. Yo ahora no voy, porque todavía no ha llegado mi tiempo.

9 Después de haberles dicho esto, se quedó en Galilea. 10 Pero después que sus hermanos se fueron a la fiesta, él también fue, aunque en secreto, no de manera pública.

11 Por eso los jefes judíos lo buscaban durante la fiesta, y decían: «¿Dónde estará ese hombre?» 12 Entre la gente había muchos rumores acerca de él. Unos decían: «Él es un buen hombre». Otros afirmaban: «No es bueno porque engaña a la gente». 13 Sin embargo, nadie se atrevía a hablar de él abiertamente, por miedo a los jefes judíos.

Jesús enseña en la fiesta

14 A la mitad de la fiesta, Jesús entró al templo y comenzó a enseñar. 15 Los jefes judíos estaban admirados y decían:

—¿Cómo sabe tanto este hombre, si nunca ha estudiado?

16 Jesús les respondió:

—Lo que yo enseño no viene de mí, sino del que me envió. 17 Si alguien se decide a hacer la voluntad de Dios, reconocerá si mis enseñanzas provienen de Dios o si yo hablo por mi propia cuenta. 18 El que habla por su cuenta busca su propia gloria. Por el contrario, el que busca la gloria del que lo envió es una persona justa y dice la verdad. 19 ¿No es cierto que Moisés les dio a ustedes la ley? Sin embargo, ninguno de ustedes la obedece. ¿Por qué quieren matarme?

20 La gente le contestó:

—Estás endemoniado. ¿Quién te quiere matar?

21 Jesús les dijo:

—Todos ustedes han quedado asombrados por un solo milagro que hice. 22 Aunque en realidad la circuncisión no proviene de Moisés, sino de los patriarcas, fue Moisés quien les mandó practicarla. Y ustedes la practican incluso el sábado. 23 Ahora bien, si para obedecer la ley de Moisés ustedes circuncidan a un varón aunque sea sábado, ¿por qué se enojan conmigo por sanarlo completamente en sábado? 24 No juzguen por lo que a ustedes les parece; juzguen con justicia.

¿Es éste el Cristo?

25 Algunos de los que vivían en Jerusalén decían: «¿No es éste al que quieren matar? 26 Ahí está, hablando ante los ojos de todo mundo y nadie le dice nada. ¿Será que las autoridades se convencieron de que es el Cristo? 27 Nosotros sabemos de dónde viene este hombre, pero cuando venga el Cristo nadie sabrá de dónde viene».

28 Por eso Jesús, que estaba enseñando en el templo, dijo con voz fuerte:

—¡Así que ustedes me conocen y saben de dónde vengo! Yo no vengo por mi propia cuenta sino que me envió alguien en quien se puede confiar. Ustedes no lo conocen, 29 pero yo sí lo conozco porque vengo de él, y él mismo me envió.

30 Entonces quisieron arrestarlo, pero nadie le echó mano porque todavía no había llegado su tiempo.

31 Aun así, muchos de los que estaban entre la multitud creyeron en él, y decían: «Cuando venga el Cristo, ¿acaso va a hacer más señales milagrosas que este hombre?»

32 Cuando los fariseos oyeron que la gente murmuraba estas cosas acerca de él, se pusieron de acuerdo con los jefes de los sacerdotes y mandaron unos guardias del templo para arrestarlo.

33 Jesús les dijo:

—Todavía voy a estar con ustedes un poco más de tiempo, y después volveré al que me envió. 34 Ustedes me buscarán, pero no me encontrarán, porque no podrán llegar a donde yo esté.

35 Los judíos se preguntaban entre ellos: «¿Y a dónde piensa irse éste que no podremos encontrarlo? ¿Acaso pensará ir a los judíos que están dispersos entre las naciones, y enseñar a los griegos? 36 ¿Qué quiere decir con eso de que "me buscarán, pero no me encontrarán", y "no podrán llegar a donde yo esté"?»

Jesús en el último día de la fiesta

37 El último día de la fiesta, que era el más importante, Jesús se puso de pie y dijo con fuerte voz:

☼ —¡Si alguno tiene sed, venga a mí y beba! 38 De aquel que cree en mí, brotarán ríos de agua viva, como dice la Escritura.

☼ **7.38–39**

39Lo que quería decir con esto era que los que
creyeran en él recibirían el Espíritu. El Espíritu
Santo todavía no había venido, porque Jesús aún
no había sido glorificado.
40Al oír sus palabras, algunos de entre la multitud decían: «No cabe duda de que éste es el
Profeta».
41Otros decían: «¡Es el Cristo!» Pero otros
preguntaban: «¿Cómo puede el Cristo venir de
Galilea?»
42La Escritura dice que el Cristo será descendiente de David, y que nacerá en Belén, el pueblo
de donde era David.
43La gente estaba dividida por causa de Jesús.
44Algunos querían arrestarlo, pero nadie le echó
mano.

Incredulidad de los dirigentes judíos

45Los guardias del templo volvieron a donde
estaban los jefes de los sacerdotes y los fariseos,
quienes les preguntaron:
—¿Por qué no lo han traído?
46Los guardias contestaron:
—¡Nadie ha hablado nunca como ese hombre!
47Los fariseos respondieron:
—¿Así que también ustedes se han dejado
engañar? 48¿Acaso ha creído en él alguno de
nuestros jefes o de los fariseos? 49¡No! Pero esta
gente, que no conoce la ley, está bajo maldición.
50Entonces Nicodemo, que era uno de ellos y
antes había ido a ver a Jesús, les dijo:
51—Nuestra ley no condena a un hombre sin
antes escucharlo y saber lo que hace.
52Ellos protestaron diciendo:
—¿También tú eres de Galilea? Investiga y
verás que de Galilea no ha salido ningún profeta.
53Y después cada uno se fue a su casa.

La mujer sorprendida en adulterio

8 Pero Jesús se fue al monte de los Olivos. 2A
la mañana siguiente regresó al templo. La
gente se le acercó, y él se sentó a enseñarles.
3Entonces los maestros de la ley y los fariseos
llevaron a una mujer que había sido sorprendida
en adulterio. La pusieron en medio del grupo 4y
le dijeron a Jesús:
—Maestro, esta mujer ha sido sorprendida en
el momento mismo en que cometía adulterio. 5La
ley de Moisés nos ordena que debemos apedrear
a esa clase de mujeres. ¿Tú qué dices?
6Ellos le estaban poniendo una trampa al
hacerle esa pregunta, para así tener de qué acusarlo. Pero Jesús se inclinó y comenzó a escribir
en el suelo con su dedo. 7Como seguían haciéndole preguntas, se enderezó y les dijo:
—Aquel de ustedes que nunca haya pecado,
tire la primera piedra.
8Y se inclinó de nuevo a seguir escribiendo en
el suelo. 9Al oír esto, los más viejos comenzaron
a irse, y luego poco a poco los demás también
se fueron. Sólo la mujer seguía allí y Jesús se
quedó solo con ella.
10Entonces él se enderezó y le preguntó:
—Mujer, ¿dónde están? ¿Nadie te ha condenado?
11Ella dijo:
—Nadie, Señor.
—Yo tampoco te condeno. Vete y no vuelvas
a pecar.

Validez del testimonio de Jesús

12Jesús, una vez más le habló a la gente diciendo:
—Yo soy la luz del mundo. El que me sigue
no andará en oscuridad, porque tendrá la luz
de la vida.
13Los fariseos le dijeron:
—Tú eres tu propio testigo y por eso tu testimonio no es válido.
14Jesús respondió:
—Aunque yo sea mi propio testigo, mi testimonio es válido. Porque yo sé de dónde vengo
y a dónde voy; pero ustedes no saben de dónde
vengo ni a dónde voy. 15Ustedes juzgan según
criterios humanos; yo, en cambio, no juzgo a
nadie. 16Pero si lo hago, mi juicio es de acuerdo
con la verdad, porque yo no juzgo por mi cuenta,
sino que el Padre que me envió juzga conmigo.
17En la ley de ustedes está escrito que el testimonio de dos personas se considera verdadero. 18Yo
mismo soy uno de mis testigos; y mi Padre que
me envió es el otro.
19Le preguntaron:
—¿Dónde está tu padre?
—Si me conocieran a mí, también conocerían
al Padre.
20Jesús dijo estas palabras mientras enseñaba
en el templo, en el lugar donde se ponen las
ofrendas. Pero nadie lo arrestó porque todavía
no había llegado su tiempo.

Yo no soy de este mundo

21Jesús les dijo una vez más:
—Yo me voy, y ustedes me buscarán, pero
morirán en su pecado. A donde yo voy, ustedes
no pueden ir.
22Los judíos decían: «¿Será que está pensando suicidarse, y por eso dice que a donde él va
nosotros no podemos ir?»
23Jesús continuó diciendo:
—Ustedes son de aquí abajo; yo soy de allá
arriba. Ustedes son de este mundo; yo no soy de
este mundo. 24Por eso les dije que morirán en

8.10–12 8.23–24

sus pecados. Pues si no creen que yo soy el que
afirmo ser, morirán en sus pecados.
25Le preguntaron:
—¿Quién eres tú?
Jesús les contestó:
—En primer lugar, ¿por qué tengo que darles explicaciones? 26Yo tengo muchas cosas que
decir y juzgar de ustedes. Pero el que me envió
es verdadero, y yo le repito al mundo lo que le
he oído decir a él.
27Pero ellos seguían sin entender que les estaba
hablando de Dios.
28Por eso Jesús les dijo:
—Cuando hayan levantado al Hijo del hombre, ustedes comprenderán que yo soy, y que
no hago nada por mi propia cuenta, sino que
hablo lo que el Padre me ha enseñado. 29El que
me envió está conmigo y no me ha dejado solo,
porque siempre hago lo que a él le agrada.
30Cuando Jesús dijo todo esto, muchos creyeron en él.

Los hijos de Abraham

31Entonces Jesús les dijo a los judíos que creyeron en él:
—Si ustedes se mantienen obedientes a mis
enseñanzas, serán de verdad mis discípulos.
32Entonces conocerán la verdad, y la verdad los
hará libres.
33Ellos le contestaron:
—Nosotros somos descendientes de Abraham
y nunca hemos sido esclavos de nadie. ¿Qué quieres decir con eso de que seremos libres?
34Jesús respondió:
—Es bien cierto que el que peca es esclavo del
pecado. 35El esclavo no se queda para siempre
en la familia; el hijo, en cambio, sí se queda para
siempre en la familia. 36Así que si el Hijo los
libera, serán libres de verdad. 37Yo sé que
ustedes son descendientes de Abraham. Sin
embargo, tratan de matarme porque no quieren
aceptar mi palabra. 38Yo hablo de lo que he visto al estar con mi Padre. Así también ustedes,
hagan lo que del Padre han escuchado.
39Ellos respondieron:
—¡Nuestro padre es Abraham!
Él les dijo:
—Si ustedes fueran en verdad sus hijos, harían
lo que él hizo. 40Yo les he dicho la verdad que
he recibido de Dios, y aun así ustedes quieren
matarme. ¡Abraham nunca hizo tal cosa! 41Lo que
ustedes hacen es lo que hace su padre.
Ellos le respondieron:
—Nosotros no somos hijos que nacieron de
prostitución. Nuestro Padre es sólo uno, y es Dios
mismo.

Los hijos del diablo

42Jesús les contestó:
—Si en verdad Dios fuera su Padre, ustedes
me amarían, porque vine de Dios y aquí estoy. No
vine por mi propia cuenta, sino porque Dios me
envió. 43¿Por qué no entienden lo que les hablo?
Porque no pueden aceptar mi mensaje. 44Uste-
des son de su padre el diablo y quieren cumplir
los deseos de él. Desde el principio el diablo ha
sido un asesino, y no se mantiene en la verdad
porque no hay verdad en él. Él es mentiroso por
naturaleza, y por eso miente. ¡Él es el padre de la
mentira! 45Pero a mí, que les digo la verdad, no
me creen. 46¿Quién de ustedes me puede probar
que he pecado? Si digo la verdad, ¿por qué no
me creen? 47El que es de Dios escucha lo que
Dios dice. Pero ustedes no escuchan, porque no
son de Dios.

Declaración de Jesús acerca de sí mismo

48Los judíos respondieron:
—Tenemos razón al decir que eres samaritano, y que estás endemoniado.
49Jesús les respondió:
—No tengo ningún demonio. Lo único que hago
es honrar a mi Padre. Ustedes en cambio, me
deshonran a mí. 50Yo no busco que me den la
gloria a mí; pero hay uno que sí la busca, y él es
el que juzga. 51La verdad es que el que obedece mi palabra, nunca morirá.
52Los judíos dijeron:
—Ahora estamos seguros de que estás endemoniado. Abraham murió y también los profetas,
pero tú dices que si alguno obedece tu palabra,
nunca morirá. 53¿Acaso eres más importante que
nuestro padre Abraham? Él murió, y también los
profetas murieron. ¿Quién te has creído que eres?
54Jesús les respondió:
—Si yo me doy gloria a mí mismo, mi gloria
no sirve de nada. Pero el que me da la gloria es
mi Padre, el que ustedes dicen que es su Dios.
55Pero en realidad, ustedes no lo conocen. Yo, en
cambio, sí lo conozco. Si yo les dijera que no lo
conozco, sería tan mentiroso como ustedes. Pero
lo conozco y obedezco su palabra. 56Abraham, el
padre de ustedes, se llenó de alegría al pensar que
vería mi día; lo vio y se alegró.
57Los judíos le dijeron:
—Todavía no tienes cincuenta años de edad,
¿y ya has visto a Abraham?
58—La verdad es que, antes que Abraham
naciera, yo existo.
59Entonces los judíos tomaron piedras para
arrojárselas, pero Jesús se escondió y salió del
templo.

8.31–32 8.36 8.51

Jesús sana a un ciego de nacimiento

9 Cuando pasaba, Jesús vio a un hombre que era ciego de nacimiento.

2 Y sus discípulos le preguntaron:

—Maestro, ¿este hombre nació ciego por culpa de su pecado o por el pecado de sus padres?

3 Jesús les respondió:

—Ni por el pecado de él ni por el de sus padres, sino para que todos vean lo que Dios hace en la vida de él. 4 Mientras es de día, tenemos que cumplir con el trabajo del que me envió. Viene la noche cuando ya nadie pueda trabajar. 5 Mientras yo estoy en el mundo, soy la luz del mundo.

6 Al acabar de decir esto, escupió en el suelo, hizo lodo con la saliva, se lo untó al ciego en los ojos y le dijo:

7 —Ve y lávate en el estanque de Siloé (que significa: Enviado).

El ciego fue y se lavó, y al regresar ya veía.

8 Sus vecinos y los que antes lo habían visto pedir limosna decían: «¿No es éste el que se sienta a pedir limosna?»

9 Unos decían: «Sí, es él». Otros decían: «No, no es él, sólo se parece a él». Pero él decía: «Sí, yo soy».

10 Le preguntaron:

—¿Cómo se te abrieron los ojos?

11 Él contestó:

—Un hombre que se llama Jesús hizo un poco de lodo, me lo untó en los ojos y me dijo: «Ve y lávate en Siloé». Yo fui, me lavé, y ahora puedo ver.

12 Le preguntaron:

—¿Y dónde está ese hombre?

Él respondió:

—No lo sé.

Las autoridades investigan la sanidad del ciego

13 Al que había sido ciego lo llevaron ante los fariseos. 14 Era sábado cuando Jesús hizo el lodo y le abrió los ojos al ciego. 15 Por eso los fariseos le preguntaron cómo era que podía ver. Él les respondió: «Me untó lodo en los ojos, me lavé, y ahora puedo ver».

16 Algunos fariseos decían: «Ese hombre no viene de parte Dios, porque no respeta el sábado».

Pero otros decían: «¿Cómo puede un pecador hacer señales milagrosas como ésta?»

Y no llegaban a ningún acuerdo entre ellos.

17 Por eso volvieron a preguntarle al que había sido ciego:

—Él fue quien te dio la vista; ¿qué opinas de él?

Él contestó:

—Yo digo que es un profeta.

18 Pero los judíos no creían que ese hombre hubiera sido ciego y que ahora pudiera ver. Así que llamaron a sus padres 19 y les preguntaron:

—¿Es éste su hijo? ¿Es verdad que nació ciego? ¿Cómo es que ahora puede ver?

20 Los padres contestaron:

—Sabemos que es nuestro hijo y que nació ciego. 21 Pero no sabemos cómo ahora puede ver ni quién le dio la vista. Pregúntenselo a él, pues ya es mayor de edad y puede responder por sí mismo.

22,23 Sus padres contestaron así porque tenían miedo de los judíos, pues éstos se habían puesto de acuerdo para expulsar de la sinagoga a todo el que reconociera que Jesús era el Cristo.

24 Los judíos llamaron una vez más al que había sido ciego, y le dijeron:

—Júralo por Dios. Nosotros sabemos que este hombre es pecador.

25 El hombre respondió:

—Yo no sé si es pecador. Lo único que sé es que yo era ciego y ahora veo.

26 Ellos volvieron a preguntarle:

—¿Qué te hizo? ¿Cómo te dio la vista?

27 Él les contestó:

—Ya se lo dije y no me hicieron caso. ¿Para qué quieren oírlo otra vez? ¿Acaso quieren hacerse sus discípulos?

28 Entonces ellos lo insultaron y le dijeron:

—Discípulo de ese hombre lo serás tú. Nosotros somos discípulos de Moisés. 29 Sabemos que Dios le habló a Moisés, pero de éste no sabemos nada.

30 El hombre respondió:

—¡Qué extraño que ustedes no sepan nada de él y que a mí me haya dado la vista! 31 Sabemos que Dios no escucha a los pecadores, pero sí escucha a los que lo adoran y hacen su voluntad. 32 Nunca se ha sabido que alguien le haya dado la vista a alguien que hubiera nacido ciego. 33 Si este hombre no viniera de parte de Dios, no podría hacer nada.

34 Ellos le respondieron:

—Tú, que desde que naciste eres un pecador, ¿vas a darnos lecciones a nosotros?

Y lo echaron de allí.

La ceguera espiritual

35 Jesús se enteró de que habían expulsado a ese hombre, y al encontrarse con él le preguntó:

—¿Crees en el Hijo del hombre?

36 Él le dijo:

—¿Quién es, Señor? Dímelo, para que crea en él.

37 Jesús le contestó:

—Pues ya lo has visto; soy yo, que estoy hablando contigo.

38 El hombre le dijo:

—Creo, Señor.

Se puso de rodillas delante de Jesús, y lo adoró. 39Entonces Jesús dijo:

—Yo he venido a este mundo para juzgarlo. Para que los ciegos vean, y para que se queden ciegos los que ven.

40Algunos fariseos que estaban con él, al oír que decía esto, le preguntaron:

—¿Quieres decir que nosotros somos ciegos?

41Jesús les contestó:

—Si ustedes fueran ciegos, no serían culpables de sus pecados. Pero como aseguran que ven, son culpables de pecado.

Jesús, el buen pastor

10 Jesús dijo: «Es verdad que para entrar al redil de las ovejas hay que entrar por la puerta, porque el que salta por otro lado es un ladrón y un bandido. 2En cambio, el que entra por la puerta es el pastor de las ovejas. 3El portero le abre a éste la puerta y las ovejas oyen su voz. Llama a las ovejas por su nombre y las saca del redil. 4Cuando ya ha sacado a todas las que son suyas, él va delante de ellas, y las ovejas lo siguen porque reconocen su voz. 5Pero a un desconocido no lo siguen; más bien, huyen de él porque no reconocen su voz».

6Jesús les puso este ejemplo, pero ellos no entendieron lo que les quería decir. 7Por eso, Jesús volvió a decirles: «Sí, yo soy la puerta de las ovejas. 8Todos los que vinieron antes que yo eran unos ladrones y unos bandidos, por eso las ovejas no les hicieron caso. 9Yo soy la puerta; el que entra por esta puerta, se salvará. Podrá entrar y salir, y hallará pastos. 10El ladrón sólo viene a robar, matar y destruir. Yo he venido para que tengan vida, y para que la tengan en abundancia.

11»Yo soy el buen pastor. El buen pastor da su vida por las ovejas. 12El que trabaja por un salario no es el pastor, y las ovejas no le pertenecen a él. Por eso, cuando ve venir al lobo, abandona las ovejas y huye. Entonces el lobo ataca al rebaño y lo dispersa por todos lados. 13Y ese hombre huye porque sólo le importa su salario y no las ovejas. 14Yo soy el buen pastor. Yo conozco a mis ovejas y ellas me conocen a mí, 15así como el Padre me conoce a mí y yo lo conozco a él, y doy mi vida por las ovejas.

16»Tengo otras ovejas que no son de este redil, y también a ellas debo traerlas. Ellas escucharán mi voz, y formarán un solo rebaño con un solo pastor.

17»El Padre me ama porque entrego mi vida para volver a recibirla. 18Nadie me la quita, sino que yo la entrego por mi propia voluntad. Tengo poder para entregarla, y también tengo poder para volver a recibirla. Esto es lo que mi Padre me ordenó».

19Una vez más, cuando los judíos oyeron las palabras de Jesús, surgieron divisiones entre ellos. 20Muchos decían: «Éste tiene un demonio, y está loco. ¿Por qué le hacen caso?»

21Pero otros decían: «Nadie que tenga un demonio puede hablar así. Además, ¿acaso puede un demonio abrirles los ojos a los ciegos?»

Jesús y la fiesta de la Dedicación

22Era invierno y por esos días se celebraba en Jerusalén la fiesta de la Dedicación. 23Jesús andaba en el templo, por el pórtico de Salomón. 24Entonces lo rodearon los judíos y le preguntaron:

—¿Hasta cuándo nos vas a tener con esta duda? Si tú eres el Cristo, dínoslo claramente.

25Jesús les respondió:

—Ya se lo he dicho y ustedes no me creen. Las cosas que yo hago en nombre de mi Padre son las que lo demuestran. 26Pero ustedes no me creen porque no son de mi rebaño. 27Mis ovejas oyen mi voz; yo las conozco y ellas me siguen. 28Yo les doy vida eterna y jamás perecerán ni nadie podrá arrebatármelas de la mano. 29Mi Padre me las dio, y él es más grande que todos; por eso, nadie se las puede arrebatar de la mano. 30El Padre y yo somos uno.

31Los judíos, una vez más, tomaron piedras para arrojárselas, 32pero Jesús les dijo:

—Yo les he mostrado muchas cosas buenas que he hecho por el poder de mi Padre. ¿Por cuál de ellas me quieren apedrear?

33Los judíos le respondieron:

—No te apedreamos por ninguna de ellas sino porque has blasfemado. Tú no eres más que un hombre y te haces pasar por Dios.

34Jesús respondió:

—¿Acaso no está escrito en su ley: «Yo he dicho que ustedes son dioses»? 35Si Dios llamó «dioses» a aquellos para los que vino su mensaje (y la Escritura no se puede negar), 36¿por qué me acusan de haber blasfemado si el Padre me apartó y me envió al mundo? ¿Me acusan porque dije que soy el Hijo de Dios? 37Si no hago las obras de mi Padre, no me crean; 38pero si las hago, crean en mis obras, aunque no me crean a mí. Así se convencerán de que el Padre está en mí y que yo estoy en el Padre.

39Una vez más trataron de arrestarlo, pero él se les escapó de las manos. 40Regresó Jesús al otro lado del Jordán, al lugar donde Juan había estado bautizando, y allí se quedó.

41Mucha gente iba a verlo y decían: «Juan nunca hizo ninguna señal milagrosa, pero todo lo que dijo de este hombre era verdad».

42Y muchos en aquel lugar creyeron en Jesús.

10.10–11 10.27–30

Muerte de Lázaro

11 Un hombre llamado Lázaro, estaba enfermo. Era del pueblo de Betania, como también sus hermanas María y Marta. 2María fue la que derramó perfume sobre los pies del Señor y luego los secó con sus cabellos. 3Las dos hermanas le enviaron este mensaje a Jesús: «Señor, tu amigo querido está enfermo».

4Jesús oyó esto y dijo:

—Esta enfermedad no terminará en muerte, sino que servirá para darle la gloria a Dios, y para que también le den la gloria al Hijo de Dios.

5Jesús amaba a Marta, a su hermana y a Lázaro. 6A pesar de eso, cuando recibió la noticia de que Lázaro estaba enfermo, se quedó dos días más donde estaba. 7Después dijo a sus discípulos:

—Regresemos a Judea.

8Ellos le respondieron:

—Maestro, hace poco los judíos trataron de apedrearte, ¿y quieres volver allá?

9Jesús les contestó:

—¿No es verdad que el día tiene doce horas? El que anda de día no tropieza porque tiene la luz de este mundo. 10Pero el que anda de noche sí tropieza, porque le falta la luz.

11Después dijo:

—Nuestro amigo Lázaro duerme, pero voy a despertarlo.

12Sus discípulos respondieron:

—Señor, si está dormido, es que va a sanarse.

13Aunque Jesús se refería a la muerte de Lázaro, sus discípulos pensaron que hablaba del sueño natural. 14Por eso Jesús les dijo claramente:

—Lázaro ha muerto, 15y me alegro de no haber estado allí, para que por medio de esto ustedes crean. Vamos a verlo.

16Entonces Tomás, al que llamaban el Gemelo, dijo a los otros discípulos:

—Vamos también nosotros, para morir con él.

Jesús consuela a las hermanas de Lázaro

17Cuando Jesús llegó a Betania, se enteró de que Lázaro ya llevaba cuatro días en el sepulcro. 18Betania estaba cerca de Jerusalén, a sólo tres kilómetros. 19Por eso muchos judíos habían ido a casa de Marta y María, para consolarlas por la muerte de su hermano.

20Cuando Marta supo que Jesús llegaba, le salió al encuentro. Pero María se quedó en la casa. 21Marta le dijo a Jesús:

—Señor, si hubieras estado aquí, mi hermano no habría muerto. 22Pero a pesar de eso, yo sé que Dios te dará todo lo que le pidas.

23Jesús le dijo:

—Tu hermano volverá a vivir.

24Marta respondió:

—Yo sé que volverá a vivir, en la resurrección, cuando llegue el día final.

☼ 25Jesús le dijo:

—Yo soy la resurrección y la vida. El que cree en mí, aunque muera, vivirá; 26y todo el que cree en mí nunca morirá. ¿Crees esto?

27Ella le respondió:

—Sí, Señor. Yo creo que tú eres el Cristo, el Hijo de Dios, el que debía venir al mundo.

28Después de decir esto, Marta regresó a la casa y llamó a su hermana María. Le dijo en secreto:

—El Maestro está aquí y te llama.

29Sin perder tiempo, María se levantó y fue a verlo. 30Jesús todavía estaba fuera del pueblo, en el lugar donde Marta se había encontrado con él. 31Los judíos que estaban en la casa consolando a María, al ver que se levantaba y salía de prisa, la siguieron. Ellos pensaban que iba al sepulcro a llorar.

32Cuando María llegó a donde estaba Jesús y lo vio, se arrojó a sus pies y le dijo:

—Señor, si hubieras estado aquí, mi hermano no habría muerto.

33Jesús, al ver llorar a María y a los judíos que la acompañaban, se conmovió mucho y se turbó. 34Él les preguntó:

—¿Dónde lo sepultaron?

Ellos le respondieron:

—Ven a verlo, Señor.

35Jesús lloró.

36Los judíos dijeron:

—¡Miren cuánto lo quería!

37Pero otros decían:

—Éste, que le dio la vista al ciego, ¿no podía haber evitado que Lázaro muriera?

Jesús resucita a Lázaro

38Jesús, conmovido una vez más, se acercó al sepulcro. Era una cueva que tenía tapada la entrada con una piedra. 39Jesús ordenó:

—Quiten la piedra.

Marta, la hermana del muerto, respondió:

—Señor, ya debe oler mal, pues hace cuatro días que murió.

40Jesús le respondió:

—¿No te dije que si crees verás la gloria de Dios?

41Entonces quitaron la piedra. Jesús miró al cielo y dijo:

—Padre, te doy gracias porque me has escuchado. 42Yo sé que siempre me escuchas, pero lo dije para que la gente que está aquí crea que tú me enviaste.

43Después de decir esto, gritó con todas sus fuerzas:

—¡Lázaro, sal de ahí!

☼ **11.25–26**

[44]Y el que había estado muerto salió, con las manos y los pies vendados, y el rostro cubierto con un lienzo.

Jesús les dijo:

—Quítenle las vendas y déjenlo ir.

La conspiración para matar a Jesús

[45]Muchos de los judíos que estaban visitando a María y vieron lo que Jesús hizo, creyeron en él. [46]Pero otros fueron a ver a los fariseos y les contaron lo que había hecho Jesús. [47]Entonces, los jefes de los sacerdotes y los fariseos reunieron al Consejo.

Y dijeron:

—¿Qué vamos a hacer? Este hombre está haciendo muchas señales milagrosas. [48]Si lo dejamos, todos van a creer en él, y los romanos vendrán y destruirán nuestro lugar sagrado y hasta nuestra nación.

[49]Uno de ellos, llamado Caifás, que ese año era el sumo sacerdote, les dijo:

—¡Ustedes de verdad que no saben nada! [50]No entienden que es mejor que un solo hombre muera por el pueblo, y no que la nación entera sea destruida.

[51]Pero él no dijo esto por su propia cuenta, sino que, como era el sumo sacerdote ese año, profetizó que Jesús moriría por la nación judía. [52]Y moriría no sólo por esa nación, sino también para reunir a todos los hijos de Dios que estaban dispersos.

[53]Así que desde ese día tomaron la decisión de matarlo. [54]Por eso Jesús ya no andaba públicamente entre los judíos. Se fue a un pueblo llamado Efraín que estaba cerca del desierto, y allí se quedó con sus discípulos.

[55]Como faltaba poco para la Pascua judía, mucha gente iba del campo a Jerusalén para la ceremonia de su purificación, antes de la Pascua. [56]Buscaban a Jesús, y mientras andaban en el templo se preguntaban unos a otros: «¿Qué les parece? ¿Vendrá a la fiesta?»

[57]Los jefes de los sacerdotes y los fariseos habían ordenado que si alguien sabía dónde estaba Jesús, debía denunciarlo para que lo arrestaran.

María unge a Jesús en Betania

12 Seis días antes de la Pascua, Jesús llegó a Betania, donde vivía Lázaro, el hombre al que Jesús había resucitado. [2]Allí hicieron una cena en honor de Jesús. Lázaro estaba sentado a la mesa con él, y Marta servía. [3]Entonces, María tomó un frasco como de medio litro de perfume de nardo puro, que era muy caro, y lo derramó sobre los pies de Jesús, secándoselos luego con sus cabellos. Y la casa se llenó de la fragancia del perfume.

[4]Pero Judas Iscariote, que era uno de los discípulos de Jesús, y el que más tarde lo traicionaría, dijo:

[5]—¿Por qué no se vendió este perfume, que vale muchísimo dinero, para dárselo a los pobres?

[6]Dijo esto, no porque le importaran los pobres sino porque era un ladrón y, como tenía a su cargo la bolsa del dinero, robaba de lo que echaban en ella.

[7]Jesús respondió:

—Déjenla en paz. Ella estaba guardando este perfume para el día de mi entierro. [8]A los pobres siempre los tendrán con ustedes, pero a mí no siempre me tendrán.

[9]Muchos de los judíos se enteraron de que Jesús estaba allí y fueron a verlo; pero no sólo a él sino también a Lázaro, a quien Jesús había resucitado. [10]Entonces los jefes de los sacerdotes decidieron matar también a Lázaro, [11]pues por su causa, muchos se apartaban de los judíos y creían en Jesús.

La entrada triunfal

[12]Al día siguiente, muchos de los que habían ido a la fiesta se enteraron de que Jesús iba camino a Jerusalén. [13]Entonces tomaron ramas de palma y salieron a recibirlo, gritando:

—¡Hosanna!

—¡Bendito el que viene de parte del Señor!

—¡Bendito el Rey de Israel!

[14]Jesús encontró un burrito y se montó en él, como dice la Escritura:

[15]«No tengas miedo, oh ciudad de Sión;
aquí viene tu rey, montado sobre un burrito».

[16]Al principio, sus discípulos no entendieron lo que estaba pasando. Pero después que Jesús fue glorificado, se acordaron de que todo lo que le habían hecho ya estaba escrito, y se refería a él.

[17]La gente que había estado con Jesús cuando llamó a Lázaro del sepulcro y lo resucitó de entre los muertos, contaba todo esto. [18]Por eso mucha gente que se enteró de que Jesús había hecho esa señal milagrosa le salió al encuentro.

[19]Pero los fariseos se decían unos a otros: «Dense cuenta, así no vamos a lograr nada. ¡Miren, todo el mundo lo sigue!»

Jesús predice su muerte

[20]Entre la gente que había ido a adorar en la fiesta había algunos griegos. [21]Estos se acercaron a Felipe, que era de Betsaida de Galilea, y le dijeron:

—Señor, queremos ver a Jesús.

[22]Felipe fue a contárselo a Andrés, y juntos fueron a decírselo a Jesús.

[23]Jesús les respondió:

—Ha llegado la hora de que el Hijo del hombre sea glorificado. [24]Es verdad que si un grano de trigo cae en tierra y no muere, se queda solo.

Pero si muere, produce mucho fruto. 25El que
ama su vida la pierde; en cambio, quien
desprecia su vida en este mundo, la conserva
para la vida eterna. 26El que quiera servirme, debe
seguirme; y donde yo esté, allí también estará el
que me sirve. Al que me sirva, mi Padre lo honrará.
27»En este momento estoy lleno de angustia,
¿y por eso voy a decir: "Padre, sálvame de este
sufrimiento"? ¡Si para eso he venido! 28¡Padre,
glorifica tu nombre!»

Entonces se oyó una voz del cielo que decía:
«Ya lo glorifiqué y lo volveré a glorificar». 29La
gente que estaba allí, y que oyó la voz, decía que
había sido un trueno. Otros decían que un ángel
le había hablado.

30Jesús dijo:

—Esa voz no se oyó por mí sino por causa de
ustedes. 31A este mundo ya le ha llegado su juicio,
y el príncipe de este mundo va a ser expulsado.
32Pero cuando yo sea levantado de la tierra, atrae-
ré a todos a mí mismo.

33Con esto, Jesús les estaba diciendo de qué
manera iba a morir.

34La gente le respondió:

—Hemos aprendido de la ley que el Cristo
vivirá para siempre; ¿por qué dices que el Hijo
del hombre tiene que ser levantado? ¿Quién es
ese Hijo del hombre?

35Jesús les dijo:

—Ustedes van a tener la luz un poco más de
tiempo. Caminen mientras tienen la luz, antes
que los sorprenda la oscuridad; porque el que
camina en la oscuridad no sabe a dónde va.
36Mientras tienen la luz, crean en ella, para que
sean hijos de la luz.

Después de decir esto, Jesús se fue y se escondió
de ellos.

Los judíos siguen en su incredulidad

37Jesús había hecho muchas señales milagrosas en presencia de ellos, y a pesar de eso, todavía
no creían en él. 38Así se cumplió lo que el profeta
Isaías había dicho:

«Señor; ¿quién ha creído en nuestro mensaje?
¿A quién se le ha mostrado el poder del Señor?»

39Por eso no podían creer, pues Isaías también
había dicho:

40«Les ha cegado los ojos y les endureció el
corazón,
para que no puedan ver con los ojos,
ni entiendan con el corazón ni se conviertan;
y yo los sane».

41Isaías dijo esto porque vio la gloria de Jesús y
habló de él. 42Sin embargo, muchos de los judíos,
y hasta algunos de sus jefes, creyeron en él, pero
no lo decían porque tenían miedo que los fariseos
los expulsaran de la sinagoga. 43Preferían recibir
honores de los hombres y no los honores que
proceden de Dios.

44Jesús exclamó con voz fuerte: «El que cree en
mí, también cree en el que me envió. 45Y el que
me ve a mí, también ve al que me envió. 46Yo soy
la luz que ha venido al mundo, para que todo el
que crea en mí no viva en la oscuridad.

47»El que escucha mis palabras y no las obedece, no soy yo el que lo va a juzgar; pues yo no vine
a juzgar al mundo sino a salvarlo. 48El que me
rechaza y no obedece mis palabras tiene quien lo
juzgue. La palabra que yo he hablado será la que
lo juzgue en el día final. 49Yo no he hablado
por mi propia cuenta, ha sido el Padre que
me envió el que me ordenó qué decir y cómo
decirlo, 50y sé bien que su mandamiento es vida
eterna. Así que todo lo que les he dicho es lo que
el Padre me ha ordenado decir».

Jesús les lava los pies a sus discípulos

13 La fiesta de la Pascua se acercaba. Jesús
sabía que había llegado la hora de dejar
este mundo para reunirse con el Padre. Él había
amado a los suyos que estaban en el mundo, y
los amó hasta el fin. 2Antes de llegar la hora
de la cena, el diablo ya había hecho que Judas
Iscariote se decidiera a traicionar a Jesús. 3Jesús
sabía que el Padre le había dado autoridad sobre
todas las cosas, y que él había venido de Dios y
a Dios iba a regresar, 4así que se levantó de la
mesa, se quitó el manto y se ató una toalla a la
cintura. 5Luego echó agua en un recipiente y
se puso a lavarles los pies a sus discípulos y a
secárselos con la toalla. 6Cuando llegó a Simón
Pedro, éste le dijo:

—Señor, ¿vas tú a lavarme los pies a mí?

7Jesús le respondió:

—Ahora no entiendes por qué lo hago, pero
más tarde lo entenderás.

8Pedro dijo:

—¡No! ¡Jamás dejaré que me laves los pies!

Jesús le respondió:

—Si no te los lavo, no serás uno de los míos.

9Simón Pedro le dijo:

—¡Señor, entonces no sólo los pies sino también las manos y la cabeza!

10Jesús le contestó:

—El que está recién bañado no necesita lavarse más que los pies, pues está completamente
limpio. Y ustedes están limpios, aunque no todos.

12.25–26 12.49–50

11Jesús sabía quién lo iba a traicionar, y por eso
dijo que no todos estaban limpios.
12Después de lavarles los pies, se puso el manto
y otra vez se sentó. Entonces les preguntó:
—¿Entienden ustedes lo que les he hecho?
13Ustedes me llaman Maestro y Señor, y dicen
la verdad porque lo soy. 14Pues si yo, el Señor
y el Maestro, les he lavado los pies, también ustedes deben lavarse los pies unos a otros. 15Yo les
he dado el ejemplo, para que hagan lo mismo
que yo he hecho con ustedes. 16Les aseguro que
ningún sirviente es más que su amo, y ningún
mensajero es más que el que lo envió. 17Si entienden esto y lo hacen serán dichosos.

Jesús predice la traición de Judas

18»No estoy hablando de todos ustedes; yo sé
a quiénes he escogido. Pero esto es para que se
cumpla la Escritura que dice: "El que come conmigo se ha puesto en contra mía".
19»Les digo esto ahora, antes que suceda, para
que cuando ocurra, ustedes crean que yo soy.
20Les aseguro que el que recibe al que yo envío
me recibe a mí, y el que me recibe a mí, recibe
al que me envió».
21Después de decir esto, Jesús se llenó de angustia y dijo:
—Les aseguro que uno de ustedes me va a
traicionar.
22Los discípulos se miraban unos a otros, sin
saber de quién estaba hablando. 23Uno de ellos,
al que Jesús quería mucho, estaba junto a él.
24Simón Pedro le hizo señas a ese discípulo para
que le preguntara de quién hablaba. 25Él se acercó más a Jesús y le preguntó:
—Señor, ¿quién es?
26Jesús le contestó:
—Al que yo le dé este pedazo de pan que voy
a mojar en el plato.
Luego, mojó el pedazo de pan y se lo dio a
Judas Iscariote, el hijo de Simón. 27En el momento en que Judas tomó el pan, Satanás entró en él.
Jesús le dijo:
—Lo que vas a hacer, apúrate a hacerlo.
28Ninguno de los que estaban sentados a la
mesa entendió por qué Jesús le dijo eso. 29Como
Judas era el encargado de la bolsa del dinero,
algunos pensaron que Jesús le estaba pidiendo
que comprara lo necesario para la fiesta, o que
diera algo a los pobres.
30Cuando Judas tomó el pan, salió de allí sin
pérdida de tiempo. Ya era de noche.

Jesús predice la negación de Pedro

31Después que Judas salió, Jesús les dijo:
—Ahora el Hijo del hombre es glorificado, y
por ello también a Dios lo glorifican. 32Si a Dios
lo glorifican cuando glorifican al Hijo, también
Dios hará que glorifiquen al Hijo. Y Dios hará
esto muy pronto.
33»Mis queridos hijos, ya me queda poco tiempo con ustedes, y lo que les dije a los judíos ahora
se los digo a ustedes. Me buscarán, pero a donde
yo voy, ustedes no pueden ir.
34»Les doy este mandamiento nuevo: que se
amen unos a otros. Así como yo los amo,
ustedes deben amarse unos a otros. 35Si se aman
unos a otros, todos se darán cuenta de que son
mis discípulos».
36Simón Pedro preguntó:
—Señor, ¿y a dónde vas?
Jesús respondió:
—A donde yo voy, no puedes seguirme ahora,
pero después me seguirás.
37Pedro insistió:
—Señor, ¿por qué no puedo seguirte ahora?
Por ti estoy dispuesto a dar mi vida.
38Jesús le respondió:
—¿Estás dispuesto a dar tu vida por mí? ¡Te
aseguro que antes que el gallo cante, me negarás
tres veces!

Jesús consuela a sus discípulos

14 »No se angustien. Confíen en Dios, y confíen también en mí. 2En la casa de mi
Padre hay muchas viviendas; si no fuera así, no
les habría dicho que voy a prepararles un lugar.
3Y si me voy a prepararles un lugar, volveré para
llevármelos conmigo. Así ustedes estarán donde
yo esté. 4Ustedes ya conocen el camino para ir a
donde yo voy».

Jesús, el camino al Padre

5Entonces Tomás dijo:
—Señor, si no sabemos a dónde vas, ¿cómo
vamos a saber el camino?
6Jesús le contestó:
—Yo soy el camino, la verdad y la vida. Nadie
puede llegar al Padre si no es por mí. 7Si ustedes
me conocieran, conocerían también a mi Padre.
Y ya desde este momento lo conocen pues lo
han visto.
8Felipe le dijo:
—Señor, déjanos ver al Padre y con eso nos
basta.
9Jesús le contestó:
—¡Felipe! ¿Ya llevo mucho tiempo entre ustedes y todavía no me conoces? El que me ha visto
a mí, también ha visto al Padre. ¿Cómo puedes
decirme: "Déjanos ver al Padre"? 10¿No crees que
yo estoy en el Padre y que el Padre está en mí? Las
cosas que yo les digo, no las digo por mi propia
cuenta. El Padre que está en mí, es el que hace
sus propias obras. 11Créanme cuando les digo que
yo estoy en el Padre y que el Padre está en mí. Y
si no, al menos créanme por las obras mismas.

13.13–17 13.34–35 14.6

12»Les aseguro que el que cree en mí hará las
mismas obras que yo hago, y hará obras todavía mayores porque yo vuelvo al Padre. 13Todo lo
que ustedes pidan en mi nombre, yo lo haré; así
el Padre será glorificado en el Hijo. 14Yo haré lo
que ustedes pidan en mi nombre.

Jesús promete el Espíritu Santo

15»Si ustedes me aman, obedecerán mis mandamientos. 16Y yo le pediré al Padre, y él les
enviará otro Consolador para que siempre esté
con ustedes. 17Él es el Espíritu de verdad; el mundo no lo puede recibir porque no lo ve ni lo conoce. Pero ustedes sí lo conocen, porque vive con
ustedes y estará en ustedes. 18No los voy a dejar
huérfanos; volveré a estar con ustedes. 19Den-
tro de poco el mundo ya no me verá, pero
ustedes sí me verán. Y porque yo vivo, también
ustedes vivirán. 20En aquel día ustedes se darán
cuenta de que yo estoy en mi Padre, y que ustedes
están en mí, y yo en ustedes. 21El que hace suyos
mis mandamientos y los obedece, ese es el que
me ama. Y al que me ama, mi Padre lo amará, y
yo también lo amaré y me mostraré a él».

22Judas, (no el Iscariote) le dijo:

—Señor, ¿por qué te mostrarás a nosotros y
no al mundo?

23Jesús le contestó:

—El que me ama, obedece mi palabra. Por
eso, Dios lo amará y vendremos a vivir con él. 24El
que no me ama, no obedece mi palabra. Estas
palabras que ustedes oyen no son mías, sino del
Padre, que me envió.

25»Les digo todo esto ahora que todavía estoy con
ustedes. 26Pero el Consolador, el Espíritu Santo, vendrá en mi nombre porque el Padre lo
enviará. Él les enseñará todas las cosas y les
recordará todo lo que les he dicho.

27»Les dejo la paz, les doy mi paz; pero no se
la doy a ustedes como la da el mundo. No se
angustien ni tengan miedo. 28Ya me oyeron decirles que me voy, pero regreso a ustedes. Si me
amaran, estarían alegres de que voy al Padre
porque el Padre es más grande que yo. 29Les digo
esto antes que suceda, para que cuando suceda,
crean. 30Ya no hablaré mucho con ustedes, porque viene el príncipe de este mundo. Él no tiene
poder sobre mí, 31pero todos tienen que saber
que amo al Padre y que hago lo que él me
ordena. ¡Levántense, vámonos de aquí!

Jesús, la vid verdadera

15 »Yo soy la vid verdadera, y mi Padre
es el que la cultiva. 2Si alguna de mis
ramas no da uvas, la corta; pero a todas las ramas
que dan fruto, las poda para que den todavía más
fruto.

3»Ustedes ya están limpios a causa de la palabra que les he dado. 4Sigan unidos a mí, y yo
seguiré unido a ustedes. Así como una rama no
puede dar fruto por sí misma, separada de la vid,
así tampoco ustedes pueden dar fruto si están
separados de mí.

5»Yo soy la vid y ustedes son las ramas. El
que está unido a mí, como yo estoy unido a él,
dará mucho fruto. Si están separados de mí no
pueden hacer nada. 6El que no está unido a mí
lo echan fuera y se seca. Así como le pasa a las
ramas que se recogen, se echan al fuego y se
queman. 7Si ustedes siguen unidos a mí y mis
palabras permanecen en ustedes, pueden pedir lo
que quieran y se les dará. 8Mi Padre es glorificado
cuando ustedes dan mucho fruto y de esa manera
muestran que son mis discípulos.

9»Así como el Padre me ama a mí, así también
yo los amo a ustedes. No se aparten de mi
amor. 10Si obedecen mis mandamientos, no se
apartarán de mi amor, así como yo obedezco los
mandamientos de mi Padre y su amor no se
aparta de mí. 11Les digo esto para que también
tengan mi alegría y así su alegría sea completa.
12Y mi mandamiento es este: que se amen unos
a otros como yo los amo. 13Nadie tiene más amor
que el que da la vida por sus amigos. 14Ustedes
son mis amigos si hacen lo que yo les mando.
15Ya no les llamo sirvientes, porque el sirviente
no sabe lo que hace su amo. Ahora los llamo
amigos, porque les he enseñado todo lo que he
oído decir a mi Padre. 16Ustedes no me escogieron
a mí, sino que yo los escogí a ustedes, y los he
mandado para que vayan y den fruto, un fruto
que dure para siempre. Así el Padre les dará todo
lo que le pidan en mi nombre. 17Esto es lo que
les mando: que se amen unos a otros.

Jesús y sus discípulos aborrecidos por el mundo

18»No se les olvide que si el mundo los odia,
a mí me odió antes que a ustedes. 19Si ustedes
fueran del mundo, el mundo los querría como
quiere a los que son suyos. Pero ustedes no son
del mundo, porque yo los escogí de entre los
que son del mundo. Por eso el mundo los odia.
20Recuerden lo que les dije: "Ningún sirviente es
más que su amo". Así que, si a mí me han perseguido, también a ustedes los perseguirán. Y si
han obedecido mis palabras, también obedecerán
las de ustedes. 21Les harán todo esto por causa de
mi nombre, porque ellos no conocen al que me
envió. 22Ellos no serían culpables de pecado, si yo
no hubiera venido ni les hubiera hablado. Pero
ahora no tienen disculpa por su pecado. 23El que
me odia a mí, también odia a mi Padre. 24Ellos
no serían culpables de pecado, si yo no hubiera
hecho entre ellos las cosas que ningún otro ha
hecho. Pero ya las han visto, y a pesar de eso,

14.12–14 14.15–18 14.19–21 14.23
14.26–27 14.31 15.1–7 15.9–17

me odian a mí y a mi Padre. 25 Pero esto pasa así, para que se cumpla lo que está escrito en la ley de ellos: "Me odiaron sin motivo".

26 »Yo les enviaré de parte del Padre al Consolador, el Espíritu de verdad que viene del Padre, él les hablará acerca de mí. 27 Y ustedes también hablarán acerca de mí porque han estado conmigo desde el principio.

16 »Les digo todas estas cosas para que no disminuya su fe. 2 A ustedes los echarán fuera de las sinagogas; y llegará el día en que cualquiera que los mate pensará que le está prestando un servicio a Dios. 3 Harán estas cosas porque no nos han conocido ni al Padre ni a mí. 4 Y les digo esto, para que cuando suceda se acuerden que ya se lo había dicho. No les dije esto desde el principio porque yo estaba con ustedes.

La obra del Espíritu Santo

5 »Pero ahora regreso al que me envió, y ninguno de ustedes me pregunta a dónde voy. 6 Al contrario, se han llenado de tristeza por lo que les dije. 7 Pero les digo la verdad: A ustedes les conviene que me vaya, porque si no lo hago, el Consolador no vendrá a ustedes; en cambio, si me voy, yo se lo enviaré. 8 Y cuando él venga, convencerá al mundo de su error en cuanto al pecado, a la justicia y al juicio. 9 Los convencerá en cuanto al pecado, porque no creen en mí. 10 Los convencerá en cuanto a la justicia, porque voy al Padre y ustedes ya no podrán verme. 11 Los convencerá en cuanto a juicio, porque el príncipe de este mundo ya ha sido juzgado.

12 »Tengo muchas cosas más que decirles, que por ahora no podrían soportar. 13 Pero cuando venga el Espíritu de la verdad, él los guiará a toda la verdad, porque él no hablará por su propia cuenta, sino que dirá sólo lo que oiga y les anunciará las cosas que van a pasar. 14 Él me glorificará porque tomará de lo mío y se lo dará a conocer a ustedes. 15 Todo lo que tiene el Padre es mío. Por eso les dije que el Espíritu tomará de lo mío y se lo dará a conocer a ustedes.

16 »Dentro de poco, ustedes ya no me verán. Pero un poco después volverán a verme».

La despedida de Jesús

17 Algunos de sus discípulos se preguntaban unos a otros:

«¿Qué quiere decir con eso de que: "dentro de poco, ustedes ya no me verán", y "un poco después volverán a verme", y "porque voy al Padre"?» 18 Y seguían diciendo: «¿Qué quiere decir con eso de "dentro de poco"? No entendemos de qué habla».

19 Jesús se dio cuenta de que querían hacerle preguntas. Por eso les dijo:

—¿Se están preguntando qué significa: «Dentro de poco ya no me verán», y «un poco después volverán a verme»? 20 La verdad es que ustedes llorarán y se llenarán de tristeza, mientras que el mundo se alegrará. Ustedes se pondrán tristes, pero luego su tristeza se convertirá en alegría. 21 La mujer que va a dar a luz siente dolores porque le ha llegado su hora, pero después que nace la criatura se olvida del dolor por la alegría de haber traído un niño al mundo. 22 Eso mismo les pasa a ustedes, ahora están tristes, pero cuando vuelva a verlos se alegrarán y nadie podrá quitarles esa alegría. 23 Cuando llegue ese día ya no me preguntarán nada. Les aseguro que mi Padre les dará todo lo que le pidan en mi nombre. 24 Hasta ahora no han pedido nada en mi nombre. Pidan y recibirán, para que su alegría sea completa.

25 »Les he dicho todo esto por medio de comparaciones, pero viene la hora en que ya no usaré más comparaciones, sino que les hablaré claramente acerca de mi Padre. 26 En aquel día ustedes pedirán en mi nombre. Y no digo que voy a rogar por ustedes al Padre, 27 porque el Padre mismo los ama. Él los ama porque me aman y han creído que yo vengo de parte de Dios. 28 Salí del Padre y vine al mundo. Ahora dejo el mundo para volver al Padre».

29 Sus discípulos le dijeron:

—Ahora sí estás hablando claramente, sin usar comparaciones.

30 »Ya nos damos cuenta de que sabes todas las cosas, y que no hay necesidad de que nadie te haga preguntas. Por eso creemos que saliste de Dios».

31 Jesús respondió:

—¿Hasta ahora me creen? 32 Ya se acerca la hora, ya ha llegado, en que ustedes huirán cada uno por su lado y a mí me dejarán solo. Pero no estoy solo, porque el Padre está conmigo. 33 Yo les he dicho estas cosas para que en mí encuentren paz. En este mundo van a sufrir, pero anímense, yo he vencido al mundo.

Jesús ora por sí mismo

17 Al terminar de decir estas cosas, Jesús miró al cielo y dijo:

«Padre, la hora ha llegado. Glorifica a tu Hijo, para que también tu Hijo te glorifique a ti. 2 Pues tú le has dado autoridad sobre todas las personas para que él les dé vida eterna a todos los que le diste. 3 Y ésta es la vida eterna: que te conozcan a ti, el único Dios verdadero, y a Jesucristo, a quien tú enviaste. 4 Yo te he glorificado en la tierra, y he cumplido con la obra que me diste para hacer. 5 Y ahora, Padre, glorifícame en tu presencia con la misma gloria que tenía cuando estaba contigo, antes que el mundo existiera.

16.7-15 16.22-24 16.27 16.33

Jesús ora por sus discípulos

6»A los que me diste del mundo les he mostrado quién eres. Ellos eran tuyos y tú me los
diste y ellos han obedecido tu palabra. 7Ahora
saben que todo lo que me has dado viene de ti,
8porque les he dado el mensaje que me diste, y
ellos lo aceptaron. Ellos están seguros que vine
de ti, y han creído que tú me enviaste. 9Ruego
por ellos. No ruego por el mundo, sino por los
que me diste, porque son tuyos. 10Todo lo que
yo tengo es tuyo, y todo lo que tú tienes es mío;
y por medio de ellos se muestra mi gloria.
11Voy a estar por muy poco tiempo en el mundo, pero ellos están todavía en el mundo, y
yo vuelvo a ti.

»Padre santo, cuídalos con el poder de tu
nombre, el nombre que me diste, para que estén
unidos así como tú y yo. 12Mientras estaba con
ellos, los protegía y los cuidaba con el poder de tu
nombre. Y ninguno se perdió, excepto aquel que
nació para perderse, para que así se cumpliera
la Escritura.

13»Ahora regreso a ti. Pero digo estas cosas
mientras todavía estoy en el mundo, para que
tengan la misma alegría que yo tengo. 14Yo les he
dado tu palabra, y el mundo los odia porque no
son del mundo, como yo tampoco soy del mundo.
15No te pido que los saques del mundo, sino que
los protejas del maligno. 16Ellos no son del mundo,
como tampoco yo soy del mundo. 17Santifícalos
en tu palabra que es la verdad. 18Yo los envío al
mundo, así como tú me enviaste al mundo. 19Y
por ellos yo me santifico a mí mismo, para que
también ellos sean santificados en la verdad.

Jesús ora por todos los creyentes

20»No ruego sólo por estos, sino también por los
que van a creer en mí por medio del mensaje
de ellos. 21Te ruego que todos estén unidos.
Padre, así como tú estás en mí y yo en ti,
permite que ellos también estén en nosotros, para
que el mundo crea que tú me has enviado. 22Yo
les he dado la gloria que me diste, para que estén
unidos, así como nosotros estamos unidos, 23yo
unido a ellos y tú unido a mí. Permite que ellos
lleguen a la perfección en la unidad, así el mundo reconocerá que tú me enviaste, y que los amas
a ellos tal como me amas a mí.

24»Padre, quiero que los que tú me has dado,
estén conmigo donde yo estoy. Así, ellos verán mi
gloria, la gloria que me has dado porque tú me
amaste desde antes que el mundo fuera creado.

25»Padre justo, el mundo no te conoce, pero
yo sí te conozco, y éstos reconocen que tú me
enviaste. 26Yo les he mostrado quién eres, y lo
seguiré haciendo, para que el amor que me tienes
esté en ellos, y yo mismo esté en ellos».

Arresto de Jesús

18 Al terminar de orar, Jesús salió con sus
discípulos y cruzó el arroyo de Cedrón.
Al otro lado había un huerto al cual entraron.
2Judas, el que lo traicionaba, también conocía
el lugar, porque Jesús había estado reunido allí
muchas veces con sus discípulos. 3Así que Judas
llegó al huerto, al frente de una tropa de soldados
y guardias de los jefes de los sacerdotes y de los
fariseos. Iban armados y llevaban antorchas y
lámparas. 4Jesús, que ya sabía lo que le iba a
pasar, les salió al encuentro.

Les preguntó:

—¿A quién buscan?

5Ellos contestaron:

—A Jesús de Nazaret.

—Yo soy.[a]

Judas, el que lo traicionaba, estaba con ellos.

6Cuando Jesús les dijo: «Yo soy», cayeron de
espaldas al suelo.

7Jesús volvió a preguntarles:

—¿A quién buscan?

Ellos contestaron:

—A Jesús de Nazaret.

8Jesús dijo:

—Ya les dije que soy yo. Si me buscan a mí,
dejen que éstos se vayan.

9Esto sucedió para que se cumpliera lo que
él había dicho: «Ninguno de los que me diste
se perdió».

10Simón Pedro sacó una espada que traía y le
cortó la oreja derecha a Malco, que era criado
del sumo sacerdote.

11Jesús le ordenó a Pedro:

—¡Guarda esa espada en su funda! Si mi
Padre me da a beber un trago amargo, ¿acaso
no lo voy a beber?

Jesús ante Anás

12Entonces los soldados, con su comandante,
y los guardias de los judíos, arrestaron a Jesús
y lo ataron.

13Lo llevaron primero ante Anás, que era suegro de Caifás, el sumo sacerdote ese año. 14Caifás
era el que había aconsejado a los judíos que era
mejor que muriera un solo hombre por el pueblo.

Pedro niega a Jesús

15Simón Pedro y otro discípulo seguían a
Jesús. Como al otro discípulo lo conocía el sumo
sacerdote, entró con Jesús en el patio del sumo
sacerdote. 16Pero Pedro tuvo que quedarse afuera,
junto a la puerta. El discípulo al que conocía el
sumo sacerdote, salió y habló con la portera y
consiguió que Pedro entrara.

a. Vea Éxodo 3.14. YO SOY es la traducción de la palabra hebrea YHVH que es el nombre de Dios.

☼17.11 ☼17.21–23

17 La portera le preguntó:
—¿No eres tú uno de los discípulos de ese
hombre?
Pedro contestó:
—No lo soy.
18 Como hacía frío, los criados y los guardias
habían hecho una fogata para calentarse. Todos
estaban de pie alrededor de la fogata, y Pedro
también estaba con ellos calentándose.

Jesús ante el sumo sacerdote

19 Mientras tanto, el sumo sacerdote empezó a
preguntarle a Jesús acerca de sus discípulos y de
sus enseñanzas.
20 Jesús le respondió:
—Yo he hablado delante de todo el mundo.
Siempre he enseñado en las sinagogas o en el
templo, donde se reúnen todos los judíos. No he
dicho nada en secreto. 21 ¿Por qué me preguntas
a mí? Pregunta a los que me han oído hablar.
Ellos saben lo que dije.
22 Cuando Jesús dijo esto, uno de los guardias
que estaba allí cerca le dio una bofetada y le dijo:
—¿Así le contestas al sumo sacerdote?
23 Jesús respondió:
—Si he dicho algo malo, dime qué fue. Pero
si lo que dije está bien, ¿por qué me pegas?
24 Entonces Anás lo envió atado ante el sumo
sacerdote Caifás.

Pedro niega de nuevo a Jesús

25 Mientras tanto, Simón Pedro seguía de pie,
calentándose.
Le preguntaron:
—¿No eres tú uno de sus discípulos?
Pedro, negándolo, dijo:
—No lo soy.
26 Uno de los criados del sumo sacerdote, que
era pariente de aquel al que Pedro le había cortado la oreja, le preguntó:
—¿No te vi con él en el huerto?
27 Pedro lo negó una vez más y en ese momento
el gallo cantó.

Jesús ante Pilato

28 Luego los judíos llevaron a Jesús de la casa de
Caifás al palacio del gobernador romano. Como
ya amanecía, los judíos no entraron al palacio,
pues si lo hacían se contaminarían de acuerdo
con sus ritos y no podrían comer la Pascua. 29 Por
eso Pilato salió a preguntarles:
—¿De qué acusan a este hombre?
30 Ellos contestaron:
—Si no fuera un criminal, no te lo habríamos
traído.
31 Pilato les dijo:
—Pues llévenselo ustedes y júzguenlo de
acuerdo con su propia ley.
Los judíos le respondieron:
—Nosotros no tenemos ninguna autoridad
para dar muerte a nadie.
32 Esto sucedió para que se cumpliera lo que
Jesús había dicho, en cuanto a la forma en que
iba a morir.
33 Pilato volvió a entrar al palacio y llamó a
Jesús.
Le preguntó:
—¿Eres tú el rey de los judíos?
34 Jesús le respondió:
—¿Dices eso por tu propia cuenta o es que
otros te han hablado de mí?
35 Pilato le contestó:
—¿Acaso soy judío? Fue tu propio pueblo y
los jefes de los sacerdotes los que te entregaron
a mí. ¿Qué hiciste?
36 Jesús contestó:
—Mi reino no es de este mundo. Si lo fuera,
mis servidores pelearían para que no me entregaran a los judíos. Pero mi reino no es de este
mundo.
37 Pilato le dijo:
—Entonces eres rey.
Jesús le respondió:
—Tú eres el que dices que soy rey. Yo para
esto nací y vine al mundo: para hablar de la
verdad. Todo el que está de parte de la verdad,
me escucha.
38 Pilato preguntó:
—¿Y qué es la verdad?
Luego de decir esto, salió otra vez a ver a los
judíos.
Él dijo:
—Yo no encuentro a éste culpable de nada.
39 Pero como ustedes tienen la costumbre de que
yo libere a un preso durante la Pascua, ¿quieren
que libere al «rey de los judíos»?
40 Ellos volvieron a gritar:
—¡No! ¡No sueltes a éste, suelta a Barrabás!
Y Barrabás era un bandido.

La sentencia

19 Entonces Pilato tomó a Jesús y mandó que
lo azotaran. 2 Los soldados hicieron una
corona de espinas, se la pusieron a Jesús en la
cabeza y también le pusieron un manto de color
rojo oscuro.
3 Mientras se acercaban a pegarle en la cara,
le gritaban:
—¡Viva el rey de los judíos!
4 Pilato volvió a salir y les dijo a los judíos:
—Aquí está. Lo saqué para que sepan que no
creo que sea culpable de nada.
5 Cuando sacaron a Jesús, llevaba puestos la
corona de espinas y el manto de color rojo.
Pilato les dijo:
—¡Aquí está el hombre!
6 Al verlo, los jefes de los sacerdotes y los guardias gritaron:

—¡Crucifícalo! ¡Crucifícalo!
Pilato les respondió:
—Llévenselo y crucifíquenlo ustedes. Yo no creo que sea culpable de nada.
7Los judíos le dijeron:
—Nosotros tenemos una ley, y según esa ley tiene que morir, pues se ha hecho pasar por el Hijo de Dios.
8Cuando Pilato oyó esto, sintió miedo. 9Entró
una vez más en el palacio y le preguntó a Jesús:
—¿De dónde eres tú?
Pero Jesús no le respondió.
10Pilato le dijo:
—¿No me vas a hablar? ¿No te das cuenta de que tengo poder para ponerte en libertad o para mandar que te crucifiquen?
11Jesús le contestó:
—No tendrías ningún poder sobre mí si no se te hubiera dado de arriba. Por eso el que me entregó a ti, es culpable de un pecado más grande.
12Desde ese momento Pilato trató de poner en libertad a Jesús, pero los judíos gritaban:
—Si dejas en libertad a ese hombre, no eres amigo del emperador. Cualquiera que quiera ser rey, es enemigo del emperador.
13Al oír esto, Pilato llevó afuera a Jesús y se sentó en el tribunal, en un lugar llamado Gabatá que en arameo significa el Empedrado. 14Era
cerca del mediodía, un día antes de la Pascua.
Pilato les dijo a los judíos:
—Aquí tienen a su rey.
15Ellos gritaron:
—¡Fuera! ¡Fuera! ¡Crucifícalo!
Pilato les respondió:
—¿Creen que voy a crucificar a su rey?
Los jefes de los sacerdotes contestaron:
—Nuestro único rey es el emperador romano.
16Entonces Pilato se lo entregó para que lo crucificaran, y los soldados se lo llevaron.

La crucifixión

17Jesús salió cargando su propia cruz, iba hacia el Gólgota, que en arameo significa de la Calavera. 18Allí lo crucificaron junto a otros dos, uno
a cada lado, y Jesús en medio.
19Pilato mandó que pusieran un letrero sobre la cruz. En éste estaba escrito: «JESÚS DE NAZARET, REY DE LOS JUDÍOS». 20Muchos de los judíos lo
leyeron, porque el lugar donde crucificaron a Jesús estaba cerca de la ciudad. El letrero estaba escrito en arameo, latín y griego. 21Los jefes de
los sacerdotes judíos le dijeron a Pilato:
—No escribas «Rey de los judíos», sino «Él dice que es rey de los judíos».
22Pilato les respondió:
—Lo que he escrito, escrito se queda.
23Después de que los soldados crucificaron a Jesús, tomaron su manto y lo partieron en cuatro pedazos, uno para cada uno de ellos. Tomaron también su túnica, que era de una sola pieza, sin costura, tejida de arriba abajo.
24Los soldados se dijeron unos a otros:
—No la dividamos. Mejor echemos suertes para ver a quién le toca.
Y así lo hicieron, y de esta forma se cumplió la Escritura que dice:

«Se repartieron mi manto,
y sobre mi túnica echaron suertes».

25Junto a la cruz de Jesús estaban su madre, la hermana de su madre, María la esposa de Cleofas, y María Magdalena. 26Cuando Jesús vio
a su madre, y junto a ella al discípulo a quien él quería mucho, dijo a su madre:
—Mujer, ahí tienes a tu hijo.
27Luego, le dijo al discípulo:
—Ahí tienes a tu madre.
Desde ese momento, ese discípulo la recibió en su casa.

Muerte de Jesús

28Después de esto, como Jesús sabía que ya todo había terminado, y para que se cumpliera la Escritura, dijo:
—Tengo sed.
29Había allí un jarro lleno de vinagre; así que empaparon una esponja en el vinagre, la pusieron en una caña y se la acercaron a la boca.
30Al probar Jesús el vinagre, dijo:
—Todo está cumplido.
Luego inclinó la cabeza y entregó el espíritu.
31Era un día antes de la Pascua. Los judíos no querían que los cuerpos siguieran colgados en la cruz en sábado, porque éste era un día muy solemne. Por eso le pidieron a Pilato ordenar que les quebraran las piernas a los crucificados y bajaran sus cuerpos.
32Los soldados fueron y le quebraron las piernas al primer hombre que habían crucificado con Jesús, y luego al otro. 33Y cuando se acercaron a
Jesús, se dieron cuenta de que ya estaba muerto, por eso no le quebraron las piernas. 34Pero uno
de los soldados le atravesó el costado con una lanza, y en ese momento le salió sangre y agua.
35El que dice esto es el que lo vio, y lo que dice es verdad. Él sabe que dice la verdad, para que también ustedes crean. 36Estas cosas sucedieron
para que se cumpliera la Escritura: «No le quebraron ningún hueso» 37y, como dice en otra par-
te de la Escritura: «Mirarán al que traspasaron».

Sepultura de Jesús

38Después de esto, José de Arimatea le pidió a Pilato el cuerpo de Jesús. José era discípulo de

19.25–27

Jesús, aunque en secreto porque le tenía miedo
a los judíos. Pilato le dio permiso y él se llevó
el cuerpo.
39 También Nicodemo, el que había visitado a
Jesús de noche, llegó con unos treinta y cuatro
kilos de una mezcla de mirra y áloe. 40 Entre los
dos envolvieron el cuerpo de Jesús con vendas
empapadas en las especias aromáticas. Así era
la costumbre judía de sepultar a los muertos.
41 En el lugar donde crucificaron a Jesús había
un huerto, y en el huerto un sepulcro nuevo en el
que todavía no habían sepultado a nadie. 42 Como
estaba por empezar el sábado, y el sepulcro estaba
cerca, pusieron allí a Jesús.

El sepulcro vacío

20 El primer día de la semana, muy de
mañana, cuando todavía estaba oscuro, María Magdalena fue al sepulcro y vio que
habían movido la piedra que cerraba la entrada.
2 Así que fue corriendo a donde estaban Simón
Pedro y el discípulo al que Jesús quería mucho,
y les dijo:
—¡Se han llevado del sepulcro al Señor, y no
sabemos dónde lo han puesto!
3 Pedro y el otro discípulo salieron hacia el
sepulcro. 4 Los dos iban corriendo, pero como el
otro discípulo corría más rápido que Pedro, llegó
primero al sepulcro. 5 Se inclinó para mirar, y vio
las vendas, pero no entró. 6 Tras él llegó Simón
Pedro, y entró en el sepulcro. Vio allí las vendas,
7 y la tela que había cubierto la cabeza de Jesús.
Pero la tela no estaba con las vendas sino enro-
llada en lugar aparte.
8 Entonces entró también el otro discípulo, el
que había llegado primero al sepulcro; y vio y creyó. 9 Hasta ese momento no habían entendido la
Escritura que dice que Jesús tenía que resucitar.

Jesús se aparece a María Magdalena

10 Los discípulos regresaron a su casa, 11 pero
María se quedó afuera del sepulcro llorando.
Mientras lloraba, se inclinó para mirar dentro del
sepulcro 12 y vio a dos ángeles vestidos de blanco,
sentados donde había estado el cuerpo de Jesús;
uno a la cabecera y otro a los pies.
13 Le preguntaron los ángeles:
—¿Por qué lloras, mujer?
Ella les respondió:
—Porque se han llevado a mi Señor, y no sé
dónde lo han puesto.
14 Acabando de decir esto, volvió la mirada y vio
allí a Jesús de pie, aunque ella no sabía que era él.
15 Jesús le dijo:
—¿Por qué lloras? ¿A quién buscas?
Ella creyó que era el que cuidaba el huerto,
y le dijo:
—Señor, si usted se lo ha llevado, dígame
dónde lo ha puesto, y yo iré por él.
16 Jesús le dijo:
—María.
Ella se volvió y le dijo:
—¡Raboni! (que en arameo significa: Maestro).
17 Jesús le dijo:
—Suéltame, porque todavía no he ido a reunirme con mi Padre. Pero ve a mis hermanos y diles:
«Voy a reunirme con mi Padre, que es el Padre de
ustedes; con mi Dios, que es el Dios de ustedes».
18 María Magdalena fue a darles la noticia a los
discípulos: «¡He visto al Señor!», y les contaba lo
que él le había dicho.

Jesús se aparece a sus discípulos

19 El primer día de la semana por la tarde,
mientras los discípulos estaban reunidos a puerta
cerrada por temor a los judíos, entró Jesús. Se
puso en medio de ellos y los saludó diciendo:
—¡La paz sea con ustedes!
20 Después de decir esto, les mostró las manos
y el costado. Los discípulos se alegraron de ver
al Señor.
21 Jesús volvió a decir:
—¡La paz sea con ustedes! Como mi Padre me
envió, así yo los envío a ustedes.
22 Luego sopló sobre ellos y les dijo:
—Reciban el Espíritu Santo. 23 A los que ustedes les perdonen sus pecados, les serán perdonados; a los que ustedes no se los perdonen, no
les serán perdonados.

Jesús se aparece a Tomás

24 Tomás, uno de los doce, al que le decían el
Gemelo, no había estado con los discípulos cuando
Jesús llegó. 25 Así que los otros discípulos le dijeron:
—¡Hemos visto al Señor!
Tomás les respondió:
—Si no veo las heridas de los clavos en sus
manos y meto en ellas mi dedo, y mi mano en
su costado, no lo creeré.
26 Ocho días después, estaban los discípulos reunidos otra vez en la casa, y Tomás estaba con ellos.
Las puertas estaban cerradas, pero Jesús entró, se
puso en medio de ellos y los saludó diciendo:
—¡La paz sea con ustedes!
27 Luego le dijo a Tomás:
—Pon aquí tu dedo y mira mis manos. Trae tu
mano y métela en mi costado, y no seas incrédulo
sino que debes creer.
28 Tomás dijo:
—¡Señor mío y Dios mío!
29 Jesús le dijo:
—Tú has creído porque me has visto; dichosos
los que no han visto y aun así creen.
30 Jesús hizo muchas otras señales milagrosas
delante de sus discípulos que no están escritas
en este libro. 31 Pero éstas se han escrito para que
ustedes crean que Jesús es el Cristo, el Hijo de Dios,
y para que al creer en su nombre tengan vida.

Jesús y la pesca milagrosa

21 Después de esto, Jesús se apareció una
vez más a sus discípulos junto al lago de
Tiberíades. Así fue como sucedió: 2Estaban juntos
Simón Pedro, Tomás al que llamaban el Gemelo, Natanael, el de Caná de Galilea, los hijos de
Zebedeo, y otros dos discípulos.
3Simón Pedro dijo:
—Me voy a pescar.
Ellos le contestaron:
—Nosotros vamos contigo. Salieron de allí y
se subieron a la barca, pero esa noche no pes-
caron nada.
4En la madrugada, Jesús estaba en la orilla, pero
los discípulos no se dieron cuenta de que era él.
5Jesús les preguntó:
—Muchachos, ¿tienen algo de comer?
—No —contestaron ellos.
6Jesús les dijo:
—Echen la red a la derecha de la barca, y
pescarán algo.
Así lo hicieron, y ya no podían sacar la red del
agua por tantos pescados que tenía.
7El discípulo a quien Jesús quería mucho le
dijo a Pedro:
—¡Es el Señor!
Cuando Simón Pedro le oyó decir: «Es el Señor»,
se puso la ropa, pues estaba casi desnudo, y se tiro
al agua. 8Los otros discípulos llegaron a la playa en
la barca, arrastrando la red llena de pescados, pues
estaban como a cien metros de la orilla.
9Al bajar a tierra, vieron una fogata con un
pescado encima, y pan.
10Jesús les dijo:
—Tráiganme algunos de los pescados que
acaban de sacar.
11Simón Pedro subió a la barca y arrastró hasta la orilla la red, que estaba llena de pescados
grandes. Eran ciento cincuenta y tres pescados, y
a pesar de ser tantos la red no se rompió.
12Jesús les dijo:
—Vengan a desayunar.
Ninguno de los discípulos se atrevió a preguntarle quién era, porque sabían que era el Señor.
13Jesús se acercó, tomó el pan y se lo dio a ellos,
e hizo lo mismo con el pescado. 14Esta era la
tercera vez que Jesús se aparecía a sus discípulos
después de haber resucitado.

Jesús restituye a Pedro

15Después de desayunar, Jesús le preguntó a
Simón Pedro:
—Simón, hijo de Juan, ¿me amas más que
éstos?
Pedro le contestó:
—Sí, Señor, tú sabes que te quiero.
Jesús le dijo:
—Cuida de mis corderos.
16Jesús volvió a preguntarle:
—Simón, hijo de Juan, ¿me amas?
—Si, Señor, tú sabes que te quiero.
Jesús le dijo:
—Cuida de mis ovejas.
17Por tercera vez Jesús le preguntó:
—Simón, hijo de Juan, ¿me quieres?
Pedro se puso triste de que Jesús le preguntara
por tercera vez: «¿Me quieres?» Entonces le dijo:
—Señor, tú lo sabes todo; tú sabes que te quiero.
Jesús le dijo:
—Cuida de mis ovejas. 18Es verdad que cuando
eras más joven tú mismo te vestías e ibas a donde
querías; pero cuando seas viejo, extenderás los
brazos y otro te vestirá y te llevará a donde no
quieras ir.
19Jesús dijo esto para dar a entender de que
manera moriría Pedro y así glorificaría a Dios.
Después le dijo:
—¡Sígueme!
20Pedro se volvió y vio que los seguía el discípulo al que Jesús quería mucho, el que se había
acercado a Jesús en la cena y le había dicho:
«Señor, ¿quién es el que va a traicionarte?»
21Cuando Pedro lo vio, le preguntó a Jesús:
—Señor, ¿y a éste qué le va a pasar?
22Jesús le contestó:
—Si quiero que él siga vivo hasta que yo regrese, ¿qué te importa a ti? Tú sígueme.
23Por eso, entre los hermanos corrió el rumor
de que aquel discípulo no moriría. Pero Jesús no
dijo que no moriría. Él dijo: «Si quiero que él siga
vivo hasta que yo regrese, ¿qué te importa a ti?»
24Éste es el mismo discípulo que ha dicho todas
estas cosas, y que las escribió. Y sabemos que lo
que él dice es verdad.
25Jesús hizo muchas otras cosas, tantas que,
si se escribiera cada una de ellas, creo que en
el mundo entero no cabrían los libros que se
escribieran.

Investiguemos Juntos

HECHOS

¿Quién lo escribió?

La tradición claramente apoya la paternidad de Lucas, el médico amado. Un cuidadoso estudio del "nosotros", referencias en Hechos, donde el autor se incluye a sí mismo como presente con Pablo (16:10-17; 20:5-15; 21:1-18 y 27:1-28:16), comparado con los saludos enviados en las cartas a las iglesias indican la fuerte probabilidad que Lucas escribió este libro.

¿A quién lo escribió?

Teófilo, el "patrón" de Lucas y cuyo nombre significa: "amado de Dios" o "a quien Dios ama". Para más información vea lo dicho en la Introduc- ción al Evangelio de Lucas. ¿Dónde estaba Teófilo? Es imposible decirlo.

¿Cuándo y dónde lo escribió?

El libro posiblemente se escribió desde Roma (28:16). Pudo haber sido escrito entre finales de los 70s y principios de los 80s d.C.

Panorama del libro

El libro narra la historia del nacimiento, multiplicación y expansión de la Iglesia luego de que Jesús dio sus últimas instrucciones personales a los apóstoles, hasta el año 60-63 d.C. (aprox.). La iglesia es su tema. Lucas obviamente está interesado en los eventos principales los cuales conducen a la fundación de la Iglesia. Su segundo libro (después del Evangelio que lleva su nombre) está dedicado a explicar cómo se formó la iglesia. El evangelio se desarrolla dentro de esta historia. Lucas empieza el libro de Hechos donde dejó su evangelio. Este libro registra el cumplimiento inicial de la Gran Comisión de Mateo28:19-20. Jesús estuvo en Galilea Samaria y luego Jerusalén. Hechos enfoca la geografía de manera contraria: De Jerusalén hacia Samaria y a Roma. Lucas enfoca la universalización vertical del Evangelio (de arriba hacia abajo, en la escala social), en tanto que Hechos enfoca la universalización horizontal del Evangelio (a todas las gentes a través del Imperio).

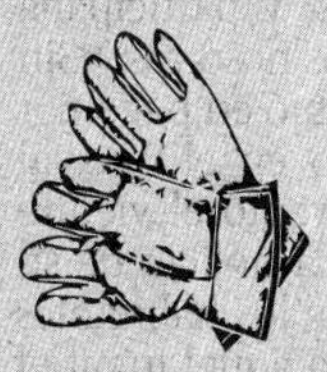

¿Cómo se relaciona con nosotros?

Luego de la resurrección de Jesús, en solo tres décadas, un pequeño grupo de creyentes, primero asustados en Jerusalén, se transformó en un movimiento que llegaría a todo el Imperio romano. Eran personas que habían comprometido sus vidas con Cristo hasta la muerte, y Hechos narra sus historias y proporciona el testimonio más fresco y valioso de cómo la iglesia pudo crecer y extenderse en ese periodo glorioso.

La historia de este libro comienza en el evangelio de Lucas y continúa siendo una historia de salvación. Los apóstoles retratados en Hechos brillan con su celo evangelístico, mostrando una sorprendente transición de los discípulos descriptos en los evangelios. Claramente, el impacto que tuvieron la muerte y resurrección de Jesús produjo un cambio notable en sus corazones a través del poder del Espíritu Santo, y ese es el mismo impacto que nuestras individualidades y matrimonios pueden disfrutar aun hoy.

¿Cómo lo estudiamos?

1) El testimonio a Jerusalén (1:1-8:3)
2) El testimonio a Judea y Samaria (8:4-12:25)
El testimonio hasta lo último de la tierra (13:1-28:31)
3) Primer viaje misionero de Pablo y concilio de Jerusalén (13:1-15:35)
4) Segundo viaje misionero de Pablo (15:36-18:22)
5) Tercer viaje misionero de Pablo (18:23-21:16)
6) Juicios de Pablo y viaje a Roma (21:17-28:31)

De esta manera, Hechos traza la expansión rápida del evangelio, empezando en Jerusalén y extendiéndose por todo el imperio romano. Lo anterior significa que uno debe tomar el texto de Hechos 2:1-21 como la Agenda en el libro, en la misma manera que se toma el texto de 4:18-21 en Lucas.

Hechos

Jesús llevado al cielo

1 Distinguido Teófilo:
En mi primera carta[b] te hablé de todo lo
que Jesús empezó a hacer y enseñar 2y de cómo
regresó al cielo después de darles instrucciones,
a través del Espíritu Santo, a los apóstoles que
había escogido.

3Durante los cuarenta días que siguieron a sus
sufrimientos, se presentó repetidas veces ante los
apóstoles y les demostró que estaba vivo. En todas
esas ocasiones les habló del reino de Dios.

4Estando con ellos, les mandó que no salieran
de Jerusalén hasta que, tal como ya les había
dicho, recibieran la promesa del Padre.

5—Juan los bautizó con agua —les recordó—, pero dentro de poco ustedes serán bautizados con el Espíritu Santo.

6Los que se habían reunido con Jesús le preguntaron:

—Señor, ¿vas ahora a restaurar el reino de
Israel?

7—El Padre ha fijado ese tiempo —les contestó—, y a ustedes no les corresponde saberlo. 8Sin embargo, cuando el Espíritu Santo
descienda sobre ustedes recibirán poder para ser
mis testigos no sólo en Jerusalén, sino también
en toda Judea, en Samaria y hasta lo último de
la tierra.

9Y mientras les decía esto, ascendió al cielo y
desapareció envuelto en una nube.

10Los discípulos seguían con la mirada fija
viendo cómo se perdía en las alturas, y en eso,
dos varones vestidos de blanco se pusieron junto
a ellos.

11—Galileos —les dijeron—, ¿por qué se han
quedado mirando al cielo? Jesús regresará de la
misma forma en que lo han visto ascender al
cielo.

Elección de Matías para reemplazar a Judas

12Como estaban en el monte de los Olivos, para
regresar a Jerusalén caminaron casi un kilómetro, que era lo que se permitía caminar en el día
de reposo. 13,14Allí, en el aposento alto de la casa, se
reunieron para orar. Estuvieron presentes: Pedro,
Juan, Santiago, Andrés, Felipe, Tomás, Bartolomé, Mateo, Santiago el hijo de Alfeo, Simón el
Zelote, Judas el hijo de Santiago y los hermanos
de Jesús, además de varias mujeres, entre las que
se encontraba la madre de Jesús.

15En aquellos días, en una ocasión en que
había ciento veinte personas presentes, Pedro se
puso de pie y les dijo: 16«Hermanos, era necesario
que se cumplieran las Escrituras en cuanto a
Judas, el que sirvió de guía a la turba que apresó
a Jesús, porque su traición la predijo hace mucho
tiempo el Espíritu Santo por boca de David.

17»Judas era uno de nosotros, y participaba
del mismo servicio que hacíamos nosotros. 18Sin
embargo, con el dinero que recibió en pago por
su traición, compró un terreno en el que, al
precipitarse de cabeza, se le reventó el vientre
y se le salieron las entrañas. 19La noticia de su
muerte corrió rápidamente entre los habitantes
de Jerusalén, quienes le dieron a aquel lugar el
nombre de "Campo de Sangre".

20»El libro de los Salmos lo había predicho así:
"Quede desierta su casa y no haya quien more
en ella". Y luego añade: "¡Que otro se encargue
de su trabajo!"

21»Entre nosotros tenemos personas que nos
han acompañado todo el tiempo que el Señor
Jesús estuvo con nosotros. 22Es necesario que
seleccionemos a alguien que haya estado con
nosotros desde que Juan bautizó al Señor hasta
que éste ascendió al cielo. Así, junto con nosotros,
será testigo de su resurrección».

23Y escogieron a dos: a José Justo (llamado
también Barsabás) y a Matías.

24Luego oraron: «Señor, tú que conoces los
corazones, muéstranos a cuál de estos hombres
has escogido 25para asumir el apostolado de Judas
el traidor, quien ya está donde le corresponde
estar».

26Y a continuación echaron suertes y la suerte cayó sobre Matías. Desde entonces, Matías se
sumó a los once apóstoles.

El Espíritu Santo desciende en Pentecostés

2 Cuando llegó el día de Pentecostés, los creyentes estaban juntos reunidos. 2Escucharon de
pronto un estruendo semejante al de un vendaval, que venía del cielo y que hacía retumbar la
casa en que estaban congregados. 3Acto seguido
aparecieron lengüetas de fuego que se les fueron
posando a cada uno en la cabeza. 4Entonces cada
uno de los presentes quedó lleno del Espíritu Santo y empezó a hablar en idiomas que no conocía,
pero que el Espíritu Santo le permitía hablar.

5En aquellos días había en Jerusalén una gran
cantidad de judíos piadosos de muchas nacionalidades. 6Al escuchar el estruendo que se producía
sobre la casa, multitudes de personas corrieron
a ver qué sucedía, y los extranjeros se quedaron
pasmados al oír el idioma de sus respectivos países en boca de los discípulos.

1.4-5 1.7-8

b. El evangelio según San Lucas.

7,8—¿Cómo es posible? —exclamaban—. ¡Estos hombres son galileos y, sin embargo, los escuchamos hablar en el idioma que se habla en los países en que hemos nacido! 9Entre nosotros hay gente de Partia, Media, Elam, Mesopotamia, Judea, Capadocia, Ponto y de Asia, 10Frigia, Panfilia, Egipto, las regiones de Libia más allá de Cirene, Creta y Arabia, aparte de los judíos y conversos que han venido de Roma. 11Sin embargo, cada cual los oye relatar en su propia lengua los grandes milagros de Dios.

12«¿Qué significará esto?», se preguntaban algunos, atónitos y perplejos.

13«¡Es que están borrachos!», les respondían otros, en son de burla.

Pedro se dirige a la multitud

14Entonces Pedro se puso de pie con los once apóstoles y tomó la palabra: «¡Escúchenme bien, judíos y residentes de Jerusalén! 15Algunos de ustedes están diciendo que estos hombres están borrachos. Pero, ¡la gente no se emborracha a las nueve de la mañana! 16Ustedes han presenciado esta mañana lo que el profeta Joel predijo:

17»"En los postreros días —dijo Dios—, derramaré mi Espíritu sobre toda la humanidad, y sus hijos e hijas profetizarán, sus jóvenes verán visiones y sus viejos soñarán sueños. 18Sí, el Espíritu vendrá sobre mis siervos y siervas, y ellos profetizarán. 19Y haré milagros en el cielo y en la tierra en forma de sangre, fuego y nubes de humo; 20el sol se pondrá negro y la luna como sangre antes que llegue el día del Señor, grande y terrible. 21Pero todo aquel que invoque el nombre del Señor será salvo".

22»¡Escúchenme, varones israelitas! Como ustedes bien saben, Dios respaldó a Jesús de Nazaret con los milagros prodigiosos que realizó a través de él. 23Pero, de acuerdo con el plan que Dios ya tenía trazado, permitió primero que ustedes lo clavaran en la cruz y lo asesinaran por medio de hombres malvados. 24Pero Dios lo soltó de los horrores de la muerte y le devolvió la vida, porque la muerte no podía mantenerlo bajo su dominio por siempre.

25»David dijo esto acerca de Jesús: "Sé que el Señor está siempre conmigo y nada me hará caer. 26Por eso tengo el corazón lleno de gozo y la lengua de alabanza. Puedo vivir siempre confiado, 27porque no dejarás mi alma en el sepulcro ni permitirás que el cuerpo de tu santo siervo se pudra. 28Al contrario, me mostrarás el camino de la vida y me llenarás de gozo en tu presencia".

29»Hermanos, les puedo decir francamente que el patriarca David murió, lo enterraron y su tumba está todavía entre nosotros. 30Pero, como profeta, sabía que Dios le había prometido bajo juramento que un descendiente suyo se sentaría en el trono que ocupaba. 31Mirando pues al futuro, predijo la resurrección del Mesías, y dijo que no quedaría en el sepulcro y su cuerpo no se corrompería.

32»Dios ha resucitado a Jesús y nosotros mismos somos testigos de ello. 33Él está ahora sentado a la diestra de Dios. Y tal como lo prometió, después de recibir del Padre al Espíritu Santo, lo ha enviado a nosotros. Esto es lo que ustedes han visto y escuchado.

34»David nunca subió al cielo. Sin embargo dijo: "El Señor le dijo a mi Señor: Siéntate a mi derecha, 35hasta que ponga a tus enemigos bajo tu control".

36»Por lo tanto, pueblo de Israel, sepan bien que Dios ha hecho Señor y Mesías a Jesús, el que ustedes crucificaron».

37Aquellas palabras de Pedro los conmovieron tan profundamente que le dijeron al propio Pedro y a los demás apóstoles:

—Hermanos, ¿qué debemos hacer?

38—Arrepiéntanse —les respondió Pedro—, y bautícense en el nombre de Jesucristo, para que Dios les perdone sus pecados. Entonces recibirán también el don del Espíritu Santo, 39porque para ustedes es la promesa, y para sus hijos, y aun para los que están lejos, pues es para todos a los que el Señor nuestro Dios llame.

40Y con muchas palabras más, Pedro les exhortaba y les decía:

—¡Aléjense de esta gente perversa!

La comunidad de los creyentes

41Los que creyeron sus palabras, unos tres mil en total, se bautizaron y se unieron a los demás creyentes 42que se congregaban regularmente para escuchar las enseñanzas de los apóstoles, tener comunión unos con otros, compartir el pan y orar.

43Un profundo temor reverencial vino sobre toda la gente y los apóstoles seguían realizando milagros y señales.

44Los creyentes permanecían constantemente unidos y compartían entre sí todas las cosas; 45vendían sus propiedades y repartían el dinero entre los que estaban necesitados. 46Todos los días se reunían en el templo y en los hogares, compartían los alimentos con regocijo y sencillez de corazón 47y alababan a Dios. Todo el mundo simpatizaba con ellos y todos los días el Señor añadía a la comunidad a los que habían de ser salvos.

Pedro sana a un mendigo lisiado

3 En cierta ocasión, Pedro y Juan fueron al templo a orar. Era como a las tres de la tarde. 2Allí vieron a un lisiado de nacimiento, a quien todos

2.17–21 2.25 2.36 2.38 2.42–47

los días traían y colocaban junto a la puerta del templo llamada la Hermosa, para que pidiera limosna.

3Cuando el lisiado vio a Pedro y Juan que iban a entrar al templo, les pidió dinero. 4Los apóstoles lo miraron fijamente.

—¡Míranos! — le dijo Pedro.

5El lisiado los miró con ansiedad, esperando recibir una limosna.

6—No tengo dinero que darte —continuó Pedro—. Pero te daré lo que tengo. ¡En el nombre de Jesucristo de Nazaret, levántate y camina!

7Entonces Pedro lo tomó de la mano y lo levantó. Al instante, los pies y los tobillos se le fortalecieron 8a tal grado que se levantó de un salto y comenzó a andar. Más tarde, entró al templo con ellos, saltando y alabando a Dios.

9Toda la gente lo vio caminando y alabando a Dios, 10y reconocieron que era el lisiado que estaban acostumbrados a ver en el templo, junto a la Hermosa, y se quedaron asombrados.

Pedro se dirige a los espectadores

11Todos fueron corriendo al portal de Salomón, donde el lisiado tenía firmemente asidos a Pedro y a Juan. 12Y viendo eso, Pedro les dirigió la palabra: «Hombres de Israel —les dijo—, ¿qué hay de sorprendente en esto? ¿Por qué nos miran como si hubiéramos hecho andar a este hombre mediante nuestro propio poder y por nuestra piedad? 13El Dios de Abraham, de Isaac, de Jacob y de nuestros antepasados, a través de este milagro ha honrado a su siervo Jesús, a quien ustedes entregaron y rechazaron ante Pilato, a pesar de que éste estaba resuelto a ponerlo en libertad. 14Ustedes no quisieron que libertaran al Santo y Justo; al contrario, demandaron la libertad de un asesino 15y mataron al autor de la vida. Pero Dios le devolvió la vida; de ello nosotros somos testigos. 16Este hombre se sanó en el nombre de Jesús, y ustedes saben que era inválido. La fe en el nombre de Jesús logró la perfecta curación de esta persona.

17»Hermanos, comprendo que lo que ustedes le hicieron a Jesús lo hicieron en ignorancia, y lo mismo podría decirse de sus dirigentes. 18Pero Dios estaba cumpliendo así las profecías acerca de los sufrimientos del Mesías.

19»Por eso, arrepiéntanse y vuélvanse a Dios para que él los limpie de sus pecados 20y para que él les envíe desde su misma presencia tiempos de refrigerio, y que les envíe al Mesías Jesús, que fue antes prometido. 21Él debe permanecer en el cielo hasta que Dios restaure todas las cosas, como está profetizado desde tiempos remotos. 22Como Moisés dijo: "Dios el Señor levantará entre ustedes un profeta parecido a mí. Presten atención a cuanto él les diga. 23Y quien no lo escuche será eliminado del pueblo".

24»Todos los profetas, desde los días de Samuel en adelante, hablaron de lo que está sucediendo hoy en día. 25Ustedes son los hijos de aquellos profetas y del pacto que Dios hizo con nuestros antepasados. Dios le prometió así a Abraham: "Por medio de tus descendientes bendeciré a todas las familias de la tierra". 26Y cuando Dios le devolvió la vida a su Siervo, lo envió primero a ustedes para bendecirlos y para que cada uno se apartara de su maldad».

Pedro y Juan ante el Consejo

4 Mientras Pedro y Juan hablaban al pueblo, los principales sacerdotes, el jefe de la guardia del templo y varios de los saduceos se presentaron ante ellos, 2enojados porque esos dos apóstoles estaban enseñando al pueblo y proclamando que en Jesús quedaba demostrada la resurrección de entre los muertos.

3Los arrestaron y, como ya era tarde, los mantuvieron presos hasta el día siguiente. 4Pero a pesar de todo, muchos de los que oyeron el mensaje lo creyeron, y el número de los creyentes, contando sólo los hombres, era como de cinco mil.

5Al siguiente día se reunieron en Jerusalén los jefes de los sacerdotes, los ancianos y los maestros de la ley. 6Entre los presentes se encontraba Anás el sumo sacerdote, Caifás, Juan, Alejandro y todos los miembros de la familia sacerdotal.

7Cuando los dos discípulos comparecieron ante ellos, les preguntaron:

—¿Quién les ha dado potestad o autoridad para hacer esto?

8Entonces Pedro, lleno del Espíritu Santo, les respondió:

—Distinguidos dirigentes y ancianos del pueblo: 9Puesto que hoy nos preguntan acerca del bien que le hicimos al lisiado y desean saber cómo fue sanado, 10permítanme declarar ante ustedes y ante todo el pueblo de Israel que este hombre recibió la sanidad en el nombre y mediante el poder de Jesucristo de Nazaret, a quien ustedes crucificaron pero a quien Dios resucitó. Gracias a él, este hombre está hoy aquí sano. 11Él es «la piedra que rechazaron los edificadores, y que se convirtió en cabeza de ángulo». 12¡En ningún otro hay salvación! No hay otro nombre bajo el cielo que los hombres puedan invocar para salvarse.

13Ante la elocuencia de Pedro y Juan, y viendo que eran hombres sin muchos estudios, los miembros del concilio se maravillaron y reconocieron que habían estado con Jesús. 14Y como no podían negar la curación de aquel hombre que estaba allí mismo de pie junto a ellos, 15les ordenaron entonces que salieran de la reunión; y ellos continuaron discutiendo el caso.

16«¿Qué vamos a hacer con estos hombres? —se preguntaban—. No podemos negar que han realizado una gran señal, pues ya toda Jerusalén está enterada. 17Pero lo que sí podemos evitar es que lo sigan divulgando. Debemos prohibirles que sigan hablando a la gente en ese nombre».

18Los llamaron de nuevo, y les ordenaron que no volvieran a hablar ni a enseñar acerca de Jesús. 19Ante ello, Pedro y Juan respondieron:

—Díganos, ¿preferirá Dios que los obedezcamos a ustedes antes que a él? 20No podemos dejar de hablar de las maravillas que vimos y que escuchamos.

21Entonces los volvieron a amenazar, pero luego los soltaron. No hallaban la manera de castigarlos, ya que no había quien no estuviera alabando a Dios por el milagro ocurrido. 22El hombre que había estado tullido tenía más de cuarenta años.

La oración de los creyentes

23Una vez libres, Pedro y Juan fueron en busca de los demás discípulos y les contaron lo que los jefes de los sacerdotes y los ancianos les habían dicho.

24Entonces los creyentes, unánimemente, oraron así: «Soberano Señor, creador del cielo, de la tierra, del mar y de cuanto en ellos existe: 25El Espíritu Santo se expresó a través del rey David, tu siervo, de esta manera:

»“¿Por qué se rebelan los paganos y por qué hablan en vano las naciones? 26Los reyes de la tierra se unieron para pelear contra el Señor, y contra su ungido”.

27»Eso es exactamente lo que está sucediendo en esta ciudad: el rey Herodes, el gobernador Poncio Pilato y los demás romanos, así como el pueblo de Israel, están unidos contra Jesús, tu ungido, tu santo siervo. 28Pero sólo están haciendo lo que tú en tu plan ya habías decidido que sucediera.

29,30»Ahora, oh Señor, mira sus amenazas y concede a tus siervos que con confianza prediquen tu palabra; y envía tu poder sanador para que muchos milagros y maravillas se realicen en el nombre de tu santo hijo, Jesús».

☼31Después de esta oración, el edificio donde estaban reunidos se estremeció y quedaron llenos del Espíritu Santo, y se entregaron a predicar con arrojo el mensaje de Dios.

Los creyentes comparten sus bienes

32Todos los creyentes estaban unidos enteramente en alma y corazón, ninguno tenía por suyo lo que poseía, sino que lo compartía con los demás. 33Y con gran poder predicaban los apóstoles acerca de la resurrección del Señor, y Dios les dio abundante gracia. 34,35No existía entre ellos ningún necesitado, porque los dueños de haciendas o casas las vendían y entregaban el dinero a los apóstoles para repartirlo entre los pobres. 36Lo hizo así, por ejemplo, José, al que los apóstoles apodaron Bernabé, que significa «hijo de consolación»; él era de la tribu de Leví y natural de la isla de Chipre. 37Bernabé vendió un terreno que poseía y puso el dinero a disposición de los apóstoles.

Ananías y Safira

5 Pero se dio el caso de un hombre llamado Ananías, esposo de Safira, que vendió cierta propiedad, 2pero entregó sólo una parte del dinero a los apóstoles y se quedó con el resto. Su esposa, desde luego, estaba enterada de todo.

3—Ananías —lo reprendió Pedro—, ¿por qué has permitido que Satanás te llene el corazón? ¿Por qué dices que éste es el importe total de la venta? Le estás mintiendo al Espíritu Santo. 4¿Acaso no era tuya esa propiedad antes de venderla? Y una vez vendida, ¿no era tuyo el dinero? ¿Por qué has hecho esto? No nos has mentido a nosotros, sino a Dios.

5Al escuchar estas palabras, Ananías cayó al suelo y murió, y un gran temor se apoderó de los que escucharon esto. 6Los jóvenes cubrieron entonces el cadáver con una sábana y salieron a enterrarlo.

7Como tres horas más tarde, llegó la esposa, sin saber lo ocurrido.

8—¿Vendiste el terreno en tal precio? —le preguntó Pedro.

—Sí —respondió.

9Le dijo Pedro: —¿Por qué se pusieron de acuerdo para poner a prueba al Espíritu del Señor? Detrás de esa puerta están los jóvenes que acaban de enterrar a tu esposo y ahora te sacarán también a ti.

10Instantáneamente cayó al suelo muerta. Los jóvenes entraron y, al verla muerta, la sacaron y la enterraron junto a su esposo. 11Un gran terror se apoderó de toda la iglesia y de todas las personas que se enteraron de lo que había pasado.

Los apóstoles sanan a muchas personas

12Los apóstoles siguieron reuniéndose regularmente en el portal de Salomón, y por medio de ellos Dios siguió realizando milagros extraordinarios entre el pueblo. 13Aunque ninguno de los otros se atrevía a unírseles, a pesar del alto aprecio que les tenían, 14el número de hombres y

☼4.31–35

mujeres que creían en el Señor aumentaba más y más. 15La gente colocaba a los enfermos en las calles en colchonetas y camillas para que al menos la sombra de Pedro los tocara. 16Grandes multitudes acudían de los suburbios de Jerusalén trayendo enfermos y endemoniados, y todos eran sanados.

Persiguen a los apóstoles

17El sumo sacerdote y sus colegas de la secta de los saduceos reaccionaron con envidia, 18y arrestaron a los apóstoles y los metieron en la cárcel. 19Pero un ángel del Señor abrió de noche las puertas de la cárcel y los sacó de allí.

20—Vayan al templo y prediquen acerca de la Vida —les ordenó el ángel.

21Llegaron, pues, al templo al rayar el día, e inmediatamente se pusieron a enseñar.

Aquella misma mañana el sumo sacerdote llegó con los que estaban con él y, tras reunir al concilio y a todos los ancianos de Israel, ordenó que trajeran de la cárcel a los apóstoles. 22Pero cuando los guardias llegaron a la cárcel no los encontraron allí, y regresaron a notificarlo.

23—Las puertas de la cárcel estaban cerradas —dijeron— y los guardias estaban fuera, pero al abrir la puerta no encontramos a nadie.

24Después de escuchar esto, el jefe de la guardia y los principales sacerdotes estaban confundidos y se preguntaban a dónde iría a parar todo aquello.

☼ 25En ese preciso instante, llegó uno con la noticia de que los prisioneros estaban en el templo enseñándole al pueblo. 26El jefe de la guardia corrió con los alguaciles a arrestarlos, sin hacer uso de la fuerza, por temor a que el pueblo los apedreara. 27Los condujeron ante el concilio, y el sumo sacerdote los reconvino:

28—¿No les habíamos prohibido que volvieran a enseñar acerca de Jesús? Ustedes han llenado a Jerusalén de sus enseñanzas y tratan de descargar en nosotros la culpa de la muerte de ese hombre.

29—Tenemos que obedecer a Dios antes que a los hombres —respondieron Pedro y los apóstoles—. 30El Dios de nuestros antepasados resucitó a Jesús, al que ustedes mataron colgándolo en una cruz. 31Luego, con su gran poder, lo exaltó como Príncipe y Salvador, para que el pueblo de Israel se vuelva a Dios y alcance el perdón de sus pecados. 32Nosotros somos testigos de esas cosas, y también lo es el Espíritu Santo que Dios ha concedido a los que lo obedecen.

33Al oírlos, los miembros del concilio, rabiando de furia, querían matarlos. 34Pero uno de ellos, un fariseo llamado Gamaliel, experto en cuestiones de la ley y muy respetado entre el pueblo, pidió la palabra y solicitó que sacaran a los apóstoles del salón. 35Entonces se dirigió a ellos con las siguientes palabras:

—Varones de Israel, mediten bien lo que van a hacer con estos hombres. 36Hace algún tiempo se levantó con sueños de grandeza un tal Teudas, al que se le unieron unas cuatrocientas personas; pero murió asesinado y los seguidores se dispersaron sin provocar mayores dolores de cabeza. 37Después de éste, durante los días del censo, surgió Judas de Galilea, quien logró que muchas personas se hicieran discípulos suyos; pero también lo mataron y sus seguidores se dispersaron. 38Por lo tanto, recomiendo que dejen tranquilos a estos hombres. Si lo que enseñan y hacen obedece a impulsos personales, ☼ pronto se desvanecerá. 39Mas si es de Dios, ustedes no podrán detenerlos. ¡No sea que descubran que han estado peleando contra Dios!

40El concilio aceptó la recomendación, llamó a los apóstoles y, después de azotarlos, les exigieron que no volvieran a hablar en el nombre de Jesús. Finalmente, los pusieron en libertad.

41Al salir del concilio, los discípulos iban gozosos de haber sido tenidos por dignos de sufrir ultrajes por la causa del Nombre. 42Y siguieron enseñando y predicando todos los días en el templo y de casa en casa, que Jesús era el Mesías.

Elección de los siete

6 Pero con la rápida multiplicación de los creyentes, empezaron las murmuraciones. Los que sólo hablaban griego se quejaban contra los de habla aramea, de que sus viudas sufrían discriminación en la distribución diaria de los alimentos.

2Para solucionar el problema, los doce convocaron a todos los creyentes a una reunión, y les dijeron:

—Nosotros debemos dedicarnos a predicar y no a administrar el programa de alimentación. 3Por lo tanto, hermanos, seleccionen de entre ustedes a siete hombres sabios, llenos del Espíritu Santo y que gocen de buena reputación, y pongámoslos al frente de este trabajo. 4Así podremos nosotros dedicarnos a orar y a proclamar la Palabra.

5La asamblea en pleno aprobó la recomendación. Eligieron a Esteban, varón lleno de fe y del Espíritu Santo, y también a Felipe, Prócoro, Nicanor, Timón, Parmenas y Nicolás, un converso de Antioquía.

6Presentaron entonces a estos siete ante los apóstoles, quienes oraron poniendo las manos sobre ellos.

7El mensaje de Dios se seguía extendiendo y el número de los discípulos aumentaba enor-

☼ 5.25–29

memente en Jerusalén, donde muchos de los sacerdotes judíos obedecían a la fe.

Arresto de Esteban

8Esteban, lleno de la gracia y del poder de Dios, realizaba grandes milagros y señales asombrosas entre el pueblo. 9Pero un día, varios miembros de la sinagoga llamada los Libertos se pusieron a discutir con él. Discutían también con Esteban judíos de Cirene, de Alejandría, de Cilicia y de Asia. 10Pero como no podían resistir la sabiduría ni el Espíritu con que hablaba Esteban, 11contrataron a testigos falsos para que dijeran que lo habían escuchado blasfemar contra Moisés y aun contra Dios.

12Tal acusación encendió los ánimos del pueblo, de los ancianos y de los maestros de la ley contra Esteban. Lo arrestaron y lo presentaron ante el concilio. 13Allí, una vez más, los falsos testigos afirmaron que Esteban no cesaba de hablar contra el templo y la ley de Moisés.

14—Le oímos decir —declararon— que Jesús de Nazaret destruirá el templo y cambiará las leyes de Moisés.

15Entonces los presentes en el salón del concilio vieron que el rostro de Esteban se parecía al de un ángel.

Discurso de Esteban ante el Consejo

7 —¿Son ciertas estas acusaciones? —le preguntó el jefe de los sacerdotes.

2Y Esteban contestó:

—Hermanos y padres, ¡escúchenme! El Dios de la gloria se le apareció a nuestro antepasado Abraham en Mesopotamia antes de que éste se trasladara a Jarán, 3y le pidió que saliera de su tierra natal, se despidiera de sus familiares y emprendiera viaje hacia una tierra que Dios le mostraría.

4»Salió entonces Abraham de la tierra de los caldeos y vivió en Jarán, hasta la muerte de su padre. Luego, Dios lo condujo hasta esta tierra donde ustedes viven ahora. 5Pero no le concedió que poseyera en ella ni el más mínimo pedazo de terreno. En cambio, le prometió que él y sus descendientes poseerían todo aquel país. ¡Y Abraham no tenía hijos! 6Sin embargo, Dios le dijo que sus descendientes saldrían del país rumbo a una tierra extraña, donde pasarían cuatrocientos años sometidos a esclavitud. 7"Pero yo castigaré a la nación que los esclavice", añadió Dios, "y mi pueblo regresará a este lugar y me adorará aquí".

8»Dios hizo con Abraham el pacto que tenía como señal la circuncisión. Y así, Isaac, el hijo de Abraham, fue circuncidado a los ocho días de nacido. Lo mismo hizo Isaac con Jacob y Jacob con los doce patriarcas. 9Estos últimos, llenos de envidia, vendieron a José como esclavo, y José fue llevado a Egipto. Pero Dios, que estaba con él, 10lo libró de todas sus angustias y le concedió el favor del faraón, rey de Egipto. Además, lo dotó de tal sabiduría que el faraón lo nombró gobernador de todo Egipto y encargado de los asuntos del palacio real.

11»Hubo entonces hambre y sufrimiento en todo Egipto y Canaán, y nuestros antepasados no encontraban alimentos. 12Jacob se enteró de que todavía en Egipto había trigo y envió a sus hijos en una primera visita. 13En el segundo viaje, José se dio a conocer a sus hermanos, y se los presentó al faraón. 14Luego José mandó traer a su padre Jacob y a las familias de sus hermanos, setenta y cinco personas en total. 15A medida que fueron muriendo en Egipto Jacob y sus hijos, 16transportaron sus cadáveres a Siquén para enterrarlos en la tumba que Abraham les había comprado a los hijos de Jamor, padre de Siquén.

17»Y cuando se acercaba el día en que Dios cumpliría la promesa que le había hecho a Abraham, ya el pueblo se había multiplicado enormemente en Egipto. 18Ocupó entonces el trono de Egipto un rey que no sabía nada de José. 19Dicho rey se puso en contra de nuestro pueblo y obligó a los padres a abandonar a sus hijos recién nacidos para que murieran.

20»En esas circunstancias nació Moisés, y fue agradable a los ojos de Dios. Sus padres lo escondieron en la casa durante tres meses. 21Cuando se vieron obligados a abandonarlo, la hija del faraón lo adoptó y lo crió como si fuera su propio hijo, 22y le enseñó toda la sabiduría de los egipcios. Moisés fue un hombre poderoso en palabra y en obra.

23»Cuando cumplió los cuarenta años de edad, se le ocurrió a Moisés visitar a sus hermanos, los israelitas. 24Al ver que un egipcio maltrataba a un israelita, Moisés lo defendió y mató al egipcio.

25»Moisés pensaba que sus hermanos comprenderían que Dios lo había enviado para ayudarlos; pero no fue así. 26Al siguiente día volvió a visitarlos y al ver que dos israelitas peleaban, corrió a separarlos. "Señores", les dijo, "los hermanos no deben pelear". 27"¿Quién te ha puesto de gobernante o juez sobre nosotros?", le dijo uno de los dos, el que estaba maltratando al otro. 28"¿O es que piensas matarme como mataste ayer al egipcio?"

29»Al escuchar aquello, Moisés huyó del país y se fue a vivir a la tierra de Madián, donde vivió como extranjero y tuvo dos hijos.

30»Cuarenta años más tarde, en el desierto del monte Sinaí, un ángel se le apareció en la llama de una zarza que ardía. 31Al ver aquel fuego, Moisés, maravillado, se acercó para verlo de cerca, y al acercarse, la voz del Señor le dijo: 32"Yo soy

el Dios de tus antepasados, Abraham, Isaac y
Jacob". Moisés, aterrorizado, no se atrevía ni a
mirar.
33»El Señor añadió: "Quítate los zapatos,
porque estás sobre tierra santa. 34He visto los
sufrimientos que pasa mi pueblo en Egipto y he
escuchado sus clamores. He venido a libertarlos.
Ven, te enviaré a Egipto".
35»Y lo envió de regreso al pueblo que lo
había rechazado diciendo: "¿Quién te ha puesto
de gobernante o juez?" Dios lo enviaba a aquel
mismo pueblo como gobernante y libertador, por
medio del ángel que se le apareció en la zarza.
36Él los sacó de Egipto haciendo innumerables
y portentosos milagros, tanto en aquella tierra
como en el Mar Rojo y en el desierto durante
cuarenta años.
37»Moisés le dijo al pueblo de Israel que de
entre sus hermanos Dios levantaría un profeta
muy semejante a él. 38En el desierto, Moisés estuvo como mediador entre el pueblo de Israel y el
ángel que en la cumbre del Sinaí le entregó las
palabras de vida para comunicárselas a nuestros
antepasados.
39»Pero nuestros padres rechazaron a Moisés
y, como sentían deseos de regresar a Egipto, 40le
dijeron a Aarón: "Haznos dioses que nos guíen de
regreso, porque no sabemos qué le ha sucedido
a Moisés, el que nos sacó de Egipto".
41»Se hicieron, pues, un becerro y le ofrecieron
sacrificios y se regocijaron por haberlo hecho
ellos mismos. 42Pero entonces Dios se apartó de
ellos y los dejó entregarse a la adoración del sol,
la luna y las estrellas. En el libro de los profetas
el Señor pregunta:
»"¿Fue a mí al que le estuviste ofreciendo
sacrificios durante los cuarenta años que pasaste
en el desierto, Israel? 43No, quienes te interesaban
eran los dioses paganos como Moloc, la estrella
del dios Refán y los demás ídolos que te hiciste
para adorarlos. Por lo tanto, te enviaré cautivo
más allá de Babilonia".
44»Nuestros antepasados anduvieron por el
desierto con el tabernáculo del testimonio, que
fue hecho como Dios le había ordenado a Moisés,
según el modelo que éste había visto.
45»Nuestros antepasados recibieron el tabernáculo como herencia, y cuando Josué conducía
las batallas contra las naciones que Dios expulsó
delante de ellos, Israel llevó consigo el tabernáculo al nuevo territorio. Y allí estuvo hasta los
días de David.
46»Dios bendijo enormemente a David, y David
le pidió permiso para edificar un templo para
el Dios de Jacob. 47Mas fue Salomón el que lo
construyó. 48Sin embargo, el Altísimo no vive en
templos hechos por seres humanos.
49»"El cielo es mi trono", dijo el profeta, "y la
tierra es mi estrado. ¿Qué casa me pueden edificar
ustedes? ¿Podré yo vivir en ella? 50¿No fui yo el
que hizo todas estas cosas?"
51»¡Tercos! ¡Infieles! ¿Hasta cuándo van a estar
resistiendo al Espíritu Santo? Claro, ¡de tal palo
tal astilla! 52¿A cuál de los profetas no persiguieron sus antepasados, que hasta mataron a los
que predijeron la venida del Justo, que ustedes
acaban de traicionar y asesinar? 53Sí, ustedes que
quebrantan la ley que recibieron de mano de
los ángeles».

Muerte de Esteban

54Los jefes judíos, al escuchar la acusación de
Esteban, crujían los dientes y rabiaban de furia
contra él. 55Pero Esteban, lleno del Espíritu Santo,
elevó los ojos al cielo y contempló la gloria de
Dios y a Jesús a la derecha de Dios.
56—¡En este mismo instante —les dijo— veo
los cielos abiertos y al Hijo del hombre de pie a
la derecha de Dios!
57Entonces ellos, tapándose los oídos y gritando
con fuerza, se le echaron encima y lo sacaron de
la ciudad. 58Los testigos oficiales se quitaron la
ropa, la pusieron a los pies de un joven llamado
Saulo, y también apedrearon a Esteban hasta
matarlo.
59Mientras lo apedreaban, Esteban oraba:
—Señor Jesús, recibe mi espíritu.
60Luego cayó de rodillas y gritó:
—¡Señor, no les tomes en cuenta este pecado!
Y al terminar de pronunciar aquellas palabras,
murió.

8 Y Saulo estaba de acuerdo en que asesinaran
a Esteban.

La iglesia perseguida y dispersa

Aquel mismo día, una gran ola de persecución
se levantó contra los creyentes y barrió la iglesia
de Jerusalén. Todos, excepto los apóstoles, huyeron a Judea y Samaria. 2Varios judíos piadosos,
llenos de tristeza, enterraron a Esteban.
3Saulo, por su parte, iba por todas partes persiguiendo a la iglesia. Entraba a las casas, arrastra-
ba a hombres y mujeres y los metía en la cárcel.

Felipe en Samaria

4Los creyentes que huyeron de Jerusalén continuaron predicando las buenas noticias por
dondequiera que iban. 5Felipe, por ejemplo,
huyó a Samaria y se puso a hablarle del Mesías
al pueblo. 6Grandes multitudes lo escuchaban
atentamente, al ver los milagros que realizaba.
7Felipe echaba fuera demonios, que salían de sus
víctimas dando gritos, y también sanaba paralíticos y cojos. 8Y había gran gozo en la ciudad.

Simón el hechicero

9Vivía en Samaria un tal Simón, que había
ejercido la magia durante muchos años, y tenía
asombrada a la gente haciéndose pasar por
alguien muy grande.
10Todos, desde el más pequeño hasta el más
importante, le prestaban atención y decían: «Este
es al que llaman el Gran Poder de Dios». 11La
gente le hacía caso, porque por mucho tiempo
las había engañado con su magia.
12Cuando los samaritanos creyeron el mensaje
de Felipe, que afirmaba que Jesús era el Mesías y
hablaba del reino de Dios, se bautizaron muchos
hombres y mujeres. 13Simón también creyó, recibió el bautismo y se dedicó a seguir a Felipe a
dondequiera que éste iba, maravillado por los
milagros que realizaba.
14Cuando los apóstoles que estaban en Jerusalén se enteraron de que el pueblo de Samaria había aceptado el mensaje de Dios, enviaron
allá a Pedro y a Juan. 15Tan pronto llegaron,
comenzaron a orar para que recibieran el Espíritu Santo, 16que todavía no había descendido
sobre ellos y sólo estaban bautizados en el nombre del Señor Jesús. 17Entonces Pedro y Juan
pusieron las manos sobre los creyentes y ellos
recibieron el Espíritu Santo.
18Al ver Simón que el Espíritu Santo descendía
sobre aquellos a quienes los apóstoles les ponían
las manos, les hizo una oferta de dinero.
19—Este dinero es para que me permitan
obtener ese poder —les dijo—. Quiero que al
imponer las manos sobre la gente, reciban el
Espíritu Santo.
20—Que tu dinero perezca contigo —le contestó Pedro—, que piensas que los dones de Dios
se pueden comprar. 21Tú no puedes tener parte
en esto, porque tu corazón no es recto ante Dios.
22Arrepiéntete de esta maldad y ora. Quizás Dios
te perdone los malos pensamientos, 23porque
veo que tienes el corazón lleno de envidia y de
pecado.
24—Oren por mí —suplicó Simón—. No
quiero que eso tan horrible me suceda.
25Tras testificar y predicar en Samaria, Pedro y
Juan regresaron a Jerusalén. A lo largo del camino fueron deteniéndose en los pueblos samaritanos, para predicar las buenas noticias.

Felipe y el etíope

26Un ángel del Señor le dijo a Felipe: «Ve hacia
el sur por el camino desierto que va de Jerusalén
a Gaza». 27Así lo hizo. Y por el camino se encontró con un etíope eunuco, el tesorero de Etiopía,
funcionario poderoso de la reina Candace. El
etíope había ido a Jerusalén a adorar en el templo. 28En el viaje de regreso, el funcionario iba
en su carroza leyendo el libro del profeta Isaías.
29«Da alcance a esa carroza —le dijo el Espíritu Santo a Felipe—, y acércate a ella».
30Felipe obedeció presuroso y, al acercarse,
escuchó lo que el funcionario iba leyendo.
—¿Entiendes eso que lees? —le preguntó.
31—¿Cómo lo voy a entender si nadie me lo
ha explicado? —contestó.
Entonces invitó a Felipe a que subiera a la
carroza y se sentara con él.
32El pasaje de las Escrituras que estaba leyendo
era el siguiente:
«Como oveja a la muerte lo llevaron, y como
cordero mudo ante los que lo trasquilan, no abrió
la boca. 33En su humillación, no se le hizo justicia. ¿Quién podrá hablar de su descendencia?
porque arrancaron su vida de esta tierra».
34—¿Hablaba el profeta de sí mismo o de otra
persona? —le preguntó el eunuco a Felipe.
35Y Felipe, comenzando con ese mismo pasaje
de la Escritura, se puso a hablarle de las buenas
noticias acerca de Jesús.
36A un lado del camino encontraron agua.
—¡Mira! ¡Aquí hay agua! —exclamó el funcionario—. ¿Por qué no me bautizas?
37—Siempre y cuando creas de corazón, no
hay nada que lo impida —le dijo Felipe.
—Creo que Jesucristo es el Hijo de Dios —
respondió el eunuco.
38Detuvieron entonces la carroza, bajaron
ambos al agua y Felipe lo bautizó.
39Al salir del agua, el Espíritu del Señor se llevó
a Felipe y el funcionario ya no lo vio: Pero a pesar
de esto, siguió gozoso su camino.
40Mientras tanto, Felipe estaba en Azoto, y allí,
como en cada una de las ciudades que encontró
en el viaje a Cesarea, predicó las buenas noticias.

Conversión de Saulo

9 Saulo, respirando amenazas de muerte contra
los discípulos del Señor, acudió al jefe de los
sacerdotes en Jerusalén 2para pedirle cartas de
autorización para ir a cada una de las sinagogas
de Damasco. Quería encontrar y llevar presos
a Jerusalén a todos los que siguieran el Nuevo
Camino, sin importar si eran hombres o mujeres.
3Cuando se aproximaba a Damasco, una luz
celestial deslumbrante lo rodeó de pronto. 4Cayó
al suelo y escuchó una voz que le decía:
—Saulo, Saulo, ¿por qué me persigues?
5—¿Quién eres, Señor? —preguntó.
—Yo soy Jesús —le contestó la voz—, a quien
tú persigues.
6»Levántate, entra en la ciudad y espera instrucciones».

8.14–17

7Los hombres que iban con Saulo quedaron
mudos de asombro, porque escucharon la voz,
pero no vieron a nadie.
8Saulo se levantó del suelo, pero cuando abrió
los ojos ¡estaba ciego! 9Entonces lo llevaron de la
mano a Damasco, donde permaneció tres días
ciego, sin tomar alimentos ni agua.
10Vivía en Damasco un discípulo llamado Ananías, y el Señor le habló en visión:
—¡Ananías!
—Aquí estoy, Señor —respondió.
11—Vete a la calle la Derecha, a la casa de un
hombre llamado Judas. Pregunta allí por Saulo
de Tarso. Ahora mismo él está orando, porque
12yo le he mostrado en visión a un hombre llamado Ananías que se le acerca y le pone las manos
en la cabeza para que recupere la vista.
13—Pero, Señor —exclamó Ananías—, he
oído contar cosas horribles acerca de ese hombre, y de todo el mal que ha causado a tus santos
en Jerusalén. 14Y sabemos que tiene órdenes de
arresto, firmadas por los principales sacerdotes,
para llevarse presos a todos los que invocan tu
nombre.
15—Ve y haz lo que te digo —le respondió el
Señor—. Yo lo he escogido para que pregone
mi nombre tanto entre las naciones, delante de
reyes, como al pueblo de Israel. 16Y yo le mostraré
cuánto tendrá que sufrir por mi nombre.
17Ananías obedeció. Al llegar a donde estaba
Saulo, le puso las manos encima y le dijo:
—Hermano Saulo, el Señor Jesús, que se te
apareció en el camino, me ha enviado para que
recobres la vista y seas lleno del Espíritu Santo.
18Al instante recobró la vista y cayeron de sus
ojos algo así como escamas. Inmediatamente
Ananías lo bautizó. 19Luego comió para recuperar sus fuerzas.

Saulo en Damasco y en Jerusalén

Después de permanecer con los discípulos de
Damasco varios días, 20se fue por las sinagogas
afirmando que Jesús era el Hijo de Dios.
21Los que lo escuchaban estaban confundidos y
se preguntaban: «¿No es éste el mismo que perseguía a muerte a los que invocan este nombre en
Jerusalén? Según sabíamos, venía a arrestarlos
y a llevarlos encadenados ante los principales
sacerdotes».
22Saulo, mientras tanto, se volvía cada vez
más ferviente en la predicación, y los judíos de
Damasco no podían refutarle los argumentos con
que probaba que Jesús era el Mesías.
23Después de muchos días, los judíos decidieron matarlo, 24pero el plan llegó a oídos de Saulo.
Y como sus enemigos vigilaban día y noche las
puertas de la ciudad para matarlo, 25una noche
varios de sus discípulos lo descolgaron en una
canasta por una abertura en la muralla.
26Cuando llegó a Jerusalén, trató de reunirse
con los discípulos, pero éstos estaban temerosos
de que no fuera realmente un discípulo. 27Pero
Bernabé lo presentó a los apóstoles y les contó
cómo Saulo había visto al Señor en el camino
de Damasco, lo que el Señor le había dicho y el
poder con que predicaba en Damasco el nombre
de Jesús. 28Saulo se quedó con ellos y andaba
por todas partes en Jerusalén, 29hablando abiertamente en el nombre del Señor.
Algunos judíos de habla griega, con los cuales había discutido, se pusieron de acuerdo para
matarlo. 30Cuando los demás hermanos se enteraron, lo llevaron a Cesarea y de allí lo enviaron
a Tarso.
31Mientras tanto, la iglesia de Judea, Galilea y
Samaria tenía paz y crecía en fortaleza y número.
Los creyentes aprendían cómo andar en el temor
del Señor, fortalecidos por el Espíritu Santo.

Eneas y Dorcas

32Pedro viajaba de lugar en lugar visitándolos.
Visitó también a los santos del pueblo de Lida.
33Allí conoció a un tal Eneas, paralítico que hacía
ocho años estaba en cama.
34—¡Eneas —le dijo Pedro—, Jesucristo te
sana! Levántate y arregla tu cama.
El paralítico quedó curado instantáneamente.
35Al verlo caminando, los habitantes de Lida y
Sarón se convirtieron al Señor.
36En la ciudad de Jope vivía una mujer llamada Tabita (que significa Dorcas), discípula que
siempre estaba haciendo algo por los demás,
especialmente por los pobres. 37En aquellos días
cayó enferma y murió. Después de lavar su cuerpo, lo colocaron en una sala del segundo piso.
38Al enterarse los discípulos de que Pedro andaba
cerca de Lida, enviaron a dos hombres a rogarle
que fuera a Jope.
39Pedro accedió. Al llegar, lo llevaron a la sala
donde reposaba el cadáver de Dorcas. El cuarto
estaba lleno de viudas que lloraban mientras
mostraban las túnicas y vestidos que Dorcas
había hecho.
40Pedro les ordenó que salieran del cuarto y se
arrodilló a orar. Luego se volvió hacia el cadáver:
—Levántate, Tabita —le ordenó.
Inmediatamente ella abrió los ojos; y al ver a
Pedro, se incorporó. 41Él le dio la mano, la ayudó
a ponerse de pie y llamó a los creyentes y a las
viudas para que la vieran.
42Y cuando la noticia se esparció por el pueblo,
muchos creyeron en el Señor.
43Pedro permaneció varios días en Jope en casa
de Simón el curtidor.

Cornelio manda llamar a Pedro

10 En Cesarea vivía un oficial del ejército
romano llamado Cornelio, capitán de un
regimiento italiano. 2Hombre piadoso, al igual
que su familia, daba limosnas a manos llenas
para el pueblo de Israel y oraba sin cesar.
3Un día tuvo una visión. Eran aproximadamente las tres de la tarde. En la visión vio a un
ángel de Dios que se le acercaba.
—¡Cornelio! —le dijo el ángel.
4Cornelio se quedó mirándolo lleno de temor.
—¿Qué quieres, Señor? —le preguntó al ángel
mirándolo fijamente.
—Dios no ha pasado por alto tus oraciones ni
tus limosnas. 5,6Envía varios hombres a Jope en
busca de un hombre llamado Simón Pedro, que
está alojado en casa de Simón el curtidor, junto
al mar, y pídele que te venga a visitar.
7Al irse el ángel, Cornelio llamó a dos de sus
sirvientes y a un soldado piadoso miembro de
su guardia personal. 8Tras contarles lo sucedido,
los envió a Jope.

La visión de Pedro

9Al siguiente día, mientras ellos se aproxima-
ban a la ciudad, Pedro subió a la azotea de la casa
a orar. 10Era mediodía y tenía hambre. Mientras
le preparaban el almuerzo, cayó en éxtasis y 11vio
el cielo abierto y un gran lienzo que bajaba a
la tierra sostenido por las cuatro puntas. 12En el
lienzo había toda clase de cuadrúpedos, reptiles
y pájaros.
13—Pedro —le dijo una voz—, mata y come.
14—¡Señor, no! —exclamó Pedro—. Jamás he
comido animales impuros o inmundos.
15—Lo que Dios ha limpiado, no lo llames
impuro —le volvió a decir la voz.
16La misma visión se le presentó tres veces.
Luego el lienzo volvió a ser recogido en el cielo.
17Pedro quedó perplejo. ¿Qué significaría aquella visión?
En aquel preciso momento, los hombres de
Cornelio ya habían encontrado la casa y estaban
de pie a la puerta, 18preguntando si allí estaba
Simón Pedro.
19Pedro, que estaba tratando de descifrar el
significado de la visión, escuchó que el Espíritu Santo le decía: «Tres hombres han venido a
verte. 20Date prisa, baja y ve con ellos. Yo los he
enviado».
21Pedro bajó entonces.
—Yo soy el hombre que ustedes andan buscando —les dijo—. ¿Qué desean?
22Entonces le contaron cómo a Cornelio, oficial
del ejército romano, hombre bueno y piadoso, de
buena reputación entre los judíos, un ángel le
había ordenado que mandara a buscar a Pedro
para que le dijera lo que Dios quería de él. 23Pedro
entonces los invitó a pasar y los albergó aquella
noche.

Pedro en casa de Cornelio

Por la mañana, partió con ellos, acompañado de algunos creyentes de Jope. 24Llegaron a
Cesarea al día siguiente. Cornelio, que los estaba
esperando, había reunido a sus familiares y amigos más íntimos. 25Al entrar a la casa, Cornelio se
arrodilló en el suelo delante de él para adorarlo.
26—¡Levántate! —le dijo Pedro—. ¡Yo soy un
hombre como tú!
27Tras intercambiar algunas palabras, fueron
a donde los demás estaban reunidos.
28Entonces Pedro les dijo:
—Ustedes saben que al entrar yo aquí estoy
quebrantando la ley judía que prohíbe entrar a
la casa de un gentil. Pero Dios me ha mostrado en visión que no debo considerar profana o
impura a ninguna persona. 29Por eso vine tan
pronto como llegaron a buscarme. Díganme,
pues, qué desean.
30—Hace cuatro días —contestó Cornelio—,
mientras oraba en la tarde como es mi costumbre, se me presentó de pronto un hombre vestido
con un manto resplandeciente. 31"Cornelio", me
dijo, "Dios ha tomado en cuenta tus oraciones y
tus limosnas. 32Envía varios hombres a Jope en
busca de Simón Pedro, quien está alojado en casa
de Simón el curtidor, junto a la orilla del mar".
33En seguida te mandé a buscar, e hiciste bien
en venir pronto. Aquí estamos delante del Señor,
ansiosos de escuchar lo que él te ha ordenado
que nos digas.
34—¡Ya veo que para Dios no hay favoritismos! 35En todas las naciones él ve con agrado
a las personas que lo adoran y actúan con justicia. 36,37Estoy seguro de que ya ustedes habrán
oído hablar de las buenas noticias que recibió
el pueblo de Israel sobre la paz con Dios, que se
puede obtener mediante Jesús el Mesías, Señor
de todos. Este mensaje empezó en Galilea y ha
estado resonando en Judea desde que Juan el
Bautista comenzó a predicar el bautismo.
38»Dios ungió con el Espíritu Santo y con poder
a Jesús de Nazaret y él anduvo haciendo el bien
y sanando a los oprimidos por el diablo, porque
Dios estaba con él. 39Nosotros somos testigos de
las obras que realizó en todo Israel y en Jerusalén.
Allí lo condenaron a morir en la cruz, 40pero Dios
le devolvió la vida al tercer día y lo presentó, 41no
delante de todo el pueblo, sino delante de ciertos
testigos que había seleccionado de antemano:
nosotros, que comimos y bebimos con él después
que resucitó. 42Él nos envió a predicar al pueblo
y a testificar que él es el que Dios ha nombrado
juez de todas las personas, vivas o muertas. 43Los
profetas afirmaron que cualquiera que crea en

él, alcanzará el perdón de los pecados en virtud
de su nombre.

44Todavía Pedro no había terminado de decir
estas cosas, cuando el Espíritu Santo cayó
sobre los que lo escuchaban. 45Los judíos que
andaban con Pedro, que eran defensores de la
circuncisión, estaban asombrados de que el don
del Espíritu Santo lo recibieran también los gentiles, 46pues los oían hablando en lenguas y alabando a Dios. Entonces Pedro respondió:

47—¿Quién puede oponerse a que yo bautice
con agua a estas personas que han recibido el
Espíritu Santo de la misma forma como lo recibimos nosotros?

48Y mandó que fueran bautizados en el nombre
de Jesús, el Mesías.

Entonces Cornelio le suplicó que se quedara
con ellos varios días.

Pedro explica su comportamiento

11 La noticia de que también los gentiles
habían recibido la palabra de Dios no
tardó en llegar a oídos de los apóstoles y de los
demás hermanos de Judea. 2Cuando Pedro llegó
a Jerusalén, los creyentes judíos le armaron una
discusión.

3—¿Por qué anduviste con gentiles y hasta
comiste con ellos? —le preguntaron. 4Pedro se
limitó a contarles los pormenores del caso.

5—Un día, en Jope —les dijo—, mientras
oraba, se me presentó una visión: del cielo bajaba un gran lienzo atado por las cuatro puntas.
6Sobre el lienzo había toda clase de cuadrúpedos, fieras, reptiles y pájaros. 7Entonces escuché
una voz que me dijo: «Levántate Pedro, mata y
come». 8«Señor, no», repliqué, «porque nunca
he comido nada que sea impuro o inmundo».
9Entonces la voz me dijo: «Lo que Dios ha limpiado, no lo llames impuro». 10La visión se repitió
dos veces más. Luego el lienzo y todo lo que
contenía desapareció en el cielo.

11»En aquel mismo instante llegaron a la casa
donde yo estaba tres hombres que venían a
verme desde Cesarea. 12El Espíritu me dijo que
fuera con ellos sin dudar. Estos seis hermanos
que están aquí conmigo me acompañaron y
llegamos a la casa de cierto hombre. 13Aquel
hombre nos contó cómo un ángel se le había
aparecido y le había dicho que enviara mensajeros a Jope a buscar a un tal Simón Pedro.
14El ángel le aseguró que yo le diría cómo él
y su familia podrían alcanzar la salvación.

15»Pues bien, cuando apenas estaba comenzando a contarles las buenas noticias, el Espíritu
Santo cayó sobre ellos de la misma forma en que
cayó sobre nosotros al principio. 16Eso me hizo
recordar las palabras del Señor: "Sí, Juan bautizó
con agua, pero ustedes serán bautizados con el
Espíritu Santo". 17Ahora, díganme, si Dios mismo
les dio a los gentiles el mismo don que nos dio a
nosotros cuando creímos en el Señor Jesucristo,
¿quién era yo para oponerme a Dios?»

18Aquellas palabras bastaron para acallar las
objeciones, y alabaron a Dios.

—Sí —exclamaban—, Dios ha concedido
también a los gentiles el volverse a él para recibir la vida.

La iglesia en Antioquía

19Los creyentes que habían huido de Jerusalén
durante la persecución después de la muerte de
Esteban, fueron a parar a Fenicia, Chipre y Antioquía. A lo largo del camino fueron esparciendo
las buenas noticias, pero sólo entre los judíos.
20Sin embargo, varios de los creyentes que fueron
a Antioquía desde Chipre y Cirene, comunica-
ron también las buenas noticias acerca del Señor
Jesús a los griegos. 21El poder del Señor estaba con
ellos y muchas personas se hicieron creyentes y
se convirtieron al Señor.

22Cuando la iglesia de Jerusalén se enteró de
lo que estaba pasando, enviaron a Bernabé a
Antioquía. 23Cuando él llegó y vio las maravillas
que Dios estaba haciendo, lleno de alegría alentó a los creyentes a permanecer fieles al Señor.
24Bernabé era bondadoso, lleno del Espíritu Santo
y de fe. Un gran número de personas fue añadido
al Señor.

25Después Bernabé fue a Tarso a buscar a
Saulo, y lo llevó a Antioquía, 26donde permanecieron juntos un año entero con la iglesia,
dedicados a enseñar a mucha gente.

Fue en Antioquía donde por primera vez llamaron cristianos a los discípulos.

27En aquellos días llegaron a Antioquía, procedentes de Jerusalén, varios profetas. 28Uno de
ellos, Ágabo, se puso de pie y predijo por medio
del Espíritu que iba a haber una gran hambre
en todo el mundo (predicción que se cumplió
durante el reinado de Claudio).

29Los discípulos decidieron enviar ayuda a los
hermanos de Judea, para lo cual cada uno con-
tribuyó en la medida de sus fuerzas. 30Y luego
encomendaron a Bernabé y a Saulo la tarea de
llevar las ofrendas a los ancianos.

Pedro escapa milagrosamente de la cárcel

12 En aquellos días el rey Herodes hizo arrestar a algunos de la iglesia para maltra-
tarlos. 2Y mandó matar a Jacobo, hermano de
Juan. 3Al ver que con eso había agradado a los
judíos, arrestó a Pedro durante la celebración de
la Pascua. 4Lo puso en prisión bajo la custodia

10.44–47 11.14 11.25–26

de dieciséis soldados. La intención de Herodes
era hacerle un juicio público a Pedro después
de la Pascua.
5La iglesia, al enterarse, se entregó a orar
ferviente y constantemente por Pedro, mientras
estaba en prisión.
6La noche antes del juicio, cuando Pedro dormía encadenado entre dos soldados, mientras
los demás custodiaban la entrada de la prisión,
7una luz repentina inundó la celda y un ángel del
Señor se paró junto a Pedro. El ángel, tras darle
unas palmadas en el costado para despertarlo,
le dijo: «¡Levántate! ¡Rápido!» Y las cadenas se
le cayeron de las manos. 8«¡Vístete y ponte el
calzado! —le ordenó el ángel—. Ponte ahora
el manto y sígueme».
9Entonces Pedro salió de la prisión tras el
ángel. Aquello no le parecía real; para él no era
más que una visión.
10Cruzaron la primera y la segunda guardias
y llegaron a la puerta de hierro que daba a la
calle. Ésta se les abrió automáticamente. Caminaron juntos unas cuadras, tras lo cual el ángel
lo dejó solo.
11Fue entonces cuando Pedro comprendió la
realidad: «No cabe duda», se dijo. «El Señor ha
enviado a su ángel a salvarme de Herodes y de lo
que los judíos esperaban hacer conmigo».
12Con este pensamiento, fue a casa de María, la
madre de Juan Marcos, donde muchos estaban
reunidos orando. 13Tocó a la puerta del patio.
14Una muchacha llamada Rode fue a abrir,
pero al reconocer la voz de Pedro se emocionó
tanto que sin abrir corrió llena de alegría a informar a los demás que Pedro estaba a la puerta.
15—¿Estás loca? —le dijeron.
Pero como la muchacha insistía en afirmarlo,
argumentaron:
—Ha de ser su ángel.
16Mientras tanto, Pedro seguía tocando a la
puerta. Cuando finalmente la abrieron, se quedaron pasmados de sorpresa. 17Pero él, después
de hacerles señas para que se callaran, les relató
cómo el Señor lo había libertado de la cárcel.
—Mándenle a decir a Jacobo y a los hermanos lo que ha ocurrido —les dijo—, y se fue a
otro lugar.
18Al despuntar el alba, se armó un gran alboroto en la cárcel. ¿Qué se había hecho Pedro? 19Y
cuando Herodes lo mandó buscar y no lo halló,
hizo responsables a los guardias y los sentenció
a muerte. Después se fue a vivir un tiempo en
Cesarea.

Muerte de Herodes

20Una delegación de Tiro y Sidón fue a verlo a
Cesarea. Herodes estaba enojado con los habitantes de esas dos ciudades, pero los miembros de la
delegación se compraron la amistad de Blasto,
el secretario del rey, y solicitaron la paz, porque
sus ciudades dependían económicamente del
comercio con el territorio de Herodes.
21Herodes les concedió audiencia y el día señalado se vistió sus mantos reales, se sentó en el trono y pronunció un discurso ante ellos. 22La gente
gritaba: «¡Ha hablado un dios, no un hombre!»
23En aquel mismo instante un ángel del Señor
lo hirió con una enfermedad tan terrible que
Herodes murió comido por los gusanos. ¡Todo
por no darle la gloria a Dios!
24La palabra de Dios se propagaba y se extendía.
25Bernabé y Saulo, que estaban de visita en
Jerusalén, concluyeron su servicio allí y regresaron a Antioquía, llevando con ellos a Juan, al
que le decían también Marcos.

Despedida de Bernabé y Saulo

13 En la iglesia de Antioquía eran profetas
y maestros Bernabé, Simeón el Negro,
Lucio de Cirene, Manaén (hermano de crianza
del tetrarca Herodes) y Saulo.
2Un día en que estos hombres estaban adorando al Señor y ayunando, el Espíritu Santo dijo:
—Apártenme a Bernabé y a Saulo para la
tarea a la que los he llamado.
3Después de ayunar y orar, pusieron las manos
sobre ellos y los despidieron.

En Chipre

4Dirigidos por el Espíritu Santo, Saulo y Bernabé fueron a Seleucia y de allí navegaron a
Chipre. 5Juan viajaba con ellos como ayudante.
Después de predicar la palabra de Dios en la
sinagoga de los judíos que había en Salamina,
6fueron recorriendo toda la isla hasta llegar a
Pafos, donde conocieron a cierto mago y falso profeta judío llamado Barjesús. 7Éste estaba
muy cerca del gobernador Sergio Paulo, hombre
de gran entendimiento. El gobernador invitó a
Bernabé y a Saulo porque deseaba escuchar la
palabra de Dios. 8Pero Elimas el mago (así se
traduce su nombre), procurando apartar de la fe
al gobernador, se puso en contra de ellos.
9Entonces Saulo (que también se llama Pablo),
lleno del Espíritu Santo, clavó los ojos en el mago
y le dijo: 10«Hijo del diablo, mentiroso y villano,
enemigo de toda justicia, ¿hasta cuándo vas a
torcer los caminos rectos del Señor? 11La mano
de Dios se está levantando contra ti y quedarás
temporalmente ciego».
Instantáneamente cayeron sobre él oscuridad y
tinieblas, y comenzó a andar a tientas, suplicando que alguien le tomara la mano y lo guiara.
12Cuando el gobernador vio aquello, creyó,
maravillado de la enseñanza del Señor.

En Antioquía de Pisidia

13Pablo y los que andaban con él zarparon
de Pafos y desembarcaron en Perge de Panfilia.
Allí Juan los abandonó para regresar a Jerusalén,
14pero Bernabé y Pablo continuaron su viaje hasta
Antioquía de Pisidia.

Al llegar el día de reposo, asistieron a la sinagoga y se sentaron. 15Después de la lectura de
la ley y los profetas, los jefes de la sinagoga les
mandaron el siguiente mensaje: «Hermanos, si
tienen alguna enseñanza de aliento para el pueblo, tomen la palabra».

16Pablo se puso entonces de pie, los saludó
con la mano, y les dijo: «Varones de Israel, y
cualquiera que tema al Señor, escúchenme. 17,18El
Dios de la nación israelita escogió a nuestros
antepasados y, después de enaltecerlos en Egipto,
rescatándolos milagrosamente de la esclavitud,
los estuvo alimentando durante cuarenta años
en el desierto. 19Luego destruyó siete naciones de
Canaán y le dio a Israel aquel territorio como
herencia.

20»Después de esto, durante unos cuatrocientos cincuenta años, les estuvo dando jueces que
los gobernaran, hasta los días del profeta
Samuel. 21Enton-ces, el pueblo pidió un rey,
y Dios les dio a Saúl, hijo de Quis, de la tribu de
Benjamín, que reinó cuarenta años. 22Dios lo
quitó y puso en su lugar a David, hombre de
quien Dios mismo dijo: "David, hijo de Isaí, es
un hombre conforme a mi corazón y me obedecerá".

23»Precisamente, uno de los descendientes
del rey David, Jesús, es el Salvador que Dios le
prometió a Israel. 24Antes que él viniera, Juan el
Bautista proclamó la necesidad que tenían los
israelitas de arrepentirse de sus pecados. 25Al final
de su carrera, Juan declaró: "¿Creen ustedes acaso
que soy el Mesías? ¡No! Pero él vendrá pronto. En
comparación con él yo no valgo nada".

26»Hermanos, descendientes de Abraham, y
cualquier gentil que reverencie a Dios: esta salvación es para todos nosotros. 27Los que vivían
en Jerusalén y sus jefes cumplieron las profecías
al condenar a Jesús. Ellos no lo reconocieron, a
pesar de que escuchaban la lectura de los profetas
todos los sábados. 28Como no hallaban ninguna
causa justa para condenarlo, buscaron la manera de que Pilato lo matara. 29Después de que se
cumplieron las profecías acerca de la muerte del
Mesías, lo bajaron de la cruz y lo colocaron en
una tumba. 30Pero Dios lo resucitó, 31Y muchos
de los hombres que lo habían acompañado a
Jerusalén desde Galilea, lo vieron varias veces.
Y aquellos hombres ahora son sus testigos ante
el pueblo.

32,33»Nosotros hemos venido aquí para darles a
conocer la buena noticia de que Dios, al resucitar
a Jesús, ha cumplido la promesa que les había
hecho a nuestros antepasados, y la ha hecho
realidad para nosotros. El salmo segundo expresa
lo siguiente:

»"Tú eres mi hijo; hoy mismo te he engendrado".

34»Dios había prometido que lo levantaría de
entre los muertos y no volvería a morir. Así lo
declaran las Escrituras:

»"Yo cumpliré las bendiciones santas y seguras
que le prometí a David".

35»En otro pasaje dice:

»"Dios no dejará que su santo se pudra".

36»Por cierto, después que David sirvió a su
generación de acuerdo con la voluntad de Dios,
murió, fue enterrado con sus antepasados y su
cuerpo se descompuso. 37Pero aquel a quien Dios
resucitó, no sufrió la corrupción de su cuerpo.
38,39¡Hermanos! ¡Escúchenme! ¡Por medio de
Jesús se les anuncia el perdón de los pecados! A
cualquiera que crea en él se le declara justo, lo
cual la ley de Moisés nunca pudo hacer. 40¡Cuidado! Procuren que las siguientes palabras de
los profetas no se apliquen a ustedes:

41»"Miren, asómbrense y perezcan, burlones.
Porque en los días de ustedes estoy realizando
una obra que no creerán cuando alguien se la
anuncie"».

42Al salir de la sinagoga, les pidieron que regresaran a hablarles la siguiente semana. 43Pero
muchos judíos y gentiles piadosos que adoraban
en la sinagoga siguieron a Pablo y a Bernabé, y
éstos les aconsejaron que permanecieran fieles
en la gracia que Dios les ofrecía.

44A la semana siguiente, casi la ciudad entera
fue a escucharlos predicar la palabra de Dios.
45Pero cuando los judíos vieron el gentío, llenos
de celos se pusieron a blasfemar y a rebatir las
palabras de Pablo.

46Entonces Pablo y Bernabé valientemente les
dijeron: «Era necesario que las buenas noticias de
Dios las conocieran primero ustedes los judíos.
Pero como las rechazan y se muestran indignos
de la vida eterna, no nos queda otro remedio que
ofrecérselas a los gentiles. 47Después de todo, el
Señor nos lo ha ordenado:

»"Te he convertido en luz que ilumina a los
gentiles y, por lo tanto, les has de llevar la salvación hasta lo más recóndito del mundo"».

48Al oír esto los gentiles sintieron una gran
alegría y celebraron la palabra del Señor. Y creyeron los que estaban destinados para obtener la
vida eterna. 49Y el mensaje de Dios se propagó en
toda aquella región.

50Pero un día, los judíos instigaron a mujeres
piadosas y distinguidas, y a los jefes de la comunidad, y persiguieron a Pablo y Bernabé y los
expulsaron de la localidad. 51Ellos se sacudieron

entonces el polvo de los pies, como señal, contra la ciudad y se fueron a Iconio. 52Y sus discípulos estaban llenos de gozo y del Espíritu Santo.

En Iconio

14 Pablo y Bernabé fueron a la sinagoga judía en Iconio y predicaron de tal modo que un gran número de gentiles y judíos creyeron. 2Pero los judíos incrédulos sembraron mala voluntad entre los gentiles contra los hermanos. 3Sin embargo, Pablo y Bernabé permanecieron allí bastante tiempo, predicando abiertamente en el nombre del Señor; quien les concedía el poder de hacer grandes milagros que confirmaban el mensaje de su gracia.

4La opinión de los habitantes de la ciudad estaba dividida. Unos estaban de parte de los judíos y otros respaldaban a los apóstoles. 5Cuando Pablo y Bernabé se enteraron de que los judíos y los gentiles, junto con sus dirigentes, estaban urdiendo un plan para que los atacaran y apedrearan, 6huyeron a Listra y a Derbe, ciudades de Licaonia, y a las regiones adyacentes, 7y allí predicaron el evangelio.

En Listra y Derbe

8Estando en Listra, pasaron junto a un hombre inválido de nacimiento, que nunca había caminado porque tenía los pies tullidos. 9Ese hombre estaba muy atento a la predicación de Pablo. Este, al notarlo, comprendió que aquel hombre tenía suficiente fe para obtener su sanidad.

10—¡Levántate! —le ordenó Pablo.

E inmediatamente el hombre se puso de pie y salió caminando.

11Cuando el gentío vio lo que Pablo había hecho, gritaron (en el dialecto local):

—¡Estos son dioses con cuerpos humanos que han venido a visitarnos!

12¡Creían que Bernabé era Zeus y que Pablo, por cuanto era el orador principal, era Hermes! 13El sacerdote de Zeus, cuyo templo estaba situado en las afueras de la ciudad, llevó flores y toros para ofrecerles sacrificios, junto con el gentío. 14Cuando Bernabé y Pablo se dieron cuenta de lo que estaba ocurriendo, se rasgaron la ropa y se lanzaron entre la multitud gritando:

15—¡Señores! ¿Qué están haciendo? ¡Nosotros somos seres humanos como cualquiera de ustedes! Hemos venido a traerles las buenas noticias de que deben dejar ya estas cosas que no sirven para nada, y que se vuelvan al Dios viviente que hizo los cielos, la tierra, el mar y cuanto en ellos existe. 16En el pasado, Dios permitió que las naciones anduvieran en sus propios caminos, 17aunque nunca las dejó sin algo que hablara de él. ¡Y les dio la lluvia, las buenas cosechas, y llenó de alimentos y alegría los corazones!

18A pesar de todo lo que dijeron, a duras penas pudieron evitar que el gentío les ofreciera sacrificio.

19Sin embargo, llegaron de Antioquía e Iconio varios judíos que hicieron que ese gentío cambiara de parecer y apedreara a Pablo. Como creían que estaba muerto, lo arrastraron fuera de la ciudad. 20Pero luego, mientras los creyentes lo rodeaban, Pablo se levantó y regresó a la ciudad. Al día siguiente él y Bernabé partieron rumbo a Derbe.

El regreso a Antioquía de Siria

21Después de predicar el evangelio en Derbe y ganar muchos discípulos, regresaron a Listra, a Iconio y a Antioquía, 22donde fortalecieron a los discípulos y los animaron a seguir firmes en la fe. Les decían que era necesario que entraran al reino de Dios después de pasar por muchas tribulaciones.

23Además, nombraron ancianos en cada iglesia, a los cuales, después de orar y ayunar con ellos, encomendaron al cuidado del Señor en quien habían creído.

24Luego, ya de regreso, pasaron por Pisidia y Panfilia, 25predicaron de nuevo en Perge y fueron a Atalía. 26Finalmente, regresaron por barco a Antioquía, donde los habían encomendado a la gracia de Dios para que realizaran el trabajo que acababan de completar.

27Sin perder tiempo, reunieron a la iglesia y les informaron de todo lo que Dios había hecho por medio de ellos y les contaron cómo Dios había abierto la puerta de la fe también a los gentiles. 28Y permanecieron en Antioquía mucho tiempo con los discípulos.

El concilio de Jerusalén

15 Llegaron varias personas de Judea a Antioquía y empezaron a enseñar a los hermanos que, a menos que se circuncidaran conforme a la ley de Moisés, no podrían ser salvos.

2Como Pablo y Bernabé discutieron con ellos y se les opusieron con todas sus fuerzas, los creyentes los enviaron a Jerusalén, acompañados de varios creyentes, para que consultaran el asunto con los apóstoles y los ancianos.

3Después que los envió la iglesia, a lo largo del camino fueron deteniéndose en las ciudades de Fenicia y Samaria para visitar a los creyentes y contarles cómo los gentiles también estaban convirtiéndose. Y esto llenó a todos de mucha alegría.

4Al llegar a Jerusalén, fueron muy bien recibidos por la iglesia, los apóstoles y los ancianos. Pablo y Bernabé los pusieron al tanto de lo que Dios había hecho por medio de ellos. 5Entonces algunos de los que antes de convertirse habían sido fariseos, afirmaron que era necesario circuncidar a los gentiles y exigirles que obedecieran la ley de Moisés.

6En vista de esto, los apóstoles y los ancianos convocaron una reunión para tratar el asunto. 7Después de muchas discusiones, Pedro se puso de pie y pidió la palabra:

—Hermanos, ustedes saben que Dios me escogió de entre ustedes hace mucho tiempo para que predicara las buenas noticias entre los gentiles, a fin de que éstos pudieran creer. 8Dios, que conoce los corazones humanos, nos demostró que aceptaba a los gentiles al otorgarles el Espíritu Santo de la misma forma en que nos lo había otorgado a nosotros. 9Y no hizo ninguna distinción entre ellos y nosotros, porque les había limpiado sus corazones por medio de la fe. 10¿Nos atreveremos a provocar a Dios, poniendo sobre los gentiles un yugo que ni nosotros ni nuestros padres hemos podido llevar? 11¿No creen ustedes que los gentiles se salvan de la misma forma en que nos salvamos nosotros, es decir, por medio de la gracia del Señor Jesús?

12Allí mismo terminaron las discusiones, y todo el mundo prestó atención a las palabras de Bernabé y de Pablo que relataban los milagros que Dios había realizado a través de ellos entre los gentiles.

13Cuando Pablo y Bernabé terminaron, Jacobo pidió la palabra:

—Hermanos —les dijo—, escúchenme. 14Ya Simón nos ha relatado cómo Dios visitó por primera vez a los gentiles para escoger de entre ellos un pueblo que honre su nombre. 15Esto concuerda con lo que los profetas predijeron, como está escrito:

16»"Después de esto regresaré y reedificaré la casa de David que quedó derrumbada, reconstruiré sus ruinas y la restauraré, 17para que encuentren también al Señor los gentiles que llevan mi nombre. 18Esto lo dijo el Señor, el que da a conocer el plan que tenía trazado desde el principio".

19»Por lo tanto, opino que no debemos ponerles trabas a los gentiles que se hayan convertido al Señor. 20Pero mandémosles a decir por carta que se abstengan de comer las carnes sacrificadas a los ídolos, de los vicios sexuales y de comer carnes de animales sin desangrar o ahogados, 21ya que estas son las cosas contra las cuales a través de los tiempos se ha estado predicando todos los sábados en las sinagogas judías de todas las ciudades».

Carta del concilio a los creyentes gentiles

22Entonces los apóstoles, los ancianos y la congregación en pleno decidieron nombrar a personas que fueran con Pablo y Bernabé a Antioquía a dar a conocer la decisión. Escogieron a Judas (conocido también como Barsabás) y a Silas. Ambos tenían buen testimonio entre los hermanos. 23Y llevaron con ellos la siguiente carta:

Los apóstoles y los ancianos, a los hermanos gentiles de Antioquía, Siria y Cilicia: ¡Saludos!

24Hemos sabido que varios creyentes de Judea, sin la autorización nuestra, los han estado molestando y los han confundido con lo que les han dicho. 25Nos ha parecido bien y hemos acordado unánimemente, que dos de nuestros hombres, Judas y Silas, acompañen a nuestros queridos hermanos Pablo y Bernabé 26que han expuesto sus vidas por la causa de nuestro Señor Jesucristo. 27Judas y Silas confirmarán personalmente lo que les escribimos. 28Nos ha parecido bien, al Espíritu Santo y a nosotros, no imponer sobre ustedes ninguna carga aparte de lo siguiente: 29Sólo les pedimos que se abstengan de comer carnes ofrecidas a los ídolos, sangre, animales ahogados, y que, por supuesto, se aparten de los vicios sexuales. Bastará que se abstengan de estas cosas.

Los saludamos con nuestros mejores deseos.

30Los cuatro mensajeros partieron inmediatamente rumbo a Antioquía, donde convocaron a la congregación y le entregaron la carta. 31Un júbilo desbordante llenó a los hermanos cuando leyeron tan alentador mensaje. 32Luego Judas y Silas, que también eran profetas, predicaron extensos sermones con el propósito de fortalecer y animar a los creyentes.

33Judas y Silas permanecieron varios días en Antioquía, al cabo de los cuales los despidieron para regresar a los que los habían enviado. 34Pero Silas decidió quedarse.

35Pablo y Bernabé se quedaron en Antioquía y junto con otros muchos predicaban y enseñaban la palabra del Señor.

Desacuerdo entre Pablo y Bernabé

36Varios días más tarde, Pablo le propuso a Bernabé regresar a visitar las ciudades donde anteriormente habían predicado la palabra del Señor, a fin de ver cómo estaban los creyentes. 37Bernabé quería que Juan Marcos fuera de nuevo con ellos; 38pero a Pablo no le agradó la idea, porque Juan los había abandonado en Panfilia, y no había seguido con ellos en el trabajo. 39El desacuerdo que surgió entre ellos fue tan grande que se separaron. Bernabé tomó entonces a Marcos y zarpó con él hacia Chipre, 40,41mientras que Pablo escogió a Silas. Luego, los hermanos los encomendaron a la gracia del Señor, y Pablo partió hacia Siria y Cilicia para alentar a las iglesias.

Timoteo se une a Pablo y a Silas

16 ☼Pablo y Silas fueron primero a Derbe y luego a Listra, donde conocieron a un creyente llamado Timoteo, hijo de una judía creyente, pero de padre griego.

2Como Timoteo tenía buen testimonio de los hermanos de Listra e Iconio, 3Pablo le pidió que fuera con él. Y como todos los judíos de esa región sabían que no estaba circuncidado, porque su padre era griego, Pablo lo circuncidó.

4Y de ciudad en ciudad fueron comunicando la decisión que habían tomado los apóstoles y los ancianos en Jerusalén. 5De esta forma, las iglesias se afianzaban en la fe y crecían en número todos los días.

La visión de Pablo del hombre macedonio

6Luego atravesaron Frigia y Galacia, porque el Espíritu Santo les prohibió predicar en la provincia de Asia. 7Luego llegaron a Misia y quisieron ir hasta la provincia de Bitinia; pero el Espíritu les ordenó que no lo hicieran. 8En vista de esto, atravesaron la provincia de Misia y llegaron a Troas.

9Aquella noche, Pablo tuvo una visión. En el sueño vio a un varón de Macedonia que le suplicaba: «Ven y ayúdanos».

10Inmediatamente nos fuimos a Macedonia, seguros de que Dios nos estaba llamando allá a predicar las buenas noticias.

Conversión de Lidia en Filipos

11En Troas tomamos un barco y navegamos hacia Samotracia, y de allí, el siguiente día, a Neápolis. 12Por último, llegamos a Filipos, colonia romana situada en Macedonia, y nos quedamos allí varios días.

☼13El día de reposo fuimos a la orilla del río que está fuera de la puerta, donde se reunían para orar. Nos sentamos y hablamos con las mujeres que habían llegado. 14Una de ellas, que se llamaba Lidia, era vendedora de púrpura en Tiatira, y ya desde antes adoraba a Dios. Mientras Lidia escuchaba, el Señor le abrió el corazón para que estuviera atenta a lo que Pablo decía.

15Entonces la bautizamos junto con los demás miembros de su familia.

—Si ustedes creen que soy fiel al Señor —nos dijo ella—, vengan a hospedarse a mi casa.

Su insistencia fue tal que aceptamos.

Pablo y Silas en la cárcel

16Un día en que nos dirigíamos a orar, nos salió al encuentro una joven esclava endemoniada que tenía la facultad de adivinar. Con sus adivinaciones, les proporcionaba jugosas ganancias a sus amos. 17La joven empezó a seguirnos.

—¡Estos hombres son siervos de Dios que han venido a enseñarles el camino de salvación! —gritaba a nuestras espaldas.

18Esto lo hizo por varios días hasta que Pablo, muy molesto, se volvió y le dijo al demonio que estaba en la joven:

—Te ordeno en el nombre de Jesucristo que salgas de esta joven.

E instantáneamente el demonio obedeció.

19A causa de esto, se desvanecieron las esperanzas de riqueza de los dueños de la esclava, por lo que tomaron a Pablo y lo llevaron ante los magistrados de la plaza pública.

20,21—Estos judíos están corrompiendo nuestra ciudad —dijeron—. Están enseñándole al pueblo costumbres contrarias a las romanas.

22El pueblo se alzó entonces contra Pablo y Silas, y los jueces ordenaron que los desvistieran y azotaran con varas.

23Así se hizo, y los azotaron repetidas veces. Al terminar, los arrojaron en una prisión y le advirtieron al carcelero que los cuidara con suma seguridad. 24El carcelero, entonces, además de encerrarlos en el calabozo de más adentro, les aprisionó los pies en el cepo.

25Era ya media noche. Pablo y Silas todavía estaban orando y cantando himnos al Señor. Los demás prisioneros escuchaban. 26De pronto, un gran terremoto sacudió los cimientos de la cárcel y las puertas se abrieron y las cadenas de todos los presos se soltaron.

27El carcelero, al despertar y al ver las puertas abiertas, creyó que los prisioneros habían escapado y sacó la espada para matarse.

28—¡No te hagas ningún daño! —le gritó Pablo—. ¡Todos estamos aquí!

29Temblando de miedo, el carcelero ordenó que trajeran luz, corrió al calabozo y se puso de rodillas ante Pablo y Silas.

30—Señores, ¿qué tengo que hacer para salvarme? —les preguntó suplicante, después de sacarlos de allí.

31—Cree en el Señor Jesucristo y serán salvos tú y tu familia —le respondieron.

32Entonces le contaron delante de sus familiares las buenas noticias del Señor. 33Y en aquella misma hora, el carcelero les lavó las heridas y se bautizó junto con los demás miembros de su familia. 34Después prepararon un banquete y el carcelero rebosaba de gozo, al igual que sus familiares, porque ya todos creían en Dios.

35A la siguiente mañana se presentaron ante el carcelero varios alguaciles:

☼16.1 ☼16.13–15

—Dicen los magistrados que sueltes a esos
hombres —le ordenaron.
36 El carcelero corrió a notificarle a Pablo que
estaba en libertad. 37 Pero éste le respondió:
—¡Ah, no! ¡Así que a pesar de que somos
ciudadanos romanos nos azotan públicamente
sin someternos a juicio, nos encarcelan y ahora
quieren ponernos en libertad secretamente! ¡No,
señor! ¡Qué vengan ellos mismos a sacarnos!
38 Los alguaciles transmitieron a los magistrados estas palabras y éstos, muertos de miedo al
enterarse de que Pablo y Silas eran ciudadanos
romanos, 39 corrieron a la cárcel a suplicarles que
salieran y abandonaran la ciudad.
40 Pablo y Silas entonces regresaron a casa de
Lidia y allí volvieron a reunirse con los creyentes
para consolarlos una vez más antes de partir.

En Tesalónica

17 Viajaron luego a través de las ciudades de
Anfípolis y Apolonia, y llegaron a Tesalónica, donde había una sinagoga judía. 2 Como ya
era costumbre en Pablo, entró allí a predicar, y
tres días de reposo estuvo discutiendo con ellos
acerca de las Escrituras, 3 explicándoles que era
necesario que el Mesías sufriera y que resucitara
de los muertos, y que Jesús, a quien él predicaba,
era el Mesías.
4 Varios de los judíos creyeron y se unieron a
Pablo y Silas. También un gran número de griegos piadosos y muchas mujeres importantes de
la ciudad. 5 Pero los judíos, celosos, anduvieron
incitando a individuos ociosos de la peor calaña.
Se formó así una turba que se dirigió a casa de
Jasón, pues querían llevar a Pablo y a Silas ante
el consejo municipal para que los castigaran.
6 Al no hallarlos allí, arrastraron fuera a Jasón
y a varios creyentes más y los llevaron ante las
autoridades de la ciudad.
—Los que trastornan al mundo andan por la
ciudad —gritaron—. 7 Y Jasón los tiene aloja-
dos en su casa. Esos son unos traidores, porque
andan diciendo que el rey es Jesús y no el César.
8 Los ciudadanos y las autoridades de la ciudad
se sobresaltaron ante aquellas acusaciones, 9 pero
como Jasón y los demás pagaron una fianza, los
pusieron en libertad.

En Berea

10 Aquella misma noche los hermanos mandaron para Berea a Pablo y a Silas.
En Berea, como de costumbre, se fueron a predicar a la sinagoga. 11 Los bereanos eran mucho
más nobles que los tesalonicenses, y escucharon
gustosos el mensaje. Todos los días examinaban
las Escrituras para comprobar si lo que Pablo
y Silas decían era cierto. 12 En consecuencia, un
buen grupo creyó, junto con varias griegas prominentes y muchos hombres.
13 Pero cuando los judíos de Tesalónica se
enteraron de que Pablo estaba predicando el
mensaje de Dios en Berea, fueron a ocasionarle
problemas. 14 Los hermanos se movilizaron inmediatamente y mandaron a Pablo para la costa. No
obstante, Silas y Timoteo se quedaron.
15 Los acompañantes de Pablo lo condujeron a
Atenas y de allí regresaron a Berea con un mensaje para Silas y Timoteo, en el que Pablo les suplicaba que se unieran a él en cuanto pudieran.

En Atenas

16 Mientras los esperaba en Atenas, Pablo estaba
sumamente molesto ante la gran cantidad de
ídolos que veía por todas partes. 17 Por eso, discutía en la sinagoga con los judíos y los devotos
gentiles, y también lo hacía diariamente en la
plaza pública ante quienes estuvieran allí.
18 En una ocasión se enfrentó a varios filósofos
epicúreos y estoicos.
«¿Qué quiere decir este hablador?», exclamaron algunos. Y cuando lo oyeron hablar acerca de
Jesús y de la resurrección, otros decían: «Parece
que habla de nuevos dioses».
19,20 Y lo invitaron a ir al Areópago.
—Ven y cuéntanos acerca de esa nueva religión —le dijeron—, porque has estado diciendo
algunas cosas raras y quisiéramos entenderlas.
21 Era que a los atenienses, al igual que a los
extranjeros que residían en Atenas, les gustaba
matar el tiempo discutiendo cualquier idea nueva.
22 Puesto de pie en el Areópago, Pablo se expresó así:
—Atenienses, he notado que ustedes son muy
religiosos, 23 porque al andar por la ciudad hallé
que entre todos los altares que poseen hay uno
con la siguiente inscripción: "Al Dios desconocido". Al Dios que ustedes han estado adorando
sin conocer, es al que yo les anuncio.
24 »Ese Dios fue el que hizo el mundo y cuanto en él existe y, por cuanto es Señor del cielo y
de la tierra, no habita en templos que el hombre
construya, 25 ni necesita que los seres humanos
satisfagan sus necesidades, porque él es el que
da vida y aliento a todas las cosas. 26 De un solo
hombre creó a la humanidad, y luego distribuyó las naciones sobre la faz de la tierra, tras
decidir de antemano cuándo y cuáles serían sus
fronteras. 27 En todo esto, el propósito de Dios
era que las naciones lo buscaran y, quizás pal-
pando, descubrieran el camino donde se le
pudiera hallar. Pero él no está lejos de ninguno
de nosotros, 28 porque en él vivimos, nos move-

17.22–23 17.28–30

mos y existimos. Como uno de los poetas de
ustedes dijo: "Somos de la familia de Dios".
29»Si esto es verdad, no debíamos pensar que
Dios sea un ídolo hecho de oro, plata y piedra
esculpida. 30Dios toleró la ignorancia de la humanidad en el pasado, pero ahora ordena que todos
se arrepientan, 31porque ha establecido un día en
el cual juzgará al mundo con justicia por medio
del varón que escogió y que acreditó al levantarlo
de entre los muertos».
32Al oírlo hablar de la resurrección de un muerto, algunos se rieron; pero otros dijeron:
—Queremos que otro día nos hables de esto.
33Entonces, Pablo se retiró de entre ellos. 34Sin
embargo, algunos creyeron y se le unieron; por
ejemplo, Dionisio, encargado del Areópago, y una
mujer llamada Dámaris.

En Corinto

18 Pablo salió de Atenas y se fue a Corinto.
2En Corinto conoció a un judío llamado
Aquila, natural de Ponto, que acababa de llegar
de Italia con su esposa Priscila. Habían salido de
Italia a raíz de la orden de Claudio de expulsar de
Roma a todos los judíos. 3Como eran fabricantes
de tiendas, al igual que Pablo, éste se fue a vivir
y a trabajar con ellos.
4Y todos los sábados Pablo discutía en la sinagoga tratando de convencer a judíos y a griegos.
5Después que Silas y Timoteo llegaron de Macedonia, se dedicó por entero a predicar la palabra y a testificar entre los judíos que Jesús era el
Mesías. 6Pero cuando los judíos se le enfrentaron
y blasfemaron, se sacudió sus ropas y les dijo:
—Que su sangre caiga sobre las cabezas de
ustedes. Yo he cumplido ya con mi deber. De
ahora en adelante me iré a predicar entre los
gentiles.
7Después se fue a la casa de Ticio Justo, gentil
que adoraba a Dios y que vivía al lado de la
sinagoga.
8Crispo, el principal de la sinagoga, creyó en el
Señor y se bautizó. Lo mismo hicieron todos los
de su familia y muchos otros corintios.
9Una noche, el Señor se le apareció a Pablo
en visión.
—¡No tengas miedo! —le dijo—. ¡Habla y
no calles! 10Nadie podrá hacerte daño, porque
yo estoy a tu lado. En esta ciudad hay un buen
grupo de personas que me pertenecen.
11Pablo, pues, se quedó allí otro año y medio
enseñando la palabra de Dios.
12Cuando Galión tomó posesión como gobernador de Acaya, los judíos conspiraron contra
Pablo y lo llevaron a juicio ante el gobernador, 13y
lo acusaron de «andar persuadiendo a la gente a
adorar a Dios en maneras contrarias a las leyes».
14Cuando Pablo empezaba a hablar, Galión les
dijo a los judíos:
—Escúchenme, judíos. Si este individuo
hubiera cometido algún delito, me vería obligado a atender el caso. 15Pero como se trata de
cuestiones de palabras y de nombres y de sus
leyes, arréglenselas ustedes. A mí no me interesa.
16Y los echó del juzgado.
17Entonces unos griegos se apoderaron de
Sóstenes, el jefe de la sinagoga, y lo golpearon
frente al juzgado. Y a Galión no le importó que
lo hicieran.

Priscila, Aquila y Apolos

18Pablo permaneció en la ciudad muchos días
más y luego se despidió de los hermanos para
zarpar hacia las costas de Siria en compañía de
Priscila y Aquila. En Cencreas, se afeitó la cabeza
según la costumbre judía, porque tenía hecho
voto.[c]
19Al llegar al puerto de Éfeso, los dejó allí y se
fue a predicar entre los judíos. 20Estos le pidieron
que se quedara unos días más, pero como no
podía les dijo:
21—Tengo que estar en Jerusalén durante la
fiesta, pero les prometo volver a Éfeso algún día,
si Dios me lo permite.
Y zarpó de Éfeso.
22El próximo puerto fue Cesarea, desde donde fue a visitar a la iglesia de Jerusalén antes
de seguir su viaje a Antioquía. 23De Antioquía,
donde pasó algún tiempo, se dirigió de nuevo
a las regiones de Galacia y Frigia, alentando a
todos los discípulos.
24Mientras tanto, llegó a Éfeso, procedente de
Alejandría, un judío llamado Apolos, hombre
elocuente y poderoso en las Escrituras. 25Alguien
le había hablado del camino del Señor y, como
era muy fervoroso, hablaba y enseñaba acerca
de Jesús, aunque conocía sólo el bautismo de
Juan.
26En su mensaje en la sinagoga habló con
valentía. Entre los que lo escucharon estaban
Priscila y Aquila. Estos lo tomaron aparte y le
explicaron con mayor exactitud el camino de
Dios.
27Cuando Apolos quiso ir a Acaya, los hermanos lo animaron y escribieron a los discípulos
pidiéndoles que le dieran la bienvenida. Al llegar,
Dios lo usó para el fortalecimiento de la iglesia,
28porque él refutaba ardientemente y en público a los judíos, y demostraba por medio de las
Escrituras que Jesús era el Mesías.

c. Probablemente un voto de hacer sacrificio en Jerusalén en acción de gracias: La cabeza se rapaba 30 días antes de presentarse en el templo con las ofrendas.

Pablo en Éfeso

19 ☼ Mientras Apolos estaba en Corinto, Pablo viajaba por las regiones superiores y llegó a Éfeso. Allí encontró a varios discípulos.

[2]—¿Recibieron ustedes el Espíritu Santo cuando creyeron? —les preguntó.

—No —le respondieron—. Ni siquiera sabíamos que existía el Espíritu Santo.

[3]—¿Y cómo fue que les bautizaron? —les preguntó.

—De acuerdo con el bautismo de Juan —le respondieron.

[4]Entonces Pablo les explicó que el bautismo de Juan era para el arrepentimiento, y que Juan había enseñado que era necesario creer en aquel que venía después de él, es a saber, Jesús el Mesías.

[5]Al oír esto, se bautizaron en el nombre del Señor Jesús. [6]Y cuando Pablo les puso las manos sobre la cabeza, el Espíritu Santo vino sobre ellos y hablaron en lenguas y profetizaron. [7]Eran en total unos doce hombres.

[8]Durante los tres meses siguientes Pablo estuvo visitando la sinagoga; y proclamaba abiertamente el reino de Dios. [9]Pero como muchos no querían creer y maldecían el Camino públicamente, Pablo decidió no predicarles más. Separó entonces a los creyentes y comenzó a discutir diariamente en la escuela de Tirano.

[10]Así continuó durante los dos años siguientes. No quedó en la provincia de Asia un solo judío o griego, que no escuchara la palabra del Señor. [11]Dios hacía grandes milagros por medio de Pablo. [12]A veces bastaba poner sobre el enfermo un pañuelo o alguna prenda de Pablo para que el enfermo sanara o los demonios salieran.

[13]A unos judíos que viajaban de pueblo en pueblo echando fuera demonios, se les ocurrió invocar el nombre del Señor Jesús. Y emplearon las siguientes palabras: «¡Te conjuro por Jesús, el que Pablo predica, que salgas!»

[14]Los siete hijos de un tal Esceva, jefe de los sacerdotes, hicieron esto. [15]Pero el demonio les respondió: «Conozco a Jesús y sé quién es Pablo, pero ¿quiénes son ustedes?»

[16]Y el endemoniado se apoderó de ellos y los golpeó de tal manera que salieron de la casa desnudos y mal heridos.

[17]La noticia corrió rápidamente entre los judíos y los griegos de Éfeso. Un temor solemne cayó sobre la ciudad y todos glorificaban el nombre del Señor Jesús.

[18]Muchos de los que creyeron vinieron y confesaron sus malas acciones; [19]y muchos que habían practicado la magia, trajeron sus libros para quemarlos en una hoguera pública. Se calcula que el valor de aquellos libros era de unas cincuenta mil piezas de plata. [20]Así crecía y prevalecía poderosamente la palabra del Señor.

[21]Al cabo de cierto tiempo, Pablo sintió en su espíritu la necesidad de recorrer Macedonia y Acaya antes de regresar a Jerusalén. «Y de Jerusalén tendré que ir a Roma» —dijo.

[22]Pero decidió enviar a Timoteo y a Erasto a Macedonia, mientras él permanecía un poco más de tiempo en Asia.

El disturbio en Éfeso

[23]En aquellos días se produjo en Éfeso un gran disturbio contra el Camino. [24,25]Demetrio, platero que tenía empleado un grupo de artífices que hacían templecillos de Artemisa, la diosa griega, reunió a sus empleados y a varias otras personas que se dedicaban al mismo oficio, y les dijo:

—Señores, nosotros nos ganamos la vida en este negocio. [26]Como ustedes bien saben, porque lo han visto y oído, ese tal Pablo ha convencido a un grupo numeroso de personas de que los dioses fabricados no son dioses. [27]Como resultado, nuestras ventas están decayendo. Y esto no sólo aquí en Éfeso, sino en toda la provincia. Además, existe el peligro de que el templo de la gran diosa Artemisa pierda su influencia, y que Artemisa, la gran diosa que recibe adoración no sólo en Asia sino en todo el mundo, quede abandonada al olvido.

[28,29]Al decir esto, sus oyentes montaron en cólera y comenzaron a gritar:

—¡Grande es Artemisa de los efesios!

La ciudad entera estuvo llena de confusión. Entonces una turba se apoderó de Gayo y Aristarco, macedonios compañeros de Pablo, y los llevaron al anfiteatro. [30]Pablo quería presentarse ante el pueblo, pero los discípulos no lo dejaron. [31]Incluso varios oficiales romanos amigos de Pablo le enviaron mensajes en los que le suplicaban que no se presentara en el teatro.

[32]En el anfiteatro todo era confusión. Unos gritaban una cosa y otros otra, y muchos ni siquiera sabían por qué estaban allí. [33]Entre la multitud se encontraba Alejandro y lo arrastraron al frente. Alejandro pidió que guardaran silencio e intentó hablarles. [34]Pero al darse cuenta el gentío de que Alejandro era judío, se pusieron a gritar de nuevo:

—¡Grande es Artemisa de los efesios!

Y la gritería duró dos horas.

[35]Cuando al fin el alcalde pudo acallar a la gente lo suficiente para poder hablar, dijo:

—Varones efesios, todo el mundo sabe que Éfeso es la guardiana del templo de la gran diosa Artemisa, cuya imagen cayó del cielo. [36]Como esto es un hecho que nadie puede negar, ustedes

☼ **19.1–6**

no tienen por qué perder los estribos ni deben
obrar precipitadamente. 37Ustedes han traído
aquí a estos hombres, pero ellos ni se han robado nada del templo ni han difamado a nuestra
diosa. 38Si Demetrio y los artífices tienen algo
de qué acusarlos, pueden llevar el caso ante los
jueces. 39Y si hay algunas otras quejas, podemos
ventilarlas en alguna sesión del consejo municipal. 40Tenemos que evitar que se nos acuse de
armar alborotos, ya que no tenemos ninguna
excusa que los justifique.

41Entonces los despidió y se dispersaron.

Recorrido por Macedonia y Grecia

20 Después que cesaron los disturbios, Pablo
mandó buscar a los discípulos y, cuando
los hubo animado, se despidió de ellos y salió
hacia Macedonia. 2A lo largo del viaje fue exhor-
tando con muchas palabras a los discípulos, y
luego llegó a Grecia. 3Estuvo tres meses allí.
Cuando se disponía a zarpar hacia Siria, descubrió que los judíos planeaban atentar contra su
vida, por lo que decidió tomar la ruta que pasa
por Macedonia.

4Varios hombres lo acompañaron hasta Asia.
Entre éstos se encontraban Sópater hijo de Pirro;
Aristarco y Segundo, de Tesalónica; Gayo de Der-
be; Timoteo; y Tíquico y Trófimo de Asia.

5Los acompañantes partieron primero y nos
esperaron en Troas. 6Tan pronto terminaron las
ceremonias de la Pascua, tomamos un barco en
Filipos y cinco días más tarde arribábamos a
Troas, donde permanecimos una semana.

Visita de Pablo a Troas

7El domingo nos reunimos a partir el pan
y, como al siguiente día partía Pablo, estuvo
hablando hasta la medianoche. 8La habitación
en que se encontraban, un cuarto en el piso de
arriba, estaba iluminada por varias lámparas.
9Como el discurso de Pablo se prolongaba, un
joven llamado Eutico, que estaba sentado en la
ventana, se quedó dormido y cayó desde tres pisos
arriba a la calle. Lo levantaron muerto.

10Pablo corrió escaleras abajo, se acostó sobre
él, y lo abrazó.

—¡No se alarmen! —dijo—. ¡Está vivo!

11Regresó al tercer piso a partir el pan con ellos
y siguió hablándoles hasta el alba. Al terminar,
partió. 12Y llevaron al joven vivo y muchos fueron
consolados.

Pablo se despide de los ancianos de Éfeso

13Pablo se fue por tierra a Asón, mientras nosotros nos adelantamos por barco, pues así él lo
quería. 14Nos volvimos a reunir en Asón y desde
allí zarpamos hacia Mitilene. 15Al siguiente día
pasábamos por Quío, y al otro hacíamos escala
en Samos. Un día después llegamos a Mileto.

16Pablo había decidido no visitar Éfeso esa vez,
porque deseaba llegar a tiempo a Jerusalén para
la celebración de Pentecostés.

17Pero desde Mileto mandó llamar a los ancianos de la iglesia de Éfeso. 18Cuando llegaron les
dijo: «Ustedes saben bien cómo me he portado
desde el día en que puse los pies por primera vez
en Asia hasta hoy. 19Y saben cómo he estado trabajando para el Señor con humildad y lágrimas,
ante los atentados que los judíos han preparado
contra mi vida. 20Además, ustedes están conscientes de que jamás he vacilado en anunciarles
y enseñarles nada que les fuera útil, en público
o en privado. 21A judíos y gentiles les he dado
testimonio de que necesitan arrepentirse de sus
pecados y tener fe en nuestro Señor Jesucristo.

22»Al ir a Jerusalén lo hago llevado por el Espíritu. No sé lo que me espera, 23pero el Espíritu
Santo me ha estado repitiendo en cada ciudad
que me esperan prisiones y sufrimientos. 24No me
importa cuánto haya de sufrir ni trato de salvar
mi vida. Lo único que me importa es terminar
con gozo mi carrera y la tarea que me señaló el
Señor Jesús: dar testimonio del inmenso amor
de Dios.

25»Sé que ninguno de ustedes, entre quienes he
andado pregonando el reino de Dios, me volverá
a ver. 26Por eso, puedo declarar con la frente
bien alta que si alguno perece, la culpa no es
mía, 27porque jamás he eludido la responsabilidad de declararles todo el mensaje de Dios. 28Por
lo tanto, ¡cuídense y cuiden el rebaño! ¡Deben
pastorear la iglesia que él compró con su sangre!
¡El Espíritu Santo les ha dado a ustedes la responsabilidad de cuidarla!

29»Sé bien que después que yo parta, se presentarán ante ustedes falsos maestros que, como
lobos rapaces, no perdonarán el rebaño. 30Y algunos de ustedes mismos falsearán la verdad para
arrastrar seguidores. 31¡Estén alertas! Recuerden
los tres años que pasé con ustedes, y que de día y
de noche con lágrimas los exhorté a todos ustedes.

32Ahora los encomiendo al cuidado de Dios y
a su palabra, que es capaz de fortalecerlos y
de darles la herencia con los demás que están
apartados para Dios.

33»Jamás he codiciado el dinero ni la ropa
lujosa de nadie. 34Ustedes saben que con estas
manos he trabajado para ganar el sustento propio
y el de los que andaban conmigo. 35Y les fui un
ejemplo constante de cómo se debe ayudar a los
pobres y recordar las palabras del Señor Jesús que
dicen: "Hay más dicha en dar que en recibir"».

☼20.32

36Al terminar el discurso, se arrodilló y oró
con ellos. 37Luego se fueron despidiendo de él,
abrazándolo y besándolo. No podían contener
el llanto 38al pensar que, según las palabras del
apóstol, no lo volverían a ver. Al final, lo acompañaron al barco.

Rumbo a Jerusalén

21 Después de separarnos de ellos navegamos
en línea recta hasta Cos. Al siguiente día
llegamos a Rodas, y de Rodas seguimos a Pátara.
2Allí abordamos un barco que se dirigía a Fenicia.
3En la travesía avistamos a la izquierda la isla de
Chipre, pero seguimos de largo hasta el puerto
de Tiro, en Siria, donde descargaron el barco.
4Allí estuvimos con los discípulos una semana.
Y ellos, iluminados por el Espíritu, le advirtieron
a Pablo que no fuera a Jerusalén.
5Al cabo de la semana, cuando regresamos
al barco, la congregación en pleno, incluyendo
esposas e hijos, nos acompañaron hasta la orilla del mar, donde oramos 6y nos despedimos
de ellos. Abordamos entonces la nave, y ellos
regresaron a sus casas.
7Tras partir de Tiro, hicimos escala en Tole-
maida, donde tuvimos la oportunidad de saludar
a los hermanos y estar con ellos un día.
8De allí Pablo y nosotros fuimos a Cesarea, y
nos alojamos en casa de Felipe el evangelista,
uno de los primeros siete diáconos. 9Felipe tenía
cuatro hijas solteras que poseían el don de la
profecía.
10Durante nuestra estancia, que se prolongó
varios días, un hombre llamado Ágabo, profeta
también, llegó procedente de Judea 11y fue a visitarnos. Al ver a Pablo, le quitó el cinturón, se ató
con él de pies y manos y dijo:
—El Espíritu Santo dice: «Así atarán los judíos
de Jerusalén al dueño de este cinturón y lo entregarán a los gentiles».
12Al escuchar aquello, los creyentes de Cesarea y
nosotros le suplicamos que no fuera a Jerusalén.
13—¿A qué viene tanto llanto? —nos respondió Pablo—. ¿Quieren destrozarme el corazón?
Estoy dispuesto no sólo a sufrir las prisiones de
Jerusalén sino también a morir por la causa del
Señor Jesús.
14Al darnos cuenta de que no podríamos disua-
dirlo, nos dimos por vencidos y dijimos:
—Hágase la voluntad del Señor.
15Poco después recogimos el equipaje y partimos hacia Jerusalén, 16acompañados por varios
discípulos de Cesarea, que traían con ellos a
Mnasón.
En Jerusalén, nos hospedamos en la casa de
Mnasón, que era de Chipre y uno de los primeros
discípulos.

Llegada de Pablo a Jerusalén

17Los hermanos de Jerusalén nos dieron una
bienvenida gozosa.
18Al segundo día, Pablo nos llevó consigo a
visitar a Jacobo y a los ancianos que estaban
reunidos con él. 19Luego de intercambiar saludos, les hizo un recuento de lo que Dios había
realizado entre los gentiles a través de su persona. 20Los allí presentes alabaron a Dios, pero le
dijeron: «Hermano, como sabes, miles de judíos
han creído también, e insisten celosamente en
guardar la ley. 21El caso es que ellos han oído
decir que te opones a que los judíos que viven
entre los gentiles obedezcan la ley de Moisés y
que prohíbes que circunciden a sus niños. 22¿Qué
vamos a hacer? Todos se van a reunir cuando
sepan que has venido. 23Por eso, se nos ocurre lo
siguiente: Aquí tenemos cuatro hombres que se
van a rasurar la cabeza para cumplir sus votos.
24Ve con ellos al templo, aféitate la cabeza y paga
para que los afeiten a ellos. Así todo el mundo se
convencerá de que obedeces las leyes judaicas y
que te comportas con orden. 25En cuanto a los
creyentes gentiles, ya les hemos escrito que no
tienen que observar estas leyes, sino que dejen
de comer alimentos ofrecidos a los ídolos, carne
sin desangrar y animales ahogados, y que dejen
de fornicar».
26Pablo estuvo de acuerdo, y al día siguiente
fue al templo con aquellos hombres a observar la
ceremonia y a proclamar su voto de ofrecer más
tarde un sacrificio junto con los demás.

Arresto de Pablo

27Casi al final de los siete días, varios judíos
de Asia lo vieron en el templo y provocaron un
escándalo contra él. 28«¡Varones israelitas! —gritaron agarrándolo por los brazos—. ¡Ayúdennos!
Este es el hombre que predica contra nuestro
pueblo y anda por ahí aconsejando que desobe-
dezcan las leyes judías. ¡Y hasta se ha atrevido a
hablar contra el templo y a profanarlo introdu-
ciendo griegos en él!»
29Decían esto porque antes lo habían visto
por la ciudad con Trófimo, un gentil de Éfeso, y
pensaban que Pablo lo había metido en el templo. 30Al escuchar la acusación, la ciudad entera,
exaltada, se agolpó contra él y lo sacaron del
templo, e inmediatamente cerraron la puerta.
31Cuando estaban a punto de matarlo, alguien
le avisó al jefe de la guarnición romana que la
ciudad de Jerusalén estaba alborotada. 32Éste
corrió entonces a donde estaba el disturbio,
acompañado de soldados y oficiales. Cuando
la turba vio que el ejército se acercaba, dejó de
golpear a Pablo.
33El jefe de la guarnición arrestó al apóstol y
ordenó que lo ataran con dos cadenas. Luego

preguntó quién era y qué había hecho. 34Unos
contestaron una cosa y otros contestaron otra.
Al ver que en medio de aquel tumulto no podía
entender nada, ordenó que llevaran a Pablo a
la fortaleza.
35Al aproximarse a las gradas de la fortaleza,
la turba se volvió tan violenta que los soldados
tuvieron que levantar en peso a Pablo para pro-
tegerlo.
36«¡Muera!» —gritaba la multitud detrás de
ellos.

Pablo se dirige a la multitud

37Ya lo iban a meter en la fortaleza cuando
Pablo le dijo al comandante:
—¿Puedo decirte algo?
—¡Conque sabes griego! —le dijo el comandante. 38¿No eres tú el egipcio que encabezó una
rebelión hace algún tiempo y se fue al desierto
seguido de cuatro mil guerrilleros?
39—No —respondió Pablo—. Soy sólo un
judío de Tarso, ciudad de Cilicia no demasiado
pequeña. Quisiera que me dejaras hablarle al
pueblo.
40El comandante accedió. Pablo, erguido en
las gradas, pidió silencio con las manos. Pronto
un profundo silencio envolvió a la multitud, y
Pablo se dirigió a ellos en arameo.

22 «Padres y hermanos, escuchen lo que tengo que decir en mi defensa». 2Al oír que
les hablaba en arameo, guardaron más silencio.
Entonces Pablo continuó:
3«Yo soy judío. Nací en Tarso de Cilicia, pero
me crié en esta ciudad. Gamaliel fue mi maestro
y él me enseñó la ley de nuestros antepasados.
Me esforcé porque se honrara a Dios como lo
hace cualquiera de ustedes hoy día. 4Antes, perseguía hasta la muerte a los seguidores de este
Camino, los arrestaba y los metía en la cárcel
sin importarme si eran hombres o mujeres. 5El
jefe de los sacerdotes y todo el Consejo de ancianos son testigos de que así fue. Ellos mismos me
dieron cartas para nuestros hermanos judíos en
Damasco, y fui allá para traer a Jerusalén a los
que encontrara, para que aquí los castigaran.
6»Pero cuando iba en camino y ya me acercaba a Damasco, como a eso del mediodía, de
repente una intensa luz del cielo relampagueó a
mi alrededor. 7Caí al suelo y escuché una voz que
me decía: "Saulo, Saulo, ¿por qué me persigues?"
8Yo pregunté: "¿Quién eres, Señor?"
»Él me contestó: "Yo soy Jesús de Nazaret, al
que tú persigues".
9»Los que me acompañaban vieron la luz, pero
no oyeron la voz que me hablaba. 10Le pregunté:
"¿Qué debo hacer, Señor?"
»El Señor dijo: "Levántate, y entra en Damasco. Allí te dirán todo lo que tienes que hacer".
11»Mis compañeros me llevaron de la mano
hasta Damasco, porque la intensa luz me había
dejado ciego. 12Allí, vino a verme un hombre
llamado Ananías, que obedecía la ley y a quien
respetaban los judíos de Damasco. 13Él se puso
a mi lado y me dijo: "Hermano Saulo, ¡recibe
la vista!" Y en aquel mismo instante recobré la
vista y pude verlo. 14Luego me dijo: "El Dios de
nuestros antepasados te ha escogido para que
conozcas sus planes, y veas al Justo y oigas las
palabras de su boca. 15Tú serás su testigo ante
todo el mundo de lo que has visto y oído. 16No
hay tiempo que perder. Levántate, bautízate, y
lávate de tus pecados invocando su nombre".
17»Cuando regresé a Jerusalén, en el templo
tuve una visión mientras oraba. 18Vi al Señor que
me decía: "¡Date prisa! Sal en este momento de
Jerusalén, porque no creerán lo que digas acerca
de mí". 19Yo le respondí: "Señor, ellos saben que
yo andaba por todas las sinagogas encarcelando
y azotando a los que creían en ti. 20Y cuando
estaban matando a Esteban, tu testigo, yo estaba
allí aprobando lo que hacían y cuidando la ropa
de quienes lo mataban". 21Pero el Señor me dijo:
"Vete, porque yo te enviaré a naciones que están
lejos"».

Pablo el ciudadano romano

22La gente estuvo escuchando a Pablo hasta
que dijo esto. Entonces gritaron: «¡Bórralo de la
tierra! ¡Ese hombre no merece vivir!»
23La gente seguía gritando, tirando sus ropas
y arrojaba polvo al aire.
24Entonces el comandante ordenó que metie-
ran a Pablo en el cuartel y que le dieran latigazos.
Quería saber por qué gritaban así contra él.
25Pero cuando lo estaban sujetando con cadenas para azotarlo, Pablo le dijo al capitán de los
soldados que estaba allí: —¿La ley les permite
a ustedes azotar a un ciudadano romano antes
de que lo juzguen?
26El capitán fue y le avisó al comandante.
—¿Qué va a hacer usted? Este hombre es ciudadano romano.
27El comandante fue adonde estaba Pablo y
le preguntó:
—Dime, ¿es verdad que eres ciudadano romano?
Pablo contestó: —Sí, lo soy.
28El comandante le dijo: —Yo pagué muchísimo dinero para hacerme ciudadano romano.
Pablo respondió: —Pues yo lo soy desde que
nací.
29Los soldados que iban a azotarlo, al oír que
Pablo era ciudadano romano, se apartaron de

él. El comandante mismo tuvo miedo de haberlo
encadenado.

Pablo ante el Consejo

30Al día siguiente, el comandante ordenó que
desataran a Pablo y se reuniera con los jefes de
los sacerdotes y con el Consejo en pleno. Él quería
saber exactamente de qué acusaban a Pablo los
judíos, así que lo llevó para que compareciera
ante ellos.

23 Pablo miró fijamente a los del Consejo
y les dijo:
—Hermanos, hasta hoy yo tengo la conciencia tranquila por la forma en la que he actuado
delante de Dios.
2Entonces el jefe de los sacerdotes, Ananías,
ordenó a los que estaban cerca de Pablo, que lo
golpearan en la boca.
3Pablo respondió:
—¡Hipócrita, a usted también lo va a golpear
Dios! Está sentado allí para juzgarme de acuerdo
con la ley, y usted mismo la quebranta al mandar
que me golpeen.
4Los que estaban junto a Pablo le dijeron:
—¿Cómo te atreves a insultar al jefe de los
sacerdotes de Dios?
5Pablo les respondió:
—Hermanos, no sabía que él era el jefe de
los sacerdotes. Porque las Escrituras dicen: «No
hables mal del que gobierna a tu pueblo».
6Como Pablo sabía que algunos de ellos eran
saduceos y los demás fariseos, dijo en voz alta:
—Hermanos, yo soy fariseo al igual que mis
antepasados. Me están juzgando porque espero
la resurrección de los muertos.
7Apenas dijo esto, empezaron a discutir los
fariseos y los saduceos, y la reunión se dividió.
8Es que los saduceos afirman que no hay resurrección, ni ángeles ni espíritus. Los fariseos, en
cambio, sí creen en todo esto. 9Entonces se formó
un gran alboroto. Algunos maestros de la ley
que eran fariseos se pusieron de pie y dijeron:
«No encontramos nada que haga culpable a este
hombre. Tal vez le habló un espíritu o un ángel».
10La discusión se hizo cada vez más violenta. Entonces el comandante tuvo miedo de que
hicieran pedazos a Pablo, por lo que ordenó a
los soldados que lo sacaran por la fuerza y lo
llevaran al cuartel.
11A la noche siguiente, el Señor se le apareció
a Pablo y le dijo:
—Ánimo. De la misma manera que has hablado de mí en Jerusalén, hablarás en Roma.

Conspiración para matar a Pablo

12Por la mañana, los judíos planearon matar a
Pablo. Juraron que no comerían ni beberían hasta lograrlo. 13Eran más de cuarenta los hombres
que tomaron parte en este plan. 14Fueron ante los
jefes de los sacerdotes y los ancianos y les dijeron:
—Nosotros hemos jurado que no comeremos
nada hasta que matemos a Pablo. Que nos caiga
una maldición si esto no es así.
15»Ahora, pídanle al comandante, con el apoyo
del Consejo, que mañana traiga a Pablo ante
ustedes. Pueden usar como pretexto que quieren
conocer mejor su caso. Nosotros estaremos listos
para matarlo antes de que llegue aquí».
16Pero el hijo de la hermana de Pablo se enteró
de sus planes y fue al cuartel a avisarle.
17Pablo llamó a uno de los capitanes y le dijo:
—Este muchacho tiene algo importante que
decirle al comandante, llévelo con él.
18Entonces el capitán lo llevó al comandante
y le dijo:
—El preso Pablo me pidió que trajera a este
muchacho ante usted, pues tiene algo que decirle.
19El comandante, tomando al muchacho de la
mano, lo llevó a un lugar aparte y le preguntó:
—¿Qué tienes que decirme?
20El muchacho le dijo:
—Los judíos se han puesto de acuerdo para
pedirle que lleve mañana a Pablo ante el Consejo.
Ellos pondrán como pretexto que quieren obtener
más información acerca de él. 21No les haga caso.
En el camino habrá más de cuarenta hombres
escondidos que lo estarán esperando. Ellos han
jurado que no comerán ni beberán hasta que lo
hayan matado, y que les caerá una maldición
si no lo hacen. Ya están listos, sólo esperan que
usted les conceda lo que le piden.
22El comandante despidió al muchacho y le
dijo:
—No le digas a nadie que me has dicho esto.

Trasladan a Pablo a Cesarea

23El comandante llamó a dos de sus capitanes
y les ordenó:
—Preparen doscientos soldados de infantería, setenta de caballería y doscientos que lleven
lanzas para que vayan a Cesarea esta noche a las
nueve. 24También preparen caballos para llevar a
Pablo sano y salvo al gobernador Félix.
25Además, envió una carta que decía:
26De Claudio Lisias para su excelencia el gobernador Félix:

> Saludos.
> 27Los judíos arrestaron a este hombre y
> estaban a punto de matarlo. Cuando yo me
> enteré de que es ciudadano romano llegué
> con mis soldados y lo rescaté. 28Luego lo
> llevé al Consejo judío pues quería saber de
> qué lo acusaban. 29Me di cuenta de que lo
> acusaban de cosas que tienen que ver con
> su ley. Pero ninguno de los cargos contra él

merecía que lo mataran o lo tuvieran en la
cárcel. 30Cuando me avisaron de los planes
que tenían en contra de este hombre, decidí
enviarlo a usted de inmediato. Les ordené a
los que lo acusan que presenten ante usted
los cargos que tienen contra él.

31Los soldados cumplieron las órdenes que se
les había dado y de noche llevaron a Pablo hasta Antípatris. 32Al día siguiente, los soldados de
caballería siguieron con él, mientras los otros
volvían al cuartel. 33Cuando los soldados de
caballería llegaron a Cesarea, le entregaron al
gobernador la carta y también a Pablo.
34Félix leyó la carta y le preguntó a Pablo de
qué provincia era.

Cuando se enteró que era de Cilicia, 35le dijo:
«Escucharé tu caso cuando lleguen los que te
acusan». Luego ordenó que lo dejaran en el
palacio de Herodes bajo vigilancia.

El proceso ante Félix

24 Cinco días después, llegó el jefe de los
sacerdotes, Ananías, acompañado de
algunos de los ancianos y de un abogado llamado Tértulo. Ellos fueron ante el gobernador
para acusar a Pablo.
2Cuando trajeron a Pablo, Tértulo comenzó
su acusación ante Félix diciendo:

—Señor gobernador, gracias a su mandato
hemos tenido paz por mucho tiempo. También
gracias a usted muchas cosas han mejorado en
esta nación. 3Esto lo reconocemos con gratitud,
en todas partes y en todo momento, excelentísimo
Félix. 4Pero para no causarle más molestias y
abusar de su bondad, quisiera que nos escuche
por un momento. 5Hemos comprobado que este
hombre es como una plaga pues anda por todas
partes causando divisiones entre los judíos. Él es
el cabecilla de una secta llamada los nazarenos.
6,7También trató de profanar el templo, y por eso
lo arrestamos. 8Usted mismo puede interrogarlo
y darse cuenta de que todas las acusaciones que
le hacemos son verdad.
9Los judíos afirmaron que la acusación era
cierta.
10El gobernador, por medio de una seña, le
concedió la palabra a Pablo y éste dijo:

—Sé que desde hace muchos años usted ha
sido juez de esta nación. Por eso con gusto presento mi defensa. 11Usted puede comprobar que
apenas hace doce días que llegué a Jerusalén para
adorar en el templo. 12Los que me acusan no me
encontraron discutiendo con nadie en el templo,
ni alborotando a la gente en las sinagogas ni
en ninguna otra parte de la ciudad. 13Ellos no
pueden probar las cosas de las que me acusan.
14»Pero esto sí confieso: que adoro al Dios de
nuestros antepasados y que sigo este Camino
que los que me acusan llaman secta. Yo estoy
de acuerdo con todo lo que enseña la ley y creo
lo que está escrito en los profetas. 15Al igual que
estos hombres, tengo la esperanza en Dios de
que él resucitará tanto a los justos como a los
injustos. 16Por eso trato de que mi conciencia esté
siempre limpia delante de Dios y de los hombres.
17»Depués de haber estado fuera de Jerusalén
por varios años, regresé para traer donativos a
mi pueblo y presentar ofrendas. 18Eso es lo que
estaba haciendo en el templo. Ya me había purificado cuando ellos me encontraron. No había
conmigo ni mucha gente ni estaba yo haciendo ningún alboroto. 19Los que estaban allí eran
algunos judíos de la provincia de Asia. Ellos son
los que deberían estar aquí, frente a usted, para
acusarme. Si es que tienen algo en mi contra.
20Pero si no es así, que los que están aquí digan
si encontraron en mí algún delito, cuando me
llevaron ante el Consejo. 21Tal vez fue lo que dije
en voz alta delante de ellos: "Ustedes me están
juzgando hoy porque creo en la resurrección de
los muertos"».
22Félix, que estaba bien informado acerca del
Camino, cuando escuchó esto, terminó con la
sesión y les dijo:

—Cuando venga el comandante Lisias sabré
más de esto y decidiré qué hacer.
23Luego le ordenó al capitán que mantuvie-
ra preso a Pablo, pero que le diera un poco de
libertad y les permitiera a sus amigos atenderlo.
24Algunos días después, Félix llegó acompañado de Drusila su esposa, que era judía. Él mandó
llamar a Pablo y lo escuchó hablar de la fe en
Cristo Jesús. 25Cuando Pablo se puso a hablar
sobre la justicia, el dominio propio y el juicio
venidero, Félix tuvo miedo. Entonces le dijo:
«¡Basta, es suficiente por ahora! Puedes retirar-
te. Cuando tenga tiempo te volveré a llamar».
26Félix mandaba llamar a Pablo con frecuencia
y conversaba con él, pues quería que Pablo le
ofreciera dinero.
27Después de dos años, a Félix lo sustituyó Por-
cio Festo. Como Félix quería quedar bien con los
judíos, dejó preso a Pablo.

El proceso ante Festo

25 Festo llegó a la provincia y después de tres
días subió de Cesarea a Jerusalén.
2Estando allí, los jefes de los sacerdotes y los
judíos más importantes presentaron sus acusaciones contra Pablo. 3Le pidieron a Festo con
insistencia que les hiciera el favor de que Pablo
fuera llevado a Jerusalén. Ellos planeaban matarlo cuando viniera en camino. 4Pero Festo les respondió: «Pablo está preso en Cesarea, y dentro
de poco yo mismo iré para allá. 5Que vengan

conmigo los dirigentes de ustedes y que allí lo
acusen, si es que él ha hecho algo malo».
6Festo estuvo entre los judíos unos ocho o diez
días, después bajó a Cesarea. Al día siguiente
ocupó su silla en el tribunal y mandó que le
trajeran a Pablo. 7Cuando éste entró, los judíos
que venían de Jerusalén lo rodearon y acusaron
de cosas muy malas. Pero no pudieron probar
que eran ciertas.
8Pablo se defendió diciendo:
—No he hecho nada malo, ni contra la ley
de los judíos ni contra el templo ni contra el
emperador.
9Entonces Festo, queriendo quedar bien con
los judíos, le preguntó:
—¿Quieres que yo mismo te juzgue en Jerusalén?
10Pablo contestó:
—Aquí, en el tribunal del emperador, es
donde se me debe juzgar. No les he hecho nada
malo a los judíos, usted lo sabe muy bien. 11Si he
hecho algo que merezca la muerte, no me niego
a morir. Pero si no son ciertas las acusaciones
que han presentado contra mí estos judíos, nadie
tiene el derecho de entregarme a ellos. ¡Que me
juzgue el emperador!
12Festo habló con sus consejeros y después dijo:
—Has pedido que te juzgue el emperador. ¡El
emperador te juzgará!

Festo consulta al rey Agripa

13Habían pasado algunos días, y el rey Agripa,
acompañado de Berenice, fue a Cesarea a visitar
a Festo. 14Como estuvieron allí varios días, Festo
le contó al rey el caso de Pablo. Le dijo:
—Hay aquí un hombre que Félix dejó preso.
15Cuando fui a Jerusalén, los jefes de los sacerdotes y los ancianos de los judíos lo acusaron de
varias cosas. Ellos exigieron que se le condenara.
16Yo les dije que no es costumbre de los romanos
entregar a nadie sin que antes vea a sus acusadores y se le dé la oportunidad de defenderse.
17Cuando ellos vinieron a mí, sin perder tiempo
me preparé para juzgarlo al día siguiente. Luego
mandé traer a este hombre. 18Pero sus acusadores
no presentaron contra él ninguno de los delitos que yo pensaba. 19Lo acusaron de cosas que
tenían que ver con su religión, y de que Pablo
asegura que un tal Jesús, que ya murió, está vivo.
20Sin saber cómo resolver este caso, le pregunté si
estaría dispuesto a que yo lo juzgara en Jerusalén.
21Pero como Pablo pidió que el emperador fuera
el que lo juzgara, ordené que lo dejaran preso
hasta que lo pueda enviar a Roma.
22Agripa le dijo a Festo: —Me gustaría escuchar a ese hombre.
Festo le contestó: —¡Pues mañana mismo lo
escucharás!

Pablo ante Agripa

23Al día siguiente, Agripa y Berenice llegaron
a la sala de audiencia en medio de gran pompa.
Los acompañaban oficiales del ejército y hombres
importantes de la ciudad. Festo ordenó que le
trajeran a Pablo, 24y dijo:
—Rey Agripa y todos los que están aquí presentes. Aquí tienen a este hombre. Todo el pueblo
judío me ha traído acusaciones contra él. Me
piden a gritos su muerte, tanto en Jerusalén como
aquí en Cesarea. 25En mi opinión, no ha hecho
nada que merezca la muerte. Pero como pidió
que lo juzgara el emperador, he decidido enviarlo
a Roma. 26No obstante, no sé que escribir de él
al emperador. Por eso lo he traído ante ustedes y
especialmente ante ti, rey Agripa. De esta manera,
después que tú lo interrogues, tendré algunos
datos para escribir. 27Me parece absurdo enviar
un preso sin decir claramente de qué se le acusa.

26 Entonces Agripa le dijo a Pablo:
—Te damos permiso de que hables para
defenderte.
Pablo levantó su mano y comenzó así su
defensa:
2,3—Rey Agripa, me alegra el estar hoy ante
usted, para defenderme de las acusaciones que
han hecho contra mí los judíos. Por eso le ruego
que me escuche con paciencia.
4»Todos los judíos saben cómo he vivido desde que era un niño, en mi país y también en
Jerusalén. 5Ellos me conocen. Si ellos quisieran,
podrían asegurar que viví como fariseo, que es
la secta más estricta de nuestra religión. 6Y ahora
me están juzgando por la esperanza que tengo en
la promesa que Dios hizo a nuestros antepasados.
7Ésta es la promesa que nuestras doce tribus de
Israel esperan que se cumpla. Por eso adoran y
sirven a Dios día y noche. Y es por esta esperanza, oh rey, que me acusan los judíos. 8¿Por qué
ustedes no creen que Dios resucite a los muertos?
9»Yo mismo estaba convencido de que debía
hacer todo lo posible por destruir el nombre de
Jesús de Nazaret. 10Y eso fue lo que hice en Jerusalén. Con el permiso de los jefes de los sacerdotes, metí en la cárcel a muchos de los santos
de Jerusalén. Cuando a éstos los mataban, yo
estaba de acuerdo. 11Muchas veces, en todas las
sinagogas, los castigué para obligarlos a renegar.
Mi enojo contra ellos era tan grande que hasta en
las ciudades del extranjero los perseguía.
12»A eso iba yo a Damasco con el permiso y la
comisión de los jefes de los sacerdotes. 13Era el
mediodía, oh rey Agripa, cuando por el camino
vi una luz del cielo, más brillante que el sol y su
resplandor nos envolvió a mí y a los que iban
conmigo. 14Todos caímos al suelo, y yo oí una
voz que me decía en arameo: "Pablo, Pablo, ¿por

qué me persigues? Al hacerlo tú mismo te haces daño". 15Entonces respondí: "¿Quién eres, Señor?" El Señor me contestó: "Yo soy Jesús, al que tú estás persiguiendo. 16Levántate y escúchame. Me he aparecido a ti porque quiero que seas mi siervo. También serás mi testigo de lo que has visto y de lo que yo te voy a revelar. 17Te voy a proteger de los judíos y de los que no son judíos. Te envío a los que no son judíos 18para que les abras los ojos y dejen las tinieblas para venir a la luz, para que dejen el poder de Satanás por el de Dios. Y así, por la fe en mí, reciban el perdón de los pecados y la herencia junto con el santo pueblo de Dios".

19»Por lo tanto, oh rey Agripa, no desobedecí esa visión del cielo. 20Primero prediqué a los que estaban en Damasco, después a los de Jerusalén y de toda Judea, y luego a los que no eran judíos. A todos les prediqué que se arrepintieran y obedecieran a Dios, que demostraran su arrepentimiento haciendo buenas obras.

21»Por esto los judíos me tomaron preso en el templo y trataron de matarme. 22Pero Dios hasta hoy me sigue ayudando, y así me mantengo firme, hablando de Dios a grandes y pequeños. Sólo les digo lo que los profetas y Moisés dijeron que sucedería: 23que el Cristo sufriría y que sería el primero en resucitar. De esta manera, anunciaría la luz a los judíos y a los que no lo son».

24Cuando Pablo decía esto en su defensa, Festo gritó:

—¡Pablo, estás loco! ¡Has estudiado tanto que te has vuelto loco!

25Pablo contestó:

—No estoy loco, excelentísimo Festo. Lo que digo es cierto y no es ninguna locura. 26El rey ya ha escuchado todo esto y por eso hablo delante de él con tanta confianza. Estoy seguro de que conoce todo esto porque no sucedió en un lugar secreto. 27Rey Agripa, ¿cree usted en los profetas? Yo estoy seguro de que sí.

28Agripa le dijo:

—Casi me convences a hacerme cristiano.

29Pablo le respondió:

—Le pido a Dios que, sea en poco o en mucho tiempo, usted y todos los que hoy me están escuchando sean como yo; pero por supuesto, sin estas cadenas.

30Entonces el rey, el gobernador, Berenice y los demás que estaban sentados con ellos, se levantaron. 31Mientras salían para hablar entre ellos, decían: —Este hombre no ha hecho nada que merezca la muerte, ni siquiera estar preso.

32Agripa le dijo a Festo: —Lo podríamos poner en libertad si no hubiera pedido que el emperador lo juzgue.

Pablo viaja a Roma

27Cuando decidieron por fin mandarnos a Italia, entregaron a Pablo y a otros presos a un capitán llamado Julio. Éste pertenecía al batallón del emperador.

2Subimos a bordo de un barco del puerto de Adramitio, que estaba a punto de partir. Se dirigía a los puertos de la provincia de Asia. Con nosotros iba Aristarco, que era de Tesalónica, en la provincia de Macedonia.

3Al día siguiente, llegamos a Sidón. Julio fue muy amable y permitió que Pablo visitara a sus amigos y que ellos lo atendieran.

4Salimos de Sidón con los vientos en contra, por lo que navegamos por la isla de Chipre para protegernos. 5Después de atravesar el mar frente a las costas de Cilicia y Panfilia, llegamos a Mira, en la provincia de Licia. 6Allí, el capitán de los soldados encontró un barco de Alejandría que iba para Italia, y nos embarcó en él.

7Navegamos despacio durante muchos días y a duras penas llegamos frente a Gnido. Como los vientos soplaban en contra nuestra, navegamos a la isla de Creta, frente a Salmona, para protegernos. 8Seguimos con dificultad a lo largo de la costa. Entonces llegamos a un lugar llamado Buenos Puertos, cerca de la ciudad de Lasea. 9Se había perdido mucho tiempo y era peligroso seguir viajando, porque ya había pasado la fiesta del ayuno. Entonces Pablo les advirtió: 10«Señores, creo que es muy peligroso que viajemos ahora. Pues no sólo podemos perder la carga sino también nuestra propia vida».

11Pero el capitán de los soldados, en vez de hacerle caso a él, le hizo caso al dueño del barco y al capitán. 12Como el puerto no era bueno para pasar el invierno, la mayoría decidimos seguir adelante. Teníamos la esperanza de llegar a Fenice, que es un puerto de la isla de Creta que da tanto al suroeste como al noreste, para pasar allí el invierno.

La tempestad

13Comenzó a soplar un viento suave que venía del sur. Entonces pensaron que podían viajar, así que levaron anclas y navegaron junto a la costa de Creta. 14Pero poco después, un viento huracanado que viene del noreste se nos vino encima. 15El barco quedó en medio de la tempestad y no podía navegar contra el viento. Así que nos dejamos llevar por él.

16Mientras pasábamos por la costa de un islote llamado Cauda para protegernos, con muchos trabajos pudimos sujetar el bote salvavidas. 17Después de subirlo a bordo, amarraron con cuerdas

26.16–18

todo el casco del barco para sujetarlo. Como temían que el barco quedara atrapado en los bancos de arena llamados Sirte, echaron el ancla flotante y dejaron el barco a la deriva.

18Al día siguiente, al ver que la tempestad seguía azotándonos con mucha fuerza, comenzaron a arrojar la carga al mar. 19Al tercer día, con sus propias manos también arrojaron al mar los aparejos del barco.

20Pasaron muchos días sin que aparecieran ni el sol ni las estrellas. La tempestad era cada vez más fuerte así que perdimos toda esperanza de salvarnos. 21Como hacía mucho tiempo que no comíamos, Pablo se puso en medio de todos y dijo: «Señores, mejor me hubieran hecho caso y no hubiéramos salido de la isla de Creta. Así nos habríamos evitado este daño y esta pérdida. 22Pero ahora les pido que se animen. Porque ninguno de ustedes perderá la vida, sólo se perderá el barco. 23Anoche se me apareció un ángel de Dios, el Dios al que sirvo y al que pertenezco. 24El ángel me dijo: "No tengas miedo, Pablo. Porque tienes que presentarte ante el emperador. Y por ti, Dios les conservará la vida a todos los que están contigo en el barco". 25Por eso, ¡anímense señores! Yo confío en Dios y sé que todo sucederá así como me lo dijeron. 26Sin embargo, el barco quedará atascado en una isla».

El naufragio

27A eso de la medianoche, los marineros se dieron cuenta de que nos acercábamos a tierra. Ya habían pasado catorce días en los que el viento nos llevaba de un lado a otro por el mar Adriático. 28Midieron y encontraron que el agua tenía unos treinta y siete metros de profundidad. Más adelante volvieron a medir y encontraron que tenía veintisiete metros de profundidad. 29Como les dio miedo que fuéramos a estrellarnos contra las rocas, echaron cuatro anclas por la parte de atrás del barco y se pusieron a rogar que ya amaneciera.

30Los marineros querían escapar del barco. Por eso comenzaron a bajar el bote salvavidas al mar. Hacían como que iban a echar algunas anclas por la parte delantera del barco. 31Pero Pablo les dijo al capitán y a sus soldados: «Si ésos no se quedan en el barco, ustedes no podrán salvarse».

32Le hicieron caso a Pablo y los soldados cortaron las cuerdas que sostenían al bote salvavidas y lo dejaron caer al agua. 33Cuando estaba a punto de amanecer, Pablo los animó a que comieran y les dijo:

—Desde hace catorce días ustedes están tan llenos de miedo que no comen. 34Les ruego que coman algo, pues lo necesitan para recuperar las fuerzas. Ninguno de ustedes perderá ni un solo cabello de su cabeza.

35Después de que dijo esto, tomó pan y dio gracias a Dios delante de todos. Luego partió el pan y comenzó a comer.

36Entonces todos se animaron y también comieron. 37En el barco íbamos doscientas setenta y seis personas en total.

38Después de comer hasta quedar satisfechos, echaron el trigo al mar para hacer el barco más ligero. 39Cuando amaneció, aunque no podían reconocer la tierra, vieron una bahía que tenía playa y hacia allá decidieron arrimar el barco a como diera lugar.

40Cortaron las cuerdas de las anclas y las dejaron caer en el mar. Soltaron los remos que guiaban el barco. Luego alzaron la vela delantera y se dirigieron a la playa.

41Pero el barco fue a dar a un banco de arena y se atascó. La parte delantera se encajó en el fondo y no se podía mover. La parte de atrás se hacía pedazos por la fuerza con que las olas la golpeaban.

42Los soldados querían matar a los presos para que ninguno se escapara nadando. 43Pero el capitán de los soldados, para salvarle la vida a Pablo, no se lo permitió. Les ordenó que todos los que supieran nadar, saltaran primero al agua para llegar a tierra, 44y que los demás salieran agarrados de tablas o de los pedazos del barco. Así fue como todos llegamos a tierra sanos y salvos.

En la isla de Malta

28 Cuando ya estábamos a salvo, nos enteramos de que la isla se llamaba Malta. 2Los habitantes de la isla nos atendieron muy bien. Encendieron una fogata y nos invitaron a acercarnos, porque estaba lloviendo y hacía mucho frío.

3Mientras Pablo recogía un montón de leña para echarla al fuego, una víbora que huía del calor se le prendió en la mano. 4Los habitantes de la isla, al ver la víbora colgada de la mano de Pablo, se pusieron a decir entre ellos: «No cabe duda de que es un asesino. Pues aunque se salvó del mar, la justicia divina no lo deja vivir».

5Pero Pablo sacudió la mano y la víbora cayó al fuego y a él no le pasó nada. 6La gente esperaba que se hinchara o que cayera muerto en cualquier momento. Pero después de esperar mucho y de ver que no le pasaba nada, cambiaron de opinión y pensaron que era un dios.

7Cerca del lugar donde estábamos había unos terrenos que le pertenecían a Publio, el funcionario principal de la isla. Éste nos hospedó durante tres días en su casa y fue muy amable con nosotros.

8El padre de Publio estaba en cama, enfermo con fiebre y disentería. Pablo fue a verlo, oró por él y después puso las manos sobre él y lo sanó. 9Al enterarse de esto, los demás enfermos de la

Investiguemos Juntos

ROMANOS

¿Quién lo escribió?

El autor de esta carta es el apóstol Pablo (1:1). En Hechos 19:21 conocemos acerca de su deseo de ir a Roma, e incluso hizo planes en múltiples ocasiones (Romanos 1:13). Sin embargo, esto no sucedió (15:22). Por ello, escribe esta carta como sustituto al contacto personal. Cuando Pablo viajó a Jerusalén para llevar una ofrenda a los santos (15:25; Hechos 17:15-17) fue apresado, y luego de apelar a César, fue enviado como prisionero a Roma (Hechos 27, 28). Allí permaneció arrestado, predicando el evangelio durante dos años (Hechos 28:31).

¿A quién lo escribió?

La carta está dirigida a la comunidad de creyentes de Roma (1:7), la capital y ciudad más importante del Imperio Romano. Aunque no sabemos quién comenzó aquella obra, probablemente fueron los convertidos en el día de Pentecostés (Hechos 2:10) quienes llevaron el evangelio y fundaron la iglesia (cerca del año 30 DC). La iglesia en Roma estaba constituida tanto por judíos (4:1) como por una gran parte de personas no judías, llamados gentiles (1:13).

¿Cuándo y dónde lo escribió?

Pablo envió esta carta a finales de su tercer viaje misionero, alrededor del año 56 o 57 DC. Fue escrita después de Primera y Segunda de Corintios, y antes de Efesios. El lugar más probable de redacción es la ciudad de Corinto, por las referencias a Febe de Cencrea (16:1), quien posiblemente llevo la carta, a Gayo su anfitrión (16:23; I Corintios 1:14), y a Erasto (16:23).

Panorama del libro

Algunos sugieren que, debido a que la iglesia en Roma no había recibido instrucción de los apóstoles, Pablo escribió esta carta con abundante contenido doctrinal. Otros argumentan que la carta más bien tiene un propósito pastoral, con el objetivo de sanar las divisiones entre judíos y gentiles en la iglesia. Para ello expone con detalle el plan redentor de Dios para ambos grupos. Así que, a diferencia de otras de las cartas de Pablo que corrigen problemas en la iglesia, esta carta es de carácter didáctico. El tema central es la revelación de la justicia de Dios al hombre. La justificación es por la fe y no por las obras, tanto para judíos como para gentiles. Pablo comienza a examinar el estado espiritual y moral de toda la humanidad. Recalca que todos, tanto judíos como gentiles, son pecadores. Sin embargo, Dios ha puesto a su alcance el regalo de la salvación por medio de Cristo y su obra redentora en la cruz.

isla fueron a ver a Pablo para que los sanara, y
él los sanó. 10Nos atendieron muy bien y cuando
llegó el momento de partir, nos dieron todo lo
que necesitábamos para el viaje.

Llegada a Roma

11Después de pasar tres meses en la isla, salimos
en un barco que había pasado el invierno allí.
Era un barco de Alejandría que tenía en la parte
delantera la figura de los dioses Dióscuros.
12Llegamos a Siracusa, donde pasamos tres
días. 13De allí, salimos bordeando la costa hasta
llegar a Regio. Al día siguiente sopló el viento del sur y un día más tarde ya estábamos en
Poteoli. 14Allí encontramos a unos creyentes que
nos invitaron a pasar una semana con ellos. Y
finalmente, llegamos a Roma.
15Los hermanos de Roma ya se habían enterado
de nuestra llegada y salieron a recibirnos hasta
el Foro de Apio y Tres Tabernas. Al verlos, Pablo
le dio gracias a Dios y se animó.
16Ya en Roma, a Pablo le permitieron que
viviera aparte, aunque un soldado lo vigilaba.

Pablo predica bajo custodia en Roma

17Tres días después, Pablo reunió a los dirigentes judíos y les dijo:

—Hermanos, yo no he hecho nada contra mi pueblo ni contra las costumbres de nuestros antepasados. Sin embargo, me arrestaron en
Jerusalén y me entregaron a los romanos. 18Éstos
me hicieron muchas preguntas y luego quisieron soltarme, pues no me encontraron culpable de nada que mereciera la muerte.
19»Pero cuando los judíos se opusieron, tuve que pedir que el emperador me juzgara. No es
que tenga algo de qué acusar a mi nación. 20Yo
les he pedido que vengan para verlos y hablar con ustedes. Estoy preso porque tengo la misma esperanza que tiene el pueblo de Israel.
21Ellos le respondieron:

—Nosotros no hemos recibido ninguna carta de Judea que hable de ti. Tampoco ha llegado ninguno de los hermanos de allá dando malos
informes o hablando mal de ti. 22Pero queremos
que nos digas lo que piensas, porque lo único que sabemos es que en todas partes se habla en contra de esa secta.
23Entonces pusieron una fecha para reunirse
con Pablo, y llegaron muchos a la casa donde él vivía. Desde la mañana hasta la tarde él les estuvo hablando acerca del reino de Dios. Usó desde la ley de Moisés hasta los profetas para convencerlos acerca de Jesús.
24Unos aceptaron lo que él decía, pero otros
no. 25Como no pudieron ponerse de acuerdo
entre ellos, comenzaron a irse. Entonces Pablo
finalmente les dijo: «El Espíritu Santo tenía razón cuando les habló a sus antepasados por medio del profeta Isaías y les dijo:
26»"Ve a este pueblo y dile:
'Por más que ustedes oigan, no entenderán;
por más que ustedes miren, no verán'.
27»"Porque el corazón de este pueblo se ha
endurecido; se le han tapado los oídos, y se le han cerrado los ojos. Si así no fuera, podrían ver con los ojos y oír con los oídos, entender con el corazón y volverse a mí para que yo los sane".
28,29»Quiero que sepan que esta salvación de
Dios se ha enviado a los que no son judíos, y ellos sí escucharán».
30Pablo se quedó dos años completos en la
casa que había alquilado, y allí recibía a todos
los que iban a verlo. 31Sin temor alguno y sin que
nadie se lo impidiera, anunciaba el reino de Dios y enseñaba acerca del Señor Jesucristo.

Vivamos en una cita 37

Hay un término muy común en inglés que es "date night", noche de cita. Es la idea de reservar una noche semanal, o cada cierta cantidad de tiempo, para tener una cita romántica con nuestra pareja. Con los años hemos tratado de mantener esa costumbre, pero la realidad es que, entre agenda, crianza, etc., en muchas ocasiones no podíamos tener esos encuentros. Fue entonces cuando comenzamos a darle una nueva definición a este concepto. Decidimos llamarlo "date life", algo así como "vivir en una cita". No era que ahora íbamos a sustituir nuestras citas, pero no íbamos ya a esperar un momento especial de la semana para ser amorosos y románticos. ¡Ahh! No saben cómo esto cambió la dinámica de nuestro matrimonio. Cuando diariamente te levantas pensando que "vives en una cita", haces todo lo posible por mantener una atmósfera de amor y romance. Vivir en una cita es valorar el hecho de caminar tomado de las manos, es sacar cualquier momento para un "te amo". Es ver qué podemos hacer para sacarle una sonrisa a nuestro cónyuge o sorprenderlo con una frase de pasión. Antes esperábamos toda la semana para un encuentro especial, uno romántico. Ahora hemos decidido vivir en una cita interminable.

Yo, Shari, desde que me levanto comienzo a darle mil besitos y abrazos a Daniel, no hay mañana sin que le diga cuánto lo amo y lo importante que él es para mí y ansío que llegue el momento de nuestro café. Los que nos conocen saben que yo, Daniel, soy un eterno enamorado y vivo diciéndole piropos a Shari. Nuestros hijos se burlan porque dicen que parecemos novios, pero sabemos que ningún hijo se queja de que sus padres se amen demasiado y creemos que con nuestro ejemplo les estamos enseñando a ser amorosos y dulces para cuando les toque casarse.

No entendemos por qué al pasar los años vemos a los matrimonios sin ningún tipo de reflejo de amor. Pareciera que, al casarse, toda la creatividad, el romance y la ternura se hubiera apagado. ¡No debe de ser así! Nuestro matrimonio fue creado por nuestro Padre para nuestro deleite y disfrute y debe de reflejarlo a Él en todo.

Hoy queremos desafiarlos a que no esperen a una cita, "vivan en una cita". Les garantizamos que cambiará sus conversaciones, su manera de amarse. Comiencen ahora, sean intencionales y no esperen solo un momento especial. ¡Su matrimonio lo necesita!

Profundicemos: 1 Corintios 13:7; 1 Corintios 13:13; 1 Juan 3:18; Cantares 1:2, 15-16.

Conversemos:

- ¿Qué cosas nos hacen sentir más amados?
- ¿Qué ha hecho que nuestro romanticismo mengüe?
- ¿Qué podemos hacer para comenzar a vivir en una cita constante?

Oremos:

Señor Jesús, enséñanos a ser cariñosos el uno con el otro. Deseamos vivir una nueva temporada como matrimonio y que seamos reflejos de tu amor constante. Te lo pedimos, en el nombre de Jesús. Amén.

Sinfonía

38

En una sinfonía hay distintos instrumentos a la vez, tocando notas distintas, pero produciendo una misma melodía. Leamos Mateo 18:19. Allí Jesús habla de "ponerse de acuerdo" y esta expresión en griego es *sinfonesosin*. De este término proviene la palabra sinfonía. El ponerse de acuerdo significa que hay dos personas distintas con opiniones diferentes, pero que van al mismo tiempo y ritmo. ¡Qué hermoso! Nuestro matrimonio cuando está en acuerdo es una sinfonía armoniosa que agrada el corazón de Jesús.

En Filipenses 2:2 Pablo habla también del acuerdo y no les pide a los filipenses que se vuelvan idénticos, sino que abracen una actitud de unidad y que trabajen con un mismo propósito. Caminar con un mismo espíritu, no elimina nuestras diferencias, pero sí puede eliminar nuestras divisiones. Amigos, cuando le permitimos al Espíritu Santo obrar mediante nuestra vida, nos hace cada vez más parecidos a Jesús. Nuestras vidas comienzan a caminar hacia un mismo propósito. ¡Se imaginan todo lo que podemos conquistar si estamos en acuerdo! Nuestro matrimonio se convierte en una hermosa sinfonía que resuena con un amor que trae gloria a Jesús.

Nosotros dos podemos tener opiniones diferentes, pero buscamos maneras de hablar hasta estar de acuerdo. Hay momentos en que yo, Daniel, he tenido que tomar una decisión sin llegar a un acuerdo, y algo que agradezco es que Shari no espera el desenlace de mi decisión para entonces recriminarme. Yo, Shari, en esos momentos he decidido confiar en Daniel. Salga bien o mal, decidí tomar esa decisión en acuerdo y no estoy esperando que salga todo mal para decir: "¡Te lo dije!". Porque estar de acuerdo es también permanecer en las diferencias. El Señor desea que nos sentemos a hablar para llegar a acuerdos aun en las diferencias.

Hoy el Señor busca que nuestro compromiso vaya más allá de las palabras, que sea desde nuestro corazón. Que reconciliemos nuestros pensamientos y luchemos por un mismo propósito. Muchos pueden pensar que es imposible que estemos de acuerdo en todo, y tienen razón, pero en una conversación, aun en el desacuerdo puede haber acuerdo.

Clamamos a Dios para que despierte en sus corazones el deseo de vivir en sinfonía. Que su matrimonio traiga alegría al Padre poniéndose de acuerdo con todo el corazón, trabajando juntos en un mismo pensamiento y un mismo propósito. Que todo en lo que se pongan de acuerdo aquí en la tierra como matrimonio les sea concedido por el Padre que está en el cielo. Les garantizamos que verán a Dios obrar poderosamente a través del poder del acuerdo. Nosotros lo hemos experimentado.

Profundicemos: Amós 3:3; Filipenses 2:2.

Conversemos:

- ¿Cómo nos manejamos cuando estamos en desacuerdo?
- ¿Cuánto trabajamos por mantener la sinfonía en nuestro hogar?
- ¿Por qué peticiones podemos orar hoy juntos, en acuerdo?

Oremos:

Señor, hoy entregamos a ti nuestros deseos egoístas. Nos rendimos a ti para que nos ayudes a vivir en acuerdo. Reconocemos que hay poder en el acuerdo y que el enemigo intentará separarnos, pero hoy decidimos luchar por vivir en sinfonía. En tu nombre Jesús. Amén.

Percepciones 39

Una de las razones más frecuentes por la que los matrimonios discuten es por las percepciones equivocadas. Las percepciones son impresiones o pensamientos que pasan por nuestra mente debido a algo que entendimos que nuestro cónyuge hizo o dijo. Lo peligroso de las percepciones equivocadas es que, si no se detienen a tiempo, pueden llegar a formar una película en nuestra mente, llevarnos a conclusiones erradas, afectar nuestra conducta y por ende, la atmósfera de nuestro matrimonio.

Hoy queremos darles una herramienta de comunicación que nos ha ayudado y que también les ayudará a ustedes: ¡corroboren la percepción que tienen haciendo una pregunta! ¡Así de sencillo! La pregunta que hagan será solo con la intención de verificar si lo que están pensando es correcto o falso. Deben hacer una pregunta sin la intención de acusar, todo lo contrario, con respeto y filtrada con amor y honra, siempre dándole beneficio a la duda.

En una ocasión yo, Daniel, pasé cerca de Shari mientras estaba cocinando y percibí que estaba molesta conmigo pero no sabía por qué. Entonces, antes que mi mente comenzara a llegar a conclusiones equivocadas, le dije: "Shari, percibo que estás molesta conmigo. ¿Es cierto?". Ella me respondió que no, que solamente estaba preocupada por otros pendientes que tenía que realizar pero no tenía que ver absolutamente nada conmigo. Me afirmó cuánto me amaba y que todo estaba bien.

Su respuesta le puso un punto final a esa percepción equivocada y continuamos nuestro día tranquilos. Pero aun si su respuesta hubiese sido afirmativa, también era bueno porque nos llevaría a tener la oportunidad de conversar y resolver problema. La Biblia dice que estemos atentos a las artimañas del maligno, quien quiere aprovecharse de las percepciones equivocadas que cruzan por nuestras mentes para crear conflictos en la relación matrimonial.¡No se lo permitan por favor! Todo lo pueden resolver con tan solo hacer esa pregunta. Las percepciones serán inevitables pero el ser intencional en preguntar quebranta el orgullo, muestra humildad y les ayudará a mantener una comunicación abierta que cuidará siempre sus corazones.

Profundicemos: Salmos 49:3; Efesios 1:17; Efesios 6:11; 1 Pedro 5:8.

Conversemos:

- ¿Qué tan fácilmente llegamos a conclusiones equivocas?
- Comprometámonos hoy a que, cada vez que tengamos una percepción, la corroboraremos preguntando con amor, respeto y honra.

Oremos:

Señor Jesús, ayúdanos a siempre mantener tu paz en nuestro matrimonio, a tener una comunicación saludable y abierta para vencer cualquier percepción equivocada. Danos la sabiduría por tu Espíritu Santo para identificar y filtrar cada pensamiento que pasa por nuestra mente. Ayúdanos a cuidar del corazón del uno al otro. En el Nombre de Jesús. Amén.

¡Peleemos bien! 40

¿Alguna vez nos hemos preguntado si lo que estamos a punto de decir bendecirá a quien nos escucha? ¿Nos hemos preguntado si nuestras palabras le lastiman el corazón a nuestro cónyuge? ¿Hemos procurado que nuestras palabras no sean manipuladoras o intimidantes? Según la Palabra, tenemos que tratar que todo lo que salga de nuestra boca sea bueno y útil para que sea de bendición para el que nos escucha. Proverbios 10:11 dice que las palabras de los justos son como una fuente que da vida. Nuestras palabras tienen el poder de bendecir, estimular, levantar y edificar a los demás. ¡Si nos apropiáramos de esta gran verdad!

Siempre nos preguntan si nosotros discutimos o peleamos.... ¡por supuesto que sí! Pero hemos decidido pelear bien. Para muchos, la definición de pelear o discutir, es ofenderse, gritarse y estar en una tormenta de palabras. Para nosotros tener una diferencia nos deja saber que tenemos algo que resolver. Aun cuando tenemos que resolver un conflicto, hemos decidido hacerlo correctamente, cuidando nuestras palabras.

Si tienen que resolver algo permitan que el Espíritu Santo filtre sus palabras. Su naturaleza pecaminosa, no la divina, siempre será hablar lo incorrecto, criticar, acusar, etc. Pero, ¡deténganse y piensen antes de hablar! El Señor los está desafiando a vivir una vida de integridad a través de sus labios, de lo que sale de su boca, de lo que piensan. Ya sabemos que "la lengua tiene poder para vida o para muerte" (Proverbios 18:21). En nuestros labios está el poder de bendecir o de maldecir ¿Qué está saliendo de su boca? ¿Vida o muerte?

En nuestro hogar procuramos iniciar y finalizar cualquier conversación difícil con un amortiguador (en broma le llamamos el sandwich). Iniciamos con una palabra de afirmación, discutimos lo que sea necesario y finalizamos nuevamente con palabras de bendición. Por ejemplo: "Daniel/ Shari, sabes que te amo y valoro tu opinión, pero no me gustó la manera en que me hablaste o cómo reaccionaste hoy...". Y terminamos diciendo: "Sabes que a pesar de nuestras diferencias te amo y te pido perdón por cómo reaccioné... vamos a resolver esta diferencia". Tal vez sea una buena idea incorporar esta estrategia a las conversaciones de su hogar. Si necesitan trabajar en esto, háganlo. Recuerden que si van a pelear... ¡peleen bien!

Profundicemos: Proverbios 15:1; Proverbios 18:20; Efesios 4:26, 27-31; Eclesiastés 7:9.

Conversemos:

- ¿Alguna vez nos hemos preguntado si lo que estamos a punto de decir bendecirá al otro?
- ¿Elegimos bien nuestras palabras para no dañarnos el corazón mutuamente?

Oremos:

Señor Jesús, te pedimos que nos dirijas a pronunciar palabras que traigan vida y bendigan a nuestra familia. Queremos ser fuente de vida y no de muerte. Te pedimos que podamos rendirnos a diario a tu voluntad y a tu voz. En el nombre poderoso de Jesús. Amén.

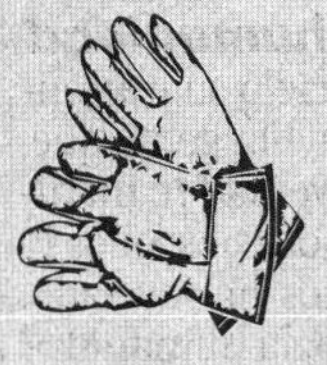

¿Cómo se relaciona con nosotros?

Este libro tiene una síntesis clara de muchos temas teológicos, como la gracia, la elección, la justificación, la santificación y la glorificación, y si queremos ser cristianos maduros no podemos evitarlos. Estos temas son esenciales para una relación con Dios y lo que de verdad debe predicar la iglesia, ya que en muchas congregaciones estos temas han sido muy descuidados y han sido reemplazados con fórmulas de éxito humano o haciendo énfasis en milagros temporales.

Pablo deja en claro en este texto que no hay mensaje más importante que la palabra de la cruz y explica lo que Dios hizo con Cristo, que va más allá de lo que el pueblo judío entendía acerca de la ley. Esto es vital porque sin entender los temas de la carta de Pablo a los Romanos corremos el riesgo de convertir al cristianismo en un mero código moral de buenas costumbres y tradiciones, pero que no contempla la transformación completa que produce entender el favor de la gracia.

¿Cómo lo estudiamos?

1) ¡Desgracia! Todos estamos en serios problemas (Condenación, 1:1-3:20)
2) ¡Buenas noticias! En Cristo tenemos la solución a nuestro pecado (Justificación, 3:21-5:21)
3) ¡Libres! Ya no tienes que obedecer al pecado (Santificación, 6:1-8:17)
4) ¡Aún hay más! Nuestra salvación total está garantizada (Glorificación, 8:18-39)
5) ¿Israel? Dios no ha olvidado a su pueblo (Vindicación, 9:1-11:36)
6) ¿Y ahora qué? Cómo vive alguien que entiende el evangelio? (Aplicación, 12:1-16:27).

Romanos

1 Les escribe Pablo, sirviente de Jesucristo, llamado y enviado para predicar las buenas noticias de Dios.

2 Dios había prometido estas buenas noticias a través de los profetas del Antiguo Testamento. 3 Son buenas noticias acerca de su Hijo, Jesucristo nuestro Señor. En su calidad de hombre era descendiente de la familia de David, 4 pero al resucitar de entre los muertos por el poder del Espíritu Santo, probó ser el Hijo de Dios.

5 Por medio de Cristo, Dios derramó su gracia sobre nosotros y luego nos envió a todas las naciones, para que éstas sean obedientes a la fe por amor a Cristo.

6 Ustedes, romanos, están incluidos entre esas naciones, y Dios los ha llamado a pertenecer a Jesucristo. 7 ¡Que la gracia y la paz de Dios nuestro Padre y de nuestro Señor Jesucristo se derramen sobre ustedes!

Pablo anhela visitar Roma

8 Antes que nada les diré que casi todo el mundo sabe de su fe. Y ustedes no saben cuántas gracias le doy a Dios a través de Jesucristo por ello. 9 Dios sí sabe cuántas veces, de día y de noche, los llevo en oración ante aquel a quien sirvo con todas mis fuerzas dando a conocer a otros las buenas noticias del Hijo de Dios.

10 Una de mis repetidas oraciones es que Dios me permita ir a visitarlos a ustedes, si esa es su voluntad. 11 Tengo muchos deseos de verlos para compartir con ustedes algún don espiritual que los ayude a crecer fuertes en el Señor. 12 Con esto quiero decirles que no sólo deseo comunicarles mi fe, sino también alentarme yo mismo con la de ustedes. Así nos seremos de mutua bendición.

13 Quiero que sepan, hermanos, que muchas veces he tratado de ir a visitarlos para trabajar entre ustedes y ver buenos resultados, como en las otras iglesias gentiles en que he estado; pero he encontrado obstáculos. 14 Me siento en deuda con todos, con los griegos y con lo que no lo son, con el hombre culto y también con el inculto. 15 Así que, en lo que a mí respecta, estoy listo a ir a Roma para predicar también allí las buenas noticias de Dios.

16 Porque nunca me avergüenzo de las buenas noticias; ellas constituyen el poder de Dios para la salvación de todos los que creen. A los judíos se les dio el privilegio de ser los primeros en escuchar la predicación de este mensaje, pero ya el mundo entero está escuchándolo.

17 Las buenas noticias nos muestran la manera en que Dios nos acepta: por la fe, de principio a fin. Como está escrito en el Antiguo Testamento: «El que es justo, lo es por creer en Dios».

La ira de Dios contra la humanidad

18 Pero Dios muestra desde el cielo su ira contra la injusticia y la maldad de la gente que, por su injusticia, impide que la verdad se manifieste. 19 Lo que se puede conocer de Dios, ellos lo conocen, pues Dios mismo se los ha revelado. 20 Desde que el mundo fue creado, la humanidad ha contemplado toda la creación que le muestra el eterno poder de Dios y el hecho de que él es verdaderamente Dios. Así, lo invisible de Dios se deja ver por medio de la creación visible, por lo que nadie podrá excusarse diciendo que no sabía si Dios existía o no.

21 Sin embargo, aunque lo sabían muy bien, no quisieron ni adorar a Dios ni darle gracias. Al contrario, se pusieron a concebir ideas estúpidas y, en consecuencia, sus necios entendimientos se oscurecieron. 22 Al creerse sabios, se volvieron aún más necios.

23 Luego, representaron la gloria del Dios inmortal con imágenes de pájaros, de animales que andan en cuatro patas, de reptiles y de simples humanos mortales.

24 Por eso Dios los dejó caer en toda clase de suciedades y los dejó hacer lo que les viniera en gana. Así, deshonraron sus propios cuerpos unos con otros.

25 Esto fue por cambiar la verdad de Dios y deliberadamente creer en la mentira; por adorar a las criaturas y no a Dios que las creó, el cual es bendito por todos los siglos.

26 Por eso Dios dejó que se desbordaran en sus pasiones vergonzosas. Llegaron hasta el punto de que sus mujeres actuaban en contra de la naturaleza y se entregaron al sexo unas con otras. 27 También los hombres, en vez de tener relaciones sexuales con mujeres, se encendieron en sus deseos entre ellos mismos y cometieron actos vergonzosos hombres con hombres. Y como consecuencia, recibieron en sus propios cuerpos el pago que bien se merecían.

28 A tal grado llegaron que, al no querer ni siquiera tener en cuenta a Dios, él los abandonó para que hicieran lo que sus mentes corruptas pudieran concebir.

29 Se entregaron a toda clase de injusticias e inmoralidades sexuales, de perversidad, avaricia y maldad. Están llenos de envidias, homicidios, contiendas, engaños y perversidades. 30 Hablan mal de los demás con mentiras; son enemigos de Dios, insolentes, engreídos, vanidosos; inventan nuevas formas de pecar y continuamente desobe-

1.17 1.18–21 1.26–28

decen a sus padres. 31Fingen que no entienden y
quebrantan sus promesas. No tienen afecto por
nadie ni sienten compasión por los demás.
32Saben muy bien que el castigo que impone
Dios por esos delitos es la muerte; y sin embargo,
continúan cometiéndolos y se deleitan cuando
otras personas los practican.

El justo juicio de Dios

2 Por eso no tienes excusa alguna cuando juzgas a otros, pues cuando lo haces, te condenas
a ti mismo, ya que cometes los mismos actos
que ellos. 2Y sabemos que Dios, en su verdad,
castigará a cualquiera que actúe de esa forma.
3¿Acaso crees que Dios juzgará y condenará
a los demás y te perdonará a ti que haces las
mismas cosas? 4¿No te das cuenta de que por las
riquezas de su generosidad, bondad y paciencia
ha estado aguardando sin castigarte para darte
tiempo a que te apartes de tus pecados?
5Pero no le haces caso y, en consecuencia,
estás almacenando contra ti mismo ira, por la
terca dureza de tu corazón no arrepentido. Esa
ira se manifestará el día en que Dios 6le dará a
cada uno el pago que se merece.
7Dará la vida eterna a quienes con paciencia
hacen el bien y buscan gloria, honra y vida eterna; 8pero castigará con su ira a quienes luchan
contra la verdad y cometen injusticias.
9Habrá sufrimiento y angustia para toda persona que haga lo malo, tanto para los judíos como
para los gentiles. 10Mas habrá gloria, honra y paz
para los que hacen lo bueno, lo mismo para los
judíos que para los gentiles, 11pues para Dios no
hay favoritismos.
12Todos los que han pecado sin tener la ley
serán juzgados sin la ley; pero los que pecaron
bajo la ley, por la ley serán juzgados, 13ya que no
son los que oyen la ley los que son justificados,
sino quienes la obedecen.
14Cuando los paganos que no conocen la ley
actúan conforme a la ley, aunque nunca hayan
tenido escrita la ley de Dios, son la ley para sí
mismos. 15Ellos muestran que la ley de Dios está
escrita dentro de ellos mismos; su conciencia los
acusa a veces, y a veces los excusa. 16Y así, Dios
juzgará en aquel día, por medio de Jesucristo,
hasta los secretos de todas las personas.

Los judíos y la ley

17Tú, como judío, te apoyas en la ley y te sientes
orgulloso de tu relación con Dios. 18Dices que
conoces la voluntad de Dios y que sabes discernir
lo que es mejor, porque te lo ha enseñado la ley.
19Estás seguro de que puedes guiar a los ciegos y
de que eres luz para los que viven en tinieblas.
20Te consideras maestro de los ignorantes y guía
de los niños, porque tienes en la ley la fuente del
conocimiento y la verdad.
21Tú, pues, que instruyes a otros, ¿por qué no
te instruyes a ti mismo?
Dices que no se ha de robar, pero ¿no robas tú?
22Dices que es malo cometer adulterio, pero
¿no lo cometes tú?
Odias a los ídolos, pero saqueas sus templos.
23Te sientes orgulloso de la ley de Dios, pero lo
deshonras al violarla. 24No en vano está escrito:
«El mundo ofende a Dios por culpa de ustedes».
25El haber sido circuncidado tiene valor cuando se obedece la ley de Dios; pero si no la obedeces no estás en mejor posición que los paganos.
26Y si los paganos obedecen la ley de Dios, ¿no
es justo que Dios los considere como si se hubieran circuncidado? 27El que no se ha circuncidado
pero obedece la ley te condenará a ti, que estás
circuncidado y tienes la ley, pero no la obedeces.
28Nadie es judío por serlo externamente y estar
circuncidado. 29No, judío es aquel que lo es en su
interior y, en su interior ha sido circuncidado de
acuerdo con el Espíritu y no con un mandamiento escrito. Quien así lo ha experimentado recibe
la alabanza de Dios, no de la gente.

Fidelidad de Dios

3 Entonces, ¿de qué vale ser judío? ¿De qué sirve
la circuncisión?
2Hay muchas ventajas. En primer lugar, Dios
les encomendó a los judíos su palabra. 3Es cierto
que muchos de ellos han sido incrédulos, pero,
¿acaso puede Dios faltar a sus promesas por esa
razón? 4¡Por supuesto que no! Aunque el mundo
entero sea mentiroso, Dios no lo es. ¿Recuerdan
lo que está escrito?: «Serás considerado justo por
lo que dices y saldrás victorioso cuando te some-
tan a juicio».
5Pero si nuestra injusticia hace que se vea con
más claridad la justicia de Dios, ¿qué podemos
responder a quien dice esto? ¿Diremos que Dios es
injusto cuando nos castiga? 6¡Dios nos libre! Si así
fuera, ¿cómo podría Dios juzgar al mundo? 7Pero
¿cómo podría juzgarme Dios por ser pecador, si
con mi mentira resalta su verdad, para su gloria?"
8Si así fuera, podríamos llegar a esta conclusión: «Hagamos el mal para que nos vaya bien».
Los que dicen tales cosas tienen bien merecida la
condenación. ¡Y hay quién se atreve a decir que
esto es lo que yo enseño!

No hay un solo justo

9Bueno, ¿somos los judíos mejores que los
demás? En ninguna manera. Ya hemos demostrado que todos los hombres son pecadores, ya
sean judíos o gentiles.
10Como dicen las Escrituras:

«Nadie es bueno, nadie en absoluto. 11Nadie
entiende, ninguno busca a Dios. 12Todos han
perdido el camino, nadie vive como Dios manda».
13«Sus conversaciones están llenas de suciedad,
como el hedor de una tumba abierta; sus lenguas
están cargadas de engaños».
14«Cuanto dicen está impregnado de veneno de
serpientes; sus bocas están llenas de maldición
y amargura».
15«Matan con rapidez y ligereza; 16dondequiera
que van, dejan tras sí destrucción y miseria».
17«Nunca han sabido lo que es la paz. 18No les
importa Dios ni lo temen».
19Sabemos que esto que dice la ley, lo dice a
quienes están sujetos a ella. Por eso, el mundo
entero tiene que callar y todos tendrán que reconocer que el juicio de Dios es justo.
20Y esto es así porque nadie puede alcanzar el
favor de Dios por obedecer la ley, pues mientras
mejor conocemos la ley de Dios más nos damos
cuenta de que somos pecadores.

La justicia mediante la fe

21Sin embargo, Dios nos ha mostrado ahora
la forma para que él nos acepte. De ella ya
había enseñado el Antiguo Testamento. No se
trata de guardar la ley. 22Dios hace justos a quienes creen en Jesucristo, sin favoritismo alguno.
23Es así porque todos hemos pecado y no tenemos
derecho a gozar de la gloria de Dios. 24Pero Dios,
por su gran amor, gratuitamente nos declara
inocentes, porque Jesucristo pagó todas nuestras
deudas.
25,26Dios ofreció a Jesucristo como sacrificio por
nuestros pecados. Cuando creemos esto, Dios nos
perdona todos nuestros pecados pasados, pues
nos tiene paciencia. De esa manera da a conocer
su justicia y muestra que él es justo y que nos
hace justos por tener fe en Cristo Jesús.
27¿De qué podemos jactarnos entonces? Absolutamente de nada.
¿Por qué? Porque nuestra salvación no depende de la obediencia a la ley, sino de la fe.
28En conclusión, podemos decir que Dios hace
a la persona justa por la fe en Cristo y no en virtud
de la obediencia a la ley.
29Ahora bien, ¿Dios es sólo Dios de los judíos?
No, Dios es Dios de todas las naciones. 30Sólo hay
un Dios, y él nos hace justos a todos por igual,
ya seamos judíos o gentiles, cuando tenemos fe.
31¿Quiere decir esto que si tenemos fe la ley no
tiene valor alguno? ¡Por supuesto que no! Más
bien, reafirmamos la ley.

Abraham, justificado por la fe

4 ¿Entonces, qué podemos decir con respecto a
Abraham, nuestro antepasado como pueblo
judío?
2Si Dios lo hubiera hecho justo por las buenas
obras que realizó, tendría motivos para sentirse
orgulloso, aunque no ante de Dios.
3En efecto, las Escrituras dicen que Abraham
creyó a Dios, y por eso Dios lo declaró justo.
4Quien trabaja recibe su paga no como un
regalo sino como algo que se ganó. 5En cambio, quien no hace obras para que Dios lo
considere bueno, pero cree que Dios lo hace
justo por creer, esa fe se le cuenta para declararlo justo.
6David se refirió a esto al describir la alegría
de la persona a quien Dios declara inocente sin
haber hecho nada para merecerlo.
7«Dichosos», dijo, «aquellos cuyos pecados
han sido perdonados y olvidados.
8Sí, dichosa la persona a quien el Señor no le
toma en cuenta los pecados».
9¿Es esta dicha sólo para los judíos o también
para todos? Ya hemos afirmado que a Abraham
Dios lo hizo justo por la fe.
10¿Cuándo sucedió eso? Fue antes de hacerse
judío, es decir, antes que lo circuncidaran.
11Primero creyó y luego fue circuncidado. Y
esa circuncisión fue como un sello, como una
señal de que Dios lo había hecho justo por creer
en él. Sucedió así para que Abraham fuera el
padre de todos los creyentes que nunca han sido
circuncidados, para mostrarles que ellos pueden
ser declarados justos al creer en Dios.
12Abraham, por supuesto, es también padre de
quienes, además de estar circuncidados, siguen
el ejemplo de la fe que tuvo cuando aún no se
había circuncidado.
13Está claro que Dios prometió otorgar toda
la tierra a Abraham y a su descendencia, no en
virtud de su obediencia a la ley, sino en virtud
de la justicia que viene por la fe.
14Porque si los que reciben la herencia son los
que obedecen la ley, entonces la promesa de Dios
carece de valor y es una tontería tener fe.
15Lo cierto es que, cuando tratamos de guardar
la ley, nos buscamos la ira de Dios. ¡La única
forma de no quebrantar la ley sería no teniendo
ninguna ley que quebrantar!
16Por eso, la promesa de Dios se obtiene por fe y
es un regalo que no merecemos. Y es también por
eso por lo que estamos seguros de recibirla todos
los hijos de Abraham, tanto los que se basan en la
ley como los que tenemos una fe como la que él
tuvo, pues Abraham es padre de todos nosotros.

3.11–12 3.21–26 4.5–8

17Con razón dicen las Escrituras: «Te he hecho
padre de muchas naciones».

¡Y es una promesa del mismo Dios en quien
Abraham creyó! ¡Es el Dios que hace que los
muertos resuciten y que es capaz de hacer que
las cosas que aún no existen lleguen a existir!

18Por eso, cuando Dios le dijo a Abraham que le
iba a dar una descendencia numerosa, Abraham
lo creyó y tuvo esperanza, aun cuando aquello parecía imposible. Y así llegó a ser padre de
muchas naciones.

19Y su fe no se debilitó ni él se preocupó de
que, a la edad de cien años, fuera demasiado
viejo para ser padre. Tampoco le dio importancia
al hecho de que su esposa Sara fuera estéril.

20Abraham no fue incrédulo a la promesa de
Dios ni dudó jamás. Al contrario, fortaleció su fe
y así le dio gloria a Dios y le dio las gracias por
aquella bendición antes que se produjera. 21¡Estaba completamente seguro de que Dios cumple
sus promesas!

22En vista de esa fe, Dios lo declaró justo.

23Pero esto de ser aceptado por la fe se escribió
no sólo para hablar de Abraham. 24También se
escribió acerca de nosotros, que creemos en el
Dios que levantó a Jesús, nuestro Señor, de entre
los muertos. También nosotros seremos declarados justos por la fe en el Señor.

25Él murió por nuestros pecados y resucitó para
poder presentarnos justos ante Dios.

Paz y alegría

5 Así que, ahora que Dios nos ha declarado
justos por haber creído, disfrutamos de la
paz con Dios gracias a lo que Jesucristo nuestro
Señor hizo por nosotros. 2Por medio de él, y confiando en su promesa, participamos de ese amor
que no merecemos, y en el cual nos mantenemos
firmes. Incluso nos sentimos orgullosos de la
esperanza de gozar de la gloria de Dios.

3Y también nos gozamos de las aflicciones,
porque nos enseñan a tener paciencia; 4y la
paciencia nos ayuda a superar las pruebas, y así
nuestra esperanza se fortalece. 5Y esa esperanza
nunca nos defrauda, pues Dios llenó nuestros
corazones de su amor por medio del Espíritu
Santo que él mismo nos dio.

6Cuando éramos incapaces de salvarnos, Cristo
llegó en el momento oportuno y murió por los
pecadores.

7Es muy difícil que alguien dé su vida por
una persona justa y buena, aunque, en efecto,
pudiera darse un caso así. 8Dios, no obstante,
nos demostró su amor al enviar a Cristo a
morir por nosotros, aun cuando éramos pecadores.

9Con mucha más razón, ahora Dios nos salvará de la ira final al habernos hecho justos por
medio de la muerte de Cristo. 10Pues si cuando
éramos enemigos nos reconcilió con él mismo
por la muerte de su Hijo, ¡cómo no ha de salvarnos ahora por su vida! 11Y además de todo esto,
también nos sentimos orgullosos en Dios, gracias a nuestro Señor Jesucristo, por quien ahora
hemos sido reconciliados con Dios.

De Adán, la muerte; de Cristo, la vida

12Por el pecado de un hombre, el pecado entró
en el mundo, y por el pecado llegó la muerte.
Y como todos pecaron, la muerte ha pasado a
todos. 13Antes de la ley, la humanidad pecaba;
pero como no había ley, no se le podía declarar
culpable de haberla transgredido. 14Lo cierto es
que, desde los días de Adán hasta Moisés, la gente experimentó la muerte. Claro, su pecado no
fue como el de Adán, que transgredió un mandato de Dios. Este Adán fue figura de aquel que
habría de venir.

15Sin embargo, no hay comparación entre el
pecado de Adán y el regalo que Dios nos da: El
primer hombre provocó la muerte de muchos
con su pecado; pero por el amor de otro hombre, Jesucristo, abundó para muchos el amor y
el regalo gratuito de Dios.

16Aquel pecado de un solo hombre no puede
compararse con el regalo de Dios. Por un pecado vino la condenación a muchos, mientras que
por causa de muchos pecados vino el regalo de
Dios que nos hace justos. 17El pecado de aquel
solo hombre trajo por consecuencia el imperio de la muerte; pero por causa de otro hombre,
Jesucristo, reinarán en vida los que reciben la
abundancia del amor y del don gratuito de Dios
por el cual nos hace justos.

18Así como por el pecado de uno vino la condenación a todos los seres humanos, de la misma
manera, la justicia de uno nos hace justos y nos
da vida.

19En otras palabras, al desobedecer a Dios,
Adán hizo que nos volviéramos pecadores; pero
Cristo, que obedeció, nos hizo aceptables ante
Dios.

20La ley vino después para que aumentara el
pecado; pero si el pecado aumentó muchísimo,
mucho mayor ha sido el amor gratuito de Dios.

21De la misma manera como el pecado se ense-
ñoreó de la humanidad y la condujo a la muerte,
así también la gracia de Dios reina, nos hace
justos y nos da vida eterna a través de Jesucristo
nuestro Señor.

4.19–21 5.1–5 5.8–9 5.12 5.17

Muertos al pecado, vivos en Cristo

6 ¿Qué podemos decir? ¿Seguiremos pecando
para que el amor gratuito de Dios abunde
aún más?
2¡Por supuesto que no! Los que ya hemos
muerto para el pecado, ¿cómo vamos a seguir
viviendo en pecado?
3¿No saben ustedes que cuando nos unimos a
Cristo en el bautismo fue como si hubiéramos
muerto con él? 4En realidad, nuestra vieja naturaleza quedó sepultada con Jesús en el bautismo.
Y así como Dios el Padre, con su poder glorioso,
lo volvió a la vida, también así a nosotros nos
levantó para que viviéramos una nueva vida.
5Pues si fuimos injertados en Cristo cuando él
murió, de la misma manera participamos con él
en su resurrección. 6Sabemos que nuestra
vieja naturaleza pecaminosa fue clavada en
la cruz junto con Cristo; de esta manera, ya no
está bajo el dominio del pecado, ni tiene que
someterse a la esclavitud del pecado, 7porque al
morir quedamos libres de su dominio.
8Y por cuanto nuestra naturaleza pecadora
murió con Cristo, creemos que también compartiremos su nueva vida.
9Sabemos que Cristo resucitó y jamás volverá
a morir. La muerte no ejercerá sobre él poder
alguno.
10Cuando Cristo murió, murió de una vez por
todas al poder del pecado; pero ahora vive para
Dios. 11Así también ustedes, considérense
muertos a la vieja naturaleza pecadora, y
vivan para Dios unidos a Cristo Jesús nuestro
Señor.
12No dejen que el pecado domine su cuerpo
mortal; no lo obedezcan siguiendo sus malos
deseos. 13No entreguen ninguna parte de su cuerpo al pecado para que se convierta en instrumento del mal. Más bien, entréguense por completo a
Dios, como quienes ya han muerto y han vuelto
a vivir. Y preséntenle sus miembros como instrumentos para la justicia.
14¡Que el pecado no vuelva a dominarlos! Ya
no estamos atados a la ley; ahora vivimos bajo
la gracia de Dios.

Esclavos de la justicia

15Entonces, como ya no vivimos bajo la ley sino
bajo la gracia de Dios, ¿podemos pecar?
¡Claro que no!
16¿No comprenden que si ustedes se entregan
a alguien como esclavos, los esclavizará para
que le sirvan? Pueden escoger hacer: el pecado
y morir, u obedecer y ser justos.
17Pero gracias a Dios que, si bien antes eran
esclavos del pecado, ya están obedeciendo de todo
corazón las enseñanzas que Dios les ha dado. 18Ya
están libres del pecado y han pasado a servir a
la justicia.
19Les hablo usando este ejemplo para que
me entiendan mejor. Así como presentaron sus
cuerpos para servir a la maldad y a la impureza,
ahora deben entregar sus cuerpos para servir a
la justicia y ser más santos.
20En aquellos días en que eran esclavos del
pecado, no estaban al servicio de la justicia.
21¿Con qué resultado?
No muy bueno, por cierto; y por eso se avergüenzan ahora al pensar en lo que antes hacían,
que les llevaba a la muerte.
22Mas ahora están libres del pecado y son
esclavos de Dios. Esto les trae como beneficio
la santidad y como fin la vida eterna.
23Porque si bien la paga del pecado es muerte,
el regalo que nos da Dios es vida eterna a través
de Jesucristo nuestro Señor.

Analogía tomada del matrimonio

7 ¿Es que no comprenden todavía, mis hermanos conocedores de la ley, que cuando una
persona muere, la ley pierde todo su poder sobre
ella?
2Por ejemplo, cuando una mujer se casa, la
ley la ata al esposo mientras éste viva. Pero si el
esposo muere, ella deja de estar atada a la ley que
la unía a su esposo. 3Si desea casarse de nuevo,
puede hacerlo, pues está libre de la ley y no es
adúltera. Esto sería incorrecto si el esposo viviera;
entonces sí sería una adúltera.
4Así sucede también con ustedes, hermanos
míos: por estar unidos a Cristo, están muertos
para la ley. Y esto, a fin de que ahora estén unidos a aquel que resucitó de entre los muertos,
para producir buenos frutos para Dios.
5Cuando vivíamos de acuerdo con nuestra
naturaleza pecaminosa, los deseos pecaminosos actuaban en nosotros, estimulados por la
ley. Lo que producían en nosotros era muerte.
6Pero ahora estamos muertos con respecto a
la ley que nos dominaba y podemos servir a
Dios. Y esto no como antes, que lo hacíamos bajo
el antiguo mandamiento, sino que ahora lo hacemos bajo el poder del Espíritu.

Conflicto con el pecado

7¿Es que acaso estoy dando a entender que la
ley de Dios es pecado?
¡Claro que no!
La ley no es pecado, pero fue la ley la que
me enseñó que en mí había pecado. Jamás me
habría dado cuenta de lo que es codiciar si la ley
no me hubiera dicho: «No codiciarás». 8Pero el
pecado usó aquella ley que condena la codicia

6.6–9 6.11–16 6.22–23 7.4 7.6

para despertar en mí toda clase de malos deseos.
Si no hubiera ninguna ley que transgredir, nadie
pecaría.
9 Por eso, antes de entender lo que la ley
demanda, me sentía bien. Pero cuando llegó el
mandamiento, cobró vida el pecado y morí. 10 Es
decir, el mandamiento que debía haberme dado
vida, me condenó a muerte. 11 Porque el pecado
me engañó, pues tomó el mandamiento de Dios
y lo usó para matarme.
12 Así que, como ven, la ley en sí es santa, justa
y buena.
13 ¿Y acaso lo que era bueno causó mi muerte?
¡De ninguna manera! No; el pecado usó lo que
era bueno para causarme la muerte. Así que,
utilizando el mandamiento bueno, el pecado se
mostró con toda su maldad.
14 Sabemos que la ley es espiritual. El problema
es que yo estoy vendido en esclavitud al pecado,
a causa de mi naturaleza pecadora.
15 Yo no me entiendo a mí mismo, porque no
hago lo que quiero, sino lo que aborrezco.
16 Sé bien que si hago lo que no quiero hacer,
entonces la ley es buena. 17 De manera que no soy
yo el que lo hace. Es el pecado que está dentro
de mí.
18 Yo sé que en mi vieja naturaleza no hay nada
bueno. Pues aunque quiero hacer lo bueno, no
puedo. 19 Cuando quiero hacer el bien, no lo hago;
y cuando trato de no hacer lo malo, lo hago de
todos modos. 20 Entonces, si hago lo que no quiero
hacer, está claro cuál es el problema: es el pecado
que vive en mí.
21 Así que, queriendo hacer el bien, me enfrento
a esta ley: el mal vive en mí. 22 En mi interior,
quisiera obedecer la voluntad de Dios, 23 pero me
doy cuenta de que en los miembros de mi cuerpo
hay otra ley, que es la ley del pecado. Esta ley está
en guerra contra mi mente, y me tiene cautivo.
¡Qué triste es el estado en que me encuentro!
24 ¿Quién me libertará de la esclavitud de esta
mortal naturaleza pecadora?
25 ¡Gracias a Dios que Cristo lo ha logrado!
En conclusión: con mi mente sirvo a la ley
de Dios pero con mi naturaleza pecaminosa a
la ley del pecado.

Vida mediante el Espíritu

8 Así que a los que están unidos a Jesucristo ya no les espera ninguna condenación,
2 porque el poder vivificador del Espíritu, poder
que reciben a través de Jesucristo, los libera del
poder del pecado y de la muerte.
3 La ley no pudo liberarnos porque nuestra
naturaleza pecaminosa anuló su poder. Pero Dios
envió a su propio Hijo con un cuerpo humano igual en todo al nuestro para entregarlo en
sacrificio por nuestros pecados, y así destruyó el
dominio del pecado sobre nosotros.
4 Por eso, si vivimos según el Espíritu Santo
y negamos obediencia a nuestra vieja naturaleza pecaminosa, podemos obedecer las justas
demandas de la ley de Dios.
5 Los que se dejan dominar por su naturaleza pecaminosa viven sólo para complacer sus
deseos; pero los que viven de acuerdo con el
Espíritu, se preocupan de las cosas del Espíritu.
6 Los que ocupan su mente en las cosas del
Espíritu tienen vida y paz; pero el ocuparse de
las cosas de la naturaleza pecaminosa produce
muerte, 7 porque la naturaleza pecaminosa siempre se rebela contra Dios, nunca ha obedecido la
ley de Dios y nunca podrá obedecerla.
8 Por eso, los que viven de acuerdo con su naturaleza pecaminosa jamás podrán agradar a Dios.
9 Pero ustedes no son así. Ustedes viven según
el Espíritu, si es que el Espíritu de Dios mora
en ustedes. No es cristiano quien no tenga el
Espíritu de Cristo. 10 Y como Cristo vive en ustedes,
sus cuerpos están muertos a consecuencia del
pecado, pero sus espíritus viven porque Cristo
los ha hecho justos.
11 Y si el Espíritu de Dios que levantó a Jesús de
entre los muertos vive en ustedes, él mismo les
dará vida a sus cuerpos mortales.
12 Así que, amados hermanos, ustedes no están
obligados a hacer lo que la vieja naturaleza les
dice. 13 Si lo siguen haciendo perecerán; pero si
mediante el poder del Espíritu hacen morir a
la naturaleza pecaminosa y sus obras, vivirán.
14 Los hijos de Dios son los que se dejan conducir por el Espíritu de Dios.
15 Ustedes no recibieron un espíritu que los haga
esclavos del miedo; recibieron el Espíritu que los
adopta como hijos de Dios y les permite clamar:
«Padre, Padre», 16 porque el Espíritu mismo le asegura a nuestro espíritu que somos hijos de Dios.
17 Y como somos sus hijos, somos herederos:
herederos de Dios y coherederos junto con Cristo.
Pero si compartimos su gloria, también hemos
de participar de sus sufrimientos.

La gloria futura

18 Sin embargo, lo que ahora sufrimos no tiene
comparación con la gloria que se nos dará después, 19 pues la creación aguarda con ansiedad
el día en que se manifieste que somos hijos de
Dios, 20 ya que la creación misma fue sometida a
frustración. Eso no sucedió por su propia voluntad, sino que sucedió por la voluntad de Dios que
así lo dispuso. Pero lo hizo con la confianza 21 de
que la creación será liberada de la corrupción

8.1–11 8.14–18

a la que está sujeta. Así compartirá la gloriosa libertad de los hijos de Dios.

22Sabemos que toda la creación gime como si fuera a dar a luz. 23Y no sólo gime ella, sino que también nosotros, que tenemos los primeros frutos del Espíritu, gemimos en nuestro interior mientras esperamos ansiosamente el día de nuestra adopción, es decir, el día cuando nuestros cuerpos sean liberados.

24Esa es la esperanza por la cual fuimos salvos. Esperar lo que se puede ver no es esperanza. Si uno ya tiene lo que espera, no tiene que esperarlo más. 25Pero mantenernos esperando de Dios lo que todavía no se ha manifestado nos enseña a tener paciencia.

Más que vencedores

26De igual manera, el Espíritu nos ayuda en nuestras debilidades. Es cierto que no sabemos qué debemos pedir, pero el Espíritu ora por nosotros con gemidos tales que no se pueden expresar con palabras. 27Y Dios, que conoce los corazones, entiende lo que el Espíritu dice, porque pide por nosotros de acuerdo con la voluntad de Dios.

28Además, sabemos que si amamos a Dios, él hace que todo lo que nos suceda sea para nuestro bien. Él nos ha llamado de acuerdo con su propósito. 29A quienes Dios conoció de antemano, los destinó desde un principio para que sean como su Hijo, para que él sea el mayor entre muchos hermanos. 30Y a los que predestinó, también los llamó; y a los que llamó, también los hizo justos; y a los que hizo justos, los glorificó.

31¿Qué más se puede decir? Si Dios está de parte nuestra, ¿quién podrá estar contra nosotros? 32Si Dios no dudó al entregar a su Hijo por nosotros, ¿no nos dará también, junto con él, todas las cosas?

33Si somos los escogidos de Dios ¿quién se atreverá a acusarnos? Dios mismo es quien nos ha declarado justos. 34¿Quién nos condenará? Cristo fue el que murió y volvió a la vida, el que está en el lugar de honor junto a Dios, intercediendo por nosotros.

35¿Quién podrá apartarnos del amor de Cristo? ¿El sufrimiento, la angustia, la persecución, el hambre, la pobreza, el peligro, las amenazas de muerte?

36Las Escrituras dicen:

«Por tu causa nos amenazan de muerte todo el tiempo, nos tratan como a ovejas de matadero».

37A pesar de todo, nuestra victoria es absoluta, gracias a Cristo que nos amó.

38Estoy convencido de que nada podrá apartarnos de su amor; ni la muerte, ni la vida, ni los ángeles, ni los demonios, ni lo presente, ni lo que está por venir, ni los poderes, 39ni lo alto, ni lo profundo, ni cosa alguna de toda la creación. ¡Nada podrá separarnos del amor que Dios nos ha demostrado en Cristo Jesús, nuestro Señor!

La elección soberana de Dios

9 Les digo la verdad en Cristo; no miento. Mi conciencia, guiada por el Espíritu Santo, me confirma que esto es verdad. 2Me duele el corazón y siento día y noche un gran dolor. 3Estaría dispuesto a condenarme eternamente lejos de Cristo, si con ello mis hermanos, los de mi propia raza, se salvaran.

4El pueblo de Israel fue adoptado como hijo de Dios. El Señor le mostró su gloria divina; le dio los pactos, la ley, el culto y las promesas. 5Los israelitas son descendientes de los patriarcas, y de ellos, según la naturaleza humana, nació Cristo, que es Dios sobre todas las cosas. ¡Bendito sea para siempre! Amén.

6Entonces, ¿perdieron valor las promesas de Dios? No.

Lo que pasa es que no todos los que descienden de Israel son el verdadero pueblo de Israel. 7El simple hecho de descender de Abraham no los hace verdaderos hijos de Abraham. Por eso las Escrituras dicen que las promesas se aplican sólo a un hijo de Abraham: Isaac.

8Esto quiere decir que no todos los hijos de Abraham son hijos de Dios. Solo se les considera verdaderos hijos, a los que lo son en cumplimiento de la promesa de Dios. 9Porque lo que el Señor prometió fue esto: «El año que viene volveré y Sara tendrá un hijo».

10Lo mismo sucedió con los hijos de Rebeca, que tuvieron un mismo padre, Isaac nuestro antepasado. 11-13Cuando ella estaba a punto de dar a luz mellizos, y antes de que éstos hicieran algo bueno o malo, Dios le dijo: «Esaú, el mayor, servirá a Jacob, el menor». Como dicen las Escrituras: «Amé a Jacob y aborrecí a Esaú». Así confirmó Dios su propósito de elegir a quien él quiere llamar, sin tomar en cuenta lo que la persona haya hecho.

14Ante todo esto, ¿qué podemos decir? ¿Es Dios injusto? ¡Claro que no! 15Es un hecho que Dios le dijo a Moisés:

«Tendré misericordia de quien yo quiera, y de quien yo quiera me apiadaré».

16Por eso, las bendiciones de Dios no las obtienen quienes las quieran, ni quienes se esfuercen por obtenerlas. Dependen de que Dios tenga misericordia de ellos, 17porque la Escritura le dice esto al faraón: «Te hice rey precisamente para mostrar en ti mi poder, y para que mi nombre sea proclamado en el mundo entero».

8.24–32 8.35–39

18Como ven, Dios se apiada de quien él quiere, y endurece a quien él quiere endurecer.

19Entonces, me dirás: «¿Por qué nos condena Dios si nadie puede oponerse a lo que él quiere hacer?» 20Y yo respondo: «¿Quién eres tú para pedirle cuentas a Dios? ¿Podrá un objeto decirle a quien lo hizo: "¿Por qué me has hecho así?"» 21El que hace vasos de barro, ¿no tiene acaso el derecho de hacer con el mismo barro una vasija para usos especiales y otra que sirva para uso común?

22¿Acaso no tiene Dios el mismo derecho de desatar su ira y su poder contra los que merecían su castigo y estaban preparados para destrucción, con los cuales ya había sido muy paciente? 23,24Él también tiene derecho de llamar a personas como nosotros, judíos o gentiles, y demostrar así su gran amor y poder para salvarnos. Desde un principio tuvo compasión de nosotros y nos preparó para su gloria.

25¿Recuerdan lo que dice la profecía de Oseas?

«Llamaré pueblo mío al que no era mi pueblo, y a un pueblo que yo no amaba le mostraré mi amor».

26Y añade que los paganos, a los cuales había dicho: «No eres mi pueblo», serían llamados «hijos del Dios viviente».

27El profeta Isaías dijo esto tocante a los israelitas:

«Aunque sean tan numerosos como la arena del mar, sólo un pequeño grupo se salvará, 28porque el Señor ejecutará su sentencia sobre la tierra plenamente y sin tardar».

29Y añade en otro lugar:

«Si no fuera porque el Señor Todopoderoso nos dejó descendientes, ahora mismo seríamos como las ciudades de Sodoma y Gomorra».

Incredulidad de Israel

30En conclusión, ¿qué más podemos decir? Pues que a los gentiles que no buscaban que Dios los aceptara, Dios los hizo justos porque creyeron en él. 31Pero Israel, que con tanto ardor trató de guardar la ley para quedar bien con Dios, nunca lo logró. 32¿Y por qué no? Porque los israelitas trataron de salvarse haciendo buenas obras, como si eso fuera posible, y no confiando en Dios. Por eso, dieron contra la gran «piedra de tropiezo».

33Así está escrito:

«He puesto en Sión una piedra y muchos tropezarán con ella.

Mas los que crean en ella jamás se arrepentirán de haberlo hecho».

10 Amados hermanos, el anhelo de mi corazón y mi oración a Dios es que el pueblo de Israel se salve.

2Yo conozco el celo que sienten por la causa de Dios, pero se trata de un celo equivocado. 3Como no conocen la manera en que Dios nos declara justos, tratan de hacerse justos a su propia manera, y así terminan rechazando la manera en que Dios quiere aceptarlos.

4A todo el que cree, Dios lo declara justo, pues en Cristo la ley llegó a su cumplimiento. 5Moisés describió a la persona que obedece la ley para que Dios la acepte de la siguiente manera: «Si una persona obedece la ley, vivirá por hacerlo».

6Sin embargo, acerca de los que confían en Dios para que los declare justos, dice: «No tienes que preguntarte, "¿quién subirá al cielo?" (para pedirle a Cristo que descienda), 7ni tienes que decir: "¿quién bajará al abismo?" (para retornar a Cristo a la vida)».

8Más bien, nosotros predicamos el mensaje de fe que la Escritura enseña:

«El mensaje está a tu alcance, en tu boca y en tu corazón».

9Si declaras con tu boca que Jesús es el Señor y crees de corazón que Dios lo levantó de entre los muertos, Dios te salvará. 10Porque a quien cree de corazón, Dios lo da por justo; y a quien reconoce a Jesús, Dios lo salva.

11Pues las Escrituras afirman que «los que creen en Cristo jamás serán defraudados».

12Pues el mismo Señor que es Señor de todos no hace diferencia entre el judío y el que no lo es. Él bendice generosamente a quienes se lo piden. 13Por eso la Escritura dice: «Todo aquel que busque la ayuda del Señor será salvo».

14Pero, ¿cómo van a buscar la ayuda de alguien en quien no creen? ¿Y cómo van a creer en alguien de quien no han oído hablar? ¿Y cómo van a oír de él si no se les habla? 15¿Y quién puede ir a hablarles si no lo envía nadie?

De esto hablan las Escrituras cuando se expresan así: «¡Qué hermosos son los pies de los que proclaman las buenas noticias!»

16Sin embargo, no todos los israelitas aceptaron las buenas noticias. Por eso el profeta Isaías exclamó: «Señor, ¿quién ha creído nuestro mensaje?»

17Así que la fe nace cuando se presta atención a las buenas noticias acerca de Cristo.

18¿Y sera que en verdad no han oido el mensaje de Dios? Claro que sí.

«El mensaje de los que lo anuncian se ha difundido a todas partes; sus palabras han llegado hasta los confines del mundo».

19Insisto, ¿entendería Israel el mensaje? Para empezar, Moisés escribió esto:

9.30 10.8–14 10.17

«Yo mismo pondré celosos a los israelitas con
un pueblo sin importancia. Haré que se enojen
con una nación de poco entendimiento».

20 Luego, Dios dice claramente, por medio de
Isaías, lo siguiente:

«Naciones que ni siquiera me andaban buscando, me hallarán; me di a conocer a los que no se interesaban por mí».

21 En cambio, Dios dijo esto acerca de Israel:

«Todo el día le ofrecí ayuda a un pueblo desobediente y muy terco».

El remanente de Israel

11 Pregunto entonces: ¿Ha rechazado Dios
a su pueblo? ¡De ninguna manera! Yo
mismo soy israelita, descendiente de Abraham
y miembro de la familia de Benjamín. 2 Dios no
ha rechazado al pueblo que él mismo escogió
desde el principio. ¿Recuerdan lo que dicen las
Escrituras en cuanto a Elías?

3 Él se quejaba ante Dios así:

«Dios Todopoderoso; me duele ver cómo el pueblo de Israel ha quebrantado el pacto contigo, ha derribado tus altares, ha dado muerte a tus profetas. ¡Sólo yo he quedado, y ahora están tratando de matarme a mí también!»

4 ¿Recuerdan lo que le respondió Dios?

«¡Tienes que saber que aún quedan siete mil hombres en Israel que jamás se han inclinado ante Baal ni lo han adorado!»

5 En la actualidad sucede lo mismo. Queda un
grupo que Dios ha escogido por su amor gratuito.
6 Y si es por ese amor gratuito de Dios, entonces
ya no depende de lo que ellos hagan. Si así no
fuera, la salvación dejaría de ser gratuita.

7 El caso, pues, es el siguiente: La mayoría de
los israelitas no han alcanzado lo que andaban
buscando. Pero algunos lo han alcanzado porque
Dios los ha escogido. Los demás fueron endurecidos. 8 A esto se refieren las Escrituras cuando
dicen:

«Dios los ha adormecido, les ha cerrado los ojos y oídos para que no entiendan».

9 Y David, también exclamó:

«¡Que sus fiestas se conviertan en trampas y
redes, que sean ocasión de tropiezo y de castigo!
10 ¡Que se les oscurezca la vista y no puedan ver!
¡Que anden para siempre con la espalda agobiada bajo un gran peso!»

Ramas injertadas

11 Hago ahora esta pregunta: ¿Tropezaron los israelitas para no volver a levantarse? ¡Por supuesto que no! Gracias a su desobediencia, la salvación vino a los gentiles, para que los israelitas sientan celos.
12 Ahora bien, si el mundo entero se ha enriquecido gracias a la desobediencia de ellos, ¿cuánto más valiosa no será su plena restauración?

13 Como ustedes saben, Dios me envió a ustedes los gentiles y yo honro este servicio. Por ello
les predico a ustedes, gentiles, 14 para ver si así
pongo celosos a algunos de mi propio pueblo
y logro que algunos de ellos se salven. 15 El que
Dios diera la espalda a los israelitas significó la
reconciliación entre Dios y el mundo. Por eso,
su restauración será como si un muerto volviera
a la vida.

16 Cuando se consagra la parte de la masa que
se le va a dar a Dios como primeros frutos, se
consagra toda la masa. Si la raíz de un árbol es
santa, las ramas lo son también.

17 Es cierto que algunas de las ramas del árbol
fueron cortadas. Y también que ustedes los gentiles, que eran como ramas de olivo silvestre,
han sido injertados entre las demás ramas. Como
resultado, ahora se nutren también de la rica
savia de la raíz del olivo.

18 Sin embargo, cuídense de no sentirse mejor
que las ramas cortadas. Y si se sienten así, recuerden que no son ustedes quienes nutren a la raíz,
sino la raíz a ustedes.

19 Bueno, quizás te estés diciendo: "Si cortaron
aquellas ramas, fue para injertarme a mí".

20 Tienes razón. Recuerda que esas ramas fueron cortadas por no creer en Dios, y que tú estás
allí porque crees. Por eso, no te pongas orgulloso;
sé humilde, 21 pues si Dios no vaciló en cortar las
ramas que había puesto allí primero, tampoco
vacilará en cortarte a ti.

22 Fíjate que Dios es a la vez bondadoso y severo. Aunque es severo contra los que lo desobedecen, es bondadoso contigo. Pero si no vives
de acuerdo con su bondad, también te cortará.

23 Por otro lado, si los israelitas abandonan su
incredulidad, Dios tiene el poder para volverlos
a injertar al árbol. 24 Si Dios te cortó de un olivo
silvestre, del cual eras parte, y te injertó en su
propio buen olivo, contra tu condición natural,
¿no crees que le será mucho más fácil reinjertar
las ramas que estaban allí primero?

Todo Israel será salvo

25 Quiero que conozcan bien, amados hermanos, este misterio, para que no sean arrogantes.
Sí, es cierto que algunos israelitas han sido muy
tercos, y esto será así hasta que los gentiles hayan
creído. 26 Y después de esto, todo Israel obtendrá
la salvación. Así está escrito:

«De Sión vendrá un Libertador que apartará del pueblo de Jacob la impiedad.

11.16

[27]Y éste será mi pacto con ellos cuando perdone sus pecados».

[28]Hoy día muchos israelitas son enemigos de Dios, pero esto los ha beneficiado a ustedes. Sin embargo, Dios aún ama a los israelitas porque eligió a los patriarcas. [29]Dios jamás retira sus dádivas ni se olvida de aquellos a quienes ha elegido. [30]Antes ustedes eran rebeldes contra Dios, pero cuando los israelitas desobedecieron a Dios, él dirigió hacia ustedes su compasión. [31]De la misma manera, los que han desobedecido alcanzarán misericordia, como resultado de la misericordia de Dios hacia ustedes. [32]En conclusión, Dios encerró a israelitas y a gentiles en la desobediencia, para tener misericordia de todos.

Doxología

[33]¡Qué inmensas son las riquezas de la sabiduría y del conocimiento de Dios! ¡Qué difícil es entender sus decisiones y explicar lo que hace!

[34]¿Quién podrá escudriñar los pensamientos del Señor?

¿Quién es su consejero?

[35]¿Y quién puede haberle dado algo al Señor para sentirse con derecho a cobrarle?

[36]Porque, todo fue creado por Dios, existe por él y para él.

¡A él sea la gloria siempre! Así sea.

Sacrificios vivos

12 Por esto, hermanos, tomando en cuenta el amor que Dios nos tiene, les ruego que cada uno de ustedes se entregue como sacrificio vivo y santo; éste es el único sacrificio que a él le agrada.

[2]No se amolden a la conducta de este mundo; al contrario, sean personas diferentes en cuanto a su conducta y forma de pensar. Así aprenderán lo que Dios quiere, lo que es bueno, agradable y perfecto.

[3]Como mensajero por la bondad de Dios les advierto que no se consideren mejores de lo que son; valórense según el grado de fe que Dios les ha dado.

[4]Así como nuestro cuerpo tiene muchas partes, y cada una desempeña una tarea diferente, [5]así sucede en la iglesia. Somos muchos miembros, pero formamos un solo cuerpo, y entre nosotros hay una dependencia mutua.

[6]A cada persona, Dios le ha concedido, en su bondad, el don de realizar cierta tarea. Así que si Dios te ha dado el don de profetizar, ejercítalo de acuerdo con la proporción de la fe que posees.

[7]Si tienes el don de servir a los demás, sirve bien; si eres maestro, sé un buen maestro; [8]si tienes el don de animar a otros, anímalos; si Dios te ha puesto para ayudar a los necesitados, hazlo generosamente; si Dios te ha concedido ser líder, dirige con mucha dedicación; y si tienes el don de mostrar compasión, hazlo con alegría.

El amor

[9]No finjan amar; amen de veras. Aborrezcan lo malo; pónganse de parte del bien. [10]Ámense con cariño de hermanos y deléitense en el respeto mutuo.

[11]No sean perezosos; sirvan al Señor con el entusiasmo que da el Espíritu. [12]Regocíjense en la esperanza, tengan paciencia si sufren y nunca dejen de orar.

[13]Cuando vean a algún hermano en necesidad, corran a ayudarlo. Y fórmense el hábito de ofrecer alojamiento a los que lo necesiten.

[14]Si alguien los persigue, no lo maldigan; al contrario, bendíganlo.

[15]Si alguien se alegra, alégrense con él; si alguien está triste, acompáñenlo en su tristeza. [16]Vivan en armonía unos con otros. No sean arrogantes, sino traten como iguales a la gente humilde ¡y no se hagan como que lo saben todo!

[17]Nunca le paguen a nadie mal con mal. Al contrario, busquen hacerles el bien a todos.

[18]Procuren, en lo que les sea posible, estar en paz con todo el mundo. [19]Queridos hermanos, nunca tomen venganza sino déjensela a Dios, porque así está escrito:

«A mí me corresponde vengarme. Yo le daré su pago a cada quien, dice el Señor».

[20]Y también está escrito: «Dale de comer a tu enemigo si está hambriento; y si tiene sed, dale de beber. Así se avergonzará de lo que te ha hecho».

[21]No te dejes, pues, vencer por el mal, sino vence el mal haciendo el bien.

El respeto a las autoridades

13 Todos deben obedecer a las autoridades del gobierno, porque Dios es quien les ha otorgado el poder. No hay ningún gobierno que Dios no haya establecido. [2]Así que los que se niegan a obedecer a las autoridades se rebelan contra lo que Dios ha ordenado, y recibirán castigo. [3]Las autoridades no están para darle miedo a la gente que hace el bien, sino a los maleantes. Así que si no deseas temerlas, pórtate bien y las autoridades hablarán bien de ti. [4]Dios ha puesto al servicio de él a las autoridades para tu beneficio. Pero si estás haciendo algo malo, claro que tienes que temerlas, porque para eso tienen armas para castigarte. Para eso las ha puesto Dios, para actuar con justicia y castigar a los malhechores. [5]Así que hay que obedecer a las autoridades para que no te castiguen y porque es un deber de conciencia.

11.33–36 12.1–13 12.15–16 12.18–21 13.1–5

6Por eso mismo ustedes pagan impuestos. Las
autoridades están sirviéndoles en el trabajo que
Dios les ha encomendado. 7Páguenle a cada
quien lo que le corresponda: sean impuestos,
contribuciones, respeto u honor.

La responsabilidad hacia los demás

8No tengan deudas con nadie, excepto las
deudas de amor hacia otros. De hecho, quien
ama al prójimo ha cumplido la ley, 9porque los
mandamientos dicen: «No cometas adulterio»,
«no mates», «no robes», «no codicies»; esos, y
todos los demás mandamientos, se resumen en
este otro: «Ama a tu prójimo como a ti mismo».
10El que ama no le hace mal a nadie y, por eso
mismo, el que ama cumple perfectamente la ley.

11Tenemos que vivir así, sabiendo que el tiempo
vuela. ¡Despertemos! Nuestra salvación está más
cerca ahora que cuando creímos por primera
vez. 12La noche ya está terminando y el nuevo día
despuntará pronto. Por eso, dejemos de actuar en
las tinieblas y vistámonos la armadura de la luz.
13Seamos siempre decentes, como si anduviéra-
mos a la luz del día. No gastemos el tiempo en
orgías y borracheras, ni en inmoralidades sexuales y libertinajes, ni en pleitos y envidias. 14Más
bien, revístanse ustedes del Señor Jesucristo, y no
busquen satisfacer los deseos de su naturaleza
pecadora.

Los débiles y los fuertes

14 Reciban a cualquier hermano aun cuando
su fe sea débil, y no entren en discusiones
con él. 2Hay hermanos a quienes su fe les permite
comer de todo; pero hay otros que son débiles y
sólo comen vegetales. 3El que cree que es correcto
comer de todo no debe menospreciar al que no
come ciertas cosas. Y el que no come de todo no
debe condenar al que sí lo hace, porque Dios
lo ha aceptado. 4¿Quién eres tú para juzgar al
siervo de otro? Si cae o se levanta es asunto de
su propio señor. Y se mantendrá en pie, pues es
Dios quien lo sostiene.

5Hay quienes creen que un día es más importante que los demás. Pero hay quien considera
que todos los días son iguales. En cuestiones
como éstas, cada uno debe estar seguro de lo
que piensa. 6El que guarda un día lo hace para
honrar al Señor. El que come de todo, come para
el Señor y lo muestra dándole gracias. Pero la
persona que no come de todo, de esa manera
trata también de agradar al Señor, y también le
da las gracias.

7Nosotros no somos tan independientes como
para poder vivir o morir para nosotros mismos. 8Al vivir o morir lo hacemos para el Señor.
Sea que estemos vivos o que estemos muertos,
somos del Señor. 9Pues Cristo murió y resucitó
precisamente para ser nuestro Señor mientras
vivamos y cuando muramos.

10Tú no tienes derecho a criticar a tu hermano
ni a menospreciarlo. Recuerda que cada uno de
nosotros tendrá que comparecer personalmente
ante el tribunal de Cristo. 11Porque está escrito:

«Yo juro», dice el Señor, «que ante mí se
doblará toda rodilla, y toda lengua reconocerá
abiertamente a Dios».

12Sí, cada uno tendrá que dar cuentas a Dios
de sus actos. 13Así que dejen de estarse critican-
do. Traten de vivir de tal manera que ningún
hermano tropiece o caiga por culpa de ustedes.
14En cuanto a mí, tengo la seguridad absoluta
de que podemos comer de todo. Pero si alguien
piensa que es malo comer algo, no debe comerlo,
porque es malo para él.

15Y si tu hermano se entristece por lo que
comes, sería una falta de amor persistir en hacerlo: No permitas que por tu comida se pierda aquel
por quien Cristo murió.

16No hagas nada por lo cual se te pueda criticar,
ni aun cuando sepas que es bueno. 17Después de
todo, en el reino de Dios lo más importante no
es comer ni beber, sino practicar la justicia y la
paz y tener el gozo del Espíritu Santo. 18El que
de esta manera sirve a Cristo, le causa alegría a
Dios y es respetado por la gente.

19Por tanto, hagamos todo lo que sea posible
para contribuir a la armonía en la iglesia y a la
edificación mutua. 20No destruyas la obra de Dios
por la comida. Recuerda, todo alimento es bueno;
lo malo es comerlo y con ello hacer tropezar a
alguien. 21Lo mejor que uno puede hacer es dejar
de comer carne, beber vino o hacer cualquier
cosa que pueda inducir al hermano a pecar. 22Así
que aquello de lo que estés convencido, guárdalo
como algo entre Dios y tú. Dichosa la persona a
quien su conciencia no la acusa por lo que hace.

23Pero si piensa que pudiera ser malo comer
algo, al comerlo se condena, ya que lo hace sin
estar convencido. Cualquier cosa que se haga fuera de lo que uno cree que es correcto, es pecado.

15 Los que estamos plenamente convencidos de lo que hacemos, en vez de
hacer sólo lo que queremos, debemos ayudar a
quienes son débiles. 2Cada uno debe agradar a
su prójimo, y hacer cuanto contribuya al bien y
a la edificación de su fe.

3Ni siquiera Cristo trató de complacerse. Como
está escrito: «Los insultos de quienes te ofendían cayeron sobre mí».

13.8–14 14.7–19 15.1 15.3–7

4De hecho, todo lo que fue escrito hace tiempo
se escribió para enseñarnos, a fin de que, con el
consuelo y la constancia que las Escrituras nos
dan, mantengamos la esperanza.
5¡Que Dios, que da aliento y perseverancia, les
ayude a vivir juntos en armonía, tal como Cristo
nos dio el ejemplo! 6¡Y que podamos así, juntos y
a una voz, glorificar a Dios, el Padre de nuestro
Señor Jesucristo!
7Así que, para gloria de Dios, trátense en la
iglesia con el mismo afecto con que Cristo los
ha recibido.
8Recuerden que Jesucristo vino a demostrar
que Dios es fiel a las promesas dadas a los patriarcas, y por eso les sirvió a los judíos. 9Recuerden
que él vino también para que los gentiles glorifiquen a Dios por sus mercedes hacia ellos.
Así está escrito:
«Te alabaré entre las naciones, cantaré himnos
a tu nombre».
10Y en otro lugar exclama:
«Naciones, alégrense juntamente con el pueblo de Dios».
11Y además:
«Alaben al Señor, todas las naciones; todos los
pueblos canten alabanzas».
12Y el profeta Isaías añade:
«Habrá un heredero en la familia de Isaí y
reinará sobre las naciones; en él depositarán los
pueblos su esperanza».
13Hermanos míos, mi deseo es que el Dios que
les concedió esperanza los inunde siempre de
felicidad y paz al creer en él. Y le pido a Dios que
los haga rebosar de esperanza por el poder del
Espíritu Santo.

Pablo, ministro de los gentiles

14Sé que ustedes son sabios y bondadosos,
hermanos míos, y que están capacitados para
enseñarse unos a otros. 15Sin embargo, he sido
bien franco sobre algunos asuntos, a manera de
recordatorio. Me he atrevido a hacerlo, porque
Dios me concedió su bondad 16para ser servidor
de Cristo para bien de los gentiles. Mi deber
sacerdotal es llevarles el evangelio de Dios, a fin
de presentar a los gentiles ante Dios como una
ofrenda que a él le agrada, porque el Espíritu
Santo la ha purificado.
17Por eso me siento orgulloso, en Cristo Jesús,
de mi servicio a Dios. 18No me atrevería a hablar
de otra cosa sino de lo que Cristo ha hecho por
medio de mí para que los gentiles obedezcan
a Dios. Lo he hecho con mis palabras y con el
ejemplo de mi vida. 19También por medio de los
milagros y señales poderosas que he realizado
mediante el poder del Espíritu de Dios.
He estado predicando el evangelio de Cristo por
todas partes, desde Jerusalén hasta Iliria. 20Siem-
pre ha sido mi propósito predicar, no donde ya
otros lo hayan hecho, sino donde no conozcan a
Cristo. No me gusta edificar sobre un fundamento
que otros hayan puesto. 21Más bien, he hecho lo
que está escrito:
«Quienes nunca antes habían escuchado de
él lo verán;
y entenderán los que no habían oído hablar
de él».
22En realidad, por eso me he demorado tanto
en ir a visitarlos.

Pablo piensa visitar Roma

23Pero al fin, tras años de espera, ya he terminado mi trabajo por estos lugares y puedo ir a
verlos. 24Estoy pensando ir a España; cuando lo
haga, pasaré por Roma y tendré el gusto de estar
con ustedes algún tiempo, tras lo cual espero que
me ayuden a continuar mi viaje.
25Pero antes tengo que ir a Jerusalén a llevar
la ofrenda que se ha recogido para los hermanos.
26Los cristianos de Macedonia y Acaya hicieron una colecta de dinero para los hermanos
pobres de Jerusalén. 27Ellos lo han hecho de buena voluntad, aunque en realidad estaban obligados a hacerlo, porque si los gentiles han
disfrutado de las bendiciones espirituales que
recibieron de los judíos, lo menos que pueden
hacer en reciprocidad es ofrecerles ayuda material.
28Tan pronto como les entregue el dinero, llegaré a verlos a ustedes de paso a España. 29Estoy
seguro de que cuando vaya, el Señor les enviará
conmigo grandes bendiciones.
30En nombre de nuestro Señor Jesucristo, y
por el amor que el Espíritu Santo ha puesto en
ustedes, les ruego que se unan a mí en esta lucha
y que oren a Dios por mi trabajo. 31Pidan que el
Señor me proteja, en Jerusalén, de los que no
son cristianos. Oren para que los cristianos de
allí acepten el dinero que les llevo. 32Entonces,
Dios mediante, podré visitarlos a ustedes con
el corazón alegre y descansar entre ustedes por
un tiempo. 33¡Que el Dios de paz esté con todos
ustedes! Así sea.

Saludos personales

16 Les recomiendo a nuestra hermana Febe,
diaconisa de la iglesia de Cencreas. 2Recí-
banla muy bien en el Señor, como debemos
hacerlo con los hermanos en la fe. Ayúdenla
en todo lo que puedan, porque ella ha ayudado
mucho a otras personas y a mí mismo.
3Saluden en mi nombre a Priscila y a Aquila.
Ellos han colaborado mucho conmigo en la
obra de Cristo Jesús. 4¡Hasta han arriesgado la

15.13 15.26–27 16.3–5

vida por salvarme! Y no soy el único que les está
agradecido; todas las iglesias gentiles lo están
también.

5 Salúdenme también a las personas que se
congregan a adorar al Señor en la casa de Priscila y Aquila. También a Epeneto, mi gran amigo,
él fue el primero en convertirse al cristianismo
en Asia.

6 Recuerdos a María, que se ha esforzado tanto
por ayudarlos a ustedes.

7 Lo mismo a Andrónico y a Junías, parientes
míos y compañeros de prisión, los cuales son
muy apreciados entre los apóstoles; ellos se hicieron cristianos antes que yo.

8 Saludos a Amplias, a quien amo como hermano en el Señor.

9 Salúdenme a Urbano, nuestro compañero
de trabajo en Cristo, y a mi amado hermano
Estaquis.

10 Luego salúdenme a Apeles, que tantas veces
ha demostrado su fidelidad a Cristo. Y recuerdos
a los de la familia de Aristóbulo.

11 Saludos también a mi pariente Herodión, y
a los de la familia de Narciso, que son fieles al
Señor.

12 Saludos a Trifena y a Trifosa, obreras esfor-
zadas del Señor. Saluden también a mi querida
hermana Pérsida, que ha trabajado tanto por
el Señor.

13 Saludos a Rufo, que es un distinguido creyente, así como a su querida madre, que ha sido
como una madre para mí.

14 Y denles saludos a Asíncrito, a Flegonte, a
Hermes, a Patrobas, a Hermas y a los hermanos
que están con ellos.

15 Saludos a Filólogo, a Julia, a Nereo y a su
hermana, a Olimpas y a todos los hermanos que
estén con ellos.

16 Y salúdense unos a otros con un beso santo.
Todas las iglesias de Cristo les envían saludos.

17 Les ruego, hermanos, que se aparten de los
que causan divisiones y problemas, y que están
en contra de lo que a ustedes se les ha enseñado.

18 Esos maestros no están trabajando para Cristo
nuestro Señor, sino para su propio beneficio. Le
hablan a la gente con palabras bonitas y engañan fácilmente a los ingenuos. 19 Todo el mundo
sabe que ustedes son leales y obedientes, y eso
me alegra mucho. Pero quiero que sean sabios
para hacer lo correcto y que sean ingenuos para
el mal.

20 Pronto el Dios de paz aplastará a Satanás
bajo sus pies. Que la gracia de nuestro Señor
Jesús esté con ustedes.

21 Timoteo, mi colaborador, y Lucio, Jasón y
Sosípater, mis parientes, les envían saludos.

22 Yo, Tercio, a quien Pablo ha dictado esta
carta, les envío saludos en Cristo.

23 Gayo me pide que los salude en su nombre.
Yo estoy alojado en su casa y aquí también se
reúne la iglesia.

Erasto, el tesorero de la ciudad, les envía saludos, al igual que el hermano Cuarto.

24 Que la gracia de nuestro Señor Jesucristo sea
con todos ustedes. Amén.

25,26 El Dios eterno mantuvo en secreto su plan
por muchos siglos, pero ahora lo ha dado a conocer por medio de las Escrituras proféticas. Esto, de
acuerdo con su propio mandato, para que todas
las naciones obedezcan a la fe.

¡Al que puede fortalecerlos a ustedes conforme a mi evangelio y a la predicación acerca de
Jesucristo, 27 a Dios, el único verdaderamente
sabio, sea la gloria para siempre por medio de
Jesucristo! Amén.

16.20

1 CORINTIOS

¿Quién lo escribió?

La paternidad paulina es muy poco discutida. La evidencia interna nos informa que la epístola reclama ser escrita por Pablo (1:1; 16:21). Los datos históricos coinciden con lo relatado en Hechos. La evidencia externa apunta a la Primera Epístola de Clemente a los Corintios 47:1-3 (96 d.C.) donde se apela a la "epístola del bendito Pablo, el Apóstol". Hay muchas alusiones a 1 Corintios en los escritos de los padres de la Iglesia, especialmente en Ignacio, Policarpo, Ireneo, Clemente de Alejandría y Tertuliano. 1 Corintios fue incluida en el Canon de Marción y ocupa el primer lugar entre las Epístolas Paulinas en el Canon de Muratori.

¿Cuándo y dónde lo escribió?

Desde Éfeso, muy probablemente durante su tercer viaje. Probablemente en 54 ó 55 d.C., en los últimos meses del ministerio en Éfeso (tal vez marzo o abril, ver 16:8).

¿A quién lo escribió?

La iglesia en la ciudad de Corinto fue destruida por los romanos en 146 a.C. y fundada nuevamente por Julio Cesar en 44 a.C. Con una población de más de 500,000 habitantes, en los tiempos de Pablo, probablemente fue la 3a ciudad del Imperio Romano. Había crecido rápidamente, debido a su ubicación en el istmo de Grecia. Corinto tenía un puerto en cada costa. Era el puente entre el oeste (Italia) y el este (Asia Menor), y también entre el norte (Macedonia) y el sur (Acaya). Su economía (puertos), política (capital para el gobierno del procónsul) y su religión (con uno de los principales templos a Afrodita = Eros) la hicieron famosa. Esta fama dio lugar a ciertos proverbios que describían la vida de la ciudad: "no a todos los hombres les es dado visitar Corinto" o, "Korinthiazomai" = "hacer el corintio" = "fornicar". Decir "muchacha corintia" era sinónimo de "prostituta". Su templo de Afrodita/Diana, en un tiempo llegó a tener 1,000 sacerdotisas . En cuanto a la historia de la iglesia en Corinto se puede decir que llegando a Corinto en su segundo viaje misionero en el año 50 ó 51 d.C., Pablo fue el primer cristiano que evangelizara su población (3:6, 10; 4:15). Probablemente escogió la ciudad porque de allí se difundiría fácilmente el evangelio a otras partes. Pablo trabajó en Corinto 18 meses (Hch. 18:11), primero solo, y luego con la ayuda de Silas y Timoteo (Hch 18:5; 2 Co. 1:19). Predicó primero a los judíos (Hch. 18:4), pero cuando éstos se opusieron, siguió predicando en la casa de Justo, un "temeroso de Dios", es decir, un gentil que aceptaba las creencias del judaísmo, sin haberse sometido a la circuncisión y otros ritos necesarios para hacerse prosélito (18:7).

Entre los miembros de la iglesia había tanto judíos como gentiles (12:13), pero los problemas tratados en 1 Corintios (idolatría, fornicación, negación de la resurrección, ascetismo, pleitos legales ante los magistrados civiles) indican que la mayoría eran gentiles convertidos del paganismo (cp. también 12:2). Algunos miembros gozaban de prosperidad económica (11:21-22), pero la mayoría era pobre (1:26; 11:22) y algunos eran esclavos (7:21).

Panorama del libro

Pablo había oído informes de problemas en la iglesia de Corinto (1:11; 5:1; 11:18), de los de Cloé (1:11), tal vez también de Apolos (16:12), y tal vez de Estéfanas, Fortunato y Acaico (16:17). Había recibido por lo menos una carta de la iglesia de Corinto acerca de varios problemas en la iglesia (7:1, 25; 8:1; 12:1; 16:1, 12). La situación en Efeso no permitía que él fuera a Corinto antes de Pentecostés (mayo-junio) (16:7-9). Por lo tanto, escribió la epístola para tratar los problemas hasta que él llegara allí. Casi todos los problemas tratados en la carta tenían que ver con la conducta, pero detrás de la conducta incorrecta había una teología errada, especialmente con respecto a lo que significa ser espiritual y sabio. Pablo corrige no solamente la conducta, sino también los conceptos teológicos que justificaban esa conducta.

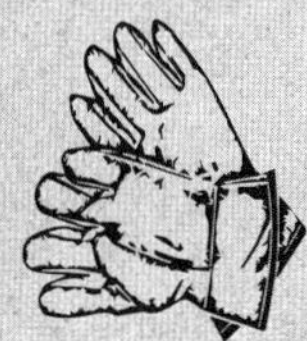

¿Cómo se relaciona con nosotros?

En esta carta a la iglesia en Corinto, Pablo cubre una serie de temas que siempre serán importantes para nuestras vidas. Esos grandes temas incluyen la sexualidad, los conflictos entre creyentes, el matrimonio y la soltería, la libertad en Cristo, el orden en la adoración, el significado de la Cena del Señor, el uso correcto de los dones espirituales y hasta nos da una profunda enseñanza sobre la resurrección. Al leer esta carta se hace obvio que a Pablo le inquietaba que la iglesia de Corinto estuviera confundida en una variedad de frentes, por lo que quiso proporcionales una guía clara de cómo la iglesia debe manejar los problemas y desafíos del pecado y de la naturaleza humana. En lugar de hacer la vista gorda, Pablo aborda los problemas de frente, y en su atrevido llamado a la pureza deja en claro que está dispuesto a arriesgar los aplausos de algunos con tal de ayudar a limpiar el pecado que estaba contaminando a la iglesia local.

¿Cómo lo estudiamos?

1) División en la iglesia (1:1-4:21)
2) Inmoralidad en la iglesia (5:1-6:20)
3) Respuestas acerca del matrimonio (7:1-40)
4) Respuestas acerca de lo sacrificado a los ídolos (8:1-11:1)
5) Adoración en la iglesia (11:2-14:40)
6) La resurrección, esperanza de la iglesia (15:1-16:24)

1 Corintios

1 Pablo, llamado a ser apóstol de Cristo Jesús porque Dios así lo quiso, y nuestro hermano Sóstenes,

2a la iglesia de Dios que está en Corinto, a los que han sido santificados en Cristo Jesús y llamados a ser un pueblo santo, junto con todos los que en cualquier lugar invocan el nombre de nuestro Señor Jesucristo, Señor de ellos y nuestro. 3Que Dios nuestro Padre y el Señor Jesucristo derramen en ustedes su amor y su paz.

Acción de gracias

4No ceso de dar gracias a Dios que les concedió su amor por medio de Cristo. 5Unidos a Cristo, ustedes se han llenado de toda riqueza, tanto en el hablar como en el conocimiento. 6Todo lo que les dije de Cristo se ha confirmado en ustedes, 7porque no les falta ya ningún don espiritual, mientras esperan con ansias el regreso de nuestro Señor Jesucristo.

8Él los mantendrá firmes hasta el fin, para que nadie los pueda culpar de nada en el día de nuestro Señor Jesucristo. 9Dios siempre cumple su palabra, y él los llamó a vivir unidos a su Hijo, Jesucristo, nuestro Señor.

Divisiones en la iglesia

10Pero, amados hermanos, les suplico en el nombre de nuestro Señor Jesucristo que no discutan más, que reine entre ustedes la armonía y cesen las divisiones. Les ruego encarecidamente que mantengan la unidad en sus pensamientos y propósitos.

11Resulta, hermanos míos, que los de la familia de Cloé me han hablado de las riñas que se traen entre ustedes. 12Me cuentan que algunos dicen: «Yo soy de Pablo»; y que otros afirman: «Yo soy de Apolos»; otros más dicen: «Yo soy de Cefas», y aun sostienen: «Yo soy de Cristo».

13¿Cómo? ¿Está dividido Cristo? A ver, díganme, ¿morí yo por los pecados de ustedes? ¿Fue alguno bautizado en mi nombre?

14¡Gracias a Dios que a ninguno de ustedes bauticé excepto a Crispo y a Gayo! 15Así a nadie podría ocurrírsele que fue bautizado en mi nombre. 16Ah, y también bauticé a la familia de Estéfanas. Creo que no bauticé a nadie más, 17porque Cristo no me envió a bautizar sino a predicar el evangelio. Es más, mi predicación fue sin usar discursos propios de la sabiduría humana, para que el mensaje de la cruz de Cristo no perdiera su eficacia.

Cristo, sabiduría y poder de Dios

18Sé bien que, para los perdidos, el mensaje de la cruz es una locura, pero para los salvos, esto es, para nosotros, es poder de Dios, 19porque Dios mismo dice:

«Destruiré los planes humanos por sabios que parezcan, y haré caso omiso de las ideas humanas por más brillantes que sean».

20¿Qué ha sido de los sabios, de los eruditos, de los filósofos de este mundo? Dios los ha hecho lucir tontos al mostrar lo necio de su sabiduría. 21En su sabiduría, Dios dispuso que el mundo jamás lo encontraría por medio de la inteligencia humana, y determinó salvar precisamente a los que creen por medio de la «locura» de la predicación.

22Los judíos piden señales milagrosas y los gentiles buscan sabiduría. 23Por eso, cuando les predicamos a Cristo crucificado, los judíos se escandalizan y los griegos dicen que es una locura. 24Pero para los llamados, ya sean judíos o gentiles, Cristo es el poder de Dios y la sabiduría de Dios.

25Pues la locura de Dios es mucho más sabia que el más sabio plan humano, y lo débil de Dios es más fuerte que todos los hombres juntos.

26Fíjense, hermanos, en los que Dios ha llamado entre ustedes: pocos son sabios, poderosos o nobles, según los criterios humanos. 27Deliberadamente Dios ha escogido a los que el mundo considera tontos y débiles, para avergonzar a los que el mundo considera sabios y fuertes. 28Ha escogido a los que en el mundo no tienen importancia alguna, para destronar a los que el mundo considera grandes. 29De modo que nadie pueda jactarse en la presencia del Señor. 30Por Dios es por quien ustedes están unidos a Cristo Jesús, a quien Dios ha hecho nuestra sabiduría, nuestra justificación, nuestra santificación y nuestra redención. 31A fin de cuentas, como dicen las Escrituras:

«El que quiera sentirse orgulloso, que se enorgullezca de lo que el Señor ha hecho».

2 Hermanos, cuando me presenté ante ustedes para comunicarles el mensaje de Dios no empleé palabras elegantes ni conceptos profundos, 2porque me había propuesto hablar sólo de Jesucristo y de su muerte en la cruz. 3Me presenté ante ustedes con tanta debilidad que temblaba de miedo. 4Mi predicación no tuvo oratoria y sabiduría humanas, sino que el Espíritu la respaldaba con poder. 5Prediqué así porque deseaba que la fe que naciera en ustedes dependiera del poder de Dios, no de la sabiduría de los seres humanos.

1.3–6 1.9 1.20–22 1.26–30 2.1–5

Sabiduría procedente del Espíritu

6Sin embargo, cuando estoy entre cristianos maduros, imparto sabiduría; pero no la sabiduría de este mundo ni la de quienes lo gobiernan, que están destinados a desaparecer.

7Más bien exponemos la sabiduría de Dios que estaba oculta, pero que Dios había destinado para nuestra gloria desde antes de la creación del mundo. 8Ninguno de los gobernantes del mundo la han comprendido, pues si la hubieran comprendido, no habrían crucificado al Señor de la gloria. 9Esto es lo que las Escrituras dicen:

«Ningún mortal ha visto, ni oído, ni imaginado las maravillas que Dios tiene preparadas para los que aman al Señor».

10Nosotros las conocemos porque Dios envió a su Espíritu a revelárnoslas, ya que su Espíritu lo escudriña todo, hasta los secretos más profundos de Dios.

11Nadie sabe con exactitud lo que otro está pensando, excepto el espíritu de esa persona. Así, nadie conoce lo que piensa Dios, excepto el Espíritu de Dios. 12Y Dios nos ha dado su Espíritu, no el espíritu del mundo, para que entendamos lo que, por su gracia, Dios nos ha concedido. 13Y esto es precisamente de lo que hablamos, usando las palabras que enseña el Espíritu, no las palabras que enseña la sabiduría humana. Así, expresamos verdades del Espíritu con palabras del Espíritu.

14El que no tiene el Espíritu no puede aceptar lo que viene del Espíritu de Dios, pues le parece una locura. No lo puede entender, porque hay que discernirlo con la ayuda del Espíritu.

15Por el contrario, el que tiene el Espíritu lo juzga todo, aunque él mismo no está sujeto al juicio de nadie, pues 16«¿Quién ha conocido la mente del Señor? ¿Quién podrá enseñarle?»

En cambio, nosotros tenemos la mente de Cristo.

Sobre las divisiones en la iglesia

3 Hermanos, les he estado hablando como si fueran niños en la vida cristiana, como si fueran inmaduros, y no he podido hablarles como a cristianos espirituales. 2Les he dado leche y no alimentos sólidos, porque no habrían podido digerirlos. Aun ahora es menester que los alimente con leche, 3porque son apenas niños en la fe. ¿Acaso no lo demuestra el hecho de que se dejen dominar por los celos y anden en disensiones? ¿No están actuando como meros humanos?

4Cuando uno afirma: «Yo soy de Pablo» y otro: «Yo soy de Apolos», ¿no demuestra esto que actúan como las demás personas?

5¿Quién es Pablo? y ¿quién es Apolos? No somos más que siervos de Dios por medio de los cuales ustedes creyeron, y eso según lo que el Señor le asignó a cada uno. 6Mi tarea fue sembrar la semilla, y la de Apolos fue regarla; pero Dios fue el que permitió que germinara. 7Aquí el que vale no es el que plantó ni el que regó, sino Dios que hizo germinar la semilla. 8El que siembra y el que riega tienen la misma categoría, si bien es cierto que cada uno recibirá recompensa según la labor realizada. 9No somos más que colaboradores de Dios. Ustedes son el huerto de Dios, son el edificio de Dios.

10Dios, en su bondad, me enseñó cómo edificar con pericia. Yo puse los cimientos y otro edificó encima. El que edifica encima debe tener cuidado de cómo edifica, 11porque nadie puede poner otro cimiento que el que ya está puesto: Jesucristo.

12Hay varias clases de materiales que pueden emplearse al construir sobre el cimiento: oro, plata y piedras preciosas; o bien, madera, heno y hasta hojarasca. 13El día del juicio se sabrá qué material han empleado los constructores. Cada obra será pasada por fuego, para que se sepa la calidad del trabajo de cada uno. 14Si lo que alguien ha edificado es perdurable, recibirá su recompensa. 15Pero si a su obra el fuego la consume, el constructor sufrirá una gran pérdida. Se salvará, sí, pero como quien escapa del fuego.

16¿No se dan cuenta de que son el templo de Dios, y que el Espíritu de Dios mora en ustedes? 17Dios destruirá al que destruya su templo, porque el templo de Dios, es decir, ustedes, es sagrado.

18Basta ya de estarse engañando. Si alguno cree que tiene más inteligencia que cualquier otro, según las normas de este mundo, vuélvase ignorante, para que así llegue a ser sabio, 19porque la sabiduría de este mundo es insensatez a los ojos de Dios. Como está escrito: «Dios enreda a los sabios en la misma sabiduría de que hacen gala». 20Además, también dice: «El Señor conoce los razonamientos humanos, y sabe cuán inútiles son».

21Por lo tanto, nadie debe sentirse orgulloso de seguir a ningún hombre, pues todo es de ustedes. 22De ustedes son Pablo, Apolos, Cefas, el mundo, la vida, la muerte, lo presente, lo por venir. 23Y ustedes son de Cristo y Cristo es de Dios.

Apóstoles de Cristo

4 Así que deben tenernos por siervos de Cristo encargados de impartir los secretos del Señor. 2Ahora bien, lo más importante en un siervo es que demuestre que es digno de confianza. 3¿Qué de mí? En realidad no me interesa lo que opinen ustedes de mí, ni lo que opine nadie.

2.6–16 3.1–4 3.7–9 3.11–17 3.18–23 4.1–2

No confío ni siquiera en mi propia opinión al respecto. [4]Tengo limpia la conciencia, pero eso no quiere decir que sea justo. El Señor es el que tiene que juzgarme. [5]Por eso, no se precipiten a sacar conclusiones sobre si alguien es buen siervo o no. Esperen a que venga el Señor. Él sacará a la luz lo que está oculto en la oscuridad, y pondrá al descubierto las intenciones del corazón. Cuando ese momento llegue, cada uno recibirá de Dios la alabanza que merezca.

[6]He estado hablando de Apolos y de mí mismo para beneficio de ustedes, para que aprendan de nosotros lo que significa «no ir más allá de lo que está escrito». Así no andarán presumiendo de que un servidor es mejor que otro. [7]¿Qué los hace más importantes que los demás? ¿Qué tienes que Dios no te haya dado? Y si cuanto tienes te lo ha dado Dios, ¿por qué te las das de grande, como si hubieras logrado algo por esfuerzo propio?

[8]¡Al parecer ya tienen todo lo que necesitan! ¡Ya se han hecho ricos! ¡Se sienten reyes y nos echan a un lado! ¡Ojalá reinaran ya, para que nosotros reináramos con ustedes!

[9]Me parece que Dios nos ha colocado a nosotros los apóstoles al final de la línea, como reos sentenciados a muerte. Somos un espectáculo para el mundo, los ángeles y la humanidad. [10]Por obedecer a Cristo, somos unos tontos, mientras que ustedes, claro, son los sabios. Nosotros somos débiles, ustedes fuertes. Ustedes honorables, nosotros despreciables. [11]Hasta este momento hemos pasado hambre y sed, no tenemos ropa, nos maltratan, no tenemos hogar. [12]Hemos trabajado hasta el cansancio con nuestras manos para ganar el sustento. Nos maldicen y bendecimos, y hemos soportado con paciencia a los que nos persiguen. [13]Hemos respondido con suavidad cuando han hablado mal de nosotros. Hasta el momento nos consideran la escoria del mundo, el desecho de todos.

[14]No les escribo estas cosas para avergonzarlos, sino como advertencia y consejo a mis hijos amados, [15]porque aunque haya diez mil personas más que les enseñen de Cristo, el padre espiritual de ustedes soy yo. Yo los engendré en Cristo por medio del evangelio.

[16]Por lo tanto, imítenme. [17]Para eso les envío a Timoteo, que es mi amado hijo en el Señor. Él les dirá cómo me comporto en Cristo Jesús y les recordará lo que enseño por todas partes y en todas las iglesias que visito.

[18]Sé que algunos de ustedes, envanecidos, piensan que no iré a verlos. [19]Pero he de ir y pronto, si el Señor me lo permite, y veremos cómo hablan y si esos presumidos tienen el poder de Dios. [20]Pues el reino de Dios no es cuestión de palabras sino de poder. [21]¿Qué prefieren? ¿Que vaya a castigarlos y a regañarlos, o que vaya con ternura y mansedumbre?

¡Expulsen al hermano inmoral!

5 Por ahí se dice que entre ustedes hay un caso de inmoralidad sexual que ni aun los paganos lo cometen. Se dice que uno de ustedes tiene relaciones sexuales con la esposa de su padre. [2]¡Y aún así son orgullosos! ¡Deberían, más bien, sentirse avergonzados y echarlo de la congregación!

[3]Aunque no estoy ahí en persona, sí estoy con ustedes en espíritu, y ya he juzgado al que cometió ese pecado. [4]Convoquen a una reunión en el nombre de Jesucristo nuestro Señor, y con su poder yo estaré en espíritu, [5]y a ese hombre entréguenlo a Satanás, para que su naturaleza pecaminosa sea destruida, con la esperanza de que su espíritu se salve en el día del Señor.

[6]Es terrible que se jacten. ¿No se dan cuenta de que un poco de levadura fermenta toda la masa? [7]Extirpen la vieja levadura, para que sean una masa nueva, como panes sin levadura, que es lo que ustedes son. Cristo, nuestro Cordero, ya fue sacrificado por nosotros. [8]Así que regocijémonos en nuestra pascua, no con la vieja levadura con sus malicias y perversidades, sino con pan sin levadura, que es la sinceridad y la verdad.

[9]En mi carta anterior les supliqué que no se juntaran con gente inmoral. [10]Pero no me refería a la gente inmoral de este mundo que vive en avaricias, robos o idolatrías. Si así fuera, tendríamos que salir de este mundo.

[11]Lo que quise decir fue que no se codearan con los que, llamándose hermanos, cometen pecados sexuales y viven en avaricias, idolatrías, borracheras y robos. Con esas personas, ni a comer se junten.

[12]¿Acaso me corresponde a mí juzgar a los de afuera? Pero ciertamente tenemos la responsabilidad de juzgar a los de adentro. [13]Dios juzgará a los de afuera. «Ustedes expulsen a ese malvado».

Pleitos entre creyentes

6 ¿Cómo es que ustedes, cuando tienen algo contra otro creyente, acuden a las autoridades paganas para que juzguen el asunto, en vez de acudir a los cristianos? [2]¿Ignoran acaso que un día los cristianos van a juzgar al mundo? Y si esto es así, ¿por qué entonces no resuelven entre ustedes los pequeños litigios? [3]¿No saben que vamos a juzgar a los ángeles? Con mayor razón podrán muy bien resolver las cuestiones de esta vida.

[4]¿Por qué acudir entonces a jueces que no pertenecen a la iglesia para resolver sus asuntos? [5]Lo digo para que se avergüencen. ¿Es que no hay

4.7 4.14–21

nadie en la iglesia que sea lo suficientemente sabio para resolver las disputas entre cristianos? 6En vez de esto, un hermano demanda a otro ¡ante los incrédulos!

7De por sí, el hecho de que haya litigios entre ustedes es ya una gran vergüenza. ¿Por qué no soportar la injusticia? ¿No sería mejor dejar que los defrauden?

8Más doloroso es que ustedes mismos cometan agravios y defrauden a otros hermanos.

9¿No saben que los que hacen eso no tendrán parte en el reino de Dios? Sépanlo bien: Los fornicarios, los idólatras, los adúlteros, los homosexuales y los pervertidos sexuales, 10los ladrones, los avaros, los borrachos, los calumniadores y los estafadores no tendrán parte en el reino de Dios.

11Varios de ustedes merecían antes estos calificativos, pero ya el Señor les lavó sus pecados, los santificó y los justificó en el nombre del Señor Jesucristo y por el Espíritu de nuestro Dios.

La inmoralidad sexual

12«Todo me está permitido», pero no todo es para mi bien. «Todo me está permitido», pero no haré nada que luego pueda dominarme. 13«Los alimentos son para el estómago y el estómago para los alimentos», y así es, aunque Dios los destruirá a ambos.

Ahora bien, el cuerpo no está hecho para la inmoralidad sexual, sino para el Señor; y el Señor para el cuerpo. 14Un día, con su poder, Dios va a resucitar nuestro cuerpo al igual que resucitó al Señor. 15¿No comprenden que sus cuerpos son miembros de Cristo? ¿Tomaremos un miembro de Cristo y lo uniremos a una prostituta? ¡Jamás! 16¿No saben que cuando un hombre se une a una prostituta se hace parte de ella y ella de él? Dios nos dice en las Escrituras que «los dos se vuelven una sola persona». 17Pero cuando alguien se une al Señor, el Señor y esa persona se vuelven uno en el Espíritu.

18Por eso, precisamente, les digo que huyan de los pecados sexuales. Ningún otro tipo de pecado afecta al cuerpo como éste. Cuando uno comete esos pecados, peca contra su propio cuerpo. 19¿No saben que el cuerpo es templo del Espíritu Santo, que Dios les dio, y que el Espíritu habita en ustedes? Ustedes no son sus propios dueños, 20porque Dios nos compró a gran precio. Por tanto, honren con su cuerpo a Dios.

Consejos matrimoniales

7 En cuanto a lo que me preguntaron por carta, les contesto: es mejor que no se casen. 2Pero por lo general es mejor que cada hombre tenga su propia mujer y que cada mujer tenga su propio marido, para evitar caer en pecado.

3El hombre debe satisfacer los derechos conyugales de su esposa; y lo mismo la esposa respecto de su esposo. 4La mujer no tiene derecho sobre su cuerpo, porque éste le pertenece a su esposo. Tampoco el hombre tiene derecho sobre su cuerpo; pues le pertenece a su esposa. 5Por lo tanto, no se nieguen el uno al otro, a menos que se pongan de acuerdo, y sólo por un tiempo, para dedicarse a la oración. Pero luego, únanse de nuevo, para evitar que Satanás los tiente, por no tener dominio propio.

6Esto que les digo es un consejo, no una orden. 7Me gustaría que se quedaran solteros, como yo; pero a cada uno Dios le ha concedido su propio don: éste posee uno, y aquel, otro.

8Pero a los solteros y a las viudas les digo que deberían quedarse como yo. 9Y si no pueden dominarse, cásense. Mejor es casarse que quemarse de pasión.

10Para los casados tengo una orden, y la orden no es mía, sino del Señor: La esposa no debe separarse del esposo, 11y si se separa, quédese sin casar o reconcíliese con su esposo. El esposo, por su parte, no debe divorciarse de su esposa.

12A los demás les digo yo, ya que esto no lo ha ordenado el Señor: Si un cristiano tiene una esposa que no es creyente, y ella desea continuar con él, él no debe divorciarse de ella. 13Y si una cristiana tiene un esposo que no es creyente, y él desea vivir con ella, que ella no se divorcie de él. 14El esposo incrédulo queda santificado por la unión con su esposa creyente. Y la esposa no creyente queda santificada por la unión con su esposo creyente. Si así no fuera, sus hijos serían impuros, pero en realidad son parte del pueblo santo.

15Pero si el cónyuge incrédulo desea irse, dejen que se vaya. El cónyuge cristiano queda sin obligación, porque Dios nos ha llamado a vivir en paz. 16A fin de cuentas, no sabes, mujer, si tu esposo va a convertirse si se queda; y lo mismo digo al esposo en cuanto a la esposa.

17Pero al tomar cualquier decisión, traten de vivir de acuerdo con la condición que el Señor les asignó y a la cual Dios los ha llamado. Esto ordeno en todas las iglesias. 18El que pasó por la ceremonia de la circuncisión antes de hacerse cristiano, no debe hacer nada al respecto; y si no estaba circuncidado, no se circuncide. 19Que el cristiano se haya circuncidado o no, no tiene importancia. Lo verdaderamente importante es guardar los mandamientos divinos.

20En general, las personas deben continuar siendo lo que eran cuando Dios las llamó. 21¿Que eres esclavo?, no te preocupes; aunque si tienes

6.9–13 6.15–20 7.2–6 7.8–9 7.10–17

la oportunidad de obtener la libertad, procúrala.
22 Si eras esclavo y el Señor te llamó, recuerda
que Cristo te libertó; si eras libre cuando te llamó, recuerda que eres ahora esclavo de Cristo.
23 Ustedes han sido comprados por un gran precio;
no se vuelvan esclavos de nadie. 24 Cada uno de
ustedes, hermanos, permanezca en el estado en
que se encontraba cuando Dios lo llamó.

25 En cuanto a las personas solteras, no tengo
ningún mandamiento del Señor, pero les daré mi
opinión, que es la opinión de uno en quien por
la misericordia de Dios pueden confiar.

26 Los cristianos estamos en el presente afron-
tando grandes crisis, y en tiempos como éstos
creo que es mejor que la gente se quede soltera.
27 Desde luego, al que esté casado no se le
ocurra divorciarse. Pero si no lo está, mejor
es que no se apure a casarse. 28 Y si de todas maneras resuelve casarse, está bien, no peca; y si una
muchacha decide casarse, no es pecado. Sin
embargo, el matrimonio les traerá problemas
adicionales, que yo quiero evitarles.

29 Lo más importante de todo, hermanos, es que
recuerden que el tiempo que nos queda es corto.
Por tal motivo, los que tengan esposa deben vivir
como si no la tuvieran. 30 Los que lloran, como
si no lloraran; los que están alegres, como si no
lo estuvieran; los que compran algo, como si no
fuera suyo; 31 los que suelen disfrutar las cosas
buenas de este mundo, como si no las disfrutaran, porque el mundo, tal como lo conocemos,
pronto pasará.

32 Lo que deseo es que estén libres de preocupaciones. El soltero está libre para trabajar
para el Señor y meditar en cómo agradarle. 33 El
casado, en cambio, tiene que ocuparse de sus
responsabilidades terrenas y de cómo agradar a
su esposa. 34 Sus intereses están divididos. Y lo
mismo le pasa a la que se casa. La soltera está
siempre ansiosa de agradar al Señor y se consagra a él en cuerpo y espíritu; pero la casada tiene
que ocuparse de sus responsabilidades terrenas
y de cómo agradar a su esposo.

35 Digo esto para ayudarles, no para ponerles
ataduras. Deseo que hagan lo que sea más
decente y que vivan consagrados al Señor.

36 El que piensa que no está tratando a su prometida como es debido, y considera que debe
casarse porque ella ha llegado a su madurez,
está bien, no peca, que se case. 37 Pero el que
se mantiene firme en su propósito, domina sus
deseos y voluntad, y ha decidido que no debe
casarse, hace bien.

38 Es decir, el que se casa con su prometida,
hace bien; y el que no se casa hace mejor.

39 La esposa está ligada al esposo mientras éste
vive; si el esposo muere, puede volver a casarse, con tal que se case con un cristiano. 40 Pero
en mi opinión será más feliz si no se vuelve a
casar; y creo que cuando digo esto les estoy dando el consejo del Espíritu de Dios.

Lo sacrificado a los ídolos

8 Y ahora, pasemos a la pregunta en cuanto a si se debe comer o no lo que ha sido
sacrificado a los ídolos. Es cierto que todos tenemos conocimiento. Sin embargo, el saberlo todo
hace que nos sintamos orgullosos. Lo que se
necesita es el amor que edifica. 2 El que cree que
sabe algo, todavía no sabe nada como debería
saber. 3 Pero Dios sabe quién lo ama de veras.

4 Entonces, ¿debemos comer carnes sacrificadas
a los ídolos? Bueno, sabemos bien que el ídolo no
es nada; y que sólo hay un Dios. 5 Pues aunque
hay muchos a los que llaman dioses, en el cielo
y en la tierra, y los hay, 6 para nosotros sólo hay
un Dios: el Padre, de quien vienen todas las cosas
y quien nos hizo para él; y sólo hay un Señor:
Jesucristo, quien lo creó todo y nos da vida.

7 Sin embargo, algunos cristianos no se dan
cuenta de esto. Siguen tan acostumbrados a sus
viejas creencias, que todavía comen esos alimentos creyendo que fueron ofrecidos a los ídolos,
y por eso cuando los comen su conciencia les
molesta. 8 Recuerden que a Dios no le importa
si los comemos o no. No somos peores si los
comemos ni mejores si no los comemos.

9 Ahora bien, tengan cuidado; no vayan a las-
timar al hermano de conciencia débil al hacer
uso de la libertad que tienen de comer cualquier
cosa, 10 porque puede suceder que tú, que crees
que no hay nada malo en ello, vas a comer al
templo de un ídolo, y un hermano débil te ve
haciéndolo. Pudiera ser que aquel hermano se
decida entonces a comer, aunque en su interior crea que está haciendo mal. 11 Si es así, ese
hermano de conciencia débil, por quien Cristo
murió, se perderá por culpa de tu conocimiento.
12 Al pecar así contra los hermanos, hiriendo su
débil conciencia, pecan ustedes contra Cristo.
13 Por lo tanto, si mi comida va a hacer caer a
mi hermano, mejor no la como nunca, para no
hacerlo caer en pecado.

Los derechos de un apóstol

9 Yo soy libre, soy apóstol, he visto al Señor con
mis propios ojos y ustedes son el fruto de mi
trabajo en el Señor.

2 Sin embargo, hay quienes dicen que no soy
apóstol. Pues si para otros no lo soy, para ustedes
sí, porque ustedes son la señal que legitima mi
tarea como apóstol en el Señor.

3 Para los que ponen en duda mis legítimos
derechos, diré lo siguiente:

7.27–28 7.32–33 7.35–37 7.39–40
8.1–3

4¿Tendré o no tendré derecho de recibir comida? 5¿No tengo derecho a tener una esposa y llevarla en mis viajes, como hacen los demás apóstoles, los hermanos del Señor y Pedro? 6¿O es que los únicos que en la obra de Dios tienen que trabajar por su cuenta para ganarse el sustento somos Bernabé y yo? 7¿Qué soldado tiene que sostenerse a sí mismo mientras sirve en el ejército? ¿A qué agricultor se priva del derecho de comer de lo que ha cosechado? ¿A qué pastor de ovejas no se le permite tomar de la leche del rebaño?

8Y no crean que sólo desde un punto de vista humano digo esto. La ley de Dios lo afirma también. 9En efecto, la ley que Dios dio a Moisés dice: «No se debe poner bozal al buey para evitar que coma del trigo que está trillando».

¿Creen que Dios tenía en mente sólo a los bueyes cuando dijo esto? 10¿No estaría pensando también en nosotros? ¡Claro que sí! A los que aran y trillan debe permitírseles alentar la esperanza de recibir parte de la cosecha. 11Nosotros hemos plantado la semilla espiritual en ustedes. ¿Será demasiado pedir que, a cambio, recibamos de ustedes el sustento material?

12Si otros disfrutan de este privilegio de recibir de ustedes el sustento, ¿cuánto más deberíamos disfrutarlo nosotros?

Sin embargo, jamás hemos ejercido este derecho; al contrario, soportamos todo con tal de no poner obstáculos al evangelio de Cristo.

13Dios dijo a los que servían en el templo que podían tomar de los alimentos que se ofrecían en el templo; y a los que trabajaban en el altar, que participaran de lo que se presentaba en el altar.

14De igual manera, el Señor ha ordenado que los que predican el evangelio vivan de ese trabajo. 15Sin embargo, jamás les he pedido ni un centavo y no les estoy escribiendo para que de ahora en adelante me den dinero. En realidad, prefiero morirme antes que perder la satisfacción de predicarles gratuitamente. 16No me enorgullezco de predicar las buenas noticias, porque tengo esa encomienda como una obligación y ¡ay de mí si no anuncio el evangelio! 17Si lo hiciera por voluntad propia, recompensa tendría del Señor; pero ese no es el caso, porque Dios me escogió y me dio esta sagrada encomienda.

18Entonces, en estas circunstancias, ¿cuál es mi recompensa? Mi recompensa es la satisfacción de predicar el evangelio sin serle una carga económica a nadie, sin demandar mis derechos.

19Aunque soy libre de todos, de todos me he hecho esclavo, para ganar a cuantos sea posible. 20Cuando ando con los judíos, soy como uno de ellos para ganarlos; lo mismo hago cuando estoy con los que se someten a la ley de Moisés. 21Cuando estoy con los que no viven bajo la ley, vivo como ellos (aunque yo siempre estoy bajo la ley de Cristo), con miras a que crean.

22Cuando estoy con gente débil de conciencia, me hago como ellos también con el propósito de que crean. En otras palabras, trato de acomodarme a todas las personas a fin de salvar algunas de la manera que sea posible. 23Hago todo esto por amor al evangelio, para participar de sus frutos.

24En una carrera son muchos los que corren, pero sólo uno obtiene el premio. Corran de tal modo que ganen la carrera. 25Los deportistas se someten a una estricta disciplina. Ellos lo hacen para ganar un premio que se echa a perder, mientras que nosotros nos esforzamos por obtener un premio que jamás se desvanecerá. 26Por lo tanto, yo corro teniendo una meta bien clara; yo peleo para ganar, no como quien da golpes al viento. 27Más bien, como atleta, someto mi cuerpo y lo trato con rigor, no sea que, después de haber predicado a otros, yo mismo no esté en buenas condiciones y me eliminen.

Advertencias basadas en la historia de Israel

10 No quiero, hermanos que ignoren lo que le sucedió a nuestro pueblo siglos atrás, en el desierto. Todos estuvieron bajo la nube y todos atravesaron el mar. 2A esto podríamos llamarlo «bautismo» —bautismo en el mar y en la nube— para unirse a Moisés.

3Luego, comieron el mismo alimento espiritual 4y bebieron la misma bebida espiritual. Cristo estaba allí con ellos, como poderosa Roca de refrigerio espiritual. 5Sin embargo, a pesar de todo, la mayoría de los israelitas no obedecieron a Dios, y murieron allí mismo en el desierto.

6De aquí aprendemos una gran lección: que no debemos desear lo malo como ellos lo desearon. 7No debemos adorar ídolos, como ellos. (Las Escrituras nos dicen que «el pueblo se sentó a comer y a beber, y luego se produjo el desenfreno».)

8No debemos cometer inmoralidades sexuales, como varios de ellos hicieron, por lo que veintitrés mil cayeron muertos en un día. 9No pongamos a prueba al Señor, porque muchos de ellos lo hicieron y murieron mordidos por serpientes. 10Y no murmuremos contra Dios, como hicieron algunos israelitas y el Señor envió a su ángel a destruirlos.

11Estos incidentes ocurrieron para servirnos de ejemplo; son una advertencia y fueron escritos para nosotros que vivimos cuando el mundo se aproxima a su fin. 12Por lo tanto, el que piense que está firme, tenga cuidado de no caer.

9.8 9.17–19 9.24–27 10.12–13

13 Ustedes no han pasado por ninguna tentación que no sea común al género humano. Pero pueden estar confiados en la fidelidad de Dios, que no dejará que la tentación sea más fuerte de lo que puedan resistir. Dios les mostrará la manera de resistir la tentación y escapar de ella.

Las fiestas idólatras y la Cena del Señor

14 Por lo tanto, hermanos amados, huyan de la idolatría. 15 Ustedes son inteligentes. Piénsenlo y díganme si no es verdad lo que les digo.

16 Cuando damos gracias por la copa de bendición, ¿no quiere decir que participamos de las bendiciones de la sangre de Cristo? Y cuando partimos el pan para comerlo juntos, ¿no entramos en comunión con el cuerpo de Cristo? 17 Por muchos que seamos, todos comemos del mismo pan, indicando que formamos parte de un solo cuerpo: el de Cristo.

18 Y el pueblo judío, que come de los sacrificios, ¿no entra en comunión con el altar? 19 ¿Qué estoy tratando de decir? ¿Digo que los ídolos que reciben sacrificios tienen vida y que tales sacrificios tienen valor? 20 No; de ninguna manera. Lo que digo es que los que ofrecen sacrificios a los ídolos, en realidad se los ofrecen a los demonios, y nunca a Dios. Y no quiero que ninguno de ustedes tenga comunión con los demonios. 21 No se puede beber de la copa del Señor y también de la copa de los demonios. No se puede participar de la mesa del Señor y también de la mesa de los demonios. 22 ¿Qué, pues? ¿Nos arriesgaremos a poner celoso al Señor? ¿Somos más fuertes que él?

La libertad del creyente

23 Es verdad que «todo está permitido», pero no todo es provechoso ni edifica a los demás. 24 Uno no puede pensar sólo en uno mismo. Hay que pensar en lo que conviene para el bien de los demás.

25 Coman de cualquier carne que se venda en la carnicería. No pregunten nada, por motivos de conciencia. 26 Porque la tierra y cuanto en ella hay pertenecen al Señor.

27 Si alguien que no es cristiano los invita a comer, acepten la invitación y coman cuanto les pongan delante sin preguntar nada por motivos de conciencia.

28 Pero si alguien les advierte de que aquella carne fue sacrificada a los ídolos, no la coman por el bien del que lo dijo, y por motivos de conciencia. 29 En este caso, no me refiero a la conciencia de uno mismo, sino a la del otro. ¿Por qué tiene uno que guiarse por lo que otro piense y limitarse a sus opiniones?

30 Si le doy gracias a Dios por lo que como, ¿por qué me van a condenar por comerlo?

31 En conclusión: uno debe de glorificar a Dios en todo lo que hace; hasta en lo que come y bebe. 32 No seamos piedra de tropiezo para nadie: ni para los judíos ni para los gentiles ni para la iglesia de Dios. 33 Esto trato de hacer yo. Procuro agradar a todo el mundo. No hago sólo lo que me gusta o conviene, sino lo que es mejor para los demás, para que así se puedan salvar.

11 Sigan mi ejemplo, así como yo sigo el de Cristo.

Decoro en el culto

2 Me alegra muchísimo, hermanos, que hayan recordado y puesto en práctica lo que les enseñé.

3 Pero hay algo que deseo recordarles: Cristo es la cabeza de todo hombre, mientras que el hombre es cabeza de la mujer y Dios es la cabeza de Cristo.

4 Por eso, si un hombre no se descubre la cabeza mientras ora o predica, deshonra a Cristo. 5 Y si una mujer ora o profetiza en público sin cubrirse la cabeza, deshonra al esposo. Es como si estuviera rasurada por completo. 6 Por eso, si la mujer se niega a cubrirse la cabeza, debe cortarse el pelo. Y si no quiere cortárselo porque le es vergonzoso, cúbrase la cabeza.

7 Pero el hombre no debe ponerse nada en la cabeza, porque es imagen y gloria de Dios. La gloria del hombre es la mujer, 8 porque el primer hombre no salió de una mujer, sino que la primera mujer salió de un hombre. 9 Y el primer hombre, Adán, no fue hecho para Eva, sino ella para beneficio de Adán. 10 Por esa razón es que la mujer debe cubrirse la cabeza como señal de la autoridad del hombre, y por respeto a los ángeles. 11 Pero recuerden que unidos al Señor, el hombre y la mujer se necesitan mutuamente, 12 porque aunque la primera mujer salió de un hombre, desde entonces todos los hombres nacen de mujer, y todos proceden de Dios.

13 ¿Qué opinan realmente de esto? ¿Está bien que la mujer ore en público sin cubrirse la cabeza? 14 ¿El mismo orden natural de las cosas no nos enseña que es vergonzoso que el hombre se deje crecer el pelo? 15 Para la mujer, por el contrario, es una gloria llevar los cabellos largos, pues le sirven de velo.

16 El que quiera discutir este asunto, que lo discuta. Pero debe tener en cuenta que nosotros no tenemos otra costumbre, ni tampoco las demás iglesias de Dios.

10.21–23 10.26 11.11–12

La Cena del Señor

17En esto que ahora les voy a escribir no puedo
felicitarlos: me han dicho que cuando se congregan, resulta más para mal que para bien. 18Me
han informado que se arman grandes discusiones en dichas reuniones, y en parte lo creo. 19Sin
duda, debe haber grupos sectarios entre ustedes,
para que se vea quiénes cuentan con la aprobación de Dios.

20Cuando ustedes se juntan a comer, no comen
la Cena del Señor 21sino la de ustedes. Me dicen
que, al comer, cada uno come su propia comida
y, como resultado, algunos se quedan con hambre, mientras que otros se emborrachan. 22¿Es
que no pueden comer y beber en casa, para así
no dañar a la iglesia ni avergonzar a los que,
por ser pobres, no pueden llevar alimentos? ¿Qué
debo decirles en cuanto a esto? ¿Debo alabarlos?
¡Pues no señor!

23Esto es lo que el Señor me enseñó, y que ya
les transmití antes:

La noche en que Judas lo traicionó, el Señor
Jesús tomó pan 24y, después de dar gracias a Dios,
lo partió y dijo: «Esto es mi cuerpo que por ustedes es entregado. Hagan esto en memoria de mí».
25De la misma manera, tomó la copa después
de haber cenado y dijo: «Esta copa es el nuevo
pacto confirmado con mi sangre. Cada vez que
la beban, háganlo en memoria de mí». 26Cada
vez que comen este pan y beben de esta copa,
están anunciando que Cristo murió por ustedes.
Háganlo hasta que él venga.

27Así que si alguien come de este pan y bebe de
esta copa del Señor indignamente, está pecando
contra el cuerpo y la sangre del Señor. 28Por eso
cada uno debe examinarse antes de comer el
pan y beber la copa, 29porque si come de este
pan y bebe de esta copa sin pensar en el cuerpo
de Cristo, come y bebe para su propio juicio.
30Esa es la razón por la que tantos de ustedes
están débiles y enfermos, y varios han muerto.
31Si nos examinamos cuidadosamente antes de
comer, no tenemos por qué ser juzgados. 32Pero el
Señor nos juzga y disciplina para que no seamos
condenados con el resto del mundo.

33En fin, hermanos míos, cuando se reúnan
para comer, espérense unos a otros. 34El que tenga hambre, coma en su casa, para que Dios no
los castigue por lo que hacen en sus reuniones.

Las demás cuestiones las hablaremos cuando
vaya a verlos.

Los dones espirituales

12 Y ahora, hermanos, deseo hablarles de
los dones espirituales porque quiero que
los entiendan bien. 2Como recordarán, antes de
convertirse, ustedes solían andar tras los ídolos,
ídolos que eran mudos. 3Por eso les advierto que
nadie que dice mensajes del Espíritu puede maldecir a Jesús; y nadie puede decir que «Jesús es el
Señor» si el Espíritu Santo no lo está ayudando.

4Ahora bien, Dios nos da muchas clases de
dones, pero el Espíritu Santo es la única fuente
de esos dones. 5Hay diferentes maneras de servir
a Dios, pero siempre es a un mismo Señor. 6Hay
muchas maneras en que Dios actúa, pero siempre
es un mismo Dios el que realiza todas las cosas
en nosotros.

7El Espíritu Santo le da una manifestación
especial a cada uno de nosotros para ayudar a
los demás. 8A unos, Dios les da por medio del
Espíritu la capacidad de impartir consejos sabios;
otros tienen el don de hablar con mucho conocimiento; y es el mismo Espíritu el que se lo ha
dado. 9A unos les da una fe extraordinaria; a
otros, poder para sanar enfermos. 10A otros les
concede el poder de realizar milagros; y a otros
el don de profetizar. A unos les da el poder de
discernir entre un espíritu malo y el Espíritu de
Dios; a otros les concede que puedan hablar en
diversas lenguas y aun a otros les da el don de
interpretar esas lenguas.

11Todo esto lo hace un mismo y único Espíritu,
y él da tales dones y determina cuál ha de recibir
cada uno.

Un cuerpo con muchos miembros

12El cuerpo humano, aunque es uno, está
compuesto de muchos miembros; y esos
miembros, aunque son muchos, forman un solo
cuerpo. Lo mismo sucede con el cuerpo de Cristo. 13Hemos sido bautizados en el cuerpo de Cristo por un solo Espíritu, y todos hemos recibido
el mismo Espíritu. Algunos somos judíos, otros
son gentiles; algunos son esclavos y otros son
libres. Pero todos formamos un solo cuerpo.

14El cuerpo tiene muchos miembros, no uno
solo. 15Si el pie dice: «No soy miembro del cuerpo porque no soy mano», ¿dejará por eso de ser
miembro del cuerpo? 16Y si la oreja dice: «No soy
miembro del cuerpo porque no soy ojo», ¿dejará
por eso de pertenecer al cuerpo? 17Supongamos
que el cuerpo entero fuera ojo, ¿cómo oiría? Y si el
cuerpo entero fuera una oreja, ¿cómo podría oler?
18Pero Dios colocó los miembros en el cuerpo
como mejor le pareció. 19¡Qué extraño sería que
el cuerpo tuviera un solo miembro! 20Pero Dios
lo hizo con miembros diversos que, en conjunto,
forman un cuerpo.

21El ojo jamás podrá decirle a la mano: «No
te necesito». Ni la cabeza puede decirle a los
pies: «No los necesito». 22Al contrario, los miembros del cuerpo que parecen más débiles son los
más necesarios. 23Y a los menos importantes, los

12.12–28

tratamos con más cuidado; y con esmero tratamos a los que no deben exhibirse. 24Pero no hacemos lo mismo con los miembros que son más decorosos. Así que Dios armó el cuerpo de tal manera que los miembros que pudieran parecer menos importantes recibieran más honor. 25Esto hace que no haya divisiones en el cuerpo, sino que cada uno se ocupe de los demás. 26Si un miembro sufre, los demás miembros sufren con él; y si un miembro recibe algún honor, los demás se regocijan con él.

27Todos ustedes forman el cuerpo de Cristo, y cada uno es un miembro necesario de ese cuerpo. 28Dios ha puesto en su iglesia: apóstoles, que son los primeros, profetas, en segundo lugar, maestros, en tercer lugar, y luego, los que realizan milagros, los que tienen el don de sanar, los que pueden ayudar a los demás, los que pueden administrar, los que hablan en diversas lenguas. 29¿Son todos apóstoles? ¿Son todos profetas? ¿Son todos maestros? ¿Hacen todos milagros? 30¿Ha dado Dios a todos el don de sanar enfermos o de hablar en lenguas extrañas? ¿Puede cualquiera entender e interpretar otras lenguas? Obviamente, no. 31Ustedes, por su parte, traten de obtener los mejores dones. Pero déjenme mostrarles un camino más excelente:

El amor

13 ☼Si yo tengo el don de hablar en lenguas humanas o angélicas y no tengo amor, soy como un metal que resuena o un platillo que hace ruido.

2Si tengo el don de profecía y sé absolutamente de todo, y no tengo amor, no soy nada. Y si tengo una fe tan grande que puedo hacer que los montes cambien de lugar, de nada me servirá sin amor.

3Si entrego a los pobres hasta el último bien terrenal que poseo, y si dejo que me quemen vivo, pero no tengo amor, de nada me servirá.

4El amor es paciente, es benigno; el amor no es envidioso; el amor no es presumido ni orgulloso; 5no se comporta con rudeza ni es egoísta ni se enoja fácilmente ni guarda rencor; 6al amor no le gustan las injusticias y se regocija cuando triunfa la verdad.

7El amor disculpa todos los errores, siempre confía en la persona amada, espera de ella lo mejor y todo lo soporta.

8,9Un día se dejará de profetizar y de hablar en lenguas, y el saber ya no será necesario, pues sabemos muy poco y profetizamos imperfectamente; pero siempre existirá el amor. 10Y cuando Dios nos haga perfectos, lo que es imperfecto desaparecerá.

11Cuando yo era niño, hablaba, pensaba y razonaba como niño; pero cuando alcancé madurez en la vida, dejé a un lado las cosas de niño. ☼12De la misma manera, nuestros conocimientos son ahora muy limitados, como si estuviéramos viendo una figura en un espejo defectuoso; pero un día veremos las cosas como son, cara a cara. Mis conocimientos son ahora imperfectos, pero en aquel día podré conocer tal y como él me conoce a mí.

13Tres virtudes hay que ahora permanecen: la fe, la esperanza y el amor. Pero la más excelente de ellas es el amor.

El don de lenguas y el de profecía

14 ¡Que el amor sea siempre para ustedes la más alta meta! Desde luego, busquen también los otros dones que da el Espíritu Santo, especialmente el don de profecía.

2El que habla en lenguas, le habla a Dios y no a los demás, y ellos no le entienden, pues habla misterios mediante el poder del Espíritu. 3En cambio, el que profetiza proclama mensajes de Dios que edifican, exhortan y consuelan a los oyentes.

4Por eso, la persona que habla en lenguas se ayuda a sí misma, pero el que profetiza contribuye a que la iglesia crezca. 5Ojalá todos pudieran hablar en lenguas, pero preferiría que profetizaran, porque éste es un don superior al hablar en lenguas, a menos que después de hablar interpreten lo que estaban diciendo para que la iglesia sea edificada.

6Díganme ustedes, hermanos, si voy ahora y les hablo en lenguas, ¿de qué les sirve? Pero si les digo con claridad lo que Dios me ha revelado, si les comunico lo que sé, si les profetizo o les enseño, entonces sí les será útil.

7Aun respecto de los instrumentos musicales —la flauta o el arpa, digamos—, ¿cómo se distinguirá lo que tocan si no dan un sonido distinto? 8Y si el trompeta del ejército no toca las notas que debe, ¿cómo sabrán los soldados que se les está ordenando prepararse para la batalla? 9De la misma manera, si uno le habla a una persona en un idioma que no entiende, ¿cómo sabrá lo que se le está diciendo? Sería como hablarle al aire. 10En el mundo existen cientos de idiomas diferentes y cada uno tiene su propio significado. 11Sin embargo, si alguien me habla en uno de esos idiomas y no lo entiendo, yo seré extranjero para él y él lo será para mí.

12Si tanto anhelan tener alguno de los dones del Espíritu Santo, pídanle que les dé los mejores, los que de veras puedan ser útiles a la iglesia en general. 13Si alguien recibe el don de hablar en lenguas, ore para que el Señor le dé también el

☼13.1–8 ☼13.12–13

don de interpretar, 14porque si uno ora en lenguas, el espíritu ora, pero uno no sabe lo que está diciendo. 15En un caso así, ¿qué debo hacer? Debo orar con el espíritu, pero también con el entendimiento. Debo cantar con el espíritu siempre que se entienda la alabanza que estoy ofreciendo, 16porque si alabas y das gracias a Dios en otro idioma, ¿cómo podrán alabar a Dios contigo los que no entienden tus palabras? ¿Cómo podrán decir «amén», si no saben lo que estás diciendo? 17Tu oración de acción de gracias podrá ser hermosa, pero no edificará a los presentes.

18Gracias a Dios, puedo hablar en lenguas más que cualquiera de ustedes. 19Sin embargo, cuando adoro en público prefiero hablar cinco palabras que la gente pueda entender, y que puedan instruirle, que diez mil palabras en lengua desconocida.

20Amados hermanos, no sean niños en cuanto a la comprensión de estas cosas. Sean niños en lo que a malicia se refiere, pero maduros en asuntos como éstos.

21Dicen las Escrituras que Dios enviaría hombres de otras tierras a hablar en un idioma extraño a su pueblo, pero que ni aun así oirían.

22Como ven, hablar en lenguas no beneficia a los creyentes, aunque sirva para captar el interés de los incrédulos. En cambio, los cristianos necesitan la profecía, aunque para los incrédulos no signifique mucho.

23Aun así, si un incrédulo, o alguien que no conoce estos dones, llega a la iglesia y les oye hablar a todos en lenguas, lo más probable es que piense que están locos.

24Pero si todos profetizan y un incrédulo o uno que no entiende de estas cosas entra, se sentirá reprendido y juzgado por todos; 25sus más íntimos pensamientos saldrán a la luz, se postrará de rodillas a adorar a Dios y reconocerá que Dios de veras está entre ustedes.

Orden en los cultos

26Bien, hermanos míos, resumamos. Cuando se reúnan, unos canten, otros enseñen o comuniquen lo que Dios les haya revelado o hablen en lenguas extrañas o interpreten lo que los otros dijeron en lenguas; pero que todo sirva para la edificación de la iglesia.

27Dos personas, o cuando más tres son las que deben hablar en lenguas. Deben hacerlo por turno, y alguien debe estar listo para interpretar lo que se esté diciendo. 28Si no hay intérprete, no deben hablar en lenguas en público; hablen para sí mismos y para Dios.

29Dos o tres pueden profetizar, y que los demás examinen con cuidado lo dicho. 30Si mientras uno está profetizando otro recibe un mensaje del Señor, el que está hablando debe dejar hablar al otro. 31De esta manera los que tienen el don de profetizar podrán hablar uno tras otro, mientras los demás aprenden y se animan.

32El don de la profecía está bajo el control de los profetas. 33A Dios no le agradan los desórdenes; le gusta la armonía, como la que reina en las demás iglesias.

34Las mujeres deben guardar silencio en las iglesias, pues no les está permitido hablar. Deben estar sumisas, como lo declaran las Escrituras. 35Si desean preguntar algo, pregúntenselo al esposo cuando lleguen a la casa, porque no es correcto que las mujeres hablen en la iglesia.

36Recuerden que la palabra de Dios no salió de ustedes ni sólo a ustedes ha llegado.

37Si alguno de ustedes tiene el don de profecía o cualquier otro don del Espíritu Santo, sabrá mejor que nadie que lo que estoy diciendo es mandamiento de Dios. 38Si alguno no está de acuerdo, ustedes no lo reconozcan a él.

39Así que, hermanos míos, procuren profetizar y no le prohíban a nadie hablar en lenguas. 40Pero háganlo todo de manera correcta y ordenada.

La resurrección de Cristo

15 Permítanme recordarles, hermanos, el evangelio que les prediqué antes. Ustedes lo aceptaron entonces, y perseveran en él. 2Es por medio de este mensaje como ustedes alcanzan la salvación; es decir, si todavía lo creen firmemente. Si no, todo fue en vano.

3Lo primero que hice fue transmitirles lo que me enseñaron: que Cristo murió por nuestros pecados, de acuerdo con las Escrituras; 4que fue sepultado y que al tercer día se levantó de la tumba, según las Escrituras; 5que se le apareció a Cefas y, más tarde, a los doce. 6Después se apareció a más de quinientos cristianos a la vez, la mayoría de los cuales vive todavía, aunque algunos han muerto ya. 7Luego se le apareció a Jacobo, y después a todos los apóstoles. 8Y por último, como a uno que había nacido fuera de tiempo, se me apareció a mí.

9Yo soy el más insignificante de los apóstoles, título que ni siquiera debería ostentar, porque perseguí a la iglesia de Dios. 10Pero lo que soy, lo soy por la gracia de Dios. Y su gracia no ha sido en vano, porque he trabajado más que todos ellos, si bien es cierto que no he sido yo, sino la gracia de Dios que ha obrado por medio de mí.

11Pero no importa quién trabajó más, yo o ellos; lo importante es que les predicamos el evangelio y que ustedes lo creyeron.

14.33 15.1–2 15.10

La resurrección de los muertos

12Ahora bien, si se predica que Cristo resucitó, ¿por qué algunos andan diciendo que no existe la resurrección de los muertos? 13Si no hay resurrección, Cristo no resucitó tampoco; 14y si no resucitó, vana es nuestra predicación y vana es la fe de ustedes. 15En ese caso, los apóstoles seríamos unos mentirosos, porque afirmamos que Dios levantó a Cristo de la tumba, y esto es imposible si los muertos no resucitan. 16Y si no resucitan, Cristo está muerto todavía, 17y la fe de ustedes es una ilusión, todavía están en sus pecados. 18Además, los cristianos que ya han muerto están perdidos. 19Si el ser cristiano nos fuera de valor sólo en esta vida, seríamos los seres más desgraciados del mundo.

20¡Pero Cristo sí resucitó! Y al resucitar se convirtió en el primero de los que resucitarán un día. 21La muerte entró en este mundo por lo que un hombre hizo; pero gracias a lo que otro hombre hizo, habrá resurrección de los muertos. 22Morimos porque tenemos parentesco con Adán, pero viviremos por estar unidos a Cristo.

23Todo, sin embargo, en su debido orden: Cristo resucitó primero; luego, cuando venga Cristo, resucitará su pueblo. 24Después llegará el fin, cuando Cristo entregará el reino a Dios el Padre, tras haber acabado por completo con todo poder, dominio y autoridad, 25porque Cristo tiene que reinar hasta derrotar a sus enemigos y ponerlos bajo sus pies. 26El último de ellos es la muerte.

27El Padre ha dado a Cristo imperio y autoridad sobre todas las cosas; por supuesto, Cristo no gobierna al Padre mismo, porque fue el Padre el que le dio autoridad para gobernar. 28Cuando por fin Cristo haya sometido todo, el Hijo mismo se pondrá a las órdenes del Padre, para que Dios tenga la supremacía absoluta.

29Si los muertos no fueran a resucitar, ¿para qué se bautizan algunos por los muertos? ¿Para qué lo hacen si no creen que los muertos resucitarán? 30¿Y para qué vamos a estar nosotros jugándonos constantemente la vida? 31Les aseguro que a diario arriesgo la vida; tan cierto es esto como el orgullo que siento por ustedes, en Cristo Jesús, nuestro Señor. 32¿Qué he ganado yo enfrentándome en Éfeso a hombres que eran como fieras? Si no vamos a resucitar, «¡comamos y bebamos que mañana moriremos!»

33No se dejen llevar por los que dicen tales cosas. «Las malas amistades, echan a perder las buenas costumbres». 34Despierten y no pequen más, porque algunos de ustedes no conocen a Dios. Para avergonzarlos les digo eso.

El cuerpo resucitado

35Quizás algunos se pregunten: «¿Cómo resucitarán los muertos? ¿Qué clase de cuerpo tendrán?» 36¡Necio! Cuando uno siembra una semilla, no germina si no muere primero. 37Y cuando el brote sale a flor de tierra es muy distinto de la semilla que se plantó. Lo que uno siembra es un simple grano de trigo o de cualquier otra planta, 38pero Dios le da el cuerpo, del tipo que quiso que tuviera. La planta será de acuerdo con la semilla. 39Hay diferentes tipos de cuerpos. Los hombres, las bestias, los peces y las aves son diferentes entre sí. 40Los ángeles del cielo tienen cuerpo diferente del nuestro, y la belleza y la gloria de ellos es diferente de la belleza y la gloria de los nuestros. 41Por ejemplo, el sol tiene un tipo de gloria, mientras que la luna y las estrellas tienen otro. Y las estrellas se diferencian entre sí por su brillantez.

42De igual manera sucederá con la resurrección de los muertos. Lo que se entierra, se echa a perder; lo que resucita, no se corromperá jamás. 43El cuerpo que sembremos, es despreciable; pero cuando resucite será glorioso. Ahora es débil, pero cuando resucite será fuerte. 44Al morir sembramos un cuerpo material, pero cuando resucite será espiritual. Así como hay cuerpos físicos, hay cuerpos espirituales.

45Dicen las Escrituras que el primer Adán se convirtió en un ser viviente; pero el postrer Adán, Cristo, es un Espíritu que da vida.

46Entonces, primero tenemos cuerpo humano y después Dios nos da un cuerpo espiritual. 47Adán fue hecho del polvo de la tierra, pero Cristo descendió del cielo. 48Cada ser humano tiene un cuerpo como el de Adán; y los que viven en el cielo, tienen un cuerpo como el de Cristo. 49Al igual que ahora hemos llevado la imagen de Adán, un día nos pareceremos a Cristo.

50Les digo, hermanos míos, que ningún cuerpo de carne y hueso podrá entrar en el reino de Dios. Este cuerpo corruptible no puede heredar lo que es incorruptible. 51Les voy a revelar ahora un secreto: No todos moriremos, pero todos seremos transformados. 52Ocurrirá en un abrir y cerrar de ojos, cuando suene la trompeta final. Cuando esa trompeta suene, los que hayan muerto resucitarán con cuerpos nuevos que jamás morirán; y los que estemos vivos seremos transformados.

53Porque es imprescindible que este cuerpo corruptible se convierta en un cuerpo incorruptible, y que lo mortal sea inmortal. 54Cuando así suceda, se cumplirá la siguiente profecía: «Ha sido devorada la muerte por la victoria.

55«¿Dónde está, oh muerte, tu aguijón?
¿Dónde está, oh sepulcro, tu victoria?»

56En efecto, el pecado, que es el aguijón de la muerte, ya no existirá; y la ley, que le da poder

15.16–19 15.40 15.42–44

al pecado, dejará de juzgarnos. 57¡Gracias a
Dios que nos da la victoria por medio de Jesucristo, nuestro Señor!
58Por eso, amados hermanos míos, estén firmes
y constantes; trabajen siempre para la obra del
Señor, conscientes de que nada de lo que hagamos para el Señor será en vano.

La colecta para el pueblo de Dios

16 Estas son las instrucciones en cuanto
al dinero que están recogiendo para
ayudar a los cristianos, instrucciones que di también a las iglesias de Galacia.
2Los domingos cada uno de ustedes aparte algo
de lo que ganó durante la semana, y guárdelo.
Así cuando yo llegue no tendrán que empezar
la colecta. 3Cuando llegue enviaré a Jerusalén la
ofrenda recogida y una carta; ustedes nombra-
rán a varias personas de confianza para que la
lleven. 4Si es conveniente que yo las acompañe,
iré con ellas.

Encargos personales

5Llegaré a visitarlos después que vaya a Macedonia. 6Puede ser que me quede con ustedes
todo el invierno; espero que ustedes me ayuden
a pagar mi siguiente viaje. 7Esta vez no quiero
verlos sólo de paso. Deseo quedarme con ustedes
un tiempo, si el Señor me lo permite. 8Permane-
ceré en Éfeso hasta el día de Pentecostés. 9Aquí
se me han abierto bastante las puertas para predicar, a pesar de que muchos también están en
contra de mí.
10Si Timoteo llega por allá, procuren que se
sienta contento, porque él trabaja para el Señor
al igual que yo. 11No permitan que nadie lo desprecie. Ayúdenlo para que siga su viaje en paz,
para que pueda reunirse de nuevo conmigo, pues
lo estoy esperando, así como a los hermanos que
vengan con él.
12Supliqué a Apolos que fuera con los demás
hermanos a visitarlos, pero pensó que no era
prudente que fuera ahora. Irá tan pronto como
se le presente la oportunidad.
13Estén alertas; sean fieles al Señor. Pórtense con
valor y sean fuertes. 14Cualquier cosa que
hagan, háganla con amor.
15¿Se acuerdan de Estéfanas y su familia? Fueron los primeros en convertirse al cristianismo
en Grecia, y han dedicado sus vidas a servir a
los cristianos. Les recomiendo, hermanos, 16que
obedezcan a Estéfanas, así como a cualquiera
que, como ellos, haga ese duro trabajo. 17Me dio
mucha alegría cuando vinieron Estéfanas, Fortunato y Acaico. Ellos me han dado la ayuda
que ustedes no me podían dar por no estar aquí.
18Me tranquilizaron muchísimo, lo mismo que a
ustedes. Espero que ustedes reconozcan la obra
que estos hermanos realizan.

Saludos finales

19Las iglesias de Asia les envían saludos. Aquila
y Priscila les saludan con mucho afecto, y lo
mismo hacen los hermanos que se reúnen en
casa de ellos. 20Los hermanos me han pedido
que les envíe saludos.
Salúdense unos a otros con un beso santo.
21Yo, Pablo, les escribo este saludo con mi
propia letra.
22Si alguien no ama al Señor, que Dios lo maldiga. ¡Ven, Señor nuestro!
23Que el amor del Señor Jesús esté con ustedes.
24Los amo a todos ustedes con el amor de Cristo
Jesús. Amén.

15.57–58 16.1–2 16.14

2 CORINTIOS

¿Quién lo escribió?

Prácticamente no hay dudas de que el autor fue el Apóstol Pablo.

¿Cuándo y dónde lo escribió?

Escrita desde Macedonia, probablemente en Filipos (entregada por Tito y otros dos hermanos) para que se prepararan para su visita (8:16-24). La envió aproximadamente en el 56 d. C. unos 8 a 12 meses después de la "primera" carta.

¿A quién lo escribió?

Las cosas no marcharon bien en la Iglesia en Corinto y esto hizo necesario que se escribiera una "Carta Temprana". La situación no mejoró y se hizo imprescindible una segunda. Los problemas hicieron que se escribiera la "Carta Dolorosa" (2 Cor. 2:4; 7:8). Estos problemas crearon cierta antipatía hacia Pablo. Aunado a ello, falsos maestros aprovecharon la situación para soliviantar los ánimos contra el apóstol. Esto se lee entre líneas en nuestra Primera Corintios, después de la cual Pablo prometió enviar a Timoteo. Éste regreso sin noticias alentadoras. Pablo decidió ir en persona a resolver los asuntos. Su experiencia fue también amarga y desalentadora (2 Cor. 2:1). Evidentemente partió dejando nuevas instrucciones ante las que mantuvo las expectativas. Su partida la ha de haber hecho sin mucha esperanza, dado que le fue difícil cumplir su ministerio después (2 Cor. 2:12). Impaciente por noticias se encuentra en Macedonia con Tito quien le da buenas nuevas de la Iglesia (2 Cor. 2:5s; 7:5-13).Con este trasfondo se escribe nuestra "Segunda Corintios". En ella se reflejan las dificultades que había tenido con la Iglesia y la alegría de la reconciliación.

Panorama del libro

Pablo esperaba noticias de Corinto por medio de Tito, pero él no llegó a Efeso. Pablo fue a Troas pero todavía no se encontró con Tito. Siguió a Macedonia y lo encontró (2 Cor. 2:12-13). Tito dio su informe (7:6-16): Pablo fue criticado por cambiar su plan de visitar [por tercera vez] a Corinto. Algunos atacaron su apostolado y todavía existía la tendencia a las disensiones (2 Cor. 10:13). Mientras 1a Cor. fue escrita para efectuar reconciliación entre los hermanos de la Iglesia, 2a Cor. fue escrita para efectuar una reconciliación entre Pablo y sus convertidos. Pablo escribió para restaurar su relación y su entendimiento y verdad como un apóstol de Dios. Desea restablecer un contacto positivo y saludables relaciones con los hermanos de Corinto. Busca también ganar favor por enfatizar que él está agradecido porque un obstáculo grande a la reconciliación ha sido removido.

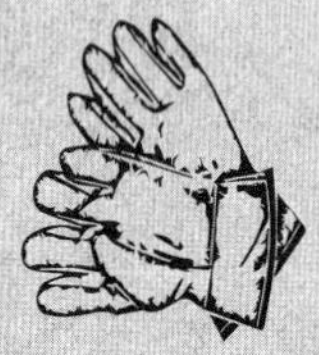

¿Cómo se relaciona con nosotros?

Lo que Pablo promueve en esta carta nos da ejemplo de lo que es un liderazgo generoso, que prioriza la reconciliación como una agenda del cuerpo de Cristo. Es esta una carta más personal, en la que Pablo se centra primero en el ejemplo generoso que las iglesias macedonias, en su mayoría formadas por no judíos, les daban a sus hermanos judíos cristianos en Jerusalén, y exhorta a los creyentes de Corinto a hacer sus propias donaciones para la obra. Varias realidades acerca de la ofrenda cristiana quedan claras en ella: los cristianos dan generosamente, en ocasiones más allá de sus capacidades financieras, y lo hacen sin nacionalismos, racismos ni clasismo; por eso otro de los temas importantes de la carta es la reconciliación.

En un contexto social polarizado la actitud pacificadora es imprescindible. Pablo nunca vendió sus convicciones, sino que luchó por ellas e hizo prevalecer la verdad con generosidad.

¿Cómo lo estudiamos?

1) El ministerio de Pablo (1:1-7:16)
2) El plan de colecta de la ofrenda (8:1-9:15)
3) Defensa del ministerio de Pablo (10:1-13:14)

2 CORINTIOS

2 Corintios

1 Pablo, apóstol de Jesucristo porque Dios así lo
quiso, y nuestro hermano Timoteo, a la iglesia
de Dios que está en Corinto y a todos los santos
que están en toda la región de Acaya.
2Que Dios nuestro Padre y el Señor Jesucristo
les concedan su amor y su paz.

El Dios de toda consolación

3¡Bendito sea el Dios y Padre de nuestro Señor
Jesucristo, Padre misericordioso y Dios de toda
consolación! 4Él nos consuela en todas nuestras
tribulaciones, para que podamos consolar a todos
los que sufren, con el mismo consuelo que él nos
prodigó.
5Pues así como sufrimos abundantemente
por Cristo, así de grande es el consuelo que él
nos da. 6Si sufrimos es para que ustedes tengan
consuelo y obtengan la salvación. Y si Dios nos
ha consolado es para bien de ustedes, para que
reciban el consuelo que les ayude a soportar con
paciencia los mismos sufrimientos que padecemos nosotros. 7Tenemos una esperanza segura en
ustedes, porque sabemos que participan tanto de
nuestros sufrimientos como de nuestro consuelo.
8Creo que deben conocer, hermanos, las tribulaciones que pasamos en Asia. Nos vimos tan
aplastados bajo tanta presión, que temimos no
salir de allí con vida. 9Nos pareció que estábamos ya sentenciados a muerte. Pero eso
sucedió para que no confiáramos en nosotros
mismos sino en Dios, que puede hasta resucitar
a los muertos.
10Él nos libró de la muerte y de la misma manera nos volverá a librar cuando sea necesario. En
él hemos puesto nuestra esperanza. 11Pero ustedes
nos ayudaron también con sus oraciones, y juntos podremos elevar alabanzas a Dios al contestar
él los ruegos por nuestra seguridad.

Pablo cambia de planes

12Con gran satisfacción y sinceridad podemos afirmar que siempre hemos dependido de
la gracia del Señor y no de nuestra sabiduría y
que siempre hemos sido puros y sinceros en el
mundo, especialmente en cuanto a la forma en
que nos hemos comportado con ustedes. 13Les
escribimos de forma directa y fácil de comprender. Espero que me entiendan, 14como ya han
entendido, que pueden estar orgullosos de nosotros, de la misma manera que nosotros estaremos
orgullosos de ustedes el día en que nuestro Señor
Jesús regrese.
15Estaba tan confiado en esto, que primero
quise visitarlos a ustedes para serles de doble
bendición, 16es decir, hacer un alto en mi viaje a
Macedonia y luego hacer lo mismo en el viaje de
regreso. Así me podrían ayudar a seguir el viaje
a Judea. 17¿Por qué cambié de planes? ¿Estaría
de veras decidido? ¿O soy de los que dicen «sí»
aunque por dentro están diciendo «no»?
18Pues tan cierto como que Dios es fiel, él sabe
que yo cumplo mi palabra. 19Timoteo, Silvano y
yo les hemos hablado de Jesucristo, el Hijo de
Dios. Pues bien, Jesucristo no es de los que dicen
«sí» y luego dicen «no». 20Él hace lo que dice
y cumple las promesas de Dios. Y nosotros,
por medio de Cristo, respondemos «amén», para
gloria de su nombre. 21Ese Dios es precisamente
el que nos mantiene firmes en Cristo, a ustedes
y a nosotros. Él nos eligió 22y ha puesto su marca en nosotros —marca que declara que le pertenecemos— y también ha puesto su Santo
Espíritu en nuestros corazones como garantía de
sus promesas.
23Pongo a Dios por testigo de que todavía no
he ido a visitarlos porque no quiero ser duro con
ustedes. 24No es que les estemos imponiendo la fe,
sino que intentamos contribuir al gozo de ustedes. Pues ustedes se mantienen firmes por la fe.

2 En realidad, decidí no hacerles una visita
que los dejara tristes, 2porque si los entris-
tezco, ¿quién me alegrará después? Solamente
ustedes, a los que habré entristecido. 3Preci-
samente por eso les escribí, para que al llegar
no me entristecieran los que debían alegrarme.
Estaba seguro de que la felicidad de ustedes estaba íntimamente ligada con la mía.
4Y cuando les escribí, se me partía el corazón
al hacerlo. Lo digo con sinceridad: lloré muchísimo. Mi intención no era hacerlos sufrir, pero
tenía que demostrarles cuán grande es el amor
que les tengo.

Perdón para el pecador

5Aquel hombre, el causante de tanta tristeza,
no me la causó sólo a mí sino también a ustedes,
aunque yo exagere. 6Para él ya es bastante el
castigo que la mayoría le impuso. 7Ya es hora de
perdonarlo y consolarlo, no vaya a ser que se
consuma de tanta tristeza. 8Les ruego que le
muestren que todavía lo aman. 9Les escribí de
aquella manera precisamente para ver hasta dón
de me obedecían. 10Yo perdonaré a cualquiera que perdonen. Y lo que yo haya perdonado,
si algo tenía que perdonar, lo he hecho por ustedes delante de Cristo, 11para que Satanás no se
aproveche de nosotros, pues ya conocemos sus
malas intenciones.

Ministros del nuevo pacto

12Bien, cuando llegué a la ciudad de Troas, el
Señor me proporcionó formidables oportunida-

1.3–5 1.9–14 1.20–22 2.1–2 2.3
2.10–11

des para predicar el evangelio de Cristo. 13 Pero
Tito, mi amado hermano, no estaba allí cuando
llegué. Tan intranquilo me puso esto que me
despedí y fui a buscarlo a Macedonia.
14 Pero, ¡gracias a Dios que siempre nos lleva
en el desfile victorioso de Cristo! y dondequiera que vamos nos usa para hablar a otros y para
esparcir el evangelio como perfume fragante.
15 Para Dios somos como la fragancia de Cristo;
olor que llega a los que se salvan y a los que se
pierden. 16 Para éstos, somos un olor de muerte
que lleva la muerte; pero para los otros, somos
un olor de vida que lleva a la vida. Y ¿quién está
perfectamente capacitado para una tarea como
ésta? 17 Nosotros fuimos enviados por Dios para
anunciar el evangelio con sinceridad delante de
Dios, porque estamos unidos a Cristo. No somos
como esos que predican la palabra de Dios por
lucro.

3 ¿Ya comenzamos a hablar bien de nosotros
mismos? ¿Estamos como algunos que llevan
consigo cartas de recomendación para ustedes
o de ustedes? ¿Será que las necesitamos nosotros? 2 Nuestra mejor carta son ustedes mismos.
Esa carta está escrita en nuestro corazón y todo
el mundo la conoce. 3 Ustedes son una carta de
Cristo escrita por nosotros, no con tinta sino con
el Espíritu del Dios viviente; no fue labrada en
piedra, sino en las tablas del corazón humano.
4 Ésta es la confianza que tenemos delante de
Dios, por medio de Cristo.
5 No porque creamos que por nosotros mismos
podemos hacer las cosas. Dios es la fuente de
nuestro poder. 6 Él nos ha capacitado para que
seamos siervos del nuevo pacto, no basado en
la ley sino en la obra del Espíritu, porque la ley
condena a muerte, pero el Espíritu da vida.

La gloria del nuevo pacto

7 El ministerio que conducía a la muerte fue
grabado en piedras; era tan glorioso que el pueblo no podía fijar la vista en el rostro de Moisés.
Esto se debía a que el rostro le resplandecía con
la gloria de Dios, si bien aquella brillantez ya se
estaba desvaneciendo.
8 ¿No debemos esperar una gloria mucho
mayor en estos días del ministerio del Espíritu
Santo? 9 Si el ministerio que conducía a la condenación fue tan glorioso, cuánto más glorioso será
el ministerio que justifica al hombre ante Dios.
10 En realidad, lo que fue glorioso es insignificante si se lo compara con esta supereminente
gloria. 11 Y si lo que era perecedero tuvo gloria,
mucho más la tendrá lo que permanece.
12 Y como tenemos esta esperanza, podemos
predicar con plena libertad. 13 No como Moisés,
que se cubría el rostro con un velo para que los
israelitas no vieran que la gloria se le desvane-
cía. 14 Sin embargo, aun hoy día, cuando leen el
Antiguo Testamento, parecen tener el corazón
y la mente cubiertos por ese mismo velo. Sólo
Cristo puede quitarles el velo para que entiendan.
15 Sí, todavía hasta el día de hoy, siempre que
leen los escritos de Moisés, un velo les cubre el
entendimiento.
16 Pero cuando una persona se vuelve al Señor,
el velo se le quita, 17 porque el Señor es el Espíritu, y donde está el Espíritu del Señor allí hay
libertad. 18 Así que todos nosotros, con el rostro
descubierto, reflejamos la gloria del Señor como
si fuéramos espejos. Y el Espíritu del Señor nos
va transformando de gloria en gloria, y cada vez
nos parecemos más a él.

Tesoros en vasijas de barro

4 Dios, en su misericordia, es el que nos
permite servirle, y por eso no nos damos
nunca por vencidos. 2 No engañamos a nadie, ni
cambiamos la palabra de Dios. No tenemos de
qué avergonzarnos, ni hacemos maldades a
escondidas. Al contrario, delante de Dios hablamos y proclamamos la verdad ante todas las
personas.
3 Si algunos no entienden nuestro evangelio,
son aquellos que están perdidos, 4 pues el dios de
este mundo los ha cegado y no pueden contemplar la gloriosa luz de la buena noticia acerca de
Cristo que brilla ante ellos. Cristo es la imagen
de Dios.
5 Nosotros no predicamos acerca de nosotros
mismos; anunciamos que Jesucristo es el Señor.
Lo único que decimos de nosotros es que somos
siervos de ustedes por amor a Jesús. 6 Porque Dios,
que dijo: «Resplandezca la luz en las tinieblas»,
hizo brillar su luz en nuestros corazones y nos
ha hecho comprender que es el resplandor de su
gloria lo que brilla en el rostro de Cristo.
7 Pero este precioso tesoro lo guardamos en
una vasija de barro. Es así para que sea obvio
que este glorioso poder viene de Dios y no de
nosotros.
8 Estamos acosados por problemas, pero no
estamos vencidos. Enfrentamos grandes dificultades, pero no nos desesperamos. 9 Nos persiguen,
pero Dios no nos abandona nunca. Nos derriban,
pero no nos pueden destruir. 10 Por dondequiera
que vamos, este cuerpo nuestro se enfrenta a la
muerte al igual que Jesús, para que también la
vida de Jesús se manifieste en nosotros. 11 A diario
corremos peligro de muerte por servir a Jesús,
para que también en nosotros se vea la vida que

2.14–17 3.4–6 3.17–18 4.1–6 4.7–11

Jesús da. 12En conclusión: La muerte actúa en
nosotros y en ustedes se hace presente la vida.
13Con esa actitud de quienes creen en Dios,
nosotros declaramos lo que creemos. Como
está escrito: «Creí y por eso hablé». 14Sabemos
que el mismo Dios que resucitó al Señor Jesús
nos resucitará también a nosotros con Jesús, y
junto con ustedes nos llevará a su presencia. 15Lo
que padecemos es por el bien de ustedes. Y mientras más sean los que reciban el amor de Dios,
más gracias habrá que dar a Dios por su gran
bondad, y mayor gloria recibirá el Señor.
16Por eso, nunca nos damos por vencidos.
Aunque este cuerpo nuestro se va desgastan-
do, por dentro nos renovamos cada vez más.
17Pues nuestros pequeños y pasajeros sufrimientos producen una gloria eterna más grande y
abundante. 18Por lo tanto, no nos importa lo que
ahora se ve, sino que fijamos la mirada en lo que
todavía no vemos. Porque lo que se ve es pasajero, mientras que lo que no se ve no cesará
jamás.

Nuestra morada celestial

5 Sabemos que cuando esta tienda de campaña en que vivimos se desmantele, recibiremos de Dios un edificio, una casa eterna en
el cielo, no construida por manos humanas.
2Mientras eso sucede, suspiramos pues anhelamos el día en que nos hemos de revestir de aquel
cuerpo celestial, 3pues, en efecto, seremos revestidos y no nos quedaremos desnudos.
4El cuerpo terrenal que ahora tenemos nos
hace gemir y suspirar, ya que no queremos des-
vestirnos de este cuerpo. Preferimos revestirnos
del nuevo cuerpo, de manera que nuestro cuerpo mortal sea absorbido por la vida. 5Dios nos
ha preparado para esto y nos ha dado su Santo
Espíritu como garantía de sus promesas.
6Por eso vivimos confiados y sabemos que
cada momento que pasamos en este cuerpo
terrenal lo pasamos lejos del Señor. 7Esto lo sabemos por la fe, no por la vista. 8Así que tenemos
confianza. ¡Preferimos morir e irnos a morar
junto con el Señor! 9Por lo tanto, procuramos
siempre agradarle, ya sea que estemos en este
cuerpo o que ya no estemos en él. 10Un día tendremos que comparecer ante el tribunal de Cristo, y seremos juzgados. Cada uno recibirá lo que
merezca por las buenas o las malas cosas que
haya hecho mientras estaba en el cuerpo.

El ministerio de la reconciliación

11Impulsados por este temor reverencial al
Señor, tratamos arduamente de persuadir a otros.
Dios sabe que nuestros corazones son sinceros
en cuanto a esto, y espero que ustedes lo sepan
también.
12¿Estamos otra vez tratando de recomendarnos
ante ustedes? No; estamos tratando de ofrecerles
argumentos contra quienes se fijan en las apariencias y no se interesan en lo que hay en el
corazón. Por lo menos ustedes pueden sentirse
orgullosos de nosotros.
13Si estamos locos, es para Dios; y si estamos
cuerdos, lo estamos para beneficio de ustedes.
14El amor de Cristo nos domina, porque estamos
convencidos de que Cristo murió por todos, y
por eso todos han muerto. 15Él murió por todos
para que los que viven ya no vivan más para sí
mismos, sino para agradar al que murió y resucitó por ellos.
16Así que dejémonos de medir a los demás por lo
que el mundo piense de ellos. Y aunque a Cristo
lo hayamos conocido de esa manera, ya no lo
haremos más.
17Por lo tanto, si alguien está unido a Cristo,
es una nueva creación. ¡Lo viejo ha quedado
atrás y lo nuevo ha llegado! 18Y todo esto proviene de Dios, quien nos reconcilió consigo por lo
que Jesucristo hizo. Y Dios nos ha otorgado la
tarea de la reconciliación.
19Dicho en otras palabras: en Cristo, Dios estaba
reconciliando al mundo con él, no tomándole en
cuenta sus pecados, y encargándonos a nosotros este mensaje de la reconciliación. 20Somos
embajadores de Cristo. Dios les habla a ustedes
por medio de nosotros: «En el nombre de Cristo
les rogamos, ¡reconcíliense con Dios!»
21Dios tomó a Cristo, que no tenía pecado, y
puso sobre él nuestros pecados, para declararnos
justos por medio de Cristo.

6 Como colaboradores de Dios les suplicamos
que no desechen su amor. 2Porque Dios dice:
«Escuché tu clamor en tiempo favorable, y en día
de salvación te socorrí». Ahora mismo es el tiempo favorable de Dios; hoy es el día de la salvación.

Privaciones de Pablo

3Nosotros nos comportamos siempre de tal
manera que nadie se escandalice, ni critique
nuestro servicio. 4Más bien, en cada uno de nuestros actos tratamos de portarnos como servidores
de Dios. Con paciencia soportamos los sufrimientos, las necesidades, las angustias. 5Nos han azotado, encarcelado y nos hemos enfrentado a
airadas multitudes; hemos trabajado hasta el
agotamiento, hemos pasado noches en vela y sin
comer. 6Con la integridad de nuestras vidas, con
nuestro entendimiento del evangelio y con nuestra paciencia y bondad hemos hecho nuestro
servicio. El Espíritu Santo vive en nosotros y ama-

4.13–15 4.16–18 5.1 5.6–12 5.17–21

mos con sinceridad. 7Hemos sido veraces gracias al poder de Dios. Nuestra arma para atacar y defendernos ha sido la justicia. 8Unas veces nos honran y otras nos desprecian; unas veces nos critican y otras veces nos ensalzan; unas veces nos tienen por mentirosos, aunque decimos la verdad. 9Aunque todo el mundo nos conoce, nos tratan como a desconocidos; arriesgamos la vida, pero estamos vivos; nos han golpeado, pero sobrevivimos. 10Tenemos el corazón adolorido, pero a la vez no nos falta el gozo. Parecemos pobres, pero enriquecemos a muchos; no tenemos nada, y, sin embargo, somos dueños de todo.

11Queridos hermanos corintios, les hemos hablado con entera franqueza; les hemos abierto nuestro corazón. 12Nosotros les amamos mucho, pero ustedes nos niegan su amor. 13Les estoy hablando ahora como si fueran mis propios hijos. ¡Correspondan al amor que les ofrezco!

No formen yunta con los incrédulos

14No se unan en matrimonio con los que no creen en el Señor, porque ¿qué pueden tener en común la justicia con la maldad? ¿Cómo puede la luz llevarse bien con la oscuridad? 15Y ¿qué armonía puede haber entre Cristo y el diablo? ¿Cómo puede un creyente estar de acuerdo con un incrédulo? 16Y ¿qué unión puede existir entre el templo de Dios y los ídolos? Porque nosotros somos el templo del Dios viviente. Como el Señor dijo:

«Viviré con ellos y caminaré entre ellos, y seré su Dios y ellos serán mi pueblo».

17Por eso el Señor añade:

«Salgan de en medio de ellos, apártense; no toquen sus inmundicias, y yo los recibiré 18y seré un Padre para ustedes, y ustedes serán mis hijos y mis hijas, dice el Señor Todopoderoso».

7 Puesto que tenemos tan grandes promesas, amados hermanos, apartémonos del mal, ya sea mal corporal o espiritual. Así en el temor de Dios procuraremos ser completamente santos.

La alegría de Pablo

2Por favor, vuelvan a darnos cabida en su corazón, porque a ninguno de ustedes lo hemos defraudado, a nadie hemos corrompido ni de nadie nos hemos aprovechado. 3No digo esto para echarles en cara nada. Como ya les dije, tienen un lugar muy especial en mi corazón y vivo y moriré con ustedes. 4Tengo en ustedes la más absoluta confianza, y el orgullo que me dan es inmenso. Al pensar en ustedes me consuelo en medio de mis sufrimientos.

5Desde que llegamos a Macedonia no habíamos tenido reposo: desde fuera, las dificultades se agolpaban a nuestro alrededor; por dentro, sentíamos mucho temor. 6Pero Dios, que alienta a los desalentados, nos alentó con la llegada de Tito 7y con la noticia que él me trajo de que ustedes lo habían consolado. Cuando me habló del ansia con que esperan mi llegada, de lo tristes que se pusieron y de la gran preocupación que tienen por mí, el corazón me saltó de gozo.

8Ya no me pesa haberles mandado aquella carta, aunque durante algún tiempo me dolió pensar en lo doloroso que debió haber sido para ustedes. 9Ahora me alegro de haberla enviado, no porque les dolió sino porque aquel dolor los condujo al arrepentimiento. El dolor que sintieron es el que Dios desea que su pueblo sienta, y por lo tanto no les hice daño. 10Dios a veces permite que nos vengan tristezas para impulsarnos a apartarnos del pecado y tener la salvación. Jamás debemos quejarnos de estas tristezas. Pero las tristezas del mundo sólo producen muerte.

11¿Se dan cuenta de lo provechosa que fue para ustedes la tristeza que les envió el Señor? Ya no se encogen de hombros, como hacían antes, sino que actuaron rápido, me defendieron y se indignaron. Temerosos por lo que había sucedido, ansiaron que fuera a ayudarlos. Pero, sin perder tiempo, afrontaron el problema y lo resolvieron castigando al que pecó. Así demostraron que no fue culpa de ustedes.

12Si les escribí como lo hice, no fue pensado en quien ofendió o en quién recibió la ofensa. Fue para que ustedes se dieran cuenta delante de Dios de lo mucho que ustedes se interesan en nosotros. 13Todo esto nos da nuevos ánimos. Pero mucho más nos alentó y alegró el gozo de Tito por el cálido recibimiento que le dieron y por la tranquilidad que recobró entre ustedes. 14Me alegró mucho que no me hicieran quedar mal. Al contrario, así como todo lo que les dijimos a ustedes fue verdad, también lo que le dije a Tito de ustedes resultó cierto. 15Él los ama más que nunca, sobre todo cuando recuerda la obediencia que le prestaron y la humildad con que lo recibieron. 16¡Cuánto me alegra esto! ¡Sé que puedo tener plena confianza en ustedes!

Estímulo a la generosidad

8 Quiero hablarles ahora sobre la gracia que Dios ha dado a las iglesias de Macedonia. 2Aunque los hermanos han estado pasando por grandes tribulaciones, han mezclado la extrema pobreza que padecen con el gozo extraordinario que experimentan, y como resultado, han abundado en rica generosidad. 3No han dado sólo lo que pueden dar, sino mucho más; y soy testigo de que lo han hecho voluntariamente, 4pues nos

6.9–10 6.14–7.1 7.9 7.16

suplicaron con insistencia que les concediéramos el privilegio de ofrendar para los cristianos de Jerusalén. 5Y, mejor todavía, sobrepasaron nuestras más altas expectativas: lo primero que hicieron fue dedicarse por entero al Señor y luego se pusieron a nuestra disposición, de acuerdo con la voluntad de Dios.

6Por ello le supliqué a Tito que fuera a verlos y los instara a completar la generosa colecta, que él ya había iniciado entre ustedes. 7Ustedes son paladines en muchas cosas: en su fe en Dios, en buena predicación, en conocimiento, en dedicación al servicio y en amor hacia nosotros. Ahora deseo que se pongan a la cabeza en la gracia de dar.

8No les estoy dando una orden; esta sería una manera de demostrar que su amor es sincero, en comparación con lo que los demás están haciendo.

9Ustedes ya conocen la gracia de nuestro Señor Jesucristo; aunque era rico, se hizo pobre por amor a ustedes, para que mediante su pobreza se enriquecieran ustedes.

10Deseo sugerirles que terminen lo que empezaron hace un año, porque fueron no tan sólo los primeros en lanzar la idea, sino los primeros en ponerla en práctica. 11Ya que empezaron con tanto entusiasmo, llévenlo a feliz término con el mismo ánimo. 12Si están de veras ansiosos de dar, la cantidad que den será bien recibida. Dios quiere que den de lo que tienen; no de lo que no tienen.

13Por supuesto, mi intención no es que se sacrifiquen para que los demás vivan bien. Se trata de que haya igualdad. 14En esta ocasión ustedes tienen bastante y pueden ayudarlos en su necesidad; quizás en otra ocasión ustedes sean los necesitados y ellos los ayudarán. De esta manera habrá igualdad. 15Pues así está escrito:

«Al que recogió mucho no le sobró nada, y el que recogió poco no tuvo menos».

Tito enviado a Corinto

16Doy gracias a Dios porque ha dado a Tito el mismo interés sincero en ustedes que tengo yo. 17Le agradó mucho mi petición de que los visitara de nuevo, y lo hizo por su propia voluntad. 18Con él les estoy enviando a un hermano bien conocido en todas las iglesias, que se ha destacado por su trabajo a favor del evangelio. 19Además, las iglesias lo eligieron para que nos acompañara en el viaje en que hemos de entregar esta ofrenda. Todo esto lo hacemos para honrar al Señor y mostrar nuestro ardiente deseo de servir.

20Así queremos evitar cualquier sospecha sobre la manera en que manejamos este gran donativo. 21Dios sabe que somos honrados, pero deseo que todo el mundo lo compruebe. Por eso hemos tomado esta precaución.

22Les estoy enviando, además, a otro hermano, que nos ha demostrado muchas veces y de distintas maneras su disposición para ayudar. Y ahora está más dispuesto, por la enorme confianza que tiene en ustedes.

23Si alguien les pregunta quién es Tito, díganle que es mi compañero y colaborador en la tarea de ayudarlos. Pueden decir también que los otros dos hermanos representan a las iglesias de aquí y que llevan una vida que honra a Cristo. 24Muestren a estos hombres el amor que ustedes tienen y demuéstrenles que cuanto he dicho de ustedes con orgullo es cierto. Esto será un testimonio para las iglesias.

9 Sé que está de más que les hable de ayudar a los cristianos. 2Ustedes siempre están dispuestos a ayudar; y he tenido el orgullo de decir a los hermanos de Macedonia que, hace un año, ustedes, los de Acaya, ya estaban listos para enviar una ofrenda. Y es más: el entusiasmo de ustedes fue la chispa que prendió en la mayoría de ellos el deseo de ayudar.

3Sin embargo, les envío a estos hermanos para asegurarme de que ya están listos para mandar el donativo, como he dicho que lo estarían. No quiero que a última hora me hagan quedar mal. 4Me daría pena —y a ustedes también— que algunos macedonios fueran conmigo y encontraran que todavía ni siquiera han recogido la ofrenda. 5Así que pedí a estos hermanos que fueran primero y se cercioraran de que el generoso donativo que ustedes prometieron ya esté listo. Así será una muestra de generosidad y no de tacañería.

Sembrar con generosidad

☼ 6Ahora bien, el agricultor que siembra pocas semillas, obtendrá poca cosecha; pero el que siembra mucho, mucho cosechará. 7Cada uno tiene que determinar cuánto va a dar. Que no sea con tristeza ni porque lo obliguen, porque Dios ama al que da con alegría.

8Poderoso es Dios para darles en abundancia sus bendiciones, de tal manera que, siempre y en todas las circunstancias, no sólo tengan para satisfacer las necesidades propias sino también para dar en abundancia a los demás. 9Como está escrito:

«El que da generosamente a los pobres hace que su justicia permanezca para siempre».

10Porque así como Dios le da semillas al agricultor y también le da el pan que lo alimenta, así

☼9.6–12

él mismo les proporcionará abundantes cosechas, para que ustedes puedan ayudar a otros.

[11]Sí, Dios les dará a ustedes en abundancia para que puedan dar en abundancia; y cuando entreguemos las dádivas de ustedes a los que las necesitan, prorrumpirán en acción de gracias a Dios. [12]En otras palabras, el donativo que ustedes envíen es un servicio sagrado que surtirá dos efectos: ayudará a los que están en necesidad e impulsará a éstos a estar muy agradecidos con Dios. [13]Cuando reciban esta demostración de servicio, ellos alabarán a Dios porque ustedes obedecen el mensaje de Cristo, son generosos y se solidarizan con ellos y con todos. [14]Además, ellos orarán por ustedes con mucho amor, gracias a la bondad de Dios que se manifestó a través de ustedes.

[15]¡Gracias a Dios por el regalo tan maravilloso que nos ha dado, y que no podemos expresar con palabras!

Pablo defiende su ministerio

10 Cuando yo, Pablo, les ruego algo, lo hago con la misma ternura y bondad de Cristo. Sin embargo, se ha dicho que cuando les escribo soy fuerte, pero que cuando lo hago personalmente soy suave. [2]¡Espero que cuando vaya a verlos no tenga que ser duro con los que piensan que actúo como un hombre cualquiera!

[3]Sí, es cierto, vivimos en este mundo, pero nunca actuamos como el mundo para ganar nuestras batallas. [4]Para destruir las fortalezas del mal, no empleamos armas humanas, sino las armas del poder de Dios. [5]Así podemos destruir la altivez de cualquier argumento y cualquier muralla que pretenda interponerse para que el hombre conozca a Dios. De esa manera, hacemos que todo tipo de pensamiento se someta para que obedezca a Cristo. [6]Y estamos listos a castigar a cualquiera que persista en su rebeldía, después que ustedes mismos se hayan rendido totalmente a Cristo.

[7]Fíjense en lo que tienen a la vista. Si alguien puede afirmar que le pertenece a Cristo, lo mismo podemos decir nosotros. [8]No me avergonzaré de insistir demasiado en la autoridad que tengo sobre ustedes, autoridad que el Señor me dio para la edificación de ustedes, no para su destrucción. [9]Les digo esto para que no crean que sólo trato de asustarlos con mis cartas. [10]«En sus cartas se expresa muy bruscamente y con palabras duras», dicen algunos. «¡Pero cuando llegue verán que en persona no impresiona a nadie y que no existe peor predicador!» [11]Estas personas deben saber que esta vez voy a ser tan duro en persona como lo soy por carta.

[12]Pero no me voy a igualar ni a comparar con los que por ahí andan hablando de lo excelentes que son. El problema de éstos es que se comparan entre sí y se miden de acuerdo con sus propios conceptos. ¡Qué tontería! [13]¡Jamás nos jactamos más de lo debido! Y si lo hacemos, utilizamos como regla el trabajo que Dios nos mandó hacer, lo cual incluye que trabajemos entre ustedes.

[14]Si no hubiéramos estado antes entre ustedes, alguien podría decir que nos estamos extralimitando. Lo cierto es que fuimos los primeros en proclamarles las buenas noticias de Cristo. [15]Así que no queremos que se nos atribuya el trabajo que otros han realizado entre ustedes. Al contrario, esperamos que ustedes se desarrollen en la fe y que, dentro de los límites que se nos han concedido, nuestra obra entre ustedes se amplíe bastante. [16]Entonces podremos predicar el evangelio en ciudades más allá de Corinto, para que nadie diga que nos aprovechamos de lo que ya otros han hecho.

[17]Como dicen las Escrituras:
«El que se quiera sentir orgulloso, que se enorgullezca en lo que el Señor hace».

[18]Porque la persona que de veras es digna de aprobación no es la que se alaba a sí misma, sino aquella a la que el Señor alaba.

Pablo y los falsos apóstoles

11 Espero que me toleren si digo algunas tonterías. ¡Por favor, aguántenmelas! [2]Siento celo por ustedes, celo que Dios ha puesto en mí; anhelo que amen sólo a Cristo, como doncella pura que reserva su cariño para el hombre que la tomará por esposa. [3]Pero temo que de alguna manera, engañados, se aparten de la pura y sincera devoción a Cristo, como se apartó Eva cuando la serpiente la engañó.

[4]Ustedes son fáciles de engañar. Me parece que reciben a cualquiera que va y les predica de un Jesús distinto del que les he enseñado. También reciben fácilmente un espíritu diferente del Espíritu Santo que recibieron, y aceptan un evangelio diferente del que les predicamos.

[5]Sin embargo, no creo que esos superapóstoles sean mejores que yo. [6]Quizás yo sea un mal orador, pero por lo menos sé lo que estoy diciendo, como ya se los he demostrado muchas veces.

[7]¿Será que hice mal en predicarles gratuitamente, con lo cual creí humillarme para enaltecerlos a ustedes? [8]Para estar entre ustedes, «despojé» a otras iglesias, que sufragaron mis gastos con el dinero que me enviaban; y todo por predicarles gratuitamente. [9]Cuando estuve entre ustedes y tuve necesidad, no pedí nada a nadie, porque los hermanos que llegaron de Macedonia suplieron para mis necesidades. No, jamás les he

9.15 10.3–5 10.17–18

pedido nada, y jamás lo haré. 10Estoy tan seguro
de ello, como de que conozco la verdad de Cristo.
Nadie me va a impedir que esté orgulloso de
esto en toda la región de Acaya. 11¿Por qué? ¿Será
porque no los amo? Dios sabe que sí los amo. 12Lo
hago para desmentir a los que se jactan de trabajar para Dios de la misma manera que nosotros.
13Dios nunca envió a esos hombres; no son más
que estafadores que les han hecho creer que son
apóstoles de Cristo.

14Esto no me sorprende. Satanás puede disfrazarse de ángel de luz. 15¡No es extraño que sus
siervos se disfracen como gente que hace el bien!
¡Un día recibirán el castigo que por sus perversas
obras merecen!

Los sufrimientos de Pablo

16De nuevo les suplico que no crean que he
perdido el juicio al hablar así; pero aun si lo
creen, dejen que este loco presuma un poco. 17El
Señor no me ha mandado a jactarme de nada;
si lo hago es porque estoy portándome como un
desquiciado. 18De todos modos, como mucha gente anda siempre hablándoles de sus cualidades,
yo también lo haré. 19Ustedes son inteligentes y,
sin embargo, se deleitan escuchando a esos tontos; 20no les importa que los estén esclavizando
y explotando ni que se estén aprovechando de
ustedes; no les preocupa a ustedes que se enal-
tezcan y luego los abofeteen. 21¡Me da vergüenza
confesar que no soy tan fuerte ni tan atrevido
como ellos!

Pero de cualquier cosa de la que ellos se puedan jactar —de nuevo hablo como un loco—,
mucho más puedo jactarme yo. 22¿Se jactan de
ser hebreos? Yo lo soy también. ¿Dicen que son
israelitas? Yo también lo soy. ¿Son descendientes de Abraham? Yo también. 23¿Sirven a Cristo?
¡Mucho más lo he servido yo! (y sigo con mi
locura). He trabajado más duramente, me han
encarcelado más veces, me han azotado severamente, y me he visto en peligro de muerte
muchas veces. 24En cinco ocasiones los judíos
me han propinado treinta y nueve azotes. 25Tres
veces me han azotado con varas. Una vez me
apedrearon. Tres veces he naufragado. Una vez
me pasé una noche y un día en alta mar. 26He
recorrido muchos caminos. Muchas veces he
estado en peligro de sucumbir en ríos, a mano
de ladrones o de judíos iracundos, y también de
los gentiles. He pasado por peligros en la ciudad,
en el campo, en el mar y entre falsos hermanos.
27He sufrido muchos trabajos y fatigas, he pasado
noches sin dormir; he tenido hambre y sed; he
pasado sin comer; he padecido frío y no he tenido
con qué cubrirme. 28Y a todo esto se ha sumado
siempre mi preocupación por el estado de las
iglesias; 29si alguien se siente débil, yo comparto
su debilidad; si alguien tropieza por culpa de
otro, me indigno contra el que lo hizo tropezar.

30Si tengo de qué jactarme, prefiero jactarme
de mis debilidades. 31Dios, el Padre de nuestro
Señor Jesucristo, que por siempre debe ser alabado, sabe que digo la verdad. 32Por ejemplo, en
Damasco, el gobernador (súbdito del rey Aretas)
puso guardias a las puertas de la ciudad para
prenderme. 33Pero me bajaron en una cesta por
una ventana de la muralla, y así escapé de las
manos del gobernador.

Visión y debilidad de Pablo

12 Ya sé que no gano nada con presumir de
mí mismo, pero ahora les voy a hablar
de las visiones y de las revelaciones del Señor.
2-3Conozco a un seguidor de Cristo que hace
catorce años fue llevado al tercer cielo. No me
pregunten si fue corporalmente o en el espíritu,
porque no lo sé; sólo Dios lo sabe. Y sé que este
hombre 4fue llevado al paraíso y escuchó cosas
que los humanos no podemos expresar con palabras. 5Podría muy bien presumir ante ustedes de
esa experiencia, pero no lo haré. Prefiero sentir-
me orgulloso de mis debilidades.

6Sin embargo, si quisiera gloriarme, no sería
insensato en hacerlo, porque estaría diciendo la
verdad. Pero no lo hago porque no deseo que
piensen que soy más importante de lo que soy,
sólo por lo que digo o hago.

7Es tal la grandeza de las revelaciones que he
recibido que, para que no me enorgullezca demasiado, el Señor clavó en mi carne un aguijón, un
mensajero de Satanás que me atormenta.
8Tres veces he pedido a Dios que me lo quite,
9y las tres veces me ha respondido: «Debe
bastarte mi amor. Mi poder se manifiesta más
cuando la gente es débil». Por eso, de muy buena gana me siento orgulloso de mis debilidades;
gracias a ellas, se muestra en mí el poder de
Cristo. 10Desde que sé que lo que sufro lo sufro
por Cristo, me siento feliz por mis debilidades,
los insultos, las privaciones, las persecuciones y
las dificultades. En efecto, cuando soy débil,
entonces soy fuerte.

Preocupación de Pablo por los corintios

11He sido un necio al andar con jactancias
como éstas; pero ustedes me han obligado, ya que
ustedes son los que debían haber hablado bien
de mí. En nada soy inferior a los superapóstoles,
aunque a fin de cuentas yo no soy nada. 12Estando
entre ustedes demostré ser apóstol de veras, pues
hice constantemente las señales propias de un
apóstol: milagros, maravillas y obras poderosas.

12.8–10

[13]Lo único que hice en las demás iglesias y no lo hice entre ustedes fue convertirme en una carga económica. ¡Perdónenme esta falta!

[14]Voy a visitarlos por tercera vez, pero tampoco les costaré nada. No quiero su dinero; ¡los quiero a ustedes! Después de todo, los hijos no son los que sustentan a los padres, sino éstos a sus hijos. [15]Para mí es un placer gastarme por entero y dar todo lo que tengo por el bien de ustedes; no importa que mientras más los ame, menos me amen ustedes.

[16]Es cierto que no he sido hasta ahora una carga para ustedes. ¿Será sólo una trampa para poder astutamente sacarles dinero? [17]¿Se ha aprovechado de ustedes alguno de los que les he enviado? [18]Cuando le pedí a Tito que los visitara y envié con él al otro hermano, ¿sacaron de ustedes alguna ganancia? Claro que no. Él y yo andamos en los mismos pasos y actuamos de la misma manera.

[19]A lo mejor piensan que les digo todo esto para justificarnos ante ustedes. Dios es testigo de que lo que he dicho ha sido con la intención de ayudarles a crecer, amados hermanos, y lo hemos dicho como quienes están unidos a Cristo. [20]Temo que cuando vaya no me guste lo que encuentre, y a ustedes no les guste la manera como yo reaccione. Temo que haya entre ustedes pleitos, envidias, iras, divisiones, chismes, murmuraciones, soberbias y alborotos. [21]Sí, temo que cuando vaya, Dios me haga sentir avergonzado de ustedes y tenga que llorar porque muchos de los que han pecado no se han arrepentido de la impureza, de la inmoralidad sexual y de los vicios que practican.

Advertencias finales

13 Ésta será la tercera vez que los visite. Las Escrituras dicen que «en todo asunto debe haber dos o tres testigos». [2]La última vez que estuve allá les advertí a los que andaban en pecado, y ahora les advierto a ellos y a los demás, que en esta ocasión voy dispuesto a castigarlos. [3]Les presentaré las pruebas que desean tener de que Cristo habla a través de mí. Cristo no anda con debilidades al tratarlos a ustedes; al contrario, los trata con vigor. [4]Su débil cuerpo humano murió en la cruz, pero ahora vive por el poder de Dios. Nosotros también, al igual que él lo era, somos débiles; pero ahora, unidos a él, vivimos y tenemos el poder de Dios para tratar con ustedes.

[5]Examínense para ver si siguen teniendo fe en el Señor. ¡Pónganse a prueba a ver si la pasan! ¿Se echa de ver que Cristo está en ustedes? [6]Espero que sepan que nosotros ya hemos pasado el examen. [7]Oramos que lleven vidas puras, no para que quede demostrado que tuve éxito, sino para que vivan como se debe vivir, aunque parezca que nosotros hemos fracasado; [8]pues sólo podemos hacer lo que está a favor de la verdad y no lo que está en contra de ella. [9]Por eso nos alegramos cuando nosotros somos débiles, con tal de que ustedes sean fuertes. Nuestra oración es que Dios los restaure en todo.

[10]Les he escrito esta carta con la esperanza de que cuando los visite no tenga que ser duro y usar mi autoridad. Quiero emplear la autoridad que me confirió el Señor para ayudarlos a madurar y no para destruirlos.

Saludos finales

[11]Concluyo con estas palabras: Estén contentos, busquen su restauración, consuélense, vivan en paz y armonía, y el Dios de amor y paz estará con ustedes.

[12]Salúdense unos a otros con un beso santo. [13]Todos los hermanos les mandan saludos.

[14]Que la gracia del Señor Jesucristo, el amor de Dios y la comunión del Espíritu Santo estén con todos ustedes.

13.11

Investiguemos
Juntos

GÁLATAS

¿Quién lo escribió?

Pablo (Ga.1:1; 5:2). Algunos sugieren que la carta fue dictada, posiblemente porque Pablo tenía alguna enfermedad que afectó su visión (Gal.6:11). De las que contamos en el Nuevo Testamento, esta es la carta más antigua, es decir la primera escrita por Pablo.

¿A quién lo escribió?

Se menciona a los destinatarios como "iglesias de Galacia" (Gal.1:2) Aún no hay acuerdo absoluto de quienes eran los destinatarios de la carta. Hay dos hipótesis.
1.- Podrían haber sido los "Gálatas naturales" que vivían al norte de Galacia. Casi fuera de la provincia, mencionados en el segundo viaje de Pablo (Hch.16:6-8).
2.- Podrían haber sido los habitantes que vivían en las ciudades pertenecientes a la provincia Romana de Galacia, mencionados en su primer viaje (Hch.13-14)
Los estudios en su mayoría se inclinan más por la segunda opción.

¿Cuándo y dónde lo escribió?

Hay diferentes hipótesis. Pero la más plausible, es que fue escrita en Éfeso o en Macedonia, luego del tercer viaje misionero de Pablo (55-56 d.C).

Panorama del libro

La carta es una intervención desesperada, para evitar que el cristianismo naciente no se convierta en un judaísmo legalista. La crisis de la iglesia estaba originada por un grupo religioso sincretista (en Asia menor existían muchos grupos que mezclaban creencias paganas con enseñanzas judías) que acusaron a Pablo de no predicar el verdadero evangelio, porque aparentemente descuidaba la Ley de Moisés. Este grupo enfatizaba algunas observancias de la Ley (Gal.5:2,3. 6:13). Pablo llama al grupo que lo acusa "perturbadores" (Gal.1:7. 5:10,12) y afirma que su apostolado es verdadero, que no lo recibió de ningún hombre sino de Dios (Gal.1:1). Pero la preocupación de Pablo va más allá que sólo teología. Comentando un episodio que vivió en Antioquía (Gal.2:11-13) recuerda la discriminación quehubo de los judaizantes a los cristianos gentiles, donde incluso Pedro dejó de "comer" con los gentiles. No es cualquier comida, está hablando de los banquetes que tenía la iglesia al celebrar la Cena del Señor. Las "mesas separadas" que relata Pablo en Antioquía, son dos grupos que comparten la Cena del Señor separados unos de otros. Por eso el apóstol desea evitar que suceda algo parecido en Galacia. Enfatiza la unidad del Cuerpo que barre con todo tipo de división (Gal.3:27-29) La iglesia de Galacia se está desviando del verdadero Evangelio (Gal.5:4) y eso está causando una división en la comunión del cuerpo de Cristo (Gal.5:13-15. 5:25,26) Pablo no rechaza la Ley de Moisés, al contrario, reconoce que toda la Ley se resume en el amor fraternal y es digna de observarse (Gal.5:14). Lo que Pablo rechaza es la observancia ciega a la Ley, que hace de esta un sustituto de la verdadera vida guiada por el Espíritu Santo (Gal.5:16-24). Pablo termina aclarando cual es la verdadera meta de la carta, apuntar a "la nueva creación" (Gal.5:15). "Nueva creación" en el pensamiento de Pablo no es como muchos lo interpretan individualistamente. Nueva creación, es un nuevo modelo de vida en comunidad.

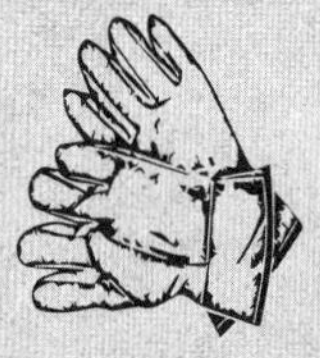

¿Cómo se relaciona con nosotros?

El principal enemigo de Pablo en esta epístola es claramente el legalismo que se disfraza de evangelio. Vemos hoy en la iglesia un abanico bien grande de enseñanzas que son las mismas que Pablo condena en esta carta: "No hagas esto", "No te vistas así", "Prohibido escuchar eso", "La mujer debe vestir así", "Que el pastor no te vea que vas a ese lugar", "La Biblia dice que no debes beber esto", y por eso debes leer esta carta. Muchos terminan creyendo que no hacer esas cosas es lo que puede salvarlos, o que por allí es por donde pasa la verdadera santidad. La vida en la libertad que Cristo nos da, que es para ser vivida en amor, ha degenerado así en una experiencia de opresión religiosa. También es claro que la verdadera libertad cristiana no es un "pase libre" para vivir una vida individualista y desenfrenada, sino para salir de la cárcel que significa el vivir para uno mismo, y comenzar a vivir para el "otro" en una relación fraterna y de mutua ayuda (Gálatas 5:13-14). Gálatas nos deja claro que la verdadera santidad surge como consecuencia de entender la gracia, no de evitar los pecados por el qué dirán los demás.

¿Cómo lo estudiamos?

1) La piratería del evangelio (1:1-10)
2) Los grandes también caen (1:11-2:21)
3) ¿Cómo se recibe la vida espiritual? (3:1-18)
4) Entonces, ¿para qué la ley? (3:19-29)
5) ¡Adoptados! (4:1-31)
6) ¿Qué significa ser libres? (5:1-6:18)

Gálatas

1 Pablo, apóstol (no enviado de los hombres ni
por los hombres, sino por Jesucristo mismo y
Dios el Padre que lo resucitó de los muertos) 2y
los demás hermanos que están conmigo, a las
iglesias de Galacia.[a]
3Que en ustedes reposen la paz y el amor de
Dios nuestro Padre y del Señor Jesucristo. 4Él
murió por nuestros pecados conforme a los planes de nuestro Dios y Padre, para rescatarnos de
este mundo perverso. 5A él sea la gloria por los
siglos eternos. Amén.

No hay otro evangelio

6Me ha sorprendido que tan pronto se estén
apartando ustedes de Dios, quien les llamó
y mostró su amor por medio de Cristo. Ahora
han adoptado otro evangelio. 7Esto no significa
que haya otro evangelio. Más bien me refiero a
que hay quienes están tratando de confundirlos
y quieren torcer el evangelio de Cristo. 8Que la
maldición de Dios caiga sobre cualquiera, sea
uno de nosotros o un ángel del cielo, que les
predique otro medio de salvación que el que les
hemos predicado. 9Repito: Si alguien les predica
un evangelio diferente del que un día recibieron,
que la maldición de Dios caiga sobre esa persona.
10Como han visto, no estoy tratando de ganár-
melos ni de quedar bien con ustedes. Al único
que trato de agradar es a Dios. Si todavía buscara
agradar a los hombres, no sería siervo de Cristo.

Pablo, llamado por Dios

11Hermanos, quiero que sepan que el evangelio
que yo predico no es una invención humana. 12No
lo recibí ni aprendí de ninguna persona, sino
que fue Jesucristo mismo quien me lo enseñó.
13Ya estarán enterados de mi conducta cuando
era de la religión judía. Saben que implacablemente perseguí a la iglesia de Dios y que me
esforcé por erradicarla de la tierra. 14Yo era el más
ferviente de mis contemporáneos de mi misma
edad, y trataba por todos los medios de cumplir
con las reglas tradicionales de mis antepasados.
15Sin embargo, Dios me había escogido desde
antes que yo naciera, y me llamó por su gracia. Y cuando él quiso 16revelarme a su Hijo, para
que fuera a predicarlo entre los gentiles, no fui
inmediatamente a consultar con nadie, 17ni corrí
a Jerusalén a consultar a los que eran apóstoles
antes que yo. Al contrario, fui de inmediato a la
región de Arabia y después regresé a la ciudad
de Damasco.
18Tres años más tarde fui a Jerusalén a hablar
con Pedro y estuve con él quince días. 19Aparte
de él, al único apóstol que vi fue a Jacobo, el
hermano de nuestro Señor.
20Delante de Dios les aseguro que esto fue lo
que sucedió; no miento. 21Después fui a las regiones de Siria y Cilicia. 22Pero las iglesias de Judea
todavía no me conocían personalmente. 23Sólo
sabían lo que se andaba diciendo: que el antiguo
enemigo de los cristianos estaba pregonando la
fe que había tratado de destruir. 24Y glorificaban
a Dios a causa de mí.

Los apóstoles aceptan a Pablo

2 Catorce años más tarde fui de nuevo a Jerusalén, esta vez con Bernabé. Tito nos acompañaba. 2Dios me había revelado que debía hablar
en privado con los dirigentes de Jerusalén acerca
del evangelio que predicaba entre los gentiles. Lo
hice para que todo mi trabajo no fuera en vano.
3Y ni siquiera le exigieron a Tito, mi compañero,
que se circuncidara, a pesar de que era griego.
4El hecho es que algunos mal llamados hermanos fueron a observar disimuladamente la
libertad que teníamos en Cristo Jesús, y ¡querían
encadenarnos a sus leyes como si fuéramos esclavos! 5Pero no les hicimos caso ni un momento,
pues queríamos que la verdad del evangelio permaneciera entre ustedes.
6Los grandes dirigentes de la iglesia no añadieron ni una tilde a mi mensaje. (No es que me
importe que hayan sido grandes, porque Dios no
juzga por las apariencias.)
7-9Más aún, Pedro, Jacobo y Juan, indiscutibles
columnas de la iglesia, reconocieron que Dios me
había usado para ser apóstol entre los gentiles,
de la misma manera que había usado a Pedro
para predicarles a los judíos (después de todo,
fue el mismo Dios el que nos capacitó). Y así,
nos dieron la mano, a Bernabé y a mí, en señal
de compañerismo, y nos exhortaron a continuar
nuestras labores entre los gentiles mientras ellos
continuaban la suya entre los judíos. 10Eso sí, nos
pidieron que recordáramos a los pobres, cosa
que por mi parte he procurado hacer con todo
cuidado.

Pablo se opone a Pedro

11Pero cuando después me encontré con Pedro
en Antioquía, me opuse a él en público, y le cri-
tiqué fuertemente algo que estaba haciendo.
12Cuando llegó, comió con los cristianos gentiles.
Pero cuando llegaron ciertos judíos amigos de
Jacobo, no quiso volver a comer con los gentiles por temor a lo que pudieran decir aquellos
que afirman que es necesario circuncidarse. 13Y
a la hipocresía de Pedro se unieron los demás
cristianos judíos, incluso Bernabé. 14Ante ello, y
comprendiendo que no estaban actuando rectamente, conforme a la integridad del evangelio, le
dije a Pedro delante de los demás: «Tú, que eres

1.15

a. Galacia era una ciudad en lo que ahora es Turquía.

judío, has estado portándote como si no lo fueras. ¿A qué viene ahora que, de pronto, te pongas a decirles a estos gentiles que deben vivir como si fueran judíos?

15»Tú y yo somos judíos de nacimiento, y no simples pecadores gentiles. 16Sin embargo, sabemos muy bien que nadie puede justificarse ante Dios obedeciendo la ley. Sabemos que eso sólo es posible por la fe en Jesucristo. Por eso, nosotros también hemos confiado en Jesucristo, y somos justificados por esa fe y no porque hayamos observado la ley. Nadie se salva por tratar de cumplirla.

17»Ahora bien, ¿qué pasa si confiamos en Cristo para salvarnos y luego nos damos cuenta de que nosotros mismos somos pecadores? ¿Tendremos que decir que la fe en Cristo fue nuestra perdición? ¡De ninguna manera! 18Si uno vuelve a edificar lo que había destruido, se hace transgresor. 19Yo estoy muerto por causa de la ley, pero ahora vivo para Dios. 20Estoy crucificado con Cristo, y ya no vivo yo, es Cristo quien vive en mí. Y esta vida que ahora tengo la vivo por mi fe en el Hijo de Dios, quien me amó y se entregó por mí. 21No rechazo el amor de Dios. Si se obtuviera la justicia por guardar la ley, habría sido vana la muerte de Cristo».

La fe o la observancia de la ley

3 ¡Oh gálatas, qué estúpidos son ustedes! ¿Quién los embrujó? ¡A ustedes les hemos presentado claramente el mensaje de la muerte de Jesucristo! 2Sólo quiero que me contesten esto: ¿Recibieron ustedes al Espíritu Santo por guardar la ley? Claro que no; lo recibieron cuando creyeron en el mensaje. 3Entonces, ¿se han vuelto locos?, porque si comenzaron con el poder del Espíritu, ¿cómo se les ocurre ahora querer terminar por sus propios esfuerzos? 4Después de haber sufrido tanto, ¿todo va a ser en vano? ¡Espero que no haya sido en vano!

5Díganme, ¿les otorga Dios el poder del Espíritu Santo y realiza maravillas entre ustedes porque tratan de obedecer la ley? ¿O lo hace porque creen en el mensaje?

6Dios aceptó a Abraham porque éste creyó en Dios. 7Esto significa que los verdaderos hijos de Abraham son los que tienen plena fe en Dios. 8Además, las Escrituras preveían el tiempo en que Dios salvaría también a los gentiles por medio de la fe. Dios le declaró esto a Abraham cuando le dijo: «Por medio de ti bendeciré a todas las naciones». 9Los que confían en Dios, pues, reciben las mismas bendiciones que Abraham recibió como hombre creyente.

10Los que se aferran a la ley para salvarse están bajo la maldición de Dios. Las Escrituras dicen claramente: «Malditos los que quebrantan cualquiera de las leyes que están escritas en el libro de la ley de Dios».

11Salta a la vista, pues, que nadie podrá jamás ganar el favor de Dios por obedecer la ley, porque está escrito: «El que halla la vida, la halla sólo porque confía en Dios».

12La ley, en cambio, no se basa en la fe, ya que dice que para «tener vida hay que obedecer las leyes de Dios». 13Cristo nos redimió de la maldición de la ley, tomando sobre sí mismo la maldición por amor a nosotros. Porque dicen las Escrituras que es «maldito el que es colgado en un madero».

14Y así sucedió para que ahora Dios pueda dar también a los gentiles la misma bendición que prometió a Abraham; y para que nosotros podamos recibir la promesa del Espíritu Santo a través de esta fe.

La ley y la promesa

15Hermanos, les pondré un ejemplo. Cualquier contrato humano si es por escrito y está firmado, tiene que ser cumplido. Nadie puede anularlo ni añadirle nada una vez que se ha firmado. 16De la misma manera, Dios les hizo promesas a Abraham y a su descendencia. Noten ustedes que no dice que las promesas eran para los descendientes de Abraham, como si fueran muchos; sino que dice «para su descendencia»; pues bien, esa descendencia es Cristo.

17Lo que quiero decir es lo siguiente: Dios hizo un pacto con Abraham, y ese pacto no fue cancelado ni la promesa quedó anulada por la ley que vino cuatrocientos treinta años más tarde. 18Si al obedecer esa ley recibiéramos la herencia, entonces ya no sería creyendo en la promesa de Dios. Sin embargo, Dios se la concedió a Abraham gratuitamente cuando Abraham confió en las promesas de Dios.

19Pero entonces, ¿para qué se nos dio la ley? Después que Dios le dio la promesa a Abraham, Dios añadió la ley a causa de nuestros pecados, pero sólo hasta que viniera la descendencia de Abraham, a la que se la había hecho la promesa. Además, Dios encomendó a los ángeles entregar la ley a Moisés, que fue el intermediario. 20Pero no se necesita un mediador cuando se trata de una sola persona. Y Dios es uno solo.

21,22Luego entonces, ¿es la ley de Dios contraria a las promesas de Dios? ¡Por supuesto que no! Si pudiéramos salvarnos por la ley, Dios no nos habría proporcionado otro medio para escapar de la esclavitud del pecado, como dicen las Escrituras. La única manera de recibir la promesa de Dios es por fe en Jesucristo.

23Antes de la venida de esta fe, estábamos resguardados por la ley, mantenidos en cus-

2.16 2.20 3.6–7 3.9–11 3.23–4.2

todia hasta que la fe se diera a conocer. 24Así que
la ley fue nuestra maestra que nos condujo a
Cristo, para que fuésemos justificados por medio
de la fe. 25Pero ya que ha llegado la fe, ya no
necesitamos que la ley nos guíe.

Hijos de Dios

26Ahora todos ustedes son hijos de Dios por
medio de la fe en Cristo Jesús. 27Porque todos
los que han sido bautizados en Cristo, se han
revestido de él. 28Ya no importa si eres judío o
griego, esclavo o libre, hombre o mujer. Todos
ustedes son uno solo en Cristo Jesús. 29Y si ustedes
son de Cristo, son la verdadera descendencia de
Abraham y herederos de las promesas que Dios
le hizo.

4 Esto es lo que quiero decir: Mientras que un
heredero es menor de edad, en la práctica es
igual que un esclavo, aunque sea propietario de
las riquezas de su padre. 2Tiene que obedecer a
sus tutores y administradores hasta que llegue la
fecha que el padre señaló.

3Así nos pasaba a nosotros. Cuando éramos
menores de edad, éramos esclavos de los poderes que controlan el mundo. 4Pero cuando se
cumplió el plazo, Dios envió a su Hijo, nacido
de mujer y nacido bajo la ley, 5a fin de comprar
nuestra libertad, ya que éramos esclavos de la
ley, y así adoptarnos como hijos suyos.

6Y como ustedes son sus hijos, Dios envió al
Espíritu de su Hijo a nuestros corazones, y
por eso lo llamamos "Papá, papá".

7Así que ya no eres esclavo, sino hijo de Dios. Y
como eres su hijo, Dios te ha hecho su heredero.

Preocupación de Pablo por los gálatas

8Antes que ustedes conocieran a Dios, eran
esclavos de los que en realidad no son dioses.
9Pero ahora que conocen a Dios, o mejor dicho,
que Dios los conoce a ustedes, ¿cómo se les ocurre
retroceder y volver a ser esclavos de esos poderes que no valen nada y no pueden hacer nada
bueno por ustedes? 10¿Cómo se les ocurre seguir
guardando los días, meses, estaciones y años?

11Temo por ustedes. ¡Temo que mi trabajo entre
ustedes haya sido inútil!

12Hermanos, sean como yo, porque yo me he
identificado con ustedes. Ustedes no me han
ofendido en nada. 13Ustedes bien saben cómo
me acogieron la primera vez que les prediqué el
evangelio, aun cuando entonces estaba enfermo.
14Y aunque mi enfermedad fue una prueba para
ustedes, no me rechazaron ni me echaron de
entre ustedes. Al contrario, me cuidaron como si
hubiera sido un ángel de Dios o Jesucristo mismo.
15¿Dónde está aquella alegría que experimentaban? Me consta que con gusto se habrían sacado los ojos para dármelos, si esto hubiera sido
posible.[b] 16¿Me considerarán ahora un enemigo
porque les digo la verdad?

17Esos que tan ansiosos están de ganarse el
favor de ustedes no tienen muy buenas intenciones. Lo que intentan es apartarlos de nosotros
para que ustedes les presten más atención a ellos.
18No hay nada malo en que muestren interés por
los demás, siempre que lo hagan con buenas
intenciones. Y tampoco en que sea siempre y no
sólo cuando estoy con ustedes.

19Hijitos míos, ¡de nuevo sufro dolores de parto hasta que Cristo se forme en ustedes! 20Daría
cualquier cosa por estar allá con ustedes y no
tener que hablarles de esta manera, porque francamente me tienen muy confundido.

Agar y Sara

21Los que quieren obedecer la ley, díganme:
¿Por qué no se fijan bien en lo que dice la ley?
22Porque está escrito que Abraham tuvo dos
hijos: uno con una esclava y otro con una
mujer libre. 23En el nacimiento del hijo de la
esclava no hubo nada sobrenatural; pero el hijo
de la libre nació porque Dios le prometió a Abraham que nacería. 24Esto es como un ejemplo: Las
dos mujeres representan dos pactos: una, que es
Agar, representa el pacto del monte Sinaí. Ella
fue la madre del esclavo. 25Agar representa al
monte Sinaí que está en Arabia, el cual simboliza a la actual ciudad de Jerusalén, que vive en
la esclavitud con sus hijos.

26Pero nuestra madre es la Jerusalén celestial;
y ésta es libre. 27De ella está escrito:

«Regocíjate, oh mujer estéril; tú, que nunca
has tenido hijos, prorrumpe en gritos de júbilo;
tú que no has tenido dolores de parto, porque la
abandonada tendrá más hijos que la mujer que
tiene esposo».

28Ustedes, hermanos, al igual que Isaac, son los
hijos que Dios prometió. 29Y al igual que Ismael,
el hijo que nació por decisión humana, persiguió
a Isaac, el hijo que nació por obra del Espíritu,
así también sucede ahora.

30Pero, ¿qué dicen las Escrituras?: «Echa fuera
a la esclava y a su hijo, para que el hijo de la
esclava no comparta la herencia del hijo de la
libre».

31Así que, hermanos, ¡no somos hijos de la
esclava, sino de la libre!

Libertad en Cristo

5 ¡Cristo nos libertó para que vivamos en
libertad! ¡Cuiden esa libertad y no se dejen
someter de nuevo al yugo de la esclavitud!

---

b. Según la tradición, Pablo sufría una enfermedad de los ojos.

4.6–7 4.22–24 5.1

2Y óiganme bien: Yo, Pablo, les digo que si
practican la circuncisión, Cristo no les sirve de
nada. 3Repito: El que se circuncide tendrá que
obedecer toda la ley. 4Se han apartado de Cristo si
esperan justificarse guardando la ley. ¡Han caído
de la gracia de Dios!

5Pero nosotros, con la ayuda del Espíritu Santo, esperamos que por medio de la fe seremos
justificados ante Dios. 6Estando unidos a Cristo
Jesús no cuenta nada si estamos circuncidados
o no. Nos basta la fe que actúa a través del amor.

7Ustedes iban bien. ¿Quién les ha impedido
seguir la verdad? 8Ciertamente, no ha sido Dios,
porque él es el que los llamó. 9Como se dice: «Un
poco de levadura hace que fermente toda la masa».

10Confío en el Señor que ustedes no cambiarán
su forma de pensar. Dios castigará a la persona,
quienquiera que sea, que los ha estado pertur-
bando.

11Algunos hasta se han atrevido a decir que yo
predico la circuncisión. ¡Si fuera verdad, habrían
dejado de perseguirme, porque tal mensaje no los
ofendería! Pero entonces, ¿por qué me persiguen
todavía?

12¡Ojalá que esos que los andan confundiendo
a ustedes se castraran de una vez!

13Les hablo así, hermanos, porque ustedes fueron
llamados a ser libres. Pero no usen esa libertad
para dar rienda suelta a sus pasiones. Más bien
sírvanse unos a otros con amor. 14Toda la ley se
resume en este mandamiento: «Amarás a tu prójimo como a ti mismo». 15Pero si en vez de hacerlo
se muerden y se comen unos a otros, ¡cuidado no
sea que acaben por consumirse unos a otros!

La vida por el Espíritu

16Así que les aconsejo que vivan por el poder
del Espíritu. De esa manera no obedecerán
los deseos de la naturaleza pecaminosa, 17porque
ésta va en contra de lo que el Espíritu quiere, y
el Espíritu desea lo que va en contra de la naturaleza pecaminosa. Estos dos se oponen entre sí,
y por eso ustedes no pueden hacer lo que quieren.
18Pero si a ustedes los guía el Espíritu, ya no están
bajo la ley.

19Estas son las obras de la naturaleza pecaminosa: inmoralidad sexual, impureza y libertinaje; 20idolatría y brujería; odios, pleitos, celos, iras,
rivalidades, disensiones, sectarismos y 21envidia;
borracheras, orgías y otras cosas como esas. Como
ya les dije antes, se los repito ahora: los que llevan
esa clase de vida no heredarán el reino de Dios.

22En cambio, este es el fruto que el Espíritu
produce en nosotros: amor, gozo, paz, paciencia,
benignidad, bondad, fidelidad, 23humildad y dominio propio. No hay ley que condene estas cosas.

24Los que pertenecen a Cristo han clavado en la
cruz su naturaleza pecaminosa. 25Puesto que vivimos por el poder del Espíritu, sigamos la dirección
del Espíritu. 26No dejemos que la vanidad nos lleve
a tener celos y enemistades entre nosotros.

La ayuda mutua

6 Hermanos, si descubren que alguno ha
pecado, ustedes, que son espirituales,
deben ayudarlo a volver al buen camino con
actitud humilde. Pero cada uno debe cuidarse,
porque también puede ser puesto a prueba.

2Ayúdense unos a otros a llevar sus cargas y así
estarán obedeciendo la ley de Cristo.

3El que se crea demasiado grande cuando en
realidad no es nada, se engaña a sí mismo. 4Cada
uno debe examinar su conducta; y si tiene algo
de qué sentirse orgulloso, que no se compare con
nadie. 5Cada cual tiene que cargar con su propia
responsabilidad.

6Los que estudian la Palabra de Dios deben
ayudar económicamente a sus maestros.

7No se engañen a sí mismos; nadie puede engañar a Dios; uno siempre recogerá lo que haya sembrado. 8El que siembra para satisfacer los apetitos
de su naturaleza pecaminosa, de ella cosechará
destrucción; pero quien planta lo que le agrada al
Espíritu, cosechará vida eterna del Espíritu.

9Así que no nos cansemos de hacer el bien,
porque si lo hacemos sin desmayar, a su debido
tiempo recogeremos la cosecha. 10Por lo tanto,
hagamos el bien a todos cada vez que se presente
la oportunidad, y especialmente a los que, por la
fe, son de la familia.

No la circuncisión, sino una nueva creación

11Les escribo de mi puño y letra, ¡y miren con
qué letras tan grandes!

12Esos que están tratando de que ustedes se circunciden, lo hacen para quedar bien con la gente
y así evitar la persecución por anunciar la cruz
de Cristo. 13Lo curioso es que ni siquiera los que
están circuncidados guardan la ley, pero quieren
que ustedes se circunciden para luego jactarse de
que ustedes hicieron lo que ellos querían.

14En cuanto a mí, ¡Dios me libre de jactarme
de otra cosa que no sea la cruz de nuestro
Señor Jesucristo! Por él, el mundo fue crucificado para mí, y yo para el mundo. 15Ya no importa
si uno está circuncidado o no; lo que importa es
ser parte de la nueva creación.

16Que la misericordia y la paz de Dios reposen
sobre los que viven de acuerdo con esta norma
y sobre el Israel de Dios.

17De ahora en adelante ya no quiero que nadie
me cause más problemas, porque llevo en el
cuerpo las marcas de haber sufrido por Jesús.

18Hermanos, que la gracia de nuestro Señor
Jesucristo esté con cada uno de ustedes. Así sea.

5.5 5.13–14 5.16–26 6.1–5 6.6–10 6.14

Investiguemos
Juntos

EFESIOS

¿Quién lo escribió?

Tradicionalmente la iglesia ha aceptado la autoría del apóstol Pablo (Ef.1.1; 3:1)

¿A quién lo escribió?

Desde la antigüedad ha habido diferentes opiniones. Algunos textos antiguos dicen que esta fue la carta perdida de Pablo, mencionada en Colosenses 4.16 a la iglesia de "Laodicea". Otros sostienen que la carta tenía un propósito de ser una epístola circular, que fuera leída por todas las iglesias del Asia Menor, de esa manera se podría explicar el por qué en los textos más antiguos no aparece la frase "que están en Éfeso" (Ef.1:1). Posiblemente se leyó en todas las iglesias del Asia Menor.

¿Cuándo y dónde lo escribió?

La opinión tradicional se inclina por fecharla cerca del año 62 d.C. Efesios, Filipenses, Colosenses y Filemón son conocidas como las cartas de la prisión. Fueron escritas durante el encarcelamiento de Pablo en Roma (Hechos 2:16-31).

Panorama del libro

Los capítulos del 1 al 3 se desarrollan bajo el prisma de la voluntad de Dios al elegir soberanamente a sus hijos (Ef.1:3-14) para llevar a cabo su Plan (al que Pablo le llama "Misterio" Ef.3:3-9) de unir en Cristo a judíos y gentiles, borrando todas las barreras que los separaban (Ef.2:14-19). Los capítulos 4 al 6 tienen un tenor de exhortación práctica. El capítulo 4:1-16 destaca la unidad del cuerpo de Cristo, donde cada miembro dedicándose a sus dones, aporta al crecimiento y a la edificación del organismo vivo llamado iglesia. Luego (Ef.4:17-5:20) apelará a esa auténtica renovación espiritual, que trae un antes y un después en la vida de un creyente y que desemboca en relaciones de amor y solidaridad con los demás (Ef.4:31,32. 5:19) Sigue con alusiones al vivir doméstico de los que son llenos del Espíritu (Ef.5:21-6:9) y de la encarnizada lucha contra los poderes de tinieblas (Ef.6:10-20). Finaliza con las recomendaciones de recibir a Tíquico (Ef.6: 21-24) Pero la preocupación de Pablo va más allá. Comentando un episodio que vivió en Antioquía (Gal.2:11-13) recuerda la discriminación que los judaizantes a los cristianos gentiles, donde incluso Pedro dejó de "comer" con los gentiles.

No es cualquier comida, está hablando de los banquetes que tenía la iglesia al celebrar la Cena del Señor. Las "mesas separadas" que relata Pablo en Antioquía, son dos grupos que comparten la Cena del Señor separados unos de otros. Por eso el apóstol desea evitar que suceda algo parecido en Galacia. Enfatiza la unidad del Cuerpo que barre con todo tipo de división (Gal.3:27-29) La iglesia de Galacia se está desviando del verdadero Evangelio (Gal.5:4) y eso está causando una división en la comunión del cuerpo de Cristo (Gal.5:13-15. 5:25,26) Pablo no rechaza la Ley de Moisés, al contrario, reconoce que toda la Ley se resume en el amor fraternal y es digna de observarse (Gal.5:14). Lo que Pablo rechaza es la observancia ciega a la Ley, que hace de esta un sustituto de la verdadera vida guiada por el Espíritu Santo (Gal.5:16-24). Pablo termina aclarando cual es la verdadera meta de la carta, apuntar a "la nueva creación" (Gal.5:15). "Nueva creación" en el pensamiento de Pablo no es como muchos lo interpretan individualistamente. Nueva creación, es un nuevo modelo de vida en comunidad.

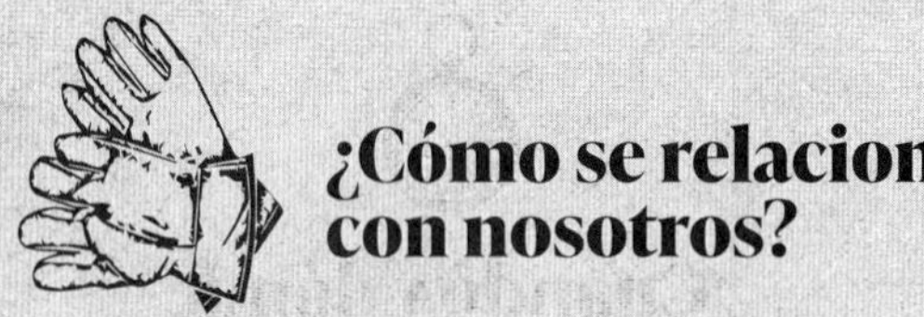

¿Cómo se relaciona con nosotros?

La teología de Pablo es sumamente práctica y, de hecho, toda buena práctica espiritual es el resultado de un buen entendimiento teológico que facilita la acción del Espíritu Santo.
El apóstol comienza la carta hablando de la elección de Dios y su propósito de hacernos para buenas obras (Efesios 2:10). Luego habla de la unidad del Cuerpo de Cristo (Efesios 4:3-6) y tampoco se queda en cuestiones abstractas; más bien, ubica el tema dentro del ámbito de las relaciones cotidianas (Efesios 4:25-32). Y al hablar de la nueva vida en Cristo no deja fuera el tema de la familia, donde las obligaciones no son solo de un sector, sino de todos. La carta a los Efesios es uno de los escritos más profundos y a la vez más pastorales y prácticos sobre la iglesia, la nueva vida y la familia, y cualquiera que lea esta carta en serio quedará enamorado de sus verdades.

¿Cómo lo estudiamos?

1) "Las bendiciones en Cristo" (Ef.1-23)
2) "Elección sin acción es solo pretensión" (Ef.2:1-10)
3) "Todos para uno y uno para todos" (Ef.2:11-3:21)
4) "La Nueva vida se vive en unidad" (Ef.4:1-16)
5) "la Nueva vida se vive en santidad" (Ef. 4:17-5:20)
6) "La Nueva vida se vive dentro de la casa" (Ef.5:21-6:9)
7) "La Nueva vida se vive en una lucha constante" (Ef.6:10-24)

Efesios

1 Yo, Pablo, apóstol de Jesucristo porque Dios así lo quiso, escribo al pueblo santo que está en Éfeso y que es fiel en Cristo Jesús. [2]Que el amor y la paz de Dios nuestro Padre y del Señor Jesucristo reposen en ustedes.

Bendiciones espirituales en Cristo

[3]Alabado sea Dios, Padre de nuestro Señor Jesucristo, que nos bendijo con toda clase de bendiciones espirituales en los cielos porque pertenecemos a Cristo.

[4]Desde antes que formara el mundo, Dios nos escogió para que fuéramos suyos a través de Cristo, y resolvió hacernos santos y sin falta ante su presencia. [5]Y nos destinó de antemano, por su amor, para adoptarnos como hijos suyos, por medio de Jesucristo, debido a su buena voluntad.

[6]Esto fue para que le demos la gloria a Dios por la extraordinaria gracia que nos mostró por medio de su amado Hijo. [7]Gracias a que él derramó su sangre, tenemos el perdón de nuestros pecados. Así de abundante es su gracia. [8]Además, derramó en nosotros la inmensidad de su gracia al impartirnos sabiduría y entendimiento. [9]Dios nos ha revelado el secreto que tenía guardado, el plan que hace muchísimo tiempo se había trazado en Cristo. [10]Cuando llegue el tiempo preciso, Dios reunirá todas las cosas —las que están en el cielo y en la tierra— bajo una cabeza, Cristo.

[11]En virtud de lo que Cristo hizo, ahora somos herederos, porque en su plan soberano nos escogió desde el principio para ser suyos; y esto es el cumplimiento de ese plan que Dios quería llevar a cabo. [12]Lo hizo porque desea que nosotros, que fuimos los primeros en esperar al Mesías, celebremos su gloria.

[13]Gracias también a lo que Cristo hizo, cuando ustedes escucharon el mensaje verdadero de las buenas noticias de salvación y creyeron en él, fueron marcados con el sello que es el Espíritu Santo que él había prometido. [14]La presencia del Espíritu Santo en nosotros es como el sello de garantía de que Dios nos dará nuestra herencia. Además, significa que Dios ya nos ha comprado y que nos salvará hasta el final. Todo esto lo hizo para que le alabemos y le demos a él la gloria.

Acción de gracias e intercesión

[15]Por eso, desde que me enteré de la fe que ustedes han depositado en el Señor Jesús y del amor que demuestran hacia todo el pueblo santo, [16,17]no he cesado de recordarlos y dar gracias a Dios por ustedes. Pido constantemente a Dios, el glorioso Padre de nuestro Señor Jesucristo, que les dé sabiduría y revelación, por medio de su Espíritu, para que lo conozcan mejor.

[18]Pido también que ilumine sus corazones para que sepan cuál es la esperanza a la que los llamó y qué enorme es la riqueza de la herencia que él ha dado a los que son suyos.

[19]Oro también para que comprendan el increíblemente inmenso poder con que Dios ayuda a los que creen en él. Ese poder es la fuerza grandiosa y eficaz [20]con que Dios levantó a Cristo de entre los muertos y lo sentó a su derecha en la gloria. [21]Dios puso a Cristo muy por encima de cualquier gobernante, autoridad, poder y dominio, y de cualquier otro nombre que se invoque, no sólo en este mundo sino también en el venidero. [22]Dios ha puesto todas las cosas a sus pies y lo hizo suprema cabeza de la iglesia. [23]Y la iglesia, que es su cuerpo, está llena de él, que llena también todo lo que existe.

La vida en Cristo

2 Antes de ser cristianos, ustedes estaban muertos para Dios a causa de sus delitos y pecados. [2]Vivían siguiendo la corriente de este mundo, obedecían los dictados del príncipe del imperio del aire, quien ahora mismo está operando en el corazón de los que se rebelan contra el Señor.

[3]Nosotros mismos éramos así: obedecíamos los malos deseos de nuestra naturaleza y nos entregábamos a las perversidades de nuestras pasiones y malos pensamientos. Merecíamos ser castigados por la ira de Dios, como todos los demás.

[4]Pero Dios es tan rico en misericordia y nos amó tanto [5]que, aunque estábamos muertos a causa de nuestros pecados, nos dio vida con Cristo, pues solo por su gracia somos salvos. [6]Además, nos levantó con Cristo de la tumba y nos hizo sentar con él en los cielos. [7]Esto lo hizo para demostrar a las generaciones venideras la incomparable riqueza de su amor, que en su bondad derramó sobre nosotros por medio de Cristo Jesús.

[8]Por su misericordia y por medio de la fe, ustedes son salvos. No es por nada que ustedes hayan hecho. La salvación es un regalo de Dios [9]y no se obtiene haciendo el bien. Esto es así para que nadie se sienta orgulloso. [10]Somos creación de Dios, creados en Cristo Jesús para hacer las buenas obras que Dios de antemano ya había planeado.

Unidad en Cristo

[11]Nunca se olviden de que ustedes, que no son judíos, eran despreciados por los judíos por no circuncidarse físicamente como ellos. [12]Recuerden que en aquellos días ustedes vivían alejados del Mesías, excluidos de la

1.3–9 1.11–23 2.1 2.4–9 2.12–14

ciudadanía de Israel y ajenos a los pactos de la
promesa. Vivían en el mundo sin Dios y sin esperanza.
13Pero ahora, por estar unidos a Cristo Jesús,
a ustedes, que antes andaban lejos, Dios los ha
acercado gracias a la muerte de Cristo.
14Porque Cristo es nuestra paz; él logró hacer
de nosotros los judíos y de ustedes los que no
son judíos un solo pueblo, derribando la pared
de enemistad que nos separaba. 15Puso fin a los
mandatos y reglas de la ley, y a los dos pueblos
los hizo parte de sí mismo, creando una sola y
nueva humanidad. Así creó la paz. 16Y a todos
nosotros, partes del mismo cuerpo, nos reconcilió
con Dios mediante la cruz. ¡Allí en la cruz murió
la enemistad!
17Cristo vino a proclamar las buenas nuevas de
paz a ustedes que estaban lejos y a nosotros que
estábamos cerca. 18Porque, gracias a él, judíos
y no judíos podemos acercarnos al Padre con
la ayuda de un mismo Espíritu.
19Por eso, ustedes ya no son extraños ni extranjeros, sino ciudadanos junto con los santos y
miembros de la familia de Dios. 20¡Y sobre qué
firme cimiento están edificados! ¡Nada menos
que el de los apóstoles y profetas, y con Cristo
mismo como piedra angular! 21Unidos a Cristo
formamos parte del bien armado edificio, que
va construyéndose hasta que sea el templo santo
del Señor. 22Ustedes, pues, unidos a él, forman
también parte de ese lugar en el que Dios mora
por medio de su Espíritu.

Pablo y el misterio de Cristo

3 Por esta razón yo, Pablo, que estoy en la cárcel por la causa de Cristo Jesús, es decir, por
buscar el bien de ustedes los que no son judíos,
me arrodillo en oración.
2Sin duda ya se enteraron del plan que, en su
amor, Dios me encargó para ustedes. 3Ya antes
les mencioné brevemente que Dios mismo me
reveló ese misterio. 4Cuando lo lean se darán
cuenta de que conozco bien el misterio de Cristo.
5Es el misterio que en la antigüedad Dios no había
dado a conocer, como sí lo ha hecho ahora por
medio del Espíritu a sus santos apóstoles y
profetas. 6Este es el misterio: que los no judíos
compartirán plenamente la herencia con
Israel. Ambos son miembros del mismo cuerpo
y participan de la misma promesa que Dios nos
hizo en Cristo Jesús por medio de las buenas
nuevas.
7Por su amor inmerecido, Dios me dio el privilegio de servirle anunciando estas buenas nuevas,
con la ayuda eficaz de su poder. 8Aunque soy
el más pequeño de todos los que son parte del
pueblo santo, Dios me concedió, por su amor,
la misión de anunciar a las naciones el tesoro
incalculable de Cristo. 9Debo hacerles entender
a todos que el plan de Dios ya se está cumpliendo. Ese es el plan que desde la eternidad Dios,
el Creador de todas las cosas, guardaba oculto.
10Esto es así para que todos los poderes y autoridades en los cielos conozcan ahora la sabiduría de
Dios, que se deja ver de tantas formas, al observar
la iglesia. 11Es lo que Dios, desde la eternidad,
había planeado hacer por medio de Cristo
Jesús, nuestro Señor. 12Ahora podemos acercarnos
con libertad y confianza a Dios, cuando lo hacemos por medio de Cristo y confiando en él. 13Por
eso les suplico que no se desanimen a causa de
mis sufrimientos. Por ustedes sufro, y eso debe
hacerlos sentirse honrados.

Oración por los efesios

14Por ello me arrodillo ante el Padre, 15de quien
recibe su nombre toda familia —tanto las
que están en el cielo como las que están en la
tierra—, 16y le pido que de sus gloriosas riquezas
los fortalezca interiormente por medio de su
Espíritu.
17Pido también que, por medio de la fe, Cristo
habite en sus corazones, y que ustedes echen
raíces y se cimienten en el amor, 18,19para que
puedan entender, en compañía de todo el pueblo
santo, lo ancho, largo, alto y profundo que es el
amor de Cristo. Pido que ustedes experimenten
ese amor, que nunca podremos entender del
todo. Así estarán completamente llenos de Dios.
20A Dios sea la gloria, pues por su poder eficaz
que actúa en nosotros, él puede hacer muchísimo
más de lo que nos podemos imaginar o pedir. 21A
él sea la gloria en la iglesia y en Cristo Jesús, por
todos los siglos venideros. Amén.

Unidad en el cuerpo de Cristo

4 Yo, pues, que estoy prisionero por servir
al Señor, les ruego con todo cariño que se
comporten como es digno de los que han sido
llamados por Dios. 2Sean totalmente humildes y
amables. Sean pacientes entre ustedes y, por
amor, sean tolerantes unos con otros. 3Esfuér-
cense por mantener la unidad creada por el
Espíritu, por medio de la paz que nos une.
4Somos un solo cuerpo y tenemos un mismo
Espíritu; además, hemos sido llamados a una
misma esperanza. 5Sólo hay un Señor, una fe y
un bautismo; 6y tenemos el mismo Dios y Padre,
que está sobre todos nosotros. Él actúa por medio
de todos nosotros y está en todos nosotros.
7Sin embargo, debido a su amor, Cristo nos ha
dado a cada uno de nosotros dones diferentes.
8Por eso un salmo dice:

2.18–22 3.6 3.11–12 3.14–21 4.1–3

Nuestra historia de amor

Nos conocimos en 1999 en un campamento de jóvenes de la iglesia donde Shari asistía. Yo, Daniel, fui invitado con mi banda a predicar y dirigir la alabanza y nunca imaginé que ese día Dios me contestaría la petición que le había hecho el viernes anterior en un retiro a solas con Él: "Señor, permíteme conocer a mi amada esposa. Quiero casarme".
Yo, Shari, puedo decir que fue un milagro que en mi trabajo me dieran esos tres días libres para ir al campamento. También venía a este retiro con un corazón abierto, rendido y anhelando que Dios me hablara, me guiara. Es cierto, en ese campamento conocí a mi amado Daniel, pero unas horas antes tuve un encuentro inolvidable con mi Señor Jesucristo que cambió mi vida.

Yo, Daniel, recuerdo que mientras cantaba, solté mi guitarra y con mi Biblia en las manos no paraba de saltar alabando al Señor. De repente, entre tantos brincos mi Biblia voló aproximadamente unos 5 metros...Yo, Shari, estaba orando con mis ojos cerrados y con las manos levantadas, como quien espera recibir algo. Se oye chistoso, pero así pasó... Entonces, alguien que estaba entre la gente y que vio que la Biblia venia volando hacia mí, me tocó en el hombro y cuando abrí los ojos la atajé. Yo, Daniel, por primera vez vi esa carita hermosa con mi Biblia en sus manos pero como todo estaba pasando tan rápido sólo me enfoqué en buscar mi Biblia mientras seguía cantando, y solo recuerdo que nos miramos y nos sonreímos asombrados de lo que había pasado.

Hoy miramos hacia atrás y nos damos cuenta de que lo que sucedió fue un plan orquestado perfectamente por Dios para llamar puntualmente la atención de ambos y atraernos el uno al otro para siempre. Gracias a Dios y a esa Biblia hoy tenemos veintitres años de casados y tres hijos maravillosos, y este amor crece día a día.

Los invitamos a que se sienten a recordar su historia de amor porque el hacerlo renovará su frescura, amor y pasión. Recordar les ayudará a mirar hacia atrás y verán lo mucho que han construido y crecido juntos. Recordar su historia de amor les hará ver lo bueno y fiel que Dios ha sido a través de los años con ustedes.

Profundicemos: Cantares 8:7; Cantares 8:6.

Conversemos:

- ¿Qué es lo más que recordamos y amamos de nuestra historia de amor?
- ¿Si pudiéramos enumerar las razones por las que estamos agradecidos, cuales serían?
- Planifiquemos una cita solo para sentarnos mirar nuestras sus fotos y recordar.

Oremos:

Señor, te damos gracias porque tú eres el creador de nuestra historia de amor.
Ayúdanos hacer un hábito constante el recordar nuestra historia de amor.
Te amamos y pedimos que sigas bendiciendo nuestro amor en el nombre de Jesús. Amén.

El matrimonio es una bendición 42

Yo, Daniel, amo escribir sobre distintos temas de la vida. Hace poco me topé con las notas de mi celular y estaba este escrito que hice hace tiempo atrás, acerca del matrimonio. Creo en la importancia de vivir constantemente afirmando la verdad de lo que sí es el matrimonio. Quisiera compartir con ustedes esta reflexión:

El matrimonio es una bendición.
El matrimonio no es una carga, es un oasis.
El matrimonio no es aburrido, es un taller divertido, con emociones que se comparten entre dos.
El matrimonio es la plataforma en donde se resaltan más tus fortalezas que tus debilidades.
El matrimonio te regala toda una vida para conocer el ser humano más especial sobre la tierra.
El matrimonio es un diseño creado por Dios para alegrarnos mucho más el corazón y para que conozcamos otra faceta de Su gran amor.
El matrimonio NO debería ser una conversación sólo para adultos; debería ser un tema normal y divertido que se mencione entre los adolescentes y jóvenes, para que ellos lo tengan en su lista de sueños y prioridades de su futuro.
Dios es un Dios generacional y Su mensaje de amor y salvación continuará llevándose a través de las generaciones, y para que esto ocurra tenemos que inspirar a nuestros jóvenes a abrazar la extraordinaria idea de casarse algún día y formar una familia que honre a Dios.
Las historias románticas SÍ existen, pero tú decides construir la tuya con TODAS las herramientas que Dios te ofrece.
¡Créeme! Tu cónyuge fue diseñado por Dios para ti y con unas súper cualidades, para amarte y bendecirte para el resto de tu vida.
¡Naciste para ser feliz! ¡Naciste para ser amado/a!
¡El matrimonio es una bendición!

Profundicemos: Eclesiástes 4:9-12; Isaías 61:10; Mateo 19:6; Efesios 5:31.

Conversemos:

- Sinceramente, reflexionemos: ¿cuál es el concepto que tenemos del matrimonio?
- Continuemos juntos esta lista y sigamos agregando lo que para nosotros es el matrimonio y leámoslo en voz alta.
- Hagámonos el tiempo esta semana para inspirar a nuestros hijos y a alguno de sus amigos jóvenes contándoles la bendición que es el matrimonio.

Oremos:

Dios, hoy reconocemos que el matrimonio es uno de los mejores diseños que creaste. Gracias por permitirnos disfrutar de esta gran bendición. Ayúdanos admirar la hermosura de cada detalle de nuestro matrimonio y a ser portavoz a nuestras próximas generaciones de la gran bendición que es el matrimonio. En el nombre de Jesús. Amén.

Dejémonos amar 43

Una vez, cuando éramos novios (habla Daniel), Shari estaba manejando su camioneta por una de las vías principales de Puerto Rico. Yo iba sentado del lado del pasajero mirándola, conversando, enamorado de ese momento. De repente una llanta estalló. Nos asustamos mucho porque la camioneta se descontroló un poco, pero gracias a Dios, Shari pudo lograr estacionarla a la orilla de la carretera. Yo pensé que era una buena oportunidad para quedar como el héroe que iba a resolver el problema tan pronto Shari me pidiera ayuda. Pero no salió como yo esperaba. Shari se quedó en silencio, con las manos en el volante y su vista fija hacia al frente. Nunca me habló ni me pidió ayuda. Ni siquiera se volteó a mirarme. Sentí como si una pared se hubiera interpuesto en medio de los dos. Solamente la vi enrollándose las mangas de la camisa de su trabajo y la seguí con mi mirada, cuando se bajó de la camioneta y caminó hasta la puerta trasera del vehículo para buscar una herramienta que le ayudara a cambiar la llanta dañada.

En este punto me sentía muy molesto con ella por no haberme tomado en cuenta. Me iba a bajar decidido a recriminarle y a discutir con ella. Pero sentí cómo el Espíritu Santo me habló a mi corazón diciéndome: “No lo tomes personal. Mira su historia”. Al escuchar esta frase pensé en que Shari estaba acostumbrada y automatizada a resolverlo todo. Vivía con su mamá, quién era madre soltera, y era la mayor de tres hermanas, y muchas de las responsabilidades cayeron sobre ella sumado a una atmósfera de dolor e inestabilidad.

Me baje del auto pero lleno de misericordia y de mucho amor. Me acerqué a ella y le pregunté: “¿Qué haces?”. Y ella me respondió: “Voy a cambiar la llanta”. No tengo dudas de que lo que le respondí a continuación fue inspirado por el mismo Espíritu Santo porque le dije: “Shari, déjate amar, llegué yo”. Shari soltó la herramienta y corrió a mis brazos y comenzó a llorar mientras me abrazaba fuertemente. Entre lágrimas me decía: “Prométeme que hoy se termina este ciclo de dolor que siento. Promete que ya no tendré que sentir que lo tengo que resolver todo. Prométeme que me puedo refugiar en tus brazos y ya no tengo que temer”. Yo también estaba llorando y por supuesto que se lo prometí. En aquella autopista Dios iba a comenzar a sanar nuestros corazones y nos iba a unir más.

El proceso de sanidad comienza cuando simplemente derrumbamos las barreras que hemos puesto por heridas del pasado y nos dejamos amar. Y sí. Somos el héroe que nuestro cónyuge necesitaba. Nuestras manos se convierten en las manos de Jesús para nuestra pareja. Conectas más con el corazón de tu cónyuge cuando aprendes a abrazar su historia. ¡Dejémonos amar!

Profundicemos: 1 Corintios 13:4-8

Conversemos:

- ¿Sentimos que debemos derribar algunas barreras que hemos puesto debido a nuestras heridas del pasado?
- ¿Entendemos que nos necesitamos?
- Reafirmémonos que siempre estaremos ahí, el uno para el otro.

Oremos:

Dios, muchas gracias por permitirnos abrazar nuestras historias. Ayúdanos a derribar toda pared que nos impide que nos amemos con libertad. Abrázanos a través de los brazos de nuestra pareja en el nombre de Jesús. Amén.

Dejemos de lavarnos las manos 44

Todos nosotros construimos el matrimonio que deseamos tener. No es posible tener un matrimonio perfecto, pero, si decidimos rendirnos a Dios por completo, es posible tener un matrimonio sólido. Todos deseamos tener un hogar feliz y estable, y para esto nosotros hemos entendido es que es necesario ser responsables de nuestras acciones. Diariamente tendremos que enfrentar desafíos, diferencias, momentos estresantes y es muy probable que alguno de los dos pueda responder no de la mejor manera. Son esos momentos cotidianos en lo que tenemos que estar dispuestos a hacernos responsables de lo que hacemos y decimos.

Cuando Poncio Pilato quiso renunciar a la responsabilidad que conllevaba haber crucificado a Jesús, se lavó las manos. A través de ese acto demostró que no era culpable de lo que sucedería. En el matrimonio en ocasiones podemos actuar así. Podemos lavarnos las manos y con nuestra actitud decir que no somos responsables de lo que hicimos. Hoy queremos recordarles que somos responsable de cada palabra que sale de nuestros labios y de cada una de nuestras acciones. No podemos construir un matrimonio solido si jugamos el juego de la justificación Aprendamos a reconocer los errores y a pedir perdón. Habrá ocasiones en las que, para que se termine un conflicto, bastará con que uno de los dos tome la decisión de hacerse responsable, tenga la culpa o no. Así es, en ocasiones necesitaremos hacernos responsables aun cuando el otro fue quien falló. Jesús no tenía que venir a este mundo a morir por nuestros pecados, pero si él no se hubiese hecho responsable por nuestras faltas ¿dónde estaríamos hoy? Hacernos responsables, aunque no hayamos sido el que causó el problema, es tomar la iniciativa de traer paz a un conflicto, es no esperar a que el otro se disculpe.

Apliquen los principios que Dios nos da y tomen el control sobre su matrimonio. ¿Qué tal si hacemos algo práctico? Hoy, en algún momento del día, procuren mirarse y decirse estas palabras: “Mi amor, yo haré todo lo que esté a mi alcance para bendecir tu vida. Un día prometí que estaría presente en las buenas y en las malas, en la salud o en la enfermedad, en la escasez o en la riqueza. Aquí estoy y aquí seguiré hasta mi último aliento de vida porque te amo”. Una y otra vez reafirmen su compromiso, tomen responsabilidad sobre su matrimonio y dejen de lavarse las manos.

Profundicemos: Gálatas 6:5; Proverbios 10:11; Salmos 119:57; Job 8:5.

Conversemos:

- ¿Nos comprometemos hoy a hacernos responsables para trabajar en la solidez de nuestro matrimonio?
- ¿Creemos firmemente que Dios es fiel en ayudarnos en el proceso?
- Decidamos hoy dejar de justificar nuestras palabras y acciones.

Oremos:

Señor Jesús, tú eres el ejemplo perfecto de sacrificio y responsabilidad, enséñanos a ser humildes de corazón y a tomar acción ante todo reto que enfrentemos como matrimonio. Guíanos a vivir de forma pura e íntegra. Amén.

«Cuando el Señor subió a lo alto, llevó consigo
a los cautivos, y dio dones a los hombres».
9¿Qué quiere decir eso de que «subió»? Eso
implica que primero descendió hasta lo más bajo
de la tierra. 10Pues bien, el que descendió, luego
regresó a lo más alto de los cielos para poder
llenarlo todo.
11Y a algunos les dio el don de ser apóstoles; a
otros, el don de ser profetas; a otros, el de
anunciar las buenas nuevas; y a otros, el don de
pastorear y educar al pueblo de Dios. 12Su propósito es que su pueblo esté perfectamente capacitado para servir a los demás, y para ayudar al
cuerpo de Cristo a crecer. 13De esta manera, todos
llegaremos a estar unidos en la fe y en el conocimiento del Hijo de Dios, hasta que lleguemos
a ser una humanidad en plena madurez, tal
como es Cristo.
14Así dejaremos de ser como niños que cambian
de creencias cada vez que alguien les dice algo
diferente o logra astutamente que sus mentiras
parezcan verdades. 15Más bien, al vivir la verdad
con amor, creceremos y cada vez seremos más
semejantes en todo a Cristo, que es nuestra Cabeza. 16Por lo que él hace, cada una de las partes
del cuerpo, según el don recibido, ayuda a las
demás para que el cuerpo entero y unido crezca
y se nutra de amor.

Vivan como hijos de luz

17Por eso les digo e insisto de parte del Señor
que no vivan ya como los paganos: ciegos y
confundidos. 18Ellos tienen nublada la mente y
desconocen la vida que viene de Dios. Esto se
debe a que son ignorantes y han endurecido su
corazón. 19Así, después de haber perdido la vergüenza, se han entregado sin freno alguno a
cometer toda clase de inmoralidades. A pesar de
que hacen cuanta maldad les viene en gana,
nunca están satisfechos. 20¡Pero eso no es lo que
ustedes aprendieron acerca de Cristo!
21Si de veras han escuchado acerca del Señor
y han aprendido a vivir como él, saben que
la verdad está en Jesús. 22Por ello, quítense, como
si se tratara de ropa vieja, su naturaleza tan
corrompida por los malos deseos. 23Renueven sus
actitudes y pensamientos; 24sí, revístanse de la
nueva naturaleza que Dios creó, para que sean
como él, verdaderamente justos e íntegros.
25Dejen, por lo tanto, la mentira; díganse
la verdad unos a otros siempre, porque somos
miembros de un mismo cuerpo.
26Si se enojan, no cometan el pecado de dejar
que el enojo les dure todo el día. 27Así no le darán
lugar al diablo.
28El que era ladrón, deje de robar; al contrario, trabaje honradamente con sus manos para
que tenga con qué ayudar a los que estén en
necesidad.
29Nunca empleen un lenguaje sucio; más bien
digan palabras que les hagan bien a los que
las oyen y los ayuden a madurar.
30No entristezcan al Espíritu Santo de Dios, con
el cual Dios los selló para el día de la salvación.
31Arrojen de ustedes la amargura, el enojo, la ira,
los gritos, las calumnias y todo tipo de maldad.
32Al contrario, sean bondadosos entre ustedes,
sean compasivos y perdónense las faltas los unos
a los otros, de la misma manera que Dios los
perdonó a ustedes por medio de Cristo.

5 Por tanto, imiten a Dios como hijos amados. 2Y vivan amando a los demás,
siguiendo el ejemplo de Cristo, que nos amó y se
entregó por nosotros en sacrificio, como ofrenda
de perfume agradable a Dios.
3Que entre ustedes ni siquiera se mencionen
pecados sexuales, o cualquier forma de impureza
o de avaricia. Eso no es propio del pueblo santo
de Dios.
4No digan malas palabras, ni tengan conversaciones tontas, ni hagan chistes groseros. Todo
eso está fuera de lugar. En vez de actuar así,
sean agradecidos.
5Sepan esto: Jamás tendrá parte en el reino de
Cristo y de Dios el que sea inmoral, impuro o avaro (pues ser avaro es lo mismo que ser idólatra).
6No se dejen engañar por los que tratan de excu-
sar estos pecados, porque por esos pecados el castigo de Dios viene sobre los que son desobedientes.
7No se hagan cómplices de esa clase de personas.
8Aunque ustedes antes vivían en tinieblas,
ahora viven en la luz. Esa luz debe notarse en
su conducta como hijos de Dios. 9Cuando esa luz
brilla, produce bondad, justicia y verdad. 10Traten
siempre de saber qué es lo que le agrada al Señor.
11No participen de las acciones malas de los que
viven en oscuridad, las cuales no traen ningún
provecho. Más bien, háganles ver sus pecados.
12Es vergonzoso aun hablar de muchas de las
cosas que ellos hacen a escondidas. 13,14Pero cuando la luz brilla, pone todas las cosas al descubierto. Por eso se dice:
«Despiértate, tú que duermes; levántate de
entre los muertos y Cristo te alumbrará».
15Así que tengan mucho cuidado de cómo
viven. Vivan como sabios, no como necios;
16aprovechen bien cada oportunidad, porque los
días son malos; 17no sean tontos, sino traten
de entender cuál es la voluntad de Dios.
18No se embriaguen, pues no se podrán controlar; más bien dejen que el Espíritu Santo los

4.11–16 4.17–18 4.21–27 4.29–32 5.1–7
5.8–12 5.15 5.17–21

llene y controle. [19]Así hablarán entre ustedes con
salmos e himnos y cantos espirituales, y elevarán
al Señor alabanzas y cantos de todo corazón.
[20]También le darán gracias siempre y por todo
a Dios, nuestro Padre, en el nombre de nuestro
Señor Jesucristo.

Deberes conyugales

[21]Sométanse unos a otros por respeto a Cristo.
[22]Las mujeres deben someterse a sus esposos
al igual que se someten al Señor. [23]Porque el
esposo es cabeza de la esposa, de la misma manera que Cristo es cabeza y salvador de ese cuerpo
suyo que es la iglesia. [24]Así que las esposas deben
estar sujetas en todo a sus esposos, así como la
iglesia lo está a Cristo.

[25]Los esposos, por su parte, deben mostrar a
sus esposas el mismo amor que Cristo mostró a
su iglesia. Cristo se entregó a sí mismo por ella
[26]para hacerla santa y la purificó lavándola con
agua por medio de la Palabra. [27]Lo hizo así a fin
de presentársela a sí mismo como una iglesia
gloriosa, sin manchas ni arrugas ni nada semejante, sino santa e intachable. [28]Así deben amar
los esposos a sus esposas: como aman a su propio
cuerpo. ¡El hombre que ama a su esposa se ama
a sí mismo! [29,30]Nadie aborrece su propio cuerpo;
antes bien, lo alimenta y lo cuida con esmero.
Cristo hace lo mismo con ese cuerpo suyo del
que formamos parte: la iglesia.

[31]«Por eso, el hombre dejará a su padre y a
su madre y se unirá a su mujer, y los dos serán
como una sola persona».

[32]Sé que esto es como un misterio difícil de
entender; pero ilustra la manera en que Cristo
se relaciona con la iglesia. [33]Así que, repito, el
esposo debe amar a su esposa como a sí mismo;
y la esposa debe respetar a su esposo.

Deberes filiales

6 Hijos, obedezcan a sus padres, pues esto
es lo que deben hacer los que pertenecen
al Señor. [2]«Honra a tu padre y a tu madre» es el
primer mandamiento que contiene una promesa: [3]«para que te vaya bien y disfrutes una vida
larga».

[4]Y en cuanto a ustedes, padres, no hagan enojar a sus hijos. Más bien edúquenlos como quiere
el Señor, con disciplina y consejos.

Deberes de los esclavos y de sus amos

[5]Esclavos, obedezcan a sus amos humanos;
sírvanles de buena gana, con respeto y sinceridad
de corazón, como a Cristo. [6]No sean de los que
trabajan bien sólo cuando el amo los está observando, para quedar bien con él. Trabajen como
si lo hicieran para Cristo, cumpliendo de todo
corazón la voluntad de Dios. [7]Hagan su trabajo
de buena gana, como quien sirve al Señor y no a
seres humanos. [8]Recuerden que el Señor nos dará
a cada uno según el bien que hayamos hecho,
seamos esclavos o libres.

[9]Y ustedes, amos, actúen de la misma manera
con sus esclavos y dejen a un lado las amenazas. Recuerden que ustedes, al igual que ellos,
tienen al mismo Señor en el cielo, y que él no
tiene favoritos.

La armadura de Dios

[10]Por último, recuerden que su fortaleza debe
venir del gran poder del Señor. [11]Vístanse de
toda la armadura que Dios les ha dado, para que
puedan hacer frente a los engaños astutos del
diablo, [12]porque nuestra lucha no es contra seres
humanos, sino contra los poderes, las autoridades y los gobernantes de este mundo en tinieblas;
o sea, que luchamos contra los espíritus malignos
que actúan en el cielo.

[13]Por ello, vístanse de toda la armadura de Dios
para que puedan resistir en el día malo y así, al
terminar la batalla, estén todavía en pie.

[14]¡Manténganse firmes! Que su ropa de batalla
sea la verdad y su protección la justicia. [15]Estén
siempre listos para anunciar las buenas nuevas
de la paz. [16]Sobre todo, tomen el escudo de la fe
para apagar los dardos de fuego que arroja el
maligno. [17]Pónganse el casco de la salvación y
tomen la espada que les da el Espíritu, que es la
Palabra de Dios.

[18]Sobre todo, oren a Dios en todo tiempo. Y
cuando lo hagan, sean dirigidos por el Espíritu.
Manténganse bien despiertos y vigilantes, y no
dejen de orar por todo el pueblo santo de Dios.

[19]Oren también por mí. Pidan a Dios que ponga
en mi boca las palabras que debo decir, para
que con valor anuncie las buenas nuevas que
Dios había mantenido en secreto. [20]Dios me ha
enviado como su representante para predicar este
mensaje, y precisamente por eso ahora estoy preso. Oren para que lo anuncie sin temor alguno,
pues ese es mi deber.

Saludos finales

[21]Tíquico, nuestro querido hermano y fiel
servidor en la obra del Señor, les contará cómo
me va y qué hago. [22]Para eso precisamente lo
envío. Quiero que ustedes sepan de nosotros y
así se animen.

[23]Que Dios el Padre y el Señor Jesucristo les
den paz, amor y fe a los hermanos.

[24]Que la gracia de Dios esté sobre todos los
que aman a nuestro Señor Jesucristo con amor
inagotable.

☼5.22–33 ☼6.1–4 ☼6.10–20

Investiguemos Juntos

FILIPENSES

¿Quién lo escribió?

El autor es Pablo (Fil.1:1) Aunque se menciona a Timoteo, la carta cuenta con más de un centenar de pronombres en primera persona. Es una de las cartas más personales de Pablo a una iglesia leal, a quien le comparte sus problemas y deseos personales.

¿A quién lo escribió?

A la iglesia que estaba en Filipos (Fil 1:1), que fue fundada por Pablo en su segundo viaje misionero (Hch.16:11-40). Había pasado ya una década desde aquella visita.

¿Cuándo y dónde lo escribió?

Pablo escribe desde una prisión (Fil.1:7,13, 14,17). Pero no hay un acuerdo definitivo sobre la ciudad. Algunos afirman que se escribió desde Roma, cerca del 61-63 d.C. Otra hipótesis menciona que la ciudad donde Pablo está prisionero es Éfeso hacia el 56 o 57 d.C.

Panorama del libro

Es una carta de mucho afecto en cuanto al corazón del apóstol y con temas variados (cuestión que ha hecho pensar a algunos eruditos que esta carta es en verdad una colección de varias cartas). Pablo da noticias de su condición en la cárcel, esperanzado de que saldrá con vida a pesar de los peligros de muerte (Fil. 1:12,20-25). Uno de los textos más hermosos de la carta es Fil.2:1-11 que usa justamente Pablo para hacer un llamado a la unidad de la iglesia y a la humildad como parte de la imitación del carácter de Cristo. Algunos aluden que el "cántico del siervo" (Fil.2:6-11) era un himno de los primeros días de la iglesia y que Pablo usa para enseñar el camino de Jesús, de su humillación hasta la muerte en la cruz (En Roma, la muerte de cruz era sólo para los extranjeros o esclavos). En respuesta a esa actitud de humildad y solidaridad con los más desposeídos, es que Dios lo exalta a la posición más alta y le da el título de "Señor" para que ante el título de señorío de Jesús todo el universo se incline. Cabe mencionar que la actitud de Cristo mencionada por Pablo, se presenta totalmente opuesta a la actitud de Adán, quien siendo hombre, en su orgullo quiso ser como Dios. Otra sección sobresaliente es Filipenses 3:1-11. Pablo reconoce que al conocer a Cristo su escala de valores cambió absolutamente, tanto así que todo lo que significaba algo relevante para él hoy es relativo. Todo lo que era una ventaja, hoy no vale nada. Se ven en la carta dos grupos que amenazan la unidad y la paz en la iglesia: un grupo de judaizantes, que también vemos en otras cartas (Fil. 3: 1-3), y al parecer otro grupo de libertinos que toman la gracia pretexto para seguir pecando (Fil. 3:17-19). Por otro lado, casi al final, toca ciertos temas íntimos de la comunidad (Fil. 4: 1-9) y agradece el cuidado que la iglesia tuvo de cubrir sus necesidades (Fil. 4:1-20).

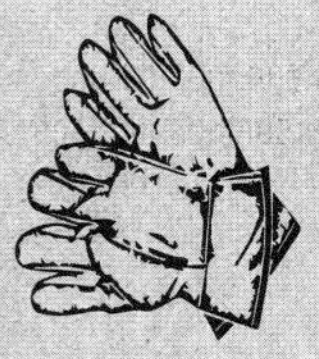

¿Cómo se relaciona con nosotros?

Pablo escribió esta carta para expresar su afecto por los creyentes de Filipos, ya que ellos ofrecieron apoyo práctico para su ministerio (2 Corintios 8:11; Filipenses 4: 15-18). Filipenses tiene una gran cantidad de versículos populares en el cristianismo contemporáneo: "El que comenzó tan buena obra en ustedes la irá perfeccionando hasta el día en que Jesucristo regrese..." (Filipenses 1: 6), "... vivir es Cristo y el morir es ganancia" (1:21) y "Todo lo puedo en Cristo que me da fortaleza" (4:13) son solo algunos ejemplos, pero el retrato de Jesús como un siervo humilde sirve como núcleo de la enseñanza de Pablo en esta carta (2: 5-11), y es una gran guía para hablar de liderazgo espiritual y la actitud que es sabio desarrollar en nuestro hogar.

¿Cómo lo estudiamos?

1) Hacer lo correcto aunque duela (Fil.1:1-30)
2)Hacer lo que amo aunque muera (Fil. 2:1-18)
3) Ejemplos heroicos de Timoteo y Epafrodito (Fil. 2:19-30)
4) Advertencias contra el legalismo y el libertinaje (Fil. 3:1-21)
5) La paz de la vida cristiana (Fil. 4:1-8)
6) Venciendo las circunstancias (Fil. 4:10-23)

Filipenses

1 Pablo y Timoteo, siervos de Jesucristo, a todos los que están en Filipos y que, por estar unidos a Cristo Jesús, forman parte del pueblo santo de Dios; también a sus líderes y diáconos: 2Que Dios nuestro Padre y el Señor Jesucristo los llenen de amor y de paz.

Acción de gracias e intercesión

3Cada vez que me acuerdo de ustedes doy gracias a mi Dios; 4siempre que oro por ustedes lo hago con alegría, 5porque ustedes se han solidarizado con el evangelio desde el primer día hasta ahora. 6El que comenzó tan buena obra en ustedes la irá perfeccionando hasta el día en que Jesucristo regrese. De esto estoy seguro.

7Está bien que yo piense así de todos ustedes, porque los llevo en el corazón. Ya sea que yo esté preso o defendiendo y confirmando el evangelio, todos ustedes participan conmigo del amor que Dios me ha dado. 8Dios sabe lo mucho que los quiero a todos con el tierno amor que nos da Cristo Jesús. 9Lo que pido en mis oraciones es que el amor de ustedes sea cada vez más grande y que su conocimiento y buen juicio crezcan, 10para que sepan elegir lo que es mejor y para que vivan de una manera limpia y sin reproche hasta el día cuando Cristo regrese; 11también para que estén llenos del fruto de justicia que se produce por medio de Jesucristo, para que le den la gloria y la alabanza a Dios.

El vivir es Cristo

12Hermanos, quiero que sepan que lo que me ha pasado ha ayudado a anunciar el evangelio. 13Toda la guardia del palacio y todos los demás saben que estoy encadenado por causa de Cristo. 14Y al ver que estoy preso, la mayoría de los hermanos se ha atrevido, ahora más que nunca, a anunciar sin temor la palabra de Dios, confiando en el Señor.

15Es cierto que algunos anuncian a Cristo por envidia y rivalidad, pero otros lo hacen con buenas intenciones. 16Estos últimos lo hacen por amor, porque saben que Dios me ha puesto para defender el evangelio. 17Los primeros anuncian a Cristo por interés personal y no por motivos puros, pues creen que así me harán sufrir más, ahora que estoy en la cárcel.

18Pero, ¿qué importa? De cualquier manera, sea con motivos falsos o sinceros, se anuncia a Cristo. Por eso me alegro y me seguiré alegrando, 19porque sé que, gracias a las oraciones de ustedes y a la ayuda del Espíritu de Jesucristo, saldré libre. 20Mi gran deseo y esperanza es que no haga nada que me avergüence, sino que, con toda libertad, ya sea que viva o muera, le den la gloria a Cristo por medio de mí ahora como siempre. 21Porque para mí el vivir es Cristo y el morir es ganancia. 22Pero si el seguir viviendo en este mundo significa para mí que haré un buen trabajo, entonces no sé que elegir. 23Realmente me es difícil elegir cualquiera de las dos posibilidades. Deseo morir y estar con Cristo, que es muchísimo mejor; 24pero por el bien de ustedes es aún conveniente que me quede en este mundo. 25Por eso, estoy convencido de que lo mejor es que me quede y continúe con todos ustedes para ayudarlos en el alegre crecimiento de su fe. 26Así, cuando yo vuelva, tendrán más razón para estar orgullosos de mí en Cristo Jesús.

27Pase lo que pase, vivan de manera digna, de acuerdo con el evangelio de Cristo, porque ya sea que vaya a verlos o que, estando ausente, sólo reciba noticias de ustedes, sabré que siguen firmes y unidos, luchando juntos por la fe del evangelio. 28No les tengan miedo alguno a sus enemigos, porque para ellos es señal de destrucción; en cambio, para ustedes, es señal de salvación, y esto proviene de Dios. 29A ustedes se les ha dado no sólo el privilegio de creer en Cristo, sino también de sufrir por él. 30Ustedes están en la misma lucha que antes yo estaba. Y yo aún continúo luchando.

Humillación y exaltación de Cristo

2 Así que, si se sienten animados al estar unidos a Cristo, si sienten algún consuelo en su amor, si todos tienen el mismo Espíritu, si tienen algún afecto verdadero, 2llénenme de alegría poniéndose de acuerdo unos con otros, amándose entre ustedes y estando unidos en alma y pensamiento. 3No hagan nada por egoísmo o vanidad. Más bien, hagan todo con humildad, considerando a los demás como mejores que ustedes mismos. 4Cada uno debe buscar no sólo su propio bien, sino también el bien de los demás.

5La actitud de ustedes debe ser como la de Cristo Jesús: 6aunque él era igual a Dios, no consideró esa igualdad como algo a qué aferrarse. 7Al contrario, por su propia voluntad se rebajó, tomó la naturaleza de esclavo y de esa manera se hizo semejante a los seres humanos. 8Al hacerse hombre, se humilló a sí mismo y se hizo obediente hasta la muerte, ¡y muerte en la cruz!

9Por eso, Dios lo engrandeció al máximo y le dio un nombre que está por encima de todos los nombres, 10para que ante el nombre de Jesús todos se arrodillen, tanto en el cielo como en la tierra y debajo de la tierra, 11y para que toda lengua confiese que Jesucristo es Señor, para que le den la gloria a Dios Padre.

1.3–4 1.9–10 1.21 1.27 2.1–4 2.5–11

Testimonio de luz

12Queridos hermanos, ustedes siempre me han
obedecido, no sólo cuando estuve con ustedes
sino también ahora que ya no estoy; lleven a
cabo su salvación con temor y temblor, 13porque
es Dios el que les da a ustedes el deseo de cumplir
su voluntad y de que la lleven a cabo.
14Háganlo todo sin quejarse ni pelearse, 15para
que nadie pueda reprocharles nada y sean
hijos de Dios sin culpa en medio de gente mala
y perversa. Entre esa gente ustedes brillan como
estrellas en el firmamento. 16No se aparten nunca de la palabra de vida. De esa manera, cuando
Cristo vuelva me sentiré satisfecho de no haber
corrido ni trabajado en vano. 17Y aunque mi vida
sea sacrificada como una ofrenda y servicio que
proceden de su fe, me alegro y comparto con
todos ustedes mi alegría. 18Ustedes también alégrense y compartan conmigo su alegría.

Dos colaboradores ejemplares

19Espero que el Señor Jesús me conceda enviarles pronto a Timoteo, así yo también me animaré
al recibir noticias de ustedes. 20No tengo a nadie
que se preocupe como Timoteo por el bienestar
de ustedes, 21pues todos los demás buscan sus propios intereses y no los de Jesucristo. 22Pero ustedes
ya conocen la buena conducta de Timoteo. Él,
como un hijo junto a su padre, ha trabajado conmigo en anunciar el evangelio. 23Espero poder
enviarlo tan pronto como sepa qué va a pasar
conmigo. 24Confío en que el Señor permitirá que
yo mismo vaya pronto a verlos.

25Mientras tanto, creo que es necesario que
regrese con ustedes Epafrodito, mi hermano, ayudante y compañero de lucha. Ustedes lo enviaron
para que me atendiera en mis necesidades. 26Él
los extraña mucho a ustedes. Está preocupado
porque ustedes se enteraron de que estaba enfermo. 27Es verdad que estuvo enfermo y casi se
muere. Pero Dios se compadeció de él, y no sólo
de él, sino también de mí, para que no tuviera
más tristeza de la que ya tengo. 28Así que lo envío
rápidamente para que, al verlo otra vez, ustedes
se alegren y yo esté menos preocupado.

29Recíbanlo con alegría en el Señor y muestren su aprecio a los que son como él, 30porque
estuvo a punto de morir por trabajar para Cristo:
arriesgó su vida para hacer por mí lo que ustedes
personalmente no podían hacer.

Plena confianza en Cristo

3 Por lo demás, hermanos míos, alégrense en el
Señor. A mí no me molesta volver a escribirles
lo mismo, y a ustedes les da seguridad.

2Cuídense de esos perros, cuídense de esos
malos obreros, cuídense de esos que mutilan el
cuerpo. 3Porque los verdaderos circuncidados
somos nosotros, los que por medio del Espíritu
adoramos a Dios y nos llenamos de orgullo de
pertenecer a Cristo Jesús. Nosotros no ponemos
nuestra confianza en esfuerzos humanos.

4Yo mismo tengo motivos para confiar en
mis propios esfuerzos. Si alguien cree que tiene motivos para confiar en esfuerzos humanos,
yo tengo más: 5me circuncidaron al octavo día,
pertenezco al pueblo de Israel y a la tribu de Benjamín, soy hebreo entre los hebreos; en cuanto al
cumplimiento de la ley, fui fariseo; 6en cuanto
al celo por cumplir la ley, fui perseguidor de la
iglesia; en cuanto a la justicia que la ley exige,
fui intachable.

7Pero todo aquello que para mí era valioso,
ahora lo considero sin valor por causa de Cristo.
8Es más, todo lo considero una pérdida comparado con el supremo valor de conocer a
Cristo Jesús, mi Señor. Por él lo he perdido todo
y lo considero basura, con tal de ganar a Cristo
9y encontrarme unido a él. No quiero la justicia
propia que viene de obedecer la ley, sino la que
se obtiene por la fe en Cristo. Esa es la justicia
que viene de Dios y está basada en la fe. 10Lo he
perdido todo con tal de conocer a Cristo, de experimentar el poder de su resurrección, de tener
parte en sus sufrimientos y de llegar a ser semejante a él en su muerte. 11Así espero llegar a resucitar de entre los muertos.

Ciudadanos del cielo

12No quiere decir que yo ya lo haya conseguido
todo, ni que ya sea perfecto; pero sigo adelante
trabajando para poder alcanzar aquello para lo
que Cristo Jesús me salvó a mí. 13Hermanos,
no pienso que yo ya lo haya alcanzado. Más
bien, sigo adelante trabajando, me olvido de lo
que quedó atrás y me esfuerzo por alcanzar lo
que está adelante. 14De esta manera sigo adelante hacia la meta, para ganar el premio que Dios
ofrece por medio de su llamado celestial en Cristo Jesús. 15Así que, ¡atentos todos los que hemos
alcanzado madurez! Todos debemos pensar de
esta manera. Y si algunos piensan de forma diferente en algo, Dios les hará ver esto también.
16Debemos vivir de acuerdo con lo que ya hemos
alcanzado.

17Hermanos, sigan todos mi ejemplo y fíjense
en los que siguen el ejemplo que les hemos dado.
18Ya se los he dicho muchas veces, y ahora se
los vuelvo a decir con lágrimas, que muchos
se comportan como enemigos de la cruz de Cristo. 19El futuro de ellos es la destrucción, porque
su dios es su propio apetito y están orgullosos de
lo que debería darles vergüenza. Sólo piensan en

2.14–16 3.8–9 3.13–14 3.18–21

las cosas de este mundo. 20En cambio, nosotros
somos ciudadanos del cielo y de allí esperamos
al Salvador, el Señor Jesucristo. 21Él transformará nuestro cuerpo miserable para que sea como
su cuerpo glorioso. Esto lo hará por medio del
poder con el que domina todas las cosas.

4 Por eso, queridos hermanos míos, a los que
amo y extraño mucho, a ustedes que son mi
alegría y mi corona les digo que se mantengan
firmes en el Señor.

Exhortaciones

2Les ruego a Evodia y también a Síntique que
se pongan de acuerdo en el Señor. 3Y a ti, mi fiel
compañero, te pido que ayudes a estas mujeres.
Porque han luchado a mi lado junto con Clemente y mis demás ayudantes en la obra del
evangelio. Sus nombres ya están en el libro de
la vida.
4Alégrense siempre en el Señor. Se lo repito:
¡Alégrense! 5Que todos se den cuenta de que
ustedes son amables. El Señor viene pronto. 6No
se angustien por nada; más bien, oren; pídanle
a Dios en toda ocasión y denle gracias. 7Y la paz
de Dios, esa paz que nadie puede comprender,
cuidará sus corazones y pensamientos en Cristo.
8Por último, hermanos, piensen en todo lo que
es verdadero, todo lo que es respetable, todo lo
justo, todo lo puro, todo lo amable, todo lo que
es digno de admiración; piensen en todo lo que
se reconoce como virtud o que merezca elogio.
9Practiquen lo que han aprendido, recibido y oído
de mí, y lo que han visto en mí. Y obrando así,
el Dios de paz estará con ustedes.

Gratitud por la ayuda recibida

10Me alegro mucho en el Señor de que al fin se
han vuelto a interesar en mí. Por supuesto que
tenían interés, sólo que no habían tenido la oportunidad de demostrarlo. 11No lo digo porque esté
necesitado, pues he aprendido a estar satisfecho
en cualquier situación en que me encuentre. 12Sé
lo que es vivir en la pobreza y lo que es vivir en
la abundancia. He aprendido a vivir en cualquier
circunstancia: tanto a quedar satisfecho como
a pasar hambre, a tener de sobra como a sufrir
por no tener nada. 13Todo lo puedo en Cristo que
me da fortaleza.
14Sin embargo, han hecho bien al compartir
conmigo mis dificultades. 15Como ustedes, filipenses, bien saben, al principio, cuando salí de
Macedonia y comencé a anunciar el evangelio,
ninguna iglesia me ayudó en mis ingresos y
gastos, excepto ustedes. 16En efecto, ustedes me
enviaron ayuda hasta Tesalónica, una y otra vez,
para cubrir mis necesidades. 17No digo esto para
que me den más ayuda económica, sino que trato
de aumentar el crédito en su cuenta.
18He recibido todo lo que necesito y hasta más.
Epafrodito me dio lo que me enviaron y ahora
tengo de sobra. Su ayuda es una ofrenda de olor
grato, un sacrificio que Dios acepta con agrado.
19Por eso, mi Dios les dará todo lo que necesiten, conforme a las gloriosas riquezas que
tiene en Cristo Jesús. 20Denle a nuestro Dios y
Padre la gloria para siempre. Amén.

Saludos finales

21Saluden a todo el pueblo santo de Dios en
Cristo Jesús. Los hermanos que están conmigo les
mandan saludos. 22Todos los que son del pueblo
santo de Dios les mandan saludos, especialmente
los de la casa del emperador. 23Que el amor del
Señor Jesucristo esté con ustedes. Amén.

4.4–14 4.19

Investiguemos Juntos

COLOSENSES

¿Quién lo escribió?

La iglesia ha aceptado tradicionalmente que Pablo es el autor de la carta. (Co.1:1). Testimonios de Ireneo, Clemente de Alejandría, Tertuliano, Orígenes, Eusebio concuerdan con esta afirmación.

¿A quién lo escribió?

A la comunidad cristiana que estaba en la ciudad de Colosas (Co.1:2) ubicada en el Asia Menor. Cabe mencionar que esta comunidad no conocía a Pablo, ya que él no fue su fundador (Col.2:1).

¿Cuándo y dónde lo escribió?

Pablo escribe la carta en prisión (Col. 4:3,18). Los comentaristas se dividen a la hora de ubicar la ciudad donde Pablo estuvo preso. La mayoría cree más plausible datarla cerca del 61 d. C en Roma.

Panorama del libro

La carta contiene una mirada particular en cuanto a la Cristología. Pablo destaca en la carta la supremacía de Cristo. El desarrollo de esta teología está en relación con el peligro que ve Pablo de que la iglesia de Colosas pierda su fe y se enfrasque en el sincretismo religioso que estaba emergiendo en Asia menor (movimiento que posiblemente decantó en el Gnosticismo).

Los peligros que amenazaban a la iglesia eran:

1) Pablo advierte de estas "filosofías" o "preceptos" (Col.2:8,20). Al parecer en esta región se dio un culto a lo que en griego se llamaba "stoichea", que según estas enseñanzas, eran los espíritus que sustentaban el mundo. Pablo afirma que Jesús es la cabeza, está por sobre estas potestades (Col.1:10) ya que en Él habita la Deidad (Col.1:9).

2) Estas creencias llegaban a afirmar que Dios había hecho el mundo por medio de estos "elementos" o "potestades". Afirmaban que Cristo de alguna manera estaba en medio de la creación y en la salvación como agente activo, pero en la práctica este culto le prestaba más atención a estas entidades espirituales como verdaderos intermediarios de Dios entre los hombres. Pablo de manera enfática pone a Cristo por sobre todos estos poderes (Col. 1:15-20). Algunos aluden que este texto es un antiguo himno de la iglesia primitiva que Pablo usa para enfatizar que Cristo está por sobre todo tipo de autoridad terrenal o celeste (Col.1:16). Estos poderes tienen cierta oposición a Cristo, pero Él los venció en la cruz (Col.2:15).

3) También, derivado de estas "filosofías" se celebraban cultos en honor a "los ángeles", ya que los consideraban intermediarios de Dios ante los hombres, privándole importancia a Cristo. Al parecer estos cultos iban de la mano con experiencias místicas de éxtasis (Col.2:18).

4) Los propulsores de estas filosofías, aparentemente eran judaizantes sincretistas, que mezclaban enseñanzas judías con cuestiones mistéricas de cultos paganos. Pablo menciona como parte de estas enseñanzas, prácticas culinarias, celebrar días especiales, el guardar el día de reposo, lunas nuevas, circuncisión (Col. 2:11,16, 20, 21). Para Pablo, vivir de esta manera, en abstenciones constantes (Col.2:23) no era una verdadera espiritualidad (Col.3:1,2). Pablo termina apelando a que esa Autoridad y Poder de Cristo debe verse reflejado en la vida social de los Cristianos (Col.3:8-17) y en la vida cotidiana (Col. 3:18- 4:1).

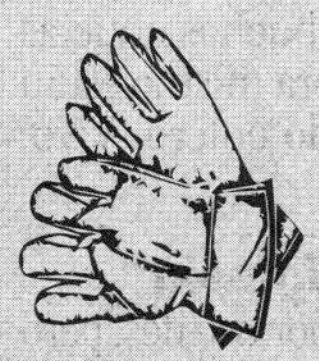

¿Cómo se relaciona con nosotros?

En esta carta, la total autoridad y triunfo de Cristo por sobre todo poder son puestos en contraste con doctrinas que exageran la realidad del diablo y sus demonios, o que dan a entender que la salvación se logra mediante la fe en Jesús "y algo más" que nosotros debemos hacer o dejar de hacer. De hecho, Pablo deja en claro que creer que Jesús no es suficiente, y que siempre hay algo más que hacer o dejar de hacer, significa vivir "terrenalmente" (Colosenses 3:1). Por eso, nos invita a poner la mirada (tener un estilo de vida) en las cosas de arriba. La religiosidad prohibitiva es la otra cara de una vida "terrenal" y limitada, y nos invita a vivir una relación de confianza en la suficiencia de Cristo, que evita el pecado por agradecimiento, honra y confianza, y no por temor, apariencias o ignorancia. Al fin y al cabo, es lo que creamos acerca de Jesús lo que definirá nuestra vida en la tierra y por la eternidad, y no hay nada más importante que esto.

¿Cómo lo estudiamos?

1) Una Palabra que lleva fruto (Col.1:1-14)
2) Cristo es exaltado (Col. 1:15-29)
3) Peligros de falsas doctrinas (Col. 2:1-23)
4) Las características de nuestro llamado (Col. 3:1-17)
5) Las características de nuestras relaciones (Col. 3:18-4:18)

Colosenses

1 Pablo, apóstol de Jesucristo porque Dios así lo quiso, y el hermano Timoteo.

2A los santos y fieles hermanos en Cristo que están en la ciudad de Colosas: que Dios nuestro Padre les conceda su amor y su paz.

Acción de gracias e intercesión

3Cada vez que oramos por ustedes damos gracias a Dios, el Padre de nuestro Señor Jesucristo, 4porque nos han hablado de lo mucho que confían en el Señor y de cuánto amor le tienen al pueblo de Dios. 5Ustedes se comportan así motivados por la esperanza de lo que está guardado para ustedes en el cielo. De ello se enteraron por medio del mensaje verdadero del evangelio.

6Esas buenas nuevas que escucharon ustedes están dando fruto y creciendo en todo el mundo, como también sucedió entre ustedes mismos desde el día en que escucharon y entendieron la gracia de Dios.

7Epafras, nuestro muy amado colaborador, el que les enseñó el evangelio y en quien tienen ustedes a un fiel servidor de Cristo, 8fue quien nos contó del gran amor hacia los demás que el Espíritu ha puesto en ustedes.

9Por eso, desde el primer momento que lo supimos, hemos estado orando y pidiendo a Dios que les ayude a entender plenamente la voluntad divina, y que les dé la sabiduría e inteligencia que vienen del Espíritu. 10Así podrán agradar y honrar al Señor en todo; harán toda clase de buenas obras y conocerán cada día más y mejor a Dios. 11Además, estarán llenos del grande y glorioso poder divino para perseverar a pesar de las circunstancias adversas; 12y con gozo darán gracias al Padre, que nos ha capacitado para participar de la herencia que pertenece a los que viven en el reino de la luz. 13Él nos rescató del reino de las tinieblas y nos trasladó al reino de su Hijo amado, 14quien compró nuestra libertad y perdonó nuestros pecados.

La supremacía de Cristo

15Cristo es la imagen misma del Dios invisible, y existe desde antes que Dios comenzara la creación.

16Cristo mismo es el creador de cuanto existe en los cielos y en la tierra, de lo visible y de lo invisible, y de todos los seres que tienen poder, autoridad y dominio; todo fue creado por medio de él y para él.

17Cristo ya existía antes de todas las cosas y, por su poder, todas subsisten.

18Él es la cabeza de ese cuerpo suyo que es la iglesia.
Él, que es el principio, fue el primero en resucitar, para ser en todo siempre el primero.

19Porque Dios quiso que en el Hijo habitara toda su plenitud.

20Por medio del Hijo, Dios reconcilió con él todas las cosas, tanto las que están en los cielos como las que están en la tierra. Esa paz la logró Dios por medio de la sangre que Jesús derramó en la cruz.

21En otro tiempo, ustedes estaban alejados de Dios y eran sus enemigos, debido a sus malos pensamientos y acciones. 22Pero ahora él los ha reconciliado por medio de la muerte que Cristo sufrió en su cuerpo, para presentarlos santos, sin mancha ni culpa, ante la misma presencia de Dios.

23Pero para esto tienen que creer firmemente y no abandonar la esperanza que tienen gracias a las buenas noticias. Éstas son las buenas noticias que un día escucharon y que ahora mismo están siendo proclamadas en el mundo entero. Y yo, Pablo, trabajo anunciándolas.

Trabajo de Pablo por la iglesia

24Es cierto que estoy sufriendo por ustedes, pero me alegro. Así ayudo a completar lo que falta de los sufrimientos de Cristo por ese cuerpo suyo que es la iglesia. 25Después de todo, sirvo a la iglesia por comisión divina, que me fue dada para bien de ustedes y con el propósito de revelar el plan divino en todas partes. 26A través de los siglos y a lo largo de muchas generaciones, ese plan se había mantenido en secreto, pero por fin el Señor ha querido revelarlo a los suyos. 27A ellos, Dios les dio a conocer la riqueza y la gloria de su plan que, por cierto, beneficia a los gentiles. Y éste es el misterio: Cristo está entre ustedes y es su esperanza de gloria.

28Por eso, adondequiera que vamos hablamos de Cristo, y amonestamos y enseñamos a todos con toda sabiduría. Queremos que cada ser humano sea perfecto como Cristo. 29Esa es mi tarea y lucho para realizarla con toda la fuerza y el poder que Cristo me da.

2 Quiero que sepan cuánto he batallado por ustedes, por la iglesia de Laodicea y por aquellos a quienes nunca he tenido el gusto de conocer personalmente.

2Mi lucha es para que se animen, que estén unidos estrechamente por las fuertes ataduras del amor, y que alcancen la rica experiencia de una genuina certidumbre y clara comprensión, porque el plan secreto de Dios, que ya por fin ha sido revelado, es Cristo mismo. 3En él están escondidos todos los tesoros de la sabiduría y del conocimiento. 4Digo esto porque temo que

1.3–6 1.9–13 1.18 2.2

alguien pueda engañarlos con palabras bonitas,
5y porque, a pesar de que me encuentro lejos de
ustedes, mi corazón está a su lado, feliz de ver
que todo marcha bien entre ustedes y que poseen
una fe robusta en Cristo.

Libertad en Cristo

6Ahora bien, de la misma manera que recibieron a Cristo Jesús como Señor, deben comportarse como le agrada a él; 7es decir, enraizados en él
y que sea él quien les haga crecer. Manténganse
convencidos de la verdad que les enseñaron y
llenos de acción de gracias al Señor.
8No dejen que nadie los engañe con filosofías
erradas y huecas, basadas en tradiciones
humanas y en los poderes que dominan este
mundo, y no en la enseñanza de Cristo. 9En Cristo habita toda la plenitud de Dios encarnada en
un cuerpo humano, 10y ustedes, al estar unidos
a él, están llenos de esa plenitud. Además, él es
la cabeza y tiene autoridad sobre cualquier prin-
cipado o potestad.
11Por estar unidos a Cristo, él los libertó de
su naturaleza pecaminosa, no por medio de
la circuncisión que se hace en el cuerpo, sino
por medio de la circuncisión que hace Cristo.
12Con él ustedes fueron sepultados en el bautismo, y en su resurrección resucitaron ustedes con él, mediante la fe en el poder de Dios que
lo resucitó.
13De hecho, ustedes estaban muertos a causa
de sus pecados y no se habían despojado de su
naturaleza pecaminosa; pero Dios nos vivificó
con Cristo y nos perdonó los pecados. 14Él elimi-
nó la prueba acusatoria que había contra ustedes,
es decir, los mandamientos de la ley. Esa quedó
anulada cuando la clavó en la cruz. 15Y así
despojó a los seres espirituales que tienen
poder y autoridad, y, por medio de Cristo, los
humilló públicamente y los exhibió en su desfile triunfal.
16Que nadie, pues, los critique a ustedes por
cuestiones de comidas o bebidas, ni porque no
celebren sus festividades ni sus ceremonias de
luna nueva ni sus sábados. 17Éstas eran sólo como
sombras del que había de venir, es decir, Cristo.
18No dejen ustedes que les quiten su premio quienes fingen ser humildes y adoran a los ángeles.
Estos individuos dicen haber visto visiones y se
llenan de orgullo por sus pensamientos humanos. 19Sin embargo, no están conectados a Cristo, la cabeza, a la cual nosotros, que formamos
su cuerpo, sí estamos unidos. Y lo estamos por
medio de fuertes junturas y ligamentos, con lo
cual crecemos a medida que Dios nos nutre.
20Si ustedes murieron con Cristo y ya no están
esclavizados a los poderes que dominan el mundo, ¿por qué se someten, como si fueran todavía
del mundo, a reglas 21tales como: «no toques eso,
no comas aquello, no lo tomes en tus manos»?
22Esas reglas son puramente humanas, que con
el tiempo van perdiendo valor. 23Podrán parecer
muy sabias tales reglas, ya que para obedecerlas hay que ser devotos de veras, y porque son
humillantes y duras para el cuerpo, pero de nada
sirven en lo que a dominar los malos pensamientos y deseos se refiere.

Normas para una vida santa

3 Puesto que ustedes resucitaron con Cristo,
fijen la mirada en las cosas de arriba,
donde está Cristo sentado junto a Dios en el sitio
de honor. 2Llenen sus pensamientos de las cosas
de arriba y no en las cosas de este mundo. 3Des-
pués de todo, ustedes están muertos y su vida está
escondida con Cristo en Dios. 4Cuando aparezca
Cristo, que es la vida de ustedes, también ustedes
resplandecerán con él y participarán de su gloria.
5¡Hagan morir todo lo que viene de la naturaleza pecaminosa! Apártense de los pecados
sexuales, las impurezas, las pasiones bajas y
vergonzosas y del deseo de acumular más y más
cosas, pues eso es idolatría. 6La terrible ira de
Dios caerá sobre los que hacen tales cosas, 7que
son lo que ustedes antes hacían. 8Pero ha
llegado el momento de arrojar de ustedes la
ira, el enojo, la malicia, los insultos y las malas
palabras. 9No se mientan unos a otros, ahora que
ya murieron a aquella antigua vida llena de
vicios.
10Ya se pusieron una ropa nueva, que es la nueva vida que se renueva todo el tiempo hasta que
llegue a parecerse a su Creador. 11La nacionalidad
y la raza, la religión, la educación y la posición
social carecen de importancia en esta vida. Lo
que importa es que Cristo es todo y está en todos.
12Por cuanto Dios los escogió y son santos y
amados, practiquen con sinceridad la compasión y la bondad. Sean humildes, amables y
buenos. 13Sopórtense unos a otros y perdonen a
quienes se quejen de ustedes. Si el Señor los perdonó, ustedes están obligados a perdonar. 14Y
sobre todo, vístanse de amor, que es lo que permite vivir en perfecta armonía. 15Que la paz de
Dios reine en sus corazones, porque ese es su
deber como miembros del cuerpo de Cristo. Y
sean agradecidos.
16Mantengan vívidas en su memoria las
enseñanzas de Cristo en toda su abundancia, y
enséñense y aconséjense unos a otros con toda
sabiduría. Transmítanlas a otros, con salmos,
himnos y cánticos espirituales elevados al Señor
con corazones agradecidos. 17Y todo lo que hagan

2.8–10 2.12–13 2.15 3.1–3 3.5–6
3.8–10 3.12–17

o digan, háganlo en el nombre del Señor Jesús,
y por medio de él acérquense a la presencia de
Dios con acción de gracias.

Normas para la familia cristiana

18Esposas, sométanse a sus esposos, porque así
lo ha dispuesto el Señor. 19Esposos, amen a sus
esposas y nunca las maltraten.
20Hijos, obedezcan a sus padres en todo, porque esto agrada al Señor. 21Padres, no hagan
enojar a sus hijos, para que no se desanimen.
22Esclavos, obedezcan en todo a sus amos terrenales; no traten de agradarlos sólo cuando ellos
los estén vigilando, sino siempre; obedézcanlos
de buena gana y por respeto a Dios. 23Hagan lo
que hagan, háganlo bien, como si en vez de estar
trabajando para amos terrenales estuvieran trabajando para el Señor. 24Recuerden que el Señor
Jesucristo les dará la parte que les corresponde,
pues él es el Señor a quien en realidad sirven
ustedes. 25Pero el que hace lo malo, recibirá como
pago el mal que hizo, porque Dios no tiene pre-
feridos.

4 Por otro lado, ustedes, amos, sean justos y
equitativos, recordando que también tienen
un Amo en el cielo.

Instrucciones adicionales

2Nunca se cansen de orar. Oren siempre con
gratitud. 3Oren también para que Dios nos conceda muchas oportunidades de proclamar el
mensaje, pues por ello estoy preso. 4Oren que
pueda expresarme claramente, que es como debo
hacerlo siempre.
5Pórtense sabiamente delante de los que no
creen en Cristo, y aprovechen bien las oportunidades. 6Hablen siempre con buen gusto y de
forma amena. Así podrán contestar siempre las
preguntas que les hagan.

Saludos finales

7Tíquico, nuestro muy amado hermano, les
contará cómo me va. Él es muy trabajador y sirve
al Señor conmigo. 8Lo estoy enviando a este viaje
para que me informe cómo están ustedes y para
que los anime. 9También les estoy enviando a
Onésimo, fiel y muy amado hermano que a la
vez es uno de ustedes. Él y Tíquico les dirán todo
lo que pasa aquí.
10Aristarco, mi compañero de cárcel, les envía
saludos, y lo mismo hace Marcos, el primo de
Bernabé. Como ya les dije, si va a visitarlos recí-
banlo con cariño. 11Jesús, al que le dicen el Justo
también los saluda. Estos son los únicos judíos
cristianos que trabajan conmigo por el reino de
Dios y ¡de cuánto consuelo me han sido!
12Epafras, que es paisano de ustedes y siervo de
Jesucristo, los saluda. Siempre ora fervientemente
por ustedes para que Dios los ayude a mantenerse firmes, ser maduros y continuar dedicados a
cumplir la voluntad de Dios.
13Les aseguro que de veras ha orado intensamente por ustedes, así como por los cristianos de
Hierápolis y Laodicea.
14Lucas, el médico amado, los saluda también,
y lo mismo hace Demas.
15Saluden a los hermanos de Laodicea, a Ninfas
y a los que se reúnen en su casa.
16Después que lean esta carta, tengan la bondad de hacerla llegar a la iglesia de Laodicea.
Y lean también ustedes la carta que les estoy
mandando a ellos.
17Díganle a Arquipo que no deje de hacer lo
que el Señor le encargó.
18Y aquí va un saludo de mi puño y letra:
Recuerden que estoy preso. Que Dios los llene
de su amor.

3.20–4.1 4.5–6

1 TESALONICENSES

¿Quién lo escribió?

Pablo se identifica dos veces en la carta (1 Tes.1:1; 2:18). Sin embargo, escribe la carta a nombre de los tres amigos, Pablo, Silas (Silvano) y Timoteo. La mayoría de pronombres son en primera persona del plural. Silas y Timoteo acompañaron a Pablo en su segundo viaje, cuando esta iglesia fue fundada (Hechos 17:1-9).

¿A quién lo escribió?

A la nueva comunidad de cristianos que vivían en la ciudad de Tesalónica (1Tes.1:1).

¿Cuándo y dónde lo escribió?

Pablo escribió la carta desde Corinto, en el año 51 d.C. luego del informe que Timoteo trajo (1Tes.3:1:6; Hechos 18:5). Se han encontrado evidencias sobre esta fecha en una inscripción descubierta en Delfos, Grecia, que data del proconsulado de Galión, y ubica entonces a Pablo en Corinto en esa época (Hechos 18:12-17). Esta sería la segunda carta de Pablo del Nuevo Testamento.

Panorama del libro

Por ser un escrito muy temprano del N.T, esta carta entrega una valiosa visión de una comunidad formada 20 años después de la ascensión de Jesús. Como se ve, la iglesia es una comunidad muy joven que fue separada de su fundador por la insistente persecución de algunos judíos (Hch.17:5-10. 1Tes.2:17,18). La carta tiene connotaciones especiales a otras. Aparece 21 veces la palabra "hermanos" término usado en la iglesia primitiva para expresarse el gran amor que tenían los unos a los otros. En el capítulo uno, Pablo alienta a la iglesia por la Fe, el Amor y la Esperanza que experimentaban en su seno (1Tes.1:3). Les recuerda que la predicación del evangelio no descansó en las habilidades de quienes lo predicaron, sino en el Poder de Dios (1Tes.1:5) el cual, provocó la verdadera conversión de muchos paganos (1Tes.1:10). Luego, como verdaderos Padres que aman a sus pequeños hijos, el apóstol manifiesta su gran amor por ellos (1 Tes. 2:7,11) y su deseo de que ellos sigan firmes en medio de las persecuciones (1 Tes. 2:14). Timoteo trajo noticias a Pablo sobre el gran cariño que la iglesia sostenía hacia él y eso hizo recobrar aliento al corazón del apóstol (1Tes. 3:6-10). Las recomendaciones morales también son parte de esta carta. Pablo invita a vivir en santidad (1Tes. 4:1-8) y en amor verdadero (1Tes. 4:9-12). Uno de los grandes aportes teológicos de esta carta es su enseñanza sobre la venida de Jesucristo. Los cristianos estaban preocupados por los que morían, pues al parecer pensaban que luego de la resurrección de Cristo ya nadie moriría, pero no fue así. Pablo les señala que los que estén vivos cuando el Señor regrese no tendrán ninguna ventaja sobre los que ya "duermen" (1Tes. 4:16-17). Por último, en el capítulo 5, vuelven las exhortaciones a mantener firme la esperanza y a vivir de manera madura y correcta (1Tes. 5:12-28).

¿Cómo se relaciona con nosotros?

El impacto que provocó en los primeros cristianos la esperanza de la segunda venida de Cristo llegó a tal grado que, en Roma, lo que se llamaba "Necrópolis" (que significa ciudad de los muertos, el lugar donde se sepultaba a los difuntos), fue rebautizado por los cristianos como "Cementerio", que significa "dormitorio". Pablo anima a creer firmemente en la esperanza de la resurrección, por lo que uno de los grandes aportes que hace la carta son sus referencias al futuro. Pablo sabía también que los tesalonicenses habían estado expuestos a enseñanzas erradas por parte de quienes no entendían la gracia de Dios, y con eso en mente les enseñó que cualquier crecimiento espiritual estaría motivado en última instancia por su esperanza en el regreso definitivo de Jesucristo.

¿Cómo lo estudiamos?

1) Gratitud por los tesalonicenses (1:1-10)
2) La pureza del ministerio de Pablo (2:1-12)
3) El interés de Pablo por los tesalonicenses (2:13-3:13)
4) Aprendiendo a madurar (4:1-12)
5) ¿Dónde está tu esperanza? (4:13-5:11)
6) La vida espiritual se vive juntos (5:12-28)

1 Tesalonicenses

1 Pablo, Silvano y Timoteo a la iglesia de los
tesalonicenses, que está en Dios el Padre y en
el Señor Jesucristo: que el favor y la paz de Dios
estén con ustedes.

Acción de gracias por los tesalonicenses

2Siempre damos gracias a Dios por todos ustedes al mencionarlos en nuestras oraciones.
3Cuando oramos a nuestro Dios y Padre, los
recordamos constantemente a causa de la fe que
tienen y demuestran con hechos, del amor que
los empuja al trabajo, y de la esperanza en nuestro Señor Jesucristo que los mantiene firmes.
4Hermanos amados de Dios, sabemos que él los
ha escogido. 5Esto lo sabemos porque cuando
les anunciamos el evangelio, les llegó no sólo
con palabras sino también con el poder del Espíritu Santo y con una gran seguridad. Ustedes
saben que cuando estuvimos entre ustedes buscamos sólo su bien.
6Ustedes siguieron nuestro ejemplo y el del
Señor, cuando, a pesar de todo el sufrimiento,
recibieron el mensaje con la alegría que da
el Espíritu Santo. 7Por eso se convirtieron en
ejemplo para todos los creyentes de Macedonia
y Acaya. 8El mensaje del Señor salió de ustedes
y ya se ha anunciado no sólo en Macedonia y
Acaya sino por todos lados. La fe de ustedes en
Dios es tan conocida que ya no es necesario que
nosotros digamos nada, 9pues todos cuentan lo
bien que ustedes nos recibieron y cómo dejaron
los ídolos para servir al Dios vivo y verdadero.
10También cuentan cómo ustedes esperan que
Jesús regrese del cielo: él, que es el Hijo amado
de Dios, a quien Dios resucitó y quien nos libra
del castigo que viene.

Ministerio de Pablo en Tesalónica

2 Hermanos, ustedes saben bien que la visita
que nosotros les hicimos no fue en vano.
2También saben que antes nos habían insultado
y maltratado en Filipos. A pesar de eso, nuestro
Dios nos dio valor y nos atrevimos a anunciarles
el evangelio en medio de una gran lucha. 3Cuan-
do lo anunciamos, no fue por error ni teníamos
malas intenciones ni queríamos engañar a nadie.
4Al contrario, hablamos porque Dios nos aprobó y confió en nosotros para anunciar el
evangelio. Nosotros no tratamos de agradar a
la gente sino a Dios, que es el que conoce nuestro corazón. 5Como ustedes saben, nunca hemos
usado halagos ni pretextos para obtener dinero.
Dios es testigo de eso. 6Nunca hemos buscado
que nos rindan honores, ni ustedes ni nadie.
7Como somos apóstoles de Cristo, hubiéramos
podido ser exigentes con ustedes; sin embargo, los tratamos con ternura, como una madre
que alimenta y cuida a sus hijos. 8Es tan grande
el cariño que les tenemos, que no sólo les habríamos anunciado el evangelio, sino también les
habríamos dado nuestras propias vidas.
9Recuerden, hermanos, cómo trabajamos y nos
fatigamos por anunciarles el evangelio de Dios.
De día y de noche trabajamos para no serle
una carga a nadie. 10Dios y ustedes saben que
esto es cierto. Nos portamos con ustedes los
creyentes, de manera santa y justa, y por eso
nadie puede reprocharnos nada. 11Ustedes saben
también que a cada uno de ustedes lo hemos
tratado como un padre trata a sus hijos. 12Los
hemos animado y consolado y hemos insistido
en que vivan como lo hacen los que son de Dios,
que es el que los llama a compartir su reino y su
gloria.
13Por eso, no dejamos de dar gracias a Dios,
pues cuando les predicamos la palabra de Dios,
ustedes la oyeron y la aceptaron, no como si fuera
palabra de hombres, sino como lo que realmente
es: palabra de Dios. Y esta palabra los transforma a ustedes los creyentes. 14Ustedes, hermanos,
sufrieron a manos de sus compatriotas, igual que
las iglesias de Dios en Cristo Jesús que están en
Judea sufrieron a manos de los judíos. Ustedes
siguieron su ejemplo. 15Estos judíos mataron al
Señor Jesús y a los profetas, y a nosotros nos
echaron fuera. No hacen lo que a Dios le agrada
y están en contra de todos, 16pues tratan de que
nosotros no anunciemos el mensaje de salvación a los que no son judíos. Así llegan siempre
al colmo de su pecado. Pero Dios los castigará
duramente.

Pablo anhela ver a los tesalonicenses

17Hermanos, aunque nos separamos físicamente de ustedes por algún tiempo, siempre los
llevábamos en nuestro corazón, e hicimos todo
lo posible por ir a verlos. 18Quisimos visitarlos;
yo mismo, Pablo, lo intenté más de una vez,
pero Satanás nos lo impidió. 19Después de
todo, cuando el Señor Jesús regrese, ¿de qué
estaremos orgullosos o alegres? ¿Cuál será nuestra esperanza? Si no son ustedes, ¿quién será?
20Sí, ustedes son nuestro orgullo y alegría.

3 Por lo tanto, cuando ya no pudimos sopor-
tarlo más, decidimos quedarnos solos en Atenas. 2Por eso les enviamos a Timoteo, hermano
nuestro y colaborador de Dios en el anuncio del
evangelio de Cristo, para que los anime y haga
más firmes en su fe, 3y así nadie dude a causa de

1-2-3 1.5-6 2.4 2.7-8 2.10-12 2.19

estos sufrimientos. Ustedes saben bien que para
esto se nos destinó. 4Cuando todavía estábamos
con ustedes, les advertimos que íbamos a sufrir
mucho. Y como ustedes saben, así sucedió. 5Por
eso, cuando ya no pude soportar más, envié a
Timoteo para que se informara de cómo estaban
ustedes en cuanto a su fe. Temía que el tenta-
dor los hubiera hecho caer y que nuestro trabajo
hubiera sido en vano.

El informe alentador de Timoteo

6Timoteo acaba de regresar de Tesalónica con
las buenas noticias de la fe y del amor de ustedes.
También nos dice que nos recuerdan con cariño y
que tienen tantas ganas de vernos, como nosotros
a ustedes.
7Por eso, hermanos, a pesar de todas nuestras
angustias y sufrimientos, ustedes nos han
animado por medio de su fe. 8Nos reanima el
saber que ustedes están firmes en el Señor.
9¿Cómo podremos agradecer suficientemente a
Dios por ustedes y por la alegría que nos han
dado delante de él? 10Día y noche le suplicamos
que nos permita volver a verlos para completar
lo que le falta a su fe. 11Le rogamos a Dios
nuestro Padre, y a nuestro Señor Jesús, que
preparen nuestro camino para poder ir a verlos.
12Le rogamos al Señor que los haga crecer y que
ustedes se amen más unos a otros y a todos, así
como nosotros los amamos a ustedes. 13Le rogamos a Dios que fortalezca sus corazones, y que,
cuando nuestro Señor Jesús venga con todos sus
santos, ustedes vivan en santidad y nadie pueda
acusarlos de nada delante de nuestro Dios y
Padre.

La vida que agrada a Dios

4 Ahora, hermanos, les suplicamos en el
nombre del Señor Jesús que cada vez
vivan más como le agrada a Dios, así como lo
aprendieron de nosotros. En realidad, ya lo están
haciendo. 2Ustedes saben cuáles son las instrucciones que les dimos de parte del Señor Jesús.
3Dios quiere que sean santos; que no cometan
inmoralidades sexuales; 4que cada uno aprenda
a controlar su propio cuerpo de una manera
santa y respetuosa; 5que no se dejen llevar por
los malos deseos, como hacen los paganos que
no conocen a Dios, 6y que nadie le haga daño a
su hermano ni se aproveche de él en este asunto.
El Señor castiga todas estas cosas, como ya se lo
habíamos dicho y advertido. 7Dios no nos ha
llamado a vivir de manera impura, sino santa.
8Por eso, el que rechaza estas instrucciones no
rechaza a un hombre sino a Dios, que les ha dado
a ustedes su Espíritu Santo.
9Con respecto al amor entre los hermanos, no
hace falta que les escriba, porque Dios mismo
les ha enseñado a amarse unos a otros. 10Ustedes
aman a todos los hermanos que viven en Macedonia, eso es cierto. Sin embargo, les animamos
a que se amen todavía más; 11a que traten de vivir
en paz con todos; a que se ocupen de sus propios
asuntos y trabajen con sus propias manos, como
se lo hemos ordenado desde antes. 12Si viven de
ese modo, se ganarán el respeto de los que no
son creyentes y no tendrán que depender de
nadie.

La venida del Señor

13Hermanos, no queremos que ignoren lo que
pasa con los que mueren, para que no se pongan
tristes como esos otros que no tienen esperanza.
14Si creemos que Jesús murió y después resucitó, entonces también debemos creer que Dios
resucitará con Jesús a los que murieron creyendo
en él. 15De acuerdo con lo que el Señor nos enseñó, nosotros les aseguramos que los que estemos
vivos cuando el Señor regrese, no nos adelan-
taremos a los que ya estén muertos. 16El Señor
mismo bajará del cielo con voz de mando, con
voz de arcángel y con trompeta de Dios, y los que
murieron creyendo en él, serán los que resuciten
primero. 17Luego, los que estemos vivos en ese
momento seremos llevados junto con ellos en
las nubes, para reunirnos con el Señor en el aire.
Y así estaremos con el Señor para siempre. 18Por
eso, anímense unos a otros con estas palabras.

5 Hermanos, ustedes no necesitan que yo les
escriba cuándo ocurrirá esto. 2Ustedes saben
muy bien que el día en que el Señor regrese llegará como un ladrón en la noche. 3Cuando la
gente esté diciendo: «Hay paz y seguridad», entonces, de repente vendrá sobre ellos la destrucción.
Llegará como le llegan a la mujer embarazada
los dolores de parto. No habrá forma de que escapen. 4Pero ustedes, hermanos, no están en la
oscuridad para que ese día los sorprenda como
un ladrón. 5Todos ustedes son hijos de la luz y
del día. No somos de la noche ni de la oscuridad.
6Por eso, no debemos dormirnos como los demás,
sino mantenernos alerta y en nuestro sano juicio.
7Los que duermen, de noche duermen, y los que
se emborrachan, de noche se emborrachan.
8Nosotros, por el contrario, somos del día. Por
eso estamos siempre en nuestro sano juicio,
protegidos por la coraza de la fe y del amor, y
por el casco de la esperanza de salvación. 9Porque
Dios no nos llamó para sufrir el castigo sino para
recibir la salvación por medio de nuestro Señor
Jesucristo. 10Él murió por nosotros para que, ya
sea en la vida o en la muerte, vivamos junto con

3.7–8 3.11–12 4.1–6 4.9–12 5.8–11

él. 11Así que anímense y ayúdense unos a otros a
crecer, como ya lo están haciendo.

Instrucciones finales

12Hermanos, les pedimos que respeten a los
que trabajan entre ustedes, los guían y reprenden en el Señor. 13Estímenlos mucho y ámenlos
por el trabajo que hacen. Vivan en paz unos con
otros.

14Hermanos, también les rogamos que repren-
dan a los perezosos, animen a los desanimados,
ayuden a los débiles y tengan paciencia con
todos. 15Asegúrense de que ninguno pague mal
por mal. Al contrario, procuren siempre hacer el
bien, no sólo entre ustedes sino también a todos
los demás. 16Estén siempre contentos. 17Oren en
todo momento. 18Den gracias a Dios en cualquier
situación, porque esto es lo que Dios quiere de
ustedes como creyentes en Cristo Jesús.

19No apaguen el Espíritu. 20No desprecien las
profecías. 21Pónganlo todo a prueba, pero
retengan sólo lo bueno. 22Eviten toda clase de
mal.

23Que Dios mismo, el Dios de paz, los santi-
fique por completo. Que mantenga sin culpa
todo su ser —espíritu, alma y cuerpo—, para
cuando el Señor Jesucristo regrese. 24El que los
llama es fiel, y por eso hará todo lo que ha dicho.

25Hermanos, oren también por nosotros.
26Saluden a todos los hermanos con un beso
santo. 27Les encargo en el Señor que lean esta
carta a todos los hermanos. 28Que nuestro Señor
Jesucristo les conceda su favor.

5.12–18 5.21–22 5.23–24

Investiguemos Juntos

2 TESALONICENSES

¿Quién lo escribió?

Aunque algunos eruditos han cuestionado la autoría de Pablo, por razones de estructura y pensamiento, la iglesia ha aceptado a Pablo como autor (2Tes 1:1; 3:17), que escribe en nombre de Silvano y Timoteo. Ellos acompañaron a Pablo en su segundo viaje, cuando esta iglesia fue fundada (Hechos 17:1-9).

¿A quién lo escribió?

A la iglesia de Tesalónica (2 Tes. 1:1). Ciudad en la costa noroeste del mar Egeo, con el monte Olimpo a la vista, luego llamada Salónica, estaba estratégicamente situada y en 168 a.C. llegó a ser la capital de Macedonia.

¿Cuándo y dónde lo escribió?

A pesar de las dudas por parte de algunos eruditos modernos, la carta está fechada poco después de la primera, quizás unos meses después, aún en un tiempo cuando Timoteo y Silvano (Silas) permanecían con el apóstol. Escrita entonces desde Corinto en el año 51 d.C.

Panorama del libro

Esta carta es menos emotiva que la primera. Al parecer los cristianos de tesalónica estaban recibiendo algún tipo de influencia doctrinal que aseguraba que ya estaban viviendo una escatología realizada (creían que ya vivían los tiempos finales). Pablo aplica un "paño de agua fría" a los entusiastas cristianos, que influidos por algunas supuestas revelaciones o pseudo cartas escritas aparentemente por el apóstol, estaban adoptando una vida completamente desordenada, al punto de dejar de trabajar. ¡Pero el Señor aún nohavenido!Apareceenescenaunpersonajequeseleharelacionadoconel anticristo, el "hombre de iniquidad" (2Tes.2:3) quién luego de realizar un sacrilegio sobre el templo (al estilo Antioco Epífanes) promueve la adoración hacia su persona. Toda esta sección tiene el objetivo de confirmar la fe de los hermanos. Luego amonesta a todos los que usando esta enseñanza escatológica dejaron de cumplir sus deberes básicos (2Tes.5: 1-22).

¿Cómo se relaciona con nosotros?

Los falsos maestros habían estado presentando cartas falsas como si fueran de Pablo, y les habían dicho a los creyentes tesalonicenses que el Día del Señor ya había llegado. Esto debió haber sido especialmente preocupante para ellos, porque Pablo los había animado en su carta anterior a confiar en que Jesús iba a regresar, y entonces les explica que este tiempo futuro de tribulación aún no había llegado (2 Tesalonicenses 2: 3). Lo que Pablo deja en claro es que Jesús regresará; mientras tanto, nuestra misión es no desconectar nuestras mentes de nuestra misión y responsabilidades por estar especulando con este tema, como tantas veces y en tantos rincones de la iglesia ha ocurrido.

¿Cómo lo estudiamos?

1) Si sufrimos hoy, mañana no:"El juicio de Dios y los que sufren persecución" (2Tes.1:1-12)
2) El último Round: "Signos antes de la venida de Cristo y su Victoria Final" (2Tes, 2:1-3:5)
3) El que no trabaja que no coma: "Amonestación a los que se excusan en la pronta venida de Jesús para vivir como haraganes" (2Tes.3:6-18)

2 TESALONICENSES

2 Tesalonicenses

1 Pablo, Silvano y Timoteo, a la iglesia de Tesalónica, unida a Dios nuestro Padre y al Señor
Jesucristo:
2Que Dios el Padre y el Señor Jesucristo les den
a ustedes su favor y su paz.

Acción de gracias y oración

3Amados hermanos, debemos dar gracias a
Dios por ustedes, como es justo, porque ha crecido mucho su fe y el amor mutuo sigue abun-
dando. 4Nos sentimos orgullosos al hablar a las
demás iglesias de la paciencia y la fe que ustedes
manifiestan, a pesar de los muchos problemas y
dificultades por los que han estado atravesando.
5Este es sólo un ejemplo de la justa manera en
que Dios hace las cosas; él los considera dignos de
su reino, por causa del cual padecen. 6Dios, que
es justo, hará sufrir a los que los están afligiendo.
7A ustedes, los que ahora sufren, Dios les dará
descanso, lo mismo que a nosotros. Esto será
cuando el Señor Jesús venga del cielo entre llamas de fuego con sus poderosos ángeles 8y castigue a los que no conocen a Dios ni obedecen el
evangelio de nuestro Señor Jesús. 9Esos sufrirán
la pena de la destrucción eterna, alejados de la
presencia del Señor y de la gloria de su poder.
10Así será cuando venga en aquel día a recibir
honra y admiración de su pueblo, de sus santos.
Ustedes estarán entonces con él, porque creyeron
el mensaje que les llevamos.
11Por eso, oramos en todo tiempo que nuestro
Dios los tenga por dignos de su llamamiento y les
ayude con su poder a hacer el bien y a cumplir
todo lo que realicen movidos por la fe. 12De esta
manera, el nombre de nuestro Señor Jesús será
honrado por causa de ustedes, y él los honrará
conforme al gran amor de nuestro Dios y Señor
Jesucristo.

Manifestación y juicio del malvado

2 Ahora bien, hermanos, en cuanto al retorno de nuestro Señor Jesucristo y a nuestro
encuentro con él, les decimos esto: 2No se alteren
ni se turben si llegan a sus oídos mensajes de
individuos que dicen haber tenido mensajes del
Espíritu o mensajes de Dios, orales o escritos,
diciendo que el día del Señor ya llegó; ni siquiera
si afirman que hemos enviado una carta en la
que sostenemos eso mismo.
3No se dejen engañar de ninguna manera,
porque ese día no llegará hasta que ocurra la
rebelión contra Dios y se manifieste el hombre
de pecado, el que sólo sabe destruir. 4Él se opone
y se levanta contra todo lo que lleva el nombre
de Dios o es objeto de culto. Este hombre hasta
se atreverá a ir y sentarse en el Templo de Dios
y hacerse pasar por Dios.
5¿No se acuerdan ustedes de que les hablé de esto
cuando estuve con ustedes? 6Como recordarán,
también les dije que hay un poder que detiene a
este hombre, y que no le permitirá aparecer hasta
su debido tiempo. 7El plan secreto de la maldad
ya se está desarrollando; sólo falta que lo que
lo detiene sea quitado de en medio. 8Entonces
aparecerá aquel inicuo; pero el Señor lo consumirá con el soplo de su boca y lo destruirá con
el resplandor de su venida.
9Ese malvado será instrumento de Satanás, y
vendrá haciendo toda clase de milagros, señales
y falsas maravillas. 10Engañará con toda perversidad a los que van a la perdición por haber dicho
«no» a la verdad, y por haberse negado a amarla,
lo cual los habría salvado. 11Dios permite que el
poder engañoso les haga creer aquellas mentiras.
12Y luego los condenará por no haber creído la
verdad y por haberse deleitado en la maldad.

Exhortación a la perseverancia

13En cambio, nosotros tenemos que dar siempre gracias a Dios por ustedes, hermanos amados
del Señor, porque Dios determinó desde el principio escogerlos para ser salvos. Esto mediante
la acción del Espíritu Santo que los hace santos
y la fe que han depositado en la verdad. 14Con
tal objetivo, por nuestro medio les comunicó las
buenas nuevas, para que participen de la gloria
de nuestro Señor Jesucristo.
15Con esto en mente, hermanos, permanezcan
aferrados firmemente a la verdad que les
hemos enseñado en nuestras cartas y durante el
tiempo que pasamos con ustedes. 16Que el Señor
Jesucristo mismo y Dios nuestro Padre, quien nos
amó y nos dio un consuelo eterno y una esperanza que no merecemos, 17los consuele y ayude
a hacer y decir siempre lo que es bueno.

Oración por la difusión del evangelio

3 Finalmente, hermanos, les suplico que oren
por nosotros. Pidan que el mensaje del Señor
se propague rápidamente y que sea recibido y
apreciado, como sucedió entre ustedes. 2Y oren
para que seamos librados de personas perversas
y malvadas, pues no todos tienen fe.
3El Señor, que es fiel, les dará fortaleza y los
guardará del maligno. 4Confiamos en el Señor
que ustedes estén poniendo en práctica nuestras
enseñanzas, y que siempre lo harán. 5Que el
Señor los lleve a amar como Dios lo hace y a ser
pacientes como Cristo.

2.15–17 3.3

Exhortación al trabajo

[6]Hermanos, un mandamiento les doy en nombre del Señor Jesucristo: Apártense de cualquier
hermano que ande con holgazanerías y que no
siga las enseñanzas que ustedes recibieron de
nosotros. [7]Ustedes saben bien que deben seguir
nuestro ejemplo, y a nosotros jamás nos vieron
sin hacer nada. [8]Cuando queríamos comida la
comprábamos; con fatiga y cansancio traba-
jábamos día y noche, para no ser una carga a
ninguno de ustedes. [9]Y no se trataba de que no
tuviéramos el derecho de solicitar el sustento,
sino de que queríamos enseñarles con el ejemplo.
[10]Estando aún entre ustedes, pusimos una regla:
«El que no trabaja, que tampoco coma». [11]Sin
embargo, nos hemos enterado de que algunos
de ustedes no trabajan y se pasan la vida sin
hacer nada. [12]En el nombre del Señor Jesucristo,
les ordenamos a dichas personas que se pongan
a trabajar tranquilamente para ganarse la vida.
[13]Hermanos, nunca se cansen de hacer el bien.
[14]Si alguien se niega a obedecer lo que decimos
en esta carta, señálenlo delante de todos y no se
junten con él, para que se avergüence. [15]Pero no
lo tengan como a un enemigo, sino repréndanlo
como a un hermano.

Saludos finales

[16]Que el Señor de paz les dé paz en todo tiempo y en cualquier circunstancia. El Señor esté
con ustedes.
[17]Y aquí va el saludo que en todas mis cartas
acostumbro escribir yo mismo para que se sepa
que es una carta mía. Yo, Pablo. Esto es de mi
puño y letra: [18]Que nuestro Señor Jesucristo derrame su amor sobre todos ustedes.

Investiguemos
Juntos

1 TIMOTEO

¿Quién lo escribió?

Junto con II Timoteo y Tito, es una carta llamada "pastoral" por la estructura y el contenido. Aunque existen algunas discrepancias, tradicionalmente se asigna a Pablo la paternidad literaria de la carta (1Tim.1:1).

¿A quién lo escribió?

El destinatario es Timoteo (1Tim.1:2), hijo amado en la fe. Originario de Listra, hijo de padre griego y de madre judía devota. Acompañó a Pablo en su segundo viaje misionero (Hechos 16:1-3), y fue encomendado a liderar la iglesia de Éfeso (1:3). Aunque Pablo deseaba visitarle (3:14; 4:13), esta carta le brindaría instrucciones personales y ministeriales de suma importancia.

¿Cuándo y dónde lo escribió?

Escrita desde Macedonia alrededor del 63 al 65 d.C., al menos ocho años después de haber estado Pablo en Éfeso (Hechos 19:8, 10; 20:31).

Panorama del libro

El gran tema de esta carta es la teología pastoral. ¿Cómo debe conducirse un líder? ¿Cómo debe ejercer su ministerio? Pablo escribe para animar a este líder. Esta es una carta práctica, ya que Timoteo conocía muy bien las enseñanzas doctrinales de su maestro, que refleja las luchas que vivía la iglesia en su desarrollo. Luego de los saludos iniciales Pablo invita a que Timoteo se oponga tajantemente a los falsos maestros (1Tim.1:3-7). Posiblemente la amenaza doctrinal de la iglesia de Éfesoeranunosjudíosgnósticos(1Tim.1:7) queprohibíancasarseycomerciertosalimentos(1 Tim. 4:3)entreotrascosas.Tambiénesegrupodefalsosmaestrosusabanestasenseñanzasparalucrar (1 Tim. 6:5) por lo cual Pablo invita a rechazar la avaricia y vivir sin ambiciones mayores para evitar caer en lazo de tentación (1 Tim. 6:6-7). Pablo anima y exhorta a Timoteo a pararse firme, como un soldado presto a entrar en combate en contra de estas herejías (1 Tim. 1: 18-20).

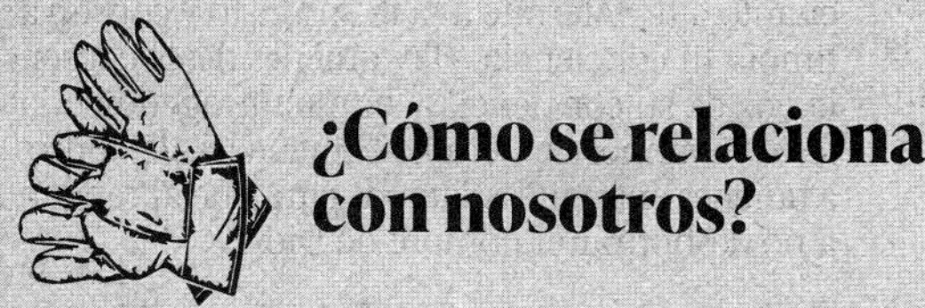

¿Cómo se relaciona con nosotros?

Esta carta incluye secciones sobre la conducta apropiada en las reuniones de adoración, las calificaciones de los líderes y el orden y disciplina en la iglesia, así que siempre es de interés para nosotros. Pablo aconsejó a Timoteo sobre estos asuntos prácticos, para ayudar al joven pastor a enfatizar lo que debería caracterizar a los líderes cristianos, además de sus costumbres al congregarse y adorar juntos al Señor.

Para Pablo era importante que Timoteo fuese un ejemplo de fe constante y de una conciencia limpia, permaneciendo irreprochable y ejerciendo los dones espirituales que Dios le había dado (1 Timoteo 4: 12–16), y esto sigue siendo importante para nosotros hoy.

¿Cómo lo estudiamos?

Reglas para el orden en la vida del líder:
1) La sana doctrina debe estar acompañada de amor (1:1-11)
2) Se milita la buena milicia (1:12-20)
3) El comportamiento debe ser santo (2:1-15)

Reglas para el orden en la vida de la iglesia:
4) Los líderes deben cumplir requisitos (3:1-16)
5) La iglesia se guarda en doctrina y en piedad (4:1-16)
6) Se evita el pecado (5:1-6:2)
7) Gran ganancia es la piedad (6:3-21)

1 Timoteo

1 Pablo, apóstol de Cristo Jesús por mandato de
Dios nuestro Salvador y de Cristo Jesús nuestra esperanza, 2a Timoteo, mi verdadero hijo en la
fe: que Dios nuestro Padre y Cristo Jesús nuestro
Señor te concedan su amor, misericordia y paz.

Advertencia contra los falsos maestrosde la ley

3Cuando salí para Macedonia, te encargué que
te quedaras en Éfeso y les mandaras a algunos
individuos que no enseñaran falsas doctrinas
4ni prestaran atención a leyendas y a listas lar-
guísimas de antepasados. Tales ideas provocan
discusiones en vez de llevar adelante la obra de
Dios que está fundada en la fe.
5Sigue haciéndolo, para que el amor proceda
de un corazón limpio, de una conciencia
buena y de una fe sincera. 6Algunos se han olvidado de esta conducta y pasan el tiempo discutiendo asuntos inútiles. 7Pretenden ser maestros
de la ley, pero no tienen ni la más ligera idea de
lo que hablan, ni entienden lo que afirman con
tanta seguridad.
8Sí, la ley es buena, pero si se aplica conforme al
propó sito con que Dios la dio. 9La ley no fue
i n s - tituida para los justos sino para los
rebeldes y desobedientes, para los malvados y
pecadores, para los irreverentes y profanos, para
los que maltratan a sus propios padres, para los
asesinos, 10para los adúlteros y los homosexuales,
para los que trafican con vidas humanas, para
los mentirosos y los que juran en falso. En fin,
la ley es para todo lo que está en contra de la
sana enseñanza 11del glorioso evangelio que el
bendito Dios me ha confiado.

La gracia que el Señor dio a Pablo

12Mil gracias doy a Cristo Jesús, nuestro Señor,
por escogerme como uno de sus mensajeros y
darme la fortaleza necesaria para serle fiel.
13Antes, yo me burlaba de su nombre, perseguía a
sus seguidores y era un insolente. Pero Dios tuvo
misericordia de mí, porque, como era incrédulo,
no sabía lo que hacía.
14¡Qué bondadoso fue conmigo el Señor al
enseñarme a confiar en él y a estar lleno del
amor de Cristo Jesús! 15Este mensaje es verdadero
y todo el mundo debe creerlo: Cristo Jesús vino al
mundo a salvar a los pecadores, de los cuales yo
soy el primero. 16Pero precisamente por eso, Dios
tuvo misericordia de mí, para que Cristo pudiera
usarme como ejemplo de lo paciente que es aun
con el más vil de los pecadores, y para que los
demás se den cuenta y, creyendo en él, también
reciban la vida eterna. 17Por eso, al Rey eterno,
inmortal, invisible, al único Dios, sea la gloria y
el honor por los siglos de los siglos. Amén.
18Ahora, Timoteo, hijo mío, fíjate en este mandamiento que te doy: Pelea la buena batalla, tal
como dicen las profecías que se hicieron en
cuanto a ti. 19Aférrate a la fe en Cristo y conserva
limpia tu conciencia. Hay quienes desobedecen
la voz de su conciencia y han naufragado en la
fe. 20¡Sírvannos de ejemplo Himeneo y Alejandro,
a quienes entregué a Satanás para que aprendan
a no deshonrar el nombre de Dios!

Instrucciones sobre la adoración

2 Lo que recomiendo es que, en primer
lugar, hagan oraciones por todos; rueguen
y supliquen que Dios tenga misericordia de ellos,
y denle gracias. 2Oren en especial por los gobernantes y por todos los que tienen autoridad, para
que en paz y sosiego podamos llevar una vida
piadosa y digna. 3Esto es bueno y agrada a
Dios, nuestro Sal- vador, 4porque él anhela
que todos se salven y conozcan la verdad. 5Hay
un solo Dios y un solo mediador entre Dios y los
seres humanos, Jesucristo hombre. 6Él dio su vida
en rescate por todos. Este es el mensaje que Dios,
a su debido tiempo, dio a conocer al mundo. 7Y
digo la verdad, sin mentir: he sido puesto como
predicador y apóstol para enseñar esta verdad a
los gentiles.
8Por lo tanto, quiero que en todas partes los
hombres oren, alzando ante Dios manos santas, libres de ira y resentimiento; 9que las mujeres, igualmente, se vistan y se comporten
decente, modesta y recatadamente. La mujer ha
de resaltar no por la manera ostentosa en que se
arregle el cabello, ni por el lujo de sus joyas o
vestidos; 10más bien debe adornarse con buenas acciones, tal como debe ser con las mujeres que dicen servir a Dios. 11La mujer debe
aprender en silencio y humildad. 12No permito
que la mujer enseñe a los hombres ni que ejerza
sobre ellos dominio. Más bien, debe guardar
silencio, 13porque Dios hizo primero a Adán y
luego a Eva, 14y no fue Adán el que se dejó engañar, sino Eva; y ella, una vez engañada, cayó en
pecado. 15Pero la mujer se salvará siendo
madre y viviendo con buen juicio en la fe, el
amor y la santidad.

Obispos y diáconos

3 Se ha dicho que si alguien desea ser obispo tiene una aspiración noble. Es cierto.
2Sin embargo, es necesario que tal persona viva
irreprochablemente: ha de tener una sola esposa
y debe ser moderado, juicioso y respetable; ha de
estar siempre dispuesto a hospedar gente en su
casa; debe saber enseñar; 3no debe ser borracho
ni pendenciero, sino amable, bondadoso y sin

1.5 1.9–11 2.1 2.3–4 2.8 2.10 2.15
3.1

inclinación al dinero; 4debe gobernar bien su familia y hacer que sus hijos le obedezcan con el debido respeto, 5porque no puede cuidar la iglesia quien no puede gobernar su propia familia.

6El obispo no puede ser un recién convertido, ya que corre el riesgo de enorgullecerse y caer en la misma condenación en que cayó el diablo; 7debe tener buena reputación entre los que no son de la iglesia, para que no pase vergüenzas ante ellos ni caiga en una trampa del diablo.

8Los diáconos, de igual manera, deben ser personas respetables y veraces; no han de ser dados a la bebida ni a los negocios sucios; 9deben guardar, con conciencia limpia, las grandes verdades de la fe.

10Primero deben ser puestos a prueba, y después, si no hay nada malo de qué acusarlos, que sirvan como diáconos.

11De la misma manera, las mujeres han de ser honorables y no dadas al chisme; deben saber controlarse en todo y ser dignas de confianza.

12Cada diácono ha de tener una sola esposa y debe saber gobernar a sus hijos y a su familia, 13porque los que ejercen bien el diaconado no sólo se ganan el respeto de los demás sino que desarrollan mayor confianza para hablar de su fe en Cristo Jesús.

14Espero ir pronto a verte, pero te escribo estas cosas 15para que, si me tardo, sepas cómo hay que comportarse en la familia de Dios, que es la iglesia del Dios vivo, columna y sostén de la verdad.

16No hay duda alguna de que lo que Dios ha revelado acerca de nuestra fe es muy grande:

Cristo vino a la tierra como hombre, fue declarado inocente por el Espíritu, fue visto por los ángeles, fue predicado entre las naciones, creído en el mundo y recibido en la gloria.

Instrucciones a Timoteo

4 Pero el Espíritu dice claramente que en los últimos tiempos algunos se apartarán de la fe y se convertirán en seguidores de ideas engañosas y doctrinas diabólicas. 2Los propagadores de tales enseñanzas mienten con tanta hipocresía que la conciencia ni siquiera les molesta. 3Afirmarán que es malo casarse y prohibirán comer ciertos alimentos que Dios ha creado para que los creyentes, los que han conocido la verdad, los coman con acción de gracias. 4Todo lo que Dios hizo es bueno y nada debe desecharse si lo tomamos con agradecimiento a Dios, 5pues la palabra de Dios y la oración lo santifican.

6Explica esto a los hermanos y estarás cumpliendo con tu deber como buen servidor de Cristo Jesús. Así estarás demostrando que te nutres de la fe y de las buenas enseñanzas que fielmente has seguido.

7No pierdas el tiempo discutiendo mitos y leyendas mundanas. Emplea el tiempo y las energías en ejercitarte para vivir como Dios manda. 8Está bien que te ejercites físicamente, pero es mucho mejor que te ejercites para vivir piadosamente, ya que esto es útil para todo, te ayudará en esta vida y también en la venidera. 9¡Este mensaje es cierto y debe ser aceptado por todo el mundo! 10En efecto, si trabajamos arduamente y sufrimos mucho es porque hemos puesto nuestra esperanza en el Dios viviente, que es el salvador de todos, particularmente de los que creen.

11Enseña y encarga estas cosas.

12Que nadie te menosprecie por ser joven. Pero sé ejemplo de los fieles en la forma en que hablas y vives, en el amor, en la fe y en la pureza.

13Mientras llego, ocúpate en leer públicamente las Escrituras, en enseñar y en animar a los hermanos. 14No dejes de ejercitar el don que recibiste por medio de una profecía, cuando los ancianos de la iglesia impusieron las manos sobre ti. 15Sé diligente en estos asuntos; entrégate de lleno al cumplimiento de tu deber para que todos vean tus progresos. 16Cuida estrechamente tus acciones y tus enseñanzas. Mantente fiel en todo ello, porque así te salvarás a ti mismo y a los que te escuchen.

Cómo tratar a viudas, ancianos y esclavos

5 No reprendas al anciano con dureza, sino exhórtalo con respeto, como a un padre; a los más jóvenes trátalos como a hermanos; 2a las ancianas, como a madres; y a las jóvenes, como a hermanas, con absoluta pureza.

3Debes ayudar a las viudas, si éstas no tienen quien las ayude. 4Pero si tienen hijos o nietos, éstos deben hacerse cargo de ellas, porque su responsabilidad empieza con los de su propia familia. Así corresponderán al amor de sus padres y abuelos, porque eso le agrada a Dios.

5La viuda que ha quedado enteramente sola, acude a Dios en busca de ayuda y pasa día y noche en oración y súplica. 6Pero la viuda que se entrega al placer, ya está muerta en vida.
7Encárgales a todos estas reglas para que no tengan de qué acusarlos. 8El que no se ocupa de los suyos, especialmente de los de su propia familia, ha negado la fe y es peor que un infiel.

9Para que una viuda pueda estar inscrita en la lista, debe tener por lo menos sesenta años de edad y no haber tenido más de un esposo. 10Tiene que haberse labrado una sana reputación por sus buenas obras, como por ejemplo, haber educado bien a sus hijos, haber sido hospitalaria, haber

3.4–5 4.2–5 4.7 4.13 4.15 5.4–6 5.8

lavado los pies de los que son del pueblo santo,
haber brindado ayuda a los que sufren y haber
sido bondadosa en todo.
11Las viudas más jóvenes no deben figurar en la
lista porque lo más probable es que más adelante
se dejen llevar por sus deseos, se alejen de Cristo
y se quieran casar. 12Así serán culpables de haber
faltado a su compromiso anterior. 13Además, se
acostumbran a estar ociosas y andar de casa en
casa y se vuelven perezosas, chismosas y entro-
metidas, hablando de lo que no deben.
14Por eso, exhorto a las viudas jóvenes a que
se casen de nuevo, que tengan hijos y que
lleven bien su hogar. Así el enemigo no podrá
hablar mal de ellas. 15Temo que algunas ya se
hayan descarriado para seguir a Satanás.
16Si alguna mujer creyente tiene una viuda en
la familia, está obligada a mantenerla, y no debe
dejarle esta carga a la iglesia. Así la iglesia puede
dedicar sus recursos al cuidado de las viudas que
no tienen a nadie en este mundo.
17Los ancianos que cumplen bien con su deber
en la iglesia, especialmente los que se dedican
a predicar y enseñar, deben ser doblemente
apreciados y recompensados. 18Recordemos
que la Escritura dice: «No le pondrás bozal al
buey que trilla el grano; ¡déjale comer mientras
trabaja!» Y en otro lugar dice: «El obrero es digno de su salario».
19No hagas caso a ninguna acusación contra
un anciano si no está respaldada por dos o tres
testigos. 20Si de veras ha pecado, repréndelo
ante la iglesia en pleno, para que nadie siga su
ejemplo. 21Delante de Dios, de Cristo Jesús y de
los santos ángeles, te encarezco que sigas estas
instrucciones sin dejarte llevar de prejucios y
favoritismos.
22No impongas con ligereza las manos a nadie,
porque corres el peligro de hacerte cómplice de
pecados ajenos. Consérvate limpio de pecado.
23No sigas bebiendo sólo agua; toma también
un poco de vino por el bien de tu estómago y de
tus frecuentes enfermedades.
24Los pecados de algunos se echan de ver aun
antes de ser investigados, pero hay pecados ocultos que sólo después saldrán a la luz. 25De la
misma manera, las buenas obras de algunos se
ven claramente, pero hay cosas bien hechas que
no se sabrán sino hasta mucho después.

6 Todos los que aún son esclavos deben reconocer que sus amos son dignos de respeto. Así
evitarán que se hable mal del nombre de Dios y
de nuestra doctrina.
2Los que tienen un amo que es creyente, no
por eso deben faltarle al respeto. Al contrario,
deben servirle mejor, pues con su trabajo están
ayudando a un hermano en la fe. Enseña estas
verdades y exhorta a que las pongan en práctica.

El amor al dinero

3Si alguien enseña falsas doctrinas y se aparta
de la sana enseñanza de nuestro Señor Jesucristo
y de lo que enseña la verdadera religión, 4es un
orgulloso y un ignorante; es una persona que
tiene el vicio de provocar discusiones que dan
lugar a envidias, pleitos, ofensas, desconfianzas
5y peleas entre quienes tienen la mente depravada
y no conocen la verdad. Para ellas, el evangelio
es un gran negocio.
6Sí, es cierto que con la verdadera religión
uno puede obtener la mayor de las riquezas,
pero sólo si uno está feliz con lo que tiene. 7Des-
pués de todo, nada trajimos a este mundo y nada
podremos llevarnos. 8Así que, mientras tengamos
ropa y comida, debemos estar contentos. 9Los
que anhelan volverse ricos caen en la tentación
y se vuelven esclavos de sus muchos deseos. Esos
afanes tontos y dañinos hunden a la gente en la
ruina y la destrucción, 10porque ¡el amor al dinero es la raíz de todos los males! Hay quienes han
dejado la fe por correr tras las riquezas y al fin
se han causado a sí mismos muchísimos sufrimientos.

Encargo de Pablo a Timoteo

11Tú, en cambio, eres un hombre de Dios. Huye
de estas cosas y dedícate de lleno a lo que es justo
y bueno, a la fe y al amor, a la constancia y a la
humildad. 12Lucha la buena batalla de la fe;
echa mano de la vida eterna que Dios te ha
dado y que has confesado ante tantos testigos.
13Te ordeno en el nombre de Dios, que da vida
a todas las cosas, y en el nombre de Cristo Jesús,
que admirablemente dio testimonio delante de
Poncio Pilato, 14que hagas lo que te he mandado
hacer, para que vivas irreprochablemente hasta
el día en que nuestro Señor Jesucristo regrese.
15A su debido tiempo Dios hará que se cumpla.
Al único y bendito Soberano, Rey de reyes y
Señor de señores, 16al único inmortal, el que habita en luz tan deslumbrante que ningún humano
puede acercársele, y a quien nadie ha visto ni
verá jamás. A él sea la honra y el poder para
siempre. Amén.
17Di a los ricos de este mundo que no sean
orgullosos y que no depositen sus esperanzas
en las efímeras riquezas sino en Dios, que siempre nos proporciona todas las cosas en abundancia para que las disfrutemos. 18Diles que empleen
el dinero en hacer el bien, que se enriquezcan
en buenas obras y que sean generosos, dispuestos a compartir lo que tengan. 19De esta forma

5.14 5.18 6.6–10 6.12 6.17–19

estarán acumulando un verdadero tesoro para el futuro y obtendrán la vida verdadera.

[20]Oh Timoteo, no dejes de cumplir con lo que Dios te ha encomendado. Evita las discusiones necias y mundanas y los argumentos de la falsa ciencia. [21]Algunos, por abrazarla, se han apartado de la fe.

Que el Señor derrame su amor sobre ustedes.

6.20–21

Investiguemos Juntos

2 TIMOTEO

¿Quién lo escribió?

La carta alude directamente a Pablo como autor (2 Tim 1:1).

¿A quién lo escribió?

Esta carta pastoral tiene como destinatario a Timoteo (2 Tim 1:2).

¿Cuándo y dónde lo escribió?

Posiblemente se escribió alrededor del año 64-67 desde una cárcel en Roma. Es la última de las tres cartas pastorales, redactada por el apóstol poco antes de su muerte.

Panorama del libro

El apóstol le llama a su cuerpo de enseñanzas "el depósito", y tiene a Timoteo como heredero, a quien le confía su Evangelio (2 Tim 1.14). La carta es más personal que la primera. Pablo siente que dentro de muy poco tiempo morirá (2Tím 4:6-8). Timoteo es instado a asumir su responsabilidad como ministro del evangelio y seguir adelante, viendo las tribulaciones como señales del verdadero legado (1tim.1:6-14) Pablo entrega formalmente su ministerio en manos del joven (2Tim2:1-7) y también le advierte sobre la lucha constante que deberá tener contra aquellos falsos maestros que aparecen como una señal de los últimos tiempos (2Tim 2:14- 3:1-9). Lo que mantendrá firme al joven pastor es el apego incondicional a las enseñanzas de Pablo, la lectura de las Escrituras y la predicación del Evangelio (2Tim3:14- 4:1-5).

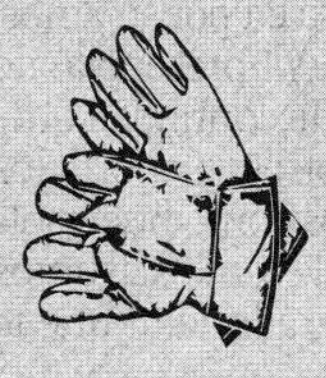

¿Cómo se relaciona con nosotros?

Existen preguntas que todos debemos responder: ¿para qué estamos?, ¿quiénes somos? Y esta carta tiene que ver con sus respuestas. Muchos ministerios hoy en día, cuando hablan de identidad y misión, apuntan sus esfuerzos a tener un impacto. Sin embargo, y sin desmerecer esa visión, esta carta pareciera proponer otra ecuación: gracia, sufrimiento y fidelidad al Evangelio, independientemente del resultado.

En cuanto a la gracia, Pablo reitera lo que en otras cartas también enseña: la salvación es producto de un acto gratuito de Dios en el que poco tienen que ver los méritos humanos (2 Timoteo 1:9); por otra parte, indica que el sufrimiento es inevitable para los cristianos, ya que cuando una comunidad vive y predica el evangelio de Jesús, entra en conflicto con aquellos valores que promueven la injusticia y la decadencia humana (2 Timoteo 1:8, 2:3, 3:12).

¿Cómo lo estudiamos?

1) Retén la sana doctrina (1:1-18)
2) Esfuérzate en la gracia (2:1-26)
3) Vive la piedad (3:1-17)
4) Cumple tu ministerio (4:1-22)

2 TIMOTEO

2 Timoteo

1 Pablo, apóstol de Cristo Jesús porque Dios así lo quiso, de acuerdo con la promesa de vida que tenemos en Cristo Jesús, 2a Timoteo, mi amado hijo:

Que Dios el Padre y Jesucristo nuestro Señor derramen en ti su gracia, su misericordia y su paz.

Exhortación a la fidelidad

3¡Siempre doy gracias a Dios por ti, Timoteo! De día y de noche elevo oraciones por ti al Dios de mis antepasados. A él le sirvo con la conciencia limpia.

4Cuando recuerdo tus lágrimas, anhelo tener la alegría de volver a verte. 5¿Cómo he de olvidar la sinceridad de tu fe, que es como la que animó a tu madre Eunice y a tu abuela Loida? Estoy seguro de que es así.

6Por eso te aconsejo que avives la llama del don que Dios te dio cuando puse las manos sobre ti. 7El Espíritu que es don de Dios, no quiere que temamos a la gente, sino que tengamos fortaleza, amor y dominio propio.
8Así que no te avergüences de hablar de nuestro Señor, ni de mí, que estoy preso por la causa de Cristo. Al contrario, debes ser capaz de sufrir por el evangelio, pues Dios te dará fuerzas. 9Dios nos salvó y nos llamó a una vida santa, no porque lo mereciéramos sino por su amor y porque así lo planeó. Antes que el mundo comenzara, su plan era mostrarnos su bondad a través de Cristo Jesús.

10Esto se hizo patente con la venida de nuestro Salvador Jesucristo, quien quebrantó el poder de la muerte y nos mostró la vida incorruptible por medio del evangelio. 11Dios me nombró apóstol suyo, con la tarea de predicar y enseñar ese mensaje. 12Por ese motivo padezco estos sufrimientos. Mas no me avergüenzo, porque sé en quién he creído, y estoy seguro de que puede guardar lo que le he encomendado hasta el día de su retorno.
13Ten por norma las sanas verdades que te enseñé, especialmente las concernientes al amor y a la fe en Cristo. 14Guarda bien la preciosa enseñanza que Dios te dio, mediante el Espíritu Santo que mora en nosotros.

15Como sabrás, los de la provincia de Asia me han abandonado, aun Figelo y Hermógenes. 16Que el Señor sea misericordioso con Onesíforo y toda su familia, porque muchas veces me confortó y nunca se avergonzó de que yo estuviera preso. 17Al contrario, cuando estuvo en Roma me buscó por todas partes y por fin me halló. 18Que el Señor le conceda hallar misericordia delante de Dios en aquel día. Tú sabes mejor que yo lo mucho que me ayudó en Éfeso.

2 Por eso, tú, Timoteo, hijo mío, aprópiate de la fuerza que Jesucristo da por su amor. 2Lo que me has oído decir en presencia de muchos, enséñalo a creyentes de confianza que, a su vez, lo puedan enseñar a otros. 3Soporta los sufrimientos junto con nosotros como buen soldado de Jesucristo. 4No te enredes en los asuntos de esta vida, porque ello no agradaría al que te tomó por soldado.

5De la misma manera, el atleta obedece las reglas del deporte si no quiere ser descalificado y perder el premio. 6También el agricultor: trabaja duro para recibir primero parte de la cosecha. 7Medita en esto que te digo, y que el Señor te ayude a comprenderlo.

8Nunca te olvides de Jesucristo, descendiente de David, que resucitó de entre los muertos. Este es mi evangelio; 9por predicarlo sufro penalidades y me tienen en la cárcel como a un criminal. Pero la Palabra de Dios no está presa. 10Por eso, estoy dispuesto a sufrir si con ello alcanzan la salvación y la gloria eterna aquellos a los que Dios ha escogido. Esa es la salvación que tenemos en Cristo Jesús.

11Este mensaje es la verdad:

Si morimos con Cristo, también viviremos con él. 12Si soportamos nuestros sufrimientos, reinaremos con él. Si negamos a Cristo, él también dirá que no nos conoce; 13si no somos fieles, él se mantiene fiel a nosotros, porque no puede faltar a su promesa.

Un obrero aprobado por Dios

14Recuérdales esto y encárgales delante de Dios que no discutan asuntos que no tienen importancia. Tales discusiones lo único que logran es hacer daño a los oyentes.
15Haz todo lo que sea posible para presentarte ante Dios aprobado, como un obrero que no tiene de qué avergonzarse porque interpreta correctamente la palabra de Dios. 16Apártate de las discusiones mundanas, pues suelen hacer caer a la gente en la maldad. 17Esas enseñanzas se extienden como el cáncer. Es lo que le pasó a Himeneo y Fileto, 18que se desviaron de la verdad; ahora dicen que la resurrección de los muertos ya se efectuó, y con ello han debilitado la fe de algunos. 19Pero la verdad de Dios es un cimiento que se mantiene firme y sólido, y tiene esta inscripción: «El Señor conoce a los que son suyos, y el que adora al Señor debe apartarse del mal».

1.5 1.7 1.8–10 1.12 1.13 2.1–5 2.7 2.10–13 2.15 2.19

[20]En una casa grande no sólo hay utensilios de
oro y plata sino también de madera y barro. Unos
son para ocasiones especiales, y otros son para el
uso diario. [21]Si te mantienes limpio, serás como
una vasija para ocasiones especiales, apartada y
útil para el Señor, separada para usarse en toda
obra buena.
[22]Huye de las cosas que provocan malos pensamientos en las mentes juveniles, y dedícate
a seguir la justicia, la fe, el amor y la paz, y hazlo
junto con los que aman al Señor con toda sinceridad.
[23]Repito: No te metas en discusiones tontas
y sin sentido, pues sabes bien que terminan en
pleitos. [24]A un siervo del Señor no le conviene
reñir, sino ser amable y paciente con todos, buen
maestro y no dado al enojo. [25]Debe corregir con
mansedumbre a los que se le oponen, con la
esperanza de que Dios les conceda que se arrepientan y conozcan la verdad. [26]De esta manera, volviendo en sí, escaparán de los lazos del
diablo que los mantiene esclavizados y sujetos
a su voluntad.

La impiedad en los últimos días

3 También debes saber, Timoteo, que los
últimos tiempos serán difíciles. [2]La gente
amará sólo el dinero y se amará a sí misma; será
orgullosa, jactanciosa, blasfema, desobediente a
sus padres, ingrata e impía. [3]Serán tan duras de
corazón que jamás cederán ante los demás; serán
mentirosas, inmorales, crueles y opuestas a todo
lo que es bueno. [4]Traicionarán a sus amigos;
serán iracundas, vanidosas y preferirán los placeres antes que a Dios. [5]Aparentarán ser religiosas, pero su conducta desmentirá sus apariencias.
¡No tengas nada que ver con esa gente!
[6]Esas personas son los que se introducen en
casas ajenas y engañan a mujeres tontas y cargadas de pecado, a las que les gusta correr en
pos de sus pasiones; [7]siempre están aprendiendo, pero nunca logran conocer la verdad. [8]Así
como Janes y Jambres combatieron a Moisés,
aquellas personas combaten la verdad; tienen
la mente depravada y han fracasado en la fe.
[9]Pero no siempre se saldrán con la suya. Un día,
su estupidez quedará al descubierto ante todo
el mundo, de la misma manera que les pasó a
Janes y Jambres.

Encargo de Pablo a Timoteo

[10]Pero tú conoces muy bien mis enseñanzas y
sabes cómo me comporto; sabes cuáles han sido
siempre mis creencias y mis propósitos. Conoces
mi fe en Cristo y cuánto he sufrido por él. Sabes
del amor que te profeso y de mi paciencia. [11]Tam-
bién sabes cuántas persecuciones y sufrimientos
he tenido que afrontar especialmente en Antioquía, Iconio y Listra; pero el Señor me ha librado
de todo ello. [12]¡Quien quiera vivir piadosamente
para Cristo Jesús sufrirá persecuciones! [13]Pero las
personas perversas y engañadoras irán de mal
en peor, seguirán engañando a muchos, y ellas
mismas serán engañadas.
[14]Pero tú sigue firme en lo que has aprendido,
de lo que estás convencido. Ya sabes de quiénes lo
aprendiste. [15]Desde tu niñez conoces las Sagradas Escrituras, y éstas te pueden dar la sabiduría que se necesita para la salvación
mediante la fe en Cristo Jesús. [16]La Escritura
entera es inspirada por Dios y es útil para enseñarnos, para reprendernos, para corregirnos y
para indicarnos cómo llevar una vida justa. [17]De
esa manera, los servidores de Dios estarán plenamente capacitados para hacer el bien.

4 Por lo tanto, te doy este encargo solemne
ante Dios y ante Jesucristo, que juzgará a los
vivos y a los muertos cuando venga en su reino:
[2]Con urgencia predica la palabra de Dios;
hazlo sea o no sea oportuno; corrige, reprende y anima con mucha paciencia, sin dejar de
enseñar. [3]Llegará el momento en que la gente
no querrá escuchar la sana enseñanza, sino que,
guiada por sus propios deseos, se rodeará de
maestros que le digan lo que desea oír. [4]Estas
personas, en vez de escuchar la verdad, se volverán a los mitos. [5]Por eso, tú mantente vigilante
en todas las circunstancias, no temas sufrir, dedícate a la evangelización, cumple con los deberes
de tu ministerio.
[6]Yo, por mi parte, dentro de muy poco seré
ofrecido en sacrificio y partiré a estar con el
Señor. [7]He peleado la buena batalla, he llegado
al final de la carrera y me he mantenido fiel. [8]Por
lo demás, me espera la corona de justicia que el
Señor, juez justo, me dará en aquel gran día. Y
no sólo a mí, sino a todos los que con amor
esperan su venida.

Instrucciones personales

[9]Haz todo lo que te sea posible para venir
pronto a verme, [10]porque Demas me abandonó
por amor a las cosas de este mundo y se fue a
Tesalónica. Crescente se fue a Galacia, y Tito
a Dalmacia. [11]Sólo Lucas está conmigo. Trae a
Marcos cuando vengas, porque me ayudará en mi
ministerio. [12]A Tíquico lo mandé a Éfeso. [13]Cuan-
do vengas, acuérdate de traerme la capa que dejé
en Troas en casa de Carpo, y también los libros,
especialmente los pergaminos.
[14]Alejandro el herrero me ha hecho mucho
daño. Que el Señor lo castigue. [15]Cuídate de él,

2.22–24 3.1–7 3.15–17 4.2–5 4.6–7

pues se ha opuesto tenazmente a nuestra predicación.
16La primera vez que comparecí ante el juez
nadie me respaldó. Todos me desampararon. Que
esto no se les tome en cuenta. 17Pero el Señor
estuvo a mi lado y me dio fuerzas para predicar
el mensaje que todos oyeron. Dios me libró de
la boca del león. 18El Señor me librará de todo
mal y me preservará para su reino celestial.
A él sea la gloria por los siglos de los siglos. Amén.

Saludos finales

19Saluda en mi nombre a Priscila y a Aquila, y
a los de la casa de Onesíforo. 20Erasto se quedó
en Corinto, y a Trófimo lo dejé enfermo en Mileto. 21Trata de venir antes del invierno. Eubulo te
manda saludos, así como Pudente, Lino, Claudia
y los demás hermanos.
22Que el Señor esté con tu espíritu. Que su
amor sea con ustedes.

4.18

TITO

¿Quién lo escribió?

El autor de esta carta es Pablo (Ti 1:1). Forma parte, junto con I y II Timoteo de las epístolas pastorales.

¿A quién lo escribió?

Esta carta se nombra según su receptor, Tito, uno de los convertidos de Pablo (Ti 1:4). Él es delegado de Pablo ante las iglesias de Creta (1:5). Su misión es corregir errores doctrinales dentro de la comunidad cristiana y nombrar un liderazgo maduro.

¿Cuándo y dónde lo escribió?

Esta carta se escribió en un tiempo intermedio entre las cartas a Timoteo, es decir entre el 62 y 64 d.C., posiblemente desde Macedonia, puesto que aún no había llegado a Nicópolis (3:12).

Panorama del libro

La carta es personal como las otras, pero mucho más doctrinal. Abundan las profundas afirmaciones teológicas (Tit 1:1-4 – 2:11-15 – 3:4-7). En síntesis, la carta está compuesta por instrucciones a Tito para la organización de la iglesia en Creta.

- El deber de sus líderes (Tit 1:7-9)
- La lucha contra los falsos maestros (Tit 1:10-16)
- Exhortaciones a los deberes de cada uno de los grupos que integran la iglesia: Ancianos, ancianas, mujeres, jóvenes, esclavos (Ti 2:1-10)
- Hace un llamado a la comunidad a comportarse como seres cívicos maduros (Tit 3: 1-3)
- Y por último hay una sentencia grave para aquellos falsos maestros que con sus enseñanzas producen divisiones "...cause divisiones" (del griego "Hairetikon" o "Hereje") al interior de la iglesia.

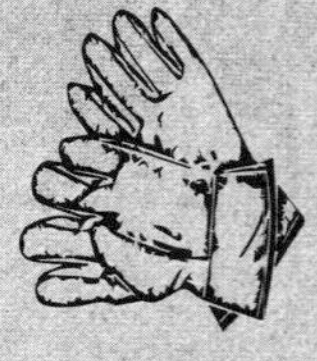

¿Cómo se relaciona con nosotros?

A diferencia de Timoteo, Tito era griego, y al parecer, dada la ausencia de exhortaciones a cobrar ánimo o a soportar padecimientos que abundan en la carta a Timoteo, podemos sospechar que Tito era más extrovertido y osado.

Se trataba de dos jóvenes completamente diferentes que, con sus temperamentos, trasfondo familiar y cultural, eran útiles para el servicio en dos contextos diferentes. Eso significa que ningún modelo de liderazgo es absoluto ni aplicable a todas las necesidades. Podemos tener diferentes perfiles, como, por ejemplo, el organizador, el motivador, el analítico, el social, el creativo y el rompe-paradigmas. Todos y cada uno de ellos son útiles en esta comunidad tan variada llamada iglesia, y cada uno de nosotros, aun como matrimonios, debemos encontrar nuestro perfil y darle al mundo ese aporte que solo nosotros le podemos dar con la guía de la verdad enseñada en la Palabra de Dios.

¿Cómo lo estudiamos?

1) Las cualidades de los líderes de la iglesia (1:1-9)
2) Las características de los opositores de la iglesia (1:10-16)
3) La conducta de los miembros de la iglesia (2:1-3:15)

Tito

1 Escribo yo, Pablo, esclavo de Dios y mensajero a quien Jesucristo llamó y envió a llevar la fe a los escogidos de Dios y a instruirlos en la verdad que enseña nuestra religión. 2Esperamos la vida eterna que Dios, que no puede mentir, prometió desde antes de la creación del mundo; 3y ahora, a su debido tiempo, ha cumplido esta promesa por medio de las buenas noticias que, por mandato de Dios, nuestro Salvador, me han sido encomendadas proclamar.

4A Tito, verdadero hijo mío en la fe que compartimos: que Dios el Padre y Cristo Jesús nuestro Salvador te den su amor y paz.

Tarea de Tito en Creta

5Te dejé en la isla de Creta para que pusieras en orden lo que quedó pendiente y te pedí que nombraras líderes en las iglesias de cada pueblo, de acuerdo con las instrucciones que te di. 6El líder que escojas debe ser irreprochable y debe tener sólo una esposa; sus hijos deben ser creyentes y no deben tener fama de disolutos o desobedientes.

7El líder es uno que supervisa la obra de Dios, y por eso debe ser irreprensible; no debe ser arrogante ni colérico, no debe ser dado a la bebida ni a las riñas, ni debe ganar dinero de manera deshonesta; 8debe ser hospitalario, amigo del bien, sensato, justo, santo y disciplinado. 9Su fe en las verdades que hemos enseñado debe ser firme, para que pueda enseñarlas y convencer a los que la contradicen, 10porque hay muchos que son rebeldes, especialmente entre los que dicen que uno debe circuncidarse. Estos son también habladores y engañadores. 11Es preciso taparles la boca, pues en su afán por ganar dinero enseñando lo que no deben, ya han apartado de la verdad a varias familias.

12Uno de sus propios profetas dijo lo siguiente:

«Los cretenses son siempre mentirosos, malas bestias, glotones y perezosos».

13Y dijo la verdad. Por eso, repréndelos con severidad, para que se robustezcan en la fe 14y no hagan caso a las fábulas judaicas ni a mandamientos de individuos que se han alejado de la verdad. 15El que es puro de verdad, todo lo ve puro; pero los que tienen el corazón podrido y lleno de incredulidad lo ven todo malo, porque su mente y su conciencia corrompidas desfiguran lo que ven. 16Dicen que conocen a Dios, pero en la práctica demuestran no conocerlo. Son odiosos, desobedientes e incapaces de hacer lo bueno.

Lo que se debe enseñar

2 Pero tú predica lo que concuerda con la sana enseñanza. 2Inculca en los ancianos el ser sobrios, serios, prudentes e íntegros en la fe, en el amor y en la paciencia.

3Las ancianas deben portarse como quien ama a Dios, no dadas a las habladurías ni a la bebida. Al contrario, deben ser maestras del bien. 4Han de enseñar a las jóvenes a amar a sus esposos e hijos, 5a ser prudentes y puras, a cuidar del hogar y a ser buenas y obedientes con sus esposos, para que nadie hable mal de la palabra de Dios. 6De igual manera, exhorta a los jóvenes a ser prudentes. 7Tú tienes que darles el ejemplo en todo con tus buenas acciones. Cuando les enseñes, hazlo con integridad y seriedad. 8Que tu mensaje sea sano y sin faltas. Así cualquiera que discuta con ustedes se avergonzará al no encontrar nada que criticarles.

9Enseña a los esclavos a obedecer a sus amos en todo y a tratar de complacerlos; aconséjales que no sean respondones, 10ni rateros, demostrando así que son dignos de toda confianza. De esta manera honrarán las enseñanzas de Dios nuestro Salvador.

11Sí, Dios ha mostrado su amor gratuito que trae salvación a todo el mundo. 12Dios quiere que nos apartemos de la impiedad y de los placeres pecaminosos y que vivamos en este mundo una vida sobria, justa y piadosa, 13con la mirada puesta en el día en que se cumpla la bendita promesa de su venida y se manifieste la gloria de nuestro gran Dios y Salvador Jesucristo. 14Él se entregó a la muerte por nosotros para poder rescatarnos de todas nuestras iniquidades y convertirnos en un pueblo que fuera suyo, dedicado a hacer el bien.

15Esto es lo que tienes que enseñar. Exhorta y reprende con plena autoridad. ¡No permitas que nadie reste importancia a tus palabras!

La conducta del creyente

3 Recuérdales que han de someterse al gobierno y a las autoridades, que han de ser obedientes y que deben estar siempre dispuestos a realizar cualquier trabajo honrado. 2Diles que nunca hablen mal de nadie; que busquen la paz y que sean amables y atentos con todo el mundo.

3En otro tiempo, también nosotros éramos insensatos y desobedientes; con facilidad nos descarriábamos y vivíamos esclavos de los placeres y de los deseos pecaminosos. Estábamos llenos de rencor y envidia. Odiábamos a los demás y ellos nos odiaban a nosotros. 4Pero cuando la bondad y el amor de Dios, nuestro Salvador, se manifestaron, 5él nos salvó. Y lo hizo no porque fuéramos tan buenos que lo mereciéramos, sino porque en su miseri-

1.16 2.2–5 2.7 2.11–12 3.4–6

cordia Dios nos lavó los pecados, Y no sólo eso,
sino que, además, nos dio una nueva vida por
medio del Espíritu Santo 6que vertió abundantemente en nosotros, gracias a la obra de Jesucristo, nuestro Salvador. 7Lo hizo a fin de poder
declararnos justos ante Dios por su gracia y para
que fuéramos herederos de la vida eterna, la cual
con ansias esperamos alcanzar.
8Cuanto te he dicho es cierto. Insiste en estas
cosas, para que los que han creído en Dios se
ocupen de hacer siempre el bien. Esto es excelente y provechoso para todos.
9Nunca discutas cuestiones necias ni te pongas a hablar acerca de cuentos de nuestros
antepasados. Evita las polémicas sobre si se deben
obedecer o no las leyes judaicas, porque no vale
la pena y es más bien perjudicial.
10Al que cause divisiones en la iglesia se le debe
amonestar una o dos veces. Después, déjalo a un
lado, 11porque la gente así se condena a sí misma
por pecar a sabiendas.

Instrucciones personales y saludos finales

12Estoy pensando enviarte a Artemas o a Tíquico. Tan pronto como uno de ellos llegue, procura encontrarte conmigo en Nicópolis, donde
he decidido pasar el invierno. 13Trata de ayudar
a Zenas el abogado y a Apolos en el viaje que
tienen que realizar. Ocúpate de que nada les falte,
14porque los nuestros deben aprender a ayudar
a los que están en necesidad, pues así tendrán
una vida útil.
15Todos los que están conmigo te mandan saludos. Salúdame a los que nos aman en la fe. Que
el amor de Dios sea con todos ustedes.

3.9

FILEMÓN

¿Quién lo escribió?

Se acepta en general la autenticidad de la carta y la autoría de Pablo (Flm 1, 9, 19).

¿A quién lo escribió?

El destinatario es Filemón (Flm 1:1) aunque también se menciona de manera cordial a otros (Apia, Arquipo), quizás su propia familia.

¿Cuándo y dónde lo escribió?

L a tradición se inclina a pensar que las prisiones que menciona Pablo en la carta (Fil 1:13) son desde su arresto domiciliario en Roma (61 a 63 d. C).

Panorama del libro

Pablo estaba preso, cuando Onésimo, un esclavo que huye de su amo, llega a la gran Roma, escucha a Pablo y se convierte al evangelio (Flm 1:10). Posiblemente la huída fue causada por algún robo o alguna pérdida económica importante (Fil 1:11,18). Aunque Pablo aprecia la compañía de Onésimo a su lado, toma la decisión de devolverlo a su verdadero amo (Fil 1:14,16). Lo interesante de la carta, es que Pablo no apela a Filemón en su calidad de apóstol, más bien escribe como "prisionero" (v.1), "anciano" (v. 9) y "compañero" (v.17).Sin romper con la estructura social de la esclavitud, PabloinvitaaFilemón, en"nombredelamor"(v.9),aque realice una imposibilidad social: recibir a su esclavo fugitivo como su "hermano amado" (v.16). Esta es posiblemente una de las grandes razones de por qué esta carta tan personal fue incluida dentro del canon.

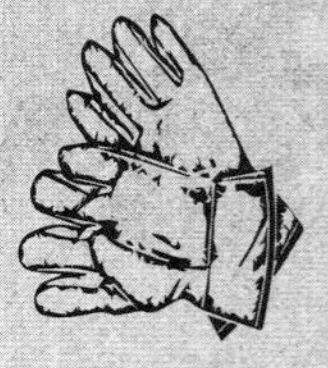

¿Cómo se relaciona con nosotros?

El poder transformador de Dios está siempre vigente y el evangelio cambia realidades. Esta carta trata acerca de Onésimo, un esclavo fugitivo (que en tiempos de Pablo valía a veces menos que un animal), que recibe el evangelio. Al entrar en el campo de fuerza del Reino de Dios se produce un giro dramático en su historia. Sin embargo, el mensaje está dirigido a quien es su amo, que ahora debe tener misericordia de su esclavo que es ahora su hermano en la fe. Debe tratarlo con una dignidad fuera de toda lógica para el contexto esclavista de la época. Esta es una preciosa alegoría del perdón y del llamado del creyente a dar la gracia que primero recibió, sin importar condición social, raza ni cualquier otra diferencia humana.

¿Cómo lo estudiamos?

1) La ida de Onésimo: el esclavo huye y se convierte en un fugitivo. (v.11,15)
2) El encuentro: El esclavo escucha el mensaje de Pablo y se convierte en cristiano. (v.10)
3) La vuelta: El ex –fugitivo retorna ya no como esclavo sino como un "hermano amado". (v.16,17)
4) ¿Quién paga? Pablo está dispuesto a pagar lo que Onésimo adeuda con Filemón, así como Cristo estuvo dispuesto a pagar el precio de nuestras faltas. (v.18,19)

Filemón

1 Pablo, prisionero por amor de Jesucristo, y el
hermano Timoteo, a ti, Filemón, amado colaborador, 2 y a la iglesia que se reúne en tu casa, a la
hermana Apia y a Arquipo, compañero de lucha:
3 Que Dios nuestro Padre y el Señor Jesucristo
derramen en ustedes amor y paz.

Acción de gracias y petición

4 Siempre doy gracias a mi Dios cuando te
recuerdo en mis oraciones, 5 porque me han
hablado del amor y de la fidelidad que profesas
al Señor Jesús y a todos los que son del pueblo
santo de Dios. 6 Ruego a Dios que la fe que tenemos en común te lleve a darte cuenta de cuántas
cosas buenas podemos hacer por amor a Cristo.
7 Yo mismo he hallado gran gozo y consuelo en
tu amor, hermano mío, porque los corazones de
los que pertenecen al pueblo santo de Dios han
hallado refrigerio en tu bondad.

Intercesión de Pablo por Onésimo

8 Por eso, aunque podría ordenarte lo que debes
hacer en el nombre de Cristo, 9 prefiero rogártelo
en nombre del amor. Yo, Pablo, anciano ya y
preso por la causa de Cristo, 10 te suplico por mi
hijo Onésimo, el cual llegó a ser hijo mío en
mis prisiones.
11 Él no te ha sido útil en el pasado, pero ahora
nos es útil a ti y a mí. 12 Te lo mando de regreso
y con él te envío mi propio corazón. 13 Hubiera
querido retenerlo conmigo en esta prisión en la
que estoy por predicar el evangelio, pues así me
habría ayudado en lugar tuyo. 14 Pero preferí no
hacerlo sin tu consentimiento, pues no me gustan los favores forzados.
15 Quizás Onésimo huyó de ti precisamente para
que lo recuperaras para siempre, 16 y ya no como
esclavo sino como algo mucho mejor: como hermano amado. Para mí, él es muy especial. Ahora
tienes razón para apreciarlo mucho más, no sólo
como persona sino también como tu hermano
en el Señor.
17 Si de veras me consideras tu amigo, recíbelo
con el mismo afecto con que me recibirías a mí.
18 Si te hizo algún mal o si te robó algo, cárga-
lo a mi cuenta. 19 Yo, Pablo, lo pagaré; y para
constancia escribo esto con mi puño y letra. ¡No
creo que sea necesario recordarte que tú a mí me
debes lo que eres!
20 Sí, hermano, alegra mi corazón en Cristo
con este gesto de amor que te pido en el Señor.
21 Te he escrito esta carta porque estoy seguro de
que harás lo que te pido y mucho más. 22 Ten una
habitación lista para mí, pues espero que Dios
contestará las oraciones de ustedes y permitirá
que pronto vaya a verlos.
23 Epafras, mi compañero de prisión por amor a
Cristo Jesús te saluda. 24 Marcos, Aristarco, Demas
y Lucas, mis colaboradores, te envían saludos
también.
25 Que el amor del Señor Jesucristo se derrame
sobre ustedes.

Investiguemos Juntos

HEBREOS

¿Quién lo escribió?

Prácticamente no hay dudas de que el autor fue el Apóstol Pablo.

¿A quién lo escribió?

El título "A los Hebreos" aparece recién en manuscritos del siglo III. Pero las dificultades son muchas para determinar de manera absoluta quienes son los destinatarios. Primero, el título que conocemos ha sido influenciado por las descripciones del culto judío que aparecen en la carta, más el lenguaje es helénico por excelencia y las citas bíblicas corresponden a la versión griega de la Biblia. Es más, este es el escrito con el mejor griego de todo el NT. Segundo, es difícil saber los destinatarios, porque sencillamente el autor no los menciona. Si bien en algunos momentos el autor habla sobre el peligro de algunas posturas judaizantes, ese no es el tema principal. Además el autor no maneja a la perfección los detalles de algunas cosas técnicas del culto judío (Heb 7:27- 9:4).Algunos creen que son cristianos de Jerusalén, pero el problema de esta hipótesis es que esta iglesia era pobre y recibió en algunas ocasiones ayuda de las iglesias helénicas. Más esta comunidad de destintarios había ayudado a otras (Heb 6:10). Varios expertos mencionan que la aparición de elementos del culto judío y de la Ley de Moisés no debe dar por sentado que los destinatarios eran judíos, pues la carta de Pablo a los Gálatas que también contiene material del AT va dirigida a cristianos provenientes del paganismo. En conclusión, es mejor que nos quedemos con que la carta está dirigida a "unos cristianos a punto de desfallecer en su fe".

¿Cuándo y dónde lo escribió?

No es menos compleja determinar esta cuestión, pues la carta da luces de algunas pistas, más no son totalmente convincentes. La carta usa un término único en todo el NT para hablar de los pastores, el término griego "egoúmenoi" (Heb 13:1). Este término aparece luego en escritos del segundo siglo, de Clemente y el pastor de Hermas, ambos escritos a la comunidad de Roma. Por eso algunos aseguran que el escrito podría ser a cristianos Romanos. La alusión de la persecución y el rechazo por parte de su gente también puede coincidir con Roma (Heb.10:32-34), más la ausencia del martirio la hace difícil de considerar para los tiempos de Nerón (Heb.12:4). Algunos aluden que esta cita podría ser del tiempo de Domiciano (81-96 d. C). Otros la fechan anterior a la destrucción del Templo en Jerusalén (70 d. C) pues el autor pareciera considerar el templo aún vigente (Heb. 1.1-11).Por aparte, sabemos que Timoteo sigue vivo (Heb. 13:23), aunque varios autores dicen que la parte epistolar del escrito fue adherido posterior- mente de alguna carta de Pablo (Heb. 13: 23-25).Lo que si debemos considerar es que seguramente este escrito fue para cristianos de segunda generación. Y aunque Roma sea una de las opciones preferidas, solo es una hipótesis.

Panorama del libro

Este escrito no es una carta. Carece absolutamente de la estructura común de un escrito epistolar. Como bien lo dice el autor, es una palabra de exhortación (Heb. 13:24).Lo que tenemos en nuestras manos es nada más ni nada menos que la estructura íntegra de un sermón del primer siglo. ¡Es una predicación auténtica de un pastor cristiano del primer siglo!Podríamos titular este sermón como "Predicación sobre el sacerdocio de Cristo" pues ese es el tema principal que el autor mismo propone (Heb. 8:1). Presenta una cristología única en el NT: A Jesús como Sacerdote y Sumo sacerdote nuestro. A través de diferentes enfoques, el autor nos habla de Cristo y su obra salvífica como la acción definitiva de Dios para salvar a la humanidad. La imagen de Cristo aparece como superior a los Ángeles, Moisés, la Ley y todo el aparataje religioso Judío (Heb. 8:13).Con respecto a la congregación, esta se mantuvo firme en su pasado (Heb. 6:10- 10:32) pero atraviesan en el momento por un periodo de desfallecimiento que la está empujando a abandonar su fe (5:11-14, 10:25,35, 12:3, 12, 13:17).

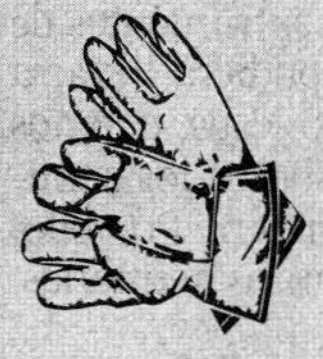

¿Cómo se relaciona con nosotros?

La carta a los Hebreos deja en claro que solo una persona merece ocupar el lugar principal en nuestras vidas. Mientras estamos ocupados idolatrando nuestro ascenso en la escala de popularidad, acumulando tecnología o poniendo todas nuestras esperanzas en otras personas, Jesús nos ofrece una mejor posición, un mejor sacerdote, un mejor pacto, una mejor esperanza y un mejor sacrificio.

Solo cuando le damos a Jesús el lugar que le corresponde en nuestras vidas, todo lo demás ocupa el lugar que le corresponde. Hebreos deja en claro que Jesús es en verdad superior a todos los demás, y nos desafía a ponerlo primero, aun en nuestros matrimonios.

¿Cómo lo estudiamos?

1) Quién es Jesús (1:1-2:18)
2) Jesús, un sumo sacerdote superior a Moisés (3:1- 4:14)
3) Jesús, un sumo sacerdote misericordioso (4:15- 5:10)
4) Un compromiso total con Jesús (5:11-6:20)
5) Jesús, un sumo sacerdote superior a todo sacerdote y sacrificio (7:1-10:39)
6) El poder de la fe en Jesús (11:1-40)
7) Perseverar en la fe en Jesús y la santidad (12:1-29)
8) Un estilo de vida superior (13:1-25)

HEBREOS

Hebreos

El Hijo, superior a los ángeles

1 En tiempos remotos, Dios habló muchas veces y de varias maneras a nuestros antepasados por medio de los profetas; 2pero en estos últimos tiempos nos ha hablado por medio de su Hijo. A él Dios lo hizo heredero de todas las cosas y por medio de él creó todo el universo. 3Él es el resplandor de la gloria de Dios, la fiel imagen de su ser y el que sostiene el universo con su palabra poderosa. Y después de haber realizado la purificación de los pecados, se sentó a la diestra de Dios en el cielo. 4Así llegó a ser superior a los ángeles, en la misma medida en que el nombre que recibió es superior al de ellos.

5En efecto, Dios jamás le dijo a ningún ángel: «Tú eres mi Hijo y hoy mismo te he formado». Y en otro pasaje dice: «Yo seré su Padre y él será mi Hijo».

6Cuando Dios trajo a su Primogénito al mundo, dijo: «Adórenlo todos los ángeles de Dios».

7Y en cuanto a los ángeles, dijo: «Él hace que sus ángeles sean mensajeros y que sus servidores sean como llamas de fuego».

8Pero de su Hijo, dice: «Tu trono, oh Dios, es eterno, y gobiernas tu reino con justicia. 9Amas lo justo y odias lo malo; y por eso Dios, el Dios tuyo, te ha dado más alegría que a los demás». 10También dijo: «Tú, oh Señor, en el principio hiciste los cielos y la tierra. 11Ellos desaparecerán, pero tú permaneces para siempre. Se desgastarán como la ropa. 12Los doblarás como se dobla un vestido y los cambiarás por otros; pero tú eres siempre el mismo y tu vida nunca se acabará». 13¿Acaso Dios le dijo jamás a un ángel: «Siéntate a mi derecha, hasta que coloque a tus enemigos bajo tus pies»? 14¿Acaso no se dedican todos los ángeles a servir a Dios?, ¿acaso no los envía Dios para que ayuden a los que recibirán la salvación?

Advertencia a prestar atención

2 Por lo tanto, es necesario que prestemos más atención al mensaje que hemos oído, no sea que nos extraviemos. 2Si el mensaje que los ángeles anunciaron fue verdadero y toda desobediencia recibió su merecido castigo, 3¿cómo escaparemos nosotros si descuidamos esta gran salvación? El Señor anunció primero esta salvación y luego nos fue confirmada por los que la oyeron. 4Además, Dios confirmó su mensaje acerca de esta verdad por medio de señales, prodigios, diversos milagros y dones que el Espíritu Santo distribuye según su voluntad.

Jesús, hecho igual a sus hermanos

5El mundo futuro del que hablamos no estará gobernado por ángeles. 6Como alguien ya ha dicho en otro lugar:

«¿Qué es el hombre para que pienses en él? ¿Qué es el hijo del hombre para que lo tomes en cuenta? 7Lo hiciste un poco inferior a los ángeles y lo coronaste de gloria y de honra, 8y has puesto todas las cosas bajo su dominio».

Sí, Dios puso todas las cosas bajo el dominio del Hijo del hombre y no hay nada que no se sujete a él. Pero todavía no vemos que esto último se haya cumplido. 9Sin embargo, vemos a Jesús, que fue hecho un poco inferior a los ángeles, y lo vemos coronado de gloria y honra por haber padecido la muerte por nosotros. De esta forma, por la gracia de Dios, la muerte de Jesús fue de beneficio para todos.

10Así que, convenía que Dios, quien todo lo creó para gloria suya, permitiera los sufrimientos de Jesús para que de esa manera pudiera llevar a la gloria a muchos hijos. 11Tanto Jesús, que nos santifica, como nosotros, que somos los santificados, tenemos un mismo origen. Por ello, Jesús no se avergüenza de llamarnos hermanos, 12cuando dice:

«Hablaré de ti a mis hermanos y juntos te cantaremos alabanzas».

13Y en otra parte dice:

«Confiaré en Dios».

Y añade:

«Aquí estoy, con los hijos que Dios me ha dado».

14Por consiguiente, ya que los hijos de Dios son de carne y hueso, Jesús también compartió esa misma naturaleza de carne y hueso, para así anular, por medio de su muerte, al que tiene el dominio de la muerte, al diablo, 15y poder librar a los que vivían siempre en esclavitud por temor a la muerte. 16Sabemos que él no vino para rescatar a los ángeles sino a los descendientes de Abraham. 17Por eso era necesario que en todo fuera semejante a sus hermanos, pues sólo así podía ser un sumo sacerdote fiel y misericordioso al servicio de Dios, con el propósito de pagar por los pecados del pueblo. 18Y ya que él mismo sufrió la tentación, puede ahora ayudar a los que son tentados.

Jesús, superior a Moisés

3 Por lo tanto, hermanos míos, a quienes Dios ha apartado para sí y que participan en el mismo llamado de la salvación, piensen ahora en Jesús, apóstol y sumo sacerdote de nuestra fe. 2Jesús fue fiel a Dios, que lo nombró sumo

2.9–11 2.14–15 2.17–18

sacerdote, así como también Moisés fue fiel en el servicio a toda la casa de Dios.

[3]Pero Jesús tiene mayor honor que Moisés, porque el que construye una casa tiene más honor que la casa misma. [4]Toda casa es hecha por un constructor, pero Dios es el que construye todo lo que existe. [5]Pues bien, Moisés fue fiel en su trabajo como siervo en la casa de Dios; lo hacía para dar testimonio de lo que Dios diría en el futuro. [6]En cambio, Cristo es fiel como Hijo sobre la casa de Dios. Y nosotros somos la casa de Dios si mantenemos hasta el fin nuestra entereza y la esperanza que nos hace sentir orgullosos.

Advertencia contra la incredulidad

[7]Como dice el Espíritu Santo:

«Si ustedes escuchan hoy su voz, [8]no endurezcan el corazón como sucedió en la rebelión, en aquel día de prueba en el desierto. [9]Allí sus antepasados me tentaron y me pusieron a prueba, a pesar de haber visto mis obras por cuarenta años. [10]Por eso me enojé con ellos y dije: "Su corazón siempre se extravía y no han reconocido mis caminos". [11]Entonces, airado contra ellos, juré diciendo: "Jamás entrarán en mi reposo"».

[12]Por lo tanto, cuídense, hermanos, y no sean incrédulos ni tengan un corazón perverso que los esté apartando del Dios vivo. [13]Exhórtense todos los días mientras les quede tiempo, para que ninguno se endurezca contra Dios, cegado por el engaño del pecado, [14]pues hemos llegado a tener parte con Cristo, si somos fieles hasta el fin, tal como confiamos en Cristo al principio.

[15]Como acabamos de decir:

«Si oyen hoy su voz, no endurezcan su corazón como sucedió en la rebelión».

[16]¿Quiénes fueron los que a pesar de haber escuchado la voz de Dios se rebelaron contra él? Los que escaparon de Egipto comandados por Moisés. [17]¿Contra quiénes estuvo enojado Dios durante aquellos cuarenta años? Contra los que, por haber pecado, murieron en el desierto. [18]Y ¿a quiénes se refería Dios cuando juró que no entrarían a la tierra que había prometido a su pueblo? Se refería a los que lo habían desobedecido. [19]Como podemos ver, no pudieron entrar porque no confiaban en él.

Reposo del pueblo de Dios

4 Aunque la promesa de Dios de entrar en su reposo se mantiene en pie, debemos tener mucho cuidado, no sea que algunos no puedan entrar en ese reposo, [2]pues la buena noticia nos ha sido anunciada de la misma manera que les fue anunciada a ellos. Pero no les fue de ningún provecho, porque no la creyeron. [3]Sólo los que tenemos fe podemos entrar en el reposo de Dios. Él ha dicho: «airado contra ellos, juré que no entrarían al reposo que les tenía preparado».

Aunque su trabajo quedó listo con la creación del mundo, [4]en cierto lugar se ha dicho así del día de reposo: «Dios descansó el séptimo día tras haber terminado sus obras». [5]Sin embargo, en el otro pasaje dice: «No entrarán en mi reposo».

[6]Eso significa que todavía falta que algunos entren al reposo de Dios. Los que primero tuvieron la oportunidad de entrar no la aprovecharon por desobedientes. [7]Por eso, el Señor volvió a señalar un día, que es «hoy», y lo anunció por medio de David en las palabras que ya citamos:

«Si hoy oyen la voz de Dios, no endurezcan sus corazones».

[8]Si Josué les hubiera dado el lugar de reposo, Dios no habría hablado mucho tiempo después de otro día. [9]Por lo tanto, todavía queda un reposo para el pueblo de Dios, [10]porque quien entra en ese reposo de Dios descansa de sus obras de la misma manera que Dios reposó de las suyas. [11]Pongamos, pues, empeño en entrar también en aquel reposo; cuidémonos de no desobedecer a Dios como lo desobedecieron los israelitas. [12]La palabra de Dios es viva y poderosa. Es más cortante que una espada de dos filos que penetra hasta lo más profundo de nuestro ser, y examina nuestros más íntimos pensamientos y los deseos de nuestro corazón. [13]Nada de lo que él ha creado puede esconderse de aquel a quien tendremos que rendir cuentas de nuestros hechos.

Jesús, el gran sumo sacerdote

[14]En Jesús, el Hijo de Dios, tenemos un gran sumo sacerdote que subió al mismo cielo. Por eso, debemos seguir confiando en él. [15]Nuestro sumo sacerdote entiende nuestras debilidades, porque él mismo experimentó nuestras tentaciones, si bien es cierto que nunca cometió pecado. [16]Acerquémonos, pues, confiadamente al trono del Dios de amor, para encontrar allí misericordia y gracia en el momento en que las necesitemos.

5 El sumo sacerdote es escogido de entre los hombres para representarlos ante Dios y para ofrecer ofrendas y sacrificios por los pecados. [2,3]Y lo hace tanto por los pecados del pueblo como por los suyos propios, ya que como ser humano tiene muchas debilidades. Y por eso mismo, puede ser comprensivo con quienes son ignorantes y andan extraviados.

[4]Nadie puede hacerse sumo sacerdote por su propia cuenta. Al sumo sacerdote lo llama Dios, como en el caso de Aarón. [5]Ni siquiera Cristo

3.12–14 4.3 4.9 4.11–16

eligió él mismo ser sumo sacerdote, sino que Dios lo eligió y le dio ese honor cuando dijo:

«Tú eres Hijo mío, yo te he engendrado hoy».

6Y en otra ocasión le dijo:

«Tú eres sacerdote eterno, de la misma clase de Melquisedec».

7Cuando Cristo estaba en la tierra, con voz fuerte y muchas lágrimas ofreció ruegos y súplicas a Dios, quien podía librarlo de la muerte. Y Dios escuchó sus oraciones en virtud de su ferviente deseo de obedecer a Dios. 8¡Aun Jesús, siendo Hijo de Dios, tuvo que aprender por medio del sufrimiento lo que es la obediencia! 9Y habiendo sido perfeccionado de esa manera, llegó a ser el autor de la salvación eterna de todos los que lo obedecen. 10Y Dios lo nombró sumo sacerdote de la misma clase de Melquisedec.

Advertencia contra la apostasía

11Quisiera decirles mucho más sobre este asunto, pero sé que, como no quieren entender, me va a ser difícil explicarlo. 12Después de tanto tiempo, ya debían poder enseñar a otros; sin embargo, hay necesidad de enseñarles de nuevo hasta los más sencillos principios de la Palabra de Dios. Se han debilitado tanto que, como niños, tienen que tomar sólo leche en vez de alimentos sólidos. 13Esto demuestra que todavía no saben diferenciar entre el bien y el mal. ¡Todavía son ustedes como recién nacidos! 14En cambio, los alimentos sólidos son para quienes ya son maduros, para quienes ya están acostumbrados a juzgar y a distinguir entre lo que es bueno y lo que es malo.

6 Así que, sigamos adelante a otras cosas y, como adultos, dejemos a un lado las primeras enseñanzas acerca de Cristo. No repitamos otra vez las primeras lecciones sobre cómo volvernos a Dios, sobre las acciones que llevan a la muerte, sobre la fe en Dios. 2Dejemos ya lo que se refiere al bautismo, la imposición de manos, la resurrección de los muertos y el juicio eterno. 3Si Dios lo permite, esto es lo que haremos.

4A los que en alguna ocasión han entendido el evangelio, han gustado las cosas del cielo, han participado del Espíritu Santo, 5han saboreado la Palabra de Dios y los poderes del mundo venidero, 6y caen de nuevo, es imposible que se les haga volver a Dios. Sería como crucificar de nuevo al Hijo de Dios y exponerlo a la burla pública.

7Si sobre un terreno llueve mucho y proporciona una buena cosecha a sus propietarios, aquel terreno recibe bendición de Dios. 8Pero si lo único que produce es espinos y abrojos, resulta ser un mal terreno y se le condena al fuego.

9En cuanto a ustedes, amados hermanos, aunque les hemos hablado en estos términos, estamos seguros de cosas mejores con respecto a su salvación. 10Dios no es injusto. ¿Cómo podría él olvidar el ardor con que ustedes han trabajado o el amor que le han demostrado y le siguen demostrando al ayudar a los del pueblo santo? 11Pero anhelamos que cada uno siga con el mismo entusiasmo hasta el fin, para que puedan obtener lo que esperan. 12No se vuelvan perezosos, sino sigan el ejemplo de los que por fe y con paciencia heredan las promesas de Dios.

La certeza de la promesa de Dios

13En la promesa que Dios hizo a Abraham, Dios juró por sí mismo, ya que no había nombre mayor por el cual jurar. Y dijo:

14«En verdad te bendeciré abundantemente y te multiplicaré en gran manera».

15Abraham esperó con paciencia hasta que un día Dios cumplió su promesa.

16Cuando una persona jura, lo hace apelando a alguien superior a ella misma. Un juramento pone fin a cualquier controversia.

17Dios se ató a un juramento para que los herederos de la promesa estuvieran absolutamente seguros de su cumplimiento, y que supieran que nada cambiaría el juramento.

18De estas dos cosas que no pueden cambiarse y en las que es imposible que Dios mienta, recibimos un gran consuelo los que ahora acudimos a él en busca de su protección y confiados en la esperanza que nos ha dado.

19Esta esperanza es como un ancla firme y segura para nuestra alma y penetra hasta la presencia misma de Dios. 20Allí Cristo entró por nosotros como precursor, convertido ya en sumo sacerdote eterno, de la misma clase de Melquisedec.

El sacerdocio de Melquisedec

7 Melquisedec era rey de la ciudad de Salén y sacerdote del Dios Altísimo. Cuando Abraham regresaba de derrotar a varios reyes, Melquisedec le salió al encuentro y lo bendijo. 2Entonces Abraham tomó una décima parte del botín de guerra y se lo entregó.

El nombre Melquisedec quiere decir «rey de justicia». Es, además, «rey de paz» porque era rey de Salén, y Salén quiere decir «paz». 3Nada se sabe acerca de Melquisedec: quienes hayan sido su padre o su madre[a] o sus otros antepasados. No se sabe dónde nació ni dónde murió. Así, es semejante al Hijo de Dios y es sacerdote para siempre.

---

a. No se sabe si esto significa que Melquisedec era Cristo que le apareció a Abraham con forma humana, o si simplemente que no se sabe quiénes fueron sus padres ni cuándo nació y murió.

5.8-12 6.1 6.7-8 6.10-12 6.15 6.17-19

4Vean ustedes lo grande que era Melquisedec: Aun Abraham, el patriarca, le entregó una décima parte de todo el botín. 5De acuerdo con la ley, los sacerdotes levitas reciben el diezmo de sus hermanos que también son descendientes de Abraham. 6Pero Melquisedec, que no lo era, recibió la ofrenda de Abraham. Y Melquisedec bendijo al que había recibido las promesas, es decir, a Abraham. 7Y como es sabido, el que bendice es siempre mayor que la persona que recibe la bendición.

8Los sacerdotes, aunque reciben diezmos, son mortales; sin embargo, se nos dice que Melquisedec aún vive. 9Y así podría decirse que Leví mismo dio diezmos a Melquisedec por medio de Abraham, 10porque Leví estaba en Abraham cuando éste le dio el diezmo a Melquisedec.

Jesús, semejante a Melquisedec

11El pueblo de Israel recibió la ley bajo el sacerdocio levítico. Si esos sacerdotes pudieran hacernos perfectos, ¿por qué entonces envió Dios a Cristo como sacerdote de la clase de Melquisedec, en vez de enviar a otro de la clase de Aarón?

12Ya que se cambió el tipo de sacerdote, Dios tenía que transformar la ley. 13,14Cristo no pertenecía a la tribu sacerdotal de Leví, sino a la de Judá, tribu que no había sido escogida para el sacerdocio; Moisés nunca le asignó tal responsabilidad. 15Y todo esto queda más claro si reconocemos que el nuevo sacerdote es de la clase de Melquisedec.

16Y llegó a ser sacerdote no según el requisito de la ley de pertenecer a determinada tribu, sino de acuerdo con el poder de una vida indestructible. 17Pues esto es lo que se asegura de él:

«Tú eres sacerdote para siempre, de la misma categoría que Melquisedec».

18Así que la ley anterior queda anulada por ser inútil e ineficiente, 19pues no perfeccionó nada. En cambio, ahora tenemos una esperanza mejor, por la cual nos acercamos a Dios.

20Y esto no lo hizo sin un juramento. Los otros sacerdotes fueron nombrados sin un juramento, 21pero éste fue nombrado con el juramento del que dijo:

«El Señor juró, y no cambiará de opinión: "Tú eres sacerdote para siempre"».

22Por eso, Jesús es el que ahora nos garantiza un pacto mejor. 23A los otros sacerdotes la muerte no les permitía continuar con su oficio y por eso llegaron a ser tantos; 24pero como Jesús nunca morirá, su sacerdocio es eterno. 25Por eso puede salvar para siempre a los que por medio de él se acercan a Dios, ya que vive para siempre y está pidiendo por ellos. 26Era provechoso para nosotros tener un sumo sacerdote así como él: santo, sin maldad, intachable, apartado de los pecadores y elevado más alto que el cielo. 27Él no es como los otros sumos sacerdotes, que tienen que ofrecer sacrificios cada día por sus propios pecados y luego por los del pueblo. Él se ofreció a sí mismo como sacrificio una sola vez y para siempre. 28Porque la ley pone como sumos sacerdotes a hombres débiles; pero después de la ley vino el juramento que nos daría al Hijo como sumo sacerdote, hecho perfecto para siempre.

El sumo sacerdote de un nuevo pacto

8 Lo más importante de lo que estamos diciendo es que tenemos un sumo sacerdote que se sentó a la derecha del trono de Dios en el cielo 2y oficia en el santuario. Es decir, en el verdadero lugar de adoración que fue hecho por el Señor y no por ningún ser humano. 3A cada sumo sacerdote se le nombra para presentar ofrendas y sacrificios, y por eso es necesario que también él tenga algo que ofrecer. 4Si Jesús estuviera en la tierra, no sería sacerdote, pues aquí ya hay sacerdotes que presentan las ofrendas como lo ordena la ley. 5Estos sacerdotes sirven en un santuario que es copia y sombra del que está en el cielo. Porque así fue como se le advirtió a Moisés cuando iba a construir el santuario: «Pon atención y hazlo todo de acuerdo con el modelo que se te ha mostrado en la montaña». 6Pero el trabajo sacerdotal que Jesús ha recibido es mucho mejor que el de ellos; y así, por medio de él, tenemos un pacto mucho mejor, ya que está basado en mejores promesas.

7Si el primer pacto hubiera sido perfecto, no habría sido necesario un segundo pacto. 8Pero Dios les reprochó sus defectos y dijo:

«Llegará el día, —dice el Señor—, en que haré un nuevo pacto con el pueblo de Israel y con el pueblo de Judá.

9No será como el pacto que hice con sus antepasados el día en que de la mano los saqué de Egipto, pues porque ellos no cumplieron con mi pacto, yo los abandoné, —dice el Señor—.

10Por eso, éste es el pacto que haré con el pueblo de Israel después de aquellos días, —dice el Señor—:

Escribiré mis leyes en su mente y en su corazón. Yo seré su Dios, y ellos serán mi pueblo. 11Ya no será necesario que nadie enseñe a su prójimo ni a su hermano y le diga: "¡Conoce al Señor!", porque todos me conocerán, desde el más pequeño hasta el más grande.

12Yo les perdonaré sus maldades y nunca más me acordaré de sus pecados».

8.12

13 Decir que este pacto es nuevo significa que consideramos viejo al anterior, y lo que se vuelve viejo e inútil está por desaparecer.

El culto en el santuario terrenal

9 Ahora bien, el primer pacto tenía reglas para el culto y un santuario aquí en la tierra. 2 El santuario se construyó de tal forma que en su primera parte, llamada Lugar Santo, estaban el candelabro, la mesa y los panes sagrados. 3 Detrás de la segunda cortina estaba la parte llamada Lugar Santísimo, 4 donde estaba el altar de oro para el incienso y el cofre del pacto que estaba toda recubierta de oro. Dentro del cofre había una jarra de oro que contenía el maná, la vara de Aarón que había retoñado, y las tablas del pacto. 5 Encima del cofre estaban los querubines de la gloria, que cubrían con su sombra la tapa del cofre. Pero ahora no es necesario hablar de eso con detalles.

6 Con todo esto dispuesto así, los sacerdotes entran continuamente en la primera parte del santuario para celebrar el culto. 7 Pero en la segunda parte entra únicamente el sumo sacerdote, y sólo una vez al año. Siempre que entra lleva la sangre que ofrece por los pecados que cometen, sin darse cuenta, él y el pueblo. 8 Con esto el Espíritu Santo da a entender que, mientras exista el primer santuario, todavía no se había dado a conocer el camino que conduce al Lugar Santísimo.

9 Esto nos muestra hoy en día que las ofrendas y los sacrificios que allí se ofrecen no tienen ningún poder para hacer perfecta la conciencia de los que celebran ese culto. 10 Éstas son únicamente reglas que tienen que ver con alimentos, bebidas y diversas ceremonias de purificación, que sólo tienen vigencia hasta que llegue el tiempo de reformarlo todo.

La sangre de Cristo

11 Pero Cristo ya vino, y él es el sumo sacerdote de los bienes definitivos. Es sumo sacerdote en un santuario que es el mejor y es perfecto, que no está hecho por manos humanas, es decir, que no es de este mundo. 12 Él entró una sola vez y para siempre al Lugar Santísimo. No entró con sangre de chivos y becerros, sino con su propia sangre, logrando así un rescate eterno. 13 La sangre de chivos y toros, y las cenizas de una becerra rociadas sobre personas que están impuras, las hacen puras de modo que quedan limpias por fuera. 14 Y si esto es así, ¡la sangre de Cristo es todavía mejor! Pues por medio del Espíritu eterno, Cristo se ofreció a sí mismo a Dios como sacrificio sin mancha para purificar nuestra conciencia de las obras que conducen a la muerte, para que sirvamos al Dios viviente. 15 Por eso, Cristo es mediador de un nuevo pacto. Por medio de su muerte, los llamados recibirán la herencia eterna que se les ha prometido, y serán liberados de los pecados que han cometido.

16 Ahora bien, en el caso de un testamento, es necesario comprobar la muerte del que lo hizo, 17 pues un testamento sólo tiene valor cuando la persona que lo hizo haya muerto. Mientras esa persona esté viva no tendrá ningún valor. 18 Por eso, ni siquiera el primer pacto se estableció sin sangre. 19 Moisés, después de anunciar a todo el pueblo los mandamientos de la ley, tomó lana roja y ramas de hisopo, las mojó con la sangre de los becerros y los chivos mezclada con agua, y con eso roció el libro de la ley y a todo el pueblo. 20 Y mientras los rociaba, decía: «Ésta es la sangre del pacto que Dios les ha ordenado a ustedes cumplir». 21 De la misma manera, roció con la sangre el santuario y todos los objetos que se usaban en el culto.

22 La ley exige que casi todo sea purificado con sangre, pues si no hay derramamiento de sangre no hay perdón. 23 Por tanto, era necesario purificar, con esos sacrificios, las copias de lo que hay en el cielo; pero las cosas celestiales mismas necesitan sacrificios mejores que esos. 24 Por eso, Cristo no entró en un santuario hecho por seres humanos, que era una simple copia del verdadero santuario. Entró más bien, en el cielo mismo, para presentarse ante Dios a favor nuestro. 25 Tampoco entró en el cielo para ofrecerse muchas veces, como entra el sumo sacerdote en el Lugar Santísimo cada año con sangre que no es la suya. 26 Si así hubiera sido, Cristo habría tenido que sufrir muchas veces desde que el mundo fue creado. Pero ahora, al final de los tiempos, se ha ofrecido una sola vez y para siempre para acabar con el pecado por medio de su propio sacrificio. 27 Y como está establecido que los seres humanos mueran una sola vez y después que venga el juicio, 28 así Cristo fue ofrecido una sola vez en sacrificio para quitar los pecados de muchos. Y aparecerá por segunda vez, pero no para cargar con el pecado, sino para salvar a quienes lo esperan.

El sacrificio de Cristo, ofrecido una vez y para siempre

10 La ley es sólo una sombra de los bienes que están por venir y no la realidad misma de esos bienes. Por eso, la ley nunca puede hacer perfectos a los que adoran por medio de los mismos sacrificios, año tras año sin cesar. 2 Si hubiera podido, ya habrían dejado de ofrecerse sacrificios, pues los que adoran, purificados de

9.14

una vez por todas, ya no se sentirían culpables de
pecado. 3Pero esos sacrificios son un recordatorio,
cada año, de sus pecados, 4porque es imposible
que la sangre de los toros y de los chivos quite
los pecados.
5Por eso Cristo, al entrar en el mundo, dijo:
«Tú no quieres sacrificios ni ofrendas; por eso,
me has dado un cuerpo. 6No te agradan los holocaustos ni los sacrificios por los pecados. 7Por eso
dije: "Aquí me tienes", como está escrito de mí
en el libro: "He venido para hacer tu voluntad,
oh Dios"».
8Al principio dijo: «No quieres ni te agradan
los sacrificios por los pecados ni las ofrendas y
holocaustos» (a pesar de que la ley exigía que
se ofrecieran). 9Y luego añadió: «Aquí estoy. He
venido a hacer tu voluntad». Es decir, que quitó
lo primero para establecer lo segundo. 10Y como
Jesucristo hizo la voluntad de Dios al sacrificar
su propio cuerpo, una sola vez y para siempre,
por eso nosotros somos santificados.
11Todo sacerdote celebra el culto día tras día
ofreciendo muchas veces los mismos sacrificios,
que nunca pueden quitar los pecados. 12Pero este
sacerdote le ofreció a Dios por los pecados un
solo sacrificio para siempre. Después se sentó
a la derecha de Dios, 13y allí esperará a que sus
enemigos sean puestos bajo sus pies. 14Porque con
un solo sacrificio hizo perfectos para siempre a
los que está santificando. 15También el Espíritu
Santo lo confirma cuando dice:
16«Éste es el pacto que haré con ellos después
de aquellos días, —dice el Señor: Pondré mis
leyes en su corazón y las escribiré en su mente».
17Luego añade:
«Y nunca más me acordaré de sus pecados y
maldades».
18Y cuando los pecados han sido perdonados,
ya no es necesario ofrecer ningún otro sacrificio
por ellos.

Llamada a la perseverancia

19Por eso, amados hermanos, gracias a la sangre de Jesucristo podemos entrar libremente en
el Lugar Santísimo. 20Jesús nos ha abierto un
camino nuevo y vivo a través de la cortina, es
decir, a través de su cuerpo. 21Además, en él tenemos un gran sacerdote que está al frente de
la familia de Dios. 22Y puesto que es así, acerquémonos a Dios con corazón sincero y con
la plena seguridad que da la fe, ya que en nuestro interior hemos sido purificados de una mala
conciencia y exteriormente hemos sido lavados
con agua pura. 23Sigamos firmes en la esperanza que profesamos, porque él cumplirá la promesa que nos hizo.
24Tratemos de ayudarnos unos a otros para
animarnos al amor y a hacer el bien. 25No dejemos de reunirnos, como algunos acostumbran
hacer, sino animémonos unos a otros, y con
mayor razón cuando vemos que aquel día se
acerca.
26Si después de haber conocido la verdad seguimos pecando, ya no queda ningún sacrificio por
los pecados. 27Lo único que nos queda es esperar
con terror el juicio, el fuego ardiente con el que
Dios destruirá a sus enemigos. 28Por eso, cualquiera que desobedecía la ley de Moisés, y si así
lo declaraban dos o tres testigos, moría sin remedio. 29¿No piensan ustedes que merece un mayor
castigo el que haya pisoteado al Hijo de Dios?, ¿el
que haya despreciado la sangre del pacto por la
cual había sido santificado y que haya insultado
así al Espíritu de gracia? 30Sabemos que el
Señor dijo: «Yo soy el que se vengará; yo pagaré». Y también dijo: «El Señor juzgará a su pueblo». 31¡Terrible cosa es caer en las manos del
Dios viviente! 32Recuerden los días pasados
cuando uste- des, después de recibir la luz,
tuvieron que soportar una dura lucha y muchos
sufrimientos. 33Hubo ocasiones en que los persiguieron e insultaron delante de la gente; y en
otras se unieron a los que eran tratados de igual
manera.
34También tuvieron compasión de los que estaban en la cárcel, y cuando a ustedes les quitaron
sus posesiones, lo aceptaron con alegría porque
sabían que tenían un patrimonio mejor y más
duradero. 35Por eso, no pierdan la confianza,
porque ésta les traerá una gran recompensa.
36Ustedes necesitan seguir confiando para que,
después de haber cumplido la voluntad de Dios,
reciban lo que él ha prometido. 37Pues en poco
tiempo, «el que tiene que venir vendrá, y no tardará. 38Mi justo vivirá por la fe; pero si se vuelve
atrás, no estaré contento con él».
39Mas nosotros no somos de los que se vuelven
atrás y terminan perdiéndose, sino de los que
tienen fe y alcanzan la salvación.

Por la fe

11 La fe es la seguridad de recibir lo que
se espera, es estar convencido de lo que
no se ve.
2Gracias a su fe, nuestros antepasados recibieron la aprobación de Dios. 3Por la fe sabemos que
Dios formó el universo por medio de su palabra;
así que lo que ahora vemos fue hecho de lo que
no podía verse.
4Por la fe, Abel ofreció a Dios un sacrificio
mejor que el de Caín, y por eso Dios lo declaró justo y aceptó su ofrenda. Y aunque Abel ya
está muerto, su fe nos habla todavía.

☼10.22–25 ☼10.30 ☼10.32–33 ☼10.35–39
☼11.1–3 ☼11.4–7

5Por la fe, Enoc fue llevado de este mundo sin
que experimentara la muerte; y no lo encontraron porque Dios se lo llevó. Pero antes de llevárselo, Dios declaró que él le había agradado.
6Sin fe es imposible agradar a Dios. El que quiera
acercarse a Dios debe creer que existe y que pre-
mia a los que sinceramente lo buscan.

7Por la fe, Noé, cuando se le avisó lo que ocurriría, pero que todavía no podía verse, obedeció
y construyó un arca para salvar a su familia. Por
esa fe condenó al mundo y fue heredero de la
justicia que viene por la fe.

8Por la fe, Abraham, cuando fue llamado para
ir al lugar que iba a recibir como herencia,
obedeció y salió sin saber a dónde iba. 9Por la fe
vivió como extranjero en la Tierra prometida.
Vivió en tiendas de campaña, lo mismo que Isaac y Jacob, que también eran herederos de la
misma promesa, 10porque Abraham esperaba la
ciudad que tiene cimientos firmes, la que Dios
ha planeado y construido.

11Por la fe, Abraham, a pesar de ser demasiado
viejo y de que Sara no podía tener hijos, recibió
fuerzas para tener hijos, porque confió en que
Dios cumpliría la promesa que le había hecho.
12Y así de este hombre que era demasiado viejo,
nacieron tantos descendientes como las estrellas
del cielo y tan incontables como la arena a la
orilla del mar.

13Todos ellos murieron sin haber recibido las
cosas prometidas. Pero las vieron a lo lejos y
reconocieron que ellos mismos eran extranjeros
y sólo estaban de paso en la tierra.

14Los que hablan así dan a entender que andan
en busca de una patria; 15pero ellos no estaban
pensando en la patria de la que salieron, pues
habrían podido regresar a ella. 16Deseaban, más
bien, una patria mejor, es decir, la celestial. Por
eso, Dios no se avergonzó de llamarse el Dios de
ellos, y les preparó una ciudad.

17Por la fe, Abraham, que había recibido las
promesas, cuando fue puesto a prueba ofreció
a Isaac, su único hijo, 18a pesar de que Dios le
había dicho: «Por medio de Isaac tendrás muchos
descendientes». 19Abraham creía que Dios tiene
poder hasta para resucitar a los muertos; por eso,
fue como si recobrara a Isaac de entre los muertos.

20Por la fe, Isaac bendijo a Jacob y a Esaú,
pensando en lo que les esperaba en el futuro.

21Por la fe, Jacob, cuando ya estaba a punto de
morir, bendijo a cada uno de los hijos de José
y, apoyándose en la punta de su bastón, adoró.

22Por la fe, José, poco antes de morir, dijo que
los israelitas saldrían de Egipto y dio instrucciones acerca de lo que debían hacer con su cadáver.

23Por la fe, cuando nació Moisés, sus padres
lo escondieron durante tres meses, porque
vieron que era un niño hermoso y no tuvieron
miedo a la orden que el rey había dado.

24Por la fe, Moisés, ya siendo adulto, no quiso que lo llamaran hijo de la hija del faraón.
25Prefirió que lo maltrataran junto con el pueblo
antes que disfrutar de los placeres temporales del
pecado. 26Consideró que era mejor sufrir la vergüenza por causa del Mesías que disfrutar de los
tesoros de Egipto, porque tenía la mirada puesta
en la recompensa. 27Por la fe salió de Egipto sin
tenerle miedo al enojo del faraón. Y se mantuvo
firme como si estuviera viendo al Invisible. 28Por
la fe celebró la Pascua y mandó rociar las puertas
con sangre. De esta manera, el que mataba a los
primogénitos no tocaría a los israelitas.

29Por la fe, los israelitas cruzaron el Mar Rojo
como por tierra seca. Y cuando los egipcios quisieron cruzarlo, se ahogaron.

30Por la fe cayeron las murallas de Jericó,
después que los israelitas marcharon alrededor de ellas por siete días.

31Por la fe, la prostituta Rajab no murió junto
con los desobedientes, porque había recibido bien
a los espías.

32¿Qué más tengo que decir? Me faltaría tiempo
para hablar de la fe de Gedeón, Barac, Sansón,
Jefté, David, Samuel, y de todos los profetas.
33Ellos, por la fe, conquistaron reinos, hicieron
justicia y recibieron lo que se les prometió, cerraron bocas de leones, 34apagaron grandes fuegos y
escaparon del filo de la espada, sacaron fuerzas
de la debilidad y llegaron a ser tan poderosos
en la guerra que hicieron huir a los ejércitos
extranjeros. 35Hubo mujeres que recobraron a
sus muertos resucitados. A unos los mataron a
golpes, pues para alcanzar una mejor resurrección no aceptaron que los dejaran libres. 36Otros
sufrieron burlas y azotes, y hasta los encadena-
ron y encarcelaron. 37Algunos fueron apedreados,
cortados con una sierra por la mitad, asesinados
con espada. Otros anduvieron fugitivos de un
lugar a otro, vestidos con pieles de oveja y de
cabra, pasando necesidades, afligidos y maltratados. 38A estos, que anduvieron sin rumbo por
desiertos y montañas, por cuevas y cavernas, el
mundo no los merecía. 39Y aunque todos fueron aprobados por su fe, ninguno de ellos vio el
cumplimiento de la promesa. 40Es que Dios tenía
preparado algo mejor: los perfeccionará a ellos
cuando nosotros también lo seamos.

Dios disciplina a sus hijos

12 Por eso, también nosotros, que estamos
rodeados de tantos testigos, dejemos a
un lado lo que nos estorba, en especial el pecado

11.8–12 11.13–16 11.17–22 11.23–29
11.30–40 12.1–2

Cuatro cosas para aprender de Aquila y Priscila

1.Todas las veces que se los menciona en la Biblia, se los menciona juntos. Esto nos llevó a pensar que se amaban y que les gustaba estar y trabajar juntos; que disfrutaban de su mutua compañía hasta el punto en que todos los que los conocían no podían referirse a ellos por separados, sino que tenían que mencionarlos juntos y así quedó registrado su amor en la Biblia. Eran un dúo dinámico.

2. Hospedaron al apóstol Pablo en su casa por tal vez unos 18 meses. Prestaban su casa para que se enseñara la Palabra y para se levantaran tiempos de adoración a Dios. Esto nos dice que amaban la presencia de Dios y querían intencionalmente que Su casa fuera un aposento de Su Gloria. Por otro lado, ¡tenían el don de hospedar! Eso nos dice que su poder de comunicación era muy fuerte, como para estar de acuerdo los dos en hospedar, con todo lo que eso implica.

3.Tenían un negocio en el que construían casetas y no sólo los sostenía a ellos económicamente, sino que también le proveyeron trabajo a otros incluyendo al mismo Apóstol Pablo. Les llenaba el corazón usar parte de sus recursos económicos para ayudar a que el mensaje de las Buenas Nuevas del Señor Jesucristo siguiera expandiéndose. Estaban conscientes de que tenían que trabajar, lo veían como una bendición y decidieron hacerlo juntos.

4. Discipularon a Apolos para que creciera aún más su conocimiento en el ministerio de la predicación del Señor Jesucristo. Esto nos dice que supieron pensar en invertir su conocimiento en nuevas generaciones y eso es legado. Puedo imaginar a un Apolos pasando tiempo sentado a la mesa con ellos y aprendiendo no sólo cómo hacer ministerio, sino la importancia de los valores de un matrimonio y familia que honra a Dios. Los hijos aprenden de los padres.

La historia de Aquila y Priscila nos bendijo mucho porque podemos ver varias de sus características en nuestro matrimonio. Amamos pasar tiempo juntos, amamos servir juntos, amamos su presencia, amamos invertir en otros. Y la verdad es que Dios ha sido tan bueno que nos ha bendecido para construir este diseño hermoso llamado matrimonio. Deseamos que nuestros nombres también estén ligados para siempre.

Profundicemos: Hechos 18:24-26; Hechos 18:1-3; Salmos 9:1; Colosenses 3:17.

Conversemos:

- ¿Cómo vemos reflejado el amor de Aquila y Priscila en nuestro matrimonio?
- Basados en nuestro amor, ¿qué consejos les daríamos a los jóvenes que quieren casarse?

Oremos:

Señor Jesús, que nuestro matrimonio impacte por generaciones. Que nuestros nombres sean recordados como un matrimonio que te amo, te sirvió y se multiplicó en otros. En Jesús. Amén

¿Cómo está nuestro fundamento? 46

Hace unos años hubo un terremoto en México que causó muchos daños en la ciudad. Mientras estudiaban la razón por la cual varios edificios habían colapsado, encontraron un factor en común. A la mayoría se le había vencido su permiso de uso porque eran edificios viejos, cuyos fundamentos estaban débiles, agrietados y ya no podían funcionar. Tristemente, cuando vino el terremoto esos edificios (entre ellos una escuela) cayeron y fue grande la fatalidad.

Tal vez nosotros pudiéramos estar manejando nuestro matrimonio de la misma manera. El hecho de ser cristianos o de ir a una iglesia no nos da la seguridad de que nuestro fundamento esté sólido para sostenernos. La realidad es que aun dentro de la iglesia una gran cantidad de matrimonios están en crisis. No se han dado cuenta de que han estado operando con fundamentos débiles, y en momentos de crisis no tienen lo necesario para mantenerse de pie.

Pero, ¿cómo sabemos si nuestro matrimonio está bien edificado? Observándolo. ¿Cómo se hablan, cómo responden ante una crisis? Un matrimonio saludable, a pesar de los desafíos, prospera, crece y da buen fruto. Si esto no sucede, entonces algo no anda bien. En ocasiones, malos hábitos que hemos traído al matrimonio como griterías, celos, mentiras y discordia se han convertido en fundamentos inestables que los ha sostenido. Y cuando todo tambalea esta es una señal de que edificaron sobre un fundamento incorrecto. En muchas ocasiones lo es el no haber hecho a Jesús una prioridad. Y no nos referimos a ir a la iglesia, sino a vivir una vida en relación con Él, la cual se verá reflejada en nuestras acciones.

Quizás se pregunten: Si al inicio de nuestro matrimonio no construimos sobre un fundamento firme, ¿es posible establecer un cimiento sólido ahora, después de tanto tiempo? Sí. El poder de Dios es tan increíble que puede remover fundamentos que están agrietados o lastimados, los puede sanar y los puede volver a ubicar en su lugar sin que el edificio se venga abajo. Lo único que Dios busca es gente que se rinda a su poder y esté dispuesta a trabajar por un matrimonio saludable. Así que hoy los animamos a que oren al Espíritu Santo para que les muestre qué fundamentos necesitan quitar, y cuáles necesitan hoy poner en su lugar. Si hay alguien que desea que su matrimonio funcione, es aquel quien lo creó, su Padre celestial. Él desea que su matrimonio, más allá de las tormentas, pueda permanecer de pie. Así que, ánimo, ¡nunca es tarde para fortalecer su construcción!

Profundicemos: Salmos 37:8; Proverbios 19:11; Efesios 4:31-32; 1 Corintios 3:11.

Conversemos:

- ¿Está nuestro matrimonio creciendo y dando buen fruto?
- Tomemos la decisión de presentarnos rendidos delante de Dios y permitamos que nos restaure.

Oremos:

Señor, ayúdanos a reconstruir lo que se ha quebrado. Muéstranos los fundamentos incorrectos que han sostenido nuestro matrimonio. Hoy descansamos en tu poder para transformar lo que nosotros no podemos cambiar. En tu nombre, Jesús. Amén

La MESA

Cuando nuestros niños eran pequeños sentíamos una convicción profunda: hacer de la mesa un lugar de encuentro. Teníamos una mesa de madera grande, los asientos eran blancos y estaban llenos de crayones, manchas de jugos y de mil colores. Pero era en esa mesa imperfecta donde comenzamos una cultura que ha sido un pilar para nuestra familia. Era nuestro lugar de encuentro, de jugar juegos de mesa, de comer juntos y de tener mil conversaciones.

Con el tiempo (habla Shari) decidí hacer de nuestra MESA un lugar de propósito. Recuerdo una mañana de mi cafecito con Jesús que el Señor me dio un acróstico con la palabra MESA. Ese acróstico ha traído una cultura de encuentro y ha hecho de nuestra MESA un lugar mejor. Con la letra M-memorias, E-enseñar, S-soñar juntos y A-afirmar, hoy quiero enseñarles de forma práctica hacer MESA en su casa.

M-memorias. Salmos 145:4 nos invita a hacer memorias, a recordar. Es el lugar donde le contamos a nuestros hijos cómo Dios se ha movido a nuestro favor, cómo ha provisto o hecho milagros creativos sobre nuestra casa y familia.
E- enseñar. Nuestra MESA es el lugar donde enseñamos a nuestros hijos valores y principios. Es el lugar donde ayudamos a formar su identidad, transferimos fe, le hablamos de su propósito. Es el lugar donde tenemos conversaciones profundas, donde aprendemos unos de otros. Es en la MESA donde nos corregimos y también donde nos pedimos perdón.
S-soñar juntos. Es en la Mesa donde compartimos nuestros sueños y anhelos, donde oramos por peticiones y se las presentamos al padre. Es el lugar de crear, de soñar juntos, de ideas creativas y de aprender a escucharnos.
A-afirmar, definitivamente para nosotros esta es nuestra favorita. Afirmar es hablar bien del otro, es bendecir y no solo cuando las cosas salen bien, sino también cuando alguno de nosotros ha tenido un día desafiante.

Hacer MESA no es una formalidad, solo requiere intencionalidad. Es apagar nuestros celulares y conectar nuestros corazones.

Profundicemos: Salmos 128; Salmos 23:5; Deuteronomio 6:1-9; Salmos 22:30-31.

Conversemos:

- ¿Cómo podemos aplicar la cultura de la MESA en nuestra familia?
- ¿Qué nos ha impedido disfrutar de conectar en nuestra mesa?
- Preparemos la MESA para nuestra familia hoy.

Oremos:

Señor haz de nuestra MESA un lugar de memorias, enseñanzas, sueños y afirmación. Que podamos crecer juntos como matrimonio y familia. Gracias por preparar un lugar en la mesa para nosotros. En el nombre de Jesús. Amén.

Te amo, te admiro, te deseo 48

Hace muchos años (habla Daniel) en una entrevista me preguntaron qué sentía por mi esposa. Sin pensarlo mucho respondí: yo la amo, la admiro y la deseo. Entonces me pidieron que explicara el porqué de cada una y con gusto lo hice y con más gusto lo quiero volver a repetir en este devocional, aunque en forma resumida. Esas palabras se han convertido en una parte esencial de nuestro vocabulario.

-Te amo: se trata de amar el corazón y sentimientos de nuestro cónyuge. Es vivir enamorado de quién es. Pero también es un compromiso y un pacto que no sólo es sostenido por sentimientos sino por una fuerte convicción que nos lleva a tomar la decisión de estar para toda la vida juntos. Te amo tiene que ver con asegurarle a nuestro cónyuge que en medio de cualquier tormenta que atraviese, no nos iremos a ninguna parte. Implica entregar todo al igual que Cristo lo entregó todo por amor a nosotros. Nuestro amor está comprometido a cuidarnos con nuestras palabras y con nuestras acciones.

Te admiro: la admiración es vivir asombrado de la personalidad de nuestro cónyuge. Aquí les compartimos algunos pocos ejemplos de cosas que admiramos el uno del otro, pero es con el fin de que ustedes puedan identificar sus propias razones y las puedan conversar.
Yo, Daniel, admiro la forma de pensar de Shari porque sus pensamientos son movidos por el amor que siente por Dios, por mí y por nuestros hijos. Admiro la capacidad que tiene para perdonar rápido cuando tenemos alguna diferencia. Admiro la relación que tiene con Dios y también su fidelidad a Dios, a mí y a nuestros hijos.
Yo, Shari, vivo admirando a Daniel. Su corazón noble y rendido a Dios y a su familia es una de las cosas que más admiro. Admiro su capacidad de buscar siempre hacernos sentir cuidados y amados. Admiro su fidelidad hacia mí y que siempre me ha hecho sentir segura y amada. Admiro cómo siempre busca proveernos lo que necesitamos y también su corazón servicial.

Te deseo: te deseo tiene que ver con una atracción emocional y física y está filtrado por el amor. Creemos que el amor y la admiración son las plataformas perfectas para vivir deseando a tu cónyuge. Vivan deseándose. Amándose. Que el deseo de estar el uno con el otro sea intenso. Creen momentos de conexión emocional y que sus cuerpos se conviertan en una hermosa fuente donde ambos se sacien en amor y pasión.

Por último, hay que vivir constantemente cultivando el amor, la admiración y el deseo. Dediquen todo el tiempo y esfuerzo necesario para crear atmósferas que les permitan seguir creciendo.

Profundicemos: Cantares 8:6; Proverbios 31:29; Proverbios 5:18-19; Cantares 2:16-17.

Conversemos:
- ¿Cómo está nuestro amor, admiración y deseo, el uno por el otro?
- ¿Cómo podemos hacer crecer más estas tres áreas en nuestro matrimonio?

Oremos:
Señor te pedimos que sigas haciendo crecer entre nosotros el amor, la admiración y el deseo el uno por el otro. En el nombre de Jesús. Amén.

que nos molesta, y corramos con paciencia la carrera que tenemos por delante. 2Mantengamos fija la mirada en Jesús, pues de él viene nuestra fe y él es quien la perfecciona. Él, por el gozo que le esperaba, soportó la cruz y no le dio importancia a la vergüenza que eso significaba, y ahora está sentado a la derecha del trono de Dios. 3Por eso, piensen en el ejemplo que él nos dejó, pues siguió adelante a pesar de tanta oposición por parte de los pecadores. Por tanto, no se cansen ni pierdan el ánimo, 4ya que en la lucha que ustedes tienen contra el pecado, todavía no han tenido que resistir hasta derramar su sangre. 5Acaso han olvidado ya las palabras de aliento que como a hijos se les dirige:

«Hijo mío, no tomes como algo sin importancia la disciplina del Señor ni te desalientes cuando te reprenda, 6porque el Señor disciplina a los que ama, y azota a todo aquel a quien recibe como hijo».

7Lo que ustedes están sufriendo es para disciplinarlos, pues Dios los está tratando como a hijos. 8Si a ustedes no los disciplinan como se disciplina a todo hijo, entonces ustedes no son verdaderamente hijos. 9Por otra parte, nuestros padres humanos nos disciplinaban y los respetábamos. ¡Con cuánta mayor razón debemos someternos al Padre de los espíritus, para que tengamos vida! 10Nuestros padres nos disciplinaban por breve tiempo, de acuerdo con lo que a ellos les parecía mejor; pero Dios lo hace para nuestro bien, para que seamos santos como él. 11Por supuesto que ninguna disciplina parece agradable al momento de recibirla; más bien duele. Sin embargo, si aprendemos la lección, los que hemos sido disciplinados tendremos justicia y paz.

12En fin, renueven las fuerzas de sus manos cansadas y de sus rodillas debilitadas. 13«Hagan caminos rectos para sus pies», para que la pierna coja no se tuerza, sino que sane.

Advertencia a los que rechazan a Dios

14Busquen la paz con todos y lleven una vida santa, pues sin santidad nadie verá al Señor. 15Asegúrense de que a nadie le falte el amor de Dios; de que ninguna raíz amarga brote y cause problemas y envenene a muchos. 16Que nadie ande en pecados sexuales ni desprecie a Dios como lo hizo Esaú. Pues él, por un solo plato de comida, vendió sus derechos de hijo mayor. 17Y después, como ustedes ya saben, quiso heredar esa bendición, ¡pero fue rechazado!; y, aunque con lágrimas buscó la bendición, no se le dio oportunidad de arrepentirse.

18Ustedes no se acercaron a una montaña que se podía tocar y que ardía en fuego, donde había oscuridad, tinieblas y tormenta; 19ni oyeron el sonido de trompeta ni la voz que, cuando hablaba, los que la oyeron rogaron que no les hablara más, 20porque no podían soportar la orden que decía: «Deben apedrear o matar con lanzas a todo aquel que toque la montaña, aunque sea un animal». 21Tan terrible era lo que vieron, que Moisés dijo: «Estoy temblando de miedo». 22Ustedes, por el contrario, se han acercado al monte Sión, a la Jerusalén celestial, la ciudad del Dios viviente. Se han acercado a la reunión de millares de ángeles, 23a la iglesia de los primogénitos inscritos en el cielo. Se han acercado a Dios, el Juez de todos; a los espíritus de los justos que han llegado a la perfección. 24Se han acercado a Jesús, el mediador del nuevo pacto, y a la sangre rociada, que habla con más fuerza que la sangre de Abel.

25Tengan cuidado de no rechazar al que habla, pues si no escaparon aquellos que rechazaron al que les llamaba la atención en la tierra, mucho menos escaparemos nosotros si le damos la espalda al que nos llama la atención desde el cielo. 26En aquella ocasión, su voz hizo temblar la tierra. Pero ahora ha prometido: «Una vez más haré que tiemble no sólo la tierra sino también el cielo». 27Cuando dice: «una vez más» se entiende que quitará las cosas creadas, las que se pueden mover, para que permanezca lo que no se puede alterar. 28Así que nosotros, que estamos recibiendo un reino que no se puede alterar, seamos agradecidos. Y porque estamos agradecidos, adoremos a Dios como a él le gusta, con honra y reverencia. 29Porque nuestro Dios es fuego consumidor.

Exhortaciones finales

13 No dejen de amarse unos a otros con amor de hermanos. 2No se olviden de practicar la hospitalidad, porque de esa manera, algunos, sin darse cuenta, hospedaron ángeles. 3Acuérdense de los presos, como si ustedes estuvieran presos con ellos. Acuérdense también de los que son maltratados como si ustedes mismos fueran los que sufren.

4Todos deben respetar el matrimonio y ser fieles en sus relaciones matrimoniales, porque Dios juzgará a los adúlteros y a todos los que cometen inmoralidades sexuales.

5No amen el dinero. Estén contentos con lo que tienen, porque Dios ha dicho:

«Nunca te dejaré; jamás te abandonaré».

6Así que podemos decir con toda confianza:

«El Señor es el que me ayuda; no tengo miedo. ¿Qué puede hacerme otro igual a mí?»

7Acuérdense de quienes los han guiado y les han anunciado el mensaje de Dios. Piensen

12.3–11 12.12–15 13.1 13.4–6 13.7–8

en cuál fue el resultado de vivir como vivieron, e imiten su fe.

8 Jesucristo es el mismo ayer, hoy y por los siglos.

9 No le hagan caso a ninguna clase de enseñanzas extrañas. Es mejor que el corazón se fortalezca con el amor y no con alimentos rituales que en nada les ayudan a quienes los comen. 10 Los que ofician en el santuario no tienen derecho a comer del altar que nosotros tenemos.

11 El sumo sacerdote lleva la sangre de los animales al Lugar Santísimo como sacrificio por el pecado, pero los cuerpos de esos animales se queman fuera del campamento. 12 Así también Jesús sufrió fuera de la puerta de la ciudad, para que por medio de su sangre el pueblo fuera santo. 13 Por eso, salgamos a encontrarnos con él fuera del campamento, compartamos la deshonra que él sufrió, 14 pues en este mundo no tenemos una ciudad que dure para siempre, sino que buscamos la ciudad que está por venir.

15 Ya que es así, ofrezcamos continuamente a Dios un sacrificio de alabanza por medio de Jesucristo; es decir, confesemos su nombre con nuestros labios. 16 No se olviden de hacer el bien y de compartir con otros lo que tienen, porque esos son los sacrificios que agradan a Dios.

17 Obedezcan a sus líderes y sométanse a ellos, porque los cuidan a ustedes como quienes tienen que rendir cuentas. Obedézcanlos para que ellos cumplan su trabajo con alegría y sin quejarse, pues el quejarse no les trae ningún provecho.

18 Oren por nosotros, pues estamos seguros de tener la conciencia tranquila y queremos portarnos bien en todo. 19 Oren, se los ruego, para que cuanto antes pueda volver a estar con ustedes.

20 El Dios que da la paz levantó de entre los muertos a nuestro Señor Jesús, el gran Pastor de las ovejas, por medio de la sangre del pacto eterno. 21 Que él los capacite en todo lo bueno para que hagan su voluntad; y que, por medio de Jesucristo, Dios haga en nosotros lo que le agrada. Que Jesucristo reciba la gloria por siempre. Amén.

22 Hermanos, les ruego que reciban bien estas breves palabras que les he escrito, ya que son para animarlos.

23 Quiero que sepan que nuestro hermano Timoteo ya ha sido puesto en libertad. Si llega pronto, iré con él a visitarlos.

24 Saluden a todos sus líderes y a todos los del pueblo santo. Los de Italia les mandan saludos.

25 Que el amor esté con todos ustedes.

13.14–17

SANTIAGO

¿Quién lo escribió?

Tradicionalmente la iglesia ha aceptado al Santiago (Jacobo), hermano de Jesús como autor de este escrito. Él fue reconocido como líder de la iglesia en Jerusalén (Hechos 12:17; 15:13; 21:18). Se diferencia de Santiago hermano de Juan y de Santiago hijo de Alfeo.

¿A quién lo escribió?

El autor usa el término "a las doce Tribus de Israel". Algunos piensan que los destinatarios son un grupo de judeocristianos ubicados en algún lugar del Imperio en el primer siglo. Estudios recientes prefieren que la carta fue escrita para una comunidad especial que no podemos conocer, pero que su tono "universal" indicaría que está dedicada para todos los cristianos. Santiago se refiere a sus lectores como "hermanos" quince veces.

¿Cuándo y dónde lo escribió?

La mayoría de los estudiosos concuerdan que se escribió en Jerusalén, antes del 62 d.C. Aunque también algunos apoyan la hipótesis que la carta puede ser de un discípulo de Santiago (ya que la carta está redactada en un muy buen griego) que escribe a los judíos que están en el mundo helenizado en el Asia Menor.

Panorama del libro

Aunque pareciera al comienzo que fuera una carta, en realidad no tiene modelo epistolar, más bien parece una colección de varios mensajes escritos por un predicador que conoce muy bien a su congregación. El mensaje principal es el peligro que tiene la comunidad de volver su fe una cosa meramente abstracta y teórica. Salvar a esta comunidad de la práctica fría de la fe, de la indiferencia a las necesidades de los más pobres, de la discriminación y los pleitos internos era la intención fundamental del autor. Contiene una fuerte carga social, muy parecida a las denuncias hechas por algunos profetas del Antiguo testamento. En síntesis, es la exhortación de un pastor que ha visto a la iglesia en medio de una brecha abismante entre lo que predica y lo que hace.

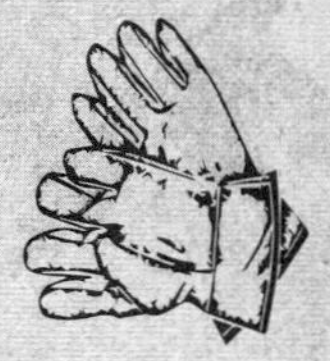

¿Cómo se relaciona con nosotros?

Para Santiago, una fe que no produce un cambio en la vida real es una fe que no vale nada (Santiago 2:17). La carta proporciona un equilibrio importante frente a la tentación de transformar la fe en algo de apariencias y nombres, que descansa únicamente en las declaraciones de templo. Lamentablemente hoy, en nuestro contexto occidental, el nominalismo cristiano es una realidad. La fe se ha transformado en una experiencia de reuniones. Todos debemos recordar que la gracia siempre será el fundamento de nuestra salvación, pero esta debe producir consecuencias evidentes todos los días de la semana. Santiago nos desafía a salir al mundo y hacer que la fe no se quede solo en canciones, declaraciones vacías y muecas de espiritualidad.

¿Cómo lo estudiamos?

1) Sabiduría ante las pruebas y tentaciones (1:1-18)
2) La obediencia a la Palabra de Dios (1:19-27)
3) Imparcialidad (2:1-13)
4) Las buenas obras (2:14-26)
5) La lengua (3:1-12)
6) Dos clases de sabiduría (3:13-18)
7) Advertencias contra los placeres del mundo (4:1-17)
8) La injusticia hacia el prójimo (5:1-6)
9) Esperanza (5:7-12)
10) La oración (5:13-18)

Santiago

1 Santiago, siervo de Dios y del Señor Jesucristo, saluda a las doce tribus que se hallan dispersas por todo el mundo.

Pruebas y tentaciones

2Hermanos míos, que les dé gran alegría cuando pasen por diferentes pruebas, 3pues ya saben que cuando su fe sea puesta a prueba, producirá en ustedes firmeza. 4Y cuando se desarrolle completamente la firmeza, serán perfectos y maduros, sin que les falte nada.

5Si a alguno de ustedes le falta sabiduría, pídasela a Dios. Él se la dará, porque Dios da a todos en abundancia sin hacer ningún reproche. 6Pero debe pedirla con fe, sin dudar, ya que el que duda es como las olas del mar que el viento agita y lleva de un lado a otro. 7El que es así, no piense que va a recibir alguna cosa del Señor, 8porque no es capaz de tomar decisiones ni es constante en lo que hace.

9El hermano de condición humilde debe sentirse orgulloso de lo mucho que vale; 10y el rico, de su humilde condición. El rico se marchitará como la flor del campo. 11Cuando el sol sale, seca la planta con su calor intenso. A la planta se le marchita la flor y pierde su belleza. Así se marchitará también el rico en todos sus negocios.

12Dichoso el que permanece firme durante la prueba, porque cuando la supera, recibe la corona de la vida que Dios ha prometido a los que lo aman. 13Nadie debe decir, cuando es tentado, que es Dios el que lo tienta. Porque Dios no puede ser tentado por el mal, ni él tampoco tienta a nadie.

14Al contrario, cada uno es tentado por sus propios malos deseos que lo arrastran y seducen. 15Los malos deseos dan a luz el pecado. Después, cuando el pecado se desarrolla completamente, da a luz la muerte.

16Mis queridos hermanos, no se engañen. 17De lo alto nos viene todo lo bueno y perfecto. Allí es donde está el Padre que creó todos los astros del cielo, y que no cambia como las sombras. 18Él quiso darnos vida por medio de la palabra de verdad, para que fuéramos los primeros frutos de su creación.

Hay que poner en práctica la palabra

19Mis queridos hermanos, pongan atención: Todos ustedes deben estar listos para escuchar, pero deben ser lentos para hablar y para enojarse. 20Porque el enojo no deja a la gente vivir con justicia como Dios quiere. 21Por eso, despójense de toda suciedad y de la maldad que tanto abunda. De esa manera podrán recibir con humildad la palabra sembrada en ustedes. Esta palabra tiene poder para salvarles la vida.

22Pongan en práctica la palabra y no se limiten a sólo escucharla pues de otra manera se engañan ustedes mismos. 23El que escucha la palabra pero no la pone en práctica es como el que mira su cara en un espejo 24y, en cuanto se va, se olvida de cómo era. 25Pero el que pone su atención en la ley perfecta que da libertad, y sigue en ella sin olvidar lo que ha oído y hace lo que ella dice, será dichoso en lo que hace.

26Si alguien se cree religioso pero no controla su lengua, se engaña a sí mismo, y su religión no sirve para nada.

27La religión pura y sin mancha que a Dios le agrada es ésta: ayudar a los huérfanos y a las viudas en sus problemas, y estar siempre limpio sin mancharse con la maldad del mundo.

Prohibición del favoritismo

2 Hermanos míos, ustedes que creen en nuestro Señor Jesucristo no deben favorecer más a unas personas que a otras. 2Por ejemplo: un hombre con anillo de oro y ropa elegante entra en el lugar donde ustedes se reúnen. Al mismo tiempo entra un pobre con ropa muy gastada. 3Si ustedes atienden bien al que lleva ropa elegante y le dicen: «Siéntese aquí, en el mejor lugar», pero al pobre le dicen: «Quédate allí de pie» o «Siéntate en el suelo, a mis pies», 4¿acaso no están ustedes favoreciendo más a uno que a otro y mostrando así las malas intenciones con las que juzgan?

5Escuchen, hermanos queridos: Dios ha escogido a los que son pobres según el mundo, para que sean ricos en fe y reciban como herencia el reino que él prometió a quienes lo aman. 6¡Pero ustedes desprecian al pobre! ¿No son los ricos quienes los explotan a ustedes y los arrastran ante los tribunales? 7¿No son los ricos los que insultan el buen nombre del Señor a quien ustedes pertenecen?

8Ustedes hacen muy bien si de veras obedecen la ley más importante de la Escritura: «Ama a tu prójimo como te amas a ti mismo». 9Pero si ustedes favorecen a una persona más que a otra, pecan y son culpables de no obedecer la ley. 10El que obedece toda la ley pero falla en un solo punto, es culpable de haberla desobedecido toda. 11Dios dijo: «No cometas adulterio», y también él mismo dijo: «No mates». Si no cometes adulterio, pero matas, ya has violado la ley. 12Ustedes hablen y compórtense sin olvidar que van a ser juzgados por la ley que nos da libertad, 13pues al que no ha tenido compasión se le juzgará sin compasión.

1.2-8 1.9-11 1.12-18 1.19-20 1.21-24 1.26-27 2.5

Y el que ha mostrado compasión triunfará a la
hora del juicio.

La fe y las obras

14Hermanos míos, ¿de qué le sirve a uno decir
que tiene fe si no lo demuestra con sus acciones? ¿Acaso podrá salvarlo esa fe? 15Por ejemplo:
un hermano o una hermana no tiene ropa para
vestirse y tampoco tiene el alimento necesario
para cada día. 16Si uno de ustedes le dice: «Que
te vaya bien, abrígate y come todo lo que quieras», pero no le da lo que necesita su cuerpo, ¿de
qué le sirve? 17Así pasa también con la fe: por sí
sola, sin acciones, está muerta. 18Pero alguien
puede decir: «Tú tienes fe, y yo tengo acciones.
Pues bien, muéstrame tu fe sin las acciones, y yo
te mostraré mi fe por medio de mis acciones».
19Tú crees que hay un solo Dios. ¡Qué bien! Pero
también los demonios lo creen, y tiemblan. 20¡No
seas tonto! Debes darte cuenta de que la fe sin
las acciones es inútil. 21Nuestro antepasado Abraham fue declarado justo por lo que hizo. Él ofreció como sacrificio a su hijo Isaac sobre el altar.
22Date cuenta de que su fe iba acompañada
de sus acciones, y por medio de sus acciones
su fe llegó a ser perfecta. 23Así se cumplió la Escritura que dice: «Abraham creyó a Dios y eso se le
tomó en cuenta como justicia». Y a Abraham lo
llamaron amigo de Dios. 24Como pueden ver, a
una persona se la declara justa por sus acciones,
y no sólo por su fe. 25Lo mismo le pasó a Rahab,
la prostituta, cuando recibió a los espías y los
ayudó a huir por otro camino. Ella fue declarada justa. 26Así como el cuerpo sin espíritu está
muerto, la fe sin acciones está muerta.

Hay que domar la lengua

3 Hermanos míos, no procuren muchos de
ustedes ser maestros, pues como ustedes
saben, seremos juzgados con más severidad.
2Todos fallamos mucho; y si alguien no falla
en lo que dice, es una persona perfecta que
puede dominar todo su cuerpo. 3Cuando les
ponemos freno en la boca a los caballos, podemos hacer que nos obedezcan y así los domina-
mos. 4Fíjense también en los barcos. A pesar de
que son muy grandes y de que los empujan los
fuertes vientos, el piloto lo dirige por donde quiere con un pequeño timón. 5Lo mismo pasa con
la lengua. Es un miembro muy pequeño del
cuerpo, pero hace alarde de grandes cosas. ¡Piensen que con una pequeña chispa se puede incendiar un gran bosque! 6La lengua es como un
fuego, un mundo de maldad. Es uno de nuestros
órganos y contamina todo el cuerpo; y encendida por el infierno, prende fuego a todo el curso
de la vida.
7El ser humano puede domar toda clase de
fieras y las ha domado: aves, reptiles y bestias
del mar; 8pero nadie puede domar la lengua. Es
un mal que no se puede frenar y que está lleno
de veneno mortal. 9Con la lengua bendecimos a
nuestro Señor y Padre, y también con ella mal-
decimos a las personas que han sido creadas
a imagen de Dios. 10De una misma boca salen
bendiciones y maldiciones.
Hermanos míos, esto no debe ser así. 11De una
misma fuente no brota agua dulce y agua salada.
12Hermanos míos, no puede dar aceitunas una
higuera ni higos una vid. Tampoco puede una
fuente dar agua salada y agua dulce.

Dos clases de sabiduría

13El que es sabio y entendido entre ustedes es
el que lo demuestra con su buena conducta, y
con acciones hechas con humildad y sabiduría.
14Pero si ustedes tienen envidias y rivalidades
que les amargan el corazón, no tienen de qué
presumir; no falten a la verdad. 15Esa sabiduría
no es la que viene del cielo, sino viene del mundo, del ser humano y del diablo, 16porque donde
hay envidias y rivalidades, también hay confusión y todo tipo de maldad. 17En cambio, la sabiduría que viene del cielo produce en primer lugar
una vida pura. También produce paz, bondad,
mansedumbre, imparcialidad, sinceridad y está
llena de compasión y buenas acciones. 18Los que
hacen la paz y siembran en paz, cosecharán el
fruto de la justicia.

Sométanse a Dios

4 ¿Qué provoca las guerras y los pleitos entre
ustedes? Pues son las pasiones que luchan
dentro de ustedes. 2Ustedes desean algo y no
lo consiguen. Entonces matan y sienten envidia, porque no pueden obtener lo que quieren.
Pelean y se hacen la guerra. No tienen porque
no piden. 3Y cuando piden, no reciben porque
piden con malas intenciones, para satisfacer sus
propios placeres.
4¡Oh gente adúltera! ¿No saben que al ser amigos del mundo son enemigos de Dios? Si alguien
quiere ser amigo del mundo, se vuelve enemigo
de Dios. 5¿No creen lo que la Escritura dice, que
Dios ama grandemente al espíritu que puso para
que habite en nosotros?
6Pero él nos ayuda más con su favor. Por eso
la Escritura dice:
«Dios está en contra de los orgullosos, pero a
favor de los humildes».
7Por eso, obedezcan a Dios. Pónganle resistencia al diablo y él huirá de ustedes. 8Acér-
quense a Dios y él se acercará a ustedes.

2.14–18 2.22 3.2–11 3.14–18 4.2–4
4.6 4.7–10

¡Pecadores, límpiense las manos! ¡Ustedes,
inconstantes, purifiquen su corazón! 9Llénense
de angustia, lloren y laméntense. Que su risa se
convierta en llanto, y su alegría en tristeza.
10Humíllense delante del Señor, y él los pondrá
en alto.

11Hermanos, no hablen mal unos de otros. El
que habla mal de su hermano o lo juzga, habla
mal de la ley y la juzga. Y si juzgas la ley, ya no
la obedeces sino que te conviertes en su juez.
12Hay sólo un legislador y juez, que puede salvar
y condenar. Pero tú, ¿quién eres para juzgar a
tu prójimo?

Alarde sobre el mañana

13Escuchen bien esto, ustedes los que dicen:
«Hoy o mañana iremos a tal o cual ciudad,
nos quedaremos allí un año, haremos negocios
y ganaremos dinero». 14¡Pero si ni siquiera saben
lo que sucederá mañana! La vida de ustedes es
como la niebla que aparece por un momento y
luego desaparece. 15Más bien, deberían decir: «Si
el Señor quiere, viviremos y haremos esto o aquello». 16Pero a ustedes les gusta hablar con orgullo,
y ese orgullo es malo. 17Todo aquel que sabe hacer
el bien y no lo hace, comete pecado.

Advertencia a los ricos opresores

5 Ahora escuchen, ustedes los ricos: ¡Lloren
y griten por todas las desgracias que van a
sufrir! 2Sus riquezas están podridas y sus ropas
están comidas por la polilla. 3Su oro y su plata
están oxidados. Y ese óxido será un testigo contra
ustedes y les consumirá el cuerpo como un fuego.
Han estado juntando riquezas a pesar de que
estos son los últimos tiempos. 4Ustedes no pagaron el salario a los obreros que les trabajaron sus
campos, y ese hecho grita contra ustedes. El grito
de protesta de esos trabajadores lo ha escuchado
el Señor Todopoderoso. 5Ustedes han vivido en
este mundo con gran lujo y placer desenfrenado.
Lo que han hecho es engordar para el día de la
matanza. 6Han acusado y matado al inocente sin
que él pudiera defenderse.

Paciencia en los sufrimientos

7Por eso, hermanos, tengan paciencia hasta que
el Señor venga. Sean como el agricultor que espera a que la tierra dé su precioso fruto y aguarda
con paciencia las temporadas de lluvia. 8Así también ustedes, manténganse firmes y esperen con
paciencia la venida del Señor, que ya está cerca.

9Hermanos, no se quejen unos de otros, para
que no sean juzgados, pues el juez ya está a la
puerta. 10Hermanos, tomen como ejemplo a los
profetas que hablaron en nombre del Señor. Ellos
sufrieron y fueron pacientes. 11En verdad, consideramos dichosos a los que se mantuvieron firmes.
Ustedes han oído hablar de cómo Job se mantuvo
firme y han visto lo que al final le dio el Señor. Es
que el Señor es muy compasivo y misericordioso.

12Sobre todo, hermanos míos, no juren ni por
el cielo ni por la tierra ni por ninguna otra cosa.
Cuando digan «sí», que sea sí; y cuando digan
«no», que sea no. De esta manera no serán condenados.

La oración de fe

13Si alguno de ustedes está angustiado, que
ore. Si alguno está alegre, que cante alabanzas. 14Si alguno está enfermo, que llame a los
ancianos de la iglesia para que oren por él y lo
unjan con aceite en el nombre del Señor. 15La
oración que hagan con fe sanará al enfermo y
el Señor lo levantará. Y si ha pecado, él lo perdonará.

16Por eso, confiésense unos a otros sus pecados,
y oren unos por otros para que sean sanados.
La oración del justo es poderosa y eficaz. 17Elías
era un hombre con debilidades como nosotros,
pero oró con fervor para que no lloviera, y no
llovió sobre la tierra durante tres años y medio.
18Después, volvió a orar, y el cielo dio su lluvia y
la tierra dio sus cosechas.

19Hermanos, si alguno de ustedes se aleja de
la verdad, y otro lo hace volver a ella, 20recuer-
den que quien hace volver a un pecador a la
verdad, lo salvará de la muerte y hace que se le
perdonen muchísimos pecados.

4.13–15 5.13–17 5.19–20

Investiguemos Juntos

1 PEDRO

¿Quién lo escribió?

La tradición ha asumido la autoría de Pedro. El autor se identifica como apóstol (1:1). Sin embargo, ya a finales del siglo XVIII se han hecho algunos alcances, que van desde desmentir absolutamente la autoría petrina, hasta considerar que la carta fue desarrollada por uno de sus discípulos, que usó como base su predicación y doctrina. El motivo de la duda, es que la carta fue escrita en un griego muy refinado, extraño para un pescador Galileo. Por esta razón, algunos suponen la intervención de "un escriba que domina el griego". Lo nombres que son barajados, son posiblemente Marcos o Silvano (Silas).

¿A quién lo escribió?

Hay alusiones que hacen pensar que esta comunidad no son judíos sino gentiles que vienen el paganismo (1:14-2:10-4:3,4). Por las ciudades mencionadas en el principio (1:1) se puede conjeturar que eran comunidades asentadas en estas provincias romanas, de estilo de vida rural (y también en pequeños núcleos urbanos) que estaban sufriendo mucha hostilidad y desprecio de parte de sus pobladores. Su situación era de sufrimiento y prueba (4:12), pero no por persecución del imperio, sino por las luchas que surgen al vivir fielmente en un ambiente pagano y hostil.

¿Cuándo y dónde lo escribió?

Los que defienden su autoría suponen que la carta debió escribirse antes del 64 d.C. y enviada desde Roma. Los que apoyan la otra hipótesis, la del discípulo de Pedro, quién tomó material del apóstol para escribir la carta, ponen fecha entre el 80 al 90 d C., en tiempos de Domiciano, quién persiguió a los cristianos no sólo de la capital (Roma) sino en todo el imperio.

Panorama del libro

Al final de esta obra (5:12) encontramos el propósito del escrito, exhortar a los destinatarios a permanecer en la Gracia de Dios y que vivan de acuerdo a las exigencias de este regalo. El autor comienza hablando de la alegría que significa ser cristiano, una alegría basada en la esperanza, basada también en el amor a Jesús, a pesar de no haberle conocido físicamente (1:3-12). La vida cristiana debe ser una vida digna del Dios Santo (1:13-17), digna del Cordero (1:18-21), digna de la Palabra de Dios (1:22-25). A estos "expatriados" a quienes se dirige la carta, ahora se les promete "una casa", un lugar seguro al lado de Cristo, quien por su comunión les otorga a los suyos una identidad sacerdotal (2:1-10). Luego la carta se dirige a exhortar a los cristianos a que vivan su fe de manera práctica, tanto dentro del hogar como fuera (2:11-3:12). Pero el autor reconoce que la situación ha sido muy difícil para estos creyentes, por tanto los anima a no claudicar, aunque experimenten sufrimientos por el hecho de ser cristianos (3:13-17) tomando el ejemplo del mismo Cristo (3:18-22). Por eso es necesario renunciar al pecado, soportar porque el fin está cerca y practicar el amor mutuo (4:1-11). Soportar estos padecimientos significa que participemos con Cristo no solo del sufrimiento sino también de lo que será la revolución de su gloria (4:12-19). Ya casi al terminar la carta, el autor insta a los que están en cargos eclesiásticos a asumir con una actitud correcta su labor como líderes (5:1-5). Pero las responsabilidades no son solo para los que tienen cargos sino también para todos los cristianos (5:5-11).

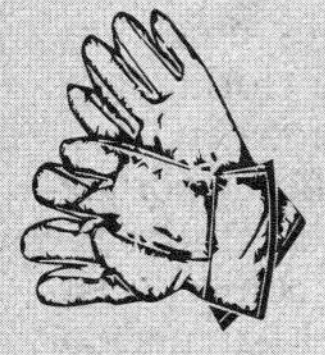

¿Cómo se relaciona con nosotros?

Hoy se enseña en muchos lugares una especie de "cristianismo" triunfalista que suena bien en el contexto de una sociedad que ya no quiere cambiar el mundo sino disfrutar de él. Pero para Pedro, la esperanza de gloria no puede ocurrir si no va de la mano con el sufrimiento. Jesús, al sufrir, no solo lo hizo por nosotros sino para ser nuestro ejemplo y para que siguiéramos sus pisadas. Qué bueno sería llevar a todos los creyentes a mirar la vida cristiana desde la perspectiva de Jesús, y ayudarlos a no tirar la toalla frente al primer conflicto personal que tengan. Esta carta nos da la posibilidad de agregar valor a nuestras vidas, y que se salven de uno de los males de este siglo, que es la intolerancia al conflicto, a la desilusión y al fracaso, que son parte normal de la vida.

¿Cómo lo estudiamos?

1) Alabanza por la gracia (1:1-12)
2) Implicaciones diarias de la salvación (1:13-2:3)
3) Nuestra identidad y conducta en Cristo (2:4-25)
4) Responsabilidades matrimoniales (3:1-7)
5) Cristo, nuestro ejemplo de una vida de pureza (3:8-4:19)
6) La conducta del liderazgo (5:1-4)
7) Claves para la victoria espiritual (5:5-14)

1 Pedro

1 Pedro, apóstol de Jesucristo, a los que han sido
elegidos y que viven como extranjeros esparcidos por el Ponto, Galacia, Capadocia, Asia y
Bitinia: 2que tengan gracia y paz en abundancia.
Dios el Padre los eligió de acuerdo con su propósito y por medio del Espíritu los ha santificado,
para que obedezcan a Jesucristo y sean salvados
por su sangre.

Alabanza a Dios por una esperanza viva

3¡Alabemos a Dios, Padre de nuestro Señor
Jesucristo!, porque su misericordia es grande
y nos ha hecho nacer de nuevo por medio de la
resurrección de Jesucristo. Esto fue así para que
tengamos una esperanza viva 4y recibamos una
herencia que no se puede destruir ni marchitar
ni manchar. Esa es la herencia que está reservada en el cielo para ustedes, 5a quienes Dios protege con su poder por la fe, hasta que llegue la
salvación que se dará a conocer en lo últimos
tiempos.

6Esto es lo que a ustedes los llena de alegría,
a pesar de tener que sufrir diversas pruebas por
algún tiempo. 7La fe de ustedes es como el oro
que tiene que probarse por medio del fuego. Así
también su fe, que vale mucho más que el oro,
tiene que probarse por medio de los problemas
y, si es aprobada, recibirá gloria y honor cuando
Jesucristo aparezca. 8Ustedes aman a Jesucristo a pesar de que no lo han visto; y aunque
ahora no lo ven, creen en él y se llenan de una
gran alegría, 9porque están obteniendo su salvación que es la meta de su fe.

10Los profetas estudiaron cuidadosamente
acerca de esta salvación; ellos anunciaron la
gracia reservada para ustedes. 11Querían descubrir a qué tiempo y a qué circunstancias se
refería el Espíritu de Cristo que estaba en ellos,
cuando de antemano les hizo saber lo que Cristo
sufriría y la gloria que vendría después de esos
sufrimientos. 12A ellos se les hizo saber que no se
estaban sirviendo a ellos mismos, sino a ustedes.
Los profetas hablaban de las cosas que ahora les
han anunciado a ustedes los que les predicaron
el evangelio con el poder del Espíritu Santo que
fue enviado desde el cielo. Los mismos ángeles
quisieran contemplar estas cosas.

Sean santos

13Por eso, estén listos para actuar con inteligencia y tengan dominio propio. Pongan su
esperanza completamente en lo que se les dará
cuando Jesucristo regrese. 14Sean hijos obedientes, no hagan todas las cosas malas que
hacían antes, cuando vivían sin conocer a Dios.
15Más bien, vivan ustedes de manera totalmente
santa, así como también es santo el que los llamó; 16pues en la Escritura dice: «Sean santos,
porque yo soy santo». 17Ya que ustedes dicen que
es su Padre el que juzga las obras de cada uno
sin tener favoritos, entonces vivan dándole la
honra mientras estén de paso por este mundo.

18Como bien saben, a ustedes los rescataron de
la vida inútil que heredaron de sus antepasados.
Su rescate no se pagó con cosas que se acaban,
como el oro y la plata, 19sino con la preciosa
sangre de Cristo, que fue como un cordero sin
mancha y sin defecto. 20A Cristo, Dios lo había
escogido desde antes de la creación del mundo,
y él apareció en estos últimos tiempos para bien
de ustedes.

21Por medio de Cristo, ustedes creen en
Dios, que lo resucitó y lo llenó de gloria, para
que ustedes pongan su fe y esperanza en Dios.

22Ahora que ustedes se han purificado porque
obedecen a la verdad y tienen un amor sincero por sus hermanos, ámense con todo su
corazón unos a otros, 23pues ustedes han nacido
de nuevo, no de padres mortales, sino de la palabra de Dios que vive y permanece. 24«Todo humano es como la hierba, y toda su gloria como la
flor del campo; la hierba se seca y la flor se cae,
25pero la palabra del Señor permanece para siempre». Y ésta es la palabra del evangelio que se les
ha anunciado a ustedes.

2 Por lo tanto, dejen de hacer toda clase de
mal, todo engaño, hipocresía, envidias y
chismes. 2Como niños recién nacidos busquen
con ansias la leche pura de la palabra. Así, por
medio de ella crecerán en su salvación, 3ahora
que han probado lo bueno que es el Señor.

La piedra viva y su pueblo escogido

4Acérquense a Cristo, que es la Piedra viva
que los seres humanos despreciaron pero que
Dios escogió y es preciosa para él. De este modo,
5también ustedes son piedras vivas con las
que se está edificando una casa espiritual. Así
llegan a ser un sacerdocio santo, para que le
ofrezcan a Dios sacrificios espirituales por medio
de Jesucristo. Estos sacrificios a él le agradan.
6Como dice la Escritura: «Yo pongo en Sión una
piedra que es la principal, escogida y preciosa, y
el que confíe en ella jamás será defraudado».

7Para ustedes los creyentes, esta piedra es preciosa. Pero para los que no creen:

«La piedra que los constructores despreciaron
ha llegado a ser la piedra más importante».

8Y también:

1.3–6 1.8–9 1.14–21 1.22–25 2.1–3
2.5–10

«Es una piedra con la cual tropezarán y una roca que hará que caigan». Tropiezan porque no obedecen la palabra, ya que para ello estaban destinados.

[9]Pero ustedes son una familia escogida, son sacerdotes reales y son una nación santa. Son un pueblo que Dios compró para que anuncien sus obras extraordinarias; él fue quien los llamó de las tinieblas a su luz maravillosa. [10]Ustedes antes ni siquiera eran pueblo, pero ahora son el pueblo de Dios; antes no habían tenido compasión de ustedes, pero ahora ya les tienen compasión.

[11]Queridos hermanos, les pido, como si ustedes fueran extranjeros y estuvieran de paso por este mundo, que se mantengan lejos de los malos deseos que luchan contra la vida. [12]Vivan entre los que no son creyentes de una manera ejemplar, para que aunque hablen mal de ustedes acusándolos de ser malvados, ellos vean las cosas buenas que ustedes hacen y alaben a Dios en el día en que él les pida cuentas a todos.

Sumisión a los gobernantes y a los superiores

[13]Por causa del Señor, obedezcan a toda autoridad humana, ya sea al rey porque es el que tiene más autoridad, [14]o a los gobernadores que él ha puesto para castigar a los que hacen lo malo y para honrar a los que hacen lo bueno. [15]Lo que Dios quiere es que ustedes hagan el bien, para que los ignorantes y tontos no tengan nada que decir en contra de ustedes.

[16]Pórtense como personas libres que no usan su libertad como pretexto para hacer lo malo, sino que viven como siervos de Dios.

[17]Traten a todos con respeto. Amen a los hermanos, honren a Dios y respeten al rey.

[18]Criados, obedezcan y respeten a sus amos, no sólo a los que son buenos y comprensivos sino también a los que son difíciles de soportar, [19]pues es digno de elogio que alguien, por ser responsable ante Dios, soporte penas y sufrimientos injustamente. [20]Pero ustedes no tendrán ningún mérito si los maltratan por hacer lo malo. En cambio, si sufren por hacer lo bueno, eso es algo que a Dios le agrada. [21]Para esto los llamó, para que así como Cristo sufrió por ustedes y les dio el ejemplo, ustedes sigan sus pasos.

[22]«Cristo no cometió ningún pecado ni engañó jamás a nadie».

[23]Cuando lo insultaban, él no respondía con insultos. Cuando lo hacían sufrir, no los amenazaba, sino que se entregaba a Dios y dejaba que él juzgara con justicia. [24]Cristo mismo llevó en su cuerpo nuestros pecados a la cruz, para que muramos al pecado y llevemos una vida justa. Cristo fue herido para que ustedes fueran sanados. [25]Antes ustedes eran como ovejas descarriadas, pero ahora han regresado al Pastor que cuida de sus vidas.

Deberes conyugales

3 Así mismo, esposas, obedezcan a sus esposos, para que al obedecerlos, si alguno de ellos no cree en la palabra pueda convencerlo el comportamiento de ustedes más que sus palabras, [2]al ver ellos su conducta honesta y respetuosa.

[3]No busquen ustedes la belleza externa que producen adornos tales como peinados exagerados, joyas de oro y vestidos lujosos. [4]Procuren más bien la belleza pura, la que viene de lo íntimo del corazón y que consiste en un espíritu afectuoso y tranquilo. Ésta es la que tiene valor delante de Dios. [5]Ese era el adorno de las mujeres santas en el pasado, las que confiaban en Dios y obedecían a sus esposos.

[6]Sara, por ejemplo, obedecía a Abraham y lo llamaba su señor. Si ustedes hacen el bien y no tienen miedo de nada, es que son hijas de ella.

[7]En cuanto a ustedes, esposos, sean comprensivos con sus esposas. Trate cada uno a su esposa con respeto, ya que como mujer es más delicada y comparte, junto con ustedes, la herencia de la vida eterna. Al hacer esto nada estorbará sus oraciones.

Sufrir por hacer el bien

[8]En fin, vivan ustedes en armonía unos con otros. Compartan sus penas y alegrías, ámense como hermanos, tengan compasión y sean humildes. [9]No le hagan mal al que les hizo mal ni insulten al que los insultó. Al contrario, bendíganlo, porque Dios los eligió a ustedes para que reciban bendición.

[10]«El que quiere amar la vida y pasar días felices, cuide su lengua de hablar el mal y sus labios de engañar. [11]Apártese del mal y haga el bien; busque la paz y sígala, [12]porque el Señor cuida a los justos y sus oídos están atentos a sus oraciones, pero está en contra de los que hacen el mal».

[13]¿Quién les va a hacer mal si ustedes se esfuerzan siempre en hacer el bien? [14]Pero si sufren por hacer lo que es justo, ¡dichosos sean! No le tengan miedo a nadie ni se asusten. [15]Más bien, honren en su corazón a Cristo como Señor. Estén siempre listos para responder a todo el que les pida explicaciones sobre la esperanza que ustedes tienen.

[16]Pero háganlo con amabilidad y respeto, de tal forma que a ustedes les quede la conciencia limpia. Así, los que hablan mal de la buena conducta de ustedes como creyentes en Cristo,

2.11–12 2.13–17 2.18–24 3.1–6 3.7
3.8–12 3.13–17

se avergonzarán de sus palabras. 17Si Dios así lo
quiere, es mejor sufrir por hacer el bien que por
hacer el mal.
18Porque Cristo murió por los pecados una vez
y para siempre, el justo por los injustos, para
llevarlos a ustedes a Dios. Él sufrió la muerte en
su cuerpo, pero el Espíritu hizo que volviera a la
vida. 19Por medio del Espíritu fue y predicó a los
espíritus que estaban presos, 20a los que desobedecieron a Dios en los días de Noé, cuando Dios
esperaba con paciencia mientras se construía el
arca. Sólo ocho personas en total, que son muy
pocas, se salvaron por medio del agua. 21Y esa
agua representa el bautismo que ahora a ustedes
también los salva. El bautismo no es para limpiar
nuestro cuerpo, sino para comprometernos con
Dios a tener una buena conciencia. Esta salvación es posible por la resurrección de Jesucristo,
22que subió al cielo y tomó su lugar a la derecha
de Dios. A él, a Jesucristo, están sometidos los
ángeles y todos los seres espirituales que tienen
autoridad y poder.

Vivir el ejemplo de Cristo

4 Puesto que Cristo sufrió en su cuerpo,
ustedes también deben estar dispuestos a
sufrir, porque el que ha sufrido en el cuerpo ha
roto con el pecado, 2para que el resto de su vida
no la viva siguiendo sus pasiones humanas sino
cumpliendo la voluntad de Dios. 3Ya basta que
en el pasado ustedes hayan desperdiciado el tiempo haciendo lo que les gusta hacer a los que no
creen. Vivían para sus vicios, malos deseos, borracheras y fiestas desenfrenadas, y para adorar a
sus ídolos detestables.
4A ellos les parece extraño que ustedes ya no
se junten con ellos para andar en las mismas
inmoralidades y por eso los insultan. 5Pero ellos
tendrán que darle cuentas a Aquel que está preparado para juzgar a los vivos y a los muertos.
6Por eso también se les predicó el evangelio aun
a los muertos,[a] para que, a pesar de haber sido
juzgados en este mundo por lo que hicieron en
vida, vivan conforme a Dios en el espíritu.
7Ya se acerca el fin de todas las cosas. Por
tanto, sean serios y responsables en la oración.
8Sobre todo, ámense en gran manera unos a
otros, porque el amor cubre muchos pecados.
9Recíbanse unos a otros en sus casas, sin hablar
mal de nadie.
10Cada uno de ustedes ha recibido algún don
de Dios; úsenlo para servir a los demás. Sean
fieles administradores de los diferentes dones de
Dios. 11El que habla, que lo haga como el que
habla las palabras mismas de Dios. El que presta
algún servicio, que lo haga como el que tiene la
fuerza de Dios para hacerlo. Así, en todo lo que
ustedes hagan, Dios será alabado por medio de
Jesucristo, a quien le pertenece la gloria y el poder
para siempre. Amén.

Sufrir por seguir a Cristo

12Queridos hermanos, no se sorprendan del
fuego de la prueba por el que están pasando,
como si fuera algo extraño. 13Al contrario, alégrense de tener parte en los sufrimientos de
Cristo, para que también se alegren muchísimo
cuando se muestre la gloria de Cristo. 14Dicho-
sos ustedes si los insultan por causa de Cristo,
porque el glorioso Espíritu de Dios está siempre
con ustedes.
15Si alguno de ustedes sufre, que no sea por
ser asesino, ladrón o malhechor, ni siquiera por
meterse en los asuntos ajenos. 16Pero si alguno
sufre por ser cristiano, que no se avergüence,
sino que alabe a Dios por llevar el nombre de
Cristo. 17Ya es tiempo de que el juicio comience
por la propia familia de Dios. Y si comienza por
nosotros, ¡imagínense el fin que les espera a los
que no obedecen al evangelio de Dios! 18«Si el
justo con dificultad se salva, ¿qué le pasará al
malvado y al pecador?»
19Así pues, los que sufren porque Dios así lo
quiere, sigan haciendo el bien y entréguense
a su Creador, porque él es fiel.

Exhortación a los ancianos y a los jóvenes

5 Les ruego a los ancianos, yo, que también
soy anciano como ellos y testigo de los sufrimientos de Cristo, y que tendré junto con ellos
parte en la gloria de Cristo, 2que, como pastores,
cuiden ustedes a las ovejas de Dios que están a
su cargo. No lo hagan porque es su obligación
ni por ambición de dinero, sino porque tienen
el deseo de servir, como Dios quiere. 3No traten
a los que están bajo su cuidado como si ustedes
fueran dueños de ellos, sino sírvanles de ejemplo. 4Así, cuando aparezca el Pastor principal,
ustedes recibirán la corona de gloria que durará
para siempre.
5También a los jóvenes les digo: obedezcan a
los ancianos. Trátense unos a otros con
humildad, porque «Dios está en contra de los
orgullosos, pero a favor de los humildes».

a. El sentido de esta frase desconcierta a todos los comentaristas. El plan de Dios para los impíos es el siguiente: «La paga del pecado es la muerte y después el juicio». La Biblia no enseña que después de la muerte haya otra oportunidad de oír y aceptar el evangelio. Por esta razón algunos opinan que sería más exacto interpretar el versículo seis de la siguiente manera: «Y por eso es que las Buenas Nuevas de salvación un día (en vida de ellos) fueron predicadas a los que ahora están muertos. Porque si las aceptaban, aun cuando murieran físicamente como todos los hombres, sus espíritus vivirían tal como Dios vive».

3.18 4.1–2 4.8–17 4.19 5.5–11

[6]Humíllense bajo el poder de Dios, para que él los enaltezca cuando llegue el momento oportuno.

[7]Dejen en las manos de Dios todas sus preocupaciones, porque él cuida de ustedes.

[8]Tengan cuidado y estén siempre alertas, pues
su enemigo, el diablo, anda como león rugiente
buscando a quién devorar. [9]Resistan sus ataques
manteniéndose firmes en la fe. Recuerden que
los hermanos de ustedes en todo el mundo están
soportando la misma clase de sufrimientos. [10]Y
después que ustedes hayan sufrido por un poco
de tiempo, Dios mismo los restaurará, los hará
fuertes, firmes, y les dará seguridad. [11]A él sea el
poder para siempre. Amén.

Saludos finales

[12]Silvano, a quien considero un hermano fiel, me ha ayudado a escribir esta breve carta. Les escribo para aconsejarlos y para que estén seguros de que este es el verdadero amor de Dios. Manténganse firmes en ese amor.

[13]La que está en Babilonia,[b] les manda saludos.
Igualmente los saluda mi hijo Marcos. [14]Abrácen-
se unos a otros en amor cristiano. Que la paz esté
con ustedes, los que están en Cristo.

b. Babilonia era el apodo que los cristianos habían puesto a Roma, y «la que está» muchos piensan que era la esposa de Pedro a la que se hace referencia en Mateo 8.14; 1 Corintios 9.5, etc. Otros piensan que debe traducirse: «La iglesia que está en Babilonia».

Investiguemos Juntos

2 PEDRO

¿Quién lo escribió?

El autor se autodenomina como Simón Pedro (1:1). Nos recuerda su experiencia en el monte de la transfiguración (1:17,18). Declara que morirá en poco tiempo (1:14), haciendo alusión a palabras de Jesús que aparecen en el evangelio de Juan. Señala además que es su segunda carta haciendo alusión a la anterior (3:1) y además habla del ministerio de Pablo (3:15,16). A pesar de estos datos ha sido muy discutida la paternidad petrina de la carta. La discusión tiene siglos, pero independiente, ha sido incluida en el canon y la iglesia ha aceptado su contenido apostólico.

¿A quién lo escribió?

La carta ha sido dirigida a comunidades que no habían sido fundadas por Pedro (3:2). Si se reconoce que la carta es la continuación de la primera, los que recibieron son iglesias ubicadas en las zonas del Asia menor identificadas en la primera carta.

¿Cuándo y dónde lo escribió?

Si aceptamos que la carta proviene de Pedro, esta sería un testamento escrito antes del año 64. Si concluimos que la carta no es de Pedro, la trasladaríamos al comienzo del segundo siglo (ya que los enemigos que menciona parecen ser gnósticos, o una suerte de movimiento sincretista que mezclaba ideas de los estoicos que invalidaban la manifestación de algún juicio divino).

Panorama del libro

La carta tiene fuerte influencia de otro escrito del Nuevo testamento, la carta de Judas. En un tono de urgencia (1:5), el autor intenta desenmascarar a un grupo herético que participa activamente en la iglesia (2:13). Este grupo ponía en duda la realidad de un juicio divino, producto de la aparente tardanza del Señor (3:4). Estas ideas conducían a una vida de inmoralidad (2:18,19). Toda la carta tiene este tenor de advertencia para no caer en el error doctrinal (1:8-10-12-3:17). El autor pone como garantía la enseñanza tanto de los apóstoles como de los profetas (AT) de que el juicio de Dios es una certeza (3:1,2). En un lenguaje que evoca al profeta Isaías, el mundo será objeto de la redención para dar paso a un nuevo cielo y nueva tierra (3:13).

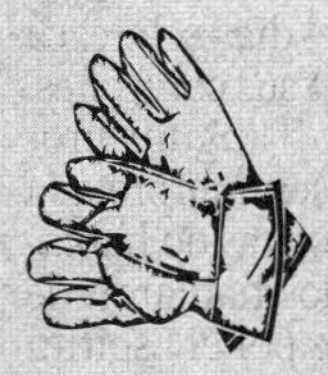

¿Cómo se relaciona con nosotros?

El tema de Pedro en su segunda carta es simple: buscar la madurez espiritual a través de la Palabra de Dios como un remedio para las enseñanzas falsas y para obtener una respuesta correcta a la luz de la segunda venida de Cristo (2 Pedro 1: 3, 16). Cuando los falsos maestros comienzan a susurrar sus dulces palabras a los oídos de los cristianos inmaduros, el cuerpo de Cristo comienza a desintegrarse, a perder lo que lo distingue en primer lugar: la fe en Jesús y en nadie más. Pedro señala repetidamente a la Palabra de Dios como el medio principal de crecimiento del cristiano (1: 4, 19-21; 3: 1-2, 14-16).

Al igual que los destinatarios originales de esta carta, todos pasamos por momentos difíciles. Esas pruebas parecen afectarnos aún más cuando la fuente de las luchas proviene de alguien cercano. Pedro entonces anima a sus lectores a dedicarse a adquirir el verdadero conocimiento de Dios y vivir la vida de fe con "toda diligencia" para que Jesús nos encuentre en paz (1: 5; 3:14).

¿Cómo lo estudiamos?

1) El conocimiento de la salvación (1:1-21)
2) El conocimiento de los falsos maestros y el error (2:1-22)
3) El conocimiento de la venida del Señor (3:1-18)

2 Pedro

1 Simón Pedro, siervo y apóstol de Jesucristo,
a los que por la justicia de nuestro Dios y
Salvador Jesucristo han alcanzado una fe tan
preciosa como la nuestra: 2que la gracia y la
paz de Dios les sean multiplicadas por medio
del conocimiento que tienen de Dios y de Jesucristo, nuestro Señor.

Firmeza en el llamamiento y en la elección

3Dios en su gran poder nos ha concedido lo
que necesitamos para llevar una vida piadosa. ¡Lo
hizo cuando conocimos a Aquel que nos llamó
por su propia gloria y excelencia! 4Dios nos ha
dado preciosas y grandísimas promesas para que
ustedes, luego de escapar de la corrupción de este
mundo debido a los malos deseos, puedan ser
partícipes de la naturaleza divina.

5Por eso, deben esforzarse para añadir a su
fe una buena conducta; a la buena conducta,
el entendimiento; 6al entendimiento, el dominio propio; al dominio propio, la paciencia; a
la paciencia, la devoción a Dios; 7a la devoción
a Dios, el afecto fraternal; y al afecto fraternal,
el amor.

8Si ustedes tienen estas virtudes y las desarrollan, éstas los ayudarán a crecer y conocer
más a nuestro Señor Jesucristo, y los harán más
fructíferos y útiles. 9Por otro lado, el que no tenga
estas virtudes está ciego o es corto de vista y ha
olvidado que Dios lo limpió de sus viejos pecados.

10Así que, amados hermanos, puesto que Dios
los ha llamado y escogido, procuren que esto
eche raíces en ustedes, pues así nunca tropezarán
ni caerán. 11Además, les será concedida amplia
entrada en el reino eterno de nuestro Señor y
Salvador Jesucristo.

La veracidad de la Escritura

12Jamás dejaré de recordarles estas cosas, aun
cuando las sepan y permanezcan firmes en la
verdad. 13,14El Señor Jesucristo me ha revelado que
mis días en este mundo están contados y que
pronto he de partir; por ello, mientras viva, es
mi obligación hacerles recordatorios como éstos,
15con la esperanza de que queden tan grabados en
su mente que los recuerden aun mucho después
de mi partida.

16No crean ustedes que les hemos estado
relatando cuentos de hadas, cuando les hemos
hablado del poder de nuestro Señor Jesucristo y
de su segundo advenimiento. No. Con nuestros
propios ojos vimos su majestad. 17,18Estábamos
con él en el monte santo cuando resplandeció
con la gloria y honor de Dios el Padre. Una voz
desde la imponente gloria le dijo: «Éste es mi Hijo
amado; estoy muy complacido con él».

19Así comprobamos el cumplimiento de las profecías, y ustedes hacen bien en examinarlas cuidadosamente. Ellas son como antorchas que
disipan la oscuridad, hasta que el día esclarezca
y la estrella de la mañana brille en sus corazones.

20Ustedes deben entender esto: Ninguna profecía de las Escrituras puede ser interpretada
como uno quiera, 21porque los profetas no hablaron por su propia iniciativa. Ellos hablaron de
parte de Dios, y fueron inspirados por el Espíritu
Santo.

Los falsos maestros y su destrucción

2 Pero así como en el pasado hubo falsos profetas, entre ustedes surgirán falsos maestros
que veladamente les mentirán acerca de Dios y
hasta negarán al mismo Señor que los salvó. ¡La
condenación de los tales será repentina y terrible!

2Pero muchos imitarán su vida perversa, y esto
hará que se hable mal del camino de la verdad.

3Tan ambiciosos serán esos maestros que les
dirán cualquier cosa con tal de sacarles dinero.
Pero Dios hace tiempo que ha dictado sentencia contra ellos y su destrucción está por caerles
encima.

4Dios no perdonó a los ángeles que pecaron,
sino que los arrojó al infierno y los dejó encadenados en prisiones de oscuridad hasta el día
del juicio. 5Con la excepción de Noé (predicador
de la justicia) y sus siete familiares, tampoco
perdonó al mundo antiguo sino que envió el
diluvio para destruir completamente a los impíos.
6Más tarde, redujo a cenizas las ciudades de Sodoma y Gomorra y las borró de la superficie de la
tierra para que sirviera de advertencia a los
impíos. 7,8Al mismo tiempo rescató a Lot, que era
un hombre justo, amaba el bien y estaba asquea-
do de las perversidades de esos impíos, que veía
y oía diariamente.

9No cabe duda entonces de que el Señor sabrá
rescatar de las tentaciones a los que viven
como él quiere y reservará a los injustos para
castigarlos en el día del juicio.

10Esto es lo que les espera a los que siguen
siempre sus pensamientos corrompidos, que desprecian la autoridad del Señor y son tan orgullosos y testarudos que no tienen miedo de insultar
a los poderes del mundo invisible.

11Ni siquiera los ángeles, que son mayores en
fuerza y potencia, se atreven a hablar de ellos
irrespetuosamente delante del Señor.

12Pero estos falsos maestros, como animales
irracionales que nacen para ser apresados y
matados, se guían únicamente por sus instin-

1.2–8 1.20–21 2.4 2.9–12

tos. En su insensatez, se burlan de asuntos de
los que saben muy poco. Pero un día, como esos
animales, también perecerán en su corrupción
13y recibirán lo que se merecen por vivir injustamente. Ellos viven entregados sin freno alguno a
las pasiones en pleno día. Ciertamente, son una
vergüenza y un escándalo cuando participan con
ustedes en sus fiestas, gozándose en sus placeres.
14No hay mujer que se escape de sus lujuriosas
miradas y no se cansan de cometer adulterio.
Seducen a las personas débiles; son maestros en
la avaricia y gente maldita.
15Andan tan descarriados que son como seguidores de Balán, el hijo de Bosor, quien por ganar
dinero hacía cualquier cosa injusta y 16tuvo que
ser reprendido por su iniquidad: su burra le habló
con voz humana y refrenó su locura. 17Estos individuos son como manantiales secos; son inestables como nubes de vendaval. ¡Están condenados
a vivir en la más negra oscuridad!
18Pronuncian discursos arrogantes y huecos;
apelan a los deseos de la naturaleza humana y
seducen a los que acaban de apartarse de semejante vida de corrupción. 19Les prometen que
serán libres, cuando ellos mismos son esclavos
de la corrupción, ya que uno es esclavo de cualquier cosa que lo domine.
20Y si una persona que había escapado de la
contaminación del mundo, por haber conocido a nuestro Señor y Salvador Jesucristo, vuelve a caer en ella, queda peor que antes. 21Mejor
le hubiera sido no haber conocido el camino
recto que, después de haberlo conocido, hacer a
un lado el santo mandamiento que le fue dado.
22Hay un viejo proverbio que dice: «El perro vuelve a su vómito», y otro que dice: «la puerca lavada vuelve a revolcarse en el lodo». Así les pasa a
esas personas.

El día del Señor

3 Amados, ésta es la segunda carta que les escribo, 2y en ambas he tratado de recordarles lo
que aprendieron por medio de los santos profetas
y de nosotros los apóstoles que les trajimos el
mensaje de nuestro Señor y Salvador.
3Antes que nada, deseo recordarles que en los
últimos días vendrán burladores que vivirán
de acuerdo con sus malos deseos y se mofarán,
diciendo: 4«¡Conque Jesús prometió regresar! ¿Por
qué no lo ha hecho ya? ¡Hasta donde podemos
recordar, todo ha permanecido exactamente
igual desde el primer día de la creación!»
5,6Ellos olvidan voluntariamente que Dios destruyó el mundo con un gran diluvio mucho después de crear los cielos y la tierra con una orden
suya. También con su palabra había separado
la tierra de los mares. 7Pero Dios ha ordenado
ahora que el cielo y la tierra sean reservados para
el fuego, para el día del juicio en que todos los
impíos serán destruidos.
8No olviden ustedes, amados hermanos, que
para el Señor un día es como mil años, y mil
años como un día. 9El Señor no demora el cumplimiento de su promesa, como algunos suponen. Más bien lo que quiere es que nadie se
pierda, por lo que está alargando el plazo para
que todos se arrepientan.
10Pero el día del Señor llegará como un ladrón.
En aquel día, los cielos desaparecerán en medio
de un estruendo espantoso, los cuerpos celestes
serán destruidos por fuego, y la tierra y lo que
en ella hay desaparecerán envueltos en llamas.
11Puesto que todo esto va a suceder, ¿no deberían ustedes vivir como Dios manda y tener
una conducta que nadie pueda reprochar? 12Sí,
deberíamos vivir esperando la venida del día en
que Dios prenderá fuego a los cielos, y los elementos se fundirán envueltos en llamas. 13Pero
nosotros esperamos, según Dios ha prometido,
nuevos cielos y una tierra nueva en la que mora-
rá la justicia. 14Por eso, amados hermanos, mientras esperan ustedes el cumplimiento de estas
cosas, traten de vivir sin pecado y procuren vivir
en paz con Dios.
15,16Recuerden que si no ha venido todavía es
porque nos está concediendo tiempo para nuestra salvación. Nuestro sabio y amado hermano
Pablo ya les ha hablado de esto en muchas de
sus cartas. Algunos de sus comentarios no son
fáciles de entender. Por eso, los ignorantes y los
inconstantes tuercen su significado (así como
también el de otros pasajes de las Escrituras) con
lo que se labran su propia destrucción.
17Así que ustedes, amados hermanos, puesto
que ya están apercibidos, manténganse alerta, no
sea que se dejen confundir y desviar por esos perversos individuos, y pierdan su firmeza y caigan.
18Más bien, crezcan en el amor y en el conocimiento de nuestro Señor y Salvador Jesucristo.
¡A él sea dada la gloria ahora y hasta la eternidad! Amén.

2.20–21 3.3–4 3.8–9 3.11–13 3.18

Investiguemos Juntos

1 JUAN

¿Quién lo escribió?

La tradición de la iglesia ha asumido que el autor de esta carta es el mismo Juan, hijo de Zebedeo, uno de los doce apóstoles y autor de Apocalipsis.Lasdiscusionessobresu autoríavienenyadesdemuyantiguo.Loquesíesindudableparalacríticamodernaesque,aun que algunos duden que el autor de esta carta sea el apóstol Juan, el escrito está muy estrechamente ligado con el cuarto evangelio. Estamos hablando de un texto que tomó como referencia el evangelio, haya o no sido escrito por el mismo autor.

¿A quién lo escribió?

Aunque la 2 y 3 carta de Juan se dirige a una iglesia determinada, esta primera carta pareciera que se dirige a varias iglesias de la región. Claramente está escrita a creyentes (2:12-14, 19; 3:1; 5:13). La situación es dura. Hay comunidades cristianas que han sufrido la división y partida de un grupo de personas que pertenecían a la iglesia, pero se marcharon pues siguieron enseñanzas heréticas (2:19-4.15).En varias ocasiones en la carta aparecen las frases "Si alguno dice...", "Si decimos...", esto pareciera reflejar cuáles eran las opiniones que tenía el grupo desertor. Es tal la dureza del autor a este grupo de herejes, que manda no orar por su pecado, que a vista del autor es un pecado de muerte (5:16,17).En síntesis, la carta fue escrita a iglesias que al parecer tienen aún cierta cercanía con este grupo de cismáticos, por lo tanto el autor sabe que no sólo la iglesia la leerá sino también este grupo.

¿Cuándo y dónde lo escribió?

La respuesta resulta difícil, pero la mayoría de los estudios se inclinan que el escenario es el mismo del cuarto Evangelio, Éfeso, casi al finalizar el primer siglo, entre los años 85 y 95 d.C

Panorama del libro

Es una carta vehemente, a comunidades que están sufriendo el impacto de grupos heréticos venidos de la misma iglesia, que están provocando su desmoronamiento interno. El autor intenta volver a las bases doctrinales que se presentan en el cuarto evangelio, cuya referencia explícita aparece en algunos textos (2:7; 3:11). Se ataca el docetismo (4:1-2), una herejía que niega la humildad de Jesús. A estos herejes el autor les llama "anticristos" (2:18-22) pues al parecer se veían así mismos así mismos como quienes habían alcanzado una relación de intimidad de Dios, a quien decían conocer y amar (2:4, 4:20). Esta falsa piedad les hacía ver la obra de Jesús innecesaria.Uno de los problemas más fuertes no era sólo en lo doctrinal, sino en cuanto a la ética. Este grupo decía amar a Dios y al hermano (3:17,18), estar en la luz (2:9) pero no practicaban el amor. En resumidas cuentas, el amor para este grupo religioso era algo teórico que se basaba solo en una relación con Dios, sin una preocupación concreta para con los demás, sobre todo los que viven necesidades (3:17). Para el autor, esto es pecado (3:8-10), es estar en tinieblas (2:9), es permanecer en muerte (2:15), es ser como un homicida (3-15). En síntesis, la carta nos enseña que nadie puede amar a Dios "directamente". A Dios se le ama a través del amor al hermano.

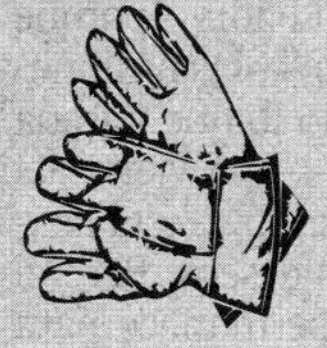

¿Cómo se relaciona con nosotros?

El amor es la fuerza vital que nos mantiene vivos, pero en el contexto de hoy hablar de amor es hablar de mucho y de nada a la vez, por lo que es importante definirlo y saber de dónde o de quién viene. El autor utiliza el verbo "agapan" veintiocho veces, y casi todas están vinculadas al amor concreto hacia el otro y no al teórico o sentimental. Juan quería que sus lectores experimentaran una verdadera comunión con Dios y con el pueblo de Dios, sabiendo que eso no sucedería hasta que los cristianos dejaran de lado sus propios deseos egoístas en favor del amor verdadero. Es por eso que se puede decir que el mensaje fundamental de esta carta es que amar a Dios es el gran medio para amar los demás.

¿Cómo lo estudiamos?

1) Andar en la luz (1:1-2:17)
2) Pruebas de la comunión con Cristo (2:18-29)
3) Vivir como hijos de Dios (3:1-24)
4) Discernimiento espiritual (4:1-6)
5) Amor y ética (4:7-21)
6) Certeza (5:1-21)

1 Juan

El Verbo de vida

1 Les anunciamos a ustedes la Palabra de vida
que desde el principio ya existía. ¡Nosotros
mismos la oímos, la vimos con nuestros propios
ojos y la palpamos con nuestras manos!
2Esa vida, que estaba con el Padre, se ha dado
a conocer; y nosotros, que la experimentamos,
hemos testificado de ella. 3La predicamos a ustedes para que junto con nosotros participen también de la comunión que disfrutamos con el
Padre y con Jesucristo, su Hijo. 4Les escribimos
esto para que nuestra alegría sea completa.

Caminemos en la luz

5Este es el mensaje que Dios nos ha dado para
ustedes: Dios es luz y en él no hay tinieblas.
6Por lo tanto, si afirmamos que somos amigos
suyos y seguimos viviendo en las tinieblas, men-
timos y no estamos poniendo en práctica la verdad. 7Pero si, al igual que Cristo, vivimos en la
luz, entre nosotros habrá compañerismo, y la
sangre de Jesucristo el Hijo de Dios nos limpiará
de todo pecado.
8Si decimos que no tenemos pecado, estamos
engañándonos a nosotros mismos y no tenemos
la verdad. 9Pero si confesamos a Dios nuestros
pecados, él, que es fiel y justo, nos perdonará y
nos limpiará de toda maldad. 10Si afirmamos que
no hemos pecado, estamos diciendo que Dios
es mentiroso, y eso muestra que su palabra no
habita en nosotros.

2 Hijitos míos, les digo esto para que no pequen;
pero si alguno peca, tenemos un abogado ante
el Padre: a Jesucristo el justo. 2Él es el sacrificio
que fue ofrecido por nuestros pecados, y no sólo
por los nuestros, sino también por los de todo
el mundo.
3¿Cómo podemos saber que conocemos a
Dios? Si obedecemos sus mandamientos. 4Si
alguno dice: «Yo conozco a Dios», pero no obedece sus mandamientos, miente y no dice la
verdad. 5En cambio, el amor a Dios se demuestra
cuando obedecemos lo que él manda. Así estamos
seguros de que estamos unidos a Dios. 6El que
afirma que está unido a Dios, debe vivir como
Jesucristo vivió.
7Queridos hermanos, no me estoy refiriendo
a ningún mandamiento nuevo, sino al mandamiento antiguo que desde un principio han
tenido ustedes. 8Sin embargo, siempre es nuevo,
porque es una realidad que se muestra en Cristo
y en ustedes. Esto es así porque la luz verdadera
brilla y hace que la oscuridad vaya disipándose.
9El que dice que anda en la luz pero aborrece
a su hermano, todavía está en tinieblas. 10El que
ama a su hermano anda en la luz y no tropieza.
11En cambio, el que odia a su hermano vaga en
la oscuridad y en ella vive, y no sabe a dónde va,
porque la oscuridad lo ha dejado ciego.
12Les escribo estas cosas, queridos hijos, porque sus pecados han sido perdonados en el
nombre de Cristo.
13Les escribo estas cosas, padres, porque conocen al que existía desde el principio.
Les escribo, jóvenes, porque han triunfado
sobre el maligno.
Les he escrito, queridos hijos, porque han
conocido al Padre.
14Les he escrito, padres, porque han conocido
al que existe desde el principio. Les he escrito,
jóvenes, porque ustedes son fuertes, tienen la
palabra de Dios arraigada en sus corazones y
han vencido al maligno.

No amemos al mundo

15No amen al mundo ni lo que hay en él. El
que ama al mundo no ama al Padre, 16porque
nada de lo que hay en el mundo —las pasiones
sexuales, el deseo de poseer todo lo que agrada
y el orgullo de poseer riquezas— proviene del
Padre sino del mundo. 17Y el mundo se está acabando y con él todos sus malos deseos. Pero el
que hace la voluntad de Dios permanece para
siempre.

Cuidémonos de los anticristos

18Hijitos, ha llegado la hora final. Ustedes han
oído hablar del anticristo que ha de llegar; pues
bien, ya han surgido muchos anticristos. Por esto
sabemos que ya estamos en la última hora. 19Aun-
que salieron de entre nosotros, en realidad nunca
fueron de los nuestros, porque si lo hubieran
sido, se habrían quedado con nosotros. El hecho
de que nos dejaran comprueba que no eran de
los nuestros.
20Pero todos ustedes han recibido el Espíritu
Santo y conocen la verdad. 21No les escribo porque
necesiten conocer la verdad, sino precisamente porque pueden discernir entre la verdad y la
mentira.
22¿Quién es el mentiroso? El que dice que
Jesús no es el Cristo. Tal persona es un anticristo, porque niega al Padre y al Hijo. 23Todo el
que niega al Hijo, tampoco tiene al Padre. Pero
el que reconoce al Hijo tiene también al Padre.
24Así que conserven ustedes lo que les fue
enseñado desde el principio, porque así estarán
siempre en comunión con el Padre y con el Hijo.
25Y él mismo nos ha prometido la vida eterna.
26Les escribo esto por causa de los que quieren
engañarlos; 27pero ustedes han recibido el Espí-

1.4 1.5–2.2 2.3–11 2.12–14 2.15–17 2.24–25

ritu Santo y él vive en ustedes. Por lo tanto, no necesitan que nadie les señale lo que es correcto. El Espíritu Santo les enseña todas las cosas, y él, que es la Verdad, no miente. Así que, tal como él les ha enseñado, vivan en Cristo.

Permanezcamos en Dios

28Y ahora, queridos hijos, permanezcan en comunión con el Señor, para que, cuando vuelva, puedan presentarse delante de él seguros y sin tener de qué avergonzarse. 29Si saben que Jesús es justo, deben también saber que todo el que practica la justicia es hijo de Dios.

3 Miren cuánto nos ama el Padre que somos llamados hijos de Dios. ¡Y de veras lo somos! Como la mayoría de la gente no conoce a Dios, tampoco reconoce lo que somos.

2Sí, amados míos, ahora somos hijos de Dios, y no podemos ni siquiera imaginarnos lo que vamos a ser después. Pero de algo estamos ciertos: que cuando él venga seremos semejantes a él, porque lo veremos tal como es. 3El que espera esto se purifica, como Cristo es puro. 4El que comete pecados rompe la ley de Dios, porque el pecado es quebrantar la ley divina. 5Además, ustedes saben que Jesús se hizo hombre para quitar nuestros pecados y que él jamás cometió pecado. 6El que permanece cerca de él no practica el pecado; pero el que vive entregado al pecado nunca lo ha visto ni conocido.

7Hijitos, no se dejen engañar: el que practica la justicia es justo, como Jesús es justo. 8El que practica el pecado pertenece al diablo, porque el diablo comenzó a pecar desde el principio. Pero el Hijo de Dios vino a destruir las obras del diablo.

9El que ha nacido de Dios no practica el pecado, porque la vida de Dios está en él; no puede vivir entregado al pecado porque ha nacido de Dios.

10Uno puede saber quién es hijo de Dios y quién es hijo del diablo. El que no practica la justicia ni ama a su hermano demuestra que no es hijo de Dios,

Amémonos los unos a los otros

11Desde el principio se nos ha enseñado que debemos amarnos unos a otros. 12No seamos como Caín, que era del maligno y mató a su hermano. ¿Por qué lo mató? Pues porque Caín hacía lo que es malo y su hermano lo que es justo. 13Así que, hermanos, no les extrañe que el mundo los aborrezca. 14Si amamos a los demás hermanos, hemos pasado de la muerte a la vida. El que no ama a los demás está muerto. 15El que aborrece a su hermano es un asesino; y ustedes saben que ningún asesino tiene vida eterna.

16Al morir por nosotros, Cristo nos demostró lo que es el amor. Nosotros también debemos dar la vida por nuestros hermanos. 17Pero si alguien está bien económicamente y no ayuda a su hermano que está en necesidad, ¿cómo puede haber amor de Dios en él? 18Hijitos míos, que nuestro amor no sea sólo de palabra ni de labios para afuera, sino que amemos de veras y demostrémoslo con hechos.

19Así sabremos a ciencia cierta que somos de la verdad y nos sentiremos seguros ante la presencia de Dios. 20Y aunque la conciencia nos acuse, Dios es más grande que nuestro corazón y él sabe todas las cosas. 21Pero, amados míos, si nuestro corazón no nos acusa, podemos estar confiados ante Dios, 22y cualquier cosa que le pidamos la recibiremos, porque obedecemos sus mandamientos y hacemos lo que le agrada. 23Su mandamiento es que creamos en Jesucristo su Hijo y que nos amemos unos a otros, como lo mandó. 24El que obedece a Dios vive con Dios y Dios vive en él. Y sabemos que Dios vive en nosotros por el Espíritu Santo que él nos dio.

Vivamos en el Espíritu

4 Amados míos, no crean nada por el simple hecho de que les digan que es mensaje de Dios. Pónganlo a prueba primero, porque en este mundo hay muchos falsos maestros. 2Para saber si el mensaje que se nos comunica procede del Espíritu Santo, debemos preguntarnos: ¿Reconoce el hecho de que Jesucristo, el Hijo de Dios, se hizo hombre de verdad? 3Si no lo reconoce, el mensaje no es de Dios sino de alguien que se opone a Cristo, como el anticristo del que oyeron ustedes que vendría, cuyas actitudes hostiles contra Cristo ya se manifiestan en el mundo.

4Hijitos, ustedes son de Dios y han ganado ya la primera batalla contra los enemigos de Cristo, porque hay alguien en el corazón de ustedes que es más fuerte que cualquier falso maestro de este perverso mundo. 5Ellos pertenecen a este mundo y, naturalmente, hablan de los asuntos del mundo y el mundo les presta atención. 6Pero nosotros somos hijos de Dios; el que es de Dios nos presta atención, pero el que no, no. Y aquí tienen otra manera de saber si determinado mensaje procede de Dios: si procede de Dios, el mundo no lo escuchará.

Permanezcamos en el amor

7Amados, pongamos en práctica el amor mutuo, porque el amor es de Dios. Todo el que ama y es bondadoso da prueba de ser hijo de Dios y de conocerlo bien. 8El que no ama no

2.28 3.1 3.3 3.4–8 3.14 3.16–23 3.24–4.6 4.7–11

conoce a Dios, porque Dios es amor. 9Dios nos demostró su amor enviando a su único Hijo a este perverso mundo para darnos vida eterna por medio de su muerte. 10Eso sí es amor verdadero. No se trata de que nosotros hayamos amado a Dios, sino de que él nos amó tanto que estuvo dispuesto a enviar a su único Hijo como sacrificio expiatorio por nuestros pecados.

11Amados, ya que Dios nos ha amado tanto, debemos amarnos unos a otros. 12Porque aunque nunca hemos visto a Dios, si nos amamos unos a otros Dios habita en nosotros, y su amor en nosotros crece cada día más.

13Él ha puesto su Santo Espíritu en nuestros corazones como testimonio de que vivimos en él y él en nosotros. 14Además, con nuestros propios ojos vimos, y ahora lo proclamamos a los cuatro vientos, que Dios envió a su Hijo para ser el Salvador del mundo. 15Si alguien cree y confiesa que Jesús es el Hijo de Dios, Dios vive en él y él en Dios.

16Sabemos cuánto nos ama Dios porque hemos sentido ese amor y porque le creemos cuando nos dice que nos ama profundamente. Dios es amor, y el que vive en amor vive en Dios y Dios en él. 17Y al vivir en Cristo, nuestro amor se perfecciona cada vez más, de tal manera que en el día del juicio no nos sentiremos avergonzados ni apenados, sino que podremos mirarlo con confianza y gozo, sabiendo que él nos ama y que nosotros lo amamos también. 18No hay por qué temer a quien tan perfectamente nos ama. Su perfecto amor elimina cualquier temor. Si alguien siente miedo es miedo al castigo lo que siente, y con ello demuestra que no está absolutamente convencido de su amor hacia nosotros.

19Como ven ustedes, si amamos a Dios es porque él nos amó primero. 20Si alguno dice: «Amo a Dios», pero aborrece a su hermano, es un mentiroso. Si no ama al hermano que tiene delante, ¿cómo puede amar a Dios, a quien jamás ha visto? 21Dios mismo ha dicho que no sólo debemos amarlo a él, sino también a nuestros hermanos.

Vivamos en la fe

5 Si creen ustedes que Jesús es el Cristo, el Hijo de Dios y el Salvador, ustedes son hijos de Dios. Y el que ama al padre ama también a los hijos. 2Así que podemos medir el amor que sentimos hacia los hijos de Dios, hermanos nuestros en la fe, por el amor que sentimos hacia Dios y la obediencia que le rendimos. 3Amar a Dios es obedecer sus mandamientos; y esto no es difícil, 4porque el que es hijo de Dios puede vencer el pecado y las inclinaciones al mal, confiando en la ayuda que Cristo puede ofrecerle. 5¡Nadie podrá jamás vencer en esta lucha sin creer que Jesús es el Hijo de Dios!

6,7Nosotros sabemos que Jesús es el Hijo de Dios porque Dios lo proclamó con gran voz desde el cielo en el momento en que lo bautizaban y también cuando moría. ¡No sólo en su bautismo sino también a la hora de su muerte! Y el Espíritu Santo, siempre veraz, lo afirma también.

8Así que tenemos tres testimonios: la voz del Espíritu Santo en nuestros corazones, la voz que habló desde el cielo cuando bautizaban a Jesús, y la voz que habló poco antes de su muerte. Y todos afirman lo mismo: que Jesucristo es el Hijo de Dios. 9Y si aceptamos el testimonio de los hombres que comparecen ante los tribunales, cuánto más no hemos de creer la gran afirmación de Dios: ¡que Jesús es su Hijo! 10Creer esto es aceptar este testimonio en lo más íntimo del corazón; no creerlo equivale a llamar mentiroso a Dios, pues es no creer lo que él ha dicho acerca de su Hijo. 11¿Y qué es lo que ha dicho? Que nos ha dado vida eterna, y que esta vida está en su Hijo. 12Así que el que tiene al Hijo de Dios tiene la vida; el que no tiene al Hijo, no tiene la vida.

Observaciones finales

13A ustedes, que creen en el Hijo de Dios, les he escrito sobre estas cosas para que sepan que tienen la vida eterna. 14Y estamos seguros de que él nos escuchará cuando le pidamos algo que esté de acuerdo con su voluntad. 15Y si sabemos que él nos oye cuando le hablamos y cuando le presentamos nuestras peticiones, podemos estar seguros de que nos contestará.

16Si ven que un hermano comete un pecado que no es mortal, pidan a Dios que lo perdone, y Dios le dará vida, si es cierto que su pecado no es mortal. Pero hay un pecado que sí es mortal, por el cual no digo que se pida. 17Cualquier maldad es pecado, pero no me refiero a los pecados ordinarios. Me refiero al pecado mortal. 18Nadie que forme parte de la familia de Dios peca de manera habitual, porque Cristo, el Hijo de Dios, lo tiene bien agarrado y el diablo no puede echarle mano.

19Sabemos que somos hijos de Dios. El mundo que nos rodea está bajo el dominio de Satanás, 20pero sabemos que Cristo, el Hijo de Dios, vino a ayudarnos a hallar y entender al Dios verdadero. Ahora estamos en Dios, porque estamos en su Hijo Jesucristo, que es también Dios verdadero y la vida eterna.

21Hijitos, apártense de cualquier cosa que pueda desplazar a Dios de sus corazones. Amén.

Sinceramente, Juan.

4.12–16 4.17–19 4.20–5.5 5.7 5.10–13 5.14–15 5.20

2 JUAN

¿Quién lo escribió?

El autor, se hace llamar "el anciano". La tradición cristiana, en su mayoría le ha adjudicado la autoría a Juan hijo de Zebedeo, uno de los doce apóstoles y autor de Apocalipsis. Existen evidencias claras entre la primera carta y el evangelio de Juan.

¿A quién lo escribió?

La carta está destinada a una iglesia concreta, a la que el anciano Juan le llama "la señora elegida", y a sus "Hijos", es decir, los miembros de aquella iglesia. Debió ser una comunidad que estaba bajo su liderazgo en la ciudad de Éfeso o en la zona del Asia menor.

¿Cuándo y dónde lo escribió?

La mayoría ubica la carta alrededor del mismo tiempo en que fue escrita la primera carta, a finales del primer siglo, entre el 85 y 95 d.C.

Panorama del libro

Así como la primera carta, esta segunda sigue informando sobre el peligro que existe con un grupo misionero que se creían cristianos, pero manifestaban grandes errores doctrinales, como la negación de la humanidad de Cristo (docetismo) (1:7). Juan llama a este grupo "engañadores" y "anticristo". Al parecer no eran pocos. El presbítero es tan radical que invita a la iglesia a que no apoye este grupo, ni siquiera dándoles hospedaje (1:10,11). De ahí se alude que este grupo no pertenecía a esta congregación, sino que posiblemente estaba formado por predicadores itinerantes que llevaban estas falsas doctrinas. Como en la primera carta, Juan hace un llamado a recordar el mandamiento del amor (1:5). Frente al peligro doctrinal que sufre la iglesia, el presbítero no solo los invita a enfrentar las here jíasporelcaminodelaverdad,sinotambiénporelcamino delamor(1:4,6).

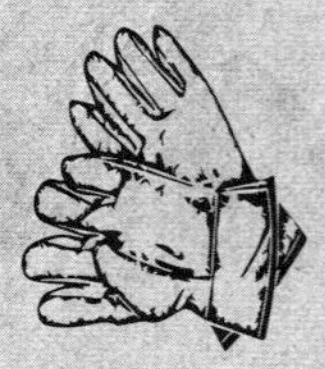

¿Cómo se relaciona con nosotros?

En esta segunda carta Juan insiste en animar a los lectores a amarse unos a otros. Sin embargo, Juan no dejó el amor sin definir, sino que lo describió como caminar "según sus mandamientos" (2 Juan 1: 6). Aquí se hace eco de la enseñanza de Jesús en el evangelio de Juan, donde el Señor les dijo a sus seguidores: "Si ustedes me aman, obedecerán mis mandamientos" (Juan 14:15).

Nuestro amor va de la mano con nuestra obediencia. Es independiente de nuestros sentimientos. Segunda de Juan nos recuerda no solo los peligros de apartarnos de la verdad, sino también la importancia de hacer de la obediencia una prioridad en nuestra vida, para nosotros y para los que son los más importantes para nosotros.

¿Cómo lo estudiamos?

1) Saludo, a la señora elegida y sus hijos (v.1-3)
2) Elogios (v.4)
3) Exhortación y advertencia (v.5-11)
4) "Seguiremos hablando cara a cara" (v.12-13)

2 Juan

1 El anciano, a la comunidad que Dios ha
elegido y a sus miembros: Los amo de
veras, no sólo yo sino todos los que conocen la
verdad. 2Esto es así a causa de la verdad que está
y permanecerá en nosotros para siempre. 3¡Que
la gracia, misericordia y paz de Dios el Padre y
de Jesucristo su Hijo estén con ustedes en verdad
y en amor!

4Me siento feliz de haber encontrado que algunos de ustedes viven de acuerdo con la verdad
tal como el Padre nos mandó.

5Y ahora, amados hermanos, les ruego que
nos amemos unos a otros. Este mandamiento no
es nuevo, es el mandamiento que Dios nos dio
desde un principio. 6Si amamos a Dios, debemos
obedecerlo en todo. Desde el principio nos ordenó
que siempre nos amáramos.

7Por el mundo andan muchos engañadores
que no creen que Jesucristo vino a la tierra
como un verdadero hombre. El que dice esto es
el engañador y el anticristo. 8Cuiden que no se
pierda el fruto de nuestro trabajo, a fin de que
ustedes reciban íntegramente el galardón.

9Todo el que se aparta de las enseñanzas de
Cristo, también se aparta de Dios. El que permanece fiel a las enseñanzas, tiene al Padre y al
Hijo. 10Si alguien los viene a visitar y no cree en
las enseñanzas de Cristo, no lo inviten a su casa
ni le den la bienvenida. 11Si lo hacen, ustedes
estarán participando de sus malas obras.

12Quisiera decirles muchas cosas más, pero no
quiero hacerlo por carta; espero ir pronto a verlos
y hablar con ustedes cara a cara, para que nuestra
alegría sea completa.

13Los hijos de tu hermana, otra hija elegida de
Dios, te envían saludos.

Sinceramente, Juan.

1 4–5 7 9–11

Investiguemos
Juntos

3 JUAN

¿Quién lo escribió?

La tradición de la iglesia asigna la carta a Juan hijo de Zebedeo, uno de los doce apóstoles y autor de Apocalipsis. El autor, como en 2 Juan, se identifica como "el anciano".

¿A quién lo escribió?

A un cristiano de una de las iglesias del Asia Menor o Éfeso, llamado Gayo.

¿Cuándo y dónde lo escribió?

Se escribe al finalizar el primer siglo, entre el 85 y 95 d.C., muy probablemente alrededor del mismo tiempo que fueron escritas 1 y 2 Juan, posiblemente desde Éfeso.

Panorama del libro

La carta nos da luz de ciertos problemas que tenían en el primer siglo algunas comunidades cristianas del Asia menor. El autor escribe a Gayo, a quién ama en la verdad (es como decir, con quién tengo la misma sintonía espiritual). El autor valora su buen comportamiento, pues recibe de buen gusto a los predicadores enviados por el presbítero (1:5). Aparece el conflicto entre el presbítero y un tal Diótrefes, que niega la autoridad del anciano y usa su liderazgo para motivar a la iglesia a cerrarles las puertas a predicadores enviados por él (1:9). Pero también aparece otro personaje, Demetrio, a quién el autor reconoce su buena conducta (1:12).

¿Cómo se relaciona con nosotros?

Existe un porcentaje importante del liderazgo que llega al servicio en la iglesia solo motivado por el deseo de recibir aplausos y "me gusta". En esta tercera carta, Juan habla de Diótrefes, dando a entender que tenía cualidades naturales de líder pero que estaba obsesionado con tener el primer lugar. En otras palabras, estaba obsesionado por el amor al poder y no tanto por practicar el poder del amor, y esto debía ser corregido.
Otro tema de la carta es la hospitalidad y cómo debemos abrir nuestro corazón a las personas y salir de nuestras zonas de confort para entrar en un territorio donde debemos depositar nuestra confianza en Dios. Este tema, al igual que el primero, abre la puerta a buenas conversaciones interiores con nuestro corazón.

¿Cómo lo estudiamos?

1) Saludos a Gayo, quién anda en la verdad (v.1-3)
2) El buen comportamiento de Gayo (v.5-8)
3) El mal comportamiento de Diótrefes (v.9,10)
4) ¡Sigue lo bueno! El buen comportamiento de Demetrio (v.11,12)

3 Juan

1 El anciano, al amado Gayo, a quien ama
de veras.
2Querido hermano, ruego a Dios que en todo
te vaya bien y que tu cuerpo esté tan saludable
como lo está tu alma. 3He tenido la alegría de
enterarme, por medio de algunos hermanos que
vinieron, de que vives fiel a la verdad. 4Para mí
no hay mayor alegría que la de oír que mis hijos
viven de acuerdo con la verdad.
5Amado hermano, haces muy bien al ayudar
a los hermanos y en especial a los que llegan de
otras tierras. 6Ellos han hablado delante de la
iglesia de tu amor. Me agradaría que los ayudes a
seguir su viaje, como Dios manda. 7Ellos viajan al
servicio del Señor y no han aceptado ningún tipo
de ayuda de los que no conocen a Dios. 8Por eso,
nosotros debemos ayudarlos, porque al hacerlo
colaboramos con ellos en la verdad.
9Hace un tiempo escribí a la iglesia sobre este
asunto, pero Diótrefes, a quien le encanta ser
el primero en todo, no reconoce la autoridad
que tengo. 10Por eso, cuando yo vaya, le voy a
llamar la atención por su mala conducta y por
los chismes y las cosas malas que anda diciendo de nosotros. No sólo se niega a recibir a los
hermanos que por allí pasan, sino que prohíbe
que los demás lo hagan, amenazándolos con
expulsarlos de la iglesia.
11Amado, no imites los malos ejemplos. Imita
sólo lo bueno. El que hace lo bueno es de Dios;
el que hace el mal no ha visto a Dios.
12Todos, y aun la verdad misma, hablan bien
de Demetrio. Yo opino de él igual que los demás,
y ya sabes que digo la verdad.
13Tengo muchas cosas más que decirte, pero
no quiero hacerlo por carta.
14Espero verte pronto y entonces hablaremos
en persona.
15Todos los amigos que tienen en este lugar
te envían muchos saludos. Dale por favor mis
saludos a todos los hermanos de por allá.
Con cariño fraternal, Juan.

1–4

JUDAS

¿Quién lo escribió?

La tradición ha considerado que la carta fue escrita por Judas, hermano del Señor (Mateo13:55). Se hizo creyente solamente después de la resurrección (Juan 7:5; Hechos 1:14) menciona a Jacobo, su hermano, aparentemente muy conocido por sus lectores, por lo que coincide con el hermano de Jesús, líder de la iglesia primitiva y autor de la epístola con su nombre (Santiago). Aunque existen otros estudios que tienden a considerar otras dos hipótesis. Puede ser que este "Judas" sea uno de los apóstoles mencionado en Lucas 6:16. O puede ser, que por el buen griego en que fue escrita y algunas pruebas internas que dan a pensar que el escrito pertenece a la segunda generación de cristianos,que la carta pertenece más bien a un discípulo de Judas, que redactó las enseñanzas de su maestro.

¿A quién lo escribió?

Es casi imposible asegurar de manera absoluta quienes recibieron la carta. La mayoría se inclina por alguna comunidad judeocristiana, ya que si el Santiago nombrado al inicio es el hermano del Señor, este dedicó su vida a liderar a la iglesia judía, por lo tanto la alusión a el tiene más sentido en una comunidad que responda a su liderazgo. Además, la mención de varias historias del AT y a libros folklóricos religiosos judíos, parecieran señalar que la comunidad conoce las referencias. Pero también algunos opinan que la mención al peligro de conductas sexuales liberales, responderían mejor a gente de entorno pagano. Quizás la comunidad es una mezcla judeo-gentil.

¿Cuándo y dónde lo escribió?

La carta alude el tiempo apostólico como pasado (1:17) y además menciona la tradición apostólica ya como un contenido de enseñanzas fijas, a las que le llama "la fe dada una vez" (1:3). Se considera asimismo la insinuación de un gnosticismo embrionario que estaría afectando a la comunidad. Estas pruebas nos llevan a fechar la carta posterior al tiempo apostólico, quizás al final de la segunda generación de cristianos. Es muy difícil datar con exactitud dónde y cuándo, pero las pruebas nos llevarían a pensar que la carta es posterior al año 70, quizás cerca del 90. Y el entorno, influido por las pruebas internas de su trasfondo judeo cristiano, nos llevaría a pensar que se escribió en Palestina o Siria.

Panorama del libro

La carta se centra en exhibir a cierto grupo que se infiltró en la iglesia. Se convierte así en una suerte de tratado antiherético.Es una carta enérgica, dirigida a una comunidad que está siendo influenciada por un grupo de personas que traen enseñanzas falsas, además de prácticas inmorales. Estos inmorales se introdujeron en la iglesia a tal punto que comparten la cena del Señor (1:12) con la comunidad. Acerca de las falsas enseñanzas introducidasen laiglesia,notenemosmuchosdetalles,pero sepodríadecirqueesuna suerte de gnosticismo antinomista (que rechaza las normas establecidas). El autor los señala como impíos y además de rechazar la soberanía del Señor (1:4, 8,9), blasfeman de las potestades superiores. En este sentido, al parecer se creían superiores a los ángeles. Cabe señalar que si bien estos intrusos (1:4) están causando divisiones en la comunidad (1:19), Judas ordena apartarse de ellos, pero aún así, también exhorta a intentar salvarlos de su mal camino (1:22,23).

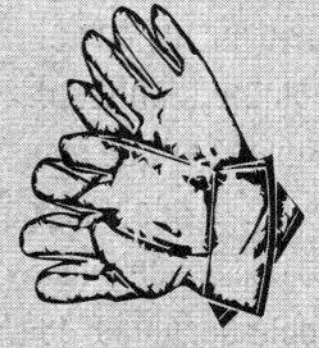

¿Cómo se relaciona con nosotros?

El propósito de este pequeño libro es doble. Por un lado, Judas quiere exponer a los falsos maestros que se habían infiltrado en la comunidad cristiana y, por el otro, quiere alentar a los cristianos a mantenerse firmes en la fe y luchar por la verdad. Judas reconoció que los falsos maestros a menudo vendían sus mercancías sin que los fieles se dieran cuenta, por lo que trabajó para aumentar la conciencia de los creyentes describiendo con mucho detalle cuán terribles eran estos infiltrados. Pero más que simplemente crear conciencia, Judas pensó que era importante que los creyentes se opusieran a los que trabajan en contra de Jesucristo. Los creyentes debían hacer esto recordando las enseñanzas de los apóstoles, edificándose unos a otros en la fe, orando en el Espíritu Santo y manteniéndose en el amor de Dios (Judas 1:17, 20–21).

¿Cómo lo estudiamos?

1) Saludos (v.1,2)
2) Propósito de la carta (v.3,4)
3) Desenmascarando a los intrusos e inmorales (v.5-16)
4) Palabras pastorales a la iglesia (v.17-23)
5) Despedida y alabanza (doxología) (v.24,25)

Judas

1 Judas, siervo de Jesucristo y hermano de Jacobo, [2]a los que Dios el Padre ama y ha llamado,
y a quienes Jesucristo cuida: que Dios les dé en
abundancia su misericordia, paz y amor.

Pecado y condenación de los impíos

[3]Amados, me había propuesto escribirles acerca de la salvación que Dios nos ha dado; pero
ahora es preciso escribirles para que luchen y
defiendan con firmeza la verdad que Dios, una
vez y para siempre, dio a su santo pueblo.
[4]Algunas personas perversas se han infiltrado
entre ustedes y afirman que, como Dios es bueno, uno puede hacer lo que se le antoje, y de esa
manera niegan a nuestro amo y Señor, Jesucristo.
La condenación de ellos hace mucho tiempo está
señalada.

[5]Aunque ustedes lo saben muy bien, quiero
recordarles que el Señor rescató de Egipto a su
pueblo y luego destruyó a los que no creían en
él. [6]Y a los ángeles que abandonaron el lugar de
autoridad que Dios les había dado, ahora Dios los
mantiene encadenados en prisiones de oscuridad
en espera del gran día del juicio.

[7]Lo mismo les pasó a Sodoma, a Gomorra y
a las ciudades vecinas. Por haberse entregado
a toda clase de relaciones sexuales que Dios no
aprueba, entre ellas las que van contra la naturaleza humana, fueron destruidas con el fuego
eterno. Ahora son una advertencia para todos.

[8]No obstante, estas personas de quienes les
hablo, por seguir sus ideas locas degradan su
cuerpo, y no sólo se burlan de los que tienen
autoridad sino también de los seres celestiales.
[9]Ni siquiera Miguel, el jefe de los ángeles, hizo
algo así. Cuando peleaba con el diablo para quedarse con el cuerpo de Moisés, no se atrevió a
maldecir ni a insultar al diablo, sino que le dijo:
«El Señor te reprenda».

[10]Pero estos individuos hablan mal de lo que no
conocen y, como las bestias, siguen sus instintos;
y eso es lo que los destruye.

[11]¡Ay de ellos!, porque siguen el ejemplo de
Caín, se entregan al error de Balaam por ganar
dinero y morirán como Coré por desobedecer
a Dios.

[12]Cuando estas personas asisten a las comidas
fraternales de ustedes, comen y beben hasta más
no poder, sin pensar en los demás. Son como
nubes sin agua arrastradas por el viento. Son
como árboles sin frutos en tiempo de cosecha;
han sido arrancados de raíz y están totalmente
muertos.

[13]Son como las olas del mar turbulento que
arrojan a la playa la espuma de sus suciedades vergonzosas. Son como estrellas errantes a
las que sólo les espera la más densa y eterna
oscuridad.

[14]Enoc, que fue el séptimo desde Adán, profetizó
de ellos lo siguiente: «Miren, el Señor viene con
millares y millares de ángeles [15]a juzgar a todos
y a reprender a los pecadores malvados, por las
terribles cosas que han hecho, y las cosas que
han dicho contra él».

[16]Estas personas son murmuradoras, nunca
están satisfechas con nada; siguen siempre sus
deseos egoístas y son tan arrogantes que cuando
hablan bien de alguien es para sacarle algún
beneficio.

Exhortación a la perseverancia

[17]Pero ustedes, amados, recuerden lo que
los apóstoles de nuestro Señor Jesucristo ya les
habían advertido: [18]«En los últimos tiempos vendrán burladores cuyo único propósito será deleitarse en cuanta perversidad pueda ocurrírseles».

[19]Tales personas causan divisiones, se dejan llevar por sus instintos y no tienen el Espíritu Santo.

[20]Pero ustedes, amados míos, manténganse
firmes en su santísima fe; aprendan a orar
guiados por el Espíritu Santo; [21]entréguense al
amor de Dios y esperen el día cuando nuestro
Señor Jesucristo, en su misericordia, nos dará la
vida eterna.

[22]Tengan compasión de los que dudan; [23]sal-
ven a otros, arrebatándolos del fuego. Y en cuanto
a los demás, sean bondadosos con ellos, pero
tengan cuidado y no se dejen arrastrar por sus
pecados.

Doxología

[24,25]Y ahora, que la gloria, la majestad, el
imperio y la potencia sean eternamente del
único Dios, Salvador nuestro por medio de Jesucristo, quien tiene poder para conservarlos sin
caída y, con gran alegría, presentarlos sin tacha
ante su gloriosa presencia. Amén.

20–21 **24–25**

Investiguemos Juntos

APOCALIPSIS

¿Quién lo escribió?

El autor es bien conocido por sus lectores, su nombre es Juan (1:1). Desde antiguo la iglesia ha considerado que este Juan es el discípulo amado, el hijo de Zebedeo, y autor de las epístolas quellevansunombre.Otrosnoconsideran quehayasidounodelosdoce,puesalreferirseaellos pareciera no incluirse (18:20-21:14). Lo que sí todos están de acuerdo, que este Juan "de Patmos", es el pastor (o apóstol) de estas siete iglesias a quien escribe.

¿A quién lo escribió?

A las siete iglesias mencionadas en el libro pertenecen todas a la región de Asia Menor.

¿Cuándo y dónde lo escribió?

La mayoría acepta que se escribió cerca del año 95, cuando Domiciano era emperador de Roma. El lugar donde Juan recibió las visiones fue en la Isa de Patmos, que para hoy sería una cárcel de máxima seguridad reservada para presos muy peligrosos (1:8).

Panorama del libro

¡Qué satisfactorio es ir a ver una película que tiene un gran final! La cámara se aleja de la escena dándonos una amplia perspectiva de la resolución de los conflictos. Vemos a los protagonistas con una nueva perspectiva por delante, habiendo dejado atrás los problemas enfrentados y la música triunfal es el complemento perfecto para una grata conclusión. Ese es el sentimiento que uno siente al terminar de leer el Apocalipsis. Este el final adecuado para una colección de libros como la Biblia. No solamente porque cierra la historia de una manera triunfal y esperanzadora, sino porque varios de los temas mencionados a lo largo de toda la revelación son presentados en una forma unificada y majestuosa. Sin embargo, este es uno de los libros más temidos y mal interpretados de la Escritura. Es que aquí, más que en otros escritos, la interpretación depende de ciertas decisiones que el intérprete hace y además de la tradición teológica a la que éste pertenece. Sin embargo,al menos podemos afirmar los siguientes hechos básicos: Primero,este no es un libro escrito para esconder el conocimiento acerca de los planes de Dios; al contrario, la palabra "apocalipsis" significa "revelación" o "aquello que era difuso y que ahora se esclarece". En segundo lugar, el libro no tiene como propósito solamente revelar detalles que se cumplirían muchos años después de su publicación. De hecho, parece que uno de los objetivos de Juan era el de consolar y animar a los hermanos que estaban siendo perseguidos, afirmando que el Señor sigue estando en control de la historia y que él triunfará sobre los enemigos de los creyentes. En tercer lugar, y a la par de lo anterior, también hay que afirmar que es obvio que el libro es mucho más que una colección de símbolos de la vida cristiana de cualquier época. Más bien parece que Juan sí está presentando en forma de visiones el triunfo final del Señor en la historia humana. Cuánto revela y cómo se identifican los símbolos, personajes y eventos dependerá de la manera en la que cada denominación y sistema teológico interpreta el libro. El libro tiene como centro la soberanía de Dios sobre la historia humana. Así, por ejemplo, en las cartas dirigidas a las siete iglesias, Jesús se presenta como el Señor de las iglesias locales, el cual evalúa, felicita, reprende, anima y se pasea por los candeleros de las congregaciones. Los juicios descritos, por otro lado, tienen como fondo, no tanto las catástrofes y horrores, sino el señorío de Dios sobre toda criatura y sobre toda la creación. Ahora bien, la manera de presentar ese dominio total divino es la utilización de símbolos con un fuerte trasfondo antiguotestamentario, la presentación de bestias y seres fantásticos, el uso de números simbólicos como el siete y otros más y la develación de escenas celestiales que reafirman la absoluta majestad de Dios en el universo. Estas características concuerdan con la llamada "literatura apocalíptica" que era parte de las expresiones literarias judías. En este sentido, una de las claves para comprender el libro es seguir la estructura de series de sietes a lo largo de la obra: siete iglesias (cáps. 2-3), siete estrellas (1:16), siete espíritus de Dios (4:5), siete sellos (5:1), siete trompetas (8:2), siete truenos (10:3), siete cabezas de la bestia (12:3), siete plagas (15:1), siete copas (15:7). En total, las referencias a siete cosas se cuentan en más de cincuenta en el libro. El mensaje es que Dios es quien dirige y controla los eventos de la historia humana. En realidad, cualquiera que sea la interpretación que nuestra iglesia o grupo teológico le dé a las visiones de Apocalipsis, esta idea del reinado, el dominio y el majestuoso control del Señor sobre todo el universo y los eventos de la historia debe ser proclamada en todo momento.

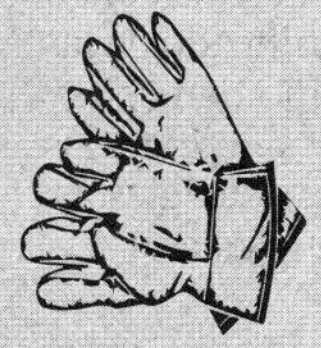

¿Cómo se relaciona con nosotros?

Casi todas las personas tienen en claro que este libro tiene que ver con el futuro y el final de los tiempos; sin embargo, su trama tiene otro tema principal de fondo y es que Jesús es el Señor de la historia y, tarde o temprano, el Señor de cada vida. Las amplias descripciones del trono divino y de la corte celestial, de su dominio sobre la creación y de la victoria sobre los enemigos reafirman que Dios reinará victorioso.

Imaginar el triunfo final de Dios y el regreso de Jesucristo como una realidad que será experimentada por todos es siempre importante para cada cristiano, y es un tema que puede traer emoción, fe e incluso consuelo. Quizá seremos testigos de esa victoria de manera diferente a como muchas de nuestras iglesias la conciben. Sin embargo, no pueden quedar dudas de que el Señor triunfará sobre los grandes enemigos de su pueblo: Satanás, el pecado, la muerte y la maldad.

Apocalipsis deja en claro que debemos estar preparados para la venida gloriosa del Hijo de Dios. El capítulo final de Apocalipsis nos recuerda que debemos cumplir las palabras del libro (22:7), y que debemos compartir con otros la invitación del Espíritu a formar parte de los redimidos del Señor (22:17).

¿Cómo lo estudiamos?

1) El Señor de la iglesia, Jesucristo, el Rey. Cap. 1
2) Las iglesias locales, evaluadas por Jesucristo, el Pastor. Caps. 2-3
3) Adoración celestial a Jesucristo, el Cordero vencedor. Caps. 4-5
4) Juicios para llamar al arrepentimiento, por Jesucristo, el juez. Caps. 6-9
5) Control frente a los enemigos, por parte de Jesucristo, el Señor. Caps. 10-12
6) La derrota del enemigo mortal por parte de Jesucristo, el Todopoderoso. Caps. 13-18.
7) La iglesia comparte el triunfo absoluto de Jesucristo, el esposo fiel. Caps. 19-22

Apocalipsis

Prólogo

1 Ésta es la revelación que Dios le dio a Jesucristo para que él le muestre a sus servidores los acontecimientos que ocurrirán pronto. Jesucristo se los reveló por medio de un ángel a su siervo Juan. 2 Juan puso por escrito la palabra de Dios y el testimonio de Jesucristo, y narró con veracidad todo lo que vio y oyó.

3 Bendito el que lee esta profecía y benditos los que la oyen y le hacen caso, porque la hora de su cumplimiento se aproxima.

Saludos y doxología

4 Yo Juan, les escribo a las siete iglesias que están en la provincia de Asia:[a]

Gracia y paz a ustedes de Aquel que es, que era y que ha de venir, y de los siete espíritus[b] que están delante de su trono, 5 y de parte de Jesucristo, el testigo fiel, que fue el primero en levantarse de entre los muertos y que tiene autoridad sobre todos los reyes de la tierra.

Al que nos ama y derramó su sangre para libertarnos de nuestros pecados,

6 y ha hecho de nosotros un reino de sacerdotes al servicio de Dios su Padre, ¡sean eternamente la gloria y el poder! ¡Amén!

7 ¡Miren! ¡Viene en las nubes, ante los ojos de la humanidad entera, y hasta los que lo traspasaron lo verán! Y las naciones de la tierra llorarán de pesar por él.

¡Amén! ¡Que así sea!

8 «Yo soy la A y la Z, —dice el Señor Dios—, el que es, que era y que ha de venir, el Todopoderoso».

Alguien semejante al Hijo del hombre

9,10 Yo, Juan, hermano de ustedes y compañero en el sufrimiento, en el reino y en la fortaleza que nos da Jesucristo, un día del Señor estaba en la isla de Patmos, a donde me habían desterrado por predicar la palabra de Dios y contar lo que sé de Jesucristo. Entonces quedé bajo el poder del Espíritu y escuché detrás de mí una voz que, estridente como toque de trompeta, 11 me dijo:

«Escribe en un libro todo lo que veas, y envíalo a las siete iglesias que están en Asia:[c] Éfeso, Esmirna, Pérgamo, Tiatira, Sardis, Filadelfia y Laodicea».

12 Cuando me volví para mirar al que me hablaba, vi siete candeleros de oro. 13 En medio de los candeleros estaba un personaje muy parecido al Hijo del hombre, vestido de un manto que le llegaba hasta los pies, y ceñido al pecho con una banda de oro.

14 Tenía el pelo blanco como la lana o la nieve, y los ojos penetrantes como llamas de fuego. 15 Sus pies parecían como bronce al rojo vivo en un horno, y su voz retumbaba tan fuerte como una catarata. 16 En la mano derecha sostenía siete estrellas; de su boca salía una espada aguda de dos filos. El rostro le brillaba con el resplandor del sol cuando brilla con toda su fuerza.

17 Al verlo, caí a sus pies como muerto; pero puso la mano derecha sobre mí y me dijo: «¡No temas! Soy el primero y el último, 18 el que vive aunque estuvo muerto; pero ahora vivo para siempre y tengo las llaves del infierno y de la muerte.

19 »Escribe lo que viste, lo que está sucediendo y lo que sucederá después. 20 El significado de las siete estrellas que tengo en la mano derecha, y de los siete candeleros de oro, es el siguiente: las siete estrellas son los ángeles de las siete iglesias, y los siete candeleros son las siete iglesias.

A la iglesia de Éfeso

2 »Escríbele al ángel de la iglesia en Éfeso: El que anda en medio de los siete candeleros y el que tiene las siete estrellas en su mano derecha te manda este mensaje:

2 Estoy al tanto de la obra que realizas. Me he fijado en tu duro trabajo, en la paciencia que tienes. Sé que no toleras a los malvados y que has examinado cuidadosamente a los que se llaman apóstoles y no lo son, y te has dado cuenta de sus mentiras. 3 Y sé también que has sufrido por mi causa pacientemente y sin claudicar.

4 Sin embargo, hay algo malo en ti: ¡Ya no me amas como al principio! 5 Recuerda de dónde has caído, arrepiéntete y trabaja como lo hacías antes. Si no lo haces, vendré y quitaré tu candelero de su lugar. 6 Pero hay algo bueno en ti: aborreces tanto como yo las obras de los nicolaítas.[d]

7 El que tenga oídos, escuche lo que el Espíritu dice a las iglesias: Al que salga vencedor le daré a comer del fruto del árbol de la vida que está en medio del paraíso de Dios.

A la iglesia de Esmirna

8 »Escríbele esto al ángel de la iglesia en Esmirna:

El primero y el último, el que estuvo muerto y resucitó, te manda este mensaje:

---

a. Hoy Turquía.
b. Vea Isaías 11.2.
c. Vea Éxodo 19.6 y 1 Pedro 2.9.

d. Algunos opinan que la palabra nicolaíta, traducida del griego al hebreo quiere decir «seguidor de Balaam», el hombre que indujo a los israelitas a caer en la lascivia. Vea Números 31.16 y Números 25.1-9.

1.17–18 2.4–5 2.7

9 Estoy al tanto de que has sufrido mucho
por el Señor y conozco tu pobreza. ¡Aunque
eres rico! Conozco las difamaciones de los
que se te oponen, que dicen ser judíos y no
lo son, porque son una sinagoga de Satanás.
10 No temas lo que has de sufrir. Para probarlos, el diablo arrojará a algunos de ustedes
en la cárcel y los estará persiguiendo durante
diez días. Sé fiel hasta la muerte y yo te daré
la corona de la vida.
11 El que tenga oídos, escuche lo que el Espíritu dice a las iglesias: El que salga vencedor
no sufrirá daño alguno de la segunda muerte.

A la iglesia de Pérgamo

12 »Escríbele al ángel de la iglesia en Pérgamo:
El que tiene en la boca la espada aguda de
dos filos te envía este mensaje:
13 Sé bien que vives en la ciudad donde Satanás tiene su trono; sin embargo, te has mantenido fiel a mí y no me negaste ni siquiera
cuando en esa ciudad de Satanás llevaban al
martirio a Antipas, mi fiel testigo.
14 Pero tengo unas pocas cosas contra ti:
Toleras a los que persisten en la doctrina
de Balaam, el que le enseñó a Balac cómo
hacer caer en pecado al pueblo de Israel,
alentándolo a entregarse a fiestas idólatras
e incitándolo a la inmoralidad sexual. 15 También toleras a los que persisten en la doctrina
de los nicolaítas.
16 Si no te arrepientes, iré pronto a ti y pelearé contra ellos con la espada de mi boca.
17 El que tenga oídos, escuche lo que el
Espíritu dice a las iglesias: El que salga vencedor comerá del maná escondido, y le daré
una piedra blanca en la que habré grabado
un nuevo nombre que sólo conoce el que
lo recibe.

A la iglesia de Tiatira

18 »Escríbele al ángel de la iglesia en Tiatira:
Éste es un mensaje del Hijo de Dios, cuyos
ojos fulguran como llamas de fuego y cuyos
pies son como bronce al rojo vivo.
19 Estoy al tanto de las obras que realizas, de
tus bondades, de tu fe, de tu servicio y de tu
perseverancia. Sé que ahora estás haciendo
mucho más que cuando comenzaste.
20 Sin embargo, tengo esto contra ti: Tú permites que Jezabel, la que dice ser profetisa,
enseñe a mis siervos a practicar inmoralidades sexuales y a comer carne sacrificada a
los ídolos. 21 Le he dado tiempo para que se
arrepienta de su inmoralidad, pero se niega
a hacerlo.
22 Por eso, la voy a arrojar en un lecho de
intensa aflicción; y junto a ella arrojaré a
sus amantes y los haré sufrir terriblemente
si no se vuelven a mí, arrepentidos de los
pecados que han cometido con ella. 23 Y a los
hijos de esa mujer los heriré de muerte. Así
sabrán todas las iglesias que yo escudriño la
mente y el corazón y que a cada uno le doy
su merecido.
24 En cuanto a los demás de Tiatira que no
han seguido estas falsas enseñanzas (que
algunos llaman profundos secretos de Satanás), no les pediré nada más. 25 Eso sí, retengan firmemente lo que tienen hasta que yo
vaya.
26 Al que salga vencedor y se mantenga hasta el final haciendo lo que me agrada, le daré
autoridad sobre las naciones, 27 de la misma
manera que el Padre me la dio a mí; y las
regirá con vara de hierro y las hará saltar en
pedazos como vasos de barro. 28 ¡Y también
le daré la estrella de la mañana!
29 El que tenga oídos, escuche lo que el Espíritu
dice a las iglesias.

A la iglesia de Sardis

3 »Escríbele al ángel de la iglesia en Sardis:
Este mensaje te lo envía el que tiene los siete
espíritus de Dios y las siete estrellas.
Estoy al tanto de la obra que realizas. Tienes
fama de estar vivo, pero sé que estás muerto.
2 ¡Despiértate! Cuida lo poco que te queda,
porque aun eso está al borde de la muerte. Me he dado cuenta de que tus actos no
son perfectos delante de mi Dios.
3 Vuélvete a lo que oíste y creíste al principio; guárdalo firmemente y arrepiéntete.
Si no lo haces, iré a ti como ladrón, cuando
menos lo esperes.
4 No obstante, hay en Sardis algunas personas que no han manchado sus ropas. Por
eso, porque son dignas, caminarán a mi lado
vestidas de blanco.
5 El que salga vencedor recibirá ropa blanca; no borraré su nombre del libro de la vida
sino que reconoceré su nombre ante mi Padre
y ante sus ángeles.
6 El que tenga oídos, escuche lo que el Espíritu dice a las iglesias.

A la iglesia de Filadelfia

7 »Escríbele al ángel de la iglesia en Filadelfia:
Este mensaje te lo envía el Santo y Verdadero, el que tiene la llave de David, el que
abre y nadie puede cerrar, y cierra y nadie
puede abrir.
8 Estoy al tanto de la obra que realizas. No
eres muy fuerte, pero me has obedecido y no

☼2.25–28 ☼3.2

has negado mi nombre. Por eso te he abierto
una puerta que nadie te podrá cerrar. 9Obli-
garé a los de la sinagoga de Satanás, que
dicen mintiendo que son míos, a postrarse a
tus pies y reconocer que te amo. 10Por cuanto
me has obedecido y has sido constante, te
protegeré de la gran tribulación y tentación
que vendrán sobre el mundo para poner a
prueba a la humanidad.

11Vengo pronto. Retén firmemente lo que
tienes, para que nadie te quite tu corona. 12Al
que salga vencedor, lo convertiré en columna
del templo de mi Dios y ya no saldrá jamás
de allí. Escribiré en él el nombre de mi Dios
y el nombre de la ciudad de mi Dios —la
nueva Jerusalén que el Señor hará descender
del cielo—, y llevará escrito en él mi nuevo
nombre.

13El que tenga oídos, escuche lo que el
Espíritu dice a las iglesias.

A la iglesia de Laodicea

14»Escríbele al ángel de la iglesia en Laodicea:
Este mensaje te lo envía el Amén, el testigo
fiel y verdadero, el origen de toda la creación
de Dios. 15Estoy al tanto de la obra que
realizas. No eres frío ni caliente. ¡Ojalá
fueras frío o caliente! 16¡Pero como eres tibio,
te vomitaré de mi boca! 17Tú dices: "Soy rico,
tengo lo que deseo, ¡no necesito nada!" ¡Y no
te das cuenta de que eres un infeliz, un miserable, pobre, ciego y desnudo! 18Te aconsejo
que compres de mí oro puro, refinado en
fuego. Sólo así serás verdaderamente rico. Y
también compra de mí ropa blanca, limpia,
pura, para que no sufras la vergüenza de
andar desnudo. Y ponte colirio en los ojos
para que te los cure y recobres la vista.

19Como yo disciplino y castigo a los que
amo, tendré que castigarte si no abandonas esa indiferencia y te arrepientes. 20Yo
estoy siempre a la puerta y llamo; si alguno
escucha mi voz y abre la puerta, entraré y
cenaré con él y él conmigo.

21Al que salga vencedor, le daré el derecho
de que se siente junto a mí en el trono, de
la misma manera que al vencer yo me senté
con mi Padre en su trono.

22El que tenga oídos, escuche lo que el
Espíritu dice a las iglesias».

El trono en el cielo

4 Al levantar la vista, contemplé en el cielo una
puerta abierta; y la voz que había escuchado
antes, estridente como toque de trompeta, me
dijo: «Sube acá y te mostraré lo que va a ocurrir
después de esto». 2Al instante vino sobre mí el
Espíritu y vi un trono colocado en el cielo y a
alguien sentado en él. 3El que estaba sentado
fulguraba como lustroso diamante o reluciente
rubí. Alrededor del trono había un arco iris brillante como la esmeralda, 4y veinticuatro tronos
ocupados por veinticuatro ancianos vestidos de
blanco y con coronas de oro. 5Del trono salían
relámpagos, truenos y estruendos. Delante del
trono ardían siete lámparas de fuego que representaban a los siete espíritus de Dios, 6y había
un mar como de cristal reluciente.

En medio y alrededor del trono había cuatro
seres vivientes, llenos de ojos por detrás y por
delante.

7El primero de aquellos seres vivientes tenía
forma de león; el segundo, de toro; el tercero
tenía un rostro humano, y el cuarto parecía un
águila en pleno vuelo. 8Cada uno de ellos tenía
seis alas y estaba cubierto de ojos por dentro y
por fuera. Y día y noche decían:

«Santo, santo, santo es el Señor Dios Todopoderoso, el que era, que es y que ha de venir».

9Y cada vez que los seres vivientes daban gloria, honra y acción de gracias al que estaba sentado en el trono, al que vive para siempre, 10los
veinticuatro ancianos se postraban en adoración
delante del que vive eternamente y tiraban sus
coronas delante del trono, al tiempo que cantaban:

11«Señor, eres digno de recibir la gloria, la
honra y el poder, porque tú creaste el universo. Lo que existe, existe porque tú quisiste crearlo».

El rollo escrito y el Cordero

5 En eso noté que el que estaba sentado en el
trono tenía en la mano derecha un pergamino
enrollado, escrito por detrás y por delante y sellado con siete sellos. 2En aquel mismo instante, un
ángel poderoso preguntó con voz fuerte: «¿Quién
es digno de abrir el pergamino y romper sus
sellos?» 3Pero nadie, ni en el cielo ni en la tierra
ni debajo de la tierra, podía abrirlo para leerlo.

4No pude contener el dolor que me embargó
ante la desgracia de que no hubiera nadie digno de revelarnos el contenido del pergamino, y
rompí a llorar.

5Pero uno de los ancianos me dijo: «No llores.
Allí está el León de la tribu de Judá, la Raíz de
David, que con su victoria ha demostrado ser
digno de romper los siete sellos del pergamino
y desenrollarlo».

6Entonces miré. En medio del trono, de los
cuatro seres vivientes y de los ancianos, estaba un
Cordero de pie en el que eran visibles las heridas
que le causaron la muerte. Tenía siete cuernos y

3.15–16 3.19–21 4.11

siete ojos, que representaban los siete espíritus de
Dios enviados a todas partes del mundo.
7El Cordero se acercó y recibió el rollo de la
mano derecha del que estaba sentado en el trono.
8Al hacerlo, los cuatro seres vivientes y los veinticuatro ancianos se postraron ante él con arpas
y copas de oro llenas de incienso —que son las
oraciones del pueblo santo—, 9y dedicaron al
Cordero este nuevo canto:

«Eres digno de recibir el pergamino y de romper sus sellos, porque fuiste sacrificado y con tu
sangre compraste para Dios un pueblo de entre
todos los linajes, pueblos, lenguas y naciones.
10Así formaste un reino de sacerdotes que sirven
a nuestro Dios y reinarán sobre la tierra».

11Escuché entonces el canto de millones y
millones de ángeles que rodeaban el trono, de
los seres vivientes y de los ancianos. 12Cantaban
esto a gran voz:

«El Cordero que fue sacrificado es digno de
recibir el poder, las riquezas, la sabiduría, la fortaleza, la honra, la gloria y la alabanza».

13Y todas las criaturas del cielo, de la tierra, de
debajo de la tierra y del mar, exclamaron:

«¡Que la alabanza, la honra, la gloria y el
poder sean por siempre para el que está sentado
en el trono y para el Cordero!»

14Mientras tanto, los cuatro seres vivientes
decían: «¡Amén!»

Y los veinticuatro ancianos se postraron y
adoraron.

Los sellos

6 Y vi cuando el Cordero rompió el primer sello.
Entonces uno de los cuatro seres vivientes,
con voz de trueno, dijo: «¡Ven y ve!»

2Obedecí. Y apareció un caballo blanco. El
jinete, que tenía un arco, recibió una corona y
salió triunfante a obtener más victorias.

3Cuando el Cordero rompió el segundo sello,
el segundo ser viviente gritó: «¡Ven!»

4Esta vez apareció un caballo rojo. El jinete
recibió una gran espada y autorización para acabar con la paz en la tierra y hacer que por todas
partes hubiera guerras y muertes.

5Cuando el Cordero rompió el tercer sello,
escuché al tercer ser viviente que dijo: «¡Ven!»

En la escena apareció un caballo negro cuyo
jinete tenía una balanza en la mano. 6Y una voz
que brotó de entre los cuatro seres vivientes, dijo:
«Vendo por el salario de un día un kilo de trigo
o tres kilos de cebada, pero no le hagan daño al
aceite ni al vino».

7Y cuando rompió el cuarto sello, escuché al
cuarto ser viviente que dijo: «¡Ven!»

8En esta ocasión apareció un caballo amarillo.
El jinete que lo montaba se llamaba Muerte, y lo
seguía otro jinete llamado Infierno. Se les concedió dominio sobre una cuarta parte de la tierra
y autoridad para matar por medio de guerras,
hambre, epidemias y fieras salvajes.

9El Cordero abrió el quinto sello. Vi entonces
debajo del altar a las personas que habían muerto
por predicar la palabra de Dios y por ser fieles
testigos.

10Aquellas personas clamaban a gran voz:
«Soberano Señor, santo y verdadero, ¿cuándo vas
a juzgar a los habitantes de la tierra y cuándo vas
a vengar nuestra muerte?» 11Les dieron entonces
ropa blanca, y les dijeron que esperaran un poco
más, hasta que se completara el número de los
demás siervos de Jesús que iban a sufrir el martirio y se les unieran.

12Cuando el Cordero abrió el sexto sello, se
produjo un gran terremoto; el sol se puso negro
como si se hubiera puesto ropa de luto, y la luna
adquirió un color rojo como la sangre. 13Las estrellas del cielo cayeron sobre la tierra como caen
los higos verdes en medio de un vendaval. 14El
cielo estrellado se fue enrollando como un pergamino hasta desaparecer, mientras las montañas
y las islas fueron removidas de su lugar.

15Los reyes de la tierra, los dirigentes del mundo, los ricos, los poderosos, y la humanidad
entera, esclavos o libres, buscaban refugio en las
cuevas y entre las peñas de las montañas, 16y gritaban a las montañas: «¡Caigan sobre nosotros,
escóndannos de la mirada del que está sentado
en el trono y de la ira del Cordero! 17¡El gran día
de su ira ha llegado! ¿Quién podrá sobrevivir?»

Los 144.000 sellados

7 Entonces vi a cuatro ángeles que, parados en
las cuatro esquinas de la tierra, detenían los
cuatro vientos para que éstos no se desataran
sobre la tierra, el mar y los árboles.

2Luego vi a otro ángel que venía del este con el
sello del Dios viviente. Y gritó a los cuatro ángeles
que habían recibido autorización para dañar la
tierra y el mar:

3«¡No vayan a dañar la tierra, ni el mar, ni los
árboles, porque todavía no hemos marcado en la
frente a los siervos de nuestro Dios».

4-8Escuché el número de los que fueron sellados: ciento cuarenta y cuatro mil de todas las
tribus de Israel.

de Judá 12.000
de Rubén 12.000
de Gad 12.000
de Aser 12.000
de Neftalí 12.000
de Manasés 12.000
de Simeón 12.000
de Leví 12.000
de Isacar 12.000
de Zabulón 12.000

de José 12.000
de Benjamín 12.000

La gran multitud con túnicas blancas

9Luego vi frente al trono y delante del Cordero a una gran multitud de todas las naciones, tribus, pueblos y lenguas, todos vestidos de blanco y con ramas de palma en las manos. Era tan inmensa la multitud que nadie podía contarla.

10«Al Dios nuestro que está en el trono y al Cordero debemos la salvación», gritaban.

11Y los ángeles que, de pie, rodeaban el trono y los ancianos y los cuatro seres vivientes se postraron delante del trono y adoraron a Dios, 12diciendo:

«¡Amén! ¡Que la bendición, la gloria, la sabiduría, la acción de gracias, la honra, el poder y la fuerza sean de nuestro Dios para siempre! ¡Amén!»

13Entonces uno de los veinticuatro ancianos me preguntó:

—¿Sabes quiénes son éstos que están vestidos de blanco y de dónde han venido?

14—No, Señor —respondí—. Dímelo.

—Estos son los que pasaron por la gran tribulación —me dijo—. Su ropa está blanca porque la lavaron y blanquearon con la sangre del Cordero. 15Por eso están delante del trono de Dios y sirven día y noche en su templo. El que está sentado en el trono los protege; 16jamás volverán a tener hambre ni sed, y estarán a salvo del sol abrasador del mediodía. 17El Cordero que está en el trono los alimentará y, como pastor, los conducirá a las fuentes del agua de la vida. Y Dios les enjugará las lágrimas.

El séptimo sello y el incensario de oro

8 Cuando el Cordero rompió el séptimo sello, se produjo en el cielo como una media hora de silencio.

2Entre tanto, los siete ángeles que estaban delante de Dios recibieron siete trompetas. 3Otro ángel, con un incensario de oro, vino y se paró ante el altar; allí se le entregó una gran cantidad de incienso para que lo mezclara con las oraciones de todo el pueblo de Dios y lo ofreciera sobre el altar de oro que estaba delante del trono. 4Y el humo del incienso y las oraciones que el ángel derramó en el altar ascendieron a la presencia de Dios. 5Luego el ángel llenó el incensario del fuego del altar y lo lanzó contra la tierra. Inmediatamente se produjeron truenos, estruendos, relámpagos y un terremoto.

Las trompetas

6Los siete ángeles de las siete trompetas se dispusieron a tocarlas. 7Cuando el primero tocó la trompeta, cayó sobre la tierra una lluvia de granizo y fuego mezclados con sangre; una tercera parte de la tierra ardió y una tercera parte de los árboles quedó carbonizada; no hubo hierba verde en la tierra que no ardiera.

8,9El segundo ángel tocó la trompeta e inmediatamente algo semejante a una inmensa montaña encendida se precipitó en el mar y destruyó una tercera parte de los barcos; una tercera parte del mar adquirió el color rojo de la sangre y murió una tercera parte de las criaturas que viven en el mar.

10El tercer ángel tocó la trompeta y una gran estrella envuelta en llamas cayó sobre una tercera parte de los ríos y manantiales. 11La estrella recibió el nombre de Amargura, porque una tercera parte de las aguas se volvieron amargas y murió mucha gente.

12Cuando el cuarto ángel tocó la trompeta, una tercera parte del sol, la luna y las estrellas dejó de alumbrar. La luz del día disminuyó su intensidad en una tercera parte, y también una tercera parte de la noche quedó sin luz.

13Y mientras miraba, un águila cruzó los cielos gritando:

«¡Ay, ay, ay, de los habitantes de la tierra, por lo que acontecerá cuando los otros tres ángeles toquen sus trompetas!»

9 El quinto ángel tocó la trompeta y cayó una estrella del cielo a la tierra y recibió la llave del pozo del abismo. 2Al abrirlo, un humo negro como de un horno gigantesco se elevó y oscureció el sol y el aire. 3Del humo brotaron langostas que descendieron sobre la tierra con poder para aguijonear como alacranes. 4Se les había ordenado que no dañaran la hierba ni ninguna planta ni ningún árbol; en cambio, debían atacar a las personas que no tuvieran el sello de Dios en la frente. 5No les estaba permitido matarlas, sino someterlas durante cinco meses a una agonía semejante al dolor del aguijonazo del alacrán. 6En aquellos días, las personas tratarán de matarse, pero no se les concederá la muerte. Ansiarán morir, pero la muerte huirá de ellos.

7Aquellas langostas parecían caballos preparados para la guerra. En la cabeza llevaban algo así como una corona de oro y tenían el rostro muy semejante al rostro humano. 8Sus cabellos eran largos como de mujer, y sus dientes parecían dientes de leones. 9Traían puestas corazas que parecían de hierro, y sus alas producían un estruendo semejante al de muchos carros que corren a la batalla tirados por caballos.

10 Como los alacranes, llevaban el aguijón en la cola, donde precisamente residía el poder que se les había dado para dañar a la gente durante cinco meses. 11 Y eran súbditos del ángel del abismo, cuyo nombre en hebreo es Abadón y en griego, Apolión.

12 Ya pasó uno de los horrores, pero todavía faltan dos.

13 El sexto ángel tocó la trompeta y escuché una voz que brotaba de entre los cuernos del altar de oro que estaba delante del trono de Dios.

14 «Desaten a los cuatro ángeles que están atados a la orilla del gran río Éufrates» —dijo la voz al sexto ángel.

15 Y aquellos ángeles, que estaban preparados precisamente para aquel año, mes, día y hora, quedaron en libertad de matar a la tercera parte de la humanidad. 16 Marcharían al frente de un ejército de doscientos millones de guerreros, según pude escuchar.

17 En visión, vi delante de mí aquella caballería. Los jinetes llevaban corazas de un color rojo fuego, si bien es cierto que algunas eran azul cielo y otras amarillas. Las cabezas de los caballos parecían cabezas de leones, y por el hocico echaban humo, fuego y azufre; 18 plagas que fueron matando la tercera parte de la humanidad.

19 Pero el poder mortal de aquellos caballos no radicaba solamente en el hocico. Sus colas parecían serpientes que con sus cabezas ocasionaban heridas mortales.

20 A pesar de todo eso, las personas que sobrevivieron a aquellas plagas no se arrepintieron de sus malas acciones y siguieron adorando a los demonios y a los ídolos de oro, plata, bronce, piedra y madera que no pueden ver ni oír ni caminar. 21 ¡Tampoco se arrepintieron de sus crímenes, hechicerías, inmoralidades sexuales y hurtos!

El ángel y el rollo pequeño

10 Vi a otro ángel poderoso descender del cielo envuelto en una nube, con un arco iris sobre la cabeza. El rostro le resplandecía como el sol y sus piernas llameaban como antorchas gigantescas. 2 En la mano, abierto, sostenía un librito.

Puso el pie derecho en el mar y el izquierdo en la tierra, 3 y dio un grito semejante al rugido de un león. Poco después, los siete truenos rugieron también.

4 Yo ya iba a escribir lo que dijeron los truenos, pero una voz del cielo gritó: «¡No, no lo hagas! Estas palabras no pueden ser reveladas».

5 Entonces, el ángel que estaba de pie sobre mar y tierra elevó al cielo la mano derecha, 6 y juró por el que vive para siempre, Creador del cielo y de lo que en él existe, de la tierra y de lo que en ella existe, y del mar y de los seres que lo habitan, que ya no habría más demoras: 7 cuando el séptimo ángel tocara la trompeta, el plan de Dios, que había permanecido en secreto, se llevaría a cabo tal y como lo anunció a sus siervos los profetas.

8 En ese momento, la voz del cielo me habló de nuevo: «Ve y toma el librito que está abierto en la mano del ángel que está de pie sobre tierra y mar».

9 Yo me le acerqué y se lo pedí. «Sí» me respondió; «tómalo y cómetelo. Al principio te sabrá a miel, pero cuando te lo tragues te amargará el estómago».

10 Lo tomé entonces y me lo comí. Y, efectivamente, me fue dulce en la boca, pero al tragármelo me amargó el estómago. 11 Entonces el ángel me ordenó: «Todavía tienes que profetizar de nuevo sobre muchos pueblos, naciones, lenguas y reyes».

Los dos testigos

11 Se me entregó una vara de medir y se me pidió que fuera a medir el templo de Dios y el altar. Se me pidió también que contara cuántos adoradores había. 2 «Pero no midas las partes externas del templo —me dijeron—, porque han sido entregadas a las naciones y éstas se pasarán tres años y medio humillando a la ciudad santa. 3 Y enviaré a mis dos testigos para que profeticen durante mil doscientos sesenta días vestidos de luto».

4 Los dos profetas en cuestión eran los dos olivos y los dos candeleros que están delante del Señor de la tierra. 5 Cualquiera que trate de hacerles daño, morirá víctima de las llamaradas de fuego que brotan de la boca de aquellos dos personajes. 6 Estos tienen poder para cerrar los cielos de manera que no llueva mientras estén profetizando. También tienen poder para convertir en sangre las aguas y enviar plagas sobre la tierra cada vez que lo deseen.

7 Cuando hayan terminado de dar su testimonio, la bestia que surge del abismo les declarará la guerra, los vencerá y los matará. 8,9 Durante tres días y medio se exhibirá sus cadáveres en las calles de la ciudad llamada «Sodoma» o «Egipto» en sentido figurado, donde crucificaron a su Señor. No se le permitirá a nadie enterrarlos, y gente de todo pueblo, tribu, lengua y nación desfilará junto a ellos para verlos. 10 Aquel será un día de júbilo mundial; en todas partes, las gentes felices intercambiarán regalos y organizarán fiestas en celebración de la muerte de los dos profetas que tanto las habían atormentado. 11 Pero al cabo de los tres días y medio, un aliento de vida enviado por Dios entrará en los dos profetas, y se levantarán. Un gran terror se apoderará del mundo entero. 12 Entonces, una potente

voz del cielo llamará a los dos profetas, y ellos
ascenderán al cielo en una nube, ante los ojos
de sus enemigos.
13En aquel preciso instante, un terrible terremoto sacudirá la tierra y una décima parte de
la ciudad se derrumbará dejando un saldo de
siete mil muertos. Los sobrevivientes, llenos de
espanto, glorificarán al Dios del cielo.
14Así termina el segundo horror, pero el tercero
no se hace esperar.

La séptima trompeta

15El séptimo ángel tocó la trompeta, y varias
voces potentísimas gritaron desde el cielo:
«El reino de este mundo pertenece ahora a
nuestro Señor y a su Cristo; y él reinará para
siempre».
16Y los veinticuatro ancianos que estaban sentados en sus tronos delante de Dios se inclinaron
sobre sus rostros para adorarlo, 17diciendo:
«Te damos las gracias, Señor, Dios Todopoderoso, que eres y que eras, porque has tomado tu
gran poder y has comenzado a reinar.
18Las naciones se enojaron contra ti, pero ha
llegado el momento de castigarlas.
Ha llegado la hora de juzgar a los muertos y
de premiar a tus siervos los profetas, a tu pueblo
santo y a cualquier persona, grande o pequeña,
que respete tu nombre.
Y ha llegado el momento de destruir a los que
han traído destrucción a la tierra».
19Entonces el templo de Dios se abrió en el cielo
y el arca de su pacto quedó al descubierto. Y hubo
relámpagos, estruendos, truenos, un terremoto y
una fuerte granizada.

La mujer y el dragón

12 Entonces apareció en el cielo una señal
maravillosa: una mujer revestida del sol,
con la luna bajo sus pies y una corona de doce
estrellas en la cabeza.
2Estaba embarazada y gritaba con dolores de
parto.
3De pronto apareció en el cielo otra señal: un
enorme dragón rojo con siete cabezas, diez cuernos y una corona en cada cabeza. 4Con la cola
arrastró tras sí una tercera parte de las estrellas y
las arrojó sobre la tierra. Luego se detuvo frente
a la mujer en el momento mismo en que iba a
dar a luz, a fin de comerse al niño tan pronto
como naciera.
5La mujer dio a luz un hijo varón que gobernará las naciones con mano fuerte. Inmediatamente le arrebataron a su hijo y lo llevaron ante
Dios y su trono. 6La mujer huyó al desierto, donde
Dios le tenía preparado un lugar en el que la
sustentarían durante mil doscientos sesenta días.
7Se libró entonces una gran batalla en el cielo.
Miguel y los ángeles que están bajo su mando pelearon contra el dragón y sus huestes de
ángeles. 8Estos últimos, una vez vencidos, fueron
expulsados del cielo. 9¡Aquel gran dragón, que
no es otro sino la serpiente antigua que se llama
diablo o Satanás, y engaña a todo el mundo,
fue arrojado a la tierra junto con la totalidad
de su ejército!
☼ 10Escuché entonces que una potente voz proclamaba en el cielo:
«¡Al fin llegó la salvación, el poder y el reino de
nuestro Dios, y la autoridad de su Cristo!, porque
el acusador de nuestros hermanos, el que los
acusaba día y noche ante Dios, ha sido expulsado
del cielo.
11Ellos lo vencieron con la sangre del Cordero y por el mensaje del que dieron testimonio,
pues teniendo en poco sus vidas, no evitaron la
muerte.
12¡Regocíjense, oh cielos! ¡Regocíjense, habitantes de los cielos! ¡Pero pobres de ustedes, habitantes de la tierra y del mar, porque el diablo
ha bajado rabiando de furia por el poco tiempo
que le queda!»
13Cuando el dragón vio que lo habían arrojado
a la tierra, corrió en persecución de la mujer que
dio a luz al niño. 14Pero la mujer recibió dos alas
de una gran águila y pudo volar al lugar que se
le había preparado en el desierto, donde durante
tres años y medio la habrían de sustentar, lejos
de la serpiente.
15La serpiente, que iba tras la mujer, arrojó por
su hocico un caudal de agua que corrió como
torrente hacia la mujer; 16pero la tierra, para ayudarla, abrió la boca y se tragó el torrente.
17Furioso al darse cuenta de esto, el dragón se
propuso atacar a los demás hijos de la mujer,
que son los que guardan los mandamientos de
Dios y dan testimonio de Jesús.

13 Y el dragón se paró a la orilla del mar.

La bestia que surge del mar

Vi entonces que una bestia surgía de las aguas
del mar. Tenía siete cabezas, diez cuernos y diez
coronas sobre sus cuernos. Y en cada una de las
cabezas tenía escritos nombres que insultaban a
Dios. 2Parecía un leopardo, pero tenía pies de oso
y boca de león. El dragón le entregó a la bestia
el poder, el trono y la gran autoridad que poseía.
3Una de las cabezas de l a bestia parecía herida
de muerte, pero sanó. El mundo, maravillado de
semejante milagro, siguió a la bestia. 4Adoraron

☼ 12.10–11

al dragón, que le había dado el poder a la bestia,
y asimismo adoraron a la bestia. «¿Quién como la
bestia?» —exclamaron—. «¿Quién podrá pelear
contra ella?»
5A la bestia se le permitió que dijera blasfemias
contra el Señor; y también se le dio autoridad
para actuar por cuarenta y dos meses, 6durante
los cuales blasfemó contra el nombre de Dios,
de su morada y de los que habitan en el cielo.
7La bestia también recibió poder para pelear
contra el pueblo de Dios y vencerlo, y se le dio
autoridad para gobernar a todas las naciones de
este mundo. 8Y la adoraron todos los seres humanos cuyos nombres no estaban inscritos, desde
la creación del mundo, en el libro del Cordero
que fue sacrificado.[e]
9El que tenga oídos, escuche bien:
10El que deba ir preso, caerá preso; el que deba
morir a espada, morirá a filo de espada.

Aquí se verá la paciencia y la fidelidad del pueblo santo.

La bestia que sube de la tierra

11A continuación vi que otra bestia surgía de
la tierra con dos cuernos semejantes a los de un
cordero, pero con una voz como la del dragón.
12Poseía la misma autoridad de la primera bestia en presencia de ésta, y exigió que el mundo
entero adorara a la primera bestia, que había
sido sanada. 13Los milagros que realizaba eran
increíbles; podía, por ejemplo, hacer que cayeran
del cielo llamaradas de fuego ante los ojos asombrados de la humanidad. 14Y con los milagros que
podía realizar en presencia de la primera bestia,
engañó a la humanidad y ordenó que esculpieran
una estatua de la primera bestia que había estado
herida y revivió.
15Luego se le permitió transmitir vida a la estatua y hacerla hablar. Entonces la estatua ordenó
que mataran a cualquiera que se negara a adorarla, 16y que pusieran una marca en la mano
derecha o en la frente de los habitantes de la
tierra, ya fueran grandes o pequeños, ricos, o
pobres, libres o esclavos.
17Nadie podía comprar ni vender si no tenía
aquella marca, que consistía en el nombre de la
bestia o en el número de su nombre. 18Aquí se
debe usar la sabiduría: Dicho número, que es el
de un ser humano, es seiscientos sesenta y seis.[f]

El Cordero y los 144.000

14 Vi entonces un Cordero de pie sobre el
monte Sión, acompañado de ciento cuarenta y cuatro mil personas que tenían el nombre
de él y el de su Padre escrito en la frente. 2Y oí en
el cielo algo semejante al estrépito de una catarata inmensa o el retumbar de un gran trueno; era
como el canto de un coro acompañado con arpas.
3Y cantaban un cántico nuevo frente al trono
de Dios y delante de los cuatro seres vivientes y
los veinticuatro ancianos. Los únicos que podían
cantar aquel canto eran aquellos ciento cuarenta
y cuatro mil redimidos de entre los de la tierra.
4Lo podían cantar porque se mantuvieron puros
como vírgenes y porque seguían al Cordero adondequiera que iba. Aquellos fueron comprados de
entre la humanidad como los primeros frutos
para Dios y para el Cordero. 5En ellos no existe
la mentira, porque son intachables.

Los tres ángeles

6Y vi que otro ángel cruzaba los cielos con las
eternas buenas nuevas, e iba proclamándolas a
cada nación, raza, lengua y pueblo. 7«¡Teman a
Dios —decía a gran voz—, y alaben su grandeza, porque el tiempo ha llegado en que se sentará
a juzgar! ¡Adórenlo, porque él creó el cielo y la
tierra, el mar y las fuentes que lo nutren!»
8Y otro ángel que lo seguía gritaba:
«¡Cayó Babilonia! ¡Cayó la gran ciudad que
sedujo a las naciones a participar del vino de
su adulterio!»
9Inmediatamente, un tercer ángel lo siguió
gritando: «¡Cualquiera que adore a la bestia
y a su estatua, y se deje marcar en la frente o en
la mano, 10tendrá que beber del vino del furor de
Dios que se ha echado puro en la copa de la ira
divina!; y se le atormentará con fuego y azufre
ardiendo en presencia de los santos ángeles y el
Cordero. 11El humo de su tormento se elevará
eternamente, y el que adore a la bestia y a su
estatua o se deje marcar con su nombre no tendrá alivio ni de día ni de noche».
12Aquí se verá la paciencia del pueblo santo
que obedece los mandamientos de Dios y es fiel
a Jesús.
13Oí entonces una voz que me decía desde el
cielo:
«Escribe esto: ¡Dichosos los que de ahora en
adelante mueren unidos al Señor —dice el Espíritu—, porque cesarán para ellos las penas y las
tareas, y Dios los premiará por sus acciones».

La cosecha de la tierra

14Entonces vi una nube blanca y, sentado en
ella, a alguien muy parecido al Hijo del hombre,
con una corona de oro en la frente y una hoz
bien afilada en la mano.
15Del templo salió otro ángel y le gritó:
«¡Mete la hoz y recoge la cosecha! ¡Los sembrados del mundo están listos para ser cosechados!»

e. O: «aquellos cuyos nombres no están escritos en el libro de la vida del Cordero inmolado desde antes de la fundación del mundo». O sea, que la muerte del Cordero estaba dentro del plan eterno de Dios.

f. Algunos manuscritos dicen ochocientos dieciséis.

14.9–11

16Entonces el que estaba sentado en la nube pasó la hoz sobre la tierra y recogió la cosecha.

17Luego salió otro ángel del templo que está en el cielo; portaba también una hoz bien afilada.

18Inmediatamente del altar salió otro ángel que tenía poder para destruir el mundo con fuego, y le gritó al ángel que tenía la hoz: «¡Corta los racimos de los viñedos del mundo, porque ya las uvas están completamente maduras!»

19El ángel arrojó la hoz sobre la tierra y echó las uvas en el gran lagar de la ira de Dios. 20Y exprimieron las uvas en un lugar que está fuera de la ciudad, y de ése lugar brotó un río de sangre de trescientos kilómetros de extensión, en el que un caballo podía sumergirse hasta las bridas.

Siete ángeles con siete plagas

15 Y vi aparecer en el cielo una señal grande y maravillosa: siete ángeles a los que se les encomendó la tarea de llevar a la tierra las siete plagas finales, con las cuales la ira de Dios quedaría satisfecha.

2Vi también algo semejante a un océano de fuego y vidrio, sobre el que estaban de pie los que habían salido victoriosos de su lucha con la bestia, su estatua y el número que representa su nombre. En las manos traían las arpas de Dios, 3y cantaban el cántico de Moisés, el siervo de Dios, y el cántico del Cordero:

«Formidables y maravillosas son tus obras, Señor, Dios Todopoderoso.

Justos y verdaderos son tus caminos, Rey de las naciones.

4¿Quién no te temerá, oh Señor? ¿Quién no glorificará tu nombre?

Porque sólo Tú eres santo.

Las naciones vendrán y te adorarán, porque tus obras de justicia ya se han manifestado».

5Entonces miré y vi que el templo, el tabernáculo del testimonio, que está en el cielo, quedó abierto de par en par. 6Los siete ángeles que tenían la tarea de esparcir las siete plagas salieron del templo vestidos de lino blanco resplandeciente y con el pecho ceñido con cintos de oro.

7Uno de los cuatro seres vivientes entregó a cada uno de los siete ángeles una copa de oro llena del furor del Dios que vive por los siglos de los siglos. 8Entonces, el templo se llenó del humo de la gloria y del poder de Dios; y nadie podía entrar allí mientras los siete ángeles no hubieran terminado de derramar las siete plagas.

Las siete copas de la ira de Dios

16 Escuché entonces una potente voz que desde el templo gritaba a los siete ángeles: «Váyanse a derramar sobre la tierra las siete copas del furor de Dios».

2El primer ángel derramó su copa sobre la tierra, y una llaga maligna y asquerosa brotó en las personas que tenían la marca de la bestia y adoraban su estatua.

3El segundo ángel derramó su frasco sobre el mar, y éste adquirió aspecto de sangre de muerto; y no quedó ni un solo ser con vida en el mar.

4El tercer ángel derramó su frasco sobre los ríos y las fuentes, y se convirtieron en sangre. 5Y escuché que aquel ángel de las aguas decía: «Justo eres al enviar estos juicios, santo Señor, que eres y que eras, 6porque tus santos y tus profetas han sido martirizados y su sangre se derramó sobre la tierra. Ahora tú les has dado a beber sangre, pues se lo merecen».

7Y oí que el ángel del altar decía: «Sí, Señor, Dios Todopoderoso, tus castigos son justos y verdaderos».

8El cuarto ángel derramó su copa sobre el sol, y los rayos solares quemaron a la gente. 9Y todos sufrieron de las terribles quemaduras, pero ni así se arrepintieron. La humanidad blasfemó contra el nombre de Dios, porque les había enviado las plagas, y no quisieron darle la gloria.

10Entonces el quinto ángel derramó su copa sobre el trono de la bestia, y su reino quedó envuelto en tinieblas mientras sus súbditos se mordían la lengua por el dolor, 11y blasfemaban contra el Dios del cielo por el dolor y las llagas. Pero no se arrepintieron de sus perversidades.

12El sexto ángel derramó su copa sobre el gran río Éufrates, y se secó de tal manera que los reyes del oriente podían pasar por él. 13Vi que el dragón, la bestia y el falso profeta dejaban escapar de la boca tres espíritus del mal con forma de ranas. 14Aquellos son espíritus de demonios que hacen señales milagrosas y que salen a reunir a los gobernantes del mundo para agruparlos en la batalla del gran día del Dios Todopoderoso. 15«Fíjate bien: Yo vengo como un ladrón. Dichoso el que me espera despierto, el que tiene su ropa lista para no tener que andar desnudo y avergonzado».

16Los espíritus del mal reunieron a los reyes en un lugar que en hebreo se llama Armagedón.

17Entonces el séptimo ángel derramó su copa en el aire y un grito brotó del trono del templo que está en el cielo: «¡Ya está terminado!»

18Hubo entonces estruendos, truenos y relámpagos, mientras la tierra se sacudía con un terremoto de una magnitud sin precedente en la historia.19La gran ciudad de Babilonia quedó dividida en tres partes, y las ciudades de todo el mundo se desplomaron.

¡Los pecados de la gran Babilonia se agolparon en la memoria de Dios y la ciudad tuvo que sorber como castigo el vino del ardor de su ira! 20Las islas desaparecieron y las montañas se desmoronaron, 21y se desató del cielo una granizada tan grande que cada uno de los granizos que caía sobre la humanidad pesaba alrededor de cuarenta kilos. Y la humanidad maldijo a Dios por esa terrible plaga.

La mujer montada en la bestia

17 Uno de los siete ángeles que habían vertido las plagas vino a donde yo estaba y me dijo: «Ven para que veas lo que le pasará a la gran prostituta que se sienta sobre las muchas aguas. 2Los reyes tuvieron con ella relaciones sexuales ilícitas, y los habitantes del mundo se embriagaron con el vino de su inmoralidad».

3En el Espíritu, el ángel me condujo al desierto. Allí estaba una mujer sentada sobre una bestia escarlata que tenía siete cabezas y diez cuernos,[g] y el cuerpo recubierto de blasfemias contra Dios. 4La mujer, vestida de púrpura y escarlata, estaba adornada de hermosísimas joyas de oro, piedras preciosas y perlas, y sostenía en la mano una copa de oro repleta de obscenidades y de las impurezas de su prostitución. 5En la frente llevaba escrito su misterioso nombre:

BABILONIA LA GRANDE, MADRE DE LAS PROSTITUTAS Y MADRE DE LAS MÁS ODIOSAS IDOLATRÍAS DEL MUNDO.

6No tardé en comprender que estaba ebria con la sangre de los santos mártires de Jesús. La miré horrorizado.

7«¿Por qué te horrorizas? —me preguntó el ángel—. Te voy a decir quién es ella y quién es esa bestia sobre la que está sentada. 8Esa bestia antes vivía, pero ahora no. Sin embargo, pronto surgirá del abismo y marchará hacia su destrucción. Los moradores de la tierra que no tienen su nombre escrito en el libro de la vida desde la creación del mundo, se pasmarán de asombro al verla aparecer después de muerta.

9»Y ahora oye y entiende bien lo que te voy a decir: Sus siete cabezas representan las siete colinas sobre las que está asentada la ciudad en que reside esta mujer. 10Representan también siete reyes. Cinco de ellos ya cayeron, el sexto está gobernando ahora y el séptimo aún no ha surgido pero reinará poco tiempo. 11La bestia que era y murió es el octavo rey, aunque es uno de los siete que habían reinado antes e irá también a la destrucción.

12»Los diez cuernos son diez reyes que todavía no han subido al poder. Durante una hora se les permitirá reinar junto a la bestia. 13Luego, su propósito es entregar al monstruo el poder y la autoridad que poseen. 14Y se unirán para pelear contra el Cordero, pero el Cordero los vencerá porque es Señor de señores y Rey de reyes, y los que lo siguen son sus llamados, sus elegidos y sus fieles».

15Además, me dijo el ángel: «Las aguas sobre las que la prostituta está sentada representan pueblos, muchedumbres, naciones y lenguas. 16La bestia y sus diez cuernos atacarán a la mujer impulsados por el odio que sienten hacia ella, y la dejarán desnuda y desolada, y la devorarán por fuego. 17Entonces Dios les hará concebir un plan con el que se cumplirán los propósitos divinos: por acuerdo mutuo entregarán a la bestia la autoridad que poseen para gobernar, hasta que se cumplan las palabras de Dios. 18Y la mujer que has visto representa a la gran ciudad que gobierna a los reyes de la tierra».

La caída de Babilonia

18 Después de esto vi que desde el cielo descendía otro ángel que, cubierto de gran autoridad, iluminó la tierra con su resplandor, 2y con voz potente gritó:

«¡Ya cayó, ya cayó la gran Babilonia! Babilonia se ha convertido en guarida de demonios, en antro de espíritus inmundos y en nido de toda ave impura y odiosa, 3porque las naciones se han embriagado con el vino excitante de su adulterio, los gobernantes de la tierra se han entregado con ella a los placeres, y los comerciantes de la tierra se han enriquecido con la abundancia de lujos que ella despilfarraba».

4Entonces oí otra voz del cielo que decía:

«Sal de esa ciudad, pueblo mío; no participes en su pecado para que no se te castigue con ella, 5porque sus pecados se han ido amontonando hasta el cielo y Dios va a juzgarla por su perversidad.

6Hazle a ella lo que ella te hizo a ti, e imponle doble castigo a sus maldades. En la copa en que preparó bebida para otros, prepárale una bebida dos veces más fuerte.

7Ella ha vivido en derroches y en placeres sin límites; dale ahora dolores y penas sin límites. Ella se jacta diciendo: "En este trono soy reina. No soy ninguna viuda; nunca sufriré".

8Por tanto, ¡en un solo día caerán sobre ella peste, llanto y hambre, y al final la consumirá el fuego! ¡Poderoso es el Señor Dios que la juzga!»

9Los gobernantes del mundo que tomaron parte en sus inmoralidades y se deleitaron con sus lujos, llorarán y lamentarán ante sus restos humeantes. 10Desde la distancia, la contemplarán temblorosos de miedo al ver semejante castigo, y gritarán:

«¡Pobre, pobre Babilonia, la gran ciudad poderosa! ¡En un instante te llegó el juicio!»

11Los mercaderes de la tierra sollozarán y se lamentarán, porque ya no habrá nadie que les compre. 12Ella era una gran cliente que compraba

g. Vea Apocalipsis 12.3,9 y 13.1.

oro, plata, piedras preciosas y perlas; lino fino, púrpura y seda escarlata; maderas olorosas, objetos de marfil, maderas preciosas labradas, cobre, hierro y mármol; 13canela, especias aromáticas, incienso, mirra, y perfumes; vino, aceite, harina fina y trigo; vacas, ovejas, caballos y carrozas; y hasta seres humanos vendidos como esclavos.

14«Ya no tienes los lujos que tanto te gustaban —le gritarán—. Ya no tienes el lujo y el esplendor en que te deleitabas. Jamás los volverás a tener».

15Los mercaderes que se habían enriquecido comerciando con aquella ciudad se pararán de lejos, aterrorizados de ver semejante castigo. Llorarán y dirán entre sollozos:

16«¡Pobre, pobre de la gran ciudad, vestida de linos finos, púrpura y escarlata, y adornada con oro, piedras preciosas y perlas! 17¡Cuánta riqueza se perdió en un instante!» Los navíos y los capitanes de las flotas mercantes, sus tripulaciones y sus pasajeros y todos los que viven del mar, se pararán lejos, 18y al contemplar el humo del incendio, dirán: «¿Dónde vamos a encontrar otra ciudad como ésta?»

19Y echándose tierra en la cabeza en señal de duelo, dirán ahogados por el llanto:

«¡Ay, pobre de la gran ciudad que nos enriqueció con su gran riqueza! ¡En sólo una hora desapareció...! 20Pero tú, cielo, regocíjate por lo que ha sucedido. Y regocíjense también los santos, los profetas y los apóstoles, porque al castigar a la gran ciudad, Dios les está haciendo justicia a ustedes».

21Entonces un ángel poderoso tomó una peña con forma de piedra de molino y la arrojó en el mar diciendo:

«Babilonia, la gran ciudad, será arrojada como yo arrojé esta piedra, y desaparecerá para siempre. 22Nunca se volverá a escuchar en ella la música de los cantantes, el vibrar del arpa, la flauta y la trompeta. Jamás volverá a verse en ella industria de ningún tipo, y cesará la molienda de granos. 23Negras serán sus noches, sin luz de lámparas en las ventanas. Jamás volverán a proclamarse alegrías nupciales, porque tus mercaderes eran los más prósperos de la tierra y engañaste a las naciones con tus hechicerías, 24porque por ti se derramó sangre de profetas y santos y de todos los que han sido asesinados en toda la tierra».

¡Aleluya!

19 Después de esto escuché que una multitud inmensa gritaba a viva voz en el cielo:

«¡Aleluya! ¡La gloria, el poder y la salvación proceden de nuestro Dios!, 2porque juzga con justicia y verdad. Ha castigado a la gran prostituta que corrompía la tierra con sus pecados, y ha vengado la sangre de sus siervos que ella derramó».

3Y añadieron:

«¡Aleluya! ¡Las ruinas de ella humearán eternamente!»

4Entonces los veinticuatro ancianos y los cuatro seres vivientes se postraron y adoraron a Dios, que estaba sentado sobre el trono, y decían:

«¡Amén! ¡Aleluya!»

5Y del trono brotó una voz que decía: «Alaben al Dios nuestro los siervos del Señor que le temen, pequeños y grandes».

6Entonces escuché algo así como las voces de una gran multitud o el estruendo de una catarata, o como el retumbar de grandes truenos. Y aquella voz gritaba: «¡Alabado sea Dios! ¡El Señor, nuestro Dios Todopoderoso, reina!

7Alegrémonos, regocijémonos y démosle gloria, porque ha llegado la hora de la boda del Cordero; y a su novia, que ya está preparada, 8se le ha permitido vestirse del lino más fino, limpio y resplandeciente».

El lino fino simboliza las buenas obras del pueblo santo.

9Y el ángel me pidió que escribiera lo siguiente: «Dichosos los que están invitados a la fiesta de bodas del Cordero». Y me dijo: «Este es un mensaje verdadero de Dios».

10Entonces me postré a sus pies para adorarlo, pero me dijo:

«¡No! ¡No lo hagas! Soy un siervo al igual que tú y tus hermanos que proclaman fielmente su fe en Jesús. Adora sólo a Dios. El propósito de las profecías es dar testimonio de Jesús».

El jinete del caballo blanco

11Vi entonces que el cielo estaba abierto y contemplé un caballo blanco cuyo jinete se llamaba Fiel y Verdadero, porque con justicia juzga y pelea. 12Los ojos de aquel jinete parecían llamas de fuego y en la cabeza traía muchas coronas. En la frente llevaba escrito un nombre cuyo significado sólo él conocía. 13Vestía una ropa bañada de sangre y su nombre era: la Palabra de Dios.[b]

14Los ejércitos celestiales, vestidos de lino finísimo, blanco y limpio, lo seguían en caballos blancos. 15De la boca salía una espada aguda con la que herirá a las naciones, a las que gobernará con puño de hierro. Él exprimirá uvas en el lagar del furor y la ira del Dios Todopoderoso. 16En su vestidura y en un muslo tiene escrito este título:

REY DE REYES Y SEÑOR DE SEÑORES.

17Entonces vi que un ángel, de pie en el sol, gritaba a todas las aves que vuelan en el cielo: «¡Vengan! ¡Júntense a comer la gran cena de

b. Vea Juan 1.1.

Dios! 18 Vengan y coman carne de reyes, capitanes, generales famosos, caballos y jinetes, y las carnes de toda clase de personas, grandes y pequeñas, esclavas y libres».

19 Entonces vi a la bestia y a los gobernantes de la tierra y a sus ejércitos reunidos para pelear contra el que montaba el caballo blanco y contra su ejército.

20 Y la bestia cayó presa, y con ella el falso profeta que podía realizar milagros en presencia de la bestia. Con esos milagros había engañado a los que aceptaron la marca de la bestia y adoraron su imagen. Los dos fueron arrojados vivos en el lago de fuego que arde con azufre. 21 Y los demás cayeron víctimas de la espada aguda que salía de la boca del jinete del caballo blanco, y todas las aves se hartaron de sus carnes.

Los mil años

20 Entonces vi que un ángel descendió del cielo con la llave del abismo y una gran cadena en la mano, 2 y prendió al dragón, la serpiente antigua, conocida también con el nombre de diablo o Satanás, y lo encadenó durante mil años. 3 Lo arrojó al abismo donde lo encerró bajo llave para que no engañara más a las naciones hasta que transcurrieran mil años. Después de ese período, volverá a estar libre un tiempo breve.

4 Entonces vi que los que habían recibido la facultad de juzgar se sentaron en tronos. Y vi a las almas de los que habían muerto decapitados por dar testimonio de Jesús y por proclamar la palabra de Dios. Ellos no habían adorado a la bestia ni habían aceptado que los marcaran en la frente o en la mano. Vi que resucitaban y reinaban con Cristo mil años. 5 Esta es la primera resurrección. Los demás muertos no resucitarán hasta que los mil años hayan transcurrido. 6 Dichosos y santos los que tienen parte en la primera resurrección; la segunda muerte no podrá hacerles daño, serán sacerdotes de Dios y de Cristo y reinarán con él mil años.

Juicio final de Satanás

7 Al cabo de los mil años, Satanás saldrá de la prisión 8 y correrá a engañar a las naciones del mundo, a Gog y a Magog, y a juntarlas para la batalla. Su número será incontable como la arena del mar. 9 Marcharán por todo lo ancho de la tierra y rodearán al pueblo de Dios y su amada ciudad. Pero Dios mandará fuego del cielo y los consumirá por completo. 10 Entonces el diablo, el que los había vuelto a engañar, será arrojado al lago de fuego y azufre, en el que ya estaban la bestia y el falso profeta. Allí serán atormentados día y noche por los siglos de los siglos.

Juicio de los muertos

11 Y vi un gran trono blanco sobre el que alguien estaba sentado. Al verlo, la tierra y el cielo salieron huyendo, sin dejar rastro alguno. 12 Y vi a los muertos, grandes y pequeños, de pie delante del trono. Se abrieron entonces los libros; y se abrió también el libro de la vida. Los muertos fueron juzgados de acuerdo con lo que estaba escrito en los libros, según sus obras. 13 El mar entregó los muertos que había en él, y lo mismo hicieron la muerte y el infierno. Y cada uno fue juzgado según sus obras. 14 Y la muerte y el infierno fueron lanzados al lago de fuego. Este lago de fuego es la segunda muerte. 15 Y el que no estaba inscrito en el libro de la vida fue arrojado al lago de fuego.

La nueva Jerusalén

21 ☼ Entonces vi un nuevo cielo y una nueva tierra, porque la tierra, el mar y el cielo que conocemos desaparecieron. 2 Y vi la ciudad santa, la nueva Jerusalén, descender del cielo, de donde estaba Dios. Tenía la apariencia gloriosa y bella de una novia.

3 Oí entonces que una potente voz gritaba desde el trono: «La casa de Dios está ahora entre los seres humanos, y él vivirá con ellos. Ellos serán su pueblo y Dios mismo estará con ellos, y será su Dios. 4 Él les enjugará las lágrimas y no habrá muerte ni llanto ni clamor ni dolor, porque éstos pertenecen a un pasado que no existe más».

5 Y el que estaba sentado en el trono dijo: «Yo hago nuevas todas las cosas». Luego me dijo: «Escribe, porque lo que te digo es digno de crédito y verdadero.

6 »¡Hecho está! ¡Yo soy la A y la Z, el principio y el fin! ¡Al sediento le daré a beber gratuitamente del manantial del agua de la vida! 7 El que salga vencedor heredará estas bendiciones y yo seré su Dios y él será mi hijo. 8 Pero los cobardes, los incrédulos, los corruptos, los asesinos, los que cometen inmoralidades sexuales, los que practican la brujería, los que adoran ídolos y los mentirosos, serán arrojados al lago que arde con fuego y azufre, que es la segunda muerte».

9 Entonces uno de los siete ángeles que habían derramado las copas que contenían las siete últimas plagas, vino y me dijo: «Ven y te presentaré a la novia, la esposa del Cordero». 10 Me llevó en el Espíritu a la cumbre de un monte alto, y desde allí contemplé una ciudad que bajaba del cielo, de delante de Dios. Era la santa Jerusalén.

11 Brillaba con la gloria de Dios, resplandecía como piedra preciosísima, como piedra de jaspe, diáfana como el cristal. 12 Sus murallas eran amplias y altas, y doce ángeles custodiaban sus

☼ 21.1–8

doce puertas. Los nombres de las doce tribus de
Israel estaban escritos en las puertas. 13Había tres
puertas en el lado norte, tres en el sur, tres en el
este y tres en el oeste. 14Doce piedras constituían
los cimientos de la muralla, y en cada una de
ellas estaba escrito el nombre de uno de los doce
apóstoles del Cordero.

15El ángel traía en la mano una vara de oro
para medir la ciudad, sus puertas y sus murallas.
16La ciudad era completamente cuadrada. Su largo era igual a su ancho; su alto era exactamente
igual al largo y al ancho: dos mil doscientos kilómetros. 17La muralla tenía un espesor de sesenta y cinco metros. El ángel utilizaba medidas
humanas.

18La ciudad misma era de oro puro, transparente como el vidrio. La muralla era de jaspe. 19Las
doce piedras de sus cimientos estaban adornadas
con piedras preciosas; la primera con jaspe, la
segunda con zafiro, la tercera con ágata, la cuarta
con esmeralda, 20la quinta con ónice, la sexta con
cornalina, la séptima con crisólito, la octava con
berilo, la novena con topacio, la décima con cri-
soprasa, la undécima con jacinto y la duodécima
con amatista. 21Cada una de las doce puertas era
una perla, y la calle principal de la ciudad era de
oro puro, transparente como un cristal.

22No vi en la ciudad templo alguno, porque
el Señor Dios Todopoderoso y el Cordero son su
templo. 23La ciudad no necesita que el sol ni la
luna la alumbren, porque la gloria de Dios la
ilumina y el Cordero es su lumbrera. 24Su luz iluminará a las naciones de la tierra y los gobernantes del mundo le llevarán sus gloriosas riquezas.

25Sus puertas jamás estarán cerradas, pues
allí no existe la noche. 26La gloria y las riquezas
de las naciones irán a ella. 27No entrará en ella
nada impuro, ni los idólatras ni los mentirosos;
solamente los que están inscritos en el libro de
la vida del Cordero.

El río de vida

22 Luego el ángel me mostró un río de agua
de vida, transparente como el cristal, que
brotaba del trono de Dios y del Cordero 2y corría
en medio de la calle principal de la ciudad. En
ambas riberas crecía el árbol de la vida, que produce frutos todos los meses, doce veces al año, y
con sus hojas se curan las naciones.

3No habrá allí nada maldito. Y el trono de Dios
y del Cordero estarán allí. Sus siervos lo servirán
4y verán su rostro y llevarán su nombre escrito
en la frente.

5No existirá la noche y por lo tanto no se necesitarán lámparas ni sol, porque Dios, el Señor, los
iluminará; y reinarán durante toda la eternidad.

6Entonces el ángel me dijo:

«Estas palabras son ciertas y dignas de confianza. Dios, el que inspira a los profetas, ha
enviado a su ángel a mostrar a sus siervos lo
que está por suceder.

Cristo viene pronto

7«Vengo pronto. ¡Bendito el que cree las palabras proféticas que están escritas en este libro!»

8Yo, Juan, vi y oí estas cosas y me postré para
adorar al ángel que me las mostró. 9Y me dijo
nuevamente: «No, no lo hagas; yo soy un siervo
como tú, como tus hermanos los profetas y como
todos los que obedecen las palabras de este libro.
Adora sólo a Dios».

10Y luego añadió: «No escondas las palabras
del mensaje profético de este libro, porque la
hora de su cumplimiento se acerca. 11Mientras
tanto, deja que el malo siga haciendo el mal, y
que el impuro siga en su impureza; pero que el
bueno siga haciendo el bien, y que el santo siga
santificándose».

12«¡Miren, vengo pronto! Traigo conmigo la
recompensa que he de dar a cada uno según sus
obras. 13Yo soy la A y la Z, el principio y el fin, el
primero y el último.

14»Benditos los que lavan su ropa para tener
derecho a entrar por la puerta de la ciudad y
comer el fruto del árbol de la vida. 15Pero afuera
de la ciudad se quedarán los perros, los hechiceros, los que cometen inmoralidades sexuales,
los asesinos, los idólatras y todos los que aman
y practican la mentira.

16»Yo, Jesús, he enviado a mi ángel a anunciar
estas cosas en las iglesias. Yo soy la raíz y la
descendencia de David. Yo soy la estrella resplandeciente de la mañana».

17El Espíritu y la Esposa dicen: «Ven». Y el que
oye también diga: «Ven». Y el que tenga sed,
venga; y el que quiera, beba gratuitamente del
agua de la vida.

18Solemnemente le advierto a cualquiera que
escuche las palabras del mensaje profético de
este libro:

Si alguno añade algo a lo que está escrito, Dios
le añadirá a él las plagas que se describen en este
libro. 19Y si alguno quita palabras de este libro de
profecía, Dios le quitará su parte del árbol de la
vida y de la santa ciudad, que aquí se describen.
20El que da testimonio de estas cosas declara:
«Sí, vengo pronto».

¡Amén! ¡Ven, Señor Jesús!

21Que la gracia del Señor Jesús permanezca en
ustedes. Amén.

22.16–17 22.18–19